Kommentar zum Schweizerischen Zivilgesetzbuch

Herausgegeben von

Dr. Peter Gauch und Dr. Jörg Schmid

Professoren an der Universität Freiburg/Schweiz

Unter Mitwirkung von

Dr. V. Aepli
Titularprofessor an der Universität Freiburg (Schweiz), Rechtsanwalt

Dr. R. Bär
Professor an der Universität Bern

Dr. M. Baumann
Privatdozent an der Universität Zürich, Rechtsanwalt

Dr. E. Bossard
Titularprofessor an der Hochschule St. Gallen

Lic. iur. V. Bräm
Oberrichterin in Zürich

Dr. Th. Bühler
Professor an der Universität Zürich

Dr. W. F. Bürgi
Professor an der Hochschule St. Gallen

Dr. D. Dürr
Privatdozent an der Universität Zürich, Rechtsanwalt

Dr. A. Egger
Professor an der Universität Zürich

Dr. A. Escher
Professor an der Universität Zürich

Dr. A. Escher
Handelsgerichtsschreiber in Zürich

Dr. P. Forstmoser
Professor an der Universität Zürich

Dr. P. Gauch
Professor an der Universität Freiburg (Schweiz)

Dr. M. Gutzwiller
Professor an der Universität Freiburg (Schweiz)

Dr. R. Haab
Professor an der Universität Basel

Dr. F. Hasenböhler
Professor an der Universität Basel

Dr. P. Higi
Gerichtsschreiber/Ersatzrichter am Bezirksgericht Zürich

Dr. A. Homberger
Professor an der Universität Bern

Dr. E. Homburger
Professor an der Universität Zürich

Dr. P. Jäggi
Professor an der Universität Freiburg (Schweiz)

Dr. V. Lieber
Stv. Generalsekretär am Kassationsgericht des Kantons Zürich

Dr. P. Liver
Professor an der Universität Bern

Dr. A. Marti
Obergerichtsvizepräsident in Schaffhausen

Dr. U. Nordmann-Zimmermann
Bundesrichterin in Lausanne

Dr. K. Oftinger
Professor an der Universität Zürich

Dr. H. Oser
Bundesrichter in Lausanne

Dr. W. Scherrer
Professor an der Universität Basel

E. Schmid
Bundesrichter in Lausanne

Dr. J. Schmid
Professor an der Universität Freiburg (Schweiz)

Dr. B. Schnyder
Professor em. der Universität Freiburg (Schweiz)

Dr. W. Schönenberger
Bundesrichter in Lausanne

Dr. H. Schönle
Professor em. der Universität Genf

Dr. M. Schraner
Kantonsrichter in Freiburg (Schweiz)

Dr. A. Siegwart
Professor an der Universität Freiburg (Schweiz)

Dr. E. Spirig
Oberrichter in Zürich

Dr. A. Staehelin
Appellationsgerichtspräsident in Basel
Professor an der Universität Basel

Dr. W. von Steiger
Professor an der Universität Bern

Dr. A. Simonius
Professor an der Universität Basel

Dr. A. Troller
Professor an der Universität Freiburg (Schweiz)

Dr. F. Vischer
Professor an der Universität Basel

Dr. D. Zobl
Professor an der Universität Zürich

I. Band
Einleitung – Personenrecht

Schweizerisches Zivilgesetzbuch

Bundesgesetz vom 10. Dezember 1907
samt den seitherigen Änderungen

Erste Auflage von A. Egger, A. Escher, R. Haab, H. Oser
Zweite Auflage kommentiert von A. Egger
Dritte Auflage herausgegeben von Peter Gauch und Jörg Schmid

Einleitung

1. Teilband
Art. 1–7 ZGB

Dritte, völlig neu bearbeitete Auflage

Bearbeitet von

Dr. Max Baumann
Privatdozent an der Universität Zürich, Rechtsanwalt

Dr. David Dürr
Privatdozent an der Universität Zürich, Rechtsanwalt

Dr. Viktor Lieber
Stv. Generalsekretär am Kassationsgericht des Kantons Zürich

Dr. Arnold Marti
Obergerichtsvizepräsident in Schaffhausen

Mit einer allgemeinen Einleitung zu den Art. 1–10 von

Dr. Bernhard Schnyder
Professor em. der Universität Freiburg/Schweiz

ZÜRICH 1998 SCHULTHESS POLYGRAPHISCHER VERLAG

Zitiervorschlag: Schnyder Einleitung Art. 1–10
Dürr Vorb. Art. 1/4, Art. 1, Art. 4
Baumann Vorb. Art. 2/3, Art. 2, Art. 3
Marti Vorb. Art. 5/6, Art. 5, Art. 6
Lieber Art. 7

© Copyright 1998 by Schulthess Polygraphischer Verlag AG, Zürich
ISBN 3 7255 3663 5

Vorwort

Professor EUGEN HUBER hat die Einleitungsartikel des Schweizerischen Zivilgesetzbuches (Art. 1–10 ZGB) als «leitende Gedanken für die Festsetzung des Verhältnisses des Gesetzbuches zur Rechtsanwendung im allgemeinen» bezeichnet (Erläuterungen zum Vorentwurf). Im Zürcher Kommentar sind diese grundlegenden Vorschriften im Jahr 1911 von Bundesrichter ALEXANDER REICHEL und 1930, in zweiter Auflage, von Professor AUGUST EGGER bearbeitet worden. 1978 erschien ein unveränderter Nachdruck der zweiten Auflage.

Der vorliegende Kommentarband, mit dem jetzt die dritte Auflage beginnt, enthält eine komplett neue Bearbeitung des Stoffes. Sie behandelt den ersten Teil der Einleitungsartikel («Einleitung zur Einleitung» sowie Art. 1–7 ZGB); die Kommentierung des zweiten Teils (Art. 8–10 ZGB) folgt später. Die gründliche Neubearbeitung der umfangreichen Materie entspricht der Überzeugung, dass es auch heute noch – neunzig Jahre nach der Verabschiedung des ZGB – richtig ist, mit einem wissenschaftlichen Grosskommentar fortzufahren. Er soll neben anderen Werken einen wichtigen Beitrag nicht nur zum besseren Verständnis des Rechts, sondern auch zur Fortentwicklung der schweizerischen Rechtsauffassung leisten. Auf lange Zeit angelegt, bezieht er seine Aktualität nicht aus dem rasch wechselnden Tagesgeschehen, sondern aus der wissenschaftlichen Durchdringung der Materie, aus dem sorgfältig-kritischen Einbezug der vielgestaltigen Lehre und Rechtsprechung und aus der Schöpfung neuer Ideen. Bei alledem soll er aber auch praktisch brauchbar sein, indem er für alle bedeutsamen Fragen ein klare Wegleitung gibt.

Bei diesem Kommentarverständnis lässt sich die Fülle des Stoffes nur durch ein Zusammenwirken mehrerer Autoren bewältigen. Für den erfolgreichen Abschluss des vorliegenden Bandes danken wir vor allem den beteiligten Autoren und unserem Kollegen HANS ULRICH WALDER-RICHLI, der sich um die Koordination der Beiträge gekümmert hat. In den Dank eingeschlossen ist Frau lic. iur. MARLIES NIGGLI, die das Sachregister betreut und teilweise erstellt hat. Herzlichen Dank sagen wir aber auch dem SCHULTHESS POLYGRAPHISCHEN VERLAG, namentlich den Herren WERNER STOCKER und BÉNON EUGSTER. Dank gebührt schliesslich dem SCHWEIZERISCHEN NATIONALFONDS ZUR FÖRDERUNG DER WISSENSCHAFTLICHEN FORSCHUNG, Bern, der einzelne Autoren mit namhaften Beiträgen unterstützt hat.

Freiburg im Üchtland, im Januar 1998   Die Herausgeber:
                                              PETER GAUCH / JÖRG SCHMID

Inhaltsverzeichnis

	Seite
Abkürzungsverzeichnis	IX
Allgemeine Einleitung zu Art. 1–10 (B. SCHNYDER)	1
Vorbemerkungen zu Art. 1 und 4 (D. DÜRR)	117
Art. 1 (D. DÜRR)	241
Vorbemerkungen zu Art. 2 und 3 (M. BAUMANN)	425
Art. 2 (M. BAUMANN)	451
Art. 3 (M. BAUMANN)	717
Art. 4 (D. DÜRR)	781
Vorbemerkungen zu Art. 5 und 6 (A. MARTI)	827
Art. 5 (A. MARTI)	975
Art. 6 (A. MARTI)	1073
Art. 7 (V. LIEBER)	1259
Sachregister	1325

Abkürzungsverzeichnis

A.	Auflage
a.	alt: frühere Fassung des betreffenden Gesetzes oder Artikels (z.B. aArt. 284)
a.A.	anderer Ansicht
a.a.O.	am angeführten Ort
Abs.	Absatz
ABGB	Allgemeines Bürgerliches Gesetzbuch für Österreich vom 1. Juni 1811
AcP	Archiv für civilistische Praxis (Tübingen)
a.E.	am Ende
AFG	Bundesgesetz vom 18. März 1994 über die Anlagefonds (SR 951.31)
AG	Aargau/Aktiengesellschaft/Amtsgericht
AGB	Allgemeine Geschäftsbedingungen
AGS	Aargauische Gesetzessammlung
AGVE	Aargauische Gerichts- und Verwaltungsentscheide
AHV	Alters- und Hinterlassenenversicherung
AHVG	Bundesgesetz vom 20. Dezember 1946 über die Alters- und Hinterlassenenversicherung (SR 831.10)
AI	Appenzell Innerrhoden
AISUF	Arbeiten aus dem juristischen Seminar der Universität Freiburg (Freiburg)
AlVG	Bundesgesetz vom 22. Juni 1951 über die Arbeitslosenversicherung mit seitherigen Änderungen (SR 837.1; nicht mehr in Kraft)
AJP	Aktuelle Juristische Praxis (St. Gallen/Lachen)
al.	alinéa = Absatz
allg.	allgemein
ALR	Allgemeines Landrecht für die Preussischen Staaten von 1794
a.M.	anderer Meinung/hinter Frankfurt: am Main
AmtsBer	Amtsbericht
Anh.	Anhang
Anm.	Anmerkung
Anl.	Anleitung zur VZG (Jaeger/Walder Nr. 32)
Anm.	Anmerkung
aOR	alt OR (vor der jeweils letzten Revision gültige Fassung)
AR	Appenzell Ausserrhoden
ArbR	Mitteilungen des Instituts für schweizerisches Arbeitsrecht (Zürich)
ArG	Bundesgesetz vom 13. März 1964 über die Arbeit in Industrie, Gewerbe und Handel (SR 822.11)

Abkürzungsverzeichnis

arg.	argumentum
Art.	Artikel
art.	article = Artikel
AS	Amtliche Sammlung der Bundesgesetze und Verordnungen
ASA	Archiv für schweizerisches Abgaberecht (Bern)
aSchKG	Schuldbetreibungs- und Konkursgesetz in früherer Fassung
ASR	Abhandlung zum schweizerischen Recht (Bern)
ASYL	Schweizerische Zeitschrift für Asylrecht und -praxis (Zürich)
AT	Allgemeiner Teil
ATF	Arrêtés du Tribunal Fédéral Suisse
Aufl.	Auflage
aURG	altes Urheberrechtsgesetz vom 7. Dezember 1922
AVEG	Bundesgesetz vom 28. September 1956 über die Allgemeinverbindlicherklärung von Gesamtarbeitsverträgen (SR 221.215.311)
AVG	Bundesgesetz vom 6. Oktober 1989 über die Arbeitsvermittlung und den Personalverleih (SR 823.11)
AVIG	Bundesgesetz vom 25. Juni 1982 über die obligatorische Arbeitslosenversicherung und die Insolvenzentschädigung (SR 837.0)
AVIV	Verordnung vom 31. August 1983 über die obligatorische Arbeitslosenversicherung und die Insolvenzentschädigung (SR 837.02)
aZGB	alt ZGB (vor der jeweils letzten Revision gültige Fassung)
BaG/BankG/BkG	Bundesgesetz vom 8.November 1934 über die Banken und Sparkassen (SR 952.0)
BAV	Verordnung vom 27. August 1969 über Bau und Ausrüstung der Strassenfahrzeuge, seit 1. Oktober 1995 ersetzt durch die Verordnung über die technischen Anforderungen an Strassenfahrzeuge VTS (SR 741.41)
BB	Bundesbeschluss
BBl	Bundesblatt der Schweizerischen Eidgenossenschaft
BBPG	Bundesbeschluss über eine Pfandbelastungsgrenze für nichtlandwirtschaftliche Grundstücke vom 6. Oktober 1989 (SR 211.437.3)
BBSG	Bundesbeschluss über eine Sperrfrist für die Veräusserung landwirtschaftlicher Grundstücke und die Veröffentlichung von Eigentumsübertragungen von Grundstücken vom 6. Oktober 1989 (SR 211.437.1)
Bd.	Band
BE	Bern
BEHG	Bundesgesetz vom 24. März 1995 über die Börsen und den Effektenhandel (SR 954.1)
bes.	besonders
betr.	betreffend

Abkürzungsverzeichnis

BewG	Bundesgesetz vom 15. Dezember 1983 über den Erwerb von Grundstücken durch Personen im Ausland (SR 211.412.41)
BG	Bundesgesetz
BGB	Bürgerliches Gesetzbuch für das Deutsche Reich vom 18. August 1896
BGBB	Bundesgesetz vom 4. Oktober 1991 über das bäuerliche Bodenrecht (SR 211.412.1)
BGBM	Bundesgesetz vom 6. Oktober 1995 über den Binnenmarkt (SR 943.02)
BGE	Amtliche Sammlung der Entscheidungen des Schweizerischen Bundesgerichtes
BGH	(Deutscher) Bundesgerichtshof
BG-HAÜ	Bundesgesetz zum Haager Adoptions-Übereinkommen (Vorentwurf vom November 1996)
BGr	Bundesgericht
BJM	Basler Juristische Mitteilungen (Basel)
BL	Basel-Landschaft
BlSchK	Blätter für Schuldbetreibung und Konkurs (Wädenswil)
BLVGE	Bericht des Verwaltungsgerichts des Kantons Basel-Landschaft (Liestal)
BMM	Bundesbeschluss vom 30. Juni 1972 über Massnahmen gegen Missbräuche im Mietwesen (aufgehoben)
BN	Der bernische Notar
Botsch.	Botschaft, insbesondere Botschaft des Bundesrates zum ZGB vom 28. Mai 1904 (BBl 1904 IV 1 ff.)
BR	Baurecht: Mitteilungen des Seminars für Schweizerisches Baurecht (Fribourg)
BRB	Bundesratsbeschluss
BRD	Bundesrepublik Deutschland
BS	Basel-Stadt/Bereinigte Sammlung der Bundesgesetze
BSG	Bernische Systematische Gesetzessammlung
Bsp.	Beispiel
BStP	Bundesgesetz vom 15. Juni 1934 über die Bundesstrafrechtspflege (SR 312.0)
BT	Besonderer Teil
BV	Bundesverfassung der Schweiz. Eidgenossenschaft vom 29. Mai 1874 (SR 101)
BVG	Bundesgesetz über die berufliche Alters-, Hinterlassenen- und Invalidenvorsorge vom 25. Juni 1982 (SR 831.40)
BVR	Bernische Verwaltungsrechtsprechung (Bern)
BZP	Bundesgesetz vom 4. Dezember 1947 über den Bundeszivilprozess (SR 273)
bzw.	beziehungsweise

Abkürzungsverzeichnis

CC	Code Civil
Cc	Code civil français vom 21. März 1804, mit seitherigen Änderungen
CCi	Codice Civile italiano vom 21. April 1942 mit seitherigen Änderungen
CCS	Code civil suisse du 10 décembre 1907 (RS 210) = ZGB
CCT	Code civil turc
CG	Civilgesetzbuch
CHSS	Soziale Sicherheit (Zeitschrift; Bern)
Cie	Compagnie
CO	= OR
CPC	Code de procédure civile
	Codice di procedura civile
DBG	Bundesgesetz vom 14. Dezember 1990 über die direkte Bundessteuer (SR 642.11)
DE	Departementalentwurf
DDR	Deutsche Demokratische Republik (1949-1990)
d.h.	das heisst
ders.	derselbe
CIF	Cost, Insurance, Freight
Dig.	Digesten
Diss.	Dissertation
DJZ	Deutsche Juristenzeitung (Tübingen)
DRiZ	Deutsche Richterzeitung (Köln)
DSG	Bundesgesetz vom 19. Juni 1992 über den Datenschutz (SR 235.1)
DZPO	Deutsche Zivilprozessordnung vom 30. Januar 1877
E.	Erwägung
E/Entw.	Entwurf
EBK	Eidgenössische Bankenkommission
ed.	editor(s) = Herausgeber
EDU	Eidgenössische Demokratische Union
EFTA	Europäische Freihandelsassoziation
EG	kantonales Einführungsgesetz/Europäische Gemeinschaft(en)
EGBGB	Einführungsgesetz zum Bürgerlichen Gesetzbuch für das Deutsche Reich vom 18. August 1896
EGG	Bundesgesetz über die Erhaltung des bäuerlichen Grundbesitzes vom 12. Juni 1951 (AS 1952 403, nicht mehr in Kraft)
EGMR	Europäischer Gerichtshof für Menschenrechte
EGV	Vertrag über die Gründung der Europäischen Gemeinschaft/Entscheide der Gerichts- und Verwaltungsbehörden des Kantons Schwyz
EgzSchKG	Kantonales Einführungsgesetz zum SchKG
Eidg.	Eidgenössische(s)

Abkürzungsverzeichnis

Einl.	Einleitung
EG ZGB	Kantonales Einführungsgesetz zum ZGB
EHG	Bundesgesetz vom 28. März 1905 betreffend die Haftpflicht der Eisenbahn- und Dampfschiffahrtsunternehmungen und der Post (SR 221.112.742)
ElG	Bundesgesetz vom 24. Juni 1902 betreffend die elektrischen Schwach- und Starkstromanlagen (SR 734.0)
EJPD	Eidgenössisches Justiz- und Polizeidepartement
EMARK	Entscheidungen und Mitteilungen der Schweizerischen Asylrekurskommission
EMRK	Konvention zum Schutze der Menschenrechte und Grundfreiheiten vom 4. November 1950 (Europäische Menschenrechtskonvention SR 0.101)
EntG	Bundesgesetz vom 20. Juni 1930 über die Enteignung (SR 711)
Entw./E	Entwurf, insbesondere Entwurf zum ZGB gemäss Botschaft des Bundesrates vom 28. Mai 1904 (BBl 1904 IV 1 ff.)
EO	Erwerbsersatzordnung
EOG	Bundesgesetz vom 25. September 1952 über die Erwerbsersatzordnung für Wehr- und Zivilschutzpflichtige mit seitherigen Änderungen (SR 834.1)
Erl.	Erläuterungen
Erw.	Erwägung
et al.	et alii (und andere)
etc.	et cetera
ETH	Eidgenössische Technische Hochschulen
EU	Europäische Union
EÜ 77	Europäisches Übereinkommen vom 27. Januar 1977 über die Übermittlung von Gesuchen um unentgeltliche Rechtspflege (SR 0.274.137)
EuGH	Europäischer Gerichtshof
EUGRZ	Europäische Grundrechte-Zeitschrift (Kehl/Strasbourg)
EUROLEX	Gesetzgebungspaket zur Anpassung des Bundesrechts an das EWR-Recht (BBl 1992 V 1 ff., 520 ff.; nicht in Kraft getreten)
EVD	Eidgenössisches Volkswirtschaftsdepartement
EVG	Eidgenössisches Versicherungsgericht
EVGE	Entscheide des Eidgenössischen Versicherungsgerichts
evtl.	eventuell
EWG	Europäische Wirtschaftsgemeinschaft
EWGV	Vertrag über die Gründung der Europäischen Wirtschaftsgemeinschaft
EWR	Europäischer Wirtschaftsraum

Abkürzungsverzeichnis

Exp.Komm.	Expertenkommission
f.; ff.	und nächstfolgende Seite(n) und nächstfolgende(r) Artikel/Paragraph(en)
FG	Bundesgesetz vom 21 Juni 1991 über die Fischerei (SR 923.0)
FmedG	Bundesgesetz über die medizinisch unterstützte Fortpflanzung (Fortpflanzungsmedizingesetz; Botschaft des Bundesrates vom 26. Juni 1996, noch nicht verabschiedet)
FMF	Initiative für menschenwürdige Fortpflanzung
FN	Fussnote
FOSC	Feuille officielle Suisse du commerce = SHAB
FR	Freiburg
frz.	französisch
FS	Festschrift
FZR	Freiburger Zeitschrift für Rechtsprechung (Fribourg)
G	Gesetz
GATT	Allgemeines Zoll- und Handelsabkommen
GATTLEX	Gesetzgebungspaket zur Anpassung des Bundesrechts an das GATT/WTO-Recht (BBl 1994 IV 950.)
GBV	Verordnung vom 22. Februar 1910 betreffend das Grundbuch (SR 211.432.1)
GE	Genf
GebT/GebV	Gebührenverordnung zum Bundesgesetz über Schuldbetreibung und Konkurs vom 7. Juli 1971/29. Juni 1983/17. Juni 1991/23. September 1996 (SR 281.35)
gem.	gemäss
GG	Grundgesetz vom 23. Mai 1949 (Deutschland)
GL	Glarus
GlG	Bundesgesetz vom 24. März 1995 über die Gleichstellung von Frau und Mann (SR 151)
gl.M.	gleicher Meinung
GmbH	Gesellschaft mit beschränkter Haftung
GOG	Gerichtsorganisationsgesetz
GS	Zürcher Gesetzessammlung 1981
GR	Graubünden
GRUR	Zeitschrift für gewerblichen Rechtsschutz und Urheberrecht (Weinheim)
GRV	Verordnung betreffend das Güterrechtsregister vom 27. September 1910 (SR 211.214.51)
GV	Generalversammlung
GVG	Gerichtsverfassungsgesetz
GVP	Gerichts- und Verwaltungspraxis des Kantons Zug

Abkürzungsverzeichnis

GVO	Gerichtsverordnung
Habil.	Habilitationsschrift
Hbbd.	Halbband
HBewÜ 70	Haager Übereinkommen vom 18. März 1970 über die Beweisaufnahme im Ausland (SR 0.274.132)
HGB	Handelsgesetzbuch für das Deutsche Reich vom 10. Mai 1897
HRegV/HRV	Verordnung über das Handelsregister vom 7. Juni 1937 (SR 221.411)
Hrsg.	Herausgeber
HÜ 80	Haager Übereinkommen vom 25. Oktober 1980 über den internationalen Zugang zur Rechtspflege (SR 0.274.133)
HZÜ 65	Haager Übereinkommen vom 15. November 1965 über die Zustellung gerichtlicher und aussergerichtlicher Schriftstücke ins Ausland (SR 0.274.131)
IAO	Internationale Arbeitsorganisation
i.e.S.	im engeren Sinn
IGH	Internationaler Gerichtshof
insbes.	insbesondere
IPrax	Praxis des Internationalen Privat- und Verfahrensrechts (Bielefeld)
IPR	Internationales Privatrecht
IPRG	Bundesgesetz vom 18. Dezember 1987 über das internationale Privatrecht (SR 291)
I.-R.	Innerrhoden
i.S.	in Sachen
i.Verb.	in Verbindung
IV	Invalidenversicherung
IVG	Bundesgesetz vom 19. Juli 1959 über die Invalidenversicherung mit seitherigen Änderungen (SR 831.20)
JAR	Jahrbuch des Schweizerischen Arbeitsrechts (Bern)
JBl	Juristische Blätter (Wien)
JdT	Journal des Tribunaux (Lausanne)
Jhs.	Jahrhunderts
JLS	Journal of Legal Studies (Chicago)
JSG	Bundesgesetz vom 20. Juni 1986 über die Jagd und den Schutz wildlebender Säugetiere und Vögel (SR 922.0)
JSV	Verordnung zum JSG vom 29. Februar 1988 (SR 922.01)
JU	Jura
JuS	Juristische Schulung (München)
JZ	(Deutsche) Juristen Zeitung (Tübingen)
KassGer	Kassationsgericht
KG	Bundesgesetz vom 6. Oktober 1995 über Kartelle und andere Wettbewerbsbeschränkungen (SR 251)

Abkürzungsverzeichnis

KKG	Bundesgesetz vom 8. Oktober 1993 über den Konsumkredit (SR 221.214.1)
km	Kilometer
Komm.	Kommentar
Konk.	Konkordat
KonkV/KOV	Verordnung über die Geschäftsführung der Konkursämter vom 13. Juli 1911 (SR 281.32)
KS SchKK	Kreisschreiben der Schuldbetreibungs- und Konkurskammer
Kt.	Kanton
KTS	Konkurs-, Treuhand- und Schiedsgerichtswesen
KUVG	Bundesgesetz über die Kranken- und Unfallversicherung vom 13. Juni 1911 (AS 28, 353 ff.; nicht mehr in Kraft)
KV	Kantonsverfassung
KVG	Bundesgesetz über die wirtschaftliche Kriegsvorsorge vom 30. September 1955 (SR 531.01)
LCD	loi fédérale du 19 décembre 1986 sur la concurrence déloyale (RS 241) = UWG
LCR	loi fédérale sur la circulation routière du 19 décembre 1958 (RS 741.01) = SVG
LEG	Bundesgesetz vom 12. Dezember 1940 über die Entschuldung landwirtschaftlicher Heimwesen (BS 9 80; nicht mehr in Kraft)
LeGes	Gesetzgebung heute, Mitteilungsblatt der Schweizerischen Gesellschaft für Gesetzgebung (Bern)
LES	Liechtensteinische Entscheidsammlung
LG	(Deutsches) Landgericht
LGV	laufende Geschäftsverbindung
LGVE	Luzerner Gerichts- und Verwaltungsentscheide (Luzern)
lit.	litera
LJZ	Liechtensteinische Juristen-Zeitung (Vaduz)
LMG	Bundesgesetz vom 9. Oktober 1992 über Lebensmittel- und Gebrauchsgegenstände (SR 817.0)
LS	Loseblattsammlung (Zürich)
LU	Luzern
LugÜ/LugUeB	Lugano-Übereinkommen vom 16. September 1988 (SR 0.275.11)
Max.	Maximen (Luzerner Gerichts- und Verwaltungsentscheide)
MBVR	Monatsschrift für bernisches Verwaltungsrecht und Notariatswesen (Bern)
m.E.	meines Erachtens
MMG	Bundesgesetz vom 30. März 1900 betreffend die gewerblichen Muster und Modelle (SR 232.12)
MO	Bundesgesetz vom 12. April 1907 über die Militärorganisation (BS 5 3 ff.; nicht mehr in Kraft)

Abkürzungsverzeichnis

mp	Mietrechtspraxis: Zeitschrift für schweizerisches Mietrecht (Zürich)
MSchG	Bundesgesetz vom 28. August 1992 über den Schutz von Marken und Herkunftsangaben (SR 232.11)
MStG	Militärstrafgesetz vom 13. Juni 1927 (SR 321.0)
m.w.N.	mit weiteren Nachweisen
N	Note
NAG	Bundesgesetz vom 25. Juni 1891 betreffend die zivilrechtlichen Verhältnisse der Niedergelassenen und Aufenthalter (BS 2 737 ff.; nicht mehr in Kraft)
NatR	Nationalrat
NE	Neuenburg
NF	Neue Folge
NHG	Bundesgesetz vom 1. Juli 1966 über den Natur- und Heimatschutz (SR 45)
NHV	Verordnung vom 16. Januar 1991 über den Natur- und Heimatschutz (SR 451.1)
NJW	Neue Juristische Wochenschrift (München/Frankfurt a.M.)
Nov.	November
NR	Nationalrat
Nr.	Nummer
NW	Nidwalden
NZZ	Neue Zürcher Zeitung
OCR	Ordonnance sur les règles de la circulation routière du 13 novembre 1962 (RS 741.11) = VRV
OECD	Organisation für Wirtschaftliche Zusammenarbeit und Entwicklung
OG	Bundesgesetz vom 16. Dezember 1943 über die Organisation der Bundesrechtspflege (SR 173.110)
Oger/OG	Obergericht
OGH	Oberster Gerichtshof (Wien)
OHG	Bundesgesetz vom 4. Oktober 1991 über die Hilfe an Opfer von Straftaten (SR 312.5)
OJ	Loi fédérale d'organisation judiciaire du 16 décembre 1943 (RS 173.110) = OG
o.J.	ohne Jahrgang
ÖJZ	Österreichische Juristen-Zeitung (Wien)
OLG	(Deutsches) Oberlandesgericht
OR	Bundesgesetz vom 30. März 1911 betreffend die Ergänzung des Schweizerischen Zivilgesetzbuches (5. Teil: Obligationenrecht; SR 220)
OS	Offizielle Sammlung der Gesetze, Beschlüsse und Verordnungen des eidg. Standes Zürich

Abkürzungsverzeichnis

OSZE	Organisation für Sicherheit und Zusammenarbeit in Europa
OW	Obwalden
PatG	Bundesgesetz vom 25. Juni 1954 betreffend die Erfindungspatente (SR 232.14.)
PGB	Privatrechtliches Gesetzbuch für den Kanton Zürich, von 1853–1855
PfG	Bundesgesetz über die Ausgabe von Pfandbriefen vom 25. Juni 1930 (SR 211.423.4)
PG	Privatrechtliches Gesetzbuch
PKG	Die Praxis des Kantonsgerichtes von Graubünden
Pra.	Die Praxis des Bundesgerichts (Basel)
PRG	Bundesgesetz vom 18. Juni 1993 über Pauschalreisen (SR 944.3)
PrHG	Bundesgesetz vom 18. Juni 1993 über die Produktehaftpflicht (SR 221.112.944)
Prot.	Protokoll
PVG	Postverkehrgesetz vom 2. Oktober 1924 (SR 783.0) / Praxis des Verwaltungsgerichtes des Kantons Graubünden
RA	Rechtsanwalt
RabZ/RabelsZ	Rabels Zeitschrift für ausländisches und internationales Privatrecht (Berlin/Tübingen)
RB, RechB/ RechBer	Rechenschaftsbericht
recht	Zeitschrift für juristische Ausbildung und Praxis (Bern)
Rep.	Repertorio di giurisprudenza patria (Bellinzona)
rev.	revidiert
Rev. trim. civ.	Revue trimestrielle de droit civil (Paris)
RheinZ	Rheinische Zeitschrift für Zivil- und Prozessrecht des In- und Auslandes (Mannheim)
RJN	Recueil de jurisprudence neuchâteloise (Neuchâtel)
RIW	Recht der internationalen Wirtschaft (Heidelberg)
RL	Raccolta delle leggi
Rn	Randnote
RPG	Bundesgesetz vom 22. Juni 1979 über die Raumplanung (SR 700)
RS	Recueil systématique du droit fédéral = SR
RSV	Recueil systématique du droit vaudois
RVJ	Revue valaisanne de jurisprudence (Sion)
Rz/RZ	Randziffer
S.	Seite
s.	siehe
SAG	Schweizerische Aktiengesellschaft (Zürich; jetzt SZW)
sc.	scilicet (nämlich)
SchK	Schuldbetreibungs- und Konkurskommission

Abkürzungsverzeichnis

SchKG	Bundesgesetz über Schuldbetreibung und Konkurs vom 11. April 1889/16. Dezember 1994 (SR 281.1)
SchlT	Schlusstitel des ZGB (Anwendungs- und Ausführungsbestimmungen)
SchRG	Bundesgesetz vom 28. September 1923 über das Schiffsregister (SR 747.11)
Schweiz.	Schweizerische(s)
SEV	Schweizerischer Elektrotechnischer Verein
Semjud	La Semaine juridicaire (Genf)
SFV 2	Verordnung vom 7. Mai 1986 über die Verwaltung des Sicherheitsfonds BVG (SR 881.432.3)
SG	St. Gallen
sGS	Gesetzessammlung des Kantons St. Gallen, systematisches Register
SGW	Systematische Gesetzessammlung der Republik und des Kantons Wallis
SH	Schaffhausen
SIWR	Schweizerisches Immaterialgüter- und Wettbewerbsrecht (mehrbändige systematische Darstellung; Basel/Frankfurt a.M.)
SJ	La Semaine Judiciaire (Genève)
SJK	Schweizerische Juristische Kartothek (Genf)
SJZ	Schweizerische Juristen-Zeitung (Zürich)
SO	Solothurn
SOG	Solothurnische Gerichtspraxis
sog.	sogenannt
SPR	Schweizerisches Privatrecht (mehrbändige systematische Darstellung, Basel/Frankfurt a.M.)
SR	Systematische Sammlung des Bundesrechts (auch für Luzern)
SRL	Systematische Rechtssammlung des Kantons Luzern
SSG	Bundesgesetz vom 23. September 1953 über die Seeschiffahrt unter der Schweizer Flagge (SR 747.30)
StändeR	Ständerat
StenBull (NR, SR/StR)	Stenographisches Bulletin (Nationalrat, Ständerat)
StG	Gesetz über die direkten Steuern (ZH)
StGB	Schweizerisches Strafgesetzbuch vom 21. Dezember 1937 (SR 311.0)
StHG	Bundesgesetz vom 14. Dezember 1990 über die Harmonisierung der direkten Steuern der Kantone und Gemeinden (SR 642.14)
StR (auch SR)	Ständerat
SVG	Bundesgesetz über den Strassenverkehr vom 19. Dezember 1958 (SR 741.01)

Abkürzungsverzeichnis

SVIT (-Kommentar)	Schweizerisches Mietrecht, Kommentar; herausgegeben vom Schweizerischen Verband der Immobilien-Treuhänder
SWISSLEX	Gesetzgebungspaket des Folgeprogramms nach der Ablehnung des EWR (BBl 1993 I 805 ff.)
Syst. Teil	Systematischer Teil
SZ	Schwyz
SZIER	Schweizerische Zeitschrift für internationales und europäisches Recht (Zürich)
SZS	Schweizerische Zeitschrift für Sozialversicherung und berufliche Vorsorge (Bern)
SZW	Schweizerische Zeitschrift für Wirtschaftsrecht (Zürich; ehem. SAG)
TE	Teilentwurf
THG	Bundesgesetz vom 6. Oktober 1995 über die technischen Handelshemmnisse (SR 946.51)
TG	Thurgau
TI	Tessin
ToG	Bundesgesetz vom 9. Oktober 1992 über den Schutz von Topographien von Halbleitererzeugnissen (SR 231.2)
TRIPS	Abkommen über handelsbezogene Aspekte der Rechte des geistigen Eigentums vom 15. April 1994 (AS 1995 2457 ff.)
TSchG	Tierschutzgesetz vom 9. März 1978 (SR 455)
TVAV	Technische Verordnung über die amtliche Vermessung vom 10. Juni 1994 (SR 211.432.21)
u.a.m	und andere(s) mehr
ÜbBest/ÜB	Übergangsbestimmung
U.C.C.	Uniform Commercial Code (USA)
UKRK	UNO-Konvention über die Rechte des Kindes vom 20. November 1989
UNCITRAL	United Nations Commission on International Trade Law
UNESCO	Organisation für Erziehung, Wissenschaft und Kultur
UNIDROIT	Internationales Institut für die Vereinheitlichung des Privatrechts
u.E.	unseres Erachtens
UN	United Nations (Vereinte Nationen)
UNO	United Nations Organization (Organisation der Vereinten Nationen)
UR	Uri
URG	Bundesgesetz vom 9. Oktober 1992 über das Urheberrecht und verwandte Schutzrechte (SR 231.1)
URP	Umweltrecht in der Praxis (Zürich)
USA	United States of America
USG	Bundesgesetz vom 7. Oktober 1983 über den Umweltschutz (SR 814.01)

Abkürzungsverzeichnis

u.U.	unter Umständen
UVG	Bundesgesetz vom 20. März 1981 über die Unfallversicherung (SR 832.20)
UWG	Bundesgesetz vom 19. Dezember 1986 gegen den unlauteren Wettbewerb (SR 241)
usw.	und so weiter
VO	Verordnung
v.a.	vor allem
VAG	Bundesgesetz vom 23. Juni 1978 betreffend die Aufsicht über die privaten Versicherungseinrichtungen (SR 961.01)
VAV	Verordnung über die amtliche Vermessung vom 18. November 1992 (SR 211.423.2)
VB	Vorbemerkungen
VBG	Verordnung betreffend die Pfändung, Arrestierung und Verwertung von Versicherungsansprüchen nach dem Bundesgesetz vom 2. April 1908 über den Versicherungsvertrag vom 10 Mai 1910 (SR 281.51)
VD	Waadt
VE	Vorentwurf, insbesondere Vorentwurf des EJPD zum ZGB vom 15. November 1900
Verb.	Verbindung
VG	Verwaltungsgericht
VGE	Verwaltungsgerichtsentscheid
vgl.	vergleiche
VMWG	Verordnung vom 9. Mai 1990 über die Miete und Pacht von Wohn- und Geschäftsräumen (SR 221.213.11)
VMZ	Verordnung über vorübergehende Milderung der Zwangsvollstreckung vom 24. Januar 1941
Vorbem.	Vorbemerkung
VPB	Verwaltungspraxis der Bundesbehörden (Bern)
VRG	Gesetz über den Rechtsschutz in Verwaltungssachen (Verwaltungsrechtspflegegesetz) vom 24. Mai 1959 (Zürich)
VS	Wallis
VVAG	Verordnung des Bundesgerichts vom 17. Januar 1923 über die Pfändung und Verwertung von Anteilen an Gemeinschaftsvermögen (SR 281.41)
VVG	Bundesgesetz vom 2. April 1908 über den Versicherungsvertrag (SR 221.229.1)
VVO	Vollziehungsverordnung
VVV	Verkehrsversicherungsverordnung vom 20. November 1959 (SR 741.31)
VWOG	Bundesgesetz über die Organisation und die Geschäftsführung des Bundesrates und der Bundesverwaltung vom 19. September 1978 (Verwaltungsorganisationsgesetz; SR 281.42)

Abkürzungsverzeichnis

VwVG	Bundesgesetz vom 20. Dezember 1968 über das Verwaltungsverfahren (SR 172.021)
VZG	Verordnung des Bundesgerichts über die Zwangsverwertung von Grundstücken vom 23. April 1920/4. Dezember 1975 (SR 281.42)
VZV	Verordnung vom 27. Oktober 1976 über die Zulassung von Personen und Fahrzeugen zum Strassenverkehr (SR 741.51)
WaG	Bundesgesetz vom 4. Oktober 1991 über den Wald (SR 921.0)
WTO	Welthandelsorganisation
WuR	Wirtschaft und Recht (Zürich)
WZG	(deutsches) Warenzeichengesetz vom 2. Januar 1968, mit seitherigen Änderungen
ZBGR	Schweizerische Zeitschrift für Beurkundungs- und Grundbuchrecht (Wädenswil)
z.B.	zum Beispiel
ZBl	Schweizerisches Zentralblatt für Staats- und Verwaltungrecht (Zürich; bis 1988: Schweizerisches Zentralblatt für Staats- und Gemeindeverwaltung, Zürich)
ZBJV	Zeitschrift des Bernischen Juristenvereins (Bern)
ZEuP	Zeitschrift für europäisches Privatrecht (München)
ZfRV	Zeitschrift für Rechtsvergleichung (Wien)
ZG	Zug
ZGB	Schweizerisches Zivilgesetzbuch vom 10. Dezember 1907 (SR 210)
ZGRG	Zeitschrift für Gesetzgebung und Rechtsprechung in Graubünden (Chur)
ZH	Zürich
ZHR	Zeitschrift für das gesamte Handelsrecht (Heidelberg; ab 1962: für das gesamte Handels- und Wirtschaftsrecht)
Ziff.	Ziffer
ZIP	Zeitschrift für Wirtschaftsrecht (Köln)
zit.	zitiert
ZPO, ZP	Zivilprozessordnung
ZPG	Zivilprozessgesetz
ZPR	Zivilprozessrecht
ZR	Blätter für Zürcherische Rechtsprechung (Zürich)
ZSR (AF, NF)	Zeitschrift für Schweizerisches Recht (Alte Folge, Neue Folge; Basel)
ZStR	Schweizerische Zeitschrift für Strafrecht (Bern)
ZStV	Verordnung über das Zivilstandswesen vom 1. Juni 1953 (Zivilstandsverordnung; SR 211.112.1)
ZUG	Bundesgesetz vom 24. Juni 1977 über die Zuständigkeit für die Unterstützung Bedürftiger (SR 851.1)
ZvglRWiss	Zeitschrift für vergleichende Rechtswissenschaft (Heidelberg)

Abkürzungsverzeichnis

ZVW	Zeitschrift für Vormundschaftswesen (Zürich)
ZWR	Zeitschrift für Walliser Rechtsprechung (Sitten)
ZZP	Zeitschrift für Zivilprozess (Köln)
ZZW	Zeitschrift für Zivilstandswesen (Bern)

Allgemeine Einleitung zu Art. 1–10 ZGB*

Inhaltsübersicht   Rz

A.	**Entstehungsgeschichte**	1
I.	Die Entstehung des ZGB	1
	1. Vorbemerkungen	1
	2. Die Ausgangslage	6
	a) Die europäischen Kodifikationen	7
	b) Das kantonale Privatrecht	12
	3. Die Grundlagen	18
	a) «System und Geschichte des schweizerischen Privatrechtes»	19
	b) Die umfassende Gesetzgebungskompetenz des Bundes auf dem Gebiet des Privatrechts	27
	4. Der Werdegang	39
	a) Das Memorial des EJPD	39
	b) Die Teilentwürfe (TE)	41
	c) Die Departementalentwürfe (DE)	45
	d) Der Vorentwurf (VE)	49
	e) Die Grosse Expertenkommission	54
	f) Botschaft und Entwurf des Bundesrates	56
	g) Die Verhandlungen in den Eidgenössischen Räten	60
	h) Die Anpassung des Obligationenrechts an das ZGB	66
II.	Die Entstehung des Einleitungstitels	67
B.	**Das ZGB in Zeit und Raum**	85
I.	Die Revisionen des ZGB	85
	1. Die einzelnen Abänderungen	85
	2. Die wichtigsten Revisionen	87
	a) Miteigentum und Stockwerkeigentum	88
	b) Baurecht	90
	c) Adoption	91
	d) Kindesrecht	92
	e) Fürsorgerische Freiheitsentziehung	93
	f) Persönlichkeitsschutz	94
	g) Ehe- und Erbrecht	95
	h) Immobiliarsachenrecht	97
	i) Mündigkeitsalter	98
	j) Bäuerliches Privatrecht	99
	k) Personalfürsorgestiftungen	101
II.	Die Zukunft des ZGB	102
	1. Revisionsvorhaben	103
	a) «Scheidungsrecht»	103
	b) «Stiftungsrecht»	108

---

* Im Laufe der Entstehung dieses Kommentars haben v.a. folgende Assistenten bei Kontrollen und Korrekturen der Einleitung zu Art. 1–10 ZGB mitgewirkt: lic. iur. Daniel Feldmann, Markus Hablützel, Tobias Moser, Gianni Rizzello und Franz Stirnimann. Besonderer Dank gebührt Daniel Feldmann für die Koordination und die Abschlussredaktion.

Allg. Einleitung Art. 1–10

		c)	Vormundschaftsrecht	111
		d)	Kindesrecht	114
		e)	Familienname der Ehegatten	117
		f)	Rechtsstellung gleichgeschlechtlicher Paare	118
		g)	Fortpflanzungsmedizin	120
	2.	Vereinheitlichungsbestrebungen		122
		a)	Konventionen	122
		b)	Europäische Privatrechtskodifikation	125
III.	Das ZGB und das ausländische Recht			130
	1.	Vorbemerkungen		130
	2.	Die (globale) Rezeption des ZGB in der Türkei		136
		a)	Die Vorgeschichte	137
		b)	Der Ablauf der Rezeption	140
		c)	Die Verwirklichung der Rezeption	145
	3.	Die (strukturelle) Rezeption des ZGB im Fürstentum Liechtenstein		156
	4.	Beispiele eklektischer Rezeptionen des ZGB		163
		a)	Das griechische Zivilgesetzbuch von 1946	164
		b)	Das lettische Zivilgesetzbuch von 1937	169
		c)	Der Entwurf eines ungarischen Zivilgesetzbuches von 1928	173
		d)	Der mexikanische Codigo Civil von 1928	176
	5.	Ausblick		178
C.	**Inhalt und Eigenart**			179
I.	Das ZGB als kodifiziertes Privatrecht			179
II.	Die vier Rechtsgebiete			183
	1.	Das Personenrecht		183
	2.	Das Familienrecht		189
	3.	Das Erbrecht		199
	4.	Das Sachenrecht		207
II.	Die Eigenart des ZGB			218
	1.	Das ZGB im Kreis der Zivilrechtskodifikationen		221
	2.	Der Inhalt		228
	3.	Die Form		232
D.	**Das ZGB ergänzende Erlasse**			241
I.	Die Bundesverordnungen zum ZGB			241
	1.	Im allgemeinen		241
	2.	Die wichtigsten Verordnungen		245
		a)	Die Zivilstandsverordnung	246
		b)	Die Verordnung über die Adoptionsvermittlung	250
		c)	Die Verordnung über die Aufnahme von Pflegekindern	253
		d)	Die Grundbuchverordnung	256
		e)	Die Verordnungen betreffend den Eigentumsvorbehalt	260
II.	Das kantonale Einführungsrecht			264
	1.	Allgemeines		264
	2.	«Ergänzende kantonale Anordnungen»		268
		a)	Die vom ZGB vorgesehenen ergänzenden kantonalen Anordnungen	270
		b)	Die vom ZGB vorgesehenen notwendigen ergänzenden kantonalen Anordnungen insbesondere	274
		c)	Die Genehmigung des Bundes	277
		d)	Die Ersatzverordnungen des Bundes	282
	3.	Die kantonalen Einführungsgesetze zum Zivilgesetzbuch		284

Allgemeines Literaturverzeichnis

Systematische Darstellungen

Diese Zusammenstellung enthält nur Darstellungen des ganzen ZGB oder des Einleitungstitels bzw. von jenen Teilen des ZGB, die in unmittelbarem Zusammenhang mit dem Einleitungstitel stehen.

Caroni Pio	Einleitungstitel des Zivilgesetzbuches, Basel/Frankfurt a.M. 1996 (zit.: Caroni, Einleitungstitel)
Homberger Arthur	Das Schweizerische Zivilgesetzbuch in den Grundzügen dargestellt, 2. Auflage, Zürich 1943
Huber Eugen/Mutzner Paul	System und Geschichte des Schweizerischen Privatrechts, 2. Auflage des so betitelten Werkes von Eugen Huber, erschienen Band 1, Lieferung 1–3, Basel 1932–1937
Meier-Hayoz A./ Ruoss R.	(Hrsg.), Einleitungsartikel des Schweizerischen Zivilgesetzbuches (Art. 1–10), 3. Auflage, Zürich 1979 (zit.: Meier-Hayoz, Einleitungsartikel)
Riemer Hans Michael	Die Einleitungsartikel des Schweizerischen Zivilgesetzbuches, Art. 1–10 ZGB, Bern/Zürich 1987 (zit.: Riemer, Einleitungsartikel)
Rossel V./Mentha F.-H.	Manuel du droit civil suisse, 3 Bände, 2. Auflage, Lausanne/Genève 1922 (Supplément 1931)
Tuor P./Schnyder B./ Schmid J.	Das Schweizerische Zivilgesetzbuch, 11. Auflage, Zürich 1995
Tuor P./Deschenaux H.	Le Code civil suisse, 2. Auflage, Zürich 1950 (Übersetzung der 5. Auflage des soeben zitierten Werkes mit einigen Ergänzungen).

Schweizerisches Privatrecht

(Helbing & Lichtenhahn Verlag AG, Basel/Stuttgart/Frankfurt a.M./Universitätsverlag, Freiburg): Dieses Werk ist sowohl in deutscher wie französischer Sprache erschienen. Die meisten französischsprachigen Bände sind auch in die deutsche Sprache übersetzt worden. Im folgenden wird jeweils bloss die deutsche Ausgabe erwähnt. Zitierweise: Name, SPR, Band.

Band I: Gutzwiller Max (Hrsg.), Geschichte und Geltungsbereich (Basel/Stuttgart 1969):
- Elsener Ferdinand, Geschichtliche Grundlegung, 1 ff.
- Jagmetti Marco, Vorbehaltenes kantonales Privatrecht, 239 ff.
- Broggini Gerardo, Intertemporales Privatrecht, 353 ff.
- Vischer Frank, Internationales Privatrecht, 509 ff.

Band II: Gutzwiller Max (Hrsg.), Einleitung und Personenrecht (Basel/Stuttgart 1967; Nachdruck 1986):
- Deschenaux Henri, Der Einleitungstitel, 1 ff.
- Grossen Jacques-Michel, Das Recht der Einzelpersonen, 285 ff.
- Götz Ernst, Die Beurkundung des Personenstandes, 379 ff.
- Gutzwiller Max, Verbandspersonen, Grundsätzliches, 425 ff.
- Heini Anton, Die Vereine, 515 ff.
- Gutzwiller Max, Die Stiftungen, 571 ff.

Allg. Einleitung Art. 1–10

Kommentare

Diese Zusammenstellung enthält nur Kommentare, die in einem Zusammenhang mit dem Einleitungstitel des ZGB stehen, diese jedoch mit sämtlichen bisher erschienenen Auflagen.

Vor Inkrafttreten des ZGB ist ein Kommentar von Eugen Curti-Forrer, Schweizerisches Zivilgesetzbuch mit Erläuterungen, Zürich 1911, erschienen.

Die Bearbeitung von ZGB und OR in wissenschaftlichen Kommentaren erfolgte im übrigen durch je einen Kommentar der Verlage Stämpfli (Bern) und Schulthess (Zürich). Diese Werke sind als (von ihm selbst so betitelten) *Berner* und als *Zürcher Kommentar* in den Sprachgebrauch der Schweizer Juristen eingegangen. Neuerdings erscheint auch ein Kommentar zum Schweizerischen Privatrecht im Verlag Helbing & Lichtenhahn (Basel). Für diesen Kommentar hat sich in kurzer Zeit die Bezeichnung *Basler Kommentar* eingebürgert.

a. «*Berner Kommentar*»

Kommentar zum schweizerischen Privatrecht, herausgegeben von Heinz Hausheer (früher Max Gmür, Hermann Becker, Arthur Meier-Hayoz), Verlag Stämpfli & Cie AG, Bern.

Band I: Einleitung und Personenrecht

1. Auflage   Max Gmür/Ernst Hafter, Einleitung erläutert von Max Gmür, Personenrecht erläutert von Ernst Hafter, Bern 1910.
2. Auflage   Max Gmür/Ernst Hafter, Einleitung erläutert von Max Gmür, Personenrecht erläutert von Ernst Hafter, laut Vorwort «eine zum Teil erhebliche Umarbeitung und Erweiterung» der 1. Auflage, Bern 1919.
3. Auflage   Peter Liver/Arthur Meier-Hayoz/Hans Merz/Peter Jäggi/Hans Huber/ Hans-Peter Friedrich/Max Kummer, Band I/1: Einleitung, Artikel 1–10 ZGB, Bern 1962.
4. Auflage   Peter Liver/Arthur Meier-Hayoz/Hans Merz/Peter Jäggi/Hans Huber/ Hans-Peter Friedrich/Max Kummer, Band I/1: Einleitung, Artikel 1–10 ZGB, nahezu unveränderter Nachdruck der Ausgabe von 1962, Bern 1966.

Aus Bestandesgründen erfolgte dann im Jahre 1977 ein weiterer, völlig unveränderter Nachdruck des zuletzt erwähnten Bandes.

b. «*Zürcher Kommentar*»

Kommentar zum Schweizerischen Zivilgesetzbuch, Schulthess Polygraphischer Verlag AG, Zürich.

Band I: Einleitung und Personenrecht

1. Auflage   Alexander Reichel/August Egger, Einleitung erläutert von Alexander Reichel, Personenrecht erläutert von August Egger, Zürich 1911. Dazu erschienen zwei Supplementbände (Zürich, 1927).
2. Auflage   August Egger, Einleitung, Art. 1–10 ZGB, und Das Personenrecht, Art. 11–89 ZGB, Zürich 1930.

Zur 2. Auflage erfolgte ein unveränderter Nachdruck 1978.

c. «Basler Kommentar»

Kommentar zum Schweizerischen Privatrecht, Verlag Helbing & Lichtenhahn, Basel und Frankfurt am Main.

HEINRICH HONSELL/NEDIM PETER VOGT/THOMAS GEISER (Hrsg.), Zivilgesetzbuch I, Basel 1996.

Weitere Werke

AEPLI VIKTOR	Grundrechte und Privatrecht, Hinweise für die Überprüfung der Grundrechtskonformität des Privatrechts im Sinne des Entwurfs für eine Totalrevision der Bundesverfassung, Diss. Freiburg 1980
BURCKHARDT WALTHER	Methode und System des Rechts, Zürich 1936, Nachdruck 1971
–	Grundsätzliches über die Abgrenzung der Gesetzgebungskompetenzen zwischen Bund und Kantonen, in: ZBJV 68 (1932), 305 ff.
–	Kommentar der schweizerischen Bundesverfassung vom 29. Mai 1874, 3. Auflage, Bern 1931
–	Eidgenössisches bricht kantonales Recht, in: Festgabe für FRITZ FLEINER zum 60. Geburtstag, Tübingen 1927, 59 ff.
CARONI PIO	«Privatrecht», Eine sozialhistorische Einführung, Basel/Frankfurt a.M. 1988 (zit.: CARONI, Privatrecht)
–	Das «demokratische Privatrecht» des Zivilgesetzbuches, A. MENGER und E. HUBER zum Wesen eines sozialen Privatrechts, in: Festschrift für HENRI DESCHENAUX, Fribourg 1977, 37 ff.
DRUEY JEAN NICOLAS	Privatrecht als Kontaktrecht, Ein Gedanke zur Unterscheidung von öffentlichem Recht und Privatrecht, in: Jahrbuch des öffentlichen Rechts der Gegenwart, NF Band 40, Tübingen 1991/1992, 149 ff.
–	Privatrecht als Recht der Kommunikation, Gedanken bei Antritt eines privatrechtlichen Lehramts, in: SJZ 79 (1983), 185 ff.
EGGER AUGUST	Über die Rechtsethik des schweizerischen Zivilgesetzbuches, 2. Auflage, Zürich 1950
–	Die Freiheitsidee im schweizerischen Zivilrecht, in: Die Freiheit des Bürgers im schweizerischen Recht, Festgabe zur Hundertjahrfeier der Bundesverfassung, Zürich 1948, 297 ff.
–	Wandlungen der kontinentaleuropäischen Privatrechtsordnungen, in: Ausgewählte Schriften und Abhandlungen, Erster Band: Beiträge zur Grundlegung des Privatrechts, Zürich 1957, 231 ff.
EICHLER HERMANN	Rechtssysteme der Zivilgesetzbücher: Vermächtnis und Aufgabe, in: Europäische Hochschulschriften: Reihe 2, Band 1318, Frankfurt a.M./Bern etc. 1993
FORSTMOSER P./ SCHLUEP W. R.	Einführung in die Rechtswissenschaft, Band I: Einführung in das Recht, Bern 1992
GMÜR MAX	Was bringt uns das schweizerische Zivilgesetzbuch?, Ein Vortrag zur Feier des 20. März 1908, gehalten in der von der jungfreisinnigen Vereinigung veranstalteten öffentlichen Versammlung in Biel, Bern 1908 (zit.: GMÜR, Was bringt uns das schweizerische Zivilgesetzbuch?)

Allg. Einleitung Art. 1–10

GMÜR RUDOLF	Das Schweizerische Zivilgesetzbuch verglichen mit dem Deutschen Bürgerlichen Gesetzbuch, Bern 1965, ASR 366
GUTZWILLER MAX	Der Standort des schweizerischen Rechts, in: Centenarium 1861–1961 Schweizerischer Juristenverein, Basel 1961, 243 ff.
GUTZWILLER PETER M. ET ALII	Grundriss des schweizerischen Privat- und Steuerrechts mit angrenzenden Gebieten und internationalem Recht, 2. Auflage, Zürich 1982
GYGI FRITZ	Zur Rechtsetzungszuständigkeit des Bundes auf dem Gebiet des Zivilrechts (BV 64), in: ZSR NF 95 (1976), I 343 ff.
–	Zur bundesstaatlichen Rechtsetzungszuständigkeit im Gebiet des Obligationen- und Handelsrechts, in: ZSR NF 103 (1984), I 1 ff.
HUBER EUGEN	System und Geschichte des Schweizerischen Privatrechts, 4 Bände, Basel 1886, 1888, 1889, 1893 (zit.: HUBER, System bzw. HUBER, Geschichte)
–	Erläuterungen zum Vorentwurf eines schweizerischen Zivilgesetzbuches, 2. Auflage, 2 Bände, Bern 1914 (zit: HUBER, Erl.)
–	Recht und Rechtsverwirklichung, Probleme der Gesetzgebung und der Rechtsphilosophie, 2. Auflage, Basel 1925
JÄGGI PETER	Privatrecht und Staat, in: Privatrecht und Staat, Gesammelte Aufsätze, Zürich 1976, 3 ff. (zit.: JÄGGI, Privatrecht und Staat)
KELLER ISO	Rechtsethik und Rechtstechnik in der modernen kontinentaleuropäischen Zivilgesetzgebung, am Zürcher Privatrechtlichen Gesetzbuch als Hauptbeispiel erläutert, Aarau 1947
LIVER PETER	Das Schweizerische Zivilgesetzbuch – Entstehung und Bewährung, Erster Teil: Entstehung, in: ZSR NF 81 (1962), I 9 ff.
–	Das Schweizerische Zivilgesetzbuch, Kodifikation und Rechtswissenschaft, in: Centenarium 1861–1961 Schweizerischer Juristenverein, Basel 1961, 193 ff.
MEIER-HAYOZ ARTHUR	Der Richter als Gesetzgeber, Eine Besinnung auf die von den Gerichten befolgten Verfahrensgrundsätze im Bereiche der freien richterlichen Rechtsfindung gemäss Art. 1 Abs. 2 des schweizerischen Zivilgesetzbuches, Zürich 1951
MERZ HANS	Das Schweiz. Zivilgesetzbuch – Entstehung und Bewährung, Zweiter Teil: Bewährung, in: ZSR NF 81 (1962), I 30 ff.
–	Fünfzig Jahre schweizerisches Zivilgesetzbuch, in: JZ 17 (1962), 585 ff. (zit.: MERZ, Fünfzig Jahre)
OFTINGER KARL	Gesetzgeberische Eingriffe in das Zivilrecht, in: ZSR NF 57 (1938), II 481a ff.
REICHEL HANS	Zu den Einleitungsartikeln des schweizerischen Zivilgesetzbuches, in: Festgabe für RUDOLF STAMMLER, Berlin/Leipzig 1926, 281 ff.
SCHNYDER BERNHARD	Das ZGB lehren, in: Recht, Staat und Politik am Ende des zweiten Jahrtausends, Festschrift für Bundesrat ARNOLD KOLLER, Bern 1993, 531 ff. (zit.: SCHNYDER, Das ZGB lehren)
WIEACKER FRANZ	Privatrechtsgeschichte der Neuzeit unter besonderer Berücksichtigung der deutschen Entwicklung, 2. Auflage, Göttingen 1967

Yung Walter	Le code civil suisse et nous, in: Centenarium 1861–1961 Schweizerischer Juristenverein, Basel 1961, 323 ff.
Zäch Roger	Das Privatrecht in veränderter Umwelt – Anregungen zum Umdenken, in: ZSR NF 105 (1986), I 3 ff.
Zweigert K./Kötz H.	Einführung in die Rechtsvergleichung auf dem Gebiete des Privatrechts, 3. Auflage, Tübingen 1996

Materialien zum ZGB

Teilentwurf über
- die Wirkungen der Ehe (1894)
- das Erbrecht (1895)
- das Grundpfandrecht (1898)

Departementalentwurf über
- das Personen- und Familienrecht (1896)
- das Sachenrecht (1899)
- das Erbrecht (1900)

Vorentwurf des Eidgenössischen Justiz- und Polizeidepartements vom 15. November 1900

Zusammenstellung der Anträge und Anregungen zum Vorentwurf (1901)

Erläuterungen zum Vorentwurf
- Einleitung, Personen- und Familienrecht (1901), Erbrecht (1901), Sachenrecht (1902); alle drei Hefte auch in einem Gesamtband (1902)
- Zweite, durch Verweisungen auf das ZGB und Beilagen ergänzte Ausgabe in zwei Bänden (1914)

Protokolle der Grossen Expertenkommission
- Personen- und Familienrecht (1901)
- Vormundschaftsrecht und Erbrecht (1902)
- Sachenrecht (1902 und 1903)

Botschaft des Bundesrates an die Bundesversammlung und *Entwurf zum Schweizerischen Zivilgesetzbuch* vom 28. Mai 1904, Bundesblatt 1904 IV 1 ff.

Amtliches Stenographisches Bulletin der Bundesversammlung (Jahrgänge 1905–1907)

Memorial des Eidgenössischen Justiz- und Polizeidepartementes an die Kantone vom 24. Juli 1908 (enthält Schema für die kantonalen Einführungsgesetze), Bundesblatt 1908 IV 505 ff.

Ein vollständiges Verzeichnis der Materialien zum ZGB bietet: Oscar Gauye, Inventar zur Dokumentation über die Erarbeitung des Schweiz. Zivilgesetzbuches 1885–1907, in: Schweiz. Zeitschrift für Geschichte, 13 (1963) 54 ff.

Allg. Einleitung Art. 1–10

A. Entstehungsgeschichte

Literatur

AUGSBURGER-BUCHELI ISABELLE	Le code civil neuchâtelois 1853–1855, Etude de l'élaboration et de la structure d'un code civil qui a pour modèle le Code civil français, Diss. Neuchâtel 1988
CARLEN LOUIS	Rechtsgeschichte der Schweiz, Eine Einführung, 3. Auflage, Bern 1988
CARONI PIO	Rechtseinheit, Drei historische Studien zu Art. 64 BV, Basel/Frankfurt a.M. 1986 (zit.: CARONI, Rechtseinheit)
–	Il mito svelato: Eugen Huber, in: ZSR NF 110 (1991), I 381 ff.
CAVIGELLI MARIO	Entstehung und Bedeutung des Bündner Zivilgesetzbuches von 1861, Beitrag zur schweizerischen und bündnerischen Kodifikationsgeschichte, Diss. Freiburg 1994, AISUF 137
COHN GEORG	Der Vorentwurf des schweizerischen Civilgesetzbuches, in: Zeitschrift für vergleichende Rechtswissenschaft 15 (1902) 406 ff.
EGGER AUGUST	Eugen Huber als Gesetzgeber, in: SJZ 37 (1940/41), 93 ff.
–	Entstehung und Inhalt des schweizerischen Zivilgesetzbuches vom 10. Dezember 1907, Ein Überblick, Zürich 1908
FLURY HANS	Die Privatrechtsvereinheitlichung im Urteil der Zeitgenossen, Eine Bibliographie zum schweizerischen Zivilgesetzbuch 1894–1928, in: ZSR NF 81 (1962), I 133 ff.
GAUYE OSCAR	Eugen Huber und das Deutsche Bürgerliche Gesetzbuch, in: ZSR NF 80 (1961), I 63 ff.
GMÜR MAX	Die Anwendung des Rechts nach Art. 1 ZGB, Bern 1908, ASR 26 (zit.: GMÜR, Anwendung)
HUWILER BRUNO	Aequitas und bona fides als Faktoren der Rechtsverwirklichung: zur Gesetzgebungsgeschichte des Rechtsmissbrauchsverbotes (Art. 2 Abs 2 ZGB), in: Vers un droit privé européen commun?, Skizzen zum gemeineuropäischen Privatrecht, Beiheft zur ZSR Heft 16, Basel 1994, 57 ff.
KOHLER JOSEF	Eugen Huber und das Schweizer Zivilgesetzbuch, in: RheinZ 5 (1913), 1 ff.
MANAI DOMINIQUE	Eugen Huber, Jurisconsulte charismatique, Basel/Genf 1990
MERLINI GIOVANNI	Un illusione in frantumi, Diss. Bern 1993
MÜLLER-BÜCHI E. F. J.	Aus der Vorgeschichte der Zivilrechts-Einheit, in: ZSR NF 81 (1962), I 75
NEUHAUS LEO	Das Eugen Huber-Archiv im Bundesarchiv in Bern, in: SJZ 53 (1957), 369 ff.
RABEL ERNST	Bürgerliches Gesetzbuch und Schweizerisches Zivilgesetzbuch, in: DJZ 15 (1910), 26 ff., abgedruckt in: RABEL, Gesammelte Aufsätze, Band I, Tübingen 1965, 141 ff.
–	Streifgänge im Schweizerischen Zivilgesetzbuch I und II, in: RheinZ 2 (1910) 308 ff., 4 (1912) 135 ff., abgedruckt in: RABEL, Gesammelte Aufsätze, Band I, Tübingen 1965, 179 ff., 210 ff.

Allg. Einleitung Art. 1–10

ROTH URS THEODOR	Samuel Ludwig Schnell und das Civil-Gesetzbuch für den Canton Bern von 1824–1830, Ein Beitrag zur Kodifikationsgeschichte des schweizerischen Privatrechts, Diss. Bern 1948, ASR 249
RÜMELIN MAX	Das neue schweizerische Zivilgesetzbuch und seine Bedeutung für uns, Rede, gehalten bei der akademischen Preisverteilung am 6. November 1908, Tübingen 1908
SCHLAURI FRANZ NIKLAUS	Karl Beda Müller-Friedberg (Sohn) und die st.gallischen Bestrebungen zur Kodifikation des Privatrechts 1806–1911, Diss. St. Gallen 1975
SCHMID ANNEMARIE	Kasimir Pfyffer und das Bürgerliche Gesetzbuch für den Kanton Luzern (1831–1839), Diss. Bern 1960, ASR 342
SCHNELL J.	Geschichtliche Bemerkungen über die schweizerische Rechtseinheit, in: ZSR AF 18 (1873), I 3 ff.
SCHNYDER BERNHARD	Siebzig Jahre Schweizerisches Zivilgesetzbuch, Festvortrag, gehalten am Dies academicus der Universität Freiburg Schweiz am 15. November 1982, Freiburg 1983 (zit.: SCHNYDER, Siebzig Jahre)
SIMONIUS AUGUST	Zur Erinnerung an die Entstehung des Zivilgesetzbuches, in: ZSR NF 76 (1957), I 293 ff.
SULSER MATHIAS	Die Zivilgesetzgebung des Kantons Wallis im 19. Jahrhundert, Diss. Freiburg 1976
SUTTER THOMAS	Auf dem Weg zur Rechtseinheit im schweizerischen Zivilprozessrecht. Dargestellt anhand der systematischen Grundlagen und des Verhältnisses von Bundesrecht und kantonalem Zivilprozessrecht bei der Dispositions- und Offizialmaxime, Habil. Freiburg/Zürich 1998
VON MOOS LUDWIG	Das schweizerische Zivilgesetzbuch und sein Schöpfer, in: ZSR NF 81 (1962), I 1 ff.
WALLISER PETER ROBERT	Der Gesetzgeber Joh. Baptist Reinert und das solothurnische Zivilgesetzbuch von 1841–47 unter besonderer Berücksichtigung des solothurnischen Privatrechts, Olten 1948
YUNG WALTER	Eugène Huber et l'esprit du code civil suisse (1849–1923), in: Grandes figures et grandes oeuvres juridiques, Génève 1948, 187 ff.
ZWEIFEL ERNST	Johann Jakob Blumer und das Glarnerische Bürgerliche Gesetzbuch, Diss. Zürich 1966, in: Zürcher Beiträge zur Rechtswissenschaft NF 266

I. Die Entstehung des ZGB

1. Vorbemerkungen

Der Titel dieses Teils A, I lautet: «Die Entstehung des ZGB». Dabei wird «ZGB» verstanden als Schweizerisches Zivilgesetzbuch im engeren Sinn des Wortes, mithin ohne das Obligationenrecht.

1

Allg. Einleitung Art. 1–10

2   Die Entstehung des ZGB ist in den Kommentaren zum Einleitungstitel ZGB von allem Anfang an eingehend erläutert worden: im Berner Kommentar durch MAX GMÜR (1. Auflage 1910; 2. Auflage 1919), im Zürcher Kommentar durch ALEXANDER REICHEL (1911) und AUGUST EGGER (1930). Anschauliche Schilderungen der Entstehungsgeschichte finden sich auch in PETER TUOR, Das neue Recht (Zürich 1912), und in ROSSEL/MENTHA, Manuel du droit civil suisse (2. Auflage Lausanne/Genf 1922). In besonderer Weise hat sich PETER LIVER um die Aufarbeitung der Entstehung des ZGB verdient gemacht: so in Das Schweizerische Zivilgesetzbuch, Entstehung und Bewährung, Erster Teil: Entstehung, in der ZSR (1962) und namentlich in der Allgemeinen Einleitung zum Berner Kommentar, Einleitungsband (1962) (nachstehend zitiert LIVER, Einleitung). Diese Kommentierung bildet nach wie vor ein Standardwerk über die Entstehung des ZGB.

3   Das Schweizerische Zivilgesetzbuch ist entstanden auf der Grundlage einer umfassenden Analyse von System und Geschichte des Schweizerischen Privatrechts durch EUGEN HUBER (hinten N 19 ff.). Die Geschichte reicht «von den Anfängen in der fränkischen Zeit bis auf die Gegenwart» (LIVER, Einleitung N 56). Anders die nachstehende Schilderung. Sie hebt an mit der Ausgangslage vor der Schaffung des Schweizerischen Zivilgesetzbuches. Diese ist gekennzeichnet durch die Kodifikationsbewegung auf europäischer Ebene anderseits, in den Kantonen anderseits.

4   Der Schritt von dieser Ausgangslage zum Zustandekommen des Zivilgesetzbuches beruht auf zwei Grundlagen: Die wissenschaftlich-theoretische Grundlage findet sich im vierbändigen Werk EUGEN HUBERS über «System und Geschichte des Schweizerischen Privatrechtes». Die rechtliche Grundlage bildet die Revision der Bundesverfassung, durch welche dem Bund die umfassende Gesetzgebungskompetenz auf dem Gebiet des Zivilrechts eingeräumt worden ist.

5   Gestützt auf diese Grundlagen ist in einer Reihe von Etappen das Schweizerische Zivilgesetzbuch vom 10. Dezember 1907 entstanden, das am 1. Januar 1912 in Kraft getreten ist. Dieser der Grösse des Vorhabens angepasste Werdegang verläuft über Teilentwürfe, Departementalentwürfe, einen Vorentwurf und einen Entwurf bis hin zum von den Eidgenössischen Räten angenommenen Gesetz. Dabei sind die ersten Etappen schon in Angriff genommen worden, als die verfassungsmässige Grundlage noch fehlte.

2. Die Ausgangslage

6   Der erste Versuch einer einheitlichen Privatrechtskodifikation in der Schweiz wurde in der Zeit der Helvetik (1798–1803) unternommen (TUOR/SCHNYDER/

SCHMID 2). Dabei bestand die «Absicht, die Rechtseinheit durch die Ausarbeitung einer umfassenden Kodifikation nach ausländischem, vor allem französischem Muster zu erreichen» (ELSENER, SPR I, 41). Der Versuch scheiterte. Mit ein paar «Sondergesetzen des Jahres 1798» war «die tatsächliche Zivilgesetzgebung der Helvetik bereits erschöpft» (ELSENER a.a.O. 40). Die Ungunst der Zeit bescherte dem «premier essai d'une codification du droit civil en Suisse» (so der Titel einer Schrift von V. ROSSEL vom Jahre 1907) ein rasches Ende. Nach den harten Worten von ELSENER (a.a.O. 42) war entscheidend «für das Scheitern der Kodifikation die fehlende Qualifikation der helvetischen Parlamentarier. ... Für eine Reform des unpolitischeren Privatrechts fehlte diesen Demagogen der Sinn und das sachliche Verständnis». Mediation, Restauration und Regeneration brachten ebensowenig eine Bundeskompetenz für die Privatrechtsgesetzgebung wie die Bundesverfassung von 1848. In der Zwischenzeit waren in Nachbarländern der Schweiz Privatrechtskodifikationen entstanden. Angesichts der fehlenden Bundeskompetenz strahlte nunmehr der Kodifikationsgedanke auf die Kantone ein.

a) Die europäischen Kodifikationen

Unter Kodifikation verstehen wir «die ein ganzes Rechtsgebiet umfassende, möglichst vollständige, gedanklich und technisch einheitliche Regelung, welche ein Gesetzbuch, einen Codex bildet» (LIVER, Einleitung N 2). Die europäische Privatrechtsgeschichte kennt als ersten «Vorläufer» des «Kodifikationsstils ... die bayerische Privatrechtsgesetzgebung des 18. Jhs.» (WIEACKER 326). Einen ersten Höhepunkt der Kodifikationsbewegung stellte das Allgemeine Landrecht für die Preussischen Staaten (ALR) dar, «das in den altpreussischen Gebietsteilen Deutschlands von 1794 bis zum Inkrafttreten des Bürgerlichen Gesetzbuchs gegolten hat» (ZWEIGERT/KÖTZ 135). Mit seinen rund 17000 Paragraphen legte es Zeugnis ab von der «Anmassung des Gesetzgebers, alle erdenklichen Verhältnisse ein für allemal vorregeln zu können» (WIEACKER 333).

Für die schweizerische Privatrechtsentwicklung waren indessen zwei andere Kodifikationen von massgebender Bedeutung: der französische Code civil (Cc) von 1804 und das österreichische Allgemeine Bürgerliche Gesetzbuch (ABGB) von 1811.

Der Code civil nimmt unter «den grossen Kodifikationen, die in Mittel- und Westeuropa um die Wende vom 18. zum 19. Jahrhundert in Kraft getreten sind, ... nach seiner geistigen Bedeutung und seiner geschichtlichen Ausstrahlungskraft unbestritten die erste Stelle ein» (ZWEIGERT/KÖTZ 84). Es ist «ein Privatrechtsgesetzbuch höchsten Ranges» (WIEACKER 344). «In der Schweiz galt der Code civil seit 1804 im Kanton Genf und im Berner Jura, die beide damals zur franzö-

Allg. Einleitung Art. 1–10

sischen Republik gehörten» und blieb dort «auch dann in Kraft, als Napoleon gestürzt und die beiden Gebiete sich 1815 der Eidgenossenschaft angeschlossen hatten» (ZWEIGERT/KÖTZ 102). Theoretisch galt der Code wohl auch im Wallis von 1810 bis 1813, als das Wallis als 130. Departement zu Frankreich gehörte (Auskunft Prof. L. CARLEN; laut HUBER/MUTZNER 101 ist der Code civil im Wallis «niemals eingeführt worden»); er wurde zur Grundlage für die sogenannte west- und südschweizerische Gruppe der kantonalen Kodifikationen (nachstehend N 13 und 15).

10   Das österreichische Allgemeine Bürgerliche Gesetzbuch gehört neben dem Preussischen Landrecht und dem Code civil ebenfalls zu «den grossen Kodifikationen, die in Europa um die Wende vom 18. zum 19. Jahrhundert in Kraft getreten sind» (ZWEIGERT/KÖTZ 156). Es ist «ein vorzügliches Gesetzbuch», in «begrifflicher Straffung und systematischer Geschlossenheit ... dem ALR überlegen, an sprachlicher Kraft ebenbürtig» (WIEACKER 338). In der Schweiz wurde das ABGB zur Grundlage der kantonalen Kodifikationen für die sogenannte bernische Gruppe (hinten N 13 und 15).

11   Als das deutsche Bürgerliche Gesetzbuch (BGB) 1896 vom Reichstag angenommen wurde, war das Stadium der kantonalen Kodifikationen in der Schweiz längst abgeschlossen und war die Entstehung des ZGB bereits in Gang gekommen. Anders als das westliche und das grosse östliche konnte so das nördliche Nachbarland die kantonalen Kodifikationen nicht mehr beeinflussen. Aber auch das ZGB ist nicht etwa eine Frucht des BGB, sondern «alles andere als eine verbesserte, ausgereifte und auf die eidgenössischen Verhältnisse umgestellte Replik des BGB» (WIEACKER 493). Wohl aber konnte der Schöpfer des ZGB, EUGEN HUBER, die «wissenschaftliche Leistung und die ersten praktischen Erfahrungen mit dem deutschen BGB ... noch verwerten, weiterführen und überbieten» (WIEACKER 492). Auch war der programmatische Rechtsstreit zwischen THIBAUT «Über die Notwendigkeit eines allgemeinen bürgerlichen Rechts für Deutschland» und SAVIGNY «Vom» von SAVIGNY in Abrede gestellten «Beruf unserer Zeit für Gesetzgebung und Rechtswissenschaft» der Schweizer Juristenwelt präsent. So tauchten denn «die alten Argumente aus dem Streit zwischen *Savigny* und *Thibaut* wieder auf», wo um die Gesetzgebungszuständigkeit des Bundes für das Privatrecht gerungen wurde (ZWEIGERT/KÖTZ 167). So hegte denn auch der Basler ANDREAS HEUSLER, «zeitlebens ein Verehrer SAVIGNYS, dessen Porträtstich in seinem Studierzimmer an der Wand hing» (ELSENER, SPR I, 209), im Hinblick auf eine baselstädtische Kodifikation zunächst «grundsätzliche Bedenken und befürchtete unerfreuliche Nebenfolgen solcher Gesetzgebungen» (ELSENER a.a.O.).

b) Das kantonale Privatrecht

Nach dem Scheitern des in der Helvetik unternommenen Versuchs, eine Bundes-Privatrechtskodifikation zu schaffen (vorn N 6), blieb es zunächst jahrzehntelang still um die schweizerische Zivilrechtseinheit. Privatrecht und Privatrechtsentwicklung waren kantonale Angelegenheiten. Wohl aber drängte das «Kodifikationspostulat … zur Verwirklichung (,) lange bevor die verfassungsrechtlichen Voraussetzungen für eine eidgenössische Zivilgesetzgebung erfüllt waren» (LIVER, Einleitung N 27). So kam es denn in «je nach dem Zeitpunkt ihrer Entstehung verschiedenen Perioden der schweizerischen Verfassungsgeschichte des 19. Jhs.» (so LIVER a.a.O.) in der Mehrheit der Kantone zu kantonalen Privatrechtskodifikationen. Nur eine Minderzahl von Kantonen verzichtete auf einen eigenen Zivilrechtskodex.

In der Sache unterscheidet schon EUGEN HUBER «drei Gruppen von Kodifikationen, solche mit Anlehnung an den französischen Code, solche mit Anlehnung an das österreichische bürgerliche Gesetzbuch und endlich die einzige originelle Gestalt, das zürcherische privatrechtliche Gesetzbuch und seine Nachahmungen» (HUBER, Geschichte, 186). Die darauf zurückgehende Unterteilung der Kodifikationskantone in die west- und südschweizerische, die bernische und die zürcherische Gruppe lebt in der Lehre bis heute fort (siehe namentlich LIVER, Einleitung N 26–45, aber auch CARONI, Rechtseinheit, 14 und Anm. 14 daselbst, oder CAVIGELLI 59 Anm. 97; so auch WIEACKER 490). Dabei ist sich die Lehre durchaus bewusst, dass es sich hier um eine grobe Unterteilung handelt und dass von Kanton zu Kanton unterschiedliche Einflüsse mit im Spiel waren (siehe z.B. für das Bündner Zivilgesetzbuch ELSENER, SPR I, 196 und CAVIGELLI 72).

Bei den meisten kantonalen Kodifikationen spielte jeweils eine einzige Persönlichkeit eine überragende Rolle (TUOR/SCHNYDER/SCHMID 6 Anm. 1). Dabei fällt auf, dass es sich dabei regelmässig nicht um Stubengelehrte, sondern um Männer mit bedeutendem politischen Einfluss handelt. So werden denn auch die an der jeweiligen kantonalen Gesetzgebung massgebend beteiligten starken Persönlichkeiten von ELSENER in seiner «Geschichtliche(n) Grundlegung» ausführlich vorgestellt: so für Bern LUDWIG SCHNELL (1775–1849), für Luzern KASIMIR PFYFFER (1794–1875), für Solothurn JOHANN BAPTIST REINERT (1790–1853), für Zürich JOHANN CASPAR BLUNTSCHLI (1808–1881), für Glarus JOHANN JAKOB BLUMER (1819–1875) und für Graubünden PETER CONRADIN VON PLANTA (1815–1902). So verwundert es denn auch nicht, dass bei der Schaffung des Schweizerischen Zivilgesetzbuches ebenfalls einem Einzelnen, EUGEN HUBER, eine überragende Rolle zufiel (hinten N 19 ff.).

Allg. Einleitung Art. 1–10

15   Nach den drei Gruppen unterteilt haben die nachstehend genannten Kantone ihr Privatrecht im 19. Jahrhundert kodifiziert (die Aufzählung erfolgt in chronologischer Reihenfolge, wobei allerdings Überschneidungen vorkommen, weil einzelne Kantone hintereinander Teile ihrer Privatrechtsgesetzgebung geschaffen oder in Kraft gesetzt haben): in der west- und südschweizerischen Gruppe, für welche der Code civil Vorbildcharakter hatte Genf (hier wurde der Code civil gar rezipiert), Waadt, Tessin, Freiburg, Wallis, Neuenburg; in der bernischen Gruppe, die sich an die Grundsätze des ABGB anlehnte Bern, Luzern, Solothurn und Aargau; in der zürcherischen Gruppe, die anders als die beiden andern Gruppen nicht «stark von ausländischen Modellen … beeinflusst» war (CARONI, Rechtseinheit, 14), Zürich, Nidwalden (zum Teil), Thurgau (zum Teil), Appenzell-Ausserrhoden (zum Teil), Graubünden, Schaffhausen, Glarus und Zug.

16   Bleibt eine Gruppe von Kantonen ohne Kodifikation des Zivilrechts. Hier trat die nachmalige eidgenössische Kodifikation nicht an die Stelle eines kantonalen Zivilgesetzbuches; die Zwischenstufe der kantonalen Kodifikation wurde übersprungen. Aber auch für diese Gruppe gilt, dass die Zuordnung der verschiedenen Kantone zu einer einzigen Gruppe eine Vergröberung darstellt. So zählt die Lehre die Kantone Nidwalden, Thurgau und Appenzell-Ausserrhoden nicht zu dieser Gruppe (siehe LIVER, Einleitung N 46 f.), obwohl auch in diesen Kantonen nicht alles umfassende Kodifikationen vorgenommen wurden. So wird Baselland, das 1891 eine Teilkodifikation durchgeführt hat (HUBER, Geschichte, 198), bei LIVER keiner Gruppe zugeordnet. So blieben denn auch (laut HUBER a.a.O.) der Kodifikation «absolut ferne nur Uri, Schwyz, Obwalden und Appenzell I.-R.», was für Appenzell-Innerrhoden nur mit Vorbehalten stimmt. In St. Gallen wurde der Erbrechtsentwurf von KARL MÜLLER FRIEDBERG Gesetz, scheiterten indessen der Personen- und Erbrechtsentwurf aus politischen Gründen (SCHLAURI 174 ff.). In Basel-Stadt erlitt ein (allzu) spät unternommener grosser Kodifikationsversuch Schiffbruch (ELSENER, SPR I, 208 ff.), war aber 1884 ein «Gesetz betr. eheliches Güterrecht, Erbrecht und Schenkungen» geschaffen worden (HUBER a.a.O.).

17   So bietet denn die am Vorabend der Zivilrechtskodifikation seit 1848 in einem einzigen Bundesstaat vereinigte Schweizerische Eidgenossenschaft das Bild einer durch unzählige Unterschiede und Partikularitäten geprägten Zivilrechtswirklichkeit.

3. Die Grundlagen

Die Ausgangslage für die schweizerische Zivilrechtskodifikation war gekennzeichnet einerseits durch eine verwirrende Fülle unterschiedlicher kantonaler Rechte, anderseits durch das Fehlen der Bundeskompetenz für die Gesetzgebung auf dem Gebiete des Zivilrechts. Im Hinblick auf die Kodifikation bedurfte es daher einerseits der wissenschaftlichen Durchdringung und Aufarbeitung des geltenden Rechts, anderseits der Einführung der Bundeskompetenz auf dem ganzen Gebiet des Zivilrechts. Davon sei nun im folgenden die Rede.

a) «System und Geschichte des schweizerischen Privatrechtes»

An seiner Jahresversammlung vom 16. September 1884 zu Lausanne hat der Schweizerische Juristenverein beschlossen, «eine vergleichende Darstellung der kantonalen Privatrechte zu veranlassen und zu unterstützen» (HUBER, System I, V). Er richtete «Ende desselben Jahres» an EUGEN HUBER die Anfrage, ob er «die genannte Arbeit übernehmen wolle» (HUBER a.a.O.). Dieser Beschluss war auf den Vorschlag des damaligen Vorstehers des Eidg. Justiz- und Polizeidepartements, Bundesrat L. RUCHONNET, hin gefasst worden (HUBER a.a.O.) EUGEN HUBER «durfte» «die ehrende Anfrage ... nicht ablehnend beantworten» (HUBER a.a.O.) Er entschloss sich dann, «die Geschichte und das System des geltenden Rechtes zu trennen» (HUBER a.a.O. VI), und schuf in der unglaublich kurzen Zeit von weniger als einem Jahrzehnt das vier Bände umfassende gewaltige Werk «System und Geschichte des Schweizerischen Privatrechtes». Dessen Erster Teil «Systematische Zusammenstellung des geltenden kantonalen Privatrechtes» umfasste die Bände 1–3 (1886, 1888 und 1889), dessen Zweiter Teil die «Geschichte des schweizerischen Privatrechtes» (1893). Noch vor Erscheinen des letzten Bandes hatte Bundesrat RUCHONNET EUGEN HUBER mit der Ausarbeitung der Entwürfe für die zu schaffende Kodifikation betraut (hierzu hinten N 35).

HUBER erläutert im ersten Band selber, was er unter «System und Geschichte des schweizerischen Privatrechtes» versteht. Er möchte mit dem ersten Teil, der systematischen Zusammenstellung des geltenden kantonalen Rechts, «gleichsam einen Plan des schweizerischen Privatrechtes entwerfen, auf welchem alle die reichen kantonalen Verschiedenheiten vorläufig nach Lage und wechselseitigem Zusammenhange eingetragen sind, während die nähere Darlegung des Wachstumes der Rechtsanschauungen und die Begründung der Divergenzen dem lebensvolleren zweiten Teile ‹der Geschichte des schweizerischen Privatrechtes› vorbehalten bleibt» (HUBER, System I, 45). Er erläutert auch, weshalb er mit dem «System» beginnt und mit der «Geschichte» aufhört (HUBER a.a.O. 43 f.). So nennt

Allg. Einleitung Art. 1–10

er unter anderem als Gründe dafür, dass sich die «Juristen ... von Kanton zu Kanton in Bezug auf die Kenntnis der verschiedenen Einrichtungen fremd gegenüber» stehen «wie von Staat zu Staat» (HUBER a.a.O. 43), aber auch den ungleichen «Stand der Quellen und die Lückenhaftigkeit einzelner kantonaler Privatrechte» (HUBER a.a.O. 44). Vor allem aber scheint ihm «das vergleichende System einen so selbständigen Wert zu besitzen», dass er es «nicht einfach als einen Anhang zur Geschichte ... betrachten» dürfe (HUBER a.a.O. 44). Er braucht dabei – und darum ging es ja – «nicht besonders hervorzuheben», wie sehr «diese Anordnung ... einem künftigen eidgenössischen Gesetzgeber direkt dienstbar ist» (HUBER a.a.O. 44).

21   EUGEN HUBER hat mit dieser wissenschaftlichen Vorbereitung einer Gesetzgebung durch Rechtsvergleichung nicht nur entscheidend die Entstehung des ZGB gefördert (wenn nicht gar überhaupt erst ermöglicht). Seine entsprechende Vorbereitung ist auch heute noch exemplarisch. So können wir in dem 1996 erschienenen deutschsprachigen Standardwerk «Einführung in die Rechtsvergleichung» lesen: «Als *Eugen Huber* im Jahre 1893 sein Werk über ‹System und Geschichte des Schweizerischen Privatrechtes› veröffentlicht hatte, gab es ein ‹Schweizerisches Privatrecht› im strengen Sinne noch nicht; was es gab, waren eine Fülle kantonaler Privatrechtsordnungen. *Hubers* grosse Leistung bestand darin, dass er seine Darstellung der kantonalen Rechte auf die Idee eines – wenn auch damals nur virtuell existierenden – schweizerischen Privatrechts hin orientiert hat, und als dann schliesslich die Eidgenossenschaft sich zur Vereinheitlichung des schweizerischen Privatrechts entschloss, bildete das Werk *Hubers* ihr wesentliches wissenschaftliches Fundament» (ZWEIGERT/KÖTZ 30).

22   In der Sache enthält der erste Band eine «Allgemeine Einleitung» (1 ff.), eine Einleitung zum ersten Teil (49 ff.) mit Ausführungen über «Die Rechtsquellen» (49 ff.) und «Das zeitliche und örtliche Herrschaftsgebiet der kantonalen Rechte» (73 ff.). Darauf folgt das Erste Buch über «Das Personenrecht» (97 ff.) mit den zwei Kapiteln über «Die natürliche Person» (97 ff.) und «Die juristischen Personen» (156 ff.). Das dem Familienrecht gewidmete Zweite Buch (177 ff.) zerfällt in die Kapitel über «Die Verwandtschaft im allgemeinen» (177 ff.), «Das persönliche Eherecht» (188 ff.), «Das eheliche Güterrecht» (237 ff.), «Das Eltern- und Kindesrecht» (393 ff.), «Das Rechtsverhältnis der ausserehelichen Kinder» (484 ff.) und «Das Vormundschaftsrecht» (551 ff.).

23   Der dem Erbrecht geltende zweite Band enthält nach einem kurzen allgemeinen Überblick (3 ff.) die drei Kapitel «Die Voraussetzungen der Erbfolge» (17 ff.), «Die Berechtigung zur Erbfolge» (37 ff.) und «Die Vollziehung der Erbfolge» (347 ff.).

Allg. Einleitung Art. 1–10

Der dritte Band enthält in erster Linie das Sachenrecht. Auf einen kurzen allgemeinen Überblick folgen die Kapitel «Die Sachen und die dinglichen Rechte im allgemeinen» (8 ff.), «Der Besitz» (107 ff.), «Das Eigentum» (137 ff.), «Die Dienstbarkeiten» (335 ff.), «Die Reallasten» (425 ff.), «Das Pfandrecht» (435 ff.) und «Die Privatrechte an öffentlichen Sachen und die Regalien» (624 ff.). Während mithin Personenrecht, Familienrecht und Erbrecht in ihrem Aufbau schon weitgehend mit dem späteren ZGB übereinstimmen, ist das Sachenrecht noch stärker anders gegliedert. 24

Im dritten Band findet sich dann aber auch erstaunlicherweise ein 120 Seiten starkes «Fünftes Buch» über «Das Obligationenrecht» (657 ff.), dies zehn Jahre nach Inkrafttreten des aOR von 1881 (hierzu hinten N 33). HUBER führt denn auch aus: War bisher (gemeint ist in der bisherigen Darstellung) «das kantonale Recht die Regel und das eidgenössische Recht die Ausnahme, so ist im Obligationenrecht die grosse Masse des Rechtsstoffes bundesrechtlich geordnet und das kantonale Privatrecht nur noch ein jeder innern Einheit entbehrender Rest von wenigen Instituten oder zum Teil sogar nur Bruchstücken von Instituten» (HUBER, System III, 657). Nach einem allgemeinen Überblick (657 ff.) mit namentlich einer «Übersicht des den Kantonen verbliebenen OR» (666 ff.) folgen kantonale Regelungen auf den Gebieten der Schenkung (680 ff.), des Kaufs (695 ff.), von Pacht und Miete (737 ff.), Leibgeding und Verpfründungsvertrag (748 ff.), Gemeinderschaft (758 ff.) und Versicherung (765 ff.). 25

Der grosse vierte Band, «Geschichte des schweizerischen Privatrechtes», ist zweigeteilt. Das Erste Buch enthält «Grundzüge der Entwicklung des schweizerischen Privatrechts» (9 ff.) mit einer grossen, von einer Einleitung (9 ff.) abgesehen, chronologischen Darstellung der Rechtsquellen (18 ff.) und gut hundert Seiten – dem Titel zum Trotz – historischer Erläuterung über «Das Privatrecht im allgemeinen» (210 ff.). Beinahe 600 Seiten sind alsdann im Zweiten Buch der «Geschichte der einzelnen privatrechtlichen Institute» (314 ff.) gewidmet. Dabei folgt die Einteilung nur, aber immerhin grob gesehen der Einteilung des Systems. 26

b) Die umfassende Gesetzgebungskompetenz des Bundes auf dem Gebiet des Privatrechts

Das Zivilrecht blieb aufgrund der Bundesverfassung vom 12. September 1848 den Kantonen vorbehalten: Die mit dem heutigen Art. 3 BV übereinstimmende Zuständigkeitsnorm (Art. 3 der BV 1848) verlangte für eine entsprechende Bundeszuständigkeit eine Kompetenznorm in der Verfassung; die BV 1848 enthielt aber keine diesbezügliche Bestimmung. Die verfassungsrechtliche Grundlage für die Rechtseinheit im Zivilrecht kam erst 50 Jahre später zustande: Der Versuch, im 27

Allg. Einleitung Art. 1–10

Rahmen einer Gesamtrevision der BV im Jahre 1872 das Zivilrecht zur Bundessache zu erklären, war an der ablehnenden Mehrheit von Volk und Ständen gescheitert. Die Bundesverfassung von 1874 brachte alsdann eine Teilkompetenz des Bundes auf dem Gebiet des Privatrechts. Die umfassende Kompetenz wurde dem Bund erst durch eine Teilrevision von 1898 eingeräumt.

28 Die «Geschichte der Rechtsvereinheitlichung» kann und sollte an sich nicht nur «für sich allein dargestellt», sondern auch «als gesamtgesellschaftliche Erscheinung eines bestimmten Landes verstanden und daher in Beziehung zu den übrigen sozialen Erscheinungen eben dieses Landes gesetzt» werden (CARONI, Rechtseinheit, 52 f.). Die vorliegende Schilderung kann allerdings (mangels Raum und mangels Sachkompetenz des Autors) diesem Anliegen nicht gerecht werden. Immerhin seien hier einige Erkenntnisse des Rechtshistorikers PIO CARONI mit Bezug auf die «Geschichte einer späten Verfassungsreform» (CARONI a.a.O. Titel) wiedergegeben. Danach konnte die Entscheidung für die Rechtseinheit, als sie «schliesslich gefallen war», «mühelos als konsequente Ausdehnung von Prinzipien, die dem ‹Staat› in seiner historischen Struktur eigen waren, auf die wirtschaftende Gesellschaft erkannt werden» (CARONI a.a.O. 53), und war die Rechtseinheit «eine Ergänzung der Bundesverfassung von 1848 durch ihre eigenen Prinzipien» (Zitat MUNZINGER bei CARONI a.a.O.). Danach war «die Einförmigkeit des Privatrechts … zugleich Bedingung der Konkurrenz und Abbildung des demokratischen Modelles» (CARONI a.a.O. 54).

29 Unter dem Titel «Wege zur Zivilrechtseinheit» (ELSENER, SPR I, 231) bringt ELSENER «zwei Ereignisse», «die für die Entwicklung des schweizerischen Privatrechts im 19. Jahrhundert von weittragender Bedeutung waren: die Begründung der Zeitschrift für Schweizerisches Recht (1852) … und die Gründung des Schweizerischen Juristenvereins (1861)» (ELSENER a.a.O.). – Was die ZSR angeht, verfolgten zwar die «Gesetzgebungsberichte», die deren Begründer JOHANNES SCHNELL «regelmässig in die Zeitschrift einrückte», «ausdrücklich den Zweck, eine innere Annäherung der einzelnen kantonalen Gesetzgebungen anzubahnen und auf diese Weise den kantonalen Partikularismus zu überwinden» (ELSENER a.a.O. 232 f.). Im übrigen aber «waren es vor allem JOHANNES SCHNELL in Basel und die ihm nahestehenden Juristen», «Mitherausgeber und Mitarbeiter der ZSR», welche «die umfassende Kodifikation des schweizerischen Privatrechts ablehnten» (LIVER, Einleitung N 50 f.). Anders der Schweizerische Juristenverein. Bereits an dessen Gründungsversammlung im Jahre 1861 wies der Vorsitzende, der Luzerner Staatsschreiber PHILIPP WILLI, in seiner Eröffnungsrede «mit Nachdruck auf die Notwendigkeit einheitlicher Gesetze im Bundesstaat» hin (ELSENER a.a.O. 234). Der Ruf nach einer entsprechenden Revision der Bundesverfassung erscholl an den Jahresversammlungen des Vereins 1866 in Aarau noch zurückhaltend,

1868 in Solothurn aber schon mit grosser Entschiedenheit (TUOR/SCHNYDER/SCHMID 4). An dieser Jahresversammlung hat der Verein in Sachen Rechtseinheit die Einreichung einer Petition an die Bundesversammlung beschlossen «und darauf die Angelegenheit nicht mehr aus den Augen verloren» (CARONI, Rechtseinheit, 31 f.). Die Petition verlangte allerdings noch nicht die umfassende Rechtseinheit, sondern nur eine «Revision der Bundesverfassung in dem Sinn, dass der Bund berechtigt werde, über einzelne Theile des Civilrechts und Civilprozesses für die ganze Schweiz verbindliche Gesetze zu erlassen» (ZSR AF 16 [1869] 106).

In Vergessenheit geraten ist ein «weiterer wichtiger Impuls für die Verfassungsrevision», «das sog. ‹Kasino-Programm› vom 16. Juli 1869» (SUTTER 7). 28 Parlamentarier strebten «eine Partialrevision der Bundesverfassung» an, «die unter anderem das Recht auf Eheschliessung und eine gewisse Rechtseinheit des Zivilrechts bringen sollte. ... Insbesondere wurde grosser Wert auf eine Einigung mit der romanischen Schweiz gelegt» (SUTTER 6). 30

Der bundesrätliche Entwurf für eine Totalrevision der BV vom 17. Juni 1870 sah nur eine teilweise Rechtseinheit im Zivilrecht vor (SUTTER 9). Das neue Recht sollte sowohl «für die Befürworter als auch für die Gegner der Rechtsvereinheitlichung ... akzeptabel sein» (SUTTER 9). Nach einigem Hin und Her in der Nationalratskommission, die diese Vorlage behandelte, wurde ein Art. 59a (später Art. 54 bzw. noch später Art. 55) der zu schaffenden neuen BV angenommen, der nicht nur die Gesetzgebungskompetenz des Bundes für Teile des Zivilrechts vorsah, sondern auch in einem zweiten Absatz folgende Regelung: « Der Bund ist überdies befugt, seine Gesetzgebung noch auf weitere Theile des Zivilrechts, sowie auch auf das Strafrecht und den Prozess, sei es ganz oder theilweise auszudehnen» (SUTTER 19). Aus einer bewegten Diskussion in der Ständeratskommission resultierte ein zweiter Absatz des neuen Kompetenzartikels, der sich wortwörtlich mit der eben zitierten Fassung der Nationalratskommission deckte (SUTTER 24). Im Nationalrat stufte der Berichterstatter der Kommissionsmehrheit «die Frage der Rechtseinheit als den wohl wichtigsten Punkt der ganzen Revision überhaupt ein» (SUTTER 24). Nationalrat LOUIS RUCHONNET, der später als Bundesrat massgeblich die Kodifikation gefördert hat (vorn N 19, hinten N 34 f.), setzte sich als Sprecher der Minderheit für eine bloss teilweise Rechtseinheit auf dem Gebiet des Zivilrechtes ein. Nach einer ausgiebigen Diskussion mit Anträgen und Gegenanträgen wurde schliesslich von beiden Räten folgende Bestimmung beschlossen: «Die Gese[t]zgebung über das Zivilrecht, mit Inbegriff des Verfahrens ist Bundessache; jedoch bleibt, bis zum Erlass bezüglicher Bundesgese[t]ze, das Gesetzgebungsrecht der Kantone vorbehalten. Die Rechtsprechung selbst verbleibt den Kantonen, mit Vorbehalt der dem Bundesgericht eingeräumten Kompetenzen.» (SUTTER 37 Anm. 177). An der sogenannten Generalabstimmung wurde 31

Allg. Einleitung Art. 1–10

die Gesetzesvorlage im Nationalrat mit eindeutigem, im Ständerat mit eher knappem Mehr angenommen; dabei kamen «Nein-Stimmen ... in erster Linie von den Gegnern der Rechtseinheit» und votierten die «an den vorberatenden Kommissionssitzungen beteiligten Parlamentarier mit juristischer Ausbildung ... mehrheitlich für die Verfassungsrevision und die Rechtseinheit» (SUTTER 38). Bekanntlich wurde die total revidierte Verfassung in der Volksabstimmung mit äusserst knappem Volksmehr und deutlichem Ständemehr (der welschen und der konservativen Kantone) verworfen. Dabei wurde zwar als «Grund für das Scheitern ... meist die Bundeskompetenz zur Rechtsvereinheitlichung genannt» (SUTTER 39). Dies könnte jedoch «insofern ungenau sein, als der Widerstand gegen die Vereinheitlichung des Zivilrechts weit geringer war als derjenige gegen das Zivilprozessrecht» (SUTTER 39).

32 Aufgrund einer bereits am 14. Dezember 1872 im Nationalrat eingereichten und bald darauf von beiden Räten überwiesenen Motion wurde den Räten vom Bundesrat im Eiltempo eine neue Verfassungsvorlage unterbreitet. Als Grundlage diente der abgelehnte Verfassungsentwurf; wohl aber betraf eine der wichtigsten Änderungen die Rechtsvereinheitlichung (SUTTER 40). Die Beratungen erwiesen sich wieder als schwierig. Die Räte rangen sich schliesslich zu einer Kompromisslösung durch (Art. 64 BV), gemäss welcher die Eidgenossenschaft die Gestzgebungskompetenz nur für jene Materien erhielt, «bei denen die wirtschaftlichen Bedürfnisse diese Einheit am dringendsten forderten» (TUOR/SCHNYDER/SCHMID 4), das heisst für das Obligationenrecht (mit Einschluss des Handels- und Wechselrechts), die persönliche Handlungsfähigkeit, das Urheberrecht, das Betreibungs- und Konkursrecht. Dagegen sollte das Zivilprozessrecht nicht vereinheitlicht werden (Art. 64 Abs. 2 der damaligen Verfassung). Man pflegt zu sagen, dass das von dieser Kompetenz erfasste Zivilrecht ungefähr einen Drittel des gesamten Privatrechtsstoffes umfasste (CARONI, Rechtseinheit, 19 mit Hinweisen). An der Volksabstimmung vom 19. April 1874 wurde die neue Verfassung mit klarem Volks- (340'199 gegen 198'013 Stimmen) und Ständemehr (14$^{1}/_{2}$ gegen 7$^{1}/_{2}$ Kantone) angenommen.

33 Gestützt auf den neuen Art. 64 BV wurden alsdann das BG vom 22. Juni 1881 betreffend die persönliche Handlungsfähigkeit, das höchst bedeutsame BG vom 14. Juni 1881 über das Obligationenrecht sowie das wichtige BG vom 11. April 1889 über Schuldbetreibung und Konkurs erlassen. Aus Art. 54 BV wurde die Zulässigkeit zur Gestzgebung über Eheschliessung abgeleitet (TUOR/SCHNYDER/SCHMID 4), die zum BG vom 24. Dezember 1874 betreffend Feststellung und Beurkundung des Zivilstandes und die Ehe führte.

34 Probleme ergaben sich für das interkantonale Privatrecht. Der Bund rückte dieser Problematik mit dem BG vom 25. Juni 1891 betreffend die zivilrechtli-

chen Verhältnisse der Niedergelassenen und Aufenthalter zu Leibe, allerdings ohne die Schwierigkeiten und Ungereimtheiten völlig beheben zu können, die sich aus dem «Nebeneinander» des «eidgenössischen Rechts und der kantonalen Privatrechtsordnungen» ergaben (LIVER, Einleitung N 54). «Dieser Übelstand» war es denn auch in erster Linie, «der die Berner Professoren KÖNIG und HILTY 1883, ZEERLEDER 1884 veranlasste, in der Kodifikationsfrage den Schweizerischen Juristenverein wieder auf den Plan zu rufen» (LIVER a.a.O. N 55). Am Juristentag von 1884 erteilte denn auch die Jahresversammlung des Schweizerischen Juristenvereins auf Anfrage von (nunmehr) Bundesrat LOUIS RUCHONNET «dem Vorstand den Auftrag, eine umfassende vergleichende Darstellung des Zivilrechts aller Kantone zu veranlassen» (SUTTER 46). Das war die Geburtsstunde der Entstehung des vierbändigen Werks von EUGEN HUBER über «System und Geschichte des schweizerischen Privatrechtes» (hierzu vorn N 19 ff.).

Noch vor Abschluss seines Werks erhielt alsdann EUGEN HUBER Ende 1892 von Bundesrat RUCHONNET den Auftrag zur Ausarbeitung von Entwürfen für ein einheitliches Zivilgesetzbuch. Damit begann der Werdegang der umfassenden Zivilrechtskodifikation, der nachstehend (A, I, 4) im einzelnen geschildert wird.

35

Parallel dazu musste die Verfassungsgrundlage geschaffen werden, auf welcher das neue Recht beruhen sollte. Erste Vorarbeiten für das kommende ZGB lagen mithin schon vor, als der Bundesrat mit Botschaft vom 28. November 1896 den Eidgenössischen Räten seinen Vorschlag betreffend die Revision zur Einführung der Rechtseinheit zuleitete; auf «diese Vorarbeiten nimmt denn die Botschaft auch ausführlich Bezug und führt sie als Argument für die Durchführbarkeit der Zivilrechtsvereinheitlichung an» (SUTTER 48).

36

Der Bundesrat schlug in seinem Entwurf vor, in den bisherigen Art. 64 BV einen neuen Abs. 2 einzufügen, wonach der Bund zur Gesetzgebung auch in den anderen Bereichen des Zivilrechts befugt sein soll, und den bisherigen Abs. 2 unverändert als Abs. 3 aufzuführen. Zwar obsiegte in der Eintretensdebatte im Ständerat der Antrag des Bundesrates nur recht knapp (24 zu 16 Stimmen) gegenüber einem Antrag, erst auf die Verfassungsrevision einzutreten, wenn die gesamten Gesetzesentwürfe vorliegen (SUTTER 50). Im übrigen bot aber die Bundeskompetenz für das Zivilrecht in beiden Räten wenig Diskussionsstoff und verlegte sich die Auseinandersetzung auf Abs. 3, der erst nach längerem Hin und Her seine nachmalige Fassung erhielt. So gingen denn aus dieser Debatte in den Eidgenössischen Räten die Absätze 2 und 3 des Art. 64 BV hervor, die uns nun seit rund einem Jahrhundert vertraut sind. Der entsprechende Bundesbeschluss vom 30. Juni 1898 wurde in der Volksabstimmung vom 13. November 1898 mit deutlicher Mehrheit von Volk (264'914 gegen 101'762 Stimmen) und Ständen ($16^1/_2$ gegen $5^1/_2$) angenommen. Neben den Urkantonen verwarfen die Kantone

37

Allg. Einleitung Art. 1–10

Appenzell Inner-Rhoden und Wallis die Vorlage. (Am gleichen Tag stimmten Volk und Stände einem Bundesbeschluss zu, gemäss welchem durch den neuen Art. 64bis BV die Bundeskompetenz auf dem Gebiet des Strafrechts eingeführt wurde.)

38   Damit war die rechtliche Grundlage für die umfassende schweizerische Rechtseinheit auf dem Gebiet des Privatrechts geschaffen.

4. Der Werdegang

a) Das Memorial des EJPD

39   1892 war EUGEN HUBER mit der Ausarbeitung der Entwürfe für ein einheitliches Zivilgesetzbuch betraut worden (vorn N 35). EUGEN HUBER hat alsdann «An das Tit. Eidg. Justiz- und Polizeidepartement» im Frühjahr 1893 ein Schreiben «Über die Art und Weise des Vorgehens bei der Ausarbeitung des Entwurfes eines einheitlichen schweizerischen Civilgesetzbuches» gerichtet.

40   Gestützt darauf erging ein «Memorial des Eidgen. Justiz- und Polizeidepartementes vom 17. November 1893» an die kantonalen Regierungen. Diese sind aufgrund des im Memorial «entwickelten Planes über die Art und Weise des Vorgehens bei der Ausarbeitung eines schweizerischen Zivilgesetzbuches ... aufgefordert worden, über ihre Wünsche betreffend die Gestaltung der einzelnen Abschnitte und ihre mit den kantonalen Einrichtungen gemachten Erfahrungen nähere Mitteilung zu machen» (HUBER, Erl. II, 678). Fünfzehn der fünfundzwanzig Ganz- und Halbkantone reichten alsdann ihre Antworten ein.

b) Die Teilentwürfe (TE)

41   «Nach dem von dem Eidg. Justiz- und Polizeidepartement genehmigten Plan über das Vorgehen bei der Ausarbeitung des Entwurfes eines schweizerischen Civilgesetzbuches sollen zunächst über die besonders wichtigen Materien Teilentwürfe hergestellt und durch Experten beraten werden» («Vorbemerkung» zum TE über die Wirkungen der Ehe). Es galt, jene Materien zu bearbeiten, die im Hinblick auf die Vereinheitlichung aufgrund der kantonalen Verschiedenheiten die grössten Probleme bereiteten. So hat denn EUGEN HUBER vorerst drei Teilentwürfe geschaffen, die jeweils mit ausführlichen «Erläuterungen für die Mitglieder der Expertenkommission als Manuskript gedruckt» worden sind. Diese wurden dann auch «je einer Anzahl von Sachverständigen ... zur Begutachtung unterbreitet» (LIVER, Einleitung N 60).

Allg. Einleitung Art. 1–10

Ein «Erster Teilentwurf» über «Die Wirkungen der Ehe» (1894) zerfiel in die drei Titel «Die persönlichen Wirkungen», «Die vermögensrechtlichen Wirkungen (Das Güterrecht der Ehegatten)» und «Das Erbrecht der Ehegatten». Die persönlichen Wirkungen enthielten bereits unter dem Titel «Pflichtverletzungen unter Ehegatten» moderne Eheschutzbestimmungen. Der «ordentliche eheliche Güterstand» hatte noch keinen Namen, war aber schon die vorweggenommene Güterverbindung; «Der ausserordentliche Güterstand» umfasste bereits «Die Gütergemeinschaft» und «Die Gütertrennung». «Das Erbrecht der Ehegatten» sah neben «Erbrecht zu Eigentum» bereits ausgiebig «Erbrecht zu Nutzniessung» vor. 42

Ein «Zweiter Teilentwurf» über «Das Erbrecht» (1895) zerfiel schon wie das heutige Erbrecht in die zwei Abteilungen «Die Erben» und «Der Erbgang». Beim Pflichtteilsrecht fehlt noch der später in aArt. 472 ZGB Gesetz gewordene echte Vorbehalt für die Kantone im Zusammenhang mit dem Geschwisterpflichtteilsrecht. 43

Ein «Dritter Teilentwurf» (1898) enthielt die Bestimmungen über «Das Grundpfand». Schon dieser Teilentwurf wird eingeleitet mit: «Das Grundpfand wird entweder als Grundpfandverschreibung, oder als Schuldbrief, oder als Gült bestellt.» Der Entwurf sollte «für das Sachenrecht eine ähnliche Vorarbeit bedeuten, wie es der Entwurf über die Wirkungen der Ehe für das Familienrecht gewesen ist. Eine solche Vorarbeit schien den besonderen Schwierigkeiten zu entsprechen, die politisch und juristisch bei der Ordnung des Grundpfandes vorliegen» («Vorbemerkung» zum TE über das Grundpfand). 44

c)   Die Departementalentwürfe (DE)

Die Teilentwürfe enthielten, vom Erbrecht abgesehen, nicht ganze Rechtsgebiete wie das Familienrecht und das Sachenrecht. Das Personenrecht fehlte völlig. Anders nun die von Eugen Huber nach mannigfachen Kontakten mit Experten (siehe Huber, Erl. II, 682 ff.) ausgearbeiteten Departementalentwürfe. «Die Ausarbeitung» dieser Entwürfe «erfolgte in drei Abschnitten, betreffend das Personen- und Familienrecht, das Sachenrecht und das Erbrecht» (Huber a.a.O. 682). 45

Bereits 1896, mithin vor dem Vorliegen des TE über das Sachenrecht, erfolgte die «Feststellung des Entwurfes» (Huber, Erl. II, 682) für das Personen- und Familienrecht. 46

Bedeutend mehr Aufwand erheischte die Fertigstellung des Departementalentwurfes über das Sachenrecht (1899). Erstaunen mag dabei, dass die Abschnitte über die Wasserrechte und Bergwerke viel zu reden gaben (Huber, Erl. II, 682 f.). 47

Allg. Einleitung Art. 1–10

48 Am einfachsten war der Schritt vom Teilentwurf zum Departementalentwurf im Erbrecht (1900). EUGEN HUBER hatte diesen Entwurf «in einer neuen Verarbeitung dem Departement im Februar 1900 … eingereicht» (HUBER, Erl. II, 684). Der Entwurf wurde alsdann vor seiner Fertigstellung noch von einer hochkarätigen Kommission durchberaten (siehe die Namen bei HUBER a.a.O.).

d) Der Vorentwurf (VE)

49 Die eben erwähnte Kommission (vorn N 48) hat im Anschluss an ihre Beratungen über das Erbrecht «auch die Einleitung und die für den Schlusstitel in Aussicht genommenen Ausführungen durchberaten» (HUBER, Erl. II, 684). Damit waren die Vorarbeiten für einen Gesamtentwurf abgeschlossen.

50 Der «Vorentwurf des Eidgenössischen Justiz- und Polizeidepartements» (VE) enthält im wesentlichen die in einer einzigen Ausgabe vereinigten Departementalentwürfe. «Nur in einigen wenigen Fragen, wo es ganz besonders angezeigt erschien, wurden die Entwürfe für diese Ausgabe abgeändert, in allem Übrigen dagegen deren Umarbeitung den späteren Verhandlungen vorbehalten» (HUBER, Erl. II, 684). Der Vorentwurf trägt das Datum des 15. November 1900. Im Anhang zu diesem Vorentwurf, enthaltend auf Französisch den «Aperçu des travaux préparatoires» und auf Deutsch die «Übersicht der Vorarbeiten zu den Entwürfen eines Civilgesetzbuches» steht auf Seite 309: «Le texte définitif de l'avant-projet tout entier a été arrêté, dans les deux langues, le 15 Novembre 1900.»

51 Der Vorentwurf enthält in erster Linie in deutscher und französischer Sprache die 1019 vorgeschlagenen Artikel des zu schaffenden Zivilgesetzbuches. Angehängt wird diesem Hauptteil unter «Fünfter Teil. Das Obligationenrecht.» ein weiterer Teil «zur Vervollständigung des Gesetzbuches wenigstens in den Titelüberschriften nach dem geltenden Rechte …, unter ausdrücklichem Vorbehalt der Abänderungen und Ergänzungen, die vor Erlass des Civilgesetzbuches notwendig vorgenommen werden müssen» (S. 245). Darauf folgt der «Schlusstitel» mit den «Anwendungs- und Übergangsbestimmungen» (S. 250 ff.). Dieser Titel enthält (anders als das ZGB von 1907) noch Bestimmungen über «Die Anwendung fremden und einheimischen Rechtes».

52 In seiner «Vorbemerkung» zum VE führt Bundesrat BRENNER, der Vorsteher des Eidg. Justiz- und Polizeidepartements, u.a. aus: «Wir … ersuchen jedermann, seine Wünsche, Anregungen oder Anträge zur Verbesserung oder Ergänzung des Entwurfes ohne Verzug unserem Departement einzureichen.» Von dieser Möglichkeit wurde ausgiebig Gebrauch gemacht. Das erfreuliche Resultat dieses Aufrufs, mit Antworten auch und gerade von hervorragenden Juristen, findet sich in «Schweiz. Civilgesetzbuch – Zusammenstellung der Anträge und Anregungen

zum Vorentwurf vom 15. Nov. 1900», frz. «Aperçu des propositions et des voeux», im Auftrag des EJPD «bearbeitet vom Sekretariat der Civilrechtskommission» (Bern 1901).

Für alle, die zur Mitarbeit am neuen Gesetzgebungswerk berufen waren, hat alsdann EUGEN HUBER die «Erläuterungen zum Vorentwurf» («Exposé des motifs de l'avant-projet») verfasst. Sie erschienen in drei Heften (I. Einleitung, Personen- und Familienrecht, 1901; II. Erbrecht, 1901; III. Sachenrecht, 1902). Da auch «nach dem Inkrafttreten des Schweizerischen Zivilgesetzbuches die Nachfrage nach den Erläuterungen zum Vorentwurf nicht aufgehört hat» (HUBER, Erl. I, V), hat das EJPD eine neue Ausgabe angeordnet. Diese «Zweite, durch Verweisungen auf das Zivilgesetzbuch und etliche Beilagen ergänzte Ausgabe» (1914) zerfällt in einen ersten Band «Einleitung, Personen-, Familien- und Erbrecht» und in einen Zweiten Band «Sachenrecht und Text des Vorentwurfes vom 15. November 1900». Diese Erläuterungen bilden nach wie vor eine hervorragende Quelle für das Verständnis des ZGB und sind in Inhalt und Form ein einmaliger und unverzichtbarer Teil der Materialien der Kodifikation. 53

e) Die Grosse Expertenkommission

Wenn auch bei der Entstehung der Teilentwürfe und der Departementalentwürfe die Ausarbeitung der Entwürfe jeweils durch EUGEN HUBER geschah, so wurde doch damals schon eine Vielzahl von Experten zur Prüfung und Begutachtung beigezogen (siehe im Einzelnen HUBER, Erl. II, 679 ff.). Nach dem Vorliegen des Vorentwurfs galt es nun, eine grössere Kommission einzusetzen, «in der alle wichtigen Interessen des Landes vertreten» sein sollten (Botschaft 2). Die Kommission wurde vom EJPD im Mai 1901 bestellt (Botschaft 2). Für diese Kommission, auch «Zivilrechtskommission» genannt (so Botschaft 4), laut GMÜR (Berner Kommentar, Allgemeine Einleitung N 5) und EGGER (Zürcher Kommmentar, Allgemeine Einleitung N 20) eine «grosse Expertenkommission», setzte sich in der Lehre schliesslich der Name «Grosse Expertenkommission» durch (LIVER, Einleitung N 65; TUOR/SCHNYDER/SCHMID 8). 31 Mitglieder waren «zur Beratung des ganzen Entwurfes und je drei Spezialexperten zur Beratung des Personen- und Familienrechts, des Erbrechts und des Sachenrechts berufen worden» (Botschaft 2); in der Folge traten gewisse Verschiebungen ein (Botschaft a.a.O.). Die Kommission tagte unter der Leitung des Departementschefs (anfänglich Bundesrat COMTESSE, dann Bundesrat BRENNER) «in vier Sitzungen» (so Botschaft 2), regelrechten Sessionen, und zwar für das Personen- und Familienrecht vom 7. bis 30. Oktober 1901 in Luzern, für das Vormundschaftsrecht und das Erbrecht vom 3. bis 22. März 1902 in Neuenburg, für den ersten Teil des Sachenrechts vom 3. bis 54

Allg. Einleitung Art. 1–10

15. November 1902 in Zürich und für den zweiten Teil des Sachenrechts vom 15. April bis 2. Mai 1903 in Genf (Botschaft 2). Referent war EUGEN HUBER, der Redaktor des Entwurfs (Botschaft 3). Die Einleitung ist erst am 26./27. Januar 1904 durch eine fünfköpfige Kommission «durchberaten und festgestellt worden» (Botschaft 4; siehe hinten N 75 f.).

55   Die Protokolle der Grossen Expertenkommission sind nicht gedruckt, sondern nur vervielfältigt worden. Sie sind als solche in den öffentlichen Bibliotheken und teils in Privatbesitz zu finden. Sie werfen auch heute noch Wertvolles ab, wenn zur Auslegung von Bestimmungen des ZGB auf die Entstehungsgeschichte zurückgegriffen wird.

f)   Botschaft und Entwurf des Bundesrates

56   Bereits am 28. Mai 1904 leitete der Bundesrat der Bundesversammlung seine Botschaft «zu einem Gesetzesentwurf enthaltend das Schweizerische Zivilgesetzbuch» zu (BBl 1904 IV 1 ff.).

57   Die im Rahmen der Botschaft enthaltenen Erläuterungen umfassen angesichts der Bedeutung des Vorhabens den erstaunlich knappen Umfang von nicht ganz hundert Seiten. Die Botschaft konnte sich unter anderem deshalb darauf beschränken, weil sich die Botschaft für die Vereinheitlichung des Zivilrechts in der Schweiz vom Jahre 1896 und die Ausführungen über die Vorarbeiten bereits in den «Händen» der Bundesversammlung befand (Botschaft 1). Der Bundesrat erwartete, dass es gelinge, «in dem Gesetzgebungswerk ein Ganzes zu schaffen, das in seinem Charakter der Eigenart und den Anschauungen des Volkes entspricht, ein Recht, von dem man hoffen kann, dass es ein volkstümliches Recht sein werde» (Botschaft 99).

58   Der Entwurf umfasst insgesamt 1015 Artikel. Die Reduktion auf 977 Artikel im endgültigen Gesetzestext beruht insbesondere darauf, dass der Entwurf je einen Abschnitt über «Die Wasserrechte» (Art. 916–939) und «Die Bergwerke» (Art. 940–956) enthielt, die nicht Eingang in das Gesetz gefunden haben.

59   Hier sei festgehalten, dass am 3. März 1905 der Bundesrat der Bundesversammlung auch noch eine Botschaft «zu einem Gesetzesentwurf betreffend die Ergänzung des Entwurfes eines schweizerischen Zivilgesetzbuches durch Anfügung des Obligationenrechtes und der Einführungsbestimmungen» unterbreitet hat (BBl 57 1905 II 1 ff.). Der entsprechende Entwurf erlangte allerdings nicht Gesetzesreife; der umgearbeitete Entwurf zu dieser Revision des Obligationenrechts wurde der Bundesversammlung erst am 1. Juni 1909 zugeleitet (BBl 1909 III 725 ff.). Wohl aber fanden die «Anwendungs- und Einführungsbestimmungen» der Botschaft von 1905 (mit Ausnahme der Regeln über die Anwendung

schweizerischen und fremden Rechtes) nach der Behandlung in den Eidgenössischen Räten als Schlusstitel Eingang in das ZGB von 1907.

g) Die Verhandlungen in den Eidgenössischen Räten

Die Beratungen in den Eidgenössischen Räten dauerten von Juni 1905 bis Juni 1907. Prioritätsrat war der Nationalrat. Die Verhandlungen sind wiedergegeben im Amtlichen Stenographischen Bulletin der Bundesversammlung. Nicht veröffentlicht sind die Protokolle der Vorbereitungskommissionen. 60

Person und Werk des Schöpfers des Zivilgesetzbuches, EUGEN HUBER, einerseits, die breite Abstützung der Vorbereitungsarbeiten anderseits, hatten zur Folge, dass das gewaltige Vorhaben in erstaunlich kurzer Zeit glückte und verhältnismässig wenig Abänderungen am Entwurf vorgenommen wurden. Immerhin war, von der in unserem hochdemokratischen Land bedeutsamen Legitimierung des Ganzen durch die Repräsentation von Volk und Ständen abgesehen, die Arbeit der Räte nicht etwa nutzlos («le travail des députés n'a pas été vain»: ROSSEL/MENTHA I 40). So wurde der Entwurf in mehren Bereichen (Zivilstand, Hausgewalt u.a.) spürbar entlastet («sensiblement allégé»), um die Abschnitte über Wasserrechte und Bergwerke verkürzt («amputé») und durch eine Reihe von wertvollen Neuerungen bereichert und so die Chance, die Gunst des Volkes zu erlangen («de retenir la faveur populaire»), erhöht (Zitate aus ROSSEL/MENTHA I 40 f.). 61

In diesem Zusammenhang sollen auch die Namen jener Magistratspersonen genannt werden, denen bei den Verhandlungen in den Räten eine Schlüsselrolle zukam. Es waren dies im Nationalrat Kommissionspräsident BÜHLMANN und die Referenten französischer Zunge, GOTTOFREY und ROSSEL, im Ständerat Kommissionspräsident und Referent HOFFMANN, nachmaliger Bundesrat, sowie in beiden Räten der Vorsteher des EJPD, Bundesrat BRENNER. Vor allem aber ereignete sich der Glücksfall, dass der Gesetzesredaktor, EUGEN HUBER, in den Nationalrat gewählt wurde und in diesem Rat als deutschsprachiger Referent amtete. 62

Da während «der Beratungen der Bundesversammlung ... der Redaktion des Gesetzes nicht die Pflege zugewendet werden» konnte, «die nach der Bedeutung der Vorlage als unerlässlich betrachtet werden» musste (BBl 1907 VI 367), wurde gemäss Geschäftsverkehrsgesetz eine «Redaktionskommission des Zivilgesetzbuches» bestellt. Diese Kommission hat, namentlich aufgrund der Vorarbeiten einer fünfgliedrigen Subkommission (BÜHLMANN, HOFFMANN, HUBER, ROSSEL und RUTTY), eine Fülle von Änderungen «am Entwurfe, wie er aus den Beratungen der Bundesversammlung hervorgegangen war, vorgenommen» (BBl 1907 VI 369). Diese Änderungen umfassten drei Gruppen: «rein sprachliche Verbesse- 63

Allg. Einleitung Art. 1–10

rungen», «die Herstellung möglichster Übereinstimmung in den drei Sprachen» und «die nötigen Änderungen» «bei Bestimmungen, denen es an der wünschenswerten materiellen Klarheit zu fehlen schien» (BBl 1907 VI 369 f.).

64 Der so bereinigte Gesetzestext wurde in der denkwürdigen Schlussabstimmung vom 10. Dezember 1907 von beiden Räten einstimmig angenommen. Gegen die im Bundesblatt am 21. Dezember 1907 publizierte Vorlage wurde, der Bedeutung der Revision zum Trotz, kein Referendum ergriffen (zu den Gründen hierfür: TUOR/SCHNYDER/SCHMID 9 f.). Gemäss Art. 61 Abs. 1 SchlT ZGB trat das Gesetz mit dem 1. Januar 1912 in Kraft. ZGB-Jubiläen nehmen regelmässig Bezug auf das Datum des Inkrafttretens und nicht auf das Geburtsdatum des Gesetzes.

65 Die lange Dauer zwischen Annahme und Inkrafttreten des Gesetzes beruhte vor allem darauf, dass den Kantonen die Möglichkeit geboten werden sollte, die notwendigen Einführungsbestimmungen zu erlassen und namentlich auch die gesetzesbedingten organisatorischen Vorkehren zu treffen (hierzu im einzelnen hinten D, II, 1).

h) Die Anpassung des Obligationenrechts an das ZGB

66 Entgegen dem Vorschlag des Bundesrates vom Jahre 1905 (vorn N 59) beschlossen die Räte, die im Hinblick auf die Schaffung des ZGB nötige Anpassung des OR von 1881/1883 vorerst einer Expertenkommission zu unterbreiten; der Bundesrat leitete alsdann mit Botschaft vom 1. Juni 1909 den von EUGEN HUBER aufgrund der Vorarbeiten dieser Kommission umgearbeiteten Entwurf erneut der Bundesversammlung zu (BBl 1909 III 725). Dieser Entwurf umfasste im wesentlichen die Materien des bisherigen Obligationenrechts bis und mit der Regelung der einfachen Gesellschaft. In der Schlussabstimmung beider Räte vom 30. März 1911 wurde die Vorlage einstimmig gutgeheissen. Das dadurch geschaffene «Bundesgesetz betreffend die Ergänzung des Schweizerischen Zivilgesetzbuches (Fünfter Teil: Obligationenrecht)» trat mit dem ZGB am 1. Januar 1912 in Kraft. Die Neubearbeitung der Teile über die Handelsgesellschaften, des Firmen-, Handelsregister- und Wertpapierrechts blieb der grossen Revision des OR von 1936 vorbehalten.

II. Die Entstehung des Einleitungstitels

Vorbemerkung: Der in der Lehre gemeinhin (statt vieler RIEMER, Einleitungsartikel, § 1 N 1; MEIER-HAYOZ, Einleitungsartikel, § 1 A I; CARONI, Einleitungstitel, passim; TUOR/SCHNYDER/SCHMID 31) so genannte Einleitungstitel trägt im deutschen Text (nur) den Namen «Einleitung» (mithin gerade anders als beim «Schlusstitel»). Der deutsche Name «Einleitungstitel» ist die (Rück-)Übersetzung des französischen «Titre préliminaire» und des italienischen «Titolo preliminare» (siehe nun aber im «Cudesch civil svizzer» das dem deutschen Text entsprechende «Introducziun»). Im folgenden ist regelmässig von «Einleitungstitel» und nicht von der «Einleitung» die Rede.

Vorschläge von Texten für den Einleitungstitel finden sich weder in den Teilentwürfen noch in den Departementalentwürfen. Das ist indessen nicht verwunderlich, da ja diese Entwürfe Teilgebiete eines Zivilgesetzbuches betrafen (die Teilentwürfe die Wirkungen der Ehe, das Erbrecht und das Grundpfandrecht, die Departementalentwürfe das Personen- und Familienrecht, das Sachenrecht und das Erbrecht: vorn N 41 ff. und N 45 ff.).

Im Hinblick auf den Vorentwurf von 1900 schuf indessen EUGEN HUBER eine Reihe von Fassungen einer «Einleitung» (zu finden im EUGEN-HUBER Archiv des Bundesarchivs, leider undatiert). Die fünf jeweils überarbeiteten Fassungen beruhen auf folgender Grundversion: Art. 1 («A. Die Anwendung des Civilrechts. I. Im allgemeinen.»), Art. 2 («II. Das Verhältnis zum Gewohnheitsrecht. 1. Ergänzung des Gesetzes.»), Art. 3 («2. Aufhebung des Gesetzes.»), Art. 4 («B. Das Verhältnis zu den Kantonen. I. Civilrecht der Kantone.»), Art. 5 («II. Öffentliches Recht der Kantone.»), Art. 6 («C. Das Verhältnis zum Ausland. I. Im Personen-, Familien- & Erbrecht. 1. Schweizer im Auslande.»), Art. 7 («2. Ausländer in der Schweiz.»), Art. 8 («II. Im Sachenrecht.»), Art. 9 («III. Im Obligationenrecht.»), Art. 10 («IV. Öffentliche Ordnung.»), Art. 11 («V. Nachweis fremden Rechts.»), Art. 12 («VI. Vorbehalt von Staatsverträgen.»).

Die im Vorentwurf veröffentlichte Version war bedeutend kürzer. Sie enthielt nur mehr eine (statt zwei) Bestimmung(en) über das Gewohnheitsrecht und eine (statt sieben) Bestimmung(en) über das internationale Privatrecht. Die verbleibenden fünf Artikel hatten folgenden Wortlaut:

A. Die Herrschaft des Civilrechts

I. Die Grundlagen der Rechtsprechung

Art. 1 Das Civilgesetz findet auf alle Rechtsfragen Anwendung, für die es nach Wortlaut oder Auslegung eine Bestimmung enthält.

Allg. Einleitung Art. 1–10

> Fehlt es in dem Gesetze an einer Bestimmung, so entscheidet der Richter nach dem Gewohnheitsrechte und wo auch ein solches mangelt, nach bewährter Lehre und Überlieferung.
>
> Kann er aus keiner dieser Quellen das Recht schöpfen, so hat er sein Urteil nach der Regel zu sprechen, die er als Gesetzgeber aufstellen würde.

II. Die Bildung von Gewohnheitsrecht

Art. 2 Hat sich zur Erläuterung oder Ergänzung einer bundesrechtlichen Bestimmung ein Gewohnheitsrecht gebildet, so wird es als Bundesrecht anerkannt.

Nicht anerkannt wird die Bildung eines Gewohnheitsrechtes, das als Ortsübung die Bestimmungen des Gesetzes in irgend einer Weise aufheben oder abändern würde.

B. Das Verhältnis zu den Kantonen

I. Civilrecht der Kantone

Art. 3 Soweit das Bundesrecht die Geltung kantonalen Rechtes vorbehält, sind die Kantone befugt, civilrechtliche Bestimmungen aufzustellen oder aufzuheben.

In dem gleichen Umfange wird auch die Geltung kantonalen Gewohnheitsrechtes anerkannt.

II. Öffentliches Recht der Kantone

Art. 4 Die Kantone werden in ihren öffentlich-rechtlichen Befugnissen durch das Bundescivilrecht nicht beschränkt.

Sie können in den Schranken ihrer Hoheit den Verkehr mit gewissen Arten von Sachen untersagen oder die Rechtsgeschäfte über solche Sachen als ungültig bezeichnen.

C. Das Verhältnis zum Ausland.

Art. 5 Die Schweizer im Ausland und die Ausländer in der Schweiz stehen unter dem Rechte, das der Bund durch Vereinbarung mit den andern Staaten für sie festgestellt hat und insoweit eine solche Vereinbarung nicht getroffen ist, unter den Bestimmungen dieses Gesetzes.

Steht ein Verhältnis unter ausländischem Rechte, so ist der schweizerische Richter befugt, zu verlangen, dass ihm der Bestand dieses Rechtes von der Partei, die es anruft, nachgewiesen werde.

Wird dieser Nachweis nicht geleistet, und ist dem Richter das ausländische Recht nicht ohnedies bekannt, so wendet er das schweizerische Civilrecht an.

Allg. Einleitung Art. 1–10

In der «Zusammenstellung der Anträge und Anregungen» zum Vorentwurf (vorn 71
N 52) finden sich auf (nur) zwei gedruckten Seiten Stellungnahmen zum Einleitungstitel («Allgemeine Bemerkungen» von Genf [Kanton], ABT und RÜMELIN; Bemerkungen zu Art. 1 von MARTIN, HEUBERGER, OSER, EBERLE, SCHATZMANN, RÜMELIN und BÜLOW, zu Art. 2 von HEUBERGER, RÜMELIN und SCHATZMANN, zu Art. 3 von OSER, SCHATZMANN und RÜMELIN, zu Art. 4 von OSER, zu Art. 5 von OSER und MARCUSEN). Aus diesen Stellungnahmen seien hier folgende Äusserungen festgehalten:

– die grundsätzliche Zustimmung von RÜMELIN zu Art. 1 sowie dessen Hinweis zu Art. 2: «es fehlen Bestimmungen über derogatorisches oder abänderndes gemeines und lückenergänzendes partikulares Gewohnheitsrecht; eventuell ist die Bestimmung des Verhältnisses von Gesetz und Gewohnheitsrecht ganz dem Richter zu überlassen»;

– die Hinweise von HEUBERGER zu Art. 1, wonach anstatt «Auslegung» «Sinn» zu sagen sei und wonach in Art. 1 die Abs. 2 und 3 zu ersetzen seien durch: «Fehlt es an einer Bestimmung, so entscheidet der Richter im Geist des Gesetzes»;

– die Bemerkungen von OSER, wonach

  – in Art. 1 Abs. 1 die Analogie ausdrücklich als zulässig zu bezeichnen sei,

  – die Übereinstimmung von «Überlieferung» und «jurisprudence» in Art. 1 Abs. 2 «zweifelhaft» sei (!),

  – in Art. 1 Abs. 3 die Gesichtspunkte genannt werden sollten, von denen der Gesetzgeber ausgehen soll,

  – Art. 3 Abs. 2 zu streichen sei, damit «der kantonalen Souveränität nicht präjudiziert werde»,

  – Bedenken geäussert werden gegen die Aufnahme von Art. 4 in die Einleitung und

  – Art. 5 Abs. 1 zu streichen sei, sowie

– die Bemerkung von EBERLE, wonach Art. 1 Abs. 3 «dem Richter einen zu weitgehenden Einfluss» eröffne.

Die Ausführungen von EUGEN HUBER zum Einleitungstitel in den Erläuterungen 72
gipfeln in folgender Schlussfolgerung (35 f.): «So bleibt uns denn für die Einleitung nur die Aufstellung jener Grundsätze, die wir als leitende Gedanken für die Festsetzung des Verhältnisses des Gesetzbuches zur Rechtsanwendung im allgemeinen ausgesprochen wissen möchten. Und als solche betrachten wir: Die grund-

Allg. Einleitung Art. 1–10

sätzliche Ordnung des Verhältnisses zu den Rechtsquellen, die neben der Bundesgesetzgebung für das Bundesgebiet zur Anwendung kommen, sodann die Feststellung der Beziehung des Bundesrechtes zum kantonalen Recht und endlich die Stellung des schweizerischen Rechtes zum Rechte anderer Länder.»

73 Die Grosse Expertenkommission hat den Einleitungstitel nicht behandelt (LIVER, Einleitung N 65: «Die Kommission hat den VE [ohne die Einleitungsartikel und den Schlusstitel] … in vier Sessionen durchberaten»; siehe ferner Schreiben des EJPD an die Mitglieder der Expertenkommission zur Prüfung des Vorentwurfs zu einem schweizerischen Civilgesetzbuch vom 6. September 1901: «2. Die Beratung der fünf Artikel der Einleitung des Entwurfs gedenken wir auf eine spätere Tagung zu verschieben» mit Unterschrift Bundesrat COMTESSE; siehe schliesslich in Prot. Exp. Komm., Sitzung vom 8. Oktober 1901, 2: «Die Beratung der fünf Artikel der Einleitung wird auf später verschoben»).

74 Zwischen der im Vorentwurf enthaltenen Version und jener Version, die den Arbeiten der Konferenz einer kleinen Kommission (hierzu nachstehend N 75) zugrundelag, sind zwei weitere Versionen (offensichtlich aus der Hand des Gesetzesredaktors) entstanden. In einer ersten Version finden sich neu Bestimmungen über Treu und Glauben, guter Glaube, Selbsthilfe (Verhältnis zum Strafrecht) und Verjährung; dagegen entfallen hier die in den ersten Versionen enthaltenen Stellen über das internationale Privatrecht. In einer weiteren Version treten Bestimmungen über das Verhältnis zum Obligationenrecht sowie Beweisregeln und Hinweise auf Prozessvorschriften auf.

75 Die (zehnte) Version wurde von EUGEN HUBER mit einer kleinen Kommission, bestehend (neben HUBER) aus Bundesrat BRENNER, Ständerat ISLER, Prof. REICHEL und Prof. ROSSEL, am 26./27. Januar 1904 beraten (hierzu siehe HUWILER – in seinem grundlegenden Aufsatz zur Gesetzgebungsgeschichte des Rechtsmissbrauchsverbotes – 66 f.). Diese Version umfasste folgende Artikel: Art. 1 («A. Die Grundlagen der Rechtsprechung.»), Art. 2 («B. Anerkennung von Gewohnheitsrecht.»), Art. 2a («C. Inhalt der Rechtsverhältnisse. I. Handeln nach Treu und Glauben.»), Art. 2b («II. Guter Glaube.»), Art. 2c («III. Richterliches Ermessen.»), Art. 2d («IV. Verordnungen des Bundesrates.»), Art. 3 («D. Das Verhältnis zu den Kantonen. I. Zivilrecht der Kantone.»), Art. 3bis («II. Ortsübung und kantonales Recht.»), Art. 4 («III. Öffentliches Recht der Kantone.»), Art. 5 («E. Allgemeine Bestimmungen des Obligationenrechts.»), Art. 5a («F. Beweisregeln. I. Beweislast.»), Art. 5b («II. Beweis mit öffentlicher Urkunde.»), Art. 5c («III. Prozessuale Beweisvorschriften.»), Art. 5d («G. Verfolgbarkeit der rechtlichen Ansprüche. I. Vollstreckbarkeit der Urteile.»), Art. 5e («II. Gerichtshülfe u. Selbsthülfe.»), Art. 5f («III. Allgemeine Anspruchsverjährung.»). Das Protokoll dieser Sitzung umfasst drei handgeschriebene Seiten.

Sehr aufschlussreich sind die handschriftlichen (wohl von EUGEN HUBER 76
angefertigten) Korrekturen an der dieser Kommission vorliegenden Version. So
wurden folgende Bestimmungen der Version ersatzlos gestrichen: Art. 2 Abs. 2,
Art. 2d, Art. 5d, 5e und 5f. Neu aufgenommen wurde anstelle der bisherigen Abs. 2
und 3 des Art. 2b ein neuer Abs. 2 über die für die Berufung auf den guten Glauben
nötige Aufmerksamkeit (der heutige Art. 3 Abs. 2 ZGB). Der blosse Missbrauch
in Art. 2a Abs. 2 wurde durch den offenbaren Missbrauch ersetzt! Im übrigen
wurden kleine Retouchen angebracht. Das Ergebnis dieser Kommissionssitzung
hat denn auch mit kleinen Änderungen Eingang gefunden in den Entwurf des
Bundesrates (siehe nachstehend N 77). Da dieser Entwurf seinerseits (zwar nicht
in der Artikelzählung, wohl aber) der Sache nach, von kleinen Retouchen und
wenigen Streichungen abgesehen (hierzu nachstehend N 80 ff.), ins Gesetz Eingang
gefunden hat, mag man diese zweitägige Kommissionssitzung als die eigentliche
Geburtsstunde des heutigen Einleitungstitels bezeichnen.

Die nächste Version findet sich im Entwurf des Bundesrates vom 28. Mai 77
1904. Sie deckt sich, von wenigen Ausnahmen abgesehen (am meisten abgeändert
wurde Art. 5c der von der Kommission beschlossenen Fassung), mit den
Ergebnissen der (vorn N 75 erwähnten) Sitzung der kleinen Kommission. Geändert
hat die Artikelzählung ab Art. 2a der erwähnten Version in folgender Weise:
Art. 2a wird zu Art. 3, Art. 2b zu Art. 4, Art. 2c zu Art. 5, Art. 3 zu Art. 6, Art. 3bis
zu Art. 7, Art. 4 zu Art. 8, Art. 5 zu Art. 9, Art. 5a zu Art. 10, Art. 5b zu Art. 11
und Art. 5c zu Art. 12. Der Entwurf des Bundesrates hat folgenden Wortlaut:

A. Die Grundlagen der Rechtsprechung

Art. 1   Das Gesetz findet auf alle Rechtsfragen Anwendung, für die es nach Wortlaut und
Auslegung eine Bestimmung enthält.

Fehlt es an einer gesetzlichen Vorschrift, so entscheidet der Richter nach Gewohnheitsrecht
und, wo ein solches nicht besteht, nach bewährter Lehre und Überlieferung.

Kann er aus keiner dieser Quellen das Recht schöpfen, so fällt er sein Urteil nach
der Regel, die er als Gesetzgeber aufstellen müsste.

B. Anerkennung von Gewohnheitsrecht

Art. 2   Besteht im Gebiete der Gesetzgebungshoheit des Bundes ein die gesetzlichen Vorschriften
ergänzendes Gewohnheitsrecht, so wird es als Bundesrecht anerkannt.

Allg. Einleitung Art. 1–10

C. Inhalt der Rechtsverhältnisse

I. *Handeln nach Treu und Glauben*

Art. 3 Jedermann hat sowohl in der Ausübung seiner Rechte als in der Erfüllung seiner Pflichten nach Treu und Glauben zu handeln.

Der offenbare Missbrauch einer Berechtigung erfährt keinen Rechtsschutz.

II. *Guter Glaube*

Art. 4 Wo das Gesetz eine Rechtswirkung an den guten Glauben einer Person geknüpft hat, ist dessen Dasein zu vermuten.

Wer bei Beobachtung der Aufmerksamkeit, die von ihm verlangt werden durfte, hätte erkennen müssen, dass er nicht gutgläubig sein könne, vermag sich auf den guten Glauben nicht zu berufen.

III. *Richterliches Ermessen*

Art. 5 Wo das Gesetz den Richter auf sein Ermessen oder auf die Würdigung der Umstände oder auf wichtige Gründe verweist, hat er seine Entscheidung nach der Regel zu treffen, die den vorliegenden Verhältnissen nach Recht und Billigkeit am besten entspricht.

D. Das Verhältnis zu den Kantonen

I. *Zivilrecht der Kantone*

Art. 6 Soweit das Bundesrecht die Geltung kantonalen Rechtes vorbehält, sind die Kantone befugt, zivilrechtliche Bestimmungen aufzustellen oder aufzuheben.

In dem gleichen Umfange wird auch die Geltung kantonalen Gewohnheitsrechtes anerkannt.

II. *Ortsübung und kantonales Recht*

Art. 7 Wo das Gesetz auf die Übung oder den Ortsgebrauch verweist, gilt das bisherige kantonale Recht als deren Ausdruck, solange nicht eine abweichende Übung nachgewiesen ist.

Unter dem gleichen Vorbehalt können die Kantone auch weiterhin der Übung und dem Ortsgebrauch Ausdruck verschaffen.

III. *Öffentliches Recht der Kantone*

Art. 8 Die Kantone werden in ihren öffentlich-rechtlichen Befugnissen durch das Bundeszivilrecht nicht beschränkt.

Allg. Einleitung Art. 1–10

Sie können in den Schranken ihrer Hoheit den Verkehr mit gewissen Arten von Sachen untersagen oder die Rechtsgeschäfte über solche Sachen als ungültig bezeichnen.

E. Allgemeine Bestimmungen des Obligationenrechts

Art. 9 Die allgemeinen Bestimmungen des Obligationenrechts finden auch auf andere zivilrechtliche Verhältnisse entsprechende Anwendung.

F. Beweisregeln

I. Beweislast

Art. 10 Wo das Gesetz es nicht anders bestimmt, hat derjenige die Richtigkeit einer behaupteten Sachlage zu beweisen, der aus dieser Rechte ableitet.

II. Beweis mit öffentlicher Urkunde

Art. 11 Eine öffentliche Urkunde ist für die Tatsache, der sie Ausdruck oder Rechtsgültigkeit zu geben bestimmt ist, beweiskräftig, solange nicht ihre Unrichtigkeit dargetan wird.
Der Nachweis der Unrichtigkeit ist an keine besondere Form gebunden.

III. Prozessuale Beweisvorschriften

Art. 12 Die von kantonalen Prozessgesetzen aufgestellten Beweisformen können auf Rechtsverhältnisse, die nach Bundesrecht gültig begründet sind und vor dem Gerichte des Ortes ihrer Entstehung ohne weiteres beweisbar wären, nicht angewendet werden, es sei denn, dass alle Beteiligten im Zeitpunkte der Entstehung dem Gerichtsstande des die Beweisformen vorschreibenden Kantons unterstellt waren.

78 Die Botschaft zum Entwurf des Bundesrates hält mit Bezug auf den Einleitungstitel fest: «Den vier Teilen des Entwurfes, Personen-, Familien-, Erbrecht und Sachenrecht, die in Abteilungen, Titel und Abschnitte eingeteilt sind (wobei die Titel und ebenso die Artikel zur Erleichterung der Verweisungen fortlaufend gezählt werden), ist eine Einleitung vorangestellt, die aus 12 Artikeln besteht. Sie enthält einige allgemeine Regeln, die einerseits die Rechtsanwendung und das Verhältnis zwischen kantonalem und Bundesrecht, anderseits aber die Rechtsauslegung und den Beweis betreffen. Der Entwurf von 1900 enthielt nur fünf solche Bestimmungen, von denen eine, als dem interkantonalen Rechte angehörig, in den Schlusstitel verwiesen worden ist. Dafür sind acht neue hinzugekommen, deren Aufnahme sich im Verlauf der Beratungen der Zivilrechtskommission als wünschenswert herausgestellt hat» (BBl 1904 IV 13).

Allg. Einleitung Art. 1–10

79   Bei den Verhandlungen in den Eidgenössischen Räten ist der Einleitungstitel erst nach der Beratung der vier Teile des ZGB behandelt worden. «Grund für diese Art der Behandlung» war, «dass die einleitenden Bestimmungen sich auf allgemeine Erwägungen, auf Grundsätze stützen, die den gesamten Entwurf durchziehen und da und dort zum Ausdruck kommen» (HUBER, StenBull NR 1905 450). Man musste «also erwarten, dass erst durch die Beratung der einzelnen Teile die Stellungnahme zu den Bestimmungen der Einleitung vollständig abgeklärt wird» (HUBER a.a.O.). Diese Gedanken hat der Gesetzesredaktor in der Eintretensdebatte im Nationalrat geäussert. In der Eintretensdebatte des Ständerates wird mit keinem Wort auf den Einleitungstitel eingegangen.

80   Im Nationalrat umriss EUGEN HUBER den Sinn des Einleitungstitels mit folgenden Worten: «Die Artikel, die Sie in der Einleitung zum Zivilgesetzentwurf aufgestellt finden, sollen nicht etwa einen allgemeinen Teil zum Zivilgesetzbuch darstellen, sondern sie finden ihre Parallele etwa in dem titre préliminaire des Code Napoléon. Es soll eine allgemeine Einleitung in dem Sinne sein, dass einige generelle Sätze über die Art der Anwendung, über die Interpretation und die Geltungskraft des Gesetzes aufgestellt werden. Wegen dieser Allgemeinheit sind diese Sätze im ganzen auch wohl als fast selbstverständlich zu betrachten. Allein es hat doch einen grossen Wert, diese Prinzipien auszusprechen, sie an die Spitze des Gesetzes zu stellen, und sowohl die vorberatenden Instanzen als Ihre Kommission haben gefunden, es sei diese Einleitung – bis auf einen Artikel, den Ihre Kommission zu streichen beantragt – beizubehalten als Eingang zum ganzen Gesetz» (StenBull NR 1906 1036). Ähnliche Gedanken äusserte VIRGIL ROSSEL, der französischsprachige Berichterstatter: «On a fait, dans la commission, la proposition de supprimer le titre préliminaire. Nous l'avons maintenu à une forte majorité, non point qu'il constitue une ‹partie générale› dans le genre de celle du code civil allemand, mais parce qu'il énonce quelques principes qu'il est bon de placer en tête d'une oeuvre comme la nôtre, et parce qu'il répond à certaines exigences d'esthétique législative. C'est le modeste portique d'un temple que méritait bien cette décoration architecturale» (StenBull NR 1906 1038). Die nationalrätliche Kommission hat neben redaktionellen Retouchen nur wenige Änderungen am Entwurf des Bundesrates beantragt (StenBull NR 1906 1034 ff.). Sie betrafen das Gewohnheitsrecht des Bundes (Art. 2 E) und der Kantone (Art. 6 Abs. 2 E) sowie Übung und Ortsgebrauch (Art. 7 Abs. 2 E). Der Rat folgte stillschweigend den Anträgen der Kommission (StenBull NR 1906 1043). Ein Antrag SPEISER mit bemerkenswerten Überlegungen gegen eine Gesetzesbestimmung über die Rechtsquellen (Art. 1 E) wurde mit Mehrheit gegen immerhin 18 Stimmen abgelehnt (StenBull NR 1906 1040 ff. und 1043).

Allg. Einleitung Art. 1–10

Im Ständerat orientierte Berichterstatter HOFFMANN über den Gehalt des Einleitungstitels mit teils plastischen Formulierungen zu bewährter Lehre und Überlieferung («Hingegen wollen wir denn doch hoffen, dass wir mit unserm neuen bodenständigen Gesetz auch zu einer nationalen, bodenständigen Doktrin und Praxis gelangen werden»: StenBull StR 1907 114), zu – von ihm nicht geteilten – Bedenken gegenüber dem Richterrecht («Es sei eigentlich eine Karikatur, wenn der Laienrichter, mit der Toga des Gesetzgebers umhüllt, auf den kurulischen Stuhl sich setzen werde!»: StenBull StR a.a.O.) und zum Rechtsmissbrauch («Blosse Shylockansprüche werden im Rechte nicht geschützt; das Recht ist nicht dazu da, der Schikane zum Durchbruch zu verhelfen»: StenBull StR a.a.O.). Auf Antrag seiner Kommission nahm der Ständerat die vom Nationalrat gestrichenen Art. 2 und Art. 6 Abs. 2 des bundesrätlichen Entwurfs wieder auf (StenBull StR 1907 111 ff. und 116). 81

In der Differenzenbereinigung setzte sich der Nationalrat mit seinen Streichungsanträgen zu Art. 2 und Art. 6 Abs. 2 E durch (StenBull NR 1907 349, 355 und 366; StenBull StR 1907 316 f. und 332). Der Berichterstatter HOFFMANN begründete das Nachgeben der ständerätlichen Kommission mit den Worten: «Wie es kantonales und eidgenössisches geschriebenes Recht gibt, so bestehen auch die beiden Arten des Gewohnheitsrechtes, ob es im Gesetz gesagt werde oder nicht. Weil es sich aber mehr um eine theoretische Frage handelt, beantragen wir Ihnen, der vom Nationalrat beschlossenen Fassung zuzustimmen» (StenBull StR 1907 319). 82

Der Bericht der Redaktionskommission des Zivilgesetzbuches an die Bundesversammlung vom 20. November 1907 (BBl 1907 VI 367 ff.) enthält keine Ausführungen über den Einleitungstitel. Der Text der Redaktionskommission ist der in der Schlussabstimmung der Eidgenössischen Räte vom 10. Dezember 1907 angenommene Text, mithin die seit 1. Januar 1912 bis heute geltende Formulierung der Art. 1–10 ZGB. Dieser Text unterscheidet sich aufs Ganze gesehen nur wenig vom Text des Entwurfes. Am auffälligsten ist, dass im Entwurf in Art. 1 bewährte Lehre und Überlieferung nach dem Gewohnheitsrecht und vor dem Richterrecht als dritte Rechtsquelle aufgeführt waren, während sie im endgültigen Text als Rechtsanwendungshilfen in Art. 1 Abs. 3 verbannt sind (hierzu GMÜR, Anwendung, 3:«Diese Formulierung, welche namentlich in der ausländischen Literatur vielfach beachtet und abgedruckt wurde, weicht von der heutigen insbesondere darin ab, dass die ‹bewährte Lehre und Überlieferung› eine andere Stellung einnimmt»). Laut dem Bericht der Redaktionskommission hat diese Kommission materielle «Änderungen, die im Widerspruch stehen würden mit den Beschlüssen der Bundesversammlung ... nirgends vorgenommen» (BBl 1907 VI 371). Es erweckt den Anschein, dass mit Bezug auf unseren Fall die Kommission hier eher eine kühne Entscheidung gefällt hat. 83

Allg. Einleitung Art. 1–10

84   Am Wortlaut der in der Schlussabstimmung der Eidgenössischen Räte vom 10. Dezember 1907 einstimmig angenommenen Einleitung hat sich bis zum heutigen Tag kein Jota geändert.

B. Das ZGB in Zeit und Raum

Literatur

ARMINJON P./NOLDE B./ WOLFF M.	Traité de droit comparé, Tome II, Paris 1950
BERENT B.	Einige Einflüsse des schweizerischen ZGB im neuen Zivilgesetzbuch Lettlands, in: SJZ 35 (1938/39), 311 ff.
DELAGO VICTOR	A propos de la réception du droit suisse en Turquie, in: SJZ 23 (1926/27), 341 ff.
EGGER AUGUST	Wandlungen der kontinentaleuropäischen Privatrechtsordnungen, in: Ausgewählte Schriften und Abhandlungen, Zürich 1957, 231 ff. (zit.: EGGER, Wandlungen)
EICHLER HERMANN	Rechtssysteme der Zivilgesetzbücher, Vermächtnis und Aufgabe, in: Europäische Hochschulschriften, Reihe II: Rechtswissenschaft, Band 1318, Frankfurt a.M./Berlin etc. 1993
FEHR HANS	Das ungarische Privatrechtsgesetzbuch und das schweizerische ZGB, in: ZBJV 76 (1940), 221 ff.
FLESSNER AXEL	Rechtsvereinheitlichung durch Rechtswissenschaft und Juristenausbildung, in: RabZ 56 (1992), 243 ff.
GAUYE OSCAR	Eugen Huber und das Deutsche Bürgerliche Gesetzbuch, in: ZSR NF 80 (1961), I 63 ff.
GORDON MICHAEL WALLACE	The mexican Civil Code, London etc. 1980
GSCHNITZER FRANZ	Lebensrecht und Rechtsleben des Kleinstaates, in: Gedächtnisschrift LUDWIG MARXER, Zürich 1963, 19 ff.
HAMILTON C./STANDLEY K./ HODSON D.	Family law in Europe, London 1995
HARTKAMP A. S. ET. ALII	(HRSG.), Towards a European Civil Code, Nijmegen/Dordrecht etc. 1994
HEGNAUER CYRIL	Grundriss des Kindesrechts und des übrigen Verwandtschaftsrechts, 4. Auflage, Bern 1994, (zit.: HEGNAUER, Grundriss)
HEISS HELMUT	Europäisches Vertragsrecht: in statu nascendi, in: ZfRV 36 (1995), 54 ff.
HIRSCH ERNST E.	Die Einflüsse und Wirkungen ausländischen Rechts auf das heutige türkische Recht, in: ZHR 116 (1954), 201 ff.
–	Das Schweizerische Zivilgesetzbuch in der Türkei, in: SJZ 50 (1954), 337 ff.

KLEINWÄCHTER FRIEDRICH F. G.	Die neueste Rechtsentwicklung im Fürstentum Liechtenstein, in: ZSR NF 42 (1923), 356 ff.
LANDO OLE	The principles of European contract law, Dordrecht/Boston etc. 1995
–	Principles of a European contract law, in: Liber Memorialis FRANÇOIS LAURENT, Brüssel 1989, 555 ff.
–	Principles of European Contract Law, An Alternative or a Precursor of European Legislation, in: RabZ 56 (1992), 261 ff.
LÜCKER-BABEL MARIE-FRANÇOISE	Les cas d'échec de l'adoption internationale en Suisse. Un point de vue juridique, in: ZVW 49 (1994), 86 ff.
MARTINY DIETER	Europäisches Familienrecht – Utopie oder Notwendigkeit?, in: RabZ 59 (1995), 419 ff.
MERZ HANS	Fünfzig Jahre schweizerisches Zivilgesetzbuch, JZ 17 (1962), 585 ff.
OPPETIT BRUNO	Droit commun et droit européen, in: L'internationalisation du droit, Mélanges en l'honneur de YVON LOUSSOUARN, Paris 1994, 311 ff.
PANGRAZIO MIGUEL ANGEL	El codigo civil Paraguayo, comentado, 2. Auflage, London etc. 1990
PASTACIOĞLU ILLHAN E.	L'adoption du Code civil suisse en Turquie et les points culminants de la réforme en cours, in: L'évolution récente du droit privé en Turquie et en Suisse – Die neuere Entwicklung des Privatrechts in der Türkei und der Schweiz, Referate der türkisch-schweizerischen Juristentage 1985, Zürich 1987, 9 ff.
PRITSCH ERICH	Das Schweizerische Zivilgesetzbuch in der Türkei, Seine Rezeption und die Frage seiner Bewährung, in: Zeitschrift für vergleichende Rechtswissenschaft, Band 59 (1957), 123 ff.
–	Die Rezeption des Schweizerischen Zivilrechts in der Türkei, in: SJZ 23 (1926/27), 273 ff.
REMIEN OLIVER	Illusion und Realität eines Europäischen Privatrechts?, JZ 47 (1992), 277 ff.
–	Rechtseinheit ohne Einheitsgesetze?, RabZ 56 (1992), 300 ff.
ROGERS A./DURAND DE BOUSINGEN D.	Bioethics in Europe, Council of Europe Press, Strasbourg 1995
SANDOZ SUZETTE	Le législateur doit-il réglementer l'union libre?, in: Familie und Recht, Festgabe für BERNHARD SCHNYDER, Freiburg 1995, 583 ff.
SAUSER-HALL GEORGES	La réception des droits européens en Turquie, in: Recueil de travaux publié à l'occasion de l'assemblée de la Société suisse des juristes à Genève, du 4 au 6 septembre 1938, Genève 1938, 323 ff.
SCHMIDLIN BRUNO	(Hrsg.), Vers un droit privé européen commun?, Skizzen zum gemeineuropäischen Privatrecht, Beiheft zur ZSR Heft 16, Basel 1994
SCHNYDER BERNHARD	Fünfundsiebzig Jahre ZGB – anstelle einer Festrede, in: recht 5 (1987) 73 ff. (zit: SCHNYDER, Fünfundsiebzig Jahre)
–	Siebzig Jahre Schweizerisches Zivilgesetzbuch, Festvortrag, gehalten am Dies academicus der Universität Freiburg Schweiz am 15. November 1982, Freiburg 1983 (zit.: SCHNYDER, Siebzig Jahre)
SCHWAB DIETER	Familienrecht, 8. Auflage, München 1995
SCHWANDER IVO	Einführung in das internationale Privatrecht, Allgemeiner Teil, 2. Auflage, St. Gallen 1990

Allg. Einleitung Art. 1–10

Schwarz Andreas Bertalan	Das Schweizerische Zivilgesetzbuch in der ausländischen Rechtsentwicklung, Zürich 1950
Siehr Kurt	Die Zeitschrift für Schweizerisches Recht und das schweizerische Privatrecht in der deutschen Rechtspraxis, in: ZSR NF 100 (1981), I 51 ff.
Stein Peter	(Hrsg.), Incontro di studio su «Il futuro codice europeo dei contratti», Pavia 20–21 ottobre 1990, in: Studi sulla fenomenologia negoziale nell'area europea, Milano 1993
Sturm Fritz	Bemühungen um ein einheitliches europäisches Vertragsrecht, in: JZ 46 (1991), 555
Taupitz Jochen	Privatrechtsvereinheitlichung durch die EG, Sachrechts- oder Kollisionsrechtsvereinheitlichung?, in: JZ 48 (1993), 533 ff.
Tercier Pierre	L'anniversaire de la réception du droit civil suisse en Turquie, in: ZSR NF 116 (1997), I 3 ff.
Tilmann Winfried	Zweiter Kodifikationsbeschluss des Europäischen Parlaments, in: ZEuP 3 (1995), 534 ff.
Ulmer Peter	Vom deutschen zum europäischen Privatrecht?, in: JZ 47 (1992), 1 ff.
Velidedeoglu Hifzi Veldet	Erfahrungen mit dem schweizerischen Zivilgesetzbuch in der Türkei, in: ZSR NF 81 (1962), I 51 ff.
Zepos Pan J.	Der Einfluss des schweizerischen Privatrechts auf das griechische Zivilgesetzbuch von 1946, in: SJZ 56 (1960), 358 ff.
–	Ausführung zur Kodifikation Griechenlands, in: SJZ 56 (1960), 358 ff.
Zimmermann Reinhard	Die «Principles of European Contract Law», Teil I, in: ZEuP 3 (1995), 731 ff.
Zimmermann Werner G.	«Das allgemeine Gesetzbuch» für Montenegro von 1888, Ein Kapitel schweizerischer Zivilrechtsgeschichte, in: NZZ vom 9./10. September 1989, Nr. 209
Zwahlen Mary	Les écarts législatifs entre le droit civil turc et le droit civil suisse, ZSR NF Bd. 92 (1973), I 141 ff.

I. Die Revisionen des ZGB

1. Die einzelnen Abänderungen

85 Folgende gesetzgeberische Erlasse beinhalten Änderungen des Schweizerischen Zivilgesetzbuches (die nachstehende Aufzählung ist weitestgehend entnommen aus Tuor/Schnyder/Schmid 24 f.):

– Das Pfandbriefgesetz (PfG) vom 25. Juni 1930 mit Abänderungen vom 5. Oktober 1967, vom 22. März 1974 und vom 19. März 1982, ergänzt durch die mehrfach abgeänderte V des Bundesrates vom 23. Januar 1931: Streichung der Art. 916–918.

– Das BG über die Entschuldung landwirtschaftlicher Heimwesen (LEG) vom 12. Dezember 1940 (in Kraft seit 1. Januar 1947) mit Abänderungen vom 25. März 1955, vom 23.

Allg. Einleitung Art. 1–10

März 1962 und vom 9. März 1978, ergänzt durch die V des Bundesrates vom 16. November 1945 mit Abänderungen vom 30. Dezember 1952 und vom 23. März 1962 sowie durch kantonale Ausführungsbestimmungen, führte eine Belastungsgrenze für landwirtschaftliche Liegenschaften ein und brachte eine erste Reform des bäuerlichen Erbrechts: Änderung von Art. 619, 620, 621, 625, 848 und 850 Abs. 2; Einfügung von Art. 621$^{bis-quater}$ und 625bis.

- Das BG über die Erhaltung des bäuerlichen Grundbesitzes (EGG) vom 12. Juni 1951 mit Abänderungen vom 6. Oktober 1972 und vom 25. Juni 1976: Änderung von Art. 621^{quater} und 625bis.

- Das Landwirtschaftsgesetz vom 3. Oktober 1951: Änderung von Art. 703.

- Das BG über Erwerb und Verlust des Schweizerbürgerrechts vom 29. September 1952 (in Kraft seit 1. Januar 1953), durch welches insbesondere der Tatbestand der Scheinehe als Grund zur Nichtigerklärung der Ehe im Gesetz aufgenommen wurde: Änderung von Art. 120, 121 und 122.

- Das BG vom 21. März 1958: Einfügung von Art. 89bis.

- Das BG vom 19. Dezember 1963 (in Kraft seit 1. Januar 1965), durch welches das Miteigentum neu geregelt und das Stockwerkeigentum wieder eingeführt wurde: Änderung von Art. 647, 648, 649, 650, 655, 682, 943 sowie 20 und 45 SchlT; Einfügung von Art. 647a–e, 649a–c, 712a–t und 20$^{bis-quater}$ SchlT.

- Das BG vom 19. März 1965 (in Kraft seit 1. Juli 1965) brachte eine umfassende Regelung des Baurechts und wiederum Abänderungen im bäuerlichen Erbrecht: Änderung von Art. 619, 621^{quater} und 779; Einfügung von Art. 619$^{bis-sexies}$ und 779a–l.

- Das BG vom 25. Juni 1971: Änderung von Art. 89bis; Einfügung von Art. 331 Abs. 2.

- Das BG vom 30. Juni 1972 (in Kraft seit 1. April 1973), durch welches u.a. der Abschnitt über die Kindesannahme (nunmehr Adoption genannt) und die Bestimmungen über vorsorgliche Massregeln im Vaterschaftsprozess neugestaltet wurden: Änderung von Art. 20, 21, 100, 120, 265–269, 331, 355, 422, 457, 460, 503 und 13 SchlT; Einfügung von Art. 264a und b, 265a–d, 267a, 268a und b, 269a–c, 286a, 321a und b sowie 12a–c SchlT; Streichung von Art. 129 und 465.

- Das BG vom 6. Oktober 1972 (in Kraft seit 15. Februar 1973) änderte die Vorschriften über die Forderungen mündiger Kinder (und Grosskinder), die ihren Eltern (und Grosseltern) im gemeinsamen Haushalt Arbeit oder Einkünfte zugewendet haben und einmal mehr das bäuerliche Erbrecht: Änderung von Art. 334, 620, 621, 621$^{bis-quater}$ und 625; Einfügung von Art. 334bis und 603 Abs. 2; Streichung von Art. 618 Abs. 2 und 633.

- Das BG vom 25. Juni 1976 (in Kraft seit 1. Januar 1978), durch das das Kindesrecht unter Anpassung der 1972 geänderten Bestimmungen über die Adoption neu geordnet wurde: Änderung von Art. 30, 47, 100, 133, 156, 252–264, 267, 270–329, 473 sowie 12 und 13 SchlT; Einfügung von Art. 256a–c, 260a–c, 274a, 315a sowie 12d und 13a SchlT; Streichung von Art. 461.

- Das BG vom 6. Oktober 1978 (in Kraft seit 1. Januar 1981), durch welches im Vormundschaftsrecht ein Abschnitt über die fürsorgerische Freiheitsentziehung eingefügt wurde: Änderung von Art. 314, 405, 406, 421 und 430; Einfügung von Art. 314a, 397a–f, 405a, 429a und 14a SchlT.

- Das BG über die berufliche Alters-, Hinterlassenen- und Invalidenvorsorge (BVG) vom 25. Juni 1982 (in Kraft seit 1. Januar 1985): Änderung von Art. 89bis.

Allg. Einleitung Art. 1–10

- Das BG vom 16. Dezember 1983 (in Kraft seit 1. Juli 1985), durch das der Persönlichkeitsschutz eine umfassendere Regelung erfuhr: Änderung von Art. 27 und 28; Einfügung von Art. 28a–l.
- Das BG vom 5. Oktober 1984 (Wirkungen der Ehe im allgemeinen, Ehegüterrecht und Erbrecht), welches auf den 1. Januar 1988 in Kraft getreten ist, umschliesst: Änderung von Art. 25, 30, 134, 145, 149, 154, 155, 159–251, 270, 460, 462, 466, 470, 471, 473, 631, 635, 665 sowie 8, 9, 10 und 11 SchlT; Einfügung von Art. 195a und 612a sowie 8a und b, 9a–f, 10a–e und 11a SchlT; Streichung von Art. 463, 464, 472, 561, 747 und 59 Abs. 2 SchlT.
- Das BG vom 15. Dezember 1989 über die Genehmigung kantonaler Erlasse durch den Bund (in Kraft seit 1. Februar 1991): Änderung der Art. 40 Abs. 2, 425 Abs. 3, 593 Abs. 2 sowie des Titels und der Art. 30 Abs. 2 und 52 Abs. 2 und 3 SchlT; Einfügung des Art. 52 Abs. 4 SchlT; Aufhebung der Art. 359 und 915 Abs. 2 sowie des Art. 33 Abs. 3 SchlT.
- Die Änderung des Bürgerrechtsgesetzes vom 23. März 1990 (in Kraft seit 1. Januar 1992): Aufhebung von Art. 120 Ziff. 4; Ersetzung des Begriffes «Bürgerrecht» in den Art. 134, 149, 161, 267a und 271 durch «Kantons- und Gemeindebürgerrecht»; Einfügung von Art. 8 Abs. 4 SchlT.
- Das BG vom 4. Oktober 1991 über die Teilrevision des Zivilgesetzbuches (Immobiliarsachenrecht) und des Obligationenrechts (Grundstückkauf), in Kraft seit 1. Januar 1994: Änderung der Art. 660 Randtitel, 681, 682 Randtitel und Abs. 1, 703 Abs. 3, 857 Abs. 2, 885 Abs. 2 und 3, 969 Abs. 1, 970 Randtitel und Abs. 1 und 2 sowie 976; Einfügung der Art. 660a und b, 668 Abs. 3, 681a und b sowie 949a, 961a, 970a und 973 Abs. 2; Aufhebung der Art. 682 Abs. 3, 683 und 944 Abs. 3.
- Das BG vom 4. Oktober 1991 über das bäuerliche Bodenrecht (BGBB), in Kraft getreten am 1. Januar 1994: Änderung der Art. 617, 619 und 848; Einfügung der Art. 613a, 654a, 682a und 798a; Aufhebung und Ersetzung durch ins BGBB integrierte Bestimmungen: Art. 616 und 619bis–625bis.
- Veräusserungsbeschränkungen und eine Pfandbelastungsgrenze für nichtlandwirtschaftliche Grundstücke sahen (ohne formelle Änderung des ZGB) bis zum 31. Dezember 1994 vor: der Bundesbeschluss über eine Sperrfrist für die Veräusserung landwirtschaftlicher Grundstücke und die Veröffentlichung von Eigentumsübertragungen von Grundstücken (BBSG) und der Bundesbeschluss über eine Pfandbelastungsgrenze für nichtlandwirtschaftliche Grundstücke (BBPG) vom 6. Oktober 1989, in Kraft seit 7. Oktober 1989, mit Abänderungen vom 20. März 1992 bzw. 13. Dezember 1991. Diese Bestimmungen sind am 1. Januar 1995 dahingefallen.
- Das BG vom 17. Dezember 1993 über die Freizügigkeit in der beruflichen Alters-, Hinterlassenen- und Invalidenvorsorge, in Kraft seit 1. Januar 1995: Abänderung von Art. 89bis Abs. 4.
- Das BG vom 7. Oktober 1994 über die Herabsetzung des zivilrechtlichen Mündigkeits- und Ehefähigkeitsalters, in Kraft getreten am 1. Januar 1996, setzte das Mündigkeitsalter auf 18 Jahre fest: Änderung von Art. 14, 96, 156 Abs. 2 und 277 Abs. 2; Einfügung von Art. 12a Abs. 2, 13b und c SchlT; Streichung von Art. 14 Abs. 2, 15, 96 Abs. 2 und 98.
- Das BG über die Änderung des BG über Schuldbetreibung und Konkurs vom 16. Dezember 1994, in Kraft seit 1. Januar 1997, zeitigt folgende Auswirkungen auf das ZGB: Änderung von Art. 375 Abs. 2, 440 Randtitel und 960 Abs. 1 Ziff. 2; Einfügung von Art. 397 Abs. 3, 435 Abs. 3 und 440 Abs. 2; Streichung von Art. 456.

– Das BG vom 23. Juni 1995 (in Kraft seit 1. Januar 1996): Änderung von Art. 505; Einfügung von Art. 520a.
– Rein redaktionelle Änderungen im Rahmen von sonstigen Revisionen betrafen die Art. 20, 21, 120, 328, 331, 355, 422, 457, 460, 461, 503 und 631 Abs. 2 (deutscher Text).

Die Aufzählung der einzelnen Abänderungen zeigt, dass das ZGB vorerst viele Jahre (von der Streichung der Art. 916–918 im Zusammenhang mit der Schaffung des Pfandbriefgesetzes abgesehen) völlig unberührt geblieben ist. Von den vierziger Jahren an haben eine ganze Reihe von Revisionen des bäuerlichen Privatrechts das ZGB betroffen (nachstehend 2, j). Der 1958 eingefügte Artikel über Personalfürsorgestiftungen wurde seinerseits mehrfach abgeändert (nachstehend 2, k). Im übrigen begannen die wichtigen Revisionen des ZGB mit der Wiedereinführung des Stockwerkeigentums (1963/1965) und fanden ihren vorläufigen Abschluss mit der Herabsetzung des Mündigkeitsalters (1994/1996). Kein Teilgebiet ist auch nur annähernd so massiv abgeändert worden wie das Familienrecht. 86

2. Die wichtigsten Revisionen

Im folgenden werden für die aus Publikationen des Verfassers (Tuor/Schnyder/ Schmid; Schnyder, Siebzig Jahre; ders., Die Revisionen des schweizerischen Familienrechts, in: Famille[s] en crise?/Familie[n] in der Krise?, Universitas Friburgensis Nr. 2, 1994/1995, 20 ff.) verwendeten Zitate keine Belege aufgeführt. Wo bei einer Gesetzesrevision zwei Jahreszahlen aufgeführt sind, bezeichnet die erste das Datum der Schlussabstimmung in den eidgenössischen Räten und die zweite das Datum des Inkrafttretens der revidierten Bestimmungen. 87

a) Miteigentum und Stockwerkeigentum

Im Zentrum der Revision von 1963/1965 stand die Wiedereinführung des Stockwerkeigentums (neuer Dritter Abschnitt des Neunzehnten Titels des ZGB mit 19 Artikeln). Das Stockwerkeigentum wurde konzipiert als Miteigentum mit Sonderrecht. Dies bot dem Gesetzgeber die Gelegenheit, die allzu rudimentäre bisherige Regelung des Miteigentums durch eine ganze Reihe von Konkretisierungen anzureichern. Diese betreffen vor allem die Nutzung und die Verwaltung der im Miteigentum stehenden Sachen. 88

Aus dogmatischen und praktischen Gründen hat das ZGB die Möglichkeit der Begründung neuen Stockwerkeigentums ab 1912 nicht mehr gestattet. Die Rechtsgenossen suchten mit der Zeit nach Ersatzformen, die aber nicht zu befrie- 89

Allg. Einleitung Art. 1–10

digen vermochten. Im Ausland feierte das Stockwerkeigentum in mannigfacher Ausgestaltung nach dem Zweiten Weltkrieg wieder Urständ. Aber auch in unseren Gauen war das Stockwerkeigentum nicht ausgestorben. Das vor 1912 begründete konnte weiterbestehen, wenn nur nicht eines Tages das Gebäude in einer Hand vereinigt war. Ja, bei manchen Eidgenossen, namentlich im Wallis (dort war das Stockwerkeigentum mehr verbreitet als sonstwo), war bis in die sechziger Jahre die Abschaffung des Stockwerkeigentums noch nicht ins Rechtsbewusstsein eingedrungen.

b) Baurecht

90 Die Personaldienstbarkeit Baurecht war im ZGB von 1907 nur in einer einzigen Bestimmung geregelt (Art. 779). In der Praxis wurden immer mehr solche Baurechte für bedeutende Bauwerke begründet. Die knappe gesetzliche Regelung vermochte nicht zu befriedigen und gab Anlass zu einer Reihe von Kontroversen. Es drängte sich auf, die rudimentäre Regelung durch eine ausführliche Gesetzgebung zu ergänzen. So wurde denn im Jahre 1965 die Kernbestimmung abgeändert und durch elf neue Artikel ergänzt.

c) Adoption

91 Die erste Revision des Familienrechts von 1972/1973 war (neben vorsorglichen Regeln im Vaterschaftsprozess) der nunmehr Adoption genannten Kindesannahme gewidmet. Das bisherige prekäre Institut der Kindesannahme wurde durch die Volladoption ersetzt. Nach neuem Adoptionsrecht erlischt aufgrund der Adoption das bisherige Kindesverhältnis und wird zu den Adoptiveltern ein umfassendes neues Kindesverhältnis begründet. Noch mehr als im früheren Recht steht das Kindeswohl im Vordergrund. An die Stelle des Adoptionsvertrages zwischen Adoptiveltern und Adoptivkind tritt der entsprechende behördliche Entscheid. Ihm geht eine gründliche Untersuchung (enquête sociale) voraus. Die Aufhebung des durch Adoption begründeten Kindesverhältnisses ist nur noch in seltenen Ausnahmefällen möglich.

d) Kindesrecht

92 Die zweite, besonders grosse Etappe der Familienrechtsrevision von 1976/1978 war dem gesamten Kindesrecht gewidmet. Während das frühere Recht in zwei Titeln das eheliche Kindesverhältnis einerseits, das ausserehliche Kindesverhältnis anderseits geregelt hat, lauten nunmehr die neuen Überschriften ganz

Allg. Einleitung Art. 1–10

einfach «Die Entstehung des Kindesverhältnisses» und «Die Wirkungen des Kindesverhältnisses». Das nichteheliche Kind wird grundsätzlich dem ehelichen rechtlich gleichgestellt. Das gilt namentlich auch für das Erbrecht. Das Wort «ausserehelich» figuriert gar nicht mehr im Gesetz. Für die Begründung des Kindesverhältnisses und einige Wirkungen ist allerdings das Vorliegen einer Ehe nach wie vor von Bedeutung. Der Stichentscheid des verheirateten Vaters ist abgeschafft worden. Die unverheiratete mündige Mutter erhält mit der Geburt die elterliche Gewalt über das Kind. Das Unterhaltsrecht ist verbessert und verfeinert worden. Der Kindesschutz ist ausgebaut worden.

e) Fürsorgerische Freiheitsentziehung

Eine kleinere Etappe der Familienrechtsrevision (1978/1981) betraf das Vormundschaftsrecht. Sie diente der Einführung der sogenannten fürsorgerischen Freiheitsentziehung. Der neue Sechste Abschnitt des Zehnten Titels des ZGB umschreibt Voraussetzungen, Zuständigkeit und Verfahren der Anstaltseinweisung ohne oder gegen den Willen des Betroffenen. 93

f) Persönlichkeitsschutz

Das privatrechtliche Persönlichkeitsschutzrecht im ZGB von 1907/1912 hat über die Grenzen unseres Landes hinaus grosse Beachtung gefunden. Bei der Revision 1983/1985 wurden nicht etwa die bisherigen Grundentscheidungen in Frage gestellt. Ziel der Revision war vielmehr die Verstärkung des privatrechtlichen Schutzes der Persönlichkeit im allgemeinen und gegen Verletzungen durch Medien insbesondere. Auffallendste Neuerung war das Gegendarstellungsrecht. 94

g) Ehe- und Erbrecht

Eine der wichtigsten Revisionen des ZGB betraf das Eherecht und damit zusammenhängend das Erbrecht. Gegenstand dieser bedeutsamen Änderung von 1984/1988 waren die Wirkungen der Ehe im allgemeinen, das eheliche Güterrecht und Teile des Erbrechts. Dabei wurde zum ersten Mal gegen eine Vorlage im Rahmen der Schaffung oder Abänderung des ZGB das Referendum ergriffen. Nach hartem Abstimmungskampf stimmte das Schweizervolk am 22. September 1985 der Vorlage zu. 95

In der Sache ging es im wesentlichen um die gesetzgeberischen Schritte zur «Verwirklichung des gleichberechtigten und gleichverpflichteten Zusammenwirkens von Mann und Frau zum Wohle der Gemeinschaft» (Botschaft über die 96

Allg. Einleitung Art. 1–10

Änderung des Schweizerischen Zivilgesetzbuches [Wirkungen der Ehe im allgemeinen, Eheguterrecht und Erbrecht] vom 11. Juli 1979 1192), mithin um ein Ehe- und Erbrecht, welchem die Partnerschaft als Leitbild der Ehe vorschwebt. Der bisherige ordentliche Güterstand der Güterverbindung wurde durch die Errungenschaftsbeteiligung abgelöst. Die gesetzlichen Erbansprüche des überlebenden Ehegatten wurden erhöht.

h) Immobiliarsachenrecht

97 Zusammen mit Bestimmungen des Obligationenrechts über den Grundstückkauf wurden in der Revision von 1991/1994 Teile des Immobiliarsachenrechts revidiert. Neu geschaffen wurden Bestimmungen über Bodenverschiebungen. Im übrigen waren vor allem das Vorkaufsrecht und eine Reihe von Normen des Grundbuchrechts Gegenstand dieser Teilrevision.

i) Mündigkeitsalter

98 In Übereinstimmung mit sehr vielen ausländischen Rechten wurden durch die Revision von 1994/1996 das Mündigkeitsalter auf achtzehn Jahre herabgesetzt und das Ehefähigkeitsalter für Mann und Frau auf achtzehn Jahre festgesetzt. Dabei wurden mit der Mündigkeit zusammenhängende Normen abgeändert oder gestrichen.

j) Bäuerliches Privatrecht

99 Früher und häufiger als andere Materien des ZGB wurde das bäuerliche Privatrecht abgeändert. Es mag paradox erscheinen, dass ausgerechnet im bäuerlichen Privatrecht, in einem von Natur aus eher konservativen Bereich, am meisten geändert worden ist. Das hängt indessen damit zusammen, dass in diesem Teil des Privatrechts der Zusammenhang mit der Politik besonders eng ist. Anders gesagt: Wir haben es hier mit einem Sachgebiet zu tun, in welchem das Privatrecht mehr als sonst üblich gestaltend eingreift und nicht nur präzisierend wiedergibt, was ohnehin als gerecht empfunden wird.

100 Verschiedene Revisionen des bäuerlichen Privatrechts fanden ihren Niederschlag nicht nur in Abänderungen des ZGB, sondern in der Schaffung und Abänderung anderer Erlasse. Diese Entwicklung fand ihren Abschluss in der Revision von 1991/1994, das heisst im Bundesgesetz über das bäuerliche Bodenrecht. Auch diese Vorlage hat (wie das neue Eherecht) aufgrund eines erfolgreichen Referendums die Hürde einer Volksabstimmung (27. September 1992) nehmen müssen.

k) Personalfürsorgestiftungen

Die im ZGB von 1907/1912 nicht erwähnten, aber auch nicht verbotenen Personalfürsorgestiftungen haben «mit der Zeit ... die typischen Stiftungen ... weit übertroffen» (RIEMER, Berner Kommentar, Die Stiftungen, Syst. Teil N 51). Da sich aber das ursprüngliche Stiftungsrecht den Abweichungen vom gesetzlichen Typus gegenüber als ungenügend erwies, kam mehrmals hintereinander der Gesetzgeber, auch und gerade ausserhalb des ZGB, zum Zuge. Im ZGB wurde 1958 ein Artikel über Personalfürsorgestiftungen eingeführt, der seither mehrmals abgeändert und ergänzt worden ist.

II. Die Zukunft des ZGB

Das Schweizerische Zivilgesetzbuch ist nach Jahrzehnten beinahe völliger Ruhe (vorn N 86) vor allem in den letzten Jahrzehnten mehrfach und in gewissen Teilen, namentlich im Familienrecht, auch grundlegend revidiert worden. Es soll und wird auch in Zukunft nicht unantastbar bleiben. Im folgenden werden in einem ersten Teil Revisionsvorhaben geschildert, bei denen auf parlamentarischer, Regierungs- oder Verwaltungsebene Schritte unternommen worden sind (nachstehend 1), und alsdann Vereinheitlichungsbestrebungen dargestellt (nachstehend 2).

1. Revisionsvorhaben

a) «Scheidungsrecht»

Unterlage: Botschaft über die Änderung des Schweizerischen Zivilgesetzbuches (Personenstand, Eheschliessung, Scheidung, Kindesrecht, Verwandtenunterstützungspflicht, Heimstätten, Vormundschaft und Ehevermittlung) vom 15. November 1995 (BBl 1996 I 1 ff.).

Unter allen Revisionsvorhaben zum ZGB ist die Revision des Scheidungsrechts am weitesten gediehen. Es liegt eine umfassende Botschaft des Bundesrates zu dieser Revision vor. Bereits hat auch der Prioritätsrat (Ständerat) die Vorlage durchberaten und ihr im wesentlichen zugestimmt.

Wie sich aus dem Titel der für diese Revision vorliegenden Botschaft ergibt, geht es bei diesem Revisionsvorhaben nicht bloss um das Scheidungsrecht, son-

Allg. Einleitung Art. 1–10

dern sind davon auch Personenstand, Eheschliessung, Kindesrecht, Verwandtenunterstützungspflicht, Heimstätten und Vormundschaft betroffen.

105   Den Schwerpunkt der vorliegenden Revision bildet indessen das Scheidungsrecht (Übersicht in Botschaft 2). Der Vierte Titel des ZGB (bis anhin «Die Ehescheidung», fortan «Die Ehescheidung und die Ehetrennung») wird grundlegend neu gestaltet (Art. 111–152 des Entwurfs anstelle der bisherigen Art. 137–158 ZGB). «Leitlinien des Entwurfs sind die Einführung einer verschuldensunabhängigen Scheidung, die Förderung der Verständigung der Ehegatten über ihre Scheidung im Interesse aller Beteiligten, die bestmögliche Wahrung der Kindesinteressen sowie eine ausgewogene Regelung der wirtschaftlichen Folgen der Scheidung» (Botschaft a.a.O.). Die Neuordnung des Scheidungsrechts führt (teils unabdingbar) zu bedeutsamen Anpassungen im Kindesrecht von 1976/1978.

106   Weitere Revisionsziele der Vorlage im Rahmen des ZGB betreffen den Zweiten Abschnitt des Ersten Titels des ZGB, «Die Beurkundung des Personenstandes» (bis anhin Art. 39–51, gemäss Entwurf Art. 39–50), sowie den gesamten Dritten Titel des Zivilgesetzbuches, «Die Eheschliessung» (Art. 90–136 sollen ersetzt werden durch Art. 90–110). Das Personenstandsrecht wird neu gefasst, das Eheschliessungsrecht vereinfacht und gestrafft.

107   Schliesslich bietet die Revision Gelegenheit, hier und dort Bereinigungen im Familienrecht vorzunehmen. So sollen die Bestimmungen über die Heimstätten (Art. 349–358), die sich als eine Totgeburt erwiesen haben (TUOR/SCHNYDER/ SCHMID 373), aufgehoben werden.

b)   «Stiftungsrecht»

Unterlage: Bericht mit Vorentwurf (Anhang) für eine Revision des Zivilgesetzbuches (Stiftungsrecht und Eröffnung von Ehe- und Erbverträgen) 1993.

108   Auf den Grundlagen eines durch Prof. HANS MICHAEL RIEMER erstellten Vorentwurfs erarbeitete eine verwaltungsinterne Arbeitsgruppe den 1993 veröffentlichen Bericht mit Vorentwurf (Anhang) für eine Revision des Zivilgesetzbuches (Stiftungsrecht und Eröffnung von Ehe- und Erbverträgen). Dieser Bericht wurde in die Vernehmlassung geschickt. Obwohl der Bundesrat von den (veröffentlichten) Ergebnissen dieses Vernehmlassungsverfahrens bereits Kenntnis genommen hat, steht ein bundesrätlicher Auftrag zur Erarbeitung einer entsprechenden Botschaft bis zur Drucklegung dieses Kommentars noch aus.

109   Ziel der Revision der Bestimmungen über das Stiftungsrecht (Dritter Abschnitt des Zweiten Titels des ZGB sowie eine ganze Reihe weiterer Bestimmungen des ZGB) ist die Anpassung des ZGB an die «ungeahnte Entwicklung» des schweizerischen Stiftungswesens seit Erlass des ZGB: «Gab es seinerzeit – abge-

Allg. Einleitung Art. 1–10

sehen von den Familienstiftungen und den kirchlichen Stiftungen – rund 200 gewöhnliche Stiftungen, so waren es 1988 deren 23'040. Es liegt auf der Hand, dass mit einer derartigen Zunahme der Stiftungen auch die Zahl der im Gesetz nicht beantworteten Rechtsfragen angestiegen ist» (Bericht 1). Im Zusammenhang mit der Revision des Stiftungsrechts sollte auch die strenge Konfiskationsregel des Art. 57 Abs. 3 ZGB relativiert werden (Bericht 7).

Das neue Recht gestattet die Errichtung von Stiftungen sowohl durch Testament wie durch Erbvertrag; in Zusammenhang damit würde das ZGB fortan die Einlieferungs- und Eröffnungspflicht auf Erbverträge schlechthin ausdehnen (Bericht 8 f.). Der Vorentwurf sieht darüber hinaus die allfällige Eröffnung von Eheverträgen vor (Bericht 19 f.). 110

c) Vormundschaftsrecht

Unterlage: Zur Revision des Schweizerischen Vormundschaftsrechts, Bericht der vom Bundesamt für Justiz im Hinblick auf die Revision des Vormundschaftsrechts eingesetzten Expertengruppe vom Juli 1995; A propos de la révision du droit de la tutelle, rapport du groupe d'experts mandaté par l'office fédéral de la justice en vue de la révision du droit de la tutelle, version abrégée en langue française du rapport principal rédigé en langue allemande.

Das letzte grosse Revisionsvorhaben im Rahmen der Familienrechtsrevision betrifft das Vormundschaftsrecht. Namentlich im Hinblick auf die Respektierung der EMRK wurde in einer Teilrevision des Vormundschaftsrechts 1978/1981 die Regelung über die fürsorgerische Freiheitsentziehung geschaffen. Inzwischen ist die Gesamtrevision des Vormundschaftsrechts in Angriff genommen worden. Eine vom Bundesamt für Justiz eingesetzte Expertengruppe hat im Juli 1995 einen Bericht mit Teilentwürfen abgeliefert (siehe Unterlage). Der Bericht wurde an einer Tagung vom 11./12. September 1995 der interessierten Öffentlichkeit vorgestellt (siehe die Aufsätze SCHNYDER [Vom Vormundschaftsrecht zum Betreuungsrecht] 164 ff., HÄFELI [Organe und Verfahren im neuen Betreuungsrecht] 180 ff. sowie STETTLER [Le placement (Die Unterbringung)], 200 ff. in ZVW 50 [1995]) und so einer ersten inoffiziellen Vernehmlassung zugeführt. Es ist vorgesehen, dass nach Ausarbeitung eines Vorentwurfs eine ausserparlamentarische Expertenkommission sich mit diesem Revisionsvorhaben befassen wird. 111

In der Sache geht es um eine grundlegende Reform des Erwachsenen-Vormundschaftsrechts unter Berücksichtigung der generellen Rechtsentwicklung, von Ergebnissen der Sozialwissenschaften und ausländischen Reformen. Im Vordergrund steht ein neuer Katalog vormundschaftlicher Massnahmen. Im Rahmen 112

Allg. Einleitung Art. 1–10

des Erforderlichen und verfassungsrechtlich Zulässigen würden neue Verfahrens- und Organisationsvorschriften erlassen.

113   In die Revision des Erwachsenen-Vormundschaftsrechts würde auch die fürsorgerische Freiheitsentziehung einbezogen. Dabei geht es insbesondere auch um die Frage der medizinischen Zwangsbehandlung im Rahmen der Betreuung in der geeigneten Anstalt.

d)   Kindesrecht

Unterlage: Haager Übereinkommen über den Schutz von Kindern und die Zusammenarbeit auf dem Gebiet der internationalen Adoption vom 29. Mai 1993 (gemeinsame deutsche Übersetzung nach dem Ergebnis der Übersetzungskonferenz in Berlin vom 12. bis 16. September 1994)

114   Eine Reihe von Revisionen des Kindesrechts sind im Zusammenhang mit der Revision des Scheidungsrechts vorgesehen (vorn N 103 ff.).

115   Im Zusammenhang mit der Ratifikation des Haager Übereinkommens über den Schutz von Kindern und die Zusammenarbeit auf dem Gebiet der internationalen Adoption vom 29. Mai 1993 sind gewisse Änderungen des schweizerischen Rechts unumgänglich. Diese betreffen namentlich die vom geltenden Recht vorgesehene Pflege von zwei Jahren als Voraussetzung einer Adoption. Seit November 1996 existiert der Vorentwurf zu einem «Bundesgesetz zum Haager Adoptionsübereinkommen» (BG-HAÜ) (hinten N 124). Über diesen Vorentwurf wurde ein Vernehmlassungsverfahren durchgeführt.

116   Weitere mögliche Änderungen des Kindesrechts werden nachstehend unter den Vereinheitlichungsbestrebungen (N 122 ff.) behandelt.

e)   Familienname der Ehegatten

117   Der Gesetzgeber hat bei der Revision des Eherechts von 1984/1988 mit Bezug auf den Familiennamen keine einheitliche Lösung für Mann und Frau verwirklicht. Durch EuGH-Entscheid vom 22. Februar 1994 (vgl. Pra 1994 Nr. 239, 788 ff.) wurde dann auch BGE 115 II 199 f. E. 6, ergangen in Anwendung des neuen Rechts, als Diskriminierung des Ehemannes und Verstoss gegen die EMRK erachtet. Der Bundesrat änderte in der Folge die Art. 177a und 188i Abs. 1 ZStV. Im Hinblick auf eine die Gleichstellung berücksichtigende Gesetzesrevision hat Nationalrätin SANDOZ eine parlamentarische Initiative eingereicht (14. Dezember 1994). Die Kommission für Rechtsfragen des Nationalrates hat beantragt, der Initiative Folge zu geben. Dieser Antrag wurde angenommen. Mitte Juli 1997 wurde nun durch das EJPD ein entsprechender Entwurf in die Vernehmlassung geschickt.

f) Rechtsstellung gleichgeschlechtlicher Paare

Auf eine Einfache Anfrage von Ständerat PETITPIERRE vom 15. März 1994 hat der Bundesrat geantwortet, dass Vorschläge betreffend die Rechtsstellung gleichgeschlechtlicher Paare nicht im Rahmen der Scheidungsreform (hierzu vorne N 103 ff.) zu berücksichtigen seien. Vielmehr sollte die Situation der Betroffenen «vertieft geprüft werden.» 118

1995 wurden zu dieser Thematik gleich zwei Petitionen an die Eidgenössischen Räte gerichtet. Das Komitee «Gleiche Rechte für gleichgeschlechtliche Paare» forderte mit seiner Petition die Schweizerische Bundesversammlung dazu auf, «die rechtliche Diskriminierung gleichgeschlechtlicher Paare zu beseitigen». Die von der EDU lancierte Petition sprach sich demgegenüber «für die Förderung gesunder Familien und gegen die Gleichstellung gleichgeschlechtlicher Paare» aus. Die Rechtskommission des Nationalrates formulierte daraufhin am 28. Februar 1996 ein Postulat, gemäss welchem der Bundesrat eingeladen wurde, «zu prüfen, welche Formen zur Beseitigung der rechtlichen Probleme gleichgeschlechtlicher Zweierbeziehungen zu schaffen sind und mit welchen Rechten und Pflichten eine derartige Institution zu verbinden wäre». Nachdem der Bundesrat das Postulat am 3. Juni 1996 gutgeheissen hatte, stimmte auch der Nationalrat in seiner Sitzung vom 13. Juni 1996 mit 68:61 Stimmen dem Postulat zu. Im Augenblick der Drucklegung dieses Kommentars erarbeitet das Bundesamt für Justiz in dieser Angelegenheit einen Bericht zur Situation und Bedeutung des Problems in der Schweiz. Das weitere Vorgehen ist jedoch – gerade auch angesichts der zum Ausdruck kommenden Gegensätzlichkeit der Meinungen – noch völlig offen. 119

g) Fortpflanzungsmedizin

Unterlage: Bioethik Konvention mit Begleitbericht (Draft Convention for the protection of Human Rights and dignity of the Human being with regard to the application of biology and medicine: Bioethics Convention, and explanatory report, Directorate of Legal Affairs, Strasbourg, July 1994; in Revision); BV 24novies; Botschaft des Bundesrates über die Volksinitiative «zum Schutz des Menschen vor Manipulationen in der Fortpflanzungstechnologie (Initiative für menschenwürdige Fortpflanzung, FMF)» und zu einem Bundesgesetz über die medizinisch unterstützte Fortpflanzung (Fortpflanzungsmedizingesetz, FMedG) vom 26. Juni 1996 (BBl 1996 III 205 ff.)

Fragen der künstlichen Fortpflanzung sind im ZGB bis anhin nicht explizit geregelt worden (siehe immerhin Art. 256 Abs. 3). Die Lehre hat für die sich 120 stellenden Fragen de lege lata Lösungen vorgeschlagen (siehe HEGNAUER, Grundriss, N 3.01 ff. und dort Zitierte). Nun liegen Botschaft und Entwurf des Bundesrates vom 26. Juni 1996 vor. Volksinitiative und Gesetz sind vom Erstrat (Ständerat) in der Juni-Session 1997 behandelt worden.

121   Vorgesehen ist die Schaffung eines eigenen Gesetzes über Fortpflanzungsmedizin. Dieses Gesetz hätte aber auch Auswirkungen auf das ZGB. So erhielte Art. 256 Abs. 3 über das Klagerecht für die Anfechtung der Vermutung der Vaterschaft des Ehemannes einen neuen zweiten Satz, gemäss welchem «für das Anfechtungsrecht des Kindes» «das Fortpflanzungsmedizingesetz ... vorbehalten» bliebe. Dieser Satz verweist seinerseits auf Art. 23 des Entwurfes des Fortpflanzungsmedizingesetzes, welcher in seinem ersten Absatz bestimmt, dass «das Kind, das gemäss den Bestimmungen dieses Gesetzes durch eine Samenspende gezeugt worden ist, ... das Kindesverhältnis zum Ehemann der Mutter nicht anfechten» kann. Abs. 2 desselben Artikels hält fest, dass «die Vaterschaftsklage gegen den Samenspender (Art. 261 ff. ZGB) ausgeschlossen» ist, wenn «ein Kind durch eine Samenspende gezeugt worden» ist. Diese Bestimmung gilt nicht, «wenn die Samenspende wissentlich bei einer Person erfolgt, die keine Bewilligung für die Fortpflanzungsverfahren oder für die Konservierung und Vermittlung gespendeter Samenzellen hat» (Art. 23 Abs. 3); in diesem Fall ist die Vaterschaftsklage zulässig.

2.   Vereinheitlichungsbestrebungen

a)   Konventionen

122 Im folgenden geht es nicht um jene internationalen Übereinkommen, welche internationales Privatrecht im weiten Sinne dieses Wortes darstellen, welche mithin Regeln enthalten über das anzuwendende Recht, über die behördliche Zuständigkeit, über die Anerkennung und die Vollstreckung von Entscheidungen. Mögen auch und gerade solche Konventionen die nationale Gesetzgebung in vielfacher Weise beeinflussen, so gehen diese Übereinkommen ja gerade davon aus, dass von Staat zu Staat unterschiedliche Regelungen bestehen. Anders liegen die Dinge bei Internationalen Übereinkommen, die Regeln enthalten, welche fortan im internen Recht der Staaten, die diese Konventionen ratifizieren, gelten sollen. Solche Bestimmungen werden einerseits als *IPR-Sachnormen* bezeichnet, die eine Rechtsvereinheitlichung – im Sinne eines speziellen materiellen Privatrechts – nur für internationale Sachverhalte bringen (SCHWANDER N 582). Anderseits spricht man von einer Rechtsvereinheitlichung durch Schaffung von *einheitlichem ma-*

teriellen Recht in dem Sinne, als die Vertragstaaten diese Normen auf internationale wie auf Binnensachverhalte gleich anwenden (SCHWANDER N 583). Dabei kann es solche Regeln geben, die self-executing sind, also nicht auch noch ins nationale Recht überführt werden müssen, und solche, bei denen dies nicht zutrifft, das internationale Recht also im betreffenden Staat erst dann Geltung erlangt, wenn dessen Gesetzgeber die entsprechende Regel geschaffen hat. Ob und inwiefern solche Normen als nationales Recht unmittelbar anwendbar (self-executing) sind, hängt einerseits von der Bestimmtheit der Norm und anderseits vom jeweiligen Völkerrechtsgrundentscheid (Monismus oder nicht) des betreffenden Staates ab (für das schweizerische Recht siehe MARTI, Vorbemerkungen zu Art. 5 und 6 N 223 ff. und dort insbesondere N 232). Im folgenden werden nur solche Internationale Übereinkommen und deren möglicher Einfluss auf das nationale Recht (also das ZGB) behandelt, die eine der vorn erwähnten zwei Arten von Rechtsvereinheitlichung vorsehen. Hierbei finden nur, aber immerhin Abkommen mit Auswirkungen auf das ZGB im engeren Sinn Berücksichtigung. Schliesslich vernachlässigt die Auflistung bilaterale Abkommen wie Niederlassungsverträge; auch diese können jedoch rechtsvereinheitlichende Normen im besprochenen Sinne enthalten. Die Zusammenstellung erhebt keinen Anspruch auf Vollständigkeit, mögen auch die wichtigsten Abkommen wohl aufgeführt sein. Im übrigen werden nachstehend um des Sachzusammenhangs willen in N 123 (dem Einbau in Teil «II. Die Zukunft des ZGB», zum Trotz) auch Konventionen erwähnt, die ihre Vereinheitlichungswirkung schon ausgeübt haben.

Von den *in der Schweiz in Kraft stehenden Konventionen* sind zu erwähnen: 123

- Abkommen über die Rechtsstellung der Flüchtlinge: Abgeschlossen in Genf am 28. Juli 1951. Für die Schweiz in Kraft getreten am 21. April 1955 (SR 0.142.30).

- Übereinkommen über die Feststellung der mütterlichen Abstammung ausserhalb der Ehe geborener Kinder: Abgeschlossen in Brüssel am 12. September 1962. Für die Schweiz in Kraft getreten am 23. April 1964 (SR 0.211.222.1).

- Abkommen über die Rechtsstellung der Staatenlosen: Abgeschlossen in New York am 28. September 1954. Für die Schweiz in Kraft getreten am 1. Oktober 1972 (SR 0.142.40).

- Europäisches Übereinkommen über die Adoption von Kindern: Abgeschlossen in Strassburg am 24. April 1967. Für die Schweiz in Kraft getreten am 1. April 1973 (SR 0.211.221.310).

Allg. Einleitung Art. 1–10

- Europäisches Abkommen über die Rechtsstellung der unehelichen Kinder: Abgeschlossen in Strassburg am 15. Oktober 1975. Für die Schweiz in Kraft getreten am 11. August 1978 (SR 0.211.221.131).

- Übereinkommen über die zivilrechtlichen Aspekte internationaler Kindesentführung: Abgeschlossen in Den Haag am 25. Oktober 1980. Für die Schweiz in Kraft getreten am 25. Oktober 1980 (SR 0.211.230.02).

- UNO-Konvention über die Rechte des Kindes (UKRK): Abgeschlossen am 20. November 1989. Für die Schweiz in Kraft getreten am 26. März 1997 (SR-Nummer noch nicht festgelegt).

124 Von den *von der Schweiz noch nicht ratifizierten Konventionen* sind folgende besonders erwähnenswert:

- Übereinkommen über den Schutz von Kindern und die Zusammenarbeit auf dem Gebiet der internationalen Adoption: Abgeschlossen in Den Haag am 29. Mai 1933. Diese Konvention ist seit 1995 in Kraft, die Schweiz hat sie jedoch noch nicht ratifiziert. In Ausführung dieses Abkommens wurde im November 1996 ein Vorentwurf zum «Bundesgesetz zum Haager Adoptions-Übereinkommen (BG-HAÜ)» erarbeitet (siehe vorn N 115).

- UNIDROIT-Konvention über die Rückgabe gestohlener oder rechtswidrig ausgeführter Kulturgüter: Abgeschlossen am 24. Juni 1995. Die Schweiz hat diese Konvention am 26. Juni 1996 unterzeichnet.

b) Europäische Privatrechtskodifikation

125 Rechtswissenschaft und Rechtspolitik beschäftigen sich heute mit der Frage, ob nicht die durch Konventionen geförderte punktuelle Vereinheitlichung des Sachrechts (hierzu vorn N 122) abgelöst werden solle von der Schaffung eines einheitlichen europäischen Zivilgesetzbuches (siehe v.a. die seit 1993 erscheinende «Zeitschrift für Europäisches Privatrecht – München», abgekürzt ZEuP).

126 Auf politischer Ebene erscheint hier die Europäische Union als treibende Kraft. Liegt doch in der Europäischen Union «der Schwerpunkt von Rechtsvereinheitlichung und Rechtsangleichung, wie bisher in der Europäischen Gemeinschaft, immer noch auf dem Gebiete des Sachrechts» (Sturm F./Sturm G., in: Julius von Staudingers Kommentar zum Bürgerlichen Gesetzbuch mit Einführungsgesetz und Nebengesetzen, Berlin 1996, Einleitung zum IPR N 288; hierzu siehe auch Tilmann passim sowie Text einer «Entschliessung des Europäischen Parlaments» in ZEuP 3 (1995) 669. Nach Art. 100 EWGV (= Art. 100 EGV) dient Rechtsangleichung in Europa der Errichtung und dem Funktionieren des

gemeinsamen Marktes. Das betrifft allerdings gerade nicht jene Teile des Privatrechts, die im ZGB geregelt sind. So hätte denn auch die Eidgenossenschaft im Hinblick auf den Beitritt zum Europäischen Wirtschaftsraum in den sogenannten Eurolex-Vorlagen am ZGB kein Jota geändert (SCHNYDER, Das ZGB lehren, 531). Nun aber hält das Europäische Parlament «die bisher erzielte Rechtsangleichung für ungenügend» und forderte in «zwei Entschliessungen ... die Mitgliedstaaten und die Organe der EG daher auf, mit Vorbereitungen zur Ausarbeitung eines einheitlichen Zivilgesetzbuches zu beginnen» (STURM/STURM a.a.O. N 260). Dabei wird allerdings der «Vereinheitlichung des Schuldrechts» «besondere Bedeutung zugemessen» (STURM/STURM a.a.O.).

Die Rechtswissenschaft ist in besonderer Weise berufen, Grundlagen für eine europäische Zivilrechtskodifikation zu erarbeiten. So heisst es denn in der «General Introduction» zu «Towards a European Civil Code» (ed. HARTKAMP ET ALII, Nijmegen 1994): «Academics are important, since they will have to contribute towards the circulation of ideas with regard to this development» (EWOUD H. HONDIUS a.a.O. 13). Im schweizerischen Schrifttum ist hierzu insbesondere ein Gemeinschaftswerk der Rechtslehrer des römischen Rechts zu erwähnen (BRUNO SCHMIDLIN [Hrsg.], Vers un droit privé européen commun? – Skizzen zum gemeineuropäischen Privatrecht, Beiheft zur ZSR, Heft 16, Basel 1994).

Sollte das Projekt eines europäischen Zivilgesetzbuches dereinst Gestalt annehmen, so dürfte das schweizerische Zivilgesetzbuch durchaus gemäss der Vorahnung von EUGEN HUBER «einen nicht unbedeutenden Einfluss auf diese Entwicklung ausüben» (EGGER, Wandlungen, 233). Das ist denn auch die Meinung der bekannten Komparisten ZWEIGERT und KÖTZ, deren einschlägige Aussage einem schweizerischen Kommentar wohl ansteht: «Immerhin wagen wir eines vorauszusagen: wenn der hoffentlich nicht mehr entfernt liegende Tag gekommen sein wird, an dem das Projekt eines *europäischen Zivilgesetzbuchs* in Angriff zu nehmen ist, so wird die Orientierung sicherlich am Gestzgebungsstil des ZGB – nicht an dem des BGB – zu nehmen sein. Dies nicht deshalb, weil das Ideal der *Volkstümlichkeit* eines solchen Gesetzes massgeblich wäre; dieses Ideal, so sinnvoll es für den überschaubaren schweizerischen Umkreis gewesen sein mag, erscheint uns unter den modernen Lebensverhältnissen und im europäischen Rahmen als pure Romantik. Das schweizerische Modell verdient aber in seiner weiträumigen, auf Ausfüllung hin angelegten Diktion aus zwei anderen Gründen den Vorzug: einmal deshalb, weil ohne gewisse kalkulierte Spielräume richterlicher Bewegungsfreiheit eine solche Rechtsvereinheitlichung europäischen Zuschnitts nicht realisierbar erscheint, zum anderen deshalb, weil wir den Vorgang, in dem der Richter die Tragweite einer geräumig gefassten Gesetzesbestimmung allmählich entfaltet, inzwischen besser verstehen und schätzen gelernt haben und

Allg. Einleitung Art. 1–10

in ihm – anders als die Verfasser des BGB in ihrer gesetzespositivistischen Grundhaltung – nicht mehr eine gefährliche Bedrohung der Rechtssicherheit sehen» (ZWEIGERT/KÖTZ 175).

129 Einer europäischen Kodifikation dürften auch die Erfahrungen mit der Dreisprachigkeit im schweizerischen Recht dienlich sein. Wird doch die zu schaffende Kodifikation wohl nicht in einer einzigen Sprache geschrieben werden. So schreibt EWOUD H. HONDIUS (Towards a European Civil Code 12): «I do not support the idea that in the future there should be a single European language. Rather the diversity of languages, like that of cultures, seems to give Europe its distinct flavour. On a more abstract level, a case may well be made that the co-existence of several languages may contribute towards a higher quality of legal texts».

III. Das ZGB und das ausländische Recht

1. Vorbemerkungen

Der Text dieses Teils B, III, stammt vornehmlich aus der Feder von lic. iur. MARKUS HABLÜTZEL, der sich dabei auf die Vorarbeiten von lic. iur. FRANZ STIRNIMANN gestützt hat.

130 «Es gibt in den Ländern kodifizierter Privatrechte kaum einen Gesetzgeber, der nicht bei der Schaffung eines neuen Zivilgesetzbuches ... oder bei der Reform geltender Gesetze die schweizerischen Erfahrungen in vielen Einzelpunkten verwertet hätte» (ZWEIGERT/KÖTZ 175). So stellt denn auch SCHWARZ in seinem stark beachteten Vortrag über «Das Schweizerische Zivilgesetzbuch in der ausländischen Rechtsentwicklung», den er im Jahre 1949 an der Universität Zürich gehalten hatte, das schweizerische Zivilgesetzbuch hinsichtlich seines Einflusses auf die ausländische Rechtsentwicklung auf die gleiche Stufe wie den französischen Code civil und das deutsche BGB.

131 Für ZWEIGERT/KÖTZ liegt der hauptsächliche Grund dieses weitreichenden Einflusses in den inneren Vorzügen, die das schweizerische ZGB in sich vereinigt (ZWEIGERT/KÖTZ 175). Die von vielen Juristen gegenüber dem BGB gerügten Mängel – «seine sprachliche und technische Kompliziertheit, seine allzu ausgefeilte Systematik und seine exzessive Begrifflichkeit» – sind vom schweizerischen Gesetzgeber vermieden worden: «Die neue Kodifikation war in einer volkstümlichen und anschaulichen *Sprache* gehalten, besass eine durchsichtige, relativ weitmaschig gewebte *Systematik* und ersetzte die bis ins Detail fortgesponnene ‹abstrakte Kasuistik› des BGB durch eine *bewusste Unvollständigkeit* der gesetzlichen Regelung, die oft nur einen äusseren Rahmen setzt, den der Richter nach

Allg. Einleitung Art. 1–10

den Massstäben des Angemessenen, Vernünftigen und Billigen auszufüllen hat» (ZWEIGERT/KÖTZ 169; siehe hinten N 233 ff.). Gleich wie das BGB und der Code civil verfügt das ZGB zudem dank einer umfassenden Berücksichtigung der eigenen Rechtsgeschichte bei dessen Schaffung über eine «wahre innere Autorität», welche es einen «grossen Charakter» ausstrahlen lässt (SCHWARZ 5).

Der rechtsgeographische Rahmen der Berücksichtigung des ZGB umfasst ein Gebiet von Ostasien bis Südamerika; «er erstreckt sich ... auf alle zivilrechtlichen kodifikatorischen Bestrebungen der Zeit» (SCHWARZ 15). 132

Hinsichtlich der Intensität des Einflusses unterscheidet SCHWARZ drei verschiedene Rezeptionsarten: sie reicht von der Übernahme eines Gesetzbuches en bloc (globale Rezeption) über die Beibehaltung der systematischen und begrifflichen Struktur unter inhaltlich selbständiger Um- und Durcharbeitung (strukturelle Rezeption) bis zur Übernahme von Einzelheiten (eklektische Rezeption; SCHWARZ 1 ff.). 133

Diesen unterschiedlichen Einfluss des ZGB auf die ausländische Gesetzgebung macht sich auch die Gliederung der folgenden Ausführungen zunutze. Wir verweilen zunächst bei einem der sonderbarsten und in Anlass, Durchführung und Wirkung einzigartigsten Vorgänge in der modernen Rechtsgeschichte: der (globalen) Rezeption des ZGB in der Türkei (Ziff. 2). Hernach betrachten wir als Beispiel einer strukturellen Rezeption die Übernahme des ZGB in unserem benachbarten Fürstentum Liechtenstein (Ziff. 3). Abschliessend widmen wir uns einzelnen Beispielen eklektischer Rezeptionen des ZGB (Ziff. 4). 134

Nicht Gegenstand dieses Kapitels ist der Einfluss, den das schweizerische Zivilrecht – z.B. das Zürcherische Privatrechtliche Gesetzbuch oder das OR von 1881 – bereits vor Inkrafttreten des ZGB gehabt hat (vgl. hierzu generell SCHWARZ 5 sowie im besonderen den Aufsatz von ZIMMERMANN über den Einfluss des schweizerischen Zivilrechts auf «Das allgemeine Gesetzbuch für Montenegro» von 1888). Ebenfalls nicht näher eingegangen wird auf den Einfluss des ZGB auf Novellen älterer Gesetze. Als Beispiele seien hierzu lediglich genannt die BGB-Novelle von 1938 über die Folgen der Ungültigerklärung einer Ehe (Art. 133 f. ZGB; vgl. hierzu ARMINJON/NOLDE/WOLFF 411), die BGB-Novelle von 1980 über das Sorgerecht für Kinder (Art. 272 ZGB; vgl. hierzu SCHWAB 647 ff.) oder die ABGB-Novelle über die Beschränkung des gesetzlichen Erbrechts (vgl. hierzu SCHWARZ 46). 135

Allg. Einleitung Art. 1–10

2. Die (globale) Rezeption des ZGB in der Türkei

136 Die Rezeption des ZGB in der Türkei hat in der juristischen Schriftstellerei weiterum Beachtung gefunden (vgl. etwa Hirsch 337 ff.; Schwarz 47 ff.; Pritsch 273 ff.; Velidedeoglu 51 ff. sowie Zwahlen, 141 ff. und neuestens Tercier, 3 ff.). Das Einzigartige dieser Rezeption (das sich denn auch in der vorliegenden recht breiten Darstellung niederschlägt) – von Schwarz etwas gar pathetisch als «einzig dastehende juristische Revolution der gesamten Rechtsgeschichte» bezeichnet (Schwarz 47) – liegt in deren äusseren Anlass, ihrem Ablauf und ihrer Verwirklichung. Sie diente der Beseitigung eines in einer eigenen, alten Entwicklung gewachsenen Rechts durch die Einführung eines europäischen Rechtstypus (Schwarz 21). «Während bei der Ausarbeitung und Inkraftsetzung des Schweiz. Zivilgesetzbuches der Nachdruck auf der Erhaltung des historisch Gewordenen lag und Traditionsgebundenheit auf der einen Seite und Volksnähe auf der anderen Seite als leitende Gesichtspunkte massgebend waren, ergibt sich aus der Begründung zum türkischen Zivilgesetzbuch der klare Wille zum Bruch mit jeder Tradition und die bewusste Inkaufnahme einer hierdurch bedingten Volksfremdheit» (Hirsch 340).

a) Die Vorgeschichte

137 Das Osmanische Reich war bis zur Ausrufung der türkischen Republik durch Kemal Atatürk im Jahre 1923 ein Religionsstaat: religiöse und staatliche Gemeinschaft waren identisch. Auch das Recht hatte religiösen Charakter; es war «ein Teil der religiösen Pflichtenlehre». «Das islamische Recht (Scheriatrecht) wurde unter Zugrundelegung der koranischen Vorschriften und Berufung auf die Gewohnheiten des Propheten (Sunna, Überlieferung) von muslimischen Theologen entwickelt und galt, seinem Wesen als jus divinum entsprechend, als unantastbares religiöses Gebot» (Pritsch 273).

138 Als im Verlaufe des 19. Jahrhunderts die Handelsbeziehungen der Türkei mit Europa ständig intensiviert wurden und die, hauptsächlich das Kaufmannsgewerbe betreibende europäische Minderheit in der Türkei nach und nach an Einfluss gewann, wurde bald auch «die Unhaltbarkeit dieses (Rechts-)Zustandes» erkannt (Pritsch 273). Bereits im letzten Jahrhundert wurden so eine grosse Zahl laizistischer, auf europäischem Vorbild beruhender Gesetze – hauptsächlich im Handels-, Verfahrens- und Strafrecht – verabschiedet. Einzig das Zivilrecht konnte infolge des «konservativen Widerstandes nicht nach einem europäischen Vorbild kodifiziert werden, vielmehr wurde der gänzlich auf islamischen Grundsätzen

beruhende und nach kasuistischer Methode vorbereitete *Medjelle* zusammengestellt (1870–1877)» (VELIDEDEOGLU 52 f.).

Der völlige Bruch mit der islamischen Vergangenheit wurde erst mit der kemalistischen Revolution und der durch sie propagierten, radikalen Europäisierung möglich. Die gesamte Gesetzgebung sollte dem islamischen Einfluss entzogen werden, was auf dem Wege einer Reform des geltenden islamischen Rechts kaum möglich gewesen wäre: «on ne pouvait pas en concilier les règles sacrées et intangibles avec les principes qui étaient en vigueur dans les ‹nations civilisées› et répondaient aux besoins des temps modernes. Il fallait rompre complètement avec la tradition d'un empire théocratique défunt, qui avait vécu pendant des siècles sous un régime juridique réligieux, figé, morcelé et incertain, et le remplacer par une législation civile unique, laïque et inspirée de l'Occident, à laquelle seraient soumis tous les citoyens du pays» (ZWAHLEN, 146 f.). Es blieb kein anderer Weg als die vollständige Übernahme eines ausländischen Gesetzes. 139

b) Der Ablauf der Rezeption

Bereits im Jahre 1924 wurde eine Expertenkommission eingesetzt mit dem klar formulierten Auftrag, die französische Version des ZGB und der ersten beiden Abteilungen des OR zu übersetzen. Innerhalb von kaum mehr als einem Jahr wurde dieser Auftrag erfüllt (ZWAHLEN 147). Beide «Entwürfe wurden nach Prüfung und Genehmigung durch den 16 gliedrigen Justizausschuss der Grossen Nationalversammlung von deren Plenum en bloc angenommen, und zwar das Zivilgesetzbuch am 17. Februar 1926, das Obligationenrecht am 22. April 1926» (PRITSCH 274). Die beiden Erlasse sind am 4. Oktober 1926 in Kraft getreten. 140

Natürlich interessieren bei einem solchen Vorgang die Gründe, die zur Rezeption gerade des schweizerischen ZGB geführt haben. ZWAHLEN hält dafür, dass – neben dem Umstand, dass das ZGB zu jener Zeit die jüngste europäische Kodifikation war, und der Tatsache, dass zahlreiche Juristen, welche zu jener Zeit wichtige Positionen im türkischen Staat innehatten, ihre Studien an Rechtsfakultäten der welschen Schweiz absolviert hatten – «le CCS a été réellement choisi pour ses qualités qui le rendaient particulièrement susceptible de s'adapter au cas de la Turquie» (ZWAHLEN 147). «C'était alors parmi les codes civils du monde entier ‹le plus nouveau, le plus accompli et le plus démocratique›, et aussi ‹le plus facile à comprendre et le plus pratique›» (ZWAHLEN 147 f.). 141

Von entscheidender Bedeutung für die Wahl des schweizerischen ZGB war auch der weite Entscheidungsspielraum, der dem Richter dank der «Elastizität» des Gesetzes in vielen Bestimmungen eingeräumt wird: «Ce pouvoir va jusqu'à 142

Allg. Einleitung Art. 1–10

la faculté de création du droit qui devait grandement faciliter le développement d'un droit civil turc doté d'une jurisprudence autonome» (ZWAHLEN 148).

143 Weitere Gründe, die zur Wahl des schweizerischen ZGB geführt haben, sind gemäss ZWAHLEN «son caractère à la fois individualiste (place accordée à la liberté personnelle et à l'initiative privée) et social (protection de la partie la plus faible), sa bonne réglementation du droit de famille, assurant l'égalité de droit des époux et renforçant la cohésion de la famille, et enfin les avantages techniques que constituait un texte simple, clair et précis, ordonné logiquement et dont l'une des versions officielles était en français, langue à l'époque la mieux connue dans le monde des juristes turcs» (ZWAHLEN 148).

144 Durch die Rezeption des Schweizerischen Zivilgesetzbuches hatte der türkische Gesetzgeber im Jahre 1926 somit «in der Absicht einer radikalen Modernisierung der türkischen Lebensverhältnisse die seit Jahrhunderten geltenden islamischen Rechtsgewohnheiten, die von den Reformgesetzen der letzten Sultane des Osmanischen Reiches kaum berührt worden waren, mit einem Schlage ausser Kraft gesetzt; an die Stelle trat ein Gesetzbuch, das auf die Bedürfnisse einer Gesellschaft von ganz anderer sozialer, religiöser und wirtschaftlicher Struktur zugeschnitten war» (ZWEIGERT/KÖTZ 176).

c) Die Verwirklichung der Rezeption

145 Es ist zu vermuten, dass die globale Rezeption eines Gesetzbuches aus einem anderen Kulturkreis im Rezeptionsland mannigfachen Schwierigkeiten begegnet. «Une transformation des habitudes ne pouvant s'accomplir aussi subitement qu'une transformation du droit» (ZWAHLEN 150). ZWAHLEN betont denn auch, dass das übernommene Gesetz «n'était qu'un cadre qui devait s'ajuster aux conceptions et aux coutumes n'ayant pas été abolies par un acte politique ou la volonté du législateur. Cette charpente juridique devait être modifiée et complétée par d'autres lois et interprétée par d'autres juges, pour répondre aux besoins et s'adapter aux réalités d'une autre nation» (ZWAHLEN 153). Die völlige Umstellung auf eine andere juristische Mentalität setzt nicht zuletzt auch die Ausbildung eines neuen, im neuen Recht ausgebildeten Juristenstandes voraus (SCHWARZ 49).

146 Die sich bei einer globalen Rezeption stellenden Probleme werden besonders trefflich von HIRSCH beschrieben: «man kann weder den Richter, der im Geist des alten Rechts gross geworden ist, zwingen, im neuen Geiste zu denken, noch kann man durch die Verkündung eines umfangreichen Gesetzes (das damals nur ein verschwindender Bruchteil der Bevölkerung überhaupt lesen konnte und ein noch geringerer Bruchteil tatsächlich gelesen hat) die Bevölkerung zwingen, in ihrem täglichen Leben sich anders zu verhalten, wie sie es bisher gewohnt war.

Macht man sich einmal klar, dass ja nur ein ganz verschwindender Bruchteil aller tatsächlich abgeschlossenen Rechtsgeschäfte und aller wirklich vorkommenden Rechts- und Unrechtshandlungen vor den Richter kommt, so ist ohne weiteres begreiflich, dass, wenn ich ein Schlagwort gebrauchen darf, Volksrecht und Juristenrecht zunächst ihre eigenen Wege gehen und gehen müssen, bis durch den Wandel der Generationen und das langsame Eindringen des neuen Juristenrechts in die Kautelarpraxis der Notare und Rechtsagenten eine Amalgamierung zwischen altem und neuem Recht und damit ein einheitliches nationales Recht entsteht. Während der Übergangszeit gilt sehr vieles, was im Gesetz steht, nicht als Recht. Und sehr vieles, was als Recht tatsächlich gilt und geübt wird, steht nicht im Gesetz oder ist gar gesetzlich verpönt» (HIRSCH 340).

Alle diese Überlegungen weisen darauf hin, dass «réception d'un code ne signifie pas pour autant réception pure et simple d'un droit» (ZWAHLEN 153). «Gesetze geben lediglich einen Rahmen für das Recht ab. Die Praxis und Rechtsprechung innerhalb dieses Rahmens bringen das eigentliche Recht zustande. Dass zwei Länder die gleichen Zivilgesetzbücher haben, bedingt nicht mit Sicherheit die *exakte Gleichheit* auch ihrer Zivilrechte» (VELIDEDEOGLU 59). 147

Es erstaunt denn auch nicht, dass einzelne Bestimmungen im neuen türkischen ZGB toter Buchstabe geblieben, andere gar auf offene Ablehnung gestossen sind (ZWAHLEN 151). Vor allem im Gebiet des stark von Sitte und Tradition beherrschten Familienrechts blies dem neuen Gesetz – besonders in ländlichen Gebieten – ein rauher Wind entgegen (vgl. dazu VELIDEDEOGLU 61 ff. und ZWAHLEN 151 f.). «Während sich das neue Recht in den Städten im wesentlichen durchsetzen konnte, liegt es auf dem Lande im Kampfe weniger mit dem früheren Recht als mit festeingewurzelten Bräuchen, Gewohnheiten, abergläubischen Vorstellungen, deren Ausrottung niemals dem Richter, sondern nur dem Lehrer gelingen wird» (HIRSCH 340 f.). 148

Die Verwirklichung des neuen Rechts stiess aber auch auf technische Schwierigkeiten. Nicht nur ist die Türkei rund 15 mal grösser als die Schweiz, was beispielsweise Rückschlüsse auf die Dauer der Einführung eines die ganze Landesfläche umfassenden, bis zum Zeitpunkt des Inkrafttretens des neuen türkischen Zivilgesetzbuches kaum existenten Grundbuches erlaubt (vgl. hierzu VELIDEDEOGLU 70 ff.); auch die mit dem Vollzug des neuen Gesetzes betrauten Behörden und Amtsträger fehlten bald, bald waren sie zwar vorhanden, auf ihre neuen Aufgaben jedoch kaum vorbereitet. 149

Die Rezeption des Schweizerischen Zivilgesetzbuches führte in der Türkei zu vielen bedeutenden Neuerungen (vgl. dazu ausführlich ZWAHLEN 149 ff.). So wurde etwa im Personenrecht die Verwendung von bisher kaum vorhandenen und noch weniger gebräuchlichen Familiennamen vorgeschrieben. Das Familien- 150

Allg. Einleitung Art. 1–10

recht sah neu das Prinzip der obligatorischen Zivilehe und der Einehe vor; eine Scheidung war einzig noch bei Vorliegen gesetzlich umschriebener Scheidungsgründe möglich und musste vom Richter ausgesprochen werden. Im Erbrecht wurde anstelle einer verwickelten islamischen, den Ehemann bevorzugenden Erbfolge das Parentelsystem eingeführt. In der durch die Neuerungen im Familien- und Erbrecht bewirkten «Hebung der Rechtsstellung der Frau» liegt für PRITSCH «eine der grössten kulturellen Fortschritte, die das neue ZGB der Türkei bringt» (PRITSCH 275). Im Sachenrecht schliesslich wurde neu die obligatorische Eintragung aller Grundstücke in das Grundbuch verlangt, welche auch Grundlage der Grundeigentumsübertragung wurde. Die Reihe der durch die globale Rezeption des Schweizerischen Zivilgesetzbuches in der Türkei bewirkten Änderungen liesse sich beliebig verlängern.

151   Das türkische Zivilgesetzbuch unterscheidet sich von seinem schweizerischen Vorbild aber auch in vielen Punkten. Eine wichtige Ursache solcher Divergenzen liegt in den Umständen der Redaktion des neuen Gesetzbuches. Die Übersetzer waren in grosser Eile; sie standen zudem vor der anspruchsvollen Aufgabe, ein völlig neues Rechtssystem mit teils unbekannten Begriffen, Prinzipien und Rechtsinstituten einzuführen: «Die Übernahme der beiden Schweizer Gesetze stellte die türkische Regierung gesetzgebungstechnisch vor eine recht schwierige Aufgabe. Galt es doch, nicht nur eine der islamischen Jurisprudenz grossenteils unbekannte Terminologie sich anzueignen, wobei für viele Begriffe ein sprachlicher Ausdruck erst geschaffen werden musste, sondern überhaupt die so ganz anders geartete Ausdrucksweise des Orientalen dem präzisen, knappen Stil moderner europäischer Gesetze anzupassen, ohne dabei für den türkischen Leser unverständlich zu werden» (PRITSCH 277). Für ZWAHLEN ist dies denn auch bloss halbwegs gelungen: «contrairement au modèle de clarté et de simplicité que représente pour eux la langue du CCS, celle du CCT est déficiente, imprécise, compliquée et ésotérique» (ZWAHLEN 156). Vieles wurde zudem übersetzt, ohne von den Übersetzern richtig verstanden zu werden. Hierin liegt wohl auch der Grund, weshalb bei der Übersetzung einzelne Wörter ausser Acht gelassen und andere sinnentstellend fehlerhaft übersetzt wurden (ZWAHLEN 156 f. und 160 ff., mit zahlreichen Beispielen).

152   Von besonderem Interesse ist in diesem Zusammenhang die Antwort auf die Frage, wie mit solchen «fehlerhaften» Bestimmungen umgegangen wird, wie solche Bestimmungen, bei denen offensichtliche Übersetzungsfehler vorliegen, in der Türkei ausgelegt werden (vgl. ZWAHLEN 164 ff., mit weiteren Verweisen). In der türkischen Lehre wird hierzu die Ansicht vertreten, bei offensichtlichen Übersetzungsfehlern sei nicht die türkische Bestimmung anzuwenden; vielmehr sei auf den schweizerischen Originaltext zurückzugreifen. In solchen Fällen ent-

halte nämlich die türkische Regelung eine unechte Lücke, welche nach den Grundsätzen von Art. 1 Abs. 2 des türkischen ZGB (Art. 1 Abs. 2 und 3 des schweizerischen ZGB) auszufüllen sei (ZWAHLEN 167). Hierbei müsse unter dem Ausdruck «bewährte Lehre» «das gesamte rechtswissenschaftliche Schrifttum ohne Rücksicht auf Sprache und Erscheinungsort verstanden werden …, so dass auch das schweizerische … Material, soweit es sich für die Auslegung und das Verständnis des türkischen Rechts verwerten lasse, herangezogen werden dürfe» (HIRSCH 344). So wurden denn auch «einige Kommentare zum Schweizerischen Zivilgesetzbuch auf Veranlassung des türkischen Justizministeriums ins Türkische übersetzt …, zu dem Zwecke, den türkischen Richtern eine richtige Entscheidung zu ermöglichen» (HIRSCH a.a.O.). «Quant aux tribunaux turcs …, le plus souvent, ils restituent le texte original, parfois même d'office sans commenter ni justifier leur décision; ils l'appliquent … directement et sans référence, comme si c'était vraiment le texte du code turc» (ZWAHLEN 166).

Neben solchen unbeabsichtigten Abweichungen enthält das türkische ZGB jedoch auch eine ganze Reihe gewollter Unterschiede gegenüber seinem schweizerischen Original, welche teils auf institutionellen, teils auf materiellen Differenzen beruhen: «l'explication de ces différences peut se ramener principalement d'une part à une concession aux anciennes coutumes … et à l'ancien mode de vie, d'autre part à un écart profond existant entre le système des terres et de la propriété foncière d'un pays héritier d'un empire, et le système du droit réels immobiliers construit d'après les usages et le niveau économique d'un petit pays organisé comme la Suisse» (ZWAHLEN 177). 153

Die Türkei ist ein Einheitsstaat; folglich mussten sämtliche Verweisungen auf das kantonale Recht gestrichen werden (in diesem Zusammenhang besonders aufschlussreich GÜRZUMAR AYDANUR, Die Rolle des Richters im Ehescheidungsprozess in der Schweiz und in der Türkei…, Diss. Freiburg, Ankara 1991). Zudem sind viele Behörden anders organisiert und eingerichtet als in der Schweiz: So wirkt in der Türkei etwa der Friedensrichter als Vormundschaftsbehörde (vgl. hierzu und zu weiteren Unterschieden VELIDEDEOGLU 54 und ZWAHLEN 172). Von den materiellen Differenzen seien etwa die in der Türkei niedriger als in der Schweiz 1907 angesetzten Altersgrenzen (Mündigkeit, Ehemündigkeit), der in der Türkei geltende gesetzliche Güterstand der Gütertrennung (vgl. hierzu ZWAHLEN 175) oder die Tatsache, dass die Türkei anders als die Schweiz ein besonderes Handelsgesetzbuch erlassen hat, genannt. 154

Abschliessend bleibt darauf hinzuweisen, dass sich nach der Rezeption von 1926 das türkische und das schweizerische ZGB in völliger Unabhängigkeit weiterentwickelt haben: «le phénomène de la réception de la législation civile de la Suisse par la Turquie a eu lieu et s'est arrêté en 1926» (ZWAHLEN 178; zu den 155

Allg. Einleitung Art. 1–10

seitherigen Änderungen des türkischen ZGB vgl. insbesondere ZWAHLEN 178 ff. sowie TERCIER 8 ff.). Besonders prägnant formuliert dies PRITSCH: «Die türkische Justiz ist in den Sattel gehoben worden; ihre Sache wird es sein, zu zeigen, dass sie reiten kann» (PRITSCH 278). Dass ihr dieser Beweis gelungen ist, wird heute niemand mehr bezweifeln. Bereits im Jahre 1962 stellte VELIDEDEOGLU fest, dass das ZGB «viel schneller begonnen hat, in der Türkei Boden zu fassen, Wurzeln zu schlagen und Früchte zu tragen, als dies gemeinhin angenommen wurde», was «sogar höchst optimistische Juristen in Erstaunen versetzt» habe (VELIDEDEOGLU 74).

3. Die (strukturelle) Rezeption des ZGB im Fürstentum Liechtenstein

156 Wenngleich Liechtenstein seit 1719 ein reichsunmittelbares Fürstentum bildet, stand es doch bis in die Anfänge unseres Jahrhunderts in engster Verbindung mit der österreichisch-ungarischen Monarchie. Es bildete gemeinsam mit Österreich-Ungarn ein einheitliches Wirtschaftsgebiet und wurde auch weitgehend von österreichisch-ungarischem Staatsgebiet aus regiert und verwaltet (KLEINWÄCHTER 388). Es überrascht daher nicht, dass in Liechtenstein das österreichische Recht «in weitem Umfang» rezipiert wurde, was insbesondere auch für das ABGB galt (ZWEIGERT/KÖTZ 165).

157 Nach dem Zerfall der österreisch-ungarischen Monarchie am Ende des 1. Weltkrieges hat sich Liechtenstein «von Österreich gelöst und der Schweiz zugewandt» (ZWEIGERT/KÖTZ 165). Für KLEINWÄCHTER hat diese «Loslösung von Österreich ... mit zwingender Notwendigkeit das Streben zur Folge gehabt, sich aus der engen Verbindung mit dem österreichischen Rechte zu befreien» (KLEINWÄCHTER 388). Dabei lag es nicht bloss deshalb nahe, sich am Schweizerischen Zivilgesetzbuch zu orientieren, weil dieses zu jenem Zeitpunkt die jüngste und modernste europäische Kodifikation war. «Hiefür war auch die nunmehrige wirtschaftliche Orientierung des Landes nach der Schweiz massgebend, die eine Rechtsangleichung an den westlichen Nachbarn schon aus praktischen Gründen geboten erscheinen liess» (KLEINWÄCHTER 390).

158 Die Rezeption des Schweizerischen Zivilgesetzbuches im Fürstentum Liechtenstein wird von ARMINJON/NOLDE/WOLFF auf dieselbe Stufe wie dessen Rezeption in der Türkei gestellt und als «réception quasi-totale» bezeichnet (ARMINJON/NOLDE/WOLFF 417). Dies scheint uns reichlich hoch gegriffen. Eine realistischere Bezeichnung für diesen Vorgang verwendet SCHWARZ, wenn er von einer «strukturellen Rezeption» spricht und darunter die Übernahme der systematischen und

Allg. Einleitung Art. 1–10

begrifflichen Struktur unter inhaltlich selbständiger Um- und Durchbearbeitung des Rechtsstoffes versteht (SCHWARZ 2 ff.).

Das als Teil des liechtensteinischen Zivilgesetzbuches publizierte Sachenrecht vom 31. Dezember 1922, in Kraft getreten am 1. Februar 1923, war der erste Schritt dieser (strukturellen) Rezeption des schweizerischen ZGB in unserem Nachbarland. Ihm folgten die Übernahme des schweizerischen Personen- und Gesellschaftsrechts in den Jahren 1926 und 1928. 159

Eine erste Gemeinsamkeit der beiden Erlasse ist ihre «klare leichtverständliche Sprache» (KLEINWÄCHTER 390). Das liechtensteinische Sachenrecht folgt aber auch in seiner Systematik ganz seinem schweizerischen Vorbild: Es enthält drei Abteilungen über «Das Eigentum», «Die beschränkten dinglichen Rechte» und «Besitz und Grundbuch»; die Gliederung dieser Abteilungen ist ebenfalls weitgehend identisch, wenn man einmal davon absieht, dass im liechtensteinischen ZGB in der Abteilung über «Die beschränkten dinglichen Rechte» ein eigener Titel den «Rechten an herrenlosen und öffentlichen Sachen» gewidmet ist. 160

Die (strukturelle) Rezeption des Schweizerischen Zivilgesetzbuches führte im liechtensteinischen Zivilrecht aber auch zu einigen bedeutenden Änderungen gegenüber den noch vom ABGB beeinflussten Bestimmungen. So wurde der fundamentale Art. 1 des schweizerischen ZGB über die «Anwendung des Rechts» praktisch wörtlich übernommen, enthält das liechtensteinische ZGB neu den den Inhalt der Rechtsverhältnisse mitbestimmenden Grundsatz von Treu und Glauben und ein ausdrückliches Verbot des Rechtsmissbrauchs, welches im übrigen wortwörtlich mit Art. 2 Abs. 2 des schweizerischen ZGB übereinstimmt. 161

Wenngleich also zwischen dem liechtensteinischen und dem schweizerischen ZGB eine weitgehende Übereinstimmung in Systematik und Terminologie festgestellt werden kann, bestehen doch im Vergleich zur Rezeption des letzteren in der Türkei quantitative und qualitative Unterschiede. Nicht nur hat sich die Übernahme des schweizerischen ZGB in Liechtenstein auf das Personen-, Sachen- und Gesellschaftsrecht beschränkt; auch in der inhaltlichen Bearbeitung des übernommenen Rechtsstoffes hat sich unser Nachbarstaat von grösserer Freiheit leiten lassen. Wenn LIVER vom liechtensteinischen Gesellschaftsrecht festhält, dass dieses gegenüber dem schweizerischen Vorbild «in verschiedenen Punkten näher ausgeführt und vor allem erweitert durch Einbezug der bekannten modernsten eigentümlich liechtensteinischen Gesellschaftsformen» wurde, so lässt sich dieser Gedanke mutatis mutandis ebenso auf das Personen- und Sachenrecht übertragen (LIVER, Einleitung N 164). 162

4. Beispiele eklektischer Rezeptionen des ZGB

163 Neben den beiden herausragenden Rezeptionen des Schweizerischen Zivilgesetzbuches in der Türkei und im Fürstentum Liechtenstein gibt es noch eine ganze Reihe weiterer Staaten, die sich bei der Ausarbeitung ihrer Privatrechtskodifikationen vom schweizerischen Gesetzgeber inspirieren liessen. Ja, es darf wohl mit ZWEIGERT/KÖTZ zu Recht behauptet werden, dass in jeder der neueren Zivilrechtskodifikationen die eine und andere Idee dem schweizerischen ZGB entlehnt worden ist (ZWEIGERT/KÖTZ 175). Im folgenden werfen wir zur Illustrierung dieses (weltweiten) Einflusses des schweizerischen ZGB einen Blick auf vier ausgewählte Beispiele solcher eklektischer Rezeptionen (vgl. hierzu ausführlich SCHWARZ 22 ff.).

a) Das griechische Zivilgesetzbuch von 1946

164 In Griechenland, welches im Jahre 1830 seine Unabhängigkeit erlangte, galt bis weit in das 20. Jahrhundert hinein das römisch-byzantinische Zivilrecht, welches jedoch nach der Jahrhundertwende «nach und nach durch viele Sondergesetze nach französischem, deutschem oder schweizerischem Vorbild ... modifiziert bzw. ergänzt» wurde (ZEPOS 359). Eine umfassende neue Kodifikation des griechischen Zivilrechts war folglich angezeigt, welche – nach zehnjähriger Vorarbeit – mit dem Erlass des griechischen Zivilgesetzbuches von 1946 verwirklicht wurde (ZEPOS 359).

165 Es erstaunt nicht, dass «die schweizerischen Kodifikationen (ZGB und OR) auf die Verfasser des griechischen Zivilgesetzbuches einen faszinierenden Einfluss ausüben mussten» (ZEPOS 359). Deutlich feststellbar sind solche Einflüsse sowohl in struktureller wie auch in inhaltlicher Hinsicht.

166 Wenngleich die griechische Kodifikation – anders als das schweizerische ZGB – in ihrem Aufbau treu der deutschen Pandektistik folgt und mithin das Erbrecht an ihren Schluss stellt und auch wenn jene – gleich wie ihr deutsches Vorbild – OR und Handelsrecht in verschiedenen Gesetzbüchern regelt, ist ein Einfluss der schweizerischen Kodifikation auf die technische Struktur des griechischen ZGB deutlich feststellbar. «Davon zeugen etwa die Einfachheit der Formulierung, der weitgehende Verzicht auf Kasuistik und Dogmatismus sowie das Fehlen von Verweisungen von Artikel auf Artikel» (ZEPOS 360).

167 Ausgeprägter ist jedoch der Einfluss des schweizerischen Vorbildes auf die inhaltliche Ausgestaltung des griechischen Zivilgesetzbuches: (Eklektische) Rezeptionen sind in jedem seiner Teile feststellbar. So besteht bereits bei den Einleitungsartikeln eine weitgehende Übereinstimmung zwischen den beiden Kodi-

fikationen (SCHWARZ 28), wenngleich es der griechische Gesetzgeber nicht wagte, Art. 1 des schweizerischen ZGB zu übernehmen. Dennoch räumt auch die griechische Kodifikation durch die häufige Verwendung von Generalklauseln – wie «gute Sitten», «recht und billig» oder «guter Glaube» – der schöpferischen richterlichen Tätigkeit ein weites Feld ein (ZEPOS 361). Im Personenrecht hat sich das schweizerische ZGB – neben der Regelung von Wohnsitz und Verschollenerklärung (hierzu SCHWARZ 46) – entscheidend auf die Ausgestaltung des Persönlichkeitsschutzes ausgewirkt: In enger Anlehnung an dessen Art. 27 ff. anerkannte der griechische Gesetzgeber ein Recht auf die eigene Persönlichkeit als selbständiges und besonders geschütztes Recht (ZEPOS 360). Im Familienrecht kam dem schweizerischen Vorbild grosses Gewicht zu bei der Regelung des Schutzes der ausserehelichen Kinder (ZEPOS 359). Im Erbrecht übernahm die griechische Kodifikation vom schweizerischen ZGB die Beschränkung der gesetzlichen Erbberechtigung (SCHWARZ 46) und im Sachenrecht ist der Einfluss des letzteren im Bemühen des griechischen Gesetzgebers erkennbar, die dingliche Rechtslage mit der Publizität der Besitzlage im Gleichgewicht zu halten, was sich insbesondere auch in der Regelung des Besitzerwerbs zeigt (SCHWARZ 45).

ZEPOS schliesst darauf, dass der dem Richter überlassene Spielraum schöpferischer Tätigkeit «in Verbindung mit der Einfachheit der Formulierung und der inhaltlichen Beeinflussung durch das schweizerische Vorbild» der griechischen Kodifikation «einen demokratischen Charakter» verleiht: «Man darf daher mit Genugtuung feststellen, dass Griechenland, die historische Wiege der Idee der Demokratie, von der Schweiz, dem Land der harmonischen Verwirklichung dieser Idee in der Gegenwart, auf dem Gebiet des Privatrechts wertvolle Anregungen dankbar empfangen hat» (ZEPOS 361). 168

b) Das lettische Zivilgesetzbuch von 1937

Mit der Inkraftsetzung des lettischen Zivilgesetzbuches vom 28. Januar 1937 an Neujahr 1938 wurde der zu jenem Zeitpunkt in Lettland vorherrschende «Rechtspartikularismus durch Schaffung eines einheitlichen Rechts für alle Gebiete und Personen des Landes beseitigt» (BERENT 311). 169

Bei der Ausarbeitung des lettischen ZGB ist auch «das schweizerische Recht … in manchen Teilen herangezogen worden» (BERENT 311). Neben Gemeinsamkeiten struktureller und inhaltlicher Natur unterscheiden sich die beiden Gesetzbücher aber auch in einigen entscheidenden Punkten. 170

Eine erste Übereinstimmung mit dem schweizerischen ZGB besteht in der gesetzlichen Systematik: Das lettische ZGB stellt – im Gegensatz etwa zum BGB – wie sein schweizerisches Vorbild das Erbrecht vor das unter Lebenden wirken- 171

Allg. Einleitung Art. 1–10

de Vermögensrecht (SCHWARZ 23). Wie im schweizerischen, so ist auch im lettischen Zivilgesetzbuch der Grundsatz von Treu und Glauben – als Generalnorm für die gesamte Rechtsanwendung, «Wegweiser für die Rechtsauslegung» und «Schranke aller Rechtsausübung» – an dessen Eingang gestellt worden (BERENT 311). Eine weitere Gemeinsamkeit der beiden Kodifikationen lässt sich etwa auch in § 3 der Übergangsbestimmungen zum ZGB Lettlands feststellen, wo gleich wie in Art. 3 f. des Schlusstitels zum schweizerischen ZGB an die Unterscheidung zwischen gesetzlichen und wohlerworbenen Rechten angeknüpft wird.

172 Nicht «so weit wie das ZGB» geht das Zivilgesetzbuch Lettlands «bei der Aufstellung der Rechtsquellen»: «die rechtsschöpferische Tätigkeit des Richters» wird «nicht als selbständige Rechtsquelle» anerkannt (BERENT 312). Der lettische Richter hat sich bei seiner Rechtsfindung auf den durch das gesetzte Recht und das Gewohnheitsrecht gezogenen Rahmen zu beschränken (BERENT a.a.O.). Anders als das schweizerische ZGB enthält die lettische Kodifikation zudem auch kein ausdrückliches Verbot des Rechtsmissbrauchs (BERENT a.a.O.).

c) Der Entwurf eines ungarischen Zivilgesetzbuches von 1928

173 Ein deutlicher Einfluss des Schweizerischen Zivilgesetzbuches ist auch spürbar auf den ins Deutsche übersetzten Entwurf eines ungarischen ZGB von 1928 (vgl. dazu FEHR 221 ff.). Der ungarische Entwurf ist in einem volkstümlichen Stil gehalten, welcher sich äussert in «der kurzen Prägung der Rechtssätze, in der einfachen Ausdrucksweise …, in der klaren Konstruktion der Normen und der leichten Erfassbarkeit des Rechtsgedankens. Auch Verweisungen sind sehr selten» (FEHR 222).

174 Es bestehen auch zahlreiche Gemeinsamkeiten inhaltlicher Natur. So sind etwa die Einleitungsartikel des ungarischen Entwurfs teilweise dem Einleitungstitel des schweizerischen ZGB nachgeformt (SCHWARZ 28): § 6 des Entwurfs hat Anklänge an Art. 1 Abs. 2 und 3 ZGB (FEHR 223), der Grundsatz von Treu und Glauben wurde als «Grundnorm jeglicher Rechtsausübung» übernommen (SCHWARZ 32) und auch in bezug auf das Rechtsmissbrauchsverbot besteht weitestgehende Übereinstimmung (FEHR 222). Eine weitere, fast wörtliche Übereinstimmung liegt etwa in der Beschreibung der Rechtsfähigkeit der Leibesfrucht in § 8 Abs. 2 des ungarischen Entwurfs bzw. Art. 31 Abs. 2 ZGB.

175 Im Gegensatz zum schweizerischen ZGB folgte der ungarische Entwurf in seiner Systematik – wie auch das griechische Zivilgesetzbuch von 1946 (vgl. vorstehend N 166) – streng der deutschen Pandektistik, wie sie etwa im BGB zum Ausdruck gelangt. Ein interessanter Unterschied zur schweizerischen Kodifikation lag etwa auch in der Regelung der Stellung des ausserehelichen Kindes,

welche im ungarischen Entwurf viel «*fortschrittlicher als in der Schweiz und viel einsichtiger ist*» (FEHR 224).

d) Der mexikanische Codigo Civil von 1928

Ein Beispiel für den übereuropäischen Einfluss des Schweizerischen Zivilgesetzbuches bildet der Codigo Civil Mexikos von 1928, auch wenn der mexikanische Zivilrechtsgesetzgeber hauptsächlich spanisches Recht rezipierte. «The drafters … also reviewed directly the Roman Law sources from which many of the Spanish provisions were derived» (GORDON XXI). GORDON erwähnt unter diesen Gesetzbüchern neben dem Code Napoleon und dem BGB an prominenter Stelle auch das schweizerische ZGB (GORDON a.a.O.).

In den Augen von SCHWARZ hat das Schweizerische Zivilgesetzbuch gar einen «deutlichen Einfluss» auf den mexikanischen Codigo Civil von 1928 ausgeübt (SCHWARZ 21). Parallelen bestehen nicht nur in bezug auf die kurzen und prägnanten Formulierungen im Codigo Civil; auch inhaltlich hat sich das mexikanische Zivilgesetzbuch in verschiedenen Bereichen – so etwa im Stiftungs- und im Verlöbnisrecht – eng an sein schweizerisches Vorbild angelehnt (SCHWARZ a.a.O.).

5. Ausblick

Halten wir uns den Einfluss des Schweizerischen Zivilgesetzbuches auf die ausländische Gesetzgebung – dokumentiert durch dessen (globale) Rezeption in der Türkei, dessen (strukturelle) Rezeption im Fürstentum Liechtenstein und (eklektische) Rezeptionen in praktisch allen Ländern kodifizierter Privatrechte – vor Augen, erkennen wir, dass SCHWARZ unser ZGB doch wohl nicht grundlos auf dieselbe Stufe wie den französischen Code civil und das deutsche BGB stellt. Dabei ist mit ZWEIGERT/KÖTZ darauf zu schliessen, dass dieser Einfluss in Zukunft nicht an Bedeutung verlieren wird (hierzu siehe im einzelnen vorn N 128).

C. Inhalt und Eigenart

Literatur

ARNOLD MARTIN — Die privatrechtlichen Allmendgenossenschaften und ähnlichen Körperschaften (Art. 59 Abs. 3 ZGB) nach dem Recht des Bundes und des Kantons Wallis, Diss. Freiburg 1987, AISUF 73

Allg. Einleitung Art. 1–10

BAUR FRITZ	Lehrbuch des Sachenrechts, 16. Auflage, München 1992
BECK ALEXANDER	Grundriss des schweizerischen Erbrechts, Ein Studienbuch, 2. Auflage, Bern 1976
BEITZKE G./LÜDERITZ A.	Familienrecht, Ein Studienbuch, 26. Auflage, München 1992
BÖHMER GUSTAV	Einführung in das bürgerliche Recht, Tübingen 1954
BROMLEY P. M./LOWE N. V.	Family law, 8. Auflage, London 1992
BRÜCKNER CHRISTIAN	Die Trennung von Privatrecht und öffentlichem Recht – ein Beispiel für die Suggestivkraft von Begriffen, in: Privatrecht, öffentliches Recht, Strafrecht, Grenzen und Grenzüberschreitungen, Festgabe zum Schweizerischen Juristentag 1985, Basel/Frankfurt a.M. 1985, 35 ff.
BUCHER ANDREAS	Natürliche Personen und Persönlichkeitsschutz, 2. Auflage, Basel/Frankfurt a.M. 1995 (zit.: BUCHER ANDREAS, Natürliche Personen)
–	Personnes physiques et protection de la personnalité, 3. Auflage, Basel/Frankfurt a.M. 1995
CAGIANUT FRANCIS	Die Bedeutung des Zivilrechts für den Verwaltungsrichter, in: Festschrift für MARIO M. PEDRAZZINI, Bern 1990, 95 ff.
DESCHENAUX HENRI	Das Grundbuch, SPR V/3, 2 Bände, Basel/Frankfurt a.M. 1988, 1989
DESCHENAUX H./STEINAUER P.-H.	Personnes physiques et tutelle, 3. Auflage, Bern 1995
DÖLLE HANS	Familienrecht, Darstellung des deutschen Familienrechts mit rechtsvergleichenden Hinweisen, 2 Bände, Karlsruhe 1964, 1965
DRUEY JEAN NICOLAS	Grundriss des Erbrechts, 3. Auflage, Bern 1992 (zit.: DRUEY, Grundriss) EGGER AUGUST, Zum sächlichen Geltungsbereich des schweizerischen Zivilgesetzbuches, in: Festgabe dem Schweizer Juristenverein, Zürich 1908, 161 ff.
FLEINER THOMAS	Die verfassungsrechtliche Bedeutung von Art. 1 Abs. 2 ZGB, in: Gedächtnisschrift PETER JÄGGI, Freiburg 1977, 315 ff.
GAUCH PETER	Familienschuldrecht, in: Familie und Recht – Famille et Droit, Festgabe für BERNHARD SCHNYDER, Freiburg 1995, 249 ff.
GAUYE OSCAR	Eugen Huber und das deutsche Bürgerliche Gesetzbuch, in: ZSR NF 80 (1961), I 63 ff.
GERNHUBER J./COESTER-WALTJEN D.	Lehrbuch des Familienrechts, 4. Auflage, München 1994
GMÜR RUDOLF	Das schweizerische Zivilgesetzbuch verglichen mit dem deutschen Bürgerlichen Gesetzbuch, Bern 1965, ASR 366
GRISEL ANDRÉ	Des rapports entre le droit civil fédéral et le droit public cantonal, in: ZSR NF 70 (1951), 293 ff.
GROSSEN JACQUES-MICHEL	La personnalité morale et ses limites en droit suisse, in: La personnalité et ses limites, études de droit comparé et de droit international public, Paris 1960, 143 ff.
GUTZWILLER MAX,	Der Standort des schweizerischen Rechts, in: Centenarium 1861–1961 Schweizerischer Juristenverein, Basel 1961, 243 ff.
HEDEMANN JUSTUS WILHELM	Die Flucht in die Generalklausel, Tübingen 1933

Allg. Einleitung Art. 1–10

JÄGGI PETER	Positives und natürliches Privatrecht, in: Privatrecht und Staat, Gesammelte Aufsätze, Zürich 1976, 43 ff. (zit.: JÄGGI, Positives und natürliches Privatrecht)
KNAPP BLAISE	Kommentar zu Art. 64 BV, in: Kommentar zur Bundesverfassung der Schweizerischen Eidgenossenschaft, Basel/Zürich/Bern, Stand April 1986
KOLLER THOMAS	Privatrecht und Steuerrecht, Eine Grundlagenstudie zur Interdependenz zweier Rechtsgebiete, Habil. Bern 1993
LANGE H./KUCHINKE K.	Lehrbuch des Erbrechts, 4. Auflage, München 1995
LIVER PETER	Die Bedeutung des Deutschen Privatrechts für die Wissenschaft vom geltenden Recht, in: ZSR NF 90 (1971), I 369 ff.
–	Das schweizerische Zivilgesetzbuch Kodifikation und Rechtswissenschaft, in: Centenarium 1861–1961 Schweizerischer Juristenverein, Basel 1961, 193 ff.
LÜCHINGER WILLI	Begriff und Bedeutung der Familie im schweizerischen Recht unter Berücksichtigung des Rechts des Bundes und des Kantons Zürich, Diss. Zürich 1987
MAC CORMICK D.N./ WEINBERGER O.	An institutional theory of law, new approaches to legal positivism, Dordrecht etc. 1986
MEIER-HAYOZ ARTHUR	Vom Wesen des Eigentums, in: Revolution der Technik, Evolutionen des Rechts, Festgabe für KARL OFTINGER, Zürich 1969, 171 ff.
MÜLLER GEORG	Privateigentum heute, Vom Sinn des Eigentums und seiner verfassungsrechtlichen Gewährleistung, in: ZSR NF 100 (1981), II 1 ff.
–	Kommentar zu Art. 22 ter BV, in: Kommentar zur Bundesverfassung der Schweizerischen Eidgenossenschaft, Basel/Zürich/Bern, Stand Mai 1987 (zitiert: MÜLLER, Art. 22 ter BV)
MÜLLER-FREIENFELS WOLFRAM	«Neues» Familienrecht, in: Festschrift für CYRIL HEGNAUER zum 65. Geburtstag, Bern 1986, 251 ff. (zit.: MÜLLER-FREIENFELS, «Neues» Familienrecht)
–	Familienrechtliche Kodifikationen im Wandel der Anschauungen, in: Familienrecht im Wandel der Anschauungen, Festschrift für HANS HINDERLING, Basel/Stuttgart 1976, 111 ff. (zit.: MÜLLER-FREIENFELS, Familienrechtliche Kodifikationen)
PEDRAZZINI M. M./ OBERHOLZER N.	Grundriss des Personenrechts, 4. Auflage, Bern 1993
RABEL ERNST	Bürgerliches Gesetzbuch und Schweizerisches Zivilgesetzbuch, in: DJZ 15 (1910), 26 ff.; abgedruckt in: RABEL, Gesammelte Aufsätze, Band I, Tübingen 1965, 141 ff.
–	Streifgänge im schweizerischen Zivilgesetzbuch I und II, in: RheinZ 2 (1910), 308 ff., 4 (1912), 135 ff.; abgedruckt in: RABEL, Gesammelte Aufsätze Band I, Tübingen 1965, 179 ff., 210 ff.
RIEMER HANS MICHAEL	Personenrecht des ZGB, Studienbuch und Bundesgerichtspraxis, Bern 1995 (zit: RIEMER, Personenrecht)
SCHNYDER BERNHARD	Freiheit und Schweizerisches Zivilgesetzbuch, in: Freiheit und Zwang, Rechtliche, wirtschaftliche und gesellschaftliche Aspekte, Festschrift zum 60. Geburtstag von HANS GIGER, Bern 1989, 597 ff. (zit.: SCHNYDER, Freiheit)

Allg. Einleitung Art. 1–10

–	Das Hammerschlags- oder Leiterrecht – Bundesrecht oder kantonales Recht?, in: L'homme dans son environnement – Mensch und Umwelt, Festgabe der Rechts-, Wirtschafts- und Sozialwissenschaftlichen Fakultät der Universität Freiburg zum Schweizerischen Juristentag 1980, Freiburg 1980, AISUF 49, 265 ff. (zit.: SCHNYDER, Hammerschlagsrecht)
SIEHR KURT	Die Zeitschrift für Schweizerisches Recht und das schweizerische Privatrecht in der deutschen Rechtspraxis, in: ZSR NF 100 (1981), I 51 ff.
WIEGAND WOLFGANG	Sachenrecht im Obligationenrecht, in: Das Obligationenrecht 1883–1983: Berner Ringvorlesung zum Jubiläum des schweizerischen Obligationenrechts, Bern etc. 1984, 107 ff.
YUNG WALTER	Le code civil suisse et nous, in: ZSR 80 NF (1961), II 323 ff.
ZÄCH ROGER	Der Einfluss von Verfassungsrecht auf das Privatrecht bei der Rechtsanwendung, in: SJZ 85 (1989), 1 ff.

I. Das ZGB als kodifiziertes Privatrecht

179   Seit der Verfassungsänderung von 1898 steht dem Bund die Gesetzgebungskompetenz auf dem Gebiet des gesamten Zivilrechts (= Privatrechts) zu (Art. 64 Abs. 1 und 2 BV). Der Bund hat demnach indessen nicht nur die Kompetenz zum Erlass umfassender Zivilrechtsgesetzgebung erhalten, sondern nach meines Erachtens zutreffender Auffassung auch einen entsprechenden Gesetzgebungsauftrag (KNAPP N 28 und 31 f.; SCHNYDER, Freiheit, 600). Solange er allerdings den Gesetzgebungsauftrag nicht verwirklicht hatte, galt in den vom Bunde nicht geregelten Teilen des Zivilrechts kantonales Recht.

180   Mit der Schaffung des Schweizerischen Zivilgesetzbuches (Schlussabstimmung vom 10. Dezember 1907) und des Bundesgesetzes «betreffend die Ergänzung des Schweizerischen Zivilgesetzbuches (Fünfter Teil: Obligationenrecht)» (Schlussabstimmung vom 30. März 1911) und dem Inkrafttreten dieser Normen am 1. Januar 1912 war die auf Bundesebene vollzogene Kodifikation des schweizerischen Privatrechts abgeschlossen. Das war der Sinn des gesamten Vorhabens und fand denn auch seinen Ausdruck in einzelnen Gesetzesbestimmungen. Es kommt das sogenannte Kodifikationsprinzip (EGGER, Berner Kommentar, Art. 5 N 1 ff.) beziehungsweise das Prinzip der Gesamtkodifikation (MARTI im vorliegenden Kommentar Art. 5 N 17 ff.) zum Zuge. So sah (und sieht) Art. 51 SchlT ZGB vor, dass mit «dem Inkrafttreten dieses Gesetzes» die «zivilrechtlichen Bestimmungen der Kantone aufgehoben» sind, «soweit nicht bundesrechtlich etwas anderes vorgesehen ist». Gemäss Art. 1 der Schluss- und Übergangsbestimmungen zu den Titeln XXIV–XXXIII des OR bezog (und bezieht) sich diese Bestim-

mung auch auf den Fünften Teil des Schweizerischen Zivilgesetzbuches, das heisst auf das Obligationenrecht. So gilt seit Neujahr 1912 Art. 5 Abs. 1 ZGB. Danach «sind die Kantone» nur insoweit «befugt, zivilrechtliche Bestimmungen aufzustellen oder aufzuheben», als «das Bundesrecht die Geltung kantonalen Rechts vorbehält». Damit sind die sogenannten echten Vorbehalte gemeint (hierzu MARTI a.a.O. N 22 ff. und N 29 ff. sowie passim). Wo das Gesetz und Gewohnheitsrecht auf eine Privatrechtsfrage keine Antwort geben, liegen bundesrechtliche Lücken (abgekürzt «Bundeslücken») vor (zur Sache siehe EGGER a.a.O. N 3; MARTI, Vorbemerkungen zu Art. 5 und 6 N 176 ff.). Denkbar ist, dass im Bereich des verbliebenen vorbehaltenen kantonalen Privatrechts kantonale Lücken bestehen (SCHNYDER, Hammerschlagsrecht, 269 und 273 ff.; vgl. dazu auch MARTI, Art. 5 N 147 ff.).

Die Idee der Gesamtkodifikation des Privatrechts wurde (und wird) allerdings durch das Schweizerische Zivilgesetzbuch (im weitesten Sinne dieses Wortes, umfassend auch das Obligationenrecht) insofern nicht rein verwirklicht, als es auf Bundesebene privatrechtliche Nebengesetzgebung gibt (so unter anderem für Spezialbereiche des Haftpflichtrechts, im Immaterialgüterrecht, im Wettbewerbsrecht und im bäuerlichen Privatrecht). Diese Spezialgesetze enthalten ihrerseits eine (grundsätzlich) abschliessende Regelung (MARTI, Vorbemerkungen zu Art. 5 und 6 N 123 ff., Art. 5 N 184 ff., 206 ff., Art. 6 N 70 ff.). Lücken in ihrem Bereich sind demnach ebenfalls Bundeslücken. 181

Wo der kantonale Richter seine Entscheidungen gestützt auf Bundeslücken fällt, handelt er als Bundesprivatrechtsgesetzgeber (zu dieser Problematik siehe FLEINER, Die verfassungsrechtliche Bedeutung von Art. 1 Abs. 2 ZGB, in: Gedächtnisschrift PETER JÄGGI, passim sowie hinten DÜRR, Art. 1 N 261 ff. und N 472 ff.). Ob er dabei bundesrechtskonform handelt, kann gemäss Art. 43 ff. OG vom Bundesgericht überprüft werden (so im Resultat BGE 118 II 139 ff., 141). 182

II. Die vier Rechtsgebiete

1. Das Personenrecht

Das Personenrecht (Droit des personnes), der erste Teil des Zivilgesetzbuches, umfasst die Art. 11–89bis. Es ist, anders als die drei andern Teile, nicht in Abteilungen unterteilt. Es «enthält die Vorschriften über die Voraussetzungen, den Inhalt, den Beginn und das Ende der Persönlichkeit» (Botschaft 16). Es besteht aus lediglich zwei Titeln (der insgesamt fünfundzwanzig) des ZGB. Der erste Titel 183

Allg. Einleitung Art. 1–10

(Art. 11–51) handelt von den natürlichen Personen (Des personnes physiques), der zweite (Art. 52–89bis) von den juristischen Personen (Des personnes morales).

184 Der Titel über die natürlichen Personen zerfällt in die zwei Abschnitte «Das Recht der Persönlichkeit» (Art. 11–38) und «Die Beurkundung des Personenstandes» (Art. 39–51). Der vorwiegend materiellrechtliche Teil über das Recht der Persönlichkeit handelt von der Rechtsfähigkeit, der Handlungsfähigkeit und der Individualisierung der natürlichen Person sowie vom Persönlichkeitsschutz. Der zweite Abschnitt enthält die grundlegenden Normen des schweizerischen Zivilstandswesens.

185 Der Titel über die juristischen Personen enthält in einem ersten Abschnitt (Art. 52–59) allgemeine Bestimmungen, mithin Normen, die für alle juristischen Personen des Bundesprivatrechts gelten. Deren bedeutsamer Art. 53 verweist der Sache nach für die Rechtsfähigkeit grundsätzlich auf das Recht der natürlichen Personen. Der zweite (Art. 60–79) und der dritte Abschnitt (Art. 80–89bis) sind den zwei juristischen Personen Verein und Stiftung gewidmet, während «Personenverbindungen, die einen wirtschaftlichen Zweck verfolgen», «unter den Bestimmungen über die Gesellschaften und Genossenschaften» stehen (Art. 59 Abs. 2).

186 Bei der auf GAIUS zurückgehenden Dreiteilung (Trichotomie) des Rechtsstoffs, «je darnach, ob er sich auf *Personen*, *Sachen* oder *Aktionen* bezieht» (BUCHER EUGEN, Berner Kommentar zu den Art. 11–26, Einleitung N 10), wäre das Personenrecht des heutigen ZGB naturgemäss Kern des ersten Teils. Im Pandektensystem hingegen, mit seiner charakteristischen Fünfteilung (Allgemeiner Teil, Sachenrecht, Schuldrecht, Familienrecht und Erbrecht [BUCHER EUGEN a.a.O. N 13–15]), war für die Personen kein eigener Teil vorgesehen. Der Sache nach bilden allerdings grosse Teile des heutigen Personenrechts des ZGB Kernstück eines allgemeinen Teils (BUCHER EUGEN a.a.O. N 27). So spricht denn auch die Lehre davon, das Personenrecht sei «die notwendige Grundlage jeder sonstigen privatrechtlichen Beziehung» (PEDRAZZINI/OBERHOLZER 19), oder aber davon, das Personenrecht erfahre «eine Regelung, die sich in besonderem Masse durch ihre *Grundsätzlichkeit* auszeichnet» (EGGER, Berner Kommentar, Vorbemerkungen zum Personenrecht N 6), oder auch davon, das Personenrecht habe «sachlich den Charakter eines allgemeinen Teils zum Privatrecht» (RIEMER, Personenrecht, § 1 N 26). So gilt denn für zahlreiche personenrechtliche Bestimmungen, dass sie «einen normativen Ordnungsgehalt erst bekommen, wenn sie in dienender Funktion zu bestimmten privatrechtlichen Verhältnissen hinzutreten» (BUCHER EUGEN a.a.O. N 29). Aber auch abgesehen davon, dass jede (Privatrechts-)Norm im Zusammenhang mit dem Ganzen zu verstehen ist, enthält das schweizerische Personenrecht doch auch Teile, denen für sich allein bedeutender normativer Ordnungs-

gehalt zukommt; man denke etwa an den Persönlichkeitsschutz oder an die Bestimmungen über den Verein und die Stiftung.

Besonders enge Beziehungen bestehen zwischen Personenrecht als Recht der natürlichen Personen und Vormundschaftsrecht, mag es auch «guère habituel» sein «de présenter les deux matières ensemble» (DESCHENAUX/STEINAUER § 1 N 1). Ist doch Kerngebiet eines jeden Vormundschaftsrechts «die Beantwortung der Frage, ob über die gegebenenfalls erst post festum zu beurteilende Handlungsfähigkeit oder Handlungsunfähigkeit hinaus es einen Rechtsstatus beschränkter oder fehlender Handlungsfähigkeit geben soll … Es geht … um die Frage institutionalisierter Fremdbestimmung im Handlungsfähigkeitsbereich» (SCHNYDER, Zur Revision des schweizerischen Vormundschaftsrechts, in: ZVW 47 [1992] 156 ff., 163). Diesem engen Zusammenhang zum Trotz (hierzu SCHNYDER, Das Vormundschaftsrecht – Ein erratischer Block im schweizerischen Zivilgesetzbuch?, in: Wandel im Familienrecht, Festschrift für HANS HINDERLING, Basel 1976, 215 ff., 220 ff.) hat der Gesetzgeber aus guten Gründen das Vormundschaftsrecht als dritten Teil ins Familienrecht aufgenommen. Besteht doch ein enger Konnex zwischen Familie und Vormundschaft (materieller Grund), und hätte doch das Vormundschaftsrecht innerhalb des Personenrechts einen unverhältnismässig grossen Teil beansprucht (formeller Grund). 187

Das Personenrecht ist seit dem Inkrafttreten des ZGB «nie grundlegend revidiert worden» (BUCHER ANDREAS, Natürliche Personen, § 1 N 8). Die zwei wichtigsten Teilrevisionen des Personenrechts sind die Reform des Persönlichkeitsschutzes (hierzu vorn N 94) sowie die Herabsetzung des Mündigkeitsalters (hierzu vorn N 98). Kleinere Abänderungen erfolgten im Zusammenhang mit Revisionen anderer Rechtsgebiete. 188

2. Das Familienrecht

Das Familienrecht (Droit de la famille) bildet den zweiten Teil des Zivilgesetzbuches. Es umfasst in insgesamt zehn Titeln die Art. 90–456. Es zerfällt in drei Abteilungen: «Das Eherecht» («Des époux»), Art. 90–251, «Die Verwandtschaft» («Des parents»), Art. 252–358, und «Die Vormundschaft» («De la tutelle»), Art. 360–456. 189

Die Abteilung über das Eherecht enthält in ihren ersten zwei Titeln Bestimmungen über die Begründung und die Beendigung der Ehe: «Die Eheschliessung» («Du mariage»), Art. 90–136, und «Die Ehescheidung» («Du divorce»), Art. 137–158. Die zwei anderen Titel handeln von den Wirkungen der Ehe und tragen die Namen: «Die Wirkungen der Ehe im allgemeinen» («Des effets généraux du 190

Allg. Einleitung Art. 1–10

mariage»), Art. 159–180, sowie «Das Güterrecht der Ehegatten» («Du régime matrimonial»), Art. 181–251.

191 Die der Verwandtschaft gewidmete Abteilung enthält in erster Linie das sogenannte Kindesrecht. Es findet sich in den zwei Titeln über: «Die Entstehung des Kindesverhältnisses» («De l'établissement de la filiation»), Art. 252–269c, und «Die Wirkungen des Kindesverhältnisses» («Des effets de la filiation»), Art. 270–327. Der dritte Titel lautet: «Die Familiengemeinschaft» («De la famille»), Art. 328–358.

192 Die dritte Abteilung des Familienrechts enthält das Vormundschaftsrecht (in dessen engerem Sinn). Ihre drei Titel lauten: «Die allgemeine Ordnung der Vormundschaft» («De l'organisation de la tutelle»), Art. 360–397f, «Die Führung der Vormundschaft» («De l'administration de la tutelle»), Art. 398–430, und «Das Ende der Vormundschaft» («De la fin de la tutelle»), Art. 431–456.

193 Das Wort «Familie», welches im Ausdruck «Familienrecht» das Bestimmungswort darstellt, hat unterschiedliche Bedeutungen. Dies gilt sowohl für die Rechtssprache wie für die Verwendung ausserhalb des Rechtsbereichs. Zwar herrscht mehr oder weniger Übereinstimmung darüber, dass unter «Familie» die Gesamtheit der durch Ehe und Verwandtschaft miteinander verbundenen Personen (GMÜR, Berner Kommentar, Familienrecht, Vorbemerkungen zum zweiten Teil N 3; CREIFELDS CARL, Rechtswörterbuch, 12. Auflage, München 1994, 409) verstanden werden kann. Aber auch diese Aussage ist nicht unumstritten. Wird doch unter «Familie» gelegentlich nur jene Dauerbeziehung verstanden, die aus mindestens zwei Generationen besteht. Das Zivilgesetzbuch selber verwendet den Ausdruck «Familie» nicht immer im gleichen Sinn. Ja, es verwendet den Ausdruck «Familie», von den Art. 163 Abs. 1 und Art. 169 Abs. 1 abgesehen, primär dort, wo es darunter Familie im weitesten Sinn des Wortes versteht: so im neunten Titel des ZGB, «Die Familiengemeinschaft» (französisch gar nur «De la famille»), wo «Familie» gerade nicht nur im landläufigen Sinne von «Kleinfamilie» verwendet wird. Dadurch, dass das ZGB das Vormundschaftsrecht als Teil des Familienrechts behandelt, wird der Begriff «Familie» noch einmal in viel weiterem Sinn verwendet. Wo immer also das ZGB für sich allein oder in zusammengesetzten Worten von «Familie» spricht, ist die jeweilige Bedeutung durch Auslegung des Wortes zu ermitteln. «Familie» ist kein einheitlicher Rechtsbegriff (und schon gar nicht etwa eine juristische Person).

194 Die Regelung der verschiedenen familiären Bereiche unter einem systematischen Oberbegriff «Familienrecht» ist neueren Datums. So entwickelte erst das «systembewusste» 19. Jahrhundert «sehr bald aus einer Mischung von Reaktion und Fortschritt in der Lehre für den Aufbau der Privatrechtsbücher einen eigenen neuen Teil, das ‹Familienrecht›» (MÜLLER-FREIENFELS, «Neues» Familienrecht,

253). Das Familienrecht hatte so «seinen Platz und seine eigene Gestalt erreicht, zu einem Zeitpunkt, als der Individualismus in den Privatrechtskodifikationen zum Durchbruch gelangte» (MÜLLER-FREIENFELS a.a.O.). Dieses neue Familienrecht soll sogar zum ersten Mal im Zürcher Privatrechtlichen Gesetzbuch unter dem Einfluss FRIEDRICH CARL VON SAVIGNYS durch CASPAR DAVID BLUNTSCHLI praktisch realisiert worden sein (MÜLLER-FREIENFELS a.a.O.). EUGEN HUBER hat dann bei der Schaffung des Schweizerischen Zivilgesetzbuches der «Gliederung des ganzen Entwurfes … selbstverständlich das moderne Privatrechtsystem zugrunde gelegt» (HUBER, Erl. I, 21). Allerdings ist die Reihenfolge der einzelnen Bücher im ZGB anders als im BGB. «Während im BGB das Familienrecht als viertes Buch nach dem Schuld- und Sachenrecht erscheint, bringt das ZGB das Familienrecht schon in unmittelbarem Anschluss an das Personenrecht» (MÜLLER-FREIENFELS, Familienrechtliche Kodifikationen, 137). Der Sache nach umfasst das heutige Familienrecht des ZGB in erster Linie die zwei Kernstücke des Familienrechts im engsten Sinne, das Eherecht und das Kindesrecht, sodann als bedeutenden Bereich des Familienrechts im weitern Sinne das Vormundschaftsrecht und schliesslich die insgesamt weniger wichtigen Regelungen, die unter dem alles- und damit fast nichtssagenden Ausdruck «Die Familiengemeinschaft» stehen.

Während Erbrecht, Sachenrecht und Obligationenrecht Vermögensrecht im weitesten Sinne des Wortes darstellen, lassen sich die Sätze des Familienrechts «vor allem in zwei Gruppen scheiden, je nachdem sie *personenrechtlichen* oder *vermögensrechtlichen* Charakter tragen» (GMÜR, Berner Kommentar, Familienrecht, Vorbemerkungen zum zweiten Teil N 10). Als geltendes Recht befasst sich das Familienrecht mit Beziehungen im Rahmen der Familie unter dem Gesichtspunkt des Gerechten (vgl. JÄGGI, Positives und natürliches Privatrecht, 49 f.). Unter dieser Rücksicht werden aber nicht nur vermögensrechtliche Rechte und Pflichten (um solche geht es auch im «Familienschuldrecht», hierzu GAUCH 249 ff.), sondern auch mitmenschliches Verhalten verbindlich gewürdigt. Die Funktionen des Familienrechts werden (in einem grundlegenden englischen Werk: BROMLEY/LOWE) wie folgt umschrieben (4 f.): Regelung von Statusfragen (englisch: «definition and alteration of status»), Lösung von Konflikten («resolution of disputes»), Schutz («protection») sowie Zuteilung und Aufteilung von Vermögen («property adjustment and division»). 195

Was vom Recht, namentlich vom Privatrecht schlechthin gilt, dass es Vorgegebenes, Natürliches berücksichtigt (hierzu JÄGGI, Positives und natürliches Privatrecht, 52), trifft in besonderer Weise auf das Familienrecht zu. So formuliert ein Kommentar, der kurz nach Inkrafttreten des ZGB erschienen ist: «Die Familienverhältnisse tragen als natürliche Verhältnisse eine gewisse Regelung 196

Allg. Einleitung Art. 1–10

schon in sich. Sie haben sie empfangen und empfangen sie heute noch durch Natur, Religion und Sitte. Die Rechtsordnung beschäftigt sich daher mit ihnen grundsätzlich nur soweit, als dazu ein besonderer Anlass vorliegt ….» (GMÜR, Berner Kommentar, Familienrecht, Vorbemerkungen zum zweiten Teil N 9). Damit hängt zusammen, dass es im Familienrecht weit mehr als in anderen Bereichen des ZGB Normen gibt, welche leges imperfectae oder zum mindesten leges minus quam perfectae darstellen. Man denke an Art. 159 oder Art. 272. Aber auch und gerade solche unvollkommene Rechtssätze sind in der Regel nicht dispositiven, sondern zwingenden Rechts. Schliesslich haben wir es im Familienrecht sehr oft mit Pflichtrechten (droit-devoir, auch droit-fonction genannt) zu tun: Die Berechtigung steht einem Berechtigten sehr oft im Hinblick auf die Erfüllung einer Aufgabe zu mit der Bewandtnis, dass er auf die Ausübung seines Rechtes nicht verzichten darf (z.B. elterliche Gewalt, Vormundschaft, Besuchsrecht u.a.m.).

197   Familienrecht ist sodann mehr als andere Rechtsgebiete von der Antinomie zwischen Individuum und Gemeinschaft beherrscht. Dies gilt zunächst einmal im Verhältnis der an einem bestimmten Rechtsverhältnis Beteiligten. Das geltende Recht huldigt dabei weder schrankenlosem Individualismus und Egoismus, noch aber dem alleinigen Primat der Gemeinschaft. Dies kommt sehr schön zum Ausdruck in der näheren Umschreibung der Verständigungspflicht der Ehegatten über den Unterhalt der Familie in Art. 163 Abs. 3: «Dabei berücksichtigen sie die Bedürfnisse der ehelichen Gemeinschaft und ihre persönlichen Umstände.» Der Gegensatz zwischen Individuum und Gemeinschaft zeigt sich aber auch im Rahmen des Familienrechts in der mehr oder weniger starken Berücksichtigung des öffentlichen Interesses im Verhältnis zu den Interessen der Einzelnen oder der kleineren Gemeinschaften. Dabei besteht ein besonders ausgeprägtes öffentliches Interesse bei Statusfragen. Das Vorliegen eines öffentlichen Interesses wird namentlich auch bei von Amtes wegen angeordneten und durchgeführten Massnahmen sichtbar wie beim Kindesschutz und im Vormundschaftsrecht; aber auch diese gesetzlichen Massnahmen geschehen primär im Interesse der Betroffenen und berücksichtigen die Menschenwürde der schwachen Personen.

198   Kein anderer «Teil» des Zivilgesetzbuches ist seit 1912 derart stark und häufig revidiert worden wie das Familienrecht. Immerhin dauerte es auch hier mehr als sechzig Jahre, bis es zu bedeutenden Revisionen gekommen ist. Zu erwähnen sind das neue Adoptionsrecht von 1972/1973 (vorn N 91), das neue Kindesrecht von 1976/1978 (vorn N 92), die Einführung der fürsorgerischen Freiheitsentziehung 1978/1981 (vorn N 93), die Neuregelung der Wirkungen der Ehe im allgemeinen und des ehelichen Güterrechts 1984/1988 (vorn N 95 f.). Noch stehen zwei bedeutende Etappen der Revision des Familienrechts aus (vorn N 103 ff. und N 111 ff.).

3. Das Erbrecht

Das Erbrecht (Des successions) bildet den dritten Teil des Zivilgesetzbuches. Es umfasst in fünf Titeln die Art. 457–640. Es zerfällt in zwei Abteilungen: «Die Erben» («Des héritiers»), Art. 457–536, und «Der Erbgang» («De la dévolution»), Art. 537–640. 199

Die Abteilung über «Die Erben» enthält in zwei ungleich grossen Titeln die Regeln über die gesetzliche Erbberufung einerseits, die gewillkürte Berufung anderseits, mithin in einem ersten, sehr kurzen Titel «Die gesetzlichen Erben» («Des héritiers légaux»), Art. 457–466, und in einem zweiten, grösseren Titel «Die Verfügungen von Todes wegen» («Des dispositions pour cause de mort»), Art. 467–536. 200

Der Erbgang («das Erben») als Gegenstand der zweiten Abteilung des Erbrechts umfasst in drei Titeln in chronologischer Reihenfolge «Die Eröffnung des Erbganges» («De l'ouverture de la succession»), Art. 537–550, «Die Wirkungen des Erbganges» («Des effets de la dévolution»), Art. 551–601, und «Die Teilung der Erbschaft» («Du partage»), Art. 602–640. 201

Im Erbrecht geht es (im wesentlichen) um die Nachfolge in das Vermögen eines Verstorbenen, genauer in die der Übertragung fähigen Rechte und Pflichten des Verstorbenen. Erbrecht ist Nachfolgerecht par excellence (siehe den französischen Ausdruck «Des successions», droit successoral). Das Erbrecht hält im Schweizerischen Zivilgesetzbuch (im weiteren Sinne des Wortes) die Mitte zwischen dem Personen- und Familienrecht einerseits und den reinen Vermögensrechten, Sachenrecht und Obligationenrecht, anderseits (anders im deutschen BGB, wo das Erbrecht das fünfte und letzte Buch bildet). Das Erbrecht steht denn auch der Sache nach mit Familie und Familienrecht in engster Beziehung. Die Zufälligkeit des Todes («mitten im Leben») bringt es mit sich, dass das Erbrecht mehr als andere Rechtsgebiete aleatorischen (würfelhaften) Charakter aufweist. 202

Das Erbrecht ist beherrscht von mehreren Prinzipien. Zunächst einmal gilt im schweizerischen Erbrecht das Prinzip der Universalsukzession oder Gesamtnachfolge: Universalsukzession der Sache nach (in universitatem, «die Erbschaft als Ganzes»: Art. 560 Abs. 1) und der Form nach (per universitatem, eo-ipso-Erwerb, «ohne weiteres»: Art. 560 Abs. 2). Neben der Universalsukzession in die Schulden des Erblassers tritt die persönliche Erbenhaftung; diese wird durch Sonderformen der Nachfolge in Schulden gemildert oder aufgehoben. Neben der Universalsukzession gibt es (allerdings grundsätzlich nur mittelbare) Singularsukzession, Einzelnachfolge. Dagegen kennt das ZGB keine Spezialsukzession, Sondernachfolge in bestimmte Vermögensteile. Die Berufung zur Nachfolge beruht auf Gesetz (für Verwandte, den Ehegatten und das Gemeinwesen) oder auf 203

Allg. Einleitung Art. 1–10

dem Willen des Erblassers. Das Pflichtteilsrecht gewisser gesetzlicher Erben schränkt die Testierfreiheit ein. Mehrere Erben (Miterben) bilden von der Eröffnung des Erbganges an die Erbengemeinschaft; diese wird durch die Teilung der Erbschaft aufgelöst.

204 Mehr und anders als in den übrigen Bereichen des Privatrechts stellt sich im Erbrecht die Frage nach der inneren Rechtfertigung des Ganzen. Verwiesen wird auf den Familiengedanken, die Anknüpfung an das Eigentum und die Idee der Fürsorge (DRUEY, Grundriss, § 2 N 1–3). Es besteht ein Idealbild des Erbrechts; wo sich dieses nicht verwirklicht, treten die Schattenseiten des Erbrechts zutage (hierzu LANGE/KUCHINKE 1). Das Erbrecht ist eingebettet in das jeweilige politische System und damit in die in Staat und Gesellschaft herrschende Wertordnung. Das Erbrecht wird mehr oder weniger relativiert durch die jeweilige Erbschaftssteuer (hierzu DRUEY § 2 N 9).

205 Die Regelung wichtiger Fragen des Erbrechts im schweizerischen Recht ist äusserst knapp. Dies könnte ein Grund dafür sein, dass erstaunlich viele wichtige Fragen kaum je höchstrichterlich entschieden wurden oder noch immer nicht ausdiskutiert sind. So fehlt ein publizierter höchstrichterlicher Entscheid zur gemäss aArt. 462 bedeutsamen Frage, welche fingierte Wahl (Nutzniessung oder Eigentum) der überlebende Ehegatte neben Nachkommen getroffen habe, wenn er faktisch nicht gewählt hat. So ist die Antwort auf die weiss Gott nicht ausgefallene Frage offen, ob auf den Vermächtnisnehmer eines mit einem Schuldbrief belasteten Grundstücks auch die Pfandschuld übergehe (vgl. BGE 45 II 158 und 104 II 340). So ist kontrovers, ob bei Fehlen der Einigung der Erben grundsätzlich der Richter oder das Los über die Zuteilung einer Sache entscheide (siehe TUOR/SCHNYDER/SCHMID 547 Anm. 13). So «weiss man» nicht, ob die verfügbare Quote im Fall des Art. 473 Abs. 1 1/8, 2/8 oder 3/8 betrage (TUOR/SCHNYDER/SCHMID 467 f.). So ist mit im Ergebnis massiven Unterschieden noch völlig offen, von welcher Berechnungsmasse für den Pflichtteil gemeinsamer Kinder bei Zuweisung der Vorschläge an den überlebenden Ehegatten in der Errungenschaftsbeteiligung auszugehen ist (TUOR/SCHNYDER/SCHMID 236 Anm. 32).

206 Kein Bereich des Zivilgesetzbuches ist so oft revidiert worden wie das bäuerliche Erbrecht (SCHNYDER, Siebzig Jahre, 11; hierzu vorn N 99 f.). Dieses Sondererbrecht ist schliesslich mit der Schaffung des BGBB 1991/1994 aus dem ZGB herausgenommen worden. Im übrigen erfolgten Revisionen des Erbrechts regelmässig im Verein mit Revisionen des Familienrechts: so bei der Schaffung der Volladoption 1972/1973 (hierzu vorn N 91), bei der Gleichstellung ehelicher und ausserehelicher Kinder 1976/1978 (hierzu vorn N 92) und bei der Besserstellung des überlebenden Ehegatten 1984/1988 (hierzu vorn N 95 f.).

Allg. Einleitung Art. 1–10

4. Das Sachenrecht

Das Sachenrecht (Des droits réels) bildet den vierten Teil des Zivilgesetzbuches. Es ist der letzte Teil des Schweizerischen Zivilgesetzbuches im engeren Sinne des Wortes. Es umfasst in acht Titeln die Art. 641–977. Es zerfällt in drei Abteilungen: «Das Eigentum» («De la propriété»), Art. 641–729, «Die beschränkten dinglichen Rechte» («Des autres droits réels»), Art. 730–915, und «Besitz und Grundbuch» («De la possession et du registre foncier»), Art. 919–977.

Die Abteilung über das Eigentum enthält in einem ersten Titel Bestimmungen über das Eigentum schlechthin, in den zwei andern Titeln die Besonderheiten des Grundeigentums und des Fahrniseigentums. Sein Aufbau lautet demnach: «Allgemeine Bestimmungen» («Dispositions générales»), Art. 641–654a, «Das Grundeigentum» («De la propriété foncière»), Art. 655–712t, und «Das Fahrniseigentum» («De la propriété mobilière»), Art. 713–729.

Kein allgemeiner Teil steht in der Abteilung über die beschränkten dinglichen Rechte. Vielmehr regeln dessen drei Titel «Die Dienstbarkeiten und Grundlasten» («Des servitudes et des charges foncières»), Art. 730–792, «Das Grundpfand» («Du gage immobilier»), Art. 793–883, und «Das Fahrnispfand» («Du gage mobilier»), Art. 884–915.

Die in der letzten Abteilung des Sachenrechts und mithin des Zivilgesetzbuches enthaltenen zwei Titel (der insgesamt fünfundzwanzig Titel des ZGB [ohne Einleitung und Schlusstitel]) handeln von den Erscheinungsformen der dinglichen Rechte und lauten: «Der Besitz» («De la possession»), Art. 919–941, und «Das Grundbuch» («Du registre foncier»), Art. 942–977.

Das Sachenrecht bildet zusammen mit dem Obligationenrecht den Kernbereich des Vermögensrechts oder das Vermögensrecht im engeren Sinne des Wortes (Vermögensrecht im weiteren Sinne des Wortes ist auch das eheliche Güterrecht oder das Erbrecht). Dem schweizerischen Privatrecht ist die scharf und konsequent durchgeführte Scheidung des Vermögensrechts in Schuldrecht und Sachenrecht eigen; es teilt diese Eigenschaft mit dem deutschen Bürgerlichen Gesetzbuch (REHFELDT BERNHARD, Einführung in die Rechtswissenschaft, 2. Auflage, Berlin 1966, 179). Das Sachenrecht ist jener Bereich des Privatrechts, in dem es am meisten aufgrund echter Vorbehalte geschaffenes kantonales Privatrecht gibt. Da Sachenrechte regelmässig auf Dauer angelegt sind, bedurfte es bei der Schaffung des ZGB auch besonders vieler übergangsrechtlicher Bestimmungen zu diesem Rechtsgebiet (SchlT Art. 17–48).

Das einzelne Sachenrecht (im Sinne von Berechtigung, Recht an der Sache) oder dingliche Recht ist als absolutes Recht an Sachen dadurch gekennzeichnet, dass es gegenüber jedermann (erga omnes), der in dessen Bereich störend ein-

Allg. Einleitung Art. 1–10

greift, geltend gemacht werden kann. Nach der erga-omnes-Theorie ist damit der Begriff des Sachenrechts vollständig umschrieben. Anschaulicher (wenn auch nicht richtiger) ist es, als Wesen des dinglichen Rechts die Unmittelbarkeit der Sachherrschaft zu bezeichnen, aus der sich die Absolutheit ergibt. Als Gegenstück zum dinglichen Recht erfassen Berechtigungen nach Obligationenrecht (Forderungen) ihr Objekt nur durch eine bestimmte Person und können ausschliesslich ihr entgegengehalten werden. Die lateinischen Ausdrücke lauten: actio in rem (auf die Sache gehende Klage) und actio in personam (Klage gegen die Person).

213   Dingliche Rechte sind das Eigentum (das grundsätzlich das Vollrecht an der Sache beinhaltet) oder beschränkte dingliche Rechte (les autres droits réels). Nach beinahe einhelliger schweizerischer Lehre stellen die beschränkten dinglichen Rechte nicht Eigentumssplitter dar (so die deutschrechtliche Teilungstheorie oder Eigentumssplittertheorie), sondern treten der Ausübung des Eigentums in der einen oder anderen Richtung entgegen, «belasten» das Eigentum, das sich durch Elastizität auszeichnet, in bestimmter Weise (vom römischrechtlichen Eigentumsbegriff inspirierte Belastungstheorie; hierzu TUOR/SCHNYDER/SCHMID 761). Das beschränkte dingliche Recht geht entweder auf unmittelbaren gegenwärtigen Genuss an der Sache (Gebrauchs- oder Nutzungsrechte) oder aber auf deren allfällige künftige Verwertung zur Erlangung einer Leistung aus ihr (Haftungs- oder Wertrechte; TUOR/SCHNYDER/SCHMID 758).

214   Dingliche Rechte beziehen sich auf bewegliche oder unbewegliche Sachen, Mobilien oder Immobilien (meubles ou immeubles). Gegenstand des Fahrniseigentums ist die Fahrnis, Gegenstand des Grundeigentums sind die Grundstücke. Die Unterscheidung zwischen Mobiliarsachenrecht und Immobiliarsachenrecht durchzieht das ganze Sachenrecht: Beim Eigentum folgen auf allgemeine Bestimmungen die Normen über das Grundeigentum einerseits, das Fahrniseigentum anderseits. Die bei den beschränkten dinglichen Rechten als erste behandelten Dienstbarkeiten und Grundlasten sind, von der Nutzniessung an Fahrnis abgesehen, nur an Grundstücken möglich. Die Regelung von Grundpfandrecht und Fahrnispfandrecht geschieht in zwei getrennten Titeln. Was die äussere Erscheinung der dinglichen Rechte angeht, bezieht sich der Besitz vorwiegend, wenn auch gerade nicht ausschliesslich, auf Fahrnis, gibt aber das Grundbuch Aufschluss (nur) über «die Rechte an den Grundstücken» (Art. 942 Abs. 1).

215   Im Sachenrecht gelten gewisse Prinzipien (Grundsätze). Diese sind kaum je rein durchgeführt und können sich sogar überschneiden bzw. widersprechen. Nachstehend werden (unter Bezugnahme auf MEIER-HAYOZ, Berner Kommentar zu Art. 641–654, Syst. Teil N 56 ff. und TUOR/SCHNYDER/SCHMID 594 f.) die wichtigsten Prinzipien erwähnt: Es besteht eine beschränkte Zahl, ein Numerus clausus

der dinglichen Rechte (Typengebundenheit oder Typenzwang); der Inhalt der zugelassenen sachenrechtlichen Institute ist daher vom Gesetz weitgehend zwingend festgelegt (Typenfixierung). Das Publizitätsprinzip als Offenlegungsprinzip verlangt, dass die dinglichen Rechte durch Einkleidung in eine für alle erkennbare Form offenkundig werden, das Publizitätsprinzip als Prinzip des öffentlichen Glaubens schützt in gewissem Rahmen den unrechtmässigen, aber gutgläubigen Erwerber. Nach dem Spezialitätsprinzip können dingliche Rechte nur an einzelnen Sachen entstehen. Für den Übergang dinglicher Rechte an beweglichen Sachen gilt das Traditionsprinzip (Übergabe-Grundsatz), für den Erwerb dinglicher Rechte an unbeweglichen Sachen das Eintragungsprinzip (Buchungsgrundsatz). Der Grundsatz der Alterspriorität lässt die früher errichteten beschränkten dinglichen Rechte den später errichteten vorgehen. Nach dem Kausalitätsprinzip hängt (im Gegensatz zum in Deutschland geltenden Abstraktionsprinzip) die Wirksamkeit einer sachenrechtlichen Verfügung von der Gültigkeit des Verpflichtungsgeschäfts (der «Causa») ab. Nach dem Akzessionsprinzip teilen Bestandteile einer Sache das sachenrechtliche Schicksal der Hauptsache.

Aufgrund der in Art. 22ter BV verankerten Eigentumsgewährleistung besteht für das Eigentum eine sogenannte Institutsgarantie, die sich an den Gesetzgeber richtet. Der Gesetzgeber darf keine Normen aufstellen, welche das Rechtsinstitut (sc. das Eigentum) beseitigen, aushöhlen, seiner Substanz berauben oder seinen Wesenskern antasten. Der Gesetzgeber muss «die *wesentlichen, sich aus dem Eigentum ergebenden Verfügungs- und Nutzungsrechte wahren*, den Privaten ein Mindestmass an autonomer Bestimmung über ihre vermögenswerten Rechte einräumen» (MÜLLER, Art 22 ter BV N 12). Diese Institutsgarantie richtet sich auch und in besonderer Weise an den Zivilrechtsgesetzgeber. Die Institutsgarantie schliesst aber Eigentumsbindungen nicht aus. Solche Schranken können teils schon auf rein privatrechtlichen, der Tauschgerechtigkeit verpflichteten Überlegungen beruhen (z.B. Schikaneverbot oder Schranken für Immissionen). Insbesondere hält aber Abs. 2 des Art. 22ter BV fest, dass der Bund und die Kantone «im Rahmen ihrer verfassungsmässigen Befugnisse auf dem Wege der Gesetzgebung im öffentlichen Interesse… Eigentumsbeschränkungen vorsehen» können. Aufgrund der gleichen Norm können Bund und Kantone die Enteignung vorsehen. Dann ist allerdings dem Eigentümer volle Entschädigung zu leisten. Das gilt gemäss Abs. 3 des Art. 22ter BV auch dann, wenn eine Eigentumsbeschränkung einer Enteignung gleichkommt. 216

Das Sachenrecht wurde bis in die sechziger Jahre nur am Rande von Revisionen betroffen. Durch die bedeutsame Revision von 1963/1965 wurde einerseits das unveränderte Miteigentum näher umschrieben, anderseits aber das bei der Schaffung des ZGB eliminierte Stockwerkeigentum wieder eingeführt (vorn 217

Allg. Einleitung Art. 1–10

N 88 f.). Ein Bundesgesetz von 1965 brachte eine umfassende Regelung des Baurechts (vorn N 90). Ein Bündel von Abänderungen einer Reihe von Normen des Immobiliarsachenrechts brachte eine Teilrevision von 1991/1994 (vorn N 97).

II. Die Eigenart des ZGB

218   Wer von der Eigenart eines nationalen Gesetzbuches spricht, sollte eine möglichst breite Kenntnis anderer Gesetzbücher haben. Er sollte womöglich Rechtsgeschichte und Rechtsvergleichung beherrschen. Wem – wie dem Schreibenden – jedenfalls profunde Kenntnisse dieser Rechtsgebiete abgehen, der ist bei der Schilderung der Eigenart des ZGB auf Zeugen angewiesen. Diese kommen denn auch nachstehend häufig zu Wort.

219   Wenn im übrigen von der Eigenart des ZGB die Rede ist, soll damit nicht gesagt sein, das ZGB hebe sich in jedem einzelnen nachstehend genannten Punkt von anderen oder gar allen anderen Zivilgesetzbüchern ab. Vielmehr ergibt sich die Eigenart auch und insbesondere aus der Gesamtheit der Charakteristiken des Schweizerischen Zivilgesetzbuches.

220   Im folgenden werden der Reihe nach drei Gesichtspunkte erläutert, um die Eigenart des ZGB einzufangen: seine Stellung im Kreis der Zivilrechtskodifikationen, sein Inhalt und seine Form. Die drei Rücksichten können indessen nicht fein säuberlich voneinander getrennt werden. Vielmehr enthalten Gedanken über die Stellung des ZGB im Rahmen der Zivilrechtskodifikationen auch Aussagen über Inhalt und Form des ZGB, nehmen Erwägungen über Inhalt und Form auch Bezug zu anderen Kodifikationen und sind die Grenzen zwischen Inhalt und Form teils fliessend.

1. Das ZGB im Kreis der Zivilrechtskodifikationen

221   Hier sollen drei unterschiedliche, aber innerlich zusammenhängende Erkenntnisse festgehalten werden: Das ZGB ist eine der vier abendländischen Zivilrechtskodifikationen, die in der europäischen (wenn nicht sogar teils weltweiten) Kodifikationsgeschichte eine führende Rolle gespielt haben. Innerhalb dieser vier Kodifikationen zeichnet sich das ZGB in besonderer Weise durch die geglückte Verbindung römisch-rechtlicher (bzw. pandektistischer) und germanisch-rechtlicher (bzw. partikulärer) Rechtstradition aus. Im übrigen gilt das ZGB der geringen Ausdehnung seines Herrschaftsgebietes zum Trotz nicht als die geringste unter den vier Kodifikationen.

Allg. Einleitung Art. 1–10

Folgende vier Zivilrechtskodifikationen sind im Rahmen der kontinentaleuropäischen (und teils weit darüber hinaus gehenden) Privatrechtsentwicklung von besonderer Bedeutung (gewesen): der Code civil (français), Cc, vom 21.3.1804, das Allgemeine Bürgerliche Gesetzbuch Österreichs, ABGB, vom 1.6.1811, das (deutsche) Bürgerliche Gesetzbuch, BGB, vom 18.8.1896 und das Schweizerische Zivilgesetzbuch, ZGB, vom 10.12.1907. 222

Von den vier hier erwähnten Kodifikationen gehört der Code civil dem romanischen Rechtskreis (hierzu ZWEIGERT/KÖTZ 73 ff.) und gehören die drei anderen dem deutschen Rechtskreis (hierzu ZWEIGERT/KÖTZ 130 ff.) an. Der französische Code civil hat «in der Welt» «eine Rezeptionsbewegung … ausgelöst …, an der Deutschland, Österreich und die Schweiz gerade nicht teilgenommen haben» (ZWEIGERT/KÖTZ 68). Das österreichische ABGB kann sich zwar an «Ausstrahlungskraft nach aussen hin» mit dem Code civil nicht messen (ZWEIGERT/KÖTZ 164). «Immerhin hat sich das Gesetz im Laufe des 19. Jahrhunderts in wichtigen Gebieten der nichtdeutschen Länder Österreich-Ungarns durchgesetzt» (ZWEIGERT/ KÖTZ a.a.O.) und hat sich nach dem Auseinanderbrechen der österreichisch-ungarischen Monarchie «in den ehemals österreichischen Landesteilen Polens, Jugoslawiens und der Tschechoslowakei mit erstaunlicher Zähigkeit gehalten» (ZWEIGERT/KÖTZ 165). Das ZGB schliesslich hat aufgrund «seiner inneren Vorzüge … im Ausland weite Beachtung gefunden» (ZWEIGERT/KÖTZ 175; siehe im übrigen vorn B, II, Das ZGB und das ausländische Recht). Das BGB hat «in den ersten Jahrzehnten nach seinem Inkrafttreten in einigen – weit voneinander entfernt liegenden – Gegenden der Welt starken Einfluss ausgeübt» (ZWEIGERT/KÖTZ 153). Eine «*praktische* Rezeption» des BGB hat es allerdings «kaum gegeben, jedenfalls in sehr viel geringerem Masse als 100 Jahre zuvor beim Code civil» (ZWEIGERT/KÖTZ a.a.O.). Sein Einfluss blieb «im wesentlichen auf die Rechts*theorie* und Rechts*dogmatik* des Auslands beschränkt» (ZWEIGERT/KÖTZ a.a.O.). «Besondere Bedeutung» hat allerdings das BGB «für die Zivilrechtskodifikation *Griechenlands* gewonnen» (ZWEIGERT/KÖTZ 154). 223

Wir unterschlagen hier das Allgemeine Landrecht für die Preussischen Staaten, ALR, vom 5.2.1794, «das in den altpreussischen Gebietsteilen Deutschlands von 1794 bis zum Inkrafttreten des Bürgerlichen Gesetzbuchs gegolten hat» (ZWEIGERT/KÖTZ 135); ist doch dieses Landrecht mit seinen rund 17'000 Paragraphen weit mehr als eine Zivilrechtskodifikation (BOEHMER 3). Nicht erwähnt ist hier sodann der anglo-amerikanische Rechtskreis (hierzu ZWEIGERT/KÖTZ 177 ff.); in England fehlt es bis heute an «einer erschöpfenden Kodifizierung des gesamten Familien- oder Erbrechts oder des Vertrags- und Deliktsrechts» (ZWEIGERT/ KÖTZ 197). Es fehlt auch der nordische Rechtskreis (hierzu ZWEIGERT/KÖTZ 270 ff.); die «Vorstellung …, dass das gesamte Zivilrecht unter das Dach einer umfassen- 224

Allg. Einleitung Art. 1–10

den Kodifikation zu bringen sei, hat sich in keinem der skandinavischen Länder durchgesetzt» (ZWEIGERT/KÖTZ 279). Hier ausgeklammert ist schliesslich die russische oder osteuropäische Rechtsfamilie (hierzu WIEACKER 506 ff.); lehnte sich doch selbst die sozialistische Rechtsordnung der Sowjetunion «im Kodifikationstypus an den mitteleuropäischen an» (WIEACKER 508) und stimmte deren «Zivilgesetzbuch von 1923 mit dem BGB im Allgemeinen Teil, mit dem Schweizer ZGB in der Bestimmung des Rechtsmissbrauchs technisch überein» (WIEACKER 508).

225 Code civil und ABGB waren auch von überragender Bedeutung für die westschweizerische und bernische Gruppe der kantonalen Kodifikationen (hierzu vorne A, I, 2, b). Was das BGB betrifft, hatte EUGEN HUBER die «wissenschaftliche Leistung und die ersten praktischen Erfahrungen ... noch verwerten, weiterführen und überbieten können» (WIEACKER 492).

226 Vom ZGB gilt zwar, was WIEACKER in seiner Privatrechtsgeschichte der Neuzeit festhält: «Die Schöpfung Eugen Hubers ist ... ein pandektistisches Gesetzbuch, nicht denkbar ohne das System, die Begrifflichkeit und das logische Ideal des rechtswissenschaftlichen Positivismus» (a.a.O. 491). Die Pandektenwissenschaft sah denn auch «ihre Aufgabe ... in der dogmatisch-systematischen Bearbeitung des römischen Rechtsstoffs» (ZWEIGERT/KÖTZ 139). Das ZGB ist mithin nicht denkbar ohne das römische Recht. Das ist aber nur die halbe Wahrheit. So hält denn LIVER (LIVER, Einleitung N 82) fest: «Wenn also das System und die Begriffsbildung des ZGB der Wissenschaft vom römischen Recht zu verdanken sind und unzählige Tatbestände samt ihrer Regelung dem gemeinen Recht entnommen sind, hat es um so mehr Sinn und Bedeutung, die Grundsätze und Einrichtungen hervorzuheben, mit welchen die Tradition des alten einheimischen deutschen Rechtes aufgenommen und fortgesetzt worden ist». Dabei gehören nach LIVER (a.a.O. N 83) zu «den grundlegendsten Instituten, welche kein Vorbild im römischen Recht haben, sondern der Gegenwart aus dem deutschen Recht überliefert wurden oder doch einmal im deutschen Recht vorgebildet waren»: das Publizitätsprinzip, «die einem stärkeren Zug zur Gemeinschafts- und Verbandsbildung entsprechenden mannigfaltigen Arten von juristischen Personen und von Gesellschaften und Gemeinschaften ohne juristische Persönlichkeit mit gemeinschaftlichem Eigentum in der Form des Gesamteigentums», gewisse Beschränkungen des Grundeigentums, die Grundlasten, die Rechtsvermutungen aus dem Besitz, die Parentelenordnung im Erbrecht.

227 Es wäre sachlich verfehlt und stünde auch einem schweizerischen Autor schlecht an, sich über den Rang auszusprechen, der dem ZGB innerhalb der vier für die Privatrechtsentwicklung besonders bedeutsamen kontinental-europäischen Kodifikationen (hierzu vorn N 7 ff.) zukommt. Doch darf festgehalten werden,

dass das ZGB als jüngste dieser vier Kodifikationen in seiner Eigenart sich würdig in diese Folge von Zivilrechtsgesetzen einreiht. «Mit dem Inkrafttreten des schweizerischen Zivilgesetzbuchs wurde das Konzert der europäischen Privatrechtskodifikationen um eine kräftige neue Stimme bereichert, die nun auch den besonderen Stil schweizerischen Rechtsdenkens zur Geltung brachte» (ZWEIGERT/ KÖTZ 169). WIEACKER nennt «die Schöpfung Eugen Hubers» «die reifste Frucht der deutschsprachigen Rechtswissenschaft des 19. Jhs. in Gesetzesgestalt» (a.a.O. 491). Neben höchstem Lob erntete das Werk EUGEN HUBERS auch Kritik. So gipfelten Betrachtungen über das ZGB schon um die Entstehungszeit «in so gegensätzlichen Auffassungen wie einerseits in dem Vorschlag *Josef Kohlers,* das deutsche BGB abzuschaffen und das schweizerische ZGB an seiner Stelle zu übernehmen, andererseits in der Feststellung *Rabels,* nur wer der deutschen systematischen Jurisprudenz Vernichtung sinne, könne wünschen, dass deutsche Gesetze es dem ZGB im prinzipiellen Verzicht auf Rechtsgewissheit oder gar in der Vernachlässigung der juristischen Anschaulichkeit gleichtun sollten» (MERZ, Fünfzig Jahre, 585).

2. Der Inhalt

Vorerst sei hier die Banalität wiederholt, wonach das ZGB (im engern, gebräuchlichen Sinn) im Gegensatz zu ausländischen Zivilgesetzbüchern das Schuldrecht nicht enthält. Da sich allerdings das Obligationenrecht als fünftes Buch des ZGB versteht (noch heute lautet der offizielle Titel, abgedruckt in SR 220: «Bundesgesetz betreffend die Ergänzung des Schweizerischen Zivilgesetzbuches [Fünfter Teil. Obligationenrecht]»), liegt hier nur eine scheinbare Abweichung vom sonst Üblichen vor. Wenn schon, unterscheidet sich die schweizerische Privatrechtskodifikation von anderen Kodifikationen (namentlich der deutschen) dadurch, dass das Handelsrecht in die Gesamtkodifikation integriert ist. Im übrigen bestehen enge Wechselbeziehungen zwischen ZGB im engeren Sinn und OR (siehe hierzu insbesondere den vorliegenden Kommentar zu Art. 7 ZGB). 228

Der Inhalt des ZGB umfasst selbstverständlich die in Kodifikationen üblichen Materien der vier grossen Rechtsgebiete einer Kodifikation (hierzu vorn N 183 ff.). MAX GMÜR durfte damals (1905) schreiben, das Gesetz enthalte «diejenigen Rechtsmaterien, *die am engsten mit den sittlichen und wirtschaftlichen Wurzeln unseres Seins zusammenhängen,* nämlich *Personenrecht, Familienrecht, Erbrecht* und *Sachenrecht*» (GMÜR, Was bringt uns das schweizerische Zivilgesetzbuch?, 8). Dabei fällt auf, dass ein «Allgemeiner Teil» fehlt. An seine Stelle ist (der Plazierung nach) der Einleitungstitel getreten, dem der vorliegende Kom- 229

Allg. Einleitung Art. 1–10

mentar gewidmet worden ist. Dieser Verzicht auf einen Allgemeinen Teil im ZGB wird im übrigen auch gleich nachstehend als Formelement des ZGB festgehalten (N 236 f.) und namentlich auch hinten, bei der Kommentierung des Art. 7 ZGB in den N 15–18, erläutert und gewürdigt.

230 Was nun den Inhalt des ZGB im einzelnen angeht, hat sich die Lehre von Anfang an bemüht, anhand von Aufzählungen von Entscheidungen des Gesetzgebers bei der Schaffung des ZGB die Eigenart des neuen Gesetzes sichtbar zu machen. So zählen ROSSEL/MENTHA (I 45 f.) siebzehn (!) «principes fondamentaux» auf (wobei sie erst noch schreiben, sie würden nur bringen «ce qu'on y trouvera de plus saillant»), von denen sie allerdings festhalten: «Les uns sont communs à toutes les législations modernes; les autres sont bien à lui». Siehe eine ähnliche, elf Punkte umfassende Aufzählung bei TUOR, Das neue Recht, Zürich 1912, 20 f. Mögen auch die meisten hier angeführten Entscheidungen des Gesetzgebers inzwischen Gemeingut geworden und manche auch schon überholt sein, so vermitteln sie doch heute noch ein plastisches Bild des gewaltigen Kraftakts, den die Schaffung des ZGB damals dargestellt hat.

231 Diese detaillierten «principes fondamentaux» beruhen ihrerseits auf Grundentscheidungen, die allerdings im Rechtskreis unserer Privatrechtskodifikationen regelmässig auf gleiche oder ähnliche Weise getroffen worden sind. Zu diesen Grundentscheidungen gehören: «die Anerkennung der Menschen als Rechtsträger und als für ihr (menschliches) Verhalten Verantwortliche mit besonderen Schutzvorkehrungen für Schwache und Hilfsbedürftige; die Bejahung juristischer Personen mit breiten Gestaltungsmöglichkeiten für idealen Zwecken gewidmete Körperschaften und Anstalten; die Behandlung von Familienverhältnissen unter dem Gesichtspunkt des Gerechten mit Berücksichtigung von Realexistenz und Status mit angemessenen, nie totalitären Eingriffen des Staates; das freie, aber gerade nicht schrankenlose Privateigentum; das Privaterbrecht, insbesondere des Ehegatten und der nahen Verwandten, mit mittelgrosser Testierfreiheit» (siehe SCHNYDER, Das ZGB lehren, 543).

3. Die Form

232 Wenn im folgenden von der Form (im Gegensatz zum Inhalt) des ZGB die Rede ist, so soll dieses Wort in einem sehr weiten Sinn verstanden werden. Als solche Formelemente, die weit mehr als der nüchterne Inhalt gesetzgeberischer Entscheidungen in Privatrechtsfragen die Eigenart des ZGB ausmachen, werden seit eh und je in unterschiedlichen Schattierungen die Sprache, die Systematik und die bewusste Unvollständigkeit erwähnt (so nun auch bei ZWEIGERT/KÖTZ 169 ff.; siehe

Allg. Einleitung Art. 1–10

vorn N 131). Angesichts der normativen (d.h. Rechtsfolge-)Bedeutung des Wortes im Recht wirkt sich diese Form auch auf den Inhalt aus.

Was die Sprache betrifft, kann niemand besser als EUGEN HUBER selber die Eigenart seines Werkes beschreiben: «Das Gesetz muss aus den Gedanken des Volkes heraus gesprochen sein. Der verständige Mann, der es liest, der über die Zeit und ihre Bedürfnisse nachgedacht hat, muss die Empfindung haben, das Gesetz sei ihm vom Herzen gesprochen. Keine Nachahmung, keine Wissenschaft, keine Phantasie vermag hier den eigentlichen Lebensnerv zu ersetzen» (HUBER, Erl. I, 2). Sodann: «Die Gebote des Gesetzgebers müssen daher, soweit dies mit dem speziellen Stoff verträglich ist, für jedermann oder doch für die Personen, die nach den gesetzlich geordneten Beziehungen in einem Berufe tätig sind, verstanden werden können. Ihre Sätze müssen auch für die nicht fachmännisch ausgebildeten Personen einen Sinn haben, wenngleich der Fachmann jederzeit mehr daraus wird entnehmen können, als die andern» (HUBER, Erl. I, 12). So kommen denn auch 1996 noch Fachleute der Rechtsvergleichung zum Ergebnis: «Stets wird deshalb – und sei es gelegentlich auch auf Kosten des juristischen Schliffs – der einfache Satz dem komplizierten, der kurze Gesetzesartikel dem langen, die deutsche Bezeichnung dem Fremdwort, der bildkräftige Ausdruck der blasseren, wenn auch präziseren Formulierung vorgezogen» (ZWEIGERT/KÖTZ 170). Jedermann anerkennt, dass HUBER dieses Ziel, «ein verständliches und lesbares Gesetzbuch zu schreiben» (ZWEIGERT/KÖTZ 169), erreicht hat. 233

Nun hat EUGEN HUBER nur den deutschen Text formuliert und gilt in der schweizerischen Gesetzgebung der Grundsatz der Gleichwertigkeit der Texte der drei Amtssprachen (siehe u.a. MEIER-HAYOZ, Berner Kommentar, Art. 1 N 98 f.). Abgelehnt wird mit Fug auch die Priorität des deutschen Wortlauts (MEIER-HAYOZ a.a.O. N 100). Wohl aber haben die Übersetzer (VIRGIL ROSSEL für den französischen, GIULIO BERTONI für den italienischen Text: TUOR/SCHNYDER/SCHMID 14) bereits in der Expertenkommission und in der Redaktionskommission von 1907 (vorn N 63) mitgewirkt und so doch wohl auch den Geist HUBERscher Formulierungskunst eingesogen; zudem hat EUGEN HUBER bei der «mise au point» des italienischen Textes mitgewirkt (ROSSEL/MENTHA I 41). Bei den Modifikationen, welche die Redaktionskommission vorgenommen hat, handelte es sich auch «um die Herstellung möglichster Übereinstimmung in den drei Sprachen. Um dieses Ziel zu erreichen, wurde häufig auch der deutsche Text einer sich empfehlenden Ausdrucksweise in französischer oder italienischer Sprache angepasst, so dass kein Text nur als Übersetzung des andern sich darstellt» (Bericht der Redaktionskommission des Zivilgestzbuches an die Bundesversammlung, vom 20. November 1907 370). So darf denn davon ausgegangen werden, dass nicht nur der deutschsprachige Text des ZGB den Zielvorstellungen des Gesetzgebers entspricht. 234

Allg. Einleitung Art. 1–10

235   Ein eigenes Formelement des ZGB bildet dessen Gliederung. Hier gehen die vier grossen Gesetzbücher der Kodifikationsgeschichte Europas je eigene Wege: Im ABGB folgen auf eine kurze Einleitung der Erste Teil «Von dem Personenrechte» (der auch Ehe-, Kindschafts- und Vormundschaftsrecht umfasst) der Zweite Teil «Von dem Sachenrechte» (wo u.a. auch das gesamte Vertrags- und Deliktsrecht und erstaunlicherweise auch das Erbrecht erscheint) und der Dritte Teil «Von den gemeinschaftlichen Bestimmungen der Personen- und Sachenrechte». Das BGB zerfällt in dieser Reihenfolge in die fünf Bücher Allgemeiner Teil, Recht der Schuldverhältnisse, Sachenrecht, Familienrecht und Erbrecht. Im Code civil folgen auf den sehr kurzen Einleitungstitel das Erste Buch «Des personnes» (unter Einschluss «unseres» Familienrechts mit Ausnahme des Ehegüterrechts) das Zweite Buch «Des biens et des différentes modifications de la propriété» und alsdann das riesige Dritte Buch «Des différentes manières dont on acquiert la propriété». In der schweizerischen Zivilrechtsgesetzgebung bildet bekanntlich das Obligationenrecht den Schlussstein in einem Gesetz mit eigener Artikelzählung. Das hat einerseits historische Gründe. So schreibt HUBER in den Erl. I 21: «Die Frage der *Reihenfolge* der verschiedenen Teile ist für den Entwurf einigermassen präjudiziert durch den Umstand, dass das Obligationenrecht bereits erlassen ist und nicht unverändert dem das übrige Privatrecht umfassenden Gesetzbuch wird angeschlossen werden können.» Nach begründeter Ansicht beruht aber diese Reihenfolge «wohl auch auf der rechtsethischen Überzeugung, dass das Personen- und Familienrecht den Vorrang vor dem Recht des Vermögensverkehrs verdiene» (ZWEIGERT/KÖTZ 170). Im übrigen begründete der Gesetzesredaktor die (glückliche!) Reihenfolge Personenrecht, Familienrecht, Erbrecht, Sachenrecht und Obligationenrecht mit folgenden Argumenten: In den Teilen Personenrecht und Familienrecht haben wir «die Ordnungen vor uns, die als Voraussetzung der Existenz aller Vermögensrechte betrachtet werden müssen» (HUBER, Erl. I, 21). Aus der «Voranstellung der Grundlagen der ganzen privaten Rechtsordnung, Person und Familie, ... ergibt sich ungezwungen als zweite Hauptabteilung das gesamte Vermögensrecht, in den beiden Teilen: Sachen- und Obligationenrecht» (HUBER a.a.O.). Bleibt das Erbrecht, das sich aber «in seinem engen Anschluss an die Familie» dazwischenfügt, «als eine Fortsetzung der Ordnung der Grundlagen in bezug auf die Reihenfolge der Generationen» (HUBER a.a.O.).

236   Eine Eigenart in der Systematik stellt sodann der Verzicht auf einen Allgemeinen Teil dar. Diese Lösung stand nicht von Anfang an fest. EUGEN HUBER hat allerdings schon in der «Confidentiellen Mitteilung» an das EJPD (vorn 39) den Hinweis auf die durchaus noch offene Frage nach einem solchen Teil mit der skeptischen Frage verknüpft, «ob es nicht für die Gesetzgebung weit richtiger sei, die allgemeinen Regeln über die Rechtsverhältnisse (Einfluss der Zeit, Natur

der Rechtsverhältnisse u.s.w.) jeweils in Verbindung mit denjenigen Instituten zu ordnen, für welche sie praktische Bedeutung besitzen, so dass also die Ausscheidung eines allgemeinen Teiles als Sache der Wissenschaft und nicht als Aufgabe der Gesetzgebung bezeichnet würde» (Confidentielle Mitteilung 8). Auf die Anfrage an die kantonalen Regierungen im Memorial des EJPD vom 17. November 1893 (vorn N 40) haben sich dann allerdings nur zwei Stimmen für die Schaffung eines Allgemeinen Teils ausgesprochen (HUBER, Erl. I, 22). So hat denn HUBER in seinen Erläuterungen klar «gegen die vom BGB getroffene Lösung Stellung genommen» und «die klassischen Kritiken gegenüber dem Allgemeinen Teil» entwickelt (DESCHENAUX, SPR II, 5 f.). Nach EUGEN HUBER durfte aber die Ablehnung eines Allgemeinen Teils «nicht in dem Sinne verstanden werden, als ob allgemeine Grundsätze in dem Gesetze fehlten oder überhaupt fehlen dürften» (HUBER, Erl. I, 25). Beim Verzicht auf einen Allgemeinen Teil ist es allerdings «unvermeidlich, dass Zuflucht zu *Verweisungen* von einem Teil auf den andern genommen werden muss» (DESCHENAUX, SPR II, 4). Dabei entspricht es indessen dem anschaulichen Stil des ZGB, dass die Verweisungen nicht mit Artikelnummern, Absätzen und Ziffern ausgedrückt werden, sondern mit dem Inhalt der die Verweisung enthaltenden Wörter (so mit Beispielen aus dem Familienrecht Art. 102 Abs. 3, Art. 136, Art. 259 Abs. 3, Art. 266 Abs. 3, Art. 314a Abs. 1, Art. 327 Abs. 1, Art. 329 Abs. 3, Art. 367 Abs. 3, Art. 397 Abs. 1, Art. 405 Abs. 2 und Art. 405a Abs. 2).

Mit dem Verzicht auf einen allgemeinen Teil hängt zusammen, dass auch innerhalb der einzelnen Teile regelmässig auf Begriffsbestimmungen verzichtet wird. Dafür gilt wohl mutatis mutandis, was HUBER mit Bezug auf den Verzicht auf einen allgemeinen Teil wie folgt formuliert hat: «weil diese allgemeinen Begriffsbestimmungen in den meisten … Fällen gar nicht der Gesetzgebung, sondern der Wissenschaft angehören» (HUBER, Erl. II, 24). So finden sich denn auch innerhalb der einzelnen Teile nur viermal vom Gesetzgeber so genannte «Allgemeine Bestimmungen» (Art. 52 ff über die juristischen Personen, Art. 252 ff. ZGB über die Entstehung des Kindesverhältnisses, Art. 641 ff. ZGB über das Eigentum und Art. 793 ff. ZGB über das Grundpfand). Im übrigen fällt aber in der Systematik gerade der Verzicht auf solche allgemeine Bestimmungen auf. So beginnt das Personenrecht (Art. 11 ff. ZGB) nicht etwa mit der Rechts- und Handlungsfähigkeit als solchen, sondern mit den natürlichen Personen. So hebt der Titel über die Dienstbarkeiten und Grundlasten nicht einmal mit den Dienstbarkeiten schlechthin, sondern mit einer der zwei Arten von Dienstbarkeiten, den Grunddienstbarkeiten, an (Art. 730 ff. ZGB). So erscheinen unter der Überschrift «Das Fahrnispfand» vorerst nur Faustpfand und Retentionsrecht (Art. 884 ff.). Das hindert dann allerdings den Gesetzgeber doch nicht, hier und dort geradezu

Allg. Einleitung Art. 1–10

lehrbuchartig eine Vorschau mit Aufzählungen zu bieten (siehe Art. 196, Art. 252, Art. 498 und Art. 793 ZGB), denen jedoch, soweit sinnvoll, als Gesetzestext auch normative Bedeutung zukommt.

238 Als drittes und letztes Formelement, das allerdings im Ergebnis sich auch auf den Inhalt der Rechtsverhältnisse auswirken kann und soll, sei hier die bewusste Unvollständigkeit (so ZWEIGERT/KÖTZ 169 und 171 ff.) und damit zusammenhängend die Häufigkeit von Generalklauseln und Hinweisen auf das richterliche Ermessen (Art. 4 ZGB) genannt. Diese Eigenart des ZGB ist indessen nicht einfach eine Flucht in die Generalklauseln, wie dies die neue Lehre nicht gerade als Kompliment an den Gesetzgeber versteht (hierzu siehe HEDEMANN, Die Flucht in die Generalklausel [!]). «Wenn das schweizerische Zivilgesetzbuch so bewusst auf richterliche Ausfüllung hin angelegt ist», schreiben ZWEIGERT/KÖTZ 173, «so erklärt sich dies zum grossen Teil aus dem besonderen Charakter, den sich die schweizerische Rechtspflege bis heute bewahrt hat.» Diese Autoren fahren sogar fort: «gegen jede übermässig fachmännische, ‹gelehrte› Kodifikation wäre wohl das Referendum ergriffen worden» (ZWEIGERT/KÖTZ a.a.O.). Das hat allerdings nicht verhindert, dass dort, wo ein besonders ausgeprägtes Bedürfnis nach Konkretisierung durch den Gesetzgeber erkannt worden ist, in Teilrevisionen bestimmte Rechtsinstitute in ausgeprägterer Regeldichte normiert worden sind (siehe z.B. die ausführlichen Art. 647a–e ZGB zur Miteigentumsregelung von 1963/1965 und die gleichzeitig geschaffenen Art. 712a–t [!] zum Stockwerkeigentum, die subtile Regelung des Baurechts in den Art. 779a-l [!] ZGB von 1965 oder die im Verhältnis zum bisherigen Recht sehr ausgiebige Regelung der elterlichen Unterhaltspflicht in den Art. 276–294 ZGB). Generalklauseln sind aber auch dafür geeignet, eine Durchgangsfunktion auszuüben und sich alsdann, vom Gesetzgeber ersetzt durch subtilere Lösungen, überflüssig zu machen. So hat der Paradefall einer Generalklausel im ZGB, der frühere Art. 28 über den externen Persönlichkeitsschutz, Rechtsprechung und Lehre (siehe etwa die Referate GROSSEN und JÄGGI am Juristentag 1960, in: ZSR NF 79 II 1a ff., 133a ff.) so stark befruchtet, dass ohne grundlegende Änderung nach mehr als sieben Jahrzehnten an die Stelle der Generalklausel eine aussagekräftigere Regelung trat, für die bisherige Rechtsprechung und Lehre mutatis mutandis herangezogen werden können (TUOR/SCHNYDER/SCHMID 93).

Allg. Einleitung Art. 1–10

D. Das ZGB ergänzende Erlasse

Literatur

BECK EMIL	Berner Kommentar, Band V: Schlusstitel: Einführungs- und Übergangsbestimmungen, II. Abschnitt: Art. 51-63, Bern 1932
BESSON C.,	50 ans de registre foncier fédéral, in: ZBGR 42 (1961), 334 ff.
BLUMENSTEIN E.	Die staatsrechtliche Form der kantonalen Einführungsbestimmungen zum schweizerischen Zivilgesetzbuch, in: ZBJV 45 (1909), 241 ff.
BRACK ERNST	Die Gesetzesdelegation in der Praxis des Bundes unter Berücksichtigung ihrer rechtstheoretischen Grundlagen, Diss. Zürich 1953
BRAUNSCHWEIGER WERNER	Zum Problem der Aufsicht des Bundes über die Kantone, Diss. Basel 1947
BRODTBECK KARL ADOLF	Das kantonale Einführungsrecht zum Zivilgesetzbuch, Zürich 1912
BURCKHARDT WALTER	Grundsätzliches über die Abgrenzung der Gesetzgebungskompetenzen zwischen Bund und Kantonen, in: Aufsätze und Vorträge 1910–1938, Bern 1970, 219 ff.
DROEVEN FLORENT	Die Genehmigung kantonaler Gesetze und Verordnungen durch den Bundesrat als Problem des Bundesstaates, Diss. St. Gallen 1950
EGGER AUGUST	Zum sächlichen Geltungsbereich des schweiz. Zivilgestzbuches, in: Festgabe dem Schweizer Juristenverein, Zürich 1908, 161 ff.
EICHENBERGER KURT	Kommentar zu Art. 102 BV, in: Kommentar zur Bundesverfassung der Schweizerischen Eidgenossenschaft, Basel/Zürich/Bern, Stand Juni 1988
FLEINER THOMAS	Die Delegation als Problem des Verfassungs- und Verwaltungsrechts, Ein rechtsvergleichender Beitrag auf dem Gebiet der Gewaltentrennung, Freiburg 1972, AISUF 40
FLEINER FRITZ/GIACOMETTI ZACCARIA	Schweizerisches Bundesstaatsrecht, unveränderter Nachdruck der Neubearbeitung, Zürich 1978
FRIEDRICH HANS-PETER	Kantonales Zivilrecht, in: EICHENBERGER KURT et alii (Hrsg.), Handbuch des Staats- und Verwaltungsrechts des Kantons Basel-Stadt, Basel/Frankfurt a.M. 1984, 727 ff.
GIACOMETTI ZACCARIA	Das selbständige Rechtsverordnungsrecht des Bundesrates, in: SJZ 31 (1934/35), 257 ff.
–	Allgemeine Lehren des rechtstaatlichen Verwaltungsrechts (Allgemeines Verwaltungsrecht des Rechtsstaates), Zürich 1960
–	Verordnungsrecht und Gesetzesdelegation, in: Festgabe der Rechts- und Staatswissenschaftlichen Fakultät der Universität Zürich, Schweizerischer Juristentag 1928, Zürich 1928, 71 ff.
–	Über das Rechtsverordnungsrecht im schweizerischen Bundesstaate, in: Festgabe für FRITZ FLEINER, Tübingen 1927, 360 ff.
GUHL THEO	Die schweizerische Grundbuchverordnung vom 22. Februar 1910, in: SJZ 6 (1910), 361 ff.

Allg. Einleitung Art. 1–10

–	Die Übergangsbestimmungen des schweizerischen Zivilgesetzbuches unter Berücksichtigung des bernischen Rechts, in: ZBJV 46 (1970), 529 ff., 601 ff.
HÄFELIN ULRICH/WALTER HALLER	Schweizerisches Bundesstaatsrecht, Ein Grundriss, 3. Auflage, Zürich 1993
HÄFELIN ULRICH/MÜLLER GEORG	Grundriss des Allgemeinen Verwaltungsrechts, 2. Auflage, Zürich 1993
HANGARTNER YVO	Grundzüge des schweizerischen Staatsrechts, 2 Bände, Zürich 1980, 1982 (zit.: HANGARTNER, Grundzüge)
–	Die Kompetenzverteilung zwischen Bund und Kantonen, in: Europäische Hochschulschriften, Reihe 2: Rechtswissenschaft, Band 86, Bern/Frankfurt a.M. 1974
HEUSLER ANDREAS	Schweizerische Rechtsgesetzgebung des Jahres 1911, II. Zivilrecht. a) Allgemeines. Kantonale Einführungsgesetze zum schweizerischen Zivilgesetzbuche. (Nr. 108–143), in: ZSR NF 31 (1912), 379 ff.
IMBODEN MAX	Die Ausscheidung der Rechtssetzungskompetenzen zwischen Bund und Kanton, Gedanken zu einer grundsätzlichen Neugestaltung, in: Mélanges MARCEL BRIDEL, Lausanne 1968, 253 ff.
JAGMETTI RICCARDO L.	Vollziehungsverordnungen und gesetzvertretende Verordnungen, Diss. Zürich 1956
KLEY-STRULLER ANDREAS	Kantonales Privatrecht: Eine systematische Darstellung der kantonalen Einführungsgesetzgebung zum Bundesprivatrecht am Beispiel des Kantons St. Gallen und weiterer Kantone, in: Veröffentlichungen des Schweizerischen Instituts für Verwaltungskurse an der Hochschule St. Gallen, Band 37, St. Gallen 1992
LATSCHA WERNER	Die Delegation von Rechtssetzungskompetenzen vom Bund an die Kantone, Diss. Zürich 1953
MÄCHLER AUGUST	Rahmengesetzgebung als Instrument der Aufgabenteilung, Diss. Zürich 1987
MARTI HANS	Das Verordnungsrecht des Bundesrates, Habil. Bern 1944
MÜLLER GEORG	Darf der Bund die Rechtsform kantonaler Ausführungserlasse bestimmen?, in: ZBl 75 (1974), 369 ff. (zit.: MÜLLER, Darf der Bund die Rechtsform kantonaler Ausführungserlasse bestimmen?)
MÜLLER G./AUBERT J.-F.	Kommentar zu Art. 89 Abs. 1 BV, in: Kommentar zur Bundesverfassung der Schweizerischen Eidgenossenschaft, Basel/Zürich/Bern, Stand Mai 1987
MUTZNER PAUL	Berner Kommentar, Band V: Schlusstitel: Anwendungs- und Einführungsbestimmungen, I. Abschnitt: Art. 1–50 SchlT ZGB, Bern 1926
NUSSBAUM H.	Zur Frage der Revision der eidgenössischen Grundbuchverordnung vom 22. Februar 1910, in: ZBGR 34 (1953), 1 ff.
OSER HUGO	Zürcher Kommentar, Die kantonalen Einführungsgesetze und Verordnungen zum Schweizerischen Zivilgesetzbuch, Zürich 1915; Nachtrag enthaltend die Erlasse von 1913 bis 1926, Zürich 1927
REICHEL ALEXANDER	Zürcher Kommentar, Schlusstitel. Anwendungs- und Einführungsbestimmungen zum schweizerischen Zivilgesetzbuch, Zürich 1916

–	Welche Mittel stehen dem Bunde zur Verfügung, um seine Gesetze und Ordnungen in den Kantonen zur Vollziehung zu bringen, in: SJZ 7 (1910), 97 ff.
RENAUD MICHEL	Le pouvoir réglementaire des cantons dans le cadre de l'exécution des lois fédérales, Diss. Lausanne 1971
SALADIN PETER	Rahmengesetzgebung im Bundesstaat, in: ZBJV 114 (1978), 505 ff.
SCHAUB BERNHARD	Die Aufsicht des Bundes über die Kantone, Diss. Zürich 1957
SCHÖNENBERGER WILHELM	Zürcher Kommentar, Die kantonalen Erlasse zum Zivilgesetzbuch und Obligationenrecht, 3 Bände, Zürich 1939–1941
STEINER E.	Die Genehmigung kantonalrechtlicher Erlasse durch die Bundesbehörden, in: ZBl 56 (1955), 497 ff.
STRÄULI HANS	Die Kompetenzausscheidung zwischen Bund und Kantonen auf dem Gebiete der Gesetzgebung, Diss. Zürich 1933

Die Bestimmungen des Schweizerischen Zivilgesetzbuches werden ergänzt durch zwei Gruppen von Erlassen: durch Bundesverordnungen einerseits, durch das kantonale Einführungsrecht anderseits. Nachstehend werden Bestand, Inhalt und Bedeutung dieser beiden Gruppen kurz erläutert (D, I und D, II).

Mit diesen beiden Gruppen wird indessen bei weitem nicht die Gesamtheit der Normen erfasst, die der Verwirklichung des Zivilgesetzbuches dienen. So gelangen hier weder das in Bundes-Prozessgesetzen (BG vom 4. Dezember 1947 über den Bundeszivilprozess, BZP, [SR 273]; BG vom 16. Dezember 1943 über die Organisation der Bundesrechtspflege, OG, [SR 173.110]) geregelte Zivilprozessrecht noch das vorwiegend im SchKG (BG vom 11. April 1889 über Schuldbetreibung und Konkurs, [SR 281.1]) sich findende Bundeszwangsvollstreckungsrecht zur Darstellung. So ist hier auch nicht die Rede vom kantonalen Zivilprozessrecht als solchem. Vielmehr beschränkt sich die vorliegende Erläuterung auf jene Bundesverordnungen, die ihre gesetzliche Grundlage explizit oder implizit im ZGB haben, sowie auf jene kantonalen Erlasse, die auf Art. 52–54 SchlT ZGB fussen. An sich würde allerdings das nachstehend so genannte Einführungsrecht der Kantone neben der Verwirklichung der Art. 52–54 SchlT ZGB auch die Umsetzung der in Art. 5 Abs. 1 ZGB vorgesehenen echten Vorbehalte mitumfassen. Davon ist indessen sehr ausführlich in der Kommentierung von Art. 5 ZGB die Rede (MARTI, Art. 5 N 88 ff., 161 und passim). So werden denn zwar nachstehend unter D, II, 3., die kantonalen Einführungsgesetze zum ZGB als ganze aufgelistet; auf die Verwirklichung der echten Vorbehalte in diesen Erlassen wird aber nicht weiter eingegangen.

Allg. Einleitung Art. 1–10

I. Die Bundesverordnungen zum ZGB

1. Im allgemeinen

241 Zum ZGB sind folgende Verordnungen erlassen worden (aufgezählt werden jene, welche in der Systematischen Sammlung des Bundesrechts unter Ziffer «21 Zivilgesetzbuch» aufgeführt sind und sich im Ingress nur oder auch auf das ZGB als gesetzliche Grundlage berufen):

Verordnungen des Bundesrates:
- Zivilstandsverordnung (ZStV) vom 1. Juni 1953 (SR 211.112.1)
- Verordnung über die Zivilstandsformulare und ihre Beschriftungen vom 31. Mai 1996 (SR 211.112.6)
- Verordnung betreffend das Güterrechtsregister (GRV) vom 27. September 1910 (SR 211.214.51)
- Verordnung über die Adoptionsvermittlung vom 28. März 1973 (SR 211.221.36)
- Verordnung über die Aufnahme von Pflegekindern vom 19. Oktober 1977 (SR 211.222.338)
- Verordnung betreffend die Viehverpfändung vom 30. Oktober 1917 (SR 211.423.1)
- Verordnung betreffend das Grundbuch vom 22. Februar 1910 (SR 211.432.1)
- Verordnung über die amtliche Vermessung (VAV) vom 18. November 1992 (SR 211.432.2)

Verordnungen des Bundesgerichts:
- Verordnung betreffend die Eintragung der Eigentumsvorbehalte vom 19. Dezember 1910 (SR 211.413.1)
- Verordnung betreffend die Bereinigung der Eigentumsvorbehaltsregister vom 29. März 1939 (SR 211.413.11)

242 Zwei Verordnungen des Bundesgerichts berufen sich im Ingress zwar nur auf das SchKG und sind denn auch in der Systematischen Sammlung des Bundesrechts unter «28 Schuldbetreibung und Konkurs» aufgeführt, enthalten aber Regeln, welche in besonders enger Beziehung zum ZGB stehen. Das gilt einmal von der Verordnung des Bundesgerichts über die Pfändung und Verwertung von Anteilen an Gemeinschaftsvermögen (VVAG) vom 17. Januar 1923 (SR 281.41). Das gilt aber in besonders ausgeprägter Weise von der Verordnung des Bundesgerichts

über die Zwangsverwertung von Grundstücken (VZG) vom 23. April 1920 (SR 281.42); diese wichtige Verordnung über die Zwangsverwertung als «Stunde der Wahrheit» eines Teils des Immobiliarsachenrechts enthält Bestimmungen, die für das Verständnis und gelegentlich gar für den Inhalt des materiellen Rechts bedeutsam sind. Im übrigen wird aber im folgenden auf diese Verordnungen nicht mehr eingegangen.

Was die Rechtsnatur der zum ZGB erlassenen Verordnungen angeht, handelt es sich zunächst einmal um Rechtsverordnungen und nicht um Verwaltungsverordnungen (zur Unterscheidung siehe MÜLLER/AUBERT N 28 f.; HÄFELIN/HALLER N 999). Sind doch Verwaltungsverordnungen «nur» «generelle Dienstanweisungen, welche eine übergeordnete Behörde mit bindender Wirkung für die ihr unterstellten Behörden erlässt» (HÄFELIN/HALLER N 999), was für die zum ZGB erlassenen Verordnungen des Bundesrates und des Bundesgerichts nicht zutrifft. – Was die Zugehörigkeit zu den selbständigen oder unselbständigen Verordnungen angeht (hierzu MÜLLER/AUBERT N 22 f.; HÄFELIN/HALLER N 1001 und HANGARTNER, Grundzüge, 194), mag diese Unterscheidung hier unterbleiben, weil umstritten ist, ob Verordnungen, die sich auf die Vollzugskompetenz des Bundesrates gemäss Art. 102 Ziff. 5 BV stützen, der einen oder der anderen Kategorie zuzuordnen sind (siehe MÜLLER/AUBERT N 22; diese Autoren fragen sich denn auch, «ob nicht besser auf die Verwendung des missverständlichen Begriffs der ‹Selbständigkeit› verzichtet würde» [a.a.O.]).

243

Bedeutsamer ist an sich die Unterscheidung zwischen Vollziehungsverordnungen des Bundesrates (gestützt zunächst einmal auf Art. 102 Ziff. 5 BV; hierzu insbesondere EICHENBERGER N 85–87 und HÄFELIN/HALLER N 1004–1006; HANGARTNER, Grundzüge, 194 nennt diese Verordnungen «Vollzugsverordnungen») und gesetzesvertretenden Verordnungen (hierzu EICHENBERGER N 85; HÄFELIN/HALLER N 1002). Die Unterscheidung zwischen diesen beiden Arten ist theoretisch angeblich höchst einfach: «Die ersteren (sc. die Vollziehungsverordnungen) beruhen auf der Vollzugskompetenz der erlassenden Behörde, die letzteren auf einer Delegation des Gesetzgebers» (MÜLLER/AUBERT N 24). Auch das Bundesgericht geht im «leading case» BGE 103 IV 192 von einer prima vista klaren Unterscheidung aus: «Il saute aux yeux que l'art. 106 al. 1 LCR, qui autorise le Conseil fédéral à arrêter les presciptions nécessaires à l'application de la loi, ne constitue pas une base légale suffisante à l'obligation contenue à l'art. 3a OCR. L'art. 106 al. 1 LCR ne donne en effet au Conseil fédéral que le pouvoir d'édicter des ordonnances d'exécution; or l'obligation de porter la ceinture de sécurité n'est pas une disposition de ce genre; il s'agit d'une règle primaire, et l'ordonnance qui l'édicte est une ordonnance dite de substitution. Une telle ordonnance doit dès lors, on l'a vu, se fonder sur une délégation spéciale du législateur, à savoir

244

Allg. Einleitung Art. 1–10

sur une autre disposition de la loi que celle qui ne confère que le pouvoir d'édicter de simples dispositions d'exécution. Il faut donc une délégation portant sur une matière déterminée.» Dieser BGE zeigt aber auch auf, dass «Vollziehungsverordnungen» offensichtlich nicht nur jene sind, welche gestützt auf Art. 102 Ziff. 5 BV ergehen, sondern dass sie sich auch auf eine im Gesetz enthaltene Kompetenz (bzw. einen Auftrag) zum Erlass von Ausführungsvorschriften stützen können. In Wirklichkeit lassen sich aber Vollziehungsverordnungen und gesetzesvertretende Verordnungen «nicht absolut voneinander trennen; die beiden Arten gehen zum Teil ineinander über» (HÄFELIN/HALLER N 1002 in fine; siehe hierzu auch EICHENBERGER N 85, wonach «die gegenseitigen Abgrenzungen ... zunehmend schwerer fallen»; siehe zur Relativität dieser Unterscheidung auch MÜLLER/AUBERT N 26 in fine und N 27). Was nun die Verordnungen zum ZGB betrifft, so bräuchten diese, soweit sie Vollziehungsverordnungen sind, keiner gesetzlichen Grundlage, weil der Bundesrat solche Verordnungen gestützt auf Art. 102 Ziff. 5 BV erlassen kann (EICHENBERGER N 85: «Solange die Praxis Vollziehungsverordnungen [Ausführungsverordnungen] erlässt, bleibt es dabei, dass Art. 102 Ziff. 5 die verfassungsrechtliche Rechtsgrundlage für sie abgibt.») Dessenungeachtet stützen sich alle Verordnungen des Bundesrates zum ZGB auf bestimmte Artikel des ZGB, in welchen solche Ausführungsvorschriften durch den Bundesrat vorgesehen sind. (Was die zwei Verordnungen des Bundesgerichts zum Eigentumsvorbehaltsrecht angeht, stützen sie sich einerseits [mit Fug] auf Art. 15 SchKG, anderseits auch auf Art. 715 ZGB, obwohl dort kein Hinweis auf Ausführungsvorschriften steht.) Im übrigen sind die Formulierungen im ZGB nicht einheitlich. Bald beschränkt sich das ZGB darauf, dem Bundesrat die (ihm sowieso schon zustehende) Kompetenz zum Erlass von «Ausführungsvorschriften» einzuräumen (z.B. Art. 269c Abs. 3 ZGB und Art. 316 Abs. 2 ZGB). Bald heisst es, der Bundesrat erlasse über dies und jenes «die nötigen Verordnungen» (z.B. Art. 39 Abs. 2 ZGB, Art. 949 Abs. 1 ZGB) oder eine Verordnung des Bundesrates setze «das Nähere fest» (Art. 943 Abs. 2 ZGB) oder aber der Bundesrat stelle «die näheren Vorschriften» auf (Art. 119 ZGB). Bald sieht das ZGB vor, ein «Verfahren» werde «durch eine Verordnung des Bundesrates festgesetzt» (Art. 945 Abs. 2 ZGB). Bald handelt es sich um dem Bundesrat eingeräumte Kompetenzen mit Bezug auf «technische Hilfsmittel» (Art. 949a Abs. 2 ZGB) oder Pläne (Art. 950 Abs. 2 ZGB) oder auf Verfahren in Bagatellsachen (Berichtigung von Schreibfehlern gemäss Art. 977 Abs. 3 ZGB) oder aber auf «Formen» (Art. 858 ZGB betr. Schuldbrief und Gült; Art. 967 Abs. 3 betr. Eintragung und Löschung und Auszüge beim Grundbuchamt). Bald beruft sich der Bundesrat im Ingress zu einer Verordnung auf einen ZGB-Artikel, der keinen entsprechenden Hinweis enthält (Ingress zur GBV mit Hinweis auf Art. 954 ZGB) oder aber auf

einen Passus, der ohne Bezeichnung des zuständigen Organs «eine besondere
Regelung» vorbehält (Art. 956 Abs. 3 ZGB). Diese Vielfalt von Formulierungen
erschwert der Auslegung die Zuordnung einer Verordnung zu dieser oder jener
Verordnungsart. Immerhin enthält der formelle Hinweis auf eine zu schaffende
Regelung jeweils einen (Verordnungs-) Gesetzgebungsauftrag an den Bundesrat
und damit wohl auch oft das Eingeständnis, dass das ZGB lückenhaft ist. Da
allerdings laut BGE 121 III 99 «gegebenenfalls» auch ohne ausdrückliche Delegation für Ausführungs- bzw. Vollziehungsverordnungen das Ausfüllen echter
Lücken durch den Verordnungsgeber gestattet ist, schrumpft der (wie erwähnt
auch von der Lehre relativierte) Unterschied zwischen Vollziehungsverordnung
und gesetzesvertretenden Verordnung arg zusammen. Das schliesst allerdings m.E.
gerade nicht aus, dass analog BGE 103 IV 192 das Bundesgericht auch im Zivilrecht verbindlich feststellt, der Verordnungsgeber habe seine Kompetenz überschritten. Auf jeden Fall gilt, dass die Verordnung dem Gesetz nicht widersprechen darf (siehe BGE 121 III 97 und dort insbesondere 99), dass es also keine
Verordnung contra legem geben darf. Wie sehr auch der blosse Hinweis auf «Ausführungsvorschriften» vom Parlament als Delegation betrachtet wird und vom
Bundesrat so ausgelegt werden kann, zeigte die Debatte über den nachmaligen
Art. 316 Abs. 2 ZGB im Ständerat (StenBull StR 1975 139 ff.) und die vom Bundesrat geschaffene Verordnung über die Aufnahme von Pflegekindern als solche.
Die Verordnungen zum ZGB sind mithin ein Beleg für die Schwierigkeit der
Abgrenzung zwischen einzelnen Arten von Verordnungen und damit ein Argument für die nunmehr auf Bundesebene postulierte Abkehr «vom nicht unproblematischen Delegationsprinzip» und für eine entsprechende Definition der «Rechtsetzungskompetenzen des Bundesrates» in der Verfassung (s. BBl 1997 III 297
mit dem entsprechenden Vorschlag für einen neuen Art. 170 BV).

2. Die wichtigsten Verordnungen

Nachstehend (N 245 bis 263) folgen Ausführungen zu den wichtigsten Verordnungen zum ZGB. Nicht näher erläutert wird die Verordnung betreffend das Güterrechtsregister, die nach dem Inkrafttreten des neuen Eherechts am 1. Januar 1988 fast nur noch übergangsrechtliche Bedeutung hat. Nicht behandelt wird auch die Verordnung betreffend die Viehverpfändung, angesichts deren rezessiver Entwicklung der Kommentator schon 1982 die Frage aufgeworfen hat, «ob dieses Institut auch noch weiterhin eine Existenzberechtigung hat» (Zobl, Berner Kommentar, Art. 885 N 2). Schliesslich fehlen weitere Hinweise auf die – an sich wichtige,

Allg. Einleitung Art. 1–10

aber einen stark technischen Sonderbereich betreffende – Verordnung über die amtliche Vermessung und auf die Verordnung über die Zivilstandsformulare.

a) Die Zivilstandsverordnung

246 Die Zivilstandsverordnung (ZStV) – des Bundes – vom 1. Juni 1953 (SR 211.112.1) trat an die Stelle der ZStV vom 18. Mai 1928 (Art. 189 ZStV), die ihrerseits die Verordnung betreffend die Führung des Zivilstandsregisters und die Eheschliessung vom 25. Februar 1910 abgelöst hat. Sie wurde auch seit 1953 mehrfach geändert.

247 Die gesetzliche Grundlage für diese Verordnung findet sich in Art. 39 Abs. 2 ZGB («Über die Führung der Register und die gesetzliche Anzeigepflicht erlässt der Bundesrat die nötigen Verordnungen.») und in Art. 119 ZGB («Der Bundesrat und im Umfang ihrer Zuständigkeit die kantonalen Behörden werden über die Verkündung, die Trauung und die Führung der Eheregister die nähern Vorschriften aufstellen.»)

248 Die Zivilstandsverordnung ist die grösste Verordnung zum ZGB. Angesichts der teils sehr knappen Regelung der Beurkundung des Personenstandes in den Art. 39–51 ZGB stellt sie (wie die Grundbuchverordnung für das Grundbuchwesen) einen äusserst detaillierten Bundeserlass, ein regelrechtes Kompendium zu einem zentralen Bereich der freiwilligen Gerichtsbarkeit, hier zum schweizerischen Zivilstandswesen, dar.

249 Der Bundesrat hat von der ihm in den Delegationsnormen Art. 39 Abs. 2 und Art. 119 ZGB erteilten Verordnungskompetenz zurecht reichen Gebrauch gemacht. Man mag sich immerhin fragen, ob die materiellen Aussagen zur Vornamensgebung (Art. 69 Abs. 2bis ZStV) Sache des Verordnungsgebers sind. In Art. 149 Abs. 1 Ziff. 1 hat der Bundesrat entgegen Art. 106 Abs. 1 ZGB (aber unter Berücksichtigung von Art. 4 Abs. 2 BV) neben dem Zivilstandsbeamten am Wohnsitz des Bräutigams auch jenen am Wohnsitz der Braut für die Entgegennahme des Verkündungsgesuchs für zuständig erklärt. In den Art. 177a Abs. 1, zweiter Teil, und Art. 188i hat er statt des säumigen Bundesgesetzgebers die Konsequenz aus einem Entscheid des Europäischen Gerichtshofes in Strassburg betreffend Voranstellen des Mannesnamens beim Familiennamen der Eheleute gezogen (hierzu siehe vorn N 117).

b) Die Verordnung über die Adoptionsvermittlung

250 Im Zusammenhang mit der Ablösung des Rechts der Kindesannahme durch ein modernes Adoptionsrecht (BG vom 30 Juni 1972, in Kraft seit 1. April 1973)

wurde für diesen Bereich eine eigene Verordnung geschaffen: die bundesrätliche Verordnung über die Adoptionsvermittlung vom 28. März 1973 (SR 211.221.36); diese Verordnung wurde 1977 und 1988 verhältnismässig stark abgeändert (siehe in diesem Zusammenhang auch das Kreisschreiben des Bundesrates an die Adoptionsbehörden über das Pflegekinderwesen und die Adoptionsvermittlung vom 21. Dezember 1988 [BBl 1989 I 3ff.]).

Die gesetzliche Grundlage für diese Verordnung findet sich in Art. 269c Abs. 3 ZGB («Der Bundesrat erlässt die Ausführungsvorschriften.»), dem Artikel mithin, der laut Randtitel von der «Adoptivkindervermittlung» handelt (die Ersetzung von «Adoptivkindervermittlung» im Gesetz durch «Adoptionsvermittlung» in der Verordnung ist wohl materiell bedeutungslos). 251

Die kurze Verordnung handelt schwergewichtig von der bewilligungspflichtigen Vermittlung. Der Erlass bildet zusammen mit der Pflegekinderverordnung namentlich für die Aufnahme ausländischer Kinder ein Ganzes. 252

c) Die Verordnung über die Aufnahme von Pflegekindern

Im Verein mit der Inkraftsetzung des neuen Kindesrechts (BG vom 25. Juni 1976, in Kraft seit 1. Januar 1978) hat der Bundesrat die Verordnung über die Aufnahme von Pflegekindern vom 19. Oktober 1977 (SR 211.222.338) geschaffen. Der Name Pflegekind war dem ZGB vom 10. Dezember 1907 fremd; er tauchte erstmals im revidierten Kindesrecht (teils indirekt über den Ausdruck «Pflegeeltern») auf (siehe die Art. 294, 300, 307 Abs. 3, 310 Abs. 3 und 316 ZGB); diese Verordnung wurde 1988 verhältnismässig stark abgeändert (siehe in diesem Zusammenhang auch das Kreisschreiben des Bundesrates an die Adoptionsbehörden über das Pflegekinderwesen und die Adoptionsvermittlung vom 21. Dezember 1988 [BBl 1989 I 3 ff.]). 253

Die gesetzliche Grundlage für diese Verordnung bildet Art. 316 Abs. 2 ZGB («Pflegekinderaufsicht» – «Der Bundesrat erlässt Ausführungsvorschriften.») sowie (jedenfalls laut offiziellem Text) Art. 16 des BG vom 26. März 1931 über Aufenthalt und Niederlassung der Ausländer (SR 142.20) 254

Die Verordnung befasst sich mit der Bewilligung (bzw. bei der Tagespflege mit der Meldepflicht) und der Aufsicht bei Familienpflege, Tagespflege und Heimpflege. Der Verordnungsgeber war bei der Schaffung dieses Erlasses in besonderer Weise herausgefordert für die Beantwortung der Frage, was alles unter den Begriff des Pflegekindes subsumiert werden könne. Für die Aufnahme ausländischer Kinder bildet diese Verordnung zusammen mit der Verordnung über die Adoptionsvermittlung ein Ganzes. 255

Allg. Einleitung Art. 1–10

d) Die Grundbuchverordnung

256 Nach der Schaffung des ZGB drängte es sich im Hinblick auf die Einrichtung und die Führung des Grundbuchs auf, die an sich schon hohe Regelungsdichte des dem Grundbuch gewidmeten fünfundzwanzigsten Titel des ZGB durch eine umfassende Verordnung zu ergänzen. Zu diesem Zweck hat der Bundesrat die Verordnung betreffend das Grundbuch (GBV) vom 22. Februar 1910 (SR 211.432.1) erlassen. Unzähligen seitherigen Abänderungen zum Trotz trägt der Erlass immer noch das Ursprungsdatum.

257 Der Bundesrat stützt sich für den Erlass der GBV auf eine ganze Reihe von Bestimmungen des ZGB (Art. 943, 945, 949, 949a, 953, 954, 956, 967 und 977) sowie auf Art. 18 SchlT ZGB. Erstaunlicherweise stützt er sich nicht auch auf Art. 858 ZGB, den er in den Art. 53 ff. GBV «umsetzt».

258 Die Grundbuchverordnung bildet neben der Zivilstandsverordnung (vorn N 246 ff.) und der zum OR erlassenen Handelsregisterverordnung (HRegV, Verordnung über das Handelsregister vom 7. Juni 1937 [SR 221.411]) einen umfassenden Erlass zu einem bedeutsamen Bereich der freiwilligen Gerichtsbarkeit im Rahmen der Zivilrechtskodifikation. Diese drei Bereiche sind denn auch dadurch gekennzeichnet, dass – von der Kontrolle durch Rechtsmittel abgesehen – für alle ein dem Bundesamt für Justiz unterstelltes Registeramt des Bundes besteht (das Grundbuchamt, das Amt für das Zivilstandswesen, das Amt für das Handelsregister; siehe Verordnung über die Zuständigkeit der Departemente und der ihnen unterstellten Amtsstellen zur selbständigen Erledigung von Geschäften [Delegationsverordnung] vom 28. März 1990 [SR 172.011], Art. 10 Abs. 2).

259 In der Sache enthält die GBV eine Unsumme von Ergänzungen und Präzisierungen nicht allein zum Grundbuchrecht, sondern zum Immobiliarsachenrecht schlechthin. Sie ist denn auch besonders geeignet, um Studierenden ein anschauliches Bild von der Rechtswirklichkeit im Grundstücksrecht zu vermitteln (SCHNYDER, Fünfundsiebzig Jahre, 75 und DERS., Das ZGB lehren, 536). Mancherorts – so sieht es aus – hat der Bundesrat in der Verordnung um der erforderlichen Verwirklichung des Sachenrechts willen Entscheidungen getroffen, die auch dem Gesetz gut angestanden wären (so findet sich das «Anmerkungsgrundstück» nur in der Verordnung: Art. 32 GBV; so erfahren die Rechtsgenossen aus der Verordnung, dass und wie die Errichtung von Stockwerkeigentum vor Erstellung des Gebäudes verlangt werden kann: Art. 33c GBV; so ist die Vereinigung mehrerer Grundstücke fast nur in der Verordnung geregelt: Art. 91 ff. GBV). Die Verordnung darf selbstverständlich dem Gesetzesrecht nicht widersprechen (so wurde Art. 20 Abs. 2 GBV in BGE 121 III 105 für bundesrechtswidrig erklärt).

Allg. Einleitung Art. 1–10

e) Die Verordnungen betreffend den Eigentumsvorbehalt

«Die Frage nach dem Bestehen eines Eigentumsvorbehalts und nach seinen Wirkungen wird vornehmlich in der Zwangsvollstreckung, die gegen den Erwerber oder gegen den Veräusserer der verkauften Sache durchgeführt werden muss, aufgeworfen» (HAAB/SIMONIUS/SCHERRER/ZOBL, Zürcher Kommentar, Art. 715/716 N 9). Da nun aber gemäss Art. 15 Abs. 2 SchKG das Bundesgericht «die zur Vollziehung» des SchKG «erforderlichen Verordnungen und Reglemente» erlässt, hat das Bundesgericht neben Kreisschreiben zum Eigentumsvorbehalt zwei Verordnungen geschaffen, die eine besonders enge Beziehung zum materiellen Recht aufweisen: die Verordnung betreffend die Eintragung der Eigentumsvorbehalte vom 19. Dezember 1910 (SR 211.413.1) und die Verordnung betreffend die Bereinigung der Eigentumsvorbehaltsregister vom 29. März 1939 (SR 211.413.11). 260

Das Bundesgericht stützt sich im Ingress zu diesen beiden Verordnungen jeweils auf Art. 715 ZGB einerseits, auf Art. 15 SchKG andererseits. Diese Verordnungen finden sich denn auch (anders als die anderen Verordnungen des Bundesgerichts) in der SR im Teil «21 Zivilgesetzbuch. Ergänzungs- und Ausführungserlasse» und nicht im Teil «28 Schuldbetreibung und Konkurs». 261

Das Schwergewicht der Verordnung betreffend Eintragung der Eigentumsvorbehalte liegt, wie sich das für eine Verordnung geziemt, eindeutig auf dem Verfahren und der Lösung technisch/organisatorischer Probleme im Zusammenhang mit diesem Rechtsinstitut. Doch hat sich das Bundesgericht nicht gescheut, durch eine Novelle zu dieser Verordnung (mithin als «Gesetzgeber» und nicht etwa in einem leading case) die Kontroverse betreffend Übertragung des Eigentumsvorbehalts durch Abtretung in bejahendem Sinne zu lösen (siehe Art. 4bis der Verordnung, eingefügt durch Verordnung vom 23. Dezember 1932, und hierzu HAAB/SIMONIUS/SCHERRER/ZOBL, Zürcher Kommentar, Art. 715/716 N 85). Auch die in Art. 3 Abs. 3 der Verordnung vorgesehene Regelung, wonach bei Verlegung des Wohnorts die frühere Eintragung ihre Wirkung noch drei Monate behält, ist doch wohl der Sache nach gesetzesvertretend (siehe BGE 96 II 170, wonach diese Bestimmung die «einzige Ausnahme» vom in Art. 715 Abs. 1 vorgesehenen Grundsatz über die Wirksamkeit des Eigentumsvorbehalts am jeweiligen Wohnort des Erwerbers macht; siehe die «gesetzgeberischen Überlegungen» hierzu in BGE 96 II 165). 262

In der kurzen Verordnung betreffend die Bereinigung der Eigentumsvorbehaltsregister ist namentlich Art. 5 Abs. 1, wonach Eigentumsvorbehalte nach einer bestimmten Frist mangels Einspruch gelöscht werden können, materiellrechtlicher Natur. 263

Allg. Einleitung Art. 1–10

II. Das kantonale Einführungsrecht

1. Allgemeines

264 Mit der Annahme des Schweizerischen Zivilgesetzbuches durch die Eidgenössischen Räte am 10. Dezember 1907 war zwar auf Bundesebene (von der Revision des OR im Jahre 1911 abgesehen) die Kodifikation des Privatrechts abgeschlossen. Es galt nun aber, das Zivilgesetzbuch im Hinblick auf das Inkrafttreten am 1. Januar 1912 noch «einzuführen». Grundlagen dieser durch die Kantone zu erlassenden Einführungsgesetzgebung waren einerseits Art. 64 BV und eine Unsumme von Bestimmungen innerhalb des ZGB als solchen (welche ausdrücklich oder implizit auf kantonales Recht verweisen), anderseits der Schlusstitel des ZGB («Anwendungs- und Einführungsbestimmungen» – zur Abänderung dieser Überschrift siehe sogleich) und innerhalb des Schlusstitels, vom im ersten Abschnitt («Die Anwendung bisherigen und neuen Rechts») geregelten intertemporalen Recht abgesehen, namentlich der zweite Abschnitt («Einführungs- und Übergangsbestimmungen») und dort insbesondere die Art. 52–54 SchlT ZGB. Die Überschrift des Schlusstitels wurde durch BG vom 15. Dezember 1989 über die Genehmigung kantonaler Erlasse durch den Bund – ohne Begründung in der Botschaft – im deutschen Text von «Anwendungs- und *Einführungs*bestimmungen» in «Anwendungs- und *Ausführungs*bestimmungen» umgewandelt, während der französische («De l'entrée en vigueur et de l'application du code civil») und der italienische («Dell'entrata in vigore e dell'applicazione del Codice civile») Titel nicht geändert wurden; allerdings trägt die französische Überschrift des zweiten Abschnitts SchlT ZGB im Gegensatz zum deutschen und italienischen Text, wo von Einführungs- und Übergangsbestimmungen die Rede ist, den Namen «Mesures d'exécution»!

265 «Zur Einführung des schweizerischen Zivilgesetzbuches» (so im gedruckten Obertitel) wurde das «Memorial des eidgenössischen Justiz- und Polizeidepartements an die Kantone» vom 24. Juli 1908 erlassen (BBl 1908 IV 505 ff.). Danach waren drei «Gruppen von Einführungsbestimmungen der Kantone» (a.a.O. 505 ff.) zu schaffen: «Vorschriften» «zur *Anwendung des Zivilgesetzbuches* durch Festsetzung der kompetenten Behörden und des von diesen zu beobachtenden Verfahrens», «über Ergänzung des Zivilgesetzbuches durch organisatorische Bestimmungen und materielles Zivilrecht» sowie «Vorschriften, die nur für die Übergangszeit bestimmt sind». Die kantonalen Einführungsgesetze würden mithin entsprechende «drei Abteilungen oder Titel aufweisen». Dem im Memorial (von EUGEN HUBER) entworfenen Schema sind denn auch die meisten Kantone gefolgt.

Noch heute tragen viele kantonale Einführungsgesetze das Datum des ursprünglich im Hinblick auf das Inkrafttreten des ZGB geschaffenen Erlasses (im einzelnen siehe hinten D, II, 3).

Zum kantonalen Einführungsrecht in einem weiten Sinne dieses Wortes gehört die Gesamtheit der kantonalen Normen, die der Verwirklichung des materiellen Bundeszivilrechts dienen oder aber (in den vorgesehenen Ausnahmefällen) materielles Zivilrecht enthalten. Mehrere Gruppen solcher Normen werden indessen hier nicht näher behandelt. Dies geschieht aus den nachstehend erwähnten unterschiedlichen Gründen. – Was das gestützt auf Art. 5 Abs. 1 ZGB den Kantonen vorbehaltene materielle Zivilrecht angeht, sei hier vollinhaltlich auf die vorliegende Kommentierung MARTI zu Art. 5 ZGB verwiesen. – Ihre Schuldigkeit getan haben auch weitgehend schon die übergangsrechtlichen Bestimmungen (vgl. dazu auch MARTI, Art. 5 N 53 ff.). Immerhin befinden wir uns im Grundbuchrecht immer noch vielerorts in einem Übergangsstadium (siehe TUOR/SCHNYDER/ SCHMID 631 Anm. 12); diesbezüglich wird auf die Spezialliteratur verwiesen (im besonderen DESCHENAUX, Das Grundbuch, SPR V/3 I, Basel/Frankfurt a.M. 1988, 39 ff.). – Zu den Einführungsbestimmungen der Kantone gehören gemäss Art. 55 SchlT auch die kantonalen Regelungen betreffend die öffentliche Beurkundung. Dieses Sondergebiet, das in neuerer Zeit vielfach grundlegend und ausführlich behandelt worden ist (CARLEN LOUIS, Notariatsrecht der Schweiz, Zürich 1976; SCHMID JÖRG, Die öffentliche Beurkundung von Schuldverträgen, Diss. Freiburg 1988, AISUF 83; MARTI HANS, Notariatsprozess: Grundzüge der öffentlichen Beurkundung in der Schweiz, Bern 1989; in KLEY-STRULLER ANDREAS, Kantonales Privatrecht, St. Gallen 1992, 59 ff.; BRÜCKNER CHRISTIAN, Schweizerisches Beurkundungsrecht, Zürich 1993), wird hier nicht weiter erläutert. – Auch das Gerichtsorganisationsrecht und das Zivilprozessrecht unter Einschluss des kantonalen Vollziehungsrechts als solche, die für die Verwirklichung des Zivilrechts von grösster Bedeutung sind, werden hier nicht besonders erläutert; immerhin spielen kantonale Anordnungen im Sinne der nachstehend (D, II, 2) behandelten Art. 52 und 54 SchlT ZGB im Rahmen des kantonalen Gerichtsorganisationsrechts und namentlich des Zivilprozessrechts mindestens mittelbar eine Rolle (vgl. dazu auch MARTI, Art. 5 N 108).

Damit bleiben für die nunmehr (D, II, 2) folgende Erläuterung der Art. 52– 54 SchlT ZGB nur, aber immerhin die in Art. 52 Abs. 1 SchlT erwähnten, «zur Ergänzung dieses Gesetzes vorgesehenen Anordnungen, wie namentlich in bezug auf die Zuständigkeit der Behörden und die Einrichtung der Zivilstands-, Vormundschafts- und Grundbuchämter». Es handelt sich dabei meist um «*Auflagen* in *organisatorischer und verfahrensrechtlicher Hinsicht*», «welche für einen wirksamen Vollzug und eine einheitliche Anwendung des Bundeszivilrechts not-

Allg. Einleitung Art. 1–10

wendig sind» (hinten MARTI, Art. 5 ZGB N 50). Es liegt dann jeweils «ein *verpflichtender*, aber *unechter* Vorbehalt zugunsten der *Schaffung von kantonalem Organisations- und Verfahrensrecht* vor» (MARTI a.a.O. N 51). Selbst innerhalb dieses «obligatorisch zu schaffenden Organisations- und Verfahrensrechts» gibt es dabei «*Vorbehalte*, welche die Kantone *ermächtigen*, von der vorgesehenen Bundesregelung *abzuweichen* oder diese *zu ergänzen*» (MARTI a.a.O. N 51 a.E.). Neben den notwendigen Anordnungen (Art. 52 Abs. 2 SchlT ZGB) gibt es auch solche, die im Bundesrecht nur vorgesehen, aber nicht notwendig sind (Art. 52 Abs. 1 in Verbindung mit Art. 52 Abs. 2 und Art. 53 Abs. 2 SchlT ZGB).

2. «Ergänzende kantonale Anordnungen»

268 Art. 52 und 53 SchlT ZGB stehen unter dem Randtitel «Ergänzende kantonale Anordnungen». Art. 54 SchlT ZGB trägt den Randtitel «Bezeichnung der zuständigen Behörden». Da aber die gemäss Art. 52 SchlT ZGB vorgesehenen Anordnungen «namentlich» auch jene «in bezug auf die Zuständigkeit der Behörden» (Art. 52 Abs. 1 SchlT ZGB) umfassen, rechtfertigt es sich, die Art. 52–54 SchlT ZGB unter dem Obertitel «Ergänzende kantonale Anordnungen» zu behandeln (für den hier nicht mehr behandelten Art. 55 SchlT ZGB drängt sich diese Überlegung jedenfalls nicht mit der gleichen Eindeutigkeit auf).

269 Art. 52 SchlT ZGB ist durch das Bundesgesetz über die Genehmigung kantonaler Erlasse durch den Bund vom 15. Dezember 1989, in Kraft seit 1. Februar 1991 (AS 1991 362 ff. – in der SR nicht enthalten, wohl weil aus lauter Abänderungen anderer Erlasse bestehend), abgeändert worden. Der zweite Absatz des Artikels wurde leicht abgeändert (Einfügung des Wortes «vorläufig»). Der bisherige dritte kurze Absatz über die Genehmigung der kantonalen Anordnungen wurde durch zwei umfangreichere Absätze 3 und 4 ersetzt. Im folgenden wird (von einzelnen Hinweisen auf das frühere Recht abgesehen) nur das nunmehr geltende Recht behandelt. Die Abänderungen betreffen teils die Rechtsform der kantonalen Erlasse (nachstehend bei II, 2, b), primär aber die Genehmigung des Bundes (nachstehend II, 2, c). Der Entwurf für das erwähnte Bundesgesetz war in der «Botschaft über ein zweites Paket von Massnahmen zur Neuverteilung der Aufgaben zwischen Bund und Kantonen» enthalten (BBl 1988 II 1333 ff.) Neben der im erwähnten BG vorgenommenen Abänderung des SchlT ZGB ist für unseren Bereich der im gleichen BG neu geschaffene Art. 7a des Verwaltungsorganisationsgesetzes (VwOG; SR 172.010), der den Randtitel «Genehmigung von kantonalem und interkantonalem Recht» trägt, von grosser Bedeutung. Gestützt auf diese Bestimmung (Art. 7a Abs. 4 VwOG) hat denn auch der Bundesrat am 30. Januar

1991 die detaillierte «Verordnung über die Genehmigung kantonaler Erlasse durch den Bund» (SR 172.068) geschaffen, die bei der Anwendung von Art. 52 Abs. 3 und 4 SchlT ZGB zum Zuge kommt.

a) Die vom ZGB vorgesehenen ergänzenden kantonalen Anordnungen

Art. 52 Abs. 1 Schlusstitel lautet: «Die Kantone treffen die zur Ergänzung dieses Gesetzes vorgesehenen Anordnungen, wie namentlich in bezug auf die Zuständigkeit der Behörden und die Einrichtung der Zivilstands-, Vormundschafts- und Grundbuchämter.» Diese Bestimmung hat nur eine sehr reduzierte normative Bedeutung. Sie wiederholt die zwischen Bund und Kanton bestehende Regelung der Gesetzgebungskompetenz auf dem Gebiet des Zivilrechts (siehe hierzu insbesondere die Ausführungen in BECK, Art. 52 SchlT N 1 und N 2). Die reduzierte Bedeutung zeigt sich darin, dass gemäss Art. 52 Abs. 2 SchlT ZGB die Kantone nur insoweit «verpflichtet» sind, ergänzende Anordnungen aufzustellen, als diese zur «Ausführung» des neuen Rechts notwendig sind.

270

In seiner allgemeinen Formulierung erfasst der erste Absatz des Art. 52 SchlT ZGB auch das gestützt auf Art. 5 Abs. 1 ZGB erlassene materielle Zivilrecht des Kantons (BECK, Art. 52 SchlT N 2). Soweit es sich dabei um verpflichtende echte Vorbehalte handelt (hierzu hinten MARTI, Art. 5 N 85 ff.), findet auf die entsprechenden Anordnungen auch Art. 52 Abs. 2 SchlT ZGB Anwendung. Da der im vorliegenden Zusammenhang wichtige dritte Absatz des Art. 52 SchlT ZGB, der den genehmigungspflichtigen Bereich umschreibt, (neben der öffentlichen Beurkundung) nur das Verwandtschafts-, Vormundschafts- und Registerrecht aufführt, spielt die Zugehörigkeit des kantonalen materiellen Zivilrechts zu Art. 52 Abs. 1 SchlT ZGB praktisch keine Rolle. Gibt es doch im Verwandtschafts- und Vormundschaftsrecht «kaum echte Vorbehalte zugunsten von materiellem kantonalen Privatrecht» (hinten MARTI, Art. 5 N 169), und ist das Registerrecht ja eben primär Organisations- und Verfahrensrecht und mithin zunächst einmal nicht materielles Zivilrecht (siehe immerhin MARTI, Art. 5 N 181 f. betr. Art. 944 und Art. 949 Abs. 2 ZGB).

271

Das Schwergewicht der vorgesehenen ergänzenden kantonalen Anordnungen liegt denn auch nach dem Wortlaut des Art. 52 Abs. 1 SchlT ZGB auf dem Organisations- und Verfahrensrecht («namentlich in bezug auf die Zuständigkeit der Behörden und die Einrichtung der Zivilstands-, Vormundschafts- und Grundbuchämter»). Da hier aber dem Kanton grundsätzlich die Gesetzgebungskompetenz zusteht (hierzu hinten MARTI, Art. 5 N 49), erstreckt sich die Kompetenz der Kantone nicht nur auf die im ZGB «vorgesehenen Anordnungen» (so schon BECK, Art. 52 SchlT N 2).

272

Allg. Einleitung Art. 1–10

273 Durch den Hinweis auf Anordnungen «in Bezug auf die Zuständigkeit der Behörden» verweist Art. 52 Abs. 1 SchlT ZGB auf Art. 54 Abs. 1 und 2 SchlT ZGB (mit dem Randtitel «Bezeichnung der zuständigen Behörden»). Diese zwei Absätze lauten wie folgt: «¹ Wo dieses Gesetz von einer zuständigen Behörde spricht, bestimmen die Kantone, welche bereits vorhandene oder erst zu schaffende Behörde zuständig sein soll. ² Wo das Gesetz nicht ausdrücklich entweder vom Richter oder von einer Verwaltungsbehörde spricht, können die Kantone entweder eine richterliche oder eine Verwaltungsbehörde als zuständig bezeichnen.» Das in diesen Bestimmungen Ausgesagte ist an sich bedeutsam, würde indessen wohl auch ohne diese Norm gelten (siehe denn auch die knappe Kommentierung BECK, Art. 54 SchlT N 1–5). Siehe immerhin BGE 118 Ia 478 ff., wonach es sich bei Art. 54 Abs. 2 SchlT ZGB «um eine Auslegungsregel» handle, «die besagt, dass das ZGB in dieser Hinsicht wörtlich auszulegen sei.» Art. 54 Abs. 2 SchlT ZGB ist allerdings dadurch relativiert worden, dass gemäss Art. 6 EMRK in so und so vielen Bereichen nur richterliche Behörden zum Zuge kommen dürfen (siehe BGE 118 Ia 479, wonach mindestens eine vormundschaftliche Behörde eine richterliche Behörde sein muss). – Auch Art. 54 Abs. 3 SchlT ZGB («Das Verfahren vor der zuständigen Behörde ordnen die Kantone.») enthält nur einen unechten Vorbehalt. Der Bundesgesetzgeber hat sich allerdings mit Recht nicht gescheut, wie bei Bestimmungen über die Zuständigkeit so auch bei irgendwelchen Verfahrensvorschriften Bundesrecht zu schaffen, sofern dies «für einen wirksamen Vollzug und eine einheitliche Anwendung des Bundeszivilrechts notwendig» ist (hinten MARTI, Art. 6 N 166).

b) Die vom ZGB vorgesehenen notwendigen ergänzenden kantonalen Anordnungen insbesondere

274 Art. 52 Abs. 2 SchlT ZGB lautet: «Soweit das neue Recht zu seiner Ausführung notwendig der Ergänzung durch kantonale Anordnungen bedarf, sind die Kantone verpflichtet, solche aufzustellen, und können sie vorläufig auf dem Verordnungswege erlassen.» Dieser Absatz behandelt mithin alle Fälle von verpflichtenden echten oder unechten Vorbehalten (hierzu im einzelnen hinten MARTI, Art. 5 N 85 ff. und Art. 6 N 110 ff. sowie sogleich N 275 f.).

275 Die normative Bedeutung dieser Bestimmung besteht darin, dass der Bund die Kantone ermächtigt, diese Anordnungen «vorläufig auf dem Verordnungswege» zu «erlassen». Das Wort «vorläufig» ist durch die Revision vom 15. Dezember 1989 (hierzu vorn N 269) ins Gesetz gekommen; im übrigen deckt sich die Formulierung in Art. 52 Abs. 2 SchlT ZGB mit dem ursprünglichen Gesetzestext. Es ist umstritten, ob dem Bund gemäss BV das Recht zusteht, die Rechts-

form kantonaler Ausführungserlasse zu bestimmen (siehe MÜLLER, Darf der Bund die Rechtsform kantonaler Ausführungserlasse bestimmen?, 369 ff.); nach SALADIN, Kommentar zu Art. 3 BV, in: Kommentar zur Bundesverfassung der Schweizerischen Eidgenossenschaft, Basel Zürich, Bern, Stand April 1986, N 103, «ist der Bund grundsätzlich nicht befugt, den Kantonen die Stufe der entsprechenden Rechtssetzung vorzuschreiben», sind aber davon ausgenommen die seltenen Fälle, «in denen zur Erfüllung der Bundesaufgabe rasches Handeln der Kantone unerlässlich ist». So hat auch schon BGE 48 I 559 («Art. 52 Abs. 2 SchlT sieht aber vor, dass solche notwendige Ausführungsvorschriften von den Kantonen auf dem Verordnungsweg erlassen werden können, auch wenn dazu dem Gegenstande nach, nach kantonalem Rechte ein Gesetz erforderlich wäre») mit Bezug auf die Bestimmung der Rechtsform durch den Bund Zweifel angemeldet («selbst wenn man über ihre Verfassungsmässigkeit Zweifel haben wollte»). Aber schon dieser BGE hat erkannt, dass eine solche Bestimmung «nach Art. 113 letzter Absatz BV für das Bundesgericht massgebend sein muss» (BGE a.a.O.). So heisst es denn auch weiter zu dieser Frage in BGE 108 Ia 181 – nach einem Hinweis auf die ratio legis der Bestimmung und auf die Kontroverse in der Rechtslehre -: «Wie es sich damit verhält, ist jedoch ohne Belang, denn die Vorschrift ist nach Art. 113 Abs. 3 BV für das Bundesgericht massgebend und ihre Verfassungsmässigkeit kann nicht nachgeprüft werden.» Gemäss diesem BGE soll Art. 52 SchlT ZGB im übrigen nicht «nur für die Einführung des ZGB auf den 1. Januar 1912», sondern «in gleicher Weise auch bei jeder Teilrevision» gelten (BGE 108 Ia 181). Bei der Revision des Art. 52 SchlT ZGB wurde im übrigen diese Frage (jedenfalls in der Botschaft: BBl 1988 II 1333 ff.) nicht näher erörtert. (Siehe in diesem Zusammenhang auch BGE 118 II 69 mit Bezug auf einen anderen Erlass, wo der Bundesgesetzgeber für Ausführungsvorschriften dem kantonalen Gesetzgeber vorläufig den Verordnungsweg gestattet.)

Abs. 2 des Art. 52 SchlT ZGB bezieht sich nur auf notwendige Ergänzungen (soweit «das neue Recht zu seiner Ausführung notwendig der Ergänzung durch kantonale Anordnungen bedarf»). Darunter «sind jene zu verstehen, ohne deren Erlass das Bundesrecht in den Kantonen nicht angewendet werden kann» (BGE 108 Ia 182). Dabei handelt es «sich namentlich um die Vorschriften über die Zuständigkeit der Behörden und das Verfahren sowie um die unerlässlichen Organisationsbestimmungen» (BGE a.a.O.). Im übrigen war die Kompetenz zum Erlass von Verordnungen vor der Revision von 1989 weder dem Wortlaut nach noch nach der Formulierung in BGE 108 Ia 183 «auf Fälle zeitlicher Dringlichkeit beschränkt» (der BGE relativiert dann allerdings seine eigene Aussage). Nach neuem Recht darf der Kanton indessen nur «vorläufig» die Anordnungen in die Rechtsform der Verordnung kleiden. Das dürfte nun doch wohl der auch schon 276

Allg. Einleitung Art. 1–10

von BGE 108 Ia 183 vorgenommenen Konkretisierung entsprechen, wonach der «Bundesgesetzgeber ... den Kantonen die Möglichkeit einräumen» wollte, «immer dann auf dem Verordnungsweg vorzugehen, wenn sie der Meinung sind, die erforderlichen Ausführungsvorschriften könnten auf dem Gesetzgebungsweg nicht fristgemäss erlassen werden», wobei das Bundesgericht (a.a.O. 183 f.) auch die «Rücksicht auf das – in jedem Fall bestehende – Risiko eines negativen Volksentscheids» miteinschliesst. Im übrigen darf dann eben das «Vorläufige» nun nicht (mehr) ein «provisoire qui dure» darstellen. Art. 52 Abs. 2 SchlT ZGB alte Fassung war auch auf nachträgliche Abänderung eines Gesetzes durch eine Verordnung anwendbar (BGE 50 I 234); das dürfte mutatis mutandis – aber ebenfalls nur «vorläufig» – auch für das neue Recht gelten (vgl. dazu auch MARTI, Art. 6 N 117). – Notwendige und nicht notwendige Ergänzungen werden im übrigen auch im (nachstehend unter II, 2, d erläuterten) Art. 53 SchlT ZGB und dort in Abs. 2 unterschieden. Danach erstreckt sich das Ersatzverordnungsrecht des Bundes nicht auf den Bereich der nicht notwendigen Ergänzungen.

c) Die Genehmigung des Bundes

277 Die neuen Absätze 3 und 4 des Art. 52 SchlT ZGB lauten: «³ Die kantonalen Anordnungen zum Verwandtschafts-, Vormundschafts- und Registerrecht sowie über die Errichtung öffentlicher Urkunden bedürfen der Genehmigung des Bundes. ⁴ Kantonale Anordnungen zu den übrigen Bestimmungen des Zivilgesetzbuches bedürfen nur dann einer Genehmigung, wenn sie im Anschluss an eine Änderung des Bundesrechts erlassen werden.» Diese Absätze sind an die Stelle des früheren Abs. 3 getreten, der folgenden Wortlaut hatte: «Diese Anordnungen bedürfen zu ihrer Gültigkeit der Genehmigung des Bundesrates.» Im folgenden wird erörtert, welche kantonalen Anordnungen der Genehmigung unterliegen, wie die Genehmigung vor sich geht und welche Bedeutung dieser Genehmigung zukommt (vgl. dazu auch MARTI, Vorbem. Art. 5 und 6 N 311 ff.).

278 Zwei Gruppen von Anordnungen bedürfen der Genehmigung des Bundes: die Anordnungen zum Verwandtschafts-, Vormundschafts- und Registerrecht sowie über die Errichtung öffentlicher Urkunden (Art. 52 Abs. 3 SchlT ZGB) einerseits, die im Anschluss an eine Änderung des Bundesrechts erlassenen Anordnungen (Art. 52 Abs. 4 SchlT ZGB) anderseits. Die Botschaft zum Entwurf des Gesetzes über die Genehmigung kantonaler Erlasse durch den Bund sagt dazu nur, aber immerhin folgendes: «Für das Privatrecht wurde folgende Lösung gefunden: Das kantonale Ausführungsrecht ist zu genehmigen, wenn es im Anschluss an neues Bundesrecht erlassen wird. Nur bestimmte, in Artikel 52 SchlT ZGB klar umschriebene Vorschriften unterliegen einer dauernden Genehmigungspflicht.

Dazu gehören die kantonalen Vorschriften über die Register, mit Ausnahme jener, die dem Ermessen der Kantone überlassen bleiben können (Ernennung und Besoldung der Beamten; Gebührentarife)» (BBl 1988 II 1362). Eine ratio legis für die Auswahl dieser Bereiche wird nicht angeführt, es sei denn, dass als ein konkretes Ziel des ganzen BG genannt wird: «Konzentration der Genehmigungsfälle auf das Notwendige und praktisch Durchsetzbare» (BBl 1988 II 1358). – Für das frühere Recht (Art. 52 Abs. 3 SchlT ZGB alte Fassung) galt, dass nur notwendige Bestimmungen der Genehmigung des Bundes (damals «des Bundesrates») unterworfen waren (so schon BECK, Art. 52 SchlT N 9). Das liess sich immerhin mit dem Wortlaut gut vereinbaren (das «diese Anordnungen» in Abs. 3 konnte auf Abs. 2 bezogen werden). Für das neue Recht spricht der Wortlaut eindeutig dafür, dass nicht nur die notwendigen kantonalen Anordnungen der Genehmigung unterworfen sind. Dagegen könnte zwar die generelle Tendenz der Revision sprechen; wollte man doch durch sie «negative Auswirkungen einer zu weit getriebenen Zentralisierung beheben» (BBl 1988 II 1358). Das geschah indessen durch eine Reduktion der genehmigungsbedürftigen Erlasse auf bestimmte Bereiche. So stellt sich denn auch heute in der Praxis das hierfür zuständige Bundesamt bei der Prüfung der Genehmigungsfähigkeit nicht die Frage, ob es sich um notwendige Anordnungen handle (Auskunft Bundesamt für Justiz, T. SUTTER). Im übrigen ist bei guter kantonaler Gesetzgebung wohl das Gros der Anordnungen «notwendig» (im Sinne von BGE 108 Ia 182; hierzu vorn N 276); ist es doch nach MONTESQUIEU notwendig, kein Gesetz zu schaffen, wenn es nicht notwendig ist, eines zu schaffen. Nicht notwendig wären zwar kantonale Anordnungen dort, wo ermächtigende Vorbehalte im Bundesrecht vorliegen; solche dürften aber in den im Gesetz (Abs. 3 und 4 des Art. 52 SchlT ZGB) genannten Bereichen selten sein (Art. 401 Abs. 1 ZGB?).

Die «Genehmigung des Bundes» (Art. 52 Abs. 3 SchlT ZGB in fine) geschieht gemäss Abs. 2 des neuen Art. 7a VwOG wie folgt: «Die Departemente erteilen die Genehmigung. In streitigen Fällen entscheidet der Bundesrat; er kann auch eine Genehmigung mit Vorbehalt erteilen.» Gemäss Art. 7a Abs. 3 VwOG gilt: «Zuständig zur Verweigerung der Genehmigung ist bei Gesetzen und Verordnungen der Bundesrat, bei Verträgen des interkantonalen Rechts die Bundesversammlung.» Gestützt auf Art. 7a Abs. 4 VwOG hat der Bundesrat die Verordnung über die Genehmigung kantonaler Erlasse durch den Bund vom 30. Januar 1991 (SR 172.068) erlassen. Das Verfahren ist darin einlässlich geregelt. Ein Weiterzug bei Nichtgenehmigung ist nicht vorgesehen. Wohl aber ist ein Widerruf der Genehmigung oder ein Zurückkommen auf eine ungerechtfertigte Verweigerung möglich (HÄFELIN/HALLER N 416). Vor allem enthält diese Verordnung aber auch mehrere Stellen, an denen die Kognition der Genehmigungsinstanz

279

Allg. Einleitung Art. 1–10

umschrieben wird: es geht um allfällige «Bundesrechtswidrigkeit» (für Erlasse in Art. 6 Abs. 1 und 2 der V); das deckt sich auch mit folgender Aussage in der Botschaft: «Die Genehmigung kantonaler Erlasse gehört zur Bundesaufsicht. Als Kontrollinstrument mit präventiver Wirkung ermöglicht sie dem Bund, die Übereinstimmung eines kantonalen Erlasses mit dem Bundesrecht zu prüfen» (BBl 1988 II 1358). Das Gesetz (Art. 7a VwOG) sagt diesbezüglich (erstaunlicherweise?) sowenig etwas aus wie Art. 52 Abs. 3 und 4 SchlT ZGB.

280 Die Bedeutung der Genehmigung ergibt sich vorerst einmal aus Art. 7a VwOG Abs. 1 in fine. Danach gilt: «Die Genehmigung ist Voraussetzung der Gültigkeit.» Die Botschaft hat dazu geschrieben: «Der Entwurf verankert den Grundsatz der konstitutiven Wirkung. Die Gültigkeit des kantonalen Rechts hängt also immer von der Genehmigung durch den Bund ab» (BBl 1988 II 1359). Der Genehmigung zum Trotz kann das Bundesgericht die (allenfalls) fehlende Bundesrechtskonformität überprüfen (hierzu siehe HÄFELIN/HALLER N 417 mit Hinweis auf konstante Rechtsprechung). So zum alten SchlT ZGB explizit in BGE 99 II 163; siehe aber auch die BGE 108 Ia 178 ff. und 118 Ia 473 ff., in welchen das Bundesgericht teils auf Bundesrechtswidrigkeit bzw. EMRK-Widrigkeit doch wohl (allerdings noch unter altem Art. 52 SchlT ZGB) genehmigter kantonaler Anordnungen erkannt hat (vgl. nun auch zur derogatorischen Kraft des Bundesrechts BGE 122 I 18 ff. und insbesondere BGE 122 I 20).

281 Anders liegen die Dinge bei Nichtgenehmigung bzw. Verweigerung der Genehmigung durch den Bundesrat. Diesfalls betrachtet sich das Bundesgericht als an den Entscheid des Bundesrates gebunden (HÄFELIN/HALLER N 417). Das ist denn auch die mehr als naheliegende Konsequenz von Art. 7a Abs. 1 VwOG in fine, wonach die Genehmigung «Voraussetzung der Gültigkeit» darstellt. Die Verweigerung der Genehmigung wird mithin als verbindliche Feststellung der Ungültigkeit des kantonalen Erlasses betrachtet (HÄFELIN/HALLER N 414).

d) Die Ersatzverordnungen des Bundes

282 Art. 53 Abs. 1 SchlT ZGB sieht vor: «Hat ein Kanton die notwendigen Anordnungen nicht rechtzeitig getroffen, so erlässt der Bundesrat vorläufig die erforderlichen Verordnungen an Stelle des Kantons unter Anzeige an die Bundesversammlung.» Es handelt sich hier um eine eigentümliche Antwort auf die Frage, wie der Bund dafür sorgen kann, dass Bundesrecht geschieht. Die hier vorgesehene Lösung ist offensichtlich derart selten, dass sie in Lehrbüchern bei den «Aufsichtsmitteln», die dem Bund zur «Bundesaufsicht über die Kantone» zustehen, nicht einmal erwähnt wird (siehe HANGARTNER, Grundzüge, 88 unter dem Titel «Mittel der Bundesaufsicht» und HÄFELIN/HALLER N 407 ff). Es ist nicht Aufgabe

dieses Kommentars, die bundesstaatliche Problematik dieser Einrichtung zu würdigen. Dem Schreibenden ist kein Fall bekannt, bei dem Art. 53 Abs. 1 SchlT ZGB zum Zuge gekommen ist. Schon REICHEL hat dazu 1916 in seinem Kommentar festgehalten: «Die Kantone haben alle ihre Einführungsgesetze und Verordnungen so rechtzeitig erlassen, dass ein Eingreifen des Bundesrates auf dem Wege der Notverordnung nicht erforderlich war» (REICHEL, Art. 53 SchlT N 2). BECK hält fest: «Bisher ist diese Bestimmung nicht praktisch geworden» (BECK, Art. 53 SchlT N 2).

Völlig unproblematisch, weil nur das ansprechend, was ohnehin gilt, führt Art. 53 Abs. 2 SchlT ZGB aus: «Macht ein Kanton in einer Sache, die einer ergänzenden Verordnung nicht notwendig bedarf, von seiner Befugnis keinen Gebrauch, so verbleibt es bei den Vorschriften dieses Gesetzes.» Eine ausführliche Darstellung, auf welche Bestimmungen sich diese Norm bezieht, enthielt schon der Kommentar BECK (Art. 53 SchlT N 4 und 5). Siehe im übrigen die Erörterungen zu den ermächtigenden Vorbehalten, namentlich bei LIVER, Art. 5 ZGB N 18 ff., und im vorliegenden Kommentar bei MARTI (hinten Art. 5 ZGB N 77 ff.). 283

3. Die kantonalen Einführungsgesetze zum Zivilgesetzbuch

Die 26 Ganz- und Halbkantone der Schweizerischen Eidgenossenschaft haben die nachstehend aufgeführten in Kraft stehenden Einführungsgesetze zum ZGB erlassen (in eckigen Klammer wird die systematische Einteilung der jeweiligen kantonalen Rechtssammlung aufgeführt). Die angegebenen Daten sind die heute vom Kanton für den in Kraft stehenden Gesamterlass verwendeten Entstehungsdaten – mithin das ursprüngliche Datum oder das Datum einer Gesamtrevision; innerhalb des Erlasses sind seit diesem Datum häufig Änderungen vorgenommen worden. 284

ZH   Einführungsgesetz zum Schweizerischen Zivilgesetzbuch (EG zum ZGB) vom 2. April 1911 [230]

BE   – Gesetz betreffend die Einführung des schweizerischen Zivilgesetzbuches vom 28. Mai 1911 [211.1]
     – Loi sur l'introduction du Code civil suisse du 28 mai 1911 [211.1]

LU   Gesetz betreffend die Einführung des schweizerischen Zivilgesetzbuches vom 21. März 1911 [200]
     Gesetzesrevision im Gang:
     Zur Zeit ist das Justizdepartement des Kantons Luzern daran, einen departementsinternen Entwurf für ein neues EGZGB zu erarbeiten.

UR   Gesetz über die Einführung des Schweizerischen Zivilgesetzbuches (EG/ZGB) vom 4. Juni 1989 [9.2111]

Allg. Einleitung Art. 1–10

SZ Einführungsgesetz zum schweizerischen Zivilgesetzbuch vom 14. September 1978 [175]
OW Gesetz betreffend die Einführung des Schweizerischen Zivilgesetzbuches vom 30. April 1911 [V 17]
NW Gesetz betreffend die Einführung des Schweizerischen Zivilgesetzbuches (Einführungsgesetz zum Zivilgesetzbuch) vom 30. April 1911 [211.0] und Gesetz über die Einführung des Schweizerischen Zivilgesetzbuches (Einführungsgesetz zum Zivilgesetzbuch) vom 24. April 1988 [211.1]
GL Gesetz über die Einführung des Schweizerischen Zivilgesetzbuches (Einführungsgesetz zum Zivilgesetzbuch; EG ZGB), erlassen von der Landsgemeinde am 7. Mai 1911 [III B/1/1]
ZG Gesetz betreffend die Einführung des schweizerischen Zivilgesetzbuches vom 17. August 1911 [211.1]
FR – Einführungsgesetz zum Schweizerischen Zivilgesetzbuch vom 22. November 1911 [210.1]
    – Loi d'application du code civil suisse du 22 novembre 1911 [210.1]
SO Gesetz über die Einführung des Schweizerischen Zivilgesetzbuches vom 4. April 1954 [211.1]
BS Gesetz betreffend die Einführung des Schweizerischen Zivilgesetzbuches vom 27. April 1911 [211.100]
BL Gesetz über die Einführung des Zivilgesetzbuches (EG ZGB) vom 30. Mai 1911 [211]
SH Gesetz über die Einführung des Schweizerischen Zivilgesetzbuches vom 27. Juni 1911 [309]
AI Gesetz betreffend die Einführung des Schweizerischen Zivilgesetzbuches vom 30. April 1911 [201]
AR Gesetz über die Einführung des Schweizerischen Zivilgesetzbuches (EG zum ZGB) vom 27. April 1969 [211.1]
SG Einführungsgesetz zum Schweizerischen Zivilgesetzbuch vom 3. Juli 1911/22. Juni 1942 [911.1]
GR – Einführungsgesetz zum Schweizerischen Zivilgesetzbuch, vom Volke angenommen am 12. Juni 1994 [210.100]
    – Ledscha introductiva pro'l cudesch civil svizzer, acceptada dal pövel als 12 gün 1994 [210.100]
    – Legge d'introduzione al Codice civil svizzero accettada dal Popolo il 12 giugno 1994 [210.100]
AG Einführungsgesetz zum Schweizerischen Zivilgesetzbuch vom 27. März 1911 [210.100]
TG Einführungsgesetz zum Schweizerischen Zivilgesetzbuch vom 3. Juli 1991 [210]
TI Legge di applicazione e complemento del Codice civile svizzero del 18 aprile 1911 [4.1.1.1]
VD Loi d'introduction du Code civil suisse du 30 novembre 1910 [3.1.]
VS – Einführungsgesetz zum Schweizerischen Zivilgesetzbuch vom 15. Mai 1912 [201]
    – Loi d'application du code civil suisse du 15 mai 1912 [201]

Allg. Einleitung Art. 1–10

Das erste Einführungsgesetz ist in einer Referendumsabstimmung vom Volk abgelehnt worden. Auf besondere Ermächtigung durch den Grossen Rat hat darauf der Regierungsrat als oberste kantonale Vollziehungsbehörde gestützt auf Art. 52 Abs. 2 in fine ZGB am 28. November 1911 die «Ordonnance d'exécution prescrivant les complémentaires nécessaires pour l'application du Code civil suisse dans le canton du Valais» erlassen. Am 15. Mai 1912 verabschiedete der kantonale Gesetzgeber ein neues Einführungsgesetz zum ZGB, welches – nach der Zustimmung des Stimmvolkes – am 1. Januar 1913 in Kraft getreten ist.

Gesetzesrevision im Gang:
Botschaft vom 21. August 1996 des Staatsrates des Kantons Wallis an den Grossen Rat des Kantons Wallis

NE Loi concernant l'introduction du code civil suisse du 22 mars 1910) [211.1]

GE Loi d'application du code civil et du code des obligations du 7 mai 1981 [E/1/05]

JU Loi d'introduction du Code civil suisse du 9 novembre 1978 [211.1]

Vorbemerkungen zu Art. 1 und 4 ZGB*

Inhaltsübersicht   Rz

A. **Gegenstand von Art. 1 und 4 ZGB** 1
I. Thema 1
   1. Sollen und Sein 1
      a) Sollen und Sein als Spannungsfeld 1
      b) Die Funktion des Gesetzgebers und des Richters im Bereich von Sollen und Sein 3
   2. Das Gesetz 6
      a) Die Bedeutung des Gesetzes zwischen Sollen und Sein 6
      b) Das Gesetz als Inbegriff von Verbindlichkeit, Stabilität und Gerechtigkeit 8
      c) Institutionelle Bedeutung des Gesetzes: das Gesetz als Befehl 12
   3. Problematik Sollen – Gesetz – Sein 16
      a) Die Bedeutung des geschriebenen Gesetzes 16
      b) Linguistische Erkenntnisse 19
II. Aussagen von Art. 1 und 4 ZGB 20
   1. Aussagen über Rechtsquellen 20
      a) Wesen, Anerkennung und Rangfolge von Rechtsquellen 20
      b) Das Gesetz 24
      c) Gewohnheitsrecht 27
      d) Richterrecht 29
      e) Numerus clausus der Rechtsquellen 32
      f) Allgemeine Rechtsgrundsätze als Rechtsquellen? 35
   2. Aussagen zur richterlichen Aufgabe 41
      a) Verbot der Rechtsverweigerung 41
      b) Orientierung am positiven Recht 43
      c) Grenzen der richterlichen Kompetenz? 47
          aa) Verbot der Rechtsverweigerung 47
          bb) Richterfunktion als solche 49
          cc) Ungerechtigkeit 51
          dd) Verfassungsmässige Kompetenz 54
          ee) Rechtsfreier Raum 55
   3. Methodische Vorgaben 56
      a) Bedeutung 56
      b) Gesetzesanwendung und Methode 58
III. Adressat von Art. 1 und 4 ZGB 61
   1. Der Richter 61
   2. Art der Anweisung an den Richter 65
IV. Abgrenzungen 71
   1. Zu Art. 2 Abs. 2 ZGB 71

---

* Ich danke Frau lic. iur. Claudia Durizzo für die äusserst sorgfältige Assistenz bei der Kommentierung von Art. 1 und 4 ZGB, Herrn Prof. Dr. Roger Zäch für die kritische Lektüre des Manuskripts und dem Schweizerischen Nationalfonds zur Förderung der wissenschaftlichen Forschung für die Gewährung eines Forschungsbeitrags.

Vorbem. Art. 1 und 4

	2.	Zur Subsumtion und Konklusion	81
	3.	Zur verfassungsmässigen Stellung des Richters	84
	4.	Zu Aussagen über Gesetzgebung	92
	5.	Zu Aussagen an die Gesetzesunterworfenen	97
	6.	Zur Vertragsauslegung	100
B.	**Anwendungsgebiet**		101
I.	Bundesprivatrecht		101
	1.	Verfassungsrechtliche Basis	101
	2.	ZGB und OR	104
	3.	Übriges Bundesprivatrecht	108
II.	Geltung ausserhalb des Privatrechts		111
	1.	«Reichweite» von Art. 1 und 4 ZGB	111
	2.	Insbesondere öffentliches Recht	115
	3.	Verfahrensrecht	119
	4.	Nicht-schweizerisches Recht	123
C.	**Historischer und theoretischer Kontext**		127
I.	Relevanz des historischen Kontextes		127
II.	Überwindung des Naturrechts, historische Rechtsschule		130
	1.	Absolutheit und Geschichtlichkeit	130
	2.	Keine Notwendigkeit gesetzlicher Positivität	133
III.	Positivismus		136
	1.	Positivismus und Gesetz	136
	2.	Positivismus in der Schweiz	144
IV.	Rechtsfindung durch Wertung		148
	1.	Gesetz und Wertung	148
		a) Loslösung vom Gesetz	148
		b) Bedeutung einer eigenständigen Richterfunktion	151
		c) Wertung und Verstehen	154
	2.	Interessenabwägung	156
V.	Neuere Hermeneutik		159
	1.	Paradigmawechsel	159
	2.	Hermeneutischer Ansatz	162
VI.	Neuere rechtspolitische Veränderungen		168
	1.	Zunehmende Regelungsdichte	168
	2.	Überlastung der Justiz	175
	3.	Nationalstaat und Metanationalität	180
VII.	Standortbestimmung		187
	1.	Fehlende Stabilität	187
	2.	Stabilisierung durch Recht?	191
	3.	Stellung von Art. 1 und 4 ZGB	195
D.	**«Rechtsanwendung» als Rechtsfindung**		198
I.	Heutiges Verstehen von «Rechtsanwendung»		198
	1.	Geltungszeitliche Betrachtungsweise	198
	2.	Bedeutung für die Kommentierung	201
II.	Rechtsanwendung und Verstehen		207
	1.	Verstehen von Rechtsanwendung	207
		a) Beziehung zwischen Recht und Sachverhalt	207
		b) Rechtsanwendung als Verstehensprozess	209
		c) Verstehen des Gesetzes	210
	2.	Funktionen des Richters	213

		a)	Reflexion über Sprache	213
		b)	Reflexion über Normativität	215
		c)	Reflexion über sich selbst	217
		d)	Reflexion über das realistische Element	219
	3.		Begriffliches zu «Rechtsfindung»	220
III.	Insbesondere Rechtsfindung und «Wortlaut»			226
	1.		Wortlaut und Sprache als Teil des hermeneutischen Verstehens	226
	2.		Unproblematische Fälle	233
	3.		Problematische Fälle	236
IV.	Grenzen der richterlichen Rechtsfindung			243
	1.		Begrenzung durch das Wesen der Rechtsfindung	243
	2.		Begrenzung auf die Rechtsordnung	247
E.	**Rechtsvergleichung**			254
I.	Stellenwert der Rechtsvergleichung			254
II.	Vergleich mit europäischen Rechtsordnungen			261
III.	Vergleich mit dem Common Law System			266
IV.	Vergleich mit ausserrechtlichen Konfliktbereinigungsstrukturen			276

Literatur

Die Zitierung der nachstehenden Literatur erfolgt jeweils mit einer Kurzform des Titels. Weitere Literatur ist im Kommentartext je mit voller Zitation aufgeführt.

ABRAVANEL PHILIPPE	Recherches sur les méthodes d'élaboration de la décision judiciaire, in: SJZ 87 (1991), 165 ff.
ADAMOVICH LUDWIG	Die verfassungsmässige Funktion des Richters, in: ÖJZ 9 (1954), 39 ff.
ADOMEIT KLAUS	Antike Denker über den Staat, Band 1, 2. A. Heidelberg/Hamburg 1992, Band 2, Heidelberg/Hamburg 1995
AEPLI VIKTOR	Grundrechte und Privatrecht, Freiburg 1980
ALBERT HANS	Traktat über kritische Vernunft, 5. A. Tübingen 1991
ALEXY ROBERT	Recht, Vernunft, Diskurs, Frankfurt am Main, 1995 (zitiert: Recht)
–	Theorie der juristischen Argumentation, Die Theorie des rationalen Diskurses als Theorie der juristischen Begründung, 2. A. Frankfurt am Main 1991 (zitiert: Theorie)
ALWART HEINER	Recht und Handlung. Die Rechtsphilosophie in ihrer Entwicklung vom Naturrechtsdenken und vom Positivismus zu einer analytischen Hermeneutik des Rechts, Tübingen 1987
ASHENFELTER ORLEY/ EISENBERG THEODORE/ SCHWAB STEWART J.	Politics and the Judiciary: The Influence of Judicial Background on Case Outcomes, in: Journal of Legal Studies (Chicago) 24 (1995), 257 ff.
AUBERT JEAN-FRANÇOIS	De quelques limites au principe de la primauté des lois in: U. Häfelin/ W. Haller/G. Müller/D. Schindler (Hrsg.), Festschrift für Hans Nef, Zürich 1981, 1 ff., (zitiert: limites)
–	La hiérarchie des règles, in: ZSR 93 (1974) II, 193 ff. (zitiert: hiérarchie)

Vorbem. Art. 1 und 4

Auerbach Jerold S.	Justice without law? Oxford u.a. 1983
Bär Rolf	Praxisänderung und Rechtssicherheit, in: P. Forstmoser/W.R. Schluep, Freiheit und Verantwortung im Recht, Festschrift für Arthur Meier-Hayoz, Bern 1982, 1 ff.
Badura Peter	Planung durch Gesetz, in: Recht als Prozess und Gefüge, Festschrift Hans Huber, Bern 1981, 15 ff.
Baldus Manfred	Die Einheit der Rechtsordnung, Berlin 1995
Baumann Max	BGE 118 II 320 und das Känguruh, in: recht 1995, 157 ff. (zitiert: Känguruh)
–	Caligula oder Anmerkungen zur Publikationspraxis schweizerischer Gesetzgeber, in: Gesetzgebung heute 1992/93, 51 ff. (zitiert: Caligula)
–	Die sinnliche Justitia, Zürich 1996 (zitiert: Jusitia)
–	Recht/Gerechtigkeit in Sprache und Zeit, Zürich 1991 (zitiert: Recht)
–	Recht – Sprache – Medien oder die Notwendigkeit der interdisziplinären Öffnung der Rechtswissenschaft, in: Gesetzgebung heute LeGes 1995/3, 11 ff. (zitiert: Sprache)
Baumann Max/ Walder Sabina	Von der Wiege bis zur Bahre schreibt der Bürger Formulare oder Versuch einer Annäherung an eine verkannte Rechtsquelle, in: SJZ 90 (1994), 393 ff.
Baumgartner Arthur	Grundzüge der juristischen Methodenlehre, Bern 1939
Baur Georges S.	Zur Verwendung der Archetypentheorie von C.G. Jung im Recht, Zürich 1995
Beck Hans	Gefahren des extremen Rechtspositivismus in der österreichischen Gesetzgebung, in: ÖJZ 13 (1958), 533 ff.
Béguelin Michel	Das Gewohnheitsrecht in der Praxis des Bundesgerichts, Diss. Bern 1968
Behrends Okko	Die rechtsethischen Grundlagen des Privatrechts, in: F. Bydlinski/ Th. Mayer-Maly (Hrsg.), Die ethischen Grundlagen des Privatrechts, Wien/New York 1994, 1 ff.
Bender Bernd	Zur Methode der Rechtsfindung bei der Auslegung und Fortbildung gesetzten Rechts, in: JZ 12 (1957), 593 ff.
Bertossa Francesco D. A.	Der Beurteilungsspielraum, Zur richterlichen Kontrolle von Ermessen und unbestimmten Gesetzesbegriffen im Verwaltungsrecht, Diss. Bern 1984
Betti Emilio	Die Problematik der Auslegung in der Rechtswissenschaft, in: P. Bockelmann/A. Kaufmann/U. Klug (Hrsg.), Festschrift für Karl Engisch, Frankfurt am Main 1969, 205 ff. (zitiert: Problematik)
–	Zur Grundlegung einer allgemeinen Auslegungslehre, in: W. Kunkel/ H.J. Wolff (Hrsg.), Festschrift für Ernst Rabel, Band II: Geschichte der antiken Rechte und allgemeine Rechtslehre, Tübingen 1954, 79 ff. (zitiert: Grundlegung)
Biaggini Giovanni	Verfassung und Richterrecht. Verfassungsrechtliche Grenzen der Rechtsfortbildung im Wege der bundesgerichtlichen Rechtsprechung, Basel/Frankfurt am Main 1991

Vorbem. Art. 1 und 4

BIERBRAUER GÜNTER ET AL.	(Hrsg.) Verfahrensgerechtigkeit. Rechtspsychologische Forschungsbeiträge für die Justizpraxis, Köln 1995
BINDER JULIUS	Philosophie des Rechts, Berlin 1925
BISCHOFF JACQUES	Allgemeine Erfahrungen bei der Rechtsvereinheitlichung in der UNCITRAL, in: SZIER 1993, 623 ff.
BLUMENSTEIN ERNST	Die authentische Gesetzesauslegung, in: MBVR 36 (1938), 1 ff.
BÖCKEL MARKUS	Instrumente der Einpassung neuen Rechts in die Rechtsordnung, Berlin 1993
BÖCKENFÖRDE WERNER	Der allgemeine Gleichheitsgrundsatz und die Aufgabe des Richters, Berlin 1957
BÖHM WOLFGANG	Zum Verhältnis von Rechtstheorie und Rechtsdogmatik, in: JZ 25 (1970), 767 ff.
BOLLA AUGUSTO	Il testo italiano nella interpretazione della legge svizzera, in: ZBJV 91bis (1955), Rechtsquellenprobleme im Schweizerischen Recht, Festgabe für den Schweizerischen Juristenverein, 56 ff.
BOSSARD RICHARD	Gedanken zu einer Sozialpsychologie des Rechts und des Rechtswesens, in: R. Jakob/M. Usteri/R. Weimar (Hrsg.), Psyche – Recht – Gesellschaft, Widmungsschrift für Manfred Rehbinder, Bern 1995, 81 ff.
BRANDENBURG HANS-FRIEDRICH	Die teleologische Reduktion, Göttingen 1983
BREIDENBACH STEPHAN	Mediation, Stuktur, Chancen und Risiken von Vermittlung im Konflikt, Köln 1995
BREM ERNST	Funktionale Rechtsanwendung und Interessenjurisprudenz, in: Beiträge zur Methode des Rechts, St.Galler Festgabe zum Schweizerischen Juristentag 1981, Bern/Stuttgart 1981, 87 ff.
BREWER SCOTT	Exemplary Reasoning: Semantics, Pragmatics, an the Rational Force of Legal Argument by Analogy, Harvard Law Review 109 (1996), 923 ff.
BROGGINI GERARDO	Intertemporales Privatrecht, in: M. Gutzwiller (Hrsg.), Schweizerisches Privatrecht, Bd. I: Geschichte und Geltungsbereich, Basel/Stuttgart 1969, 355 ff. (zitiert: Privatrecht)
–	Réflexions sur l'Equité dans l'arbitrage international, in: Bulletin ASA 1991, 95 ff. (zitiert: Equité)
BRÜCKNER CHRISTIAN	Die Trennung von Privatrecht und öffentlichem Recht – ein Beispiel für die Suggestivkraft von Begriffen, in: Privatrecht, öffentliches Recht, Strafrecht, Grenzen und Grenzüberschreitungen, Festgabe zum Schweizerischen Juristentag 1985, Basel/Frankfurt am Main 1985, 35 ff.
BRUNNER ANDREAS	Technische Normen in Rechtsetzung und Rechtsanwendung, Basel 1991
BRUNNER URSULA	Rechtsetzung durch Private, Zürich 1982
BUCHER ANDREAS	Methodenehrlichkeit und das Urteil des Bundesgerichts im Falle Cardo, in: U. Falkner/M. Zweifel (Hrsg.), Aspekte der Rechtsentwicklung. Zum 50. Geburtstag von Arthur Meier-Hayoz, Zürich 1972, 43 ff.

Vorbem. Art. 1 und 4

BUCHER EUGEN	Der Ausschluss dispositiven Gesetzesrechts durch vertragliche Absprachen, Bemerkungen zu den Erscheinungsformen dispositiver Rechtssätze, in: Festgabe für Henri Deschenaux, Freiburg 1977, 249 ff.
–	«Drittwirkung der Grundrechte», in: SJZ 83 (1987), 37 ff. (zitiert: Drittwirkung)
–	Hundert Jahre schweizerisches Obligationenrecht: Wo stehen wir heute im Vertragsrecht? in: ZSR 102 (1983) II, 251 ff.
–	Was ist «Begriffsjurisprudenz»? in: ZBJV 102 (1966), 274 ff. (zitiert: Begriffsjurisprudenz)
BUCHER THEODOR	Überlegungen zu Logistik und Logik für den Juristen, in: ZSR 96 (1977) I, 127 ff.
–	Faktische Rechtsquellen, in: I. Meier/H.M. Riemer/P. Weimar (Hrsg.), Recht und Rechtsdurchsetzung, Festschrift für Hans Ulrich Walder, Zürich 1994, 153 ff. (zitiert: faktische Rechtsquellen)
–	Rechtsquellenlehre, 3 Bde., Zürich 1977/80/85 (zitiert: Rechtsquellenlehre)
–	Technische Normen, technische Vorschriften und Konformitätsnachweis nach EG-Recht, Zürich 1993 (zitiert: Normen)
BÜLLESBACH ALFRED	Systemtheoretische Ansätze, in: A. Kaufmann/W. Hassemer (Hrsg.), Einführung in Rechtsphilosophie und Rechtstheorie der Gegenwart, 6. A. Heidelberg 1994, 371 ff.
BULTMANN RUDOLF	Das Problem der Hermeneutik, in: R. Bultmann, Glauben und Verstehen, Gesammelte Aufsätze, Band II, 5. A. Tübingen 1968, 211 ff.
BURCKHARDT WALTHER	Das Recht als Tatsache und als Postulat, in: Festgabe für Max Huber, Zürich 1934, 75 ff.
–	Der Vertrag im Privatrecht und im öffentlichen Recht, in: Festschrift zum 50-jährigen Bestehen des Schweizerischen Bundesgerichts, Bern 1924, 1 ff.
–	Die Lücken des Gesetzes und die Gesetzesauslegung, Bern 1925
–	Die Organisation der Rechtsgemeinschaft, 2. A. Zürich 1944, Nachdruck 1971 (zitiert: Organisation)
–	Einführung in die Rechtswissenschaft, 2. A. Zürich 1948, Nachdruck 1976
–	Methode und System des Rechts, Zürich 1936, Nachdruck 1971 (zitiert: Methode)
BUSER WALTER	Die Organisation der Rechtsetzung, in: ZSR 93 (1974) II, 377 ff.
BUSSE DIETRICH	Juristische Semantik, Grundfragen der juristischen Interpretationstheorie in sprachwissenschaftlicher Sicht, Berlin 1993 (zitiert: Semantik)
–	Recht als Text, Linguistische Untersuchungen zur Arbeit mit Sprache in einer gesellschaftlichen Institution, Tübingen 1992 (zitiert: Recht)
BYDLINSKI FRANZ	Einleitung, in: P. Rummel (Hrsg.), Kommentar zum Allgemeinen bürgerlichen Gesetzbuch, 1. Band, Wien 1983 (zitiert: Kommentar)

–	Fundamentale Rechtsgrundsätze, zur rechtsethischen Verfassung der Sozietät, Wien/New York 1988 (zitiert: Rechtsgrundsätze)
–	Hauptpositionen zum Richterrecht, in: JZ 40 (1985), 149 ff. (zitiert: Hauptpositionen)
–	Juristische Methodenlehre und Rechtsbegriff, 2. A. Wien/New York 1991 (zitiert: Methodenlehre)
CAGIANUT FRANCIS	Die Bedeutung des Zivilrechts für den Verwaltungsrichter, in: E. Brem/ J.N. Druey/E.A. Kramer/Y. Schwander (Hrsg.), Festschrift für Mario M. Pedrazzini, Bern 1990, 95 ff.
CANARIS CLAUS-WILHELM	Die Feststellung von Lücken im Gesetz. Eine methodologische Studie über Voraussetzungen und Grenzen der richterlichen Rechtsfortbildung praeter legem, 2. A. Berlin 1983 (zitiert: Lücken)
–	Systemdenken und Systembegriff in der Jurisprudenz, entwickelt am Beispiel deutschen Privatrechts, Berlin 1983 (zitiert: Systemdenken)
CARONI PIO	Das «demokratische Privatrecht» des Zivilgesetzbuches, A. Menger und E. Huber zum Wesen eines sozialen Privatrechts, in: Festgabe für Henri Deschenaux, Freiburg 1977, 37 ff. (zitiert: demokratisches Privatrecht)
–	Einleitungsartikel des Zivilgesetzbuches, Basel 1996
–	«Privatrecht», Eine sozialhistorische Einführung, Basel/Frankfurt am Main 1988
CHRISTENSEN RALPH	Was heisst Gesetzesbindung? Eine rechtslinguistische Untersuchung, Berlin 1989
COING HELMUT	Bemerkungen zum überkommenen Zivilrechtssystem, in: E. von Caemmerer/A. Nikisch/K. Zweigert (Hrsg.), Vom deutschen zum europäischen Recht, Festschrift für Hans Dölle, Tübingen 1963, 25 ff. (zitiert: Bemerkungen)
–	Die juristischen Auslegungsmethoden und die Lehren der allgemeinen Hermeneutik, Köln/Opladen 1959
–	Die obersten Grundsätze des Rechts, Ein Versuch zur Neugründung des Naturrechts, Heidelberg 1947 (zitiert: Grundsätze)
–	Erfahrungen mit einer bürgerlich-rechtlichen Kodifikation in Deutschland, in: ZVglRWiss 81 (1982), 1 ff. (zitiert: Erfahrungen)
–	Europäisches Privatrecht, 2 Bde., München 1985/89 (zitiert: Europäisches Privatrecht)
–	Juristische Methodenlehre, Berlin/New York 1972
–	Savignys rechtspolitische und methodische Anschauungen in ihrer Bedeutung für die gegenwärtige deutsche Rechtswissenschaft, in: ZBJV 91 (1955), 329 ff. (zitiert: Savigny)
–	System, Geschichte und Interesse in der Privatrechtswissenschaft, in: JZ 6 (1951), 481 ff.
COLEMAN JAMES S.	Foundations of Social Theory, Cambridge (Massachusetts)/London 1990
VON DER CRONE HANS CASPAR	Rahmenverträge, Vertragsrecht – Systemtheorie – Ökonomie, Zürich 1993

Vorbem. Art. 1 und 4

DESCHENAUX HENRI	Der Einleitungstitel, in: M. Gutzwiller (Hrsg.), Schweizerisches Privtrecht, Band II: Einleitung und Personenrecht, Basel/Stuttgart 1967, 1 ff. (zitiert: Einleitungstitel)
–	Le traitement de l'équité en droit suisse, in: Recueil de travaux suisses présentés au VIIIe Congrès International de Droit Comparé, Basel/Stuttgart 1970, 27 ff.
–	Les procédés du raisonnement dans l'interprétation et le complètement de la loi, in: Festschrift Max Guldener, Zürich 1973, 21 ff.
DOBLER PHILIPP	Recht auf demokratischen Ungehorsam – Widerstand in der demokratischen Gesellschaft basierend auf den Grundprinzipien des kritischen Rationalismus, Fribourg 1995
DREIER RALF	Gesetzliches Unrecht im SED-Staat? Am Beispiel des DDR-Grenzgesetzes in: F. Haft/W. Hassemer/U. Neumann/W. Schild/U. Schroth (Hrsg.), Strafgerechtigkeit, Festschrift für Arthur Kaufmann, Heidelberg 1993, 57 ff. (zitiert: Unrecht)
–	Zum Selbstverständnis der Jurisprudenz als Wissenschaft, in: K. Engisch/H.L.A. Hart/H. Kelsen/U. Klug/K. Popper (Hrsg.), Rechtstheorie, Zeitschrift für Logik, Methodenlehre, Kybernetik und Soziologie des Rechts, 2. Band, Berlin 1971, 37 ff. (zitiert: Selbstverständnis)
DRUEY JEAN NICOLAS	Interessenabwägung – eine Methode? in: Beiträge zur Methode des Rechts, St. Galler Festgabe zum Schweizerischen Juristentag 1981, Bern/Stuttgart 1981, 131 ff. (zitiert: Interessenabwägung)
–	Privatrecht als Recht der Kommunikation, in: SJZ 79 (1983), 185 ff. (zitiert: Privatrecht)
DU PASQUIER CLAUDE	Les lacunes de la loi et la jurisprudence du Tribunal fédéral suisse sur l'art. 1er CCS, Basel 1951
DUBISCHAR ROLAND	Grundbegriffe des Rechts. Eine Einführung in die Rechtstheorie, Stuttgart 1968
DUBS HANS	Praxisänderungen, Basel 1949
DÜRR DAVID	Der soziale Gedanken der Produktehaftpflicht, WUR 1980, 256 ff.
–	Diskursives Recht. Zur theoretischen Grundlegung rechtlicher Einflussnahme auf überindividuelle Konflikte, Zürich 1994 (zitiert: diskursives Recht)
–	Mietzinsherabsetzung und Einrede des nicht übersetzten Ertrags. Ein aktuelles Beispiel für die Beziehung zwischen Rechtsdogmatik, Rechtsmethodologie und Rechtstheorie, in: SJZ 91 (1995), 265 ff.
–	Privatrecht als Recht des wirtschaftlichen Strukturwandels, in: Aspekte des Wirtschaftsrechts, Festgabe zum Schweizerischen Juristentag 1994, Zürich 1994, 51 ff. (zitiert: Strukturwandel)
DWORKIN RONALD	Law's Empire, Cambridge (Massachusetts)/London 1986
ECKER WALTHER	Das Recht wird in und mit der Auslegung, in: JZ 24 (1969), 477 ff.
EDLIN GREGOR	Begriffs- und Interessenjurisprudenz, in: SJZ 28 (1931/32), 369 ff.
EGGER AUGUST	Die Freiheitsidee im schweizerischen Zivilrecht, in: Die Freiheit des Bürgers, Festgabe zur 100-Jahrfeier der BV, Zürich 1948 (zitiert: Freiheitsidee)

Vorbem. Art. 1 und 4

–	Die Macht der Rechtsidee, in: A. Egger, Ausgewählte Schriften und Abhandlungen (hrsg. von W. Hug), Band I, Zürich 1957, 9 ff.
–	Grundsätze der Vertragsauslegung, in: A. Egger, Ausgewählte Schriften und Abhandlungen (hrsg. von W. Hug), Band II, Zürich 1957, 103 ff.
–	in: Zürcher Kommentar, I. Band: Einleitung und Personenrecht, 2. A. Zürich 1930, Nachdruck 1978 (zitiert: Zürcher Kommentar)
–	Schweizerische Rechtsprechung und Rechtswissenschaft, Berlin 1913
–	Über die Rechtsethik des schweizerischen Zivilgesetzbuches, 2. A. Zürich 1950
–	Vom individualistischen zum sozialen Zivilrecht, in: A. Egger, Ausgewählte Schriften und Abhandlungen (hrsg. von W. Hug), Band I, Zürich 1957, 209 ff.
EGLI URS	Vergleichsdruck im Zivilprozess, Berlin 1996
EHRENZWEIG ARMIN	System des österreichischen allgemeinen Privatrechts, 6. A. Wien 1925
EHRLICH EUGEN	Die «bewährte Lehre und Überlieferung», in: SJZ 16 (1919/20), 225 ff.
–	Freie Rechtsfindung und freie Rechtswissenschaft, Leipzig 1903, Neudruck Aalen 1987 (zitiert: Rechtsfindung)
–	Lücken im Recht, in: JBl 1888, 447 ff.
EICHENBERGER KURT	Sonderheiten und Schwierigkeiten der richterlichen Unabhängigkeit in der Schweiz, in: R. Frank (Hrsg.), Unabhängigkeit und Bindungen des Richters, Basel 1990, 57 ff. (zitiert: Sonderheiten)
–	Von der Rechtsetzungsfunktion im heutigen Staat, in: ZSR 93 (1974) II, 7 ff. (zitiert: Rechtsetzungsfunktion)
ENGEL PIERRE	Cent ans de contrat sous l'empire des dispositions générales du Code fédéral des obligations, in: ZSR 102 (1983) II, 1 ff.
ENGISCH KARL	Der Begriff der Rechtslücke, in: Festschrift für Wilhelm Sauer, Berlin 1949, 85 ff.
–	Die Einheit der Rechtsordnung, Heidelberg 1935
–	Die Idee der Konkretisierung in Recht und Rechtswissenschaft unserer Zeit, 2. A. Heidelberg 1968 (zitiert: Konkretisierung)
–	Logische Studien zur Gesetzesanwendung, 3. A. Heidelberg 1963 (zitiert: Gesetzesanwendung)
–	Wahrheit und Richtigkeit im juristischen Denken, München 1963
ENGLER LEO	Die Überprüfung von Ermessensentscheiden gemäss Art. 4 ZGB in der neueren bundesgerichtlichen Rechtsprechung, Diss. Freiburg i. Üe. 1974
ENNECCERUS LUDWIG/ NIPPERDEY HANS CARL	Allgemeiner Teil des bürgerlichen Rechts, Erster Halbband, 15. A. Tübingen 1959
ESSER JOSEF	Die Interpretation im Recht, in: Studium Generale 7 (1954), 372 ff.
–	Dogmatik zwischen Theorie und Praxis, in: F. Baur/J. Esser/F. Kübler/ E. Steindorff (Hrsg.), Funktionswandel der Privatrechtsinstitutionen, Festschrift für Ludwig Raiser, Tübingen 1974, 517 ff.

Vorbem. Art. 1 und 4

–	Gedanken zur Dogmatik der «faktischen Schuldverhältnisse», AcP 157 (1958/9), 86 ff.
–	Grundsatz und Norm in der richterlichen Fortbildung des Privatrechts, Rechtsvergleichende Beiträge zur Rechtsquellen- und Interpretationslehre, 4. A. Tübingen 1990 (zitiert: Grundsatz)
–	Juristisches Argumentieren im Wandel des Rechtsfindungskonzepts unseres Jahrhunderts, Heidelberg 1979
–	Vorverständnis und Methodenwahl in der Rechtsfindung, Rationalitätsgrundlagen richterlicher Entscheidungspraxis, 2. A. Frankfurt am Main 1972 (zitiert: Vorverständnis)
–	Wert und Bedeutung der Rechtsfiktionen, Frankfurt am Main 1940
FALKNER URSULA/ ZWEIFEL MARTIN	Aspekte der Rechtsentwicklung. Zum 50. Geburtstag von Arthur Meier-Hayoz, Zürich 1972
FELLMANN WALTER	Der Übergag des Mietverhältnisses nach Art. 261 OR – Ein gesetzlicher Parteienwechsel mit Lücken und Tücken, in: AJP 1994, 539 ff.
FEYERABEND PAUL	Wider den Methodenzwang, 3. A. Frankfurt am Main 1991
FIKENTISCHER WOLFGANG	Gedanken zu einer rechtsvergleichenden Methodenlehre, in: C.H. Ule/ K.H. Schwab/H.C. Nipperdey/E. Ulmer/I. Seidl-Hohenveldern (Hrsg.), Recht im Wandel, Beiträge zu Strömungen und Fragen im heutigen Recht, Köln/Berlin/Bonn/München 1965, 141 ff. (zitiert: Gedanken)
–	Methoden des Rechts in vergleichender Darstellung, 5 Bde., Tübingen 1975–77 (zitiert: Methoden)
–	Systemfragen im europäischen Recht der Wettbewerbsbeschränkungen, in: Wirtschaftsordnung und Rechtsordnung, Festschrift Franz Böhm, Karlsruhe 1995, 261 ff.
FLEINER THOMAS	Die verfassungsrechtliche Bedeutung von Art. 1 Abs. 2 ZGB, in: B. Schnyder/P. Gauch (Hrsg.), Gedächnisschrift Peter Jäggi, Freiburg i. Üe. 1977, 315 ff. (zitiert: Bedeutung)
–	Recht und Gerechtigkeit, Eine Einführung in rechtliche und staatsphilosophische Grundfragen, Zürich 1975
–	Rechtsvergleichende Überlegungen zur Rechtsquellenlehre, in: E.V. Heyen (Hrsg.), Vom normativen Wandel des Politischen, Rechts- und staatsphilosophisches Kolloquium aus Anlass des 70. Geburtstags von Hans Ryffel, Berlin 1984, 97 ff. (zitiert: Rechtsquellenlehre)
FLUME WERNER	Die Problematik der Änderung des Charakters der grossen Kommentare, erörtert an Beispielen in der Besprechung der 2. Auflage des Münchener Kommentars zum Allgemeinen Teil des BGB, in: JZ 40 (1985), 470 ff.
–	Gewohnheitsrecht und römisches Recht, Opladen 1975 (zitiert: Gewohnheitsrecht)
FORSTER MARC	Die Bedeutung der Kritik an der bundesgerichtlichen Praxis, Elemente einer allgemeinen Rezeptionstheorie unter besonderer Berücksichtigung der Bundesgerichtspraxis zur Verbrechenslehre, Diss St. Gallen 1992 (zitiert: Bedeutung)

–	Die Korrektur des strafrechtlichen Rechtsgüter- und Sanktionenkataloges im gesellschaftlichen Wandel, in: ZSR 114 (1995) II, 1 ff.
FORSTMOSER PETER/ OGOREK REGINA/ SCHLUEP WALTER R.	(Hrsg.) Rechtsanwendung in Theorie und Praxis, Symposium zum 70. Geburtstag von A. Meier-Hayoz, Basel 1993
FORSTMOSER PETER/ SCHLUEP WALTER R.	Einführung in die Rechtswissenschaft, Band I: Einführung in das Recht, Bern 1992
FOUCAULT MICHEL	Die Ordnung des Diskurses, übersetzte Ausgabe Frankfurt am Main 1994
FRANK RICHARD	Von der Gesetzgebungslehre zur Gesetzgebungskunst, Kritisches namentlich zur Umsetzung europäischen Rechts, in: SJZ 90 (1994), 350 ff.
FRIEDRICH HANS-PETER	Die Analogie als Mittel der richterlichen Rechtsfindung, in: ZSR 71 (1952), 439 ff.
FUCHS ERNST	Gerechtigkeitswissenschaft, Ausgewählte Schriften zur Freirechtslehre (hrsg. von A.S. Foulkes und A. Kaufmann), Karlsruhe 1965
GADAMER HANS-GEORG	Wahrheit und Methode, Gesammelte Werke, 2 Bde., Tübingen 1990/ 1993
GARRN HEINO	Wertproblematik und Begründungsstruktur im Recht, in: K.-O. Apel/ M. Kettner (Hrsg.), Mythos Wertfreiheit? Neue Beiträge zur Objektivität in den Human- und Kulturwissenschaften, Frankfurt/New York 1994, 213 ff. (zitiert: Wertproblematik)
–	Zur Rationalität rechtlicher Entscheidungen, Wiesbaden 1986 (zitiert: Rationalität)
GAUYE OSCAR	Inventar zur Dokumentation über die Erarbeitung des Schweizerischen Zivilgesetzbuches 1885–1907, in: Schweizerische Zeitschrift für Geschichte 13 (1963), 54 ff.
GERMANN OSCAR ADOLF	Durch die Judikatur erzeugte Rechtsnormen, Zürich 1976
–	Gesetzeslücken und ergänzende Rechtsfindung, in: O.A. Germann, Probleme und Methoden der Rechtsfindung, 2. A. Bern 1967, 111 ff. (zitiert: Gesetzeslücken)
–	Methoden der Gesetzesauslegung, in: O.A. Germann, Probleme und Methoden der Rechtsfindung, 2. A. Bern 1967, 47 ff. (zitiert: Methoden)
–	Methodische Grundfagen, Basel 1946
–	Präjudizielle Tragweite höchstinstanzlicher Urteile, insbesondere der Urteile des Schweizerischen Bundesgerichtes, in: ZSR 68 (1949), 297 ff., 423 ff.
–	Präjudizien als Rechtsquelle, Stockholm/Göteborg/Uppsala 1960 (zitiert: Präjudizien)
–	Primat des Gesetzes, in: O.A. Germann, Probleme und Methoden der Rechtsfindung, 2. A. Bern 1967, 279 ff. (zitiert: Primat)
–	Problematik der Ermessensentscheide, in: O.A. Germann, Probleme und Methoden der Rechtsfindung, 2. A. Bern 1967, 343 ff. (zitiert: Ermessensentscheide)

Vorbem. Art. 1 und 4

–	Zum Verhältnis zwischen Rechtsquellen und Rechtsfindung, in: O.A. Germann, Probleme und Methoden der Rechtsfindung, 2. A. Bern 1967, 367 ff. (zitiert: Verhältnis)
–	Zur Überwindung des Positivismus im schweizerischen Recht, in: O.A. Germann, Probleme und Methoden der Rechtsfindung, 2. A. Bern 1967, 307 ff. (zitiert: Positivismus)
VON GIERKE OTTO	Die soziale Aufgabe des Privatrechts, Frankfurt am Main 1943 (Neuauflage eines 1889 in Wien publizierten Vortrags)
GIGER HANS	Gesetzgebung und Verantwortung, in: SJZ 81 (1985), 1 ff.
–	Grundsätzliches zum richterlichen Eingriff in den Vertrag, in: ZBJV 105 (1969), 309 ff. (zitiert: Vertrag)
GILMORE GRANT	The death of contract, Ohio 1978
GMÜR MAX	Die Anwendung des Rechts nach Art. 1 des schweizerischen Zivilgesetzbuches, Bern 1908
–	in: Berner Kommentar, Band I: Einleitung und Personenrecht, 2. A. Bern 1919
–	in: M. Gmür (Hrsg.), Kommentar zum Schweizerischen Zivilgesetzbuch, Band I: Einleitung und Personenrecht, Bern 1910 (zitiert: Berner Kommentar, 1. A.)
GMÜR RUDOLF	Rechtswirkungsdenken in der Privatgeschichte, Theorie und Geschichte der Denkform des Entstehens und Erlöschens von subjektiven Rechten und anderen Rechtsgebilden, Bern 1981
GOOD PAUL (HRSG.)	Von der Verantwortung des Wissens, Frankfurt am Main 1982
GOODY JACK	Die Logik der Schrift und die Organisation von Gesellschaft, Frankfurt am Main 1990
GRIMM DIETER	Die verfassungsrechtlichen Grundlagen der Privatrechtsgesetzgebung, Handbuch der Quellen und Literatur der neueren europäischen Privatrechtsgeschichte, Band III/1, München 1982, 17 ff.
GROSSFELD BERNHARD	Der Buchstabe des Gesetzes. Zur Rechtsvergleichung mit anderen Schriftkulturen, in: JZ 42 (1987), 1 ff.
–	Zivilrecht als Gestaltungsaufgabe, Heidelberg/Karlsruhe 1977
GUTZWILLER MAX	Zur Lehre von der «Natur der Sache», in: Festgabe zur 59. Jahresversammlung des Schweizerischen Juristenvereins, Fribourg 1924, 282 ff.
GYGI FRITZ	Vom Anfang und vom Ende der Rechtsfindung. Zur Tragweite des Wortlautes bei der Auslegung, in: recht 1983, 73 ff. (zitiert: Rechtsfindung)
–	Zur bundesstaatlichen Rechtssetzungszuständigkeit im Gebiet des Obligationen- und Handelsrechts, in: ZSR 103 (1984) I, 1 ff.
–	Zur Rechtsetzungszuständigkeit des Bundes auf dem Gebiete des Zivilrechtes (BV 64), in: ZSR 95 (1976) I, 343 ff. (zitiert: Rechtsetzungszuständigkeit)
HABERMAS JÜRGEN	Faktizität und Geltung, Beiträge zur Diskurstheorie des Rechts und des demokratischen Rechtsstaats, 3. A. Frankfurt am Main 1993

Vorbem. Art. 1 und 4

HÄFELIN ULRICH	Bindung des Richters an den Wortlaut des Gesetzes, in: H.M. Riemer/ H.U. Walder/P. Weimar (Hrsg.), Festschrift für Cyril Hegnauer, Bern 1986, 111 ff. (zitiert: Bindung)
–	Die verfassungskonforme Auslegung und ihre Grenzen, in: Recht als Prozess und Gefüge, Festschrift für Hans Huber, Bern 1981, 241 ff. (zitiert: Auslegung)
–	Wertung und Interessenabwägung in der richterlichen Rechtsfindung in: W. Haller/A. Kölz/G. Müller/D. Thürer (Hrsg.), Im Dienst an der Gemeinschaft, Festschrift für Dietrich Schindler, Basel/Frankfurt am Main 1989, 585 ff. (zitiert: Wertung)
–	Zur Lückenfüllung im öffentlichen Recht, in: U. Häfelin/W. Haller/ G. Müller/D. Schindler (Hrsg.), Festschrift für Hans Nef, Zürich 1981, 91 ff. (zitiert: Lückenfüllung)
HÄFLIGER ROLF	Die Namensänderung nach Art. 30 ZGB, Zürich 1996
HANNAPEL HANS/ MELENK HARTMUT	Alltagssprache, Semantische Grundbegriffe und Analysebeispiele, 2. A. München 1984, Nachdruck 1990
HART HENRY M./ SACKS ALBERT M.	The Legal Process, Basic Problems in the Making and Application of Law, Westbury, New York, 1994
HART HERBERT L.A.	Der Positivismus und die Trennung von Recht und Moral, in: H.L.A. Hart, Recht und Moral, Drei Aufsätze (hrsg. von N. Hoerster), Göttingen 1971, 14 ff. (zitiert: Positivismus)
–	The Concept of Law, Oxford 1984 (zitiert: Concept)
HASENBÜHLER FRANZ	Richter und Gesetzgeber in der Schweiz, in: R. Frank (Hrsg.), Unabhängigkeit und Bindungen des Richters, Basel 1990, 83 ff.
HATTENHAUER HANS	Europäische Rechtsgeschichte, Heidelberg 1994,
HAUSER ROBERT/ REHBERG JÖRG/ STRATENWERTH GÜNTER	(Hrsg.) Gedächtnisschrift für Peter Noll, Zürich 1973
HAUSHEER HEINZ	Die Allgemeinverbindlicherklärung von Kollektivverträgen als gesetzgeberisches Gestaltungsmittel, Basel 1976
HECK PHILIPP	Begriffsbildung und Interessenjurisprudenz (Tübingen 1932), in: Ph. Heck, Das Problem der Rechtsgewinnung, Gesetzesauslegung und Interessenjurisprudenz, Begriffsbildung und Interessenjurisprudenz, Studien und Texte zur Theorie und Methodologie des Rechts (hrsg. von J. Esser), Band 2, Bad Homburg vor der Höhe/Berlin/Zürich 1968, 142 ff.
–	Das Problem der Rechtsgewinnung (Tübingen 1932), in: Ph. Heck, Das Problem der Rechtsgewinnung, Gesetzesauslegung und Interessenjurisprudenz, Begriffsbildung und Interessenjurisprudenz, Studien und Texte zur Theorie und Methodologie des Rechts (hrsg. von J. Esser), Band 2, Bad Homburg vor der Höhe/Berlin/Zürich 1968, 9 ff. (zitiert: Rechtsgewinnung)
–	Gesetzesauslegung und Interessenjurisprudenz (Tübingen 1914), in: Ph. Heck, Das Problem der Rechtsgewinnung, Gesetzesauslegung und Interessenjurisprudenz, Begriffsbildung und Interessenjurisprudenz, Studien und Texte zur Theorie und Methodologie des Rechts

Vorbem. Art. 1 und 4

	(hrsg. von J. Esser), Band 2, Bad Homburg vor der Höhe/Berlin/Zürich 1968, 46 ff.
–	Interessenjurisprudenz, Tübingen 1933
–	Rechtsphilosophie und Interessenjurisprudenz, in: AcP 143 (1937), 129 ff.
HEDEMANN JUSTUS WILHELM	Das freie Ermessen in der Gerichtsbarkeit, Tübingen 1925
–	Die Fortschritte des Zivilrechts im XIX. Jahrhundert, Ein Überblick über die Entfaltung des Privatrechts in Deutschland, Österreich, Frankreich und der Schweiz, Erster Teil: Die Neuordnung des Verkehrslebens, Berlin 1910 (zitiert: Fortschritte)
–	Flucht in die Generalklauseln, Tübingen 1933
HERBERGER MAXIMILIAN/ SIMON DIETER	Wissenschaftstheorie für Juristen, Frankfurt am Main 1980
HIGI PETER	Die Schlichtungsstellen und ihre Bewährtheit: der Versuch, eine diffuse rechtspolitische «Leistungsbewertung» zu objektivieren, Zürich 1996 (zitiert: Schlichtungsstellen)
–	Sein und Sollen in der marxistischen Rechtstheorie unter Berücksichtigung des marxistischen Wissenschaftsverständnisses, Zürich 1988 (zitiert: Sein und Sollen)
HINDERLING HANS GEORG	Rechtsnorm und Verstehen. Die methodischen Folgen einer allgemeinen Hermeneutik für die Prinzipien der Verfassungsauslegung, Diss. Bern 1971
VON HIPPEL EIKE	Rechtspolitik. Ziele – Akteure – Schwerpunkte, Berlin 1992
VON HIPPEL ERNST	Einführung in die Rechtstheorie, 4. A. Münster 1955
HÖHN ERNST	Die Bedeutung der Verfassung für die Auslegung der Gesetze, in: W. Haller/A. Kölz/G. Müller/D. Thürer (Hrsg.), Festschrift für Ulrich Häfelin, Zürich 1989, 257 ff. (zitiert: Bedeutung)
–	Gesetzesauslegung, Rechtsfortbildung und richterliche Gesetzesergänzung im Steuerrecht, in: ASA 51 (1982/83), 385 ff.
–	Legalitätsprinzip und modernes Auslegungsverständnis, in: U. Häfelin/W. Haller/G. Müller/D. Schindler (Hrsg.), Festschrift für Hans Nef, Zürich 1981, 157 ff. (zitiert: Legalitätsprinzip)
–	Praktische Methodik der Gesetzesauslegung, Zürich 1993 (zitiert: Methodik)
HOMBERGER ARTHUR	Begriffsjurisprudenz und Interessenjurisprudenz, in: ZBJV 68 (1932), 1 ff.
–	Das Schweizerische Zivilgesetzbuch, 2. A. Zürich 1943
HORWITZ MORTON J.	The Transformation of American Law, New York/Oxford 1992
HOTZ REINHOLD	Methodische Rechtsetzung, eine Aufgabe der Verwaltung, Zürich 1983
HUBER CHRISTIAN	Gesetzesauslegung am Beispiel des Betäubungsmittelgesetzes, in: SJZ 89 (1993), 169 ff.
HUBER EUGEN	Bewährte Lehre, in: Politisches Jahrbuch der Schweizerischen Eidgenossenschaft 25 (1911), 3 ff.
–	Das Absolute im Recht, Bern 1922 (zitiert: das Absolute)

Vorbem. Art. 1 und 4

–	Recht und Rechtsverwirklichung, Probleme der Gesetzgebung und der Rechtsphilosophie, 2. A. Basel 1925 (zitiert: Recht)
–	Schweizerisches Zivilgesetzbuch, Erläuterungen zum Vorentwurf des Justiz- und Polizeidepartements, 2 Bde., 2. Ausgabe Bern 1914 (zitiert: Erläuterungen)
–	System und Geschichte des Schweizerischen Privatrechts, 4 Bde., Basel 1888–1893 (zitiert: System)
HUG WALTHER	Zur Praxis der Bundesgesetzgebung in der Schweiz, in: Rechtsfindung, Festschrift Oscar Adolf Germann, Bern 1969, 109 ff.
HUWILER BRUNO	Aequitas und bona fides als Faktoren der Rechtsverwirklichung: zur Gesetzgebungsgeschichte des Rechtsmissbrauchsverbotes (Art. 2 Abs. 2 ZGB), in: B. Schmidlin (Hrsg.), Vers un droit privé européen commun? – Skizzen zum gemeineuropäischen Privatrecht, Basel 1994, 57 ff.
JAAG TOBIAS	Die Abgrenzung zwischen Rechtssatz und Einzelakt, Zürich 1985
JÄGGI PETER	Grundfragen der Privatrechts-Entwicklung, in: Regards sur le droit suisse: aujourd'hui et demain, Basel 1964, 153 ff. (zitiert: Grundfragen)
–	Positives und natürliches Privatrecht, in: Ius et lex, Festgabe zum 70. Geburtstag von Max Gutzwiller, Basel 1959, 636 ff.
–	Privatrecht und Staat, in: P. Jäggi, Privatrecht und Staat, Gesammelte Aufsätze (hrsg. von P. Gauch und B. Schnyder), Zürich 1976, 3 ff. (zitiert: Privatrecht)
JAKOB RAIMUND/ USTERI MARTIN/ WEIMAR ROBERT	Psyche – Recht – Gesellschaft, Widmungsschrift für Manfred Rehbinder, Bern 1995
JELLINEK WALTER	Gesetz, Gesetzesanwendung und Zweckmässigkeitserwägung, Tübingen 1913, Nachdruck 1964
JENNY DAVID	Der Einfluss des Rechtssetzers auf das weitere Schicksal seiner Erlasse: Bemerkungen zur subjektiv-historischen Methode, in: Das Parlament – «Oberste Gewalt des Bundes»? Festschrift der Bundesversammlung zur 700-Jahr-Feier der Eidgenossenschaft, herausgegeben von den Parlamentsdiensten, Bern/Stuttgart 1991, 125 ff. (zitiert: Einfluss)
–	Zur Lehre und Praxis der authentischen Interpretation, in: ZSR 106 (1987) I, 213 ff. (zitiert: authentische Interpretation)
VON JHERING RUDOLF	Der Zweck im Recht, 2 Bde., 2. A. Leipzig 1893/98 (zitiert: Zweck)
–	Geist des römischen Rechts auf den verschiedenen Stufen seiner Entwicklung, 2 Bde., 3. A. Leipzig 1875, Nachdruck 1924
JOACHIM WILLI	Anwendungsbereiche, Argumentationsstrukturen und Inhalte der Billigkeit im deutschen Privatrecht, Diss. Bielefeld 1984
KANTOROWICZ HERMANN	Rechtswissenschaft und Soziologie. Ausgewählte Schriften zur Wissenschaftslehre (hrsg. von Th. Würtenberger), Karlsruhe 1962
KAUFMANN ARTHUR	Analogie und «Natur der Sache». Zugleich ein Beitrag zur Lehre vom Typus, 2. A. Heidelberg/Hamburg 1982 (zitiert: Analogie)

Vorbem. Art. 1 und 4

–	Beiträge zur juristischen Hermeneutik sowie weitere rechtsphilosophische Abhandlungen, 2. A. Köln 1993
–	Das Gewissen und das Problem der Rechtsgeltung, Heidelberg 1990 (zitiert: Gewissen)
–	Die Geschichtlichkeit des Rechts im Licht der Hermeneutik, in: A. Kaufmann, Beiträge zur juristischen Hermeneutik sowie weitere rechtsphilosophische Abhandlungen, 2. A. Köln 1993, 25 ff. (zitiert: Geschichtlichkeit)
–	Die Radbruchsche Formel vom gesetzlichen Unrecht und vom übergesetzlichen Recht in der Diskussion um das im Namen der DDR begangene Unrecht, in: NJW 48 (1995), 81 ff. (zitiert: Radbruchsche Formel)
–	Durch Naturrecht und Rechtspositivismus zur juristischen Hermeneutik, in: JZ 30 (1975), 337 ff. (zitiert: Hermeneutik)
–	Gesetz und Recht, in: Th. Würtenberger/W. Maihofer/A. Hollerbach (Hrsg.), Existenz und Ordnung, Festschrift für Erik Wolf, Frankfurt am Main 1962, 357 ff. (zitiert: Gesetz)
–	Grundprobleme der Rechtsphilosophie, München 1994 (zitiert: Grundprobleme)
–	Recht und Sprache, in: A. Kaufmann, Beiträge zur juristischen Hermeneutik sowie weitere rechtsphilosophische Abhandlungen, 2. A. Köln 1993, 101 ff. (zitiert: Sprache)
–	Über den Zirkelschluss in der Rechtsfindung, in: A. Kaufmann, Beiträge zur juristischen Hermeneutik sowie weitere rechtsphilosophische Abhandlungen, 2. A. Köln 1993, 65 ff. (zitiert: Zirkelschluss)
–	Wozu Rechtsphilosophie heute? in: A. Kaufmann, Beiträge zur juristischen Hermeneutik sowie weitere rechtsphilosophische Abhandlungen, 2. A. Köln 1993, 1 ff. (zitiert: Rechtsphilosophie)
–	(Hrsg.) Rechtstheorie, Ansätze zu einem kritischen Rechtsverständnis, Karlsruhe 1971
KAUFMANN ARTHUR/ HASSEMER WINFRIED	Einführung in die Rechtsphilosophie und Rechtstheorie der Gegenwart, 6. A. Heidelberg 1994
KAUFMANN OTTO	Die beiden Brillen des Bundesgerichts, in: Beiträge zur Methode des Rechts, St. Galler Festgabe zum Schweizerischen Juristentag 1981, Bern/Stuttgart 1981, 165 ff.
KELLER ADOLF	Die Kritik, Korrektur und Interpretation des Gesetzeswortlautes, Diss. Zürich 1960
KELMAN MARK/ ROTTENSTREICH YUVAL/ TVERSKY AMOS	Context-Dependence in Legal Decision Making, JLS XXV (1996), 287 ff.
KELSEN HANS	Die Illusion der Gerechtigkeit – Eine kritische Untersuchung der Sozialphilosophie Platons (hrsg. von K. Ringhofer und R. Walter), Wien 1985 (zitiert: Illusion)
–	Reine Rechtslehre, 2. A. Wien 1960, Nachdruck 1992 (zitiert: Rechtslehre)

–	Zur Theorie der Interpretation, in: Revue internationale de la théorie du droit 8 (1934), 9 ff.
KINDERMANN HARALD	Gesetzessprache und Akzeptanz der Norm, in: T. Öhlinger (Hrsg.), Recht und Sprache, Fritz Schönherr-Gedächtnissymposium, Wien 1986, 53 ff.
KLIPPEL DIETHELM	Juristische Zeitgeschichte. Die Bedeutung der Rechtsgeschichte für die Zivilrechtswissenschaft, Giessen 1985
KLUG ULRICH	Juristische Logik, 4. A. Berlin/Heidelberg/New York 1982
KOCH HANS-JOACHIM/ NEUMANN ULFRIED	(HRSG.) Praktische Vernunft und Rechtsanwendung, Stuttgart 1994
KOLLER HEINRICH	Der schweizerische Gesetzgeber vor der internationalen Herausforderung: Erfahrungen mit «Eurolex» – «Swisslex» – «Gattlex», in: ZBl 1994, 241 ff.
KOLLER THOMAS	Privatrecht und Steuerrecht – ein erschöpftes Thema? in: ZBJV 131 (1995), 92 ff.
KRAMER ERNST A.	Der Rechtsirrtum im ABGB im Licht allgemeiner Rechtstheorie, in: ÖJZ 1969, 505 ff. (zitiert: Rechtsirrtum)
–	Die Relevanz gesellschaftlicher Wertungen im Obligationenrecht, in: M. Fischer et al. (Hrsg.), Dimensionen des Rechts, Gedächtnisschrift für René Marcic, Berlin 1974, 119 ff. (zitiert: Wertungen)
–	Entwicklungstendenzen des Wirtschaftsrechts im ausgehenden Jahrhundert, in: SZW 62 (1990), 249 ff. (zitiert: Entwicklungstendenzen)
–	Lateinische Parömien zur Methode der Rechtsanwendung, in: F. Cagianut/K.A. Vallender (Hrsg.), Steuerrecht, Ausgewählte Probleme am Ende des 20. Jahrhunderts, Festschrift für Ernst Höhn, Bern/Stuttgart/Wien 1995, 141 ff. (zitiert: Parömien)
–	Teleologische Reduktion – Plädoyer für einen Akt methodentheoretischer Rezeption, in: P. Forstmoser/R. Ogorek/W.R. Schluep (Hrsg.), Rechtsanwendung in Theorie und Praxis, Symposium zum 70. Geburtstag von A. Meier-Hayoz, Basel 1993, 65 ff. (zitiert: teleologische Reduktion)
KRAWIETZ WERNER	Das positive Recht und seine Funktion, kategoriale und methodologische Überlegungen zu einer funktionalen Rechtstheorie, Berlin 1967
–	Recht als Regelsystem, Darmstadt 1984
KRAWIETZ WERNER/ OTT WALTER	Formalismus und Phänomenologie im Rechtsdenken der Gegenwart, Festgabe für Alois Troller, Berlin 1987
KRIELE MARTIN	Theorie der Rechtsgewinnung, 2. A. Berlin 1976
KÜBLER FRIEDRICH	Über die praktischen Aufgaben zeitgemässer Privatrechtstheorie, Karlsruhe 1975
KUHN THOMAS S.	Die Struktur wissenschaftlicher Revolutionen, 2. A. Frankfurt am Main 1993
KUMMER MAX/ WALDER HANS ULRICH	Festschrift zum 70. Geburtstag von Max Guldener, Zürich 1973
LAMBERT KAREL/ BRITTAN GORDON G.	Eine Einführung in die Wissenschaftsphilosophie, Berlin/New York 1991

Vorbem. Art. 1 und 4

LANGEN EUGEN	Transnationales Recht, Heidelberg 1981
LARENZ KARL	Die Bindung des Richters an das Gesetz als hermeneutisches Problem in: E. Forsthoff/W. Weber/F. Wieacker (Hrsg.), Festschrift Ernst Rudolf Huber, Göttingen 1973, 291 ff.
–	Methodenlehre der Rechtswissenschaft, 6. A. Berlin/Heidelberg/New York 1991 (zitiert: Methodenlehre)
LENDI MARTIN	Die Wiederentdeckung der Einheit der Rechtsordnung – eine Antwort auf die Problemkomplexität, in: W.J. Habscheid/H.-J. Hoffmann-Nowotny/W. Linder/A. Meier-Hayoz (Hrsg.), Freiheit und Zwang, Rechtliche, wirtschaftliche und gesellschaftliche Aspekte, Festschrift für Hans Giger, Bern 1989, 407 ff. (zitiert: Einheit)
–	Legalität und Ermessensfreiheit, Diss. Zürich 1958 (zitiert: Legalität)
–	Theologie – Philosophie – Rechtswissenschaft, in: U. Häfelin/W. Haller/G. Müller/D. Schindler (Hrsg.), Festschrift für Hans Nef, Zürich 1981, 211 ff. (zitiert: Theologie)
LIPP VOLKER	Das private Wissen des Richters, Heidelberg 1995
LIVER PETER	Das schweizerische Zivilgesetzbuch, Kodifikation und Rechtswissenschaft, in: Schweizerischer Juristenverein, Centenarium 1861–1961, Basel 1961, 193 ff. (zitiert: Kodifikation)
–	Der Begriff der Rechtsquelle, in: ZBJV 91bis (1955), Rechtsquellenprobleme im Schweizerischen Recht, Festgabe für den Schweizerischen Juristenverein, 1 ff. (zitiert: Rechtsquelle)
–	Der Wille des Gesetzes, Bern 1954
LUHMANN NIKLAS	Das Recht der Gesellschaft, Frankfurt am Main 1995
MACINTYRE ALASDAIT	Whose Justice? Which Rationality? Notre Dame 1988
MAINUSCH HERBERT/ TOELLNER RICHARD	(Hrsg.) Einheit der Wissenschaft, Wider die Trennung von Natur und Geist, Kunst und Wissenschaft, Opladen 1993
MANAÏ DOMINIQUE	Le juge entre la loi et l'équité, Essai sur le pouvoir d'appréciation du juge en droit suisse, Lausanne 1985
MASCHKE ANDREAS	Gerechtigkeit durch Methode. Zu Karl Engischs Theorie des juristischen Denkens, Heidelberg 1993
MAYER-MALY THEO	in: H. Honsell/N.P. Vogt/Th. Geiser (Hrsg.), Kommentar zum Schweizerischen Privatrecht, Schweizerisches Zivilgesetzbuch I, Art. 1–359 ZGB, Basel 1996
MEIER ISAAK	Auflösung des geschriebenen Rechts durch allgemeine Prinzipiennormen in: Isaak Meier/Rudolf Ottomann, Prinzipiennormen und Verfahrensmaximen, Zürich 1993, 3 ff.
MEIER-HAYOZ ARTHUR	Die Bedeutung der Materialien für die Gesetzesanwendung, in: SJZ 48 (1952), 213 ff., 229 ff.
–	Der Richter als Gesetzgeber, Zürich 1951 (zitiert: Richter)
–	Der Richter als Gesetzgeber. Zur rechtspolitischen Komponente richterlicher Tätigkeit, in: M. Kummer/H.U. Walder (Hrsg.), Festschrift für Max Guldener, Zürich 1973, 189 ff. (zitiert: richterliche Tätigkeit)

–	Der Richter und das richterliche Gewohnheitsrecht, in: ÖJZ 9 (1954), 440 ff.
–	in: Berner Kommentar, Band I, 1. Abteilung: Einleitung, Bern 1962, Nachdruck 1966 (zitiert: Berner Kommentar)
–	Lücken intra legem, in: P. Noll/G. Stratenwerth (Hrsg.), Rechtsfindung, Beiträge zur juristischen Methodenlehre, Festschrift für O.A. Germann, Bern 1969, 149 ff. (zitiert: Lücken)
–	Privatrechtswissenschaft und Rechtsfortbildung, in: ZSR 78 (1959), 89 ff.
–	Rechtsanwendung, in: SJK Nr. 1094–1097, Genf 1952
–	Schlusswort in: P. Forstmoser/R. Ogorek/W.R. Schluep (Hrsg.), Rechtsanwendung in Theorie und Praxis, Symposium zum 70. Geburtstag von A. Meier-Hayoz, Basel 1993, 89 ff. (zitiert: Schlusswort)
–	Strategische und taktische Aspekte der Fortbildung des Rechts in: JZ 36 (1981), 417 ff. (zitiert: Fortbildung);
–	Über geschriebenes und ungeschriebenes Recht, in: Recueil de travaux suisses présentés au VIIIe Congrès International de Droit Comparé, Basel/Stuttgart 1970, 1 ff.
MENTHA F.-H.	De l'importance des motifs du législateur dans l'interprétation des lois, in: Revue judiciaire 4 (1887), 469 ff.; 5 (1888), 113 ff.
MERZ HANS	Auslegung, Lückenfüllung und Normberichtigung, in: AcP 163 (1963/64), 305 ff. (zitiert: Auslegung)
–	Dauer und Wandel des Rechts, in: ZSR 92 (1973), 325 ff. (zitiert: Dauer)
–	Die Widerrechtlichkeit gemäss Art. 41 OR als Rechtsquellenproblem, in: ZBJV 91bis (1955), Rechtsquellenprobleme im Schweizerischen Recht, Festgabe für den Schweizerischen Juristenverein, 301 ff. (zitiert: Widerrechtlichkeit)
–	in: Berner Kommentar, Band I, 1. Abteilung: Einleitung, Bern 1962, Nachdruck 1966 (zitiert: Berner Kommentar)
–	Neues zu den Methoden der Rechtsfindung? in: P. Forstmoser/R. Ogorek/W.R. Schluep (Hrsg.), Rechtsanwendung in Theorie und Praxis, Symposium zum 70. Geburtstag von A. Meier-Hayoz, Basel 1993, 55 ff. (zitiert: Methoden)
–	Privatrechtliche und öffentlichrechtliche Ordnungen: Spiegelungen eines einzigen Leitgedankens, in: E. Tuchtfeldt (Hrsg.), Schweizerische Wirtschaftspolitik zwischen gestern und morgen, Festgabe für Hugo Sieber, Bern/Stuttgart 1976, 31 ff.
VON METTENHEIM CHRISTOPH	Recht und Rationalität, Tübingen 1984
MEYER SVEN AMELIUS	Sichere Kenntnis von Recht und Tatsachen. Juristische Methode und Erkenntnistheorie, Bern 1996
MICHEL JEAN-CÉDRIC	Réflexions quant à la résolution des conflits en matière sportive; aspects de droit civil, in: SJZ 90 (1994), 261 ff.
MÜLLER GEORG	Inhalt und Formen der Rechtsetzung als Problem der demokratischen Kompetenzordnung, Basel/Stuttgart 1979

Vorbem. Art. 1 und 4

MÜLLER GEORG/ RHINOW RENÉ A./ SCHMID GERHARD/ SCHWEIZER RAINER J./ WILDHABER LUZIUS	(Hrsg.) Zur Funktion des Rechts für die Reform staatlicher Institutionen, Symposium zum 70. Geburtstag von Kurt Eichenberger, Basel 1993
MÜLLER JÖRG PAUL	Demokratische Gerechtigkeit. Eine Studie zur Legitimität politischer und rechtlicher Ordnung, München 1993
MÜLLER PETER ALEXANDER	Gedanken zur richterlichen Rechtsbildung und Rechtsfortbildung, in: B. Corboz (Hrsg.), Mélanges Robert Patry, Lausanne, 1988, 377 ff.
NAWIASKY HANS	Allgemeine Rechtslehre als System der rechtlichen Grundbegriffe, 2. A. Einsiedeln/Zürich/Köln 1948
–	Positives und überpositives Recht, in: JZ 9 (1954), 717 ff.
NEIER ARYEH	Only Judgment. The Limits of Litigation in Social Change, Middletown, Connecticut 1982
NIGGLI MARCEL	Zur Problematik der Auslegung im Zivil- und Strafrecht, in: AJP 1993, 154 ff.
NOBEL PETER	Entscheide zu den Einleitungsartikeln, Bern 1977
NOLL PETER	Gesetzgebungslehre, Reinbek bei Hamburg 1973 (zitiert: Gesetzgebungslehre)
–	Zusammenhänge zwischen Rechtssetzung und Rechtsanwendung in allgemeiner Sicht, in: ZSR 93 (1974) II, 249 ff. (zitiert: Zusammenhänge)
NOLL PETER/ STRATENWERTH GÜNTER	Rechtsfindung, Beiträge zur juristischen Methodenlehre, Festschrift für O.A. Germann, Bern 1969
OFTINGER KARL	Die «Berichtigungen» in der Sammlung der eidgenössischen Gesetze, in: SJZ 52 (1956), 311 ff.
–	Einige grundsätzliche Betrachtungen über die Auslegung und Ergänzung der Verkehrsgeschäfte, in: ZSR 58 (1939), 178 ff.
–	Gesetzgeberische Eingriffe in das Zivilrecht, in: ZSR 57 (1938), 481a ff.
–	Über den Zusammenhang von Privatrecht und Staatsstruktur, in: SJZ 37 (1941), 225 ff. (zitiert: Zusammenhang)
–	Überblick über die Problematik und einige Hauptpunkte der Interpretation, in: SJZ 63 (1967), 353 ff.
OGOREK REGINA	Der Wortlaut des Gesetzes – Auslegungsgrenze oder Freibrief? in: P. Forstmoser/R. Ogorek/W.R. Schluep (Hrsg.), Rechtsanwendung in Theorie und Praxis, Symposium zum 70. Geburtstag von A. Meier-Hayoz, Basel 1993, 21 ff. (zitiert: Wortlaut)
–	Die Zähmung des Leviathan. Zum Verhältnis von Recht und Politik aus historischer Sicht, in: SJZ 85 (1989), 409 ff. (zitiert: Leviathan)
–	Gibt es eine Methode der Rechtsanwendung? in: recht 1995, 141 ff. (zitiert: Methode)
–	Richterkönig oder Subsumtionsautomat? Zur Justiztheorie im 19. Jahrhundert, Frankfurt am Main 1986 (zitiert: Richterkönig)

Vorbem. Art. 1 und 4

Ott Edward E.	Das Denken des Richters aus der Sicht der juristischen Methodenlehre, in: SJZ 77 (1981), 381 ff. (zitiert: Denken)
–	Die Methode der Rechtsanwendung, Zürich 1979 (zitiert: Methode)
–	Gedanken zu Art. 1 ZGB und seiner Anwendung in der Bundesgerichtspraxis, in: SJZ 83 (1987), 193 ff. (zitiert: Gedanken)
–	Juristische Dialektik, 2. A. Basel/Frankfurt am Main, 1995 (zitiert: Dialektik)
–	Kritik der juristischen Methode, Basel/Frankfurt am Main 1992 (zitiert: Kritik)
–	Zur Frage der Rangordnung unter den Auslegungsargumenten, in: ZSR 92 (1973) I, 247 ff. (zitiert: Rangordnung)
Ott Walter	Das Verhältnis von Sein und Sollen in logischer, genetischer und funktioneller Hinsicht, in: ZSR 103 (1984) I, 345 ff. (zitiert: Sein und Sollen)
–	Der Rechtspositivismus. Kritische Würdigung auf der Grundlage eines juristischen Pragmatismus, 2. A. Berlin 1992 (zitiert: Rechtspositivismus)
–	Die Radbruch'sche Formel. Pro und Contra, in: ZSR 107 (1988) I, 335 ff. (zitiert: Radbruch'sche Formel)
–	Grundzüge der Gerechtigkeitstheorie von John Rawls, in: U. Häfelin/W. Haller/G. Müller/D. Schindler (Hrsg.), Festschrift für Hans Nef, Zürich 1981, 249 ff. (zitiert: Gerechtigkeitstheorie)
–	Jurisprudenz und plausibles Argumentieren, in: U. Falkner/M. Zweifel (Hrsg.), Aspekte der Rechtsentwicklung. Zum 50. Geburtstag von Arthur Meier-Hayoz, Zürich 1972, 26 ff.
–	Kann man heute noch Rechtspositivist sein? in: ZSR 96 (1977) II, 441 ff. (zitiert: Rechtspositivist)
–	Wertgefühl und Wertobjektivismus, in: R. Jakob/M. Usteri/R. Weimar (Hrsg.), Psyche – Recht – Gesellschaft, Widmungsschrift für Manfred Rehbinder, Bern 1995, 107 ff. (zitiert: Wertgefühl)
Pavcnik Marijan	Juristisches Verstehen und Entscheiden. Vom Lebenssachverhalt zur Rechtsentscheidung. Ein Beitrag zur Argumentation im Recht, Wien/New York 1993 (zitiert: Verstehen)
–	«Rechtsanwendung» oder normative Konkretisierung des Gesetzes? in: H.-J. Koch/U. Neumann (Hrsg.), Praktische Vernunft und Rechtsanwendung, Stuttgart 1994, 171 ff. (zitiert: Rechtsanwendung)
Pawlowski Hans-Martin	Gedanken zur Methode der Gesetzesauslegung, in: AcP 160 (1961), 209 ff.
–	Methodenlehre für Juristen, Theorie der Norm und des Gesetzes, 2. A. Heidelberg/Karlsruhe 1991
Pedrazzini Mario M.	Für eine kohärente Rechtsordnung, in: M. Haller/H. Hauser/R. Zäch (Hrsg.), Ergänzungen, Ergebnisse der wissenschaftlichen Tagung anlässlich der Einweihung des Ergänzungsbaus der Hochschule St. Gallen, Bern/Stuttgart 1990, 47 ff.
Perelman Chaim	(Hrsg.) Le problème des lacunes en droit, Bruxelles 1968

Vorbem. Art. 1 und 4

PERINI FLAVIO	Richterliches Ermessen bei der Schadensberechnung unter besonderer Berücksichtigung von Art. 42 Abs. 2 OR, Diss. Zürich 1994
PERRIN JEAN-FRANÇOIS	Des règles d'interprétation, Freiburg 1989
PIEPER ANNEMARIE	(Hrsg.) Geschichte der neueren Ethik, 2 Bde., Tübingen/Basel 1992
POPPER KARL	Die offene Gesellschaft und ihre Feinde, 7. A. Tübingen 1992
–	Logik der Forschung, 10. A. Tübingen 1994 (zitiert: Logik)
POSNER RICHARD A.	Overcoming Law, Cambridge u.a. 1995
PROBST THOMAS	Die Änderung der Rechtsprechung. Eine rechtsvergleichende, methodologische Untersuchung zum Phänomen der höchstrichterlichen Rechtsprechungsänderung in der Schweiz (*civil law*) und den Vereinigten Staaten (*common law*), Basel 1993
RADBRUCH GUSTAV	Die Natur der Sache als juristische Denkform, in: G. Hernmarck (Hrsg.), Festschrift für Rudolf Laun, Hamburg 1948, 157 ff.
–	Gesetzliches Unrecht und übergesetzliches Recht, in: Süddeutsche Juristenzeitung 1 (1946), 105 ff. (zitiert: gesetzliches Unrecht)
–	Grundzüge der Rechtsphilosophie, Leipzig 1914
–	Rechtswissenschaft als Rechtsschöpfung, in: Archiv für Sozialwissenschaft und Sozialpolitik 22 (1906), 355 ff.
RAISCH PETER	Juristische Methoden – Vom antiken Rom bis zur Gegenwart, Heidelberg 1995
RAISER LUDWIG	Die Aufgabe des Privatrechts, Aufsätze zum Privat- und Wirtschaftsrecht aus drei Jahrzehnten, Kronberg 1977
RAWLS JOHN	A Theory of Justice, Oxford 1985
REHBINDER MANFRED	Rechtssoziologie, 3. A. Berlin 1993
REICHEL ALEX	in: A. Egger/A. Escher/H. Oser/A. Reichel (Hrsg.), Kommentar zum Schweizerischen Zivilgesetzbuch, Einleitung und Personenrecht, Zürich 1911
REICHEL HANS	Gesetz und Richterspruch, Zürich 1915 (zitiert: Gesetz)
–	Zu den Einleitungsartikeln des schweizerischen Zivilgesetzbuches, in: E. Tatarin-Tarnheyden (Hrsg.), Festgabe für Rudolf Stammler, Berlin/Leipzig 1926, 281 ff.
REICHLIN PAUL	Schweizerisches zur Rechtsquellenlehre, in: ZBl 35 (1934), 225 ff., 257 ff.
RHINOW RENÉ A.	Rechtsetzung und Methodik, Basel/Stuttgart 1979
RICHLI PAUL	Die Equity-Theorie als Kriterium für die Beurteilung des Gerechtigkeitsgehalts von Rechtsnormen, in: W.R. Schluep et al. (Hrsg.), Recht, Staat und Politik am Ende des zweiten Jahrtausends, Festschrift für Bundesrat Arnold Koller, Bern/Stuttgart/Wien 1993, 149 ff.
RIEBSCHLÄGER KLAUS	Die Freirechtsbewegung. Zur Entwicklung einer soziologischen Rechtsschule, Diss. Berlin 1967
RIEMER HANS MICHAEL	Die Einleitungsartikel des Schweizerischen Zivilgesetzbuches, Art. 1–10 ZGB, Bern 1987 (zitiert: Einleitungsartikel)
–	Umfang und Schranken richterlicher Gebotsberichtigung, dargestellt anhand aktueller Beispiele aus dem Familienrecht, in: recht 1993, 127 ff. (zitiert: Gebotsberichtigung)

–	«Wirtschaftliche Betrachtungsweise» bei der Auslegung im Privatrecht (Gesetze und Rechtsgeschäfte)? in: Aspekte des Wirtschaftsrechts, Festgabe zum Schweizerischen Juristentag 1994, Zürich 1994, 129 ff.
RONCORONI GIACOMO	Alter oder neuer Anpassungssatz, mp 1/94, 1 ff.
ROSS ALF	On Law and Justice, London 1958
ROSSEL VIRGILE/ MENTHA F.-H.	Manuel du droit civil suisse, 3 Bde., 2. A. Lausanne/Genève 1922/31
RUBIN EDWARD L.	The New Legal Process, The Synthesis of Discourse, and the Microanalysis of Institutions, Harvard Law Review 109 (1996), 1393 ff.
RUCH ALEXANDER	Recht der Technik – Rechtstechnik, in: ZBl 1995, 1 ff.
RÜMELIN MAX	Die Billigkeit im Recht, Tübingen 1921 (zitiert: Billigkeit)
–	Gesetz, Rechtsprechung und Volksbetätigung auf dem Gebiete des Privatrechts, in: AcP 122 (1924), 145 ff.
RÜTHERS BERND	Ideologie und Recht im Systemwechsel, München 1992 (zitiert: Ideologie)
–	Rechtsordnung und Wertordnung. Zur Ethik und Ideologie im Recht, Konstanz 1986 (zitiert: Rechtsordnung)
–	Verantwortete Interpretation – in der Sicht eines Juristen, in: E. Brem/ J.N. Druey/E.A. Kramer/I. Schwander (Hrsg.), Festschrift für Mario M. Pedrazzini, Bern 1990, 39 ff. (zitiert: Interpretation)
–	Wir denken die Rechtsbegriffe um…, Weltanschauung als Auslegungsprinzip, Zürich 1987 (zitiert: Rechtsbegriffe)
SALADIN PETER	Das Verfassungsprinzip der Fairness, in: Erhaltung und Entfaltung des Rechts in der Rechtsprechung des Schweizerischen Bundesgerichts, Festgabe der schweizerischen Rechtsfakultäten zur Hundertjahrfeier des Bundesgerichts, Basel 1974, 41 ff.
SAUVEPLANNE JEAN GEORGES	Codified and juge made law, The role of courts and legislators in Civil and Common law systems, Amsterdam/Oxford/New York 1982
VON SAVIGNY FRIEDRICH CARL	System des heutigen römischen Rechts, 8 Bände, Berlin 1840–1849
SCHACTER JANE S.	Metademocracy, The changing structure of legitimacy in statutory interpretation, in: Harvard Law Review 108 (1995), 593 ff.
SCHIFFAUER PETER	Wortbedeutung und Rechtserkenntnis. Entwickelt an Hand einer Studie zum Verhältnis von verfassungskonformer Auslegung und Analogie, Diss. München 1978
SCHLUEP WALTER R. ET AL.	(Hrsg.) Recht, Staat und Politik am Ende des zweiten Jahrtausends, Festschrift für Bundesrat Arnold Koller, Bern/Stuttgart/Wien 1993
SCHMIEDLIN STEFAN	Frustration of Contract and clausula rebus sic stantibus, Basel/Frankfurt am Main 1985
SCHNEIDER EGON	Logik für Juristen. Die Grundlagen der Denklehre und der Rechtsanwendung, 4. A. München 1995
SCHNEIDER HANS	Gesetzgebung, 2. A. Heidelberg 1991
SCHNYDER BERNHARD	«Entgegen dem Wortlaut...», in: Erhaltung und Entfaltung des Rechts in der Rechtsprechung des Schweizerischen Bundesgerichts, Fest-

Vorbem. Art. 1 und 4

	gabe der schweizerischen Rechtsfakultäten zur Hundertjahrfeier des Bundesgerichts, Basel 1974, 29 ff.
SCHREIBER HANS-LUDWIG	Jurisprudenz auf dem Weg zum Recht, in: H. Mainusch/R. Toellner (Hrsg.), Einheit der Wissenschaft, Opladen 1993, 92 ff.
SCHROTH ULRICH	Philosophische und juristische Hermeneutik, in: A. Kaufmann/W. Hassemer (Hrsg.), Einführung in Rechtsphilosopie und Rechtstheorie der Gegenwart, 6. A. Heidelberg 1994, 344 ff. (zitiert: Hermeneutik)
–	Zum Problem der Wertneutralität richterlicher Tatbestandsfestlegung im Strafrecht. Zugleich ein Beitrag zur allgemeinen juristischen Hermeneutik, in: A. Kaufmann (Hrsg.), Rechtstheorie, Ansätze zu einem kritischen Rechtsverständnis, Karlsruhe 1971, 103 ff. (zitiert: Wertneutralität)
SCHUBARTH MARTIN	Der Richter zwischen Rationalität und Sensibilität, in: recht 1995, 151 ff. (zitiert: Richter)
–	Wie entsteht ein Urteil? – Zur Realität der Urteilsfindung, in: recht 1992, 122 ff. (zitiert: Urteil)
SCHULZE HAGEN	Staat und Nation in der europäischen Geschichte, München 1994
SCHWEIZER OTTO	Freie richterliche Rechsfindung intra legem als Methodenproblem, Basel 1959
SCHWEIZER RAINER	Die schweizerischen Gerichte und das europäische Recht, ZSR 112 (1993) II, 584 ff.
SEIFFERT HELMUT	Einführung in die Hermeneutik. Die Lehre von der Interpretation in den Fachwissenschaften, Tübingen 1992
SEILER HANSJÖRG	Gewaltenteilung. Allgemeine Grundlagen und schweizerische Ausgestaltung, Bern 1994
SEILER HANSJÖRG/ WEBLER THOMAS	Prozedurale Demokratie – Ein Beitrag zur schweizerischen Demokratiereform? in: ZSR 114 (1995) I, 171 ff.
SENN MARCEL	Rechtsgeschichtliche Einsichten zur Bedeutung und Funktion des formellen Rechts, in: Mitteilungen aus dem Institut für zivilgerichtliches Verfahren in Zürich, Nr. 19 (Dezember 1994), 7 ff.
SIMONIUS AUGUST	Gesetzesauslegung und wissenschaftliche Tradition, in: Festgabe für Paul Speiser, Basel 1926, 83 ff.
–	Lex facit regem. Ein Beitrag zur Lehre von den Rechtsquellen, Basel 1933 (zitiert: Lex)
–	Über Bedeutung, Herkunft und Wandlung der Grundsätze des Privatrechts, in: ZSR 71 (1952) I, 237 ff.
SINGER JOSEPH WILLIAM	Property Law, Boston/Toronto/London 1993
SLOTERDIJK PETER	Im selben Boot, Versuch über die Hyperpolitik, 2. A. Frankfurt am Main 1993
SMID STEFAN	Richterliche Rechtserkenntnis, Berlin 1989
SOLAN LAWRENCE M.	The language of Judges, Chicago/London, 1993
SPIRO KARL	Alte Rechtssprichwörter und modernes Privatrecht, in: ZSR 69 (1950), 121 ff. (zitiert: Rechtssprichwörter)
–	Praxisänderung und Rückwirkung, in: ZSR 100 (1981) I, 145 ff.

Vorbem. Art. 1 und 4

–	Über den Gerichtsgebrauch zum allgemeinen Teil des revidierten Obligationenrechts, Basel 1948 (zitiert: Gerichtsgebrauch)
STAEHELIN ADRIAN	Der Richter als Gesetzgeber im schweizerischen Zwangsvollstreckungsrecht, in: P. Noll/G. Stratenwerth (Hrsg.), Rechtsfindung, Beiträge zur juristischen Methodenlehre, Festschrift für O.A. Germann, Bern 1969, 243 ff.
STAEHELIN MAX	Die Bedeutung der Materialien für die Auslegung des neuen Obligationenrechts, in: ZSR 58 (1939), 19 ff.
STAMMLER RUDOLF	Die Lehre vom richtigen Recht, 2. A. Berlin 1926 (zitiert: richtiges Recht)
–	Theorie der Rechtswissenschaft, 2. A. Halle 1923
STAUFFER WALTER	Einige Gedanken zu Art. 1 ZGB, in: ZBJV 87 (1951), 1 ff.
STEINDORFF ERNST	Politik des Gesetzes als Auslegungsmassstab im Wirtschaftsrecht, in: G. Paulus/U. Diedrichsen/C.-W. Canaris (Hrsg.), Festschrift für Karl Larenz, München 1973, 218 ff.
–	Wirtschaftsordnung und -steuerung durch Privatrecht? in: F. Baur/J. Esser/F. Kübler/E. Steindorff (Hrsg.), Funktionswandel der Privatrechtsinstitutionen, Festschrift für Ludwig Raiser, Tübingen 1974, 621 ff.
STEINER MARCEL	Die Ästhetikgeneralklauseln, in: Baurecht 1994, 117 ff.
STOSS ALFRED	Zu Art. 1 des schweizerischen Zivilgesetzbuches, in: ZBJV 45 (1909), 593 ff., 649 ff.
STRANGAS JOHANNES	Die Billigkeit und ihr Standort im Rechtssystem, Athen/Hamburg 1976
STRATENWERTH GÜNTER	Zum Streit der Auslegungstheorien, in: P. Noll/G. Stratenwerth (Hrsg.), Rechtsfindung, Beiträge zur juristischen Methodenlehre, Festschrift für O.A. Germann, Bern 1969, 257 ff. (zitiert: Auslegungstheorien)
–	Zum Verhältnis von Privatrecht, öffentlichem Recht und Strafrecht. Eine Auseinandersetzung mit Walther Burckhardt, in: Privatrecht, öffentliches Recht, Strafrecht, Grenzen und Grenzüberschreitungen, Festgabe zum Schweizerischen Juristentag 1985, Basel/Frankfurt am Main 1985, 415 ff. (zitiert: Verhältnis)
STREBEL HANS	Fragen der Gesetzesauslegung im schweizerischen Zivilrecht, in: ZBJV 93 (1957), 1 ff.
STREBEL J.	Vom Richter und seinem Amte, in: ZBJV 89 (1953), 137 ff.
STROLZ MARC MARIA	Ronald Dworkins These der Rechte im Vergleich zur gesetzgeberischen Methode nach Art. 1 Abs. 2 und 3 ZGB, Diss. Zürich 1991
SUTER HEINZ	Wertpluralismus und Recht, Zürich 1979
TEUBNER GUNTHER	Napoleons verlorener Code. Eigendynamik des Rechts als politisches Problem, in: A. Kaufmann/E.-J. Mestmäcker/H.F. Zacher (Hrsg.), Rechtsstaat und Menschenwürde, Festschrift für Werner Maihofer, Frankfurt am Main 1988, 586 ff. (zitiert: Napoleon)
–	Recht als autopoietisches System, Frankfurt am Main 1989 (zitiert: Recht)

Vorbem. Art. 1 und 4

THIBAUT ANTON FRIEDRICH JUSTUS	System des Pandekten-Rechts, 2 Bde., 8. A. Cannstadt 1834, Nachdruck Frankfurt am Main 1982
TROLLER ALOIS	Das Rechtsdenken aus bürgerlicher und marxistisch-leninistischer Perspektive, Gegenstand und Methoden, Zürich 1986
–	Eugen Hubers allgemeingültige Rechtsphilosophie, in: B. Schnyder/ P. Gauch (Hrsg.), Gedächtnisschrift Peter Jäggi, Freiburg 1977, 135 ff.
–	Sein und Schein in der Rechtsprechung, in: SJZ 79 (1983), 105 ff. (zitiert: Sein und Schein)
TUOR PETER/ DESCHENAUX HENRI	Le Code civil suisse, 2. A. Zürich 1950
TUOR PETER/ SCHNYDER BERNHARD/ SCHMID JÖRG	Das Schweizerische Zivilgesetzbuch, 11. A. Zürich 1995
UYTERHOEVEN HUGO	Richterliche Rechtsfindung und Rechtsvergleichung, Bern 1959
VALLENDER KLAUS A.,	«Objektive Auslegung» und Erkenntnis, in: Beiträge zur Methode des Rechts, St. Galler Festgabe zum Schweizerischen Juristentag 1981, Bern/Stuttgart 1981, 71 ff.
VIEHWEG THEODOR	Topik und Jurisprudenz, 5. A. München 1974
VISCHER MARKUS	Die allgemeinen Bestimmungen des schweizerischen intertemporalen Privatrechts, Diss. Zürich 1986
VOKINGER HANS W.	Kontrolle der Gesetzgebung auf Tauglichkeit hin, in: SJZ 84 (1988), 277 ff.
WEBER ROLF	Entwicklungstendenzen im Recht der Haftung für Produkte und Dienstleistungen, in: Produktehaftpflicht im europäischen Umfeld, Zürich 1994, 1 ff.
WEIMAR ROBERT	Psychologische Dimensionen juristischen Subsumierens, in: R. Jakob/M. Usteri/R. Weimar (Hrsg.), Psyche – Recht – Gesellschaft, Widmungsschrift für Manfred Rehbinder, Bern 1995, 169 ff. (zitiert: Dimensionen)
–	Psychologische Strukturen richterlicher Entscheidung, Bern 1996 (zitiert: Entscheidung)
WIDMER PIERRE	Die Vereinheitlichung des schweizerischen Haftpflichtrechts – Brennpunkte eines Projekts, ZBJV 130, 1994, 385 ff.
WIEACKER FRANZ	Das Sozialmodell der klassischen Privatrechtsgesetzbücher und die Entwicklung der modernen Gesellschaft, Karlsruhe 1953 (zitiert: Sozialmodell)
–	Der Kampf des 19. Jahrhunderts um die Nationalgesetzbücher, in: Festschrift für Wilhelm Felgentraeger, Göttingen 1969, 409 ff. (zitiert: Nationalgesetzbücher)
–	Gesetz und Richterkunst, Karlsruhe 1958 (zitiert: Gesetz und Richterkunst)
–	Naturrecht und materiale Gerechtigkeit, in: JZ 22 (1967), 385 ff. (zitiert: Naturrecht)
–	Privatrechtsgeschichte der Neuzeit unter besonderer Berücksichtigung der deutschen Entwicklung, 2. A. Göttingen 1967 (zitiert: Privatrechtsgeschichte)

Vorbem. Art. 1 und 4

–	Vom Nutzen und Nachteil des Szientismus in der Rechtswissenschaft, in: F. Wieacker, Ausgewählte Schriften (hrsg. von D. Simon), Band II, Frankfurt am Main 1983 (zitiert: Szientismus)
WIEGAND WOLFGANG	Die Rezeption amerikanischen Rechts, in: G. Jenny/W. Kälin (Hrsg.), Die schweizerische Rechtsordnung in ihren internationalen Bezügen, Festgabe zum schweizerischen Juristentag 1988, Bern 1988, 229 ff. (zitiert: Rezeption)
–	Studien zur Rechtsanwendungslehre der Rezeptionszeit, Ebelsbach 1977 (zitiert: Studien)
WIELAND CARL	Die historische und kritische Methode in der Rechtswissenschaft, Basel 1909
WIETHÖLTER RUDOLF	Privatrecht als Gesellschaftstheorie? in: F. Baur/J. Esser/F. Kübler/ E. Steindorff (Hrsg.), Funktionswandel der Privatrechtsinstitutionen, Festschrift für Ludwig Raiser, Tübingen 1974, 645 ff.
WINDSCHEID BERNHARD/ KIPP THEODOR	Lehrbuch des Pandektenrechts, 3 Bde., 9. A. Frankfurt am Main 1906, Nachdruck 1984
WIPRÄCHTIGER HANS	Rechtsfindung im Spannungsfeld zwischen klassischen Auslegungsregeln und subjektiven Werturteilen, in: recht 1995, 143 ff.
ZÄCH ROGER	Das Privatrecht in veränderter Umwelt – Anregungen zum Umdenken, in: ZSR 105 (1986) I, 3 ff. (zitiert: Privatrecht)
–	Der Einfluss von Verfassungsrecht auf das Privatrecht bei der Rechtsanwendung, in: SJZ 85 (1989), 1 ff. (zitiert: Verfassungsrecht)
–	Europäisierung des Aktienrechts und Subsidiaritätsprinzip, in: Grundfragen des neuen Aktienrechts, Bern 1993, 85 ff. (zitiert: Europäisierung)
–	Recht auf Parallelimport und Immaterialgüterrecht, SJZ 91 (1995), 301 ff. (zitiert: Parallelimport)
–	Recht und Sprache, in: P. Forstmoser/R. Ogorek/W.R. Schluep (Hrsg.), Rechtsanwendung in Theorie und Praxis, Symposium zum 70. Geburtstag von A. Meier-Hayoz, Basel 1993, 45 ff. (zitiert: Sprache)
–	Tendenzen der juristischen Auslegungslehre, in: ZSR 96 (1977) I, 313 ff. (zitiert: Auslegungslehre)
ZELLER ERNST	Auslegung von Gesetz und Vertrag, Zürich 1989
ZIEGLER CHRISTOPH EDUARD	Selbstbindung der dritten Gewalt, Frankfurt am Main/Berlin/Bern/ New York/Paris/Wien 1993
ZIPPELIUS REINHOLD	Einführung in die juristische Methodenlehre, 3. A. München 1980
–	Juristische Methodenlehre, Eine Einführung, 6. A. München 1994 (zitiert: Methodenlehre)
–	Recht und Gerechtigkeit in der offenen Gesellschaft, Bern 1994 (zitiert: Recht und Gerechtigkeit)
–	Rechtsnorm und richterliche Entscheidungsfreiheit, in: JZ 25 (1970), 241 ff.
–	Rechtsphilosophie, 2. A. München 1989 (zitiert: Rechtsphilosophie)
ZITELMANN ERNST	Lücken im Recht, Leipzig 1903
ZWEIGERT KONRAD	Rechtsvergleichung als universale Interpretationsmethode, in: RabelsZ 15 (1949/50), 5 ff.

Vorbem. Art. 1 und 4

A. Gegenstand von Art. 1 und 4 ZGB

I. Thema

1. Sollen und Sein

1 a) **Sollen und Sein als Spannungsfeld.** Art. 1 und 4 ZGB behandeln nichts Geringeres als das Spannungsfeld Sein–Sollen. Dieses seinerseits versteht sich nicht nur als Thema der Philosophie, der Soziologie oder etwa der Sozialpsychologie, sondern ebenso, zumal es positiv-rechtlich aufgenommen wird, als Thema des Rechts (hier nicht im spezifischen Sinne des Positivismus, der Recht im Gegensatz zu Moral versteht, etwa nach der Theorie von H.L.A. Hart; dazu WALTER OTT, Rechtspositivist, 441, 445 ff., Rechtspositivismus, 107 ff., und ausführlich HART, Positivismus). Es geht um die beiden Fundamentalbezüge des Rechts, nämlich seine *Normativität* und seine *Seinsbezogenheit*.

2 Die beiden Begriffe verstehen sich heute anerkanntermassen, wenn auch nicht ausnahmslos, als gegenseitig relational (KAUFMANN, Gewissen, 18; WALTER OTT, Sein und Sollen, 351 ff.); nicht als getrennte Grössen, die etwa über die Brücke des positiven Rechts miteinander verbunden werden sollten (etwa entsprechend der dualistischen Tendenz seit Platon, dazu KELSEN, Illusion, 1 ff., 205 ff., BEHRENDS, 10 ff.). Die gegenseitige Bezogenheit als solche, ihr Wesen und die nähere Ausgestaltung, sind allerdings lebhaft debattiert und werden von verschiedensten Theorien beansprucht (Hinweise bei WALTER OTT, Sein und Sollen, 347 f.). Zumindest zwei Aussagen dazu dürften sich als wissenschaftliches Gemeingut bezeichnen lassen: Einerseits verstehen sich Sein und Sollen je nur in ihrer gegenseitigen Beziehung, insofern sind sie gleichsam eines; anderseits «lebt» diese gegenseitige Beziehung von harten Kollisionen zwischen Sein und Sollen (statt vieler ZIPPELIUS, Recht und Gerechtigkeit, 31 ff., 67 ff.).

3 b) **Die Funktion des Gesetzgebers und des Richters im Bereich von Sollen und Sein.** Art. 1 und 4 ZGB gehen von bestimmten Trägerschaften der verschiedenen Funktionen in den Bereichen Sein und Sollen aus: Das Sollen wird vom Gesetzgeber definiert; die Umsetzung ins konkrete Sein des Sachverhalts wird durch den Richter besorgt. Zwar ist es nicht Sache von Art. 1 und 4 ZGB, die verfassungsmässige Zuständigkeit der ersten und der dritten Staatsgewalt als solche zu statuieren. Sie tut dies auch nicht (näheres N 84 ff.). Vom Gesetzgeber ist in den Gesetzesartikeln schon gar nicht die Rede; er macht sich bloss durch sein «Produkt», eben die Art. 1 und 4 ZGB selbst, bemerkbar.

Der Richter allerdings wird erwähnt. Doch schöpft auch er seine verfassungsmässige Zuständigkeit nicht aus Art. 1 beziehungsweise 4 ZGB. Diese umschreiben scheinbar bloss, *wie* er mit dem Gesetz umzugehen hat: Er soll es nämlich *anwenden* beziehungsweise bei Spezialkonstellationen gewisse methodische Vorgaben benützen (Art. 1 Abs. 2 und 3, Art. 4 ZGB). So besehen scheint dem Gesetz die Optik einer grundsätzlichen Unterscheidung zwischen dem Gesetzgeber und dem Richter und damit zwischen Sein und Sollen zugrunde zu liegen. 4

Wie schon angetönt und in dieser Kommentierung noch eingehend dargelegt (N 198 ff.), wird die Stellung des Richters heute differenzierter betrachtet. Rechtsanwendung ist *nicht* (nur) Anwendung des Sollens *auf* das Sein, sondern *Verstehen des Spannungsverhältnisses Sollen–Sein mit Bezug auf einen konkreten Sachverhalt*. – Aus *dieser* Aufgabenstellung verstehen sich die Funktionen der involvierten «Trägerschaften» des Gesetzgebers beziehungsweise des Richters; also nicht von ihrer – etwa demokratischen – Legitimation, sondern von ihrer *inhaltlichen* Funktion her; von dem her, was «eigentlich» Gesetzgebung beziehungsweise Rechtskonkretisierung im Einzelfall ist; insbesondere vom gegenseitigen Bezugnehmen dieser beiden Funktionen; und damit letztlich wieder aus der eingangs erwähnten fundamentalen Spannungsbezogenheit des Rechts in Sollen und Sein. 5

2. Das Gesetz

a) **Die Bedeutung des Gesetzes zwischen Sollen und Sein.** Schauplatz dieses Spannungsbezugs Sein–Sollen ist – in der kontinental-europäischen Tradition ohnehin und damit auch gemäss Art. 1 und 4 ZGB – das Gesetz (vgl. etwa SCHROTH, Hermeneutik, 312 ff.). Das Thema stellt sich allerdings auch in jenen Rechtstraditionen, die stärker auf ungeschriebenes Recht abstellen; also namentlich im anglo-amerikanischen Common law (FIKENTSCHER, Gedanken, 144 ff.; HART/SACKS, 341 ff.; näheres N 266 ff.). Je nach Bedeutung, die man dem Gesetz in diesem Zusammenhang beimisst, wird man Unterschiede im Problembezug der beiden Rechtstraditionen als solche qualitativer oder aber bloss gradueller Natur ansehen: Je näher man der Optik des Anwendens des Gesetzes *auf* den Sachverhalt steht, desto relevanter wird es, ob das Recht geschrieben ist oder nicht (vgl. etwa noch EUGEN HUBER, Recht, 351 ff.). 6

Je mehr man schliesslich – wie in dieser Kommentierung – das Thema als solches des Verstehens von Sollen und Sein im konkreten Fall auffasst, desto geringer wird die qualitative Bedeutung der «Geschriebenheit» von Recht (KAUF- 7

Vorbem. Art. 1 und 4

Mann, Gesetz, 387 ff., insbes. 391). Jedenfalls ist es nicht Zufall, dass sich die Fundamentalfragen des Rechts gerade am Gesetz «entzünden»:

8 b) **Das Gesetz als Inbegriff von Verbindlichkeit, Stabilität und Gerechtigkeit.** Denn zum ersten versteht sich «das Gesetz» geradezu als Inbegriff von *Verbindlichkeit*, also jener Fundamentalbeziehung der Normativität (Fikentscher, Methoden, Band IV, 129 ff.; Hug, 110; zu den historischen Gründen der Bedeutung der Geschriebenheit des Gesetzes Baumann, Caligula, 53 ff.; Lendi, Theologie, 217 ff.; ferner N 24 ff.). Das Gesetz ist das Feststehende, das Fixe par excellence; in Blei gegossen, in Stein gehauen; erlassen in detailliert geregelten, aufwendigen und damit schwer wieder neu zu bewegenden Gesetzgebungs- und Inkraftsetzungsverfahren. Diese Eigenheiten des Gesetzes beanspruchen als solche Autorität (Gadamer, Band 1, 276 f.; Habermas, 209 ff.; Jörg Paul Müller, 180 f., 163 ff.).

9 Bezeichnenderweise lokalisieren archaische Rechtsvorstellungen selbst «heiliges» Recht spezifisch in Schriftlichkeit von Menschenhand (dazu Bossard, 84). Aus heutiger Sicht findet sich vergleichbares Gedankengut in der Anhebung der Gesetzesschriftlichkeit auf Verfassungsrang: So wird die Meinung vertreten, dass zwar nicht die Geschriebenheit als solche, aber doch ein Grundsatz der «Gesetzmässigkeit» als ungeschriebener Verfassungsgrundsatz zu anerkennen sei (Biaggini, 285 f.). Auch der Entwurf eines Bundesbeschlusses über eine nachgeführte Bundesverfassung enthält in Art. 4 Abs. 1 die Formulierung: «Grundlage und Schranke des staatlichen Handelns ist das Recht.». Wie den Erläuterungen zu entnehmen ist, wird darunter primär geschriebenes Recht verstanden (BBl 1997 I, 131 ff.). – Differenzierter demgegenüber das Bonner Grundgesetz. Es verankert die Bindung an «Gesetz *und Recht*» (Art. 20 Abs. 3; dazu Kaufmann, Gesetz, 358 ff., generell zum gewaltenteiligen Konzept der Rechtssetzungdemokratie vgl. Seiler/Webler, 172, m.w.N.; näheres N 243 ff.).

10 Zum zweiten gewähren die Gesetzesmerkmale *Stabilität*; und zwar in zweierlei Hinsicht: Zum einen sollen sie nicht sogleich wieder geändert werden. Man weiss bis auf weiteres, also im langfristigen Bereich, woran man ist (N 191 ff.). Dies fördert Berechenbarkeit, damit auch Rechtsfrieden, kann namentlich auch wirtschaftlich erwünschte Auswirkungen zeitigen, etwa die Investitionsfreude im Hinblick auf stabile Eigentumsrechte fördern (N 277 mit Verweisen). Zum andern soll die Rechtslage als solche geklärt sein. Der Rechtsunterworfene soll auch im kurzfristigen Bereich seine konkreten Handlungen im voraus auf Rechtskonformität ausrichten können (unten N 97 ff.).

11 Zum dritten schliesslich ist das Gesetz – zumindest idealerweise – von seinem Inhalt her mitten im Zentrum der Spannung zwischen Sollen und Sein. Es steht gleichsam auf halber Wegstrecke zwischen dem abstrakten Sollen des Rechts und dem konkreten Sein des Sachverhalts. Es setzt allgemeinste *Gerechtigkeitsaspekte* insoweit konkret um, dass sie sich einerseits noch immer als generelle Regel verstehen lassen, anderseits die Konkretisierung auf den einzelnen Sach-

verhalt hin ermöglichen (KAUFMANN, Gesetz, 384 f.; zu historischen Hintergründen dieses Aspektes vgl. SENN, 23 ff.; LUHMANN 299 ff.; näheres N 16 ff.).

c) **Institutionelle Bedeutung des Gesetzes.** Nicht nur inhaltlich nimmt das Gesetz eine solche Schlüsselstellung zwischen Sein und Sollen ein, sondern auch *institutionell*. Wie man sich immer zu Fundamental-Beziehungen von Recht stellt, die «Übungsanlage» ist die folgende: Über das Gesetz befiehlt der *Gesetzgeber* dem *Richter*, was er zu tun habe (zur positivistischen Basis dieses Bilds N 136 ff.); das Gesetz ist Produkt des *Gesetzgebers* und dazu bestimmt, vom *Richter* angewendet zu werden; der *Richter* sucht zu verstehen, was die sich im Gesetz manifestierende Aussage mit Bezug auf einen konkreten Sachverhalt bedeutet, wofür er (auch) über den sachgerechten Miteinbezug des historischen oder derzeitigen *Gesetzgebers* reflektieren muss (ausführlich dazu N 198 ff.). 12

Etwas ausserhalb der Übungsanlage liegt nun aber, dass der Richter auch über sich selbst zu reflektieren beginnt (N 217). Dieser heute immer breiter anerkannte Gesichtspunkt holt den Gesetzgeber gleichsam herunter vom – wie auch immer institutionell legitimierten – Sockel des Befehlsgebers und reiht ihn neben all die verschiedenen traditionellen *Verstehenselemente* ein, zu denen nicht nur der Gesetzestext, der Gesetzgeber etc., sondern nun konsequenterweise auch der Richter selbst gehört mit seinem eigenen Verstehen und seinen Wertungen (N 148 ff.). Die Art und Weise, *wie* der Richter mit dem Gesetz umgeht, beschlägt also seine eigene institutionelle Stellung gegenüber jener des Gesetzgebers: Würde er im Extremfall das Gesetz ignorieren, wäre der Gesetzgeber entmachtet; nicht weil dessen verfassungsmässige Kompetenz entfiele und er keine Gesetze mehr erlassen könnte, sondern weil der institutionelle «Partner» die *notwendige* Kooperation verweigert (zum Anwendungsbeispiel des vom Richter missachteten Unrechtsgesetzes vgl. KAUFMANN, Gesetz 365 ff.; näheres unten N 51 ff.). 13

Beim heute vielfach und auch in dieser Kommentierung vertretenen hermeneutischen Umgang des Richters mit dem Gesetz (N 162 ff.) ist die Funktion des Richters durchaus kooperativ; nicht im Sinn des Befehlsempfängers zwar, aber des ebenbürtig *Mit*wirkenden im Rahmen der Rechtsfindung (N 207 ff.). Typischerweise Befehlsempfänger war der Richter in der Optik des aufklärerisch motivierten Gesetzespositivismus gewesen, allerdings nicht als Empfänger von Befehlen des absoluten Herrschers; vielmehr hatte sein Gehorsam sicherzustellen, dass die Richterobrigkeit die Untertanen nicht willkürlich beurteile (näheres zum geschichtlichen Kontext N 136 ff.). Dem entspricht beispielsweise Art. 5 der französischen Menschenrechtserklärung von 1789: «... Tout ce qui n'est pas défendu par la loi ne peut être empêché, et nul ne peut être contraint à faire ce qu'elle n'ordonne pas.» 14

Vorbem. Art. 1 und 4

15 Schutz vor obrigkeitlicher Willkür kann und soll Recht natürlich noch immer bieten; doch dürfte sich die Stossrichtung heute gleich stark gegen den Gesetzgeber wie gegen den Richter richten (N 136 ff.). Dies ändert natürlich die «Übungsanlage» der richterlichen Rechtsfindung.

3. Problematik Sollen – Gesetz – Sein

16 a) **Die Bedeutung des geschriebenen Gesetzes.** Die Thematisierung der facettenreichen, umstrittenen, dilemmatischen Beziehung Sollen–Sein will sich (zumindest auch) als *praktische* Wissenschaft verstehen. So wie sie sich aus konkreten Interessenkollisionen heraus artikuliert, so soll sie auch auf eben diese eine Antwort geben können. Debatte genügt nicht, es braucht Resultat; Aspekte genügen nicht, es braucht Schärfe. Genau diese Postulate zu befriedigen ist – rechtstatsächlich gesehen – die Funktion des Gesetzes. Dieses *steht* nicht nur, wie soeben ausgeführt (N 12), mitten in der Spannung Sein-Sollen; es soll eben diese auch gleich «lösen» (BEHRENDS, 16 ff.).

17 Wie schon erwähnt, spielt dabei «Geschriebenheit» eine wesentliche Rolle. Ja das Gesetz ist letztlich nichts anderes als das sehr spezifisch Schrift gewordene Resultat der *allgemeinen* Debatte; eher noch: Anhand des derart schriftlich Fixierten lässt sich ablesen, dass sich die Debatte bei diesem Stand zur (konventionell so definierten) Verbindlichkeit verdichtet, gleichsam kristallisiert hat (JÖRG PAUL MÜLLER, 180 f.; HABERMAS, 187 f.; HART, Positivismus, 120 ff.). Oder nochmals gemäss der französischen Menschenrechtserklärung von 1789: «La loi est l'expression de la volonté générale. …» (Art. 6).

18 So gesehen unterscheidet sich das Gesetz etwa von Gewohnheitsrecht (nur) gerade durch die spezifische sprachliche Formalisierung der im übrigen vergleichbaren Verbindlichkeits-Verdichtung (vgl. N 27 f.; Art. 1 N 439 ff.). Damit verlässt das Gesetz aber gleichzeitig das, was Sprachlichkeit zentral ausmacht, nämlich die *gesprochene* Kommunikation zwischen Gesellschaftsmitgliedern. *Geschriebene* Sprache ist stets Abbild von Sprache, nie Sprache selbst (HANNAPEL/ MELENK, 105 ff.; HERBERGER/SIMON, 205 ff.). Wenn das Gesetz also die geschriebene Sprache zu seinem *wesentlichen* Merkmal erhebt, so gewinnt es damit wohl Schärfe, doch verliert es gleichzeitig die Autorität, je mehr zu sein, als Abbild von etwas anderem (GADAMER, Band 1, 393 ff., insbes. 393, 397; BAUMANN, Recht, 63 ff., insbes. 68; ZÄCH, Sprache, 45 ff.).

19 b) **Linguistische Erkenntnisse.** Die eben erwähnten «linguistischen» Theorien herrschten zur Zeit des Erlasses des ZGB noch nicht vor. Der historische

Gesetzgeber befasste sich zwar durchaus schon mit der Problematik, dass das sprachlich Ausgedrückte inhaltlich unklar oder unvollständig sein könnte; noch nicht aber damit, dass die Sprachlichkeit als solche grundlegende Fragestellungen aufwirft (näheres N 144 ff., 162 ff.). Heute ist hingegen anerkannt, dass noch so klare Gesetze nie *selbst* etwas aussagen, sondern stets Ausdruck *von* etwas sind (HERBERGER/SIMON, 205 ff., 344 ff.). Dies relativiert die Stellung des Gesetzes (was bisweilen bissig kritisiert wird, SZW 3/96, 148). Seine praktische Aufgabe, die ansonsten endlose Debatte zwischen Sollen und Sein zu beenden, mag man ihm zwar nach wie vor zubilligen; seine bisweilen griffige Schärfe mitunter begrüssen. Doch kann dies nicht mehr bedeuten, eine *im* Gesetz liegende Gerechtigkeit anzuwenden – schon sprachwissenschaftlich nicht, erst recht nicht rechtstheoretisch (BETTI, Problematik; näheres N 162 ff., 207 ff.).

II. Aussagen von Art. 1 und 4 ZGB

1. Aussagen über Rechtsquellen

a) **Wesen, Anerkennung und Rangfolge von Rechtsquellen.** Art. 1 und wohl auch Art. 4 ZGB enthalten Aussagen über Rechtsquellen. Dies zunächst unspezifisch verstanden in dem Sinn, dass der Richter die von ihm erwarteten Antworten zunächst im Gesetz, allenfalls im Gewohnheitsrecht suchen, insofern eben «aus diesen Quellen schöpfen» soll (dazu SIMONIUS, Lex, 11). Eine entsprechende Formulierung wurde denn auch im Departementalentwurf von 1900 und im Entwurf von 1904 verwendet, dazu Art. 1 N 185 und Allg. Einleitung N 68 ff.). Diese Optik erfasst das Wesen der Quelle nicht bewusst. Sie sagt nicht mehr, als dass der Richter *zunächst* das Gesetz und *dann* Gewohnheitsrecht zu konkretisieren habe; also vor allem etwas über die Reihenfolge der massgeblichen Parameter, nicht über deren Wesen (DESCHENAUX, Einleitungstitel, 68 f.; RIEMER, Einleitungsartikel, § 4 N 1 f.; MEIER-HAYOZ, Berner Kommentar, Art. 1 N 34. Explizit von einer «sekundären Anwendbarkeit» des Gewohnheitsrechts spricht etwa der Entscheid des Genfer Tribunal administratif in SJ 1980, 505 ff. [509]).

20

In einem spezifischeren Sinn enthält der Begriff der Rechtsquelle eine Aussage über ihre Geltungsart: Sie *begründet* Recht; *aus* ihr wird Recht gewonnen. Sie ist nicht Hinweis auf Recht, ebensowenig Hilfsmittel zur Vermittlung von Recht. Vielmehr macht sie selbst das von ihr Formulierte zu Recht. BÜHLER (Rechtsquellenlehre, Bd. 2, 115 ff.) unterscheidet zwischen Rechtsentstehungs- und Rechtserkenntnisquellen; letztere werden auch faktische Rechtsquellen genannt

21

Vorbem. Art. 1 und 4

(dazu BÜHLER, Rechtsquellenlehre, Bd. 3, 35 ff.). – Dies schliesst nicht aus, dass die Qualifikation als Rechtsquelle ihrerseits mit entsprechenden Begründungen unterlegt wird: Zum Beispiel mit der demokratischen Legitimation des vom Parlament oder vom Stimmvolk abgesegneten Gesetzes (vgl. dazu etwa BADURA, 15; SEILER/WEBLER, 172; GERMANN, Primat; ders., Verhältnis); mit der zeitlich und inhaltlich lang andauernden Stabilität und der damit verbundenen rechtlichen Bewährtheit des Gewohnheitsrechts (Art. 1 N 417 ff., 582 ff.); mit der durch überepochale Tradition bisweilen geradezu mystifizierten Autorität des römischen Rechts (vgl. etwa WINDSCHEID/KIPP, Band I, 2; WIEGAND, Studien, 1 ff.; WIEACKER, Sozialmodell, 3; BÜHLER, Rechtsquellenlehre, Bd. 1, 5 ff.; FLEINER, Rechtsquellenlehre, insbes. 98 f. zur Rechtsquellenlehre im Mittelalter, 103 zu religiösen und parteipolitischen Prinzipien als Rechtsquelle); mit wesensmässigen Verflechtungen methodischer und philosophischer Ebenen (FIKENTSCHER, Gedanken, 145 f.). Nur sehr speziell gelagerte Theorien verzichten auf solche weitergehenden Begründungen und lassen gerade die Rechtsquelle des Gesetzes für sich allein genügen; so namentlich noch wenig entwickelte und vor allem aufklärerisch motivierte Frühformen des Gesetzespositivismus im 19. Jahrhundert (N 136 ff.; BEHRENDS, 3) oder die reine Rechtslehre dieses Jahrhunderts (KELSEN, Rechtslehre, 238 ff.; HART, Concept; dazu WALTER OTT, Rechtspositivist, 442 f.).

22 Art. 1 und 4 ZGB enthalten den Begriff «Rechtsquelle» nicht; ebensowenig eine Umschreibung dessen, was spezifisch darunter verstanden werden müsste. Immerhin ergibt sich aus dem Zusammenhang aller drei Absätze von Art. 1, dass dem Gesetz und dem Gewohnheitsrecht ein Vorrang zukommt (Abs. 1 und Abs. 2 a.A.); dass andere Parameter, wie namentlich Lehre und Praxis, bloss begleitende Funktion haben (Abs. 3; näheres hiezu Art. 1 N 533 ff.; FORSTER, Bedeutung, 62 ff.). Von anderen Massstäben ist nicht die Rede, was seinerseits gemeinhin als negative Norm verstanden wird; das heisst, weitere Rechtsquellen sind nicht vorgesehen (N 32 ff.). Insofern enthalten Art. 1 und 4 ZGB nicht bloss Aussagen über die Rangfolge von Parametern – die man beispielsweise «Rechtsquellen» nennen könnte – ; vielmehr verleihen sie den aufgeführten Parametern eine erhöhte Geltungsqualifikation.

23 Diese Geltungsqualifikation entspricht einer Theorie, welche der betreffenden Rechtsquelle im Bereich der Rechtsfindung eine Funktion beimisst, die sich *qualitativ* von anderen Parametern unterscheidet. Im Bild: Nur das aus *diesen* Quellen fliessende Wasser steht zur Verfügung; andere Parameter können bloss dazu dienen, *dieses* Wasser zu fassen, zu kanalisieren und zu schöpfen (dazu LIVER, Rechtsquelle, 8 ff.). Eine solche Theorie ist heute allerdings nicht mehr vorherrschend. «Rechtsquelle» wird mehr und mehr instrumentell verstanden und insofern vor allem pragmatisch begründet, namentlich unter dem Gesichtspunkt

Vorbem. Art. 1 und 4

der Rechtssicherheit (näheres N 162; Art. 1 N 81 ff.). Auch die vorliegende Kommentierung versteht Rechtsquelle als Moment, das sich nur *graduell* von anderen Rechtsfindungselementen unterscheidet. Wo sich diese graduellen Unterschiede konkret auswirken, hat dies also nicht spezifisch mit einer Quellenfunktion zu tun, sondern damit, dass im betreffenden Zusammenhang etwa der Wortlaut des Gesetzes (Art. 1 N 57 ff.), die konkrete Entstehungsgeschichte der betreffenden Norm (Art. 1 N 155 ff.) oder die Formalien der Inkraftsetzung (Art. 1 N 22 ff.) als solche für die Rechtsfindung *effektiv* relevant sind, namentlich ein konsistentes Verbindlichkeitselement hergeben.

b) **Das Gesetz.** Als primäre Rechtsquelle nennt Art. 1 Abs. 1 ZGB das Gesetz. 24
Erst wo dieses nicht weiterhilft, kommt gemäss Abs. 2 eine andere Rechtsquelle in Betracht. Zur Zeit des Erlasses war diese Bestimmung eine «Selbstverständlichkeit» (EUGEN HUBER, Erläuterungen, Band 1, 36; Sten.Bull. NR 1906, 1040; EGGER, Zürcher Kommentar, Allgemeine Einleitung, N 28 ff., insbes. 30). Das Gesetz, zumal im Sinn der umfassenden Kodifizierung, war *das* Instrument, welches geradezu wesensmässig Vorrang beanspruchte; Gesetz war Schrift gewordene Verbindlichkeit schlechthin (EUGEN HUBER, Recht, 245 ff.; ders., System, 49 f.). Namentlich diese schriftliche Sprachlichkeit und deren Bedeutung als Obersatz, der syllogistisch auf den Untersatz des Sachverhalts anzuwenden ist, legte es nahe, von «Anwendung» zu sprechen. Verbindlichkeit des im abstrakten Obersatz geschriebenen Gesetzes kann für den Richter nichts anderes bedeuten, als dieses eben «anzuwenden» (WEIMAR, Dimensionen, 169 ff.; HÖHN, Legalitätsprinzip, 157 ff.; ausführlich zur Syllogistik auch HERBERGER/SIMON, 23 ff.).

Diese Optik aus der Entstehungsgeschichte von Art. 1 und 4 ZGB hat mittlerweile ihre Selbstverständlichkeit verloren; dies namentlich aus zwei Gründen: 25
– Zum ersten hat sich das Bild der Schrift gewordenen Verbindlichkeit gewandelt. Zur Zeit der nationalen Kodifikationen des 19. Jahrhunderts hatten die Gesetzbücher die Funktion, das was historisch-praktisch und systematisch-theoretisch verbindlich *war*, schriftlich zu erfassen (COING, Erfahrungen; LIVER, Kodifikation; SIMONIUS, Lex, 9; D. MERTEN/W. SCHRECKENBERGER (Hrsg.), Kodifikation gestern und heute: zum 200. Geburtstag des Allgemeinen Landrechts für die Preussischen Staaten, Berlin 1995; vgl. auch unten N 131 f.). Nicht zufälligerweise – aber unter diesem Aspekt doch eher als Begleiterscheinung – lag die Kompetenz zu diesem schriftlichen Festhalten oft beim demokratisch abgestützten Parlament oder gar beim Volk selbst, bisweilen aber auch etwa beim Fürsten (WINDSCHEID/KIPP, Band I, 72 f.; LUHMANN, 299 ff.). Heute steht die *demokratische Kompetenz* im Vordergrund. Sie allein scheint darüber zu entscheiden, ob das betreffende Gesetz Geltung hat; nicht mehr auch der *inhaltliche* Verbindlichkeitsgrund

Vorbem. Art. 1 und 4

(HABERMAS, 45 ff., insbes. 47 f. und 541 ff. betreffend «Legitimität» einer Rechtsnorm; vgl. RICHLI, 155; JÖRG PAUL MÜLLER, 180 ff.; ders., Versuch einer diskursethischen Begründung der Demokratie, in: W. Haller et al. (Hrsg.), Im Dienst an der Gemeinschaft, Festschrift für Dietrich Schindler, Basel/Frankfurt am Main 1989, 617 ff.; NIKLAS LUHMANN, Legitimation durch Verfahren, 3. A. Frankfurt am Main 1993; vgl. auch MERZ, Dauer, 342, zur «legitimen» und «illegitimen Legalität der geltenden Ordnung»). So steht nicht im Vordergrund, dass das Gesetz gerecht sein müsse, sondern im Hintergrund, dass es jedenfalls nicht ungerecht sein dürfe (näheres N 51 ff.; Art. 1, N 28 ff. mit Verweisen). – Zum zweiten haben sich die wissenschaftstheoretischen Grundlagen zur Denkweise von «Anwenden» gewandelt. Die dem Anwenden zwingend vorausgehende *Erkenntnis* des Gesetzesinhalts (vgl. noch EUGEN HUBER, Recht, 351 ff.; WALTER OTT, Rechtspositivismus, 104 ff.) ist einem interaktiven Verstehensvorgang gewichen (im einzelnen N 207 ff.).

26　　Diese beiden Entwicklungen machen die Aufgabe des Richters, mit dem Gesetz sachgerecht umzugehen, nicht einfacher. Er findet sich heute gleichsam eingezwängt zwischen dem immer aktiveren Gesetz- und Verordnungsgeber, der stets detailliertere und zeitnähere Verbindlichkeitsvorgaben setzt, einerseits (unten N 168 ff.); und anderseits der Wissenschaft, die ihn auffordert, sich als selbstbewussten Partner des Gesetzgebers zu verstehen und namentlich auch eben diese Rollenverteilung als solche stets kritisch zu hinterfragen (unten N 148 ff., 159 ff.). Nur in diesem Sinn soll er das Gesetz handhaben; er soll es nicht «befolgen», darf es aber auch nicht ignorieren; er muss es mit in seinen Verstehensprozess einbeziehen als das, was es mit seinem spezifischen Verbindlichkeitsbezug ist (unten N 198 ff.).

27　c)　**Gewohnheitsrecht.** Als sekundäre Rechtsquelle gibt Abs. 2 Gewohnheitsrecht vor. Diese Bestimmung ist vor allem aus dem historischen Kontext der Entstehung des ZGB zu verstehen. Es geht um jene bereits im Zusammenhang mit dem Gesetz erwähnte irgendwie feststellbare «Verbindlichkeit» (oben N 17); nur dass sie beim Gewohnheitsrecht nicht Schrift geworden ist. Gewohnheitsrecht ist denn auch nichts anderes als «ungeschriebenes Gesetz» (vgl. etwa BGE 119 Ia 59 [62]: «ungeschriebenes, objektives Recht»; näheres Art. 1 N 417 ff.); mos statt lex, jedenfalls aber ius. Es ist das, was die damals relativ neu ins Bewusstsein gekommene historische Betrachtungsweise gleichsam soziologisch festgestellt hatte; und zwar unabhängig davon, ob es sich in Gesamtkodifikationen, Statutarrechten oder römischen Rechtsquellen nachlesen liess (vgl. oben N 25). Insofern bedeutet die sekundäre Rechtsquelle gemäss Art. 1 Abs. 2 ZGB nichts anderes als eine *Vervollständigung* dessen, was die primäre Rechtsquelle gemäss Art. 1

Vorbem. Art. 1 und 4

Abs. 1 ZGB unbedacht versäumt hat; sehr spezifisch Lückenfüllung also (EUGEN HUBER, Erläuterungen, Band 1, 37; neuestens BGE 119 Ia 59).

Wie noch näher dargestellt wird (Art. 1 N 466 ff.), spielt das Gewohnheitsrecht heute keine wesentliche Rolle mehr. Dies ist nicht bloss eine rechtstatsächliche Feststellung zur Praxis seit der Entstehung von Art. 1 Abs. 2 ZGB, sondern vor allem auch Ausfluss aus der bereits erwähnten Veränderung der wissenschaftstheoretischen Grundlagen. Diese wollen keine qualitative Abgrenzung mehr vornehmen zwischen dem Gesetz und anderen Rechtsfindungs-Parametern; und erst recht nicht gegenüber dem «ungeschriebenen Gesetz», also dem Gewohnheitsrecht (näheres N 159 ff.). 28

d) **Richterrecht.** Stehen weder Gesetz noch Gewohnheitsrecht zu Gebote, so ist gemäss Art. 1 Abs. 2 ZGB der Richter selbst – nach gewissen methodischen Leitlinien (modo legislatoris; Art. 1 Abs. 2 a.E. ZGB) – gefordert. Gleiches gilt dort, wo das Gesetz diese Regelungsdelegation an den Richter *bewusst* vornimmt; also in den Fällen gemäss Art. 4 ZGB. Ist das in diesem Rahmen gebildete «Richterrecht» also die dritte vom Gesetz anerkannte Rechtsquelle? 29

Diese Frage erscheint zunächst zirkulär, weist das Bild der Rechtsquelle doch darauf hin, dass der Richter *aus ihr* Recht schöpft (N 23). Insofern kann Richterrecht nicht seinerseits Rechtsquelle sein, sondern bloss den Vorgang des Schöpfens *aus* der Quelle umschreiben. Wenn heute Richterrecht mehrheitlich als Rechtsquelle anerkannt wird, so bedeutet dies denn auch etwas anderes; nämlich dass das *Präjudizien*recht Rechtsquelle für *andere* Gerichtsfälle sein kann, insofern ein (anderer) Richter also durchaus *aus* diesem Recht schöpft (BÜHLER, Rechtsquellenlehre, Bd. 3, 146 ff.; GERMANN, Präjudizien, 45 ff.; FORSTER, Bedeutung, 62 ff.; MERZ, Dauer, 326; BYDLINSKY, Hauptpositionen; vgl. auch BIAGGINI, 51 ff.). Auf die verschiedenen Verbindlichkeitsabstufungen der Präjudizien und insbesondere auf deren Abgrenzung gegenüber dem Gewohnheitsrecht wird an anderer Stelle näher eingegangen (Art. 1 N 582 ff., insbes. 587 ff.). 30

Damit noch nicht beantwortet ist die Frage, ob Richterrecht auch in jenem zirkulären Sinn Rechtsquelle sein könne; also derart, dass der urteilende Richter quasi aus sich selbst Recht schöpft. Hiefür ist zunächst an die in dieser Kommentierung vertretene Auffassung zu erinnern, dass die «Qualifikation» als Rechtsquelle gerade kein qualitatives, sondern bloss ein graduelles Merkmal darstellt. Es geht nie um mehr als um die Berücksichtigung eines Rechtsfindungselements, das für den konkreten Sachverhalt von Relevanz ist. Spezifisch bezogen auf das Richterrecht: Ist der urteilende Richter als solcher ein Element, das eben dieser Richter selbst in seinen Verstehensprozess miteinbeziehen soll? Dass er dies effektiv tut, ist das Phänomen des hermeneutischen Zirkels (ESSER, Vorverständnis, 31

Vorbem. Art. 1 und 4

136 ff.; KAUFMANN, Hermeneutik, 340 f., und ausführlich Zirkelschluss; näheres unten N 159 ff., 198 ff.). Zur Zeit des ZGB-Erlasses war dieses noch nicht bewusst lokalisiert; erst nach dem zweiten Weltkrieg wurde es zu *dem* Einwand gegen eine zu stark am Rationalitäts-Ideal orientierte Betrachtungsweise. Heute ist es nicht bloss hingenommene Feststellung, sondern anerkannte Basis für wesentliche methodologische Folgerungen (näheres unten N 198 ff.). *In diesem Sinn* kann Richterrecht heute durchaus als «Rechtsquelle» bezeichnet werden, jedenfalls nicht weniger als das Gesetz und das Gewohnheitsrecht.

32 e) **Numerus clausus der Rechtsquellen.** Nebst dem Gesetz, dem Gewohnheitsrecht und – im eben umschriebenen Sinn (N 29 ff.) – dem Richterrecht nennt Art. 1 ZGB keine weiteren Rechtsquellen. Dies ist – aus der Sicht des Gesetzes selbst – als qualifiziertes Schweigen zu verstehen (EUGEN HUBER, Erläuterungen, Band 1, 36 ff., insbes. 38; oben N 20 ff.). Damit kommt zum Ausdruck, dass *das Gesetz* keine weiteren Rechtsquellen anerkennt; genauer: dass es sonstigen Parametern die Qualifikation «Rechtsquelle» nicht beimisst. Dies gilt nicht bloss für die in Art. 1 Abs. 3 und Art. 4 ZGB erwähnten Begriffe «bewährte Lehre und Überlieferung» sowie «Recht und Billigkeit»; sondern ebenso für Strassenverkehrszeichen, technische Normen oder Handelsregeln (BÜHLER, Rechtsquellen; ders., Normen) oder etwa sonstige Grundsätze, Traditionen, Phänomene und dergleichen, denen bisweilen von der Methodenlehre oder aus rechtsphilosophischer oder -theoretischer Sicht Rechtsquellenfunktion zugebilligt wird (BÜHLER, Rechtsquellenlehre, Bd. 3, 35 ff., und ausführlich ders., faktische Rechtsquellen, insbes. 153 und 163, zu den Erkenntnisquellen oder faktischen Rechtsquellen; Hinweise bei MEIER-HAYOZ, Richter, 94 f.).

33 Diese Feststellung eines dergestalt beschränkten numerus clausus von Rechtsquellen hat nach heutigem Rechtsfindungsverständnis bloss geringe praktische Bedeutung. Denn sie besagt nicht mehr, als dass *die positive Privatrechtsordnung als solche* weitere Rechtsquellen ausschliesst. Eben diese Feststellung ist aber ihrerseits nichts anderes als ein Element des richterlichen Verstehensprozesses. Dieser wiederum schliesst nicht aus, dass – je nach konkreter Konstellation – andere Elemente gleich stark oder gar stärker gewichtet werden; und zwar ungeachtet davon, ob ihnen die positive Privatrechtsordnung das Prädikat «Rechtsquelle» zuerkennt oder verweigert (MEIER, 56 ff.; FORSTER, Bedeutung, 6 ff.).

34 Diese Betrachtungsweise mildert auch die Problematik, dass es das Gesetz selbst ist, welches sich das Rechtsquellenmonopol anmasst – und sich denn auch bezeichnenderweise selbst als primäre Rechtsquelle einordnet. Das Rechtsquellenmonopol wird meist mit der entsprechenden demokratischen Legitimation begründet (statt vieler JÖRG PAUL MÜLLER, 39 ff.; oben N 24 ff.; näheres Art. 1 N

Vorbem. Art. 1 und 4

9 ff.). Doch allemal haftet ihm etwas Zirkuläres an. Im schweizerischen Privatrecht fällt namentlich auf, dass es nicht etwa die Verfassung ist, welche die Rechtsquellen definiert, sondern der Gesetzgeber selbst; bloss indirekt ergibt sich eine verfassungsmässige Absegnung dadurch, dass Art. 113 Abs. 3 BV die Selbstanmassung des Bundesgesetzgebers tabuisiert (vgl. Art. 1 N 222 f.). Diese Problematik wird nun aber relativiert durch den modernen methodologischen Zugang zur Aufgabe der Rechtsfindung. Heute steht dem staatlichen Rechtsquellenmonopol des Gesetzes die wissenschaftliche Verpflichtung des Richters gegenüber, dieses Monopol zwar durchaus entgegenzunehmen, es aber nicht zu «befolgen», sondern es zusammen mit diversen anderen Gewichtsteinen in die Waagschale zu legen.

f) **Allgemeine Rechtsgrundsätze als Rechtsquellen?** Praxis und Lehre nehmen nicht selten Bezug auf «allgemeine Rechtsgrundsätze». Schon beim Erlass des ZGB wurde solches reflektiert; gemäss einer Formulierung Eugen Hubers: «Grosse Gedanken, allgemeine Wahrheiten liegen unserer Rechtsüberzeugung bewusst oder unbewusst zugrunde». Um spezifische Rechtsquellen scheint es sich also nicht gehandelt zu haben (EUGEN HUBER, Erläuterungen, Band 1, 9; ausführlich STAMMLER, richtiges Recht, und zu seinem Einfluss auf Eugen Huber und das ZGB HUWILER; vgl. auch EGGER, Zürcher Kommentar, Art. 1 N 39; SCHNYDER, Allg. Einleitung N 72). Aus heutiger Sicht interessiert die Frage nach dem Rechtsquellencharakter ohnehin weniger, da dessen *qualitative* Besonderheit weitgehend obsolet geworden ist (oben N 20 ff.; FORSTMOSER/SCHLUEP, § 16 N 72 ff.; ALEXY, Recht, 16; vgl. auch FLEINER, Rechtsquellenlehre, 97 ff.). Eine gewisse Relevanz kommt allgemeinen Rechtsgrundsätzen im Kontext von *verfassungs*-rechtlichen Wertprinzipien zu (statt vieler FLEINER, Rechtsquellenlehre, 101 ff. mit Verweisen; G. ORSI/K. SEELMANN/S. SMID/U. STEINVORTH [Hrsg.], Prinzipien des Rechts, Frankfurt am Main u.a. 1996; ERNST-WOLFGANG BÖCKENFÖRDE, Grundrechte als Grundsatznormen. Zur gegenwärtigen Lage der Grundrechtsdogmatik, in: Der Staat 1990, 1 ff.). Dasselbe gilt mit Bezug auf erkenntnistheoretische Fragestellungen (etwa zur «Rechtsidee» als *philosophisches* Erkenntnisobjekt, das methodisch gesehen den Begriff der Norm verlange, im Gegensatz zu einem Wertrelativismus, der nur noch eine «realization of the dominant taste» anstrebe, FIKENTSCHER, Gedanken, 152). Gleichwohl scheint das Bundesgericht solch allgemeinen Grundsätzen unter Umständen ein gleiches Gewicht wie den gesetzlichen Rechtsquellen zuzubilligen (BGE 83 III 147 [152] über «höhere Prinzipien des geltenden Rechts»), allerdings ohne dies explizit beim Namen zu nennen. Jedenfalls kennt das schweizerische Privatrecht keinen ausdrücklichen und generellen Hinweis auf die Rechtsquelle der allgemeinen Rechtsgrundsätze.

Vorbem. Art. 1 und 4

36   Dies etwa im Unterschied zum österreichischen ABGB § 7: «Lässt sich ein Rechtsfall weder aus den Worten noch aus dem natürlichen Sinne eines Gesetztes entscheiden, so muss auf ähnliche, in den Gesetzen bestimmt entschiedene Fälle, und auf die Gründe anderer damit verwandten Gesetze Rücksicht genommen werden. Bleibt der Rechtsfall noch zweifelhaft, so muss solcher mit Hinsicht auf die sorgfältig gesammelten und reiflich erwogenen Umstände nach den natürlichen Rechtsgrundsätzen entschieden werden» (näheres BYDLINSKI, Kommentar, § 7 N 8 ff.; ders., Rechtsgrundsätze). Ein weiteres Beispiel bildet das Statut des IGH, Art. 38: «[Anzuwendende Rechtssätze]. (1) Der Gerichtshof, dessen Aufgabe es ist, die ihm unterbreiteten Streitigkeiten nach dem Völkerrecht zu entscheiden, wendet an a) internationale Übereinkünfte allgemeiner oder besonderer Natur, in denen von den streitenden Staaten ausdrücklich anerkannte Regeln festgelegt sind; b) das internationale Gewohnheitsrecht als Ausdruck einer allgemeinen, als Recht anerkannten Übung; c) die von den Kulturvölkern anerkannten allgemeinen Rechtsgrundsätze; d) ...richterliche Entscheidungen und die Lehrmeinung der fähigsten Völkerrechtler der verschiedenen Nationen als Hilfsmittel zur Feststellung von Rechtsnormen. (2) Diese Bestimmung lässt die Befugnis des Gerichtshofs unberührt, mit Zustimmung der Parteien ex aequo et bono zu entscheiden.».

37   Allerdings verschlägt es nichts, in einzelnen Normen der positiven Rechtsordnung den Ausdruck von allgemeinen Rechtsgrundsätzen zu erblicken: So können diese als solche ausdrücklich positiviert sein, wie etwa das Gebot der Rechtsgleichheit in Art. 4 BV oder das Prinzip von Treu und Glauben in Art. 2 ZGB (Vorbemerkungen zu Art. 2 und 3 N 43 ff.; vgl. auch SCHNYDER, Allg. Einleitung N 74); andere sind zwar nicht als solche positiviert, aber doch als Grundlage für einzelne Gesetzesbestimmungen zu betrachten, wie zum Beispiel das Prinzip der Haftung aus culpa in contrahendo (vgl. dazu KRAMER in Berner Kommentar, Allgemeine Einführung in das schweizerische Obligationenrecht und Kommentar zu Art. 1–18 OR, Bern 1986, Allg. Einleitung N 135; BGE 120 II 331 [336 ff.]); wieder andere beherrschen offensichtlich ein ganzes Rechtsgebiet, wie die im Sachenrecht geläufigen Prinzipien (MEIER-HAYOZ in: Berner Kommentar, Das Sachenrecht, 1. Abteilung, Das Eigentum, 5. A. Bern 1981, Systematischer Teil N 56 ff.; HEINZ REY, Die Grundlagen des Sachenrechts und das Eigentum, Bern 1991, N 270 ff.). MERZ (Widerrechtlichkeit, 326 f.) weist darauf hin, dass es auch «übergeordnete Rechtsgrundsätze» gebe, deren Formulierung auf grösste Schwierigkeiten stosse oder im fast völlig Unverbindlichen stecken bleibe. Ihren Charakter erhielten sie erst durch die Konkretisierung. In neuerer Zeit wird in diesem Zusammenhang darauf hingewiesen, dass gerade hier die Tätigkeit des Richters gefragt ist: Es geht um «Regelbildung» auf einer Stufe, die zum Teil über der geschriebenen Rechtsordnung liegt, zum Teil sich auch mit dieser überschneidet, also um ein «Regelsystem». Allerdings, soweit die Praxis auf solche «Regeln» rekurriert, tut sie dies weniger im Sinn einer Anwendung als vielmehr einer methodischen Argumentationsfigur im Rahmen von Auslegung oder Lückenfüllung (CANARIS, Lücken, 71 ff., zu einem solchen Verständnis des «Gleichheitssatzes»; ESSER, Grundsatz, 242 ff., 289 ff., insbes. 291 ff.; FLEINER, Rechtsquellenlehre,

Vorbem. Art. 1 und 4

insbes. 104; MEIER, 14, der allerdings auch auf die Nachteile eines «Prizipienrechts» hinweist, 66 ff.; vgl. zur Kohärenz der Regelordnung auch PEDRAZZINI; näheres N 43 ff.).

Dabei können solche «Rechtsgrundsätze» bisweilen sehr konkrete Formen annehmen. So hat das Bundesgericht in BGE 90 II 428 (435 ff.) aus der Auflistung in Art. 134 Abs. 1 OR auf die gleichsam «über» der geschriebenen Rechtsordnung liegende *allgemeine Regel* geschlossen, dass ein Verjährungsstillstand nur unter objektiven, von den persönlichen Verhältnissen unabhängigen Umständen möglich sei. – Ebenso zeigt das bereits erwähnte Beispiel der culpa in contrahendo, dass das Gesetz hier Aspekte geregelt hat, die in einen grösseren Zusammenhang eingereiht werden müssen (dazu KRAMER in Berner Kommentar, Allgemeine Einführung in das schweizerische Obligationenrecht und Kommentar zu Art. 1–18 OR, Bern 1986, Allg. Einleitung N 133 ff.). Eingehend etwa BGE 77 II 135 (136), wo die einzelnen im Gesetz ausdrücklich geregelten Aspekte von vor- oder ausservertraglichen Rechtsbeziehungen dargelegt werden. Aufgrund eines entsprechenden übergeordneten «Rechtsinstituts» statuiert BGE 108 II 305 (313) etwa eine gegenseitige Aufklärungspflicht von Parteien in Vertragsverhandlungen, während in BGE 68 II 295 (302 ff.) noch davon ausgegangen wurde, dass eine Auskunftserteilung im Hinblick auf einen Vertragsschluss als ausservertragliches Handeln zu qualifizieren sei, falls nicht effektiv ein Auftragsverhältnis vorliege. In BGE 120 II 331 (336) schliesslich ist die Rede von einer mit einem Vertragsverhandlungsverhältnis vergleichbaren rechtlichen Sonderverbindung, die als «Erscheinungsform einer allgemeineren Rechtsfigur» aufzufassen sei, woraus sich eine Haftung aus erwecktem Vertrauen in das Konzernverhalten der Muttergesellschaft erbebe; Art und Umfang der Verhaltenspflichten der Muttergesellschaft ergäben sich aus Treu und Glauben (dazu etwa GONZENBACH in recht 1995, 117 ff.; vgl. auch Art. 2 N 106 ff.). – Vgl. BGE 4C.281/1996 vom 10.12.1996 zum allgemeinen «Rechtsgrundsatz», dass der Gläubiger beim Entscheid für einen von zwei alternativen Ansprüchen den je anderen verliere. 38

Dass die Rechtsordnung nicht auf das geschriebene Recht beschränkt sein kann, zeigt sich auch sehr greifbar beim Kriterium des ordre public im internationalen Privatrecht (ausführlich dazu VISCHER zu Art. 17 und HEINI, Art. 190 N 37 ff., in: A. Heini/M. Keller/K. Siehr/ F. Vischer/P. Volken [Hrsg.], IPRG Kommentar, Kommentar zum Bundesgesetz über das Internationale Privatrecht [IPRG] vom 1. Januar 1989, Zürich 1993). Er beschlägt das Problem, dass ein ausländischer Gerichtsentscheid fundamentale *Rechts*grundsätze verletzt oder mit der *schweizerischen Rechts-* und Wertordnung unvereinbar ist (BGE 119 II 264 [266]). Das Bundesgericht spricht von der Verletzung des einheimischen *Rechts*gefühls (BGE 64 II 88 [98]). Allerdings wird auch auf den universalen Charakter des ordre public und damit auf «überstaatlich geltende rechtliche oder sittliche Grundauffassungen» beziehungsweise auf rechtliche Elementarwerte hingewiesen (HEINI, a.a.O., N 41; VISCHER, a.a.O., N 3). 39

Jedenfalls ist nie von eigentlichen «Rechtsquellen» die Rede; vielmehr verstehen sich Berücksichtigungen solcher Topoi eher als Elemente im Rahmen der üblichen Auslegung, allenfalls der Lückenfüllung. Die zur positiven Rechtsordnung gehörende Praxis ihrerseits scheint sich also an den gesetzlichen numerus clausus der Rechtsquellen zu halten. Allerdings verflüchtigt sich mehr und mehr dessen praktische Relevanz. Denn ob ein bestimmter Topos als Rechtsquelle oder etwa als systematisches, realistisches oder wie auch immer geartetes Element 40

Vorbem. Art. 1 und 4

Berücksichtigung findet, sollte in der heutigen Methodologie belanglos sein (unten N 207 ff.).

2. Aussagen zur richterlichen Aufgabe

41 a) **Verbot der Rechtsverweigerung.** Art. 1 und 4 ZGB enthalten ferner Aussagen über die Aufgaben des Richters; zuvorderst jene, dass er Recht sprechen *muss*; dass er Recht *nicht verweigern darf*. Dies kommt namentlich darin zum Ausdruck, dass er bei Versagen der primären und der sekundären Rechtsquelle Gesetz beziehungsweise Gewohnheitsrecht eben selbst eine «Quelle» schaffen muss (oben N 29 ff.). Der Richter darf eine Klage nicht abweisen mit der Begründung, er habe die anwendbare Regelung nicht gefunden (zur verfassungsrechtlichen Kompetenz statt vieler G. MÜLLER in J.-F. Aubert et al. [Hrsg.], Kommentar zur Bundesverfassung der Schweizerischen Eidgenossenschaft vom 29. Mai 1874, Basel/Zürich/Bern 1996, Art. 4 N 89; vgl. auch unten N 54); vielmehr bloss deshalb, weil er die (zum Beispiel selbst eruierte Richterrechts-) Regelung kennt und diese besagt, die Klage sei abzuweisen (zur Abgrenzung gegenüber der Klagabweisung mangels gesetzlicher Anspruchsgrundlage vgl. Art. 1 N. 485; vgl. auch LUHMANN, 304 ff.).

42 Das Verbot der *Rechts*verweigerung impliziert auch die Absage an ein Richterrecht, das nicht nach *Recht* ergeht, sondern nach Willkür. Explizit kommt dies in Art. 4 ZGB zum Ausdruck, wonach der Richter insbesondere den Ermessensentscheid nicht allein nach subjektivem Gutdünken, sondern «nach Recht und Billigkeit» zu treffen und damit in einen Bezug zur Sollensordnung zu stellen hat (näheres Art. 4 N 72 ff.).

43 b) **Orientierung am positiven Recht.** Ferner – dies die zentrale Thematik der Art. 1 und 4 ZGB – hat der Richter seine Aufgabe in *bestimmter Art und Weise* wahrzunehmen. In allererster Linie hat er einen Bezug zur *positiven* Rechtsordnung herzustellen; je nach dem zwar extra legem, allemal aber intra ius (LARENZ, Methodenlehre, 413 f.). Die Rechtsordnung ist also nicht auf das geschriebene Recht beschränkt, sondern umfasst auch Gewohnheits- und Richterrecht (im oben, N 29 ff. umschriebenen Sinn). Dabei hat der Richter dem «wirklichen Rechtsinhalt» nachzugehen und diesen zur Geltung zu bringen. Und dies letzteres wird nicht etwa nur bei der Lückenfüllung aktuell.

44 Der Richter muss seine Entscheidung also nach den Kriterien der *Rechts*ordnung finden; er soll sich an Wertordnungen orientieren, die sich in *rechtlichen* Normen niederschlagen. «Reine» Billigkeitsentscheide sind nicht erwünscht (BGE

60 II 178 [186]; betreffend Abgrenzung zum Entscheid «nach Recht und Billigkeit» vgl. Art. 4 N 72 ff.). Gemäss BGE 110 III 105 (106) soll der Richter bei der Regelbildung modo legislatoris eine generell-abstrakte Regel schaffen und sich nicht von Billigkeitserwägungen oder vom Gedanken, welche Lösung im konkreten Fall gerade zweckmässig sei, leiten lassen. Nach BGE 91 II 100 (106 f.) soll der Richter eine Gesetzeslücke nicht in der Weise ausfüllen, dass sich eine reine Billigkeitsentscheidung ergebe, sondern nach gesetzgeberischer Methode verfahren: also eine Lösung suchen, die sich folgerichtig in das Gefüge der *gesetzlichen* Bestimmungen einreihen lässt. BGE 90 II 428 (442) verbietet dem Richter, von einer Regelung, die das OR aus Gründen der öffentlichen Ordnung getroffen hat, abzuweichen, bloss um in einem aussergewöhnlichen Einzelfall zu einer als billig erscheinenden Lösung zu gelangen (vgl. anderseits zum Rechtsfindungselement der Ergebniskontrolle Art. 1 N 218 ff.).

Konkret hat sich der Richter *am Gesetz* – am geschriebenen, allenfalls ungeschriebenen (Gewohnheitsrecht) – zu orientieren. Diese primäre *Gesetzes*orientierung hat auch heute noch ihre Bedeutung. Die neueren hermeneutischen Errungenschaften (N 159 ff.) stehen dem nicht entgegen. Allerdings relativieren sie die Relevanz der Gesetzesorientierung. Sie verstehen sie nicht mehr als inhaltliche Norm, die der Richter als solche zu befolgen hätte, sondern zunächst bloss als Feststellung: des Inhalts nämlich, dass in den verfassungsgemäss anwendbaren Art. 1 und 4 ZGB *der Gedanke zum Ausdruck kommt*, der Richter habe das Gesetz beziehungsweise das Gewohnheitsrecht anzuwenden. Was *diese* Feststellung für die Rechtsfindung im konkreten Fall bedeutet, ist dann weniger eine Frage der anwendbaren Norm, sondern ihrerseits eine grundsätzliche hermeneutische Problemstellung (ausführlich hiezu N 198 ff.). 45

Die vom Gesetz dem Richter vorgegebenen methodologischen Hinweise enthalten schliesslich auch «technisches»: generell – also auch in den Fällen gemäss Art. 4 ZGB (Art. 4 N 120 ff., insbes. 125 f.) – soll er sich von der bewährten Lehre und Praxis leiten lassen (Art. 1 Abs. 3 ZGB); bei fehlender Hilfe des Gesetzes soll er zunächst eine Regelbildung vornehmen (Art. 1 Abs. 2 a.E. ZGB); im Bereich der ausdrücklichen Ermessensdelegation soll er «nach Recht und Billigkeit» vorgehen (Art. 4 ZGB). Auf diese Aspekte wird noch vertieft eingegangen (vgl. Kommentierung zu Art. 1 und 4 ZGB). An dieser Stelle sei bloss allgemein festgehalten, dass schon diese wenigen methodischen Hinweise eine klare Abwendung vom Positivismus erkennen lassen, dass sie vielmehr von eigenständigen Funktionen des Richters ausgehen; und dies obwohl zum Zeitpunkt ihres Erlasses der «Paradigmawechsel» zum hermeneutischen Verstehen (N 159 ff.) noch nicht stattgefunden hat. Entsprechend oft ist denn auch Art. 1 ZGB von der Lehre als eine sehr spezielle gesetzgeberische Leistung hervorgehoben und – 46

Vorbem. Art. 1 und 4

zustimmend oder ablehnend – kommentiert worden (ein illustratives von vielen Beispielen bei KELSEN, Rechtslehre, 252 ff.; vgl. auch SCHNYDER, Allg. Einleitung N 83 ff.).

c) **Grenzen der richterlichen Kompetenz?**

47 aa) Das **Verbot der Rechtsverweigerung** (oben N 41 f.) verbunden mit der Ermächtigung, eine allenfalls fehlende Regelung selbst zu kreieren, muss dazu führen, dass der Richter gleichsam stets das letzte Wort hat. Es gibt keine «Rechtsfrage» (Art. 1 Abs. 1 ZGB), welche der Richter *nicht* beantworten könnte. Bei jeder offenen Kontroverse also, sei sie noch so bedeutsam, so grundlegend politisch oder ethisch debattiert, müsste es am Richter liegen, die verbindliche Entscheidung zu treffen. – Gibt es nun aber Fragen, die *als solche* ausserhalb der Reichweite des Richters liegen, und zwar spezifisch deshalb, weil sie nicht in die Kompetenz der dritten, sondern der ersten Staatsgewalt fallen? Gibt es Problemstellungen, die zu beantworten von vornherein dem Gesetzgeber vorbehalten sind?

48 Art. 1 und 4 ZGB besagen hiezu nichts Ausdrückliches. Ob dies als negative Norm zu verstehen ist des Inhalts, dass es keine solche Begrenzung der Richterkompetenz gebe, ist unklar. Historisch war man sich der Fragestellung offenbar nicht bewusst, wie weit eine Richterkompetenz nach der Formulierung gemäss Art. 1 Abs. 2 ZGB gehen könnte (vgl. EUGEN HUBER, Recht, 351 ff.). Später wurde und wird die Problemstellung mehr und mehr erörtert und – wohl überwiegend – dahin beantwortet, dass gewisse «wesentliche» (RIEMER, Gebotsberichtigung, 128), «strategische» (MEIER-HAYOZ, Fortbildung, 421), «rein rechtspolitische» (HÖHN, Methodik, 323 f.; BGE 83 III 147 [152]) Fragestellungen jenseits des Richter-Bereichs liegen. – Doch wird dabei erstaunlich selten erörtert, welches denn die *wesentlichen* Merkmale der «gesetzgeberischen» und der «gesetzesanwendenden» Funktionen innerhalb der Gesamtaufgabe Rechtsfindung sind (vgl. immerhin EICHENBERGER, Rechtssetzungsfunktion, 21; näheres unten N 243 ff.; Art. 1 N 80, 92 ff., 362 ff., 410 ff.). Dies ist deshalb erstaunlich, weil sich die Grenzziehung zwischen richterlichem und gesetzgeberischem Zuständigkeitsbereich im individuellen Streitfall sehr greifbar und konkret auswirken kann. So hat das Bundesgericht in BGE 95 III 83 (89) entschieden, dass es nicht Sache der Rechtsprechung sein könne, unerwünschte Auswirkungen des im SchKG geltenden Territorialitätsprinzips durch Schaffung einer gesetzlich nicht vorgesehenen und weit über die gesetzliche Ordnung hinausführenden Klagemöglichkeit zu beseitigen. Vor dem Zürcher Bezirksgericht stellte sich etwa die Frage, ob der Richter den Begriff des Konsumentenvertrages gemäss Art. 31[sexies] Abs. 3 BV materiell bestimmen dürfe, wenn der Gesetzgeber dies unterlassen habe, mit den

entsprechenden Konsequenzen für das Verfahren vor Gericht (SJZ 85 [1989], 12 ff.).

bb) **Richterfunktion als solche.** Angesichts der neueren hermeneutischen Erkenntnisse, welche die Grenzen zwischen Rechtsquellen und anderen Elementen (oben N 20 ff., 32 ff.), zwischen Anwendung, Auslegung und Lückenfüllung (MEIER-HAYOZ, Fortbildung, 419 f.; Art. 1 N 48 ff., 261 ff.) zerfliessen lassen, könnte eine Begrenzung ohnehin nicht mehr zwischen verschiedenen Aufgaben des Richters verlaufen, sondern nurmehr dort, wo die *Funktion des Richters als solche* endet. Ausgehend von der Funktion, einen Bezug vom zu beurteilenden Sachverhalt zur positiven Rechtsordnung herzustellen, ohne diese bloss syllogistisch «anzuwenden» (oben N 24 ff., 43 ff.), bedeutet dies folgendes: Der Richter hat die vorgefundenen gesetzlichen Bestimmungen – wie nahe sie dem Sachverhalt auch immer kommen – zu verstehen, das heisst in einen weiteren Regelungszusammenhang zu stellen, die dogmatische Struktur in all ihren Verästelungen gleichsam von unten nach oben zu verfolgen, wie weit der Regelungszusammenhang auch sein mag, oder – bildlich gesprochen – wie weit oben in der dogmatischen Struktur die positiv-rechtliche Regel auch stehen mag. Entsprechend gehört es *bei fehlenden gesetzlichen Bestimmungen* zur Aufgabe des Richters, zu jeder noch so wesentlichen oder rechtspolitisch brisanten Rechtsfrage eine Regel aufzustellen (zur wesensmässigen gegenseitigen Inhärenz von induktiver Suche und deduktiver Applikation vgl. unten N 158 ff., v.a. unter Verweisung auf GADAMER).

49

Seine Funktion *überschreiten* würde der Richter erst dann, wenn er die in der Rechtsordnung vorgefundene Norm nicht als solche behandeln würde, sie namentlich einer alternativen, etwa selbstkreierten Norm hintanstellen würde. Die «vorgefundene» Norm ist ja nicht bloss der Buchstabe des Gesetzes; «vorgefunden» ist sie erst, wenn sie den Test der Gesamtkonsistenz mit Sollen, beispielsweise mit allgemeinsten ungeschriebenen Rechtsprinzipien (oben N 43 ff.) bestanden hat. Von einer *solchen* Norm abzuweichen mag vielleicht begründbar, unter Umständen auch durchaus gerecht sein; doch geht es nicht mehr um Rechts*findung*, sondern um Rechts*gebung*; und *deshalb* findet hier die Funktion des Richters ihre Grenze; genauer: lässt sich hier auch unter hermeneutischen Erkenntnissen eine Grenze der richterlichen Kompetenz begründen.

50

cc) **Ungerechtigkeit.** Doch auch die letztgenannte Grenze könnte unter Umständen zu eng sein; dann nämlich, wenn sich zur hermeneutisch «vorgefundenen» Norm nicht bloss valable Alternativen begründen lassen, sondern sich diese gebieterisch aufdrängen; dies namentlich dann, wenn die Rechtsordnung als sol-

51

Vorbem. Art. 1 und 4

che mit weiteren Sollensordnungen krass kollidiert, etwa beim «Unrechtsgesetz» des Unrechtsstaats (RADBRUCH, gesetzliches Unrecht; vgl. auch Art. 1 N 28 ff.); seien dies Gesetze ohne Wertgehalt (KAUFMANN, Gesetz, 364) oder auch äusserlich «neutrale» Gesetze, die durch die Praxis der Rechtsordnung zu solchen ohne Wertgehalt gemacht werden können («Systemwechsel als Interpretationsproblem»; dazu RÜTHERS, Rechtsbegriffe, 45 ff.; ders., Interpretation, 41 ff.).

52 Bezeichnenderweise war und ist diese Problemstellung vor allem im Deutschland der Nachkriegszeit und ähnlich nun wieder nach 1989 ein zentrales Thema (vgl. DREIER, Unrecht; KAUFMANN, Radbruchsche Formel, Gewissen; RÜTHERS, Ideologie; ders., Rechtsordnung). Gemäss der heutigen Verstehensweise erörtert man in diesem Zusammenhang allerdings weniger die Begrenzung der richterlichen Befugnisse, sondern eher die Begrenzung der Geltung des positiven Gesetzes; oder zutreffender: Die Rechtsfindung als umfassender Verstehensprozess zum Verhältnis Recht–Sachverhalt gewichtet das Gesetz stets nach dessen Stellung innerhalb eben dieses Verstehensprozesses. Das bedeutet, dass der Richter auch das Unrechtsgesetz nicht nur für sich allein betrachten darf, sondern stets in den Zusammenhang mit der ganzen Rechtsordnung und ihren Fundamenten stellen muss; mit anderen Worten, er darf sich auch hier nicht nur auf einzelne Rechtsfindungselemente, etwa des Gesetzestextes, der Gesetzessystematik oder des Willens des Gesetzgebers, stützen (N 207 ff.; Art. 1 N 147 ff.). Damit fällt das Unrechtsgesetz gleichsam von selbst durch die Maschen des Gesichtspunkts «Verbindlichkeit» (dazu unten N 215) hindurch.

53 Eine andere Frage ist, wie stark sich dieser *richterliche* Rechtsfindungsmechanismus gleichsam als gewaltenregulierende Institution zur Vermeidung oder gar zur Beseitigung eines Unrechtsstaats behaupten und durchsetzen kann. Dies sei hier nicht erörtert als Problem des Kräfteungleichgewichts, das dem einzelnen verantwortungsvollen Richter gegenüber der staatlichen Übermacht keine Chance lässt, sondern wiederum als hermeneutisches Problem der richterlichen Rechtsfindung: Der Richter funktioniert ja seinerseits nicht rein rational-deduktiv, was ihm die Subsumtion allgemeinster Sollensnormen auf die positive Rechtsordnung durchaus ermöglichen könnte. Vielmehr steht er selbst in der hermeneutischen Zirkularität des Vorverständnisses (N 159 ff.). Insofern kann er nicht institutioneller «Garant» für die Berücksichtigung ausserpositiver Normen sein. Dies mag eine ernüchternde Erkenntnis zur Gewaltenteilungsthematik sein (SEILER, 696 ff.). Doch anderseits zeigt gerade die hermeneutisch erfasste Richterrolle, dass ihre gesellschaftsstrukturelle Funktion nicht der Aufbau einer Gegengewalt zu anderen Gewalten ist, sondern die selbstbewusste Distanznahme zu bestehenden Gewalten mit entsprechender Reflexion über dieselben. Und hiezu hat jeder Richter zumindest die Möglichkeit (vgl. auch N 88 ff.).

54 dd) **Verfassungsmässige Kompetenz.** Von einer anders gearteten Grenze der richterlichen Zuständigkeit könnte man dort sprechen, wo die Reichweite überschritten wird, welche *Art. 64 BV als verfassungsmässige Grundlage* zieht; das heisst, Art. 1 und 4 ZGB können dem Richter a priori keine Aufgabe ausserhalb des Privatrechts übertragen (näheres unten N 101 ff.). Dieser Gesichtspunkt kann sich vor allem im Bereich des Richterrechts auswirken; nämlich dahin, dass der Richter seine «modo legislatoris» gefundene Regelung nur privatrechtlich, nicht auch öffentlich-rechtlich *ausgestalten* darf. Er muss also – soweit er seine Stel-

Vorbem. Art. 1 und 4

lung aus Art. 1 und 4 ZGB ableitet – im «Territorium» eben dieser Artikel bleiben. Damit stellt sich natürlich einmal mehr die Frage der Unterscheidungsmerkmale zwischen Privatrecht und öffentlichem Recht (dazu statt vieler BRÜCKNER; CAGIANUT; GYGI, Rechtsetzungszuständigkeit; DRUEY, Privatrecht, insbes. 187 ff.; STRATENWERTH, Verhältnis; vgl. auch Kommentierung zu Art. 6 Abs. 1 ZGB). Allerdings stellt sie sich weniger scharf als etwa dort, wo es um die Verfassungsmässigkeit eines privatrechtlichen Gesetzes oder um das Einschlagen des korrekten Rechtswegs geht (BRÜCKNER, 44). Bei der hier interessierenden privatrechtlichen Eingrenzung des Richterrechts kann es stets nur darum gehen, dass der Richter die für öffentliches Recht typischen Elemente als solche erkennt und nur unter sachgerechten Ausnahmevoraussetzungen mit in die Rechtsfindung einbezieht (näheres hiezu unten N 111 ff.).

ee) **Rechtsfreier Raum.** Von einer Grenze der richterlichen Aufgabe könnte man schliesslich da sprechen, wo es um Sphären ausserhalb der rechtlichen Einmischung geht. Von der Thematik her ist dies weniger ein Problem der *richterlichen* Begrenzung; auch der *Gesetzgeber* sollte sich aus diesen Bereichen fernhalten (näheres Art. 1 N 351 ff.). 55

3. Methodische Vorgaben

a) **Bedeutung.** Die Tatsache allein, dass das Gesetz methodische Vorgaben für die Anwendung seiner selbst formuliert, besagt noch nichts über seine Geisteshaltung. Auch ein streng positivistisch und deduktiv-rationalistisch konzipiertes Gesetz könnte methodische Hinweise geben; namentlich die folgenden zwei: einerseits die Technik der Subsumtion, das Handhaben von allgemeinem Obersatz und konkretem Untersatz; anderseits Hinweise darauf, was beim Fehlen eines Obersatzes geschehen soll. Der strikte Gesetzespositivismus würde allerdings ein solches Fehlen a priori leugnen (KELSEN, Rechtslehre, 251 ff.; KARL BERGBOHM, Jurisprudenz und Rechtsphilosophie, Leipzig 1982, 384 ff.); ein differenzierter Positivismus würde von einer «Lücke» sprechen (HANS REICHEL, Gesetz, 108; vgl. aber auch EDWARD E. OTT, Gedanken, 197 f.). 56

Die methodischen Vorgaben des ZGB präsentieren sich demgegenüber recht flexibel. So wird schon der Normalmechanismus nicht bloss auf die «Anwendung des Wortlauts» eingegrenzt, sondern diesem gleichrangig die «Auslegung» beigegeben (Abs. 1). Alsdann fehlt der Begriff «Lücke» – nicht zufälligerweise (vgl. Art. 1 N 298 ff.) – im Gesetz. Und entsprechend soll der Richter nicht die Lücke *des Gesetzes* stopfen, sondern *selbst* eine Regelung kreieren (Abs. 2). Als- 57

Vorbem. Art. 1 und 4

dann wird nicht ignoriert, schon gar nicht verboten, sondern durchaus angeordnet, dass der Richer stets auch von Gesichtspunkten ausserhalb des Gesetzes beeinflusst werde (Abs. 3). Schliesslich sieht das Gesetz in bestimmten Fällen gar ausdrücklich eine eigentliche Kompetenzabtretung an den Richter vor (Art. 4; generell zur Flexibilität von Art. 1 und 4 ZGB vgl. Allg. Einleitung N 128).

58 b) **Gesetzesanwendung und Methode.** Diese methodischen Elemente erhellen eine recht differenzierte Optik zur Stellung des Richters im Verhältnis zum Gesetz. Zwar ist durchaus *auch* die Rede von der «Anwendung» des «Wortlauts» und indirekt des Gewohnheitsrechts. Doch versteht sich dies nicht dahin, dass *in* diesem «Wort» das Sollen liegt, das dann ins Sein zu überführen wäre. Die Methodik hat also nicht die Funktion, die *Begriffe* auf die Tatsachen zu übertragen beziehungsweise Lücken im Begriffsbereich nach *begrifflicher* Logik auszufüllen (näheres unten N 131 f.; Art. 1 N 45 ff., 261).

59 Dass allerdings auch heute mitunter begriffsbezogen argumentiert wird, zeigt BGE 116 II 411 (414), in welchem sich das Bundesgericht mit der Frage der Vernichtung einer Urkunde bzw. einer letztwilligen Verfügung im Sinn von Art. 510 auseinandersetzt: «... Es handelt sich dabei [bei der Urkunde] um ein Schriftstück, somit um eine Schrift zusammen mit ihrem Träger. Der Träger allein, das heisst das Papier, stellt noch keine Urkunde dar. Die Schrift ihrerseits kann ohne Träger nicht bestehen. Bedeutet aber «Urkunde» die Schrift und deren Träger, so kann auch die Vernichtung das eine oder das andere erfassen. Vom *Begriff* der Urkunde aus gesehen lässt sich somit nicht sagen, die blosse Einwirkung auf die Schrift sei keine Vernichtungshandlung. ... Der Gesetzes*wortlaut* lässt somit ohne weiteres zu, das Streichen als Vernichtungshandlung zu erfassen. ...» (Hervorhebungen durch Kommentator).

60 Die methodischen Hinweise in Art. 1 und 4 ZGB sowie das, was methodologisch sich dazu weiterentwickelt hat, verstehen sich demgegenüber grundlegender: Die Methodik des Richters *ist* seine Funktion. Er soll nicht das Gesetz *nach* bestimmter Methode anwenden; vielmehr *ist* Gesetzesanwendung Methode. – Eine Weiterentwicklung dieser Betrachtungsweise, die zur Zeit des ZGB-Erlasses noch nicht lokalisiert war, heute aber wissenschaftstheoretisch vorherrscht, geht dahin, dass Methode gar das «Objekt» erfasst, dass Recht und Methode letztlich gegenseitig in sich aufgehen (GADAMER, Band 1, 330 ff.; näheres unten N 158 ff.).

III. Adressat von Art. 1 und 4 ZGB

1. Der Richter

a) Art. 1 und 4 ZGB sprechen den Richter an. Ausdrücklich erwähnt ist er zwar bloss dort, wo er aus der traditionellen Subsumtionsfunktion heraustritt und ihm deshalb gewisse Leitlinien auferlegt werden; nämlich in Art. 1 Abs. 2 und Art. 4 ZGB. Doch richtet sich auch der Grundtatbestand der «normalen Gesetzesanwendung» gemäss Art. 1 Abs. 1 ZGB an den Richter.

b) Angesprochen ist nicht bloss der Zivilrichter, obwohl dieser praktisch im Vordergrund steht. Adressat ist vielmehr jeder Richter, der eine «Rechtsfrage» gemäss Art. 1 Abs. 1 ZGB zu beurteilen hat. Dass sich der sachliche Anwendungsbereich von Art. 1 und 4 ZGB auf Privatrecht beschränkt, schliesst also nicht aus, dass Verwaltungs- oder Strafrichter sie zu respektieren haben beziehungsweise ihre Rechtsfindungskompetenz darauf abstützen können, namentlich bei verwaltungsrechtlichen Rechtswegen zu zivilrechtlichen Fragen (z.B. betreffend Auslegung von Bestimmungen des AHVG bzw. IVG im Lichte einer geänderten eherechtlichen Norm BGE 119 V 425) oder bei vorfrageweisen Beurteilungen privatrechtlicher Fragen für straf- oder verwaltungsrechtliche Hauptfragen (z.B. betreffend Stiftungsaufsicht BGE 100 I b 137).

c) Die Ranghöhe des Richters innerhalb der Justizordnung ist irrelevant (näheres, insbesondere auch zu relevanten Gesichtspunkten der Ranghöhe bei Art. 1 N 605 ff.). Angesprochen sind sowohl die erst- und oberinstanzlichen kantonalen Gerichte als auch das Bundesgericht. Dasselbe muss gelten für nichtschweizerische, also international positionierte Gerichte. Dies ergibt sich ohne weiteres daraus, dass sich Art. 1 und 4 ZGB nicht als konstitutionelle Basis der richterlichen Kompetenz verstehen (näheres N 84 ff.); sondern als Umschreibung dessen, was – gemäss schweizerischem Recht – Rechtsfindung ist. Wann immer schweizerisches Recht zur Anwendung kommt, gilt auch die Rechtsfindungs-Konzeption gemäss Art. 1 und 4 ZGB (vgl. z.B. Art. 187 Abs. 1 IPRG).

d) Hieraus ergibt sich auch die Anwendbarkeit von Art. 1 und 4 ZGB für Verwaltungsbehörden ausserhalb beziehungsweise vor gerichtlichen Verfahren. Generell gilt die entsprechende Rechtsfindungskonzeption unabhängig davon, ob die Entscheidung von einer Instanz der dritten Staatsgewalt getroffen wird oder nicht; also namentlich auch bei privaten Schiedsgerichten oder bei anderen, etwa verbandsmässigen Entscheidungsinstitutionen (vgl. SZW 1993, 282 ff., 1995, 186).

Vorbem. Art. 1 und 4

2. Art der Anweisung an den Richter

65 a) Der aufklärerisch motivierte strenge Gesetzespositivismus des 19. Jahrhunderts hatte eine rigorose Unterordnung des Richters unter das Gesetz postuliert. Der Richter war als Gegenstück zum demokratisch legitimierten Gesetzgeber der gehorsame «Gesetznehmer» beziehungsweise die «bouche de la loi». Weder hatte er eine *eigene* Kompetenz noch eine eigene Verantwortung (näheres zum historischen Kontext unten N 136 ff.).

66 Montesqieu: «... Il pourrait arriver que la loi, qui est en même temps clairvoyante et aveugle, serait, en de certains cas, trop rigoureuse. Mais les juges de la nation ne sont, comme nous avons dit, que la bouche qui prononce les paroles de la loi; des êtres inanimés qui n'en peuvent modérer ni la force, ni la rigueur. C'est donc la partie du corps législatif, que nous venons de dire être, dans une autre occasion, un tribunal nécessaire, qui l'est encore dans celle-ci; c'est à son autorité suprême à modérer la loi en faveur de la loi même, en prononçant moins rigoureusement qu'elle. ...» (MONTESQUIEU, De l'esprit des lois, 11. Buch, Kapitel 6. Vgl. zu dieser Vorstellung des «Sprachrohrs» etwa OGOREK, Wortlaut, 22. Zur rechtsstaatlichen Funktionsteilung vgl. auch STRATENWERTH, Auslegungstheorien, 260 ff.). LIVER sieht das Bild der bouche de la loi unter dem Gesichtspunkt einer Spannungsbeziehung zwischen gesetzgebender Gewalt und Rechts*wissenschaft*: Das Gesetz soll gegen jede Veränderung durch Auslegung gesichert werden. Hiezu gehören zweifellos sogenannte Kommentierungsverbote; NAPOLEON soll beim Erscheinen des ersten Kommentars zu seinem Code civil ausgerufen haben: «Mon Code est perdu!» (TEUBNER, Napoleon, 587). Es stellt sich also die Frage der «Definitionskompetenz» (RÜTHERS, Interpretation, 40).

67 Eine andere Bedeutung misst SMID (14) der Textverbindlichkeit bei, nämlich nicht als solche zum Thema Gewaltenteilung, sondern der Unparteilichkeit im privaten Streitfall, im Gegensatz zum nicht-streitigen Verwaltungsverfahren. Ein ähnliches, wenn auch ironisierendes Bild prägt MAX WEBER mit der bekannten Karikatur des «Paragraphen-Automaten», «in welchen man oben die Akten nebst den Kosten und Gebühren hineinwirft, auf dass er unten das Urteil nebst den mehr oder minder stichhaltigen Gründen ausspeie ...» (Parlament und Regierung im neugeordneten Deutschland, Zur politischen Kritik des Beamtentums und Parteiwesens 1918, in: M. WEBER, Gesammelte politische Schriften [hrsg. von J. Winckelmann], 2. A. Tübingen 1958, 294 ff. [311]).

68 Obwohl die Optik der gehorsamen Unterordnung heute grundsätzlich überholt ist, lässt sie sich bei massgeblichen Vertretern auch innovativer Methodentheorien bis weit in dieses Jahrhundert hinein feststellen; namentlich etwa bei der Interessenjurisprudenz in ihrer Abgrenzung zur Freirechtsschule (HECK, Rechtsgewinnung, 13 ff., 32 ff.). Bemerkenswert etwa auch MEIER-HAYOZ (richterliche Tätigkeit, 205): «Der Richter möchte eben grundsätzlich gar nicht mehr sein als ein gehorsamer Diener des Gesetzes. Er strebt gar nicht nach der Krone des Gesetzgebers. «Der Richter als Gesetzgeber», die legislatorische Methode der Rechtsfindung erscheint ihm als Last und nicht als Lust!». – Ja in neuester Zeit artikulieren sich aus ganz anderer Sicht wieder vermehrt Denkweisen in Richtung

Automatisierung: Einerseits aus dem Bestreben, die Überlastung der Justiz und die Verarbeitung der rechtsfindungsrelevanten Materialflut zu bewältigen (vgl. N 168 ff.), anderseits aufgrund der technischen Möglichkeiten der elektronischen Datenverarbeitung (Hinweise bei WALTER OTT, Rechtspositivist, 451). Aus der Perspektive eines zeitgemässen Rechtsfindungsverständnisses wird man sich dem öffnen; allerdings nicht aus dem Bestreben, «*den*» gerechten Entscheid technologisch administrierbar zu machen. Vielmehr kann es höchstens – aber immerhin – um ernsthafte Anstrengungen gehen, die gesellschaftsweite Vernetzung von Rechtsfindung miteinzubeziehen und damit zumindest dem Sollensaspekt der *Stabilität* etwas näher zu kommen (dazu unten N 187 ff.).

b) Das ZGB verstand sich von Anfang an nicht im Sinn eines Befehlsgebers 69 (näheres N 144 ff.). Obwohl es vom klaren Primat der Rechtsquelle Gesetz ausging (vgl. etwa GERMANN, Primat), hielt es bewusst Freiräume für die spezifische Richterfunktion offen; nicht bloss indem es seine eigene Unvollständigkeit antizipierte und *hiefür* das Richterrecht vorsah; nicht nur indem es dem Richter einige ausdrückliche Sonderfenster gemäss Art. 4 ZGB auftat; sondern vor allem indem es die «normale» Anwendung jeweils mit «Auslegung» verband und indem es die Hinweise auf Praxis und Lehre ausdrücklich sanktionierte.

c) Nach heutiger, jedenfalls hier vertretener Auffassung dürfte die Optik einer 70 wie auch immer gearteten Anweisung *vom* Gesetz *an* den Richter überholt sein (ZIEGLER, 237 ff.). Vielmehr geht es um eine interaktive Konstellation im Rahmen eines vielschichtigen Verstehensumfeldes. Die «Befehls»-Komponente des Gesetzes, also namentlich jenes implizit Imperative, das im Begriff «Gesetz», aber auch in seiner demokratischen Legitimation liegt, ist damit keineswegs obsolet. Doch entfaltet sie dem Richter gegenüber keine unmittelbare Verbindlichkeit mehr. Vielmehr versucht nun *er*, die Befehlskomponente selbst zu verstehen, und zwar eingeordnet in den facettenreichen Problemkomplex Sollen–Rechtsordnung–Sein–Sachverhalt–Richter–weitere Elemente (näheres N 198 ff.).

IV. Abgrenzungen

1. Zu Art. 2 Abs. 2 ZGB

a) Art. 2 Abs. 2 ZGB lässt sich als *Abstufung* zu Art. 1 ZGB verstehen, sofern 71 man Rechtsfindung unter dem Gesichtspunkt der Spannungsbeziehung allgemei-

Vorbem. Art. 1 und 4

nes Gesetz–konkreter Sachverhalt betrachtet. So gesehen beginnt Art. 1 Abs. 1 ZGB gleichsam am nächsten beim Gesetz, nämlich beim Wortlaut; lässt aber bereits die Lockerung der Auslegung durch den Richter mit Blick auf den konkreten Fall zu; alsdann erlaubt Abs. 2 – sofern sich kein Gewohnheitsrecht feststellen lässt – ein befreiteres Richterrecht. Wird all dies dem konkreten Sachverhalt noch immer nicht gerecht, soll schliesslich die letzte Feinabstimmung über Art. 2 Abs. 2 ZGB erfolgen. Sie ist dann nicht mehr eine – wenn auch *sehr* detaillierte – Regel, sondern nurmehr Kasuistik.

72 Als Beispiel einer solchen Abstufungsoptik vgl. BGE 111 II 130 (132) betreffend Zahlungsunfähigkeit eines Erben im Sinn von Art. 480 ZGB: Wie sich aus der Systematik von Marginalie und Gesetzeswortlaut ergibt, ist «Zahlungsunfähigkeit» nur dann gegeben, wenn Verlustscheine vorliegen. Gemäss Bundesgericht könne deshalb nur eine Gesetzesrevision die möglicherweise unbefriedigenden Konsequenzen dieser Lösung verhindern (im konkreten Fall war das Konkursverfahren bereits im Gang, aber noch nicht abgeschlossen); eine *richterliche* Kompetenz bestehe nur dann, wenn im konkreten Fall offensichtlich rechtsmissbräuchliches Verhalten einer Partei gemäss Art. 2 Abs. 2 ZGB festgestellt werden könne.

73 Bei Art. 2 Abs. 2 ZGB reisst die Einzelfallgerechtigkeit gleichsam ab von der *allgemein* orientierten Rechtsstabilität. Diese Betrachtungsweise mag klassifikatorisch hilfreich sein, im Zusammenhang mit der Problematik der «unechten Lücke» auch praktisch relevant werden (hiezu sogleich hienach N 78 ff.). Als kategorielle Stufe zwischen Anwendung des geschriebenen, ungeschriebenen oder richterlichen Rechts einerseits und nurmehr kasuistischer Einzelfallgerechtigkeit anderseits vermag sie indes nicht zu überzeugen; dies namentlich aus folgenden Gründen:

74 Zum einen versteht sich Rechtsfindung im hier vertretenen Sinn ohnehin nicht als Anwendung des allgemeinen Rechts *auf* den konkreten Sachverhalt, sondern als gegenseitiges Bezugnehmen zwischen dem Gesetz als Sollen und dem Sachverhalt als Sein (N 3 ff., 43). Dies gilt auch für den noch so klaren Wortlaut, ja selbst wenn dieser mit «seiner» ratio legis übereinstimmt (Art. 1 N 105 ff.). *Allemal* gilt es zusätzlich, die Norm gleichsam am Sachverhalt zu messen (und an vielem mehr, vgl. Art. 1 N 167). Erst all dies vervollständigt die Rechtsfindung. Und dass dies schliesslich sogar den Wortlaut desavouieren kann, spricht nicht gegen ein solches Vorgehen, sondern zeigt gegebenenfalls seine Notwendigkeit. Insofern lässt sich Art. 2 Abs. 2 ZGB eher als graduelle Abstufung hin zu solchen Konstellationen verstehen, bei denen das realistische Element der konkreten Sachumstände (Art. 1 N 171 ff.) sich besonders hart mit anderen Rechtsfindungselementen stösst.

75 Zum andern versteht sich das Rechtsmissbrauchsverbot gemäss Art. 2 Abs. 2 ZGB seinerseits nicht als *rein* fallbezogen, sondern allemal als Regel mit einer wesentlichen Orientierung (auch) am Allgemeinen, Abstrakten (ausführlich dazu

Vorbem. Art. 1 und 4

HUWILER, insbes. 80; ferner Art. 2 N 21, 108, 231). Zwar liegt ein *sehr* unbestimmter Rechtsbegriff vor, den zu konkretisieren anspruchsvoll sein mag; doch allemal geht es darum, den Sachverhalt mit *ihm* in Bezug zu setzen. Ein bestimmtes Verhalten kann nie «per se» rechtsmissbräuchlich sein, sondern nur soweit es seinerseits gegen «etwas» verstösst (Art. 2 N 244).

So wird es in BGE 115 II 232 (236 f.) abgelehnt, ein allfälliges quantitatives Missverhältnis von Leistung und Gegenleistung aufgrund des Rechtsmissbrauchsverbots zu korrigieren, wenn nicht die Verletzung von Grundwerten der Rechtsordnung (Widerrechtlichkeit oder Sittenwidrigkeit im Sinne von Art. 19 bzw. 20 OR) verletzt sind, die Willensbildung mangelhaft war (Art. 23 ff. OR) oder zusätzlich zu einem offenbaren Missverhältnis der Vertragsleistungen auch die subjektiven Voraussetzungen der Übervorteilung (Art. 21 OR) gegeben sind. Eine auf die reine Leistungsdisparität anwendbare Norm scheint zu fehlen. 76

Insofern lässt sich Art. 2 Abs. 2 ZGB eher als Extremkontrolle der Rechtsfindung verstehen, welche gleichsam zum Schluss noch kurz das *äusserst* allgemeine Gebot von Treu und Glauben einerseits mit dem *äusserst* Individuellen des konkreten Sachverhalts anderseits in Bezug setzt (HUWILER, 87, 90; Art. 2 N 14 b, 21, 244). 77

b)   Art. 2 Abs. 2 ZGB wird traditionellerweise als positivrechtliche Grundlage der «unechten Lücke» bezeichnet (vgl. etwa BGE 120 III 131 (134); MERZ, Berner Kommentar, Art. 2 N 25; a.M. HUWILER, 82 ff). Dies impliziert zweierlei: Zum einen wird die Frage, *ob* es überhaupt Lücken contra legem gibt beziehungsweise geben darf, bejaht; zum andern wird dies aber auf die Fälle des Rechtsmissbrauchs, also auf Extremsituationen beschränkt (MEIER-HAYOZ, Berner Kommentar, Art. 1 N 295 ff.; MERZ, a.a.O.; DESCHENAUX, Einleitungstitel, 100; RIEMER, Einleitungsartikel, § 4 N 124, § 5 N 8). Diese Betrachtungsweise geht dem Wortlaut von Art. 2 Abs. 2 ZGB entsprechend davon aus, dass eine Diskrepanz bestehen könne zwischen einem von der Rechtsordnung (nach allen Regeln der Auslegungskunst) eingeräumten Recht einerseits und anderen Richtigkeitsgrundlagen anderseits; dass die «normale» Rechtsordnung von der «wirklichen» Rechtsordnung (ausnahmsweise) abweichen könne; die gültige Rechtsordnung nicht «alles» sei. 78

Prägnant z.B. das Zürcher Obergericht (ZR 72 [1973], Nr. 31): «... Wo der Gesetzgeber sich über bestimmte Tatsachen geirrt hat, seine Lösungen mit den grundlegenden Wertungen und Zwecksetzungen nicht übereinstimmen oder in grober Weise vom *richtigen Recht* abweichen, liegt ein offensichtlicher Normmissbrauch vor, der nach Art. 2 Abs. 2 ZGB zu korrigieren ist ...». ähnlich das Walliser Kantonsgerichts (RVJ 1976, 38 ff. [43]). Das Bundesgericht spricht in BGE 99 V 19 (23) von Vorschriften, die unter gewissen Gesichtspunkten nicht bzw. nicht mehr befriedigen, so dass ihre Anwendung rechtsmissbräuchlich werde, allerdings ohne ausdrücklich das richtige vom vermeintlichen Recht abzugrenzen. 79

Vorbem. Art. 1 und 4

80　　Die Thematik der «unechten Lücke» beschlägt wesensmässig die Geschriebenheit von Recht (KRAMER, teleologische Reduktion, 73 f.; ausführlich Art. 1 N 318 ff.). Das geschriebene Wort des Gesetzes ist demnach offenbar nicht bloss Medium, «Träger» des in ihm zum Ausdruck kommenden Gehalts, sondern ebenso birgt es das eigendynamische Risiko, sich vom Gehalt zu lösen; sich insofern zu verselbständigen und – da es sich nach aussen weiterhin als Gesetz ausgibt – auf einen Gehalt schliessen zu lassen, der gar nicht existiert (MERZ, Berner Kommentar, Art. 2 N 21; MEIER-HAYOZ, Berner Kommentar, Art. 1 N 296; vgl. auch HUWILER). Die Entlarvung einer solch leeren Normhülse wäre an sich nichts Aussergewöhnliches im Bereich von Rechtsfindung. Sie unterscheidet sich nicht grundsätzlich etwa von der Entlarvung bloss argumentativ und insofern ebenfalls «leer» vorgebrachter Interessen im Bereich der Interessenabwägung (näheres dazu unten N 156 ff.). Indem man aber dem Gesetzeswortlaut eine *qualitative* Sonderstellung als Rechtsfindungselement einräumt, wird die Abweichung vom Gehalt erst zum Grundsatzproblem. Nur wegen dieser Sonderstellung braucht es für die Abweichung vom Gesetz die *besonderen* Voraussetzungen des Art. 2 Abs. 2 ZGB. – Sachgerechter erscheint es da, das Element des Gesetzestextes zwar durchaus als solches mit seinem sehr spezifischen «Verbindlichkeits-Auftritt» zu beachten, ihm deswegen aber noch keine Verbindlichkeit für den «Anwender» zu verleihen. Mit anderen Worten, der Richter *untersteht* nicht der Verbindlichkeit; er nimmt sie bloss mit in seinen Betracht (näheres hiezu unten N 210 ff.).

2.　Abgrenzung zur Subsumtion und Konklusion

81　a)　Die Marginalie zu Art. 1 ZGB spricht von der «Anwendung des Gesetzes». Damit ist nicht der Vorgang des Anwendens im technischen Sinn von Subsumtion und Konklusion gemeint. Die Anweisung, gleichsam die Gebrauchsanleitung an den Richter, wie er den Untersatz des Sachverhalts nach den Regeln der deduktiven Logik unter den Obersatz des Gesetzes subsumieren und alsdann den Schlusssatz konkludieren soll, ist in der positiven Rechtsordnung nicht explizit enthalten (näheres hiezu Art. 1 N 7 f.).

82　　Was Art. 1 ZGB meint, kommt aus dem Gesetzeswortlaut «findet ... Anwendung» zum Ausdruck. Es geht nicht um das *Anwenden*, sondern um die *Anwendbarkeit*. Und die Aussage geht dahin, *was* anwendbar ist; nämlich die namentlich aufgezählten Rechtsquellen (hiezu oben N 20 ff.).

83　b)　Eine strikte Separierung zwischen Anwendbarkeit, gleichsam dem Blick nach oben zur anwendbaren Norm, einerseits und Anwendung, dem Blick nach unten entlang dem *Subsumtions*mechanismus, anderseits ist heute anerkanntermassen überholt (KAUFMANN, Hermeneutik, 339 ff.). Die Übergänge sind als fliessend erkannt worden (MEIER-HAYOZ, Berner Kommentar, Art. 1 N 31 ff.; LARENZ, Methodenlehre, 206 ff., 278 ff.). Auch die vorliegende Kommentierung steht auf dem Standpunkt, dass es sich letztlich um ein und denselben Vorgang handelt, wobei allenfalls je nach Blickrichtung zum Sollen beziehungsweise zum Sein unterschiedliche Gesichtspunkte angesprochen sein können (näheres Art. 1 N 52 ff.).

3. Abgrenzung zur verfassungsmässigen Stellung des Richters

a) Die verfassungsmässige Zuständigkeit des Richters als Träger der dritten Staatsgewalt lässt sich nicht auf Art. 1 und 4 ZGB abstützen. Sie basiert vielmehr auf den Verfassungen des jeweils relevanten Gemeinwesens; namentlich des Bundes (Art. 106 Abs. 1 und 110 Abs. 1 BV; FLEINER, Bedeutung, 316 ff.) und der Kantone, bei letzteren auch regelmässig mit Wirkung für untere Gerichtsbezirke. Soweit international verankerte Gerichtsinstanzen angesprochen sind, basiert deren Zuständigkeit auf völkerrechtlichen Verträgen oder auf übernationalem Verfassungsrecht (vgl. etwa Art. 108 des EWR-Vertrags sowie das Zusatzprotokoll Nr. 34. Hiezu auch oben N 63).

84

Ebensowenig kann eine Administrativbehörde ihre Zuständigkeit zur Anwendung des Privatrechts auf Art. 1 und 4 ZGB abstützen. Die Kompetenz als solche ist auch hier anderweitig unterlegt; in der Regel nicht unmittelbar im Verfassungsrecht, sondern in den betreffenden kantonalen Einführungsgesetzen; doch jedenfalls in eigenständigen gesetzlichen Grundlagen (z.B. ist es Sache der Kantone, die vom ZGB vorgesehenen Vormundschaftsbehörden zu bestimmen [Art. 361 ZGB] oder die Grundbuchämter einzurichten [Art. 953 ZGB]).

85

b) Gleich oder annähernd so gewichtig wie die verfassungsmässige Grundlegung der dritten Gewalt ist die Frage, welche Funktionsbereiche spezifisch *ihr* und nicht etwa den Administrativbehörden zukommen. Der mit Urteilskompetenz ausgestattete Richter kann seine verfassungsmässige Funktion nicht wahrnehmen, wenn nicht das Gerichtsverfassungsgesetz, die Prozessordnung, der Rechtsmittelweg den Streitfall zu ihm führen.

86

Diese Problemstellung wird üblicherweise im Bereich verfassungsmässiger Individualrechte, namentlich der Menschenrechte verankert (Art. 6 EMRK: «1. Jedermann hat Anspruch darauf, dass seine Sache in billiger Weise öffentlich und innerhalb einer angemessenen Frist gehört wird, und zwar von einem unabhängigen und unparteiischen, auf Gesetz beruhenden *Gericht*, das über zivilrechtliche

87

Vorbem. Art. 1 und 4

Ansprüche und Verpflichtungen oder über die Stichhaltigkeit der gegen ihn erhobenen strafrechtlichen Anklage zu entscheiden hat...»), bisweilen auch im positiven Gesetzesrecht (z.B. gerichtliche Beurteilung bei der fürsorgerischen Freiheitsentziehung gemäss Art. 397d ZGB, oder in der Raumplanung gemäss Art. 33 Abs. 2 und 3 RPG). Aus Art. 1 und 4 ZGB lässt sich ein solcher Aspekt jedenfalls nicht ableiten; etwa des Inhalts, dass – Ausnahmen allenfalls vorbehalten – grundsätzlich «für alle Rechtsfragen, für welche ... (das Gesetz) ... eine Bestimmung enthält», der *Richter* im spezifischen Sinn einer *gerichtlichen* Behörde zu entscheiden habe (im Entwurf eines Bundesbeschlusses über die Reform der Justiz, Art. 25a, ist eine «Rechtsweggarantie» dieser Art übrigens vorgesehen [vgl. Botschaft über eine neue Bundesverfassung vom 20.11.1996, BBl 1997 I 640, 502 ff., 523 f.]).

88 c) In einem andern Sinn jedoch haben Art. 1 und 4 ZGB durchaus verfassungsrechtliches Gewicht; nicht mit Bezug auf die Herkunft der richterlichen Funktion, sondern auf deren Auswirkung. Wie schon erwähnt (oben N 12 ff., 65 ff.), ist Rechtsfindung – also *das* Thema von Art. 1 und 4 ZGB – letztlich Wahrnehmung der dritten Staatsgewalt schlechthin; und zwar in einem sehr bewussten, namentlich «gewalt»-bezogenen Sinn (SEILER, 299 f.; EICHENBERGER, Sonderheiten, 62 f.; unten N 151 f., 207 ff.). Diese Funktion des Richters ist wesensmässig nicht Unterordnung, Gehorsam gegenüber dem Gesetz; er ist nicht «Gesetz-Nehmer». Er nimmt zwar das Gesetz entgegen; er bricht nicht die erste Staatsgewalt durch seine eigene dritte Gegengewalt; er trägt auch nicht (wie dies in SZW 3/96, 148 beklagt wird) die Sprache zu Grabe. Vielmehr «bändigt» er die Gesetzgebung in ganz anderer Weise, nämlich indem er sie in sein Verstehen miteinbezieht. Insofern geht Rechtsfindung gar über die verfassungsmässige Organisationsfrage der gegenseitigen *Abgrenzung* zwischen der ersten und der dritten Staatsgewalt hinaus. Sie enthält Materielles, nämlich das Funktionieren der fundamentalen inneren Spannungsbeziehung jeder Rechtsfrage zwischen Sollen und Sein. Aus dieser *inneren* Perspektive sind die institutionellen Verankerungen in den Instanzen der Gesetzgebung beziehungsweise der Gerichtsbarkeit nichts als gesellschaftliche Realität gewordene *äussere* Abstrahlungen (im Unterschied etwa zum anglo-amerikanischen Common law, vgl. FIKENTSCHER, Gedanken, 151 ff.; näheres hiezu unten N 266 ff.).

89 Aus dieser sehr grundsätzlichen und damit zunächst kaum justitiablen Perspektive können sich aber gleichwohl Grenzbereiche lokalisieren lassen, in denen sich konkrete Antworten ergeben. Ja die einzig *qualitativ* scharfe Antwort im Rahmen der Rechtsfindung, nämlich dass gegebenenfalls eine bestimmte Entscheidung gar nicht dem Richter, sondern einzig dem Gesetzgeber zustehe, ist

wesentlich beeinflusst von Überlegungen jener Grundspannung zwischen Sein und Sollen, und zwar speziell in ihren Ausformungen des Richters beziehungsweise des Gesetzgebers (näheres hiezu N 243 ff.; Art. 1 N 358 ff.).

d) Die eben erwähnte Perspektive aus dem Innern erhellt auch eine bestimmte Facette eines anderen Problems: Es wurde bereits auf die Selbstanmassung des Gesetzes hingewiesen, welches gleichsam aprioristischer Selbstherrlichkeit sich selbst als primäre Rechtsquelle postuliert (oben N 34); ein Problem mithin, das insofern verfassungsmässige Tragweite besitzt. Dem steht nun der – verfassungsorganisationsrechtlich zwar untergeordnete – Richter gegenüber. Und auch dieser übt aprioristische Selbstherrlichkeit, allerdings auf seine eigene Weise: Im hermeneutischen Verstehenszirkel reflektiert er nicht bloss über die «Über»ordnung des Gesetzes, sondern ebenso über seine eigene «Unter»ordnung; er praktiziert diese nicht, vielmehr ergründet und versteht er sie. Die beiden Zirkularitäten der ersten Staatsgewalt einerseits und des gewaltlosen Verstehens anderseits stabilisieren einander gegenseitig (ähnlich DOBLER, 4 ff.).

Dieser Gesichtspunkt und vor allem auch die Bewusstwerdung desselben durch die neueren Erkenntnisse der Rechtsmethodologie veranschaulichen Aspekte jener Rechtstheorien, welche nicht nur die praktisch-positive Rechtsordnung, sondern Recht schlechthin als selbstreferentielles, «autopoietisches» System auffassen (TEUBNER, Recht, 7 ff., 16 f.; LUHMANN, 214 ff., 496 ff.; NIGGLI, 164 ff.).

4. Abgrenzung zu Aussagen über Gesetzgebung

a) Seit einiger Zeit versteht sich die Methodenlehre der Rechtswissenschaft, ja Jurisprudenz ganz generell, nicht mehr bloss als praktische Wissenschaft für den Richter, sondern ebenso für den Gesetzgeber (NOLL, Gesetzgebungslehre, 14 ff., 29 ff.; RHINOW, 3, 6 ff.; HOTZ; HÖHN, Methodik, 8 ff.; HUG, 118 ff.; FRANK, 351); namentlich dort, wo der Gesetzgeber weniger generell-abstrakte Funktionen hat (BADURA, Planung durch Gesetz, 24; SEILER, 300 ff.). Die Verwandtschaft dessen, was diese beiden Institutionen tun, ist der Denkweise von Art. 1 und 4 ZGB keineswegs unbekannt. Art. 1 Abs. 2 ZGB nennt sie gar ausdrücklich. Und dieses Richterrecht «modo legislatoris» enthält denn auch Wesentliches zur Art und Weise, wie der *Gesetzgeber* vorgeht beziehungsweise vorgehen sollte (ausführlich hiezu Art. 1 N 472 ff.). Doch richtet sich dies ausschliesslich an jene Instanz, welche mit dem Gesetz *umgeht*; nicht auch an jene, die das Gesetz *erlässt*. Adressat von Art. 1 und 4 ZGB ist der Richter, nicht der Gesetzgeber (oben N 61 ff.).

Vorbem. Art. 1 und 4

93   Gleichwohl bleibt eine Wirkung von Art. 1 und 4 ZGB auf den Gesetzgeber; allerdings nicht im Sinn einer – etwa verfassungsrechtlichen – Verbindlichkeit für denselben, sondern in einer Wirkungsweise, welche dem oben erörterten *inneren* Aspekt der verfassungsmässigen Stellung des Richters entspricht (oben N 54, 84 ff.): Indem der Richter das Gesetz im hier vertretenen Sinn «versteht» und dabei namentlich nicht bloss den Wortlaut, sondern auch das «Element» Gesetz einbezieht, wirkt er in einem interaktiv-relativen Sinn gleichzeitig *auf* das Gesetz; er misst das geschriebene Gesetz an dem, was der Gesetzgeber – allenfalls abweichend – eigentlich hätte erlassen müssen. Auch wenn solche methodischen Rückwirkungen des gesetzlich autorisierten Richters auf das Gesetz selbst nicht dieses als solches ändern (vgl. Art. 1 N 384 ff.), so wird doch dessen Geltung im konkreten *Einzelfall* korrigiert (zur erkenntnistheoretischen Parallele, wonach der «Gegenstand» der Befassung durch letztere seinerseits verändert, wenn nicht gar geschaffen wird, vgl. KUHN, 123 ff.).

94   Dass die Rechtsprechung aber Auswirkungen auf *zukünftige* Gesetzesrevisionen haben kann, zeigt als eines nebst zahllosen weiteren Beispielen BGE 92 II 180 (181 ff.) zum früheren Art. 347 OR. Dieser hatte keine Sanktion vorgesehen, wenn im Arbeitsvertrag für Arbeitgeber und Arbeitnehmer unterschiedliche Kündigungsfristen vereinbart waren. Das Bundesgericht entschied, dass für beide Parteien die längere Frist gelte, was der Gesetzgeber denn auch im neuen Art. 335a OR übernommen hat. Eine Rechtsprechungsänderung bezüglich Pflichtteilsschutz bei ehevertraglich vereinbarter Vorschlagsbeteiligung hat dazu geführt, dass Art. 216 ZGB zwar nach wie vor die Vereinbarung einer anderen als der gesetzlichen (hälftigen) Beteiligung am Vorschlag vorsieht, diese jedoch nicht die Pflichtteilsansprüche von nichtgemeinsamen Kindern verletzen darf (vgl. BGE 58 II 1 [5 f.], 102 II 313 [327]). Die Revision des Sachenrechts von 1988 hat vom Bundesgericht vorgenommene Konkretisierungen ins Gesetz aufgenommen, indem heute etwa die Abtretung von Vorkaufs-, Kaufs- und Rückkaufsrechten der gleichen Form bedarf wie deren Begründung (vgl. BGE 111 II 143 [147] und BBl 1988 III, 1078) und als Vorkaufsfall nicht nur ein Verkauf gilt, sondern jedes Rechtsgeschäft, das wirtschaftliche einem Verkauf gleichkommt (vgl. BGE 92 II 160 [165]. Die in BGE 91 II 298 aufgestellten Grundsätze betreffend die Anfechtung von aktienrechtlichen Generalversammlungsbeschlüssen haben zu einer Ergänzung der bisherigen Generalklausel durch eine exemplifikative Aufzählung im neuen Art. 706 Abs. 2 geführt. Im übrigen findet auch die kantonale Rechtsprechung Eingang in Bundesgesetze: Dass der Mieter bei vorzeitigem Auszug anstatt Geldersatz zu leisten auch einen Ersatzmieter vorschlagen könne, hat das Zürcher Obergericht schon 1958 entschieden (vgl. SJZ 54 [1958], Nr. 77); die entsprechende Gesetzesbestimmung findet sich heute in Art. 264 OR. – Letztlich lässt sich dem gleichen Phänomen zuordnen, dass die um die letzte Jahrhundertwende erlassenen nationalen Gesetzbücher über weite Strecken nichts anderes waren als Nachschreibungen der Praxis, namentlich von Gewohnheitsrecht (WIEACKER, Privatrechtsgeschichte, 458 ff.; BEHRENDS, 26 ff.; vgl. auch oben N 25; ferner SCHNYDER, Allg. Einleitung N 180).

95   b)   Für den *Verordnungsgeber* besitzen Art. 1 und 4 ZGB ebensowenig verfassungsrechtlich abgestützte Verbindlichkeit. Methodologisch dürfte allerdings auch

hier zutreffen, dass sich der Verordnungsgeber an gleichen Gesichtspunkten orientieren sollte wie der Richter (und der Gesetzgeber, oben N 92 f.). Relevant wird die Fragestellung dort, wo fehlende *Gesetzes*vorschriften – aufgrund entsprechender Delegationsnormen – durch solche entsprechender *Rechtsverordnungen* vertreten werden (vgl. z.B. Art. 15 Abs. 2 SchKG und die Verordnung des Bundesgerichts über die Aufbewahrung der Betreibungs- und Konkursakten vom 14. März 1938 [SR 281.33]; Art. 727b Abs. 2 OR und die Verordnung des Bundesrats über die fachlichen Anforderungen an besonders befähigte Revisoren vom 15. Juni 1992 [SR 221.302]; Beispiele mietrechtlicher Verordnungen bei RONCORONI, v.a. 6 ff., und DÜRR, Mietzinsherabsetzung). Hier soll nun die Verordnungsgebung ebenfalls «modo legislatoris» geschehen; mithin nach demselben Schema wie jenes, das der *Richter* gemäss Art. 1 Abs. 2 ZGB zu befolgen hat. Und die Durchsetzung dieses modus geschieht wiederum nicht dadurch, dass die Verordnung als solche gegebenenfalls geändert, sondern dass ihre Geltung im *konkreten Einzelfall* durch richterliche Rechtsfindung korrigiert wird. Weiter kann die richterliche Funktion dann gehen, wenn eine Rechtsverordnung zwar vorgesehen, aber noch nicht erlassen ist; diesfalls soll der Richter unter Umständen als Verordnungsgeber handeln können (vgl. BGE 112 Ib 39 [46]; generell zu solch staatsorganisatorischen Kontrollstrukturen, konkret des Parlaments über den *Verordnungs*geber BUTTLIGER MARCEL, Die Verordnungstätigkeit der Regierung, Bern 1993, v.a. 191 ff.).

Ein Unterschied zum Gesetz besteht allerdings insofern, als die Verordnung auf Übereinstimmung mit der nächsthöheren Normkategorie, dem Gesetz nämlich, überprüft werden darf. Dies ist beim Bundesgesetz zufolge von Art. 113 Abs. 3 BV nicht der Fall. Dieser Unterschied ist im Rahmen der verstehenden Rechtsfindung bedeutsam, wenn auch nicht mit der Rigorosität eines qualitativen Unterschieds (näheres Art. 1 N 220 ff.). 96

5. Abgrenzung zu Aussagen an die Gesetzesunterworfenen

a) Zumal sich die Art. 1 und 4 ZGB an den Richter wenden, lassen sie sich auch nicht als unmittelbare Anweisungen an die Rechtsunterworfenen verstehen. Sie enthalten also nicht die Aussage, dass das Gesetz beziehungsweise die aufgeführten übrigen Rechtsquellen für den Bürger Verbindlichkeit haben. Dies ist konsequent; denn das Gesetz kann nicht seine eigene Geltung positiv unterlegen (DREIER, Selbstverständnis, 42 ff.). Zumindest *diese* Zirkularität bringen Art. 1 und 4 ZGB nicht zum Ausdruck (zur Zirkularität der vom Gesetz selbst statuierten eigenen Anwendbarkeit oben N 34). 97

Vorbem. Art. 1 und 4

98 b) Auch die nuancierteren Aussagen von Art. 1, namentlich die ausdrücklich vorgesehene Prioritätenordnung hinsichtlich der Rechtsquellen (N 20 ff.), richten sich nicht direkt an das einzelne Rechtssubjekt; etwa in dem Sinn, dass es sich primär an das Gesetz und sekundär an das Gewohnheitsrecht halten, in dritter Priorität sein Handeln nach der Gerichtspraxis richten soll. Eine solche Optik wäre über weite Strecken wirklichkeitsfremd. Das Gesetz als schriftliche Anordnung an den Bürger, die dieser ablesen und alsdann befolgen kann, ist heute weitgehend Fiktion (BAUMANN, Recht, 122 f.; ders., Caligula, insbes. 59 ff.; BAUMANN/WALDER, 397 f.; KINDERMANN, 58 ff.; KRAMER, Rechtsirrtum, zu § 2 ABGB «Sobald ein Gesetz gehörig kundgetan ist, kann sich niemand damit entschuldigen, dass ihm dasselbe nicht bekannt geworden ist.»). Auch theoretisch steht eine solche Optik auf unsicherer Basis; nämlich auf der Problemstellung, ob ein subjektives Recht oder eine Pflicht deshalb bestehe, weil das objektive Recht dies so vorsieht; oder aber weil eine Schädigung, ein Vertrauensbruch, ein anderer *sachverhaltsmässiger* Grund vorliegt. Je stärker man zur zweitgenannten Auffassung tendiert, desto weniger lässt sich aus Art. 1 und 4 ZGB für das einzelne Rechtssubjekt ableiten (vgl. dazu auch JÄGGI, Privatrecht, 30 ff.; WALTER OTT, Rechtspositivismus).

99 Trotzdem ist die Position des Rechtssubjekts gegenüber dem Gesetz rechtlich relevant, spezifisch auch unter dem Gesichtspunkt von Art. 1 und 4 ZGB. Diese Aussage entspringt demselben Denkmuster wie jene zur verfassungsmässigen Stellung des Richters (oben N 84 ff.) und zur Verbindlichkeit für den Gesetzgeber (oben N 92 ff.). Das heisst, es geht nicht um verfassungsmässig-institutionelle Relevanz, sondern um Auswirkungen des heutigen Verständnisses von Rechtsfindung: Indem der Richter die Aussage des Gesetzes mit Blick auf den konkreten Einzelfall zu verstehen sucht, muss er auch das Verständnis der konkreten Subjekte über die anwendbaren Gesetzesbestimmungen miteinbeziehen. Dies gilt nicht nur, aber typischerweise für Verträge, deren Formulierungen sich bewusst an den eigens hiefür konsultierten Gesetzesbestimmungen, allenfalls Gerichtsentscheidungen orientieren (ZELLER, 454 ff., näheres Art. 1 N 79, 458).

6. Abgrenzung zur Vertragsauslegung

100 Nicht Gegenstand von Art. 1 und 4 ZGB ist schliesslich die Vertragsauslegung beziehungsweise eine Aussage über Geltungsgrund und -ausmass von Verträgen. Namentlich die Frage nach dem Rechtsquellencharakter von Verträgen tangieren Art. 1 und 4 ZGB nicht. Sie tun es höchstens indirekt dadurch, dass sie implizit von einem numerus clausus der Rechtsquellen Gesetz, Gewohnheitsrecht, Richter-

recht ausgehen (zur Zirkularität dieser Optik s. jedoch N 32 ff.). Eine Mittelstellung nehmen etwa Gesamtverträge ein, die qua gesetzlicher Vorschrift ihrerseits als *allgemeine Norm* Geltung beanspruchen können (hiezu N 110); oder Grunddienstbarkeitsverträge, welche sich aus der sachenrechtlichen Dinglichkeit heraus gleichsam objektivieren (statt vieler PASCAL SIMONIUS/THOMAS SUTTER, Schweizerisches Immobiliarsachenrecht, Band II, Basel/Frankfurt am Main 1990, 39 mit Verweisen); oder vollstreckungsrechtliche Nachlassverträge, die unter Umständen auch für nicht-Zustimmende verbindlich sind und deren Auslegung deshalb stärker zu «objektivieren» ist (BGE 122 III 176 [183 f.]). Ganz generell hat die Unterscheidung in das obrigkeitlich erlassene «objektive» Gesetz einerseits und den auf Willensmacht beruhenden «subjektiv» autonomen Vertrag anderseits das Selbstverständnis verloren; eine Thematik, welche in dieser Kommentierung nicht weiter ausgeführt werden kann (vgl. statt vieler KRAMER, Die «Krise» des liberalen Vertragsdenkens, in: Zur Theorie und Politik des Privat- und Wirtschaftsrechts: Beiträge 1969–1996, München/Franfurt am Main/Wien 1997, 69 ff.; ders., Vertragsrecht im Umbau, a.a.O., 125 ff.; neuestens BGE 4C.325/1994 vom 10. März 1995, besprochen in ZbJV 131 [1995] 241, mit aufschlussreichen Parallelen insbesondere zu linguistischen Erkenntnissen der heutigen Methodenlehre; vgl. auch N 162 ff.; näheres zur Vertragsverbindlichkeit als solcher vgl. die Kommentierung zu Art. 1 OR).

B. Anwendungsgebiet

I. Bundesprivatrecht

1. Verfassungsrechtliche Basis

a) Art. 1 und 4 ZGB sagen nichts darüber aus, *in welchen Rechtsbereichen* sie Anwendung beanspruchen. Die Formulierung «das Gesetz findet ... Anwendung» bringt nicht die Anwendbarkeit der beiden Artikel auf eben dieses Zivilgesetzbuch zum Ausdruck, sondern eine Aussage zum Thema Rechtsquelle (oben N 20 ff.). Eine Definierung des Anwendungsgebiets kann sich also nur daraus ergeben, dass Art. 1 und 4 ZGB ihrerseits bereichsmässig abgesteckt sind. Dies ist der Fall, nämlich durch die verfassungsmässige Grundlage von Art. 64 BV, welche auf Privatrecht verweist (vgl. dazu Allg. Einleitung, N 27 ff.).

101

Vorbem. Art. 1 und 4

102 b) Nach heutiger Hermeneutik ist eine solche Einschränkung auf einen positiven Verfassungsartikel zumindest problematisch (HINDERLING, 194 f.; grundsätzlich BRÜCKNER, 46 ff.; CAGIANUT, 96). Denn der *verstehende* Richter «gehorcht» nicht jener Verfassungsbestimmung, vielmehr sucht er sie zu verstehen. Dieses Verstehen – also keineswegs Ignorieren – muss nicht notwendigerweise konträre Resultate zeitigen, aber ebensowenig den verfassungsmässig strukturierten Kompetenz-Leitplanken strikt folgen; also nicht etwa bloss jene Gesetze beachten wollen, welche sich ihrerseits auf Art. 64 BV abstützen.

103 Eine solche hermeneutische Flexibilität kann zumindest den Blickwinkel verändern: Der verstehende Richter fragt sich weniger, ob es im konkreten Fall um privatrechtliche Normen gehe, wofür er dann Art. 1 und 4 ZGB beiziehen könnte; vielmehr reflektiert er die gesellschaftsorganisatorischen Aspekte der traditionellen Unterscheidung in Privatrecht und öffentliches Recht (BRÜCKNER, 47 ff.), situiert die einschlägigen Normen und den konkreten Sachverhalt in diesem Zusammenhang, ebenso aber auch sich selbst sowie den Umstand, dass die positive Rechtsordnung ihm etwa eine Lückenfüllungskompetenz ausgerechnet nur im Privatrechtskodex zugesteht (z.B. *nicht* im Strafrecht, vgl. etwa NIGGLI, 166; differenziert allerdings BGE 103 IV 129). So besehen bedeutet dann Art. 64 BV für ihn nicht Befehl, sondern Verstehenshilfe dafür, dass er seine Funktion unter Umständen in «privatrechts-typischer» Art auszuüben habe (oben N 54; näheres Art. 1 N 395 ff.).

2. ZGB und OR

104 a) Aufgrund der Verfassungsgrundlage von Art. 64 BV gelten Art. 1 und 4 ZGB für das ZGB selbst sowie für das OR. Der Grund dieser Geltung für das OR liegt nicht darin, dass dieses der letzte (fünfte) Teil des ZGB ist (vgl. den Titel des BG vom 30. März 1911, SR 220). Denn inhaltlich enthält Art. 1 keine Aussage über «*dieses* Gesetz», sondern – nebst anderem – über den Umgang des Richters mit der *Rechtsquelle* Gesetz (oben N 20 ff.). Und *dies* muss für jedes Gesetz innerhalb der Reichweite von Art. 64 BV relevant sein, also auch für das OR.

105 b) Die Anwendbarkeit von Art. 1 und 4 ZGB auf das Zivilgesetzbuch und das Obligationenrecht gilt auch dann, wenn eine bestimmte Gesetzesnorm materiell dem öffentlichen Recht zuzurechnen ist (zum Beispiel Art. 161 ZGB, BGE 114 II 404 [406]). Anderseits bedeutet die Anwendbarkeit dieser beiden Einleitungsartikel nicht, dass alle Rechtsfragen um einschlägige Normen dieser beiden Gesetzbücher nach denselben methodologischen Grundsätzen anzugehen wären. Na-

mentlich unter dem Gesichtspunkt des relevanten Rechtsgebiets gibt es Bereiche, welche eher privatrechtstypisch ausgestaltet sind, während andere eher öffentlich-rechtliche Muster aufweisen (vgl. auch Art. 1 N 395 ff.).

Letzteres ist etwa bei Schutznormen, z.B. im Mietrecht, der Fall: vgl. BGE 120 II 206 (208), wonach das Mietrecht, ein «durch Formstrenge gekennzeichnetes Regelgebiet», Ausnahmen von einer zum Schutz des Mieters aufgestellten Regel (i.c. Art. 369d OR) nicht zulasse und deshalb auch die Begründung einer Mietzinserhöhung der vorgeschriebenen qualifizierten Schriftform genügen müsse. 106

Relevant ist dieser Aspekt auch in Bereichen, wo gleichsam eine Durchdringung von privatem und öffentlichem Recht festzustellen ist; so hat das Bundesgericht in BGE 119 V 298 (300 f.) entschieden, dass die Rückerstattungsfrage bei zuviel bezahlten Krankenkassenprämien nicht nur eine Frage des Zivilrechts sei, da auch privatrechtlich organisierte Krankenkassen eine öffentliche Aufgabe erfüllten. Die Krankenversicherung sei Teil der Sozialversicherung, und deshalb müsse vorab im Sozialversicherungsrecht eine passende Regelung gesucht werden, wenn das KUVG diese Frage nicht regle. 107

3. Übriges Bundesprivatrecht

a) Aufgrund von Art. 64 BV kommen Art. 1 und 4 ZGB auch für alle anderen Gesetze zum Tragen, die sich auf diese Verfassungsnorm (teilweise nebst anderen) zurückführen lassen, beziehungsweise auf entsprechende *Teile* von Gesetzen (vgl. auch SCHNYDER, Allg. Einleitung N 85 ff., 239 ff.). 108

Konkret in Frage kommen zum Beispiel 109
– das Bundesgesetz über die Produktehaftpflicht vom 18. Juni 1993 (PrHG, SR 221.112.944), welches sich auf Art. 64 BV stützt:
– das Datenschutzgesetz vom 19. Juni 1992 (DSG, SR 235.1), welches sich auf die Art. 31bis Abs. 2, 64, 64bis und 85 Ziff. 1 BV stützt;
– das Bundesgesetz über das bäuerliche Bodenrecht vom 4. Oktober 1991 (BGBB, SR 211.412.11), welches sich auf die Art. 22ter, 31bis Buchstabe b und 64 BV stützt;
– das Bundesgesetz über das Internationale Privatrecht vom 18. Dezember 1987 (IPRG, SR 291), welches sich auf die Zuständigkeit des Bundes in auswärtigen Angelegenheiten und auf Art. 64 BV stützt (vgl. etwa BGE 115 II 97 [99]);
– das Strassenverkehrsgesetz vom 19. Dezember 1958 (SVG, SR 741.01), welches sich auf die Art. 34ter, 37bis, 64 und 64bis BV stützt;
– das Bundesgesetz über den Versicherungsvertrag vom 2. April 1908 (VVG, SR 221.229.1; vgl. BGE 118 II 333), welches sich auf Art. 64 BV stützt;
– das SchKG vom 11. April 1889/16. Dezember 1994 (SR 281.1), welches sich auf Art. 64 BV stützt (statt vieler vgl. BGE 120 III 131, 105 III 92 (95) unter Verweis auf 51 III 109);
– das Bundesgesetz über Kartelle und andere Wettbewerbsbeschränkungen vom 6. Oktober 1995 (SR 251), welches sich auf Art. 31bis und 64 BV stützt;

Vorbem. Art. 1 und 4

- das Bundesgesetz gegen den unlauteren Wettbewerb vom 19. Dezember 1986 (SR 24), welches sich auf Art. 31bis Abs. 2, 31^{sexies}, 64 und 64bis BV stützt;
- das Bundesgesetz über das Urheberrecht und verwandte Schutzrechte vom 9. Oktober 1992 (SR 231.1), welches sich auf Art. 31bis Abs. 2 und 64bis BV stützt;
- das Bundesgesetz über die Anlagefonds vom 18. März 1994 (SR 951.31), welches sich auf Art. 31bis Abs. 2, 31^{quater}, 31^{sexies} Abs. 1, 64 und 64bis BV stützt.

110 b) Auch bei diesen bundesprivatrechtlichen Bestimmungen gilt, dass Art. 1 und 4 ZGB keine uniforme Methodik vorschreiben. Die oben erörterte Relativierung, namentlich in den Grenzbereichen zum öffentlichen Recht (oben N 105), kommt ebenso zum Tragen. Dies gilt in besonderem Mass dort, wo die spezialgesetzliche Regelung zwar in privatrechtliche Bereiche einwirkt, ihrerseits aber öffentlich-rechtlich einzuordnen ist. Am greifbarsten wird dieser Mechanismus bei der Allgemeinverbindlicherklärung eines Gesamtvertrags (BG über die Allgemeinverbindlicherklärung von Gesamtarbeitsverträgen, SR 221.215.311; BG über Rahmenmietverträge und deren Allgemeinverbindlicherklärung, SR 221.213.15). Hier wird das verfassungsrechtliche Fundament gleichsam «umgehängt» (Art. 34ter beziehungsweise 34^{septies} Abs. 2 BV). Die normativen Teile der Gesamtverträge beziehen sich aber auf privatrechtlich abgeschlossene Bereiche, sind also zweifellos dem Wirkunsbereich von Art. 1 und 4 ZGB zuzuordnen (vgl. auch ZELLER, 340 ff.).

II. Geltung ausserhalb des Privatrechts

1. «Reichweite» von Art. 1 und 4 ZGB

111 a) Die Reichweite der verfassungsrechtlich unterlegten Geltung von Art. 1 und 4 ZGB wird durch Art. 64 BV abgesteckt. Deshalb können diese Normen keine verfassungsrechtlich unterlegte Geltung für Bereiche ausserhalb des Privatrechts beanspruchen (GYGI, Rechtsetzungszuständigkeit, 343 ff.; oben N 101 ff.). Dies schliesst natürlich nicht aus, dass die juristische Methodenlehre in Bereichen ausserhalb des Privatrechts weitgehend gleich operiert wie innerhalb; wenn auch die Ergebnisse anders ausfallen können – etwa bei der Lückenfüllung im Strafrecht (näheres unten N 118 und Art. 1 N 92 ff., insbes. 99). Dies erstaunt um so weniger, als die Methodenlehre ja längst sogar die Grenzen der Rechtsanwendung gesprengt und sich auch der Gesetz*gebung* zugewendet hat (oben N 92 ff. mit Verweisen).

Vorbem. Art. 1 und 4

Demgemäss enthält die Gerichtspraxis etwa des öffentlichen Rechts eine reichhaltige Fülle methodischen Denkens, die auch für privatrechtliche Bereiche gewinnbringend beigezogen werden kann (ausführlich insbes. HÄFELIN, Bindung; ders., Lückenfüllung; FLEINER, Bedeutung; HÖHN, Bedeutung, Legalitätsprinzip; Beispiele der Praxis in BGE 119 Ib 311, 119 V 54 f.). Soweit dies im Sinn einer Illustration, allenfalls einer methodologischen Analogie geschieht, lässt sich nichts einwenden (vgl. etwa das Urteil des basellandschaftlichen Verwaltungsgerichts in BJM 1984, 200 ff. [203]; Häfelin, Lückenfüllung, 115; neuere Beispiele BGE 119 V 298 [300], 118 Ib 149, 118 Ib 153 [156 ff.], 111 Ib 227 [229]). Eine unmittelbare Abstützung auf Art. 1 und 4 ZGB jedoch, etwa zur Lückenfüllung in einem öffentlich-rechtlichen Bereich, erscheint zumindest diskutabel (z.B. BGE 103 Ia 501 [502 f.]; Pra 79 [1990], 365, mit Hinweis auf Art. 1 ZGB-Kommentierung; ebenso BGE 114 Ia 191 [197]). BGE 97 I 353 (355) spricht in einem verwaltungsrechtlichen Zusammenhang gar vom «allgemeinen Rechtsgrundsatz des Art. 1 Abs. 2 ZGB». 112

Bei vielen der nicht-privatrechtlichen Urteile, welche sich ausdrücklich auf Art. 1 und 4 ZGB berufen, ohne indes eine besondere Erklärung hiefür zu geben, scheint Unbewusstheit mitzuspielen (vgl. etwa BGE 120 III 131 [134], in dem das Bundesgericht gestützt auf Art. 1 Abs. 2 ZGB argumentiert, es sei nicht Gesetzgeber und könne keine unechten Lücken füllen; BGE 112 Ib 39 [46], in dem es sich ebenfalls gestützt auf Art. 1 Abs. 2 ZGB als Verordnungsgeber betätigt; ferner BGE 113 Ia 384; JdT 1990 II 181; 112 Ib 39 [46]; 108 Ib 430 [437]). Doch kann sich gerade diese Unbewusstheit ihrerseits daraus erklären, dass die Aussagen von Art. 1 und 4 ZGB bloss die Wiedergabe einer Selbstverständlichkeit oder eines ohnehin geltenden allgemeinen Prinzips sein könnten (so ja auch eine Meinung bei Erlass des ZGB, Sten.Bull. NR 1906, 1040, 1042; ZÄCH, Privatrecht, 22, spricht von materiellem Verfassungsrecht; ähnlich BGE 115 Ia 127 [130]). Insofern sind solch ausdrückliche Hinweise auf Art. 1 und 4 ZGB zwar nicht eine verfassungsrechtlich konsistente Herleitung aus dem positiven Recht; aber immerhin eine methodisch bewusste Rechtsfindung unter Hinweis auf eine Stelle der geschriebenen Rechtsordnung, bei welcher diese Methodik zum Ausdruck kommt, sich gleichsam in einer wortlautmässigen Benützeroberfläche manifestiert. 113

b) Eben dies unterlegt die in der vorliegenden Kommentierung vertretene Ansicht zur Bedeutung des Wortlauts: Dieser ist nicht selbst Grund einer Norm, ja nicht einmal der sprachlichen Aussage, sondern er bringt stets etwas anderes zum Ausdruck, er macht etwas anderes lesbar; er *ist* nie selbst jenes andere (im einzelnen N 19, 159 ff.; Art. 1 N 57 ff.). Und wenn nun das öffentlich-rechtliche Urteil auf die privatrechtlichen Art. 1 und 4 ZGB verweist, so wendet es nicht diese Artikel an; vielmehr nimmt es Bezug zu dem dahinterstehenden «andern», der sachgerechten methodischen Reflexion nämlich. Die konkrete Benützer-Schnittstelle ist zwar nicht zum Gebrauch in öffentlich-rechtlichen Urteilen gedacht; das «andere» selbst betrifft sie aber durchaus, und warum soll man sich die fremde Schnittstelle nicht «ausleihen»? 114

Vorbem. Art. 1 und 4

2. Insbesondere öffentliches Recht

115 a) Soweit also Art. 1 und 4 ZGB im eben genannten Sinn auch auf öffentliches Recht «anwendbar» sind, versteht sich dies als Bezugnehmen auf grundlegende methodische Reflexionen, die *durch* Art. 1 und 4 ZGB zum Ausdruck kommen. Und – wie stets bei Rechtsfindung (N 207 ff.) – geht es um das Verstehen im *Hinblick auf den konkreten Einzelfall*. Dieser nun wird spezifische Merkmale öffentlich-rechtlicher Konstellationen enthalten; es wird dementsprechend um Fälle mit den vertrauten Elementen des *öffentlichen* Interesses, *zwingenden* Vorgaben des Gemeinwesens und dergleichen gehen. Die Problemstellung wird typischerweise solch vertikale Strukturelemente aufweisen (BURCKHARDT, Organisation, 17 ff.; BRÜCKNER, 37 ff.; CAGIANUT; CARONI, demokratisches Privatrecht, 46; ZÄCH, Privatrecht, 29 ff.). Wie diese auch immer im Einzelfall ausgestaltet sind, jedenfalls sind sie als Rechtfindungselemente mit in das Verstehen einzubeziehen. Dies kann sich beispielsweise dahin auswirken, dass eine Gesetzeslücke im öffentlichen Recht primär im Rahmen eben dieser Regelung gefüllt werden müsse; sodann sekundär, falls dies zu stossenden Ergebnissen führen sollte, durch analoge Anwendung der in verwandten Gebieten des öffentlichen Rechts getroffenen Lösungen; erst in dritter Linie schliesslich, beim Fehlen solcher Lösungen, wäre auf analoge Regelungen des Privatrechts zurückzugreifen (BGE 97 V 144).

116 Spezifische Auswirkungen werden die öffentlichrechtlichen Elemente aber auch auf das Verstehen eines anderen Rechtsfindungselements zeitigen müssen, nämlich des *Gesetzeswortlauts*. Im Bereich solch vertikaler Strukturen ist der Gesetzeswortlaut nicht bloss Benützeroberfläche einer dahinterstehenden materiellen Aussage. Vielmehr kommt ihm auch eine spezifische Rolle unter dem Gesichtspunkt von *Rechtsstaatlichkeit* zu. Dies wird das Gewicht des Wortlauts bei öffentlich-rechtlichen Konstellationen im Vergleich zu solchen des Privatrechts zumindest graduell erhöhen. So darf unter Umständen eine vom Richter auszufüllende Lücke im Gesetz grundsätzlich nur dann angenommen werden, wenn eine gesetzliche Norm ohne Ergänzung durch richterliches Recht nicht angewendet werden kann (EVGE 1969, Nr. 21). Gemäss BGE 94 I 305 (308 f.) darf der Richter nur dort zur Aufstellung neuer Rechtssätze schreiten, wo kein Zweifel bestehe, dass dem Gesetz keine Norm entnommen werden könne, und wo sich für einen neuen Sachverhalt auch auf dem Weg analoger Anwendung bestehender Rechtssätze keine Lösung finden lasse. Dass die erzielte Lösung nicht die zweckmässigste sei, ändere daran nichts (weitere Hinweise auch bei HÖHN, Legalitätsprinzip, 160 ff.; CHRISTIAN HUBER, 171; näheres bei Art. 1 N 525 ff.).

117 Nebst der eben erörterten, eher graduellen Verstärkung des Wortlautbezugs im öffentlichen Recht lassen sich auch spezifischere Unterschiede und damit qua-

litativ andere Auswirkungen feststellen: So hat das Bundesgericht in BGE 112 Ib 39 (46 ff.) mangels einer rechtskräftigen Verordnung betreffend Immissionsgrenzwerte und Planungswerte ausdrücklich nur dank der entsprechenden gesetzlichen Basis die Lücke füllen können (Art. 12 Abs. 2 USG sieht vor, dass Begrenzungen durch unmittelbar auf das Gesetz gestützte Verfügungen vorgeschrieben werden können). Konsequenterweise gegenteilig der Entscheid in LGVE 1984 III, Nr. 1: Der Richter hat keine Befugnis zur «Lückenfüllung», wenn ein Gesetz (in diesem Fall das kantonale Gesundheitsgesetz) die Befugnis zur näheren Ausgestaltung (Auflagen für die Geistheilertätigkeit) delegiert, die ensprechende Behörde von dieser Befugnis aber keinen Gebrauch macht.

b)   Dasselbe gilt für das *Strafrecht*. Auch dieses enthält vertikale Elemente, so namentlich im Bereich der Offizialdelikte. Zwar geht es auch dabei oft um Konstellationen von Rechtsgutsverletzungen ohne Obrigkeitsbezug. Allein, es ist der Staat, der den Strafanspruch erhebt und auch durchsetzt. Die – im hier verstandenen Sinn – «anwendbaren» Art. 1 und 4 ZGB werden deshalb durch Art. 1 StGB sehr markant relativiert: Ohne *ausdrückliche* Strafandrohung ist auch keine Strafe auszufüllen (BGE 103 IV 129 betreffend «nulla poena sine lege»; vgl. auch BGE 118 Ib 448 (451 f.); dazu etwa GÜNTER STRATENWERTH, Schweizerisches Strafrecht, Allgemeiner Teil I, 2. A. Bern 1996, § 4 N 3 ff.; NIGGLI, 154 f.; FORSTER, Bedeutung, 19 f.; SCHUBARTH, Urteil, 124; zur Abgrenzung gegenüber der anders strukturierten Maxime «in dubio pro reo» vgl. BGE 120 Ia 31 ff.). 118

3.   Verfahrensrecht

a)   Wie weit Verfahrensrecht dem öffentlichen Recht oder dem Privatrecht zugeordnet wird, ist – bei der hier vertretenen Meinung – ohne Relevanz für die Geltung dessen, was in Art. 1 und 4 ZGB zum Ausdruck kommt. Auch beim Verfahrensrecht muss gelten, dass dessen Anwendung Rechtsfindung ist. 119

Freilich führt das Verständnis von Rechtsfindung beim Verfahrensrecht zu einer weiteren Problemstellung insofern, als sich Zivilprozess-, Strafprozess-, Verwaltungs- und andere Verfahrensgesetze als ablauf-, nicht als inhaltsbezogene Normen verstehen; also eher als Hilfsinstrumente der Rechtsfindung denn als deren inhaltliche Aussage. Dieser Aspekt schliesst indes keineswegs aus, dass auch die Anwendung von Prozessgesetzen methodisch fundiert erfolgen muss. Namentlich die Optik des hermeneutischen Verstehens erweist sich hier als hilfreich: Sie bezieht die Position des Prozessgesetzes im Rahmen der positiven Rechtsordnung mit in das Verstehen ein. Dies wird etwa dazu führen, dass im 120

Vorbem. Art. 1 und 4

Strafprozess und in gewissen stark vertikal angelegten Verwaltungsverfahren das Element der rechtsstaatlichen Garantie gewichtig ist (vgl. etwa Rechtsweggarantien in Rechtsbereichen mit starken Eingriffselementen, oben N 87), während im Zivilprozess Elemente der *gegenseitigen* Interessenimplikationen (vgl. z.B. die im Zivilprozess verbreitete Dispositionsmaxime).

121   MEIER (23) spricht hier vom Grundprinzip der «Waffengleichheit». Rein formell kann beim Zivilprozessrecht unterschieden werden zwischen kantonalem Recht, das aufgrund von Art. 64 BV nicht unter den Anwendungsbereich von Art. 1 und 4 ZGB fällt (oben N 101 ff.), und Bundeszivilprozessrecht sowie bundeszivilrechtlichen Normen mit prozessrechtlichem Inhalt (z.B. Art. 158 ZGB betreffend das Scheidungsverfahren; Art. 274 ff. bzw. 343 OR betreffend miet- bzw. arbeitsrechtliche Verfahren). Allerdings dürften solche Unterscheidungen aus heutiger Methodenperspektive bedeutungslos sein. Relevant ist nicht die Zuordnung zur Rechtskategorie, sondern ob die *hinter* den Kategorien stehenden Gesichtspunkte im konkreten Fall zum Tragen kommen. Durchaus konsistent erscheint deshalb der Bundesgerichtsentscheid SJ 94 (1972), 433 ff. (440) betreffend analoge Anwendung von Art. 1 ZGB auf den Strafprozess.

122   b)   Ein grundlegend ansetzendes Verstehen wird auch die eben erörterte Hilfsfunktion des Prozessrechts ihrerseits hinterfragen. Nach dem bereits mehrfach erörterten Denkmuster wird sich dann die Rechtsstruktur eines solch eigens für den Prozessablauf erlassenen Gesetzes ihrerseits als Benützeroberfläche der Rechtsordnung erweisen. Und zwar bringt sie etwas zum Ausdruck, das sehr spezifisch mit dem Oberflächenproblem selbst zu tun hat: Gerade weil das (materielle) Gesetz selbst bloss Oberfläche ist, braucht es gleichsam eine Verbindung zwischen dem Dahinter, dem Sollen, und dem Davor, dem Sein (LUHMANN, 297 ff.; MEIER, 52 ff.). Mit Hilfe prozessrechtlicher Instrumente wird der Richter zur *institutionellen* Schnittstelle, quasi als Korrelat zur *sachlichen* Schnittstelle des materiellen Gesetzes.

4. Nicht-schweizerisches Recht

123   a)   Die eben erörterte Betrachtungsweise einer Schnittstelle versteht sich natürlich in sehr grundsätzlicher Distanz zur positiven «Geltung» einer nationalrechtlichen Gesetzesbestimmung. Sie erreicht die Richterfunktion als solche, nicht etwa bloss jene im Rahmen der schweizerischen Rechtsordnung. In diesem *sehr* übertragenen Sinn können auch die ausländischen Richter Art. 1 und 4 ZGB «anwenden». Das heisst, sie nehmen Bezug auf methodische Reflexionen, sie üben Bewusstheit mit Bezug auf ihre eigene Funktion, und sie orten dabei eine Wortlaut gewordene Schnittstelle; diese ist zwar von einem fremden Gemeinwesen

gemäss dessen eigener Gesellschaftsorganisation hergestellt worden, beansprucht insofern nicht formell Verbindlichkeit; doch *was* dort zum Ausdruck kommt (also nicht der Ausdruck selbst), ist auch hier «verbindlich», dass heisst, muss auch hier in die Rechtsfindung miteinbezogen werden (zu vergleichbaren Fragestellungen im vertrauten Verfassungsrecht, AUBERT, limites, 1 f., 17).

In konsequenter Weiterführung dieses Denkmusters lösen sich dabei gleichsam die nationalen Gesetzgebungshoheiten auf. Die erkenntnistheoretischen Veränderungen zersetzen sozusagen von innen das Paradigma der nationalstaatlichen Rechtsordnung: Sie relativieren nicht bloss das Sprachliche des Wortlauts, sondern auch dessen inhaltliche Autorität, ja sogar die «Geltung» der positiven Rechtsordnung als solcher; damit wird die gesamte nationale Rechtsordnung mit verfassungsmässiger Grundlegung und mehrdimensional strukturierten Gebiets- und Behördenzuständigkeiten zur reinen Benützeroberfläche von etwas anderem; ja schliesslich relativiert sich ganz grundsätzlich Staatlichkeit als Element von Recht (vergleichbare Ansätze etwa bei LENDI, Theologie, 217; ders., Wiederentdeckung, 514 ff.; ähnlich die Fragestellung – wenn auch nicht die Antwort – neuestens PETER SALADIN, Wozu noch Staaten? Bern 1995, v.a. 28 ff.).

124

b) Diese Relativierungs-Kaskade ist nicht im landläufigen Sinn politisches Postulat, sondern wiederum bloss – Verstehen; letztlich also das, was der richtertypischen Funktion von Rechtsfindung entspricht; damit genau gleich wenig «gegen-gewaltig» im Sinn einer Funktion vis-à-vis dem Gesetzgeber (oben N 54, 84 ff.). Dies impliziert zweierlei: Zum einen kann dem gewalt- und gesetzesmonopolistischen Staat nichts so ebenbürtig Gegenposition sein wie der Richter, der eben diese Monopolorganisation ihrerseits gelassen in sein Verstehen einbezieht. Zum andern wird diese Monopolorganisation dadurch gerade nicht ignoriert, auch nicht reduziert, sondern *vollständig* von Verstehen durchdrungen. Positives Gesetz und namentlich auch dessen «Gültigkeit» für das betreffende Territorium bleiben also relevant, doch bloss als (wichtiges) Element der verstehenden Rechtsfindung.

125

c) Damit erweist sich die Frage nach dem Geltungsbereich von Art. 1 und 4 ZGB über das schweizerische Privatrecht hinaus als letztlich identisch mit jener vermeintlich umgekehrten, ob die nach Art. 1 und 4 ZGB orientierte Rechtsfindung auch nicht-schweizerisches Recht einbeziehen soll und kann, etwa ausländisches Privatrecht oder auch ausländisches (wie schweizerisches) öffentliches Recht. Auch diese Frage ist zu bejahen. Nach heutigem Verständnis implizieren Art. 1 und 4 ZGB, einen bewussten Bezug zu solch anderen Teilen der nationalen

126

Vorbem. Art. 1 und 4

und namentlich auch von inter- oder aussernationalen Rechtsordnungen herzustellen (näheres Art. 1 N 247 ff.; vgl. auch Allg. Einleitung N 128 f.).

C. Historischer und theoretischer Kontext

I. Relevanz des historischen Kontextes

127 a) Dem geschichtlichen Bezug der Art. 1 und 4 ZGB kommt eine wesentliche Bedeutung zu. Die methodischen Problemstellungen beziehungsweise Entwicklungen, die im heutigen Verständnis dieser Artikel zum Ausdruck kommen, beziehen die historische Situierung bewusst mit in den hermeneutischen Verstehensvorgang ein. Dies ermöglicht und erlaubt konkrete Aussagen über die Bedeutung der historischen Dimension; etwa über die sachgerecht ausgestaltete Relevanz beziehungsweise Unerheblichkeit von Elementen, die sich auf dem historischen Zeitstrahl spezifisch positionieren lassen, beispielsweise des Willens des historischen Gesetzgebers (Art. 1 N 128 f., 155 ff.).

128 b) Geschichtlichkeit lässt sich aber noch grundsätzlicher verstehen, nämlich als rechtstheoretische beziehungsweise erkenntnisphilosophische Alternative zu Absolutheit (KAUFMANN, Geschichtlichkeit; BULTMANN, 211 f.); zu einer Optik also, die namentlich im Naturrecht zum Ausdruck kommt. Der so verstandenen Geschichtlichkeit liegt im Ansatz die gleiche Denkweise zugrunde, die in späterer Konsequenz zur heutigen Optik des hermeneutischen Verstehens geführt hat (vgl. etwa BULTMANN, insbes. 228 ff.; KAUFMANN, Hermeneutik). Der hermeneutische Zirkel, der den Verstehenden mit seinem interaktiv entstandenen Vorverständnis in «seinen» Verstehensvorgang miteinbezieht und damit letztlich die qualitative Unterscheidung zwischen Sollen und Sein auflöst, war zwingend angelegt in der Erkenntnis, dass Sollen nicht als solches, eben «absolut» existiert, sondern seinerseits auf Geschichte und damit auf Sein beruht (KAUFMANN, Grundprobleme, 22, 217 ff.; MACINTYRE, 370 ff.). Es war dann bloss noch Konsequenz, dass «Erkenntnis» sich in «Verstehen» umwandelte (GADAMER, Band 1, 270 ff.; seinerseits zurückgehend auf MARTIN HEIDEGGER, Sein und Zeit, 17. A. Tübingen 1993, § 32 f.; vgl. auch HINDERLING, 8 f., mit Hinweisen).

129 Illustration einer solchen Geschichtlichkeit ist das, was Recht in der Geschichte war beziehungsweise ist, und dabei insbesondere, wie sich Denken über

Recht, über seine Geltung, seine Quellen und dergleichen geschichtlich manifestiert (SAVIGNY, Band I, 13 ff.; WIEACKER, Naturrecht; ders., Szientismus, 132 ff.; MAX GMÜR, 88 ff.). Und – in einem unprätentiösen Sinn – «Beweis» für Geschichtlichkeit ist der historisch situierbare Niederschlag von entsprechenden Betrachtungsweisen, Theorien und Debatten, deren *Gesichtspunkte* auch noch heute Elemente der Rechtsfindung darstellen. Dies legt es nahe, im folgenden den historischen Kontext von jener Phase an einzubeziehen, in der er sich von naturrechtlichem Denken läst. Dies setzt dort an, wo historisches Denken zur «Rechtsschule» wird (WIEACKER, Privatrechtsgeschichte, 416 ff., zur Entdeckung der Geschichtlichkeit).

II. Überwindung des Naturrechts, historische Rechtsschule

1. Absolutheit und Geschichtlichkeit

a) Die Ablösung vom Naturrechtsdenken und die Hinwendung zu einer «*historischen*» Betrachtungsweise sind nicht gleichbedeutend mit einem Ablegen von Sollen und einer ausschliesslichen Berücksichtigung nur noch von Sein, also quasi einer strikten Zuwendung zur Rechtssoziologie (wie sie beispielsweise in der geradezu provokativen Seinsbezogenheit des Rechts bei OLIVER WENDELL HOLMES zum Ausdruck kommt, prägnant sein 1897 verfasstes The Path of the Law, Nachdruck Harvard Law Review 110 [1997] 991 ff.). Das Besondere – und ja auch von der Sache her keineswegs Selbstverständliche – der historischen Rechtsschule ist nicht, das (rechtstatsächliche) Sein als Sein zu erfassen, sondern das *Sollen* dort zu situieren, wo bis anhin bloss das Sein war, es dabei aber gleichwohl als Sollen zu verstehen. Diesen vermeintlichen Widerspruch in eine konsistente Relation zu bringen, ist der Kern der historischen *Rechts*schule. Und darin liegt wohl auch heute noch der Sinn davon, Recht «historisch» zu verstehen (statt vieler BULTMANN, 222 ff.; BEHRENDS, 2 f., 21; SAVIGNY, Band I, 13 ff.; THIBAUT, Band I, 29 ff.; KAUFMANN, Hermeneutik, 80 f.).

130

b) Der historische Anfang und damit die Blüte der Neuheit der historischen Rechtsschule fallen – mit dem 19. Jahrhundert – in eine Zeit sehr spezifischen wissenschaftlichen Denkens überhaupt. Wissenschaft versteht sich noch als ein Suchen dessen, was ist (SAVIGNY, Band I, 83 ff.; KUHN, 25 ff.; LIVER, Kodifikation, 196; vgl. auch oben N 25); ob die Suche erfolgreich verläuft, bemisst sich danach, wie nahe man dem Bestehenden kommt (so noch POPPER, Logik, 198 ff.;

131

Vorbem. Art. 1 und 4

anders indes KUHN, 155 ff.). Es ist die Zeit, wo diese Betrachtungsweise namentlich im Bereich der Naturwissenschaften regelmässige Bestätigungen durch immer wieder neue Entdeckungen und damit reichlich Nahrung findet. Namentlich physikalische und damit verbunden mathematische Gesetzmässigkeiten prägen das Denken der Wissenschaft schlechthin (illustrativ zum Beispiel WINDSCHEID/KIPP, Band I, 110 ff.; vgl. auch LARENZ, Methodenlehre, 24 ff.).

132   Nach diesem Denkmuster ist Recht konsequenterweise etwas Objektives, also *objektives* Sollen; allerdings nicht bloss die deskribierende Feststellung dessen, was – etwa in römischen Rechtsquellen, in altem Gewohnheitsrecht, in partikularen Gesetzbüchern – unter «Recht» läuft, sondern ebenso von *darin* liegenden Zusammenhängen, logischen Strukturen, Gesetzmässigkeiten, die aus dem Bestehenden durch Induktion gefunden werden können. Es lag denn auch nahe, dass sich Recht in jener ersten Loslösung vom Naturrecht alsbald als ein in *sich* geschlossenes System verstand wie etwa jenes der Mathematik. Rechtliches Denken war *Rechnen*; *Zahlen* waren die Begriffe (COING, Erfahrungen, 3 f.; BEHRENDS, 21 ff., unter Hinweis vor allem auf Savigny und Puchta).

2. Keine Notwendigkeit gesetzlicher Positivität

133   a) Das eben genannte Begriffsdenken ist zu unterscheiden von der Frage, welche Stellung dem *geschriebenen Gesetz* zukommt. Namentlich impliziert auch ein noch so mathematisches Denken über Recht keineswegs, dass die entsprechenden Formeln im Gesetz festgeschrieben sein müssen. Savigny stellte sich gegen die geschriebene Positivierung des historisch eruierten Rechts (im Gegensatz zu Thibaut; zu dieser Kontroverse zwischen Savigny und Thibaut vgl. H. HATTENHAUER/J. STERN, Thibaut und Savigny: ihre programmatischen Schriften, München 1973; LIVER, Kodifikation, 203 ff.; WIEACKER, Nationalgesetzbücher, 415 ff.; COING, Savigny, 333 ff.; ders., Europäisches Privatrecht II, 255). Das geschriebene Gesetz – sei es ein städtisches Statutargesetz, sei es ein vernunftrechtliches nationales Gesetzbuch, sei es aber auch die nach neuesten wissenschaftlichen Erkenntnissen erstellte Kodifizierung (LIVER, Kodifikation, 196 ff.) – ist als solches stets nur Sein; Sollen kann zwar – unter anderem – daraus abgelesen werden, versteht sich aber stets als etwas anderes; es wird – mehr oder weniger zutreffend – vom Gesetz «wiedergegeben»; es *ist* aber nicht das Gesetz. Positivierung kann bestenfalls eine träfe Momentaufnahme von Recht sein.

134   b) Damit verbinden sich vor allem zwei praktische Nachteile: Zum einen kann das Gesetz bald wieder überholt sein. Gerade die Verankerung von Recht in

Geschichtlichkeit bringt Veränderungen *wesensmässig* mit sich. Dies führt zunächst zu handfesten Problemen einer recht eigentlichen Gesetzgebungshektik mit entsprechenden Negativauswirkungen auf die Gesetzesqualität (näheres unten N 168 ff.). Es stellen sich aber auch innere Probleme: Das derart laufend nachgeführte Gesetz vergisst, dass es von seiner *Idee* her mehr ist als eine Wiedergabe, mehr als ein «Restatement»; vielmehr soll es seinerseits eine Norm verkörpern. Als «Medium» ist es zwar dem Sein zuzuordnen; inhaltlich gehört es aber zum Sollen. Das Sollen ändert sich weniger rasch als das Sein (zur Stabilitätsfunktion des Rechts unten N 191 ff.). Allzu häufige Änderungen des Gesetzes ziehen es mehr und mehr zum Sein hin, lassen seine «eigentliche» Konstanz und die damit verbundene Grundsätzlichkeit in den Hintergrund treten. Es verschwindet nicht bloss hinter dem Konkreten das Abstrakte, sondern ebenso hinter dem Besonderen das Allgemeine, letztlich hinter dem Sachverhalt die «Gesetzmässigkeit» (LUHMANN, 124, 218 ff., Art. 1 N 83 f., 365).

Zum andern erhält das Gesetz den Anschein, es verkörpere, ja es *sei* das Sollen. Diese positivistische Fehlgewichtung beeinflusst auch heute noch die Debatte um die Bedeutung des Gesetzeswortlauts (N 58, 80, 137; Art. 1 N 57 ff., insbes. 78 ff.) beziehungsweise einer «objektiven» Rechtsfindungsmethode (N 132). Für hier sei jedenfalls festgehalten, dass sie sich keineswegs zwingend daraus ergibt, dass man Recht als etwas Geschichtliches versteht. Die Abkehr vom Absoluten des Naturrechts und die Zuwendung zum Relativen der Geschichtlichkeit muss *nicht* den Preis des Positivismus kosten.

135

III. Positivismus

1. Positivismus und Gesetz

a) Die eben genannte Gefahr, dass mit einer gesetzlichen Positivierung des Rechts das Gesetz selbst ein eigendynamischer Geltungsgrund wird, ist ihrerseits historisch begründbar: Nicht bloss wissenschaftliche, auch *politische* Neuerungen beeinflussen das Denken über Recht und Gesetz (vgl. WALTER OTT, Rechtspositivist, 442 ff., mit Verweisen; NOLL, Gesetzgebungslehre, 19 ff.). Während etwa der ausgeprägte Pandektismus der *Herkunft* des Gesetzes keine wesentliche Beachtung schenkte – es konnte vom längst nicht mehr «zuständigen» Justinian, vom aktuellen monarchischen Fürsten oder auch vom demokratischen Parlament stammen (WINDSCHEID/KIPP, Band I, 36; WIEACKER, Privatrechtsgeschichte, 430 ff.) –, so verstand politische Aufklärung das Gesetz sehr wesentlich auch als Instru-

136

ment gegen Willkür der Obrigkeit, namentlich solche des Richters (MONTESQUIEU, De l'esprit des lois, oben N 66; OGOREK, Leviathan, 412 f., 415; dies., Methode, 142; WIEACKER, Nationalgesetzbücher, 410, 414 ff.; KAUFMANN, Rechtsphilosophie, 1 ff.; STRATENWERTH, Auslegungstheorien, 260; BETTI, Problematik, 205). Das Gesetz war nicht primär Niederschlag eines wissenschaftlich deduzierten Sollens, sondern schriftlicher Befehl des Volks an den Richter. Dies implizierte vor allem zweierlei:

137   Zum einen konnte es nicht mehr angehen, dass der Richter sich – wenn auch noch so neutral und wissenschaftlich korrekt – Gedanken *über* das Gesetz machte. Rein sprachlich mochte er Unsicherheiten haben; und *insofern* durfte er – in heutiger Terminologie – seine Funktion als verstehende auffassen. Sobald er aber verstanden hatte, hatte er nur noch zu gehorchen (COING, Europäisches Privatrecht II, 254 f.). Diese Optik erwies sich als sehr stabil; bisweilen wird sie noch heute – eher politisch als wissenschaftlich (immerhin BYDLINSKI, Methodenlehre, 299 ff.; OTA WEINBERGER, Norm und Institution, Wien 1988, und dazu WALTER OTT, Rechtspositivismus, 260 ff., sowie die Besprechung von TROLLER in SJZ 83 [1987], 247 f.; EDWARD E. OTT, Methode, 253 ff.) – vertreten. Nach modernen Erkenntnissen ist sie jedoch insofern überholt, als die Verstehensfunktion des Richters sich nicht nur auf den *Inhalt* des Gesetzes, sondern auch auf seinen *Verbindlichkeitsanspruch* bezieht (LUHMANN, 134 ff.; HABERMAS, 109 ff.; ZIPPELIUS, Recht und Gerechtigkeit, 133 ff.).

138   Zum andern ergibt sich aus dem Befehlscharakter des Gesetzes, dass allfällige Interpretationsunsicherheiten am Willen des Befehlsgebers zu messen sind (vgl. dazu LIVER, Kodifikation, 212 ff.). Konsequenterweise kannten denn auch frühere positivistische Konzeptionen eigens Verfahren, welche diesen Willen überprüfbar machten; dies indem der Gesetzgeber selbst im «référé législatif» Unsicherheiten authentisch beseitigen konnte (vgl. dazu COING, Europäisches Privatrecht II, 253; MEIER-HAYOZ, Richter, 27). Diese Betrachtungsweise verflüchtigte sich relativ rasch. Der Wille des historischen Gesetzgebers wurde bereits mit den ersten Abstandnahmen vom gesetzespositivistischen Gedanken stark relativiert; zwar nicht im Sinn der gänzlichen Irrelevanz, aber doch als Gleichstellung mit diversen anderen Auslegungselementen (WINDSCHEID/KIPP, Band I, 102 ff.; vor allem VON JHERING, Zweck, Band I, 435 ff.; näheres hiezu Art. 1 N 130 ff., 135 ff.). Allerdings klingt auch heute mitunter die Bezugnahme auf den Befehlsgeber an, etwa wenn davon die Rede ist, dass «eine solche Lösung vom Gesetzgeber nicht gewollt sein» könne, es nicht «Wille des Gesetzes» sein könne; beziehungsweise dass ein bestimmtes Vorgehen auch jenem des Gesetzgebers bei der Beantwortung ähnlicher Probleme entspreche (BGE 93 II 204 [210 f.]).

b) Grundsätzliche Verlegenheit musste und muss im positivistischen Denken dann aufkommen, wenn eine Gesetzesnorm nicht bloss unklar ist, sondern wenn sie schlicht fehlt. Bezeichnenderweise ist diese Verlegenheit nicht *wissenschaftlicher* Natur; namentlich konnte das damals neue Denken der historischen Rechtsschule problemlos Unvollständigkeiten beziehungsweise das Entdecken neuer Zusammenhänge eingestehen; sie verstand sich ja als Wissenschaft, die immer näher an das Wirkliche herankommt und deshalb auch Irrläufe einkalkulieren darf (oben N 131 f.; EUGEN HUBER, Recht, 352 ff.). 139

Speziell das *politische* Element aber lässt aus fehlenden Normen Verlegenheit entstehen; denn es fehlt das für die Kontrolle des Richters wesentliche Instrument des *nachlesbaren* Gebotes. Entsprechend geht eine erste Defensivreaktion dahin, das Fehlen als unmöglich zu leugnen bis hin zum Effekt, dass Recht verweigert wird (oben N 41 f.; Art. 1 N 485 ff.). Eine zweite Defensivreaktion anerkennt zwar das Fehlen, befleissigt sich aber, dieses sogleich als etwas Irreguläres, eben als «Lücke» zu bezeichnen (WINDSCHEID/KIPP, Band I, 106 ff.; EUGEN HUBER, Recht, 352 ff.; CANARIS, Lücken, 31 ff.; näheres dazu Art. 1 N 298 f.). 140

Das Fehlen von Gesetzesvorschriften überhaupt als besonderes Problem zu betrachten – und nicht bloss als Anlass, Rechtsfindung etwas selbstbewusster und phantasievoller anzugehen beziehungsweise das Ethos der Träger einer «oralen» Rechtskultur zu würdigen (SENN, 11 f.) – ist ein positivistisches Phänomen, dass sich äusserst hartnäckig hält (WALTER OTT, Rechtspositivist, 442; ausführlich Art. 1 N 57 ff., insbes. 78 ff.). Dies zeigt sich namentlich im Bereich der sogenannten unechten Lücken, also dort, wo der Gesetzeswortlaut zwar eine Antwort gibt, es aber «eigentlich» eine Ausnahmeregelung bräuchte (dazu näheres Art. 1 N 261 ff., 318 ff.). 141

c) Trotz der wesentlich unterschiedlichen Perspektiven der Wissenschaft einerseits und der politischen Postulate anderseits ist ihr *gemeinsamer* Einfluss auf das Denken über Recht und Gesetz nicht Zufall. Dem politischen Postulat, dass der Richter nicht zu werten, sondern zu gehorchen habe, entspricht die wissenschaftliche Überzeugung, mit rationalen Mechanismen arbeiten zu können. Letztere werden nicht nur «technisch» beherrscht und allenfalls laufend verfeinert. Sie sind auch emotionslos, damit überprüf- und antizipierbar (WALTER OTT, Rechtspositivismus, 117 ff., mit Verweisen; SENN, 12). Genau diese Eigenschaften sind gefragt, wenn es darum geht, mittels des Gesetzes richterliche Willkür auszuschalten. Wissenschaft und Politik können sich so im begriffsrationalistisch durchstrukturierten Gesetz verbinden (LARENZ, Methodenlehre, 28 ff.; COING, Bemerkungen, 26 ff.; ders., Erfahrungen). 142

Vorbem. Art. 1 und 4

143   Das Gesetz zieht aber Wissenschaft und Politik nicht nur *zu-*, sondern ebenso *aus*einander. Während Politik die «Richtigkeit» des Gesetzes nicht inhaltlich, sondern von der Herkunft her legitimiert (OGOREK, Leviathan, 414 ff; STRATENWERTH, Auslegungstheorien, 258 ff.; oben N 136), blickt die – rationalistische – Wissenschaft zu Objektivem (WALTER OTT, Rechtspositivismus, 118 ff.; OGOREK, Leviathan, 409; oben N 132). Sie gibt dem Gesetzgeber zwar ein Instrument in die Hand, mit dem er subjektive Wertungen des Richters ausschalten soll. Seine – des Gesetzgebers – eigenen Wertungen verbietet sie aber ebenso; sie koppelt das Gesetz von seinem Willen ab, sie objektiviert es. «Es ist die Wissenschaft, welcher der Gesetzgeber die Kodifikation verdankt; ihre Lehre erhebt er zum unabänderlichen Gesetz und schickt den Lehrer in die Wüste» (LIVER, Kodifikation, 199). Diese Betrachtungsweise kann heute insofern noch immer als gültig bezeichnet werden, als es um die Relativierung des Willens des historischen Gesetzgebers geht (näheres Art. 1 N 135 ff.). Überholt ist die Optik jedoch insofern, als das wissenschaftliche Denken sich nicht mehr auf Objektivität ausrichtet (WALTER OTT, Rechtspositivismus, 168 ff.; BULTMANN, 228 ff.; GARRN, Rationalität, 73 ff.; PAVCNIK, Verstehen, 104 ff.; prägnant PAUL FEYERABEND, Irrwege der Vernunft, Frankfurt am Main 1990, 236 ff.; KAUFMANN, Grundprobleme, 209 f.).

2. Positivismus in der Schweiz

144   a)   In der Schweiz war die Tendenz zum aufklärerisch motivierten Gesetzespositivismus weniger ausgeprägt als anderswo (CARONI, demokratisches Privatrecht, 46 ff.; GERMANN, Positivismus). Vor dem Erlass des ZGB wurden zwar entsprechende Befürchtungen laut, namentlich dass die Kodifikation einen engen Gesetzespositivismus zur Herrschaft bringen und die Wissenschaft dazu erniedrigen werde, das Gesetz nach seinem Buchstaben oder nach dem aus den Materialien gepressten Willen des Gesetzgebers auszulegen, höchstens noch in dürrer Begriffsjurisprudenz zu ergänzen (HEUSLER in ZSR NF 1 (1882), 8; vgl. auch EUGEN BUCHER, Begriffsjurisprudenz; Allg. Einleitung N 11). Auch waren die entsprechenden politischen Parallelen mit anderen Ländern des europäischen 19. Jahrhunderts vergleichbar; allemal ging es um neue *Staaten*: um die Konstituierung des Nationalstaats in Deutschland und Italien, um die Neupositionierung des gesellschaftlich umgeänderten Staats in Frankreich, um die Entwicklung vom Fürstenhaus- zum Territorialstaat in Österreich-Ungarn und um die Verbindung eines national, gesellschaftlich und territorial sehr heterogenen Bündnisses zu einem Bundesstaat in der Schweiz. Doch zeigt gerade der spezifische Bezug zum Gesichtspunkt des Staats, dass die Schweiz diesen weniger als politisches Pro-

gramm sah denn als pragmatische Entscheidung innerhalb eines sich neu zurechtrückenden Europas (HATTENHAUER, 600 ff.; SCHULZE, 209 ff.; COING, Europäisches Privatrecht I, 70 ff.; OFTINGER, Zusammenhang, 242 ff.; WIEACKER, Sozialmodell 10 ff.; vgl. auch Allg. Einleitung N 6 ff., 27 ff.).

Auch hatten manche Stände bereits längere demokratische Traditionen, namentlich demokratisch legitimierte Privatrechtsgesetzbücher. Das ZGB entsprang denn auch weniger dem Postulat, eine neue Gesellschaftsstruktur zu unterlegen, als eher dem praktischen Bedürfnis nach Einheitlichkeit, nicht zuletzt aus wirtschaftlichen Interessen (EGGER, Freiheitsidee, 300; HIGI, Sein und Sollen, 175 ff.; CARONI, demokratisches Privatrecht, 42 ff.; COING, Erfahrungen, 2 f.; LIVER, Kodifikation, 193 f.; SCHLUEP, 145 ff.; ZÄCH, Privatrecht, 4 ff.; vgl. auch Allg. Einleitung N 12 ff., 27 ff.). 145

b) Was die *wissenschaftliche* Komponente anbelangt, so führte auch sie in der Schweiz nicht zu einem rationalistischen und damit positivistischen Denken über Recht. Diese Feststellung ist vor allem zu verbinden mit Eugen Huber, der das ZGB sehr bewusst auf den historischen Traditionen der verschiedenen Kantone aufbaute (EUGEN HUBER, System, Band I bis III; ders., Erläuterungen, Band 1, 2, 6; LIVER, Kodifikation, 218 ff.; WIEACKER, Sozialmodell, 10). Es verstand sich von allem Anfang an nicht als *logische*, gar mathematisch konstruierte Geschlossenheit, sondern als weitergedachte Geschichte. Insofern war die Denkweise letztlich viel näher der richtig verstandenen Neuerung der historischen Rechtsschule (oben N 130 ff.), als es etwa das deutsche BGB in unmittelbarer Folge jener wissenschaftlichen Tradition sein wollte (vgl. etwa LIVER, Kodifikation, 220 ff.; MERZ, Dauer, 236 ff.; vgl. auch Allg. Einleitung N 18 ff.). 146

Konkret kommt diese Haltung darin zum Ausdruck, dass die Art. 1 und 4 ZGB überhaupt Gesetz geworden sind; im einzelnen ferner mit den Hinweisen auf die Komponente der Auslegung in Art. 1 Abs. 1 ZGB, auf das Richterrecht in Art. 1 Abs. 2 beziehungsweise Art. 4 ZGB, und vor allem im ausdrücklichen Einbezug des den Richter umgebenden Entscheidungsumfelds gemäss Art. 1 Abs. 3 ZGB, also in einer sehr bewussten Absage an ein strikt rationalistisches Deduzieren aus einer abgeschlossenen Logik (EUGEN HUBER, Recht, 347 ff.; Sten.Bull. NR 1906, 1042; LIVER, Kodifikation, 219 ff.; MERZ, Auslegung, 86; GERMANN, Positivismus, 312 ff.; vgl. auch Allg. Einleitung N 67 ff.). Und auch die Praxis scheint dies insgesamt so verstanden zu haben; stellvertretend hiefür etwa BGE 60 II 178 (185): «Nun ist die schweizerische Zivilgesetzgebung keineswegs darauf gerichtet, alle Rechtsverhältnisse lückenlos zu regeln und den mit der Rechtsanwendung betrauten Behörden, insbesondere den Gerichten, für jeden Tatbestand eine Entscheidungsnorm vorzuschreiben.» 147

Vorbem. Art. 1 und 4

IV. Rechtsfindung durch Wertung

1. Gesetz und Wertung

148 a) **Loslösung vom Gesetz.** Die Überwindung des Positivismus, namentlich in der Schweiz, bedeutet zunächst eine Abkehr von beziehungsweise schon gar keine Zuwendung zu einer Betrachtungsweise, die den Geltungsgrund von Recht im positiven Recht selbst sieht. Insofern geht es um die Überwindung des *Gesetzes*positivismus. Es ermöglicht dies, Unklarheiten des Gesetzes oder das Fehlen einer einschlägigen Gesetzesbestimmung nicht als fundamentale Probleme zu sehen (GERMANN, Positivismus, 311 ff.); sondern als die ganz allgemeine Fragestellung, was Rechtsfindung *abgesehen vom Gesetzesbezug* zu erbringen habe. Für den Umgang mit solchen Bereichen gibt es zwei Möglichkeiten: Entweder kann der «gesetzesfreie» Raum als wesensmässig *leer* betrachtet werden; oder man geht davon aus, dass anstelle des Gesetzes *andere Rechtsfindungsparameter* zum Tragen kommen.

149 Wird der gesetzesfreie Raum als leer betrachtet, so kann dies allerdings nicht heissen, der Richter könne nach subjektiver Willkür wirken; dies ergibt sich schon aus der Thematisierung von *Rechts*findung. Der Richter hat allemal – zumindest auch – eine *Funktion*, nämlich den konkreten Sachverhalt in eine Beziehung zum Sollen zu stellen. Zumindest an dieser *Beziehung* hat er sich zu orientieren; in ihr hat er Rechtlichkeit zu üben. Zumal «objektive» Kriterien fehlen, verbleibt noch immer das Kriterium der Interaktion Richter–Sachverhalt als solcher. Rechtlichkeit kann einzig noch darin liegen, *wie* diese Interaktion abläuft. Eine solche Optik findet sich etwa schon in Theorien der Freirechtsschule (KANTOROWICZ, 41 ff., 95 ff.; RIEBSCHLÄGER; unten N 158; Art. 1 N 134).

150 Wird hingegen davon ausgegangen, der vom Gesetz nicht belegte Raum sei von anderen «objektiven» Rechtsfindungsparametern besetzt, so geht es um die Problemstellung der Rechtsquellen; also um die Optik, dass – wenn nicht *aus* dem Gesetz, so jedenfalls – *aus* anderen Rechtsquellen Recht geschöpft wird; gleichsam aus «Hilfsquellen», die zwar nicht vom verfassungsmässigen Organ erlassen sind, bei denen aber doch ein «gewisser allgemeiner Konsens» vorausgesetzt wird (MERZ, Dauer, 340). Beispielsweise können hier das Gewohnheitsrecht, in unserer Tradition auch überlieferte römisch-rechtliche Regeln in Frage kommen (KRAMER, Parömien, 144), nicht zuletzt die zeitgenössische Praxis und Lehre, sofern sie bestimmten Anforderungen entsprechen. Soweit man solch andere Rechts*quellen* anerkennt (was das ZGB nur teilweise und differenziert tut, oben vgl. N 20 ff.), diese also als bloss graduell abgestufte Alternativen *neben*

das Gesetz stellt, so bleibt die Grundoptik letztlich positivistisch; zwar nicht im Sinn des engeren *Gesetzes*positivismus, jedoch als *Rechts*positivismus (WALTER OTT, Rechtspositivismus, 104 ff.). Allemal geht es darum, aus einer Normquelle zu schöpfen und nicht aus materialen Gründen zu entscheiden, um Anwendung statt um Urteil, um Recht statt um Wert (GARRN, Wertproblematik, 213).

b) **Bedeutung einer eigenständigen Richterfunktion.** Sowohl beim rechtspositivistischen (N 150) als auch beim interaktiven (N 149) Zugang ist eine Tätigkeit des Richters gefragt, die sich nicht auf die syllogistische Anwendung einer irgendwie objektivierten Rechtsordnung beschränkt: Entweder wird er auf der Suche nach einer – nicht gesetzlichen, aber gleichwohl «einschlägigen» (EDWARD E. OTT, Kritik, 110; ders., Methode, 93 ff.; ZIPPELIUS, Methodenlehre, 79 ff.) – Norm das Umfeld der gesamten Rechtsordnung und -tradition in einem Verstehensprozess durchqueren und auf seine Eignung für den konkreten Sachverhalt überprüfen; und indem er die Norm sucht, wird er sie gleichsam schaffen müssen (vgl. MERZ, Widerrechtlichkeit, 327; ENGISCH, Konkretisierung, 237 ff.); oder aber er selbst und allein wird mit dem Sachverhalt interagieren. Der Richter ist so oder so nicht mehr bloss Umsetzer von Sollen in Sein, nicht mehr Sprachrohr des Sollens (oben N 136 ff.), er hat vielmehr eine *eigene* Funktion im Rahmen der Rechtsfindung.

Dies impliziert eine *Aufwertung* des Richters. Er kann sich so sehr (und so wenig) als Subjekt der Rechtsfindung verstehen, wie es der Gesetzgeber tut und wie es die für ihre Rechte einstehenden Konfliktparteien tun. Gleich wie der Gesetzgeber – oder gleich wie ein anderer Rechtsquellenlieferant – das Sollen, und gleich wie die Parteien das Sein beisteuern, so bringt auch der Richter etwas in die Rechtsfindung ein, wobei dieses Etwas sehr spezifisch mit ihm *selbst* zusammenhängt: Er bringt *sich* ein. Dieser Richterbezug ist weniger spektakulär als das Gesetz oder der Rechtsstreit, weshalb sehr lange von ihm gar nicht Notiz genommen worden ist. Erst nach dem zweiten Weltkrieg begann sich die Erkenntnis durchzusetzen, dass die *richterliche Wertung* ein sehr wichtiges, wenn nicht das entscheidende Element der Rechtsfindung ist (ESSER, Vorverständnis, 43 ff.; WALTER OTT, Wertgefühl, 110 ff.).

Die eigenständige Richterfunktion impliziert aber auch eine *Relativierung* seines Gewichts. Er ist nun nicht mehr die in souveräner Distanz nebenanstehende dritte Staatsgewalt, welche festhält, was im konkreten Fall gilt; er ist jetzt selbst Element der Rechtsfindung, gleich wie das Gesetz und der Sachverhalt. Erkennt der Richter diese seine eigene Stellung, so weiss er, dass er nicht befiehlt, auch dass er nicht mehr bloss dem Gesetz gehorcht, sondern dass er eine «Rolle» spielt. Seine Funktion ist letztlich nicht eigenständig, sondern ihrerseits interaktiv beeinflusst. Wie anspruchsvoll die Rechtsfrage auch sei, und so selbstbewusst der Richter deshalb auftreten muss, allemal beeinflusst ihn, was er von aussen aufgenommen hat und weiterhin aufnimmt; seien es Lehre und Praxis, seine Ausbildung und Erfahrung, andere gesellschaftliche, wirtschaftliche Einflüsse, ebenso der Sachverhalt und dessen Umfeld. Gewichtig wenn nicht ausschlaggebend für seine «Entscheidung» ist stets *sein* Vorverständnis (ESSER, Vorverständnis, 138 ff.; KAUFMANN, Hermeneutik, 340 f.; BULTMANN, 216 ff.; OGOREK, Leviathan, 214).

154 c) **Wertung und Verstehen.** Die Aspekte der richterlichen Wertung und des Vorverständnisses wurden zuerst dort erkannt, wo die Unschärfe oder die Lücke des Gesetzes entsprechende Fragen provozierten. Mehr und mehr zeigte sich aber, dass selbst der klare Wortlaut nicht rational-syllogistisch auf den Sachverhalt appliziert wird, sondern dass auch hier Wertung und Vorverständnis mitspielen; dies in verschiedener Hinsicht: Schon die Frage, *ob* ein Gesetzeswortlaut klar sei, kann Wertungsspielraum öffnen, um so mehr als unterschiedliche Vorverständnisse der Diskursteilnehmer vorliegen (GARRN, Rationalität, 92 ff.; LUHMANN, 38 ff.; vgl. auch schon MEIER-HAYOZ, richterliche Tätigkeit, 203 ff.); die *Sachverhalts*feststellung, kann ihrerseits sehr irrational erfolgen (OGOREK, Wortlaut, 21 f.; SCHROTH, Wertneutralität); schliesslich stellt sich gerade auch beim klaren Wortlaut stets die Frage, ob er wirklich «zutrifft».

155 Diese letztgenannte, fundamentale Frage kann nicht bloss dem selbstbewussten, sondern ebenso auch dem scheuen Richter ins Bewusstsein kommen. Letzterer wird freilich sogleich zum Schluss kommen, dass die darauf gegebene Antwort für sein Urteil irrelevant sei (unten N 226 ff.). Anders verhält sich der selbstbewusste Richter. Er prüft unbeirrt, ob die Norm «zutrifft», etwa ob sie mit der dahinterstehenden ratio übereinstimmt (unten N 236 ff.; Art. 1 N 105 ff.). Stellt er eine Diskrepanz zwischen ratio und Norm fest, so neigt er vielleicht dazu, jener vor dieser den Vorrang einzuräumen. Allerdings wird er hiefür noch diverse Problemhürden zu nehmen haben, etwa betreffend Grundfragen der Gewaltenteilung (ZIPPELIUS, Methodenlehre, 10 f.; oben N 84 ff.) oder der Rechtssicherheit (WALTER OTT, Wertgefühl, 112 ff.; ZIPPELIUS, Methodenlehre, 8 f.; LARENZ, Methodenlehre, 348 ff.; BYDLINSKI, Methodenlehre, 325 ff.; vgl. auch unten N 187 ff.). Genau die gleichen Hürden sieht auch der scheue Richter, bloss wird er sie nicht überspringen. Jedenfalls haben beide gemeinsam, dass sie über sich selbst, über das Gesetz, über dessen Verbindlichkeitsanspruch reflektieren; dass sie nicht bloss das Gesetz anwenden. Ihre Tätigkeit ist also *Verstehen* (hiezu nochmals N 162 ff.).

2. Interessenabwägung

a) Die richterliche Wertung und vor allem das bewusste Umgehen mit ihr durch den Richter selbst weitet den Umfang der für die Rechtsfindung relevanten Aspekte aus: Es geht jetzt längst nicht mehr bloss um die beiden Bezugsgrössen Gesetz und Sachverhalt; es geht nun ebenso um die Funktion des Gesetzes in der Gesamtrechtsordnung, in der weiteren Gesellschaftsordnung, um die Zielsetzung der betreffenden Norm aus der Sicht des historischen Gesetzgebers oder aus heutiger Sicht; es geht um die Stellung des Richters als Institution und als individuelle Person; um seinen Bezug zur ersten Gewalt, seine eigene Ansicht hiezu; um sein Bewusstsein darüber, dass er eine eigene Ansicht hiezu hat; es geht um das weite Umfeld des Sachverhalts und der Parteien, um ihre Beziehung zu anderen wirtschaftlichen Interessen, zum Richter und um vieles andere mehr (vgl. zur «Doppelrolle» des Richters auch TEUBNER, Recht, 37; ESSER, Vorverständnis, 116 ff.) – Und je nach Gesichtswinkel lassen sich all diese Elemente aufgliedern nach der Nähe zum Gesetz, nach ihrer Situierung auf dem historischen Zeitstrahl oder etwa nach ihrem Umfeld- beziehungsweise «Realien»-Charakter (im einzelnen hiezu Art. 1 N 112 ff.). Jedenfalls stellt sich die Aufgabe, all diese Aspekte sachgerecht als Elemente der Rechtsfindung zu fruktifizieren. 156

Dies wiederum rückt die *Interessenabwägung* als wichtigen Mechanismus der richterlichen Wertung in den Vordergrund (dazu ausführlich DRUEY, Interessenabwägung; HÄFELIN, Wertung, 590 ff.). Er bringt zum Vorschein, was in all jenen Elementen an materiellem Gehalt liegt, eben an «Interessen». Diese müssen keineswegs bloss wirtschaftlicher Art sein; sie können auch auf einer relativ abstrakten Ebene liegen, wie etwa der überpersonale Aspekt der Stabilität der Rechtsordnung (BYDLINSKI, Methodenlehre, 326; unten N 187 ff.). Zum andern sollen diese Interessen nun je nach dem, wie sie sich gegenseitig tangieren, geschützt, ausgeschlossen, optimiert, eben «abgewogen» werden (DRUEY, Interessenabwägung, 131; LARENZ, Methodenlehre, 49 ff.; BYDLINSKI, Methodenlehre, 120 ff.). 157

b) Die dergestalt operierende «Interessenjurisprudenz» verstand und versteht sich bewusst als Postulat (HECK, Rechtsgewinnung, 20 f., 34 ff.). Das heisst, es geht nicht um eine resignierende Feststellung etwa des Inhalts, dass der Richter stets von verschiedensten Interessen beeinflusst, gleichsam hin und her gerissen wäre und somit für seine Aufgabe jede Orientierung verlöre. Vielmehr will die Interessenjurisprudenz die Qualität der Fallentscheidung erhöhen: Indem sie sich stets (auch) am Element des positiven Gesetzes orientiert, dieses im Gegensatz zur Freirechtsschule also nicht ignoriert, will sie gerade dem *Gesetz* zu mehr Legitimation verhelfen. Denn sie behandelt das Gesetz nicht als nüchterne ma- 158

Vorbem. Art. 1 und 4

thematische Formel, sondern als Normativität, die materialer Wertung zugänglich ist, ja erst durch Wertung Sinn erhält (HECK, Rechtsgewinnung, 15 f., 34 ff.; BYDLINSKI, Methodenlehre, 113 ff.; LARENZ, Methodenlehre, 49 ff., 59 ff.; zur Freirechtsschule vgl. RIEBSCHLÄGER).

V. Neuere Hermeneutik

1. Paradigmawechsel

159 a) Es wurde bereits darauf hingewiesen (oben N 151 ff.), dass mit dem Bewusstwerden der richterlichen Wertung und des Vorverständnisses des Richters eine sehr grundsätzliche Problemstellung einherging: Der Richter begann, sich selbst in Betracht zu nehmen. Er befahl oder gehorchte nicht mehr; dies zwar vordergründig vielleicht immer noch, aber er bezog diese seine eigene Tätigkeit nun auch mit in sein Verstehen ein (GARRN, Rationalität, 58 ff.; LARENZ, Methodenlehre, 204 ff.; WALTER OTT, Wertgefühl, 107 ff.).

160 Diese Entwicklung lässt sich als rechtssoziologische Feststellung auffassen (LUHMANN, 338 ff.; REHBINDER, Rechtssoziologie, 9 ff., 194 ff.) oder etwa als rechtspolitisches Postulat entsprechend dem Zugang der Interessenjurisprudenz (oben N 158; COING, Erfahrungen, 3 ff.). Sie enthält aber auch eine Dimension, die an sehr grundlegende wissenschaftstheoretische Fundamente rührt: Sie ist Ausdruck davon, dass es bei der Suche nach «etwas» – hier nach Recht – nicht um eine Annäherung an *Objektives* gehen kann. Insofern steht diese Entwicklung durchaus in Einklang mit ihrer Ausgangslage, sich vom Objektivitätsdenken des Naturrechts zu lösen (oben N 130 ff.; KAUFMANN, Gesetz, 381); konsequenterweise dann aber nicht ein objektiviertes Gesetz zu substituieren (KAUFMANN, Hermeneutik, 81), sondern letztlich das Paradigma der Orientierung an Objektivem überhaupt abzulegen (BULTMANN, insbes. 228 f.; KUHN, 104 ff.; PAUL FEYERABEND, Irrwege der Vernunft, Frankfurt am Main 1990, 227 ff.; KAUFMANN, Grundprobleme, 209 f.; MEIER, 51 ff.).

161 b) Diese Konsequenz führt dazu, dass Rechtsfindung nicht mehr Methode ist, um möglichst nahe an Wahrheit heranzukommen. Vielmehr *ist* «Wahrheit» Methode (GADAMER, Band 1, insbes. 302 ff.; BULTMANN, 229). *Dieses* Verstehen hat sich von der «traditionellen» Hermeneutik insofern weiterentwickelt, als es kein Objekt besitzt (vgl. MEIER, 78 ff.); es ist Interaktionsmechanismus. Und bezeichnenderweise ging diese Grundlagenveränderung rechtswissenschaftlichen Den-

kens nicht von der Jurisprudenz selbst aus, sondern von anderen Bereichen des Umgangs mit Sprache und Verbindlichkeit (GADAMER, Band 1, 387 ff.; POPPER, Logik, XIV ff.; BETTI, Problematik, 205 ff.; BOSSARD, 83 ff.).

2. Hermeneutischer Ansatz

a) Sprache und Verbindlichkeit sind *die* Themen, wenn ein Text nicht nur als Mitteilungsmedium, sondern auch als Verbindlichkeitsträger aufgefasst wird, wo man ihm normative Aspekte zuschreibt, wo die Schrift selbst «heilig» ist. Entsprechend kam denn auch die Bibelinterpretation als erste in bewusste Berührung mit fundamentalen Fragestellungen zu Sprache und Verbindlichkeit (BULTMANN, 212 ff., unter Hinweis namentlich auf SCHLEIERMACHER und DILTHEY; HINDERLING, 4 ff.; BAUMANN, Känguruh, 157, 161; SCHROTH, Hermeneutik; MACINTYRE, 183 ff.). Und in ihr war die hermeneutische Zirkularität von Anfang an angelegt: Zunächst geht es um das rein sprachliche Verstehen des Textes; der dergestalt «verstandene» Text wird alsdann seinerseits hinterfragt; er enthält Bilder, Andeutungen etc., aus denen zu Dahinterstehendem extrapoliert werden kann (BAUMANN, Känguruh, 158 ff.). Entsprechende Inhalte, Zusammenhänge, Grundaussagen stehen aber nicht bloss hinter ihren Bildern, sie stehen überhaupt «hinter» Sprache (BUSSE, Semantik, 201; KAUFMANN, Sprache).

Sprache ist also nicht bloss Medium, um einen Inhalt verständlich zu machen; sie ist auch interaktives Phänomen, aus dem die Interaktivität von Gesellschaft schlechthin verstanden werden kann. Und damit: Es gibt nicht nur etwas *hinter* der Sprache, sondern auch *davor*. Letzteres stellt den Interpreten selbst mit in diese Interaktivität hinein. Er benützt nicht bloss Sprache zur Vermittlung von Sinn (realistische Semantik); vielmehr ist er Teilnehmer der sozialen Lebensform «Sprachspiel» (BUSSE, Semantik, 137 ff., in Anknüpfung insbesondere an Wittgenstein). Bezogen auf den Richter: Er ist nun nicht mehr Befehlsempfänger, der die schriftliche Order möglichst präzis begreifen will, um sie möglicht korrekt zu befolgen. Er ist vielmehr Teil der Thematisierung Sollen–Sein, die im Beziehungsgeflecht Gesetz–Richter–Gesetzgeber–Parteien–Sachverhalt–Politik–Wirtschaft–Wissenschaft–etc. stattfindet. Es wird nicht Gesetz «angewendet», sondern die Thematik «Anwendung» verstanden (GADAMER, Band 1, 312 ff.; BETTI, Problematik, 211 ff.; LUHMANN, 407 ff.).

b) In diesem Verständnis von wesensmässiger Gegenseitigkeit, von vernetzten Spannungsfeldern, von allseitiger Intersubjektivität finden institutionelle Träger spezifischer Gesellschaftsfunktionen nurmehr schwerlich eine klare Umschrei-

Vorbem. Art. 1 und 4

bung ihrer Funktion. Sowenig es *die* Verbindlichkeitsquelle gibt, sowenig lässt sie sich mit einem institutionalisierten Gesetzgeber exklusiv verknüpfen; sowenig es die im Gesetz festgehaltene Norm und die von dieser strikt separierte Seinswelt gibt, sowenig lässt sich ein Richter mit der neutralen Verknüpfung von Norm und Sachverhalt betrauen. Sowenig der Normtext mehr Träger von *etwas* ist, von der Norm nämlich, sowenig sind es nun auch die Institutionen: Auch sie können nicht mehr anerkannt, eingesetzt, respektiert, legitimiert, sondern nur noch verstanden werden (TEUBNER, Recht, 28 ff.; LUHMANN, 496 ff.; KAUFMANN, Hermeneutik, 85).

165   In der Tagespolitik ist dies spürbar; etwa in Diskussionen um die Staatsreform (vgl. den Entwurf eines Bundesbeschlusses über die Reform Justiz, der in Art. 178 eine Kompetenz des Bundesgerichts zur konkreten Normenkontrolle von Bundesgesetzen und Bundesbeschlüssen vorsieht, BBl 1997 I 641, 505 ff., 532 ff.), bei Debatten über Referendumsquoren (vgl. dazu den Entwurf eines Bundesbeschlusses über die Reform der Volksrechte, der für eine Volksinitiative 150'000, für ein Referendum 100'000 Unterschriften verlangt, Art. 128 ff., BBl 1997 I 635 ff., 436 ff., 454 ff.), bei der Infragestellung des Mehrheitsdogmas (vgl. etwa OGOREK, Leviathan, 415 f.; WALTER OTT, Gerechtigkeitstheorie, 258; allgemein zum politischen System SEILER/WEBLER, 172 ff.), bei Warnungen vor Demokratieverlusten im Fall eines EU-Beitritts. Allerdings wird dabei kaum reflektiert, dass die staatsorganisatorische Institution *als solche* in Frage steht.

166   Anders im wissenschaftlichen Bereich: Hier wird die Relativierung der Institutionen bewusst reflektiert. Namentlich haben die sozialphilosophischen und anthropologischen Debatten zum Thema Recht die Institutionen längst in den Verstehensvorgang miteinbezogen; ja die Strukturierung der Gesellschaft als solche ist Verstehens-«Objekt» geworden (LUHMANN, 38 ff.; zum Verhältnis Gesetzgebung–Wissenschaft schon LIVER, Kodifikation, 202 ff.). Einerseits erhalten damit Institutionen und Gesellschaftsstrukturen ein stärkeres Gewicht; sie basieren nicht mehr bloss auf theoretischen Legitimationen, wie etwa der demokratischen Mehrheit, die mit ihrer Hinterfragungsanfälligkeit wenig Halt geben (vgl. etwa OGOREK, Leviathan, 415 f.; ZIPPELIUS, Recht und Gerechtigkeit, 67 ff., 110 ff.); sie basieren vielmehr in soziologischer oder anthropologischer Faktizität, in real existierender Phänomenologie; auf Grundlagen mithin, die zwar nicht theoretisch gerechtfertigt, aber ebensowenig verworfen werden können (BOSSARD, 81 ff.; REHBINDER, Rechtssoziologie, 94 ff.). Anderseits vermindert sich das Gewicht von Institutionen und Gesellschaftsstrukturen, indem sie keine monopolistische Autorität mehr beanspruchen können. Heute aktuelle Theorien beziehungsweise Postulate gehen quer durch die realpolitisch bestehenden institutionellen Gesellschaftsstrukturen hindurch; sei es Diskursethik (APEL, Diskurs und Verantwortung, Frankfurt am Main 1988, 179 ff. u.a.), Rechts-Diskurs (HABERMAS, Faktizität und Geltung; ders., Die neue Unübersichtlichkeit, Frankfurt am Main 1985, 141 ff.; KAUFMANN, Grundprobleme, 220 ff.; DÜRR, Diskursives Recht, 119 ff), Argumentationstheorie (ALEXY, Theorie), das Prinzip der Verantwortung (JONAS, Frankfurt am Main 1979; vgl. BEHRENDS, 26 ff.), seien es aber auch System, Kybernetik, Unschärfe (dazu OGOREK, Methode, 142; KAUFMANN, Grundprobleme, 206 ff.).

167   c)   Dies hat Auswirkungen auf die Funktionsweise der Institutionen: Sie können nicht mehr je «ihre Funktionen ausüben», sondern nur noch sich selbst verstehen als historisch Wirklichkeit gewordene organisatorische Verfestigungen be-

stimmter Aspekte, etwa jener von Sollen und Sein (SCHREIBER, 95 ff.; ZIPPELIUS, Recht und Gerechtigkeit, 70 ff.; MACINTYRE, 8; ähnliche Fragestellungen schon bei BURCKHARDT, Organisation, 164 ff.). Diese Betrachtungsweise ist namentlich dem Richter aufgegeben. Er ist ihr auch eher zugänglich als etwa der institutionelle Gesetzgeber. Dies nicht bloss, weil beim Parlament mehr tagespolitische Einflüsse wirken als beim Gericht; sondern vor allem weil der Richter von seiner *institutionellen* Funktion her einen unproblematischeren Zugang zu wissenschaftstheoretischen Entwicklungen hat. Derweil der Gesetzgeber – institutionell gesehen – das Gesetz zu *beschliessen* hat, ist der Richter auf ein Entgegennehmen, Betrachten, Verarbeiten ausgerichtet (WEIMAR, Dimensionen, 171 ff.; REHBINDER, Rechtssoziologie, 205 ff.; ESSER, Vorverständnis, 116 ff.). Mit anderen Worten: Während die neueren hermeneutischen Erkenntnisse die Kernfunktion des Gesetzgebers grundsätzlich in Frage stellen, legen sie dem Richter bloss eine Weiterentwicklung nahe.

VI. Neuere rechtspolitische Veränderungen

1. Zunehmende Regelungsdichte

a) Die Thematik der Art. 1 und 4 ZGB steht in Wechselwirkung zum gesamten rechtspolitischen Umfeld. Dies nicht nur in dem Sinn, dass solche «Realien» ihrerseits von Bedeutung sind für die richterliche Tätigkeit (hiezu näher Art. 1 N 167 ff.). Vielmehr haben auch die in Art. 1 und 4 ZGB zum Ausdruck kommenden, namentlich methodologischen Aspekte ihrerseits Einfluss auf das rechtspolitische Umfeld, insbesondere auch auf die Gesetzgebung. 168

Zwar können Art. 1 und 4 ZGB nicht förmliche Verbindlichkeit für die Tätigkeit des Gesetzgebers beanspruchen (vgl. immerhin zur Methodenlehre der Gesetzgebung oben N 92 ff.). Soweit aber das «Produkt» des Gesetzgebers mit dem Richter in Berührung kommt, er gemäss Art. 1 und 4 ZGB damit umzugehen hat und sich nun vom hermeneutischen Verstehensparadigma leiten lässt, gewinnt er gleichsam Verfügungsmacht «über» das Gesetz; insofern nämlich, als er es nicht befolgen muss, sondern bloss verstehen wird (oben N 162 ff.; vgl. auch N 92 ff.). 169

b) In diesem Umfeld steht nun auch ein bekanntes Merkmal der rechtstatsächlichen Entwicklung seit Erlass des ZGB, nämlich die laufende Zunahme der Regelungsdichte. Dies gilt nicht bloss für das öffentliche Recht, wo dies vor 170

Vorbem. Art. 1 und 4

allem Vollzugsprobleme entstehen lässt (HÄFELIN, Lückenfüllung, 91). Vielmehr ist auch das Privatrecht, also der zentrale Anwendungsbereich von Art. 1 und 4 ZGB, wesentlich dichter geworden (oben N 93 f., 101 ff.; STROLZ, 11 f.; ABRAVANEL, 170; vgl. auch SCHNYDER, Allg. Einleitung, N 86; zurecht kritisch ZÄCH, in Privatrecht, 38 f., gegen das Schlagwort der «Gesetzesinflation» insoweit, als die betreffenden gesetzgeberischen Erlasse die Regelungsdichte im Ergebnis *verringern*). Dies betrifft namentlich jene Bereiche, bei denen der Gesetzgeber sozialpolitische Elemente verstärkt hat, wie bei den klassischen Sozialrechts-Gebieten des Arbeits- und Mietrechts; vermehrt nun auch beim Konsumenten- einschliesslich dem Anlegerschutz (OGOREK, Leviathan, 414; REHBINDER, Rechtssoziologie, 121 ff.). Hier sind die tatbestandsmässigen Differenzierungen feiner, detaillierter und – als logische Konsequenz – die Normanzahl grösser geworden; sei dies durch partielle Gesetzesrevisionen (z.B. Art. 40a ff. OR betreffend Konsumentenschutz; diverse Novellen im Miet- und Arbeitsrecht), durch Ausgliederung von Themenbereichen in neue Gesetze (z.B. ProduktehaftpflichtG, SR 221.112.944, PauschalreiseG, SR 944.3; KonsumkreditG, SR 221.214.1; BG über das bäuerliche Bodenrecht, SR 211.412.11), sei es durch delegierte Rechtsverordnungen (z.B. Vo über die Miete und Pacht von Wohn- und Geschäftsräumen vom 9. Mai 1990, SR 221.213.11; Vo über das bäuerliche Bodenrecht, SR 211.412.110). Entsprechend schwieriger wird es, die Idee der jederzeit ablesbaren Gesetzestafel nicht zur reinen Fiktion verkommen zu lassen (vgl. N 98). Die zeitgerechte Auslieferung der SR-Nachträge in Loseblattform ist ein notorisches Problem; das EJPD bemüht sich zur Zeit, ihm mit einem neuen Rechtsinformatikkonzept zu begegnen; immer mehr muss auf allgemeine Zusammenstellungen statt auf die eigentlichen «Quellen» gegriffen werden (statt vieler zum Beispiel «Entwicklungen im Recht»: eine neue Rubrik in der SJZ, SJZ 91 [1995], 11 ff.).

171   Zu diesen Phänomenen gehört nicht bloss die Feststellung, dass «das Gesetz» nun umfangreicher geworden ist, sondern ebenso eine dynamische Komponente; nämlich die Gesetzes-Veränderung an sich, speziell auch deren Intensität. Soweit *Stabiltät* ein wesentliches Gesetzeselement ist und namentlich im Gesamtkodex zum Ausdruck kommen soll, muss sich die Gesetzes*änderung* als Ausnahme verstehen. Dem entspricht verfassungsrechtlich die Umständlichkeit des Normsetzungs- beziehungsweise -änderungsverfahrens (HUG, 110 ff.; BAUMANN, Caligula, 59 f.). Diese lässt sich ihrerseits einordnen in eine Kaskade von Stabilitätsabstufungen; etwa der Totalrevision der Verfassung, der Partialrevision, der Gesetzesänderung, der Änderung eines nicht referendumsfähigen Parlamentsbeschlusses, einer Verordnung, von Gesellschaftsstatuten, vielleicht auch eines Vertrags (VON DER CRONE, 85 ff.; ZELLER, 474 ff.; FRANK, 351; AUBERT, hiérarchie; zur Unterscheidung zwischen richterlicher Vertragsergänzung und Lückenfüllung

vgl. BGE 120 II 341 [350 f.]). Die Situierung einer Norm in dieser Kaskade besagt heute nurmehr wenig zu ihrer Stabilitätskomponente. Auch etwa die relativ hoch angesiedelte Norm des Bundesgesetzes versteht sich mehr und mehr als für die aktuellen Zwecke des unmittelbaren Zeithorizonts geschaffene Bestimmung. Bezeichnenderweise nennt sich der formelle Rahmen der mittelfristigen Regierungspolitik «*Legislatur*planung», versteht das Erlassen eines Gesetzes mithin primär als reine Umsetzungstechnik für politische Entscheidungen, weniger als Stabilisierungsfaktor in längerfristiger Dimension (vergleiche z.B. BBl 1996 II, 293 ff.; ferner BADURA, Planung durch Gesetz, 17).

Diese Abstufung erhellt gleichzeitig eine inhaltliche Kaskade: angefangen von allgemeinen Grundprinzipien der Verfassung bis hin zum massgeschneiderten privaten Regelwerk; dort gleichsam grenzend an überpositive Gerechtigkeitsideen, hier an die konkrete Interessenkollision; dort an das per definitionem Unveränderliche, hier an die Unwägbarkeit des Lebensalltags. Die Normhierarchie enthält also auch eine Abstufung punkto Nähe zu Sollen beziehungsweise zu Sein und damit zu Allgemeinheit beziehungsweise Individualität, zu Abstraktheit beziehungsweise Konkretheit. Allgemein-Abstraktes anderseits und Individuell-Konkretes anderseits sind mithin nicht bloss Kriterien zur Abgrenzung von Gesetz und Sachverhalt, sondern ebenso für die Unterscheidung verschiedener Zuständigkeitsbereiche der betreffenden institutionellen Träger. Je stärker eine *Institution* Gesetzgeberaspekte trägt, desto allgemeiner und abstrakter *muss* ihr Beitrag sein (NOLL, Zusammenhänge, 273; BAUMANN, Recht, 84; ENGISCH, Konkretisierung, 50 ff.; problematisch deshalb das Gesetz als Instrument staatlicher Planung, BADURA, Planung durch Gesetz, 18 ff.; VON DER CRONE, 198 ff.; vgl. zum allgemeinen Charakter von Gesetzen auch HANS SCHNEIDER, N 32 ff.). Je näher die Institution beim Sein steht, desto konkreter und individueller operiert sie – der *Richter*: Er soll zwar gemäss Art. 1 Abs. 2 ZGB «wie» ein Gesetzgeber handeln, aber stets nur für einen einzigen Sachverhalt (Art. 1 N 478 ff.). 172

c) Diese Aspekte der Regelungsdichte und ihrer Zunahme zeigen eine ambivalente Entwicklung der richterlichen Stellung im Rahmen von Art. 1 und 4 ZGB. Zur Zeit des Erlasses dieser Bestimmungen verstand sich das Gesetz noch problemlos als verbindlich (EUGEN HUBER, das Absolute; ders., Recht, 131 ff.). Der Richter hatte es also in erster Linie zu *befolgen*. Voraussehend pragmatisch und selbstbescheiden realistisch stattete ihn das Gesetz aber auch mit Instrumenten eigener Flexibilität aus. Und vor allem: Der Richter durfte gleichsam die ganze «Distanz» zwischen der Abstraktheit des Gesetzes und der Individualität des Einzelfalls überbrücken. 173

Vorbem. Art. 1 und 4

174   Heute scheint die Gewichtung eher umgekehrt: Das Gesetz führt den Richter an kurzer Leine sehr nahe an die konkrete Entscheidung hinan. Kleinste Präzisierungen (z.B. Art. 40a ff. OR) oder Verfeinerungen der Rechtsprechung werden vom Gesetzgeber *nach*vollzogen (z.B. Art. 216c Abs. 2 OR; vgl. etwa auch BBl 1994 III, 517 ff. betreffend Anpassung der Testamentsform an die Gerichtspraxis, dazu auch oben N 94). Die richterliche Funktion scheint sich insofern wieder jener für überholt gehaltenen Theorie der «bouche de la loi» anzunähern (oben N 65 ff.). Nicht zu überhören sind auch Postulate dahin, der Gesetzgeber habe den richterlichen Vollzug seiner Gesetze zu kontrollieren (Hinweise bei VOKINGER; vgl. auch PETER STOLZ/STEPHAN GASS, Kontrolle und Bewertung von Richterarbeit aus rechts- und wirtschaftswissenschaftlicher Sicht, recht 1996, 169 ff.). – Aus wissenschaftlich hinterfragter Sicht jedoch hat der Richter nicht mehr zu «gehorchen». Er weicht dem zunehmenden Druck des Gesetzgebers gleichsam seitlich aus, *betrachtet* die verfeinerten Normen und versteht sie. – Das Gesetz befiehlt immer mehr, der Richter gehorcht immer weniger.

2. Überlastung der Justiz

175   a)   Parallel zur zunehmenden Gesetzgebungstätigkeit (oben N 168 ff.) wächst auch die Arbeitslast der Gerichte an. Dies gilt ausgeprägt für das Schweizerische Bundesgericht. Eine Erörterung der Ursachen kann nicht Gegenstand dieser Kommentierung sein (vgl. Hinweise bei FORSTER, Bedeutung, 27 ff., und PROBST, 634 ff.), ebensowenig Lösungswege (vgl. z.B. den Entwurf eines Bundesbeschlusses über die Reform der Justiz, der in Art. 178a Abs. 2 vorsieht, dass das Gesetz den Zugang zum Bundesgericht beschränken kann, BBl 1997 I 642, 499 ff., 535 ff.; BERTIL COTTIER et al., Der Kampf gegen die Überlastung der höheren Gerichte, Zürich 1995, und die Besprechung von HÄFLIGER in SJZ 93 [1997] 162). Es sei hier bloss auf den auffälligen Umstand hingewiesen, dass die Annäherung des Gesetzes an den Sachverhalt und die stets präziseren gesetzlichen Vorgaben den Bedarf an richterlicher Rechtsfindung offensichtlich nicht zu reduzieren vermögen. Die mit möglichst vollständiger Normierung angestrebte Rechtssicherheit scheint jedenfalls das Urteil nicht so prognostizierbar zu machen, dass der Prozess von vornherein nutzlos erscheint (REHBINDER, Rechtssoziologie, 171 ff., 220 ff.). Gleiche Probleme und «Lösungs»ansätze beschäftigen auch ausländische Rechtsordnungen (vgl. die Länderberichte in «Der Kampf gegen die Überlastung der höheren Gerichte», Veröffentlichung des Schweizerischen Instituts für Rechtsvergleichung, Band 27, Zürich 1995).

Vorbem. Art. 1 und 4

b) Die Überlastung der Gerichte zeitigt ähnliche Negativeffekte wie jene des Gesetzgebers: Die Qualität des Produkts sinkt (DRUEY, Privatrecht, 186; BAUMANN, Caligula, 59), und zwar in einem spezifischen Sinn: Der Rechtsfindungvorgang wird verkürzt. Die Abwendung von Naturrechtsgläubigkeit, später vom positivistischen Gesetzesgehorsam und die Zuwendung zu selbstbewusster richterlicher Rechtsfindung als Verstehen der Sollensordnung im konkreten Einzelfall wird oft verkürzt auf schiere Fallerledigung (vgl. Bundesrat Koller, in ZSR 114 (1995) II, 536 ff., insbes. 539 ff.). Die Rechtsfindung, die sich von der Abhängigkeit des Gesetzes hin zum Sein ausgedehnt hat, reisst vom Sollen mehr und mehr ab. Konkret sichtbar wird dies etwa beim schweizerischen Bundesgericht im stets häufiger gewählten Verfahren gemäss Art. 36a OG. Immer weniger Urteile werden zur Publikation in der amtlichen Sammlung bestimmt. Letzteres wird immerhin gemildert durch eine praktikable Organisation der Zugänglichkeit auch nichtamtlich publizierter Urteile für das interessierte Publikum mit entsprechenden Bestellmöglichkeiten bei der Gerichtskanzlei (Weisung der Präsidentenkonferenz des Bundesgerichts vom 4. Juni 1993 sowie die Richtlinie über die Berichterstattung vom 1. Oktober 1994); ferner auch durch die Absicht, in der «Verwaltungspraxis der Bundesbehörden (VPB)», «gelegentlich oder mit Einwilligung des Bundesgerichts auch Bundesgerichtsentscheide, die in dessen Sammlung nicht veröffentlicht sind, aber die Verwaltungen von Bund und Kantonen interessieren können», zu veröffentlichen (BBl 1994 IV, 1224). Auf Internet zugänglich sind seit Januar 1997 vorerst bloss die amtlich publizierten Bundesgerichtsentscheide. Vereinzelt füllen auch die Medien entsprechende Informationsdefizite aus (vgl. z.B. die schon im zweiten Jahrgang erschienenen «Bundesgerichtsentscheide». Die vollständigen NZZ-Berichte zu publizierten und unpublizierten Urteilen 1996, Zürich 1997; vergleiche ferner ROBERTO BERNHARD, Gerichtsberichterstattung – Zweck und Probleme aus der Sicht der Medien, ZbJV 121 (1995), 199 ff.; bezeichnend z.B. der Hinweis in ZbJV 131 (1995), 140 zu einem Sachverhaltsdetail, das einzig aus der Presseberichterstattung bekannt wurde).

176

c) Das Phänomen der Gerichtsüberlastung hat seinen spezifischen Stellenwert für die Thematik der Art. 1 und 4 ZGB. Diese Bestimmungen beschlagen ja die Frage, *wie* der Richter mit dem Gesetz umzugehen hat; gerade nicht, welche Gesetzes*inhalte* zu befolgen sind (oben N 20 ff., N 104); insofern regeln sie etwas *über* das Gesetz, etwas *allgemein*gültiges. Dies kann namentlich dann hilfreich sein, wenn das Gesetz instabil geworden, wenn vielleicht gerade deshalb immer mehr richterlicher Rat gefragt ist.

177

Vorbem. Art. 1 und 4

178 Gelingt es dem Richter, mit der Prozessflut so umzugehen, wie ihm dies die Thematik der Art. 1 und 4 nahelegt, so leistet er in einem sehr grundsätzlichen Sinn *Recht*sprechung. Er ist diesfalls die Instanz, welche die für Recht essentielle Stabilität gewährleistet (THOMAS WÜRTHENBERGER, Rechtsprechung und sich wandelndes Rechtsbewusstsein, in: Hoppe u.a. [Hrsg.], Rechtsprechungslehre, Köln u.a. 1992; REHBINDER, Rechtssoziologie; ZIPPELIUS, Recht und Gerechtigkeit, 83 ff.). Dies wird bisweilen übersehen, wo Widerstände gegen einen Ausbau gerichtlicher Instanzen erhoben werden. Die Anrufung des Richters ist kein unplanmässiger Notfall, weil die Gesetzesvorschrift ausnahmsweise nicht direkt den Rechtsfrieden gebracht hat; der Prozess gehört phänomenologisch zur Rechtsfindung (REHBINDER, Rechtssoziologie 205 ff.; LUHMANN, 297 ff.; BOSSARD, 82 ff.).

179 Umgekehrt muss der Richter gerade auch seine «Erledigungsfunktion» im Auge behalten (BAUMANN, Recht, 80 ff.; FORSTER, Bedeutung, 153 ff.). Eines unter den Rechtsfindungselementen, die er berücksichtigen muss (Art. 1 N 147 ff.), ist seine Aufgabe, den Streitfall innert nützlicher Frist zu beenden; und dieses Element kann im Einzelfall so gewichtig sein, dass es andere zwar nicht unbeachtet lässt, dem Richter aber doch gebietet, ihnen zumindest in zeitlicher Hinsicht geringeren Stellenwert beizumessen (BAUMANN, Recht, 80 ff.; FORSTER, Bedeutung, 154; WEIMAR, Dimensionen, 177 ff.); im Einzelfall auch einmal die «effizienteren» Gesichtspunkte von Formalismus und Rechtssicherheit der Einzelfallgerechtigkeit voranzustellen (illustrativ zu diesem Dilemma das Zürcher Obergericht in ZR 93 (1994), Nr. 87); oder etwa – als rechtssoziologisches Phänomen – den Streitfall *typischerweise* gar nicht durch Urteil, sondern durch Vergleich zu erledigen (EGLI, v.a. 125 ff.; vgl. auch unten N 276 ff.).

3. Nationalstaat und Metanationalität

180 a) Nebst den markanten Veränderungen, welche die Gesetzgebung (oben N 168 ff.) und die Justiz (N 175 ff.) seit Erlass der Art. 1 und 4 ZGB erfahren, stellen sich seit dem 2. Weltkrieg Veränderungen ein, welche den National- oder den Territorialstaat als solchen relativieren. Für die Schweiz stehen dabei die europapolitischen Veränderungen im Vordergrund, sehr stark in heutiger Aktualität das Programm der EU gemäss dem Vertrag vom Maastricht (ZÄCH, Europäisierung). Auch wenn die Schweiz der EU nicht angehört, sind die rechtlichen Einwirkungen stark. Dies gilt ausgeprägt für Gebiete, die gemeinhin dem öffentlichen Recht zugewiesen werden: Sozial-, Konsumentenschutz- und Umweltschutzpolitik der EU (Swisslex, vgl. BBl 1993 I 805 ff.; HEINRICH KOLLER, Auswirkungen des «acquis communitaires» auf die schweizerische Rechtsordnung, in: recht

Vorbem. Art. 1 und 4

1990, 123 ff.; FRANK); Grundrechte gegenüber dem Staat gemäss EMRK (Konvention zum Schutze der Menschenrechte und Grundfreiheiten, SR 0.101; dazu etwa LUZIUS WILDHABER, Wechselspiel zwischen innen und aussen, Schweizerisches Landesrecht, Rechtsvergleichung und Völkerrecht, Basel/Frankfurt am Main 1996, insbes. 435 ff.); aber auch in Bereichen, bei denen Anliegen der privatrechtlichen Beziehungen zwischen Gesellschaftsmitgliedern im Vordergrund stehen, namentlich bei den internationalen Freiheiten des Personen-, Kapital-, Dienstleistungs- und Warenverkehrs sowie den internationalen Wettbewerbsfreiheiten der EU beziehungsweise der EFTA (Europäische Freihandelsassoziation, SR 0.632.31; allgemein KRAMER, Entwicklungstendenzen, 255; ders., Europäische Privatrechtsvereinheitlichung, JBl 1988, 477 ff.); ferner auch vollstreckungsrechtliche Vereinheitlichungen, namentlich gemäss dem Lugano-Übereinkommen (Übereinkommen über die gerichtliche Zuständigkeit und die Vollstreckung gerichtlicher Entscheide in Zivil- und Handelssachen, SR 0.275.11).

All diese internationalen *Rechts*einflüsse – sei es durch förmliche völkerrechtliche Verbindlichkeit, sei es durch faktische Anpassung aufgrund politisch beeinflusster nationaler Entscheide (Eurolex, BBl 1992 V 1 ff., dazu KOLLER, 247 ff.; FRANK) – lassen sich in einer spezifischen Hinsicht als Gegentrend verstehen zu den erwähnten Intensivierungen der Gesetzgeber- und der Richteraktivitäten: Mit letzteren verbunden ist eine wachsende Dominanz und Präsenz von Staatlichkeit im Rechtsbereich. Und diese sieht sich nun einer internationalen Entwicklung gegenüber, welche ihr Rechts*inhalte* vorgibt, den Staat in *dieser* Hinsicht beschneidet. Insoweit entwickelt sich Staatsgewalt zu etwas mehr Organisations- und Ablaufspezifischem bei entsprechender Ausdünnung der materialen Komponente. Der Staat beziehungsweise seine traditionell institutionalisierten Gewalten sind insofern nicht mehr «Hersteller» von Recht, sondern Institutionalisierung von Rechtsfindung; gleichsam die institutionelle Schnittstelle zwischen Sollen und Sein «im grossen» (vgl. SALADIN, Wozu noch Staaten? Bern 1996) – analog zur Funktion des Gesetzes als Schrift gewordene Schnittstelle zwischen Sollen und Sein «im kleinen» (LANGEN, 29 ff.).

b) Diese Einordnung staatlicher Institutionen in einen übernationalen Rechtsfindungs-Zusammenhang ist – soweit sie zutrifft – *Realie*, ist somit Verstehenselement der Rechtsfindung. Die hermeneutische Zirkularität erreicht mithin nicht bloss den Richter als Person mit seinem Vorverständnis (N 151 ff.), nicht nur die vom Gesetz selbst beanspruchte Verbindlichkeit und die demokratische Legitimation des Gesetzgebers (N 162 ff.), sondern ebenso das «Phänomen» der Institutionalisierung als solcher. Der Richter erkennt nicht bloss, dass er eine Rolle spielt; er reflektiert auch darüber, was das Spielen von Rollen bedeutet.

Vorbem. Art. 1 und 4

183   Dass sich solch grundsätzliche Fragen gerade im *internationalen* Zusammenhang stellen, ist nicht Zufall. Hier wird sichtbar, dass das Nationale im Unterschied zum Über-, Inter-, Meta-, Nicht-Nationalen letztlich nichts anderes als ein Verstehenselement ist; zwar punkto Recht zweifellos ein starkes, aber doch eines neben andern. Und je stärker die nicht-nationalen Elemente ins Gewicht fallen, um so leichter wird das relative Gewicht des Nationalen (dazu DÜRR, Strukturwandel, 64, insbes. FN 63; KRAMER, Entwicklungstendenzen, 255; vgl. auch SCHNYDER, Allg. Einleitung N 125 ff.). Also wird sich der in bewusster Zirkularität reflektierende Richter – wiewohl *national* institutionalisiert (oben N 181) – immer weniger als Teil einer nationalen Rechtsfindung verstehen. Er wird zu verstehen suchen, was die Rechtsordnung mit Bezug auf den konkreten Fall aussagt (oben N 149, 151); und hier wird neben zahlreichen subjektiven oder sachbezogenen, neben historischen und geltungszeitlichen Elementen auch das Gesetz eine Rolle spielen; dabei wiederum nebst ausländischem oder inter- und metanationalem Gesetz selbstverständlich auch das nationale Gesetz, und letzteres zweifellos *sehr* prominent – nicht jedoch kategoriell prioritär.

184   c)   Die erwähnte Entmaterialisierung von nationaler Staatlichkeit (N 181) tendiert in Teilbereichen zu einer schlichten Verlagerung auf eine höhere Ebene, auf *über*nationale Institutionen. Diese verfügen zwar nicht über souveräne Staatlichkeit, sind – so namentlich die Organe der EU – aber doch auch eigenständiger als rein völkerrechts-vertraglich unterlegte Organisationen. Jedenfalls treten hier neue Institutionen auf, welche die bisherigen materialen Komponenten des Nationalstaats *übernehmen*; so zum Beispiel im Sozial-, Konsumentenschutz etc. (oben N 180).

185   In anderen Bereichen dagegen wird die entzogene materiale Kompetenz nicht anderweitig plaziert, sondern *ent*institutionalisiert. Hiezu gehören beispielsweise die Einflüsse der EMRK oder internationaler Zirkulationsfreiheiten wirtschaftlich relevanter Faktoren. Hier wird spürbar, dass Institution an sich nie mehr sein kann als Schnittstelle zwischen Sollen und Sein im grossen (oben N 167). Institution stellt nichts her; es kommt bloss etwas in ihr zum Ausdruck. Soweit sie sich in dieser gesamtgesellschaftlichen Rolle versteht, wird sie sich auf eine ablaufbezogene Funktion konzentrieren. Sie wird nicht versuchen, materiale Gerechtigkeit zu umschreiben, sondern eher Kommunikationshilfe leisten zwischen den Aspekten Sollen und Sein (SCHREIBER, 98 f.; LUHMANN, 440 ff.; ders., Soziale Systeme, Frankfurt am Main 1993, 551 ff.; SCHINDLER in MÜLLER/RHINOW/SCHMID/SCHWEIZER/WILDHABER, 25 ff.; WILDHABER, zit. in N 180).

186   Diese letztgenannte Art einer Relativierung des nationalen Rechts tendiert nicht in Richtung übernationaler Regelungsdichte etwa des öffentlichen Rechts

der EU; ihre Entwicklungsrichtung ist weder übernational noch dicht. Vielmehr wird sie metanational zu verstehen sein (DÜRR, Strukturwandel, 64 f.; BISCHOFF); und Dichtheit gehört nicht zu ihren Merkmalen. Es geht nicht um eine möglichst grosse Normfülle, die möglichst vollständig auch international gelagerte Konstellationen abdecken will. Das Umfassende dieses Nicht-Nationalen liegt vielmehr in der *inhaltlichen Allgemeinheit* etwa von Minimalfreiheiten, ethischen *Mindest*standards, *allgemeinen* Rechtsprinzipien etc. (KRAMER, Europäische Privatrechtsvereinheitlichung, in: ders., Zur Theorie und Politik des Privat- und Wirtschaftsrechts: Beiträge 1969–1996, München/Franfurt am Main/Wien 1997, 349 ff., v.a. 366 ff.; BÖCKENFÖRDE; COING, Grundsätze; ESSER, Grundsatz, 73 ff.; JÖRG PAUL MÜLLER, 174 ff.). Es weist dies zu jener spezifischen Sollens-Komponente, die im Allgemeinen und Abstrakten liegt, verstanden als Gegensatz zum Konkreten und Individuellen (oben N 172). Und dies wiederum situiert die Problemstellung der Metastaatlichkeit mitten in der richterlichen Rechtsfindungsaufgabe gemäss Art. 1 und 4 ZGB: Das globale Umfeld ist letztlich nichts als ein weiteres Element im Zirkel des hermeneutischen Verstehens.

VII. Standortbestimmung

1. Fehlende Stabilität

a) Der dargestellte historische und theoretische Kontext lässt aus verschiedener Richtung die mit dem Gesetz idealerweise anvisierte Stabilität schwinden. Dies zeigt sich besonders greifbar beim Aspekt der Sprache (oben N 161 ff.), und dabei insbesondere bei deren «Geschriebenheit» (SENN, 11 f., 28 f.; BAUMANN, Recht, 65 f.). Das Volatile der *gesprochenen* Sprache sollte ja durch den offiziell autorisierten gesetzlichen *Wortlaut* stabilisiert und damit seinerseits zum stabilisierenden Faktor im Spannungsfeld Sollen–Sein werden. 187

Die neuen sprachwissenschaftlichen Entwicklungen zeigen nun aber, dass auch Schrift letztlich nichts wesentlich Stabiles ist, jedenfalls nichts Stabileres als Sprache. Natürlich lässt sich der Text auf Papier oder anderen Trägern festhalten. Doch eine Aussage *erhält er* erst dadurch, dass er gelesen und verstanden wird (OGOREK, Wortlaut, 22; BUSSE, 101 ff.; ZIPPELIUS, Methodenlehre, 16 ff.; GADAMER, Band 1, 387 ff.). Und dieses wiederum stellt den Text in einen höchst volatilen Kontext von lesender Person, Zeitpunkt des Verstehens, Anlass der Lektüre, Assoziationen, Wertungen und dergleichen, die das stabilisierende Element des Textes bestenfalls als eines unter verschiedenen Verstehenselementen auffas- 188

Vorbem. Art. 1 und 4

sen. Insofern ist schon sprachlich der Gesetzestext nicht mehr «Gesetz» im Sinn von Verbindlichkeit, sondern Anlass, die *Idee* «Gesetz» freizulegen und darüber zu reflektieren.

189 b) Während also die Sprach- und ganz allgemein die Erkenntniswissenschaft die ehemaligen Stabilisatoren der Thematik Sollen–Sein gleichsam in ihrer Grundanatomie zersetzen, setzt der politische Gesetzgebungsprozess nicht eben einen markant stabilisierenden Gegenpunkt (oben N 168 ff.; ferner BAUMANN/WALDER, 398; SEILER/WEBLER; TEUBNER, Napoleon, 596 ff.; BADURA, 16 ff.). Die phasenweise überaus hektische Normproduktion mit entsprechenden Negativauswirkungen auf die Qualität (oben N 176) aktualisieren erst den *Bedarf* an wissenschaftlicher Stabilisierung. Es ist kaum Zufall, dass das Postulat der Verfassungsgerichtsbarkeit zur Überprüfung der Gesetze derzeit beliebt ist (ausführlich dazu etwa ALEXANDER VON BRÜNNECK, Verfassungsgerichtsbarkeit in den westlichen Demokratien, Baden-Baden 1992). So soll etwa gemäss dem Entwurf eines Bundesbeschlusses über die Reform der Justiz das Bundesgericht im Einzelfall auch Bundesgesetze und allgemeinverbindliche Bundesbeschlüsse auf ihre Verfassungsmässigkeit bzw. ihre Kompatibilität mit Völkerrecht hin überprüfen (Art. 178 Abs. 1, BBl 1997 I 641). Die Erläuterungen weisen auf die Aufgabe des Verfassungsrichters hin, die Grundwerte der Verfassung wahrzunehmen, während der Gesetzgeber sich meist auf die politische Aktualität konzentriere (BBl 1997 I 505 ff., 532 ff.).

190 Unbefriedigende Gesetze und wissenschaftliche Skepsis wären weniger problematisch, wenn sich die gesamte Rechtsordnung auf eine alles heilende letzte Grundlegitimation berufen könnte, etwa auf die demokratische Basis der Gesetzgebung (N 21, 25; BYDLINSKI, Methodenlehre, 32 f.; kritisch STRATENWERTH, Auslegungstheorien, 268). Doch auch diese Stabilität wird wissenschaftlich in Frage gestellt (oben N 164). Der Gesetzgeber ist heute nurmehr ein Teil jenes ganzen Geflechts von Personen, Institutionen, «Realien», Interessen, welche Verstehen ausmachen. Selbst die noch grundsätzlicher ansetzende Idee des Stabilisierens durch Institution an sich (oben N 184 ff.) wird eingeholt von der relativierenden Betrachtungsweise des Verstehens. Bezeichnenderweise kennt die Rechtsordnung Europas bloss vereinzelt das Bild zentripetaler Institutionen, nämlich in gewissen Politikbereichen der EU. Mindestens ebenbürtig sind aber die Aspekte der Subsidiarität, der Regionen, der Überschneidungen mit anderen Netzwerken wie OSZE, EMRK, mit völkerrechtlichen Verträgen, übereuropäischen Abkommen; ferner nationalen IPR-Regeln, metanationalen Rechtsordnungen etc. (KRAMER, Europäische Privatrechtsvereinheitlichung, in: ders., Zur Theorie und Politik des

Privat- und Wirtschaftsrechts: Beiträge 1969–1996, München/Franfurt am Main/ Wien 1997, 349 ff., v.a. 352 ff.; vgl. auch SCHNYDER, Allg. Einleitung N 122 ff.).

2. Stabilisierung durch Recht?

a) Relativieren sich so die Leitplanken staatlicher Institutionen, jene des Gesetzeswortlauts und des Gesetzes selbst, «enttäuschen» Gesetzgeber und Richter gleichermassen, bestätigt zudem die Wissenschaft, dass es Stabilität des Objektiven, des Wahren, des an sich Gerechten nicht gibt, so scheint sich auch das letzte Wesensrelikt von Recht aufzulösen. Recht scheint nicht einmal mehr Aspekt zu sein (ZIEGLER, 19 ff.; DÜRR, diskursives Recht, 190 ff.; ZIPPELIUS, Recht und Gerechtigkeit, 358 ff.; bedauernd BYDLINSKI, Methodenlehre, 140 ff.).

b) Die Problemstellung gleicht in verschiedener, namentlich in zweierlei Hinsicht jener der naturwissenschaftlichen Forschung: Zum einen beeinflusst und verändert der Beobachter das Objekt, genauer relativieren und bedingen sich Subjekt und Objekt gegenseitig (KUHN, 123 ff., 171 ff.; GADAMER, Band 1, 352 ff.; ESSER, Vorverständnis, 128 ff.; GARRN, Rationalität, 58 ff.); zum andern ist man zu Fragestellungen vorgedrungen, die sich längst nicht mehr beweisen, sondern nur noch in Theorien plausibilisieren lassen. Sowenig das physikalische Kleinstteilchen «Quark» als solches wahrgenommen, sondern bloss aus anderen Phänomenen theoretisch begründet werden kann, sowenig greifbar ist ein wissenschaftlich konsequent hinterfragtes Recht. Es lässt sich nicht mehr als solches umschreiben, sondern nur noch aus wissenschaftlicher Theorie plausibilisieren – Theorie allemal als Hilfsmittel der gedanklichen Auseinandersetzung, nicht als Umsetzung eines Ideals (SCHREIBER; RICHARD TOELLNER, Die Physik und die Einheit der Wissenschaft, und RUDOLF L. MÖSSBAUER, Rätselhafte Neutrinos – 60 Jahre Kampf um wesentliche Bestandteile unseres Universums, beide in: MAINUSCH/ TOELLNER, 228 ff. bzw. 234 ff.; ZIPPELIUS, Recht und Gerechtigkeit, 46 ff.; ders. Rechtsphilosophie, 69 ff.).

In Abgrenzung zum Sein wird damit das Sollen zu dem, was *nur* in Theorie verstanden werden kann. Mehr als dies lässt sich über Sollen letztlich nicht aussagen. Vielleicht gar: Sollen ist theoretisches Reflektieren über Sein; Verstehen, was im Sein *auch* noch ist, ohne dass es Sein selbst ist. «Sollen» kann schon von der Idee her nicht «sein». Sollen *ist* nicht, Sollen soll! Jedenfalls ist es von der Optik des materialen Imperativs weit entfernt. Materialen Gehalt findet es erst im Sein. Sollen *geht um mit* Sein; und *insofern* kann es stabilisieren.

Vorbem. Art. 1 und 4

194   c)   Unter diesem Blickwinkel muss auch die schon erwähnte Erledigungsfunktion des Richters betrachtet werden. Rechtsprechung hat die Aufgabe, die Spannungsbeziehung zwischen Sollen und Sein im Einzelfall zu definieren, indem konkrete Rechtsfragen geklärt werden (oben N 177 ff.), und damit dem Rechtsfrieden zum Durchbruch zu verhelfen (ZIPPELIUS, Rechtsphilosophie, 160 ff.; LUHMANN, 68; BYDLINSKI, Methodenlehre, 325 ff.). Nur durch die Erwartung, dass der Richter in diesem Sinn entscheiden und dass er im konkreten Fall auch tatsächlich ein Urteil fällen wird, kann Sein durch Sollen stabilisiert werden. Allemal ist aber zu beachten, dass es dabei um *ein* Rechtsfindungselement neben vielen geht; nicht um *das* Wesen von Recht (wie dies etwa die sociological Jurisprudence der Jahrhundertwende sieht; pägnant OLIVER WENDELL HOLMES, The Path of the Law, Nachdruck Harvard Law Review 110 [1997], 991 ff.).

3.   Stellung von Art. 1 und 4 ZGB

195   a)   Die Situierung von Art. 1 und 4 ZGB im historischen und theoretischen Kontext lässt sich wie folgt zusammenfassen: Die ehemals stabilere Betrachtungsweise zur Thematik Sollen–Sein ist es, die dem wissenschaftlichen Denken zur Zeit des Erlasses von Art. 1 und 4 ZGB entspricht. Diese Artikel wurden seither zwar nicht revidiert, wohl aber – wie eben dargelegt – das Denken. Massgebend ist letzteres.

196   b)   Art. 1 und 4 ZGB thematisieren die Stellung des Richters im Rahmen der Rechtsfindung. *Rechtsfindung bedeutet Bezugnehmen zwischen Sein und Sollen im konkreten Sachverhalt.* Nach heutiger wissenschaftlicher Erkenntnis ist Sollen nichts Materiales mehr, nicht mehr die positive Gesetzesnorm, bestensfalls noch, was in ihr zum Ausdruck kommt. Das Gesetz liesse sich allenfalls als «*Träger*» von Sollen verstehen; das nachlesbare Gesetz als solches ist aber Sein geworden.

197   Art. 1 und 4 ZGB sind damit Teil der Realien. Sie «anzuwenden» heisst nicht, sie auf das Sein wirken zu lassen; sondern vielmehr: anhand der einschlägigen Gesetzesartikel und anlässlich eines Streitfalls sich mit der Thematik Sollen–Sein zu befassen und dabei das geschriebene Gesetz als bedeutsame Realie nicht aus den Augen zu verlieren.

D. «Rechtsanwendung» als Rechtsfindung

I. Heutiges Verstehen von «Rechtsanwendung»

1. Geltungszeitliche Betrachtungsweise

a) Rechts«anwendung» bedeutet heute Rechtsfindung, und zwar im bereits mehrfach erörterten Sinn des hermeneutisch entwickelten Verstehens (oben N 159 ff.). Dies impliziert eine geltungszeitliche Betrachtungsweise (Art. 1 N 128 f.). Diese ihrerseits lässt – entsprechend differenziert – den historischen Kontext keineswegs ausser acht; im Gegenteil: sie versteht auch die Geltungszeit als *historisch* situiert (BETTI, Problematik, 214 ff.; GADAMER, Band 1, 196 ff.). Historie lehnt sie nur insofern ab, als diese verbindliche *Quelle* sein will (KAUFMANN, Grundprobleme, 22; Art. 1 N 135). 198

b) Die so verstandene historische Betrachtungsweise gilt ebenso für jene Gesetzesbestimmungen, welche sich ihrerseits zum Thema Rechtsfindung äussern, also für Art. 1 und 4 ZGB. Dies ist gleichzeitig Exempel der hermeneutischen Zirkularität. Das Instrumentarium, mit dem über Rechtsfindung reflektiert wird, ist seinerseits Reflexionselement. 199

Diese Zirkularität ist einerseits hermeneutisches Phänomen im Sinn der allgemeinen Erkenntniswissenschaft (HÖHN, Methodik, 97 ff.; BULTMANN, insbes. 230; ZÄCH, Tendenzen, 320 ff.). Sie hat aber auch – entsprechend ihrer Thematik – einen spezifisch normativen Aspekt. Art. 1 und 4 ZGB sind nicht bloss Reflexionsinstrumente, vielmehr sind sie auch Verbindlichkeitsträger. Wird nun aber *Verbindlichkeit* in den Verstehenskreislauf miteinbezogen, so relativiert sie sich. Sie ist nun nicht mehr das, was ihr Begriff aussagen will, nicht mehr Anspruch auf Befolgung, sondern «Gegenstand» des Verstehens (oben N 162 ff.). 200

2. Bedeutung für die Kommentierung

a) Mit in die Verstehenszirkularität einbezogen ist auch die vorliegende Kommentierung – gleich wie übrigens auch deren Leserin und Leser sowie der Verfasser. Sie alle sind letztlich Teil des hermeneutischen Vorgangs, der sich «Anwendung des Gesetzes durch den Richter» nennt. 201

Vorbem. Art. 1 und 4

202 Es ist einmal mehr mit Nachdruck darauf hinzuweisen, dass ein derart weit ausholender Verstehens-«Radius» nicht bedeutet, dass die verschiedenen Elemente sich als solche vermischen würden. Nach wie vor geht es um den Gesetzeswortlaut, um die Funktion des Gesetzes als Verbindlichkeitsträger, um die demokratische Herleitung des formellen Gesetzgebungsverfahrens, um den Richter als dritte Staatsgewalt; ebenso auch um die Praxis, um die Lehre. Auch Kommentierung ist nach wie vor etwas anderes als etwa Gesetzgebung oder Urteil. Und mag sie sich noch so konsequent als interaktiver Teil des gesamten Verstehensphänomens auffassen, allemal *ist* sie Kommentierung.

203 b) Eine solche Situierung der Kommentierung wirkt sich auf ihren Inhalt aus. Dies war schon die bewusste Haltung der zweiten Auflage dieses Kommentars (EGGER, Zürcher Kommentar, Art. 1 N 45). Namentlich wurde ausdrücklich auf den historischen Kontext der gegenwartsbezogenen Betrachtungsweise hingewiesen; ebenso darauf, dass es bei Gesetzesanwendung stets um das im Gesetz *zum Ausdruck Kommende* gehe; auch dass diese Grundstimmung schon beim Erlass des ZGB gegolten habe (EGGER, Zürcher Kommentar, Art. 1 N 17 f.; vgl. auch SCHNYDER, Allg. Einleitung N 71, 80 ff.).

204 Diese Betrachtungsweise legt eine entsprechende Ausformung des Kommentars nahe; auch dies übrigens bereits in der zweiten Auflage: Die im Gesetz *zum Ausdruck kommende* inhaltliche Systematik wird aufgenommen. Anderseits soll aber auch die inzwischen eingetretene Entwicklung im Denken über Sollen und Sein ihrerseits Niederschlag finden. Insofern soll der Kommentar «den berühmten Verlust der Mitte» vermeiden (vgl. die von SPIRO kommentierte Literaturanzeige in BJM 1995, 112). Für Art. 1 und 4 ZGB bedeutet dies folgendes:

205 Zum einen stellt der Kommentar dar, was nach heutiger Betrachtungsweise Rechtsanwendung ist; insofern geht es mehr um Denken als um Wissen (anschaulich hiezu KRAMER, Lob der kreativen Jurisprudenz, in: recht 1995, 253 f.). Da dies von der Zeit des Erlasses des ZGB abweicht, würden Art. 1 und 4 ZGB heute zweifellos anders strukturiert und formuliert. Die Systematik des gültigen Gesetzes entspricht nicht mehr der Systematik, welche heute «hinter» ihm steht. Konkret: Rechtsfindung lässt sich heute nicht mehr kategoriell aufgliedern nach Gesetzeswortlaut, Auslegung, Gewohnheitsrecht, gebundenes Richterrecht, freies Richterrecht. Vielmehr umschreibt Rechtsfindung heute etwas quer durch all diese Abstufungen hindurch Laufendes (oben N 162 f.).

206 Zum andern – «trotz» der heutigen Betrachtungsweise – geht es um den Kommentar zu den konkreten Art. 1 und 4 ZGB, die formell in Kraft stehen (und deren Rechtskraft ihrerseits von Bedeutung ist, vgl. Art. 1 N 17 ff.). Demgemäss folgt der Kommentar dem Wortlaut und der Gliederung des Gesetzes. Entspre-

chend werden, abgesehen von den vorliegenden Vorbemerkungen, die Art. 1 und 4 je für sich kommentiert. Dies macht bisweilen Wiederholungen, allenfalls explizite Verweisungen nötig. Doch lässt sich gerade damit auch die Gemeinsamkeit der verschiedenen Abstufungen von Rechtsfindung darstellen und damit letztlich wiederum, dass diese Abstufungen als solche höchstens noch graduell verstanden werden können.

II. Rechtsanwendung und Verstehen

1. Verstehen von Rechtsanwendung

a) **Beziehung zwischen Recht und Sachverhalt.** «Anwendung» des Rechts – so die Marginalie von Art. 1 ZGB – heisst in einem allgemeinsten Sinn, Recht und Sachverhalt in eine wie auch immer ausgestaltete gegenseitige Beziehung zu bringen. Es geht also um diejenige Tätigkeit, «die im Konfliktsfall bestimmt, was rechtens ist» (MERZ, Widerrechtlichkeit, 301). Dies lässt sich in verschiedene Teilthemen aufgliedern: Das Suchen der «einschlägigen» Norm (EDWARD E. OTT, Kritik, 110; ZIPPELIUS, Methodenlehre, 79 ff.); das Eruieren dessen, was die Norm aussagt (KAUFMANN, Hermeneutik, 339 ff.; Art. 1 N 105 ff.); die Beeinflussung dieser normbezogenen Aspekte durch den Sachverhalt (ENGISCH, Konkretisierung, 237 ff.; ders., Gesetzesanwendung, 14 f.; TROLLER, Sein und Schein, 106 ff.); die Anwendung der lokalisierten Norm *auf* den Sachverhalt (HÖHN, Methodik, 83 ff.; ABRAVANEL, 165 ff.); und viele theoretische, methodologische und praktische Fragestellungen mehr. 207

Sie alle interessieren «Rechtsanwendung» schlechthin, nicht zwingend jeden konkreten Fall, jedenfalls aber *unabhängig* vom konkreten Sachverhalt. Entsprechend werden sie denn auch von Art. 1 und 4 ZGB *generell* thematisiert. – Diese Fragestellungen interessieren aber auch unabhängig von der konkreten *Norm*; also nicht nur beim Gesetz, sondern ebenso und gerade auch dort, wo das Gesetz keine oder wo es bloss unklare Bestimmungen enthält. 208

b) **«Rechtsanwendung» als Verstehensprozess.** Die Optik der neuen Hermeneutik (oben N 159 ff.) führt nun dazu, dass der Richter diese ganze Bandbreite vom normfreien Bereich bis hin zum klaren Gesetzeswortlaut in gleicher Art und Weise zu verstehen sucht. Sein *Verstehensprozess* setzt also nicht erst dort ein, wo der «Befehl» des Gesetzes unklar wird; auch den klaren Gesetzeswortlaut *versteht* er. Er versteht ihn allerdings in seiner Verbindlichkeit und – gegebenen- 209 falls – seiner routinemässigen Erledigungsfunktion (N 177 ff.; Schubarth, Richter, 152). Erst recht muss das Anwendungsdenken entfallen, wenn es an einem lesbaren Befehl mangelt; wenn es – rein äusserlich betrachtet – gar nichts «anzuwenden» gibt.

210 c) **Verstehen des Gesetzes.** Bei der so verstandenen Art der Rechtsanwendung läst sich der Richter aus dem Zwang des Gesetzes; nicht weil er die erste Staatsgewalt oder die Verbindlichkeit ihrer Gesetze ignoriert, im Gegenteil, weil er sie als das erfasst, was sie sind: nämlich als historisch, soziologisch-tatsächlich bestehende Institutionen beziehungsweise Kommunikationsformen, die gewisse rechtsbezogene Aspekte verkörpern beziehungsweise Rollen spielen, und zu denen er selbst seine – gleichermassen «tatsächliche», nicht verfassungsmässig «begründete» – Rolle spielt. Aus dem Blickwinkel seiner Rolle könnte das distanzierte Verstehen Insubordination bedeuten. Es steht aber ausserhalb; das Verstehen *beschlägt* das Rollenspiel, es ist es nicht selbst (höchstens in noch grundsätzlicherer erkenntnistheoretischer Hinsicht; etwa jenseits des abendländischen Dualitätsdenkens, vgl. Kelsen, Illusion, 26 ff.. Gadamer, Band 1, 258 ff., zur hermeneutischen Phänomenologie Heideggers; Kramer, Wertungen, 119 f., wendet sich aus eben dieser Optik gegen Vorstellungen von einer «normativen Autonomie des Rechts»).

211 Kaum an Insubordination denkt man dort, wo die vom Richter auf Distanz gehaltene Norm nicht vom Gesetzgeber stammt, sondern von ihm selbst (vgl. oben N 29 ff.); dort also, wo er sein eigenes Produkt anwenden soll, wo Richterrecht gefragt ist. Denn diesfalls missachtet er nicht den von einer anderen Institution erteilten Befehl. Indes – auch beim geschriebenen *Gesetz* stammt die Verbindlichkeit nicht vom Gesetzgeber als Subjekt, sondern vom Gesetz selbst als «objektiver» Grösse; so jedenfalls nach einem verbreiteten Verständnis (Riemer, Einleitungsartikel, § 4 N 23 f.; Meier-Hayoz, Berner Kommentar, Art. 1 N 144 ff.; beachte aber auch hienach Art. 1 N 125 ff.). Wenn also die subjektive Herkunft für die Normativität nicht entscheidend ist, so kann es auch keine Rolle spielen, ob die Norm vom Gesetzgeber oder vom Richter stammt.

212 Dieses Dilemma beschlägt vor allem zwei Aspekte: Zum einen ist in Erinnerung zu rufen, dass das Existieren verschiedener Staatsgewalt-Institutionen eine Realität ist, die bei der Rechtsfindung eine wichtige Rolle spielt und entsprechend als Verstehenselement vom Richter erfasst werden muss (Luhmann, 297 ff.; Rehbinder, Rechtssoziologie, 231; Jörg Paul Müller, 102 ff., 167 ff.; Seiler, 285 ff.). Zum andern verleiht die realpolitische Herkunft einer Norm hermeneutisch gesehen dieser keine höhere Weihe. Mit anderen Worten: Wenn dem subjektiv-historischen Gesetzgeber normative Verbindlichkeit abgesprochen wird, so

nicht, um sie dafür beim objektiven Gesetz zu situieren, sondern um Verbindlichkeits-Situierung *an sich* aufzugeben. Normativität kann nicht mehr «gefunden» werden; weder beim subjektiven Gesetzgeber noch beim objektivistischen Schein des Gesetzes; Normativität ist vielmehr eine Thematik, die methodisch konsistent *verstanden* werden will.

2. Funktionen des Richters

a) **Reflexion über Sprache.** In diesem Verstehenszusammenhang hat der Richter nicht bloss die Funktion, die Norm zu lesen, rein *sprachlich* zu verstehen und sie für den konkreten Fall bekanntzugeben; er ist also nicht mehr «bouche de la loi» (oben N 65 ff.; BETTI, Problematik, 206). Dies gilt auch bei sprachlich noch so klaren Normen. Neuere linguistische Entwicklungen unterlegen, dass sprachliches Aufnehmen weit über das grammatische und syntaktische hinausgeht. Errungenschaften der Grammatik beziehungsweise der Semantik zeigen, dass Sprache längst nicht mehr bloss Umschreiben einer Sache, eines Gedankens etc. zwecks Übermittlung, dass sie längst nicht bloss Benützeroberfläche, Hilfsmittel, Instrument ist (HERBERGER/SIMON, 222 ff.; BREWER, 978 ff.). Vielmehr ist sie Inhalt, sie ist Denken, sie ist letztlich vielleicht sogar Subjektivität, Person (BUSSE, Semantik, 293, 298; SCHIFFAUER, 71 ff.; ZÄCH, Sprache, 48; BAUMANN, Kängeruh, 161; BETTI, Problematik, 206 f.; KAUFMANN, Grundprobleme, 221 f.; vgl. auch schon MARTIN HEIDEGGER, Sein und Zeit, 17. A., Tübingen 1993, § 34).

Eine solche Durchdringung von und durch Sprache erhält vor allem dort praktische Relevanz, wo Sprache (auch) andere Funktionen beansprucht; etwa schon dort, wo sie in geschriebener Form auftritt, und dabei insbesondere wo der Schreiber und der Leser nicht gleichzeitig präsent sind; wo beispielsweise beliebig vielen Rechtsunterworfenen für eine unbestimmte Zukunft mitgeteilt wird, wie das Gesetz lautet. Hier hat Sprache Funktionen – etwa rein die Mitteilung einer Information vom einen an den andern – , die für sich allein durchaus greifbar sind, auch rein praktische Bedürfnisse befriedigen können; die es jedenfalls nicht selbstverständlich erscheinen lassen, dass die Sprache noch viel weniger triviale Funktionen wahrnimmt (HERBERGER/SIMON, 165 ff.). Mit anderen Worten: Die Reflexion über Fundamentalfunktionen von Sprache wird ausgelöst durch Trivialfunktionen. Oder: *Anhand* von Sprache erfolgt Reflexion *über* Sprache. Dem entspricht auch die wissenschaftstheoretische Entwicklung von der Textinterpretation über deren semantische …ffnungen bis hin zu den neueren hermeneutischen Denkweisen (BULTMANN; GADAMER, Band 1, 387 ff.; BUSSE, 228 ff.; oben N 162 ff.).

Vorbem. Art. 1 und 4

215 b) **Reflexion über Normativität.** Wenn Sprache Denken ist, gibt der sprachliche Ausdruck Denken wieder. Das «geschriebene Gesetz» ist also nichts anderes als gedachte Normativität, die Sprache geworden ist; sehr vielfältige und spezifische Sprache: Expertenberichte, Botschaften, Parlamentsdebatten, Textänderungen, Redaktionsbereinigungen, amtliche Publikationen. Trivialfunktionen (oben N 214) dieser Sprachlichkeitsrealitäten sind die Mitteilung von Expertenwissen an politische Stellen, die Übermittlung des Gesetzesvorschlags an das Parlament, die textliche Auswirkung unterschiedlicher politischer Ansichten und dergleichen. Die Fundamentalfunktion lässt sich eher soziologisch-psychologisch umschreiben: Ordnungs- und Strukturphänomene der Gesellschaft wirken sich beim Menschen so aus, dass anhand von sehr sprachspezifischen Abläufen *Verbindlichkeit* thematisiert wird (LUHMANN, 42 ff.; ALEXY, Recht, 216 ff.); in Kulturen mit starken Gesetzestraditionen anhand eines wahren Sprachlichkeits*kults*. Dieser Kult kann so weit gehen, dass einzelne Sprachdestillate derart feierlich, kompliziert, emotional gepflegt werden, dass man sie plötzlich als «Quelle» der Verbindlichkeit anbetet (BULTMANN; BÜHLER, Rechtsquellenlehre, Bd. 3, 189 ff.; FOUCAULT, 18 ff., 27; ähnlich GOODY, 269). – So etwa muss einem zeitgemässen Verstehen von Sprache das Phänomen des Positivismus vorkommen.

216 Für den heutigen, bewusst *verstehenden* Richter, der die Anbetungshaltung des Positivismus abgelegt hat, sind die spezifisch rechtlichen Sprachdestillate, wie namentlich die positiven Gesetze, natürlich gleichwohl Realität. Er sieht sie indes, was den sprachlich-hermeneutischen Gesichtspunkt anbelangt, nurmehr als graduell besonders starke «Verdichtungen» jener Fundamentalfunktionen gesellschaftlicher Verbindlichkeit. Den Begriff «Rechtsquelle» versteht er etwa nur noch – aber immerhin – als Drang des Themas Normativität zu starken und stabilisierenden Orientierungshilfen. Diese ihrerseits nimmt er auf mitsamt ihren mannigfaltigen Verdichtungsabstufungen: Gesetz, Gewohnheitsrecht, römisch-rechtliche Tradition, bewährte Lehre und Überlieferung, Gerichtspraxis (vgl. im einzelnen die Kommentierung zu Art. 1 ZGB). All dies sind nur noch mehr oder weniger dichte Sprachbezüge, mehr oder weniger eindeutige Orientierungshilfen, oder in einem landläufigen Sinn ausgedrückt: mehr oder weniger verbindliche «Normen». Allemal geht es nur um Hilfestellungen, Aspekte, Instrumente, Phänomene des Themas «Recht»; nie um «das» Recht. Zwischen den harten Verdichtungen liegen die Weichteile, zwischen den Orientierungshilfen die Verlegenheit, zwischen klaren Gesetzestexten die Auslegung. Und vor allem: Sowohl die Verdichtungen als auch die Weichteile, sowohl die Norm als auch ihre Auslegung, sowohl die lex als auch die mos sind allemal bloss sprachliche Ausformungen einer tieferen Thematik; bloss Instrumente zur Bezugnahme zwischen dem

postulierten Sollen und dem konkreten Sein (statt vieler WIEACKER, Gesetz und Richterkunst, 12 ff.; ders., Szientismus, 122 ff.)

c) **Reflexion über sich selbst.** Nichts anderes ist die Stellung des Richters selbst: Was ihm sprachlich in Rechtsschriften und vor den Schranken vorgetragen wird, was *er* aus dem Gesetz liest, was er von seiner Aus- und Weiterbildung weiss, was seiner Erfahrung entspringt und letztlich auch was er selbst zu allem *denkt*, ist sprachliche Ausformung. Der Richter ist Teil der gesellschaftlichen Sprachlichkeit. So besehen besteht keine Gefahr, dass er das Gesetz ändern oder allenfalls den Gesetzgeber mit der Ignorierung einer als unsachgemäss beurteilten Norm brüskieren könnte (zu diesem Aspekt der «Machtanmassung» KAUFMANN, Gesetz, 365). Die «Brüskierung» setzt allenfalls grundsätzlicher an: Soweit es um Verstehen geht, ist die Verbindlichkeit des Gesetzes ihrerseits Verstehensgegenstand, nicht mehr Befehlsquelle. – Ebensowenig aber urteilt der Richter *über* das Gesetz. *Er* selbst ist nämlich gleichermassen Verstehensgegenstand. Seine Funktionsweise geht nicht dahin, die vorgenannten Verbindlichkeits«verdichtungen» – etwa des Gesetzes oder des Gewohnheitsrechts – auf einen Sachverhalt umzusetzen. Vielmehr ist *er selbst* eine solche Verdichtung im vielseitig bezogenen Verstehensnetz der Rechtsfindung.

217

Freilich hat er dabei eine spezifische Funktion. Er ist nicht bloss ein zweiter, gleichsam «Kontroll»-Gesetzgeber. Vielmehr zeichnet ihn ein dynamisches Merkmal aus. Er dynamisiert die stabilisierenden Objektivitätsaspekte im *Einzelfall*. Er reflektiert über die Wechselbeziehung zwischen jenem objektivistischen Schein und dem konkreten Streitfall, und damit reflektiert er über die Fundamentalspannung Sollen–Sein. Er ist deshalb auch typischerweise jene Stelle, wo das Reflektieren als solches, die ganze methodologische Entwicklung und das hermeneutische Denken beheimatet sind. Die Typologie der anderen Rechtsfindungs-Beteiligten gestaltet sich anders: Der *Gesetzgeber* denkt nach wie vor selbstherrlich positivistisch; er verwaltet das Sollen (immerhin zu methodischen Ansätzen der Rechtssetzung oben N 92 ff.). Die *Streitpartei* will ihr Interesse durchsetzen; die Sollensordnung interessiert sie nur insoweit, als sie ihr hilft. Die gegenseitige *Beziehung* von Sollen und Sein ist deshalb typischerweise bei anderen Stellen beheimatet; namentlich bei der Wissenschaft, der Lehre, der Praxis und eben – dem *Richter* bei der «Beurteilung» des konkreten Einzelfalls.

218

d) **Reflexion über das realistische Element.** Diese gegenseitigkeitsbezogene Verstehensweise des Richters (und der Wissenschaft) impliziert ein weiteres: Indem sie den Gesetzgeber, das Gesetz, den Richter (und die Wissenschaft) selbst jeder aprioristischen Autorität enthebt, verschwindet auch deren *Über*legenheit

219

Vorbem. Art. 1 und 4

gegenüber dem Sachverhalt. Die *Subsumtion* passt nicht mehr ins Bild. Der Sachverhalt selbst wird zum Fixpunkt *neben* jenen des Gesetzes, des Richters, der Lehre und so fort. Das Sein erweist sich mit dem Sollen als *immanent* verwoben. Das *realistische* Element ist genauso wesentlich wie das sprachliche, das historische, das systematische, das teleologische und viele weitere (TROLLER, Sein und Schein; Art. 1 N 167 ff.).

3. Begriffliches zu «Rechtsfindung»

220 a) In dieser Kommentierung ist hinsichtlich der Thematik von Art. 1 und 4 ZGB primär von «Rechtsfindung» die Rede. Es entspricht dies der heute wohl überwiegend verwendeten Terminologie zur Funktion des Richters.

221 Was inhaltlich mit «Rechtsfindung» umschrieben wird, könnte auch «Rechts*konkretisierung*» (ZIPPELIUS, Methodenlehre, 68 ff., 90 ff.; ENGISCH, Konkretisierung; LARENZ, Methodenlehre, 288 ff.), eventuell «Norm*konkretisierung*» genannt werden. Diese Termini werden denn auch nicht selten verwendet (MERZ, Widerrechtlichkeit, 330; BETTI, Grundlegung, 135; NIGGLI, 157; JÖRG PAUL MÜLLER, 180). Sie bringen namentlich die spezifische Spannung zur Abstraktheit von Recht zum Ausdruck (KAUFMANN, Hermeneutik, 339). «Konkretisierung» unterstreicht den starken Sachverhaltsbezug der richterlichen Funktion, deren Auswirkung im Konkreten; er ist insofern präziser als «Rechtsfindung». Er ist aber auch spezifischer insofern, als Recht im Sinn eines konkreten *Ergebnisses* verstanden wird; anschaulich etwa in der Theorie, wonach der Urteilsvorgang erst mit der Übermittlung des Ergebnisses an die Parteien abgeschlossen sei, vor diesem Zeitpunkt bloss ein Entwurf und damit noch ein «Nichturteil» vorliege (BGE 122 I 97). – Der *Vorgangs*-Charakter der richterlichen Tätigkeit kommt jedenfalls besser in «Rechtsfindung» zum Ausdruck.

222 b) Bewusst ist hier nicht die Rede von Rechts*anwendung*. Damit käme zu stark die Optik der *Subsumtion* zum Ausdruck. Sie wird hier abgelehnt; sogar dann, wenn es um klaren und inhaltlich konsistenten Gesetzeswortlaut geht (oben N 154; näheres Art. 1 N 45 ff.).

223 Rechtsfindung grenzt sich auch zu «Gesetzfindung» ab. Das heutige Verstehen des Gesetzes findet – und sucht – nicht das, was *das Gesetz* sagt, sondern das, was in ihm zum Ausdruck kommt.

224 «Rechts*setzung*» bleibt – zumindest nach landläufiger Diktion – dem Gesetzgeber vorbehalten (SEILER, 297 f.). Allerdings sei darauf hingewiesen, dass die neuere Hermeneutik die Abgrenzung gegenüber dieser Funktion jedenfalls

bloss graduell versteht. Auch der traditionelle Gesetzgeber befindet sich – wissenschaftlich gesehen – in methodologischen Problemstellungen, welche jenen der Rechts«anwendung» beziehungsweise eben der «Rechtsfindung» entsprechen (NOLL, Gesetzgebungslehre, 29 ff.; MERZ, Dauer, 335; oben N 92 ff.).

«Rechts*fortbildung*» ist ein Teilaspekt der Rechtsfindung durch den Richter. Der Begriff umschreibt jenes dynamische Element, das für die richterliche Funktion typisch ist und sich insofern vom tendenziell stabilisierenden Typus des Gesetzes unterscheidet (HÖHN, Methodik, 313 f.; MEIER-HAYOZ, Fortbildung, 419). Allerdings ist mittlerweile erkannt und auch von der Rechtstatsächkeit unterlegt, dass die Gesichtspunkte Dynamik und Stabilität quer durch Gesetzgebung und richterliche Rechtsfindung hindurchlaufen (etwa nach MERZ, Dauer, 339, könnte jeder Schritt, den der Richter tut, auch der Gesetzgeber tun; PETER ALEXANDER MÜLLER, 389 f.; einschränkend allerdings LARENZ, Methodenlehre, 366 ff.; vgl. auch N 170 ff). 225

III. Insbesondere Rechtsfindung und «Wortlaut»

1. Wortlaut und Sprache als Teil des hermeneutischen Verstehens

a) Die Linguistik unterscheidet zahlreiche Funktionen von Sprache. Die Funktion der Übermittlung eines «Inhalts» steht dabei nicht im Vordergrund (vgl. KAUFMANN, Sprache, insbes. 103 ff.; BAUMANN, Recht/Gerechtigkeit, 55 ff.; s. auch oben N 213 ff.). Dies gilt nicht weniger ausgeprägt bei der geschriebenen Sprache. Gleichsam ein Beispiel hiefür ist das, was heutiges Verstehen von Gesetzeswortlaut bedeutet. Mit anderen Worten, die geschriebene Sprachlichkeit des Gesetzes versteht sich nicht mehr nur als – mehr oder weniger geglücktes – Festhalten einer normativen Idee. Vielmehr lassen sich zusätzlich noch weitere Funktionen feststellen, nämlich die folgenden: 226

b) Der Wortlaut bildet zunächst den «*Einstieg*» in den sprachlich durchsetzten Verstehensprozess. Anhand des Wortlauts beginnt die Suche nach dem, was die Spannung Sollen–Sein bezüglich des Streitfalls bedeutet. Diese Einstiegsfunktion ist letztlich dieselbe wie jene des Schülers, welcher zunächst Buchstaben aufnimmt, diese als Teile von Wörtern zu verstehen beginnt, diese wiederum als Teile von Sätzen, dann von Kapiteln und Büchern; dieselbe wie etwa spätere Verstehensvertiefungen als Aussage eines Autors, einer Zeit, einer politischen Idee; bis hin schliesslich zum Verstehen von Sprachlichkeit. Die Einstiegsfunktion 227 hat auch Parallelen zum historischen Verlauf der Erkenntnistheorie vom Naturrecht zum Positivismus über kritische Methoden bis hin zum hermeneutischen Miteinbezug des Verstehenden selbst (oben N 159 ff., 210 ff.). Diese sprachtechnischen, theoretischen, historischen Übergänge verstehen sich als immanente innere Zusammenhänge von Sprachlichkeit, nicht als abtrennbare Stufen oder Ebenen. Namentlich erweist sich die oft verwendete Unterscheidung in Wortlaut und Wortsinn als rein graduell verschobene Einstiegs-Tiefe (näheres Art. 1 N 67 ff.).

228 Die Einstiegsfunktion des Wortlauts zeigt, dass es beim rein sprachlichen Verstehen nicht bleiben kann. Auch der klare Wortlaut ist bloss Einstieg. Allemal bleibt die Frage, ob das, was er so klar umschreibt, auch dem entspricht, was er ausdrücken soll; ob der Wortlaut *seiner* eigenen ratio ent- oder widerspricht (vgl. z.B. BGE 121 III 219 [231]). Der Wortlaut soll nicht bloss «kapiert», er soll im Sinn der traditionell geisteswissenschaftlichen Erkenntnistheorie eben «verstanden» werden. Es geht nicht bloss um lex, sondern ebenso um ratio (legis). Ist der Wortlaut unklar oder widersprechen sich gar einzelne Wortlautpassagen, so liegt die *Hinter*-fragung des Textes als praktische Notwendigkeit erst recht auf der Hand; bewirkt die sprachliche Unsicherheit gleichsam von selbst den Einstieg in den Bereich der ratio (als Beispiele einer teleologischen Interessenabwägung über den «Einstieg» der Diskussion eines «cumul interlitteral» vgl. BGE 120 II 124 [126], 118 II 333 [342]; näheres Art. 1 N 57 ff., 105 ff.; vgl. auch KAUFMANN, Gesetz, 391).

229 c) Dieses Verstehen beschlägt nun aber (auch) wieder den Wortlaut. Dieser wird nach dem Einstieg gleichsam mit in den Verstehensvorgang *hinein*genommen. Er wird nicht draussen gelassen. Denn Sprachlichkeit ist eben nicht (nur) Oberfläche, sondern (auch) Teil des Ganzen (oben N 162 ff., 213 ff.).

230 Das Mithineinnehmen des Wortlauts in den Verstehensvorgang ist nichts spezifisch Gesetzestypisches. Dasselbe geschieht auch mit der Sprachlichkeit anderer Rechtstexte wie von Gerichtsurteilen, Lehrbüchern, Kommentaren, sprachlich Aufgenommenem und sprachlich Gedachtem des Richters etc. Ja diese letztgenannten Sprachlichkeiten können bei Rechtsfindungsvorgängen durchaus auch gewichtiger sein als jene des Gesetzeswortlauts. Nicht selten wird etwa vor den Schranken des Gerichts debattiert mit Bezügen zu Präjudizien, Literaturstellen, Gerechtigkeitsargumenten, «logischen» Schlussfolgerungen (KLUG, 11; EGON SCHNEIDER, 126 ff.), um erst mit der Zeit zur Frage vorzustossen, was denn «eigentlich» das Gesetz hiezu besagt (sorgfältig die entsprechenden Ausführungen in BGE 121 III 219 [225]; ätzend allerdings die Kritik an diesem Entscheid, beklagend namentlich die Schändung der Sprache (!) in SZW 1996, 148).

d) Dieses «eigentlich» weist auf eine dritte wesentliche Sprachfunktion des 231
Gesetzeswortlauts hin. Er ist nicht bloss Einstieg und Gegenstand des Verstehens. Vielmehr wird gerade das Verstehen zeigen, was «Gesetz» heisst. Denn erst das Verstehen – im Gegensatz etwa zum Lesen – des Gesetzeswortlauts ergibt, dass dieser etwas anderes ist als das Lehrbuch oder das Präjudiz. Er ist zwar nichts per se Verbindliches; aber doch etwas, das mit dem Anspruch auf Verbindlichkeit auftritt (statt vieler BETTI, Problematik, 208 ff., 217 ff.; BURCKHARDT, Organisation, 164 ff.; ZIPPELIUS, Methodenlehre, 46 f.; vgl. auch oben N 210 ff., 215 f.). Ein *Element* des Verstehens ist dies allemal (ANDREAS KLEY, Wittgenstein und die moderne juristische Methodik, recht 1996, 189 [196]).

Es ist also zu unterscheiden zwischen dem Text als schriftlicher Oberfläche 232
einer gesellschaftlichen Interaktionsschnittstelle einerseits und dem spezifischen Verbindlichkeitsaspekt anderseits (letzteres seinerseits ein Aspekt gesellschaftlicher Interaktion); mit anderen Worten: zwischen allgemeinen Sprachphänomenen einerseits und speziellen Aspekten der Gesellschaftsstruktur anderseits. *Dort* geht es um die Frage, welcher sachliche «Inhalt» mit dem Text vermittelt werden soll (NIGGLI, 164 ff.); *hier* darum, ob man dies auch befolgen muss. Nochmals anders gewendet: Die verstehende Respektierung des gesetzlichen Verbindlichkeitsanspruchs ist nicht gleichzusetzen mit einer wörtlichen Befolgung des Gesetzestextes; verlangt keine stärkere Wortlauttreue als bei Sprache im allgemeinen. Diese Betrachtungsweise wird unter anderem zur Ablehnung all jener Methoden führen müssen, welche dem Gesetzeswortlaut – zumal dem «klaren» – eine qualitativ prioritäre Rolle zubilligen wollen (Art. 1 N 87 ff., 105 ff.).

2. Unproblematische Fälle

a) Stimmen sowohl der Gesetzeswortlaut (Einstieg) als auch die ratio legis 233
(Verstehen der Gesetzesaussage) mit den Folgerungen anderer Verstehenselemente, namentlich auch der realistischen, überein, wird eine Problematisierung des Verhältnisses Wortlaut–Verstehen obsolet. Dies gilt nicht bloss bei positiven, sondern ebenso bei negativen Normen; dort also, wo der Gesetzeswortlaut zwar nicht sprachlich Ausdrückliches besagt, der Wortsinn indes auf eine negative Norm, auf ein qualifiziertes Schweigen schliessen lässt (Art. 1 N 351).

b) Verstehensmässig unproblematisch sind ferner Abweichungen zwischen ra- 234
tio und Wortlaut, welche sich aus sprachlichen oder «gedanklichen» Ungenauigkeiten des letzteren beziehungsweise aus Offenheiten ergeben. Dass der Gesetzgeber nichts Präzises sagt, heisst bloss, dass dieses Verstehenselement unscharf

Vorbem. Art. 1 und 4

ist. Es bleibt aber allemal Element. Und vor allem gibt es noch zahlreiche sonstige Verstehenselemente. Auslegungsfragen bleiben natürlich, aber nicht als Grundsatzproblem (Art. 1 N 405 ff.).

235 c) Aus demselben Grund stellen sich schliesslich auch dort keine speziellen Verstehensprobleme, wo der Gesetzeswortlaut *keine* Antwort gibt (ohne dass dies eine negative Norm impliziert, oben N 233; Art. 1 N 298 ff., 351 ff.). So findet sich z.B. im Gesetz keine Bestimmung über eine allfällige Dauer von erbrechtlichen Auflagen gemäss Art. 482 ZGB (vgl. dazu BGE 87 II 355 [361]; weitere Beispiele vgl. Art. 1 N 298 ff.). Hier fehlt zwar der über den Wortlaut genommene Einstieg, ebenso der Wortlaut als Verstehensgegenstand; es bleibt aber die Pflicht zur Fallbeurteilung (zum Rechtsverweigerungsverbot oben N 41, 47 ff.) und damit zum Verstehen von Sollen und Sein anhand des konkreten Entscheidungsbedarfs. Dass ein Wortlaut zur aufgeworfenen Frage fehlt, bietet jedenfalls kein spezifisches Rechtsfindungsproblem.

3. Problematische Fälle

236 a) Problematisch ist jedoch die Differenz zwischen Gesetzeswortlaut und ratio legis; allerdings nicht deswegen, weil der Wortlaut «verbindlich» wäre. Er ist ja zunächst bloss «Einstieg» (N 227 f.) und alsdann Verstehensgegenstand (N 229 f.). Und insofern stellt sich das Problem nicht anders, als wenn etwa die Verstehenselemente des richterlichen Rechtsgefühls, der sozialen Herkunft des Richters, des politischen Umfelds, des historischen Hintergrunds etc. in je unterschiedliche Richtungen weisen. Das heisst, es bestätigt sich zunächst einzig, dass Rechtsfindung ein facettenreicher Vorgang ist.

237 Schwierigkeiten bietet aber die dritte Bedeutung des Gesetzeswortlauts; jene also, die seinen *Geltungsanspruch* zu verstehen sucht (N 231 f.). Dieses spezifische Verstehen behält zuallermindest die *Frage* offen, ob auch der «unzutreffende» Wortlaut Rechtsfindungselement bleibt.

238 b) Die Antwort muss davon abhängen, wie sich der Verbindlichkeitsanspruch der konkreten Norm verstehen lässt. Sie kann nicht einheitlich ausfallen. Namentlich legt es ein differenziertes Verstehen des Geltungsanspruchs nahe, je nach Kontext unterschiedlich starke Verbindlichkeitsstufen anzunehmen; beispielsweise wie folgt:

239 Eine minimale Verbindlichkeit kann schon darin liegen, dass das Gesetz beansprucht, *bei jedem Fall* mit in den Verstehensablauf einbezogen zu werden

Vorbem. Art. 1 und 4

(quasi als distanzierter Minimalpositivismus; WALTER OTT, Rechtspositivist, 453). Auch wenn es bisweilen von anderen Elementen desavouiert wird, etwa von historischen Elementen der Gesetzesmaterialien, von aktuellen Lehrmeinungen oder von anstehenden Gesetzesänderungen, so hat es diesen gegenüber doch in *einer* Hinsicht Priorität: Es stellt sich *stets* zumindest als Gesichtspunkt. Dies ist bei den Gesetzesmaterialien, bei Lehre etc. nicht immer so (Art. 1 N 134, 147 ff.). Diese Minimalverbindlichkeit steht fraglos jedem gültigen Gesetz zu.

Etwas mehr Verbindlichkeit ist mit einem Verständnis verbunden, welches Stabilität, Rechtssicherheit etc. betont; welches also «im Zweifel» dem Gesetzeswortlaut folgt. Diese Optik scheint vor allem in der nach wie vor verbreiteten Meinung auf, wonach einzig das Rechtsmissbrauchsverbot gemäss Art. 2 Abs. 2 ZGB ein Abweichen vom Wortlaut erlauben könne (Art. 1 N 318 ff., 362 ff.; Art. 2 N 14b, 21, 244; HÄFELIN, Bindung, 127 ff.; Pra 79 [1990] 362 [365 mit Verweisen]). Hermeneutisch gesehen befriedigt dies nicht. Denn bei nur *geringem* Zweifel an der «Richtigkeit» der im Gesetzestext ausgedrückten ratio sprechen die betreffenden anderen Elemente offensichtlich nur schwach gegen den Wortlaut, kann diesem also ohnehin gefolgt werden, braucht es den Schutz der Missbrauchs-Hürde nicht. Bestehen anderseits grosse Zweifel an der Übereinstimmung von Wortlaut und ratio, so ist nicht einzusehen, weshalb nun gerade die letztere hintanzustellen ist beziehungsweise nur dann den Vorrang erhalten soll, wenn das *zusätzliche* Kriterium des Rechtsmissbrauchsverbots erfüllt ist. 240

Eine noch stärkere Verbindlichkeit des Gesetzeswortlauts kann dort vorliegen, wo die konkreten Streitparteien mit Blick auf den Wortlaut Handlungen vorgenommen haben, die nun nach rechtlicher Beurteilung rufen. Dies wird namentlich im Bereich der dispositiven oder zwingenden Gesetzesvorschriften im Vertragsrecht so sein (vgl. auch Art. 1 N 243, 398 f., 530 ff.). 241

Eine sehr hohe Verbindlichkeit des Wortlauts lässt sich auch dort verstehen, wo er spezifische Schutzfunktionen zugunsten des Rechtssubjekts beinhaltet, also namentlich gegenüber staatlichen Behörden, wie etwa im Straf-, Verwaltungs- und dabei namentlich auch im Steuerrecht (Art. 1 N 94 ff., 99); jedenfalls solange es nicht um Wortlautabweichungen *zugunsten* des Rechtsunterworfenen geht (vgl. BGE 122 I 18 betreffend fürsorgerische Freiheitsentziehung; BGE 120 Ib 504 betreffend Führerausweisentzug zugunsten, anders hingegen BGE 120 IV 256 betreffend Canabis-Handel zulasten des Betroffenen; bezeichnend die Kritik in ZbJV 130 (1994) 525 an BGE 118 Ib 137, wonach in einem Strafrechtsfall der betreffende Nachteil des Rechtsunterworfenen konsistenter mit einer entsprechend ausgelegten Gesetzesvorschrift als mit Lückenfüllung hätte begründet werden können; gegen eine unhaltbar milde Strafe im Sexualstrafrecht BGE 122 IV 241; gegen eine Wortlautabweichung im Steuerrecht aus Gründen der Entlastung so- 242 zial Schwächerer: BGE 2P.382/1995 und 2P.78/1995; ähnlich im Sozialversicherungsrecht BGE 121 V 181 ff.).

IV. Grenzen der richterlichen Rechtsfindung

1. Begrenzung durch das Wesen der Rechtsfindung

243 a) Richterliche Rechtsfindung stösst regelmässig auf Einwendungen, welche eine grundsätzliche Begrenzung der Richterkompetenz postulieren; sei es, dass rein rechtspolitische oder etwa besonders wichtige «strategische» Entscheidungen dem Gesetzgeber obliegen; sei es dass die Ignorierung des klaren Wortlauts dem Rechts*anwender* nicht zustehe etc. Solchen und ähnlichen Einwendungen wird in der Praxis und der Lehre nicht selten stattgegeben (BGE 122 III 414 [415]; FLEINER, Bedeutung; HÖHN, Methodik, 5 ff., 42 ff.; näheres bei Art. 1 N 80, 92 ff., 362 ff., 410 ff.). Dabei wird meist davon ausgegangen, dass die erste Staatsgewalt gegenüber der dritten eben eine grundsätzliche, rechtsstaatlich und demokratisch begründbare Vorrangstellung geniesse (JÖRG PAUL MÜLLER, 180 f., 163 ff.; LARENZ, Methodenlehre, 312 ff.; SEILER, 293 ff.; ZIPPELIUS, Recht und Gerechtigkeit, 70; ZIEGLER, 37 ff.; BREHM in Berner Kommentar, Band VI, Art. 41 N 48 f., der vor einer Entartung «in ein unbegrenztes prätorianisches Recht» warnt). Es liegt nahe, dass die «richtige» Kompetenzzuweisung beziehungsweise -gewichtung im Rahmen solch staatspolitischer Abwägungen *rechtlich* nicht abschliessend beantwortet werden kann; das Problem stellt sich letztlich politisch, nicht juristisch.

244 Für das hier vertretene Verständnis von Rechtsfindung stellt sich die Frage aber ohnehin ganz anders: Der verstehende Richter sieht sich dem Gesetzgeber gegenüber weder nach- noch vorgestellt; er gehorcht ihm nicht noch ignoriert er ihn; namentlich ignoriert er auch nicht die Verbindlichkeit des Gesetzes (oben N 231 f.). Und ebenso bezieht er etwa den Gesichtspunkt der ersten Staatsgewalt mit in seinen Verstehensvorgang ein. Dies kann je nach konkreter Norm oder konkretem Fall dazu führen, dass etwa eine fundamentale rechtspolitische Entscheidung vom Richter nicht vorgenommen wird; und dies mit der Begründung, eine solche Entscheidung sei Sache des Gesetzgebers. Doch geschieht dies nicht deshalb, weil die betreffende Entscheidung von Verfassungs wegen dem Richter verboten wäre, sondern weil *er* selbst sie sich – als Konsequenz seines Verstehens – «verbietet» (ZIEGLER, 79 ff.; DOBLER, 92).

b)   Eine andere Frage ist, ob der Richter seine Rechtsfindungsfunktion korrekt ausübt. Dies wäre beispielsweise bei der schlichten Ignorierung – im Gegensatz zur bewussten Ablehnung – einer einschlägigen expliziten Gesetzesnorm nicht der Fall. Insofern ist der Richter an Vorgaben gebunden, versteht sich Rechtsfindung also keineswegs als «frei», bestehen mithin durchaus «Schranken» der richterlichen Kompetenz.

245

Diese Bindung bedeutet aber nicht Verbindlichkeit, sondern einzig Beachtungspflicht. Sie ist Korrelat zur oben erörterten «Minimalverbindlichkeit», welche *jeder* Gesetzesnorm fraglos zukommt (N 239). Betreibt der Richter Rechtsfindung, so muss er sich *in jedem Fall* mit jenen Texten befassen – nicht unbedingt auch befolgen – , welche gemäss der existierenden formellen Gesellschaftsstruktur Rechtskraft beanspruchen. Mit anderen Worten, eine «Begrenzung» der richterlichen Rechtsfindung lässt sich höchstens – insofern tautologisch – umschreiben, als sie nie mehr sein kann als Rechtsfindung.

246

2.   Begrenzung auf die Rechtsordnung

a)   Rechtsfindung impliziert nicht die Funktion, die Rechtsordnung zu verändern. Dabei wird «Rechtsordnung» *sehr* allgemein verstanden im Sinn des Sollens als Gegenbezug zum Sein. Rechtsfindung ist ja das Verstehen davon, was der Bezug Sollen–Sein hinsichtlich des konkreten Sachverhalts besagt (oben N 4, 207 ff.; LENDI, Theologie, 217 ff.).

247

b)   Soll nun der Richter das Sollen im tiefsten Sinn *verstehen,* es also nicht auf den Gesetzeswortlaut verkürzen, sich auch nicht mit der ratio legis begnügen, nicht weitere Normgesichtspunkte ignorieren, so impliziert seine Tätigkeit sehr viel an Hinterfragung, Kritisierung, rechtspolitischer Skepsis, Gerechtigkeitsintuition, Verwendung sozialer Erfahrung (EGGER, Zürcher Kommentar, Art. 1 N 18 f.; FLEINER, Bedeutung). Im Resultat hat er dann weder ein Gesetz befolgt noch eine Verordnung ignoriert, weder einer Gerechtigkeitsmaxime gehuldigt noch eine trendpolitische Optik abgelehnt; vielmehr hat er unter Miteinbezug von Gesetz, Verordnung, Maxime und Politik Sollen verstanden. *Insofern* impliziert Rechtsfindung nie eine Veränderung der Rechtsordnung, sondern ihr Verstehen (LARENZ, Methodenlehre, 426 ff.). Dies schliesst es übrigens nicht aus, die durch die richterliche Praxis bewirkte laufende *Gestaltung* des real existierenden Rechts als *Veränderung* der Rechtsordnung zu verstehen; sei es als rechtssoziologisches Phänomen (vgl. statt vieler LUHMANN, 239 ff.), sei es als wissenschaftstheoretische Erkenntnis (KUHN, 123 ff.).

248

249 c) Die derart verstandene Rechtsordnung kann mit der subjektiven Einstellung des Richters kollidieren. Er kann sie missbilligen. Dies erlaubt ihm aber nicht, nach seinem subjektiven Gutdünken zu entscheiden. Anderseits wäre es unrealistisch, dem das Postulat des neutralen, «unbefangenen» Richters entgegenzuhalten, wie dies etwa dem theoretisch-idealen Bild des «Subsumtionsautomaten» entsprechen würde (oben N 65 ff., 151 ff.).

250 Der neueren Hermeneutik ist dieses Dilemma keineswegs fremd, vielmehr geradezu ihre Schlüsselstelle: Im «hermeneutischen Zirkel» zeigt sich, dass der Rechtsfinder selbst Teil des Rechtsfindungsvorgangs ist (ESSER, Vorverständnis, 43 ff.; ASHENFELTER/EISENBERG/SCHWAB, Politics an the judiciary: the influence of judicial background on case outcomes). Entsprechend braucht der Richter keineswegs sich selbst und seine eigene Ansicht zu *ignorieren*; er darf sie aber ebensowenig *befolgen*; er soll auch sie *verstehen* in jenem hermeneutischen Sinn, der das Erkennen, das Applizieren und das eigene Werten gleichsam in sich aufgehen lässt (GADAMER, Band 1, 338 f.; vgl. auch Art. 1 N 533 ff.).

251 d) Rein begrifflich könnte man davon ausgehen, dass das Verstehen der Rechtsordnung ausserrechtliche Bereiche unbeachtet liesse. Diese Optik ist etwa dort anzutreffen, wo Normaspekte «unterhalb» des spezifisch Rechtlichen aufscheinen; etwa im Bereich des Familienverhaltens, des gesellschaftlichen Anstands (GERMANN, Grundlagen, 27 ff.; FORSTMOSER/SCHLUEP, Einführung, 217 ff.), des Sports (vgl. dazu etwa MICHEL; MAX KUMMER, Spielregel und Rechtsregel, Bern 1973; BGE 120 II 369), der technischen Normen (BRUNNER; RUCH; BÜHLER, faktische Rechtsquellen, 155 ff.), der naturwissenschaftlichen Gesetzmässigkeiten (näheres dazu Art. 1 N 351 ff.).

252 Der hier vertretene hermeneutische Zugang grenzt diese Bereiche nicht grundsätzlich aus der Rechtsfindung aus. Selbst dort, wo der Richter zunächst – von seiner verfassungsmässigen Aufgabe her und weil er etwa als «zuständige» Instanz konkret angerufen wird – *Recht* sprechen soll, wird bekanntlich nicht bloss das landläufig «Rechtliche» miteinbezogen wie Gesetz, Verordnung, Materialien, Präjudizien, Lehrmeinungen, sondern ebenso das weitere normative Umfeld wie Rechtsgefühl, ethische Gesichtspunkte, allgemeine Rechtsgrundsätze bis hin zu «realistischen» Elementen, zu denen auch Usanzen und sonstige Gesetzmässigkeiten gehören können (Art. 1 N 167 ff.). Ja letztlich bilden diese Aspekte gar nicht «Umfeld» von Recht, sowenig wie Recht Umfeld jener Aspekte ist. Vielmehr handelt es sich hier wie dort um Facetten des umfassenden Themas Sollen.

253 Und dabei mag es nun Fälle geben, wo eine Gesetzesnorm fehlt; dies aber nicht aus einem Versehen des Gesetzgebers, sondern weil dies traditionellerweise

Vorbem. Art. 1 und 4

«privat» geregelt wird; wo zudem noch heute der Gesetzgeber gleich entscheiden würde; wo dies im konkreten Fall gleichwohl nicht dazu führt, dass die betroffene Person in Grundrechten verletzt wird; wo eine allgemeine Deregulierungstendenz vielleicht gut zu einer Abstandnahme des Richters passt. Wenn die betreffende Person jetzt gleichwohl den Richter anruft, so mag diesen seine Rechtsfindungstätigkeit dazu führen, die Klage abzuweisen; und zwar nicht, weil er der Gegenseite Recht gibt, sondern weil ihn sein Verstehen von Sollen selbst aus der Entscheidungskompetenz enthebt (näheres Art. 1 N 485 ff.).

E. Rechtsvergleichung

I. Stellenwert der Rechtsvergleichung

a) Rechtsvergleichung versteht sich heute anerkanntermassen als Element der richterlichen Rechtsfindung (Art. 1 N 247 ff.; vgl. auch SCHNYDER, Allg. Einleitung N 122 ff.); ja im Hinblick darauf, dass das grundsätzliche Methodenverständnis auch die Gesetzgebung erreicht hat (oben N 92 ff.) und dass sich namentlich die schweizerische Gesetzgebung zunehmend auch an ausländischen und internationalen Rechtsordnungen orientiert (illustrativ das Swisslex- als «Folgeprogramm nach der Ablehnung des EWR-Abkommens», dazu oben N 180 ff.), kommt der Rechtsvergleichung ein hoher Stellenwert zu. Sie ist jedenfalls mehr als Illustration von denkbaren Alternativregelungen; zu schweigen von früheren Optiken des Nationalrechtsdenkens, dem Rechtsvergleichung gar als Kriterium für Negativabgrenzungen diente (dazu MEIER-HAYOZ, Berner Kommentar, Art. 1 N 360 f.). 254

Aus diesen Überlegungen ist es sinnvoll, einen Blick auf Regelungen anderer Rechtsordnungen zu werfen, welche sich mit Art. 1 und 4 ZGB vergleichen lassen (N 261 ff. hienach). 255

Hievon zu unterscheiden ist die Problemstellung, *ob* und *wieweit* nichtschweizerisches Recht bei konkreten Rechtsfragen beizuziehen ist, beziehungsweise was ein solches Beiziehen methodologisch überhaupt bedeutet. Dies sind Fragestellungen gleichsam «der Anwendung» der Art. 1 und 4 ZGB «auf» ausländisches Recht; etwa bei der Frage, wie weit eine bestimmte ausländische Gesetzesnorm als Hilfsmittel gemäss Art. 1 Abs. 3 ZGB dienen könne (dazu Art. 1 N 247 ff.; zu Grundfragen der Methodologie bei der Rechtsvergleichung, insbe- 256 sondere zwischen Rechtsdenken und Problemdenken, vgl. KRAMER, Topik und Rechtsvergleichung, in: ders., Zur Theorie und Politik des Privat- und Wirtschaftsrechts: Beiträge 1969–1996, München/Franfurt am Main/Wien 1997, 335 ff.).

257 b) Diese letztgenannte Abgrenzung verdeutlicht, dass Rechtsvergleichung zu Art. 1 und 4 ZGB eine grundsätzlichere Ebene beschlägt; nämlich wiederum jene des Verhältnisses zwischen Richter und Gesetz. Rechtsvergleichend interessiert hier also nicht bloss, was ausländische Gesetze zu dieser Ebene aussagen; sondern ebenso, was es überhaupt «bedeutet», wenn ein Gesetz etwas zu dieser Beziehung sagt. *Diese* Frage stellt sich *generell* über das Gesetz; und damit über das ausländische wie das schweizerische. Sie stellt sich jenseits der Rechtsvergleichung, auch wenn sie deren gesamten Bereich erfasst (KRAMER, Topik und Rechtsvergleichung, a.a.O. [N 256]).

258 Eine solch umfassende Betrachtungsweise ergibt sich heute umsomehr, als die methodologischen Entwicklungen und wissenschaftstheoretischen Grundlagen jenseits der Unterordnung *unter* das Gesetz, vielleicht gar unter *jede* Normativität, angelangt sind. Namentlich die in Sprache auftretende Normativität versteht sich heute *wesensmässig* interdisziplinär (BAUMANN, Sprache). Rechtsvergleichung im vertrauten Sinn relativiert sich dadurch erst recht. Die Einzelheiten von Gesetzesbestimmungen, die etwa mit Art. 1 und 4 ZGB vergleichbar sind, fallen gleichsam durch das Raster *dieses* Diskurses hindurch; letztlich lässt sich Rechtsmethodologie heute gar nicht mehr als nationale Disziplin verstehen (FIKENTSCHER, Gedanken; KRAMER, Topik und Rechtsvergleichung, a.a.O. [N 256], v.a. 339 ff.).

259 Etwas greifbarer wird der rechtsvergleichende Blick allerdings dort, wo er den «Mainstream» des kontinentaleuropäischen Rechtsdenkens verlässt und sich dem Common Law System der englischen Tradition zuwendet (WIEGAND, Rezeption; näheres hiezu N 266 ff. hienach). Allerdings führt die Hinterfragungstiefe des heutigen Rechtsdenkens auch hier dazu, dass die ehemals je unterschiedlichen Denkweisen mehr und mehr Gemeinsamkeiten feststellen (COLEMAN, 146 ff., 265).

260 c) Konkreteste Relevanz erhält Vergleichen dort, wo es um Problemstellungen geht, die sich als *Alternativen* auch zum noch so allgemein hinterfragten Rechtsdenken anbieten; um Aspekte also, die *wesensmässig* nicht *gleich*, sondern spezifisch vergleich*bar* sind; um solche, welche die Zirkularität beziehungsweise das Selbstreferenzielle des rechtlichen Denkens (LUHMANN, 38 ff.; TEUBNER, Recht, 81 ff.) wenn nicht aufheben, so zumindest spürbar ausweiten: Zum einen Problemlösungsansätze ausserhalb eines Richtigkeits- oder Entscheidungs-Para-

digmas, wie etwa Mediation, «Justice without Law» (AUERBACH), Traditionen nicht-abendländischen Denkens (anschaulich zu Haltungen des «non-attachment», des «non-involvement» und zum Gebot «Arbeite an deiner eigenen Seligkeit mit Sorgfalt» in gewissen Ausrichtungen des Buddhismus FIKENTSCHER, Methoden, Band I, 170 ff., insbes. 190); zum anderen eine Betrachtungsweise, welche nichtrationalistische Mechanismen nicht bloss hinnehmen oder auch akzeptieren, sondern als *das* Zentrum von «Recht» verstehen (Rechtspsychologie). Hiezu näheres in N 266 ff. hienach.

II. Vergleich mit europäischen Rechtsordnungen

a) Verschiedene Privatrechtsgesetze vergleichbarer europäischer Rechtsordnungen kennen Bestimmungen, welche die von Art. 1 und 4 ZGB beschlagenen Themen aufnehmen. Bekannt und oft zitiert sind §§ 6 ff. des österreichischen ABGB (vgl. dazu BYDLINSKI, Kommentar, § 6 N 2 ff., § 7 N 2 ff.; dazu oben N 36), Art. 4 des französischen Code civil, Art. 1 ff. des italienischen Codice civile, Art. 1 bis 4 des spanischen Código civil. Dies liegt insofern nahe, als all diese bedeutenden Kodifikationen geformt, erlassen, teilweise auch in den hier interessierenden Aspekten geändert wurden im Umfeld eines bereits entwickelten und bewussten Diskurses um Fragestellungen zu Rechtsquellen, Kodifizierung, Richterrecht, Begrifflichkeit, Substanz, Interesse etc.; noch nicht aber in einem Zeitpunkt, als der wissenschaftliche Unterbau seinerseits wieder unscharf zu werden begann (statt vieler COING, Europäisches Privatrecht II, 249 ff.; FIKENTSCHER, Methoden, Band III, 637 ff.; LARENZ, Methodenlehre, 119 ff.). Mit anderen Worten, das Problembewusstsein war gegenüber dem frühen Gesetzespositivismus durchaus geschärft, doch verstand es sich noch immer als solches auf der Ebene des Gesetzes selbst: Ein Gesetz, welches seine eigene Unvollständigkeit und sonstige Unzulänglichkeiten ausdrücklich artikuliert, hält eben dies offenbar nicht für selbstverständlich! 261

Sachgerechter ist insofern die Plazierung der entsprechenden Bestimmung des deutschen Rechts, nämlich mit Art. 20 Abs. 3 GG auf Verfassungsebene («…die Rechtsprechung … [ist] an Gesetz und Recht gebunden»); bezeichnenderweise in einem Zeitpunkt erlassen, als die positivistische Optik nicht nur wissenschaftstheoretisch, sondern sehr konkret auch politisch ihre Gefahren gezeigt hatte, nämlich nach dem Ende des zweiten Weltkriegs im Jahr 1949. Durchaus konsistent hiermit erweist sich der Umstand, dass bis dahin der methodologische Diskurs nicht weiter oder weniger weit entwickelt war als in Ländern mit 262 entsprechenden privatrechts*gesetzlichen* Bestimmungen (näheres bei COING in J. von Staudingers Kommentar zum Bürgerlichen Gesetzbuch, Einleitung, 12. A. Berlin 1980, N 113 ff.).

263 Hier nicht näher abgehandelt sei die entsprechende Rechtslage im Rahmen der EU sowie anderer supra- oder internationaler Ordnungen. Es würde dies nicht nur den Rahmen dieser Kommentierung sprengen. Sie sind auch thematisch anders gelagert, betreffen vorwiegend Fragen des traditionell *öffentlichen* Rechts. Was *privatrechtliche* Rechtfindungsfragen im Zusammenhang mit ausländischem und internationalem Recht betrifft, kann verwiesen werden auf Art. 1 N 247 ff. (immerhin zu parallelen Problemstellungen auch des öffentlichen Rechts der EU vgl. statt vieler MAXIMILIAN HERBERGER, Eine Frage des Prinzips, Auslegung, Rechtsfortbildung und Wirksamkeit nicht umgesetzter Richtlinien, in: P. Forstmoser/R. Ogorek/W.R. Schluep [Hrsg.], Rechtsanwendung in Theorie und Praxis, Basel 1993, 35 ff.).

264 b) Im Vergleich mit Gesetzen anderer Länder wird dem ZGB mit seinen Art. 1 und 4 oft eine besonders bewusste und gelungene Lösung attestiert (z.B. FIKENTSCHER, Methoden, Band III, 760 ff.; KELSEN, Rechtslehre, 252 ff.; GERMANN, Positivismus, 312 ff.; weitere Hinweise bei MEIER-HAYOZ, Berner Kommentar, Art. 1 N 22). Wörtlich übernommen wurden die Bestimmungen von der Türkei im Zug der *allgemeinen* Rezeption des ZGB sowie vom Fürstentum Liechtenstein (Art. 1 und 4 des Personen- und Gesellschaftsrechts vom 20. Januar 1926, mit einer Präzisierung von Art. 1 hinsichtlich Anwendbarkeit auf öffentliches Recht; vgl. auch SCHNYDER, Allg. Einleitung N 130 ff.). Zweifellos verdienen diese Bestimmungen insofern besondere Beachtung, als sie das Thema *umfassend* angehen: Sie statuieren die Gesetzespriorität für den *gesamten* Bereich. Sie stellen klar, dass das Gesetz nicht wörtlich, sondern sinngemäss gelten soll («Wortlaut und Auslegung»); sie treffen Vorsorge für den Fall, dass das Gesetz versagt (Gewohnheitsrecht, richterliche Rechtsfindung); sie geben dem Richter für den letztgenannten Fall auch methodische Hinweise («als Gesetzgeber»); sie akzeptieren ausdrücklich, dass neben der strikten «Anwendung» ein weiteres Umfeld einzubeziehen ist («bewährte Lehre und Überlieferung»); schliesslich stellen sie klar, dass der Richter auch bei noch so offenen Gesetzesformulierungen allemal *Recht* zu sprechen habe («Recht und Billigkeit»). In dieser Grundsätzlichkeit wird die Thematik von keiner anderen Rechtsordnung erfasst.

265 Doch ändert dies nichts an der hier vertretenen Feststellung, dass die Formulierung und ihre Plazierung im ZGB nicht mehr den heutigen methodologischen und wissenschaftstheoretischen Erkenntnissen entspricht: Das Thema – was ist richterliche Rechtsfindung? – stellt sich heute so fundamental wie zur Zeit des

aufklärerischen Gesetzespositivismus; nämlich als Grundsatzfrage der Gesellschaftsstruktur. Es hat Verfassungsrang; ins Privatrechtsgesetz passt es umso weniger, als dieses den Charakter des umfassenden Kodex für *alle* Lebensbereiche der Bürger längst verloren hat (vgl. auch SCHNYDER, Allg. Einleitung N 179 ff.). Was das Thema inhaltlich betrifft, so würde es näher der Formulierung von Art. 20 Abs. 3 GG kommen (Bindung der Rechtsprechung «an Gesetz und Recht»): Der Richter konkretisiert die Spannungsbeziehung Sollen–Sein im Einzelfall; dabei ist er sich bewusst, dass die bestehende Gesellschaftsorganisation Gesetze erlässt und ihm selbst, dem Richter, eine spezifische Rolle zudenkt (statt vieler RICHARD FRANK [Hrsg.], Unabhängigkeit und Bindungen des Richters in der BRD, Österreich und der Schweiz, Basel 1990, v.a. 22, 37 f., 60 ff., 85 ff.).

III. Vergleich mit dem Common Law System

a) Grundsatzfragen zur richterlichen Rechtsfindung, namentlich auch solche zur Methodologie, werden nicht selten im Vergleich mit dem Common Law System abgehandelt (statt vieler FIKENTSCHER, Methoden, Band II und III; ders., Gedanken; ESSER, Grundsatz; DÜRR, diskursives Recht, 79 ff.). Dies liegt insofern nahe, als die heutige Methodologie das kontinentaleuropäische Rechtsdenken, so facettenreich dies seinerseits ist, als solches in Frage stellt. Namentlich die mit der Kodifikationsidee zusammenhängenden Denkweisen (COING, Europäisches Privatrecht II, 249 ff.) haben den Aspekt des hermeneutischen Zirkels des anwendenden Richters längst ausgeweitet zur Theorie der Selbstreferenz des gesamten Gesellschaftssystems (LUHMANN, 38 ff., 440 ff.; TEUBNER, Recht, 81 ff.). Von Interesse ist nun etwa der «autopoietische» Kreislauf von Gesetzgebung–Rechtskonkretisierung–soziologischer Auswirkung–rechtspolitischer Bewegung–Gesetzgebung (weiterführende Hinweise bei BÜLLESBACH, 381 ff.). 266

Hier drängt es sich geradezu auf, alternative Systemkreisläufe in einen Vergleich zu ziehen; namentlich solche, die «verfassungsmässig» anders angelegt sind; bei denen der Richter von *der Konzeption her* eine andere Funktion hat (STROLZ, 11 ff., 125 ff.). 267

b) Das Richterkonzept des Common Law-Systems unterscheidet sich von jenem des Kodifikationssystems wesentlich. Dies bedeutet allerdings nicht, dass auch seine praktische Funktion oder gar die rechtssoziologische Auswirkung gänzlich verschieden wären; namentlich ist etwa das oben (N 175 ff.) erwähnte Gerichtsüberlastungsproblem auch in den USA bekannt (vgl. Hinweise in der 268 rechtsvergleichenden Studie von COTTIER et al., zit. in N 175 hievor). Ja gerade der Umstand, dass trotz konzeptioneller Verschiedenheit die Rechtswirklichkeit über weite Strecken sehr ähnlich ist, erweist sich heute als methodologisch plausibel nachvollziehbar.

269 Der Common Law-Richter hat konzeptionell nicht die Funktion, das Gesetz oder auch generell das Recht *anzuwenden*, sondern Konflikte zu beurteilen (HART/ SACKS, 341 ff.; FIKENTSCHER, Gedanken, 144 ff.; ders., Methoden, Band I, 33; POSNER, 109 ff.). Geführt wird er grundsätzlich nur durch «Gesetzmässigkeiten» der Methode, allenfalls des Verfahrens (RUBIN, 1394 ff., zur «theory of legal process»; SINGER, 15 ff., mit Verweisen; SOLAN, 55 ff.; BREWER, 1003 ff.). *Materiellgesetzliche Vorgaben* hat er zunächst nicht. «Statutes» mögen durchaus in Kraft stehen, nicht weniger an Zahl, Regelungsdichte und gliedstaatlicher Vielschichtigkeit, als dies in Staaten der Kodifikationstradition der Fall ist. Auch werden sich die Streitparteien vehement auf diese Gesetze berufen; doch gehört all dies gleichsam zum Sachverhalt, nicht weniger als etwa Einzelverträge, Rahmenverträge, Verbandsregulierungen, Anstaltsreglemente oder sonstige Regelungsordnungen (HART/SACKS, 183 ff.). So jedenfalls die «klassische» Struktur des Common Law-Denkens, welche vom Bild des grundsätzlich neutralen Staates ausgeht, der für materielles Recht nicht zuständig ist, sondern einzig institutionelle Fixpunkte bereitstellt; wie namentlich die gerichtlichen Instanzen und deren Verfahren (HORWITZ, 19 ff.; HART/SACKS, 10 ff.; KELMAN/ROTTENSTREICH/ TVERSKY; SAUVEPLANNE, 21 f.).

270 Es liegt auf der Hand, dass sich dieses Bild an den Wirklichkeiten des modernen Wohlfahrtsstaats mit stark auch materieller Gesetzesdichte stösst: Legislative Regelungen sind längst nicht mehr Ausnahmeerscheinungen, die vom Richter entsprechend kritisch daraufhin geprüft werden, ob sie *überhaupt* zum Tragen kommen. Sie präsentieren sich nun flächendeckend und dies mit dem Anspruch, konstitutionell ebenso verbindlich zu sein, wie der Richter kompetent ist. Beispielsweise im Bereich des Bundesstrafrechts werden gar Meinungen vertreten, wonach der verfolgende Staat mehr demokratische Legislativ-Legitimation habe als der Richter (D. M. KAHAN, is chevron relevant to federal criminal law? In Harvard Law Review 110 [1996], 469 ff.). – Allein, all dies scheint das *Konzept* der konstitutionellen Eigenständigkeit des Richters nicht grundsätzlich in Frage zu stellen (DWORKIN, 276 ff., 313 ff.). *Der* Richter spricht Recht; «stare decisis» (vgl. auch N 273 ff.), nicht formelle Gesetzeskraft, legitimieren die Norm. Applikationen «von aussen» entbehren der «inneren» Rechtskraft, und sei es *fremdes* Richterrecht (bezeichnenderweise stösst die Gerichtspraxis, internationales Gewohnheitsrecht als US-federal common law «anzuwenden», auf den Vorwurf feh-

Vorbem. Art. 1 und 4

lender demokratischer Legitimation, C. A. BRADLEY und J. L.GOLDSMITH, Harvard Law Review 110 [1997] 816 ff.).

Gleichwohl ficht diese Spannungsbeziehung das klassische Common Law System an: Die ehemals eher ausgefallene Frage, ob der Richter bei der Überprüfung eines Statutes *grundsätzliche* Kompetenzschranken zu beachten habe, ist längst zur *gegenseitigen* Abgrenzungsfrage zwischen Gesetzgeber und Richter geworden (SHACTER, 618 ff.; HORWITZ, 213 ff.; HART/SACKS, 693 ff., 1111 ff.; anschaulich in diesem Zusammenhang die Thematik des richterlichen «decisional minimalism», C. R. SUNSTEIN, Leaving things undecided, Harvard Law Review 110 [1996] 6 ff.). 271

c) Diese – hier naturgemäss sehr knappen – Hinweise erlauben einen Vergleich mit den entsprechenden Fragestellungen des europäischen Rechts. Auch dieses hat in seiner Entwicklung seit dem 19. Jahrhundert *mittlerweile* die Fragestellung der gegenseitigen Abgrenzung zwischen Gesetzgeber und Richter erreicht – jedoch aus der gegenteiligen Richtung: Vom richterlichen Gesetzesgehorsam des frühen Positivismus über freiere Betrachtungen der hinter dem Gesetz stehenden Ideen, über die Aufwertung der eigenverantwortlichen richterlichen Wertung, bis hin zur hermeneutischen Loslösung aus jedem Unterordnungsverhältnis (oben N 127 ff.). Beide Systeme haben sich von ihrem Konzept entfernt: Von der Suprematie des Richters beziehungsweise von jener des Gesetzes. Beide gingen – insofern nicht gegenläufig, sondern parallel – mit einer Zunahme der Gesetzesdichte einher (oben N 168 ff.). Und eben dies führt letztlich zur Offenlegung der wesensmässig *gegenseitigen* Spannungsbeziehung zwischen Richter und Gesetzgeber; dies indem der Gesetzgeber des Common Law-Systems gleichsam zum Richter aufholt, beziehungsweise indem der Richter des europäischen Konzepts dem geradezu übermächtigen Gesetzgeber hermeneutisch ausweicht. 272

d) Mit in diesen kurzen Vergleich zum Common Law System gehört der Stellenwert der Gerichtspraxis, das Prinzip «stare decisis». Dessen Besonderheit lässt sich wiederum aus der bereits erwähnten Grundfunktion des Richters verstehen, Konflikte zu beurteilen, nicht Normen *anzuwenden*. Die Grundanlage kommt also ohne Stabilisierungselemente *objektiver* Masstäbe aus. Die Institution als solche ist Stabilitätsgarant. Und nur *diese* Stabilität kann in die Rechtskonkretisierung einfliessen (HART/SACKS, 102 ff.; POSNER, 215 ff.; COLEMAN, 146). 273

Als stabilisierendes Element bietet sich so einzig das an, was *Rechtsprechung* hervorbringt. Sie selbst stabilisiert sich. Sie auferlegt sich die Pflicht eines selbstreferenziellen Diskurses, der auch die eigenen Legitimationsargumente 274 gleichsam als Meta-Stabilitäten enthält (RUBIN, 1424 ff.); etwa mit der Begründungspflicht und der Rechtssicherheit (HART/SACKS, 630 ff.).

275 Letzteres erlaubt wiederum den Vergleich mit sehr ähnlichen Aspekten des kontinentaleuropäischen Rechtssystems, und daselbst namentlich im Bereich der neueren hermeneutischen und wissenschaftstheoretischen Hinterfragungen: Die Pflicht zur Begründung als Argument einer Rechtstheorie, die sich nach wie vor in der Rationalitätstradition sieht (vgl. z.B. GARRN, Rationalität, 27 ff.) oder als Legitimationsbasis (statt vieler ALEXY, Theorie); und ebenso das Postulat der Rechtssicherheit als wesentliches Element auch der kontinentaleuropäischen Rechtsfindungstheorie (einlässlich PROBST, 198 ff.; ferner oben N 191 ff., sowie Art. 1 N 81 ff.; zu Verbindlichkeitsabstufungen der Gerichtspraxis im europäischen Konzept vgl. Art. 1 N 582 ff.).

IV. Vergleich mit ausserrechtlichen Konfliktbereinigungsstrukturen

276 a) Im Sinn stichwortartiger Hinweise seien im Zusammenhang mit Rechtsvergleichung auch Bezüge zu ausserrechtlichen Bereichen hergestellt. Sie treten heute immer mehr ins Bewusstsein über Konfliktbereinigungsstrukturen, verstehen sich entweder als alternative Prozeduren oder gar als Denkweise dahin, Konflikte erst gar nicht mit einem *Entscheidungs*ziel anzugehen.

277 b) Konfliktbereinigungsmechanismen ausserhalb des staatlichen Justizmonopols sind etwa Dienstleistungen der Mediation, namentlich im Bereich von Familienproblemen (BREIDENBACH) oder auch in wirtschaftlichen Zusammenhängen (City Dispute Panels, vgl. statt vieler arbitration and mediation center der World intellectual property organization, Genf, mit einer verbandsmässig organisierten mediation-Plattform, oder ad hoc-Panels bei Messeveranstaltungen; ferner ROGER FISHER/WILLIAM L. URY/BRUCE PATTON, Das Harvard-Concept, 14. A. 1995), freiwillige Organisationen etwa sogenannter Neigbourhood Justice Centers namentlich in urbanen Grossagglomerationen (REHBINDER, 212 ff.; AUERBACH mit dem bezeichnenden Titel «Justice without law?») oder Rechtsumsetzung nicht über staatlichen Vollzug, sondern über freiwillige Zertifizierung (z.B. Norm ISO 14001 über «legal compliance» im Umweltschutz; s. auch hienach N 279).

278 Solche Mechanismen können nicht bloss in die traditionelle Justizordnung vordringen, wie dies seit Jahren etwa im Arbeits- und Mietrecht der Fall ist (vgl. HIGI, Schlichtungsstellen; zum grossen «Vergleichsdruck» als rechtstatsächliche

Feststellung vgl. EGLI, 70 ff.). Sie können bei entsprechender Verbreitung ihrerseits eine gewisse «Institutionalisierung» annehmen und sich damit zunehmend mit Anforderungen konfrontiert sehen, die gemeinhin *rechtsspezifisch* sind: Zwar zunächst nicht als Eingriffslegitimation, aber als Erfolgsbedingung; etwa die Anforderung der Antizipierbarkeit des Ausgangs (oben N 175, 191 ff.) nicht als Garantie des Rechtsfriedens, aber als Baustein der eigenen Institutionalisierung. So sehr sich die verfassungsmässige Stellung solcher Einrichtungen von jener der traditionellen Justiz unterscheidet, so sehr decken sie sich in hermeneutischer Hinsicht. Hermeneutisch gesehen hat der verfassungsrechtlich noch so klar positionierte staatliche Richter keine objektivere Kompetenz als der sich neu bildende neighbourhood justice center. Und eben dieser Vergleich illustriert, wie grundsätzlich der staatliche Richter in seinem Verstehenskreislauf die staatliche Rechtsordnung selbst relativieren kann (TEUBNER, Recht, 36 ff.; LUHMANN, 496 ff.).

c) Aus ähnlichen Gründen finden andere Alternativstrukturen rechtsvergleichendes Interesse; und zwar solche, die weniger verfahrens-, sondern eher inhaltsbezogen ausgestaltet sind. Zu denken ist an «Softlaw» (dazu THÜRER in SJZ 104 (1985) I, 429 ff.), «Lex mercatoria» (vgl. International Institute for the Unification of Private Law, Priciples of International Commercial Contracts, Rom 1994), «ISO 21000 internationale private Norm für die soziale Verantwortung von Unternehmen» (MONIKA EGGER, ISO 21000? Internationale private Normen für die soziale Verantwortung von Unternehmen, Bern 1996), transnationales Recht (LANGEN), Billigkeit gemäss Schiedsgerichtspraxis (vgl. etwa HEINI, Art. 187 N 21 ff., in: A. Heini/M. Keller/K. Siehr/F. Vischer/P. Volken [Hrsg.], IPRG Kommentar, Kommentar zum Bundesgesetz über das Internationale Privatrecht [IPRG] vom 1. Januar 1989, Zürich 1993; BROGGINI, Equité), Equity (vgl. Art. 4 N 19 ff.). 279

Die Schieds- und unter Umständen auch staatlichen Gerichte, welche mit solchen Normen befasst sind, werden diese weniger «anwenden», sondern vielmehr als extrapolierte Phänomene verstehen. Sie subsumieren nicht den Sachverhalt unter Equity, sondern sie verhalten sich nach, beziehungsweise sie praktizieren Equity; konkret: sie ziehen alle Gesichtspunkte, realistische und argumentative, vernunftmässige und wertende, in ihre Gedankenarbeit ein; und insofern *geschieht* die Spannung zwischen Sollen und Sein. – Ein Vergleich mit den Vorgängen der staatlichen Justiz zeigt wiederum, dass diese ihrerseits – zeitgemäss verstanden – durchaus vergleichbar operiert (oben N 207 ff.), und eben dies erhellt wiederum die Relativität des «Phänomens» eines objektiven Rechts. 280

d) Neben den Vergleichen über vertraute Verfahren (N 277 f.) und über «objektive» Normen hinaus (N 279 f.) sind auch solche über das Problemlösungs- 281 *denken* hinaus zu erwähnen: Neben der im abendländischen Kulturkreis wohl nach wie vor dominanten Rationalität werden heute vermehrt auch andere Aspekte beachtet; nicht nur mit der Anerkennung richterlicher Wertung (N 148 ff.; Art. 1 N 188 ff.; WEIMAR, Entscheidung, 94 ff.) oder mit entsprechenden Weiterentwicklungen über die Disziplin der Rechtspsychologie (statt vieler JAKOB/USTERI/WEIMAR, Psyche–Recht–Gesellschaft; R. JAKOB/M. REHBINDER, Beiträge zur Rechtspsychologie, Berlin 1987; GERHARD KETTE, Rechtspsychologie, Wien 1987, insbes. 11 ff.; Hinweise bei BAUR, 55 ff.; Parallelen zu psychologischen Aspekten sowohl bei Rechtsfindung als auch bei Gesetzgebung in verschiedenen Beiträgen bei BIERBRAUER et al.); also nicht bloss in Aspekten, welche *neben* rationalistischen Elementen nun ebenfalls wahrgenommen und anerkannt werden.

282 Darüber hinaus geht es vielmehr darum, dass die rationalen, logischen, klaren Denkoperationen *als solche* ihren psychologischen Unterbau ernst nehmen; so etwa mit der Feststellung einer metarationalen «Erfahrungs-Logik» (HERBERGER/SIMON, 341 ff.) oder von archätypischen Verhaltensmustern des kollektiven Unbewusstseins (BAUR, v.a. 94 ff.; generell zur Thematik vgl. WEIMAR, Entscheidung; anschaulich ALBERT A. EHRENZWEIG, Psychoanalytische Rechtswissenschaft, Berlin 1973, 95 ff.). Konkret bezogen auf Rechtsfindung: Dass sich ein *Rechtsdenken* überhaupt bildet, etwa des Inhalts, ein System, eine Theorie, eine Ordnung zur Lösung von Konflikten zu entwickeln, ist zumindest *auch* ein psychologisches Phänomen. Nur wer bestimmte Zustandsveränderungen als Konflikt erfährt und wer hierauf mit Konfliktlösungsdrang reagiert, bietet Nährboden für ein Denken, das mit Gerechtigkeit, Recht, Einflussnahme operiert (ROBERT BOSSARD, Gedanken zu einer Sozialpsychologie des Rechts und des Rechtswesens, und MARGARET GRUTER, Where Ethology of Law and Legal Psychology Meet, beide in JAKOB/USTERI/WEIMAR, 81 ff. bzw. 99 ff.; zur kulturhistorischen Einordnung des tiefenpsychologischen Unterbaus solchen Rechtsdenkens vgl. FIKENTSCHER, Methoden, Band I, 149 ff.).

283 Alternative Konfliktbereinigungsstrukturen in der psychologischen Dimension lassen sich etwa dahin vorstellen, dass äussere Zustandsveränderungen zwar wahrgenommen werden, durchaus auch als feststellbare Inkompatibilität, die gewisse Reaktionen auslösen kann; indes nicht als Konflikt, den es zu entscheiden gilt. Eher als «Druckerhöhung», die sich unter Umständen auch durch Gegendruck ihrerseits relativiert; etwa auch als strukturelle Verwirrung, die es nicht zu zerschneiden, sondern zu entwirren gilt (WEIMAR, Dimensionen, 196; EGLI, 35 ff.). Thematisiert wird solches teilweise in der heutigen Rechtspsychologie (MANFRED REHBINDER, Rechtsgefühl als Gemeinschaftsgefühl, in: R. Jakob/M. Rehbinder (Hrsg.), Beiträge zur Rechtspsychologie, Berlin 1987, 183 ff.; MARTIN USTERI, Rechtspsychologische Studien in Zürich, in: JAKOB/USTERI/WEIMAR, 227 ff.;

BAUR); teilweise im Rahmen von ausserrechtlichen Verfahrensformen (oben N 277); nicht zuletzt auch unter Hinweis auf andere Kulturkreise der Menschheit (GARRN, 74 ff.; FIKENTSCHER, Methoden, Band I, 170 ff.).

Ein Vergleich solcher Aspekte mit vertrauteren Elementen der richterlichen Rechtsfindung ist insofern problematisch, als «Vergleichen» seinerseits einen *Denk*vorgang darstellt. Anderseits kann gerade diese Erkenntnis hilfreich sein, das hermeneutische Verstehen fundamental genug zu erfassen: Verstehen ist nicht bloss verstandesmässig; es ist genau gleich und umfassend Erfahren nicht-verbalisierbarer, ja sogar nicht-rationalisierbarer Dimensionen (anschaulich BAUMANN, Die sinnliche Justitia). 284

Art. 1 ZGB

¹ Das Gesetz findet auf alle Rechtsfragen Anwendung, für die es nach Wortlaut oder Auslegung eine Bestimmung enthält.

² Kann dem Gesetze keine Vorschrift entnommen werden, so soll der Richter nach Gewohnheitsrecht und, wo auch ein solches fehlt, nach der Regel entscheiden, die er als Gesetzgeber aufstellen würde.

³ Er folgt dabei bewährter Lehre und Überlieferung.

A. Anwendung des Rechts

¹ La loi régit toutes les matières auxquelles se rapportent la lettre ou l'esprit de l'une de ses dispositions.

² A défaut d'une disposition légale applicable, le juge prononce selon le droit coutumier et, à défaut d'une coutume, selon les règles qu'il établirait s'il avait à faire acte de législateur.

³ Il s'inspire des solutions consacrées par la doctrine et la jurisprudence.

A. Application de la loi

¹ La legge si applica a tutte le questioni giuridiche alle quali può riferirsi la lettera od il senso di una sua disposizione.

² Nei casi non previsti dalla legge il giudice decide secondo la consuetudine e, in difetto di questa, secondo la regola che egli adotterebbe come legislatore.

³ Egli si attiene alla dottrina ed alla giurisprudenza più autorevoli.

A. Applicazione del diritto

Materialien	Schweizerisches Zivilgesetzbuch, Erläuterungen zum Vorentwurf des Eidgenössischen Justiz- und Polizeidepartements, Erster Band: Einleitung, Personen-, Familien- und Erbrecht, 2. Ausgabe Bern 1914, von EUGEN HUBER. (zitiert: Erläuterungen)
	Botschaft des Bundesrates an die Bundesversammlung zu einem Gesetzesentwurf enthaltend das Schweierische Zivilgesetzbuch vom 28. Mai 1904, BBl 1904 IV 1 ff. (zitiert: Botschaft)
	Sten.Bull. NR 1906 1034 ff.
	Bericht der Redaktionskommission des Zivilgesetzbuches an die Bundesversammlung vom 20. November 1907, BBl 1907 VI 367 ff.
Ausländisches Recht	Vgl. Vorbemerkungen zu Art. 1 und 4 ZGB, N 261 ff.
Literatur	Vgl. Vorbemerkungen zu Art. 1 und 4 ZGB

Art. 1

Inhaltsübersicht Rz

A.	**Allgemeines**			1
I.	Gegenstand und Anwendungsgebiet			1
II.	Wesen der Rechtsfindung			7
B.	**Gesetzesrecht**			9
I.	Merkmale des Gesetzes			9
	1.	«Das Gesetz»		9
		a)	Normkategorie	9
		b)	Erlass des Bundes	13
		c)	Privatrechtlicher Erlass	14
		d)	Nicht nur das ZGB	15
	2.	Gültigkeit des Erlasses		17
		a)	Gültigkeit im Sinne des Publikationsgesetzes	17
		b)	Formelle Gültigkeitsvoraussetzungen	22
		c)	Fehlen von formellen Gültigkeitsvoraussetzungen	24
		d)	Materielle Gültigkeitsvoraussetzungen?	28
		e)	Kollision mit höherstufigen Normen	34
		f)	Kollision mit Normen gleicher Stufe	38
		g)	Zeitliche Gültigkeit	41
		h)	Übergangsrecht	43
II.	Anwendung des Gesetzes			45
	1.	Anwendung als Teil der Rechtsfindung		45
	2.	Anwendung im engeren und weiteren Sinn		48
	3.	Anwendung und Anwendbarkeit		52
III.	Wortlaut und Auslegung			57
	1.	Verhältnis Wortlaut zu Auslegung		57
		a)	Allgemeines	57
		b)	Sprachliches Verstehen von «Wortlaut oder Auslegung»	58
		c)	Hermeneutisches Verstehen: Wortlaut und Auslegung als Rechtsfindungselemente	62
	2.	Gegenstand des Wortlauts		65
		a)	Textliches	65
		b)	Wortsinn	67
		c)	Sprachwissenschaftliche Erkenntnisse	72
	3.	Relevanz des Wortlauts		75
		a)	Wichtigkeit des Phänomens «Gesetz»	75
		b)	Bedeutung des Gesetzescharakters	78
		c)	Begrenzung der richterlichen Rechtsfindung?	80
		d)	Bedeutung des Wortlauts als Stabilisator	81
	4.	Wesen der Auslegung		85
		a)	Verstehen	85
		b)	Rechtsfindung intra legem	87
		c)	Hermeneutische Methode	89
	5.	Grenzen der Auslegung		92
		a)	Immanente Grenzen der Rechtsfindung	92
		b)	Methodenehrlichkeit?	94
		c)	Wortlaut als Grenze?	101
IV.	Auslegung und Methode			105
	1.	Ermittlung der ratio legis		105

	a)	Inhalt des Gesetzes	105
	b)	Positivität des Gesetzes	107
	c)	Ratio und Objektivität	110
2.	Bezug zum Regelungsbedarf		112
	a)	«Realistische» Elemente	112
	b)	Wesen der Rechtsfindung: Rechtskonkretisierung	114
	c)	Der Richter als Teil der Realien	116
3.	Methodische Folgerungen		118
	a)	Wesentlichkeit von Methode	118
	b)	Offenheit der Methoden	121
	c)	Subjektivität und Objektivität der Methode	125
	d)	Zeitbezug der Methode	128
4.	Umstrittene Methoden		130
	a)	Rein sprachliche Methode	130
	b)	Vom Wortlaut unabhängige Auslegung	134
	c)	Subjektiv-historische Methode	135
	d)	Rang-Kanon	145

V. Bestandteile der Auslegung 147
   1. Elemente der Auslegung 147
      a) Gesetzestext 147
      b) Systematik 151
      c) Historisches Element 155
      d) Teleologisches Element 161
   2. Insbesondere das realistische Element 167
      a) Immanenter Seinsbezug des Sollens 167
      b) Sachverhaltsbezug 171
      c) Natur der Sache 176
      d) Überindividuelle Realien 179
      e) «Reales» als Gegenpart der Sollensordnung 182
      f) Hilfsmittel im Sinne von Art. 1 Abs. 3 ZGB 184
   3. Insbesondere wertende Elemente 188
      a) Kognitive und volitive Seite der Rechtsfindung 188
      b) Bedeutung von Wertungen bei der Rechtsfindung 191
      c) Bedeutung der Unterscheidung zwischen wertenden und analytischen Elementen 195
      d) Definitionen von «Wertung» 197
      e) Wertung bei Interessenkollisionen 201
      f) Wertungen der Rechtsordnung 205
      g) Wertungen im Sollensbereich 208
      h) Ethische Gesichtspunkte 214
      i) Ergebnisbezogene Rechtsfindung 218
   4. Bezug zur Verfassung 220
      a) Verfassungsbezogene Auslegung 220
      b) Verfassungskonforme Auslegung 222
   5. Operationsfiguren der Auslegung 224
      a) «Berücksichtigung» aller relevanten Elemente 224
      b) Syllogismus 226
      c) Analogie und argumentum e contrario 230
      d) Argumenta a maiore in minus und a minore in maius 237
      e) Restriktive und extensive Auslegung 239

Art. 1

	6. Hilfsmittel	244
	a) Bedeutung	244
	b) Bewährte Lehre und Überlieferung	246
	c) Ausländisches Recht	247
	d) Nicht mehr oder noch nicht gültige Gesetze	253
	e) Rechtsgeschichte	257
	f) Allgemeine Rechtsgrundsätze	259
	g) Rechtssprichwörter	260
C.	**Rechtsfindung jenseits der Gesetzesauslegung**	261
I.	Auslegung und Lückenfüllung	261
	1. Verhältnis von Abs. 1 zu Abs. 2	261
	2. Methodologischer Zusammenhang	263
	a) Abstufung Abs. 1 zu Abs. 2	263
	b) Relativierung der «Methodenehrlichkeit»	266
	c) Bandbreite der richterlichen Rechtsfindung	274
	3. Gebundene und freie Rechtsfindung	277
	4. Rechtsfindung secundum, intra, praeter und contra legem	282
	5. Insbesondere die «echte» Lücke	293
II.	Lücken	298
	1. Allgemeines	298
	2. Lücken intra und praeter legem	306
	3. Echte und unechte Lücken	318
	4. Wichtige und unwichtige Lücken	328
	5. Andere Lückenarten	336
	a) Norm- und Regelungslücken	336
	b) Prinzip- oder Wertlücken	338
	c) Offene und verdeckte Lücken	340
	d) Anfängliche und nachträgliche Lücken	342
	e) Bewusste und unbewusste Lücken	347
	6. Rechtsfreier Raum	351
III.	Rechtsfindung jenseits der Lückenfüllung?	358
	1. Begrenzung durch Art. 1 Abs. 2 ZGB?	358
	2. Begrenzung durch den Wortlaut?	362
	3. Begrenzung durch Richterfunktion	384
	4. Begrenzung durch Art. 64 BV	395
IV.	Praktische Relevanz	405
	1. Abgrenzung Auslegung – Lückenfüllung	405
	2. Abgrenzung zulässige – unzulässige richterliche Lückenfüllung	410
D.	**Gewohnheitsrecht**	417
I.	Bedeutung des Gewohnheitsrechts im Rahmen der Rechtsfindung	417
	1. Gewohnheitsrecht als normative Verdichtung	417
	2. Gewohnheitsrecht als Element der Rechtsfindung	421
	3. Feststellung von Gewohnheitsrecht	425
II.	Begriff des Gewohnheitsrechts	429
	1. Definition	429
	2. Territoriale Ausdehnung	432
	3. Abgrenzung zum Gesetz	439
	4. Abgrenzung zum Richterrecht	443
	5. Abgrenzung gegenüber der bewährten Lehre und Überlieferung	448

	6.	Abgrenzung zur Gerichtspraxis	452
	7.	Abgrenzung zu Übung und Ortsgebrauch	455
III.	Bedeutung	459
	1.	Historisch	459
	2.	Bei Erlass des ZGB	461
	3.	Heute	466
E.	**Richterrecht**	472
I.	Funktion des Richters	472
	1.	Zuständigkeit als Rechtsanwender	472
	2.	«Zuständigkeit» als Gesetzgeber?	478
	3.	Pflicht zur Rechtsfindung	485
	4.	Grenzen der Zuständigkeit	489
II.	«Lückenfüllung» und Methode	490
	1.	Ermittlung der ratio	492
	2.	Bezug zum Regelungsbedarf	498
	3.	Methodische Folgerungen	500
	4.	Umstrittene Methoden	502
		a) Wortjuristische Methode	502
		b) «Freirechtstheorie»	503
		c) Subjektiv-historische Methode	505
		d) Rang-Kanon	507
III.	Bestandteile der «Lückenfüllung»	508
	1.	Elemente der Lückenfüllung	508
		a) Sprachliches Element	508
		b) Systematisches Element	511
		c) Historisches Element	513
		d) Teleologisches Element	515
	2.	Realistische Elemente	516
	3.	Wertende Elemente	518
	4.	Verfassungsbezug	521
	5.	Operationsfiguren der «Lückenfüllung»	522
		a) Operationspluralismus	522
		b) Syllogismus	523
		c) Analogie und argumentum e contrario	525
		d) Argumenta a maiore in minus und a minore in maius	528
		e) Restriktive und extensive Operationsweisen	529
	6.	Hilfsmittel	531
F.	**Bewährte Lehre und Überlieferung**	533
I.	Bedeutung im Rahmen der Rechtsfindung	533
	1.	Bewährte Lehre und Überlieferung als Teil der Rechtsfindung	533
	2.	Verbindlichkeit für den Richter	538
	3.	Geltungsbereich	543
II.	Bewährte Lehre	547
	1.	Lehre	547
	2.	Bewährtheit der Lehre	560
III.	Bewährte Überlieferung	571
	1.	Überlieferung	571
	2.	Bewährtheit der Überlieferung	577
IV.	Verbindlichkeit der Praxis	582

Art. 1

1.	Fragestellung im Kontext von Rechtsfindung	582
	a) Verbindlichkeit versus Faktizität	582
	b) Verbindlichkeit und Verstehen	585
	c) Verbindlichkeitsabstufungen	587
2.	Grundsatz der Verbindlichkeit?	589
3.	Inhaltliche Verbindlichkeitskriterien	595
	a) Methodologische Richtigkeit	595
	b) «Gebundene» und «freie» Rechtsfindung?	597
	c) Stabilität und Rechtssicherheit	600
	d) Rückwirkungsverbot?	602
4.	Andere Verbindlichkeitskriterien	605
	a) Höhe des Gerichts?	605
	b) Konstanz und Dauer der Praxis	609
	c) Nähe des Gerichts	610
	d) Urteilsbegründung	612
	e) Bekanntheit	614

A. Allgemeines

I. Gegenstand und Anwendungsgebiet

1 a) Der *Gegenstand* von Art. 1 ZGB hängt sehr eng mit jenem von Art. 4 zusammen. Verschiedene Gesichtspunkte, welche beide Artikel betreffen, sind deshalb in den gemeinsamen Vorbemerkungen enthalten. Diese wiederum umfassen verschiedene Themenbereiche:

2 Abgesehen davon, was Art. 1 und 4 ZGB inhaltlich aussagen, stehen sie als solche – gleichsam von aussen gesehen – in einem weiteren Umfeld. Entsprechend kann verwiesen werden

– für das grundsätzliche thematische *Umfeld* des Gegenstands von Art. 1 (und 4), namentlich die Hauptbezüge Sollen–Sein–Gesetz auf N 1 ff.;
– für eine Zusammenfassung der inhaltlichen *Kernaussagen* zu den Rechtsquellen auf N 20 ff.,
– zur richterlichen Aufgabe auf N 41 ff.,
– zur Methodik auf N 56 f. und 198 ff.;
– für den *historischen und theoretischen Kontext* auf N 127 ff.

3 Sodann stellt sich die Frage, an wen Art. 1 und 4 ZGB gerichtet sind. Für entsprechende Ausführungen betreffend den *Adressaten* sowie für die Art, *wie* derselbe

Art. 1

vom Gesetz angesprochen wird, kann auf N 61 ff. der Vorbemerkungen verwiesen werden.

Schliesslich stellen sich verschiedene *Abgrenzungsfragen*. Hiebei geht es vor allem darum, welche Problemstellungen der richterlichen Rechtsfindung in Art. 1 und 4 ZGB geregelt, welche allenfalls Gegenstand anderer Normen sind. Es kann entsprechend auf die Vorbemerkungen verwiesen werden, und zwar 4
– für Abgrenzungen gegenüber Art. 2 Abs. 2 ZGB auf N 71 ff.,
– gegenüber den Begriffen Subsumtion und Konklusion auf N 81 ff.,
– gegenüber der verfassungsmässigen Stellung des Richters auf N 84 ff.,
– gegenüber den Adressatenkreisen des Gesetzgebers und der Gesetzesunterworfenen auf N 92 ff. beziehungsweise N 97 ff.

b) Das *Anwendungsgebiet* von Art. 1 (wie auch von Art. 4) ZGB ist Bundesprivatrecht, wofür im einzelnen ebenfalls auf die Vorbemerkungen verwiesen wird (N 101 ff.). Gleichwohl bestehen Bezüge auch zu Bereichen ausserhalb des Bundesprivatrechts (Vorbemerkungen N 111 ff.). 5

c) Die Aufteilung in Vorbemerkungen einerseits und Artikelkommentierung anderseits wird nicht einzig deshalb vorgenommen, weil es dort um *gemeinsame* Aspekte der beiden Artikel 1 und 4 ZGB geht. Während die eigentliche Kommentierung von Art. 1 beziehungsweise 4 ZGB den Absätzen und Begriffen des Gesetzestextes folgt und vor allem dem Praktiker eine Lokalisierung einer spezifischen Einzelfrage erleichtern soll, beinhalten die Vorbemerkungen allgemeine, grundsätzlichere und vielfach abstraktere Gesichtspunkte (vgl. auch Vorbemerkungen N 201 ff.). 6

II. Wesen der Rechtsfindung

Art. 1 ZGB beschlägt «Rechtsfindung» als Umschreibung dessen, was die Funktion des Richters ausmacht. Zum Grundsätzlichen dieser Thematik, zu ihrer theoretischen und historischen Herleitung und zu ihren methodologischen Auswirkungen sei im einzelnen auf die Vorbemerkungen verwiesen. Dort wird näher dargelegt, dass und weshalb Art. 1 und 4 ZGB heute in dieser Form und an dieser Stelle nicht geschrieben würden. Die Gliederung des Gesetzesartikels in «Gesetzeswortlaut und Auslegung» (Abs. 1), die Abstufung alsdann zur Lückenfüllung mittels spezifischer Rechtsquellen (Abs. 2), schliesslich die gesonderte Katego- 7

Art. 1

rie des Billigkeitsentscheids (Art. 4 ZGB) gehen von einer Betrachtungsweise des geschriebenen Rechts aus, die heute weitgehend überholt ist, jedenfalls hier nicht vertreten wird (näheres Vorbemerkungen N 198 ff.).

8 Was bedeutet dies nun für den Stellenwert von Art. 1 ZGB heute im konkreten «Anwendungsfall»? Im Kern geht die Antwort dahin, dass Art. 1 sehr wohl Relevanz beansprucht, doch wird er nicht «befolgt», sondern er «verstanden» (hiezu näher N 57 ff. hienach und eingehend Vorbemerkungen N 198 ff.). Und dasselbe versucht die vorliegende Kommentierung zu tun, indem sie die Thematik des Verstehens in den Vorbemerkungen aufnimmt und anhand der Artikelkommentierung vermeidet, den Gesetzestext zu ignorieren. Wenn also der Gesetzessystematik gefolgt wird, so nicht bloss aus Gründen der Praktikabilität, sondern weil auch das heutige Verständnis von Rechtsfindung die Gesetzessystematik und den Text keineswegs ignoriert.

B. Gesetzesrecht

I. Merkmale des Gesetzes

1. «Das Gesetz»

9 a) **Normkategorie.** Indem der Text des ersten Absatzes von «Gesetz» spricht, umschreibt er eine Normkategorie im Gegensatz etwa zum Gewohnheitsrecht (BÜHLER, Rechtsquellenlehre, Bd. 3, 35 ff.; näheres dazu unten N 417 ff.), zum Richterrecht (N 472 ff.) oder zu anderen Verbindlichkeitskategorien. Es geht um eine Aussage über die Massgeblichkeit einer Rechtsquelle; nämlich der Rechtsquelle «Gesetz», und zwar in Priorität vor anderen Rechtsquellen gemäss dem subsidiär relevanten Abs. 2.

10 Damit eine Rechtsquelle unter diese prioritäre Normkategorie fällt, muss sie spezifische Anforderungen erfüllen (HUG, 118 ff.). Diese werden nicht eigens definiert. Doch muss es um solche Erlasse gehen, deren prioritäre Legitimation auf *entsprechend* legitimierenden Entstehungsabläufen beruht; auf Abläufen mithin, die im Rahmen der gültigen Rechtsordnung eigens so ausgestaltet sind, dass sie für ihr inhaltliches Anwendungsgebiet allgemein Verbindlichkeit beanspruchen dürfen (BÜHLER, Rechtsquellenlehre, Bd. 3, 202; SEILER/WEBLER, 172).

Art. 1

In erster Linie fällt hierunter das formelle *Gesetz* und der *allgemeinverbindliche Bundesbeschluss* im Sinn der entsprechenden staatsrechtlichen Bestimmungen (näheres zur Gültigkeit unten N 17 ff.). Ohne weiteres kann auch die von der zweiten Staatsgewalt erlassene *Verordnung* unter «Gesetz» im Sinn von Art. 1 Abs. 1 ZGB fallen. Auch sie ist ein *Erlass*, der in einem staatsrechtlich spezifisch auf die Gültigkeit hin definierten Verfahren *erlassen* wurde. Dass eine zusätzliche Delegationsstufe vom Gesetzgeber auf den Verordnungsgeber vorliegt, ändert hieran nichts; bedingt einzig, dass auch diese Delegation verfassungskonform erfolgt ist (DESCHENAUX, Einleitungstitel, 74; GYGI, Rechtsfindung, 74; beispielsweise zur Auslegung und Lückenfüllung der Verordnung über die Miete und Pacht von Wohn- und Geschäftsräumen vom 9. Mai 1990 [VMWG, SR 221.213.1] RONCORONI, Alter oder neuer Anpassungssatz bei Mietzinsherabsetzungen infolge Senkung des Hypothekarzinssatzes? in: mp 1994, 1 ff.). Dasselbe muss auch bei Subdelegationen gelten (als anschauliches Beispiel für eine ganze Delegationskette vgl. etwa BGE 120 II 137 [138] zur Eintragung von Stiftungsorganen in das Handelsregister). 11

Ebenso «Gesetz» im Sinn dieser Normkategorie sind Erlasse, die zwar nicht durch öffentlich-rechtlich konstituierte Gremien festgelegt werden, aber doch durch solche privaten Organisationen, denen von *Gesetzes* wegen entsprechende Legitimation zukommt: beispielsweise von den Sozialpartnern erlassene Gesamtarbeitsverträge (Vorbemerkungen N 100, 110); Rahmenmietverträge (BG über Rahmenmietverträge und deren Allgemeinverbindlicherklärung vom 23. Juni 1997, SR 221.213.15; vgl. auch AJP 1996, 476); «gemeinsamer Tarif 8» betreffend Reprografie-Entschädigung der involvierten Verbände (Art. 59 Abs. 3 URG; Schweizerisches Handelsamtsblatt Nr. 5 vom 9. Januar 1996). Solche Erlasse kommen im Rahmen der richterlichen Rechtsfindung gemäss Art. 1 ZGB ebenfalls zur «Anwendung». 12

b) **Erlass des Bundes.** Vom Kriterium der Normkategorie – Gesetz, allgemeinverbindlicher Bundesbeschluss, Verordnung – zu unterscheiden ist jenes der gliedstaatlichen Ebene. «Gesetz» im Sinn von Art. 1 Abs. 1 ZGB könnte thematisch gesehen auch ein kantonales Gesetz oder beispielsweise einen kommunalen Gemeindeversammlungsbeschluss umfassen. Diese Erlasse tieferer gliedstaatlicher Ebenen fallen indes aus einem anderen Grund nicht darunter: wegen der Reichweite von Art. 1 aufgrund von dessen verfassungsrechtlicher Basis in Art. 64 BV. Er kann nur im Bereich dieser *Bundeskompetenz* gelten (vgl. Vorbemerkungen N 101 ff.). In anderen Bereichen ist allenfalls ein analoger Beizug denkbar (vgl. BGE 74 I 105 [108] zur Lückenfüllung einer kantonalen Prozessordnung; MEIER-HAYOZ, Berner Kommentar, Art. 1 N 47). 13

Art. 1

14   c)   **Privatrechtlicher Erlass.** Aus demselben Grund kann mit «Gesetz» gemäss Art. 1 Abs. 1 ZGB nur ein entsprechender *privatrechtlicher Erlass* gemeint sein (in anderen Bereichen allenfalls analog, vgl. Vorbemerkungen N 101 ff., mit Beispielen in N 112 f.).

15   d)   **Nicht nur das ZGB.** Die Formulierung «das Gesetz findet ... Anwendung ...» ist *nicht* im Sinn zu verstehen von «das *vorliegende* Gesetz findet Anwendung auf ...», wie dies regelmässig bei Spezialgesetzen anzutreffen ist (z.B. Art. 2 des Bundesgesetzes über den Datenschutz vom 19. Juni 1992 [DSG, SR 235.1] oder Art. 2 des Bundesgesetzes über das bäuerliche Bodenrecht vom 4. Oktober 1991 [BGBB, SR 211.412.11]). Dies ergäbe schon deshalb wenig Sinn, weil das Anwendungsgebiet des «vorliegenden» Gesetzes in Art. 1 gar nicht umschrieben wird. Stattdessen wird auf den jeweiligen Wortlaut (beziehungsweise die Auslegung) der einschlägigen Normen verwiesen, aus dem sich dann von selbst ergebe, auf welche Rechtsfragen er anzuwenden sei. Es käme dies auf die tautologische Aussage hinaus, das Gesetz finde auf jene Rechtsfragen Anwendung, bei denen es sagt, es finde Anwendung.

16   Der tautologische Charakter dieser Aussage entfällt jedoch, und sie wird inhaltlich relevant, wenn man ihr einen anderen Sinn beimisst; nämlich dass das Gesetz nicht bloss sagt oder beansprucht, eventuell gar nur erwartet, Anwendung zu finden, sondern dass es *gilt*; und zwar vor anderen Rechtsquellen, die vielleicht ebenso Geltung beanspruchen wollten. Diese Aussage aber betrifft nicht bloss das «vorliegende», sondern jedes Gesetz. Zur Zeit des Erlasses, und auch verschiedentlich in der Folge noch, wurde bisweilen die vorstehend verworfene Ingressbedeutung (das «vorliegende» Gesetz) vertreten (vgl. Art. 1 des Departementalentwurfs von 1900, dazu unten N 185; EUGEN HUBER, Erläuterungen, Band 1, 36 ff.; ALEX REICHEL, 4). Dies hängt damit zusammen, dass eine historisch und politisch gewachsene und auch rechtstheoretisch entsprechend entwickelte Grundidee des nationalen Zivilgesetzbuches dem umfassenden *Kodex* entsprach. Das «vorliegende» Gesetz war damals «*das*» Gesetz schlechthin. Namentlich das *bürgerliche* Gesetzbuch war *das* Schriftstück, dem allein jene speziell demokratische Legitimation und Aufgabe zukam, den Bürger vor Richterwillkür zu schützen (Vorbemerkungen N 136 ff.; WIEACKER, Nationalgesetzbücher, 410; vgl. auch SCHNYDER, Allg. Einleitung N 7 ff.).

Art. 1

2. Gültigkeit des Erlasses

a) **Gültigkeit im Sinne des Publikationsgesetzes.** Nur jene Erlasse sind «Gesetz» im Sinn von Art. 1 Abs. 1 ZGB, welche die entsprechenden spezifischen Anforderungen der positiven Rechtsordnung erfüllen. In Betracht fallen namentlich die Erlasse gemäss Art. 1 lit. b bis e des Bundesgesetzes über die Gesetzessammlungen und das Bundesblatt vom 21. März 1986 (Publikationsgesetz, SR 170.512), also

– die Bundesgesetze,

– die allgemeinverbindlichen Bundesbeschlüsse,

– die übrigen rechtsetzenden Erlasse der Bundesbehörden und der anderen Stellen, denen Bundesaufgaben übertragen sind sowie

– andere Erlasse auf Beschluss der Bundesversammlung.

17

Auch internationale Erlasse gemäss Art. 2 des Publikationsgesetzes bilden «Gesetz» im Sinn von Art. 1 Abs. 1 ZGB. Das heisst, sofern sie Privatrecht beinhalten (oben N 14), werden sie von dieser Bestimmung erfasst (z.B. das Übereinkommen der Vereinten Nationen über Verträge über den internationalen Warenkauf [Wiener Kaufrecht, SR 0.221.211.1]; als Beispiel einer Lückenfüllung im Bereich eines einschlägigen Staatsvertrags BGE 108 I b 430 [436 f.]; vgl. auch SCHNYDER, Allg. Einleitung N 122 ff.)

18

Zu beachten ist allerdings, dass diese Abkommen zum Teil ihrerseits spezielle Bestimmungen über ihre Auslegung enthalten. Beispielsweise ist nach Art. 7 des Wiener Kaufrechts bei dessen Auslegung der internationale Charakter dieses Übereinkommens zu berücksichtigen. Eine solche Bestimmung enthält auch Art. 1 des Zusatzprotokolls Nr. 2 zum Lugano-Übereinkommen (Übereinkommen über die gerichtliche Zuständigkeit und die Vollstreckung gerichtlicher Entscheide in Zivil- und Handelssachen, SR 0.275.11): «Die Gerichte jedes Vertragsstaats tragen bei der Anwendung und Auslegung der Bestimmungen dieses Übereinkommens den Grundsätzen gebührend Rechnung, die in massgeblichen Entscheidungen von Gerichten der anderen Vertragsstaaten zu den Bestimmungen des genannten Übereinkommens entwickelt worden sind.» Man spricht hier insofern von autonomer Auslegung, als ein internationales Abkommen gerade nicht nach nationalen Auslegungsregeln interpretiert werden soll. Der EuGH führte im Urteil Hutton c. TVB Treuhandgesellschaft vom 19. Januar 1993 (Urteil Nr. C-89/91) aus: «Zur Beantwortung dieser Frage ist auf den in der Rechtsprechung ... aufgestellten Grundsatz hinzuweisen, dass die im Übereinkommen verwendeten Begriffe – die nach dem innerstaatlichen Recht der Vertragsstaaten eine unterschiedliche Bedeutung haben können –, um die einheitliche Anwendung des Übereinkommens in allen Vertragsstaaten zu gewährleisten, autonom auszulegen sind ...» (dazu VOLKEN, Rechtsprechung zum Lugano-Übereinkommen [1993/94], in: SZIER 1995, 298 ff.; vgl. auch KRAMER, Uniforme Interpretation von Einheitsprivatrecht, in: ders., Zur Theorie und Politik des Privat- und Wirtschaftsrechts: Beiträge 1969–1996, München/Franfurt am Main/Wien 1997, 401 ff.).

19

Art. 1

20   Zu den «übrigen rechtsetzenden Erlassen der Bundesbehörden und der anderen Stellen, denen Bundesaufgaben übertragen sind», gehören, wie erwähnt (N 11), insbesondere auch Verordnungen des Bundesrats. Allerdings wird der Richter die Besonderheit der *delegierten* Kompetenz berücksichtigen müssen, namentlich wenn es um die Vereinbarkeit mit höheren Normen geht (vgl. z.B. in verfahrensmässiger Hinsicht WALTER KÄLIN, Das Verfahren der staatsrechtlichen Beschwerde, 2. A. Bern 1994, 25 ff.). Ebenso darunter fallen Erlasse nachgestellter Bundesbehörden sowie die Verordnungen des Bundesgerichts (z.B. die Verordnung des Bundesgerichts über die Aufbewahrung der Betreibungs- und Konkursakten vom 14. März 1938 [SR 281.33]). Allemal muss es sich um Rechtsverordnungen handeln im Gegensatz zu Verwaltungsverordnungen, welch letzteren keine spezifische *Gesetzes*kraft zukommt; sie erlauben zwar eine einheitliche Praxis der Exekutivbehörden, binden aber den Richter nicht (vgl. BGE 120 II 137 [139]; GYGI, Rechtsfindung, 74). Ebenfalls in diesem Zusammenhang zu erwähnen ist die spezialgesetzliche Erlasszuständigkeit beziehungsweise -regelung der Allgemeinverbindlicherklärung von Gesamtverträgen (Vorbemerkungen N 100).

21   Die übrigen im Publikationsgesetz aufgeführten Erlasse könnten zwar ebenfalls «Gesetz» im Sinn von Art. 1 Abs. 1 sein. Doch fallen sie formell deshalb nicht unter dessen Anwendungsbereich, weil es sich nicht um Privatrecht handelt (Art. 1 lit. a des Publikationsgesetzes: Bundesverfassung) oder aber nicht um *Bundesrecht* (Art. 3 des Publikationsgesetzes: interkantonales Recht).

22   b) **Formelle Gültigkeitsvoraussetzungen.** Die formellen Gültigkeitsvoraussetzungen ergeben sich aus den einschlägigen Bestimmungen der positiven Rechtsordnung, nämlich aus

- Art. 89 Abs. 1 und 2, Art. 89bis BV;
- Art. 36[quinquies] Abs. 2, Art. 41 Abs. 4, Art. 102 Ziff. 5, 9 und 10 BV für einzelne Verordnungskompetenzen;
- dem Bundesgesetz über die politischen Rechte vom 17. Dezember 1976 (SR 161.1), Art. 10 bis 15, Art. 59 bis 67;
- dem Bundesgesetz über den Geschäftsverkehr der Bundesversammlung sowie über die Form, die Bekanntmachung und das Inkrafttreten ihrer Erlasse vom 23. März 1962 (Geschäftsverkehrsgesetz, SR 171.11);
- dem Bundesgesetz über die Gesetzessammlungen und das Bundesblatt vom 21. März 1986 (Publikationsgesetz, SR 170.512);
- der Verordnung über die Gesetzessammlungen und das Bundesblatt vom 15. April 1987 (Publikationsverordnung, SR 170.512.1);

Art. 1

- der Verordnung über das Vernehmlassungsverfahren vom 17. Juni 1991 (SR 172.062), die sich ihrerseits auf Art. 7 VwOG stützt (SR 172.010);
- dem Bundesgesetz über die Allgemeinverbindlicherklärung von Gesamtarbeitsverträgen (SR 221.215.311);
- dem Bundesgesetz über Rahmenmietverträge und deren Allgemeinverbindlicherklärung (SR 221.213.15).

Diese Erlasse enthalten Bestimmungen 23
- zur Zuständigkeit der ersten, teilweise der zweiten oder dritten Staatsgewalt;
- über das Rechtsetzungsverfahren in den betreffenden Gremien und die fakultative beziehungsweise obligatorische Mitwirkung von Volk und allenfalls Ständen;
- über die weitere Behandlung von dergestalt entstandenen Erlassen, namentlich die Publikation in der Amtlichen und in der Systematischen Sammlung;
- schliesslich über die Wirksamerklärung.

c) **Fehlen von formellen Gültigkeitsvoraussetzungen.** Fehlt es an einer dieser Voraussetzungen gänzlich oder ist eine solche nicht korrekt gehandhabt worden, so gebricht es an der Eigenschaft «Gesetz» gemäss Art. 1 Abs. 1 ZGB. Es liegt dann ein Erlass vor, der gleichsam behauptet, «Gesetz» zu sein, ohne dass dies auch wirklich zutrifft. Die Gesetzes-Bedeutung im Sinn von Art. 1 Abs. 1 ZGB kommt ihm deshalb nicht zu (vgl. zum Erfordernis der Publikation BGE 120 Ia 1 [8]). 24

Solche formell fehlerhaften Erlasse haben auch kein *teil*weises Gesetzesgewicht, etwa im Sinn einer «authentischen» Interpretation (vgl. dazu EGGER, Zürcher Kommentar, Art. 1 N 9; GERMANN, Methoden, 57; MEIER-HAYOZ, Berner Kommentar, Art. 1 N 82; ausführlich JENNY, authentische Interpretation. Vgl. auch BGE 33 I 625 [630 f.] und 34 I 72 [79]). Will das betreffende Gremium einen Erlass klären, präzisieren, bereinigen etc., hat es dies in der «vollen» Form zu tun; sobald sich ein «sinnstörendes Versehen» in den Wortlaut eingeschlichen hat, wird die Bereinigung des betreffenden Bundesgesetzes durch die Redaktionskommission ihrerseits in Form eines Bundesgesetzes durch die Bundesversammlung erlassen, in der amtlichen Sammlung publiziert und nach Ablauf der Referendumsfrist in Kraft gesetzt (Art. 33 Abs. 2 Geschäftsverkehrsgesetz, SR 171.11; vgl. z.B. AS 1996, 1158). Andernfalls kommt dem «Erlass» kein grösseres Gewicht zu als anderen Rechtsfindungselementen, namentlich etwa Materialien (N 136 ff., 155 ff.). 25

Kein Widerspruch hiezu ist Art. 113 Abs. 3 BV, wonach bestimmte Erlasse des Bundesparlaments für den Richter *vorbehaltlos* massgebend sind. Diese vor- 26

Art. 1

behaltlose Gültigkeit gilt nämlich nur dann, wenn die betreffenden Erlasse auch effektiv jene *sind*, die in Art. 113 Abs. 3 BV aufgeführt sind, nämlich «von der Bundesversammlung erlassene Gesetze, allgemeinverbindliche Bundesbeschlüsse sowie von ihr genehmigte Staatsverträge», die also ihrerseits die obgenannten Voraussetzungen erfüllen. Die genannte Verfassungs-Bestimmung verbietet also nicht eine formelle Normkontrolle, bloss eine inhaltliche (näheres unten N 220 ff.). In einer Hinsicht allerdings verhindert Art. 113 Abs. 3 BV auch den Einwand einer formellen Gültigkeitsvoraussetzung; dann nämlich, wenn die Zuständigkeit des Bundesparlaments umstritten ist. Dies betrifft etwa den Einwand, der Regelungsbereich falle nicht unter Bundes-, sondern unter Kantonskompetenz (vgl. etwa BGE 106 Ia 38 zur Frage der Kompetenzen auf dem Gebiet der Lebensmittelpolizei gemäss Art. 69bis BV; näheres vgl. die Kommentierung zu Art. 5 und 6 ZGB).

27 Die formellen Gültigkeitsvoraussetzungen richten sich jeweils nach jenen Bestimmungen, welche zum Zeitpunkt des betreffenden Erlasses in Kraft stehen beziehungsweise standen: Für die Veröffentlichung von Erlassen massgebend war bis 1987 das Bundesgesetz über die Rechtskraft der Bereinigten Sammlung der Bundesgesetze und Verordnungen für die Jahre 1848 bis 1947 und über die neue Reihe der Sammlung vom 12. März 1948; seither gilt das Bundesgesetz über die Gesetzessammlungen und das Bundesblatt vom 21. März 1986 (Publikationsgesetz, SR 170.512).

28 d) **Materielle Gültigkeitsvoraussetzungen?** Hievon ist bisweilen dort die Rede, wo die Konformität mit Normen höherer Stufe, wie etwa den Freiheitsrechten, den fundamentalen Menschenrechten oder auch mit Sollensaspekten überrechtlicher Ebene in Frage steht (N 214 ff.; Vorbemerkungen N 51 ff.; vgl. auch MEIER-HAYOZ, Berner Kommentar, Art. 1 N 86 ff.). Eine Betrachtungsweise, die solche Massstäbe als «Gültigkeits»-Voraussetzungen auffasst und entsprechend zwischen inhaltlich gültigen und inhaltlich ungültigen Normen unterscheidet, nimmt eine Mittelstellung ein zwischen positivistischem Anwendungsdenken und hermeneutischer Unschärferelation (N 45 ff.; Vorbemerkungen N 207 ff.):

29 Positivistisch ist die Optik insofern, als ausserpositive Aspekte irrelevant bleiben müssen, solange sie mit gültigen Gesetzen kollidieren. Entsprechend können sie nicht unmittelbar wirken, sondern bloss mittelbar dadurch, dass die konträren Gesetze als solche ungültig werden, letztlich die spezifische Eigenschaft «Gesetz» verlieren (WALTER OTT, Rechtspositivismus, 104 ff.) Zu beachten ist, dass «der» Positivismus nicht zwingend auf *Geschriebenheit* des Rechts abstellt, sondern durchaus auch auf andere empirisch fassbare Merkmale von Recht (dazu

Art. 1

WALTER OTT, Rechtspositivist, 441, 445 [2. These]; zu konkreten Auswirkungen WALTER OTT, Radbruch'sche Formel, 337 ff.).

Die Optik passt aber auch zum heutigen hermeneutischen Unschärfedenken: Das formell gültige Gesetz wird nicht rein subsumtionstechnisch auf den betreffenden Fall angewendet; vielmehr versucht man zu verstehen, was die Begriffe «Gesetz», «Sachverhalt» und «Anwendung» denn eigentlich bedeuten. Dabei verliert das Gesetz alsbald das Merkmal «Gültigkeit». Es ist nicht mehr als ein Fixpunkt, eine Verdichtung im Themenbereich Sollen (Vorbemerkungen N 215 f.). Eine solche Hinterfragung von Gültigkeit aus materiellen Gründen wurde besonders stark im Deutschland der Nachkriegszeit sowie nun neuestens in der Nach-Mauer-Zeit als Reaktion auf den Unrechtsstaat vertreten, in der Schweiz indes eher abgelehnt (MEIER-HAYOZ, Berner Kommentar, Art. 1 N 88; MERZ, Berner Kommentar, Art. 2 N 23 f.; HÄFELIN, Bindung, 127 f.; immerhin für eine kritische Hinterfragung der Gesetzesgültigkeit auch in direkt-demokratischen Systemen neuerdings DOBLER, v.a. 93 ff.). 30

RADBRUCH (gesetzliches Unrecht, 107) prägte die bekannte Formel: «... Der Konflikt zwischen der Gerechtigkeit und der Rechtssicherheit dürfte dahin zu lösen sein, dass das positive, durch Satzung und Macht gesicherte Recht auch dann den Vorrang hat, wenn es inhaltlich ungerecht und unzweckmässig ist, es sei denn, dass der Widerspruch des positiven Gesetzes zur Gerechtigkeit ein so unerträgliches Mass erreicht, dass das Gesetz als «unrichtiges Recht» der Gerechtigkeit zu weichen hat. ... Wo Gerechtigkeit nicht einmal erstrebt wird, wo die Gleichheit, die den Kern der Gerechtigkeit ausmacht, bei der Setzung positiven Rechts bewusst verleugnet wurde, da ist das Gesetz nicht etwa nur «unrichtiges Recht», vielmehr entbehrt es überhaupt der Rechtsnatur. ...» (seither Radbruch'sche Formel genannt; vgl. dazu DREIER, Unrecht; KAUFMANN, Radbruchsche Formel; WALTER OTT, Radbruch'sche Formel; generell zu diesem Thema RÜTHERS, Interpretation; ders., Rechtsbegriffe; ders. Ideologie). Neue Aktualität hat die Radbruch'sche Formel in Zusammenhang mit den sogenannten Mauerschützenfällen erlangt (dazu KAUFMANN, Radbruchsche Formel). 31

In neuerer Zeit bestehen auch hierzuland weniger Widerstände gegen materielle Gültigkeitsvoraussetzungen. Doch liegt die Begründung meist nicht darin, dass die Gültigkeit nun erleichtert aufgehoben werden könnte, sondern dass sich die Begriffe «Gültigkeit» und «Gesetz» als solche relativieren (näheres N 214 ff., 518 ff.). 32

Mit dem letztgenannten Aspekt hängt die Frage zusammen, ob der – annahmeweise klare oder geklärte – Gesetzeswortlaut eine Grenze für die richterliche Rechtsfindung darstelle. Je positivistischer beziehungsweise je *anwendungs*orientierter die Betrachtungsweise ausgerichtet ist, desto spezifischer versteht sich auch die Verbindlichkeit des Gesetzestextes; desto mehr beansprucht der Wortlaut selbst «Gültigkeit» und desto qualifizierter müssen die Voraussetzungen sein, um von ihm abweichen zu dürfen. Eine Abweichung vom Text ist bei dieser Auffassung jedenfalls nicht mehr gewöhnliche Rechtsfindung, sondern kann nur über 33

Art. 1

Art. 2 Abs. 2 ZGB erfolgen (BAUMANN, Art. 2 N 14, 21; MERZ, Berner Kommentar, Art. 2 N 23 ff.; näheres unten N 318 ff.). Je mehr der Gesetzeswortlaut dagegen hermeneutisch hinterfragt wird, desto normaler fügt sich dieser Vorgang in die richterliche Rechtsfindung ein (im einzelnen N 57 ff.).

34   e)   **Kollision mit höherstufigen Normen.** Das formell gültige Gesetz kann auch mit Normen kollidieren, die ihrerseits Teil der positiven Rechtsordnung sind. Hiezu gehören die bereits im Zusammenhang mit den überpositiven Normen erwähnten Freiheits- oder Menschenrechte, soweit sie sich etwa in der Bundesverfassung (zu Art. 113 Abs 3 BV oben N 26 und sogleich unten N 36 f.), in der EMRK oder anderen positiven Erlassen finden, insbesondere des Völkerrechts (z.B. Art. 160 ZGB als möglicher Verstoss gegen Art. 8 EMRK, dazu Pra 83, Nr. 239). Es kann sich auch um weniger «gehaltvolle» Kollisionen handeln, wie namentlich dort, wo die betreffende Bundesnorm der verfassungsmässigen Basis entbehrt, also mit der verfassungsmässigen Kantonskompetenz kollidiert; dort auch, wo eine verfassungsmässige Bundeskompetenz inhaltliche Vorgaben enthält, die in der entsprechenden Ausführungsgesetzgebung missachtet werden (vgl. das oben N 27 erwähnte Beispiel in BGE 106 Ia 38).

35   Stellt sich das Problem der Normkollision gegenüber einem solchen Erlass *höherer* Stufe, so erscheint es vertretbar, von «materieller Gültigkeitsvoraussetzung» des Gesetzes zu sprechen (so MEIER-HAYOZ, Berner Kommentar, Art. 1 N 86 ff.), zumal es um die Einhaltung des *positiven Normsystems* geht, das ja seinerseits auf demokratischen Abläufen gründet mit entsprechenden Delegationsstufen Souverän/Stimmvolk–Verfassung–Parlament/Gesetz–Exekutive/Verordnung, also letztlich wieder mit Verfahren und insofern auch mit *formellen* Gültigkeitsvoraussetzungen zu tun hat. Hier genügt denn auch eine relativ einfache, noch wenig tief hinterfragende Prüfung, um den entsprechenden «Fehler» festzustellen.

36   Das «Gesetz» gemäss Art. 1 Abs. 1 ZGB muss jedenfalls auch in diesem Sinn gültig sein; das heisst, es darf nicht inhaltlich mit Normen höherer Stufe kollidieren. Freilich wird dies gerade für den wichtigsten Anwendungsfall von Art. 1 Abs. 1 ZGB, nämlich für das Bundesprivatrechts-Gesetz, durchkreuzt von Art. 113 Abs. 3 BV. Das heisst, sofern die rein formellen Gültigkeitsvoraussetzungen des betreffenden Bundesgesetzes, wie übrigens auch des allgemeinverbindlichen Bundesbeschlusses und des Staatsvertrags, erfüllt sind, verbietet sich jede weitere Gültigkeitskontrolle (bzw. stellt Art. 113 Abs. 3 BV mindestens ein Anwendungsgebot dar, vgl. dazu AUBERT, limites; DESCHENAUX, Einleitungstitel, 75 f.; WALTER KÄLIN, Das Verfahren der staatsrechtlichen Beschwerde, 2. A. Bern

1994, 10 ff., insbes. 12. Vgl. zur Auslegung eines Staatsvertrags etwa BGE 94 I 669 [673, 677]).

Allerdings ist aus hermeneutischer Sicht in Erinnerung zu rufen, dass dieser Überprüfungsausschluss einzig auf der Reflexionsebene zur *positiven Rechtsordnung* zum Tragen kommt; nur solange es um die Frage geht, was die *positive* Rechtsordnung besagt, sind die Erlasse gemäss Art. 113 Abs. 3 BV verbindlich. Sobald sich aber die Frage stellt, wie das Phänomen «positive Rechtsordnung» als solches verstanden werden soll, etwa im weiteren Kontext des Spannungsverhältnisses Sollen–Sein – und auch diese Frage ist Teil der Rechtsfindung –, so relativiert sich jene erhöhte Verbindlichkeit gemäss Art. 113 Abs. 3 BV. Praktisch – als rechtstatsächliches Phänomen – wird dies kaum ein explizites Übergehen des betreffenden Bundesgesetzes bewirken, aber etwa eine entsprechend verfassungskonforme *Auslegung* (näheres N 222 f.). 37

f) **Kollision mit Normen gleicher Stufe.** Von materieller Gültigkeitsvoraussetzung ist bisweilen auch dort die Rede, wo es um allfällige inhaltliche Kollisionen mit anderen Normen der Rechtsordnung geht, die indes im Normgefüge *nicht* höher gestellt sind. 38

Hier werden Prioritäts- beziehungsweise Nachgangskriterien von vornherein entfallen, soweit sie sich auf formelle oder verfahrensmässige Kriterien der positiven Rechtsordnung und des Rechtsgesetzungsgefüges abstützen (vgl. N 35). In dieser Hinsicht sind *gleich*rangige Gesetze definitionsgemäss *gleich*gestellt. Argumente für Vor- und Nachrang müssen also *rein materiell* ansetzen. Es kann bloss um inhaltliche Vorrangigkeiten gehen, wie sie etwa in den Begriffen lex generalis–lex specialis, dispositives Recht–zwingendes Recht oder Regel–Ausnahme und dergleichen vertraut sind. 39

Diese Fragestellungen sind letztlich nichts anderes als *der* Kernbereich richterlicher Rechtsfindung im Rahmen dessen, was Gesetz und Praxis unter Anwendung, Auslegung, Lückenfüllung etc. verstehen (anschaulich etwa RJN 7 III, 347 ff. [352] betreffend Kollision zwischen dem erbrechtlichen Prinzip der Universalsukzession und den Bestimmungen über den Erwerb von Grundstücken durch Personen im Ausland). Hier von «materiellen Gültigkeitsvoraussetzungen» zu sprechen, erscheint jedenfalls unergiebig. Dies gilt auch dann, wenn es um Kollisionen mit sehr grundsätzlichen Normen geht wie etwa jener von Art. 2 Abs. 2 ZGB (so hingegen MEIER-HAYOZ, Berner Kommentar, Art. 1 N 87; vgl. Art. 2 N 21, 108, 231). 40

g) **Zeitliche Gültigkeit.** Das Gesetz muss nicht bloss formell verfahrensmässig und – mit den genannten Vorbehalten – materiell-normhierarchisch, sondern ebenso *zeitlich* gültig sein. Ein noch nicht oder ein nicht mehr gültiges Gesetz ist nicht «Gesetz» im Sinn von Art. 1 Abs. 1 ZGB. Dies schliesst allerdings nicht aus, dass 41

Art. 1

Vor- und Nachwirkungen unter dem Gesichtspunkt anderer Rechtsfindungselemente relevant sein könnten (N 253 ff.).

42 Der Beginn der Gültigkeit definiert sich nach Art. 6 des Publikationsgesetzes (SR 170.512); das Ende der Gültigkeit kann im Erlass selbst vorgesehen sein (wie z.B. in den dringlichen Bundesbeschlüssen zum Bodenrecht, welche per Ende 1994 ersatzlos dahingefallen sind: Bundesbeschluss über eine Sperrfrist für die Veräusserung nichtlandwirtschaftlicher Grundstücke und die Veröffentlichung von Eigentumsübertragungen von Grundstücken [AS 1989, 1974] sowie Bundesbeschluss über eine Pfandbelastungsgrenze für nichtlandwirtschaftliche Grundstücke [AS 1989, 1978] vom 6. Oktober 1989). Das Gesetz oder die betreffende Norm kann aber auch durch einen neuen Erlass ausdrücklich aufgehoben werden. Massgeblicher Zeitpunkt ist diesfalls die Wirksamkeit der betreffenden Aufhebungsbestimmung.

43 h) **Übergangsrecht.** Massgebend ist nicht nur, ob ein Gesetz formell gültig ist, sondern auch, ob es sich gemäss den entsprechenden Übergangsbestimmungen selbst bereits für anwendbar erklärt (zu dieser Eigenart von Gesetzen, sich selbst für anwendbar zu erklären, oben N 15). Dass solche Fragen überhaupt geregelt werden, liegt nicht zuletzt darin begründet, dass ein Gesetz nicht zu einem beliebigen Zeitpunkt und für jeden Fall ohne Ausnahme in Kraft gesetzt werden kann, sondern dass bestimmte Fallkonstellationen eine Übergangslösung erfordern, vor allem wenn sie noch Bezüge zum alten Recht aufweisen (zur verfassungsrechtlichen Tragweite AUBERT, limites, 2 ff.). Insbesondere ist hier an Sachverhalte zu denken, die sich vor Inkrafttreten des neuen Gesetzes verwirklicht haben. So statuiert der Schlusstitel des ZGB denn auch eine *Regel der Nichtrückwirkung*, wenn auch mit Modifizierungen in den Art. 2 bis 4 (also anders als gemäss der im Strafrecht wichtigen lex mitior-Doktrin, vgl. Art. 2 Abs. 2 StGB, und dazu GÜNTER STRATENWERTH, Schweizerisches Strafrecht, Allgemeiner Teil I, 2. A. Bern 1996, § 4 N 12 ff.).

44 Zu beachten sind primär die Anwendungs- und Einführungsbestimmungen des ZGB, welche als Bestandteile des ZGB formell für das ZGB und OR gelten. Die Art. 1 bis 4 des Schlusstitels enthalten allgemeine Bestimmungen über die Nichtrückwirkung und ihre Ausnahmen, die als «leges generales» grundsätzlich immer dann massgebend sind, wenn keine Spezialregelungen bestehen (VISCHER, 26 f.). Solche Spezialregeln werden üblicherweise je bei der betreffenden Gesetzesrevision angebracht (z.B. bestimmt Art. 5 Abs. 1 der Schlussbestimmungen zum 8. Titel des OR [AS 1990, 802 ff.], dass die Vorschriften über den Kündigungsschutz bei Miete und Pacht von Wohn- und Geschäftsräumen auf alle Miet- und Pachtverhältnisse anwendbar sind, die nach dem Inkrafttreten dieses Gesetzes

gekündigt werden; oder Art. 2 der Schlussbestimmungen zum neuen Aktienrecht [AS 1992, 733 ff.], dass die Statuten von Aktiengesellschaften und Kommanditaktiengesellschaften, die zum Zeitpunkt des Inkrafttretens der neuen Bestimmungen im Handelsregister eingetragen sind, innert fünf Jahren angepasst werden müssen). Entsprechendes gilt auch bei Sondergesetzen (z.B. Art. 13 des Produktehaftpflichtgesetzes [SR 221.112.944], wonach dieses Gesetz nur für Produkte gilt, die nach seinem Inkrafttreten in Verkehr gebracht werden; ausführlich zum intertemporalen Recht VISCHER und BROGGINI, Privatrecht).

II. Anwendung des Gesetzes

1. Anwendung als Teil der Rechtsfindung

a) Zur «Anwendung» aus wissenschaftstheoretischer und methodologischer Sicht kann allgemein auf die Vorbemerkungen zu Art. 1 und 4, N 207 ff., verwiesen werden. Gegenstand der nachstehenden Ausführungen ist das konkretere Umsetzen jener Erkenntnisse auf den praktischen Vorgang der Rechtsfindung. 45

b) Demnach umschreibt «Anwendung» in einem sehr allgemeinen Sinn die Herstellung eines Bezugs zwischen Norm und Sachverhalt. Wie dieser Bezug im einzelnen ausgestaltet ist, erweist sich als *die* Problemstellung von Rechtsfindung schlechthin. Eine positivistische Optik wird Norm und Sachverhalt strikt trennen, als etwas qualitativ anderes ansehen, die Norm entsprechend aus sich selbst, weitgehend sprachlich-begrifflich zu verstehen versuchen, um sie alsdann über die Brücke der «Anwendung» in die ganz andere Welt des Sachverhalts zu überführen. Diese Optik ist in Art. 1 wie übrigens auch in Art. 4 ZGB insofern noch sichtbar, als dem Wortlaut eine prioritäre Stufe eingeräumt wird (vgl. dazu EGGER, Zürcher Kommentar, Art. 1 N 11; Vorbemerkungen N 226 ff.). 46

Das mittlerweile wissenschaftlich vorherrschende Verständnis des Bezugs zwischen Norm und Sachverhalt ist ein anderes; und zwar in zweierlei Hinsicht: Zum einen versteht sich das Verhältnis Norm–Sachverhalt, allgemeiner Sollen–Sein, weniger als Trennung, sondern als gegenseitig-relationales Verhältnis; dies nicht bloss methodologisch, sondern auch fundamental erkenntnistheoretisch (Vorbemerkungen N 207 ff.). Zum andern steht der Richter mit seiner Tätigkeit «Normanwendung» nicht ausserhalb, um neutral und unparteiisch den Bezug zwischen Norm und Sachverhalt zu organisieren. Vielmehr ist er selbst ein wesentlicher Teil eben jenes relationalen Verhältnisses. Den eigentlichen «Paradigma- 47

Art. 1

wechsel» vom deduktiv-rationalistischen Denken zur wesentlich diskursiv-offenen Unschärfe hatte der Gesetzgeber von Art. 1 und 4 ZGB zwar noch nicht vorgenommen. Doch hat er ansatzweise bereits einiges davon vorausgesehen (näheres gleich hienach N 57 ff.; Vorbemerkungen N 144 ff.).

2. Anwendung im engeren und weiteren Sinn

48 a) Anwendung kann sich rein begrifflich in einem engeren Sinn verstehen, nämlich als unmittelbare Applizierung des Gesetzes. Nach einem solchen Verständnis hat der Richter nichts anderes zu tun, als nur gerade das Gesetz anzuwenden. Nicht gefragt sind namentlich die Eruierung weiterer Rechtsquellen oder eine vorausblickende Kontrolle, wie sich die Anwendung auf den konkreten Fall auswirken wird. Was zur «unmittelbaren» Anwendung des Gesetzes einzig noch hinzutreten könnte, ist eine Klärung des Wortlauts mittels Auslegung (EDWARD E. OTT, Denken, 381).

49 «Auslegung» im Sinn von Art. 1 Abs. 1 ZGB scheint prima vista in diesem Sinn gemeint zu sein, jedenfalls soweit der erste Absatz für sich allein betrachtet wird. Es geht um den Vorgang der Anwendung des einschlägigen Gesetzes auf den Sachverhalt, wobei sich die Einschlägigkeit einzig aus dem Wortlaut, allenfalls aus *dessen* Auslegung ergibt. Auch das Verhältnis zu Abs. 2 weist in diese Richtung. Denn die daselbst genannten Rechtsquellen des Gewohnheits- und des Richterrechts kommen explizit erst *subsidiär* zum Tragen (Vorbemerkungen N 20 ff.).

50 b) Genaueres Hinsehen und der weitere Kontext, in dem «Anwendung» steht, weisen indes auf ein weniger enges Verständnis hin. Hinzuweisen ist namentlich auf die Konjunktion «Wortlaut *oder* Auslegung», aus der eine bewusste Relativierung des Gesetzes*textes* hervorgeht (näheres N 57 ff.); auf Abs. 2, der es immerhin für möglich hält, dass die Tätigkeit des Richters nicht bloss eine Überbrückung zwischen Norm und Sachverhalt sein muss, sondern auch ihrerseits Norm schaffen kann (N 472 ff.); schliesslich auf Abs. 3, wonach es den *reinen Anwendungsvorgang* gar nicht gibt (N 533 ff.).

51 So gesehen enthält «Anwendung» einen weiteren Sinn. Unmittelbar in Abs. 1 betrifft sie zwar das Gesetz – immerhin unter Berücksichtigung auch der Auslegung –; doch versteht sie sich als etwas, das auch bei der Suche nach anderen Rechtsquellen, auch bei weniger oder gar nicht normgeleiteten Funktionen des Richters zum Tragen kommt, das nicht zuletzt eine Vielzahl von Facetten metho-

dologischer Themen umfasst. Insofern umschreibt Anwendung nichts anderes, als was das heutige Verständnis von Rechtsfindung ist (Vorbemerkungen N 198 ff.).

3. Anwendung und Anwendbarkeit

a)   Abs. 1 von Art. 1 enthält keine Umschreibung von «Anwendung»; höchstens andeutungsweise, indem er die Anwendung nicht auf den Wortlaut beschränkt, sondern auch die Auslegung miteinbezieht (hiezu oben N 50). Doch ist die *Umschreibung* von Anwendung gar nicht Gegenstand von Abs. 1. Vielmehr beinhaltet er das Gebot, *dass* das Gesetz – soweit es einschlägig ist – Anwendung *finden* muss. Abs. 1 postuliert also die *Anwendbarkeit* des Gesetzes (Vorbemerkungen N 207 ff.).   52

b)   Abs. 1 enthält keine Aussage zu den Themen Subsumtion und Konklusion, also dazu, was der Richter im Rahmen der «Anwendung» an gedanklichen Schritten technisch zu leisten hat. Das Gesetz äussert sich also nicht zur Frage, ob der Richter im traditionellen Sinn syllogistisch operieren, das heisst nach dem Gedankenmuster Obersatz–Untersatz–Konklusion vorgehen muss (vgl. dazu HÖHN, Methodik, 84 ff.; FORSTMOSER/SCHLUEP, § 21 N 4 ff.; N 226 ff.), oder ob er etwa nach neueren hermeneutischen Erkenntnissen verfahren darf oder soll. Insofern widerspricht Art. 1 Abs. 1 jedenfalls nicht der weiter oben getroffenen Feststellung, wonach das ZGB den Begriff «Anwendung» nicht a priori schematisch-syllogistisch versteht (N 50 f.).   53

Gleichwohl lässt sich das Thema der *Anwendbarkeit* gemäss Art. 1 Abs. 1 ZGB von jenem des Anwendungs*vorgangs* nicht strikt trennen. Denn die Anwendbarkeit gilt ja nur, soweit das betreffende Gesetz «eine Bestimmung enthält» *für* den betreffenden Sachverhalt; es muss *auf* ihn passen, in diesem Sinn eben «einschlägig» sein (EDWARD E. OTT, Kritik, 110). Unter dem Gesichtspunkt des Syllogismus muss also die Subsumtion gleichsam probeweise vorweggenommen werden. Die begriffliche Grenze zwischen Anwendbarkeit und *Subsumtion* ist also fliessend (MEIER-HAYOZ, Berner Kommentar, Art. 1 N 33; ENGISCH, Gesetzesanwendung, 14 f.; vgl. auch NIGGLI, 160 ff.; HASENBÖHLER, 85.). Erst die *Konklusion* scheint nichts mehr mit Anwendbarkeit zu tun zu haben, ein logisch separierbarer Gedankenschritt zu sein (KLUG, 48 ff.; EGON SCHNEIDER, 94 ff.). Doch ist auch dies zu relativieren: der grundsätzlich relational-zirkulär verstandene Rechtsfindungsvorgang lässt die zielorientierte «Konklusion» letztlich obsolet werden (näheres Vorbemerkungen N 213 ff. und sogleich hienach N 75 ff.).   54

Art. 1

55 c) Die oben erörterte qualitative, wenn auch teilweise fliessende Abgrenzung zwischen Anwendbarkeit und Anwendung lässt sich nur aufrecht erhalten, wenn Norm und Sachverhalt ihrerseits als etwas qualitativ Verschiedenes betrachtet werden. Nur unter dieser Prämisse kann sich die Vorstellung der Anwendungs-«Brücke» zwischen Norm und Sachverhalt bilden. Sobald sich jedoch Norm und Sachverhalt als gegenseitige Spannungsbeziehung verstehen, als *immanente* Relation ein und derselben Thematik Sollen–Sein, passt das Bild der Brücke nicht mehr beziehungsweise wird die Denkweise der *Anwendung* obsolet – so auch die in der vorliegenden Kommentierung vertretene Auffassung (Vorbemerkungen N 207 ff.).

56 Diese Auffassung betrachtet nicht bloss das Verhältnis Norm–Sachverhalt beziehungsweise Sollen–Sein als sich gegenseitig bedingende Relation. Vielmehr versteht sich auch der Adressat von Art. 1 ZGB, nämlich der Richter, in der Rolle des «Actors» der Rechtsfindung, seinerseits als Teil dieser Relation. Dies wiederum versteht sich nicht bloss als rechtssoziologische Feststellung über die Funktion des Richters, sondern ebenso als Aufforderung an diesen, sich seiner eigenen Funktion bewusst zu sein und entsprechend zu handeln (Vorbemerkungen N 213 ff.; vgl. zu Art. 1 Abs. 3 ZGB N 533 ff.). Tut er *dies*, kann er sich nicht mehr als Actor sehen, sondern bloss noch seine Aufgabe und sich selbst im Rahmen derselben verstehen. Er versucht das *Thema* «Anwendung» zu verstehen, er wendet nicht an. Und ebensowenig befiehlt ihm das Gesetz, angewendet zu werden, sondern er versucht, das *Thema* «Anwendbarkeit» zu verstehen. Für eine qualitative Unterscheidung zwischen Anwendung und Anwendbarkeit verbleibt somit kein Raum.

III. Wortlaut und Auslegung

1. Verhältnis Wortlaut zu Auslegung

57 a) **Allgemeines.** Zum Bedeutungswandel der geschriebenen Sprache im Zug wissenschaftstheoretischer Entwicklung sei auf die Vorbemerkungen (N 159 ff.) verwiesen, ebenso zu einigen grundlegenden Gesichtspunkten von Sprache und geschriebenem Text, welche nachstehend noch spezifischer kommentiert werden (N 72 ff.).

58 b) **Sprachliches Verstehen von «Wortlaut oder Auslegung».** Das Gesetz verwendet die Alternativkonjunktion «Wortlaut *oder* Auslegung». Rein grammatika-

lisch (N 147 ff.) beziehungsweise syntaktisch (vgl. ZELLER, § 8 N 29 bzw. 25; HERBERGER/SIMON, 222; Vorbemerkungen N 226 ff.) verbinden sich damit verschiedene Fragestellungen, zu denen jeweils unterschiedliche Auffassungen vertreten werden:

In einer oberflächlichen, nurmehr sprachlichen, hier im übrigen abgelehnten Interpretation stehen Wortlaut und Auslegung nicht nur getrennt nebeneinander, sondern sie schliessen sich gar gegenseitig aus; das heisst, es kann bloss *entweder* der Wortlaut *oder* die Auslegung massgebend sein. Dies würde rein logisch nur gerade dort Sinn machen, wo effektiv nur das eine *oder* das andere zum Tragen kommt; namentlich nur dort weiterhelfen, wo der Wortlaut unklar ist, die Auslegung einen Sinn ergibt und man sich nun fragt, *ob* die Auslegung ebenfalls legitim sei; so etwa gemäss der Betrachtungsweise der «nur formellen» Lücke, bei welcher der Wortlaut unvollständig ist, die Auslegung aber weiterhilft, und insofern nicht auch eine «materielle» Lücke vorliegt (vgl. dazu MEIER-HAYOZ, Richter, 60 ff., und BGE 87 II 355 [361]). Keinen Sinn jedoch ergäbe die gegenseitig ausschliessliche Alternativität im recht häufigen Fall, wo *sowohl* der Wortlaut *als auch* die Auslegung für die betreffende Norm sprechen. Gerade in diesem unproblematischen Fall würden sich Wortlaut und Auslegung gegenseitig blockieren. 59

Sinnvoller erscheint da eine andere Lesart von Alternativität, nämlich jene des alternativ-inklusiven «und/oder». Das heisst, es können Wortlaut *oder* Auslegung für die Massgeblichkeit der betreffenden Norm sprechen; desgleichen aber auch – und erst recht – jene Fälle, bei denen sowohl der Wortlaut *als auch* dessen Auslegung dafür sprechen. Was aber, wenn sich Wortlaut und Auslegung widersprechen? Rein sprachlich könnte hier eine «oder»-Interpretation in dem Sinn weiterhelfen, als diese Subsidiarität ausdrückt, also im Sinn von «primär Wortlaut, *allenfalls* Auslegung» (vgl. z.B. BGE 116 II 689 [694] zur Haftung des vollmachtlosen Stellvertreters; 114 II 404 [406] zu den Bürgerrechten der Ehefrau gemäss Art. 161 ZGB). Rein sprachlich mag diese Lesart vertretbar sein, sie versagt indes gerade dort, wo sie wirken sollte; nämlich bei der Frage, *wann* das «*allenfalls*» zum Tragen kommt: Wenn ein Wortlaut fehlt? Wenn er unklar ist? Oder gar wenn er zwar klar, aber *inhaltlich* unbefriedigend ist (hiezu ausführlich N 101 ff., 362 ff.)? 60

All diese rein sprachlichen Verstehensvarianten sind unergiebig. Sie erreichen die grundsätzliche Problemstellung von Art. 1 ZGB nicht. Der Umgang mit Abs. 1 beziehungsweise mit der Textpassage «Wortlaut oder Auslegung» ist eben seinerseits Rechtsfindung im Sinn der hier vertretenen Auffassung. Das heisst, diese Passage ist ihrerseits nicht subsumtiv-syllogistisch «anzuwenden», sondern hermeneutisch zu verstehen. Dass dies wesentlich mehr ist als sprachliche Entge- 61

Art. 1

gennahme, zeigen gerade die vorstehenden, rein textbezogenen Varianten, welche zu den relevanten Fragen gar nicht vordringen, geschweige denn sie beantworten. – Dies deckt sich übrigens mit dem, was auch die heutige *Sprachwissenschaft* vertritt. Sie erkennt hermeneutisches Verstehen nicht als Ergänzung zu Sprache, sondern als Teil derselben (näheres hiezu Vorbemerkungen N 159 ff.).

62 c) **Hermeneutisches Verstehen: Wortlaut und Auslegung als Rechtsfindungselemente.** Das Verhältnis zwischen Wortlaut und Auslegung lässt sich weder im Sinn einer Alternative noch einer Kumulation oder einer Prioritätsordnung verstehen. Es geht nicht – wie man dem Text und der Marginalie entnehmen könnte – um zwei Kriterien der Anwendbarkeit, sondern – wie es einem konsistenten Verstehen entspricht – um zwei Rechtsfindungselemente, die allemal *beide* Berücksichtigung finden müssen (GYGI, Rechtsfindung, 76). Insofern besteht also durchaus Kumulation, jedoch nicht im Sinn kumulativer und je exklusiver Verbindlichkeit. Wenn Wortlaut und Auslegung kollidieren, führt dies also nicht zu logischer Unmöglichkeit, sondern bloss zur Aufgabenstellung, kollidierende Gesichtspunkte mit in den Verstehensprozess aufzunehmen. Im Hinblick auf die angestrebte konkrete Streitlösung mag dies schwierig sein, logisch gesehen unmöglich ist es jedoch nicht. Und vor allem: Es *ist* die Aufgabenstellung, mit der sich der Richter konfrontiert sieht.

63 Ein solches Miteinbeziehen kollidierender Gesichtspunkte besagt zunächst nichts über den Inhalt des Ausgangs. Namentlich bedeutet es nicht von vornherein gegenseitige Annäherung, Kompatibilisierung, Kompromiss, Einmittung (DÜRR, diskursives Recht, 115 ff.); ebensowenig aber von vornherein bloss «entweder–oder». Solche Antworten *können* zwar herauskommen. Die Kollision kann aber auch in aller Schärfe «stehen bleiben» und *als solche* Verstehenselement bilden (GYGI, Rechtsfindung, 77), ihrerseits verschiedene Gesichtspunkte enthalten, die sich wiederum untereinander stossen. Fragen kann sich beispielsweise: Bedeutet die Kollision zwischen Wortlaut und Auslegung nichts anderes als eine gedankliche Problemstellung für den Richter? Oder hat eine Partei bei ihrer Handlung auf den Gesetzeswortlaut vertraut (Vorbemerkungen N 241; unten N 243, 398 f., 530 ff.; EDWARD E. OTT, Gedanken, 195)? Oder darf der Richter aus Gründen der rechtsstaatlichen Gewaltenkontrolle nicht vom Wortlaut abweichen? Darf er dies allenfalls nur zugunsten *einer* Partei, nicht aber, wenn sich dies gleichzeitig zulasten einer gleichrangigen anderen Partei auswirkt (HÄFELIN, Bindung, 119; GYGI, Rechtsfindung, 78; kritisch HÖHN, Legalitätsprinzip, 160, und OGOREK, Wortlaut, 24, 32 f.)?

64 Die kumulative Berücksichtigung von Wortlaut und Auslegung im dargestellten Sinn bedeutet nicht, dass damit «Rechtsfindung» umfassend definiert wäre.

Wortlaut und Auslegung verstehen sich allemal bloss als zwei Elemente. Je nach Sollens- und Seinskomponenten der konkreten Fragestellung können zahlreiche weitere Rechtsfindungselemente Relevanz beanspruchen (N 147 ff.). Jedenfalls lassen sich heute mit dem gesetzlichen Hinweis auf «Wortlaut oder Auslegung» konsistent die beiden folgenden Aussagen verbinden: Zum ersten ist *stets* sowohl der Wortlaut als auch die Auslegung desselben relevant; zum zweiten lässt sich aus der genannten Gesetzesbestimmung *keine* Priorität des einen vor dem anderen ableiten. Namentlich lassen sich Fälle der Kollision mit dem Gesetzeswortlaut nicht über Interpretationen des gesetzlichen «oder» lösen.

2. Gegenstand des Wortlauts

a) **Textliches.** «Wortlaut» ist alles Textliche, das im Sinn derselben Bestimmung «Gesetz» ist, also was die betreffenden verfahrensmässigen Voraussetzungen erfüllt, wie das Bundesgesetz, die rechtsgenüglich delegierte Bundesratsverordnung und dergleichen (oben N 9 ff.). Insbesondere gehören zum «Wortlaut»: 65

- der Textinhalt der Gesetzesartikel;
- die Überschriften der Abschnitte, Titel, wie auch Kapitel der betreffenden Erlasse als ganze (MEIER-HAYOZ, Berner Kommentar, Art. 1 N 97; GERMANN, Methoden, 55; N 147 ff., 151 ff.);
- Marginalien mit entsprechenden Numerierungen (EUGEN HUBER, Erläuterungen, Band 1, 15; RIEMER, Einleitungsartikel, § 4 N 10; so sind etwa die im SchKG früher bloss inoffiziellen Marginalien kommentierter Textausgaben seit der Totalrevision 1997 «Wortlaut» geworden, vgl. HANS ULRICH WALDER [Hrsg.], SchKG, 14. A. Zürich 1997, Vorwort XXVII);
- Fussnoten, soweit sie im offiziellen Text enthalten sind (z.B. im Bundesgesetz über die Produktehaftpflicht vom 18. Juni 1993 [Produktehaftpflichtgesetz, SR 221.112.944]).

«Wortlaut» umfasst alle Amtssprachen, das heisst deutsch, französisch und italienisch. Dies ergibt sich aus Art. 116 Abs. 2 BV und Art. 9 Abs. 1 des Publikationsgesetzes (SR 170.512). Das Bundesgericht spricht in diesem Zusammenhang von Gleichwertigkeit der Amtssprachen (vgl. etwa BGE 107 Ib 229 [230], 116 II 525 [527], 120 II 112 [113], 120 V 429 [433 f.], allerdings mit missverständlichem Rubrum). Das Romanische hingegen hat keine Gesetzeskraft (vgl. etwa BGE 80 II 216 [221 f.]; neuerdings kann es jedoch Urteilssprache des Bundesgerichts sein, vgl. BGE 122 I 93 und unten N 615). Zum gegenseitigen Verhältnis der verschie- 66

Art. 1

denen Sprachen als Rechtsfindungselement unten N 147 (vgl. auch SCHNYDER, Allg. Einleitung N 129).

67 b) **Wortsinn.** Es besteht weitgehend Einigkeit darüber, dass «Wortlaut» nicht in einem engen, sondern in einem weiteren «Wort*sinn*» aufzufassen ist, wobei dieser Wortsinn zum Teil als sprachlicher, zum Teil als rechtlicher Sinn aufgefasst wird (vgl. dazu ZELLER, 153 FN 262; GYGI, Rechtsfindung, 76; EDWARD E. OTT, Kritik, 73; HASENBÖHLER, 86 f.). Bisweilen ist auch vom «wahren Rechtssinn» die Rede (vgl. BGE 111 Ia 292 [297] oder 98 Ia 194 [199]. Allerdings überzeugt nicht, dass es «triftige» Gründe braucht, um eine Abweichung des Wortsinns vom Wortlaut anzunehmen (BGE 118 II 333 [342] mit diversen Verweisen). Jedenfalls – selbst wenn vom «klaren Wortlaut» die Rede ist, kann stets nur Klarheit im Text *und* im Sinn gemeint sein (BGE 111 III 130 [132]). Es geht nicht darum, was das einzelne Wort – also die durch zwei Leerschaltungen eingegrenzte Reihe von Buchstaben – als solches, gleichsam gemäss Wörterbuch, bedeutet, sondern welcher Sinn dem Wort im betreffenden Kontext zukommt (ZÄCH, Sprache, 48 ff.; BAUMANN, Känguruh, 158 ff.); oder etwa auch im sprachlichen Zusammenhang unterschiedlicher Textinhalte zwischen den verschiedenen Amtssprachen (vgl. z.B. BGE 120 I b 390 [395 f.]); selbstverständlich auch, was «zwischen den Zeilen», und nicht zuletzt, was gerade *nicht* drin steht (zur negativen Norm vergleiche N 351 ff.).

68 Zum Beispiel gilt die männliche Form (etwa in Art. 40b OR, «der Kunde») auch dort, wo die betreffende Person weiblich ist (Fussnoten wie zu Art. 1 des Produktehaftpflichtgesetzes [SR 221.112.944] sind insofern unnötig). Wie BGE 116 Ia 359 (381) bezüglich des Frauenstimmrechts im Kanton Appenzell Innerrhoden ausführt, steht ausser Zweifel, dass zu den «Schweizern» nach heutigem Verständnis Schweizer und Schweizerinnen gehören; dies im Gegensatz zu BGE 83 Ia 173 betreffend Waadtländer Frauenstimmrecht (ausschlaggebend war damals allerdings nicht die so verstandene Bedeutung des *Wortlauts*, sondern die fehlende Konformität der kantonalen Verfassungsbestimmung mit der Bundesverfassung; vgl. dazu BIAGGINI in recht 1992, 65 ff.). Ausnahmen ergeben sich dort, wo eine Unterscheidung auch textlich erkennbar ist, indem die weibliche und die männliche Form nebeneinander verwendet wurden wie z.B. in Art. 160 ZGB, der in Abgrenzung von den «Ehegatten» auch vom «Ehemann» bzw. der «Braut» spricht; hiezu die Entscheidung des EGMR in Pra 83, Nr. 239.

69 Die Ausweitung von «Wort*laut*» zu «Wort*sinn*» hat zunächst klassifikatorische Bedeutung zwecks Abgrenzung gegenüber der «Auslegung» (EDWARD E. OTT, Kritik, 16; ders., Rangordnung, 262 f.). Praktisch bedeutsam ist dies dann, wenn auch der Umgang mit dem Gesetz entsprechend qualitativ abgestuft wird; etwa gemäss der Ansicht, das Gesetz sei *in erster Linie* nach seinem Wortlaut auszulegen und erst bei fehlender Klarheit des Textes seien *subsidiär* Interpretationen möglich, müsse nach der wirklichen Tragweite der Norm gesucht werden, dann aber mit allen zur Verfügung stehenden Auslegungselementen (vgl. etwa

BGE 107 V 214 [215 f.]). Jedenfalls dort wo der Richter zum Beispiel «der Vermieter» auch als «die Vermieterin» liest, betreibt er noch keine Gesetzesauslegung, sondern folgt noch immer dem Wortlaut beziehungsweise versteht eben diesen als *Wortsinn*. *Ob* dieser Abgrenzung praktische Relevanz zukommt, hängt davon ab, ob Rechtsfindung gemäss Wortlaut als etwas qualitativ oder jedenfalls abgestuft (also nicht fliessend) anderes angesehen wird als Rechtsfindung gemäss Auslegung.

Eine solche qualitative Unterscheidung könnte sich namentlich dort auswirken, wo die Auslegung mit dem Text im Sinn nun eben des Wortsinns kollidiert. Eine in Lehre und Praxis nach wie vor verbreitete Ansicht gibt dem Text in einem solchen Fall den Vorrang; ein Abweichen vom Wortsinn sei nur dann zulässig, wenn «triftige Gründe» vorliegen (vgl. HÖHN, Methodik, 207 f.; relativierend EDWARD E. OTT, Kritik, 77 ff.; OGOREK, Wortlaut, 26 ff.); zumal wenn es sich um «klaren Wortlaut» handelt («sens clair-Doktrin», dazu GYGI, Rechtsfindung, 77; vgl. etwa BGE 120 II 112 [113], 118 II 333 [342], 116 II 689 [694], 114 II 404 [406]); die rechtsanwendende Behörde sei an einen klaren und unzweideutigen Gesetzeswortlaut gebunden ist, solange dieser den wirklichen *Wortsinn* der Norm wiedergibt (vgl. BGE 119 V 121 [126 f.]); namentlich dort, wo die Auslegung zur Feststellung einer «unechten» Lücke führt, soll diese nur im Fall rechtsmissbräuchlicher Berufung auf den Wortlaut geschlossen werden dürfen (N 362 ff.; vgl. dazu HUWILER, 57). Unter *dieser* Prämisse wäre es bedeutsam zu wissen, was nun noch zu «Wortlaut» beziehungsweise «Wortsinn», was bereits zu «Auslegung» gehört. 70

Eine andere, auch hier vertretene Ansicht verneint jedoch einen qualitativen Unterschied zwischen Wortlaut und Auslegung. Für sie ist deshalb die Ausweitung von Wort*laut* auf Wort*sinn* ohne praktische Relevanz. Für sie geht es allemal um denselben Rechtsfindungsvorgang. Der Unterschied zwischen Wortlaut, Wortsinn und Auslegung, wie übrigens auch zur Lückenfüllung (N 405 ff.) und zur «freien» Billigkeitsentscheidung (Art. 4 N 6 ff., 72 ff.), ist allemal rein gradueller Natur und bedeutet nicht mehr, als dass das Rechtsfindungselement Gesetz textlich näher oder weiter zum Sachverhalt steht. Dies ist nicht nur eine Frage der grundsätzlichen theoretischen Haltung zur richterlichen Rechtsfindung (Vorbemerkungen N 198 ff.). Vielmehr zeigt sich auch bei sehr konkreten Fragen der *praktischen* Abgrenzung zwischen Wortlaut beziehungsweise Wortsinn und Auslegung, wie tautologisch letztlich die Problemstellungen sind (N 94 ff.). Jedenfalls: Aus dem Terminus «Wortlaut» in Art. 1 Abs. 1 ZGB lässt sich keine *text*spezifische Einengung der richterlichen Rechtsfindungsaufgabe ableiten. 71

c) **Sprachwissenschaftliche Erkenntnisse.** Der gesetzliche Hinweis auf den «Wortlaut» legt es aber nahe, sprachwissenschaftliche Erkenntnisse beizuziehen. 72

Art. 1

In der Tat ist von dieser Seite Hilfe zu erwarten, wenn auch in einem indirekten Sinn. Die moderne Linguistik gibt keine präzisen Definitionen dafür, was der harte Kern des Wortlauts, die Schale des Wortsinns und das Umfeld der Auslegung sind. Zwar unterscheidet sie zwischen Grammatik, Syntax, Semantik, je nach Begriffsdefinition Pragmatik (SCHIFFAUER, 71 ff.; HERBERGER/SIMON, 219 ff.); und hiezu scheinen durchaus Parallelen zur Abstufung Wortlaut–Auslegung–Lückenfüllung auf (BUSSE, Semantik, 43 ff.; BAUMANN, Recht, 63 f.). Doch die Haupterkenntnis der neueren Linguistik geht gerade dahin, die gegenseitige Durchdringung solcher Bereiche festzustellen. Grammatische, stark textbezogene Aspekte zum Beispiel lassen sich *als solche* gerade erst unter Miteinbezug nicht-sprachlicher Aspekte verstehen (BUSSE, Recht, 44 ff.); und nicht-sprachliche Sozialphänomene haben als solche immanente Sprachbezüge. Sprache und Nicht-Sprache lassen sich letztlich nicht trennen (BUSSE, Semantik, 201 ff. zur linguistischen Pragmatik).

73   Diese linguistischen Erkenntnisse entsprechen der allgemeinen wissenschaftstheoretischen Entwicklung der jüngeren Vergangenheit und der Gegenwart. Sie gehören mit zu jener neueren Hermeneutik, welche auch die Rechtstheorie beeinflusst hat und weiterhin bestimmt (Vorbemerkungen N 159 ff.). Gleichzeitig berühren sie Problemstellungen im Grenzbereich zwischen Sprachverstehen und psychologischen Phänomenen (vgl. BUSSE, Recht, 266 ff., und unten N 188 ff.; vgl. auch Vorbemerkungen N 151 ff., 213 ff.).

74   Für den Umgang mit dem Begriff «Wortlaut» gemäss Art. 1 Abs. 1 ZGB besagt dies konkret nichts anderes, als dass der Versuch, den *Begriff* möglichst präzis zu fassen, weder möglich noch auch notwendig ist. Die Fragestellung erweist sich als typisches Beispiel der hermeneutischen Unschärferelation. Und deren Eigenheit besteht ja darin, dass der betreffende Gesichtspunkt, Aspekt, Begriff, hier eben «Wortlaut», *letztlich* unscharf, anderseits aber trotz Unschärfe Gesichtspunkt ist. In praktischer Umsetzung bedeutet dies, dass der im Gesetz niedergelegte Begriff «Wortlaut» Berücksichtigung finden *muss*, jedoch bloss als ein – wenn auch wichtiges – Element (N 147 ff.).

3. Relevanz des Wortlauts

75   a)   **Wichtigkeit des Phänomens «Gesetz».** Die vorstehenden Ausführungen zum heutigen Unschärfe-Verständnis von Wortlaut führen zur Frage, *wie* sich die *Wichtigkeit* dieses Rechtsfindungselements denn konkret auswirkt. Ein aprioristisches Übergewicht des Wortlauts etwa gegenüber einer aus Auslegung oder

Lückenfüllung gewonnenen ratio legis liesse sich heute nicht mehr postulieren (Vorbemerkungen N 162 ff., 207 ff.).

Wenn das heutige Rechtsfindungs-Verständnis dem Gesetzeswortlaut eine besondere Wichtigkeit beimisst, so aus einem ganz anderen Grund: Das *Phänomen* «Gesetz», zumal es in gesellschaftsorganisatorischen Spezialverfahren geschrieben wird, versteht sich als lesbar gewordener Imperativ an den Richter. Dies heisst – hermeneutisch gesehen – gerade nicht, dass er ihm gehorchen müsste. Doch ebensowenig darf er ihn ignorieren. Er *muss* sich mit dem lesbar gewordenen Imperativ befassen. Der *Einstieg* in die Rechtsfindung hat *stets* über das Gesetz zu erfolgen. Zumindest hat der Richter zu prüfen, ob eine solche Einstiegsmöglichkeit gegeben ist (Vorbemerkungen N 227 f.). 76

Nicht zulässig wäre es etwa, die Rechtsfindung *ausschliesslich* mit aussergesetzlichen Elementen vorzunehmen und die Berücksichtigung der gesetzlichen Elemente mit dem Argument zu unterlassen, die Antwort sei ja befriedigend ausgefallen; wie dies etwa Postulaten der «Freirechtsschule» entsprach (zu deren «aussichtslosem» Kampf gegen die Vormacht der Kodifikation vgl. FIKENTSCHER, Methoden, Band III, 365 ff.). 77

b) **Bedeutung des Gesetzescharakters.** Berücksichtigung des Gesetzeswortlauts bedeutet nicht bloss inhaltliche Befassung mit der Frage, *was* nun die Aussage des Gesetzes zu einem bestimmten Sachverhalt sei. Diese Frage stellt sich genau gleich auch bei nachlesbaren Lehrmeinungen, Gerichtsentscheiden und dergleichen. Vielmehr geht es spezifisch um die Thematik, dass das *Gesetz* eine bestimmte Aussage enthält. Art. 1 Abs. 1 ZGB besagt also nicht bloss, der Richter müsse das Gesetz zur Hand nehmen; sondern ebenso, dass er es *als Gesetz* lesen soll. 78

Diese Lesart reflektiert nicht nur den Inhalt, sondern stets auch dessen Gesetzescharakter, und dabei namentlich auch die gegenseitige Wechselwirkung dieser beiden Bereiche. Je nach Inhalt (und weiterem Kontext) kann der Gesetzesaspekt Unterschiedliches bedeuten: Er kann sich – namentlich im öffentlichen Recht – als rechtsstaatlicher Schutz gegen die Eingriffsverwaltung oder als Grundlegung der Leistungsverwaltung verstehen (vgl. etwa HÖHN, Legalitätsprinzip, 160); etwa auch als Ausdruck davon, was die konkrete Rechtsgemeinschaft an sozialpolitischen Vorstellungen in «zwingendes» Recht umgesetzt hat (N 242, 327, 395 ff.); als «Medium für die Selbstorganisation von Rechtsgemeinschaften, die sich unter bestimmten historischen Bedingungen in ihrer sozialen Umwelt behaupten» (HABERMAS, 188); beispielsweise aber auch eher aufzeichnend, was aus alten Rechtstraditionen oder bewährter Gerichtspraxis sich in dispositiven Vertragsnormen niedergeschlagen hat. – Und je nachdem wird der Wortlaut sehr 79

Art. 1

unterschiedliche Funktionen haben: Wo er einen Anspruch des obrigkeitlichen Staats auf Strafe, auf Steuern, auf einen Militär- oder einen Sozialdienst unterlegt, wird der Wortlaut zur Minimalvoraussetzung mit entsprechend höherer Verbindlichkeit (vgl. Vorbemerkungen N 239 ff.). Wo er schliesslich in traditionell privatrechtlich, das heisst horizontal strukturierten Bereichen verwurzelte Rechtstraditionen und Weiterentwicklungen der Praxis textlich fortschreibt, wird die Verbindlichkeit gar nicht erst im *Wortlaut* zu suchen sein, sondern von vornherein einzig und allein in dem, was er sich auszudrücken bemüht (N 105 ff.).

80 c) **Begrenzung der richterlichen Rechtsfindung?** Im Zentrum der Thematik «Wortlaut» steht jeweils die Frage, ob er – generell oder unter gewissen Voraussetzungen – die richterliche Rechtsfindung *begrenze*. In der vorliegenden Kommentierung wird die Meinung vertreten, dass eine grundsätzliche Begrenzung nicht zu rechtfertigen ist. Im einzelnen hiezu N 362 ff. und Vorbemerkungen N 226 ff., 243 ff.

81 d) **Bedeutung des Wortlauts als Stabilisator.** Die Funktionen des Gesetzeswortlauts als *Einstieg* in die Rechtsfindung (Vorbemerkungen N 227 f.) und alsdann als *Verstehenselement* (Vorbemerkungen N 229 ff.) besagen als solche nichts darüber, in welcher Art und mit welchem Gewicht dieser Wortlaut alsdann wirkt. Der Verstehenszusammenhang hilft zunächst wenig; nämlich primär negativ: Die Wirkung des Gesetzeswortlauts liegt *nicht* in einer ihm «eigenen» Verbindlichkeit.

82 Eine solche «eigene» Verbindlichkeit des Wortlauts, gleichsam der sprachlichen Benützeroberfläche, verbietet sich schon aus hermeneutischer Sicht: Gerade der «Oberflächen»-Charakter scheint die allfällige Verbindlichkeit auf das Dahinterstehende zu beschränken. Anderseits würde eine solch strikte Trennung zwischen aussen und innen verkennen, dass die Oberfläche ihrerseits Realität ist und vor allem auch, dass ihr unter dem Gesichtspunkt des Rechts eine sehr wichtige, wenn nicht gar letztlich die entscheidende Rechtsfunktion zukommt, nämlich jene der *Rechtssicherheit*:

83 Wenn es im Grundsatzbereich von Rechtsphilosophie und Rechtstheorie um die Thematik geht, «Gerechtigkeit» nicht bloss zu denken, sondern zu tun, formuliert sich das Postulat «Recht» (RADBRUCH, gesetzliches Unrecht, 107; KAUFMANN, Gesetz, 382 f.; ZIPPELIUS, Recht und Gerechtigkeit, 22 f.). Es soll, obwohl selbst Sollen, einen *konkreten* Bezug zum Sein ermöglichen. Hiefür bedarf es einer minimalen Priorität; zwar nicht im naturrechtlichen oder gesetzespositivistischen Sinn (KAUFMANN, Hermeneutik, insbes. 341; Vorbemerkungen N 127 ff., 239 ff.), aber allemal im Sinn eines Handlungsinstrumentariums. Wie dieses auch

immer begründet und im einzelnen ausgestaltet sei, als Minimalprogramm wird es darauf abzielen, das Thema Gerechtigkeit als konstanten Gesichtspunkt zu festigen, ihn durch «Recht» zu stabilisieren, beziehungsweise eben: *Rechtssicherheit* zu schaffen (vgl. RADBRUCH, gesetzliches Unrecht, 107).

Auf dieser sehr allgemeinen, inhaltlich unspezifischen Ebene liegt der Rechtsgehalt von «Rechtssicherheit» nicht in «Recht», sondern in «Sicherheit»; nicht in der Stabilisierung eines bestimmten Rechts, sondern in der Stabilität als solcher. *Diese* Funktion nun manifestiert sich sehr konkret im Phänomen, dass Normatives zu Text drängt; dass Gesetze dazu tendieren, geschrieben zu werden; dass Art. 1 Abs. 1 ZGB Wert auf den «Wortlaut» legt. Unter dem Gesichtspunkt der heutigen Rechtsfindung verbleibt zumindest dieses Verstehenselement der Rechtssicherheit, das mit zur «Anwendung» des Wortlauts gehören muss. 84

4. Wesen der Auslegung

a) **Verstehen.** Art. 1 Abs. 1 ZGB lässt das Gesetz unter anderem dann Anwendung finden, wenn es «...nach ... *Auslegung* eine Bestimmung enthält». Der Begriff Auslegung bezieht sich also auf das Gesetz, nicht auf dessen Wortlaut. Schon aus dieser zunächst vordergründigen Überlegung geht es nicht um die sprachliche Auslegung des *Gesetzestextes*, sondern um die «rechtliche» Auslegung des *Gesetzes* (GYGI, Rechtsfindung, 74 ff., 77; BGE 111 Ia 292 [297]; oben N 65 ff.). Diese Überlegung ist im Ergebnis wohl befriedigend, in der Herleitung allerdings zu stark begriffsbezogen; vor allem aber hilft sie nicht weiter beim Dilemma des Einwandes, was denn das auszulegende «Gesetz» anderes sei als wiederum dessen «Wortlaut». 85

Ein konsistenter Ausweg aus diesem Dilemma kann nur dann gelingen, wenn das begriffsbezogene Anwendungsdenken abgelegt und statt dessen «Verstehen» gesucht wird (oben N 62 ff.; vgl. auch Vorbemerkungen N 198 ff.). Dabei wird sich zeigen, dass es bei dem im Text von Art. 1 Abs. 1 ZGB umschriebenen Thema (auch) um das Verhältnis zwischen *Gesetzestext* und *Gesetzesinhalt* geht, nicht um begriffliche Wortklauberei betreffend den Text allein; aber ebensowenig um die Frage, ob ein bestimmtes Gesetz «gerecht» sei (die letztere Frage gehört zwar durchaus zur Rechtsfindung, nicht indes zu Art. 1 Abs. 1 ZGB [N 205 ff., Vorbemerkungen N 51 ff.]). Das mit «Auslegung» Umschriebene ist mithin die Thematik, ob das, was im Gesetzeswortlaut steht, auch dem *Gesetzesinhalt* entspricht (anschaulich ZR 72 [1973], Nr. 31 zu Begriff und ratio von «Handwerksarbeit» gemäss Art. 128 Ziff. 3 OR). Eine gewisse Zirkularität ist hierin natürlich enthalten. Doch zeigt hermeneutisches Verstehen, dass Zirkularität nicht logische Un- 86

Art. 1

möglichkeit eines begrifflichen Gefüges darstellt, sondern *jedem* Umgang mit Sprache eigen ist. Es *ist* dies die hermeneutische Übungsanlage jeder Befassung, im besonderen einer solchen mit Sprache und dabei wohl speziell greifbar in einer solchen mit geschriebener Sprache (NIGGLI, 169; vgl. auch GADAMER, Band 1, 393 ff., zurückgehend auf Heidegger, vgl. Vorbemerkungen N 213 ff.). Diese Zirkularität auch bei einem geschriebenen Gesetz anzuerkennen, bedeutet also nicht Entdeckung einer vormals verdrängten Inkonsistenz, sondern methodologische Ehrlichkeit (vgl. BUSSE, Semantik, 298 ff.; unten N 94 ff.).

87 b) **Rechtsfindung intra legem.** «Auslegung» im Sinn von Art. 1 Abs. 1 ZGB lässt sich als «Rechtsfindung intra legem» umschreiben (MEIER-HAYOZ, Lücken, 150 f.; HÖHN, Methodik, 314; unten N 282 ff.). Damit kommt zum Ausdruck, dass es nicht um das Massnehmen an aussergesetzlichen Gesichtspunkten, etwa an rechtspolitischen Postulaten geht; dies namentlich in Abgrenzung zur Rechtsfindung «praeter legem» (vgl. MEIER-HAYOZ, Lücken, 158; GERMANN, Gesetzeslücken, 117). Gleichwohl liegt aber Rechts*findung* vor; das heisst, auch *innerhalb* (des Gesetzes) geht es um diese anspruchsvolle Richtertätigkeit.

88 Letzteres gilt namentlich auch dort, wo der Wortlaut klar ist. Grammatisch bestünde hier zwar kein Bedarf nach einer Vertiefung über syllogistische Anwendung hinaus. Doch geht es bei der «Anwendung» durch den Richter eben stets um *Rechts*findung. Und dies impliziert – nebst anderem (N 147 ff.) – immer auch das Verstehen davon, was *im Gesetz* steht, was *das Gesetz* besagt; damit verbunden auch die Frage, ob eben dieser Gesetzes*inhalt* mit dem Gesetzes*text* übereinstimmt. *Diese* Frage stellt sich genau so, wenn der Text klar ist. Ja, nur beim *klaren* Gesetzestext kann sich in der vollen Schärfe die Frage stellen, *ob* der Text mit dem Inhalt übereinstimmt (GYGI, Rechtsfindung, 75; ESSER, Vorverständnis, 32 ff.). Bei unklarem Wortlaut kann unter Umständen schon die sprachliche Auslegung zur Versöhnung mit dem Inhalt führen (oben N 57 ff.). Und beim Fehlen einer Gesetzesbestimmung entfällt das Kollisionsproblem ohnehin.

89 c) **Hermeneutische Methode.** Rechtsfindung im heutigen Sinn geht über die eben erörterten Fragen nach dem Inhalt des Gesetzes und allenfalls nach dessen Verhältnis zum Wortlaut hinaus. Ja sogar wenn «ratio legis» noch viel allgemeiner gefasst wird in Richtung der gesamten Sollensordnung, ist sie bloss *ein* Element der Rechtsfindung (nachstehend N 105 ff.). Sie versteht sich heute nämlich nicht als etwas *in sich* theoretisch Abhandelbares. Vielmehr ist sie stets (auch) Teil der Seinswelt, auf welche sie sich normativ beziehen soll. Die «realistischen» Elemente sind also ebenso wesentliche Teile der *Rechts*findung (näheres N 167 ff.). Schliesslich ist heute bekannt, dass der Richter selbst beziehungsweise sein Ver-

ständnis der eigenen Funktion ein – subjektives – Rechtsfindungselement darstellt (so schon BULTMANN, 230 [u.a.]; prägnant BAUMANN, Justitia, 23 ff.).

Die in Art. 1 Abs. 1 ZGB angesprochene «Auslegung» ist gleichsam das Einfallstor beziehungsweise der positivierte «Einstieg» (Vorbemerkungen N 227 f.) für modernes Rechtsfindungsdenken in das sprachliche Begriffssystem des positiven Gesetzes (Vorbemerkungen N 43 f.). Indem das Gesetz selbst darauf hinweist, dass es nebst seinem Wortlaut auch einen «auszulegenden» Inhalt hat, ist ihm zwar an der Erfassung dieser *objektiven* ratio legis gelegen; so auch die insofern positivistische Grundoptik des historischen Gesetzgebers (EUGEN HUBER, Erläuterungen, Band 1, 36; Sten.Bull. NR 1906, 1039, 1042; Vorbemerkungen N 144 ff.). Indem es aber für die Suche nach der ratio legis den Weg der *Auslegung* vorsieht, «erlaubt» es das, was *heute* unter Auslegung verstanden wird: nämlich das hermeneutische Verstehen, welches nicht mehr zum Ziel einer objektiven Wahrheit strebt, sondern sich nurmehr als *Methode* versteht (GADAMER, Band 1, 303, 494; HINDERLING, 106 ff.; BULTMANN, 229; Vorbemerkungen N 159 ff.).

Mit anderen Worten, auch wenn der historische Gesetzgeber unter «Auslegung» jene *des Gesetzes* verstand, so hat er doch die positiv-rechtliche Basis geschaffen, um nach der heutigen geltungszeitlichen Betrachtungsweise (N 128 f.) «Auslegung» im Sinn der hermeneutischen Methode zu verstehen. Eine solch moderne Methodik wäre natürlich auch dann möglich, wenn das Gesetz den «Einstieg» über den Terminus «Auslegung» nicht enthielte. Denn bekanntlich *gehorcht* der Richter *nicht*, er *versteht*; und letzteres gerade nicht nur bei einer entsprechenden «Erlaubnis» des Gesetzgebers. Gleichwohl ist die ausdrückliche Anerkennung der richterlichen «Auslegung» von Belang. Sie besagt nämlich dass das Gesetz selbst seine eigene Hinterfragung akzeptiert. Dies wiederum bedeutet, dass die positive Rechtsordnung das *Besondere* ihrer Positivität nicht als etwas Absolutes betrachtet. Entsprechend flexibler kann Rechtsfindung mit dem positiven Teil der Rechtsordnung, namentlich mit dem Wortlaut des Gesetzes, umgehen (N 147 ff.).

5. Grenzen der Auslegung

a) **Immanente Grenzen der Rechtsfindung.** Wie in den Vorbemerkungen ausgeführt (N 243 ff.), ist die richterliche Rechtsfindungstätigkeit nicht von «aussen», etwa durch eine Priorität der ersten Staatsgewalt begrenzt. Dagegen kann man von «immanenten» Grenzen der Rechtsfindung sprechen insofern, als der Richter nichts anderes tun darf, als was eben Rechtsfindung ist.

Art. 1

93   Diese Aussage gilt es nun umzusetzen auf die enger gefasste Fragestellung, ob der richterlichen *Auslegung* Grenzen gesetzt sind; gleichsam wo die richterliche Tätigkeit aufhört, Auslegung zu sein (N 94 ff. hienach); dies im Unterschied zur Blickrichtung von «ausserhalb» des Gesetzes bei der Fragestellung, wie sich die Randbedingungen der richterlichen Rechtsfindung praeter legem gestalten (N 266 ff., 290 ff.).

94   b)   **Methodenehrlichkeit?** Wo eine Begrenzung der richterlichen Auslegung postuliert wird, geschieht dies regelmässig aus Gründen der «Methodenehrlichkeit» (MEIER-HAYOZ, richterliche Tätigkeit, 194 ff.; ders., Lücken, 150 f.; OGOREK, Wortlaut, 29; näheres unten N 266 ff.). Namentlich gelte es, sich bewusst zu sein, ob eine bestimmte «Extraposition» (FIKENTSCHER, Methoden, Band IV, 678) des Richters *noch* Auslegung oder *bereits* Lückenfüllung sei; oder in der hier bevorzugten Terminologie: ob es sich um Rechtsfindung *intra* oder *praeter* legem handle (oben N 87 f.; MEIER-HAYOZ, Lücken 150 f.). Eine entsprechend «ehrliche» Unterscheidung kann aber nur dann sinnvoll sein, wenn sie den Entscheid beeinflusst. Dies wiederum bedingt, dass die Funktion beziehungsweise Kompetenz des Richters im Rahmen der Auslegung eine qualitativ oder doch abgestuft (nicht fliessend) andere ist als jene im Rahmen der Lückenfüllung. Beziehungsweise: Nur *soweit* sich die Funktion des Richters entsprechend unterscheidet, ist die Grenze zwischen Auslegung und Lückenfüllung bedeutsam.

95   Eine starke Meinung von Lehre und Praxis zieht namentlich dann eine scharfe Grenze zwischen Auslegung und Lückenfüllung, wenn der Wortlaut klar ist (vgl. EDWARD E. OTT, Denken, 381; BGE 90 I 137 [141]; unten N 266 ff., 362 ff.). Dies wäre an sich nicht zwingend: Wie an anderer Stelle ausgeführt (N 87 ff., 105 ff.), erlaubt – nach der hier vertretenen Auffassung: verlangt – auch der klare Wortlaut die auslegende Hinterfragung nach der ratio legis hin. Doch jene anderen Auffassungen geben dem klaren Wortlaut *grundsätzliche* Priorität, *verbieten* also dessen Auslegung; und *damit* wird jedes vom «klaren» Wortlaut abweichende Reflexionsresultat eo ipso zur «Lücke», wenn auch zur «unechten» (EDWARD E. OTT, Gedanken, 195 f.; ZITELMANN; unten N 318 ff.). Das Füllen solcher Lücken, also der Entscheid gegen den Gesetzeswortlaut, wird alsdann – und darin liegt die praktische Auswirkung der Unterscheidung – nur unter qualifizierten Voraussetzungen bejaht, namentlich nur dann, wenn das Bestehen auf dem Wortlaut rechtsmissbräuchlich wäre. Auch wenn hiebei das Problem der Lückenfüllung angesprochen wird, so scheint doch die Kollision mit dem *Wortlaut* im Vordergrund zu stehen (KRAMER, teleologische Reduktion, 71 ff.; näheres dazu unten N 101 ff., 320).

Art. 1

Bisweilen wird die Grenze zwischen Auslegung und Lückenfüllung beziehungsweise zwischen problemloser und fraglicher Richterkompetenz nach der *Wichtigkeit* der anstehenden Rechtsfrage gezogen (RIEMER, Einleitungsartikel, § 4 N 90 f.; MEIER-HAYOZ, Fortbildung): 96

Demnach fallen untergeordnete Rechtsfragen, für welche das Gesetz allenfalls keine Antwort enthält, problemlos unter die *richterliche* Kompetenz. Grundlegende Fragestellungen dagegen werden dem Gesetzgeber vorbehalten (MEIER-HAYOZ, Fortbildung, 421) beziehungsweise dem Richter nur unter sehr qualifizierten Voraussetzungen überantwortet (RIEMER, Gebotsberichtigung, 127). Diese Unterscheidung lässt unschwer erkennen, dass sie der Abgrenzungsfrage betreffend Auslegung und Lückenfüllung höchstens teilweise entspricht: Auch untergeordnete Regelungsdefizite können Lücken sein (z.B. das Fehlen von Zuständigkeitsvorschriften bei materiell geregelten Bereichen, vgl. etwa BGE 93 II 1 [3 ff.]). Und auch grundlegende Fragen können letztlich zur *Auslegung* von Gesetzesnormen gehören, zumal etwa im Bereich dogmatischer Strukturen, die ja als solche höchst selten vom Gesetzeswortlaut ausdrücklich umschrieben werden (vgl. etwa den «Swissair-Entscheid» BGE 120 II 331 zur Haftung aus erwecktem Vertrauen in das Verhalten der Konzernmutter). 97

Im öffentlichen Recht wird im Zusammenhang mit der Doktrin des *Gesetzesvorbehalts* eine ähnliche Diskussion geführt um die Frage, welche Kompetenzen dem Gesetzgeber, welche dem Verordnungsgeber zukommen (vgl. dazu etwa BIAGGINI, 319 ff., und EICHENBERGER, Rechtssetzungsfunktion, 21 FN 22, der darauf hinweist, dass die Rechtssetzungsfunktion keineswegs die Vereinigung *aller* Rechtssetzungsentscheide beim Gesetzgeber erfordere). Ähnliche Gedankengänge finden sich bei OGOREK (Leviathan, 415) unter Hinweis auf Spannungsbeziehungen zwischen staatlicher Politik mit Gesetzgebungsanspruch einerseits und «bürgerlicher *Rechts*-Sphäre» anderseits – dies nicht bloss im 19. Jahrhundert, sondern ebenso heute: «Politik und Recht sind trotz ihrer unterschiedlichen Funktionsweisen doch der gleichen Ordnungsaufgabe verschrieben. Das Trennungsdenken ist nur noch im Sinne einer systemischen Entlastung, aber nicht mehr als materielles Organisationsprinzip gefragt». Im selben Zusammenhang steht auch die aktuelle Debatte zum Thema Verfassungsgerichtsbarkeit; etwa im Entwurf eines Bundesbeschlusses über die Reform der Justiz, Art. 178 Abs. 1, kann das Bundesgericht im Einzelfall auch Bundesgesetze und allgemeinverbindliche Bundesbeschlüsse auf ihre Verfassungsmässigkeit beziehungsweise ihre Kompatibilität mit Völkerrecht hin überprüfen. Die Erläuterungen nehmen ausdrücklich Bezug auf das Dilemma Politik-Recht, nämlich unter Hinweis auf die Aufgabe des Verfassungsrichters, die Grundwerte der Verfassung wahrzunehmen, während der Gesetzgeber sich meist auf die politische Aktualität konzentriere (BBl 1997 I 505 ff., 532 ff.). 98

Am präzisesten scheinen sich die Unterscheidung zwischen Auslegung und Lückenfüllung einerseits und jene zwischen richterlicher und gesetzgeberischer Zuständigkeit anderseits dort zu decken, wo Wortlaut sich sehr *spezifisch* als abschliessend verstehen lässt. Im Vordergrund stehen dabei Bereiche, welche nicht das Privatrecht betreffen, nämlich die Eingriffsverwaltung, etwa im Polizei-, 99

Art. 1

Steuer- und Strafrecht (vgl. HÖHN, Methodik, 327 ff.; BGE 103 IV 129 [130] und 101 Ib 154 [155]). Unter gewissen Umständen lassen sich auch Bereiche des zwingenden Privatrechts hier einordnen, etwa bei Ausnahmebestimmungen im Rahmen einer Missbrauchsgesetzgebung (vgl. unten N 242). Hier mag es nun Fälle geben, wo der Richter bloss *das Gesetz* auslegen darf, wo ihm also eine allgemeine Ausweitung nach hermeneutischer Methode über die ratio legis hinaus verwehrt ist (vgl. etwa RJN 7 III, 347 ff., zur Kollision zwischen dem erbrechtlichen Prinzip der Universalsukzession und den Bestimmungen über den Erwerb von Grundstücken durch Personen im Ausland). – Dies kann vielleicht im Ergebnis befriedigen, nicht aber in der Herleitung. Denn *dass* in solchen Fällen dem Wortlaut eine spezifischere Bedeutung zukommt als in anderen Fällen, ist wiederum nichts anderes als das Ergebnis eines *sehr* grundsätzlichen Verstehens der betreffenden Norm und damit letztlich einer sehr weit ausgreifenden Auslegung, gerade nicht ihrer Beschränkung (N 224 ff., 261).

100   Die dargelegten Bedenken gegen eine Begrenzung der richterlichen Rechtsfindung lassen sich auf die Gemeinsamkeit zurückführen, dass es zwar durchaus Abstufungen richterlicher Kompetenz geben kann, doch dass diese mit einer Unterscheidung in Auslegung und Lückenfüllung nichts zu tun haben. Sie sind von ganz anderen Gesichtspunkten beeinflusst (auf die an anderer Stelle noch näher eingegangen wird; vgl. N 358 ff.). «Auslegung» im heutigen Verständnis geht nicht nur über die sprachliche Auslegung des Gesetzeswortlauts hinaus (N 147 ff.), sondern ebenso über die Ergründung der ratio legis (N 105 ff.). Sie ist umfassendes Verstehen der Rechtsordnung, ihres Bezugs zum Sein und der Stellung des Rechtsfinders selbst (Vorbemerkungen N 207 ff.). All dies steht der richterlichen Kompetenz zur Verfügung. Eine auf deren Begrenzung abzielende Unterscheidung in Auslegung und Lückenfüllung ist also abzulehnen.

101   c) **Wortlaut als Grenze?** Der Wortlaut als Grenze der Auslegung wird zwar meist dort postuliert, wo es um eine *Kollision* zwischen Wortlaut und Auslegungsresultat geht, namentlich bei der «unechten Lücke» (näheres hiezu N 318 ff.); also dort, wo der Wortlaut zu *weit*, nämlich über die ratio legis hinausgeht. Bisweilen wird aber auch von einer wortlautbedingten Auslegungsgrenze gesprochen, wo und weil der Wortlaut nicht *weit genug* gehe (EDWARD E. OTT, Gedanken, 195; N 362 ff.). Debattiert wird dann nicht, ob der Richter dem geschriebenen Gebot des Gesetzgebers widersprechen, sondern ob er *ohne* gesetzliche Grundlage eigenständig entscheiden darf (HÄFELIN, Bindung, 119; EDWARD E. OTT, Gedanken, 195; HÖHN, Legalitätsprinzip, 160 ff.).

102   Diese letztgenannte Problemstellung gleicht jener der Anforderungen an die gesetzlichen Grundlagen für *staatliches* Handeln, namentlich solches der Ver-

Art. 1

waltung. Das für jedes obrigkeitliche Handeln – sei es im Rahmen der Eingriffsverwaltung oder sei es im Bereich der Leistungsverwaltung (HÖHN, Legalitätsprinzip, 160 ff.) – geltende Legalitätsprinzip geht von einem sehr spezifischen Gesetzesbezug aus: Das Gesetz ist nicht bloss eine – mehr oder eben auch weniger – zutreffende Umschreibung einer gewissen rechtspolitischen Zielsetzung, sondern auch und vor allem Garant gegen einen willkürlichen Staat (vgl. dazu etwa GEORG MÜLLER, 71 ff., und THÜRER, Das Willkürverbot nach Artikel 4 BV, in: ZSR 106 [1987] II, 413 ff., insbes. 449 f.). Insofern scheint die Ausgangslage nicht jener des traditionellen Privatrechtsgesetzes zu entsprechen, bei dem es ja um «horizontale» Inkompatibilitäten geht. Eine Parallele scheint höchstens historisch auf in der Phase des aufklärerisch begründeten Gesetzespositivismus, wo namentlich der nationale *Zivilgesetz*-Kodex (unter anderem) Programm gegen Richterwillkür sein sollte (Vorbemerkungen N 136 ff.; SEILER, 13 ff.; vgl. auch SCHNYDER, Allg. Einleitung N 7 ff.). Dieser Gesichtspunkt ist heute in den Hintergrund getreten; nicht so sehr weil der heutige Richter weniger zu Willkür neigen würde als der damalige, sondern weil die Willkürgefahr heute als eine solche *aller* Staatsgewalten erkannt wird, namentlich auch als solche des Gesetzgebers oder des Abstimmungssouveräns (Vorbemerkungen N 15, 136 ff., 168 ff.; vgl. etwa SEILER/WEBLER, 178 ff.).

Mit anderen Worten, Rechtsfindung im Sinn des hermeneutischen Verstehens umfasst derart allgemeine, namentlich auch gesellschaftsorganisatorische Fragestellungen, dass sie nicht mehr ihrerseits durch entsprechende Prinzipien, wie zum Beispiel das Gesetzmässigkeitsprinzip, eingeengt werden könnte. Das Gesetzmässigkeitsprinzip ist zwar ein – in der Regel sogar gewichtiges – Verstehenselement, das auch und gerade von der selbstbescheidenen Rechtsfindung berücksichtigt werden muss; dem die Rechtsfindung nicht aber ihrerseits *unterstellt* ist. – Eine *grundsätzliche* Begrenzung der Auslegung durch den Wortlaut ist also abzulehnen. Dies braucht nicht auszuschliessen, dass der Wortlaut in einem speziell gelagerten Fall im Ergebnis eine Limite hergibt (vgl. etwa die in N 66 erwähnte Entscheidung des EGMR in Pra 83, Nr. 239, betreffend Art. 160 ZGB; oder das in N 242 genannte Beispiel BGE 120 II 206 betreffend zwingende Bestimmungen im Mietrecht); doch wäre dies dann konkretes *Resultat* der Rechtsfindung, nicht Konsequenz aus deren Begrenzung (dass das Kind nicht den Nicht-Familiennamen des Vaters annimmt, ergibt sich also nicht aus «dem klaren, nicht auslegungsbedürftigen Wortlaut», wie dies BGE 122 III 414 [415] vermuten lässt, sondern weil «es nicht zur Aufgabe des Richters gehört, klares Recht fortbildend zu ändern» [a.a.O. 415 mit Verweisen]). 103

Der hier vertretenen Auffassung entspricht auch jene des Begriffspaars der *teleologischen Reduktion* (vgl. dazu LARENZ, Methodenlehre, 391; BYDLINSKI, 104

Art. 1

Methodenlehre, 480; ausführlich KRAMER, teleologische Reduktion, und BRANDENBURG) beziehungsweise *Extension* (LARENZ, Methodenlehre, 397 ff.; BYDLINSKI, Methodenlehre, 475; CANARIS, Lücken, 89 f.). Dabei geht es um eine Umschreibung der Beziehungselastizität zwischen Wortlaut einerseits und ratio legis beziehungsweise «telos» anderseits (KRAMER, teleologische Reduktion, 65 f.): Während die Figur der teleologischen Reduktion davon ausgeht, dass der Gesetzeswortlaut im Vergleich zur ratio legis zu weit ist beziehungsweise eine Ausnahmeregelung fehlt (vgl. neuerdings BGE 121 III 219 [225 ff.]), verlangt die teleologische Extension eine über den Gesetzeswortlaut hinausgehende, aber der ratio entsprechende Auslegung (anschaulich etwa BGE 92 II 180 [182] zur Frage der Eingriffsmöglichkeiten des Richters in einen Arbeitsvertrag, wo entsprechende zwingende *Gesetzes*-Vorschriften [noch] fehlten). Das Begriffspaar Extension–Reduktion will also auf die Identität der Problemstellung hinweisen in den Fällen, da der Wortlaut über die ratio beziehungsweise wo die ratio über den Wortlaut hinausgeht. Allemal geht es darum, die ratio zu erfassen, wofür zwar der Wortlaut dienlich, nicht aber das einzige Kriterium ist. Geht der Wortlaut zu weit, besteht kein Grund, ihn mehr zu respektieren als dort, wo er zu kurz greift (KRAMER, teleologische Reduktion, 73 f.; MEIER-HAYOZ, Schlusswort, 91 f.).

IV. Auslegung und Methode

1. Ermittlung der ratio legis

105 a) **Inhalt des Gesetzes.** Es ist Aufgabe der Auslegung, die ratio legis zu ergründen. Dass dies über eine grammatisch-syntaktische Auslegung hinausgeht, ist heute selbstverständlich (N 85 ff.). Dass eine Gesetzesnorm ausschliesslich aus Wortlaut «besteht», spricht also nicht dagegen, dass *ihre* ratio ebendiesem *ihrem* Wortlaut widersprechen kann (BGE 121 II 319 [231]).

106 Die heutige Hermeneutik begnügt sich aber nicht damit, die sprachliche Auslegung zur rechtlichen Auslegung auszuweiten in dem Sinn, dass sie sich auf den Inhalt *des Gesetzes selbst* beschränke, also darauf, was das Gesetz als solches sage (HINDERLING, 139 ff.; ZÄCH, Sprache, 50 f.). Dieser Aspekt spielt zwar durchaus eine Rolle. Er scheint auch den Terminus «ratio *legis*» auszufüllen. Schliesslich gibt er dem Richter ein Instrumentarium, den Wortlaut entsprechend «auszudehnen» oder zu «reduzieren» (oben N 104); beziehungsweise: Der «klare Wortlaut» hat die von der Praxis attestierte prioritäre Bedeutung nur dann, wenn er sich mit der ratio deckt (BGE 120 II 112 [113], 118 II 333 [342], 116 II

525 [526 f.] u.a.; zur «sens clair-Doktrin» vgl. auch GYGI, Rechtsfindung, 77, und oben N 67 ff.). Ist diese Deckung von ratio und Text gegeben, so kann die Praxis den Wortlaut bisweilen *sehr* wörtlich nehmen (anschaulich BGE 5 C.163/1995 vom 18. Dezember 1995 [nicht publiziert], wonach sich der Ehemann noch nach 10 Jahren gegen die Scheidungsklage der Ehefrau wehren kann, weil diese seinerzeit Ehebruch begangen und obwohl auch der Ehemann zur Zerrüttung der Ehe beigetragen hat).

b) **Positivität des Gesetzes.** «Ratio legis» umschreibt aber nicht nur, was das Gesetz selbst sagt, sondern auch, was es bedeutet, wenn das Gesetz dies sagt. Sie umfasst nicht nur das, was sich im positiven Recht niederschlägt, sondern ebenso die Thematik, was Positivität des Rechts bedeutet. Soll Auslegung bis zu diesem sehr allgemeinen Verständnis von «ratio legis» vordringen, so geht sie nicht nur über den «logos» des Gesetzes, sondern gar über den «nomos» als solchen hinaus (MEIER-HAYOZ, Art. 1 N 192 ff.). Dies mag zunächst als *sehr* ausdehnende Auslegung von «Auslegung» im Sinn von Art. 1 Abs. 1 ZGB erscheinen; zumal in Abgrenzung zur richterlichen Kompetenz gemäss Abs. 2, die ja in der Regel *noch* weiter gehen soll (N 405 ff.). 107

Doch ist gerade der letztgenannte Einwand zu relativieren: Soweit man zwischen Abs. 1 und Abs. 2 überhaupt eine Abstufung vornehmen sollte, so jedenfalls völlig losgelöst von der Frage, wie «tief» beziehungsweise wie «grundsätzlich» die Rechtsfindung ansetzen soll. Rechtsfindung ist *immer* grundsätzlichste Bezugnahme zur Sollensordnung; allerdings stets bezogen auf den konkreten, unter Umständen kleinen und banalen Fall; damit vielfach in durchaus legitimen Routineabläufen operierend (Vorbemerkungen N 177 f., 194), von der Fragestellung her aber stets von maximaler Grundsätzlichkeit. Was die Fälle gemäss Abs. 1 auszeichnet, ist einzig, dass bei ihnen im Gegensatz zu jenen gemäss Abs. 2 Formulierungen des positiven Rechts vorliegen. Wenn diese nun ausdrücklich «Anwendbarkeit» (oben N 52 ff.) verlangen, so wird der Rechtsfinder nicht gehorchen, sondern nach der Bedeutung eines solchen «Befehls» suchen. Und wenn ausdrücklich «Auslegung» erlaubt wird, so wird dies den Rechtsfinder zusätzlich anregen, seine Reflexion nicht auf Teilbereiche der Sollensordnung oder gar auf den Wortlaut des Gesetzes zu beschränken. 108

Auslegung des Gesetzes im Sinn von Art. 1 Abs. 1 ZGB heisst also nicht, sich auf die ratio des betreffenden Gesetzes zu beschränken und etwa die «ratio» der gesamten Rechtsordnung zu ignorieren (dazu Vorbemerkungen N 43 ff., 156). Die Bestimmung betrifft zwar das Gesetz und seine ratio. Die Aussage geht indes gerade dahin, diese in Beziehung zu den letzten Fragen der Sollensordnung zu setzen; nicht weniger als dies ist Rechtsfindung (Vorbemerkungen N 207 ff.; un- 109

Art. 1

ten N 147 ff., 205 ff.). Hievon zu unterscheiden ist die Frage, wie der Richter entscheidet, wenn er eine *Kollision* zwischen solch unterschiedlichen «ratio»-Ebenen feststellt (dazu N 208 ff. und oben N 34 ff.; HÄFELIN, Lückenfüllung, 113 f.).

110 c) **Ratio und Objektivität.** Die eben genannten «letzten Fragen» der Sollensordnung lassen sich nicht als Objektivitäten orten. Dies ist heute weitgehend Gemeingut der Erkenntnistheorie (BULTMANN, 228 ff.; GADAMER, Band 1, 352 ff.; FEYERABEND, 385 ff., insbes. 388 f.). Die Grundstruktur ist nicht scharf deduktiv, sondern unscharf relativ. Grundelemente beziehungsweise Grundsätze (ESSER, Grundsatz, 50 ff.) sind nicht positiv anstrebbar, sondern Teil eines überholten Paradigmas, allenfalls als Ideal-Extrapolationen in methodische Pragmatik einzubeziehen (N 188 ff.): Anstelle des Objektiven ist die Methode getreten (ESSER, Grundsatz, 260; GADAMER, Band 1, 303; KAUFMANN, Zirkelschluss). «Ratio» ist nicht mehr rational.

111 Bezogen auf die «letzten» Fragen jener grundsätzlichen Auslegung bedeutet dies, dass «am Schluss» stets eine Selbstreferenz in Kauf zu nehmen ist (vgl. LUHMANN, 38 ff., 440 ff.,; TEUBNER, Recht, 81 ff.). Noch so allgemeine Grundsätze sind letztlich wiederum bedingt durch die Gesellschaft, welche sie formuliert und auf die sie ihrerseits Einfluss nehmen sollen. Gleich wie sich der Richter im hermeneutischen Zirkel wissen soll (Vorbemerkungen N 217 f.; unten N 533 ff.), gleich wie die einzelne Norm, das ganze Gesetz über sich selbst etwas aussagen oder mit sich in Widerspruch stehen können (Vorbemerkungen N 226 ff.), so gibt es auch die «grosse» Zirkularität der autoreferenziellen Megastruktur der Rechtsordnung (TEUBNER, Recht, 7 ff., 18; NIGGLI, 164 ff.; VON DER CRONE, 61 f.). In dieser Dimension läuft sie auf die Spannungsbeziehung zwischen Absolutheit und Geschichtlichkeit des Rechts hinaus (KAUFMANN, Gesetz, 363, 382 ff.; FIKENTSCHER, Methoden, Band III, 195 ff.; Vorbemerkungen N 130 ff.).

2. Bezug zum Regelungsbedarf

112 a) **«Realistische» Elemente.** Die eben genannten verschiedenen Stufen von Zirkularität erhellen, dass Recht nicht nur in sich selbstreferenzielle Bezüge aufweist, sondern ebenso «immanent» mit dem verwoben ist, worauf es einwirken soll: Nicht nur – um ein berühmtes Bild zu zitieren – wandert das Auge des Richters bei der Suche nach der einschlägigen Norm und bei deren Subsumtion zwischen Norm und Sachverhalt hin und her (ENGISCH, Gesetzesanwendung, 14 f.: «Für den Obersatz ist wesentlich, was auf den konkreten Fall Bezug hat, am kon-

kreten Fall ist wesentlich, was auf den Obersatz Bezug hat. Sieht man aber näher zu, so handelt es sich nur um eine ständige Wechselwirkung, ein Hin- und Herwandern des Blickes zwischen Obersatz und Lebenssachverhalt, nicht dagegen um einen fehlerhaften Zirkel.»). Vielmehr weisen *sämtliche* Aspekte von Rechtsfindung wesentliche und immanente Bezüge zur Seinswelt auf; seien es nun Elemente (N 147 ff.), Hilfsmittel (N 244 ff.), Extrapositionen (FIKENTSCHER, Methoden, Band IV, 678).

Mit anderen Worten, die «realistischen» Elemente sind nicht ausserrechtliche Gesichtspunkte, die allenfalls in Ausnahmefällen einmal auf das Recht einwirken können. Vielmehr sind sie immanenter Teil von Rechtsfindung (im einzelnen hienach N 167 ff.). 113

b) **Wesen der Rechtsfindung: Rechtskonkretisierung.** Der wesensmässige Bezug der Sollens- zur Seinsordnung bedeutet nicht, dass der Richter die Sollensordnung als ganze zu «beurteilen» oder allenfalls zu «korrigieren» habe. Selbst wenn er contra legem entscheidet, ändert dies an der Gesetzesqualität der desavouierten lex nichts. Dieselbe lex wird in einem anderen Zusammenhang, eventuell von einem anderen Richter respektiert werden (N 478 ff.). 114

Wirkungsfeld der richterlichen Rechtsfindung ist stets und ausschliesslich der konkrete Streitfall. Dies ergibt sich nicht bloss aus der formellen Zuständigkeit des Richters im Rahmen der positiven Verfassungsordnung (oben N 26, Vorbemerkungen N 84 ff.). Vielmehr gehört es auch zum Wesen der Rechtsfindung, das Allgemeine anhand des Konkreten abzuhandeln, die Norm nicht im Abstrakten zu beurteilen, sondern im Einzelfall zu konkretisieren (KAUFMANN, Hermeneutik, 339; GADAMER, Band 1, 335; NIGGLI, 157; VALLENDER, 78 f.; ENGISCH, Konkretisierung, 178 ff.). Die Umsetzungsfunktion kann nirgends sonst denn beim spezifischen Streitfall wirken (Vorbemerkungen N 207 f.). 115

c) **Der Richter als Teil der Realien.** Wenn der Richter den konkreten Fall in einen Bezug zur Sollensordnung stellt, und wenn er diese Aufgabenstellung umfassend angeht, so wird er auch über seine eigene Stellung in diesem Vorgang reflektieren müssen. Er selbst gehört letztlich genau gleich zu den «Realien» wie der Sachverhalt und all jene anderen Elemente, die gemeinhin mit Rechtsfindung im Zusammenhang stehen (KAUFMANN, Geschichtlichkeit, 52; Vorbemerkungen N 217). 116

Und auch beim Richter erweisen sich die Realien als Teil aller Facetten seiner Subjektivität. Als Inhaber der dritten Gewalt ist er eine staatssoziologische Realität (LUHMANN, 297 ff.); als Jurist Teil eines Fachdiskurses mit Praxis und Lehre (GARRN, Rationalität, 92 ff.; PAVCNIK, Verstehen, 149 f.; N 533 ff.); als 117

Art. 1

Person Verstehenssubjekt im Sinn der hermeneutischen Zirkularität jedes Befassens (BULTMANN, 229 f.; GADAMER, Band 1, 330 ff.).

3. Methodische Folgerungen

118 a) **Wesentlichkeit von Methode.** Die wichtigste Folgerung aus dem Methodenverständnis von Auslegung ist das *Bewusstsein*, dass das massgebende Kriterium, der Massstab, die Extrapolation sich stets und ausschliesslich methodisch orientieren. Das *Wesen* ist Methode.

119 Dieses Bewusstsein muss von vornherein jeden axiomatischen Bezug zu absoluten Grössen ausschliessen; dies auch dann, wenn diese sich als absolute *Methoden*prinzipien ausgeben (dazu N 145 f.). Die *feste* Orientierungshilfe fehlt wesensmässig.

120 Anderseits bedeutet dies aber nicht, dass *jede* Orientierungshilfe fehlen würde. Auch Methode bietet Orientierung, obwohl in einem dynamisch-diskursiven Sinn (GARRN, Rationalität, 28 ff.; ALEXY, Theorie, 43 ff.; DÜRR, diskursives Recht, 95). Im Bereich der Rechtsfindung bedeutet dies, dass methodisches Vorgehen geboten ist. Namentlich wäre es unzulässig, unter der Etikette des «Methodenpluralismus» Methode schlechthin zu ignorieren (OGOREK, Wortlaut, 32 f.).

121 b) **Offenheit der Methoden.** Der Wesentlichkeit von Methode ist nicht Genüge getan, indem einfach *eine* Methode ausgewählt und diese alsdann angewendet wird; also etwa die positivistisch-syllogistische Subsumtions«methode» (N 226 ff.) oder statt dessen eine interaktive Methode (N 171 ff.). Wesentlichkeit von Methode bedeutet, dass es *keine* Apriorität gibt, nicht einmal eine solche der Methode. Methode heisst nicht «Methodenzwang» (FEYERABEND).

122 Aprioritätsausschluss impliziert ferner, dass kein Gesichtspunkt, keine Realie, keine Methode als *solche* Vor- oder Nachrang trägt; mit anderen Worten, es sind grundsätzlich *alle* Gesichtspunkte miteinzubeziehen, ja der Verstehensaspekt einer methodischen Rechtsfindung besagt letztlich nichts anderes, als dass sämtliche Tatsachen, sämtliche positiven wie rechtspolitischen Rechtsgesichtspunkte, sämtliche Argumente, das ganze persönliche, soziale Umfeld etc. miteinzubeziehen sind.

123 Wenn nachstehend auf einige besonders häufig behandelte Methoden-Aspekte hingewiesen wird, so kann dies deshalb von vornherein nicht als abschliessend verstanden werden; und ebensowenig als stets und umfassend zu beachtende Checklist (zum Methoden«kanon» N 145 ff. und 507).

Was die Auswirkung einer solchen Gesamtschau für die Auslegung des Geset- 124
zes anbelangt, so geht es darum, dessen *sämtliche* Bezüge zu erfassen; also nicht
nur zu seinem eigenen Wortlaut und generell zur Problematik von Sprache (oben
N 57 ff., 72 ff.; BAUMANN, Recht, 67 f.), sondern ebenso zum Gesetzgeber (hienach N 129, 135 ff.), zum Richter als Gesetz«nehmer» (N 111; Vorbemerkungen
N 217 ff.), zur gesamten Rechtsordnung (HINDERLING, 141; MERZ, Dauer, 337;
unten N 205 ff.).

c) **Subjektivität und Objektivität der Methode.** Die Frage nach dem Wesen 125
von «Gesetz» oder seiner Verbindlichkeit wird regelmässig mit dem Gegensatz
zwischen der Objektivität des Gesetzes einerseits und der Subjektivität des Gesetzgebers anderseits assoziiert. Dabei wird eine strikte Unterscheidung getroffen, um dann der *objektiv*-geltungszeitlichen Methode vor der *subjektiv*-histori-
schen den Vorrang zu geben (MEIER-HAYOZ, Art. 1 N 162 ff.; RIEMER, Einleitungsartikel, 42 ff.; HÖHN, Methodik, 121). Nach der oben erörterten Methoden-
offenheit ist eine derart absolute Dichotomie mit entsprechender Bevorzugung
der einen Seite methodologisch nicht schlüssig (näheres unten N 135 ff., 155 ff.).

Aus einer anderen Blickrichtung wird die Objektivität des Gesetzes der Sub- 126
jektivität *des Richters* gegenübergestellt. Auch diese Trennung ist nach heutiger
Methodenlehre sehr grundsätzlich überholt; der Richter als Subjekt und das Gesetz als anzuwendendes Objekt verstehen sich nurmehr als wechselseitig bedingte Interaktion (unten N 533 ff.; Vorbemerkungen N 217 f.; BULTMANN, 230).

Schliesslich findet sich die Unterscheidung auch bezogen auf die Stellung 127
der zu beurteilenden Konfliktparteien, nämlich beim Begriffspaar des objektiven
beziehungsweise des subjektiven Rechts. Im hier interessierenden Zusammenhang ist diese Unterscheidung ohne konkretere Relevanz. Immerhin erscheint
eine Parallele insofern auf, als der Optik des objektiven Rechts eher das positivistische Anwendungsdenken entspricht, dem subjektiven Recht eher die «dezen-
trale» wechselseitige Interaktion (vgl. etwa NIKLAS LUHMANN, Gesellschaftsstruktur
und Semantik, Band 2, Frankfurt am Main 1993, 45 ff.; WOLFGANG PORTMANN,
Wesen und System der subjektiven Privatrechte, Zürich 1996, v.a. 19 ff., 25 ff.).

d) **Zeitbezug der Methode.** Die zeitliche Dimension ist mit in das Verstehen 128
einzubeziehen. Dies zunächst schon aus der Grundstruktur der neueren Erkenntnistheorie: Anders als im Zeitbezug gibt es weder Erkenntnis noch Sein (GADAMER,
Band 1, 274 f. unter Bezugnahme auf HEIDEGGER, Sein und Zeit; Vorbemerkungen N 127 ff.). Konkret betreffend Rechtsfindung: Anders als im «historischen»
Streitfall findet Recht nicht statt (oben N 112 ff.; ferner KAUFMANN, Geschichtlichkeit, insbes. 50 ff.; HINDERLING, 140; MERZ, Dauer, 334 ff.).

Art. 1

129   Der Zeitbezug hat aber auch seine Relevanz für konkrete Rechtsfragen, und zwar in sehr unterschiedlicher Weise: Dies kann langfristige Aspekte der Entwicklung und Veränderung des Rechtsgefühls im Lauf der Geschichte beschlagen; etwa entsprechend dem anschaulichen Beispiel RUDOLF VON JHERINGS zur Entwicklung der culpa in contrahendo aus der «Überzeugung, dass das Leben für diese und ähnliche Fälle sich mit der nackten Nichtigkeit des Contracts nach römischem Recht nicht abfinden lasse, vielmehr die unabweisbare Forderung einer Schadensersatzklage erhebe» (R. VON JHERING, Gesammelte Aufsätze aus den Jahrbüchern für die Dogmatik des heutigen römischen und deutschen Privatrechts, 1. Band, Jena 1881, 327 ff., [332]). Sodann können beispielsweise Veränderungen der Erkenntnisse und der Realien zwischen einer früheren Gesetzgebung und deren heutiger Auslegung bedeutsam sein (HASENBÖHLER, 87; KRAMER, Parömien, 156 f.; BGE 116 II 411 [415]). Auch das «Ausprobieren» und allenfalls «Bestätigen» sowie das «Ergänzen» gerade sehr neuer Bestimmungen kann zu Rechtsfindung gehören (vgl. z.B. KURT SIEHR, Entwicklungen im Schweizerischen internationalen Privatrecht, SJZ 91 [1995], 73 ff.). Schliesslich können zeitliche Probleme im Rahmen der konkreten Fallbeurteilung dort aufscheinen, wo etwa das heikle Dilemma zwischen zeitlicher Nähe zum Sachverhalt und sorgfältiger Rechtsfindung oft kaum befriedigend optimiert werden kann (BAUMANN, Recht, 135 f.); wo unter Umständen die zeitraubende Fallgerechtigkeit der raschen Rechtssicherheit hintangestellt wird (vgl. z.B. Zürcher Obergericht in ZR 93 [1994], Nr. 87, wonach es im Rahmen von Art. 269d OR aus Gründen der Rechtssicherheit abzulehnen sei, in *jedem* konkreten Fall zu prüfen, ob diese Formvorschrift einen überspitzten Formalismus darstelle oder nicht).

4.   Umstrittene Methoden

130   a)   **Rein sprachliche Methode.** Abzulehnen ist eine rein sprachliche oder allenfalls begriffssystematisch operierende Methode. Diese Ablehnung ist keineswegs neu (z.B. schon BGE 80 II 311 [316]). Sie kam bereits mit der Begründung der Interessenjurisprudenz beziehungsweise der Freirechtsbewegung auf; in einem Zeitpunkt mithin, als die *rein* methodologische Hermeneutik noch keine Verbreitung kannte (LARENZ, Methodenlehre, 320 ff.; BYLINSKY, 437 ff.; MEIER-HAYOZ, Art. 1 N 175 ff.).

131   In letzter Zeit sind wieder vermehrt Postulate zu vernehmen, welche die Rechtsfindung näher zum Gesetzeswortlaut zurückführen wollen. Zur Begründung wird namentlich auf gravierende Rechtsunsicherheiten hingewiesen, die nicht zuletzt (wenn auch nicht ausschliesslich) auf eine allzu unscharfe Rechtsfindungs-

tendenz zurückzuführen seien (EDWARD E. OTT, Gedanken, 194; NOLL, Zusammenhänge, 258 f.; differenziert HÖHN, Methodik, 367 f.; oben N 57 ff., 94 ff. und Vorbemerkungen N 226).

Soweit solche Postulate begriffssystematisch argumentieren (BYDLINSKI, Methodenlehre, 470; EDWARD E. OTT, Methode, 107 ff.), sind sie abzulehnen; nicht etwa weil das Postulat der Rechtssicherheit abzulehnen wäre (oben N 81 ff.; Vorbemerkungen N 191 ff.), sondern weil sich dieses nicht mit einer Sicherheit im sprachlichen Begriffs-System «erklären» lässt. Eine *solche* Sicherheit beziehungsweise Stabilität besteht nicht. Es kann einzig darum gehen, mit dem Aspekt Rechtssicherheit *trotz* der alles durchdringenden Unschärfe fundiert umzugehen. 132

Wenn heute nach einer vermehrten Berücksichtigung des Gesetzeswortlauts gerufen wird und dies methodologisch fundiert erfolgen soll, so kann dies jedenfalls nicht bedeuten, dass der Wortlaut zwingend zu befolgen sei; nicht einmal dann, wenn er klar ist. Im konkreten Fall *kann* dies zwar – namentlich unter Berücksichtigung des Rechtssicherheits-Moments – auf ein wortlautgemässes Urteil hinauslaufen. Grund dafür ist jedoch nicht die Bindung des klaren Textes, sondern das *Ergebnis* einer umfassend verstandenen Auslegung (oben N 103; anschaulich BGE 114 II 404, der vom Begriff «ledig» gemäss Art. 161 ZGB nach einer breiten Auseinandersetzung vor allem mit der Entstehungsgeschichte und mit der Lehre wortlautmässig abweicht). 133

b) **Vom Wortlaut unabhängige Auslegung.** Eine Methode, die vom Gesetzeswortlaut gänzlich absieht oder ihn bloss als «Einstieg» benützt, um dann völlig frei Recht zu finden, ist abzulehnen. Diese heute kaum mehr vertretene Ansicht der «Freirechtler» tendierte in diese Richtung, verstand sich durchaus als Reaktion auf einen allzu starken Begriffsbezug und hat heute mit dessen Verschwinden gleichsam ihre Legitimation verloren (COING, Erfahrungen, 4; FIKENTSCHER, Methoden, Band III, 365 ff.; ausführlich RIEBSCHLÄGER). 134

c) **Subjektiv-historische Methode.** Nicht erst neuestens besteht in der Lehre weitgehend Einigkeit darüber, dass ein *prioritäres* Abstellen auf die Ansicht des historischen Gesetzgebers, die sogenannte subjektiv-historische Methode, abzulehnen ist (BGE 118 II 307 [309]; HANS REICHEL, Gesetz, 67 ff.; EGGER, Zürcher Kommentar, Art. 1 N 15; GERMANN, Methoden, 75; MEIER-HAYOZ, Berner Kommentar, Art. 1 N 168 ff.; EDWARD E. OTT, Rangordnung, 248 f.; RIEMER, Einleitungsartikel, § 4 N 24; TUOR/SCHNYDER/SCHMID, 34). Dies ist insofern nicht selbstverständlich, als das Gesetz seine Legitimation aus demokratischen Gremien schöpft, allenfalls aus dem Stimmvolk; angesichts dessen wäre es nicht von der Hand zu weisen, notfalls deren Willensbildung zu ergründen (JENNY, Einfluss, 132 ff.). In 135

Art. 1

der Praxis geschieht dies denn auch nicht selten (Beispiele gleich hienach). Vom methodologischen Zugang her wird jedoch vorwiegend auf die *geltungszeitliche Betrachungsweise* abgestellt; die Praxis präsentiert sich allerdings wenig geradlinig.

136 So etwa gemäss BGE 60 II 178 (184): «…als Gesetzeswille hat nur das zu gelten, was als Gesetz beschlossen worden ist. … Der Richter hat das Gesetz seinem Sinn und Geist gemäss anzuwenden…». Nach BGE 87 III 87 (94) ist nicht einfach der Wille des historischen Gesetzgebers massgebend, wie er sich aus Diskussionsvoten in vorberatenden Kommissionen und in Vollsitzungen des Parlamentes ergebe. Vielmehr sei das Gesetz aus sich selbst auszulegen. Insbesondere sei zu beachten, dass ein gesetzgeberischer Erlass nicht unbedingt in allen seinen Teilen eine starre, immer gleich bleibende Ordnung schaffen wolle. Eine einzelne Norm könne mit fortschreitender Zeit infolge veränderter technischer, wirtschaftlicher oder sonstiger Lebensverhältnisse eine andere Bedeutung gewinnen, als ihr am Anfang zugeschrieben worden sei, und es könne *dem wahren Gesetzeswillen* entsprechen, dass solchen Veränderungen äusserer Umstände bei der Auslegung Rechnung getragen werde.

137 BGE 100 II 52 (57) führt aus, dass insbesondere Äusserungen von Stellen oder Personen, die bei der Vorbereitung mitgewirkt hätten, nicht massgebend seien, wenn sie im Gesetzestext selber nicht zum Ausdruck kämen; dies gelte selbst für Äusserungen, die unwidersprochen geblieben seien. Nach BGE 112 II 167 (170) entfaltet ein Gesetz ein eigenständiges, vom Willen des Gesetzgebers unabhängiges Dasein, sobald es in Kraft getreten ist. ähnliche Argumentationen finden sich zum Teil auch heute noch, vgl. etwa BGE 116 II 721 (727), 112 II 1 (4); 114 Ia 191 (196), wonach die *Materialien* nur dann ins Gewicht fallen, wenn sie angesichts einer unklaren gesetzlichen Bestimmung eine klare Antwort geben; sie seien umso weniger zu beachten, je weiter sie zeitlich zurückliegen; zudem könne ihnen grundsätzlich nur dort entscheidendes Gewicht zukommen, wo sie im Gesetzeswortlaut einen Niederschlag gefunden hätten; BGE 116 II 411 (415): «Die Vorarbeiten sind weder verbindlich noch für die Auslegung unmittelbar entscheidend. Massgeblich für den Richter ist ausschliesslich die Norm selber. Das heisst nun nicht, die Gesetzesmaterialien seien unbeachtlich. Sie können als wertvolles Hilfsmittel dienen, um den Sinn einer Norm zu erkennen. …» (näheres zum letztgenannten Aspekt des Hilfsmittels unten N 244 ff.). Konsequenterweise kann das Gericht denn auch der Botschaft zu einer sehr neuen Gesetzesrevision widersprechen (BGE 121 III 467).

138 Diese Praxis reicht schon in die Zeit vor Inkraftsetzung des ZGB zurück; dazu etwa BGE 34 II 815 (826): «…Materialien haben den Charakter von blossen Hülfsmitteln für die Auslegung, denen ein entscheidendes Gewicht dann nicht mehr zukommt, wenn sie in Widerspruch stehen mit dem, was aus dem Gesetzestext, aus dem Sinn und Geist des Gesetzes im allgemeinen und dem praktischen Zwecke, dem es dienen soll, als der gesetzliche Wille in dem betreffenden Punkte entnommen werden muss. Denn der im Gesetze niedergelegte Willensinhalt besteht eben für sich selbst, objektiviert und losgelöst von den Meinungsäusserungen Einzelner, die bei der Ausarbeitung des Gesetzes über dessen künftigen Inhalt erfolgt sind. Im schweizerischen Staatsrecht tritt das um so deutlicher zu Tage, als hier die Bundesversammlung zwar den Text des spätern Gesetzes berät und endgültig feststellt, das Gesetz selbst aber nur durch die stillschweigende Zustimmung des Volkes, wie sie in der Nichtergreifung des Referendums liegt, oder andernfalls durch die Volksabstimmung zu Stande kommt, also durch Akte, in denen eine Gutheissung nur des Gesetzestextes, nicht aber auch der Gesetzesmaterialien erblickt werden kann. …» (Zu entsprechenden verfassungsrechtlichen Fragestellungen vgl. JENNY, Einfluss, 139 f.).

Art. 1

In BGE 50 I 334 (339) findet sich die Formulierung, dass nur der im Gesetz selbst zum Ausdruck gebrachte Wille des Gesetzgebers massgebend sei, ähnlich in BGE 79 II 424 (434). Nach BGE 91 I 55 (60) gilt ein Gesetz nicht bloss für jene Fälle, an die der Gesetzgeber gedacht hat, sondern für alle, auf welche sein Wortlaut und Sinn zutrifft; nach BGE 63 II 143 (155 f.) ist nicht entscheidend, was der Gesetzgeber bei Erlass der Bestimmung gewollt hat, sondern was dem Gesetz im Lichte allgemeiner Rechtsanschauung zu entnehmen ist. Vgl. demgegenüber etwa BGE 63 II 368 (378), in welchem sich das Bundesgericht sehr ausführlich mit den Vorarbeiten befasst, oder BGE 107 Ib 279 (282), wonach eine Lücke nur dann vorliege, wenn anzunehmen sei, dass der Gesetzgeber eine entsprechende Regelung getroffen hätte, wenn er an einen Fall wie den vorliegenden gedacht hätte. 139

Der geltungszeitlichen Optik ist – wenn auch nicht absolut, sondern differenziert – im Ergebnis beizupflichten. Die Gründe, welche für die Ablehnung der subjektiv-historischen Methode regelmässig angeführt werden, sind teilweise zwar ihrerseits überholt: Es gehe um den «objektiven» Sinn des Gesetzes (RIEMER, Einleitungsartikel, § 4 N 23; MEIER-HAYOZ, Berner Kommentar, Art. 1 N 140 ff.); und mit seiner Verabschiedung durch den Gesetzgeber erlange das Gesetz Eigenständigkeit. Der Gesetzeswortlaut könne sich sogar *gegen* die Absicht des Gesetzgebers behaupten (FELLMANN, 542). Dies mag als Modell des Funktionierens der verschiedenen Staatsgewalten Anschauungshilfe bieten, auch rechtssoziologisch einiges für sich haben (LUHMANN, 496 ff.; REHBINDER, 68 ff.). Doch widerspricht es der heutigen Hermeneutik: Es wäre wirklichkeitsfremde Theorie, das Gesetz ohne sein historisches Umfeld verstehen zu wollen. Bezeichnenderweise bekundet denn auch die Praxis keinerlei Mühe, etwa sozialpolitische Argumente aus der Entstehungsgeschichte einer Gesetzesnovelle in die Entscheidung miteinzubeziehen (BGE 120 II 124 [127]; ferner etwa BGE 100 II 52 [57]; 98 Ib 375 [380]). 140

Dies heisst allerdings nicht, dass etwa die in den Materialien wiedergegebene Meinung des historischen Gesetzgebers Gesetzesverbindlichkeit hätte. Dies würde mit moderner Rechtsfindung umsomehr kollidieren, als diese ja sogar das Gesetz selbst in seiner «Geltung» relativiert (Vorbemerkungen N 215 f.). Jedenfalls kann aus der Unterscheidung in Gesetz und Gesetzesmaterialien nichts Grundsätzliches gegen die Berücksichtigung des historischen Umfelds und namentlich des historischen Gesetzgebers abgeleitet werden. 141

Zutreffend wird heute darauf hingewiesen, dass die subjektive Meinung des Gesetzgebers letztlich eine Fiktion darstellt; nichts als ein Modell, in dem wohl noch der im Landesfürsten physisch verkörperte Gesetzgeber nachwirkt (WINDSCHEID/KIPP, Band 1, 72 ff.). Anderseits weiss die heutige Erkenntnislehre, dass die Subjektivitäts-Fiktion bei *jeder* Person, letztlich auch bei der einzelnen (zum Beispiel) Menschenperson, aufscheint. Allemal geht es um Erfahrungsverdichtungen in Richtung einer theoretisch extrapolierten Subjektivität (vgl. Vorbemerkungen N 159 ff.). Und *solche* Subjektivitäten lassen sich durchaus auch beim 142

Art. 1

historisch-subjektiven Umfeld orten. Nicht *mehr* an Subjektivität – natürlich auch nicht weniger – wird sich dort feststellen lassen, wo der Wille des «Gesetzgebers» besonders im Vordergrund steht, nämlich bei Gesamtverträgen hinsichtlich ihrer normativen Bestimmungen (ZELLER, 340 ff.; dazu auch oben N 20).

143 Eine derart differenzierte Subjektivität ist letztlich nichts anderes als wiederum der bereits erörterte immanente Gesellschaftsbezug (Vorbemerkungen N 198 ff.; oben N 112 ff., 128 f.); bloss nun spezifiziert auf eine bestimmte verfahrensmässig und zeitlich lokalisierbare Verdichtung, nämlich jene der konkreten Gesetzgebung. Letztlich steht das Gesetz *immer* in einem solch spezifischen Gesellschaftsbezug, nicht nur bei der Verabschiedung des formellen Erlasses, sondern ebenso auch beim politischen Entscheidungsprozess bis hin zur textlichen Schlussbereinigung; desgleichen danach im Fall einer späteren Änderung oder Aufhebung; ebenso indem die Gesetzgebungsträger davon absehen, eine Änderung vorzunehmen (BGE 74 II 106 [109 f.]: Bei Erlass des URG 1922 war nur der Stummfilm bekannt, beim Aufkommen des Tonfilms wurde das Gesetz nicht geändert); auch indem sie einen Erlass schaffen *würden*, sofern sie dazu kämen (vgl. BGE 82 II 224 [229]: Nach dem Weltkrieg hat der Gesetzgeber das Wertpapierrecht nicht um den Tatbestand des zerstörten Wertpapiers erweitert); und all der vielen effektiven beziehungsweise hypothetischen Beziehungen zwischen Gesetzgeber und Gesetz mehr.

144 Der letztgenannte Gesichtspunkt besagt nicht nur, dass auch die Untätigkeit des Gesetzgebers Rechtsfindungselement sein kann. Vielmehr zeigt sich, dass der historische Bezug keineswegs nur rückwärts gerichtet ist, sondern sich als «permanente» Geschichtlichkeit verstehen muss in Abgrenzung zu einer Optik, welche gewisse Fixpunkte der Rechtsfindung im Absoluten orten will (KAUFMANN, Hermeneutik, 339; BULTMANN, 211 f.; BAUMANN, Recht, 136; Vorbemerkungen N 130 ff.).

145 d) **Rang-Kanon.** Das Dilemma zwischen Fehlen von Objektivität und damit verbunden allzu offenem Methodenpluralismus einerseits und praktikabler Rechtssicherheit anderseits wird bisweilen überbrückt mit dem Postulat, die verschiedenen Methoden in einen gewissen Rang-Kanon zu stellen (ZELLER, 464 ff.; BYDLINSKI, Methodenlehre, 553 ff.; EDWARD E. OTT, Rangordnung, 253 ff.). Dies verdient insofern Zustimmung, als das Element der Praktikabilität einen wichtigen Rechtsfindungsgesichtspunkt darstellt und deshalb Berücksichtigung finden muss (Vorbemerkungen N 179, 194: BAUMANN, Recht, 35 ff.). Sofern dies seinerseits methodologisch, also nicht im Sinn eines fixen Systems angegangen wird, ist nichts Grundsätzliches einzuwenden (so etwa der bewusst *pragmatische* Ansatz bei HÖHN, Methodik, 166 ff.; vgl. auch BGE 118 II 307 [309], wonach zwar

prioritär das Gesetz massgebend, dieses aber seinerseits methodologisch aufzufächern sei; ähnlich BGE 116 II 525 [526 ff.] und 116 II 689 [694]; vgl. auch ZR 95 [1996] 122 f., wo «primär» auf die Analogie verwiesen wird, jedoch eher im Sinn der Arbeitstechnik, weniger als Methodenpriorität).

Abzulehnen sind jedoch Rangfolgen, welche mit «inneren» oder «logischen» Vor- beziehungsweise Nachrängen argumentieren; namentlich wo etwa dem «klaren Wortlaut» materiale Priorität eingeräumt wird (BGE 120 II 112 [113], 119 V 121 [126]; BYDLINSKI, Methodenlehre, 470; Hinweise bei EDWARD E. OTT, Denken, 381; ders., Rangordnung, 266 ff.; HASENBÖHLER, 88 f.; problematisch die strikt justiziabel gehandhabte «Stufenfolge der Auslegungsgrundsätze» gemäss BGE 122 III 118 [124] im Kontext der Allgemeinen Vertragsbedingungen); oder wo dem «klaren Zweck» eines Gesetzes vor anderen Elementen ein qualitativer Vorrang zukomme. Wenig überzeugend ist etwa auch die mit dem historischen Gesetzgeber beginnende Prioritätenkaskade gemäss BGE 114 II 404 (407): «… Scheinen demnach die Folgen der Anwendung einer Norm der Absicht des Gesetzgebers nicht zu entsprechen oder ist eine Bestimmung trotz ihres scheinbar klaren Wortlauts unklar, so ist nach dem wahren Sinn und Zweck der Norm zu suchen. Dieser wird sich in erster Linie aus der Entstehungsgeschichte und dem Willen des Gesetzgebers ergeben. Vermögen indessen die Gesetzesmaterialien hierüber keinen hinreichenden Aufschluss zu erteilen, hat der Richter die wahre Tragweite der Norm zu ermitteln, wie sie sich aus dem Zusammenhang mit andern Gesetzesbestimmungen oder aus den dem Gesetzestext zugrundeliegenden Wertungen ergibt. …». Nichts einzuwenden ist gegen die Vielzahl der Elemente (Folgenreflexion, Wortlaut, Entstehungsgeschichte mit Materialien, Tragweite, Systematik, Wertung; dazu oben N 85 ff.), wohl aber gegen die argumentative Prioritätenordnung. 146

V. Bestandteile der Auslegung

1. Elemente der Auslegung

a) **Gesetzestext.** Zur Auslegung des Gesetzes gehört das Element der Sprache. Dies ergibt sich schon daraus, dass sich das Gesetz sprachlich mitteilt, in Text gefasst ist, zumindest eine textmässige Oberfläche hat (Vorbemerkungen N 213 f., 226 ff.). Bei allen Vorbehalten gegen eine *rein* wortbezogene Auslegung (Vorbemerkungen N 226 ff.; BETTI, Problematik, 206 f., vgl. auch oben N 130 ff.) darf der Gesetzestext nie ausser Betracht bleiben. Zwar ist er nicht verbindlicher Befehl, aber allemal wichtiges Verstehenselement. Dies entproblematisiert etwa den 147

Art. 1

Fall, wo die verschiedenen Amtssprachen einer Gesetzesbestimmung sich nicht decken (oben N 66): Hier liegt nun eben kein Widerspruch zwischen je gültigen Normen vor; sondern die Rechtsordnung bemüht sich, einen Gedanken mit verschiedenen Worten auszudrücken, ihn gleichsam einzukreisen; ein Phänomen, das in der Alltagssprache ja ebenfalls geläufig ist (HANNAPPEL/MELENK, 123 ff.).

148 Dies gilt umsomehr, als sich auch die *sprachwissenschaftliche* Auslegung heute nicht mehr auf die Grammatik und Syntax beschränkt, sondern diese Bereiche ihrerseits als Ausdruck weitergehender *sprachlicher* Elemente versteht. Die moderne Semantik bezieht Gesichtspunkte mit ein, die ausserhalb des landläufigen *Sprach*bereichs in der Tiefe der Sprachlichkeit des menschlichen Denkens überhaupt liegen und von da aus gleichsam die Grundstruktur menschlicher Gesellschaft bestimmen (Vorbemerkungen N 213 f.; HANNAPEL/MELENK, 62 ff.; GADAMER, Band 1, 387 ff.; LUHMANN, Gesellschaftsstruktur und Semantik, 3 Bände, Frankfurt am Main 1993).

149 Dass solche Elemente nicht schon lange als Gesichtspunkte der Sprachlichkeit verstanden wurden, bedeutet nicht, dass man sie nicht berücksichtigt hätte. Vielmehr hat sich die Jurisprudenz schon im letzten Jahrhundert sehr bewusst mit dem «logischen» Element der Gesetzesauslegung befasst (SAVIGNY, Band I, 214). Zwar enthielt dieses durchaus begriffs-systematische, doch ebenso «materiale» Aspekte, die mit «inhaltlicher» Systematik zu tun hatten. Heute wird die Parallele beziehungsweise Überschneidung solcher sprachlicher mit material-rechtlichen Gesichtspunkten unter dem Titel der «juristischen Semantik» erfasst (BUSSE, Semantik, 298 ff.; HERBERGER/SIMON, 207 ff.).

150 Letztlich lassen sich heute das sprachliche und das systematische Element (sogleich hienach N 151 ff.) nicht mehr kategoriell trennen. Es geht nurmehr um unterschiedliche Zugänge zur selben Thematik (anschaulich BGE 123 II 89 [90] zwischen Grammatik und System betreffend Art. 761 OR). Die Unterscheidung wäre auch praktisch irrelevant, da namentlich eine Unterscheidung in zulässige Sprachauslegung und unter Umständen verbotene Systemauslegung ohnehin überholt ist.

151 b) **Systematik.** Das systematische Element der Auslegung setzt «inhaltlich» an, wenn auch zunächst noch bezogen auf den betreffenden Normenkomplex; namentlich auf einen mehrgliedrigen Gesetzesartikel, einen Gesetzesabschnitt oder auch einen ganzen Erlass. Unter Umständen kann hiezu gar die Einordnung eines Erlasses im Rahmen einer «systematischen» Gesetzessammlung gehören, etwa unter Hinweis auf vergleichbare Gesetzesnormen in öffentlich-rechtlichen Gesetzen der Systematischen Gesetzesreihe (SR), die so auch für privatrechtliche Fragen Antworthilfen geben können (z.B. BGE 120 II 423); je nach dem aber auch unter

Ausschöpfung zunächst des in sich kohärenten öffentlich- beziehungsweise privatrechtlichen Bereichs (BGE 112 Ia 260 [263]).

Nebst solchen eher formellen Systembezügen kennt namentlich der Wort gewordene Kodex (oben N 16, 102; Vorbemerkungen N 171, 265), aber letztlich jeder allgemein-abstrakte Erlass, eine innere Systemstruktur. Im Gegensatz zu archaischen Rechtsnormen, wo kasuistische Verbotssammlungen vorherrschen (HATTENHAUER, 44 ff.; zur gedankengeschichtlichen Einordnung FIKENTSCHER, Methoden, Band I, 383 f.), ist die das heutige Rechtsdenken bestimmende Tradition auf eine inhaltliche Durchdringung von abstrakten Gesetzmässigkeiten hin ausgerichtet (COING, Bemerkungen, 28 ff.). Ja die «Reife» einer Rechtsordnung scheint sich am Grad einer solch inhaltlichen Konsistenz zu messen (FIKENTSCHER, Methoden, Band I, 367 ff.). Dabei steht weniger das Bestreben im Vordergrund, durch abstrakte Systematisierungen möglichst alle denkbaren Fälle zu antizipieren und damit Lücken zu vermeiden. Vielfach geht es um die Suche nach «wirklichen» Kategorien, Rechtsinstitutionen beziehungsweise eben *Systemen* (z.B. das gesetzliche *System* des Adoptionsrechts, BGE 119 II 1 [4]). Gesetzestextlich kann sich diese Optik unter Umständen in wenigen Kernsätzen niederschlagen, die dann im Rahmen der richterlichen Umsetzung in systematische «Kategorien» zu gliedern sind (anschaulich ZR 94 [1995], 74 [83]); oder etwa darin, dass alternative Systeme oder Einzelnormen als solche *nicht* erwähnt werden, mithin in *negativen Normen* ihren Niederschlag finden (beispielsweise schliesst bei ungerechtfertigter Kündigung das arbeitsrechtliche Entschädigungssystem gemäss Art. 336a ff. OR das nicht erwähnte Erstreckungssystem zweifellos aus, auch wenn dies im Mietrecht bekannt ist; oder die Nichterwähnung wirtschaftlicher Stiftungszwecke schliesst andere als ideale Stiftungszwecke aus, dazu PETER FORSTMOSER, Stiftungen mit wirtschaftlichem Zweck verbieten? in: NZZ Nr. 148 vom 28.6.1994, 15; anderer Meinung RIEMER in SZW 1995, 11 ff.; näheres N 351 f.). 152

Dieses Systematisieren kann von Naturrechtsdenken geleitet sein (Hinweise bei LIVER, Kodifikation, 196 ff.), muss es aber nicht (ESSER, Grundsatz, 291 ff.; LUHMANN, 131; LENDI, Einheit, 413 ff.; WIDMER, 393 ff.). Jedenfalls: Je grundsätzlicher das systematische Element verstanden wird, je mehr es sich von der textlichen zur inhaltlichen Systematik vorarbeitet, desto stärker werden seine teleologischen Züge (hiezu näher unten N 161 ff.); desto stärker gleicht es auch der Pflicht des Richters zur Regelbildung, wie ihm dies Art. 1 Abs. 2 dort auferlegt, wo das Gesetz nicht weiterhilft (näheres dazu N 478 ff.; COING, Bemerkungen, 25; PEDRAZZINI, 52). 153

BGE 120 II 112 (114) fasst Systematik sehr weit und will Gesetz «als Einheit und aus dem Zusammenhang ... verstehen, wobei dieser Zusammenhang allenfalls gesetzesübergreifend, mit der ganzen Rechtsordnung zu berücksichtigen ist». BGE 111 II 130 beschränkt sich auf 154

Art. 1

eine «kleinere» Systematik und schliesst aus dem Zusammenhang zwischen der Marginalie von Art. 480 ZGB («Enterbung eines Zahlungsunfähigen») und dessen Gesetzeswortlaut («Bestehen gegen einen Nachkommen des Erblassers Verlustscheine, ...»), dass «Zahlungsunfähigkeit» durch eben diesen Gesetzeswortlaut definiert wird. Als Beispiel einer «mittelgrossen» Systematik sei auf ZR 94 (1995), 122 ff., verwiesen betreffend Systembezug Aktienrecht–Zwangsvollstreckungsrecht, auf ROLAND VON BÜREN, in: Berner Notar 1996, 221 (225 ff. mit Verweisen) betreffend den systematischen Zusammenhang GmbH-Recht–Aktienrecht, oder auf BGE 117 II 429 betreffend Systembezug vertragliche versus dingliche Rechtsstellung gemäss Art. 401 OR. In einem relativ «grossen» systematischen Zusammenhang steht die Frage, ob eine Stiftung sich eine körperschaftliche Struktur geben dürfe, insbesondere die sogenannte Anlagestiftung, oder etwa ob Stiftungen fusionieren können; zwei Fragen, die übrigens je bejaht werden (statt vieler RIEMER in: Berner Kommentar, Art. 80–89bis ZGB, Bern 1975, Art. 88/89 N 76 ff.).

155 c) **Historisches Element.** Ein wichtiges Element der Auslegung ist jenes des historischen Bezugs. Nach heutigem Verständnis beschlägt das historische Element mehr als bloss die Einordnung des betreffenden Erlasses in das konkrete historische Umfeld seiner Verabschiedung; dies zwar durchaus auch (BETTI, Problematik, 214 ff.; BULTMANN, Hermeneutik, 211 ff.; ZÄCH, Privatrecht, 23 ff.; illustrativ für eine sehr weit ausholende historische Situierung privatrechtlicher Institutionen BGE 120 Ib 474, 115 II 160 [162]). Das heisst, die Entstehungsgeschichte und namentlich die Materialien *sind* ein ernstzunehmendes Element. Dies entspricht den oben erörterten Gesichtspunkten zur Spannungsbeziehung zwischen Subjektivität des Gesetzgebers einerseits und Objektivität des Gesetzes anderseits (oben N 125 f.), wenn auch aus einem anderen Blickwinkel: Dort geht es darum, den Gesetz*geber* als Rechtsfindungselement auch dann im Auge zu behalten, wenn dem *Gesetz* eine gewisse «objektive» Eigenständigkeit zugebilligt wird. Hier nun geht es um den inhaltlichen Gesichtspunkt, dass das Gesetz seine Normativität nicht bloss aus abstrakten, logischen, absoluten Momenten schöpft, sondern ebenso aus geschichtlicher Tatsächlichkeit.

156 In diesem Sinn BGE 83 I 173 (179), wonach die Absicht des Gesetzgebers zumindest dann beachtlich ist, wenn der Gesetzessinn zur Entstehungszeit nicht als mit dem Gesetzestext unvereinbar erscheint oder in der Praxis absolut unakzeptabel ist; 98 Ib 375 (380), wonach die Entstehungsgeschichte ein Auslegungselement bilde, wenn das Gesetz unklar sei und mehrere Auslegungen auf den Wortlaut gestützt werden könnten; sie dürfe auch bei der Ermittlung des Sinngehalts einer auslegungsbedürftigen Vorschrift mitberücksichtigt werden, sofern sie über die Absichten des Gesetzgebers zuverlässig Aufschluss zu geben vermöge; 100 II 52 (57), wonach die Gesetzesmaterialien bei unklaren oder unvollständigen Bestimmungen ein wertvolles Hilfsmittel sein könnten, den Sinn einer Norm zu erkennen und damit falsche Auslegungen zu vermeiden; wenn der Wortlaut einer Bestimmung verschiedene, sich widersprechende Auslegungen zulasse, könne es sogar geboten sein, die Entstehungsgeschichte heranzuziehen, zumal wenn nach dem Text offen sei, ob der Gesetzgeber eine Neuerung oder Änderung befürworte oder ausdrücklich abgelehnt habe und die Materialien hierauf eine klare Antwort gäben.

Eine spezifische Bedeutung misst die Praxis den Materialien bisweilen dann bei, wenn es darum geht, ob das Fehlen einer Bestimmung als negative Norm (unten N 351 f.) oder als echte Lücke zu verstehen sei; so gemäss BGE 115 II 97 (99), wonach die Materialien (nur) ins Gewicht fallen, wenn sie bei unklaren oder unvollständigen Bestimmungen deren Sinn erkennen lassen, ausserdem aber *besondere Bedeutung* erlangen im ebengenannten Bereich der echten Lücken, da letztlich nur die Materialien dem Richter darüber Aufschluss geben könnten, ob der Gesetzgeber eine Frage bewusst oder unbewusst offengelassen habe oder ob er sie durch bewusstes Schweigen in negativem Sinn habe entscheiden wollen; 115 II 160 (162) und 116 II 525 (526 f.), wonach allein die an der Entstehungsgeschichte orientierte Auslegung die Regelungsabsicht des Gesetzgebers aufzuzeigen vermöge; diese Regelungsabsicht und die vom Gesetzgeber in Verfolgung dieser Absicht erkennbar getroffenen Wertentscheidungen blieben für den Richter verbindliche Richtschnur, auch wenn er das Gesetz mittels teleologischer Auslegung oder Rechtsfortbildung neuen, vom Gesetzgeber nicht voraussehbaren Umständen anpasse oder es ergänze; der Richter habe *zuerst* den entstehungszeitlichen Sinn einer Norm zu ermitteln und erst *danach* zu prüfen, ob objektive Gründe eine Rechtsfortbildung erheischten; in diesem Sinn sei auch die Aussage zu verstehen, dass die Materialien um so weniger zu beachten seien, je weiter sie zeitlich zurückliegen; womit jedenfalls eine Priorität des *Elements* der Materialien gegenüber jenem des Ergebnisses entfallen müsse (zur Problematik eines Prioritäten-Kanons oben N 145 f.). 157

Sinngemäss BGE 117 II 494 (499), wonach die Materialien für die Auslegung nicht *entscheidend* seien und den Richter auch nicht binden, sich aber als wertvoll erweisen können bei der Ermittlung des Sinnes einer Norm; ebenso BGE 118 II 307 (309), wonach eine historische Auslegung zwar nicht entscheidend sei, aber doch die Absicht des Gesetzgebers zeige und damit insbesondere die Frage beantworten könne, ob veränderte Verhältnisse in Betracht gezogen werden müssen. Konsequenterweise ist das Gewicht der Materialien höher, je kürzer sie zeitlich zurückliegen (BGE 119 II 147 [153 ff.] zum revidierten Mietrecht, BGE 121 III 219 [227 f.] und 122 III 324 [325] zum revidierten Aktienrecht). 158

Darüber hinaus weist das historische Element aber auch ganz generell auf den geschichtlichen Bezug hin; auf die historische Einbettung des Umgangs mit dem Gesetz; dies also nicht bloss bezogen auf den Zeitpunkt der Gesetzesentstehung, sondern ebenfalls auf den Lauf der weiteren Entwicklung, etwa bei der Veränderung von allgemeinen Anschauungen zu bestimmten Rechtsfragen bis hin zum Zeitpunkt des Urteils oder durchaus auch mit Blick auf die Zukunft. Insofern kann der unverändert gebliebene Gesetzestext im Lauf der Zeit einen anderen «Inhalt» bekommen; beziehungsweise hermeneutisch ausgedrückt: anders verstanden werden (BGE 120 Ib 390 [393 ff.] betreffend «hausieren»; BGE 114 II 404 [406 f.] zum Bürgerrecht gemäss Art. 161 ZGB). Wieder mit anderen Worten: Auch das sogenannt Geltungszeitliche und Zukunftsgerichtete versteht sich als historischer Aspekt (BETTI, Problematik 207; BEHRENDS, 2 f., 21 ff.). 159

Nebst dieser Ausdehnung entlang der Zeitachse führt ein neueres Verständnis von Historie auch dazu, den Vorgang der Rechtsfindung *grundsätzlich* als Phänomen von Geschichtlichkeit aufzufassen. Praktisch bedeutet dies, keine rechtliche Erkenntnis, keine rechtsdogmatische Institution, keinen noch so fundamentalen Rechtsgrundsatz als per se absolut zu betrachten, sondern ihn stets 160

Art. 1

als historisch situativ bedingt zu erkennen (BULTMANN, 211 f.; KAUFMANN, Geschichtlichkeit, insbes. 50 ff.; DÜRR, diskursives Recht, 56 ff.).

161 d) **Teleologisches Element.** Das auf die Zielsetzung des Gesetzes gerichtete teleologische Element versteht sich – schon historisch gesehen (vgl. etwa HANS REICHEL, Gesetz, 65 ff.) – vor allem als Gegensatz zum rein begriffs-systematischen Element. Es will statt auf die Oberfläche der sprachlichen Begriffe auf deren *Inhalt* verweisen.

162 Damit umschreibt dieses Element eigentlich die Hauptaufgabe der Gesetzesauslegung überhaupt, nämlich die Ergründung der «ratio legis» (N 105 ff.). Es fragt sich deshalb, ob es sich dabei nur um ein «Element» der Rechtsfindung oder nicht eher um deren eigentliche Aufgabe handelt. Dem ist indes wiederum die wesentlich interaktive, letztlich zirkuläre Grundstruktur von Rechtsfindung entgegenzuhalten: Demnach sind auch das Thema des Zwecks eines Gesetzes und erst recht das Postulat, den Zweck möglichst genau zu erfassen, nie etwas anderes als Gesichtspunkte im Rahmen des sehr facettenreichen Vorgangs der Rechtsfindung (Vorbemerkungen N 207 ff.).

163 Schon aus dieser allgemeinen Einbettung in das Rechtsfindungsgeflecht ergibt sich, dass «Ziel und Zweck» des Gesetzes nicht im Sinn eines scharf abgegrenzten Kriteriums zu verstehen sind. Erfasst wird nicht bloss die Frage, was das im Gesetz Nachlesbare denn «eigentlich» aussagt (zum Verhältnis Wortlaut–Inhalt oben N 57 ff.); erst recht nicht nur, was der historische Gesetzgeber damit sagen «wollte» (oben N 155 ff.); sondern ebenso welche rechtspolitischen Zielsetzungen dahinterstehen; welche Grundüberlegungen das betreffende rechtsdogmatische Gerüst bauen; ja ganz generell, welche obersten Zielsetzungen der Rechtsordnung sich im konkreten Gesetz niederschlagen.

164 Über die letztgenannten Auslegungselemente wird die einzelne Gesetzesnorm in Beziehung gestellt zu sehr grundsätzlichen Bereichen der Rechtsordnung als solcher. Dies mag den Einwand wecken, ein solch weiter Blickhorizont gehe über Gesetzes-*Auslegung* hinaus (LARENZ, Methodenlehre, 413 ff.; näheres unten N 261 ff.). Doch ist dieser Einwand nicht schlüssig. Denn Auslegung im Sinn des hermeneutisch verstandenen Rollenspiels ist stets *vollständige* Bezugnahme zur Rechtsordnung, also auch zu deren grundsätzlichsten «Fundamenten» (STRATENWERTH, Auslegungstheorien, 262 ff., insbes. 265; PEDRAZZINI, 47; COING, Bemerkungen, 26 ff.; unten N 205 ff.).

165 Greifbare praktische Relevanz erhält dieses Postulat dort, wo die Auslegung einer Norm auf Bestimmungen Bezug nimmt, die rechtssystematisch gleichsam weit entfernt eingeordnet sind und sich damit auf eine entsprechend weit gefasste gemeinsame Zielsetzung zurückführen lassen. So BGE 116 II 689 (694), wonach bei der Gesetzesauslegung danach zu trachten

sei, eine Norm in das *gesamte* Rechtssystem zu integrieren und nach Möglichkeit Widersprüche zu vermeiden. Konkret hält etwa BGE 119 V 425 (429 f.) fest, dass Art. 22bis Abs. 2 AHVG im Hinblick auf die neuere Bestimmung von Art. 163 ZGB über den gemeinsamen Unterhalt der Familie durch die Ehegatten ausgelegt werden müsse.

Hievon zu unterscheiden ist allerdings die Frage, wie der Richter urteilt, wenn er eine Diskrepanz zwischen solchen Grundsätzen anderseits und der ratio des betreffenden Gesetzes anderseits feststellt. *Hier* kann sich durchaus der Einwand erheben, die ratio legis (in diesem relativ engen Sinn verstanden) müsse vorgehen; zwar nicht generell, aber unter gewissen Umständen; zum Beispiel dann, wenn sich die ratio legis ganz bewusst als begründete Ausnahme zu einem solchen Fundamentalprinzip verstehen lässt (näheres hiezu unten N 201 ff.); oder wenn das Gesetz eine bestimmte Zielsetzung nicht als *generelle* Regel, sondern nur unter sehr spezifischen Voraussetzungen vorschreiben will (BGE 111 II 130 [132]).   166

2. Insbesondere das realistische Element

a) **Immanenter Seinsbezug des Sollens.** Es hat sich schon oben bei den sprachlichen, systematischen, historischen und teleologischen Elementen gezeigt, dass diese sich gegenseitig überschneiden. Dasselbe gilt im besonderen beim «realistischen» Element. Es durchdringt den gesamten Rechtsfindungsvorgang, schon von dessen innerster Grundstruktur her: Diese betrachtet nichts «als solches», sondern stets nur in einer bestimmten Beziehung; und diese wiederum ist im Bereich der Rechtsfindung stets eine solche von Sollen und Sein. Das realistische Element ist nichts anderes als der immanente und wesensmässige Seinsbezug des Sollens (oben N 112 ff.; Vorbemerkungen N 207 f., 219).   167

Wenn sich nun dieser Seinsbezug als Element der *Rechts*findung versteht, so bedeutet dies in letzter Konsequenz nichts anderes, als aus dem Sein auf das Sollen zu schliessen – eine Thematik, deren erkenntnistheoretische und rechtsphilosophische Grundsätzlichkeit wenig an gefestigten Antworten und praktischen Handlungsanweisungen erwarten lässt (RADBRUCH, Rechtsphilosophie, 2 ff.; WALTER OTT, Sein und Sollen).   168

Anderseits ist der Gesichtspunkt zu fundamental, als dass er aus Praktikabilitätsgründen ignoriert werden könnte. Denn so schwierig es ist, aus dem Sein Aussagen zum Sollen zu erzielen, so problematisch ist die «Anmassung», aus aprioristischen Sollensbereichen normative Befehle an die Seinsordnung abzuleiten (WALTER OTT, Sein und Sollen, 352, 358; DÜRR, diskursives Recht, 94 f.). Und mögen auch Sollensaussagen aus dem Sein schwierig sein, *undenkbar* sind   169

Art. 1

sie keineswegs. Dies wird nachstehend anhand der Aspekte des Sachverhalts, der Natur der Sache, von grossdimensionalen und von geistigen Realien rein praktisch dargestellt (N 171 ff.). Doch auch rechtstheoretisch lässt sich der Zugang vom Sein her begründen. Freilich kann dies nicht dadurch geschehen, dass vom Faktischen unreflektiert auf das Normative geschlossen wird (WALTER OTT, Rechtspositivist, 441 f.; ders., Sein und Sollen, 351, 360 ff.). Denn es geht ja um die Aufgabe, auf das Faktische mit normativer Legitimation *verändernd* Einfluss zu nehmen.

170   Ein konsistenter Ansatz vom Sein her hat vielmehr davon auszugehen, dass auf jede per se-Sollensaussage verzichtet wird; dies nicht zuletzt aus grundsätzlicher Ablehnung aprioristischer Normativitäten (GARRN, Rationalität, 27 ff.; DÜRR, diskursives Recht, 95). Und eben diese Ablehnung erlaubt einen Einstieg in den Sachverhalt des Regelungsbedarfs, in die zum Rechtsfall Anlass gebende Inkompatibilität von Standpunkten, Interessen, Realien; dies indem die je gegenseitige Berufung auf aprioristische Aspekte der Sollensordnung nicht beurteilt oder gegeneinander abgewogen, sondern als solche ausgemerzt, das heisst für irrelevant erklärt werden. Relevanz behält nurmehr das gegenseitige Inkompatibel-Sein (DÜRR, diskursives Recht, 190); genauer: Nur jene Variante all der verschiedensten effektiven oder hypothetischen Sachverhaltsalternativen kommt ohne aprioristische Sollensanmassungen aus, welche nichts *mehr* als gegenseitiges Inkompatibel-Sein vorzuweisen hat. Und die Sanktionierung dieser Variante ist die normative Konklusion aus dem rein *sachverhaltsmässigen* Diskurs. Ein *dergestalt* «diskursives Recht» versteht sich als bewusster Gegenpart zu den Diskurstheorien der Sollensebene (HABERMAS' herrschaftsfreier Diskurs; APELS Diskurs-*Ethik*; ALEXYS *Argumentations*-Theorie). Oder anders gewendet: Die rein am Sachverhalt orientierte Rechtsfindungstheorie ist gleichsam das realistische Element des Diskursdenkens (vgl. auch Art. 4 N 125).

171   b) **Sachverhaltsbezug.** Den *Sachverhalt* des zu beurteilenden Falls als realistisches Element zu betrachten, liegt nicht unbedingt auf der Hand. Vor allem zwei Gesichtspunkte scheinen dagegen zu sprechen: Zum einen betrifft «Auslegung» ja das Gesetz und damit die Sollensordnung, während der Sachverhalt Teil der Seinsordnung ist. Zum andern erscheinen *Auslegungselemente* üblicherweise als sekundäre Hilfsmittel, welche den Rechtsfindungsvorgang eher «begleiten» als ihn eigentlich zu verkörpern (vgl. HÖHN, Methodik, 139; MEIER-HAYOZ, Art. 1 N 210 ff.), während der Sachverhalt als «Gegenstand» von Rechtsfindung doch mitten in dessen Zentrum steht.

172   Trotzdem ist es konsistent, den Sachverhalt als Auslegungselement zu bezeichnen. Denn Auslegung bedeutet nach dem heutigen Verständnis von Rechts-

findung nicht mehr, die Norm als solche zu klären, sondern sie in *allen* ihren Beziehungen zu verstehen. Und hiezu gehört natürlich sehr zentral die Beziehung zum Sachverhalt. *Verstehen* kann man die Norm nur in ihrem Bezug zum Sachverhalt (KAUFMANN, Hermeneutik, 339; ENGISCH, Gesetzesanwendung, 14 f.; BGE 121 III 219 [225]; anschaulich wie zutreffend spricht das Obergericht Zürich in ZR 94 [1995] 74 [82 ff.], von der «Interpretation des Sachverhalts»). Und dass diese Beziehung so zentral ist, spricht nicht gegen ihren Element-Charakter. Denn Verstehen besteht nur aus Elementen. Es ist das Wesen des Verstehens, dass sich Sollen und Sein, Objekt und Subjekt, Befehlen und das Verstehen selbst zu gegenseitig bezogenen Elementen relativieren (Vorbemerkungen N 207 ff.).

Das Verständnis des Sachverhalts als Auslegungselement wirkt sich konkret aus, wenn die einschlägige Norm als solche – allenfalls unter Beizug *anderer* Auslegungselemente – zum Sachverhalt nicht «passt»: Wird hier der Sachverhalt selbst als Auslegungselement für die Norm verstanden, so lässt sich ohne dogmatische Komplikationen eine Übereinstimmung zwischen Norm, Sachverhalt, Rechtsgefühl und dergleichen herstellen. Wäre der Sachverhalt aber nichts anderes als «*Gegen*-Stand» der Norm, liesse sich eine solche Diskrepanz einzig *innerhalb* des Normbereichs über so heikle Hilfsfiguren wie unechte Lücken (N 318 ff.) oder über das Rechtsmissbrauchsverbot überbrücken (Art. 2 Abs. 2 ZGB; vgl. Vorbemerkungen N 71 ff.). 173

Grosse praktische Bedeutung hat der Sachverhalt als realistisches Element dann, wenn eine Norm unbestimmt und entsprechend offen ist: Womit lässt sich beispielsweise ein «Interesse» an Grundbucheinsicht im Sinne von Art. 970 Abs. 2 ZGB glaubhaft machen (BGE 112 II 422 [426])? Wann besteht «dringender Eigenbedarf» im Sinne des Mietrechts (BGE 119 II 50 [55])? Hier *kann* letztlich nur der Sachverhalt weiterhelfen. Dasselbe gilt dort, wo die Gesetzesvorschrift – bewusst oder unbewusst – relativ viel *Norm*konkretisierungsbedarf belässt: Wann ist z.B. eine Einwirkung auf das Eigentum des Nachbarn «übermässig» im Sinne von Art. 684 Abs. 1 ZGB (BGE 101 II 248 [250], 114 II 230 [231 ff.])? Welche «öffentlichen Interessen» sind im Rahmen von Art. 28 Abs. 2 ZGB in Betracht zu ziehen (BGE 120 II 225)? Hier liegt eine wesentliche Aufgabe des Richters darin, gleichsam die Detail*regelung*, die Unterregeln und -ausnahmen zu definieren, gleichsam näher zur Kasuistik zu rücken – und damit letztlich nichts anderes zu tun, als vom Sachverhalt her Recht zu finden. 174

Zumal der Sachverhalt notwendigerweise in *jedem* Urteilsfall vorliegt, findet sich auch die entsprechende Element-Funktion in sämtlichen «Kategorien» der Rechtsfindung: Soweit der Richter die (Unter-) Regel von den Anforderungen des Sachverhalts her definiert (N 174), wirkt er «gesetzgeber»mässig im Sinn von Art. 1 Abs. 2 ZGB (N 478 ff.). Soweit er den Kontakt zwischen Sachverhalt 175

Art. 1

und Sollen herstellt, richtet er sich letztlich genau gleich nach «Recht und Billigkeit» wie in den Fällen gemäss Art. 4 ZGB (vgl. Art. 4 N 8). Soweit er die Ausübung eines Rechts verweigert, weil sich dies an den Gegebenheiten des Sachverhalts stösst, wendet er Art. 2 Abs. 2 ZGB an (BAUMANN, Art. 2 N 14).

176 c) **Natur der Sache.** Unter «*Natur der Sache*» wird bisweilen sehr Unspezifisches verstanden, nämlich was logisch, elementar, offensichtlich, evident ist, und zwar je in einem landläufigen Sinn (MEIER-HAYOZ, Berner Kommentar, Art. 1 N 397 ff.; HÖHN, Methodik, 224 f.). Die Praxis bezieht sich nicht selten auf eine derartige «Natur der Sache»; bisweilen zur Abkürzung einer Begründungskette, die ohnehin klar erscheint (BGE 115 II 264 [266] zur Frage, ob bestimmte Forderungen ihrer Natur nach abtretbar seien); bisweilen aber auch schlicht *mangels* Begründung (BGE 108 III 77 zur Frage der Natur gewisser vermögensrechtlicher Streitigkeiten). *Solche* Bezugnahmen auf «Natur der Sache» sind zumindest unergiebig.

177 Die «Natur der Sache» ist ein Aspekt nicht nur des Sachverhalts; sie beschlägt auch «rechtliche Realien»; ist insofern Illustration dafür, wie eng Recht und Sachverhalt gegenseitig verflochten sind. So argumentiert etwa BGE 120 II 209 (213) dahin, dass sich *aus der Natur des Arbeitsverhältnisses* mit fortlaufender Leistungspflicht ableiten lasse, dass ausgefallene Arbeitsleistungen nicht nachholbar seien, da sich die geschuldeten Arbeitsleistungen nach der Dauer des Rechtsverhältnisses richteten und nicht die Dauer des Rechtsverhältnisses nach den Arbeitsleistungen.

178 «Natur der Sache» *kann* Realien aber auch in einem engeren Sinn umschreiben, nämlich als spezifisch *sachverhaltsmässige* Gegebenheiten. So verstanden artikuliert sich das Sein als Kriterium zur «Bestimmung» des Sollens. Es verbindet sich damit die Bewusstheit, im «Gegenstand» der Rechtsfindung seinerseits ein massgebendes Kriterium zu besitzen (vgl. BGE 105 II 234 [236 ff.] zur Natur der im konkreten Fall gegebenen Beziehung zwischen einem Elektrizitätswerk und seinen Bezügern). Dies deckt sich weitgehend mit der oben erwöhnten Element-Funktion des Sachverhalts (N 171 ff.; generell zur Thematik GÜNTER STRATENWERTH, Das rechtstheoretische Problem der «Natur der Sache», Tübingen 1957).

179 d) **Überindividuelle Realien.** Auch Realien, die über den unmittelbaren Sachverhalt des Streitfalls hinausreichen, können für die Rechtsfindung relevant und damit Auslegungselement der betreffenden Norm sein. Hiebei geht es namentlich um gesamtgesellschaftliche, soziologisch feststellbare Gegebenheiten, welche sich zwar nicht spezifisch auf den konkreten Sachverhalt auswirken, gleich-

wohl aber relevante Bezüge zur Rechtsordnung aufweisen. Darunter fallen mehr oder weniger definierte Usanzen (vgl. auch N 455 ff.); ebenso aber auch Gesichtspunkte, welche den weiteren Kontext einer rechtlichen Norm, eventuell einer ganzen «Gesetzgebung» betreffen; etwa überindividuelle Interessenabwägungen, welche zu bestimmten Gesetzesnormen führen, beispielsweise Schutzgesetzgebungen zugunsten der Mieter, der Arbeitnehmer, der Konsumenten etc. (unten N 208 ff.; DRUEY, Interessenabwägung, insbes. 132 ff.).

Solch überindividuelle rechtssoziologische Realien überschneiden sich mit einem weit verstandenen systematischen Element: Hier wie dort lässt sich z.B. einordnen, wenn BGE 120 II 206 (208) «das Mietrecht als ein durch Formstrenge gekennzeichnetes Rechtgebiet» bezeichnet und es *deshalb* als ungenügend erachtet, wenn der Mieter in seiner Ankündigung einer Mietzinserhöhung an seinen Untermieter auf die (ordnungsgemäss erfolgte) Ankündigung des Vermieters ihm gegenüber verweist, statt das für den Vermieter vorgeschriebene Formular zu verwenden. – Je allgemeiner, umfassender und abstrakter solch überindividuelle Realien sind, desto heikler wird auch ihre Justitiabilität: So ist BGE 119 Ia 390 (399), der aus einer allgemeinen schweizerischen Gesellschaftsstruktur der «Genossenschaftlichkeit» eine unmittelbar anwendbare Antwort auf eine sachenrechtliche Detailfrage ableitet, zumindest nicht vollständig nachvollziehbar.

Ein Anwendungsfall der Berücksichtigung solch überindividueller Realien ist die Beeinflussung der Rechtsfindung durch ein Antizipieren ihrer Auswirkung, also die «Folgenreflexion» (anschaulich das Absehen des Bundesgerichts von einer Änderung des Kapitalisierungszinsfusses im Haftpflichtrecht wegen der mit einer solchen Praxisänderung verbundenen «weitreichenden Konsequenzen», vgl. dazu ZBJV 131 [1995], 39 ff.). Hier lässt sich die betreffende Entscheidung von einem Gesichtspunkt leiten, der nicht den konkreten individuellen Sachverhalt betrifft, aber gleichwohl eine *Auswirkung* des Urteils; also nicht ein Aspekt des Sollens, sondern ein solcher des Seins; allerdings nun aber in einem spezifisch überindividuellen Sinn. Ein besonderes Gewicht kommt diesem Rechtsfindungselement in der Schweiz nicht zu (anders etwa Deutschland, statt vieler MARTINA RENATE DECKERT, Folgenorientierung in der Rechtsanwendung, München 1995); es sei denn, man ordne die Doktrin des Rechtsmissbrauchs als Voraussetzung einer Gesetzestextabweichung (oben N 173) der Folgenreflexion zu: Zur Vermeidung von *künftiger* Rechtsunsicherheit wird im Zweifel die Einzelfallgerechtigkeit dem Gesetzeswortlaut hintangestellt. Unter dem Gesichtspunkt der bewirkten Folgen wird bisweilen auch insofern von einem realistischen Element gesprochen, als ein «unrealistisches» Resultat vermieden werden soll (MEIER-HAYOZ, Berner Kommentar, Art. 1 N 402). Zu unterscheiden ist die überindividuelle Folgenreflexion vom Rechtsfindungselement der auf das Urteil *selbst* bezogenen Ergebniskontrolle (hiezu unten N 218 f.).

e) **«Reales» als Gegenpart der Sollensordnung.** Realien müssen nicht «real» im Sinn von physisch greifbar sein, um sich als *Gegen*part der Sollensordnung zu verstehen. Auch geistige Aspekte sind in diesem Sinn «real», soweit sie nur als interaktives Element im Bezug zum Sollen wirken. Insofern ist etwa die Eingebundenheit der richterlichen Subjektivität in eigene Erfahrung, der hermeneutische Zirkel also, nichts anderes als ein geistig-realistisches Element der Rechtsfindung (Vorbemerkungen N 148 ff., 207 ff.; unten N 188 ff.). Dies bestätigt nicht bloss,

Art. 1

dass der «neutrale» Richter ein «unrealistisches» Ideal ist; vor allem erhellt es auch, dass hierin keineswegs ein Rechtsfindungsdefizit liegt, sondern im Gegenteil ein legitimes Element der Rechtsfindung (FORSTER, Bedeutung, 273 ff.; HÖHN, Legalitätsprinzip, 161; BULTMANN, 230).

183 Im überindividuellen Bereich stehen ohnehin die geistigen, kulturellen, «weichen» Realien im Vordergrund; sei es nun die Usanz im Sinn der aussergesetzlichen Norm, sei es die Rechtssicherheit als spezifische Folgenreflexion (oben N 181), seien es andere «soziologische» Gegebenheiten (vgl. auch MEIER-HAYOZ, Art. 1 N 210 ff.).

184 f) **Hilfsmittel im Sinne von Art. 1 Abs. 3 ZGB.** Der eben erwähnte Hinweis auf die hermeneutische Zirkularität des Richtersubjekts (N 182 f.) tangiert auch die Hilfsmittel, die ihm gemäss Art. 1 Abs. 3 ZGB mitgegeben sind. Sie sind Ausdruck *und* Kanalisierung seiner Eingebundenheit in geistige Realien (im einzelnen hiezu N 533 ff.). Dabei mag sich die Frage stellen, ob die ausdrückliche Erwähnung der «bewährten Lehre und Überlieferung» im Gesetz diesen ein besonderes Gewicht verleiht; namentlich ob sie vor anderen, im Gesetz nicht eigens erwähnten Elementen Vorrang geniessen. In einer Hinsicht scheint hier Einhelligkeit zu bestehen; nämlich darin, dass die Hilfsmittel gemäss Art. 1 Abs. 3 ZGB jedenfalls *nicht* das Gewicht von Rechtsquellen besitzen (BÜHLER, Rechtsquellenlehre, Bd 3, 37; FORSTER, Bedeutung, 62 ff.; Vorbemerkungen N 32 ff.).

185 Dies war zwar im Departementalentwurf von 1900 («Das Zivilgesetz findet auf alle Rechtsfragen Anwendung, für die es nach Wortlaut oder Auslegung eine Bestimmung enthält. Fehlt es in dem Gesetze an einer Bestimmung, so entscheidet der Richter nach dem Gewohnheitsrechte, und wo ein solches mangelt, nach bewährter Lehre und Überlieferung. Kann er aus keiner dieser Quellen das Recht schöpfen, so hat er sein Urteil nach der Regel zu sprechen, die er als Gesetzgeber aufstellen würde.») und im Entwurf des Bundesrates von 1904 («Das Gesetz findet auf alle Rechtsfragen Anwendung, für die es nach Wortlaut und Auslegung eine Bestimmung enthält. Fehlt es an einer gesetzlichen Vorschrift, so entscheidet der Richter nach Gewohnheitsrecht und, wo ein solches nicht besteht, nach bewährter Lehre und Überlieferung. Kann er aus keiner dieser Quellen das Recht schöpfen, so fällt er sein Urteil nach der Regel, die er als Gesetzgeber aufstellen müsste.») so vorgesehen (Sten.Bull. NR 1906, 1039), wurde aber in der definitiven Fassung auf Kritik in den parlamentarischen Beratungen hin (Sten.Bull. NR 1906, 1041 f.) von der Redaktionskommission geändert. In den Erläuterungen von EUGEN HUBER, welche in der zweiten Ausgabe von 1914 mit Fussnoten zur definitiven Fassung des ZGB versehen wurden, findet sich lediglich die Anmerkung, dass der Hinweis auf Lehre und Überlieferung als auch auf die Gesetzesauslegung an den Schluss des Artikels gestellt worden sei. Vgl. auch SCHNYDER, Allg. Einleitung N 39 ff..

186 Das Spezielle der Rechtsquelle sollte also bewusst beschränkt bleiben auf das Gesetz, das Gewohnheitsrecht, allenfalls auf die vom Richter modo legislatoris geschaffene Regel. Diese Abstufung entspricht jedenfalls der ratio von Art. 1 ZGB. Und *sie* wird im Rahmen der Rechtsfindung zu berücksichtigen sein. Gemäss

dem heutigen Verständnis von Rechtsfindung bedeutet dies allerdings nicht bedingungslose Unterwerfung unter diese Aussagen betreffend Rechtsquellen, sondern vielmehr ein umfassendes und differenziertes *Verstehen der Bedeutung* von «Rechtsquelle» (Vorbemerkungen N 215 f.); und *damit* ist diese wiederum nichts anderes als Rechtsfindungs*element*; beziehungsweise im hier erörterten Kontext: *Auslegungs*element. Dass die in Art. 1 Abs. 3 ZGB erwähnten Gesichtspunkte nach der ratio legis nicht Rechtsquellen sind, gibt ihnen also keine qualitativ nachrangige Bedeutung.

Gleiche Überlegungen müssen nun die soeben gestellte Frage bestimmen, ob die Realien gemäss Art. 1 Abs. 3 ZGB gegenüber anderen, *nicht* erwähnten Elementen vorgehen. Die Frage muss insofern verneint werden, als es *allemal* um Rechtsfindungs-, hier entsprechend: Auslegungselemente geht. Allerdings zeichnen sich die im Gesetzestext erwähnten Elemente dadurch aus, dass sie im Rahmen der Berücksichtigung der ratio legis als Teil derselben mitzuverstehen sind. Doch bewirkt dies gerade nicht deren Verstärkung. Denn inhaltlich geht es bei ihnen um eine Relativierung der Positivität des Gesetzes, und zwar als Aussage eben des Gesetzes selbst: Art. 1 Abs. 3 ZGB unterstreicht, dass nicht Anwendungsdenken, sondern Rechtsfindungsdenken gefragt ist, also die möglichst umfassende Berücksichtigung *aller* irgendwie relevanten Elemente; seien sie im Gesetz erwähnt oder nicht (vgl. auch unten N 220 ff.).

187

3. Insbesondere wertende Elemente

a) **Kognitive und volitive Seite der Rechtsfindung.** Unter «Wertung» wird hier jener Aspekt der Rechtsfindung verstanden, welcher eine mit der Person des Rechtsfinders verbundene Eigenheit umschreibt, eine «subjektive» im Gegensatz zu einer «objektiven» Seite (VALLENDER, 71 ff.; LARENZ, Methodenlehre, 119 ff.; HÄFELIN, Wertung, 585 ff.; WIEACKER, Gesetz und Richterkunst, 6 ff.; ausführlich ders., Szientismus). Entsprechend wird die «Wertungsjurisprudenz» in der Regel als Gegensatz zur «Begriffsjurisprudenz» bezeichnet (FORSTMOSER/SCHLUEP, § 1 N 90 ff., 114 ff.; LARENZ, Methodenlehre, 19 ff., 119 ff.; BYDLINSKI, Methodenlehre, 109 ff., 123 ff.; FIKENTSCHER, Methoden, Band III, 87 ff.); in nuancierter Abgrenzung auch zur «Interessenjurisprudenz» (HECK, Rechtsgewinnung, 13 ff., 34 ff.; FORSTMOSER/SCHLUEP, § 1 N 104 ff.; LARENZ, Methodenlehre, 49 ff., 119 ff.; BYDLINSKI, Methodenlehre, 113 ff., 123 ff.; ausführlich EDLIN; EUGEN BUCHER, Begriffsjurisprudenz); als *volitiver* Gegenpart zur *analytischen* und damit *kognitiven* Seite der Rechtsfindung (VALLENDER, 71 f.).

188

Art. 1

189　　Die Wertungsjurisprudenz gilt heute als herrschend (LARENZ, Methodenlehre, 120; BYDLINSKI, Methodenlehre, 123; FIKENTSCHER, Methoden, Band III, 415; VALLENDER, 72; GARRN, Wertproblematik, 215; WIEACKER, Szientismus, 127 ff.; anschaulich WIPRÄCHTIGER). Dies impliziert nicht die Feststellung oder das Postulat, dass Rechtsfindung *reine* Wertung sei. Ebensowenig geht es um die Betrachtungsweise, dass einzelne Teile der Rechtsfindung, beispielsweise die Anwendung von offenen, «inhaltsleeren» Gesetzesbestimmungen (MERZ, Dauer, 336; vgl. auch SPIRO, Gerichtsgebrauch, 36), ausschliesslich wertend angegangen werden; andere dagegen rein deduktiv, analytisch gehandhabt werden, beispielsweise die Anwendung textlich klarer Normen (wie dies etwa in BGE 92 II 102 [105 f.] anklingt; vgl. BGE 121 I 49 betreffend analytische und andere «objektive» Methoden).

190　　Der heutigen Methodenlehre entspricht weitgehend eine andere Optik: Rechtsfindung ist *stets* und *umfassend* Wertung; sie ist aber *nicht nur* Wertung (GARRN, Wertproblematik, 213, 220 ff.; PAVCNIK, Rechtsanwendung, 177; vgl. auch EDWARD E. OTT, Rangordnung, 258 ff.; SCHUBARTH, Richter, 152). Sie enthält *auch* «exakte» Bezüge, nicht zuletzt zum Sollen (Vorbemerkungen N 196). Zu erwähnen ist insbesondere die Auffassung, dass Wertung nicht etwas rein Subjektives sei, sondern sich auf eine objektiv vorgegebene Wertordnung stütze (dazu GARRN, Wertproblematik, 215, und ausführlich WALTER OTT, Wertgefühl; ferner HERBERGER/SIMON, 17 f.; näheres unten N 197 ff.); und auch dies je *stets* und *umfassend*. Wertung ist ein Element, welches Rechtsfindung als Ganzes durchdringt, das dieser immanent ist (HÄFELIN, Wertung, 285 ff.); und genau gleich verhält es sich mit dem rationalen Element (GARRN, Rationalität, 13 ff.; KAUFMANN, Grundprobleme, 221 ff.; BREWER, 983 ff.; zur geschichtlichen Einordnung dieses Zusammenhangs MACINTYRE mit dem konzisen Titel Whose justice? Which rationality?).

191　　b) **Bedeutung von Wertungen bei der Rechtsfindung.** Wertende Elemente sind in der Rechtsfindung also anzuerkennen, sie sind «legitim». Im hier interessierenden Zusammenhang der Gesetzesauslegung besagt dies zunächst, dass mit Wertung argumentiert, begründet, entschieden werden *darf*. Wertende Gesichtspunkte sind als solche rechtsfindungstauglich. Im Diskurs können sie nicht als «nur» wertende «entlarvt» werden; etwa mit dem Argument, die betreffenden Gesichtspunkte gäben vor, rational, deduktiv zu sein, bei näherem Hinsehen entpuppten sie sich aber als Wertungen.

192　　Wertende Elemente sind nicht grundsätzlich gegenüber rational-analytischen nachrangig; sie sind gleichwertig. Wertung versteht sich nicht als unvermeidliches Übel, das sich leider bei noch so «reiner» Rechtsfindung nicht ausmerzen lasse (KELSEN, Rechtslehre, 16 ff.; EDWARD E. OTT, Kritik, 26 ff.). Wertung ist vielmehr Teil der ganzen, namentlich auch der «reinen» Rechtsfindung; sie ist zutreffende Umschreibung eines Elements, das immer mitspielt; sei es im klaren, im «grauen» oder im gänzlich offenen Bereich der Gesetzesauslegung (ESSER, Vorverständnis, 128 ff.; SUTER, 102 ff.).

Auch wenn wertend-volitive Elemente den rational-analytischen gleich*wertig* sind, so sind sie doch nicht gleich*artig*. Das Postulat, sie als legitime Rechtsfindungselemente zu berücksichtigen, heisst also allemal, sie *als wertende* Elemente zu berücksichtigen. Sie sollen nicht rational «daherkommen»; tun sie dies, müssen sie insofern durchaus «entlarvt» (BYDLINSKI, Methodenlehre, 358 f.), nicht aber deswegen entmachtet werden. Sie sollen nicht systematische, logische, scharfdeduzierte Elemente entschärfen, abrunden, flexibilisieren, mildern. Vielmehr sind sie als *anders* geartete Elemente zu verstehen; und zwar nicht als Elemente der rationalen Analytik, welche diese als solche «ölen» sollen, sondern als Elemente der Rechtsfindung; insofern als Elemente *neben* den analytischen, normativen (HÖHN, Legalitätsprinzip, 157). 193

Diese bewusste Unterscheidung zwischen analytisch-kognitiven und volitiven Elementen mag ihrerseits rationalistisch erscheinen; sie impliziert, dass letztlich Wertung – wenn auch in der Sache abgrenzend – doch in die analytische *Denk*-Weise aufgenommen werden muss. Immerhin ist als «Gegengewicht» zum Analytischen doch auch zu beachten, dass dieses ja seinerseits nicht mehr ist als Element; es ist nicht Fundament, Gerüst, Skelett, sondern Gesichtspunkt, Aspekt, eben Rechtsfindungs-«Element»; seine «Legitimation» ist nicht so stabil wie es selbst dies annimmt, etwa indem es das Gesetz in Art. 1 Abs. 1 ZGB seine eigene Verbindlichkeit statuieren lässt (Vorbemerkungen N 34, 215 f.); es ist genauso aspektisch, wie dies für *Wertungen* typisch ist. Dass auch das Rationale gar nicht so rational ist, zeigen rechtspsychologische Erkenntnisse: Auch rational gesteuertes Verhalten lässt sich nicht von triebhaft-instinktiven Steuerungsmechanismen lösen (BOSSARD, 83 ff.; zu den «psychologischen Dimensionen juristischen Subsumierens» ausführlich WEIMAR; vgl. auch Vorbemerkungen N 281 ff.). Insofern nimmt die Wertung das Rationale – wenn auch in der Sache abgrenzend – letztlich in *ihre* Wirkungsweise auf. Hierin wird sichtbar, dass das Kernthema des Rechts beziehungsweise der «Gegenstand» der Rechtswissenschaft, Gerechtigkeit nämlich, sich in grundsätzlicher Weise nicht als Objektivität versteht, letztlich nicht mehr ist als «Arbeitstitel», sich schon deshalb der rein rationalen Bewältigung entziehen muss (LARENZ, Methodenlehre, 119 ff.; SCHREIBER, 95 ff.). 194

c) **Bedeutung der Unterscheidung zwischen wertenden und analytischen Elementen.** Die gegenseitige Durchdringung kognitiver und volitiver Elemente lässt im hier interessierenden Bereich der Gesetzesauslegung die Frage obsolet 195

Art. 1

werden, bis wohin Deduktion reicht und wo Wertung beginnt. Allemal liegt beides vor, und allemal ist beides legitimes Rechtsfindungselement.

196 Die relevante Frage lautet anders: *Welche* vom Richter zu berücksichtigenden Gesichtspunkte sind analytischer, welche kognitiver Art? *Inwiefern* spielen rationale, inwiefern wertende Aspekte mit hinein? Diese Fragestellungen haben durchaus praktische Relevanz: Sie legen fest, welche Gesichtspunkte als rationale, welche als wertende zu behandeln sind; es gilt beispielsweise zu vermeiden, einen Sachverhalt unter *Wertungs*massstäbe zu «subsumieren» (WEIMAR, Dimensionen, 176 f.; GIGER, Vertrag, 311 f.) oder Einwendungen seitens des Rechtsgefühls mit dem Argument ungenügender Logik abzuweisen (LARENZ, Methodenlehre, 119 ff.). Es geht also darum, sich der Wertung beziehungsweise der Rationalität bewusst zu sein einschliesslich der Erkenntnis, dass eine strikte Trennung dieser Bereiche ihrerseits wirklichkeitsfremd wäre; etwa schon die Feststellung des Sachverhalts kann von Wertung durchdrungen sein (SCHROTH, Wertneutralität, 105).

197 d) **Definitionen von «Wertung».** Es bestehen verschiedene Definitionen von beziehungsweise Auffassungen zu «Wertung». Je nachdem lassen sich Rechtsfindungselemente bald der rationalen, deduktiven, systematischen, logischen Seite, bald aber auch der subjektiv wertenden zuordnen. Parallel einher zu solchen Abstufungen verlaufen verschiedene Ausgestaltungen beziehungsweise Problemstellungen der «Wertungsjurisprudenz». Diese lässt sich sowenig als einheitliche Schule lokalisieren, als es eine klare Definition von «Wertung» gibt (LARENZ, Methodenlehre, 214 ff.; FIKENTSCHER, Methoden, Band III, 753 ff.; BYLINSKY, Methodenlehre, 123 ff.).

198 Bisweilen ist von «Wertung» die Rede, wenn die richterliche Tätigkeit auf quantitative Aspekte Bezug nimmt; wenn sie «wiegt», nicht bloss nach entweder–oder, sondern ebenso nach mehr–weniger fragt (z.B. Art. 43 OR; Art. 684 ZGB). Mit «Wertung» im hier interessierenden Sinn hat dies indes nichts zu tun. Quantitativ abgestufte Gesichtspunkte kollidieren jedenfalls nicht eo ipso mit rationalem Denken. Näheres hiezu N 201 ff.

199 In einem spezifischeren Sinn wird «Wertung» verwendet zur Umschreibung von rechtspolitischen Gesichtspunkten, die etwa in einer Norm, in einer rechtsdogmatischen Figur, in einer Gesetzgebung zum Ausdruck kommen (GARRN, Wertproblematik, 213; THOMAS KOLLER, 115 ff.). Wenn die Gerichtspraxis dem Gesetz einen Vorrang vor anderen Rechtsfindungselementen zumisst (oben N 75 ff., 94 ff.), so nicht bloss seinem Wortlaut, Sinn und Zweck, sondern namentlich auch in Auslegung der «Wertungen», die ihm zugrunde liegen (vgl. BGE 115 II 97 [99], 117 II 494 [499]) beziehungsweise der «leitenden Gedanken» (ZR 76 [1977], Nr. 59). Damit soll umschrieben werden, dass es nicht um abgeleitete Folgerun-

gen, sondern um Entscheidungen des Gesetzgebers geht, die denkbarerweise auch anders hätten ausfallen können, wegen bestimmter *Wertungen* nun aber so herausgekommen sind. Hier durchdringen sich volitive Wertung und Rationalität sehr ausgeprägt: Zum einen wird ehrlicherweise ein Bereich lokalisiert, wo Dezision statt Deduktion den Norminhalt bestimmt (dazu LIVER, Rechtsquelle, 34 ff.; ZÄCH, Privatrecht, 36 f.). Zum andern sind solche Wertungen ihrerseits einer gedanklichen und inhaltlichen Strukturierung zugänglich; sie sind nicht gänzlich unjustitiabel, jedenfalls sind sie im Rahmen einer gewissen inhaltlichen Konsistenz begründbar (LARENZ, Methodenlehre, 119 ff.; näheres N 205 ff.).

Schliesslich kann «Wertung» auch das weiter oben erwähnte Grunddilemma jedes Denkens sein (Vorbemerkungen N 159 ff.); die Umschreibung gleichsam der Resignation davor, dass es nichts Objektives gibt; die soziologische Feststellung, dass der Richter immer, auch wenn er deduziert, *nur* wertet, das heisst irrational entscheidet (WALTER OTT, Wertgefühl, 110 ff.; OGOREK, Leviathan, 414). Ein solches Verständnis von «Wertungsjurisprudenz» ist noch wenig verbreitet. Doch scheinen entsprechende Erkenntnisse aus rechtspsychologischer und -soziologischer Warte mehr und mehr Interesse zu finden (Vorbemerkungen N 281 ff.; s. auch nachstehend N 208 ff.).

e) **Wertung bei Interessenkollisionen.** Wie bereits erwähnt, ist das gegenseitige Abwägen von Gesichtspunkten oder Interessen im konkreten Streitfall, obwohl bisweilen «Wertung» genannt, keineswegs wesensmässig irrational. Namentlich bei der rein «horizontal» gelagerten gegenseitigen Inkompatibilität, also bei der für das Privatrecht typischen Grundkonstellation, ist die Aufgabenstellung geradezu beispielhaft objektivierbar. Entsprechende Fragen stellen sich zum Beispiel bei Persönlichkeitsverletzungen im Sinn von Art. 28 ZGB (vgl. dazu etwa BGE 120 II 225), bei unzulässig starken Selbstbeschränkungen (zur zeitlichen Dauer eines Bierliefervertrags BGE 4C.410/1995 vom 5.6.1996 [nicht publiziert]) oder im Nachbarrecht bei der Frage der übermässigen Einwirkungen im Sinn von Art. 684 Abs. 1 ZGB (BGE 114 II 230 [237], 101 II 248 [250 f.]; vgl. dazu DÜRR, diskursives Recht, 33 ff., 56 ff., 115 ff.). Denn hier steht das realistische Element des Sachverhalts als entscheidbegründendes Element im Vordergrund; zumindest in der Grundanlage bildet einzig die Inkompatibilität der kollidierenden Interessen Gegenstand rechtlicher Beurteilung. Es stehen nicht die kollidierenden Interessen als solche zur Beurteilung, sondern das Kollidieren (DÜRR, diskursives Recht, 190).

Soweit solch «neutrale» Inkompatibilitäten zur Beurteilung stehen, beziehungsweise im hiesigen Zusammenhang präziser: Soweit es um den rationalen Teil der Rechtsfindung unter Einbezug des spezifisch realistischen Elements des

Art. 1

kollidierenden Sachverhalts geht, muss *rational* operiert werden. Irrational-wertende Elemente mögen im Rahmen der umfassenden Fallbeurteilung durchaus eine Rolle spielen, vielleicht eine entscheidende; doch sind sie als solche zu erkennen und *entsprechend* zu behandeln (ESSER, Vorverständnis, 162 ff.).

203 Die rein «neutrale» Inkompatibilität, wo einzig und allein das Inkompatibel-Sein kollidierender Interessen der Rechtsfindung zugeführt wird, kann theoretisch-logisch betrachtet nie gänzlich zugunsten der einen und zulasten der andern Seite entschieden werden. Dies gilt auch im eher wirklichkeitsfremden Schulbeispielfall, wo die Sachverhaltskonstellation effektiv nur entweder–oder–Alternativen zulässt; so etwa das aus der Stoa bekannte Beispiel Carneades' einer im Meer treibenden Planke, die nur einen Menschen trägt, um die sich aber zwei Schiffbrüchige streiten. «Herauskommen» kann hier zwar bloss das eine ganz *oder* das andere ganz. Doch ist beides nicht Ergebnis von Rechtsfindung, sondern entweder von Rechtsfindungsverweigerung – wenn der Status quo sanktioniert wird – oder von ausschliesslich willkürlicher Dezision – wenn der Alternativsachverhalt «rechtlich» angeordnet wird (DÜRR, diskursives Recht, 115). Bezeichnenderweise wird das Beispiel als Grenzfall des Rechts erörtert, wo namentlich ethische Gesichtspunkte weiterhelfen sollen (BEHRENDS, 16 ff.; dazu unten N 214 ff.).

204 In der Lebenswelt wird die Inkompatibilität in aller Regel gegenseitig abgestuft oder gar fliessend graduell sein, wird ein mehr–weniger-Verhältnis, nicht eine entweder–oder-Alternative vorliegen. Das vorstehend erwähnte Dilemma der Rechtsfindung, sich entweder verweigern zu müssen oder bloss willkürlich dezidieren zu können, lässt sich damit umgehen (DÜRR, Mietzinsherabsetzung, 268 ff.). Der zu beurteilende Sachverhalt selbst und die ganze Palette möglicher Alternativabstufungen erlauben als realistisches Element einen *sachverhaltsmässigen* Diskurs, einen Diskurs der Seins-, nicht der Sollensordnung; und aus ihm kann für *diesen* Fall der reinen Inkompatibilität ein Resultat gewonnen werden. Insofern lässt sich diese Art von «Wertungen» mit rational nachvollziehbaren Denkstrukturen vereinbaren (BGE 114 II 230 betreffend Nachbarrecht; BGE 123 III 292 betreffend quantitative Abstufung einer wucherischen Vertragsleistung über den Mechanismus der Teilunverbindlichkeit; illustrativ der mathematische Nachvollzug der vom Bundesgericht keineswegs nur «logisch» begründeten relativen Mietzinserhöhungsmethode bei LUC RECORDON, Rendement autorisé de la valeur d'un immeuble en droit du bail à loyer: *un peu de mathématique juridique*, SJZ 92 [1996] 375 f.; vgl. auch DÜRR, diskursives Recht, 136 ff.).

205 f) **Wertungen der Rechtsordnung.** Wertungsgesichtspunkte können aber auch ausserhalb, bildlich «oberhalb», der reinen Interessen-Inkompatibilität aufscheinen; namentlich bei der Frage, ob nebst der reinen Inkompatibilität noch weitere entscheidungsrelevante Momente vorliegen. Relevant wird dies namentlich dort, wo das Gesetz sich mit sehr offenen Verweisen auf solche Wertungsbereiche begnügt (beispielsweise Art. 28 Abs. 2 ZGB, vgl. dazu BGE 120 II 225; Art. 19

Abs. 2 und 20 Abs. 1 OR; KRAMER in: Berner Kommentar, Art. 19–22 OR, Bern 1991, Art. 19–20 N 169 ff.) oder gar jeden Hinweis auf «dahinter»stehende Wertungen vermissen lässt; dies im Gegensatz etwa zu jenen Rechtstraditionen, wo ausführliche Präambeln die Wertungen der Rechtsordnung verbalisieren (M.T. FÖGEN, The Legislator's Monologue, Chicago-Kent Law Review 70 [1995], 1593 ff., betreffend US- und EU-Recht). Kann etwa ein bestimmtes, im konkreten Fall tangiertes Interesse schon *deshalb* vor dem Gegenpart Vorrang bekommen, weil es *als solches* höherwertig ist, und nicht bloss weil es übermässig bedrängt wird (HÄFELIN, Wertung, 590 ff.; DÜRR, diskursives Recht, 119 ff.)?

In dieser Richtung operiert Wertung dann, wenn sie bestimmte Standpunkte, Interessen, Ansprüche *als solche* für besonders wertvoll hält, so dass sie im Kollisionsfall grundsätzlich vorgehen; oder *als solche* besonders minderwertig, so dass sie in der Regel nachgehen müssen (so hat etwa bei der Frage der Kinderzuteilung grundsätzlich das Kindeswohl den Wünschen und Bedürfnissen der Eltern vorzugehen, BGE 5C.139/1996 vom 30.10.96 [nicht publizierter Teil von BGE 122 III 401]). Dieselbe Wirkungsweise von Wertung liegt vor – wenn auch mit anderem gedanklichem Zugang – wo bestimmte Interessen an bestimmten Wertmassstäben gemessen werden und diesen dann je mehr oder weniger entsprechen (BGE 120 II 225 betreffend Persönlichkeitsschutz, welcher der Kunstfreiheit vorgeht). Nochmals in dieselbe Richtung weist die Optik des «wertungsmässig» konsistenten Resultats (BGE 120 II 331 [336]), wo die Rechtsfindung gleichsam eine Wertoptimierung bewerkstelligen soll. Jedenfalls stellt sich unvermeidlich die Frage, wie sich die materiale Aussage solcher «Werte», «Bewertungen» etc. umschreiben lassen, wie schlüssig sie sind, wie weit sie normative Legitimation begründen können (hiezu näheres N 208 ff.).). 206

Wertung kann aber auch – wiewohl ausserhalb reiner Interessenabwägung liegend – weniger grundsätzlich ansetzen; insofern nämlich, als sie den im Gesetz liegenden *rechtspolitischen Entscheidungen* nachspürt. So wird «Wertung» häufig angerufen, wo der Gesetzeswortlaut nicht oder nur unscharf weiterhilft und es im Rahmen der Auslegung darum geht, die sprachlich-begriffliche Interpretation zu verlassen und gleichsam nach den «Motiven» der betreffenden Gesetzgebung zu fragen. Diese Aufgabenstellung beschränkt sich in aller Regel auf die positive Rechtsordnung, konkret indem sie nach der ratio *legis* fragt und dabei etwa auf ungeschriebene «Prinzipien» stösst (so z.B. das «Prinzip der Stiftungsfreiheit», BGE 120 II 374 [377] mit Verweisen; 114 II 404 [407]). Eine solche Suche nach der ratio legis kann sehr weit ausgreifen und beispielsweise prinzipielle Gemeinsamkeitengehen von Persönlichkeitsrecht und verfassungsrechtlicher Wirtschaftsordnung orten (MERZ, Widerrechtlichkeit, 329 f.; zur Anknüpfung an die «Politik des Gesetzes» namentlich im Wirtschaftsrecht vgl. THOMAS WERLEN, 207

Art. 1

Konzeptionelle Grundlagen des Schweizerischen Kapitalmarktrechts, Zürich 1994, 97 ff.). Jedenfalls geht es wiederum um nichts anderes als um den Verstehensvorgang der Rechtsfindung, um eine Vertiefung in das, was im Gesetz zum Ausdruck kommt; ein Verstehen namentlich dahin, dass es sich nicht um ein verifizierbares oder gar *natürlich* vorgegebenes, mehr oder weniger zutreffend aufgeschriebenes Sollen handelt, sondern um ein auch mit anderen, eben «wertenden» Elementen durchsetztes Gebilde.

208 g) **Wertungen im Sollensbereich.** Nebst den «Wertungen» rein der Bezeichnung nach, die letztlich aber rationalisierbare Operationen sind (N 201 ff.), und jenen, welche nichts anderes als ein Verstehen dessen sind, was die positive Rechtsordnung oder gar bloss die konkrete Gesetzesnorm an rechtspolitischer Entscheidung zum Ausdruck bringt (N 205 ff.), gibt es auch solche, welche die Bezeichnung spezifischer verdienen:

209 Hiezu gehört zunächst die Bezugnahme auf «Werte», die zwar normative Züge aufweisen, sich aber nicht mehr eindeutig dem Recht zuweisen lassen; die zwar zur Sollens-, aber nicht mehr unbedingt zur Rechtsordnung gehören; die gleichsam den maximal abstrahierten Gegenpart zum Sein bilden; sich als «Wert» im Gegensatz zur Wirklichkeit verstehen (im Sinn der philosophischen Problematisierungen etwa bei Nicolai Hartmann oder Max Scheler). Dass es durchaus auch in pluralistischen Gesellschaften kollektive Wert-*Ordnungen* gibt, ist nicht zu verkennen (statt vieler WALTER OTT, Sein und Sollen, 356 ff.). Jedenfalls verlässt ein solch allgemeiner Sollensbezug vertraute rechtliche Denkweisen der Gesetzesauslegung. Er relevant ethische Gesichtspunkte und damit unter anderem die Frage, *ob* solche Elemente in den Vorgang der *Rechts*findung Eingang finden (hiezu näher N 214 ff.).

210 Die spezifischste Form von Wertung ist schliesslich jene, welche sich als Gegensatz zum «wertungsfreien» Urteilen beziehungsweise Auslegen versteht. Sie ist die Weichenstellung zwischen positivistischer Gesetzesanwendung und hermeneutischer Rechtsfindung. Sie verkörpert die Abkehr von dem, was der Privatrechtskodex von seiner historischen Idee her hätte sein sollen, nämlich ein Instrument zur Objektivierung des Rechts, zu dessen Ausformung als «*wertneutraler*» Massstab (Vorbemerkungen N 130 ff.). Wenn demgegenüber nun festgestellt wird, dass der Richter *stets* wertet und insofern *nie* rein anwendet (oben N 188 ff.), so ändert sich das Paradigma von Recht und Gesetz sehr gründlich: Das Gesetz ist nun nicht mehr eine – hoffentlich geglückte – Umschreibung des Rechts, sondern nur noch – aber immerhin – das, was der Richter als positives Produkt eines speziellen gesellschaftsorganisatorischen Verfahrens zum Thema Recht vorfindet (Vorbemerkungen N 215 f.; FIKENTSCHER, Methoden, Band I,

367 f.). Insofern besagt «Wertung», dass der Dualismus von Sein und Sollen nicht nur erkenntnis- und wissenschaftstheoretisch, sondern auch methodologisch auf der Ebene konkreter Rechtsfindung überwunden ist.

Dieser Paradigmawechsel impliziert nicht etwa ein «lockeres» Umgehen des Richters mit dem Gesetz. Er wird es vielmehr sehr genau lesen, sich in *seinen* Inhalt hineinversetzen und vor allem auch seinen imperativen Anspruch verstehen müssen, desgleichen den politischen, staatsorganisatorischen, demokratischen Werdegang (DOBLER, 100 ff.; oben N 105 ff.); doch ebensowenig darf er vergessen, sich selbst zu beobachten, sein Entgegennehmen des «Befehls», sein Reflektieren darüber, sein eigenes Reagieren darauf. *Diese* Aspekte *muss* er berücksichtigen. Sie gehören zwingend zur Rechtsfindung (näheres N 224 ff.). 211

Dies erlaubt dem Richter gerade nicht, die Aussagen des Gesetzes zu ignorieren, ebensowenig eine unklare Aussage nach subjektivem Gutdünken zu interpretieren. Zwar hat er sein subjektives Gutdünken, auch durchaus sein Rechtsgefühl (SUTER, 48; WALTER OTT, Wertgefühl, insbes. 112 ff.), mitzuberücksichtigen. Doch hat er es allemal in Beziehung zu setzen zu dem, was er an anderen Auslegungselementen vorfindet. Je nachdem wird es dann mehr oder weniger relevant sein: Etwa bei den Fragen, was der historische Gesetzgeber gemeint hat (N 155 ff.), wie die konkrete Streitpartei eine Norm im voraus verstanden hat (N 63), welches die ratio legis ist (N 105 ff.), werden subjektive Meinungen des Richters kaum Platz haben. Anderseits werden im Rahmen etwa der ethischen Gesichtspunkte zwangsläufig subjektive Elemente von Seiten des Richters einfliessen. 212

Ein besonderes Problem bereitet die Frage, wie der Richter dann zu entscheiden hat, wenn subjektiv beeinflusste Elemente mit anderen kollidieren; etwa wenn das Rechtsgefühl imperativ eine andere Aussage ergibt, als was nach sämtlichen «neutralen» Regeln der Auslegungskunst im Gesetz steht; wenn gleichsam ein Gewissenskonflikt des Richters vorliegt (dazu KAUFMANN, Gewissen, Gesetz, 369 ff.; RADBRUCH, gesetzliches Unrecht, 107; MERZ, Dauer, 342; aus psychologischer Sicht WEIMAR, Dimensionen, 179). Dieses Problem dürfte sich kaum im Rahmen dessen stellen, was gemäss Art. 1 Abs. 1 ZGB «Auslegung des Gesetzes» bedeutet. Im Zusammenhang mit der unechten Lücke ist hierauf näher einzugehen (N 318 ff.; vgl. auch zu allfälligen Grenzen richterlicher Rechtsfindung oben N 92 ff. und Vorbemerkungen N 47 ff.). 213

h) **Ethische Gesichtspunkte.** Es fragt sich, wie weit ethische Gesichtspunkte bei der Gesetzesauslegung Eingang finden können. Je stärker «Gesetzesanwendung» als syllogistische Subsumtion, allenfalls verbunden mit rein sprachlich-begrifflicher Interpretation, verstanden wird, desto weniger wird man der Ethik Einlass gewähren. Diese Interdependenz lässt sich als rechtsgeschichtliches Phänomen festellen (statt vieler BEHRENDS; SENN, 23 f.); manifestiert sich aber auch in der noch heute verbreiteten Dichotomie in Fragen nach «richtigem Recht» einerseits und methodologischer Nüchternheit anderseits (LARENZ, Methodenlehre, 214

Art. 1

89 ff., mit Hinweisen namentlich auf Stammler). Ebensowenig Bedarf nach ethischer Orientierungshilfe bestand und besteht dort, wo das Gesetz in subjektiv-historischer Betrachtungsweise am Willen des konkreten Gesetzgebers ausgelegt wird. Hier kann sich höchstens die indirekte Frage danach stellen, welche ethischen Grundsätze *den Gesetzgeber* motiviert haben (oben N 155 ff., 205 ff.).

215 Je mehr nun aber das Gesetz als «Schnittstelle» und entsprechend seine Anwendung als hermeneutischer Rechtsfindungsprozess verstanden werden, desto konsistenter gehören auch ethische Momente zur Gesetzesauslegung. Der formal-logische Satz, wonach dem Gesetz nicht mehr entnommen werden kann, als hineingelegt worden ist (Hinweise darauf bei BETTI, Problematik, 205 ff.), gilt nicht mehr. Das Gesetz kann durchaus «nachgerüstet» werden (BEHRENDS, 16 ff.; COING, Bemerkungen, 32 ff.). Unter dem Gesichtspunkt des hermeneutischen Verstehens bedeutet dies, dass es jeweils *neu* in seinen Gesamtkontext der Zeit, der Realien, des konkreten Falls, des urteilenden Richters gestellt wird. Und zu eben diesem Kontext gehören natürlich auch ethische Fundamentalbezüge der Sollensordnung. Sofern es um *solches* Recht geht, ist Ethik ein Teil davon (vgl. WALTER OTT, Rechtspositivist, 448 ff.; LENDI, Theologie, 225 ff.).

216 Wie an anderer Stelle ausgeführt, gehört dieses umfassende Verstehen und damit der Einbezug ethischer Elemente wesensmässig zu jeder Rechtsfindungstätigkeit. Auch dort, wo ein klarer Wortlaut vorliegt, verlangt er Einordnung in den Gesamtzusammenhang statt bloss mechanische Subsumtion (Vorbemerkungen N 207 ff.). Allerdings fragt sich, ob im «banalen» Bereich dieses alltäglichen Auslegungsbedarfs so fundamentale Bezüge wie jene zur Ethik gefragt sind. Die Antwort muss differenzieren: *Soweit* es um den «banalen» Bereich der sprachlichen Auslegung eines unklaren Gesetzeswortlauts geht, also bloss um einen Teilbereich des gesamten Rechtsfindungsvorgangs (oben N 133), erreicht die Fragestellung bloss sprachliche, nicht auch ethische Bereiche. Zwar geht Sprache nach heutigen linguistischen Erkenntnissen weit über Textlichkeit hinaus, doch *muss* dies nicht zur Kollision mit dem Text führen; die derart erweiterte Auslegung kann den Wortlaut durchaus bestätigen, allenfalls auch eine klärende Aussage angesichts eines unklaren Wortlauts ergeben und insofern wieder zur «banalen» Ebene der Gesetzesauslegung zurückführen; allerdings nun nicht unter Vermeidung ethischer Einordnungen, sondern als deren Resultat. Mit anderen Worten: Der Einfluss der Ethik *hat* diesfalls den Wortlaut beziehungsweise die Auslegung unterlegt.

217 Die ethische Einordnung kann aber auch zu einer Abweichung vom Gesetzeswortlaut führen. Das heisst, es kann sich das durchaus praktisch relevante Problem stellen, ob und wie weit sich der Richter aus solch ethischen Gründen vom Gesetzeswortlaut entfernen darf; genauer: von der im Wortlaut wiedergegebenen

ratio legis. Dies präsentiert sich heute nicht mehr spezifisch als Spannungsproblem zwischen der ethischen und der rechtlichen Sollensebene; sondern als Illustration der Erkenntnis, dass Rechtsfindung aus vielen Elementen besteht, dass kein Element, auch nicht das ethische, von vornherein ausgeschlossen ist, dass auch der Gesetzeswortlaut bloss ein Element darstellt; dass allerdings ebenso das sehr wesentliche Element des Geltungsanspruchs des geschriebenen Gesetzes im Rahmen der konkreten Gesellschaftsorganisation von Belang ist (zur Umsetzung all dessen auf die Frage nach allfälligen Grenzen der richterlichen Freiheit vgl. Vorbemerkungen N 243 ff.; ferner unten N 362 ff.). Letzteres besagt gleichzeitig, dass eine solche ethisch begründete Abweichung von der Gesetzesratio gemäss traditioneller Kategorisierung nicht der Auslegung, sondern der Lückenfüllung zuzuordnen ist (näher dazu unten N 261 ff.).

i) **Ergebnisbezogene Rechtsfindung.** Nicht selten operiert Rechtsfindung vom *Resultat* her; dies in unterschiedlicher Grundsätzlichkeit und unter verschiedenen Blickwinkeln: So liegt bekanntlich schon im Subsumtionsvorgang als solchem ein Mechanismus, der nicht bloss die Norm auf den Sachverhalt appliziert, sondern ebenso vom Sachverhalt her die «einschlägige» Norm sucht (oben N 171 ff.; Vorbemerkungen N 151 ff., 207 ff.). Sodann kann das aus schlichter Subsumtion gewonnene Ergebnis gleichsam noch einer inhaltlichen Nachkontrolle unterzogen werden (vgl. BGE 114 II 404 [406 f.] betreffend Bürgerrecht gemäss Art. 161 ZGB; ähnlich BGE 114 II 230 [237] betreffend Nachbarrecht gemäss Art. 679 ZGB). In denselben Kontext gehört der Fall, wo das Rechtsgefühl zwar eine Antwort gibt, die sich indes an einer wörtlichen Auslegung des Gesetzes stösst (N 129; vgl. etwa BGE 114 II 353 [356], 120 II 209 [212 ff.]). Oder schliesslich – auch dies letztlich ein ergebnisbezogener Aspekt von Rechtsfindung: Das Vorverständnis bestimmt die Methodenwahl (ESSER, Vorverständnis, 136 ff., insbes. 138; BULTMANN, 216 ff.). Entsprechend differenziert muss die Einordnung in die Thematik der Rechtsfindung erfolgen: Die Vorwegnahme des Resultats kann etwa bloss zum Mechanismus der Subsumtion gehören (oben N 52 ff.); sie kann aus dem realistischen Element der «Praktikabilität» oder der Folgenreflexion resultieren (oben N 181); sie kann die Fragestellung der subjektiven Wertung aufwerfen (N 188 ff.; EDWARD E. OTT, Rangordnung, 265 ff.); sie ist letztlich erkenntnistheoretisches Grunddilemma (Vorbemerkungen N 207 ff.). 218

Je nach Grundsatzebene und je nach konkreter Konstellation wird die Vorwegnahme des Resultats als Rechtsfindungselement wirken können. Der Umstand allein, dass es induktiv, zirkulär, jedenfalls nicht deduktiv operiert, steht dem jedenfalls nicht entgegen. Es ist also nicht nötig, dass das Urteil eine reine *Folgerung* darstellt; dass *aus* dem Sollensbereich Aussagen *für* das Sein abgelei- 219

Art. 1

tet werden; dass eine methodisch konsistente Kette *zum* Resultat führt. Mit anderen Worten: Rechtsfindung muss nicht «wertfrei» in dem Sinn operieren, dass sie die Norm, die Methode, generell das Sollen *zunächst* ergründet, um dann gleichsam zu beobachten, was dabei «*herauskommt*». Rechtsfindung kennt kein generelles Gebot zur Wertfreiheit. Ja letztlich liegt darin, dass der Richter das Urteil fällt, es fällen *will*, seine eigentliche Funktion. Auch insofern *ist* Rechtsfindung Wertung (oben N 190).

4. Bezug zur Verfassung

220 a) **Verfassungsbezogene Auslegung.** Die Mitberücksichtigung der Verfassung im Rahmen der Auslegung erscheint vom Grundsatz her zunächst unproblematisch, ja sogar geboten. Denn Auslegung bedeutet ja stets Einbezug in das gesamte relevante Umfeld (N 85 ff.; ZÄCH, Parallelimport, 302 ff.), wozu selbstverständlich auch die Verfassung, namentlich verfassungsmässige Grundrechte, gehören (AUBERT, limites, 9 ff.; COING, Bemerkungen, 31, 35 ff.; HÖHN, Bedeutung, 288 f.; ZÄCH, Verfassungsrecht; vgl. auch EUGEN BUCHER, Drittwirkung; BGE 120 II 225 [227 mit Verweisen]).

221 Je nach Konstellation können aber Aspekte der Gewaltentrennung die verfassungsmässige Auslegung des Gesetzes durch den Richter problematisieren: Darf der Richter, wenn er nach allen Regeln der Auslegungskunst die ratio legis verstanden hat, diese gleichsam noch einer inhaltlichen Kontrolle unterziehen und sie etwa auf Konformität mit verfassungsmässigen Rechten überprüfen (vgl. KAUFMANN, Gesetz, 365; HÖHN, Bedeutung, 259 f.; HÄFELIN, Auslegung, 243)? Kein Problem stellt es dar, «Auslegung» derart weit zu fassen, dass sie als solche über das reine Erkennen der ratio legis hinausgreift (N 112 ff.). Insofern ist die bundesgerichtliche Formel, wonach «der klare Sinn einer Gesetzesnorm ... nicht durch eine verfassungskonforme Auslegung beiseite geschoben werden darf», zu eng (BGE 119 V 121 [130]). Relativiert wird sie immerhin insoweit, als bei mehreren Interpretationsmöglichkeiten die verfassungskonforme zu wählen sei (BGE 105 Ib 49 [53] und 107 V 214 [216]; dies nicht zuletzt deshalb, weil das Bundesgericht die Verfassungsmässigkeit von Bundesgesetzen aufgrund von Art. 113 Abs. 3 BV nicht überprüfen könne). Jedenfalls bedeutet Rechtsfindung im hier vertretenen Sinn gerade nicht, der ratio legis zu *gehorchen*, sondern höchstens diese ihrerseits in den weiteren Kontext etwa der Staatsverfassung zu stellen.

Art. 1

b) **Verfassungskonforme Auslegung.** Mit zu dieser Berücksichtigung gehört 222
nun auch eine allfällige Positivierung des Imperativs, konkret beim hier interessierenden Bundesprivatrecht also von Art. 113 Abs. 3 BV. Und auch diese Berücksichtigung bedeutet nicht gehorchen, sondern verstehen; also auch der Befehl, dem Befehl zu gehorchen, ist letztlich nicht Befehl. Allerdings wird der Richter bei richtigem Verständnis dieser Imperativen-Intensität nurmehr unter qualifizierten Gegenelementen vom Rollenspiel des «Gehorchens» abweichen (z.B. BGE 119 V 121 [130]; 111 I b 227 [229]).

An eben dieser Stelle setzt nun die Problematik der «verfassungskonformen 223
Auslegung» an: Kann sich der Richter grössere Freiheit schaffen, indem er das Gesetz nicht an der Verfassung misst, sondern indem er *es selbst* so interpretiert, dass es mit der Verfassung gar nicht erst kollidiert? Aus den obigen Ausführungen muss sich die folgende Differenzierung ergeben: Soweit es bei der Auslegung um die Erkennung der ratio legis geht, spricht nichts dagegen, den Bezug zur Verfassung herzustellen (Höhn, Bedeutung, 261 f.); übrigens auch dann nicht, wenn dies mit dem Wortlaut des betreffenden Gesetzes kollidiert; so BGE 111 Ia 292 [297], wonach Art. 113 Abs. 3 BV nur verbiete, vom klaren Wortlaut *und vom Sinn und Zweck* einer Vorschrift abzugehen, um diese in den Rahmen der Verfassung zu stellen. Der Wortlaut allein stelle kein Hindernis dar, selbst wenn er klar sei, insbesondere dann nicht, wenn der wahre Rechtssinn entgegen dem Wortlaut verfassungskonform erscheine (ebenso BGE 113 II 406 [410]). Steht die ratio legis aber als solche fest und kollidiert *sie* mit der Verfassung, so wird der Richter sich den Beschränkungen von Art. 113 Abs. 3 BV unterziehen müssen (vgl. auch Häfelin, Auslegung, 247 ff., 251; Höhn, Bedeutung, 270 ff., insbes. 273). Vorbehalten bleiben allenfalls die Fälle des «schreienden Unrechts»; etwa bei der Verletzung fundamentaler Menschenrechte, denen anerkanntermassen überpositive Geltung zukommt (Radbruch, gesetzliches Unrecht, 107; Höhn, Bedeutung, 272 f.; zum Verhältnis zur EMRK, Pra 83, Nr. 239; N 28 ff., 208 ff.).

5. Operationsfiguren der Auslegung

a) **«Berücksichtigung» aller relevanten Elemente.** Wenn Auslegung bedeu- 224
tet, sämtliche relevanten Elemente in der ihnen je zukommenden Art zu berücksichtigen (N 85 ff.), so stellt sich die Frage, wie «Berücksichtigen» konkret vor sich geht. Der Richter wird mit der präzisen Zitatstelle aus den Gesetzesmaterialien (N 155 ff.), mit den Erklärungen des sprachlichen Wörterbuchs (N 147 ff.), mit einem allgemeinen Trend der Rechtsprechung (N 571 ff.) oder mit seinem Rechts-

Art. 1

gefühl (N 218; WALTER OTT, Wertgefühl) je in unterschiedlicher «Technik» operieren: Bald wird er mehr syllogistisch deduktiv, bald hinterfragend induktiv vorgehen, Einwendungen des Rechtsgefühls werden seine Operationstechnik vielleicht überhaupt nicht ändern, sondern bloss ihrerseits etwas skeptischer und distanzierter betrachten lassen. Jedenfalls lässt sich nicht *eine* Grundtechnik der Auslegung ausmachen oder gar postulieren.

225 Ebensowenig lässt sich eine *Reihenfolge* verschiedener Operationsfiguren festlegen. Dies ergibt sich schon aus der weiter oben getroffenen Feststellung, dass ein Prioritätenkanon der methodischen Auslegungselemente abzulehnen ist (N 145 f.). Zudem ist bei dieser Fragestellung in grundsätzlicher Hinsicht zu beachten, dass richterliche Rechtsfindung letztlich nicht Behandlung des Objekts Recht durch das aktive Subjekt Richter bedeutet; sondern vielmehr Verstehen eines facettenreichen Beziehungsgeflechts zwischen Aspekten des Sollens und solchen des Seins anlässlich eines aktuellen Streitfalls. Die «Aktivität» des Richters besteht nicht in dem, was er mit dem Recht oder dem Streitfall tut, sondern im *Beobachten* des ganzen Beziehungsgeflechts einschliesslich seiner eigenen Person. Aus dieser Distanz gesehen *muss* die Aktivität des Richters vielschichtig sein; präzise Operationsstrukturen einschliesslich kanonischer Reihenfolge sind insofern nicht «illegitim», sondern schlicht unzutreffend.

226 b) **Syllogismus.** Die Grundfunktion des Richters ist die Herstellung eines Bezugs zwischen Sollen und Sein; noch allgemeiner: die Beziehungsaufnahme zwischen dem Sein einerseits und seinem Gegenpart anderseits; oder wieder spezifischer: Zu jenem Gegenpart, dessen Merkmal das Normative, das «Geltende» ist, im Gegensatz zum Faktischen des Seins (HABERMAS, 241 ff.).

227 Wenn also die herzustellende Beziehung eine solche der Normativität ist, wird sie durch einen gewissen Beeinflussungsdruck *auf* das Sein bestimmt. Dies gilt auch angesichts eines «distanzierten» hermeneutischen Zugangs. Denn bei der Rechtsfindung sucht auch das hermeneutische Verstehen spezifisch die *normative* Beziehung (OGOREK, Methode, 142; ESSER, Vorverständnis, 106 ff.; GADAMER, Band 1, 335). Sie tastet sich – etwa beim Beispiel des realistischen Elements (N 167 ff.) – vom Sein aus gleichsam entlang dem normativen Gegendruck zum Sollen vor. Also selbst dort, wo vom Sein ausgegangen wird, geht die Suche nach jenem Beziehungsbereich, der *auf* das Sein wirkt. Der Sachverhalt sucht sich *seine* Norm, und er sucht sie spezifisch als *Norm*, er sucht Normativität (KAUFMANN, Hermeneutik, 339; COING, Bemerkungen, 28).

228 Dieser spezifischen Grundspannung entspricht die Grundtechnik des *Ober*- und *Unter*satzes, des Syllogismus (vgl. etwa HÖHN, Methodik, 84 ff.; KLUG, 48 ff.; HERBERGER/SIMON, 23 ff.). Dies versteht sich hier rein als Operationsfigur, als

Reflexions*technik*, welche der Richter praktiziert, wenn er im Rahmen der Gesetzesauslegung danach fragt, wie die dem Sachverhalt «zugehörige» Norm lautet; beziehungsweise spezifisch beim Auslegungsbedarf, wie sie in schärferer oder detaillierterer Formulierung als gemäss dem Gesetzestext lauten müsste (beispielsweise unter Berufung auf die «Logik» des Banken-Nachlassvertrags, BGE 110 III 105 [199]).

Nicht nur der Bezug zum Normativen begründet die syllogistische Technik, sondern ebenso jene zum Generell-Abstrakten. Sollen ist nicht eine andere Seinswelt, die sich gegen *diese* Seinswelt durchsetzen will; Sollen ist vielmehr das *andere* zum Sein, zum Wirklichen, zum Konkreten etc.; Sollen ist *nicht* Sein, Sollen *ist* nicht, Sollen *soll* (Vorbemerkungen N 193; vgl. auch von Mettenheim, 46 ff., insbes. 49). Auch dies legt die Technik des *allgemeinen* Obersatzes mit dem *konkreten* Untersatz nahe; während das spezifisch Normative alsdann die imperative Konklusion unterlegt (Vorbemerkungen N 231 f.). Subsumtion und Konklusion durchdringen also die Rechtsfindung wesensmässig. Allerdings: Nach heutigem Verständnis ist dies bloss Arbeitstechnik (aber immerhin auch rechtspsychologisches Phänomen des abendländischen Kulturkreises, Vorbemerkungen N 260, 281); jedenfalls aber nicht rationale *Bewältigung* der Thematik Sollen-Sein. 229

c) **Analogie und argumentum e contrario** hängen eng mit Subsumtion zusammen. Sie entspringen zunächst der Verlegenheit, keine oder keine klare Norm zu finden, die *auf* den *Sachverhalt* passt. Sie behelfen sich alsdann mit einer Norm, die *neben* die bestehende *Norm* passt, um sie dann ihrerseits *auf* den *Sachverhalt* «anwenden» zu können (statt vieler BGE 120 II 331 [337 mit Verweisen]). Durch eine horizontale Operation wird die Beibehaltung des vertikalen Subsumtionsmechanismus ermöglicht. Insofern lässt sich die Analogie als Teilmechanismus im Rahmen «gewöhnlicher» Auslegung umschreiben (in diesem Sinn etwa BGE 120 V 112 [118]). Ja man kann Analogie geradezu als das Wesen des Denkens in Begriffen überhaupt verstehen, Rechtsfindung als per se «analogisches Denken» (Kaufmann, Analogie, 1 ff.). Dies gilt nicht bloss für die «positive» Analgie, sondern ebenso für ihr negatives Gegenstück, das argumentum e contrario (Hasenböhler, 91 f.). 230

Die enge Verflechtung von Subsumtionsdenken und Analogie lässt es wenig sinnvoll erscheinen, klare Abgrenzungen zu suchen. Entsprechend inkonsistent zeigt sich die Praxis: BGE 100 Ib 137 (157 f.) und mit weitergehender Begründung 74 II 106 (109 f.), wonach eine Gesetzeslücke nur dann angenommen werden dürfe, wenn dem Gesetz weder nach seinem Wortlaut noch nach dem *durch Auslegung* zu ermittelnden Inhalt eine Vorschrift entnommen werden könne und sich auch auf dem Weg *analoger Anwendung bestehender Rechtssätze* keine Lösung finden lasse. Diese Vorstellung findet sich schon bei Eugen Huber (Erläuterun- 231

Art. 1

gen, Band 1, 36): «...Sonach gelangen wir zu dem Resultate, dass in erster Linie das gesetzte Recht zur Anwendung gebracht werden muss. Und zwar nicht nur soweit sein Wortlaut unmittelbar reicht, sondern auch soweit es in irgend einer Art von Auslegung oder auf dem Wege der Analogie herangezogen werden kann. ...» In BGE 96 II 355 (362) hingegen lässt das Bundesgericht die analoge Anwendung anderer Gesetzesbestimmungen erst im Rahmen der *Lückenfüllung* zum Zug kommen. Zum *Mechanismus* des analogen Vorgehens vgl. etwa BGE 96 II 355 (363); zur Abgrenzung von extensiver Auslegung und Analogie BGE 65 I 8 (11).

232 Das Gesetz äussert sich nicht dazu, was es von Analogie und argumentum e contrario hält (im Gegensatz beispielsweise zum spanischen [Art. 4 código civil] oder zum österreichischen Recht [§ 7 ABGB]). Es besteht indes weitgehend Einigkeit darüber, dass diese beiden Operationsfiguren zulässig sind; jedenfalls in privatrechtstypischen, aber auch in gewissen öffentlich-rechtlichen Bereichen (NIGGLI, insbes. 169 ff.; vgl. etwa BGE 118 Ib 153 [156] betreffend Analogie im öffentlichen Ausländerrecht), nicht dagegen im Strafrecht (NIGGLI, 154 f.). Namentlich im Rahmen der Gesetzesauslegung nach Art. 1 Abs. 1 ZGB sind Analogie und argumentum e contrario bewährte Instrumente.

233 Vgl. z.B. BGE 120 II 209 (212 ff.) betreffend Leistungsverweigerungsrecht des Arbeitnehmers bei Lohnrückstand des Arbeitgebers. Gemäss Bundesgericht ist hier eine direkte Anwendung fraglich, da eigentlich kein Austauschverhältnis vorliegt (die gegenwärtige Arbeitsleistung ist nicht Gegenleistung des ausstehenden, sondern des künftigen Lohns); trotzdem rechtfertige es sich, dem Arbeitnehmer in *analoger* Anwendung von Art. 82 OR ein Leistungsverweigerungsrecht zuzugestehen. Da die Arbeitsverweigerung demgemäss gerechtfertigt ist, wendet das Bundesgericht Art. 324 Abs. 1 OR an, wonach der Arbeitgeber den Lohn trotz fehlender Gegenleistung zu entrichten hat, wenn die Arbeit infolge seines Verschuldens nicht geleistet werden kann, ohne dass der Arbeitnehmer zur Nachleistung verpflichtet ist.

234 Analogien funktionieren *nicht nur innerhalb* der Bereiche des Privatrechts beziehungsweise des öffentlichen Rechts, sondern auch über die entsprechenden Grenzen hinaus: So BGE 119 V 298 (300 f.), in dem das Bundesgericht bei der Frage der Rückerstattung von zuviel bezahlten Krankenkassenprämien dahin argumentiert, dass auch privatrechtlich organisierte Krankenkassen eine öffentliche Aufgabe erfüllten, die Krankenversicherung somit Teil der Sozialversicherung sei. Deshalb könnten bei fehlender gesetzlicher Regelung dieser Frage analogerweise Bestimmungen der Sozialversicherungsgesetzgebung beigezogen werden. In BGE 114 II 230 (236) ist im Zusammenhang mit der Frage übermässiger Einwirkung im Nachbarrecht (Art. 684 ZGB) von «augenfälligen Analogien zum öffentlichrechtlichen Institut der Enteignung» die Rede. In BGE 95 I 161 (166) greift das Bundesgericht auf die entsprechende Bestimmung im OG zurück, um eine SchKG-Unsicherheit zu klären.

235 Wo Einwendungen gegen die Analogie und das argumentum e contrario vorgebracht werden – vereinzelt im Privatrecht, grundsätzlich im Strafrecht und zum Teil in anderen Bereichen des öffentlichen Rechts – geht es in der Regel um die Problematik der Diskrepanz zum Gesetzeswortlaut: Die Analogie orientiert sich zwar am Gesetz, jedoch an einer anderen Stelle des Gesetzes; gerade nicht an jener, welche «einschlägig» wäre (EDWARD E. OTT, Rangordnung, 262 f.). Jedenfalls bietet die Analogie dann grundsätzliche Probleme, wenn der Wortlaut als

Begrenzung des Richters verstanden wird (was sich allerdings nur in sehr spezifischen Fällen rechtfertigen lässt, vgl. N 78 ff., 362 ff.); mit anderen Worten im Bereich der Lückenfüllung (vgl. dazu unten N 522 ff.). Sicher unproblematisch ist der Griff zur Analogie oder zum argumentum e contrario aber dort, wo es um die Klärung oder Ergänzung eines unscharfen beziehungsweise eines lückenhaften Gesetzeswortlauts geht; ja die Analogie kann sich geradezu als notwendig erweisen (CANARIS, Lücken, 146, betr. *notwendige* statt bloss *mögliche* Analogie).

Sowohl bei der Analogie als auch beim argumentum e contrario ist zu beachten, dass es sich letztlich rein um Operationsfiguren handelt. In sich legitimierte Rechtsfindungsmethoden sind sie nicht. Sie umschreiben lediglich, wo und wie sich innerhalb des Normgefüges, allgemeiner: in der Sollensordnung, je nachdem gar bloss im rein begrifflichen Systemgefüge Zusammenhänge orten lassen; sei dies nun verstanden als rechtssoziologisches Phänomen der System-Kontingenz (LUHMANN, 38 ff., 214 ff.); sei es als das systematische Methodenelement (oben N 151 ff.). *Ob* die analog eruierte Norm Geltung beanspruchen kann, ist kein Problem der Analogie, sondern von Rechtsfindung überhaupt: Nicht die Logik der Analogie begründet Geltung, sondern der Umstand, dass *sämtliche* Rechtsfindungselemenete die analog eingeordnete Norm als konsistent erscheinen lassen, nicht zuletzt auch das realistische Element (oben N 112 ff.; Vorbemerkungen N 219). Immerhin kommt der Analogie beziehungsweise dem argumentum e contrario in diesem Kontext die Bedeutung zu, einen spezifischen Bezug zur dogmatischen Struktur der Rechtsordnung bewusst zu machen. Dies *ist* zweifellos ein Element der Rechtsfindung (KAUFMANN, Aanalogie, 1 f.; BYDLINSKI, Methodenlehre, 8 ff.; LARENZ, Methodenlehre, 381 f.). 236

d) **Argumentum a maiore in minus und argumentum a minore in maius.** 237
Das argumentum a maiore in minus und jenes a minore in maius sind – gleich wie die Analogie und das argumentum e contrario – als Operationsfiguren zu betrachten, also nicht als methodologisch in sich bedeutsame Rechtsfindungselemente. Das dort Ausgeführte (N 230 ff.) gilt deshalb auch hier. Namentlich ist darauf hinzuweisen, dass diese Operationen nicht innerhalb des Normsystems verharren können, dass sie vielmehr zu vertikalen Bezugnahmen mit dem Sachverhalt ausmünden müssen. Mit anderen Worten: Auch diese argumenta vermögen nicht aus sich selbst heraus Geltung zu begründen; sie sind je nur eines der oft zahlreichen Rechtsfindungselemente (N 236).

Die Besonderheit gegenüber der Analogie und dem argumentum e contrario 238
liegt bei den hier erörterten Operationsfiguren in der *graduellen* Abstufung: Es wird nicht eine «fremde» Norm beigezogen (Analogie) oder zur negativen Norm

Art. 1

gewendet (argumentum e contrario). Vielmehr wird eine «einschlägige» Norm in ihrer Reichweite ausgedehnt; sei es vom gravierenderen auf den weniger gravierenden Tatbestand (a maiore in minus), sei es umgekehrt (a minore in maius). Die Problematik einer allfälligen Diskrepanz zum Gesetzeswortlaut stellt sich also um so weniger (N 235); es kann höchstens um eine mehr oder weniger weite Auslegung desselben gehen (dazu gleich hienach N 239 ff.), nicht um eine (allenfalls unechte) Lücke (hiezu N 318 ff.).

239 e) **Restriktive und extensive Auslegung.** Von restriktiver beziehungsweise extensiver Auslegung ist dort die Rede, wo mehr oder weniger starke Abweichungen vom Gesetzeswortlaut zur Debatte stehen. Praktische Bedeutung erhält diese Abstufung im Zusammenhang mit der Unterscheidung zwischen Gesetzesauslegung und Lückenfüllung: Sofern man davon ausgeht, dass Lückenfüllung etwas qualitativ anderes als Gesetzesauslegung sei, dass spezifische Zusatzanforderungen gegeben sein müssen, so muss auch interessieren, ob ein Vorgang *schon* Lückenfüllung oder aber *noch* Auslegung darstellt, wenn auch eben eine «extensive» Auslegung (vgl. BGE 65 I 8 [11] zur Abgrenzung zwischen extensiver Auslegung und Analogie). Hier werden nun oft Kriterien benützt, nach denen in gewissen Bereichen grössere beziehungsweise kleinere Auslegungsspielräume bestehen:

240 Namentlich sollen *klare* Gesetzestexte restriktiv, unklare extensiv ausgelegt werden (BGE 114 II 404 [406 f.]; 120 II 112 [113 f.]). Dies ist im Ergebnis durchaus nachvollziehbar, im methodischen Problemzugang jedoch abzulehnen: Auch beim noch so klaren Wortlaut bedeutet Rechtsfindung ein *umfassendes* Verstehen, welches stets auch das Gesetz in einen weiteren Kontext stellt, insofern dessen Wortlaut hinterfragt (oben N 101 ff.; Vorbemerkungen N 226 ff.). Diese Hinterfragung zurückzunehmen, wenn der Wortlaut klar ist, besteht kein Anlass; denn beispielsweise könnte der Text, obwohl klar formuliert, im Widerspruch zu seiner eigenen ratio stehen (oben, N 101 ff.; statt vieler BGE 92 II 180 [182]; 121 III 219 [225 ff.]). Wenn sich aber ratio und Text präzis decken und wenn auch nicht (ausnahmsweise) Anlass besteht, das Element «Geltungsanspruch des Gesetzes» hintanzustellen (N 78 ff.), so wird der Richter dem Gesetzestext präzis folgen; dies nun allerdings nicht aus Restriktion der Auslegungskompetenz, sondern als *Ergebnis* einer unter Umständen weit ausholenden Auslegung.

241 Sodann sind *Ausnahmeregelungen* beziehungsweise Sondernormen restriktiv, *Oberregeln* extensiv auszulegen («singularia non sunt extenda», vgl. KRAMER, Parömien, 154 ff.; BGE 110 III 105 [109]). In diesem Sinn etwa auch BGE 120 II 112 (114), wonach die Auslegung höchstens so weit gehen kann, dass das Verhältnis von Regel und Ausnahme gewahrt bleibt; Pra 78, Nr. 280, wonach Ausnahmebestimmungen nach ihrem Sinn und Zweck im Rahmen der allgemeinen Regelung auszulegen seien; BGE 95 III 83 [89], wonach eine extensive Auslegung der Ausnahmebestimmung von Art. 214 SchKG sich verbiete, da es nicht Sache der Rechtsprechung sein könne, unerwünschte Auswirkungen des Territorialitätsprinzips im SchKG durch Schaffung einer weit über die gesetzliche Ordnung hinausführenden Klagemöglichkeit zu beseitigen; anderseits aber auch BGE 61 I 449 (452), wonach eine einschränkende Ausle-

gung von Ausnahmebestimmungen nicht zulässig sei, wo Sinn und Zweck einer Vorschrift für eine weitere Ausdehnung sprechen würden.

Ferner sind *zwingende* Gesetzesvorschriften restriktiv auszulegen. So lässt es BGE 120 II 206 (208) nicht zu, dass im Mietrecht Ausnahmen von einer zum Schutz des Mieters aufgestellten Regel gemacht werden, nämlich gemäss Art. 269d OR betreffend qualifizierte Schriftform für die Begründung einer Mietzinserhöhung (ähnlich BGE 120 II 341). Dies bedeutet nicht, dass dispositive Normen extensiv auszulegen sind: Ja gerade der Umstand, dass eine dispositive Gesetzesnorm durch Parteiwillen geändert werden könnte, gebietet eine strenge Anwendung (BGE 120 II 214 [220], mit Verweisen); desgleichen darf die grundsätzlich der Parteidisposition anheim gestellte Tatsachenbehauptung vom Richter auch dann nicht selbst eingebracht werden, wenn er nach der mietrechtlichen Regel des Art. 274d Abs. 3 OR zur Sachverhaltsabklärung von Amtes wegen aufgerufen ist (BGE 122 III 20). In den selben Kontext gehört, dass dem von Lehre und Praxis – also nicht vom Gesetz – statuierten zwingenden Charakter einer Norm grundsätzlich kritisch begegnet werden darf (ROLF WATTER in ZSR 114 II [1995], 510, zu Art. 397 und 404 OR).

Im Ergebnis mögen diese Operationsfiguren durchaus befriedigen. Sie dürfen aber nicht mehr Gewicht beanspruchen, als ihnen im Sinn rein technischer Gedankeninstrumente zukommt. Sie sind allemal in Bezug zu setzen zum methodologischen wie letztlich wiederum hermeneutischen Umfeld (GERMANN, Positivismus, 323; oben N 224). Dies wird zunächst zur Erkenntnis führen, dass eine solche begriffslogische Denkweise schon von ihrer Basis her, nämlich der kategoriellen Unterscheidung in Auslegung und Lückenfüllung, überholt ist (hiezu N 405 ff.). Sie ist aber auch für die spezifische Fragestellung unergiebig: Die «Elastizität» des Wortlauts hängt nicht davon ab, wie dieser als solcher ausgestaltet ist (klar oder unklar); auch nicht davon, was er inhaltlich abdeckt (einen engen oder einen weiteren Bereich); sondern einzig davon, welches die spezifische Bedeutung der *Textlichkeit des Gesetzes* ist (Vorbemerkungen N 226 ff.). Bloss wenn diese zum Beispiel spezifische Schutzfunktionen gegenüber obrigkeitlicher Willkür hat (N 415) oder wenn sich im konkreten Fall eine Partei spezifisch auf den Text des Gesetzes im voraus verlassen wollte (N 63, 398 f., 530 ff.), engt der Text seine eigene Auslegbarkeit ein.

6. Hilfsmittel

a) **Bedeutung.** Im Rahmen der Auslegung ist vielfach von «Hilfsmitteln» die Rede, dies bewusst verstanden in einer bedeutungsmässigen Abstufung zu den Kategorien der Rechtsfindungs-«Elemente», der Auslegungs-Methoden und der Rechtsquellen (MEIER-HAYOZ, Berner Kommentar, Art. 1 N 225; DESCHENAUX, Einleitungstitel, 94; TUOR/SCHNYDER/SCHMID, 36). Diese Hilfsmittel sollen Nebenfunktion haben, namentlich dann erst zum Tragen kommen, wenn die Haupt-

Art. 1

funktionen ausnahmsweise nicht genügen. In diese Hilfsmittelkategorie gehören etwa die in Art. 1 Abs. 3 ZGB erwähnten Aspekte der bewährten Lehre und Überlieferung (RIEMER, Einleitungsartikel, 67 ff.; unten N 533 ff.), aber auch diverse weitere, die im Gesetz nicht ausdrücklich erwähnt sind (im einzelnen gleich nachstehend N 247 ff.).

245   Ein zeitgemässes Verständnis von Gesetzesauslegung wird diese Hilfsmittel berücksichtigen, ja mehr noch: diese sind gar nicht mehr abgestuft sekundäre *Hilfsmittel*, sondern qualitativ «gleichwertige» Rechtsfindungselemente. Sie gehören zum Gesamtkontext, den zu erfassen *die* Aufgabe der Rechtsfindung ist (N 224; Vorbemerkungen N 207 ff.). Es mag dabei durchaus unterschiedliche Gewichtungen geben, etwa zwischen einer klaren, bewusst erlassenen und allseits gebilligten Gesetzesnorm einerseits und einem vielleicht nur vage feststellbaren «Trend» der Rechtsprechung zu einer bestimmten Frage anderseits. Doch ergibt sich dies nicht daraus, dass das Gesetz an sich *mehr*, die Praxis *weniger* zu berücksichtigen wäre; sondern weil es allemal um ein Verstehen des Bezugs Sollen–Sein geht, um die Einordnung nicht nur in eine abstrakte Sollens-, sondern ebenso in eine greifbare Rechts*organisations*ordnung, in *existente* Rechtsstrukturen (dazu oben N 78 ff.). Und hier werden nun einzelne Elemente *spezifischere* – nicht per se wichtigere – Rechtsbezüge aufweisen, andere dagegen bloss als Hilfsmittel daherkommen.

246   b)   **Bewährte Lehre und Überlieferung.** Bereits erwähnt wurden die Elemente der bewährten Lehre und Überlieferung, welche gemeinhin als *die* Hilfsmittel der Rechtsfindung gelten. Es kann auf die Kommentierung zu Art. 1 Abs. 3 ZGB verwiesen werden (N 533 ff.).

247   c)   **Ausländisches Recht.** Das durch Rechtsvergleichung beigezogene ausländische Recht wird oft als «Auslegungs-*Hilfsmittel*» bezeichnet (MEIER-HAYOZ, Berner Kommentar, Art. 1 N 225; DESCHENAUX, Einleitungstitel, 94; HASENBÖHLER, 96; illustrativ plädoyer 3/94, 59 ff.; vgl. statt vieler BGE 120 II 252 [254 f.]). Die damit ausgedrückte Sekundärposition mag insofern plausibel sein, als die Ausgangslage der Fragestellung ja dahin geht, spezifisch das im schweizerischen Territorium formell gültige Gesetz auszulegen, um es alsdann entsprechend *anzuwenden*. Diese *Anwendungs*orientierung entfällt natürlich beim ausländischen Recht (SPIRO, Gerichtsgebrauch, 161).

248   Doch entspricht eine solche Anwendungsdenkweise *generell* nicht mehr dem heutigen Verständnis von Rechtsfindung (N 45 ff.; Vorbemerkungen N 207 ff.). Anwendung spielt bloss noch indirekt eine Rolle insofern, als das «gültige» Gesetz traditionellerweise, von seiner Diktion her, bisweilen auch durchaus rechts-

tatsächlich gesehen, «Geltung» beansprucht; und insofern eben diese Anspruchshaltung vom Verstehen der Rechtsfindung ihrerseits berücksichtigt werden muss (FIKENTSCHER, Gedanken, 143 f.); als sie eine Realität ist – oder in der hier verwendeten Terminologie: ein – sehr starkes – «realistisches Element» (N 167 ff.). Eben *dieses* Element fehlt nun dem ausländischen Recht mit Bezug auf die Schweiz. Zahlreiche andere Elemente enthält es aber genau gleich, und *deshalb* kann es für die hiesige Rechtsfindung durchaus bedeutsam sein (Beispiele in BGE 120 II 252 [254 f.], 114 II 230 [236]).

Die Tatsache allein, dass ein nicht-schweizerisches Gesetz eine bestimmte Frage zum Beispiel klar beantwortet, sagt allerdings noch nichts darüber aus, ob nun gerade dies eine im schweizerischen Gesetz unklare Norm klären soll. Denn zunächst handelt es sich bloss um die Feststellung, *dass* jener ausländische Gesetzgeber eine bestimmte Formulierung verabschiedet hat; vielleicht noch, dass auch die ausländische Praxis und Lehre dem eine bestimmte klare Bedeutung beimessen. Insofern ist eine solche Rechtsvergleichung für den hiesigen Rechtsfinder zunächst nicht mehr als eine Anregung aus einem rechtsvergleichenden Gedankenaustausch (Vorbemerkungen N 254 ff.). Immerhin kann auch dies Rechtsfindungselement sein. Denn *stets* ist das Recht von Ideen geleitet; vielleicht sind diese sogar *immer* «fremd»; vielleicht gibt es gar keine eigenen Ideen, ist der Richter (der Mensch?) *nie* Subjekt, sondern stets interaktiv verstandene Relation (Vorbemerkungen N 128, 207 ff.; v.a. unter Hinweis auf Gadamer und Heidegger) – jedenfalls verbleibt die immer wieder bemerkbare Grundanlage des hermeneutischen Zirkels, in welchem der Richter steht (Vorbemerkungen N 217 f.). Und *hierin* haben die Assoziations-Wirkungen des ausländischen Rechts ihre richtige und legitime Bedeutung (z.B. BGE 119 II 222 [224] dabei kritisch zur unbesehenen Übernahme eines deutschen Gerichtsentscheids ZBJV 131 [1995] 133 f.). 249

Das ausländische Recht kann eine noch spezifischere Bedeutung entfalten; dann nämlich, wenn es sich im konkreten Fall sachgerecht in die Hauptfragestellung einordnet: Wenn sich die Frage nach dem Bezug zwischen Sollen und Sein im konkreten Fall derart «ausweitet», dass ausländische Regelungen *effektiv* mit zur Fragestellung gehören. Schematisch gesehen können namentlich zwei Aspekte in diese Richtung weisen: Zum einen kann der *Sachverhalt* eine übernationale Dimension aufweisen; nicht bloss, wenn der Streitfall selbst international gelagert ist und etwa Fragen des internationalen Privatrechts aufwirft; sondern ebenso, wenn zum gründlichen Verstehen des Streitfalls dessen weiteres Umfeld miteinzubeziehen ist, und dieses nun effektiv über rein Nationales hinausgeht (ZÄCH, Parallelimport, 308 ff.). Zum andern stellen sich auf der Norm-Ebene Fragen, welche eine Grundsätzlichkeit aufweisen, die etwa auf allgemeine Rechts-«Traditionen» deuten; auf Aspekte mithin, die ihrerseits *nichts* mit spezifisch na- 250

Art. 1

tionaler Gesetzgebung zu tun haben (BGE 77 II 135 [136], 108 II 305 [313], 120 II 331 [336] betreffend dogmatische Grundlagen der römischrechtlichen Tradition [in casu der culpa in contrahendo]; RAINER SCHWEIZER, 636 ff.; zur historisch und geltungszeitlich so intensiven wie spannungsreichen Beziehung zwischen nationalem und übernationalem Denken, insbesondere in Europa, vgl. KRAMER, Europäische Privatrechtsvereinheitlichung, JBl 1988, 477 ff.; prägnant die Rezension von BUCHER, AJP 1997, 930 ff., betreffend ein a priori metanational verstandenes «Law of Obligations»).

251 Solche Ausweitungen über das Nationale hinaus, sowohl von den realistischen wie auch von den systematischen Bereichen her, entsprechen immer mehr dem heutigen Umfeld der schweizerischen Rechtsfindung (HEINRICH KOLLER, v.a. 243 ff.; vgl. auch Vorbemerkungen N 180 ff.). Offensichtlich ist dem so mit Bezug auf die effektiven Gegebenheiten, in persönlicher, vor allem aber auch in wirtschaftlicher Hinsicht. Hier ist namentlich der Bezug zu anderen europäischen Ländern stets enger geworden. Zumindest ähnliches gilt auch im Verhältnis zu anderen Teilen der Welt (vgl. etwa BISCHOFF zur Rechtsvereinheitlichung in der UNCITRAL; statt vieler ferner der Konferenzbericht «Osmose zwischen Rechtsordnungen», Veröffentlichungen des Schweizerischen Instituts für Rechtsvergleichung, Band 20, Zürich 1992). Soll nun der Richter – und zwar auch der rein lokal in der Schweiz zuständige Richter – einen Sachverhalt einschliesslich dessen Bezug zur Sollensordnung durch und durch *verstehen*, so kann er sich nicht so verhalten, wie wenn es nur die schweizerische Rechtsordnung gäbe. Mit anderen Worten: Dass die Aufforderung an den Richter zur Gesetzesauslegung in Art. 1 Abs. 1 des *schweizerischen* ZGB steht, heisst jedenfalls heute nicht mehr, dass hiebei ausländisches Recht ein weniger wichtiges «Hilfsmittel» sei als schweizerisches (ähnlich übrigens schon EGGER, Zürcher Kommentar, Art. 1 N 45).

252 Weniger offensichtlich sind die übernationalen Bezüge, soweit die positive Rechtsordnung für sich allein betrachtet wird, das heisst soweit es um das «systematische Element» geht (N 151 ff.); so jedenfalls beim hier vor allem interessierenden Privatrecht. Was namentlich Europa anbelangt, so haben etwa die Integrationsbestrebungen seit dem zweiten Weltkrieg sehr wenig «materielle» Angleichungen gebracht. Die traditionellen Privatrechtsbereiche sind nach wie vor Domäne der einzelnen Territorialstaaten. Übernational beeinflusst werden sie bloss indirekt, gleichsam durch «exogene» Elemente; namentlich durch das öffentliche Recht im Bereich der Sozialpolitik, des Konsumentenschutzes, der Ökologie (vgl. Swisslex-Novellen, BBl 1992 V 1 ff., 1993 I 805 ff.; oder als Novum der schweizerischen Gesetzgebung die expliziten Verweise auf europäisches Recht in Art. 32 Abs. 2 und 43 Abs. 3 des Anlagefondsgesetzes [SR 951.31]); allenfalls des etwas näher beim Privatrecht stehenden, aber traditionellerweise doch immer noch

exogen verstandenen Wettbewerbsrechts (ausführlich dazu KRAMER, Entwicklungstendenzen) oder des Verfahrensrechts (so die These bei SENN, 30, wonach eine Rechtsvereinheitlichung vorrangig auf der Ebene des formellen Rechts anzustreben sei). Doch anderseits erweist sich gerade auch die Unterscheidung in Bereiche des öffentlichen und des Privatrechts im Zuge der *allgemeinen* Rechtsintegration als theoretische Konstruktion, von der die Realität immer mehr abweicht (BRÜCKNER, insbes. 44 f.; LANGEN, 29 ff.; DÜRR, diskursives Recht, 46 ff.): Die Randbedingungen des öffentlichen Rechts wirken *effektiv* auf die Reichweite der horizontalen Privatrechtsbeziehungen; die international *effektiv* bestehenden Beziehungen gleichen sich an die je national vorgegebenen Rechtsinhalte an. Mit anderen Worten: Das systematische Element der rechtlichen Strukturierung in internationale beziehungsweise nationale Bereiche oder in öffentlich- und privatrechtliche Bereiche erweist sich seinerseits und *insgesamt* mehr und mehr als universales, da *meta*national ausgestaltetes Element; das schon deshalb auch zur «schweizerischen» Rechtsfindung gehören muss (DÜRR, Strukturwandel, insbes. 65 ff.; ähnlich FIKENTSCHER, Gedanken, 158).

d) **Nicht mehr oder noch nicht gültige Gesetze** können Rechtsfindungselemente sein. Freilich können sie nicht «Anwendung» beanspruchen, haben *insofern* Nachrang. Doch bedeutet «Anwendung» nach zeitgemässem Rechtsfindungsverständnis ohnehin nicht qualitativer Vorrang (N 45 ff.). Und um so weniger spricht etwas grundsätzlich dagegen, früheres oder späteres Recht auslegungsweise zu berücksichtigen (vgl. etwa HANS MICHAEL RIEMER, Neuere privatrechtliche Bundesgerichtsentscheide zur Vorwirkung von Gesetzen, in: recht 1993, 223 ff.). Selbstverständlich kann Berücksichtigung dabei nicht Befolgung heissen, sondern wiederum bloss Verstehen, und zwar spezifisch mit der Eigenheit, dass das betreffende Recht heute eben nicht mehr oder noch nicht «Geltung beansprucht» (BGE 106 II 272 [277]; 121 III 219 [222 ff.]). Es kann allerdings auch fraglich sein, *ob* das «anwendbare» Recht geändert hat; dann nämlich, wenn eine Norm auf die andere verweist und nun diese, nicht aber jene, geändert wird (z.B. beim Verweis des GmbH-Rechts auf das Aktienrecht, vgl. ROLAND VON BÜREN, in: Berner Notar 1996, 221 [225 ff. mit Verweisen]). Diese Verstehensoptik gleichsam über die Grenze der formellen Rechtskraft hinaus impliziert auch eine Überwindung der Unterscheidung in Auslegung und Lückenfüllung (N 261 ff.; unten betreffend Lückenfüllung N 532). 253

Weicht das frühere Recht vom heutigen *inhaltlich* ab, war also die ratio legis damals anders als heute, so beschlägt die Problemstellung nicht mehr «Auslegung» gemäss Art. 1 Abs. 1 ZGB, sondern Lückenfüllung nach Abs. 2; gegebenenfalls im Sinn einer unechten Lücke contra legem (hiezu näheres N 318 ff., 532). 254

Art. 1

255   Bewegen sich Abweichungen des früheren oder späteren Rechts vom derzeit gültigen Recht im Rahmen der gleichen ratio legis, so können sie problemlos Auslegungshilfe bieten. Im Vordergrund dürften rein sprachliche Abweichungen stehen. Das heisst, eine Formulierung des früheren Gesetzes mag in einer Detailfrage expliziter gewesen sein als es das heutige Recht ist (vgl. BGE 121 III 219 [229 ff.] zur Relevanz des alten Aktienrechts nach der Revision 1992).

256   Analoges gilt mit Bezug auf späteres Recht, das zwar schon bekannt ist, allenfalls in groben Zügen sich abzeichnet, jedoch noch nicht Gesetzeskraft besitzt (BGE 110 II 293 [296]; 122 III 401 betreffend Berücksichtigung des Willens der Kinder bei der Zuweisung der elterlichen Gewalt; 122 I 93 zur Vorauswirkung einer Verfassungsbestimmung, deren Ausführungsgesetzgebung noch aussteht). Namentlich ist auch hier mit Bezug auf Abweichungen von der ratio legis auf die Ausführungen in N 318 ff. zu verweisen.

257   e) **Rechtsgeschichte** ist ein legitimes, ja gewichtiges Rechtsfindungselement. Dies korreliert mit der heutigen wissenschaftstheoretischen Grundlage auch der Geschichtswissenschaft (statt vieler KAUFMANN/HASSEMER, 30 ff.; HATTENHAUER, 519 f.). Der auch dort anerkannte Verstehenszugang erfasst Geschichte als Element eines Gesamtzusammenhangs, nicht nur – aber auch – bezogen auf den Zeitstrahl. Der Historiker, zumal der Rechtshistoriker, kann seinen Gegenstand nur insofern erfassen, als er «idealiter die gleiche Leistung erbringt» wie der Rechtsadressat der betreffenden Epoche (GADAMER, Band 1, 340). Und umgekehrt wird der Richter das geltende Recht nicht bloss als Befehl, sondern ebenso als historisches Phänomen verstehen (Vorbemerkungen N 127 ff., 159 ff.). Mit anderen Worten: Geschichte ist so wenig nur betrachtend, als Recht nur normativ ist.

258   Soweit das rechtsgeschichtliche Element über die reine Entstehungsgeschichte einer konkreten Gesetzesnorm hinausgeht (oben N 135 ff., 155 ff.), gibt es für die richterliche Rechtsfindung ein relativ «grobes Raster» ab. Es wird kaum je Interpretationshilfe bieten, wenn es einen unklaren Gesetzeswortlaut auszulegen gilt. Die geschichtliche Dimension wird in der ihr zustehenden Bedeutung also eher bei gewichtigen Grundsatzfragen weiterhelfen; beziehungsweise dort, wo solche für einmal im Rahmen einer Auslegungsfrage ihren Niederschlag finden (BGE 119 Ia 390 [394 ff., insbes. 397]; 116 Ia 359 [381] gegenüber 83 Ia 173).

259   f) **Allgemeine Rechtsgrundsätze.** Derselbe Aspekt der Grundsatzdimension gilt mit Bezug auf «allgemeine Rechtsgrundsätze». Zudem stellt sich hier die Frage, ob dieses «Hilfsmittel» nicht vielmehr ein qualitativ hervorragendes Element darstellt, namentlich ob ihm nicht *Rechtsquellen*charakter zukommt. Übli-

cherweise wird die Frage verneint; in der hier vertretenen Auffassung ist sie als solche irrelevant. Es kann in dieser Hinsicht auf die Ausführungen in den Vorbemerkungen (N 35 ff.) verwiesen werden.

g) **Rechtssprichwörter.** Bisweilen werden Rechtssprichwörter als Hilfsmittel der richterlichen Rechtsfindung erwähnt (MEIER-HAYOZ, Art. 1 N 414 ff.). Die praktische Bedeutung scheint indes gering zu sein (zum Beispiel «pacta sunt servanda» vgl. DÜRR in MietrechtAktuell 1997, 51 ff.). Ein konkretes und breiteres Interesse an Rechtssprichwörtern dürfte sich eher aus der Sicht der Rechts-, namentlich der Dogmengeschichte (SPIRO, Rechtssprichwörter), der Rechtstheorie etwa eines topischen Zugangs (VIEHWEG) oder einer deskriptiven Methodologie (KRAMER, Parömien, 157 f.) einstellen.

260

C. Rechtsfindung jenseits der Gesetzesauslegung

I. Auslegung und Lückenfüllung

1. Verhältnis von Abs. 1 zu Abs. 2

a) Der Wortlaut und die Systematik (N 147 ff., 151 ff.) von Art. 1 ZGB sehen eine Abstufung vor zwischen Abs. 1 und Abs. 2: Dort gibt das Gesetz eine Antwort auf die anstehende Rechtsfrage; hier nicht. Dort «gilt» die Rechtsquelle des Gesetzes; hier müssen andere Rechtsquellen beigezogen werden. Und die inhaltliche Aussage der beiden Bestimmungen geht dahin, dass eben diese Rechtsquellen je im gegebenen Fall zur Anwendung kommen sollen.

261

b) Nach heutigem, das heisst massgeblich geltungszeitlichen Verständnis (N 128; Vorbemerkungen N 198 ff.) ist die Anwendbarkeit von Normativitäten *auf* die Seinswelt überholt (N 45 ff.; Vorbemerkungen N 207 ff.). Entsprechend differenziert muss heute auch die im Gesetz ausgedrückte Abstufung zwischen Abs. 1 und Abs. 2 angegangen werden. Dies darf anderseits nicht heissen, dass der Aufbau des Gesetzes zu ignorieren wäre. Es geht allemal um *Rechts*findung im Sinn des umfassenden Verstehens des ganzen Vorgangs; und hiezu wird sehr wesentlich auch gehören, was das Gesetz «sagt» (Vorbemerkungen N 215 ff., 226 ff.; oben N 78 ff.).

262

2. Methodologischer Zusammenhang

263 a) **Abstufung Abs. 1 zu Abs. 2.** Ausgehend von der sehr allgemein gehaltenen Feststellung, dass Rechtsfindung Verstehen des Bezugs zwischen Sollen und Sein im konkreten Streitfall bedeutet (Vorbemerkungen N 197, 207 ff.), muss dies ohne weiteres beide Abstufungen des Art. 1 ZGB umfassen, also sowohl die Gesetzesanwendung als auch die Lückenfüllung; ja diese erweisen sich erst gar nicht mehr als Abstufung, sondern vielmehr als zwei Variationsbeispiele: Bei Abs. 1 kommt als Rechtsfindungselement ein Gesetz mit mehr oder weniger klarem Wortlaut mit ins Spiel, bei Abs. 2 nicht. Bei Abs. 1 muss sich der Richter mit der «Tatsache» befassen, dass ein Text gewordenes spezifisches Produkt eines konkreten historischen Gesetzgebers vorliegt; namentlich auch damit, dass dieses beansprucht, befolgt zu werden (dazu N 78 ff.); bei Abs. 2 bleibt ihm dies «erspart».

264 Allemal geht es aber um Rechtsfindung. Vor allem ist darauf hinzuweisen, dass der Richter sich sogar bei Abs. 1 nicht auf schiere «Anwendung» beschränken kann. Auch dort hat er Verstehen zu üben. Ein noch so klarer Gesetzeswortlaut kann ihm – hermeneutisch gesehen – niemals befehlen; er kann dem Richter höchstens klarer nachvollziehbar machen, welcher Gedanke im betreffenden Gesetz zum Ausdruck kommt. Wie weit ihn dies dann zu seiner Entscheidung *leiten* soll, ist eine ganz andere Frage (oben N 79; Vorbemerkungen N 210 ff.).

265 Methodologisch gesehen ergibt sich hieraus folgendes: Jene Methodenelemente, die sich spezifisch mit geschriebenem Recht befassen, namentlich das sprachliche und das systematische Element, werden natürlicherweise bei «Gesetzesanwendung» nach Abs. 1 vermehrt zum Tragen kommen. Methodenelemente, die keinen Bezug zur geschriebenen lex haben, wie etwa das realistische oder gewisse ethisch wertende Elemente, werden bei Konstellationen des Abs. 2 praktisch im Vordergrund stehen. Allerdings beanspruchen sie grundsätzlich *stets* Berücksichtigung, also auch bei der Anwendung des Gesetzeswortlauts. Es ist dies Ausdruck davon, dass das Wesen der Methode überhaupt – nämlich sich nicht an Objektivität zu orientieren, sondern ablaufmässig zu funktionieren (GADAMER, Band 1, 270 ff.; Vorbemerkungen N 159 ff.) – allemal genau dasselbe ist; ob nun im Fall der «Gesetzesanwendung» oder der «Lückenfüllung» (BGE 121 III 219 [226]).

266 b) **Relativierung der «Methodenehrlichkeit».** Damit stösst sich nun, dass oft eine klare Trennung zwischen Gesetzesanwendung beziehungsweise -auslegung einerseits und Lückenfüllung anderseits postuliert, und namentlich dass dies mit *Methoden*ehrlichkeit begründet wird (oben N 94). So etwa ursprünglich MEIER-HAYOZ (Lücken, 150 f.), welcher diesen Begriff allerdings später differenzierter

gebraucht (richterliche Tätigkeit, 194, 200 ff.): Der Richter solle den Mut haben zu bekennen, dass eine gesetzliche Regelung fehle, er also selbst eine Regel aufstellen müsse, und er solle die massgebenden Argumente und Gegenargumente offen darlegen; die in Art. 1 zum Ausdruck kommende Vorstellung von zwei *getrennten* Bereichen richterlicher Tätigkeit sei allerdings in Frage zu stellen, denn stets handle es sich um einen fortlaufenden Rechtsbildungsprozess, in dem richterliche und gesetzgeberische Tätigkeit zusammenspiele (vgl. auch OGOREK, Wortlaut, 29; MERZ, Auslegung, 47 ff.).

Aus der bundesgerichtlichen Praxis sei etwa BGE 117 III 1 (3) genannt, wonach der Richter nur dann wie ein Gesetzgeber vorgehen dürfe, wenn eine echte Lücke vorliege, wenn also das Gesetz eine Frage, die sich *unvermeidlicherweise* stelle, nicht beantworte; ferner SJ 1992, 453 (455), wonach eine Lückenfüllung voraussetze, dass eine Regelung erforderlich sei, um eine anstehende Rechtsfsrage zu lösen; BGE 108 II 305 (309), wonach Lückenfüllung nur dort greife, wo die Rechtsnorm sonst an einem unlösbaren Widerspruch leiden würde; BGE 103 Ia 501 (503), wonach eine echte Gesetzeslücke nur dann vorliege, wenn der Gesetzgeber etwas zu regeln unterlassen habe, was er hätte regeln sollen, und dem Gesetz weder nach seinem Wortlaut noch nach dem durch Auslegung zu ermittelnden Inhalt eine Vorschrift entnommen werden könne; BGE 99 V 19 (21 f.), wonach eine Lücke des Gesetzes nicht schon dann gerechtfertigt sei, wenn der Richter das Fehlen einer Vorschrift als unbefriedigend empfinde; eine vom Richter auszufüllende Lücke dürfe nur dann angenommen werden, wenn das Gesetz eine sich unvermeidlicherweise stellende Rechtsfrage nicht beantworte; vor allem in Rechtsgebieten, die häufigen Revisionen unterworfen seien, sei bei der Annahme echter Lücken Zurückhaltung geboten; es sei zu prüfen, ob veränderte tatsächliche Gegebenheiten die Annahme einer vom Richter auszufüllenden Lücke rechtfertigen; BGE 90 I 137 (141), wonach bei der Auslegung des Gesetzes den darin niedergelegten Zwecken und Werten der gebührende Platz einzuräumen sei; wenn die aus dem Zweckgedanken gewonnene Erkenntnis aber auf Gebiete angewendet werde, die das Gesetz seinem Wortlaut zufolge schlechthin nicht geregelt haben könne, dann gehe es nicht an, diese Folgerung noch als Auslegung zu bezeichnen, sondern eine derartige Übertragung sei vielmehr im Sinne der in Art. 1 ZGB getroffenen Unterscheidung der Lückenfüllung zuzurechnen.

267

Das Bemühen um methodologische Ehrlichkeit wird nicht selten begründet mit Aspekten der *Gewaltenteilung*: Der Richter dürfe sich nicht über angebliche Auslegung Kompetenzen anmassen, die ehrlicherweise als Legislation zu bezeichnen wären: BGE 74 II 106 (109), wonach eine Gesetzeslücke nicht leichthin anzunehmen sei, da die Ausübung gesetzgebender Gewalt durch den Richter zwar für den «äussersten Notfall» im Gesetz vorgesehen sei, aber einen Einbruch in das Gewaltentrennungsprinzip darstelle. Zurückhaltung sei aber auch schon deswegen geboten, weil der Richter nicht in der Lage sei, alle interessierten Kreise anzuhören, wie es der ordentliche Gesetzgeber tun könne und müsse; hinzu komme, dass im allgemeinen angenommen werden dürfe, der Gesetzgeber werde neu zu regelnde Verhältnisse nicht während langer Zeit ungeordnet lassen. In BGE 120 III 131 (134) stellt das Bundesgericht darauf ab, ob der vorliegende Fall so stark vom «Normalfall» abweiche, dass man nicht mehr von einem im Gesetz geregelten Fall ausgehen könne (vgl. dazu BERNHARD SCHNYDER, ZbJV 132 [1996] 211 ff.).

268

Jedenfalls erscheinen sowohl die Lehre als auch die Praxis unscharf, die Kriterien zur Unterscheidung in Auslegungsbereich und Lücke uneinheitlich; damit

269

Art. 1

ist auch schwer zu orten, ob eine Abweichung vom Wortlaut auslegende Ermittlung der ratio legis sei oder Füllen einer unechten Lücke. Diese Unschärfe erfährt nun, namentlich unter dem Gesichtspunkt von «Methodenehrlichkeit», Kritik (HÄFELIN, Lückenfüllung, 96 f., 119, 123; EDWARD E. OTT, Kritik, 72 ff.). Anderseits wird man aus der Sicht einer heute wissenschaftstheoretisch vertretbaren Methodologie die Ehrlichkeit gerade darin sehen, dass man zur Unschärfe steht. Methodenehrlichkeit wird darauf hinauslaufen, dass *keine* grundsätzlichen Methodendifferenzen bestehen zwischen Auslegung und Lückenfüllung (MERZ, Methoden, 59 ff.; was auch die Praxis aufzunehmen beginnt, BGE 121 III 219 [226]).

270   Dies bedeutet keineswegs, dass der Unterschied zwischen Gesetzesanwendung beziehungsweise Auslegung auf der einen Seite und Lückenfüllung auf der anderen Seite zu ignorieren wäre. Solch unterschiedliche Konstellationen *sind* für den entscheidenden Richter je etwas anderes. Nur: Der Unterschied liegt bloss im Fehlen beziehungsweise Vorliegen eines bestimmten Rechtsfindungselements – eines sehr wichtigen zwar –, des Gesetzestextes nämlich; nicht aber im methodischen Vorgehen. Beispielsweise hat der Richter nicht nur bei Abs. 1, sondern ebenso bei Abs. 2 oder etwa auch bei Art. 4 ZGB die Beziehung zur positiven Rechtsordnung zu suchen (Vorbemerkungen N 43 ff.; oben N 28 ff., 109); und beispielsweise wird er nicht bloss bei Art. 1 Abs. 2 oder bei Art. 4 ZGB realistische oder ethische Momente mitberücksichtigen, sondern ebenso beim noch so klaren Wortlaut gemäss Art. 1 Abs. 1 ZGB (N 58 ff.).

271   Die mit Rücksicht auf «Methodenehrlichkeit» vorgenommene Unterscheidung zwischen Auslegung und Lückenfüllung wird bisweilen damit begründet, sie diene zumindest einer gewissen Vorselektionierung im folgenden Sinn: Was unter Auslegung fällt, steht allemal in der Kompetenz des Richters, und zwar selbst in solchen Bereichen ausserhalb des Privatrechts, wo es um spezifische Schutzfunktionen des Gesetzes geht wie namentlich beim Strafrecht oder bei anderen Bereichen der Eingriffsverwaltung. Was dagegen der Lückenfüllung zugeordnet wird, *könnte* unter Umständen über die Kompetenz des Richters hinausgehen, bedarf jedenfalls noch näherer Untersuchung (N 362 ff.).

272   Deshalb ist auch die Formulierung häufig anzutreffen, dass das Bestehen einer Gesetzeslücke nicht leichthin angenommen werden dürfe, vgl. etwa BGE 100 Ib 137 (157), ferner 74 II 106 (109 f.), mit der Begründung, dass die Ausübung gesetzgebender Gewalt durch den Richter, die für den äussersten Notfall im Gesetz allerdings vorgesehen sei (Art. 1 Abs. 2 ZGB), einen Einbruch in das Prinzip der Gewaltentrennung und damit in einen fundamentalen Grundsatz der modernen Demokratie darstelle. Dieser bereits vorstehend im Zusammenhang mit Methodenehrlichkeit erörterte Gesichtspunkt (N 268) erhält hier nun eine noch spezifischere Relevanz: Es geht nicht bloss darum, dass die Kompetenzen etwa der ersten und der dritten Gewalt sauber gegenseitig abgegrenzt werden; vielmehr schlägt der Schutzzweck des Gewaltenteilungsprinzips zugunsten des Bürgers gleichsam direkt durch: Ohne Gesetz kein staatlicher Eingriff!

Der praktische Nutzen einer solchen Methodenehrlichkeit dürfte allerdings 273
eher gering sein; denn die *einzig* wirklich relevante Frage – nämlich die der allfälligen Grenze der richterlichen Kompetenz (N 405 ff.) – wird nicht gelöst, bestenfalls vorkanalisiert, jedenfalls steht sie nach wie vor an.

c) **Bandbreite der richterlichen Rechtsfindung.** Soweit das Verhältnis von 274
Abs. 1 zu Abs. 2 des Art. 1 ZGB als Abstufung oder jedenfalls als graduelle Abfolge betrachtet wird, dürfen auch die je «an den Enden» anschliessenden Extrapolationen nicht ausser Acht gelassen werden. Es ergibt sich daraus ein Kontinuum von mehr oder weniger naher «Präsenz» des Gesetzesgebers zum konkreten Sachverhalt. Je nach Ferne beziehungsweise Nähe wird – zumindest von der vordergründigen Übungsanlage her – mehr oder weniger an richterlicher Überbrückungsaufgabe anstehen; oder gemäss MERZ (Widerrechtlichkeit, 330): «Das Mass der richterlichen Freiheit ist davon abhängig, wie viele für die Fallentscheidung taugliche unmittelbar anwendbare Normen der Gesetzgeber selber aufgestellt hat.». Schematisch abgestuft ergibt sich eine ganze Bandbreite von Regelungsintensitäten:

Jenseits, gleichsam «vor» dem klaren Wortlaut gemäss Art. 1 Abs. 1 ZGB 275
steht der Fall, wo der Gesetzgeber dem inviduell-konkreten Sachverhalt am nächsten steht, nämlich die konkrete Fallentscheidung durch den Gesetzgeber; also jener im Prinzip seltene Fall, wo der Gesetzgeber nicht Gesetzgeber, sondern Richter ist (z.B. KKW-Kaiseraugst-Entschädigung, BBl 1988 III, 1255 ff.; zur Problematik einer zu wenig generell-abstrakten Wirkungsweise des Gesetzgebers vgl. Vorbemerkungen N 170 ff.). Als nächste Abstufung folgt der klare Wortlaut, wo der Gesetzgeber nun zwar generell-abstrakt formuliert, den konkreten Fall aber immerhin präzis antizipiert, wo es nach traditioneller Terminologie um «Anwendung» geht. Sodann folgt die Abstufung, wo der Gesetzgeber die generell-abstrakte Norm – gewollt oder ungewollt – weniger klar formuliert, wo mithin «Auslegung» gefragt ist. Wiederum als nächste folgt die «klassische» Lücke intra legem, wo die gesetzliche Regel eine planwidrige Unvollständigkeit aufweist (N 318 ff., 347 ff.). Alsdann schliesst jene Konstellation an, wo der Gesetzgeber dem Richter ganz bewusst anheim stellt, eigenständig eine Regel aufzustellen (Art. 4 ZGB). Schliesslich folgen solche Problemstellungen, bei denen sich überhaupt kein Bezug zum Gesetzgeber feststellen lässt; seien es etwa neue *Sachverhalts*bereiche, von denen der Gesetzgeber bisher nichts wissen konnte und denen er sich auch nicht im Rahmen ähnlicher Fragestellungen schon irgendwie angenähert hat; seien es neue «Gesichtspunkte» der *Rechts*- oder Sozialpolitik, der Ethik etc., unter denen an sich bekannte Fragestellungen bislang noch gar nicht betrachtet worden sind (so z.B. im Bereich der Ökologie, dazu KRAMER,

Art. 1

Entwicklungstendenzen, 253 f.; WIEACKER, Gesetz und Richterkunst; vgl. auch unten N 346).

276 In dieser ganzen Bandbreite muss sich der Richter zurechtfinden. Kritisch sind natürlich die Extrembreiche. Denn bei ihnen können mehr–weniger-Abstufungen je in entweder–oder-Alternativen ausmünden: Dort etwa, wo der Gesetzgeber einen Sachentscheid getroffen hat, hat der Richter letztlich keine Funktion mehr. Oder dort, wo nicht einmal eine allgemeine Grundhaltung des Gesetzgebers lokalisiert werden kann, stellt sich zumindest die Frage, ob denn solche *Grund*entscheidungen überhaupt durch den Richter statuiert werden dürfen. Dort fragt sich, ob er den klaren Entscheid des Gesetzgebers überhaupt hinterfragen darf; hier, ob die unentschiedene Frage in seine Kompetenz fällt. Anders gewendet: Wie frei beziehungsweise gebunden ist Rechtsfindung (dazu gleich hienach N 277 ff.)? Wie weit steht die richterliche Rechtsfindung innerhalb, wie weit ausserhalb der positiven Rechtsordnung (N 282 ff.)? Gibt es gleichsam immanente Grenzen der richterlichen Rechtsfindung (oben N 92 ff.; N 384 ff.)?

3. Gebundene und freie Rechtsfindung

277 a) Bei der Unterscheidung von Abs. 1 und 2 des Art. 1 ZGB ist bisweilen von gebundener beziehungsweise freier Rechtsfindung die Rede (MEIER-HAYOZ, Richter, 3; ders., Lücken, 150; GERMANN, Gesetzeslücken, 213 ff.; OTTO SCHWEIZER, 43; DESCHENAUX, Einleitungstitel, 128; TUOR/SCHNYDER/SCHMID, 42). Damit will zum Ausdruck kommen, dass der Richter *dort* an die inhaltliche Aussage der Gesetzes (bisweilen auch: des Gesetzgebers) gebunden sei; dass er *hier* – wenn auch nach gewissen methodischen Grundsätzen – inhaltlich selbst Recht gestalten könne. Konsequenterweise wird die Konstellation des Gewohnheitsrechts in der Regel der gebundenen Rechtsfindung zugeordnet (dazu näheres N 417 ff.).

278 Eine solche Unterscheidung entspricht der Systematik der Absätze 1 und 2, namentlich der Optik des Anwendens; genauer: Der Abstufung, welche zunächst *verbindliche* Rechtsquellen festhält und erst in einer zweiten Priorität gleichsam weichere Parameter zulässt (oben N 9 ff.).

279 b) Eine zeitgemässe Rechtsfindungstheorie versteht die abgestuften Imperative anders: Zunächst sind sie durchaus «Tatsachen», das heisst, das Gesetz lautet nun einmal so und beansprucht Anwendung. Dies muss berücksichtigt werden. Anderseits kann es aber bei Rechtsfindung nicht mehr um Gehorchen gehen (Vorbemerkungen N 215 f.).

Damit verändert sich die Aufgabenstellung grundlegend: Im Bereich der «gebundenen Rechtsfindung» geht es jetzt nicht mehr darum, ob der Richter den Wortlaut und die Auslegung, also die ratio *legis*, *befolgen muss*; sondern ob er sich auf diese Elemente *beschränken darf*, ob er damit seiner Verantwortung für Rechtsfindung *genügt*. 280

Und entsprechend ist der Bereich der freien Rechtsfindung jetzt nicht mehr der Ausnahmefall, der mit besonderen methodischen Absicherungen zu versehen ist. Vielmehr kommt nun hier erst die richterliche Funktion wirklich umfassend, jedenfalls in einem sehr eigenständigen Sinn zum Tragen; es liegt gleichsam richterliche Rechtsfindungs-Methodik «pur» vor (oben N 118 ff.; Vorbemerkungen N 162 ff.). 281

4. Rechtsfindung secundum, intra, praeter und contra legem

a) Die Thematik der graduell abgestuften Nähe der Rechtsfindung zum Gesetz (N 274 ff.) findet sich wieder in den Begriffen der richterlichen Tätigkeit secundum, intra, praeter oder contra legem (MEIER-HAYOZ, Lücken, 150 ff.). Diese Termini können hilfreich, aber auch unnötig verwirrend sein. Es lassen sich im wesentlichen die nachfolgenden Gesichtspunkte auseinanderhalten. 282

b) Der Gesichtspunkt der Konformität mit dem *Inhalt* des Gesetzes – sei es nun seiner ratio, sei es seines Wortlauts – führt zur Abstufung der Rechtsfindung *secundum beziehungsweise contra legem*: 283

Die – heute überholte (N 45 ff.) – reine Gesetzesanwendung gemäss dem klaren Wortlaut versteht sich idealerweise als Tätigkeit *secundum legem*; hier ist der Richter letztlich «bouche de la loi» (Vorbemerkungen N 65 ff.). Doch auch ein kritischer Umgang mit dem Gesetz braucht eine Operation secundum legem nicht auszuschliessen, sofern sich lex als ratio, nicht als verbum legis versteht (N 105 ff.). 284

Contra legem operiert Rechtsfindung dort, wo sie – wiederum je nach weiterem oder engerem Verständnis von «Anwendung» (N 48 ff.) – dem Wortlaut beziehungsweise der ratio legis zuwiderläuft. Aufgrund welcher Elemente der Richter auch immer zu einer anderen Auffassung als das Gesetz gelangt und wie weit das Gesetz dann gleichwohl Priorität beanspruchen darf oder muss, sind je vielschichtige Fragen, die als solche wiederum in diverse Interdependenzen eingebunden sind; nicht zuletzt werden sie ihrerseits vom Aspekt beeinflusst, dass eine Kollision gerade mit dem *Gesetz* vorliegt (N 75 ff.). Jedenfalls aber sagt der 285

Art. 1

Umstand, dass eine richterliche Operation contra legem verläuft, für sich allein nichts über deren Zulässigkeit oder Unzulässigkeit aus.

286 Dem entspricht auch, dass nach heutigem Rechtsfindungsverständnis das Kriterium der *Gesetzeskonformität* als solches den Entscheid ebensowenig sanktioniert. Mit anderen Worten, ob eine Entscheidung secundum oder contra legem erfolgt, ist zwar ein relevantes Rechtsfindungs*element*; nicht aber eine *grundsätzliche* Vortriage in «richtig» und «falsch».

287 c) Das Begriffspaar *intra* und *praeter legem* betrifft ebenfalls die unterschiedliche Nähe zum Gesetz; jedoch nicht im Sinn der inhaltlichen Konformität beziehungsweise Differenz, sondern der mehr oder weniger vollständigen Deckung, gleichsam der unterschiedlichen Dichte des Regelungsrasters:

288 Rechtsfindung *intra legem* ist vom Gesetz «eingekreist». Hiezu gehören etwa die sprachlichen, systematischen, gesetzesteleologischen Auslegungselemente; allenfalls auch realistische Elemente, soweit sie zur Ermittlung der ratio *legis* dienen (N 105 ff.). Widersprüche im Gesetz können hier höchstens in einem rein *wortlaut*bezogenen Sinn auftreten; namentlich wenn sich die *ratio* legis als konträr zum Gesetzeswortlaut erweist (vgl. etwa BGE 94 II 65 und dazu ANDREAS BUCHER; ferner MEIER-HAYOZ, richterliche Tätigkeit, 203 f.; BGE 89 I 303 betreffend Anerkennung eines ausländischen Scheidungsurteils). In aller Regel – jedenfalls im Privatrecht (zu Abweichungen im öffentlichen Recht vgl. N 377) – geht die ratio legis dem Wortlaut vor, weshalb Rechtsfindung intra legem kaum spezifische Probleme contra legem aufwerfen dürfte (BGE 121 III 219 [226]).

289 Ebenfalls vom Gesetz «eingekreist» und insofern Bereiche intra legem sind Rechtsfragen, zu denen sich das Gesetz zwar äussert, wo eine Gesetzesaussage zwar vorliegt, wo aber gleichwohl etwas «fehlt»; nämlich eine aus dem Gesetz oder aus seiner ratio eruierbare Regelung. Augenfällige Beispiele solcher Regelungsunvollständigkeiten sind fehlende Zuständigkeitsnormen in Bereichen, die materiell-rechtlich geregelt sind; wo also die gesamte ratio legis gleichsam «blokkiert» wäre, würde man nicht das fehlende Stück einfügen (anschaulich etwa, welcher Wechselkurs in einem bestimmten Zwangsverwertungsverfahren zum Tragen kommt, BGE 110 III 105 [106 ff.]; vgl. auch N 293 ff.). Das Regelungsraster intra legem kann also seinerseits abgestuft sein; es kann den Sachverhalt genau treffen, es kann Auslegungsbedarf auslösen, ja es kann ganze «Löcher» – eben Lücken – aufweisen, die zu überbrücken noch anspruchsvoller ist. Stets geht es jedenfalls um das *gesetzliche* Regelungsraster, sei es nun zutreffend, unpräzis oder komplettierungsbedürftig.

290 *Praeter legem* operiert Rechtsfindung da, wo das Gesetz mit seinem Sinn und Zweck keine Antwort gibt, wo die Auslegung oder das Ausfüllen von Geset-

zeslücken, also die Vorgänge intra legem, nicht weiterhelfen. Das heisst, das Gesetz ist nicht bloss unvollständig und *ergänzungs*bedürftig. Vielmehr lässt sich hier das Rechtsfindungselement «Gesetz» überhaupt nicht, weder fern noch nah, feststellen.

In Bereichen praeter legem ist das Bild der «Lücke» unpassend. Denn praeter legem geht es nicht um das Fehlen eines *Teils*; nicht um eine Unvollständigkeit. Alles, was sich als «Lücke» bildlich nachvollziehen lässt, fällt also nicht unter Rechtsfindung praeter legem, sondern unter solche intra legem. Mit anderen Worten: die Unterscheidung entspricht nicht jener zwischen Abs. 1 und Abs. 2 von Art. 1 ZGB. Ein sehr wesentlicher Teil der richterlichen Rechtsfindung gemäss Abs. 2 bewegt sich *intra* legem; so namentlich Verweisungen, Generalklauseln, Erkenntnislücken (RIEMER, Einleitungsartikel, § 4 N 72 ff.; HASENBÖHLER, 89 f.; MEIER-HAYOZ, Art. 1 N 262 ff.; s. auch unten N 310 ff.), ebenso aber auch «echte» Lücken (dazu gleich nachstehend N 293 ff.).

291

Die vorstehend erörterte Gegenüberstellung von Rechtsfindung intra beziehungsweise praeter legem ist zu unterscheiden von einem anderen Aspekt der richterlichen Rechtsfindung; nämlich von der Frage, wie weit das Gesetz überhaupt «genügt», ob es nicht *stets* auch in einen weiteren Kontext eingeordnet werden muss; und zwar auch dann, wenn es für sich allein – angewendet, ausgelegt, komplettiert – eine Antwort zu geben scheint. Diese Frage gehört zwar ebenfalls und sehr wesentlich zur Rechtsfindung; und sie ist nach der hier vertretenen Betrachtungsweise zu bejahen (N 63 ff., 85 ff.; Vorbemerkungen N 226 ff.). Sie hat aber nichts zu tun mit dem Gegensatz intra und praeter legem im dargelegten Sinn; denn soweit sie Aspekte ausserhalb des Gesetzes berücksichtigt, tut sie dies nicht mit dem Zweck, die Normebene des Gesetzes zu komplettieren, sondern um eben diese Normebene als solche zu relativieren.

292

5. Insbesondere die «echte» Lücke

Wie schon ausgeführt (N 289), müssen – nach denselben Kriterien beurteilt – auch die sogenannten «echten» Lücken, etwa die fehlende Zuständigkeitsregelung bei einer materiell geregelten Rechtsfrage, der Rechtsfindung intra legem zugeordnet werden. Dies steht im Widerspruch zur herrschenden Diktion, die hier von «Lücken praeter legem» spricht (MEIER-HAYOZ, Berner Kommentar, Art. 1 N 262 ff.; ders., Lücken, 151 ff.; DESCHENAUX, Einleitungstitel, 97 f.; RIEMER, Einleitungsartikel, § 4 N 70; OTTO SCHWEIZER, 25 ff.). Zwar kann dem Gesetz in der Tat nichts entnommen werden, was eben oft als Grund für die Einordnung praeter

293

Art. 1

legem dient. Das Resultat ist aber allemal eine Komplettierung spezifisch des *Gesetzes*. Die *Quelle,* um in der herrschenden Sprechart zu bleiben (Vorbemerkungen N 20 ff.), aus der die Lücke gefüllt wird, mag praeter legem liegen; die Lücke selbst ist aber eine solche *des Gesetzes*; sie klafft *intra* legem – sonst würde sie gar nicht klaffen.

294 Bei dieser Einordnung geht es um mehr als um rein klassifikatorische Sauberkeit. Die Grenzziehung zwischen einer Vervollständigung des gesamten Rechtsfindungselements «Gesetz» einerseits und jenem Rechtsfindungsbereich, wo dieses Element gänzlich fehlt, anderseits ist von *praktischer* Relevanz (vgl. auch N 405 ff.). Denn dort kann die Kompetenz des Richters nicht grundsätzlich an Grenzen stossen; solange es ihm einzig darum geht, das Gesetz zu durchdringen, auszulegen, zu komplettieren, das *Gesetz* zu verstehen, in seiner Zielsetzung nachzuvollziehen, ihm auch verfahrensmässig zum Durchbruch zu verhelfen, wird der Richter seine Kompetenz mit Sicherheit nicht überschreiten; ja bei Unterlassung dieser Rechtsfindung gar unterschreiten (zum Verbot der Rechtsverweigerung Vorbemerkungen N 41 f.). Jedenfalls stellen sich hier keine grundsätzlichen Kompetenzprobleme; dies auch dann nicht, wenn der Gesetzeswortlaut, ja sogar wenn die klare inhaltliche Aussage zum Beispiel eines «überholten» Gesetzesartikels weichen müssen (vgl. z.B. BGE 88 II 477 [483] zu einer schon damals nicht mehr zeitgemässen Bestimmung des Kindschaftsrechts).

295 Die Konstellation ist durchaus vergleichbar mit einer anderen, wo der Richter ebenfalls keine Gesetzesaussage vorfindet, seine Spruchkompetenz aber gleichwohl ausser Frage steht: Der Ermessensentscheid, wie ihn etwa Art. 4 ZGB vorsieht. Auch hier ist der Richter aufgerufen, eine *eigene* ad hoc-Regelung zu treffen. Dass das Gesetz diesen Freiraum *bewusst* öffnet, etwa weil es ihn als ungeeignet für eine allgemeine Normierung betrachtet (BGE 60 II 178 (185 f.), macht keinen grundsätzlichen Unterschied. Allemal geht es um eine richterliche Entscheidung in Freiräumen *des Gesetzes*, seien sie nun gewollt oder ungewollt (vgl. auch Art. 4 N 6 ff.); und insofern geht es allemal um Rechtsfindung intra legem.

296 Wenn hingegen jedes Gesetzeselement *fehlt*, stellen sich grundsätzliche Kompetenzprobleme: Denn solche vom Gesetz gegebenenfalls unberührten Rechtsfragen stellen sich ja nicht rein theoretisch. Sie sind Teil der heutigen und hiesigen Lebenswelt, die ihrerseits wiederum intensiv mit Elementen der positiven Rechtsordnung durchwoben ist. Und doch zeigen sich nun Regelungsbedürfnisse in Bereichen, die im positiven Recht keinen Niederschlag finden. Will nun wenigstens der *Richter* Sollenselemente einbringen, so geht es nicht mehr bloss um eine Komplettierung des Gesetzes; auch nicht um die Korrektur eines *inneren* Widerspruchs des Gesetzes, sondern um eine eigenständige Neuschaffung von Recht, allenfalls gar um eine *Veränderung* der geltenden Rechtsordnung von *aus-*

sen. Dass *dies* grundsätzliche Kompetenzprobleme aufwirft, liegt auf der Hand (N 384 ff.; vgl. BGE 60 II 178). Zum Umgang mit denselben N 392 ff.

Diese wesentliche Grenzziehung deckt sich mit jener, die von den Termini «gesetzesimmanente Rechtsfortbildung» beziehungsweise «gesetzesübersteigende Rechtsfortbildung» umschrieben wird (LARENZ, Methodenlehre, 366 ff., 413 f.; ähnlich HÖHN, Methodik, 312 ff.). Durchaus passend erscheint auch das Begriffspaar der *Rechtsfindung* intra legem beziehungsweise praeter legem im hier erörterten Sinn. So unscharf dies im Einzelfall sein mag, so artikuliert sich damit doch der praktische Unterschied zwischen vorhandenem beziehungsweise fehlendem Gesetzesbezug. Wenn hingegen – gemäss der herrschenden Lehre (RIEMER, Einleitungsartikel, § 4 N 80; MEIER-HAYOZ, Berner Kommentar, Art. 1 N 271 ff.; OTTO SCHWEIZER, 26) – auch sogenannte «echte Lücken» der Rechtsfindung *praeter legem* zugewiesen werden, so verwischt dies das sachgerechte Kriterium: Eine «Lücke» der lex zu schliessen, wirft für den Richter keine Grundsatzprobleme auf; wohl aber, praeter legem Recht zu finden. 297

II. Lücken

1. Allgemeines

a) Der Begriff der «Lücke» ist in der juristischen Methodenlehre sehr bedeutsam (vgl. schon EUGEN HUBER, Recht, 351 ff.; MEIER-HAYOZ, Art. 1 N 251 ff.; LARENZ, Methodenlehre, 366 ff.; CANARIS, Lücken). Dies mag erstaunen; nicht nur weil der Terminus als solcher im Gesetz gar nicht figuriert, sondern weil das Bild der Gesetzes*lücke* auf zwei Prämissen basiert, die keineswegs selbstverständlich sind: Zum einen die flächendeckende Rechtsordnung, deren Ratlosigkeit im Einzelfall deshalb als «Lücke klafft». Zum andern die Priorität des Gesetzes; sonst könnte dieses ja auch seinerseits gleichsam die *Hilfs*funktion haben, Lücken des Gewohnheits- oder des Richterrechts zu schliessen. 298

Diese axiomatischen Prämissen schlagen sich im Wortlaut und im Aufbau von Art. 1, namentlich auch in der Abstufung von Abs. 1 zu Abs. 2 nieder. Doch werden sie mehr und mehr durch die neuere hermeneutische Entwicklung relativiert. Diese beschränkt sich bekanntlich nicht mehr auf ein Verstehen des Gesetzes, sondern umfasst das Verstehen auch des gesamten Rechtsfindungsvorgangs unter Mithinterfragung der Organisation der Rechtsgemeinschaft und der Stellung des Gesetzgebers, des Gesetzes, des Richters selbst etc. (MEIER-HAYOZ, Fort- 299

Art. 1

bildung, 419; oben N 85 ff.; Vorbemerkungen N 198 ff.). Damit hat auch die «Lücke des Gesetzes» ihre Selbstverständlichkeit verloren.

300 b) Die wichtigste Relativierung erfährt die Lücke dadurch, dass die Optik der Gesetzes*anwendung* dem heutigen Verständnis von Rechtsfindung nicht mehr entspricht: Für die differenziertere Optik einer *gegenseitigen* Bezugnahme zwischen Sollen und Sein ist das Gesetz bloss ein Element, tendenziell zwar nach wie vor ein wichtiges, aber keines mit vorgegebener imperativer Gewalt gegenüber anderen Elementen, etwa gegenüber dem Element «Richter» (N 78 ff., 188 ff.; Vorbemerkungen N 215 f.). Wenn nun das Gesetz einen konkreten Sachverhalt nicht als Normtatbestand aufführt, so ändert dies an der ganzen Übungsanlage nichts. *Grundsätzliche* Verlegenheit vermag die Gesetzeslücke jedenfalls nicht mehr aufkommen zu lassen.

301 Weil das Gesetz nach wie vor ein wichtiges Rechtsfindungselement darstellt, muss sich der Richter noch immer bei ihm «verweilen», seine ratio durch und durch zu verstehen suchen, auch wenn es damit dann nicht sein Bewenden hat. Und entsprechend wird er nach wie vor an Gesetzeslücken «hängen bleiben» (zur «Einstiegs»bedeutung des Gesetzes vgl. Vorbemerkungen N 227 f.). Anderseits spielen diese nun keine kriteriale Rolle mehr. Sie grenzen keine *spezifischen* Richterfunktionen oder -arbeitsweisen von anderen ab: Ob der Richter sein Verständnis der ratio legis in dessen Wortlaut beziehungsweise im «Umfeld» der Wortlautauslegung bestätigt findet, oder ob Wortlaut und Auslegung nichts dazu hergeben, mit anderen Worten eine Lücke vorliegt, so ist dies jedenfalls nichts *grundsätzlich* Unterschiedliches. In beiden Fällen geht es um das Verstehen einer Normaussage. Die «ratio» des Gesetzes*wortlauts* oder der Gesetzes*auslegung* ist nicht gefragt; kann gar nicht gefragt sein. Denn Wortlaut und Auslegung können nicht ihre eigene ratio *haben*; sie können bloss ratio *zum Ausdruck bringen*.

302 c) Das Vorliegen einer Lücke kann also nicht *Prämisse* zu einer spezifischen Arbeitsweise oder gar zu einer spezifischen Funktion des Richters sein; sondern bestenfalls eine *Feststellung* dahin, dass die normative ratio im Wortlaut des Gesetzes nicht zum Ausdruck kommt (N 105 f.). Allerdings ist diese Feststellung keineswegs irrelevant. CANARIS (Lücken, insbes. 139 ff.) sieht just von der *Feststellung* der Lücke her den konsistenten Ansatz, mit ihr umzugehen. Denn die umfassende Verstehensfunktion der Rechtsfindung stellt die ratio legis ihrerseits in den sie «umgebenden» und damit wechselseitig bedingenden Kontext; namentlich auch in den Kontext fundamentaler Organisationsstrukturen der Rechtsgemeinschaft. Und *hier* kann die eben noch – bei der Eruierung der ratio legis – irrelevant gewesene Unterscheidung in Lücke und Wortlaut/Auslegung wieder

Relevanz bekommen. Es geht nun nicht mehr um die ratio legis, sondern gleichsam um die ratio der «Textlichkeit» des Gesetzes (unten N 362 ff.).

d) Die so via *umfassendes* Verstehen wieder zurückerlangte Relevanz des Wortlauts ist anders strukturiert als jene traditionelle, welche den Wortlaut von der Lücke abgegrenzt hatte: Bei dieser geht es gleichsam um das Hängenbleiben an der Irregularität der ausnahmsweise fehlenden Gesetzesbestimmung, die den Richter plötzlich in eine unvorhergesehene Eigenverantwortung stösst und damit die Frage provoziert, ob er dieselbe überhaupt wahrnehmen dürfe. Deshalb ist das Augenmerk auf das *Fehlende*, eben die «Lücke» gerichtet. 303

Demgegenüber ist bei der vorliegend vertretenen Relevanz des Wortlauts die Eigenveranwortung des Richters quasi «a priori» vorhanden; nicht weil er sie a priori verliehen erhielte; sondern weil seine Funktion ja Verstehen ist, umfassend ebenso sich selbst als den nur vermeintlich subjekthaft Funktionierenden (Vorbemerkungen N 151 ff.); weil seine «Eigenverantwortung» sich damit als Rechtsfindungselement erweist, das gar nicht verliehen werden muss, sondern – insofern a priori – bloss nüchtern festzustellen ist. Und in dieser Funktion wird er nicht nur den Gesetzeswortlaut auf die Gesetzes-ratio hin hinterfragen dürfen; sondern das «Phänomen» Wortlaut verstehend erfassen müssen. Das Augenmerk liegt also nicht auf dem Fehlenden der Lücke, sondern auf dem Vorhandenen des Gesetzestextes. 304

Diese Verschiebung des Augenmerks von der Lücke zum Wortlaut ist mehr als bloss eine Änderung der methodologischen Einordnung. Bezeichnenderweise wird die Problemstellung von den kritischen Grenzfällen her thematisiert; namentlich im Zusammenhang mit dem stets neuralgischen Punkt, wo die ratio legis mit der richterlichen Auffassung kollidiert. An dieser Stelle *gibt* es Grundsatzprobleme, zumal solche der Gewaltenteilung. Es ist dies wohl auch der einzige Ort, an dem sich heute noch «zulässige» von «unzulässigen» Richtersprüchen abgrenzen lassen (N 410 ff.). Will man dagegen den Vorrang des Richterrechts nur dann zulassen, wenn das Gesetz in *sich* inkonsistent ist – genau dies bringt die «(unechte) *Lücke*» zum Ausdruck – so wird der Richterbereich weit hinter die wirklich kritische Grenzlinie zurückgenommen; dass der Richter vom *in sich* unstimmigen Gesetz abweichen kann, bedarf keiner tieferen Begründung, gehört zu seiner ureigensten Verstehensfunktion. Das Problematische beginnt erst bei einer gewichtigeren Problemstellung: Dort wo die konsistent verstandene positive Rechtsordnung mitsamt ihren Verbindlichkeitsphänomenen der Auffassung des Richters widerspricht, *kann* es zu seiner Funktions-Verantwortung gehören, sich entsprechend zurückzunehmen (in diese Richtung MEIER-HAYOZ, Schlusswort, 90 ff.; unten N 411 ff.). 305

Art. 1

2. Lücken intra und praeter legem

306 a) Die Unterscheidung in Lücken intra und solche praeter legem scheint nach wie vor als Kategorisierung verbreitet zu sein (RIEMER, Einleitungsartikel, § 4 N 70; DESCHENAUX, Einleitungstitel, 97 f.). Sie mag didaktische oder klassifikatorische Plausibilität beanspruchen. Eine praktische Relevanz für Fragen der Rechtsfindung ist indes kaum auszumachen. Aus heutiger Sicht scheint sie sogar eher verwirrend als hilfreich (dazu gleich hienach N 310 ff.; vgl. BGE 121 III 219 [226]).

307 Durchaus sinnvoll erscheint demgegenüber die Unterscheidung in *Rechtsfindung* intra und praeter legem (MEIER-HAYOZ, Lücken; näheres dazu auch oben N 282 ff.). Sie ortet einerseits Bereiche, zu denen sich Gesetzesaussagen finden lassen (seien diese nun vollständig und passend, unklar oder gar lückenhaft); anderseits solche, wo das Rechtsfindungselement Gesetz fehlt. Diese Unterscheidung bedeutet nicht, dass dort und hier völlig unterschiedliche Richterfunktionen oder -kompetenzen bestünden. In beiden Fällen geht es um Rechtsfindung mit grundsätzlich identischer Aufgabenstellung und Funktionsweise. Doch hilft die Unterscheidung, einige Sonderaspekte zu differenzieren, welche intra legem *effektiv* anders gelagert sind als praeter legem: Dort wird sich der Richter mit Fragen der Textlichkeit befassen müssen; namentlich dann, wenn die ratio legis mit dem Wortlaut kollidiert (N 57 ff., 107 ff.). Hier dagegen fehlt es an jedem Gesetzes- und damit auch Gesetzes*text*-Bezug. Genau dies wiederum wirft die Grundsatzfrage auf, ob hier der Richter überhaupt in Aktion treten, ob er gleichsam «autonomer» Rechtsfinder sein könne. Bei Rechtsfindung intra legem stellt sich dieses Problem nicht; denn hier besteht zum Gesetz stets wenigstens eine Minimalbeziehung; und sei es zum Beispiel bloss die verstehende Mitberücksichtigung des systematischen Umfelds einer Gesetzeslücke (N 508 ff., 511 ff.; ähnlich HÖHN, Methodik, 320 f.).

308 Damit kann die Richterkompetenz in solchen «Umgebungen» nicht wirklich problematisch sein, mag die Lücke nun grösser oder kleiner ausfallen. Vergleiche dazu etwa die Entscheide SJZ 89 (1993), 268 ff., zur Problemstellung, dass das ZGB in Art. 741 nur das Rechtsverhältnis zwischen dem Dienstbarkeitsberechtigten und dem Dienstbarkeitsbelasteten, nicht aber jenes zwischen mehreren Berechtigten regelt; BGE 98 II 299 (302 ff.), in dem sich die Frage stellt, ob die Regelung von Art. 375 Abs. 1 OR insofern lückenhaft sei, als sie die Konsequenzen des Rücktritts des Bestellers nicht näher regle; ZR 95 (1996), 122 ff., wonach es ausser Frage steht, dass die Lücke des neuen Aktienrechts hinsichtlich einer Sanktion bei fehlender Revisionsstelle geschlossen werden *muss*. Bei diesen Beispielen wird übrigens auch spürbar, wie unergiebig es wäre, der Einordnung in Auslegung oder Lückenfüllung nachzugehen (N 405 ff.).

Art. 1

Das Gesetz ist dem Richter zwar längst kein sicherer Grund mehr, doch 309
allemal Bezugnahme und damit – im Sinn der hier vertretenen Hermeneutik –
genügende Gesetzes«anwendung». Jedenfalls stellt sich im Bereich der *Rechtsfindung* intra legem nicht das Grundsatzproblem, ob der Richter überhaupt aktiv
werden *darf*.

b) Die herkömmliche Unterscheidung in *Lücken* intra und praeter legem ver- 310
läuft nun aber anders, nämlich entlang dem Wortlautbezug: solange zumindest
ein «Aufhänger» beim Wortlaut des Gesetzes zu finden ist, liegt eine Lücke intra
legem vor; also etwa bei ausdrücklichen Verweisen oder Generalklauseln (so das
«Paradebeispiel für eine wertausfüllungsbedürftige Generalklausel» der «guten
Sitten» gemäss Art. 19 Abs. 2 und 20 Abs. 1 OR, vgl. KRAMER in: Berner Kommentar, Art. 19–22 OR, Bern 1991, Art. 19–20 OR N 169; ferner dazu BGE 115 II
232 [235]); bei unbestimmten Rechts*begriffen* (wie z.B. bei «übermässigen Einwirkungen» im Sinne des Nachbarrechts [Art. 684 Abs. 1 ZGB], vgl. dazu etwa
BGE 101 II 248 [250], 114 II 230 [231 ff.] und MEIER-HAYOZ, richterliche Tätigkeit, 196 f.; bei der Frage der «Zerrüttung» und der «Unzumutbarkeit» im Sinn
von Art. 142 ZGB, vgl. dazu etwa BGE 116 II 15; bei «ähnlichen Gründen» im
Sinn von Art. 14 Abs. 2 AVIG, vgl. dazu BGE 119 V 51 [54]); ebenso bei *ausdrücklichen* Delegationen an den Richter gemäss Art. 4 ZGB (RIEMER, Einleitungsartikel, § 4 N 70 ff.; MEIER-HAYOZ, Berner Kommentar, Art. 1 N 262 ff.; Art. 4
N 50 ff.). Fehlt es an einem solchen Bezug zum Gesetzeswortlaut, so spricht man
von der Lücke praeter legem (MEIER-HAYOZ, Berner Kommentar, Art. 1 N 270;
RIEMER, Einleitungsartikel, § 4 N 70).

Auch die sogenannten Erkenntnislücken gehören gemeinhin zur Kategorie 311
intra legem (MEIER-HAYOZ, Berner Kommentar, Art. 1 N 267 f.; RIEMER, Einleitungsartikel, § 4 N 77 ff.). Hiebei geht es gleichsam um die fehlende Nähe zwischen gesetzlichem Tatbestand und dem zu beurteilenden Sachverhalt; insofern
um eine «vertikale» Lücke zwischen Gesetz und Streitfall, nicht um eine «horizontale» innerhalb des Gesetzes. Die anwendbare Gesetzesnorm besteht zwar,
doch braucht sie mehr syllogistische Schritte, als im Rahmen der Gesetzesauslegung üblicherweise nötig ist (illustrativ zum Beispiel die Frage, ob auch Heizkosten zu den Mietzinsforderungen im Sinn des früheren Art. 272 OR [heute
Art. 268 OR] gehören, für die der Vermieter ein Retentionsrecht hat; dazu BGE
63 II 368 [381]). Dass dieser Rechtsfindungsbereich *nicht praeter* legem steht,
leuchtet ein. Ihn aber als Problem *intra legem* zu orten, erscheint kaum plausibler, ist das Gesetz als solches hier doch gar nicht wirklich lückenhaft. Denn was
die Erkenntnislücke ausmacht, ist einzig, dass bei ihr der generell-abstrakte Charakter der Norm eben *sehr* ausgeprägt ist, er *sehr* wenig an kasuistischer Diffe-

Art. 1

renzierung enthält, und deshalb *grossen* Konkretisierungsbedarf schafft (damit aber noch immer den z.B. im Strafrecht bedeutsamen Bezug zum geschriebenen Gesetz aufrechterhält, BGE 116 IV 312). Wenn man schon beim Bild der Lücke bleiben soll, so wäre eher von einer solchen «*infra* legem» zu sprechen.

312 c) Dass in den eben erörterten Fällen von Bereichen *intra* oder allenfalls *infra legem* die Rede ist, erscheint durchaus konsistent. Problematisch dagegen ist die Bezeichnung der *Lücke*: Zwar passt das *Bild* der Lücke zum Rechtsfindungsbereich *intra* legem: Die Lücke ist nicht eine Leere nebenan, sondern eine Leere mittendrin. Unbefriedigend ist der überkommene Begriff der Lücke intra legem aber in zweierlei Hinsicht:

313 Zum einen – wie einlässlich an anderer Stelle dargelegt (N 263 ff.) – bestehen keine *grundsätzlich* verschiedenen Fragestellungen bei Lückenfüllung beziehungsweise bei Gesetzesauslegung. Methodologisch geht es letztlich um dieselbe Operation, ob der Gesetzestext auslegungsweise ermittelt oder ob eine Gesetzeslücke «geflickt» wird. Beidemal geht es darum, bei einer vom Gesetz nicht ausdrücklich und klar geregelten Frage zu eruieren, wie die *klare* Gesetzesregel lauten müsste. Ein Unterschied zwischen den Fällen, wo ein Wortlautbezug vorliegt (Auslegung) beziehungsweise wo er fehlt (Lücke), mag insofern bedeutsam sein, als der Wortlautbezug als solcher ein Rechtsfindungselement ist (N 147 ff., 362 ff.). Doch ist diese Differenzierung ihrerseits Teil des Umgangs des Richters mit dem Gesetz, mit anderen Worten Teil von Rechtsfindung intra legem. Der Unterschied liegt in den (gesetzesbezogenen) Gegebenheiten; nicht in der richterlichen Aufgabe, mit diesen Gegebenheiten umzugehen.

314 Zum andern engt der *Begriff* der Lücke den Bereich der Rechtsfindung intra legem unnötig ein; dadurch nämlich, dass sie nur *Fehlendes* erfasst: Die Lücke, zumal im Sinn des Bildes eben die «echte» Lücke (unten N 318 ff.), liegt nicht auch da vor, wo etwas *zu viel* im Gesetz steht. Sie lässt allenfalls eine Extension, nicht auch eine Reduktion zu (vgl. auch RIEMER, Einleitungsartikel, § 4 N 83; oben N 104, unten N 318 ff.). Damit werden die *Kollisionsfälle* zwischen ratio und Wortlaut von vornherein aus der Kategorie «Lücke» hinausgedrängt und damit aus jenem Bereich, in dem die richterliche Kompetenz als solche problemlos anerkannt ist. Die Aufgabenstellung des Richters, gegebenenfalls Fehlendes zu ergänzen, wird also zu Unrecht als kategoriell anders eingestuft als jene, gegebenenfalls zu weit Gehendes zu streichen (beziehungsweise eine Ausnahmeregel «ergänzend» anzufügen, vgl. N 341). Es ist zwar nicht zu bestreiten, dass eine solche Korrektur des Wortlauts Problemstellungen aufwirft und *in gewissen Fällen* die Lösung zugunsten des Wortlauts ausfallen muss (N 362 ff.). Doch tan-

Art. 1

giert dies nicht die Kompetenz des Richters, sich *überhaupt* mit dieser Problemstellung zu befassen.

d) Die traditionelle Unterscheidung in Lücken intra beziehungsweise praeter 315
legem entlang dem Wortlautbezug (N 310 ff.) bringt eine weitere Ungereimtheit mit sich: Regelungsdefizite ohne «Aufhänger» zu einer ausdrücklichen Aussage des Gesetzgebers werden auch dann den Lücken praeter legem zugeordnet, wenn es klarerweise um eine in sich geschlossene und konsistente Gesetzesmaterie geht. Typisches Beispiel solch «echter» Lücken praeter legem sind fehlende Zuständigkeitsnormen in Bereichen, welche materiell-rechtlich geregelt sind. Diese Lücken *müssen* geschlossen werden, um dem Gesetz zum Durchbruch zu verhelfen. Hier kann es kein Problem darstellen, ob der Richter «legiferieren» darf; er *muss* es tun.

Zum Beispiel fehlte im früheren Recht die Bestimmung des für Eheschutzmassnahmen 316
zuständigen Richters, wie sie heute in Art. 180 ZGB vorgesehen ist, vgl. BGE 93 II 1 (3 ff.);
RIEMER, Einleitungsartikel, § 4 N 81 ff., mit weiteren Beispielen. Eine typische echte Lücke
findet sich in Art. 211 SchKG, der die Umwandlung von Forderungen in ausländische Währung regelt, ohne den massgebenden Zeitpunkt festzulegen, dazu BGE 105 III 92 (95 f.); BGE
100 II 65 (67 ff.) betreffend Eheschutzmassnahmen und 92 II 217 (219 ff.) betreffend Eheungültigkeitsklage illustrieren die lückenhafte Gesetzgebung im Bereich des internationalen
Privatrechts vor Inkrafttreten des IPRG. Das neue Aktienrecht enthält keine Sanktion bei fehlender Revisionsstelle in übergangsrechtlichen Konstellationen, eine Lücke, die geschlossen
werden *muss*, ZR 95 (1996), 122 ff. Bei solch klaren Lückenfüllungskompetenzen des Richters ist es wenig ergiebig, sie dem Bereich «prater legem» zuzuordnen; einem Bereich mithin, dem auch Konstellationen mit grundsätzlicher Problemstellung angehören (sogleich hienach
N 317, 318 ff., ferner N 379 ff.).

e) Die Einordnung solch echter Lücken in den Bereich praeter legem ist um so 317
verwirrender, als sie damit in dieselbe Kategorie fallen wie die «unechte Lücke», die ja definitionsgemäss contra und damit praeter legem anfällt (N 319). Diese unechte Lücke wirft nun aber sehr spezifische Fragen der richterlichen Kompetenz auf, jedenfalls nach der traditionellen Theorie; nach der hier vertretenen Optik verlangt sie zumindest eine spezielle Wertung des Wortlautelements (N 362 ff.). Jedenfalls stellen sich *diese* Probleme bei den «echten» Lücken gerade nicht. Die Einordnung als Lücke intra beziehungsweise praeter legem ist also ohne Relevanz dafür, ob sie der Richter füllen darf oder nicht.

Art. 1

3. Echte und unechte Lücken

318 a) Gleichsam das Gegenstück zur oben genannten Einengung der Lücke intra legem auf Konstellationen einer allfälligen Extension ist die Ausgrenzung der Reduktion in den Bereich praeter legem: Dort also, wo im Gesetz «zuviel» steht, wird zwar in Analogie zum Fall des «zuwenig» ebenfalls von einer Lücke gesprochen, diese indes zur «unechten» erklärt (KRAMER, teleologische Reduktion, 71 ff.; GYGI, Rechtsfindung, 80 f.; neuerdings BGE 121 III 219 [224 ff.]; der Begriff zurückgehend auf ERNST ZITELMANN, 9 ff, 22 ff.; zu unterscheiden ist die der Auslegung zuzuordnende Frage, *ob* der Wortlaut überhaupt etwas zur aktuellen Rechtsfrage besagt, BGE 88 II 477 [483]).

319 Die «unechte Lücke» wird in der Regel definiert als eine Diskrepanz zwischen ratio und Wortlaut des Gesetzes (vgl. z.B. BGE 102 Ib 224, 121 III 219 [225 f.]). Sie stellt insofern eine gewisse Eigenständigkeit des Richters gegenüber dem Gesetz fest, als er dieses als «lücken»haft bezeichnen darf. Das «Unechte» liegt darin, dass der Gesetzes*wortlaut* durchaus etwas besagt, *insofern* also gar keine Lücke klafft. Oder nochmals anders gewendet: Das Fehlende und vom Richter zu Schaffende tritt nicht in eine («echte») Lücke, sondern *anstelle* einer («unzutreffenden») Gesetzesbestimmung. Es ist denn auch oft statt von einer wortlautbezogenen von einer «rechtspolitischen» Lücke die Rede (HÖHN, Methodik, 322 ff.; MEIER-HAYOZ, Berner Kommentar, Art. 1 N 273; KELLER, 60 ff.; MEIER-HAYOZ, richterliche Tätigkeit, 200).

320 Die Lehre und vor allem die Praxis legen dem Moment der Kollision mit dem *Wortlaut* grosses Gewicht bei. Sie qualifizieren es letztlich als Grundsatzproblem der richterlichen Kompetenz und kommen denn auch zum Schluss, dass die unechte Lücke gegen den Gesetzeswortlaut nur in Ausnahmefällen geschlossen werden dürfe; nicht schon, wenn die richterliche Lösung mehr überzeugt als die gesetzliche, sondern erst wenn letztere geradezu stossend ist (MERZ, Berner Kommentar, Art. 2 N 23 f.; Hinweise bei RIEMER, Gebotsberichtigung, 127; JdT 1990 II 178 ff. [nur teilweise publiziert in BGE 113 Ia 384]; EVGE 1968, Nr. 21). So sei eine Gesetzeslücke – allerdings im Sozialversicherungsrecht – erst dann auszufüllen, wenn sie zu krass unbefriedigenden Ergebnissen führt (BGE 106 V 65 [70]); ein Bedauern über das zu wenig zukunftsgerichtete Denken des Gesetzgebers reiche nicht aus, um dessen Erlass entsprechend zu ergänzen, derartige Überlegungen seien de lege lata also unbeachtlich und könnten höchstens de lege ferenda in Betracht gezogen werden (BGE 63 II 368 [379]). Nochmals anders gewendet: Ein Ausfüllen der unechten Gesetzeslücke durch den Richter wird gemeinhin nur dann zugelassen, wenn ein Bestehen auf dem Gesetzeswortlaut im konkreten Fall rechtsmissbräuchlich wäre (MEIER-HAYOZ, Berner Kommentar, Art. 1 N 296; MERZ,

Art. 1

Berner Kommentar, Art. 2 N 25 f.; DESCHENAUX, Einleitungstitel, 100; BGE 120 III 131 [134]).

Durchaus konsistent mit dieser Zurückhaltung gegenüber dem Füllen von unechten Lücken sind andere Formeln der Praxis: So etwa gemäss BGE 114 II 353 (356), Pra 79, Nr. 104, wonach das Füllen einer unechten Lücke nur dann in Frage kommt, wenn sich der Gesetzgeber geirrt hat oder sich die Verhältnisse seit Erlass des Gesetzes in einer solchen Weise gewandelt haben, dass seine weitere Anwendung als rechtsmissbräuchlich erschiene; von solch extremen Fällen krass ungerechter Auswirkungen einer gesetzlichen Regelung abgesehen gebe es für den Richter keine Möglichkeit, unbefriedigendes Recht zu berichtigen; ähnlich BGE 111 II 130 (132 f.), wonach der Richter in solchen Fällen nicht von sich aus wünschbares Recht verwirklichen dürfe, sondern der *Gesetzgeber* auf die Signale der Doktrin hin eingreifen müsse; eine Ausnahme könne sich einzig bei offensichtlichem Rechtsmissbrauch ergeben (vgl. auch BAUMANN, Art. 2 N 14b, 21, 244; BGE 4C.413/1996 vom 27.2.1997 [nicht publiziert], wonach «humanitäre Gesichtspunkte» dem Gesetz zu weichen haben, wo es um das Kündigungsrecht des Vermieters wegen Zahlungsrückständen des Mieters geht, selbst wenn die Zahlung – verspätet zwar – noch geleistet wird). 321

b) Der Begriff der unechten Lücke wird heute immer mehr als unbefriedigend empfunden; allerdings ohne dass dies mit einer allgemeinen Änderung der entsprechenden materiellen Handhabung verbunden wäre (MEIER-HAYOZ, Schlusswort, 90 f.) Als zumindest praktisch unergiebig erscheint die Unterscheidung in echte und unechte Lücke (so schon BGE 114 II 230 [237]; ferner BGE 121 III 219 [226]). Mit anderen Worten, die richterliche Entscheidung gegen den Gesetzeswortlaut wird nach wie vor bloss zurückhaltend zugelassen; auch wenn dies nicht mehr durchwegs und eindeutig unter dem Titel des Füllens einer unechten Lücke geschieht (RIEMER, Einleitungsartikel, § 4 N 90; MEIER-HAYOZ, Fortbildung, 421; HÄFELIN, Lückenfüllung, 96 ff.). 322

So wird beispielsweise vermehrt der Begriff «verdeckte Lücke» verwendet: Die ausdrückliche und wortlautmässig anwendbare Norm verdeckt das Fehlen der passenden Bestimmung, etwa einer Ausnahmeregelung zur allgemeinen Norm (BGE 117 II 494 [499]; differenziert hiezu DESCHENAUX, Einleitungstitel, 99; näheres unten N 340 f.). 323

Unter dem Gesichtspunkt der teleologischen Reduktion wird bisweilen – je nach konkreter Sachlage – festgestellt, dass das «Zurückbinden» der Wortlautaussage des Gesetzes auf das, was es wirklich sagen will, letztlich nichts anderes als sachgerechte *Auslegung* darstellt; das Besondere der Lückenfüllung erst gar nicht ansteht (BGE 121 III 219 [226 ff.]; MEIER-HAYOZ, Schlusswort, 91). 324

Trotz solch begrifflich veränderter Einordnung bleibt die grundsätzliche Hemmung, gegen den Wortlaut zu entscheiden, bestehen: Auch die verdeckte Lücke wird eben durch Gesetzes*wortlaut* verdeckt; und auch die Auslegung sollte sich nicht ohne Not gegen den auszulegenden Text selbst wenden (zu dieser bloss vermeintlichen Zirkularität KRAMER, Parömien, 148 f.; Vorbemerkungen N 215 f.; 325

Art. 1

BGE 121 III 219 [224 ff.]). Vom Ergebnis her (vgl. N 173 ff., 218 ff.) ist diese Hemmung übringens keineswegs abzulehnen; denn allemal *ist* der Gesetzeswortlaut ein sehr wichtiges Rechtsfindungselement; zwar nicht weil er «an sich» Verbindlichkeit beansprucht, aber weil er anders gar nicht *verstanden* werden kann (Vorbemerkungen N 191 ff., 209 f., 215 f.; oben N 78 f.).

326 c) Die eben genannten Differenzierungen der «unechten Lücke» bringen es immerhin mit sich, dass die Kollision mit dem Gesetzeswortlaut nicht mehr bloss als ein und dieselbe Aufgabenstellung gesehen wird, sondern dass unterschiedliche Fälle lokalisiert werden, mit denen dann der Richter je unterschiedlich umzugehen hat.

327 Namentlich entsteht so das Bewusstsein unterschiedlich «dramatischer» Wortlaut-Kollisionen. Entsprechend unproblematisch wird es etwa sein, dass der Richter offensichtliche Gesetzgebungsfehler, Unsorgfältigkeiten der Redaktion, systematische Unvollständigkeiten und dergleichen ausmerzt, also ohne dass die qualifizierten Voraussetzungen des Rechtsmissbrauchs oder des offensichtlich stossenden Ergebnisses erfüllt sein müssen. Auch wird er seine Kompetenzen nicht überschreiten, wenn die betreffende Wortlaut«korrektur» einen gerechten und vernünftigen Ausgleich zwischen den widerstreitenden Interessen eines Grundstückeigentümers und dessen Nachbarn herzustellen hat (so etwa BGE 114 II 230 (237), 91 II 100 [105 ff.], 83 II 375; Cour de justice civile in SJ 1969, 481 ff.). Problematisch wird die Korrektur einer solch «unechten» Lücke jedoch dort, wo die Abweichung vom Gesetzestext mit spezifischen rechtspolitischen Problemstellungen einhergeht (vgl. BGE 114 II 353 [v.a. 354 ff.] betreffend den sozialpolitisch begründeten Gerichtsstand für arbeitsrechtliche Streitigkeiten gemäss Art. 343 Abs. 1 OR; illustrativ etwa auch BGE 111 Ib 227 [229] zur richterlichen Zurückhaltung bei Grundsatzfragen der Gewaltenteilung). Wenn sich also der Richter am Gesetzeswortlaut deshalb stösst, weil er andere – «rechtspolitische», grundsätzliche – Entscheidungen trifft, als im Gesetz zum Ausdruck kommen, stellen sich essentiellere Probleme zum Verhältnis der richterlichen Kompetenz gegenüber dem Gesetzgeber. Hier lässt sich nicht mehr von Korrektur des Wortlauts, sondern nurmehr von der Änderung des Inhalts sprechen; oder auch: von wichtigen, nicht bloss von unwichtigen Lücken:

4. Wichtige und unwichtige Lücken

328 a) Wie soeben dargestellt, führen vor allem die Unzulänglichkeiten des Begriffs und der Abgrenzungen der «unechten Lücke» mehr und mehr zur inhaltli-

chen Unterscheidung zwischen wichtigen und unwichtigen Lücken. Entsprechend problemlos kann der Richter «Gesetzesretouchierarbeit» leisten; muss sich *hiefür* nicht auf dramatischen «Rechtsnotstand» berufen (RIEMER, Einleitungsartikel, § 4 N 90).

Diese Entwicklung ist zu begrüssen. Sie führt zweifellos zu einem entkrampften Umgang mit dem Gesetzestext, ohne diesen als wichtiges Rechtsfindungselement zu vernachlässigen. Sie ist Ausfluss des heutigen hermeneutischen Denkens, wonach der Text ohnehin nicht sich selbst, sondern etwas – die «ratio» – wiedergibt. Hier kann es durchaus vorkommen, dass der Wortlaut mit seiner eigenen ratio kollidiert (oben N 62 ff., 75 ff., 95 ff.; NIGGLI, 163; BGE 121 III 219 [231]). Und *diese* Kollision zu beheben, den Text mit «seinem» Sinn zu vereinbaren, *kann* nicht problematisch sein. 329

Genau hierum geht es, wenn sich heute vermehrt die Erkenntnis durchsetzt, dass «unproblematische» Wortlautkollisionen richterlich bedenkenlos gelöst, dass «unwichtige Lücken» ohne weiteres richterlich geschlossen werden können; ja dass die Kompatibilisierung des Wortlauts mit «seiner» ratio zu einer Kernaufgabe des Richters überhaupt gehören muss (GYGI, Rechtsfindung 81 f.; oben N 105 ff.). 330

b) Die Unterscheidung in Wichtiges und Untergeordnetes beschränkt sich nicht auf die Fälle der Wortlautkollision, also der «unechten Lücke». Auch im Bereich der «echten» Lücke, also dort, wo das Gesetz *keine* Aussage enthält, können wichtige und weniger wichtige Gesichtspunkte, können «strategische» oder eben bloss «taktische» auftauchen (MEIER-HAYOZ, Fortbildung, 421). Und so unproblematisch es sein wird, dass der Richter den taktischen Schritt der Wortlautvervollständigung entsprechend «der» ratio vornimmt, so grundsätzliche Fragen stellen sich demgegenüber, wenn der Richter die ratio ihrerseits hinterfragt und ihr eine Lösungsvariante entgegenstellen will, die im Gesetz eben *nicht* zum Ausdruck kommt (MEIER-HAYOZ, Fortbildung, 420 f.). 331

Es erscheint plausibel, solch wichtige Lücken «strategisch» zu nennen; allerdings unpassend, sie als «Lücken» zu bezeichnen. Wie oben dargestellt (N 298 ff., 310 ff.), ist die Lücke eine Leere *im* Gesetz, stets also *intra* legem. Problematisierungen des Gesetzes (und seiner ratio) selbst stehen wesensmässig *über* oder *neben* dem Gesetz, insofern *praeter* legem. Strategische Infragestellungen *sind nicht* Lücken. Wären sie es im Sinn des Bildes, könnten sich keine speziellen Probleme zur richterlichen Kompetenz stellen. Doch es *stellen* sich solche; und zwar genau und ausschliesslich deshalb, weil eine Kollision mit dem Gesetz und seiner ratio ansteht. 332

Art. 1

333 c) Damit ist die strategische Aufgabenstellung zwar freigelegt; noch nicht aber die Frage beantwortet, ob der Richter das Gesetz überhaupt dem Test der Kompatibilität mit solch strategischen Gesichtspunkten unterziehen *darf*; ob namentlich seine Stellung als dritte Gewalt gegenüber der ersten Gewalt nicht eher Unterordnung verlangt.

334 Hier greifen staatsorganisatorische und rechtsmethodologische Gesichtspunkte ineinander. Die daraus gewinnbaren Aussagen hängen ihrerseits ab vom historischen Umfeld. Sie lauten anders im Klima des aufklärerisch begründeten Positivismus als etwa aus der Optik der heutigen Hermeneutik (ausführlich Vorbemerkungen N 130 ff.). Gemäss der in dieser Kommentierung vertretenen Auffassung gehört es zum Wesen der richterlichen Rechtsfindung, den strategischen Test zu machen; und dies ungeachtet davon, ob eine offene, eine verdeckte oder überhaupt keine Lücke vorliegt; und namentlich auch ungeachtet davon, ob die positive Rechtsordnung als solche dem Richter Gehorsam vorschreibt (z.B. in Art. 113 Abs. 3 BV zur «verfassungskonformen Auslegung» vgl. oben N 220 ff.).

335 Die Durchführung des strategischen Tests bedeutet aber nicht, ihm das Gesetz *unter*zuordnen. Die etwa beigezogenen allgemeinen Rechtsgrundsätze (Vorbemerkungen N 35 ff.) werden nicht «auf» das Gesetz «angewendet». Sie werden bloss als Element mitberücksichtigt. Und genau gleich wird auch das Gesetz mitberücksichtigt; nicht bloss der Inhalt seiner ratio, sondern ebenso die ratio seiner «Gesetzes-Verbindlichkeit», sein in der positiv organisierten Rechtsgemeinschaft abgestützter Geltungsanspruch; und dieser mag je nach den Gegebenheiten des konkreten Falls und der konkreten Regelung unter Umständen den Ausschlag geben; nicht weil der Richter jenem Geltungsanspruch zu gehorchen hätte, sondern weil er die gesamte «Vernetzung» verschiedenster Elemente, also auch des Elements «Geltungsanspruch», in eben dieser Weise zu verstehen trachtet (Vorbemerkungen N 207 ff.; oben N 75 ff.).

5. Andere Lückenarten

336 a) Die Unterscheidungen in **Norm- und Regelungslücken** (vgl. etwa CANARIS, Lücken, 137 f., der diese Unterscheidung allerdings für unergiebig hält, 139), in **Lücken im Recht und Lücken im Rechtssatz** (MEIER-HAYOZ, Berner Kommentar, Art. 1 N 280) beziehungsweise in **Totallücken und relative Lücken** (MEIER-HAYOZ, Berner Kommentar, Art. 1 N 281) geben weitgehend die Gesichtspunkte wieder, die oben hinsichtlich der Lücken praeter und intra legem beziehungsweise wichtige und unwichtige Lücken erörtert worden sind (LARENZ, Methodenleh-

re, 366 ff.). Ähnlich liegt die stark textbezogene Unterscheidung in **materielle und formelle Lücken** (MEIER-HAYOZ, Berner Kommentar, Art. 1 N 287).

Praktische Relevanz und nicht bloss klassifikatorische Funktion haben diese Unterscheidungen insoweit, als sie die Ebene des Gesetzes einschliesslich aller geschriebenen und ungeschriebenen Gesichtspunkte, die in ihm irgendwie zum Ausdruck kommen, abgrenzen von anderen rechtsrelevanten Elementen; seien dies nun allgemeine Rechtsprinzipien, rechtsphilosophische Gerechtigkeitsmomente, ethische Normativitäten oder auch schlicht alternative gesellschafts-, sozial-, wirtschafts- oder rechtspolitische Auffassungen. Die Relevanz liegt darin, dass hier, nicht aber dort die richterliche Kompetenz als solche fraglich sein könnte (näheres N 362 ff., 384 ff.).

b) Mit **Prinzip- oder Wertlücken** (BYDLINSKI, Methodenlehre, 474; CANARIS, Lücken, 141, 160 ff. und 194 ff.; LARENZ, Methodenlehre, 376) wird das Fehlen von Regelungen umschrieben, bei denen es um grundsätzliche Entscheidungen geht, welche ungeachtet der konkreten Regelungsbedürfnisse anfallen. Hiezu gehören Themen wie Treu und Glauben, Vertragsschutz, Schutz der schwächeren Vertragspartei; mithin Rechtsprinzipien, die sich ihrerseits in Unternormen niederschlagen können, ja oft eine Unternorm brauchen, um überhaupt konkret umgesetzt zu werden. Solche Prinzip- oder Wertentscheidungen stehen gleichsam *vor* dem gesetzgeberischen Akt (CANARIS, Lücken, 161 ff.; vgl. z.B. BAUMANN, Art. 2 N 231 ff.).

Entsprechend zurückhaltend wird hier dem Richter die Befugnis zugebilligt, die «Lücke» zu schliessen. Denn er würde sich damit nicht bloss auf dieselbe Ebene wie der Gesetzgeber, sondern gar darüberhinaus schwingen (MEIER-HAYOZ, richterliche Tätigkeit, 190; LARENZ, Methodenlehre, 413 ff.). Nach der hier vertretenen Rechtsfindungstheorie stellen sich bei solchen Prinzip- oder Wertungslücken allerdings keine *besonderen* Probleme der richterlichen Kompetenz. Sie sind gleich zu handhaben wie die «wichtigen» oder «strategischen» «Lücken»; oder genauer: wie alle rechtsrelevanten Gesichtspunkte, die praeter legem anfallen; was allerdings nicht bedeutet, dass das sehr wichtige Element des *Gesetzes* hintanzustellen wäre (N 325 mit weiteren Verweisen).

c) **Offene und verdeckte Lücken.** «*Offene*» *Lücken* liegen dort vor, wo der Gesetzeswortlaut und seine Auslegung keine Aussage ergeben; beispielsweise bei den «echten Lücken» (die gemeinhin praeter legem eingeordnet werden, im Gegensatz zur hier vertretenen Betrachtungsweise, vgl. N 293). «*Verdeckt*» sind Lücken dann, wenn der Gesetzeswortlaut zwar eine Antwort zu geben scheint, die Auslegung indes zeigt, dass der konkrete Sachverhalt gar nicht angesprochen

Art. 1

ist (MEIER-HAYOZ, Richter, 62 ff.; DESCHENAUX, Einleitungstitel, 99; LARENZ, Methodenlehre, 377; vgl. BGE 117 II 494 [499 ff.]).

341 Die Optik der verdeckten Lücke will vor allem jenen Konstellationen gerecht werden, wo das richterliche Ergebnis bloss scheinbar mit dem Gesetz kollidiert; wo das Gesetz bloss dem Text, nicht auch dem Inhalt nach etwas sagt, für den konkreten Fall also etwas *fehlt*, zum Beispiel eine entsprechende Ausnahmeregelung (BGE 117 II 474 [499 mit Verweisen]). Damit soll eine Abgrenzung erreicht werden gegenüber der inhaltlichen Kollision zwischen Gesetz und richterlicher Auffassung; also gegenüber der «unechten» Lücke, die zu schliessen nur unter qualifizierten Voraussetzungen zulässig sein soll (hiezu N 320 f.; kritisch CANARIS, Lücken, 139 f.).

342 d) **Anfängliche und nachträgliche Lücken.** Das Gesetz kann *von Anfang an* lückenhaft sein oder mit der Zeit lückenhaft *werden*, namentlich sich zur «unechten Lücke» wandeln (vgl. die Beispiele in N 321; LARENZ, Methodenlehre, 379).

343 Diese Unterscheidung entspricht einer spezifischen Optik von Lücken beziehungsweise vom Gesetz. Dass das wortlautmässig unveränderte Gesetz lückenhaft *werden* kann, ist zumindest begrifflich nicht selbstverständlich: Die rein positivistische Optik des idealerweise vollständigen Gesetzes könnte bloss eine anfängliche Unvollständigkeit anerkennen. Eine Lücke mag zwar erst hinterher sichtbar werden, vorhanden «war» sie jedoch von Anfang an. Eine *in diesem Sinn* nachträgliche Lücke kann konsequenterweise nicht anders behandelt werden als die anfängliche. Sollte diese – im Positivismus *ausnahmsweise* – anerkannt werden, so auch jene. Allemal geht es um ein Zur-Deckung-Bringen des Sachverhalts (Sein) mit dem Recht (Sollen); wobei jener dynamisch funktioniert, dieses statisch konzipiert ist. Eine unterschiedliche Behandlung der nachträglichen und der anfänglichen Lücke lässt sich nur nachvollziehen, wenn auch die Sollensebene dynamisch verstanden wird. Nur so kann eine neu auftauchende Frage echten *Gesetzgebungs*bedarf schaffen und nicht bloss Anlass, das bereits gegebene Gesetz zu komplettieren. Und nur so kann sich die entsprechende Aufgabe überhaupt als Grundsatzproblem der richterlichen Kompetenz stellen.

344 Aus dieser Warte lässt sich denn auch eine entsprechende Differenzierung feststellen, nämlich dahin, ob ein *Gesetzgebungs*- oder bloss ein *Gesetzeskomplettierungs*bedarf vorliegt.

345 Letzterer ist namentlich dann gegeben, wenn eine neue wirtschaftliche, technische etc. Entwicklung vom Gesetz nicht vorausgesehen wurde noch werden konnte (BGE 74 II 106 [109 ff.]; 87 III 87 [94]; SJZ 92 [1996] 266 f.; vgl. z.B. WEBER, 8 ff.); desgleichen wenn sich das gesetzgeberische Umfeld geändert hat (BGE 108 Ib 430 [v.a. 436 f.]). Taucht diese Entwicklung nun unerwartet auf und

Art. 1

findet der Richter im Gesetz keine Antwort, so ist dies zunächst eine gänzlich undramatische Aufgabenstellung. Der Richter wird nun eben diejenige Norm formulieren, die auch der Gesetzgeber formulieren würde (N 478 ff.). Er vervollständigt das bestehende Gesetz, oder genauer: die im bestehenden Gesetz zum Ausdruck kommende ratio.

Der durch die wirtschaftliche, technische etc. Entwicklung unerwartet anfallende Entscheidungsbedarf kann aber auch Gesichtspunkte aufwerfen, die von der ratio des bestehenden Gesetzes *nicht* berührt werden. Dass es zum Streitfall kommt oder dass im Streitfall bestimmte Argumentationen vorgetragen werden, kann etwa Ausdruck eines wirtschaftlichen, ethischen oder ökologischen Wandels sein, dessen ganze Grundsätzlichkeit vom geltenden Gesetz und seiner ratio, ja vielleicht von der gesamten Rechtsordnung bis anhin nicht thematisiert worden sind; beispielsweise Fragestellungen betreffend Geschlechtsumwandlung (vgl. Bezirksgericht St. Gallen in AJP 1997, 340 ff.) oder Embryonenkonservierung (vgl. Zivilgericht Basel-Stadt in BJM 1980, 68 ff. [71]; Cour civile Neuchâtel in RJN 1980, 38 ff. [39]; SJZ 92 [1996] 266 f.; etwa KRAMER, Entwicklungstendenzen, 253 f.). Mit anderen Worten, der Richter kann sich auch bei der nachträglichen Lücke vor die Aufgabe gestellt sehen, echt *praeter* legem zu wirken; beziehungsweise eine «wichtige» oder «strategische» Lücke schliessen zu müssen (oben N 328 ff.). 346

e) **Bewusste und unbewusste Lücken.** Die Unterscheidung in «bewusste und unbewusste» oder in «vorsätzliche» und (allenfalls grob-) «fahrlässige» Lücken (RIEMER, Einleitungsartikel, § 4 N 57; MEIER-HAYOZ, Berner Kommentar, Art. 1 N 283) bringt zum Ausdruck, ob der Gesetzgeber die Problemstellung bewusst gesehen hat oder nicht; ob eine plangemässe oder eben eine planwidrige Unvollständigkeit vorliegt (LARENZ, Methodenlehre, 373 ff.), ob der Gesetzgeber eine bestimmte Anpassung «schlicht und einfach vergessen» hat (so das Bezirksgericht Baden in ZBGR 75 [1994] 271 ff.). Mit diesem «Plan» muss nicht zwingend das Vorhaben des historischen Gesetzgebers, es kann durchaus auch ein theoretisch-konzeptioneller Plan gemeint sein (BGE 88 II 477 [483]); doch *kann* es um den effektiven Gesetzgeber geben (BGE 87 II 355 [361]; vgl. auch oben N 155 ff.). Beispiele für die plangemässe Unvollständigkeit sind – nebst verschiedensten Einzelfällen (RIEMER, Einleitungsartikel, § 4 N 59; z.B. BGE 109 II 81 [84]; 115 II 415 ff.) – namentlich jene gemäss Art. 4 ZGB, wo je eine eigentliche Delegation an den Richter vorliegt (Art. 4 N 39 ff.). 347

Je nachdem, welche dieser beiden Kategorien einem konkreten Fall zugeordnet wird, kommen verschiedene methodologische Aspekte zum Tragen. Doch in beiden Fällen ergeben sich keine «dramatischen» Lückenfüllprobleme, 348

Art. 1

stellen sich dem Richter namentlich keine grundsätzlichen Kompetenzprobleme; allerdings je aus anderen Überlegungen:

349 Bei der «bewussten» Lücke hat der Gesetzgeber nicht bloss bewusst auf eine eigene Regelung verzichtet, sondern ebenso das Ausfüllen dieser Lücken bewusst dem Richter in der Einzelfallbeurteilung anvertraut. Wenn er sich über die *Detail*norm bewusst «ausschweigt», etwa indem er sich nicht näher darüber äussert, was eine übermässige Einwirkung im Sinne des Nachbarrechts ist (Art. 684 Abs. 1 ZGB), so geschieht dies gerade nicht im Sinn des qualifizierten Schweigens und damit nicht als negative Norm (N 351 ff.). Vielmehr wird die richterliche Kompetenz vom Gesetzgeber bewusst bejaht. Natürlich bleiben allemal methodologische Fragen nach dem «wie» der Kompetenz*ausübung* (dazu näheres Art. 4 N 72 ff.).

350 Die «unbewusste», planwidrige Lücke stellt ebenfalls keine Kompetenzprobleme. Zwar hat hier der Gesetzgeber nicht daran gedacht, dass der Richter in einem konkreten Streitfall Gesetzgebungsfunktionen übernehmen muss, und entsprechend hat er ihm auch nicht bewusst die *konkrete* Kompetenz dazu gegeben. Er kann aber auch nichts dagegen haben, wenn der Richter Unvollständigkeiten komplettiert; *solange* dies im Rahmen der im Gesetz liegenden ratio bleibt. Und genau diese Voraussetzung ist ja gemäss der hier vertretenen Optik bei der «echten» Lücke stets gegeben. Denn es geht um Lücken im Sinn des Bildes; nicht um rechtspolitische Alternativvorstellungen (oben N 293 ff.).

6. Rechtsfreier Raum

351 a) Das Fehlen einer ausdrücklichen gesetzlichen Aussage kann in mancherlei Hinsicht «qualifiziert» sein: so namentlich bei der sogenannten negativen Norm (N 152, 157, 238; vgl. auch Vorbemerkungen N 233). Hier *gibt es* eine gesetzliche Aussage, bloss erfolgt sie nicht positiv, sondern («ausdrücklich») negativ. Ein solches qualifiziertes Schweigen liegt dann vor, wenn das Gesetz und seine Auslegung darauf schliessen lassen, dass in der betreffenden Frage eine negative Aussage gewollt ist (BGE 99 V 19 [21]); oder beispielsweise auch eine solche, die ausschliesslich von einem anderen Gesetzgeber vorgenommen werden sollte (vgl. etwa zur Regelungskompetenz der Kantone betreffend Zinsmissbrauch gemäss Art. 73 Abs. 2 OR, BGE 119 I a 59 [63]).

352 Das gesetzliche Schweigen kann aber auch insofern qualifiziert sein, als es dem bewussten *Verzicht* auf eine *rechtliche* Regelung entspringt. Obwohl Regelungsbedarf besteht, will das *Recht* nicht weiterhelfen. Gemeinhin ist bei solchen Konstellationen von «rechtsfreiem Raum» die Rede (RIEMER, Einleitungsartikel,

Art. 1

§ 4 N 63; MEIER-HAYOZ, Berner Kommentar, Art. 1 N 260 f.). Damit kommt zum Ausdruck, dass nicht jede «Lücke» vom *Richter* im Rahmen der *rechtlichen* Beurteilung gefüllt werden muss.

b)   Rechtsfreie Räume finden sich im allgemeinen dort, wo die Organisation der *Rechts*gemeinschaft kein adäquates Instrumentarium für den betreffenden Regelungsbedarf hergibt, wo andere Ordnungsstrukturen besser passen. Hiezu gehören etwa die Ordnungsstruktur der Familie (vgl. z.B. die beschränkte Einklagbarkeit des Lidlohns gemäss Art. 334 ZGB), des Sports (einlässlich BGE 120 II 369 mit Verweisen; MICHEL; MAX KUMMER, Spielregel und Rechtsregel, Bern 1973), der Architektur (Verbindlichkeit von Jury-Entscheiden gemäss der SIA-Richtlinie 150 für das Verfahren vor einem Schiedsgericht, Art. 48), der sozialen Kontrolle; oder auch dort, wo die Rechtsordnung ihr Instrumentarium verweigert und sich deshalb andere Ordnungsstrukturen behelfen, etwa Inkassomethoden der Halb- und Unterwelt (vgl. Art. 513 OR betr. Spielschulden oder Art. 66 OR, z.B. betr. Prostitution). Ob die Zugehörigkeit bestimmter Beziehungen zum rechtsfreien Raum gültig vereinbart werden kann, ist umstritten (HEINI spricht vom «Unding» der vereinbarten Rechtsfreiheit, vgl. A. Heini/M. Keller/K. Siehr/F. Vischer/P. Volken [Hrsg.], IPRG Kommentar, Kommentar zum Bundesgesetz über das Internationale Privatrecht [IPRG] vom 1. Januar 1989, Zürich 1993, Art. 187 N 9; zur praktischen Relevanz vgl. etwa Problemlösungsstrukturen der Mediation, Vorbemerkungen N 278 f.).

353

c)   Einen fliessenden Übergang zwischen Recht und rechtsfreiem Raum scheint die Rechtsordnung nicht zu befürworten. Es überwiegt eine *kategorielle* Denkweise. Namentlich wird es abgelehnt, der Durchsetzung etwa einer grundsätzlich justitiablen Geldforderung einzig deshalb die Beurteilung zu versagen, weil sie zahlenmässig zu geringfügig sei (anschaulich BGE 121 V 181 mit überaus gründlicher methodologischer Erörterung angesichts eines Streitwerts von Fr. 118.75; «de minimis non curat praetor», SJZ 82 [1996] 88; vgl. auch LUHMANN, 313), was anderseits quantitativ abgestufte Rechtsmittelmöglichkeiten nicht ausschliesst (z.B. Art. 46 bzw. 68 OG). Ebensowenig werden *Rechts*ansprüche bloss deshalb als undurchsetzbar erklärt, weil es um sehr persönliche und psychologisch sensible Bereiche geht (vgl. etwa zur *grundsätzlichen* Durchsetzbarkeit des Besuchsrechts des geschiedenen Elternteils ohne Sorgerecht BGE 120 II 229 [232]).

354

Gleichwohl lassen sich aber auch *graduelle* Aspekte der Unterscheidung in Recht und rechtsfreien Raum feststellen: Etwa die Regeln des sozialen Anstandes sind nicht in *jeder Hinsicht* der Rechtswelt enthoben; vielmehr erhalten sie in bestimmten, *graduell* qualifizierten Konstellationen auch *rechtliche* Relevanz (z.B.

355

Art. 1

eine Persönlichkeitsverletzung im Sinne von Art. 28 ZGB, vgl. dazu etwa MERZ, Widerrechtlichkeit, 329; BGE 120 II 369 im Sport, dazu auch BERNHARD SCHNYDER in ZBJV 132 [1996] 219 f.). Das Familienverhalten, obwohl ja sehr weitgehend *rechtlich* normiert (Art. 90 ff. ZGB), kennt durchaus graduelle Gesichtspunkte der Ausgrenzung in den ausserechtlichen Bereich (vgl. z.B. Art. 91 Abs. 2 und 92 ff. ZGB; beziehungsweise das Ausgrenzungskriterium der «Unbilligkeit» gemäss Art. 329 Abs. 2 ZGB mit entsprechend *abgestufter* Unterstützungspflicht; s. auch Vorbemerkungen N 251 ff.).

356 d) Fällt eine Streitfrage in den rechtsfreien Raum, so wird sie der staatliche Richter nicht beurteilen können. Prozessrechtlich wird er die betreffende Klage abweisen beziehungsweise die entsprechende Einrede verweigern und damit die Klage gutheissen; *inhaltlich* tut er es aber deswegen, weil er auf eine rechtliche Beurteilung gar nicht eintritt (zur Abgrenzung gegenüber der Rechtsverweigerung N 486).

357 Praktisch wichtige Anwendungsfälle finden sich im allgemeinen Teil des OR, wo gleichsam die Grenze zwischen dem *rechtlich* geforderten «ethischen Minimum» (KRAMER in: Berner Kommentar, Art. 19–22 OR, Bern 1991, Art. 19–20 N 174) und dem ausserrechtlichen Normbereich seinerseits gesetzlich positiviert wird: So beim Kriteriun der Sittlichkeit gemäss Art. 20 Abs. 1 OR für das, was *rechtlich* bindend vereinbart werden kann (KRAMER a.a.O. N 123 ff., 168 ff.). Demnach ist es Aufgabe der richterlichen *Rechts*findung nicht nur, vertragliche Verstösse gegen die Rechtsodnung zu verbieten, sondern ebenso solche gegen die guten Sitten; nicht mehr aber Verstösse gegen *wirtschaftliche* «Gebote» etwa der kommerziellen Zweckmässigkeit, der Ausgewogenheit von Leistung und Gegenleistung etc. (einlässlich neuestens BGE 123 III 292 [297 f.] zur Tendenz, die «formale Vertragsfreiheit durch materielle Vertragsgerechtigkeit» zu verdrängen). Auf die rechtliche Beurteilung solcher Aspekte wird der Richter nicht eintreten, prozessual gesehen wird er die entsprechende Prozessposition abweisen. Entsprechendes gilt für die Kriterien der Schadenersatzpflicht gemäss 41 OR, wonach es Schädigungen gibt, die zu kompensieren das *Recht* keinen Schutz bietet, etwa solche aus wirtschaftlicher Konkurrenzierung.

III. Rechtsfindung jenseits der Lückenfüllung

1. Begrenzung durch Art. 1 Abs. 2 ZGB?

358 a) Dem Wortlaut von Art. 1 Abs. 2 ZGB ist nichts Eindeutiges zu entnehmen darüber, *wie weit* der Richter im Rahmen der Lückenfüllung gehen kann. Namentlich fehlt ja gerade der Terminus «Lücke», mit dem eine gewisse Eingrenzung des Wirkungsfelds des Richterrechts verbunden wäre (N 298). Deshalb fördert Art. 1 Abs. 2 ZGB nicht bloss den Diskurs über die Abgrenzung zwischen der

Korrektur rein unplanmässiger Gesetzes*lücken* einerseits und rechtspolitischer Entscheidung anderseits; sondern ebenso dahin, ob der Richter *überhaupt* in jenen rechtspolitischen Bereich vorstossen *dürfe* (Vorbemerkungen N 243 ff.).

Die Vorschrift an den Richter, gleich wie der Gesetzgeber («modo legislatoris») zu operieren, lässt sich ebensowenig im Sinn einer Begrenzung auslegen. Namentlich bedeutet sie nicht «Nachvollzug» des *konkret* amtierenden oder gar des seinerzeitigen Gesetzgebers, deren Versäumnisse der Richter gleichsam nach deren eigener Façon rekonstruieren müsste, und deren Vorgaben er deshalb nicht grundsätzlich ausweiten oder ändern dürfte (HUWILER, 82 ff.). – Es geht beim modus legislatoris einzig um den *methodischen* Hinweis, dass der Richter einen kriterialen Sollensbezug herstellen, nicht rein kasuistisch vorgehen soll (N 478 ff.; Vorbemerkungen N 92 ff.; STROLZ, 39; HUWILER, 83 f.). Dies aber begrenzt ihn nicht grundsätzlich auf reine Gesetzeskomplettierung. 359

Eine Kompetenzbegrenzung des Richters könnte sich schliesslich aus der – zumindest vom Gesetz selbst in Abs. 2 so vorgesehenen – *Anwendungsvoraussetzung* ableiten lassen; nämlich dass (unter Vorbehalt eines allfälligen Gewohnheitsrechts) das Richterrecht nur dann und insoweit in Aktion treten könne, als das Gesetz den entsprechenden *Freiraum* gibt. Allein, eine solche Betrachtungsweise geht doch sehr stark von einer aprioristischen Originärkompetenz des Gesetzgebers aus, die mit dem heutigen hermeneutischen Selbstverständnis des Richters kaum zu vereinbaren wäre (N 45 ff.; Vorbemerkungen N 54, 88). Jedenfalls ergibt sich auch hieraus keine grundsätzliche Begrenzung der richterlichen Funktionen. 360

b) Lässt sich also aus der Gesetzesbestimmung von Art. 1 Abs. 2 ZGB keine greifbare Begrenzung der Richterkompetenz ableiten, so möglicherweise eher aus dem Wesen der Rechtsfindung als solcher, beziehungsweise aus dem weiteren Umfeld, in welchem sie stattfindet. Zu diesen Gesichtspunkten gehören nicht bloss das Wesen der Richterfunktion (vgl. N 384 ff.) und die verfassungsrechtliche Einordnung (N 395 ff.), sondern ebenso das «Exerzierfeld», auf dem Rechtsfindung stattfindet, nämlich der – am Sachverhalt verstandene (N 172) – Gesetzeswortlaut: 361

2. Begrenzung durch den Wortlaut?

a) Zum Bedeutungswandel des Gesetzeswortlauts und namentlich zur diesbezüglichen Optik der heutigen Hermeneutik vergleiche einlässlich Vorbemerkungen N 159 ff. und 226 ff. Eine heute wissenschaftstheoretisch vertretbare Auffas- 362

Art. 1

sung muss dahin gehen, dass nicht der Wortlaut als solcher und ebensowenig seine Herkunft vom staatsorganisatorisch legitimierten Gesetzgeber für sich allein eine eigenständige Verbindlichkeit hergäbe. Der Wortlaut als solcher kann also keine grundsätzliche Barriere für die *richterliche* Rechtsfindung mehr sein.

363 Anderseits, wie in dieser Kommentierung verschiedentlich betont, sind die Elemente der Textlichkeit des gesetzten Rechts sowie seines «faktischen» Verbindlichkeitsanspruchs keineswegs zu verkennen (näheres N 75 ff. mit Verweisen; HÄFELIN, Bindung, 75 mit Verweisen).

364 b) Davon ausgehend, dass richterliche Rechtsfindung in einem allgemeinsten Sinn Bezugnahme zwischen Sollen und Sein anhand eines konkreten Konfliktlösungsbedarfs bedeutet (Vorbemerkungen N 207 f.), *kann* der Gesetzeswortlaut, ja überhaupt das geschriebene Gesetz kein vorrangiger Gesichtspunkt sein. Jedenfalls lässt sich ohne weiteres ein Ansatz vorstellen, der den Sollensbezug nicht oder nicht primär im Gesetz, sondern in anderen Gesichtspunkten sucht. Gewichtige Beispiele solch anderer Denkansätze sind das zumindest *auch* kasuistisch ansetzende klassische römische Recht (SAVIGNY, Band I, §§ 32 ff.) sowie die Rechtstradition des anglo-amerikanischen common law (Vorbemerkungen N 266 ff.).

365 Was indes auch solch unterschiedlichen Sollensbezügen gemeinsam ist, ist ein gewisses Stabilisierungsmoment. Dass die Sollensaussage nicht anhand jedes Einzelfalls neu entwickelt werden kann, sondern auf irgendwie Existentes greifen will, kann sowohl im Gesetz wie auch etwa in der Gerichts«praxis» Entsprechung finden. Es kann hier nicht vertieft erörtert werden, ob diese Stabilisierung sich mit Wertbezügen unterlegen lässt (zur heutigen Problemstellung statt vieler WALTER OTT, Wertgefühl), ob sie als friedenssicherndes Instrument zu rechtfertigen ist (ZIPPELIUS, Recht und Gerechtigkeit, 113 f.) oder schlicht ein rechtssoziologisches beziehungsweise sozialpsychologisches Phänomen darstellt (REHBINDER, 36 ff.; LUHMANN, 124 ff.). Es darf aber davon ausgegangen werden, dass die Bezugnahme zur Sollensordnung stets mit Stabilisierungsgesichtspunkten verknüpft ist; und dass diese ihrerseits sehr wesentlich zum Verständnis von «Gesetz» gehören (KAUFMANN, Gesetz, 368 ff.; vgl. auch Vorbemerkungen N 191 ff.).

366 In einer sehr weitgehenden Konsequenz kann dies dazu führen, gleichsam die minimale Restlegitimation der Gesetzesverbindlichkeit in Stabilität zu orten. Das Gesetz trägt insoweit vor allem die Rechtssicherheit, welche zur Fallgerechtigkeit des einzelnen Konflikts je nach dem sehr wenig besagt. Und diese *Rechtssicherheit* mag unter Umständen derart gewichtig sein, letztlich ihrerseits ein so wesentlicher Teil der Sollensordnung, dass sie die Einzelfallgerechtigkeit für einmal auch in den Hintergrund treten lassen kann.

So explizit die oben (N 31) im Zusammenhang mit dem Gesichtspunkt materialer Gerechtigkeit erörterte Radbruch'sche Formel: «... einen Wert führt schon jedes positive Gesetz ohne Rücksicht auf seinen Inhalt mit sich: es ist immer noch besser als kein Gesetz, weil es zum mindesten Rechtssicherheit schafft. Aber Rechtssicherheit ist nicht der einzige und nicht der entscheidende Wert, den das Recht zu verwirklichen hat. Neben die Rechtssicherheit treten vielmehr zwei andere Werte: Zweckmässigkeit und Gerechtigkeit. ... Die Rechtssicherheit ... nimmt eine merkwürdige Mittelstellung zwischen Zweckmässigkeit und Gerechtigkeit ein: sie ist einerseits vom Gemeinwohl gefordert, andererseits aber auch von der Gerechtigkeit. Dass das Recht sicher sei, dass es nicht heute und hier so, morgen und dort anders ausgelegt und angewandt werde, ist zugleich eine Forderung der Gerechtigkeit. Wo ein Widerstreit zwischen Rechtssicherheit und Gerechtigkeit, zwischen einem inhaltlich anfechtbaren, aber positiven Gesetz und zwischen einem gerechten, aber nicht in Gesetzesform gegossenen Recht entsteht, liegt in Wahrheit ein Konflikt der Gerechtigkeit mit sich selbst, ein Konflikt zwischen scheinbarer und wirklicher Gerechtigkeit vor. ... Der Konflikt zwischen der Gerechtigkeit und der Rechtssicherheit dürfte dahin zu lösen sein, dass das positive, durch Satzung und Macht gesicherte Recht auch dann den Vorrang hat, wenn es inhaltlich ungerecht und unzweckmässig ist, es sei denn, dass der Widerspruch des positiven Gesetzes zur Gerechtigkeit ein so unerträgliches Mass erreicht, dass das Gesetz als «unrichtiges Recht» der Gerechtigkeit zu weichen hat» (RADBRUCH, gesetzliches Unrecht, 107; vgl. ferner WALTER OTT, Radbruchsche Formel). 367

Jedenfalls, wenn ein heute vertretbares hermeneutisches Verstehen das Gesetz und seine spezifische Geschriebenheit bewusst aufnimmt, so primär – wenn nicht ausschliesslich (N 75 ff.) – wegen seines Stabilisierungselements und nicht, weil der Wortlaut Gewähr bietet, das dahinterstehende Gebot möglichst präzis zu erfassen. 368

c) Es ist – wie an anderer Stelle näher dargelegt (N 62 ff.; Vorbemerkungen N 228) – keine logische Unmöglichkeit, dass das Gesetz unter Umständen seinem eigenen Wortlaut widerspricht. Denn das Gesetz *ist* nicht sein Wortlaut, es *hat* seinen Wortlaut, aber ebenso auch seine ratio. Und diese *ratio* kann nun mit dem Wortlaut kollidieren. Das teleologische Verständnis der Norm deckt sich hier nicht mit dem begrifflichen Verständnis. Zumal eine rein begriffsbezogene Methode heute kaum mehr vertreten wird, sollte die gestellte Aufgabe eigentlich leicht lösbar sein: Die ratio geht dem Wortlaut vor. 369

Dies ist heute anerkannt, soweit der Wortlaut *zu kurz greift*, also die ratio nicht oder nicht vollständig erreicht. Mit anderen Worten, die teleologische *Extension* des Wortlauts ist gefestigt (GYGI, Rechtsfindung, 77; RIEMER, Einleitungsartikel, § 4 N 30; MEIER-HAYOZ, Berner Kommentar, Art. 1 N 132; HASENBÖHLER, 86; HÖHN, Methodik, 199 f.; HÄFELIN, Bindung, 114, 118 ff.; GERMANN, Methoden, 58). Das Argument, der Wortlaut *begrenze* den Richter, die über den Wortlaut hinausgehende ratio sei unbeachtlich, wird heute zu Recht nicht mehr vertreten. 370

Art. 1

371 Weniger einhellig stellen sich Praxis und Lehre zur *teleologischen Reduktion*; also zur Frage ob der Wortlaut gleichsam auf das Mass der ratio *zurück*gestutzt werden könne.

372 Soweit sich Meinungen hiegegen wenden, geschieht dies heute zwar nicht mehr aus begriffsjuristischer Optik, sondern – was durchaus vertretbar ist (N 81 ff., 364 ff.; Vorbemerkungen N 191 ff.) – aus Gründen der Rechtssicherheit. Doch anderseits hat gerade die Rechtssicherheit mit der Aufgabenstellung der teleologischen Reduktion nichts zu tun. Rechtssicherheit kann nur die *ratio* des Gesetzes rechtfertigen, nicht auch den *Wortlaut* als solchen. Das Rechtssicherheitsargument kann den *Wortlaut* nur dann unterstützen, wenn dieser sich mit der ratio deckt (vgl. indes die Ausnahmen gemäss N 376 ff.). Dann aber kann keine Kollision zwischen Wortlaut und ratio vorliegen, sondern allenfalls zwischen dem Gesetz mit seiner ratio und seinem Wortlaut einerseits und vom Richter etwa rechtspolitisch begründeten Regelungsalternativen anderseits. Es versteht sich, dass *hier* die Kompetenz des Richters zur Abweichung vom Gesetz gewichtigeren Einwänden begegnet (näheres N 384 ff.).

373 Die teleologische Reduktion ist letztlich nichts anderes als die auslegungsweise Eruierung der ratio legis, wobei das Resultat – ex post gesehen – mit dem (zu) wörtlich gelesenen Gesetzestext kollidiert. Dies *muss* der Richter dürfen (KRAMER, teleologische Reduktion, 73 ff.; näheres N 104, 324).

374 d) Diese Ausführungen zur teleologischen Reduktion zeigen, dass die Kollision Wortlaut–ratio nicht als solche problematisiert werden kann; von Bedeutung ist jeweils, *weshalb* sich die ratio im Wortlaut nicht wiederfindet: Liegt der Grund in Unplanmässigem, etwa in Ungenauigkeit oder Unsorgfalt bei der Gesetzesredaktion (N 328 ff., 347 f.) oder bei Unkenntnis eines unvorhersehbaren Regelungsbedarfs (N 342 ff.), so *kann* der Gesetzeswortlaut die Rechtsfindungstätigkeit des Richters nicht limitieren; und zwar auch dann nicht, wenn der Gesetzeswortlaut – vordergründig – eine Antwort zu geben scheint; also nicht bloss, wenn im Gesetz etwas fehlt, sondern auch wenn «zuviel» darin steht.

375 Es ist deshalb bei solchen Fällen abzulehnen, eine Abweichung vom Wortlaut nur unter der Voraussetzung von Art. 2 Abs. 2 ZGB zuzulassen (N 320 f.). Das Rechtsmissbrauchsverbot ist der «normalen» Gesetzesauslegung wie auch der «Lückenfüllung contra legem» gleichsam nachgelagert. Es kommt erst dann zum Zug, wenn eine Unerträglichkeit der *ratio legis* im konkreten Fall zutage tritt. Die allfällige Diskrepanz zwischen ratio und *Wortlaut* liegt auf der weniger «dramatischen» Ebene der Gesetzesauslegung und allenfalls -ergänzung (vgl. auch BAUMANN, Art. 2 N 14b, 21).

e) Es kann freilich unklar sein, *ob* eine Kollision zwischen Wortlaut und ratio vorliegt. Gemeint ist hier nicht die Problemstellung, dass die Auslegung ihrerseits Schwierigkeiten bieten und entsprechend zu einem Resultat gemäss oder entgegen dem Gesetzeswortlaut führen kann. Dies wäre nicht so sehr eine Problemstellung der Wortlautkollision als vielmehr der Auslegung schlechthin (N 57 ff.).

Die hier interessierende Unklarheit liegt spezifisch darin, ob die ratio legis ihrerseits eine Aussage zur *Textverbindlichkeit* des Wortlauts enthält; namentlich des Inhalts, dass der Gesetzeswortlaut auch dann zu beachten ist, wenn er der ratio widerspricht (BGE 103 Ia 115 [117]); oder genauer, dass die mit der Textlichkeit verbundene Verbindlichkeit ihrerseits Teil der ratio legis ist. Es gibt Rechtsbereiche, in denen eine solche Wortlautverbindlichkeit dominiert; namentlich im Strafrecht oder im Recht der eingreifenden Verwaltung, wo Rechtsstaatlichkeitsgarantien eine stärkere Bindung an das *Geschriebene* des Rechts rechtfertigen (Vorbemerkungen N 242; HÄFELIN, Lückenfüllung, 166 ff.). Weniger eindeutig ist der Gesichtspunkt im Privatrecht. Hier kann es *unklar* sein, *ob* die wörtliche Verbindlichkeit mit zur ratio gehört; mit anderen Worten: ob zur ratio bloss die innere Aussage der Norm, oder aber auch deren «Oberfläche» gehört.

Dass sich der Richter diese Frage stellen darf, ja muss, kann heute nicht mehr fraglich sein. Denn es gehört wesentlich zum heutigen Verständnis von Rechtsfindung, dass genau solch grundsätzliche «Phänomene» wie die Geschriebenheit des Rechts nie etwas anderes als Rechtsfindungselemente darstellen; sie sind nicht zu «befolgen», es gilt primär, sie zu verstehen (Vorbemerkungen N 215 f.).

f) Schliesslich ist die Kollision zwischen dem Gesetz und der vom Richter rechtspolitisch «erfundenen» Regelungsalternative zu erwähnen; also der Fall, der gemeinhin mit «rechtspolitische Gesetzeslücke» umschrieben wird (RIEMER, Einleitungsartikel, § 4 N 84; MEIER-HAYOZ, Berner Kommentar, Art. 1 N 275; HÖHN, Methodik, 322).

Ein anschauliches Beispiel für eine solche «Regelungsalternative» bildet die Frage der Zuteilung der elterlichen Gewalt nach der Scheidung (Art. 297 Abs. 3 ZGB). Das St. Galler Kantonsgericht, SJZ 87 (1991), 119 ff., geht davon aus, dass nach Art. 113 Abs. 3 BV Bundesgesetze für den Richter verbindlich seien, dass also die oberste Verantwortung für die Verfassungsmässigkeit von Bundesgesetzen beim Bundesgesetzgeber (und letzlich beim Volk) liege. Die Frage der Verfassungsmässigkeit einer gemeinsamen elterlichen Gewalt Geschiedener sei deshalb im *politischen* Prozess aufzuwerfen; ebenso das Zürcher Obergericht, SJZ 87 (1991), 414 ff. Anders hingegen das Obergericht des Kantons Basel-Landschaft, plädoyer 3/94, 59 ff., welches das gemeinsame Sorgerecht genehmigt. Methodologisch verläuft das basellandschaftliche Urteil durchaus traditionell gemäss Rechtsmissbrauchspraxis (N 320 f.); doch ebenso legt es Wert auf Elemente, welche die *Grundsätzlichkeit* der Problemstellung unterstreichen: bevorstehende Gesetzesrevisionen, ausländische Rechtsordnungen, Änderun-

Art. 1

gen im sozialen Verhalten, etc. (BGE 117 III 523; SJZ 91 [1995] 77 f.; SJZ 92 [1996] 129 [Ziff. 3] und dazu SUZETTE SANDOZ in SJZ 92 [1996] 219 f. [Certains juges seraient-ils au-dessus du législateur?] und die Erwiderung von DAVID DÜRR in SJZ 92 [1996] 322 f. [Stehen gewisse Gesetzgeber über der Wissenschaft?]; vgl. neuerdings auch BGE 122 III 401 sowie DUNAND in SJZ 93 [1997] 145 ff.).

381 *Solche* Kollisionen zwischen dem geschriebenen Gesetz und alternativen Regelungsinhalten stellen in der Tat grundsätzlichere Rechtsfindungsprobleme, namentlich zur Kompetenz des Richters gegenüber dem Gesetzgeber. *Grundsätzlich* ist die Problemstellung deshalb, weil eine «materielle» Kollision vorliegt; das heisst, im Gesetz kommt ein anderer Norminhalt zum Ausdruck (und zwar so eruiert nach allen Regeln der Auslegungs- und Lückenfüllungskunst) als das, was der Richter im konkreten Fall für gerecht hält. Welche der beiden Regelungsalternativen den Vorrang hat, ist unter dem heutigen Rechtsfindungsverständnis – bei dem ja das Gesetz keine aprioristische Verbindlichkeit mehr beansprucht (Vorbemerkungen N 50, 215 f., 247 ff.) – eine weniger einfache Frage als auch schon.

382 Jedenfalls kann an dieser Stelle festgehalten werden, dass sich die Problemstellung der «rechtspolitischen Lücke» nicht als solche des Wortlauts präsentiert, sondern der Gesetzes*ratio*. Ob diese ihrerseits im Wortlaut Ausdruck findet oder nicht, ist eine wesentlich banalere Frage auf der Ebene von Auslegung oder Füllung «echter» Lücken.

383 Damit ist noch nicht beantwortet, nach welchen Gesichtspunkten die erwähnten inhaltlichen Regelungsalternativen in die richterliche Rechtsfindung einfliessen können; wie weit sie allenfalls aus Gründen jenseits der Wortlautproblematik ausgeschlossen sind:

3. Begrenzung durch Richterfunktion

384 a) Die Frage nach der Begrenzung der richterlichen Rechtsfindung kann auch dahin gehen, ob sich aus der Richterfunktion als solcher eine inhaltliche Limitierung ergibt. Mit anderen Worten: Mag dem Gesetz, namentlich Art. 1 Abs. 2 ZGB, keine Limite zu entnehmen sein (N 358 ff.), mag auch der Wortlaut der je anwendbaren Norm keine grundsätzliche Grenze ziehen (N 362 ff.), so gibt es vielleicht gewisse Funktionen der Rechtsordnung, welche wesensmässig nicht solche des Richters sind; die derart ausgeprägt *Gesetzgebung* sind, dass sie selbst eine – immerhin ausdrücklich statuierte – «Gesetzgeber»-Kompetenz des Richters gemäss Art. 1 Abs. 2 ZGB übersteigen. Nochmals anders gewendet: Gibt es einen Unterschied zwischen der Gesetzgebungstätigkeit gemäss Art. 1 Abs. 2 ZGB bei der Lückenfüllung im Einzelfall einerseits und anderseits Gesetzgebungs-

dezisionen, die *ausschliesslich* dem primär hiefür vorgesehenen Staatsorgan vorbehalten sind, nämlich der Legislative?

Die Funktion des Richters ist Rechtsfindung, mit anderen Worten die Herleitung des Bezugs zwischen Sollen und Sein im konkreten *Einzelfall* (Vorbemerkungen N 207 ff.). Die von ihm im Rahmen der Auslegung wie auch der Lückenfüllung formulierte Regelung wirkt als solche individuell-konkret (vgl. auch N 479; demgegenüber zur *generalisierenden* Wirkung als Präjudiz qua «Bewährtheit» gemäss Art. 1 Abs. 3 ZGB s. N 577 ff. bzw. als Gewohnheitsrecht N 443 ff.); dies im Gegensatz zur Regelung der Legislative, die generell-abstrakt wirkt. Doch aus *dieser* Unterscheidung lässt sich bloss eine Begrenzung des Wirkungsbereichs des Richterrechts ableiten; nicht auch der inhaltlichen Ausgestaltung. 385

Eine unterschiedlich weitgehende Freiheit der Legislative und der Judikative lässt sich – rechtstheoretisch; nicht empirisch-soziologisch – um so weniger begründen, als nach heutigem Verständnis auch die Rechtsetzung durch den Gesetzgeber als Prozess erkannt wird, der sich an *methodischen* Kriterien messen lässt; der *insofern* «richtig» oder «falsch» ablaufen kann (Vorbemerkungen N 92 ff.). 386

b) Gleichwohl *ist* der Richter nicht das für die Gesetzgebung bestellte Staatsorgan (BGE 120 III 131 [134]; 117 II 1 [3]; 95 III 83 [89]). Dieses staatspolitische, organisationsrechtliche, rechtssoziologische und zudem zweifellos sehr starke *Faktum* ist seinerseits Rechtsfindungselement, welches der Richter in seinen Verstehensvorgang miteinbeziehen muss. Konkret wird er als starke Fixpunkte, zumindest als starke «Verbindlichkeitsverdichtungen» (Vorbemerkungen N 216) im Bereich der *Sollensordnung*, das aufnehmen, was im positiven Gesetz steht oder – etwas weniger stark, aber gleichwohl nicht irrelevant – was der historische *Gesetzgeber* darunter verstanden hat (N 155 ff.; BGE 120 II 214 [220]; 120 III 131). 387

Sich selbst wird der Richter seinerseits als Rechtsfindungselement verstehen (N 188 f.; Vorbemerkungen N 217 f.); und auch hier als starkes staatspolitisches, organisationsrechtliches, rechtssoziologisches Faktum feststellen, dass er zur «Anwendung» jener Fixpunkte bestellt ist. Und mag er sich dabei noch so viel Eigenständigkeit und Distanz beimessen, so steht zumindest eines fest: Seine Aufgabe ist es nicht, im Sollensbereich Fixpunkte beziehungsweise Verdichtungen zu *schaffen*. 388

Wo er Fixpunkte (zum Beispiel des Gesetzes) oder Verdichtungen (zum Beispiel des Gewohnheitsrechts) vorfindet, wird er ihnen zwar nicht blind gehorchen; aber er wird sie als Teil der Sollens*ordnung* feststellen und *sie* mit dem Sein des konkreten Falles in Bezug setzen. Und dabei mögen jene Fixpunkte durchaus 389

Art. 1

Korrekturen erfahren; sie haben aber *stets* einen Anspruch darauf, am konkreten Fall «gemessen» zu werden, sich zu «bewähren», jedesmal wieder neu. Der Richter kann ihnen im Einzelfall oder auch immer wieder bei einem gleich gelagerten Falltypus die Bewährung absprechen. Er kann die Fixpunkte als solche aber nicht verändern.

390 *Ob* sie sich im konkreten Einzelfall bewähren, hängt natürlich nicht vom subjektiven Gutdünken des Richters ab (was das subjektive Rechtsfindungselement keineswegs ausschliesst, vgl. N 188 f.); ebensowenig bloss von einem rein realistischen Element der Billigkeits-Ergebniskontrolle (N 218 f.; BGE 120 II 214 [220]); sondern ebenso von einem durchdringenden Verstehen des «Elements» *Sollensordnung*; und damit namentlich von deren Minimallegitimation eines Stabilitätsmoments (N 81 ff., 364 ff., 600 ff.; Vorbemerkungen N 239). Zumindest einen Minimalbezug zu diesem Ordnungs-Gesichtspunkt *muss* der Richter aufrechterhalten; sonst würde er «*Rechts*findung» verlassen und *insofern* seine Kompetenz überschreiten. Konkret: eine Gesetzesbestimmung ignorieren kann er nicht mit der blossen Begründung, das Ergebnis sei unbillig; sondern gegebenenfalls einzig deshalb, weil ein Bezug zur *Sollensordnung* dies gebietet; namentlich im Fall einer Widersprüchlichkeit zwischen Ordnungssystem und einzelner Norm (PEDRAZZINI, 47 f.; oben N 34 ff.); unter Umständen auch bei einem Widerspruch zwischen der positiven Rechtsordnung und Elementen einer überpositiven Norm*ordnung* (N 208 ff.; Vorbemerkungen N 35 ff. betreffend «allgemeine Rechtsgrundsätze»).

391 Unter dem Gesichtspunkt einer allfälligen Begrenzung der richterlichen Kompetenz besagt dies folgendes: Solange die Aussage der positiven Rechtsordnung dem Richter subjektiv nicht zusagt oder das Ergebnis ihm unbillig erscheint, rechtfertigt dies noch keine Abweichung. Sonst würde er gleichsam die Einzelfallgerechtigkeit von der Rechtssicherheit abkoppeln. Sobald er aber (zusätzlich) eine Kollision zwischen der konkreten Gesetzesaussage und der (positiven oder überpositiven) *Sollensordnung* feststellt, darf und *muss* er vom Gesetz abweichen. Dabei ist allerdings im Auge zu behalten, dass der Gesichtspunkt der Stabilisierung durch Gesetz mit zur Sollensordnung gehört (N 81 ff., 364 ff.; Vorbemerkungen N 191 ff.).

392 c) Sinngemässe Überlegungen kommen dort zum Tragen, wo sich der Richter nicht an einer konkreten Gesetzesaussage stösst, sondern wo ihm die positive Rechtsordnung *nichts* hilft. Das heisst, auch hier stellt sich nicht das Problem, dass gewisse (Grundsatz-) Entscheidungen dem Richter «an sich» nicht zustehen würden; sondern einzig, dass er einen Minimalbezug zur *Sollensordnung* nicht verlieren darf.

Ist die Fragestellung, die sich anlässlich des konkreten Falls auftut, noch so 393
fundamental; solange die Rechtsordnung nichts dazu besagt, steht dem Richter
die entsprechende Kompetenz (für den konkreten Fall, vgl. N 478 ff.) zu. Dass
die «echte» Lücke eine «wichtige» beziehungsweise eine «strategische» ist
(N 328 ff.), verbietet ihm jedenfalls nicht, sie zu füllen; auch rechts*politische*
Entscheidungen sind dem Richter zugänglich.

Je strategischer die Lücke ist, desto schwieriger wird es allerdings für den 394
Richter sein, einen Bezug zur *Sollensordnung* konsistent herzustellen. Nicht nur
eine konkrete Rechtsfrage, sondern eine dieser ihrerseits vorgelagerte grundsätzliche, rechtspolitische, üblicherweise eben durch den Gesetzgeber getroffene
Entscheidung steht an. Diese in eine «Ordnung» einzubauen, ist definitionsgemäss
schwierig. Und doch: Genau dies ist die Randbedingung, in der sich solch «strategische» Kompetenzen des Richters bewegen. Er hat stets die Harmonisierung
mit bereits bestehenden Strategien der positiven Rechtsordnung oder mit Grundstrategien der Sollensordnung zu suchen. So schwer diese letztgenannte Suche
auch sein mag; der Richter kann stets nur *suchen*; er kann nicht jene Grundsatzstrategie als solche «beschliessen». – Hiegegen lässt sich auch nicht der Einwand
erheben, was der Gesetzgeber mit entsprechender verfassungsmässiger Kompetenz dezidieren dürfe, stehe auch dem sich hermeneutisch eigenständig verstehenden Richter zu (vgl. Vorbemerkungen N 49 f., 84 ff.). Wenn schon, müsste
dieser Einwand in die entgegengesetzte Richtung weisen: Auch der Gesetzgeber
habe seine aprioristische Kompetenz zu hinterfragen (Vorbemerkungen N 173 f.).

4. Begrenzung durch Art. 64 BV

a) Schliesslich stellt sich die Frage, ob die Rechtsfindungskompetenz des Richters 395
im Rahmen von Art. 1 ZGB durch die entsprechende verfassungsmässige
Reichweite begrenzt wird. Lässt sich Konkretes daraus folgern, dass die
«Gesetzgebungs»kompetenz des Richters gemäss Art. 1 Abs. 2 ZGB letztlich auf
Art. 64 BV zurückgeht?

Art. 64 BV umschreibt mit dem «Gebiet des Zivilrechtes» nicht (nur) ein 396
Sachgebiet, in *welchem* der Bundesgesetzgeber vor dem kantonalen Gesetzgeber
Vorrang hat, sondern (jedenfalls auch) eine Rechtskategorie, in Abgrenzung zum
öffentlichen Recht eher eine spezifische Regelungs*art*. Und daraus ergibt sich,
dass die auf Art. 64 BV zurückgehende Richterkompetenz eben nicht auf bestimmte Sachgebiete, wohl aber auf bestimmte Regelungs*arten* eingegrenzt ist; so jedenfalls aus der Sicht des heutigen Verfassungsverständnisses, speziell auch im

Art. 1

Zusammenhang des *Bundes*staats (BRÜCKNER, 35; DRUEY, Privatrecht, 192; vgl. auch Vorbemerkungen N 111 ff.).

397   Historisch dagegen lässt sich allemal auch die *Regelungsart* des Privatrechts einem bestimmten Sach*gebiet* zuweisen. Frühe Theorien des Rechtsstaats, namentlich bei Montesquieu, verstehen etwa als Exekutivfunktion jene, welche das Verhältnis Staat–Individuum abschliessend abdeckt, in *diesem* Sinn das öffentliche Recht umfasst; und demgegenüber die Judikativfunktion als jene, welche Regelungs- und Entscheidungsbedürfnisse im Verhältnis der Individuen untereinander abdeckt; in diesem Sinn das private Recht umfasst (vgl. ADOMEIT, Band 2, 71 ff. mit Verweisen). So gesehen ist – oder war? – die spezifische Richterfunktion eine privatrechtliche (DÜRR, diskursives Recht, 33 ff.). – Bei dieser Unterscheidung ausgeblendet sind natürlich die heute sehr starken Elemente des Wohlfahrtsstaates. Er führt nicht bloss zu einer Abweichung insofern, als das «Öffentliche» sich mehr und mehr im Interesse auch der einzelnen begünstigten Individuen versteht; sondern auch als im «klassischen» Privatrechtsbereich mehr und mehr wohlfahrtsstaatliche Elemente zum Ausdruck kommen (ENGEL; KRAMER, Entwicklungstendenzen, 250 ff., nennt dies «sozialstaatlichen Rechtsinterventionismus»; vgl. auch schon OFTINGER, Zusammenhang).

398   b)   Eben diese wohlfahrtsstaatlichen Elemente stehen typischerweise mitten im Grenzbereich zwischen öffentlichem und privatem Recht. Namentlich sind ihnen oft Merkmale eigen, die als Kriterien zur Unterscheidung zwischen öffentlichem und privatem Recht verwendet werden (im einzelnen Art. 5 N 23 ff.). Es geht um Gesichtspunkte, die nicht (bloss) auf die individuelle Interessenkollision etwa des traditionellen Vertrags- oder Haftpflichtrechts, sondern ebenso auf überindividuelle Interessenbereiche ausgerichtet sind (DÜRR, diskursives Recht, 19 ff., 174 ff.); ja nicht selten um rechtspolitische Zielsetzungen, welche den Grundsatz der Vertragsfreiheit als solchen oder generell das causa-bezogene Anspruchsdenken relativieren (KRAMER in: Berner Kommentar, Art. 19–22 OR, Bern 1991, Art. 19–20 N 25 ff. mit Verweisen).

399   Beispielhaft lassen sich hiezu zählen: zwingende Vorschriften im Vertragsrecht (KRAMER a.a.O. N 27; vgl. schon BURCKHARDT, Methode, 170 ff.); in Sonderheit in den klassischen Bereichen des «Sozialrechts» (WIEACKER, Privatrechtsgeschichte, 455 ff., 545 ff.), dem Miet- und dem Arbeitsrecht; rechts- oder wirtschaftspolitisch begründete Bevorzugungen bestimmter Personen im landwirtschaftlichen Erbrecht (BG über das bäuerliche Bodenrecht, SR 211.412.11, Art. 11 ff.) oder im Immobilienrecht (Bauhandwerkerpfandrecht, Art. 837 Abs. 1 Ziff. 3 ZGB); Gesichtspunkte des Konsumentenschutzes (Art. 40a ff. OR betreffend Haustürgeschäfte, Art. 226a ff. OR betreffend Abzahlungsrecht, Gerichtspraxis zu den allgemeinen Vertragsbedingungen, vgl. KRAMER in: Berner Kommentar, Art. 1–18 OR, Bern 1986, Art. 1 N 201 ff., sowie daselbst Art. 19–22, Bern 1991, Art. 19–20 N 277 ff.); haftpflichtrechtliche Verschärfungen zum Beispiel gemäss dem Produktehaftpflichtgesetz, die nicht auf einem er-

Art. 1

höhten *Vorwurf* an den Haftpflichtigen, sondern aus gesamtwirtschaftlicher Dezision heraus begründet werden (Bundesgesetz über die Produktehaftpflicht, v.a. Art. 2 Abs. 2, dazu auch WEBER, Entwicklungstendenzen, 8 ff.).

Diese Beispiele zeigen, dass es sich bei solch neueren Ausrichtungen des Privatrechts nicht um traditionelle Institute der gemeinrechtlichen und damit der ursprünglich kodexbezogenen Dogmatik handelt (SAVIGNY, Band III; EUGEN HUBER, System, Band IV, 829 ff.); dass vorwiegend und nicht zufälligerweise jeweils konkrete Dezisionen des Gesetzgebers – seien es Partialänderungen des ZGB oder des OR, seien es Spezialerlasse – zugrunde liegen (ENGEL); nicht aber umfassende Aufbereitungen ganzer rechtsdogmatischer Systeme (als Gegenbeispiele immerhin die derzeitigen Revisionsarbeiten betreffend das Haftpflichtrecht und betreffend die GmbH). 400

c) Und dies wiederum führt zur eingangs gestellten Frage zurück, ob solch «öffentlich-rechtliche», sozialpolitisch motivierte Regelungen ausschliesslich in der Kompetenz des verfassungsmässig zuständigen *Gesetzgebers* liegen, vom Richter mithin grundsätzlich *nicht* erlassen werden dürfen; und hier nun insbesondere deshalb nicht, weil sie nicht zum Zivilrecht gemäss Art. 64 BV gehören. 401

Dass der *Gesetzgeber* solche privatrechts-atypischen Regelungen erlässt, kann jedenfalls nicht für eine entsprechende Kompetenz des *Richters* sprechen; denn zum einen stützt sich der Gesetzgeber bei solch atypischen Regelungen gerade nicht (nur) auf Art. 64 BV, sondern (oft auch) auf spezifischere Verfassungskompetenzen, wie namentlich betreffend Konsumentenschutz (Art. 31^{sexies} Abs. 1 BV), Atomenergiehaftpflicht (Art. 24^{quinquies} BV), Geschlechtergleichstellung (Art. 4 Abs. 2 BV). Zum andern – soweit *keine* entsprechende Verfassungsermächtigung vorliegt – *kann* der Gesetzgeber bekanntlich im Schutz von Art. 113 Abs. 3 BV trotzdem entsprechende Gesetze erlassen, eine Möglichkeit, die dem Richter eben fehlt. Genau gleich, wie dieser die Auslegung in den verfassungsmässigen Rahmen stellen darf und muss (N 220 ff., 395 ff.), so muss auch die richterliche Rechtsfindung *jenseits* der Auslegung das verfassungsmässige Umfeld miteinbeziehen. Wenn der Richter mithin gemäss Art. 1 Abs. 2 ZGB «modo legislatoris» handelt, so jedenfalls stets in jenem Rahmen, an den sich auch der Gesetzgeber halten *müsste*. Oder konkret nun gewendet: Kann der nach Art. 1 Abs. 2 ZGB operierende Richter ebenso im Sinn *anderer* Verfassungsnormen als jener gemäss Art. 64 BV operieren? 402

Dies muss dem Grundsatz nach verneint werden; und zwar nicht bloss aus Subsumtion unter den Text «*Zivil*gesetzbuches», für dessen Interpretation auch der Titel als Wortlautbestandteil relevant ist (N 65). Vielmehr und vor allem wiederum aus dem Wesen der *richterlichen* Rechtsfindung: Der Richter hat im konkreten Fall einen Bezug zur Sollensordnung herzustellen; und zwar – mit der 403

Art. 1

ganzen Ambivalenz, die dem immanent ist – zur «*bestehenden*» Sollensordnung. Und hiezu gehört nun eine positive Rechtsordnung, welche sozial-, wirtschafts-, rechtspolitische Entscheidungen bewusst dem *Gesetzgeber* zuweist, ja sogar in der Regel den *Verfassungs*geber davorgeschaltet haben will; jedenfalls nicht dem Richter entsprechende inhaltliche Entscheidungen zuspricht (grundsätzlich hiezu HABERMAS, Faktizität und Geltung, 239 ff., 467 ff.; DÜRR, diskursives Recht, 228 ff.).

404   Soweit allerdings die Gesetzgebung solche privatrechts-atypischen Regelungen erlassen hat, namentlich im Rahmen von – landläufig ausgedrückt – privatrechtlichen Erlassen, darf und muss auch der Richter davon ausgehen. Finden sich in entsprechenden Gesetzen Lücken, so spricht nichts dagegen, dass der Richter sie – im Sinn eben dieser sozial-gesetzlichen Zielsetzungen – ausfüllt; zwar je nach den Umständen mit der Zurückhaltung einer «restriktiven» Rechtsfindung (dazu N 239 ff.).

IV. Praktische Relevanz

1. Abgrenzung Auslegung – Lückenfüllung

405   a)   Aus dem vorstehend Ausgeführten ergibt beziehungsweise bestätigt sich, dass eine *grundsätzliche* Unterscheidung zwischen Auslegung und Lückenfüllung überholt ist.

406   Dies gilt zum einen methodologisch (N 261–297). Das heisst, der Richter wird dieselbe Operation durchführen, ob es nun um Auslegung oder um Lückenfüllung geht. Zwar wird er bei der Auslegung eine gesetzliche Antwort vorfinden, bei der Gesetzeslücke nicht. Doch der Gesetzestext ist heute methodologisch nichts anderes als *ein* – zwar gewichtiges – Rechtsfindungselement. Ob es im konkreten Fall vorliegt, ist gleichsam eine Frage des «Sachverhalts»; jedenfalls nicht eine Frage der richterlichen Funktion.

407   Dies gilt auch unter dem Gesichtspunkt der Kompetenz des Richters im Verhältnis gegenüber dem Gesetzgeber (N 358–404). Gerade *weil* die Gesetzesregelung methodologisch gesehen bloss «Sachverhalt» ist, kann kein Sonderproblem einzig daraus entstehen, dass die Gesetzesnorm fehlt; ja nicht einmal daraus, dass sie (vordergründig) zwar besteht, sie der Richter aber nicht als rechtens erachtet.

b) Eine Ausnahme vom eben Festgehaltenen gilt nur dort, wo im konkreten Regelungs-«Sachverhalt» die Textlichkeit eine spezifische Bedeutung besitzt, die über das allgemeine Stabilitätsmoment des geschriebenen Rechts hinausgeht (N 75 ff., 376 f. mit Verweisen).

Konkret ist dies in Bereichen anzunehmen, wo öffentlich-, sozial- oder wirtschaftspolitische Gesichtspunkte sich zu ausdrücklichen Gesetzesbestimmungen verdichtet haben, die sich insofern privatrechts-atypisch ausnehmen. Sie gebieten eine restriktive Auslegung, beziehungsweise sie können nicht durch richterliche Lückenfüllung eingeführt werden (Gygi, Rechtsfindung 81 f.; ders., Rechtsetzungszuständigkeit, 247 ff.; Thomas Koller, 115).

2. Abgrenzung zulässige – unzulässige richterliche Lückenfüllung

a) Die einzig praktisch relevante Unterscheidung, die sich mit Art. 1 (und 4) ZGB in Zusammenhang bringen lässt, ist jene zwischen zulässiger und unzulässiger richterlicher Rechtsfindung, beziehungsweise – in der gängigen Terminologie unter Miteinbezug namentlich auch der «unechten» Lücke – der (zulässigen) richterlichen Lückenfüllung einerseits und der (unzulässigen) rechtspolitischen Entscheidung anderseits (Larenz, Methodenlehre, 413 ff.; Gygi, Rechtsfindung, 79 ff.).

b) Diese Abgrenzung besagt, dass dem Richter jene Operationen verwehrt sind, die jenseits der *richterlichen* Rechtsfindung liegen; das heisst, die den Bezug zur bestehenden Sollensordnung abreissen lassen beziehungsweise diese selbst definieren wollen (N 387 ff., 403).

Der Richter wird also dem Gesetz – sei es im Rahmen der wörtlichen «Anwendung», der Auslegung des Wortlauts oder der Lückenfüllung, genauer also seiner *ratio* – folgen, sofern er darin nicht eine Kollision mit anderen Elementen der Sollensordnung erblickt; und zwar eine Kollision, die derart stark wiegt, dass die Befolgung der betreffenden Gesetzesnorm ihrerseits den Bezug zur Sollensordnung abreissen liesse.

Ist die Kollision weniger gravierend, wird der Richter auch dann vom Gesetz ausgehen, wenn es seiner eigenen Überzeugung widerspricht; dies tut er nicht aus Gehorsam, sondern weil er sonst den doch sehr spezifischen Aspekt «Gesetz» schlicht ignorieren würde.

c) In aller Regel *keine* kriteriale Begrenzung ergibt sich aus dem Wortlaut der Gesetzesnorm; weder positiv noch negativ. Dies hebt nicht bloss den *wesentli-*

Art. 1

chen Unterschied zwischen Auslegung und Lückenfüllung auf (oben N 405). Vielmehr entfallen damit alle *spezifischen* Voraussetzungen, die oft für ein Abweichen vom Wortlaut verlangt werden; namentlich jene des Rechtsmissbrauchs gemäss Art. 2 Abs. 2 ZGB (oben N 320 f.; Art. 2 N 14b, 21, 244).

415 Allerdings gilt auch hier die soeben bei der Lückenfüllung erwähnte (N 408 f.) Ausnahme dort, wo die Textlichkeit ihrerseits zum Wesen der betreffenden Teile der Sollensordnung gehört; konkret, wo das Gesetz einen ausnahmsweisen Eingriff in private Interessensphären enthält, der aus *diesem* Grund bloss zurückhaltend, eben «wörtlich» zu nehmen ist. Diese Einschränkung ergibt sich aber nicht aus einem grundsätzlichen Gehorsam des Richters gegenüber dem *Wort* des Gesetzgebers; sondern aus dem richterlichen Verstehen der Wortlautbedeutung im konkreten sachverhaltsmässigen, aber ebenso auch staatsorganisatorischen Zusammenhang.

416 d) Innerhalb des so abgesteckten Rahmens gibt es dann keine grundsätzlichen Restriktionen der richterlichen Kompetenz mehr; weder – wie soeben erwähnt (N 414 f.) – aus dem Wortlaut, noch etwa weil es um sehr «wichtige» Grundsatzentscheidungen ginge; weil eine Abkehr von früherem (Gesetzes- oder) Richterrecht vorliege; weil der Regelungsbedarf nicht dringend sei; und weil aus all solchen Gründen eben der *Gesetzgeber* zuständig sei. Der Richter *kann* auch Grundsätzliches, Neues und Zukunftsträchtiges statuieren; jedenfalls solange er dabei Richter bleibt, das heisst einzig den Fall beurteilt und nicht die «bestehende» Sollensordnung verändert.

D. Gewohnheitsrecht

I. Bedeutung des Gewohnheitsrechts im Rahmen der Rechtsfindung

1. Gewohnheitsrecht als normative Verdichtung

417 a) Das Gesetz räumt in Art. 1 Abs. 2 ZGB dem Gewohnheitsrecht eine besondere Stellung ein. Zwar kommt es erst subsidiär *nach* dem Gesetz zur Anwendung; «wo gesetztes Recht besteht, bleibt Raum weder für abweichendes noch für bestätigendes Gewohnheitsrecht» (BGE 119 Ia 59 [64]); ja selbst wo der Gesetzge-

ber von bestimmten Regelungskompetenzen nicht Gebrauch macht, muss Gewohnheitsrecht unter Umständen zurücktreten (vgl. auch SJ 1980, 505 ff. [509]). Doch immerhin kommt ihm das Gewicht und die Verbindlichkeit einer *Rechtsquelle* zu. Diese Stufe erreicht gemäss Art. 1 ZGB bekanntlich nur noch das Gesetz selbst. Nicht einmal das Richterrecht im Sinn von Art. 1 Abs. 2 ZGB ist eigentliche Rechtsquelle (Vorbemerkungen N 29 ff.); und erst recht sind es nicht all jene weiteren Rechtsfindungselemente wie Lehre und Rechtsprechung (N 533 ff.), Rechtsprinzipien oder andere mehr (Vorbemerkungen N 35 ff.).

Die starke Stellung des Gewohnheitsrechts aus der Sicht von Art. 1 ZGB ist bezeichnend. Dies nicht nur aus historischen Gründen (Vorbemerkungen N 146 f.), sondern ebenso aus einer inneren Folgerichtigkeit. Wie an anderen Stellen dieser Kommentierung ausgeführt (N 364 ff., 600 ff.; Vorbemerkungen N 191 ff.), liegt ein wesentliches, wenn nicht das ultimate Minimalmerkmal der Sollensordnung in *Stabilisierung*. Diese liegt auch als Minimalbegründung in der Textlichkeit des Gesetzes (N 81 ff.). Die Stabilisierung ist die letzte Schranke für den noch so frei operierenden Richter. Und folglich: Wenn es um die Umschreibung einer Rechtsquelle geht, wo der Stabilitätsgarant par excellence, das Gesetz nämlich, fehlt, so ist jedenfalls zuallererst Stabilität gefragt; und wo die Stabilität des Gesetzes fehlt, liegt jene des Gebrauchs, der «Gewohnheit» eben, sehr nahe. Zumal schliesslich die Aufgabenstellung auf einen Halt der Sollensordnung, das heisst auf eine *Rechtsquelle* hinausläuft, ergibt sich «Gewohnheitsrecht» gleichsam von selbst (zur Definition N 429 ff.).

418

Entsprechend diesem Stabilitätsmerkmal versteht sich Gewohnheitsrecht als normativer Fixpunkt; gleich wie dies an anderer Stelle für das Gesetz dargelegt wird (N 9 ff.). In nuancierter Abgrenzung zum Gesetz könnte eher noch von einer «normativen *Verdichtung*» gesprochen werden, womit das graduelle Moment unterstrichen wird (vgl. N 387 ff. mit Verweisen).

419

b) Gewohnheitsrecht ist also «ungeschriebenes Gesetz», beziehungsweise – in Aufnahme der Terminologie des Gesetzes – «Gesetz ohne Wortlaut». Entsprechend begnügt sich Art. 1 Abs. 2 ZGB damit, die subsidiäre Anwendbarkeit des Gewohnheitsrechts festzuschreiben. Es lässt sich nicht darüber aus, *wie* dies vor sich geht; namentlich ob auch bei Gewohnheitsrecht eine Priorität seiner textlichen «Träger» gelten soll; beispielsweise von stereotyp verwendeten Formeln gewohnheitsrechtlicher Gerichtsentscheide. *Textlich* klare Beispiele hiefür kennt die Praxis nicht (tendenziell gehen allenfalls in diese Richtung *sprachlich* vertraute Formeln wie etwa im Zusammenhang mit der culpa in contrahendo, dazu BGE 120 II 331 [335 ff.]).

420

Art. 1

2. Gewohnheitsrecht als Element der Rechtsfindung

421 a) Wenn selbst das «geltende» Gesetz – gemäss der hier vertretenen Auffassung – nicht verbindlicher Imperativ, sondern Rechtsfindungselement ist (N 74 ff.), so muss dies um so mehr für Gewohnheitsrecht gelten. Hier liegt die verstehende Funktion des Richters noch näher als bei der «Anwendung» des Gesetzes. Bei letzterer kann Verstehen wohl recht leicht in Gehorchen umschlagen; so namentlich bei der Gerichtspraxis zum «klaren Wortlaut» (oben N 70, 101 ff., 362 ff.).

422 Der Richter aber, dem das Gesetz keinen solchen «Befehl» erteilt, wird vielleicht schon viel mehr an eigenem Vorverständnis konkretisiert haben, wenn er sich schliesslich anschickt, nach einer spezifisch gefestigten Praxis zu suchen. Er fragt eher «was *sagt* das Gewohnheitsrecht?» als «was *befiehlt* es?». Hier gleicht die verstehende Arbeit des Richters schon eher der Denkweise des 19. Jahrhunderts über rechtsdogmatische Fragen: Nach Freilegung der Problemstellungen werden zunächst Fixpunkte des römischen Rechts und eben des Gewohnheitsrechts, lediglich *auch* jene der da und dort Gesetz gewordenen Regelungen zu verstehen gesucht (FLUME, Gewohnheitsrecht; anschaulich hiezu die bekannte Abhandlung Rudolf von Jherings, Culpa in contrahendo oder Schadensersatz bei nichtigen oder nicht zur Perfection gelangten Verträgen, in: R. VON JHERING, Gesammelte Aufsätze aus den Jahrbüchern für die Dogmatik des heutigen römischen und deutschen Privatrechts, 1. Band, Jena 1881, 328 ff., 365, 370 ff.).

423 b) Nicht nur die Haltung des Richters zum «Thema» Gewohnheitsrecht unterlegt dessen Stellenwert als Rechtsfindungselement. Vielmehr führt eine wissenschaftstheoretisch fundierte richterliche Rechtsfindung auch inhaltlich (gegebenenfalls) zu nichts anderem als eben zur Feststellung und «Anwendung» von Gewohnheitsrecht.

424 Es wurde schon auf das Bild des Gewohnheitsrechts als «normative Verdichtung» hingewiesen (N 419). Rechtsmethodologisch bedeutet dies gerade nicht, dass es zunächst um die Suche nach einem – irgendwie «beglaubigten» – Gewohnheitsrecht ginge, welches es alsdann anzuwenden gälte. Vielmehr ist Gewohnheitsrecht «Produkt» der Rechtsfindungstätigkeit des Richters. Noch genauer: In ihm zeigt sich sehr anschaulich, dass es letztlich gar kein normatives «Produkt», sondern bloss Methode gibt (GADAMER, Band 1, 303; Vorbemerkungen N 161, 209 ff.).

Art. 1

3. Feststellung von Gewohnheitsrecht

a) Der eben genannte methodologische Grundsatzgesichtspunkt ist bei jener Frage zu beachten, die das Gewohnheitsrecht immer begleitet: Wie lässt es sich feststellen? Was beim geschriebenen Gesetz mittels des Wortlauts in der amtlichen Sammlung leicht zu administrieren ist (jedenfalls dem Modell nach, vgl. N 65 ff.; BAUMANN, Recht, 107), erweist sich beim *ungedruckten* «Gesetz» als heikles Problem.

425

Dies gilt zunächst rein unter praktischen Gesichtspunkten. Die gemeinhin anerkannten Definitionsmerkmale des Gewohnheitsrechts (N 429 ff.) sind alles andere als scharf justitiabel. Namentlich stellen sich oft Abgrenzungsfragen gegenüber weniger qualifizierten, aber gleichwohl rechtlich relevanten Rechtsgewohnheiten (z.B. zur bewährten Überlieferung gemäss Art. 1 Abs. 3 ZGB, s. N 533 ff.).

426

Anderseits relativiert heute der methodologische Stellenwert des Gewohnheitsrechts gerade solche Probleme recht stark. Denn zum einen erweisen sie sich *generell* als rechtsfindungsimmanent; sie gehören zu den anspruchsvollen Aufgaben, die der Richter genau gleich auch angesichts von noch so klaren Gesetzeswortlauten bewältigen muss (N 65 ff.; Vorbemerkungen N 226 ff.). Und zum anderen *sind* all jene anderen Rechtsgewohnheiten nicht qualitativ, sondern bloss quantitativ-graduell vom Gewohnheitsrecht abgrenzbar. Namentlich gibt es keine scharf messbaren Verbindlichkeitsabstufungen etwa zwischen dem «anwendbaren» Gewohnheitsrecht nach Art. 1 Abs. 2 ZGB und der vom Richter zu «folgenden» bewährten Überlieferung gemäss Art. 1 Abs. 3 ZGB. Allemal geht es um mehr beziehungsweise weniger starke Stabilitätselemente (N 588).

427

b) Die Einstufung des Gewohnheitsrechts als Rechtsquelle gleich dem Gesetz bedeutet praktisch, dass es der Richter von Amtes wegen zu berücksichtigen hat. Es muss von der Streitpartei weder behauptet noch gar bewiesen werden. Insofern gilt iura novit curia (120 II 417 [422]; vgl. etwa ISAAK MEIER, Iura novit curia: die Verwirklichung dieses Grundsatzes im schweizerischen Zivilprozessrecht, Zürich 1975). Und ebenso kann im Rahmen entsprechender Rechtsmittel die Nicht-Feststellung und Nicht-Anwendung von Gewohnheitsrecht gerügt werden, gleich wie die Feststellung und Anwendung von nicht bestehendem Gewohnheitsrecht (Art. 43 Abs. 2 OG; zu prozessualen Auswirkungen im Zwischenbereich zwischen Gewohnheitsrecht und Beweisfragen s. KARL SPÜHLER, Wann sind Grundsätze der Lebenserfahrung allgemeine Rechtsgrundsätze? in: SJZ 93 [1997] 392 ff.).

428

Art. 1

II. Begriff des Gewohnheitsrechts

1. Definition

429 In einem landläufigen, bisweilen auch rechtlich verwendeten Sinn ist Gewohnheitsrecht alles Recht, das sich nicht auf geschriebenes Gesetz abstützt; also namentlich alles, was sich der «Gerichtspraxis» zuordnen lässt. Auch historisch scheint ein solches Verständnis zumindest zeitweilig vorgeherrscht, sich aber auch wieder gewandelt zu haben (FLUME, Gewohnheitsrecht). Art. 1 Abs. 2 ZGB umschreibt «Gewohnheitsrecht» nicht näher, liesse also vom Wortlaut her eine solch weite Fassung zu. Die Auslegung aber, vor allem die Abgrenzung zu Abs. 3 und die Nichterwähnung weiterer Rechtsquellen, führt anerkanntermassen zu einer spezifischeren Qualifizierung:

430 Zum ersten muss der betreffende Gerichtsgebrauch rein äusserlich qualifiziert sein; das heisst, sich über einen längeren Zeitraum unverändert verfestigt haben (BÜHLER, Rechtsquellenlehre, Bd. 3, 90, 138; BÉGUELIN, 5 f.; BGE 119 Ia 59 [62]). Die Optik der «normativen Verdichtung» (N 419) muss es als ungenügend erscheinen lassen, wenn ein oder nur wenige Präjudizien zwar lange Zeit zurückliegen, sich aber nicht durch «laufende» Konstanz stabilisiert haben. Ob die laufende Stabilisierung auch durch andere Fakten als wiederum nur durch Gerichtsentscheide, also etwa durch konstant zustimmende Lehrmeinungen, bewerkstelligt werden kann, ist fraglich: *Dagegen* spricht die in der Rechtsprechungs-Praxis anstehende Grundidee des Gewohnheitsrechts. *Dafür* spricht die Verschränkung des stark methodologisch durchdrungenen Gewohnheitsrechts-Begriffs mit anderen Rechtsfindungselementen, vor allem jenen gemäss Art. 1 Abs. 3 ZGB (N 533 ff.). Die bestätigende Lehre kann aber allenfalls für das weitere Merkmal des Gewohnheitsrechts relevant sein:

431 Zum zweiten braucht es die «opinio necessitatis»; das heisst die ebenfalls stabilisierte Überzeugung, die Gerichtspraxis entspreche der Richtigkeit (BÜHLER, Rechtsquellenlehre, Bd. 3, 91, 138 ff.; BÉGUELIN, 6 ff.; BGE 119 Ia 59 (62); Bernischer Appellationshof in Zivilsachen in ZBJV 76 [1940], 143 ff.). Namentlich dieses zweite Kriterium qualifiziert das Gewohnheitsrecht gegenüber einem rein rechtssoziologischen Faktum. Methodologisch gesehen kommt damit der Bezug zur Sollensordnung zum Tragen, der mindestens und stets Teil der richterlichen *Rechts*findung ist (N 385; Vorbemerkungen N 3 ff., 207 f.).

Art. 1

2. Territoriale Ausdehnung

a) Art. 1 Abs. 2 ZGB beschlägt Bundesrecht. Die obgenannten Merkmale der Dauer und der Billigung als Norm müssen mithin gesamtschweizerischen Charakter aufweisen; und gegebenenfalls haben sie gesamtschweizerische Verbindlichkeit (TUOR/SCHNYDER/SCHMID, 39 f.; MEIER-HAYOZ, Berner Kommentar, Art. 1 N 237 ff.). 432

Eine bloss kantonale oder regionale Bedeutung genügt also nicht. *Ob nur solches oder aber gesamtschweizerisches Gewicht vorliegt, ist unter Einbezug aller hiefür relevanten Elemente zu ermitteln:* Eine im allgemeinen anerkannte Praxis verliert nicht allein deswegen den Charakter schweizerischen Gewohnheitsrechts, weil es – zum Beispiel in einem Kanton – eine Gegenpraxis gibt (ein gegenteiliger Einzelentscheid würde schon die *allgemeinen* Gewohnheitsrechtsmerkmale nicht beeinträchtigen). Erst recht kann nicht verlangt werden, dass der Gerichtsgebrauch in *allen* oder einer Mehrzahl von Kantonen zu verzeichnen ist (TUOR/SCHNYDER/SCHMID, 40). 433

Immerhin ist denkbar, dass mehr und mehr auch solch quantitative Aspekte an Bedeutung gewinnen; dies als Folge von elektronisch verarbeiteten Daten, die in technisch zugänglicherer Art und inhaltlich stets vollständiger die kantonale Gerichtspraxis erfassen (KONRAD HUMMLER, Automatisierte Rechtsanwendung und Rechtsdokumentation, Zürich 1982, 34 f. mit Verweisen; vgl. auch N 454). Allein die Tatsache, dass eine Vielzahl gleichartiger Entscheide vorliegt, eventuell mehr als bis anhin üblicherweise bei Gewohnheitsrechts-Fällen eruierbar waren, wird noch nicht für sich allein Gewohnheitsrecht begründen. Selbst wenn auch die opinio necessitatis in solch zahlreichen Fällen je als erstellt gelten sollte, fragt sich, ob bei derart (auch zeitlich) dichten Datensammlungen nicht noch ein zusätzliches Kriterium berücksichtigt werden müsste, das bis anhin in den beiden traditionellen Gewohnheitsrechts-Merkmalen gleichsam immanent gegeben war; nämlich ein gewisser «Rückkoppelungseffekt»: Der zum Gewohnheitsrecht gehörende *nachhaltige* Dialog zwischen der Praxis und der sich darauf Berufenden käme sonst zu kurz; beziehungsweise die *besondere* «normative Verdichtung» lässt sich mit einer rein datenmässigen Verdichtung nicht gleichsetzen. 434

b) Zur Abgrenzung gegenüber Art. 5 ZGB vgl. MARTI, N 225 ff. 435

c) Kann das Gewohnheitsrecht auch eine Ausdehnung auf Territorien ausserhalb der Schweiz aufweisen? Genauer: Kann es sich zu Gewohnheitsrecht im Sinn von Art. 1 Abs. 2 ZGB auch dann verdichten, wenn die betreffende Praxis, die billigende opinio beziehungsweise ein allfälliger Rückkoppelungseffekt (N 434) 436

Art. 1

sich im Ausland feststellen lässt; beispielsweise nach Art. 38 des Statuts des IGH, wonach der Gerichtshof seinerseits das «internationale Gewohnheitsrecht als Ausdruck einer allgemeinen, als Recht anerkannten Übung» anwenden soll?

437 Die Fragestellung ist wenig ergiebig, soweit es um *schweizerisches* Gewohnheitsrecht geht, das *auch* in anderen Rechtsterritorien zu finden ist. Relevant aber gleichzeitig auch schwieriger ist dagegen die Konstellation eines Gerichtsgebrauchs, dessen besondere Qualifikationen als Gewohnheitsrecht in der Schweiz *allein* nicht festzustellen sind; bei Fällen, die in der Schweiz vielleicht erst seit kurzem oder erst in geringer Zahl, eventuell noch gar nicht fundiert entschieden worden sind, wohl aber beispielsweise in anderen, rechtskulturell verwandten; wo beispielsweise eine auch im Ausland gesetzlich nicht geregelte Frage durch expliziten und anerkannten Gerichtsgebrauch «geklärt» ist (beispielsweise zur dogmatisch geklärten Einordnung der culpa in contrahendo BGE 121 III 350 [355] unter Hinweis auf die deutsche Praxis und Lehre).

438 Gemäss der hier vertretenen Auffassung sind für solche Konstellationen folgende Gesichtspunkte zu beachten: Entsprechende ausländische Entscheide müssen im Rahmen *ihres* positiv-rechtlichen Umfelds vergleichbar sein; soweit sie sich an geschriebenes (oder ungeschriebenes) eigenes Recht anlehnen, muss dies auch der schweizerischen «Lücken»-Situation entsprechen; an die opinio necessitatis sind spezifische Anforderungen zu stellen, welche die oben erwähnten Rückkoppelungseffekte namentlich auch in die schweizerische Rechtswirklichkeit abstrahlen lassen; das Fehlen eines Gewohnheitsrechts in der Schweiz darf nicht damit zusammenhängen, dass die entsprechenden Problemstellungen gerade für die Schweiz atypisch sind und *deshalb* kein stabiler Gerichtsgebrauch vorliegt, mit anderen Worten die «Vakanz» in der Schweiz muss gleichsam zufällig sein. Sofern all diese Gesichtspunkte gegeben sind, spricht jedenfalls nichts Grundsätzliches dagegen, den betreffenden ausländischen Gerichtsgebrauch als Gewohnheitsrecht gemäss Art. 1 Abs. 2 des *schweizerischen* ZGB zu betrachten (vgl. auch Vorbemerkungen N 123 ff. und 254 ff.; zur Bedeutung von ausländischem Recht nach Art. 1 Abs. 3 ZGB s. N 610).

3. Abgrenzung zum Gesetz

439 a) Die Abgrenzung gegenüber dem Gesetz ist problemlos, jedenfalls soweit es das Verständnis von Gewohnheitsrecht im Sinn von Art. 1 Abs. 2 ZGB betrifft. Der einzige Unterschied zwischen Gesetz (lex) und Gewohnheitsrecht (mos) liegt darin, dass jenes geschrieben, dieses nicht geschrieben ist (N 420 mit Verweisen).

Es versteht sich, dass auch das Gewohnheitsrecht schriftlichen Niederschlag 440 findet, namentlich in schriftlich festgehaltenen Urteilsbegründungen. Doch liegt die Geltung als (ungeschriebenes) Gesetz, als Rechtsquelle nicht «in» solchen Urteilsbegründungen. Deren Schriftlichkeit umfasst lediglich die Gründe der *konkreten* Fallentscheidung. Dies gilt auch bei noch so zahlreichen und formulierungsmässig noch so stereotypen Gewohnheitsrechtsregeln. Denn auch dort liegt die *Gesetzes*geltung nicht im jeweiligen Gerichtsurteil (und seiner schriftlichen Motivierung), sondern (unter anderem) in der Tatsache, dass eine solch grosse Zahl von Einzelurteilen vorliegt. *Dies* wiederum ist aber nicht Gegenstand der Schriftlichkeit der einzelnen Urteile.

b) In jeder anderen Hinsicht besteht kein Unterschied zum Gesetz. Gemäss der 441 Optik des ZGB ist namentlich zu wiederholen, dass auch das Gewohnheitsrecht – gleich wie sonst nur das Gesetz – Rechtsquelle ist (Vorbemerkungen N 27 ff., 32 ff.). «Wenn eine feststehende gewohnheitsrechtliche Norm nachweisbar ist, deren Anwendung zur Ergänzung des Gesetzesrechts geboten ist, so steht diese Norm der Gesetzesnorm grundsätzlich gleich. Sie hat die gleiche Kraft wie das Gesetz» (Zürcher Kassationsgericht in ZR 68 [1969] Nr. 126).

Nach der in der vorliegenden Kommentierung vertretenen Auffassung glei- 442 chen sich Gewohnheitsrecht und Gesetz auch in jenen Hinsichten, welche die «Geltung» der Rechtsquellen *relativieren*. Gleich wie das Gewohnheitsrecht – besonders greifbar durch das Kriterium der opinio necessitatis – bloss Rechtsfindungs*element* ist, so auch – wenn vielleicht weniger offensichtlich – das Gesetz (N 78 f., 423 f.; Vorbemerkungen N 210 ff.).

4. Abgrenzung zum Richterrecht

a) Unter «Richterrecht» sei hier jenes verstanden, das der Richter gestützt auf 443 Art. 1 Abs. 2 ZGB modo legislatoris spricht; nicht also die bewährte Überlieferung gemäss Art. 1 Abs. 3 ZGB (N 571 ff.); ebensowenig was gemeinhin «Gerichtspraxis» genannt wird (N 429, 588).

Auch Gewohnheitsrecht ist – unspezifisch ausgedrückt – «Richterrecht», 444 denn es konkretisiert sich in richterlichen Urteilen; zumal in solchen, die sich nicht auf das *Gesetz* abstützen können. Und in der Tat – zumindest idealerweise – setzt sich Gewohnheitsrecht aus einer Anzahl von gemäss Art. 1 Abs. 2 ZGB vom Richter aufgestellten Regeln zusammen. Dies jedenfalls bildet eine *notwendige* Voraussetzung zur Bildung von Gewohnheitsrecht (ähnlich MERZ, Widerrechtlichkeit, 328). *Genügend* ist diese bekanntlich nicht. Es braucht die opinio

Art. 1

necessitatis als weitere Bedingung (N 431), allenfalls zusätzlich gewisse Rückkoppelungselemente (N 434).

445 b) Ist nun die zweitgenannte Voraussetzung zur Bildung von Gewohnheitsrecht, die opinio necessitatis nämlich, gleichzusetzen mit der Qualifizierung gemäss Art. 1 Abs. 2 ZGB, die Regel «wie ein Gesetzgeber» aufzustellen?

446 *Gegen* eine solche Gleichsetzung spricht die unterschiedliche Stellung der beiden Kriterien: Die opinio necessitatis erhöht gegebenenfalls die Geltungskraft einer Gerichtspraxis dahin, dass sie für den Richter Gesetzesverbindlichkeit erhält (N 431, 441). Er muss also gleichsam sachverhaltsmässig überprüfen, *ob* die Qualifikation vorliegt, um dann je nach Ergebnis zu «gehorchen». Der «modus legislatoris» dagegen ist dort verlangt, wo der Richter «sachverhaltsmässig» gerade keine Verbindlichkeits-Anhaltspunkte vorfindet (unter Vorbehalt von Art. 1 Abs. 3 ZGB [N 538 ff.]) und er nun eine bestimmte *Methode* wählen soll (N 500 ff.). Hieraus erklärt sich auch, weshalb gemäss Art. 1 Abs. 2 ZGB das «Richterrecht» nicht ebenso eindeutig Rechtsquelle sein kann wie das Gewohnheitsrecht (Vorbemerkungen N 29 ff.; unten N 479 f.).

447 Für eine enge Verwandtschaft der opinio necessitatis mit dem modus legislatoris sprechen jedoch verschiedene inhaltliche Aspekte: Beidemal geht es um nichts anderes als um den Bezug zur Sollensordnung, der ja letztlich das Wesen der richterlichen Rechtsfindung ausmacht (Vorbemerkungen N 5 ff.): Dort, wo der Richter als zweifellos gewichtiges Element eine konstante Gerichtspraxis feststellt, wird er dies nicht bloss als rechtssoziologisches Faktum registrieren, sondern wird es seinerseits auf seinen *spezifischen* Bezug zur Sollensordnung hin untersuchen; nichts anderes als dies ist die Überprüfung der opinio necessitatis. Und entsprechend dort, wo der Richter kein solches Element vorfindet, muss eben er allein und «direkt» den Bezug zur Sollensordnung finden; nichts anderes als dies wiederum ist das Gebot, eine *Regel* aufzustellen, den Fall nicht bloss als solchen irgendwie zu erledigen (N 485, 500 ff.).

5. Abgrenzung gegenüber der bewährten Lehre und Überlieferung

448 a) Der Unterschied zwischen Gewohnheitsrecht gemäss Art. 1 Abs. 2 und der bewährten Lehre und Überlieferung gemäss Art. 1 Abs. 3 ZGB ist zunächst gradueller Art. Die letztgenannten Begriffe erreichen die «normative Verdichtung» des Gewohnheitsrechts nicht und können *deshalb* die Verbindlichkeit einer Rechtsquelle nicht beanspruchen (vgl. auch N 588).

Ein *qualitativer* Unterschied besteht zusätzlich gegenüber der «bewährten 449
Lehre». Gewohnheitsrecht setzt sich bekanntlich (unter anderem [N 429 ff.]) stets
aus Gerichtsurteilen zusammen. Eine einhellige Lehre kann definitionsgemäss
nicht Gewohnheitsrecht schaffen; höchstens allenfalls ein Kriterium für das Vorliegen von opinio necessitatis sein (N 431, 560 ff.).

b)   Gemäss der Dogmatik von Art. 1 ZGB liegt die Auswirkung der Unterscheidung darin, dass Gewohnheitsrecht *verbindliche* Rechtsquelle ist, bewährte Lehre und Überlieferung dagegen bloss als Leitlinie dienen (N 538 ff.). 450

Anderseits vermag diese Unterscheidung gemäss der hier vertretenen Auffassung nicht zu überezeugen. Sie weckt nicht bloss Bedenken zur Praktikabilität; sondern auch methodologisch ist sie heute kaum mehr zu vertreten. «Verbindlichkeit» beziehungsweise «Geltung» als Rechtsquelle verstehen sich heute wissenschaftstheoretisch stark relativiert. So wird man heute dem Gewohnheitsrecht trotz Verbindlichkeit gemäss Art. 1 Abs. 2 nicht mehr «Geltung» zumessen, allenfalls im Sinn des Verstehens eines Geltungs*anspruchs*; jedenfalls näher der Leitlinienfunktion, wie sie in Art. 1 Abs. 3 ZGB zum Ausdruck kommt (vgl. auch Vorbemerkungen N 215 f.). 451

6. Abgrenzung zur Gerichtspraxis

a)   «Gerichtspraxis» muss in diesem Zusammenhang als ein eher rechts*soziologischer* Begriff erscheinen. Er umschreibt das, was die Gerichte sprechen. Wie weit solch rechtssoziologische Phänomene für die rechtliche Methodenlehre beziehungsweise spezifisch für die richterliche Rechtsfindung von Relevanz sind, kann hier nicht vertieft erörtert werden (eingehend zur Phänomenologie der Gerichtspraxis bzw. -änderung PROBST, 198 ff.; vgl. ferner unten N 588). Es genüge der Hinweis auf Theorien einer Autopoiese des Rechtssystems und der Rechtsordnung; auf die Optik also, dass Organsationsrechtliches, Rechtsordnungsstrukturelles wie auch Rechtsdogmatisches je Teil eines sich selbst laufend schaffenden, verändernden oder erhaltenden Systems sind (TEUBNER, Recht, 23 ff.; LUHMANN, 38 ff.; REHBINDER, 184 ff.). 452

b)   An dieser Stelle geht es darum, wie weit Gerichtspraxis im Rahmen richterlicher Rechtsfindung als Beurteilungselement beigezogen werden kann und soll; und dabei namentlich um die Abgrenzungsfrage, wo *bloss* Gerichtspraxis im Sinn des soziologisch-feststellenden Faktums vorliegt, wo hingegen bereits die justitiable Relevanz erreicht ist. Bei dieser wird es sich zumindest um die «Bewährt- 453

Art. 1

heit» gemäss Abs. 3 handeln (N 577); allenfalls sogar um die besonderen Qualifikationen des Gewohnheitsrechts.

454 Diese Abstufung kann unter Umständen für die Zukunft vermehrt von praktischer Bedeutung sein angesichts der tendenziell stets stärker verbreiteten «Praxis»-Sammlungen; sei es auf der Basis elektronischer Datenträger; sei es dank EDV-Satz mit schneller und stets umfassender publizierten Print-Trägern. Allein die Feststellung, dass einige wenige oder auch zahlreiche Gerichtsentscheide zur gleichen oder ähnlichen Frage nachgewiesen sind, unterlegt zunächst nicht mehr als das Vorliegen von Recherchierarbeit, die vom Ausmass und von der Vollständigkeit her vielleicht höchst respektabel ist. Allein, die «eigentliche» Fragestellung *beginnt* damit erst; nämlich ob Bewährtheit und damit der genügliche Bezug zur Sollensordnung vorliegt (vgl. auch oben N 434, unten N 575).

7. Abgrenzung zu Übung und Ortsgebrauch

455 a) Übung und Ortsgebrauch interessieren im vorliegenden Zusammenhang als Begriffe normativer Vorgaben, die sich gerade nicht als *rechtliche* verstehen. Es geht um bestimmte wirtschaftliche, gesellschaftliche, kulturelle Abläufe; durchaus im Sinn von feststellbaren «Gesetzmässigkeiten», jedoch nicht von eingreifenden Regelungen. So verstanden ist eine Verletzung von Übung und Ortsgebrauch nicht Anlass zu *rechtlicher* Sanktion, sondern schlicht Feststellung. So wird es beispielsweise abgelehnt, einen seit über einem Jahrtausend begangenen Feiertag als gewohnheitsrechtlichen öffentlichen Ruhetag anzuerkennen (BGE 115 IV 266 betreffend Kanton Luzern; vgl. auch BGE 67 II 191 (194) zu «eingewurzeltem Gewohnheitsrecht» *ohne* Rechtscharakter betreffend Adelsnamen). Bei Übung und Ortsgebrauch im wirtschaftlichen Bereich spricht man auch von Usanzen, Handelsbräuchen, Verkehrsübungen und dergleichen (statt vieler BÜHLER, faktische Rechtsquellen, 160 ff.).

456 Da solche Normativitäten nicht in «juristischer» Handhabung, namentlich in rechtlichen Entscheidungen liegen, können sie auch nicht die spezifisch normative Verdichtung des Gewohnheitsrechts im Sinn von Art. 1 Abs. 2 ZGB erreichen. Dessen wesentlicher Bezug zur Gewohnheit der *Gerichte* fehlt bei Übung und Ortsgebrauch ja seinerseits wesensmässig. – Anderseits ist aus der hier vertretenen Optik darauf hinzuweisen, dass hierin kein qualitativer Verbindlichkeitsunterschied liegt. Denn zum einen bilden solche Usanzen in einem entsprechenden Streitfall zweifellos wichtige Rechtsfindungselemente (vgl. N 179; zur Bedeutung gemäss Art. 1 Abs. 3 ZGB vgl. N 573); zum andern sind selbst Ge-

wohnheitsrecht und Gesetz letztlich nichts anderes als wiederum Rechtsfindungselemente (Vorbemerkungen N 33 f.; oben N 75 ff., 421 ff).

b) Übung und Ortsgebrauch können aber auch eine spezifischere rechtliche Relevanz erhalten; namentlich dadurch, dass das Gesetz selbst oder denkbarerweise auch eine andere Rechtsquelle, etwa das Gewohnheitsrecht, für bestimmte Rechtsfragen auf Übung oder Ortsgebrauch verweisen; dies im Sinn der Veweisungs-Lücke «intra legem» (N 310; vgl. z.B. Art. 266c, 269a lit. a OR, Art. 394 Abs. 3 OR). Zum Verhältnis zwischen Übung und Ortsgebrauch einerseits und kantonalem Recht anderseits vergleiche die Kommentierung zu Art. 5 ZGB (N 225 ff.). 457

c) Schliesslich können Übung und Ortsgebrauch auch dadurch spezifisch rechtliche Bedeutung erlangen, dass sie *Vertragsgegenstand* werden; ihre Geltung also nicht in der Anerkennung als Gewohnheitsrecht gründen, sondern darauf, dass sich die Parteien ihnen ausdrücklich oder stillschweigend unterworfen haben (so etwa schon BGE 47 II 160 [164] zu den «Zürcher Platzusancen für den Handel mit Seidenstoffen»). Allenfalls können Handelsbräuche bei der *Auslegung* von Verträgen relevant werden (BGE 4C.41/1995 vom 12.4.96 [nicht publiziert] zur «analogen» Anwendung der Incoterms 1980 auf nicht formell darunter fallende Verträge). Im spezifischen Sinn Rechtsquelle können solche Bräuche dann sein, wenn das Gesetz explizit auf sie verweist (vgl. z.B das Europäische Übereinkommen über die Berechnung von Fristen [SR 0.221.122.3] Art. 1 Ziff. 2 lit c. mit dem Verweis auf «Bräuche oder Gepflogenheiten»; generell zur Problemstellung des Rechtsquellen-Charakters des Vertrags vgl. statt vieler ZELLER, 54; VON DER CRONE, 87 ff.; BÜHLER, Rechtsquellenlehre, Bd. 2, 112 ff.; ferner Vorbemerkungen N 100). 458

III. Bedeutung

1. Historisch

a) Wie schon erörtert (Vorbemerkungen N 146 f.), ist das Gewohnheitsrecht als historisch äusserst bedeutsame Rechtsquelle zu betrachten. Es wird in seiner Nachhaltigkeit bloss noch vom römischen Recht übertroffen oder zumindest erreicht; letzteres zwar seinerseits auf gewohnheitsbezogene Entstehung zurückgehend, alsdann aber systematisiert und in dieser Struktur wiederentdeckt sowie 459

Art. 1

weiterentwickelt (WINDSCHEID/KIPP, Band I, § 26; FIKENTSCHER, Gedanken, 144 f.; vgl. auch N 422).

460 b) Im besonderen manifestiert sich dies im Rahmen des allgemeinen Geschichtsbewusstseins, das punkto Recht konkret in der historischen Rechtsschule Gestalt annahm und in dem auch die Gegenwart steht; also in der Grundoptik, welche sämtliche Rechts- oder gar Gerechtigkeitselemente in Geschichte eingebettet sieht (SAVIGNY, Band I, 34 ff.; EUGEN HUBER, Recht, 245 ff.; KAUFMANN, Geschichtlichkeit), ihr bei noch so starker «Extraposition» (FIKENTSCHER, Methoden, Band IV, 678) zumindest eine Bezugnahme zur Lebenswirklichkeit und in diesem Sinn zur Geschichte attribuiert; und dies auch hinsichtlich der *Sollens*ordnung. Dass hiebei die Anknüpfung an dem, was als rechtens formuliert wird, einen stark normativen Stellenwert erhält, wird damit nicht nur plausibel; vielmehr erweist es sich auch wissenschaftstheoretisch als konsistent.

2. Bei Erlass des ZGB

461 a) Es fügt sich konsequent in den genannten historischen Zusammenhang, dass der Erlass des ZGB, wie übrigens auch anderer nationaler Kodifikationen derselben Epoche, sehr bewusst und ausgeprägt an Gewohnheitsrecht anknüpfte (EGGER, Freiheitsidee, 299; zum BGB COING, Erfahrungen, 1 f.). Die Vorentwürfe und das Verabschieden des Gesetzes enthielten zwar verschiedene *rechspolitische* Entscheidungen, ebenso auch nationalstaatlich begründete Vereinheitlichungen, viel wesentlicher aber und gleichsam flächendeckend eine Kompilierung dessen, was «in der Schweiz» kantonales Gesetzesrecht und dabei nun insbesondere *Gewohnheitsrecht* war (EUGEN HUBER, Erläuterungen, Band 1, 2, 6; ders., System, Band I, 39 ff.; vgl. auch SCHNYDER, Allg. Einleitung N 3 ff.). Dessen Stellung gemäss Art. 1 Abs. 2 ZGB ist also in zweierlei Hinsicht konsequent:

462 Zum einen sollte plangemäss das bis damals feststellbare Gewohnheitsrecht im Gesetz ausdrücklich seinen Niederschlag finden (oder gegebenenfalls *bewusst* abgelehnt oder abgeändert werden); dass der Richter unter Umständen trotzdem auf Gewohnheitsrecht greifen sollte, konnte also nur bei der *planwidrigen* Lücke geschehen, die aber ehrlicherweise allemal vorbehalten wurde (EUGEN HUBER, Erläuterungen, Band 1, 37 f.; ders., Recht, 351 ff.).

463 Zum anderen musste ein derart «nachwirkendes» Gewohnheitsrecht folgerichtig dieselbe Geltungskraft haben wie jenes, das man bei Zeiten erkannt und in den formellen Gesetzestext übernommen hatte; nämlich diejenige der Rechtsquelle (EUGEN HUBER, Erläuterungen, Band 1, 36 f.; Vorbemerkungen N 27 f.).

Art. 1

b)   Das Gewohnheitsrecht nach Art. 1 Abs. 2 ZGB verstand und versteht sich aber nicht bloss als Nachholmechanismus. Seine würdigere Funktion sollte dahin gehen, dem sich *neu* bildenden Gewohnheitsrecht die entsprechende Geltung zuzuerkennen (EUGEN HUBER, Erläuterungen, Band 1, 39). 464

Für diese Funktion besonders bedeutsam war die im gleichen Gesetzesabsatz vorgesehene Autorisierung des Richters, selbst Regeln aufzustellen. Und eben diese sollten sich bei entsprechender Konstanz und inhaltlicher Qualität zu neuem Gewohnheitsrecht verdichten können (vgl. MEIER-HAYOZ, Berner Kommentar, Art. 1 N 249 f.). *Dies* war *der* vorgesehene Mechanismus der Rechtsfortbildung, nicht der Weg über die Gesetzesrevision; eine Entwicklung, die sich allerdings so nicht eingestellt hat (vgl. nachstehend N 469 und Vorbemerkungen N 94 zur Tendenz des «Nachvollzugs» der Gerichtspraxis durch den Gesetzgeber; vergleichbar die Idee des «doppelten Gesetzbuchs», KINDERMANN, 59). 465

3. Heute

a)   Aus heutiger Sicht muss man feststellen, dass es zu dieser Bildung von neuem Gewohnheitsrecht nicht gekommen ist. Wollte man etwa daran gehen, im Sinn eines in common law-Traditionen verbreiteten Restatements des Privatrechts gewohnheitsrechtliche Sammlungen oder auch nur einzelne bedeutsame Institutionen oder Rechtsregeln des Gewohnheitsrechts zu erstellen, wird man Mühe haben. Als einige wenige Beispiele, bei denen sich die Praxis explizit auf Gewohnheitsrecht beruft, liessen sich etwa nennen: die dogmatisch anerkannte Möglichkeit des Gläubigers, sich sowohl auf Willensmangel als auch auf Schlechterfüllung zu berufen (BGE 98 II 20); eventuell die Herabsetzbarkeit der Scheidungs-Unterhalts-Ersatzrente gemäss Art. 151 ZGB (dazu BGE 110 II 114 f. und PETER SCHUMACHER, Die Abänderbarkeit der Unterhaltsersatzrente nach Art. 151 Abs. 1 ZGB, SJZ 87 [1991] 93 ff., 94); wohl auch das Institut der culpa in contrahendo, die das Bundesgericht zwar nicht explizit auf Gewohnheitsrecht abstützt, aber doch als «allgemeine Rechtsfigur» bezeichnet (BGE 120 II 331 [336]; dazu auch oben N 422). Es kommt nicht von ungefähr, dass der Berner Kommentar das Gewohnheitsrecht ebenfalls bloss kurz abhandelt, der Basler-Kommentar gar bloss mit zwei kurzen Noten erwähnt (MEIER-HAYOZ, Berner Kommentar, Art. 1 N 233 ff., vgl. insbes. 242; MAYER-MALY, Art. 1 N 20 f.); ferner dass handliche Lehrbücher das Gewohnheitsrecht heute überhaupt nicht thematisieren (z.B. RIEMER, Einleitungsartikel; HÖHN, Methodik). 466

Art. 1

467 b) Erklärungen für die Bedeutungslosigkeit des Gewohnheitsrechts lassen sich namentlich aus zwei Richtungen herleiten:

468 Zum einen hat sich schon bald nach Erlass des durchaus gefeierten Art. 1 Abs. 2 ZGB gezeigt, dass der Richter wenig Lust verspürte, von seiner «Gesetzgeber»-Kompetenz Gebrauch zu machen (LIVER, Rechtsquelle, 46; MEIER-HAYOZ, Richter, 122 ff.; ZÄCH, Verfassungsrecht, 9). Hat er vielleicht sogar mehr als gemeinhin angenommen «Lücken» des Gesetzes eigenständig gefüllt, so tat er es unbewusst, jedenfalls oft ohne entsprechende Etikettierung und damit ohne ausdrückliche Thematisierung des Bezugs zur Sollensordnung. Nicht nur erschwerte dies die Bildung von opinio necessitatis, sondern generell den für Gewohnheitsrecht wichtigen Rückkoppelungsdialog (N 434).

469 Zum andern hat die «erste» Rechtsquelle eifrig dazu geschaut, dass allfällige Gelegenheiten zur Bildung von Gewohnheitsrecht verbaut, das heisst, dass Gesetzeslücken möglichst rasch durch den *Gesetzgeber* geschlossen worden sind. Diese Tendenz ist ungebrochen. Sie bedeutet nicht bloss, dass rechtspolitisch begründete Neuerungen durch Teiländerungen der wichtigsten Privatrechtsgesetze oder durch Spezialgesetze erlassen werden, also vom verfassungsmässigen Gesetzgeber; so namentlich im Bereich des «Sozialrechts», also dort, wo es um Gesichtspunkte ausserhalb der Privatrechtssystematik des 19. Jahrhunderts geht (COING, Bemerkungen, 30 f.). Es sind dies Bereiche, die in der Tat die Kompetenz des Richters übersteigen *könnten* (allerdings nicht müssen, oben N 304 ff., 395 ff., insbes. 404). Die Dominanz der ersten Rechtsquelle zeigt sich aber auch dort, wo es klar um Rechtsfindung geht, die weit besser zum Richterrecht passen würde, zu seiner eher dynamisch angelegten Flexibilität; etwa dort, wo der Gesetzgeber auch noch die allerkleinsten Abweichungen des nationalen Gesetzes von entsprechenden EU-Bestimmungen durch aufwendige Gesetzesänderungen behebt (vgl. etwa Art. 40b lit. a, 40c, d und e OR, die bereits nach 3 Jahren aus Kompatibilitätsgründen minuziös an Formulierungen des EU-Rechts angepasst wurden); oder wo es gar ausdrücklich um nichts anderes als darum geht, den bislang angefallenen Gerichtsgebrauch quasi ins «ordentliche» Recht überzuführen (vgl. statt vieler Art. 216c Abs. 2 OR zur näheren Umschreibung des Vorkaufsfalls; Art. 336 OR betreffend Missbräuchlichkeit der Kündigung als teilweiser Nachvollzug der Gerichtspraxis zu Art. 2 ZGB; vgl. auch Vorbemerkungen N 94). Dieser *Gesetzes*perfektionismus verkennt, dass auch Gewohnheitsrecht *ordentliches* Recht ist.

470 c) Was Gewohnheitsrecht heute bedeutet, entspricht also nicht mehr der ursprünglichen «Absicht». Die ihm trotz seiner Funktion als verbindliche Rechts-

quelle eigenen Merkmale der Flexibilität, des entsprechenden Reifeprozesses, der Dynamik kommen zu kurz.

Dieses Manko wird heute aber seinerseits relativiert durch die wissenschaftstheoretischen Grundlagen der Jurisprudenz. Diese erbringen jene Dynamik, «Kybernetik», Reifungsmassstäbe, Flexibilitäten genau gleich, ja wesentlich sachgerechter; nämlich indem sie die Geltung der Rechtsquelle an sich jeweils in den umfassenden Verstehensprozess von Rechtsfindung miteinbeziehen (oben N 421 ff.; Vorbemerkungen N 198 ff.); nicht zuletzt auch dadurch, dass sich der Gesetzgebungsprozess seinerseits vermehrt als methodologisches Thema versteht, und dass sich damit seine *qualitative* Abgrenzung gegenüber der Rechts«anwendung» relativiert (Vorbemerkungen N 92 ff.). 471

E. Richterrecht

I. Funktion des Richters

1. Zuständigkeit als Rechtsanwender

a) Adressat von Art. 1 (und 4) ZGB ist der Richter (Vorbemerkungen N 61 ff.; MEIER-HAYOZ, Richter, 3 f., 114). Dies leuchtet namentlich beim Passus gemäss Art. 1 Abs. 2 ZGB ein, wo *dem Richter* bestimmte methodologische Vorschriften gemacht werden. 472

Zur Stellung des Richters im Rahmen von Art. 1 (und 4) ZGB generell vergleiche Vorbemerkungen N 213 ff. 473

b) Als *primäre* Funktion des Richters sieht Art. 1 ZGB die Anwendung des Gesetzes, allenfalls des Gewohnheitsrechts vor; genauer, dass er nach den anwendbaren Gesetzes- beziehungsweise Gewohnheitsrechtsbestimmungen suchen soll (um sie alsdann – *dies* sagt das Gesetz nicht ausdrücklich [N 53 f.; Vorbemerkungen N 81 ff.] – anzuwenden). Beim hier nun interessierenden Fall gemäss Abs. 2, wo das Gesetz und das Gewohnheitsrecht nichts hergeben, müssen sich deshalb grundsätzliche Fragen zur Funktion des Richters stellen; denn *anzuwenden* gibt es hier ja nichts. 474

Aus heutiger, hermeneutisch operierender Sicht stellt sich das Problem so nicht. Die Optik des Anwendens einer objektiven Norm durch den Richter ist 475

Art. 1

wissenschaftstheoretisch ohnehin überholt. Der Richter gehorcht nicht dem Gesetz, er vollzieht es nicht, wendet es nicht an; er *versteht* es, ja mehr noch: er versucht, den gesamten Prozess seiner eigenen Funktion zu verstehen; er «begeht» *Rechtsfindung*. Dass es in den Fällen gemäss Art. 1 Abs. 2 a.E. ZGB nichts anzuwenden gibt, schafft insofern also keine *Sonder*probleme zur richterlichen Funktion (ausführlich Vorbemerkungen N 159 ff., 207 ff.).

476 c) Der eben genannte rechtstheoretische, in seiner Auswirkung auch methodologische Gesichtspunkt legt es nahe, dass die Funktion des Richters «als Gesetzgeber» auch keine verfassungsrechtlichen Zuständigkeitsfragen aufwirft. Das zu tun, was richterliche Rechtsfindung ausmacht, ist der Richter stets befugt (oben N 410 ff.; Vorbemerkungen N 88 ff., 243 ff.).

477 Anderseits führt das Wesen der richterlichen Rechtsfindung auch aus heutiger Sicht dazu, dass bei gewissen Grenzfragen die Funktion des Richters aufhören muss. Auf *diesem* Weg, gleichsam von innen, ergeben sich dann doch wieder Aspekte, die von der Thematik der Gewaltentrennung her vertraut sind (oben N 384 ff., 410 ff.; Vorbemerkungen N 49 ff.).

2. «Zuständigkeit» als Gesetzgeber?

478 a) Bei der Aufgabe des Richters als Gesetzgeber gemäss Art. 1 Abs. 2 ZGB geht es also nicht so sehr um eine Aussage zur «Zuständigkeit» als vielmehr zur Methode. Und diese geht dahin, nicht bloss den Einzelfall zu erledigen, sondern dies auf der Basis einer *Regel* zu tun (MEIER-HAYOZ, Berner Kommentar, Art. 1 N 318; GERMANN, Gesetzeslücken, 159 f.; DESCHENAUX, Einleitungstitel, 107; RIEMER, Einleitungsartikel, § 4 N 105; TUOR/SCHNYDER/SCHMID, 42; STROLZ, 25 ff., 38 ff.; SEILER, 291 ff.; BGE 118 II 139 [141]; vgl. auch HUWILER, 83 ff.; NOBEL, 132 ff.).

479 Diese Pflicht zur Regelbildung verlangt, dass zunächst eine generell-abstrakte Aussage formuliert sein muss (BGE 110 III 105 [106], 105 III 92 [95]). Anderseits «gilt» sie aber nur für den konkreten Fall. «Selbst im Falle einer Gesetzeslücke steht es dem Richter nicht zu, eine generelle Regel aufzustellen, deren Tragweite über den konkreten Einzelfall hinausgeht» (BGE 103 Ia 501 [503]; vgl. GERMANN, Gesetzeslücken, 171 f.; EDWARD E. OTT, Rangordnung, 266). Das Generell-Abstrakte ist gleichsam virtuell, ohne eigene Relevanz; bedeutsam wird es einzig durch seinen Bezug zum Tatbestand, der nicht bloss jenem Generellen subsumiert wird, sondern der eben jenes erst veranlasst. In dieser Ambivalenz zwischen generell-abstrakter Regel einerseits und ausschliesslich einzelfall-

bezogener Geltung anderseits liegt das Spezifische, das Gerichtspraxis zum Richter*recht* macht (generell zum Bezug der richterlichen Rechtsfindung zur Sollensordnung, Vorbemerkungen N 43 ff., 207 ff.; vgl. auch HUWILER, 83 f., insb. bei FN 131, wo auf die Parallelität zu entsprechenden Formeln bei Aristoteles verwiesen wird). Eine «eigenständige» Bedeutung könnte Richterrecht erst dann annehmen, wenn es sich zur Bewährtheit gemäss Art. 1 Abs. 3 ZGB oder gar zu Gewohnheitsrecht gemäss Art. 1 Abs. 2 a.A. ZGB verdichtet und somit auch auf andere Rechtsfälle wirken kann; insofern gleichsam eigenständige «normative Kraft» besitzt (MEIER-HAYOZ, richterliche Tätigkeit, 206; vgl. auch oben N 444).

Die Aufforderung, sich wie ein Gesetzgeber zu verhalten, bedeutet also nicht, den «echten» Gesetzgeber zu imitieren. Der Richter ist namentlich nicht gehalten, so zu entscheiden, wie etwa das Parlament gemäss der aktuellen politischen Zusammensetzung oder sonstigen Einflussfaktoren entscheiden würde (N 142 ff.). Indirekt können solche Gesichtspunkte allerdings bedeutsam sein; etwa dort, wo eine erst neuestens erlassene oder eine unmittelbar bevorstehende Gesetzesänderung ihr spezifisches Gewicht als Rechtsfindungselement haben können (N 253 ff.). 480

b) Das Gebot, zunächst allgemein und abstrakt zu operieren, bedeutet nicht, anlässlich jeder noch so kleinen Gesetzeslücke dem kategorischen Imperativ des Weltgesetzes nachzuspüren. Die Regel hat nicht mehr abzudecken, als was gerade für den konkreten Fall benötigt wird (BGE 103 Ia 501 [503]). Nur jene Norm ist zu finden, die einerseits individuell genug ist, um sich unmittelbar und problemlos auf die anstehende Rechtsfrage applizieren zu lassen, die anderseits aber gerade noch so viel Abstraktheit enthält, dass sie sich überhaupt als Norm verstehen lässt. 481

Die Abstraktheit darf aber auch nicht *zu nahe* beim Sachverhalt, nicht bloss eine abstrakt gekleidete Einzelfallentscheidung sein. Sie soll nicht im rechtsfreien Raum der vorgefundenen Lücke kasuistische Dezision sein; vielmehr soll sie – zwar nur bezogen auf die in casu relevante Rechtsfrage – die *ganze* Lücke füllen. Sie muss gleichermassen an den Rändern der Lücke anstossen, diese aber auch nicht überlappen (BGE 103 Ia 501 [503]). Andernfalls würde zwar ein Urteil, nicht aber *Rechts*findung vorliegen; mit anderen Worten, der Richter beginge *Rechts*verweigerung (Vorbemerkungen N 41 ff.; unten N 485 ff.). 482

c) Welche Gesichtspunkte im Einzelfall die passende «*Regel*mässigkeit» ausmachen, lässt sich nicht allgemein definieren. Vielmehr hängt dies davon ab, welche Elemente je *effektiv* von Bedeutung sind. Die *generelle* Aussage kann dann höchstens dahin gehen, dass sämtliche Elemente je entsprechend ihrer spe- 483

Art. 1

zifischen Relevanz zu beachten sind (zu den verschiedenen Elementen beziehungsweise Operationsfiguren im einzelnen s. unten N 508 ff.)

484   Immerhin lässt sich als Minimalmerkmal von *Recht*lichkeit jener Aspekt nennen, der in anderem Zusammenhang als *der* Bezug zur Sollensordnung erwähnt worden ist, nämlich der Aspekt der Stabilisierung: Das Urteil soll nie *nur* Einzelfallgerechtigkeit schaffen, sondern stets auch einen Bezug zur *Rechtssicherheit* aufweisen (N 81 ff., 376 ff.; Vorbemerkungen N 191 ff.). Dies kann im Einzelfall bis hin zu general-präventiven Aspekten einer bestimmten Gesetzgebung gehen, die nun auch in die lückenhaften Bereiche hineinwirken sollen; es kann sich im Minimalfall aber auch darauf beschränken, eine Urteilsbegründung mit konventioneller Logik nachvollziehbar auszugestalten (N 612 ff.); oder schliesslich eine Durchmischung von rationalistischer Allgemein-Abstraktheit und von billiger Angemessenheit nahelegen («équité et opportunité», BGE 110 III 105 [106], 105 II 92 [95]; vgl. auch Art. 4 N 72 ff.).

3. Pflicht zur Rechtsfindung

485   a)   Dass der Richter die fehlende Regel schaffen und sie hernach auf den konkreten Fall anwenden soll, impliziert, *dass* er überhaupt Recht sprechen *muss*. Er muss jede Rechtsfrage durch Urteil entscheiden. Art. 1 Abs. 2 ZGB enthält also auch ein Rechtsverweigerungsverbot (MEIER-HAYOZ, Berner Kommentar, Art. 1 N 314; LUHMANN, 304 ff.; CANARIS, Lücken, 148 f., betreffend «*notwendige* Analogie»; Vorbemerkungen N 41 ff.).

486   Dies heisst natürlich nicht, dass jeder Recht bekommen soll; dass sein rechtlich vorgetragener Standpunkt nicht auch abgewiesen werden könnte. Doch kann unter Umständen dieser Fall von jenem der Rechtsverweigerung schwer abzugrenzen sein. Dies ergibt sich vor allem (aber nicht nur) aus der im Obligationenrecht ausgeprägten Anspruchsstruktur, mit den zwei Hauptsäulen des Vertrags und des Delikts und der Grundsatzproblematik, ob es – nebst zahlreichen Unter- und Nebenkategorien – überhaupt ein Tertium gebe (vgl. BGE 120 II 331 [334 ff.]). Wird nun ein Anspruch geltend gemacht, für den sich keine *gesetzliche* Basis finden lässt, und weist ihn der Richter ab, so kann dies zweierlei bedeuten: Entweder ist der Richter zum Schluss gekommen, das Recht sehe einen solchen Anspruch nicht vor; etwa weil er das Schweigen des Gesetzes als negative Norm interpretiert (N 152, 157, 238, 351). Oder aber der Richter hat sich mit der Erkenntnis begnügt, dass das Gesetz den Anspruch nicht unterlege, und lehnt diesen *einzig deshalb* ab. In beiden Fällen ist er prozessrechtlich gesehen auf die Streitfrage eingetreten und hat ein Sachurteil gefällt; nur im letzten Fall aber hat er das

Rechtsverweigerungsverbot gemäss Art. 1 Abs. 2 ZGB verletzt (SJZ 82 [1996] 88: de minimis non curat praetor).

b) Keine Rechtsverweigerung im eben genannten Sinn von Art. 1 Abs. 2 ZGB liegt dann vor, wenn der Richter eine relevierte Regel deshalb nicht aufnimmt, weil sie jenseits seiner Kompetenz liege. Genauer: Bei dieser Konstellation verschiebt sich die Problematik der Rechtsverweigerung zu jener der *Grenze* der richterlichen Rechtsfindung (N 384 ff.). 487

c) Ebensowenig kann von Rechtsverweigerung gesprochen werden, wenn der konkrete Richter organisationsrechtlich unzuständig ist; namentlich in örtlicher oder sachlicher Hinsicht gemäss den anwendbaren kantonalen oder eidgenössischen Vorschriften (die freilich ihrerseits lückenhaft gefasst sein können); ferner wenn der Richter aus verfahrensrechtlichen Gründen gewisse Aspekte nicht zu prüfen hat, zumal im Rechtsmittelprozess (z.B. BGE 120 II 417 [422]). 488

4. Grenzen der Zuständigkeit

Es kann sich schliesslich die grundsätzliche Frage stellen, inwieweit der Richter «überhaupt» zuständig sei; dies in dem Sinn, ob es noch um seine Kompetenz oder etwa bereits um jene des Gesetzgebers gehe. Hiebei geht es um eine Problemstellung, die zwar typischerweise im Kontext einer Lückenfüllung anfällt, die jedoch den Bereich richterlicher Rechtsfindung im allgemeinen beschlägt. Entsprechend kann auf die Ausführungen zu den Grenzen «jenseits der Lückenfüllung» verwiesen werden (oben N 358 ff.). 489

II. «Lückenfüllung» und Methode

In den Vorbemerkungen zu Art. 1 und 4 ZGB ist einlässlich auf die weitgehende Identität von Auslegung und Lückenfüllung in methodologischer Hinsicht eingegangen worden (Vorbemerkungen N 226 ff.; vgl. auch oben N 405 ff.). 490

Entsprechend folgen die nachstehenden Ausführungen zur Methode der Lückenfüllung bewusst der Systematik der Ausführungen zur Auslegung (N 105 ff.). Zudem können Verweisungen auf die dortigen Ausführungen genügen, soweit sich für die Lückenfüllung keine Besonderheiten ergeben. Dies wird über weite Strecken der Fall sein. 491

Art. 1

1. Ermittlung der ratio

492 a) Die im Lückenbereich operierende Rechtsfindung hat – ebenso wie die Auslegung (N 105 ff.) – die ratio zu eruieren; freilich bei der Lücke: die ratio wovon? Ja gerade nicht die ratio *legis*. Es kann nicht um den Vorgang des Verstehens eines Textes gehen; jedenfalls nicht im eng wortlautbezogenen, heute ohnehin überholten Sinn (N 72 ff.; Vorbemerkungen N 159 ff., 226 ff.); aber auch nicht – so scheint es jedenfalls – um eine hierüber hinausgehende, hermeneutisch konsistentere Verstehensoperation mit Bezug auf *Text*.

493 Anderseits wurde schon bei der entsprechenden Fragestellung zur Auslegung darauf hingewiesen (N 85 ff., 107 ff.), dass selbst die textbezogene Ermittlung der ratio letztlich auf Text gar nicht angewiesen ist; dass Text bloss den Einstieg in die Verstehensoperation bildet, allenfalls – unter qualifizierten Bedingungen (N 79) – seinerseits wiederum eine Erkenntnis *über* die Textverbindlichkeit hergeben kann (Vorbemerkungen N 227 ff.). Die ratio bezieht sich allemal auf den betreffenden Teil der Sollensordnung. Ist dies bei der Auslegung der Gesetzestext, so bei der Lückenfüllung das, was anstelle der Lücke stehen müsste. Gesucht ist nicht eine textlich formulierte Norm, sonderen eine normative ratio (FIKENTSCHER, Methoden, Band IV, 249 ff.; ESSER, Grundsatz, 252 f.; oben N 110 f.).

494 b) Bietet hier die geschriebene, positive Rechtsordnung keine *Einstiegs*hilfe, so gibt sie aber doch eine *Umgebung* ab. Es liegt ja eine Lücke der positiven Rechtsordnung vor; quasi «seitlich» der Lücke liegt Text. Und dieser stellt seinerseits Hilfe, die letztlich gleich strukturiert ist wie jene des Texteinstiegs: Sie führt durch Text, ohne dass dieser als solcher der untersuchte normative *Gegenstand* wäre.

495 Der «seitlich» liegende Text umfasst – je nach Grösse der Lücke – den betreffenden unvollständigen Gesetzesartikel, grössere Gesetzesteile oder gar ganze Gesetze; unter Umständen auch Gesetzmässigkeiten einer die Rechtsordnung als Ganzes erfassenden Wertung (oben N 205 ff.). So kann sie sich etwa auf Grundsätze beziehen, welche der Unterscheidung in Privatrecht und öffentliches Recht vorgelagert sind (vgl. BGE 120 II 423 betreffend privates Notwegrecht und öffentlichrechtliche Enteignung; BGE 119 Ia 390 [399] betreffend *sehr* allgemeine Eigenheiten des schweizerischen Gesellschaftsdenkens). Hier wird es besonders augenfällig, dass es auch beim «geltenden» Gesetz nie um den Textwortlaut als solchen, sondern nur um die ratio gehen kann. Anders gewendet: Die Lücke braucht gar nicht eine solche des Textes zu sein, sie kann – bildlich ausgedrückt – genau so gut in der dahinter stehenden ratio klaffen. Diese Betrachtungsweise ist vertraut bei der «unechten Gesetzeslücke» (N 318 ff.): Der Text scheint für den

konkreten Fall eine Antwort zu geben, gemäss der ratio hingegen müsste sie anders lauten, so aber steht sie nicht im Gesetzestext. Der hier entwickelte Kontext zeigt nun, dass eben gar keine Lücke vorliegt, die sich als etwas qualitativ anderes von *Auslegungs*konstellationen unterscheiden würde. Vielmehr geht es hier wie dort schlicht um Rechtsfindung – einmal mit mehr, einmal mit weniger konsistenter Begleithilfe des Gesetzestextes.

c) Konkrete Folgerung hieraus ist, dass Rechtsfindung im Bereich der *Lücken*füllung stets Einpassung in das positive Umfeld impliziert. Insofern passt das Bild des «Schliessens» oder des «Füllens» einer Lücke durchaus. Man könnte auch von einer Überbrückung sprechen, die ja beidseits des Grabens verankert werden muss (so explizit das Zürcher Handelsgericht in ZR 91/92 [1992/93], Nr. 86; vgl. auch DÜRR, Mietzinsherabsetzung, 267 ff.). Und dies wiederum ist nichts anderes als jene – einzige – inhaltliche Beschränkung der richterlichen Rechtsfindung, die stets auf die *bestehende* Sollensordnung Bezug nehmen muss, diese als solche nicht definieren, sondern bloss verstehen kann (N 387 ff.; Vorbemerkungen N 247 ff.). 496

Diese Gesichtspunkte beschlagen bloss am Rand das Gebot, modo legislatoris vorzugehen. Denn dieses besagt ja einzig, dass der Richter je eine generell-abstrakte Regel suchen (N 478 ff.), nicht auch, dass diese sich in den positiven Kontext einfügen muss. Jedenfalls dort aber, wo es sich um die (typische) *unplanmässige* Gesetzeslücke handelt, wird auch der modus legislatoris eine inhaltliche *Einpassung* gebieten. Denn dort wird die Komplettierung des fehlerhaften *Gesetzes* ohnehin auf eine *Regelbildung* hinauslaufen (N 350). 497

2. Bezug zum Regelungsbedarf

a) Für die immanente und gleichzeitig «zirkuläre» (Vorbemerkungen N 219 f.) Beziehung der Rechtsfindung zu ihrem «Gegenstand», zum Sachverhalt also, mithin für dieses insofern *realistische* Element, kann auf die entsprechenden Ausführungen zur Auslegung verwiesen werden (N 112 ff.). 498

b) Eine qualitative Besonderheit gegenüber der Lückenfüllung besteht nicht; allenfalls ein gradueller Unterschied im entsprechenden Bewusstsein des Richters. Dass sich der Richter dort viel eher vom Realfaktor des Regelungsbedarfs beeinflussen lässt, wo er die Regel zunächst «erfinden» muss, liegt nahe. Der methodologische Nachdruck wird hier nicht so sehr darauf liegen müssen, dass der Richter die Realien berücksichtigen soll; vielmehr dass diese ihrerseits bloss 499

Art. 1

als *Elemente* dienen, und damit vor allem dass der Bezug zur *Sollens*ordnung nicht abreissen darf (oben N 481 f.; Vorbemerkungen N 6 f.). Genau dieselben Gesichtspunkte, wenn auch noch ausgeprägter, gilt es übrigens bei der Rechtsfindung nach Art. 4 ZGB zu beachten (Art. 4 N 8).

3. Methodische Folgerungen

500 a) Die *methodologische* Identität von Auslegung und Lückenfüllung (N 405 ff.) legt es nahe, hier gänzlich auf die entsprechenden Ausführungen zur Auslegung zu verweisen (N 118 ff.).

501 b) Ähnlich wie beim soeben erörterten realistischen Element (N 498 f. mit Verweisen) gilt auch hier, dass methodologisch allenfalls graduelle Unterschiede bestehen können; nämlich dahin, dass das Bewusstsein zur Methoden*bedeutung* bei der Lückenfüllung selbstverständlicher ist als bei der Gesetzesauslegung. Die Gefahr, dass sich der Richter zu eng an das in der Sollensordnung *Greifbare* hält, ist beim Fehlen einer Gesetzesbestimmung kleiner. Anderseits sei nicht verkannt, dass sich die Problemstellung schlicht verschieben kann; nämlich zur Frage, *ob* überhaupt eine Lücke und damit die entsprechend grössere Freiheit des Richters besteht (CANARIS, Lücken, 55 ff.).

4. Umstrittene Methoden

502 a) **Wortjuristische Methode.** Wenn, gleich wie bei der Auslegung, die wort- oder begriffsjuristische Methode auch für die Lückenfüllung abgelehnt wird, so ist die praktische Auswirkung indes eine andere: Bei der Gesetzeslücke fehlt Text, an den man sich gegebenenfalls zu stark anlehnen könnte (N 147 ff.). Doch könnte gerade auch das *Fehlen* von Wortlaut zu wörtlich genommen werden. Dies wurde und wird von jenen Theorien getan, welche den Wortlaut als grundsätzliche Grenze der richterlichen Rechtsfindung betrachten. Bei der Lücke wirkt sich dies dahin aus, dass der Richter sie nicht füllen dürfe (z.B. KELSEN, Rechtslehre, 251 f.; vgl. zur Abgrenzung gegenüber der negativen Norm N 486 mit Verweisen) oder dass ihm dies nur unter qualifizierten Voraussetzungen zustehe (z.B. EDWARD E. OTT, Gedanken, 195). Wie an anderer Stelle einlässlich dargelegt, ist dies jedoch abzulehnen (N 362 ff. mit Verweisen; Vorbemerkungen N 226 ff.).

b) **«Freirechtstheorie».** Ebenfalls abzulehnen sind Theorien, welche die normative Wirkung des Wortlauts *zu gering* achten. Es wurde bereits darauf hingewiesen, dass etwa die Freirechtstheorie in diese Richtung tendiert hat (N 134). 503

Im Zusammenhang mit der Lückenfüllung mag diese Frage als irrelevant erscheinen; es gibt ja keinen Wortlaut, der zu stark vernachlässigt werden könnte. Und doch hat die Ablehnung der Freirechtstheorie auch im Lückenbereich seine Entsprechung: Dass das Gesetz eine Minimalbeachtung finden muss, hängt ja nicht mit seiner immanenten Normativität zusammen, sondern mit dem richterlichen Verstehen der vom Gesetz im Rahmen der konkreten organisationsrechtlich gefassten Gemeinschaft *beanspruchten* Verbindlichkeit; sie ist jedenfalls als wichtiges Element zu berücksichtigen (N 75 ff.). Dies gilt auch dort, wo ein ausdrücklicher Gesetzestext fehlt, wo der Richter im Rahmen der Lückenfüllung aber gleichwohl auf die *positive* Rechtsordnung Bezug nimmt (N 387 ff., 494 f.; Vorbemerkungen N 247 ff.). Diese besteht bekanntlich nicht nur aus Wortlaut, sondern vor allem aus Normzwecken, welche im Gesetzeswortlaut zum Ausdruck kommen. Und soweit sie im Wortlaut des Lücken-*Umfelds* zum Ausdruck kommen, bilden sie zumindest ein Element zu deren Füllung. Im besonderen Mass gilt dies dort, wo erst das konsistente Verstehen des legislativen Umfeldes zur Folgerung führt, dass in concreto der Wortlaut seine spezifisch rechtsstaatliche Garantiefunktion hat und die Lücke *deshalb* nicht geschlossen werden darf (oben N 79, 101 ff.; vgl. auch Vorbemerkungen N 231 f.). 504

c) **Subjektiv-historische Methode.** Abzulehnen ist auch eine zu «gehorsam» aufgefasste subjektiv-historische Methode. Im einzelnen kann auf die entsprechenden Ausführungen zur Auslegung verwiesen werden (N 135 ff.). 505

Auch hier wiederum mag sich die Frage stellen, wie weit es bei der Gesetzes*lücke* überhaupt die Ablehnung der subjektiv-historischen Methoden «braucht». Der subjektiv-historische Gesetzgeber hat ja gerade *nicht* legiferiert. Dennoch ist Relevanz gegeben angesichts der Erkenntnis, dass eben auch Lückenfüllung ein Prozess ist, der zur positiven Rechtsordnung und damit zum textlichen Erzeugnis des historischen Gesetzgebers Bezug nimmt; wenn nicht *durch* den Text als Einstieg, so gleichsam *zwischen* dem Text als Umgebung der Lücke (N 495). Und *hiebei* ist es bedeutsam, dem historisch-subjektiven Gesetzgeber kein grösseres Gewicht beizumessen als ihm zukommt (N 140 ff., 155 ff.); namentlich etwa durch eine allzu grosse Zurückhaltung, überhaupt das Vorliegen einer Lücke anzunehmen (Canaris, Lücken, 55 ff.). 506

d) **Rang-Kanon.** Zur Ablehnung der Theorie eines Methodenkanons kann vollumfänglich auf die entsprechenden Ausführungen zur Auslegung verwiesen werden (N 145 f.). 507

Art. 1

III. Bestandteile der «Lückenfüllung»

1. Elemente der Lückenfüllung

508 a) **Sprachliches Element.** Was bei der Auslegung zum *sprachlichen* Element ausgeführt wurde (N 147 ff.), gilt auch hier bei der Lückenfüllung, wenn auch aus einem anderen Blickwinkel: Das textlich Fehlende kann natürlich nicht seinerseits grammatikalisch-syntaktisch erfasst werden.

509 Doch anderseits zeigen gerade die am angegebenen Ort erörterten linguistischen Erkenntnisse, dass die Sprache selbst nicht bloss «sprachliche» Bezüge anspricht; nicht nur Oberfläche, sondern ihrerseits auch Inhalt ist (148 ff., vgl. auch N 72 ff.). Aus heutiger wissenschaftstheoretischer Sicht ist Auslegung des sprachlichen Textes letztlich dasselbe wie Anwendung des Gesetzes (Vorbemerkungen N 159 ff., 213 f.); und gleich wenig wie der Richter das Gesetz gehorsam anwendet, verhält sich jeder, der einen Text liest. Mit anderen Worten, das heutige Verstehen des sprachlichen Elements ist letztlich nicht anderes als *die* Methode der richterlichen Rechtsfindung (GADAMER, Band 1, 330 ff.; HINDERLING, 140).

510 Dieser Gesichtspunkt führt dazu, dass sich Lücken letztlich «von selbst» schliessen; das heisst, dass der Einstieg über den Text die Vertiefung in «dessen» Inhalt schon in sich trägt und von dort her das rein textlich Fehlende komplettiert; anders ausgedrückt: Lückenfüllung *ist* Auslegung (vgl. N 263 ff.). Dem mag man entgegenhalten, Fälle mit passender Gesetzesnorm *seien* nun einmal etwas anderes als solche ohne Norm; zumindest in Fällen spezifischer Relevanz textlicher Geschriebenheit ist dem beizupflichten (etwa hinsichtlich rechtsstaatlicher Garantien vgl. N 79). Doch anderseits könnte eine zu stark kategorielle Unterscheidung zur unzutreffenden Folgerung führen, der Richter habe dort eine andere Funktion als hier; dort befolge er ein Gesetz, hier schaffe er es in eigener Machtvollkommenheit (N 472 ff.; Vorbemerkungen N 213 ff.). Methodologisch ist diese Optik heute abzulehnen: Dort gehorcht der Richter nicht, sondern er versteht; hier entscheidet er nicht autonom, sondern er passt in die *bestehende* Sollensordnung ein (vgl. N 277 ff.).

511 b) **Systematisches Element.** Der systematische Bezug ist bei der Lückenfüllungskonstellation besonders bedeutsam. Namentlich die unplanmässige Lücke, die ja passend und «kohärent» zu füllen ist (PEDRAZZINI, 47 f.), wird primär auf die Systematik des betreffenden Gesetzesartikels, -abschnitts, ja eventuell eines noch umfassenderen Aufbaus Bezug nehmen (BGE 120 II 331 [335 ff.]; ZR 95 [1996] 122 ff.).

Art. 1

Wie soeben ausgeführt, besteht methodologisch kein Anlass, Lückenfüllung grundsätzlich anders anzugehen als Auslegung (N 510 mit Verweisen). Dies wird rechtstatsächlich bestätigt durch den Umstand, dass «eindeutige» Lückenfüllungsfälle oft nicht als solche etikettiert werden (neuestens illustrativ BGE 120 II 331 sowie Hinweise dazu bei DRUEY in SZW 1995, 93 ff., v.a. zur offensichtlichen Zurückhaltung des Bundesgerichts, die Lückenfüllung allzu extensiv verstanden zu wissen). Entsprechend kann auch hier auf die Ausführungen zur Auslegung verwiesen werden (N 151 ff.). 512

c) **Historisches Element.** Das historische Element ist auch bei der Lückenfüllung bedeutsam, gleich wie bei der Auslegung (N 155 ff.). Entsprechend ist ebenso zu betonen, dass dies nicht mit Verbindlichkeit des Willens des historischen Gesetzgebers gleichzusetzen wäre (zur Ablehnung dieser Methode N 135 ff.). Vielmehr geht es um ein Verstehen dessen, was im betreffenden Teil der positiven Rechtsordnung zum Ausdruck kommt. 513

Bei eben diesem Verstehen bildet der historische Kontext ein wichtiges Element; nicht so sehr die «historische» Entstehungsgeschichte im Gegensatz zum geltungszeitlichen Heute, als vielmehr die Geschichtlichkeit als solche. «Geschichtlichkeit» erfasst gleichsam den *ganzen* Zeitstrahl (BULTMANN, 211 f.; KAUFMANN, Geschichtlichkeit; vgl. auch Vorbemerkungen N 128 f.). Konkret greifbar wird dies dort, wo sich dieser verändert, während die betreffende Gesetzesnorm textlich gleich bleibt. Hier können sich gerade aus dem geschichtlichen Bezug Lücken ergeben, aber ebenso auch Lösungsansätze zu deren Füllung (vgl. Beispiele zu Veränderungen hinsichtlich der Sexualmoral bei RIEMER, Einleitungsartikel, § 4 N 56, und CANARIS, Lücken, 135 f. § 127). 514

d) **Teleologisches Element.** Hinsichtlich des teleologischen Elements kann generell auf die Ausführungen zur Auslegung verwiesen werden (N 161 ff.). Hiegegen spricht nicht, dass bei der Lücke kein Text besteht, *dessen* ratio zu ergründen wäre. Denn aus neuerer hermeneutischer Sicht ist klar, dass auch der Text nicht «seine» ratio hat, ja dass er dieser «seiner» ratio sogar widersprechen kann, ohne dass dies ein logischer Widerspruch wäre (z.B. BGE 121 III 219 [231]; oben N 86 und 105 mit Verweisen). Dass *kein* Text vorliegt, spricht also nicht dagegen, nach der im «Nicht-Text» liegenden ratio zu suchen (vgl. BGE 110 II 293 [295 f.]). 515

Art. 1

2. Realistische Elemente

516 a) Hinsichtlich der realistischen Elemente kann generell auf das bei der Auslegung Erörterte verwiesen werden. Die dort ausführlich dargelegten Gesichtspunkte des Sachverhaltsbezugs (N 171 ff.), der «Natur der Sache» (N 176 ff.), der überindividuellen Realien insbesondere mit Normbezügen (N 179 f.) erweisen sich vor allem dort als sehr typische Elemente der richterlichen Rechtsfindung, wo der Gesetzestext keine Hilfe leistet, im Bereich der Lückenfüllung also. Wenn die ausführliche Darstellung in diesem Kommentar gleichwohl im Zusammenhang mit der Auslegung erfolgt (N 188 ff.), so als Konsequenz aus der hier vertretenen Optik, wonach Lückenfüllung in einer konsistent hermeneutisch verstandenen «Auslegung» aufgeht (vgl. auch N 261 ff.).

517 b) Das realistische Element macht den wesentlichen Sachverhaltsbezug von Rechtsfindung sichtbar (N 171 ff.), das *im konkreten Streitfall* manifest werdende Spannungsfeld zwischen Sein und Sollen (N 167 ff.); deshalb ja auch das soeben erwähnte Gewicht des Realistischen im Fall der Gesetzeslücke. Was demgegenüber bei der Lückenfüllung eher zu kurz kommen könnte, ist der Bezug zur *Sollens*ordnung, sozusagen das idealistische Element. Sie bietet hier ja die besondere Schwierigkeit, da sie – jedenfalls formell textlich – schweigt (vgl. auch oben N 499). Um so bedeutsamer werden die wertenden Elemente:

3. Wertende Elemente

518 a) Mit der eben genannten Spannungsbeziehung zwischen Seins- und Sollensordnung hängt auch der Stellenwert des wertenden Elements zusammen. Dieses bildet neben Sein und Sollen gleichsam einen dritten Bezugspunkt, nämlich hin zum rechtsfindenden Richter. Mit der Sollensordnung hat dieser gemein, dem Regelungsbedarf gegenüberzustehen (Vorbemerkungen N 3 ff.); mit der Seinswelt hat er gemein, gleichsam die volatilere Seite zu bilden, welche dem Stabilisierenden der Sollensordnung gegenübersteht (oben N 81 ff. mit Verweisen).

519 Das Rechtsfindungselement der Wertung wird oben im Zusammenhang mit der Auslegung gemäss Art. 1 Abs. 1 ZGB ausführlich abgehandelt (N 188 ff.). Jene Ausführungen zeigen die Bedeutung von Wertung namentlich auch dort, wo das Gesetz eine Bestimmung enthält und insofern «wertungsfrei» appliziert werden könnte beziehungsweise – gemäss dem Ideal des aufklärerisch motivierten Positivismus – auch müsste (Vorbemerkungen N 136 ff.), in der Rechtswirklichkeit aber nie tut. Dies versteht sich nicht als rein rechtssoziologische Feststellung,

Art. 1

auch nicht als resignierendes Hinnehmen eines an sich unerwünschten aber unvermeidlichen Phänomens; sondern vielmehr als das, was im Sollensbezug von «Rechts»findung *stets* immanent sein muss. Als methodologisches Postulat ergibt sich daraus, Wertung zu erkennen, bewusst zu akzeptieren und konsistent einzusetzen (N 191 ff.). Einen umso höheren Stellenwert muss der Sollensdruck von Wertung dort wahrnehmen, wo das Gesetz gerade nichts sagt, also bei der Lückenfüllung. Wenn die ausführliche Darstellung gleichwohl im Zusammenhang mit der Auslegung steht (N 167 ff.), so einerseits auch hier als Konsequenz aus der in dieser Kommentierung vertretenen Optik, wonach Lückenfüllung in einer konsistent hermeneutisch verstandenen «Auslegung» aufgeht (vgl. auch N 261 ff.); nicht zuletzt aber auch deshalb, weil Wertung bei der Gesetzes«anwendung» leichter in Vergessenheit gerät als bei der Lückenfüllung. Jedenfalls kann für Einzelheiten vollumfänglich auf N 188 ff. verwiesen werden.

b)   Doch auch bei der Lückenfüllung mag einer der drei Bezüge – zum Sollen, zum Sein und zum Richter (N 518) – etwas zu leicht in Vergessenheit geraten; zwar nicht (wie bei der Auslegung) die Wertung des Richters, sondern die mangels gesetzlicher Explizität schwerer sichtbare Sollensdimension der Rechtsordnung. Dies birgt die Gefahr einer bloss *zwei*dimensionalen Optik, bei welcher der Richter (Wertung) dem Sachverhalt (Sein, Realien) gegenübersteht und *hieraus* nun Rechtsfindung resultieren soll. Damit wäre aber nur eine rein kasuistische Fallerledigung gewonnen; das *Minimalkriterium* von Rechtsfindung, nämlich ein stabilisierender Sollensbezug, würde zu unrecht ignoriert (dazu oben N 81 ff., 390; Vorbemerkungen N 43 ff.; insbesondere auch betreffend Art. 4 ZGB, daselbst N 87 f.).

520

4.   Verfassungsbezug

Im Zusammenhang mit der Gesetzesauslegung (oben N 220 ff.) wird auf den Verfassungsbezug der richterlichen Rechtsfindung hingewiesen und dabei insbesondere auf die sogenannte «verfassungskonforme Auslegung» (N 222 f.). Dabei zeigt sich, dass die spezifische Problematik gerade darin liegt, dass über angebliche Auslegung des Gesetzes in Wirklichkeit eine inhaltliche Korrektur des Gesetzes vorgenommen werde; was namentlich dann grundlegende Einwendungen provoziert, wenn – wie in der Schweiz (Art. 113 Abs. 3 BV) – eine Verfassungsgerichtsbarkeit hinsichtlich von Bundesgesetzen fehlt. Methodologisch ausgedrückt: Es geht um das Füllen einer Lücke, zumal um eine «unechte»; und dies in einem Kontext, bei dem das Füllen durch den Richter nicht von vornherein un-

521

Art. 1

problematisch ist. Jedenfalls eine typische Lückenproblematik, weshalb an dieser Stelle ohne weiteres auf jene obigen Ausführungen verwwiesen werden kann. Dass diese sich im Kontext der Auslegung finden (220 ff.), hängt wiederum mit der in dieser Kommentierung vertretenen Betrachtungsweise zusammen, wonach die zeitgemäss verstandene «Auslegung» sehr viel umfasst, namentlich auch Fragen der Lückenfüllung in sich aufgehen lässt (vgl. auch N 261 ff.).

5. Operationsfiguren der «Lückenfüllung»

522 a) **Operationspluralismus.** Im Zusammenhang mit der Auslegung ist darauf hingewiesen worden, dass der Richter nicht bloss verschiedenste Elemente, eher *alle relevanten* Elemente zu berücksichtigen hat, sondern auch mit entsprechend vielfältigen Operationsfiguren arbeitet (N 224 f.). Dies trifft natürlich auch bei der Lückenfüllung zu; dies unabhängig davon, dass hier das textbezogene Element in den Hintergrund tritt (N 508 ff.):

523 b) **Syllogismus.** Auch bei der Lückenfüllung operiert der Richter syllogistisch. Dass er keine ausdrückliche Norm vorfindet, der er den Sachverhalt «*unter*stellen» kann, ändert hieran nichts. Denn, wie oben bei der Auslegung ausgeführt (N 226 ff.), versteht sich syllogistisches Vorgehen heute rein als Operations*technik*, als konkreter Niederschlag von *Methode*; nicht mehr als Ausgangslage für den Richter in dem Sinn, dass er die Norm «*anwenden*» müsste. Es wurde namentlich darauf hingewiesen, dass Syllogismus auch induktiv operieren kann; dass ausgehend von realistischen Elementen nach dem gesucht werden kann, was sich syllogistisch als *Obersatz* verstehen lässt (N 227).

524 Gerade diese relativierende Betrachtungsweise von Ober- und Untersätzen ermöglicht es, syllogistische Technik konsistent auch dort wirken zu lassen, wo der betreffende Obersatz «fehlt» beziehungsweise im Gesetz nicht ausdrücklich zu finden ist. Letztlich bedeutet dieses *induktive* Suchen eines Obersatzes nichts anderes als das Definieren einer Regel, und damit das Vorgehen modo legislatoris, wie es Art. 1 Abs. 2 ZGB ausdrücklich vorsieht (N 481 f.). Im übrigen kann generell auf die entsprechenden Ausführungen zur Auslegung verwiesen werden (N 226 ff.).

525 c) **Analogie und argumentum e contrario.** Die Analogie und das argumentum e contrario sind Operationsfiguren, bei denen oft Wert darauf gelegt wurde und noch immer wird, ob es um Auslegung oder Lückenfüllung geht; dies im Hinblick auf die Frage, ob mittels der Analogie nicht bloss das Gesetz ausgelegt,

sondern ebenso eine Lücke geschlossen werden dürfe; und eine etwas vereinfachende Antwort lautet jeweils dahin, im Privatrecht sei die Analogie gemäss Art. 1 ZGB grundsätzlich erlaubt (statt vieler BGE 118 II 139 [141], 113 III 116 [118]), im Strafrecht gemäss Art. 1 StGB generell verboten (vgl. z.B. SJ 104 [1982] 577, [586 ff.]; NIGGLI, 166). Dies letztere lässt sich auf eine spezifische methodologische Einordnung der Analogie zurückführen: «Während die ausdehnende Auslegung dem Gesetz einen möglichst weiten, aber immer noch mit dem Wortlaut zu vereinbarenden Anwendungsraum gibt, besteht die Analogie darin, dass ein Rechtssatz auf einen Tatbestand angewendet wird, der ausserhalb des Wortlautes des Gesetzes liegt, aber mit dem vom Gesetz entschiedenen Tatbestand wesensgleich ist, d.h. nicht über den dem Gesetz zugrunde liegenden Rechtsgedanken hinausgeht. Die Bestrafung ... mag dem dem Gesetze zugrunde liegenden Rechtsgedanken [im konkreten Fall] entsprechen, geht aber offensichtlich über den Gesetzeswortlaut hinaus und schafft durch Weglassung einer vom Gesetz aufgestellten formalen Strafbarkeitsvoraussetzung einen neuen Deliktstatbestand. Der Strafrichter, der in dieser Weise vorgeht, verletzt aber den ... Grundsatz nulla poena sine lege. ...» (so wegleitend schon BGE 65 I 8 [11]; zu anderen öffentlich-rechtlichen Bereichen mit Analogieverbot BGE 91 Ia 35 [40 f.]; anderseits aber auch mit zugelassener Analogie z.B. BGE 119 Ib 311 [322], 112 Ia 260 [263]).

Im Bereich des Privatrechts überwiegt heute eine methodische Handhabung, welche die Unterscheidung nach Auslegung und Lückenfüllung hinsichtlich der Operationsfiguren Analogie und argumentum e contrario obsolet werden lässt. Ob analoge Normen beigezogen werden, um eine Lücke zu füllen (vgl. z.B. BGE 118 II 139, 96 II 355 [362 f.]); ob dies geschieht, um mittels einer Analogie das Feststellen einer Lücke gerade zu vermeiden (BGE 100 Ib 137 [158]); ob die Analogie gar zur eigentlichen Gesetzes*auslegung* gehöre (vgl. oben N 230 ff. mit Verweisen); ob schliesslich «analogisches Denken» geradezu die Grundstruktur der Rechtsfindung ausmache, zumindest ihrer rationalistischen Seite (KAUFMANN, Analogie, 1 ff.) – allemal sagen *diese* Unterscheidungen nichts darüber aus, ob der Richter entsprechend verfahren darf. Hiefür sind andere Kriterien relevant, namentlich ob es sich um Normentscheidungen handelt, die der Funktion des Richters im Kontext der gesamten Rechtsordnung entsprechen (vgl. N 92 f., 384 ff.). Für die vorliegende Kommentierung bedeutet dies, dass auch hier bei der Lückenfüllung generell auf die Ausführungen zur Auslegung verwiesen werden kann (N 230 ff.).

526

Die *grundsätzliche* Identität der Aufgabenstellung bei Auslegung und Lückenfüllung heisst natürlich nicht, dass die Konstellation der Lückenfüllung punkto Analogie *immer* gleich zu behandeln wäre wie bei der Auslegung. Namentlich können Fälle vorliegen, wo die Textlichkeit der Norm ihrerseits einen spezifi-

527

Art. 1

schen Stellenwert besitzt, wo dann etwa aus rechtsstaatlichen Gründen eine analoge Lückenfüllung verboten ist (das oben [N 525] erwähnte Analogieverbot des Strafrechts gehört hiezu). Doch lässt sich dies nicht von der Analogie her begründen, sondern von der (ausnahmsweisen) speziellen Bedeutung des Wortlauts (N 79; Vorbemerkungen N 227 ff.); oder etwa damit, dass die für eine Analogie in Betracht fallende Norm eine zu spezifische Bedeutung hat, um auf bloss ähnliche Konstellationen übertragen zu werden (BGE 110 III 105 [109]).

528 d) **Argumentum a maiore in minus und argumentum a minore in maius.** Die soeben hinsichtlich der Analogie erörterte Problematik einer zu kategoriellen Unterscheidung in Auslegung und Lückenfüllung stellt sich erst recht im Zusammenhang mit den Argumenten a maiore beziehungsweise a minore: Hier geht es nicht um eine «fremde» Norm, die gleichsam kopiert wird. Vielmehr liegt eine Norm vor, deren «eigener» Wirkungskreis auf den strittigen Fall ausgedehnt wird. Dies kann auch dann nicht grundsätzlich problematisch sein, wenn diese Ausdehnung sehr weit geht; mit anderen Worten wenn (ausnahmsweise) eine Konstellation der Lückenfüllung gemäss Art. 1 Abs. 2 a.E. ZGB vorliegt. Aus eben diesem Grund kann auch an dieser Stelle generell auf die entsprechenden Ausführungen zur Auslegung verwiesen werden (N 237 ff.).

529 e) **Restriktive und extensive Operationsweisen.** Die Unterscheidung in restriktive und extensive Operationsweisen hat einen spezifischen Stellenwert gerade bei der Abgrenzung zwischen Auslegung und Lückenfüllung: Dort wo bloss eine restriktive Auslegung erlaubt ist, bedeutet das darüber Hinausgehende Lückenfüllung; darf die Auslegung indes extensiv erfolgen, stellt sich das Lückenproblem erst gar nicht (vgl. soeben N 528).

530 Wie in dieser Kommentierung jedoch verschiedentlich erwähnt, lässt sich ein «Lückenproblem» ohnehin nicht mehr aufrecht erhalten (N 261 ff., 405 ff.). Damit relativiert sich auch die Abstufung in extensive und restriktive Operationsweisen. Genauer: Es geht hiebei nicht mehr um Attribute der Auslegung oder um Abgrenzungsmerkmale zur Lückenfüllung; sondern um den Ausdruck eines Gesichtspunkts, der in anderer Hinsicht relevant sein kann: Nämlich dahin, wie spezifisch die Bedeutung des *Gesetzestextes* ist; ist er (ausnahmsweise) mehr als bloss Einstieg in Rechtsfindung oder allenfalls Oberfläche (N 75 ff.; Vorbemerkungen N 226 ff.), nämlich beispielsweise rechtsstaatlicher Garant gegen obrigkeitliches Eingreifen in privatgeschäftlich geregelte Bereiche (vgl. N 79 f. mit Verweisen)? Je nach Ausgestaltung *dieser* Elemente kann der Richter dann eben extensiver oder muss er restriktiver operieren. Und je nach Konstellation kann dies selbst im «weichen» Bereich des dispositiven Vertragsrechts eine restriktive

Art. 1

Operationsweise nahelegen (BGE 120 II 214 [220] mit Verweisen); je nach dem im «harten» des Strafrechts aber auch eine ausdehnende (BGE 90 IV 180).

6. Hilfsmittel

a) Die dem Richter zustehenden «Hilfsmittel» dienen nicht nur der Auslegung, sondern ebenso der Lückenfüllung. Es kann deshalb umfassend auf die dortigen Ausführungen verwiesen werden; sowohl was die Kategorie des Hilfsmittels etwa in Abgrenzung zu den Rechtsquellen ausmacht (N 244 ff.), als auch was konkret darunterfällt (N 246 ff.); betreffend Hilfsmittel gemäss Art. 1 Abs. 3 ZGB auf den gleich folgenden Abschnitt F (N 533 ff.). 531

b) Eigens erwähnt sei hier noch ein Hilfsmittel, das sehr spezifisch im Abgrenzungsbereich zwischen Auslegung und Lückenfüllung stehen kann; nämlich das nicht mehr und das noch nicht gültige Gesetz (vgl. N 253 ff.). Der Lückenfüllung lässt es sich insofern zuweisen, als es eine Norm beizieht, die nicht in formeller Kraft, die mithin sehr *spezifisch* praeter legem steht. Anderseits wird jene Norm eben nur *hilfsweise* beigezogen, sie wird nicht «angewendet»; sie wirkt also auch in Konstellationen, wo es etwa um die Bewältigung von Unklarheiten einer *gültigen* Norm geht, mithin im typischen Auslegungsbereich. Die Problemstellung ist vergleichbar mit jener der Analogie: Ob der betreffende Gesichtspunkt für die Auslegung oder für die Lückenfüllung beigezogen wird; allemal ist diese Unterscheidung unergiebig für die Frage, ob der Richter entsprechend verfahren darf. Hiefür sind andere Kriterien relevant, namentlich ob es sich um Normentscheidungen handelt, die der Funktion des Richters im Kontext der gesamten Rechtsordnung entsprechen (vgl. N 92 f., 384 ff.): Die Ablehnung des Beizugs einer nicht gültigen Norm wird dann etwa damit begründet, die bisherige Regelung sei *bewusst* durch eine negative Norm ersetzt worden (BGE 121 III 219 [231]); oder das bevorstehende Recht könne aus *spezifischen* Gründen nicht vorauswirken, etwa weil es sich dem Wesen nach um eine politische Entscheidung der ersten Staatsgewalt handle (BGE 117 II 523 [vgl. oben N 380], 115 II 272 [275]; SZW 1995, 186). Jedenfalls ergibt sich für die vorliegende Kommentierung, dass auch hier bei der Lückenfüllung generell auf die Ausführungen zur Auslegung verwiesen werden kann (N 244 ff.). 532

Art. 1

F. Bewährte Lehre und Überlieferung

I. Bedeutung im Rahmen der Rechtsfindung

1. Bewährte Lehre und Überlieferung als Teil der Rechtsfindung

533 a) Art. 1 Abs. 3 ZGB ist Ausdruck davon, dass das – erst *nach* dem Erlass des ZGB als solches erkannte – «Vorverständnis» des Richters rechtens ist; dass schon seinerzeit der Vorgang der richterlichen Rechtsfindung sowohl realistisch wie auch methodologisch differenziert gesehen wurde (Vorbemerkungen N 146 ff., 162 ff., 217 f.; oben N 188 ff.; vgl. auch EUGEN HUBER, Recht, 384). Eine rein positivistische Optik wäre vom Modell ausgegangen, dass der Richter nichts anderes zu tun habe, als das *Gesetz* auf den *Sachverhalt* anzuwenden. Demgegenüber hat das ZGB, obwohl in positivistischer Tradition stehend (Vorbemerkungen N 144; EUGEN HUBER, Erläuterungen, Band 1, 39), nicht nur die Lückenhaftigkeit des Gesetzes antizipiert und durch Art. 1 Abs. 2 ZGB angenommen, sondern durch Abs. 3 ebenso die sehr starken subjektiven Bezüge des Richters gesehen.

534 Der Richter denkt nicht (nur) nach *über* die Beziehung von Sollen und Sein anhand des konkreten Streitfalls (Vorbemerkungen N 215 ff.; ABRAVANEL, 170; SCHUBARTH, Richter, 152); der Denkende ist auch seinerseits Teil der Rechtsfindung. Er soll sich von dem, was er im Kopf hat, ebenfalls leiten lassen. Zumal dies seinerseits etwas ist, was über rein analytische Deduktion hinausgeht, impliziert es gleichzeitig das volitive Element der Wertung (N 188 ff.; SCHUBARTH, Urteil, 127).

535 b) Diese – neben der Norm und dem Sachverhalt – dritte Dimension der Rechtsfindung wird in Art. 1 Abs. 3 ZGB positiviert. Es geschieht dies mit zwei Aussagen: Zum einen wird anerkannt, dass der Richter nicht nur in Rechtsquellen (des Gesetzes und des Gewohnheitsrechts) Sollensbezüge findet, und er wird ermuntert, entsprechend andere Normativitäten mitberücksichtigen; zum andern wird vorgegeben, dass eine bestimmte Auswahl zu treffen ist, eben auf «bewährte Lehre und Überlieferung» (im einzelnen N 547 ff., 571 ff.).

536 c) Das Gesetz sieht die in Art. 1 Abs. 3 ZGB genannten Elemente als Hilfsmittel, nicht als Rechtsquellen. Sie stehen also nicht – wie dies im Vorentwurf noch vorgesehen war (dazu EUGEN HUBER, Erläuterungen, Band 1, 38 f., und oben N 185) – *neben* dem Gesetz und gegebenenfalls dem Gewohnheitsrecht. Die Optik der *Gesetzes*- oder allenfalls der *Gewohnheitsrechts*-Anwendung wird von Art. 1 ZGB

Art. 1

grundsätzlich beibehalten, wenn auch realistischerweise versehen mit Einflüssen durch solche *Neben*elemente, wie sie in Art. 1 Abs. 3 ZGB erwähnt sind.

Aus der Sicht heutiger Methodenlehre geht es allerdings nicht mehr um sekundäre Einflüsse auf den Gesetzesanwendungsvorgang. Vielmehr versteht sich – wie in dieser Kommentierung verschiedentlich erörtert (N 48 ff., 85 ff., 224 ff.; Vorbemerkungen N 159 ff., 207 ff.) – Rechtsfindung insgesamt als facettenreicher Vorgang aus verschiedensten Elementen, zu denen nicht nur Lehre und Überlieferung, sondern auch subjektives Verstehen, Wertung durch den Richter, «Aussagen» des Sachverhalts, nicht zuletzt auch das Gesetz selbst gehören. Dies schliesst keineswegs aus, dass das Element Gesetz stärker wirkt; doch nicht aus eigenem Geltungsgrund, sondern weil es mitsamt seinem Geltungs*anspruch* vom Richter aus dessen eigener Rechtsfindungsrolle heraus eben als «Gesetz» verstanden wird (oben N 75 ff., 107 ff. mit Verweisen; Vorbemerkungen N 7 ff., 215 ff.). Und aus entsprechenden Gründen werden die Hilfsmittel gemäss Art. 1 Abs. 3 ZGB unter Umständen weniger stark wirken.

537

2. Verbindlichkeit für den Richter

a)   Der Richter «folgt» bewährter Lehre und Überlieferung. Anerkanntermassen bringt der französische Text die ratio dieser Bestimmung wesentlich besser zum Ausdruck. Der Richter lässt sich «inspirieren» («il s'inspire…»). Dies ist dem rigoser klingenden deutschen («Er folgt…») und italienischen («egli si attiene…») vorzuziehen. In der Sache geht es vor allem um zwei Gesichtspunkte:

538

Zum einen um eine Operation, die als solche eigentlich gar keinen Imperativ erträgt. Das Gesetz kann – und will – dem Richter nicht *befehlen*, sich von den Parametern von Art. 1 Abs. 3 ZGB inspirieren zu lassen. Die Inspiration kann es nur *feststellen*. Verbindlichkeit beginnt erst bei der Abgrenzung gegenüber jenen Gesichtspunkten, von denen sich der Richter vielleicht ebenfalls beeinflussen lässt, die er aber nicht berücksichtigen *darf*; also namentlich «unbewährte» Hilfsmittel (N 560 ff., 577 ff.).

539

Zum andern geht es spezifisch um eine *Denk*operation; um Hinweise darauf, *wie* der Richter funktionieren soll. Er wird nicht primär angewiesen, zur Gesetzesanwendung noch weitere «exogene» Faktoren beizuziehen; sondern *in welcher Weise* er operieren soll. Er soll sich bewusst werden, dass er selbst unter mannigfachem Einfluss steht; nicht nur seitens der Parteien oder von eigenen Erfahrungen gleichartiger Streitsituationen – *diese* Beeinflussungen sollen möglichst ausgemerzt werden (FORSTER, Bedeutung, 44 ff.); sondern ebenso in jenem Bereich, den er selbst vielleicht für neutralisier- und objektivierbar hält, nämlich

540

Art. 1

im Sollensbereich, ja selbst beim Erfassen der positiven Rechtsordnung. Deren Unschärfe liegt nicht bloss in «ihr selbst», etwa in sprachlichen Unzukömmlichkeiten (N 191 ff., 205 ff.; Vorbemerkungen N 162 ff.), sondern ebenso im Umgang mit ihr durch den «Anwender».

541 b) Wie schon erwähnt (N 536), sind bewährte Lehre und Überlieferung nicht «Rechtsquellen». Nach heutiger Methodenlehre ist dies aber kein qualitativer Unterschied; eher eine graduelle Abstufung in der Gewichtung des betreffenden Elements (Vorbemerkungen N 32 ff. mit Verweisen).

542 Dasselbe gilt im Verhältnis zu unter Umständen noch weniger gewichtigen Elementen, wie namentlich gegenüber einzelnen Lehrmeinungen, Gerichtsentscheiden, Presseäusserungen und dergleichen, welche durchaus ihre Bedeutung haben, indes die Etikette «bewährt» (eventuell noch) nicht erreicht haben (generell dazu RENÉ SCHUHMACHER, Geschlossene Gesellschaft? Macht und Ohnmacht der Justizkritik, Zürich 1993). Sowenig die Rechtsquelle absolute *Geltung* beanspruchen kann, sowenig absolut können anderseits solch «weichere» Elemente aus der Rechtsfindung ausgemerzt werden (näheres zu solchen Verbindlichkeitsabstufungen N 588).

3. Geltungsbereich

543 a) Art. 1 Abs. 3 ZGB betrifft sowohl die Fälle der Auslegung gemäss Abs. 1 als auch jene der Lückenfüllung gemäss Abs. 2 (RIEMER, Einleitungsartikel, § 4 N 128; DESCHENAUX, Einleitungstitel, 119; MEIER-HAYOZ, Berner Kommentar, Art. 1 N 423 ff.); dies obwohl der *Wortlaut* von Abs. 3 («*Er* folgt...») bloss auf den Richter gemäss Abs. 2 Bezug nimmt. Doch geht letzteres auf den Vorentwurf zurück, der noch eine andere Systematik aufwies (EUGEN HUBER, Erläuterungen, Band 2, Anhang Art. 1 ZGB; vgl. auch oben N 185). Vor allem aber entspricht es heute zeitgemässer Methodologie, keine *grundsätzlichen* Unterscheidungen zwischen Auslegung und Lückenfüllung vorzunehmen (N 261 ff., 490 mit Verweisen).

544 Die «Geltung» von Art. 1 Abs. 3 auf Art. 1 Abs. 1 beschlägt nicht bloss die Auslegung, sondern auch jene Fälle, wo der Wortlaut – zumal der «klare» – gleichsam unmittelbar zur Anwendung gelangt. Dies entspricht zwar nicht der Sicht des ZGB, wie sie in der gesamten Systematik von Art. 1 zum Ausdruck kommt, wohl aber dem heutigen Verständnis von Rechtsfindung. Dieses erkennt nämlich, dass der Richter auch bei der Anwendung noch so klarer Gesetzesbestimmungen keineswegs bloss analytisch deduziert, sondern sehr stark volitiv operiert, die

Elemente nach Art. 1 Abs. 3 ZGB (und viele andere mehr) mitspielen lässt (N 188 ff.).

b) Ebenso bezieht sich Art. 1 Abs. 3 ZGB auch auf die Feststellung von Gewohnheitsrecht nach Art. 1 Abs. 2 ZGB (N 425 ff.). Hier allerdings wird die heute sichtbare Problematik der Kategorisierung zwischen der Rechtsquelle Gewohnheitsrecht und dem Hilfsmittel bewährte Überlieferung besonders augenfällig (N 448 ff.); anderseits aber auch praktisch eher irrelevant. Denn allemal geht es um Elemente der Rechtsfindung, die höchstens graduelle Gewichtsunterschiede aufweisen (zu solchen Verbindlichkeitsabstufungen N 588). 545

c) Art. 1 Abs. 3 ZGB gilt auch für die Rechtsfindung gemäss Art. 4 ZGB (vgl. Art. 4 N 145). 546

II. Bewährte Lehre

1. Lehre

a) «Lehre» bedeutet primär *Rechtswissenschaft*. Dieser Begriff seinerseits enthält verschiedene Komponenten: 547

So wird im Bereich von Wissenschaft regelmässig unterschieden zwischen Forschung und Lehre. Letztere versteht sich dann in einem engeren Sinn, namentlich umfassend das Führen des – primär universitären – Ausbildungsprogramms oder auch die *hiefür* erstellte Literatur, *sehr* eng gefasst mithin Lehrbücher, Skripten, Handbücher, etwas weiter gefasst auch wissenschaftliche Kommentare und Monographien. «Lehre» im Sinn von Art. 1 Abs. 3 ZGB ist nicht eng zu fassen. Sie umfasst zwar *auch* Lehrmittel. Wichtiger aber ist Literatur, die man wissenschaftsorganisatorisch der Forschung zuweist. «Lehre» im Sinn des Gesetzes versteht sich eben primär in Abgrenzung zur gleichzeitig erwähnten «Überlieferung», also zur Praxis (N 571). Insofern wäre der Terminus «Theorie» treffender. Es geht generell um das, was *über* Recht reflektiert und in aller Regel in Schriftform festgehalten wird; letzteres bedingt schon rein diskurs-technisch zwecks Nachvollziehbarkeit (vgl. PAVCNIK, Verstehen, 142 ff.; GARRN, Rationalität, 92 ff.; illustrativ statt unzähliger BGE 121 III 219 [z.B. 224]; vgl. auch unten N 612 f.). Zur gegenseitigen inhaltlichen Bezogenheit von Praxis und Theorie vgl. auch N 571. 548

Indem sich also Lehre im Gegensatz zur Praxis versteht, passt zu ihr auch problemlos, dass sie *ausländisch* sein kann. Die Gegenpart-Funktion und die da- 549

Art. 1

mit verbundene Unabhängigkeit gegenüber dem positiven oder praktizierten Recht dürfte bei nicht national eingegrenzter Lehre gar speziell ausgeprägt sein. Entsprechend lässt sich denn auch, entgegen der zur Zeit des ZGB-Erlasses herrschenden Meinung, nach dem zweiten Weltkrieg eine allgemein anerkannte Offenheit gegenüber ausländischen Lehrmeinungen feststellen (MEIER-HAYOZ, Richter, 104 ff.; ders., Berner Kommentar, Art. 1 N 428 ff.); dies nicht zuletzt als Brückenschlag über Zeit- und über Nationsgrenzen: «Wie oft kommt es vor, dass mit unzureichenden Mitteln an einem Problem geknabbert wird, das die Wissenschaft und Praxis von Jahrhunderten längst einer Lösung entgegengeführt haben» (LIVER, Kodifikation, 227 ff.); und wie bedauerlich ist es, dass «die formelle Einheit der Wissenschaft, wie sie einst durch die Gemeinsamkeit eines und *desselben Gesetzbuches für den grössten Teil Europas* gegeben war, ... für immer dahin» sei (VON JHERING, Geist des römischen Rechts, Band 1, 14 f.). Heute muss entsprechende Offenheit umso problemloser sein, als sich methodologisch gesehen Rechtsfindung ganz generell als Einordnung in die Sollensordnung versteht; und zwar derart grundsätzlich, dass letztere nicht per se national begrenzt ist (N 247 ff.; Vorbemerkungen N 261 ff.). Nicht-schweizerische Gesichtspunkte haben heute bei der Auslegung wie bei der Lückenfüllung ihren Stellenwert; und ebenso – dies die Konsequenz für Art. 1 Abs. 3 ZGB – bei der Konsultation von Lehrmeinungen.

550 b) Es scheint der Praxis keine grundsätzlichen Probleme zu bieten, auch andere Wissenschaftsgebiete als jene des *Rechts* der «Lehre» gemäss Art. 1 Abs. 3 ZGB zuzuordnen (MEIER-HAYOZ, Berner Kommentar, Art. 1 N 434 mit Verweisen). In Betracht kommen namentlich ökonomische, soziologische, psychologische und gerichtsmedizinische Erkenntnisse; anschaulich etwa, wenn das Strafrecht für das Rechtsgut des Lebens auf den medizinischen Todesbegriff abstellt (dazu WALTER OTT, Radbruch'sche Formel, 343 f.). Dies erscheint einerseits pragmatisch einleuchtend, durchaus auch konsistent mit der Anerkennung realistischer Elemente der Rechtsfindung; anderseits aber auch in einer gewissen Spannungsbeziehung zu Problemen der Rechtssicherheit, der Gleichbehandlung vor dem Gesetz, zu Einwendungen gegen einen «ausserstaatlichen Gesetzgeber» beziehungsweise gegen private Normwerke als Teil der Rechtsordnung (dazu ausführlich RUCH, insbesondere 5 ff.; vgl. auch Vorbemerkungen N 100).

551 Aus der bundesgerichtlichen Praxis vgl. etwa BGE 5C.170/1995 vom 29. November 1995 (nicht publiziert), wonach die im Zusammenhang mit Art. 328 Abs. 1 ZGB relevante Frage einer begründbaren Kinderbetreuungspflicht auf Grund psychiatrischer Fachliteratur erörtert wird; ferner etwa BGE 121 I 49 (52), wo sich im Zusammenhang mit dem Problem des gleichen Lohns für gleiche Arbeit die Frage stellt, ob eine analytische Arbeitsplatzbewertung vorgenommen werden muss; BGE 118 II 319 (321 f.) im fliessenden Grenzbereich zwi-

schen Rechts- und Sprachwissenschaft (prägnant die Anmerkungen dazu von MARKUS NUSSBAUMER in SJZ 93 [1997] 189 ff.); oder BGE 120 IV 256 (259) zur Frage der gesundheitsschädigenden Wirkung von Canabis, wo das Bundesgericht die einschlägige Fachliteratur zu Rate zieht. Anders gelagert ist die Situation, wo das Gesetz selbst auf entsprechende naturwissenschaftliche Kriterien verweist (vgl. BGE 120 V 121).

Dem Wortlaut «Lehre» gemäss Art. 1 Abs. 3 ZGB widerspricht dies jedenfalls nicht. Auch erscheint die Berücksichtigung solch anderer Wissenschaftsgebiete im Ergebnis nicht unbefriedigend (N 218 f.). Aus der Sicht von Rechtsfindung im hier vertretenen Sinn ergeben sich allerdings gewisse Einwendungen, die zwar primär die wissenschaftstheoretische Einordnung betreffen, in gewissen Grenzbereichen aber auch praktische Auswirkungen zeitigen können: 552

Wissenschaft erfasst heute mehr und mehr sich selbst, beschäftigt sich weniger mit Wissenschaftstheorien als vielmehr mit Meta-Theorien *über* Wissenschaft (zurückgehend auf KUHN, 79 ff.; POPPER, Logik, 31 ff.; ALBERT, 35 ff.). Die Unterscheidung zwischen Ideal- und Realfaktoren hebt sich auf zugunsten von Interaktion. Ja das reflektierende Wesen wird selbst zur Realie. Genau in diesem wissenschaftstheoretischen Kontext steht die neuere Hermeneutik (Vorbemerkungen N 159 ff.); sie setzt das heutige Wissenschaftsdenken im Bereich des Rechts dahin um, dass einzig ein Verstehen des gesamten «Phänomens Rechtsfindung» mit den Elementen Gesetz, Richter, Gerechtigkeit, Sachverhalt etc. resultiert. Letztlich verstehen sich all diese Elemente, nicht nur die sachverhaltsbezogenen, als *Real*faktoren (N 167 ff.). Hiezu gehört namentlich auch die *praktische* Wissenschaft, also konkrete, greifbare Forschungsergebnisse, Lehrmeinungen etc.; sei es bezogen auf Recht, Wirtschaft, Soziologie oder Sozialmedizin. Insofern ist es wissenschaftstheoretisch durchaus konsistent, all diese Gesichtspunkte mit in Rechtsfindung einzubeziehen. Entsprechend soll dies der Richter von Amtes wegen tun; gehört dies gleichsam zu «iura novit curia» (eingehend zu entsprechenden Entwicklungen im Recht der USA vgl. den Überblick Developments in the Law – Confronting the new challenges of scientific evidence, Harvard Law Review 108 [1995] 1481 ff.; vgl. auch oben N 428 mit Verweisen). 553

Anderseits will es die positive Ordnung – und dies seinerseits ist zumindest ein starkes Rechtsfindungselement (N 75 ff., 147) –, dass im Bereich des Privatrechts und des Zivilprozesses der Realfaktor Sachverhalt in der Regel nicht von Amtes wegen zu prüfen, sondern von der sich darauf berufenden Partei zu behaupten und zu beweisen ist (Art. 8 ZGB). So besehen müsste der Realfaktor einer wissenschaftlichen Erkenntnis ebenfalls bewiesen werden. Gerade dann, *wenn* er für den konkreten Streitfall von Einfluss ist, gehört er gleichsam zum «weiteren» Sachverhalt. Sehr greifbar etwa dort, wo es um den zivilprozessualen Beweis durch Gutachten geht. Anderseits gibt es gewisse Sachverhaltsmomente, die zwar ebenfalls wissenschaftlich begutachtbar, jedoch genügend «notorisch» sind, um 554

Art. 1

vom Richter ex officio beachtet zu werden, etwa das Gravitationsgesetz (beispielsweise im Zusammenhang mit Fragen nach dem rechtserheblichen Kausalzusammenhang, vgl. etwa KARL SPÜHLER, Wann sind Grundsätze der Lebenserfahrung allgemeine Rechtsgrundsätze? in: SJZ 93 [1997] 392 ff. [393]; BGE 87 II 117). Wo also liegt die Grenze zwischen der Tatsache gemäss Art. 8 ZGB und der Lehre gemäss Art. 1 Abs. 3 ZGB?

555 Hiezu kann Art. 1 Abs. 3 ZGB keine Antwort geben. Denn er besagt nichts darüber, *wie* der Sachverhalt, nicht einmal wie andere Realfaktoren prozessual zu präsentieren sind, sondern bloss *was* alles an irgendwie relevanten Elementen in Beziehung steht zur *Sollens*ordnung. Und dies umfasst – wie mehrfach erörtert – nicht nur normative, sondern ebenso faktische Elemente; dabei nicht bloss allgemeinere gemeingesellschaftliche Gegebenheiten, sondern ebenso den Sachverhalt des konkreten Falls. – Eine *andere* Frage ist es jedoch, welche Beweislastregeln die positive Rechtsordnung ihrerseits aufstellt: sie können die Beweislast in gewissen Verfahren demjenigen auferlegen, der das grösste Interesse an ihnen hat (vgl. Kommentierung zu Art. 8 ZGB). Und wenn sich der Richter nun von dieser Prozessnorm leiten lässt, verrät er keineswegs seine Verstehensfunktion gemäss Art. 1 Abs. 3 ZGB; denn er *gehorcht* nicht der Beweislastregel, sondern er *versteht* sie als Teil der zahlreichen Mechanismen im facettenreichen Rollenspiel «Recht» (oben N 46 f.; Vorbemerkungen N 68 ff., 217 ff.; vgl. auch LUHMANN, 325 ff.).

556 Zusammenfassend lässt sich folgern, dass Art. 1 Abs. 3 ZGB Elemente auch aus anderen Wissenschaften als jener des Rechts einbezieht; indes nur insoweit, als diese zur Ermittlung der *Regel* dienen; nicht soweit es um sachverhaltsmässige Fragen geht.

557 c) Das Gesetz spricht nicht von *wissenschaftlichen* Lehren. Es könnten also auch Auffassungen anderer Provenienz in Betracht kommen; etwa auf der Basis von rein praxisorientierten Fachbüchern, die sich ans breite Publikum, eventuell an den fachlichen Sachbearbeiter, allenfalls auch an lehrende nicht-universitäre Betriebe wenden (Dokumentensammlungen, Kurzhandbücher, Leitfäden etc.); von populär-wissenschaftlicher Literatur, etwa zu rechtspolitisch relevanten Problemstellungen; schliesslich auch von Presseerzeugnissen.

558 Mit dem Begriff «Lehre» war bei Erlass des ZGB die anerkannte Wissenschaft gemeint (EUGEN HUBER, Erläuterungen, Band 1, 37; ders., Recht, 396 ff.). Aus heutiger geltungszeitlicher Sicht (N 140) darf und muss dies aber in Frage gestellt werden. Dies gilt um so mehr, als sich Art. 1 Abs. 3 ZGB heute generell als Ausdruck des Phänomens des Vorverständnisses versteht (oben N 46 f., 190 ff. mit Verweisen.; Vorbemerkungen N 68 ff., 154, 217 ff.); und eben dieses impli-

ziert sehr spezifisch all jene effektiven, keineswegs bloss «wissenschaftlichen» Komponenten der subjektiven Einstellung des urteilenden Richters. Es muss deshalb heute davon ausgegangen werden, dass die Hilfsmittel gemäss Art. 1 Abs. 3 ZGB entsprechend weit zu fassen sind. Allerdings darf ihnen je nicht mehr Gewicht beigemessen werden, als ihnen vom Aussagewert her zukommt; ferner müssen sie für die anstehende Rechtsfrage relevant sein; schliesslich muss das Kriterium der Bewährtheit im Auge behalten werden (N 560 ff.). Die hier vertretene Ausweitung von Art. 1 Abs. 3 ZGB bedeutet also nicht mehr, als dass keine Beeinflussungselemente *a priori* ausgeschlossen sind; keineswegs, dass sie a priori auch legitim relevant seien.

Dies entspricht auch der Erkenntnis, das *faktisch* solche Einflüsse bestehen oder zu Recht auch ihrerseits wissenschaftlich aufbereitet werden; diesbezüglich namentlich auch die Presse (FORSTER, Bedeutung, 46 ff.; SCHUBARTH, Urteil, 126 f.; anschaulich die schon im zweiten Jahrgang erschienenen «Bundesgerichtsentscheide». Die vollständigen NZZ-Berichte zu publizierten und unpublizierten Urteilen 1996, Zürich 1997). Gleich wie bei Erlass des ZGB realistischerweise der Einfluss der anerkannten Wissenschaft in Art. 1 Abs. 3 ZGB positiviert wurde, so muss die geltungszeitliche Auslegung dieser Bestimmung heute auch solch andere Beeinflussungsfaktoren erfassen. 559

2. Bewährtheit der Lehre

a)   Bewährtheit bedeutet in erster Linie «sachliche Richtigkeit», mit allen Unschärfen, welche dieser Begriff in sich birgt (HASENBÖHLER, 95). Bezogen auf die Aufgabenstellung geht es spezifischer darum, die je anwendbaren Regeln nach Abs. 1 und 2 zu eruieren beziehungsweise – aus heutiger methodologischer Sicht – konsistente Rechtsfindung zu betreiben. Die in diesem Zusammenhang von MEIER-HAYOZ (Berner Kommentar, Art. 1 N 436) vorgeschlagene Unterscheidung der Diktion in *Wahrheit* beziehungsweise *Richtigkeit* (bei der erkennenden Funktion nach Abs. 1) und in *Angemessenheit* (bei der kreativeren Rolle der Lückenfüllung gemäss Abs. 2) erscheint heute nicht mehr aktuell. Denn die methodologische Abstufung in gebundene und ungebundene Rechtsfindung ist überholt (MEIER-HAYOZ, Richter, 3; oben N 277 ff.). Die von MEIER-HAYOZ bei ungebundener Rechtsfindung vorgeschlagene Umschreibung für «Bewährtheit» nach den Kriterien von *Gerechtigkeit*, *Zweckmässigkeit*, *Rechtssicherheit* passt heute zum *ganzen* Anwendungsgebiet von Art. 1 ZGB. Dies entspricht einerseits generell dem Verständnis von Rechtsfindung als Bezugnahme von Sollen und Sein im Einzelfall (N 45 ff.; Vorbemerkungen N 207 ff.) sowie im besonderen der spezifischen 560

Art. 1

Zielrichtung der Hilfsmittel gemäss Art. 1 Abs. 3 ZGB mit Bezug auf das *Regelmässige* der Sollensordnung (oben 385 ff., 478 ff.). Bewährt beziehungsweise sachlich richtig ist das Hilfsmittel also dann, wenn es diesen Sollensaspekten entspricht; also namentlich der Einzelfallgerechtigkeit des konkreten Streits (N 483 f.), der Rechtssicherheit durch Regelbildung (N 81 ff., 484; Vorbemerkungen N 191 ff.), der Einordnung in das bestehende rechtspolitische Umfeld (N 122, 179 ff.; dies entsprechend der schon früh sehr grundsätzlich gefassten «Zweckmässigkeit» bei RADBRUCH, Rechtsphilosophie, 82 ff.).

561 Mit dem Begriff «bewährt» verbindet sich die Vorstellung einer gewissen Nachhaltigkeit, ein Stabilisierungselement, wie es – wesentlich stärker zwar – dem Gewohnheitsrecht eigen ist (N 418 f.). Ein solches Kriterium ist aber als Voraussetzung für die Relevanz gemäss Art. 1 Abs. 3 ZGB abzulehnen. Denn die soeben erwähnte «sachliche Richtigkeit» (N 560) *kann* sich zwar anhand einer konstanten Dauer begründen oder zumindest unterstützen lassen, *muss* es aber nicht. Warum sollen sich nicht auch Einzelmeinungen, auch solche gegen einen allgemeinen Trend, als sachlich richtig erweisen?

562 b) Es könnte hilfreich sein, auf äussere Merkmale von «Richtigkeit» abzustellen, etwa auf die Prominenz des Autors im Sinn einer «Lehrmeinung der fähigsten Völkerrechtler der verschiedenen Nationen als Hilfsmittel zur Feststellung von Rechtsnormen» (so Art. 38 des Statuts des IGH; vgl. auch FORSTER, Bedeutung, 99 ff.), auf seine berufliche Stellung als Richter (entsprechend oft Hinweise in Publikationen von Richter-Autoren, wonach es sich um eigene Auffassungen handle und das Gericht daran nicht «gebunden» sei, vgl. z.B. ZBJV 131 [1995] 473), auf das Standing einer Publikations- oder einer thematischen Schriftenreihe, auf die «Kategorie» etwa des tagesaktuellen Artikels, des Praktikerleitfadens, der Dissertation, der Habilitationsschrift, des Handbuchs aus der Feder des «Altmeisters». Es liegt auf der Hand, dass dies niemals eigenständige Kriterien sein können. Denn auch die Dissertation des Neulings mit einer Aussenseitermeinung kann sehr schlüssig und das vielleicht allzu erfahrene Diktum der Koryphäe daneben geraten sein; oder etwa seine Äusserung war gar nicht als wissenschaftliche konzipiert, sondern stand spezifischer im Dienst einer Interessenvertretung (nicht selten etwa Aufsätze in Fachzeitschriften aus der Feder von Anwälten in entsprechenden Prozessfällen; vgl. zur Unterscheidung zwischen Fachliteratur und Parteigutachten BGE 119 Ia 390 [399 passim]).

563 Die gleiche Fragestellung ergibt sich zur «*herrschenden* Lehre». Hievon mag man durchaus dann reden, wenn alle oder die meisten der eruierbaren Lehrmeinungen oder jedenfalls die Mehrheit der «üblichen» eine bestimmte Rechtsfrage gleichartig vertreten (in der Schweiz namentlich der Berner, der Zürcher,

neuerdings auch der Basler Kommentar; ferner die Reihe Schweizerisches Privatrecht; wohl auch Lehrbuchreihen etablierter Rechtsverlage; vgl. generell PETER FORSTMOSER/REGINA OGOREK, Juristisches Arbeiten, Zürich 1994, 186 ff.); und es leuchtet auch ein, dass die herrschende Lehre wohl in aller Regel «etwas für sich hat», in diesem Sinn «bewährt» ist. Anderseits kann aber auch der Aspekt der herrschenden Lehre niemals *entscheidendes* Kriterium sein. Die «Richtigkeits»-bezogene Qualitätskontrolle lässt sich jedenfalls mit noch so grosser Dominanz nicht umgehen.

Wie soeben erwähnt, ist mit Aspekten der «Prominenz» und der herrschenden Lehre regelmässig jener der «Üblichkeit» verbunden: Es gibt gleichsam Standard-Zitierungen (mit entsprechend gegenseitig angeglichenen Zitierweisen [«BK-Meier-Hayoz»; «ZK-Egger»; «OR-Bucher» etc.]), die je etwa neben den «BGE» gleichsam routinemässig erfasst sein müssen. Hier ist zwar richtig, *dass* diese Zitierungen zum seriösen juristischen Arbeiten gehören (FORSTMOSER/OGOREK, a.a.O., 35 ff.); und zwar ebenso zum Arbeiten des Richters. Was Standard-Kommentierungen oder etwa auch bekannte Monographien zu sonst wenig bearbeiteten Rechtsfragen äussern, *muss* zweifellos erfasst werden. Doch ist dies nicht von vornherein genügend; selbst nicht bei Einhelligkeit aller Standard-Stellen. Denn einerseits bleibt auch hier die Qualitäts-Erörterung vorbehalten (N 560); das heisst, Hinweise auf Literaturstellen dienen nur dann, wenn diese auch inhaltlich überzeugen (dazu auch unten N 567). Und anderseits können Hinweise auf solch relevante Literaturstellen hier ohnehin nichts Exklusives bedeuten, sondern allemal bloss ein *Mit*einbeziehen (N 224 f.). 564

Zusammenfassend lässt sich festhalten, dass die Prominenz des Autors oder des Werks, die Verbreitung, zumal die «herrschende», nicht per se Anhaltspunkte für Bewährtheit hergeben; dass sie zwar die Pflicht zur Mitberücksichtigung, nicht aber die inhaltliche Konsistenz in dem Sinn erhöhen, dass sie «bewährter» wären (vgl. anderseits aber auch N 568 hienach). 565

c) Die Bedeutung der bewährten Lehre für die richterliche Rechtsfindung geht dahin, dass der Richter sich mit ihr auseinandersetzen *muss*. Er hat sie zu eruieren, sie inhaltlich auf ihre Bewährtheit hin zu erörtern (N 560), sie ferner mit seiner Rechtsfindungsaufgabe für den konkreten Fall in Verbindung zu bringen. Er muss die Doktrin aber nicht «*be*folgen»; er muss ihr «folgen». Der französische Text spricht zutreffender von «il s'inspire». Freilich fehlt bei ihm das Merkmal der «Bewährtheit» (beziehungsweise des Prädikats «più autorevoli»); doch beinhaltet «Sich-Inspirieren-Lassen» auch das Eruieren bewährter Teile, welche auf *diese Weise* ein erhöhtes Gewicht erhalten; von den *bewährten* Teilen der Lehre soll sich der Richter also nicht «nur» inspirieren lassen (MEIER-HAYOZ, Berner Kommentar, Art. 1 N 443). 566

Art. 1

567   Die Frage, ob der bewährten Lehre «Bedeutung» oder «Verbindlichkeit» zukommt (MEIER-HAYOZ, Berner Kommentar, Art. 1 N 440 ff.), Anregungspotential oder «Geltung», wäre methodologisch nicht konsistent gestellt. Wie schon an anderer Stelle erwähnt, kommt in Art. 1 Abs. 3 ZGB positiv zum Ausdruck, was methodologisch «Vorverständnis» genannt wird; also das, was den Richter nebst rein analytischen Operationen beeinflusst, beziehungsweise was den Rechtsfindungsvorgang als ganzen von rein analytischen Mechanismen unterscheidet (N 190 ff., 533 ff. mit Verweisen; Vorbemerkungen N 151 ff., 217 f.; BGE 120 II 214 [217 ff.]). Art. 1 Abs. 3 ZGB nimmt diese Einflussfaktoren nicht bloss hin, sondern *verlangt* sie; stellt nicht nur faktische Einflüsse fest, sondern will sie auch dort, wo der Richter vielleicht meint, eine logisch reine Subsumtionsoperation zwischen Gesetzeswortlaut und Sachverhalt vorzunehmen; vielleicht auch, wo Bequemlichkeit oder Arbeitsdruck ihn von Literaturrecherchen abhalten könnten (ABRAVANEL, 169). Insofern *muss* er die Doktrin als Rechtsfindungs*element* berücksichtigen. Und *hieraus* ergibt sich die «Verbindlichkeits-Stufe». Das Element selbst bestimmt sein Gewicht: Das Element Gesetz anders als das Element Richter, das realistische Element Sachverhalt wiederum anders als etwa jenes Idealelement «Rechtssicherheit» (N 483 f. mit Verweisen); und derart wird auch das Gewicht des Elements Doktrin bestimmt. *Insoweit* die Doktrin Doktrin ist, bewährt ist, bei vertretbar unterschiedlichen Auffassungen verbreitet oder von der Argumentationsweise her gar «zwingend» ist; oder aber *insoweit* die Doktrin bloss unreflektiert Wiedergegebenes darstellt, grundlose Behauptungen aufstellt, wenig überzeugend ausfällt; genau *soweit* wirkt sie – dies *ist* dann ihre «Verbindlichkeits-Stufe» (vgl. auch N 588).

568   Die Überzeugungskraft von Doktrin ist natürlich nicht ihrerseits analytisch messbar (allenfalls «spürbar», vgl. ABRAVANEL, 167 f.). Zumindest in Grenzbereichen lassen sich regelmässig auch andere Ansichten vertreten. Hier ist durchaus denkbar, dass der eine Richter sich überzeugen lässt, der andere nicht; und beide verletzen Art. 1 Abs. 3 ZGB nicht. In solchen Bereichen, aber nur hier, kann die Verbreitung der betreffenden Lehrmeinung, also der «*herrschenden* Lehre», durchaus aber auch die Prominenz oder Verbreitung eines Werks ihrerseits ein konsistentes Element bilden (N 565). Hier kann der Verstehensvorgang des Richters dazu führen, dass er in einer solch herrschenden Lehre einen spezifischen Bezug zur Sollensordnung und damit einen spezifischen Hinweis auf den Inhalt der betreffenden Regel feststellt; und zwar auch dann, wenn er selbst eine andere Auffassung vertritt (vgl. auch oben N 391).

569   d)   Dass die bewährte Lehre gemäss Gesetzeswortlaut *vor* der «Überlieferung» aufgeführt ist, gibt ihr dieser gegenüber keine Priorität; dies trotz eines mögli-

cherweise bestehenden *faktischen* Übergewichts der Lehre (ABRAVANEL, 167, unter Hinweis auf häufig verwendete *Zusammenfassungen* der Praxis durch die Literatur). Ein grundsätzlicher Vorrang würde der soeben erörterten Verbindlichkeitsart dieser Hilfsmittel widersprechen (N 566; zur Ablehnung methodischer Reihenfolgen oben N 145 f., 224 f., 507, 522).

e) So unscharf die Bedeutung von Art. 1 Abs. 3 ZGB nach dem eben Ausgeführten ist, so sehr versteht sie sich als ausdrückbarer Teil der positiven Rechtsordnung. Und gerade *weil* diese Bestimmung so flexibel verstanden werden muss, kann sie auch nach heutigem Wissenschaftsdenken «Geltung» beanspruchen; das heisst, der Richter *muss* sich so verhalten. Ignoriert er die bewährte Lehre, bezeichnet er bewährte Lehre als unbewährt, stützt er sich unzutreffenderweise auf angeblich Bewährtes, verletzt er eine andere der dargelegten Geltungsarten dieses Artikels, so verstösst er gegen Bundesrecht. Es kann dies etwa mit Berufung ans Bundesgericht geltend gemacht werden (Art. 43 Abs. 2 OG unter ausdrücklichem Hinweis nicht nur auf den Wortlaut, sondern auch auf den «daraus sich ergebenden» Sinn). Insofern ist Art. 1 Abs. 3 ZGB also nicht eine lex imperfecta (a.M. MEIER-HAYOZ, Berner Kommentar, Art. 1 N 441). 570

III. Bewährte Überlieferung

1. Überlieferung

a) «Überlieferung» ist das Komplementärstück zur gleichzeitig erwähnten «Lehre». Entsprechend bedeutet sie nichts anderes als «Praxis» im Sinn des Gegenstücks zur «Theorie» (N 548). Art. 1 Abs. 3 ZGB umschreibt das sich gegenseitig ergänzende und entsprechend sehr oft zitierte Begriffspaar «Doktrin und Praxis» (MEIER-HAYOZ, Berner Kommentar, Art. 1 N 467). Diese gegenseitige Ergänzung ist als wesentliche inhaltliche Bezugnahme zu verstehen: So ist die Gerichtspraxis von der Lehre beeinflusst, sie setzt sich im Rahmen der Entscheidbegründung mit Literatur auseinander, zumal auch mit kritischer (statt unzähliger hier BGE 114 II 230 [232 ff.]); oder auch mit eher praktisch-technischen Literaturformen (vgl. etwa das in BGE 120 II 374 [378] zitierte «Handbuch für das Handelsregister»). Und anderseits befasst sich Literatur natürlich sehr zentral mit richterlicher Rechtsprechung 571

Überlieferung umfasst mithin gerichtliche Präjudizien der höchsten Gerichte, aber auch unterer Instanzen (N 605 ff.); ebenso die Praxis anderer Behörden, 572

Art. 1

welche sich zu den betreffenden Rechtsfragen im Rahmen *praktischer* Tätigkeit äussern; beispielsweise Grundbuch- und Handelsregisterbehörden, Stiftungs- oder Vormundschaftsbehörden, ferner auch Schiedsgerichte, soweit ihre Aussagen über staatliche Rechtsmittelverfahren zur Kenntnis der juristischen Öffentlichkeit gelangen (vgl. Vorbemerkungen N 62, 64).

573 Auch Praxis ausserhalb förmlicher Streiterledigungsverfahren ist Überlieferung; also Ortsgebrauch, Verkehrssitte, unter Umständen auch Wirtschaftsusanzen (N 455 ff.). Eine solch weitgefasste Auslegung von «Überlieferung» ist relativ neu. Bei Erlass des ZGB und auch noch bei der zweiten Auflage dieser Kommentierung (N 46) ging man von der nicht diskussionswürdigen Selbstverständlichkeit aus, es gehe einzig um Gerichtspräjudizien (vgl. noch BGE 47 II 160 [163 f.], wonach «Platzusancen» höchstens Vertragsinhalt sein, also keine objektivierende Bedeutung etwa im Sinn von Art. 1 Abs. 3 ZGB haben können). Die heutige Ausweitung entspricht der inzwischen entwickelten Methodologie, die grundsätzlich *alle* irgendwie relevanten Gesichtspunkte als *Elemente* mitberücksichtigt; denn der Richter soll den gesamten Vorgang der Rechtsfindung einschliesslich seiner eigenen Stellung *umfassend* verstehen (N 121 ff., 145 f., 224 f., 533 ff.; Vorbemerkungen N 146 f., 151 ff., 207 ff.; vgl. ZÄCH, Verfassungsrecht, 9 f.). Es wäre nicht einzusehen, weshalb Verkehrssitte, Usanzen und dergleichen dabei ausgeblendet sein sollten. Es ist auch nicht nötig, dass bei solchen Usanzen eine spezifische *Recht*mässigkeits-Usanz ergründet werden müsste – wie dies beim ausgeprägten *Sollens*bezug des Gewohnheitsrechts verlangt wird (N 431); auch ohne solche können sie als «realistisches» Element, entsprechend gewichtet, Teil des Rechtsfindungsvorgangs sein (N 183).

574 Nicht «Überlieferung» gemäss Art. 1 Abs. 3 ZGB ist die Entstehungsgeschichte des Gesetzes beziehungsweise der betreffenden Norm. Diese kann zwar mit der entsprechenden Gewichtung im Rahmen der Materialien oder als historisches Element durchaus von Bedeutung sein (N 140 ff.; 159 f.). Sie fällt aber nicht unter das in Art. 1 Abs. 3 ZGB ausdrücklich positivierte Tandem «Doktrin und Praxis» (MEIER-HAYOZ, Berner Kommentar, Art. 1 N 469).

575 b) Bei Erlass des ZGB wurde ausschliesslich an schweizerische Praxis gedacht; ein Gesichtspunkt, der nicht zuletzt dem nationalen Vereinheitlichungsgedanken entsprang (EUGEN HUBER, Erläuterungen, Band 1, 38 bzw. 40 f.; Vorbemerkungen N 144 f.). Praktisch scheint dies seither auch im Vordergrund gestanden zu haben. Insbesondere der Vereinheitlichungsaspekt dürfte sich heute noch verstärken, indem immer mehr Gerichtsentscheide verschiedenster auch kantonaler Gerichte technisch einfach, rasch und aktuell greifbar werden (oben N 434, 454, je mit Hinweisen).

Art. 1

Zusätzlich rückt aber auch mehr und mehr ausländische Gerichtspraxis in die Nähe schweizerischer Rechtsfindung; und damit – methodologisch gesehen «von selbst» – in den Bereich rechtlicher Relevanz. Diese Relevanz bedeutet bekanntlich nicht Verbindlichkeit, aber Bekanntheit und Miteinbezug mit dem Gewicht, das sie *effektiv* für die konkrete Rechtsfrage hat. Insofern kann ausländische Gerichtspraxis Auslegungshilfe sein (N 247 ff.), der Feststellung von Gewohnheitsrecht dienen (N 436 ff.), Lückenfüllung bewerkstelligen (N 531 mit Verweisen); und je nach Gewicht nun eben auch eine etwas weniger verbindliche Leitlinie hergeben. Jedenfalls kann heute methodologisch nichts grundsätzlich dagegen sprechen, auch ausländische Praxis als Hilfsmittel im Sinn von Art. 1 Abs. 3 ZGB beizuziehen. 576

2. Bewährtheit der Überlieferung

a) Bewährtheit bedeutet «sachliche Richtigkeit». Es kann auf die entsprechenden Ausführungen zur Bewährtheit der Lehre verwiesen werden (N 560 ff.). 577

b) Im Zusammenhang mit der Bewährtheit der Lehre ist erörtert worden, wie weit äussere Bewährtheitskriterien, etwa der Prominenz, der qualitativen «Kategorie», der Üblichkeit etc., eine Rolle spielen (N 562 ff.). Das dort Ausgeführte gilt sinngemäss auch hier; im wesentlichen also, dass es allemal um *innere* Richtigkeit geht. Äussere Anhaltspunkte verpflichten zwar, das betreffende Hilfsmittel bewusst zu erörtern, nicht aber, ihm auch zu folgen. 578

Zu solch äusseren Kriterien gehört bei der Gerichtspraxis insbesondere die Höhe des Gerichts. Dieser Gesichtspunkt *ist* zweifellos von grosser Bedeutung; die Verbindlichkeit von Präjudizien, zumal von höchstrichterlichen, gehört zu den Grundsatzthemen von Rechtsfindung überhaupt (hiezu N 605 ff.). Mit dem in Art. 1 Abs. 3 ZGB ausgedrückten Kriterium der «Bewährtheit» darf es jedoch nicht gleichgestellt werden. 579

c) Der «herrschenden» Lehre entspricht die «konstante» Praxis (vgl. N 563 f.; statt vieler Genfer Cour de justice civile, SJ 1981, 44 ff. [46]; BGE 120 II 214 [220]). Das zu jener Ausgeführte gilt sinngemäss auch für diese. Dabei wesentlich ist die Priorität des «Richtigkeits»-Kriteriums. Das heisst, die Konstanz einer Rechtsprechung zwingt zwar dazu, sich mit ihr auseinanderzusetzen; damit, eine allfällige Abweichung zu begründen (BGE 120 II 214; 121 III 163 [167 f.]; unten N 606); je nach dem gar bestimmte prozedurale Sondervorschriften zu beachten (z.B. Art. 16 OG, Zustimmung der Gerichtsabteilung, von deren bisheri- 580

Art. 1

ger Praxis die andere Abteilung abzuweichen gedenkt). Aber anderseits bedeutet gerade das Sich-Auseinandersetzen nicht Befolgen, sondern *kritisches* Mitverstehen. Führt letzteres zu einem anderen Resultat, spricht nichts dagegen, dieses vorzuziehen; etwa im Sinn einer Verfeinerung und später gar Änderung einer langfristigen Praxis (vgl. z.B. betreffend Namensänderung des Kindes einer verheirateten Mutter die Hinweise in ZBJV 131 [1995] 139).

581   Je konstanter die Praxis ist, desto näher kann sie dem Gewohnheitsrecht kommen, welches ja nach dem Konzept von Art. 1 Abs. 2 ZGB als Rechtsquelle *verbindlich* ist. Die heutige Methodenlehre, die von qualitativen Kategorisierungen etwa in Hilfsmittel gemäss Art. 1 Abs. 3 und Rechtsquellen gemäss Art. 1 Abs. 1 und Abs. 2 abkommt (N 417 ff., 536 f. mit Verweisen), könnte es deshalb nahelegen, gleichsam eine stufenlose Zunahme der Verbindlichkeit vorzusehen; je entsprechend der zunehmenden Konstanz der betreffenden Praxis (verbunden natürlich mit entsprechenden Qualitätsanforderungen entsprechend der opinio necessitatis [N 431]). Ob sich je nach Konstellation dann die *Bezeichnung* «Rechtsquelle Gewohnheitsrecht» oder «interessantes Präjudiz» ergibt, ist per se bedeutungslos (hiezu näher N 588). Doch auch bei der «verbindlichen» Form des Gewohnheitsrechts darf die *inhaltliche* Qualitätskontrolle nicht unterbleiben; kann also das Kriterium der Bewährtheit nicht entfallen. Hierauf ist um so mehr zu insistieren, als selbst die Verbindlichkeitsquelle «par excellence», das Gesetz nämlich, nach dem heutigen Verständnis von Rechtsfindung den Qualitätstest in jedem Anwendungsfall grundsätzlich neu bestehen muss (N 107 ff., 130 ff.; Vorbemerkungen N 228 ff.).

IV. Verbindlichkeit der Praxis

1. Fragestellung im Kontext von Rechtsfindung

582   a)   **Verbindlichkeit versus Faktizität.** Die Frage nach Bestehen und Ausmass von Verbindlichkeit stellt sich gemäss heutiger Theorie nicht spezifisch für die Gerichtspraxis. Sie beschlägt *alles*, was normativen Anspruch erhebt; sei es Gerichtspraxis, Usanz, Gewohnheitsrecht etc., sei es aber auch das Gesetz (s. auch oben N 75 ff.). Bis zu ihm gelangt die Frage nach Geltung oder bloss Faktizität (HABERMAS, 45 ff.; WALTER OTT, Sein und Sollen, 358; ders. Rechtspositivist, 451). Und die wissenschafts*theoretisch* ehrliche Antwort konstatiert zunächst reine Faktizität – *auch* für das Gesetz. Freilich «existiert» auch «Geltung», nicht bloss in idealer Extraposition mit Rückwirkung auf das Rechtstatsächliche (FIKENTSCHER,

Art. 1

Methoden, Band IV, 678; KAUFMANN, Hermeneutik, 338); sondern ebenso darin, dass das Gesetz selbst nun einmal den *Anspruch* erhebt, verbindlich zu sein (Art. 1 Abs. 1 ZGB), und dass der Richter im Rahmen seiner Rechtsfindung eben dieses Faktum in seiner ganzen Zirkularität miterfasst.

So pointiert sich das Dilemma zwischen Faktizität und Geltung beim geschriebenen Gesetz stellt, so wenig ist es seit dem Erlass des nationalen Zivilrechts-Kodexes thematisiert worden. Dies ist historisch gesehen eine naheliegende Konsequenz aus dem positivistischen Verständnis des geschriebenen Gesetzes; welches ja die Funktion hat, Legitimationsfragen – nicht nur zu beantworten, sondern – zu unterlaufen, indem es Regelungs*inhalte* formuliert (FIKENTSCHER, Methoden, Band III, 641 ff., Band IV, 129; LARENZ, Methodenlehre, 36 ff.; EDWARD E. OTT, Methode, 4 ff.). Erst die neuere Hermeneutik – bezeichnenderweise herkommend von der Interpretation der «fraglos» legitimen Regelungsinhalte der Bibel – dringt nun wieder zur Ebene der grundlegenden Legitimationsfragen rechtlicher Einflussnahme vor (Vorbemerkungen N 159 ff.). Ihr primäres Interessensgebiet hat sich damit tendenziell verschoben. War die Auslegungslehre ehedem auf die «Oberfläche» des textlichen Gesetzeswortlauts fokussiert (LIVER, Kodifikation, 196; MEIER-HAYOZ, Richter, 27 f.; Vorbemerkungen N 136 ff.), so wandte sich ihr Interesse in der Folge dem zu, was «*dahinter*» steht, zum Zweck (VON JEHRING, Zweck, Band I, 320 ff.) beziehungsweise zur Ratio (oben N 105 ff.); und so sieht sie sich heute gleichsam «*davor*»; das heisst dort, wo sie selbst wirkt: beim Gericht als «Scharnierstelle» zwischen Sollen und Sein im Einzelfall (oben N 114 f.; Vorbemerkungen N 207 ff.; anschaulich statt vieler DWORKIN, 254 ff.). Indem sich die *richterliche* Rechtsfindung selbst hinterfragt, ist sie zwar zirkulär geworden und hat damit Halt verloren (DÜRR, diskursives Recht, 94); vielleicht ist sie dafür – im modernen wissenschaftstheoretischen Sinn (GADAMER, Band 1, 177 ff.; POPPER, Logik, 106 ff.; ALBERT, 156 ff.) – der «Wahrheit» nähergekommen. Jedenfalls scheint heute die *richterliche* Rechtsfindung den relevanten Schauplatz zu bilden, nicht mehr der Wortlaut des *Gesetzes*. Letzterer ist mehr und mehr bloss ein – wichtiges zwar – Verbindlichkeitselement nebst zahlreichen anderen. *Deshalb* muss heute der Verbindlichkeit von Praxis ein besonderes Interesse zukommen (anders noch bei MEIER-HAYOZ, Berner Kommentar, Art. 1 N 496 ff.).

583

Dies ist möglicherweise eine Entwicklung in Richtung einer Angleichung an die Tradition des common law als generelles rechtssoziologisches Phänomen (vgl. FIKENTSCHER, Gedanken; STROLZ, 12 f., 125 ff.; KELMAN; vgl. auch Vorbemerkungen N 269). Das common law befasste und befasst sich ja keineswegs nur mit Präjudizien, sondern genau gleich wie das kontinentaleuropäische Recht auch mit parlamentarisch erlassenen Gesetzen. Doch versteht sich die Rolle des Rich-

584

Art. 1

ters nicht als *Anwender* des Gesetzes. Vielmehr beurteilt er den *Fall*, wobei er nebst zahlreichen weiteren Gesichtspunkten – etwa realistischen betreffend den Sachverhalt – auch berücksichtigt, dass es ein Gesetz gibt, welches für den Sachverhalt Anwendbarkeit beansprucht (SAUVEPLANNE, 23; Vorbemerkungen N 270). – «Anwendungs»-Strukturen scheinen also nicht mit Bezug auf das Gesetz auf, sondern höchstens mit Bezug auf die richterliche Tätigkeit als solche. Mit anderen Worten: «Die eigentliche Aufgabe des Juristen ist ... keineswegs die Auslegung der Gesetze, vielmehr Rechtsfindung, d.h. das Ermitteln von Lösungen zu tatsächlich aufkommenden Rechtsfragen» (BUCHER in AJP 1997, 931).

585 b) **Verbindlichkeit und Verstehen.** Diese Sicht der Einbettung der richterlichen Tätigkeit in «*die*» richterliche Rechtsfindung relativiert die Verbindlichkeit von Präjudizien. Anstelle der Befolgungspflicht tritt – auch hier – das *Verstehen* des richterlichen Entscheidens als Teil verschiedenster historischer, soziologischer, idealer oder realer Bezüge (Vorbemerkungen N 162 f.; GADAMER, Band 1, 330 ff.; COLEMAN, 146 ff., 534 ff.); nicht (nur) als rational-analytischer Vorgang, sondern ebenso als Phänomen (LUHMANN, 297 ff.).

586 Entsprechend wird das Bewusstsein des Richters um dieses Verstehen dazu führen, dass er die Präjudizien nicht «befolgt», sondern die Einbettung in den Rechtsprechungszusammenhang «versteht». Diesen Aspekt trifft die französische Formulierung von Art. 1 Abs. 3 ZGB «*il s'inspire*» sehr präzis (N 538 ff.). Und *indem* der Richter so operiert, schafft er Rechtssicherheit; verwirklicht er jenes Stabilisierungskriterium, das den Minimalgehalt von Recht hergibt (N 81 ff., 484; Vorbemerkungen N 191 ff.).

587 c) **Verbindlichkeitsabstufungen.** Ja man könnte die Praxis als jene Rechtsbezüglichkeit umschreiben, die *einzig* in Stabilität gründet; weder formelle Verbindlichkeit für das später befasste Gericht noch gar für den späteren Fall, weder die spezifische Textlichkeit des geschriebenen Gesetzes noch der Bezug zu «materieller» Gerechtigkeit, sondern einzig das Phänomen, dass es Praxis gibt, schafft *Rechts*sicherheit. «Solche Präjudizien sind formell nicht verbindlich; auch von solchen der übergeordneten Instanz kann abgewichen werden. Trotzdem spielen Präjudizien, insbesondere diejenigen des Bundesgerichtes, eine nicht geringe Rolle, zumal da das Streben nach Rechtssicherheit auf eine möglichst konstante, gleichmässige Rechtsanwendung gerichtet ist» (Zürcher Obergericht, ZR 93 [1994] Nr. 86; anschaulich in diesem Zusammenhang auch die «Verbindlichkeitskollision» zwischen Gesetzeswortlaut eineseits und konstanter Praxis anderseits in BGE 120 II 137 [142]).

Art. 1

Entsprechend lassen sich gleichsam *Verbindlichkeitsabstufungen* lokalisieren je nachdem, wie viele oder wie wenig Stabilisierungsgesichtspunkte vorliegen: Das Vorliegen bloss weniger Präjudizien weist wenig Stabilität und *deshalb* wenig Verbindlichkeit auf (BGE 114 II 353 [passim 356]); stabiler ist *konstante* Praxis, der bezeichnenderweise von Art. 1 Abs. 3 ZGB mehr Verbindlichkeit beigemessen wird; bei *sehr* konstanter Praxis mit dem zusätzlichen inneren Stabilisator der opinio necessitatis wird gar, als Gewohnheitsrecht, Rechtsquellenkraft erreicht (illustrativ BGE 83 I 173 [179] zur Bedeutung der konstanten Praxis, welche zu einer Art Gewohnheitsrecht werde, weshalb der betreffende Gesetzestext nicht mehr *allein* in Betracht gezogen werden könne; würde der Richter von dieser *Praxis* abweichen, so käme dies einer Gesetzes*änderung* gleich, die wiederum nur dem Gesetzgeber zustehe); beim geschriebenen Gesetz schliesslich wird die Stabilisierung zum expliziten Merkmal, das durch staatsorganisatorische Abläufe sichergestellt wird. – Hier leuchtet ein, dass punkto Stabilisierung bloss graduelle Abstufungen vorliegen. Soweit man Gerechtigkeit auf den Minimalgehalt von Stabilisierung reduziert (N 81 ff., 484, 586; Vorbemerkungen N 191 ff.), impliziert dies seinerseits rein graduell abgestufte Normativitäten vom «gültigen» Gesetz bis hin zum einsamen Präjudiz (bei dem höchstens noch zur Not von «Praxis» gesprochen werden könnte, Probst, 85 f.). Mit anderen Worten: Wollte man *qualitativ* unterschiedliche Verbindlichkeitskategorien bilden – beispielsweise geschriebene und ungeschriebene Rechtsquellen, berücksichtigungspflichtige und unzulässige Elemente –, so bräuchte es zusätzliche *Rechts*merkmale, was indes seinerseits wieder schwierige Legitimationsgrundfragen aufwirft (Vorbemerkungen N 215 f.; Dworkin, 190 ff.; Zippelius, Recht und Gerechtigkeit, 67 ff.; Dürr, diskursives Recht, 109 ff.).

588

2. Grundsatz der Verbindlichkeit?

a) Nach dem vorstehend Gesagten lässt sich wissenschaftstheoretisch nicht von «Verbindlichkeit» der Praxis sprechen – sowenig übrigens wie beim Gesetz (N 75 ff.; Hasenböhler, 93); und damit auch unabhängig davon, ob das geschriebene Recht dem Gericht eine formelle Gesetzesauslegungskompetenz einräumt (etwa gemäss Art. 177 EG-Vertrag; vgl. Kommentar Rudolf Geiger, 2. A. München 1995, N 1 ff.; vgl. auch Art. 38 des Statuts des IGH, wonach der Gerichtshof «richterliche Entscheidungen … als Hilfsmittel zur Feststellung von Rechtsnormen» beziehen soll). Im Rahmen der *praktischen* Umsetzung indes könnte gleichwohl von einer gewissen Verbindlichkeit gesprochen werden. Die richterliche Tätigkeit ist ja (*auch*, keineswegs *nur*) eine rationale Tätigkeit (N 189 f.,

589

Art. 1

224 f.). Und *soweit* sie dies ist, erfolgt zumindest ein Miteinbezug der Praxis durch deren Aufnahme in den eigenen Gedankenprozess. Dies für sich allein impliziert zwar noch nicht Befolgung; bloss Auseinandersetzung, die ja auch zu Ablehnung führen kann. Und doch «wirkt» diese Praxis auf den Richter ein. Wie hat er *hiermit* umzugehen?

590 Nicht vertretbar wäre eine Pflicht des Richters, der Praxis allein deshalb zu folgen, weil er sie nun einmal als solche konstatiert. Befolgen im Sinn von Art. 1 Abs. 3 ZGB kann zunächst nicht mehr heissen, als dass die Praxis eruiert und mit in den Gedankenprozess einbezogen werden muss. Mit anderen Worten, der Richter darf sich nicht auf die Erfassung des Sachverhalts und die Lektüre des Gesetzes beschränken. Er *muss* auch darauf schauen, wie sonst noch geurteilt wird. – Welche Konsequenzen er daraus zieht, ist durchaus offen. Dies wird sich erst als *Resultat* der Befassung mit der Praxis ergeben. Überzeugt sie den Richter nicht, soll er anders entscheiden. Bloss wenn er ihr folgen *kann*, «muss» er ihr folgen; noch pointierter: nur wenn er auch von sich aus zum selben Ergebnis gelangt, *wird* er ihr folgen (vgl. etwa Esser, Vorverständnis, 150 f., betreffend Berücksichtigung nicht bloss hypothetischer, sondern ebenso wirklicher Gerichtsfälle).

591 b) Letzteres ist durchaus mehr als semantische Tautologie; es führt nämlich zur Frage, worin denn die in Art. 1 Abs. 3 ZGB statuierte Bezugnahme zur Praxis überhaupt noch liegt: Denn wird das letzte Verbindlichkeitsrelikt obsolet, so scheint ein noch so moderates «Folgen», ja auch das «Sich-Inspirieren-Lassen» gemäss dem französischen Wortlaut oder auch die oft so benannte «Hilfsmittelfunktion» (N 244 f.) hinfällig zu werden. Müsste nicht – so mag man postulieren – eine Minimalverbindlichkeit statuiert werden etwa dahin, dass der Richter die Praxis nicht nur zu befolgen habe, wenn sie sich ohnehin mit seiner eigenen Ansicht deckt; sondern schon dann, wenn er sie für vertretbar hält, er sich ihr «zur Not» anschliessen kann? – Eine solche Minimalverbindlichkeit ist jedoch abzulehnen. Zum einen würde sie schon dadurch unterlaufen, dass sie ihrerseits vom Richter stets nur *verstanden*, nie auch befolgt würde (Vorbemerkungen N 217 f.).

592 Zum andern ist sie praktisch gesehen nicht nötig. Denn auch die «unverbindliche» Mitberücksichtigungspflicht erreicht voll und ganz jenen Rechts- oder Sollensbezug, wie ihn die Praxis überhaupt hergeben kann, nämlich durch Stabilisierung schlechthin (N 588 mit Verweisen). Nichts anderes als dies manifestiert sich in der verbreiteten Diktion, wonach von konstanter Praxis nur abgewichen wird, wenn «sachliche und ernsthafte Gründe» dafür sprechen (BGE 121 III 163 [167]; Cour de justice de Genève, SJ 1987, 232 ff. [236]); beziehungsweise wonach es *mangels* neuer ernsthafter Umstände bei der bisherigen Praxis bleibt (BGE 120 II 214 [220]; vgl. auch BGE 120 II 137 [142 mit Verweisen]; ferner oben

N 580 f.). Diese Anforderungen sind ja jeder Entscheidfindung eigen; kein Entscheid darf durch unsachliche oder frivole Gründe beeinflusst sein. Die Formel bindet den Richter also nicht stärker an Präjudizien als an seine allgemeine Berufspflicht. Und indem sie diese *allgemeine* Ernsthaftigkeitspflicht mit Bezug auf die Präjudizienberücksichtigung in Erinnerung ruft, bewirkt sie *effektiv* Stabilisierung.

c) Verbindlichkeit von Praxis kann also nie etwas anderes bedeuten als Berücksichtigung eben dieses Rechtsfindungs*elements*. Das Element «Praxis» ist sehr facettenreich: Es lässt sich dem Verstehenszirkel zuordnen insofern, als der Richter sich selbst als Teil der Praxis erkennt (anschaulich BGE 120 II 214 [216 f.]; Vorbemerkungen N 217 f.); ebenso den rechtssoziologischen Realien (N 179; LUHMANN, 328 ff.; REHBINDER, 194 ff.); auch spezifischen Sollensbezügen, namentlich über das Kriterium der «Bewährtheit» (N 560 ff.; 577 ff.). Diese Vielschichtigkeit sowie das Gewicht des Praxis-Elements für die Rechtsfindung bringen es mit sich, dass die Detailmechanismen der Art und Weise, *wie* der Richter mit Praxis umgeht, ihrerseits recht breit thematisiert werden. 593

Eben diese Thematisierung soll nachstehend kurz aufgegriffen werden, gegliedert nach inhaltlichen (N 595 ff.) und äusseren (N 605 ff.) Verbindlichkeitskriterien der Praxis. Dabei kann es nie um wirkliche «Verbindlichkeit» gehen, sondern nur um die Detailaspekte des Umgangs mit dem Rechtsfindungselement Praxis im vorstehend erörterten Sinn. 594

3. Inhaltliche Verbindlichkeitskriterien

a) **Methodologische Richtigkeit.** Das wichtigste Kriterium für die Verbindlichkeit des Präjudizes ist dessen inhaltliche Qualität (statt vieler neuestens BGE 120 II 214 [220]; 120 II 229 [232 ff.]; 120 II 252 [254 ff.]). Dies kommt mit der in Art. 1 Abs. 3 ZGB erwähnten «Bewährtheit» zum Ausdruck (N 577). Auch und gerade nach heutiger Methodologie kommt dem prioritäre Bedeutung zu; nicht weil es gälte, eine objektivierte «Richtigkeit» zu postulieren und das Präjudiz hieran zu messen, sondern im Sinn einer prozeduralen beziehungsweise methodologischen Richtigkeit. Entspricht sie dem, was auch der später befasste Richter methodologisch konsistent tun müsste, so «folgt» er ihr (N 591 f.). 595

Diese *methodisch* verstandene Inhalts-Qualität bestimmt die Art und Weise, *wie* die Bezugnahme zum Präjudiz erfolgt: Primärer Gesichtspunkt ist nicht, ob das Resultat als «gerecht» befriedigt (vgl. immerhin zur Ergebniskontrolle N 218 f.), sondern *wie* das Präjudizgericht zu seinem Ergebnis gelangt ist. «Bewährt- 596

Art. 1

heit» und damit Verbindlichkeit lässt sich nicht aus dem Rechtssatz des Vorrichters ablesen, etwa aus dem dreisprachig gefassten Rubrum der amtlich publizierten Bundesgerichtsentscheide, sondern einzig in der Urteils*begründung* (nachstehend N 612 f.). Vermag die Begründung inhaltlich nicht zu überzeugen oder ist sie lückenhaft, verringert sich oder entfällt die präjudizielle Verbindlichkeit. Der später befasste Richter mag zwar – mit anderer Begründung – zum selben Resultat gelangen. Doch besteht darin kein spezifischer Präjudizienbezug. Es *gibt* diesfalls zwar das Präjudiz, jedoch nicht im Sinn eines relevanten Rechtsfindungselements.

597 b) **«Gebundene» und «freie» Rechtsfindung?** Der Verbindlichkeitsgrad von Präjudizien wird bisweilen danach beurteilt, wie «frei» beziehungsweise «gebunden» das präjudizierende Gericht war (MEIER-HAYOZ, Berner Kommentar, Art. 1 N 507 ff.; FIKENTSCHER, Methoden, Band III, 704 f.). Ist die betreffende richterlich gefundene Norm nichts anderes als Auslegung des Gesetzes oder gar Paraphrasierung des angewendeten Gesetzeswortlauts, so sei das Präjudiz stark, *müsse* es befolgt werden; ist das Präjudizgericht frei, operiert es also gemäss Art. 1 Abs. 2 a.E. ZGB oder gar gemäss Art. 4 ZGB, so sei das später befasste Gericht frei(er), hievon abzuweichen (GERMANN, Präjudizien, 36 ff.; MEIER-HAYOZ, Berner Kommentar, Art. 1 N 507 ff.).

598 Dies ist im Ergebnis auch heute noch vertretbar, nicht jedoch in der methodologischen Herleitung. Die Nähe zum geschriebenen Gesetz engt heute die Freiheit des Richters nicht *spezifisch* ein; genauer: die Stellung des Richters gegenüber dem Gesetz ist nicht eine solche grösserer oder geringerer Freiheit. Unterschiede können bloss darin liegen, *was* er an geschriebener Gesetzlichkeit vorfindet: etwas Präzises, etwas Unklares oder gar etwas Nicht-Explizites. Allemal wird er dies als Element mit in seinen Verstehensprozess einbeziehen; er ist nicht gezwungen, etwas zu befolgen, aber ebensowenig frei, etwas zu ignorieren (N 121 ff., 224 f.; Vorbemerkungen N 213 ff.). «Gebundene» Rechtsfindung heisst also aus heutiger Sicht, dass eine positive Gesetzesvorschrift vorliegt, die sich zum Sachverhalt äussert (Wortlaut) oder zumindest zu äussern scheint (Auslegung), dass diese «Norm» Verbindlichkeit beansprucht und dass schliesslich all diese *Faktoren* vom Richter zu *erfassen* sind (oben N 277 ff.). Und bezogen nun auf die Präjudizienkonstellation: Findet der heutige Richter dieselbe Gesetzesnorm vor wie der frühere, so hat er diese zu berücksichtigen – *gleich* eben wie es seinerzeit der frühere Richter auch getan hat (wobei er sie heute «geltungszeitlich» anders verstehen mag, N 159 f.). *Dies* wiederum kann bewirken, dass der Spielraum des späteren Richters praktisch gesehen kleiner ist, als wenn keine Gesetzesnorm vorliegt. Der Spielraum ist also nicht *wegen* des Präjudizes kleiner, sondern weil er schon *damals* klein war.

Dasselbe muss ganz generell gelten, wenn der Spielraum des Richters klein ist; welches auch immer die hiefür bedeutsamen Elemente sind. Wird seine Entscheidung etwa davon beeinflusst, dass die erwogene richterliche Norm systematisch eine Ausnahme darstellt (N 239 ff., 529 f.) oder inhaltlich einen Eingriff in geschäftliche oder private Bereiche darstellt (vgl. N 79 mit Verweisen), so kann sich auch hier eine stabilere Line zu früheren Entscheiden ergeben; doch wiederum: nicht weil jene an sich verbindlicher wären; sondern wegen der *damals wie heute* engen «Leitplanken».

c) **Stabilität und Rechtssicherheit.** Praxis hat einen spezifischen Bezug zu Stabilität und Rechtssicherheit (N 81 ff., 484, 586; Vorbemerkungen N 191 ff.). Dies nicht bloss als rechtssoziologisches Phänomen, sondern auch und vor allem als Moment der Rechtsfindung, also mit Bedeutung *für* die einzelne Fallentscheidung. *Hierauf* muss sich die Stabilität auswirken, um rechtlich relevant zu sein; oder anders gewendet: Praxis wird (auch) insoweit zum relevanten Rechtsfindungselement, als sie sich im konkreten Streitfall auswirkt, gleichsam in den Sachverhalt Eingang findet. Dies ist zunächst nichts anderes als die Übungsanlage der richterlichen Rechtsfindung schlechthin; nämlich die Aufgabe, *den konkreten Streitfall* mit Stabilisierungselementen in Bezug zu setzen (vgl. N 479), wozu eben auch Gerichtspraxis gehören kann.

Die Auswirkung von Praxis in den Streitfall hinein kann aber auch spezifischer ausgestaltet sein; dann nämlich, wenn die *konkreten* Streitparteien auf eine bestimmte Gerichtspraxis vertraut, entsprechend gehandelt haben, und eben diese Handlung in der Folge zum Streitgegenstand wird. Dies ist denkbar vor allem im Bereich des rechtsgeschäftlichen Handelns, namentlich bei Vertragsabschlüssen unter juristischer Beratung oder auch im Bereich des prozessrechtlichen Vorgehens (vgl. etwa BGE 120 Ia 113 [119]). Sind die betreffenden Verträge beziehungsweise Prozessschritte auf die Präjudizienlage zugeschnitten, ist der Bezug auf diese gar explizit formuliert oder auf andere Weise nachgewiesen, so erhöht dies die Verbindlichkeit der betreffenden Praxis für den konkreten Fall. Auch hier wiederum: Nicht weil mehr an «Geltung» bestünde, sondern weil das Vertrauen auf die Praxis seinerseits als realistisches Element der Rechtsfindung zusätzlich zu berücksichtigen ist (N 171 ff.; unter Umständen gar als Vertragsinhalt, zur entsprechenden Abgrenzung vgl. Vorbemerkungen N 100, 170 ff., 240 ff. und oben N 458). – Bei nicht rechtsgeschäftlichem, also namentlich bei deliktischem Handeln oder etwa auch im Bereich des Familienrechts, wird *diese* Vertrauenskomponente kaum von praktischer Bedeutung sein (ausführlich dazu PROBST, 519 ff.).

Art. 1

602   d) **Rückwirkungsverbot?** Die Problemstellung des Vertrauens lässt sich dahin ausweiten, dass *jede* Praxisänderung «*zurück*wirkt» (ZIEGLER, 79): Bis zum betreffenden Urteil hat die bisherige Praxis «gegolten», «unter» ihr fand der nachmalige Streitsachverhalt statt, und eben dieser wird nun nach *später* geänderter Praxis beurteilt. Im Bereich des positiven Gesetzes wäre solches wegen des gemeinhin anerkannten Rückwirkungsverbots in aller Regel ausgeschlossen (LARENZ, Methodenlehre, 424; BAUMANN, Recht, 83 ff.); wird nicht selten seinerseits durch explizite Übergangsbestimmungen positiviert (z.B. Art. 1 Schlusstitel zum ZGB). Weshalb soll dasselbe nicht auch bei der Gerichtspraxis gelten?

603   Konkret würde dies bedeuten, dass etwa eine vom Bundesgericht ausdrücklich als solche deklarierte Praxisänderung nicht für den konkreten Fall, sondern erst für später folgende Fälle gelten würde; dass die betreffende Urteilspublikation gleichsam der Veröffentlichung einer Gesetzesänderung in der amtlichen Sammlung entspräche (N 17 ff.). Gänzlich unbekannt sind solche Gedankenmuster nicht. Es sei verwiesen auf Urteile über staatsrechtliche Beschwerden an das Bundesgericht gegen Entscheide von Gemeinden oder Kantonen, wo dem Rekurrenten in der *Begründung* Recht gegeben, das Rechtsbegehren zwar abgelehnt, dem unteren Gemeinwesen aber nahegelegt wird, seine Rechtsordnung *inskünftig* zu ändern (vgl. allerdings BGE 123 I 56 [60 f.] betreffend Anpassung eines kommunalen Steuergesetzes an Art. 4 Abs. 2 BV, wo die Geduld des Gerichts zu Ende war; BGE 117 V 318 [323] betreffend eine Art. 4 Abs. 2 BV widersprechende Vorsorgeregelung). Ein allgemeines Rückwirkungsverbot bei Praxisänderungen lässt sich aber nicht feststellen; jedenfalls nicht im materiellen Recht (dies im Unterschied zum Verfahrensrecht, wo den Rechtssuchenden aus der Praxisänderung keine Nachteile erwachsen dürfen, BGE 120 Ia 19 [26], 120 Ia 113 [119], ZR 95 [1996] 242).

604   Dies ist weder im Ergebnis noch in der methodologischen Basis unhaltbar: Rein praktisch ist davon auszugehen, dass – jedenfalls die expliziten – Praxisänderungen aufgrund ausdrücklicher und bewusster Befassung mit der Abweichung, aufgrund «sachlicher und ernsthafter Gründe» (N 592), ergehen. Ausgehend ferner davon, dass letztlich doch die Methode und nicht das gerechte Ergebnis die inhaltliche Richtigkeit ausmacht (N 118 ff.), ist es auch «richtig», den Fall sogleich nach der soeben geänderten neuen Praxis zu beurteilen. Vorbehalten bleiben allemal spezifische Merkmale des Vertrauensschutzes, soweit sie im konkreten Fall als realistisches Element *effektiv* vorliegen (N 601; BGE 120 Ia 113 [119]; ausführlich zum Problem von Rechtsprechungsänderungen und ihrer Rückwirkung PROBST, 438 ff.).

Art. 1

4. Andere Verbindlichkeitskriterien

a) **Höhe des Gerichts?** Die Höhe des Gerichts im Rahmen der Gerichtsverfassung oder der gliedstaatlichen Struktur ist methodologisch gesehen *kein* valables Gültigkeitskriterium: Weder muss das untere Gericht dem Präjudiz des oberen gehorchen (anschaulich RIEMER, Einleitungsartikel, 71 f. N 136b mit Verweisen), noch ist das obere Gericht davon dispensiert, sich notfalls intensiv mit der Rechtsprechung des unteren auseinanderzusetzen (vgl. BGE 114 II 353 [355], 120 II 214 [217]). Rechtstatsächlich dagegen, als rechtssoziologisches Phänomen, wirkt die höchstrichterliche Praxis zweifellos stärker als die kantonale. Dies hängt seinerseits damit zusammen, dass die kantonalen Gerichte in der Regel ihre Urteile weiterzugsresistent ausgestalten wollen und hiefür die bundesgerichtliche Praxis antizipieren *müssen*. Der Umstand allein, dass der kantonale Richter der bundesgerichtlichen Praxis nicht folgt, disqualifiziert sein Urteil aber nicht (was selbst das höhere Gericht feststellen kann, BGE 122 III 36 [38]; MEIER-HAYOZ, Berner Kommentar, Art. 1 N 492; ZIEGLER, 98 ff.; vgl. ZR 95 [1996] 196 ff.). 605

Entsprechend darf das höhere, etwa das Bundesgericht, den Vorentscheid nicht einzig deshalb aufheben, weil er der bundesgerichtlichen Praxis widerspricht, sondern gegebenenfalls höchstens dann, wenn die bisherige Praxis inhaltlich mehr überzeugt als die vorinstanzliche Abweichung (BGE 120 II 214 [217]). Das höhere Gericht muss sich also mit der *inhaltlichen* Begründung des vorinstanzlichen Urteils befassen und *diese* seiner eigenen Praxis gegenüberstellen. Es darf dabei verlangen, dass die Vorinstanz oder gegebenenfalls die sich auf sie berufende Streitpartei die entsprechenden Gründe artikuliert; zu weit ginge aber die Anforderung, die Vorinstanz beziehungsweise die betreffende Partei müsse *zusätzlich* darlegen, *inwiefern* die Bundesgerichtspraxis *abzulehnen* sei (nicht überzeugend insofern BGE 120 II 417 [422]). 606

Auch wenn sich die höhergerichtliche Praxis grundsätzlich «bewähren» muss, um verbindlich zu sein, so kann sie unter Umständen gleichwohl *auch* als solche ein Rechtsfindungselement darstellen. Es ist dies analog zu verstehen zum positiven Gesetz, das ja heute methodologisch bloss als Element gilt, das indes seinerseits rechtsorganisatorisch abgestützte Autorität beanspruchen will (N 78 f; Vorbemerkungen N 215 f.). Und gleich wie dieser Autoritäts*anspruch* durchaus mitzuberücksichtigen ist, so nun auch jener des höheren Gerichts: Dieses *will* ja über dem *unteren* Gericht stehen, dieses kontrollieren, den Rechtsschutz verbessern. Im Rahmen des Bundesstaates kommt noch das Element der «zentralen» Vereinheitlichungsinstanz hinzu (vergleichbar mit der Rechtsvereinheitlichungsfunktion des EuGH, oben N 589 mit Verweisen). Die Tatsache, *dass* diese Autorität nun eine bestimmte Rechtsfrage in einer bestimmten Art beurteilt, kann des- 607

Art. 1

halb ihrerseits ein gewisses Gewicht entfalten; freilich nicht als Alternative zu den inhaltlichen Anforderungen.

608 Von all dem zu unterscheiden ist die Verbindlichkeit des höherinstanzlichen Urteils für den *konkreten Fall*. Es versteht sich, dass diese im Rahmen der Rechtsmittelordnung besteht (vgl. z.B. Art. 66 Abs. 1 OG).

609 b) **Konstanz und Dauer der Praxis** sind Gesichtspunkte, welche die Verbindlichkeit erhöhen. Es kann verwiesen werden auf N 580 f.

610 c) **Nähe des Gerichts.** Die «Nähe» des präjudizierenden Gerichts zu dem nun in einem neuen Fall urteilenden ist ebenso ein Verbindlichkeitskriterium: Das vereinzelte Präjudiz, ergangen in einem anderen Landes-, eventuell auch in einem anderen Sprachenteil der Schweiz oder im Ausland, enthält weniger Verbindlichkeit für den hiesigen Richter als ein solches aus der Nähe (N 433, 436 ff.; 248).

611 Noch stärker wirkt dieser Gesichtspunkt, wenn es um ein Präjudiz des *eigenen* Gerichts geht. Namentlich spricht hier auch das Vertrauenselement eine wesentliche Rolle, also die Erwartung, das Gericht werde sich nicht in Widerspruch zu sich selbst setzen (N 601). Anschaulich hiezu ist Art. 16 OG, wonach eine Abteilung des Bundesgerichts, welche von der Praxis einer anderen abzuweichen gedenkt, deren Zustimmung einzuholen hat.

612 d) **Urteilsbegründung.** Bedeutsam ist auch der Grad an Ausdrücklichkeit in der Urteilsbegründung. Nur das *methodisch* nachvollziehbare Präjudiz ist rechtlich ergiebig (oben N 595 f.; GARRN, Wertproblematik, 217 ff.; PAVCNIK, Verstehen, 104 ff.; anschaulich BGE 121 III 219 [224 ff.]). In der schweizerischen Rechtstradition weitestgehend unbekannt ist die ausdrückliche Wiedergabe von abweichenden Meinungen von Gerichtsmitgliedern (für Deutschland vgl. z.B. ROLF LAMPRECHT, Richter kontra Richter, Baden-Baden 1992).

613 Dies vermindert nicht bloss das Gewicht unsorgfältiger oder lückenhafter Begründungen, sondern ebenso solcher, die für die konkrete Fallentscheidung irrelevant waren; etwa obiter dicta oder Exkurse, die nicht von unmittelbarer Bedeutung für den Einzelfall waren (MEIER-HAYOZ, Berner Kommentar, Art. 1 N 537 f.; FORSTER, Bedeutung, 76 ff.). Diese erhalten auch nicht dadurch grösseres Gewicht, dass sie etwa in der Lehre – erneut ohne nähere Begründung – zitiert werden. Allerdings enthebt dies dann nicht von einer gründlichen Auseinandersetzung mit obiter dicta, wenn diese *effektiv* eine stabilisierte Gerichtspraxis unterlegen (vgl. BGE 122 III 36 [38] zur provisorischen Pfändung gemäss Art. 83 Abs. 1 SchKG bei suspensiv angefochtener provisorischer Rechtsöffnung).

e) **Bekanntheit.** Nicht zuletzt muss das präjudizierende Urteil auch bekannt sein. Den in der amtlichen Sammlung publizierten Urteilen kommt *insofern* ein stärkeres Gewicht zu als den nicht veröffentlichten; bei letzteren sind jene «verbindlicher», welche in Fachzeitschriften oder in verbreiteten Presseorganen besprochen worden sind, als die völlig unbekannt gebliebenen (generell zur Problematik des Zugangs zur Gerichtspraxis vgl. Vorbemerkungen N 175 ff.). Diese «Verbindlichkeit» wird in der Regel nicht so weit gehen, dass eine entsprechend unbekannte neue oder geänderte Gerichtspraxis der betreffenden Partei nicht entgegengehalten werden könnte; dass gleichsam dann ein Rückwirkungsverbot besteht, wenn eine Veröffentlichung im voraus möglich gewesen wäre (vgl. dazu oben N 602 ff.). Wäre jedoch der gerichtliche Vorstoss klar unterblieben, sofern man von der – eben *nicht* publizierten – Praxis gewusst hätte, so erscheint es angemessen, dem zumindest bei der Kostenverteilung Rechnung zu tragen (vgl. BGE 120 Ia 113 [119]; oben N 603 f.). 614

Zur Bekanntheit gehört letztlich auch die sprachliche Zugänglichkeit. Ein präjudiziell relevantes Urteil hat deshalb in einer Amtssprache zu erscheinen. Auf Bundesebene gilt Art. 37 Abs. 3 OG, wonach seit der Verfassungs-Revision vom 10. März 1996 auch das Romanische Urteilssprache des Bundesgerichts sein kann; allerdings bloss «im Verkehr mit Personen rätoromanischer Sprache» (Art. 116 Abs. 4 BV). Im Hinblick auf die geringe Verbreitung der vierten Amtssprache und aus der Sicht der Praxis-Zugänglichkeit ist es deshalb zu begrüssen, dass das erste rätoromanisch verfasste Bundesgerichtsurteil auch mit deutscher Übersetzung publiziert wird (BGE 122 I 93). 615

Vorbemerkungen zu Art. 2 und 3 ZGB*

Inhaltsübersicht   Rz

	Literatur	1
A.	**Zum Regelungsbereich von Art. 2 und 3 ZGB**	2
I.	Ausgangspunkt	2
	Treu und Glauben / Bona fides / Fides	2
	Glauben	3
	Treu und Glauben / Guter Glaube	4
II.	Glauben, Vertrauen, Treu und Glauben	5
	Zur Doppelbedeutung der Fides	5
	Blauäugigkeit – Vertrauen – Wissen	6
	Bindung durch Vertrauen?	7
	Treuepflicht	8
	Zur Zeitdimension des Vertrauens	9
	Zur Funktion des Vertrauens in hochspezialisierten Gesellschaften	10
	Das Wagnis Vertrauen	11
	Typologie von Vertrauenssituationen	12
	Zur negativen Konkretisierung des Vertrauens	13
	Zur Analyse von Vertrauenssituationen	15
III.	Dimensionen des Vertrauensprinzipes	16
IV.	Glaube, guter und böser Glaube	17
	Verlässlichkeit	17
	Bindung	18
	Bindung und guter Glaube	19
	Quisquis praesumitur bonus	20
	Kriterien des Gutglaubensschutzes	21
	Schutz des «schlechteren» Rechts	22
	«Berechtigter» guter Glaube	23
	Abwägung der Interessen	24
	Böser Glaube	25
V.	Bemerkungen zum Wissen, Wissenmüssen, Wissenkönnen	26
	Rechtlich relevantes Wissen	26
	Die gebotene Aufmerksamkeit	27
	Zum Mass der Aufmerksamkeit	28
	Sachliche Umstände	29
	Zeitelemente	30
VI.	Dimensionen des Gutglaubensschutzes	31
B.	**Geschichte**	32
I.	Wurzeln	32
	Römisches, germanisches, kanonisches Recht	32
	Aequitas und bona fides	33

---

* Das Manuskript zu den Vorbemerkungen sowie zu den Art. 2 und 3 ZGB wurde per 30. Juni 1995 abgeschlossen. Die seitherige Entwicklung von Literatur und Rechtsprechung konnte nur noch punktuell berücksichtigt werden. Ich danke den Herren RA Dr. Ernst Meier und RA lic. iur. Martin Imthurn für die kritische Lektüre des Manuskriptes.

Vorbem. Art. 2 und 3

	Bona fides im ius gentium	34
	Male nostro iure uti non debemus	35
	Fides im klassischen römischen Recht	36
	Fides und guter Glaube	37
	Deutsch-rechtliche Wurzeln	38
	Bona fides als Ausgleichsprinzip	39
	Aequitas canonica	40
	Sozialethische Bedeutung der Fides	41
	Bona fides als umfassendes Prinzip von Treu und Glauben sowie des Gutglaubensschutzes	42
II.	Bona fides im ZGB	43
	Die Trennung von Treu und Glauben und des Gutglaubensschutzes	43
	Fehlender Einfluss der gemeinrechtlichen Doktrin	44
	Bona fides in der frühen Rechtsprechung des Bundesgerichtes	45
	Treu und Glauben / Guter Glaube in den Vorentwürfen zum ZGB	46
	Die Aufnahme von Art. 2 und 3 ins ZGB	47
	Kritik und Lob von Art. 2 ZGB	48
	Treu und Glauben und «guter Glaube im internationalen Handel» (UN-Kaufrecht) sowie im Völkerrecht	49
C.	Übersicht	50

Literatur

1 **Allgemeine Grundlagen**

Abus de droit et bonne foi	herausgegeben von PIERRE WIDMER und BERTIL COTTIER, Fribourg 1994
Aequitas und Bona Fides	Festgabe zum 70. Geburtstag von August Simonius, Basel 1955
BURCKHARDT WALTHER	Methode und System des Rechts, Zürich 1936
DESCHENAUX HENRI	Der Einleitungstitel, in: Schweizerisches Privatrecht II, Basel/Stuttgart 1967, 143–281
DRUEY JEAN NICOLAS	Privatrecht als Kontaktrecht, in: Jahrbuch des öffentlichen Rechts der Gegenwart, NF Bd. 40, Tübingen 1991/2, 149–166
EGGER AUGUST	Über die Rechtsethik des schweizerischen Zivilgesetzbuches, Zürich 1950
EICHLER HERMANN	Die Rechtslehre vom Vertrauen, Tübingen 1950
Equity in the World's Legal Systems	herausgegeben von RALPH A. NEWMAN, Brüssel 1973
GMÜR MAX	Berner Kommentar, Einleitung, 2. Auflage, Bern 1919
HAMBURGER MAX	Treu und Glauben im Verkehr, Nachdruck der Ausgabe 1930, Aalen 1970
HEDEMANN JUSTUS WILHELM	Die Flucht in die Generalklauseln. Eine Gefahr für Recht und Staat, Tübingen 1933
HENLE RUDOLF	Treu und Glauben im Rechtsverkehr, Berlin 1912
HOMBERGER ARTHUR	Das schweizerische ZGB, 2.A. 1943, § 6
HUBER EUGEN	Recht und Rechtsverwirklichung, 2. Auflage, Basel 1925

HUBER HANS	Vertrauen und Vertrauensschutz im Rechtsstaat, in: Menschenrechte, Föderalismus, Demokratie, FS zum 70. Geburtstag von Werner Kägi, Zürich 1979, 193–207
HUECK ALFRED	Der Treugedanke im modernen Privatrecht, München 1947
JÄGGI PETER	Vertrauensprinzip und Gesetz, in: Aequitas und Bona Fides, 145–160
KLUDZE A.K.P.	Modern Principles of Equity, Dordrecht 1988
LANGE ESTHER	Das Auslegungsprinzip des Sichverständlichmachens, Diss., Zürich 1981
LIVER PETER	Berner Kommentar, Einleitungsband, Allgemeine Einleitung, Nachdruck der Ausgabe von 1962, Bern 1966, 8–77
LÜBBE HERMANN	Zeit-Verhältnisse/Zur Kulturphilosophie des Fortschritts, Graz 1983
LÜBBE HERMANN	Zeitverhältnisse. Über die veränderte Gegenwart von Zukunft und Vergangenheit, in: Im Netz der Zeit, herausgegeben von RUDOLF WENDORFF, Stuttgart 1989
LUHMANN NIKLAS	Vertrauen/Ein Mechanismus der Reduktion sozialer Komplexität. 3. Auflage, Stuttgart 1989
MEHL ROGER	Essai sur la fidélité, Paris 1984
MEIER-HAYOZ ARTHUR	Der Richter als Gesetzgeber, Zürich 1951
MEIER-HAYOZ ARTHUR/ SCHLUEP WALTER R./ OTT WALTER,	Zur Typologie im schweizerischen Gesellschaftsrecht, ZSR 90 I, 1971, 293–338
MULLER PIERRE	Le principe de la proportionnalité, ZSR 97 II, 1978, 197–274
NOBEL PETER	Entscheide zu den Einleitungsartikeln, Einführung zu Art. 1–10 ZGB anhand der neueren Zivilrechtspraxis, Bern 1978
OFTINGER KARL	Gesetzgeberische Eingriffe in das Zivilrecht, ZSR 57 II, 1938, 481a–695a
OTT EDWARD E.	Die Methode der Rechtsanwendung, Zürich 1979
Rechtsanwendung in Theorie und Praxis	Symposium zum 70. Geburtstag von ARTHUR MEIER-HAYOZ, Basel 1993
Recht und Verhalten	Verhaltensgrundlagen des Rechts – zum Beispiel Vertrauen, herausgegeben von HAGEN HOF, HANS KUMMER, PETER WEINGART und SABINE MAASEN, Baden-Baden 1994 (zit. Recht und Verhalten)
REICHEL HANS	Zu den Einleitungsartikeln des schweizerischen ZGB, Festgabe für Rudolf Stammler, Berlin/Leipzig 1926, 281 ff.;
RIEMER HANS MICHAEL	Die Einleitungsartikel des Schweizerischen Zivilgesetzbuches, Bern und Zürich 1987
RÜEGG EDWIN	Beitrag zur Lehre von der Vermutung im schweiz. Privatrecht, Diss. Zürich 1947
SCHMITTHOFF CLIVE M.	Die Englische Equity, in: Festschrift für Ernst von Caemmerer, Tübingen 1978, 1049–1066
SCHWEIZER OTTO	Freie richterliche Rechtsfindung intra legem als Methodenproblem, Basel 1959

Vorbem. Art. 2 und 3

Tuor Peter/Schnyder Bernhard/Schmid Jörg	Das Schweizerische Zivilgesetzbuch, 11. Aufl., Zürich 1995, bes. § 5–7
von Tuhr Andreas/Peter Hans	Allgemeiner Teil des Schweizerischen Obligationenrechts, Bd. I, Zürich 1979
Williams Ivy	The Sources of Law in the Swiss Civil Code, Oxford University Press 1923, Nachdruck Zürich 1976
Yung Walter	La vérité et le mensonge dans le droit privé, in: Etudes et Articles, Genf 1971, 69–97.

Geschichtliche Grundlagen

Augsburger-Bucheli Isabelle	Genèse de l'article 2 du Code Civil Suisse, in: Abus de droit et bonne foi, Fribourg 1994, 23–34
Beck Alexander	Zu den Grundprinzipien der bona fides im römischen Vertragsrecht, in: Aequitas und Bona Fides, 9–27
Behrends Okko	Die fraus Legis/Zum Gegensatz vom Wortlaut und Sinngeltung in der römischen Gesetzesinterpretation, Göttingen 1982
–	Treu und Glauben. Zu den christlichen Grundlagen der Willenstheorie im heutigen Vertragsrecht, in: Christentum und modernes Recht, Frankfurt a.M. 1984, 255–303
Bethke Hildburg	Eid, Gewissen, Treuepflicht, Frankfurt a.M. 1965
Betti Emilio	Der Grundsatz von Treu und Glauben in rechtsgeschichtlicher und -vergleichender Betrachtung, in: Festgabe für Rudolf Müller-Erzbach, München 1954, 7–32
Broggini Gerardo	L'abus de droit et le principe de la bonne foi – Aspects historiques et comparatifs, in: Abus de droit et bonne foi, Fribourg 1994, 3–21
Bürgi Wolfhart Friedrich	Ursprung und Bedeutung der Begriffe «Treu und Glauben» und «Billigkeit» im schweizerischen Zivilrecht, Bern 1939
Carcaterra Antonio	Dolus bonus/dolus malus, Neapel 1970
Dénoyez Joseph	La bonne foi dans l'usucapion en droit romain, in: Aequitas und Bona Fides, 41–52
Dette Hans Walter	Venire contra factum proprium nulli conceditur/Zur Konkretisierung eines Rechtssprichwortes, Berlin 1985
Eisser Georg	Zur Deutung von «summum ius summa iniuria» im römischen Recht, in: Summum ius summa iniuria, Tübingen 1963, 1–21
Elsener Ferdinand	Die Anfänge des Schweiz. Zivilgesetzbuches nach dem Briefwechsel zwischen Eugen Huber und Max Rümelin, Festschrift K.S. Bader, Zürich 1965, 101–114
Elsener Ferdinand	Die Schweizer Rechtsschulen vom 16. bis zum 19. Jahrhundert unter besonderer Berücksichtigung des Privatrechts, Zürich 1975
Elsener Ferdinand	Gesetz, Billigkeit und Gnade im Kanonischen Recht, in: Summum ius summa iniuria, Tübingen 1963, 168–190
Grosso Giuseppe	Buona fede (diritto romano), in: Enciclopedia del Diritto, Bd. V, Mailand 1959, 661–664
Hattenhauer Hans	Europäische Rechtsgeschichte, Heidelberg 1992
Hausmaninger Herbert	Die Bona fides des Ersitzungsbesitzes im klassischen römischen Recht, Wien 1964

Vorbem. Art. 2 und 3

HEINZE RICHARD	Vom Geist des Römertums, 4. A., Darmstadt 1972, insbes. 59–81 (Fides)
HUBER EUGEN	System und Geschichte des Schweizerischen Privatrechts, 4 Bände, Basel 1886, 1888, 1889, 1893
HUWILER BRUNO	Aequitas und bona fides als Faktoren der Rechtsverwirklichung: zur Gesetzgebungsgeschichte des Rechtsmissbrauchsverbotes (Art. 2 Abs. 2 ZGB), in Beiheft 16 zur ZSR, Basel 1994, 57–93
KASER MAX	Das römische Privatrecht, I 1955 § 114 III; II 1959 § 255 II
KAUFMANN HORST ALBERT	Treu und Glauben im Eidgenössischen Obligationenrecht und die Rechtsprechung des Bundesgerichts bis 1889, in: Hundert Jahre Schweizerisches Obligationenrecht, Fribourg 1982, 91–112
KISCH GUIDO	Summum ius summa iniuria, Basler Humanisten und Juristen über Aequitas und Epieikeia, in: Aequitas und Bona Fides, 195–212
KUNKEL	Fides als schöpferisches Element im römischen Schuldrecht, Festschrift Koschacker II (1939), 1–15
LEFÈBVRE CHARLES	Equity in Canon Law, in: Equity in the World's Legal Systems 93–109
LIVER PETER	Das Schweiz. Zivilgesetzbuch – Entstehung und Bewährung (1. Teil, Entstehung) in: 50 Jahre Schweizerisches Zivilgesetzbuch, Basel 1962, 9–30
MAGNOU-NORTIER ELISABETH	Foi et fidelité; recherches sur l'évolution des liens personnels chez les Francs du 7e au 9e siècle, Toulouse 1976
MEYER RUDOLF	Bona fides und lex mercatoria in der europäischen Rechtstradition, Diss. Göttingen 1994
MEYLAN PHILIPPE	Le rôle de la bona fides dans le passage de la vente au comptant à la vente consensuelle à Rome, in: Aequitas und Bona Fides, 147–258
NEUHAUS LEO	Das Eugen-HUBER-Archiv im Bundesarchiv in Bern/Zum fünfzigjährigen Jubiläum des Schweizerischen Zivilgesetzbuches, SJZ 1957, 369–377
PAOLI JULES	Quelques observations sur la fides, l'imperium et leurs rapports, in: Aequitas und Bona Fides, 273–286
SCAVO LOMBARDO LUIGI S.	Buona fede/La tradizione canonistica, in Enciclopedia del Diritto, Bd. V, Mailand 1959, 664–677
SCHOTT CLAUSDIETER	Wir Eidgenossen fragen nicht nach Bartele und Baldele, Gerichtslauben-Vorträge, Freiburger Festkolloquium zum 75. Geburtstag von Hans Thieme, Sigmaringen 1983
SCHOTT CLAUSDIETER	Billigkeit und Subjektivismus – ein historisches Problem, in: Festschrift Max Keller, Zürich 1989, 745–756
SCHULZ FRITZ	Prinzipien des römischen Rechts, Berlin 1954, Nachdruck der Ausgabe von 1934
STEIN PETER	Equitable Principles in Roman Law, in: Equity in the World's Legal Systems 75–92
STRÄTZ HANS-WOLFGANG	Treu und Glauben, Beiträge und Materialien zur Entwicklung von «Treu und Glauben» in deutschen Privatrechtsquellen vom 13. bis zur Mitte des 17. Jahrhunderts, Paderborn 1974

Vorbem. Art. 2 und 3

Wieacker Franz	Privatrechtsgeschichte der Neuzeit, 2. A., Göttingen 1967
Wolter Udo	Ius canonicum in iure civile, Köln 1975
Wubbe Felix	Le possesseur de bonne foi vu par les juristes romains et modernes, Fribourg 1963
Yung Walter	Le Code Civil Suisse et nous, ZSR 80 (1961) II, 323–348.

A. Zum Regelungsbereich von Art. 2 und 3 ZGB

I. Ausgangspunkt

2 Die romanischen Fassungen der Artikel 2 und 3 ZGB verwenden für die deutschen Begriffe «Treu und Glauben» sowie den «guten Glauben» einheitlich den Terminus der «bona fides», bzw. «la bonne foi» bzw. «la buona fede» («good faith»). Damit ist ein erster Hinweis auf die gemeinsamen Wurzeln der beiden erst in der modernen Dogmatik klar unterschiedenen Rechtsfiguren gegeben (vgl. unten N 43).

Das lateinische Wort «fides» hat die doppelte Bedeutung von a) Treue, Zuverlässigkeit, Vertrauenswürdigkeit, Ehrlichkeit einerseits und b) Vertrauen, Zutrauen, Glaube andererseits, deckt also rein sprachlich gesehen den gesamten Bereich von «Treu und Glauben» sowie des «guten Glaubens» ab. «Kern» der römischen Fides war jedoch eindeutig die erstgenannte Bedeutungsreihe, die sittliche Verpflichtung gegenüber dem anderen, den man – z.B. als Klienten – in sein Vertrauen aufnimmt (recipit in fidem) bzw. der sich mit der «deditio in fidem» dem Patron (als Vertrauensträger) übergibt. Die zweite Bedeutung des «Vertrauens, Zutrauens» ist das komplementäre Gegenstück der in der Fides begründeten gegenseitigen Beziehung, wobei «glauben (an)» in diesem Zusammenhang immer das feste Vertrauen auf die Zuverlässigkeit des anderen, nicht aber als Gegensatz zu «wissen» (vgl. dazu unten N 3) bedeutet (vgl. dazu Heinze, insbes. 60/61).

3 Das deutsche Wort «glauben» umschreibt ebenfalls ein Doppeltes (vgl. dazu auch Strätz, 29 ff. mit Verweisungen): Zunächst ein Fürwahrhalten, die Annahme, dass ein bestimmter Sachverhalt, von dem wir keine sichere Kenntnis haben, so gegeben ist, wie wir eben glauben («Ich glaube, er ist zurzeit gerade in Bern.»). D.h. wir bringen damit Vermutungen zu Sachverhalten zum Ausdruck, von denen wir kein sicheres Wissen haben oder haben können (das lateinische Pendant dazu

ist credere, vgl. oben N 2). Nur die zweite Bedeutung von «glauben» (glauben an jemanden) im Sinne von «vertrauen» entspricht der römischen Fides.

Das deutsche Wort «Treue» ist etymologisch auf ein indogermanisches Wort für «Baum, Eiche» zurückzuführen und bedeutet eigentlich «stark, fest, hart wie ein Baum»; es bringt somit Beständigkeit und innere Festigkeit – auch Glaubensstärke – zum Ausdruck.

Sowohl Glauben als Treue müssen unter zwei weiteren Aspekten gesehen werden: Zeit und Freiheit. Vertrauen ist einerseits zukunftsgerichtet, eine Erwartungshaltung bezüglich künftiger Ereignisse; man glaubt, vertraut darauf, dass sich eine Person so verhalten wird, dass sich Umstände so entwickeln werden, wie man sich dies – mit mehr oder weniger guten Gründen (vgl. dazu unten N 6) – erhofft. Anderseits beinhaltet Vertrauen aber auch die Erwartung der Unveränderlichkeit, der Unwandelbarkeit einer als fest und gegeben angenommenen Situation in der Zeit, die römische «constantia». Das Freiheitsmoment besteht darin, dass die Möglichkeit besteht – und uns in der Regel auch bewusst ist (zum «blinden» Vertrauen, vgl. unten N 6) –, dass sich eine Person anders, eben entgegen unserer Erwartungen, verhalten kann (vgl. dazu insbesondere auch LUHMANN und – aus juristischer Sicht – EICHLER).

Eine erste und grundlegende Abgrenzung ist also vorzunehmen zwischen den Tatbeständen des Glaubens, des Fürwahrhaltens bezüglich der Sachlage, d.h. äusserer Umstände, von denen sichere Kenntnis fehlt, gegenüber jenen des Glaubens *an*, des Vertrauens *in* das Verhalten einer anderen Person. Hier verläuft auch eine «Grenzlinie» zwischen Treu und Glauben einerseits und dem Schutz des guten Glaubens anderseits: Guter Glaube ist immer das Fürwahrhalten einer tatsächlich anders gegebenen Rechtslage, während die Wendung «Treu und Glauben» stets Vertrauen in das Verhalten eines anderen impliziert (vgl. dazu unten N 50). Schliesslich sei hier noch darauf hingewiesen, dass «Treu und Glauben» und «Guter Glaube» noch im Sprachgebrauch des 18. Jahrhunderts praktisch synonym und ohne klare gegenseitige Abgrenzung verwendet wurden (STRÄTZ, 94 ff; unten N 42) und in den romanischen Fassungen des ZGB noch heute nur die Begriffe bonne foi und bona fede verwendet werden (vgl. N 1). 4

II. Glauben, Vertrauen, Treu und Glauben

Die Wendung Treu und Glauben bringt die oben (N 2) schon angesprochene Doppelbedeutung der fides zum Ausdruck, d.h. sie umschreibt eine intersubjektive Beziehung zwischen dem Vertrauenden und dem Empfänger dieses Vertrauens, 5

Vorbem. Art. 2 und 3

dem Vertrauensträger. Zu unterscheiden sind dabei a) die Optik des Vertrauenden (N 6), b) die Optik des Vertrauensträgers (N 7) und c) die Optik des aussenstehenden neutralen Dritten (N 8). Schliesslich stellt sich die Frage des Masses, der sachlichen Reichweite sowie der zeitlichen Dimensionen eines allfälligen Vertrauensschutzes (N 9).

6   Jeder gesellschaftliche Verkehr basiert auf der Kommunikation der Beteiligten, so auch der Rechtsverkehr (vgl. dazu DRUEY, 157 ff., insbes. 161). Aus diesem Grunde lohnt es sich, einen Blick auf die Behandlung des Themas «Vertrauen» durch die Kommunikationspsychologie zu werfen. F. SCHULTZ VON THUN (Miteinander reden, Bd. 2, Differentielle Psychologie der Kommunikation, Reinbek 1989) stellt Vertrauen in den Rahmen des folgenden Wertquadrates (vgl. a.a.O., 40 ff.):

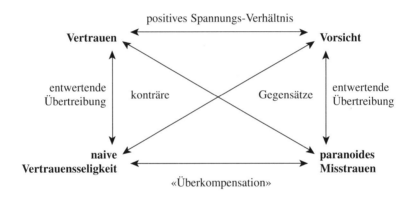

Kein Vertrauen wäre dann und dort erforderlich, wo wir über sicheres Wissen verfügen. Weil dies nach menschlichem Mass selten (genau genommen: nie) der Fall ist, sind wir immer aufgefordert und gezwungen, vorsichtig auf unser Teilwissen vertrauend zu handeln. Dabei sind die Grenzen fliessend und wie weit Vertrauen und Vorsicht – hier komplementär als unsere Handlungsgrundlage zu verstehen – je einzeln reichen, ist auch eine Frage des Rechts, das nur begründetes (eben: berechtigtes) Vertrauen schützt, nicht aber blinde Vertrauensseligkeit, nicht ungerechtfertigte Hoffnungen, und nicht die blauäugige, gelegentlich fatalistische Erwartung, dass es schon so komme, wie es kommen müsse. Aus der Optik des Vertrauenden ist also primär zu untersuchen, ob und wenn ja welche Gründe der Vertrauende vorbringen kann, die seine Erwartung in das künftige Verhalten eines anderen oder das Weiterbestehen gegebener Umstände als berechtigt erscheinen lassen, bzw. es stellt sich die Frage, ob er mit der gebotenen Vorsicht zu Werke gegangen ist.

Aus der Sicht des Vertrauensträgers ist zu prüfen, wie weit jemand durch 7
deutlich formulierte – aber auch durch unausgesprochene, jedenfalls nicht klar
zum Ausdruck gebrachte – Erwartungen eines anderen in seinem eigenen Tun
eingeschränkt werden kann – gegebenenfalls unter der Androhung rechtlicher
Sanktionen. Zu untersuchen ist auch, ob und wenn ja welche Pflichten sich daraus für den Vertrauensträger ergeben können. Und selbstverständlich stellt sich
auch hier die Frage des Masses und der Dauer einer allfälligen Treuepflicht.

Der aussenstehende Dritte – im Rechtsstreit der Richter – hat folgende Punkte 8
zu klären: a) hatte der Vertrauende berechtigten Anlass für seinen Glauben? b) ist
er mit der gebotenen Vorsicht vorgegangen? c) ist für den Vertrauensträger daraus eine rechtlich relevante Bindung, eine Treuepflicht, entstanden? d) in welchem Umfange ist der Vertrauensträger dadurch gebunden und welches sind die
rechtlichen Folgen? Hinter der konkreten Entscheidung darüber, wie weit in einer intersubjektiven Beziehung (vgl. N 5) das Vertrauen einerseits zu schützen ist
(vgl. N 6), bzw. wie weit es den Vertrauensträger bindet (vgl. N 7), steht immer
die generelle Frage, welches die Mindestbedingungen dafür sind, dass Vertrauensbeziehungen überhaupt tragfähig sind; d.h. auf das Recht bezogen die Frage nach
den Mindestanforderungen dafür, dass ein geordneter Rechtsverkehr auch dort
möglich ist, wo Vertrauen (und nicht ein ausformulierter Vertrag oder ein Gesetz)
die Basis rechtlich relevanter Beziehungen bildet (vgl. unten N 10–13).

Vertrauen in das Verhalten eines anderen ist immer ein «Blankocheck» auf 9
die Zukunft (vgl. N 3). In der Beurteilung, ob dieser «Check» überhaupt ausgestellt werden durfte, spielen zwei zeitliche Momente eine Rolle:

a) Zunächst ist die Dauer des Vorbestehens einer Beziehung, aus der heraus
    vom anderen «Treue» erwartet wird, zu berücksichtigen: eine langjährig
    bewährte Beziehung lässt andere, weitergehende «Extrapolationen» der
    Erwartungen als berechtigt erscheinen als dies bei einer Zufallsbekanntschaft
    der Fall sein kann.

b) Als zweite Zeitdimension ist zu beachten, für wie lange «Treue» erwartet
    werden darf; auch diese Frage kann nur unter Beachtung der konkreten
    Umstände beantwortet werden, sie muss aber gestellt werden.

Innerhalb dieser dynamischen Zeitdimension – zwischen Vorbestehen und Fortdauer der Vertrauenserfahrung bzw. Fortdauer der Vertrauenserwartung – können schliesslich Phasen unterschiedlicher Intensität unterschieden werden. BETTI
(27 ff.) nennt – allerdings immer nur in Bezug auf vertragliche Beziehungen –
sechs solcher Abschnitte: 1) die Phase, bevor es zu einem Vertragsabschluss
kommt; 2) die Phase nach dem Vertragsabschluss, aber vor Eintritt der Vertragswirkungen; 3) die Phase der Vertragsauslegung bei allfälligen Problemen; 4) die

Vorbem. Art. 2 und 3

Phase der Vertragserfüllung; 5) die Phase des Erlöschens einer Beziehung wegen Zweckerreichung oder wegen eingetretener unvorhersehbarer Umstände; 6) die «pathologische Phase der Nichterfüllung» (a.a.O., 31). Wie noch zu zeigen sein wird, beschränkt sich diese Betrachtungsweise des Zeitablaufes einer Vertrauensbeziehung natürlich keineswegs nur auf das Vertragsrecht oder auch nur das Privatrecht, sondern gilt für den gesamten Anwendungsbereich des Vertrauensprinzipes (unten N 58/59 zu Art. 2 ZGB), das Vertrauen überhaupt.

10 Bevor auf die Analyse einer konkreten Vertrauenssituation eingegangen werden kann (unten N 15), sind einige grundsätzliche Anmerkungen zum Umfeld des Vertrauensproblems anzubringen: Wir leben in einer äusserst komplexen, hochspezialisierten und hochgradig arbeitsteilig organisierten Welt, welche ohne ein in fast jeder Hinsicht grenzenloses Vertrauen nicht zu bewältigen ist. Wie HERMANN LÜBBE mehrfach hervorgehoben hat, bestand einer der «Lebensvorzüge einfach strukturierter, stabiler Gesellschaften darin, dass die Vertrautheit des Individuums mit den realen Bedingungen seiner physischen und sozialen Existenz ungleich grösser war als sie es heute ist.» (Im Netz der Zeit, S. 147). Und (DERSELBE): «Nie hat eine Gesellschaft ihre Lebensbedingungen weniger verstanden als die unsrige.» ... «Ersichtlich ist die Vorstellung absurd, Lebenserfahrung könnte noch als Basis der Urteilsbildung über die komplexen Bedingungszusammenhänge unseres Lebens in modernen Gesellschaften taugen.» (Zeit-Verhältnisse, S. 54/55).

Das bedeutet (nochmals H. LÜBBE), «dass diese Gesellschaften mehr als jede Gesellschaft zuvor auf den Sozialkitt des Vertrauens angewiesen sind.» (Im Netz der Zeit, S. 148; vgl. dazu auch GÜNTHER ANDERS, Die Antiquiertheit des Menschen, Bd. I, 7. A. 1992, Bd. II 4. A. 1988 und NEIL POSTMAN, Das Technopol, 1992).

11 Tatsächlich ist es so, dass wir angesichts der unendlichen und unüberblickbaren Komplexität auch des Alltagslebens ohne ein erhebliches Mass an Vertrauen morgens gar nicht mehr aus dem Bett steigen könnten. Wir können es deswegen (nur noch deswegen?) «wagen», weil es für jedes der einzelnen Spezialprobleme einen entsprechend hochspezialisierten Berater gibt, und zwar nicht nur im «beruflichen», sondern auch im privaten Bereich: «Ehe- und Sexualberater; Erziehungs-, Schul-, Bildungs-, Berufs- und Laufbahnberater; Sozial- und Budgetberater; Anlage-, Steuer- und Rechtsberater; Wohn-, Freizeit- und Ferienberater usw.» (ERICH A. KÄGI, Vom Überhandnehmen der Berater/Symptom der Ratlosigkeit oder Triumph des Spezialistentums? in: NZZ Nr. 188 vom 15./16.8.1992, 19). Die grundsätzliche Offenheit der Zukunft sowie der Handlungsmöglichkeiten derjenigen, denen wir unser Vertrauen entgegenbringen, ja entgegenbringen müssen, macht es unmöglich, generell anzugeben, wem wir unter

welchen Umständen und wie weit vertrauen dürfen/müssen, und wo die blinde Vertrauensseligkeit beginnt.

Vertrauen brauchen wir aber selbst dort, wo es – mit einem entsprechenden Aufwand, der im Alltagsleben aber nicht geleistet werden kann – möglich wäre, wenigstens fast annähernd naturgesetzliche Gewissheit zu erlangen. Das Vertrauen, das wir aufbringen müssen (!) unterscheidet sich stark je nach dem persönlich-sozialen Umfeld, in dem sich die Vertrauenserwartung konkretisiert: Wenn wir uns z.B. als Touristen im Ausland in ein klappriges Taxi älterer Bauart setzen, so tun wir dies, ohne vorherige Überprüfung der Bremsbeläge oder der Beleuchtung des Fahrzeuges. Wir hoffen einfach, dass nichts passiert, bzw. dass die Technik funktioniert. Wir tun dies nicht zuletzt deshalb, weil wir darauf vertrauen, dass der Chauffeur, den wir zwar nicht kennen, uns schon nichts geschehen lassen wird. Damit vertrauen wir uns ihm gleich in doppelter Weise an: Wir vertrauen einerseits seiner Beurteilung der Technik – dass die Bremsen seines Autos tatsächlich in Ordnung sind – und zugleich auch seinen Fahrkünsten, d.h. seinen Fähigkeiten und Kenntnissen als Träger einer bestimmten Funktion – der Funktion des Berufschauffeurs. Andere persönliche Eigenschaften – z.B. ob er ein guter Familienvater oder ein frommer Christ ist – sind uns jedoch egal. Umgekehrt setzt eine Frau, die eine Passantin bittet, vor einem Geschäft auf ihr Baby im Kinderwagen aufzupassen, keinerlei spezifischen Fähigkeiten und Kenntnisse voraus. Ihr genügt schon der «ehrliche» – eben vertrauenserweckende – Gesichtsausdruck. Hier sind es also eher persönliche Charakter-Eigenschaften, und nicht technische Fähigkeiten und Kenntnisse, die im Vordergrund stehen. Wenn ich schliesslich bei irgendeinem Schalterbeamten ein Paket aufgebe, vertraue ich weder in die persönlichen noch in die fachlichen Qualitäten eben dieses mir persönlich unbekannten Beamten, sondern in das Funktionieren der Post als Institution, als System. Anzumerken ist schliesslich folgendes: Es kann durchaus sein, dass ich mich weigere, mich den Fahrkünsten eines guten Freundes anzuvertrauen, obwohl er in privaten Angelegenheiten mein höchstes Vertrauen geniesst (Kompetenz- versus Absichtsvertrauen).

Generell gilt also: Vertrauen ist personen-, situations- und zeitbezogen, was in jedem Fall gesondert zu beachten ist (vgl. dazu auch die Klassifikation von MARGIT E. OSWALD, Vertrauen – eine Analyse aus psychologischer Sicht, in: Recht und Verhalten, 111–128).

Halten wir fest: die Situationen, die unseren Glauben, unser Vertrauen – in die Technik, in die Charaktereigenschaften oder spezifischen Fähigkeiten und Kenntnisse einer Person, in das Funktionieren anonymer Systeme – erfordern, sind als Folge des erwähnten Verlustes an unmittelbarer Lebenserfahrung geradezu die Regel, während die vollständige Beherrschung einer Situation die Aus-

Vorbem. Art. 2 und 3

nahme darstellt. Damit wird auch verständlich, warum sich eigentlich nicht positiv im voraus umschreiben lässt, in welchen Situationen und in welchem Masse Vertrauen angebracht ist und wo nicht. Oder umgekehrt: erst die Nicht-Honorierung des Vertrauens definiert es: «*La vie sociale ne peut faire abstraction de la fidélité, mais elle ne parvient pas à l'institutionnaliser*» (MEHL, 4. Umschlagsseite sowie Kapitel 2, 51 ff.: «L'institutionnalisation de la fidelité»).

14 So gesehen verwundert es nicht, wenn auch im Recht die Tatbestände, die unter das Vertrauensprinzip fallen, praktisch nur negativ gefasst sind. Um hier nur einige Hauptkategorien anzuführen:

– der Rechts*miss*brauch
– die *un*nütze Rechtsausübung
– die zweck*widrige* Rechtsausübung
– das *wider*sprüchliche Verhalten

knüpfen alle an ein negativ bewertetes Verhalten an, wie dies ja auch sprachlich zum Ausdruck kommt. Nur zwei Grundfälle der Vertrauensproblematik sind im Recht positiv gefasst und beide knüpfen letztlich wiederum an ein sprachliches Element an. Einerseits ist es die eigene positive Äusserung, auf der man unter Berufung auf die Treuepflicht behaftet wird (unten N 17) oder es sind qualifizierte Äusserungen Dritter, die man unter dem Titel des Gutglaubensschutzes anrufen kann (unten N 21–24).

15 Die Analyse einer Vertrauenssituation hat vor dem soeben (oben N 10–14) umschriebenen Hintergrund zu erfolgen, unter Berücksichtigung der kaum zu überschätzenden Bedeutung, die dem *Vertrauen als Grundprinzip des Zusammenlebens in einer komplexen Gesellschaft* zukommt. In der konkreten Situation ist grundsätzlich zu klären, welches persönlich-soziale Umfeld besteht (vg. oben N 12), ob das Vertrauen in die charakterlichen oder die fachlichen Eigenschaften einer Person oder in das reibungslose Funktionieren eines anonymen Systems gesetzt wird. Als weiteres wichtiges Beurteilungskriterium ist das Verhältnis zwischen den Beteiligten – und zwar nach Art und Dauer – zu berücksichtigen. Die Vertrauensfrage stellt sich in einer Interessengegensatzbeziehung anders als bei gleichgerichteten oder gar gemeinsamen Interessen; sie ist auch anders zu beantworten hinsichtlich einer schon langjährigen bestehenden Beziehung gegenüber einem einmaligen Zufallskontakt (vgl. dazu BETTI, insbes. 27 ff.).

III. Dimensionen des Vertrauensprinzipes

Die nachstehende Matrix soll einen ersten Eindruck von der Komplexität der Vertrauenstatbestände vermitteln.

16

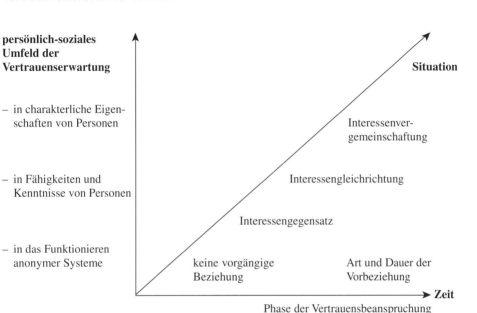

Die drei Dimensionen des Vertrauensprinzipes ergeben den «Raum», innerhalb dessen Vertrauen berechtigterweise erwartet werden kann. Diese Darstellung beinhaltet zugleich den Versuch, die traditionelle Formel von «Redlichkeit, Loyalität und Korrektheit» aufzuschlüsseln: Redlichkeit – Rede und Antwort stehen zu können, läge danach in der Richtung des Umfelds der Vertrauenserwartung, d.h. der Art von Vertrauen (aus der Sicht des Vertrauensträgers), die verantwortet werden kann. Loyalität entspräche danach der Angemessenheit, Bindung und Rücksicht bezüglich der konkreten sozialen Beziehung und Situation, während Korrektheit als Konsistenz und Kohärenz des eigenen Verhaltens gedeutet werden könnte.

Die drei Achsen der Graphik sind jedoch nur qualitativ und nicht quantitativ zu interpretieren: das Mass an Vertrauen in das Funktionieren eines anonymen Systems (z.B. der Post) kann grösser sein als das in die charakterlichen Eigenschaften einer Person. Oft verbinden sich auch verschiedene Kategorien der gleichen Dimension: Vertrauen zum Arzt oder Anwalt ist meistens sowohl Ver-

Vorbem. Art. 2 und 3

trauen in die charakterlichen Eigenschaften wie auch die fachlichen Fähigkeiten des Betreffenden (Kompetenz- und Absichtsvertrauen zugleich); ohne dass vorher eine Beziehung bestanden hat, kann sich über das Zwischenstadium von Vertragsverhandlungen eine Interessenvergemeinschaftungs-Situation ergeben; die Phasen der Vertragsauslegung und der Vertragserfüllung (vgl. oben bei N 9) können nahtlos ineinander übergehen.

IV. Glauben, guter und böser Glaube

17   Schon die römische fides – fit quod dicitur (vgl. SCHULZ, 151, und CICERO, De officiis, I/7/23) – knüpft an die Bindung und konkrete Gestaltung der Zukunft durch das Wort an. Was gesagt wurde, soll auch getan werden. «Fides ist die Bindung an das Wort, das sich Gebundenfühlen an seine Erklärung» (SCHULZ, 151). Nicht die zukünftige – möglicherweise abweichende – Handlung, sondern die aktuelle verbale Äusserung ist massgebend für die Entstehung der Verpflichtung. Dadurch ist das Vertrauen begründet und zwar in zeitlich nicht limitierter Form: das Wort gilt fort und fort. Diese Feststellung deckt sich – eigentlich nicht überraschend – auch mit den Befunden der neueren Ethnologie: «Vorstellungen existieren um der Begründung und Legitimierung, und das meint vor allem: um der Verlässlichkeit des Handelns, willen. Entgegen dem äusseren Anschein stellen sie das eigentlich Faktische einer Kultur dar. Eine Norm wird in der Praxis eher verletzt, als dass ihre Geltung an sich in Frage gestellt würde.» (KLAUS E. MÜLLER, Das magische Universum der Identität/Elementarformen sozialen Verhaltens/Ein ethnologischer Grundriss, Frankfurt a.M./New York 1987, 267). Vgl. dazu auch das Bonmot von KURT GUGGENHEIM: «Anders zu sprechen, als sie vorher gesprochen haben, scheuen sich die meisten Menschen, aber anders zu handeln, als sie gesprochen haben, dessen scheuen sie sich bedeutend weniger.»

18   Aus der Optik des Vertrauensträgers kommt der (römischen) fides – dem Treueaspekt – ein ausserordentlich hohes Gewicht zu, was schon im römischen Recht zu den folgenden beiden Grundsätzen führte:

(a)   Auch für den Gesetzgeber gilt: «Was er geschrieben hat, das hat er geschrieben» (SCHULZ, 155), auch er hat Wort zu halten und

(b)   Rechtsnormen haben keine rückwirkende Kraft (vgl. SCHULZ, 156).

Die Bindung an das eigene Wort ist sozusagen die auf die Freiheit bezogene, die Nichtrückwirkung, die auf die Zeit bezogene Seite der Vertrauensmedaille.

In dieser Bindung des Gesetzgebers an sein eigenes Wort liegt auch die nicht 19
direkt ins Auge springende Begründung für den Schutz des guten Glaubens in
den vom Gesetzgeber besonders qualifizierten Fällen. Geschützt wird mit dem
guten Glauben das Vertrauen in eine tatsächlich nicht bestehende Rechtslage, die
aber den Anschein der Rechtmässigkeit für sich hat (Näheres siehe unten N 6 zu
Art. 3 ZGB). Erst Besserwissen oder Besserwissenkönnen (Art. 3 Abs. 2 ZGB)
zerstört die Gutgläubigkeit, hebt das Vertrauendürfen auf (siehe unten N 26–30).

Und schliesslich stellt das Gesetz (Art. 3 Abs. 1 ZGB) selber quasi als Vor- 20
aussetzung für das ganze Gutglaubensrecht die grundlegende Vermutung für die
Gutgläubigkeit auf («quisquis praesumitur bonus»). M.E. ist es nicht angebracht,
hier von einer optimistischen (vgl. VON TUHR/PETER, Bd. I, S. 181 und JÄGGI, Berner Kommentar, N. 91 zu Art. 3 ZGB) oder gar lebensfremden Vermutung zu
sprechen; vielmehr handelt es sich um eine notwendige Grundlage für ein
Gutglaubensrecht überhaupt. Denn was wäre die Alternative? «... un monde où la
fidélité aurait cessé d'être une valeur, où aucune confiance ne pourrait être accordée
à la parole donnée, serait effectivement un monde impossible ...» (MEHL, 9). Die
grundsätzliche Annahme des Gegenteils, der Bösgläubigkeit, oder nur schon die
Pflicht, das Fehlen eines Unrechtsbewusstseins zu beweisen, hiesse zudem, von
der Person, die den Gutglaubensschutz anruft, den Beweis einer negativen Tatsache zu verlangen, bei der es sich zudem um eine «Tatsache des Seelenlebens»,
«eine Bewusstseinslage» handelt (vgl. JÄGGI, N 26 zu Art. 3 ZGB). Dahinter steht
ausserdem nichts anderes, als die grundsätzliche Unmöglichkeit, den Inhalt des
Vertrauens, das erwartet werden darf bzw. das entgegengebracht werden muss,
im voraus positiv zu umschreiben, weil es dabei immer um freie Entscheidungen
des Vertrauensträgers geht, die erst in der Zukunft gefällt werden oder sich doch
erst in der Zukunft auswirken (vgl. oben N 9).

Die Frage, ob der Schutz des «guten» Glaubens zu gewähren ist, kann an- 21
hand der folgenden Kriterien geprüft werden: a) ist der Schutz im Gesetz tatsächlich vorgesehen? (N 22), b) verdient derjenige, der ihn anruft diesen Schutz? (vgl.
N 23) und c) wie weit reicht ein allfälliger Schutz? (vgl. N 24).

Gutglaubensschutz ist hier dargestellt worden (oben N 18/19) als Folge der 22
Bindung des Gesetzgebers an sein eigenes Wort und zwar gerade in den Fällen,
wo unter bewusster Inkaufnahme einer materiell möglicherweise falschen Rechtsfolge im Interesse der Verkehrs- und der Rechtssicherheit eine solche «Gutglaubensregel» ins Gesetz aufgenommen wurde. Der Gutglaubensschutz als Schutz
einer tatsächlich nicht (oder nicht so) bestehenden Rechtslage *richtet sich gerade
gegen die Geltung des besseren, materiellen Rechtes*, schwächt es ab, oder hebt
es gar auf (unten N 6 zu Art. 3 ZGB). Wegen dieser Abweichung vom Prinzip des
(positiv) richtigen Rechtes muss der Gutglaubensschutz als *Ausnahmeregel* gese-

hen werden, die nur dort Geltung beanspruchen kann, wo sie positiv im Gesetz verankert ist. Unbeachtlich ist dabei, welcher Formulierung der Gesetzgeber sich dafür bedient (vgl. dazu N 18/19 zu Art. 3 ZGB).

23 Dieser Schutz kommt nur demjenigen zu, der ihn verdient. Aus der Überlegung, dass Vertrauen eine notwendige Grundlage des Zusammenlebens in einer komplexen Gesellschaft ist (vgl. oben N 13 und N 20), stellt das Gesetz die Beweisregel auf, dass vom Vorhandensein des guten Glaubens auszugehen ist, wo er vom Gesetz vorausgesetzt wird. Auch hier erfolgt aber die – notwendige – Einschränkung, dass blauäugiger oder blinder Glaube nicht geschützt wird, während Wissen (bzw. Wissenmüssen oder Wissenkönnen, vgl. dazu unten N 26–30) den Schutz überhaupt entfallen lässt.

24 Wie weit dieser Schutz reicht ist stets eine Frage der Abwägung zwischen den Interessen des Gesetzgebers an einem reibungslosen Verkehr und an einer möglichst hohen Rechtssicherheit einerseits und jenen der beteiligten Parteien, insbesondere aber des materiell besser Berechtigten, der – wegen des Gutglaubensschutzes – hinter den «schlechter» begründeten Ansprüchen des Gutgläubigen zurückzustehen hat. Dabei ist wiederum zu beachten, dass der Gutglaubensschutz als Ausnahme vom Prinzip des «richtigen» Rechtes seine Berechtigung primär allein im öffentlichen Interesse an Verkehrs- und Rechtssicherheit findet und im Grunde nichts mit einer Entscheidung nach Recht und Billigkeit i.S. von Art. 4 ZGB zu tun hat. Lediglich dort, wo der Richter – nach Wahrung und Berücksichtigung des eben angesprochenen öffentlichen Interesses – über die sich aus dem Schutz des guten Glaubens ergebenden Folgen für die Parteien zu entscheiden hat, kann Art. 4 ZGB zur Anwendung gelangen, soweit überhaupt Ermessensfragen zu entscheiden sind.

25 Böser Glaube ist nichts anderes als die Anrufung des Gutglaubensschutzes, wo Gutgläubigkeit nicht gegeben ist, sei es dass eine nicht schützenswerte blinde Vertrauensseligkeit, sei es dass besseres Wissen (Wissenmüssen/Wissenkönnen) angenommen werden muss (vgl. dazu N 48 ff. zu Art. 3 ZGB).

V. Bemerkungen zum Wissen, Wissenmüssen, Wissenkönnen

26 Wer weiss, muss nicht glauben und bedarf weder des Schutzes aus Art. 2 noch aus Art. 3 ZGB. Doch ist Wissen – bei Licht besehen – immer nur Teil-Wissen, so dass einschränkend zu sagen ist: wer um die wesentlichen, rechtlich relevanten Umstände Bescheid weiss, braucht den Schutz von Art. 2 und 3 ZGB nicht. Die Abgrenzung der in diesem Sinne wesentlichen Umstände ist allerdings ein brei-

tes Einfallstor für unendliche Streitereien, welches mit der Figur des Wissenkönnens oder Wissenmüssens (der Unterschied ist nur graduell) wieder (teilweise) geschlossen werden kann.

Wohl kennt das Recht keine Sorgfaltspflicht in negotiis suis, doch versagt es seinen Schutz bei Vernachlässigung der «gebotenen Aufmerksamkeit», der Vorsicht, die zusammen mit dem Vertrauen unsere Handlungsbasis darstellt (vgl. oben N 6). Diese Aufmerksamkeit gilt nun sowohl im Bereich des Gutglaubensschutzes (Art. 3 II ZGB), als auch im Bereich von Treu und Glauben (Art. 2 ZGB): wer selber nachlässig, unaufmerksam ist, kann grundsätzlich nicht vom anderen verlangen, dass er seine (des Unaufmerksamen) Rechte wahrt (dazu unten N 28–30). Aufmerksamkeit kann heissen, aktuell gegebene Umstände kritisch zu prüfen, aber auch – darüber hinausgehend – weitere Erkundigungen einzuziehen, aktive Abklärungen vorzunehmen. Diesbezüglich sind verschiedene Aspekte zu unterscheiden, unter denen diese Fragen regelmässig zu prüfen sind, nämlich persönliche, sachliche und zeitliche. 27

In persönlich-sozialer Hinsicht wird regelmässig auf die Aufmerksamkeit verwiesen, die vom Durchschnittsmenschen in einer vergleichbaren Situation erwartet werden darf (vgl. dazu: Das Menschenbild im Recht, Freiburg, 1990, insbes. P. GAUCH, Der vernünftige Mensch – Ein Bild aus dem Obligationenrecht, 177 ff., insbes. 194). Hier verdienten auch Erkenntnisse aus der Rollentheorie im Recht (vgl. MANFRED REHBINDER, Status-Kontrakt-Rolle, in: Berliner Festschrift für Ernst E. Hirsch, 1968, 141 ff.) vermehrte Beachtung. Der «Durchschnittsmensch» ist – je situationsbezogen – der Träger einer bestimmten oft durch Recht, Verkehrssitten, Moral etc. schon sehr eng definierten Rolle, z.B. als Bankkunde, als Mieter, als Patient eines Arztes. Überspitzt könnte man formulieren, dass diesbezüglich der «Durchschnitt», die «Rolle» eben wichtiger ist als der individuelle Mensch. 28

Zu beachten ist jedoch, dass an das «durchschnittliche» Wissen – im Recht: an die Rechtskenntnis der Betroffenen (vgl. dazu M. REHBINDER, Rechtssoziologie, 2. A. Berlin 1989, 165 ff. sowie H. ROTTLEUTHNER, Rechtstheorie und Rechtssoziologie, Freiburg/München 1981, 153 ff.) – mit abnehmender Einsicht in «die komplexen Bedingungszusammenhänge unseres Lebens in modernen Gesellschaften» (LÜBBE, vorne in N 10) – immer geringere Anforderungen gestellt werden können und dürfen. Dies gilt nicht nur hinsichtlich der Sachkenntnisse (als «Rollenträger», z.B. als Angestellter), sondern in vermehrtem Ausmass insbesondere auch hinsichtlich der (oft überhaupt nicht vorhandenen) Rechtskenntnisse.

In sachlicher Hinsicht ist auf die Umstände, wie sie im konkreten Fall – soweit rekonstruierbar – gegeben sind, abzustellen. Anders als bei der entpersonifizierten, verselbständigten Durchschnittsaufmerksamkeit, die sich als «innere, subjektive Tatsache» nicht exakt nachweisen lässt, sind äussere Umstände (mindestens teilweise) objektivierend rekonstruierbar. 29

Vorbem. Art. 2 und 3

30 In zeitlicher Hinsicht sind Dauer und Bestand einer Beziehung oder Situation sowie die daraus erwachsenen Erfahrungen (mehrheitlich gute, gemischte oder eher schlechte) miteinzubeziehen.

VI. Dimensionen des Gutglaubensschutzes

31 Auch der «Raum» des Gutglaubensschutzes (vgl. oben N 16) ist also dreidimensional und lässt sich wie folgt darstellen:

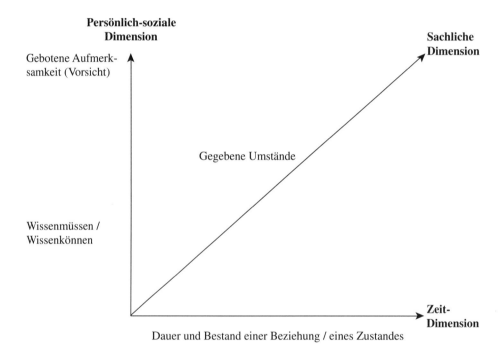

B. Geschichte

I. Wurzeln

Die Bona fides-Institute (Treu und Glauben/Guter Glauben), wie sie im heutigen ZGB ausgestaltet sind, können auf drei Wurzeln zurückgeführt werden: 32
– das römische Recht (vgl. dazu unten N 33–36)
– das germanische Recht (vgl. dazu unten N 37–38) und
– das kanonische Recht (vgl. unten N 39–40), dessen Bedeutung gerade in diesem Zusammenhang sehr oft unterschätzt oder gar ignoriert wurde.

Die *römische Fides* muss im Rahmen der umfassenderen Aequitas gesehen werden, «der rechtsethischen und rechtspolitischen Rechtfertigung und Leitidee aller magistratischen und richterlichen Rechtsschöpfung» (BECK, 10), in deren Bereich die bona fides eine von mehreren wesentlichen Grunderwägungen darstellt (BÜRGI, 57 ff. mit Verweisungen, sowie GROSSO, 662, rechte Spalte). So verwundert es nicht, dass «die sozialethische Dolusrepression – basierend auf der umfassenderen Aequitas – weitgehend auch ausserhalb der bona fidei iudicia in kraftvoller Geltung» (BECK, 13) stand (vgl. dazu auch STEIN). Das dafür zur Verfügung stehende (prozessuale) Mittel war die nicht infamierende exceptio doli (im Gegensatz zur infamierenden actio de dolo). 33

Doch hat das römische Recht – mangels einer konsistenten, systematischen Theorie – die bona fides-Institute nur von Fall zu Fall, bzw. nur in zunächst jeweils eng begrenzten Zusammenhängen entwickelt (bezüglich der «bonae fidei iudicia» im römischen Vertragsrecht vgl. BÜRGI, 98 ff.; KASER, 404 ff.; MERZ, N 9; ZELLER, 148 ff.; bezüglich des «civiliter uti», Dig. 8, 1, 9, des römischen Sachenrechtes, vgl. MEIER-HAYOZ/Zweifel, 389; MERZ, N 13; ZELLER, 152).

Der Ursprung der bonae fidei iudicia ist im römischen ius gentium zu suchen, das für alle Menschen ohne Unterschied der Nation galt und für den Verkehr mit den Fremden (peregrini) massgebend war (GROSSO, 661/2; KASER, 406; KUNKEL, 8 ff.; PAOLI, 281; STEIN, 75). Mit der Übernahme ins ius civile in vor- und frühklassischer Zeit wandelte sich auch die Funktion der Fides: sie ist nicht mehr Verpflichtungsgrundlage, sondern der «Massstab der Verpflichtung, der dem Richter angibt, das Verhältnis in jeder Hinsicht nach der ‹guten Treue› der Beteiligten zu beurteilen» (KASER, 407). «Für ‹bona fides› einstehen heisst nun nicht mehr bloss Wort halten, sondern Art und Sitte redlicher Leute, Treu und Glauben mit Rücksicht auf die Verkehrssitte wahren. Das ist freilich auch eine Bindung, aber doch eine Bindung anderer Art als die an das eigene Wort» (SCHULZ 154/5; 34

Vorbem. Art. 2 und 3

vgl. oben bei N 17), die aber – muss hinzugefügt werden – immer nur in dem von den Parteien selber gesetzten Rahmen zu beachten ist: nihil magis bonae fidei congruit quam id praestari quod inter contrahentes actum est (Dig. 19.1.11.1).

35 Auch dem im Sachenrecht entwickelten Gebot der schonenden Rechtsausübung (civiliter uti) stand im klassischen römischen Recht immer der allgemeinere Grundsatz gegenüber, dass nicht rechtsmissbräuchlich handelt, wer nur sein Recht ausübt: nullus videtur dolo facere, qui suo iure utitur (D. 50, 17, 55; vgl. dazu BÜRGI, 101; MARTIN, 32; MERZ, N 13; STEIN, 83). Das römische Recht kannte kein allgemeines Rechtsmissbrauchsverbot (vgl. STEIN, 83) und die allgemeine Regel «male nostro iure uti non debemus» (GAIUS, 1, 53) dürfte erst in spätklassischer Zeit formuliert worden sein (vgl. SCHULZ, 107). Zum ebenfalls sachenrechtlichen Institut des Verbotes der «Neidmauer» durch die Pflicht, eine Servitute «altius tollendi» zu erwirken vgl. STEIN, 90 sowie Dig. 7.1.30 und 8.2.10.

36 Zusammenfassend kann gesagt werden, dass im klassischen römischen Recht Fides zunächst einmal bedingungsloses Festhalten am Wort, an der einmal gegebenen Zusage bedeutete: «Fundamentum autem est iustitiae fides, id est dictorum conventorumque constantia et veritas» (CICERO, De officiis, I/7/23). Später ergab sich daraus die normative und objektive Forderung zu korrektem Verhalten (vgl. dazu Art. 1175 des italienischen Codice Civile: «Comportamento secondo correttezza» sowie BETTI, 26/7, welcher diese Formulierung als derjenigen von Art. 2 ZGB überlegen betrachtet; vgl. auch BROGGINI, 9).

In der stoischen Lehre verpflichtete die Fides das Individuum moralisch, gegebene Versprechen zu halten. In Verbindung mit der Pflicht «communi utilitati servire» (CICERO, De officis, I/10/31) erhielt die Fides bereits auch eine soziale Komponente, die im römischen Recht aber nicht wirksam (vgl. BEHRENDS, 267; HATTENHAUER, 66) und erst später bedeutungsvoll geworden ist (vgl. unten N 41). Eine viel stärkere Wirkung auf die Rechtsentwicklung hat dagegen – insbesondere auch über die Vermittlung des kanonischen Rechtes (vgl. unten N 41) – das schon im römischen Recht umfassendere Aequitas-Prinzip (vgl. oben N 33) entfaltet (BECK, 24/5).

37 Neben diesem objektiven Prinzip der Fides hat sich im römischen Recht auch ein subjektives Konzept der Fides («un concetto soggetivo della fides», GROSSO 663) entwickelt, unter welchem der typische Fall des (heutigen) Gutglaubensschutzes subsumiert wurde: die Ersitzung (usucapio). Grundsätzlich galt im römischen Recht aber: «nemo plus iuris transferre potest, quam ipse habet» (Dig. 50, 17,54), was die Entwicklung eines Gutglaubensschutzes i.S. eines modernen Verkehrsschutzes nicht zuliess. Komplementärer Gegenbegriff zu dieser subjektiven bona fides ist die mala fides (vgl. oben N 25).

Vorbem. Art. 2 und 3

Gemäss STRÄTZ (27 ff.) sind bezüglich der Herkunft des Prinzips von Treu 38
und Glauben in seiner heutigen Form zwei Lager zu unterscheiden: diejenigen
Juristen, die es allein aus dem römischen Recht herleiten, so z.B. Coing und Hausmaninger, während andere für eine *deutsch-rechtliche Wurzel* – nebst und ohne
Ausschluss der römisch-rechtlichen Bezüge – plädieren, so Bürgi und Nesemann.
STRÄTZ selber resümiert das Ergebnis seiner eigenen Untersuchungen in vorsichtiger Formulierung wie folgt: «Wenn auch die heutige Bedeutung von ‹Treu und
Glauben› wesentlich vom römisch-rechtlichen Gedanken der bona fides geprägt
ist, so ist eine zusätzliche deutsch-rechtliche Wurzel dieses Rechtsprinzips nicht
ausgeschlossen» (a.a.O., 283). Bei STRÄTZ (a.a.O., 284) findet sich aber auch ein
erster Hinweis auf die Bedeutung des «Vordringens des römisch-kanonischen
Prozesses» für die spätere Ausgestaltung des Treu und Glauben-Prinzipes.

Unbestritten ist, dass in den germanischen Rechten der Kollektiv-Gedanke 39
sehr stark verankert ist («Soziales Recht ist deutsches Recht», Titel der Dissertation von SUSANNE PFEIFFER-MUNZ, Zürich 1979), während das Individuum in der
Frühzeit nur eine untergeordnete Rolle spielte, und erst allmählich grössere Bedeutung erlangte: «Die ganze Privatrechtsgeschichte zeigt eine andauernde Steigerung des Rechts der einzelnen Personen» (Eugen HUBER, System und Geschichte,
Bd. IV, 281). Für HUBER, der selber Deutsch-Rechtler war, ist das Prinzip von
Treu und Glauben vor allem eine Forderung für «die Herstellung des richtigen
Verhältnisses zwischen der individuellen und der kollektivistischen Existenz der
Gemeinschaftsglieder. Es soll zwischen den beiden Seiten der menschlichen Existenz ein Verhältnis geschaffen werden, wonach das eine mit dem anderen in
einer harmonischen Verbindung zusammen zu bestehen vermag. Dies, und nicht
ein kraft- und saftloser Durchschnittsbestand der Individuen soll die Grundlage
von Recht und Pflicht in der Gemeinschaft bilden. Daraus ergibt sich das Postulat
des Handelns nach Treu und Glauben, daraus die Umschreibung der Diligenz, die
das eine Individuum den anderen schuldig ist.» (Recht und Rechtsverwirklichung,
296).

Mit BECK ist darauf hinzuweisen, dass es «die aequitas, nicht die bona fides 40
gewesen ist, der im Mittelalter bis in die Neuzeit die führende Rolle in der Rechtsentwicklung zukam» ... «Hier setzte dann die fortbildende, in ihren kontinentalen
Auswirkungen heute noch nicht voll übersehbare aequitas canonica ein» (BECK,
25; vgl. dazu auch Lefèbvre sowie Scavo Lombardo, welcher von einer «infiltrazione delle innovazioni canonistiche nel foro civile» spricht, 672). Zum Verhältnis aequitas canonica – misericordia vgl. ELSENER, Gesetz, Billigkeit und Gnade
im kanonischen Recht.

Tatsächlich ist es so, dass die *Aequitas* noch heute als einer der zentralen
Grundsätze des *kanonischen Rechtes* betrachtet werden muss: «One of the essen-

tial principles of canon law is the equitable character of the statute» (STEIN, 100; vgl. auch SCAVO LOMBARDO, 673 sowie z.B. die Artikel 19, 122, 221, 271, 1148, 1446, 1718, 1733, 1752 des Codex Iuris Canonici in der am 25.1.1983 promulgierten Fassung).

Die «unübersehbaren Auswirkungen» (BECK, 25) christlicher Rechtstradition haben auch die deutsche und damit die gemeinrechliche Rechtsentwicklung gerade auch im Bereich der bona fides als Teilaspekt der aequitas (vgl. oben N 33) stark beeinflusst (vgl. OTTO VON GIERKE, Naturrecht und deutsches Recht, 18; BÜRGI 66/67, BROGGINI, 11/12).

41   OKKO BEHRENDS hat auf einen anderen Aspekt der Bedeutung der christlichen Tradition und des kanonischen Rechtes hingewiesen, die diesen bei der Wandlung der Formel von Treu und Glauben von einem individualethischen zu einem sozialethischen Prinzip zukommt. Aus kirchlicher Sicht war es «Pflicht des Christen, die Fides zu wahren, und zwar wie im Gebiet des Glaubens, so auch im Gebiet des Rechts» (BEHRENDS 277); und die Verletzung der Fides-Pflicht war immer zugleich auch Sünde (vgl. WOLTER, 45). Obwohl auch die christliche Fides zunächst durchaus individualistisch orientiert war, gestattete der höhere Rang, welcher aus kirchlicher Sicht der Fides als Glaubenstreue gegenüber der weltlichen Rechtstreue zukam («Imperator intra ecclesiam non supra ecclesiam», Ambrosius), über die vom römischen Recht her gegebenen Schranken der Fides hinauszugehen und «unter dem gleichen Stichwort Fides» die Rezeption des stoischen Naturrechtes der societas humana (vgl. oben N 36). «Dadurch wurde der Ausdruck Fides und folgeweise auch seine alte Übersetzungsgleichung Treu und Glauben zweideutig und nahm neben seiner alteingewurzelten individualethischen auch eine sozialethische Bedeutungsmöglichkeit auf» (BEHRENDS, 283). Das (göttliche) Naturrecht schliesslich führte im kanonischen Recht zu einer ausgesprochen starken Betonung des sozialen Moments: «the statute can exert its force only as the good of the community requires and to the extent that the community demands» (LEFÈBVRE, 100), wobei unter «community» allerdings immer zuerst die Gemeinschaft der Gläubigen zu sehen ist. Zur kanonischen bona fides i.S. des heutigen Gutglaubensschutzes vgl. WOLTER insbes. 36/7 und 51.

42   Festzuhalten ist schliesslich, dass die bona fides bis in die gemeinrechtliche Doktrin hinein sowohl Treu und Glauben wie auch den Schutz des guten Glaubens – beides Grunderwägungen der aequitas (vgl. oben N 33) – umfasste und keine strikte Unterscheidung erfolgte wie in der neueren Dogmatik (vgl. JÄGGI, N 17/25; MERZ, N 12; STRÄTZ, 80 ff.; ZELLER 150).

II. «Bona fides» im ZGB

Zur Zeit der Schaffung des ZGB war die Aufteilung der römischen bona fides in 43
Treu und Glauben einerseits und Gutglaubensschutz andererseits in der deutschen Rechtswissenschaft bereits erfolgt (vgl. VON TUHR, BGB, Bd. II/1, 134, Fn 63). Aus der Sicht des ZGB sind die beiden Prinzipien daher schon getrennt zu betrachten, obwohl der französische und der italienische Gesetzestext immer noch den einheitlichen Ausdruck «bonne foi» bzw. «buona fede» für beides verwenden. In der englischen Übersetzung von IVY WILLIAMS wird «Treu und Glauben» (Art. 2 ZGB) mit «the principles of good faith» übersetzt, während für die «Gutgläubigkeit» (Art. 3 ZGB) «bona fides» und «good faith» nebeneinander verwendet werden: «Bona fides is presumed whenever the existence of a right has been expressly made to depend on the observance of good faith» (WILLIAMS, I/II, 1; vgl. auch hinten N 48).

Die gemeinrechtliche Theorie und Praxis zu Treu und Glauben ist in der 44
Schweiz kaum zu direktem Einfluss gelangt (vgl. E. HUBER, IV, 120–122), da seit dem Schwabenkrieg (1499) hierzulande eine «Ablösung vom Reich und vom Gemeinen Recht» (ELSENER, 27 ff.) festzustellen ist. Hauptursache dafür war aber wohl, dass in der Schweiz seit dem 16. Jahrhundert ein Juristenstand fehlte, der die wissenschaftliche Entwicklung des Rechts in Europa auch für die Schweiz hätte fruchtbar machen können. Die gesellschaftlichen und politischen Verhältnisse entwickelten sich in einer Weise, dass für den Berufsjuristen nahezu kein Raum war. Diese einem wissenschaftlich aufgearbeiteten Recht geradezu feindliche Mentalität hat sich über das Ende des Ancien Régime (1798), ja über die Regeneration (1831) hinaus als resistent erwiesen (vgl. dazu C. SCHOTT, Wir Eidgenossen fragen nicht nach Bartele und Baldele ..., in: Gerichtslauben-Vorträge, Freiburger Festkolloquium zum 75. Geburtstag von Hans Thieme, 1983, 17–45). Es verwundert daher auch nicht, dass die kantonalen Privatrechte vor dem ZGB weder das Prinzip von Treu und Glauben (vgl. dazu EGGER, N 5 zu Art. 2 ZGB; TRÜEB, 22; K. HUBER, 39/40) noch den Schutz des guten Glaubens (vgl. dazu E. HUBER, IV, 747 ff. und HEGETSCHWEILER, 1) als allgemeine Regeln anerkannten. Sie enthielten lediglich vereinzelte Bestimmungen, wie z.B. das Verbot der Neidmauer (Rechtsmissbrauchsverbot) oder die Beschränkung der Vindikation, falls ein Dritter eine Sache in gutem Glauben erworben hatte (vgl. dazu AUGSBURGER-BUCHELI, 23 ff.).

In der Rechtsprechung des Bundesgerichtes von 1874 bis 1883 treten der 45
Begriff Treu und Glauben und verwandte Begriffe überhaupt nicht auf. Erstmals in einem Entscheid aus dem Jahre 1884 (BGE 10, 158 E. 2) argumentiert das

Vorbem. Art. 2 und 3

Bundesgericht mit der bona fides unter Berufung auf die gemeinrechtliche actio pro socio.

Bis 1889 erscheint das Prinzip von Treu und Glauben dann in zahlreichen Funktionen, die auch heute zu seinen wichtigen Geltungsbereichen gehören. «Treu und Glauben galten in der praktischen Anwendung des Schweizerischen Obligationenrechts ... schon bis 1889 so, wie Art. 2 Abs. 1 ZGB dies dann ausdrücklich ausgesprochen hat» (KAUFMANN, 112, der diese Entwicklung im einzelnen nachgezeichnet hat).

46 Dagegen enthielt noch der Vorentwurf des Eidg. Justiz- und Polizeidepartementes zu einem Schweizerischen Civilgesetzbuch aus dem Jahre 1900 in seinem Einleitungstitel keine «bona fides»-Bestimmung, d.h. weder das Prinzip von Treu und Glauben noch der Gutglaubensschutz sind darin erwähnt. Lediglich das Rechtsmissbrauchsverbot des heutigen Artikels 2 Abs. 2 ZGB hatte als sachenrechtliches Schikaneverbot im Gesetzesentwurf (Artikel 644 Abs. 2 des Vorentwurfes) einen Vorläufer: «Er (der Eigentümer) kann von ihr (der Sache) jeglichen Gebrauch machen, der nicht offenbar einzig zu dem Zwecke erfolgt, andern Schaden zuzufügen» (zur Verbindung zum römischen «civiliter uti» vgl. oben bei N 33). In den Erläuterungen zum Vorentwurf (Bd I, 11) heisst es diesbezüglich denn auch: «Oder man denke an den Satz, dass niemand sein Recht nur zu dem Zwecke ausüben soll, um andere damit zu schädigen. Gewiss gilt dieser Satz auch in den obligationenrechtlichen Verhältnissen. Allein seine eigentlich praktische Bedeutung findet sich beim Grundeigentum, in Beziehung auf die Rechte, die der Grundeigentümer aus seinem Verhältnis jedermann gegenüber anzusprechen befugt ist. Daher hat der Entwurf die Regel im Sachenrecht, Art. 644, Abs. 2, aufgestellt.» Zu Absatz 1 von Artikel 2 ZGB ist in den Materialien überhaupt keine Bemerkung zu finden (vgl. BGE 38 II 463).

47 Dass die beiden Bestimmungen (Art. 2 und 3 ZGB) in die Einleitungsartikel aufgenommen worden sind, dürfte das persönliche Verdienst von EUGEN HUBER sein (so auch AUGSBURGER-BUCHELI, 34). Sie wurden (als Art. 2a und 2b) erst in den Beratungen einer kleinen Kommission im Januar 1904 bereinigt (vgl. LIVER, N 65) und dem Entwurf des Bundesrates als Art. 3 und 4 hinzugefügt (vgl. Botschaft vom 28. Mai 1904, 13/14; DESCHENAUX, 144; EGGER, N 5 zu Art. 2 ZGB; MERZ, N 16). Die Protokolle der Sitzungen vom 26./27. Januar 1904 befinden sich im Bundes-Archiv/Eugen-Huber-Archiv in Bern (Nr. J I 109, 245). Für Einzelheiten zum Gang der Gesetzgebung vgl. HUWILER, insbes. 65–72 sowie AUGSBURGER-BUCHELI.

48 Die Rechtsmissbrauchs-Regelung in Art. 3 ZGB Abs. 2 (des heutigen Art. 2, Abs. 2) wurde in der Literatur (MARTIN; STÄHELIN) stark kritisiert, vor allem weil darin eine Gefahr für die Rechtssicherheit gesehen wurde: «En ce qui nous

concerne, nous préférons la règle, toute classique et traditionnelle qu'elle est: ‹Qui suo iure utitur neminem laedit›. Elle seule est conforme à la logique et à l'interêt social, car seule elle garantit la sécurité juridique» (MARTIN, 60).

In den Räten entstand den beiden Bestimmungen dagegen keine Opposition mehr und Nationalrat SPEISER regte sogar an, Art. 1 ZGB zu streichen und stattdessen Art. 3 ZGB (den heutigen Art. 2 ZGB) an die Spitze zu stellen: «Ich glaube, es wäre ein viel schönerer Eingang unseres ganzen Gesetzgebungswerkes, wenn wir beginnen würden mit dem Art. 3: ‹Jedermann hat in der Ausübung seiner Rechte und in der Erfüllung seiner Pflichten nach Treu und Glauben zu handeln. Der offenbare Missbrauch eines Rechtes findet keinen Rechtsschutz.› Das ist ein ethischer Eingang eines ganzen Gesetzes, dass wir sagen, wir stellen die Gesetzesregeln auf, aber niemand soll von ihnen Gebrauch machen, wenn er mit seinem Gebrauch Missbrauch verübt. Das wäre eine ethische Einleitung und eine Mahnung an den Richter, wie er das Gesetz anzuwenden hat, die durchaus genügen würde.» (Sten Bull NR 1906/16, 1042).

Mit dem Inkrafttreten des *Übereinkommens der Vereinten Nationen über den internationalen Warenkauf* vom 11. April 1980 (UN-Kaufrecht/Wiener Kaufrecht; SR 0.221.211.1) am 1. März 1991 hat die Verwendung des englischen «good faith» bzw. «guten Glaubens» i.S. von «Treu und Glauben» (vgl. N 43) auch wieder Eingang ins schweizerische Recht gefunden: In Art. 7 Abs. 1 des UN-Kaufrechtes heisst es nämlich u.a., dass bei seiner Auslegung «die Wahrung des guten Glaubens im internationalen Handel zu fördern» sei. Die entsprechende englische Fassung des Abkommens lautet: «to promote ... the observance of good faith in international trade». Die französische Fassung lautet: «de promouvoir ... le respect de la bonne foi dans le commerce international.»

49

Dabei ist unzweifelhaft, dass damit eindeutig eine nicht nur auf die Auslegung des Übereinkommens beschränkte, sondern auf das Verhalten der Parteien selbst gerichtete Generalklausel i.S. von § 242 BGB oder eben von Art. 2 ZGB geschaffen wurde (vgl. dazu von CAEMMERER/SCHLECHTRIEM, Kommentar zum Einheitlichen UN-Kaufrecht, Art. 7, insbes. N 3, 7, 15, 16 und 17 mit ausdrücklichem Hinweis auf den «gleichbedeutenden Begriff ‹Treu und Glauben›». «Gleichbedeutend» heisst jedoch nicht, dass die zu Art. 2 ZGB entwickelte Lehre und Praxis unbesehen auf das Prinzip von Treu und Glauben im internationalen Handel übertragen werden darf (vgl. dazu unten N 39 zu Art. 2 ZGB).

Zu Treu und Glauben im Völkerrecht vgl. unten N 40 zu Art. 2 ZGB.

Vorbem. Art. 2 und 3

C. Übersicht

50 Fassen wir zusammen, ergibt sich folgende Übersicht, von der aus die dogmatische Beurteilung der Artikel 2 und 3 ZGB aufgrund des bisher Gesagten in Angriff genommen werden kann (unten bei Art. 2 und 3 ZGB).

ZGB 2 *Treu und Glauben (korrektes Verhalten im Rechtsverkehr)*	*Vertrauen / Fides / Glaube bonne foi / buona fede*	ZGB 3 *Guter Glaube (Fürwahrhalten des Rechtsscheins)*
Bei Rechtsmissbrauch (Art. 2 Abs. 2)	*Kein Rechtsschutz*	Bei blindem Vertrauen, Blauäugigkeit, Wissen, Wissenkönnen oder Wissenmüssen
(Art. 2 Abs. 1) Präventiver Schutz des Rechtsverkehrs durch Aufforderung, sich redlich, loyal, korrekt zu verhalten	*Rechtsschutz Ziel*	Schutz des Rechtsverkehrs durch (nachträgliche) Bestätigung des (falschen) Rechtsscheines
allgemeingültiges Prinzip	*Anwendungsbereich*	Ausnahmeregelung, die nur in den positiv geregelten Fällen zur Anwendung gelangt
personenbezogen auf das Verhalten zwischen Rechtssubjekten	*Regelungsgegenstand*	systembezogen auf das Funktionieren des Rechtssystems, selbst in Abweichung vom Prinzip des «richtigen» Rechts
a Personenbezug: Vertrauender und Vertrauensträger	*Beurteilungskriterien*	a Personenbezug: Gutgläubiger und – bei Schutz des guten Glaubens – benachteiligter «wahrer» Inhaber des fraglichen Rechtes
b Situationsbezug: Vertrauen, wie es sich aus Beziehung der Parteien ergibt		b Situationsbezug: Situation, wie sie durch die gesetzliche Gutglaubensregel geschaffen wird
c Zeitbezug: Zukunftsgerichtete Verhaltensregel		c Zeitbezug: Vergangenheitsbewältigung

Art. 2 ZGB

¹ Jedermann hat in der Ausübung seiner Rechte und in der Erfüllung seiner Pflichten nach Treu und Glauben zu handeln.
² Der offenbare Missbrauch eines Rechtes findet keinen Rechtsschutz.

B. Inhalt der Rechtsverhältnisse
I. Handeln nach Treu und Glauben

¹ Chacun est tenu d'exercer ses droits et d'exécuter ses obligations selon les règles de la bonne foi.
² L'abus manifeste d'un droit n'est pas protégé par la loi.

B. Etendue des droits civils
I. Devoirs généraux

¹ Ognuno è tenuto ad agire secondo la buona fede cosi nell'esercizio dei propri diritti come nell'adempimento dei propri obblighi.
² Il manifesto abuso del proprio diritto non è protetto dalla legge.

B. Limiti dei rapporti giuridici
I. Osservanza della buona fede

Materialien	Entwurf 1900 Art. 1/4 Erl. I, S. 25 ff., 31 ff.
	Entwurf 1904 Art. 1/12, Botsch. S. 13 ff.
	NatR XVI, S. 1034/43
	StänderR XVII, S. 111/6
	NatR XVII, S. 349, 355, 361, 365
	StänderR XVII, S. 316/9

Inhaltsübersicht

	Rz
Literatur	1
A. Allgemeines	2
I. Vorbemerkungen	2
II. Grundlagen	3
1. Art. 2 ZGB als Grundschutznorm/Schutzbereich	3
2. Zur Verwirklichung der Schutzfunktion	14
3. Regelbildung und Konkretisierung	16
4. Regelungsbereich und Abgrenzung von Absatz 1 und Absatz 2	20
5. Zur «Subsidiarität» von Art. 2 ZGB	26
III. Anwendungsbereich	28
IV. Von Amtes wegen anzuwendende «zwingende» Norm	42
V. Abgrenzungen	44
1. Zu anderen Normen des ZGB	44
2. Zu Bestimmungen des Obligationenrechtes	49
3. Zur Gesetzes- und Vertragsumgehung	52

Art. 2

B.	**Zur Anwendung von Art. 2 ZGB / Allgemeine Bemerkungen**	58
I.	Einleitung und Übersicht	58
II.	Auslegung nach Treu und Glauben	66
	1. Grundlagen	66
	2. Allgemeines zur Auslegung	79
	3. Auslegungsregeln	86
	4. Zur Auslegung mangelhafter Äusserungen	93
III.	Widersprüchliches Verhalten / Venire contra factum proprium	99
C.	**Phase 1: Rechtlich relevantes Verhalten ohne rechtsgeschäftliche Verbindung, insbesondere Culpa in contrahendo**	105
I.	Treu und Glauben und allgemeine Vertrauenshaftung	105
	1. Allgemeines	105
	2. Vertrauenshaftung als Folge sozialer Kontakte ohne vorbestehende Beziehung und *ohne* Absicht einer (späteren) rechtsgeschäftlichen Bindung	109
	3. Vertrauenshaftung *neben* einer anderen, bereits bestehenden Bindung	134
II.	Vertrauenshaftung bei sozialen Beziehungen im Hinblick auf eine rechtsgeschäftliche Bindung / Culpa in contrahendo	144
	1. Abgrenzung und Begriffsbestimmung	144
	2. Zur Frage der Rechtsnatur	149
	3. Rechtsvergleichende Hinweise	151
	4. Culpa in contrahendo als Vertrauenshaftung	153
III.	Pflichten aus dem Verhandlungsverhältnis (Nebenpflichten)	154
	1. Übersicht	154
	2. Negative Abgrenzungen	157
	3. Die Pflicht, sich selber korrekt vorzubereiten	158
	4. Die Pflicht, ernsthaft zu verhandeln	161
	5. Aufklärungspflichten	165
	6. Obhuts- und Schutzpflichten sowie Geheimhaltung	175
	7. Mitwirkungs- und Verschaffungspflichten	177
	8. Kostentragung und Rückgabepflichten	178
	9. Zusammenfassung	180
IV.	Rechtsfolgen der culpa in contrahendo	181
	1. Allgemeines	181
	2. Haftungsgrundlage	182
	3. Haftungsvoraussetzungen	183
	4. Bemerkungen zu den positiv-rechtlich geregelten culpa in contrahendo-Tatbeständen	192
	a) Art. 26 Abs. 1 OR, Fahrlässiger Irrtum	193
	b) Art. 36 Abs. 2 OR, Nichtrückgabe einer Vollmacht	197
	c) Art. 39 OR, Vollmachtloser Stellvertreter	201
	d) Art. 411 Abs. 2 ZGB, Verleitung zu irrtümlicher Annahme der Handlungsfähigkeit	205
	e) Haftung des Urteilsunfähigen	210
V.	Culpa in contrahendo im Kollisionsrecht	211
VI.	Zusammenfassung und Übersicht über die Vertrauenshaftungen	227
D.	**Phase 2: Treu und Glauben / Rechtsmissbrauch bei Bestehen einer rechtsgeschäftlichen Verbindung**	230
I.	Allgemeine Bemerkungen zum Rechtsmissbrauch	230
	1. Übersicht und rechtsvergleichende Bemerkungen	231

	2.	Allgemeine Kriterien zur Eingrenzung des Anwendungsbereichs des Rechtsmissbrauchsprinzips	237
	3.	Sanktionen des Rechtsmissbrauchs	243
II.	Der unredliche Rechtserwerb	246
	1.	Allgemeine Bemerkungen	247
	2.	Die Ausnützung eigenen vertrags- oder rechtswidrigen Verhaltens	248
		a) Grundsatz	248
		b) Kasuistik	250
	3.	Ausnützung von vertrags- oder widerrechtlichem Verhalten Dritter	255
	4.	Ausschluss der Rückforderung nach Art. 66 OR	257
	5.	Rechtsmissbräuchliche Einflussnahme auf Bedingungen	264
III.	Treu und Glauben und die Form von Rechtsgeschäften	270
	1.	Allgemeines und Übersicht	271
	2.	Geltendmachung der Formungültigkeit *vor* Erfüllung	276
	3.	Geltendmachung der Formungültigkeit *nach* Erfüllung durch beide Parteien	279
	4.	Geltendmachung der Formungültigkeit nach Erfüllung durch nur einer der Parteien	283
	5.	Geltendmachung der Formungültigkeit bei nur teilweiser Erfüllung durch eine oder beide Parteien	286
	6.	Zusammenfassung	288
IV.	Treu und Glauben und Nebenpflichten bei bestehenden Rechtsgeschäften	289
V.	Schikaneverbot und schonende Rechtsausübung	295
VI.	Krasses Missverhältnis der Interessen	302
	1.	Allgemeines	302
	2.	Anwendung im Sachenrecht	304
	3.	Anwendung in anderen Rechtsgebieten	307
		a) Grundsätzliches	307
		b) Kasuistik	310
		c) Interessendifferenz bei Qualitätsmängeln und Verspätungen	313
		d) Interessengegensatz bei nachträglicher Unmöglichkeit	317
	4.	Rechtsvergleichende Hinweise	318
VII.	Die zweckwidrige Rechtsausübung	323
	1.	Allgemeine Grundsätze	323
	2.	Zweckwidrige Verwendung juristischer Personen/Durchgriff	327
	3.	Zweckwidrige Verwendung von Instituten des Familien- und Erbrechts	333
		a) Eherecht	333
		b) Adoptionsrecht	339
		c) Kindesrecht	341
		d) Erbrecht	346
	4.	Zweckwidrige Verwendung von Instituten des Sachenrechtes	348
	5.	Zweckwidrigkeit im Obligationen-, Immaterialgüter- und Zwangsvollstreckungsrecht	350
		a) Obligationenrecht	350
		b) Immaterialgüterrecht	356
		c) Zwangsvollstreckungsrecht	357
	6.	Rechtsgeschäftliche Zweckbeschränkungen	359
VIII.	Die unnütze und interesselose Rechtsausübung	369
	1.	Allgemeines	369
	2.	Objektiv unnütze Rechtsausübung	372
	3.	Subjektiv unnütze Rechtsausübung / Fehlendes Interesse an der Rechtsausübung	374

Art. 2

IX.	Widersprüchliches Verhalten im Bereich bestehender Rechtsbeziehungen	380
X.	Rechtsmissbrauch durch Zuwarten / Verzögerung und Verwirkung, bzw. Verfall von Klagerechten	384
	1. Allgemeines	384
	a) Terminologie	385
	b) Abgrenzung zum Verzicht	388
	2. Rechtsausübung innert rechtsgeschäftlicher oder gesetzlicher Frist	391
	3. Missbräuchliche Ausübung nicht befristeter Rechte	397
	a) Allgemeines	397
	b) Familienrecht	402
	c) Sachenrecht	407
	d) Kennzeichnungsrecht	415
	e) Bei fehlender Rechtsmittelbelehrung	420
	4. Missbräuchliches Zuwarten mit der Stellung eines Begehrens um vorsorgliche Massnahmen	425
	5. Übersicht und Zusammenfassung	426
XI.	Zusammenfassende Bemerkungen zur «Phase 2» der bestehenden Rechtsverbindungen	431
E.	**Phase 3: Treu und Glauben bei und nach Beendigung einer Rechtsbeziehung**	**435**
I.	Allgemeine Vorbemerkung	436
II.	Ordnungsgemässe Beendigung von Rechtsbeziehungen	437
III.	Zur Clausula rebus sic stantibus	443
	1. Zur Bedeutung der clausula	443
	2. Anwendungsbereich und Risikoverteilungsregelungen	449
	a) Anwendungsbereich	449
	b) Risikoverteilungsregeln	453
	3. Anwendungskriterien	455
	4. Kasuistik	458
	5. Anwendung der clausula zum Schutze des Rechtsverkehrs	460
	6. Rechtsvergleichende Hinweise	467
IV.	Ausserordentliche Beendigung oder Abänderung von Rechtsbeziehungen aus «wichtigen Gründen»	481
	1. Grundsätzliches	481
	2. Eingriffsnormen / Herabsetzung von Konventionalstrafe und Mäklerlohn	485
F.	**Phase 4: Treu und Glauben im Prozess und in der Zwangsvollstreckung**	**488**
I.	Allgemeine Hinweise zum Vertrauensschutz im öffentlichen Recht	488
II.	Drei-Parteien-Konstellation und öffentliche Interessen	493
III.	Zur Wahrheitspflicht im Prozess	498

1 **Literatur**

Weitere Literatur siehe N 1 zu den Vorbemerkungen zu Art. 2 und 3 ZGB sowie die jeweilige Sonderliteratur: Zur Anwendung im öffentlichen Recht: N 32

zur Anwendung im Prozess- und Zwangsvollstreckungsrecht: N 33

Art. 2

zur Gesetzes- und Vertragsumgehung: N 52
zur allgemeinen Vertrauenshaftung (einschliesslich culpa in contrahendo): N 105
zum Rechtsmissbrauch bei bestehender rechtsgeschäftlicher Verbindung: N 230
zum unredlichen Rechtserwerb: N 246
zu Treu und Glauben und Form von Rechtsgeschäften: N 270
zur zweckwidrigen Verwendung juristischer Personen/Durchgriff: N 327
zum Rechtsmissbrauch durch Zuwarten/Verzögerung und Verwirkung: N 384
zu Treu und Glauben bei und nach Beendigung von Rechtsbeziehungen: N 435
Vgl. auch die Literaturangaben in N 1 und 105 zu Art. 3 ZGB

Allgemeines/Grundlagen

Abus de droit et bonne foi	herausgegeben von PIERRE WIDMER und BERTIL COTTIER, Fribourg 1994
L'abus de droit et les concepts équivalents	principe et application, Colloque de droit européen 1989 Luxembourg; herausgegeben vom Conseil de l'Europe Strassbourg 1990 (auch in englischer Sprache)
Aequitas und Bona Fides	Festgabe zum 70. Geburtstag von August Simonius, Basel 1955
AUGSBURGER-BUCHELI ISABELLE	Genèse de l'article 2 du Code civil suisse, in: Abus de droit et bonne foi, Fribourg 1994, 23–34
CARONI PIO	Einleitungsartikel des Zivilgesetzbuches, Basel 1996
DUCOMMUN JEAN-DANIEL	L'égalité et bonne foi dans la jurisprudence du Tribunal fédéral des assurances, in: Mélanges Henri Zwahlen, Lausanne 1977, 249–256
ENGEL PIERRE	La portée de la clause générale de la bonne foi (Art. 2 CC) dans la jurisprudence et par rapport à sa concrétisation dans certaines domaines spécifiques (LCD, bail, contrat de travail), in: Abus de droit et bonne foi, Fribourg 1994, 125–137
EGGER AUGUST	Zürcher Kommentar zu Art. 2 ZGB, Zürich 1930, 64–80
GAUCH PETER/SCHLUEP WALTER R.	Schweiz. Obligationenrecht, Allg. Teil, 6. Auflage, Zürich 1995
GEISER THOMAS	Die Treuepflicht des Arbeitnehmers, Bern 1983
GUHL THEO	Die Auslegung der rechtsgeschäftlichen Erklärungen während des verflossenen Jahrhunderts, ZSR 1952 I (Hundert Jahre Schweizerisches Recht), 141–172
HUWYLER BRUNO	La genèse de l'interdiction de l'abus de droit (art 2 al 2 CC), in: Abus de droit et bonne foi, Fribourg 1994, 35–62
JÄGGI PETER/GAUCH PETER	Zürcher Kommentar zu Art. 18 OR, Zürich 1980
KAUFMANN HORST ALBERT	Treu und Glauben im Eidgenössischen Obligationenrecht und die Rechtsprechung des Bundesgerichts bis 1889, in: Hundert Jahre Schweizerisches Obligationenrecht, Fribourg 1982, 91–112
KRAMER ERNST A./ SCHMIDLIN BRUNO	Berner Kommentar zu Art. 1–18 OR, Bern 1986 (zit. entweder KRAMER oder SCHMIDLIN)
MAYER-MALY THEO	Kommentar zum Schweizerischen Privatrecht/Schweizerisches Zivilgesetzbuch I, herausgegeben von H. HONSELL/N.P. VOGT/T. GEISER, Basel 1996
MEIER-HAYOZ ARTHUR	Das Vertrauensprinzip beim Vertragsabschluss, Diss. Zürich 1948

Art. 2

MERZ HANS	Auslegung, Lückenfüllung und Normberichtigung, dargestellt an den Beispielen der unzulässigen Berufung auf Formungültigkeit und des Missbrauchs der Verjährungseinrede. In: AcP 1963, 305–345
MERZ HANS	Berner Kommentar, Einleitungsband, Art. 2 ZGB, Nachdruck der Ausgabe von 1962, Bern 1966, 213–380 (zitiert MERZ, N)
MERZ HANS	Die Generalklausel von Treu und Glauben als Quelle der Rechtsschöpfung, ZSR 80 I 1961, 335–366
NENNINGER JOHN	Der Schutz der Minderheit in der Aktiengesellschaft nach schweizerischem Recht, Basel 1974
OFTINGER KARL	Die ungelesen unterzeichnete Urkunde und verwandte Tatbestände, in: Aequitas und Bona Fides, 263–272; zitiert OFTINGER/Urkunde
–	Einige grundsätzliche Betrachtungen über die Auslegung und Ergänzung der Verkehrsgeschäfte, ZSR 58 1939, 178–209; zitiert OFTINGER/Auslegung
PARPAN RUDOLF	Über die Bedeutung von Treu und Glauben im Versicherungsvertragsrecht, Diss. Zürich 1947
PELLI FULVIO	Der Grundsatz der schonenden Rechtsausübung als Schranke der Ermessensfreiheit der Generalversammlung einer Aktiengesellschaft, Diss. Zürich 1978
PIOTET PAUL	Le complétement judiciare du contrat, ZSR 80 I 1961, 367–401
REICHEL ALEXANDER	Kommentar zu Art. 2 ZGB, Zürich 1911
ROGGWILLER HANS	«Der wichtige Grund» und seine Anwendung in ZGB und OR, Aarau 1956
ROSSEL VIRGILE/ MENTHA F.-H.	Manuel du Droit Civil Suisse, 2.A., Lausanne (o.J.), Nr. 54–57
SCHÖNENBERGER WILHELM/ JÄGGI PETER	Zürcher Kommentar, Art. 1–17 OR, Zürich 1973
SIMONIUS AUGUST	Über die Bedeutung des Vertrauensprinzipes in der Vertragslehre, in: Festgabe der Basler Juristenfakultät zum Schweiz. Juristentag, Basel 1942
STÄHELIN MAX	Zu Art. 3 I des Zivilgesetzentwurfs, ZSR 26 (1907) 355 ff.
STEINER RICHARD	Der Grundsatz von Treu und Glauben in der Rechtsprechung des Eidg. Versicherungsgerichtes, Bern, 1978
WIDMER PIERRE	Bonne foi et abus de droit. Principe? – Portée? – Panacée? Une tentative de synthèse impossible, in: Abus de droit et bonne foi, Fribourg 1994, 343–351
YUNG WALTER	L'interprétation supplétive des contrats, ZBJV 1961, 41–64.

Ausländisches Recht (Deutschland)

Das Bürgerliche Gesetzbuch	Kommentar herausgegeben von den Mitgliedern des Bundesgerichtshofes: 12. A., Berlin 1976, Bd. II/1. Teil, § 242, bearbeitet von Richard Alff
CANARIS CLAUS-WILHELM	Die Vertrauenshaftung im deutschen Privatrecht, München 1971
CRAUSHAAR GÖTZ VON	Der Einfluss des Vertrauens auf die Privatrechtsbildung, München 1969

Art. 2

EICHLER HERMANN	Die Rechtslehre vom Vertrauen, Tübingen 1950
–	Redlichkeit im Wirtschaftsleben, Nürnberg, 1951
ENGISCH KARL	Die Idee der Konkretisierung in Recht und Rechtswissenschaft unserer Zeit, 2. ergänzte Auflage, Heidelberg 1968
DETTE HANS WALTER	Venire contra factum proprium nulli conceditur, Berlin 1985
ERMAN WALTER	Handkommentar zum Bürgerlichen Gesetzbuch, 7. A., Münster 1981, Bd. 1, § 242, bearbeitet von WILHELM SIRP
ESSER JOSEF	Grundsatz und Norm in der richterlichen Fortbildung des Privatrechts, 3., unveränderte Auflage, Tübingen 1974
FECHNER ERICH	Treubindungen des Aktionärs, Weimar 1942
FECHNER ERICH/SCHNEIDER PETER	Verfassungswidrigkeit und Rechtsmissbrauch im Aktienrecht, Tübingen 1960
FRIES THOMAS	Familiengesellschaft und Treuepflicht/Eine Untersuchung zum Recht der Personengesellschaft, Köln 1971
GMÜR RUDOLF	Das Schweizerische Zivilgesetzbuch verglichen mit dem Deutschen Bürgerlichen Gesetzbuch, Bern 1965
HENLE RUDOLF	Treu und Glauben im Rechtsverkehr, Berlin 1912
HAGER LOTHAR WILHELM	Schikane und Rechtsmissbrauch, München 1913
KAHIL-WOLFF BETTINA	L'abus de droit en droit de travail allemand – un cas d'application, in: Abus de droit et bonne foi, Fribourg 1994, 75–88
KRAUSE HERMANN	Schweigen im Rechtsverkehr, Marburg 1933
LARENZ KARL	Geschäftsgrundlage und Vertragserfüllung, 2. A., München 1957
Münchner Kommentar	zum Bürgerlichen Gesetzbuch, 2. A., München 1985, Bd. 2, § 242, bearbeitet von GÜNTHER H. ROTH
NIPPERDEY HANS CARL	Formmängel, Vertretungsmängel, fehlende Genehmigung bei Rechtsgeschäften der öffentlichen Hand und Treu und Glauben, JZ 1952, 577
PALANDT	Bürgerliches Gesetzbuch, 49. A., München 1990, Bd. 7, § 242, bearbeitet von HELMUT HEINRICHS
RÜBEN HERBERT	Die Geltung des Grundsatzes von Treu und Glauben zwischen Gericht und Partei im Zivilprozess, Köln 1980
RÜDY HERMANN	Der Rechtsmissbrauch, München 1934
SOERGEL	Bürgerliches Gesetzbuch mit Einführungsgesetz und Nebengesetzen: 12. A., Stuttgart 1990, Bd. 2, § 242, bearbeitet von ARNDT TEICHMANN
STAUDINGER	Kommentar zum Bürgerlichen Gesetzbuch mit Einführungsgesetz und Nebengesetzen: 12. A., Berlin 1983, § 242, bearbeitet von JÜRGEN SCHMIDT
TEUBER GUNTHER	Gegenseitige Vertragsuntreue; Rechtsprechung und Dogmatik zum Ausschluss von Rechten nach eigenem Vertragsbruch, Tübingen 1975
WIEACKER FRANZ	Zur rechtstheoretischen Präzisierung des § 242 BGB, Tübingen 1956
WORCH KARL-HEINZ	Treuepflichten von Kapitalgesellschaftern untereinander und gegenüber der Gesellschaft; eine rechtsvergleichende Darstellung des deutschen und amerikanischen Rechts, Frankfurt a.M. 1983

Art. 2

Österreich

	Das Allgemeine Bürgerliche Gesetzbuch, herausgegeben von ROBERT DITTRICH und HELMUTH TADES, 33. A., Wien 1989
GSCHNITZER FRANZ	Allgemeiner Teil des bürgerlichen Rechts, Wien 1966
Kommentar zum	Allgemeinen bürgerlichen Gesetzbuch, Bd. 4, Wien 1968, bearbeitet von FRANZ GSCHNITZER
KOZIOL HELMUT/WELSER RUDOLF	Grundriss des bürgerlichen Rechts, Bd. I, 9. A., Wien 1992
SCHWIMANN MICHAEL	Praxiskommentar zum ABGB, Bd. 4, Wien 1988, bearbeitet von PETER APATHY

Italien

CARUSI FRANCO	Correttezza, in: Enciclopedia del Diritto, Bd. X, Mailand 1962, 709–715
Commentario de Codice	Civile Scialoja-Branca, Artikel 1173–1176, Bologna/Roma 1988, bearbeitet von Adolfo di Maio
COSTANZA MARIA	Profili dell'interpretazione del contratto secondo buono fede, Mailand 1989
LEONE MARCO	L'esimente dell'esercizio di un diritto, Neapel 1970
LEVI GIULIO	L'abuso del diritto, Mailand 1993
NANNI LUCA	La buona fede contrattuale, Padova 1988
ROMANO SALVATORE	Buono fede/Diritto privato, in: Enciclopedia del Diritto, Bd. V, Mailand 1959, 677–700
ROTONDI MARIO	L'abuso di diritto, «Aemulatio», Padova 1979
RUGGIERO ROBERTO/MAROI FULVIO	Istituzioni di Diritto Civile, 2 Bde., Mailand 1967

Frankreich

DALLOZ	Répertoire de Droit Civil, Abus de Droit, Bd. 1, 1970 und Bonne Foi, Bd. 2, 1970
GAUDEMET EUGÈNE	Théorie Générale des Obligations, Nachdruck der Ausgabe 1937, Paris 1965
JANNE D'OTHÉE XAVIER	Quelques réflexions sur le rôle de la «bonne foi et équité» dans notre code civil, in: Aequitas und Bona Fides, Basel 1955, 161–166
KORNPROBST EMMANUEL	La notion de bonne foi/application au droit fiscal français, Paris 1980
MAZEAUD HENRI	Les notions de «droit», de «justice» et «d'équité», in: Aequitas und Bona Fides, Basel 1955, 229–234
MURAD FERID	Das französische Zivilrecht, Bd. 1, Frankfurt a.M. 1971
PICOT YVES	Le devoir de loyauté dans l'éxécution du contrat, Paris 1989
RIPERT G.	La règle morale dans les obligations civiles, 4. A., Paris 1949, N°s 74–110
SORTAIS JEAN-PIERRE	L'abus de droit en droit français: deux cas d'application, in: Abus de droit et bonne foi, Fribourg 1994, 63–74.

Andere Staaten/rechtsvergleichende Literatur

Abus de droit et bonne foi	Fribourg 1994, vgl. die Beiträge von A. ALDEEB ABU-SAHLIEH, L'abus du droit en droit musulman et arabe (89–113)
AMIN R.R. DAWWAS	betr. das jordanische Scheidungsrecht (115–122)
ION DELEANU	betr. das rumänische Recht (311–314)
MALGORZATA PYZIAK-SZAFNICKA	betr. das polnische Recht (315–322) sowie BERTIL COTTIER und MARTIN SYCHOLD: Qu'en est-il de «l'abus de droit» dans les pays qui ignorent cette institution? (325–341)
FARNSWORTH ALLAN E.	The Concept of Good Faith in American Law, Rom 1993
FRAGISTAS CH. N.	Der Rechtsmissbrauch nach dem griechischen Zivilgesetzbuch, Festschrift Martin Wolff, Tübingen 1952, 49–66;
GOODE ROY	The Concept of «Good Faith» in English Law, Rom 1992
GUTTERIDGE H.C.	Abuse of Rights, Cambridge Law Journal V (1935) 22–45
KISS ALEXANDRE-CHARLES	L'abus de droit en droit international, Paris 1953
MARKOWITCH MILIVOIÉ	La théorie de l'abus des droits en droit comparé, Diss. Lyon 1936
MEIJERS SUILING	Goude Trouw en stilzwijgende wilsverklaring, in: Medeelingen der Koninklijke Nederlandsche Akademie van Wetenschappen, Deel 84, Serie B, no. 5, Amsterdam 1937, 277–300
NEWMAN RALPH E.	Equity in the World's Legal Systems, Brüssel 1973
ROULET JEAN-DAVID	Le caractère artificiel de la théorie de l'abus de droit en droit international public, Neuenburg 1958
SCHWARZ ANDREAS B.	Das Schweizerische Zivilgesetzbuch in der ausländischen Entwicklung, Zürich 1950
Union Internationale des	Avocats, Justice et Moralité dans les Contrats/Les notions de bonne foi, loyauté et autres concepts similaires ou antinomiques, in: Juriste International, Heft 1, 1994, 50–54.

A. Allgemeines

I. Vorbemerkungen

Ausgehend von den allgemeinen Feststellungen über den «Raum» des Grundsatzes von Treu und Glauben (VB 2/3, N 5 ff. und N 16) wird im folgenden zunächst der Grundgedanke von Art. 2 ZGB dargestellt (N 3–27). Es folgen Ausführungen zum sachlichen und zeitlichen Anwendungsbereich (N 28–41) sowie zu den erforderlichen Abgrenzungen (N 42–57) im inländischen Recht. Internationalprivatrechtliche Anmerkungen folgen im Anschluss an den Hauptteil der Kommentierung, während rechtsvergleichende Hinweise jeweils bei der Behand-

Art. 2

lung der einzelnen hier vorgeschlagenen Fallgruppen (vgl. N 59) eingebaut werden, da «die Einbeziehung von Erkenntnissen fremder Rechte zunächst einmal geeignet ist, den Vorrat an Problemlösungen zu vermehren ... und sich auch aus den Fehlern und Unvollkommenheiten anderer Rechte vielfach reiche Belehrung ziehen lässt» (WERNER LORENZ). Der Vergleich soll vor allem dazu dienen, Problemlösungen des eigenen Rechts im Lichte der entsprechenden Regelungen fremder Rechtsordnungen zu relativieren als nur einen von mehreren theoretisch und auch praktisch gangbaren Wegen zum gleichen Ziel; das eigene Recht soll quasi von aussen betrachtet werden, um es besser zu verstehen. Angesichts des Umfanges der ausländischen Lehre und Rechtsprechung beschränken sich diese Hinweise in der Regel allerdings auf die gesetzlichen Regelungen sowie auf Hinweise auf die Literatur. Nur wo die ausländische Doktrin die schweizerische Rechtspraxis direkt beeinflusst hat, wird näher darauf eingegangen.

Die eigentliche Kommentierung folgt – in der Absicht, vor allem für den Praktiker leichter zugänglich zu sein – dem zeitlichen Ablauf von Rechtsbeziehungen (vgl. VB 2/3, N 9), d.h. es werden (in Anlehnung an BETTI, 27 ff.) Regeln für aufeinanderfolgende (sich aber auch überlappende) Phasen (vgl. N 58/9) unterschieden:

a) grundsätzlich in allen Phasen zu beachtende Regeln

b) die Phase vor dem Entstehen einer «rechtlichen Sonderbeziehung» bzw. Fälle ausserhalb einer solchen Beziehung

c) die Phase des Bestehens einer Rechtsbeziehung mit Wirkungen und Nebenwirkungen

d) die Phase der Beendigung einer Beziehung und der Nachwirkungen sowie

e) die «pathologische» Phase des Streites.

II. Grundlagen

1. Art. 2 ZGB als Grundschutznorm/Schutzbereich

3   Der **Grundgedanke** von Art. 2 ZGB ist, den zwischenmenschlichen Verkehr – soweit er rechtlicher Interpretation bedarf – auf die ethischen Werte der Redlichkeit, Loyalität (vgl. Y. PICOT) und Korrektheit (vgl. Art. 1175 des italienischen Code Civil) zu verpflichten (vgl. VB 2/3, N 16). Das Bundesgericht hat seit Inkrafttreten des ZGB keinen Zweifel daran gelassen, dass es sich bei Art. 2 um

eine «um der öffentlichen Ordnung und Sittlichkeit willen» aufgestellte Bestimmung (i.S. von Art. 2 SchlT ZGB) handelt (BGE 38 II 463; 40 II 344; vgl. auch ZELLER, 235 ff.).

Diese Zielsetzung hat zudem eindeutig eine soziale Komponente (vgl. VB 2/3, N 41 und unten, N 17): das Vertrauen als unabdingbarer «Sozialkitt» (VB 2/3, N 10) soll im Rechtsverkehr, wo und soweit es berechtigt und rechtlich relevant ist (unten N 6 und 19), geschützt werden. Insbesondere auch die haftpflichtrechtliche Doktrin zählt das Verbot, gegen Treu und Glauben zu handeln, zu den «Grundschutznormen» des menschlichen Zusammenlebens (vgl. KELLER/GABI, Haftpflichtrecht, 2. A., 1988, 39; und K. OFTINGER, Schweiz. Haftpflichtrecht, Allg. Teil, 4. A., 1975, 130; vgl. auch unten bei N 50a).

Als **«Grundschutznorm**, die um der öffentlichen Ordnung und Sittlichkeit willen» ins Gesetz aufgenommen wurde (vgl. N 3), ist das Ziel von Art. 2 zuerst der Schutz des rechtlichen Verkehrs und nur mittelbar – als über das Mittel des Verkehrsschutzes angestrebte Folgewirkung – der Schutz der an diesem Rechtsverkehr beteiligten Personen. Diese Betrachtungsweise löst einige der Schwierigkeiten, die von der herrschenden Doktrin nur unbefriedigend und unter Zuhilfenahme von Ausnahmeregeln und Hilfskonstruktionen gelöst werden können, wie insbesondere die Fragen, ob eine «rechtliche Sonderverbindung» vorausgesetzt werden müsse (dazu unten N 6) und wie eine «Ausuferung» sowohl in Richtung einer «Auflösung des positiven Rechts» als auch in Richtung einer «Gefahr für die Privatautonomie» (unten N 12) verhindert werden könne.

Wie das Gebot des Rechtsfahrens für den Strassenverkehr eine unabdingbare Voraussetzung für dessen Funktionieren und für den Schutz der Verkehrsteilnehmer ist, braucht auch der zwischenmenschliche Verkehr bestimmte Regeln, ohne die er zusammenbrechen müsste. Ein grosser Teil dieser Regeln sind nicht rechtlicher Art sondern Gebote der Ethik, Sitte, Tradition (vgl. N 3).

Artikel 2 ZGB enthält – vergleichbar dem Gebot, rechts zu fahren, Regeln für den Rechtsverkehr, für das rechtlich relevante Verhalten (das Bundesgericht bezeichnet Art. 2 ZGB neuerdings als **«Verhaltensnorm»**: BGE 116 I a 169). Wo Lügen, Nichteinhalten gegebener Versprechen oder beliebig widersprüchliches Verhalten die Regel wäre, müsste der rechtliche Verkehr genauso zusammenbrechen wie der Strassenverkehr, wenn es ins Belieben jedes Verkehrsteilnehmers gestellt würde, auf welcher Strassenseite (rechts, links oder gar in der Mitte) er fahren wollte. Redlichkeit, Loyalität und Korrektheit haben im Rechtsverkehr die gleiche Funktion: ohne Rücksicht darauf wäre kein geordneter rechtlicher Verkehr möglich. Das ist der Grund, weshalb jedermann Rechte und Pflichten nach Treu und Glauben ausüben soll.

Art. 2

6 Gemäss MERZ (N 34) bezieht sich Art. 2 in der Hauptanwendung auf bereits bestehende oder angebahnte Rechtsbeziehungen. Das Bundesgericht hat diesbezüglich erklärt, dass Art. 2 Abs. 1 ZGB «an bereits bestehende Rechte und Pflichten einer Person» anknüpfe, so dass jemand, der «weder nach Vertrag noch nach Gesetz zu einem bestimmten Verhalten verpflichtet ist» ... «höchstens in eng umgrenzten Ausnahmefällen selbständig aus Art. 2 ZGB» direkt haftbar gemacht werden könne (BGE 108 II 311; dagegen aber BGE 116 I a 169, vgl. unten N 50d). Mit dem Zugeständnis von Ausnahmefällen ist aber auch schon zugegeben, dass eben nicht immer eine **«rechtliche Sonderverbindung»** vorausgesetzt werden muss, um Artikel 2 ZGB anzuwenden. Vielmehr genügt es schon, dass sich jemand in rechtlich relevanter Weise verhält, damit Artikel 2 ZGB Anwendung finden kann: wer das «rechtliche Parkett» betritt, hat sich nach den für den Rechtsverkehr geltenden Grundregeln der Redlichkeit, Loyalität und Korrektheit zu verhalten, allein deswegen, weil er sich in diesen Verkehr eingegliedert hat (wie der Strassenbenützer auch).

Dass diese Voraussetzung bei bereits bestehenden Rechtsbeziehungen (der rechtlichen Sonderverbindung im eigentlichen Sinne) immer schon erfüllt ist, versteht sich von selbst. Es ist aber vorzuziehen, die Wendung «rechtliche Sonderverbindung» nur für diese Fälle zu verwenden, sie zur Erfassung des Gesamtspektrums aber durch die neutralere Formulierung **«rechtlich relevante Beziehung»** zu ersetzen. Denn eine Verbindung setzt das Vorbestehen des «Bindungsaktes» immer schon voraus, was für die Anwendung von Artikel 2 ZGB nicht allein entscheidend sein kann (vgl. dazu auch Niederhauser, 52/53 sowie unten N 19). Die rechtliche Relevanz einer Beziehung kann sich dabei sowohl aus der unmittelbaren oder mittelbaren Beziehungsnähe der Parteien als auch aus einem gemeinsamen «funktionalen Objektbezug» ergeben (vgl. dazu HEINZ REY: Rechtliche Sonderverbindungen und Rechtsfortbildung, in: FS für Max Keller, Zürich 1989, 231–243, insbes. 234 ff.); sie ist grundsätzlich immer gegeben bei Teilnahme am Rechtsverkehr.

7 Die Grundfragen, die daher zu stellen sind, lauten

a) Welche Art und Intensität zwischenmenschlicher Beziehungen muss gegeben sein, damit diese rechtlich relevant werden und Art. 2 ZGB angewendet werden kann? Wer nicht (oder nicht pünktlich) zu einem privaten Rendez-Vous erscheint, verscherzt sich möglicherweise die Sympathie seiner Freundin oder seines Freundes, ohne damit Art. 2 ZGB zu verletzen (kein Rechtsverkehr). Wer dagegen einen abgesprochenen Geschäftstermin bewusst versäumt, kann sich u.U. dem Vorwurf treuwidrigen Verhaltens aussetzen.

Art. 2

b) Lassen sich die Gebote der Redlichkeit, Loyalität, Korrektheit als praktikable «Verkehrsregeln» fassen, die auch den Ansprüchen der Wissenschaft zu genügen vermögen?

c) Wie kann verhindert werden, dass die Anwendung von Art. 2 ZGB «ausufert»? (vgl. dazu N 12).

Verwirrung stiftet offensichtlich auch, dass ein «ethisches Minimum» (Merz N 34) ins Spiel gebracht wird, wo sich zunächst nur die Frage stellt, ob rechtlich relevantes Verhalten vorliegt oder nicht (vgl. N 7a). 8

Artikel 2 ZGB fordert keine ethischen Höchstleistungen i.S. von «edler Gesinnung, Grossmuth, Aufopferung, auf welche durchnittlich zu rechnen nie gerathen seyn möchte» (so schon Savigny, System des heutigen römischen Rechts, Berlin 1841, Bd. V, 108), sondern allein die Beachtung der «Verkehrsregeln» der Redlichkeit, Loyalität, Korrektheit.

Art. 2 ZGB ist daher auch **keine Sozialschutznorm,** die generell zum Schutze der jeweils schwächeren Partei herangezogen werden könnte oder sollte. Vielmehr ist das Gegenteil festzustellen, nämlich dass der Grundgedanke von Art. 2 ZGB – Schutz des Rechtsverkehrs – aus sozialpolitischen Überlegungen durchbrochen wird, und dass bewusst von dem nach Treu und Glauben (i.S. des Verkehrsschutzes) Gebotenen abgewichen wird, um Härten gerade aus der Anwendung von Art. 2 ZGB zu mildern (vgl. dazu unten N 13, 104 b, 160, 285, 353, 354, 438, 481, 485).

Artikel 2 ZGB fordert aber auch nicht einmal das Bewusstsein des Einzelnen, sich rechtlich relevant zu verhalten, sondern gilt als **«Verkehrsregel»** unabhängig davon. Tatsächlich dürften diejenigen Beziehungen, bei welchen ausdrückliche übereinstimmende, gegenseitige Willensäusserungen ausgetauscht werden (Art. 1 OR), eine Minderheit darstellen gegenüber den Geschäften, 9

– bei welchen nur stillschweigende oder «konkludente» Äusserungen erfolgen (man bestellt ein Getränk nach, indem man dem Kellner ein Zeichen gibt und auf die leere Flasche hinweist),

– bei welchen einige wesentliche Punkte zwar angesprochen, andere – oft ebenso wesentliche – Regelungen aber unterbleiben,

– bei welchen eine Seite die Bedingungen vorgibt, die von der anderen Partei nur als ganzes akzeptiert werden können (darunter fallen die sogenannten Massenverträge, z.B. mit Banken, Versicherungen aber auch öffentlichen Unternehmen wie Bahn und Post),

– bei welchen nicht einzelne übereinstimmende Einigungen erfolgen, sondern eine Vielzahl von Punkten in einem oft langwierigen Prozess ausgehandelt

Art. 2

werden und Vertragswirkungen schon eintreten können, bevor alle Punkte geklärt sind, weil dies eventuell noch gar nicht möglich ist (man denke an Konsortialverträge über Grossprojekte mit mehreren Parteien),

– bei welchen geänderte oder nicht beachtete Umstände Anlass zu und Bedarf für eine rechtliche Beurteilung schaffen.

10   Schliesslich erklärt der «Verkehrsregelcharakter» von Art. 2 ZGB auch, warum für die geforderte Redlichkeit, Loyalität und Korrektheit (vgl. VB 2/3, N 16) nicht subjektiv Mass genommen werden kann, sondern das geforderte Mass objektiv festgelegt werden muss: Verkehrsregeln müssen für alle gleich gelten, wenn kein Chaos entstehen soll. Es versteht sich von selbst, dass bei der Beurteilung eines Falles (wie des Unfalles im Strassenverkehr) die konkreten Umstände (die Verkehrssituation) zu berücksichtigen sind.

11   Nicht das (Vor-) Bestehen einer «rechtlichen Sonderverbindung» entscheidet darüber, ob Artikel 2 ZGB zur Anwendung gelangt oder nicht, sondern allein, ob ein Verhalten vorliegt, welches von der Rechtsordnung als relevant betrachtet wird: wer am Rechtsverkehr teilnimmt, hat sich an die «Verkehrsregeln» zu halten. An anderer Stelle (N 455) hat auch MERZ diese Ansicht vertreten: «Wer seinen rechtsgeschäftlichen Willen im Rechtsverkehr durch schlüssiges Verhalten äussert oder wer sich ohne rechtsgeschäftlichen Willen im Rechtsverkehr so verhält, dass Dritte in guten Treuen annehmen dürfen, es liege ein rechtsgeschäftlicher Wille vor, muss sich bei der objektiven Bedeutung dieses Verhaltens gemäss Treu und Glauben behaften lassen». Es ist das **Funktionieren des Rechtsverkehrs** selbst, welches durch Artikel 2 ZGB geschützt werden soll.

Als allgemeine «Verkehrsregel» gilt Art. 2 ZGB deshalb nicht nur im Rahmen bestehender Rechtsverhältnisse, sondern beinhaltet auch eine eigenständige Regelung für jene grossen allgemeinen Bereiche des rechtlich relevanten Verhaltens, welche gerade nicht (bzw. noch nicht oder nicht mehr) den Charakter einer «Sonderverbindung» – gesetzlicher oder rechtsgeschäftlicher Natur – aufweisen (vgl. N 6 und N 12).

12   Der in Judikatur und Literatur für diese Fälle eingebürgerte Terminus der rechtlichen Sonderverbindung ist daher abzulehnen, weil er irreführend ist. Wie noch zu zeigen sein wird, ist Art. 2 ZGB insbesondere in drei grossen Fallgruppen zu hervorragender Bedeutung gelangt, in welchen man nicht von einer «Verbindung» und schon gar nicht von einer «besonderen» Verbindung sprechen sollte, nämlich

(a)   im Bereich vor der Entstehung einer rechtsgeschäftlichen Bindung (die erst eigentlich die Bezeichnung «rechtliche Sonderverbindung» verdienen würde), insbesondere im Gebiet der culpa in contrahendo, wo die Verbindung in Realität eben **noch nicht** besteht (unten N 144–210);

(b) im Bereich der sogenannten Nebenpflichten – in der Regel alles Umstände, welche die Parteien eines Rechtsgeschäftes **nicht** beachten, und deren sie sich oft auch nicht bewusst sind (unten N 154–180) sowie

(c) im Bereich, wo die für eine «Sonderverbindung» (im eigentlichen Sinne, vgl. (a) aufgrund einer im Gesetz oder in einer lex contractus geschaffenen Regel wegen wesentlicher Veränderung der tatsächlichen Grundlagen **nicht mehr** angewendet werden kann oder soll, insbesondere im Gebiet der clausula rebus sic stantibus (unten N 443–480).

Es sind also die Fallgruppen der gesetzlich oder vertraglich **«noch nicht, nicht oder nicht mehr»** geregelten Beziehungen, die gleichwohl rechtlich relevant sind und in denen Art. 2 ZGB besonders wichtig ist.

Sein Verkehrsregel-Charakter ist der Grund, warum die vor allem in der früheren Literatur (STÄHELIN, MARTIN) geäusserten Bedenken, Artikel 2 ZGB führe «ins Uferlose», zum Ende «des Ernstes und der Hoheit von Gesetz und lex contractus» (STÄHELIN, 24) nicht begründet waren und die befürchteten Folgen nicht eingetroffen sind. Das Gegenteil ist richtig: Artikel 2 ZGB stellt Regeln auf, die für das Funktionieren eines freiheitlichen (Privat-) Rechts unabdingbar sind. Und zwar gilt das nicht nur für Gesetz und lex contractus, sondern auch für das rechtlich relevante Verhalten vor, neben und nach einer solchen Regelung. Die Privatautonomie ist nicht durch die Regeln von Art. 2 ZGB bedroht (vgl. MERZ N 32), sondern setzt diese für ihren Bestand geradezu voraus. Artikel 2 zielt auf einen funktionierenden Rechtsverkehr. Die Grundsätze von Treu und Glauben dienen diesem Ziel nur dann, wenn sie als objektive Verkehrsregeln, ja als allgemeine Verhaltens- und Beurteilungsnormen (vgl. dazu unten N 14 a) verstanden werden, deren Zweck es gerade nicht ist, durch extreme Subjektivierung behaupteter oder tatsächlicher Rechte und Pflichten den Rechtsverkehr zu gefährden, sondern ihn überhaupt zu ermöglichen und indirekt damit alle seine Teilnehmer zu schützen. Und zwar hat dieser Schutz im Rahmen des geltenden Rechts zu erfolgen, denn «… la référence au principe de la bonne foi ne permet pas au juge d'introduire dans le droit toutes sortes de postulats d'éthique sociale que de législateur n'a pas voulu y insérer» (BGE 107 Ia 211), bzw. «L'interdiction de l'abus de droit ne doit pas conduire à faire triompher n'importe quelle finalité de politique juristique» (BGE 111 II 112; vgl. auch 108 II 166).

13

Art. 2

2. Zur Verwirklichung der Schutzfunktion

14 Diese Schutzfunktion (vgl. N 13) gelangt nun auf dreifache Weise zum Ausdruck:

(a) Das Gebot an jedermann, sich redlich, loyal und korrekt zu verhalten, richtet sich zunächst sowohl an den Vertrauenden («blindes» Vertrauen wird nicht geschützt, dazu unten N 158–160), als auch an den Adressaten dieses Vertrauens, den Vertrauensträger. Insofern ist Art. 2 Abs. 1 ZGB eine **allgemeine Verhaltensnorm** (vgl. BGE 116 Ia 169).

Diese richtet sich aber darüber hinaus auch an den Richter, den Rechtsstab: «… er (der Richter) hat der Beurteilung der dem Prozesse vorausgegangenen Handlungen und des Inhalts der im Prozess stehenden Rechtsverhältnisse die Sätze von Treu und Glauben zugrunde zu legen» (Tuor/Schnyder/Schmid, 48 unter Hinweis auf BGE 38 II 462/3; vgl. auch VB 2/3, N 48 a.E.). In diesem Sinne ist Art. 2 ZGB eine «Ermächtigungsnorm» (vgl. Merz, N 30/31) und keine Sachnorm (vgl. unten N 20). Statt «Ermächtigungsnorm» (Merz) oder «Rechtsanwendungsnorm» (so die frühere Bundesgerichtspraxis: BGE 44 II 445; 83 II 349) kann Absatz 1 von Art. 2 ZGB also auch als **Beurteilungsnorm** gesehen werden, sofern der betroffene Adressat der Rechtsstab (und nicht der Vertrauende oder der Vertrauensträger) ist. Inhalt dieser Beurteilungsnorm ist die Anweisung an den Rechtsstab (Richter), wie er den rechtlichen Verkehr – gleichsam wie ein Polizist auf der Kreuzung (vgl. oben N 5) – i.S. von Treu und Glauben zu regeln hat, sofern keine anderen anwendbaren Regeln bestehen (vgl. unten N 68).

Daraus wird auch sofort ersichtlich, warum aus Absatz 1 von Artikel 2 ZGB keine direkt vollstreckbare Entscheidungsregelung zu entnehmen ist: Verhaltens- wie Beurteilungsnormen entscheiden keine Sachfragen.

(b) Bezüglich Absatz 2 von Art. 2 ZGB präsentiert sich die Ausgangslage anders: Dieser Norm liegt eine nur ethisch zu begründende Differenzierung zwischen dem bloss äusseren, formellen und dem «richtigeren» materiellen Recht zugrunde, die sich schon bei Aristoteles (Nikomachische Ethik, 5.14) findet. Auch Eugen Huber (Recht und Rechtsverwirklichung, 140) warnte vor der Ansicht, «die formale Rechtsordnung (sei) überhaupt an sich etwas Gutes. Die rechtliche Ordnung ist immer nur ein äusserer Zwang oder eine Form, und gut ist sie erst, wenn sie auch wirklich das Gute herstellt und schützt.» Dass der formalen Rechtsordnung – nur schon um ihrer Beständigkeit (Rechtssicherheit) willen – ein eigener Wert zukommt, wird dadurch zum Ausdruck gebracht, dass nur dem **offenbaren** Rechtsmissbrauch der rechtliche Schutz verwehrt wird. «Die Bestimmung soll für die Fälle als eine Art von Notausgang dienen, wo durch die Betätigung eines behaupteten Rechtes offenbares Unrecht geschaffen und dem wirklichen Recht jeder Weg zur Anerkennung verschlossen würde» (Botschaft, S. 14). TUOR/ SCHNYDER/SCHMID (53) bezeichnen Art. 2 Abs. 2 ZGB sogar als «Notbremse». Damit ist auch schon zum Ausdruck gebracht, dass die Anwendung der Rechtsmissbrauchsregel immer die absolute **Ausnahme** darstellt, deren Berechtigung in jedem einzelnen (Not-) Fall geprüft werden muss. Sie ist insbesondere abzuwägen gegen den Wert des formalen Rechtes unter dem Gesichtspunkt der Rechtssicherheit. Erst und nur wenn die formell-korrekte Rechtsanwendung (vgl. oben a) zu einem Ergebnis führt, das materiell offensichtlich gegen das aus ethischer Sicht «richtigere» Recht verstösst, darf der «Notausgang» von Absatz 2 von Artikel 2 ZGB benützt werden (vgl. unten N 230 ff., insbes. N 236). Aus dieser Sicht erscheint auch Absatz 2 von Artikel 2 ZGB als Beurteilungsnorm (vgl. oben a), d.h. als Anweisung an den Rechtsstab, den Rechtsmissbrauch im konkreten Fall nicht zu schützen (vgl. BGE 105 II 42) wie auch als Sachnorm, welche den Fall durch Verweigerung des Rechtsschutzes (materiell) entscheidet.

(c) Schliesslich ist Artikel 2 ZGB in der Praxis auch die Basis für die Regelung des Rechtsverkehrs im breiten Feld zwischen Delikts- und Vertragshaftung geworden, d.h. für diejenigen Fälle wo (noch) keine klare – gesetzliche oder rechtsgeschäftliche – Grundlage besteht (wie z.B. bei culpa in contrahendo oder den sogenannten Nebenpflichten), bzw. wo eine bestehende Regelung wegen Änderung der faktischen Verhältnisse nachträglich obsolet geworden ist (clausula rebus sic stantibus). Gerade in diesen Übergangssituationen des «noch nicht», «nicht» oder «nicht mehr» ist eine möglichst sichere Grundlage besonders gefragt. Die dogmatische Dichotomie zwischen Deliktshaftung und Vertragshaftung («tertium non datur») verkennt, dass es eben doch ein Drittes gibt: das Gebiet des Nicht-Deliktes und der Noch-nicht-Vertragsverletzung.

In und für diese Bereiche ist Art. 2 ZGB eine **eigenständige Sachnorm** für die Regelung des rechtlich relevanten Verhaltens ausserhalb von rechtsgeschäftlichen oder gesetzlichen Bindungen. Der Bedarf für eine derartige Sachnorm für das «noch nicht, nicht, nicht mehr rechtlich Geregelte» hängt wohl damit zusammen, dass das Zusammenleben schneller, vielfältiger und komplexer geworden ist (vgl. VB 2/3, N 10/11). Daraus entstehen immer häufiger rechtlich relevante Beziehungen vor, neben und nach förmlichen Bindungsakten, wofür bei traditioneller («traditio» als gutes Beispiel) Rechtsgestaltung kaum Raum bestanden hat. Systematisch wäre eine solche Sachnorm wohl besser im allgemeinen Teil des Obligationenrechtes anzu-

Art. 2

siedeln. Da sie dort fehlt, ist Art. 2 ZGB diese immer wichtigere Rolle zugefallen.

(d) So wie die (Strassen-) Verkehrsregel zugleich das Verhalten der Verkehrsteilnehmer regelt und dem Polizisten Anleitung gibt, wie er bei der Verkehrsregelung zu verfahren habe, entscheidet sie als Sachnorm schliesslich auch über Recht und Unrecht. Eben diese drei Funktionen erfüllt Art. 2 ZGB für den rechtlichen Verkehr.

15 Geht man von dieser dreifachen Schutzfunktion von Art. 2 ZGB aus, lässt sich sein Anwendungsbereich wie folgt darstellen:

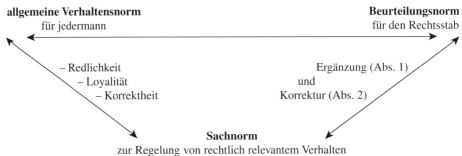

– im Bereich *noch nicht* gefestigter, aber rechtlich relevanter Beziehungen
– bezüglich *nicht* geregelter Fragen (Nebenpflichten) im Rahmen eines bestehenden Rechtsverhältnisses
– bei *nicht mehr* geltenden rechtlichen Regelungen, die wegen Änderung der tatsächlichen Verhältnisse obsolet geworden sind.

3. Regelbildung und Konkretisierung

16 In den Vorbemerkungen (VB 2/3, N 10–14) wurde bereits auf die Schwierigkeit (und die Ursachen dafür) hingewiesen, die unter das Prinzip von Treu und Glauben fallenden Tatbestände positiv zu formulieren. Bezeichnenderweise sind in den Registern der Bundesgerichtsentscheidungen die weitaus meisten Urteile mit «nicht rechtsmissbräuchlich ist ...» angeführt. Recht, das den Anforderungen der Rechtssicherheit, sowohl hinsichtlich der Voraussehbar- und Voraussagbarkeit wie auch der Vermeidung von Willkür genügen will, muss jedoch so weit als möglich konkretisiert und positiv formuliert werden.

Methodisch wird «das Prinzip aus seinen Konkretisierungen, und diese werden aus ihrer sinnhaften Verbindung in dem Prinzip deutlich gemacht» (KARL LARENZ, Methodenlehre der Rechtswissenschaft, 6. A., Berlin 1991, 475), wobei «der gedankliche Prozess nicht nur in einer Richtung, sondern gegenläufig erfolgt, nämlich einmal von den allgemeinen Rechtsgedanken zu den nach ihm beurteilten Fällen hin und zum andern von diesen über als typisch anerkannte Fälle und speziellere Rechtsgedanken zu dem allgemeinen Prinzip zurück» (LARENZ, a.a.O., 292).

Dementsprechend hat die Praxis im Bereich von Treu und Glauben eine Reihe typischer Fallgruppen (vgl. N 59) bzw. Regeln herausgearbeitet, in denen Konkretisierungen des Prinzips vorgenommen wurden, die sich als «Werkzeuge» für die Lösung neuer Fälle verwenden lassen, ohne dass sie jedoch als «Axiome» missverstanden werden dürften (vgl. MEIER-HAYOZ, N 411 zu Art. 1 ZGB; MERZ, N 45). In diesem Sinne sind diese bestehenden Regeln bei der Lösung konkreter Fälle immer zu berücksichtigen, zugleich aber an ihren Ergebnissen in der Anwendung zu überprüfen: «Das Urteil ist nicht nur Fallentscheidung, sondern auch Rechtsfortbildung» (MERZ, N 46; vgl. auch LARENZ, a.a.O., 421 ff.). Der Inhalt von Art. 2 ZGB ergibt sich also nicht aus einer abschliessenden Definition, sondern allein aus dem offenen, nicht abschliessend festzulegenden Anwendungsbereich. In Anlehnung an Wittgenstein (Philosophische Untersuchungen, Nr. 43) soll die Formulierung gewagt werden, «der Inhalt von Art. 2 ZGB ist seine Anwendung im Recht» (auf die rechtlich relevanten Beziehungen), wobei – der Warnung Wittgensteins eingedenk – gleich hinzuzufügen ist, dass damit nicht – oder besser nie – alle Fälle erfasst sind.

Als Leitlinie für die erforderliche Konkretisierung wird wiederum von negativen Abgrenzungen (vgl. N 16) ausgegangen: «Zweckwidrigkeit und Interesselosigkeit der Rechtsausübung werden in Doktrin und Praxis als massgebende Kriterien des gegen Treu und Glauben verstossenden und vor allem des rechtsmissbräuchlichen Handelns angesehen» (MERZ, N 50; vgl. auch DESCHENAUX, 151; EGGER, 20/21). Dabei wird unterschieden zwischen der Zweckbezogenheit von unmittelbar auf dem Gesetz beruhenden (nachstehend N 18) und von rechtsgeschäftlich begründeten (nachstehend N 19) Rechten (DESCHENAUX 151/2; MERZ, N 56). Zur Konkretisierung der Zweckwidrigkeit vgl. unten N 323 ff.

17

Bei den unmittelbar aus gesetzlicher Vorschrift hervorgehenden Berechtigungen «kann ein objektiver Zweck vorausgesetzt und somit auf ihn zurückgegriffen werden» (MERZ, N 56). Die «Zweckmässigkeit» der Sachnorm kann allerdings im Widerspruch zum Prinzip von Treu und Glauben selber stehen, womit man auch hier nicht um die Lösung des Konfliktes herumkommt, der zwischen der formellen, aber «falschen» Sachnorm und dem «richtigeren» Recht, wie es sich aus dem Prinzip von Treu und Glauben ergibt, besteht (vgl. oben N 14 b). Kaum Beachtung findet in der Literatur das personale Element: Ist bei der Konkretisierung anhand des Zweckgedankens vom «objektiven» Zweck auszugehen

18

Art. 2

(wie von Lehre und Rechtsprechung entwickelt) oder vom Zweck wie er «objektivierend» vom durchschnittlichen Rechtsbetroffenen verstanden wird? Die Antwort muss – aus Gründen der Rechtssicherheit – zu Gunsten des «objektiven, wahren» Zweckes ausfallen (so wohl auch DESCHENAUX, 151), so sehr sich daraus ein recht grosses Spannungsverhältnis zum Zweckverständnis des Durchschnittbürgers ergeben kann, zumal es mit der Rechtskenntnis in der Bevölkerung nicht zum besten bestellt ist (vgl. dazu VB 2/3, N 28). Damit entfaltet die zweckbezogene und zweckgebundene Konkretisierung des Prinzips von Treu und Glauben im Bereich der unmittelbar auf dem Gesetz beruhenden Rechte aber tatsächlich einen «sozialisierenden» Effekt (vgl. dazu MERZ N 60), und zwar in der Hinsicht, dass es nicht um «die Treue und um den Glauben (geht), welche die am Rechtsverhältnis Beteiligten sich schulden (wobei dieses Rechtsverhältnis auch dem öffentlichen Recht angehören kann)» (MERZ, N 60), sondern um die Treue und um den Glauben, wie es das «objektiv» richtig konkretisierte Prinzip im Interesse des Funktionierens des Rechtsverkehrs erfordert, unabhängig davon, welche Treue die am Rechtsverhältnis Beteiligten sich zu schulden glauben und «in guten Treuen» (d.h. aufgrund ihrer begrenzten, möglicherweise falschen Rechtskenntnisse) annehmen.

19 Nur im Bereich der rechtsgeschäftlich begründeten Rechte gilt «die subjektivistische Perspektive» (DESCHENAUX, 151), dass der Zweck so zu konkretisieren ist, wie ihn die Beteiligten aufgefasst haben, wenn und soweit sich dieser überhaupt feststellen lässt.

Allerdings darf nicht übersehen werden, dass heute die wenigsten Rechtsbeziehungen entweder allein und unmittelbar auf dem Gesetz beruhen oder aber vollumfänglich rechtsgeschäftlich begründet sind. Realität ist die «Mixtur» von beidem, entweder durch ausdrückliche oder nur stillschweigende Verweisung auf unmittelbar auf dem Gesetz beruhende Rechte. Selbst die wegen ihrer (gezielten) Abweichungen vom Gesetz berüchtigten Allgemeinen Geschäftsbedingungen (AGB) kommen oft nicht ohne umfangreiche Verweisungen auf «sich unmittelbar aus dem Gesetz ergebende Rechte» aus. In der gleichen Richtung wirkt selbstverständlich auch die zunehmende Regelungsdichte (vgl. auch oben N 9).

4. Regelungsbereich und Abgrenzung von Absatz 1 und Absatz 2 von Art. 2 ZGB

20 Im Randtitel zu den Art. 2 bis 4 ZGB wird der «Inhalt der Rechtsverhältnisse» als Regelungsbereich dieser Artikel genannt, woraus sich eine prinzipielle Unterordnung des Prinzips von Treu und Glauben unter die jeweilige Sachnorm herleiten

lässt, die sich auch schon aus der Qualifikation von Art. 2 Abs. 1 ZGB als Verhaltens- und Beurteilungsnorm (oben N 14 a und b) ergibt (zum «Sachnormcharakter» von Art. 2 ZGB vgl. oben N 14 c). Zum Regelungsbereich gehört aber auch die Entstehung von Rechtsverhältnissen (vgl. DESCHENAUX, 148, Fn 23), denn Art. 2 gilt «für jedes rechtsgeschäftliche Deutung heischende Verhalten» (MERZ, N 18 sowie oben N 6) und damit eben insbesondere auch für das noch nicht, nicht oder nicht mehr unter eine rechtsgeschäftliche oder andere gesetzliche Regelung fallende rechtlich relevante Verhalten (vgl. oben N 14 c und 15).

Mit MERZ (N 22 ff.) und DESCHENAUX (147/8) sind verschiedene Funktionen der Absätze 1 und 2 von Art. 2 ZGB zu unterscheiden: während der erste Absatz eine doppelte «interpretative und ergänzende» (DESCHENAUX, 147) Funktion erfüllt, hat Absatz 2 «eine korrigierende Aufgabe» (DESCHENAUX, 148). Diese zurückhaltendere Formulierung ist derjenigen von MERZ (N 25) vorzuziehen, welcher hier von einer «normberichtigenden Funktion des Rechtsmissbrauchsverbotes» spricht. Denn es ist daran zu erinnern, dass das Rechtsmissbrauchsverbot als einzelfallbezogene «Notbremse» (vgl. oben N 14 b) gesehen werden muss, die primär nicht zur Berichtigung einer Norm, sondern zur – wiederum fallbezogenen – Einschränkung von deren Anwendung führt: Regeldurchbrechung ist nicht notwendigerweise schon Regelberichtigung. «Art. 2 Abs. 2 ZGB setzt die Bestimmungen des Zivilrechts nicht allgemein für bestimmte Arten von Fällen ausser Kraft, sondern weist den Richter bloss an, besonderen Umständen des einzelnen Falles Rechnung zu tragen» (BGE 121 III 63 und 111 II 243 mit Hinweis). 21

MERZ selber (N 26) stellt dementsprechend auch fest, dass «die unter Berufung auf Art. 2 ergangenen Sachentscheide sodann die häufig hervorgehobene Tendenz der Gerichte bestätigen, materielle Korrekturen durchzuführen, die noch im Rahmen der Gesetzesanwendung oder der Lückenfüllung bleiben.» Erst wenn in einer Mehrzahl von Fällen immer wieder die gleichen Anwendungsprobleme auftreten würden, könnten im Wege der Regelbildung eigentliche Gesetzesberichtigungen erfolgen. Die «normberichtigende» Funktion von Art. 2 Abs. 2 ZGB wäre daher erst als sekundär, die einzelfall-korrigierende dagegen als primär zu qualifizieren.

Absatz 2 von Art. 2 ZGB gestattet «normberichtigende» Eingriffe nur dort, wo weder auf dem Wege der Auslegung und Ergänzung (im Sinne von Abs. 1 von Art. 2 ZGB) noch mit der blossen Korrektur im Einzelfall ein befriedigendes Ergebnis gefunden werden kann, weil tatsächlich ein im Wege der Regelbildung zu berichtigender Mangel einer Norm vorliegt. Mit MERZ (N 24) ist die Auffassung abzulehnen, «dass die blosse Bezugnahme auf den Grundsatz von Treu und Glauben auch den normberichtigenden Eingriff rechtfertige», wie dies aus einem

Art. 2

– in der Praxis allerdings nie beachteten (vgl. MERZ, N 23; ENGEL, 129) – Dictum des Bundesgerichtes entnommen werden könnte: «Zweck dieser Bestimmung (Abs. 2 von Art. 2 ZGB) ist, die formelle Gültigkeit positiver Rechtssätze zu beschränken oder aufzuheben, wo immer der Richter das im Interesse der materiellen Gerechtigkeit als geboten erachtet» (BGE 72 II 42). Wie noch zu zeigen sein wird, kommt es gelegentlich gleichwohl zur Regelbildung, die auf Art. 2 ZGB abgestützt wird (unten N 244).

22   Abs. 1 von Art. 2 ZGB ist nicht nur eine Verhaltensnorm für jedermann, sondern eben auch eine Beurteilungsnorm, die sich insbesondere an den Richter wendet (vgl. N 13 und N 14 a). Das erklärt auch, warum Absatz 1 von Art. 2 ZGB im Bereich bereits bestehender Rechtsverhältnisse nicht direkt vollstreckbar ist, sondern der Konkretisierung bedarf oder anders ausgedrückt – die Anwendung der Werte Redlichkeit, Loyalität und Korrektheit als «Verfahrensmaximen» für die Lösung des konkreten Rechtsfalles erfordert. So gesehen ist es auch nicht zweckmässig, Art. 2 Abs. 1 ZGB als «lex imperfecta» (ZELLER 237/8, 304/5) zu bezeichnen. Verfahrensnormen zielen nie direkt auf die Entscheidung eines materiellen Problems.

Demgegenüber enthält Absatz 2 von Art. 2 ZGB eine Beurteilungsnorm, die zugleich eine Sachnorm in Form einer klaren Verbotsnorm ist, die direkt angewendet werden kann (vgl. oben N 14 b). Sie gewährt dem von einem Rechtsmissbrauch Betroffenen grundsätzlich den Anspruch auf Behebung der Folgen rechtsmissbräuchlichen Verhaltens und – wo dies nicht mehr möglich ist –, einen Anspruch auf Schadenersatz (vgl. DESCHENAUX, 155; TUOR/SCHNYDER/SCHMID 56). ZELLER (399 f.) spricht dem Rechtsmissbrauchsverbot eine «beschränkte selbständige Justiziabilität» zu, wobei er allerdings Voraussetzungen und Wirkungen des Rechtsmissbrauches vermengt: richtig ist, dass das Rechtsmissbrauchsprinzip «von den Parteien oft zu Unrecht, quasi als «Mädchen für alles» angerufen» wird (Gmür N 14 b zu ZGB 2). Die «Beschränkung» liegt jedoch im Anwendungsbereich und nicht in der Vollstreckbarkeit in den Fällen, wo das Prinzip als anwendbar erkannt wird.

23   (a) Das Verhältnis von Absatz 1 zu Absatz 2 von Artikel 2 ZGB ist also nicht vollkommen spiegelbildlich (vgl. aber RIEMER, 79 sowie BGE 104 II 101), das zweite nicht einfach die Umkehrung des ersten in Verbotsform, sondern lässt sich graphisch wie folgt darstellen:

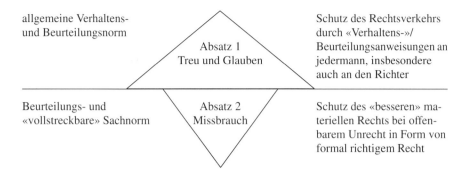

Als allgemeines Handlungsgebot gilt die Wahrung von Treu und Glauben gemäss Absatz 1 von Art. 2 ZGB für jedermann, immer und überall, während der Spezialfall, der die Anwendung der Missbrauchsregel rechtfertigt, spiegelbildlich korreliert sein kann (aber nicht notwendigerweise muss), wenn nämlich ein Verhalten wider Treu und Glauben auch die zusätzliche Qualifikation des offenbaren Rechtsmissbrauches erfüllt.

(b) Wo im konkreten Fall statt blosser Auslegung (nach Absatz 1) ein korrigierender Eingriff (nach Absatz 2) zu erfolgen hat, ist jeweils eine Frage der Intensität der Treuwidrigkeit unter den fallspezifischen Umständen. «Die Trennungslinie zwischen auslegungsmässiger und auf Art. 2 Abs. 1 ZGB gestützter Beschränkung der Rechtsausübung und der Korrektur eines durch Auslegung nicht formbaren klaren Rechtes bei offenbarem Rechtsmissbrauch gemäss Art. 2 Abs. 2 ZGB» geht «mitten durch alle Fallgruppen» (MERZ, N 540), oder – in der Formulierung des Bundesgerichtes: «La mise en oeuvre des règles de la bonne foi découlant de l'art. 2 al. 1 CC ne peut pas toujours se distinguer nettement de la sanction de l'abus de droit au sens de l'art. 2 al, 2 CC» (BGE 113 II 211).

Versteht man Art. 2 ZGB aber für die Bereiche ausserhalb (vor, neben, nach) gesetzlicher oder rechtsgeschäftlicher Regelungen als Sachnorm (vgl. oben N 14 c und 15), lässt sich auch die Frage befriedigend lösen, ob eine Treu und Glauben verletzende Schädigung widerrechtlich sei (vgl. KELLER, recht 1987, 136/7): Die bei KELLER angeführten Beispiele, in welchen die Verletzung von Treu und Glauben als widerrechtlich bezeichnet wurde, fallen genau in den von Art. 2 ZGB als Sachnorm geregelten Bereich der ausservertraglichen Regelung (Vertragsverhandlungsverhältnis oder Auskunfterteilung) oder Nebenpflichten (Inverkehrbringen von Schriftstücken). Hier ist der Verstoss gegen Treu und Glauben tatsächlich widerrechtlich und somit haftungsbegründend.

Art. 2

25   Wie noch zu zeigen sein wird, führt diese Betrachtungsweise von Art. 2 ZGB als Sachnorm auch in einer anderen strittigen Frage weiter, nämlich jener, ob die Folgen von culpa in contrahendo (der Hauptfall der Verletzung von Treu und Glauben ausserhalb einer schon fixierten Bindung) nach den Regeln des Vertragsrechtes oder nach jenen des Deliktsrechtes zu beurteilen seien.

Bei SCHÖNENBERGER/JÄGGI (N 592 zu Art. 1 OR) heisst es diesbezüglich: «Die Streitfrage ist unrichtig gestellt: In Wirklichkeit braucht die Rechtsnatur nicht ermittelt zu werden; denn allgemein ist es im Bereich jener Schadenersatzpflichten, die (wie die Ersatzpflicht aus culpa in contrahendo) unabhängig vom Willen des Pflichtigen entstehen, nicht sinnvoll, zwischen vertraglichen und ausservertraglichen Pflichten zu unterscheiden. Zu beantworten ist gar nicht die Frage nach der Rechtsnatur, sondern einzig die (mit der Feststellung einer bestimmten «Natur» nicht gelöste) Frage, welchen Modalitäten mit Bezug auf Voraussetzung und Inhalt eine Schadenersatzforderung aus einem Verhandlungsverhältnis untersteht». Leider fehlt eine Begründung dafür, warum auf eine Lösung der Frage nach der Rechtsnatur verzichtet werden kann.

BUCHER (AT 253/4) geht davon aus, dass bei der culpa in contrahendo «ein Haftungstatbestand eigener Art vorliegt, der seine Grundlage in ZGB 2 findet und richtigerweise auch eigenen Gesetzmässigkeiten zu unterwerfen ist». Dem ist zuzustimmen. Allerdings fehlt bei BUCHER die Begründung dafür, warum «eine grundsätzliche Betrachtung» zu diesem Ergebnis führt. Die Begründung ergibt sich aus der Rechtsnatur von Art. 2 ZGB als Sachnorm, bezüglich der Fälle der noch nicht, nicht, nicht mehr gesetzlichen oder rechtsgeschäftlichen Regelungen (vgl. oben N 14 c). In all diesen Fällen ist die Rechtslage in der Schwebe und muss einer Lösung zugeführt werden, wenn die Rechtsunsicherheit beseitigt werden soll. Die Beurteilungsnorm (für bestehende Rechtsverhältnisse, vgl. oben N 14 c) von Art. 2 ZGB wird in diesem Schwebezustand zugleich zur Sachnorm und Basis einer eigenständigen Vertrauenshaftung, da weder das Delikts- noch die Vertragshaftung für diese Tatbestände angemessen sind.

Die «Gesetzmässigkeiten» (BUCHER) oder «Modalitäten» (SCHÖNENBERGER/JÄGGI) dieser Vertrauenshaftung sind bei der Behandlung der erwähnten Fallgruppen des noch nicht, nicht oder nicht mehr durch Rechtsgeschäft oder andere gesetzliche Bestimmungen (ausser Art. 2 ZGB) geregelten aber gleichwohl rechtlich relevanten Verhaltens darzustellen (unten N 105 ff.).

5. Zur «Subsidiarität» von Art. 2 ZGB

Zu beachten ist, dass das Prinzip von Treu und Glauben primär ein ergänzendes Korrektiv ist: es gilt im Rahmen bestehender Rechtsbeziehungen, der allerdings nicht zu eng zu verstehen ist und keineswegs nur Sonderverbindungen umfasst. «Was Art. 2 ZGB ausspricht, ist ein Grundsatz allgemeinster Art, ein Leitstern der Gesetzesanwendung überhaupt, eine Schranke aller Rechtsausübung, also eine zu den die einzelnen Rechtsverhältnisse betreffenden Normen hinzutretende, sie ergänzende und ihre Anwendung mitbestimmende, aus ethischer Betrachtung geschöpfte Grundregel» (BGE 83 II 348/9).

26

Der Rahmen, innerhalb dessen das Prinzip zur Anwendung gelangt, wird anderweitig – nämlich bei den einzelnen – gesetzlichen oder rechtsgeschäftlichen – Sachnormen (vgl. Merz, N 47) – gesetzt, kann aber – wo er lückenhaft oder auslegungsbedürftig ist – durch das Prinzip von Treu und Glauben quasi «von innen her» ergänzt werden. Die Grenzen der Anwendbarkeit des Prinzipes sind unterschiedlich, je nachdem, in welcher Phase einer Rechtsbeziehung (vgl. dazu oben N 2 und unten N 59 ff.) es angerufen wird.

Die Funktion von Treu und Glauben (i.S. von Absatz 1 von Art. 2 ZGB) kann somit vorläufig skizziert werden als die Verpflichtung der Rechtsgenossen, im Rechtsverkehr nach den bereits erwähnten Werten der Redlichkeit, Loyalität, Korrektheit zu verfahren, zum Schutze des für das Zusammenleben unabdingbaren «Sozialkitts» (vgl. VB 2/3, N 10). Dazu kommt ein besonderer korrigierender «Notbehelf» für diejenigen Fälle, in denen formales Recht zu materiell krassem Unrecht führen würde (vgl. N 27).

Der Rechtsbehelf des Absatz 2 von Art. 2 ZGB ist somit eindeutig subsidiär, es handelt sich um «eine ultima ratio, die anzugehen erst nach der Erschöpfung aller Hilfsmittel der Auslegung und Lückenfüllung praeter legem möglich ist» (Deschenaux 154; vgl. auch Merz, N 49 und 104; Zeller 302/401).

27

Dagegen ist Absatz 1 von Art. 2 ZGB in dem Sinne nicht subsidiär (so auch Deschenaux 153/4), als er keinen irgendwie nachgeordneten Rechtsbehelf, sondern ein stets simultan in aller rechtlichen Tätigkeit zu beachtendes Prinzip für das Verhalten im Rechtsverkehr enthält.

III. Anwendungsbereich

Aus dieser Sicht ist es auch ohne weiteres verständlich, warum der Grundsatz von Treu und Glauben nicht auf das Zivilgesetzbuch (und damit auch den Be-

28

Art. 2

reich des Obligationenrechts; vgl. BGE 72 II 42) – wo er eine formelle Regelung erfahren hat – beschränkt werden kann (vgl. nachstehend N 29–31).

Auch das Prozess- und Zwangsvollstreckungsrecht sowie das gesamte öffentliche Recht – gleich welcher Art und Stufe – benötigen «Verkehrsregeln» für das Verhalten im Rechtsverkehr (vgl. 32–36), damit sie funktionieren können (vgl. VB 2/3, N 10 und 11). Und zudem wäre nicht einzusehen, dass in einer demokratischen Gesellschaft nicht auch die öffentlichen Instanzen an die erwähnten Werte der Redlichkeit, Loyalität und Korrektheit im Rechtsverkehr gebunden sein sollten.

29   Dass das Prinzip von Art. 2 ZGB für das **gesamte Privatrecht des Bundes** gilt, ist in Lehre und Rechtssprechung zu Recht unbestritten (vgl. DESCHENAUX 158; EGGER N 8 zu Art. 2 ZGB; MERZ N 63; ZELLER 211; BGE, 45 II 398).

30   Abzulehnen, weil im Widerspruch zur Anwendbarkeit im gesamten Bundesprivatrecht (vgl. N 29 sowie MERZ, N 63), ist daher wohl die Annahme von MERZ (N 34 a.E.), dass Treu und Glauben «gemäss Art. 1 UWG eine weitere, dem allgemeinen Sittenverstoss entsprechende Bedeutung (habe) und nicht mit Art. 2 ZGB in Verbindung zu bringen (ist)». Dagegen schon BGE 83 II 162: «Im Gegensatz zu Art. 48 OR knüpft also das neue Recht (das UWG von 1943) nicht mehr an die Vorschriften über den Persönlichkeitsschutz an, sondern an Art. 2 ZGB ...».

Die rechtlich relevante Beziehung, die im Bereich des **UWG** den Ausschlag für die Anwendung von Treu und Glauben gibt, ist die Teilnahme am gleichen Markt. Dass man zwischen Konkurrenten nicht von einer «Sonderverbindung» sprechen sollte, ist offensichtlich; ebenso offensichtlich ist aber, dass diese Formulierung mit dazu beigetragen hat, den Blick auf den massgeblichen Zusammenhang zu verstellen: auch die für den Markt geltenden rechtlichen Regeln können nur dann funktionieren, wenn die Teilnehmer grundlegende «Verkehrsregeln» beachten.

Welche Konkretisierungen sich daraus für Treu und Glauben im Bereich des UWG ergeben, ist jeweils «mittels sachgerechter Spezifizierung» (ZELLER 297/8) näher zu untersuchen. Für die Anwendung von Art. 2 ZGB auf Art. 1 UWG vgl. auch Germann, in: Aequitas und Bona Fides, 71 ff.; E. MARTIN-ACHARD, La notion de concurrence déloyale, JdT 1977 I 34 ff.; NIEDERHAUSER, 50 ff.; Alois TROLLER, Immaterialgüterrecht, 3. A., 1985, Bd II 919 ff., insbes. 922; Botschaft zum UWG vom 19. Dezember 1986 (BBl. 1983 II, 1042); LUCAS DAVID: Schweizerisches Wettbewerbsrecht, 2. A. 1988, N 55–58; MARIO M. PEDRAZZINI: La bonne foi en droit de la concurrence, in: Abus de droit et bonne foi 181–190, sowie BGE 107 II 282 und 114 II 102; vgl. auch BGE 109 II 169.

Art. 2

Zur Regelung von Art. 8 UWG betr. missbräuchlicher Geschäftsbedingungen vgl. hinten, N 92.

Für das **kantonale Privatrecht** gilt der Grundsatz von Treu und Glauben 31 «kraft ungeschriebenem kantonalen Recht» (EGGER, N 8 zu Art. 2 sowie DESCHENAUX, 159; MERZ N 68; ZELLER 212; BGE 83 II 351). Wird der Grundsatz von Treu und Glauben als Regel des kantonalen Rechtes angewendet, ist allerdings eine Berufung an das Bundesgericht wegen Verletzung von Art. 2 ZGB nicht möglich (vgl. Art. 43 OG, SR 173.110; BGE 111 II 66/7; kritisch dazu: ENGEL 127).

Literatur zu Treu und Glauben im öffentlichen Recht im allgemeinen 32

BAUMANN MARCEL	Der Begriff von Treu und Glauben im öffentlichen Recht, Diss. Zürich 1952
BORGHI MARCO	La bonne foi: un principe «constitutif» de l'Etat, mais négligé en droit public suisse, in: Abus de droit et bonne foi, Fribourg 1994, 203–217
BOSSHARDT OSKAR	Treu und Glauben im Steuerrecht, ASA 13 (1944/45), 49–64 und 97–113
BRUHIN URS	Planänderung im Raumplanungsrecht, Diss. Zürich 1975
DUC JEAN-LOUIS/GREBER PIERRE-YVES	La portée de l'article 4 de la Constitution fédérale en droit de la securité sociale, ZSR 1992 II, 473–655, insbes. 537–553
DUC JEAN-LOUIS	L'abus de droit et la bonne foi dans le domaine des assurances sociales selon la pratique du Tribunal fédéral des assurances, in: Abus de droit et bonne foi, Fribourg 1994, 247–268
EGLI ANTON	Treu und Glauben im Sozialversicherungsrecht, ZBJV 113 (1977), 377–408
FLEINER THOMAS	Grundzüge des allgemeinen und schweizerischen Verwaltungsrechts, Zürich 1977
GEERING WALTER	Von Treu und Glauben im Steuerrecht, Festgabe Blumenstein, Zürich 1946, 125–139
GRÄTZEL PAUL	Die clausula rebus sic stantibus beim öffentlich-rechtlichen Vertrag, Einsiedeln, 1953
GUENG URS	Zur Verbindlichkeit verwaltungsbehördlicher Auskünfte und Zusagen, in: Schweiz. Zentralblatt für Staats- und Gemeindeverwaltung, 1970, 449–512
HÄFELIN ULRICH/MÜLLER GEORG	Grundriss des Allgemeinen Verwaltungsrechtes, 2. A. Zürich 1993, RZ 521 ff.
HALM FRITZ	Sozialpartnerschaft verlangt Handeln nach Treu und Glauben, in: Referate anlässlich der Delegiertenversammlung des Zentralverbandes schweizerischer Arbeitgeber Organisationen, Zürich 1978

Art. 2

HARTMANN KARL	Treu und Glauben und Rechtsmissbrauch im öffentlichen Recht, SJZ 45 (1949), 229–235
HUBER HANS	Vertrauen und Vertrauensschutz im Rechtsstaat, in: Menschenrechte, Föderalismus, Demokratie, Festschrift zum 70. Geburtstag von WERNER Kägi, Zürich 1979, 193–207
IMBODEN MAX	Der Beitrag des Bundesgerichts zur Fortbildung des Schweizerischen Verwaltungsrechts, ZSR 78 (1959), 59–87, insbes. 82 ff.: Schonung des Bürgers
MEYER-BLASER ULRICH	Die Bedeutung von Art. 4 Bundesverfassung für das Sozialversicherungsrecht, ZSR 1992 II, 298–472, insbes. 411–416
MÜLLER GEORG	Kommentar zu Art. 4 der Bundesverfassung der Schweizerischen Eidgenossenschaft, Basel/Zürich/Bern (Loseblatt-Sammlung), N 59–72
PICOT FRANCOIS	La bonne foi en droit public, ZSR 96 II, 1977, 115–197
RUCK ERWIN	Treu und Glauben in der öffentlichen Verwaltung, in: Aequitas und Bona Fides, 341–350
SALADIN PETER	Das Verfassungsprinzip der Fairness, in: Erhaltung und Entfaltung des Rechts in der Rechtsprechung des Schweizerischen Bundesgerichts, Basel 1975, 41–89
SAMELI KATHARINA	Treu und Glauben im öffentlichen Recht, ZSR 96 II, 1977, 287–390
STEINER RICHARD	Der Grundsatz von Treu und Glauben in der Rechtsprechung des EVG, Diss. Bern 1978
WACKERNAGEL JAKOB	Über das Vertrauensprinzip im Steuerrecht, in: Aequitas und Bona Fides, 411–424
WEBER-DÜRLER BEATRICE	Vertrauensschutz im öffentlichen Recht, Basel/Frankfurt a.M., 1983
ZÜRCHER FRANÇOIS	Le maniement de concepts juridiques indéterminés au carrefour de la bonne foi et de la légalité – Deux exemples tirés du droit de la construction, in: Abus de droit et bonne foi, Fribourg 1994, 219–246
ZOLLER ELISABETH	La bonne foi en droit international public, Diss. Paris 1977

33 **Literatur** zu Treu und Glauben im Prozess- und Zwangsvollstreckungsrecht (nachstehend N 34–36)

CASANOVA HUGO	Die Haftung der Parteien für prozessuales Verhalten, insbes. nach Art. 41 ff. OR, Diss. Fribourg 1982
COMETTA FLAVIO	Il giudice del diritto esecutivo e il principio della buona fede, SJZ 1991, 297–302
FRITZSCHE HANS	Wahrheit und Lüge im Zivilprozess, Zürich 1921
FURRER PETER	Das Verschulden der Parteien im Zivilprozess in: Jahrbuch der Basler Juristischen Fakultät, 1950, 140–142
GERWIG MAX	Artikel 2 ZGB und die Wahrheitspflicht im Prozess, in: Aequitas und Bona Fides, Basel 1955, 91–98
GRÜNHUT MAX	Der strafrechtliche Schutz loyaler Prozessführung, Schweiz. Zeitschrift für Strafrecht, 51, 43–79

GUENG URS	Zur Verbindlichkeit verwaltungsbehördlicher Auskünfte und Zusagen, ZBl 71, 1970, 449–512
GULDENER MAX	Treu und Glauben im Zivilprozess, SJZ 39, 1943, 389–395 und 405–409
HUG PETER	Die Wahrheitspflicht der Parteien im Zivilprozess, Diss. Zürich 1943
KOLLER THOMAS	Prozessverzögerung als Anwaltspflicht? recht 1990, 51–54
MESSERLI PETER	Nichteintreten auf ein Rechtsmittel wegen Rechtsmissbrauchs, recht 1986, 68–71
MÜLLER WERNER	Die trölerhafte Prozessführung, Diss. Zürich 1946
SCHNEIDER KONRAD	Treu und Glauben im Civilprozesse und der Streit über die Prozessleitung, München 1903
SCHWARTZ PAUL	Die Bedeutung von Treu und Glauben im Prozess- und Betreibungsverfahren nach der bundesgerichtlichen Rechtsprechung, in: Festschrift für Max Guldener, 1973, 291–308
STRÄULI HANS/MESSMER GEORG	Kommentar zur Zürcherischen Zivilprozessordnung, 2. A., Zürich 1982
VOGEL OSCAR	Umkehrung der Beweislast in Rechtsmissbrauchsfällen, recht 1984, 104–110
WALDER HANS	Der Prozessbetrug, SJZ 1954, 105–111.

Im Entscheid 40 III 160 lehnte das Bundesgericht die Anwendung des Art. 2 ZGB 34 «im Prozessrecht und insbesondere auch im Zwangsvollstreckungsverfahren» rundweg ab, da der gesetzgeberische Grund – «die Unebenheiten des geschriebenen Rechtes auszugleichen» –, «der zur Aufstellung des Art. 2 ZGB geführt hat», hier nicht bestehe. Es war Max Guldener, der aufgezeigt hat, dass und warum diese strikte Haltung zumindest für das Gebiet des Zivilprozesses nicht haltbar sei (SJZ 1943 389 ff. und 405 ff., vgl. aber auch schon FRITZSCHE, 1921, 43/4).

Das Bundesgericht hat es noch 10 Jahre nach dem Erscheinen von Guldeners Aufsatz abgelehnt, eine Rechtsmissbrauchseinrede unter «Berufung auf prozessuale Bestimmungen» zuzulassen (BGE 79 II 17; vgl. auch BGE 60 II 491: «Selbst missbräuchliche Klage macht keine Ausnahme, da ja die Rechtsprechung die Anwendung von Art. 2 ZGB auf dem Gebiete des Prozessrechtes ablehnt»). Dagegen wurde im Entscheid 56 I 448 «Art. 2 ZGB» immerhin auch als «subsidiärer kantonaler Rechtsgrundsatz» (des Prozessrechtes) anerkannt.

Die «Wende» auf Bundesebene wurde im Entscheid 76 I 190 (unter Berufung auf einen nicht publizierten Entscheid aus dem Jahre 1944 sowie Fleiners Institutionen) eingeleitet, demzufolge sich auch die Verwaltung an den Grundsatz von Treu und Glauben zu halten habe. Mit Bezug auf eben diesen Entscheid berief sich das Bundesgericht im Entscheid 78 I 297 «auf den auch für die Verwaltungs- und Gerichtsbehörden geltenden Grundsatz von Treu und Glau-

Art. 2

ben». Endgültig anerkannt für das schweizerische **Prozessrecht** wurde das Prinzip von Treu und Glauben schliesslich im Entscheid BGE 83 II 349 ff., insbesondere mit Berufung auf Guldener.

35 Heute ist unbestritten, dass der Grundsatz von Treu und Glauben sowohl zwischen den Parteien eines Zivilverfahrens als auch zwischen den Parteien und dem Gericht zu beachten ist (vgl. DESCHENAUX 159; MERZ, N 69; ZELLER 215; BGE 119 II 84 und 111 II 66/7). Die meisten neueren kantonalen Prozessordnungen halten dies auch ausdrücklich fest (statt vieler: Zivilrechtspflegegesetz des Kantons Aargau vom 18.12.1984, § 77: «Alle am Prozess Beteiligten haben nach Treu und Glauben zu handeln.»; Zürcher Gesetz über den Zivilprozess vom 13. Juni 1976, § 50). Der regierungsrätliche Entwurf für das neue St. Galler Zivilprozessgesetz aus dem Jahre 1988 enthielt eine gleichlautende Bestimmung wie § 77 des Aargauer Zivilrechtspflegegesetzes, die aber wieder gestrichen wurde, da es «einer ausdrücklichen Festlegung dieser ohnehin geltenden Regeln nicht bedürfe» (vgl. BENNO SCHNEIDER, Parteien und Prozessgrundsätze, in: YVO HANGARTNER, Das st. gallische Zivilprozessgesetz, St. Gallen 1991, 91 ff.). SCHNEIDER (a.a. O., 92) hält dazu allerdings kritisch fest: «Dem Durchsetzen dieser für die tägliche Praxis des Anwaltes wichtigen Regeln hätten ausdrückliche Vorschriften im neuen ZPG wohl mehr genützt als der Verweis auf allgemeine Grundsätze.» Zum Verhältnis der Gerichtstandsgarantie nach Art. 59 BV zum Grundsatz von Treu und Glauben vgl. BGE 101 Ia 39. Der Grundsatz von Treu und Glauben gilt auch im schiedsgerichtlichen Verfahren (vgl. BGE 111 Ia, 74/5), auch wenn er im Konkordat über die Schiedsgerichtsbarkeit (SR 279) nicht erwähnt wird. Zum Inhalt von Treu und Glauben im Prozess vgl. GULDENER, SCHWARTZ, KURT EICHENBERGER, Zivilrechtspflegegesetz des Kantons Aargau, Aarau 1987, 71/2; STRÄULI/MESSMER, Kommentar zur Zürcherischen Zivilprozessordnung 2. A., 1982, 92 ff. sowie unten N 488 ff.

36 Die gleiche allgemeine Anerkennung fast als «Selbstverständlichkeit» (vgl. N 35) hat das Prinzip von Treu und Glauben inzwischen auch auf dem Gebiet des **Zwangsvollstreckungsrechtes** erfahren (vgl. DESCHENAUX 160; MERZ, N 71; ZELLER 215/6; BGE 121 III 20, 118 III 33 E 3e, 117 III 46; 116 III 107; 115 III 21; 113 III 3; grundlegend: 79 III 66). Zum Inhalt vgl. COMETTA, SCHWARTZ sowie unten N 488 ff.

37 Die bundesgerichtliche Praxis hat die Geltung von Treu und Glauben (einschliesslich des Rechtsmissbrauchsverbotes) für den gesamten Bereich des **öffentlichen Rechtes** anerkannt (BGE 121 II 7, 115 Ib 554; grundlegend: 76 I 190 unter Verweisung auf einen nicht veröffentlichten Entscheid vom 3.11.1944; vgl. auch hinten N 488 ff.). Treu und Glauben ist daher zu beachten im Bereich der verfassungsmässigen Rechte (BGE 114 Ia betr. Garantie des verfassungsmässigen

Richters), der politischen Rechte (BGE 115 Ia 392), im Verfahrensrecht (BGE 111 Ia 150 betr. staatsrechtliche Beschwerde), im Verwaltungsverfahren (BGE 121 I 38, 116 II 500) oder im Sozialversicherungsrecht (BGE 121 I 375; vgl. Alfred Maurer, Schweiz. Sozialversicherungsrecht, Bern 1983, Bd. I, 160–167). Zur Anwendung durch die Eidgenössische Bankenkommission im Bankenrecht (insbes. Art. 3 Abs 2 lit. c BaG betr. Gewähr für einwandfreie Geschäftsführung) vgl. z.B. den Entscheid in Bulletin EBK 1988, Heft 18, 26–31. Zu den öffentlich-rechtlichen Bestimmungen zum Schutze von Treu und Glauben im Geschäftsverkehr vgl. Marti, N 433 ff. zu Art. 6 ZGB in diesem Kommentar.

Allerdings sind im öffentlichen Recht zwei verschiedene Anwendungsebenen zu unterscheiden: Soweit das Prinzip gegenüber dem Staat angerufen wird, lässt es sich aus Art. 4 BV herleiten (vgl. BGE 94 I 513), «was nicht nur unnötig, sondern auch unrichtig» wäre (Sameli, 307), soweit es um das Verhalten von Bürgern unter sich (im Bereich des öffentlichen Rechts) geht.

Es ist jedoch zu beachten, dass «entsprechend der besonderen Natur des öffentlichen Rechts, seiner Prinzipien und seiner Materie, der Grundsatz von Treu und Glauben auf diesem Gebiete auch seine besondere Ausprägung haben» wird (Sameli, 293, sowie die Hinweise zur Anwendung im öffentlichen Recht in N 493–497 hiernach). Zu präzisieren wäre, dass diese «besondere Ausprägung» natürlich nur dort gilt, wo sich Staat und Bürger gegenüber stehen, während für die Bürger «unter sich» die hier darzustellenden Regeln von Treu und Glauben – mutatis mutandis – auch im Bereich des öffentlichen Rechts gelten. Beizufügen ist, dass der Grundsatz von Treu und Glauben aber nicht nur vom Staat gegenüber den Bürgern, sondern genauso auch vom Bürger gegenüber dem Staat zu beachten ist (vgl. A. Kölz, ZSR 1977, II, 455).

Bezüglich des Inhaltes von Treu und Glauben im öffentlichen Recht muss an dieser Stelle auf die umfangreiche Spezial-Literatur (siehe Literatur-Verzeichnis) verwiesen werden, wobei insbesondere auf die Darstellungen von Häfelin/Müller, F. Picot, Sameli und Weber verwiesen werden kann. Zu Recht wird bei Weber (12/13) darauf hingewiesen, dass das Prinzip von Treu und Glauben nicht den ganzen Bereich der Vertrauensproblematik abdeckt, was ja auch für das Zivilrecht gilt (vgl. VB 2/3 N 50, sowie Sameli 300/301).

Der Vollständigkeit halber zu erwähnen ist schliesslich die Anwendbarkeit von Treu und Glauben auch im Bereich des **Strafrechtes** (Zeller 216, BGE 101 IV 59, 78 IV 30) und des **Strafprozessrechtes** (Merz, N 77; Zeller 216; BGE 115 IV 171; 107 Ia 211; 104 IV 94). Zur Geltung im Rechtshilfeverfahren vgl. BGE 122 II 134.

In VB 2/3, N 49 wurde bereits darauf hingewiesen, dass mit dem Inkrafttreten des **UN-Kaufrechtes** am 1. März 1991 ein **neuer Begriff des «guten Glau-**

Art. 2

bens im internationalen Handel» Bestandteil des schweizerischen Rechts (SR 0.221.211.1) geworden ist. Der im Bereich des internationalen Handels entwikkelte Begriff des «guten Glaubens» (UN-Kaufrecht, Art. 7 Abs. 1) zielt auf das gleiche wie Treu und Glauben in Art. 2 ZGB (vgl. von CAEMMERER/SCHLECHTRIEM, Kommentar zum Einheitlichen UN-Kaufrecht, München 1990, N 17 zu Art. 7), ohne dass die Praxis dazu jedoch direkt auf die nach UN-Kaufrecht zu beurteilenden Fälle übertragen werden könnte. «Die aus der Generalklausel abzuleitenden Grundsätze dürfen jedoch nicht den nationalen Rechtsordnungen entnommen werden, sondern müssen aus den international anerkannten Prinzipien des ehrbaren Verhaltens in möglichster Übereinstimmung unter den Gerichten der Vertragsstaaten entwickelt werden; dabei werden internationale Gebräuche (Art. 9) und Anschauungen eine wesentliche Rolle zu spielen haben» (von CAEMMERER/SCHLECHTRIEM, a.a.O., N 18 zu Art. 7). Vgl. auch G. REINHART, UN-Kaufrecht, Heidelberg 1991 (N 2 zu Art. 7) sowie R. LICHTSTEINER, Übereinkommen der Vereinten Nationen über Verträge über den internationalen Warenkauf/Einführung und Vergleich mit dem schweizerischen Recht, Baden 1989, 11: «Für die Auslegung dieses Begriffes (der Wahrung des guten Glaubens im internationalen Handel) ist grundsätzlich nicht auf die zu Art. 2 ZGB entwickelte Rechtssprechung abzustellen, sondern es ist rechtsvergleichend zu bestimmen, was das Prinzip von Treu und Glauben im internationalen Handel bedeutet.» oder noch deutlicher: «Art. 7 will insgesamt in Fällen von Auslegungsfragen verhindern, dass im Zweifel auf nationales Recht zurückgegriffen wird» (Eugen BUCHER, Überblick über die Neuerungen des Wiener Kaufrechts; dessen Verhältnis zur Kaufrechtstradition und zum nationalen Recht, in: Wiener Kaufrecht, Berner Tage für die juristische Praxis 1990, Bern 1991, 35). Anders als im schweizerischen UWG (vgl. oben bei N 30) ist hier also tatsächlich ein anderer, ein «internationaler» Begriff von Treu und Glauben anzuwenden.

Da das UN-Kaufrecht mit Inkrafttreten Bestandteil des Schweizerischen Rechtes geworden ist, ergibt sich diese Pflicht zur Rechtsvergleichung direkt aus dem UN-Kaufrecht, und zwar ohne Umweg über Artikel 16 IPRG, welcher die Feststellung ausländischen Rechtes (was das UN-Kaufrecht eben nicht ist) von Amtes wegen vorschreibt.

Es ist offenkundig, dass damit die Bedeutung der schweizerischen Lehre und Rechtsprechung zu Art. 2 ZGB im Bereich des stark exportorientierten schweizerischen Handels eingeschränkt wird. Da es sich jedoch bei Treu und Glauben um ein fundamentales und international anerkanntes Prinzip des Rechtsverkehrs überhaupt handelt, dürften die Abweichungen nicht allzu gross sein und in der Rechtsanwendung wenig praktische Konsequenzen nach sich ziehen.

Art. 2

Treu und Glauben im **Völkerrecht:** Vgl. dazu BGE 112 I a 80; 106 I b 168/9 sowie Jörg Paul Müller, Vertrauensschutz im Völkerrecht, Köln/Berlin 1971. Kritisch dazu: Elisabeth Zoller, La bonne foi en droit international public, Paris 1977. Vgl. auch (mit weiteren Literaturangaben): Jean-François Flauss: L'abus de droit dans le cadre de la Convention européenne des droits de l'homme sowie Pierre Garone: La bonne foi en droit communautaire: l'article 5 du Traité de Rome, beide Beiträge in: Abus de droit et bonne foi, Fribourg 1994 (S. 271–287 und 289–307). 40

Zum **zeitlichen Anwendungsbereich** ist zu bemerken, dass Art. 2 ZGB im Privatrecht gemäss SchlT 2 ZGB auch für vor dem Inkrafttreten des ZGB eingetretene Tatsachen Geltung beansprucht (vgl. oben N 3 sowie Egger, N 8; Merz, N 78). 41

IV. Von Amtes wegen anzuwendende, «zwingende» Norm?

Nach Lehre und Rechtssprechung (Deschenaux, 154; Merz, N 99; Zeller, 305/400; BGE 121 III 63, 95 II 115 und 79 II 405) **ist das Prinzip von Treu und Glauben** (und zwar sowohl Absatz 1 als auch Absatz 2) in jeder Instanz (also auch wenn der Einwand erst im Rechtsmittelverfahren erhoben wird; BGE 94 II 41) **von Amtes wegen anzuwenden,** ohne dass es dazu einer besonderen Einrede bedürfte. Einschränkend verlangt das Bundesgericht jedoch, dass «die tatsächlichen Voraussetzungen von einer Partei in der vom Prozessrecht vorgeschriebenen Weise vorgetragen wurden und feststehen» (BGE 104 II 101; vgl. auch 107 II 178). In BGE 118 II 227 hat das Bundesgericht es sogar als i.S. von Art. 4 BV willkürlich betrachtet, dass die Vorinstanz es in einer rechtsmissbrauchsverdächtigen Situation unterlassen hat, die Frage des Rechtsmissbrauchs zu prüfen. Die staatsrechtliche Beschwerde wurde diesbezüglich gutgeheissen (vgl. dazu unten N 251 d). 42

Anders als bei Deschenaux (154) und Merz (N 99) wird hier die Ansicht vertreten, dass diese Anwendbarkeit von Amtes wegen auch darauf abzustellen ist, dass Artikel 2 ZGB eine «um der öffentlichen Ordnung und Sittlichkeit willen» aufgestellte Bestimmung ist (SchlT 2 ZGB; oben N 3), die nicht (allein) auf den nachgeordneten, eher prozeduralen Grundsatz «iura novit curia» abgestützt werden muss, zumal sich das Prinzip von Treu und Glauben ja auch direkt an die rechtsanwendende «curia» selbst richtet (vgl. oben N 14 a).

Als ergänzendes, korrektives Prinzip (vgl. oben N 21 und 22) gelangt der Grundsatz von Treu und Glauben nur dort zur Anwendung, wo Ergänzungen oder 43

Art. 2

Korrekturen nötig sind. Die Anwendung des Prinzipes von Treu und Glauben kann hinsichtlich konkret und präzise geregelter Umstände (z.B. ausdrückliche Zulassung der oft zitierten NEIDMAUER – MERZ, N 103 – oder einer für eine Partei ungünstigen und ansonsten unüblichen Fristberechnungsmethode) gültig wegbedungen werden, soweit nicht eine gegen zwingendes Recht oder die guten Sitten verstossende Beschränkung in der persönlichen Freiheit eines Betroffenen vorliegt. Nicht wegbedungen werden kann seine Anwendbarkeit – und in dieser Hinsicht bleibt es immer zwingend – jedoch für alle diejenigen Probleme, die eben keine präzise Regelung erfahren haben und von daher ergänzungs- und eventuell korrekturbedürftig sind, und zwar auch in Fragen, bei welchen kein Verstoss gegen anderslautendes zwingendes Recht oder gegen den Grundsatz der Unveräusserlichkeit der persönlichen Freiheit zur Diskussion steht; vgl. dazu auch MERZ, N 101–104 sowie H. RIEMER, Schiedsfähigkeit von Klagen des ZGB, in: Recht und Rechtsdurchsetzung, Festschrift für Hans Ulrich Walder, Zürich 1994, 374.

V. Abgrenzungen

1. Zu anderen Normen des ZGB

44 Zur Abgrenzung zwischen Absatz 1 und 2 von Art. 2 ZGB vgl. oben N 20–25.

45 Bezüglich der Abgrenzung zur Gesetzesauslegung gemäss Art. 1 ZGB wird auf N 98 sowie auf N 71 ff. zu den Vorbemerkungen zu Art. 1 und 4 in diesem Kommentar verwiesen.

46 Zur Abgrenzung vom Schutz des guten Glaubens vgl. VB 2/3, N 17–31 und N 50. Die wesentlichen Unterschiede zwischen diesen beiden Normen lassen sich wie folgt zusammenfassen: Artikel 2 (Absatz 1) ZGB stellt generelle Beurteilungsnormen für den Rechtsverkehr auf, um materiell richtiges Recht zu ermöglichen; gegebenenfalls wird zur Erreichung dieses Zieles sogar formal richtiges zu Gunsten des materiell besseren, «richtigeren» Rechts beiseitegeschoben (Absatz 2). Artikel 3 ZGB enthält demgegenüber Regeln für Ausnahmefälle, in denen im Interesse des Rechtsverkehrs «schlechteres» zu Lasten des «besseren» Rechts geschützt wird.

47 Zu Art. 4 ZGB: Artikel 4 ZGB zielt grundsätzlich wie Art. 2 ZGB auch darauf hin, die «Unebenheiten des geschriebenen Rechtes auszugleichen» (BGE 40 III 160; vgl. oben bei N 34), bedient sich jedoch einer anderen Methode: Während Art. 2 als universelles Prinzip überall, aber regelgeleitet (vgl. oben N 6) anzuwenden ist, gelangt Art. 4 ZGB nur in denjenigen Fällen zur Anwendung, wo

Art. 2

dies im Gesetz ausdrücklich vorgesehen ist, dafür ohne Bindung an irgendwelche Regeln: im Spielraum, der ihm vom Gesetz im Sinne von Art. 4 ZGB eingeräumt wird, ist der Richter frei, eine Entscheidung ex aequo et bono im Sinne der klassischen aequitas (vgl. VB 2/3, N 33) zu fällen. In diesem Spielraum ist er befugt, auch geringfügige «Unbilligkeiten» in Betracht zu ziehen, welche dem Erfordernis des «offenbaren» Rechtsmissbrauches i.S. von Abs. 2 von Art. 2 ZGB nicht genügten (vgl. MEIER-HAYOZ, N 22 ff. zu Art. 4 ZGB). Im übrigen wird auf N 15 ff. der Kommentierung zu Art. 4 ZGB in diesem Band verwiesen.

Schutzobjekt von Art. 27 ZGB ist die Persönlichkeit (so der Randtitel), d.h. die Rechts- und Handlungsfähigkeit, die Freiheit des Einzelnen. Schutzobjekt von Art. 2 ZGB sind dagegen die Redlichkeit, Loyalität und Korrektheit im rechtlich relevanten zwischenmenschlichen Verkehr (vgl. oben N 3 sowie VB 2/3, N 16). Während Art. 27 ZGB die rechtsgeschäftliche Freiheit begrenzt (niemand kann auf seine Rechts- oder Handlungsfähigkeit verzichten), enthält Art. 2 ZGB keine derartige Begrenzung, sondern lediglich Regeln für die Ausübung der rechtsgeschäftlichen Freiheit (vgl. DESCHENAUX, 156; MERZ, N 103; BGE 115 II 236). Berührungspunkte ergeben sich dort, wo die Anforderungen des zwischenmenschlichen Verkehrs – z.B. Vertragstreue – mit dem Anspruch auf individuelle Freiheit – z.B. bei sehr langer Dauer einer vertraglichen Bindung – kollidieren. In diesen Fällen ist die Rechtslage sowohl nach Art. 27 wie nach Art. 2 ZGB zu prüfen (BGE 114 II 164; 114 II 332). 48

Daraus ergeben sich folgende vier Fallkonstellationen: Verletzung von

	Art. 27 ZGB	Art. 2 ZGB
(a)	ja	ja
(b)	ja	nein
(c)	nein	ja
(d)	nein	nein

Die Fälle a) und d) sind eindeutig: im ersteren kann kein beide Schutznormen verletzender Anspruch durchgesetzt werden wie im letzteren die Berufung auf beide Normen die Geltendmachung und Zusprechung des Anspruches nicht zu verhindern vermag. Bei den Fällen b) und c) ist die Lösung allein durch Anwendung von Art. 27 bzw. Art. 2 ZGB zu finden, denn eine Persönlichkeitsverletzung muss nicht unbedingt einen Verstoss gegen Treu und Glauben bedeuten, und die meisten Verstösse gegen Treu und Glauben dürften nicht die Intensität einer Persönlichkeitsverletzung erreichen.

Art. 2

2. Zu Bestimmungen des Obligationenrechts

49   Wie schon Art. 27 ZGB setzen auch Art. 19/20 OR Schranken der rechtsgeschäftlichen Betätigungsfreiheit, während Art. 2 ZGB eben keine solche Schranke setzt (vgl. MERZ, N 103 sowie DESCHENAUX 156; ENGEL 130; ZELLER 256). Art. 2 ZGB ist keine Grundlage für eine «allgemeine Vertragsgerechtigkeit». Zur Abgrenzung der Anwendungsbereiche von Art. 27 ZGB und Art. 19/20 OR vgl. KRAMER, Berner Kommentar, N 168 ff., insbes. N 208 ff. zu Art. 19/20 OR.

Diskutiert wurde, ob Art. 2 ZGB als Rechtsgrundlage für die Inhaltskontrolle von Verträgen, insbesondere von Allgemeinen Geschäftsbedingungen (AGB) herangezogen werden könnte (bejahend vor allem GIGER, Geltungs- und Inhaltskontrolle Allgemeiner Geschäftsbedingungen, 1983). Aber auch die Weiterentwicklung des Rechtsmissbrauchsgedankens in der Lehre vom «institutionellen Rechtsmissbrauch» (vgl. dazu A. SCHULER, Über Grund und Grenzen der Geltung von Allgemeinen Geschäftsbedingungen, 1978, 165 ff.) kann nicht dazu führen, dass eine über Art. 19 OR mögliche Inhaltskontrolle auf Art. 2 ZGB abgestützt werden muss (so auch KRAMER, N 231–233 zu Art. 19/20 OR sowie DERSELBE in SJZ 1985, 17 ff., insbes. 23/24 und BGE 115 II 236 sowie unten N 91/92).

50   (a)   Ein Teil der Lehre (OFTINGER, Schweizerisches Haftpflichtrecht I, 4. A. 1975, 130; Max KELLER, Ist eine Treu und Glauben verletzende Schädigung widerrechtlich?, in: recht 1987, 136/7; KELLER/GABI, Haftpflichtrecht, 2. A. 1988, 37 ff., insbes. 41, geht davon aus, dass bei einem Verstoss gegen Treu und Glauben gleichzeitig Widerrechtlichkeit i.S. von Art. 41 OR vorliege. Für diese Ansicht hat sich auch das Bundesgericht in einem neueren Entscheid ausgesprochen (BGE 116 I a, 169): «Im weiteren gelten als Verhaltensnormen das Verbot des Handelns wider Treu und Glauben (Art. 2 Abs. 1 ZGB) sowie das Verbot des rechtsmissbräuchlichen Handelns (Art. 2 Abs. 2 ZGB). Jeder Verstoss gegen eine derartige Verhaltensnorm wird als widerrechtlich aufgefasst.»

(b)   Abgelehnt wird diese Ansicht von OFTINGER/STARK, Schweizerisches Haftpflichtrecht II/1, 4. Auflage, Zürich 1987, § 16, N 111 ff. und STARK, Ausservertragliches Haftpflichtrecht, 2. A. 1988, N 275–282).

(c)   Gemäss MERZ (N 34) bezieht sich Art. 2 ZGB «in der Hauptanwendung auf bereits bestehende oder angebahnte Rechtbeziehungen». In BGE 108 II 311 heisst es: «Der Grundsatz des Handelns nach Treu und Glauben knüpft jedoch, wie sich aus dem Wortlaut (gemeint ist der Randtitel: «Inhalt der Rechtsverhältnisse») von Art. 2 Abs. 1 ZGB ergibt, an bereits bestehende Rechte und Pflichten einer Person an ... Wo jemand weder nach Vertrag noch nach Gesetz zu einem bestimmten Verhalten verpflichtet ist, kann eine solche Pflicht höchstens in eng umgrenzten Ausnahmefällen selbständig aus Art. 2 ZGB abgeleitet werden.» Dieser Formulierung hat sich auch BREHM (Berner Kommentar zu Art. 41, N 53) angeschlossen.

(d) Die Formulierung «in der Hauptanwendung» (MERZ, N 34) wie der Vorbehalt der «eng umgrenzten Ausnahmefälle» (der im Entscheid 116 Ia 169 fehlt) macht deutlich, wo das eigentliche Problem liegt: wieder treffen wir auf die zu enge Formulierung der «rechtlichen Sonderbeziehung», die eben nicht die entscheidende Voraussetzung für die Anwendbarkeit von Art. 2 ZGB ist (dazu oben N 6).

Wie bereits erwähnt (oben N 20), findet Art. 2 ZGB schon auf die Entstehung von Rechtsbeziehungen, **auf alles rechtliche Interpretation heischende Verhalten** Anwendung. Nicht der Vorbestand einer Sonderbeziehung, sondern die sachgerechte Spezifizierung von rechtlich relevantem Verhalten ist somit entscheidend für die Anwendung von Treu und Glauben (in diesem Sinne auch ZELLER, 278). Das muss auch im Bereich von Art. 41 OR gelten, und zwar sowohl hinsichtlich der Widerrechtlichkeit (i.S. von Abs. 1 von Art. 41 OR) als auch hinsichtlich des Verstosses gegen die guten Sitten (i.S. von Abs. 2 von Art. 41 OR). Bei OFTINGER/STARK (a.a.O. § 16/197) wird zwar zu Recht ausgeführt, dass «die guten Sitten nicht identisch sind mit Treu und Glauben im Sinne von ZGB 2», aber eben nicht (nur) deswegen, «weil dort eine Sonderverbindung zugrunde liegen muss.» Man kann nicht nur «die guten Sitten auch gegenüber jemandem verletzen, mit dem man vorher keinerlei Beziehungen hatte», sondern auch den Grundsatz von Treu und Glauben. Anders als ZGB 2 verlangt Absatz 2 von Art. 41 OR aber eine absichtliche Schädigung. In der Praxis hat Art. 41 Abs. 2 OR jedoch kaum Bedeutung erlangt (vgl. BREHM, N 235 zu Art. 41 OR; OFTINGER I, 127, Fn 2; STARK, N 282). 51

3. Zur Gesetzes- und Vertragsumgehung

Literatur 52

HELBLING KARL	Die Lehre von der sogenannten Gesetzesumgehung und das schweizerische Zivilgesetzbuch, Diss. Freiburg 1929
JÄGGI/GAUCH	Zürcher Kommentar, N 167–171 zu Art. 18 OR
KRAMER	Berner Kommentar, N 140–147 zu Art. 18 OR
MADAY DENIS	Die sogenannte Gesetzesumgehung, insbesondere im schweizerischen Obligationenrecht, Diss. Bern 1941

Art. 2

PERRIN JEAN-FRANÇOIS	La fraude à la loi et l'ordre public en droit privé, in: Mélanges PIERRE ENGEL, Lausanne 1989, 259–269
RIEMER HANS MICHAEL	Vertragsumgehungen sowie Umgehungen anderer rechtsgeschäftlicher Rechte und Pflichten, ZSR 101 (1981) I, 357–376
RÖMER GUSTAV	Gesetzesumgehung im deutschen internationalen Privatrecht, Berlin 1955, 10–58
SIEGWART ALFRED	Die zweckwidrige Verwendung von Rechtsinstituten, Freiburg 1936
VETSCH JAKOB	Die Umgehung des Gesetzes (Theorie, Rechtssprechung und Gesetzgebung); Ein Beitrag zur allgemeinen Rechtslehre, Diss. Zürich 1917.

53 Als **Gesetzesumgehung** (in fraudem legis agere) bezeichnet man die Verwendung eines scheinbar legitimen Mittels (der Umgehungsnorm), um einen Zweck zu erreichen, der von einer anderen Norm (der Verbotsnorm) verboten wird. Dabei ist durch Auslegung festzustellen, ob das Ergebnis (der Zweck als solcher) verboten ist oder nur eine bestimmte Art des Vorgehens untersagt werden soll (Wegverbot). Nur bei Verletzung eines Zweckverbotes, welches auch das Verbot aller zum gleichen Ergebnis führender Mittel beinhaltet, liegt Gesetzesumgehung vor. Die Wahl eines anderen als des durch ein Wegverbot ausgeschlossenen Mittels stellt jedoch keine Gesetzesumgehung dar, sofern der Zweck als solcher erlaubt ist (vgl. dazu DESCHENAUX, 157; MERZ N 89–93).

«Gesetzesumgehungen werden in der Praxis und in der neueren Doktrin durch extensive Auslegung der umgangenen Norm (oder durch analoge Anwendung derselben) vereitelt und nicht mehr mit Rechtsmissbrauch (Art 2 Abs. 2 ZGB) in Verbindung gebracht» (RIEMER, 358/91). «Ob eine Umgehung vorliegt, hängt daher davon ab, wie die Norm nicht nur nach ihrem Wortlaut, sondern auch nach ihrem Sinn und Zweck auszulegen ist» (BGE 104 II 206).

«Durch die generell an Sinn und Zweck, insbesondere am wirtschaftlichen Gehalt des Geschäftes anknüpfende Betrachtungsweise kann sich daher ein selbständiger Tatbestand der Umgehung gar als entbehrlich erweisen» (BGE 115 II 179; vgl. auch BGE 109 II 245). In diesem Sinne auch BGE 117 II 296: «Savoir si, dans un cas particulier, un procédé tend à contourner la loi dépend de l'interprétation téléologique de la disposition légale ou statutaire concernée.»

Gemäss MERZ (N 92) kann die Gesetzesumgehung als Anwendungsfall zweckbezogener Gesetzesauslegung mit Art. 2 ZGB in Beziehung gebracht werden: «Sie erfasst aber zur Hauptsache Tatbestände, bei denen das auf einer Sonderverbindung der Parteien beruhende Vertrauen und die Rücksichtnahme keine Rolle spielen», womit nach MERZ (N 91) auch die Anwendbarkeit von Absatz 1 von Art. 2 ausscheidet und diese Fälle «nach den allgemeinen Regeln der Gesetzesanwendung zu lösen sind». Es ist daher nur folgerichtig, wenn Art. 2 ZGB in vielen Entscheidungen zur Gesetzesumgehung überhaupt keine Erwähnung findet (vgl. BGE 115 II 405, 112 II 11).

Aus dieser Sicht sollte das Stichwort «Gesetzesumgehung» in den Registern der Bundesgerichtsentscheidungen besser unter Artikel 1 denn unter Artikel 2 ZGB aufgeführt werden (vgl. dazu Deschenaux 158, Fn. 53). Dass es gleichwohl an letztgenannter Stelle verblieben ist, hat verschiedene Gründe: zunächst hängt es sicher mit der älteren Lehre (Zitate bei Merz N 93) und Rechtsprechung (z.B. BGE 81 II 539/40) zusammen, derzufolge Umgehungsgeschäfte als offenbarer Missbrauch eines Rechtes i.S. von Art. 2 Abs. 2 ZGB zu betrachten waren (vgl. auch unten N 242).

Ein anderer Grund dürfte darin bestehen, dass in den bundesgerichtlichen Registern unter dem Stichwort «Gesetzesumgehung» auch die Fälle der Vertragsumgehung (dieses Stichwort fehlt in den Registern) aufgeführt sind, so z.B. BGE 85 II 475, welcher gemäss Riemer (359, Fn. 19) «der markanteste Fall einer Umgehung rechtsgeschäftlicher Rechte und Pflichten in der publizierten Gerichtspraxis der Schweiz ist»: Um ein Vorkaufsrecht zu umgehen, räumte der damit Belastete einem Dritten für die Dauer von 80 Jahren ein umfassendes Baurecht ein, welches zudem vererblich und veräusserlich sein sollte und mit «nicht sehr verlockenden» Heimfall-Bestimmungen verbunden war.

In Anlehnung an die Gesetzesumgehung kann die Vertragsumgehung umschrieben werden als Handeln, «welches zwar den Wortlaut der eingegangenen rechtsgeschäftlichen Verpflichtungen beachtet, jedoch gegen deren Sinn und Zweck verstösst» (Riemer 359). Umgehungen von rechtsgeschäftlichen Verpflichtungen sind stets als Vertrauensmissbrauch und illoyales Verhalten i.S. von Art. 2 Abs. 1 ZGB zu qualifizieren (Riemer 372).
Die «Entlarvung solcher Machenschaften» (Deschenaux 158) hat wie bei der Gesetzesumgehung über eine «sinn- und zweckgemässe (und damit allenfalls extensive) Auslegung des umgegangenen Rechtsgeschäftes» (Riemer 372) zu erfolgen (vgl. dazu Deschenaux 158 und 174/5; Gauch/Jäggi, N 171 zu Art. 18 OR, Kramer, N 140–147 zu Art. 18 OR; Merz N 94 sowie Riemer, insbes. 372 ff.).

Zu beachten ist, dass das schweizerische Recht Umgehungsgeschäfte (nach Form und Inhalt) im Rahmen von Art. 18 Abs. 1 OR ausdrücklich zulässt. Im Rahmen eines solchen «echten Umgehungsgeschäftes» (Jäggi, N 171) ist die Geltendmachung der Simulationseinrede als Ausübung eines gesetzlich vorgesehenen Rechtes und somit nicht als rechtsmissbräuchlich zu betrachten. Soweit Dritte (als Abtretungsgläubiger) nicht durch die Gutglaubensschutzregel des zweiten Absatzes von Art. 18 OR geschützt sind, kann ihnen gegenüber auch die Simulationseinrede gültig erhoben werden (BGE 106 II 145, 96 II 390).

Art. 2

57 Als rechtsmissbräuchlich und deshalb unbeachtlich gelten auch Stimmrechtsvereinbarungen, mit welchen statutarische Vinkulierungsbestimmungen umgangen werden sollten (BGE 109 II 46 mit Verweisungen sowie ZR 1990, Nr. 49 und BGE 114 II 64). Durch die Reduktion der zulässigen Vinkulierungsgründe im neuen Aktienrecht dürften Umgehungsgeschäfte dieser Art eher weniger häufiger vorkommen: sie sind vielfach nicht mehr nötig.

B. Zur Anwendung von Art. 2 ZGB / Allgemeine Bemerkungen

I. Einleitung und Übersicht

58 Wie bereits in den Vorbemerkungen (VB 2/3, N 5–15) dargestellt, muss die Anwendung des Rechtsprinzipes von Treu und Glauben im Rahmen der Vertrauensfrage überhaupt gesehen werden, da ohne den «Sozialkitt» des Vertrauens ein Zusammenleben in komplex organisierten Gesellschaften überhaupt unmöglich wäre. Die in Lehre und Rechtssprechung bewährte Einteilung in verschiedene Fallgruppen soll im folgenden in zwei Richtungen ergänzt bzw. modifiziert werden:

erstens sollen die häufigsten rechtlich bedeutsamen Vertrauenssituationen im zeitlichen Ablauf dargestellt werden (dazu N 59–64);

zweitens wird versucht, möglichst leicht handhabbare «Messwerkzeuge» zu entwickeln, die bei der Beurteilung konkreter Fälle im Rahmen der hergebrachten Fallgruppen ein möglichst hohes Mass an rationaler, nachvollziehbarer Entscheidfindung zulassen, ohne den Praktiker damit zu überfordern (vgl. N 65). Dabei sind immer die grundlegenden Unterschiede zwischen Absatz 1 und Absatz 2 von Art. 2 ZGB zu beachten (vgl. oben N 14 und 20–25).

Wie zu zeigen sein wird ist Treu und Glauben nicht nur die Richtschnur für die Interpretation allen rechtlich relevanten Verhaltens (vgl. nachstehend N 66 ff.), sondern zugleich Grundlage für die Entstehung subjektiver Ansprüche in Bereichen, die zwischen Delikt und Vertrag liegen (vgl. nachstehend N 105 ff.), die ihrerseits wieder i.S. von Abs. 1 von Art. 2 ZGB auszulegen sind.

Erst aber, wo (subjektive) Rechte schon entstanden sind – sei es aus Delikt, Vertrag oder eben aufgrund des Prinzipes von Treu und Glauben – stellt sich die Frage des Rechtsmissbrauches, und zwar unabhängig vom Entstehungsgrund eines missbräuchlich geltend gemachten Rechtes (vgl. nachstehend N 230 ff.).

Daraus ergibt sich folgende **Übersicht:**

Grundlegende Aspekte, die in allen nachstehend aufgeführten Phasen (1–4) zu beachten sind:
– Auslegung
– Widersprüchliches Verhalten

Phase 1: rechtlich relevantes Verhalten ohne rechtsgeschäftliche Verbindung, insbesondere culpa in contrahendo

Phase 2: Bestehen einer rechtsgeschäftlichen Verbindung
– unredlicher Rechtserwerb
– treuwidrige Berufung auf Formmängel
– Begründung, Art und Umfang von Nebenpflichten
– Schikaneverbot und schonende Rechtsausübung
– krasses Missverhältnis der Interessen
– zweckwidrige Rechtsausübung
– unnütze und interesselose Rechtsausübung
– widersprüchliches Verhalten bei bestehender Rechtsbeziehung
– missbräuchliches Zuwarten/Verzögerung und Verwirkung

Phase 3: Beendigung einer Rechtsbeziehung
– Nachwirkungen
– clausula rebus sic stantibus
– ausserordentliche Beendigung/Abänderung aus «wichtigen Gründen»

Phase 4: «Pathologie»
– Prozess und Zwangsvollstreckung

Grundlegung für alles rechtlich relevante Verhalten ist die «richtige» Interpretation dieses Verhaltens: welcher Sinn einem Verhalten, insbesondere einer Äusserung (verbal, schriftlich, konkludent) zuzumessen ist (nachstehend N 66–98).

Zu den allgemeinen Grundsätzen von Treu und Glauben gehört auch das Verbot des widersprüchlichen Verhaltens (venire contra factum proprium), welches ebenfalls in allen Phasen einer rechtlich relevanten Beziehung zu beachten ist (nachstehend N 99–104).

Vielen rechtsgeschäftlichen Beziehungen geht eine Phase voraus, in der eine angestrebte Rechtsbindung noch nicht zustandegekommen ist, die Tatsache der Aufnahme von Verhandlungen für sich allein aber schon rechtlich relevantes Verhalten darstellt. Zu dieser Kategorie gehören die Fälle von «culpa in contrahendo» und verwandte Tatbestände (unten N 144 ff.).

Art. 2

In diese gleiche Phase gehören aber auch andere Fälle von rechtlich relevantem Verhalten, die nicht im Umfeld einer angestrebten rechtsgeschäftlichen Bindung angesiedelt sind (unten N 106 ff.).

62 Auf der Grenze zwischen den Fällen, bei denen eine rechtsgeschäftliche Bindung nicht oder noch nicht besteht und jenen, wo dieses Stadium bereits erreicht ist, sind die Fälle des unredlichen Rechtserwerbes anzusiedeln, bei welchen die nächste Phase der Bindung eben wider Treu und Glauben erreicht werden soll (unten N 246–269).

Sozusagen spiegelbildlich zum unredlichen Rechtserwerb verhält sich die treuwidrige Berufung auf Formmängel, bei welchen der bereits erfolgte Schritt in die rechtliche (Sonder)verbindung wieder rückgängig gemacht werden soll (N 270 ff).

Bei Bestehen einer solchen Bindung sind die folgenden Fallgruppen unter dem Gesichtspunkt von Treu und Glauben darzustellen:
– die Begründung, Art und Umfang von Nebenpflichten (N 289 ff.),
– das Schikaneverbot und die schonende Rechtsausübung (N 295 ff.),
– das krasse Missverhältnis der Interessen (N 302 ff.),
– die zweckwidrige Rechtsausübung (N 323 ff.),
– die unnütze und interesselose Rechtsausübung (N 369 ff.),
– das widersprüchliche Verhalten bei bestehender Rechtsbeziehuhng (N 380 ff),
– missbräuchliches Zuwarten/Verzögerung und Verwirkung (N 384 ff.).

63 In der nächsten Phase sind die Fallgruppen der (vollständigen oder teilweisen) Beendigung (bzw. Änderung) von Rechtsbeziehungen aus Gründen, die unter das Prinzip von Treu und Glauben fallen sowie Fragen **nach**rechtsgeschäftlicher Bindungen aufgrund von Art. 2 ZGB (unten N 435 ff.) zu besprechen.

Da die Grenzen fliessend sind, könnten die bereits erwähnten Fallgruppen der zweckwidrigen bzw. unnützen Rechtsausübung wie auch der Verzögerung und Verwirkung auch hier angesiedelt werden, wo nebst den Nachwirkungen und der ausserordentlichen Beendigung aus «wichtigen Gründen» vor allem aber die unter die clausula rebus sic stantibus fallenden Probleme darzustellen sind (N 443 ff.).

64 Die letzte – «pathologische» – Phase betreffend Treu und Glauben im Prozess- und Zwangsvollstreckungsrecht (vgl. oben N 33–36) wird in dieser Kommentierung nur noch kurz gestreift (unten N 488 ff.), gehört sie doch in das Gebiet der Verfahrens- und Vollstreckungsrechts-Spezialisten.

65 Erhöhte Rationalität von Entscheidungen im Bereich von Treu und Glauben kann dadurch gewonnen werden, dass die jeweilige konkrete Fallkonstellation

unter einem typisierten Standardraster geprüft wird. Auf die wesentlichen Kriterien dieser Standardisierung wurde in den Vorbemerkungen bereits hingewiesen (VB 2/3, N 12–16). Mittels derartiger «Messwerkzeuge» sollen innerhalb der verschiedenen Phasen und Fallgruppen (oben N 59–64) durch «sachgerechte» Spezifizierung die angestrebten möglichst rationalen und praktikablen Lösungen für konkrete Einzelfälle dargestellt werden.

Jeder Fall ist in seinem sozialen Umfeld, dem (nicht nur sprachlichen) «Kontext» zu sehen; die Forderung ist, dass jeweils systematisch danach gefragt wird, und zwar (vgl. VB 2/3, N 16)

(a) nach dem «Typus» des zu erwartenden Vertrauens:
  –in die charakterlichen Eigenschaften einer Person
  –in Fähigkeiten und Kenntnisse von Personen
  –in das Funktionieren anonymer Systeme;

(b) nach den Beziehungen zwischen den Beteiligten:
  –keine vorgängige Beziehung
  –zwischen den Beteiligten besteht ein Interessengegensatz oder
  –eine Interessengleichrichtung/Interessenwahrung oder
  –eine Interessenvergemeinschaftung;

(c) schliesslich ist die Art und Dauer einer allfälligen Vorbeziehung zu beachten: handelt es sich um eine blosse «Wiederaufnahme» oder um etwas Neues? Wie und welches waren die konkreten Erfahrungen aus dieser Vorbeziehung? Für wie lange/wie oft wird «neues» Vertrauen beansprucht?

II. Auslegung nach Treu und Glauben

1. Grundlagen

Jeder gesellschaftliche Verkehr basiert auf der Kommunikation zwischen den Beteiligten (vgl. VB 2/3, N 6), so auch der Rechtsverkehr. Im Unterschied zu anderem zwischenmenschlichen Verhalten kann rechtlich relevantes Verhalten im «Störungsfall» von den Parteien einem Dritten, dem Richter, zur Beurteilung vorgelegt werden. Aus dieser Sicht kann rechtlich relevantes Verhalten als «justiziables», der Beurteilung durch einen von den Parteien unabhängigen Rechtsstab unterliegendes Verhalten gesehen werden. Der Ausdruck «Rechtsstab» wird

66

Art. 2

im folgenden für alle mit der Anwendung des Rechts befassten Personen verwendet, d.h. Richter, Verwaltungsbehörden, Notare, Polizei, Vollstreckungsbeamte, Rechtsanwälte etc. (vgl. dazu H. ROTTLEUTHNER, Rechtstheorie und Rechtssoziologie, 1981, 63).

67 Daraus ergeben sich besondere Anforderungen an die zwischenmenschliche Kommunikation im Recht: So lange die Beteiligten den Rechtsstab nicht anrufen und dieser auch nicht von Amtes wegen (vgl. oben N 42) einzugreifen hat, sind sie frei, ihre Kommunikation in beliebiger Weise, u.U. in völliger Abweichung von «Standard-Gebrauch» sprachlicher oder anderer Kommunikationsmittel abzuwickeln. Wo sie aber damit rechnen (oder rechnen müssen, vgl. dazu N 68), dass ihr Verhalten der Beurteilung durch einen aussenstehenden Dritten (den Richter oder andere Angehörige des Rechtsstabes) unterliegt, gelten auch für ihre Erklärungen andere, intersubjektive («objektivierende») Massstäbe (vgl. N 10, 11 und 84).

Jedes rechtlich relevante Verhalten unterliegt somit potentiell der Beurteilung durch einen aussenstehenden Dritten (vgl. N 66), und zwar unabhängig davon, ob der Urheber des Verhaltens sich dessen bewusst war oder nicht (vgl. auch oben N 9 und 11). Es ist dieser Dritte (der Rechtsstab, vgl. N 66), der das effektiv noch feststellbare Verhalten (was nicht identisch sein muss mit dem effektiv erfolgten Verhalten) nach intersubjektiven Massstäben interpretiert.

68 Mit dem Hinweis, dass nur das effektiv feststellbare Verhalten für die Beurteilung durch den Rechtsstab in Frage kommt, sind drei verschiedene Problemkreise angesprochen:

(a) das Problem der «Unklarheit» (unten N 69–71) von Äusserungen, die so abgefasst sind, dass sie mehrdeutig sind und daher – je nach Standpunkt – anders verstanden werden können;

(b) das Problem der «Lücken» (dazu unten N 69–71): es fehlt an einer feststellbaren Regelung, weil eine solche nicht vorliegt, obwohl sie für die Regelung einer rechtlich relevanten Beziehung nötig oder doch zumindest zweckmässig gewesen wäre;

(c) das Problem des Beweises, der Beweislastverteilung bzw. Beweislastumkehr sowie die Frage der Beweislosigkeit, da Rechtsansprüche (überspitzt formuliert) nur unter der Bedingung «si probetur», d.h. bei Nachweis der Voraussetzungen, gewährt werden. Diesbezüglich wird auf die Literatur und Rechtsprechung zu den Artikeln 8–10 ZGB verwiesen.

Gerade anhand dieser drei Problemkreise wird der Charakter von Art. 2 ZGB als Beurteilungsnorm (vgl. N 14) erneut deutlich: Treu und Glauben ist die Richtschnur für den Rechtsstab, wie er bei der Lösung von Problemen dieser Art vorzugehen hat; er enthält «auch eine Weisung an den Richter, die dem Prozesse vorausgegangenen Handlungen der Parteien und den «Inhalt» der dadurch umschriebenen «Rechtsverhältnisse» nach den Grundsätzen über Treu und Glauben im Rechtsverkehr zu beurteilen» (so schon BGE 38 II 462).

Bei Rechtsbeziehungen, die auf gegenseitig übereinstimmenden Willensäusserungen beruhen (d.h. insbesondere im Vertragsrecht), stellen sich in den hier zu behandelnden Problemkreisen der «Unklarheit» (N 68 a) und der «Lükken» (N 68 b) folgende Abgrenzungsfragen: 69

(a) In beiden Fällen ist zu prüfen, ob überhaupt übereinstimmende Willensäusserungen vorliegen:
 – hinter unklaren Äusserungen können sich tatsächlich völlig voneinander abweichende Vorstellungen und Ziele verbergen;
 – eine «Lücke» kann einen so wesentlichen Punkt betreffen, dass es an den für das Zustandekommen eines Rechtsgeschäftes erforderlichen Essentialia fehlt.

(b) In den meisten Fällen liegen jedoch nicht derart krasse Unklarheiten oder Lücken vor, dass ohne irgendwelche Auslegungsanstrengungen von vorneherein klar wäre, dass im gegebenen Fall keine übereinstimmenden Äusserungen vorliegen. Der offene Dissens ist in der Rechtspraxis kaum von Bedeutung. Bedeutsam ist dagegen der fliessende Übergang zwischen «auslegungsbedürftiger Unklarheit» und «ergänzungsbedürftiger Lücke» (unten N 71).

(c) Schliesslich wäre zu überlegen, ob der Lückenbegriff, wie ihn die traditionelle Doktrin verwendet – nämlich als Lücke im *Wortlaut* – nicht besser durch einen neuen Begriff ersetzt werden sollte. Wie DÜRR (N 298 ff. zu Art. 1 ZGB in diesem Kommentar) zeigt, liegen Regelungsdefizite nicht (jedenfalls nicht nur) im Wortlaut des Gesetzes, sondern im Gesetz selbst.

Dass sich die Auslegung und Lückenfüllung auseinanderhalten lassen, ist ein theoretisches Desiderat, welches im Bereich der **Gesetzesauslegung** (vgl. unten N 98) vertretbar ist, da es dort darum geht, den allgemein-verbindlichen Gehalt von Normen klar abzugrenzen von nicht geregelten Bereichen («rechtsfreien» Räumen). Ausserdem handelt es sich dabei um Texte, die in der Regel sorgfältiger als private erstellt werden, mit bewusster Abstimmung auf bereits vorhandene Regelungen und systematischer Eingliederung in das bestehende Recht (dass diese Ziele nicht immer optimal verwirklicht werden, ist ein anderes Thema). 70

Doch selbst im Bereich der Gesetzesauslegung wird auch von den Befürwortern der Trennung von Auslegung und Lückenfüllung zugestanden, dass «auch

Art. 2

dann, wenn man wie hier in abstracto grundsätzlich eine qualitative und nicht bloss quantitative Grenzziehung zwischen den beiden Bereichen der Rechtsfindung vornimmt, die Abgrenzung in concreto doch oft zweifelhaft ist» (MEIER-HAYOZ, N 139 zu Art. 1 ZGB).

Andere Autoren nehmen dagegen auch bei der Gesetzesauslegung nur einen graduellen Unterschied zwischen Auslegung und Lückenfüllung an (W. BURCKHARDT, Methode und System des Rechts, Nachdruck 1971, 280; EGGER, Allg. Einleitung N 33; HÖHN, Loyalitätsprinzip und modernes Auslegungsverständnis, in: Festschrift für Hans Nef, Zürich 1981, 159).

71 **Im Bereich rechtsgeschäftlicher Äusserungen**, die in der Regel nur partikulär, nicht systematisch und oft auch nicht professionell erfolgen, lässt sich die Unterscheidung von Auslegung und Lückenfüllung auch theoretisch nicht halten (vgl. OFTINGER, Auslegung, 197 ff.; MERZ, N 137; a.M. PIOTET, insbes. 370 ff. und YUNG, 46 ff., der jedoch einräumt «qu'elle soit peut-être de peu de portée pratique, 48). Das Bundesgericht verwendet in solchen Fällen die neutrale Formulierung der Ergänzung unvollständiger Verträge, ohne auf die Frage Lücke oder Auslegung einzutreten (vgl. BGE 108 II 112).

Jeder Vertrag weist Lücken auf (vgl. GAUCH/JÄGGI, N 490 zu Art. 18 OR; KRAMER, N 209 zu Art. 18 OR), selbst wenn diese durch generelle Verweisungen auf allgemeine Vertragsbedingungen und gesetzliche Regeln so klein wie möglich gehalten werden. Auch in der viel detaillierteren angelsächsischen Praxis der Vertragsredaktion wird von den Parteien nicht «the foresight of a prophet» verlangt (vgl. dazu LORD DENNING, The Discipline of Law, London 1979, 41 ff.).

Von daher dürften die meisten Klauseln, in denen festgehalten wird, dass der (schriftliche) Vertrag sämtliche zwischen den Parteien bestehenden Vereinbarungen enthalte, dass keine Nebenabreden bestünden und Änderungen oder Ergänzungen nur in schriftlicher Form gelten sollen (vgl. dazu die «Entire Agreement Clauses» im angelsächsischen Recht), schon bei Unterzeichnung nur begrenzt gültig sein: viel mehr als eine Verpflichtung, bewusst angestrebte Vertragsänderungen schriftlich zu fixieren, lässt sich ihnen wohl kaum entnehmen.

Generell «tut (man) überhaupt gut, hinter den Absichten der Parteien nicht allzuviel zu suchen; meist denken sie nur an das Allernächste und an dieses mit sehr unklaren Vorstellungen» (OFTINGER, Auslegung, 206, Fn 75; vgl. auch YUNG, 41 ff.). Der Richter hat im Bereich rechtsgeschäftlicher Äusserungen eine einzige praktische Aufgabe zu lösen: Welcher Sinn ist den vorliegenden (festgestellten) Äusserungen bezüglich der zwischen den Parteien bestehenden Situation unter rechtlichen Gesichtspunkten zuzumessen.

Art. 2

Bei dieser Aufgabe stellt sich dem Richter jedoch eine andere Schwierigkeit 72
entgegen, die insbesondere von prozessualer Bedeutung ist: die **Abgrenzung von Sachverhaltsfeststellung und Auslegung.** Ein Beispiel soll die Problemlage verdeutlichen:

Ein Arbeitnehmer kann sein Arbeitsverhältnis beenden, indem er dem Arbeitgeber unmissverständlich mitteilt: «Ich kündige gemäss Vertrag auf Ende des Monats.» Wenn er aber nur sagt: «Ich gehe», ist nicht sofort und ohne weiteres klar, ob nur ein einmaliges (evtl. vertragswidriges) Verlassen der Arbeitsstelle oder eben eine Kündigung vorliegt. Während wir im ersten Fall eine Situation vor uns haben, die keine Zweifel an der Tatsache der Kündigung zulässt, ist im zweiten Fall durch Berücksichtigung aller konkreten Umstände (soweit festgestellt, vgl. oben N 68 c) der Sinn der Äusserung «Ich gehe» auszulegen.

Die theoretische Abgrenzung zwischen «empirischer» und «normativer» 73
Auslegung (vgl. dazu KRAMER, N 67 ff. zu Art. 18 OR) trägt im konkreten Fall wenig bei zur Lösung des Problems der Grenzziehung zwischen Sachverhaltsfeststellung einerseits und Auslegung andererseits, und zwar deswegen, weil sich die beiden Kategorien nicht positiv voneinander abgrenzen lassen. Insbesondere bei allen nur konkludent geschlossenen Rechtsgeschäften entfällt der klassische Haupt-Fall der Auslegung des Wortlautes ohnehin, da nur Umstände aber keine verbalen Äusserungen zu interpretieren sind. Wie weit und welche derartigen Umstände gegebenenfalls beizuziehen sind, ist niemals nur eine Frage der Sachverhaltsfeststellung, sondern immer zugleich auch der rechtlichen Würdigung dieser Umstände (nämlich mindestens mit Bezug auf ihre Relevanz oder Nicht-Relevanz für den gegebenen Fall). Und ob diese Würdigung richtig vorgenommen wurde, ist eine reine Rechtsfrage. Darüber hinaus ist auch darauf hinzuweisen, dass die Auslegung immer Rechtsfrage bleibt, ob man sie nun als «empirische» oder «normative» etikettiert.

Für die Praxis relevant ist, dass eingesehen wird, dass jeder diesbezüglichen 74
Abgrenzung etwas willkürliches anhaftet. Wo streitig ist, ob alle relevanten Umstände für die Auslegung eines Verhaltens beigezogen, bzw. ob diese richtig gewürdigt wurden, ist immer auch (nicht nur) eine rechtliche Würdigung erforderlich.

Aus diesem Grunde ist für alle diese Fälle die freie Überprüfbarkeit durch das Bundesgericht zu fordern (so im Ergebnis auch KRAMER, N 79 zu Art. 18 OR, der darauf hinweist, dass eine sich daraus allenfalls verstärkte Belastung des Bundesgerichtes in Kauf genommen werden muss, und DESCHENAUX, La distinction du fait et du droit dans les procédures de recours au Tribunal Fédéral, 1948, 68). Nur eine solche Lösung vermeidet Willkür und schafft Rechtssicherheit.

Art. 2

75 Der Praxis des Bundesgerichtes lassen sich jedenfalls keine zwingenden Argumente gegen die hier postulierte Lösung entnehmen: Im «Leitfall» (BGE 69 II 322/3) wird in wenig überzeugender Weise damit argumentiert, dass der «innere Tatbestand, den die Vorinstanz auf dem Wege der Beweiswürdigung festgestellt» habe, für das Bundesgericht verbindlich sei. **Dass in dieser Grenzzone eine Tatbestandsermittlung ohne rechtliche Würdigungen (was ist relevant, was nicht) unmöglich ist, wird dabei übersehen.** «A cet égard, la constatation de la volonté interne des parties et celle des actes, paroles et attitudes par lesquelles elles se sont exprimées relèvent du fait» (BGE 85 II 100) ist nur ein Teil der Wahrheit: Wohl beruht sie «namentlich auf der Würdigung des Beweisergebnisses» (BGE 100 II 348), aber eben nicht nur, sondern es handelt sich auch um richterliche Wertung der festgestellten Willensindizien (so auch KRAMER, N 77 zu Art. 18 OR).

Und dass die Würdigung der festgestellten Tatsachen immer «den wirklichen, und nicht den hypothetischen Parteiwillen (ergibt), und deshalb eine tatsächliche Feststellung (ist), die das Bundesgericht bindet» (BGE 107 II 418), ist eine Behauptung, die in dieser apodiktischen Form sicher nicht zutrifft. Denn vielmehr ist es doch so, dass der Richter in diesen Fällen die festgestellten Tatsachen nur mit Hilfe allgemeiner Erfahrungssätze und intersubjektiv erprobter Regeln (der «allgemeinen Lebenserfahrung») ordnen und werten kann (so auch KRAMER, N 77 zu Art. 18 OR a.E.), womit sein Ergebnis irgendwo zwischen dem wirklichen und dem hypothetischen Willen liegen dürfte (vgl. nachstehend N 76).

76 Der Ausdruck «empirische Interpretation» meint somit, dass «das in Art. 18 OR niedergelegte Prinzip der Berücksichtigung des wirklichen empirischen Parteiwillens» (MERZ, N 121) nichts anderes ist als die Anweisung an den Richter, alle verfügbaren Auslegungsmittel beizuziehen, um den Sinn unklarer oder nicht eindeutiger Erklärungen zu ermitteln (vgl. auch KRAMER, N 16 zu Art. 18 OR).

Bei der Beseitigung der Unklarheiten und Mehrdeutigkeiten in den Äusserungen der Beteiligten folgt er jedoch – unabhängig davon, welches Auslegungsmittel (dazu unten N 81 und 89) er verwendet – eben nicht mehr den subjektiven Kategorien der Beteiligten, sondern **untersucht den konkreten Fall an Hand der intersubjektiven (objektivierenden) Kriterien des Rechtsverkehrs.**

77 Wo sich der massgebende Willen eindeutig feststellen lässt, besteht kein Bedarf für Auslegung. «Eine objektivierte Vertragsauslegung hat in diesem Fall keinen Platz, noch weniger aber eine Vertragsergänzung; immer vorausgesetzt, dass der festgestellte Vertragswille widerspruchsfrei und klar ist» (JÄGGI/GAUCH, N 343 zu Art. 18 OR). Wo aber der massgebende Wille nicht unbestreitbar klar ist (wie bei der Kündigung im in N 72 angeführten Beispiel), ist das Ergebnis der Bemühungen des Richters nicht notwendigerweise der «subjektive, empirische»

oder wirkliche Parteiwille, sondern derjenige, der sich mit den intersubjektiven Kriterien der Auslegung feststellen lässt (so auch VON BÜREN, Schweiz. Obligationenrecht, Allg. Teil, Zürich 1964, 172).

Die Berücksichtigung der konkreten Umstände des Falles und aller verfügbarer Auslegungsmittel – soweit diese für die Beteiligten als bedeutsam erkennbar waren – bietet immerhin Gewähr für eine mindestens tendenzielle Annäherung an den «empirischen» subjektiven Parteiwillen, jedoch nur wenn und soweit dieser innerhalb des Rahmens liegt, der mittels inter-subjektiver (objektivierender) Auslegungskriterien festgestellt werden kann. Liegt der empirisch-subjektive Parteiwille ausserhalb des Rahmens einer objektivierenden (inter-subjektiven) Auslegung, kann das zur Folge haben, dass die Parteien mit einer Sicht der Dinge konfrontiert werden, an die sie überhaupt nicht gedacht haben.

Wo der Bestand einer rechtsgeschäftlichen Beziehung (d.h. deren Essentialia) nicht (mehr) strittig ist, darf und soll bei Bedarf die richterliche Auslegung und/oder Ergänzung Klarheit schaffen (vgl. N 79 ff.). 78

Mit VON BÜREN (zit. in N 77, 168 ff.), ist jedoch darauf hinzuweisen, dass in den wenigsten Rechtsverhältnissen eine klar definierte Offerte einem ebenso klar abgegrenzten Akzept gegenübersteht. Die Regel ist, dass zwischen den Parteien eine Vielzahl von Beziehungen bestehen, die nur zum Teil und mehr oder weniger detailliert geregelt werden (vgl. oben N 71 und unten N 79). In diesem «Beziehungsgeflecht» tauchen häufig Probleme auf, welche die Parteien nicht zu Ende gedacht oder überhaupt nicht bedacht haben.

2. Allgemeines zur Auslegung

Grundsätzlich hat man sich stets bewusst zu sein, dass Erklärungen irgendwelcher Art wie auch Rechtsgeschäfte immer unvollständig sind und insbesonders im Streitfall auslegungs- und ergänzungsbedürftig werden können (vgl. oben N 71). Die Vorstellung, dass es «zunächst darum (gehe), zu entscheiden, ob man eine Willenserklärung oder ein konkludentes Handeln vor sich hat» (DESCHENAUX, 167), abstrahiert in zu starkem Masse von der Realität des Rechtslebens, in welchem (ausdrückliche) «Willenserklärungen» und «konkludentes Verhalten» in den weitaus meisten Fällen nebeneinander und gemeinsam erst die rechtliche Bindung zwischen den Parteien ausmachen. 79

Recht, das zu sehr auf den nur sprachlichen Austausch zwischen den Parteien abstellt, verkürzt das tatsächliche Geschehen in unzulässiger Weise und gerät in Gefahr, sich damit tendenziell wieder den starren Formal-Prozessen archai-

Art. 2

scher Rechtsordnungen anzunähern (vgl. dazu M. BAUMANN, Recht/Gerechtigkeit in Sprache und Zeit, 1991, insbes. 62 ff.).

80   Der erste Grundsatz der Auslegung ist daher, dass sprachliche Äusserungen ohne den weiteren sprachlichen und sozialen Kontext nicht vernünftig ausgelegt werden können: es spielt eine Rolle, wer was unter welchen Umständen und wie zu wem gesagt hat («Who says what to whom in which channel with what effect?» H.D. LASSWELL, The Structure and Function of Communication in Society, New York 1948, 38). Wie gross z.B. Anteil und Bedeutung nonverbaler Momente in der Alltagskommunikation sind, ist nicht geklärt, doch gibt es Untersuchungen, die davon ausgehen, dass bis zu 93% der zwischenmenschlichen Kommunikation nicht-sprachlicher Natur sind (vgl. dazu HANS SCHERER, Situationsgebundene Kommunikation, in: Sprache in Situation, Bonn 1989, 56 ff., insbes. 70). Dass auch die Leistungsfähigkeit der Schrift – gerade von Juristen – oft überschätzt wird, kommt dazu (vgl. dazu M. BAUMANN, zit. in N 79, 65 ff.). Umgekehrt kann auch das konkludente Handeln nur im Kontext des gesamten Verhaltens, einschliesslich des sprachlichen Verhaltens, verstanden werden.

81   Als nächstes ergibt sich daraus, dass es – insbesondere im Bereich rechtsgeschäftlicher Willensäusserungen – nicht möglich ist, einen Kanon der Auslegungsmittel festzulegen (vgl. DÜRR, N 146 zu Art. 1 ZGB in diesem Kommentar). Selbst Betti hat in der Auseinandersetzung mit GADAMER später zugegeben, dass seinen Auslegungsregeln lediglich eine negative Funktion zukommt: «Übrigens gebührt den hermeneutischen Kanons nicht so sehr eine positive als eine negative, kritische Rolle der Vorbeugung vor solchen Vorurteilen und Voreingenommenheit, die auf eine falsche Fährte führen können» (zitiert nach JEAN GRONDIN, Einführung in die philosophische Hermeneutik, Darmstadt 1991, 165).

Es macht z.B. wenig Sinn, bei Geschäften, die prinzipiell nur mündlich abgewickelt werden (wie z.B. der gesamte Devisenhandel der Banken), nur die (wenigen) nachträglich angefertigten schriftlichen Belege hermeneutisch zu analysieren. Ein anderes Beispiel sind Geschäfte, die aufgrund eines ursprünglichen schriftlichen Vertrages jahrelang weitergeführt werden, obwohl sich Art und Umfang der ausgetauschten Leistungen wie auch die Abwicklung der Geschäfte selbst in einer Weise weiterentwickelt haben, dass sie vom Text des alten Vertrages nicht mehr erfasst werden. Dagegen hilft auch eine Vertragsklausel folgenden Wortlautes nur wenig: «Auch eine langjährige abweichende Handhabung des Vertrages begründet keine Änderung des Vertrages.» Wenn keine Änderung, kann sie sehr wohl einen neuen «faktischen» Vertrag *neben* dem alten «Papier-Vertrag» begründen (vgl. unten N 383).

82   Daraus ergibt sich zunächst, dass die Wahl der Auslegungsmittel dem jeweiligen Geschäft anzupassen ist, d.h. Sinn und Bedeutung des Geschäftes sind

in denjenigen Kommunikationsformen zu suchen, welche für die betreffende Art der Geschäftsabwicklung üblich und entscheidend sind. Ein absoluter Vorrang sprachlicher Äusserungen lässt sich schon im Hinblick auf Art. 18 OR nicht vertreten (vgl. dazu oben N 76).

Als weitere Konsequenz ergibt sich daraus, dass der Jurist als Richter in einer immer stärker spezialisierten und immer komplexeren Umwelt immer weniger in der Lage ist, den massgeblichen Gehalt auslegungsbedürftiger Äusserungen (verbaler oder nonverbaler Art) selbst festzustellen. Immer mehr stellen sich ihm Probleme der «Übersetzung» zwischen der oder den Fachsprachen der Parteien, der Rechtssprache (als Sprache des Gesetzes und des Rechtsstabes) sowie der allgemeinen Umgangssprache, die als «Übersetzungsmedium» verbleibt (vgl. dazu M. BAUMANN, zitiert in N 79, 127 ff.).

Erklärungen sind nach schweizerischer Lehre und Rechtssprechung nach dem Vertrauensprinzip auszulegen (grundlegend: OFTINGER, Auslegung; vgl. auch MERZ N 125; DESCHENAUX, 167; BGE 116 II 263 und 116 II 435 zur älteren Praxis vgl. BGE 85 II 24 mit Verweisungen). Massgebend ist dabei, wie der Empfänger einer (sprachlichen oder nicht-sprachlichen) Äusserung deren Sinn unter den konkret gegebenen Umständen in guten Treuen verstehen durfte und musste. «In allen Fällen bilden die unzweideutigen subjektiven Gegebenheiten eine unüberschreitbare Schranke der Objektivierung.» (MERZ, N 127).

83

Damit ist einmal mehr auch gesagt, dass eine sprachliche Äusserung nicht losgelöst vom übrigen verbalen und dem mitunter viel wichtigeren nonverbalen Kontext interpretiert werden kann, und dass dabei alle geeigneten Auslegungsmittel (nach Massgabe ihrer Eignung, und nicht nach Massgabe eines fixierten Kanons) anzuwenden sind.

Der Schutz des Rechtsverkehrs – und damit indirekt auch der Parteien (vgl. N 11) – verlangt jedoch, dass Äusserungen, die auch nach Berücksichtigung der konkreten, subjektiven Umstände nicht klar sind, so interpretiert werden, wie sie von Durchschnittspersonen mit vergleichbaren Voraussetzungen (z.B. bezüglich Sprach- oder Fachkenntnissen) im zwischenmenschlichen Verkehr verstanden werden. Daraus ergibt sich eine «Objektivierung des Sinnes der Willensäusserung», was aber noch nicht rechtfertigt, schon von einer objektiven Auslegungsmethode zu sprechen (vgl. LANGE, 6), weil damit fälschlicherweise impliziert wird, es gebe so etwas wie den objektiven Sinn einer Äusserung. Es sei nochmals an Wittgenstein (vgl. oben N 16 a.E.) erinnert, wonach die Bedeutung eines Wortes (einer Äusserung) sein (ihr) Gebrauch in der Sprache (im zwischenmenschlichen Verkehr, bzw. im Rechtsverkehr) ist.

84

Bei dieser Betrachtungsweise bedarf es keiner Weiterentwicklung des Vertrauensprinzipes zum angeblich erweiterten «Auslegungsprinzip des Sichver-

85

ständlichmachens» (LANGE). Jedenfalls sind die von LANGE angeführten Beispiele (vgl. z.B. 24, 25, 26) nicht zwingend und die angebliche «Weiterentwicklung» des Vertrauensprinzipes scheint nur deshalb nötig zu sein, weil die Auslegung zu sehr nur auf die sprachliche Äusserung begrenzt wird und eine «objektive» (statt objektivierende, inter-subjektive) Auslegung versucht wird (Zur Kritik an LANGE vgl. auch die Besprechung von TROLLER in SJZ 1983, 14).

Der **Auslegungsrahmen** lässt sich somit (sehr grob vereinfachend) wie folgt darstellen (für ein detaillierteres Modell vgl. M. BAUMANN, BGE 110 II 320 und das Känguruh, in: recht 1995, 157–161):

Eine Auslegung, die den «wirklichen Willen» der Parteien zu ermitteln versucht, darf nicht ein einzelnes oder nur wenige Elemente einer Beziehung zwischen den Beteiligten mehr oder weniger willkürlich herausgreifen. Besonders beliebt sind Schriftstücke, was mit deren Eignung zur Beweiserbringung zusammenhängen dürfte, denn: «Geschriebenes hat die Handgreiflichkeit eines Aufzeigbaren und ist wie ein Beweisstück» (H.G. GADAMER, Hermeneutik I, Tübingen 1986, 277). Auch wurde schon darauf hingewiesen, dass zwischenmenschliche Kommunikation in aller Regel keine Einbahnstrasse mit nur einem sich Äussernden und einem Empfänger ist (vgl. oben N 79). Realität ist der Austausch von Erklärungen, die sich gegenseitig ergänzen und beeinflussen. Und oft ist das Nicht-Gesagte (weil z.B. als selbstverständlich stillschweigend Vorausgesetzte) das Entscheidende.

Erst wo auch die Gesamtbeurteilung der konkreten Situation zwischen den Beteiligten kein klares Bild ergibt, darf mit dem objektivierenden (nicht «objektiven»), inter-subjektiven Massstab des vernünftigen, korrekten Menschen mit vergleichbarer Ausgangslage (!) versucht werden, das Bild zu vervollständigen; ob man dabei von Auslegung oder Ergänzung sprechen will, ist nicht entscheidend (vgl. oben N 70/71).

Und schliesslich sind die Juristen daran zu erinnern, dass es aus dem «hermeneutischen Zirkel» (vgl. dazu GADAMER, a.a.O. 270 ff.) kein Entrinnen gibt: der Text und sein Interpret bleiben immer aneinandergekettet, und der Sinn des Tex-

Art. 2

tes ist der, welcher sein Interpret durch Auslegung ermittelt: «Erst die Interpretation schafft den Sinn.» (R. OGOREK, Der Wortlaut des Gesetzes – Auslegungsgrenze oder Freibrief? in: Rechtsanwendung in Theorie und Praxis, Basel 1993, 28). Eine Auslegung ist dann geglückt, wenn sie «den Entscheidungsvorgang (und nicht nur das Ergebnis) nachvollziehbar, kontrollierbar und kritisierbar macht» (R. OGOREK, a.a.O., 29). Eine kritische Auseinandersetzung mit juristischen Auslegungstheorien und -Methoden aus linguistischer Sicht findet sich bei Dietrich Busse, Juristische Semantik, Berlin 1993.

3. Auslegungsregeln

Aus dem bisher Gesagten (oben N 79 ff.) lassen sich folgende Auslegungsregeln für die Praxis ableiten: 86

Die Auslegung hat immer den **Gesamtzusammenhang** der fraglichen Rechtsbeziehung zu berücksichtigen (so auch MERZ, N 152). Im Rahmen des Gesamtzusammenhanges sind in die Auslegung (vgl. oben N 65) insbesondere miteinzubeziehen

(a) das Ziel, welches die Beteiligten mittels dieser rechtsgeschäftlichen Beziehung erreichen wollen, insbesondere auch der «wirtschaftliche Hintergrund» (die Wendung stammt aus der Rechtssprechung des Bundesgerichtes zur Sorgfaltspflicht der Banken, vgl. z.B. BGE 108 I b 189);

(b) der Wissens- oder Bildungsstand der Beteiligten (steht ein Fachmann einem Laien gegenüber oder sind Fachleute bzw. Laien je unter sich?), d.h. auf welchem (welchen) Niveau(s) erfolgte die Kommunikation? (Fachsprachen-Problematik);

(c) von einer/beiden Partei(en) stillschweigend zugrundegelegte Voraussetzungen;

(d) Zeitfaktoren (hat eine Beziehung schon vorbestanden, wie lange, für wie lange soll die neue Beziehung eingegangen werden?);

(e) ist das Rechtsgeschäft schon (ganz oder teilweise) abgewickelt worden?

Auslegungsziel ist die Ermittlung des Sinngehaltes der in der gegebenen Gesamtsituation erfolgten Äusserungen der Beteiligten, soweit sich diese feststellen lassen, und nicht eine «objektiv» vernünftige und zweckmässige Regelung (vgl. MERZ N 148). Dies ergibt sich aus Art. 18 I OR. In diesem Rahmen sind daher auch Vernunfts- und Zweckmässigkeitsüberlegungen nur bedingt einzubringen: wer «um jeden Preis» ein Liebhaberobjekt erstehen will, verhält sich (zumindest 87

Art. 2

aus rein wirtschaftlicher Sicht) nicht unbedingt vernünftig und der Onkel, der das Geschäft seines Neffen fördern will, könnte sein Geld vielleicht zweckmässiger anlegen. «Vor allem muss der Richter der Versuchung widerstehen, einen ‹törichten› oder ‹ungerechten› Vertrag auf dem Wege ergänzender Auslegung zu einem ‹vernünftigen› oder ‹gerechten› zu machen» (KRAMER, N 245 zu Art. 18 OR). In diesem Sinne ist das Bundesgericht in BGE 100 II 330 eindeutig zu weit gegangen, indem es der Vermieterin bei der (frühen) Verlängerung eines Dauervertrages nachträglich eine Anpassung zugestanden hat, da «angesichts der seit vielen Jahren ständig steigenden Lebenshaltungskosten, insbesondere auch der Mietzinsen, nicht unterstellt werden (dürfte), die Klägerin habe den Beklagten 1963 versprochen, die Räume ab 1. Oktober 1969 für weitere zehn Jahre zu dem bereits 1959 vereinbarten Zins zu vermieten.» MERZ (ZBJV 1976, 99–101) hat mit Recht darauf hingewiesen, dass dies nicht einleuchtet: «Gerade wenn 1963 die inflatorische Entwicklung schon voraussehbar war, wäre es Sache der Vermieterin gewesen, die Erhöhung des Mietzinses vorzubehalten.» Auch die vom Bundesgericht angegebene Rechtsgrundlage – ein auch den Art. 322 Abs. 1, 374 und 394 Abs. 3 OR angeblich zugrundeliegender «allgemeiner Rechtssatz» – überzeugt nicht. Vgl. auch die Kritik dieses Entscheides bei R. JEANPRÊTRE in JdT 1975, 601–614.

Die bundesgerichtliche Formulierung, dass der Richter «sich am Denken und Handeln vernünftiger und redlicher Vertragspartner sowie an Wesen und Zweck des Vertrages zu orientieren» habe (BGE 115 II 488; 111 II 262), enthält eine Überbetonung der, bzw. eine verfrühte Hinwendung zur Objektivierung, wo diese u.U. noch nicht nötig ist (differenziert: KRAMER, N. 238 ff. zu Art. 18 OR; vgl. auch MERZ, N 148, sowie GAUCH, Der vernünftige Mensch – ein Bild aus dem Obligationenrecht, in: Das Menschenbild im Recht, Freiburg 1990, 177–203).

Denn erst danach, wenn das subjektiv angestrebte Ziel feststeht, sind an Hand der Art des Geschäftes und der Natur der Sache Überlegungen der Praktikabilität, Zweckmässigkeit und Angemessenheit anzustellen. Die Beurteilungskriterien dafür können oft Handels- oder Branchenbräuchen oder dem dispositiven Recht entnommen werden, falls der ursprüngliche (rudimentäre) Text nicht schon selber darauf verweist (so auch MERZ, N 138 und 145; YUNG, 63; ZELLER, Auslegung, 487–491).

Dabei sind **alle** Auslegungsmittel – und zwar je nach ihrer Eignung zur Klärung eines bestimmten Problemes – einzusetzen (so schon OFTINGER, Auslegung, 194/6; vgl. auch oben N 79 und 81). Ein absoluter Vorrang der sprachlichen Äusserung ist im rechtsgeschäftlichen Verkehr (zur Gesetzesauslegung, vgl. N 98) nicht zu vertreten (anders in der Gewichtung MERZ, 149) und lässt sich nur aus der tendenziellen Überschätzung der Sprache und ihrer Möglichkeiten durch Juristen erklären (vgl. oben N 80).

Dass es überhaupt zu einem Rechtsgeschäft zwischen den Parteien gekommen ist, rechtfertigt zunächst eine Auslegung, die das Geschäft bei Bestand lässt (vgl. MERZ, N 158). Doch darf das Prinzip der Aufrechterhaltung des Geschäftes aus der Sicht von Treu und Glauben nicht überspannt werden. Es ist durchaus denkbar, dass andere vernünftige und korrekte Dritte (vgl. N 89 und 90) in vergleichbaren Situationen das Geschäft nicht nur anders, sondern überhaupt nicht abgeschlossen hätten, so dass auch eine «Konversion» (vgl. GUHL/MERZ/KOLLER, Das Schweizerische Obligationenrecht, 1991, 120; VON TUHR/PETER, Allg. Teil des Schweiz. Obligationenrechts 228 f.) nicht in Frage kommt.

Der durch objektivierende Auslegung ermittelte Parteiwille könnte auch dahin lauten, dass am Geschäft angesichts der nachträglich aufgetauchten Schwierigkeiten nicht festzuhalten ist. 88

Bei Unmöglichkeit, aus dem Gesamtzusammenhang (vgl. N 86) die zwischen den Parteien getroffene Regelung (vgl. N 87) – trotz des Einsatzes aller Mittel (vgl. N 87 a.E.) – zu ermitteln, darf die Situation beurteilt werden, wie sie von anderen Menschen mit vergleichbaren Ausgangspositionen vermutlich geregelt worden wäre nach dem «hypothetischen Parteiwillen», wobei die konkreten Umstände des Falles, soweit feststellbar, mit in die Bewertung einzubeziehen sind. 89

Obwohl in der Sache zutreffend, ist die Bezeichnung «hypothetischer Parteiwillen» unglücklich und von daher eher abzulehnen, weil sie verschleiert, was effektiv vor sich geht: Bei genauer Betrachtung handelt es sich doch darum, dass der Richter in diesen Fällen als handelndes Subjekt aufgerufen ist (wie bei jeder Auslegung übrigens; vgl. oben N 85), seine Beurteilung an Stelle jener der Parteien zu setzen. Diese ist jedoch nicht frei, sondern normativ gebunden an den Massstab, den vernünftige und rechtliche Parteien in der gleichen Situation wie die Parteien des konkreten Vertrages – d.h. unter Rücksicht auf Wesen und Zweck des Vertrages – angewendet hätten (vgl. dazu GAUCH/SCHLUEP 1257–1264; JÄGGI/GAUCH N 498 ff. zu Art. 18 OR; KRAMER N 238 ff. zu Art. 18 OR; MERZ N 145 sowie BGE 115 II 488 und 111 II 262 mit Verweisungen).

In dubio contra stipulatorem? (contra proferentem?) Gemäss VON BÜREN (zit. in N 77, 171) ist die generelle Auslegung unklarer Texte gegen ihren Verfasser zumindest zweifelhaft: «Ist dem Verfasser vorzuwerfen, sich mehrdeutig ausgedrückt, dann verdient der andere Teil den Vorwurf, sich auf die Unklarheit eingelassen zu haben». 90

Die richtige Lösung ergibt sich auch hier erst, wenn die Umstände berücksichtigt werden: Handelt es sich z.B. um einen Vertrag zwischen zwei Handwer-

Art. 2

kern, der zwar vom einen aufgesetzt, dann aber gemeinsam durchberaten wird, ist der Grundsatz der Auslegung gegen den Verfasser wohl kaum anwendbar.

Praktisch bedeutsam wird er aber in all denjenigen Fällen, wo eine Partei nur ein weitgehend vorformuliertes Vertragswerk als ganzes akzeptieren kann oder nicht (z.B. vorgedruckte allgemeine Geschäftsbedingungen von Banken und Versicherungen): Hier ist es gerechtfertigt, diejenige Partei, welche den Text ausgearbeitet hat, für allfällige Mängel (Unklarheiten oder Lücken) verantwortlich zu machen (vgl. dazu KRAMER, N 109 zu Art. 1 OR; JÄGGI, N 489 zu Art. 1 OR): «En matière de contrats conclus sur la base d'une formule préparée d'avance par l'un des contractants, les clauses peu claires doivent être interprétées contre la partie qui les a rédigées» (BGE 92 II 348). Das gleiche gilt z.B. für die formularmässige Mitteilung einer Mietzinserhöhung, welcher der Empfänger nicht klar entnehmen kann, wie die Mietzinserhöhung berechnet wurde (BGE 117 II 458; vgl. auch BGE 118 II 130).

Zwischen diesen beiden relativ klaren Fallgruppen liegen die Einzelverträge zwischen wirtschaftlich unterschiedlich starken Parteien (z.B. zwischen einem Grossverteiler und einem freiberuflich tätigen Verkaufstrainer). Zwar trifft die einleitende Feststellung VON BÜRENS auch hier zu; genauso trifft es aber zu, dass die wirtschaftlich schwächere Partei bei dieser Ausgangslage den von der anderen Partei vorformulierten Vertragstext ebenfalls nur als Ganzes akzeptieren oder eben darauf (in unserem Beispiel auf den Schulungsauftrag) verzichten muss. Die Analyse der Gesamtsituation zwischen den Parteien (vgl. N 85) müsste somit auch in diesen Fällen zur Anwendung der in dubio contra stipulatorem-Regel führen.

91   Die **Ungewöhnlichkeitsregel** besagt, dass «von der pauschalen Zustimmung zu allgemeinen Geschäftsbedingungen alle ungewöhnlichen Klauseln ausgenommen seien, insbesondere solche, deren Inhalt von dem abweicht, was vernünftigerweise erwartet werden dürfe» (BGE 109 II 456/7 sowie 109 II 216/7 mit zahlreichen Verweisungen).

Zunächst ist festzuhalten, dass hier nicht Unklarheit oder Mehrdeutigkeit einer Äusserung problematisch sind. Vielmehr geht es darum zu klären, ob eine – an sich durchaus klare und eindeutige – Äusserung, die in einer nur pauschal anzunehmenden oder abzulehnenden Vielzahl von Bestimmungen enthalten ist, im Rahmen dieses Kontextes einen unerwarteten oder überraschenden Inhalt aufweist. Damit scheiden textexegetische Methoden zur Klärung der Frage von vornehrein aus.

Allein nach Art. 19/20 OR und nach Art. 27 ZGB ist die inhaltliche Frage (Inhaltskontrolle) zu entscheiden, da Art. 2 ZGB keine Schranke der rechtsgeschäftlichen Freiheit aufrichtet. «Weder der Grundsatz von Treu und Glauben noch das Rechtsmissbrauchsverbot ist dazu da, einer allgemeinen Vertragsgerechtigkeit zum Durchbruch zu verhelfen» (BGE 115 II 236; vgl. auch oben N 49).

Dagegen kann gestützt auf die «Verkehrsschutzfunktion» des Art. 2 ZGB auch in diesen Fällen eine **Geltungskontrolle** vorgenommen werden. Wo die Umstände der Einbeziehung einer ungewöhnlichen oder nicht zu erwartenden Klausel in eine Gesamtregelung den Interessen eines geordneten Rechtsverkehrs widersprechen, kann ihr die Geltung abgesprochen werden (vgl. BGE 109 II 452 sowie XAVIER FAVRE-BULLE, Le rôle du principe de la bonne foi et de l'abus de droit dans le domaine des clauses abusives in: Abus de droit et bonne foi, Fribourg 1994, 139–179).

Der Versuch, mit Art. 8 UWG eine Grundlage für eine wirksame **Inhaltskontrolle missbräuchlicher Geschäftsbedingungen** zu schaffen, wird in der Lehre fast einhellig als gescheitert betrachtet. MERZ (Vertrag, zit. in N 105, 57) spricht von einer «verfehlten Revision», Baudenbacher (Das UWG auf neuer Grundlage, Bern 1989, 30) von einer «Fehlleistung» des Gesetzgebers. Vgl. auch die kritischen Bemerkungen von DESSEMONTET, SPOENDLIN, GILLIÉRON, BAUDENBACHER, HERTIG und FISCHER: «Was soll noch Art. 8 UWG?»/«Que reste-t-il de l'article 8 LCD sur les conditions générales?» (SAG 1987, 109–117) sowie die Übersicht über den Stand der Diskussion bei FAVRE-BULLE (zit. in N 91, 153–156). 92

Berücksichtigt man, dass dem Problem der Inhaltskontrolle letztlich die Frage der materiellen Vertragsgerechtigkeit zugrunde liegt, ist der Folgerung von FAVRE-BULLE (a.a.O., 172) zuzustimmen «... le principe de la bonne foi et l'abus de droit ne peuvent être considérés comme des bons moyens pour assurer un juste équilibre contractuel.» Diese Aufgabe ist gesondert zu lösen; mit Art. 8 UWG ist das aber nicht gelungen. Eine Bestandesaufnahme aus der Sicht des EU-Rechtes findet sich bei CLAIRE HUGUENIN JACOBS: Allgemeine Geschäftsbedingungen in der Schweiz im Lichte der neuen EU-Richtlinie über missbräuchliche Klauseln in Verbraucherverträgen, in: recht 1995, 85–95.

4. Zur Auslegung mangelhafter Äusserungen

Bei MERZ (N 159 ff.) finden sich unter dem Titel «Besondere Fälle» Hinweise zum Vorgehen in Situationen, die alle durchwegs alltäglich sind, oft Massengeschäfte betreffen (z.B. die AGB, MERZ N 169 ff.) und daher gerade nicht als «besondere» Fälle etikettiert werden sollten. «Besonders» erscheinen diese Fälle eben nur, wenn von der Realität des Rechtslebens zu stark abstrahiert wird, in welcher sich in den allermeisten Fällen nicht zwei wirtschaftlich gleich starke, gleich gut ausgebildete und gleichermassen faire Parteien gegenüberstehen (vgl. 93

Art. 2

dazu VB 2/3, N 10 ff.), die zudem jedes Detail der anvisierten Transaktion gründlich überdenken und ausformulieren, und erst noch vollständig und widerspruchsfrei zu Papier bringen.

Vielmehr haben wir es mit den unter dem Aspekt der Feststellbarkeit (vgl. oben N 69) bereits erwähnten Alltagsphänomena der Unklarheit und der Lückenhaftigkeit der Äusserungen über rechtlich relevante Beziehungen zu tun, die durchaus mittels der allgemeinen Auslegungsregeln gelöst werden können (dazu N 87–92).

94   **Fehlen einer aktiven Willensäusserung/Stillschweigen:** Der Fall der sogenannten stillschweigenden Willenserklärung bedarf keiner speziellen Auslegungsregel, wenn man ihn dort einordnet, wo er nach heute herrschender Lehre (vgl. KRAMER N 9 und 12 zu Art. 1 OR; VON TUHR/PETER, 163) hingehört: zu den konkludenten Willensäusserungen.

Das Bundesgericht hat zur Lösung dieser Fälle schon früh die kanonisch-gemeinrechtliche Formel «qui tacet consentire videtur ubi loqui debuit ac potuit» (vgl. dazu SCHMIDLIN, N 3 zu Art. 6 OR) übernommen, derzufolge auch Schweigen rechtswirksam wird «wenn Redlichkeit oder praktische Vernunft einen Widerspruch gefordert hätten, falls das scheinbare Einverständnis in Wirklichkeit nicht bestand» (BGE 30 II 301; vgl. auch den Entscheid des Bundesgerichtes vom 20.9.1989, publiziert in SJ 1990, 91–95). Bezüglich des Stillschweigens, bzw. Nichtreagierens auf Mitteilungen, die einem Kunden auf Grund einer separaten Vereinbarung als banklagernde Korrespondenz «zugestellt», d.h. in sein Bankfach gelegt werden, gilt, dass sich der Kunde alles entgegenhalten lassen muss, wie wenn er die Mitteilung selbst entgegengenommen hätte. «Eine andere Lösung wäre mit einem geordneten Geschäftsverkehr nicht zu vereinbaren» (BGE 104 II 194/5). Immerhin sind Situationen denkbar, «où la banque ou l'un de ses auxiliaires profite de la fiction de la remise du courier pour agir sciemment au détriment du client», wo die Berufung auf die Fiktion der Zustellung banklagernder Post also rechtsmissbräuchlich wäre (Bundesgerichtsentscheid vom 7. Dezember 1984, publiziert in SJ 1985, 246–250; vgl. auch BGE 114 II 250).

Für weitere Einzelheiten kann diesbezüglich auf die Kommentare zu Art. 6 OR von SCHMIDLIN und von JÄGGI verwiesen werden sowie auf Ernst A. KRAMER: Schweigen auf kaufmännische Bestätigungsschreiben und rechtsgeschäftlicher Vertrauensgrundsatz, in recht 1990, 99–106 (vgl. auch unten, N 390). Zum Schweigen auf Bestätigungsschreiben mit Gerichtsstandsklauseln: HANS REISER, Gerichtsstandsvereinbarungen nach IPR-Gesetz und Lugano-Übereinkommen, Zürich 1995, 48, 57.

95   **Mängelbehaftete Willensäusserungen:** In diese Kategorie fällt ein ganzes Spektrum von Fällen, die wie folgt aufgelistet werden können:

(a) Abgabe einer Äusserung, die vom Autor nicht als rechtlich relevant betrachtet wird, wohl aber von einer Gegenpartei: jemand hebt an einer Versteigerung die Hand, um einem Bekannten zuzuwinken und erhält darauf den Zuschlag.

(b) Wer sich verspricht oder verschreibt, will zwar eine rechtlich relevante Erklärung abgeben, aber mit einem anderen Inhalt und merkt daher selber nicht, dass das Gewollte und das Geäusserte sich nicht decken.

(c) Wer eine Urkunde ungelesen unterschreibt, «äussert» sich zwar gemäss dem Text der Urkunde, wobei er weiss, dass er sich in einer rechtlich relevanten Weise erklärt (anders als bei a), jedoch darauf verzichtet, vom Inhalt dieser Erklärung Kenntnis zu nehmen, und riskiert damit ein Auseinanderfallen von Gewolltem und Geäussertem (vgl. b).

(d) Dadurch, dass jemand ein Dokument unterschreibt, das er zwar gelesen hat, dessen Bedeutung er aber nicht versteht, kann (muss nicht) ebenfalls eine Situation entstehen, in der sich das Gewollte und das Geäusserte nicht decken (vgl. b).

(e) Bei Unterschrift eines (gelesenen oder nicht gelesenen) Dokumentes, in welchem auf weitere Dokumente verwiesen wird, liegt häufig eine Kombination der Fälle c) und d) vor: das Dokument, auf welches verwiesen wird, wird nicht gelesen, weil es auch nicht verstanden wird; denn oft sind es gerade die anspruchsvollen und technisch komplizierten Teile einer Regelung, die in separaten Dokumenten (Anhängen) festgehalten werden.

Als Beispiel sei auf die Regelungen verwiesen, welche für den Handel an der Schweizerischen Optionenbörse (Soffex) gelten: es darf angenommen werden, dass ein grosser Teil der Kunden, die solche Geschäfte tätigen (oder tätigen lassen), die detaillierten Bestimmungen weder kennt noch versteht; ein anderes Beispiel sind die allgemeinen Bedingungen der Versicherungsgesellschaften.

(f) Noch einen Schritt weiter ins Risiko begibt sich, wer ein Blankett unterschreibt: er nimmt in Kauf, dass seine Unterschrift missbraucht werden könnte – eventuell auch durch einen Dritten, der zufälliger- oder unbefugterweise in den Besitz des Blanketts gelangt. Damit kann eine Erklärung in Umlauf geraten, die vom Unterschreibenden gar nicht geäussert wurde, ihn aber gleichwohl binden kann.

Lehre und Rechtsprechung haben dem Urheber einer Äusserung, die mit einem der unter N 95 lit. c bis f umschriebenen Mängel behaftet ist, die Berufung auf Irrtum unter Hinweis auf Art. 25 I OR regelmässig verwehrt (vgl. VON TUHR/PETER, 162, Fn 32; MERZ, N 165; JÄGGI, N 421 zu Art. 1 OR; BGE 88 II 426/7). Nur

96

Art. 2

wo der Empfänger einer derartigen Erklärung erkannte oder erkennen musste, dass das Geäusserte nicht dem Gewollten entsprach, entfällt eine Bindungswirkung, aber nicht wegen Irrtums, sondern wegen Dissens, wobei dies nicht notwendigerweise den Wegfall des ganzen Geschäftes bedeuten muss, zumal wenn nur Nebenpunkte betroffen sind (vgl. Art. 20 II OR). Zu den Fällen, in denen die «Praxis durchaus noch die Geltendmachung des Irrtums (zulässt), wo die strenge Handhabung des Vertrauensprinzipes sie ausschlösse», vgl. OFTINGER (in Äquitas und Bona Fides, 263 ff., insbes. 271/2).

Der Verweis auf Art. 25 I OR als Ausschlussgrund für die Berufung auf Irrtum bestätigt jedoch einmal mehr den Zweck der Regeln von Treu und Glauben: nämlich den Schutz des Rechtsverkehrs (vgl. oben N 11).

97 Die Behauptung, eine (sprachliche oder nichtsprachliche) Äusserung beinhalte einen anderen Sinn als z.B. die Gegenpartei ihn verstehen wolle, ist als solche nicht rechtsmissbräuchlich, auch wenn sie krass vom allgemein-üblichen Gebrauch abweicht und sich auch aus dem ganzen Kontext der betreffenden Rechtsbeziehung keinerlei Anhaltspunkte für die geltendgemachte Bedeutung ableiten lassen. Aber sie ist – auf dem Wege der Auslegung – richtigzustellen.

Ähnlich wie bei der Gesetzes- oder Vertragsumgehung (vgl. oben N 52–57) löst die «richtige» Auslegung dieses Problem direkt, ohne dass auf das Rechtsmissbrauchsverbot von Absatz 2 von Art. 2 ZGB zurückgegriffen werden müsste. Wiederum zeigt sich der Charakter dieser Norm: die Anweisung an den Richter, wie er vorzugehen hat (vgl. oben N 14 a).

98 Aus dem bisher Gesagten ergibt sich auch, warum die Auslegung von rechtlich relevanten Äusserungen und Rechtsgeschäften sowohl bezüglich Ziel als auch Methode grundsätzlich verschieden ist von der Gesetzesauslegung (vgl. dazu ERNST HÖHN, Praktische Methodik der Gesetzesauslegung, Zürich 1993 sowie BEATRICE WEBER DÜRLER, Vertrauensschutz im öffentlichen Recht, Basel 1983, 267 ff.): Die Vertragsauslegung dient allein der Klärung einer Rechtssituation zwischen den Beteiligten, welche diese im Rahmen des Rechts jedoch beliebig gestalten können. Das Ziel der Gesetzesauslegung (vgl. dazu J.F. PERRIN, Le Tribunal fédéral face aux méthodes d'interprétation, SJ 1983, 609–624) ist dagegen die Ermittlung des Sinnes der Norm, die «ohne Ansehen der Person» für alle Rechtssubjekte gleichermassen gelten soll, von den Betroffenen selber auch nur in ganz bestimmten Verfahren geändert oder aufgehoben werden kann. Gesetze sind tendenziell universalistisch und generalisierend, idealisierend (Rechtsidee) und abstrahieren von konkreten Gegebenheiten, d.h. sie sind dekontextuell; überdies können sie nur in streng-formellen Verfahren geändert oder aufgehoben werden. Verträge dagegen sind partikularistisch-individuelle Regelungen mit hoher Abhängigkeit

von den umgebenden (kontextuellen) konkreten Realitäten; sie können von den Parteien jederzeit formlos, auch konkludent (formbedürftige Geschäfte ausgenommen) abgeändert werden. Aus dieser grundsätzlichen Verschiedenheit der Zielsetzungen ergeben sich auch grundlegende Unterschiede in der Methodik:

Gegenstand der Gesetzesauslegung ist die Norm in ihrer sprachlichen Form, die im Prozess des Rechtssetzungsverfahrens bewusst auf Vollständigkeit, Korrektheit und Kohärenz mit der gesamten Rechtsordnung ausgearbeitet wird (dass diese Ziele nicht immer erreicht werden, ist ein anderes Thema).

Rechtsgeschäfte können dagegen in beliebiger Form – auch konkludent – abgeschlossen und geändert oder aufgehoben werden, und selbst wo eine sprachliche (mündliche oder schriftliche) Fassung vorliegt, muss von vorneherein von deren Unvollständigkeit (vgl. oben N 71) ausgegangen werden. Erklärungen und Rechtsgeschäfte gehören zu zwischenmenschlichen Beziehungen, die nur als solche und nur in ihrer Gesamtheit mit ihren kontextuellen Bezügen interpretiert und verstanden werden können. Unrichtig ist daher die Ansicht ZELLERs, dass auf die Auslegung von Gesetz und Vertrag die gleichen Grundsätze anwendbar seien (gl. M.: LARENZ, 346/7 und MERZ in SJZ 1990, 311/12).

Statuten liegen auf «halbem Wege» zwischen den Extremen von Gesetz und Vertrag. Sie sind gleichzeitig universalistisch und partikulär, generalisierend und individualisierend, abstrahierend und konkretisierend sowie dekontextuell und kontextbezogen. Die Schwierigkeiten bei ihrer Auslegung ergeben sich daraus, dass diese nur dann gelingen kann, wenn vorgängig die «Natur» einer Statutenbestimmung (gesetzes- oder vertragsartig?) herausgearbeitet wird.

Gemäss Bundesgericht sind Statuten nach dem Vertrauensprinzip auszulegen (BGE 107 II 186), wobei es sich fragt, ob bezüglich der «Verfassung» einer juristischen Person (in casu eines Vereins) – «quand il s'agit d'interpréter les status dans la mesure où ils édictent les règles sur la constitution de la personne morale (savoir la désignation de ses organes, la détermination des compétences respectives de chaqun d'eux et les formes dans laquelles sont prises leurs décisions), l'interprétation ne doit pas se faire selon le sens objectif plutôt que selon le principe de la confiance» (BGE 114 II 197; vgl. dazu auch LIEBER, N 54 zu Art. 7 ZGB in diesem Kommentar).

Art. 2

III. Widersprüchliches Verhalten / Venire contra factum proprium

99 Nach dem Ideal der absoluten persönlichen Freiheit ist grundsätzlich jedermann gestattet, jederzeit vom bisherigen Verhalten abzuweichen, andere Haltungen einzunehmen, sich anders zu betragen. Niemand wird die Berechtigung dieser Ansicht im Bereich höchstpersönlicher Entscheidungen – z.B. betreffend religiöse Ansichten – in Zweifel ziehen.

Anders verhält es sich jedoch im Bereich sozialen, inter-subjektiven Verkehrs, in welchem Bindungen auf zwei verschiedenen Stufen bestehen, welche die Freiheit des Verhaltens notwendigerweise begrenzen.

Im Rechtsverkehr sind dies

(a) die «Verkehrsregeln», die für alles rechtlich relevante Verhalten ohne weiteres Zutun der Beteiligten auch dann gelten, wenn ihnen selber dies gar nicht bewusst ist (vgl. oben N 9 und unten N 100);

(b) die Beschränkungen, die sich aus gewillkürten «Sonderverbindungen» ergeben (vgl. unten N 144 ff.).

100 Die allgemeine Verkehrsregel von Treu und Glauben, d.h. das Gebot, sich im Rechtsverkehr redlich, loyal, korrekt zu verhalten, gilt unabhängig vom Bestehen einer «Sonderverbindung» (vgl. oben N 6) für jedes Auftreten auf dem rechtlichen «Parkett». Der Hauptgrund dafür wurde in den Vorbemerkungen zu Art. 2 und 3 ZGB (VB 2/3, N 3 ff.) bereits genannt: sozialer – insbesondere rechtlicher – Verkehr ist nicht möglich, wenn Erwartungshaltungen bezüglich künftiger Ereignisse laufend enttäuscht werden und als (wenigstens relativ) unwandelbar angenommene Ausgangssituationen sich dauernd verändern. Ohne eine gewisse «constantia» sind zwischenmenschliche Beziehungen nicht möglich. Wo – nach den Massstäben des zwischenmenschlichen Verkehrs – Beständigkeit erwartet werden muss und darf, stellt jedes Abweichen von einer als fest angenommenen Haltung einen Verstoss gegen die Verkehrsregeln dar.

Das gilt selbstverständlich nicht, wenn für alle Beteiligten klar ist, dass «feste Positionen» erst gesucht werden, wenn also in Verhandlungen (gelegentlich wird sogar von Vor-Verhandlungen gesprochen) das **«ius variandi»** (DESCHENAUX, 182) berechtigterweise voll ausgeschöpft wird. Wer aber eine «feste» Position bezieht und diese zum Ausdruck bringt, oder zumindest den Eindruck erweckt, dies getan zu haben, muss sich im Interesse des Rechtsverkehrs grundsätzlich darauf behaften lassen. Es sei denn, es gelinge ihm, die Abhängigkeit dieser «festen» Position von anderen Umständen darzutun, wobei allerdings auch hier die Erkennbarkeit dieser Abhängigkeit nach intersubjektiven Massstäben genügt.

Art. 2

«Es gibt keinen Grundsatz der Gebundenheit an das eigene Handeln. Setzt sich jemand zu seinem früheren Verhalten in Widerspruch, ist darin nur dann ein Verstoss gegen Treu und Glauben zu erblicken, wenn das frühere Verhalten ein schutzwürdiges Vertrauen begründet hat, welches durch die neuen Handlungen enttäuscht würde. Ist eine Rechtslage unklar oder zweifelhaft, so widerspricht es nicht Treu und Glauben, wenn jemand widersprüchliche Positionen einnimmt, um seine Rechte unabhängig vom Ausgang einzelner Rechtsstandpunkte optimal zu wahren» (BGE 115 II 338).

Zum Spannungsfeld zwischen Treu und Glauben und Gesetzesänderung vgl. BGE 101 Ia 443; zum Problem der Praxisänderung vgl. BGE 108 Ia 122.

Widersprüchliches Verhalten führt im Ergebnis zu einer Unklarheit (evtl. LÜCKE, vgl. oben N 71): es liegen zwei verschiedene (sprachliche oder nichtsprachliche) Äusserungen oder Verhaltensweisen vor, die sich gegenseitig ganz oder teilweise aufheben. Anders als bei der ursprünglich unklaren Äusserung (vgl. oben N 93 ff.) entsteht die Unklarheit hier jedoch erst nachträglich, d.h. nachdem während einer gewissen Zeit klare Verhältnisse bestanden haben. Für die Lösung derartiger Fälle ist zunächst auf dem Wege der Auslegung zu ermitteln, ob und welche Art von Bindungen aufgrund dieser vorbestehenden «klaren Verhältnisse» bereits entstanden sind.

101

Im Bereich vertraglicher Bindungen muss ein nachträgliches einseitiges Abweichen von einer Abrede unter dem Gesichtspunkt der Vertragsverletzung untersucht werden, was dogmatisch keine besonderen Schwierigkeiten bereitet. Kritischer sind dagegen diejenigen Fälle, in denen die rechtliche «Sonderverbindung» (vgl. dazu N 6) eben noch nicht die Stufe der rechtsgeschäftlichen Bindung erreicht hat (oder nicht erreichen kann, weil z.B. ein bloss einseitiges Rechtsgeschäft und kein zweiseitig bindender Vertrag ansteht).

In diesen Fällen kann analog zur Regelung bei den ursprünglichen Unklarheiten nach der Formel «in dubio contra stipulatorem» (vgl. N 90) vorgegangen werden. Dabei ist aber auch hier die Einschränkung anzubringen, dass die Gegenpartei, die mit widersprüchlichem Verhalten konfrontiert wird – gerade in dieser noch nicht fest etablierten Beziehungssituation – nicht grenzenlos und blind in die Konstanz der Haltung der anderen Partei vertrauen darf. Auch hier ist – unter Benützung aller zur Verfügung stehenden Mittel (vgl. N 65) – zu prüfen, wer bezüglich welcher Art von Vertrauen wie weit und für wie lange zu schützen ist.

Jedenfalls darf man den Schutzbereich, der sich aus dem Verbot des widersprüchlichen Verhaltens ergibt, nicht überschätzen. Die hier zu behandelnden Fälle liegen zwischen den beiden folgenden Polen:

102

(a) Es liegt bereits eine spezifizierte rechtliche «Sonderverbindung» (z.B. in Form eines Vertrages) mit klar umschriebenen Rechten und Pflichten vor.

Art. 2

Ein Verstoss dagegen kann u.U. auch als ein «venire contra factum proprium» gesehen werden, das jedoch mit den Rechtsbehelfen für die betreffende Situation (wie sie sich aus dem Gesetz oder dem Vertrag ergeben, z.B. den Regeln betr. Nicht- oder Schlechterfüllung) zu ahnden ist; hier kann nur subsidiär auf Art. 2 ZGB zurückgegriffen werden (vgl. unten N 380 ff.).

(b) Wo umgekehrt die Bindung noch nicht die Festigkeit erreicht hat, dass das «erweckte Vertrauen» zugleich auch das «ius variandi» einschränkt, kann von widersprüchlichem Verhalten nicht die Rede sein. Gerade in Verhandlungssituationen muss der Vorbehalt des «ius variandi» in weitem Umfange als stillschweigende – aber für die Verhandlungsführung typische und notwendige – Bedingung vorausgesetzt werden.

103 Die Fälle, die in der Literatur unter dem Titel des «widersprüchlichen Verhaltens» aufgeführt werden, sind verschiedenster Art.

Nach der hier vertretenen Ansicht, dass widersprüchliches Verhalten in allen Phasen des rechtlich relevanten Verhaltens auftreten kann, und somit wie die Auslegung zu den grundsätzlichen Aspekten von Art. 2 ZGB gehört (vgl. N 59/60), wird in den einzelnen Phasen auf dieses Phänomen zurückzukommen zu sein. Trotz seines Auftretens in allen Phasen des Rechtsverkehrs ist der Umfang des Schutzbereiches des Verbotes des venire contra factum proprium nicht zu überschätzen (vgl. N 102).

104 Kasuistik:

(a) **Widersprüchliches Verhalten bejaht**

(1) ZR 91/92 Nr. 19: Widersprüchlich handelt eine Frau, die «einerseits ein auf die Aufrechterhaltung der Ehe angelegtes (Eheschutz-) Verfahren wählt und auf unbestimmte Zeit die Vorteile der ehelichen Unterhaltsregelung für sich in Anspruch nimmt, anderseits aber ... mit dem Beklagten nicht zusammenlebt, bzw. zusammenleben will, offensichtlich auch darum, weil sie sich einem anderen Mann zugewandt hat.»

(2) Widersprüchlich ist die Bestreitung der Passivlegitimation für die Widerklage durch die Klägerin, die gleichzeitig an ihrer Aktivlegitimation zur Hauptklage festhält (BGE 108 II 218).

(3) Wenn der geschiedene Vater seinen Sohn zu einer weiterführenden Ausbildung (über das 20. Altersjahr hinaus) anmeldet, «grenzt es an ein rechtsmissbäuchliches venire contra factum proprium», wenn er im nachhinein geltend macht, seine Zustimmung für diese Weiterbildung liege nicht vor (BGE 107 II 478); der Fall ist aber – richtiger-

Art. 2

weise – schon auf dem Auslegungswege (Art. 272 aZGB/277 Abs. 2 ZGB) entschieden worden.

(4) BGE 113 Ib 27/8: Veräusserung von Werkzeugen etc. durch eine nahestehende Person an eine Aktiengesellschaft zu überhöhten Preisen. Die nachträgliche Umdeutung des überhöhten Betrages in einen angeblichen «Rückerstattungsanspruch» der Gesellschaft ist widersprüchlich und verstösst gegen Treu und Glauben.

(5) Ein Markeninhaber, dessen Marke «More» wegen Nichtgebrauches angefochten wurde, wehrte sich gegen die Nichtigkeits-Klage eines Konkurrenten, der eine identische Marke hatte eintragen lassen, mit dem Argument, die Marke sei wegen des beschreibenden Charakters nichtig, um damit die eigene Marke zu schützen. Da dies aber auch für die eigene, identische Marke galt, warf ihm das Bundesgericht ein venire contra factum proprium vor (BGE 103 II 342; vgl. dazu die Anmerkungen von MAX KUMMER in ZBJV 1979, 306–309).

(6) «Wer ... als Revisor tätig wird und selber ausdrücklich und wiederholt erklärt, er habe dies als Kontrollstelle getan, kann nicht nachträglich den Standpunkt einnehmen, sein Mandat sei schon lange vorher erloschen» – mangels formgerechter Wahl durch eine Generalversammlung (BGE 86 II 180).

(7) Der Aktionär, der einem Generalversammlungsbeschluss zustimmt, handelt widersprüchlich, wenn er ihn im nachhinein anfechten will und keine Willensmängel vorliegen (BGE 99 II 57).

(8) Für auf eigene Kosten vorgenommene Umbauten und Renovationen, die zudem bei der Mietzinsgestaltung berücksichtigt wurden, hat der Mieter keinen Bereicherungsanspruch gegen den Vermieter, wenn er selber den langfristigen Vertrag schon im ersten Jahr ohne wichtigen Grund bricht (BGE 104 II 202; vgl. dazu auch Fall 17).

(9) Verwirkung eines gesetzlichen Vorkaufsrechtes nach EGG des 81jährigen Vaters, der als unbeschränkter Generalbevollmächtigter der Tochter (als Eigentümerin) einem Dritten ein Kaufrecht einräumt und später – bei Geltendmachung des Kaufrechtes unter veränderten Marktbedingungen – sein Vorkaufsrecht wieder ausüben will (BGE 86 II 417).

(10) Die Änderung der Selektionskriterien durch einen Sportverein für nur eine Gewichtskategorie und erst drei Wochen vor Wettkampfbeginn bedeutet ein rechtsmissbräuchliches venire contra factum proprium (BGE 121 III 353 E 5b).

Art. 2

(11) Mietzinserhöhung unter Berufung bald auf individuelle, bald auf allgemeine Kostenelemente (BGE 120 II 307).

(b) **Widersprüchliches Verhalten verneint**

(12) Nicht rechtsmissbräuchlich: Anfechtung eines Pachtvertrages, den jemand als schwächere Partei unterschrieben hat (Sozialschutzgedanke; vgl. N 8) BGE 101 II 153.

(13) «Wer als Arbeitnehmer einen zuvor erklärten Verzicht nicht mehr gelten lassen will, handelt stets widersprüchlich. Es kann indes nicht der Sinn des Gesetzes sein, dem Arbeitnehmer den mit Art. 341 OR gewährten Schutz auf dem Umweg über Art. 2 Abs. 2 ZGB wieder zu entziehen»: Kein Rechtsmissbrauch: BGE 110 II 171.

(14) Kein Rechtsmissbrauch auch durch die Arbeitnehmerin, die zunächst der Verlängerung ihrer Probezeit zugestimmt, sich danach aber auf die zwingende Gesetzesbestimmung berufen hat, welche dies nicht zulässt: «elle ne fait qu'user du droit que le legislateur lui confère pour la protéger» (BGE 109 II 452).

(15) Kein widersprüchliches Verhalten kann demjenigen vorgeworfen werden, der einem Konkurrenten unlautere Wettbewerbsmethoden vorwirft, obwohl er selber angeblich die gleichen Methoden verwendet: «Selbst wenn dies zuträfe, würde der Beklagten die Einrede des widersprüchlichen Verhaltens nicht helfen; sie hätte diesfalls vielmehr selber Klage einreichen müssen» (BGE 104 II 128).

(16) Kein Rechtsmissbrauch, wenn sich der Vermieter nach Entgegennahme von Zahlungen darauf beruft, diese seien verspätet erfolgt und gestützt auf Art. 257d OR sein Kündigungsrecht ausübt; der Vermieter hat auch dann Anspruch auf die verbleibenden Mietzinse, wenn er das Mietverhältnis wegen Zahlungsversäumnis auflöst (BGE 119 II 235).

(17) Es ist nicht rechtsmissbräuchlich, wenn der Mieter Ersatz für von ihm getätigte wertvermehrende bauliche Aufwendungen an der Mietsache verlangt, die im Hinblick auf ein längerfristiges Mietverhältnis gemacht wurden, das Mietverhältnis aber vorzeitig aufgelöst wird, ohne dass der Mieter schuldhaft dazu beigetragen hätte (BGE 105 II 92; vgl. dazu auch Fall 8).

(18) Kein widersprüchliches Verhalten ist die Berufung auf Nichtigkeit der Mietzinserhöhung (wegen Missachtung des Formularzwanges) nach Zahlung der erhöhten Zinsen (BGE 110 II 498; vgl. unten N 285).

C. Phase 1: Rechtlich relevantes Verhalten ohne rechtsgeschäftliche Verbindung, insbesondere Culpa in contrahendo

I. Treu und Glauben und allgemeine Vertrauenshaftung

1. Allgemeines

Sonderliteratur   105

ANEX JEAN	L'intérêt négatif, sa nature et son étendue, Diss. Lausanne 1977
BAUMANN EMIL	Die Verantwortlichkeit bei Auskunfterteilung unter besonderer Berücksichtigung des Berufsgeheimnisses, ZBGR 1939, 65–76 und 121–140
BAUMANN MAX	Vertraulichkeit und Geheimhaltung von Vertragsverhandlungen, SJZ 1992, 77–83
BÜHLER-REIMANN THEODOR	Zum Problem der culpa in contrahendo/Rechtfertigt es die culpa in contrahendo, die herkömmliche Einteilung der Haftung in eine vertragliche und in eine ausservertragliche aufzugeben?, SJZ 1979, 357–366
–	Der verhandelte Vertrag (zit. BÜHLER/Vertrag), SJZ 1989, 257–263
CANARIS CLAUS-WILHELM	Ansprüche wegen «positiver Vertragsverletzung» und «Schutzwirkung für Dritte» bei nichtigen Verträgen, in (Deutsche) Juristen-Zeitung 1965, 475–482
–	Täterschaft und Teilnahme bei culpa in contrahendo, in: FS für Hans Giger, Bern 1989, 91–122
DRUEY JEAN NICOLAS	Verträge auf Informationsleistung, in FS für Walter Schluep, Zürich 1988, 147–165
FISCHER WILLI	Dritthaftung für falsche freiwillige Auskünfte/Eine rechtsvergleichende Untersuchung, in: ZVglRWiss 83 (1984), 1–31
FRANK RICHARD	Ein Fall von culpa in contrahendo internationalen Rechtes, SJZ 1956
FRICK JOACHIM G.	Culpa in contrahendo – Eine rechtsvergleichende und kollisionsrechtliche Studie, Diss. Zürich 1992
GÖTZ ERNST	Haftung des Bankiers aus Raterteilung, Diss. Basel 1932
GONZENBACH RAINER	Culpa in contrahendo im schweizerischen Vertragsrecht, Diss. Bern 1987
HERZ EDGAR	Culpa in contrahendo nach heutigem Recht, Diss. Zürich 1935
HEINI ANTON	Vertrauensprinzip und Individualanknüpfung im internationalen Vertragsrecht, Festschrift Frank Vischer, Zürich 1983
JHERING VON RUDOLF	Culpa in contrahendo, (1861) Neudruck Bad Homburg, 1969

Art. 2

KEHRLI OTTO	Die Haftung aus Empfehlung, Auskunft und Raterteilung nach schweizerischem Recht, Diss. Bern 1934
KESSLER FRIEDRICH	Der Schutz des Vertrauens bei Vertragsverhandlungen in der neueren amerikanischen Rechtsprechung, in Festschrift für Ernst von Caemmerer, Tübingen 1978, 873–890
KLINGLER JOACHIM	Aufklärungspflichten im Vertragsrecht – Hypothesen zu ihrer richterlichen Instrumentalisierung, Düsseldorf 1981
KOST PIUS	Die Gefälligkeit im Privatrecht, Diss. Freiburg 1973
KUHN MORITZ	Die Haftung aus falscher Auskunft und falscher Raterteilung, SJZ 1986, 345–356
LARENZ KARL	Culpa in contrahendo, Verkehrssicherheit und «sozialer Kontakt», Monatsschrift für deutsches Recht 1954, 515–518
–	Bemerkungen zur Haftung für «culpa in contrahendo», in: Festschrift für Kurt Ballerstedt, Berlin 1975, 397–419
LAUER JÜRGEN	Vorvertragliche Informationspflichten (insbes. gegenüber Verbrauchern) nach schweizerischem, deutschem und französischem Recht, Diss. Bern 1983
LORENZ WERNER	Das Problem der Haftung für primäre Vermögensschäden bei der Erteilung einer unrichtigen Auskunft, in FS für Karl Larenz, München 1983, 575–621
MEDICUS DIETER	Die culpa in contrahendo zwischen Vertrag und Delikt in: Festschrift für Max KELLER, Zürich 1989, 205–220
MERZ HANS	Vertrag und Vertragsschluss, 2.A., Fribourg 1992, insbes. 69–89 (Die Vertragsverhandlungen/Culpa in contrahendo), zitiert: MERZ, Vertrag
MÜLLER BEAT	Die zivilrechtliche Haftung aus Empfehlung, Auskunft und Raterteilung nach schweizerischem Recht, Diss. Bern 1934
MÜLLER-GRAF PETER-CHRISTIAN	Die Geschäftsverbindung als Schutzpflichtverhältnis, in: (Deutsche) Juristenzeitung 1976, 153–156
NIETLISPACH HANS	Zur Frage der zivilrechtlichen Verantwortlichkeit für schlechten Rat und falsche Auskunft nach schweiz. OR, Diss. Zürich 1948
OFTINGER KARL	Die krisenbedingte Veränderung der Grundlagen bestehender Verträge (Von der sog. clausula rebus sic stantibus), SJZ 1940, 229–236 und 245–249
ORLIC MIODRAG	Culpa in contrahendo: la rupture des pourparlers; Premières journées juridiques yougoslavo-suisse, Zürich 1984, 243–256
PFLUGER HERBERT	Die Haftung der Banken bei Raterteilung, Diss, Bern 1935
PICKER EDUARD	Positive Forderungsverletzung und culpa in contrahendo – Zur Problematik der Haftung «zwischen» Vertrag und Delikt, AcP 1983, 369–524
–	Vertragliche und deliktische Schadenshaftung, (Deutsche) Juristenzeitung 1987
PICOD YVES	Le devoir de loyauté dans l'exécution du contrat, Paris 1989
PIOTET PAUL	Culpa in contrahendo et responsabilité précontractuelle en droit privé suisse, Bern 1963 (zitiert PIOTET/Culpa)

–	La culpa in contrahendo d'aujourd'hui, SJZ 1981, 225–233 und 241–247
–	Développements récents de la théorie de la culpa in contrahendo, in Mélanges Guy Flattet, Lausanne 1985, 363–379
–	La responsabilité précontractuelle, spécialement du fait d'autrui, in ZSR 1987 I, 743–763
Schärer Heinz	Vertragsverhandlungsvereinbarungen, in: In Sachen Baurecht, Fribourg 1989, 19–29
Schenker Franz	Precontractual Liability in Swiss Law, in: Rapports suisses présentés au XIIIème Congrès international de droit comparé, Zürich 1990
Schmitz Erich	Dritthaftung aus culpa in contrahendo, Berlin 1980
Schönle Herbert	La responsabilité des banques pour renseignements financiers inexactes, in: Festschrift für Henri Deschenaux, 1977, 388 ff.
Schulthess L.	Zur Frage der Verantwortlichkeit des Bankiers bei Raterteilung, in SJZ 1930/31, 1–11
Spiro Karl	Die Haftung für Abschluss- und Verhandlungsgehilfen/Zugleich ein Beitrag zur Lehre von der culpa in contrahendo, ZSR 1986, I, 619–647
Staub Hermann	Die positiven Vertragsverletzungen, (1904) Neudruck Bad Homburg 1969
Stoll Hans	Tatbestände und Funktionen der Haftung für culpa in contrahendo, in: Festschrift für Ernst von Caemmerer, Tübingen 1978, 435–474
Suhr Knut	Schadenersatzhaftung für Rat und Auskunft. Eine rechtsvergleichende Untersuchung, Diss. Hamburg 1969
Tercier Pierre	La «clausula rebus sic stantibus» en droit suisse des obligations, JdT 1979 I, 194–212
–	La culpa in contrahendo en droit suisse; Premières journées juridiques yougoslavo-suisse, Zürich 1984, 225–242
Wahrenberger André	Vorvertragliche Aufklärungspflichten im Schuldrecht (unter besonderer Berücksichtigung des Kaufrechts), Diss. Zürich 1992
Weber Rolf H.	Schutzpflichten – Ein Sozialstaatsgedanke?, in: Festschrift für Hans Giger, Zürich 1989, 735–760
Wüthrich Charles	Die zivilrechtliche Verantwortlichkeit des Bankiers für Rat und Auskunft nach deutschem und nach schweizerischem Recht, Diss. Bern 1935
Yung Walter	Devoirs généraux et obligations, in Festgabe für Wilhelm Schönenberger, Fribourg 1968, 164–179
–	La vérité et le mensonge dans le droit privé, in: Etudes et Articles, Genf 1971, 79–97
Zimmermann-Locher Fritz	Zur Verantwortlichkeit des Bankiers aus Raterteilung und Empfehlung von Wertpapieren, SJZ 1929/30, 273–278

Art. 2

106 Wie bereits ausgeführt (oben N 14 c) kommt Art. 2 ZGB ausserhalb bestehender Rechtsbeziehungen die Bedeutung einer eigenständigen Sachnorm zu für die Beurteilung rechtlich relevanter Beziehungen, auf welche weder die delikts- noch die vertragsrechtlichen Regeln ohne weiteres angewendet werden können, weil eben auch die darunter fallenden Tatbestände in einem Grenzgebiet mit fliessenden Übergängen angesiedelt sind.

Dabei lassen sich folgende Hauptgruppen bilden:

(a) rechtlich relevante Kontakte, die ohne eine vorbestehende Beziehung erfolgen und nicht auf eine spätere rechtsgeschäftliche Bindung abzielen (unten N 109–133);

(b) rechtlich relevante Kontakte im Vor- oder Umfeld, quasi neben einer anderen bereits bestehenden Bindung (unten N 134–143);

(c) rechtlich relevante Beziehungen in direktem Zusammenhang, d.h. im Hinblick auf eine angestrebte, werdende rechtliche Bindung, die sogenannte culpa in contrahendo (unten N 144–210).

Diese drei Fallgruppen liegen offensichtlich zwischen der nur deliktsrechtlich erfassten Beziehungslosigkeit und der umfassenden vertraglichen Gemeinschaft. Dabei können die Grenzen sowohl nach «aussen», d.h. zwischen der reinen Deliktshaftung und einer Vertrauenshaftung der Fallgruppe a) einerseits und der Vertragshaftung und culpa in contrahendo (Fallgruppe c) andererseits wie auch nach «innen», d.h. zwischen den Fallgruppen a), b) und c) oft nicht sehr scharf gezogen werden.

107 Gemeinsame Anspruchsgrundlage aller drei Fallgruppen (vgl. N 106) ist stets eine **Vertrauensverletzung.** Es handelt sich dabei um die entscheidende, notwendige, für sich allein aber nicht hinreichende Bedingung. Je nach Fallgruppe müssen weitere Bedingungen erfüllt sein, damit ein «Sozialkontakt» die Intensität einer rechtlich relevanten Beziehung erreicht. Wichtig ist insbesondere der Umstand, dass sich Vertrauen immer nur negativ fassen lässt (vgl. VB 2/3, N 13/14), während bei Delikts- und Vertragshaftung stets von einem positiven, relativ klar umgrenzbaren Tatbestand ausgegangen werden kann. Gerade diese ganz andere Voraussetzung ist massgeblich verantwortlich für die Schwierigkeit der herkömmlichen Dogmatik, welcher allein die Kategorien der Delikts- oder der Vertragstatbestände zur Verfügung stehen, die im Grunde aber völlig anders geartet sind als die Tatbestände der Vertrauenshaftungen.

Die Klärung der für jede Fallgruppe separaten Voraussetzungen wird zeigen, warum es sich rechtfertigt, in diesem Zwischenfeld eine eigenständige Vertrauenshaftung zu postulieren und Regeln für deren Anwendung vorzuschlagen. Eigenständig ist dabei der Rechtsgrund, das direkte Abstellen auf Art. 2 ZGB als haftungsbegründende Sachnorm (vgl. N 14c); so auch STARK (N 33), der culpa in contrahendo nebst Vertrag, Geschäftsführung ohne Auftrag und unerlaubter Handlung als Haftungsgründe des schweizerischen Rechtes nennt.

Angesichts der zunehmenden Bedeutung der unter Art. 2 ZGB (als Sachnorm) zu behandelnden Fälle wäre es vielleicht sogar prüfenswert, ob der Sachnorm-Gehalt dieser Bestimmung nicht direkt im allgemeinen Teil des Obligationenrechts verankert werden könnte.

Was die rechtlichen Konsequenzen anbetrifft, kann durchaus auf das im Vertrags- und Deliktsrecht bereits vorhandene Instrumentarium zurückgegriffen werden, wo bei die Auswahl – zur Erhöhung der Rechtssicherheit aber nach festen Regeln erfolgen soll und nicht wie von JÄGGI (N 592 zu Art. 1 OR) vorgeschlagen, in jedem Einzelfall eine angemessene Lösung gesucht werden kann.

Mangels anderer Regeln (gesetzlicher oder vertraglicher Art) gilt in derartigen Beziehungen Art. 2 ZGB hier – und nur hier – nicht nur als Beurteilungsnorm (vgl. oben N 14a), sondern zugleich auch als «materielle» Sachnorm, deren Verletzung eine Vertrauenshaftung begründet. Es ist die Gefährdung des Funktionierens des Rechtsverkehrs, welche diese Haftung begründet: denn gerade dort, wo (noch) keine lex contractus die Grenzen des erlaubten Tuns anzeigt, ist es wichtig, dass gewisse allgemeine Mindestanforderungen erfüllt werden.

Die dogmatische Zweiteilung in Deliktshaftung und Vertragshaftung («tertium non datur») verkennt, dass es eben doch ein Drittes gibt: das Gebiet des Nicht-Deliktes (aus der Sicht des Deliktrechtes) und der Noch-nicht-Vertragsverletzung. Der Anspruch, dass mit den beiden Kategorien Delikt oder Vertrag das gesamte Spektrum rechtlich relevanter zwischenmenschlicher Beziehungen erfasst werden könne, kann nur mit formal-begriffsjuristischen Argumenten aufrecht erhalten werden: die Realität ist zu vielgestaltig, als dass sie sich von vorneherein restlos mit den beiden juristischen Kategorien Delikt oder Vertrag erfassen liesse. Dass es dem Bundesgericht bezüglich der wichtigsten Fallgruppe aus diesem Bereich – der culpa in contrahendo (Näheres dazu unten N 144 ff.) – in einer über hundertjährigen Rechtssprechung nicht gelungen ist, sich mit überzeugenden Gründen für das eine oder das andere zu entscheiden, ist für sich allein schon ein starkes Indiz für das hier behauptete «tertium datur», bzw. die Notwendigkeit, das hier lückenhafte Gesetz i.S. von Art. 1 Abs. 2 ZGB «modo legislatoris zu ergänzen» (GUHL/MERZ/KOLLER, 99). «Zu beachten ist eben wiederum, dass auch hier zwischen dem beziehungslosen und voraussetzungslosen Nebeneinander aller und dem eigentlichen Schuldverhältnis mit der Pflicht zu besonderen Leistungen noch andere Möglichkeiten bestehen, Rechtsbeziehungen grösserer oder ge-

Art. 2

ringerer Intensität vorkommen, deren Eigenart das Rechtsgefühl sehr deutlich empfindet und zu beachten das Gesetz durchaus nicht verbietet.» (SPIRO, 637).

Mit BUCHER (AT 253/4; vgl. oben N 25) ist diese Art der Vertrauenshaftung daher «eigenen Gesetzmässigkeiten» zu unterstellen (so auch GUHL/MERZ/KOLLER, 99/100), die im folgenden für die oben (N 106) genannten drei Fallgruppen separat darzustellen sind.

In BGE 120 II 331 E.5a («Swissair-Urteil») hat das Bundesgericht Artikel 2 ZGB endlich als Grundlage einer eigenständigen **Vertrauenshaftung** anerkannt: «Erwecktes Vertrauen in das Konzernverhalten der Muttergesellschaft kann jedoch unter Umständen auch bei Fehlen einer vertraglichen oder deliktischen Haftungsgrundlage haftungsbegründend sein. Das ergibt sich aus einer Verallgemeinerung der Grundsätze über die Haftung aus culpa in contrahendo».

Statt dass diese Vertrauenshaftung – wie vom Bundesgericht – aus einer Verallgemeinerung der Grundsätze über die Haftung aus culpa in contrahendo abgeleitet wird, wäre allerdings eher umgekehrt zu sagen, dass culpa in contrahendo nur ein Anwendungsfall einer weiter zu fassenden Vertrauenshaftung ist. Und es kann mit guten Gründen gefragt werden, ob gerade dieser Fall tatsächlich unter Berufung auf eine auf ZGB 2 abgestützte Vertrauenshaftung zu entscheiden war und nicht eher – wenn schon –, als Drittthaftungsfall (vgl. dazu Rainer GONZENBACH: Senkrechtstart oder Bruchlandung? – Unvertraute Vertrauenshaftung aus «Konzernvertrauen», in recht 1995, 117–130; LUKAS HANDSCHIN: Haftung der Mutter für Konzernvertrauen, NZZ vom 21.2.1995, S. 27; JEAN NICOLAS DRUEY, SZW 1995, 95–97 sowie HANS PETER WALTER: Vertrauenshaftung im Umfeld des Vertrages, ZBJV 1996, 273–295).

In BGE 121 III 350 hat das Bundesgericht die Haftung eines Sportverbandes wegen rechtsmissbräuchlicher Änderung des Selektionsverfahrens für einen bereits qualifizierten Athleten kurz vor Wettkampfbeginn bejaht. Haftungsgrundlage war auch hier – unter Hinweis auf «la responsabilité découlant d'une culpa in contrahendo» – Art. 2 ZGB: «cette attitude contraire aux règles de la bonne foi était propre à engager la responsabilité de la défenderesse pour le dommage causé au demandeur» (BGE 121 III 357).

2. Vertrauenshaftung als Folge sozialer Kontakte *ohne* vorbestehende Beziehung und *ohne* Absicht einer (späteren) rechtsgeschäftlichen Bindung

109 In diese Kategorie gehören vor allem die Gefälligkeiten, insbesondere die Auskunfts- und Raterteilung, die nicht im Rahmen oder im Hinblick auf eine spätere

rechtsgeschäftliche Bindung erfolgt. In der Literatur (z.B. SCHOENLE, 389; MÜLLER, 4 ff.; NIETLISPACH, 5–8) wird dabei unterschieden zwischen Auskunftserteilung – als blosser Mitteilung von Fakten – und der Raterteilung i.S. von Empfehlungen für das weitere Verhalten des Fragenden.

Bezüglich der Rechtsfolgen «unrichtiger» Auskünfte oder Empfehlungen wird jedoch auf diese wichtige Unterscheidung verzichtet (SCHOENLE, 389: «Relevons que cette distinction n'engendre aucune conséquence juridique»; vgl. auch KUHN, 345 und NIETLISPACH, 6), während sie u.E. aber durchaus Anlass zu Differenzierung auch bei den Rechtsfolgen sein kann (unten N 118–120). Wohl wird die Willensbildung des Auskunfts- oder Ratsuchenden in beiden Fällen beeinflusst (KUHN, 346; SCHOENLE, 389; MÜLLER, 9; NIETLISPACH, 5 und 8), doch ist die Ausgangslage nicht dieselbe.

Auskünfte als Sachdarstellungen unterliegen grundsätzlich einem klaren wahr/falsch-Kriterium: sie sind entweder richtig oder falsch. Hinzu kommt, dass der Fragende grundsätzlich die Möglichkeit hätte, sich selber von der Richtigkeit derartiger Angaben zu überzeugen oder sie anderweitig zu beschaffen (sofern kein Informations-Monopol besteht). **Ratschläge/Empfehlungen** sind wertende Beurteilungen bestimmter Umstände aus der Sicht des Ratgebers und als solche nie wahr oder falsch, sondern der zu beurteilenden Situation angemessen oder nicht.

110

Ein Beispiel soll verdeutlichen, worum es geht: Die Auskunft, der Kurs des US$ zum Schweizer Franken stehe derzeit (bestimmter oder bestimmbarer Zeitpunkt) bei X, kann wahr oder falsch sein (wenn er tatsächlich bei Y steht). Der Rat, bei dieser Kurssituation unbedingt Dollars zu kaufen oder zu verkaufen, kann angemessen oder unangemessen sein, z.B. in Hinsicht auf:

(a) die sogenannten Basis-Daten, d.h. die wirtschaftlichen Indikatoren für die Kursentwicklung,

(b) die Theorie, aufgrund welcher diese Daten ausgewertet werden und schliesslich

(c) hinsichtlich der Situation und Bedürfnisse des Ratsuchenden selbst.

Anders als bei der blossen Auskunft geht es dem Ratsuchenden nicht um Fakten als Entscheidungsgrundlage, sondern um einen Vorschlag, eine Empfehlung, wie er sich verhalten soll. JEAN NICOLAS DRUEY (154) betrachtet die «Verarbeitungsbedürftigkeit» der blossen Auskunft gegenüber der in der Raterteilung bereits erfolgten Verarbeitung von Informationen zu Recht als wesentliches Unterscheidungskriterium.

111

Noch etwas anders stellt sich das Problem **im öffentlichen Recht**: Die Zusicherung oder die falsche Auskunft einer Behörde ist – wegen des Legalitäts-

Art. 2

prinzipes – meistens nicht nur Rat, sondern auch (bindende) Anweisung («Empfehlung») an den Bürger, wie er sich zu verhalten habe. Das Bundesgericht hat in diesen Fällen den Schutz des berechtigten Vertrauens aus Art. 4 BV abgeleitet; vgl. BGE 117 Ia 285 (betr. behördliche Zusicherung) und BGE 112 V 115 (betr. falsche behördliche Auskunft).

Daraus ergibt sich folgende (vereinfachende) Gegenüberstellung:

Gegenstand	Auskunft/ Information	Rat/Empfehlung Informationsverarbeitung
Kriterium zur Beurteilung des Inhaltes	wahr/falsch	der Situation angemessen / nicht angemessen
Art des «Geschäftes»	Lieferung	Leistung
Voraussetzung beim Lieferanten/Leistenden	Verfügen über die Information	Können, bzw. Fähigkeit der Beurteilung
«Haftungstyp»	«kaufrechtliche Gewährleistung»	«auftragsrechtliche Sorgfaltspflicht»

112 In persönlicher Hinsicht ist zu beachten, dass eine Auskunft vom Anfragenden als Entscheidungs**grundlage** erbeten wird, während der Ratsuchende darüber hinaus eine Entscheidungs**hilfe** erwartet, oft sogar die Abnahme der Entscheidung durch den Ratgeber. Dies deshalb, weil er sich selber (sich allein) keine angemessene Beurteilung einer bestimmten Situation zutraut und sich deshalb von einem Aussenstehenden – den er in der Regel als kompetenten Fachmann für die betreffende Art von Problemen betrachtet (dazu unten N 118) – eine Empfehlung geben lässt.

Aus der Sicht des Angefragten ist zu beachten, dass reine Auskünfte (z.B. A versteuert gemäss letzter Einschätzung Fr. X als Einkommen) und Ratschläge nicht immer scharf abzugrenzen sind: jeder Ratschlag enthält immer auch ein Auskunftselement (nämlich hinsichtlich der Daten, welche der Ratgeber seiner Empfehlung zugrundelegt, vgl. N 110) und eine Auskunft kann u.U. als Empfehlung missverstanden werden, wenn sie z.B. nicht vollständig ist, bzw. nur einen Teil einer zusammengehörenden «Informations-Einheit» enthält (z.B. ändert sich das Gewicht der Auskunft, dass A ein beträchtliches Einkommen versteuert, je nachdem, ob sie allein steht oder ergänzt wird mit dem Hinweis, dass aber hohe Schulden bestehen).

Trotz dieser nicht immer scharf zu ziehenden Grenzen darf die prinzipielle Unterscheidung zwischen Auskunft und Rat/Empfehlung aber nicht vernachlässigt werden (vgl. N 126). Richtig ist dagegen, dass es nicht auf die dafür verwendete Bezeichnung ankommt (NIETLISPACH, 6), sondern dass durch Auslegung festzustellen ist, worum es sich wirklich handelt.

Die schweizerische Rechtsprechung – es handelt sich fast ausschliesslich um Fälle der Auskunfts- oder Raterteilung durch Banken (vgl. aber BGE 116 II 695) – hat diese Fälle stets nach den Regeln der Deliktshaftung aus Art. 41 OR beurteilt (vgl. die Zusammenstellung der Praxis bei SCHOENLE, 387/8 sowie BUCHER AT, 250/1; KRAMER, allg. Einleitung, N 66 und GONZENBACH, 122 sowie die Aufsätze von ZIMMERMANN, SCHULTHESS und E. BAUMANN, welche das Problem aus der Sicht des Bankiers darstellen). Die stereotype Begründung dafür war stets: «eine Auskunfterteilung, bei welcher der Auskunftgeber nicht in Ausübung eines Gewerbes oder sonst gegen Entgelt handelt (sei) nicht als Erfüllung einer übernommenen vertraglichen Verpflichtung anzusehen, sondern als ein ausservertragliches Handeln» (BGE 68 II 302; 111 II 473; 112 II 350). Da im konkreten Fall die Auskunftserteilung jedoch «in engem Zusammenhang mit einem nachfolgenden Hauptvertrag erfolgte» (BGE 68 II 303), gelangte das Bundesgericht hier zum erstaunlichen Ergebnis, dass der gegebene Fall grundsätzlich nach Deliktsrecht, wegen Verknüpfung mit einem anderen Geschäft aber nach den Regeln der culpa in contrahendo und somit – bezüglich der Haftung für Hilfspersonen und der Verjährung – «wie eine Vertragsverletzung zu behandeln» sei (BGE 68 II 303). 113

SCHOENLE (a.a.O. 397) hat zu Recht kritisiert, dass weder die Entgeltlichkeit noch die «Gewerbsmässigkeit» herangezogen werden sollten, um eine vertragliche Haftung aus Auftragsrecht auszuschliessen. Denn der Auftrag ist von Gesetzes wegen als unentgeltliches Institut ausgestaltet (Art. 394 Abs. 3 OR), und man kann sich tatsächlich fragen «s'il est admissible de ranger d'une manière générale toutes les prestations gratuites parmi les relations de fait sans portée juridique» (SCHOENLE, 397). Und auch die Gewerbsmässigkeit, die gemäss Bundesgericht nur bestehen soll, wenn es sich um eine gezielt auf Erwerb eines Einkommens ausgerichtete Tätigkeit handle, ist keine gesetzliche Voraussetzung für das Zustandekommen eines Auftrages: es genügt, wenn irgendeine Arbeitsleistung erbracht wird (Art. 394 Abs. 2 OR). 114

Von daher fordert SCHOENLE (gleicher Meinung auch VON TUHR/PETER, 417, Fn 65), dass Auskunfts- und Raterteilung – wie in der französischen und deutschen Rechtsprechung (SCHOENLE, 398/8) – einer Haftung nach vertragsrechtlichen Prinzipien zu unterstellen sei und zwar auch bei Fehlen anderer Vertragsbeziehungen (SCHOENLE, 398).

KRAMER (allg. Einleitung, N 68) teilt zwar das «an sich zutreffende Bedenken» von SCHOENLE und VON TUHR/PETER (oben N 114), «dass das Kriterium der Entgeltlichkeit für die Unterscheidung zwischen einem Auftragsverhältnis auf Raterteilung und der blossen (unentgeltlichen) Gefälligkeitsauskunft nicht unbe- 115

Art. 2

dingt durchgreife.» Unter Bezugnahme auf BYDLINKSI (Privatautonomie und objektive Grundlagen des verpflichtenden Rechtsgeschäfts, 1967, 36 ff.) ist KRAMER jedoch grundsätzlich der Ansicht, dass «konkludente Vertragsverhältnisse auf Auskunftserteilung nur mit grosser Zurückhaltung angenommen werden sollten, weil man ansonsten nur allzu leicht Vertragsschlüsse fingiert, die beiden Parteien nicht bewusst geworden sind» (vgl. auch GONZENBACH, 123, Fn 186 sowie BGE 116 II 696).

Anzumerken ist, dass BYDLINKIS Bedenken sich vor allem gegen «das absurde Gebilde des beidseitig unbewussten und ungewollten Vertragsschlusses» wendet, weshalb er fordert, «dass wenigstens auf der einen Seite ein wirklicher, rechtsgestaltender Parteiwille und (mindestens) das tatsächliche Vertrauen auf den Konsens des anderen, begründet durch dessen Willenserklärung im Sinne der Vertrauenstheorie vorliegen muss» (a.a.O., 38). Diese Voraussetzung dürfte aber bereits gegeben sein, wo eine Partei von der anderen eine verbindliche (sic) Auskunft erwartet. Wesentliches Kriterium ist auch nach BYDLINSKI (a.a.O. 44/5), dass rechtlich relevantes Verhalten vorliegt.

In Anlehnung an die in Deutschland von CANARIS entwickelte Lehre von den Schutzpflichten (JZ 1965, 475–482) schlägt KRAMER (allg. Einleitung N 68) vor, ein «gesteigertes Sonderverhältnis» anzunehmen, das «nicht auf Rechtsgeschäft beruht, sondern – wie die Pflichten im Vorstadium des Vertragsschlusses (culpa in contrahendo) – letztlich auf dem Treu und Glauben-Gebot des Art. 2 ZGB.»

116 Bevor näher auf die von KRAMER (vgl. N 115) postulierte Vertrauenshaftung eingegangen werden kann, ist auf folgendes hinzuweisen: Werden Auskunftserteilung und Ratschlag/Empfehlung – wie das hier vertreten wird (oben N 110) – auseinandergehalten, können die von SCHOENLE und VON TUHR/PETER vorgebrachten Argumente von vorneherein nur für den Ratschlag/die Empfehlung, mangels einer «Arbeitsleistung» aber nicht ohne weiteres auch für die blosse Auskunftserteilung herangezogen werden.

Bei blosser Auskunftserteilung findet nur eine «Übergabe» der «Ware Information» statt, welche der Empfänger grundsätzlich auf ihre «Richtigkeit» überprüfen (lassen) kann (vgl. oben N 110/111). Was er mit der erhaltenen Information tut, welche Schlüsse er daraus zieht, liegt völlig ausserhalb des Einflussbereiches des blossen «Lieferanten». Anders als der Rat/die Empfehlung verlangt die blosse Auskunft vom Empfänger eine eigene Entscheidung, was damit zu tun ist (so auch Fischer, 23), während er einem Rat/einer Empfehlung als Handlungsvorschlag einfach Folge geben kann (nicht muss).

Erfolgt die Auskunftserteilung unentgeltlich – bei Entgeltlichkeit müsste wohl ein Vertrag betreffend «Informations-Kauf» angenommen werden – besteht bezüglich der Frage der Gewährleistung eine Situation vergleichbar jener zwischen Schenker und Beschenktem, wobei der Schenker nur im Falle der absichtlichen oder der grobfahrlässigen Schädigung verantwortlich ist (Art. 248 OR). Allerdings bestehen auch wesentliche Unterschiede: Bei der Schenkung geht die Initiative in der Regel vom Schenker aus: er bestimmt, ob und was er wem und wann schenkt, ob mit oder ohne Auflagen (vgl. Art. 245 OR). Bei der unentgeltlichen Auskunftserteilung ist es der Auskunftssuchende (der «Beschenkte»), welcher die Initiative ergreift und in der Regel genau angibt, was er («geschenkt») haben möchte. Erhält er diese «Ware» (Information), befindet er sich – anders als der Beschenkte – in einer Situation, die eher jener des Empfängers einer Ware in Austauschverträgen gleicht, welchem eine rechtzeitige Kontrolle und Rüge obliegt, wenn er seine Gewährleistungsansprüche (vgl. Art. 201 OR) nicht verlieren will (die deutsche Doktrin geht ebenfalls davon aus, dass das Schenkungsrecht nicht anwendbar ist; vgl. MÜLLER-GRAF, 154).

Dass der Empfänger einer Information in der Regel auf deren «Richtigkeit» vertraut, rechtfertigt nur dann eine unterschiedliche Behandlung gegenüber dem Empfänger anderer «Ware» – der in der Regel auch korrekte und einwandfreie Lieferung erwartet –, wenn weitere Umstände gegeben sind (vgl. nachstehend N 117–121).

117

WERNER LORENZ hat aufgrund rechtsvergleichender Untersuchungen (unter Einbezug des deutschen, österreichischen, schweizerischen, französischen sowie englischen und nordamerikanischen Rechts) folgende Kriterien für die Haftung für unrichtige Auskünfte (aber ohne Unterscheidung zwischen Auskunft und Raterteilung) herausgearbeitet:

«1. Vertrauen als solches genügt nicht als Haftungsgrundlage» (LORENZ 618).

«2. Es muss sich um einen geschäftlichen Auskunftskontakt handeln» (a.a.O. 619).

«3. Eine als Haftungsgrundlage taugliche Vertrauenslage … ist ferner nur dort anzunehmen, wo die Auskunftsperson die vermögenswirksame Bedeutung ihrer Mitteilung in einer Weise erkennen kann, dass ihr eine Einschätzung des involvierten Haftungsrisikos möglich ist» (a.a.O. 619).

«4. Auch beim Vorliegen aller bisher genannten Voraussetzungen für das Eingreifen der Haftung kraft geschäftlichen Auskunftskontaktes ist im Einzelfall noch zu prüfen, wie weit das gewährte Vertrauen legitimerweise reicht» (a.a.O. 619) und

«5. Hat derjenige, welcher unter den bisher umschriebenen Voraussetzungen eine Auskunft erteilt, an dem Geschäft, zu dessen Vorbereitung die Auskunft dienen soll, ein eigenes wirtschaftliches Interesse, das notwendigerweise mit demjenigen des Auskunftsempfängers kollidiert, so darf er diese Tatsachen nicht verschweigen» (a.a.O. 620).

Untersucht man Auskunftserteilung und Ratgeben/Empfehlung anhand dieser fünf Kriterien, ergibt sich folgendes: Die Kriterien Nr. 2 und 3 bei LORENZ sind nichts anderes als Fragestellungen zur Konkretisierung, ob das als Haftungsgrundlage (1. Kriterium) angerufene Vertrauen berechtigt und deswegen schützenswert ist (was durch die Formulierung des 4. Kriterium bestätigt wird), während das letzte Kriterium (Nr. 5) einen Fall des Vertrauensmissbrauches umschreiben kann (vgl. N 122).

118 Damit Vertrauen geschützt werden kann, darf es sich nicht um irgendeinen Sozial-Kontakt ohne rechtliche Relevanz handeln: Wenn ich gestützt auf die Wetterauskunft eines Bürokollegens den Schirm nicht mitnehme und verregnet werde, liegt kein rechtlich relevantes Verhalten vor, selbst wenn er mich mutwillig «unter die Dusche» geschickt hat.

Der «geschäftliche» Auskunftskontakt (Kriterum 2 bei LORENZ, vgl. N 117) beschränkt sich jedoch keineswegs auf den vom Bundesgericht zu eng gefassten «gewerblichen» Bereich (vgl. oben N 113/114), sondern knüpft an die vom Auskunft-/Ratsuchenden erwartete und vom Auskunft-/Raterteilenden zu erwartende sachliche Kompetenz an (vgl. LORENZ, 584), und erfasst innerhalb dieses «Kompetenzrahmens» grundsätzlich jede Auskunft- oder Raterteilung, während solche des privaten, rein freundschaftlichen Verkehrs nicht darunter fallen.

Wer seinen Coiffeur nach Ratschlägen für spekulative Anlagen frägt, darf auf die erhaltenen Empfehlungen grundsätzlich nicht vertrauen. Wer dagegen von einer Bank eine Auskunft über die Kreditwürdigkeit eines zukünftigen Vertragspartners einholt, darf annehmen, dass die Bank kompetent und in der Lage ist, eine solche Auskunft zu erteilen, und zwar unabhängig davon, dass die Erteilung von Kreditauskünften nicht das «Gewerbe» der Bank ist.

Indirekt wird dies auch in der neueren Rechtsprechung des Bundesgerichtes zugestanden: «Wer über Verhältnisse befragt wird, in die er Kraft seiner Stellung (sic) besonderen Einblick besitzt, hat – wenn er sich überhaupt auf eine Antwort einlässt – wahrheitsgetreu Auskunft zu geben ... Wie der Kläger mit Recht geltend macht, ist eine Bank aus der Sicht des Publikums zur Auskunft über ihre Kunden qualifiziert, zumal ein gut ausgebautes, wirtschaftlich bedeutsames Bankauskunftswesen besteht» (BGE 111 II 474). Noch deutlicher ist BGE 116 II 699: «Schadenersatzpflichtig wird, wer aufgrund seines Fachwissens (nicht seiner Gewerbstätigkeit also, d.V.) in Anspruch genommen wird, wunschgemäss Auskunft erteilt oder Gefälligkeitsleistungen erbringt und daher wider besseres Wissen oder leichtfertig unrichtige Angaben macht ...», wobei das Bundesgericht die Schadenersatzpflicht allerdings aus Art. 41 OR ableitet (vgl. oben N 113 und N 123 hiernach).

Das gleiche gilt grundsätzlich auch bei der Abgabe einer falschen Auskunft über einen früheren Mitarbeiter: der ehemalige Arbeitgeber ist in dieser Eigenschaft kompetent, eine Auskunft abzugeben, ohne Rücksicht darauf, ob er selber «gewerblich» die Beurteilung von Arbeitskräften betreibt (z.B. als «Head-Hunter») oder nicht (vgl. dazu aber unten N 141–143).

Bei der blossen Auskunft wird derjenige, der sie abgibt, gut daran tun, seine Quelle zu nennen (Überprüfbarkeit durch den Anfragenden), und wo dies nicht möglich ist (z.B. zur Wahrung des Bankgeheimnisses), klar darauf hinweisen, dass mit Erteilung der Auskunft keine Empfehlung an den Anfragenden verbunden ist, ausser jener, auch anderweitige Auskünfte und Informationen einzuholen und zu berücksichtigen, dass die erteilte Information möglicherweise nicht alle relevanten Umstände erfasst (vgl. unten N 128). 119

Analog zur Auskunfterteilung sollte bei der Abgabe von Ratschlägen oder Empfehlungen auf die zugrundegelegte Basis (vgl. oben N 110 und 119) hingewiesen werden. Ausserdem ist klarzustellen, dass es sich um eine Bewertung der Situation durch den Ratgebenden handelt, wie er sie – gestützt auf die ihm vom Anfragenden vorgegebenen Ausgangs-Daten und die ihm selber zugänglichen Daten – vorgenommen hat, dass aber das Ergebnis bei Beizug weiterer Unterlagen und mit anderen Gewichtungen auch anders lauten könnte (vgl. unten N 128). 120

Das dritte Kriterium LORENZ' (vgl. N 117) beinhaltet, dass Gesuche um Auskunfts- oder Raterteilung so zu stellen sind, dass die Fragestellung und die Bedeutung, die der Anfragende der erwarteten Information zumisst, klar wird. 121

Grundsätzlich ist es Sache des Anfragenden, sich angemessene Entscheidungsgrundlagen oder Entscheidungshilfen zu beschaffen; dies gilt umso mehr, je bedeutender das betroffene Geschäft für ihn selber ist (was nur er beurteilen kann, wenn keine weiteren Kontakte zum Angefragten bestehen). Wenn er vom Auskunft- oder Ratgebenden in geeigneter Form auf mögliche Unvollständigkeiten oder Bewertungsfragen hingewiesen wird (vgl. oben 119 und 120), ist ihm bei bedeutenden Geschäften zuzumuten, sich gehörig zu informieren und sich gegebenenfalls vertraglich die Dienste eines bezahlten Auskunftgebers oder Beraters zu sichern.

Umgekehrt hat sich der Auskunft- oder Raterteilende in diesem Falle bewusst zu sein, dass er – auch nach Anbringung der in N 119 und 120 erwähnten Vorbehalte – ein erhöhtes Haftungsrisiko für die Richtigkeit der Auskunft bzw. die Sorgfalt bei der Raterteilung in Kauf nimmt, wenn er sich gleichwohl bereit findet, eine Anfrage zu beantworten, deren Bedeutung für den Anfragenden erkenn-

Art. 2

bar ist. Selbstverständlich steht es ihm frei, das Ansuchen um eine Auskunft oder Empfehlung ohne Grundangabe abzulehnen.

122 Kollidiert eine wahrheitsgemässe Auskunft bzw. angemessene Empfehlung (vgl. N 110) mit eigenen Interessen des Angefragten (Kriterium 5 bei LORENZ, vgl. N 117), hat er grundsätzlich nur die Wahl, auf eine Antwort zu verzichten oder sie aber wahrheitsgemäss, d.h. der Situation angemessen zu erteilen.

Klassisch ist der Fall einer falschen Auskunft oder irreführenden Empfehlung, mit welcher der Auskunft-/Ratgebende seine eigene Position auf Kosten des Anfragenden verbessert: eine Bank erteilt treuwidrig eine unzutreffende (gute) Kreditauskunft über einen ihrer maroden Schuldner, aufgrund welcher ein Dritter diesem Schuldner neue Mittel zuführt, welche zur Reduktion der Bankschuld verwendet werden (vgl. BGE 41 II 77).

Selbst bei ausdrücklichem Hinweis auf die mögliche Unvollständigkeit einer Auskunft verletzt die Abgabe einer blossen Teil-Auskunft – um nicht die ganze, den eigenen Interessen möglicherweise zuwiderlaufende Wahrheit sagen zu müssen – in dieser Situation die Regeln von Treu und Glauben. Wird in einer solchen Situation sogar ein falscher Rat erteilt, d.h. dem Anfragenden bewusst ein den tatsächlichen Verhältnissen unangemessenes Verhalten vorgeschlagen oder empfohlen, ist die Verletzung der Treuepflichten aus Art. 2 ZGB offenkundig. Jede Freistellungsklausel (vgl. N 119 und 120) ist in dieser Situation unbeachtlich (so auch SCHOENLE, 403).

123 Wie bereits mehrfach erwähnt steht die Auskunfts- oder Raterteilung ausserhalb einer bestehenden Beziehung irgendwo zwischen den Tatbeständen, wo ohne jeglichen vorgängigen oder beabsichtigten Sozialkontakt gehaftet wird (Deliktsrecht) und den eindeutig als Bindungen eingegangenen vertraglichen Beziehungen.

Anders als bei den meistens zufallsbedingten Kontakten im Deliktsrecht erfolgt hier eine – wenn oft auch sehr rudimentäre – bewusste Gestaltung des noch nicht näher qualifizierten Sozialkontaktes durch Stellung und Beantwortung von Anfragen. Auch Art. 41 Abs. 2 OR könnte daher nur bei Fehlen einer solchen Vertrauensbeziehung zur Anwendung gelangen (gl. M. GUHL/MERZ/KOLLER, 100). Zudem hat sich gezeigt, dass mindestens die Raterteilung allein schon aus dogmatischen Überlegungen kaum der Delikthaftung unterstellt werden kann (vgl. oben N 116 sowie SCHOENLE, 397; VON TUHR/PETER, 417; KRAMER, allg. Einleitung, N 68).

Umgekehrt sind die – bei der Bezugnahme auf die Deliktsregeln zum Ausdruck gebrachten – Befürchtungen einer allzu starken Ausdehnung der Vertragshaftung auf derartige einmalige und unentgeltliche Dienste berechtigt: allein die Annahme einer 10-jährigen Verjährungsfrist für die Folgen einer unrichtigen

Art. 2

Auskunft ist ein «Unding», welches diesen recht beträchtlichen und für das Funktionieren der Wirtschaft bedeutsamen Verkehr (vor allem im Bankenbereich) praktisch zum Erliegen bringen könnte (vgl. unten 131).

Mit KRAMER (allg. Einleitung, N 68) ist in diesem Bereich der «entweder-oder»-Automatik (entweder echte Vertragsschlüsse oder lediglich Deliktshaftung) nicht zu folgen.» Daraus ergibt sich jedoch noch nicht, dass bei der für diesen Zwischenbereich geforderten Vertrauenshaftung «aus den nach culpa in contrahendo Grundsätzen (also vertragsanalog) gehaftet wird» (KRAMER, allg. Einleitung, N 68 a.E). Vielmehr handelt es sich um einen Fall der allgemeinen Vertrauenshaftung (vgl. oben N 106–108), die «als Oberbegriff über die culpa in contrahendo und angrenzende Tatbestände» zu sehen ist (GONZENBACH, 122/3 unter Hinweis auf KRAMER, allg. Einleitung, N 150/1).

Da auf culpa in contrahendo als «wichtigste Fallgruppe» (KRAMER, allg. Einleitung, N 150) der Vertrauenshaftung später eingegangen werden soll (unten N 144 ff.), sind hier nur die Folgen darzustellen, die sich aus der Vertrauenshaftung wegen falscher Auskunft oder Raterteilung ausserhalb einer bestehenden Beziehung ergeben. Im wesentlichen betrifft dies die Fragen des Haftungsgrundes und -masses, der Haftung für Hilfspersonen und der Verjährung. 124

Begründet man diese Haftung – wie hier vertreten (gleicher Meinung KRAMER sowie GUHL/MERZ/KOLLER, 100) – allein mit Art. 2 ZGB, ist die Unterscheidung zwischen Auskunft und Rat für den Haftungsgrund tatsächlich obsolet: gehaftet wird weder für Vertragserfüllung noch aus Delikt, sondern allein für **Treuwidrigkeit** bei der Auskunfts- oder Raterteilung i.S. der Täuschung berechtigten Vertrauens (vgl. oben N 117). Wer in einem Bereich, in welchem er als kompetent betrachtet werden darf, angefragt wird und sich entschliesst, freiwillig eine Auskunft, einen Rat zu erteilen, hat dies (auch bei Unentgeltlichkeit) nach bestem Wissen und Gewissen zu tun (vgl. BGE 57 II 86 sowie GONZENBACH, 119/20). 125

Die Treuwidrigkeit muss für den eingetretenen Schaden **adaequat-kausal** sein. Für den Nachweis adaequat-kausaler Verursachung kann an Indizien wie 126

– die «Kongruenz zwischen Ratschlag und Verhalten des Ratnehmers» und
– das zeitliche Moment – «unmittelbarer Befolgung des Rates nach seiner Erteilung» (vgl. KUHN, 353)

angeknüpft werden. Auch hier wird die Unterscheidung von Auskunft einerseits und Rat/Empfehlung andererseits wiederum von Bedeutung: die reine Auskunft führt in der Regel erst über eine «Verarbeitung» durch den Anfragenden selbst (vgl. oben N 110) zum schadenstiftenden Ereignis, während die soeben in Anlehnung an Kuhn erwähnten Indizien für adaequat-kausale Verursa-

Art. 2

chung eben praktisch nur bei der Erteilung von Rat oder der Abgabe von Empfehlungen gegeben sind.

127   Das **Verschulden** – Fahrlässigkeit genügt (vgl. unten N 128) – muss bei der Ausgangslage dieser Fälle – Unentgeltlichkeit und Fehlen weiterer Beziehungen – in Analogie zum Deliktsrecht vom Anfragenden nachgewiesen werden. Vom Auskunft- oder Ratgebenden eine Exculpation i.S. von Art. 97 OR zu verlangen, hiesse auch hier den «Bogen» dieser Beziehung zu überspannen (so im Ergebnis auch die bundesgerichtliche Rechtsprechung, allerdings aufgrund der Anwendung deliktsrechtlicher Grundsätze).

128   Beim Mass der Haftung stehen sich zwei gegenläufige Argumentreihen gegenüber:

– einerseits die Unentgeltlichkeit des Geschäftes und der fehlende Vorteil (vgl. Art. 99 Abs. 2 OR) für den Auskunft- oder Ratgebenden und

– andererseits die (vorausgesetzte) Kompetenz des Angefragten und sein Recht, eine Auskunft der Empfehlung jederzeit (auch ohne Grundangabe) zu verweigern.

Eine erhebliche **Haftungsbegrenzung** ergibt sich zudem schon daraus, dass nur berechtigtes Vertrauen geschützt wird. D.h. das Verhalten des Anfragenden selber (wie genau ist die Fragestellung, welche und wieviele der erforderlichen Basis-Daten liefert oder – in der Praxis recht häufig – verschweigt er – bewusst oder unbewusst?), begrenzt eine mögliche Haftung schon sehr stark, ohne dass diesbezüglich im nachhinein auf die Herabsetzungsgründe von Art. 44 OR zurückgegriffen werden müsste.

Eine weitere Haftungsbegrenzung ergibt sich aus der Möglichkeit von einschränkenden Vorbehalten (vgl. oben N 119 und 120), die sich als Einschränkungen des Umfanges des berechtigten Vertrauens auswirken: wo auf ein mögliches Problem hingewiesen wird, ist blindes Vertrauen ohne Rücksicht auf diesen Hinweis nicht mehr schützenswert. Die Zulässigkeit derartiger Schutzklauseln kann im Bereich, wo weitere Beziehungen fehlen, nicht in Zweifel gezogen werden (bezüglich ihrer Unwirksamkeit bei kollidierenden Interessen des Auskunft-/Ratgebenden vgl. oben N 122). Allerdings sind derartige Klauseln deutlich zu formulieren und erkennbar zu machen. Das in Bankkreisen beliebte Kürzel S.E. & O. (salvo errore et omissione) dürfte – zumindest im Verkehr mit nicht kaufmännisch geschulten Laien – diesen Anforderungen nicht genügen.

Nachdem der Bereich des berechtigten und geschützten Vertrauens also recht eng – und zwar weitgehend schon vom Anfragenden selber eingegrenzt wird – rechtfertigt es sich, innerhalb dieses Bereiches eine der fachlichen Kompetenz des Auskunft-/Ratgebenden angemessene strenge Haftung anzunehmen (insbesondere auch für Fahrlässigkeit, vgl. oben N 127) und dem Argument der Unentgeltlichkeit (vgl. dazu auch N 137) und des fehlenden Vorteils nicht allzu viel Gewicht beizumessen. Als Richtlinien dürfen in diesem (engen) Bereich die zur arbeitsrechtlichen Sorgfalt entwickelten Grundsätze analog angewendet werden (vgl. REHBINDER, Kommentar zu Art. 321 e OR, N 19–24 sowie FELLMANN, Kommentar zu Art. 398 OR, N 484/5).

Auskunft oder Raterteilung ist nach der hier vertretenen Ansicht nur dann rechtlich relevant, wenn auch die Kompetenz des Angefragten zur Beantwortung angenommen werden darf (vgl. oben N 118), was jedoch nichts mit der vom Bundesgericht unrichtigerweise verlangten Gewerbsmässigkeit der Auskunftserteilung zu tun hat (vgl. N 113/114). Angesichts der hochkomplexen Organisation unserer heutigen Gesellschaft (vgl. VB 2/3, N 13) meint Kompetenz in immer mehr Bereichen die Kompetenz von Organisationen und Institutionen und weniger jene von Einzelpersonen. 129

Gerade in den Bereichen, die in der Schweizerischen Rechts-Praxis von Bedeutung geworden sind (vor allem Bankauskünfte), richtet sich die Anfrage in aller Regel an eine Organisation und nicht primär an eine natürliche Person. Etwas anders liegen die Gewichte bei Anfragen an frühere Arbeitgeber, wobei bei Grossfirmen auch diesbezüglich die Firma als solche angefragt wird. Da Auskünfte über frühere Arbeitnehmer auch unter dem Aspekt der Zeugnispflicht (Art. 330a OR) gesehen werden müssen, ist später darauf zurückzukommen (unten N 141/143). Daraus ergibt sich, dass es realitätsfremd wäre, hier statt der **Hilfspersonenhaftung** i.S. von Art. 101 OR nur eine Geschäftsherren-Haftung i.S. von Art. 55 OR zuzulassen. Umgekehrt ist damit natürlich die Möglichkeit der Einschränkung oder Wegbedingung der Haftung gegeben, soweit dies nicht gegen das Recht der Persönlichkeit, die sogenannte Ungewöhnlichkeitsregel (vgl. dazu oben N 91) oder die Regelung in Art. 101 Abs. 3 OR verstösst (vgl. GUHL/MERZ/KOLLER, 230).

Gemäss OFTINGER (Schweiz. Haftpflichtrecht I, 467) kann die Haftung «nur gegenüber Personen wegbedungen werden, zu denen der Haftpflichtige in einem Vertragsverhältnis steht, nicht gegenüber Dritten. Denn die Wegbedingung ist von Begriffs wegen Bestandteil eines Vertrages.» (So auch BGE 111 II 480, allerdings ohne weitere Begründung). Folgt daraus zwingend, dass immer ein Vertrag anzunehmen ist, wenn ein Auskunfts-/Raterteilender seine Stellungnahme mit Vorbehalten oder eben einem ausdrücklichen **Haftungsausschluss** versieht (vgl. oben N 119 und 120)? Die Antwort ergibt sich aus dem ersten zitierten Satz OFTINGERS: der Anfragende ist kein beliebiger Dritter (d.h. die Wegbedingung ist ihm gegenüber zulässig), aber eben auch noch kein Vertragspartner. Es sei denn, man wollte tatsächlich so weit gehen, freiwillig und unentgeltlich erteilte Aus- 130

Art. 2

künfte/Ratschläge immer zum Gegenstand eines (stillschweigenden) Vertrages zu machen, was die schweizerische Praxis bis anhin aus guten Gründen nicht getan hat. Der Haftungsausschluss muss in diesem Noch-nicht-Vertragsverhältnis aber auch deswegen zulässig sein, weil es stossend wäre, dem gefälligkeitsweise Rat- und Auskunftgebenden diese Möglichkeit zur Risikoverminderung zu verweigern und ihn nach OR 41 ff. strenger haften zu lassen, als wenn er sich vertraglich und entgeltlich dazu verpflichtet hätte (vgl. dazu SCHOENLE, 402; E. BAUMANN, 74). Zur Diskussion darüber, ob die Haftung aus Delikt wegbedungen werden könne vgl. OFTINGER (a.a.O. 464 ff.); BREHM (Kommentar zu Art. 58 OR, N 131 ff.) sowie SCHOENLE (401/2).

131   Das Bundesgericht hat in den Fällen von culpa in contrahendo (BGE 101 II 266; 104 II 94; 108 II 422) die Frage der Rechtsnatur (delikts- oder vertragsrechtliche Haftung) offengelassen, sich aber hinsichtlich der **Verjährung** in der neueren Rechtsprechung aus Gründen der Rechtssicherheit für die kurze einjährige Verjährungsfrist des Art. 60 OR entschieden: «il ne serait pas compatible avec les exigences de la sécurité du droit que la prétention du lésé en réparation du dommage soit soumise à la prescription décennale de l'art. 127 OR ... La situation née de la culpa in contrahendo doit être réglée dans un delai convenable» (BGE 101 II 269; dieser Entscheid ist von BUCHER, 254 kritisiert worden, während MERZ, ZBJV 1977, 183/4, von einer «überzeugenden Begründung» spricht; vgl. dazu unten N 189/90).

Für die hier zu beurteilenden Tatbestände – Vertrauenshaftung wegen falscher Auskunft- oder Raterteilung – ist dem auf jeden Fall zuzustimmen. Es wäre mit der Sicherheit im Rechtsverkehr kaum zu vereinbaren, dass jemand für ausserhalb anderer Beziehungen und unentgeltlich erteilte Auskünfte oder Ratschläge noch während 10 Jahren nach Kenntnis des Schadens in Anspruch genommen werden könnte.

132   Zu Recht nimmt das Bundesgericht dagegen bei Fällen falscher/unangemessener **Auskunfts- oder Raterteilung** durch Dritte, die also nicht direkt angefragt werden, eine rein deliktsrechtliche Haftung an: hier fehlt tatsächlich eine zwischen den Parteien bestehende Beziehung irgendwelcher Art. In diesen «Dritthaftungsfällen wird nicht zuerst (mit welcher Begründung dies auch immer möglich wäre) ein Vertrauensverhältnis konstruiert, aus dem die verletzten Pflichten resultieren, sondern es wird von gegenüber jedermann bestehenden und durch das Gebot der Wahrung von Treu und Glauben konkretisierten Pflichten ausgegangen» (FISCHER, 25, welcher die wenigen schweizerischen Entscheide zu Dritthaftungsfällen – vgl. BGE 30 II 258; 41 II 77; 57 II 81; 80 III 41; 111 II 471 – im Vergleich zur deutschen Rechtsprechung untersucht hat). Zuzustimmen ist auch der Feststellung des Bundesgerichtes (BGE 80 III 53), dass die Dritthaftung bei

Art. 2

Auskunfterteilung keine culpa in contrahendo-Haftung ist (gl. M. FISCHER, 21; GONZENBACH, 122/3).

Bezüglich der dogmatischen Einordnung dieser ausschliesslich nach deliktsrechtlichen Prinzipien zu behandelnden Haftung kann offen bleiben, ob man sie quasi als «schwächste» Vertrauenshaftung neben der Vertrauenshaftung des Auskunft-/Ratgebenden gegenüber dem Destinatär seiner Mitteilungen betrachten will, oder aber als gewöhnliche Deliktshaftung, bei der die Widerrechtlichkeit i.S. von Art. 41 OR allein im Verstoss gegen Art. 2 ZGB (hier als Sachnorm anzuwenden) besteht. Die Unterscheidung hat hier keinerlei praktischen Folgen. Haftungsfundament ist letztlich auch hier die Teilnahme am Rechtsverkehr (vgl. auch FISCHER, 24: «Die vom BGr geforderte erkennbare vermögensmässige Relevanz der Auskunft muss aus dem ganzen Kontext der Entscheidungen deshalb dahingehend verstanden werden, dass auch das BGr für Dritthaftungsfälle – zwar stillschweigend – vom formellen Kriterium einer Teilnahme am rechtsgeschäftlichen Verkehr ausgeht»).

Zusammenfassend ist folgendes festzuhalten: Die meisten Schwierigkeiten der herkömmlichen Literatur und Judikatur bei der Behandlung dieser Tatbestände sind letztlich wohl darauf zurückzuführen, dass ein «entweder-oder-Standpunkt» vertreten und versucht wird, diese Fälle in ein Prokrustes-Bett mit der Deliktshaftung am einen und der Vertragshaftung am anderen Ende hineinzuzwingen, was letztlich auf begriffsjuristische Argumentationsweisen zurückzuführen sein dürfte. Die Zweiteilung der Haftungen in deliktsrechtliche und vertragsrechliche stammt aus dem römischen Recht mit seinem «Streben, die Rechtsinstitute als grosse, scharf und klar umrissene Gegensätze zu formen und Mischbildungen und hybride Zwischenlösungen zu vermeiden» (SCHULZ, 49). Dabei ist jedoch zu beachten, dass in der römischen Gesellschaft gerade der hier besprochene Bereich der unentgeltlichen Leistungen vom (klassischen) Recht nicht erfasst wurde, sondern vielmehr in den sittlichen Bereich der Treue (fides) und der privaten Freundschaft (amicitia) fiel, innerhalb welcher «die römischen Freunde sich wechselseitig in einem Masse in Anspruch (nehmen), das den modernen Freund gemeiniglich zum sofortigen Abbruch des Freundschaftsverhältnisses führen würde» (SCHULZ, 158). Eine moderne, pluralistische Gesellschaft, die nicht mehr auf das Funktionieren derartiger ausserrechtlicher Bindungen bauen kann, muss aber – anders als das römische Recht – eben auch Lösungen für jene «hybriden» Fälle suchen und finden, die zwischen den idealen Positionen «ja oder nein», «entweder oder» liegen.

Bezeichnenderweise sah sich gerade die deutsche Praxis genötigt, «als dritte selbständige Gruppe die sogenannten gesetzlichen Schutzpflichtverhältnisse» zu entwickeln, die «zwischen den beiden Polen der deliktischen und der vertrag-

133

Art. 2

lichen Schuldverhältnisse siedeln» (MÜLLER-GRAF, 155). Und dies obschon diese Fälle durch § 676 BGB geregelt erscheinen könnten: keine Haftung für «Rat oder Empfehlung» (die blosse Auskunft wird nicht erwähnt), sofern keine Haftung aus Vertrag oder unerlaubter Handlung greift. Im Ergebnis heisst es also auch hier: tertium datur (vgl. oben N 108).

3. Vertrauenshaftung *neben* einer anderen, bereits bestehenden Bindung

134 Die in diese Kategorie fallenden Tatbestände sind zahlreicher und weit heterogener als die oben (N 109–133) behandelten. Sie lassen sich in zwei Hauptgruppen gliedern:

(a) Vertrauenshaftung neben einer anderen rechtsgeschäftlichen Beziehung (unten N 135–140) und

(b) Vertrauenshaftung neben einer anderen Bindung aus Gesetz (unten N 141–143).

Grundlegend ist auch hier die Idee, dass Art. 2 ZGB zum Schutze des Rechtsverkehrs dort – und gerade dort – eine eigenständige Haftungsgrundlage darstellt, wo weder das Delikts- noch das Vertragsrecht eine tragfähige Grundlage bilden, weil das erstere unabhängig vom Bestehen von Beziehungen zwischen den Beteiligten, das zweite nur bei bestehenden Beziehungen klare Haftungsregeln hergibt, während das dazwischenliegende Gebiet der noch nicht- oder nicht mehr-Beziehungen dadurch nicht erfasst wird (vgl. oben N 106).

135 Im Anschluss an die obigen Ausführungen (N 109–133) soll zunächst der relativ häufige Fall behandelt werden, wo neben einer bestehenden rechtsgeschäftlichen Verbindung Auskünfte/Ratschläge im bereits besprochenen Sinne (oben N 110) erteilt werden. Als Beispiel drängt sich die Kreditauskunft über einen Dritten auf, die eine Bank ihrem eigenen Kunden erteilt, ohne selber ein irgendwie geartetes Interesse an der Beziehung zwischen ihrem Kunden und dem Dritten zu haben (zur Interessenkollision vgl. N 122 und N 139); dieser Fall liegt offensichtlich anders als derjenige des Coiffeurs, der seinen Kunden gratis «heisse» Börsentips abgibt (vgl. oben N 118), obwohl auch hier unbestreitbar neben und gleichzeitig mit der Auskunfts- oder Raterteilung bereits eine vertragliche Beziehung besteht.

Bei Licht besehen unterscheiden sich diese Fälle praktisch nur in zwei Punkten (nachstehend N 136 und 137) von den bereits behandelten Fällen der

Auskunfts- oder Raterteilung ausserhalb einer bestehenden Rechtsbeziehung (oben N 109–133).

Zunächst ist der Massstab für das schützenswerte, berechtigte Vertrauen strenger und zwar aus folgenden Gründen: 136

(a) aus der bereits bestehenden Beziehung ist eine Art Grundvertrauen erwachsen, das den Anfragenden bewegt, eine Auskunft gerade bei seinem Partner aus einem anderen Geschäft einzuholen, obwohl sie auch bei einem Dritten erhältlich wäre: die Kreditauskunft über einen künftigen Vertragspartner wird bei der eigenen Bank eingeholt, obwohl z.B. die Bank desjenigen, den die Anfrage betrifft, möglicherweise besser in der Lage wäre, sie zu erteilen, oder auch über eine spezialisierte Auskunftei eine Antwort zu erhalten wäre;

(b) der Angefragte kennt aus der bereits bestehenden anderen vertraglichen Beziehung die persönlichen und finanziellen Verhältnisse des Anfragenden bereits, so dass er u.U. ohne weitere Angaben selber beurteilen kann, ob und welche Geschäfte für den Anfragenden als bedeutungsvoll zu betrachten sind. Dementsprechend wird die Wirksamkeit von Vorbehaltserklärungen (vgl. N 119 und 120) hier eingeschränkt.

Der zweite Unterschied zur Auskunfts- oder Raterteilung ausserhalb einer bestehenden Rechtsbeziehung besteht darin, dass bei Auskünften/Empfehlungen neben einer bestehenden (anderen) Beziehung statt des Kriteriums der «Unentgeltlichkeit» (i.S. der fehlenden direkten Gegenleistung) eine wirtschaftliche Betrachtungsweise der gesamten Interessenlage zwischen den Parteien vorzuziehen ist. SCHULTHESS (6) hat schon 1930 zu Recht darauf hingewiesen, dass «eben die Vorteile, die ihnen (den Banken) aus dem Geschäftsverhältnis oder einzelnen mit dem Kunden abzuschliessenden Geschäften erwachsen – neben den speziellen Gebühren im Falle einer Vermögensverwaltung – das Entgelt sind für die Raterteilung bei Kapitalanlagen.» (vgl. auch oben N 118). 137

Während bei der bereits erwähnten Kreditauskunft über einen Dritten – kollidierendes Eigeninteresse der Bank ausgenommen (vgl. oben N 122) – nach herkömmlicher Ansicht Unentgeltlichkeit angenommen werden darf, gerät die Auskunfts-/Raterteilung in der Hoffnung (aber noch nicht im Hinblick) auf ein späteres (noch nicht konkretisiertes) Geschäft mit dem Anfragenden bei wirtschaftlicher Betrachtungsweise schon in grosse Nähe zur entgeltlichen Leistung (Beispiel: Anlagevorschläge in der Hoffnung auf ein Depot-Geschäft oder einen Verwaltungsauftrag). Dies umso mehr, wenn – wie dies Banken tun – eine Kosten-/Nutzenkalkulation über den (indirekten) Ertrag aus den «unentgeltlichen» Leistungen erstellt wird. Allerdings handelt es sich dabei um Kalkulationen, die

Art. 2

auf dem Gesetz der grossen Zahl beruhen, welche über den individuellen Einzelfall keine Aussage erlauben.

Aus diesem Grunde muss bei der privatrechtlichen Beurteilung von konkreten Einzelfällen gleichwohl von der Unentgeltlichkeit der spezifischen Leistung des Auskunfts-/Raterteilenden ausgegangen werden, doch ist der Massstab für das schützenswerte Vertrauen zu seinen Lasten zu verschärfen, wo die Auskunft-/Raterteilung in der Hoffnung auf eine spätere Geschäftsbeziehung erfolgt, wo mit anderen Worten eigene potentielle (nicht aber kollidierende) Interessen des Auskunfts-/Raterteilenden im Spiel sind.

138   Die **Haftungsvoraussetzungen** sind im übrigen die gleichen wie bei der Auskunft- oder Raterteilung ohne vorhergehende Beziehung (vgl. N 126 ff.). Haftungsgrund ist auch hier die Treuwidrigkeit, die darin besteht, dass berechtigtes und somit schützenswertes Vertrauen enttäuscht wird; wie weit der Bereich dieses schützenswerten Vertrauens reicht, ist nach denselben Grundsätzen abzuklären (vgl. N 117 und 124–131) – allerdings mit der erwähnten Verschärfung des Massstabes (vgl. N 136 und 137). Auch hier kann eine Haftung nur in Frage kommen, wenn der Kontakt innerhalb der vom Auskunft-/Ratsuchenden erwarteten und vom Auskunft-/Raterteilenden zu erwartenden sachlichen Kompetenz erfolgt, wobei es wiederum nicht darauf ankommen kann, ob das Auskunft- oder Ratgeben «gewerbsmässig» (im Sinne der bundesgerichtlichen Praxis) erfolgt (vgl. oben N 118).

139   Auch eine mögliche Interessenkollision (vgl. N 122) ist aufgrund und im Rahmen der Kenntnisse des Auskunft-/Raterteilenden über die Situation des Anfragenden entsprechend strenger zu beurteilen: die an und für sich schon treuwidrige falsche Auskunfterteilung bzw. unangemessene Empfehlung im eigenen Interesse ist umso verwerflicher, als sie quasi im «Windschatten» und unter Missbrauch von anderweitig – in der bereits bestehenden Beziehung – aufgebautem (und eventuell auch schon bewährtem) Vertrauen erfolgt.

140   Die deutsche Doktrin bezeichnet diesen Fall eines «gesetzlichen Schutzpflichtverhältnisses» (vgl. N 133) als laufende Geschäftsverbindung (LGV). Die Erbringung freiwilliger, unentgeltlicher Leistungen in einer LGV unterliegt danach den Sorgfaltspflichten aus § 276 BGB (Haftung für Vorsatz und Fahrlässigkeit) und § 278 BGB (Haftung für den Erfüllungsgehilfen; vgl. MÜLLER-GRAF, 156).

Die Nähe zum Rechtsgeschäft in diesen Fällen ist unverkennbar, doch reicht sie – jedenfalls im Lichte der bisherigen schweizerischen Rechtsprechung (vgl. z.B. BGE 53 II 336) – nicht aus, die «analoge Anwendung der für vertragliche Schuldverhältnisse geltenden Normen» (MÜLLER-GRAF, 155) zu rechtfertigen. Vielmehr ist auch hier zu differenzieren: so lange es sich um eine freiwillige, unentgeltliche Auskunft-/Raterteilung an einen Partner aus einem anderen Geschäft handelt, die aber nicht im Hinblick auf ein konkretes (neues) Geschäft zwischen dem Auskunfts-/Ratgebenden und dem Empfänger erfolgt, sind wohl strengere Massstäbe der Beurteilung angebracht (vgl. N 136 und 137). Aber es dürfte sich immer noch nicht rechtfertigen, statt des Verschuldensnachweises durch den Anfragenden vom Auskunft-/Ratgebenden eine Exculpation zu verlangen (vgl. N 127) oder die lange 10-jährige Verjährungsfrist zur Anwendung zu bringen (vgl. N 131).

Wie präsentiert sich die Haftungslage, wenn jemand um einen Rat, eine Gefälligkeit angegangen wird, der bereits **von Gesetzes wegen** bestimmten Verhaltenspflichten unterliegt, ohne mit dem Anfragenden in einer rechtsgeschäftlichen Beziehung zu stehen oder die Aufnahme einer solchen anzustreben? 141

Haupt-Beispiel: Der Arbeitgeber ist verpflichtet, seinem Arbeitnehmer jederzeit ein Zeugnis auszustellen (Art. 330a OR), das zwar dem Arbeitnehmer ausgehändigt wird, von seiner Zweckbestimmung her aber für einen (oder mehrere) dem Ausstellenden unbekannte(n) Dritte(n) bestimmt ist: den/die zukünftigen Arbeitgeber. Häufig kommt es dabei zu Rückfragen beim Aussteller des Zeugnisses, wobei um weitere Auskünfte/Ratschläge («Würden Sie ihn/sie wieder einstellen?») gebeten wird. Gemäss der arbeitsrechtlichen Doktrin ist «der alte Arbeitgeber dem Arbeitnehmer aus dem Gesichtspunkt nachwirkender Fürsorge verpflichtet, ihm durch die Erteilung von Auskünften, die über die im Zeugnis enthaltenen Angaben hinaus gehen, in seinem Fortkommen behilflich zu sein» (REHBINDER, Kommentar zu Art. 320 OR, N 4). Gegenüber dem Dritten kann der alte Arbeitgeber sein Auskunftsrecht zwar verweigern, doch werden «no comment-Auskünfte» für den Stellensuchenden in aller Regel negativ gewertet.

Aus dieser klaren Bestimmung von Arbeitszeugnissen für den rechtsgeschäftlichen Verkehr – als wesentliche Grundlage für das Zustandekommen eines neuen Anstellungsverhältnisses – ergibt sich folgendes: Das Bundesgericht nimmt auch hier eine deliktische Haftung des Zeugnisausstellers an (BGE 101 II 69), was damit begründet werden kann, dass ein Dritthaftungsfall vorliegt (vgl. oben N 132), solange kein direkter Kontakt zwischen dem Zeugnisempfänger und dem Aussteller hergestellt wird. 142

Letzteres ist in der Praxis jedoch sehr häufig, wenn nicht schon die Regel. Im Moment, wo über dem indirekten Kontakt über das Arbeitszeugnis hinaus durch die Anfrage eine direkte Beziehung zwischen dem alten und dem potentiellen neuen Arbeitgeber hergestellt wird, sind die Voraussetzungen für eine Vertrauenshaftung gegeben, wie sie in diesem Kommentar vertreten wird. Auch wenn eine solche Auskunft-/Raterteilung nicht neben einer anderen bestehenden Bindung erfolgt (vgl. N 134 ff.), ergibt sich für diese Fälle gleichwohl eine Verschärfung des Haftungsmassstabes und zwar deswegen, weil die soziale Situa-

Art. 2

tion aus der heraus bzw. für die eine Auskunft erfragt wird, dem alten Arbeitgeber aus eigener Erfahrung bereits bekannt ist: es handelt sich um eine typische soziale Situation, deren Bedeutung als bekannt angenommen werden darf (vgl. damit die Kenntnis der Situation, falls neben einer anderen Beziehung Auskunft/Rat erteilt wird; oben N 136).

143   Zusammenfassend kann folgendes festgehalten werden: Bei derartigen Fällen von Vertrauenshaftungen, wo das Gesetz zwischen rechtsgeschäftlich nicht verbundenen Personen Auskunfts-/Empfehlungsrelationen vorsieht (oder gar anbahnt), ist der Schutz des Rechtsverkehrs besonders wichtig. Daraus ergibt sich eine ähnliche Verschärfung des Haftungsmassstabes für falsche/unangemessene Auskunft/Raterteilung, wie wenn dies neben einer bereits bestehenden rechtsgeschäftlichen Beziehung erfolgt (vgl. N 136).

II. Vertrauenshaftung bei sozialen Beziehungen im Hinblick auf eine rechtsgeschäftliche Bindung / Culpa in contrahendo

1. Abgrenzung und Begriffsbestimmung

144   Anders als bei den bisher diskutierten Fällen erfolgt der Sozialkontakt in der nun zu betrachtenden Fallgruppe immer im Hinblick auf ein wenigstens von einer Partei angestrebtes Rechtsgeschäft, steht also in einem funktionalen Zusammenhang mit der angestrebten Sonderverbindung (hier ist der Ausdruck angebracht; vgl. N 6). Entscheidendes Abgrenzungskriterium ist das Vorliegen eines Vertragsverhandlungsverhältnisses, das Bestehen einer echten – auf den Abschluss eines Vertrages ausgerichteten – Sonderverbindung. Ob und welche Pflichten sich daraus für die Parteien ergeben, ist im breiten Rahmen zwischen der angelsächsischen Caveat Emptor-Doktrin (vgl. unten N 152 d) und der sogenannten (inzwischen überholten) Zielvertragstheorie (Haftung nach den für den angestrebten, künftigen Vertrag geltenden Regeln; vgl. GONZENBACH, 21 sowie Anex, 96–98) diskutiert worden.

145   Zur Qualifizierung dieses Verhältnisses sind in der Literatur folgende Vorschläge zu finden (vgl. TERCIER, 226): Es handelt sich um eine rein faktische Beziehung, die lediglich allgemeine Pflichten (im Rahmen der sog. Grundschutznormen) bewirkt. PIOTET, der diese Ansicht verficht, widerlegt sie quasi selbst, durch die von ihm angeführten Beispiele: «... les devoirs précontractuels ressemblent à ceux du donneur de conseils ou de renseignements envers son

interlocuteur, ou à ceux de l'automobiliste envers le motocycliste qu'il dépasse (PIOTET/Culpa 42).

Gerade das zweite Beispiel – eines völlig zufälligen, von keiner der Parteien angestrebten «Sozialkontaktes» – kann schwerlich mit den bewusst aufgenommenen Vertragsverhandlungen auf die gleiche Ebene gestellt werden.

Eine zweite Gruppe von Autoren nimmt ein rechtsgeschäftsähnliches (FRICK, 32) oder gar vertragliches Verhältnis an (ANEX, 22; JÄGGI, N 567 zu Art. 1 OR; SCHÄRER, 20). JÄGGI hat diese Qualifikation jedoch selber widerrufen: «Nach dem Stärkegrad des erklärten Parteiwillens liegt gewöhnlich ein blosses Gefälligkeitsverhältnis vor: Die Parteien haben sich zu nichts verpflichtet, sondern sich die Mitwirkung an Verhandlungen nur unverbindlich zugesagt» (N 570 zu Art. 1 OR) und «Da das Verhandlungsverhältnis nicht auf einem Schuldvertrag beruht, enthält es keine Leistungspflichten» (N 574 zu Art. 1 OR). Von daher macht es auch wenig Sinn, das «Verhandlungsverhältnis nach seinem Inhalt als Gesellschaft» einzustufen (JÄGGI, N 569 zu Art. 1 OR): eine Gesellschaft als «blosses Gefälligkeitsverhältnis» (JÄGGI, N 570) mit «keinerlei Leistungspflichten» (JÄGGI, N 574) ist kaum denkbar. Dem ist auch deswegen nicht zu folgen, weil «Ziel der Vertragsverhandlungen es ja gerade ist, noch nicht gebunden zu sein und die ins Auge gefasste Verpflichtung erst abzuschätzen, ehe man sie eingeht.» (GONZENBACH 70; gl. M. FRICK, 33).

146

Eine dritte Ansicht – die auch hier vertreten wird – betrachtet das Verhandlungsverhältnis als rechtliche «Sonderbeziehung», d.h. als rechtlich relevantes Verhältnis, aus dem sich eine Reihe aus dem Grundsatz von Treu und Glauben abzuleitende Pflichten ergeben, die von den Parteien zu beachten sind (BUCHER, 248; ENGEL, 505; KRAMER, allg. Einleitung, N 133; MERZ, N 264; SPIRO, 621; VON TUHR/PETER, 192; YUNG, 1968, 171).
Da diese «Sonderbeziehung» nicht auf Vertrag beruht, wäre es eher irreführend, sie als vertragsähnliche zu bezeichnen, nur weil sie im Hinblick auf, d.h. in funktionalem Zusammenhang mit einem angestrebten, zukünftigen Vertrag entsteht, der aber – auch ohne Verschulden einer der Parteien – nicht notwendigerweise zustandekommen muss.

147

Die Begriffsbestimmung der culpa in contrahendo ist in der schweizerischen Lehre und Rechtsprechung nicht umstritten; sie ist von GAUCH/SCHLUEP (Schweiz. OR, Allg. Teil, 6. Auflage, Zürich 1995, N 963) auf folgende Kurzformel gebracht worden: «Verstösst ein Verhandlungspartner gegen die Pflicht, sich nach Treu und Glauben zu verhalten, so haftet er dem anderen bei gegebenen Voraussetzungen für den dadurch entstehenden Schaden.»
Heftig umstritten ist dagegen die Rechtsnatur der culpa in contrahendo, die nichts anderes sein soll, «als eine dogmatische Hilfsfigur, die dazu dient, eine

148

Art. 2

Haftung zwischen Delikt und Vertrag zu begründen, weil eine Vertragshaftung nicht vorliegt und die Deliktshaftung nicht ausreicht» (GAUCH/SCHLUEP, a.a.O., N 978).

2. Zur Frage der Rechtsnatur

149 Allen voran war es JÄGGI, der die Frage nach der Rechtsnatur als falsch gestellt betrachtete und es für «nicht sinnvoll (hielt), zwischen vertraglichen und ausservertraglichen Pflichten zu unterscheiden. Zu beantworten ist gar nicht die Frage nach der Rechtsnatur, sondern einzig die (mit der Feststellung einer bestimmten «Natur» nicht gelöste) Frage, welchen Modalitäten mit Bezug auf Voraussetzung und Inhalt eine Schadenersatzforderung aus einem Verhandlungsverhältnis untersteht. Diese Frage ist für jede Modalität gesondert zu beantworten, und zwar so, dass sich im Einzelfall eine angemessene Lösung ergibt.» (N 592 zu Art. 1 OR). Auch BÜHLER (364) hat sich für diesen «eklektizistischen» Weg ausgesprochen, «den Haftungsgrund (ex delicto oder ex contractu) in jedem Einzelfall von culpa in contrahendo zu ermitteln.» (Gleicher Meinung auch KRAMER, allg. Einleitung, N 139/140).

Das Bundesgericht hat sich de facto der Meinung JÄGGIS angeschlossen, indem es die Frage nach der Rechtsnatur der culpa in contrahendo in seinen neuesten Entscheidungen bewusst offen gelassen hat (BGE 108 II 422; 104 II 94) und im Entscheid 101 II 269 praktisch die Formulierung von JÄGGI übernommen hat: «Ce problème doit être tranché séparément pour chaque modalité, de manière à ce qu'une solution appropriée au cas particulier soit trouvée.»

Zu JÄGGI ist anzumerken, dass mit einer klaren Entscheidung für die delikts- oder vertragsrechtliche Natur die anstehenden Fragen rein theoretisch-dogmatisch sehr wohl alle gelöst wären. Die Probleme sind aber gerade dadurch entstanden, dass weder die eine noch die andere Lösung «in Reinkultur» ohne erhebliche Anpassungen zu vernünftigen, akzeptablen Resultaten führen würde.

150 Neuere Übersichten über den Streit zwischen den **Vertretern der Deliktstheorie** (besonders insistierend: PIOTET, dann auch TERCIER, 236 f, MERZ, Vertrag 82 ff., sowie OSER/SCHÖNENBERGER, N 11 und 15 zu OR 26) und den **Verfechtern der Vertragstheorie** (ENGEL, 506; VON TUHR/PETER, 193; Anex 23 ff.) finden sich bei GONZENBACH (19 ff.) und WAHRENBERGER (38 ff.). Die Heftigkeit dieser «bataille de la culpa in contrahendo» (Anex, 12) scheint jedoch etwas abzuflauen, je mehr sich in der Lehre die auch hier vertretene Ansicht durchzusetzen beginnt, dass «eigenständige Regeln zu entwickeln sind» (GUHL/MERZ/KOLLER, 99), da «hier ein Haftungstatbestand eigener Art vorliegt, der seine Grundlage in ZGB 2 findet

und richtigerweise auch eigenen Gesetzmässigkeiten zu unterwerfen ist» (BUCHER, 253/4; vgl. auch KRAMER, N 150/1 der allg. Einleitung; A. KOLLER, Der Grundstückskauf, St. Gallen 1989, N 386 sowie GONZENBACH 122/3, WAHRENBERGER, 45 ff. und WEBER, 757/8). Zudem hat weder die Delikts- noch die Vertragstheorie bisher eine befriedigende, in sich konsistente Lösung für diese Fälle vorzuschlagen vermocht, und es «drängt sich die Einsicht auf, dass im Bereiche des Haftungstatbestandes der culpa in contrahendo eine solche Zuordnung in die bestehende positivrechtliche Ordnung von Delikts- und Vertragshaftung schlicht nicht möglich ist» (WAHRENBERGER, 45).

3. Rechtsvergleichende Hinweise

Wie die rechtsvergleichenden Untersuchungen von GONZENBACH 25 ff. und neuerdings von FRICK ergeben haben, ist «die Entwicklung einer eigenständigen Lehre von Verschulden bei Vertragsschluss in den verschiedenen Rechtsordnungen ausserordentlich unterschiedlich weit gediehen» (FRICK, 107).

Da hinter der jeweiligen Qualifikation der culpa in contrahendo als vertragliche, deliktische oder eben dazwischenliegende Haftung jeweils die gesamte Konstruktion des Vertrags- oder Deliktsrechtes von Bedeutung ist, können und dürfen ausländische Lösungen für das Problem der culpa in contrahendo («das auch in anderen Rechtsordnungen vorhanden und anerkannt ist», FRICK 108) nur beschränkt zur konkreten Lösung der Problematik im schweizerischen Recht beigezogen werden.

(a) So kann z.B. die deutsche Doktrin, die zu einer vertraglichen Haftung aus culpa in contrahendo neigt, nur aus den engeren Voraussetzungen des deutschen Deliktsrechts erklärt und verstanden werden (vgl. dazu Eduard Picker: Positive Vertragsverletzung und culpa in contrahendo – Zur Problematik der Haftungen «zwischen» Vertrag und Delikt, AcP 183 (1983), 369–524).

(b) Umgekehrt hat die Lehre von der culpa in contrahendo in Frankreich wegen «der weiten Fassung der Deliktshaftungsnormen» (FRICK, 79) insbesondere auch im Bereich der Haftung für Hilfspersonen, nie die Bedeutung erlangt, die ihr im deutschsprachigen Raum zugekommen ist, und sie ist von französischen Autoren sogar als «inutile» und «sans valeur dans nôtre droit» (Zitate aus FRICK, 79) bezeichnet worden (vgl. auch GONZENBACH, 26–28).

(c) Ebenfalls hart umstritten ist die Rechtsnatur der culpa in contrahendo in Italien, welches in Art. 1337 des Codice Civile die culpa in contrahendo ausdrücklich als Anwendungsfall von Treu und Glauben erwähnt: «Le parti,

Art. 2

nello svolgimento delle trattative e nella formazione del contratto, devono comportarsi secondo buona fede.» Während die Lehre von einer vertraglichen Haftung ausgeht, nimmt die Rechtsprechung eine deliktische Haftung an (vgl. FRICK, 80 ff., insbes. 84). Immerhin scheint auch in diesem Land eine Meinung an Boden zu gewinnen, welche die «culpa in contrahendo als ein ‹tertium genus›, non riducibile ne alla responsabilità contrattuale ne a quella extracontrattuale» beurteilt (vgl. FRICK, 84 mit Verweisungen).

(d) Im angelsächsischen Rechtsbereich (vgl. GONZENBACH 28/29 sowie FRICK, 85–104) hat besonders die Regel des «Caveat emptor» die Entwicklung einer culpa in contrahendo-Doktrin behindert. Diese Regel besagt, dass ein Verhandlungspartner grundsätzlich keine Aufklärungspflichten hat, und jede Partei aus der Unkenntnis oder dem Irrtum des anderen Partners Vorteil ziehen darf: «Each party must look out for himself and ensure that he acquires the information necessary to avoid a bad bargain» (Anson/Guest zitiert nach FRICK, 85 so auch GOODE, zit. in N 1, 4/5).

(e) Eine interessante Entwicklung war im (ehemaligen) Jugoslawien festzustellen: Noch bis in die 60er Jahre hinein galt eine Art extreme «Caveat Emptor» –Doktrin (vgl. oben d), die im «Code Général des Biens» für Montenegro wie folgt umschrieben wurde: «Les pourparlers et les préliminaires qui ont lieu avant la conclusion d'un contrat ne lient ni l'une ni l'autre des parties, à moins qu'une loi expresse n'en dispose autrement» (Art. 494, zitiert nach Orlic, 245). Im jugoslawischen Obligationenrecht von 1978 (Art. 30, vgl. Orlic 248) wurde zwar der Grundsatz der völligen Freiheit der Vertragsverhandlungen bestätigt, erstmals aber auch eine Haftung für zwei positiv umschriebene Fälle von culpa in contrahendo gesetzlich geregelt: die Haftung für den Schaden aus Verhandlungsführung ohne Abschlusswillen sowie den Abbruch der Verhandlungen ohne vertretbaren Grund (sans motive légitime). Die Haftung ist gemäss herrschender Lehre rein deliktischer Natur, was nur folgerichtig ist in einer Rechtsordnung, in der folgende Grundregel gilt: «Les pourparlers qui précèdent la conclusion du contrat n'engagent point et chaque partie peut les rompre quand bon lui semble» (Art. 30, Abs. 1 des jugoslawischen OR von 1978; zitiert nach Orlic, 248).

4. Culpa in contrahendo als Vertrauenshaftung

153 Ausgehend von der hier vertretenen Ansicht der selbständigen Begründung der Vertrauenshaftungen zwischen Delikt und Vertrag (vgl. N 106–108 sowie N 150)

soll im folgenden versucht werden, praktikable Regeln für die Behandlung der culpa in contrahendo zu entwickeln, die sowohl dieser Zwischenstellung der culpa in contrahendo Rechnung tragen als auch den mit der «eklektizistischen» Methode JÄGGIS und des Bundesgerichtes (vgl. N 149) verbundenen Nachteil der Rechtsunsicherheit zu vermeiden (vgl. PIOTET, 1981, 228).

Die Konstruktion dieser Vertrauenshaftung auch bei culpa in contrahendo-Fällen erfolgt nun keineswegs «ex nihilo» (TERCIER, 237), sondern eben gestützt darauf, dass die rechtlich relevanten Beziehungen, die weder delikts- noch vertragsrechtlich befriedigend erfasst werden können, unter der «Rechtsverkehrsregel» des Art. 2 ZGB (oben N 5) zu beurteilen sind. Dass die culpa in contrahendo-Tatbestände nach Art. 2 ZGB zu beurteilen sind, wird, soweit ersichtlich, nirgends bestritten.

Im folgenden (N 154–180) sind zuerst die Pflichten darzustellen, die sich aufgrund des Prinzipes von Treu und Glauben für die Parteien eines Vertragsverhandlungsverhältnisses (vgl. BGE 117 II 158) ergeben, bevor auf die daraus resultierenden Haftungsfolgen einzutreten ist (unten N 181–210).

III. Pflichten aus dem Verhandlungsverhältnis

1. Übersicht

Die hier darzustellenden Pflichten aus diesem «Sonderverhältnis» entsprechen den Nebenpflichten, die «jedes Schuldverhältnis kennt» (MERZ, N 260): «Inhaltlich gleiche Pflichten können auch vor und ohne Vertragsschluss entstehen» (MERZ, N 264). Abgesehen vom zeitlichen Ablauf eines Rechtsgeschäftes scheint es uns jedoch zweckmässiger, sie bereits hier – ausserhalb und vor einer vertraglichen Regelung – zu behandeln, weil ihre Geltung eben gerade nicht vom Bestehen eines Vertrages abhängt, sondern (auch als Nebenpflichten zu einem Vertrag) auf dem Grundsatz von Treu und Glauben beruht (vgl. MERZ, N 260). Allerdings gibt es Nebenpflichten, die erst bei Bestehen eines Rechtsgeschäftes entstehen können, nämlich jene, welche die eigentliche Vertragsabwicklung betreffen. Darauf wird später (unten N 289 ff.) einzugehen sein. 154

In der Literatur finden sich verschiedene Gliederungsvorschläge für die Pflichten aus dem Vertragsverhandlungsverhältnis: 155

(a) MERZ (N 260–284) nennt nach ihrem Inhalt Obhuts- und Schutzpflichten, Mitteilungspflichten, Verschaffungs- und Mitwirkungspflichten.

Art. 2

(b) JÄGGI (N 575–582) gliedert nach Verhaltenskriterien in drei Hauptpflichten: Pflicht zu ernsthaftem Verhandeln, Pflicht den Partner nicht zu täuschen, Pflicht, Ratschläge nach bestem Wissen und Gewissen zu geben. Dazu kommen aus der allgemeinen Pflicht, nicht in fremde persönliche und Sachgüter einzugreifen, die Pflicht Schutzmassnahmen zu treffen, einschliesslich Wahrung der Geheimhaltung. Zu diesen Rechtspflichten treten Obliegenheiten (Sorgfaltspflichten), Regeln für die Kostenverteilung und eventuelle Rückgabepflichten.

(c) TERCIER (228–232) unterscheidet Pflichten aus dem Gebot seriös zu verhandeln, Aufklärungspflichten, die Pflicht, die Entscheidungsfreiheit der Gegenpartei zu wahren und die Pflicht (Obliegenheit?), sich selber korrekt auf die Verhandlungen vorzubereiten.

(d) PIOTET (Culpa, 126 ff.) unterscheidet verschiedene Pflichten in drei verschiedenen Konstellationen: Responsabilié précontractuelle sans passation d'un acte juridique; Passation d'un acte juridique inefficace und Passation d'un acte juridique efficace.

(e) GONZENBACH (92–138) gliedert in die Pflichten zu ernsthaftem Verhandeln, Aufklärungspflichten, die Pflicht, Ratschläge sorgfältig zu erteilen, die Pflicht, keine unmögliche Leistung zu versprechen, die Pflicht zur Wahrung der Interessen der schwächeren Vertragspartei (bei ihm mit einem Fragezeichen versehen) und schliesslich allgemeine Verkehrspflichten.

(f) FRICK (35 ff.) schliesslich unterscheidet Aufklärungspflichten (unterteilt in Abschlussförderungspflichten und Mitteilungspflichten), bei denen «es sich um Pflichten hinsichtlich des abzuschliessenden Vertrages selbst handelt» (45) und Erhaltungspflichten, die sich «auf den Schutz vertragsfremder Güter (z.B. Leben, Körper, Eigentum) richten, die der eine Verhandlungspartner der Einwirkungsmöglichkeit des andern aussetzt» (48).

156 Diese Fülle der Sichtweisen bestätigt einmal mehr die Schwierigkeit, das nach Treu und Glauben geforderte Verhalten im voraus positiv zu umschreiben (vgl. VB 2/3, N 13/14). Das Spektrum der Verhandlungssituationen, die unter die culpa in contrahendo-Regeln fallen können, ist denn auch ungeheuer breit: es reicht vom erstmaligen, manchmal fast widerwilligen, von den Marktverhältnissen aber aufgezwungenen Kontakt zwischen bisherigen Konkurrenten bis zum Abschluss eines Gesellschaftsvertrages zwischen zwei Freunden, die sich schon lange kennen und auch schon auf anderer Basis zusammengearbeitet haben. Es macht zudem auch deutlich, woher die Versuchung kommt, die culpa in contrahendo mit

einer entweder/oder-Automatik allein dem Deliktsrecht oder dem Vertragsrecht zu unterwerfen.

Gemeinsam ist all den denkbaren Fällen jedoch nur eines: die **Offenheit der Situation** und der Vorbehalt des Rechts, andere Verhandlungspositionen (bis zum Abbruch der Verhandlungen) einzunehmen, das **ius variandi,** welches in einer freiheitlichen Rechtsordnung und als Element der Privatautonomie nicht zu stark eingeschränkt werden darf (vgl. auch VON BÜREN, 211). Es ist wiederum diese Zwischenstellung, diese Unentschiedenheit, welche auch die einseitige Anwendung delikts- oder vertragsrechtlicher Regeln für diese Fälle verbietet.

Im folgenden soll versucht werden, die im angeführten Katalog (oben N 155) enthaltenen Pflichten so zu ordnen, wie sie für die Begründung einer Vertrauenshaftung beigezogen werden können (N 157–180).

2. Negative Abgrenzungen

Zunächst sind jene allgemeinen Pflichten aus dem Bereich der culpa in contrahendo-Fälle auszuscheiden, die selbst dann nicht zu dieser Art Vertrauenshaftung gehören, wenn sie bei Gelegenheit oder gar im Zusammenhang mit einem angestrebten Vertragsschluss stehen: So gilt «die Pflicht, bei einer gefährlichen Besichtigung im eigenen Industriebetrieb den unkundigen Partner zu warnen» (vgl. JÄGGI, N 578) unabhängig davon, ob mit ihm ein Vertrag abgeschlossen werden soll, oder ob ich ihn lediglich als Freund in meinem Betrieb herumführe. Es handelt sich um eine allgemeine Verkehrspflicht, die ausschliesslich nach allgemeinem Deliktsrecht (Art. 41 ff. OR) zu beurteilen ist (so auch GONZENBACH, 137/8; TERCIER, 232; BÜHLER 360), soweit nicht eine besondere Haftungsnorm anwendbar ist, wie z.B. die Werkeigentümer-Haftung nach Art. 58 OR (vgl. dazu BGE 118 II 36).

Auch kann aus Art. 2 ZGB wohl kaum eine eigentliche Pflicht, die Entscheidungsfreiheit der Gegenpartei zu wahren («Le devoir de respecter la liberté de décision d'autrui»; TERCIER, 231), abgeleitet werden. Diesbezügliche Schranken ergeben sich nur aus dem Schutz der Persönlichkeit (Art. 27 ZGB) sowie der Möglichkeit, Verträge einseitig für ungültig zu erklären, die aufgrund einer Übervorteilung (Art. 21 OR), Täuschung (Art. 28 OR) oder Furchterregung (Art. 29 OR) zustandegekommen sind.
Bezüglich der Nebenpflichten bei bestehenden Rechtsgeschäften vgl. unten N 289–294.

Art. 2

3. Die Pflicht, sich selber korrekt vorzubereiten

158 Zu Recht hat TERCIER (232) auf die Pflicht hingewiesen, sich selber korrekt für Vertragsverhandlungen vorzubereiten («le devoir de se préparer correctement soi-même»). Bei genauerer Betrachtung handelt es sich dabei jedoch nicht um eine eigentliche Pflicht, sondern nur um Obliegenheiten (vgl. JÄGGI, N 579 und 586 zu Art. 1 OR sowie N 78 vor Art. 1 OR). In diese Kategorie gehören auch folgende «positivrechtlich geregelten Tatbestände von culpa in contrahendo» (vgl. GONZENBACH, 13/14; TERCIER, 229; GUHL/MERZ/KOLLER, 99; FRICK, 38):

– die Haftung des fahrlässig Irrenden, OR 26 (vgl. N 193–196),

– die Haftung des Vollmachtgebers, der es unterlässt, die Vollmachtsurkunde zurückzufordern, OR 36 II (vgl. N 197–200)

– die Haftung des falsus procurator, OR 39 (vgl. N 201–204) sowie

– die Haftung des urteilsfähigen Unmündigen oder Entmündigten nach Art. 411 II ZGB (vgl. N 205–209).

Logischerweise gehört die Pflicht, sich selber korrekt vorzubereiten, sogar an die allererste Stelle bei der Aufnahme von Vertragsverhandlungen, obwohl sie – wie gleich zu zeigen ist – zu relativieren ist. Allerdings ist TERCIER nicht zu folgen, wenn er diese Pflicht als komplementär zur Aufklärungspflicht der Gegenpartei sehen will; sie besteht grundsätzlich immer, unabhängig davon, ob die Gegenpartei einer Aufklärungspflicht unterliegt oder nicht und geht dieser voraus (vgl. dazu unten N 159).

Schliesslich ist darauf hinzuweisen, dass die eigene Vorbereitung und Aufmerksamkeit überall dort eine entscheidende Rolle spielt, wo sich jemand im nachhinein auf seine eigene Gutgläubigkeit berufen will (vgl. dazu die Kommentierung von Art. 3 ZGB in diesem Band, insbesondere N 48 ff.).

159 Die Relativierung dieser Pflicht ergibt sich daraus, dass sie nur bezüglich solcher Umstände bestehen kann, die dem jeweiligen Verhandlungspartner überhaupt bewusst werden können. Dabei lassen sich drei Gruppen bilden:

(a) **Personenbezogene Umstände** (auf sich selbst und die Gegenpartei): Wer keine Fremdsprachen kann, sollte sich nicht um die Stelle eines Dolmetschers bewerben und wer jemandem ein hohes Darlehen gewähren will, tut gut daran, dessen Bonität abzuklären; wenn sich erst im Laufe der Verhandlungen herausstellen sollte, dass der Darlehensnehmer bonitätsmässig nicht genügt, kann die andere Partei ihm bei Verhandlungsabbruch kaum culpa in contrahendo vorwerfen. Eine Versicherungsgesellschaft kann dagegen nicht dazu verpflichtet werden, sich einer Informationszentrale anzuschliessen, um auf diese Weise Versicherungsbetrüge von vornherein zu vereiteln oder doch zu erschweren (BGE 111 II 396). Die Ermächtigung eines Stellvertreters, auch ein Geschäft zu tätigen, das über die branchenübliche Geschäftsabwicklung hinausgeht, darf nicht leichthin angenommen werden, und der loyale Geschäftspartner darf nicht ohne zusätzliche Gründe von einer weiterreichenden Vertretungsmacht ausgehen (BGE 120 II 204/5 und 99 II 42).

(b) **Sachbezogene Umstände:** Wer ein gewöhnliches Gerät für Alltagsbedürfnisse kaufen will, dessen Bedienung er nicht versteht, hat dies zum Ausdruck zu bringen und um Instruktion zu bitten, wenn es nicht offensichtlich ist (z.B. bei schwierig zu bedienenden Geräten), dass ihm die erforderlichen Kenntnisse fehlen. Versicherungen sind dagegen nicht verpflichtet, die für die Einschätzung des Risikos massgeblichen Elemente zu prüfen; es verletzt daher Treu und Glauben nicht, wenn sich eine Versicherung in der Folge auf eine in der Police enthaltene Ausschlussklausel (bezüglich des nicht abgeklärten Risikos) beruft (BGE 116 II 349/50).

(c) **Vertragsbezogene Umstände:** Wer die Bedeutung eines Vertrages nicht versteht, hat sich zu erkundigen (vgl. die Praxis zum Problem der ungelesen unterzeichneten Urkunde, oben N 95 c und 96), soweit die Problematik für ihn überhaupt erkennbar wird. In BGE 90 II 458/9 führte die Rücksendung einer fehlerhaften Versicherungsbestätigung und folgende Inaktivität (trotz eines Hinweises von dritter Seite) zu einer erheblichen Reduktion der Versicherungsleistungen, obwohl dem Versicherer seinerseits culpa in contrahendo vorgeworfen wurde (vgl. dazu N 166).

Es wurde schon in den Vorbemerkungen (VB 2/3, N 10–12) darauf hingewiesen, dass unsere Kompetenz, auch ganz alltägliche Situationen zu meistern, als Folge der hoch komplizierten und hochkomplexen Organisation unseres Lebens und der Technik ständig abnimmt und daher an die Anforderungen zur eigenen Vorbereitung auf Vertragsverhandlungen immer geringere Anforderungen gestellt werden dürfen. Auch greift der Gesetzgeber selber immer stärker ein, um die Folgen dieser **«Wissensklüfte» und Kompetenzdefizite** zu entschärfen (vgl. auch GONZENBACH, 113/4 sowie LAUER, 41–80, WAHRENBERGER, 58–61 und ROLF H. WEBER: Schutzpflichten – Ein Sozialstaatsgedanke? in Festschrift für H. Giger, Zürich 1989, 735–760):

160

(a) In personenbezogener Hinsicht überlässt er z.B. die Entscheidung, ob man im hohen Alter noch Auto fahren will, nicht mehr dem Einzelnen allein, sondern verpflichtet ihn, sich alle zwei Jahre einer ärztlichen Kontrolluntersuchung zu unterziehen (Art. 7 VZV; SR 741.51).

Art. 2

(b) Wer ein neues Auto kauft, muss grundsätzlich keine Fragen betreffend dessen Verkehrssicherheit stellen; auch hier regelt der Gesetzgeber bereits das Notwendige (vgl. BAV, SR 741.41).

(c) Der notwendige Inhalt eines Teilzahlungsvertrages wird vom Gesetz weitgehend vorgeschrieben (Art. 226a OR).

Die Pflicht, sich selber gehörig vorzubereiten (vgl. oben N 158), bestimmt somit zusammen mit den vom Gesetzgeber (und der dazugehörigen Praxis) getroffenen Vorkehrungen den Rahmen, in welchem allfällige komplementäre Aufklärungspflichten der Gegenpartei bestehen (dazu unten N 165–174), die über das gesetzlich geregelte Mass hinausgehen.

4. Die Pflicht, ernsthaft zu verhandeln

161 FRICK (37) verwendet den (unschönen) Ausdruck «Vertragsabschlussförderungspflichten», die «darauf gerichtet (seien), einen wirksamen Vertragsabschluss herbeizuführen.» Wie zu zeigen sein wird, lässt sich eine solche «Herbeiführungspflicht» aus Art. 2 ZGB gerade nicht ableiten. Im übrigen wäre bei Bestehen einer solchen Pflicht die Abgrenzung zur Rechtsfigur des Vorvertrages gemäss Art. 22 OR extrem schwierig (ganz abgesehen von der berechtigten Kritik, die OR 22 bei VON BÜREN, 213–215, erfahren hat; vgl. dazu BGE 118 II 32 mit Verweisungen).

Das Gebot von Treu und Glauben aus Art. 2 ZGB schränkt die Verhandlungsfreiheit, das ius variandi der Parteien nicht ein, so lange sie sich selber – im Verlaufe der Verhandlungen – nicht binden (vgl. unten N 168). Bei komplexeren Geschäften ist es oft erst in einem relativ späten Stadium der Verhandlungen überhaupt möglich abzuschätzen, ob der angestrebte Vertrag sinnvoll und durchführbar ist. So sind es z.B. bei internationalen Tatbeständen oft erst die nach (oder parallel zur) Festlegung der «zivilrechtlichen Parameter» zusätzlich getroffenen steuerlichen Abklärungen, die über den definitiven Abschluss eines Geschäftes entscheiden.

162 Was hier verlangt wird, lässt sich auf die folgende (negative, vgl. VB 2/3, N 13/14) **Kurz-Formel** bringen: Man darf die Gegenpartei nicht im Zweifel belassen, dass, wie lange, und bezüglich welcher Punkte man sich die Ausübung des ius variandi (einschliesslich des Abbruchs der Verhandlungen) vorbehält.

Dabei sind an die damit verbundene «Hinweispflicht» (im Gegensatz zu den später zu behandelnden Aufklärungspflichten) allerdings keine allzu hohen Anforderungen zu stellen. «Das muss ich mir noch überlegen», «Das muss bei uns intern noch besprochen werden» etc. sind ausreichend deutliche Hinweise darauf, dass sich der Betreffende noch nicht festlegen will. Jedenfalls gilt dies zu Beginn der Verhandlungen ohnehin, während sich die diesbezüglichen Anforderungen mit zunehmender Konkretisierung des angestrebten Vertrages erhöhen können. Erinnern wir uns daran, dass Treu und Glauben nur berechtigtes Vertrauen schützt (VB 2/3, N 6): Wer vom anderen darauf aufmerksam gemacht wird, dass er noch nicht gebunden sein will, kann diesen Schutz nicht beanspruchen.

Von der Kurz-Formel (N 162) nicht erfasst werden diejenigen Fälle, wo Verhandlungen von vorneherein ohne Abschlusswillen aufgenommen werden, sei es, um die Gegenpartei von Verhandlungen mit einem Dritten abzubringen, sei es, um sich auf diese Weise Informationen über die Absichten, das Wissen, die Organisation etc. der Gegenpartei zu verschaffen. In diesen Fällen wird das Verhandlungsverhältnis (und das damit verbundene ius variandi) geradezu zweckwidrig missbraucht (vgl. unten N 323 ff.). 163

Schliesslich wird die Pflicht, ernsthaft zu verhandeln auch dadurch verletzt, dass eine objektiv unmögliche Leistung (Art. 20 OR) wissentlich zum Gegenstand der Verhandlungen gemacht wird. Da die bloss subjektive Unmöglichkeit nicht unter Art. 20 I OR fällt (Gauch/Schluep, 634) ist allerdings zu prüfen, ob der Verhandlungspartner dieses objektive Hindernis im Rahmen der Obliegenheit, sich selber korrekt vorzubereiten (oben N 158–160), nicht auch selber hätte erkennen können. 164

5. Aufklärungspflichten

«Das Bundesgericht anerkennt in seiner Rechtsprechung grundsätzlich eine gegenseitige Aufklärungspflicht von Parteien, die in Vertragsverhandlungen eintreten» (BGE 108 II 313, mit Verweisungen). «Il n'existe pas, en revanche, un devoir général de renseigner son partenaire sur tous les éléments essentiels du contrat» (BGE 101 Ib 432) und «Niemand ist gehalten, im Interesse des Gegners umsichtiger zu sein, als dieser ist und sein kann» (BGE 102 II 84; vgl. auch BGE 105 II 158). 165

Diese drei Zitate aus der bundesgerichtlichen Rechtsprechung umreissen den Rahmen, innerhalb dessen Aufklärungspflichten von Verhandlungspartnern bestehen, die im folgenden zu konkretisieren sind (N 166–174). Wie bereits bei der Obliegenheit, sich selber korrekt vorzubereiten (oben N 158–160), sind auch bei diesen Aufklärungspflichten personen-, sach- und vertragsbezogene Kriterien beizuziehen.

Art. 2

a) Personenbezogene Kriterien

166 Grundsätzlich geht es hier um die sehr häufige Konstellation, dass ein Laie einem Fachmann gegenüber steht: in einer hochkomplexen Dienstleistungsgesellschaft ist man immer stärker und in immer mehr Bereichen auf die Dienste des Spezialisten angewiesen (vgl. VB 2/3, N 11). «Moins ils seront spécialisés dans le domaine du contrat, plus sera étendue l'obligation d'information» (TERCIER, 230). GONZENBACH (113) spricht von der «Berücksichtigung des fachlichen Ungleichgewichtes». Gleichwohl lässt sich auch diese Pflicht nur negativ abgrenzen: Wer als Fachmann erkennt, dass sein Gegenüber als Laie ein wesentliches Element des geplanten Vertragsschlusses nicht oder falsch versteht, hat ihn darauf aufmerksam zu machen. Weit ging das Bundesgericht im Entscheid 90 II 449, wo es der fachkundigen Partei (einer Versicherungsgesellschaft) vorwarf, einen von ihr zwar nicht erkannten, aber bei gehöriger Aufmerksamkeit erkennbaren Irrtum der Gegenpartei nicht aufgeklärt zu haben. Dieser Entscheid mag im Lichte der Regel, dass niemand umsichtiger zu sein habe als die Gegenpartei selbst (vgl. N 165, BGE 102 II 84), hart erscheinen, ist aber in Bereichen, die mit den Kenntnissen des Durchschnittsbürgers nicht mehr zu bewältigen sind – wie z.B. im Versicherungswesen – vertretbar.

Im Verhältnis zwischen Parteien, wo keine Fachmann/Laie-Konstellation gegeben ist, sollte jedoch nur auf das tatsächliche Erkennen und nicht schon auf die blosse Erkennbarkeit eines Irrtums der Gegenpartei abgestellt werden: Denn der Irrende hätte hier die gleiche Chance gehabt, den Fehler – bei gehöriger eigener Aufmerksamkeit (vgl. N 158–160 sowie N 165) – festzustellen; vgl. BGE 116 II 434 betr. Aufklärungspflicht beim Kauf eines «fabrikneuen» Wagens (Modell 1978) im Jahr 1981 und BGE 117 II 230 betr. Aufklärungspflicht beim Abschluss einer Scheidungskonvention; im letztgenannten Fall ist das Bundesgericht schon sehr weit gegangen, wenn man bedenkt, dass bei der Scheidung meistens eine klare Interessengegensatz-Situation besteht.

Aus dieser Sicht kaum haltbar ist ein Kostenauflage-Entscheid des Zürcher Kassationsgerichtes, wonach «es nach Treu und Glauben jedenfalls ganz überwiegend Sache der Beschwerdegegnerin gewesen wäre, die Vorinstanz auf die nicht einwandfreie Begründung der erstinstanzlichen Konkurseröffnungsverfügung ... hinzuweisen» (ZR 1991/2, Nr. 2). Anlass zum Verfahren gab immerhin ein Versehen des Gerichtes!

167 Nicht unterschiedliche Kenntnisse der Vertragsparteien, sondern ihre «Persönlichkeit» selber steht zur Diskussion bei den Mitteilungspflichten, denen ein Bewerber gegenüber dem künftigen Arbeitgeber unterliegt (z.B. bezüglich Vorstrafen oder Bestehens einer Schwangerschaft; vgl. MERZ N 276). Mit Recht geht

Art. 2

Rehbinder (N 32 zu Art. 320 OR) davon aus, dass derartige Umstände nur dann mitzuteilen sind, wenn sie «die Durchführung des Arbeitsvertrages nach Lage des Einzelfalles» verunmöglichen.

Das lässt sich dahingehend verallgemeinern, dass eine Verhandlungspartei die andere auch bezüglich persönlicher Faktoren nicht im Ungewissen belassen darf, wo diese für den Abschluss des angestrebten Geschäftes erkennbarerweise von Bedeutung sind: Wer sich zu Beginn von Vertragsverhandlungen auf das Mitmachen einer als finanzkräftig bekannten Person beruft, ist nach Treu und Glauben verpflichtet, deren Ausscheiden der Gegenpartei mitzuteilen (vgl. BGE 106 II 351/2). Ein Forschungszentrum, das für bestimmte sozialwissenschaftliche Experimente männliche Nichtraucher über 60 Jahre sucht, soll sich darauf verlassen dürfen, dass sich keine Raucher melden, nur um ein allfälliges Honorar als Testperson einzustreichen.

Schliesslich muss die Beziehung zwischen Verhandlungsparteien auch unter zeitlichen Kriterien bewertet werden: wie lange kennen sie sich, welcher Art sind die in der Vergangenheit miteinander gemachten Erfahrungen, wie oft wurden schon gleichartige Verhandlungen geführt? Nebst diesen vergangenheitsgerichteten Fragen, die für die Beurteilung des Rahmens des berechtigten Vertrauens wesentlich sein können, sind aber auch zukunftsgerichtete Fragen bezüglich des Erwartungshorizontes zu stellen: Art. 4 und 5 OR regeln den Idealfall, wo es nur darum geht, eine gestellte Offerte anzunehmen oder abzulehnen. Im Vertragsverhandlungsverhältnis geht es jedoch oft um Einzelpunkte der gesamten Offertstellung (wesentliche und unwesentliche), bezüglich welcher ein Verhandlungs-Antrag gestellt wird, dessen Annahme oder Ablehnung noch nicht über das Zustandekommen des Vertrages entscheidet. Gleichwohl können die zu Art. 4 und 5 OR entwickelten Grundsätze auch auf das Verhandlungsverhältnis übertragen werden, allerdings nur in der abgeschwächten Form, dass die Stellung eines Verhandlungsantrages eine zeitliche und umfangmässige Einschränkung des eigenen ius variandi zur Folge hat.

168

Bezüglich der wahrheitsgemässen Beantwortung von Fragen der Gegenpartei kann zunächst auf die Ausführungen zur Auskunft-/Raterteilung ausserhalb einer bestehenden Rechtsbeziehung verwiesen werden (oben N 109 ff. insbes. N 118 und N 124). Allerdings verschärft sich die Haftung in ähnlicher Weise, wie bei der Auskunft-/Raterteilung neben einer bestehenden Beziehung, soweit dem Auskunft-/Ratgebenden aus dem Verhandlungsverhältnis erkennbar wird, welche Bedeutung die Gegenpartei den gestellten Fragen zumisst (vgl. oben N 136/7; vgl. auch Merz N 273). Mit Recht hat das Bundesgericht daher eine Versicherung geschützt, die vom Vertrag zurückgetreten war, weil der Antragsteller die Frage, ob eine andere Gesellschaft seinen Antrag zuvor abgelehnt habe, mit nein

169

Art. 2

beantwortet hatte. Die spitzfindige Begründung des Antragstellers, er habe bei der anderen Gesellschaft gar kein Antragsformular eingereicht, konnte ihm nicht weiterhelfen, da der Antrag an eine Versicherungsgesellschaft einerseits nicht formbedürftig ist, und er andererseits – nach telephonischer Mitteilung der Ablehnung seiner Anfrage – ausdrücklich auf eine schriftliche Bestätigung der Ablehnung verzichtet hatte; ausserdem konnte ihm als Geschäftsmann (ein personenbezogenes Kriterium, vgl. N 166) die Bedeutung dieser Frage für den Versicherer nicht entgangen sein (BGE 120 II 266).

Dass die Weigerung, gestellte Fragen zu beantworten, zum Abbruch der Verhandlungen führen kann, versteht sich von selbst. Das ist auch der beste Schutz für die andere Partei, wenn sie «keine Katze im Sack» kaufen will.

b)   Sachbezogene Kriterien

170   Wer ein Produkt auf den Markt bringt, von dem er nicht ohne weiteres annehmen darf, dass die Interessenten wissen, wie damit umzugehen ist und welche Gefahren allenfalls damit verbunden sind, hat unaufgefordert die nötigen Instruktionen mitzuliefern bzw. Erklärungen schon vor Abschluss eines Vertrages zu geben. Nur so können sich Interessenten überhaupt ein Bild darüber machen, ob das betreffende Produkt den eigenen Zwecken dient, mit den eigenen Fähigkeiten überhaupt bedient werden kann. Dieser Pflicht ist grundsätzlich Genüge getan, wenn Instruktionen/Erklärungen in dem Masse abgegeben werden, wie sie der durchschnittliche Empfänger verstehen kann. Dies jedenfalls bei den alltäglichen Massengeschäften über Konsumgüter, wo dieser Pflicht mittels Gebrauchsanweisung, Beipackzettel etc. nachgekommen wird (vgl. dazu LAUER, insbes. 268 ff. sowie unten N 290). In Art. 3 der EG-Richtlinie 92/59 über die allgemeine Produktsicherheit (Amtsblatt der EG, L 228/24) werden die Hersteller verpflichtet, «dem Verbraucher einschlägige Informationen zu erteilen, damit er die Gefahren, die von dem Produkt während der üblichen oder nach vernünftigem Ermessen voraussehbaren Gebrauchsdauer ausgehen und ohne entsprechende Warnhinweise nicht unmittelbar erkennbar sind, beurteilen und sich dagegen schützen kann.»

171   Sehr weit gegangen ist das Bundesgericht bezüglich der Aufklärungspflichten der Anbieter von Anlagefonds-Anteilscheinen, die «Interessenten schon nach Treu und Glauben im Geschäftsverkehr über Umstände aufzuklären haben, die ihren Entscheid beeinflussen, von denen die Interessenten sich aber nicht selber Kenntnis verschaffen können» (BGE 112 II 179). In BGE 105 II 79, E. 2a wurde einschränkender formuliert, dass nur solche Umstände aufklärungspflichtig sind, «von denen sich die Gegenpartei selber weder Kenntnis verschaffen kann noch verschaffen muss» (vgl. auch oben N 166).

Als **allgemeine (negative) Regel** – man darf den andern nicht im Irrtum belassen – kann eine Pflicht angenommen werden, ein von der Gegenpartei erkanntes Falsch- oder Missverstehen von wesentlichen sachlichen Voraussetzungen eines Geschäftes nach Treu und Glauben aufzuklären (vgl. MERZ, N 271 und 273; JÄGGI N 576 zu Art. 1 OR; GONZENBACH, 104; BGE 66 II 140; 90 II 456; 92 II 333 und der in SJ 1984, 319/20 publizierte Entscheid vom 15.9.1983). 172

c) **Vertragsbezogene Kriterien**

Für das Mass der Aufklärungspflichten ist es ganz entscheidend, welcher Typus von Vertrag angestrebt wird: Interessengegensatzverträge (z.B. zwischen Konkurrenten) lassen auch im Vorfeld des Vertragsschlusses weit weniger umfangreiche Aufklärungspflichten entstehen, als Interessengleichrichtungs-/Interessenwahrungs- oder gar Interessenvergemeinschaftungsverträge. 173

Wer mit einem andern gemeinsam ein bestimmtes Projekt realisieren will, hat schon im Vorfeld des diesbezüglichen Vertragsschlusses alle Fragen aufzuklären, die der Realisierung entgegenstehen könnten. Wer dagegen lediglich möglichst günstig einkaufen will, d.h. also allein seine eigenen Interessen wahrt, kann sich grundsätzlich darauf berufen, dass er nicht umsichtiger zu sein braucht, als seine Gegenpartei (vgl. oben N 165).

Bei den Interessengleichrichtungs- bzw. Interessenwahrungsverträgen sind die Aufklärungspflichten besonders ausgeprägt: hier wendet sich die eine Partei gerade deswegen an die andere, um von ihr Hilfe für irgendein bestimmtes Problem zu erhalten. In diesen Fällen darf die (meistens sachkundige) angefragte Partei nichts unterlassen, was sie zur Klärung erkennbarer Fehl- oder Missverständnisse irgendwelcher Art auf Seiten der anderen Partei beitragen kann.

d) **Zusammenfassung**

Zusammenfassend lassen sich die Aufklärungspflichten im Verhandlungsverhältnis also dahingehend umschreiben, dass man den anderen weder bezüglich der eigenen Abschlussabsichten (ius variandi) noch bezüglich sachlicher oder vertragstechnischer Fragen im Ungewissen belassen darf, sobald man erkennt, dass der andere von falschen Vorstellungen ausgeht. Es besteht «le devoir (negatif) de ne pas donner de faux renseignements et d'éviter de créer un vice de consentement chez son partenaire, par inadvertance, laisser-aller ou ambiguité» (BGE 101 Ib 432). Abklärungen, welche die Gegenpartei selber hätte vornehmen können, sind jedoch nicht gefordert: grundsätzlich hat niemand umsichtiger zu sein, als die 174

Art. 2

andere Partei selbst. Der Grundsatz ist je nach den personen-, sach- oder vertragsbezogenen Umständen des Einzelfalles zu modifizieren.

Dabei ist immer im Auge zu behalten, dass die Privatautonomie immer noch das grundlegende Prinzip des Obligationenrechtes ist. Dem Umstand, dass sich die Gesellschaft zu vom Einzelnen kaum mehr durchschaubarer Vielschichtigkeit entwickelt hat (vgl. VB 2/3, N 10), wird in immer stärkerem Masse durch gesetzgeberische Massnahmen Rechnung getragen (vgl. oben N 160), wodurch an Stelle der Erkundungsobliegenheit der einen (vgl. N 158) eine Aufklärungspflicht der anderen Partei gesetzt wird. Aber auch die «Gerichte fördern u.a. mittels der Anwendungsweise der vorvertraglichen Aufklärungspflichten und entsprechender Haftung aus c.i.c. eine Loslösung des Zivilrechtes von den liberalen, aber formalen Vorstellungen des letzten Jahrhunderts und die Ausbildung eines sozialen und materiellen ... Privatrechts» (KLINGLER, 140/1). Diese Eingriffe in die Privatautonomie mögen sozialpolitisch gerechtfertigt sein. Es hiesse aber, die Privatautonomie grundsätzlich in Frage stellen, wenn unter Berufung auf Art. 2 ZGB generell auf die Obliegenheit, sich selber seriös vorzubereiten, verzichtet und die gesamte Informations- und Aufklärungspflicht einfach der jeweiligen Gegenpartei zugeschoben würde.

Das lässt sich aus Art. 2 ZGB **nicht** herleiten (vgl. oben N 26) und darf nur nach sorgfältiger Prüfung der Umstände des konkreten Einzelfalles geschehen.

6. Obhuts- und Schutzpflichten sowie Geheimhaltung

175 Von den hier zu besprechenden, spezifisch auf den auszuhandelnden Vertrag bezogenen Obhuts- und Schutzpflichten sind die allgemeinen Verkehrspflichten klar abzugrenzen, die nicht zu den culpa in contrahendo-Tatbeständen gehören (oben N 157).

Spezifische Obhuts- oder Schutzpflichten im Bereich der culpa in contrahendo bestehen dagegen z.B. bezüglich von Mustern und Modellen, die im Laufe der Verhandlungen übergeben werden.

176 Einzig JÄGGI (N 578 zu Art. 1 OR) erwähnt auch eine «Pflicht zur Geheimhaltung von Tatsachen, die der Privat- oder gar der Geheimsphäre des Partners angehören, falls sie durch die Verhandlungen dem andern Partner bekannt werden». In der übrigen Literatur fehlt jedoch eine allgemeine Verpflichtung dieser Art: zu Recht, denn «Der Wille zur Geheimhaltung ist unabdingbares Element des Geheimnisschutzes» (MARTIN SCHNEIDER, Schutz des Unternehmensgeheimnisses vor unbefugter Verwertung, Bern 1989, 121). Wer deshalb Wert darauf legt, dass Vertragsverhandlungen vertraulich behandelt und dabei offengelegte

Geheimnisse gewahrt bleiben, hat seinen Geheimhaltungswillen unmissverständlich zum Ausdruck zu bringen und kann sich nicht einfach auf Art. 2 ZGB berufen. Denn gerade in Verhandlungssituationen können die Geheimhaltungsinteressen der Parteien völlig verschieden, ja sogar gegenläufig sein (Näheres dazu vgl. bei M. BAUMANN, 77 ff.).

Anders verhält es sich nur in den Fällen, wo die Vertraulichkeit gleichsam zur Natur des angestrebten Geschäftes gehört: So entsteht zwischen der Bank und einem potentiellen Kunden schon mit Aufnahme der Vertragsverhandlungen ein Vertrauensverhältnis, «dont découle une obligation accessoire de discrétion à la charge du banquier, fondée sur les règles de la bonne foi (art. 2 al 1 CC)» (AUBERT/BÉGUIN/BERNASCONI/GRAZIANO-VON BURG/SCHWOB/TREUILLAND: Le secret bancaire suisse, 3. A. Bern 1995, 75). Gleiches gilt für Verhandlungen mit Ärzten, Anwälten und Treuhändern, wo berufsspezifische Standes- oder Gesetzesbestimmungen die Geheimhaltungspflichten regeln. Bezüglich der umfangreichen Literatur zur Frage der Berufsgeheimnisse vgl. WALTER SCHLUEP, Über Sinn und Funktionen des Anwaltsgeheimnisses im Rechtsstaat, Zürich 1994, sowie GÜNTER STRATENWERTH, Schweizerisches Strafrecht, Besonderer Teil II, Bern 1995, § 59 II.

7. Mitwirkungs- und Verschaffungspflichten

Im vorvertraglichen Verhandlungsstadium bestehen keine Mitwirkungs- und Verschaffungspflichten. Zu Recht empfiehlt MERZ (N 281) selbst bei bestehendem Vertragsverhältnis Zurückhaltung hinsichtlich von Mitwirkungspflichten. Im vorvertraglichen Stadium bedeutet die Verweigerung einer im Hinblick auf den anvisierten Vertrag wünschbaren Mitwirkung aus der Sicht des sich Weigernden nichts anderes als die Wahrnehmung seiner Verhandlungsfreiheit, des ius variandi. Das gilt insbesondere auch bezüglich der Mitwirkung bei der Erfüllung von Formvorschriften, sofern der angestrebte Vertrag dies verlangt.

177

Dagegen kann ihn eine Haftung aus Art. 2 ZGB treffen, wenn er die Gegenpartei diesbezüglich im unklaren gelassen hat (vgl. oben N 161/162); zur Mitwirkung selbst kann er nicht verpflichtet werden. Das gleiche gilt für Verschaffungspflichten, d.h. «eigentliche Sachleistungspflichten als Nebenpflichten» (MERZ, N 280), die vor Bestehen einer vertraglichen Bindung nicht als solche geltend gemacht werden können. Wo sich der Adressat eines Mitwirkungs- oder Verschaffungswunsches im Verhandlungsverhältnis in erkennbarer (expressiver oder konkludenter) Weise weigert, einem solchen Wunsch zu entsprechen, bleibt kein Raum,

Art. 2

die Gegenpartei gestützt auf Art. 2 ZGB in irgendeiner Weise zu schützen: das diesbezügliche Vertrauen wäre nicht berechtigt.

8. Kostentragung und Rückgabepflichten

178 Vertragsverhandlungen können gelegentlich für alle Beteiligten sehr hohe Kosten verursachen (Reisekosten, Telekommunikationsspesen, Expertenhonorare etc.). Treffen die Parteien diesbezüglich keine besondere Regelung in einem separaten «Vorausvertrag» über die Verhandlungsmodalitäten (vgl. M. BAUMANN, 82/83), gilt grundsätzlich, dass jede Partei ihre Kosten selber trägt (so auch JÄGGI, N 580 zu Art. 1 OR) mit folgenden Ausnahmen:

– Bei Aufträgen an Dritte (z.B. Gutachter), die gemeinsam erteilt werden, sind die Kosten zu gleichen Teilen zu tragen und zwar (aber nur diesbezüglich) nach den Regeln, die in der einfachen Gesellschaft gelten (Art. 533 und 544 Abs. 3 OR), sofern keine andere Regelung vereinbart wurde.

– Für Kosten, welche die eine Partei durch Verletzung ihrer Hinweispflicht bezüglich ihres ius variandi (vgl. oben N 162) verursacht, kann sie haftbar gemacht werden: Wer es z.B. unterlässt, seinem Verhandlungspartner mitzuteilen, dass kein Interesse mehr am Vertrag besteht, hat für dessen Reisekosten aufzukommen, wenn er diese nun unnötige Auslage durch eine blosse Mitteilung hätte verhindern können.

– Und schliesslich hat das Bundesgericht in BGE 119 II 40 erstmals entschieden, dass die Kosten einer grösseren Projektstudie, die über das für eine gewöhnliche Offerte Übliche und Erforderliche hinausgehen, vom Anfragenden zu tragen sind. Der Entscheid enthält auch Hinweise auf die (spärliche) kantonale Praxis zu dieser praktisch bedeutsamen, aber nur selten gerichtlich beurteilten Frage (vgl. dazu auch M. RIEMER, Entgeltlichkeit bei Vertragsverhandlungen bzw. von Offerten, in: recht 1994, 188).

179 Mit Beendigung des Verhandlungsverhältnisses sind grundsätzlich auch die gegenseitig überlassenen Unterlagen, Muster, Modelle, Pläne etc. unverzüglich zurückzugeben. Ausgenommen von dieser Rückgabepflicht sind allgemein zugängliche Unterlagen wie publizierte Geschäftsberichte, Werbebroschüren oder Muster, die zu Werbzwecken auch anderweitig verteilt werden.

Bei umfangreicheren Dokumentationen, die auch vertrauliche oder gar geheime Informationen enthalten, empfiehlt es sich, schon bei Aufnahme der Verhandlungen klare Verhältnisse über den Zugang, die Benützung und die Rückgabe solcher Unterlagen zu schaffen, wozu wiederum ein eigentlicher Verhandlungsvertrag abgeschlossen werden sollte (vgl. M. BAUMANN, 82/83 sowie oben N 176).

9. Zusammenfassung

Zusammenfassend ist folgendes festzuhalten:
    Die Vielzahl der Obliegenheiten und Pflichten der Parteien in einem Verhandlungsverhältnis dient nur einem Zweck: Verhandlungen in einem geordneten Rahmen überhaupt erst zu ermöglichen. **Culpa in contrahendo ist ein Verstoss gegen die Regeln des Rechtsverkehrs** gegenüber einer bestimmten Gegenpartei und nicht ein Delikt gegen irgendjemanden, aber auch kein Verstoss gegen einen noch gar nicht bestehenden Vertrag.

    Wie im folgenden zu zeigen sein wird, ist es dieses ganz anders gelagerte Schutzbedürfnis, welches es nicht gestattet, entweder nur Delikts- oder nur Vertragsrecht auf diese Tatbestände anzuwenden. Dabei muss man sich auch hüten, die (angeblich) grössere Nähe zum einen oder anderen klassischen Haftungsbereich als Argument für eine einseitige Zuordnung beizuziehen. Wohl ist bei Verhandlungen, die kurz vor dem Abschluss stehen, eine gewisse Nähe zum Vertrag, bei erst beginnenden Gesprächen zwischen bisher völlig Fremden aber eine ebenso enge Nähe zum Delikt zu beobachten. Im Prinzip ist das Verhandlungsverhältnis aber von beiden gleich weit entfernt, wenn nicht die in der Privatautonomie verankerte Vertragsfreiheit gefährdet (so die Vertragstheorien), oder aber eine nicht vertretbare Ausweitung des Deliktsbegriffes in Kauf genommen werden soll.

Schliesslich ist daran zu erinnern, dass beim Entscheid über den Umfang einer solchen Nebenpflicht keine ex post-Beurteilung erfolgen darf, sondern immer von den konkreten Umständen zur Zeit der Verhandlungen auszugehen ist.

IV. Rechtsfolgen der culpa in contrahendo

1. Allgemeines

Culpa in contrahendo kann als Fall einer Vertrauenshaftung weder mit den deliktsrechtlichen noch mit den vertraglichen Haftungsregeln adaequat erfasst werden:

Art. 2

Der Tatbestand liegt im Zwischenbereich, für den eigene Regeln zu entwickeln sind.

Die aus Rechtssicherheitsüberlegungen geforderte Regelbildung steht auch einer eklektizistischen Fall-zu-Fall-Methode entgegen. Bei den Vertretern dieser Ansicht (JÄGGI, BÜHLER vgl. oben N 149) ist zu anerkennen, dass sie aus einer eher «partikularistischen» Optik die bestmögliche Lösung für den Einzelfall anstreben, darüber aber übersehen, dass auch die in praxi sehr heterogenen Fälle der culpa in contrahendo unter einem «universalistischen» Gesichtspunkt gesehen werden können: Es geht hier – und vor allem hier, im Bereich des Noch-nicht-Vertrages – um den Schutz des Rechtsverkehrs (vgl. oben N 153). Es ist dieses Prinzip, welches die Pflichten (oben N 154–180) und die nun zu besprechenden Rechtsfolgen aus culpa in contrahendo beherrscht.

2. Haftungsgrundlage

182 Haftungsgrundlage ist auch bei culpa in contrahendo die Treuwidrigkeit, d.h. die Verletzung einer derjenigen Pflichten, die – mit Rücksicht auf einen geordneten rechtlichen Verkehr – jedermann treffen, der sich zu Vertragsverhandlungen herbeilässt (vgl. oben N 154–180).

3. Haftungsvoraussetzungen

183 **Schadennachweis und Schadenersatz**: Auch hier muss ein Schaden nachgewiesen werden, der durch das Verhalten – die Treuwidrigkeit (vgl. N 182) – des Belangten adaequat-kausal verursacht wurde (vgl. N 126).

Wird eine Haftung aus culpa in contrahendo bejaht, ist nach herrschender Lehre und Rechtsprechung das negative Interesse zu ersetzen (BGE 105 II 81; VON BÜREN, 209; TERCIER, 237; GONZENBACH, 199 ff.).

184 Ein doloses Verhalten des Belangten muss nicht vorliegen, **Fahrlässigkeit genügt** (BGE 105 II 80; bestätigt im Entscheid vom 17.4.1990, Rep. 1990, 219). Das Bundesgericht hatte sich bis heute noch nie zur Frage zu äussern, ob das Verschulden i.S. der Deliktsregeln vom Geschädigten nachzuweisen sei, oder ob eine Vermutung für das Verschulden (bei Vorliegen einer Pflichtverletzung) mit nachfolgender Exculpationsmöglichkeit i.S. von Art. 97 OR anzunehmen sei.

In der Literatur werden bezüglich der Beweislast für das Verschulden folgende drei Lösungen vorgeschlagen:

Art. 2

(a) Die Beweislast dafür, dass kein Verschulden vorliegt, trifft «den objektiv Unsorgfältigen; insofern gilt also Art. 97 OR» (JÄGGI, N 593).

(b) «Den Verschuldensnachweis wird man dem Geschädigten auferlegen müssen (er ist praktisch identisch mit dem Nachweis der Pflichtverletzung).» (GUHL/MERZ/KOLLER, 99).

(c) Der Unterschied zwischen der Regelung von Art. 41 OR und Art. 97 OR sei diesbezüglich irrelevant: «En pratique, cette différence disparaît plus ou moins quand il s'agit d'une obligation de diligence. Comme les devoirs précontractuels sont des devoirs de diligence, cette difference ne joue pratiquement guère de rôle et on peut en faire abstraction (PIOTET, SJZ 1981, 241; vgl. auch TERCIER, 239). Nach dieser vermittelnden Theorie «obliegt dem Kläger der Nachweis der objektiven Sorgfaltspflichtsverletzung, dem Beklagen steht die Möglichkeit der Exkulpation im Sinne fehlenden, konkret vorwerfbaren Verhaltens offen» (GONZENBACH 156/7; vgl. auch KRAMER, allg. Einleitung, N 141).

Auch bezüglich der **Beweislastverteilung** zeigt sich der besondere Charakter der Vertrauenshaftung bei culpa in contrahendo: Im Ergebnis ist der vermittelnden Theorie (N 184 c) zuzustimmen, wenn auch ihre Begründung einer genaueren Betrachtung nicht standhält: Zunächst ist die Pflicht, gestellte Fragen wahrheitsgemäss (oder gar nicht) zu beantworten (vgl. N 169) keine Sorgfaltspflicht, sondern eine Anforderung an das korrekte Verhalten im Rechtsverkehr; dies jedenfalls bei bewusst wahrheitswidriger Beantwortung, während fahrlässig falsche Beantwortung noch unter eine Sorgfaltspflicht subsumiert werden könnte. Die Frage, wer bei bewusst wahrheitswidriger Auskunft die Beweislast trägt, kann durchaus eine Rolle spielen. 185

Das gleiche gilt aber auch für die Pflicht, die Gegenpartei über den Umgang mit der Verhandlungfreiheit nicht im Ungewissen zu belassen (vgl. N 162). Auch dies ist (Fahrlässigkeit ausgenommen) nicht eine eigentliche Sorgfaltspflicht, sondern wiederum eine Folge der Pflicht, sich im Rechtsverkehr korrekt zu verhalten.

Das Ergebnis der vermittelnden Theorie (N 184 c) ist deshalb akzeptabel, weil man es auch hier mit einer besonders gearteten rechtlichen Beziehung zu tun hat: Vom Geschädigten ist nicht mehr zu verlangen, als dass er eine objektive Pflichtverletzung (i.S. der hier entwickelten Regeln, oben N 154–180) nachweist. Gelingt ihm dies, ist das Verschulden der Gegenpartei zu vermuten, es sei denn, sie exculpiere sich. 186

Eine andere allgemeine Regel lässt sich auch den positiv-rechtlich geregelten Fällen von culpa in contrahendo (vgl. oben N 158) nicht entnehmen, da in

Art. 2

diesen Fällen in Literatur und Praxis sowohl bezüglich des Verschuldens wie auch z.B. der Verjährung völlig «uneinheitliche Aussagen» (GONZENBACH, 144) gemacht werden, worauf später zurückzukommen sein wird (unten N 192 ff.).

187   Bezüglich der **Haftung für Hilfspersonen:** Culpa in contrahendo-Fälle liegen wie bereits mehrfach gezeigt im (dogmatischen) «Niemandsland» zwischen Delikts- und Vertragshaftung. Diese mit der Aufnahme von Vertragsverhandlungen entstehende «Sonderverbindung» bedarf auch besonderer Regeln für eine adaequate Erfassung und Lösung dieser Fälle. Bezüglich der Frage der Hilfspersonenhaftung hat Karl SPIRO die Ausgangslage treffend wie folgt umschrieben:

«Je mehr mit der technischen und wirtschaftlichen Entwicklung, ihren Möglichkeiten und Anforderungen die Arbeitsteilung in einer Gesellschaft fortschreitet, desto grösser werden Zahl und Bedeutung der Verträge. Je komplizierter sodann die Beziehungen und je intensiver und differenzierter die Kontrolle des Rechts, desto häufiger die Fälle des Fehlschlagens und der Schädigung einer Partei durch Fehler der andern nicht erst bei der Erfüllung, in solvendo, sondern schon bei der Vorbereitung oder beim Abschluss des Vertrages, in contrahendo. Je grösser und komplizierter endlich die Betriebe und Verhältnisse der Beteiligten und je häufiger darum die Verwendung von Gehilfen aller Art, nicht nur eigentlicher Vertreter, Vermittler, Agenten oder Mäkler, sondern auch blosser Berater, Dolmetscher, Boten, Schreibkräfte und dergleichen, desto zahlreicher dann auch die Fälle, in denen die Gegenpartei durch eine culpa in contrahendo dieser Verhandlungs- oder Abschlussgehilfen zu Schaden kommt.» (SPIRO, 619; vgl. auch oben N 129).

188   Während die Deliktstheorie in dieser Frage zur Anwendung von Art. 55 OR führen müsste – «qui convient mal dans ce contexte» (TERCIER, 237; vgl. auch PIOTET, 1981, 243, der wegen des Ungenügens von Art. 55 OR eine besondere Haftungsregelung aus Art. 27–31 OR ableiten will) – ist der Umstand, «dass im Zeitpunkt der die Ersatzpflicht begründenden Handlung noch kein Vertrag vorlag ... zugleich (als) die Achillesferse der Vertragstheorie» (BÜHLER, 362) bezeichnet worden.

In der neueren Lehre wird bei dieser Ausgangslage mehrheitlich für die analoge Anwendung der Hilfspersonenhaftung nach Art. 101 OR plädiert, weil diese «den Bedürfnissen des Verkehrs, insbesondere der Billigkeit und dem Vertrauensschutz besser Rechnung trägt als die Deliktshaftung» (BÜHLER, 363; gl. M. KRAMER, allg. Einleitung, N 141; GONZENBACH, 169; SPIRO, 628 und 647). Zu präzisieren ist hier nur, dass sich die analoge Anwendung von Art. 101 OR mit Rücksicht auf den Schutz des Rechtsverkehrs (Art. 2 ZGB) aufdrängt und damit keine Billigkeitsentscheidung i.S. von Art. 4 ZGB zu fällen ist.

Art. 2

Nicht zu folgen ist PIOTET (244, 1981, sowie in seiner Replik auf SPIRO, 1987, 743–763), welcher aus Art. 27 OR eine Haftung des Geschäftsherrn ohne Entlastungsmöglichkeit ableiten möchte. Für diese «solution draconienne» (ANEX, 50) hat PIOTET kaum Gehör gefunden (worüber er sich auch beklagt hat: «Aucun de nos arguments n'ayant été discuté», JdT 1983, 380), und er ist auch der einzige geblieben, der diese Theorie nachdrücklich verfochten hat (mit Sympathien bei VON TUHR/PETER, 318 und vor allem TERCIER, 240 und neuerdings MERZ, Vertrag, 88). Die dogmatischen Argumente, die gegen die Auffassung PIOTETS sprechen, sind zuletzt von GONZENBACH (163–166) erneut zusammengetragen worden (vgl. auch SPIRO 625 ff. sowie ANEX, 48–53) und auch von MERZ, (Vertrag, 88) nicht widerlegt worden, bei welchem leider jede Auseinandersetzung mit der «ausgezeichneten Arbeit» von GONZENBACH (MERZ in ZBJV 1990, 224) fehlt. Beizufügen ist, dass PIOTETS Theorie grundsätzlich deshalb abzulehnen ist, weil sie einerseits von einer falschen Konzeption des Verhandlungsverhältnisses als besonderes Vertrauensverhältnis ausgeht (wie sein Beispiel aus dem Strassenverkehr zeigt, vgl. oben N 145) und anderseits zu sehr begriffsjuristisch begründet wird («tertium non datur»; vgl. oben N 108 und N 133).

Ohne sich grundsätzlich schon festlegen zu wollen, hat auch das Bundesgericht «für den vorliegenden Fall» die Anwendung von Art. 101 OR einer Haftung gemäss Art. 55 OR vorgezogen (BGE 108 II 422).

Bezüglich der Frage der **Verjährung** sind in der Lehre folgende Ansichten vertreten worden:

(a) Für die kurze Verjährungsfrist gemäss Art. 60 haben sich die Vertreter der Deliktstheorie (PIOTET, 1981, 241/2; TERCIER, 240) aber auch JÄGGI (N 595 zu Art. 1 OR) und SPIRO (Die Begrenzung privater Rechte durch Verjährungs-, Verwirkungs- und Fatalfristen, Bern 1975, Bd I, § 298, 706) sowie das Bundesgericht (BGE 108 II 422, 104 II 94, 101 II 269; vgl. dazu oben N 131) ausgesprochen.

189

(b) Diese Praxis des Bundesgerichtes ist von BUCHER, 255) hart kritisiert worden, der für die Verjährung von culpa-in-contrahendo-Ansprüchen die 10-jährige Frist fordert: «Die Tatsache, dass die culpa-in-contrahendo-Haftung sich nicht eindeutig als Deliktshaftung qualifiziert, entscheidet demnach automatisch für die allgemeine Zehnjahresfrist, die immer dann Platz greift, wenn nicht eindeutig die Voraussetzungen einer Sonderverjährung (hier jene von OR 60) ausgewiesen sind.» (BUCHER, 255). Mit dieser dogmatischen entweder/oder-Argumentation wird BUCHER jedoch seiner eigenen Grundaussage untreu, «dass hier ein Haftungstatbestand eigener Art vorliegt, der … richtigerweise auch eigenen Gesetzmässigkeiten zu unterwerfen ist» (253/

Art. 2

4). Zu diesen eigenen Gesetzmässigkeiten gehört eben auch, eine den besonderen Verhältnissen angemessene Regelung für die Verjährungsfragen zu finden (vgl. unten N 191). Für die 10-jährige Verjährungsfrist haben sich auch folgende Autoren ausgesprochen: ANEX (39–41); GONZENBACH (194); KRAMER (allg. Einleitung, N 141); GUHL/MERZ/KOLLER (99); VON TUHR/PETER (193).

(c) In Nähe zur überholten Zielvertragstheorie (vgl. oben N 144 sowie ANEX, 96–98) bewegt sich KRAMER (allg. Einleitung, N 141), der (in Anlehnung an die deutsche Praxis) vorschlägt, auch die Schadenersatzansprüche aus culpa in contrahendo statt der langen zehnjährigen (OR 127) nur der fünfjährigen Verjährungsfrist (OR 128) zu unterwerfen, falls der Erfüllungsanspruch aus dem angestrebten Vertrag (Zielvertrag) dieser kürzeren Verjährungsfrist unterworfen gewesen wäre.

190 Wie schon zu BUCHER angemerkt (oben N 189 b), verkennen die Autoren, die mit dem Grundsatz- (OR 127)/Sonderregelung- (OR 60) Gegensatz argumentieren, die Besonderheit der culpa in contrahendo-Tatbestände (obwohl sie diese ansonsten anerkennen wie eben BUCHER, GONZENBACH oder GUHL/MERZ/KOLLER).

Die Haftung für culpa in contrahendo dient dem Schutz des rechtlichen Verkehrs, wozu insbesondere ein möglichst grosses Mass von Rechtssicherheit gehört. Mit MERZ (ZBJV 1977, 183/4) ist der Argumentation des Bundesgerichtes (oben N 189 a) zuzustimmen. Werden Verhandlungen abgebrochen, muss die Sachlage bezüglich einer allfälligen Haftung umgehend geklärt werden. Dies auch aus praktisch-beweismässigen Überlegungen: Im Verhandlungsstadium wird vieles erst mündlich geregelt, sind Aufzeichnungen oft nur sehr rudimentär und lückenhaft; die mit dem zeitlichen Abstand abnehmende Qualität von Zeugenaussagen ist bekannt. Wer innert der (zugegebenermassen) recht kurzen Fristen von Art. 60 OR nicht in der Lage ist, seinen Anspruch zu begründen, wird es danach aus diesen praktischen Gründen meistens erst recht nicht mehr sein, weshalb eine Verlängerung der Verjährungsfrist in den weitaus meisten Fällen nur eine Verlängerung der Rechtsunsicherheit, nicht aber eine eigentliche Verbesserung der Rechtsstellung des (nach seiner Behauptung) Geschädigten bewirkt (vgl. auch unten, N 198).

191 Die kurze Verjährungsfrist für culpa in contrahendo-Tatbestände wird hier also nicht dogmatisch begründet, sondern mit Rücksicht auf die (mehrheitlich anerkannten) Besonderheiten des Verhandlungsverhältnisses, für welches eine angemessene Lösung zu suchen ist, angemessen im Hinblick darauf,

– dass es noch nicht zu einem Vertrag gekommen ist, und beide Parteien in dieser Zeit ein gewisses Risiko des Scheiterns in Kauf nehmen müssen (vgl. N 156);

Art. 2

– dass der Abbruch der Verhandlungen eine klare Zäsur setzt, ab welcher allfällige Haftungsansprüche zu prüfen sind (vgl. N 161 ff.);

– dass der Schutz aus Art. 2 ZGB im Interesse des rechtlichen Verkehrs gewährt wird, diesen aber nicht durch eine übermässige (zeitliche) Ausdehnung unnötig gefährden soll (vgl. N 174);

– dass in den meisten Fällen allfällige Ansprüche später beweismässig kaum mehr zu belegen wären (vgl. N 190).

4. Bemerkungen zu den positiv-rechtlich geregelten culpa in contrahendo-Tatbeständen

Der Haftung des fahrlässig Irrenden (Art. 26 OR), des Vollmachtgebers, der es unterlässt, die Vollmachtsurkunde zurückzufordern (Art. 36 Abs. 2 OR), des falsus procurator (OR 39) sowie des urteilsfähigen Unmündigen oder Entmündigten (Art. 411 Abs. 2 ZGB) gemeinsam ist, dass stets ein vorwerfbares Verhalten auf Seiten derjenigen Partei besteht, die selber nicht gebunden sein will (vgl. oben N 158). 192

Anders als bei den culpa in contrahendo-Fällen, wo der Gegenpartei ein rechtswidriges Verhalten vorgeworfen wird, stellt sich in diesen Fällen die Frage des Verschuldensnachweises gar nicht: Der «Schuldige» steht von vorneherein fest, da diese Fälle ja geradezu durch die Schuldzuweisung definiert werden.

Da der Gesetzgeber diese Fälle nicht aufgrund einer einheitlichen Theorie der Vertrauenshaftungen zu lösen versucht hat, wundert es auch nicht, dass er bei der Beurteilung dieser Fälle zu «völlig uneinheitlichen Aussagen» kommen musste (vgl. GONZENBACH, 144 sowie oben N 186).

a) Art. 26 Abs. 1 OR, Fahrlässiger Irrtum

Bezüglich Art. 26 Abs. 1 OR nimmt das Bundesgericht ausdrücklich «eine Haftung eigener Art» an (BGE 113 II 31; 69 II 239/40). Die Frage der Beweislastverteilung stellt sich hier deshalb nicht, weil die eigene Fahrlässigkeit Voraussetzung dieser Haftung ist, die logischerweise auch eine Exculpation (sich selbst gegenüber?) ausschliesst. Eine Entlastung ist nur über den Nachweis möglich, dass der andere den Irrtum gekannt hat oder hätte kennen sollen. 193

BUCHER (254), KRAMER (allg. Einleitung, N 141) und VON TUHR/PETER (318) qualifizieren die Haftung des fahrlässig Irrenden zwar auch als Fall von culpa in contrahendo, unterstellen sie aber gleichwohl der zehnjährigen Verjährungsfrist 194

Art. 2

des Art. 127 OR, und zwar gestützt auf das dogmatische Argument, dass «mangels verjährungsrechtlicher Sondervorschrift ebenfalls die allgemeine Zehnjahresfrist gilt» (BUCHER, 254). ZÄCH (N 47 zu Art. 39 OR) erwähnt richtigerweise, dass dem entgegengehalten werden könne, «dass Art. 60 gerade die Sondernorm sei, welche die Anwendung von Art. 127 verhindere.»

Als Sonderfall einer Vertrauenshaftung verlangt culpa in contrahendo auch bezüglich der Modalitäten der Haftung Lösungen, welche dieser besonderen Fall-Konstellation angemessen sind (vgl. insbes. oben N 190/191). Demzufolge und im Hinblick auf die neuere bundesgerichtliche Praxis (BGE 101 II 266; BGE 104 II 94; vgl. auch N 197) ist somit auch die Haftung aus Art. 26 OR der Verjährung des Art. 60 OR zu unterstellen.

195 Die gleichen Autoren (BUCHER, KRAMER, VON TUHR/PETER; vgl. oben N 194) sprechen sich bezüglich Art. 26 OR auch für die Anwendung der Hilfspersonenhaftung nach Art. 101 OR aus, wodurch die rein dogmatische Argumentation zugunsten von Art. 127 OR im Prinzip desavouiert wird, denn rein dogmatisch lässt sich die Anwendung von Art. 101 OR nicht begründen. Dagegen ergibt sich aus den allgemeinen Überlegungen zum Problem der Haftung für Hilfspersonen bei culpa in contrahendo (vgl. oben N 187/188), dass diese Lösung auch bei Art. 26 OR vorzuziehen ist (vgl. dazu auch A. KOLLER, Die Haftung für den Erfüllungsgehilfen nach Art. 101 OR, N 145–150; BUCHER, 255; KRAMER, allg. Einleitung, N 141; VON TUHR/PETER, 318; a.A. Piotet, zuletzt in ZSR 1987 I, 743 ff., insb. 751; ZÄCH, N 56 zu Art. 39 OR).

196 Zu ersetzen ist das negative Interesse (vgl. BUCHER, 191; GAUCH/SCHLUEP, N 850; GUHL/MERZ/KOLLER, 136; sowie BGE 69 II 239 und der in SJZ 1981, 44/5 zitierte BGE).

b) Art. 36 Abs. 2 OR, Nichtrückforderung einer Vollmacht

197 Auch bei Art. 36 Abs. 2 OR «hilft der Hinweis aber nicht viel weiter» (ZÄCH, N 46 zu Art. 36 OR), dass es sich um einen gesetzlich geregelten Fall von culpa in contrahendo handle. Hier gilt gemäss herrschender Lehre, dass der Geschädigte das Verschulden nachzuweisen hat (vgl. ZÄCH, N 52 und 63 zu Art. 36 OR), der Vollmachtgeber sich aber «exculpieren» kann, wenn er seinerseits nachweist, «dass er den Bevollmächtigten genügend angehalten hat, die Vollmacht zurückzugeben» (ZÄCH, N 63 zu Art. 36 OR), oder es gelingt ihm der Nachweis, dass die Gegenpartei nicht gutgläubig war.

198 Die Verjährungsfrage ist auch bei den Fällen, die unter Art. 36 II OR fallen, nicht anders zu entscheiden als für Art. 26 OR: Es gilt die kurze Frist des Art. 60 OR (vgl. N 194). ZÄCH (N 60 zu Art. 36 OR) plädiert zwar für die zehnjährige

Frist, räumt aber folgendes ein: «Die besondere (gesetzliche) Natur der vorvertraglichen Haftung führt hier dazu, dass zwar die vertraglichen Regeln besser passen, aber keine der beiden Lösungen voll zu befriedigen vermag. De lege ferenda sollte eine allgemein geltende fünfjährige Frist vorgesehen werden (zu erwägen wäre allenfalls eine dreijährige Frist, wie sie im Falle des vollmachtlos handelnden Wechselakzeptanten zur Anwendung kommt» (ZÄCH, N 45 zu Art. 39 OR).

Der Hinweis auf eine drei- bis fünfjährige Frist macht deutlich, dass die angemessenere Lösung dieser Frage im Hinblick auf die Rechtssicherheit de lege lata wohl doch näher bei der hier vertretenen Anwendung der Frist von Art. 60 OR als der eindeutig zu langen Frist des Art. 127 OR liegen dürfte, solange keine andere gesetzgeberische Entscheidung gefallen ist.

Bezüglich der Haftung für Hilfspersonen ist auch für diesen Fall von culpa in contrahendo Art. 101 OR anzuwenden (vgl. N 195 sowie 187/188). 199

Zu ersetzen ist auch hier das negative Interesse (vgl. ZÄCH, N 58 zu Art. 36 OR sowie oben N 196). 200

c) **Art. 39 OR, Vollmachtloser Stellvertreter**

Die Haftung des vollmachtlosen Stellvertreters gemäss Art. 39 OR ist der einzige positiv-rechtlich geregelte Fall einer Dritthaftung für culpa in contrahendo: Bezüglich des angestrebten Vertrages ist der falsus procurator als Dritter zu betrachten, da er die Stellung als Vertragspartei weder erstrebt noch erworben hat (vgl. ANEX, 53). 201

Anders als in den vorher besprochenen Fällen (OR 26 und 36 II; N 193 ff. und 197 ff.) haftet der falsus procurator ohne Verschulden, eine Art Haftung, die nur aus dem Gedanken des Schutzes des Rechtsverkehrs zu begründen ist («... der Vertreter muss das Risiko dafür tragen, dass er vorgibt, Vollmacht zu haben»; ZÄCH, N 23 zu Art. 39 OR). Im übrigen betrachtet die herrschende Lehre auch dies als Fall von culpa in contrahendo (ZÄCH, N 31 zu Art. 39; BUCHER, 254/5; VON TUHR/PETER, 404). 202

Die auch hier umstrittene Verjährungsfrage (vgl. N 194 und 198) hat das Bundesgericht im Entscheid 104 II 94 eindeutig zu Gunsten der kurzen Frist des Art. 60 OR entschieden. Dies obwohl sich aus den Materialien ergibt, «dass der Gesetzgeber von der Zehn-Jahres-Frist ausging» (vgl. ZÄCH, N 44). Mit der Qualifikation als Haftung aus culpa in contrahendo ist diesem Entscheid aus den bereits genannten Gründen dennoch zuzustimmen. 203

In den übrigen Fragen hat sich die herrschende Lehre mehrheitlich dafür ausgesprochen, dass der Geschädigte den Nachweis einer «Pflichtverletzung» i.S. von OR 39 (d.h. des vollmachtlosen Handelns) zu erbringen hat (vgl. ZÄCH,

Art. 2

N 55 zu Art. 39) und dass für Hilfspersonen nach Art. 101 OR gehaftet wird (vgl. oben N 195).

204 Bei Haftung nach Abs. 1 von Art. 39 OR ist nach herrschender Lehre das negative Interesse zu ersetzen (vgl. ZÄCH, N 59 zu Art. 39 OR sowie BUCHER 589; GAUCH/SCHLUEP, N 1420; GUHL/MERZ/KOLLER, 160; VON TUHR/PETER, 403).

Bei Verschulden des Vertreters kann nach Abs. 2 von Art. 39 OR weiterer Schadenersatz zugesprochen werden, worunter das positive Vertragsinteresse zu verstehen ist (ZÄCH, N 60 zu Art. 39 OR sowie die vorgenannten Autoren). In BGE 106 II 133 hat das Bundesgericht klargestellt, dass «der Billigkeitsentscheid des Art. 39 Abs. 2 OR kein Entscheid nach Belieben des Richters ist. Er hat vielmehr in Berücksichtigung aller wesentlichen Umstände zu ergehen».

d) Art. 411 Abs. 2 ZGB, Verleitung zu irrtümlicher Annahme der Handlungsunfähigkeit

205 Bezüglich der Regelung von Art. 411 Abs. 2 ZGB ist zunächst festzuhalten, dass es sich um den gesetzgeberischen Versuch eines Ausgleichs zwischen dem Schutz des urteilsfähigen Unmündigen/Entmündigten und den Bedürfnissen des rechtlichen Verkehrs handelt, der «letztlich weit mehr vom Gedanken einer vertretbaren Risikoverteilung als von grundlegenden dogmatischen Überlegungen getragen zu sein scheint» (GONZENBACH, 184).

Bei richtiger Betrachtungsweise muss Art. 411 Abs. 2 ZGB daher als Sondernorm für einen Sonderfall eingestuft werden, welche niemals die Grundlage für die angeblich deliktische Natur der gesamten culpa in contrahendo-Fälle hergeben kann, wie dies von PIOTET behauptet worden ist («L'art. 411 al. 2 CC prouve la nature délictuelle de la culpa in contrahendo»; PIOTET, 1981, 232/3). Den gegen die Ansicht PIOTETS von GONZENBACH (180–188) und LAUER (263–366) vorgebrachten überzeugenden Argumenten ist aus dogmatischer Sicht nichts beizufügen.

206 Nach C. EBERHARD (Die Zustimmung des Vormundes zu Rechtsgeschäften des urteilsfähigen Mündels, Diss. Bern 1990, 147) wird «die Schadenersatzpflicht des Mündels nach Art. 411 Abs. 2 ZGB zunächst dadurch begründet, dass dieses ein Rechtsgeschäft unter schuldhaftem Verschweigen seiner Handlungsunfähigkeit vornimmt». Oder anders ausgedrückt: Bei genauer Betrachtung befasst sich diese Bestimmung lediglich mit der Frage der Aufklärungspflicht über die eigene Handlungsfähigkeit und beschlägt damit nur einen sehr bescheidenen Teil der sich aus einem Verhandlungsverhältnis ergebenden Pflichten (so auch GONZENBACH, 184).

Art. 2

Im Entscheid 102 II 231 hat das Bundesgericht diese Bestimmung als blossen Anwendungsfall des Art. 19 Abs. 3 ZGB bezeichnet. Daraus ergäbe sich, dass der urteilsfähige Unmündige/Entmündigte bei Verletzung dieser sehr spezifischen Aufklärungspflicht allein nach Deliktsrecht haften solle. Damit müsste aber davon ausgegangen werden, dass die Norm von Art. 411 Abs. 2 ZGB überflüssig und der «Gesetzgeber irreführender Weitschweifigkeit zu bezichtigen (wäre)» (GONZENBACH, 188). 207

Zu der Qualifizierung als Haftung ex delicto (BGE 69 II 360) ist zu bemerken, dass das widerrechtliche Verhalten in der Verletzung der erwähnten spezifischen Aufklärungspflicht über die eigene Handlungsfähigkeit gesehen werden muss. Diese Besonderheit rechtfertigt die Anwendung der oben dargestellten Regeln für die Haftung aus culpa in contrahendo, wozu insbesondere auch die Anwendung der kurzen Verjährungsfrist aus Art. 60 OR gehört. Dagegen: BUCHER (Kommentar zu Art. 19 ZGB, N 419), der «trotz der in den Grundzügen deliktischen Natur der Ansprüche des Vertragspartners nach ZGB 411/II die Verjährung aus Gründen der Rechtssicherheit eher nach der generellen zehnjährigen Frist des Vertragsrechts bemessen» möchte. Es ist jedoch zu bezweifeln, dass diese Lösung zur Sicherheit des rechtlichen Verkehrs beitragen würde (vgl. oben N 190/191) und auch die dogmatische Argumentation ist im Bereich der culpa in contrahendo-Haftungen, «die eigenen Gesetzmässigkeiten zu unterwerfen sind» (so BUCHER selbst, 253/4), nicht zwingend (vgl. oben N 189 b). 208

Im Entscheid ZR 1989 Nr. 53 hat das Zürcher Obergericht die Haftung aus Art. 411 Abs. 2 ZGB hinsichtlich der Verjährung der einjährigen Frist des Deliktsrechtes unterstellt; der Entscheid ist vom Bundesgericht am 23. Februar 1989 bestätigt worden (wobei es die Verjährungsfrage aber offen liess).

Bezüglich der Haftung für Hilfspersonen vgl. oben N 195. Zu ersetzen ist auch hier das negative Interesse (vgl. VON TUHR/PETER, 213; BUCHER, N 418 zu Art. 19 ZGB sowie BGE 79 II 362). 209

e) Haftung des urteilsunfähigen Verhandlungspartners

Der urteilsunfähige Verhandlungspartner haftet nach einhelliger Lehre und Rechtsprechung nach Art. 54 OR (BUCHER, N 90 zu Art. 17/18 ZGB sowie BGE 102 II 226). 210

Art. 2

V. Culpa in contrahendo im Kollisionsrecht

211 Bezüglich der kollisionsrechtlichen Anknüpfung der culpa in contrahendo «fehlt in der Schweiz nahezu jede Stellungnahme der Lehre» (FRICK, 162) – neu nun aber der Kommentar zum IPRG, Zürich 1993 – und sind auch «nur wenige Entscheide veröffentlicht» (FRICK, 162), weshalb wir uns im folgenden darauf beschränken können, uns nach einigen Hinweisen auf die deutsche Regelung (unten N 212) und einen singulären Entscheid des Bundesgerichts (unten N 213) mit den Argumenten FRICKS und HEINIS (im IPRG-Kommentar) auseinanderzusetzen (unten N 214/215), bevor die eigene Position darzustellen ist (unten N 216–226).

212 In Deutschland untersteht die Anknüpfung der culpa in contrahendo nach herrschender Lehre und Rechtssprechung dem Vertragsstatut (vgl. FRICK, 162–165 mit Verweisungen). Als Argumente dafür werden angeführt, dass ein Rechtsinstitut nicht aus dem inneren Zusammenhang gerissen werden dürfe und Vertrag und Vertragsverhandlungen nach einheitlichem Recht beurteilt werden müssten (FRICK, 163); dass nach dem Vertrauensprinzip das Schuldstatut umfassend für die Geschäftsvoraussetzungen, den Geschäftsinhalt und die Geschäftsabwicklung (und zwar auch im vorvertraglichen Zeitraum) massgebend sein müsse (FRICK, 164); dass durch analoge Anwendung der Art. 31 I und 32 I des deutschen EGBGB, welche sich mit dem Zustandekommen, der Wirksamkeit und der Nichtigkeit von Verträgen befassen, zur Unterstellung der culpa in contrahendo unter das Vertragsstatut führen müsse (FRICK, 164).

FRICK (165–167) macht zu Recht geltend, dass mit den gleichen Argumenten genauso gut die Unterstellung unter das Deliktsstatut begründet werden könnte (166), dass die einheitliche Behandlung von Verhandlungsverhältnis und Vertrag, bzw. die Vorwirkung des letzteren eine Weiterführung der im materiellen Recht überwundenen Zielvertragstheorie darstelle (FRICK 165/6), und dass insbesondere bei Distanzgeschäften auch Widersprüche zum Vertrauensprinzip auftreten könnten (FRICK, 166).

213 Im Entscheid BGE 113 II 476 hat das Bundesgericht auf eine culpa in contrahendo-Haftung gemäss Art. 411 Abs. 2 ZGB (vgl. oben N 205 ff.) das Deliktsstatut angewendet und für die kollisionsrechtliche Anknüpfung auf den Handlungsort abgestellt. Im konkreten Fall ging es jedoch um eine Unterlassung (Verschweigen der fehlenden Handlungsfähigkeit), so dass die Anknüpfung letztlich aufgrund der Frage vorgenommen wurde, «wo die unterlassene Handlung hätte ausgeführt werden sollen» (BGE a.a.O. 479). B. SCHNYDER (ZBJV 1989 91/92) hat zu diesem wenig überzeugenden Entscheid zu Recht angemerkt: «Das Bundesgericht hat sich damit wie weiland Münchhausen am eigenen Bart aus dem Wasser gezogen, indem es bei der Festlegung des anwendbaren Rechts schon

Art. 2

von der Haftungsgrundlage einer bestimmten Rechtsordnung ausgegangen ist.» Diese Art der Qualifikation dürfte sich als allgemeine Regel für die kollisionsrechtliche Behandlung von culpa in contrahendo-Fällen kaum eignen. Kritisch dazu auch HEINI (IPRG-Kommentar N 7 vor Art. 132–142) und Vischer (IPRG-Kommentar, N 7 zu Art. 35), gemäss welchen in casu eher eine Unterstellung unter das Vertragsstatut angebracht gewesen wäre.

FRICK vertritt die Ansicht, dass persönliche Kriterien für die Anknüpfung der culpa in contrahendo-Haftung unzweckmässig sind (167/8), obwohl er selber einräumt, «dass die Person des Schuldners mit der Obligation eng verbunden ist, und dass ausserdem bei Anknüpfung mittels persönlicher Kriterien eine klare, leicht handhabbare Lösung vorläge. Staatsangehörigkeit, Aufenthalt und Wohnsitz wären im Normalfall relativ schnell und leicht feststellbar, die Schadensabwicklung würde erleichtert» (FRICK, 167). Auf die grossen Nachteile, die FRICK diesen Vorteilen gegenüberstellt, wird zurückzukommen sein (unten N 224 a.E.).

214

Stattdessen schlägt er vor, für die kollisionsrechtliche Behandlung von culpa in contrahendo-Tatbeständen konsequent zwischen Aufklärungs- und Erhaltungspflichtverletzungen zu unterscheiden (FRICK 168/9). Im Ergebnis gelangt er dazu, dass bei Verletzung von Aufklärungs-Pflichten eine objektive Anknüpfung an ein «hypothetisches Vertragsstatut» (FRICK, 170 ff., insbes. 176) zu erfolgen habe, während bei der blossen Verletzung von Erhaltungspflichten eine objektive Anknüpfung an das Deliktsstatut vorzunehmen sei (FRICK, 190 ff.). Schliesslich soll auch bei Verletzung von Erhaltungspflichten innerhalb und in funktionalem Zusammenhang mit einer Sonderverbindung eine akzessorische Anknüpfung ans Verhandlungsverhältnis möglich sein (FRICK, 194 ff.). Wo diese scheitert, bleibt gemäss FRICK nur die Anknüpfung nach der lex communis bzw. lex loci delicti (a.a.O. 224 ff.).

HEINI (IPRG-Kommentar, N 7–9 vor Art. 132–142) plädiert für folgende Gliederung: Unterstellung unter das Vertragsstatut, «wenn mindestens die geschädigte Partei vom Zustandekommen eines Vertrages ausgehen durfte» (a.a.O., N 7); falls diese Voraussetzungen nicht gegeben sind, soll an das Deliktsstatut angeknüpft werden: «Bewusst falsche Auskunft oder die Missachtung vorvertraglicher Schutzpflichten wie auch andere Fälle der Verletzung allgemeiner Verhaltenspflichten sind unschwer deliktisch zu qualifizieren ...» (a.a.O., N 8). «In den übrigen, d.h. nicht deliktischen Fällen ... beruht die Haftung nach heute wohl vorherrschender Meinung auf einem besonderen gesetzlichen Schuldverhältnis. Für dessen Anknüpfung ist wiederum auf das kollisionsrechtliche Vertrauensprinzip zurückzugreifen, d.h. es ist dasjenige Recht aufzusuchen, mit dem die Parteien rechnen dürfen und müssen» (a.a.O., N 9).

215

Art. 2

216 Grundsätzlich ist FRICK entgegenzuhalten, dass er zu stark bemüht ist, die rechtliche Sonderverbindung des Verhandlungsverhältnisses durch scharfsinnige Abgrenzungen in den hergebrachten Kategorien von Delikt oder Vertrag unterzubringen. Der «Nachhall» des «tertium non datur» ist hier herauszuhören, obwohl FRICK an anderer Stelle selber zugesteht, «dass die herkömmliche Auffassung, das Institut sei gesamthaft entweder vertraglich oder aber deliktisch zu qualifizieren, nicht zwingend ist» (FRICK, 135).

Wie schon in der materiell-rechtlichen Beurteilung entziehen sich die culpa in contrahendo-Tatbestände aber auch bei der kollisionsrechtlichen Qualifikation einer Entweder/Oder-Beurteilung. Insbesondere fehlt bei FRICK der Rückbezug auf den Grund für die Anerkennung von Vertrauenshaftungen: den Schutz des rechtlichen Verkehrs, und zwar nach beiden Seiten. Die Pflicht zu Redlichkeit, Loyalität und Korrektheit beinhaltet auch die Pflicht beider Parteien, sich selber seriös auf die Teilnahme am Rechtsverkehr vorzubereiten, was im internationalen Verkehr erst recht gelten muss.

217 Die Favorisierung des Vertragsstatutes im Verhandlungsstadium (wo der angestrebte Vertrag bestenfalls ein nasciturus ist), beinhaltet eine (zu) grosse Anzahl von Fiktionen, die vorausgesetzt werden müssten: die Frage des anwendbaren Rechtes wird in konkreten Vertragsverhandlungen oft erst gegen Ende gestellt, bzw. sie lässt sich auch oft erst dann sinnvoll beantworten, wenn Parteien, Art und Inhalt des Vertrages feststehen.

Die Fälle, wo die Parteien zwar vom Zustandekommen eines Vertrages ausgehen durften, dennoch aber noch kein Vertragsstatut als feststehend angenommen werden kann, sind nicht selten, so dass sich HEINIS Vorschlag (vgl. IPRG-Kommentar N 7 vor Art. 132–142 sowie oben N 214) in vielen Fällen oft nicht ohne Zwang durchführen lassen dürfte.

Die Anknüpfung an ein hypothetisches Vertragsstatut bedeutete aber auch eine massive Einschränkung der Verhandlungsfreiheit (ius variandi), welche es bis zum Abschluss der Verhandlungen – d.h. noch in einem sehr späten Verhandlungsstadium – als sinnvoll erscheinen lassen kann, von einem auf den ersten Blick einleuchtenden (hypothetischen) Vertragsstatut abzuweichen und stattdessen ein neutrales «Drittrecht» zu wählen: Eine deutsche und amerikanische Partei vereinbaren am Ende der Verhandlungen, ihren Vertrag dem neutralen Schweizer Recht zu unterstellen, obwohl nach allgemeinen Kollisionsregeln kein Anknüpfungspunkt bestünde; oder aber es wird ein Drittrecht gewählt, welches für ein geplantes Geschäft einfach besser geeignet ist: Zwei Parteien aus Binnenländern wählen für ein «maritimes» Geschäft das Recht einer seefahrenden Nation.

218 Weiter müsste – bei der Methode FRICKS – in der Praxis wahrscheinlich in sehr vielen Fällen die (auch dogmatisch) schwierige akzessorische Anknüpfung

versucht werden, weil wohl (zu) oft eben nicht nur die Verletzung von Aufklärungs- oder Erhaltungspflichten, sondern eben beides gleichzeitig zu beanstanden ist. Vor allem bei Fällen von bewusster oder gar böswilliger culpa in contrahendo hätte dies den kaum wünschbaren Effekt, dass bei Scheitern der akzessorischen Anknüpfung nur die Anknüpfung nach der lex communis bzw. lex loci delicti verbliebe. So im Ergebnis wohl auch HEINI (Kommentar IPRG, N 8 vor Art. 132–142 sowie oben N 215).

Die akzessorische Anknüpfung ist deswegen prekär, weil nach einer schon fragwürdigen Anknüpfung an ein hypothetisches Vertragsstatut mit weiteren Annahmen noch die Anknüpfung der Verletzung von Erhaltungspflichten gerechtfertigt werden müsste.

Aus praktischer Sicht ist folgendes zu beachten: Vertrauenshaftungen dienen dem Schutz des rechtlichen Verkehrs. Dies erfordert – auch kollisionsrechtlich – leicht handhabbare Lösungen. Hinzu kommt, dass bei grenzüberschreitenden Vertragsverhandlungen alle Beteiligten ein erhöhtes Verhandlungsrisiko in Kauf nehmen, dem auch eine entsprechend verschärfte Pflicht, sich selber seriös vorzubereiten, gegenübersteht. Die (allzu starke) Differenzierung der kollisionsrechtlichen Fragen bei FRICK vernachlässigt das legitime Bedürfnis nach einfachen, in ihren Folgen überschaubaren Regeln für internationale Verhandlungen. Schliesslich sind schon die von FRICK unterschiedenen Aufklärungs- und Erhaltungspflichten keineswegs in allen Fällen ohne weiteres abgrenzbar, eindeutig und ohne Willkür der einen oder anderen Kategorie zuzuweisen. Materiellrechtlich liegt bei allen Fällen der Vertrauenshaftung die Haftungsgrundlage in der Täuschung berechtigten Vertrauens, unabhängig davon, ob sich dies auf eine Aufklärungs- oder Erhaltungspflicht bezieht, was auch kollisionsrechtlich zu einer einheitlichen Anknüpfung führen muss.

Im neuen Bundesgesetz über das Internationale Privatrecht (IPRG/SR 291) wurde die Chance verpasst, für die Vertrauenshaftungen eine eindeutige Kollisionsregel aufzustellen. Auch dieses Gesetz basiert auf der Zweiteilung in Vertrags- (Art. 112 ff.) und Deliktshaftungen (Art. 129 ff.).

Immerhin wurde in den Vorbereitungen zum neuen Gesetz diskutiert, ob man den 3. Abschnitt statt mit «Unerlaubte Handlungen» (actes illicites) nicht besser mit «Ausservertragliche Verpflichtungen» (Obligations extra-contractuelles) überschreiben sollte (vgl. Freiburger Kolloquium über den Schweizerischen Entwurf zu einem Bundesgesetz über das internationale Privatrecht, Zürich 1979, 81).

Diese Version hätte immerhin als Hinweis dienen können, wo eine Regel für vorvertragliche, aber nicht-deliktische Haftungen zu suchen wäre (nämlich in den Art. 129–142 IPRG); sie ist aber nicht Gesetz geworden, weshalb auch für

Art. 2

die Fragen der kollisionsrechtlichen Anknüpfung i.S. von Art. 1 Abs. 2 ZGB eine Lösung zu suchen ist.

221   Bereits abgelehnt wurde die Anknüpfung an das (zu) hypothetische Vertragsstatut wie auch die differenzierende Anknüpfung an dieses Vertragsstatut oder das Deliktsstatut, je nachdem Aufklärungs- oder Einhaltungspflichten verletzt sein sollen. Nur bei eindeutig deliktischen Verhalten ist auch die Unterstellung unter das Deliktsstatut gegeben. Auszugehen ist vielmehr vom Schutzgedanken, der hinter allen Vertrauenshaftungen steht: geschützt werden soll der rechtliche Verkehr, und zwar durch die doppelte Forderung an seine Teilnehmer, sich einerseits redlich, korrekt und loyal zu verhalten und sich andererseits selber sorgfältig auf die Teilnahme vorzubereiten.

Von den im IPRG enthaltenen Kollisionsnormen passen weder die Regel für Strassenverkehrsunfälle (Art. 134) noch jene für Unlauteren Wettbewerb (Art. 136), Wettbewerbsverhinderung (Art. 137), Immissionen (Art. 138) oder Persönlichkeitsverletzung durch die Medien (Art. 139) auf die soeben dargestellte Ausgangslage.

222   Damit verbleibt nur die Regelung für Produktemängel (Art. 135) für eine nähere Betrachtung. Denn «gerade in der Produktehaftpflicht überschneiden sich vertragliche und deliktische Ansprüche in besonderem Masse» (F. VISCHER, Zum Deliktsrecht im IPR Gesetz, in: Festschrift für R. Moser, Zürich, 1987, 134). Tatsächlich kann man sagen, dass durch den Erwerb eines Produktes zwischen Hersteller und Endabnehmer ebenfalls eine rechtlich relevante Beziehung entsteht: dem Vertrauen in die Redlichkeit, Loyalität und Korrektheit der Gegenpartei entspricht hier die (berechtigte) Erwartung, dass niemand schädigende Produkte auf den Markt bringt. Dass diese Erwartung in einer zunehmend komplexeren, spezialisierten und technisierten Gesellschaft (vgl. VB 2/3, N 10–12) rechtlichen Schutz verdient, ist heute unbestritten und steht an der Basis des ganzen Produktehaftpflichtrechtes (vgl. dazu die EG Richtlinie vom 25.7.1985 zur Angleichung der Rechts- und der Verwaltungsvorschriften der Mitgliedstaaten über die Haftung für fehlerhafte Produkte (85/374/EWG); Kommentare und weiterführende Literatur dazu finden sich in der Loseblatt-Sammlung «Beziehungen Schweiz-EG», herausgegeben von H.-J. MEYER-MARSILIUS, W.R. SCHLUEP und W. STAUFFACHER, Zürich 1989). Am 1.1.1994 ist das Bundesgesetz über die Produktehaftpflicht in Kraft getreten, welches die Bestimmungen der europäischen Richtlinie weitgehend übernommen hat (vgl. dazu H-J. HESS, Kommentar zum Produktehaftpflichtgesetz, 2. A., Bern 1996).

Dieser Erwartung (des Konsumenten) steht eine (zusammen mit gesetzlichen Vorschriften) komplementäre Pflicht des Produzenten gegenüber, nur solche Produkte auf den Markt zu bringen, deren Sicherheit er verantworten kann,

Art. 2

analog zur Pflicht, sich selber gehörig (auf die Teilnahme am Markt) vorzubereiten.

Art. 135 IPRG räumt dem Geschädigten ein Wahlrecht ein, entweder das Recht des Staates, in dem der Schädiger seine Niederlassung oder seinen gewöhnlichen Aufenthalt hat (nachstehend N 224) oder das Recht des Staates, in dem das Produkt erworben worden ist (nachstehend N 225) für anwendbar zu erklären. Die dahinterstehende Überlegung lässt sich – dank der ähnlichen Ausgangslage (vgl. N 222) – analog für die culpa in contrahendo-Tatbestände fruchtbar machen: 223

Das heimische Recht des Schädigers weist zwei Vorteile auf: Zunächst ist es richtig, dass nur so viel und nur die Art von Redlichkeit, Loyalität und Korrektheit erwartet wird, die von jemandem nach seinem heimischen Recht auch erwartet werden darf; denn nur in diesem Rahmen kann bei ihm überhaupt ein Gefühl für das Mass der Redlichkeit ohne weiteres vorausgesetzt werden, das von ihm erwartet wird und dessen Folgen er auch einigermassen abschätzen kann. Die Pflicht, sich selber gehörig auf Vertragsverhandlungen vorzubereiten, auferlegt daher der anderen Partei das Risiko, wenn sie ohne Klärung dieser Punkte und ohne «ortskundigen» Berater Verhandlungen mit einer Partei aufnimmt, welche aus einem Kulturkreis mit anderen Vorstellungen über Pflichten aus einem Verhandlungsverhältnis stammt (vgl. z.B. die diesbezügliche Rechtslage im ehemaligen Jugoslawien, oben N 152 e). 224

Der zweite Vorteil dieser Regelung ist praktischer Art: die «Anknüpfung mittels persönlicher Kriterien (ergibt) eine klare, leicht handhabbare Lösung» (FRICK, 167). Und stellt man diesbezüglich auf den Zeitpunkt der Schädigung ab, spielt auch der von FRICK (167) angeführte Nachteil, dass Wohnsitz und Aufenthalt häufig wechseln, keine Rolle.

«Dem Recht des Staates, in dem das Produkt erworben worden ist» (Art. 135 I lit. b IPRG) könnte man bei culpa in contrahendo analog das Recht des Verhandlungsortes gegenüber stellen, wobei (wie beim Produktehaftpflichtrecht) hier zwei einschränkende Anmerkungen anzubringen sind: Erstens hätte der Kläger den Verhandlungsort nachzuweisen (wie er den Ort des Erwerbes nachzuweisen hat). Zweitens – und das ist die wichtigere Einschränkung – muss dem Beklagten der Nachweis offenstehen, dass der geltend gemachte Verhandlungsort eine Rechtswahl nicht rechtfertigt: Verhandeln ein deutscher und ein schweizerischer Geschäftsmann im Flugzeug nach New York ein Geschäft, kann allein daraus selbst dann nicht auf die Wahl amerikanischen Rechts (für die Beurteilung der culpa in contrahendo-Fragen) geschlossen werden, wenn das angestrebte Geschäft inhaltlich einen USA-Bezug haben sollte. Werden umgekehrt die Verhandlungen mehrheitlich in den Räumlichkeiten der einen Partei geführt (weil dort z.B. alle 225

Art. 2

Muster oder Pläne verfügbar sind, über die gesprochen wird), ist dagegen eine objektive Anknüpfung an das Recht des Verhandlungsortes vertretbar: wer an einem klar bestimmten (oder doch bestimmbaren) Ort am Rechtsverkehr teilnimmt, hat sich den dort geltenden (Verkehrs-)Regeln zu unterwerfen, und es ist seine Obliegenheit, sich bezüglich allenfalls damit verbundenen Haftungsrisiken zu erkundigen, bzw. eine Klarstellung über das massgebliche Recht herbeizuführen.

226   Auch ohne die Analogie zur Anknüpfung der Produktehaftung käme man aufgrund der Natur des Sonderverhältnisses zwischen Delikt und Vertrag zum gleichen Ergebnis: Gehaftet werden soll für den Bruch desjenigen Vertrauens, das berechtigterweise erwartet werden darf. Art und Mass dieser Erwartung können nur für das heimische Recht einer Partei als bekannt vorausgesetzt werden (vgl. Botschaft zum IPR-Gesetz, BBl 1983 I, 263 ff., insbes. 427). Alles andere hiesse die Haftpflicht zu weit zu treiben. Als Alternative dazu lässt sich höchstens das Recht eines bestimmten Verhandlungsortes (der aber vom Kläger nachzuweisen wäre) rechtfertigen: wer an einem fremden Ort verhandelt, unterwirft sich den dort geltenden Regeln. Wo der Nachweis des Verhandlungsortes misslingt, gilt als allgemeine Regel das heimische Recht des Schädigers. Diese Regelung verträgt sich – wenn sie von ihm nicht geradezu gefordert wird – auch mit dem Vertrauensprinzip im Kollisionsrecht (vgl. dazu A. HEINI: Vertrauensprinzip und Individualanknüpfung im internationalen Vertragsrecht, in: Festschrift für Frank Vischer, Zürich 1983, 149–159 sowie DERSELBE, IPRG-Kommentar, N 9 vor Art. 132–142).

VI. Zusammenfassung und Übersicht über die Vertrauenshaftungen

227   Den hier besprochenen drei Gruppen von Vertrauenshaftungen (ohne andere Rechtsbeziehung, N 109–133; neben einer bestehenden Rechtsbeziehung, N 134–143; in Hinblick auf eine angestrebte Rechtsbeziehung/culpa in contrahendo, N 144–210) gemeinsam ist, dass rechtlich relevantes Verhalten vorliegt, welches nicht Delikt, aber auch noch nicht Vertrag ist. Gerade in diesem Bereich bedarf der Rechtsverkehr des Schutzes, wie er sich aus Art. 2 ZGB ergibt: Weder die Deliktsregeln noch die Vertragsregeln allein sind dieser besonderen Situation angemessen, was auch von den Verfechtern der einen wie der anderen Theorie zugestanden wird.

Zu beachten ist, dass der Haftungsmassstab zunehmend strenger wird, je näher sich die Vertrauensbeziehung zum fertig ausgehandelten Vertrag hin entwickelt. Da zudem – anders als beim (meist) «zufälligen» deliktischen Kontakt – in allen Fällen von Vertrauenshaftung die Beziehung zur anderen Partei bewusst gesucht wird, ist es aus den dargelegten Gründen auch richtig, eine Hilfspersonenhaftung vorzusehen, wo solche in ein rechtlich relevantes Verhältnis miteinbezogen werden. Dass hier die Deliktstheorie nicht zu genügen vermag, wird selbst von deren glühendsten Vertreter (PIOTET) nicht bestritten. Umgekehrt gestehen auch die Verfechter der Vertragstheorie zu, dass die zehnjährige Verjährungsfrist zu lange, den Umständen nicht angemessen ist, weshalb de lege ferenda für eine drei- bis fünfjährige Frist plädiert wird (ZÄCH). Die vertraglichen Verjährungsregeln sind aber auch deswegen zu streng, weil es die Sicherheit des Rechtsverkehrs im Vorvertragsstadium allzu sehr einengen, wenn nicht fast zum Erliegen bringen würde, wenn man aus gescheiterten Verhandlungen nach Jahr und Tag noch in Anspruch genommen werden könnte. Abgesehen davon dürfte das praktische Bedürfnis für derart lange Fristen wegen der besonderen Beweislage in vorvertraglichen Verhältnissen ohnehin nicht allzu gross sein.

Der besondere Zweck des Verkehrsschutzes ist schliesslich auch bei der kollisionsrechtlichen Behandlung der culpa in contrahendo-Fälle ausschlaggebend: soll der rechtliche Verkehr geschützt werden, sind auch nur solche Erwartungen schützenswert, die an das Verhalten im internationalen Rechtsverkehr berechtigterweise gestellt werden dürfen, unter Berücksichtigung der Pflicht, sich selber gehörig für die Teilnahme an diesem Verkehr vorzubereiten.

Art. 2

Übersicht über die Vertrauenshaftungen

	Dritthaftungsfälle N 132	ohne andere Beziehung N 109–131	neben einer anderen Beziehung N 134–143	im Hinblick auf eine Beziehung (Culpa in contrahendo) N 144–191	Sonderfälle/gesetzlich geregelte Fälle von Culpa in contrahendo N 192–210
Verschulden (inkl. Fahrlässigkeit) = Treuwidrigkeit	nach OR 41 ff	Vom Geschädigten nachzuweisen	Vom Geschädigten nachzuweisen	Nachzuweisen ist eine Verletzung einer Pflicht aus dem Verhandlungsverhältnis	Eigenes Verschulden des Schädigers (bei OR 39 auch ohne Verschulden)
Beurteilungsmassstab	nach OR 41 ff	Im Rahmen der Kompetenz des Schädigers streng	Verschärft wegen zusätzlicher Situationskenntnisse des kompetenten Schädigers	Für jede einzelne Verhandlungspflicht separat zu prüfen	Streng
Hilfspersonenhaftung	nach OR 41 ff	Gem. OR 101	Gem. OR 101	Gem. OR 101	Gem. OR 101
Verjährung	Gem. OR 41 ff	Gem. OR 60	Gem. OR 60	Gem. OR 60	Gem. OR 60
Schadenersatz	nach OR 41 ff	Negatives Interesse	Negatives Interesse	Negatives Interesse	Negatives Interesse (+ weiterer Schaden bei Art. 26 II und 39 II OR)

229

Art. 2

D. Phase 2: Treu und Glauben bei Bestehen einer rechtsgeschäftlichen Verbindung

I. Allgemeine Bemerkungen zum Rechtsmissbrauch

Sonderliteratur 230

Bürgi Wolfhart	Treu und Glauben/Rechtsmissbrauch I und II, Schweiz. Juristische Kartothek, Karten Nr. 90 und 99, Genf 1941
Dolder Hansjörg	Die Lehre vom Rechtsmissbrauch, Diss. Basel 1952 (Maschinenschrift)
Engel Pierre	La portée de la clause générale de la bonne foi (art. 2 CC) dans la jurisprudence et par rapport à sa concretisation dans certaine domaines spécifiques (LCD, bail, contrat de travail), in: Abus de droit et bonne foi, Fribourg 1994, 125–137
Favre-Bulle Xavier	Le rôle du principe de la bonne foi et de l'abus de droit dans le domaine des clauses abusives, in: Abus de droit et bonne foi, Fribourg 1994, 139–179
Huber A.	Kodifikation des Rechtsmissbrauches, SJZ 2 (1906) 267–267
Huber Karl	Über den Rechtsmissbrauch, Diss. Bern 1910
Keller Jeanne	Die zweckwidrige Verwendung von Rechtsinstituten des Familienrechts, Diss. Zürich 1986
Keller Max	Ist eine Treu und Glauben verletzende Schädigung widerrechllich? in: recht, 1987, 136–137
Martin Alfred	L'abus du droit et l'acte illicite, ZSR 25 (1906), 21–60
Meier-Hayoz Arthur/ Zweifel Martin	Der Grundsatz der schonenden Rechtsausübung im Gesellschaftsrecht, in: Festschrift für Harry Westermann, Karlsruhe 1974, 383–397
Merz Hans	Vom Schikaneverbot zum Rechtsmissbrauch, Zeitschrift für Rechtsvergleichung (ZfRV), Wien 1977
Pedrazzini Mario M.	La bonne foi du droit de la concurrence, in: Abus de droit et bonne foi, Fribourg 1994, 181–190
–	Rechtsmissbrauch im Patentrecht, in: Festschrift für Alois Troller, Basel 1976, 207–223
Niederhauser Markus D.	Missbrauch der Marktmacht und Rechtsmissbrauch, Diss., Bern 1978
Perrochet André	Essai sur la théorie de l'abus du droit, Diss. Lausanne 1920
Rey Heinz	Rechtsmissbrauch und Richterrecht. In: SJZ 80 (1984) 1–7
Riemer Hans Michael	Vertragsumgehungen sowie Umgehungen anderer rechtsgeschäftlicher Rechte und Pflichten, ZSR 101, 1982, 357–376
Rusca Andrea	La loi sur la protection des données et les principes de la bonne foi et de l'abus de droit, in: Abus de droit et bonne foi, Fribourg 1994, 191–199

Art. 2

RÜTTIMANN FELIX MATTHIAS	Rechtsmissbrauch im Aktienrecht, Diss. Zürich 1994
STURM FRITZ	Der Rechtsmissbrauch im Schweizer Recht – Ein Überblick über die neuere Judikatur des Bundesgerichts, SJZ 1993, 373–380
TRÜB HANS	Der Rechtsmissbrauch (Schikane) im modernen Recht, Diss. Bern 1909
VISCHER FRANK	Zum Problem der rechtsmissbräuchlichen Anknüpfung im internationalen Privatrecht, in: Aequitas und Bona Fides, 401–410
VOGEL OSCAR	Umkehrung der Beweislast in Rechtsmissbrauchsfällen, recht 1984, 104–110
VOYAUME JOSEPH/COTTIER BERTIL/ROCHA BOLIVAR	L'abus de droit en droit comparé in: L'abus de droit et les concepts équivalents: principe et applications actuelles, Actes du 19. Colloque de droit européen, Strasbourg 1990, 23–52 (die Schrift ist am gleichen Ort auch in englischer Sprache erschienen: Abuse of rights and equivalent concepts: the principle and its present day application)
WIDMER PIERRE	Bonne foi et abus de droit/Principe? – Portée? – Panacée? in: Abus de droit et bonne foi, Fribourg 1994, 343–354
ZELLER ERNST	Treu und Glauben und Rechtsmissbrauchsverbot, Diss. Zürich 1981
–	Zum Begriff der «Missbräuchlichkeit» im schweizerischen Privatrecht, ZSR 1990 I, 261–272.

1. Übersicht und rechtsvergleichende Bemerkungen

231   Wie bereits erwähnt, enthält Art. 2 Regeln für die Auslegung allen rechtlich relevanten Verhaltens (oben N 66 ff.). Daneben vermag Art. 2 ZGB aber auch rechtsbegründend zu wirken (oben N 58). Erst wo solche Rechte schon entstanden sind, stellt sich die Frage, wann und unter welchen Bedingungen ihre Ausübung als rechtsmissbräuchlich zu betrachten ist, was im folgenden zu untersuchen ist, unter Berücksichtigung der verschiedenen Fallgruppen, die in Lehre und Rechtsprechung entwickelt worden sind.

ALFRED MARTIN hat 1906 die Ansicht vertreten, «que la notion de l'abus du droit, dans le sens d'exercice illicite du droit, est contradictoire et anti–juridique, et qu'il est facile d'en tirer des conséquences fâcheuses pour l'ordre public» (MARTIN, 34): Die Ausübung eines Rechts kann nach dieser Ansicht nicht gleichzeitig Unrecht (Rechtsmissbrauch) sein: nullus videtur dolo facere, qui suo iure utitur (D. 50, 17, 55: vgl. VB 2/3, N 35).

Eine Theorie des Rechtsmissbrauches ist in der Tat erst dort möglich, wo subjektive Rechte als nicht völlig verabsolutierte Rechte aufgefasst werden, d.h. wo die Existenz überpositiven Rechts anerkannt und zudem eingesehen wird, dass die Formulierung eines Rechtes immer mangelhaft sein kann, so dass die

Art. 2

Norm den Bereich der erlaubten Befugnisse zu weit oder zu eng zieht und im konkreten Anwendungsfall einer Korrektur bedarf.

Beide Zugeständnisse beinhalten eine Relativierung der Rechtssicherheit, weshalb sie allein schon aus dieser Sicht nur mit grösster Zurückhaltung gemacht werden können: «Car un recours ‹abusif› à l'abus de droit porte en lui le danger de déstabiliser l'ensemble du système juridique de notre continent, système fondé sur la constance et la prévisibilité des règles de droit» (Voyaume, 43).

Und schliesslich ist zu beachten, dass es keine allgemeine Regel gibt, wonach nur der Rechtstreue sein Recht ausüben dürfe (vgl. Merz, N 582). Selbst im angelsächsischen Equity-Recht steht der Maxime «He who comes into equity must come with clean hands» der Satz entgegen «Equity does not demand that its suitors shall have led blameless lives» (vgl. dazu Kludze, 45 sowie Jucker, 97/98), was zu einer restriktiven Auslegung der Maxime führt. Positiv geregelte subjektive Rechte sind grundsätzlich der Art, dass sie ohne weiteres ausgeübt werden können, soweit dem nicht eine besondere einschränkende Norm des Gesetzgebers oder aber die Ausnahmeregel von Art. 2 Abs. 2 ZGB entgegensteht, welche zudem nur in krassen Fällen angewendet werden darf (vgl. oben N 14 b).

Rechtsvergleichend ist zu bemerken, dass in den **nordischen Ländern** wie auch im Bereich des **common law** der Rechtsmissbrauch nicht bekannt ist und nicht geltend gemacht werden kann (vgl. B Cottier/M. Sychold: Qu'en est-il de «l'abus de droit» dans les pays qui ignorent cette institution? in: Abus de droit et bonne foi, Fribourg 1994, 325–341). Noch 1989 stellte Voyaume fest: «Mis à part un arrêt, déjà ancien (1913), d'un tribunal norvégien, aucune décision d'une cour nordique ne se fonde à notre connaissance, sur l'înterdiction de l'abus de droit, ni même ne discute cette institution» (Voyaume, 40). Für die common law Staaten ist entsprechend festgestellt worden «(ils) ne connaissent pas, que ce soit dans la jurisprudence ou dans la doctrine, de correctif général empêchant le titulaire d'un droit de l'exercer à l'outrance» (Voyaume, 38).

232

Das will nicht heissen, dass es in diesen Rechten nicht einzelne, spezifische Normen gibt, welche den gleichen Zweck wie ein allgemeines Rechtsmissbrauchsverbot anstreben, aber eben immer nur im ganz konkreten und in der Regel recht engen Bereich dieser spezifischen Norm, ohne jede Generalisierung darüber hinaus.

Die schweizerische Lösung – die Generalklausel von Art. 2 Abs 2 ZGB – steht gegenüber den Lösungen des common law und der nordischen Staaten (vgl. N 232) am anderen Ende des Spektrums, zusammen mit den Regeln, die in **Deutschland**, der **Türkei, Griechenland, Portugal** und **Spanien** durch Gesetz, Lehre und Rechtsprechung entwickelt worden sind (vgl. dazu Voyaume, 34–37). Der spanische Gesetzgeber hat in Art. 7 Abs. 2 seines Codigo Civil eine beson-

233

Art. 2

ders ausführliche Umschreibung des Rechtsmissbrauches getroffen, die insbesondere auch die «antisoziale» Rechtsausübung sowie den Rechtsmissbrauch durch Unterlassung erfasst: «La ley no ampara el abuso del derecho o el ejercicio antisocial del mismo. Todo acto u omisión que por la intención de su autor, por su objeto o por las circunstancias en que se realice sobrepase manifiestamente los limites normales del ejercicio de un derecho, con dano para tercero, dar lugar a la correspondiente indemnización y a la adopción de las medidas judiciales o administrativas que impidan la persistencia en el abuso.»

234 Zwischen den Staaten ohne Anerkennung des Rechtsmissbrauchsprinzipes (vgl. N 232) und den Rechtsordnungen, die ihm breite Geltung zukommen lassen (vgl. N 233), liegen jene, in denen das Rechtsmissbrauchsprinzip zwar bekannt, in der Anwendung aber – im Vergleich zur schweizerischen Generalklausel – mehr oder weniger eng eingegrenzt ist: **Italien** und **Österreich** (je «im Schlepptau» auch **San Marino** und **Liechtenstein**) haben daran festgehalten, dass der Nachweis der schädigenden Absicht (Schikane) erbracht werden muss, und dass es ohne dieses Element keine Berufung auf Rechtsmissbrauch gibt (vgl. Art. 833 des italienischen Codice Civile, der nach der Gerichtspraxis nur im Sachenrecht gilt, sowie § 1295 Abs. 2 des österreichischen ABGB; VOYAUME 28–30).

235 Etwas weiter gegangen sind **Frankreich, Belgien** und neuerdings vor allem die **Niederlande.**

(a) Nach französischem Recht liegt ein Rechtsmissbrauch vor, wenn die Ausübung des Rechts zugleich ein Verschulden darstellt («l'exercice d'un droit engage la responsabilité; il est abusif quand il constitue une faute», F. CHABAS, Leçons de droit civil, Paris 1985, 468, zitiert nach VOYAUME 31). Rechtsmissbrauch setzt somit immer ein Delikt i.S. von Art. 1382 des französischen Code Civil voraus, womit der Schädigungsabsicht (Schikane) wiederum grosses Gewicht zukommt (vgl. dazu VOYAUME, 30–32).

(b) Der Art. 1382 des belgischen Code Civil ist gleichlautend wie Art. 1382 des französischen Code Civil, weshalb es nicht weiter verwundert, dass «les tribunaux belges rattachent le correctif à la responsabilité civile, ce qui revient à considerer l'abus comme une faute dans l'exercice d'un droit» (VOYAUME, 33). Allerdings sieht die belgische Praxis in der Schädigungsabsicht nur eines von verschiedenen Elementen für die Qualifizierung eines Verhaltens als Rechtsmissbrauch; daneben spielen auch das Fehlen eines legitimen Interesses, das krasse Ungleichgewicht der Interessen sowie die zweckwidrige Ausübung eines Rechtes und sogar das öffentliche Interesse eine Rolle (vgl. VOYAUME, 33).

Art. 2

(c) Gleiches galt auch für die niederländische Praxis. Auf den l. Januar 1992 ist in den Niederlanden das neue Burgerlijk Wetboek (Bürgerliches Gesetzbuch) in Kraft getreten, welches im Art. 13 des dritten Buches (Allgemeen gedeelte van het verbintenissenrecht/Du droit patrimonial en général) folgende Formulierung enthält (französische Fassung aus der dreisprachigen Ausgabe, die vom niederländischen Justizministerium in Zusammenarbeit mit dem Quebec Centre of Private and Comparative Law herausgegeben wurde/DEVENTER 1990):

«1. Le titulaire ne peut se prévaloir d'un pouvoir que lui appartient dans la mesure où l'exercice de ce pouvoir constitue un abus.

2. Un pouvoir peut être abusé, entre autres, du fait qu'on l'exerce dans le seul but de nuire à autrui ou dans un but différent de celui pour lequel il est accordé, ou encore lorsque, devant la disproportion entre l'intérêt favorisé par son exercice et l'intérêt qui s'en trouve lésé, le titulaire n'aurait pu normalement arriver à la décision de l'exercer.

3. Un pouvoir peut être tel que, de par sa nature, il est insusceptible d'abus.» («Pouvoir» übersetzt hier das Wort «bevoegdheid» – Befugnis – aus dem Originaltext, welches als umfassenderer Begriff zu verstehen ist als das niederländische «recht», welches mit «droit» zu übersetzen gewesen wäre.)

In Absatz 2 dieser Bestimmung sind genau jene Elemente aufgeführt – Schädigungsabsicht, Zweckwidrigkeit und Missverhältnis der Interessen –, welche schon für die bisherige Praxis von Bedeutung waren (vgl. dazu VOYAUME, 33); gleichzeitig wird aber auch zum Ausdruck gebracht, dass diese Aufzählung nicht abschliessend ist und weitere Elemente «entre autres» («onder meer») für eine Entscheidung herbeigezogen werden könnten. Ob und wie diese neue Norm die niederländische Gerichtspraxis beeinflussen wird, bleibt abzuwarten.

Dieser kurze rechtsvergleichende Überblick (Näheres dazu mit zahlreichen Verweisungen und weiterführenden Literaturangaben siehe bei VOYAUME) dürfte einmal mehr deutlich gemacht haben, dass auch das Rechtsmissbrauchsprinzip als **negatives Prinzip** (vgl. VB 2/3, N 10–14) sich nicht abschliessend und positiv formulieren lässt, dass aber wohl Elemente der Konkretisierung festzustellen sind, auf die im folgenden im einzelnen kurz eingegangen werden soll (N 237 ff.). Als zweites Resultat dieser Betrachtungen darf festgehalten werden, dass der **Ausnahmecharakter** (vgl. oben N 14 b) des Rechtsmissbrauchsprinzips – wo es überhaupt geltend gemacht werden kann – praktisch allgemein anerkannt ist: «En Europe, les juristes sont conscients du caractère exceptionel de l'interdiction de l'abus de droit. Cette institution demeure une «issue de secours», qui ne saurait

236

Art. 2

être utilisée que si l'exercice du droit allégué crée une injustice criante, mais en aucun cas lorsqu'il heurte simplement le sentiment de l'équité» (vgl. VOYAUME, 43).

2. Allgemeine Kriterien für die Eingrenzung des Anwendungsbereiches des Rechtsmissbrauchsprinzipes

237 Ein wesentliches Kriterium ist im 3. Absatz von Art. 13 (3. Buch) des neuen holländischen Zivilgesetzbuches (vgl. oben N 235 c) enthalten: «Un pouvoir peut être tel que, de par sa nature, il est insusceptible d'abus». Es gibt höchstpersönliche Rechte, deren Ausübung nie als rechtsmissbräuchlich betrachtet werden kann. Dazu gehören z.B. Rechte, die sich aus der Religionsfreiheit ergeben, aber auch alle Rechte, die anderweitig den «Kern» der Persönlichkeit betreffen: Wer vor dem Traualtar (bzw. dem Standesbeamten) statt des erwarteten «ja» «nein» sagt, kann deswegen nicht wegen Rechtsmissbrauches belangt werden, sondern nur im Rahmen der Bestimmungen über den Verlöbnisbruch (Art. 92/93 ZBG) zum angemessenen Ersatz für bereits getroffene Veranstaltungen, allenfalls auch zu einer Genugtuungsleistung verpflichtet werden (Näheres dazu bei GÖTZ, Berner Kommentar zu Art. 92 und 93 ZGB, Bern 1978). Es wäre in unserem Kulturkreis undenkbar, hier – wegen Rechtsmissbrauches – einen «Erfüllungsanspruch» zu gewähren (vgl. dazu unten N 245).

238 Das Rechtsmissbrauchsprinzip kann auch dort nicht angerufen werden, wo das Gesetz ein Verhalten aus materiellen Gründen der Nichtigkeitsfolge unterwirft (zur «Formnichtigkeit» vgl. unten N 270 ff.). Die von Amtes wegen zu beachtende Nichtigkeit (vgl. N 42) führt in solchen Fällen dazu, dass kein Rechtsschutz gewährt wird – werden kann –, selbst wenn die Berufung auf die Nichtigkeit in rechtsmissbräuchlicher Absicht vorgebracht wird. Immerhin könnte ein derartiger Rechtsmissbrauch einer Partei u.U. Schadenersatzfolgen nach sich ziehen (BGE 105 II 316; vgl. auch 107 II 449; 109 II 431).

239 Keine Anrufung des Rechtsmissbrauchsprinzipes ist auch in denjenigen Fällen möglich, wo jemand eine gesetzliche Befugnis ausübt, ohne dass damit besondere Benachteiligungsabsichten verfolgt werden, wie z.B. bei

– der Ausübung eines Vorkaufsrechtes (BGE 109 II 5; vgl. N 350), oder
– der Unterstellung der Erbfolge unter Heimatrecht (BGE 102 II 136; vgl. N 347)

oder

Art. 2

– der Ausübung eines Kündigungsrechtes (BGE 107 II 171; vgl. N 437 und 438).

Und schliesslich ist daran zu erinnern, dass in vielen Fällen, in denen zwar missbräuchliches Verhalten vorliegt, das Recht bereits in anderer Weise abhilft, ohne dass ZGB 2 angerufen werden müsste: Wer etwas fordert, das er bereits erhalten hat, handelt zwar auch missbräuchlich, rechtlich fehlt es aber wegen der bereits erfolgten Leistung an einer Forderung überhaupt, weshalb das Missbrauchsverbot nicht einzugreifen braucht. Aus diesem Grunde ist die Begründung in BGE 105 II 280 falsch, wo die Klage eines Arbeitnehmers, der eine vorausbezahlte Abgangsentschädigung nach Ablauf des Arbeitsverhältnisses nochmals forderte, unter Berufung auf Art. 2 Abs. 2 ZGB abgewiesen wurde. In diesem Sinne hätte auch eine Klage auf Ausübung des Gegendarstellungsrechtes ohne Bezug auf Art. 2 ZGB abgewiesen werden können, nachdem feststand, dass «une rectification a déjà été diffusée, qui corrige suffisamment auprès du même public la présentation des faits contestées» (Entscheid des Tribunal cantonal vaudois, Chambre de recours vom 15.6.1992 in SJZ 1993, 305/6; vgl. dazu Pierre Tercier: Le nouveau droit de la personalité, Zürich 1984, N 1441 und 1449–1451). So hat auch das Bundesgericht entschieden (BGE 120 II 273), allerdings ebenfalls unter Berufung auf Art. 2 ZGB. Wer aber einklagt, was er schon hat, ist nicht mehr anspruchsberechtigt (so auch – e contrario – BGE 119 II 97). Missbraucht wird in solchen Fällen nicht ein nicht (mehr) bestehendes materielles Recht, sondern das Prozessrecht (vgl. dazu oben N 34/35).

Nahe verwandt mit diesen Fällen – und oft nicht leicht abzugrenzen – ist die unnütze oder interesselose Rechtsausübung (vgl. unten N 369 ff.).

Quantitative Kriterien: Auch die Rechtsordnungen, in denen das Rechtsmissbrauchsprinzip breite Anwendung findet (vgl. oben N 233), verlangen einen **«offenbaren Missbrauch eines Rechtes»** (Art. 2 Abs. 2 ZGB), d.h. dass die Rechtsausübung «sobrepase manifiestamente los limites normales» (Abs. 2 von Art. 7 des spanischen Codigo Civil) oder dass ein krasses Missverhältnis, eine «disproportion entre l'intérêt favorisé par son exercice et l'intérêt qui s'en trouve lésé» vorliegt (Abs. 2 von Art. 13/3. Buch des niederländischen bürgerlichen Gesetzbuches).

Derartige quantitative Überlegungen spielen auch in der Praxis des Bundesgerichtes regelmässig eine Rolle: So kann das Beharren auf einer zeitlich übermässigen Bindung als rechtsmissbräuchlich gewertet werden (BGE 114 II 159), wobei auch hier die Grenzen der zulässigen Dauer nicht absolut gezogen werden können: «Die zulässige Dauer der Bindung hängt vom Gegenstand der Beschränkung ab: Sie ist bei Verpflichtungen zu wiederkehrenden Leistungen oder Bezügen kürzer als beim Verzicht, während einer absehbaren Dauer über eine Sache

Art. 2

zu verfügen» (BGE 114 II 162; vgl. auch BGE 93 II 300 sowie MERZ, N 246 und 332). Umgekehrt verstösst der Berechtigte nicht gegen Treu und Glauben, wenn er der Gegenpartei nicht die gesamte Garantiefrist zur Behebung eines Mangels einräumen will; Fristansetzung i.S. von Art. 107 OR genügt (BGE 91 II 350/1).

Quantitativ zu verstehen ist aber auch das völlige Fehlen eines eigenen legitimen Interesses («manco di interesse legitimo», BGE 113 II 45; unten N 369 ff.) sowie das krasse Missverhältnis der Interessen (vgl. dazu MERZ, N 371 ff. sowie unten N 302 ff.).

242   **Qualitative Kriterien:** Allen voran ist hier die Zweckwidrigkeit bei der Ausübung eines Rechtes zu nennen, die jedoch häufig schon durch die Regelung betreffend Gesetzes- und Vertragsumgehung (vgl. oben N 52–57) erfasst und korrigiert werden kann (vgl. dazu BGE 115 III 21; 113 II 8; 113 II 36; 112 II 505 sowie MERZ N 50 ff.): «l'abus de droit peut consister en une utilisation contraire à son but d'une institution juridique en vue de satisfaire à des intérêts que cette institution n'a pas pour objet de protéger» (BGE 115 II 365). Dabei ist zu unterscheiden, ob ein «objektiver», weil auf Gesetz beruhender Zweck oder nur eine «relative» rechtsgeschäftlich vereinbarte Zwecksetzung vereitelt wird (vgl. MERZ N 56/57 sowie oben N 18/19 und unten N 323 ff.).

Eine soziale Verpflichtung «d'exercer son droit, celle qui est dommageable pour autrui ou pour l'intérêt général» – wie dies ein belgisches Gericht 1961 entschieden hat (vgl. oben N 235 b sowie VOYAUME, 33) – oder wie es in den fast gleichlautenden griechischen und portugiesischen Normen vorgesehen ist – «l'exercice d'un droit est illégitime lorsque son titulaire excède manifestement les limites imposées par la bonne foi, par les bons usages ou par les fins sociales ou économiques pour lesquelles a été créé ce droit» (vgl. VOYAUME, 36) – ist für das schweizerische Recht grundsätzlich abzulehnen. MERZ (N 60) macht zu Recht geltend, dass «die durch den Grundsatz von Treu und Glauben mitbestimmte Forderung zweckbezogener und zweckgebundener Rechtsausübung nicht zu einer sozialen Bindung der Rechte und Pflichten (führt)». Und: «Damit wird die soziale Bindung der Rechte nicht abgelehnt. Sie ist aber auf andere Quellen als auf das Gebot von Treu und Glauben zurückzuführen» (MERZ, a.a.O.). Schliesslich gibt es auch keine Verpflichtung, alle einem zustehenden Rechte auszuüben: Der Käufer, der nur einen Wandelungs-, nicht aber einen ebenfalls möglichen Anspruch auf Ersatzlieferung (i.S. von Art. 206 Abs. 1 OR) geltendmacht, verstösst nicht gegen Treu und Glauben (BGE 91 II 352/3).

Gleichwohl ist zu beachten, dass mit der zweckwidrigen und damit rechtsmissbräuchlichen Verwendung eines Rechtsinstitutes eben auch die Verletzung von dessen sozialer oder wirtschaftlicher Zwecksetzung geltend gemacht wird und zu prüfen ist, wobei dies jedoch unter Art. 2 ZGB nicht grundsätzlich oder

Art. 2

qualitativ erfolgen kann (dafür ist die angeblich verletzte Norm zu befragen), sondern allein unter quantitativen Aspekten (vgl. oben N 241).

3. Sanktion des Rechtsmissbrauches

Art. 2 Abs. 2 ZGB verweigert dem offenbaren Rechtsmissbrauch den Rechtsschutz, schweigt sich aber bezüglich der anzuwendenden Sanktion aus. Das gilt aber fast für alle anderen Rechtsordnungen auch, welche das Rechtsmissbrauchsprinzip anerkennen (vgl. oben N 233–235): «Partout le législateur s'est contenté de poser un principe, sans souffler mot des consequences juridiques de sa violation» (VOYAUME, 44). Nur der spanische Codigo Civil (Art. 7 Abs. 2) erwähnt ausdrücklich eine Schadenersatzpflicht und die Vorkehrung aller rechtlichen oder administrativen Massnahmen zur Beendigung des Missbrauches (vgl. oben N 233); ähnlich auch Art. 6 Abs. 1 des luxemburgischen Code Civil (vgl. VOYAUME, 44); in der Literatur ist diesbezüglich nur wenig zu finden (vgl. MERZ, N 109/110; ZELLER 329/30).

243

Aus dem Charakter von Abs. 2 von Art. 2 ZGB als Ausnahmeregel (vgl. oben N 14 b, 21 und 236) ergibt sich grundsätzlich, dass die Sanktion a) negativ das angerufene (aber missbrauchte) Recht nicht gelten lässt (vgl. MERZ, 109), und b), dass die Korrektur im Einzelfall wirkt und «keinerlei Regelbildung stattfinden darf» (ZELLER, 330). Dennoch führt die missbräuchliche Rechtsanwendung ausnahmsweise zu einem Beseitigungs- oder Schadenersatzanspruch (MERZ, N 110), gelegentlich sogar zur Erfüllung (vgl. unten N 245, 268, 277). Und gleichwohl ist es in der Praxis aufgrund einer mehrfachen Anrufung des Rechtsmissbrauchsprinzipes «vor allem im Familienrecht» (REY, 6) verschiedentlich zu eigentlicher Rechtsfortbildung gekommen: der Ehebruch ist kein absoluter Scheidungsgrund mehr (BGE 108 II 25), oder ein Ehegatte gilt nicht nur dann als schuldlos im Sinne des Art. 151/152 ZGB, wenn ihn überhaupt kein Verschulden trifft (BGE 98 II 9; vgl. dazu REY a.a.O. mit weiteren Beispielen).

244

Allen diesen Fällen gemeinsam ist, dass für die Bejahung des Rechtsmissbrauches nicht das Verhalten einer Partei im Vordergrund steht, sondern es sind geänderte sozial-kulturelle Anschauungen und Verhältnisse, welche die weitere Anwendung der Norm als stossend und die Berufung auf sie als rechtsmissbräuchlich erscheinen lassen. Ob es Sache des Richters ist, in dieser Weise gesetzgeberische Funktionen auszuüben, ist mindestens fraglich, und aus grundsätzlichen Überlegungen nicht nur im Bereich des Eherechtes, sondern ganz allgemein nicht unbedenklich (vgl. REY, 7). Denn zunächst kann nicht mit dem Fehlen einer Regelung überhaupt argumentiert werden (Art. 1 Abs. 2 ZGB). Des weiteren darf

Art. 2

sich richterliche «Missbrauchs-Gesetzgebung» nicht darauf beschränken, eine als problematisch erkannte Bestimmung als generell unanwendbar zu erklären, die Folgen aber nur für den konkreten Einzelfall zu regeln, wie dies im Bereich der Missbrauchsentscheidungen die Regel ist (vgl. N 245), und keine generell-abstrakte Folgeregelungen zu treffen (vgl. auch O.A. GERMANN, Durch die Judikatur erzeugte Rechtsnormen, Zürich 1976; MEIER-HAYOZ, Berner Kommentar zu Art. 1 ZGB, N 295–310 sowie EDUARD E. OTT, Die Methode der Rechtsanwendung, Zürich 1979, 315 ff.).

245   Bei der Lösung von konkreten Rechtsmissbrauchsfällen tun sich die Gerichte in ganz Europa nicht schwer, die jeweils zweckmässigste Sanktion anzuwenden: «De fait partout en Europe, les juges choisissent, dans l'éventail des sanctions à disposition, la solution la plus adéquate pour annihiler ou corriger les effets passés de l'abus, ou pour prévenir des conséquences dommageables à venir»/ VOYAUME, 44). «Die missbräuchliche Ausübung des Rechts kann mit allen möglichen Mitteln verhindert werden» (FRAGISTAS, 66).

Das gilt auch für die schweizerische Praxis:
– Schadenersatz (vgl. BGE 118 II 167),
– Aufhebung oder Änderung von Verträgen (vgl. BGE 93 II 184/5),
– Unterbruch der Verjährung (BGE 113 II 269),
– Abweisung der Verwirkungseinrede (BGE 109 II 255),
– Erfüllung eines formungültigen Vertrages (BGE 112 II 332),
– Durchgriff bei einer AG (BGE 102 III 165),
– Naturalrestitution (Abbruch der «Neidmauer»).

Die Aufzählung ist nicht abschliessend. Schliesslich kann das Rechtsmissbrauchsverbot klage- oder einredeweise geltend gemacht werden.

II. Der unredliche Rechtserwerb

246   **Literatur**

VON BÜREN BRUNO	Bemerkungen zu Art. 66 OR, SJZ 1962, 225–229
GIGER HANS	Rechtsfolgen norm- und sittenwidriger Verträge, Zürich 1989
JUCKER CHARLES	Das angloamerikanische Billigkeitsrecht, SJZ 1957, 81–86 und 97–103
LEHNER OTHMAR	Die Nichtigkeit rechtswidriger Verträge in der neueren Rechtspraxis, SJZ 1956, 217–222 und 233–241
MERZ HANS	SPR VI/1, 164–166 (Gegen Treu und Glauben verstossende rechtsgeschäftliche Bedingungen und Rechtsbedingungen), Basel 1984

Müller Justinus	Die Tragweite des Art. 66 OR, Diss. Fribourg 1941
Munz Robert Jakob	Art. 66 des Obligationenrechts. Eine umstrittene Bestimmung aus dem Gebiete des widerrechtlichen Vertrags, Diss. Zürich 1958
Niederländer Hubert	Nemo turpitudinem suam allegans auditur/Ein rechtsvergleichender Versuch, in: Festgabe für Max Gutzwiller, Basel 1959, 621–638
Rusch Emil	Art. 66 OR im Lichte der bundesgerichtlichen Praxis, SJZ 1951, 369–371
Secrétan Roger	L'article 156 du Code des Obligations et la condition potestative, in: Festgabe für A. Simonius, Basel 1955, 351–364
Schluep Walter R.	Schuldrechtliche Aspekte der Verleitung zum Vertragsbruch, in: Festschrift für Max Keller, Zürich 1989, 261–298
–	Wirtschaftsrechtliche Aspekte der Verleitung zum Vertragsbruch, in: Mélanges Joseph Voyame, Lausanne 1989, 241–274
Schubert Werner	Unredliches Verhalten Dritter bei Vertragsabschluss, AcP, Bochum 1968, 470–512.

1. Allgemeine Bemerkungen

Wer eine Rechtsstellung auf unredliche (illoyale) oder rechtswidrige Weise erworben hat, kann diese Rechtsstellung nicht durchsetzen, bzw. er kann der anderen Partei nicht die Einrede des Rechtsverlustes entgegenhalten (vgl. Deschenaux, 186–189; Merz, N 540 ff.): Nemo turpitudinem suam allegans auditur (vgl. Niederländer mit rechtsvergleichenden Hinweisen auf das englische, französische, schweizerische und deutsche Recht).

247

Praktisch bedeutsam geworden sind vor allem folgende Fallgruppen: die Ausnützung von eigenem vertrags- oder widerrechtlichen Verhalten (unten N 248–254) oder des Verhaltens Dritter (unten N 255/256) sowie der Ausschluss der Rückforderung nach Art. 66 OR (dazu unten N 257–263) und die rechtsmissbräuchliche Einflussnahme auf Bedingungen (dazu unten N 264–269).

2. Die Ausnützung eigenen vertrags- oder rechtswidrigen Verhaltens

a) Grundsatz

Die Geltendmachung vertraglicher oder gesetzlicher Ansprüche ist grundsätzlich immer erlaubt (vgl. oben N 231). Ob eine vertragswidrige Rechtsausübung vorliegt, ist primär unter den Regeln über die Leistungsstörungen zu prüfen (Art. 82 ff. und 97 ff. OR), wobei die Grenzen gegebenenfalls durch Auslegung (i.S. von Abs. 1 von Art. 2 ZGB) abzustecken sind. Für die Anwendung der Ausnahme-

248

Art. 2

regel von Abs. 2 von Art. 2 ZGB besteht in diesen Fällen kaum Raum (gl. M. MERZ, N 543 und N 546), und es lassen sich keine überzeugenden Beispiele für eine ausdehnende Anwendung des Rechtsmissbrauchsprinzipes auch in diese Bereiche hinein finden (vgl. MERZ N 544/5).

249 Dagegen kann es rechtsmissbräuchlich sein, sich auf eine neue Rechtsstellung zu berufen, die nur aufgrund eigenen treuwidrigen Verhaltens erst begründet wurde und vorher nicht bestanden hat. So hat es das Bundesgericht als «hinterhältig und eine krasse Verletzung des Grundsatzes von Treu und Glauben» bezeichnet, als eine Partei die ausländische Gegenpartei zu Vergleichsgesprächen in die Schweiz einlud und bei deren Eintreffen einen Arrest erwirkte. Dieser Arrest durfte «deswegen nicht vollzogen werden, weil er rechtsmissbräuchlich erwirkt worden ist» (BGE 105 III 18/19; vgl. auch BGE 115 III 134, 112 III 47, 108 III 120, 107 III 38 sowie BGE 83 II 345 betr. rechtsmissbräuchliche Begründung des Arrestgerichtsstandes und MERZ N 548).

Als nicht missbräuchlich wurde dagegen der Arrest in einem Sukzessivlieferungsvertrag betrachtet, mit welchem die Verkäuferin eine Schadenersatzforderung aus Vertragsbruch der Käuferin absicherte (BGE 110 III 35; vgl. auch BGE 117 III 76), und zwar selbst dann nicht, wenn zur Sicherung eines Schadenersatzanspruches die Verarrestierung einer Forderung der Gegenpartei gegen eine Filiale der Arrestgläubigern verlangt wird (BGE 120 III 159).

Schliesslich kann die Ausnützung eigenen widerrechtlichen (oder gegen die guten Sitten verstossenden) Verhaltens unter dem Gesichtspunkt von Art. 2 ZGB korrigiert werden, sofern dies nicht schon einen Deliktsanspruch i.S. von Art. 41 ff. OR begründet. Die dazugehörige Praxis ist äusserst reichhaltig:

b) Kasuistik

250 **Personenrecht:** Die Berufung auf die Nichtigkeit eines Rechtsgeschäftes wegen Fehlens der Handlungsfähigkeit ist rechtsmissbräuchlich, wenn – aufgrund der Interessenlage des Urteilsunfähigen – keine Unsicherheit mehr besteht über die Gültigkeit des Rechtsgeschäftes (BGE 117 II 18/24). Als nicht rechtsmissbräuchlich beurteilte das Bundesgericht die Klage auf Auflösung einer juristischen Person i.S. von Art. 57 ZGB wegen Verletzung der Bewilligungsvorschriften über den Erwerb von Grundstücken durch Personen im Ausland, obwohl dem klagenden Gemeinwesen «leichtfertiges Verhalten» und Fehlen der «erforderlichen Aufmerksamkeit» vorgeworfen wurde (BGE 112 II 1). Dieser Entscheid hat in der Literatur ein grosses Echo ausgelöst, allerdings vor allem deswegen, weil diese Norm jahrzehntelang überhaupt nie angewendet wurde (vgl. dazu ANTON HEINI, ALAIN HIRSCH und JEAN NICOLAS DRUEY, alle in SAG 1986, 180–184 sowie

BERNHARD SCHNYDER, in ZBJV 1988, 71–75 und GERARDO BROGGINI in SJZ 1988, 113–120). Die Frage, ob das Bundesgericht die Rechtsmissbräuchlichkeit zutreffenderweise ausgeschlossen hat, wird in diesen Kommentierungen nicht behandelt, bzw. bewusst offen gelassen (HEINI, SAG 1986, 181). Die diesbezügliche Begründung des Bundesgerichtes kann sich aber immerhin auf zwei Argumente stützen, denen im Bereich des Vertrauensschutzes tatsächlich wesentliche Bedeutung zukommt: «Als erfahrener Geschäftsmann, der sich durch einen schweizerischen Rechtsanwalt beraten und vertreten liess, war er (der Kläger) in erster Linie selber für die Einhaltung der schweizerischen Rechtsordnung verantwortlich» (BGE 112 II 10): Wir erinnern uns, nicht jede Blauäugigkeit, nur berechtigtes Vertrauen, wird geschützt (vgl. oben VB 2/3, N 6), und wer am rechtsgeschäftlichen Verkehr teilnimmt, hat sich selber auch entsprechend vorzubereiten (vgl. oben N 158 ff.), was insbesondere auch bezüglich der Rechtslage gilt. Zudem fehlten «irgendwelche Zusicherungen, die einen besonderen Vertrauensschutz begründen würden».

Familienrecht:

(a) Das Bundesgericht hat es in BGE 116 II 497 als nicht rechtsmissbräuchlich und nicht gegen das Gesetz verstossend bezeichnet, dass ein Bräutigam nach einem in negativer Weise abgeschlossenen Verkündverfahren den Wohnsitz gewechselt hat, um am neuen schweizerischen Wohnsitz ein neues Verkündverfahren einleiten zu können. Einer aus formellen Gründen erfolgten Verweigerung der Verkündung kommt keine Sperrwirkung zu, und die Bestrebungen des Beschwerdeführers, endlich heiraten zu können, stellten auf jeden Fall keinen offensichtlichen Rechtsmissbrauch dar.

251

(b) Gemäss Art. 120 Ziffer 4 ZGB (aufgehoben gemäss Ziffer II des BG vom 23. März 1990 über die Änderung des Bürgerrechtsgesetzes) war die sogenannte Bürgerrechtsehe nichtig. Das Bundesgericht hatte die entsprechende Klage eines Ehemannes als nicht rechtsmissbräuchlich bezeichnet, zumal einerseits die Nichtigkeitsklage gestützt auf Art. 121 ZGB ohnehin von Amtes wegen zu erheben gewesen wäre, und andererseits auch der beklagten Ehefrau ein vom Gesetzgeber verpöntes Verhalten zur Last gelegt werden müsse (BGE 113 II 472). Das letztgenannte Argument vermag denn auch das von BERNHARD SCHNYDER (in ZBJV 1989, 73–75) geäusserte Unbehagen zu relativieren: Aus der Sicht des (damals) geltenden Rechtes war eben nicht nur der Ehemann, sondern auch die Ehefrau bösgläubig. Gemäss BGE 114 II 5/6 E. 4 kann jemandem, der das Bestehen einer Ehe mit der Begründung bestreitet, bei der Schliessung seiner Ehe seien die Formvorschriften nicht beobachtet worden, nicht die Einrede des Rechtsmissbrauches entgegen-

Art. 2

gehalten werden, da die Institution der Ehe dem schweizerischen Ordre public unterstehe: «Ce n'est pas en effet le droit privé des parties qui est en cause, mais bien les règles élémentaires qui régissent la société.»

(c) Der Widerstand gegen ein Scheidungsbegehren kann rechtsmissbräuchlich sein, wenn der sich Widersetzende nur noch der Form halber am Ehebund festhält und kein schützenswertes Interesse am Fortdauern der Ehe geltendmachen kann (BGE 104 II 145; vgl. auch 105 II 224, 108 II 25, 108 II 165 und 111 II 109). Ein für die Zerrüttung einer Ehe nicht kausaler Ehebruch macht den Widerspruch gegen ein Scheidungsbegehren des an der Zerrüttung Hauptschuldigen dagegen noch nicht rechtsmissbräuchlich (BGE 114 II 113). Nicht rechtsmissbräuchlich ist der Widerstand gegen die Scheidung, wenn sich der beklagte Ehegatte nicht darauf beschränkt, sich der Klage zu widersetzen, sondern selber widerklageweise die Scheidung oder Trennung verlangt (BGE 118 II 20; vgl. auch unten N 312).

(d) Die Geltendmachung eines Unterhaltsanspruches während eines laufenden Scheidungsverfahrens ist dann rechtsmissbräuchlich, wenn die unterhaltsberechtigte Ehegattin vollumfänglich von ihrem Lebenspartner unterstützt wird (BGE 118 II 225; vgl. dazu oben N 42).

(e) Der geschiedene Ehegatte, der in einem durch lange Dauer stabilisierten Konkubinat lebt, verliert seine Scheidungsrente nur dann, wenn sein Verhalten als rechtsmissbräuchlich erscheint. Grundsätzlich trägt derjenige, der sich auf Art. 2 Abs. 2 ZGB beruft, die Beweislast für die Tatsachen, aus denen er einen Rechtsmissbrauch ableitet (BGE 109 II 190); hat das Konkubinat (bis zum Zeitpunkt der Einleitung der Abänderungsklage; vgl. BGE 114 II 300) mehr als fünf Jahre gedauert, besteht gemäss Bundesgericht eine Tatsachenvermutung hinsichtlich der Beständigkeit des Konkubinates, die zu einer Umkehr der Beweislast führt (BGE 114 II 295; vgl. auch BGE 108 II 503, 107 II 297, 106 II 1 und 104 II 155 sowie VOGEL, zit. in N 230). Diese Rechtsprechung ist von R. KEHL-ZELLER gerade unter dem Gesichtspunkt des Art. 2 ZGB kritisiert worden, denn in Fällen, wo eine Bindung zwischen den früheren Ehegatten «nach der Lebenserfahrung bzw. nach einer unwiderlegbaren Vermutung und nach Treu und Glauben eindeutig als weggefallen zu betrachten ist, sollte die Rente auch tatsächlich aufgehoben oder wenigstens sistiert werden» (SJZ 1984, 44). Es muss in der Tat gefragt werden, ob das vom Bundesgericht festgesetzte Kriterium der fünfjährigen Dauer – dem «etwas Willkürliches anhaftet» (BGE 109 II 191) – unter Rechtsmissbrauchsaspekten tatsächlich ein so grosses Gewicht erhalten darf. Da der Rechtsmisssbrauch grundsätzlich keine subjektive Schädigungsabsicht voraussetzt

(BGE 109 II 22; vgl. oben N 8 und 10), müsste der Rechtsmissbrauch bezüglich von Scheidungsrenten in der Tat «objektivierter verstanden werden» (B. SCHNYDER, in ZBJV 1990, 97; vgl. dazu unten, N 312).

(f) Das Zürcher Obergericht hielt in ZR 1987 Nr. 7 E.3 fest, es stelle keinen Rechtsmissbrauch dar, «wenn die Kindsmutter zusammen mit ihren Eltern (von Italien) nach Zürich zieht und hier die Vaterschaftsklage einreicht, wenn die Familie bereits früher hier gewohnt hat.»

(g) Wer seine Elternrechte nicht ausübt und sich in keiner Weise um sein Kind kümmert, handelt rechtsmissbräuchlich, wenn er sich der Adoption entgegensetzt (BGE 108 II 525). Weitere Beispiele aus der älteren Praxis finden sich bei MERZ, N 551–553.

Erbrecht: Gläubiger, die durch treuwidriges, trölerisches Prozessieren die Ausstellung von Verlustscheinen gegen einen Schuldner vereiteln, um damit dessen Enterbung nach Art. 480 ZGB zu verhindern, handeln rechtsmissbräuchlich (vgl. BGE 111 II 130, insbes. 133). 252

Als rechtsmissbräuchlich beurteilte das Bundesgericht auch die Zustellung eines Zahlungsbefehles an einen Miterben, von dem der Gläubiger annahm, dass er den Rechtsvorschlag unterlassen werde, während er den Miterben, von dem er mit Sicherheit einen Rechtsvorschlag zu gewärtigen hatte, überging (BGE 107 III 7). Missbräuchlich handelte der Gläubiger in casu vor allem deswegen, weil er wusste, dass zwischen der von ihm bezeichneten Erbenvertreterin und deren Miterben ein Interessengegensatz bestand, und sie somit nicht in guten Treuen als Vertreterin der Interessen der Erbschaft angesehen werde konnte. Ausserdem ist der Gläubiger nach ständiger Rechtsprechung des Bundesgerichtes (107 III 10 mit Verweisungen) seinerseits verpflichtet, sich nach dem Vorhandensein eines Willensvollstreckers, Erbschaftsverwalters oder Erbenvertreters zu erkundigen, bevor er eine Betreibung gegen eine unverteilte Erbschaft einleitet.

Sachenrecht: Wegen der Formbedürftigkeit (Publizitätsprinzip) vieler sachenrechtlicher Vorgänge liegt die rechtsmissbräuchliche Berufung auf eigenes unkorrektes Verhalten oft in der Teilnahme an einem formungültigen Geschäft, worauf separat einzugehen ist (unten N 271 ff.). 253

Ähnlich wie bei der Bürgerrechtsehe (vgl. oben N 251 b) kann das Fehlen der Bewilligung zur Veräusserung eines landwirtschaftlichen Grundstückes innert der Sperrfrist (i.S. von Art. 218 und 218bis OR) auch von demjenigen erfolgreich angerufen werden, der eigentlich zur Einholung der Bewilligung verpflichtet gewesen wäre. Denn selbst wenn sein Verhalten als rechtsmissbräuchlich zu qualifizieren wäre, entscheidet allein die zuständige Behörde, ob eine Ausnahmebewilligung im öffentlichen Interesse liegt oder nicht. Der Gegenpartei wurde vor-

Art. 2

gehalten, dass es ihre Sache gewesen wäre, sich anlässlich des Vertragsschlusses über die Gültigkeit des Kaufrechts zu vergewissern (BGE 113 II 64).

254 **Obligationenrecht:** Grundsätzlich trifft jedermann die Pflicht, zur Minderung eines Schadens beizutragen, soweit ihm dies zumutbar ist (vgl. dazu Brehm, Kommentar zu Art. 44 OR, N 50 ff.). Wo von einem Geschädigten nach Treu und Glauben ein Selbsthilfeverkauf verlangt und ihm zugemutet werden kann, kann der Verzicht auf schadensmindernde Massnahmen u.U. rechtsmissbräuchlich sein; in BGE 115 II 451 wurde dies allerdings nicht angenommen, «jedenfalls unter Berücksichtigung des klar vertragswidrigen Verhaltens» derjenigen Partei, welche die Unterlassung eines Selbsthilfeverkaufes geltend machte. In BGE 111 II 243 wurde es als nicht rechtsmissbräuchlich bezeichnet, von einem Schlafwagenbegleiter nach fünf Jahren klagloser Tätigkeit ein Leumundszeugnis zu verlangen und ihm, wegen einer zwölf Jahre zurückliegenden Verurteilung zu kündigen. Die Sachverhaltsdarstellung ist leider zu knapp, um die erheblichen Zweifel an der Richtigkeit dieser Entscheidung auszuräumen.

Wer aus einem erhaltenen Darlehen angeblich einen Teil als Schmiergeld an einen Prokuristen des Darlehensgebers (einer Bank) weitergeleitet hat, kann die Rückforderung des Darlehens nicht unter Berufung auf Nichtigkeit des Geschäftes verweigern: «Auf sein eigenes Unrecht darf sich niemand berufen. Wäre der Darlehensvertrag tatsächlich durch Zahlungen in der von der Beklagten beschriebenen Art bewirkt worden, stünde der Geltendmachung der Nichtigkeit Art. 2 Abs. 2 ZGB entgegen» (Obergericht Luzern, SJZ 1985, 269).

Erfüllt ein Gesellschafter seine vertraglichen Verpflichtungen nicht, kann unter Umständen – insbesondere bei Zweimanngesellschaften – Art. 2 Abs. 2 ZGB angerufen werden (vgl. BGE 116 III 73/4 sowie Müller Robert, Gesellschaftsvertrag und Synallagma, Diss. Zürich 1971, 88 ff. und Simmen Robert, Die Einrede des nicht erfüllten Vertrages, OR 82, Diss. Zürich 1981, 114/5). Weitere Beispiele aus der älteren Praxis finden sich bei Merz, N 556–558.

3. Ausnützung von vertrags- oder widerrechtlichem Verhalten Dritter

255 Grundsätzlich gilt, dass eine Vertragsverletzung nur die Parteien betrifft. Die Verleitung eines Dritten zum Vertrags- oder Rechtsbruch kann u.U. eine Haftung nach Art. 41 OR oder Art. 4 UWG auslösen. Wird umgekehrt das vertrags- oder rechtswidrige Verhalten eines Dritten ausgenutzt, kann dies als Rechtsmissbrauch des Ausnützenden unter Art. 2 Abs. 2 ZGB gesehen werden. Voraussetzung dafür ist

allerdings, dass der Ausnützende vom vertrags-, rechts- oder auch sittenwidrigen (i.S. von Art. 41 II OR) Verhalten des Dritten Kenntnis hatte, und die Ausnützung des Vertrags- oder Rechtsbruches geradezu als Komplizenschaft gewertet werden muss. Wer jedoch keine Kenntnis von der Abrede zwischen seinem Vertragspartner und einem Dritten hatte, verstösst nicht gegen Treu und Glauben, wenn er sich gegenüber dem Dritten auf sein eigenes Recht beruft, welches die Ansprüche des Dritten ausschliesst oder einschränkt (BGE 112 II 243/4; vgl. auch BGE 108 III 119, wonach auch ein Drittgläubiger keinen Nutzen ziehen darf aus einem Arrest, der wegen Rechtsmissbrauchs aufgehoben wurde).

Die Nichtigkeitsklage eines Mitgesellschafters oder Strohmannes des Patentveräusserers, der sich verpflichtet hat, das verkaufte Patent nicht anzufechten, ist rechtsmissbräuchlich (BGE 55 II 276; 38 II 83). Wer weiss, dass der einzige Verwaltungsrat einer AG persönlich zahlungsunfähig ist und von ihm deshalb die Indossierung von Wechseln zu Lasten der AG verlangt, gegen die keine Forderung besteht, muss «sich darüber klar sein, dass er an einer rechtswidrigen Schädigung der AG mitwirkt» (BGE 52 II 361), womit insbesondere die erwähnte Komplizenschaft (N 255) angesprochen ist. 256

4. Ausschluss der Rückforderung nach Art. 66 OR

Wer eine Leistung erbringt, um einen rechtswidrigen oder unsittlichen Erfolg herbeizuführen, hat gemäss Art. 66 OR keinen Rückforderungsanspruch, es sei denn, der Verstoss gegen Recht und gute Sitten sei ihm nicht bewusst gewesen (vgl. VON TUHR/PETER, 490. GUHL/MERZ/KOLLER, 207; BGE 41 II 486/7; einschränkend: 66 II 260, wo es heisst: «Jedenfalls vermag sich eine Partei für die Nichtanwendbarkeit des Art. 66 OR nicht auf ihre eigene tiefstehende Betrachtungsweise zu berufen, die sie nicht zur Einsicht befähigt habe, dass das Geschäft gegen allgemein geläufige sittliche Auffassungen verstosse»). Im übrigen bereitet Art. 66 OR bei nur einseitigem rechts- oder sittenwidrigem Verhalten keine besonderen Probleme. 257

Schwer tut sich die Rechtsprechung jedoch mit den viel häufigeren Fällen, bei denen beide Parteien rechts- oder sittenwidrige Absichten verfolgen. In diesen Fällen bedeutet die Anwendung der vollen Härte von Art. 66 OR gegen die eine Partei eine vom Rechtsgefühl her kaum zu vertretende Privilegierung der anderen, die in gleicher Weise verwerflich gehandelt hat. Das hat das Bundesgericht zu folgenden erstaunlichen Äusserungen veranlasst: «Die vom Gesetz getroffene Ordnung erscheint sogar als eine gesetzgeberisch fragwürdige Lösung, da sie je nach den Umständen zu moralisch unbefriedigenden Ergebnissen führen 258

Art. 2

kann. Die Vorschrift ist denn auch in der Rechtsprechung bald einschränkend, bald ausdehnend ausgelegt und das Ergebnis der Auslegung oft anhand von Art. 2 ZGB berichtigt worden. Die vom Allgemeinen Preussischen Landrecht getroffene Ordnung, nämlich die Einziehung zu Handen des Staates, ist befriedigender als die Lösung von Art. 66 OR» (BGE 84 II 184).

259 In der älteren Lehre (MERZ, N 570; DESCHENAUX, 189) hat man daraus den Schluss gezogen, dass der Gesetzgeber die Maxime «in pari turpitudine melior est causa possidentis» höherwertig eingestuft habe als das Prinzip «nemo auditur turpitudinem suam allegans». Das führte zu den vom Bundesgericht beklagten, oft fragwürdigen Ergebnissen. Bei seinen Versuchen, die zugestandenen Probleme mit der Regel von Art. 66 OR (vgl. N 258) zu «entschärfen», hat das Bundesgericht jeweils abzuwägen versucht, welche der beiden Positionen verwerflicher sei und daher – unter Berufung auf Art. 2 ZGB – den Rechtsschutz nicht verdiene. Das läuft jedoch auf ein «alles oder nichts-Prinzip» hinaus mit der Wirkung, dass nur eine von zwei gleichermassen verwerflich handelnden Personen einer strengen Privatstrafe unterworfen wird, während die andere sogar belohnt wird. Dass gleichwohl eine erfüllbare Naturalobligation zurückbleiben soll (BGE 75 II 297; kritisch dazu RUSCH, 370, III), entspricht weder dem angeblichen Zweck, solche Geschäftspraktiken von vornherein zu unterdrücken, noch dürfte dies zu einem Ausgleich zwischen den gleichermassen tadelnswerten «Missetätern» führen (oder doch wohl nur höchst selten). Gegen diese entweder/oder-Praxis des Bundesgerichtes lassen sich sowohl bezüglich des Anwendungsbereiches (unten N 260) als auch der Art der Anwendung (unten N 261/262) zahlreiche Einwände vorbringen.

260 VON BÜREN hat unter Berufung auf die Entstehungsgeschichte von Art. 66 OR nachzuweisen versucht, dass nicht jede Rückerstattung unter Art. 66 OR ausgeschlossen sei, sondern dass diese Norm nur den sogenannten Gauner- oder Dirnenlohn betreffen soll, welcher quasi als «Verstossprämierung» (VON BÜREN, 227), als Belohnung für das rechts- oder sittenwidrige Verhalten als solches, und nicht als Gegenleistung innerhalb des verpönten Geschäftes betrachtet werden muss (gl. M. auch BUCHER, 620; VON TUHR/PETER, 491); in diesem Sinne wohl auch BGE 53 II 41).

Dem ist unter allen Umständen zuzustimmen. Die Praxis des Bundesgerichtes könnte ansonsten geradezu Anreiz für zwielichtige Geschäfte bieten, wobei der Initiant dann nur noch darauf zu achten hätte, dass er nicht als der überwiegende Rechtsbrecher erscheint und – vor allem – dass es ihm gelingt, in die Stellung des glücklichen Besitzers zu gelangen. Mit VON BÜREN ist davon auszugehen, dass die «totale Missachtung des rechts- oder sittenwidrigen Geschäfts durch die Rechtsordnung» – wie dies vor allem von Josef Kohler 1891 propagiert wurde – nicht zur «Ächtung des Rechtsbrechers» führen darf (VON BÜREN, 226; a.A. Niederländer, 622 ff.: «... den gesetz- und sittenwidrigen Geschäften, mit den sich die Beteiligten ausserhalb der Rechtsordnung stellen, ist der Rechtsschutz vor den Zivilgerichten zu versagen.»). Dies umso weniger, wenn dieses Ergebnis nur um den Preis erzielt werden kann, dass der andere Beteiligte, der genauso verwerflich gehandelt hat, davon sogar profitieren soll; dieser Preis ist eindeutig zu hoch.

Wo es sich um Schutzbereiche handelt, in denen rechts- oder sittenwidriges Verhalten über den «Gaunerlohn» hinaus mit einer «Privatstrafe» belegt werden soll, hat dies der Gesetzgeber ausdrücklich zu sagen und – z.B. nach dem Muster des Allgemeinen Preussischen Landrechtes – die Einziehung zu regeln. Die Anwendung von Art. 66 über den «Gaunerlohn» hinaus lässt sich weder von der Entstehungsgeschichte her noch von den sich daraus ergebenden Resultaten rechtfertigen. Oder salopper formuliert: nur die «Schmiermittel», nicht aber die «Betriebsmittel» sollen unter das Rückforderungsverbot fallen, wo nicht ausdrücklich etwas anderes im Gesetz steht.

Eine Zusammenfassung der älteren Praxis des Bundesgerichtes findet sich in BGE 99 Ia 417, wo immerhin das Anwendungsgebiet von Art. 66 OR auf Forderungen aus ungerechtfertigter Bereicherung eingeschränkt wurde, wogegen es dieser Bestimmung «fernliege, auch Rückforderungen aus Vertrag und Schadenersatzforderungen aus unerlaubter Handlung auszuschliessen, wenn jemand eine Zuwendung in der Absicht gemacht hat, einen rechtswidrigen oder unsittlichen Erfolg herbeizuführen.»

Obwohl sich das Bundesgericht der Fragwürdigkeit seiner schwankenden Praxis bewusst war, ist es im Entscheid BGE 102 II 401 zu seiner «harten» Linie zurückgekehrt. Der Entscheid ist in der Literatur – zu Recht – scharf kritisiert worden: BUCHER (623/4) zählt den Entscheid «zu den schlimmsten und am schwersten zu ertragenden Ausrutschern innerhalb einer sonst hohes Niveau haltenden höchstrichterlichen Rechtsprechung.» GAUCH/SCHLUEP (N 1552) zeigen sich überrascht von der Begründung des Bundesgerichtes, zumal «weder der Wortlaut des Art. 66 noch ein anderes Element zu einer ‹stossenden› Interpretation des Art. 66 zwingt, ist es gerade der ‹Grundgedanke› dieser Bestimmung, der eine einschränkende Auslegung nahelegt.» MERZ, der im Kommentar (N 572) noch für ein Abwägen plädierte, ob die «Unredlichkeit des Empfängers viel schwerer wiegt als diejenige des Rückforderers», hat sich in der Besprechung des genannten Bundesgerichtsentscheides der auch hier vertretenen Ansicht VON BÜRENS (vgl. oben N 260) angeschlossen: «Mit diesem Autor und mit VON TUHR/SIEGWART und anderen erblicke ich die wahre Bedeutung von OR 66 darin, dass nicht zurückgefor-

Art. 2

dert werden kann, was zur Anstiftung oder Belohnung eines rechts- oder sittenwidrigen Handelns des Gegners gegeben worden ist» (MERZ, in ZBJV 1978, 143).

262 Das Zürcher Kassationsgericht hat schliesslich schon 1964 erklärt, dass eine einschränkende Auslegung von Art. 66 OR i.S. der Bemerkungen VON BÜRENS nicht gegen klares Recht verstosse (SJZ 1964, 312, Nr. 179). Und immerhin sind inzwischen in anderem Zusammenhang Entscheidungen des Bundesgerichtes ergangen, in welchen von der (unhaltbaren) Ansicht abgegangen wird, «dass derartige Geschäfte des Schutzes der Rechtsordnung nicht würdig sind» (BGE 74 II 28). So wurde in BGE 109 II 15 entschieden, «dass die Zuwendung eines verheirateten Mannes an seine Konkubinatspartnerin nur dann unsittlich (ist), wenn sie dazu bestimmt ist, das ehebrecherische Verhalten zu fördern, wenn es sich also um ein eigentliches pretium stupri handelt.» Und trotz «der angeblichen Gefährdung der Ehe durch das Konkubinat» hat das Bundesgericht entschieden, «den Partnern eines Konkubinates schlechterdings jeden Rechtsschutz zu versagen, käme einer Kapitulation der Rechtsordnung gleich» (BGE 108 II 206/7); im Entscheid 111 II 298 wurde zudem klar gemacht, «dass ihm (dem Konkubinat) der Rechtsschutz nicht schlechthin verweigert werden dürfe und dass ein Partner namentlich dann, wenn es um die Liquidation der Gemeinschaft geht, sich nicht auf Sittenwidrigkeit oder Widerrechtlichkeit berufen kann.» In BGE 117 IV 149 schliesslich heisst es: «Für eine Beschränkung der Tragweite von Art. 66 OR auf Forderungen aus ungerechtfertigter Bereicherung spricht aber insbesondere der Ausnahmecharakter der fragwürdigen Bestimmung, weswegen ohnehin deren möglichst restriktive Anwendung befürwortet wird.»

Diese Rechtsprechung anerkennt, dass es nicht Ziel des Privatrechtes sein kann, andere, z.T. in ihren Sanktionen unvollständige Erlasse durch eine Privatstrafe zu verschärfen. LEHNER hat im übrigen schon 1956 zu Recht darauf hingewiesen, dass gerade auch im Wirtschaftsrecht «die Redaktion der Erlasse kaum je Rücksicht nimmt auf die zivilrechtlichen Auswirkungen» (a.a.O. 241), was sicher für die nach dem Kriege häufigen Goldhandelsfälle (vgl. BGE 74 II 26/75 II 295), aber auch auf die (notrechtliche) Verordnung über Kleinkredit- und Abzahlungsgeschäfte zutrifft, aus welcher in BGE 102 II 401 eine Rechtswidrigkeit i.S. von Art. 66 OR abgeleitet wurde.

263 Zusammenfassend ist also folgendes festzuhalten: Art. 66 OR darf nur einschränkend verstanden werden und erfasst deshalb nur den eigentlichen «Gaunerlohn», d.h. nur jene Leistung, die als Belohnung für ein rechts- oder sittenwidriges Geschäft erbracht wurde. Was mit den innerhalb des verpönten Geschäftes erbrachten Austauschleistungen zu geschehen hat (z.B. Vernichtung oder Einziehung), ist – gegebenenfalls durch Auslegung – allein der verletzten Norm zu ent-

nehmen (in diesem Sinne auch GAUCH/SCHLUEP, N 1552 sowie BUCHER in ZSR 1983 II 297).

Damit entfällt aber auch die Notwendigkeit, für die Vermeidung unhaltbarer Ergebnisse von Fall zu Fall auf Art. 2 ZGB zurückzugreifen (vgl. BGE 75 II 295; 76 II 370). Des weiteren ergibt sich von selbst, warum Art. 66 OR in solchen Fällen nicht angewendet werden muss und kann, wo das gesetzgeberische Ziel geradezu ins Gegenteil verkehrt würde; so z.B. im Bereich des Mieterschutzes: BGE 107 II 255 betr. die Rückforderung von Instandstellungskosten, die entgegen einer gesetzlichen Regelung – i.S. der «harten» Praxis zu Art. 66 OR also «rechtswidrig» – gezahlt worden waren; vgl. auch BGE 106 Ib 412, wo die zivilrechtliche Klage aus ungerechtfertigter Bereicherung als durch Art. 12 des Pachtzinsgesetzes ausgeschlossen bezeichnet wurde (in casu ging es um die Rückforderung von nicht genehmigten Pachtzinsen, welche das gesetzlich zulässige Maximum überstiegen).

5. Rechtsmissbräuchliche Einflussnahme auf Bedingungen

Bevor auf die besondere Regelung des Art. 156 OR einzugehen ist, muss an Zweck und Funktion der Bedingungen erinnert werden. Das schweizerische Recht ist bedingungsfreundlich (vgl. GAUCH/SCHLUEP, N 4108) und gestattet in weitem Umfang, durch geeignete Bedingungen die Wirkungen von Rechtsgeschäften suspensiv aufzuschieben oder resolutiv wieder aufzuheben, wobei ein (in der Regel) ausserhalb der Kontrolle der Parteien liegendes Ereignis (kasuelle Bedingung) oder aber der Entscheid einer der Parteien als auslösendes/aufhebendes Moment in Frage kommen kann (potestative Bedingung; vgl. dazu BGE 117 II 280). Diese Bedingungsfreundlichkeit ist Ausfluss einer hohen Wertung der Privatautonomie. 264

Anders als in den lateinischen Rechtsordnungen sind insbesondere reine Potestativbedingungen im schweizerischen Recht nicht verpönt (vgl. Art. 155 OR; MERZ, SPR VI/1, 159; VON TUHR/ESCHER, 271/2); vgl. dagegen Art. 1174 des französischen Code Civil, Art. 1135 des italienischen Codice Civile oder Art. 1115 des spanischen Codigo Civil (vgl. SECRÉTAN, 352 ff.).

Art. 156 OR bestimmt nun, dass eine Bedingung als erfüllt gelten soll, wenn ihr Eintritt von einer Partei wider Treu und Glauben verhindert worden ist. Nach der Literatur (VON TUHR/ESCHER, 273; MERZ/SPR VI/1 165; SECRÉTAN, 357) soll analog dazu auch das Umgekehrte gelten: Der Eintritt einer Bedingung soll als nicht erfolgt betrachtet werden, wenn er von derjenigen Partei, zu deren Vorteil er gereicht, wider Treu und Glauben herbeigeführt wurde. Dies ist im übrigen aus- 265

Art. 2

drücklich so vorgesehen im deutschen BGB (Abs. 2 von § 162) sowie im neuen bürgerlichen Gesetzbuch der Niederlande (Burgerlijk Wetboek, 6. Buch, Art. 23). Gleichwohl ist diese extensive Analogie für das bedingungsfreundliche schweizerische Recht abzulehnen: Wer einem Geschäft unter Vorbehalt einer Bedingung zustimmt, kann sich nicht im nachhinein beschweren, der Eintritt der Bedingung sei von der Gegenpartei wider Treu und Glauben herbeigeführt worden. Die Herbeiführung einer Bedingung, die einem zum Vorteil gereicht, ist die normale Folge eines für die andere Partei bei Eingehen der bedingten Vereinbarung erkennbaren Verhaltens. Praktisch ist denn auch noch nie ein solcher Fall zur Beurteilung durch das Bundesgericht gelangt, und das bei von Tuhr/Escher (aus dem Kommentar Oser übernommene) Beispiel (273, N 16) ist für von Tuhr/Escher selber zweifelhaft, während keine anderen Beispiele angeführt werden (auch nicht bei Merz/SPR, VI/1, 164).

266 (a) Aus dem Grundsatz der Bedingungsfreundlichkeit ergibt sich, dass «eine immer weiter ausgedehnte analoge Anwendung des Art. 156 OR abzulehnen ist» (Merz, SPR VI/1, 166). Der Eintritt oder Nichteintritt einer Bedingung beinhaltet für den daraus Belasteten immer ein aleatorisches Element. Nur wo «falsche Würfel» verwendet werden, kann Art. 156 OR eingreifen. Das ist immer dort der Fall, wo der Eintritt einer Bedingung mit unredlichen, illoyalen oder unkorrekten Mitteln verhindert wird (während das absichtliche Eintretenlassen zum normalen Ablauf einer bedingten Vereinbarung gehört).

Viele Fälle, die unter Art. 156 subsumiert werden, können auch unter dem Gesichtspunkt der Gesetzes- oder Vertragsumgehung einer korrekten Lösung zugeführt werden (vgl. dazu oben N 52–57). Denn in den meisten Fällen soll der Eintritt einer rechtsgeschäftlichen oder gesetzlichen Bedingung eben dadurch verhindert werden, dass der Belastete auf einem andern Weg zu dem Ziel zu gelangen versucht, welches durch die bestehende Bedingung ausgeschlossen wird.

(b) Das gilt sowohl für die Fälle, in denen Kaufs- oder Vorkaufsrechte durch im Ergebnis auf einen Kaufvertrag hinauslaufende Baurechtsverträge umgangen werden sollen (vgl. BGE 85 II 475), wie auch bei der Führung eines eheähnlichen Konkubinates mit dem Zweck, eine zugesprochene Rente nicht zu verlieren (vgl. BGE 116 II 394 und 114 II 195). Relativ häufig sind auch die Fälle, wo der Makler um seinen Lohn (vgl. BGE 69 II 106; vgl. auch Merz, N 577) oder ein verdienter Mitarbeiter um eine Dienstaltersprämie geprellt werden soll (vgl. Art. 336 I lit. c OR sowie M. Fritz: Die neuen Kündigungsbestimmungen des Arbeitsvertragsrechtes, Zürich 1988, 26). Das

Vorschieben einer nahestehenden Gesellschaft, um den Eintritt der Bedingung für die Ausübung eines Optionsrechts auf Verlängerung eines Mietvertrages auszuschliessen, wurde vom Bundesgericht als Verletzung von Art. 2 ZGB betrachtet, die zum Durchgriff führe, mit der Folge, dass die vorgeschobene Person gleich behandelt wurde wie die Erstbeklagte (BGE 113 II 36 sowie unten N 328 und 332).

(c) Schliesslich kann Art. 156 OR bei Verletzung von Treu und Glauben auch bei den sogenannten **Rechtsbedingungen,** «d.h. solchen Tatsachen, die nach der Natur des Rechtsgeschäftes oder nach gesetzlicher Vorschrift die Voraussetzung für die Wirkung dieses Rechtsgeschäftes darstellen» (Guhl/Merz/Koller, 52, vgl. auch Gauch/Schluep, 4157/8) analog angewendet werden. So entschieden in ZR 1995 Nr. 41, wo eine Gesellschaft die Genehmigung der Jahresrechnung durch die Generalversammlung in pflichtwidriger Weise dadurch zu verhindern suchte, dass gar keine Generalversammlung einberufen wurde.

In all diesen Fällen ist aber zu beachten, dass das unredliche, illoyale oder unkorrekte Verhalten «gerade auf das bedingte Recht orientiert werden» muss (Merz, N 580). Wer aus sachlichen Gründen, trotz Bestehens eines Gewinnanteilsrechtes bei Weiterverkauf einer Liegenschaft einen langfristigen Baurechtsvertrag abschliesst, verletzt Art. 156 OR nicht, wenn das Ziel der Konstruktion nicht auf eine Benachteiligung des Begünstigten aus einer Bedingung ausgerichtet ist, auch wenn sich dies als Folge der gewählten Konstruktion ergeben sollte (vgl. BGE 82 II 378). 267

In BGE 121 III 262 (E. 4) verweigerte das Bundesgericht einem Mieter den Kündigungsschutz gemäss Art. 271 und 271a OR, da er zu äusserst günstigen Bedingungen einen resolutiv bedingten Mietvertrag abgeschlossen hatte. Die Frage, ob das Vorgehen des Mieters als geradezu rechtsmissbräuchlich zu betrachten wäre, wurde allerdings offen gelassen.

Wer einen Arbeitnehmer wegen schwerer Verfehlungen gegen seine Treuepflicht (Art. 321a OR) berechtigterweise entlässt, kann nicht unter Art. 156 OR eingeklagt werden, wenn der Entlassene wegen der Kündigung ein bevorstehendes Dienstjubiläum mit Prämienberechtigung nicht erreicht (vgl. Fritz, a.a.O. 26).

Im Falle von BGE 117 II 273 hatten sich die Beklagten verpflichtet, von der Klägerin ein Typenhaus erstellen zu lassen, für den Fall, dass sie ein Grundstück erwerben sollten, welches nach Massgabe der damit verbundenen öffentlich- und privatrechtlichen Bindungen die Erstellung des Vertragsgegenstandes gestattete. Nachdem die Beklagten ein anderes Grundstück mit einer darauf lastenden Baumeisterverpflichtung erworben hatten, verlangte die Klägerin den ihr dadurch

Art. 2

entgangenen Gewinn als Schadenersatz. Das Bundesgericht wies die Klage ab, ausgehend «vom Grundsatz, dass bei der Potestativbedingung ... eine Handlung im allgemeinen deswegen nicht als Verpflichtung, sondern als Bedingung in den Vertrag aufgenommen wird, weil der Kontrahent die Freiheit seines Entschlusses zwar beschränken, nicht aber aufgeben will» (a.a.O., 279). Deswegen könne «von einem unredlichen Verhalten aber nicht bereits gesprochen werden, wenn die Beklagten aus beachtlichen Gründen von mehreren Angeboten dasjenige ausgewählt hätten, welches die Erfüllung des bedingten Werkvertrages nicht erlaubte» (a.a.O., 281).

268 Verfahrensmässig ist folgendes zu beachten: Wer sich auf die Verletzung von Art. 156 OR beruft, hat das Bestehen einer Bedingung und die treuwidrige Verhinderung von deren Eintritt nachzuweisen. Nicht erforderlich ist dabei nach der Rechtsprechung des Bundesgerichtes, dass die Verhinderung des Bedingungseintrittes absichtlich erfolgt ist (BGE 109 II 21; vgl. auch GUHL/MERZ/KOLLER, 56 sowie SemJud 1988, 158).

Als Rechtsfolge bewirkt Art. 156 OR nicht das Entstehen eines Schadenersatzanspruches, sondern führt über die Fiktion des Bedingungseintrittes direkt zur Erfüllung (vgl. oben N 245). Der Schutz von Treu und Glauben kann sich in diesem (Ausnahme-)Fall deshalb positiv als Erfüllungsanspruch auswirken, weil Art und Umfang der Erfüllung durch die Parteien selber schon positiv vorgegeben sind: Es soll die Rechtslage eintreten, die sich bei Nichtverhinderung des Bedingungseintrittes ergeben hätte.

Schliesslich kann Art. 156 OR nur angerufen werden, wenn die Gegenpartei – und nicht ein Dritter – den Eintritt der Bedingung verhindert hat (vgl. ZBJV 112, 452 sowie MERZ, SPR VI/1, 165).

269 Zusammenfassend ist festzuhalten: Die Verletzung von Art. 156 kann nur dann geltend gemacht werden, wenn der Eintritt einer Bedingung treuwidrig verhindert wurde. Dagegen geht es zu weit, die Herbeiführung einer vereinbarten Bedingung bzw. ihres Eintrittes unter Berufung auf Art. 2 ZGB als ungültig zu bezeichnen (vgl. § 162 Abs. 2 BGB). Bedingungen erweitern den rechtlichen Spielraum der Parteien, vergrössern damit aber zwangsläufig auch die damit verbundenen Risiken. Nur wo eine Bedingung und ihr spezifischer Inhalt unter Verletzung von Treu und Glauben zustandegekommen ist, kann Art. 2 ZGB u.U. angerufen werden, wobei in den meisten Fällen schon die Auslegung i. S. von Abs. 1 von Art. 2 ZGB zum richtigen Ergebnis führen dürfte.

Art. 2

III. Treu und Glauben und die Form von Rechtsgeschäften

Literatur 270

BATTES ROBERT	Erfüllungsansprüche trotz beiderseits bewussten Formmangels, JZ 1969, 683 ff.
BÉGUELIN EDOUARD	Vertrag (Form) I, Allgemeines, SJK Karte 197
BUCHER EUGEN	Der Rechtsmissbrauch bei Formvorschriften, ZGBR 1975, 65–81
CAVIN PIERRE	Die Form des Grundstückkaufs, in: SPR VII/1, Basel 1977, 129–137
COMMENT ALBERT	Grundstückkauf II, Formvorschriften, SJK Karte 225
DES GOUTTES RENÉ	Système des Nullités en Droit suisse, ZSR 1929, 348 ff.
DROIN JACQUES	Les effets de l'inobservation de la forme en matière de transfert de la propriété immobilière, Genf 1969
FURRER FRANK	Heilung des Formmangels im Vertrag, Diss. Zürich 1992
GERNHUBER JOACHIM	Formnichtigkeit und Treu und Glauben, Festschrift WALTER SCHMIDT-RIMPLER, Karlsruhe 1957, 151–179
GUGGENHEIM DANIEL	L'invalidité des actes juridiques en droit suisse et comparé, Diss. Genf 1970
HELDRICH KARL	Die Form des Vertrages, in AcP 147 (1941), 89–129
HERZ WILHELM	Die Bedeutung der Form des Formalgeschäftes nach deutschem und schweizerischem Recht, Diss. Basel 1934
IBERG GOTTLIEB	Formmangel beim Grundstückkauf, ZBJV 1974, 330 ff.
ISENSCHMID RENÉ W.	Sinn und Zweck der öffentlichen Beurkundung, in: Neues zum Gesellschafts- und Wirtschaftsrecht, Zürich 1993, 305–326
KOLLER ALFRED	Der Grundstückkauf, St. Gallen 1989, insbes. N 178–400
KUNZ HANS	Öffentliche Vertragsverurkundung und ihre Gültigkeit nach schweizerischem Recht, Diss. Bern 1928
LEEMANN HANS	Die Folgen der Simulation bei formalen Rechtsgeschäften, SJZ 1917, 273 ff. (zit. LEEMANN Simulation)
–	Nichtigkeit des Grundstückkaufes wegen unrichtiger Beurkundung des Kaufpreises? SJZ 1924, 269 ff. (zit. LEEMANN Nichtigkeit)
LORENZ WERNER	Das Problem der Aufrechterhaltung formnichtiger Schuldverträge, AcP 1957, 381–413
MERZ HANS	Auslegung, Lückenfüllung und Normberichtigung, AcP 1964, 305–345
MÜLLER PETER	Die Heilung formwidriger Rechtsgeschäfte durch Erfüllung, Diss. Freiburg/CH 1938
OGUZMAN KEMAL	La jurisprudence suisse et turc en matière de l'abus de droit d'invoquer la nullité du contrat pour vice de forme, in: Travaux de la 5ème Semaine Juridique turco-suisse, Istanbul 1976, 143 ff.
PAOLETTO BRUNO	Die Falschbeurkundung beim Grundstückkauf, Diss. Zürich 1973

Art. 2

RINK FELIX	Die Tragweite der Formvorschrift der öffentlichen Beurkundung bei Grundstücksveräusserungsverträgen unter besonderer Berücksichtigung der Praxis des Schweizerischen Bundesgerichts, Diss. Basel 1951
SEROZAN RONA	Die Überwindung der Rechtsfolgen des Formmangels im Rechtsgeschäft nach deutschem, schweizerischem und türkischem Recht, Tübingen 1968
SCHMID JÖRG	Die öffentliche Beurkundung von Schuldverträgen, Diss. Fribourg 1988
SCHMIDLIN BRUNO	Kommentar zu Art. 11–17, insbes. N 110–169 zu Art. 11 OR, Bern 1986
–	Der formungültige Grundstückkauf, Bemerkungen zur neueren Lehre und Rechtsprechung, ZSR 1990 I 223–260 (zitiert SCHMIDLIN/Grundstückkauf)
SPIRO KARL	Die unrichtige Beurkundung des Preises bei Grundstückskauf, Basel 1964
VOLKEN A.	Zum Problem des «formnichtigen» Rechtsgeschäftes, Zeitschrift für Walliser Rechtsprechung 1981, 461–474
WESTERHOFF RUDOLF	Wie begründen wir Formnichtigkeit? AcP 1984, 341–384
YUNG WALTER	Le contenu des contrats formels, Semjud 19ß≠65, 623–662.

1. Allgemeines

271 Ausgangspunkt für die hier zu besprechenden Fälle ist immer ein zumindest im formalen Bestand positiv umschreibbares und/oder umschriebenes Rechtsgeschäft. Wer ein derartig konkretisiertes Rechtsgeschäft nicht gelten lassen will, ist grundsätzlich auf die Anfechtungsmöglichkeiten nach Art. 23 ff. OR zu verweisen. Nicht erfasst werden durch diese Regeln die Fälle, in denen in rechtsmissbräuchlicher Weise Formmängel eines Geschäftes geltend gemacht werden, wobei die Berufung auf einen Formmangel grundsätzlich nicht rechtsmissbräuchlich ist, sondern nur, wenn sie «wegen besonderer, nur den einzelnen Fall kennzeichnender Umstände offensichtlich gegen Treu und Glauben verstösst» (BGE 88 II 24; vgl. auch BGE 102 II 205).

Gesetzliche Formvorschriften werden sowohl im Interesse des Rechtsverkehrs (Publizität) als auch zum Schutze der Parteien selbst erlassen (vgl. DESCHENAUX, 189; FURRER, 26 ff.), wobei Formvorschriften der zweiten Art immer zahlreicher werden – dies offensichtlich auch als Folge der immer grösseren «Wissensklüfte» zwischen Laien und sachkundigen Parteien (vgl. oben N 160) – und somit als eigentliche Sozialschutznormen gesehen werden müssen. Dazu gehören insbesondere die zahlreichen Formvorschriften im Miet- und Arbeitsrecht, Abzahlungsvertrags- und Bürgschaftsrecht; die Aufzählung ist nur beispiel-

Art. 2

haft und liesse sich fast beliebig verlängern, z.B. mit Beispielen aus dem Recht des Immobilienverkehrs – Grundstückskauf und Grundpfandrecht – oder aus dem Gesellschaftsrecht.

Dazu kommen schliesslich frei vereinbarte Formvorschriften i.S. von Art. 16 OR, die entweder Gültigkeitsvoraussetzung sind (so die Vermutung gemäss Absatz 1 von Art. 16 OR) oder aber lediglich der Beweissicherung dienen sollen. Auch wenn frei vereinbarte Formvorschriften primär dem Schutz der Parteien dienen, tragen sie nebenbei (im Verkehr mit Dritten) auch zum Schutz des Rechtsverkehrs bei. Wo die vereinbarte Form lediglich der Beweissicherung dient, ist ein gültiger Vertrag zustandegekommen, auch wenn das Beweisdokument Formfehler aufweist, d.h. es kann von beiden Parteien Erfüllung verlangt werden (vgl. BGE 112 II 326; JÄGGI, N 42 zu Art. 16 OR). Schliesslich sind Formvorschriften immer als Ausnahmeregeln zu sehen. Sie sind nicht Selbstzweck, sondern unter dem Prinzip des favor negotii zu sehen: «Auszugehen ist davon, dass Formvorschriften gemäss Art. 11 OR aufgrund von Art. 7 ZGB ... einschränkend auszulegen sind» (BGE 116 II 127; vgl. auch BGE 113 II 402 sowie FURRER, 32, JÄGGI, N 24 zu Art. 11 OR und SCHMIDLIN, N 5 zu Art. 11 OR). 272

Grundsätzlich lässt sich der Problembereich mit folgender Matrix erfassen:

–	*Verkehrsschutz durch Publizität*	**Funktion der Form**	*Schutz der Parteien*	+
		Verletzung/Nichteinhaltung von Formvorschriften		
	I	**vor** Erfüllung (Nichterfüllung)	vgl. N 276–278	
	II	**nach teilweiser** Erfüllung* – durch eine Partei – durch beide Parteien	vgl. N 286–287	
	III	**nach vollständiger** Erfüllung* – durch beide Parteien – durch eine Partei	vgl. N 279–282 vgl. N 283–285	
+				–

*In diesen Fällen ist zudem zu beachten, ob sich die Parteien bei der Erfüllung des bestehenden Formmangels bewusst sind oder nicht.

In der Matrix (N 272) lassen sich die von HELDRICH (91–93) herausgearbeiteten acht Einzelfunktionen ohne weiteres unterbringen. Zum **Verkehrsschutz** gehören: Beweissicherung, Erkennbarkeit für Dritte, Überwachung i.S. des Gemein- 273 schaftsinteresses, Erschwerung des Vertragsschlusses im Interesse der Gemeinschaft; dem **Schutz der Parteien** dienen: Abschlussklarheit, Inhaltsklarheit, Übereilungsschutz, fachmännische Beratung. Daraus lassen sich zwei grundsätzlich gegenläufige Tendenzen der beiden Hauptfunktionen von Formvorschriften (Schutz des Rechtsverkehrs vs. Schutz der Parteien) herauslesen: Es ist offensichtlich, dass die Verkehrsschutzfunktion an Bedeutung zunimmt, je weiter die Erfüllung eines Geschäftes durch die Beteiligten fortgeschritten ist: Dritte verlassen sich häufig stärker auf die Realien, die für sie erkennbaren faktischen Verhältnisse, als auf für sie oft nicht (oder nicht vollständig) feststellbare Formalitäten. Im Verhältnis zwischen den Parteien dagegen nimmt die Bedeutung der Schutzfunktion von Formvorschriften stetig ab, je weiter die freiwillige Erfüllung fortgeschritten ist.

Wie zu zeigen sein wird, dürfte dieser Umstand ein Grund dafür sein, warum das Bundesgericht «stets die Bindung an starre Regeln abgelehnt und die Würdigung aller Umstände unter Berücksichtigung von Rechtsempfinden, Rechtsethik und Rechtssicherheit beansprucht» hat (BGE 104 II 104; vgl. auch BGE 116 II 702). Das ist auch deshalb nicht weiter verwunderlich, weil die weitaus meisten einschlägigen Entscheidungen des Bundesgerichtes Fälle von Formfehlern bei Liegenschaftskäufen betreffen (vgl. GUHL/MERZ/KOLLER 117), einen Bereich also, wo sich die beiden Schutzfunktionen (Verkehrsschutz vs. Schutz der Parteien) in etwa die Waage halten, was eindeutige Entscheidungen zu Gunsten des einen oder des anderen Prinzipes naturgemäss erschwert. «Die öffentliche Beurkundung des Grundstückkaufvertrages soll nicht nur vor Übereilung schützen; sie dient auch der Sicherung des Beweises für Abschluss und Inhalt des Vertrages im Hinblick auf seine grundbuchliche Behandlung» (MERZ, Vertrag, N 455).

274 Den anderen ebenso wesentlichen Grund für die «sehr unterschiedliche, ja widersprüchliche» Praxis (BGE 112 II 336) hat das Bundesgericht im Entscheid 104 II 103/4 wie folgt umschrieben: «An der Nichtigkeit des unrichtig beurkundeten Vertrages hat die Rechtsprechung ebenso festgehalten, wie an der Anerkennung ihrer Unbeachtlichkeit, wo es Treu und Glauben verlangen.» (vgl. auch BGE 116 II 702, BGE 111 II 281 und BGE 106 II 151). Da Treu und Glauben nur negativ gefasst werden kann (vgl. VB 2/3, N 13/14), ist dem Bundesgericht zwar zuzugeben, dass es keine starren Regeln für die hier zu behandelnden Fälle gibt, was aber nicht heissen soll, dass es nicht gleichwohl möglich wäre, für die Behandlung der in der Matrix (N 272) aufgelisteten Fallgruppen regelhafte Empfehlungen abzugeben.

Wie im folgenden zu zeigen sein wird, ist das vom Bundesgericht – fast entgegen der ganzen Doktrin – verfochtene Nichtigkeitsdogma mitverantwortlich dafür, dass bei Fragen der Formungültigkeit in der Rechtsprechung immer wieder auf Art. 2 Abs. 2 ZGB zurückgegriffen werden muss, was nach der hier vertretenen Ansicht in weitaus geringerem Masse erforderlich wäre. In BGE 112 II 335 hat das Bundesgericht erstmals Zweifel an der bisherigen Praxis zum Ausdruck gebracht, allerdings ohne die Frage weiter zu prüfen («Es ist zudem wenig sinnvoll, die Formungültigkeit stets von Amtes wegen zu behandeln, dann aber diese Folge über Art. 2 Abs. 2 ZGB ... wieder zu korrigieren»). In BGE 116 II 702 hat das Bundesgericht in anderem Zusammenhang einmal mehr festgehalten, dass «der Formmangel beim Grundstückskauf die Nichtigkeit des Vertrages zur Folge» habe, allerdings ohne sich mit den abweichenden Lehrmeinungen auseinanderzusetzen.

Aus der Nichtigkeitstheorie des Bundesgerichtes ergibt sich jedoch als schwerwiegendes Problem die Unheilbarkeit des Formmangels: «Will man mit der Nichtigkeitstheorie ernst machen, so ist die Einführung der Heilung der Nichtigkeit, wie sie das Bundesgericht in einem neuen Entscheid andeutet (BGE 112 II 334/5), klarerweise undenkbar. Die Unheilbarkeit gehört zum Begriff der Nichtigkeit, woran nicht gerüttelt werden sollte» (FURRER, 55/6; MERZ, Vertrag N 345; MEIER-HAYOZ, N 133 zu Art. 657 ZGB). BUCHER (78) spricht davon, «dass die Vorstellung der Nichtigkeit noch etwas Verworrenes an sich haben muss» (bezüglich der Berücksichtigung von Amtes wegen) und von den «skurrilen Auswirkungen der Nichtigkeits-Doktrin» (im Zusammenwirken mit dem Kausalitätsprinzip).

Die Lehre nimmt heute fast einhellig eine blosse Ungültigkeit «inter partes» an, die nicht von Amtes wegen zu berücksichtigen ist (vgl. MERZ, Vertrag N 348; GUHL/MERZ/KOLLER, 119; GAUCH/SCHLUEP, 558–562; VON BÜREN, 145/6; LIVER, SPR V/1, 137/8; MEIER-HAYOZ, N 130–134 zu Art. 657 ZGB). JÄGGI verwirft die Nichtigkeitstheorie ebenfalls, da ihr «ein allgemeiner, übergesetzlicher und doktrinärer Begriff der Nichtigkeit zugrunde (liege), der aus dem gemeinen Recht stammt» (N 73 zu Art. 11 OR). Stattdessen sei die Rechtslage bei Formungültigkeit nach der missachteten Formvorschrift und in zweiter Linie nach den allgemeinen Regeln über die Teilnichtigkeit von Rechtsgeschäften zu entscheiden (N 76 und 77 zu Art. 11 OR).

Gemäss SCHMIDLIN ist die Folge des Formmangels nicht ein «blankes Nichts», sondern ein Tatbestand, «der einzig wegen der fehlenden Form auf das Niveau eines unvollkommenen Schuldverhältnisses absinkt» (N 40 zu Art. 11 OR), d.h. es bleibt eine Natural-Obligation bestehen (vgl. SCHMIDLIN, N 41–55, zu Art. 11 OR sowie SCHMIDLIN/Grundstückkauf, 233–243).

In BGE 103 II 128 hat das Bundesgericht schliesslich entschieden, «dass eine vorübergehende Verlängerung des Lehrvertrages, welche dem Lehrling das

Art. 2

Bestehen einer Nachprüfung ermöglichen sollte, nicht von der Einhaltung der Schriftform abhängig ist», obwohl gemäss Art. 344a OR der Lehrvertrag nur in schriftlicher Form gültig ist und die Missachtung dieser Formvorschrift zur Nichtigkeit des Lehrvertrages führt (vgl. Der Einzelarbeitsvertrag im Obligationenrecht, herausgegeben vom Schweiz. Gewerbeverband, Muri 1991, N 8 zu Art. 344a OR; zum Verhältnis zu den Bestimmungen des Berufsbildungsgesetzes vgl. REHBINDER, Berner Kommentar, N 1 zu Art. 344a OR). Das Bundesgericht erzielte dieses (richtige) Ergebnis allerdings nicht unter Berufung auf Art. 2 ZGB, sondern allein auf dem Wege der Auslegung, wobei vor allem der Zweck der gesetzlichen Regelung im Vordergrund gestanden hat.

2. Geltendmachung der Formungültigkeit *vor* Erfüllung

276 Wo die (gesetzliche oder vereinbarte) Form als Gültigkeitsvoraussetzung zu betrachten ist, liegt überhaupt kein gültiger Vertrag vor (gl. M. KELLER/SCHÖBI, 25 sowie FURRER, 69 ff.) und mangels Erfüllung auch kein sogenanntes faktisches Vertragsverhältnis, sondern ein blosses vorvertragliches Verhandlungsverhältnis, welches primär nach den Regeln über culpa in contrahendo zu beurteilen ist (gl. M. GUHL/MERZ/KOLLER, 118; BGE 106 II 36, insbes. 42).

«Solange der mangelhafte Vertrag nicht erfüllt worden ist, wird der Richter kaum zögern, sich an die Formstrenge zu halten» (DESCHENAUX, 193; vgl. auch MERZ, N 485/6 und CAVIN, SPR VII/1, 135 sowie BGE 104 II 102). Vgl. auch BGE 102 II 275: Die Einrede des Ausstellers, es fehle an einer formgerechten Erklärung über die Nichtzahlung auf dem Check selber (Art. 1128 Abs. 2 Ziffer 2 OR), wurde als nicht missbräuchlich beurteilt. Mit Recht, denn es wäre Sache der Klägerin gewesen, für eine form- und rechtsgenügende Erklärung i.S. von Art. 1128 Abs. 2 OR Ziffer 2, zu sorgen.

277 In der neueren Lehre wird darüberhinausgehend die Ansicht vertreten, es bestehe ein Anspruch aus culpa in contrahendo (vgl. BUCHER 72/73), «insbesondere bei arglistig abgegebenem und nicht gehaltenem Versprechen, den ungültigen Vertrag zu vollziehen» (MERZ, Vertrag N 447 in Abweichung von seiner Stellungnahme im Kommentar); da MERZ (Vertrag, N 144–152) nun für die deliktische Natur der culpa in contrahendo eintritt, ergäbe dies allerdings die Rechtsfolge, dass aus einem Deliktsanspruch (auf Schadenersatz) ein Anspruch auf Vertragserfüllung abgeleitet werden könnte. Dies spricht nicht gegen die Möglichkeit, aus Art. 2 ZGB die Sanktion der Erfüllung abzuleiten (vgl. oben N 245), wohl aber gegen die deliktische Konstruktion und für die selbständige Begründung der culpa in contrahendo aufgrund von Art. 2 ZGB (vgl. oben N 149 ff.).

Auch KOLLER (N 239) hat in der Auseinandersetzung mit BGE 104 II 104 zu Recht darauf hingewiesen, dass Erfüllungsansprüche mit Art. 2 ZGB nicht unvereinbar sind. «Warum dies nur im Falle der Erfüllung zur Hauptsache gelten soll, ist nicht ersichtlich und lässt sich jedenfalls vom Wortlaut der Bestimmung her nicht rechtfertigen. Der Gesetzestext legt vielmehr den Schluss nahe, dass bei Missbrauch eines Rechts dieses nicht mehr besteht, in unserem Zusammenhang also das Recht, die Erfüllung des formungültigen Vertrages zu verweigern, entfällt, was umgekehrt bedeutet, dass der Vertrag zu erfüllen ist» (KOLLER, N 239 a.E.).

Im Ergebnis hat das Bundesgericht in BGE 106 II 146 in Erwägung 4 (nicht amtlich publiziert; vgl. ZBGR 1981, 54/5) dem ebenfalls zugestimmt (vgl. auch KOLLER, N 240 sowie JÄGGI, N 96 zu Art. 11 OR und SCHMIDLIN, N 195 zu Art. 11 OR). DESCHENAUX (194) schliesslich sieht die Möglichkeit, in diesen Fällen «unter Heranziehung des Art. 156 OR das Formerfordernis, dessen Nichtbeobachtung das Resultat arglistiger Manipulationen darstellt, als erfüllt» anzusehen.

Zusammenfassend ist folgendes festzuhalten: Fälle der Formungültigkeit vor Erfüllung sind grundsätzlich nach den Regeln der culpa in contrahendo zu behandeln: es liegt weder ein Vertrag noch ein faktisches Vertragsverhältnis vor. Das formungültige Geschäft ist demzufolge grundsätzlich rückgängig zu machen. Wo jedoch eine arglistige Täuschung speziell bezüglich der zu beachtenden Formvorschriften vorliegt (arglistig abgegebenes und nicht gehaltenes Versprechen, den ungültigen Vertrag zu vollziehen; arglistige Manipulationen bezüglich der Formerfordernisse) ist die Geltendmachung des Formmangels durch den arglistig Handelnden rechtsmissbräuchlich. Als Folge davon ist der Formmangel nicht zu beachten bzw. der Gegenpartei ein Erfüllungsanspruch zuzugestehen. 278

3. Geltendmachung der Formungültigkeit *nach* der Erfüllung durch beide Parteien

Das Gegenstück zum Fall des noch nicht erfüllten Vertrages ist die vollständige und irrtumsfreie Erfüllung eines formungültigen Geschäftes durch beide Parteien. Diese Fälle sind vor allem im Verkehr mit Immobilien (Schwarzzahlungen) sehr häufig (vgl. KOLLER, N 244). Grundsätzlich sind in solchen Fällen folgende Überlegungen anzustellen: einerseits entfällt in derartigen Konstellationen der Schutzzweck der Norm für die beteiligten Parteien, während andererseits kein (form-)gültiges Geschäft zustandegekommen ist, womit bei derartigen Geschäften – mangels gültiger causa – zeitlich unbegrenzt (vgl. BGE 92 II 326) die Rückabwicklung verlangt werden könnte (vgl. KOLLER, N 245–247). 279

Art. 2

Die Rückabwicklung kann einzig dann nicht verlangt werden, wenn sie rechtsmissbräuchlich ist. Bei der Beurteilung, ob ein Rechtsmissbrauch vorliegt, «kommt der erfolgten freiwilligen Erfüllung des Kaufvertrages durch die Parteien besondere Bedeutung zu. Sie schliesst zwar nicht notwendigerweise aus, dass die Nichtigkeit bzw. Ungültigkeit des Vertrages (vgl. dazu oben N 274/275) dennoch berücksichtigt werde, lässt die Anrufung des Formmangels aber doch als rechtsmissbräuchlich erscheinen, wenn nicht die Würdigung aller übrigen Umstände, namentlich das Verhalten der Parteien bei und nach Vertragsschluss, eindeutig zum gegenteiligen Schluss führt» (BGE 104 II 101/2).

Mit KOLLER (N 269) kann davon ausgegangen werden, dass solche «eindeutig zum gegenteiligen Schluss führende Umstände» kaum je vorliegen werden, was als praktisches Ergebnis bewirkt, dass in diesen Fällen die Rückforderung generell ausgeschlossen ist. «Das Bundesgericht hat denn auch – soweit ersichtlich – ein Begehren um Rückabwicklung eines irrtumsfrei erfüllten Vertrages noch nie gutgeheissen» (KOLLER, N 271; vgl. auch BGE 86 II 99).

Der Grund dafür liegt darin, dass die Partei, welche die Formungültigkeit nachträglich anrufen wollte, ihr eigenes Fehlverhalten geltend machen müsste, womit sie aber nicht zu hören ist (vgl. oben N 247 ff.: nemo auditur turpitudinem suam allegans), und zudem auch der Schutzzweck der (nicht erfüllten) Form entfallen ist. Nachdem das Bundesgericht schon in BGE 92 II 326 zu Recht festgehalten hat, dass derartige Geschäfte «wirksamer mit den Mitteln des Strafrechtes und des Steuerrechtes als mit jenen des Zivilrechtes bekämpft werden», kann als Regel folgender Satz formuliert werden: bei der irrtumsfreien vollständigen Erfüllung eines formungültigen Geschäftes ist die Rückabwicklung unter Berufung auf Art. 2 ZGB aus den obgenannten Gründen nicht zulässig.

280 Das Bundesgericht ist im genannten Entscheid (BGE 92 II 323 ff.) sogar noch einen Schritt weiter gegangen: Selbst «dem Umstand, dass der Kläger den Kaufvertrag in Unkenntnis des Formmangels erfüllt hat» (BGE 92 II 327), wurde keine rechtserhebliche Bedeutung zugemessen, weil «der Kläger nach der Aufklärung durch seinen damaligen Anwalt nicht unverzüglich die Aufhebung des Vertrages angestrebt, sondern den Rechtsweg erst rund 1¼ Jahre später beschritten hat». Geht man auf die zugrundeliegenden Prinzipien zurück, ergibt sich folgendes:

(a) Dem Beklagten war vorzuwerfen, dass er an einem Grundstückgeschäft mit «Schwarzzahlung» teilgenommen hat; der publizierte Sachverhalt enthält keine Angaben darüber, ob ihm dies bekannt war.

(b) Dem Kläger, der – gemäss publiziertem Sachverhalt – in Unkenntnis des Formmangels erfüllt hatte, könnte vorgehalten werden, dass er sich über die

Gültigkeitsvoraussetzungen nicht ausreichend informiert habe (vgl. oben N 158); ausserdem hätte im gegebenen Fall – Verurkundung: 35 Fr./m^2 – Zahlung 75 Fr./m^2 – eventuell auch ein Wissenkönnen, wenn nicht Wissenmüssen bezüglich der verpönten «Schwarzgeldgeschäfte» angenommen werden können. Entscheidend für das Bundesgericht war jedoch offensichtlich allein das lange Zuwarten mit der Klage, womit der Kläger gegen die Pflicht zu redlichem, korrektem, loyalem Verhalten im Rechtsverkehr verstossen hat. Man kann das Verhalten des Klägers per analogiam mit dem des Käufers vergleichen, welcher durch Unterlassen einer rechtzeitigen sofortigen Rüge die mangelhafte Sache – hier die mangelhafte Form – genehmigt bzw. billigt (vgl. Art. 201 Abs. 3 OR).

Weiter hat das Bundesgericht die Anrufung des Formmangels trotz beidseitiger Erfüllung des Geschäftes zugelassen, wenn der Mangel durch die Gegenpartei «in arglistiger Weise selber verschuldet» wurde (BGE 86 II 404), oder sie «ihn bei Abschluss des Vertrages bewusst in Kauf genommen oder ihn zum eigenen Vorteil sogar gewollt» hat (BGE 90 II 158 und 298 sowie 84 II 642). 281

Ausserdem kann die Art des Formmangels bzw. dessen Ausmass ein Rolle spielen: Wird der besondere Zweck einer Formvorschrift nicht verletzt – z.B. wenn diese zum Schutze der Gegenpartei aufgestellt wurde – ist die Berufung auf die Formungültigkeit des erfüllten Vertrages rechtsmissbräuchlich (vgl. BGE 112 II 336; 78 II 227; 72 II 44/5; KOLLER N 294/5; MERZ N 470), wenn keine anderen Umstände vorliegen.

Wird mit einer anderen Form der gleiche Schutzzweck erreicht – z.B. Beglaubigung durch eine schweizerische Gesandtschaft statt durch einen Notar (vgl. MERZ, N 471) –, lässt die Geringfügigkeit des Mangels die Berufung auf Formungültigkeit ebenfalls als rechtsmissbräuchlich erscheinen.

MERZ (Vertrag, N 438–440) vertritt die Ansicht, dass «entgegen der herrschenden Meinung in Doktrin und Praxis Irrtumsfreiheit der Erfüllung nicht erforderlich ist» (Vertrag, N 453; anders noch im Kommentar, N 475 und 484). MERZ begründet dies u.a. mit Bezugnahme auf § 313 Satz 2 des deutschen BGB («Ein ohne Beobachtung dieser Form geschlossener Vertrag wird seinem ganzen Inhalte nach gültig, wenn die Auflassung und die Eintragung in das Grundbuch erfolgen») sowie unter Hinweis auf § 1432 des österreichischen ABGB. 282

Wo aber der Schutzzweck der Form durch eine der Parteien mittels arglistiger Manöver umgangen wird, ist die Berufung auf Formungültigkeit durch die arglistig handelnde Partei rechtsmissbräuchlich (vgl. oben N 281) und aus diesem Grunde ebenfalls nicht zu schützen.

Art. 2

4. Geltendmachung der Formungültigkeit nach Erfüllung durch nur eine der Parteien

283 Auch bei einseitiger Erfüllung eines formungültigen Vertrages besteht grundsätzlich kein Anspruch auf Erfüllung. Denn «derjenige, der den Mangel geltendmacht, nimmt nur ein ihm gesetzlich verliehenes Recht in Anspruch» (so BGE 53 II 165), während die generelle Zusprechung eines Erfüllungsanspruches auch in diesen Fällen gesetzliche oder vertragliche Formvorschriften praktisch wirkungslos werden liesse (vgl. auch BGE 115 II 338).

In denjenigen Ausnahmefällen, wo die Geltendmachung des Formmangels als rechtsmissbräuchlich erscheint, besteht dagegen ein Erfüllungsanspruch: die Nichtberücksichtigung des geltend gemachten Mangels lässt das Geschäft als formell korrekt erscheinen (vgl. oben N 277 sowie KOLLER, N 303 und MEIER-HAYOZ, N 142 zu Art. 657 ZGB). Rechtsmissbräuchlich ist das Verhalten der auf Erfüllung belangten Partei namentlich in den beiden folgenden Fallkonstellationen: (a) der Formmangel wurde von ihr arglistig herbeigeführt oder (b) diese Partei hat die Gegenleistung bereits erhalten und über längere Zeit schon genutzt oder gar schon weiterveräussert (vgl. BGE 77 II 161, insbes. E 5).

284 Komplementär zum (nur ausnahmsweise bestehenden) Erfüllungsanspruch besteht bei Formmangel trotz einseitiger Erfüllung grundsätzlich ein Rückforderungsanspruch, der nur in einer einzigen Fallkonstellation eingeschränkt wird: ist die eigene Leistung freiwillig und in Kenntnis des Formmangels erfolgt, kann sie nicht zurückgefordert werden, wenn die Gegenpartei ihrerseits erfüllungsbereit ist; das ergibt sich aus Art. 63 Abs. 1 OR (vgl. KOLLER, N 307).

In allen anderen Fällen steht der Rückforderung weder Art. 63 Abs. 1 OR noch Art. 2 Abs. 2 ZGB entgegen: die erstere Norm – die einschränkend auszulegen ist (KOLLER, N 282) – deswegen nicht, weil der angestrebte Zweck nicht mehr erreicht werden kann (condictio causa data non secuta); das Rechtsmissbrauchsverbot deswegen nicht, weil die Rückforderung der eigenen Leistung bei Ausbleiben der Gegenleistung durchaus korrekt ist und nur das Gegenteil – Einbehalten der erbrachten Leistung durch die Gegenpartei bei gleichzeitiger Verweigerung ihrer Leistung rechtsmissbräuchlich wäre (gl. M. KOLLER, N 306).

In BGE 84 II 369 hat das Bundesgericht zunächst festgehalten, dass die nicht vollständige Zahlung des Kaufpreises eben auch keine vollständige Erfüllung durch beide Parteien (vgl. oben N 279 ff.) darstelle und daher die Rückabwicklung zu erfolgen habe. Dem Einwand, der Verkäufer berufe sich in rechtsmissbräuchlicher Weise auf die Formungültigkeit des Geschäftes (Schwarzzahlung bei einem Grundstückskauf) hielt das Bundesgericht folgende Aufrechnung entgegen: «En l'espèce, il peut, à première vue, paraître choquant que

Schwarz (der Verkäufer), qui avait agi judiciairement en exécution des contrats, ait prétendu qu'ils étaient nuls dès qu'il eût perdu son procès. Mais il faut prendre en considération … s'ils (die Käufer) avaient payé le prix convenu … l'intime … eût, selon toute vraisemblance, été satisfait de l'exécution des contrats» (BGE 84 II 375/6).

Eine Besonderheit ergibt sich aus Art. 269d OR (früher Art. 18 BMM), wonach Mietzinserhöhungen nichtig sind, die nicht auf dem vorgeschriebenen Formular mitgeteilt werden, was auch dann gilt, wenn sich die Erhöhung auf eine Indexvereinbarung stützt (BGE 108 II 323). Ist das Formular nicht verwendet worden, kann der Mieter zuviel bezahlte Mietbeträge zurückfordern, ohne seinen Irrtum über die Zahlungspflicht (i.S. von Art. 63 Abs. 1 OR) nachweisen zu müssen (BGE 113 II 187; vgl. dazu O. VOGEL in ZBJV 1989 273/4 sowie BGE 110 II 494). In beiden Fällen wurde die Berufung auf den Formmangel als nicht rechtsmissbräuchlich beurteilt, da die Mieter ohne Kenntnis des Formmangels den erhöhten Mietzins bezahlt hätten (vgl. oben N 104b, 18). MERZ (in ZBJV 1986, 169) geht davon aus, dass es anders zu halten wäre, wenn der Mieter «in Kenntnis des Formmangels auf die Einhaltung der Form verzichtet und freiwillig den erhöhten Zins bezahlt hätte.» 285

Nicht die (schwer nachweisbare) subjektive Unkenntnis des Formmangels (wie das Bundesgericht in BGE 113 II 189 anzunehmen scheint), sondern der (nachgewiesene) Verzicht auf die Einhaltung der Form und die Freiwilligkeit der erhöhten Mietzinszahlung sind entscheidend: Nur wenn diese beiden Voraussetzungen zuträfen, wäre eine Rückforderung trotz Formmangels als missbräuchlich zu verweigern.

In einem Entscheid vom 28. März 1995/Urteil 4 C.496/1994 (vgl. NZZ vom 6.4.1995, S. 15) hat das Bundesgericht immerhin die **vertragliche Einigung** auf einen höheren Mietzins (ohne Verwendung des Formulars) als gültig betrachtet, weil es sich dabei nicht um eine einseitige Vertragsänderung handle. In BGE 123 III 70 hat das Bundesgericht diesen Entscheid bestätigt, wenn «feststeht, dass der Mieter über die Anfechtungsmöglichkeit informiert war, dass er mit dem Verzicht auf das Formular bewusst zum voraus auf die Anfechtung verzichtet hat, und überdies ausgeschlossen werden kann, dass er unter Druck stand» … «Das Bundesgericht hat die Berufung auf Formmängel, insbesondere nach Erfüllung formungültiger Verträge, stets auch unter dem Gesichtspunkt des Rechtsmissbrauchs geprüft» (BGE 123 III 74/5). Zur nicht unproblematischen Verwendung von Formularen im Recht vgl. S. WALDER/M. BAUMANN: Von der Wiege bis zur Bahre schreibt der Bürger Formulare, in: SJZ 1994, 393–401.

Art. 2

5. Geltendmachung der Formungültigkeit bei nur teilweiser Erfüllung durch eine oder beide Parteien

286 In BGE 104 II 102 hat das Bundesgericht unter Hinweis auf BGE 68 II 236 bekräftigt, «dass Art. 2 ZGB im Gebiete der Formen nur in einem negativen Sinne herangezogen werden könne, nicht als positives Mittel zur Heilung eines Formmangels, um auf dem Umweg über den Rechtsmissbrauch einen nichtigen (dazu vgl. oben N 274/275) in einen gültigen Vertrag zu verwandeln» (vgl. die Kritik an diesem – im Ergebnis wohl falschen – Entscheid bei MERZ in ZBJV 1980, 1–3). Eine Ausnahme wäre nach dem Bundesgericht nur zu machen, wenn der Vertrag «im wesentlichen oder doch zur Hauptsache» erfüllt wurde (so wohl BGE 116 II 702), nicht jedoch, «wo ein formnichtiger Vertrag gänzlich unerfüllt bleibt» (BGE 104 II 104 und 112 II 112).

Das Bundesgericht vermengt hier jedoch die Voraussetzungen mit den Folgen des Rechtsmissbrauches: Liegt eine missbräuchliche Berufung auf den Formmangel vor, ist er – als Folge des Missbrauchs – nicht zu beachten, d.h. ein Erfüllungsanspruch zu gewähren, unabhängig davon, in welchem Ausmasse bereits erfüllt wurde (vgl. oben N 277/278). Der Umfang, in welchem erfüllt wurde (und von welcher Partei), spielt lediglich eine Rolle für die Feststellung, ob Berufung auf den Formmangel rechtsmissbräuchlich ist oder nicht (gl. M. KOLLER, N 311). Auch hier gilt wieder: Je weiter die Erfüllung fortgeschritten, desto weniger bedürfen die Parteien des Schutzes der Formvorschrift, und die Berufung auf den Formmangel ist insbesondere dann rechtsmissbräuchlich, wenn der Schutzzweck der Form durch die Partei, die sich darauf beruft, mittels arglistiger Manöver umgangen wurde (vgl. oben N 282/283).

287 Kommt es für die Beurteilung der Rechtsfolgen des Rechtsmissbrauches also nicht auf das Ausmass der Erfüllung an, sind bezüglich der Rückforderungsansprüche bei dieser Fallkonstellation die gleichen Überlegungen anzustellen, wie bei der vollständigen Erfüllung durch nur eine Partei (vgl. oben N 284/285). Dies gilt auch dann, wenn die eine Partei vollständig, die andere erst teilweise erfüllt hat und die letztere in rechtsmissbräuchlicher Weise – z.B. unter Berufung auf eigenes arglistiges Verhalten – einen Formmangel geltend macht. Entgegen der Ansicht KOLLERS (N 319) ist in diesem Falle derjenigen Partei, die voll erfüllt hat, kein Wahlrecht einzuräumen, entweder die Restleistung, d.h. Erfüllung gestützt auf Art. 2 Abs. 2 ZGB, oder die Rückabwicklung – unter Anerkennung des Formmangels – zu verlangen: Ist das Verhalten der Gegenpartei rechtsmissbräuchlich, besteht ein Erfüllungsanspruch, ist es das nicht, hat die Rückabwicklung zu erfolgen.

6. Zusammenfassung

Die Verletzung von Formvorschriften (als Gültigkeitsbedingung und nicht als blosse Beweissicherungsregel verstanden) führt zur Ungültigkeit (nicht Nichtigkeit) des Geschäftes, welche grundsätzlich von jedermann geltend gemacht werden kann, die aber nicht von Amtes wegen zu berücksichtigen ist (anderslautende positive Gesetzesbestimmungen vorbehalten). Rechtsfolge ist regelmässig die Rückabwicklung des Geschäftes. 288

Die Berufung auf einen Formmangel kann jedoch rechtsmissbräuchlich sein und findet in diesem Falle keine Beachtung: das Geschäft wird betrachtet, wie wenn die Form erfüllt wäre. Als Rechtsfolge ergibt sich daraus ein Erfüllungsanspruch, welcher anstelle des Rückabwicklungsanspruches tritt, und dies grundsätzlich unabhängig davon, ob der Rechtsmissbrauch vor, während oder nach der Erfüllung erfolgt ist.

Das Mass der allenfalls bereits erfolgten Erfüllung ist lediglich ein (sehr wichtiger) Umstand für die Beurteilung der Voraussetzung, ob tatsächlich eine rechtsmissbräuchliche Berufung auf den Formmangel geltend gemacht wird. Die fortgeschrittene Erfüllung kann daher sogar die Berufung auf den Formmangel durch diejenige Partei, welche ihn nicht zu vertreten hat, als rechtsmissbräuchlich erscheinen lassen, wo sie des Schutzes durch die Form nicht mehr bedarf; im Ergebnis führt auch dies zur Erfüllung und nicht zur Rückabwicklung.

Auch in den Fällen, wo die korrekt handelnde Partei bereits vollumfänglich, diejenige Partei, welche den Formmangel rechtsmissbräuchlich geltend macht, aber erst teilweise erfüllt hat, kann der ersteren kein Wahlrecht eingeräumt werden, entweder die Rückabwicklung oder die Restleistung zu verlangen: Ist die Berufung auf den Formmangel – wegen Rechtsmissbrauchs – nicht zu beachten, besteht nur der Erfüllungsanspruch.

IV. Treu und Glauben und Nebenpflichten bei bestehenden Rechtsgeschäften

Gegenüber den Pflichten, die schon aus einem Verhandlungsverhältnis entstehen können (vgl. oben N 154–180), **ist der Bereich der sogenannten Nebenpflichten bei bestehenden Rechtsgeschäften zugleich enger und weiter zu umschreiben.** Dieses vermeintliche Paradox löst sich dadurch auf, dass – anders als im Verhandlungsverhältnis – durch das nun bestehende Rechtsgeschäft der Rahmen, innerhalb dessen Nebenpflichten bestehen können, klar abgegrenzt ist: sie dienen 289

Art. 2

hier der Erreichung eines bestimmten Zweckes bzw. dazu, «das schuldnerische Handeln im Hinblick auf den Leistungszweck näher (zu) umschreiben» (BGE 114 II 66; vgl. auch BGE 116 Ib 376) und können nicht zur Erweiterung von Leistungspflichten führen (vgl. MERZ, SPR VI/1, 64). Sie gehen weiter als die Nebenpflichten im Verhandlungsverhältnis, weil hier von den Beteiligten im Hinblick auf den bestimmten Zweck des Geschäftes klar umreissbares Tun oder Unterlassen verlangt werden kann. Es ist also die Möglichkeit, Art und Umfang der Nebenpflichten anhand des feststehenden Geschäftszweckes präziser zu fassen, was ihren Geltungsbereich zugleich einschränkt und ausweitet.

290   Das zu den Pflichten aus dem Verhandlungsverhältnis bereits Gesagte (oben N 154 ff.) gilt – mit der vorerwähnten Präzisierung (N 289) – bei bestehendem Rechtsverhältnis erst recht. Zu der Obliegenheit, sich selber korrekt vorzubereiten (oben N 158–160), tritt an Stelle der Pflicht, ernsthaft zu verhandeln (oben N 161–164), die **Pflicht, ernsthaft auf die Erfüllung des Rechtsgeschäftes** hinzuarbeiten. Deren Verletzung ist allerdings über die allgemeinen Regeln betr. Erfüllung (Art. 68 ff. und 97 ff. OR) und gegebenenfalls Schadenersatz (vgl. BGE 106 II 225) zu sanktionieren. Mit VON TUHR/ESCHER (107) kann in derartigen Fällen im schweizerischen Recht auf die (zum BGB entwickelte) Rechtsfigur der positiven Vertragsverletzung verzichtet werden; auch GUHL/MERZ/KOLLER (226) verwenden diese Bezeichnung zu Recht nur als Sammelbegriff für Schlechterfüllungstatbestände. Die diesbezügliche deutsche Doktrin wurde von HERMANN STAUB begründet (Die positiven Vertragsverletzungen, 1904, Neudruck 1969, Bad Homburg/Berlin/Zürich).

Aufklärungspflichten (vgl. oben N 165–174) sind dadurch schärfer umrissen, als aus dem Geschäftszweck auch das dazugehörige Informationsumfeld, in welchem Auskunft zu erteilen ist, genauer abgesteckt werden kann; vgl. BGE 109 II 25 zur Auskunftspflicht des branchenkundigen Autoverkäufers. Besondere Bedeutung haben die Aufklärungspflichten der Ärzte erlangt; bezüglich medizinischer Risiken vgl. BGE 116 II 521/2 und BGE 108 II 59; bezüglich der Kostenfolgen bzw. deren Deckung durch die Krankenkasse: BGE 119 II 460; vgl. dazu MORITZ KUHN: Die Aufklärungspflicht und die Folgen ihrer Verletzung, in: H. Honsell (Hrsg.): Handbuch des Arztrechts, Zürich 1994, 119 ff. sowie H. Honsell: Die zivilrechtliche Haftung des Arztes, in: ZSR 1990 I, 135–150, insbes. 145 ff. Aber auch im Bereich des Produktehaftpflichtrechtes spielen Aufklärungspflichten eine immer grössere Rolle (vgl. dazu HESS/COURVOISIER/EPELBAUM/RÄBER: Gebrauchs- und Betriebsanleitungen sicher erstellt und gestaltet, Zürich 1993, insbes. 35–88). Gleiches gilt bezüglich der **Obhuts- und Schutzpflichten** (vgl. BGE 113 II 247/8 sowie oben N 175/176).

Art. 2

291 Erst bei bestehendem Rechtsgeschäft können eigentliche **Mitwirkungs- und Verschaffungspflichten** in Frage kommen (vgl. oben N 177). Aus dem bestimmten Zweck des Geschäftes kann abgeleitet werden, welche Mitwirkungs- oder Verschaffungsleistungen die Parteien gegenseitig verlangen dürfen, um den Zweck überhaupt erreichen zu können. Dazu gehören – vor allem im internationalen Handelsrecht – weitgehende Verpflichtungen betreffend die Verschaffung (bzw. Mitwirkung bei der Beschaffung) von Dokumenten (z.B. Art. 34 des Einheitlichen UN-Kaufrechtes; vgl. dazu V. CAEMMERER/SCHLECHTRIEM, Kommentar zum Einheitlichen UN-Kaufrecht, München 1990, 307 ff. oder Art. B 12 zur CIF-Klausel der Inco-Terms der Internationalen Handelskammer in der Fassung vom 1.3.1980: «The seller must render the buyer at the latter's request, risk and expense, every assistance in obtaining any documents ... issued in the country of shipment and/or of origin and which the buyer may require ...»; vgl. BGE 122 III 106. Zu den selbständigen und unselbständigen Nebenpflichten im schweizerischen Kaufrecht siehe SCHÖNLE, Zürcher Kommentar, N 76–82 zu Art. 184 OR sowie GIGER, Berner Kommentar, N 48–57 und 112–132 zu Art. 184 OR. Kommt ein Check dem Remittenten abhanden, ist der Aussteller nach Treu und Glauben verpflichtet, auf dessen Wunsch den Widerruf zu erklären (vgl. JÄGGI/DRUEY/VON GREYERZ, Wertpapierrecht, Basel 1985, 327, insbes. Fn 39).

292 Schliesslich kann aus einem Vertragsverhältnis als Nebenverpflichtung auch eine **Unterlassungspflicht** entstehen: Der Zedent einer Forderung hat eine Verschaffungspflicht, die nach Treu und Glauben zu erfüllen ist, und die er nicht dadurch unterlaufen darf, dass er nachträglich (d.h. nach Abtretung aber vor Notifikation des debitor cessus) eine verrechenbare Gegenforderung begründet, indem er beim debitor cessus ein Darlehen aufnimmt (BGE 82 II 524). Wer Mitgliedschaftsrechte einer AG überträgt, gleichzeitig aber im Verwaltungsrat derselben AG sitzt, darf in dieser Eigenschaft die Beschlussfassung zur Übertragungsgenehmigung nicht negativ beeinflussen. Diese Unterlassungspflicht ist aber eng gebunden an den Übertragungsakt; ein Verzicht auf Stimmrechtsausübung in anderen Angelegenheiten liesse sich aus Art. 2 ZGB nicht herleiten, sondern bedürfte einer eigentlichen Vertragsabrede (vgl. BGE 114 II 66). Zu den Grenzen der arbeitsvertraglichen Nebenpflicht, gegen ein Fehlverhalten eines anderen vorzugehen vgl. BGE 113 IV 68, insbes. 73; danach liegt keine treuwidrige Unterlassung vor, wenn sich das Fehlverhalten des anderen ausserhalb des eigenen Kompetenz-Bereiches abgespielt hat. Zu den Unterlassungspflichten im Kaufrecht vgl. GIGER, Berner Kommentar, N 58 sowie N 133/4 zu Art. 184 OR.

293 Die Sanktion für die Verletzung einer Nebenpflicht ist von der Art der Nebenpflicht und ihrer Funktion im Rahmen des bestehenden Rechtsgeschäftes her zu bestimmen. Wenig hilfreich erscheint hierzu die in der deutschen Doktrin (vgl.

Art. 2

SOERGEL/SIEBERT/KNOPP, N 148 ff. zu § 242 BGB) entwickelte Unterscheidung zwischen primären und sekundären Nebenpflichten, denn «es ist nicht möglich, die nach ihrem Inhalt zu unterscheidenden Gruppen eindeutig den primären oder den sekundären Nebenpflichten zuzuordnen» (MERZ, SPR VI/1, 69).

Grundsätzlich gilt, dass Nebenpflichten, die zur Erfüllung des Geschäftszweckes notwendigerweise und objektiv vorausgesetzt werden müssen, einen Erfüllungsanspruch gewähren, unabhängig davon, um welche Art von Nebenpflichten es sich dabei handelt.

Ist (durch Auslegung i.S. von Abs. 1 von Art. 2 ZGB) eine solche Nebenpflicht in ihrem Bestand geklärt, kann die Sanktion der Erfüllung sowohl in Analogie zu Art. 156 OR (die Nebenpflicht als Bedingung der Hauptpflicht, vgl. dazu oben N 264 ff.) oder als Vertragsumgehung (vgl. dazu oben N 55–57) konstruiert werden, wobei das Ergebnis dasselbe bleibt. Vorzuziehen ist die letztere Variante, welche durch Auslegung des Vertrages direkt klärt, ob eine zu erfüllende Nebenpflicht vorliegt oder nicht.

294 Die Verletzung von Aufklärungspflichten kann insbesondere zu Anfechtungs- oder Auflösungsmöglichkeiten führen (so auch MERZ, SPR VI/1, 70). Der Grund dafür liegt darin, dass Fehlverhalten bezüglich solcher Pflichten die Voraussetzungen, das Fundament des fraglichen Rechtsgeschäftes selbst betreffen.

Der Anwendungsbereich von Art. 2 ZGB liegt in diesen Fällen zwischen den Anfechtungsmöglichkeiten wegen Irrtums und jenen wegen absichtlicher Täuschung, d.h. ist dementsprechend schmal. In Frage kommen praktisch nur Fälle der nicht-absichtlichen (fahrlässigen) Täuschung als Folge der Verletzung einer Aufklärungspflicht. Schwierig wird die Abgrenzung in Fällen der Täuschung durch absichtliches Verschweigen (vgl. GAUCH/SCHLUEP, N 862/3): Lässt sich absichtliches Verschweigen (d.h. Nichttun als negative Tatsache) nachweisen, greift Art. 28 OR ein; wo dies nicht möglich ist, kann unter gegebenen Umständen auf Art. 2 ZGB zurückgegriffen werden, allerdings immer nur dann, wenn eine Aufklärungspflicht angenommen werden muss.

V. Schikaneverbot und schonende Rechtsausübung

295 Grundsätzlich gilt, dass anerkannte Rechte immer ausgeübt werden können, wo dies nicht als offenbarer, krasser Missbrauch eben dieses Rechtes erscheint (vgl. oben N 230 ff., insbes. N 236). Unzulässig ist die reine Schikane, die Rechtsausübung «ohne jedes rechtliche Interesse oder bei geringem eigenem rechtlichem Interesse in der Absicht, andere zu schädigen» (MERZ, N 14; vgl. auch VB 2/3,

N 35). Die schikanöse Rechtsausübung in schädigender Absicht muss als der zentrale Musterfall des Rechtsmissbrauches betrachtet werden. Sind die Voraussetzungen nachgewiesen, bietet die Anwendung von Art. 2 Abs. 2 ZGB in der Regel keine besonderen Schwierigkeiten (vgl. oben N 243 ff.).

Nun gibt es Rechte, die auf verschiedene Art ausgeübt werden können, um den Inhaber zu seinem Ziele kommen zu lassen, wobei sich – je nach Art der Ausübung – für den Belasteten aber unterschiedliche Folgen ergeben können. Der Berechtigte ist dabei grundsätzlich frei, welche Variante er wählt, sofern diese nicht geradezu schikanöse und damit rechtsmissbräuchliche Konsequenzen für den Belasteten entfaltet: Die wiederholte Betreibung für kleine Teilbeträge einer grösseren fälligen Forderung ist rechtsmissbräuchlich, wenn dem Schuldner dadurch ohne jeden Vorteil für den Gläubiger unnötige Kosten entstehen (SJZ 1946, 362: durch die Betreibung für Fr. 5.70 waren Kosten in der gleichen Höhe entstanden; vgl. auch MERZ, N 398 sowie unten N 357/358). Liegt keine Schikane vor, kann der Belastete dann – und nur dann – eine andere Form der Rechtsausübung verlangen, wenn diese ohne weiteren Aufwand für den Berechtigten zum gleichen Ziel führt: DESCHENAUX (182) erwähnt als Beispiele die – innerhalb der gesetzlichen Bestimmungen – mögliche und für den belasteten Nachbarn günstigere Umplatzierung eines Pavillons, einer Fernsehantenne oder eines Fahnenmastes.

In den rechtsgeschichtlichen Vorbemerkungen (VB 2/3, N 33 und 35) sind wir bereits auf den Grundsatz des «civiliter uti» des römischen Sachenrechtes als eine der Wurzeln des Prinzipes von Treu und Glauben gestossen. Es verhält sich also genau umgekehrt zur Darstellung Piotets (SPR V/1, 587), gemäss welcher die schonende Rechtsausübung «ein traditionelles Prinzip, welches den Regeln von Treu und Glauben entspringt», sein soll. Es verwundert daher auch nicht, dass sich dieses Prinzip vom römischen Recht bis in die Neuzeit weiterentwickelt hat, «ohne dass sie (die schonende Rechtsausübung) deshalb mit der Bezeichnung Treu und Glauben ausdrücklich in Verbindung gesetzt worden wäre» (ZELLER, 154).

Der römisch-rechtliche Ansatz lag woanders: Schulz (Prinzipien des römischen Rechts, 107) erwähnt das «civiliter uti» ausdrücklich als Einschränkung des Freiheitsprinzipes, jenes «monumentum aere perennius des römischen Freiheitssinns». In diesem Sinne treffen wir das Prinzip auch in zahlreichen Vorläufern des ZGB wieder an, als «die Vermutung der Freiheit der Eigentümer als allgemeine Regel betreffend die Servituten» (HUBER, System und Geschichte, Bd 3, 338). Dementsprechend wurde in zahlreichen kantonalen Privatrechts-Gesetzbüchern festgehalten, dass Belastungen eher einzuschränken als auszudehnen sind und damit das Prinzip der schonenden Rechtsausübung verbunden:

296

Art. 2

«Dienstbarkeiten sind nach dem Bedürfnisse des herrschenden Gutes, jedoch auf die dem dienenden Gute wenigst lästige Weise, auszuüben und dürfen nicht erweitert werden» (Aargau, BG § 529 wie auch Zug, PG § 218 und Graubünden, PR § 253). Oder: «Lässt sich die Ausübung der Dienstbarkeiten ohne Nachteil für den Berechtigten von einer Stelle des belasteten Grundstückes auf eine andere übertragen, so kann der Berechtigte auf das Begehren des belasteten Eigentümers diese Versetzung nicht versagen» (Zürich, PG § 256 und Schaffhausen, PG 653, Zug PG 217, Glarus BG § 78, Luzern CG § 329). Und schliesslich «Costituendosi una servitù, si ritiene accordato tutto ciò che è necessario, per usarne, col minor danno possibile del fondo serviente» (Tessin, Art. 343 CC; weitere Nachweise bei HUBER, System und Geschichte, Bd 3, 363–366). Diese kantonal-rechtlichen Regeln sind mit Art. 737 Abs. 2 ins ZGB übernommen worden.

297   Die nicht-schonende Rechtsausübung erscheint in diesem (sachenrechtlichen) Zusammenhang als eine – vom (berechtigten) Ziel des Rechtsinhabers aus gesehene – unnötige Einschränkung der Freiheit des Belasteten. Dies ist der verallgemeinerungsfähige Kern des Prinzipes, während Treu und Glauben lediglich interpretierende (i.S. von Abs. 1 von Art. 2 ZGB), bzw. korrigierende (i.S. von Abs. 2 von Art. 2 ZGB) Bedeutung zukommt:

(a)   Interpretativ ist zunächst festzustellen, ob für den Berechtigten überhaupt verschiedene gleichwertige (und gleichaufwendige) Handlungsmöglichkeiten bestehen. Nur wo dies zutrifft, kann der Belastete einen Anspruch auf eine andere als die vom Berechtigten gewählte Art der Rechtsausübung anmelden.

(b)   Selbst wenn diese Möglichkeit besteht, ist der geltend gemachte Anspruch nur dann zu schützen, d.h. der Berechtigte «muss auf eine den Belasteten schädigende Rechtsausübung verzichten, soweit diese Rechtsausübung unnütz ist oder sein Interesse daran jedenfalls in einem krassen Missverhältnis zum Interesse des Belasteten an der Unterlassung der Schädigung steht» (BGE 100 II 197). Der Grundsatz von Treu und Glauben – d.h. die Prinzipien der Redlichkeit, Loyalität und Korrektheit im rechtsgeschäftlichen Verkehr (vgl. oben N 3/4) – ist also Massstab nicht Grund (vgl. dazu N 298) für eine allfällige Korrektur, falls eine krasse Diskrepanz der Interessen vorliegt. Und es ist einmal mehr daran zu erinnern, dass dieser Anwendungsregel für das Rechtsmissbrauchsprinzip der gleiche Ausnahmecharakter zukommt wie dem Grundprinzip selbst (vgl. N 236).

(c)   Die Pflicht, Rechte in möglichst schonender Weise auszuüben, kann schliesslich nicht angerufen werden wo ein Belasteter lediglich verpflichtet ist, eine bestimmte Nutzung zu unterlassen, d.h. nicht bei negativen Dienstbarkeiten, bei denen Ausübungshandlungen kaum in Betracht fallen können, sondern nur bei affirmativen Dienstbarkeiten, bei denen der Belastete gezwungen ist, sich tatsächlich Eingriffe in sein Grundstück gefallen zu lassen (BGE 95 II 20).

Im positiven Recht ist der Gedanke der schonenden Rechtsausübung ausdrücklich «verwirklicht bei den Dienstbarkeiten (Art. 737 Abs. 2, 742 ZGB) und bei den indirekten Beschränkungen des Grundeigentums (Art. 692 Abs. 1, 694 Abs. 3, 710 Abs. 3 ZGB)» (DESCHENAUX, 182); das gleiche gilt aber auch für die Verpflichtung des Nutzniessers, ein Grundstück nicht zu übernutzen (Art. 768 Abs. 1 ZGB). 298

Im kantonalen Recht finden sich (gestützt auf Art. 688 ZGB) zahlreiche Vorschriften bezüglich der schonenden Rechtsausübung bei der Bepflanzung von Grundstücken. Vgl. dazu ALFRED LINDENMANN, Bäume und Sträucher im Nachbarrecht, 4. A. Zürich 1988 sowie einen Entscheid des St. Galler Kantonsgerichtes vom 15.12.1989 (SG GVP 1989, Nr. 53, 111–113).

MERZ (N 398) ist zuzustimmen, dass im Gebiet des Obligationenrechts in bezug auf den Inhalt der subjektiven Rechte «kein Raum für den Gedanken der schonenden Rechtsausübung besteht», allerdings mit einer Präzisierung in der Begründung: Das sachenrechtliche «civiliter uti» beruht auf dem Grundsatz der Wahrung der grösstmöglichen Freiheit des Belasteten (vgl. oben N 297), d.h. ihm liegt eine klare Rollenverteilung Berechtigter/Belasteter zugrunde, die zudem regelmässig für lange Zeiträume fixiert bleibt. Das Obligationenrecht geht dagegen vom Idealtypus des synallagmatischen Austausches von (gleichwertigen) Leistungen aus, der zudem im Moment der Erfüllung erledigt ist und keine Dauerwirkung entfaltet (Idealbeispiel: Barkauf mit Zug-um-Zug-Abwicklung). 299

Bei der Durchsetzung eines obligatorischen Rechts ist die Rollenverteilung dagegen wieder eindeutig: Belasteter/Berechtigter, weshalb hier wieder geprüft werden kann, ob die gewählte Art des Vorgehens nicht gegen das Gebot der schonenden Rechtsausübung verstosse (vgl. den Fall in SJZ 1946, 362, oben bei N 295, sowie MERZ, N 398). In BGE 118 II 167 bezeichnete das Bundesgericht das Vorgehen der Klägerin bei der Kündigung eines Franchisevertrages «als falsches und verstecktes Spiel, das Treu und Glauben krass widerspreche. Die Klägerin hat in krasser Weise dem Gebot der schonenden Rechtsausübung zuwidergehandelt.» Die dadurch bewirkte Missbräuchlichkeit der Kündigung führte dazu, dass der Vertrag zwar gleichwohl als beendet zu gelten hatte, der Beklagten aber ein Entschädigungsanspruch zugesprochen wurde.

Unter dem alten Urheberrechtsgesetz (in Kraft bis zum 30.6.1993) hat das Bundesgericht entschieden, dass – «wie jede Ausübung eines Rechtes auch das 300

Art. 2

Änderungsrecht des Eigentümers dem allgemeinen Missbrauchsverbot von Art. 2 Abs. 2 ZGB» unterstehe, und dass «Änderungen am Bauwerk die Urheberrechte im allgemeinen stets beeinträchtigen, insbesondere wenn sie nicht auf einem schutzwürdigen, subjektiven Interesse des Eigentümers beruhen, insbesondere, wenn sie bloss der Schikane dienen sollen» (BGE 117 II 476/7 E 5d). Das neue, ab dem 1.7.1993 in Kraft stehende URG hat den Konflikt im Interesse der Freiheit des Belasteten (vgl. oben N 297) dahingehend gelöst, dass der Urheber oder die Urheberin eines Werkes der Baukunst nur das Recht hat, «das Werk zu fotografieren und auf eigene Kosten Kopien der Pläne herauszuverlangen» (Art. 15 Abs. 3 URG).

301   Die deutsche Praxis hat den Grundsatz der schonenden Rechtsausübung auch zum Minderheitenschutz im Gesellschaftsrecht beigezogen. Das Bundesgericht hat dies unter der Herrschaft des alten (bis zum 30.6.1992 geltenden) Aktienrechtes in zwei berühmt-berüchtigten Entscheiden («Weltwoche»-Urteil, BGE 99 II 55 sowie BGE 102 II 265) abgelehnt, wofür es hart kritisiert worden ist (vgl. FORSTMOSER, Schweiz. Aktienrecht, Bd I/1, Zürich 1981, 447, Fn 53; KUMMER, in ZBJV 1975, 137 ff. und ZBJV 1978, 227 ff.; MEIER-HAYOZ/ZWEIFEL, Der Grundsatz der schonenden Rechtsausübung im Gesellschaftsrecht, in: Festschrift für HARRY WESTERMANN, Karlsruhe, 1974, 383–397; PATRY in SAG 1974, 38 ff.). In BGE 117 II 300 hat das Bundesgericht immerhin klargestellt, dass der Ausschluss des Bezugsrechtes einer objektiven Rechtfertigung bedarf, «respectant tant le principe de l'égalité de traitement que le principe selon lequel un droit doit être exercé avec ménagement (Prinzip der schonenden Rechtsausübung)»; vgl. dazu auch RÜTTIMANN, zit. in N 230, 118–131.

Anders als bei den bisher behandelten Zwei-Parteien-Konstellationen sind im Gesellschaftsrecht zusätzlich die Interessen eines Dritten – der Gesellschaft – mit in die Beurteilung einzubeziehen. Aufgrund der Regelung von Art. 717 OR (in der ab dem 1.7.1992 geltenden Fassung), dessen «Bedeutung nicht zu unterschätzen ist» (PETER BÖCKLI, Das neue Aktienrecht, Zürich 1992, N 1652), dürften die oben erwähnten Entscheidungen des Bundesgerichtes unter dem neuen Recht anders ausfallen, zumal «jede Benachteiligung der Aktionäre verhältnismässig sein muss» und «die Einzelinteressen des Aktionärs den Gesellschaftsinteressen gegenübergestellt und gegen diese abgewogen werden müssen» (Botschaft zum neuen Aktienrecht, BBl 1983 II, 885).

Aus dieser Sicht hätte eine Abwägung der Interessen der Gesellschaft (und nicht des Mehrheitsaktionärs) gegen jene des Minderheitenaktionärs in den beiden genannten Fällen (BGE 99 II 55 sowie 102 II 265) mit allergrösster Wahrscheinlichkeit zu einem anderen Ergebnis führen müssen, zumal in den erwähnten Kritiken (z.B. MEIER-HAYOZ/ZWEIFEL, a.a.O. 396) gleich mehrere Wege aufgezeigt wurden, wie die Gesellschaft (nicht der Mehrheitsaktionär) das gleiche Ziel ohne krasse Verletzung der Interessen des Minderheitsaktionärs hätte erreichen können.

Man kann in Art. 717 OR eine positiv-rechtliche Konkretisierung von Art. 2 ZGB sehen (vgl. Botschaft zum neuen Aktienrecht, BBl 1983 II, 885), die zunächst interpretativ (Abs. 1 von Art. 2 ZGB), und in krassen Fällen (Abs. 2 von Art. 2 ZGB) auch korrigierend anzuwenden ist (vgl. oben N 297).

VI. Krasses Missverhältnis der Interessen

1. Allgemeines

Während das Prinzip der schonenden Rechtsausübung dazu führt, dass Rechte auf andere – eben schonendere – Weise ausgeübt werden müssen (vgl. oben N 295 ff.), kann ein krasses Missverhältnis der Interessen dazu führen, dass ein Recht – wegen einer zu grossen Diskrepanz der Interessen – u.U. überhaupt nicht ausgeübt werden kann. Der dahinterstehende Gedanke ist derjenige der Aequitas, der «sozialethischen Dolusrepression» (vgl. VB 2/3, N 33): Die Ausübung eines an und für sich bestehenden Rechtes wird unterdrückt, wenn und soweit diese zu sozial stossenden – eben krassen – Missverhältnissen der Interessen führen würde. Damit entsteht eine Spannung zur privatautonomen Gestaltungsfreiheit, wonach «der gegenseitige Vertrag keineswegs dazu bestimmt (ist), objektiv gleichwertige Leistungen auszutauschen» (MERZ, N 371; vgl. auch DESCHENAUX, 180). 302

Lehre und Rechtsprechung sind sich einig, dass selbst bei Vorliegen eines krassen Missverhältnisses klar umschriebene Geld- oder Sachleistungen nicht abgeändert werden können: «Art. 2 Abs. 2 (kann) die Ausübung eines Anspruches auf Lieferung einer Sache oder auf Zahlung einer Geldsumme nicht hindern, so schwer die Last für den Schuldner auch sein möge» (DESCHENAUX, 181; vgl. auch MERZ, N 372). In solchen Fällen bleibt dem Verpflichteten allenfalls nur eine Berufung auf Übervorteilung (Art. 21 OR), Irrtum (23 ff. OR), Täuschung (Art. 28 OR), Drohung (Art. 29/30 OR) oder die Bestimmungen zum Schutze der Persönlichkeit (Art. 27 ff. ZGB), sofern die jeweiligen Voraussetzungen erfüllt sind (vgl. BGE 115 II 232 und 95 II 112 sowie oben N 48 und 49). 303

Einzig die Verpflichtung auf ein Tun oder Unterlassen («Nicht-tun», DESCHENAUX, 181) kann unter Berücksichtigung eines krassen Missverhältnisses der Interessen aufgehoben oder eingeschränkt werden.

Art. 2

Diese letztlich auf die persönliche Freiheit und den «sozialethischen» Ausgleich zurückführbaren negativen Abwehrrechte, gegen krass unverhältnismässige Ansprüche auf ein Tun oder Unterlassen, haben ihr Gegenstück in den «Notwehrbestimmungen» von Art. 52 OR sowie Art. 701 und 926 ZGB, welche aktive Eingriffe in Rechte Dritter gestatten, um krass unverhältnismässige eigene Rechtsverluste abzuwehren.

2. Anwendung im Sachenrecht

304 Der Hauptanwendungsbereich des Prinzips der Berücksichtigung krasser Interessendiskrepanzen liegt im Sachenrecht, «bei Ausübung der aus dem Grundeigentum fliessenden Befugnisse: einer Servitut oder den Regeln des Nachbarrechts» (DESCHENAUX, 181). Allerdings finden sich hier zahlreiche positiv formulierte Bestimmungen (Art. 667 Abs. 1, 736, 737. 684 ff. ZGB), so dass auch in diesem Bereich nur wenige konkrete Beispiele der Anwendung von Art. 2 ZGB zu finden sind, weil «die mannigfachen gesetzlichen Konkretisierungen wenig Raum lassen für eine Heranziehung von Art. 2 ZGB. Wo die sachenrechtliche Norm bereits die gegenseitige Interessenbewertung vorschreibt, ist sie nicht unter dem Gesichtspunkt von Art. 2 zu wiederholen» (MERZ, N 375).

Zu ergänzen ist, dass in diesem Bereich nebst dem Grundsatz der Proportionalität der Interessen auch andere Prinzipien zu beachten sind, insbesondere das Akzessionsprinzip bezüglich eingebauten Materials (vgl. Art. 671 Abs. 1 ZGB), der Schutz des Eigentums nach Art. 641 ZGB (betr. den Wegschaffungsanspruch aus Art. 671 Abs. 3 ZGB) oder die Bös- bzw. Gutgläubigkeit des Grundeigentümers wie auch des bauenden Materialeigentümers i.S. von Art. 671 Abs. 2 und 3 ZGB.

305 Es verwundert daher nicht, wenn nur in wenigen Fällen – in der Literatur (MERZ N 376 und DESCHENAUX, 181) findet sich ein einziges konkretes Beispiel – unter Berufung auf Art. 2 ZGB und das krasse Missverhältnis der Interessen zu entscheiden war. Im erwähnten Beispiel wurde zudem noch ein anderer Gesichtspunkt – die Interesselosigkeit – genauer wohl eher sogar schikanöse Absicht – des Ansprechers (vgl. N 295) – beigezogen (vgl. ZBJV 1957, 439 ff.), während in BGE 95 II 21 gar von unnützer Rechtsausübung die Rede war (vgl. unten N 372 b). Zwei andere – sehr alte – Fälle, die bei MERZ angeführt sind (N 377/ BGE 40 II 343 und N 378/ein Entscheid des Bezirksgerichtes Horgen aus dem Jahre 1915) wurden direkt aufgrund spezieller Sachenrechtsnormen (Art. 671 Abs. 3 ZGB bzw. Art. 641 Abs. 2 ZGB) entschieden.

Der bei MERZ (N 380) angeführte Fall (SJZ 1921/22, 261/2) bezüglich rechtsmissbräuchlicher Inanspruchnahme der Nutzniessung an beweglichen Sachen, die weder Ertrag abwerfen, noch dem persönlichen Gebrauch des Nutzniessers dienen können – es handelte sich um die Nutzniessung des überlebenden Ehemannes an Kleidern und Schmuck der Ehefrau gegenüber deren Schwestern als Eigentümern – muss unter den damaligen wirtschaftlichen Verhältnissen gesehen werden. Der persönliche Affektionswert, den diese Gegenstände für den überlebenden Ehegatten haben können, würde heute mit grösster Wahrscheinlichkeit zu einer anderen Beurteilung führen.

In einem neueren Entscheid (BGE 103 II 101) hat das Bundesgericht zudem verdeutlicht, dass die Frage eines Rechtsmissbrauches i.S. von Art. 2 Abs. 2 ZGB «nur dann bejaht werden könnte, wenn die von der Beklagten projektierte Baute keinen vernünftigen andern Zweck hätte, als den Flugbetrieb der Klägerinnen zu hindern oder zu stören». Daraus ergibt sich, dass sich die Frage des Ausgleiches auch krasser Interessendifferenzen in der Regel gar nicht stellt, wenn der Belastete gegenüber einem Ansprecher bei der Ausübung eines ihm zustehenden Rechtes behindert würde, dessen Ausübung als solche nicht missbräuchlich ist. 306

3. Anwendung in anderen Rechtsgebieten

a) Grundsätzliches

Viel wichtiger als die (wenigen) Fälle aus dem Sachenrecht (oben N 304–306) sind die Fälle, wo eine geringfügige Pflichtverletzung durch einen Schuldner für ihn im Verhältnis zum Vorteil für den Gläubiger zu krass stossenden Folgen führen würde. In der Regel sieht das Recht bei Erfüllungsfehlern vor, dass bei Verspätungen Nachfristen anzusetzen sind (vgl. Art. 107 OR), bei fehlerhafter Lieferung eine Ersatzlieferung erfolgen (vgl. Art. 206 OR) oder ein mangelhaftes Werk nachgebessert werden kann (vgl. Art. 368 Abs. 2 OR und Art. 368 Abs. 3 OR, wo ausdrücklich auf die Verhältnismässigkeit zwischen Fehler des Pflichtigen und Vorteil für den Berechtigten Bezug genommen wird). 307

Demzufolge muss Art. 2 ZGB nur dort angerufen werden, wo die gewöhnlichen Regeln dem Schuldner keinen Nachhol- oder Nachbesserungs-Spielraum einräumen, d.h. insbesondere bei Fix-Geschäften wie in den Fällen, wo dem Gläubiger Realerfüllung (specific performance) zusteht.

Ob eine Rechtsmissbrauchseinrede in solchen Fällen gewährt werden kann, ist im wesentlichen von zwei Voraussetzungen abhängig: 308

Art. 2

(a) Am Anfang solcher Fälle steht zunächst oft ein eigenes Fehlverhalten des Pflichtigen, d.h. er befindet sich in einer Notlage, weil er selber sich nicht korrekt verhalten hat. Die Einrede der unzulässigen Rechtsausübung ist ihm daher zu verweigern, wenn sein Fehlverhalten eine krasse Verletzung der eigenen Pflichten darstellt. Dagegen dürfte nicht schon jede «zurechenbare Nachlässigkeit» (so aber MERZ, N 387) zum Ausschluss der Einrede führen.

(b) Massgebend für die Gewährung oder Nichtgewährung der Einrede ist vielmehr die «Differenz» zwischen den Folgen aus einer geringfügigen Vertragsverletzung durch den und beim Pflichtigen einerseits gegenüber den dem Berechtigten daraus entstehenden Nachteilen bzw. entgehenden Vorteilen, «das Missverhältnis zwischen dem Interesse des Gläubigers und der Belastung des Schuldners» (MERZ, N 388).

309 Daneben sind allerdings auch Fälle denkbar, wo ein krasses Missverhältnis der Interessen besteht, ohne dass einer der Parteien ein Fehlverhalten vorgeworfen werden kann, d.h. weder Nachlässigkeit auf Seiten des Schuldners (vgl. N 308 a) noch Absicht auf Seiten des Gläubigers (vgl. BGE 109 II 22).

b) Kasuistik

310 Im Entscheid ZR 91/92 (1992/93), Nr. 2, war folgende Ausgangslage gegeben: In einer Konkurseröffnungsverfügung war durch ein Versehen des Gerichtes ein Betrag von Fr. 70.– nicht aufgeführt. Die Schuldnerin erbrachte im Rekursverfahren den Nachweis der Tilgung sämtlicher im Konkursdekret genannter Beträge (mit Ausnahme der erwähnten Fr. 70.–), worauf das Zürcher Obergericht die Konkurseröffnung aufhob. Die Gläubigerin erhob dagegen Nichtigkeitsbeschwerde an das kantonale Kassationsgericht mit der Begründung, der Rekursentscheid verstosse gegen klares materielles Recht, weil der ebenfalls in Betreibung gesetzte Betrag von Fr. 70.– nicht bezahlt worden sei. Das Kassationsgericht fand, dass «unter diesen Umständen eine rigorose Anwendung von Art. 172 Ziffer 3 SchKG … sehr stossend und daher rechtsmissbräuchlich im Sinne von Art. 2 Abs. 2 ZGB (wäre).»

311 In BGE 113 II 37 war der Beitritt einer Minderheitsgewerkschaft zu einem Gesamtarbeitsvertrag zu beurteilen. Auch in diesem Fall oblag es dem Richter, die Interessen der Parteien gegeneinander abzuwägen (di ponderare gli oppositi interessi), d.h. die Vertragsfreiheit der bisherigen Parteien des Gesamtarbeitsvertrages gegen das Interesse der Minderheitsgewerkschaft, ebenfalls Vertragspartei werden zu können. In Anlehnung an die Boykott-Rechtsprechung (vgl. BGE 86 II 365) hat das Bundesgericht das Beitrittsrecht der Minderheitsgewerkschaft

geschützt, zumal ihre Gegner überhaupt kein Argument dagegen (il minimo appunto da muovere all' attrice; BGE 113 II 48) vorbringen konnten. Auch hier war somit die Interessendifferenz massgeblich.

In Ergänzung der von R. KEHL-ZELLER vorgetragenen Argumente (Die analoge Anwendung von Art. 153/I ZGB auf Konkubinatsverhältnisse, in SJZ 1984, 40–44), lässt sich zumindest die Frage stellen, ob die Fortzahlung der Scheidungsrente an den im Konkubinat lebenden Ex-Ehegatten nicht auch unter dem Gesichtspunkt des krassen Missverhältnisses der Interessen zu prüfen wäre (vgl. oben N 251 c). Jedenfalls wird man bei den einschlägigen Entscheidungen des Bundesgerichtes (vgl. BGE 114 II 295 und 109 II 188) den Eindruck nicht los, dass nicht eigentlich Art. 2 ZGB angewendet, sondern unter dessen Vorschiebung (im jeweiligen Einzelfall möglicherweise berechtigte) Sozialpolitik betrieben wurde, wofür der Hinweis auf das Alter der rentenberechtigten Frau ein Indiz sein könnte (so in BGE 114 II 299 und 109 II 192). 312

c) Interessendifferenz bei Qualitätsmängeln und Verspätungen

Bei der Beurteilung konkreter Einzelfälle ist einmal mehr daran zu erinnern, dass Art. 2 Abs. 2 ZGB als Ausnahmeregel zu verstehen ist (vgl. oben N 236), die grundsätzlich nicht extensiv ausgelegt werden darf. Dies schon aus dem Grunde, dass dadurch der legitime Versuch, die Gegenpartei durch «harte» Vertragsbestimmungen (bezüglich Fristen und Qualitäten) zu korrekter Erfüllung zu zwingen, unterlaufen würde. 313

Es kann in der Regel nicht Sache des Richters sein, darüber zu entscheiden, ob die Abweichung einer Ware vom Muster als gerade noch tolerierbarer Erfüllungsfehler oder aber schon als Rückweisungsgrund zu betrachten sei (zutreffend in diesem Sinne: ZR 1949 Nr. 206). Eine fehlerhafte Lieferung muss u.U. nicht nur unter dem Gesichtspunkt der gleichwohl gegebenen Verkäuflichkeit (die einen finanziellen Schaden ausschliesst) gesehen werden, sondern auch, dass damit dem Verkäufer z.B. der Vertrieb einer Ware zugemutet wird, die nicht in sein übriges Sortiment passt, was gerade bei Modeartikeln ein durchaus wesentlicher Faktor sein kann. Im Bereich ästhetischer Werturteile ist eine Entscheidung durch ein Gericht ohnehin äusserst heikel.

Einfacher ist die Frage bei blossen Verspätungen: Da dem Berechtigten hier nichts Falsches geliefert wird, kann ihm zugemutet werden, darzutun, warum allein schon die geringfügige Verspätung für ihn nicht mehr akzeptabel ist, d.h. bei ihm zu einem nicht mehr zumutbaren Nachteil führen würde. Das kann dann der Fall sein, wenn er selber sich schon anderweitig verpflichtet hat (vgl. ZR 1919, Nr. 53) oder aber die fragliche Ware nur an einem bestimmten Termin ge- 314

Art. 2

braucht werden kann (ein Verein bestellt für sein Jahresfest 1'000 Bratwürste, die erst am Abend, kurz vor Schluss des Festes geliefert werden).

Zudem ist hier zu differenzieren, ob es sich um eine Verspätung innert der ursprünglichen Frist oder schon um die Nichteinhaltung einer Nachfrist handelt. Im letzteren Falle ist eine strenge Handhabung der Fristbestimmungen gerechtfertigt (vgl. ZR 1941, N 20); dies auch unter dem Gesichtspunkt, dass der Fehler des Pflichtigen umso schwerer wiegt, wenn er trotz der Warnung, die mit der Ansetzung einer Nachfrist verbunden ist, einen Termin verpasst (zum eigenen Fehlverhalten des Pflichtigen vgl. oben N 308).

Auslegungsfrage ist in diesen Fällen oft, ob die Fristansetzung nach Treu und Glauben (Art. 2 Abs. 1 ZGB) als angemessen zu betrachten ist. Bevor oder auch gleichzeitig mit dem Rechtsmissbrauch des Berechtigten (durch Beharren auf den Verzugsfolgen) kann der Pflichtige die Unangemessenheit der Frist geltendmachen, was bei Gutheissung dieses Argumentes dazu führt, dass die für ihn unverhältnismässig nachteiligen Folgen frühestens nach Ablauf einer als angemessen beurteilten (längeren) Frist eintreten können.

315 Zu Recht abgelehnt wurde die Berufung auf das Missverhältnis der Interessen in BGE 108 II 190: Nach Eintragung als neuer Eigentümer am 30. März 1980 teilte der Erwerber dem Mieter am 17. April 1980 mit, dass er den Mietvertrag nicht übernommen habe (Art. 289 Abs. 2 aOR). Nebst dem Argument der Verspätung («der Beklagte hätte ... gleichentags auf den 30. Juni, das nächste ortsübliche Ziel, kündigen müssen») war in diesem Falle – wegen der verspäteten Mitteilung – auch das Missverhältnis der Interessen überhaupt fraglich: «für den Mieter muss für den massgeblichen Zeitpunkt hin Klarheit darüber bestehen, ob das Mietverhältnis gekündigt werden oder der Erwerber der Mietsache in dieses eingetreten ist» (BGE 108 II 193). D.h. dem Interesse des Klägers auf Nichtübernahme des Vertrages stand das Interesse des Mieters auf klare Verhältnisse gegenüber, so dass kein krasses Missverhältnis mehr gegeben war, welches ein Einschreiten aufgrund Art. 2 ZGB erlaubt hätte.

316 Kein Raum für die Berufung auf Rechtsmissbrauch wegen krassem Missverhältnis der Interessen bleibt grundsätzlich, wo das Gesetz selber einer verspäteten Leistung das Recht zur Vertragsauflösung gegenüberstellt: Gemäss Art. 257d Abs. 2 OR kann der Vermieter fristlos kündigen, bei Wohn- und Geschäftsräumen mit einer Frist von mindestens 30 Tagen auf Ende eines Monats, wenn ein fälliger Mietzins nicht innert der Frist eingeht. Die Kündigung wegen nicht bzw. zu spät bezahlter Mietzinsen ist gültig, wenn die Zahlung zwar noch innert der Frist aufgegeben, dem Vermieter aber erst nach Ablauf der Frist zugegangen ist (BGE 119 II 232).

In einem nicht publizierten Entscheid vom 20. Januar 1994 (4 C. 377/1993) hob das Bundesgericht eine Kündigung wegen Nichtzahlung eines Teilbetrages als rechtsmissbräuchlich auf, allerdings deswegen, weil die Höhe des strittigen Betrages noch unklar war: Der Vermieter «se comporte d'une manière contraire aux règles de la bonne foi s'il le menace de résiliation avant d'avoir acquis la certitude que celui-ci doit bien ledit montant.»

Eine sozialpolitisch motivierte Konkretisierung des Rechtsmissbrauchsverbotes findet sich in Art. 262 Abs. 2 lit. b OR, wo dem Vermieter das Recht eingeräumt wird, die Zustimmung zur Untervermietung zu verweigern, falls die Bedingungen der Untermiete im Vergleich zu denjenigen des Hauptvertrages missbräuchlich sind; vgl. dazu BGE 119 II 353.

d) Interessengegensatz bei nachträglicher Unmöglichkeit

Noch etwas anders liegen die Dinge, wenn ein (noch so geringfügiges) Fehlverhalten des Pflichtigen zu nachträglicher Unmöglichkeit führt. Bei objektiver Unmöglichkeit kann der Gläubiger nach Art. 97 OR vorgehen, während er bei bloss subjektiver Unmöglichkeit nach der neueren Lehre nach den Regeln über den Schuldnerverzug (Art. 102 ff. OR) vorgehen kann, die für ihn günstiger sind (vgl. GAUCH/SCHLUEP, N 3140 ff. mit Verweisungen). 317

In diesen Fällen dürfte der Nachteil – eben Unmöglichkeit der Leistung – für den Berechtigten immer gross genug sein, dass sich die Frage der missbräuchlichen Berufung auf diese Rechtsbehelfe durch den Gläubiger gar nicht mehr stellt.

4. Rechtsvergleichende Hinweise

Das **deutsche BGB** hält in Abs. 2 von § 320 ausdrücklich fest, dass die Gegenleistung nach teilweiser Leistung nicht verweigert werden kann, «als die Verweigerung nach den Umständen, insbesondere wegen verhältnismässiger Geringfügigkeit des rückständigen Teiles, gegen Treu und Glauben verstossen würde.» Der letzte Satz von Abs. 1 des § 459 BGB (Gewährleistung wegen Sachmängeln) lautet wie folgt: «Eine unerhebliche Minderung des Wertes oder der Tauglichkeit kommt nicht in Betracht.» 318

Das **österreichische ABGB** enthält in § 932 Abs. 2 eine Gewährleistungs-Bestimmung, die derjenigen in § 459 des deutschen BGB entspricht: «Eine unerhebliche Minderung des Wertes kommt nicht in Betracht.» 319

Art. 2

320　　Der **italienische Codice Civile** (art. 1455) erwähnt ausdrücklich, dass eine Vertragsauflösung wegen Schlechterfüllung dann nicht möglich ist, wenn sie im Verhältnis zum Interesse des Berechtigten von bloss untergeordneter Bedeutung ist: Il contratto non si puo risolvere se l'inadempimento di una delle parti ha scarsa importanza, avuto riguardo all' interesse dell' altra.»

321　　Das **niederländische Burgerlijk Wetboek** von 1992 (Buch 7 Art. 21 Abs 1 lit. c) verweist bei den Gewährungsleistungsrechten des Käufers ebenfalls darauf, dass ein wesentlicher Mangel nötig ist, um die entsprechenden Rechtsfolgen auszulösen: «Lorsque ce qui est livré n'est pas conforme au contrat, l'acheteur peut demander (…) remplacement de la chose livrée, à moins que l'écart par rapport à ce qui a été convenue soit trop peu important pour le justifier» (französische Fassung aus der dreisprachigen Ausgabe, herausgegeben vom Niederländischen Justizministerium und dem Quebec Centre of Private and Comparative Law, Deventer 1990).

322　　Als Beispiel für die Behandlung des Problems im angelsächsischen Rechtsraum sei auf die Regelung im **amerikanischen Uniform Commercial Code (UCC)** verwiesen: Section 2–601 UCC gibt einem Käufer das Recht, Schlechtlieferungen direkt (rejection) oder unter gewissen Bedingungen auch noch nach Annahme (revocation of acceptance) zurückzuweisen. Section 2–508 UCC enthält jedoch wesentliche Schranken der rejection, während Section 2–608 die revocation of acceptance stark einschränkt, insbesondere für den Fall, wo die Tauglichkeit zum Gebrauch durch den Käufer nicht wesentlich vermindert ist: «The buyer may revoke his acceptance of a lot or a a commercial unit whose nonconformity **substantially** impairs its value to him if …» (vgl. dazu JAMES J. WHITE/ ROBERT SUMMERS, Handbook of the Law under the Uniform Commercial Code, St. Paul, 1980, 293–324).

VII. Die zweckwidrige Rechtsausübung

1. Allgemeine Grundsätze

323　Die Doktrin der zweckwidrigen Rechtsausübung setzt immer schon voraus, dass der Zweck eines Rechtsinstitutes von vorneherein positiv umschrieben werden kann und abschliessend alle möglichen Fälle erfasst, die als zweckgemässe Rechtsausübung zu werten sind. Es ist offensichtlich, dass eine solche Sicht der Dinge nur in einer Rechtsordnung zutreffen kann, welche für sich beansprucht, alle möglichen erlaubten Zwecke – via Detailregelungen, Konzessionen und Bewilligungen – rechtlich zu erfassen. In einer freiheitlichen, grundsätzlich auf der Privatautonomie aufbauenden Rechtsordnung ist ebenso klar, dass es mehr (erlaubte) Zwecke als Rechtsformen gibt, was zwangsweise dazu führt, dass Rechtsinstitute «zweckwidrig» oder besser «zweckfremd» zu ursprünglich nicht bedachten Zwecken verwendet werden, was nebenbei zur Rechtsentwicklung gehört: «Seit jeher hat sich die Rechtsentwicklung zu einem guten Teil so vollzogen, dass der Verkehr ein bestehendes Rechtsinstitut zu einem neuen Zweck ausgenützt hat. Eine solche zweckfremde Verwendung ist nicht ohne weiteres eine Zweckwidrige, die zu verpönen wäre» (P. JÄGGI, SJZ 1960, 5).

Realität ist schliesslich ein zwischen den beiden theoretischen Polen (totale Regulierung vs. absolute Freiheit) liegendes gemischtes System, welches gewisse Bereiche des Rechtsverkehrs dem freien Spiel der Kräfte überlässt (grundsätzlich so im Obligationenrecht), während es in anderen Bereichen (Familien-, Erb- und Sachenrecht) mittels Typenzwang die erlaubten Zwecke und Formen vorschreibt. Wie schon in anderem Zusammenhang erwähnt (vgl. oben N 160) ist als Folge der immer spezialisierteren und komplexeren Organisation unserer Gesellschaft ein Vordringen von zwingenden (und damit zweckbezogenen) Regulierungen gerade im Bereich des Obligationenrechtes (aber nicht nur dort) festzustellen (z.B. im Abzahlungsvertragsrecht, Miet- und Arbeitsrecht).

Nebst derartigen positiv-rechtlich geregelten Begrenzungen (vgl. OR 19 Abs. 2) ergeben sich weitere Schranken aus dem Verbot von rechts- oder sittenwidrigen Geschäften (Art. 20) wie aus den Bestimmungen über den Schutz der Persönlichkeit (Art. 27 ff. ZGB).

Der Anwendungsbereich von Art. 2 ZGB auf Fälle von zweckwidriger Rechtsausübung ist aufgrund dieser Überlegungen (N 323) also wie folgt einzugrenzen: 324

(a) Wo Gesetz oder Vertrag eine Zweckbindung ausdrücklich vorsehen, ist ein zweckwidriges Vorgehen von vorneherein auch gesetzes- oder vertragswidrig und nach den entsprechenden Regeln zu ahnden, ohne dass auf Art. 2 ZGB zurückgegriffen werden muss (gl. M. DESCHENAUX, 162/3).

(b) Ist der Umfang der Zweckbindung unklar, ist dieser auf dem Wege der Auslegung (Abs. 1 von Art. 1 ZGB) festzustellen und zu prüfen, ob eine zwingende Zweckbindung umgangen wurde oder nicht (vgl. dazu N 52 ff.); dabei sind auch die sich aus Art. 2 Abs. 1 ZGB ergebenden Auslegungsregeln zu beachten (vgl. oben N 66 ff.). Zur objektiven Perspektive bei den unmittelbar aus gesetzlicher Vorschrift hervorgehenden Berechtigungen vgl. oben N 18; zur «subjektivischen» «Perspektive bei rechtsgeschäftlich begründeten Rechten vgl. oben N 19.

Art. 2

(c) Ergibt die Auslegung weder eine von Gesetzes wegen noch eine aus Rechtsgeschäft als bindend vereinbarte Zwecksetzung, ist grundsätzlich von der Zulässigkeit der Zweckentfremdung bzw. anderweitigen Verwendung eines Rechtsinstitutes auszugehen.

(d) Erst wo diese (zulässige) Zweckentfremdung im konkreten Einzelfall als rechtsmissbräuchlich erscheint, kann sie aufgrund von Art. 2 Abs. 2 ZGB korrigiert werden. Dabei ist einmal mehr an den Ausnahmecharakter der Rechtsmissbrauchsregel zu erinnern (oben N 236), welcher grundsätzlich nur Einzelfallkorrekturen und keine – dem Gesetzgeber zustehende – normberichtigende Eingriffe zulässt; gleichwohl kommt es in der Praxis gelegentlich dazu (vgl. oben N 244).

(e) Mit KRAMER (Berner Kommentar, N 232 zu Art. 19/20 OR) ist der sogenannte «institutionelle Rechtsmissbrauch» (Hauptanwendungfall: Konsumenten-AGB-Verträge) gegebenenfalls über Art. 19 Abs. 2 OR zu korrigieren und es erübrigt sich «ein in dieselbe Richtung gehendes Argumentieren mit dem im angedeuteten Sinn fortentwickelten Art. 2 II ZGB» (vgl. oben N 49, 91, 92).

325 Schliesslich ist zu beachten, dass Rechtsinstitute (gesetzliche oder rechtsgeschäftliche) oft eine Mehrzahl verschiedener Zwecke verfolgen. Die Zweckentfremdung bzw. Zweckwidrigkeit betrifft jedoch in den wenigsten Fällen alle Zwecke einer rechtlichen Institution in gleicher Weise. Das Institut der juristischen Person dient z.B. der Verbindung der Kräfte verschiedener Personen, der Erschliessung des Kapitalmarktes, der Perpetuierung von Rechtspositionen (über den Tod von Menschen hinaus), der Haftungsbegrenzung etc. Die Zulassung der Ein-Mann-Aktien-Gesellschaft widerspricht nun eindeutig dem Gedanken der Verbindung von mindestens drei Personen (Art. 625 OR; vgl. aber Abs. 2 derselben Bestimmung), nicht aber anderen Zielsetzungen des Gesellschaftsrechtes (vgl. dazu BGE 85 II 111). Und schliesslich ist auch zu beachten, dass «der Zweck, dem ein Gesetz dient, nicht alles widerrechtlich macht, was ihm zuwiderläuft. Der Zweck ist nur gesetzgeberischer Beweggrund, nicht Norm» (BGE 87 II 152, vgl. auch 86 II 421). Zweckwidrigkeit tritt daher in den meisten Fällen als bloss partielle Abweichung vom ausdrücklich festgesetzten oder durch Auslegung zu ermittelnden Zweck (besser: von den Zwecken) auf.

326 Daraus ergibt sich, dass die behauptete Rechtsmissbräuchlichkeit einer zweckwidrigen Verwendung eines Rechtsinstitutes nebst einer qualitativen immer auch einer quantitativen Analyse zu unterziehen ist (vgl. oben N 241–242) und zwar sowohl bezüglich der Abweichung vom eigentlichen Zweck als auch bezüglich der sich daraus ergebenden Folgen.

Art. 2

Wo aus der qualitativen Analyse kein Rechtsmissbrauch hergeleitet werden kann – weil die gesetzlich oder rechtsgeschäftlich vorgegebenen Schranken nicht verletzt sind – bleibt kein Raum, unter Berufung auf Art. 2 ZGB die Ausübung eines Rechtes gänzlich zu untersagen. Möglich bleibt dagegen auch in diesen Fällen die Anrufung des Prinzipes der schonenden Rechtsausübung (vgl. oben N 295 ff.). Erst die quantitative Analyse entscheidet darüber, ob ein krasses Ausmass, ein offenbarer Rechtsmissbrauch i.S. von Abs. 2 von Art. 2 ZGB vorliegt, welcher u.U. zur Verweigerung des Rechtsschutzes d.h. zu einer Korrektur im konkreten Fall führen kann.

2. Zweckwidrige Verwendung juristischer Personen / Durchgriff

Literatur 327

BOSMAN ALEIDUS GERARD	Konzernverbundenheit und ihre Auswirkungen auf Verträge mit Dritten, Zürich 1984
BUCHER EUGEN	Für eine strafrechtliche Durchgriffslehre bei Delikten der Verwaltung zum Nachteil juristischer Personen, in: Festschrift Schultz, Bern 1977, 165–190
CAFLISCH SILVIO	Die Bedeutung und die Grenzen der Selbständigkeit der abhängigen Gesellschaft im Recht der Aktiengesellschaft, Diss. Zürich 1961
DENNLER MARKUS	Durchgriff im Konzern, Diss. Zürich 1984
EBENROTH CARSTEN THOMAS	Zum «Durchgriff» im Gesellschaftsrecht, in: SAG 1985, 124–136
FLÜGE HANSPETER	Die Einmanngesellschaft – Rechtsinstitut oder täuschende Fiktion?, SAG 33 (1960/61), 233–243
–	Die Einmann-Gesellschaft – auf dem Glatteis der freien Rechtsfindung, SAG 34 (1961/62), 221–227
FORSTMOSER PETER	Die ausnahmsweise Nichtbeachtung der rechtlichen Selbständigkeit: der Durchgriff, in: Schweizerisches Aktienrecht, Bd I/1, Zürich 1981, 23–48, N 84–217
HOMBURGER ERIC	Zum «Durchgriff» im schweizerischen Gesellschaftsrecht, in: SJZ 1971, 249–255
KEHL DIETER	Der sogenannte Durchgriff/Eine zivilistische Studie zur Natur der juristischen Person, Dietikon 1991
KELLER JEANNE	Die zweckwidrige Verwendung von Rechtsinstituten des Familienrechts, Diss., Zürich 1986
MEYER NORWIN	Die Einmann- und die Zweimann-Aktiengesellschaft in der Praxis, SAG 43 (1971), 241–260
MÜLLER-FREIENFELS WOLFRAM	Zur Lehre vom sogenannten «Durchgriff» bei juristischen Personen im Privatrecht, AcP 1957, 522–543
PERRIN JEAN-FRANÇOIS	Les sociétés fictives en droit civil et en droit international privé, in: SemJud 1989, 553–568

Art. 2

PLANTA ANDREAS VON	Die Haftung des Hauptaktionärs, Basel 1982
RIEMER HANS MICHAEL	Die juristischen Personen/Allgemeine Bestimmungen, Berner Kommentar, Bern 1993, insbes. Systemat. Teil N 24–34
RÜTTIMANN FELIX MATTHIAS	Rechtmissbrauch im Aktienrecht, Diss. Zürich 1994, insbes. 65–85
SCHÖNLE HERBERT	Die Rechtsstellung des Alleingesellschafters einer Einmann-AG, SAG 32 (1959/60) 105–122
–	Nochmals: Die Einmanngesellschaft – Rechtsinstitut oder täuschende Fiktion?, SAG 34 (1961/62) 65–73
SCHUCANY EMIL	Die Einmanngesellschaft. Selbständigkeit oder Identität, SAG 33 (1960/61) 33–40
–	Bemerkungen zur Einmanngesellschaft, SAG 34 (1961/62) 74
SERICK ROLF	Rechtsform und Realität juristischer Personen, 2.A., Tübingen 1980
SIEGWART ALFRED	Zürcher Kommentar zu Art. 625 OR, N 19 ff., insb. 28 ff.
STEIGER FRITZ VON	Haftungsprobleme der Einmanngesellschaft, BJM 1969, 205–217
TAPPOLET KLAUS	Schranken konzernmässiger Abhängigkeit im schweizerischen Aktienrecht, Zürich 1973
VACHERON JEAN	Essai sur l'usage abusif de la société anonyme en droit Suisse, Lausanne 1949

328 «Durchgriff bedeutet Aufhebung der Trennung zwischen der AG und ihren Aktionären, Ausserachtlassen der eigenen Persönlichkeit der juristischen Person, Ignorierung der Rechtsform und der formal-rechtlichen Selbständigkeit, Gleichstellung von Gesellschaft und Gesellschafter» (FORSTMOSER, N 99 mit Verweisungen). «Das Bundesgericht und die kantonalen Gerichte beurteilen die Frage der Zulässigkeit des Durchgriffs stets unter den Gesichtspunkten von Treu und Glauben (ZGB 2 I) und des Rechtsmissbrauchs (ZGB 2 II)» (FORSTMOSER, N 109 sowie BGE 113 II 36, 108 II 214/5, 102 III 170); das gilt auch für die Literatur mehrheitlich (vgl. FORSTMOSER, N 110 mit Verweisungen, während KEHL (124) dagegen die Ansicht vertritt, dass «das Durchgriffsinstitut mit dem schweizerischen Rechtssystem unvereinbar» sei).

Dass das Durchgriffsproblem «vereinzelt» (FORSTMOSER, N 111) auch als Auslegungsproblem verstanden wird (so bei MERZ, N 288 und ZELLER, 270, Fn 21), ist kein Widerspruch dazu, sondern ergibt sich aus den unterschiedlichen Funktionen von Abs. 1 und Abs. 2 ZGB (vgl. dazu oben N 21).

329 In der Tat ist in einem ersten Schritt durch Auslegung i.S. von Abs. 1 von Art. 2 ZGB zuerst zu ermitteln, ob überhaupt ein sogenannter Durchgriffstatbestand gegeben ist oder nicht, d.h. ob die Grenze zwischen Aktionär und Gesellschaft tatsächlich tangiert wurde. Als Ergebnis kann sich durchaus herausstellen, dass nur ein sogenannt «unechter» Durchgriffstatbestand erfüllt ist: Dies trifft z.B. in den Fällen zu, wo der beherrschende Aktionär direkt verpflichtet ist, sei es aus

Art. 2

der Abgabe einer Patronats- oder Garantieerklärung, sei es aus culpa in contrahendo (weitere Beispiele bei FORSTMOSER, N 196–199).

Die Auslegung erst wird ergeben, wo überall es tatsächlich zur «Vermischung der Sphären» von Gesellschaft und Gesellschafter gekommen ist, die keineswegs für sich allein schon einen Durchgriff rechtfertigen kann: So ist z.B. die Identität der Interessen des Alleinaktionärs und gleichzeitig einzigen Verwaltungsrates in den zahlreichen schweizerischen Einmann-Aktiengesellschaften durchaus die Regel, ohne dass daraus generell ein Durchgriffsrecht abzuleiten wäre oder in der Praxis abgeleitet würde (vgl. FORSTMOSER, N 116 sowie BGE 85 II 111). Gerade die Einmann-Aktiengesellschaft ist das Paradebeispiel für die an sich «zweckwidrige», aber gleichwohl erlaubte Verwendung eines Rechtsinstitutes (vgl. oben N 325).

Erst der Einbezug aller Umstände gestattet eine Wertung, ob die einzelfallspezifische Kombination von «Vermischungstatbeständen» ein Ausmass erreicht, welches die Missachtung der (vorgeschobenen) juristischen Person, d.h. den Durchgriff, erlaubt. Herrschende Lehre und Rechtsprechung sind sich darin einig, dass «stets im Einzelfall anhand der konkreten Umstände geprüft werden muss», ob ein Durchgriff vorzunehmen ist (FORSTMOSER, N 117, mit Verweisungen; vgl. auch oben N 14b und 21). Massstab dafür ist die Rechtsmissbrauchsregel des Abs. 2 von Art. 2 ZGB.

Anders als die deutsche hat die schweizerische Lehre nie versucht, eine abschliessende Theorie der Durchgriffstatbestände zu entwickeln, wodurch sie «wohltuend die Illusion der deutschen Ansätze (vermeidet), mit dogmatischen Begründungen zu einer vermeintlich vollkommenen juristischen Präzisierung des Haftungsdurchgriffes aus rechtsstaatlichen Gründen zu gelangen» (EBENROTH, 128). Und schliesslich ist auch folgendes zu berücksichtigen (MÜLLER-FREIENFELS, 542): «Starre Formeln sind angesichts des Wandels der Verhältnisse und Anschauungen unverwendbar, während gerade das Suchen von Lösungen die Rechtsentwicklung fördert.»

330

Es lassen sich vor allem zwei Gründe anführen, warum es aussichtslos sein dürfte, in einer privat-autonom fundierten Rechtsordnung eine generelle Durchgriffstheorie zu formulieren, nämlich

(a) die Überzahl der erlaubten Zwecke gegenüber den vorhandenen Rechtsformen (vgl. oben N 323), und

(b) die Rechtssicherheit, die bei jedem Durchgriff tangiert wird, was aber nur dann zulässig sein kann, wenn die geltendgemachten Interessen (insgesamt) als höherwertig einzustufen sind. Dies kann jedoch nur von Fall zu Fall entschieden werden, während die Rechtssicherheit als primärer und genereller Wert zu betrachten ist.

Art. 2

331 Für die Arten und Formen des Durchgriffes (direkter und umgekehrter Durchgriff) kann auf die entsprechenden Darstellungen in der aktienrechtlichen Literatur (vgl. N 327) verwiesen werden, aus neuerer Zeit insbesondere auf EBENROTH und FORSTMOSER (letzterer mit einer umfangreichen Kasuistik).

Rechtsvergleichende Hinweise zum deutschen Recht finden sich bei EBENROTH, MÜLLER-FREIENFELS und SERICK; der letztgenannte Autor hat sich ausserdem eingehend mit der amerikanischen Lehre vom «Disregard of Legal Entity» auseinandergesetzt (a.a.O., 54–103).

332 Die Rechtsfolgen eines Durchgriffes sind «jeweils für den konkreten Einzelfall zu ermitteln» (FORSTMOSER, N 133), wie dies bei Rechtsmissbrauchsfällen generell zutrifft (vgl. oben N 243 ff.). D.h. es ist die jeweils zweckmässigste Sanktion (vgl. N 245) zur Anwendung zu bringen.

Dementsprechend ist der schweizerischen Rechtsprechung keine generelle Regel zu entnehmen, ob der Durchgriff eine Solidarschuld begründet oder nur die Haftung erstreckt (vgl. EBENROTH, 131; FORSTMOSER, N 134). Beispiele für weitere Sanktionen, welche die Gerichtspraxis in Durchgriffsfällen als zweckmässig und angemessen erachtet hat, finden sich bei FORSTMOSER (N 134–141 a); sie reichen von der Nichtanerkennung eines Rechtsgeschäftes und Anwendung der Grundsätze zum Verbot des Selbstkontrahierens bis zu Auskunftsrechten der Aktionäre einer Konzernobergesellschaft über Verhältnisse bei Tochtergesellschaften. In BGE 113 II 36 hat das Bundesgericht den Durchgriff der Vorinstanz bejaht mit der Rechtsfolge, «dass die vorgeschobene Person gleich behandelt wird wie die Erstbeklagte»; in casu bedeutete dies, dass ein umgangenes Optionsrecht gleichwohl als ordnungsgemäss ausgeübt betrachtet wurde (vgl. dazu auch oben N 266 b).

Das Fehlen einer allgemeingültigen, klaren Tatbestand-Rechtsfolge-Beziehung stellt solange kein Problem für die Rechtssicherheit dar, als man sich des Ausnahmecharakters, der «Notbremse-Funktion» (vgl. N 14 b) auch des Durchgriffs bewusst bleibt und aus der Einzelfallkorrektur keine generelle Gesetzesänderung macht (vgl. N 244).

3. Zweckwidrige Verwendung von Instituten des Familien- und Erbrechtes

a) Eherecht

333 Aufgrund der früheren Regelung des schweizerischen Bürgerrechtserwerbes – die ausländische Ehefrau wurde durch Heirat automatisch Schweizerin – wurden

zahlreiche «Bürgerrechtsehen» geschlossen, deren einziger Zweck darin bestand, der Frau (oft gegen Entgelt) einen Schweizer Pass zu verschaffen, während die Aufnahme einer echten Lebensgemeinschaft nie beabsichtigt war. Art. 120 Abs. 4 aZGB (aufgehoben per 31.12.1991) sah für derartige Umgehungen des Bürgerrechtsgesetzes die Nichtigkeit der Ehe vor; diese Rechtsfolge gilt – kraft Art. 8 Abs. 4 SchlT ZGB – weiterhin für «Bürgerrechts-Ehen», die vor Inkrafttreten der Änderung vom 23. März 1990 des Bundesgesetzes über Erwerb und Verlust des Schweizer Bürgerrechts geschlossen worden sind. Andere Gründe als der Bürgerrechtserwerb für die Begründung einer «zweckwidrigen Scheinehe» sind zwar theoretisch denkbar, dürften in der Praxis aber kaum eine Rolle spielen.

In BGE 113 II 5 hat das Bundesgericht festgehalten, dass ein Eheverkündungs-Begehren nicht als rechtsmissbräuchlich betrachtet werden darf, auch wenn es von einem rechtskräftig abgewiesenen Asylbewerber stammt, der aber mit seiner Schweizer Braut seit Jahren in einer festen Gemeinschaft lebte. Umgekehrt erachtete das Bundesgericht aber ein Begehren um Erteilung einer Aufenthaltsbewilligung trotz Bestehens einer formell gültigen Ehe als rechtsmissbräuchlich, nachdem die Ehe faktisch schon seit mehr als drei Jahren (bzw. mehr als zwei Jahren bis zum kantonalen Entscheid) nicht mehr bestand. Die Gründe, die zu dieser Heirat eines Türken mit einer 34 Jahre älteren Schweizerin führten, spielten dagegen keine Rolle (mehr), «à partir du moment où le mariage et la communauté de vie ont été réellement voulus par les epoux» (BGE 121 II 97).

Denn die höchstpersönliche Natur des Rechtes auf Eheschliessung verbietet «das Zurückgehen auf die individuellen Zwecke» (MERZ, N 293) geradezu. Es handelt sich dabei um «un pouvoir que, de par sa nature, il est insusceptible d'abus» (Abs. 3 von Art. 13/Buch 3 des niederländischen Zivilgesetzbuches; vgl. dazu oben N 235 c). Gleiches muss auch für andere Fälle im Bereich des Personen- und Familienrechtes gelten.

Mit einer «singulären Fragestellung» befasste sich das Zürcher Obergericht (ZR 1992/3 Nr. 19). Als stossend und rechtsmissbräuchlich wurde betrachtet, dass die Klägerin «ein Getrenntleben auf Grund eines Eheschutzverfahrens in die Wege geleitet hat, ... sich weigert, mit dem Beklagten zusammenzuleben, sich überdies einem andern Mann angeschlossen hat ... und gleichzeitig vom Ehemann Unterhaltsbeiträge auf Grund der eherechtlichen Unterhaltspflicht fordert.»

Man kann den Fall – wie es das Obergericht getan hat – auch in die Kategorie des widersprüchlichen Verhaltens einordnen, doch liegt eben vor allem auch eine Zweckentfremdung «eines auf die Aufrechterhaltung der Ehe angelegten Verfahrens» vor.

Die missbräuchliche Geltendmachung von persönlichen Unterhaltsbeiträgen im Rahmen vorsorglicher Massnahmen für die Dauer des Scheidungsprozes-

334

335

Art. 2

ses durch eine Klägerin, die mit einem anderen Manne in einem eheähnlichen («qualifizierten») Konkubinat lebte, hat das Zürcher Obergericht als «krasse Überdehnung sowohl von Art. 153 Abs. 1 als auch von Art. 163 ZGB» bezeichnet (ZR 1991 Nr. 39). Der Zweck dieser Bestimmungen kann nicht sein, für den ansprechenden Ehepartner aufzukommen, «wenn dieser in einer neuen, dauerhaften eheähnlicher Zweierbeziehung lebt, die so eng ist, dass sich die Partner die Treue halten und Beistand leisten, wie wenn sie im Sinne von Art. 159 ZGB dazu verpflichtet wären.»

336 Die Ehescheidung kann aus «zweckwidrigen» – z.B. steuerlichen – Gründen beantragt werden. Da den Ehegatten in Status-Sachen kein Verfügungsrecht zusteht, und das Verfahren zudem der Offizial-Maxime unterliegt, kann eine derartige Scheidung nicht unter Berufung auf Art. 2 ZGB angefochten werden. «Ist aber die Ehe rechtskräftig geschieden, so hat es dabei sein Bewenden» (MERZ, N 299).

Aus dem gleichen Grunde hat das Bundesgericht es als nicht rechtsmissbräuchlich bezeichnet, als ein Ehemann statt einer Scheidungsklage die Nichtigerklärung einer reinen Bürgerrechtsehe verlangte, obwohl er sich damit auf eigenes Unrecht berief, weil es ihm unbenommen bliebe, die zuständige Behörde dazu zu bewegen, von Amtes wegen die Nichtigkeitsklage anzustrengen. «In diesem Falle würde aber eine Berufung auf Rechtsmissbrauch zum vorneherein entfallen, weil die zuständige Behörde immer im öffentlichen Interesse tätig werden muss, wenn die gesetzlichen Voraussetzungen der Nichtigkeitsklage gegeben sind» (BGE 113 II 476; vgl. auch BGE 121 III 151).

337 Gemäss Art. 23 Abs. 2 AHVG ist die geschiedene Ehefrau der Witwe gleichgestellt, sofern der Mann ihr gegenüber zu Unterhaltsbeiträgen verpflichtet war und die Ehe mindestens zehn Jahre gedauert hat. Über Höhe und Dauer der Unterhaltsverpflichtung enthält das AHV-Recht keine Bestimmungen, was dazu führt, dass in Scheidungskonventionen oft rein symbolische Renten festgelegt werden, um der geschiedenen Frau die Witwenrente der AHV zu sichern. In einem Entscheid der Lausanner Chambre des recours vom 17.6.1991 (JdT 1992 III, 83–86) wurde eine monatliche Rente von Fr. 100.–, zahlbar für die Dauer eines Jahres, als nicht «purement fictive» beurteilt, obwohl der Fall Indizien zeigte, die auf eine zweckwidrige Verwendung der Scheidungskonvention – aufgrund dieser privaten Vereinbarung wurde eine Rentenverpflichtung des Staates begründet – hindeuteten.

Das Basler Versicherungsgericht (BJM 1986, 167–171) entschied, dass die Heirat eines Konkubinatspaares, das mehr als zehn Jahre zusammenlebte, wenige Tage vor dem absehbaren Tode des versicherten Mannes, nicht rechtsmissbräuchlich sei und der Frau somit die Witwenrente der Pensionskasse zustehe.

Zum einen sieht Art. 115 ZGB die Nottrauung ohne Verkündung vor und zum anderen kann die Sicherung der finanziellen Verhältnisse der langjährigen Lebensgefährtin auch als Erfüllung einer sittlichen Pflicht gesehen werden, worin nichts Anstössiges liegt.

Die Ehevertragsfreiheit wird zweckwidrig ausgeübt, wenn z.B. ein Ehevertrag ausschliesslich in der Absicht abgeschlossen wurde, die andern Erben des vorverstorbenen Ehegatten zu benachteiligen und sie bewusst zu schädigen («dans le seul dessein de leur nuire»; BGE 112 II 397). In diesem Entscheid hat das Bundesgericht die Praxis zu Art. 226 aZGB kurz zusammengefasst (vgl. auch BGE 99 II 9 und 53 II 97 sowie MERZ, N 552); bei vor 1988 vereinbarten altrechtlichen Gütergemeinschaften ist sie nach wie vor von Bedeutung. Zur Übergangsregelung vgl. R. REUSSER: Das Übergangsrecht zu den vermögensrechtlichen Bestimmungen des neuen Eherechtes, in: H. Hausheer (Herausgeber), Vom alten zum neuen Eherecht, Bern 1986, 158–161. Zu Recht hat das Bundesgericht einmal mehr darauf hingewiesen, dass Art. 2 Abs. 2 ZGB gerade im Bereich des Ehegüterrechtes mit äusserster Zurückhaltung anzuwenden ist. 338

b) **Adoptionsrecht**

Nach Art. 267 Abs. 1 ZGB (in der seit dem 1. April 1973 geltenden Fassung) erhält das Adoptivkind die Rechtsstellung eines leiblichen Kindes der Adoptiveltern, unter Einschluss des Pflichtteilsschutzes (vgl. HEGNAUER, Berner Kommentar zu Art. 267 ZGB, N 65). Die Adoption kann also bewirken, dass bisher erbberechtigte Personen der zweiten Parentel vom Erbrecht ausgeschlossen werden. Gleichwohl haben diese keine Möglichkeit, die Adoption unter Berufung auf Art. 2 ZGB als rechtsmissbräuchlich anzufechten, wenn diese «nach umfassender Untersuchung aller wesentlichen Umstände, nötigenfalls unter Beizug von Sachverständigen» (Art. 268a Abs. 1 ZGB) ausgesprochen wurde. Ähnlich wie bei der Ehescheidung (vgl. N 336) hat es mit der rechtsgültigen Aussprechung der Adoption sein Bewenden: Allein das Verfahren, welches auf das Wohl des Kindes ausgerichtet ist (vgl. HEGNAUER, Berner Kommentar zu Art. 264 ZGB, N 56/7), entscheidet darüber, ob eine Adoption gültig zustandekommt oder nicht. 339

Für Adoptionen, die vor dem 1. April 1973 ausgesprochen worden sind, gilt das alte Adoptionsrecht weiterhin (vgl. Art. 12a SchlT ZGB), sofern keine Unterstellung unter das neue Recht erfolgte (vgl. Art. 12b SchlT ZGB). Obwohl die alt-rechtliche Adoption eher vertragsähnlichen Charakter hatte und nicht – wie im neuen Recht – als Ergebnis eines staatlichen Hoheitsaktes gesehen werden muss, war doch immerhin schon die Ermächtigung einer Behörde und die Form der öffentlichen Urkunde erforderlich. Es sind daher kaum Fälle denkbar, wo die 340

Art. 2

Anfechtung einer alt-rechlichen Adoption unter Berufung auf Art. 2 ZGB zum Erfolg führen könnte. In BGE 62 II 211/2 hat das Bundesgericht zudem festgehalten, dass ein Adoptiv-Enkel als Erbe der ersten Parentel die zweite Parentel selbst dann ausschliesst, wenn ihm durch den Adoptionsvertrag «das Pflichtteilsrecht des ehelichen Kindes entzogen ist» und ihm nur «die Stellung eines gesetzlichen Erben ohne Pflichtteilsschutz» zukommt; der Missbrauchsaspekt stand in diesem Entscheid allerdings nicht zur Diskussion.

c) Kindesrecht

341 Im Kindesrecht sind vom Gesetzgeber im Hinblick auf das Wohl des Kindes verschiedene Schutzmechanismen eingebaut worden, welche eine Berufung auf Art. 2 ZGB einerseits unnötig andererseits aber auch als praktisch aussichtslos erscheinen lassen. Bei Problemen über die Ausübung von Elternrechten entscheidet die zuständige Behörde (Scheidungs- oder Eheschutzrichter oder Vormundschaftsbehörde):

342 In BGE 115 II 319 hat das Bundesgericht festgehalten, dass «die Klägerin mit ihrem Wegzug ... nach Norddeutschland eine grosse örtliche Distanz der Kinder zu ihrem Vater geschaffen und – offenbar grundlos – auch sonst versucht, die Beziehung zwischen ihren Kindern und deren Vater zu behindern, wenn nicht gar zu verunmöglichen. Sie hat damit gegen Art. 274 Abs. 1 ZGB verstossen, wonach Mutter und Vater alles zu unterlassen haben, was das Verhältnis des Kindes zum andern Elternteil beeinträchtigt.»

Obwohl der Fall also wesentliche Elemente aufweist, die auch bei einer Missbrauchs-Prüfung eine Rolle spielen – offenbar grundloser Wegzug, Schaffung einer grossen räumlichen Distanz, Behinderung ja gar Verunmöglichung des Verkehrs der Kinder mit ihrem Vater – wurde lediglich ein Verstoss gegen Art. 274 Abs. 1 ZGB, nicht aber ein Rechtsmissbrauch i.S. von Art. 2 ZGB angenommen. Entscheidend war letztlich nicht das Verhalten der Beklagten, sondern «das generell vorhandene und in casu begründete Interesse der Kinder, nach der Scheidung als Geschwister beisammen bleiben zu können» (B. SCHNYDER in der Besprechung von BGE 115 II 319 in ZBJV 1991, 126).

343 Ähnlich gelagert war der Fall in BGE 115 II 206; im Vorfeld des Scheidungsprozesses schlossen die Parteien eine Vereinbarung über die Nebenfolgen der Scheidung, insbesondere bezüglich der Kinderzuteilung. Anlässlich der Hauptverhandlung vor Bezirksgericht stellte die Klägerin indessen den Antrag, dass die Vereinbarung über die Nebenfolgen (betr. der Kinderzuteilung) nicht zu genehmigen sei. An und für sich handelt es sich dabei um ein klar widersprüchliches Verhalten, ein klassisches venire contra factum proprium.

Art. 2

Gleichwohl entschieden das kantonale Obergericht wie das Bundesgericht (zu Recht), ohne diesen dogmatischen Gesichtspunkt überhaupt zu erwähnen, weil der Richter bezüglich der Belange der Kinder «von Bundesrechts wegen verpflichtet (ist), den geltend gemachten Gründen besonders sorgfältig nachzugehen und von Amtes wegen zu prüfen, welche Lösung sich im Interesse der Kinder aufdrängt» (BGE 115 II 209); mit anderen Worten: es handelte sich um eine Regelung, die von Gesetzes wegen nicht der Disposition der Parteien unterlag.

Da aus der Sicht des Kindeswohles nichts gegen die Zuteilung des Sohnes an den in Deutschland wohnenden Vater sprach, wertete das Bundesgericht verschiedene Tatbestandselemente als Indizien für einen Rechtsmissbrauch, nachdem die Mutter einen Besuch des Knaben bei ihr dazu benützte, ihn entgegen der mit dem Vater getroffenen Vereinbarung bei sich zu behalten. Selbst wenn es ihr gelungen wäre, damit einen gewöhnlichen Aufenthalt des Knaben in der Schweiz zu begründen, wäre dies «als offenbarer Rechtsmissbrauch im Sinne von Art. 2 Abs. 2 ZGB zu betrachten» und könnte «aus diesem Grund keinen Rechtsschutz finden» (BGE 117 II 339/40). Nach einer gerichtlichen Genehmigung der Vereinbarung wäre der Fall direkt nach Art. 274 Abs. 1 ZGB ohne Rückgriff auf Art. 2 Abs. 2 ZGB zu entscheiden gewesen.

344

Im Entscheid BGE 113 II 374 – betreffend die **Unterhaltspflicht der Eltern gegenüber einem mündigen Kind** i.S. von Art. 277 Abs. 2 ZGB – hat das Bundesgericht den Gesichtspunkt des widersprüchlichen Verhaltens (vgl. N 343) ausdrücklich angeführt, um eine derartige Unterhaltsklage abzuweisen (allerdings ohne Bezugnahme auf Art. 2 ZGB): «Soweit die Klägerin für ihre auf einem freien Willensentschluss beruhende ablehnende Haltung Respekt verlangt, verhält sie sich auf jeden Fall widersprüchlich, wenn sie dann von dem von ihr vollständig abgelehnten Vater erwartet, dass er über ihr Mündigkeitsalter hinaus noch ihre Ausbildung mitfinanziere» (BGE 113 II 379/80; vgl. zu diesem Entscheid die offensichtlich in Kenntnis der Akten geschriebene Kritik von Hegnauer in ZVW 1988, 76/7; zustimmend dagegen B. SCHNYDER in ZBJV 1989, 82–85). Zum aktuellen Stand der Diskussion vgl. MARTIN STETTLER, L'obligation d'entretien à l'égard des enfants majeurs, in: ZBJV 1992, 133–147.

345

Gegenüber einem noch unmündigen (immerhin 17jährigen) Sohn wies das Bundesgericht die Klage des Vaters auf Herabsetzung der Unterhaltsbeiträge ab, die vom letzteren ebenfalls mit der totalen Verweigerung des persönlichen Verkehrs durch den Sohn begründet worden war. Der Unterhaltsanspruch des noch nicht mündigen Kindes stellt – anders als die Ausnahmeregel des Art. 277 Abs. 2 ZGB – einen unveräusserlichen Anspruch dar, und zwischen dem Recht auf persönlichen Verkehr und der Unterhaltspflicht der Eltern besteht keine Ver-

Art. 2

bindung («absence de tout lien»). Nur «in wirklichen Ausnahmefällen kann ein missbräuchliches Verhalten der Mutter oder des Kindes eine Herabsetzung des Unterhaltsbeitrages rechtfertigen» (BGE 120 II 177).

d) Erbrecht

346 Im Erbrecht ist wie schon im Eherecht (vgl. N 333) davon auszugehen, dass es sich hier grundsätzlich um Rechte handelt, die «insusceptible d'abus» sind, handelt es sich doch einerseits um «des actes éminemment personnels» (BGE 117 II 143; vgl. auch J.C. SCHÄRER, Der Grundsatz der materiellen Höchstpersönlichkeit der letztwilligen Verfügung, Bern 1973), die andererseits an strenge Formen gebunden sind, und welche nicht der Disposition der Betroffenen unterliegen (zur «Lockerung» der Formvorschriften für eigenhändige letztwillige Verfügungen vgl. BGE 117 II 145, 239, 246 und 116 II 117; dazu PETER BREITSCHMID: Überblick über die neuste Praxis des Bundesgerichtes (Erbrecht) in: SZW 1992, 113–123; derselbe: Revision der Formvorschriften des Testament, in: ZBJV 1995, 179–186; PAUL EITEL: Grundlegende Neuausrichtung der Praxis zu den Formvorschriften beim eigenhändigen Testament? in: recht 1992, 22–33; DERSELBE: Trendbruch in der Praxis zu den Formvorschriften beim eigenhändigen Testament, in: recht 1993, 55–67; WOLFANG PORTMANN, Zur Orts- und Zeitangabe beim Privattestament, in: recht 1992, 33–39) sowie FRANZ HASENBÖHLER: Zur Problematik der Formelemente beim Testament im Lichte der bundesgerichtlichen Rechtsprechung, in: ZBJV 1995, 167–179).Durch die auf den 1. Januar 1996 in Kraft getretene Revision von Art. 505 Abs. 1 ZGB (Weglassen der Ortsangabe) und Einfügung des neuen Artikels 520a ist das Problem für eigenhändige Testamente durch den Gesetzgeber entschärft worden; bezüglich der übrigen Testamentsformen und derjenigen des Erbvertrages wurde jedoch keine entsprechende Regelung getroffen (vgl. dazu Paul Eitel: Revision der Formvorschriften für das eigenhändige Testament (Änderung des ZGB), in: recht 1995, 256.

347 Das Recht des Ausländers, seine Erbfolge dem Heimatrecht zu unterstellen, wird in Art. 90 Abs. 2 IPRG ausdrücklich anerkannt (vor dem Inkrafttreten des IPRG: Art. 22 Abs. 2 NAG). Dementsprechend kann eine letztwillige Verfügung nicht unter Berufung auf Art. 2 ZGB angefochten werden, wenn darin eine Unterstellung unter das Heimatrecht erfolgt, welches keinen Pflichtteilsschutz vorsieht, zumal das Pflichtteilsrecht nicht zum schweizerischen Ordre public gehört (BGE 102 II 136; kritisch dazu HAUSHEER in ZBJV 1978, 193–195).

Eine Anfechtung wegen Rechtsmissbrauches kommt danach nur unter zwei Voraussetzungen in Frage, die kumulativ gegeben sein müssen: Der Verfügende müsste beim Anfechtenden berechtigtes Vertrauen erweckt haben, dass ihm ein

Erbteil zufallen werde und zugleich die Unterstellung unter das Heimatrecht gewählt haben, um diesen «Vertrauensscheck» nicht einlösen zu müssen (was die professio iuris als zweckwidrige Rechtsausübung erscheinen liesse).

4. Zweckwidrige Verwendung von Instituten des Sachenrechts

Die Theorie des Sachenrechts geht von der idealen Vorstellung der absoluten Herrschaft aus, dem absoluten Recht, andere von der Einwirkung auszuschliessen (vgl. MEIER-HAYOZ, Berner Kommentar, Das Eigentum, Systemat. Teil, N 236). Art. 667 I ZGB enthält jedoch eine «umfassende und allgemein formulierte Bindung des Eigentumsinhaltes an das Ausübungsinteresse» (MERZ, N 305; vgl. auch MEIER-HAYOZ, N 4 zu Art. 667 ZGB). Art. 667 I ZGB kann geradezu als Konkretisierung, als Anwendungsfall der allgemeinen Regel des Art. 2 ZGB gesehen werden (vgl. MEIER-HAYOZ, N 39 zu Art. 641 ZGB).

Darüber hinaus enthält das schweizerische Sachenrecht weitere Normen, «welche den Gedanken interessengebundener Rechtsausübung und den Gedanken des Interessenausgleichs ausführen», was dazu führt, «dass die unter Art. 2 Abs. 2 ZGB zu subsumierenden Anwendungsbeispiele wenig zahlreich sind» (MERZ, N 308; vgl. auch MEIER-HAYOZ, N 17 zu Art. 684 ZGB).

Gleichwohl bleibt die allgemeine Regel des Rechtsmissbrauchs hinter diesen positiv-rechtlich formulierten Konkretisierungen von Bedeutung (vgl. MEIER-HAYOZ, N 37 zu Art. 641 ZGB sowie MERZ, N 308), und zwar sowohl bei der Auslegung sachenrechtlicher Grenzen des Eigentums (i.S. von Abs. 1 von Art. 2 ZGB) als auch einer eventuellen Korrektur (i.S. von Abs. 2 von Art. 2 ZGB).

Rechtsvergleichend ist darauf hinzuweisen, dass dem Rechtsmissbrauchsprinzip umso grössere Bedeutung zukommt, je stärker der absolute Charakter zu Lasten einer Interessenbindung des Eigentums (i.S. von Art. 667 I ZGB) in einer Rechtsordnung ausgebildet ist:

(a) Im deutschen Recht sind die sehr stark absolutierenden Formulierungen in § 903 und 905 BGB durch eine «ausdrückliche Verpflichtung zu sozial sachgemässer Eigentumsausübung» (vgl. MEIER-HAYOZ, N 38 zu Art. 641) eingeschränkt («Eigentum verpflichtet»; Art. 14 II des deutschen Grundgesetzes). «Was im deutschen Recht unter Heranziehung dieser Vorschrift erzielt wird, lässt sich im schweizerischen Privatrecht aufgrund von ZGB 2 erreichen» (vgl. MEIER-HAYOZ, N 38 zu Art. 641 ZGB).

(b) Der französische Code Civil (Art. 544 und 552) enthält ebenfalls – wie das deutsche Recht – keine Schranke des Ausübungsinteresses und kann des-

Art. 2

halb «die interesselose und deshalb schikanöse Rechtsausübung nur unter Berufung auf den Rechtsmissbrauch erfassen» (MERZ, N 305; zur Anwendung des Rechtsmissbrauchsprinzips im französischen Recht, vgl. oben N 235 a).

(c) Im italienischen Recht ist der Inhalt des Eigentumsrechtes (contenuto del diritto, art. 832 Codice Civile) durch ein generelles Verbot der schädigenden oder belästigenden Rechtsausübung (art. 833 Codice Civile) beschränkt.

5. Zweckwidrigkeit im Obligationen-, Immaterialgüter und Zwangsvollstreckungsrecht

a) Obligationenrecht

350 Im schweizerischen Obligationenrecht ist auf dem Boden der Privatautonomie grundsätzlich jeder Zweck zulässig (Art. 19 OR), so lange er nicht gegen die absoluten Schranken verstösst, wie sie sich aus dem Persönlichkeitsschutz (Art. 27 ZGB) oder dem Verbot unmöglicher, widerrechtlicher oder sittenwidriger Geschäfte (Art. 20 OR) ergeben. Im konkreten Einzelfall kann die Zweckentfremdung einer aus der Privatautonomie fliessenden Befugnis nur dann mit Erfolg geltend gemacht werden, wenn konkrete Umstände für eine solche Zweckwidrigkeit nachgewiesen werden. Der Massstab dafür ist umso strenger, wenn sich das geltend gemachte Recht schon aus dem Gesetz ergibt, mithin also auf einer Privilegierung durch den Gesetzgeber beruht, wie z.B. die **bäuerlichen Vorkaufsrechte** (vgl. BGE 109 II 51 sowie 86 II 421).

Wie schon früher (oben N 160) festgestellt wurde, hat das zunehmende Gewicht des Sozialschutzgedankens dazu geführt, dass bestimmte Fallgruppen von missbräuchlichem und zweckwidrigem Verhalten im Gesetz positiv ausformuliert wurden. Der dahinter stehende Art. 2 ZGB muss in diesen Fällen nicht mehr besonders angerufen werden.

351 Zweckwidrig ist die Berufung auf **Irrtum,** wenn die Gegenpartei bereit ist, den Vertrag auch so gelten zu lassen, wie der Irrende ihn verstanden haben will (Art. 25 Abs. 2 OR). Denn die Anfechtung soll nur dazu dienen, den Irrenden «von den Folgen des Irrtums zu befreien, nicht aber, sich von dem loszusagen, was er wirklich gewollt hat» (MERZ, N 212).

Zur gegen Treu und Glauben verstossenden Irrtumsanfechtung i.S. von Art. 25 Abs. 1 OR vgl. BGE 91 II 275; 97 II 43, 98 II 15 sowie 98 II 96.

352 Mit Ausnahme von Art. 226 h Abs. 2, Art. 226 i Abs. 1 und Art. 226 k OR sind die Regeln für **Teilzahlungsgeschäfte** (Art. 226–228 OR) u.a. dann nicht

anwendbar, wenn der Käufer im Handelsregister als Firma oder als Zeichnungsberechtigter einer Einzelfirma oder einer Handelsgesellschaft eingetragen ist. C betrieb ein Café mit einem monatlichen Umsatz von Fr. 40'000.–, womit er gemäss Art. 934 OR in Verbindung mit Art. 54 HRV verpflichtet gewesen wäre, sich im Handelsregister einzutragen, was er aber unterliess. Auf Anfrage des Verkäufers, der ihm ein Auto mit einer Teilzahlungsvereinbarung verkaufte, erklärte er zudem, Kaufmann zu sein. Als er später die Zahlungen einstellte, machte er Nichtigkeit des Teilzahlungsvertrages geltend, da er nicht im Handelsregister eingetragen sei. Die Genfer Cour de Justice Civile wies die Nichtigkeitseinrede ab mit der Begründung: «Constitue en effet un tel abus le fait d'utiliser une institution juridique à des fins étrangères à celles voulues par le legislateur» (Entscheid vom 5.6.1987, publiziert in SJ 1988, 280–284).

Am 1. Juli 1990 sind wesentlich geänderte **Mietrechtsbestimmungen** in Kraft getreten (Art. 253 ff. OR; vgl. die Botschaft im BBl 1985 I 1389). Darin sind verschiedene Rechtsmissbrauchsfälle konkretisiert worden, die sich insbesondere auch gegen die zweckwidrige Verwendung des Kündigungsrechtes des Vermieters wenden.

353

(a) Der Titel des zweiten Abschnittes (vor Art. 269 OR) des neuen Mietrechtes sieht ausdrücklich den «Schutz vor missbräuchlichen Mietzinsen und anderen missbräuchlichen Forderungen des Vermieters bei der Miete von Wohn- und Geschäftsräumen» vor. Als zweckwidrig und daher anfechtbar sind namentlich die in Art. 271 lit. a aufgeführten Kündigungen eingestuft worden (vgl. dazu SVIT-Kommentar Mietrecht, Zürich 1991, 673 ff. sowie P. ZIHLMANN, Das neue Mietrecht, Zürich 1990, 192 ff.).

Der Schutz vor missbräuchlichen Mietzinsen schliesst gemäss Bundesgericht (BGE 120 II 105) aber nicht aus, dass der Vermieter von seinem Kündigungsrecht allein deswegen Gebrauch macht, um von einem anderen Mieter einen höheren Zins beziehen zu können, solange folgende Voraussetzungen erfüllt sind:
– der neue (höhere) Mietzins darf – nach der absoluten Berechnungsweise – nicht missbräuchlich sein und
– das an sich hier gegebene Kündigungsrecht darf nicht in zweckwidriger Weise für eine missbräuchliche Kündigung vorgeschoben werden («ne doit pas servir de prétexte à la poursuite d'un but illicite», BGE 120 II 110).

In BGE 120 II 32 hat das Bundesgericht ausgeführt, «le législateur se réfère à l'art. 271 al. 1 CO, à la notion de bonne foi et non à celle d'abus de droit». Richtig ist, dass in der genannten OR-Bestimmung nur vom Grundsatz von

Art. 2

Treu und Glauben, nicht aber vom Rechtsmissbrauchsprinzip explizit die Rede ist. Falsch ist es aber – jedenfalls in diesem Zusammenhang – daraus nur eine Verweisung auf Art. 2 Abs. 1 ZGB ableiten zu wollen, und zwar aus verschiedenen Gründen:

- Der Grundsatz von Treu und Glauben findet sich schon im Randtitel zu Art. 2 ZGB, d.h. er wird im ZGB zugleich als Überschrift für das Handeln nach Treu und Glauben (Abs. 1) wie auch das Rechtsmissbrauchsverbot (Abs. 2) verwendet; vgl. BGE 120 II 108, wo zunächst auf die unterschiedlichen Funktionen von Abs. 1 und Abs. 2 von Art. 2 ZGB hingewiesen wird (vgl. oben N 21), dann aber ausgeführt wird: «L'intérêt pratique d'une telle distinction dogmatique ne saurait toutefois être surestimé. En effet ... ces deux principes font appel à des notions de caractère général (la bonne fois et l'abus ...)».

- Art. 271 OR ist die gesetzliche Konkretisierung des in Art. 34[septies] der Bundesverfassung vorgesehenen Schutzes gegen missbräuchliche Kündigungen (vgl. dazu JUNOD, im Kommentar zur Bundesverfassung der Schweizerischen Eidgenossenschaft, Bd II, N 33–36 zu Art. 34 septies BV sowie die Botschaft zum neuen Mietrecht, BBl 1985, I, 1399, 1416 und 1458 ff.).

- Nur Abs. 2 von Art. 2 ZGB gestattet korrigierende Eingriffe, wie sie zur Erreichung des Zieles von Art. 271 OR erforderlich sind (vgl. dazu oben N 20 ff.).

(b) ZIHLMANN (a.a.O. 127) ist jedoch zuzustimmen, dass «die sedes materiae der Missbrauchsbekämpfung im Sozialrecht, d.h. im Schutz der schwächeren Vertragspartei, zu suchen ist» und diesem näher liegt als dem allgemeinen Rechtsmissbrauchsverbot und weit über dieses hinausgeht. Diese Einschätzung wird bestätigt durch die gleichzeitig mit der Revision des Mietrechtes erfolgte Schaffung eines eigenen Straftatbestandes der «Widerhandlungen gegen die Bestimmungen zum Schutz der Mieter von Wohn- und Geschäftsräumen» (Art. 325 bis StGB). Unter diesem Sozialschutzgedanken muss auch Art. 266n (a. OR 271 a) betr. die Doppelzustellung der Kündigung an beide Ehegattten gesehen werden. Nur so lässt sich rechtfertigen, dass die Berufung auf die fehlerhafte Zustellung der Kündigung selbst dann nicht rechtsmissbräuchlich sein soll, wenn der andere Ehegatte tatsächlich Kenntnis von der (einfach zugestellten) Kündigung erhalten hat und dies erst im Rechtsmittelverfahren geltend gemacht wird (vgl. BGE 115 II 361).

(c) Hebt dagegen ein Mieter einen Prozess an, von dem er weiss oder doch annehmen muss, dass er aussichtlos ist («voué à l'échec»), insbesondere allein mit dem Ziel, in den Genuss von Kündigungsschutzbestimmungen zu gelangen, missbraucht er seine Rechte und verliert damit den Schutz gegen eine Vergeltungskündigung (BGE 114 II 79, u.a. unter Berufung auf das Prinzip «nemo auditur propriam turpitudinem allegans»). Ebenfalls als rechtsmissbräuchlich beurteilte das Bundesgericht die Anfechtung einer Vertragsklausel, die in einem vorangehenden Verfahren von der anfechtenden Partei als rechtsgültig anerkannt worden war (BGE 116 II 593/4). Die Geltendmachung des Kündigungsschutzes gemäss Art. 271 und 271a OR durch einen Mieter, der zu günstigen Bedingungen einen resolutiv bedingten Mietvertrag abgeschlossen hat, kann rechtsmissbräuchlich sein (BGE 121 III 260; Frage in casu offen gelassen).

Auch im **Arbeitsvertragsrecht** (in der seit dem 1.1.1989 geltenden Fassung; vgl. BBl 1984 II 551) hat der Gesetzgeber einen nicht abschliessenden Katalog von rechtsmissbräuchlichen Kündigungen aufgestellt (Art. 336 OR; vgl. dazu REHBINDER, Berner Kommentar zu Art. 336 OR; Der Einzelarbeitsvertrag im Obligationenrecht, herausgegeben vom Schweiz. Gewerbeverband, Muri 1991, 381 ff. sowie R. BERSIER: La résiliation abusive du contrat de travail, in: SJZ 1993, 313–322). Auch diese im Sinne von Art. 2 ZGB zweckwidrigen Verwendungen des Kündigungsrechtes sind eher einer eigenständigen Sozialschutzgesetzgebung zuzurechnen, da aus Art. 2 ZGB kaum derart detaillierte und positiv-konkrete Verhaltenspflichten (für den Arbeitgeber) abgeleitet werden könnten. Weil der Katalog der Rechtsmissbrauchstatbestände nicht abschliessend ist, bleibt Art. 2 ZGB in nicht aufgelisteten Missbrauchsfällen anwendbar, wobei in derartigen Fällen zweckmässigerweise die gleichen Sanktionen gelten sollen wie sie in den gesetzlich geregelten Missbrauchstatbeständen vorgesehen sind.

Als zulässig und nicht rechtsmissbräuchlich gelten nach bundesgerichtlicher Rechtsprechung Änderungskündigungen zur Anpassung von Arbeitsverträgen an veränderte wirtschaftliche oder betriebliche Bedürfnisse (BGE 123 III 246). Zur Sanktion der missbräuchlichen Kündigung vgl. BGE 121 III 64.

Bei der **Mitbürgschaft** i.S. von Art. 497 OR wäre es gemäss MERZ (N 319) «zweckwidrig, im Falle der Nichtverwirklichung der Voraussetzung die volle Befreiung und nicht bloss die Beschränkung auf den Haftungsbetrag eintreten zu lassen, den er (der Mitbürge) auch bei gültiger Verpflichtung der Mitbürgen hätte zahlen müssen». Dem ist nicht zuzustimmen: Vielmehr ist davon auszugehen, dass der Zweck von Art. 497 Abs. 3 OR zur gänzlichen Befreiung des Mitbürgen führen muss, «wenn der erwartete Hinzutritt von Mitbürgen ausbleibt oder nachträglich ein Mitbürge vom Gläubiger aus der Haftung entlassen wird.» Denn: «Anlässlich der Revision von 1941 wurde für alle Fälle die strengere, den Bürgen

Art. 2

absolut schützende Auffassung als Grundsatz angenommen» (GIOVANOLI, Kommentar zu Art. 497 OR, N 27).

Der zweite Satz von Art. 497 Abs. 3 OR, wonach der Richter statt auf Aufhebung auch bloss auf eine angemessene Herabsetzung der Haftung erkennen kann, «wenn es die Billigkeit verlangt», ist als Ausnahmebestimmung restriktiv auszulegen und kann nicht die von MERZ angenommene allgemeine Zweckwidrigkeit (aus der Sicht von Art. 2 ZGB) begründen; auch hier handelt es sich um ein Stück eigenständiger Sozialschutzgesetzgebung. Die (spärliche) Praxis scheint diese Interpretation zu bestätigen (vgl. BGE 60 II 167; SJZ 1976, 379 sowie G. SCYBOZ in SPR VII/2, 424/5).

b) Immaterialgüterrecht

356 Als rechtsmissbräuchlich beurteilte das Bundesgericht in einem Entscheid vom 22.8.1984 auch die Hinterlegung einer Fabrikationsmarke «sans avoir l'intention de l'utiliser, mais uniquement pour tâcher d'en empêcher l'emploi par un concurrent qui se proposait d'en faire usage.» Damit strebe der Hinterleger an, «d'utiliser une institution juridique à une fin à laquelle elle n'est pas destinée et qui ne mérite pas de protection; partant, il commet un abus de droit» (SJ 1985, 38/38 mit Verweisungen).

c) Zwangsvollstreckungsrecht

357 Wenn offensichtlich ist, dass «der Gläubiger mit der Betreibung Ziele verfolgt, die nicht das geringste mit der Zwangsvollstreckung zu tun haben, im vorliegenden Fall, um den Betriebenen zu bedrängen» (BGE 115 III 19), kann die Betreibung nichtig sein. Im konkreten Fall wurde die Frage allerdings offengelassen. Immerhin wurde ausgeführt, dass die Zustellung von vier Zahlungsbefehlen innert fünfzehn Monaten für dieselbe Forderung, wobei der Gläubiger nie Rechtsöffnung verlangte oder die Forderung gerichtlich durchzusezten versucht hat, grundsätzlich als rechtsmissbräuchlich zu betrachten wäre (vgl. auch BlSchK 1991, 111 und 1988, 194).

In BGE 113 III 4 (passim; vgl. auch 115 III 88) hat das Bundesgericht die Möglichkeit des Rechtsmissbrauchs durch zweckwidrige Betreibung zumindest in Ausnahmefällen als gegeben betrachtet, beispielsweise dann, wenn der Gläubiger mit dem Betreibungsverfahren nicht tatsächlich die Einforderung einer – wenn auch umstrittenen Forderung – sondern durch wiederholte Betreibungen des Schuldners nur dessen Kreditschädigung bezweckt. Zu Recht hat das Bundesgericht in diesem Entscheid aber auf den absoluten Ausnahmecharakter der Missbrauchseinrede in solchen Fällen hingewiesen; vgl. dazu auch BGE 102 III 5.

Rechtsmissbräuchlich ist die Abgabe einer Insolvenzerklärung zum Zwecke der Konkurseröffnung, «wenn der Schuldner damit offensichtlich nicht einen wirtschaftlichen Neubeginn auf solider Grundlage anstrebt, sondern ausschliesslich seine Belangbarkeit für die bestehenden Zahlungsverpflichtungen einschränken will» (Obergericht Aargau, SJZ 1985, 392/3). Das zugunsten des Schuldners in Art. 191 SchKG (in der bis zum 31.12.96 gültigen Fassung) vorgesehene Rechtsinstitut wird dadurch zweckentfremdet. Mit der Regelung des neuen Absatzes 2 von Art. 191 SchKG (in der seit dem 1.1.1997 geltenden Fassung) wurde bewusst angestrebt, dem Missbrauch der Insolvenzerklärung, « indem sie für Interessen missbraucht wird, die dieses Institut nicht schützen will» (Botschaft, BBl 1991 III, 117), entgegenzuwirken.

Nicht rechtsmissbräuchlich handelt der Mitschuldner, welcher dem Gläubiger, der einem Nachlassvertrag zugestimmt hat, Art. 303 Abs. 2 SchKG entgegenhält. Versäumt die Gläubigerin, gemäss dieser Bestimmung vorzugehen, «elle ne saurait donc suppléer à sa négligence par le recours à l'abus de droit» (BGE 121 III 196).

6. Rechtsgeschäftliche Zweckbeschränkungen

Nebst gesetzlichen Schranken der zweckwidrigen Rechtsausübung (vgl. oben N 327–358) können sich solche auch aus rechtsgeschäftlichen Regelungen ergeben, wobei einige Fälle im Grenzbereich zwischen gesetzlichen und rechtsgeschäftlichen Zweckschranken anzusiedeln sind (vgl. N 360–362).

Im Bereich rechtsgeschäftlicher Regelungen, die keine gesetzlichen Schranken verletzen, kann die Zweckwidrigkeit nur in Ausnahmefällen als rechtsmissbräuchlich angerufen werden. Jedenfalls darf «der blosse Verstoss gegen den geschäftlichen Anstand nicht zur Korrektur einer auslegungsmässig nicht zu bereinigenden Regelung führen» (vgl. MERZ, N 338 a.E., der in diesem Zusammenhang ohne Not von einer nicht zu bereinigenden gesetzlichen Regelung spricht).

Zu den Fällen im Grenzbereich (vgl. N 359) gehört zunächst die Ausschlussfreiheit des Vereins nach Art. 72 ZGB. Wo die Ausschlussgründe in den Statuten klar ausformuliert sind, ist grundsätzlich «eine Anrufung des Rechtsmissbrauchs nicht erforderlich; es geht um die unmittelbare Anwendung der Statuten und des Art. 72 ZGB» (MERZ, N 322).

Gestatten die Statuten jedoch den Ausschluss ohne Angabe der Gründe, hat der Richter «grundsätzlich keine Überprüfungsbefugnis, ausgenommen bezüg-

Art. 2

lich der Frage, ob eine der – wenigen – materiellen Schranken der Ausschliessungsbefugnis des Vereins überschritten wurde» (RIEMER, Berner Kommentar zu Art. 72 ZGB, N 90). Die wichtigste materielle Schranke ist – nebst dem Schutz der Persönlichkeit (Art. 28 ZGB) – zweifellos das Verbot des Rechtsmissbrauchs, welches insbesondere die zweckwidrige Ausübung des Ausschliessungsrechtes verbietet (Einzelheiten und Kasuistik dazu bei RIEMER, Berner Kommentar zu Art. 72 ZGB, N 41–43).

361   Gemäss MERZ (N 323–326) kann Art. 2 ZGB auch angerufen werden bei «zweckwidriger Rechtsausübung bei allen freiwilligen Zusammenschlüssen, die in der Folge für ihre Willensbildung und damit für ihr Handeln das Mehrheitsprinzip zur Anwendung bringen, also insbesondere bei den körperschaftlich organisierten Personenverbänden.» Wohl räumt MERZ ein, dass «der Schutz in der Regel nicht über Art. 2 ZGB gewährt (wird), sondern unmittelbar auf Grund von Rechtsbehelfen gegen gesetz- oder statutenwidrige Beschlüsse» (MERZ, N 323). Das von MERZ vorgeschlagene Zurückgreifen auf Art. 2 ZGB, «wenn unter Beachtung der gesetzlichen und statutarischen Schranken die Zwecksetzung geändert wird oder innerhalb der Zwecksetzung die Interessen einer Minderheit zum Vorteil einer Mehrheit ausgebeutet werden, ohne dass das Wohl des «Unternehmens an sich› dies gebietet» (MERZ, N 325), bedarf einiger einschränkender Präzisierungen:

(a)   Zu den gesetzlichen Schranken gehört insbesondere auch Art. 19 Abs. 2 OR, welcher rechtsgeschäftliche Regelungen, die gegen die guten Sitten oder gegen das Recht der Persönlichkeit verstossen, als unzulässig erklärt.

(b)   Privatautonom getroffene Vereinbarungen können einer Auslegung nach den zu Abs. 1 von Art. 2 ZGB entwickelten Grundsätzen unterzogen werden (vgl. oben N 66 ff.). Überschreiten sie den gesetzlich vorgegebenen Rahmen nicht (vgl. a hievor), können sie keiner «Inhaltskontrolle» durch den Richter unterzogen werden, ohne dass die Privatautonomie als Grundprinzip der Rechtsordnung tangiert wird.

(c)   Die Feststellung von zweckwidrigen Verhalten setzt immer eine positiv konkretisierbare Vorstellung von den erlaubten Zwecken voraus, was im Bereich privatautonomer Gestaltung praktisch jedoch kaum zu leisten ist (vgl. oben N 323), wobei

(d)   sehr fraglich ist, ob der Richter in der Lage ist, derartige Fragen zu beantworten – wo es eben um die Ausgestaltung des durch die Privatautonomie geöffneten Freiraumes geht (vgl. oben b).

362   Aus dem soeben Gesagten ergeben sich die nachfolgenden Konsequenzen:

Art. 2

(a) Grundsätzlich ist im Bereich privatautonomer Gestaltung eine konkrete Verletzung von Vertrag, Gesetz oder den guten Sitten (Art. 19 OR) nachzuweisen, um einen noch so nachteiligen Beschluss zu Fall bringen zu können.

(b) Daneben sind grundsätzlich auch nachteilige Konsequenzen der privatautonomen Ausgestaltung hinzunehmen, wenn die Auslegung nach Treu und Glauben (vgl. N 361 b) keine Verletzung von Vertrag, Gesetz oder guten Sitten ergibt.

(c) Hingegen kann auch in diesem Falle die Pflicht zur schonenden Rechtsausübung (vgl. dazu oben N 295–301) angerufen werden, welche jedoch in der Regel nur das «Wie», jedoch nicht das «Was» einer angestrebten Zweckrealisierung betrifft.

Die von MERZ (N 324) angeführten Beispiele – das Ausnützen der korporativen Organisation zur Erlangung von Sondervorteilen, die nicht zugleich auch Unternehmensvorteile sind oder das nachweisbar auf Schädigung der Minderheit gerichtete Zusammenwirken der Mehrheit – könnten ohne weiteres nach dem hier vorgeschlagenen Verfahren geregelt werden.

Seit das schon früher als ungeschriebenes Recht geltende Gleichbehandlungsprinzip (vgl. BGE 111 II 338) ausdrücklich im Gesetz festgeschrieben ist (Art. 717 Abs. 2 OR in der seit dem 1.7.1992 geltenden Fassung), gilt dies umso mehr. M.a.W.: der Anwendungsbereich von Art. 2 ZGB zur Korrektur angeblich zweckwidriger Missbräuche von Mehrheitspositionen dürfte noch enger geworden sein, als er bei genauer Betrachtung immer schon war.

Eine Zweckbeschränkung ist auch in der Umschreibung des Garantiefalles in einer ansonsten abstrakt und nicht-akzessorisch ausgestalteten Garantie zu sehen. Wer eine Garantie, die ausdrücklich zur Sicherstellung einer (noch nicht entstandenen) Provisionsforderung ausgestellt wurde, als Sicherheit für einen Kredit verwendet, macht von der Garantie einen zweckwidrigen Gebrauch und handelt rechtsmissbräuchlich (ZR 1987, Nr. 40; vgl. auch B. KLEINER, Bankgarantie, Zürich 1990, 201/2; J. DOHM, Bankgarantien im internationalen Handel, Bern 1985, 111 ff.). 363

Ein Extremfall der rechtsgeschäftlichen Freiheit ist der Abschluss eines sogenannten Gentlemen's Agreement, mit welchem die Parteien sich gegenseitige Leistungen versprechen, gleichzeitig aber auf die gerichtliche Durchsetzung verzichten und blosse Ehrenverpflichtungen begründen (vgl. dazu M. BAUMANN, Gentlemen's Agreement – Zulässigkeit und Anwendungsbereich im Privatrecht, SJZ 1991, 1–7 sowie DIETER BIERI, Kredit und Konsortium, Zürich 1987, insbes. 119–146). 364

Art. 2

Die zweckwidrige Verwendung eines Gentlemen's Agreement kann z.B. darin bestehen, dass der darin vereinbarte Klageausschluss auch bezüglich anderer Geschäfte zwischen den gleichen Parteien angerufen wird, welche nach der ursprünglichen Einigung nicht darunter fallen sollten. Derartige Problemfälle lassen sich in der Regel mit einer Auslegung i.S. von Abs. 1 von Art. 2 ZGB klären. Die deutsche Praxis hat darüber hinaus auch schon Auskunftsrechte zugesprochen, um die «Vorfrage» einer zweckwidrigen Verwendung eines Gentlemen's Agreement überhaupt entscheiden zu können. Allerdings handelte es sich im erwähnten Fall um einen Vertrag, der von den Parteien erst nachträglich als Gentlemen's Agreement bezeichnet wurde (vgl. BAUMANN, a.a.O., Ziffer 5.6).

Im übrigen scheint die (spärliche) Praxis sich eindeutig z.G. der Privatautonomie zu entscheiden: Der Klageausschluss ist gültig und die Sanktionen einer Verletzung bestehen nebst der Beendigung der Beziehung aus ausserrechtlichen Massnahmen (Mitteilung an einen Berufsverband, Aufführen in einer schwarzen Liste etc.; vgl. BAUMANN, a.a.O., S. 5, Fn 15).

365 Zweckwidrige Berufung auf fallspezifische Klauseln kann vorliegen, wenn eine vertragliche Regelung wegen Änderung der Umstände obsolet geworden ist (zur Abgrenzung gegenüber der clausula rebus sic stantibus siehe unten N 443 ff.). Dazu gehört nicht nur die Berufung auf eine Gerichtsstandsklausel, die «ihren Grund und Zweck verloren hat, nachdem beide Parteien keine für den vereinbarten Gerichtsstand erhebliche Beziehung mehr unterhalten» (vgl. MERZ, N 384); das gleiche muss auch gelten bezüglich obsolet gewordener Lieferungsklauseln (Lieferung an die aufgehobene Zweigniederlassung des Empfängers) oder Formalitäten (z.B. Beharren auf einem bestimmten Ursprungszeugnis, welches durch Änderung der Gesetzgebung ausdrücklich abgeschafft wurde) etc.

366 Die Kündbarkeit von Dauerverträgen auf unbestimmte Zeit ist grundsätzlich nach Art. 27 ZGB zu beurteilen, wobei für die Bemessung der Frist der Vertragszweck i.S. von Abs. 1 von Art. 2 ZGB auszulegen ist (vgl. MERZ, N 332). Im Entscheid 113 II 211 hat das Bundesgericht allerdings ausgeführt, dass «le principe de la limitation dans le temps des engagements contractuels» aus Art. 2 ZGB herzuleiten sei, welche Bestimmung «se présente comme une norme fondamentale, tirée des considérations ethiques».
Die dahinter stehende ethische Überlegung ist nun aber keine andere als der Gedanke der persönlichen Freiheit, die nicht missbraucht werden darf; niemand soll sich ihr auf Dauer entäussern können (in diesem Sinne auch IVAN CHERPILLOD, La fin des contrats de durée, Lausanne 1988, 16 ff.; sowie B. SCHNYDER in ZBJV 1989, 67 vgl. auch ENGEL, 132).

367 Eine «eigenständige Bedeutung von Art. 2 ZGB kommt in Fällen zum Tragen, wo es nicht ersichtlich ist, dass der Verpflichtete in seinen finanziellen Inter-

essen ernstlich beeinträchtigt wird» (BGE 114 II 162). In einem Entscheid aus dem Jahre 1971 (BGE 97 II 390, insbes. E 7, 399/400) hat das Bundesgericht unter Berufung auf LIVER (ZBJV 1969, 9 ff.) festgehalten, dass eine Partei (in casu eine Gemeinde), die weder in ihren finanziellen Interessen ernstlich beschränkt noch im Gebrauche ihrer Freiheit in einem das Recht oder die Sittlichkeit verletzenden Grade betroffen sei, sich direkt auf Art. 2 ZGB berufen könne, wobei auf den Zweck abzustellen sei, den die Parteien bei Abschluss des Vertrages verfolgt hätten.

Dem Entscheid 97 II 390 lagen letztlich aber zwei andere Gedanken zugrunde: «Als Entschädigung für die abgetretene Wasserrechtskonzession vereinbarten die Parteien neben dem Kaufpreis für die Liegenschaft Meiersboden und der Erstattung aller Aufwendungen die Lieferung von Strom zu einem Vorzugspreis durch die Stadt Chur. Es darf deshalb nach dem Grundsatz von Treu und Glauben angenommen werden, dass die Parteien stillschweigend davon ausgingen, die Stromlieferungen seien für die Dauer der Konzession vereinbart» (97 II 400); d.h. hier kommt ins Spiel, dass Rechte nur für die Dauer ihres Bestehens übertragen werden können (nemo plus iuris transferre potest quam ipse habet). Zweitens wird mit den finanziellen Interessen auch ganz einfach das krasse Missverhältnis der Leistungen zur Begründung der Befristung herbeigezogen («Die Leistungen der Klägerin, die in einem ausgesprochenen Missverhältnis zu den Gegenleistungen der Beklagten stehen ...»; 97 II 400). Beide Argumente – die zeitliche Begrenzung des übertragenen Rechtes (vgl. N 366) wie das Missverhältnis der Leistungen (vgl. oben N 302 ff.) begründen nicht eine eigentliche Zweckwidrigkeit.

Daraus lässt sich folgendes Schema für die Beurteilung von Dauerverträgen auf unbestimmte Zeit herleiten: 368

(a) grundsätzlich sind derartige Verträge immer kündbar, sofern sie die persönliche Freiheit einer Partei tangieren (Art. 27 ZGB); Art. 2 (Abs. 1) ZGB spielt in diesen Fällen lediglich eine Rolle bei der Bemessung der Kündigungsfrist.

(b) Selbst wo keine Persönlichkeitsrechte verletzt werden, kann sich eine unbefristete Vertragsbindung als zweckwidrig erweisen. In diesem Falle ist Art. 2 ZGB nicht nur Bemessungsregel, sondern auch Rechtsgrund für die Beendigung eines derartigen Vertrages. Im Verhältnis zwischen Privaten wird dies jedoch nur sehr selten zutreffen und auch bei juristischen Personen (des privaten oder öffentlichen Rechtes) darf nicht ohne weiteres davon ausgegangen werden, dass sie durch unbefristete Bindungen in ihrer Freiheit nicht beschränkt werden.

Art. 2

VIII. Die unnütze und interesselose Rechtsausübung

1. Allgemeines

369 Die hier zu behandelnden Fälle können unter zwei (sich teilweise überschneidenden) Gesichtspunkten gesehen werden:

(a) Einerseits kann die Rechtsausübung deshalb völlig nutzlos sein, weil sie aus objektiven Gründen nicht zum angestrebten Zweck führen kann.

(b) Andererseits kann die Rechtsausübung deshalb unnütz sein, weil z.B. der angestrebte Zweck bereits auf andere Weise sichergestellt ist, so dass subjektiv von einem völligen Fehlen eines (berechtigten) Interesses ausgegangen werden muss. Dieser Fall stellt zugleich das Extrembeispiel für das krasse Missverhältnis der Interessen (vgl. oben N 302 ff.) dar: Weil hier einem noch so bescheidenen (aber schützenswerten) Interesse des Verpflichteten überhaupt kein schützenswertes Interesse des Berechtigten gegenübersteht, ist die Interessendifferenz (vgl. oben N 308 b) so gross, dass die Rechtsausübung als missbräuchlich erscheint.

(c) Nicht nach Art. 2 ZGB, sondern nach Art. 736 ZGB ist der Fall zu regeln, wo eine Dienstbarkeit für das berechtigte Grundstück alles Interesse verloren hat (Abs. 1) oder im Vergleich zur Belastung von unverhältnismässig geringer Bedeutung ist (Abs. 2); vgl. dazu BGE 107 II 33 sowie LIVER, Zürcher Kommentar zu Art. 736 ZGB. Art. 736 ZGB kann daher als Konkretisierung der Clausula rebus sic stantibus (vgl. LIVER, a.a.O., N 36 ff.) und «Spezialtatbestand zum Grundsatz des Art. 2», der allerdings eine eigene Rechtsfolge statuiert (LIVER, a.a.O., N 42), bezeichnet werden (vgl. dazu unten N 450). Bei Untergang eines dinglichen Rechtes kann schliesslich der Belastete nach Art. 976 ZGB die Löschung im Grundbuch verlangen (vgl. dazu P. LIVER, Die Löschung infolge Unterganges des dinglichen Rechtes, ZBGR 1958, S. 324).

370 Nicht erforderlich ist, dass die unnütze Rechtsausübung in schädigender (schikanöser) Absicht erfolgt (vgl. BGE 109 II 22). Wenn auch «das Fehlen eines Interesses bei der Ausübung eines Rechtes meistens der Absicht entspringt, einem anderen Schaden zuzufügen» (DESCHENAUX, 179), ist nach schweizerischem Recht – anders als z.B. im französischen Recht (vgl. dazu die Beispiele bei MERZ, N 345 sowie oben N 235 a) – die schädigende Absicht nicht Voraussetzung des Rechtsmissbrauchs. Liegt eine schädigende Absicht vor, besteht neben der unnützen

Rechtsausübung ein selbständiger Rechtsgrund – Schikane (vgl. oben N 295), missbräuchliche Rechtsausübung geltendzumachen.

Es ist Sache des Verpflichteten, den Nachweis zu erbringen, dass die Rechtsausübung objektiv unnötig ist, oder dass sie für den Berechtigten subjektiv zwecklos ist, wenn er sie unter Berufung auf das Missbrauchsverbot verhindern will. Dabei kann er dies schon dann nicht, wenn auf Seiten des Berechtigten auch nur eine Annehmlichkeit im Spiele steht (so auch DESCHENAUX, 179; MERZ, N 349). Gemäss Bundesgericht ist «auch eine ganz individuelle, nach Durchschnittsanschauungen vielleicht unbegreifliche Liebhaberei» zu schützen, solange objektiv tatsächlich ein Unterschied besteht, ob das fragliche Recht (in casu: eine Servitut, welche die Aussicht schützte) ausgeübt wird oder nicht (BGE 70 II 102/ 3). Immerhin kann ein solcher Fall unter dem Gesichtspunkt der (zu) krassen Interessendifferenz (vgl. oben N 302 ff.) oder auch der schonenden Rechtsausübung (vgl. oben N 295 ff.) gleichwohl auf Vorliegen eines Rechtsmissbrauches untersucht werden. 371

2. Objektiv unnütze Rechtsausübung

Als aus **sachlichen Gründen objektiv unnütze Rechtsausübung** sind folgende Fälle zu qualifizieren: 372

(a) Objektiv unnütz war das Begehren eines Grundeigentümers, sein Nachbar müsse eine Mauer abreissen, die aber unmittelbar vor einer zweiten Mauer stand, welche der Kläger sowieso dulden musste, wodurch der Zutritt von Licht und Luft durch die Bogengänge in sein Haus also ohnedies gehemmt war (BGE 40 II 339). Hinzu kam im erwähnten Fall ein Missverhältnis der Interessen (vgl. oben N 305).

(b) Ein Dienstbarkeitsberechtigter, der durch ein Vorhaben eines Dritten überhaupt nicht geschädigt wird, handelt rechtsmissbräuchlich «wegen unnützer Rechtsausübung», wenn er seine Zustimmung zu eben diesem Vorhaben verweigert (BGE 95 II 21; vgl. auch oben N 297 c und 305).

(c) Als unnütz bezeichnete das Bundesgericht auch ein Begehren um Wiedereintragung einer gelöschten Aktiengesellschaft (57 I 233), bei der keinerlei verwertbare Aktiven mehr vorhanden waren, da trotz Wiedereintragung in einem solchen Falle für den Gläubiger nichts herauszuholen wäre. In BGE 60 I 23 wurde dieses Argument noch durch ein weiteres – subjektiv unnütze Rechtsverfolgung (vgl. unten N 376) – untermauert.

Art. 2

(d) Nicht im Interesse des Klägers lag auch ein Begehren um weitere (vertragsgemässe) Vorführung von Reklamedias in einem Kino, das wegen mangelnder Besucherfrequenz schliessen musste, «da die Vorführung der Reklamedias ja nur bei ordentlicher Frequenz des Kinos überhaupt einen Sinn hatte» (Zürcher Handelsgericht, SJZ 1968, 360/61, allerdings unter Berufung auf die clausula rebus sic stantibus; vgl. unten N 460).

373 Aus **rechtlichen Gründen unnütz** war die Rechtsausübung in folgenden Fällen:

(a) Ähnlich wie bei BGE 40 II 339 (oben N 372 a) lag der Fall in BGE 52 II 408: Statt einer zweiten Mauer stand in diesem Falle hinter der angefochtenen Marke ein identisches Zeichen eines Dritten, welches die Beklagte (als Wider-Klägerin) auch bei Gutheissung ihrer Nichtigkeitsklage hätte respektieren müssen; vgl. dazu auch BGE 99 II 115/16.

(b) Unnütz ist auch die Berufung darauf, ein Gericht habe fälschlicherweise eidgenössisches statt kantonales Recht angewendet, wenn die Rückweisung an die Vorinstanz aus diesem Grunde zum gleichen Ergebnis führen müsste (BGE 83 II 352). Das Bundesgericht spricht hier – aus der subjektiven Optik der Partei gesehen – davon, dass die Berufung «jedenfalls an fehlendem Interesse» scheitern müsste, was aber letztlich auf die aus rechtlichen Gründen (objektive) Unerreichbarkeit des anvisierten Zieles zurückzuführen ist.

(c) Ein Erbe hat in einem nur zwischen den Erben geführten Prozess kein rechtliches Interesse an der Feststellung des Nichtbestehens einer Forderung eines Dritten, die gegen den Erblasser oder die Erbengemeinschaft geltend gemacht wird. Mit einer solchen Klage «lässt sich daher überhaupt kein vernünftiger Zweck erreichen, so dass (ihr) das aus Art. 2 Abs. 2 ZGB sich ergebende Verbot völlig unnützer Rechtsausübung entgegensteht» (BGE 93 II 17).

(d) Unnütz bzw. ohne jegliches schützenswertes Interesse war die Klage eines Aktionärs, der einen Generalversammlungsbeschluss betr. Entlastung der Verwaltung auch dann noch anfocht, als dieser Beschluss unter Zustimmung der Mitglieder der Verwaltung bereits aufgehoben worden war (BGE 86 II 165): «Das Festhalten an der vorliegenden Klage kann nur noch den Zweck haben, den Prozess um des Prozessierens willen fortzuführen. Das ist offenbarer Missbrauch eines Rechtes und verdient keinen Schutz» (BGE 86 II 170). Auch hier war das angestrebte Ziel objektiv gar nicht mehr erreichbar, der angefochtene Beschluss bestand nicht mehr, womit der Gegenstand des Rechtsstreites fehlte.

(e) Schliesslich ist der Gedanke der unnützen Rechtsausübung auch positivrechtlich geregelt worden, so in Art. 691 Abs. 3 OR, wo die Anfechtbarkeit von Generalversammlungsbeschlüssen als unnütz ausgeschlossen wird, sofern die beklagte Gesellschaft nachweist, dass die unbefugte Mitwirkung keinen Einfluss auf die Beschlussfassung ausgeübt hat.

3. Subjektiv unnütze Rechtsausübung / Fehlendes Interesse an der Rechtsausübung

In BGE 79 II 181 wurde festgehalten, dass rechtsmissbräuchlich handelt wer etwas einfordert, das ihm nicht zukommt, selbst wenn er praktisch den Erstattungsanspruch nicht zu gewärtigen braucht: «Dolo facit qui petit quod rediturus est» (Dig. 50, 17, 173 § 3). Mit dieser Begründung verweigerte das Bundesgericht die Einforderung der Barliberierung bei einem Aktionär, für dessen Rechnung ein anderer aus seinem eigenen Vermögen eine (unzulässige) Sacheinlage erbracht hatte, woraus der Gesellschaft eine Rückerstattungspflicht wegen ungerechtfertigter Bereicherung entstanden wäre. Zur nutzlosen Rechtsausübung im Aktienrecht vgl. auch RÜTTIMANN (zit. in N 327), 139–147. 374

In BGE 56 II 140 hat das Bundesgericht grundsätzlich festgehalten, dass der Rückgriff des Bürgen auf den Mitbürgen dann unzulässig ist, wenn er den Gläubiger gerade aus dessen (des Mitbürgen) Vermögen befriedigt hat. Offen gelassen hat das Bundesgericht, ob die Rückgriffsklage deswegen nicht geschützt werden könnte, weil «man die Verrechnung zulässt» (so MERZ, N 367) oder «dass man den Regress überhaupt versagt.» 375

Aus der Sicht von Art. 2 Abs. 2 ZGB ist wohl nur die letztere Lösung sachgerecht: der Regress nehmende Mitbürge handelt eindeutig rechtsmissbräuchlich, wenn er von demjenigen Ersatz verlangt, aus dessen Vermögen der Gläubiger bereits befriedigt wurde; es sollte daher vom letzteren nicht noch verlangt werden, sich gegen den missbräuchlichen Regressanspruch mit der Verrechnungseinrede wehren zu müssen (vgl. auch DESCHENAUX, 180: «Diese Idee kann auch ausserhalb der Verrechnung zur Anwendung kommen.»).

Als unnütz wurde die Klage auf Wiedereintragung einer Kommanditgesellschaft (vgl. oben N 372 c) auch deswegen beurteilt, weil die Erben des verstorbenen Komplementärs der gelöschten Gesellschaft «sowohl im kantonalen wie im bundesgerichtlichen Verfahren die Erklärung abgegeben haben, sie seien damit einverstanden, dass der Rechtsstreit ... direkt ihnen gegenüber erhoben werde und damit ... zum vorneherein auf die Einrede verzichtet haben, dass sie erst 376

Art. 2

nach erfolgter Auflösung oder erfolgloser Betreibung der Gesellschaft persönlich belangt werden könnten» (BGE 60 I 30).

377 (a) Die Grundsätze der Dokumentenstrenge und der Abstraktheit der Akkreditiv-Verpflichtung schliessen das Verbot **des Rechtsmissbrauchs im Akkreditiv-Geschäft** nicht aus, obwohl dabei mit Rücksicht auf den Rechtsverkehr allergrösste Zurückhaltung zu beachten ist. In BGE 115 II 71/2 beurteilte das Bundesgericht das Festhalten einer Bank am Erfordernis eines «receipt» für eine erfolgte Warenlieferung als unnütz und rechtsmissbräuchliches Ausnützen einer rein formalen Rechtsposition, nachdem der Bank bekannt war, dass der Zweck des «receipts» bereits erfüllt war. Die Bank wurde trotz formell nicht konformer Dokumente zur Zahlung verurteilt. Häufiger ist jedoch der Fall, wo eine Bank trotz konformer Dokumente unter Hinweis auf eine rechtsmissbräuchliche Inanspruchnahme die Zahlung verweigert.

In BGE 100 II 151 hatte das Bundesgericht noch die strengere Auffassung vertreten, dass sich eine Bank im Akkreditiv-Geschäft «nur dann auf rechtsmissbräuchliches Verhalten des Begünstigten berufen kann, wenn es bei Fälligkeit ihrer Verpflichtung bewiesen ist. Dazu bedürfte es wohl einer rechtskräftigen einstweiligen Verfügung des zuständigen Gerichtes auf Untersagung der Zahlung oder sogar eines rechtskräftigen Urteils in der Sache selber, wozu in der Regel die Zeit bei aufgeschobener Zahlungsfrist nicht ausreicht.» (vgl. dazu auch Jürgen Dohm, Bankgarantie im internationalen Handel, Bern 1985, RZ 241 sowie ZR 1989 Nr. 60 E 2c).

(b) Damit wird die erfolgreiche Anrufung von Art. 2 ZGB in Akkreditiv-Geschäften zwar erheblich eingeschränkt, jedoch zu Recht: Akkreditive sind das wichtigste Instrument des internationalen Warenhandels, die in grosser Zahl eingesetzt werden und innert kurzer Fristen verarbeitet werden müssen. Gerade Art. 2 ZGB – selber eine Norm zum Schutz des Rechtsverkehrs (oben N 11) – gestattet grundsätzlich nicht, dass möglicherweise rechtsmissbräuchliches Verhalten der Parteien des Grundverhältnisses im Akkreditiv-Verhältnis zwischen den beteiligten Banken berücksichtigt wird (vgl. dazu H. Schönle, Missbrauch von Akkreditiven und Bankgarantien, in: SJZ 1983, 53–61 und 73–78). BGE 115 II 71/72 ist so gesehen zu Recht kritisiert worden (R. Bär in ZBJV 1991, 264–266 und M. Lanzi/H. Wille in SZW 1990, 56–59, die als Vertreter der beklagten Bank direkt in den Fall involviert waren). Denn damit vermengte das Bundesgericht (und zuvor das Zürcher Handelsgericht, ZR 1989, Nr. 30) ein Warengeschäft mit dem bewusst abstrakt ausgestalteten Dokumentengeschäft, was die Verkehrssicherheit des Akkreditiv-Geschäftes tatsächlich erheblich gefährden könn-

Art. 2

te. Bemerkenswert ist auch, dass der Rechtsmissbrauch offensichtlich nicht von den beteiligten Parteien, sondern vom Handelsgericht «von Amtes wegen» (vgl. oben N 42) ins Spiel gebracht wurde (so gemäss LANZI/WILLE, a.a.O., Fn. 17).

(c) In ZR 1992, Nr. 83 ist das Zürcher Handelsgericht allerdings – und zu Recht – wieder zu einer strengeren Beurteilung des Rechtsmissbrauches im Akkreditiv-Geschäft zurückgekehrt: «Das Akkreditivrecht ist beherrscht vom Grundsatz der Dokumentenstrenge. Dieser wird zwar eingeschränkt durch das Prinzip von Treu und Glauben, doch ist bei der Anwendung dieses Prinzips im Akkreditivgeschäft grösste Zurückhaltung geboten, da die Akkreditivbedingungen andernfalls ihren Zweck verfehlen und der streng zu handhabende Grundsatz der Dokumentenstrenge ausgehöhlt würde» (a.a.O., S. 298).

Zur Beachtung des Rechtsmissbrauchsverbotes bei der Benützung von abstrakten **Bankgarantien** vgl. BGE 122 III 321 und den Entscheid des Bundesgerichtes vom 20.8.1990 (Rep. 1990, 223/224) sowie JÜRGEN DOHM, zit. in N 377 a, Nr. 226 und DERSELBE: Mesures conservatoires dans le cadre des garanties bancaires «à première demande», in: SAG 1982, 53–69; BEAT KLEINER, Die Zahlungspflicht der Bank bei Garantien und unwiderruflichen Akkreditiven, in: SJZ 1976, 353–356 sowie DERSELBE: Bankgarantie, 4. Auflage, Zürich 1990, insbes. 21.41, S. 201 ff. 378

Unnütze Rechtsausübung und Schikane liegt in den Schulbeispielen der Neidmauer (vgl. DESCHENAUX, 179; MERZ, 344/5) sowie beim Abgraben von nicht benutzten Quellen zum Nachteil des darunterliegenden Grundstückes, wenn überhaupt kein eigenes Interesse am Wasser besteht (BGE 64 II 344 sowie DESCHENAUX 179 und MERZ N 346). 379

Da der Nachweis des Fehlens von jeglichem Interesse oft nur sehr schwer zu erbringen ist, kann in solchen Fällen gegebenenfalls unter dem Prinzip des Schikaneverbotes, eventuell auch der schonenden Rechtsausübung (oben N 295 ff.), oder aber des krassen Missverhältnisses der Interessen (oben N 302 ff.), Abhilfe geschaffen werden.

IX. Widersprüchliches Verhalten im Bereich bestehender Rechtsbeziehungen

Wer sich in einer bestehenden (rechtsgeschäftlichen oder gesetzlichen) Rechtsbeziehung widersprüchlich verhält, schafft damit nachträglich eine Unklarheit über eine bis dahin klare Sach- oder Rechtslage (vgl. N 101). 380

Art. 2

Zunächst ist daher auf dem Wege der Auslegung Art und Umfang der Abweichung von der bisher bestehenden Sach- oder Rechtslage zu ermitteln. In sehr vielen Fällen wird das «widersprüchliche Verhalten» als Verletzung der eingegangenen Verpflichtungen qualifiziert werden müssen, welche nach den jeweiligen Erfüllungsregeln zu ahnden ist und des Rückgriffes auf Art. 2 Abs. 2 ZGB gar nicht bedarf. Dieses methodische Vorgehen ist empfehlenswert, um einer unnötigen Ausweitung der Ausnahmeregel von Art. 2 Abs. 2 ZGB vorzubeugen.

381   Wer in eine schon vorbestehende Rechtsbeziehung eintritt, handelt nicht rechtsmissbräuchlich, wenn er nach Abklärung der vorgegebenen Umstände die für ihn daraus entstehenden Pflichten nicht ohne weiteres akzeptieren will:

(a)   Der Käufer einer Stockwerkeigentumseinheit übernimmt in der Regel auch die Verpflichtungen aus dem schon bestehenden Stockwerkeigentümer-Reglement. Er verzichtet damit jedoch nicht auf sein Recht, zu verlangen, dass einzelnen Bestimmungen des Reglementes «der Rechtsschutz zu versagen sei» (BGE 111 II 342); eine Anfechtung des Reglementes ist insofern nicht rechtsmissbräuchlich, wenn dieser Vorwurf nicht aus anderen Umständen begründet werden kann.

(b)   Ebenfalls als nicht rechtsmissbräuchlich bezeichnete das Bundesgericht die Bestreitung eines in den Steigerungsbedingungen aufgeführten Vorkaufsrechtes durch den Ersteigerer nach dem Zuschlag, zumal es «in diesem Moment für ihn kaum möglich (war), die wirkliche Rechtslage abzuklären» und «das Verhalten des Beklagten (des Ersteigerers) anlässlich der Versteigerung auch nicht geeignet (war), bei den Klägern ein schutzwürdiges Vertrauen zu erwecken» (BGE 115 II 340 E.5d).

(c)   Die Anfechtung von Lohnabrechnungen, die gegen zwingende Bestimmungen des Arbeitsvertragsrechtes verstossen, ist auch nach und trotz erfolgter Quittierung möglich, und nicht rechtsmissbräuchlich, es sei denn, es lägen andere Anzeichen dafür vor (vgl. BGE 107 II 434). In casu betraf dies Lohnabrechnungen, aus welchen der Anteil einer Feriengeldentschädigung (diesbezüglich wurde allerdings Verwirkung angenommen, vgl. unten N 440) sowie der Sozialversicherungsabzüge nicht herausgelesen werden konnten. Letztere waren – in Verletzung der aus sozialpolitischen Gründen zwingend ausgestalteten paritätischen Beitragspflicht – allein dem Arbeitnehmer belastet worden.

(d)   Als notwendige Folge des Grundsatzes der Typengebundenheit der dinglichen Rechte kann der Eintrag eines nicht eintragungsfähigen Rechtes im Grundbuch weder durch Ersitzung geheilt werden, noch ist die Geltendmachung der Nichtigkeit einer derartigen Eintragung rechtsmissbräuchlich (BGE 111 II 134, insbes. E 5, 142).

Rechtsmissbräuchlich handelt, wer sich im nachhinein plötzlich auf einen früheren (schriftlichen) Vertrag beruft, der durch die zwischen den Parteien über längere Zeit verfolgte Praxis de facto ausser Kraft gesetzt bzw. ersetzt worden ist. Zunächst ist dazu zu bemerken, dass derartige «Abweichungen» von der schriftlich fixierten Rechtslage grundsätzlich nur dort möglich sind, wo keine zwingenden Formvorschriften bestehen, welche ansonsten auf diese Weise ohne weiteres umgangen werden könnten. Gleichgültig ist dabei, ob derartige Formvorschriften öffentliche, private oder beide Arten von Interessen schützen sollen. 382

Im Bereich der formfreien Geschäfte lässt sich die richtige Lösung auch hier in den meisten Fällen schon auf dem Auslegungswege (Abs. 1 von Art. 2 ZGB) finden, ohne dass schon zu Beginn die schwierige Frage gestellt werden muss, «ab welchem Stadium der Vertragsabwicklung die Berufung auf den Formmangel als missbräuchlich beurteilt werden muss» (BGE 116 II 703). 383

Dabei sind zwei Überlegungen anzustellen: Zunächst sind Verträge immer lückenhaft (vgl. oben N 71), weil es nicht möglich ist, die Vielfalt des menschlichen Zusammenlebens im voraus abschliessend zu regeln. In der Realität zeigt oft auch erst die «gelebte Praxis», ob die vertragliche Regelung die Beziehungen der Parteien in zweckmässiger Weise regelt. Auch wenn dies offensichtlich nicht (mehr) der Fall ist, wird häufig auf eine Neuformulierung des schriftlichen Vertrages verzichtet und stattdessen einfach in davon abweichender, aber eben zweckmässigerer Weise verfahren. Beispiele finden sich vor allem im Bereich von Dauerverträgen, wo geänderten Interessenlagen einer oder beider Parteien oft formlos Rechnung getragen wird: Der ursprünglich risikofreudige Anlagekunde wird mit zunehmendem Alter immer vorsichtiger, ohne dass die im Vermögensverwaltungsvertrag fixierte Anlagepolitik entsprechend geändert wird; der zuständige Vermögensverwalter der Bank berücksichtigt dies aber gleichwohl. Häufig sind auch formlose Änderungen von Anstellungsverträgen im Zuge von Unternehmensreorganisationen.

Damit ergibt sich zunächst die Situation eines Nebeneinanders des «toten Buchstabens» des geschriebenen Vertrages und der gelebten stillschweigend vereinbarten abweichenden Praxis. Da nicht anzunehmen ist, dass die Parteien eine derartige «Doppelbindung» beabsichtigen, darf vermutet werden, dass die ursprüngliche schriftliche Vereinbarung ganz oder teilweise aufgehoben wurde (vgl. Art. 115 OR und V. AEPLI, Zürcher Kommentar, N 50 ff. zu Art. 115 OR), sofern und so weit die Auslegung der gelebten Praxis eine klare (neue oder abgeänderte) Regelung der Beziehung ergibt (vgl. oben N 81).

Art. 2

X. Rechtsmissbrauch durch Zuwarten – Verzögerung und Verwirkung, bzw. Verfall von Klagerechten

1. Allgemeines

384 **Sonderliteratur**

BAUMBACH ADOLF/ HEFERMEHL WOLFGANG	Warenzeichenrecht und Internationales Wettbewerbs- und Zeichenrecht, München 1985
VON BÜREN ROLAND	Kommentar zum Bundesgesetz über den unlautern Wettbewerb, Zürich 1957
DAVID HEINRICH	Kommentar zum Schweizerischen Markenschutzgesetz, 3. A., Basel 1974
DAVID LUCAS	Schweizerisches Wettbewerbsrecht, 2. A., Bern 1988
KRAUSE HERMANN	Schweigen im Rechtsverkehr, Marburg 1933
PEDRAZZINI MARIO M.	Die Verwirkung im schweizerischen Kennzeichnungsrecht, in: GRUR Int., 1984, 502–507
VON STEIGER FRITZ	Zur Frage der Verwirkung des Anspruchs im gewerblichen Rechtsschutz, in: SAG 1948, 97–103 und 125–131
–	Unzulässige Rechtsausübung, insbesondere die Verwirkung, in: ZSR 75 (1956) I, 13–42
STIEGER WERNER	Verjährung und Verwirkung im Immaterialgüterrecht, in: Aktuelle Juristische Praxis, 5/93, 626–631
TROLLER ALOIS	Immaterialgüterrecht, Bd II, 3. A., Basel 1985

a) Terminologie

385 Wie bereits dargestellt (VB 2/3, N 9 und 16), ist die Zeit ein wesentlicher Faktor für das Entstehen schutzwürdiger Vertrauensbeziehungen. Durch langes, absichtliches Zuwarten oder auch blosses, unabsichtliches Nichtstun kann unter Umständen der Anschein einer neuen Rechts- oder Sachlage entstehen, so dass es rechtsmissbräuchlich sein kann, auf die ursprüngliche Situation zurückkommen zu wollen.

Es liegt hier ein Spezialfall des widersprüchlichen Verhaltens vor, indem eine durch eigenes Nichthandeln veränderte Rechtssituation geltend gemacht wird, was als das Paradox des «venire contra non-factum proprium» bezeichnet werden könnte (dazu oben N 380–383). Hier ist zu prüfen, unter welchen Bedingungen blosses Zuwarten rechtsmissbräuchlich ist, bzw. welche Folgen sich daraus ergeben.

Während MERZ (N 512 ff.) in diesen Fällen von Verwirkung spricht, verwendet DESCHENAUX dafür den Ausdruck «Verfall wegen Verspätung» (184 ff.). Gemäss PEDRAZZINI (502) verhindert die Geltendmachung der Verwirkung «die Durchdringung eines Anspruches». Nach VON BÜREN (198) ist «Verwirkung hier Verlust des Klagerechtes nach den Grundsätzen von Treu und Glauben.» Besser sollte daher vom Verfall des Klagerechtes gegenüber der jeweiligen Gegenpartei, die sich auf Art. 2 ZGB beruft, gesprochen werden. Denn Art. 2 ZGB berührt nicht den Bestand eines Rechtes an sich, sondern verhindert nur dessen missbräuchliche Ausübung, sofern bestimmte Voraussetzungen erfüllt sind. Das materielle Recht als solches wird nicht verwirkt und kann einer anderen Partei gegenüber grundsätzlich immer noch geltendgemacht werden, sofern nicht auch dort Missbrauch angenommen werden muss.

386

Problematisch erscheint in diesem Zusammenhang die Ansicht SPIROS, der «eine Verjährung des Unterlassungsanspruches» annimmt (§ 532), und zwar deswegen problematisch, weil eine Verjährung einer klaren Befristung bedürfte, was SPIRO (a.a.O.) selber anerkennt: «Ihrer Aufgabe, eine klare und eindeutige Situation zu schaffen ... entspricht nur eine fest bestimmte Frist, nach deren Ablauf der Anspruch auch ohne die nach langer Zeit notwendig zweifelhafte Unterscheidung guten oder bösen Glaubens verjährt ist.» Gerade wegen des Fehlens einer «fest bestimmten Frist» muss aber immer noch auf andere Kriterien zurückgegriffen werden. Art. 2 ZGB erlaubt schliesslich nur, einem im Einzelfall missbräuchlich geltendgemachten Anspruch den Rechtsschutz zu versagen, dagegen gerade nicht die Setzung einer generell anwendbaren Verjährungsfrist. Wo im folgenden vom Verfall die Rede ist, ist daher immer dieser Verfall eines Klagerechtes gemeint.

387

b) Abgrenzung zum Verzicht

Kein Verfallsproblem (i.S. von N 385–387 hievor) stellt sich dort, wo ein ausdrücklicher, konkludenter oder stillschweigender Verzicht auf die weitere Ausübung eines Rechtes angenommen werden muss: «Erst bei Verneinung eines rechtsgeschäftlichen Verzichts stellt sich die Frage eines treuwidrigen Verhaltens» (MERZ, N 514; vgl. auch DESCHENAUX, 184, Fn 27).

388

Hauptfall ist die Generalabrechnung: Wo über eine Rechtsbeziehung – z.B. ein Arbeits- oder Mietverhältnis – eine Schlussabrechnung erstellt wird, muss im Interesse des Rechtsverkehrs davon ausgegangen werden können, dass die Parteien alle relevanten Punkte zur Sprache bringen, da das Ziel der Generalabrechnung ja gerade die abschliessende Regelung eines beendigten Rechtsverhältnisses ist (vgl. dazu auch MERZ, N 521/2). Daraus ergibt sich zumindest eine

Art. 2

Vermutung, dass auf die Ausübung allenfalls gleichwohl noch weiter bestehender (Neben-) Rechte verzichtet werden sollte. Diese Vermutung kann umgestossen werden, wenn die Generalabrechnung selber mit einem Mangel – Irrtum, Täuschung, Drohung – behaftet ist oder ihrerseits auf unredliche Weise (vgl. oben N 246–269) erwirkt worden ist.

Wer auf die Ausübung einer scharfen Sanktion – z.B. die fristlose Entlassung im Arbeitsvertragsrecht – verzichtet und sich mit einer milderen Massnahme begnügt, hat das «harte» Sanktionsrecht verwirkt und kann nicht mehr darauf zurückkommen (BGE 108 II 301, insbes. 304).

389 Auch darf aus dem Zeitablauf allein aber kein Verzicht abgeleitet werden; «... durch das blosse Verstreichen der Zeit innerhalb der Verjährungsfrist wird die Geltendmachung einer Forderung höchstens dann rechtsmissbräuchlich, wenn ganz besondere Umstände hinzukommen» (BGE 110 II 275 und 116 II 431).

390 Schliesslich sind für die Annahme eines Verzichtes durch konkludentes Verhalten strenge Anforderungen zu stellen. Vgl. ZR 1985, S. 142, E VI (bestätigt durch Urteil des Bundesgerichtes vom 5. Juli 1984), wo von Verwaltungsräten ein konkludenter Verzicht auf die Geltendmachung von Verantwortlichkeitsansprüchen behauptet, vom Gericht aber verneint wurde.

Einen stillschweigenden Verzicht sah das Bundesgericht darin, dass ein Agent Provisions- und Gesamtabrechnungen seines Vertragspartners ohne Beanstandung akzeptierte und zudem die (viel) später geltendgemachte Provisionsforderung in seiner eigenen Gesamtabrechnung nicht aufgeführt hatte (BGE 95 II 147).

2. Rechtsausübung innert rechtsgeschäftlicher oder gesetzlicher Frist

391 Im Bereich bestehender (vertraglicher oder gesetzlicher) Rechtsgeschäfte ergeben sich die Pflichten, was zu tun ist, aus dem jeweiligen Rechtsgeschäft und dem darauf anwendbaren Recht, sei es direkt oder durch Auslegung. Weitergehende Verpflichtungen für aktives Tun sind grundsätzlich mit dem Begriff des Rechtsgeschäftes nicht vereinbar. Gleichwohl wird gelegentlich versucht, diese Grenzen unter Berufung auf Art. 2 Abs. 2 ZGB auszudehnen, was vom Bundesgericht in konstanter Rechtsprechung verhindert wurde.

Die Geltendmachung des Verfalls eines Klagerechtes ist grundsätzlich nicht möglich, wenn ein Recht innerhalb einer vertraglichen oder gesetzlichen Frist ausgeübt wird: «Diese Fristen auf dem Umweg über Art. 2 ZGB generell zu verkürzen, geht nicht an. Rechtsmissbrauch fällt dem Gläubiger, der mit der Geltendmachung eines Anspruchs lange zuwartet, nur zur Last, wenn weitere Umstände hinzutreten, die das Zuwarten als Verstoss gegen Treu und Glauben erscheinen lassen» (BGE 116 II 431; vgl. auch BGE 107 II 232 und 94 II 41/2 sowie MERZ, N 523/4 und DESCHENAUX 185).

Schliesslich ist daran zu erinnern, dass «ein Berechtigter nur auf das eigene Klagerecht verzichten und nur dieses verwirken kann», d.h., «wenn der Inhaber der jüngsten Marke ein schützenswertes Interesse hat, die mittlere wegen Verwechselbarkeit mit der älteren eines Dritten anzufechten, kann ihm ... nicht entgegengehalten werden, der Dritte habe durch lange Untätigkeit auf die Wahrung seiner Rechte endgültig verzichtet oder diese gemäss Art. 2 ZGB verwirkt» (BGE 99 II 116).

Es gibt keine Verpflichtung, eine Forderung nicht erst am Ende der gesetzlichen Verjährungsfrist geltend zum machen. Das Zuwarten eines Gläubigers ist grundsätzlich nicht rechtsmissbräuchlich, und die Verjährungsfristen «auf dem Umweg über Art. 2 ZGB generell zu verkürzen, geht nicht an» (BGE 116 II 431 und 110 II 275; gl. M. MERZ, N 522 a.E.). Nur wenn der Verpflichtete weitere Umstände nachzuweisen vermag, welche das lange Zuwarten als offenbar rechtsmissbräuchlich erscheinen lassen, kann er mit der Berufung auf diese Umstände allenfalls Art. 2 Abs. 2 ZGB erfolgreich geltend machen. Dabei ist zu unterscheiden, ob Ansprüche zur Diskussion stehen, für die keine gesetzliche Verjährungs- oder Verwirkungsfrist vorgesehen ist, oder ob eine solche besteht.

Im ersten Falle kann u.U. die lange frühere Untätigkeit oder widerspruchslose Hinnahme der Verletzung des eigenen Rechtes angeführt werden (vgl. BGE 94 II 42; 85 II 129/30: Hinnahme einer Rechtsverletzung während mehr als zwanzig Jahren, die überdies dem Berechtigten «nicht geschadet, sondern wahrscheinlich sogar genützt hat»).

Im zweiten Falle müssten Umstände nachgewiesen werden, aus denen sich ein eigentlicher Forderungsverzicht oder ein Zuwarten zum Zwecke der absichtlichen und arglistigen Beweisverdunkelung zum Nachteile des Pflichtigen belegen liessen; vgl. BGE 95 II 115, 94 II 42/3 und 59 II 392/3: Klage 10 Jahre nach Entstehung der Forderung und 6 Jahre nach Abbruch von Vergleichsverhandlungen; «un retard aussi considérable, contraire aux usages en matière commerciale, ne peut s'expliquer par aucune raison plausibel, si ce n'est pas l'intention du demandeur de laisser tomber dans l'oubli les faits déjà anciens, nombreux et compliqués ... et de rendre ainsi impossible, ou du moins fort difficile, à la défenderesse l'administration des preuves.»

Bei genauem Hinsehen zeigt sich auch hier, dass viele Fragen bezüglich eines allfälligen Forderungsverzichtes oder der Hinnahme einer neuen, anderen Rechtslage schon auf der Auslegungsebene (Art. 2 Abs. 1 ZGB) entschieden werden können.

Art. 2

393   Umgekehrt ist auch die spätere Geltendmachung der Verjährungs- oder Verwirkungseinrede nur dann als rechtsmissbräuchlich zu betrachten, «wenn sie gegen erwecktes Vertrauen verstösst, der Schuldner insbesondere ein Verhalten gezeigt hat, das den Gläubiger bewogen hat, rechtliche Schritte während der Verjährungsfrist zu unterlassen, und das seine Säumnis auch bei objektiver Betrachtungsweise als verständlich erscheinen lässt» (BGE 113 II 269; vgl. auch BGE 108 II 239), wobei kein arglistiges Verhalten nötig ist (BGE 108 II 287, 89 II 262/3). Es braucht also eine «positive Verursachung der Fristversäumnis durch eigenes Verhalten, diese aber auch ohne Arglist» (BGE 83 II 101). In diese Kategorie kann auch der in BGE 110 II 249 entschiedene Fall eingereiht werden: Nach einer Kündigung vom 5. Juli 1983 einigten sich Vermieter und Mieter, über den Abschluss eines neuen Vertrages zu verhandeln und die Kündigung aufzuschieben («di sospendere la disdetta»). Sollten die Verhandlungen zu keinem Ergebnis führen, wäre die Kündigung zu bestätigen, was am 15. September 1983 erfolgte. Gegenüber dem Erstreckungsbegehren des Mieters machte der Vermieter nun geltend, die 30-tägige, nicht erstreckbare Frist nach Art. 267a Abs. 3 aOR sei verpasst, da diese Frist auch nicht habe unterbrochen werden können. Die obere kantonale Instanz, deren Entscheid vom Bundesgericht geschützt wurde, bezeichnete dies als rechtsmissbräuchlich. Offengelassen hat das Bundesgericht die in der Doktrin umstrittene Frage, ob die Ausübung eines Gestaltungsrechtes (in casu: die Kündigung) durch die Parteien rückgängig gemacht werden kann, oder ob vom Abschluss eines neuen Vertrages ausgegangen werden muss (vgl. dazu MERZ in SPR VI/1, 80/1).

Ausreichend ist aber auch ein Verzicht, sich auf eine Verjährungsfrist zu berufen, soweit dies zulässig ist (vgl. dazu BGE 99 II 185 betr. die ausserhalb des dritten Titels des OR aufgestellten Verjährungsfristen); wer sich trotz einer solchen Verzichtserklärung auf die inzwischen eingetretene Verjährung beruft, begeht Rechtsmissbrauch (BGE 112 II 234). Auch das wäre aber schon auf der Auslegungsebene zu entscheiden (vgl. N 392 a.E.).

Nur langes Zuwarten mit der Verjährungseinrede (BGE 111 II 438/9) oder blosse Vergleichsofferten und -verhandlungen genügen dagegen nicht als vertrauensbildendes Verhalten in diesem Sinne (BGE 113 II 269). Und «auch der bösgläubige Schuldner kann sich wie auf die Verjährung, so auf die Verwirkung berufen, ohne dass ihm Rechtsmissbrauch entgegengehalten werden könnte» (BGE 83 II 101), wenn deren Eintritt auf Unkenntnis der zu beachtenden Frist bei der Gegenpartei beruht.

394   Reichhaltig ist die Gerichtspraxis bezüglich langem Zuwarten bei der Geltendmachung von Arbeitnehmer-Forderungen (Lohn- und Ferienansprüche), wobei solches «Nichtstun» (besser: «Nochnichttun») durchwegs als nicht rechts-

missbräuchlich bezeichnet wurde. Eine Zusammenstellung der einschlägigen Entscheidungen findet sich bei REHBINDER, Berner Kommentar zu Art. 341 OR, N 26 (vgl. dazu unten N 440 sowie auch N 381 c).

Als rechtsmissbräuchlich beurteilte das St. Galler Kantonsgericht dagegen, dass ein Angestellter, der zugleich Mitglied des Verwaltungsrates der Beklagten war, seine angebliche Provisionsforderung während 4$^{1}/_{2}$ Jahren nicht geltend machte. Hinzukam, dass er in der Zwischenzeit Lohnausweise mit dem Vermerk «Umsatzprovision inbegriffen» akzeptierte und in seiner Eigenschaft als Verwaltungsrat auch nie die Verbuchung seiner später behaupteten Provisionsguthaben verlangte. Das Gericht nahm daher einen stillschweigenden und rechtsverbindlichen Verzicht an und erklärte die verzögerte Geltendmachung als rechtsmissbräuchlich. Die dagegen erhobene Berufung wurde vom Bundesgericht am 25.9.1985 abgewiesen (SG GVP 1985, Nr. 35, 75–79).

Schliesslich ist es auch nicht rechtsmissbräuchlich, wenn man die Widerrechtlichkeit oder Unsittlichkeit einer Regelung, der man über längere Zeit unterstellt war, erst dann geltend macht, wenn sie sich konkret auswirkt: Ein Fussballverein machte geltend, dass ein Spieler rechtsmissbräuchlich handle, wenn er sich berufe auf «l'immoralité d'un système auquel il s'est volontairement soumis pendant quinze ans». Dem hielt das Bundesgericht entgegen, dass der betroffene Spieler «n'était pas conscient des inconvénients du système», welche sich für ihn erst anlässlich der Vertragsauflösung auswirkten, weshalb ihm kein Rechtsmissbrauch vorgeworfen werden könne (BGE 102 II 225).

395

Zusammenfassend kann also gesagt werden, dass der blosse Zeitablauf allein nicht ausreicht, eine späte Geltendmachung eines Rechtes oder einer Einrede als rechtsmissbräuchlich zu qualifizieren. Es muss immer noch ein Verhalten der Gegenpartei («positive Verursachung») hinzukommen, welches aus objektiver Sicht das Vertrauen darauf rechtfertigt, dass das betreffende Recht, bzw. die Verjährungseinrede nicht (mehr) geltend gemacht werde.

396

3. Missbräuchliche Ausübung nicht befristeter Rechte

a) Allgemeines

Hier sind die Fälle der Verzögerung einer weder rechtsgeschäftlich noch gesetzlich befristeten Rechtsausübung zu besprechen, in denen u.U. unter Berufung auf Art. 2 ZGB der Verfall einer Klageberechtigung erfolgreich geltend gemacht werden kann.

397

Art. 2

Rechte, deren Ausübung nicht befristet ist, finden sich in fast allen Rechtsgebieten, vor allem aber im Familienrecht, im Sachen- und im Immaterialgüterrecht. Hinzukommen nicht befristete prozessuale Rechte, wenn z.B. ein anfechtbarer Entscheid fälschlicherweise ohne Rechtsmittelbelehrung ergeht oder die Frage, bis wann spätestens ein Begehren um Erlass vorsorglicher Massnahmen gestellt werden muss.

398 Zu Recht hat das Bundesgericht es daher abgelehnt, die Nichtbestreitung eines Kontoauszuges oder einer detaillierten Rechnung eines Unternehmers während einigen Monaten als stillschweigende Annahme zu betrachten (BGE 112 II 500). Die Vorinstanz hatte dagegen der Beklagten ein Zuwarten von viereinhalb Monaten nach Erhalt der Abrechnung als rechtsmissbräuchlich vorgehalten, was das Bundesgericht zutreffend als «interprétation trop extensive de l'art 6 CO» betrachtete (BGE 112 II 502; vgl. auch den Entscheid der 1. Zivilkammer vom 11. Februar 1987 in Rep 1987, 272–274). Rechnungen oder Kontoauszüge sind nicht mit dem kaufmännischen Bestätigungsschreiben zu vergleichen, bei welchem – im Falle der Nichtzustimmung – eine Reaktion erwartet werden darf (vgl. dazu SCHMIDLIN, Berner Kommentar zu Art. 6 OR, N 80 ff., insbes. N 121–123 sowie JÄGGI, Zürcher Kommentar zu Art. 6 OR, N 91 ff.). Vgl. auch BGE 95 II 115 betr. angeblich verspätete Geltendmachung einer Zession.

399 Bei den nicht befristeten familienrechtlichen Rechtsstellungen (unten N 402 ff.) geht es um die nachträgliche Änderung bzw. Aufhebung eines bestimmten Status. Die Untätigkeit des Berechtigten bewirkt hier nur das rechtliche Weiterbestehen einer faktisch schon bestehenden Situation; die Stellung der Gegenpartei wird dadurch nicht betroffen.

Die Nichtausübung nicht befristeter Berechtigungen des Sachenrechtes (unten N 407 ff.) und des Kennzeichnungsrechtes (unten N 415 ff.) – im Vordergrund stehen naturgemäss Unterlassungsansprüche – kann dazu führen, dass beim Verletzer solcher Rechte als Folge der, bzw. im Vertrauen auf die Untätigkeit des Berechtigten, oft grosse wirtschaftliche Werte aufgebaut werden (vgl. MERZ, N 517; DESCHENAUX, 185). Aus diesem Grunde ist in diesen Fällen auch die Stellung und das Verhalten des Verletzers in die Beurteilung miteinzubeziehen (vgl. unten N 401).

Die fehlende Rechtsmittelbelehrung darf in der Regel nicht zu Nachteilen für den Adressaten eines derart mangelhaften Entscheides führen. Gleichwohl erfordert es die Sicherheit des Rechtsverkehrs, dass auch ein solcher Entscheid nicht auf ewig anfechtbar bleibt (vgl. unten N 420 ff.). Bezüglich des rechtsmissbräuchlichen Zuwartens mit der Stellung eines Begehrens um vorsorgliche Massnahmen vgl. unten N 425.

Im Bereich des SchKG hat das Bundesgericht geradezu Arglist verlangt, um die Verwirkung eines an sich unbefristeten Rechtes annehmen zu können: Bezüglich der nicht befristeten Anmeldung von Drittmannsrechten an gepfändeten Forderungen wurde in BGE 88 III 109 festgehalten, dass nur bei arglistiger Verzögerung des Betreibungsverfahrens eine Verwirkung des Widerspruchrechtes angenommen werden könne. Allerdings begründe «längeres, eine angemessene Überlegungsfrist sehr stark überschreitendes Zuwarten im Bewusstsein der damit verbundenen Störung des Verfahrens den Verdacht der Arglist», den der Dritte nur dadurch (abwenden könne), «dass er Tatsachen nennt und glaubhaft macht, die das Zuwarten mit der Anmeldung als verständlich und mit Treu und Glauben vereinbar erscheinen lassen» (BGE 88 III 120; vgl. auch 95 III 15 und 111 III 81). Zur Verwirkung von Rechten wegen verzögerter Geltendmachung im Vollstrekkungsverfahren vgl. BGE 109 III 58, 106 III 59, 104 III 45. 400

Grundsätzlich müssen folgende Voraussetzungen gegeben sein, damit Missbräuchlichkeit eines langen Zuwartens, einer verzögerten Rechtsausübung, angenommen werden kann: 401

Objektive Voraussetzungen:

(a) Es muss ein längerer, vom Berechtigten ungenutzter Zeitraum verstrichen sein; was unter einem «längeren» Zeitraum zu verstehen ist, muss in jedem Einzelfall separat geprüft werden (vgl. dazu unten N 403, 408, 416, 421).

(b) Beim Belasteten muss in dieser Zeit ein schützenswerter Besitzstand entstanden sein, der durch die späte/verspätete Rechtsausübung des Berechtigten zerstört oder erheblich verringert würde, so dass dies dem Belasteten wegen Unverhältnismässigkeit nicht mehr zugemutet werden kann (vgl. unten N 404, 409, 417, 422).

Subjektive Voraussetzungen:

(c) Dem Berechtigten muss die Ausübung seines Rechtes zugemutet werden können. Zumutbar ist die Rechtsausübung insbesondere dann, wenn die Verletzung vom Berechtigten tatsächlich erkannt wurde, u.U. aber auch schon, wenn die Kenntnisnahme ihm bloss möglich war (vgl. unten N 405, 410, 418, 423).

(d) Beim Belasteten muss in der Regel guter Glaube gegeben sein, d.h., dass er in guten Treuen auf die Untätigkeit des Berechtigten vertrauen durfte. Trotz ursprünglich bösem Glauben kann unter Umständen der später bestehende gute Glaube (bona fides superveniens) genügen (vgl. unten N 406, 411, 419, 424).

Art. 2

b) **Familienrecht**

402 Gemäss Art. 139 ZGB kann ein Ehegatte «jederzeit auf Scheidung klagen», wenn der andere Ehegatte ein entehrendes Verbrechen begangen hat, oder einen so unehrenhaften Lebenswandel führt, dass die Fortsetzung der ehelichen Gemeinschaft nicht mehr zumutbar ist. Die Rechtsprechung hat das jederzeitige Klagerecht jedoch dadurch eingeschränkt, dass sie dieses nach längerer Duldung der an sich einen Scheidungsgrund darstellenden Umstände als verfallen erklärt hat (BÜHLER/SPÜHLER, Berner Kommentar zu Art. 139 ZGB, N 16–22, sprechen in diesem Zusammenhang von Klageausschlussgründen).

403 Bezüglich der objektiven Voraussetzung des langen Zeitraumes (vgl. N 401 a) hat das Bundesgericht in BGE 53 II 196/7 entschieden, dass bei Wiederaufnahme der ehelichen Gemeinschaft nach erfolgter Strafverbüssung und Fortsetzung der ehelichen Gemeinschaft während 6½ Jahren eine nachträgliche Berufung auf das Verbrechen und die Verurteilung als Scheidungsgrund nicht mehr möglich sei. Zur Kasuistik vgl. BÜHLER/SPÜHLER, Berner Kommentar zu Art. 139 ZGB, N 17 und HANS HINDERLING, Das schweizerische Ehescheidungsrecht, Zürich 1979 (Nachdruck der 3. Auflage von 1967), 84–87, sowie DERSELBE, Das schweizerische Ehescheidungsrecht, Zusatzband, Zürich 1981, S. 40/41, je mit weiteren Verweisungen.

404 Das zweite der objektiven Kriterien (vgl. N 401 b) spielt in Ehesachen aus verschiedenen Gründen eine untergeordnete Rolle: Zum einen besteht ein öffentliches Interesse an der Aufrechterhaltung einer Ehe, deren Weiterführung dem klagenden Ehegatten als zumutbar erscheint. Zum andern braucht bei Verneinung des Klagerechtes eines Ehegatten der «Besitzstand» des anderen nicht weiter geprüft werden, da dieser mit dem Verfall des Klagerechtes automatisch gewahrt bleibt.

405 Bezüglich der subjektiven Voraussetzung der Zumutbarkeit einer Rechtsverletzung (vgl. N 401 c) hat das Bundesgericht in BGE 95 II 209 die Fortsetzung der ehelichen Gemeinschaft wegen einer entehrenden Vorstrafe der beklagten Ehefrau (sechs Monate Gefängnis bedingt, wegen wiederholter unzüchtiger Handlungen vor dem eigenen Kind) als unzumutbar erklärt, «und zwar ungeachtet dessen, dass die Verurteilung etwa acht Jahre zurücklag und die Beklagte seither unbestrittenermassen nie mehr straffällig wurde» (BGE 95 II 214); der Kläger hatte allerdings vor der Heirat (im April 1967) keine Kenntnis von der Vorstrafe seiner Frau und klagte schon im Juli 1967 auf Ungültigkeit, eventuell Scheidung der Ehe. Damit ist der Kläger der Pflicht, sofort nach tatsächlicher Kenntnisnahme zu handeln, nachgekommen, zumal er keinerlei Anlass hatte, sich vor der Heirat über allfällige Vorstrafen seiner zukünftigen Gattin zu erkundigen. Vgl.

auch BGE 85 II 295: «On peut de même concevoir qu'un délit infamant ou une conduite déshonorante antérieure au mariage constituent une cause (spéciale: art. 139 CC) de divorce ...», vorausgesetzt, der Grund wird rechtzeitig geltend gemacht.

Trotz Verzicht auf eine Einsprache gegen eine «für die Pflichtteilsrechte der Nachkommen ungünstig verlaufende ehevertragliche Begünstigung des überlebenden Ehegatten», ist die spätere Erhebung der nicht verwirkbaren Herabsetzungseinrede durch pflichtteilsgeschützte Erben nicht rechtsmissbräuchlich, wenn «ein allfälliger Einspruch der Kläger das Zustandekommen des Ehevertrages in der gegebenen Form mit Sicherheit nicht hätte abwenden können» (BGE 116 II 245).

Das zweite der subjektiven Kriterien (vgl. N 401 d) entfällt in diesem Zusammenhang naturgemäss: Die blosse Weiterführung der ehelichen Gemeinschaft genügt, um diese – weil faktisch bestehend – auch rechtlich aufrechtzuerhalten, so lange der Scheidungsgrund von Art. 139 ZGB vom berechtigten Ehegatten nicht angerufen wird. Die Ehe kann ja – solange nicht angefochten – auch nicht verjähren, was «aller Überlieferung widerspräche» (SPIRO, § 538). Die Frage der Gutgläubigkeit des belasteten, d.h. des i.S. von Art. 139 ZGB «schuldigen» Ehegatten stellt sich somit gar nicht.

406

c) Sachenrecht

Im Sachenrecht stellt sich das hier angesprochene Problem – Verfall eines Klagerechtes – bei der Duldung des Überbaus (Art. 674 III ZGB; unten N 408–411) und der Verletzung von Dienstbarkeiten (unten N 412–414).

407

Keinen Verfall des Klagerechtes gibt es bezüglich der Berichtigung des Grundbuches nach Art. 975 ZGB, es sei denn, der Klageberechtigte habe durch sein Verhalten bei der Gegenpartei den Glauben erweckt, «le bénéficiaire l'approuvait dans son attitude qui ne respectait pas le droit en question» (BGE 95 II 610).

Beim Überbauproblem ist sich Lehre und Rechtsprechung einig, dass der Zeitraum, den der Berechtigte ungenutzt verstreichen lassen kann (vgl. N 401 a) relativ kurz ist und von der möglichen oder tatsächlichen Erkennbarkeit der Verletzung (vgl. N 401 c) begrenzt wird; Grund dafür ist die «natürliche Publizität» des verletzenden Bauwerkes; vgl. aber BGE 104 II 92, wo es als nicht rechtsmissbräuchlich bezeichnet wurde, dass die Kläger eine Eigentumsverletzung (Art. 667 Abs. 1 ZGB) während einiger Zeit (wie lange ist dem Entscheid allerdings nicht zu entnehmen) geduldet hätten, bevor sie sich wehrten.

408

Art. 2

409 Überbauten (wie auch Bauten, die in Verletzung einer Dienstbarkeit erstellt werden, unten N 412 ff.) stellen regelmässig grosse wirtschaftliche Werte dar, deren Beseitigung in der Regel nicht möglich ist, «ohne dass das Bauwerk teilweise abgebrochen werden muss und dadurch schwer beschädigt oder gar unbrauchbar gemacht wird. Dann würde das Bauwerk … seinen Wert zum guten Teil oder ganz verlieren und dem Ersteller ein Schaden zugefügt, zu dem die Benachteiligung des Nachbarn in gar keinem Verhältnis steht» (P. LIVER, in: Schweiz. Privatrecht, V/I, Basel 1977, 180/1).

410 In BGE 95 II 12 wurde unter Berufung auf die Gesetzesmaterialien klar gemacht, dass für die Rechtzeitigkeit eines Einspruches i.S. von Art. 674 III ZGB allein das objektive Moment der äusseren Erkennbarkeit entscheidend sei, ohne Rücksicht auf die subjektive Kenntnis des Berechtigten (so auch MEIER-HAYOZ, Berner Kommentar zu Art. 674 ZGB, N 39): In casu waren die Bauarbeiten im Spätherbst 1965 aufgenommen, im November/Dezember aber wegen des Wintereinbruches eingestellt worden. Der Berechtigte erhob erst nach der Schneeschmelze im April/Mai 1966, aber noch vor Wiederaufnahme der Bauarbeiten Einspruch, der jedoch als verspätet betrachtet wurde. «Der Einspruch bezweckt nämlich, den gutgläubig Bauenden möglichst bald auf die Rechtslage aufmerksam zu machen und ihn zu veranlassen, den Bau einzustellen, solange ihm noch kein oder nur ein geringer Schaden entstanden ist» (BGE 95 II 11); vgl. auch BGE 78 II 138, wo «der Kläger sieben Jahre brauchte, um sich zur Klage zu entschliessen». Unter rechtzeitigem Einspruch ist aber «nicht etwa nur die gerichtliche Geltendmachung des Unterlassungsanspruches zu verstehen»; eine rechtzeitige Mitteilung an den Nachbarn, dass man sich alle Rechte vorbehalte, genügt (BGE 101 II 365).

411 Zu beachten ist auch, dass an die Gutgläubigkeit des Bauenden (vgl. N 401 d) keine sehr hohen Anforderungen gestellt werden dürfen: «Der gute Glaube ist auch dann gegeben, wenn der Bauende mindestens ohne grosse Fahrlässigkeit annimmt, der Nachbar sei mit dem Überbau einverstanden» (BGE 103 II 326, vgl. auch BGE 41 II 215). Dies rechtfertigt sich u.a. auch damit, dass die natürliche Publizität der Existenz des Bauwerkes sehr viel leichter und sicherer feststellbar ist als die innere Tatsache der Gutgläubigkeit einer Partei.

412 Bei Verletzung von Dienstbarkeitsberechtigungen hat das Bundesgericht die analoge Anwendung von Art. 674 Abs. 3 ZGB abgelehnt (BGE 83 II 201), während sich die Lehre dafür ausgesprochen hat (LIVER, Zürcher Kommentar, N 109 zu Art. 734 ZGB sowie N 203 ff. zu Art. 737 ZGB und LIVERS Besprechung von BGE 83 II 201 in ZBJV 1959, 28–32; MEIER-HAYOZ, Berner Kommentar, N 22 zu Art. 674 ZGB sowie PAUL PIOTET, Dienstbarkeiten und Grundlasten, in Schweiz. Privatrecht, V/1, Basel 1977, 593 und 596).

Art. 2

Das Bundesgericht führt zur Begründung seiner Ansicht nebst der «Berufung auf antiquierte Äusserungen in der Literatur und längst aufgegebener Praxis» (LIVER, N 109 zu Art. 734) vor allem an, dass die Verletzung einer Dienstbarkeit anders als der Überbau zugleich auch eine Verletzung vertraglich begründeter Verpflichtungen («degli oneri fondiari contractualmente stipulati tra le parti», BGE 83 II 204) darstelle. Das schliesst jedoch die analoge Anwendung von Art. 674 Abs. 3 ZGB in diesen Fällen, wo die «Ähnlichkeit der Interessenlage» (MEIER-HAYOZ, N. 22 zu Art. 674 ZGB) offensichtlich ist, nicht aus. 413

Das Bestehen der Dienstbarkeit ist dagegen in der Weise zu berücksichtigen, dass an die oben erwähnten Voraussetzungen (N 401 a–d) ein strengerer Massstab angelegt wird. So auch LIVER (N 208 zu Art. 737 ZGB): «Die analoge Anwendung des Art. 674 verlangt in manchen Fällen grössere, nicht geringere Strenge gegenüber dem widerrechtlich Bauenden, als dem Richter nach Billigkeit und wirtschaftlicher Vernunft als gerechtfertigt erscheinen könnte.»

Ein instruktives Beispiel für die anzuwendende Strenge findet sich in BGE 53 II 221, wo der Beklagte zur Verkürzung eines den Grenzabstand verletzenden Dachvorsprungs verpflichtet wurde, obwohl der Kläger selber die Spenglerarbeiten am fraglichen Dachvorsprung ausgeführt hatte, allerdings mit der ausdrücklichen Erklärung, dass er den Auftrag unbeschadet seiner behaupteten Ansprüche und unter Wahrung aller Rechte betreffend der Abstandsgrenze zwischen Nachbargrundstücken angenommen habe (BGE 53 II 222). Vgl. auch BGE 88 II 145, wo die Errichtung einer Autogarage und Reparaturwerkstatt untersagt wurde, weil sie gegen eine Dienstbarkeit verstiess, die untersagte, ein lärmendes, gesundheitswidriges oder ekelerregendes Gewerbe zu betreiben. Dass der Berechtigte erst nach Baubeginn und nicht schon nach der Erteilung der Baubewilligung (nach öffentlicher Ausschreibung) intervenierte, wurde ihm nicht als rechtsmissbräuchliches Verhalten angerechnet, zumal er die Dienstbarkeitsberechtigung nach dem anwendbaren Genfer Baugesetz im Verwaltungsverfahren gar nicht hätte geltendmachen können. Vielmehr wurde dem Belasteten vorgehalten, dass er es unterlassen hatte, sein Projekt dem Dienstbarkeitsberechtigten selber mitzuteilen.

Die actio confessoria des in seiner Dienstbarkeit Verletzten ist dann unter Art. 2 ZGB als «unzulässig» (LIVER, N 226 zu Art. 737 ZGB) bzw. als verfallen zu betrachten, wenn – unter Beobachtung der erforderlichen Strenge – die oben erwähnten Voraussetzungen (N 401 a–d) erfüllt sind. 414

Auch hier ist aber nicht zu übersehen, dass das Kriterium der Gutgläubigkeit des Verletzers (N 401 d) relativiert werden muss, wenn ansonsten beim Verletzer ein unverhältnismässig grosser Schaden entstehen würde (vgl. LIVER, N 207 zu Art. 737 ZGB).

Art. 2

d) **Kennzeichnungsrecht**

415 Von grosser wirtschaftlicher Bedeutung ist der Verfall eines Klagerechtes im «Kennzeichnungsrecht» (vgl. PEDRAZZINI, 502), d.h. vor allem bezüglich Ansprüchen aus unlauterem Wettbewerb sowie im Firmen- und Markenrecht (BGE 109 II 340; vgl. auch TROLLER, 753 ff.; PEDRAZZINI, 502 ff.; VON BÜREN, 198–202, DAVID, 273–275; MERZ, N 530–535; DESCHENAUX, 185/6), während «der Verwirkungseinwand in der schweizerischen patentrechtlichen Rechtsprechung merkwürdigerweise kaum Spuren hinterliess» (TROLLER, 760). Da sich die Rechtsprechung des schweizerischen Bundesgerichtes auf diesem Gebiet «nach denselben Grundsätzen ausrichtet wie diejenige der deutschen Gerichte» (TROLLER, 755) kann in diesem Zusammenhang auch auf die Darstellung bei BAUMBACH/HEFERMEHL verwiesen werden, wonach «die Verwirkung, zunächst kritisch der Modeeinwand des Wettbewerbsrechts genannt, zu einem der wichtigsten Grundbegriffe des Wettbewerbsrechts geworden (ist)» (BAUMBACH/HEFERMEHL, N 41 zu § 24 WZG).

Unter den hier zugrunde gelegten Kriterien (N 401) lassen sich diese Fälle wie folgt beurteilen, wobei immer die Umstände des Einzelfalles und alle Kriterien gesamthaft zu berücksichtigen sind (vgl. unten N 426 ff.).

416 «Wie lange der Inhaber der Marke die Verletzung dulden darf, lässt sich nicht ein für allemal angeben» (TROLLER, 757; vgl. auch PEDRAZZINI, 502/3; DAVID, 274; VON BÜREN, 199). In BGE 100 II 399 (vgl. zum gleichen Fall auch BGE 102 IV 150) wurde ein elfjähriges Zuwarten als eindeutig zu lange bezeichnet, während in BGE 98 II 144 E3 keine Verwirkung des Klagerechtes angenommen wurde, obwohl der Berechtigte mit Rücksicht auf Geschäftsbeziehungen erst acht Jahre nach der Veröffentlichung des verwechselbaren Zeichens klagte, die Gegenpartei vorher aber in Abständen von 2–3 Jahren gewarnt hatte (vgl. auch BGE 117 II 583 E5c; 114 II 111; 109 II 340; 106 II 324; 95 II 362; 93 II 46; 88 II 180; 88 II 375 sowie die Beispiele aus der deutschen Praxis bei BAUMBACH/HEFERMEHL, N 48 zu § 24 WZG). In BGE 102 Ib 115 hat das Bundesgericht – in analoger Anwendung von Art. 47 PatG – entschieden, dass ein Patentbewerber, der den Rückzug eines Gesuches wegen Irrtums nicht gelten lassen will, dies innert zwei Monaten seit Entdeckung des Irrtums, längstens aber innerhalb eines Jahres seit dem Rückzug des Gesuches zu äussern habe.

417 Grosses Gewicht wird dagegen dem wertvollen Besitzstand zugemessen, der beim Verletzer durch Verstösse gegen ein bestehendes Recht entstehen kann (vgl. TROLLER, 757; PEDRAZZINI, 505/6; VON BÜREN 199; MERZ, N 533; BAUMBACH/ HEFERMEHL, N 44/45 zu § 24 WZG). In BGE 100 II 399 wurde der Verfall eines Klagerechtes u.a. (zum Zeitablauf vgl. N 416) auch damit begründet, dass «der Beklagten ein Vermögenswert erwachsen (sei), dessen Preisgabe ihr nicht ohne

weiteres zugemutet werden kann». Dagegen heisst es in BGE 117 II 584 E6: «Damit der Besitzstand ausserdem wertvoll ist, genügt nicht irgendeine Wettbewerbsstellung des Verletzers, die vom verletzten Zeichen herrührt und durch das vom Berechtigten angestrebte Verbot, es zu gebrauchen, beeinträchtigt würde. Es muss sich vielmehr um eine so starke Wettbewerbsstellung handeln, dass es die Nachteile deren Preisgabe für den Verletzer rechtfertigen, dem Berechtigten den Nachteil zuzumuten, dass er sich gegenüber dem Verletzer nicht mehr auf sein ausschliessliches Recht berufen darf.»

Auch hier ist nur eine Einzelfallabwägung möglich (vgl. BAUMBACH/HEFERMEHL, N 45 zu § 24 WZG). Wichtig ist, dass «der feste Besitzstand auf seiten des Verletzers für sich allein nie genügt, um den Verwirkungseinwand zu rechtfertigen» (BAUMBACH/HEFERMEHL, N 47 zu § 24 WZG), da es sonst kapitalkräftige Verletzer in der Hand hätten, ein Zeichen «durch eine schlagartige Werbung mit grossem Kostenaufwand in kurzer Zeit» bekanntzumachen (TROLLER, 757/8) und damit einen wertvollen Besitzstand zu schaffen (vgl. auch BGE 117 II 579).

Wie schon bei den Fristen, während derer die Rechtsverletzung gerügt werden muss (vgl. oben N 416), ist die Praxis zu Immaterialgüterrechtsverletzungen auch grosszügiger bezüglich der Anforderungen an die Zumutbarkeit für den Berechtigten, sein Recht auszuüben als im Sachenrecht; begründen lässt sich dies mit der fehlenden natürlichen Publizität gegenüber Verletzungen von sachenrechtlichen Berechtigungen.

TROLLER (757) spricht hier von tatsächlicher Kenntnis oder verschuldeter Unkenntnis des Eingriffes durch den Berechtigten. «Von einer Duldung eines gleichen oder ähnlichen Zeichens sodann kann im Ernst nur die Rede sein, wenn das verletzte Unternehmen trotz Kenntnis von tatsächlichen oder drohenden Rechtsverletzungen lange untätig bleibt. Der Verletzte kann freilich gute Gründe für ein Zuwarten haben; es kann ihm namentlich bei schwierigen Verhältnissen oder Grenzfällen nicht verwehrt werden, die Bedeutung der Verletzung und die Nachteile, die ihm aus einer Verwechslungsgefahr allenfalls entstehen, zunächst abklären zu lassen», heisst es in BGE 109 II 341, wo aber einschränkend an der gleichen Stelle angefügt wird: «Eine rechtzeitige Verwarnung ist aber auch diesfalls angezeigt...».

In BGE 117 II 578 verlangt das Bundesgericht grundsätzlich Kenntnis der Verletzung beim Betroffenen, wobei verzögerte Rechtsausübung aber auch dann missbräuchlich sein könne, «wenn sie auf fahrlässige Unkenntnis von der Rechtsverletzung zurückzuführen ist, weil es der Berechtigte sorgfaltswidrig unterlassen hat, den Markt auf gegnerische Zeichen hin zu beobachten.» Es dürfte daher doch «zutreffender sein, von Erkennbarkeit statt von Kenntnis zu reden» (PEDRAZZINI, 504).

Art. 2

Eine «zurechenbare Unachtsamkeit in eigenen Angelegenheiten» oder «fahrlässige Unkenntnis» kann auch nach der deutschen Rechtsprechung schon genügen, dass der Verletzte seine Ansprüche gegen den Verletzer nicht mehr durchsetzen kann, zumal «von jedem Geschäftsmann eine gewisse Aufmerksamkeit auf diesem Gebiet zu verlangen ist» (vgl. BAUMBACH/HEFERMEHL, N 48 zu § 24 WZG). Dabei sind wieder die fallspezifischen Besonderheiten zu berücksichtigen: vom kleinen Kaufmann wird eine andere Aufmerksamkeit verlangt als vom Grossunternehmen, das sich das Wissen um die Verletzung, das bei Mitarbeitern unterer Stufen vorhanden ist, anrechnen lassen muss (BGE 109 II 338).

Das Interesse an der Erhaltung erheblicher wirtschaftlicher Werte (vgl. N 417), ist allerdings so gewichtig, dass es «ausnahmsweise rechtfertigt, die Verwirkungseinrede des Verletzers selbst dann zu schützen, wenn dem Berechtigten keine fahrlässige Unkenntnis zur Last fällt (BGE 117 II 578/9).

419 Auch im Immaterialgüterrecht ist schliesslich die vierte Voraussetzung (N 401 d), der gute Glaube des Verletzers, zu relativieren: «Unter Umständen genügt aber auch trotz ursprünglich bösem Glauben der später bestehende gute Glaube (bona fides superveniens)» (BGE 117 II 577/8 E4a; TROLLER, 757; PEDRAZZINI, 506/7; DAVID H., 274/5; VON BÜREN 200; BAUMBACH/HEFERMEHL, N 52 zu § 24 WZG).

e) **Bei fehlender Rechtsmittelbelehrung**

420 Im Unterschied zu einer bloss fehlerhaften Rechtsmittelbelehrung besteht bei völligem Fehlen eines Hinweises auf mögliche Rechtsmittel eine viel grössere Gefahr für den Empfänger eines Entscheides, eine auf dem Rechtsmittelweg zu erreichende Rechtsstellung definitiv zu verlieren. Dies deswegen, weil in diesem Falle u.U. der Rechtsmittelweg überhaupt nicht beschritten wird, während ein aufgrund einer fehlerhaften Belehrung eingereichtes Rechtsmittel in vielen Fällen von Amtes wegen in die richtigen Wege geleitet werden muss. Gleichwohl ist ein Entscheid, der ohne Rechtsmittelbelehrung eröffnet wird, nicht schlechthin nichtig (vgl. BGE 106 V 97). Der Grundsatz, dass den Parteien aus der mangelhaften Eröffnung keine Nachteile erwachsen dürfen (vgl. RHINOW/KRÄHENMANN, Schweiz. Verwaltungsrechtsprechung, Ergänzungsband, Basel 1990, 290; BGE 115 Ia 18/19), führt auch nicht dazu, dass ein derart mangelhafter Entscheid jederzeit (d.h. unbefristet) an den Richter weitergezogen werden kann.

Vielmehr ist auch hier «nach den konkreten Umständen des Einzelfalles zu prüfen, ob die betroffene Partei durch den gerügten Eröffnungsmangel tatsächlich irregeführt und dadurch benachteiligt worden ist. Richtschnur für die Beurteilung dieser Frage ist der auch in diesem prozessualen Bereich geltende Grundsatz von Treu und Glauben ...» (BGE 106 V 97), was dazu führt, dass auch «ein solcher Verwaltungsakt innerhalb einer vernünftigen Frist in Frage gestellt werden muss» (BGE 106 V 97; 104 V 166; 107 I a 76). Auch dahinter steht letztlich das Interesse am Schutz des rechtlichen Verkehrs, welches erheblich gefährdet wäre, wenn derart mangelhaft ergangene Entscheidungen nach Jahr und Tag wieder in Frage gestellt werden könnten.

Bezüglich dieser Frist (analog zur «längeren Dauer» in N 401 a zu verstehen) hat das Bundesgericht (BGE 106 V 97/8) ein am 15. Dezember 1978 gestelltes Wiedererwägungsgesuch bezüglich einer mangelhaften Verfügung vom 19. September 1978 als noch rechtzeitig betrachtet, die Frage aber offengelassen, ob das gleiche Gesuch auch bezüglich einer zweiten – schon am 14. Juli 1977 ergangenen – Verfügung (d.h. nach Verstreichen von 17 Monaten) noch als rechtzeitige Beschwerdeerhebung betrachtet werden könnte. 421

Aus BGE 111 Ib 285 kann entnommen werden, dass das Bundesgericht (hier in analoger Anwendung von Art. 41 EntG) aber schon ein mehr als sechsmonatiges Zuwarten als zu lange betrachtet, was zum Verfall eines Klagerechtes – trotz fehlender Rechtsmittelbelehrung – führen würde. Eindeutig verspätet war eine fast 5 Jahre nach Zustellung einer mangelhaften Verfügung (und widerspruchsloser Entgegennahme von Leistungen) erfolgte Intervention (BGE 104 V 167/8).

Der Voraussetzung des Besitzstandes beim Verletzten (vgl. N 401 b) entspricht in diesem Zusammenhang das öffentliche Interesse, klare Verhältnisse zu schaffen, da es «sich mit den Grundsätzen des Vertrauensschutzes und der Rechtssicherheit nicht vereinbaren lässt, dass ein Verwaltungsakt wegen mangelhafter Rechtsmittelbelehrung jederzeit an den Richter weitergezogen werden kann» (BGE 106 V 97). 422

Bezüglich der Sorgfalt, welche dem Betroffenen zugemutet werden kann, auch einen fehlerhaften Entscheid (ohne Rechtsmittelbelehrung) anzufechten (vgl. N 401 c), scheint das Bundesgericht in diesen Fällen eher einen objektivierenden Massstab anzulegen, ohne auf das subjektive Wissen des Betroffenen gross Rücksicht zu nehmen: «Es ist daher davon auszugehen, dass sich eine Notwendigkeit von Schutzvorkehrungen objektiv (!) nicht voraussehen liess» (BGE 111 Ib 286) und «die Beschwerdeführerin hat die möglichen Konsequenzen von Verfügungen (nota bene solchen ohne Rechtsmittelbelehrungen) schon bei deren Erhalt zu bedenken» (BGE 106 V 98). 423

Bei einer anwaltlich vertretenen Partei gilt das Klagerecht zudem trotz mangelhafter Rechtsmittelbelehrung als verfallen, wenn der Fehler durch blosse Konsultation des massgebenden Gesetzestextes hätte erkannt werden können: «Grobe Fehler der von der Verfügung betroffenen Partei oder ihres Vertreters sind geeignet, eine falsche Rechtsmittelbelehrung aufzuwiegen» (BGE 106 Ia 18);

Art. 2

dagegen «kann von ihm nicht erwartet werden, dass er neben diesem Text auch Literatur oder Rechtsprechung nachschlage» (BGE 112 Ia 310).
Eine Ausgleichskasse muss den Lauf der gesetzlichen Rechtsmittelfrist kennen und kann daher nach Ablauf der Frist auch gegen einen Rekursentscheid ohne Rechtsmittelbelehrung kein Rechtsmittel mehr ergreifen (BGE 98 V 277).

424 Keine Rolle spielt in diesem Zusammenhang – fehlende Rechtsmittelbelehrung – das Kriterium der Gutgläubigkeit des Verletzers: Die Rechtslage ist dieselbe, aus welchen Gründen auch immer die Rechtsmittelbelehrung fehlt, selbst wenn sie absichtlich weggelassen worden wäre; eine absichtlich falsche Rechtsmittelbelehrung führt dagegen nicht zum Verfall des Klagerechtes, sondern zur Berichtigung nach den diesbezüglich entwickelten Regeln (vgl. dazu RHINOW/ KRÄHENMANN, zit. in N 420, 290 ff.).

4. Missbräuchliches Zuwarten mit der Stellung eines Begehrens um vorsorgliche Massnahmen

425 Bezüglich des rechtsmissbräuchlichen Zuwartens mit der Stellung eines Begehrens um vorsorgliche Massnahmen ist auf die diesbezügliche prozessrechtliche Literatur und Praxis zu verweisen. Grundsätzlich ist immerhin zu bemerken, dass vorsorgliche Massnahmen in der Regel einen nicht leicht wiedergutzumachenden Nachteil für den Kläger und – als superprovisorische Massnahme – zudem besondere Dringlichkeit des Begehrens voraussetzen (vgl. z.B. § 110 Abs. 1 und 2 der Zivilprozessordnung des Kantons Zürich). Beide Voraussetzungen dürften bei längerem Zuwarten in der Regel nicht mehr gegeben sein, so dass die meisten dieser Fälle ohne Rückgriff auf das Verbot des Rechtsmissbrauchs erledigt werden können. Vgl. dazu RENÉ ERNST: Die vorsorglichen Massnahmen im Wettbewerbs- und Immaterialgüterrecht, Zürich 1992, 56/7; URS SCHENKER: Die vorsorgliche Massnahme im Lauterkeits- und Kartellrecht, Zürich 1985, 86/7; ALFRED BRINER: Vorsorgliche Massnahmen im schweizerischen Immaterialgüterrecht, SJZ 1982, 157–164, insbes. 160 sowie BGE 98 II 145, ZR 1994 Nr. 21, S. 89 ff. und ZR 1996 Nr. 98 sowie ZR 1986, Nr. 54, S. 137 f.).

5. Übersicht und Zusammenfassung

426 Zusammenfassend kann festgehalten werden, dass der Verfall einer Klageberechtigung in jedem Einzelfall separat geprüft werden muss, wobei eine Gesamtbeurteilung der Situationen in folgendem Raster vorzunehmen ist:

Art. 2

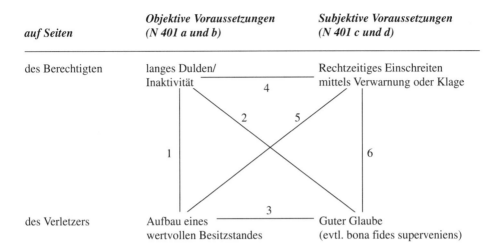

Positiv korreliert sind dabei die Beziehungen (1), (2) und (3), die für den Verfall der Klageberechtigung sprechen. Wer über längere Zeit einen grösseren Besitzstand aufgebaut hat, von Anfang an gutgläubig oder – nach längerem Zeitablauf – i.S. der bona fides superveniens gutgläubig geworden ist, ist im Interesse des rechtlichen Verkehrs zu schützen. Der über längere Zeit aufgebaute grössere Besitzstand entfaltet in dieser Konstellation eine ähnliche Wirkung wie die natürliche Publizität im Sachenrecht (PEDRAZZINI, 503 und SPIRO, § 532 sehen auch Ähnlichkeiten zur Ersitzung), was die Anforderungen an die Gutgläubigkeit mit zunehmender Dauer reduziert (bis zur bona fides superveniens), umgekehrt aber die Anforderungen an den Berechtigten, seine Ansprüche geltend zu machen, erhöht (unten N 428). 427

Negativ korreliert sind die Beziehungen (4), (5) und (6), die sich für das Weiterbestehen des Klagerechtes des Verletzten auswirken. Je weniger lang der Berechtigte mit der Geltendmachung seiner Rechte zuwartet, desto weniger kann der zu schützende Besitzstand des Verletzers rechtlich (und in vielen Fällen auch faktisch) erheblich werden, und desto weniger kann auch dessen (anfänglich eventuell gegebene) Gutgläubigkeit noch angenommen werden. In dieser Konstellation führt das Interesse an der Sicherheit des Rechtsverkehrs dazu, dass das Klagerecht des Berechtigten als weiterbestehend betrachtet werden muss. 428

Der Versuch, diese Fälle etwas systematischer zu beurteilen, als dies in der Rechtsprechung bisher erfolgt ist, zeigt, dass bei den anwendbaren Kriterien (vgl. N 401) auch verschiedene Bereiche aus dem Anwendungsgebiet des Missbrauchsverbot aus Art. 2 ZGB zu beachten und gegeneinander abzuwägen sind: 429

Art. 2

(a) Die objektiven Kriterien – längerer Zeitraum der Nichtgeltendmachung eines Rechtes (N 401 a) und Erwerb eines wirtschaftlich erheblichen Besitzstandes (N 401 b) – sind unter dem Gesichtspunkt des Schutzes des rechtlichen Verkehrs überhaupt (vgl. oben N 4 und 11) zu beachten. Ein funktionierender Rechtsverkehr lässt es nicht zu, dass Rechtsstellungen auf unbestimmte Zeit ungeklärt in der Schwebe verbleiben und ebensowenig, dass ein bedeutender Besitzstand, dessen Erwerb und Aufbau an und für sich als wünschbar betrachtet werden muss (jedenfalls in einem auf Privatautonomie und Eigentumsgarantie beruhenden System), wieder zerstört wird, sofern nicht wichtige Gründe dagegen sprechen.

(b) Das subjektive Kriterium des bewussten oder doch fahrlässigen Duldens einer Rechtsverletzung (vgl. N 401 c) kann unter dem Gesichtspunkt des widersprüchlichen Verhaltens gesehen werden (vgl. oben N 99 ff.), was aber in den Fällen nicht möglich ist, wo ein Verletzer – z.B. wegen des erheblichen Besitzstandes, den er aufgebaut hat – auch dann geschützt wird, wo dem Berechtigten weder verschuldetes noch fahrlässiges Untätigbleiben angelastet werden kann; in diesen Fällen sind eher Argumente aus den Bereichen des Schikaneverbotes und der schonenden Rechtsausübung (oben N 295 ff.) oder des krassen Missverhältnisses der Interessen (oben N 302 ff.) heranzuziehen.

(c) Zudem hat das Bundesgericht die Anforderungen, die an die Überwachung des Marktes und von öffentlichen Registern durch den Berechtigten gestellt werden dürfen, zulasten des Verletzers relativiert, von welchem dieselbe Sorgfalt bei der Überprüfung verlangt werden kann, ob er mit seinem Vorgehen nicht ein schon vorbestehendes, älteres Recht verletze (BGE 117 II 581). Dadurch ist die Schwelle, bei welcher noch Gutgläubigkeit des Verletzers angenommen werden darf (vgl. N 401 d) zu Recht erhöht worden. Das hier zugrundeliegende Motiv ist, dass eigene Unsorgfalt des Verletzers jene des Berechtigten kompensiert i.S. des «nemo auditur turpitudinem suam allegans».

430 Gesamthaft ergibt sich, dass keines der genannten Kriterien für sich allein einen Fall zu entscheiden vermag, dass vielmehr die verschiedenen sich aus Art. 2 ZGB ergebenden Aspekte (vgl. N 429) gegeneinander abzuwägen sind.

Wohl zu Recht hat das Bundesgericht seine Praxis eher verschärft (so jedenfalls in BGE 117 II 575), in welchem es festgehalten hat,

– dass selbst längere Untätigkeit nicht notwendigerweise den Verfall der Berechtigung bewirkt, wenn der Berechtigte aus unverschuldeter Unkenntnis untätig bleibt, weil ja auch die mangelhafte Abklärung der Rechtslage durch den Verletzer zu beachten ist, und

– dass an den Nachweis des erheblichen Besitzstandes strenge Anforderungen zu stellen sind, wenn damit ausnahmsweise die Verwirkungseinrede selbst dann geschützt werden soll, wenn dem Berechtigten keine fahrlässige Unkenntnis zu Last fällt.

XI. Zusammenfassende Bemerkungen zur «Phase 2» der bestehenden Rechtsverbindungen

Grundsätzlich gilt in dieser Phase der bestehenden Rechtsverbindung die jeweilige Regelung, wie sie durch Gesetz oder Rechtsgeschäft geschaffen wurde. 431
   Es ist die interpretative Funktion von Art. 2 Abs. 1 ZGB (vgl. N 20 ff.), die hier von herausragender Bedeutung ist, wo es gilt, die Grenzen einer gesetzlichen oder rechtsgeschäftlichen Verpflichtung zu finden. Innerhalb dieser so festgestellten Bindungen lässt Art. 2 ZGB aber keine Billigkeitsentscheidungen «ex aequo et bono» zu; vielmehr ist im Interesse des durch Art. 2 ZGB geschützten Verkehrs (vgl. N 11) eine rechtliche Verpflichtung selbst dann durchzusetzen, wenn sich daraus für einen Betroffenen eine grosse Härte ergeben sollte (vgl. oben N 303).

   Das Rechtsmissbrauchsverbot des Art. 2 Abs. 2 ZGB ist keine Generalklausel, um bestehenden Verpflichtungen quasi durch die Hintertüre entkommen zu können. Nebst einer quantitativen (offenbarer Missbrauch) müssen immer auch besondere Umstände qualitativer Art gegeben sein, um dieses Korrektiv einsetzen, die Notbremse ziehen zu können (vgl. N 241/242). Als solche Voraussetzungen wurden hier angeführt die Schikane (vgl. N 295 ff.), das krasse Missverhältnis der Interessen (vgl. N 302 ff.), die zweckwidrige (N 323 ff.), die nutz- oder interesselose (N 369 ff.) Rechtsausübung sowie das rechtsmissbräuchliche Zuwarten mit der Ausübung von Rechten (N 384 ff.). 432

   Die Aufzählung dieser Fallgruppen ist zwangsläufig unvollständig, da es unmöglich ist, nur negativ zu formulierende Umstände abschliessend aufzulisten (vgl. VB 2/3, N 14). Sie hilft aber mit, die Anforderungen an einen korrekten, redlich-loyalen Rechtsverkehr zu konkretisieren. 433
   Das «objektive» Ziel von Art. 2 ZGB, eben diesen Rechtsverkehr zu schützen, erklärt auch, warum die Missbrauchsregel auch in Fällen ohne subjektiv schädigende Absicht angewendet werden kann, während umgekehrt Billigkeitserwägungen eben keine Rolle spielen (sollten).

Art. 2

434 Die Regel spielt auch nur dort, wo sie nicht durch die Natur des fraglichen Rechtes (zum Bereich höchstpersönlicher Rechte vgl. N 333) oder durch die Gesetzgebung ausser Kraft gesetzt wird. Schon immer galt dies bei der Regelung von Statusfragen im Bereich des Personen- und Familienrechtes, während in neuerer Zeit immer mehr spezifische Sozialschutznormen ein starres «Modell-Verhalten» vorgeben, während die Redlichkeit, Loyalität und Korrektheit der Parteien kaum noch geprüft werden. Es ist nicht zu übersehen, dass sich aus solchen Sozialschutznormen Spannungen zu grundlegenden Prinzipien eines privatautonom ausgerichteten Zivilrechtes ergeben, insbesondere zur Vertragsfreiheit und zur Vertragstreue: Zur Vertragsfreiheit durch inhaltliche und formale Gestaltungsvorschriften z.B. im Abzahlungsvertragsrecht (Art. 226a ff. OR), zur Vertragstreue (pacta sunt servanda) durch einseitige Widerrufsrechte (z.B. Art. 40e OR) oder nachträgliche Herabsetzung von vertraglich vereinbarten Leistungen (vgl. Art. 270 OR).

E. Phase 3: Treu und Glauben bei und nach Beendigung einer Rechtsbeziehung

435 **Literatur**

ABAS PIET	Rebus sic stantibus, Eine Untersuchung zur Anwendung der clausula rebus sic stantibus in der Rechtsprechung einiger europäischer Länder, Köln 1993
AUER EUGEN	Die richterliche Korrektur von Standardverträgen, Diss. St. Gallen 1964
BAUR JÜRGEN F.	Die Anpassung langfristiger Verträge an veränderte Umstände, Juristische Blätter, Wien 1987, 137–145
BESSON CHARLES	La force obligatoire du contrat et les changements dans les circonstances, Diss. Lausanne 1955
BISCHOFF JACQUES	Vertragsrisiko und clausula rebus sic stantibus, Diss. Zürich 1983
BÜHLER THEODOR	Die clausula rebus sic stantibus als Mittel der Zukunftsbewältigung, in: Festschrift für Hans Giger, Zürich 1989, 35–54
BÜRGI WOLFHART	in, Festschrift für Hans Giger, Zürich 1989, 35–54: Die Vertragstreue als Grundlage jeder menschlichen Gemeinschaft, ZBJV 1942, 289–303
DESCHENAUX HENRI	La revision des contrats par le juge, ZSR 1942, 509a–636a
FICK FRITZ	Die «clausula» und die «Aufwertung» nach schweizerischem Recht, ZSR 1925, 153–242

Art. 2

GAUCH PETER	System der Beendigung von Dauerverträgen, Diss. Fribourg 1968
GIGER HANS	Grundsätzliches zum richterlichen Eingriff in den Vertrag, ZBJV 1969, 309–333
GRÄTZER PAUL	Die clausula rebus sic stantibus beim öffentlich-rechtlichen Vertrag, Diss. Zürich 1953
GUTZWILLER PETER CHRISTOPH	Vertragliche Abreden zur Sicherung des Geldwertes, insbesondere Gleitklauseln, Basel 1972
HENGGELER J.	Die Abwertung des Schweizerfrankens und ihr Einfluss auf die zivilrechtlichen Verhältnisse, ZSR 1937, 157a–259a
HERZFELD IGNAZ	Zur Indexklausel im Währungsrecht, Festgabe zum schweizerischen Juristentag, Basel 1963, 77–105
IM OBERSTEG CHRISTOPH	Die Berücksichtigung der Geldentwertung im schweizerischen Privatrecht, Diss. Basel 1978
JÄGGI PETER/GAUCH PETER	Kommentar zu Art. 18 OR, N 561–700, Zürich 1980
KRAMER ERNST	Kommentar zu Art. 18 OR, N 272–359, Bern 1986
LITTBARSKI SIGURD	Neuere Tendenzen zum Anwendungsbereich der Lehre von der Geschäftsgrundlage, Juristen-Zeitung 1981, 8–14, und MÜLLER CHRISTOPH: Zur Diskussion um die Lehre vom Wegfall der Geschäftsgrundlage – zugleich eine Stellungnahme zu Littbarski, Juristen-Zeitung 1981, 337/8
LIVER PETER	Der Verzicht auf beschränkte dingliche Rechte und auf den Miteigentumsanteil, in: Festschrift für Walther HUG, Bern 1968, 353–375
–	Besprechung von BGE 83 II 201 in ZBJV 1959, 28–32
MAIER HANS JAKOB	Wertsicherungsklauseln, Formulierung und Zulässigkeit nach deutschem und schweizerischem Recht, Handelskammer Deutschland-Schweiz, Zürich 1978
MERZ HANS	Die Revision der Verträge durch den Richter, ZSR 1942, 393a–508a (MERZ/Revision)
MÜLLER HANS	Die Einwirkung der Währung auf die privatrechtlichen Verhältnisse, ZSR 1924, 95a–174a
OFTINGER KARL	Gesetzgeberische Eingriffe in das Zivilrecht, ZSR 1938, 480a–695a
–	Die krisenbedingte Veränderung der Grundlagen bestehender Verträge, SJZ 1939/40, 229–236 und 245–249 (Oftinger, Änderung)
PERLOWSKI MICHEL	Les clauses d'extinction des obligations internationales contractuelles, Diss. Lausanne 1928
REICHEL HANS	Vertragsrücktritt wegen veränderter Umstände (Vortrag vor dem Zürcher Juristenverein vom 7. März 1933), Berlin 1933
RIEDER RUDOLF	Das Eingriffsrecht des Richters in bestehende Verträge aufgrund veränderter Umstände, Diss. Basel 1951
ROGGWILLER HANS	Der «wichtige Grund» und seine Anwendung in ZGB und OR, Diss. Zürich 1956
RUMMEL MICHAEL	Die «clausula rebus sic stantibus»/Eine dogmengeschichtliche Untersuchung, Baden-Baden 1991
RUMMEL PETER	Anmerkungen zum gemeinsamen Irrtum und zur Geschäftsgrundlage, Juristische Blätter, Wien 1981, 1–11

Art. 2

–	Kommentar zum Allgemeinen bürgerlichen Gesetzbuch, 2. A. Wien 1990, § 901, 1236–1253
SCHERRER ALBERT	Das «richterliche Ermässigungsrecht» bei Verträgen nach schweizerischem Obligationenrecht, Diss. Freiburg 1934
SCHLAGETER MAX	Die Vertragsänderung durch den Richter aufgrund veränderter Umstände, Diss. Basel 1945
SCHMIEDLIN STEFAN	Frustration of contract und clausula rebus sic stantibus, Diss. Basel 1984
SCHMITZ FRANZ	Veränderte Umstände und clausula rebus sic stantibus im schweizerischen Privatversicherungsrecht, Diss. Bern 1945
SCHÖNLE HERBERT	L'imprévision de faits futurs lors de la conclusion d'un contrat générateur d'obligations, in: Hundert Jahre Schweizerisches Obligationenrecht, Fribourg 1982, 413–441
SPIRO KARL	Die Begrenzung privater Rechte durch Verjährungs-, Verwirkungs- und Fatalfristen, 2 Bde, Bern 1975
TERCIER PIERRE	La «clausula rebus sic stantibus» en droit suisse des obligations, Journal des Tribunaux 1979, 194–212
WEBER HANS	Das richterliche Änderungsrecht bei Dauerverträgen, Diss. Zürich 1924
WIDMER URS	Der richterliche Eingriff in den Vertrag, Diss. Zürich 1971
YUNG WALTER	L'interprétation supplétive des contrats, ZBJV 1961, 41–65
ZWEIGERT KONRAD/ KÖTZ HEINZ	Einführung in die Rechtsvergleichung auf dem Gebiete des Privatrechts, Bd II, 2. Auflage, Tübingen 1984, § 14 Haftungsbefreiung bei wesentlicher Veränderung der Umstände, 238–262

I. Allgemeine Vorbemerkung

436   Im Idealfall sind mit einer bestehenden Rechtsbeziehung auch die bei und für deren Auflösung zu beachtenden Regeln gegeben. Viele Verträge enthalten Kündigungs- und Beendigungsklauseln; im dispositiven Vertragsrecht wie im Gesellschaftsrecht sind entsprechende Bestimmungen vorgesehen, weshalb in diesem Bereich auch die «Reichweite» von Art. 2 ZGB relativ klar zu umreissen ist. Die ordnungsgemässe Beendigung einer Rechtsbeziehung fällt daher nicht in den Anwendungsbereich der Rechtsmissbrauchsregeln, solange Kündigungs-, Rücktritts- oder andere Beendigungsgründe nicht zweckwidrig verwendet werden (vgl. BGE 113 II 73; 109 II 158/9; 107 II 415).

Zu prüfen ist dagegen, inwiefern Rechtsbeziehungen auch nach einer ordnungsgemässen (d.h. vertrags- oder gesetzeskonformen) Beendigung noch Nachwirkungen entfalten können (unten N 437 ff.). Bei der ausserordentlichen Beendigung von Rechtsbeziehungen ist zu unterscheiden, ob Ereignisse ausserhalb

Art. 2

der Voraussicht der Parteien und des Gesetzgebers – die Fälle der clausula rebus sic stantibus – Anlass zu einer ausserordentlichen Beendigung geben (unten N 443 ff.), oder ob diese im Grundsatz vom Gesetzgeber schon vorgesehen ist – Hauptanwendungsfall: Vertragsauflösung aus «wichtigen Gründen» (dazu unten N 481 ff.).

II. Ordnungsgemässe Beendigung von Rechtsbeziehungen

Auch bei der vertrags- oder gesetzeskonformen Vertragsbeendigung können vielfältige Probleme auftauchen, die durch die vereinbarten oder gesetzlich (zwingend oder dispositiv) vorgegebenen Regeln nicht gelöst sind. Zu nennen sind hier vor allem Rückgabe- und Aufbewahrungspflichten sowie die damit verbundenen Kosten, aber auch Weiternutzungsrechte. 437

Diese Fragen dürften sich zum grössten Teil auf dem Wege der Auslegung i.S. von Absatz 1 von Art. 2 ZGB und unter Rückgriff auf die für die sogenannten Nebenpflichten entwickelten Grundsätze (vgl. N 154–180) klären lassen.

Grundsätzlich kann gegenüber einer Kündigung, mit welcher ein Rechtsverhältnis aufgelöst wird, auch geltend gemacht werden, sie sei rechtsmissbräuchlich (vgl. BGE 120 II 31). Allerdings bleibt dort wenig Raum für die Anwendung des allgemeinen Rechtsmissbrauchsverbotes, wo der Gesetzgeber die Folgen gerade auch der missbräuchlichen Kündigung (Randtitel zu Art. 336 OR) bereits geregelt hat wie im Arbeitsvertragsrecht (BGE 121 III 60; vgl. auch 111 II 242).

Generell ist davon auszugehen, dass mit der ordnungsgemässen Beendigung einer Rechtsbeziehung nur ausnahmsweise noch «nachwirkende» Verpflichtungen angenommen werden dürfen. Der Rechtsverkehr funktioniert nur, wenn möglichst immer klare Verhältnisse geschaffen oder doch wenigstens angestrebt werden. Das ist nicht (mehr) der Fall, wenn am Ende einer rechtlichen Bindung keine klare Zäsur gesetzt wird. 438

In den Fällen, in denen der Gesetzgeber nach Beendigung einer Rechtsbeziehung ein Erstreckungsrecht vorgesehen hat (im Miet- und Pachtrecht: Art. 272 ff. und 300 OR; im Bundesgesetz über die landwirtschaftliche Pacht: Art. 26 ff. LPG), wird eine vorübergehende Unsicherheit über die Beendigung einer Rechtsbeziehung aus sozialpolitischen Gründen bewusst in Kauf genommen. Die Ausübung der gesetzlich vorgesehenen Erstreckungsrechte kann daher auch dann nicht als rechtsmissbräuchlich betrachtet werden, wenn der betreffende Mieter oder Pächter die erfolgte Kündigung ausdrücklich anerkannt hat, da

Art. 2

die Erstreckung logisch zwingend eine vorausgehende Vertragsbeendigung voraussetzt (BGE 113 II 448/9).

Ebenfalls nicht rechtsmissbräuchlich ist die Ausübung von Rechten, während einer Kündigungsfrist oder eines Prozesses, der auf die Beendigung eines Rechtsverhältnisses hinzielt. Fällt also z.B. der Kühlschrank (oder im Winter die Heizung) während der Kündigungsfrist aus, ist es nicht rechtsmissbräuchlich, wenn der Mieter gleichwohl Behebung des Mangels verlangt.

Als nicht rechtsmissbräuchlich beurteilte das Kantonsgericht Schwyz die Berufung der Klägerin auf die Fortwirkung des Güterrechtes bis zum rechtskräftigen Scheidungsurteil, obwohl die Parteien schon längere Zeit eheschutzrichterlich getrennt lebten; in casu ging es um einen kurz vor dem Scheidungsurteil angefallenen Lottogewinn (SJZ 1985, 197–199).

439 Umgekehrt darf die vertrags- oder gesetzeskonforme Beendigung einer Rechtsbeziehung selbst dann nicht als rechtsmissbräuchlich bezeichnet werden, wenn sich daraus Härten für die Gegenpartei ergeben: Die ordnungsgemässe Beendigung einer Beziehung ist eines der Risiken, die bei Abschluss mit in Kauf genommen werden müssen (vgl. BGE 113 II 73, 109 II 158/9 und 107 II 171; oben N 303).

Das gilt insbesondere auch für das nach der Praxis des Bundesgerichtes (vgl. Urteil 4C.443 vom 26.3.1997 sowie BGE 117 II 478, BGE 115 II 464) zwingende Recht, Aufträge gemäss Art. 404 Abs. 1 OR jederzeit zu widerrufen oder zu kündigen: «La revocation ne constitue pas en soi un abus de droit selon l'art. 2 CC», denn «la règle serait pratiquement vidée de sa substance» (BGE 106 II 160), falls davon abgewichen würde.

Eine andere Frage ist gemäss Bundesgericht die nach «der Reichweite des Auftragsrechtes als solchem» (BGE 115 II 467). Wo die Grenzen liegen, lässt sich wahrscheinlich nur von Fall zu Fall entscheiden, wie die umfangreiche Praxis und Literatur zu Qualifikationsfragen zeigt (vgl. dazu CHRISTOPH LEUENBERGER, Dienstleistungsverträge, in ZSR 1987 II 1–92, und FRANÇOIS DESSEMONTET, Les contrats de service, in ZSR 1987 II 93–224, beide Aufsätze mit ausführlichen Verweisungen auf Literatur und Praxis). Nach dem Rückweisungsentscheid in BGE 115 II 464 entschied das Obergericht des Kantons Luzern, «die Berufung der Beklagten auf den zwingenden Charakter des Art. 404 Abs. 1 OR erweise sich als offenbar rechtsmissbräuchlich» und der Kläger sei in seinem Vertrauen, die vereinbarte Auflösungsordnung werde von der Beklagten eingehalten, zu schützen (LGVE 1990 I Nr. 18, 25–27).

Von Bedeutung ist der Massstab von Treu und Glauben auch, wenn es darum geht, festzustellen, ob eine Auftragsbeendigung i. S. von Art. 404 Abs. 2 OR «zur Unzeit» erfolgt ist, denn: «Grundsätzlich gibt Art. 404 Abs. 2 OR dem Be-

Art. 2

auftragten nur das Recht, sich bei missbräuchlicher Handhabung des Widerrufsrechtes durch den Auftraggeber schadlos zu halten» (FELLMANN, Berner Kommentar, N 53 zu Art. 404 OR). Kündigt der Beauftragte, ohne auf die Interessen des Auftraggebers Rücksicht zu nehmen, verletzt er ebenfalls seine Treuepflichten (FELLMANN, a.a.O., N 59 und 60).

Doch selbst bei Vorliegen eines Verstosses gegen Treu und Glauben bleiben Widerruf oder Kündigung zur Unzeit wirksam. Für diesen Fall ist die Sanktion ausnahmsweise (vgl. oben N 243–245) positiv geregelt: Zu ersetzen ist gemäss Abs. 2 von Art. 404 OR das negative Interesse (vgl. FELLMANN, a.a.O., N 66 ff.).

Im Arbeitsvertragsrecht gilt die Zeugnispflicht des Arbeitgebers als eine «nachwirkende Fürsorgepflicht, welche die Beendigung des Arbeitsverhältnisses überdauert und erst durch Verjährung, Verwirkung oder Verzicht erlischt. ... Hingegen kann der Anspruch auf qualifiziertes Zeugnis verwirkt sein, wenn die zur Beurteilung notwendigen Nachforschungen dem Arbeitgeber unzumutbar sind» (REHBINDER, Kommentar zu Art. 330a OR, N 16 mit Verweisungen). Was jedoch innerhalb der 10-jährigen Verjährungsfrist noch als «zumutbar» zu betrachten ist, muss nach Treu und Glauben – d.h. am Verhalten eines korrekten, redlichen und loyalen Arbeitgebers – gemessen werden. Das gleiche gilt für die nachwirkende Nebenpflicht, eine Kündigung auf Verlangen der anderen Partei schriftlich zu begründen (Art. 335 II OR; vgl. REHBINDER, Kommentar zu Art. 335 OR N 10).

«Nachwirkend» ist auch der besondere Schutz des Arbeitnehmers durch die Unverzichtbarkeit gewisser Forderungen während der Dauer des Arbeitsverhältnisses und eines Monats nach dessen Beendigung (Art. 341 OR). Dieser Schutz kann ihm nicht auf dem Umweg über Art. 2 Abs. 2 ZGB wieder entzogen werden, indem durch längeres Zuwarten ein Verzicht auf solche Ansprüche gesehen wird (vgl. BGE 105 II 42 und 110 II 171 sowie ZR 1986, S. 119 und ZR 1985, S. 16).

Umgekehrt führt das zwingende Verbot, Ferien durch Geldzahlungen abzugelten (Art. 329d OR), dazu, dass derartige Ansprüche bei Nichtbezug verfallen und ihre nachträgliche Geltendmachung geradezu als Verstoss gegen Art. 2 ZGB gewertet wird (vgl. BGE 101 II 283; 106 II 154; 107 II 434 sowie REHBINDER, a.a.O., N 16 zu Art. 329d OR).

Bei Ausscheiden aus einer Kollektivgesellschaft «wird die Meinung vertreten, dass der Ausscheidende einer gewissen Stundungspflicht unterliegt, wenn durch eine sofortige Ausrichtung der Abfindungssumme die Fortsetzung der Gesellschaft verunmöglicht oder doch erschwert würde. Begründet wird diese Pflicht – je nach Standort ihrer Befürworter – mit einer fortdauernden Treuepflicht des Ausscheidenden oder als Reflexwirkung des Ausscheidens unter Fortsetzung der

Art. 2

Gesellschaft oder auf Grund von Art. 2 ZGB» (WERNER VON STEIGER, Die Personengesellschaften, in SPR VIII/1, Basel 1976, 418).

Gemäss SIEGWART (Zürcher Kommentar, N 27 zu Art. 580 OR) «kann der Richter, soweit es im Interesse einer gedeihlichen Fortsetzung des Geschäftes nötig ist, Ratenzahlungen oder Stundungen gewähren.» Das ergibt sich aber schon aus der richtigen Auslegung von Art. 580 Abs. 2 OR, wonach der Richter bei der Festsetzung des Betrages die Vermögenslage der Gesellschaft zu berücksichtigen habe, ohne dass auf Art. 2 ZGB zurückgegriffen werden muss. Die ausdrückliche Ermächtigung des Richters, die Vermögenslage der Gesellschaft zu berücksichtigen, beinhaltet mit dem Recht, die Höhe festzusetzen, auch das weniger weitgehende Recht, angemessene Zahlungsbedingungen zu gewähren, was bei bankmässiger Diskontierung wiederum einfach einen anderen (tieferen und der Vermögenslage der Gesellschaft angepassten) Betrag ergäbe.

Umgekehrt kann aber das Begehren um sofortige Auszahlung des Abfindungsanspruches rechtsmissbräuchlich sein und gegen die Prinzipien der schonenden Rechtsausübung (vgl. oben N 295 ff.) oder des krassen Missverhältnisses der Interessen (vgl. oben N 302 ff.) verstossen.

442 Eine über die Beendigung eines Rechtsverhältnisses hinausgehende allgemeine Pflicht zur Aufbewahrung von Unterlagen lässt sich aus Art. 2 ZGB nicht ableiten. Soweit buchführungspflichtige Parteien beteiligt sind, sind diese Fragen durch die zwingenden Bestimmungen der Artikel 962 und 963 OR geregelt (vgl. dazu K. KÄFER, Berner Kommentar zu Art. 962 und 963 OR).

III. Zur Clausula rebus sic stantibus

1. Zur Bedeutung der clausula

443 Gemäss BESSON (9) handelt es sich bei der clausula rebus sic stantibus «d'un problème juridique qui, sans être très important en soi, met en cause un point fondamental du droit des obligations.» Und in der Tat: Ein Blick in die neuere Kasuistik (unten N 458) zeigt ein nicht unerhebliches Missverhältnis zwischen der Häufigkeit und Heftigkeit der Diskussion über die «clausula» in der Literatur und deren Bedeutung in der Rechtspraxis. Die Grundfrage ist die nach den Grenzen des Prinzipes der Vertragstreue (pacta sunt servanda) angesichts veränderter Umstände.

TERCIER (195) spricht der clausula gar «un intérêt de caractère philosophique» zu, indem sie die ewige Frage nach dem Konflikt zwischen formeller und materieller Gerechtigkeit aufwerfe. Wie noch zu zeigen sein wird (unten N 461) liegt die clausula-Problematik in der Tat auf der Schnittstelle zwischen materieller Einzelfallgerechtigkeit und Rechtssicherheit.

Lehre und Rechtsprechung sind sich darüber einig, dass die clausula rebus sic stantibus auf dem Prinzip von Treu und Glauben beruhe (statt vieler vgl. MERZ, N 181 ff.; bei welchem die clausula unter den «typischen Tatbeständen der durch Treu und Glauben mitbestimmten Auslegung und Ergänzung von Gesetz und Rechtsgeschäft» an erster Stelle aufgeführt wird; DESCHENAUX 195 ff.; BGE 113 II 211), wozu aber keine weitere Ableitung gegeben wird. 444

Historisch ist gerade hier der Einfluss der Aequitas-Doktrin des kanonischen Rechtes nicht zu übersehen (vgl. VB 2/3, N 40/41 sowie ABAS, 7–23: MERZ, N 186; BISCHOFF, 174/5): dort vermochte eine höhere göttliche Macht aus Gründen der materiellen Gerechtigkeit Eingriffe in Verträge als blosses Menschenwerk zu rechtfertigen. «Gegen Ende des 18. Jahrhunderts starb die Lehre von der clausula rebus sic stantibus in der Rechtswissenschaft ab, wurde doch die von ihr bewirkte Rechtsunsicherheit als zu grosse Belastung des Rechts und Geschäftsverkehrs empfunden» (BISCHOFF, 175). Gemäss RUMMEL (191) verliert die Lehre von der clausula rebus sic stantibus «im Laufe des 18. Jahrhunderts unter dem Einfluss der wachsenden naturrechtlich-rationalistischen Strömung weiter an Boden». Noch zu untersuchen wäre, wie weit aufklärerische Tendenzen sich auch wegen seiner kanonischen Ursprünge gerade gegen dieses Rechtsinstitut gerichtet haben, das erst als Folge der unerhörten Erschütterungen durch den ersten Weltkrieg wieder grössere praktische Bedeutung erlangte. Weitere Hinweise zur Geschichte der clausula finden sich bei ZWEIGERT/KÖTZ (241 ff.) sowie ABAS (11), der insbesondere die «wahrlich atemberaubende Studie von Leopold Pfaff» mit dem Titel «Die Clausel: Rebus sic stantibus in der Doctrin und der österreichischen Gesetzgebung» (publiziert in der Festschrift für Joseph Unger, Stuttgart 1898, S. 223–354) hervorhebt. 445

Eine andere Ableitung gibt REICHEL (29): «Das geltende Gesetz ist in Zeiten wirtschaftlicher Stabilität erlassen; der Gesetzgeber hat folglich die Katastrophen, die später über die Welt hereingebrochen sind, nicht bedacht und nicht bedenken können. Das Gesetz weist somit hier eine Lücke auf, die nach bekannten Grundsätzen, d.h. im Sinne des gesetzgeberisch Richtigen, auszufüllen ist (ABGB § 7, ZGB Art. 1 Abs. 2).» Dabei geht es aber auch ihm um den Schutz des Rechtsverkehrs: «Jeder Verkehr verlangt Vertrauen» (REICHEL, 3), womit klar ist, dass auch nach dieser Herleitung der «Richter als Gesetzgeber» auf die Regeln von Treu und Glauben verwiesen ist, wenn er einen clausula-Fall zu beurteilen hat. 446

Dass die praktische Bedeutung der clausula rebus sic stantibus eher rückläufig ist (vgl. TERCIER 211/12), dürfte verschiedene Ursachen haben: In einer schnelllebigen Zeit wie der heutigen ist Dauerhaftigkeit der Umstände über län- 447

Art. 2

gere Zeiten (vgl. VB 2/3, N 3) eher die Ausnahme, mit der schon gar nicht mehr gerechnet wird. Dementsprechend tragen Vertragsparteien den Risiken aus möglichen Veränderungen heute in weit grösserem Umfange Rechnung, als dies früher (vor allem vor den beiden Weltkriegen) üblich gewesen zu sein scheint. Anpassungs- und/oder Indexklauseln, Wertsicherungs- oder Ausstiegsklauseln finden sich in immer mehr Verträgen, die nicht Zug um Zug zu erfüllen sind (vgl. unten N 458 c). Rechtlich handelt es sich dabei um Bedingungen, die eine Vertragsanpassung (Indexklauseln) oder gar eine Vertragsauflösung (Ausstiegsklauseln) erlauben (vgl. dazu KRAMER, N 276 ff.; JÄGGI/GAUCH, N 577 ff.; BISCHOFF, 91 ff.). Legion sind die Anpassungs-Regeln des kollektiven Arbeitsrechts: Es gibt kaum einen Gesamtarbeitsvertrag, der keine diesbezüglichen Regeln enthält.

448 In immer mehr Gebieten sieht auch das Gesetz selber Anpassungsmöglichkeiten und/oder -Regeln vor (vgl. dazu KRAMER, N 299 ff.; JÄGGI/GAUCH, N 595 ff.); so z.B. im Mietrecht (vgl. Art. 269b OR betr. indexierte Mietzinse), im Werkvertragsrecht (Art. 373 Abs. 2 OR) oder im Recht der beruflichen wie der staatlichen Altersvorsorge (vgl. Art. 36 BVG oder Art. 33ter AHVG).

Mit anderen Worten: die Risiken der nachträglichen Veränderung von Umständen sind den Teilnehmern am Rechtsverkehr heutzutage in der Regel sehr bewusst. Auch kann und muss jedes Rechtsgeschäft gerade als Versuch der Parteien gesehen werden, die ungewisse Zukunft zu meistern, sobald die Gegenleistung nicht sogleich zu erbringen ist: gerade weil man aus Erfahrung davon ausgeht, dass die Heizölpreise im Winter vermutlich steigen werden, kauft man schon im Sommer ein – «contracter, c'est prévoyer; le contrat est une emprise sur l'avenir» (G. RIPERT, zitiert nach TERCIER, 211).

2. Anwendungsbereich und Risikoverteilungsregelungen

a) Anwendungsbereich

449 Nicht auf die clausula zurückgegriffen werden muss in all den Fällen, die unter eine der bereits dargestellten Rechtsmissbrauchsregeln subsumiert werden können und mit denen viele vermeintliche clausula-Fälle gelöst werden können dürften. Zu erwähnen sind insbesondere das Schikaneverbot und der Grundsatz der schonenden Rechtsausübung (oben N 295 ff.), das krasse Missverhältnis der Interessen (oben N 302 ff.), die zweckwidrige (oben N 323 ff.) und die unnütze oder interesselose Rechtsausübung (oben N 369 ff.).

450 In BGE 51 II 21 beschränkte das Bundesgericht den Anwendungsbereich der clausula rebus sic stantibus noch «auf das Vertragsrecht, wo ihre Anwendung

Art. 2

durch die analoge Anwendung des Art. 373 Abs. 2 OR gerechtfertigt werden kann.» Diese Sichtweise ist zu eng: Grundsätzlich ist die Anwendbarkeit der clausula rebus sic stantibus in allen Rechtsbeziehungen zu prüfen, bei denen veränderte Umstände die Anwendungs-Kriterien (vgl. N 455) erfüllen. Mit Art. 736 ZGB enthält auch das Sachenrecht schon eine gesetzliche Normierung eines «clausula-Falles»: «Mit dem Art. 736 will das Gesetz aber nicht nur den Schutz, welchen es auf Grund der clausula rebus sic stantibus im Obligationenrecht dem Schuldner gewährt, auf den Dienstbarkeitsverpflichteten übertragen» (LIVER, N. 41 zu Art. 736 ZGB; vgl. dazu oben N 369 c). Daher wird die Geltung der clausula heute nicht nur im Bereich der wesentlich zweiseitigen Verträge – unbestrittenermassen das Hauptanwendungsgebiet (vgl. MERZ, N 236/7 und BISCHOFF, 223–226) – sondern auch ausserhalb des Vertragsrechtes anerkannt.

So ist die Berufung auf die clausula insbesondere auch im öffentlichen Recht möglich (BGE 103 Ia 37), wo – gemäss MERZ (N 240) – der Wegfall von Rücksichtnahme auf Vertragsbindung und Vertragstreue «im allgemeinen zu erleichterter Berücksichtigung veränderter Umstände führen sollte». Vgl. auch GRÄTZER, 58 ff., der die Anwendung der clausula separat behandelt, je nachdem ein öffentlichrechtlicher Vertrag zwischen gleichberechtigten staatlichen Verbänden, zwischen Verwaltung und Bürger oder zwischen Privaten geschlossen wird. Nach der neueren Doktrin gehört die clausula schliesslich zu jenen Rechtsgrundsätzen des Privatrechtes, die zur Auslegung und Ergänzung unklarer oder lückenhafter Bestimmungen des öffentlichen Rechtes herangezogen werden können (vgl. RHINOW/KRÄHENMANN, Schweiz. Verwaltungsrechtsprechung, Ergänzungsband, Basel 1990, 6/7). 451

Und schliesslich kann darauf verwiesen werden, dass veränderte Umstände auch im Familienrecht als rechtsändernde oder -aufhebende Tatsachen anerkannt sind: Die objektiven Zerrüttungsursachen i.S. von Art. 142 ZGB (vgl. BÜHLER/SPÜHLER, Kommentar zu Art. 142 ZGB, N 50–62, Bern 1980) können auch als Konkretisierung der clausula im Bereich der «Eheverträge» gesehen werden. In diesem Sinne hat schon EGGER (N 17 zu Art. 7 ZGB) die Ansicht vertreten, dass «es für die familienrechtlichen Rechtsgeschäfte einer Anerkennung der clausula rebus sic stantibus (bedarf)» (vgl. dazu auch DESCHENAUX, 65, sowie H.-P. FRIEDRICH, Berner Kommentar, N 71 zu Art. 7 ZGB). Und auch die Verständigung über die Aufgabenteilung der Ehegatten nach Art. 163 ZGB «steht notwendig unter der clausula rebus sic stantibus, d.h. unter dem Änderungsvorbehalt» (C. HEGNAUER: Die allgemeinen vermögensrechtlichen Wirkungen der Ehe, in: H. HAUSHEER: Vom alten zum neuen Eherecht, Bern 1986, 14). Gemäss BGE 122 III 97 kann eine Unterhaltsverpflichtung unter Berufung auf die clausula abgeändert werden. 452

Art. 2

b) **Risikoverteilungsregeln**

453 Schliesslich ist in einer Rechtsordnung, die auf der Privatautonomie und dem Grundsatz «pacta sunt servanda» beruht, bei der Aufteilung der Risiken veränderter Umstände folgendes zu beachten (vgl. dazu auch BISCHOFF, 58 ff.):

(a) Wo eine zwingende gesetzliche Bestimmung besteht, welche die Anpassung vorschreibt (vgl. z.B. Art. 2 der Verordnung über die Anpassung der BVG-Renten, SR 831.426.3), haben die Parteien dem Rechnung zu tragen, ob es im Vertrag vorgesehen ist oder nicht.

(b) In allen anderen Fällen ist zuerst die Risikoverteilungsregel des Vertrages anzuwenden, die gegebenenfalls durch Auslegung i.S. von Art. 2 Abs. 1 ZGB zu ermitteln ist.

(c) Lässt sich – auch mittels Auslegung – keine vertragliche Risikoverteilungsregel ermitteln, ist auf die dispositiven Bestimmungen des Gesetzes zurückzugreifen.

(d) Lässt sich auch dem Gesetzesrecht keine anwendbare Regel für die Risikoverteilung entnehmen, bleibt es grundsätzlich dabei, dass die durch veränderte Umstände belastete Partei die sich daraus ergebenden Folgen selbst zu tragen hat: «casum sentit dominus» oder «the loss lies where it falls» (vgl. MERZ N 215).

454 Diese in Lehre und Rechtsprechung unbestrittene «Stufenordnung» der Risikoverteilungsregeln (vgl. MERZ, N 218; TERCIER, 197; GAUCH/SCHLUEP, N 1280 ff.; KRAMER, N 297 ff.; JÄGGI/GAUCH, N 575 ff.; BGE 93 II 109; SJZ 1980, 150/2) führt dazu, dass geradezu von der **Subsidiarität der clausula rebus sic stantibus** gesprochen werden kann (BISCHOFF, 180).

Einschränkend ist allerdings anzumerken, dass auch eine Risikoverteilungsregel selber unter die clausula fallen kann. ABAS (213) berichtet von einem Fall aus Italien, in dem die Parteien mit einer Anpassungsklausel Preissteigerungen bis zu 45% geregelt hatten. Als Folge des Yom Kippur-Krieges trat jedoch eine Preissteigerung von 700% ein, welche die Corte d'Apello von Mailand (Entscheid vom 16.9.1977) bewog, den Vertrag für aufgelöst zu erklären.

3. Anwendungskriterien

455 Nach Klärung der Fragen der Risikoverteilung (N 453/454) sind weitere Kriterien zu prüfen. Dabei besteht weitgehend Einigkeit über den Katalog der positi-

ven oder negativen Kriterien (je nach Formulierung), die gegeben sein müssen, damit die clausula überhaupt zur Anwendung gelangen könne:

(a) Als **positive Kriterien** werden genannt:
- das Vorliegen einer «Sozialkatastrophe» mit schwerwiegender Äquivalenzstörung als Folge (KRAMER, N 346 ff.; JÄGGI/GAUCH, N 678 ff.; MERZ N 214; BISCHOFF 184; SCHMIEDLIN 105)
- die einschneidende Veränderung der Sozialexistenz (KRAMER, N 350; MERZ, N 231–233; BISCHOFF 189; SCHMIEDLIN 106)
- die Kausalität zwischen «Sozialkatastrophe» und Äquivalenzstörung (DESCHENAUX 202; BISCHOFF 204).

(b) Als **negative Kriterien** werden angeführt:
- keine Voraussehbarkeit oder Voraussicht der eingetretenen Verhältnisänderung (KRAMER, N 337 ff.; JÄGGI/GAUCH, N 664 ff.; MERZ N 223; BISCHOFF 204; SCHMIEDLIN 110)
- es darf kein spekulativer Vertrag vorliegen (KRAMER, N 339; JÄGGI/GAUCH, N 588; MERZ N 226; BISCHOFF 212)
- die betroffene Partei darf weder ein Verschuldens- noch ein Verzugsvorwurf treffen (KRAMER, N 342–344; JÄGGI/GAUCH, N 672–674; MERZ N 227; BISCHOFF 218/19) und
- der Vertrag darf nicht bereits erfüllt sein (KRAMER, N 345: JÄGGI/GAUCH, N 675; MERZ N 225; BISCHOFF 219).

KRAMER (N 336) hat zu Recht auf die «Formulierungsprobleme» dieser Einteilung in positive und negative Kriterien hingewiesen: «Man kann die sog. ‹positiven› Kriterien im allgemeinen ohne grosse Mühe auch negativ formulieren (bzw. vice versa!) … ».

Einig ist sich die Lehre auch darin, dass die genannten Kriterien kumulativ erfüllt sein müssen (KRAMER, N 336), bzw. dass keines der negativ formulierten Kriterien fehlen darf (JÄGGI/GAUCH, N 661), «damit die clausula rebus sic stantibus überhaupt in Betracht kommt» (BISCHOFF, 183). Vergleicht man diesen Kriterienkatalog (unter Einbezug der Risikoverteilungsregeln, oben N 453/454) mit dem aufgrund umfangreicher Rechtsvergleichung erarbeiteten Katalog bei ABAS (309/10 und unten N 480), kann die schweizerische Doktrin als durchaus auf der «Höhe der europäischen Lehre» bezeichnet werden (zur Kritik von ABAS an der schweizerischen Rechtsprechung vgl. unten N 466). 456

Kein Kriterium ist schliesslich die Vertragsdauer oder der Zeitpunkt des Vertragsschlusses: Richtig ist nur, dass das Risiko von veränderten Umständen mit zunehmender Dauer einer Rechtsbeziehung steigt. Zeitpunkt und Dauer eines 457

Art. 2

Vertrages können aber bei der Beurteilung der Voraussehbarkeit eine Rolle spielen, was SCHMITZ (49) auf die prägnante Formel gebracht hat, «dass die Voraussehbarkeit sich zur Vertragsdauer umgekehrt proportional, das spekulative Moment sich dagegen proportional zur Lauffrist eines Vertrages verhalte» (vgl. auch KRAMER, N 334).

4. Kasuistik

458 In neuerer Zeit (nach 1975) sind nur wenige Bundesgerichtsentscheide zur clausula rebus sic stantibus publiziert worden:

(a) BGE 113 II 211 betraf die nachträgliche Änderung eines 1919 – also noch vor den konkreten Erfahrungen mit Kriegsfolgen und Wirschaftskrise – abgeschlossenen Wasserlieferungsvertrages. Es ist fraglich, ob auf diesen Fall das Kriterium der Sozialkatastrophe (vgl. N 455 lit. a) angewendet werden könnte, zumal eine substantielle Geldentwertung über einen Zeitraum von 63 Jahren – jedenfalls aus heutiger Sicht – auch nicht als unvorhersehbar gewertet werden dürfte. Richtigerweise müsste hier wohl eher die vom Bundesgericht auch angeführte Verletzung der Persönlichkeitsrechte – aliénation de la liberté – als Grund für die Kündbarkeit eines «ewigen» Vertrages angeführt werden und nicht die clausula rebus sic stantibus, bezüglich derer wesentliche Voraussetzungen der Anwendbarkeit offensichtlich fehlen; denn auch 1919 konnte nach den Erfahrungen des ersten Weltkrieges kaum von einer «ewigen» Geldwertstabilität ausgegangen werden. Im übrigen hat das Bundesgericht im früheren Entscheid 93 II 300 die Befristung bzw. Kündbarkeit «ewiger Verträge» ebenfalls aus Art. 27 ZGB abgeleitet (vgl. dazu auch B. SCHNYDER in ZBJV 1989, 65 ff. sowie Rep 1989, 488–491 sowie oben N 366 a.E.).

(b) In BGE 107 II 343 ging es um den Irrtum hinsichtlich der Überbaubarkeit einer Parzelle, die mehrere Jahre nach Abschluss des Vertrages von einem Baustopp erfasst wurde. Das Bundesgericht führte dazu aus, dass die Parteien bei langfristigen Verträgen damit rechnen müssten, «dass die zur Zeit des Vertragsschlusses bestehenden Verhältnisse sich später ändern können». Aus der Sicht der clausula-Kriterien (oben N 455) dürfte auch hier einerseits keine «Sozialkatastrophe» im Sinne der Lehre vorgelegen haben, während andererseits Änderungen von Baurechtsbestimmungen kaum als unvorhersehbar bezeichnet werden können, weshalb die Berufung darauf scheitern müsste. Das Bundesgericht hat die clausula – aus dieser Sicht in nicht zutreffender Weise – nur im Ingress zu diesem Entscheid erwähnt, während in der Begründung davon die Rede ist, «dass das Beharren des Gläubigers auf seinem Vertragsanspruch geradezu eine wucherische Ausbeutung des Missverhältnisses und damit einen Rechtsmissbrauch darstellen» müsse, bis dass er in Anwendung von Art. 2 Abs. 2 ZGB keinen Rechtsschutz finde. Damit gehört der Fall bei richtiger Einordnung aber in die Kategorie «krasses Missverhältnis der Interessen» (oben N 302 ff.), deren Voraussetzung in casu jedoch nicht gegeben war (vgl. auch MERZ in ZBJV 1983, 132/3 sowie GAUCH in: recht 1983, 16–19, der den Fall allein über die richterliche Vertragsanpassung, d.h. Auslegung, gelöst hätte).

(c) Das Bundesgericht schloss im Entscheid 101 II 21 die Anwendbarkeit der clausula rebus sic stantibus zur Anpassung von Unterhaltsbeiträgen wegen des Anstieges des Lebenskostenindexes um 44% innert 8 Jahren aus, da es eine derartige Entwicklung der Teuerung als voraussehbar betrachtete (vgl. auch BGE 51 II 16). «Der für die Klägerin harte, aber in keiner Weise zu beanstandende Entscheid ist eine Mahnung an die Rechtsberater der Parteien längerfristiger Verträge, den Eintritt veränderter Umstände zu bedenken und vorzubehalten» (MERZ in ZBJV 1975, 148). Diese Mahnung wird offensichtlich so gut beherzigt, dass es heute kaum noch Verträge über Unterhaltsleistungen ohne Indexklausel geben dürfte, was das Anwendungsgebiet der clausula in diesem Bereich natürlich stark eingeschränkt hat (vgl. oben N 447).

Zur älteren Kasuistik: 459

(a) BGE 100 II 348 betr. ein Darlehen auf Lebenszeit: die Abänderung des Vertrages wurde abgelehnt wegen einer blossen Störung des persönlichen Verhältnisses zwischen Schwiegervater (Darleiher) und Schwiegersohn (Borger), nachdem sich letzterer scheiden liess.

(b) BGE 97 II 398/9 betr. einen Energielieferungsvertrag: keine Anwendung der clausula mangels veränderter Umstände (vgl. dazu oben N 367).

(c) BGE 93 II 185 betr. eine Bauverbots-Dienstbarkeit aus dem Jahre 1912 (!) mit einer Klausel, die eine Anpassung nach 50 Jahren vorsah: keine Anwendbarkeit der clausula, da eine Anpassungsklausel bestand, trotz Uneinigkeit der Parteien über die Höhe der neu festzusetzenden Entschädigung.

(d) Zur überholten «Ruinpraxis» des Bundesgerichtes (vgl. unten N 460): BGE 69 II 145; 68 II 173; 67 I 300; 62 II 45. In BGE 59 II 374/5 (unter Berufung auf ältere Entscheidungen) ist das Bundesgericht noch davon ausgegangen,

Art. 2

dass «das schweizerische Recht gleich den anderen modernen Gesetzgebungen die in der gemeinrechtlichen Lehre vertretene sogenannte clausula rebus sic stantibus als allgemeine Schranke des Weiterbestehens vertraglicher Pflichten nicht kennt.» Doch hat das Bundesgericht im gleichen Entscheid «erkannt, dass der Schuldner zu befreien sei, wenn aussergewöhnliche, billigerweise nicht vorauszusehende Umstände zur Folge haben, die Leistungspflicht für den Schuldner derart onerös zu gestalten, dass das Beharren dabei seinem ökonomischen Ruin gleich kommen würde.»

5. Anwendung der clausula zum Schutze des Rechtsverkehrs

460   Gemäss der neueren Lehre und Rechtsprechung (vgl. oben N 455–458) sind es also objektive Kriterien, an Hand derer über die Anwendbarkeit oder Nicht-Anwendbarkeit der clausula rebus sic stantibus zu entscheiden ist.

Dagegen hat die frühere Rechtsprechung des Bundesgerichtes oft auch das subjektive Kriterium des drohenden Ruins einer Vertragspartei einbezogen, was «unbefriedigende Resultate lieferte» (BISCHOFF, 196; vgl. auch KRAMER, N 348 und JÄGGI/GAUCH, N 682/3). So prüfte es noch in BGE 100 II 349, ob ein richterlicher Eingriff auf Verlangen einer Partei gestützt auf Art. 2 ZGB zulässig sei, «wenn die Verhältnisse von Leistung und Gegenleistung infolge ausserordentlicher Änderungen der Umstände so gestört sind, dass die sich aus dem Vertrag ergebende Risikoverteilung für die eine Partei nicht mehr tragbar und das Festhalten der Gegenpartei an ihrem Anspruch nach den gesamten Umständen missbräuchlich ist», wovon in casu allerdings nicht die Rede sein konnte. Mit einer ähnlichen Begründung hat das Zürcher Handelsgericht einen Fall unter Berufung auf die clausula rebus sic stantibus entschieden, der auch unter den Kriterien der interesselosen Rechtsausübung in Verbindung mit dem Missverhältnis der Interessen (vgl. oben N 372 c) hätte entschieden werden können (SJZ 1968, 360/1).

Dass subjektive Kriterien für eine allfällige Anwendung der clausula rebus sic stantibus aber nicht massgeblich sein können, ergibt sich vor allem aus ihrer Fundierung in Art. 2 ZGB, auf die nun einzutreten ist.

461   Wie bereits dargestellt (oben N 449–454) kann im Bereich des Privatrechtes die Situation eintreten, dass die Folgen veränderter Umstände endgültig von jener Partei getragen werden müssen, welche davon direkt betroffen ist, wenn weder Vertrag noch Gesetz eine andere Risikoverteilungsregel zu entnehmen ist. Der Ruf nach der clausula bedeutet in solchen Fällen nichts anderes als die Forderung, dass das Recht – trotz Schweigen von Vertrag und Gesetz – dennoch eine Regel anzubieten habe, die wenigstens bei besonders krassen Äquivalenzstörungen

durch unvorhersehbare Ereignisse einzugreifen habe. Das aber steht grundsätzlich im Widerspruch zum Prinzip der Privatautonomie: Wer frei gestalten kann, hat grundsätzlich auch die sich daraus ergebenden Folgen zu tragen.

Der tiefere Grund, warum die clausula rebus sic stantibus gestützt auf Art. 2 ZGB dennoch zur Lösung solcher Fälle angerufen werden kann, liegt darin, dass durch Art. 2 ZGB primär der rechtliche Verkehr und nur indirekt die «Verkehrsteilnehmer» geschützt werden sollen (vgl. oben N 11). Die clausula kann daher immer (unten N 463/464), aber nur in den Fällen angerufen werden, wo die veränderten Umstände auch den Rechtsverkehr als solchen zumindest virtuell gefährden: Die eigentliche «Sozialkatastrophe» liegt also darin, dass das Recht bzw. der Rechtsverkehr – und nicht die individuelle Rechtsbeziehung – nicht mehr funktionieren könnte.

Wann diese Schwelle für die Anwendbarkeit der clausula erreicht ist, bedarf allerdings der Konkretisierung. Und für diese Konkretisierung sind die in der Lehre und Rechtsprechung entwickelten positiven und negativen Kriterien (vgl. N 455/456) heranzuziehen, nun allerdings auch aus dem Blickwinkel des rechtlichen Verkehrs. Aus der Sicht dieses übergeordneten Gesichtspunktes – Aufrechterhaltung eines loyalen, redlichen und korrekten Rechtsverkehrs – sind zu den Kriterien der «Sozialkatastrophe» und der einschneidenden Veränderung der Sozialexistenz (vgl. N 455 a) folgende Präzisierugen anzubringen: 462

Weil es um die Aufrechterhaltung des Rechtsverkehrs geht, können nur nicht der Kontrolle der Parteien unterliegende Ereignisse als Ursache veränderter Verhältnisse in Betracht gezogen werden, da der Rechtsverkehr als solcher grundsätzlich nicht gefährdet ist, wo es um allein der Disposition der betreffenden oder betroffenen Parteien unterliegende Ereignisse geht. Dagegen ist aber nicht unbedingt erforderlich, dass dadurch auch eine Vielzahl von Personen betroffen sein muss (so aber BISCHOFF, 184): Auch ein in seinen Wirkungen eng begrenztes Ereignis kann ein derartiges Ereignis darstellen, das es dem Betroffenen erlauben muss, sich auf die clausula rebus sic stantibus zu berufen (vorausgesetzt die anderen Konkretisierungskriterien sind auch erfüllt), unabhängig davon wieviele Personen davon betroffen sind (so auch KRAMER, N 350 und TERCIER, 208 und wohl auch HEGNAUER, vgl. oben N 452 a.E.). 463

Zu bedenken ist schliesslich, dass der mit der Entscheidung des Einzelfalls befasste Richter nur beschränkt oder gar nicht – jedenfalls nicht im Sinne (sozial-) wissenschaftlicher Kriterien – in der Lage ist, abzuklären, ob tatsächlich eine «Sozialkatastrophe» eingetreten ist. Aus diesen Gründen sollte dieser Ausdruck fallen gelassen und nur von einer Katastrophe i.S. eines «Unglücks von grossen Ausmassen und entsetzlichen Folgen» (Fremdwörter-Duden) gesprochen werden.

Art. 2

464   Ein rechtlicher Verkehr wäre auch dann stark gefährdet – im Extremfall unmöglich –, wenn die konsequente Durchsetzung der pacta sunt servanda-Regel potentiell zur einschneidenden Veränderung, ja zur Vernichtung der Sozialexistenz der Betroffenen führen müsste. Aber auch hier genügt, dass dies beim jeweiligen Betroffenen der Fall ist, vorausgesetzt, auch die anderen Kriterien sind kumulativ erfüllt (vgl. oben N 456).

465   Erfolgt die Beurteilung konkreter Fälle von veränderten Umständen auch aus der hier vorgeschlagenen Sicht, dass auch der Rechtsverkehr dadurch zumindest virtuell gefährdet sein müsse, trägt dies mit dazu bei, die Anwendung der clausula nicht ausufern zu lassen. Die generelle «Mahnung zur richterlichen Zurückhaltung» bei der Vertragsanpassung (KRAMER, N 333) kann gerade im Interesse der Privatautonomie nicht genug betont werden: Die Umstände, die einen Eingriff erlauben – aber auch erzwingen können –, müssen ein ausserordentliches Ausmass erreichen, das den Rechtsverkehr gefährdet, ansonsten bleibt es bei der Risikoverteilung nach Vertrag und Gesetz (oben N 453).

466   Diese Zurückhaltung der schweizerischen Rechtsprechung ist von ABAS (173) aus der Sicht des Rechtsvergleichers als zu streng kritisiert worden: «Zwar wird die clausula expressis verbis als geltendes Recht anerkannt, jedoch stellt sich bei näherer Untersuchung heraus, dass die höchstrichterliche Rechtsprechung diese nur verbal anerkannt, ohne sie auch tatsächlich anzuwenden ... Kurz gesagt: es muss einiges geschehen, bevor das BG annehmen wird, dass ein Vertragspartner dem Art. 2 ZGB zuwider handelt.» In dieser letzten Formulierung trifft dies sicherlich nicht zu; richtig ist nur, dass eine Korrektur nicht unbedingt unter Berufung auf die clausula rebus sic stantibus erfolgen wird, sondern u.U. gestützt auf eine andere der unter Art. 2 ZGB dargestellten Missbrauchs-Regeln (vgl. oben N 449) oder auf Art. 27 ZGB (vgl. oben 458 a).

6. Rechtsvergleichende Hinweise

a) Frankreich

467   In Frankreich wird trotz der Bestimmung von Art. 1134 Abs. 3 CC – Les conventions doivent être exécutées de bonne foi – die clausula rebus sic stantibus in der Rechtsprechung gänzlich und in der Literatur mehrheitlich abgelehnt (vgl. dazu Abas, 43–65), was Abas (48) zum Kommentar veranlasst hat, dass «wir hier ein Land (sehen), das zwar einen Treu-und-Glauben-Grundsatz kennt, damit aber wenig oder nichts anfängt.» Und in der Tat hat die Rechtsprechung die Anwendbarkeit der Theorie der «imprévision» praktisch auf langlaufende Verträge mit

den Behörden – contrats administratifs – beschränkt. JEAN MARC MOUSSERON (Technique contractuelle, Paris 1988, N 312) hat dies wie folgt umschrieben: «Le principe de la continuité du service public qui justifie la révision judiciaire des contrats pour cause d'imprévision n'est applicable qu'en matière administrative et des accords privés ne sauraient, fut-ce a priori, en beneficier.» Nur das öffentliche Interesse an der Aufrechterhaltung der öffentlichen Dienste rechtfertigt also ein Abweichen vom starr gehandhabten «pacta sunt servanda». Wo rein privatrechtliche Verhältnisse infolge veränderter Umstände untolerierbar werden, glaubt die französische Doktrin fest an die alleinige Befugnis und Fähigkeit des Gesetzgebers, Abhilfe zu schaffen. Das hat er in der Folge der beiden Weltkriege jeweils auch getan, wobei zweifelhaft ist, ob rechtzeitig und umfassend genug.

468 Einzelne punktuelle Gesetzesmodifikationen der neueren Zeit – bezüglich der Anfechtung von bestimmten Schenkungen (Gesetz vom 4. Juli 1984) oder der Abänderung der Vertragsstrafe (Gesetz vom 9. Juli 1975) – haben zwar Diskussionen über die Ausweitung des Anwendungsgebietes der «imprévision» im Zivilrecht ausgelöst, sind aber ohne weitergehende Wirkung geblieben, was Jacques Mestre 1988 resignierend kommentierte: «L'observateur de la jurisprudence, du moins judiciaire, est habitué au rejet de la révision du contrat pour imprévision, c'est-à-dire aux refus du juge de procéder à un rééquilibrage du contrat, lorsque, par suite d'événements initialement imprévus, l'exécution des obligations est devenue particulièrement lourde pour l'une des parties» (Revue trimestrielle de droit civile, 1988, 109).

469 Als Mittel, diesen «rigueur» der Praxis zu umgehen, scheint nur die Wahl eines fremden Rechtes oder die «Flucht zu den Schiedsgerichten» (ABAS, 64) zu bleiben, die ausdrücklich ermächtigt werden, nachträglichen Veränderungen der Umstände durch entsprechende Vertragsanpassung nach den Massstäben von Treu und Glauben Rechnung zu tragen (vgl. dazu ZWEIGERT/KÖTZ, Bd II, 248 ff., insbes. 251/2).

b) Italien

470 Im krassen Gegensatz zum französischen steht das italienische Recht, da – gemäss ABAS, 226 – «kein Richter ... so weit mit der Auflösung von Verträgen aufgrund nachträglich eintretender Umstände geht, wie der italienische.» Ursache dafür dürfte eine Zweispurigkeit bei der Anwendung des Art. 1467 CC sein. Dieser regelt die Clausula-Fälle in der Weise, dass Verträge wegen objektiver Unzumutbarkeit – «eccessiva onerosità sopravenuta» – aufgehoben werden können, es sei denn, die Gegenpartei biete eine zumutbare Anpassung des Vertrages an (Abs. 3 von Art. 1467 CC). Eine richterliche Vertragsanpassung ist jedoch nicht

Art. 2

vorgesehen; wenn sich die Parteien nicht über eine Modifikation verständigen können, kann der Richter den Vertrag nur aufheben.

471 Schon vor Inkrafttreten des CC im Jahre 1942 hatte sich in der italienischen Rechtspraxis aber die – an deutschen Vorbildern orientierte – Lehre von der (subjektiven und objektiven) Geschäftsgrundlage – «teoria della presupposizione» – durchgesetzt, die später in der Rechtsprechung als «un istituto del nostro diritto positivo» bezeichnet und ebenfalls als Anwendungsfall von Art. 1467 CC gesehen wurde. Dies obwohl es nicht an Stimmen gefehlt hat, die vor einer Begriffsvermischung zwischen «clausula» und «presupposizione» gewarnt haben. Es verwundert daher nicht, dass es in Italien zu sehr vielen Urteilen zum Thema «presupposizione/eccessiva onerosità» gekommen ist (allein in den Jahren 1980–1989 sind diesbezüglich 74 höchstrichterliche Entscheidungen ergangen).

c) Deutschland

472 In Deutschland hat sich die aus § 242 BGB (Treu und Glauben) hergeleitete Lehre vom Wegfall der Geschäftsgrundlage durchgesetzt, wobei folgende Voraussetzungen gegeben sein müssen:

(a) Die Änderung der Umstände muss ein Ausmass annehmen, dass die Aufrechterhaltung des Vertrages gegen Recht und Gerechtigkeit verstiesse. Dieses Kriterium hat das frühere der «Nicht-mehr-Zumutbarkeit» ersetzt und wird in der neueren Rechtsprechung (nach 1976) des Bundesgerichtshofes ziemlich streng gehandhabt, was ABAS (133) wie folgt kommentiert: «Die Neigung des heutigen Zeitgeistes (ist) nicht besonders gross, von der Vertragstreue abzuweichen, selbst bei grösseren Katastrophen nicht.»

(b) Die Änderung der Umstände darf nicht von demjenigen verschuldet sein, der sich darauf beruft.

(c) Die Änderung darf nicht voraussehbar gewesen sein.

(d) Die Änderung der Geschäftsgrundlage kann auch dann nicht angerufen werden, wo eine vertragliche Risikoklausel oder eine gesetzliche Regelung bezüglich der Risikotragung besteht.

Rechtsfolge der erfolgreichen Berufung auf dem Wegfall der Geschäftsgrundlage ist die Anpassung des Vertrages an die neue Rechtslage und nicht die Vertragsauflösung.

473 Begründung und Reichweite der Lehre vom Wegfall der Geschäftsgrundlage sind in der deutschen Doktrin alles andere als unumstritten. Besonderen Anlass zu Diskussionen gibt dabei vor allem die Frage, wie weit Clausula-Fälle nicht

schon durch richtige Vertragsauslegung (unter Berücksichtigung des hypothetischen Parteiwillens) erledigt werden können. Seit der grundlegenden Arbeit von P. OERTMANN (Die Geschäftsgrundlage/Ein neuer Rechtsbegriff, Leipzig 1921) ist die Frage in einem schon fast unübersehbaren Schrifttum immer wieder behandelt worden. Zur Diskussion in der deutschen Lehre sei verwiesen auf WERNER FLUME (Das Rechtsgeschäft, Berlin 1979, 494 ff.), DIETER MEDICUS (Vertragsauslegung und Geschäftsgrundlage, in: Festschrift für Werner Flume, Köln 1978, Bd I, 629 ff.), SIGURD LITTBARSKI (Juristen-Zeitung 1981, 8–14), JOHANN BRAUN (in JuS 1979, 692–697), CHRISTOPH MÜLLER (JZ 1981, 337/8) sowie GÜNTHER H. ROTH im Münchner Kommentar (2. Auflage 1985, N 537 zu § 242 BGB).

d) Österreich

«Ähnlich wie in Deutschland die Lehre vom Wegfall der Geschäftsgrundlage untrennbar mit dem Namen ihres Schöpfers OERTMANN zusammenhängt, verhält es sich in Österreich hinsichtlich der Lehre von Pisko» (ABAS 191). OSKAR PISKO hatte im Kommentar zum ABGB (Zweiter Band/Zweiter Halbband, Wien 1934, 351 ff.) die «Lehre von den typischen Voraussetzungen» entwickelt. Nach § 914 ABGB ist bei der Auslegung von Verträgen «die Absicht der Parteien zu erforschen und der Vertrag so zu verstehen, wie es der Übung des redlichen Verkehrs entspricht.» Dem «redlichen Verkehr» kommt die gleiche Bedeutung zu wie dem Prinzip von Treu und Glauben.

Gemäss PISKO kann die Vertragsauflösung wegen Fehlens oder Wegfallens der Geschäftsgrundlage eintreten, wenn eine «typische Voraussetzung» entfällt, die überhaupt und allgemein bei einem Geschäft von der Art des geschlossenen vorausgesetzt wird. Problematisch im Einzelfall ist jedoch immer die Frage, wo die Grenze zwischen typisch und individuell zu ziehen ist, «umso mehr, als dasjenige, was der eine als typisch bezeichnet, der andere als individuell bezeichnen wird und umgekehrt» (ABAS 192).

Die Rechtsprechung hat ausgehend von der Theorie PISKOS Kriterien entwickelt, die zum gleichen Ergebnis wie im deutschen (vgl. oben N 472/473) und schweizerischen Recht führen:

(a) Zumutbarkeit: «Die Auslegung eines Vertrages nach den für jeden Vertragsteil geltenden Grundsätzen von Treu und Glauben führt dazu, dass der Vertrag gelöst werden darf, wenn im Festhalten am Vertrag, im Beharren auf Verpflichtungen, deren Erfüllung dem Schuldner nicht mehr zumutbar ist, geradezu ein Verstoss gegen diese Grundsätze erblickt werden muss» (OGH-Urteil vom 17.3.1970, JBl 1970, 420 ff.).

Art. 2

(b) Tatsachen der eigenen Sphäre: Dieses Kriterium deckt sowohl das eigene Verschulden als auch den Wegfall einer bloss individuellen (also nicht «typischen») Voraussetzung ab.

(c) Vorrang der vertraglichen Risikoverteilung: Besteht eine vertragliche (oder gesetzliche) Regelung der Risikoverteilung, «ist kein Raum für das Institut der Geschäftsgrundlage» (OGH-Urteil vom 11.1.1989, JBl 1989, 267).

(d) Voraussehbarkeit: Insbesondere bezüglich Wertverschiebungen als Folge der Inflation geht die österreichische Praxis heute davon aus, dass diese als voraussehbar zu gelten haben. GUNTHER ERTL (Inflation, Privatrecht und Wertsicherung, Wien 1980, 231) hat dies treffend formuliert: «Die Partei, die vor Gericht behauptet, sie habe an die Stabilität der Währung geglaubt, wird nicht mehr ernst genommen.»

Näheres zur österreichischen Lehre und Rechtsprechung findet sich bei JÜRGEN F. BAUR: Die Anpassung langfristiger Verträge an veränderte Umstände, JBl 1987, 137 ff.; KOZIOL/WELSER: Grundriss des bürgerlichen Rechts, 9. A., Wien 1992, 133–136 und PETER RUMMEL: Kommentar zum ABGB, 2. A., Wien 1990, Bd 1, § 901 ABGB 1236–1253 sowie DERSELBE: Anmerkungen zum gemeinsamen Irrtum und zur Geschäftsgrundlage, JBl 1981, 1–11.

e) **Niederlande**

476 Besondere Erwähnung verdient das niederländische Recht und zwar deswegen, weil mit dem Nieuw Nederlands Burgerlijk Wetboek (NBW) die derzeit neueste europäische Kodifikation des Zivilrechtes (in Kraft getreten am 1.1.92) und mit dem bereits mehrfach zitierten Buch von PIET ABAS zugleich auch die neueste rechtsvergleichende Darstellung vorliegt.

Die niederländische Rechtsprechung ist lange der französischen Doktrin, d.h. der strikten Ablehnung der clausula gefolgt. «Erst in der jüngsten Vergangenheit hat sich der HR (Hoge Raad der Nederlanden) von den Fehlentscheidungen aus den früheren Jahren gelöst» (ABAS, 308). Seit 1980 sind in den Niederlanden einige wenige Entscheidungen ergangen, in denen die clausula anerkannt wurde (vgl. ABAS 263–282 und 308). Zu einem Urteil des HR vom 12. Juni 1987 bemerkt ABAS (308), «dass unser Land durch dieses Urteil zu den ‹höchsten Regionen Europas› aufsteigt, was die Behandlung der ‹Änderung der Umstände› betrifft.»

477 Die clausula hat im NBW (Art. 6.258) folgende positive Formulierung erhalten (französische Fassung aus der dreisprachigen Ausgabe, die vom nieder-

ländischen Justizministerium in Zusammenarbeit mit dem Quebec Centre of Private and Comparative Law herausgegeben wurde/Deventer 1990):

(1) Le juge peut, à la demande de l'une des parties, modifier les effets du contrat ou le résilier en tout ou en partie en raison de circonstances imprévues d'une nature telle que, d'après des critères de la raison et de l'équité, l'autre partie ne peut s'attendre au maintien intégral du contrat. La modification ou la résiliation peut être accordée avec effet rétroactif.

(2) La modification ou la résiliation n'est pas prononcée dans la mesure où les circonstances invoquées par le demandeur, de par la nature du contrat ou de l'opinion généralement admise, lui incombent.

(3) Pour l'application du présent article, est assimilé à une partie au contrat celui à qui a été transmis un droit ou une obligation en résultant.

Absatz 2, der die Nichtanwendbarkeit der Clausula im Rahmen des eigenen Vertragsrisikos festhält, ist von ABAS (313) als «eine hervorragende Vorschrift» bezeichnet worden.

Gegen Absatz 1 ist von ABAS (313–316) zu Recht vorgebracht worden, dass mit den «circonstances imprévues», d.h. mit den von den Parteien nicht vorhergesehenen Umständen (so die Materialien zu Art. 6.258 NBW; vgl. ABAS 316) ein unzutreffendes, ja unhaltbares Kriterium ins Gesetz aufgenommen worden ist. Entscheidend sein kann nur die Unvorhersehbarkeit. Unvorhergesehen (durch die Parteien) ist nicht dasselbe wie objektiv unvorhersehbar.

ABAS (315) verweist diesbezüglich auf eine Dissertation von PIERRE VOIRIN aus dem Jahre 1922, der wie kein anderer Autor so intensiv «auf die Frage ‹unvorhergesehen› oder ‹unvorhersehbar?› eingegangen ist und (gemäss ABAS) gezeigt hat «wie unmöglich es ist, mit dem Kriterium des Unvorhergesehenseins zu arbeiten.» Man darf gespannt sein, wie die niederländische Rechtspraxis mit diesem Problem umgehen wird.

f) Common Law / England

Wenn Umstände sich durch spätere unvorhergesehene Ereignisse so geändert haben, dass die Erfüllung des Vertrages etwas gänzlich anderes sein würde, als das, was ursprünglich versprochen worden war, ist ein Vertrag nach englischem Recht «frustrated». Ein Vertragspartner kann sich also nur dann auf Frustration berufen, wenn er sagen kann, «It was not this that I promised to do.» SCHMIEDLIN (183) hält in seiner Zusammenfassung fest, «dass sich Frustration- und Clausel-Rechtsprechung in den einzelnen Elementen, sei es bezüglich der Eingriffs-

Art. 2

grundlage, sei es hinsichtlich der Eingriffsvoraussetzungen, nicht in dem Masse voneinander unterscheiden, wie man auf Grund der strukturellen Unterschiede beider Rechtsordnungen hätte annehmen können.»

Das mag in der theoretischen Betrachtung stimmen, doch sind die praktisch wirksamen Unterschiede in den beiden Konzepten derart bedeutsam, dass die Ergebnisse bei gleicher Ausgangslage völlig verschieden sein können, je nachdem ob englisches oder z.B. schweizerisches (oder ein anderes Recht mit einer Clausula-Doktrin) zur Anwendung gelangt. Hauptgrund dafür ist, dass die Frustration-Regeln des common laws – LORD DENNING spricht von dem «vexed topic of frustration» (The Discipline of Law, London 1979, 44) – bei Annahme eines Falles von Frustration nur die Auflösung, nicht aber die Anpassung des Vertrages an veränderte Umstände zulassen. Es verwundert daher nicht, dass die Hürde für einen solchen Auflösungs-Entscheid – aus kontinentaler Sicht – extrem hoch ist (vgl. die Beispiele bei ABAS, 37/8). ABAS (42) berichtet über einen Anwalt, der seinen Klienten gerade deswegen zur Wahl des englischen Rechtes rät, «um intervenierende Richter zu umgehen.» (Vgl. auch GOODE, zit. in N 1, 9).

Näheres und weitere Literaturangaben zum angelsächsischen Recht finden sich bei SCHMIEDLIN, ABAS (25 ff.) und ZWEIGERT/KÖTZ, Bd II, 252–258 (alle zitiert in N 435).

g) Weitere Staaten

479 Weiterführende Literaturangaben sowie Hinweise auf die Rechtslage in den Vereinigten Staaten (und andere Länder) finden sich bei ZWEIGERT/KÖTZ sowie vor allem auch im Buch von PIET ABAS (beide zitiert in N 435) mit Ausführungen zur Rechtslage in Belgien (89–113) und Portugal (233–261) sowie in verschiedenen Hinweisen (259/60 oder 314/15) auf das Buch von MOHAMAD EL-GAMMAL: L'adaption du contrat aux circonstances économiques, Paris 1987, in welchem die Rechtslage in Ägypten dargestellt wird.

h) Zur «europäischen» Doktrin

480 In seinen Schlussfolgerungen gelangt ABAS (309/10) zu folgenden sechs Voraussetzungen, die quasi den Stand der europäischen Clausula-Doktrin wiedergeben:

(a) der Umstand ist nach Vertragsabschluss eingetreten;

(b) das Eintreten des Umstandes ist redlicherweise nicht vorhersehbar gewesen;

(c) dieser Umstand macht die Erfüllung nachträglich unzumutbar; davon ist auszugehen, wenn die Leistung jetzt wesentlich anders ist, als die ursprünglich vereinbarte war, und zwar in dem Sinne, dass die Erfüllung einer neuen Leistung zu einem dermassen grossen Nachteil führte, dass die Gegenleistung in keiner Weise als gleichwertig bezeichnet werden kann;

(d) der Umstand ist nicht demjenigen vorzuwerfen, der sich zu seiner Befreiung auf sie beruft;

(e) der Umstand fällt nicht in die Risikosphäre desjenigen, der sich zu seiner Befreiung darauf beruft; das ist der Fall, wenn der Umstand die Partei persönlich angeht;

(f) derjenige, der sich zu seiner Befreiung auf den Umstand beruft, darf sich selbst nicht im Verzug befinden.

IV. Ausserordentliche Beendigung oder Abänderung von Rechtsbeziehungen aus «wichtigen Gründen»

1. Grundsätzliches

Bei bestimmten Dauerverträgen hat der Gesetzgeber selber vorgesehen, dass sie aus «wichtigen Gründen» ohne Rücksicht auf entgegenstehende Verabredung aufgelöst werden können. Dies gilt insbesondere für Miet- (Art. 266g OR) und Pachtverträge (Art. 297 OR), Arbeits- (Art. 337 OR) und Gesellschaftsverträge (Art. 545 I Ziffer 7 OR). Es ist offenkundig, dass die Durchbrechung des Grundsatzes «pacta sunt servanda» immer einen schwerwiegenden Eingriff in die Privatautonomie bedeutet, und zwar nicht nur «in die Vertragsauflösungs-, sondern indirekt auch in die Vertragsabschluss- und Vertragsinhaltsgestaltungsfreiheit» (GIGER, 329). 481

Zum Verhältnis des «wichtigen Grundes» zur clausula rebus sic stantibus (vgl. oben N 443 ff.) ist auf die «innere Problemgemeinschaft» und die «weitgehende Wesensgleichheit» (ROGGWILLER, 79 ff.) hinzuweisen. In der Tat handelt es sich bei den positiv geregelten «wichtigen Gründen» um Konkretisierungen der clausula für «Rechtsverhältnisse von längerer Dauer, die ein persönliches Zusammenwirken und ein gutes Einvernehmen im Interesse einer gedeihlichen Tätigkeit zur Voraussetzung haben» (ROGGWILLER, 82). Bei der Anwendung stellt sich somit die Frage nach dem Verhältnis der lex generalis (clausula rebus sic stantibus) zur lex specialis («wichtiger Grund»), wobei im Einzelfall zu prüfen ist, ob und 482

Art. 2

wie weit nebst der lex specialis noch Raum für die Anwendung der lex generalis bleibt.

483   Dies traf z.B. für Art. 269 aOR zu, da dieser – anders als die clausula – eine volle, bzw. eine Mindest-Ersatzpflicht vorsah (gl. M. E. SCHMID, Zürcher Kommentar, N 12 zu Art. 269 aOR sowie ZR 1987, Nr. 2; a.A.: C. REYMOND in SPR VII/1, 251). Für das neue Recht (Art. 266g OR) ist P. ZIHLMANN (Das neue Mietrecht, Zürich 1990, 98) zuzustimmen, dass «eine Berufung auf den Grundsatz der clausula rebus sic stantibus ... unter dem neuen Recht nicht mehr möglich sein wird.» Analoges gilt für das Pachtrecht (Art. 297 OR).

Bezüglich der Auflösungmöglichkeit gemäss Art. 337 OR ist aufgrund des nicht abschliessenden Kataloges in Absatz 2 dieser Bestimmung wohl ebenfalls davon auszugehen, dass hier kein Platz für die Anwendung der clausula rebus sic stantibus bleibt. Das Arbeitsvertragsrecht regelt die Auflösung dieser Verhältnisse abschliessend.

Im Gesellschaftsrecht (Art. 545 Abs. 1 Ziffer 7 und Abs. 2) schliesslich ist ausdrücklich ein gerichtliches Verfahren vorgesehen, in welchem der wichtige Grund vorzubringen ist. Die blosse Anrufung der clausula rebus sic stantibus dürfte daher auch hier nicht genügen.

484   Lehre und Rechtsprechung sind sich einig, dass der «wichtige Grund» nach Recht und Billigkeit gemäss Art. 4 ZGB zu beurteilen ist (vgl. dazu die Kommentierung zu Art. 4 ZGB). Eine Verbindung zu Art. 2 ZGB besteht jedoch in dem Sinne, dass auch der billige Ermessensentscheid nach Art. 4 ZGB «das Gebot des Verhaltens nach Treu und Glauben im Verkehr bei der Entscheidung darüber, was im Einzelfall angemessen ist» (MEIER-HAYOZ, N 23 zu Art. 4 ZGB) zu berücksichtigen hat. «Der Ermessensentscheid des Richters unterliegt seinerseits ebenfalls der «Verkehrsregel» von Treu und Glauben, insofern jeder Billigkeitsentscheid im Geiste des Gesetzes erfolgen muss» (W. BÜRGI, Ursprung und Bedeutung der Begriffe «Treu und Glauben» und «Billigkeit» im schweizerischen Zivilrecht, Bern 1939, 161). Damit bestätigt sich einmal mehr der Charakter von Art. 2 ZGB als Beurteilungsnorm (vgl. oben N 14), – hier bezogen auf die Anwendung von Art. 4 ZGB –, die den Richter anweist, Billigkeitsentscheidungen durch Regelbildung zu konkretisieren (so auch MERZ, N 83).

2. Eingriffsnormen / Herabsetzung von Konventionalstrafe und Mäklerlohn

485   Nicht auf Art. 2 ZGB abgestützt werden können jene Eingriffsnormen, welche dem Richter die nachträgliche Abänderung eines gültig geschlossenen Vertrages

Art. 2

gestatten wie z.B. Art. 163 Abs. 3 OR (Herabsetzung übermässig hoher Konventionalstrafen) oder Art. 417 OR (Herabsetzung eines unverhältnismässig hohen Mäklerlohnes).

Das Prinzip von Treu und Glauben würde hier einen Eingriff geradezu verbieten: der Rechtsverkehr ist erheblich gefährdet, wenn Verträge, die an keinem grundlegenden Mangel (Irrtum, Übervorteilung, Täuschung, Drohung, Verletzung von Persönlichkeitsrechten, Widerrechtlichkeit oder Unsittlichkeit) leiden, nachträglich im Quantitativen vom Richter geändert werden können, der damit letztlich rein kaufmännische Entscheidungen zu treffen hat.

Bezüglich der Herabsetzung von Konventionalstrafen hat das Bundesgericht (unter Bezugnahme auf von Büren, OR Allg. Teil, 411/2) den «wichtigsten Grund für einen solchen Eingriff» darin gesehen, «dass die gesetzlichen Schranken der Vertragsfreiheit gemäss Art. 19/20 OR sich auf die Lage anlässlich des Vertragsschlusses beziehen, sich aber erst nach der Verletzung des Vertrages richtig abmessen lässt, wie es sich mit der Rechtfertigung der vereinbarten Strafe verhält» (BGE 114 II 264).

Gleichwohl ist bei der Herabsetzung (richtigerweise) «Zurückhaltung geboten, weil die Strafe von den Parteien gemäss Art. 163 Abs. 1 OR an sich in beliebiger Höhe festgesetzt werden kann und Verträge zu halten sind; dieses ergibt sich aus dem fundamentalen Grundsatz der Vertragstreue, während jenes dem Grundsatz der Vertragsfreiheit entspricht» (BGE 114 II 264). Eine Herabsetzung rechtfertigt sich nur, wenn ein krasses Missverhältnis besteht. «Welche Anforderungen dabei an die Rechtfertigung und an die Verhältnismässigkeit zu stellen sind, entscheidet sich nicht allgemein, sondern hängt von den Umständen des Einzelfalles ab» (BGE 114 II 265 sowie 103 II 135, 103 II 108, 95 II 359, 91 II 383, 38 II 102).

486

Art. 417 OR ist nach der Rechtsprechung des Bundesgerichtes (111 II 370 und 88 II 513) zwingend und schützt vor allem auch das öffentliche Interesse, «ungerechtfertigte Gewinne zu verhindern, die unerwünschte Auswirkungen auf den Liegenschaftsmarkt hätten» (BGE 111 II 369, 83 II 152). Im Entscheid 117 II 290 sah das Bundesgericht den Grundgedanken von Art. 417 OR (trotz vorgängiger Verweisung auf die in den früheren Entscheiden entwickelte Praxis) darin, «übermässige rechtsgeschäftliche Bindungen analog der Vorschrift von Art. 27 Abs. 2 ZGB zu verhindern.» Das überzeugt jedoch nicht, denn anders als bei der Konventionalstrafe, deren Angemessenheit u.U. tatsächlich erst später beurteilt werden kann (vgl. oben N 486), steht der Mäklerlohn sowie sein Verhältnis zum gesamten Geschäftswert von vorneherein fest, weshalb nur mit Art. 27 Abs. 2 ZGB argumentiert werden kann, wenn tatsächlich eine Persönlichkeitsverletzung gegeben wäre.

487

Art. 2

Was bleibt ist somit das öffentliche Interesse, Mäklerlöhne, «welche die Preise auf dem Immobilienmarkt in die Höhe treiben» (BGE 111 II 370), herabzusetzen. Mit dem redlichen, korrekten und loyalen Verkehr zwischen den Parteien hat dies nichts zu tun.

F. Phase 4: Treu und Glauben im Prozess und in der Zwangsvollstreckung

I. Allgemeine Hinweise zum Vertrauensschutz im öffentlichen Recht

488 Bezüglich der Sonderliteratur wird auf N 32 und N 33 verwiesen. Wie in N 34/35 und 36 schon erwähnt, ist heute die Anwendbarkeit von Treu und Glauben im Prozessrecht (Zivil-, Straf- und Verwaltungsverfahren), sowie im Zwangsvollstreckungsrecht nicht mehr bestritten. Die Bedeutung des Prinzipes von Treu und Glauben im Verfahrensrecht ergibt sich daraus, dass eine wachsende Streitlust, verbunden mit einer «starken Zunahme von querulatorischen oder sonst rechtsmissbräuchlichen Eingaben» festzustellen ist (BBl 1985 II 760). Das Bundesgericht hat dies im Bericht über seine Amtstätigkeit im Jahre 1979 (314) wie folgt umschrieben: «Die Zahl der Rechtssuchenden, die das Gericht mit querulatorischen und obstruktiven Eingaben überfluten, hat zugenommen; sie handeln vielfach in der Absicht, den ordentlichen Gang des Verfahrens nicht nur zu hindern oder zu verzögern, sondern sogar die Rechtsprechung lahmzulegen». Auf Bundesebene hat der Gesetzgeber mit der Einführung des neuen Absatz 2 in Art. 36a OG (in Kraft seit dem 15.2.1992) «Rechtsmittel und Klagen, die auf querulatorischer oder rechtsmissbräuchlicher Prozessführung beruhen» ausdrücklich als unzulässig erklärt (vgl. dazu BGE 118 II 87 und 119 II 84).

489 Die Ausgestaltung der sich daraus ergebenden Regeln gehören ins Gebiet der Verfahrens- und Vollstreckungsrechtsspezialisten (vgl. N 64). Hier soll lediglich versucht werden, aufgrund der vorstehenden Ausführungen, die Reichweite des Prinzipes von Treu und Glauben für das öffentliche, insbesondere das Prozess- und Zwangsvollstreckungs-Recht und seine Einbettung in andere Rechtsgrundsätze aufzuzeigen (unten N 490 ff.).

Besonders herausgegriffen wird schliesslich die Wahrheitspflicht im Prozess, die zwar auch – aber eher nebenbei und nicht zur Hauptsache – auf das Prinzip von Treu und Glauben abgestützt werden sollte (unten N 498–500).

Art. 2

Im öffentlichen Recht sind «Voraussetzungen und Schranken, Abgrenzungen und Wirkungen (des Vertrauensschutzes) zum Teil noch ungeklärt oder umstritten» (GEORG MÜLLER, Kommentar zur Bundesverfassung der Schweizerischen Eidgenossenschaft, Basel/Zürich/Bern 1991, N 60 zu Art. 4 BV). Gemäss BEATRICE WEBER-DÜRLER (36 ff., zit. in N 32) vermag die Begründung des Vertrauensschutzes im öffentlichen Recht unter Berufung auf den privatrechtlichen Grundsatz von Treu und Glauben nicht zu befriedigen: «Neuere Beiträge führen den Vertrauensschutz deshalb nicht nur auf Treu und Glauben zurück, sondern ziehen ausserdem noch andere Verfassungsnormen oder -pinzipien heran, insbes. Art. 4 BV (vgl. BGE 120 V 449; 103 Ia 508; 94 I 520). Am meisten Anhänger hat die These gewonnen, welche den Vertrauensschutz auf zwei Hauptpfeiler, den Grundsatz von Treu und Glauben einerseits und den Grundsatz der Rechtssicherheit andererseits, abstützt» (WEBER-DÜRLER, 36). 490

Zu stark vereinfachend ist der Versuch, den Gedanken der Billigkeit «als gemeinsamen Nenner der verschiedenen Aspekte, die unter der Generalklausel (Treu und Glauben) zusammengefasst werden» (WEBER-DÜRLER, a.a. O., 39), heranzuziehen: Billigkeit i.S. der Aequitas ist nur eine der Wurzeln des Prinzipes von Treu und Glauben (vgl. VB 2/3, N 32 ff.); sie verweist auf die materielle Einzelfallgerechtigkeit, die subjektive Interessen selbst über das positive Recht hinaus und u.U. sogar zu Lasten eines besser Berechtigten zu schützen vermag, während Treu und Glauben immer auf eine intersubjektive Beziehung (vgl. oben N 6) und damit eben auf ein Verhältnis des Rechtsverkehrs Bezug nimmt. Damit beinhaltet das Prinzip von Treu und Glauben nach der hier vertretenen Ansicht aber schon eine auf Rechtssicherheit ausgerichtete Komponente: den Schutz des rechtlichen Verkehrs; das ist verallgemeinerungsfähig und daher auch auf öffentliches Verfahrens- und Zwangsvollstreckungsrecht übertragbar (vgl. oben N 4/5). Jedenfalls hat auch das Bundesgericht eine «Verwandtschaft» zwischen dem Prinzip von Treu und Glauben und dem Gebot der Rechtssicherheit angenommen (BGE 102 Ia 338). 491

Zu unterscheiden sind die Fallkonstellationen, die sich aus und im Bereich des öffentlichen Rechtes (im folgenden immer einschliesslich Verfahrens- und Vollstreckungsrecht) bei der Anwendung des Grundsatzes von Treu und Glauben ergeben können: 492

(a) Treuwidriges Verhalten im öffentlichen Recht kann sich (z.B. im Zivilprozessrecht) wie im materiellen Zivilrecht allein gegen die andere Partei richten.

(b) Treuwidriges Verhalten im Bereich des öffentlichen Rechtes kann sich aber auch gegen den Staat als solchen richten.

(c) Sehr häufig dürften schliesslich die Fälle sein, wo sich treuwidriges Verhalten eines Privaten sowohl gegen den Staat als auch andere Private richtet: Man denke etwa an rechtsmissbräuchliche Einsprachen im Baurecht, welche gleichzeitig öffentliche wie private Interessen gefährden können.

(d) Schliesslich kann auch der Staat durch ungebührliche Verfahrensdauer oder Rechtsverweigerung Rechtsmissbrauch begehen.

Wie im Privatrecht kann das Prinzip von Treu und Glauben auch im öffentlichen Recht als Verhaltens-, Beurteilungs- oder Sachnorm (vgl. N 15) Anwendung finden, wobei sich besondere Anwendungsregeln je nach der vorliegenden Fallkonstellation (vgl. oben a–d) ergeben.

Zur Haftung wegen rechtsmissbräuchlicher Prozessführung vgl. BGE 112 II 35 und 91 I 449. Zum «Deliktsanspruch des Geschädigten auf Ersatz seiner Anwaltskosten» (Titel eines Aufsatzes von Peter Gauch, recht 1994, 189–201) vgl. auch Peter Stein, Wer zahlt die Anwaltskosten im Haftpflichtfall, in: ZSR 1987 I, 635–667 sowie BGE 117 II 394. Zur Verletzung von Treu und Glauben durch eine von der Behörde zu verantwortende ungebührlich lange Verfahrensdauer vgl. BGE 110 Ib 332.

II. Drei-Parteien-Konstellation und öffentliche Interessen

493 Wo (scheinbar) nur rein private Interessen im Spiel stehen (z.B. im Zivilprozess) spräche nichts gegen eine unveränderte Anwendung der für rein privatrechtliche Verhältnisse entwickelten Regeln zu Treu und Glauben. Gleiches müsste aber auch gelten, wo der Staat nicht hoheitlich, sondern als Subjekt des Privatrechtes auftritt: «Das Verbot des Rechtsmissbrauchs stösst deshalb im rechtsgeschäftlichen Bereich nirgends an, gilt unbeschränkt» (Weber-Dürler, 46). Doch ergeben sich in solchen Verhältnissen (zwischen Staat und Privaten) Besonderheiten in der Anwendung des Prinzipes von Treu und Glauben daraus, dass hier grundsätzlich immer eine Drei-Parteien-Konstellation gegeben ist: Auch dort, wo der Bürger dem Staat allein gegenübersteht, ohne dass andere Private direkt oder vordergründig nur Private (Zivilprozess) betroffen sind, ist die Öffentlichkeit – das öffentliche Interesse der Allgemeinheit – mitzubeachten. D.h. es ist in jedem Fall vorweg zu klären, ob – in unserem Zusammenhang: in einer Verfahrens- oder vollstreckungsrechtlichen Frage – nebst den involvierten Privatinteressen nicht auch öffentliche Interessen – welche? – betroffen sind.

Immerhin gibt es Bereiche, in denen dies keine Auswirkungen auf die Anwendung des Prinzipes von Treu und Glauben hat: 494

(a) Das gilt zunächst für das Verbot widersprüchlichen Verhaltens: «Das privatrechtliche **Verbot des venire contra factum proprium** ist genau gleich gelagert wie der öffentlich-rechtliche Vertrauensschutz» (WEBER-DÜRLER, 43 und 47).

(b) Mutatis mutandis gelten im öffentlich-rechtlichen Verfahren analog auch für einige **Nebenpflichten im Verhandlungsverhältnis** (vgl. oben N 154 ff.): Die Pflicht der korrekten Vorbereitung (oben N 158 ff.), die Pflicht, ernsthaft zu «verhandeln» (oben N 161 ff.) sowie Aufklärungspflichten (oben N 165 ff.), während sich bei anderen Nebenpflichten Einschränkungen ergeben (vgl. unten N 495 b).

(c) Anwendbar ist der Grundsatz von Treu und Glauben auch auf die (seltenen) Fälle des **unredlichen Rechtserwerbes** (oben N 246 ff.) durch den Staat (vgl. BGE 102 I a 579 sowie WEBER-DÜRLER, 43). Der tiefere Grund dafür ist wohl darin zu sehen, dass es kein öffentliches Interesse geben kann, dass der Staat auf unredliche Weise Rechtsstellungen gegenüber seinen Bürgern erwerben können soll, denn dies hiesse, die Idee des Rechtsstaates wie die des öffentlichen Interesses (letztlich identisch mit den Interessen der Bürger) ad absurdum zu führen (vgl. auch HARTMANN, zit. in N 32, 234).

(d) Bei den **Formvorschriften** ist schon auf die grosse Bedeutung der Rechtssicherheit, die eben mittels der Form im Interesse der Teilnehmer am Rechtsverkehr geschützt werden soll, hingewiesen worden (oben N 270 ff.). Das öffentliche Interesse, das mit jeder Formvorschrift schon für den Verkehr zwischen Privaten zum Ausdruck gebracht wird, führt im öffentlichen Recht gerade zu einer stärkeren Beachtung des Prinzipes von Treu und Glauben als im Privatrecht, da die Form hier einseitig vom Staat vorgegeben und von Privaten in der Regel nicht beeinflusst werden kann: «Ist dem Bürger durch sein Vertrauen in eine staatliche Äusserung in einem Verfahren ein formeller Fehler unterlaufen, tritt in der Regel das öffentliche Interesse an der Wahrung des Verfahrens- und Formvorschriften gegenüber dem Vertrauensschutz zurück» (WEBER-DÜRLER, 123).

(e) Ohne weiteres auch ins öffentliche Recht zu übertragen sind die **Grundsätze des Schikaneverbotes und der schonenden Rechtsausübung** (oben N 295). Es ist nicht einzusehen, warum sich der Staat im Rechtsverkehr rücksichtsloser gebärden können sollte, als dies einem Privaten erlaubt wäre (vgl. auch IMBODEN, zit. in N 32 zur «Schonung des Bürgers»).

Art. 2

495 (a) **Nicht übertragbar** sind die in Bezug auf Treu und Glauben für Rechtsgeschäfte entwickelten Auslegungsregeln auf die Auslegung von Gesetzen (vgl. oben N 98 sowie WEBER-DÜRLER, 267 ff.).

(b) Das öffentliche Interesse kann **zu Einschränkungen bei Nebenpflichten** führen, welche mit Leistungen verbunden sein können: Obhuts-, Schutz- und Geheimhaltungspflichten (oben N 175 ff.), Mitwirkungs- und Verschaffungspflichten (oben N 177) wie auch bezüglich der Kostentragung (oben N 178).

496 **Eigenständige öffentlich-rechtliche Lösungen der Vertrauensproblematik**, die inhaltlich auch aus dem Prinzip von Treu und Glauben ableitbar wären, sind vor allem in den beiden folgenden Bereichen entwickelt worden:

(a) Das Problem des krassen Missverhältnisses der Interessen (oben N 302 ff.) hat mit dem Grundsatz der Verhältnismässigkeit im öffentlichen Recht eine eigenständige – inhaltlich gleichwertige – Lösung gefunden, «welche eine Übertragung dieser Komponente von Treu und Glauben erübrigt» (WEBER-DÜRLER, 43).

(b) Zweckwidrige (oben N 323 ff.) wie auch unnütze und interesselose Rechtsausübung (oben N 369 ff.) sind schliesslich durch das für das öffentliche Recht geltende Prinzip der Gesetzmässigkeit in Verbindung mit dem Verhältnismässigkeits-Prinzip in einer Weise geregelt, die auch als Positivierung von Teilbereichen von Treu und Glauben gesehen werden könnte.

Aus dem bisher Gesagten ergibt sich die nachstehende Übersicht. Entscheidend ist dabei die Zuordnung in die Fallgruppe A oder B (vgl. N 493 a.E.).

	A *Nur private Interessen sind betroffen*	B *Öffentliche Interessen der Allgemeinheit sind mitbetroffen*
Auslegung	Regeln der Gesetzesauslegung bezgl. des anzuwendenden Rechts	Regeln der Gesetzesauslegung bezgl. des anzuwendenden Rechts
	Treu und Glauben für Parteierklärungen	Treu und Glauben für Parteierklärungen
Widersprüchliches Verhalten	Treu und Glauben	Treu und Glauben
Nebenpflichten	Treu und Glauben	Treu und Glauben für Pflicht der korrekten Vorbereitung, des ernsthaften Verhandelns sowie bezüglich Aufklärungspflichten
		Besonderheiten bezüglich Obhuts-, Schutz-, Geheimhaltungspflichten, Mitwirkungs- und Verschaffungspflichten, Kostenregelung
Unredlicher Rechtserwerb	Treu und Glauben	Treu und Glauben
Formvorschriften	Treu und Glauben	besonders starke Berücksichtigung von Treu und Glauben
Schikaneverbot / schonende Rechtsausübung	Treu und Glauben	Treu und Glauben
Krasses Missverhältnis der Interessen	Treu und Glauben	Grundsatz der Verhältnismässigkeit
Zweckwidrige, unnütze und interesselose Rechtsausübung	Treu und Glauben	Grundsätze der Gesetzmässigkeit und der Verhältnismässigkeit

III. Zur Wahrheitspflicht im Prozess

In der Literatur (zit. in N 32/33) wird mehrheitlich angenommen, dass die Parteien im Prozess zur Wahrheit verpflichtet seien, und zwar als Ausfluss des Gebotes, auch im Prozess nach Treu und Glauben zu handeln (vgl. FRITZSCHE, 43; GERWIG, 94; GULDENER, 405; HUG, 14 ff.; SCHWARTZ, 297/8). Damit wird die in

Art. 2

diesem Kommentar vertretene Ansicht von der Sicherung des Rechtsverkehrs (oben N 4 ff.) durch Art. 2 ZGB gestützt.

Gleichwohl bedarf die Wahrheitspflicht im Prozess einer breiteren Abstützung als nur jener auf Art. 2 ZGB, wenn man die im Prozess immer bestehende Drei-Parteien-Konstellation (Kläger, Beklagter, Gericht als Repräsentant der Öffentlichkeit) in Betracht zieht (vgl. oben N 493). Für sich allein kann das Prinzip von Treu und Glauben schon im Privatrecht eine absolute Wahrheitspflicht – insbesondere auch als Gebot, nichts zu verschweigen – nicht rechtfertigen (vgl. N 165 ff. und WALTER YUNG, La vérité et le mensonge dans le droit privé, zit. in N 105).

499 Das Mass für die Wahrheitspflicht kann allein aus der Verpflichtung zu Redlichkeit, Korrektheit und Loyalität (vgl. N 6) gegenüber der anderen Partei im Streitfall mit Sicherheit nicht strenger sein: Es wäre lebensfremd, von zerstrittenen Parteien das gleiche oder sogar ein höheres Mass an Aufklärung und Wahrheit zu verlangen, als ihnen im gewöhnlichen Rechtsverkehr zugemutet wird. Tatsache ist vielmehr die, dass im Streitfalle viele Dinge aus einer anderen Optik gesehen, Umstände, auf die man im gewöhnlichen Umgang kein Gewicht gelegt hätte, plötzlich in den Vordergrund gestellt und peinlichste (im wahren Sinne des Wortes) statt grosszügige Bewertungen vorgenommen werden, was u.U. zu völlig abweichenden Sachverhaltsdarstellungen führen kann, ohne dass einer der Parteien bewusstes Lügen nachzuweisen wäre. «Lüge und Irrtum wohnen Wand an Wand», heisst es im Sprichwort und in der Tat: die Übergänge zwischen echtem Irrtum, «gutgläubiger» Unwahrheit, «aufgehängter» Unwahrheit, Lügen aus Überzeugung und «blinder» Lüge sind fliessend (vgl. dazu ROLF BENDER/ARMIN NACK: Tatsachenfeststellung vor Gericht, Bd 1, Glaubwürdigkeits- und Beweislehre, 2. A., München 1995, Nr. 166–359).

Die Frage «Warum sollen die Anforderungen an das Verhalten der Menschen im Prozess geringer sein, als im privaten Rechtsverkehr?» (HUG, 5) ist wohl falsch gestellt und aus Art. 2 ZGB allein also kaum zu beantworten.

500 Im Prozess tritt nun aber – von der dritten Partei, vertreten durch das Gericht – das öffentliche Interesse an der Wahrheitsermittlung durch den Prozess hinzu. Es kompensiert sozusagen die Schwäche von Treu und Glauben gerade im Prozessfalle dadurch, dass die Wahrheitspflicht der Parteien als Voraussetzung für inhaltlich richtige Urteile gefordert wird. Richtigkeit der Entscheidung – zumindest der Anspruch darauf – gehört aber zu den grundlegenden Prinzipien des Rechts überhaupt (vgl. dazu ROBERT ALEXY: Begriff und Geltung des Rechts, Freiburg/München 1992, 64 ff.; kritisch dazu EUGENIO BULYGIN: ALEXY und das Richtigkeitsargument, in: Festschrift für WERNER KRAWIETZ, Berlin 1993, 19 ff.). Mit anderen Worten: Nebst den Wahrheitspflichten, die sich für die Parteien aus

dem Grundsatz von Treu und Glauben (im Streitfall in abgeschwächter Form) ergeben, ist es vor allem das öffentliche Interesse an einer funktionierenden, d.h. auch materiell richtige Entscheide fällenden Gerichtsbarkeit, welche die individuellen Vorteile überwiegt, die ein Verschweigen, eine Lüge oder gar die unschuldige Behauptung: «Das ist mir nicht mehr in Erinnerung» (vgl. FRITZSCHE, zit. in N 33, 33 ff.) bringen kann. Denn ohne eine allgemeine Wahrheitspflicht, in Verfahren, «wo alle Parteien lügen, weil sie meinen, es müsse im Zivilprozess so sein, wo Anwälte sich vorschieben lassen, um dasselbe an Stelle verschämterer Parteien zu tun, wo die Zeugen Partei nehmen und nur aussagen wollen, was der von ihnen bevorzugten Partei günstig ist: da wird sich der Tatsachenrichter auf die Dauer umsonst mühen. Gewiss wird schliesslich ein Urteil herauskommen, das kraft seiner formellen Autorität den Rechtskonflikt löst. Aber es wird eine Zufallslösung sein und ein blosser Machtanspruch, dem das Beste fehlt: die überzeugende Kraft innerer Richtigkeit und Notwendigkeit.» (FRITZSCHE, a.a.O., 49/50; im gleichen Sinne auch DIETHER VON RECHENBERG: Die Fragwürdigkeit des richterlichen Urteils, in: SJZ 1987, 389–391, insbes. 391).

Art. 3 ZGB

¹ Wo das Gesetz eine Rechtswirkung an den guten Glauben einer Person geknüpft hat, ist dessen Dasein zu vermuten.

² Wer bei der Aufmerksamkeit, wie sie nach den Umständen von ihm verlangt werden darf, nicht gutgläubig sein konnte, ist nicht berechtigt, sich auf den guten Glauben zu berufen.

II. Guter Glaube

¹ La bonne foi est présumée, lorsque la loi en fait dépendre la naissance ou les effets d'un droit.

² Nul ne peut invoquer sa bonne foi, si elle est incompatible avec l'attention que les circonstances permettaient d'exiger de lui.

II. Bonne foi

¹ Quando la legge fa dipendere un effetto giuridico dalla buona fede di una persona, la buona fede si presume.

² Nessuno può invocare la propria buona fede quando questa sia incompatibile con l'attenzione che le circonstanze permettevano di esigere da lui.

II. Effetti della buona fede

Materialien Entwurf 1900 Art. 1/4 Erl. I, S. 25 ff, 31 ff.; Entwurf 1904 Art. 1/12,; Botsch. S. 13 ff.; NatR XVI, S. 1034/43; StändeR XVII, S. 111/6; NatR XVII, S. 349, 355, 361, 365; StändeR XVII, S. 316/9

Inhaltsübersicht

		Rz
Literatur		1
A.	**Allgemeines**	2
I.	Begriff, Herkunft und Funktion	2
	1. Begriff	2
	2. Herkunft	5
	3. Funktion	8
B.	**Anwendung und Wirkungen**	17
I.	Der Anwendungsbereich der Gutglaubensregeln	17
	1. Gesetzliche Regelung	17
	2. Ausdehnung des Gutglaubensschutzes durch Auslegung und Analogie?	23
	a) Auslegung	23
	b) Analogie	30
	c) Allgemeine Einschränkung	31

Art. 3

		d) Konkrete Schranken	32
	3.	Persönlicher Schutzbereich des guten Glaubens	33
	4.	Zeitpunkt und Dauer des guten Glaubens	41
	5.	Das Mass der gebotenen Aufmerksamkeit	48
		a) Grundlagen	48
		b) Kasuistik	53
II.	Klassifizierung der Gutglaubenstatbestände		56
	1.	«Gewöhnliche» Gutglaubenstatbestände	56
	2.	Qualifizierte Gutglaubenstatbestände / reduzierte Aufmerksamkeit beim «öffentlichen» Erwerb und im Wertpapierrecht	61
		a) Gutglaubensschutz und Erwerb in öffentlicher Versteigerung, auf dem Markt oder von einem Kaufmann	61
		b) Gutglaubensschutz im Wertpapierrecht	63
	3.	Qualifizierte Gutglaubenstatbestände / öffentliche Register und amtliche Publikationen	68
		a) Allgmeines	68
		b) Gutglaubensschutz und Grundbuch	72
		c) Gutglaubensschutz und Handelsregister	77
		d) Gutglaubensschutz betr. Eigentumsvorbehaltsregister, Viehverschreibungsprotokolle, Zivilstands-, Betreibungs- und Steuerregister	83
		e) Gutglaubensschutz und Publikation der Entmündigung	87
	4.	Zusammenfassung	88
III.	Die Wirkungen des Gutglaubensschutzes		93
	1.	Allgemeines	93
	2.	Die heilende Wirkung des guten Glaubens	96
	3.	Mildernde Wirkung des guten Glaubens	101
IV.	Internationales Privatrecht und rechtsvergleichende Hinweise		105
	Literaturübersicht		105
	1.	Gutglaubensschutz im Internationalen Privatrecht	106
	2.	Rechtsvergleichende Hinweise	113

1 Literatur

Vgl. auch die Literaturübersichten in N 1 VB 2/3, und N 1 zu Art. 2 sowie unten in N 91 zum internationalen Privatrecht und zum ausländischen Recht.

Aequitas und Bona Fides	Festgabe zum 70. Geburtstag von August Simonius, Basel 1955
BÄR ROLF	Der öffentliche Glaube des Handelsregisters, in Berner Festgabe zum Schweizerischen Juristentag 1979, 131–167
BINDING KARL	Die Ungerechtigkeit des Eigentumserwerbs vom Nicht-Eigentümer, Leipzig 1908
BIRCHER EUGEN	Gutgläubiger Erwerb des Forderungspfandrechtes, Diss. Bern 1946
CARONI PIO	Einleitungstitel des Zivilgesetzbuches, Basel 1996
CARRY PAUL	La règle de l'inopposabilité des exceptions en matière d'effets de change et la bonne foi du porteur, in: Aequitas und Bona Fides, Basel 1955, 29–40

Art. 3

DANUSER MARTIN	Die Anscheinsvollmacht/Gutglaubensschutz im Vollmachtsrecht, Diss. Cazis 1975
DESCHENAUX HENRI	Der gute Glaube und sein Schutz, in SPR II, Basel 1967, 207–232
EGGER AUGUST	Zürcher Kommentar zu Art. 3 ZGB, Zürich 1930, 80–85
FAURE JULES	Justa causa et bonne foi, Diss. Lausanne 1936
FRIEDRICH HANS-PETER	Publizität und Schutz des guten Glaubens im schweizerischen Seerecht, in: Aequitas und Bona Fides, Basel 1955, 53–70
GÜLLER WALTER	Unfreiwilliger Besitzesverlust und gutgläubiger Fahrniserwerb, Diss. Zürich 1924
GUISAN FRANÇOIS	La protection de l'acquéreur de bonne foi en matière mobilière, Diss. Lausanne 1970
HEGETSCHWEILER OTTO	Der Schutz des guten Glaubens nach dem schweizerischen Zivilgesetzbuch, Sachenrecht, Diss. Zürich 1912
HINDERLING HANS	Die Tragweite des Gutglaubensschutzes für den Erwerb von Schuldbrief und Gült, BJM 1966, 213–231
JAEGER PETER	Der Vertrauensschutz im Verkehr mit handlungsunfähigen Personen, Diss. Zürich 1946
JÄGGI PETER	Berner Kommentar, zu Art. 3 ZGB, Bern 1966, 381–420
JENNY FRANZ	Der öffentliche Glaube des Grundbuches nach dem schweizerischen ZGB, Diss. Fribourg 1926
KARRER PIERRE	Der Fahrniserwerb kraft Guten Glaubens im internationalen Privatrecht, Diss. Zürich 1968
KISS–PETER CHRISTINA	Guter Glaube und Verschulden bei mehrgliedrigen Organen, Basler juristische Mitteilungen, 1990, 281–306
KOLLER ALFRED	Der gute und der böse Glaube im allgemeinen Schuldrecht, Habil. Fribourg 1985
KUHN HANS	Die Beweislast, insbesondere im schweizerischen Zivilgesetzbuch, Diss. Bern 1912
LANDERER HANS-PETER	Fragen des Schutzes des guten Glaubens im schweizerischen Patentrecht, insbes. der gutgläubige Erwerb, Diss. Winterthur 1955
LEUMANN OSCAR	Rechtsschein und Offenkundigkeitsgedanke im schweizerischen Recht, Diss. Bern 1933
LIVER PETER	Entstehung und Ausbildung des Eintragungs- und des Vertrauensprinzips im Grundstücksverkehr, in ZBGR 1979, 1–23
MAYER-MALY THEO	Kommeentar zum Schweizerischen Privatrecht/Schweizerisches Zivilgesetzbuch I, herausgegeben von H. HONSELL, N.P. VOGT, T. GEISER, Basel 1996
MEIER ERNST	Der gute und böse Glaube im Erbrecht, Diss. Zürich 1924
MÜLLER GERTRUD	Der Schutz des gutgläubigen Dritten im Familienrecht, Diss. Zürich 1924
PATRY ROBERT	La notion de la bonne foi subjective, ZBJV 91, 1955, S. 409–427
PFISTER HANS RUDOLF	Der Schutz des öffentlichen Glaubens im schweizerischen Sachenrecht, Diss. Zürich 1969

Art. 3

Piotet Paul	L'acquisition «a non domino» de monnaie ou de papiers-valeurs au porteur ou à l'ordre, Lausanne 1958
Piotet Paul	L'acquisition d'une chose mobilière aliénée sans droit, SJZ 55, 1959, 285
Piotet Paul	La bonne foie et sa protection en droit privé suisse, in: SJZ 64, 1968, S. 81–88 und 100–103
Riemer Hans Michael	Die Einleitungsartikel des Schweizerischen Zivilgesetzbuches, Bern/Zürich 1987, 94–99
Rossel Virgile/ Mentha F.-H.	Manuel du Droit Civil Suisse, Bd I, 2. A., Lausanne (o.J.), Nr. 58/59
Ruegg Edwin	Beitrag zur Lehre von der Vermutung im schweizerischen Privatrecht, Zürich 1947
Schmid Wieland	Zum Begriff des guten Glaubens im schweizerischen Recht, SJZ, 1967, 305–308
Schnyder Bernhard	Der gute Glaube im Immobiliarsachenrecht, in: ZBGR 66 (1985), 65–86
Stoffel Leo	Die Zurechnung des guten oder bösen Glaubens nach schweizerischem Privatrecht, Diss. Fribourg 1963
Troller Alois	Der gute Glauben im gewerblichen Rechtsschutz und Urheberrecht, SJZ, 1950, 181–186 und 204–207
Valentin Richard	Das Prinzip des Gutglaubensschutzes und seine Abwandlungen, Diss. München 1968
Voegeli Paul	Der gutgläubige Erwerb von Wertpapieren unter besonderer Berücksichtigung kriegsbedingter Erscheinungen im Wertpapierhandel, Diss. Zürich 1951
Weinberg Sigbert	Der Schutz des guten Glaubens im Grundpfandrecht, Diss. Zürich 1950
Weiss Gottfried	Das Verhältnis der sachenrechlichen Bestimmungen über den Schutz des gutgläubigen Erwerbers zur Entwehrung und Mängelhaftung beim Wertpapierkauf, Festgabe Guhl, Zürich 1950, 141–164
Zeller Ernst	Treu und Glauben und Rechtsmissbrauchsverbot, Zürich 1981, insbes. 251 ff. (Zur Abgrenzung von Treu und Glauben gegenüber gutem Glauben und guten Sitten)
Zust von Sursee Franz Karl	Der gutgläubige Verkehr im ehelichen Güterrecht, Diss. Fribourg 1928

A. Allgemeines

I. Begriff, Herkunft und Funktion

1. Begriff

Wie bereits in den Vorbemerkungen (VB 2/3, N 13/14) ausgeführt, lässt sich Vertrauen nur negativ fassen: Erst die Nichthonorierung definiert es. Das gilt auch vom guten Glauben i.S. von Art. 3 ZGB, den die herrschende Lehre von seinem komplementären Gegenbegriff der «Bösgläubigkeit» her definiert (JÄGGI, N 43; KOLLER, N 5 und 132), der sich – im Gegensatz zum Gutglaubensbegriff – positiv formulieren lässt: «Böser Glaube ist das Unrechtsbewusstsein dessen, der sich objektiv unrichtig verhält» (JÄGGI, N 44). Guter Glaube wäre demzufolge in Negation dieser Formulierung das Fehlen (!) des Unrechtsbewusstseins.

Damit würde in der Tat eine subjektive «Tatsache des Seelenlebens», eine «Bewusstseinslage» (vgl. JÄGGI, N 26) zur Basis für rechtliche Entscheidungen gemacht. In der Literatur sind diesbezüglich sehr umfangreiche und scharfsinnige Überlegungen zur Bedeutung des subjektiven Unrechtsbewusstseins angestellt worden (vgl. JÄGGI, N 25–30 und 35–38; DESCHENAUX, 210) – nach der hier vertretenen Ansicht allerdings unnötigerweise. Wie PIOTET (1968, 86) gezeigt hat, ergibt sich aus der «notion ‹morale› de bonne foi proposée par JÄGGI ... aucune conséquence pratique désirable ne decoulant pas de la notion traditionnelle», welche den guten Glauben mit der unverschuldeten Unkenntnis eines Rechtsmangels («ignorance non fautive du vice», PIOTET 1968, 82) umschrieb. Da «Rechtsmangel» in schweizerischem Recht bereits anderweitig belegt ist (Gewährleistung nach Art. 192–196 OR), wird im folgenden – in Anlehnung an das französische «vice» – stattdessen von der fehlerbehafteten Rechtsstellung gesprochen.

Ursache dafür dürfte die begriffsjuristische Aufgliederung des Textes von Art. 3 Abs. 1 und 2 ZGB sein, die zunächst einen isolierten Begriff des guten Glaubens zu gewinnen versuchte, und zwar unabhängig von der Klärung des Anwendungsbereiches des so gewonnenen Abstraktums. Betrachtet man Art. 3 ZGB hingegen unter historisch-funktionalen Gesichtspunkten (dazu unten N 5–7 und N 8 ff.), und geht man davon aus, dass sich der Gehalt auch von Rechtsbegriffen erst aus deren Anwendung ergibt (vgl. dazu N 16 a.E. zu Art. 2 ZGB), gelangt man zum Ergebnis, dass das subjektive Rechtsbewusstsein für die Anwendung des Art. 3 ZGB gerade nicht von entscheidender Bedeutung ist.

Aus dem bisher Gesagten ergeben sich folgende Elemente einer (noch vorläufigen) Begriffsbestimmung des Gutglaubensschutzes nach Art. 3 ZGB:

Art. 3

(a) Gutgläubig ist, wer nicht bösgläubig und bösgläubig, wer nicht gutgläubig ist – diese Begriffe sind also komplementär, jedenfalls dann, wenn man schon bei der Gutgläubigkeit auf das Element des subjektiven Rechtsbewusstseins verzichtet (vgl. N 3). Dementsprechend ist in der deutschen Fassung von Art. 64 OR vom Bereicherten die Rede, der nicht in gutem Glauben war, während in der französischen und italienischen Fassung vom Bereicherten «de mauvaise foi» bzw. «di mala fede» gesprochen wird (vgl. auch die deutsche und die französische Fassung von Art. 65 Abs. 1 OR und Art. 855 Abs. 3 ZGB). Der böse Glauben lässt sich – im Unterschied zum guten Glauben – positiv beweisen. Bis zum Gegenbeweis (vgl. b), wird der gute Glauben vermutet.

(b) Bösgläubig i.S. dieser Bestimmung ist, wer – gemessen am Massstab von Treu und Glauben (Art. 2 ZGB) – wusste, wissen musste oder wissen konnte, dass eine fehlerbehaftete Rechtsstellung vorliegt (vgl. dazu den Randtitel und Abs. 1 von Art. 974 ZGB). Diese Beurteilung ist rein objektivierend und verlangt kein subjektives Unrechtsgefühl, das zwar gegeben sein kann (bei positivem Wissen über die bestehende Fehlerhaftigkeit einer Rechtsstellung), aber nicht gegeben sein muss (bei blossem Wissenkönnen).

(c) Geschützt wird der gute Glaube, bzw. die Abwesenheit von Bösgläubigkeit nur dort, wo es im Gesetz vorgesehen ist (zu den Ausnahmen vgl. unten N 23–30).

2. Herkunft

5   Eine Übersicht über die historische Entwicklung findet sich bei VOEGELI, 45–56. Bezüglich der römischrechtlichen Wurzeln vgl. auch VB 2/3, N 37; zu den Vorläufern im gemeinen Recht vgl. VB 2/3, N 42. Ungenau sind JÄGGI (N 14) und ihm folgend DESCHENAUX (208), gemäss denen der Gesetzgeber für Art. 3 ZGB kein Vorbild hatte, «weder im früheren kantonalen und Bundesrecht noch im ausländischen Recht». Tatsächlich enthielten viele kantonale Gesetzgebungen bereits (Teil-)Regelungen des Gutglaubensschutzes (Nachweise bei E. HUBER, System und Geschichte, IV, 747 ff.), die als Basis für das alte OR von 1883 dienten (Art. 211 und 790 sowie BGE 14,98; 25,846 und 36 II 356). Bezüglich des ausländischen Rechtes sei verwiesen auf Art. 2268 des französischen Code civil von 1804: «La bonne foi est toujours présumée, et c'est à celui qui allègue la mauvaise foi à la prouver.» und auf § 367/8 des österreichischen ABGB von 1812, wo allerdings statt «Gutgläubigkeit» der Ausdruck «Redlichkeit» verwendet wird

(so auch noch im Privatrechtlichen Gesetzbuch für den Kanton Zürich, §§ 494, 497, 651, 652); gemäss HEGETSCHWEILER (3), sind Redlichkeit und Unredlichkeit synomyme Bezeichnungen für guten und bösen Glauben.

Die Rechtsgeschichte zeigt die Entwicklung von einem fast völligen Fehlen jeder Art von Gutglaubensschutz – das römische «nemo plus iuris transferre potest, quam ipse habet» (vgl. VB 2/3, N 37) – bis hin zum sehr weitgehenden Gutglaubensschutz im heutigen Wechselrecht (vgl. z.B. Art. 1006 Abs. 2 OR). Der Gutglaubensschutz spiegelt dabei auch die Entwicklung der Wirtschaftsgeschichte von der römischen Agrargesellschaft zur modernen Welthandelsgemeinschaft. In verschiedener Ausgestaltung erscheint der gute Glauben dabei als ein Mittel des Ausgleichs zwischen wahrer Berechtigung und den Interessen des Rechtsverkehrs, unabhängig von der wahren Rechtslage auf einen blossen Rechtsschein abstellen zu dürfen. Dabei wird in Kauf genommen, dass der wahre Berechtigte zugunsten eines anderen, der bloss den Rechtsschein für sich hat, in seinem Recht eingeschränkt wird oder es gar gänzlich einbüsst: «Der Schutz des guten Glaubens ist ein Eingriff, den das Gesetz zur Sicherung des Verkehrs in die bestehenden Rechte vornimmt. Er funktioniert auf Kosten des Berechtigten ...» (VON TUHR/PETER, I, 181; EGGER, N 3 zu Art. 3 ZGB; JÄGGI, N 108 sowie VB 2/3, N 22). 6

Aus diesem Grunde handelt es sich beim Gutglaubensschutz nicht um ein allgemein gültiges Prinzip, sondern um eine *Ausnahmeregel,* die nur dann und nur soweit reicht, wie es vom Gesetz ausdrücklich vorgesehen ist (BGE 96 II 170; vgl. auch VB 2/3, N 22; zu den Ausweitungen vgl. unten N 23 ff.). Zu ergänzen ist allerdings, dass damit nicht nur das formelle Gesetz gemeint sein kann, sondern nach Art. 1 ZGB auch Gewohnheitsrecht und Richterrecht. 7

Die Gutglaubensregeln ohne irgendwelche Einschränkungen anzuwenden, liefe auf eine allgemeine Relativierung von Rechtspositionen, überspitzt gesagt, auf eine Aufhebung des Rechtes selbst hinaus.

3. Funktion

Der gesetzgeberische Grund, die Interessen des Rechtsverkehrs sogar gegen die wahre und bessere Berechtigung zu schützen, weist zwei Aspekte auf: 8

(a) Der ältere (eher statische) Aspekt ist der Schutz von zwar zu Unrecht, aber schon über lange Zeit bestehenden Rechtspositionen vor der Rückabwicklung. Typischer Fall ist die Ersitzung (die römische usucapio; vgl. VB 2/3, N 37).

Art. 3

(b) Der neuere (dynamische) Aspekt ist vor allem mit der Entwicklung von regen Handelstätigkeiten bedeutsam geworden; der rasche und wirtschaftliche Verkehr mit Gütern und Rechten verträgt sich weder mit der Auflage, bei jedem Rechtserwerb die Berechtigung der Gegenpartei à fonds abzuklären, noch mit dem Risiko der vollständigen und entschädigungsfreien Rückabwicklung von Geschäften, die fehlerbehaftet sind.

9 Es ist daher auch kein Zufall, dass sich besonders viele Bestimmungen zum Schutz des Gutgläubigen vor allem im Sachenrecht einerseits (statischer Aspekt) sowie im Stellvertretungs- und Wertpapierrecht andererseits (dynamischer Aspekt) finden (vgl. die Übersicht in N 19 sowie JÄGGI, N 63). Das hat sich auch in der Spezialliteratur niedergeschlagen; vgl. zum Gutglaubensschutz im Sachenrecht: GUISAN, HEGETSCHWEILER, HINDERLING, JENNY, LIVER, PFISTER, PIOTET (1959), SCHNYDER und WEINBERG; zum Gutglaubensschutz im Stellvertretungsrecht vgl. DANUSER, JAEGER, KISS-PETER, LEUMANN und im Wertpapierrecht die Arbeiten von Carry, PIOTET (1958), VOEGELI und WEISS.

10 Dagegen kann der von JÄGGI (N 55) angeführte allgemeine Grund nicht massgebend sein, wonach «der redlich Gesinnte verdient, gerade wegen des Fehlens des Unrechtbewusstseins, günstiger beurteilt zu werden.» Das Recht beurteilt grundsätzlich nur das äussere Verhalten des Menschen. Die innere Einstellung des Handelnden wird nur dort rechtserheblich, wo es der Gesetzgeber als richtig erachtet. Irreführend ist daher auch die Formulierung JÄGGIS (N 55), dass «im Ausnahmefall des guten Glaubens dagegen die stets gegebene Rechtserheblichkeit des inneren Elementes (hervortrete)».

Als «inneres Element» ist der gute Glaube kein Ausnahmefall; vielmehr wird er gemäss Art. 3 Abs. 1 ZGB stets vermutet, ja muss er vermutet werden (vgl. dazu VB 2/3, N 20). Die Ausnahme betrifft nur den gesetzlichen Schutz. Mit anderen Worten: Obwohl der gute Glaube grundsätzlich immer vermutet wird, wird er nur in positiv geregelten Ausnahmefällen auch geschützt (vgl. N 7). Und Grund für diese gesetzlichen Ausnahmeregelungen sind allein Verkehrs- und Rechtssicherheitsinteressen, nicht aber die innere Gesinnung einer Partei, zumal der Schutz des guten Glaubens ja immer auf Kosten einer eigentlich besser berechtigten Gegenpartei erfolgt (vgl. oben N 6).

11 Unter dieses Verkehrsschutzinteresse fällt auch die von JÄGGI (N 57) und von DESCHENAUX (219/220) unter dem Titel «Verhalten des Gegeninteressenten» als separate Kategorie angeführte Fallgruppe. Wer selber säumig war und nichts getan hat, eine fehlerbehaftete Rechtsstellung zu verhindern, zu beseitigen oder abzuklären, oder wer Anlass gegeben hat, dass eine solche fehlerbehaftete Rechtsstellung entstanden ist oder sich auswirken konnte, erweckt einen falschen Rechtsschein. Und weil dieser falsche Rechtsschein den Rechtsverkehr gefährdet, wird

der andere, der in gutem Glauben darauf vertraute, kraft besonderer gesetzlicher Vorschrift geschützt. Anders ausgedrückt: Im Interesse des Rechtsverkehrs schützt der Gesetzgeber in gewissen Fällen die gutgläubige Gegenpartei, die auf einen von jemandem erweckten falschen Rechtsschein vertraut. Das Verhalten der Gegenpartei ist nicht Grund, sondern nur Auslöser und gegebenenfalls Massstab für den Schutz des Gutgläubigen im Interesse des Rechtsverkehrs.

Dass Art. 3 ZGB – wie schon Art. 2 (vgl. N 13 zu Art. 2) – als *Verkehrsschutznorm* verstanden werden muss, ergibt sich besonders deutlich aus Absatz 2, wonach sich nicht auf seinen guten Glauben berufen kann, wer bei der Aufmerksamkeit, wie sie nach den Umständen von ihm verlangt werden darf, nicht gutgläubig sein konnte. Mit JÄGGI (N 109) und KOLLER (N 144) kann Abs. 2 von Art. 3 ZGB als Anwendungsfall von Art. 2 ZGB verstanden werden, aber zugleich auch als Begründung des «Verkehrsregel-Charakters» von Art. 3 ZGB überhaupt. 12

Die «Technik» des Verkehrsschutzes in Art. 3 ZGB ist allerdings eine andere als jene von Art. 2, welcher als Beurteilungsnorm für den Richter und Verhaltensnorm für den Bürger – sozusagen *vorbeugend* – überhaupt (rechts)-verkehrsgerechtes Verhalten bewirken will und krasse Abweichungen davon – über die Missbrauchskontrolle – entsprechend sanktioniert (vgl. dazu N 14 zu Art. 2 ZGB). In Art. 3 ZGB geht es demgegenüber darum, im Widerstreit zwischen wahrer Berechtigung, die aber nicht oder nicht richtig erkennbar gemacht wurde, einerseits und einem blossen Rechtsschein, der aber für das Verhalten der Parteien im Rechtsverkehr massgeblich geworden ist andererseits, einen *nachträglichen* Ausgleich zu finden. 13

Während Art. 2 ZGB u.a. verhindern will, dass eine Diskrepanz zwischen wahrer Berechtigung und blossem Rechtsschein überhaupt entstehen kann (dazu dienen z.B. die Aufklärungspflichten schon im Verhandlungsstadium vor der Entstehung einer Rechtsbeziehung; vgl. dazu N 154 ff., insbes. 165 ff. zu Art. 2 ZGB), hilft Art. 3 ZGB mit, die Folgen zu beheben, wenn es trotzdem dazu gekommen ist. Auch ohne dass die Parteien gegen den Grundsatz von Treu und Glauben verstossen, können Situationen entstehen, in denen Rechtsschein und wahre Berechtigung auseinanderklaffen. Typische Beispiele dafür sind die Ersitzung (statischer Aspekt) oder der Erwerb einer abhandengekommenen Sache auf dem Markt (dynamischer Aspekt). Die beiden Verkehrsschutzregeln (Art. 2 und 3 ZGB) können also auch aus einer zeitlich unterschiedlichen Perspektive gesehen werden.

Ein anderer wichtiger Unterschied zwischen dem Verkehrsschutz nach Art. 2 und jenem nach Art. 3 ZGB besteht darin, dass Art. 2 nur quasi «individuell-konkret» – auf die jeweiligen Parteien bezogen – wirkt, während Art. 3 quasi 14

Art. 3

«generell-abstrakt» jedermann schützt, der auf einen falschen Rechtsschein vertraute. Das ist ein weiterer wichtiger Grund, weshalb eine Ausdehnung des Schutzes gemäss Art. 3 ZGB über die im Gesetz ausdrücklich geregelten Fälle hinaus grundsätzlich abzulehnen ist (vgl. unten N 31).

15 Der Ausgleich zwischen den Interessen des «wahren» Berechtigten und jenen des Rechtsverkehrs erfolgt nach Art. 3 ZGB in verschiedenen Schritten:

(a) Zunächst bestimmt das Gesetz, wo überhaupt der gute Glauben geschützt werden soll (*«Wo* das Gesetz eine Rechtswirkung an den guten Glauben einer Person geknüpft hat ...», Art. 3 Abs. 1 ZGB).

(b) In den so festgestellten Fällen wird das «Dasein» des guten Glaubens vermutet. Damit wird eine Beweislastregel aufgestellt, derzufolge derjenige, der sich auf den guten Glauben beruft, diesen nicht zu beweisen hat (vgl. BGE 119 II 25; Jäggi, N 98 und Deschenaux, 214/5). Die Beweislastregel muss so lauten, weil der gute Glaube als negative Tatsache (Fehlen eines Unrechtsbewusstseins, vgl. oben N 2 und VB 2/3, N 13/14) gar nicht direkt beweisbar ist. Zur Frage, ob nun von einer Beweislastregel oder einer eigentlichen Vermutung gesprochen werden muss vgl. B. Schnyder's Besprechung von BGE 119 II 23 (in ZBJV 1995, 129–131), der aber selber zum Ergebnis kommt, dass «diese terminologische Frage nicht überbewertet werden (darf)».

(c) Umgekehrt ergibt sich daraus, dass die Gegenpartei die Böswilligkeit – eine positive Tatsache – des sich auf seine Gutgläubigkeit Berufenden beweisen kann. Bösgläubigkeit ist schon gegeben, wenn dem angeblich Gutgläubigen mangelnde Aufmerksamkeit nachgewiesen werden kann (vgl. oben N 4 b). Bis hierhin besteht somit eine ganz klare Trennung zwischen Gutgläubigkeit und Bösgläubigkeit, wonach Gutgläubigkeit in den gesetzlich vorgesehenen Fällen immer zu schützen wäre, so lange der konkrete Beweis der Böswilligkeit nicht gelingt.

(d) Daraus ergäbe sich allerdings eine klare Bevorzugung des Verkehrsschutzinteresses gegenüber dem Interesse, die wahre Rechtslage zu verwirklichen. Der Gesetzgeber hat dieses Privileg deshalb mit einem anderen Behelf wieder eingeschränkt, der seinerseits auch auf das Interesse an einen funktionierenden Rechtsverkehr zurückgeführt werden kann: Die Pflicht, einer gewissen allgemeinen Sorgfalt und Aufmerksamkeit bei der Teilnahme am rechtlichen Verkehr (vgl. dazu N 158 ff. zu Art. 2 ZGB), wie sie sich aus dem Prinzip von Treu und Glauben ergibt. Man beachte auch den strafrechtlichen Druck, im Rechtsverkehr eine gewisse Aufmerksamkeit walten zu lassen: wer annehmen muss – nicht weiss –, dass eine Sache durch eine strafbare Handlung erlangt worden ist und sie dennoch erwirbt, setzt sich dem Risiko einer immerhin fünfjährigen Gefängnisstrafe aus (Art. 144 StGB; vgl. dazu BGE 105 IV 304).

Der Beweis der mangelnden Aufmerksamkeit obliegt nach Art. 8 ZGB demjenigen, der bestreitet, dass sein Kontrahent gutgläubig war (BGE 113 II 399, 70 II 106). Von daher dürfte die von KOLLER (N 180) vorgeschlagene Differenzierung, derzufolge nur der gute Glauben, nicht aber auch die Anwendung der gebotenen Aufmerksamkeit nach Art. 3 Abs. 2 ZGB zu vermuten sei, praktisch kaum von Bedeutung sein (vgl. JÄGGI, N 177 und EGGER, N 11).

(e) Der Massstab für die verlangte Aufmerksamkeit ist in persönlicher Hinsicht (vgl. unten N 48 ff.) eindeutig objektiviert (vgl. DESCHENAUX, 230; JÄGGI, N 122; BGE 119 II 27, 113 II 397). Auszugehen ist von einer allgemeinen Aufmerksamkeit, die unter den konkreten Umständen von jedem Teilnehmer am Rechtsverkehr verlangt werden darf, wobei hier allerdings schon darauf hinzuweisen ist, dass der Gesetzgeber diesbezüglich in zahlreichen Gutglaubens-Bestimmungen abweichende Formulierungen und z.T. unterschiedliche Beurteilungskriterien gewählt hat, was in Lehre und Rechtsprechung nicht wenig Verwirrung gestiftet hat (so auch PIOTET, 1968, 83 rechte Spalte; vgl. unten N 66).

(f) Schliesslich ist mit dem Vertrauensprinzip des Art. 2 ZGB als Massstab für den Schutz des guten Glaubens auch gesagt, dass die Beurteilung nicht den Billigkeitsabwägungen des Richters unterliegt (vgl. N 47 zu Art. 2 ZGB), sondern es geht allein um sein Ermessen hinsichtlich der Würdigung der konkreten Umstände (vgl. MEIER-HAYOZ, Berner Kommentar zu Art. 4 ZGB, N 56 und 64 sowie unten N 52).

Ausgehend von den soeben (N 15) dargestellten «Entwicklungsschritten» des Gutglaubensschutzes werden im folgenden dargestellt:

(a) der Anwendungsbereich der Gutglaubensregeln und zwar – gemäss gesetzlicher Regelung (N 17 ff.) und gemäss Rechtsprechung (N 23 ff.);

(b) der persönliche Schutzbereich des guten Glaubens (N 33 ff.)

(c) Zeitpunkt und Dauer des guten Glaubens (N 41 ff.);

(d) die im Gutglaubensrecht anzuwendenden Massstäbe (N 48 ff.);

(e) eine Klassifizierung der Gutglaubenstatbestände (N 56 ff.) sowie

(f) die Wirkungen des Gutglaubensschutzes (N 93 ff.).

Art. 3

Abschliessend folgen einige Hinweise auf international-privatrechtliche Probleme des Gutglaubensschutzes (N 106 ff.) und auf Regelungen in anderen Rechtsordnungen (N 113 ff.).

B. Anwendung und Wirkungen

I. Der Anwendungsbereich der Gutglaubensregeln

1. Gesetzliche Regelung

17 Wie bereits erwähnt (oben N 15) wird der gute Glauben grundsätzlich nur geschützt, wo dies das Gesetz (vgl. N 7) ausdrücklich vorsieht. Die Terminologie des schweizerischen Zivilrechtes ist diesbezüglich jedoch nicht einheitlich, so dass der Gutglaubensschutz hinter einer Vielzahl von anderslautenden Umschreibungen gefunden werden kann (vgl. dazu N 18/19 wie auch PIOTET, 1968, 83).

Darüber hinaus hat die Rechtsprechung den Anwendungsbereich des Gutglaubensschutzes weiter ausgedehnt (vgl. dazu unten N 23 ff.).

18 Zur Terminologie des ZGB und des OR:

Wie sich aus der Übersicht in N 19 ergibt, steht in ZGB und OR nebst der positiven Formulierung «guter Glauben/gutgläubig» häufig auch die negative Fassung «nicht gutgläubig» oder eben «böser Glauben/bösgläubig» (vgl. oben N 4). Zahlreich sind auch die Bestimmungen, in denen auf das objektivierende Element (vgl. oben N 15e) des Kennens/Wissens bzw. des Kennenmüssens/Wissenmüssens abgestellt wird.

Und schliesslich finden sich auch Umschreibungen der Gutgläubigkeit als Handeln «im Vertrauen auf» oder «ohne Arglist oder grobe Fahrlässigkeit.»

Die Übersicht lässt auch die schon erwähnte relative Häufung der Gutglaubensschutzbestimmungen im Sachenrecht (statischer Aspekt), sowie im Stellvertretungs- und Wertpapierrecht – einschliesslich Recht der Grundpfandtitel – (dynamischer Aspekt) deutlich werden (vgl. oben N 8/9).

Übersicht über die Terminologie zum guten Glauben in ZGB und OR

	A guter Glauben gutgläubig	B kennen/kennen müssen wissen/wissen müssen Mitteilung/Kundgabe	C nicht gutgläubig böser Glauben bösgläubig	D andere Umschreibung
ZGB				
Einleitung, Personen- und Familienrecht	3, 122, 134, 174, 304, 341, 375 (sowie aZGB 164, 167, 198; aufgehoben durch BG vom 5.10.1984)	166, 228 (aZGB 163, 202 aufgehoben durch BG vom 5.10.1984)	133, 411	
Erbrecht	528, 547, 579, 600 I		521, 600 II	
Sachenrecht – allgemein	661, 673, 674, 714, 728, 738, 884, 895, 931, 933, 934, 938, 939, 973, 975	841, 913, 970, 974 I	672, 936, 940, 974 III	
– Grundpfandtitel/ Warenpapiere/ Inhaberpapiere	865, 866, 867, 874, 925, 935		855	
Schlusstitel	21, 44, 48	9e		
OR				
allgemeiner Teil	34, 36, 167, 180	26, 28, 29, 33, 37, 39	64, 65	18, 164 («im Vertrauen auf»)
Vertragsrecht/Prokura	320, 459, 461, 514	268a	421	
Gesellschaftsrecht und Handelsregister	563, 564, 605, 611, 718a, 806, 899	606, 933	678	
Wertpapierrecht	976, 1080		1000, 1006, 1112	966, 1030 (Arglist oder grobe Fahrlässigkeit); 979, 1007, 1009, 1146 (bewusstes Handeln zum Nachteil des Schuldners)

Art. 3

20 Weitere Gutglaubensbestimmungen finden sich im Bereich
    – des Immaterialgüterrechtes, vgl. z.B.
        – Pat. G. Art. 29 III, 31 II, 33 IV, 34 III
        – aURG Art. 6 (Fassung vom 7.12.1922, ersetzt durch das neue URG vom 9.10.1992)
    – des Schuldbetreibungsrechts: SchKG Art. 203 II, 204 II, 284
    – des Versicherungsrechtes: VVG Art. 73 II;
    – des Strassenverkehrsrechtes: SVG Art. 66 III, 75 II
    – des Schiffahrtsrechtes: SchRG Art. 33 I; SSG 55 I (eigentlich eine Stellvertretungsnorm)
    – des Sozialversicherungsrechtes: AHVG 47 I, IVG 49
    – des Strafrechtes: StGB Art. 144 (Wissen oder Wissenmüssen).
    – des Bundesgesetzes über das Internationale Privatrecht: vgl. dazu unten N 106 ff.

21 Schliesslich ist der Schutz des guten Glaubens gemäss Bundesgericht auch als allgemeines verfassungs- und verwaltungsrechtliches Prinzip des Bundesrechtes zu berücksichtigen (BGE 111 Ib 221). Daraus kann allerdings nicht gefolgert werden, dass Fehler von Behörden nicht mehr zu Lasten des Bürgers korrigiert werden könnten. Mit WEBER-DÜRLER (Vertrauensschutz im öffentlichen Recht, Basel 1983, 18/9, mit Verweisungen) ist davon auszugehen, dass ein derart weitgehender Gutglaubensschutz im öffentlichen Recht «sicherlich unhaltbar» ist, zumal es hier keine analoge Vorschrift zu Art. 3 Abs. 1 ZGB gibt, welche den Anwendungsbereich des Grundsatzes beschränkt.

Wie ein Fall aus der Praxis zeigt, ergeben sich dabei in der Tat erhebliche Probleme: Gemäss dem Bundesgesetz über die wirtschaftliche Kriegsvorsorge (KVG) sind Pfandrechte zugunsten Dritter an Waren, an denen der Eidgenossenschaft ein allfälliger Herausgabeanspruch zusteht, gegenüber der Eidgenossenschaft im Umfang ihres Aussonderungsrechts unwirksam; der gutgläubige Dritte kann sich somit nicht auf Art. 884 Abs. 2 ZGB berufen. Gleichwohl rechtfertigt es sich gemäss dem Bundesgericht, «hinsichtlich der im KVG nicht näher umschriebenen Vorwirkung des Aussonderungsrechtes einen gewissen Schutz des guten Glaubens gelten zu lassen», wobei anhand der konkreten Umstände abzuklären ist, «in welchem Ausmass der gute Glaube dabei berücksichtigt werden kann» (BGE 106 Ib 103).

Ein «gewisser» Schutz des guten Glaubens ergab sich also nicht aus dem Gesetz (wie in ZGB 3 vorgesehen), sondern aus einer Würdigung der konkreten Umstände durch den Richter.

Die Auflistung der Gutglaubensbestimmungen in N 19/20 beansprucht nicht, 22 vollständig zu sein. Sie zeigt aber dennoch ein ziemlich klares Bild des «Einsatzgebietes» dieser Rechtsregel:

In den weitaus meisten Fällen handelt es sich um sogenannte Dreiparteien-Fälle, in denen also Interessen Dritter betroffen sind. Im Sachenrecht sind es in der Regel der bisherige Berechtigte, der Veräusserer einer fremden Sache und der Erwerber; im Stellvertretungsrecht der (ermächtigungslose) Vertreter, der Vertretene und der Dritte, demgegenüber der Vertreter gehandelt hat; im Wertpapierrecht der Berechtigte, der Inhaber und der Empfänger des Papieres (alle verwendeten Parteibezeichnungen sind hier als «Rollenbeschreibungen» und nicht als rechtstechnische Begriffe zu verstehen).

Aber auch die meisten der auf den ersten Blick als blosse Zweiparteien-Konstellationen erscheinenden Fälle können bei näherem Hinsehen als Dreiparteien-Fälle gesehen werden: So sind bei der Rückerstattung von Zinsen und Gewinnen (OR 611, 678 und 806) nebst den Interessen des Bezügers und jenen der Gesellschaft immer auch die der übrigen Gesellschafter betroffen (a.A. JÄGGI, N 71, der diese Fälle als Zweiparteien-Konstellationen sieht). Ähnlich bestehen in den meisten Anwendungsfällen der Gutglaubensregel im Erbrecht Dreiecksbeziehungen zwischen begünstigten und benachteiligten Erben und der Erbengemeinschaft als solcher. Im Sachenrecht kommt über das Publizitätsprinzip die Öffentlichkeit als Dritter ins Spiel (vgl. Art. 661, 728 und 973 ZGB).

Das öffentliche Interesse am Funktionieren des Rechtsverkehrs ist ja – wie bereits erwähnt (oben N 12/13) – überhaupt der Grund, dass der Gutgläubige geschützt wird; m.a.W. kann man aus dieser Sicht argumentieren, dass immer eine Dreiparteien-Konstellation vorliegt. Denn der Gutglaubensschutz dient u.a. «zur Regelung derjenigen Rechtsmängel, die weder ausschliesslich das Verhältnis von Vertragsparteien unter sich betreffen (sic!) noch durch das ausservertragliche Schadenersatzrecht geordnet werden» (JÄGGI, N 73).

Art. 3

2. Ausdehnung des Gutglaubensschutzes durch Auslegung und Analogie?

a) Auslegung

23   Gemäss JÄGGI (N 66) «ergibt zuweilen erst die Auslegung, dass eine Rechtsfolge einzig für Gutgläubige eintritt» (wobei er auf Art. 569 OR und Art. 979 Abs. 3 OR verweist), bzw. dass sie «zulasten Gutgläubiger nicht eintritt» (wofür Art. 177 Abs. 3 aZGB und Art. 282 aZGB angeführt werden).

Dem ist – jedenfalls bezüglich der von JÄGGI angeführten Beispielsfälle – nicht zuzustimmen: In keinem dieser Fälle ergibt sich diese Auslegung zwingend, abgesehen davon, dass das «richtige» Resultat ohne weiteres auf einem anderen Wege hätte gefunden werden können (vgl. nachstehend N 24–26 sowie unten N 71 a.E. und N 74–76).

Angesichts der variantenreichen Terminologie des Gesetzes (vgl. N 19) bedarf es zwar öfters der Auslegung, um den gesetzlich vorgesehenen Gutglaubensschutz überhaupt auffinden zu können (vgl. z.B. Art. 979 Abs. 2 OR sowie N 24 hiernach), doch kann umgekehrt die Auslegung auch zum Ergebnis führen, dass ein im Gesetz vorgesehener Gutglaubensschutz nicht überall gilt: so gibt es keine ordentliche oder ausserordentliche Ersitzung an öffentlichen oder herrenlosen Sachen und selbst ein Grundbucheintrag nach Art. 661 ZGB hilft dem Gutgläubigen nicht (vgl. BGE 113 II 242, 111 II 134, 103 II 183, 97 II 32).

24   Bezüglich Art. 979 Abs. 3 OR stellt JÄGGI (Zürcher Kommentar, N 98 zu Art. 979 OR) fest, dass das Gesetz die Möglichkeit der Einrede der mangelnden Begebung gegenüber dem nicht gutgläubigen Erwerber «nicht ausdrücklich» festhalte, bzw. (in N 111 zu Art. 979 OR) dass der gute Glaube des Erwerbers in Abs. 3 (von Art. 979) «ebensowenig genannt wird wie in Absatz 1 und 2»; letzteres trifft jedoch nicht zu, da in Abs. 2 von Art. 979 OR mit der Wendung «bewusstes Handeln zum Nachteil des Schuldners» (vgl. oben N 19) ganz klar ein Gutglaubenstatbestand geschaffen wird (vgl. unten N 63 ff.).

Hinzu kommt, dass JÄGGI selber davon ausgeht, dass «der Ausschluss der Einrede der mangelnden Begebung ... prinzipiell stärker wirkt» als jener nach Abs. 1 oder 2 von Art. 979 OR. Wie JÄGGI selber ausführt, handelt es sich hierbei um eine Haftung dafür, dass der Aussteller nicht verhindert hat, dass ein von ihm ausgefertigtes Inhaberpapier in den Verkehr gelangt ist (N 99 zu Art. 979 OR).

Gegenüber dem ersten Erwerber, dessen Wissen «um das Fehlen der Begebung immer Arglist» ist (so JÄGGI, N 116 zu Art. 979 OR) bedarf es keiner Einrede der Bösgläubigkeit – die nach Gesetz nicht gegeben ist; dafür kann sein arglistiges Verhalten aber als rechtsmissbräuchlich nach Art. 2 ZGB qualifiziert werden, was ihn hindert, die Forderung aus dem Papier gegenüber dem Aussteller geltend zu machen (gl. M. PIOTET, 1968, 86: «... il s'agit en réalité de sanctionner le comportement abusif de l'acquéreur d'un papier-valeur ...»).

Ist das Papier vom arglistigen Ersterwerber weitergegeben worden, kann der Aussteller dem Zweit-Erwerber keine Einrede entgegenhalten, dafür aber gegen den arglistigen Ersterwerber Schadenersatzansprüche geltend machen. Der Rechtsgrund für diese Ersatzforderung an den arglistigen Ersterwerber ist abhängig vom Verhältnis zwischen dem Aussteller und dem Ersterwerber; es kann eine vertragliche Forderung sein, wenn z.B. ein Angestellter des Ersterwerbers (als Aufbewahrer) den Titel entgegen dem Verwahrungsvertrag weitergibt, es kann aber auch eine Klage nach Art. 41 ff. OR in Frage kommen.

Bezüglich Art. 569 OR wurde in BGE 60 II 105 einem bösgläubigen Gläubiger die Geltendmachung einer Forderung gegen einen später beigetretenen Kollektivgesellschafter verwehrt, weil er in casu sogar an der Täuschung des belangten Gesellschafters direkt mitbeteiligt war. 25

Damit stellte sich – bei näherer Betrachtung – auch hier die Frage des Gutglaubensschutzes gar nicht: Wie erwähnt (oben N 13) ist Art. 3 ZGB ein Instrument des nachträglichen Ausgleiches zwischen wahrer Berechtigung und blossem Rechtsschein. In casu hätte das Bundesgericht die Gutglaubensfrage nicht zu prüfen brauchen, wenn es das Verhalten des Gläubigers unter Art. 2 ZGB als rechtsmissbräuchlich beurteilt hätte. Aufgrund der Sachverhaltsangaben im Entscheid hätte sich dies geradezu aufgedrängt, nachdem der Gläubiger und Kläger an der Täuschung des Beklagten im voraus schon mitwirkte und den Abschluss des fraglichen Gesellschaftsvertrages aktiv betrieb, indem er dem Beklagten zum Abschluss der Bilanz einen Bücherexperten – «seinen langjährigen Vertrauten» – zuführte und es auch der Anwalt des Gläubigers war, der den fragwürdigen Vertrag redigierte (BGE 60 II 108/9).

(a) Nach herrschender Lehre und Rechtsprechung ist der gutgläubige Dritte in seinem Vertrauen auf die *Vertretungsmacht des gesetzlichen Vertreters* nach Art 392 Ziffer 2 ZGB zu schützen (vgl. SCHNYDER/MURER, Berner Kommentar, N 102 zu Art. 392 mit Verweisungen). Wenn auch nur unter Bedenken und ohne dazu abschliessend Stellung zu nehmen, scheint nun auch das Bundesgericht diesen Gutglaubensschutz des Dritten grundsätzlich zu anerkennen, obwohl sich dieser «jedenfalls nicht direkt auf eine Gesetzesvorschrift stützen» kann (BGE 107 II 115/6). Dabei schloss es die analoge Anwendung der Bestimmungen über die gewillkürte Stellvertretung ausdrücklich aus, «weil nicht das Verhalten des Vertretenen massgebend ist» (a.a.O, 116 oben). Für die analoge Anwendung von Art 33 Abs. 3 und 34 Abs. 3 OR hat sich dagegen B. Schnyder ausgesprochen (ZBJV 1983, 83/4). 26

Art. 3

(b) Zur Begründung des erweiterten Gutglaubensschutzes verweist das Bundesgericht (a.a.O.) auf das Überwiegen des Interesses der Verkehrssicherheit über jenes des Schutzes der Unmündigen und Entmündigten sowie darauf, «dass es unter Umständen ausserordentlich schwierig sein kann, im Falle von Art. 392 Ziffer 2 ZGB das Vorliegen eines Interessenkonfliktes zu erkennen. Dem Schutzbedürfnis des vertretenen Mündels soll in solchen Fällen durch besonders hohe Anforderungen an den guten Glauben der Gegenpartei Rechnung getragen werden (vgl. HEGNAUER, Berner Kommentar N 40–42 zu Art. 282 aZGB). Aus praktischer Sicht wäre daher jedermann, der mit einem gesetzlichen Vertreter ein bedeutenderes Geschäft abschliesst, zu empfehlen, sich direkt bei der Vormundschaftsbehörde zu erkundigen, ob aus deren Sicht irgendwelche Hinweise oder Bedenken bezüglich eines Interessenkonfliktes auf Seiten des gesetzlichen Vertreters bestünden; in diesem Sinne ist wohl das Bundesgericht zu verstehen, wenn es dem Beklagten im schon erwähnten Entscheid vorgeworfen hat, von sich aus keine «eigenen Schritte zur Ernennung eines Beistandes oder wenigstens zu einer umfassenden Orientierung der Vormundschaftsbehörde unternommen zu haben» (BGE 107 II 118; vgl. auch die kritische Besprechung dieses Entscheides durch RUDOLF SCHWAGER: Die Vertretungsbeistandschaft bei Interessenkollision gemäss Art. 392 Ziffer 2 ZGB, ZBJV 1983, 93–106).

27 Dazu ist folgendes anzumerken: Die vom Bundesgericht geäusserten Bedenken bezüglich der Ausweitung des Gutglaubensschutzes in diesen Fällen sind berechtigt. *Das schweizerische Recht kennt keinen allgemeinen Schutz des guten Glaubens bezüglich der Handlungsfähigkeit der Gegenpartei* (vgl. unten N 32), wenn er im Gesetz nicht ausdrücklich vorgesehen ist; letzteres trifft bei der gesetzlichen Vertretung (anders als bei der gewillkürten) nicht zu. Immerhin ist in diesen Fällen für die Gegenpartei von vorneherein klar, dass der Vertretene in der Regel weder bei der Auswahl und Kontrolle des Vertreters noch beim Abschluss des fraglichen Geschäftes entscheidend mitwirken kann. Von daher ergibt sich für sie ohnehin eine völlig andere Ausgangslage als bei einem Geschäft mit einem gewillkürten Stellvertreter. Es ist ihr daher (zumindest bei bedeutenderen Geschäften) zuzumuten, vom Vertreter den Nachweis der Zustimmung durch die Vormundschaftsbehörde zu verlangen. Ist diese erteilt, kann sich der Dritte m.E. zu Recht auf Art. 38 OR berufen, wonach diese Zustimmung einen allfälligen Mangel der Befugnis des gesetzlichen Vertreters zu heilen vermag (so auch SCHWAGER, a.a.O., 104). Mit anderen Worten: Eine Ausdehnung des Gutglaubensschutzes

Art. 3

in den Fällen der gesetzlichen Vertretung ist gar nicht notwendig, wenn folgendes Vorgehen beachtet wird:

(a) der Gegenpartei ist zuzumuten, dass sie die Genehmigung des Geschäftes durch die Vormundschaftsbehörde verlangt, soweit diese (nach Art. 421 ZGB) oder gar jene der Aufsichtsbehörde (nach Art. 422 ZGB) nicht ohnehin erforderlich ist;

(b) bei ihrem Genehmigungsentscheid hat die Behörde auch zu prüfen, ob ein Interessenkonflikt vorliegt, wobei ein abstrakter Konflikt genügt; diese Behörde ist dazu mit Sicherheit besser geeignet als der Dritte, der über die Verhältnisse zwischen Mündel und Vertreter nicht Bescheid wissen kann;

(c) wird die Genehmigung erteilt, muss das Geschäft für den Dritten i.S. von Art. 38 OR als genehmigt betrachtet werden, was ihm gegenüber ein späteres Zurückkommen auf die fehlende Befugnis des gesetzlichen Vertreters ausschliesst. Art. 38 OR muss bei der gesetzlichen Vertretung auch in Verbindung mit Art. 410 ZGB gesehen werden: Wenn schon der Vormund ein Geschäft des Mündels genehmigen kann, so muss auch die dem Vormund übergeordnete Behörde – wer denn sonst? – ein Geschäft des Vormundes genehmigen oder wenigstens für das betreffende Geschäft einen anderen Vertreter bestellen können. Dieses Ergebnis lässt sich – e contrario – auch aus Art. 424 ZGB ableiten; vgl. dazu auch CHRISTOPH EBERHARD, Die Zustimmung des Vormundes zu Rechtsgeschäften des urteilsfähigen Mündels, Diss. Bern 1990, S. 80 ff. (insbes. Fn 60) sowie S. 151.

Bei Geschäften von bescheidener Bedeutung wird man dieses Prozedere kaum durchführen wollen und müssen; das Risiko für die Gegenpartei ist dort aber auch entsprechend klein, weshalb dies allein die Ausweitung der Ausnahmeregel des Art. 3 ZGB nicht rechtfertigt, solange dies im Gesetz nicht ausdrücklich vorgesehen wird.

Ein nicht im Gesetz vorgesehener Gutglaubensschutz wurde auch bei Interzessionsgeschäften nach aZGB 177 Abs. 3 gewährt, wobei das Bundesgericht immer klar machte, dass Art. 177 Abs. 3 aZGB als Ausnahmeregel i.S. des Verkehrsschutzes restriktiv auszulegen sei. Vgl. dazu LEMP, Berner Kommentar zu aZGB 177, N 94; EGGER, N 3 zu Art. 3 ZGB sowie BGE 54 II 413, 59 II 219, 81 II 15/6 und 99 II 245/6. Keinen Gutglaubensschutz gewährte das Bundesgericht einer Bank, die wissen musste, dass das Geschäft zugunsten des Ehemannes abgeschlossen wurde (Entscheid vom 10.2.1982, SJ 1982, 513–522).

Gleiches galt auch bezüglich aZGB 282 betr. der Vertretungs- und Verwaltungsrechte der Eltern bezüglich des Kindesvermögens (vgl. EGGER, N 3 zu Art. 3 ZGB sowie BGE 45 II 118).

Art. 3

29 In BGE 59 II 220/1 wies das Bundesgericht eine Vaterschaftsklage auf Zusprechung mit Standesfolge nach aZGB 323 ab, weil die Klägerin nicht behaupten konnte, «sie habe sich dem Beklagten im guten Glauben an die künftige Ehe hingegeben.» Denn ihr hätte «von Anfang (der Beziehung) an klar sein (müssen), dass der Beklagte sich niemals mit ihr verlobt hätte, wenn er gewusst hätte, dass alle diese Angaben (über ihre Vermögensverhältnisse) erfunden waren und die Klägerin nicht nur schon wiederholt wegen Vermögensdelikten zu Freiheitsstrafen verurteilt worden war, sondern bereits wieder wegen neuer Delikte verfolgt wurde.»

Dieser Fall ist zugleich eine schöne Illustration für das (auch zeitliche) Zusammenspielen von Art. 2 und 3 ZGB (vgl. oben N 13/14): Der Beklagte konnte – ohne Treu und Glauben (Art. 2 ZGB) zu verletzen – geltendmachen, die Klägerin nie geheiratet zu haben, wenn er von ihr nicht in treuwidriger Weise über ihr Vorleben hinters Licht geführt worden wäre. Umgekehrt konnte die Klägerin nicht gutgläubig (Art. 3 ZGB) annehmen, dass ihr Vorleben dem Beklagten völlig gleichgültig sei, und er sie in jedem Falle heiraten würde (dann hätte sie es nicht zu verheimlichen brauchen).

b) Analogie

30 Als Regel des Gutglaubensschutzes wird auch Art. 18 Abs. 2 OR bezeichnet (vgl. GAUCH/JÄGGI, N 11 zu Art. 18 OR). Zum Umfang dieses «punktuellen Gutglaubensschutzes Dritter» vgl. KRAMER, N 166 ff. zu Art. 18 OR; GAUCH/JÄGGI, N 236 ff. zu Art. 18 OR; KOLLER, N 594 ff. sowie BGE 106 II 141 mit Verweisungen.

Im Entscheid 88 II 429 hat das Bundesgericht Art. 18 Abs. 2 OR analog auf den Fall des Blankettmissbrauches angewendet und den gutgläubigen Dritten zu Lasten des Ausstellers des Blanketts geschützt.

c) Allgemeine Einschränkung

31 Einmal mehr ist an den *Ausnahmecharakter* der Bestimmung von Art. 3 ZGB zu erinnern (vgl. oben N 7 sowie JÄGGI, N 11 ff. und N 69; DESCHENAUX 221): Wo der Gesetzgeber diesen «Eingriff» (meistens zu Lasten eines eigentlich besser Berechtigten) nicht ausdrücklich vorgesehen hat, bzw. wo er sich nicht einwandfrei über die Auslegung aus dem Gesetz herleiten lässt, gibt es keinen Schutz des guten Glaubens.

Wie oben gezeigt, dürften die Fälle, in denen sich die Ausweitung des Gutglaubensschutzes rechtfertigen lässt, höchst selten sein. Die Korrektur in konkreten Einzelfällen kann und muss – wo die Voraussetzungen gegeben sind – über

Art. 3

die Missbrauchsregeln des Art. 2 ZGB erfolgen und nicht über die Ausweitung der Ausnahmeregel von Art. 3 ZGB (vgl. oben N 23 ff.). Dies jedenfalls dann, wenn eine echte Zweiparteien-Konstellation besteht, d.h. wo sich die ursprünglichen Parteien direkt gegenüberstehen und (noch) kein Rechtsverkehr mit Dritten stattgefunden hat.

d) Konkrete Schranken

Eine ganz wesentliche Einschränkung des Gutglaubensschutzes besteht darin, dass «das Gesetz den guten Glauben in die *Handlungsfähigkeit des Geschäftspartners* nicht (schützt). Vielmehr hat derjenige, der mit einem Handlungsunfähigen ein Geschäft abschliesst, auch im Falle seiner Gutgläubigkeit die gewöhnlichen Folgen des Fehlens der Handlungsunfähigkeit zu tragen» (BGE 89 II 389/90). 32

Dies gilt auch im Sachenrecht, sofern nicht der öffentliche Glauben des Grundbuches (Art. 973 ZGB) angerufen werden kann. Letzteres gilt für den gutgläubigen Dritterwerber (nicht aber den Ersterwerber) eines Pfandtitels (BGE 89 II 387) wie auch für denjenigen, der vom handlungsunfähigen Gemeinschuldner (Art. 204 SchKG) einen Pfandtitel erwirbt (BGE 115 III 111; vgl. unten N 80). Keinen Glaubensschutz gibt es auch – trotz Berufung auf das Grundbuch –, wenn

– der Eintrag ein nicht eintragungsfähiges Recht betrifft (BGE 93 II 298),
– die vermeintlich ersessene Dienstbarkeit nicht ordnungsgemäss eingetragen war (BGE 95 II 617),
– für den Erwerber eines nachrangigen Pfandrechtes, wenn der Besteller nicht (mittelbarer) Besitzer des Pfandgegenstandes ist (BGE 81 II 342/3),
– für den Erwerber eines Kaufsrechtes, welches einem früher eingetragenen Kaufrecht im Range nachgeht (BGE 90 II 401).

Keinen Gutglaubensschutz gibt es auch bezüglich gesetzlicher Eigentumsbeschränkungen, die ohne Eintrag im Grundbuch bestehen (Art. 680 I ZGB; BGE 111 Ia 182).

Nach erfolgter Abtretung kann auch der gutgläubige Zessionar vom Zedenten keine Rechte mehr erwerben (BGE 117 II 466; 56 II 363); umgekehrt geniesst der Schuldner keinen Gutglaubensschutz, der an den Zessionar bezahlt, wenn sich die Zession im nachhinein als ungültig erweist (BGE 88 II 18).

Keinen Gutglaubensschutz geniesst auch der Vermieter im Rahmen von Art. 271a OR betr. Zustellung der Kündigung an die Ehegatten (BGE 115 II 364/5).

Art. 3

3. Persönlicher Schutzbereich des guten Glaubens

33 Massgebend ist grundsätzlich immer der gute Glauben derjenigen Person, welche durch Anwendung einer Gutglaubensbestimmung trotz einer mangelhaften Rechtsstellung geschützt werden soll. Dieser allgemeine Grundsatz ist wie folgt zu konkretisieren bzw. zu präzisieren:

34 JÄGGI (N 134) ist zuzustimmen, dass «der Urteilsunfähige weder gut- noch bösgläubig sein» kann. Nicht zu folgen ist seiner nicht begründeten Behauptung, dass sich das Verhalten des Urteilsunfähigen nie ungünstiger auswirken könne als das eines Gutgläubigen. Als einziges Argument dafür könnte allenfalls die allgemeine Gutglaubensvermutung nach Art. 3 Abs. 1 ZGB angerufen werden. Dem stehen jedoch zwei schwerwiegende andere Argumente entgegen:

Nach Art. 18 ZGB kann der *Urteilsunfähige* durch sein Verhalten keine rechtlichen Wirkungen herbeiführen. Damit kommt aber auch der «Kauf» (von JÄGGI, a.a.O., selber zwischen Anführungszeichen gesetzt) nicht zustande, über welchen eine anvertraute Sache vom Nichtberechtigten in den Besitz eines Geisteskranken gelangte. Der Gutgläubige, der die Sache unter gleichen Umständen erworben hat, ist deswegen nicht zur Herausgabe verpflichtet, weil er – mit Ausnahme des durch seinen guten Glauben geheilten Mangels – die Sache durch ein gültiges Rechtsgeschäft erlangt hat; letzteres ist bei Erwerb durch den Geisteskranken aber nicht der Fall.

Hinzukommt der Ausnahmecharakter von Art. 3 ZGB: de facto läuft die Argumentation JÄGGIS auf eine gesetzlich nicht abgestützte Ausweitung des Gutglaubensschutzes hinaus. Man darf nicht vergessen, dass dieser immer zu Lasten eines besser Berechtigten geht, der hier den Vorzug verdient, zumal der Urteilsunfähige seinerseits gegenüber dem nicht berechtigten «Verkäufer» schon durch Art. 18 ZGB geschützt wird.

35 Aus dem allgemeinen Rechtsprinzip, dass niemand mehr Rechte übertragen kann, als er selber besitzt («nemo plus iuris transferre potest, quam ipse habet», Dig. 50, 17, 54) folgt, dass der *Rechtsnachfolger* «in die Stellung eintritt, welche der gute oder böse Glaube seines Vorgängers geschaffen hat» (DESCHENAUX, 224; JÄGGI, N 135 sowie BGE 94 II 309 und RJN 1987, 52).

Etwas anderes gilt nur dort, wo die – in casu zwar mangelhafte – Rechtsnachfolge als solche durch eine Gutglaubensbestimmung geschützt wird; vgl. Art. 714 Abs. 2 ZGB, Art. 18 Abs. 2 OR. Art. 941 ZGB sieht für die Ersitzung ausdrücklich vor, dass die Dauer des gutgläubigen Besitzes durch einen Vorgänger dem Rechtsnachfolger angerechnet wird, wenn auch er gutgläubig ist. War der Vorbesitzer nicht gutgläubig, beginnt für den gutgläubigen Rechtsnachfolger eine neue eigene Ersitzungsfrist.

Art. 3

Der in Art. 941 ZGB enthaltene Gedanke ist auf alle Gutglaubenstatbestände anwendbar: Der (rechtlich geschützte) gute Glauben des Vorgängers kommt auch dem ebenfalls gutgläubigen Nachfolger zugute. Ist der Vorgänger dagegen bösgläubig, kann sich der gutgläubige Rechtsnachfolger nur dann auf seinen eigenen guten Glauben berufen, wenn eben dieser Rechtsübergang als solcher durch eine Gutglaubensbestimmung geschützt wird (vgl. N 42), nicht aber in anderen Fällen.

Handelt jemand nicht selbst, sondern über einen Vertreter (unten N 37), eine Hilfsperson (unten N 38), als Mitglied einer Personenmehrheit (unten N 39) oder einer juristischen Person (unten N 40) stellt sich die Frage, wer gutgläubig sein muss, um den Schutz einer Gutglaubensbestimmung anrufen zu können, bzw. wessen böser Glaube dies verunmöglicht. 36

Als Grundgedanke ist in allen diesen Fällen vom Charakter von Art. 3 ZGB als Verkehrsschutznorm auszugehen, die – eben im Interesse des Rechtsverkehrs – u.U. fehlerbehaftete Rechtsstellungen zum Nachteil eines besser Berechtigten heilt oder abschwächt. Die Rechtsstellung der Gegenpartei einer Person, die im hier zu besprechenden Sinne nicht selbst handelt, darf dadurch nicht verschlechtert werden. Die von JÄGGI (N 139) erwähnte Verbesserung der Position der Gegenpartei steht dagegen bei Gutglaubensfragen gar nicht zur Debatte: Wird der gute Glaube geschützt, geht dies zu Lasten der an sich besser berechtigten Partei; wo nicht, wird lediglich das ihr zustehende Recht nicht beeinträchtigt, worin aber keine Besserstellung zu sehen ist.

Bei gewillkürter *Stellvertretung* muss der gute Glauben des Vertreters gegeben sein (zur gesetzlichen Vertretung vgl. oben N 26/7 sowie BGE 112 V 104). Wird dieser zerstört, kann sich der Vertretene nicht darauf berufen, weil er sich das Wissen/Kennen bzw. Wissenmüssen/Kennenmüssen seines Vertreters anrechnen lassen muss (vgl. den Entscheid des Bundesgerichtes vom 29.3.1984 i.S. S gegen M., in SJ 1985, 91–95). Zum Gutglaubensschutz bezüglich der Vertretungsbefugnis des Ehemannes nach Art. 177 Abs. 3 aZGB vgl. den Entscheid des Bundesgerichtes vom 10.2.1982 in SJ 1982, 513–522 sowie BGE 85 II 22. Ist umgekehrt der Vertreter gutgläubig, nicht aber der Vertretene, gilt dasselbe: Wegen seiner eigenen Bösgläubigkeit kann er sich nicht auf den guten Glauben seines Vertreters berufen. 37

Diese Regeln gelten auch bei bloss indirekter Stellvertretung z.B. bei Einschaltung eines Kommissionärs oder Mäklers, sofern letzterer nur für eine Partei tätig war (vgl. DESCHENAUX 225, JÄGGI N 137).

Das Wissen des bösgläubigen Vertreters ist dem Vertretenen aber immerhin dann nicht zuzurechnen, wenn der Vertreter wirtschaftlich identisch ist mit dem täuschenden Vertragspartner, was ansonsten darauf hinausliefe, der Vertretene

Art. 3

habe in einen ihm gegenüber begangenen Betrug eingewilligt (BGE 112 II 503). Genau besehen wird aber immer unterstellt, der gutgläubige Vertretene sei mit dem Handeln des bösgläubigen Vertreters – das letztlich gegen die Interessen des ersteren verstösst – einverstanden. In casu war entscheidend, dass auf Seiten des Vertreters und des Dritten – wegen einer Interessenkollision – eine engere Beziehung anzunehmen war als zwischen dem Vertretenen und dem Vertreter. Das Bundesgericht hat daher zu Recht auch die Gedanken des Durchgriffes (vgl. N 327 ff. zu Art. 2 ZGB in diesem Kommentar) und der Interessenkollision beigezogen.

38   Für *Hilfspersonen* i.S. von Art. 101 OR gelten die gleichen Regeln wie für Vertreter: Ihr Wissen/Kennen bzw. Wissenmüssen/Kennenmüssen ist dem Geschäftsherrn zuzurechnen, wodurch verhindert wird, dass die Gegenpartei allein wegen der Grösse eines Geschäftsbetriebes oder dessen arbeitsteiliger (internen) Organisation daran gehindert wird, ihr (besseres) Recht unter Berufung auf die Bösgläubigkeit zu verteidigen (vgl. JÄGGI N 140 und ZR 69 Nr. 95). Es ist Sache des Geschäftsherrn, sein Personal so zu instruieren, dass es alle Umstände erfasst, die als bekannt angenommen werden dürfen (vgl. BGE 106 Ib 106).

Nicht massgeblich ist dagegen der gute oder böse Glaube des von einer Partei als Hilfsperson beigezogenen Dritten, z.B. des Frachtführers, der eine entwendete Sache befördert oder des Notars, der die Unterschrift eines Handlungsunfähigen beglaubigt, obwohl er dessen Handlungsunfähigkeit bei gehöriger Aufmerksamkeit hätte erkennen können.

39   Bei *Personenmehrheiten*, die nicht als juristische Person (dazu N 40) organisiert sind (Personengesellschaften oder Erbengemeinschaften), genügt die Bösgläubigkeit eines einzigen Mitgliedes, um den Gutglaubensschutz für alle entfallen zu lassen. Der Grund dafür ist der gleiche wie schon bei der Stellvertretung (vgl. oben N 37): Bösgläubigkeit des Vertreters oder des Vertretenen genügt dort; bei Personenmehrheiten sind alle Beteiligten entweder in der Rolle des Vertreters (z.B. nach Art. 543 OR) oder aber des Vertretenen. Mit Rücksicht auf den Charakter von Art. 3 ZGB als Verkehrsschutznorm können davon keine Ausnahmen gemacht werden, namentlich auch dann nicht, wenn unter Vielen nur einer bösgläubig war (wie JÄGGI, N 143 a.E. annimmt).

40   Bei *juristischen Personen* ist auf den guten Glauben der handelnden Organe abzustellen, wobei der Organbegriff auf die sogenannten faktischen Organe auszudehnen, d.h. ein materieller Organbegriff anzuwenden ist (vgl. dazu BGE 112 II 505 und PETER FORSTMOSER, Die aktienrechliche Verantwortlichkeit, 2. A., Zürich 1987, N 657 ff. mit Verweisungen). Zur Vertretung einer juristischen Person durch Prokuristen vgl. BGE 119 II 23 sowie unten N 79/80.

Der böse Glaube einer Organperson genügt bei mehrgliedrigen Organen – wie bei anderen Personenmehrheiten (vgl. N 39) –, um den Gutglaubensschutz auszuschliessen (BGE 56 II 188 sowie KISS, insbes. 291 ff.).

4. Zeitpunkt und Dauer des guten Glaubens

Der gute Glaube muss entweder zu einem bestimmten *Zeitpunkt* oder über eine bestimmte *Dauer* bestehen, damit man sich trotz einer fehlerbehafteten Rechtsstellung auf ihn berufen kann. 41

Es sind grundsätzlich zwei Fallgruppen zu unterscheiden, in denen der gute Glauben die Abwehr von Angriffen auf eine an sich anfechtbare Rechtsstellung gestattet:

(a) die Fälle, wo die Rechtsstellung durch aktives (aber fehlerbehaftetes) Tun der Beteiligten erworben wurde, wobei in der Regel die Gegenpartei die Fehler zu vertreten hat (unten N. 42–44) oder

(b) die Fälle, wo durch blosses Nichtstun über längere Zeit – wie bei der Ersitzung – eine anfänglich fehlerbehaftete Rechtsposition unanfechtbar wird (unten N 45–46).

Wer im Zeitpunkt des aktiven Erwerbes einer Rechtsstellung i.S. einer der Gutglaubensbestimmungen des Gesetzes gutgläubig ist, hat das entsprechende Recht i.S. des Gesetzes rechtmässig erworben. Der gute Glauben schützt hier gerade diesen an sich fehlerbehafteten Rechts*erwerb*, weshalb es in diesen Fällen in der Tat gar keine mala fides superveniens geben kann (so auch JÄGGI, N 132; DESCHENAUX, 223 und PETER LIVER, Schweiz. Privatrecht V/1, 327 sowie BGE 105 IV 305, 72 II 251 und 90 IV 19). Der einmalige gutgläubige Erwerb heilt einen früheren fehlerbehafteten Erwerb in jedem Falle, weshalb «es dem Erwerber eines ursprünglich mit einem Mangel behafteten Rechtes nichts schadet, wenn er vom betreffenden Mangel Kenntnis hat oder bei der erforderlichen Aufmerksamkeit Kenntnis haben könnte, sofern sein Rechtsvorgänger dieses Recht gutgläubig erworben hat» (BGE 107 II 454). Vgl. auch BGE 82 II 289 wo festgehalten wurde, dass eine mala fides superveniens des i.S. von Art. 672 Abs. 2 ZGB bauenden Grundeigentümers nur in Betracht fallen könnte, wenn sie noch während der Bauarbeiten eingetreten wäre; im gleichen Sinne schon BGE 57 II 257. Wo es dagegen – wie z.B. bei Dauerleistungen – auf das Weiterbestehen der Gutgläubigkeit ankommt, wirkt diese nur, solange sie tatsächlich besteht; nach Kenntnisnahme, Kennenkönnen oder Kennenmüssen der fehlerbehafteten Rechtsstellung gibt es ex nunc et pro futuro keine Berufung auf den guten Glauben mehr (vgl. BGE 120 V 335). 42

Art. 3

43 Der Grundsatz «mala fides superveniens non nocet» kommt in mehreren Gesetzesbestimmungen zum Ausdruck. Vgl. z.B. aus dem ZGB: Art 134 (Trauung), 714 Abs. 2 (Eigentumsübertragung), 884 (Empfang der Pfandsache), 895 (Empfang des Retentionsgegenstandes), 931 (Empfang zu unselbständigem Besitz), 933 (Übertragung einer beweglichen Sache) und aus dem OR: Art. 28 (Zeit des Vertragsschlusses), 33 (Mitteilung der Vollmacht), 64 (Zeitpunkt der Entäusserung), 461 (Löschung im Handelsregister) oder 678 (Bezug von Dividenden oder Bauzinsen). Und es gilt auch beim gutgläubigen Erwerb eines Wechsels, der für eine an sich nicht klagbare Spielschuld ausgestellt wurde (vgl. S. GIOVANOLI, Berner Kommentar, N 2 zu Art. 514 OR).

Ein durch Rückgabe erloschenes Retentionsrecht nach Art. 895 ZGB lebt wieder auf, wenn die fragliche Sache wieder in den Besitz des Retentionsberechtigten gelangt, sofern dieser in diesem Zeitpunkt noch oder neuerdings gutgläubig ist (vgl. BGE 85 II 586).

44 Die im Gesetz enthaltenen Zeitangaben können allerdings nicht immer unbesehen angewendet werden, sondern es ist auf dem Wege der Auslegung festzustellen, was wirklich gemeint ist. Gemäss dem Wortlaut von Art. 65 Abs. 1 OR scheint es bei dieser Bestimmung klar zu sein, dass auf den Empfang des Bereicherungsgegenstandes abzustellen ist. Die Auslegung ergibt jedoch, dass der Zeitpunkt der Verwendung (und nicht des Empfanges) massgebend sein muss (vgl. KOLLER, N 567 mit Verweisungen).

45 Ein Andauern des guten Glaubens über eine bestimmte Zeitdauer verlangt das Gesetz für die Ersitzung von Fahrnis (5 Jahre, Art. 728 ZGB; vgl. BGE 94 II 309 mit Verweisungen sowie BGE 48 II 42) und die ordentliche Ersitzung von Grundeigentum (10 Jahre, Art. 661 ZGB; vgl. den Entscheid in Rep. 1982, 103–107, vom Bundesgericht bestätigt am 24.8.1981). Für die ausserordentliche Ersitzung ist dagegen lediglich unangefochtener Besitz während 30 Jahren erforderlich (Art. 662 ZGB), ohne dass der Ersitzende gutgläubig sein müsste (weder bei der Inbesitznahme noch während der Ersitzungsfrist; vgl. BGE 97 II 34).

Nach einer derart langen unangefochtenen Besitzdauer überwiegt das Interesse an der Rechtssicherheit jedes Bedenken, dass dadurch ein besser Berechtigter sein Recht verliert (zum Verhältnis der ordentlichen Ersitzung nach Art. 661 ZGB zur ausserordentlichen nach Art. 662 ZGB vgl. BGE 82 II 388). Der gleiche Gedanke hat auch Art. 600 Abs. 2 ZGB (Verjährung der Erbschaftsklage gegen den bösgläubigen Beklagten) Pate gestanden. Vgl. dazu auch JÄGGI, N 62; das dort weiter angeführte Beispiel der Verjährung einer Forderungsklage gegen den säumigen Schuldner, der weiss, dass er hätte erfüllen sollen, gehört deswegen nicht in den Bereich von Art. 3 ZGB, weil dieser Fall durch ein anderes Instrument des Rechtsverkehrsschutzes – eben die Verjährungsbestimmungen – geregelt ist (vgl. dazu auch Karl Spiro: Die Begrenzung privater Rechte durch Verjährungs-, Verwirkungs- und Fatalfristen, Bern 1975, § 492).

Wer gutgläubig eine gestohlene Sache erwirbt, ohne dass einer der in Art. 934 Abs. 2 aufgeführten Fälle vorliegt, wird in dem Moment, wo er vom Rückforderungsanspruch des Bestohlenen (gemäss Abs. 1 von Art. 934 ZGB) erfährt, bösgläubig. Das wirkt sich auf seine Ersatzansprüche nach Art. 939 ZGB aus, die nur für die Zeit bestehen, wo er gutgläubig war; danach gilt er als bösgläubiger Besitzer i.S. von Art. 940 ZGB (vgl. den Entscheid des Bundesgerichtes vom 26. März 1981 in SJ 1981, 449–458 sowie BGE 84 II 253). 46

Zusammenfassend lässt sich sagen, dass in jedem Gutglaubensfall der massgebliche Zeitpunkt/die massgebliche Dauer zu ermitteln ist – wo das Gesetz nicht eindeutig ist, durch Auslegung (vgl. oben N 44). 47

Ist der gute Glauben der Person, bei der es darauf ankommt (vgl. oben N 33 ff.) in diesem Zeitpunkt/während dieser Dauer gegeben, spielt erst nachher eintretendes Kennen/Wissen bzw. Kennenmüssen/Wissenmüssen keine Rolle mehr.

5. Das Mass der gebotenen Aufmerksamkeit

a) Grundlagen

Wie erwähnt (N 15 e; N 18/19) verwendet das Gesetz für die Umschreibung des guten Glaubens verschiedene Formulierungen. Daraus den Schluss zu ziehen, die Reichweite des Gutglaubensschutzes sei bei jeder einzelnen Bestimmung neu zu erschliessen, wäre genauso falsch wie alle Gutglaubenstatbestände über einen Leisten zu schlagen. Doch lassen sich immerhin zwei bzw. drei Fallgruppen bilden: 48

(a) «gewöhnliche» Gutglaubenstatbestände (unten N 56 ff.)

(b) «qualifizierte» Gutglaubenstatbestände, die in zwei Untergruppen aufgeteilt werden können:
   – Qualifikation durch besondere (reduzierte) Aufmerksamkeitserfordernisse (unten N 61 ff.)
   – Qualifikation durch die Wirkung öffentlicher Register und amtlicher Publikationen (unten N 68 ff.).

Massgeblich ist immer die Aufmerksamkeit der durch den Gutglaubensschutz begünstigten Person (vgl. oben N 33–40). 49

Art. 3

Das Verhalten der durch den Schutz des guten Glaubens benachteiligten Gegenpartei ist lediglich unter dem Aspekt zu prüfen, ob und wie weit es dazu beigetragen hat, dass der andere den tatsächlich vorhandenen Fehler einer Rechtsstellung nicht erkannte bzw. erkennen konnte oder musste (vgl. dazu BGE 103 II 327).

50 Soweit die qualifizierenden Tatbestände (unten N 61 ff. und N 68 ff.) keine abweichenden Bestimmungen enthalten, ist das Mass der gebotenen Aufmerksamkeit in persönlicher, sachlicher und zeitlicher Hinsicht (zu diesen drei Dimensionen des Gutglaubensschutzes vgl. VB 2/3, N 31 sowie BGE 119 II 27, 116 II 459) je separat zu überprüfen.

In persönlicher Hinsicht ist objektivierend auf die Aufmerksamkeit des Durchschnittsmenschen mit vergleichbarer Bildung und Funktion abzustellen (vgl. VB 2/3, N 28 sowie oben N 33 ff. und unten N 86), was immer auch den Einbezug der spezifischen Branchenkenntnisse beinhaltet (BGE 122 III 4 und 106 Ib 106).

In sachlicher Hinsicht ist dagegen auf die konkreten Umstände des Falles abzustellen (vgl. VB 2/3, N 29).

In zeitlicher Hinsicht schliesslich sind sowohl konkrete Umstände (feststellbare Dauer, Anzahl von Wiederholungen) wie auch objektivierend-persönliche Folgerungen daraus (wann hat man – als Durchschnittsmensch – normalerweise lange genug gewartet?, wo und wie oft muss nachgefragt werden? etc.) zu berücksichtigen (vgl. VB 2/3, N 30).

51 Durch die Eigentumsvermutung von Art. 930 Abs. 1 ZGB wird die Gutglaubensvermutung des Art. 3 Abs. 1 ZGB zusätzlich gestützt. Sie entbindet jedoch nicht von der nach den Umständen (vgl. oben N 50) gebotenen Aufmerksamkeit und entfällt bei verdächtigem oder zweideutigem Besitz (vgl. BGE 81 II 205; 84 II 261; 84 III 156). Erhöhte Aufmerksamkeit ist daher immer geboten im Handel mit Waren zweifelhafter Herkunft, also insbesondere im Handel mit Gebrauchtwaren (Auto-Occasionen, Antiquitäten etc.), und zwar nicht nur im kaufmännischen Verkehr (BGE 122 III 4).

Die Vermutung des Art. 930 ZGB gilt auch für den fiduziarisch Berechtigten (vgl. BGE 109 II 239); zum Verhältnis zur Vermutung des Miteigentums von Ehegatten gemäss Art. 248 Abs. 2 ZGB vgl. BGE 117 II 124 und 116 III 32.

52 Aus der Abklärung der Umstände (vgl. N 50) ergibt sich zugleich auch eine Einschränkung des richterlichen Ermessensspielraumes bei der Anwendung von Gutglaubenstatbeständen, der in der Praxis – oft in unzutreffender Weise – als Raum für Billigkeitsentscheidungen schlechthin verstanden wird.

Bei Ermessensentscheidungen nach Art. 4 ZGB ist «die rechtliche Beurteilung eines Sachverhaltes begrifflich zu trennen von der Feststellung des rechtlich

Art. 3

zu beurteilenden Sachverhaltes. Das heisst insbesondere, dass Entscheidung nach Billigkeit und Sachverhaltsfeststellung nach freiem Ermessen (sogenannte freie Beweiswürdigung) auseinanderzuhalten sind» (MEIER-HAYOZ, Berner Kommentar zu Art. 4 ZGB, N 28). Art. 3 ZGB verweist den Richter auf die Würdigung der Umstände (vgl. MEIER-HAYOZ, a.a.O., N 64), d.h. es sind im Bereich des Gutglaubensschutzes keine Billigkeitsentscheidungen zu fällen, sondern es ist lediglich eine freie Beweiswürdigung vorzunehmen, und zwar hinsichtlich jeder der drei massgeblichen Dimensionen (Person, Situation, Zeit; vgl. oben N 50).

b) Kasuistik

Allgemeines zur Aufmerksamkeit 53

(1) Allgemeine Pflicht bei Kreditgeschäften oder anderen Verpflichtungen von Bedeutung einen Ausweis über die Ermächtigung zu verlangen (BGE 99 II 42).

(2) Aufmerksamkeit des Erwerbers eines Pfandtitels, der den Handwerkern und Lieferanten i.S. von Art. 841 ZGB zum Nachteil gereicht: BGE 109 II 13 (vgl. dazu die Anmerkungen von P. LIVER in ZBJV 1985, 128/9).

(3) Bloss einmaliges Handeln vermag im Regelfall den Rechtsschein nicht zu begründen, und das gutgläubige Vertrauen des Dritten in eine Vertretungsmacht wird nicht weiter geschützt, als es die branchenübliche Geschäftsabwicklung erheischt; ohne weitere vertrauensbildende Umstände lässt sich in solchen Fällen kein Gutglaubensschutz begründen (BGE 120 II 197).

Ungenügende Aufmerksamkeit; guter Glaube verneint 54

(4) Aufmerksamkeit gegenüber Bevollmächtigten: Anforderungen an die Aufmerksamkeit eines Finanzdirektors einer Holding-Gesellschaft, der ein Geschäft tätigt (Weinhandel), bei welchem die Gegenpartei eine vorhandene Vollmacht nicht nur überschreitet, sondern in erkennbarer Weise missbraucht: BGE 119 II 23 (vgl. dazu BGE 121 III 176 sowie unten N 82).

(5) Dem Dritten (in casu: einer Bank) ist die im Verkehr gebotene Sorgfalt zuzumuten, sich über den genauen Umfang einer vom Vertreter behaupteten Vollmacht zu erkundigen; unterlässt er dies, gilt Art. 32 Abs. 2 OR, ohne dass sich der Dritte auf seinen guten Glauben berufen kann (BGE 112 II 453 E 2, in der amtlichen Sammlung zu stark gekürzt; ausführlich in Praxis 76, 507).

(6) Eine Bank verletzt ihre Sorgfaltspflichten, wenn sie auf die Vorlage einer Vollmacht überhaupt verzichtet und dem angeblichen Stellvertreter bloss

Art. 3

aufgrund bestehender Geschäftsbeziehungen und verwandtschaftlicher Bindungen zum Vertretenen Vertrauen schenkt (BGE 116 II 693).

(7) Anforderungen an die Aufmerksamkeit beim Türverkauf von Teppichen mit 50% Rabatt: SJ 1983, 362–366.

(8) Aufmerksamkeit des Bankbeamten, dem ein gestohlenes Inhaber-Sparheft vorgelegt wird, wobei der Bezug über der den Kunden bekanntgegebenen, aber innerhalb der bankinternen Limite liegt: BGE 116 II 459.

(9) Aufmerksamkeit beim Handel mit Gebrauchtwaren: mit Occasionswagen: BGE 113 II 397, 107 II 41 und 79 II 59 (vgl. Fall 22); mit Antiquitäten: BGE 122 III 1.

(10) Pflicht einer Bank, Oppositionslisten zu konsultieren, wenn ihr Titel zum Pfand angeboten werden (GVP St. Gallen 1984 Nr. 82, 66 ff. sowie passim auch BGE 83 II 126). An dieser Stelle ist auf mögliche Konflikte hinzuweisen, die zwischen legitimen Informationsinteressen der Wirtschaft (u.U. einer Informations*pflicht*) und den Bestimmungen des Datenschutzgesetzes (SR 235.1) ergeben können, insbesondere bei der Weitergabe von «schwarzen Listen» betr. schlechten Schuldnern.

(11) Einem Dritten, der wusste, dass sein Vertragspartner den Vertragsgegenstand (in casu: Filmrechte) für eine Konkursmasse verwaltete, wurde zugemutet, sich beim Konkursamt über die vertraglichen Beziehungen zu erkundigen (BGE 109 II 207).

(12) Eine Bank, die unbesehen Pflichtlager-Bestände eines Importeurs zu Pfand nimmt, ohne irgendwelche Abklärungen vorzunehmen, kann sich nicht auf den guten Glauben berufen (BGE 106 Ib 106).

55 Ausreichende Aufmerksamkeit; guter Glaube bejaht

(13) Besteht kein Anlass zum Verdacht auf Überschreitung oder Missbrauch einer Vollmacht, ist der gute Glaube des auf die (fehlende) Vollmacht Vertrauenden zu schützen (BGE 77 II 138).

(14) Aufmerksamkeitspflicht ist nicht verletzt, wenn ein Bauunternehmer von einem Hotel-Geranten, den er «arglos, freilich ohne sich sorgfältig danach zu erkundigen, für den Eigentümer hielt», den Auftrag für einen für die Hotelliegenschaft nützlichen Ausbau entgegennimmt (BGE 95 II 227).

(15) Bei Vertretung der Gegenpartei durch einen Prokuristen darf davon ausgegangen werden, dass sich dessen Vollmacht auf alle Geschäfte erstrecke, die

durch den Geschäftszweck nicht geradezu als ausgeschlossen erscheinen (BGE 84 II 168).

(16) Aufmerksamkeit bei Vertragsabschluss mit einem Trödler bzw. mit einem Kommissionär, der zur Weiterveräusserung befugt ist, diese Befugnis aber missbraucht: BGE 69 II 114 sowie SJ 1983, 362–366.

(17) Aufmerksamkeit einer Bank beim Kauf von alten Goldmünzen: BGE 100 II 8.

(18) Entgegennahme von Inhaberpapieren zu Pfand durch einen Bankier: BGE 83 II 126; durch einen privaten Geldgeber (prêteur occasionnel): BGE 70 II 106 und RJN 1980, 218.

(19) Aufmerksamkeit des Faustpfandnehmers: BGE 72 II 251 (Bank und privater Geldgeber).

(20) Aufmerksamkeit bezüglich Rechten und Pflichten bei Dienstbarkeitseintragungen nach Art. 738 Abs. 1 ZGB: BGE 83 II 122 (vgl. dazu unten N 67).

(21) Der Erwerber eines Grundstückes muss keine «eingehenden Nachforschungen» anstellen, um einem fehlerhaften Grundbuch-Eintrag auf die Spur zu kommen (BGE 109 II 102).

(22) Ein Händler, der von einem anderen schon verschiedentlich ohne Probleme Autos gekauft hat zu Preisen im Rahmen des unter Occasionshändlern gebräuchlichen Eurotax-Tarifes, muss keinen Verdacht schöpfen, wenn kein Fahrzeugausweis im Original vorgelegt und das Auto ohne Nummernschilder übergeben wird (BGE 121 III 345, vgl. auch Fall 9).

II. Klassifizierung der Gutglaubenstatbestände

1. Aufmerksamkeit bei «gewöhnlichen» Gutglaubenstatbeständen

In dieser Fallgruppe können alle Tatbestände zusammengefasst werden, die im Gesetz durch Formulierungen wie 56
- gutgläubig, im guten Glauben (N 19 A)
- Kennen/Wissen bzw. Kennenmüssen/Wissenmüssen (N 19 B) oder
- bösgläubig bzw. nicht gutgläubig (N 19 C)
  aufgeführt werden.

Art. 3

Gegenstand der Aufmerksamkeit (vgl. N 48 ff.) ist der Fehler in der Rechtsstellung, der zum Vorteil des Gutgläubigen nicht berücksichtigt wird (vgl. BGE 85 II 590), bzw. dessen Folgen für ihn abgeschwächt oder gar gänzlich beseitigt werden (vgl. unten N 93 ff.). Umgekehrt wird durch den Nachweis des Fehlens der gebotenen Aufmerksamkeit der gute Glauben zerstört.

57 Diese Aufmerksamkeit wird in all denjenigen Bestimmungen explizit angesprochen, in denen vom Wissenmüssen bzw. Kennenmüssen die Rede ist (vgl. N 19). Dagegen sind die Fälle, wo von positivem Wissen und Kennen ausgegangen wird, von vorneherein nicht mehr relevant unter dem Gesichtspunkt des Gutglaubensschutzes: wer weiss, dass eine Rechtsstellung fehlerbehaftet ist, wird nicht geschützt, wenn er sich trotzdem auf eine solch fehlerbehaftete Rechtsbeziehung einlässt (vgl. BGE 103 II 186).

Unter Umständen muss er sich sogar vorhalten lassen, sich damit geradezu rechtsmissbräuchlich zu verhalten, wenn er den Schutz des guten Glaubens nach Art. 3 Abs. 1 ZGB dennoch beanspruchen will. Umgekehrt kann derjenige, der sich vergeblich auf den guten Glauben berufen hat, der Gegenpartei nicht einfach missbräuchliches Verhalten vorwerfen: dass er in seinem guten Glauben nicht geschützt wurde, hat er der eigenen ungenügenden Aufmerksamkeit zuzuschreiben; um der Gegenpartei Rechtsmissbrauch vorwerfen zu können, müsste diese ihrerseits treuwidrig gehandelt haben (vgl. dazu SJZ 1994 290 ff., insbes. Ziff. 3 auf S. 292), was – unter den zu Art. 2 ZGB entwickelten Kriterien – separat zu prüfen wäre.

58 Nicht nur eine rein terminologische Frage ist, ob man bei der Ausserachtlassung der gebotenen Aufmerksamkeit in Anlehnung an das Haftpflichtrecht von Verschulden sprechen soll, gleichwohl aber annehmen kann, dass kein Verschulden i.S. des Haftpflichtrechtes bestehe (so Jäggi, N 126; Deschenaux, 227; Koller, N 140/141); letzteres, weil es keine Rechtspflicht gebe, aufmerksam zu sein. Piotet (1968, 100) hält dagegen, dass «le comportement de la personne dans l'erreur est en général objectivement illicite» und dass «l'attention requise l'étant aussi dans l'intérêt d'autrui et son absence constituant une faute au sens étroit.»

Wegen der besonderen Situation bei Gutglaubenstatbeständen – der besser Berechtigte verliert unter Umständen sein Recht an einen andern, der in gutem Glauben von einer nicht (oder anders) bestehenden Rechtslage ausgegangen ist – sollte man hier den Ausdruck Verschulden vermeiden, und zwar auch aus folgenden Gründen: Mit Verschulden bezeichnet man im Haftpflichtrecht ein fehlerhaftes Verhalten, das zu einem Schaden führt (meistens, aber nicht nur, bei einem anderen). Dagegen führt die Ausserachtlassung der gebotenen Aufmerksamkeit i.S. des Gutglaubensrechtes nur dazu, dass die eigentliche, «richtigere» Rechtslage wieder an Stelle des falschen Rechtsscheines tritt. Der «Schaden» – sofern ein solcher überhaupt eintritt – trifft denjenigen, der selber nicht aufmerksam genug war (d.h. man müsste eigentlich von Selbstverschulden sprechen). Wohl besteht keine allgemeine Rechtspflicht zur Aufmerksamkeit (vgl. dazu JÄGGI, N 109, 115; DESCHENAUX, 227), aber ebensowenig besteht ein allgemeiner Anspruch, im Glauben an eine tatsächlich nicht (oder anders) bestehende Rechtslage geschützt zu werden.

Letzteres ist nur in den gesetzlich geregelten Ausnahmefällen der Fall und nur, wenn derjenige, der sich auf seinen guten Glauben beruft, sich nicht mangelnde bzw. ungenügende Aufmerksamkeit vorwerfen lassen muss. Von daher ist es vorzuziehen, von der *Vorwerfbarkeit des fehlerhaften Verhalten* eines (vermeintlich) Gutgläubigen zu sprechen (vgl. dazu auch KOLLER, N 142 in Anlehnung an BGE 81 II 278).

In den gewöhnlichen Gutglaubenstatbeständen schliesst jeder Grad von *Fahrlässigkeit* bezüglich der gebotenen Aufmerksamkeit den Schutz des guten Glaubens aus (so auch KOLLER, N 149; DESCHENAUX 231; PIOTET, 1968, 101); «une négligence même légère peut déjà faire admettre la mauvaise foi» (BGE 119 II 27 sowie 116 II 692 vgl. auch die Formulierung in RJN 1987, 51: «L'existence de doutes ou même l'obligation d'avoir des doutes suffit ainsi pour retenir que l'acquéreur n'est pas de bonne foi»). 59

An diesem Grundsatz ist allein schon deswegen festzuhalten, weil das Gesetz selber eine durchaus zweckmässige Abstufung der Vorwerfbarkeit (vgl. oben N 58) bei Gutglaubenstatbeständen vornimmt (vgl. dazu unten N 61 ff. sowie die Übersicht in N 89).

Abzulehnen ist daher die Ansicht JÄGGIS (N 127 a.E.), derzufolge «nur ein deutliches, aber nicht notwendigerweise ein grobfahrlässiges Abweichen vom Durchschnittsmass in der Regel den Ausschluss vom Gutglaubensschutz rechtfertigt.» Es gibt mehrere Argumente, die gegen diese Auffassung sprechen; zuerst ein grundsätzliches: Wer am Rechtsverkehr teilnimmt, hat sich mit der – je nach Person, Situation und Zeit (vgl. oben N 50 ff.) – gebotenen Sorgfalt zu betätigen. Ob diese Sorgfalt aufgewendet wurde, unterliegt der richterlichen Überprüfung mit einem beachtlichen Ermessensspielraum (vgl. aber oben N 52). Ergibt diese Überprüfung, dass die den Umständen entsprechende Aufmerksamkeit nicht beachtet wurde, kann nicht derjenige, der dies zu vertreten hat, gegenüber einem an sich besser Berechtigten geschützt werden, denn Gutglaubensregeln sind Ausnahmebestimmungen, die nur unter bestimmten Bedingungen ein Abweichen vom «richtigeren» Recht gestatten. 60

Das zweite Argument ergibt sich aus praktischen Problemen, die aus der von JÄGGI vorgeschlagenen Lösung folgen: Er gibt keinerlei Anhaltspunkte dafür, wo das «deutliche Abweichen vom Durchschnittsmass» auf der Skala zwischen leichter Nachlässigkeit und Grobfahrlässigkeit anzusiedeln wäre; die Formulierung, dass dies «in der Regel» so gehandhabt werden soll, öffnete den Weg zu einer reinen Billigkeitsjustiz, zumal keinerlei Angaben über den Inhalt der behaupteten Regel gegeben werden.

Die praktischen Probleme des «deutlichen» Abweichens illustriert der in ZR 69 Nr. 95 publizierte Fall: Fraglich war nicht, ob die Ehefrau «deutlich» von der üblichen und gebotenen Aufmerksamkeit abgewichen sei, sondern welcher Massstab im Geschäftsbetrieb des Beklagten als üblich und geboten anzunehmen war. Gleiches gilt auch bezüglich BGE 103 II 326, wo das Bundesgericht den guten Glauben eines Bauenden schützte, der «mindestens ohne grobe Fahrlässigkeit» angenommen hatte, der Nachbar sei mit dem Überbau einverstanden. Eine genauere Betrachtung zeigt, dass die zeitlichen und sachlichen Umstände des Falles («Beibehaltung eines jahrhundertealten Zustandes») wie das persönliche Verhalten der Beklagten, das als Einverständnis gewertet werden durfte (Auslegung von konkludentem Verhalten) keinerlei Anlass gaben, nähere Abklärungen zu unternehmen; damit hätte die Frage, ob leichte oder grobe Fahrlässigkeit angenommen werden müsste, gar nicht gestellt werden müssen.

2. Qualifizierte Gutglaubenstatbestände / reduzierte Aufmerksamkeit beim «öffentlichen Erwerb» und im Wertpapierrecht

a) Gutglaubensschutz und Erwerb in öffentlicher Versteigerung, auf dem Markt oder von einem Kaufmann

61   Wer eine Sache gutgläubig, «öffentlich» in einer Versteigerung, auf dem Markt oder von einem Kaufmann erwirbt, der mit Waren der gleichen Art handelt (Art. 934 Abs. 2 ZGB), kann bei einer allfälligen Entwehrung ein Lösungsrecht geltend machen (vgl. dazu unten N 104 a.E. sowie STARK, Berner Kommentar, N 35–47 zu Art. 934 ZGB).

Im Ergebnis bedeutet dies aber auch, dass der Erwerber bezüglich der Berechtigung des Veräusserers in diesen drei Fällen keine besondere Aufmerksamkeit aufzuwenden hat; die Berechtigung wird vom Gesetz geradezu vorausgesetzt, darf vom Erwerber also ohne weiteres angenommen werden.

62   Diese Privilegierung des «öffentlichen» Erwerbes berücksichtigt «das Verkehrsinteresse in höherem Masse, als wenn diese Voraussetzungen fehlen» (STARK, zit. in N 61, N 47).

Ob beim Erwerb vom Kaufmann heute noch ohne weiteres von besonders vertrauenswürdigen Umständen gesprochen werden kann, darf sicher in Frage gestellt werden, zumal die Kaufleute in der Regel heute keine besonderen Voraussetzungen erfüllen müssen, die ein erhöhtes Vertrauen rechtfertigen würden (vgl. dazu G. FROTZ, zit. in N 105 aus der Sicht des österreichischen Rechts, insbes. S. 150).

Als Gegengewicht dazu ist umgekehrt eine erhöhte Aufmerksamkeitspflicht der Kaufleute nur recht und billig (vgl. dazu unten N 86).

b) Gutglaubensschutz im Wertpapierrecht

In den Bestimmungen des Wertpapierrechtes (Art. 966, 979, 1007, 1009, 1030, 1146 OR) finden sich Gutglaubenstatbestände, bei denen die Umschreibung der gebotenen Aufmerksamkeit von jener bei den gewöhnlichen Gutglaubenstatbeständen i.S. von Art. 3 Abs. 2 ZGB (vgl. oben N 56 ff.) abweicht (vgl. oben N 19). Und zwar in dem Sinne, dass nur eine reduzierte Aufmerksamkeit verlangt wird: Gemäss Art. 966 Abs. 2 und 1030 Abs. 3 wird der Schuldner durch Zahlung an den durch die Urkunde (bzw. den Wechsel) ausgewiesenen Gläubiger befreit, wenn ihm nicht Arglist oder grobe Fahrlässigkeit zur Last fällt; gemäss Art. 979 Abs. 2, 1007, 1009 Abs. 2 und 1146 Abs. 2 OR sind Einreden des Schuldners im Verkehr mit Inhaberpapieren, Wechseln, Checks und wechselähnlichen Papieren nur zulässig, wenn der Inhaber beim Erwerb des Papieres bewusst zum Nachteil des Schuldners («agir sciemment au détriment du débiteur», bzw. «agire scientemente a danno del debitore») gehandelt hat. «Diese Formulierung ersetzte diejenige von Art. 959 des Entwurfes, welche den der Vorschrift zu Grunde liegenden Gedanken noch deutlicher zum Ausdruck brachte durch die Aufstellung der Bedingung, dass ‹dem Übergang der Urkunde ein arglistiges Einverständnis zu Grunde liegen› müsse» (BGE 70 II 156). 63

Leichte Fahrlässigkeit genügt in diesen Fällen also nicht, die den guten Glauben zerstörende Vorwerfbarkeit (dazu oben N 58) zu begründen (vgl. BGE 99 Ia 7 und 99 II 329). Hier wird der Schutz des Rechtsverkehrs gegenüber der Verwirklichung des «richtigen» Rechtes eindeutig stärker gewichtet als bei den gewöhnlichen Gutglaubenstatbeständen. Etwas anderes liesse sich mit der Umlauffunktion der Wertpapiere auch nicht vereinbaren. 64

Art. 1030 Abs. 3, letzter Halbsatz geht sogar noch einen Schritt weiter, indem der Schuldner bezüglich der Unterschriften der Indossanten sogar von jeglicher Prüfungspflicht entbunden wird.

Dass beim Gutglaubensschutz im Sinne der check- und wechselrechtlichen Bestimmungen andere Massstäbe anzulegen sind als bei Art. 3 ZGB ergibt sich 65

Art. 3

schon aus deren anderer Herkunft: Diese Bestimmungen basieren auf internationalen Übereinkommen über den Wertpapier-Verkehr, die im Ursprung älter sind als Art. 3 ZGB (vgl. das Genfer-Abkommen über das Einheitliche Wechselgesetz, SR 0.221.554.1 sowie weitere internationale Wechselrechtsvereinbarungen in SR 0.221.554.2, 0.221.554.3 und 0.221.554.5; für das Checkrecht vgl. das Genfer-Abkommen über das Einheitliche Checkgesetz, SR 0.221. 555.1 und weitere internationale Checkrechtsvereinbarungen in SR 0.221.555.2, 0.221.555.3 und 0.221.555. 4). PIOTET (1968, 87): «... cette notion cambiaire (de la mauvaise foi) est différente de celle du code civil et nous a été imposée par des conventions internationales.»

Zu den Schwierigkeiten der Umschreibung der Bösgläubigkeit i.S. dieser internationalen Abkommen vgl. insbesondere CARRY (29): «Que signifie l'expression ‹agir sciemment au détriment du débiteur›? En 1938 déjà, nous constatons que ce texte obscur laissait la porte ouverte aux intérprétations doctrinales et jurisprudentielles les plus variées.»

66 Aufgrund der anderen Herkunft der check- und wechselrechtlichen Bestimmungen zum Gutglaubensschutz und der Umlauf-Funktion der Wertpapiere ergibt sich, dass auch in den Fällen von Art. 1000, 1006 sowie 1112 OR – anders als bei den gewöhnlichen Gutglaubenstatbeständen – nicht schon beim Vorliegen von leichter Fahrlässigkeit, sondern erst bei grober Fahrlässigkeit oder Absicht (i.S. eines dolosen Verhaltens) Bösgläubigkeit anzunehmen ist.

Bösgläubigkeit i.S. dieser Bestimmungen meint also nicht den Komplementärbegriff zur «gewöhnlichen» Gutgläubigkeit nach Art. 3 ZGB (vgl. oben N 59), sondern ein qualifiziertes – grobfahrlässiges oder doloses – Verhalten (vgl. oben N 64).

Das schliesst nicht aus, dass der Massstab dafür, wann schon grobe Fahrlässigkeit anzunehmen ist, je nach den konkreten Umständen ein anderer ist: Für eine Bank, die – aus öffentlich-rechtlicher Verpflichtung (Bankengesetz) – die Identität eines Kunden zu überprüfen und die sich nötigenfalls über allfällige Vertretungsverhältnisse zu erkundigen hat, gilt dementsprechend ein strengerer Massstab, wenn Verdachtsmomente gegeben sind, die jedem sorgfältigen Bankier hätten auffallen müssen (BGE 121 III 69; vgl. dazu M. FELBER in SZW 1995, 148 und P. MÜNCH in ZBJV 1995, 340/1). Das Bundesgericht greift hier also auf eine öffentlich-rechtliche Pflicht zurück, um das Mass der gebotenen Vorsicht in der persönlich-sozialen Dimension des Gutglaubensschutzes (vgl. VB 2/3, N 31) zu bestimmen.

67 Soweit im Wertpapierrecht von geradezu dolosem Verhalten (bewussten Handeln zum Nachteil des Schuldners) die Rede ist, dürfte im direkten Verhältnis zwischen dem sich dolos Verhaltenden und dem dadurch Benachteiligten oft auch

Art. 3

die Einrede des Rechtsmissbrauches i.S. von Art. 2 ZGB gegeben sein (vgl. dazu oben N 24 und 25). Zur Zulässigkeit von Einreden aus dem Grundverhältnis vgl. BGE 96 II 378 und 58 II 157.

3. Qualifizierte Gutglaubenstatbestände / öffentliche Register und amtliche Publikationen

a) Allgemeines

Gemäss Art. 970 Abs. 3 ZGB bzw. Art. 933 Abs. I OR ist die Einwendung ausgeschlossen, dass jemand eine Grundbucheintragung bzw. eine Dritten gegenüber wirksam gewordene Eintragung ins Handelsregister nicht gekannt habe. Die gleiche Wirkung hat die Praxis (BGE 58 II 321; vgl. auch JÄGGI N 145, DESCHENAUX, 232) dem Ehegüterrechtsregister nach Art. 249 aZGB zugesprochen. Mit Inkrafttreten des neuen Eherechtes vom 5. Oktober 1984 ist dieses Register auf den 31. Dezember 1987 geschlossen worden (SchlT ZGB 10e sowie Kreisschreiben des Eidg. Justizdepartementes vom 24.2.1986, Art. 1). Das Recht, in die bis zur Schliessung dieses Registers erfolgten Eintragungen Einsicht zu nehmen, bleibt jedoch weiterhin gewahrt (SchlT ZGB 10e Abs. 2 sowie Art. 3 des erwähnten Kreisschreibens). 68

Nach Art. 375 ZGB gilt die Bevormundung einer Person nach deren Veröffentlichung als bekannt, und nach Art. 375 Abs. 3 ZGB (e contrario) kann auch der Gutgläubige nicht mehr Unkenntnis einwenden (BGE 87 III 31/2 und 57 II 391 sowie unten N 87).

Diese Register dienen u.a. der Klarstellung der Verhältnisse im Rechtsverkehr (Publizitätsprinzip). Jedermann ist berechtigt, in diese Register Einsicht zu nehmen: bezüglich des *Grundbuches* vgl. Art. 970 Abs. 1 ZGB (zu den Einschränkungen dieses Rechtes gemäss Abs. 2 von Art. 970 ZGB vgl. BGE 117 II 151 und 112 II 425 je mit Verweisungen sowie DANIELA BÄNZIGER-COMPAGNONI: Die Öffentlichkeit des Grundbuches, Diss. Zürich 1993); bezüglich des *Handelsregisters* vgl. Art. 930 und HRV 9, wo ausdrücklich auch die Belege als öffentlich bezeichnet werden; zum *Güterrechtsregister* nach Art. 249 aZGB vgl. Art. 3 des in N 68 hievor zitierten Kreisschreibens vom 24.2.1986 mit den Beschränkungen bezüglich der Einsichtnahme in die Belege. 69

Aber niemand ist verpflichtet, diese Register vor Eingehung einer rechtlichen Bindung zu konsultieren. Die Wirkung besteht einzig darin, dass ihm die Nichteinsichtnahme dann vorgeworfen wird, wenn er sich auf einen (falschen) Rechtsschein beruft, dem er – bei Einsichtnahme – nicht erlegen wäre.

Art. 3

70   Mit anderen Worten: Die Bestimmungen, welche den Ausschluss von Einwendungen wegen unterlassener Kenntnisnahme von öffentlichen Registereintragungen und amtlichen Publikationen vorsehen, verfolgen nebst dem Hauptziel der Klarstellung der Rechtsverhältnisse – zumindest indirekt – auch ein erzieherisches Ziel: Das Mass der gebotenen Aufmerksamkeit wird diesbezüglich durch ein klar vorgeschriebenes Verhalten definiert, nämlich eben die Einsichtnahme.

71   Unterlassung der Einsichtnahme zerstört den guten Glauben grundsätzlich immer: Die Ausnahmebestimmung des Art. 3 ZGB kann die speziellen Bestimmungen über das Grundbuch, das Handels- und das Güterrechtsregister nicht ausser Kraft setzen. Wer ein Geschäft tätigt, welches sich in irgendeiner Weise im Grundbuch oder Handelsregister niederschlägt, hat grundsätzlich immer einen Anlass, diese Register zu konsultieren und sei es nur den, sich nicht die fehlende Einsichtnahme vorwerfen lassen zu müssen.

Eine andere Frage ist die nach dem Wirkungsbereich eines Registereintrages, der je nach Register und Eintrag unterschiedlich sein kann. JÄGGI (N 145) führt zwar eine Reihe von Fällen auf, in welchen der Gutglaubensschutz trotz unterlassener Einsicht in das Grundbuch oder ins Handelsregister gewährt wurde. Bei genauerer Betrachtung ging es aber in all diesen Fällen nicht um eine Ausweitung des Gutglaubensschutzes, sondern um eine Einschränkung der Einsichtspflicht aus anderen genau bestimmten rechtlichen Gründen (vgl. unten N 74–76 und 80).

b)   Gutglaubensschutz und Grundbuch

72   Das Grundbuch besitzt grundsätzlich negative und positive Rechtskraft. Nach Art. 971 ZGB besteht ein dingliches Recht – soweit für dessen Begründung ein Eintrag in das Grundbuch vorgesehen ist – nur, wenn es aus dem Grundbuch ersichtlich ist (negative Rechtskraft) bzw. es entsteht erst mit der Eintragung in das Hauptbuch (positive Rechtskraft, Art. 972 ZGB).

Ausnahmen bezüglich der negativen Rechtskraft gibt es in Fällen der Aneignung des Erbganges, der Enteignung, Güterzusammenlegung, Zwangsvollstreckung und des richterlichen Urteils (Art. 656 Abs. 2 ZGB), wobei auch hier für die Weiterverfügung ein Eintrag erforderlich ist. Nicht erforderlich ist der Eintrag für gesetzlich begründete Eigentumsbeschränkungen i.S. von Art. 680 Abs. 1 ZGB (vgl. BGE 111 Ia 182) und Wegrechte (Art. 696 ZGB).

Ausnahmen bezüglich der positiven Rechtskraft des Grundbuches ergeben sich aus Art. 973, 974 und 975. In diesen Bestimmungen wird ein Ausgleich gesucht zwischen den Interessen des wahren Berechtigten, denen ein fehlerhafter

Eintrag entgegensteht und jenen des gutgläubigen Dritten, der auf eben diesen fehlerhaften Eintrag vertraut hat. Im Interesse des Rechtsverkehrs wird letzterer geschützt, da er auf die Richtigkeit und Zuverlässigkeit des Grundbuches vertrauen darf (Prinzip des öffentlichen Glaubens des Grundbuches). Diese weitgehenden Wirkungen kann das Grundbuch aber eben nur deswegen entfalten, weil es – mit wenigen Ausnahmen (ausserordentliche Ersitzung, Erbgang, Enteignung, Güterzusammenlegung, Zwangsvollstreckung, Urteil) – keinen anderen Weg als über das Grundbuch gibt, dingliche Rechte an Immobilien zu erwerben. Art. 973 ZGB hat allerdings lediglich zivilrechtliche Bedeutung und gilt nicht gegenüber staatlichen Eingriffen (vgl. BGE 105 Ia 221).

Der gutgläubige Dritte ist nach Art. 973 deshalb immer zu schützen, wenn er aus dem Grundbuch keine Beschränkung von Rechten entnehmen kann und er auch nicht auf andere Weise weiss oder wissen muss, dass z.B. ein Servitut besteht. Wer ein Grundstück garantiert lastenfrei («garantito libero da servitù») erwirbt und (wegen eines Versehens des Grundbuchamtes) auch keine Lasten aus dem Grundbuch ersehen kann, ist in seinem guten Glauben zu schützen, selbst wenn der Nachbar (und aus der irrtümlich nicht eingetragenen Dienstbarkeit Berechtigte) in erkennbarer Weise ein Wegrecht über das fragliche Grundstück ausübt (von der Lage her sogar ausüben muss), da dieses auch auf bloss persönlicher oder vertraglicher Regelung beruhen kann (BGE 109 II 102; vgl. auch BGE 98 II 198 und BGE 82 II 119). 73

Aufgrund von Art. 973 ZGB ist der gutgläubige Erwerber im Immobiliarsachenrecht selbst dann zu schützen, wenn derjenige, der sich verpflichtet hat, handlungsunfähig war (vgl. BGE 89 II 387 sowie oben N 32), oder ein Schuldbrief aus anderen Gründen als wegen der Handlungsunfähigkeit des Ausstellers nichtig ist (BGE 107 II 451 im Zusammenhang mit Grundstückerwerb durch Personen im Ausland); bezüglich der Stellung des gutgläubigen Dritten gegenüber dem nach Art. 204 SchKG dispositionsunfähigen Gemeinschuldner vgl. BGE 115 III 111 sowie unten N 90.

Keine Ausweitung des Gutglaubensschutzes (trotz unterlassener Einsicht ins Grundbuch) war in dem von JÄGGI (N 145) erwähnten Entscheid des bernischen Appellationshofes (ZBJV 1922, 436–441) gegeben. Zu entscheiden war über einen Liegenschaftentausch, der schon 1906 (also vor Inkrafttreten des ZGB) erfolgte, aber fehlerhaft verurkundet wurde, indem ein im Katasterplan separat aufgeführter Teil («Champs Mathias») nicht auf den neuen Eigentümer (Ersterwerber) überschrieben wurde. 1911 verkaufte der Veräusserer des irrtümlich nicht überschriebenen Teiles seine übrigen Liegenschaften an seine Söhne, welche diese 1913 an den Kläger (Zweiterwerber) verkauften. Der irrtümlich nicht eingetragene Ersterwerber des Teil-Grundstückes übertrug die von ihm eingetauschten 74

Art. 3

Grundstücke 1916 auf seinen Sohn. Seit 1906 nutzte der Ersterwerber und später sein Sohn das im Grundbuch nicht übertragene Teilgrundstück. 1921 erst klagte der seit 1913 eingetragene Zweiterwerber auf Herausgabe der Ernten der letzten 3 Jahre gemäss Art. 940 ZGB.

Der bernische Appellationshof wies die Klage im wesentlichen mit folgender Begründung ab: «L'acquéreur est en effet de mauvaise foi non seulement lorsqu'il a connaissance de l'inexactitude de l'inscription faite au registre foncier au nom de son vendeur, mais aussi lorsqu'il a négligé de s'assurer par des recherches de l'exactitude du registre foncier, alors que ces recherches étaient commandées par les circonstances» (a.a.O., 440) und: «Ce n'est que sept ans après son acquisition qu'il s'est avisé de confronter son titre d'acquisition avec le plan cadastral et qu'il s'est aperçu qu'il ne jouissait pas de sect. C n. 30, Champs Mathias porté dans son titre. S'il avait fait cette verification en 1913, avant de passer son acte de vente, il aurais appris que c'était par erreur que cette parcelle figurait au registre foncier au nom des fils Beuret (Verkäufer) et que ceux-ci n'entendaient pas la lui vendre, sachant qu'elle avait été vendu par leur père à Cyprien Jeangros, qui en jouissait depuis 1906 comme propriétaire. Faute de procéder à cette verification, le demandeur ne peut se prévaloir de sa bonne foi» (a.a.O., 440).

Ob man dem Kläger bezogen auf den Zeitpunkt seines Erwerbes diesen Vorhalt tatsächlich machen durfte, ist sehr fraglich: Wer kauft, soll sich auf den Grundbucheintrag zu Gunsten des Verkäufers verlassen können und muss keine Nachforschungen darüber anstellen, ob der Verkäufer zu Recht als Eigentümer eingetragen ist oder nicht (vgl. oben N 73).

Hingegen gibt es gewisse Anhaltspunkte in der (knappen) Sachverhaltsdarstellung, die das Verhalten des Klägers (Zweiterwerber) als rechtsmissbräuchlich erscheinen lassen könnten: Zunächst wurden beim Verkauf an ihn die verkauften Parzellen (ohne das fragliche Champ Mathias) abgeschritten; dann duldete der Kläger (Zweiterwerber) während mehr als sieben Jahren die Nutzung dieses Grundstückes durch einen anderen. Daraus könnte der Schluss gezogen werden, dass er sehr wohl wusste, dass ihm das Champs Mathias nicht mitverkauft worden war, weshalb die erst Jahre später erfolgte Berufung auf den (fehlerhaften) Grundbucheintrag als rechtsmissbräuchlich zu bezeichnen wäre. Hätte der Kläger das Grundstück seinerseits weiterverkauft, wäre ein gutgläubiger (Dritt-) Erwerber zweifellos Eigentümer auch des Champs Mathias geworden.

75   In BGE 83 II 125 stellte sich genau besehen ein Auslegungsproblem bevor über die Gutglaubensfrage zu entscheiden war: Gemäss Art. 738 Abs. 1 ZGB ist der Eintrag einer Dienstbarkeit massgebend, soweit sich Rechte und Pflichten daraus deutlich ergeben. In casu war ein droit de l'établissement d'une cour»

eingetragen, was – nach Darstellung des Berechtigten – den Inhalt eines Bauverbotes – haben sollte. Zuzustimmen ist dem Bundesgericht, dass eine «Eintragung ... nicht alle Einzelheiten des Rechtes bzw. der Last aufzuführen (braucht)», dass sie aber «doch unter allen Umständen die Art des Rechtes oder der Last mit einem Stichwort und dazu noch (im Fall einer Dienstbarkeit) die Nummern der berechtigten bzw. belasteten Grundstücke angeben (muss), und lediglich für die Einzelheiten ... auf die Belege oder das Urkundenprotokoll verwiesen werden darf.» (BGE 56 II 87/88).

Der Hinweis auf ein «droit de l'établissement d'une cour» müsste aber als solches Stichwort genügen. Das hätte aber – im Hinblick auf die gutglaubensrechtliche Aufmerksamkeit – zur Folge, dass der Erwerber des belasteten Grundstückes bzw. der von ihm beauftragte Notar in BGE 83 II 125 der Sache hätte nachgehen müssen (gl. M. LIVER, Zürcher Kommentar, N 29 zu Art. 738 ZGB; vgl. auch seine Besprechung dieses Entscheides in ZBJV 1959, 27/8). Mit anderen Worten waren im gegebenen Falle zwei verschiedene Probleme zu lösen:

– auslegungsmässig (vgl. dazu BGE 99 II 152, 107 II 334, 108 II 542, 109 II 412, 113 II 506,) wäre festzustellen gewesen, ob ein ausreichend klares «Stichwort» hinsichtlich der Beschränkung im Eintrag enthalten war (m.E. ja); wäre diese Frage klar zu verneinen gewesen, wäre der gute Glaube bezüglich dieses Eintrages gleich zu schützen gewesen, wie wenn überhaupt kein Eintrag vorhanden gewesen wäre;
– bei Bejahung der Frage, ob das Stichwort ausreichend deutlich (i.S. von Art. 738 Abs. 1 ZGB) war, wäre weiter zu prüfen gewesen, ob der Erwerber des belasteten Grundstückes mit der gebotenen Aufmerksamkeit vorgegangen ist; aufgrund der Angaben im publizierten Sachverhalt bestehen diesbezüglich allerdings erhebliche Zweifel.

Nicht der Rahmen des Gutglaubensschutzes, sondern die Auslegung von Art. 738 ZGB war in diesem Entscheid also das Problem.

Auch im Falle von BGE 40 III 409 ging es nicht um die Ausweitung des Gutglaubensschutzes nach Art. 970 Abs. 3 ZGB, sondern um die Auslegung und Anwendung der Spezialvorschrift von Art. 135 SchKG (in der bis zum 31.12.1996 geltenden Fassung), wonach in die Steigerungsbedingungen alle auf dem Steigerungsobjekt haftenden Belastungen aufzunehmen sind.

«Die Nichtaufnahme einer Last in das Lastenverzeichnis, sei es infolge Nichtanmeldung durch den Berechtigten oder wegen eines Fehlers des zuständigen Beamten, hat deren Untergang gegenüber dem gutgläubigen Erwerber zur Folge, und zwar selbst dann, wenn die Last im Grundbuch eingetragen war. ... Diese für den Berechtigten sehr einschneidende Konsequenz ergibt sich zwar aus dem Ge-

Art. 3

setzeswortlaut (Art. 135 SchKG), der nur den Ausschluss des Nichtangemeldeten vom Steigerungserlös erwähnt, nicht mit der wünschbaren Deutlichkeit. Sie drängt sich jedoch zwingend auf, wenn der Zweck der Verwertung, nämlich die Erzielung eines möglichst günstigen Erlöses, nicht in Frage gestellt werden soll. Angemessene Angebote könnten anlässlich einer Steigerung nicht erwartet werden, wenn die Teilnehmer darüber im Ungewissen gelassen würden, ob ihnen nach dem Steigerungserwerb Lasten entgegengehalten werden könnten, von denen sie aufgrund des Lastenverzeichnisses keine Kenntnis hatten.» (BGE 106 II 191 mit Verweisungen). Art. 135 SchKG beinhaltet somit eine Abweichung von Art. 970 Abs. 3 ZGB für den Fall des Steigerungserwerbes.

Für den umgekehrten Fall, der nichtigen «Begründung» einer neuen Dienstbarkeit in einem Lastenverzeichnis vgl. BGE 97 III 89.

c) Gutglaubensschutz und Handelsregister

77 Unter dem Titel Gutglaubensschutz und Handelsregister sind hier lediglich die externen Wirkungen der Publizität gegenüber Dritten zu betrachten; eine interne Wirkung gibt es grundsätzlich nicht, «da Publizitätswirkungen eine mögliche Diskrepanz zwischen Rechtsschein und wahrer Rechtslage voraussetzen, zwischen Insidern aber die letztere gilt» (BÄR, 133). Nach BÄR (133) und PATRY (SPR, VIII/1, 145 ff.) können die Wirkungen des Handelsregisters wie folgt gegliedert werden:

Positiv zu Lasten Dritter: Die Fiktion des Art. 933 Abs. 1 OR, wonach jedermann das wirksam Eingetragene kennen und gegen sich gelten lassen muss (vgl. BGE 95 II 455 und 98 II 215).

Positiv zu Gunsten Dritter: Ob gutgläubige Dritte sich auf die Richtigkeit des Eintrages verlassen dürfen, ist strittig (vgl. unten N 78).

Negativ bezüglich bloss deklaratorischer Eintragungen: gilt für jenen, der es nicht besser weiss (Art. 933 Abs. 2 OR).

Negativ bezüglich konstitutiver Eintragungen: es tritt absolut keine Wirkung ein.

78 Das Bundesgericht hat es in zutreffender Weise abgelehnt, dem Handelsregistereintrag «öffentliche Notorietät» (un fait de notoriété publique) i.S. des Zivilprozessrechtes zuzuerkennen (SAG 1985, 183, Nr. 3), was auf eine Überdehnung der Fiktion des Art. 933 Abs. 1 OR hinausliefe (vgl. aber BGE 98 II 215: «... il ne faut pas méconnaitre la publicité et la notoriété que le legislateur fédéral attache à l'inscription au registre du commerce à publication dans la FOSC»).

Umstritten ist insbesondere, ob dem Handelsregister öffentlicher Glaube zukommen kann (vgl. dazu BÄR, 131; C. MEIER-SCHATZ, Funktion und Recht des Handelsregisters als wirtschaftsrechtliches Problem, in ZSR 1989 I, 433–463, insbes. 453; M. Eckert, in: Kommentar zum Schweizerischen Privatrecht, Basel 1994, N 10 zu Art. 933 OR). Das Bundesgericht hat zwar in einer eher als obiter dictum zu bezeichnenden Äusserung angedeutet, dass das Handelsregister öffentlichen Glauben besitzt (BGE 104 Ib 321 sowie dazu MAX KUMMER in ZBJV 1980, 46–51), dies im Entscheid BGE 111 II 484/5 wieder offen gelassen. Im Entscheid 78 III 45 hiess es dagegen noch: «Allerdings kommt den Eintragungen des Handelsregisters nicht wie denjenigen des Grundbuches allgemein positive Publizitätswirkung zu (Art. 933 OR im Gegensatz zu Art. 973 ZGB). Ausnahmsweise ist aber eine solche Wirkung aus Grundsätzen des materiellen Rechts abzuleiten.»

Festzuhalten ist, dass es im Handelsregisterrecht keine der Bestimmung von Art. 973 ZGB vergleichbare Regelung gibt, die Praxis aber fast ausnahmslos «das Vertrauen auf die handelsregisterrechtliche Publizität geschützt» hat (vgl. BGE 120 II 10 sowie MEIER-SCHATZ, a.a.O., 453 mit Nachweisen sowie ECKERT, a.a.O., N 10 zu Art. 933 OR), und die neuere Lehre eher dazu neigt, dem Handelsregister öffentlichen Glauben – mit bestimmten Ausnahmen – zuzusprechen (so PATRY, BÄR, MEIER-SCHATZ, wobei die beiden letzteren vor allem mit einer Risikoverteilung zu Lasten des Eingetragenen und zu Gunsten Dritter argumentieren).

In unserem Zusammenhang ist nun vor allem auf eine notwendige Einschränkung der positiven Wirkungen des Handelsregisters hinzuweisen, die sich am deutlichsten im Bereich des Vertretungsrechtes zeigen lässt: Zunächst besagt der Eintrag nur, was der Vertreter kann, nicht was er darf, wobei das effektive Dürfen enger oder weiter gefasst sein kann als in der Eintragung. Zu Recht ist in Lehre und Rechtssprechung anerkannt, dass dem Gutgläubigen die Nichteinsicht ins Handelsregister nicht schadet, wenn die Gegenpartei zum guten Glauben an eine vom Registereintrag abweichende Rechtslage Anlass gegeben hat (BGE 106 II 351); vgl. auch ECKERT, zit. in N 78, N 7 zu Art. 933 ZGB.

Das ist jedoch nur ein Spezialfall einer grossen Gruppe von Fällen, in denen bewusst oder unbewusst, ausdrücklich oder konkludent eine vom Handelsregistereintrag abweichende Rechtslage geschaffen wird, indem z.B. nach den Regeln des Stellvertretungsrechtes Einzelhandlungsbefugnisse eingeräumt (geduldet) werden, wo der Handelsregistereintrag nur Kollektivzeichnungsberechtigungen vorsieht (vgl. BGE 66 II 254 E 3). Die relativ zeit- und kostenaufwendige Änderung einer Handelsregistereintragung kommt oft nicht in Frage, wo ein Firmenvertreter – auf einer Geschäftsreise, in Vertragsverhandlungen oder für die Vertretung vor einem Gericht – allein auftreten und handeln können muss. Zu erinnern

Art. 3

ist insbesondere auch an die Möglichkeit der stillschweigenden Einräumung einer Einzelprokura ohne Eintragung ins Handelsregister (vgl. BGE 50 II 138). In all diesen Fällen ergeben sich – aus den Notwendigkeiten des Geschäftsverkehrs – Abweichungen zu den registrierten Befugnissen, die von jedermann eingesehen werden könnten (vgl. dazu auch Rolf Watter, Die Verpflichtung der AG aus rechtsgeschäftlichem Handeln ihrer Stellvertreter, Prokuristen und Organe, Zürich 1985, 115 ff., N 153 sowie BGE 96 II 439 und 58 II 160/1).

Zum Gutglaubensschutz bei einer Anscheinsvollmacht (Art. 33 Abs. 3 OR) vgl. BGE 120 II 197; bei Vertrauen auf zwei dem Anschein nach echte Kollektivunterschriften vgl. BGE 105 II 289 und 89 II 251.

81 Wegen dieser anderen Regelungsmöglichkeit bezüglich der Vertretungsrechte war in BGE 50 II 184 auch nicht entscheidend, dass «der Gegeninteressent zum guten Glauben an eine vom Registereintrag abweichende Rechtslage Anlass gegeben hat» (so Jäggi in N 145), sondern der Umstand, dass eine juristische Person auch in anderer, als der statutarisch vorgesehenen Weise rechtsgültig verpflichtet werden (kann); «die Vertretungsbefugnis einer in ihrem Namen handelnden Person kann sich auch aus den besonderen Umständen ergeben» (BGE 50 II 184), insbesondere aus den Regeln über die Stellvertretung. Also auch hier: Die Frage, die sich stellt ist die, welche Vertretungsbefugnis sich aus der Auslegung der konkreten Umstände ergibt, und nicht ob der Gutglaubensschutz über die gesetzliche Bestimmung von Art. 933 Abs. 1 OR hinaus zu erweitern ist. Das gleiche gilt bezüglich BGE 49 II 208, ZR 1930 Nr. 29 und den in SJZ 1961, 94/95, Nr. 23 besprochenen Fall (die alle drei von Jäggi in N 145 angeführt werden), wobei der letztere vom Kantonsgerichtsausschuss in Chur unter Berufung auf Art. 2 ZGB entschieden wurde.

82 Eine eindeutige Verkehrsschutzbestimmung enthält Art. 933 Abs. 2 OR: Wird eine Tatsache, deren Eintragung vorgeschrieben ist, nicht eingetragen, so kann sie einem Dritten nur entgegengehalten werden, wenn bewiesen wird, dass sie diesem bekannt war. Es genügt also nicht ihm (leicht- oder grob-) fahrlässiges Nichtkennen vorzuwerfen (BGE 65 II 85).

Umgekehrt ist daran zu erinnern, dass die Einsichtnahme ins Handelsregister zwar genügt, soweit es um die Feststellung der Vertretungsbefugnis geht – «Son devoir de diligence s'épuisait avec la consultation du registre public» (BGE 119 II 26; vgl. auch SJZ 1975, 96, Nr. 45) –, dass man damit aber nicht von jeglicher weiteren Aufmerksamkeit bezüglich eines Missbrauchs der Vertretungsmacht durch den im Handelsregister eingetragenen Vertreter entlastet ist, wenn dieser – in objektiv erkennbarer Weise – ein Geschäft einzig im eigenen Interesse und zum Nachteil des Vertretenen abschliesst (BGE 119 II 23 ff.; kritisch dazu Christine C. Chappuis: L'abus de pouvoir du fondé de procuration, in SZW 1994,

232–243). Zur generellen Aufmerksamkeitspflicht des Dritten, bei Geschäften mit einem Stellvertreter, welche über die branchenübliche Geschäftsabwicklung hinausgehen vgl. BGE 120 II 197.

d) Gutglaubensschutz betr. Eigentumsvorbehaltsregister, Viehverschreibungsprotokolle, Zivilstands-, Betreibungs- und Steuerregister

Kein genereller Einrede-Ausschluss droht bei unterlassener Einsichtnahme ins Eigentumsvorbehaltsregister (Art. 715 ZGB), in die Viehverschreibungsprotokolle (Art. 885 ZGB), ins Zivilstandsregister (Art. 138 der Zivilstandsverordnung) oder in die Betreibungsregister (Art. 8 Abs. 2 SchKG in der bis zum 31.12.1996 gültigen Fassung bzw. Art. 8a Abs. 1 der neuen Fassung); zur Einsicht in Steuerregister vgl. unten N 85. Die Nichteinsichtnahme in diese Register kann aber gleichwohl als Verletzung der gebotenen Aufmerksamkeit (i.S. von Art. 3 Abs. 2 ZGB) rechtlich relevant werden, wenn aufgrund der persönlichen oder sachlichen Umstände eine Einsichtnahme als geboten erscheint.

Bezüglich des Eigentumsvorbehaltsregisters ist die neuere Lehre und Rechtsprechung einhellig der Ansicht, dass dieses Register (in casu: von einem Auto-Occasionshändler) konsultiert werden muss, wenn es für die gewerbsmässig handelnde Gegenpartei Anhaltspunkte gibt, welche ein Geschäft als ungewöhnlich erscheinen lassen (wie z.B. tiefer Preis, fehlende Papiere etc.; vgl. dazu BGE 113 II 397, 107 II 41).

Umgekehrt muss bei einem Kauf von einem Händler keine Einsicht ins Eigentumsvorbehaltsregister genommen werden, da angenommen werden darf, dass er bezüglich der von ihm angebotenen Waren verfügungsberechtigt ist (vgl. oben N 61/62 sowie ZR 67 Nr. 12). Der Vermieter, der nach Art. 268a OR ein Retentionsrecht ausüben will, muss das Eigentumsregister oder die Viehverschreibungsprotokolle ohne begründeten Anlass («de motifs spéciaux») ebenfalls nicht einsehen (BGE 106 II 45; 42 II 585 sowie E. SCHMID, Zürcher Kommentar, N 40 zu Art. 272–274 OR).

Das *Eigentumsvorbehaltsregister,* die *Viehverschreibungsprotokolle* (und in gewissem Sinne auch die *Zivilstandsregister* – z.B. bezüglich bestehenden Ehehindernissen) erteilen direkt Auskunft darüber, ob jemand über eine Sache/ ein Recht verfügen darf. Das *Betreibungsregister* dagegen gibt zunächst Auskunft über die Bonität einer Person und in der Regel nur indirekt über die Verfügungsberechtigung über eine bestimmte Sache. Aber immerhin: Ein Rattenschwanz von Betreibungen und Pfändungen von Seiten valabler Gläubiger wie z.B. öffentlicher Institutionen (also ohne Schikane-Betreibungen) passt

Art. 3

schlecht zusammen mit dem Versuch, eine Sammlung von Luxus-Uhren als Sicherheit für einen Kredit zu hinterlegen; vgl. dazu F. CHAUDET, L'obligation de diligence du banquier en droit privé, in ZSR 1994/I 1 ff., insbes. 54/Nr. 104: «Dans la mesure où ils (les registres publics) sont librement accessibles, sans justification particulière, ces registeres doivent être consultés par les banques» (unter Hinweis auf die Probleme mit dem Bankgeheimnis, wo für die Einsichtnahme ein Interessennachweis gefordert wird wie gemäss Art. 970 Abs. 2 ZGB).

85 Dagegen darf man die Einsichtnahme in die kantonalen und kommunalen *Steuerregister* nicht verlangen. Abgesehen davon, dass diese nicht in allen Kantonen zugänglich sind, können sie oft auch keine zuverlässigen Angaben über die effektiven Verhältnisse eines Steuerpflichtigen geben (da z.B. nicht Einzeleinkommen, sondern Familieneinkommen erfasst werden). Zur Problematik der Öffentlichkeit und Publizität der Steuerregister vgl. THEODOR STIRNIMANN: Öffentlichkeit und Publizität der kantonalen und kommunalen Steuerregister, in SteuerRevue 1955, 607–616.

86 Wo Einsichtsmöglichkeiten bestehen (Eigentumsvorbehaltsregister oder Betreibungsregister), ergibt sich eine erhöhte persönliche Aufmerksamkeitspflicht (vgl. N 50) für denjenigen, der in seinem Geschäftsbetrieb regelmässig auf Daten und Auskünfte angewiesen ist, wie sie sich eben aus diesen Quellen ergeben, sei es durch Einsicht ins Betreibungsregister (z.B. durch den Bankier) oder ins Eigentumsvorbehaltsregister (z.B. durch den Auto-Occassions-Händler). Mit anderen Worten: Fahrlässigkeit, welche die Berufung auf Art. 3 ZGB ausschliesst, ist in diesen Fällen schon und gerade deswegen gegeben, wenn und weil diese Möglichkeiten nicht genutzt werden.

e) Gutglaubensschutz und Publikation der Entmündigung

87 Ebenso wie dem Grundbuch (vgl. oben N 72 ff.) kommt der Publikation der Entmündigung nach Art. 375 ZGB positive Publizitätswirkung zu: «eine gehörig veröffentlichte Bevormundung (ist) jedermann gegenüber wirksam» (BGE 87 III 31/2). «Vom Zeitpunkt der Veröffentlichung an kann es nach dem Willen des Gesetzes (rechtlich) keine gutgläubigen Dritten mehr geben.» (SCHNYDER/MURER, Berner Kommentar zu Art. 375 ZGB, N 72). Umgekehrt muss die Publikation der Entmündigung erfolgen, wenn nicht sichergestellt wird (z.B. durch Unterbringung in einer Anstalt), dass der Aufschub der Publikation nicht zur Gefährdung des Geschäftsverkehrs führt (vgl. SCHNYDER/MURER, a.a.O. N 80–83 zu Art. 375 ZGB; sowie den Entscheid der neuenburgischen Autorité tutélaire de surveillance vom 5.8.1993 in RJN 1993, 70). Hier geht der Sozialschutz dem

Art. 3

Verkehrsschutz eindeutig vor (zur Relativierung im internationalen Verhältnis vgl. unten N 109).

Zu den Schranken dieser unwiderlegbaren Vermutung durch die Regelung von Art. 411 Abs. 2 ZGB vgl. N 205–209 zu Art. 2 ZGB in diesem Kommentar sowie SCHNYDER/MURER, Berner Kommentar zu Art. 375 ZGB, N 74–79.

4. Zusammenfassung

Dass die Einsichtnahme in die öffentlichen Register tatsächlich erfolgt und amtliche Publikationen auch regelmässig gelesen werden, ist natürlich eine starke Fiktion des Gesetzes (so ausdrücklich zu Art. 375 ZGB: BGE 115 II 22). Gleichwohl: Registereinträge und Publikationen dienen nicht nur dem Schutz des Rechtsverkehrs, sondern – durch die damit verbundenen Formerfordernisse – auch dem Schutz der beteiligten Parteien selbst. Wer – selbst verschuldet – auf diese Möglichkeit der Absicherung einer Rechtsstellung verzichtet, darf sich nicht hinterher darüber beklagen, dass das «richtigere» Recht – so wie es sich aus den Registern und Publikationen ergibt – durchgesetzt wird. Wird er von der Gegenpartei geradezu abgehalten, dies zu tun, ist der Fall u.U. nach den zu Art. 2 ZGB entwickelten Regeln zu beurteilen, nicht aber nach Art. 3 ZGB.

Immerhin lässt sich aufgrund der vorstehenden Ausführungen folgende Negativ-Skala von Gutglaubenstatbeständen bilden:

Grundtatbestand: Wo das Gesetz eine Rechtswirkung an den guten Glauben einer Person geknüpft hat, ist dessen Dasein zu vermuten, Art. 3 Abs. 1 ZGB. Auch ist bezüglich der Berechtigung des Veräusserers keine besondere Aufmerksamkeit erforderlich, wenn der Erwerb quasi «öffentlich» in einer Versteigerung, auf dem Markt oder von einem Kaufmann erfolgt (Art. 934 Abs. 2 ZGB; vgl. oben N 61/62). Auch die Nichteinsichtnahme ins Handelsregister zwecks Abklärung von Vertretungsrechten schadet nicht, sofern durch eine andere Regelung ein Vertretungsrecht als begründet erscheint (selbst wenn dieses vom Registereintrag abweicht), und es keinen Anlass gibt an dieser Regelung zu zweifeln (vgl. N 77 ff.).

Der gute Glaube wird zerstört (Art. 3 Abs. 2 ZGB), wenn die Voraussetzungen einer der folgenden Stufen gegeben sind:

1. Stufe

Eine publizierte Entmündigung muss man kennen; die Einrede des Nichtkennens ist durch die unwiderlegbare Vermutung des Gesetzes ausgeschlossen (vgl. oben N 87).

Art. 3

Handelsregistereinträge konstitutiver Art sowie Grundbucheintragungen müssen eingesehen werden. Dabei kann es Auslegungsfrage sein, ob die fraglichen Tatsachen daraus in ausreichender Klarheit hervorgehen (vgl. oben N 75).

2. Stufe

Fahrlässiges Nichtkennen einer fehlerbehafteten Rechtsstellung genügt, um den guten Glauben zu zerstören.

Fahrlässigkeit ist insbesondere dann schon anzunehmen, wenn ein professioneller potentieller Benutzer die mögliche Einsicht in öffentliche Register jeder Art unterlässt (vgl. oben N 48 ff.).

3. Stufe

Im Wertpapierrecht kann die Einrede der Gutgläubigkeit nur durch Nachweis von grobfahrlässigem oder dolosem Verhalten beseitigt werden (vgl. oben N 63 ff.).

Noch etwas weiter geht die Regelung von Art. 933 Abs. 2 OR: Erst der Nachweis des Kennens einer nicht eingetragenen Tatsache zerstört den guten Glauben (vgl. N 81).

90 Anlass zu Diskussionen geben vor allem die Fälle fehlerhafter oder fehlender Eintragungen. Diesbezüglich gewährt einzig der öffentliche Glaube des Grundbuches nach Art. 973 Abs. 1 ZGB dem Gutgläubigen einen wirksamen Schutz, während das Handelsregisterrecht keine vergleichbare Regelung (und Sanktion) kennt (vgl. BGE 109 II 102 und 82 II 119). Zum Vorgehen bei der Berichtigung fehlerhafter Grundbucheinträge nach Art. 975 und 976 ZGB vgl. BGE 118 II 115, 117 II 43, 110 II 447; bezüglich der Berichtigung von Handelsregistereinträgen vgl. His, Berner Kommentar, N 27–30 zu Art. 932 OR.

Im Konflikt zwischen dem Gutglaubensschutz nach Art. 973 ZGB und dem Schutz der Gläubiger gemäss Art. 204 Abs. 1 SchKG, wonach nach der Konkurseröffnung erfolgte Handlungen des Gemeinschuldners den Konkursgläubigern gegenüber ungültig sind, hat das Bundesgericht in einem ausführlichen und überzeugenden Entscheid dem Verkehrsschutz des Immobiliar-Sachenrechtes den Vorzug gegeben: «Solange die Konkurseröffnung weder publiziert (Art. 232 SchKG) noch im Grundbuch vorgemerkt worden ist (Art. 960 Abs. 1 Ziffer 2 ZGB), vermag die mit der Konkurseröffnung eintretende Dispositionsunfähigkeit des Gemeinschuldners gegenüber dem Rechtserwerb des gutgläubigen Dritten im Bereich des Immobiliarsachenrechts keine Wirkung zu entfalten» (BGE 115 III 111; vgl. auch BGE 55 III 170).

Überblickt man die Gutglaubensregeln des ZGB, so darf man von einer ausgewogenen Balance zwischen den Interessen des «wahren» Berechtigten und jenen gutgläubiger Dritter sprechen. Den ersteren dient, dass grundsätzlich jede Fahrlässigkeit genügt (genügen muss), um den guten Glauben zu zerstören (vgl. oben N 59); letzteren wird durch eine zweckmässige Abstufung der Fallgruppen (vgl. oben N 89) – in der Sprache von Art. 3 ZGB: der Umstände – Rechnung getragen. Die «Feinabstimmung» erfolgt schliesslich durch die angemessene Würdigung der konkreten Umstände – in persönlicher, sachlicher und zeitlicher Hinsicht (vgl. oben N 50) durch den Richter. 91

Aus dieser Sicht kann daher der Meinung Livers (N 111 in der Einleitung des Berner Kommentars zu Art. 1–10 ZGB) nicht beigepflichtet werden, wonach «die Publizitätswirkung des Besitzes und des Grundbuches im Interesse der Rechtsklarheit und Rechtssicherheit übertrieben» worden sei. Andere Rechtsordnungen sind diesbezüglich noch weiter gegangen als das ZGB (vgl. unten N 118). Gerade das Grundbuch dient – mit seinem öffentlichen Glauben und der Eintragungspflicht (Art. 971 ZGB) – zunächst vor allem den Interessen des «wahren Berechtigten». Wo aber trotz dieses aufwendigen Schutzmechanismus ein anderer, von der wirklichen Rechtslage abweichender Rechtsschein entsteht, verdient der gutgläubig darauf Vertrauende den im Gesetz vorgesehenen Schutz, und der Rechtsverkehr erfordert ihn geradezu mit Hinblick auf die regelmässig grossen Werte, die im Immobiliarsachenrecht auf dem Spiele stehen. 92

III. Wirkungen des Gutglaubensschutzes

1. Allgemeines

Der gute Glaube wird nur dort geschützt, wo das Gesetz dies ausdrücklich vorsieht (vgl. oben N 31/32), wobei verschiedene Gutglaubenstatbestände und Stufen zu unterscheiden sind (vgl. oben N 48 ff. und N 89). Kann er – mangels gesetzlicher Grundlage oder wegen fehlender Voraussetzungen – nicht geschützt werden, bleibt es bei den Rechtsfolgen, wie sie sich aufgrund der «wirklichen» Rechtslage ergeben, d.h. ohne Berücksichtigung des Rechtsscheines, der für denjenigen massgebend war, der sich (vergeblich) auf seine Gutgläubigkeit berufen hat. 93

Hat die Berufung auf den guten Glauben jedoch Erfolg, heisst das nun nicht einfach, dass der Rechtsschein, der dem Gutgläubigen den Blick auf die «wirkli- 94

Art. 3

che» Rechtslage verstellte, nun auch massgebendes und durchsetzbares Recht wird. Hier ist vielmehr zu differenzieren, je nach gesetzlicher Regelung, wobei zwei Hauptkategorien zu unterscheiden sind:

(a) Heilende Wirkung des guten Glaubens (N 96 ff.) und

(b) Mildernde Wirkung des guten Glaubens (N 101 ff.).

DESCHENAUX (218/19) spricht in diesem Zusammenhang von der «Tilgung der Folgen des Mangels» und von der «Milderung der Folgen des Mangels», während das Bundesgericht die hier verwendete Terminologie vorzieht (BGE 107 II 454; vgl. auch KOLLER Nr. 125 und Fn 114).

95 Die Wirkung des Gutglaubensschutzes ergibt sich aus dem Gesetz, weshalb sie von Amtes wegen zu berücksichtigen ist und sich nicht nur die Parteien, sondern auch Dritte auf sie berufen können. Die Gutglaubensregeln befassen sich aber nur mit der Stellung des Gutgläubigen und enthalten keine Regeln betreffend das Verhältnis zwischen dem bisher Berechtigten (und durch den Gutglaubensschutz Benachteiligten) und dem unberechtigten Veräusserer (vgl. dazu JÄGGI N 78 sowie KOLLER N 131).

2. Die heilende Wirkung des guten Glaubens

96 In diesen Fällen wird der Rechtsschein, von dem der Gutgläubige ausgegangen ist, zur wirklichen Rechtslage, indem der vorliegende Fehler überhaupt nicht beachtet wird: «Der gute Glaube heilt den Rechtsmangel (für den Gutgläubigen) völlig, sogleich und von Gesetzes wegen, ohne dass sich der Gutgläubige darauf berufen müsste» (JÄGGI, N 74 sowie BGE 39 II 560).

97 Das wirkt sich positiv aus, indem ein an sich fehlerbehaftetes Recht nun wie ein fehlerfreies anerkannt wird:

(a) Beispiele aus dem ZGB:
- Die Frau, die sich bei der Trauung in gutem Glauben befunden hat, behält das durch die Heirat erworbene Kantons- und Gemeindebürgerrecht trotz Ungültigerklärung der Ehe (Art. 134 Abs. 1).
- Der gutgläubig Ersitzende wird Eigentümer (Art. 661 und 728).
- Wer gutgläubig vom Nichtberechtigten Fahrniseigentum (Art. 714 Abs. 2) oder ein Pfandrecht (Art. 884 Abs. 2) übertragen erhält, wird dinglich berechtigt.

Art. 3

(b) Beispiele aus dem OR:
- Trotz einer unrichtigen oder unvollständigen Urkunde kann eine Gläubigerstellung entstehen bei Erwerb einer simulierten (Art. 18 Abs. 2) oder einer zedierten Forderung (Art. 164 Abs. 2).
- Der ohne Vollmacht geschlossene Vertrag ist verbindlich (Art. 34, Abs. 3 und Art. 37).
- Zahlung an den Nichtberechtigten mit befreiender Wirkung gemäss Art. 167, 966 Abs. 2, 1030 Abs. 3.
- Erwerb der Gläubigerstellung vom Nichtberechtigten gemäss Art. 1006 Abs. 2.

In negativer Hinsicht bewirkt der völlige Gutglaubensschutz, dass sich eine fehlerbehaftete Rechtsstellung nicht auswirkt. So wird der gutgläubige Besitzer für die Benutzung nicht ersatzpflichtig (Art. 938 ZGB und BGE 71 II 97; vgl. auch BGE 83 II 18, in welchem lediglich eine Rückabwicklung Zug um Zug – Rückzahlung gegen unbeschwerte Herausgabe einer Maschine – angeordnet wurde); er muss den gutgläubig erworbenen Wechsel nicht herausgeben (Art. 1006 Abs. 2 OR). 98

Der gutgläubige Zwischenbesitzer hat bei Weiterveräusserung gemäss Art. 938 ZGB weder den Erlös noch einen allfälligen Gewinn abzuliefern (BGE 71 II 96). Dementsprechend durfte eine Hauskäuferin, deren Erwerbstitel für nichtig erklärt wurde, eine Liegenschaft während fast zwei Jahren unentgeltlich bewohnen (BGE 84 II 377).

Aus den unterschiedlichen Regeln für die Rückabwicklung nach Bereicherungsrecht (Art. 62 ff. OR) und beim Besitzesschutz (Art. 938 ff. ZGB) können sich gelegentlich geradezu stossende Unbilligkeiten ergeben, doch scheint das Gesetz keine andere Lösung anzubieten. Im Entscheid BGE 110 II 248 hat das Bundesgericht nun festgehalten «on ne peut équitablement appliquer la loi de la façon stricte et rigide qui traite séparément, et différément, les prétentions de l'une et de l'autre des parties». Zur Lösung der ungleichen Rückforderungsansprüche (aus Art. OR 62 ff. einerseits und aus Art. 938–940 ZGB andererseits) bei längerdauernden Beziehungen wurde ein zwischen gutgläubigen Parteien bestehendes faktisches Vertragsverhältnis angenommen, in dessen Rahmen nach vertraglichen Grundsätzen abgerechnet wurde (vgl. dazu CAROLE SYZ, Faktisches Vertragsverhältnis, Diss., Zürich 1991). Dementsprechend wurde dem Vermieter eine angemessene Entschädigung für den Gebrauch des geleasten Autos zugesprochen (zustimmend: MERZ in ZBJV 1986, 165–167; kritisch: HEDINGER, in recht 1986, 26–32, der dasselbe Ergebnis über eine Teilnichtigkeit angestrebt hätte sowie POLYDOR-WERNER, in SJZ 1986, 194–197, welche aufgrund einer historisch-teleologischen Auslegung von Art. 938 ZGB zum gleichen Resultat gelangt). Die 99

Art. 3

Ansicht dieser letztgenannten Autorin verdient m.E. den Vorzug, da sie ohne die Konstruktion eines faktischen Vertragsverhältnisses oder der Teilnichtigkeit eine billige Lösung erlaubt.

100 Der gute Glauben nach Art. 938 Abs. 1 ZGB bezieht sich nur auf den Bestand eines gutgläubig ausgeübten Rechtes, nicht auf seinen Inhalt. Wer sich gutgläubig als Mieter betrachtet und damit die Mietsache «seinem vermuteten Rechte gemäss gebraucht und nutzt», wird nicht in Abrede stellen können oder wollen, dass er dafür einen Mietzins schuldet. Denn zur Ausübung seines «vermuteten Rechtes» gehört eben auch die Mietzinszahlung. Der Sinn von Art. 938 Abs. 1 ZGB kann nur darin bestehen, dass er dem Eigentümer gegenüber nicht zu anderen und weiteren Leistungen verpflichtet werden kann, als eben jenen aus dem «vermuteten» Rechte.

Damit lassen sich auch Fragen wie jene nach der Zahlung eines Mietzinses bei nichtigem Kauf (vgl. BGE 84 II 377) lösen: Als Käufer hat der Gutgläubige «seinem vermuteten Rechte nach» keine weiteren Leistungen an den Verkäufer zu erbringen, während dieser als Gegenleistung den Kaufpreis erhalten hat. Die Rückabwicklung ist in diesem Falle so auszugestalten, dass der Käufer das Objekt (ohne Mietzahlung) und der Verkäufer den Kaufpreis (ohne Zinsen) zurückzuerstatten hat; die Zinsen sind als Gegenleistung für den Entzug des Verfügungsrechtes zu sehen, weshalb der Verkäufer in diesem Umfange auch nicht bereichert ist.

3. Mildernde Wirkung des guten Glaubens

101 Lehre und Rechtsprechung unterscheiden drei Kategorien von gemilderten Folgen aus dem Bestehen einer fehlerbehafteten Rechtsstellung zu Gunsten des Gutgläubigen (vgl. JÄGGI N 77; DESCHENAUX, 219; KOLLER N 127–130):

(a) die Rechtslage bleibt bestehen wie beim völligen Gutglaubensschutz (vgl. oben N 96 ff.), aber der Gutgläubige hat die benachteiligte Partei zu entschädigen (unten N 102);

(b) die Rechtslage wird i.S. des «richtigeren, wirklichen» Rechtes bereinigt, wobei aber der Gutgläubige eine bessere Behandlung erfährt als der Bösgläubige (unten N 103);

(c) die Rechtslage wird i.S. des «richtigeren, wirklichen» Rechtes bereinigt, wobei der Gutgläubige dafür entschädigt wird (unten N 104).

Art. 3

Bestehenbleiben der fehlerbehafteten Rechtsstellung: Anstelle der dinglichen Restitutionsverpflichtung bei der Herabsetzung von Zuwendungen gemäss Art. 527 ZGB hat der gutgläubige Empfänger gemäss Art. 528 ZGB nur die zur Zeit des Erbganges noch vorhandene Bereicherung herauszugeben. 102

Wer gutgläubig auf fremden Boden baut, kann unter den Voraussetzungen von Art. 673 ZGB die Zuweisung des Eigentums an Bau und Boden oder die Gewährung eines dinglichen Rechtes (vgl. BGE 95 II 7, 81 II 267, 57 II 253 und 103 II 326 betr. ein Näherbaurecht) verlangen, wofür er den Grundeigentümer allerdings angemessen zu entschädigen hat. Der gutgläubig Überbauende kann nach Art. 674 Abs. 3 ZGB die Zuweisung des dinglichen Rechtes am Überbau oder das Eigentum am Boden verlangen, wiederum gegen angemessene Entschädigung der Gegenpartei. Zu den Entschädigungsansprüchen zwischen (gut- und bösgläubigen) Materialeigentümern und Grundeigentümern nach Art. 672 Abs. 2 und 3 ZGB vgl. BGE 99 II 131 E 6 und 95 II 221.

Der gutgläubige Käufer eines Grundstückes braucht sich ein zwischen seinen Rechtsvorgängern vereinbartes, im Grundbuch aber nicht eingetragenes Wegrecht nicht entgegenhalten zu lassen (BGE 98 II 191, vgl. N 73).

Wenigstens teilweise bestehen bleibt die Rechtslage bei gutgläubigem Abschluss einer später für ungültig erklärten Ehe: die Frau behält das durch Heirat erworbene Kantons- und Gemeindebürgerrecht (Art. 134 Abs. 1 ZGB); zur Bösgläubigkeit i.S. von Art. 134 ZGB vgl. BGE 98 II 1.

Eintritt der Folgen aus der fehlerbehafteten Rechsstellung mit besserer Behandlung des Gutgläubigen: Die Frist, innert welcher der Gutgläubige mit einer (erfolgreichen) Geltendmachung der fehlerbehafteten Rechtsstellung rechnen muss, ist verkürzt bei der Ungültigkeitsklage nach Art. 521 ZGB und der Erbschaftsklage nach Art. 600 ZGB. 103

Der Herausgabepflicht steht ein Vergütungsanspruch (Art. 938 Abs. 2 ZGB) bzw. eine Ersatzforderung (Art. 939 Abs. 1 ZGB) gegenüber (vgl. dazu den Entscheid des Bundesgerichtes vom 26.3.1981 in SJ, 449–458). Der Umfang der Herausgabe- oder Schadenersatzpflicht ist geringer (vgl. Art. 528, 579 und 672 ZGB): Der gutgläubige Empfänger ist – soweit noch bereichert – höchstens bis zum Betrag des Erlöses erstattungspflichtig (BGE 110 II 233 und 76 II 200; vgl. dazu oben N 98 ff.).

Zur Rückerstattungs- und Schadenersatzpflicht des bösgläubigen Besitzers nach Art. 940 ZGB vgl. BGE 120 II 191 betr. das Verhältnis zwischen Herausgabeanspruch und Schadenersatzanspruch nach Art. 940 Abs. 1 ZGB sowie zur Pflicht des bösgläubigen Besitzers, den Berechtigten mittels nach Treu und Glauben zumutbaren Ermittlungen ausfindig zu machen. Zum Verhältnis der Rücker-

Art. 3

stattungspflicht nach Art. 938/40 ZGB zu den Bereicherungsregeln nach Art. 62 OR und zum Umfang der Ersatzpflicht vgl. BGE 84 II 377 E 4.

Dem gutgläubig Bereicherten steht nach Art. 64 OR die Entreicherungseinrede zu (vgl. BGE 93 II 373); ausserdem soll er durch die Rückerstattung der unentgeltlichen Zuwendung nicht schlechter gestellt werden als wenn die Zuwendung nicht stattgefunden hätte (BGE 82 II 439; 73 II 109; vgl. auch 105 II 99, in welchem zu Gunsten des gutgläubigen Mieters, der in Erwartung eines längerfristigen Mietverhältnisses bauliche Aufwendungen getätigt hatte, die Regelung von Art. 62 ff. OR jener von Art. 672 Abs. 3 ZGB vorgezogen wurde).

104 *Eintritt der Folgen aus der fehlerbehafteten Rechtsstellung mit Ersatzanspruch für den Gutgläubigen:* Wer sich (erfolgreich) auf einen Irrtum beruft, kann der gutgläubigen Gegenpartei schadenersatzpflichtig werden (Art. 26 OR), wobei es sich um eine Haftung eigener Art handelt (vgl. BGE 113 II 31 und 80 II 159). Kommt ein Vertrag, der vom vollmachtlosen Stellvertreter abgeschlossen wurde, nicht zustande (mangels Genehmigung nach Art. 38 OR), kann die gutgläubige Gegenpartei Schadenersatz verlangen (Art. 36 Abs. 2 und 39 OR). Bei nachträglicher Ungültigkeit des Arbeitsvertrages hat derjenige gleichwohl Ansprüche wie aus einem gültigen Vertrag, wenn er in gutem Glauben Arbeit geleistet hat (Art. 320 Abs. 3 OR; vgl. dazu REHBINDER, Berner Kommentar, N 47 zu Art. 320 OR).

Wer gutgläubig Material auf einem fremden Grundstück verbaut hat, kann vom Grundeigentümer eine angemessene Entschädigung fordern (Art. 672 Abs. 1 ZGB; BGE 95 II 227 und BGE 82 II 289 E 4 und 5).

Besonders geregelt sind die Folgen beim gutgläubigen «öffentlichen» Erwerb einer Sache in einer Versteigerung, auf dem Markt oder von einem Kaufmann, der mit Waren der gleichen Art handelt (vgl. oben N 61/62). Art. 934 Abs. 2 ZGB räumt dem gutgläubigen Erwerber in diesen drei Fällen ein Lösungsrecht ein, welches vom wahren Berechtigten nur gegen Vergütung des vom Erwerber gezahlten Preises abgelöst werden kann. Der gutgläubige Erwerber hat aber keinen Anspruch auf Einlösung der Sache (vgl. dazu STARK, Berner Kommentar, N 35–47 zu Art. 934 ZGB).

Art. 3

IV. Internationales Privatrecht und rechtsvergleichende Hinweise

Literatur 105

Internationales Privatrecht

BÄNZIGER FELIX	Der Schutz des Dritten im Internationalen Personen-, Familien- und Erbrecht, Zürich 1977
Botschaft des Bundesrates	zum Bundesgesetz über das internationale Privatrecht (IPR-Gesetz) vom 10.11.1982, BBl 1983 I, 263–519
IPRG-Kommentar	herausgegeben von: HEINI A./Keller M./Siehr K./Vischer F./Volken P., Zürich 1993
WEISFLOG WERNER	Der Schutz des Erwerbes beweglicher Sachen vom Nichteigentümer im internationalen Privatrecht, Diss. Zürich 1930.

Deutschland

Alternativkommentar zum	Bürgerlichen Gesetzbuch, herausgegeben von Rudolf Wassermann: Bd 4, Neuwied 1983, § 932 bearbeitet von Norbert Reich; § 1007 bearbeitet von Helmut Kohl
BAUER JOHANN PAUL	«Guter Glaube» und Rechtsirrtum, in: Gedächtnisschrift für Dietrich Schultz, Köln 1987, 21–39
Das Bürgerliche Gesetzbuch	Kommentar herausgegeben von den Mitgliedern des Bundesgerichtshofes: 12. A., Berlin 1979, Bd III/1. Teil, § 932 ff. und 1007, bearbeitet von Heinz Pikart
DÜNKEL HANS PETER	Öffentliche Versteigerung und gutgläubiger Erwerb, Karlsruhe 1973
ERMAN WALTER	Handkommentar zum Bürgerlichen Gesetzbuch, 9. A., Münster 1993, Bd 2, § 932 ff., bearbeitet von Lutz Michalski; § 1007, bearbeitet von Wolfgang Hefermehl
FROTZ GERHARD	Verkehrsschutz im Vertretungsrecht, Frankfurt a.M. 1972
HAGER JOHANNES	Verkehrsschutz durch redlichen Erwerb, München 1990
MOECKE HANS-JÜRGEN	Kausale Zession und gutgläubiger Forderungserwerb/Ein Beispiel zur Überwindung des Abstraktionsprinzipes, Freiburg 1962
Münchner Kommentar	zum Bürgerlichen Gesetzbuch, 2. A., München 1986, Bd 4, § 932 ff. und 1007, bearbeitet von Friedrich Quack
PALANDT	Bürgerliches Gesetzbuch, 52. A., München 1990, Bd 7, § 932 ff. und 1007, bearbeitet von Peter Bassenge
ROTTENFUSSER WALTER	Der gutgläubige Erwerb der Auflassungsvormerkung, Diss. Erlangen-Nürnberg 1981
SOERGEL	Bürgerliches Gesetzbuch mit Einführungsgesetz und Nebengesetzen: 12. A., Stuttgart 1990, Bd 6, § 932 ff. und 1007, bearbeitet von Otto Mühl
STAUDINGER	Kommentar zum Bürgerlichen Gesetzbuch mit Einführungsgesetz und Nebengesetzen: 12. A., Berlin 1989, § 932 ff., bearbeitet von Wolfgang Wiegand

Art. 3

TIEDTKE KLAUS — Gutgläubiger Erwerb im bürgerlichen Recht, im Handels- und Wertpapierrecht sowie in der Zwangsvollstreckung, Berlin 1985

WEHMANN JÖRG — Gutgläubiger Fährniserwerb bei alternativ zum fehlenden Eigentum des Veräusserers wirkenden Übertragungshindernissen, Göttingen 1988.

Österreich

BYDLINSKI FRANZ — Der Inhalt des guten Glaubens beim Erwerb vom Vertrauensmann des Eigentümers, Juristische Blätter, Wien 1967, 355–362

– — Zum Bereicherungsanspruch gegen den Unredlichen, Juristische Blätter, Wien 1969, 252–257

FROTZ GERHARD — Gutgläubiger Mobiliarerwerb und Rechtsscheinprinzip, in: Festschrift für Walther Kastner, Wien 1972, 131–154

KOZIOL HELMUT/WELSER RUDOLF — Grundriss des Bürgerlichen Rechts, 9. A., Bd I Wien 1992; Bd II Wien 1991

REIDINGER ALEXANDER — Gutgläubiger Mobiliarerwerb in öffentlicher Versteigerung, Juristische Blätter, Wien 1980, 579–582

RUMMEL PETER — (Hrsg.), Kommentar zum Allgemeinen Bürgerlichen Gesetzbuch, Bd I Wien 1983, Bd II Wien 1984; § 326 ff. bearbeitet von Karl Spielbüchler; § 1463 bearbeitet von Günter Schubert

SCHWIMANN MICHAEL — (Hrsg.), Praxiskommentar zum Allgemeinen Bürgerlichen Gesetzbuch, Bd 2 (§§ 285–530) bearbeitet von Herbert Primmer; Bd 5 (§§ 1293–1502) bearbeitet von Friedrich Harrer, Heinrich Honsell, Peter Mader, Wien 1987.

Italien

ARGIROFFI CARLO — Del possesso di buona fede di beni mobili, Mailand 1988

MONTEL ALBERTO, SALVATORE R. — Buona Fede, Novissimo Digesto italiano, II, Turin 1958
Buona Fede (diritto privato), Enciclopedia del diritto, t. V Mailand 1959

SACCO R. — La buona fede nelle teoria dei fatti giuridici di diritto privato, Turin 1949

TAZZA LUIGI — Kommentar zu Art. 1140–1172 CCi, in: P. Perlingieri (Hrsg.), Codice Civile annotato con la dottrina e la giurisprudenza, Napoli 1991

TORRENTE ANDREA/ SCHLESINGER PIERO — Manuale di diritto privato, Mailand 1990, Stichwort: buona fede

TRABUCCHI GIUSEPPE — Kommentar zu Art. 1140–1172 CCi, in G. Cian/G. Trabucchi (Hrsg.), Commentario breve al codice civile, Padova 1993.

Frankreich

DALLOZ — Répertoire de Droit Civil, Paris 1970, Bd II, Stichwort «Bonne Foi», N 23–49

FERID MURAD — Das Französische Zivilrecht, 2 Bde, Frankfurt a.M./Berlin 1971, insbes. Bd I, 1 E 189 ff.; Bd II, 3 A 9 ff., 3 B 20 ff., 3 C 96 ff., 3 C 200 ff.

GORPHE F. — Le principe de la bonne foi, Paris 1928

LYON-CAEN G. — De l'évolution de la notion de bonne foi, Rev. trim. av. civ. 44, 1946, 75 ff.

Vouin R.	La bonne foi, notion et rôles actuels en droit privé français, Bordeaux 1939.

Andere Staaten/Rechtsvergleichende Literatur

Farnsworth Allan E.	The Concept of Good Faith in American Law, Rom 1993
Goode Roy	The Concept of «Good Faith» in English Law, Rom 1992
Günther Helga	Die rechtspolitischen Grundlagen des gutgläubigen Fahrniserwerbs im deutschen, schweizerischen, französischen und österreichischen Recht, Freiburg i.Br. 1937
Lux Karl	Die Entwicklung des Gutglaubensschutzes im 19. und 20. Jahrhundert, mit bes. Berücksichtigung des Wechselrechtes, 16. Beiheft der Zeitschrift für das gesamte Handels- und Konkursrecht, Stuttgart 1939
Minuth Klaus	Besitzfunktionen beim gutgläubigen Mobiliarerwerb im deutschen und französischen Recht, Tübingen 1990
Pfetsch Reinhard	Die Ausweitung des Gutglaubensschutzes beim Kauf beweglicher Sachen im amerikanischen Recht durch den Uniform Commercial Code, Berlin 1973
Siehr Kurt	Der gutgläubige Erwerb beweglicher Sachen – Neue Entwicklungen zu einem alten Problem, in ZVglRWiss 1981, 273–292
Stillschweig Kurt	Der Schutz des redlichen Erwerbes bei der Übereignung beweglicher Sachen nach deutschem, französischem und schweizerischem Recht, Berlin 1929
Zweigert Konrad	Rechtsvergleichend-Kritisches zum gutgläubigen Mobiliarerwerb, RabelsZ 23 (1958), 1–20.

1. Gutglaubensschutz im internationalen Privatrecht

Das internationale Privatrecht bestimmt das auf einen internationalen Sachverhalt anzuwendende Recht. Ergibt sich daraus, dass schweizerisches Recht zur Anwendung gelangt, gelten die oben dargestellten Gutglaubensregeln des schweizerischen materiellen Rechtes; ansonsten jene des anwendbaren ausländischen Rechtes.

Das Bundesgesetz über das Internationale Privatrecht (IPRG) vom 18. Dezember 1987 (SR 291) enthält einige wenige eigene Bestimmungen zum Gutglaubensrecht: Das Wort «gutgläubig» findet sich allerdings nur ein einziges Mal (Art. 102 Abs. 3 IPRG), das Komplement dazu – «bösgläubig» – überhaupt nicht und nur an wenigen Stellen ist vom Kennen oder Kennenmüssen die Rede (Art. 36 Abs. 1, Art. 57 Abs. 2, Art. 126 Abs. 2, Art. 158 IPRG). Schliesslich wird in drei Bestimmungen bezüglich der Rechtswahl ausdrücklich auf die Rechte Dritter hingewiesen (Art. 104 Abs. 2, Art. 105 Abs. 1, Art. 116 Abs. 3 IPRG), ohne dass

106

Art. 3

– jedenfalls im Gesetzestext – besondere Anforderungen an die Gut- oder Bösgläubigkeit dieser Dritten gestellt würden (vgl. dazu unten N 111).

Diese «verbale» Zurückhaltung des IPRG bedeutet aber nicht, dass der gute Glauben im internationalen Privatrecht keine Rolle spielt. Vielmehr ist es so, dass dieses Prinzip durch Lehre und Rechtsprechung auch in Fällen zur Anwendung gebracht wird, wo das IPRG schweigt (vgl. unten N 112).

107 Das internationale Privatrecht ist nationales Recht. Daraus folgt, dass der gute Glauben grundsätzlich nach demjenigen nationalen Recht zu beurteilen ist, auf welches das internationale Privatrecht verweist. Gelangt schweizerisches materielles Recht zur Anwendung, gilt für Gutglaubensfragen Art. 3 ZGB nebst den anderen einschlägigen Bestimmungen des schweizerischen Rechtes. D.h. auch bei internationalprivatrechtlichen Tatbeständen haben die Beteiligten die Aufmerksamkeit zu wahren, die nach den persönlichen, sachlichen und zeitlichen Umständen vom durchschnittlichen Teilnehmer am Rechtsverkehr erwartet werden darf (vgl. oben N 48 ff.).

Dabei ist jedoch folgendes zusätzlich zu beachten:

(a) Aus der Teilnahme am internationalen Rechtsverkehr ergibt sich generell eine erhöhte Aufmerksamkeitspflicht: Eine Mindestsorgfalt muss von demjenigen verlangt werden, der sich am grenzüberschreitenden Rechtsverkehr beteiligt (vgl. dazu N 158 ff. zu Art. 2 ZGB in diesem Kommentar);

(b) soll aber dieser internationale Rechtsverkehr nicht in unzumutbarer Weise erschwert, ja geradezu verhindert werden, ist umgekehrt ein vernünftiges Mass bezüglich der im Ausland vorzunehmenden Abklärungen anzunehmen (vgl. z.B. unten N 109, letzter Absatz).

(c) Die Grenze zwischen zumutbarer Aufmerksamkeit (a) einerseits und übertriebenen Anforderungen bezüglich der vorzunehmenden Abklärungen (b) kann angesichts der unendlichen Vielfalt der möglichen Tatbestände nicht generell gezogen werden. Vielmehr müssen in jedem Einzelfall die persönlichen, sachlichen und zeitlichen Umstände (mit Rücksicht auf nationale Besonderheiten) geprüft werden. Je nachdem werden bestimmte Abklärungen als unabdingbar – ihre Unterlassung somit als Fehlverhalten – oder aber eben als unüblich oder gar unnötig erscheinen, in welchem Falle kein vorwerfbares Fehlverhalten vorläge.

108 Angesichts der Herkunft und Funktion der Gutglaubensregeln (vgl. oben N 5–9) überrascht es nicht, dass sich auch die wenigen diesbezüglichen Normen des IPRG mit Fragen des Sachenrechts (Art. 102 Abs. 3 IPRG) und des Stellvertretungsrechtes (Art. 126 Abs. 2 und 158 IPRG) befassen. Diesbezüglich kann auf die vorstehenden Ausführungen in diesem Kommentar verwiesen werden.

Bezüglich der *Handlungsfähigkeit* enthält Art. 36 Abs. 1 IPRG «eine Einschränkung der grundsätzlichen Anknüpfungsregel (Art. 35 IPRG) zugunsten des Verkehrsschutzes» (Vischer, IPRG-Kommentar, N 1 zu Art. 36 IPRG; vgl. auch den Randtitel zu Art. 36 IPRG: «Verkehrsschutz»). Voraussetzung ist Gutgläubigkeit der anderen Partei mit Bezug auf die Handlungsfähigkeit; den Nachweis des fehlenden guten Glaubens der anderen Partei hat der Handlungsunfähige zu erbringen. Mit Rücksicht auf den Schutz der Minderjährigen soll diese Ausnahmeregelung allerdings nur bei Geschäften unter Anwesenden und mit gebotener Zurückhaltung angewendet werden (Einzelheiten dazu bei Vischer, a.a.O., N 5/6 zu Art. 36 IPRG sowie in der Botschaft zum IPRG, BBl 1983 I 333, gemäss welcher die Klärung dieser Frage der Rechtsprechung überlassen wird).

Kein Gutglaubensschutz bezüglich der Handlungsfähigkeit besteht gemäss Abs. 2 von Art. 36 IPRG bei familien- und erbrechtlichen Rechtsgeschäften und solchen über dingliche Rechte an Grundstücken; hier geht der Sozialschutz dem Verkehrsschutz vor.

Immerhin schliesst die Publikation der Entmündigung in einem ausländischen Staat die Gutgläubigkeit nicht a priori aus (vgl. Vischer, IPRG-Kommentar, N 6 zu Art. 36 IPRG mit Verweisung auf A. Bucher, Droit international privé suisse, Basel 1992, Bd II N 190), was – im internationalen Verhältnis – auch zu einer Relativierung von Art. 375 Abs. 3 ZGB führt (vgl. oben N 87).

109

«Die Wirkungen des Güterstandes auf das Rechtsverhältnis zwischen einem Ehegatten und einem Dritten unterstehen dem Recht des Staates, in dem dieser Ehegatte im Zeitpunkt der Entstehung des Rechtsverhältnisses seinen Wohnsitz hat.» (Art. 57 Abs. 1 IPRG). Auch diese Sonderanknüpfung steht im Interesse des Verkehrsschutzes: «der Dritte soll sich verlässlich darüber orientieren können, welche Vermögenswerte ihm haften und ob der kontrahierende Ehegatte überhaupt verfügungsbefugt sei» (Heini im IPRG-Kommentar, N 2 zu Art. 57).

110

Allerdings kann sich nur der gutgläubige Dritte auf die Sonderanknüpfung gemäss Art. 57 Abs. 1 IPRG berufen. Kannte oder musste er angesichts der internationalen Verflechtungen der Ehegatten bzw. des Sachverhaltes das «wahre» – z.B. aufgrund einer Rechtswahl nach Art. 52/53 IPRG anzuwendende – Güterrechtsstatut kennen, so ist dieses anzuwenden. D.h. unter «internationalen» Umständen kann den Dritten eine Erkundigungspflicht treffen, deren Verletzung ihm die Berufung auf die Sonderanknüpfung nach Art. 57 Abs. 1 IPRG verwehrt (vgl. dazu Heini, a.a.O., N 8 zu Art. 57 IPRG, Bänziger, 133 ff. sowie die Botschaft zum IPRG, BBl 1983 I, 335/6).

Wo im IPRG im Zusammenhang mit Rechtswahlklauseln auf die Rechte Dritter hingewiesen wird (Art. 104 Abs. 2, 105 Abs. 1 und 116 Abs. 3 IPRG) ist darauf hinzuweisen, dass sich Dritte – ob gutgläubig oder nicht – die Rechtswahl

111

Art. 3

der Parteien nicht entgegenhalten lassen müssen, sich dagegen aber auf das gewählte Recht berufen dürfen (vgl. HEINI im IPRG-Kommentar, N 10/11 zu Art. 104 und N 10 zu Art. 105 IPRG sowie KELLER/KREN KOSTKIEWICZ im IPRG-Kommentar N 89/90 zu Art. 116 IPRG). Der Dritte kann sich also immer auf die objektive Anknüpfung berufen, ohne dass den Parteien ein Gutglaubensschutz (bezüglich ihrer Rechtswahl) gewährt würde (vgl. auch die Botschaft zum IPRG, BBl 1983 I, 400, letzter Absatz von Nr. 273.6; 401, zweiter Absatz zu Nr. 273.8; 409, oberster Absatz zu Nr. 282.22).

112   Obwohl im IPRG diesbezüglich kein Gutglaubensschutz vorgesehen ist, sind in der Lehre bezüglich verschiedener Probleme Fragen nach der Schützbarkeit des Gutgläubigen gestellt worden:

(a) bezüglich der Forderungsabtretung nach Art. 145 IPRG: «ob und unter welchen Voraussetzungen ein gutgläubiger Erwerb der Forderung trotz ungültiger Abtretung möglich sei» (KELLER/GIRSBERGER, im IPRG-Kommentar, N 27 zu Art. 145 IPRG mit Verweisung auf H.-U. RÜEGSEGGER, Die Abtretung im internationalen Privatrecht auf rechtsvergleichender Grundlage, Zürich 1973, 84/5);

(b) bezüglich der Haftung für ausländische Gesellschaften, die von der Schweiz aus geführt werden (Art. 159 IPRG): «ob Art. 159 immer zur Anwendung kommt ... oder nur dann, wenn der Kontrahent gutgläubig davon ausgeht, es handle sich um eine schweizerische Gesellschaft» (VISCHER, im IPRG-Kommentar, N 5–7 zu Art. 159 IPRG). VISCHER plädiert hier – unter Berufung auf die Materialien – dafür, nur den gutgläubigen Dritten zu schützen, was zu einer – sachgerechten – Einschränkung der Bestimmung von Art. 159 IPRG führt (vgl. auch die Botschaft zum IPRG, BBl 1983 I, 445);

(c) bezüglich der Anwendung von Art. 159 IPRG auf eine nicht eingetragene Zweigniederlassung («succursale de fait»), die nach Art. 160 IPRG hätte eingetragen werden müssen: ob auch hier am Erfordernis der Gutgläubigkeit (vgl. oben b) festzuhalten ist (vgl. dazu VISCHER, im IPRG-Kommentar, N 26 zu Art. 159 IPRG).

2. Rechtsvergleichende Hinweise

113   Der gute Glauben wird im Recht der meisten westlichen Staaten geschützt. Eine allgemein gültige «Grundnorm», wie sie Art. 3 ZGB darstellt, kennen allerdings nur das liechtensteinische Personen- und Gesellschaftsrecht vom 20. Januar 1926, dessen Art. 3 wörtlich mit Art. 3 ZGB übereinstimmt und das Burgerlijk Wet-

boek der Niederlande vom 1.1.1992, dessen Artikel 11 (im 3. Buch) wie folgt lautet:

«Dans les cas où la bonne foi d'une personne est requise pour que se produise un effet juridique, elle fait défaut non seulement si la personne connaissait les faits ou le droit sur lesquels doit porter sa bonne foi, mais encore si, dans les circonstances, elle aurait dû les connaître. L'impossiblité de vérifier n'empêche pas que celui qui avait de bonnes raisons de douter soit assimilé à une personne devant connaître les faits ou le droit.» (französische Fassung, gemäss der vom niederländischen Justizministerium und dem Centre de recherche en droit privé et comparé du Quebec herausgegebenen dreisprachigen Text-Ausgabe, DEVENTER 1990).

In den Rechtsordnungen anderer Staaten erfolgt die Regelung des Gutglaubensschutzes punktuell, entsprechend ihrer Herkunft mit Schwergewichten im Sachen- und Wertpapierrecht (vgl. dazu oben N 9). 114

Um diese punktuellen Regelungen hat sich in all diesen Rechtsordnungen eine reiche Praxis angelagert bezüglich der allgemeinen Fragen hinsichtlich Beweislast, persönlichem und zeitlichem Anwendungsbereich und den auf die Gutgläubigkeit anzuwendenden Massstäben.

Der vorliegende Kommentar muss sich bei dieser Sachlage darauf beschränken, einige Hinweise auf die Behandlung einiger Grundfragen des Gutglaubensschutzes im Recht anderer Staaten zu geben. Zur Beantwortung konkreter Fragen muss auf die angegebene Literatur (vgl. N 105) und die Rechtsprechung im jeweiligen Land verwiesen werden.

Die Vermutung für den guten Glauben findet sich in vielen einzelnen Gesetzesbestimmungen: Art. 11 im 3. Buch des niederländischen bürgerlichen Gesetzbuches vom 1.1.1992 (vgl. oben N 113) unterstellt diese Vermutung indirekt, indem gesagt wird, wodurch der (stillschweigend vorausgesetzte) gute Glauben zerstört wird – durch Wissen oder Wissenkönnen (also wie in Art. 3 Abs. 2 ZGB). 115

Die allgemein formulierte Vermutung in Art. 2268 des französischen Code Civil – «La bonne foi est toujours présumée, et c'est à celui qui allègue la mauvaise foi à la prouver» – bezieht sich nach der Gesetzessystematik nur auf die Verjährung und die Ersitzung, ist aber von Lehre und Rechtsprechung auch auf andere Tatbestände ausgedehnt worden.

Das österreichische Recht enthält in § 328 ABGB eine Gutglaubensvermutung für den Besitz, welche gemäss Lehre und Rechtsprechung eine allgemeine Redlichkeitsvermutung darstellt, die auch für die §§ 367 (Eigentumserwerb), 372 (Erwerbungsart) und 1463 (Ersitzung) gilt. Daraus folgt, dass nicht der Besitzer seine Redlichkeit, sondern sein Gegner die Unredlichkeit beweisen muss.

Art. 3

Diesen Weg – Beweislast zu Lasten desjenigen, der die Bösgläubigkeit behauptet – ist auch das deutsche Recht in mehreren Bestimmungen gegangen (vgl. §§ 932 Abs. 1, 937 Abs. 2, 1007 Abs. 2 BGB).

Art. 1147 des italienischen Codice Civile enthält eine Gutglaubensvermutung zu Gunsten des Besitzers, Art. 113 zu Gunsten der gutgläubigen Brautleute, Art. 535 zu Gunsten des Erben; in anderen Bestimmungen wird festgehalten, dass der böse Glaube von demjenigen zu beweisen ist, der ihn behauptet (Art. 1264 bezüglich des Schuldners, der statt an den Zessionar noch an den Zedenten zahlt; Art. 1396 und 2207 bezüglich der Änderung und des Erlöschens von Vollmachten).

Art. 79 Abs. 2 des spanischen Codigo Civil enthält eine Gutglaubensvermutung zu Gunsten der Kinder und von Vertragsparteien von Eheleuten, deren Ehe annulliert wird («la buena fe se presuma»); gemäss Art. 434 wird der gute Glaube des Besitzers bis zum Beweis seiner Gutgläubigkeit immer vermutet. Auch dem (unrechtmässigen) Erben muss Kenntnis des Mangels nachgewiesen werden (Art. 442).

116 Bezüglich des persönlichen Schutzbereiches gilt in der Regel dasselbe wie im schweizerischen Recht: massgeblich ist der gute Glaube der Person, die dadurch geschützt werden soll. Auch hinsichtlich der Fragen des guten Glaubens von Hilfspersonen und Stellvertretern sowie von Organen juristischer Personen sind die Grundzüge in anderen Rechtsordnungen jenen der schweizerischen sehr ähnlich (vgl. oben N 33 ff.).

117 In zeitlicher Hinsicht haben sich alle modernen Rechtsordnungen weitgehend von der strengen Regelung des kanonischen Rechtes gelöst, derzufolge mala fides superveniens immer schadet. Zwar folgt die neue (am 25.1.1983 promulgierte) Fassung des Codex Iuris Canonici «bezüglich der Ersitzung und Verjährung, als einer Art und Weise, ein subjektives Recht zu erwerben oder zu verlieren und sich von Verpflichtungen zu befreien» der weltlichen Gesetzgebung der betreffenden Nation (Can. 197), sofern nicht ein kanonischer Vorbehalt besteht. Gleichwohl erlangen «Ersitzung und Verjährung nur dann Geltung, wenn sie auf gutem Glauben beruhen, und zwar nicht nur zu Beginn, sondern während des gesamten Laufes der für Ersitzung und Verjährung erforderlichen Frist» (Can. 198). Dagegen ist den weltlichen Rechtsordnungen heute allgemein anerkannt, dass der gute Glaube eben den fehlerhaften Erwerb schützt, weshalb es nicht darauf ankommen kann, wenn er nach erfolgtem Erwerb entfällt (vgl. oben N 42/3). Für Deutschland vgl. TIEDTKE (37); für Frankreich vgl. DALLOZ (N 27 und Art. 2269 CCfr.); für Italien Art. 1147 Abs. 3 CCi.

Gross ist dagegen die Vielfalt bezüglich der Fristen sowie der weiteren Voraussetzungen für die Ersitzung von Fahrnis und Immobilien (vgl. oben N 45);

vgl. z.B. für Österreich § 1463 ABGB sowie Art. 550 des französischen Code Civil.

Ebenfalls nicht generell beantwortet werden kann die Frage nach dem Mass der Aufmerksamkeit, welche von demjenigen verlangt wird, der sich auf seinen guten Glauben beruft. Weitgehende Einigkeit besteht darüber, dass objektive Massstäbe anzulegen sind. Je nach Land, Rechtsgebiet und Einzelvorschrift genügt aber bereits jede Fahrlässigkeit, so z.B. im österreichischen Recht (allerdings umstritten; vgl. dazu KOZIOL/WELSER, Bd. II, 23 mit Verweisungen) oder aber es muss grobe Fahrlässigkeit vorliegen – so z.B. im deutschen (vgl. Lehre und Rechtsprechung zu § 932 ff. BGB) – und im italienischen Recht (vgl. Art. 1147 Abs. 2 des CCi), um den guten Glauben zu zerstören, was einer Privilegierung des Rechtsverkehrs (der Rechtssicherheitswirkungen des Gutglaubensschutzes) entspricht. 118

Den verschiedenen Anforderungen an den guten Glauben entsprechen auch in ausländischen Rechtsordnungen ähnliche «Stufenfolgen» von Gutglaubenstatbeständen, wie wir sie schon im schweizerischen Recht beobachteten (vgl. oben N 89). Eine solche wird auch angenommen im österreichischen Recht (vgl. dazu z.B. FROTZ, 142/3 und wohl auch im französischen Recht (vgl. DALLOZ, N 37 ff.). 119

Sehr unterschiedlich sind auch die Rechtsfolgen des Gutglaubensschutzes ausgestaltet, wobei aber allgemein die schon im schweizerischen Recht vorgefundenen Fallgruppen – heilende Wirkung (vgl. oben N 96 ff.) und mildernde Wirkungen (vgl. oben N 101 ff.) – wieder anzutreffen sind. Auch diesbezüglich kann hier nur auf die einschlägige ausländische Literatur verwiesen werden (vgl. oben N 105). 120

Art. 4 ZGB

Wo das Gesetz den Richter auf sein Ermessen oder auf die Würdigung der Umstände oder auf wichtige Gründe verweist, hat er seine Entscheidung nach Recht und Billigkeit zu treffen.

III. Richterliches Ermessen

Le juge applique les règles du droit et de l'équité, lorsque la loi réserve son pouvoir d'appréciation ou qu'elle le charge de prononcer en tenant compte soit des circonstances, soit de justes motifs.

III. Pouvoir d'appréciation du juge

Il giudice è tenuto a decidere secondo il diritto e l'equità quando la legge si rimette al suo prudente criterio o fa dipendere la decisione dall'apprezzamento delle circonstanze, o da motivi gravi.

III. Apprezzamento del giudice

Materialien	Schweizerisches Zivilgesetzbuch, Erläuterungen zum Vorentwurf des Eidgenössischen Justiz- und Polizeidepartements, Erster Band: Einleitung, Personen-, Familien- und Erbrecht, 2. Ausgabe Bern 1914, von EUGEN HUBER (zitiert: Erläuterungen)
	Botschaft des Bundesrates an die Bundesversammlung zu einem Gesetzesentwurf enthaltend das Schweierische Zivilgesetzbuch vom 28. Mai 1904, BBl 1904 IV 1 ff. (zitiert: Botschaft)
	Sten.Bull. NR 1906, 1034 ff.
	Bericht der Redaktionskommission des Zivilgesetzbuches an die Bundesversammlung vom 20. November 1907, BBl 1907 VI, 367 ff.
Ausländisches Recht	Vgl. Vorbemerkungen zu Art. 1 und 4 ZGB, N 261 ff.
Literatur	Vgl. Vorbemerkungen zu Art. 1 und 4 ZGB

Inhaltsübersicht
Rz

A.	**Allgemeines**	1
I.	Gegenstand und Anwendungsgebiet	1
II.	Stellung von Art. 4 im Rahmen der Rechtsfindung	6
III.	Abgrenzungen	9
	1. Zu Art. 1 ZGB	9
	2. Zu Art. 2 ZGB	15
	3. Zu «equity»	19

Art. 4

	4.	Zum vertraglichen Ermessen	22
		a) Ermessen und Vertrag	22
		b) Billige Würdigung des Vertrags	24
		c) Vertraglicher Ermessensentscheid	28
		d) Eingriff in Vertragsverhältnisse	31
	5.	Zur Beweiswürdigung nach freiem Ermessen	34
B.	**Verweisung des Gesetzgebers an den Richter**		**39**
I.	Priorität des Gesetzes		39
	1.	Kompetenzdelegation	39
	2.	Inhalt der Delegationskompetenz	42
	3.	Der Richter	45
II.	Delegationsfälle gemäss Art. 4 ZGB		50
	1.	Allgemeines	50
	2.	Ermessen	53
	3.	Würdigung der Umstände	58
	4.	Wichtige Gründe	63
	5.	Weitere Verweise	68
C.	**Entscheid nach Recht und Billigkeit**		**72**
I.	Recht und Billigkeit		72
	1.	Verhältnis Recht zu Billigkeit	72
	2.	Verhältnis «Recht und Billigkeit» zu Ermessen	76
	3.	Grenzen der Billigkeitsentscheidung	78
		a) Wortlaut?	78
		b) Willkür	81
II.	«Recht und Billigkeit» und Methode		83
	1.	Ermittlung der ratio legis	83
	2.	Bezug zum Regelungsbedarf	89
	3.	Methodische Folgerungen	94
	4.	Umstrittene Methoden	101
		a) Rein sprachliche Methode	101
		b) Unabhängigkeit vom Gesetz	103
		c) Subjektiv-historische Methode	105
		d) Methodenkanon	106
III.	Bestandteile des Billigkeitsentscheides		108
	1.	Elemente des Billigkeitsentscheides	108
		a) Sprachliches Element	108
		b) Systematisches Element	112
		c) Historisches Element	116
		d) Teleologisches Element	118
	2.	Insbesondere realistische Elemente	120
	3.	Insbesondere wertende Elemente	127
		a) Wertung und Rechtssicherheit	127
		b) Wertung kollidierender Interessen	131
		c) Wertungen der Rechtsordnung	135
		d) Ethische Gesichtspunkte	137
		e) Ergebniskontrolle	138
	4.	Verfassungsbezug	139
	5.	Argumentationsfiguren	141
	6.	Hilfsmittel	145

Art. 4

A. Allgemeines

I. Gegenstand und Anwendungsgebiet

a) Der Gegenstand von Art. 4 ZGB hängt sehr eng mit jenem von Art. 1 zusammen. Verschiedene Gesichtspunkte, welche beide Artikel betreffen, sind deshalb in den gemeinsamen Vorbemerkungen enthalten. Namentlich kann auf folgendes verwiesen werden: 1

– Für das rechtstheoretische *Umfeld* des Gegenstands von Art. 4 und 1, namentlich die Hauptbezüge Sollen–Sein–Gesetz auf N 1 ff.; 2
– für eine Zusammenfassung der inhaltlichen *Kernaussagen* zu den Rechtsquellen auf N 20 ff.;
– zur richterlichen Aufgabe auf N 41 ff.;
– zur Methodik auf N 56 ff. und 198 ff.;
– für den *historischen und theoretischen Kontext* schliesslich auf N 127 ff.;
– für den *Adressaten* von Art. 4 und 1 sowie für die Art, wie derselbe vom Gesetz angesprochen wird, auf N 61 ff;
– für diverse *Abgrenzungen* schliesslich, namentlich gegenüber Art. 2 Abs. 2 ZGB, auf N 71 ff.

b) Das *Anwendungsgebiet* von Art. 4 ist, wie auch jenes von Art. 1 ZGB, Bundesprivatrecht, wofür im einzelnen ebenfalls auf die Vorbemerkungen verwiesen wird (N 101 ff.). 3

Gleichwohl bestehen Bezüge auch zu Bereichen ausserhalb des Bundesprivatrechts (Vorbemerkungen N 111 ff.). Vor allem ist darauf hinzuweisen, dass die in Art. 4 ZGB thematisierte Ermessensentscheidung eine gewichtige Problemstellung des Verwaltungsrechts darstellt. Dort von Bedeutung ist namentlich die Abgrenzung zwischen dem Ermessensspielraum einerseits und der Anwendung des unbestimmten Rechtsbegriffs anderseits (vgl. dazu etwa U. HÄFELIN/G. MÜLLER, Grundriss des Allgemeinen Verwaltungsrechts, 2. A. Zürich 1993, N 361 ff.; LENDI, Legalität, 87 ff.; BERTOSSA, insbes. 92 f. Hiezu auch unten N 11 f.). 4

c) Die Aufteilung in Vorbemerkungen einerseits und Artikelkommentierung anderseits wird nicht einzig deshalb vorgenommen, weil es dort um gemeinsame Aspekte der beiden Artikel geht, sondern ebenso aus einem anderen Grund: Während die eigentliche Kommentierung von Art. 4 beziehungsweise 1 ZGB den Absätzen beziehungsweise Begriffen des Gesetzestextes folgt und vor allem dem Praktiker eine Lokalisierung einer spezifischen Einzelfrage erleichtern soll, be- 5

Art. 4

inhalten die Vorbemerkungen allgemeinere, grundsätzlichere und vielfach auch abstraktere Gesichtspunkte (vgl. auch Vorbemerkungen N 201 ff.; Art. 1 N 6).

II. Stellung von Art. 4 im Rahmen der Rechtsfindung

6 a) Zur Thematik der Rechtsfindung im grundsätzlichen kann auf die Vorbemerkungen verwiesen werden (N 1 ff.); insbesondere wie sie aus *heutiger* Sicht zu verstehen ist (N 198 ff.). Im Kern geht es darum, dass sich Rechtsfindung vom Paradigma der «Anwendung» eines Imperativs gelöst hat und sich mehr und mehr als hermeneutischer Vorgang in facettenreicher Zirkularität versteht, die ihrerseits aus verschiedenen Elementen besteht, wie etwa aus dem Gesetzeswortlaut, der Systematik, der ratio, aber ebenso aus dem Verbindlichkeits*anspruch* der Gesetzestextlichkeit, aus dem Richter selbst und nicht zuletzt aus dem realistischen Element des Sachverhalts mit seinem gesamten engeren und weiteren Umfeld (Vorbemerkungen N 207 ff.; vgl. auch Art. 1 N 147 ff., 508 ff.).

7 b) Ausgehend von diesem grundsätzlich *unscharfen* Rechtsfindungsverständnis stellt die Ermessensbetätigung des Richters im «gelockerten» Rahmen des Art. 4 ZGB kein Sonderproblem dar. Dies wäre (und war; Ogorek, Richterkönig) unter dem positivistischen Blickwinkel einer analytischen Deduktion von der Norm auf den Sachverhalt anders: Dort müsste sich der «freie» Entscheid nach «Recht und Billigkeit» als Fremdkörper verstehen, als markante Ausnahme vom Modell des Richters, der das Gesetz getreulich ausführt (Ogorek, Richterkönig, 132 f.; Walter Ott, Rechtspositivismus, 115 f.; vgl. auch Vorbemerkungen N 65 ff. mit Verweisen).

8 Aus heutiger Sicht umschreibt Art. 4 ZGB letztlich das, was der Richter *immer* tut, wenn er Rechtsfindung tätigt; jedenfalls was die Aufgabenstellung als solche betrifft: Er stellt den Bezug her zwischen Sein und Sollen anlässlich des konkreten Konfliktfalls (Vorbemerkungen N 207 ff.). Das Spezifische von Art. 4 ZGB liegt nicht im Grundsätzlichen, sondern auf einer untergeordneten Ebene, nämlich bei den Gegebenheiten des konkreten Anwendungsfalls: Hier zeigt sich, dass das *Element* des Gesetzes fehlt; und dies erst noch in einer spezifischen Form. Das Gesetz fehlt nicht wegen einer planwidrigen Lücke oder gar wegen einer formulierungsmässigen Unsorgfältigkeit; also nicht aus einem Grund, der den Geltungsanspruch des Gesetzes als solchen aufrechterhält (vgl. Art. 1 N 75 ff.). Vielmehr fehlt das Element Gesetz deshalb, weil das Gesetz selbst dies so will.

III. Abgrenzungen

1. Zu Art. 1 ZGB

a) Die soeben ausgeführte Besonderheit macht auch den Unterschied zu Art. 1 ZGB aus. Namentlich dessen Absätze 1 und 2 bringen die Dominanz des *Gesetzes* zum Ausdruck; dies namentlich auch dort, wo dieses ausnahmsweise versagt. Da soll der Richter sich möglichst unter die *gesetzliche* Rechtsordnung fügen; wenn nicht unter das geschriebene, so doch unter das ungeschriebene *Gesetz* (nämlich das Gewohnheitsrecht, vgl. Art. 1 N 417 ff., 439 ff.).

Anders bei Art. 4 ZGB. Hier hat der Richter zwar ebenfalls gewisse Kriterien zu beachten, nämlich «Recht und Billigkeit», gerade nicht aber die *gesetzlich* manifestierte Sollensordnung.

b) Im selben Zusammenhang steht die Abgrenzung zwischen den Ermessensentscheiden gemäss Art. 4 ZGB und dem *unbestimmten Rechtsbegriff* beziehungsweise der *Generalklausel*. Letztere wollen «*angewendet*» werden, wobei die Besonderheit darin liegt, dass der Subsumtionsvorgang *sehr* grossen Konkretisierungsbedarf enthält (z.B. BGE 119 V 51 [54 f.]: «aus ähnlichen Gründen»; 116 II 15 [17 ff.] betreffend «Unzumutbarkeit» beziehungsweise «Zerrüttung» im Eherecht). Die Norm ist überdurchschnittlich weit weg vom Sachverhalt; man könnte auch von einer «vertikalen» Lücke zwischen Norm und Sachverhalt sprechen oder von einer Lücke «infra legem» (Art. 1 N 311 f.). – Beim Ermessensentscheid dagegen ist die Lücke «horizontal». Es *fehlt* eine Norm, die es anzuwenden und notfalls auszulegen gälte; die Normsetzungskompetenz ist an den Richter delegiert.

Aus heutiger methodologischer Sicht ist dieser Unterschied nichts anderes mehr als klassifikatorische Systematisierung. Praktische Unterschiede zwischen der Konkretisierung einer allgemeinen Norm einerseits und (pflichtgemässer) Ermessensbetätigung anderseits sind kaum auszumachen, und eine theoretisch unterschiedliche Kategorisierung ist ohnehin nicht zu begründen (Vorbemerkungen N 198 ff., 207 ff.; Art. 1 N 7 f., 87 ff., 282 ff.). Jedenfalls zeigt sich, dass entgegen teilweise noch immer vertretenen theoretischen Unterschieden die Praxis zumindest sehr fliessende Übergänge kennt.

So wird oft auf die Kriterien von Art. 4 ZGB verwiesen, also auf Recht und Billigkeit, obwohl die «Kategorien» der sogenannten Erkenntnislücken oder der echten Lücken praeter legem vorliegen, Fälle also, die nach theoretischer Unterscheidung unter Art. 1 Abs. 2 ZGB fallen «müssten» (Art. 1 N 291, 310 ff.): SJ 1993, 530 ff., zur Frage, wann eine Aufhebung des Miteigentums «zur Unzeit» im Sinn von Art. 650 Abs. 3 ZGB erfolge; BGE 118 II 50 (55) betreffend dringenden Eigenbedarf im Sinne des Mietrechts; 111 II 48 (50) zum Interesse auf Grundbucheinsicht im Sinn

Art. 4

von Art. 970 Abs. 2 ZGB; ebenso BGE 112 II 422 (426); in BGE 99 II 129 (130) wird der Begriff der Schuld gemäss Art. 151 ZGB nach den Ermessenskriterien von Art. 4 «ausgelegt»; ähnlich BGE 98 II 9 (13) betreffend Art. 152 ZGB und BGE 74 II 1 zu Art. 148 ZGB; ebenso BGE 123 III 110 betreffend Beurteilung des adäquaten Kausalzusammenhangs. Besonders deutlich wird die Verwischung der Grenzlinie dort, wo eine gesetzliche Norm sowohl unbestimmte Rechtsbegriffe als auch eindeutige Delegationen an den Richter enthält, wie bei Art. 165 ZGB: Festlegung einer angemessenen Entschädigung für ausserordentliche Beiträge eines Ehegatten im Beruf oder Gewerbe des andern; vgl. dazu BGE 120 II 280.

14   c)   Die soeben erwähnten fliessenden Übergänge zwischen gesetzesbezogener und delegierter Rechtsfindung des Richters beschränken sich nicht bloss auf Gesetzeskonstellationen, die wegen ihrer offenen Formulierung der Delegation gemäss Art. 4 ZGB nahe kommen. Vielmehr zeigt sich darin eine heute insgesamt doch vorherrschende methodologische Erkenntnis: nämlich dass der Richter im *Grundsätzlichen* stets dieselbe Funktion innehat, ob nun eine Gesetzesbestimmung vorliege oder nicht, ob diese restlos klar sei oder gar ob der Gesetzgeber eindeutig auf eine normative Aussage verzichte (Vorbemerkungen N 56 ff., 207 ff.; Art. 1 N 263 ff.). Die Abgrenzung von Art. 4 zu Art. 1 ZGB ist also *keine* grundsätzliche. Vielmehr liegt bloss ein spezieller Anwendungsfall von «allgemeiner» richterlicher Rechtsfindung vor. Insofern würde sich Art. 4 ZGB systematisch konsistenter als zweiter oder dritter Absatz von Art. 1 ZGB einfügen; dies ja auch der Grund der gemeinsamen Vorbemerkungen zu den Art. 1 und 4 ZGB (vgl. etwa auch die gemeinsame Abhandlung der beiden Artikel bei RIEMER, Einleitungsartikel).

2.   Abgrenzung zu Art. 2 ZGB

15   a)   Zwischen die (wie soeben dargestellt, N 14) «zusammengehörenden» Art. 1 und 4 ZGB schiebt sich Art. 2 (mit dem «zugehörigen» Art. 3) ZGB. Zur Abgrenzung zwischen Art. 2 (vor allem dessen Abs. 2) einerseits und Art. 1 beziehungsweise 4 ZGB anderseits vergleiche Vorbemerkungen N 71 ff.

16   b)   Spezifischer lautet die Frage nach der Abgrenzung zwischen Art. 2 Abs. 2 ZGB und der besonderen Norm des Art. 4 ZGB. Denn diese *beiden* Artikel enthalten ausgeprägte Unschärferelationen; weisen auf mehr–weniger im Gegensatz zu entweder–oder hin, auf richterliche Flexibilitäten mithin.

17   Der Unterschied liegt zunächst rein auf dogmatischer Ebene: Die Flexibilität gemäss Art. 2 Abs. 2 ZGB versteht sich als Notventil für den Fall, dass die Rechtsfindung gemäss Art. 1 ZGB ausnahmsweise zu einem *unerträglichen* Resultat führen würde. Entsprechend hoch sind die Anforderungen an den «Ein-

Art. 4

griff» durch Art. 2 ZGB (BAUMANN, Art. 2 N 14b, 21, 244; Art. 1 N 320 ff., Vorbemerkungen N 77). – Demgegenüber hält Art. 4 ZGB den betreffenden Regelungsbedarf von *vornherein* frei von gesetzlichen Randbedingungen. Letztere *können* also erst gar nicht zu einer solchen Unerträglichkeit führen, hier *kann* es das Notventil gemäss Art. 2 ZGB gar nicht brauchen (vgl. auch MEIER-HAYOZ, Berner Kommentar, Art. 4 N 23 f.).

Diese dogmatische Unterscheidung ist aus heutiger methodologischer Sicht zu relativieren. Das Notventil ist heute gleichsam automatisch eingebaut, indem «Anwendung» des Gesetzes stets eine Auseinandersetzung mit diesem impliziert, und zwar in einem wesentlich «kritischen» Sinn (so schon die 2. Auflage, Art. 1 N 18 f.; ausführlich dazu auch HUWILER, insbes. 86 ff., 90 ff.; vgl. Art. 1 N 28 ff., 109). Gleichwohl ist der Unterschied nicht bedeutungslos; er ist bloss seinerseits unschärfer geworden. Das Element Gesetz, das einen starken Geltungsanspruch erhebt, so stark, dass es eigens ein gesetzliches Notventil gegen sich selbst vorsehen *muss*, ist als Rechtsfindungselement nach wie vor ernst zu nehmen (im einzelnen Art. 1 N 75 ff.). Und *dieses* Element fehlt bei Art. 4 ZGB. 18

3. Abgrenzung zu «equity»

a) Eine Abgrenzung oder vielmehr das Aufzeigen von Parallelen zu «equity» der englischen Rechtstradition kann hier nur kurz gestreift werden, ist aber gleichwohl hilfreich für das Verständnis von «Recht und Billigkeit» gemäss Art. 4 ZGB (vgl. auch Vorbemerkungen N 266 ff.; zur Ähnlichkeit mit «Billigkeit» gemäss Art. 187 Abs. 2 IPRG vgl. HEINI, Art. 187 N 7 ff., in: A. Heini/M. Keller/K. Siehr/ F. Vischer/P. Volken [Hrsg.], IPRG Kommentar, Kommentar zum Bundesgesetz über das Internationale Privatrecht [IPRG] vom 1. Januar 1989, Zürich 1993). 19

b) Equity umschreibt in einem sehr weit verstandenen Sinn, was landläufig Gerechtigkeit, Billigkeit, «natural justice» ist (POSNER, 522; HORWITZ, 16 f.; DWORKIN, 35 f.); liegt insoweit eher im Bereich der Moral und nicht (auch) des Rechts (POSNER, 479). Aus der hier interessierenden methodologischen Fragestellung entspricht dies weitgehend dem ethischen Rechtsfindungselement (Art. 1 N 214 ff.). Dieses Element ist naturgemäss schwerer greifbar, gibt kaum je *konkrete* Antworten, bewirkt im wesentlichen einzig, den Richter an seine Beziehung zur *Sollens*ordnung zu erinnern, und zwar im Sinn der *Aufgabenstellung*, nicht des Lösungsvorschlags. *Dieser* Aspekt von equity ist in Art. 4 ZGB nicht spezifisch verankert; er gehört genau gleich auch zu Art. 1 ZGB (Vorbemerkungen N 43 ff.; Art. 1 N 28 ff., 109). 20

Art. 4

21 Equity besitzt aber auch eine engere Bedeutung im Rahmen des common law. Das aus kontinentaleuropäischer Optik gesehene *besondere* Merkmal des common law liegt nicht – wie bisweilen vermutet wird – darin, dass der Richter ohne Gesetz und deshalb «frei» entscheiden würde. Vielmehr ist er eingebunden in das *common* law, das *Gemeine* der Gerichtspraxis; dieses Stabilitätselement ist zwingend vorgegeben (Vorbemerkungen N 269, Art. 1 N 484; HART/SACKS, 113 ff., 397 ff. mit weiteren Verweisungen). Demgegenüber hatten und zum Teil haben nun bestimmte Gerichte die Möglichkeit, dieses gemeine Recht seinerseits in Frage zu stellen, solche Gerichtsgewohnheiten bewusst zu ändern, gleichsam *über* das commom law zu richten; und hiefür stützen sie sich auf den «body of rules» der *equity* (so namentlich historisch der dem *König* unmittelbar zugeordnete «Court of Chancers», vgl. HORWITZ, 17 mit Hinweisen). Diese equity ist Teil der *rechtlichen* Sollensordnung, ohne aber in die Präzision des common law eingebunden zu sein. Sie ist methodologisches Pendant zur Distanznahme des kontinentaleuropäischen Richters gegenüber dem Gesetz, indem dieser sich des zirkulären Verstehensprozesses bewusst wird (Vorbemerkungen N 207 ff., 217 f.). Gleich wie equity Recht ohne Gewohnheitsrecht ist, ist «Recht und Billigkeit» gemäss Art. 4 ZGB Recht ohne Gesetz.

4. Abgrenzung zum vertraglichen Ermessen

22 a) **Ermessen und Vertrag.** Eine allgemeine begriffliche Assoziation zwischen Ermessen und Vertrag mag zum Verständnis von Vertragsermessen im Sinn der *Privatautonomie* führen: Es ist dem *Ermessen* des Rechtssubjekts anheim gestellt, was es zum Inhalt eines Vertrags erhebt: Weder objektive Richtigkeit noch auch nur Vernünftigkeit ist vorausgesetzt (Art. 19 OR; vgl. dazu KRAMER in: Berner Kommentar, Art. 19–22 OR, Bern 1991, Art. 19–20 N 23 ff.). Dieser Begriff von vertraglichem Ermessen hat mit der Thematik von Art. 4 ZGB nichts zu tun (Vorbemerkungen N 100).

23 Anderseits ist nicht zu verkennen, dass die Thematik des Art. 4 ZGB, nämlich das *richterliche* Ermessen im Rahmen der Rechtsfindung, inhaltliche Parallelen zu jenem vertraglichen Ermessen aufweist: Das letztere thematisiert die in sich selbst gegründete, dezentral verabsolutierte Eigenständigkeit der subjektiven Privatautonomie – und bejaht diese zumindest dem Grundsatz nach (KRAMER, a.a.O., Art. 19–20 N 35 f., 40 f.; Art. 27 ff. ZGB). Art. 4 ZGB thematisiert die vom Gesetz losgelöste Eigenständigkeit der *richterlichen* Rechtsfindung – und lässt sie mit Vorsicht und methodologischen Auflagen zu.

24 b) **Billige Würdigung des Vertrags.** Näher bei der Thematik von Art. 4 ZGB ist die Würdigung eines unklaren Vertrags durch den Richter. Hier wie dort kann

es nicht um die «Anwendung» einer normativen Vorgabe, nicht um einen deduktiven Vorgang gehen, sondern um einen wesensmässig unscharfen, kognitiven, diskursiven Mechanismus. Insofern bestehen gewichtige Parallelen zwischen dem Umgang des Richters mit dem Gesetz und der Interpretation von Verträgen (sowie von Gesamtverträgen, Statuten etc., Art. 1 N 142). Deren rechtstheoretische und methodologische Durchdringung wird namentlich im Zusammenhang mit Rechtsquellentheorien debattiert (Vorbemerkungen N 100 mit Verweisen; ZELLER, § 23 N 27 ff.; zum Formular als «verkannte Rechtsquelle» BAUMANN/WALDER; BÜHLER, Rechtsquellenlehre, Bd. 2, 112 ff.; unten N 37 f.).

Wo im Rahmen der Vertragsinterpretation Aspekte von richterlichem Ermessen wie auch von Billigkeit aufscheinen, geschieht dies regelmässig als Ausfluss des in der Vertragsdogmatik wichtigen Vertrauensprinzips (KRAMER in: Berner Kommentar, Art. 1–18 OR, Bern 1986, Art. 1 N 39 ff., insbes. 42). Dies ist nun aber sehr wesentlich auf die gegenseitig diskursive Beziehung der Vertragsparteien bezogen; zwar durchaus mit objektivierenden Elementen, namentlich etwa «Treu und Glauben *im Geschäftsverkehr*» (statt vieler KRAMER, a.a.O., N 60) oder geläufige Handelsgebräuche (vgl. BGE 122 III 106 [109]; vgl. auch Art. 1 N 455), diese jedoch wiederum auf das Interparteilich-Relative bezogen. Kriterien objektiver Richtigkeit beziehungsweise der inhaltlichen Kontrolle finden konsequenterweise keinen Platz.

Insofern besteht ein Unterschied zur Rechsfindung gemäss Art. 4 ZGB. Zwar kommen auch hier relational-diskursive Gesichtspunkte zum Tragen; desgleichen aber *zusätzlich* Bezüge zur (auch) objektiven Grösse «Recht». Es geht eben nicht um Problemlösungen im Bereich der dezentral eigenständigen Parteiautonomie (oben N 23); sondern um solche im Tätigkeitsbereich des *Richters*, der anlässlich des Einzelfalls eine Beziehung des Seins zum «objektiven» Sollen herstellen muss (Vorbemerkungen N 207 ff.).

Die heutige Methodenlehre muss allerdings auch diesen Unterschied mehr und mehr verschwinden lassen. Eine konsequente Abkehr vom Objektivitäts- und damit vom Anwendungsdenken lässt eben auch die richterliche Rechtsfindung als einen relational-diskursiven Mechanismus erscheinen. Denn das ehedem «*anwendbare*» Gesetz wird erkannt als ein genau gleich aprioristisches, dezentral verabsolutiertes, genau gesehen willkürliches Element, wie es eben die Parteiautonomie darstellt. Und gleich wenig wie sich Privatautonomie letztlich auf Grundwerte zurückführen lässt, kann das Gesetz oder die weitere positive Rechtsordnung prioritäre Geltung beanspruchen (Vorbemerkungen N 12 ff., 148 ff.; DÜRR, diskursives Recht, 124 f.). Übrigens scheint sich gleichsam als Korrelat hiezu die neuere Gerichtspraxis stets bewusster auch inhaltlichen Vertragskontrollen zuzuwenden (BGE 123 III 292 [297 f. mit Verweisen]; vgl. auch nachstehend N 31 ff.).

Art. 4

28 c) **Vertraglicher Ermessensentscheid.** Die richterliche Würdigung eines Vertragsverhältnisses kann seinerseits vertraglich vorgesehen sein. Anwendungsfälle hievon sind etwa salvatorische Vertragsklauseln oder auch die vereinbarte Unterbreitung kontroverser Vertragspunkte an einen Schlichter oder den Richter (vgl. Beispiele bei MEIER-HAYOZ, Berner Kommentar, Art. 4 N 25 ff.).

29 *Soweit* ein solcher Fall vorliegt – also nicht wenn es um die gewöhnliche richterliche Beurteilung eines vertragsrechtlichen Streitfalls geht – wird der Richter das zu suchen und zu finden haben, was «recht» ist. Er wird den «richtigen» Vertragsinhalt definieren müssen, der insofern gar nicht mehr *Vertrags*inhalt ist. Diese Funktion kommt jener des Richters gemäss Art. 4 ZGB sehr nahe (MEIER-HAYOZ, Berner Kommentar, Art. 4 N 27).

30 Die in neuerer Zeit auch in der Schweiz bekannter gewordene Streiterledigung durch Mediation kann je nach näherer Ausgestaltung ebenfalls zur hier erörterten vertraglichen Ermessensbetätigung gerechnet werden (statt vieler ROGER FISHER/WILLIAM L. URY/BRUCE PATTON, Das Harvard-Concept, 14. A. 1995; BREIDENBACH; Vorbemerkungen N 277 mit Verweisen); jedenfalls was die entsprechende Methodik betrifft. In aller Regel liegt das Spezifische der Mediation indes darin, dass der Druck der allfälligen *Entscheidung* fehlt; dass die Mediation nur als *solche* reüssieren will, nicht bloss um das Urteil zu vermeiden (zum *Dilemma* des Entscheidungszwangs vgl. WEIMAR, Dimensionen, 169 ff.).

31 d) **Eingriff in Vertragsverhältnisse.** Schliesslich kann sich die Frage stellen, wie weit es dem Richter im Spielraum gemäss Art. 4 ZGB erlaubt sei, fehlende Vertragsteile nach eigenem Ermessen zu ergänzen oder kontroverse Inhalte zu ändern. Nach den allgemeinen Lehren des Privatrechts kann der Richter nur ausnahmsweise Vertragslücken schliessen, so etwa bei vorbehaltenen *Neben*bestimmungen (Art. 2 Abs. 2 OR). Fehlen Hauptpunkte, so wird der Richter einzig das Fehlen von Vertragskonsens feststellen können (vgl. etwa JÄGGI in: Zürcher Kommentar, Art. 1–17 OR, Zürich 1973, Art. 2 N 3, 32 ff.; KRAMER in: Berner Kommentar, Art. 1–18 OR, Bern 1986, Art. 2 N 3 ff.; BGE 119 II 347).

32 Gleichwohl sind Konstellationen möglich, bei denen die Gesichtspunkte «Recht und Billigkeit» auf Vertragsinhalte einwirken können, und zwar als Aufgabenstellung der richterlichen Rechtsfindung. Neben Fällen, wo Verträge selbst Hinweise in der Art von Art. 4 ZGB geben oder wo die Parteien nachträglich dem Richter entsprechende Kompetenzen erteilen (oben N 28 ff.; MEIER-HAYOZ, Berner Kommentar, Art. 4 N 25 ff.), ist vor allem an die unmittelbar unter Art. 4 ZGB fallenden Gesetzesbestimmungen zu denken, soweit sie auf Verträge wirken; etwa Art. 163 Abs. 3 oder 340a OR betreffend Herabsetzung der Konventionalstrafe (BGE 63 II 245 [247]; vgl. aber auch etwa ZR 91 [1992], Nr. 29), oder

betreffend gewisse Statutenbestimmungen (z.B. Art. 839 Abs. 2 und 842 Abs. 3 OR). Dies sind zunächst nichts anderes als Beispiele der in Art. 4 ZGB aufgezählten Fälle. Doch führt der Vertragskonnex zur spezifischen Fragestellung, ob das richterliche Ermessen hier im Sinn der allgemeinen «Objektivitäts»-Orientierung nach *Recht* und Billigkeit funktioniert, oder aber als diskursiv-relationaler Mechanismus, wie er im vertragsrechtlichen Vertrauensgrundsatz zum Ausdruck kommt.

Der hier vertretene methodologische Zugang wird nicht die eine oder andere Alternative wählen. Denn er erfasst im Rechtsfindungsvorgang *alle* relevanten Elemente; damit auch die je konkrete Vertragskonstellation. Und sie erfasst nichts *anderes* als Elemente; damit auch keine per se «geltende» Objektivität, höchstens die Ideal- und Realelemente des Rechts. Im so verstandenen Sinn wird Rechtsfindung gemäss Art. 4 ZGB im Bereich vertraglicher Konstellationen *sowohl* objektorientiert als auch intersubjektiv vorgehen (KAUFMANN, Hermeneutik, 341; vgl. auch Vorbemerkungen N 100). 33

5. Abgrenzung zur Beweiswürdigung nach freiem Ermessen

a) Die Regel der freien richterlichen Beweiswürdigung ist eine solche des Prozessrechts, während Art. 4 ZGB dem materiellen Recht zugehört; dort geht es um Sachverhaltsfeststellung, hier um Rechtsfindung und (vgl. statt vieler SJ 1969, 500 ff. [503]; BGE 122 III 219 [222]; DESCHENAUX, Einleitungstitel, 132 f.; MEIER-HAYOZ, Berner Kommentar, Art. 4 N 28 ff.; PERINI, 75). Nach dieser vertrauten Systematik ist die Abgrenzung also unproblematisch. Namentlich wird es klarerweise unzulässig sein, besondere Freiheiten in der Beweiswürdigung deshalb anzunehmen, weil es materiellrechtlich um einen Fall von Art. 4 ZGB geht (DESCHENAUX, Einleitungstitel, 132 f.; ENGLER, 92 ff.). 34

b) Anderseits sind aber auch gewisse Zusammenhänge zu beachten: So ist schon historisch festzustellen, dass mit der Betonung des richterlichen Ermessens auch eine allzu starke Bindung durch Beweisvorschriften des kantonalen Rechts verhindert werden sollte (EUGEN HUBER, Erläuterungen, Band 1, 28 f; vgl. auch MEIER-HAYOZ, Berner Kommentar, Art. 4 N 30 f.; ENGLER, 92 ff.; BGE 116 III 441 [444]). Sodann sind generell Einwirkungen des materiellen Rechts auf das Prozessrecht unserer Rechtsordnung vertraut; namtlich dort, wo das Bundesrecht dem kantonalen Prozessrecht Vorgaben macht (statt vieler Art. 158 ZGB, Art. 274a ff. OR, 343 OR), namentlich auch mit Bezug auf die sachverhaltsbezogene Beweiswürdigung (Art. 86 SVG). Und namentlich letztere lässt sich 35

Art. 4

nun durchaus als *rechtspolitisches* Korrelat zu entsprechend flexibel gestalteten materiellen Gesetzesvorschriften verstehen.

36 Es gilt aber auch generell zu beachten, dass die strikte Unterscheidung in materielles und Prozessrecht heute methodologisch relativiert wird (vgl. etwa HASENBÖHLER, 85). «Das» materielle Recht hat sich – pointiert ausgedrückt – in Methode aufgelöst; und damit in einen *prozeduralen* Mechanismus. Ferner funktioniert dieser nicht in sich geschlossen, sondern wesensmässig in ständiger Bezugnahme auf den Sachverhalt. Das bekannte Bild des Hin- und Herwanderns des Blicks zwischen Norm und Sachverhalt (dazu Art. 1 N 112 mit Verweis) bedeutet nicht nur eine Suche der für den Sachverhalt anwendbaren Norm, sondern ebenso eine prozedurale Gestaltung des Sachverhalts zwecks Relevierung für «seine» Norm (Vorbemerkungen N 207 ff.; Art. 1 N 167 ff.). Der Sachverhalt wird seinerseits «interpretiert» und damit zum eigentlichen Rechtsfindungselement; der *Sachverhalt* verwischt sich mit den *Umständen* des Streitfalls (anschaulich ZR 94 [1995] Nr. 46 zur Frage, wann ein wichtiger Grund für eine Abberufung des Verwalters durch die Stockwerkeigentümer im Sinn von Art. 712r ZGB vorliegt; dass dabei die gesamten Umstände zu berücksichtigen seien, auch Gründe ausserhalb gerade dieses Rechtsverhältnisses zwischen Stockwerkeigentümern und Verwaltung, die es alsdann zu «interpretieren» gelte; vgl. dazu auch GERMANN, Gesetzeslücken, 220; KAUFMANN, Hermeneutik, 339; TROLLER, Sein und Schein, 106 f.; SCHROTH, Hermeneutik, 350 ff.; ders., Wertneutralität).

37 Dieser Mechanismus umschreibt nichts anderes als die Operationsweise des realistischen Elements Sachverhalt. Dieses ist zwar generell bedeutsam (Art. 1 N 167 ff.; vgl. auch TROLLER, Sein und Schein, 109), bei der Billigkeitsentscheidung gemäss Art. 4 ZGB jedoch in besonderem Mass. Hier rückt das Sein sehr nahe zum Sollen, wird der Sachverhalt (beinahe) selbst zur Rechtsquelle. Und dies wiederum führt zur Frage, ob der Richter hier nicht eine grösstmögliche Freiheit im Umgang mit dem Sachverhalt haben muss; ob «iura novit curia» (Art. 1 N 428 mit Verweisen) hier nicht in die Sachverhaltsfeststellung und damit in das Beweisrecht hineinwirken müsste.

38 Weder Praxis noch Lehre scheinen einen solch fliessenden Übergang vom materiellen zum formellen Recht zu befürworten (BGE 122 III 219 [222]; LUHMANN, 295 f.; Hinweise bei KARL SPÜHLER, Wann sind Grundsätze der Lebenserfahrung allgemeine Rechtsgrundsätze? in: SJZ 93 [1997] 392 ff.) Auch im Bereich der Fälle von Art. 4 ZGB gilt das kantonale Prozessrecht grundsätzlich uneingeschränkt (DESCHENAUX, Einleitungstitel, 132; zu ausdrücklich positivierten Ausnahmen oben N 35). Anderseits ist der Richter zur Betätigung seines Ermessens gemäss Art. 4 ZGB in der Regel nicht auf präzis umschriebene Sachverhaltselemente angewiesen, die quasi unter präzise Normen zu subsumieren wären. Er

Art. 4

wird sich deshalb von jenen Sachverhaltselementen leiten lassen, die erstellt sind und *insoweit* sie erstellt sind. Dies wird praktisch gleichwohl auf eine grössere Flexibilität in der *Beweiswürdigung* hinauslaufen; was denn auch rechtspolitisch eine der Begründungen für den Ermessensentscheid nach Art. 4 ZGB gebildet hatte (EUGEN HUBER, Erläuterungen, Band 1, 29).

B. Verweisung des Gesetzgebers an den Richter

I. Priorität des Gesetzes

1. Kompetenzdelegation

a) Das in Art. 1 ZGB zum Ausdruck kommende Verständnis von Rechtsfindung räumt dem Gesetz eine *absolute* Geltungspriorität ein (Vorbemerkungen N 24; Art. 1 N 75 ff.; EUGEN HUBER, Erläuterungen, Band 1, 36; ALEX REICHEL, 4 f.; GMÜR, Berner Kommentar, 1. A., Art. 1 N 3; NIGGLI, 158). Dass es in Art. 1 Abs. 2 ZGB die Möglichkeit von Lücken anerkennt, ändert hieran nichts, ja diese Ausdrücklichkeit der Ausnahme unterstreicht die Regel: Offensichtlich braucht es die *gesetzliche* Ermächtigung des Richters, um solche Lücken zu füllen; aus *eigener* Kompetenz soll er dies offenbar nicht können (Art. 1 N 271). 39

b) Im Vergleich zur «Notlösung» der richterlichen Lückenfüllung gemäss Art. 1 Abs. 2 ZGB (Art. 1 N 261) ist die Richterkompetenz gemäss Art. 4 ZGB eine solidere; nicht eine behelfsmässige für ungeplante Notfälle, sondern eine eigenständige Grundkompetenz. Dort wo der Gesetzgeber gewisse Regelungsbedürfnisse ganz bewusst *nicht* selbst abdecken will, delegiert er die betreffende Kompetenz gleichsam originär an den Richter; «originär» natürlich nicht im Sinn einer absolut verankerten Kompetenz, denn auch diese basiert auf einer entsprechenden Delegation des *Gesetzes* (JÄGGI, Grundfragen, 161). 40

Die richterliche Kompetenz gemäss Art. 4 ZGB will also nicht ausserhalb der gesetzlichen Ordnung stehen. Sie basiert auf einer *vom Gesetz* freigegebenen Grundlage, und eben diese Freigabe umschreibt auch wieder die Randbedingungen. Die Wahrnehmung der delegierten Richterkompetenz operiert stets unter Bezugnahme darauf, welche Bereiche, welche Gesichtspunkte vom Gesetz nicht selbst geregelt werden und aus welchen Gründen dies geschieht. Diese Bezugnahme ist 41

Art. 4

naturgemäss weniger stringent wie etwa «Gehorsam», sie lässt sich eher als ein Sich-Auseinandersetzen mit dem Gesetz umschreiben. Genau dasselbe ist aber nach heutiger Methodenlehre das Merkmal von Rechtsfindung schlechthin (Vorbemerkungen N 207 ff.): Was der Richter dem Gesetz gegenüber tut, *ist* nicht gehorchen, sondern verstehen; dies nicht, weil er heute mehr aufbegehren würde als früher; sondern weil die wissenschaftstheoretische Hinterfragung erhellt, dass Gehorsam ohnehin bloss ein theoretisches Paradigma gebildet hat und bildet (Vorbemerkungen N 130 ff., 159 ff.; Art. 1 N 75 ff.).

2. Inhalt der Delegationskompetenz

42 a) Die durch Art. 4 ZGB delegierte Kompetenz des Richters beinhaltet die Befugnis, *selbst* zu entscheiden; ohne Bindung an das Gesetz – insofern gleicht die Kompetenz jener gemäss Art. 1 Abs. 2 ZGB (N 277); aber auch ohne die Auflage, modo legislatoris zu handeln – insofern unterscheidet sie sich von jener Bestimmung (dazu Art. 1 N 483 f.). Der Richter soll gleichsam *direkt* zur Entscheidung schreiten, nicht über den Umweg einer Normbildung; er soll kasuistisch entscheiden (MEIER-HAYOZ, Berner Kommentar, Art. 4 N 18; GERMANN, Gesetzeslücken, 218; DESCHENAUX, Einleitungstitel, 134 f.; RIEMER, Einleitungsartikel, § 4 N 123). Das Bundesgericht kleidet diese Aussage in die Formel, dass «alle wesentlichen Besonderheiten des konkreten Falles» zu beachten seien (z.B. BGE 116 II 145 [149], 115 II 30 [32]; 109 II 389 [391]). Konsequenterweise auferlegt sich das Bundesgericht eine gewisse Zurückhaltung, wenn es um Korrekturen solcher Ermessensurteile kantonaler Gerichte geht (BGE 119 II 197 [199], 122 III 262 [267]).

43 b) Dies entbindet den Richter natürlich nicht davon, *Recht* zu sprechen. Die Kompetenz, «direkt» zu entscheiden, impliziert nicht willkürliche Dezision. «*Recht* und Billigkeit» unterstreicht den Sollensbezug, der als Wesen der Rechtsfindung bewahrt werden muss. Freilich ist der Sollensbezug wenig greifbar, da hier die positive Rechtsordnung einerseits nicht helfen will (N 40); anderseits aber sonstige «Rechtsquellen» nicht zulässt (Vorbemerkungen N 32; Art. 1 N 474).

44 Zumal Rechtsquellen nicht zur Anwendung stehen, Objektivitätsbezüge also fehlen, kann die Komponente «Recht» einzig in der *Art* des richterlichen Operierens liegen; nicht darin, *was*, sondern *wie* entschieden wird. So verstand sich Art. 4 ZGB schon bei seinem Erlass; damals als auffällige Ausnahme im ansonsten positivistischen Umfeld (EUGEN HUBER, Recht, 139; ders., Erläuterungen, 13, obwohl Art. 4 ZGB im damaligen Vorentwurf noch nicht enthalten war); heute

indes durchaus entsprechend den allgemeinen methodologischen Erkenntnissen. Der Sollensbezug liegt generell nicht im objektiven Recht, sondern in der Methode. *Recht* wird aus heutiger Sicht stets nur als Mechanismus, nicht als Anwendung gesprochen (Vorbemerkungen N 161, 207 ff.; Art. 1 N 475). So gesehen gibt Art. 4 ZGB dem Richter keine besondere Kompetenz für spezielle Fälle; vielmehr umschreibt er das, was der Richter ohnehin tun sollte. Die Besonderheit liegt bei Art. 4 ZGB einzig noch darin, dass gleichsam «sachverhaltsmässig» der Geltungsanspruch des Rechts in der Ausformung eines formell erlassenen Gesetzes nicht vorliegt.

3. Der Richter

a) Inhaber der delegierten Kompetenz und damit gleichzeitig Adressat von Art. 4 ZGB ist der Richter. Zur Reichweite dieses Begriffs und zur Position des Richters im Rahmen der weiteren Rechtsordnung vergleiche Vorbemerkungen N 61 ff.   45

b) Zumal der Richter nichts *anwendet*, sondern eine eigenständige Ermessenskompetenz ausübt, gestaltet sich die Ausgangslage für allfällige Rechtsmittel entsprechend: Soweit er sein Ermessen überschreitet, also in den von Art. 1 ZGB abgedeckten Bereich eingreift, muss die allgemeine Rechtsmittelordnung gelten. Namentlich steht die Berufung an das Bundesgericht wegen Verletzung von Bundesprivatrecht zur Verfügung (Art. 43 OG; ENGLER, 5; MEIER-HAYOZ, Berner Kommentar, Art. 4 N 76).   46

Dasselbe muss gelten, wenn der Richter sein Ermessen unterschreitet. Denn das *Gesetz* will, dass der gesetzlich nicht normierte Regelungsbedarf *vollständig* durch Recht und Billigkeit «abgedeckt» wird (z.B. BGE 115 II 30 [34 ff.], 115 II 460 [462] ausdrücklich gegen zu starre Ermessenskriterien).   47

Nicht selbstverständlich ist dies für die Rüge, der Richter habe sein Ermessen nicht pflichtgemäss ausgeübt. Denn dies wäre ein Mangel im Rahmen der eigenständigen *richterlichen* Rechtsfindung, nicht der «*Anwendung*» des Bundesprivatrechts (Art 43 Abs. 2 OG). Gleichwohl gehen Praxis und Lehre davon aus, dass die bundesrechtlichen Rechtsmittel uneingeschränkt zur Verfügung stehen, wenn auch mit unterschiedlich abgestuften Zurückhaltungen des Bundesgerichts (vgl. HÄFLIGER, 86 ff. mit Verweisen; MAYER-MALY, Art. 4 N 29). Diese Gleichbehandlung mit anderen Fällen der Verletzung von Bundesprivatrecht ist durchaus konsistent angesichts der Erkenntnis, dass das anscheinend Besondere des richterlichen Ermessens letztlich genau gleich auch bei «gewöhnlicher» Gesetzesanwendung mitangelegt ist (Vorbemerkungen N 159 ff.; Art. 1 N 475).   48

Art. 4

49 Bei der Überprüfung von Ermessensentscheiden ist das Bundesgericht allerdings sehr zurückhaltend. Es schreitet nur dann ein, wenn die Entscheidung aufgrund von Umständen getroffen worden sei, die *keine* Rolle hätten spielen dürfen, oder wenn *wesentliche* Aspekte missachtet worden seien; denn die kantonalen Behörden würden die örtlichen Gegebenheiten und Gebräuche besser kennen und könnten sie deshalb im allgemeinen besser einschätzen als das Bundesgericht; vergleiche zum Beispiel BGE 118 II 50 (55), 117 II 6 (8 f.), 116 II 145 (149), 115 II 30 (32), 109 II 389 (391), 107 II 406 (410), 105 II 65 (66 f.), 83 II 356 (361). Hierin kommt zum Ausdruck, dass das Sachverhaltsmässige bei Art. 4 ZGB-Fällen doch besonders stark in das Matriellrechtliche hineinwirkt (oben N 34 ff.).

II. Delegationsfälle gemäss Art. 4 ZGB

1. Allgemeines

50 Art. 4 ZGB zählt drei Fälle auf, die denn= auch in privatrechtlichen Gesetzen oft wörtlich oder in ethymolgischer Verwandtschaft wiedergegeben werden, sich also dem Wortlaut nach (Art. 1 N 65 ff.) unter Art. 4 ZGB subsumieren lassen.

51 Die Aufzählung dieser drei Begriffe ist anerkanntermassen nicht eng auszulegen. Eine Entscheidung sei nicht nur dann nach Recht und Billigkeit zu treffen, wenn eine ausdrückliche Bestimmung des Gesetzes den Richter auf sein Ermessen, auf die Würdigung der Umstände oder auf wichtige Gründe verweist, sondern überall da, wo dem richterlichen Ermessen ein Spielraum gewährt werde (so z.B. BGE 94 II 342 [347]). Die Delegation an den Richter kann sich also auch aus anderen Gesetzesformulierungen ergeben, sofern nur eben die Delegation und nicht die Subsumtion zum Ausdruck kommt; sofern eine «Ermächtigungsnorm» und nicht eine «Sachnorm» vorliegt (DESCHENAUX, Einleitungstitel, 139; zur gleichen Unterscheidung hinsichtlich Art. 2 ZGB daselbst N 14; ferner MERZ, Berner Kommentar, Art. 2 N 29). Dieselbe Unterscheidung klingt auch dort an, wo man der Ermächtigungsnorm die «Generalklausel» oder den «unbestimmten Rechtsbegriff» gegenüberstellt (v.a. im Verwaltungsrecht, vgl. HÖHN, Methodik, 24; IMBODEN/RHINOW, Schweizerische Verwaltungsrechtsprechung, Band I, Basel/Stuttgart 1976, 406 f.). Die beiden letztgenannten Begriffe bringen einen relativ hohen Normkonkretisierungsbedarf zum Ausdruck, nicht aber eine eigenständige Norm*findungs*kompetenz. Stets also dann, wenn die Unschärfe der betreffenden Gesetzesnorm den normativen *Inhalt* offen lässt, gilt Art. 4 ZGB; wo es jedoch bloss noch einer individualisierenden Umsetzung einer inhaltlich vorgegebenen Norm bedarf, gilt Art. 1 ZGB.

52 So einleuchtend diese Unterscheidung sein mag, so schwierig kann sie im Einzelfall werden: Bekannt ist etwa bei Art. 2 ZGB die Debatte, *ob* eine Sachnorm

vorliegt (wofür der Wortlaut zu sprechen scheint) oder aber eine Ermächtigungsnorm (was heute überwiegend vertreten wird, vgl. BAUMANN, Art. 2 N 14a; MERZ, Berner Kommentar, Art. 2 N 22 ff., insbes. 31; HUWILER, 79). Schwierig ist die Unterscheidung nicht zuletzt auch deshalb, weil zwei der in Art. 4 ZGB aufgezählten Fälle, nämlich die «Würdigung der Umstände» und die «wichtigen Gründe» ihrerseits an eine Sachnorm anklingen; bloss das «Ermessen» des Richters artikuliert den Delegationsaspekt explizit (im einzelnen N 53, 58, 63). Schliesslich ist auch darauf hinzuweisen, dass die *Relevanz* der Unterscheidung – also ob nach Art. 1 oder 4 ZGB vorzugehen ist – methodologisch heute kaum mehr auszumachen ist. Wie noch näher dargelegt wird, entspricht das methodische Vorgehen des einen Artikels weitgehend jenem des andern (Feststellungen in diese Richtung schon bei MEIER-HAYOZ, Berner Kommentar, Art. 4 N 19 ff.).

2. Ermessen

a) Der expliziteste der drei in Art. 4 ZGB erwähnten Delegationsfälle ist der Verweis auf das richterliche Ermessen. Er positiviert ausdrücklich für den betreffenden Regelungsbedarf die Ermessenskompetenz des Richters. Es gibt zahlreiche Fälle, mit einem Schwergewicht im Obligationenrecht, wo entsprechend von «Ermessen», «freiem Ermessen», «billigem Ermessen» die Rede ist. 53

Statt vieler vgl. etwa Art. 339c Abs. 2 OR, wonach der Richter die Höhe der Abgangsentschädigung unter Würdigung aller Umstände nach seinem Ermessen festsetzen soll, wenn diese im Arbeitsvertrag nicht geregelt ist, dazu BGE 115 II 30; Art. 100 Abs. 2 OR, wonach der Richter einen zum voraus erklärten Verzicht auf Haftung für leichtes Verschulden unter gewissen Voraussetzungen nach seinem Ermessen für nichtig erklären kann, dazu BGE 112 II 450 (455 ff.); ferner z.B. Art. 706a Abs. 3 OR betreffend Kostenverlegung beim Entscheid über eine GV-Anfechtung; Art. 717 Abs. 2 ZGB im Bereich Drittschutz-Traditionsprinzip des Sachenrechts. 54

Bisweilen bringt das Wort «Ermessen» auch ein solches im Rahmen der richterlichen Beweiswürdigung zum Ausdruck (z.B. Art. 202 Abs. 2 OR). Hier geht es um ausnahmsweise Eingriffe des Bundesgesetzgebers in den prozessrechtlichen Hoheitsbereich der Kantone. Solche Ermessens-Verweise fallen nicht unter Art. 4 ZGB (vgl. auch oben N 34 ff.). 55

Nicht Fälle von Beweiswürdigung, sondern sehr wichtige Anwendungsfälle von Art. 4 ZGB sind Art. 43 Abs. 1 beziehungsweise Art. 99 Abs. 3 OR (BREHM in: Berner Kommentar, Art. 41–61 OR, Bern 1990, Art. 43 N 46). Diese Normen betreffend die Bestimmung des Schaden*ersatzes* delegieren weite Bereiche des wirtschaftlichen Ausgleichs aufgrund vertraglicher und nichtvertraglicher Beziehungen in die Kompetenz des Richters. Fraglich könnte sein, wieweit auch Art. 42 Abs. 2 OR betreffend Festsetzung des *Schadens* unter Art. 4 ZGB fällt. MEIER-HAYOZ (Berner Kommentar, Art. 4 N 61) und GERMANN (Ermessensentscheide, 346) verstehen die Bestimmung als reine Beweisregel, gleich wie etwa auch 56

Art. 4

Art. 717 Abs. 2 ZGB (vgl. auch DESCHENAUX, Einleitungstitel, 132 f.; BREHM, a.a.O., Art. 42 N 53). Dasselbe tut die höchstrichterliche Praxis (BGE 116 II 441 und 122 III 219 [222]). Dem ist insofern zuzustimmen, als der Verweis in Art. 42 Abs. 2 OR «auf den gewöhnlichen Lauf der Dinge» durchaus zu sachverhaltsbezogenen und damit eher zu Beweisbereichen gehört. Doch anderseits beinhaltet die Berücksichtigung der «vom Geschädigten getroffenen Massnahmen» doch ein klar wertendes Element, das sehr typisch zur «materiellen» Rechtsfindung gehört (Art. 1 N 188 ff.; vgl. auch HEINZ REY, Ausservertragliches Haftpflichtrecht, Zürich 1995, N 200 ff.). Zumindest zeigt sich hier die enge gegenseitige Verflechtung des anzuwendenden Rechts mit dem Sachverhalt als realistischem Element, die insbesondere im Bereich oder im Umfeld von Art. 4 ZGB zutage tritt; die anderseits aber für Rechtsfindung als solche und schlechthin typisch ist (vgl. den Hinweis bei Art. 42 Abs. 2 OR auf Art. 4 ZGB in der Textausgabe GAUCH, Zürich 1996; zur praktischen Relevanz in prozessualer Hinsicht vgl. 122 III 61 [65]; 122 III 219 [222 mit Verweisen]; KARL SPÜHLER, Wann sind Grundsätze der Lebenserfahrung allgemeine Rechtsgrundsätze? in: SJZ 93 [1997] 392 ff.; vgl. auch unten N 58 ff.).

57 b) Ebenfalls ein Hinweis auf das richterliche Ermessen im Sinn von Art. 4 ZGB sind die ethymologisch verwandten Begriffe «Angemessenheit» oder «angemessen» (z.B. Art. 47 OR, dazu BGE 121 III 252 und ZR 95 [1996] 196 ff., BGE 123 III 10; Art. 375 Abs. 2 OR, dazu BGE 115 II 460 [462]; 418u Abs. 1 OR; Art. 334 ZGB, dazu BGE 109 II 389 [391]; Art. 151 ZGB, dazu BGE 107 II 406 [410], 103 II 165 [169], 98 II 164 [166]; Art. 165 Abs. 1 ZGB) beziehungsweise «übermässig» (z.B. Art. 163 Abs. 3, 340a Abs. 2, Art. 839 Abs. 2, 842 Abs. 3 OR). Sie orientieren sich semantisch zwar weniger nach der entsprechenden *Ermessenskompetenz* des Richters als vielmehr nach materiellen Kriterien, nämlich nach Angemessenheit entsprechend den Umständen, nach Billigkeit etc. (N 58 ff., 63 ff.). Doch bringen sie gleichzeitig zum Ausdruck, dass es um *richterlich* festgestellte Angemessenheit geht; und dass das Massnehmen an etwas vonstatten gehen soll, zum Beispiel an «Umständen», schliesst ein Zuordnen zum *richterlichen* Ermessen keineswegs aus, sondern grenzt dieses bloss gegenüber Willkür ab (vgl. Art. 1 N 485 ff.).

3. Würdigung der Umstände

58 a) Rechtsfindung impliziert *immer* die Würdigung der Umstände (statt vieler vgl. TROLLER, Sein und Schein, 109; generell siehe Art. 1 N 112 ff.). Dies ergibt

sich schon daraus, dass es stets um einen konkreten Sachverhalt geht, der sich gleichsam «seine» Norm sucht, der die Übungsanlage des bekannten Hin- und Herwandern des Blicks stets wesensmässig in sich trägt (dazu Art. 1 N 112 mit Verweisen). Erst recht wird dies dort gelten, wo es zur Eruierung der anwendbaren Norm Auslegungs- oder gar Lückenfüllungsbedarf gibt, und unter anderem auch das «realistische» Element des Sachverhalts und seines weiteren Umfelds einen besonders starken Stellenwert erhält (Art. 1 N 167 ff., 516 f.).

b) Die in Art. 4 ZGB erwähnte Würdigung der Umstände hat indes eine andere, zumindest eine spezifischere Bedeutung. Schon rein die explizite Normierung dieses realistischen Elements und der Umstand, dass der Richter zu den betreffenden Fällen atypisch operieren soll (N 40), weist auf eine besondere Bedeutung hin: Diese liegt, wie weiter oben erörtert (N 42 ff.), in der Delegationsfunktion von Art. 4 ZGB. Es geht um jene Gesetzesnormen, welche dem Richter gleichsam die Umschreibung des *Normtatbestands* überlassen. Er soll festlegen, unter welchen Umständen die betreffende Rechtsfolge überhaupt eintreten soll (z.B. Art. 340a Abs. 1 OR). Geht es indes einzig um die Würdigung des konkreten *Sachverhalts*, kommt Art. 4 nicht zur Anwendung (womit auch die Berufung an das Bundesgericht ausgeschlossen ist, BGE 122 III 219 [222]; vgl. oben N 56); auch dann nicht, wenn der betreffende Gesetzesartikel ausdrücklich die «Umstände» erwähnt. Allerdings – wie bereits betreffend «Ermessen» erörtert (oben N 56) – ist diese Unterscheidung methodologisch ohnehin fragwürdig geworden: Die bei *jedem* Fall richterlicher Rechtsfindung geübte Befassung mit dem Sachverhalt ist nichts grundsätzlich Verschiedenes von der «Würdigung der Umstände» gemäss Art. 4 ZGB. Dies liegt umso näher, als Art. 4 ZGB keine besondere Art von Rechtsfindung einführen, sondern gegenteils die *gleiche* Art auch dort ermöglichen will, wo «die Flut des Lebens ... sich nicht restlos ... in feste Rechtsnormen» einfangen lässt (GERMANN, Ermessensentscheide, 363).

59

So fällt zwar nicht unter Art. 4 ZGB die Würdigung der Umstände zur Bemessung der richtigen Sorgfalt, um diese alsdann «*in Anwendung*» von Art. 333 Abs. 1 ZGB auf den konkreten Sachverhalt einwirken zu lassen. Doch erfasst die Bestimmung letztlich die gleichen Elemente, wie wenn der Richter im «Freiraum» der Umständewürdigung gemäss Art. 43 Abs. 1 OR nach «Recht und Billigkeit» entscheidet und *dabei* in Anwendung von Art. 4 ZGB handelt. Namentlich verwischt sich hier der oft hochgehaltene Unterschied zwischen dem «modus legislatoris» gemäss Art. 1 ZGB einerseits (Art. 1 N 478 ff.) und dem kasuistischen Vorgehen gemäss Art. 4 ZGB anderseits (N 42). Denn dort wird der Richter – um beim Beispiel von Art. 333 Abs. 1 zu bleiben – den umbestimmten Rechtsbegriff des «nach den Umständen gebotenen Sorgfaltsmasses» gleichsam durch Untertatbestände verfeinern. Da sich diese aber je bloss auf den konkreten *Fall* beziehen können (Art. 1 N 479), werden sie sich nach den Gegebenheiten *des konkreten Sachverhalts* richten. Schlussendlich zur *Anwendung* kommen wird also jener Tatbestand, den sich der Sachverhalt ausgesucht hat.

60

Art. 4

61 Beim kasuistischen Vorgehen gemäss Art. 43 Abs. 1 OR in Verbindung mit Art. 4 ZGB geschieht methodologisch fast dasselbe. Der Unterschied liegt einzig darin, dass der Blick zunächst beim Sachverhalt ansetzt und gleichsam «*in*» ihm und seinem Umfeld nach Kriterien sucht, die eine Entscheidung erlauben, die trotz Fehlen einer Gesetzesnorm nicht willkürliche Dezision sein soll; die also *sachgerecht* sein muss, eine Verbindung zwischen den Umständen des Falls und dem Thema Sollen herstellen soll. Sie geht induktiv an, was der modus legislatoris deduktiv tut. Und da nach heutiger Betrachtungsweise beide Zugänge um das Hin- und Herwandern des Blicks zwischen Sollen und Sein wissen, fallen Induktion und Deduktion hier letztlich zusammen (zur engen Verwandtschaft auch Riemer, Einleitungsartikel, § 4 N 74/6; vgl. auch Germann, Ermessensentscheide, 363; ders., Gesetzeslücken, 121, 218 ff.; Deschenaux, Einleitungstitel, 134). Die beiden Methoden müssen «nicht notwendigerweise verschiedene Entscheidungen» ergeben, sondern gar «in theoretischer Sicht» zum gleichen Resultat führen (Meier-Hayoz, Lücken, insbes. 154, 157 f.).

62 Anderseits legt das Bundesgericht wohl nicht zufälligerweise bei *induktiv* anzugehenden Normkonkretisierungen, also bei den «Anwendungsfällen» von Art. 4 ZGB, Wert auf möglichst individuell-massgeschneiderte Umständewürdigung; so etwa in BGE 115 II 30 (34 ff.), wonach der Richter bei einer Abgangsentschädigung im Sinn von Art. 339c Abs. 2 OR nicht strikt auf eine Skala abstellen dürfe; in BGE 115 II 460 (462), wonach bei der angemessenen Herabsetzung des Werklohns bei unverhältnismässiger Kostenüberschreitung gemäss Art. 375 OR ein starrer Schematismus abzulehnen sei; in BGE 122 I 101 (106 f.), in welchem der grundrechtlich anerkannte Anspruch auf Existenzsicherung zahlenmässig nicht starr gehandhabt werden dürfe; desgleichen in BGE 115 II 30 (32 ff.) betreffend Abgangsentschädigung. Die Bezugnahme des Norminhalts auf den Sachverhalt kann derart eng sein, dass die prozessual bedeutungsvolle Abgrenzung Rechtsfrage–Sachfrage durchaus heikel werden kann (vgl. BGE 122 III 61 [65 mit Verweisen], 123 III 241 [243]).

4. Wichtige Gründe

63 a) Die Delegationsfunktion des Verweises auf «wichtige Gründe» liegt in der grossen Offenheit der Formulierung; dies nicht in gradueller Hinsicht, wie sie bei jeder Generalklausel vorliegt (N 11); vielmehr in qualitativer Hinsicht, indem «Gründe» und deren «Wichtigkeit» jeder inhaltlichen Aussage entbehren. Das Gesetz bringt einzig zum Ausdruck, *dass* der betreffende Regelungsbedarf (zum Beispiel eine Namensänderung, Art. 30 ZGB, oder eine fristlose Auflösung des Arbeitsverhältnisses, Art. 337 OR) ein Thema sein *kann*; nichts aber darüber, *wie* der Richter entscheiden soll.

64 Gleich wie bei der Würdigung der Umstände muss der Richter auch hier den Normtatbestand definieren, unter dem er die betreffende Rechtsfolge auslöst (oben N 51 f., 59).

Anschauliches Beispiel für dieses Vorgehen ist BGE 116 II 145 (150) zur Frage der fristlosen 65
Auflösung des Arbeitsverhältnisses aus wichtigem Grund (Art. 337 OR): Eine fristlose Entlassung
sei nur bei besonders schweren Verfehlungen des Arbeitnehmers gerechtfertigt, welche einerseits
objektiv geeignet seien, die für das Arbeitsverhältnis wesentliche Vertrauensgrundlage zu zerstören
oder zumindest so tiefgreifend zu erschüttern, dass dem Arbeitgeber die Fortsetzung des Vertrages
nicht mehr zuzumuten sei, und die andererseits auch tatsächlich zu einer derartigen Zerstörung oder
Erschütterung des gegenseitigen Vertrauens geführt hätten. Wenn die Verfehlungen hingegen weniger
schwerwiegend seien, so müssten sie trotz Verwarnung wiederholt vorgekommen sein. Ob die
dem Arbeitnehmer vorgeworfenen Pflichtverletzungen die erforderliche Schwere erreichen, entscheide
sich dabei nicht allgemein, sondern hänge von den Umständen des Einzelfalls ab. – Das
Gericht definiert also zunächst eine gegenüber dem gesetzlichen Rahmen von Art. 337 Abs. 1 und
2 OR verfeinerte, aber noch immer generell-abstrakte Norm (handelt insofern genau gleich modo
legislatoris wie gemäss Art. 1 Abs. 2 ZGB). Die gleichsam letzte Überbrückung zwischen der so
eruierten Norm und dem Sachverhalt geschieht dann aber nicht mittels «Anwendung» von oben
nach unten im Sinn der *Sub*-sumtion, sondern durch Wertung des Sachverhalts im Sinn eines Hinaufrückens
zur Norm. Hierin liegt die durch Art. 4 ZGB unterlegte besondere Bewusstheit der
interaktiven Struktur von Rechtsfindung; eine grundsätzliche Besonderheit indes – etwa gegenüber
Art. 1 Abs. 1 und 2 ZGB – bedeutet dies nicht (Vorbemerkungen N 149, 151, 207 ff.; Art. 1 N 45 ff.).

b) Die *Wichtigkeit* der Gründe bringt eine gewisse Qualifizierung zum Ausdruck. 66
Je nach Blickwinkel bewirkt sie, dass die betreffende Entscheidungs*kompetenz*
nur bei Vorliegen gravierender Gesichtspunkte in Funktion tritt; oder aber
dass der ohnehin zuständige Richter bloss gravierende Gesichtspunkte zu Normtatbestandsmerkmalen
erheben darf.

Ein Beispiel der ersten Kategorie bildet etwa Art. 30 Abs. 1 ZGB (Namensänderung aus 67
wichtigen Gründen), dazu BGE 121 III 145 (146 ff.), 117 II 6 (8 f.), 105 II 65 (67 f.), 70 I 216
(219 ff.); ebenso die leicht abgeschwächten «achtenswerten Gründe» gemäss Art. 30 Abs. 2 ZGB
(dazu HÄFLIGER, 137 ff.) oder Art. 576 ZGB (Fristverlängerung zur Ausschlagung einer Erbschaft),
dazu BGE 114 II 220 (222). – Als Beispiel der zweiten Kategorie kann wiederum Art. 337 Abs. 3
OR genannt werden betreffend fristlose Kündigung des Arbeitsverhältnisses aus wichtigem Grund,
dazu BGE 116 II 145 (149); weitere Beispiele Art. 712c Abs. 3 ZGB und 263 Abs. 2 OR betreffend
Einwendungen gegen Übertragungen eines Stockwerks bzw. eines Mietvertrags, Art. 266g Abs. 1
OR betreffend vorzeitige Beendigung eines Mietverhältnisses.

5. Weitere Verweise

a) Art. 4 ZGB kommt auch dann zum Zug, wenn der Delegationsgedanke in 68
anderer Weise zum Ausdruck kommt. Hierunter fallen namentlich Kann-Vorschriften.

So etwa Art. 100 Abs. 2 OR, wonach der Richter einen zum voraus erklärten Verzicht auf 69
Haftung für leichtes Verschulden unter gewissen Voraussetzungen nach seinem Ermessen für nichtig
erklären *kann*, dazu BGE 112 II 450 (455 ff.); oder Art. 337c Abs. 3 OR, wonach der Richter
den Arbeitgeber bei ungerechtfertigter fristloser Auflösung des Arbeitsverhältnisses verpflichten
kann, dem Arbeitnehmer eine Entschädigung zu zahlen, dazu BGE 116 II 300 (301 f.); oder Art. 47

Art. 4

OR, welcher nebst der «kann»-Formulierung sowohl die Sequenzen «angemessen» als auch «Würdigung der ... Umstände» enthält, dazu ZR 95 (1996) 196 ff. (197).

70   Das gleiche gilt aber auch für Fälle, wo der Richter gewisse Massnahmen zu treffen hat, ohne dass das Gesetz ihm weitere Vorgaben machen würde; dies gilt etwa für Art. 651 Abs. 2 ZGB, wonach sich der Richter für eine körperliche Teilung oder aber für die Versteigerung einer Sache entscheiden muss, wenn sich die Beteiligten nicht über die Aufhebung des Miteigentums einigen können; vgl. dazu den Entscheid in SJ 1993, 530 ff., in welchem das Bundesgericht ausführt, der Richter habe alle Umstände zu berücksichtigen, die in Betracht kämen, und die gerechteste Lösung zu wählen. Zur parallelen Norm des Ehegüterrechts gemäss Art. 205 Abs. 2 ZGB vgl. BGE 119 II 197 (199); ähnlich etwa Art. 307 ff. ZGB, dazu BGE 100 Ia 305 (307); ebenso die Aufgabenstellung an den Richter gemäss Art. 272 Abs. 1 OR zur sachgerechten Interessenabwägung bei der Mieterstreckung, allerdings beispielhaft präzisiert in Abs. 2; vgl. auch die Aufgabe des Richters gemäss Art. 601 Abs. 2 OR, mangels Vereinbarung die gesamte Gewinn- und Verlustregelung bezüglich der Kommanditäre festzulegen.

71   b) Ebenso sind jene Fälle der «Kategorie» von Art. 4 ZGB zuzuordnen, wo gleichsam dessen Konklusion positiviert ist; also namentlich wo das Gesetz den Richter explizit anweist, nach «Billigkeit» zu entscheiden (z.B. Art. 26 Abs. 2, 39 Abs. 2, 54 Abs. 1 OR). Dass hier jeweils nicht von «*Recht und* Billigkeit» die Rede ist, bedeutet mithin nicht, dass bloss nach Billigkeit und nicht auch nach Recht vorzugehen ist. Vielmehr bringen diese Normen beide Elemente zum Tragen: einerseits die spezifisch Einzelfall-bezogene Billigkeit (näheres unten N 74 f.) gemäss ausdrücklicher Anordnung; andererseits aber auch der stabilisierende Rechts-Bezug insofern, als es allemal um *Rechts*-Findung geht (Vorbemerkungen N 43 ff., 207 ff.; Art. 1 N 47, 499).

C. Entscheid nach Recht und Billigkeit

I. Recht und Billigkeit

1. Verhältnis Recht zu Billigkeit

72   a) «Recht und Billigkeit» versteht sich als zusammengehörender Begriff, nicht als Aufzählung von zwei je separat zu beachtenden Kriterien. Es will eine landläufige Wendung, mehr dem Klang als dem strikten Wortlaut nach, aufgenommen sein (MEIER-HAYOZ, Berner Kommentar, Art. 4 N 11 ff.; ders., Lücken, 156; DESCHENAUX, Einleitungstitel, 131; RIEMER, Einleitungsartikel, § 4 N 114; vgl. zum historischen Hintergrund der Billigkeit etwa BROGGINI, Equité, 101 ff.).

Art. 4

Trotzdem kommt aus eben dem doch eine gewisse Bipolarität zum Ausdruck, jedenfalls zwei Aspekte: auf der einen Seite der Bezug zum Massstab, zur Ordnung, zu einer nüchternen Objektivität – der Ausdruck «Recht»; auf der andern Seite das Geschmeidige (vgl. 1. Auflage, 14), Individuelle, vielleicht eher Gefühlsmässige, vergleichbar mit «Gnade vor Recht» – der Ausdruck «Billigkeit» (MANAÏ, 60 ff., 70 ff.; JOACHIM, 5 ff.; generell STRANGAS). Es liegt jedenfalls nahe, Parallelen zum Begriffspaar Sollen–Sein zu erkennen (Vorbemerkungen N 1 ff.) und damit verbunden zur Gegensätzlichkeit von Abstraktheit und Konkretheit (Art. 1 N 115 und 226 ff., insbes. 229; vgl. HEDEMANN, Fortschritte, 107 ff.).

73

b) Das Besondere der Aussage von Art. 4 liegt beim Teil «Billigkeit». Er steht im Vordergrund. Demgegenüber ist der Teil «Recht» ja auch dem Gesetz gemäss Art. 1 ZGB immanent; dass er bloss in Art. 4 ZGB ausdrücklich erwähnt ist, liegt darin, dass er hier trotz der dominanten Billigkeit nicht in Vergessenheit geraten soll (GERMANN, Ermessensentscheide, 349 ff.; andeutend schon EUGEN HUBER, Erläuterungen, Band 1, 13, allerdings noch ohne den entsprechenden Gesetzestext von Art. 4 ZGB).

74

Die individuelle Billigkeit, auch die damit verbundene Einzelfallgerechtigkeit (GERMANN, Gesetzeslücken, 219; TUOR/SCHNYDER/SCHMID, 48; PERINI, 72; HEDEMANN, Fortschritte, 107 ff.) stellen die Rechtsquelle Gesetz als Stabilitätsgaranten par excellence sehr grundsätzlich in Frage (dazu Vorbemerkungen N 8 ff.; Art. 1 N 159 ff., 187 f.): Wo immer Rechtsfragen auftauchen, die sich einer allgemeinen Normierbarkeit entziehen, bei denen es vor allem «auf den Einzelfall ankommt», wird die generell-abstrakte Normierung grundsätzlich problematisch. Genau dies ist denn auch das gesetzgeberische Motiv dafür, in solchen Fällen entsprechende Delegationen an den Richter vorzusehen (MEIER-HAYOZ, Berner Kommentar, Art. 4 N 37 f.; vgl. auch GERMANN, Ermessensentscheide, 362); namentlich etwa dort, wo es um Fragen des Masses geht oder wo die Wertung höchstpersönliche Gesichtspunkte zu berücksichtigen hat (GERMANN, Gesetzeslücken, 223). Hier erscheint es dem Gesetzgeber angebracht, den «Machtbefehl des Staates» zurückzunehmen und statt dessen die «in einer Gemeinschaft lebendigen Verhaltensregeln», die «Volksmoral» zur Geltung zu bringen (RÜMELIN, Billigkeit, 42).

75

Art. 4

2. Verhältnis «Recht und Billigkeit» zu Ermessen

76 a) Wenn im Zusammenhang mit Art. 4 ZGB oft vom richterlichen Ermessensentscheid die Rede ist, so betrifft dies nicht bloss jene Anwendungsfälle, in denen der Begriff «Ermessen» (N 53 ff.) enthalten ist. Vielmehr soll mit Ermessensentscheid die bereits mehrfach erwähnte Delegationsfunktion umschrieben sein (N 39 ff.).

77 b) Demgemäss umschreibt «Recht und Billigkeit» die Kriterien, welche die Ermessensbetätigung leiten sollen. Allerdings verstehen sich diese Kriterien nicht als Normen, welche es als solche zu eruieren und alsdann zu applizieren gälte. Vielmehr bringen es die eher geschmeidige Wortwahl (oben N 73 mit Verweisen) und vor allem die konsistente Einordnung in die Thematik der Rechtsfindung mit sich, dass es um *methodische* Vorgaben geht; dass sie dem Richter nicht vorschreiben, *was* er anzuwenden hat, sondern *wie* er vorgehen soll (dazu nachstehend N 83 ff.).

3. Grenzen der Billigkeitsentscheidung

78 a) **Wortlaut?** Gleich wie bei der Auslegung oder bei der Lückenfüllung (Art. 1 N 94 ff., 101 ff. bzw. N 362 ff.) kann sich auch beim Ermessensentscheid des Richters die Frage stellen, ob er an gewisse Grenzen stösst. Im Vordergrund steht dabei regelmässig die Grenze des *Wortlauts*: Der Frage etwa, ob dem Richter das Füllen der «unechten Lücke» gegen den Gesetzeswortlaut erlaubt sei (Art. 1 N 319 ff.), entspricht hier jene, ob der Ermessensentscheid über den *gesetzlich* definierten Freiraum hinaus gehen darf. Beispielsweise: Darf der Richter *generell* bei Vorliegen «wichtiger Gründe» in den Vertragsinhalt eingreifen? Darf er generell vom Gesetzeswortlaut abweichen, wenn es von den «Umständen» her geboten ist? Oder gar: Hat der Richter stets eine letztliche Eigenkompetenz? Liegt es gleichsam in seinem *Ermessen*, ob er sich nach dem Gesetz richten will?

79 Die ratio von Art. 4 ZGB – also nicht allein dessen Wortlaut (Art. 1 N 67 ff.) – enthält keine solche Ausweitung. Vielmehr lautet sie dahin, dass es um *Ausnahmen* aus dem allgemeinen, vom Gesetz selbst postulierten Gesetzesanwendungsprinzip geht: Nur dort, wo das Gesetz die betreffende Kompetenz-Delegation ausdrücklich oder allenfalls der Auslegung nach vorsieht, soll sie spielen; andernfalls «gilt» das Gesetz (Meier-Hayoz, Berner Kommentar, Art. 4 N 42; vgl. oben N 41). Die Öffnung ist also die Ausnahme zur Regel von Art. 1 ZGB: Nämlich dass das Gesetz gilt, und dass nur gerade bei den *gesetzlich* geöffneten Frei-

räumen gemäss Art. 4 ZGB die Normkompetenz beim Richter liegt; unter Vorbehalt bloss von unplanmässigen Lücken, die gemäss Art. 1 Abs. 2 gleichsam behelfsmässig durch den Richter gefüllt werden dürfen. Auf der Ebene des Gesetzes, genauer der Gesetzesratio, bleibt es also beim Ausnahmecharakter von Art. 4 ZGB, mit entsprechend zurückhaltender Ausdehnung (vgl. Art. 1 N 239 ff., insbes. 241).

Hievon zu unterscheiden ist nun aber die Ebene der methodologischen Fragestellung. Bei ihr versteht sich die ratio legis ja ihrerseits bloss als eines unter verschiedenen anderen Rechtsfindungselementen. Und bei der Art und Weise, wie der Richter mit diesen allen umgeht, spielen die *Umstände* (realistisches Element, Art. 1 N 167 ff.), wichtige Gründe (das Einbeziehen *aller* relevanten Elemente, Art. 1 N 121 ff., 224 ff.), ja sogar das Ermessen des Richters (Vorverständnis und Wertung, Art. 1 N 116 f., 188 ff.; hienach N 127 ff.) *stets* eine wesentliche Rolle. Wie weit er allenfalls *dabei* an Grenzen seiner Rechtsfindungs«kompetenz» stösst, ist dann keine Frage der Grenze von Art. 4 ZGB, sondern der wesensmässigen Begrenzung dessen, was richterliche Rechtsfindung überhaupt ausmacht. Hiezu kann vollumfänglich auf die entsprechenden Ausführungen der Vorbemerkungen (N 47 ff., 243 ff.) beziehungsweise zu Art. 1 ZGB (N 92 ff., 358 ff.) verwiesen werden. 80

b) **Willkür.** Der Verweis auf «Billigkeit» hebt nicht bloss die Einzelfallgerechtigkeit gegenüber der Rechtssicherheit hervor. Vielmehr bringt sie zusätzlich zum Ausdruck, dass Singularität des Entscheids nicht Willkür bedeutet. Auch wenn gleichsam die Kontrolle des Richters durch den Gesetzgeber gelockert ist, darf er nicht nach Eigenmacht verfahren (Botschaft, 14; Sten.Bull. NR 1906, 1037). Die rechtsstaatliche Problematik ist nicht von der Hand zu weisen. Entsprechend wurde denn auch erwogen, ob dem Bundesrat oder dem Bundesgericht eine Verordnungskompetenz zur Erläuterung und Ergänzung solch offener Bestimmungen eingeräumt werden solle (Botschaft, 14; vgl. auch MEIER-HAYOZ, Berner Kommentar, Art. 4 N 35; Vorbemerkungen N 136 ff., 217 f., 243 f.). Steht heute wohl kaum die «Machtausübung» richterlicher Obrigkeit im Vordergrund, so doch zumindest die Befürchtung einer Launenhaftigkeit oder Beeinflussbarkeit des Richters (GERMANN, Ermessensentscheide, 349, 361). Jedenfalls empfiehlt sich ein gewisser Kontrollmechanismus nach wie vor; und dies ist zumindest *eine* der Funktionen von «Billigkeit». 81

Wie schon ausgeführt (N 43 f.), hat der Richter auch dann, wenn er auf sein Ermessen verwiesen wird, einen Bezug vom Sachverhalt zur Sollensordnung herzustellen; er wird sich hier nicht selten mit so allgemeinen Prinzipien wie jenen der Gleichbehandlung oder der Rechtssicherheit auseinandersetzen müs- 82

Art. 4

sen (vgl. auch GERMANN, Gesetzeslücken, 221; ders., Ermessensentscheide, 353 ff., 363; CANARIS, Lücken, 71), auch das grundsätzliche Stabilisierungselement von Rechtsfindung schlechthin nicht ausser acht lassen (Art. 1 N 83, 484). Würde er Einzelfallgerechtigkeit darauf reduzieren, bloss noch dem realistischen Element des Sachverhalts Beachtung zu schenken, so bestünde tatsächlich die Gefahr, jegliche allgemein-abstrakten Gesichtspunkte zu vernachlässigen und sich damit der Willkür anzunähern (Vorbemerkungen N 43 ff., 136 ff.; zur augenfälligen Parallele im Verwaltungsrecht vgl. BGE 99 Ia 561 [563]). Dieser Art von Willkür widerspricht Art. 4 ZGB, indem er nebst Billigkeit auch das *Recht* erwähnt.

II. «Recht und Billigkeit» und Methode

1. Ermittlung der ratio legis

83 a) Bei Normen, die den Richter auf sein Ermessen, auf die Würdigung der Umstände oder auf wichtige Gründe verweisen, besteht zunächst keine Möglichkeit der Text-Erkenntnis; der Richter findet die Lösung seines Problems nicht im Gesetz. Es handelt sich um Fälle, in denen der Gesetzgeber bewusst offene Formulierungen gewählt hat, um dem Richter die Entscheidung im konkreten Fall zu überlassen. Der Richter befindet sich also in einer ähnlichen Situation, wie wenn er eine Lücke füllen müsste. In beiden Fällen gibt ihm das Gesetz keine oder keine eindeutige Antwort; dies im Unterschied zur einfachen «Anwendung und Auslegung» des Gesetzes (Art. 1 N 261 ff.).

84   Im Gegensatz zur Lückenfüllung sieht sich der Richter hier jedoch nicht einem Gesetz gegenübergestellt, das *unplanmässig* unvollständig ist und nach *dessen* ratio er nun zu fragen beginnt. Vielmehr *will* das Gesetz zur betreffenden Frage keine Antwort geben, also auch keine ratio haben. Hinzu kommt, dass das Gesetz diese Offenheit aus sehr spezifischen Gründen vorsieht; nicht zuletzt deshalb, weil eine generell-abstrakte Norm als Ausfluss eines grundsätzlichen Gleichbehandlungsbestrebens für die betreffende Fragestellung als ungeeignet erscheint; wo eine *allgemeine* Regel gleichsam ihrerseits zu einer Verletzung des Gleichheitsprinzips führen könnte, indem sie wesentlich Ungleiches gleich behandelt (dazu MEIER-HAYOZ, Berner Kommentar, Art. 4 N 51). Jedenfalls scheint die Aufgabe, nach einer irgendwie gearteten ratio zu suchen, unergiebig wenn nicht widersprüchlich.

b) Zudem fehlt es im Gegensatz zur Lückenfüllung bei den Delegationsfällen gemäss Art. 4 ZGB an Gesetzesbestimmungen, welche die offene Formulierung gleichsam «einrahmen» würden (Art. 1 N 288 ff., 293 ff., 494 ff.). Bei der Gesetzeslücke handelt es sich um einen Defekt im Gesetzesnetz, den der Richter flikken kann, indem er das vorgegebene Muster vervollständigt und weiterführt. Bei den Anwendungsfällen von Art. 4 ZGB hingegen ist dies nicht nötig und nicht möglich. Es besteht hier kein Defekt, sondern eine bewusst angelegte, besonders grosse «Masche». Die offene Gesetzesformulierung ist zwar von anderen Gesetzesbestimmungen umgeben, aber diese können insofern nichts über sie aussagen, als das Muster eben vollständig ist, die Regelung in sich geschlossen. Der Gesetzgeber will diesen speziellen Raum nicht *zufällig* offen und unentschieden lassen (oben N 40 f.). 85

Allenfalls mag sich die Frage stellen, wo die Grenze dieses unentschiedenen Bereichs verläuft. Illustrativ hiezu etwa BGE 120 II 276, wonach eine Namensänderung aus wichtigen Gründen im konkreten Fall *grundsätzlich* ausgeschlossen werden darf, unabhängig davon, ob wichtige Gründe vorliegen; ein nachträgliches Hinzufügen der Partikel «von» sei nämlich als *generell* unzulässig zu betrachten. Dies habe zur Folge, dass die bei der Beurteilung eines Begehrens um Namensänderung im *allgemeinen* erforderliche Gegenüberstellung der konkreten Interessen des Namensträgers und der Allgemeinheit von vornherein dahinfalle. Vgl. auch BGE 100 II 187 (188 f.), wonach auch in Fällen, in denen das *Gesetz* dem Richter Ermessen einräume, dieser nicht grundsätzlich frei sei, sondern stets allfällige *gesetzliche* Leitplanken zu beachten habe. Nicht als Leitplanken, jedoch als gesetzlich mitgegebene Rechtsfindungshilfe sind jene Bestimmungen zu werten, bei denen der Gesetzgeber beispielhafte Verdeutlichungen formuliert (z.B. im Aktienrecht Art. 652b Abs. 2 und 685b Abs. 2 OR). 86

c) Trotzdem bleibt die Frage, was die Rechtsordnung als ganze mit Bezug auf den konkreten Sachverhalt zu sagen hat, wie *ihre* ratio lautet. Von einer ratio *legis* kann natürlich nicht die Rede sein, eher noch von einer ratio des *Rechts* (MEIER-HAYOZ, Berner Kommentar, Art. 4 N 44). Doch auch der Begriff «ratio» als solcher erscheint generell ungeeignet; jedenfalls soweit er sich als Gegensatz zu *verbum* legis versteht, zumal gerade letzteres in den Fällen von Art. 4 ZGB fehlt. Anderseits ist der Umweg über die Interpretation eines gleichsam imaginären Wortlauts aber auch entbehrlich. Ja letztlich wird er durch Art. 4 ZGB bewusst abgekürzt: Denn hier geht es *direkt* um die Frage, was die Beziehung Sollen–Sein für den konkreten Streitfall bedeutet, was *insofern* ratio ist. Die bewusst anvisierte «individualisierende Gerechtigkeit» knüpft nicht beim Gesetz, sondern gleichsam unmittelbar bei den Grundwerten der Rechtsordnung an (GERMANN, Gesetzeslücken, 219). 87

Die Suche nach *dieser* ratio ist ihrerseits nichts anderes als der Grundmechanismus jeder richterlichen Rechtsfindung, nämlich schlicht das *Verstehen* des ganzen Vorgangs: Konkret bei den Fällen des Art. 4 ZGB nebst dem Sachverhalt, seinem Umfeld, anderen Realien, nebst Idealien, nebst der Selbstreflexion 88

Art. 4

des Richters über seine eigene Stellung (Vorbemerkungen N 151 ff., 217 f.) namentlich nun eben den Umstand, dass die positive Rechtsordnung zwar im allgemeinen Gesetzespriorität postuliert, jedoch gerade im anstehenden Streitfall bewusst hievon Abstand nimmt. Spezifisch aus der Sicht des hier vertretenen methodologischen Ansatzes: Es wird nicht nur der vom Gesetz angemasste Geltungsanspruch verstehend relativiert (Vorbemerkungen N 210 ff., 215 f.; Art. 1 N 75 ff.); es wird zudem festgestellt, dass das Gesetz für die konkrete Fallkategorie glaubt, Geltung zufolge Delegation an den Richter abzugeben. Aus verstehender Distanz betrachtet wird der Richter hier nun so wenig frei sein, wie er dort gebunden war. Er ist beidemal so frei und so ungebunden, wie es die Aufgabenstellungen der Rechtsfindung mit sich bringen (Vorbemerkungen N 43 ff., Art. 1 N 277 ff. mit Verweisen). «Gebunden» ist der Richter also höchstens insofern, als er das Sein des konkreten Streitfalls in Beziehung zum Sollen setzen, eine Vermittlerrolle zum bestehenden Rechtssystem einnehmen *muss* (ESSER, Vorverständnis, 138 ff.).

2. Bezug zum Regelungsbedarf

89 a) Was den Bezug zum Regelungsbedarf anbelangt, namentlich unter dem Gesichtspunkt des «realistischen Elements» als wesentlichem Teil der Rechtsfindung, kann verwiesen werden auf die Ausführungen zur Auslegung (Art. 1 N 112 ff.) beziehungsweise zur Lückenfüllung (Art. 1 N 498 f.).

90 b) Bei Art. 4 ZGB von einem Bezug *zum* Regelungsbedarf zu sprechen, ist nicht selbstverständlich, da die bezugnehmende Gesetzesnorm ja fehlt. Der Richter soll zwar «nach Recht und Billigkeit» entscheiden; also *nach* gewissen Normativitäten, gleichsam in «Anwendung» derselben. Doch versteht sich *diese* «Anwendung» nach der ratio von Art. 4 ZGB qualitativ anders als jene gemäss Art. 1 ZGB: «Recht und Billigkeit» ist nicht, *was* der Richter anwenden, sondern *wie* er vorgehen soll. Auf den Regelungsbedarf Bezug nehmen heisst hier also, mit ihm in einer bestimmten Art und Weise umgehen. Da es hier Sollen-seitig nichts «gibt», da das rechtlich greifbare bloss im Rechtsfindungs*vorgang* beziehungsweise im *Resultat* der Rechtsfindung liegen kann und bis dahin der Regelungsbedarf selbst die richterliche Tätigkeit leitet, steht das *realistische Element* im Vordergrund (Art. 1 N 516 f.). Besonders deutlich kommt dies bei der Rechtsfindung «nach den Umständen» zum Ausdruck, wo das realistische Element geradezu die Norm bildet, wo «*alle* Besonderheiten des konkreten Falles» zu beachten sind (BGE 116 II 145 [149]; 115 II 30 [32]; 109 II 389 [391]).

Art. 4

Dies wiederum unterstreicht die Bedeutung des Umfelds des eigentlichen Streitsachverhalts. Zumal es gerade nicht darum geht, den Sachverhalt vorweg auf jene Teile zu reduzieren, welche für die «einschlägige» Gesetzesnorm relevant sind (Art. 1 N 173, 218), ist die ganze sachverhaltsmässig relevante *Umgebung* miteinzubeziehen; nicht bloss die unmittelbar und mittelbar tangierten Einzel- beziehungsweise Kollektivinteressen, sondern ebenso das gesamtgesellschaftliche und politische Umfeld; also insbesondere auch örtliche Gegebenheiten, Anschauungen und Gepflogenheiten, und zwar mit gleicher «realistischer» Relevanz wie etwa die persönlichen Umstände der betroffenen Parteien (BGE 105 II 265 [266 f.]; generell betreffend überindividuelle Realien Art. 1 N 179 ff.). Als einzige Randbedingung ist zu beachten, dass solche Realien einen *effektiven* Bezug zu den im konkreten Streitfall kollidierenden Interessen haben; das heisst jene Realien müssen durch den anstehenden Regelungsbedarf *effektiv* tangiert sein. Ist diese Randbedingung erfüllt, *muss* die betreffende Realie berücksichtigt werden; und sei sie noch so allgemein und noch so sozialpolitisch grundsätzlich. Es kann sich auch um eine derart abstrakte «Realie» handeln, dass sie ebensogut als Idealfaktor bezeichnet werden könnte (vgl. Art. 1 N 182). 91

c) Die eben genannte Ausweitung des realistischen Elements führt letztlich in jene Bereiche, denen üblicherweise auch Elemente zur Auslegung oder Ergänzung des *Gesetzes* entnommen werden. Dieselben Faktoren, welche eine rechtspolitische Interessenabwägung des Gesetzgebers, die sozialpolitische ratio einer Gesetzesbestimmung (Art. 1 N 179 f.) oder die geltungszeitliche Hinterfragung einer überholten Norm (Art. 1 N 59) begründen, um diese dann entsprechend korrigiert anzuwenden, können auch Teil des sehr umfassend verstandenen Sachverhalts sein und damit *direkt* beurteilt werden, also ohne den «Umweg» über die generell-abstrakte Norm (GERMANN, Gesetzeslücken, 219; oben N 87; vgl. auch Art. 1 N 478 ff.). 92

Der Unterschied gegenüber der Rechtsfindung nach Art. 1 ZGB verflüchtigt sich noch mehr, wenn der Richter in den Fällen nach Art. 4 ZGB als gesellschaftliche Realfaktoren auch geltende Gesetze miteinbezieht; wenn er zwar keine Gesetze «anwendet», aber deren Existenz und nähere Ausgestaltung im Umfeld der konkret kollidierenden Interessen als relevantes realistisches Element berücksichtigt (zur gegenseitigen Verflechtung der realistischen und der systematischen Elemente vgl. Art. 1 N 180 mit weiteren Verweisen). Dann wandert sein Blick genau gleich hin und her zwischen Sachverhalt und Norm, wie er dies bei der normalen Anwendung, Auslegung oder Lückenfüllung tut (Vorbemerkungen N 151, 207 f., Art. 1 N 112, 172, 499). Der einzige Unterschied liegt darin, dass der «Einstieg» (Art. 1 N 81) nicht über das Gesetz, sondern über den Sachverhalt 93

Art. 4

erfolgt. Und *dieser* Unterschied wiederum ist letztlich belanglos; angesichts der Erkenntnis der heutigen Methodenlehre, wonach auch der Einstieg über das Gesetz bloss Teil eines insgesamt zirkulären Prozesses darstellt (Vorbemerkungen N 227 ff.).

3. Methodische Folgerungen

94 a) In den Fällen der Delegation des Gesetzgebers an das Ermessen des Richters gemäss Art. 4 ZGB kann Methode nicht die Funktion haben, der ratio des Gesetzes zum Durchbruch zu verhelfen (vorstehend N 83 ff.). Denn hier hat der Richter ja nicht die Aufgabe, mit dem *Gesetz* umzugehen. Methode muss dem Richter vielmehr helfen, mit dem *Sachverhalt* umzugehen. Und da «Umgehen» mit dem Sachverhalt nichts anders als *die* Aufgabe der richterlichen Rechtsfindung ist, besteht *alles* aus Methode (Vorbemerkungen N 60 mit Verweisen).

95 Die geltungszeitliche Auslegung des gesetzlichen Hinweises auf «Recht und Billigkeit» kann also zu nichts anderem führen als zum Gebot von Methode. «Recht und Billigkeit» heisst: methodisches Vorgehen. Es besteht kein Bezug *zu* einem Sollen, sondern: Indem der Richter sich seiner Aufgabe stellt, den Sachverhalt durchdringt, das realistische enge und weitere, auch das idealistische Umfeld, ja auch sich selbst mit seinem eigenen Umfeld miteinbezieht, und indem er all dies in einer *methodisch* konsistenten Art tut, kommt «Sollen» zur Wirkung. Dies entspricht dem hier generell vertretenem Verständnis von Rechtsfindung. Das Spezifische von Art. 4 ZGB liegt darin, dass das Gesetz selbst diese methodische Zirkularität anerkennt; im Gegensatz zu Art. 1 ZGB, wo es so tut, wie wenn es um einen analytischen Deduktionsprozess ginge (Vorbemerkungen N 130 ff.; Art. 1 N 45 ff.).

96 b) Die für Art. 4 ZGB-Fälle besonders augenfällige Bedeutsamkeit von Methode ist nicht nur methodologisch begründbar; sie ergibt sich auch als praktisches Postulat. Zumal die Kontrolle der Richter-Willkür durch das geschriebene Gesetz (oben N 81 f.; Vorbemerkungen N 14 f., 136 ff.) hier fehlt, muss eben Methode Platz greifen.

97 Insofern besagt «Recht und Billigkeit» nicht mehr – aber immerhin auch nicht weniger –, als dass das Ermessen des Richters nicht beliebig entscheiden darf. Es reicht nicht, dass *er* sein Ermessen betätigt, dass *er* die Umstände würdigt und dass *er* wichtige Gründe findet. Es braucht etwas Zusätzliches, das man je nach Betrachtungsweise Objektivierung, Stabilisierung (Vorbemerkungen N 43 ff., 191 ff.; Art. 1 N 484), Begründbarkeit (prägnant das Basellandschaftliche

Art. 4

Obergericht, BJM 1959, 81 ff.; vgl. Art. 1 N 612 ff.), Sollensbezug oder eben Methode nennen kann (vgl. auch Sten.Bull. NR 1906, 1037).

c) Die praktischen Folgerungen aus dem Methoden-Charakter von «Recht und Billigkeit» sind dem Grundsatz nach genau dieselben wie jene, die im Bereich von Art. 1 ZGB zum Tragen kommen. Namentlich gilt auch hier, dass Methode nichts anderes besagt, als alle effektiv relevanten Elemente in einen umfassenden Verstehensprozess einzubeziehen; namentlich auch, dass es weder grundsätzliche Prioritäten noch grundsätzliche Ausschlüsse einzelner Rechtsfindungselemente gibt (Art. 1 N 121 ff.). 98

Selbst die methodologischen Erkenntnisse zum Umgang mit dem Gesetz und allenfalls seinem klaren Wortlaut können für Art. 4 ZGB relevant sein; dies obwohl es hier gerade an solcher Gesetzestextlichkeit fehlt. Denn auch das noch so vertextlichte Gesetz wird nach heutiger Methodologie nicht «angewendet»; dass es wortlautmässig auf den Sachverhalt genau passt, macht es hermeneutisch gesehen nicht verbindlicher. Es erhellt einzig, dass der Realfaktor «Gesetz» mit Bezug auf den anstehenden Fall eine eindeutige Aussage enthält. Dies ist aber bloss die *Aufgabenstellung* der Rechtsfindung, das durchdringende Bezugnehmen zwischen Sollen und Sein steht erst noch an (Vorbemerkungen N 226 ff.; Art. 1 N 78, 87 ff.). 99

Dieser zirkulär-umfassende Vorgang nun ist als solcher derselbe, ob die je interessierenden Teile des Realfaktors «Gesetz» genau den Sachverhalt treffen, ob sie etwas unschärfer oder unplangemäss unvollständig sind oder aber ob sie bewusst auf eine Aussage verzichten und die Kompetenz an den Richter delegieren. Allemal geht es darum, in den Rechtsfindungsprozess einzubeziehen, was das Gesetz sagt; sei dies präzis oder diffus, gekonnt oder misslungen, regulierungsfreudig oder permissiv, materiell oder – eben – delegierend. 100

4. Umstrittene Methoden

a) **Rein sprachliche Methode.** Eine rein sprachliche Methode (Art. 1 N 130 ff., 502 ff.) fällt in diesem Bereich ohnehin ausser Betracht, da gerade keine textlichen Aussagen zu orten sind. Insofern kann der Richter gar nicht versucht sein, sich zu stark an einen Gesetzeswortlaut zu klammern. 101

Immerhin bestehen *gewisse* Textlichkeiten; nämlich einerseits die in den je konkreten Anwendungsfällen gesetzlich vorgesehenen Hinweise auf «wichtige Gründe», «triftige Gründe», «Ermessen des Richters», «Angemessenheit», «Übermässigkeit», «Würdigung der Umstände», «wesentliche Nachteile», «Interessenab- 102

Art. 4

wägung» und dergleichen (oben N 53 ff.); sowie anderseits jene auf «Recht und Billigkeit» gemäss Art. 4 ZGB. Und dabei stellt sich zumindest die Frage, wie wörtlich diese Textsequenzen zu verstehen sind; ob der Richter gegebenenfalls etwa bloss *gesetzlich* vorgesehene oder beispielhaft aufgeführte «wichtige Gründe», nicht aber andere Umstände prüfen dürfe (in diese Richtung BGE 120 II 276). Die heute vorherrschende, auch in dieser Kommentierung vertretene Ablehnung der rein sprachlichen Methode dürfte eine solch wörtliche Interpretation der Art. 4 ZGB-Tatbestände ausschliessen (vgl. Art. 1 N 502). Selbstredend spricht dies nicht dagegen, vom Gesetz explizit formulierte Exemplifizierungen als wesentliche Rechtsfindungselemente zu berücksichtigen (z.B. Art. 337 Abs. 2 oder 685b Abs. 2 OR betreffend wichtige Gründe im Arbeits- bzw. im Aktienrecht).

103 b) **Unabhängigkeit vom Gesetz**. Das Vorgehen nach Art. 4 ZGB weist eine gewisse Ähnlichkeit auf mit der Methode der «Freirechtsschule», welche die beteiligten Interessen im konkreten Fall selbständig wertete; und zwar namentlich dann, wenn dem Gesetz keine eindeutige Antwort zu entnehmen war. Ihr Verdienst war und ist es, auf die Stellung des Richters, der das «Recht handhabt», hingewiesen zu haben (EHRLICH, Rechtsfindung, 7, zu den historischen Hintergründen der Vorstellung der «Rechtsanwendung» 1 ff.; RIEBSCHLÄGER, 33 ff.; vgl. auch Art. 1 N 134 mit weiteren Verweisen). Demnach hätte der Richter die Aufgabe, den ihm vorliegenden Fall selbständig, das heisst unabhängig von *vorgegebenen* Lösungen zu beurteilen; und insofern besteht auch keine Bindung an den Gesetzeswortlaut, was wiederum der Konstellation von Art. 4 ZGB entsprechen könnte.

104 So grundsätzlich die Distanznahme der Freirechtstheorie gegenüber dem Gesetz ausfällt, so mangelt ihr auch eine gewisse Differenzierung. Sie lösst die gesetzliche Vorgabe irrelevant werden, anstatt sie als Realfaktor zur Kenntnis zu nehmen. Gleich undifferenziert wäre eine Betrachtungsweise zu Art. 4 ZGB, wonach das gesetzliche «Umfeld» einschliesslich seiner «Kompetenz-Vergabe» an den Richter zumindest als Systemkomponente ignoriert würde (oben N 39 ff.).

105 c) **Subjektiv-historische Methode**. Eine zu starke Anlehnung an subjektiv-historische Elemente wird hier von vornherein kaum Platz greifen; denn der Gesetzgeber hat bewusst keine nähere Regelung getroffen, sondern die Kompetenz zur freien Entscheidung ausdrücklich an den Richter delegiert. Anderseits mag die Fragestellung auftauchen, wie weit der *Gesetzgeber* die Delegationskompetenz fassen wollte (zur Breite des Ermessens vgl. oben N 45 ff.). Und hiefür wird es relevant sein, sich der Bedenken gegen eine zu starke Unterwerfung unter den Gesetzgeber bewusst zu sein (oben N 86; vgl. Art. 1 N 506).

d) Methodenkanon. Die Auffassung eines Methodenkanons nach bestimmter Reihenfolge findet sich vorwiegend beim Umgang mit der geschriebenen Gesetzesnorm; namentlich aus der Betrachtungsweise einer Stufen-Abfolge entsprechend der Nähe zum Gesetz (Art. 1 N 145 f.). *Dieses* Bild eines Stufenkanons muss bei Art. 4 ZGB von vornherein entfallen. 106

Zu denken wäre aber an textunabhängige Rangprioritäten; namentlich danach, dass bei Art. 4 ZGB primär Einzelfallgerechtigkeit, damit *prioritär* realistische Elemente zu berücksichtigen seien, dass die Einpassung in die Rechtsordnung einschliesslich ihrer Rechtssicherheitsaspekte nachrangig sein könnten. Eine solche Abstufung wäre jedoch methodologisch nicht überzeugend. Sie würde verkennen, dass auch die Anwendungsfälle von Art. 4 ZGB stets *Rechts*findung beschlagen, nicht Sein als solches, sondern stets und wesensmässig Bezugnehmen zu Sollen. Die Besonderheit von Art. 4 ZGB liegt zwar darin, dass diese Bezugnahme nicht von entsprechend «anwendbaren» Gesetzesartikeln begleitet wird, sondern je nachdem «direkt» bei sehr allgemeinen, ungeschriebenen, aber um so grundsätzlicheren Normativitäten anknüpft; ferner auch dass das Rechtliche *bewusst* mit Methode gleichgesetzt wird (N 94 f.). Eine Verschränkung zum Sollen und damit eine entspreche Stabilisierung durch Sollen bleibt aber allemal; und zwar wesensmässig, also nicht nachrangig. Ja indem der Sollensaspekt weniger greifbar ist als beim Gesetz und deshalb eine *besonders* anspruchsvolle Aufgabe stellt, wird er eher noch ein erhöhtes Gewicht beanspruchen können. 107

III. Bestandteile des Billigkeitsentscheides

1. Elemente des Billigkeitsentscheides

a) **Sprachliches Element.** Rein sprachliche Elemente, so scheint es zunächst, entfallen bei der Rechtsfindung in den Fällen von Art. 4 ZGB, da es sich ja um ausdrückliche Delegationsnormen handelt. Insbesondere enthält die Vorgabe an den Richter, einen Entscheid nach seinem Ermessen oder nach eigener Würdigung der Umstände des Einzelfalls zu fällen, nur eine methodische, nicht auch eine inhaltliche Anweisung (oben N 94 ff. mit Verweisen). Das sprachliche Element der Sachnorm scheint also zu fehlen. 108

Anderseits ist *diese* Ebene von Sprachlichkeit nach heutigen linguistischen Erkenntnissen längst nicht mehr im Vordergrund. Sprache umfasst nicht bloss das Verbale, sondern ebenso den Sprechakt, das Kommunizieren als solches, ja in einer sehr grundsätzlichen Durchdringung das, was mit Sprache kommuniziert 109

Art. 4

wird; Sprache ist Inhalt geworden und Inhalt Sprache (Vorbemerkungen N 213 f., 226 ff.; Art. 1 N 72 ff.). Aus einer solchen Blickrichtung gesehen unterscheiden sich die Fälle des noch so klaren Wortlauts nach Art. 1 ZGB und jenem nach Art. 4 ZGB punkto Sprachlichkeit nicht: Ob der Gesetzgeber spricht, wie es sein soll, oder ob er dem Richter die entsprechende Zuständigkeit zuspricht, ist allemal Kommunikation, Inhalt und Sprache zugleich (vgl. Art. 1 N 508 ff.).

110   Sich *dieser* Sprachlichkeit bewusst sein, bedeutet für den konkreten Anwendungsfall von Art. 4 ZGB, den Kontext zu geschriebenen Gesetzesnormen miteinzubeziehen; berücksichtigen, wie das Gesetz in vergleichbaren anderen Fragen lautet, insofern also durchaus auch Analogien ziehen (Art. 1 N 230 ff.); und all dies, ohne wegen einer zu eng verstandenen Sprachlichkeit grundsätzliche Bedenken zu hegen.

111   Während der Hinweis auf das «Ermessen des Richters» und jener auf die «Würdigung der Umstände» primär Zuständigkeits- beziehungsweise Methodenaussagen enthalten, stellen «wichtige Gründe» als Sachnorm einen unbestimmten Rechtsbegriff dar (oben N 51). Dies öffnet dem sprachlichen Element erst recht den Zugang. Hier bietet sich der herkömmliche Einstieg der Textinterpretation unproblematischer an (Vorbemerkungen N 227 ff.; Art. 1 N 67 ff., insbes. 76): Die grammatikalische und syntaktische Aufnahme des Begriffs, seine semantische Einordnung, die Erfassung des weiteren Sprachkontextes (z.B. die «achtenswerten» im Gegensatz zu den «wichtigen» Gründen gemäss Art. 30 Abs. 2 bzw. Abs. 1 ZGB, vgl. HÄFLIGER, 137 ff.); dann aber auch des Interpretierenden selbst bis hin zur Bewusstwerdung der zirkulären Ablaufhaftigkeit. Entsprechend wird der konkret urteilende Richter nicht nur die Bedeutung der «wichtigen Gründe» im konkreten tatbeständlichen Kontext und dessen rechtspolitischer Zielsetzung berücksichtigen, sondern ebenso im Wechselspiel zum Sachverhalt des Streitfalls (anschaulich BGE 121 III 219 [225]); und nicht zuletzt wird er sich bei all dem selbst beobachten als Teil eines vielschichtigen psychologischen, rationalen, kommunikativen Phänomens (Vorbemerkungen N 151 ff., 281 ff.). Allemal ist dieser Vorgang nichts anderes, als was Umgehen mit Sprache immer ist; bloss etwas bewusster, weil der Spruch mit Verbindlichkeitsanspruch und weil der unbestimmte Begriff als *Rechts*begriff daherkommt. Das Unbestimmte und vor allem das Sprachbezogene präsentieren sich jedoch genau gleich wie bei den Delegationsnormen des «Ermessens des Richters» und der «Berücksichtigung der Umstände».

112   b)   **Systematisches Element.** Das systematische Element ist zunächst insofern relevant, als es eine schärfere Lokalisierung des richterlichen Ermessensbereichs unterstützt. Wie weit etwa die Delegation an den Richter reicht, kann durch eine

systematische Auslegung der betreffenden Delegationsnorm in ihrem systematischen Kontext festgestellt werden.

So kann das Gesetz zum Beispiel eine nähere Beschreibung dazu geben, was als wichtiger Grund zu betrachten ist; etwa für eine fristlose Auflösung gemäss Art. 337 Abs. 2 OR jeder Umstand, der eine Fortsetzung des Arbeitsverhältnisses unzumutbar macht; vgl. dazu BGE 116 II 145 (149), 121 III 467 (472 f.) sowie die nicht publizierten Entscheide 4C.89/1996 vom 22. Februar 1996 und 4C.85/1996 vom 19. Juli 1996. – Der systematische Kontext einer *vertraglichen* Beziehung kann zu einer zurückhaltenden Annahme eines wichtigen Grundes etwa für die vorzeitige Auflösung einer Miete führen (BGE 4C.220/1994 vom 24. Oktober 1994 [nicht publiziert], SJZ 91 [1995] 177). – Das Gesetz kann dem Ermessen des Richters einige exemplikative Leitlinien mitgeben (z.B. im Aktienrecht Art. 652b Abs. 2 und 685b Abs. 2 OR). – Anderseits kann auch ein relativ offener Begriff wie jener der Zahlungsunfähigkeit gemäss der *Marginalie* (Art. 1 N 65) von Art. 480 ZGB keinen Ermessensspielraum öffnen, sofern der *Gesetzestext* («Bestehen gegen einen Nachkommen des Erblassers Verlustscheine...») eindeutig sei (BGE 111 II 130 [131]).

113

Das systematische Element hat in den Fällen von Art. 4 ZGB aber auch noch grundsätzlichere methodologische Bedeutung. Es überbrückt gleichsam die Distanz zwischen dem Gebot, nach «Recht und Billigkeit» zu richten, einerseits und anderseits der Verlegenheit, keine greifbare Sachnorm zu kennen. Hier hilft nun die Direktive, *systematisch* vorzugehen. Dies ist zunächst nicht mehr als Arbeitstechnik. Und namentlich im Kontext des geschriebenen Gesetzes sind unergiebige Systematisierungen bekannt, zumal in begriffsrechnerischen Strukturierungen der Pandektistik (vgl. Vorbemerkungen N 130 ff., insbes. 132 mit Hinweis auf Puchta; MAX RÜMELIN, Bernhard Windscheid und sein Einfluss auf Privatrecht und Privatrechtswissenschaft, Tübingen 1907, 12 ff.; anschaulich PHILIPP HECK, Die Begriffsjurisprudenz, und EUGEN EHRLICH, Die juristische Konstruktion, beide in: WERNER KRAWIETZ [Hrsg.], Theorie und Technik der Begriffsjurisprudenz, Darmstadt 1976, 191 ff. bzw. 208 ff.). Als unergiebig haben sich solche Systematisierungen namentlich deshalb erwiesen, weil sie sich stets nur wieder auf den selben Gegenstand des Gesetzes beziehen, nicht auch dieses seinerseits in einen systematischen Zusammenhang stellen. Doch ist die Gefahr einer dergestalt zirkulären Systematik bei Art. 4 ZGB gering. Denn hier wird es näher liegen, das systematische Element als Ablauf-bezogenen Mechanismus zu verstehen; nicht als System, sondern als ein *Systematisieren* (oben N 94 ff.).

114

Eine sehr greifbare Ausformung dieses Systematisierungs-Elements ist das Kriterium der Rechtsgleichheit. Diese versteht sich hier nicht als allgemeiner *Rechtsgrundsatz*, aus dem alsdann Unterregeln bis hin zu Fallbeurteilungen abzuleiten sind (Vorbemerkungen N 35 ff., insbes. 37). Vielmehr geht es um einen induktiv aus der Arbeitstechnik des Systematisierens erreichten «Endpunkt». Die Einordnung vorgehender Einordnungen in weitere systematische Zusammenhänge und dabei je die Frage, welche Aspekte zu welchen passen beziehungsweise nicht passen, führen bei entsprechender Hinterfragungs- beziehungsweise Verallge-

115

Art. 4

meinerungstiefe zum Kriterium des Gleichen beziehungsweise Ungleichen schlechthin. Eine «innere» Richtigkeitslegitimation ist damit natürlich nicht gewonnen (Dürr, diskursives Recht, 95 ff.). Aber immerhin eine greifbare Aussage aus dem systematischen Element, und zumindest eine Formel, die eine gewisse Bewährung zu haben scheint (Canaris, Lücken, 160 ff.; Larenz, Methodenlehre, 366 ff.; Dürr, diskursives Recht, 93 ff.).

116 c) **Historisches Element.** Das historische Element im Sinn der Entstehungsgeschichte kann für den Billigkeitsentscheid nach Art. 4 ZGB kaum von Bedeutung sein. Denn schon die offene Formulierung macht klar, dass eine Delegation an den in *Zukunft* befassten Richter vorliegt; die Entstehungsgeschichte kann allenfalls erläutern, welche spezifischen Gründe den Gesetzgeber zu einer solchen Delegation veranlasst haben (vgl. auch oben N 105; Art. 1 N 155 ff., 513 f.).

117 Anderseits unterstreicht Art. 4 ZGB aber auch das historische Element; und zwar in dessen Bedeutung als wesentliche Geschichtlichkeit (Vorbemerkungen N 127 ff.). Genauer: In Art. 4 ZGB anerkennt der Gesetzgeber die Bedingtheit von Recht in seiner historischen Situierung; derweil Art. 1 ZGB zumindest verbal vorgibt, das Gesetz setze absolute Massstäbe. Konkret bedeutet dies für Art. 4 ZGB-Fälle, dass hier das Phänomen der *Rechtsfortbildung* bei im übrigen äusserlich unveränderter positiver Rechtsordnung erwünscht ist (Larenz, Methodenlehre, 366 ff.; Höhn, Methodik, 312 ff.); hier sollen etwa sozialpolitische (BGE 123 III 292 [297 f.]) betreffend Entwicklung zur «materiellen Vertragsgerechtigkeit») oder ökologische (vgl. etwa zu privatrechtlichen Unterlassungsansprüchen gegen Kernkraftwerke Stark in SJZ 71 [1975] 217 ff., Liver in ZBJV 111 [1975] 337 ff., Zäch in WuR 28 [1976] 386 ff. sowie Steiner in WuR 30 [1978] 78 ff.; zum Fall Schweizerhalle Hinderling/Goepfert in SJZ 83 [1987] 57 ff. und Stark in SJZ 83 [1987] 212 ff.) Neuerungen Platz greifen können; zum andern aber auch historisch gewachsene Sozialphänomene nicht verkannt werden; etwa die Überwindung des Feudalsystems als Grund zur Ablehnung eines Gesuchs um einen Adelsnamen «aus wichtigem Grund» (BGE 120 II 276; bezeichnend denn auch der starke *öffentlich*-rechtliche Anklang des Namensrechts, der einen gewissen spezifischen Bezug zu gesellschaftsorganisatorischen Gegebenheiten zum Ausdruck bringt, Häfliger, 14 ff.).

118 d) **Teleologisches Element.** Auch das teleologische Element kann im Zusammenhang des Art. 4 ZGB Beachtung finden. Es wird zwar keine konkrete Antwort darauf geben, welche ratio hinter der betreffenden Gesetzesnorm steht, zumal eben diese ja an den Richter delegiert ist (oben N 83 ff.). Folglich geht es auch nicht an, in eine konkrete Billigkeits-Bestimmung eine spezifische Norm-

ratio gleichsam hineinzulesen, um sich dieser dann zu unterziehen (vgl. etwa BGE 120 II 276, 121 III 467); vielmehr muss der Richter die ihm überbürdete Entscheidung treffen. – Indes, betrachtet man das ganze Gesetz, eine umfassende Rechtsinstitution, allenfalls auch die Einbettung in der Gesamtrechtsordnung, so lassen sich daraus durchaus teleologische Elemente ableiten (GERMANN, Ermessensentscheide, 350).

Dies zeigt etwa das Beispiel der fristlosen Kündigung eines Arbeitsvertrags: Eine so einschneidende Massnahme darf nur dann ergriffen werden, wenn das Vertrauensverhältnis zwischen Arbeitgeber und Arbeitnehmer dermassen erschüttert ist, dass eine Zusammenarbeit unzumutbar wird. Und vom so definierten *Zweck* her lassen sich Kriterien für das Vorliegen solch wichtiger Gründe ableiten (vgl. BGE 116 II 145 [150]). – Im Rahmen der ermessensweisen Festlegung des Gewinn- und Verlustanteils des Kommanditärs gemäss Art. 601 Abs. 2 OR muss der Richter auf den rechtlichen und vor allem auch betriebswirtschaftlichen Kontext der Personengesellschaft Bezug nehmen, die Entscheidung mithin in die darin liegenden Zwecküberlegungen einpassen (vgl. dazu WERNER VON STEIGER, Schweizerisches Privatrecht, Band VIII/1: Handelsrecht, Basel/Stuttgart 1976, 621 f.; zur eng damit verbundenen systematischen Einordnung oben N 112 ff.). 119

2. Insbesondere realistische Elemente

a) Das realistische Element hat beim Ermessensentscheid nach Art. 4 ZGB ein besonderes Gewicht; ohne allerdings rangmässige Priorität zu geniessen (oben N 106 f.). In einem gewissen Sinn gibt es hier *nur* Realien, nur das Sein, kein Sollen. Jedenfalls könnte das Fehlen der Gesetzesnorm beziehungsweise das sogar ausdrückliche Zurückstehen des Gesetzgebers hierauf schliessen lassen. Zudem darf der Richter die Norm ja wegen des Willkürverbots nicht gänzlich subjektiv-autonom herstellen (oben N 81 f.). Vereinfacht gesagt müsste er also aus dem Sein, aus dem Regelungsbedarf selbst das Sollen, die auf den Regelungsbedarf «anwendbare» Norm ableiten. Diese Betrachtungsweise muss man heute wohl als richtig *und* falsch bezeichnen: 120

Richtig insofern, als eben auch das Sein zahlreiche Rechts- und damit zumindest extrapolierende Sollensbezüge aufweist. Hiezu gehört nicht bloss das geschriebene Gesetz, also das textliche Umfeld des gemäss Art. 4 ZGB umschriebenen Freiraums, nicht bloss die gesamtgesellschaftspolitischen Realien der Rechtstradition, von verwurzelten Rechtsprinzipien etc. (Art. 1 N 258 ff.), sondern letztlich gar wiederum das Sollen selbst, soweit es sich als wesentlich *geschichtlich* nicht als absolut versteht (oben N 117 mit Verweisen; Vorbemerkungen N 130 ff.). Ja in dieser letzten Konsequenz wird Sollen als solches zur Realie; und zwar auch insoweit, als es über die Positivität einer konkreten *Rechtsordnung* hinausgeht. 121

Art. 4

122 Falsch ist die Betrachtungsweise insoweit, als gerade diese letztgenannte Konsequenz in ein idealistisches beziehungsweise in ein Naturrechtsdenken umkippen könnte (KAUFMANN, Hermeneutik, insbes. 338 ff.). Die besondere Aufmerksamkeit des Richters gegenüber Realien und namentlich auch zu deren normativen Bezügen darf nicht davon ablenken, die Funktion der Rechtsfindung als wesentlich normativ zu verstehen. Rechtsfindung soll nicht (nur) Normatives *erkennen*, sie soll stets (auch) normativ *wirken*; anders gewendet: Normatives *ist* nicht, Normatives *wirkt* – Sollen *ist* nicht, Sollen *soll* (Vorbemerkungen N 193; prägnant die Kritik am Dualismus Tatsachen–Sollenselemente bei POPPER, Logik, 6 ff.).

123 b) Im übrigen kann auf die Ausführungen zur Auslegung (Art. 1 N 167 ff.) beziehungsweise zur Lückenfüllung (Art. 1 N 516 f.) verwiesen werden. Dieser Verweis ist nicht selbstverständlich. Denn wie eben ausgeführt, scheint das realistische Element im Anwendungsbereich von Art. 4 ZGB ein besonderes Gewicht zu haben, das es im Rahmen der richterlichen Lückenfüllung gemäss Art. 1 Abs. 2 ZGB oder gar der Gesetzesauslegung nach Art. 1 Abs. 1 ZGB nicht hat. Denn dort gilt die primäre Aufmerksamkeit dem Gesetz, an ihm misst sich jene Rechtsfindung primär; realistischen Elementen scheint bloss eine Hilfsfunktion zuzukommen (MEIER-HAYOZ, Berner Kommentar, Art. 4 N 16 ff.).

124 Indes, hieraus eine qualitativ andere Rechtsfindungsmethode ableiten zu wollen, muss heute – wie mehrfach dargelegt (oben N 7 ff., 88, 95) – als überholt bezeichnet werden. Und eben diese Erkenntnis kommt besonders augenfällig im Zusammenhang mit dem realistischen Element zum Ausdruck: Die Gesetzesnorm, sei es die präzise, die unklare oder die lückenhafte, ist letztlich nichts anderes als ein Rechtsfindungs*element*; und zwar – gerade in seiner Positivität – ein *realistisches* Element (Art. 1 N 89). Dass es «Geltung» beansprucht, ändert hieran nichts. Denn der Geltungsanspruch seinerseits ist nichts anderes als Rechtsfindungselement, nämlich wiederum eine wesentliche Realie. Ebensowenig spricht dagegen, dass es sich um eine gedankliche, «ideale» Realie handelt (Art. 1 N 182). Selbstverständlich hat sie der Richter miteinzubeziehen; dies allerdings nicht, weil er ihr gehorchen, sondern weil er generell *alle* relevanten Elemente berücksichtigen muss. – Und genau dasselbe muss auch im Bereich von Art. 4 ZGB gelten. Dass hier weder eine positive Gesetzesnorm noch ein entsprechender Gesetzesanspruch seitens des Gesetzgebers vorliegt, stellt kein *besonderes* Problem dar.

125 c) Schliesslich ist auf die Realien der Lehre und Überlieferung im Sinn von Art. 1 Abs. 3 ZGB hinzuweisen. Sie sind – wie schon ausgeführt (Art. 1 N 533 ff.)

– nicht bloss Ausdruck der Anerkennung des richterlichen Vorverständnisses durch den Gesetzgeber. Vielmehr geben sie wieder, was die heutige Methodologie als grundsätzliches Wesen der Rechtsfindung postuliert. Ob das theoretische Gewicht eher auf dem Argument (ALEXY, Theorie, 273 ff.), auf dem Diskurs als solchem (KARL-OTTO APEL, Diskurs und Verantwortung, Frankfurt am Main 1988, 270 ff.; JÜRGEN HABERMAS, Moralbewusstsein und kommunikatives Handeln, Frankfurt am Main 1983, 76; ders., Die neue Unübersichtlichkeit, Frankfurt am Main 1985, 144 ff.), auf methodischer Rationalität (POPPER, Logik, 22 ff.; GARRN, Rationalität, insbes. 16 ff.) oder hermeneutischem Verstehen (GADAMER; vgl. Vorbemerkungen N 159 ff., insbes. 161) liegt; allemal zeigt sich eine wichtige Bezugnahme zum «Auditorium» (PAVCNIK, Verstehen, 148; ALEXY, Theorie, 199 ff.; GARRN, Rationalität, 92 ff.), zum «Konsens»; nicht Konsens im Streitfall, sondern in der Sollensumschreibung, (ESSER, Vorverständnis, 140), gleichsam im Sinn eines Rückkoppelungsmechanismus mit entsprechenden Stabilisierungselementen (Art. 1 N 431, 434, 587 f.).

Die «Hilfsmittel» gemäss Art. 1 Abs. 3 ZGB kommen also auch im Bereich von Art. 4 ZGB zum Tragen (Art. 1 N 546). Entsprechend kann verwiesen werden auf Art. 1 N 533 ff. (vgl. auch unten N 145 f.). 126

3. Insbesondere wertende Elemente

a) **Wertung und Rechtssicherheit.** Es wurde oben dargelegt, dass Rechtsfindung stets und umfassend wertend erfolgt, jedoch nicht *nur* wertend (Art. 1 N 190). Wertung versteht sich insofern als Gegenpart zum rationalistisch-analytischen Element, welches ebenfalls Rechtsfindung durchdringt, ohne diese gänzlich zu erfassen – Gegenpart namentlich deshalb, weil im rationalen Umgang mit der Gesetzesnorm oder auch mit ihrer allfälligen Lückenhaftigkeit ein stabilisierendes Moment aufscheint, das der Wertung wiederum abgeht. Während analytische Gesetzesanwendung das Postulat der Rechtssicherheit fördert, unterlegt Wertung jenes der Einzelfallgerechtigkeit. Man könnte heute sagen: Das Gesetz als solches stabilisiert; damit diese Stabilität Recht wird, braucht es die Wertung. Es braucht jedenfalls beide, sich gegenseitig durchdringende Ebenen (Art. 1 N 190). – Bei Art. 4 ZGB fehlt nun die eine dieser beiden Ebenen, nämlich die positive Norm. Damit fehlt nicht bloss das greifbare Stabilisierungsinstrument; es gebricht geradezu am Gegenstand, mit dem sich die Rechtsfindung wertend befassen soll. Die Übungsanlage scheint Wertung «pur» nahezulegen unter Verzicht auf jedes Schärfe-Element. 127

Art. 4

128   Eine solche Optik wäre jedoch schon deshalb unzutreffend, weil analytisch-rationale Mechanismen keineswegs bloss im Umfeld positiver Normen wirken. Etwa die oben erörterten sprachlichen, systematischen, historischen und teleologischen Elemente (N 108 ff.) weisen sehr starke Rationalisierungsmomente auf. Dasselbe gilt für das realistische Element, etwa wenn es um die «Logik des Sachverhalts» geht (Art. 1 N 174 f., 176 ff.). Ja letztlich sind *alle* artikulierten, argumentierten Aspekte (zumindest auch) rationalistisch; dies selbst dann, wenn sie sich zu Wertungen äussern (ALEXY, Theorie, 221 ff.; FEYERABEND, 385 ff.). Rechtssicherheit kommt also auch bei Art. 4 ZGB zum Zug; ja sie bildet auch hier ein wesentliches und *stets* zu beachtendes Postulat.

129   Gleichwohl besteht ein Unterschied zur Rechtssicherheit, wie sie von Art. 1 ZGB gefordert wird. Dort soll sich Stabilität spezifisch aus der Orientierung an der positiven Rechtsordnung ergeben; aus heutiger Optik genauer: soll auch das Element dieses Orientierungsanspruchs in den Verstehensprozess des Richters miteinbezogen werden (Vorbemerkungen N 43 ff.; Art. 1 N 492 ff.). Demgegenüber ist *diese* Stabilisierung bei Art. 4 ZGB nicht gefragt; spezifischer noch: Das Gesetz selbst bringt zum Ausdruck, das es selbst nicht Orientierung sein will. Ein «regel*konformes*» Vorgehen ist also nicht gefragt; wohl aber – und hierin liegt die Stabilisierung – ein «regel*mässiges*» und damit methodologisches Vorgehen. Genauer: Nicht eine *bestimmte* Methode kommt zum Tragen – wie etwa der legislative Modus gemäss Art. 1 Abs. 2 ZGB (Art. 1 N 478 ff.) – sondern *Methode an sich*. Also nicht, wie soeben erwogen (N 127), Wertung «pur», sondern Methode «pur». Es entspricht dies durchaus auch der heute vorherrschenden Wissenschaftstheorie, die jeden Objektivitätsbezug letztlich in Methode aufgehen lässt (Vorbemerkungen N 60, insbesondere GADAMER, Band 1, 303, 330 ff.). Und damit wird sowohl dem Phänomen Wertung als auch dem Postulat Rechtssicherheit entsprochen.

130   Gerade der genannte Bezug zur heutigen Wissenschaftstheorie und deren Optik einer wesentlichen Methodenhaftigkeit lässt jeden *grundsätzlichen* Unterschied im Gewicht von Wertung bei Art. 1 beziehungsweise bei Art. 4 ZGB obsolet werden: Beide Artikel verlangen Methode und *nur* Methode, und beidemal impliziert Methode auch Wertung; und wiederum beidemal wirkt Wertung genau gleich «flächendeckend» wie Rationalität (vgl. Art. 1 N 190 ff.).

131   b) **Wertung kollidierender Interessen.** Bei den Ermessensentscheidungen gemäss Art. 4 ZGB stehen die im konkreten Sachverhalt kollidierenden Interessen im Vordergrund. Sie sind jenes wichtige realistische Element, das die massgeschneiderte Einzelfallgerechtigkeit erheischt (oben N 62, 74, 120 ff.). Entsprechend müssen sie vom Richter *gewogen* werden; offensichtlich ein Element der

Art. 4

Wertung. Und da in den Fällen von Art. 4 ZGB eine Wertung durch das *Gesetz* fehlt (sofern das Gesetz nicht konkretisierende Beispiele formuliert, oben N 113 mit Verweisen), der Richter die Wertung also nicht anhand eines entsprechend gesetzlichen Massstabs vornehmen kann, präsentiert sich die Ausgangslage zirkulär: Um kollidierende Interessen abzuwägen, hat er keine anderen Massstäbe als eben diese Interessen selbst. Der Regelungsgegenstand soll seinerseits Regelungsbasis sein. Rechtstheoretisch gewendet würde man sagen: Nicht das am Diskurs über die Sollensinhalte teilhabende Auditorium soll den Entscheid legitimieren, sondern einzig die in der Kollision zu Tage tretenden Gesichtspunkte; nicht der Diskus *über* Recht, sondern der Diskurs *des Sachverhalts* (oben N 122, 125; DÜRR, diskursives Recht, 124).

Diese Zirkularität ist nicht negativ zu werten. Sie entspricht durchaus heutigen wissenschaftstheoretischen Erkenntnissen, insbesondere der nicht bloss hingenommenen, sondern im Grundsatz bewusst akzeptierten Zirkularität jeder hermeneutischen Befassung (insbesondere GADAMER, Band 1, 270 ff., unter Hinweis auf Heidegger; vgl. generell Vorbemerkungen N 148 ff., 159 ff.); aber ebenso dem Bewusstsein der Gerichtspraxis, die ja selbst das Gesetz stets nur «am *Sachverhalt* versteht» (BGE 121 III 219 [225]); diesen erst recht zum Kriterium macht, wo das Gesetz schweigen will. Diese Sachverhalts-gestützte Zirkularität lässt sich auch nicht ablehnen mit dem Argument, das rational-analytische Element gerate gänzlich in Vergessenheit, es bleibe *nur* noch Wertung übrig, womit auch die letzte rechtstypische Stabilität entfalle (oben N 127). Ein solches Argument würde verkennen, dass gerade das massstablose Abwägen der sachverhaltsmässigen Kollision *sehr* rationalistische Denkweisen verwenden kann; dies erst recht dann, wenn *jede* Berufung auf normative Massstäbe ausserhalb des Sachverhalts, also jede «externe» Eingriffslegitimation fallengelassen wird (näheres bei Art. 1 N 201 ff.; DÜRR, diskursives Recht, 120 ff., 136). Dann entfällt nämlich auch das Gewicht der tangierten Interessen als Massstab, ja sogar das gegenseitige Gewichts*verhältnis* der kollidierenden Interessen; relevant bleibt nurmehr das Kollidieren selbst, genauer: der Grad der in der Kollision gegenseitig zu Tage tretenden Inkompatibilität (DÜRR, diskursives Recht, 120 ff., 136 f.). Ein derartiges Eindringen in die Anatomie der Interessenkollision versteht sich geradezu als bewusster Gegenpart zu wertenden Aspekten. Sie vermeidet zwar einen (allenfalls) analytisch-deduktiven, bloss vermeintlich rationalen Bezug zur Norm; doch gibt sie Rationalität nicht auf, vielmehr trägt sie sie in den Konflikt hinein; pointiert ausgedrückt: Sie rationalisiert Wertung (vgl. dazu auch GARRN, Rationalität, 30 ff.; kritisch hiezu FEYERABEND, 388 ff.).

132

Was praktische Auswirkungen dieser Gesichtspunkte betrifft, so stehen *widerstreitende Interessen der Parteien* im Vordergrund. Dies namentlich bei einigen sehr wesentlichen Bezugspunkten der privatrechtlichen Dogmatik: beim Ausgleich unfreiwilliger Interessenkollisionen gemäss

133

Art. 4

Art. 42 Abs. 2 und 43 Abs. 1 OR (vgl. etwa BGE 122 III 219; ZR 95 [1996] Nr. 86); bei der entsprechenden Konstellation im Bereich freiwilliger, sprich vertraglicher Beziehungen, namentlich über das Vertrauensprinzip im Rahmen der Vertragsauslegung (KRAMER in: Berner Kommentar, Art. 1– 18 OR, Bern 1986, Art. 1 N 39 ff., insbes. 42); etwa auch bei Freizeichnungen gemäss Art. 100 Abs. 2 OR (BGE 112 II 450 [455 f.]); bei der gegenseitigen Abgrenzung absoluter Rechte, konkret des Nachbarrechts (Art. 684 Abs. 1 ZGB, BGE 101 II 248 [250]); bei der Bewilligung einer vorzeitigen Mietbeendigung und der Festlegung der vermögensrechtlichen Folgen gemäss Art. 266g OR (anschaulich BGE 122 III 262); bei der Bemessung der Genugtuungssumme gemäss Art. 47 OR (vgl. die Weiterentwicklung der Praxis von BGE 121 III 252 zu 123 III 10).

134 Nicht selten zeigt sich auch, dass das *öffentliche Interesse* Teil des Sachverhalts ist (vgl. MEIER-HAYOZ, Berner Kommentar, Art. 4 N 47); etwa im Zusammenhang mit der Frage, wann wichtige Gründe für eine Namensänderung vorliegen. Hier verlangt die Praxis, dass das Interesse des Namensträgers an einem neuen Namen dasjenige der Verwaltung und der Allgemeinheit an der Unveränderlichkeit des einmal erworbenen und in die Register eingetragenen Namens sowie an eindeutiger Kennzeichnung und Unterscheidung des einzelnen überwiegen müsse (vgl. BGE 120 II 276 [277], anschaulich auch BGE 70 I 216; generell zu den typologisch «öffentlich-rechtlichen» Kriterien der Namensänderung vgl. HÄFLIGER, 14 ff.). Das Stabilitätsinteresse des öffentlichen Registerwesens hat unter Umständen dann zurückzuweichen, wenn eine bestimmte Namenseintragung aufgrund einer unrichtigen Registerauskunft erfolgt ist (AJP 1996, 749).

135 c) **Wertungen der Rechtsordnung.** Wertende Elemente spielen oft dann eine Rolle, wenn es um Interessenkollisionen geht, die schon in der gesetzlichen Regelung berücksichtigt sind (dazu Art. 1 N 205 ff.). Im Bereich der Delegationsnormen zugunsten des Richters werden solche Wertungen des Gesetzgebers kaum zu berücksichtigen sein, da dieser gerade keine Vorgaben macht, die Kompetenz eben dem Richter überlässt.

136 Ausnahmen können sich dort ergeben, wo nicht (nur) eine Delegationsnorm vorliegt, sondern ein unbestimmter Rechtsbegriff, der auch inhaltliche Vorgaben macht, wie dies insbesondere für den Verweis auf «wichtige Gründe» zutrifft. Der Billigkeitsentscheid soll – wie immer, so speziell auch in diesen Fällen – in die Rechtsordnung eingebettet werden (MEIER-HAYOZ, Lücken, 156); und gerade hier wird diese häufig konkretere Aussagen machen, als dies bei reinen Delegationsnormen der Fall ist. So kann zum Beispiel ein als Erwachsener Adoptierter, der durch die Adoption den Familiennamen seiner Adoptiveltern erworben hat, die hiermit *üblicherweise* verbundenen Konsequenzen nicht als wichtigen Grund gegen diesen Namen anrufen (vgl. BGE 105 II 65 [67/68]; weitere Beispiele oben N 113 mit Verweisen).

137 d) **Ethische Gesichtspunkte.** Wie stets im Rahmen der Rechtsfindung muss der Richter auch ethische Gesichtspunkte in seinen Verstehensprozess einbeziehen. Es geht dabei um Fundamentalbezüge zur Sollensordnung. Diese verstehen sich heute nicht mehr als objektive Grössen; vielmehr sind die relevanten ethischen Gesichtspunkte methodisch zu erarbeiten (vgl. auch oben N 95 ff.). Es kann

im übrigen generell auf die entsprechenden Ausführungen im Zusammenhang mit der Auslegung und Lückenfüllung verwiesen werden (Art. 1 N 214 ff.).

e) **Ergebniskontrolle.** Dieses Element ist in den Fällen von Art. 4 ZGB besonders bedeutsam (vgl. z.B. BGE 122 III 263 [268]; 115 II 30 [40]; 115 II 460 [463]). Wie oben ausgeführt, steht der individuelle Sachverhaltsbezug im Vordergrund (N 120). Die rechtstypische Stabilisierung erfolgt nicht durch Abstützung auf die Rechtsordnung, auch nur bedingt durch Einbettung in eine entsprechende Praxis (unten N 145), sondern durch *methodisches Bewusstsein im konkreten Fall*. Der Fall soll sich gleichsam selbst stabilisieren. Es liegt nahe, dass dies dem Element der konkreten Ergebniskontrolle eine besondere Legitimation verleiht (anschaulich die «Weiterentwicklung» der Praxis zur Bemessung der Genugtuungssumme bei international unterschiedlichen Wirtschaftsniveaus BGE 121 III 252, 123 III 10).

138

4. Verfassungsbezug

Eine Besonderheit gilt für die Fälle gemäss Art. 4 ZGB mit Bezug auf Verfassungskonformität. Dieser Gesichtspunkt stellt bekanntlich bei den Fällen gemäss Art. 1 ZGB ein spezielles Problem dar: Darf der Richter das Gesetz in den Verfassungskontext einbeziehen, es somit an der Verfassung messen und es damit auch gleichzeitig inhaltlich überprüfen? Dies provoziert Fragen zur Gewaltenteilung beziehungsweise des Verstehens der richterlichen Rechtsfindung im gesellschaftsorganisatorischen Kontext, die auch, aber nicht nur von Art. 113 Abs. 3 BV beeinflusst wird (Art. 1 N 220 ff.).

139

Diese Randbedingungen bestehen bei Art. 4 ZGB nicht. Hier kann der Richter den Einbezug in die Grundstrukturen der Gesellschaftsorganisation unmittelbar vornehmen. Ja er kann auch durchaus über- oder paraverfassungsmässige Momente berücksichtigen, wie etwa die Überwindung der Feudalstruktur durch den republikanischen Territorialstaat (BGE 120 II 276), das Spannungsverhältnis zwischen freiem Markt und «materieller Vertragsgerechtigkeit» (BGE 123 III 292 [297 f.]) oder das offenbar mehr genossenschaftliche Gruppendenken der Eidgenossen im Gegensatz zu einem primär individualistischen Gesellschaftsaufbau (BGE 119 Ia 390 [399]; allerdings nicht in einem für Art. 4 ZGB typischen Fall).

140

Art. 4

5. Argumentationsfiguren

141 a) **Allgemeines.** Die von der Praxis verwendeten, namentlich auch *bewusst* praktizierten und entsprechend von der Lehre bearbeiteten Argumentationsfiguren beziehen sich typischerweise auf das Gesetz, zumindest auf die positivierte Rechtsordnung. Die Argumentationsfiguren des Syllogismus, der Analogie oder anderer vertrauter heuristischer Arbeitstechniken beschlagen in der Regel den Umgang mit der Gesetzesnorm, zumal der unklaren, lückenhaften oder gar inhaltlich stossenden (im einzelnen Art. 1 N 224 ff., 521 ff.). Es stellt sich deshalb die Frage, ob diese Argumentationsfiguren auch in den Fällen von Art. 4 ZGB zum Tragen kommen.

142 Die Frage ist zu bejahen. Es entspricht dies dem heute wissenschaftstheoretisch vorherrschenden und auch in dieser Kommentierung vertretenen Ansatz, wonach der *Gegenstand* der – gedanklichen, argumentativen, erklärenden und verstehenden, begründenden und entscheidenden – Befassung nie mehr ist als der Befassungsvorgang selbst: Das Objekt weicht dem Mechanismus, die Wahrheit der Methode (GADAMER, Band 1, 270 ff., 303), der diskursive Konsens der offenen Intersubjektivität (KUHN, 104 ff.; LUHMANN, Legitimation durch Verfahren, 3. A. Frankfurt am Main 1993, 27 ff.; DÜRR, diskursives Recht, 99 ff.; vgl. auch Vorbemerkungen N 162 ff., insbes. 164). Konkret bezogen auf die hier interessierenden Argumentationsfiguren, beispielsweise der Analogie: Analoge Anwendung einer vergleichbaren Gesetzesbestimmung versteht sich nicht mehr als Entdeckung einer Norm auf der Sollens-Ebene, die es nun deduktiv anzuwenden gälte; sondern als durchdringende Auseinandersetzung mit dem Spannungsverhältnis Sollen–Sein anhand eines Einzelfalls. Und dabei wird eben festgestellt, dass das Element der positiven Rechtsordnung zum konkreten Fall nichts, wohl aber etwas zu einer ähnlich gelagerten anderen Konstellation aussagt; und wenn sich dann der konkrete Entscheid gleich plausibel nachvollziehen lässt wie der in jener anderen Norm ausgedrückte Gedanke, wird man *feststellen* können, dass eine Analogie stattgefunden hat (vgl. z.B. BGE 123 III 292 [297 f.], wo das wertende Ausfüllen von Art. 20 OR mit argumentativen Analogien zu verschiedenen Normen des «sozialen» Privatrechts plausibilisiert wird; ähnlich BGE 120 II 276; 121 III 145).

143 Die Argumentationsfiguren lassen sich auch als psychologische Gegebenheiten verstehen beziehungsweise – auf entsprechend kollektiver Ebene – als Gesichtspunkte der Rechtssoziologie: Das Denken des Menschen vollzieht sich eben in derartigen Prozessen (OTT, Wertgefühl, 110 f.; WEIMAR, Dimensionen, 178 f.; KLUG, 1 ff., 109 ff., 192 ff.; EGON SCHNEIDER, 134 ff.; vgl. auch Art. 1 N 225, 525 ff. mit Verweisen). Zumal die intersubjektive Kommunikation ist auf ent-

sprechende Codes angewiesen (WEIMAR, Dimensionen, 169 ff.; GEORGES S. BAUR, Zur Verwendung der Archetypentheorie von C.G. Jung im Recht, Diss. Zürich 1995, insbes. 85 ff., 113 ff.). Es sind dies Phänomene, welche namentlich auch die Linguistik beschäftigen und diese nachgerade umwälzen: Kommunikation, Sprache, Denken, Individualität verstehen sich mehr und mehr als netzartiges System hoher Komplexität (BAUMANN, Recht, 100 ff.; für weitere Hinweise vgl. Vorbemerkungen N 19). Für hier genüge die Feststellung, dass Argumentationsfiguren nicht von ihrem Gegenstand abhängen; nicht das *Gesetz* verlangt ein Argumentieren in Analogien, Syllogismen und dergleichen, sondern: Weil der Mensch in Analogien, Syllogismen denkt, schreibt er Gesetze. Und wenn diese (bewusst oder unplanmässig) lückenhaft sind, denkt der Mensch eben trotzdem in Syllogismen und Analogien.

b)   **Im einzelnen** kann also verwiesen werden auf die Ausführungen im Zusammenhang mit der Auslegung (Art. 1 N 224 ff.) und der Lückenfüllung (Art. 1 N 521 ff.), namentlich zum Syllogismus, zur Analogie, zu anderen Argumenta sowie zur ausdehnenden beziehungsweise einschränkenden Handhabung.   144

6.   Hilfsmittel

a)   Die in Art. 1 Abs. 3 ZGB positivierten Hilfsmittel – «bewährte Lehre und Überlieferung» – kommen auch für die Fälle von Art. 4 ZGB zum Tragen (MEIER-HAYOZ, Berner Kommentar, Art. 4 N 53, spricht von gewohnheitsrechtlicher Geltung mutatis mutandis; vgl. auch RIEMER, Einleitungsartikel, § 4, N 128 ff.; ferner BGE 116 II 145 [149], 118 II 50 [55], 109 II 389 [391], 105 II 247 [249]). Ja sie beanspruchen hier insofern ein besonderes Gewicht, als sie *die* stabilisierenden Elemente im methodischen Diskurs darstellen: Erst durch Praxis und Lehre erhalten offene Gesetzesbestimmungen konkretere Stabilität (z.B. die Bemessung der Abgangsentschädigung gemäss Art. 339c Abs. 2 OR, vgl. BGE 115 II 30 [35 ff.]; die Entschädigung wegen missbräuchlicher Kündigung gemäss Art. 336a OR, BGE 119 II 159 [160 f.]; die wichtigen Gründe einer fristlosen Kündigung, BGE 116 II 145 [150]; die wichtigen Gründe für eine Namensänderung, statt vieler BGE 120 II 276 [277]). Zur generellen Bedeutung der Hilfsmittel gemäss Art. 1 Abs. 3 ZGB als Rechtsfindungselemente kann auf Art. 1 N 244 ff. verwiesen werden.   145

Art. 4

146 b) Weniger für die Rechtsfindung in Fällen von Art. 4 ZGB geeignet sind solche Hilfsmittel, die eine spezielle Norm im Auge haben. So kann aus *Rechtsvergleichung* nur insoweit Hilfe zu erwarten sein, als es bei den betreffenden ausländischen Konstellationen ebenfalls um Fälle des richterlichen Ermessens geht, also nicht um positive Gesetzesbestimmungen. Das gleiche gilt auch für das Heranziehen von *früherem im Vergleich mit späterem Recht*. Sie eignen sich nur dann als Hilfsmittel, wenn sie eine Aussage darüber machen, wie nach freiem Ermessen und Billigkeit entschieden werden soll (vgl. etwa BGE 121 III 219 [223]). Entscheidungshilfen aus der *Rechtsgeschichte* und aus *Rechtssprichwörtern* werden für richterliche Ermessensentscheide kaum zu erwarten sein; denn insbesondere Parömien geben typischerweise *Gesetz*mässigkeiten wieder, haben mithin einen ausgeprägt generell-abstrakten Charakter (vgl. Art. 1 N 260 mit Verweisen).

Vorbemerkungen zu Art. 5 und 6 ZGB*

Inhaltsübersicht

		Rz
Literatur		1
A.	**Inhalt und Bedeutung der Art. 5 und 6 ZGB**	2
I.	Allgemeine Charakterisierung; Verhältnis zum Verfassungsrecht	2
II.	Art. 5 und 6 ZGB als bundesstaatliches Kollisionsrecht	8
	1. Abgrenzung zum intertemporalen Kollisionsrecht	8
	2. Abgrenzung zum internationalen und interkantonalen Kollisionsrecht	10
III.	Art. 5 und 6 ZGB als Ausdruck einer gemässigten Rechtsvereinheitlichung	14
IV.	Art. 5 und 6 ZGB als Ausgangspunkt für die Abgrenzung von Privatrecht und öffentlichem Recht	16
V.	Keine Regelung des Verhältnisses des Bundeszivilrechts zum übrigen Bundesrecht sowie zum internationalen und ausländischen Recht	20
B.	**Die Unterscheidung von Privatrecht und öffentlichem Recht**	23
I.	Herkunft, Gründe und Bedeutung der Unterscheidung	23
	1. Grundlage und historische Entwicklung der Unterscheidung	23
	2. Heutige Bedeutung der Unterscheidung	29
	3. Zukunftsperspektiven	32
II.	Merkmale, Unterschiede und Zusammenhänge von Privatrecht und öffentlichem Recht	40
	1. Typische Merkmale des Privatrechts bzw. des öffentlichen Rechts	40
	2. Zusammenhänge zwischen Privatrecht und öffentlichem Recht	45
III.	Kriterien für die Abgrenzung von Privatrecht und öffentlichem Recht	50
	1. Vorbemerkung	50
	2. Überholte oder für die Kompetenzabgrenzung nicht massgebende Theorien	57
	a) Fiskustheorie	57
	b) Subjektstheorie	58
	c) Theorie des zwingenden Rechts	59
	d) «Civil rights» gemäss Art. 6 EMRK	60
	e) «Zivil- und Handelssachen» im Sinne des internationalen Zivilprozessrechts	61
	3. Heute massgebende Theorien	62
	a) Subordinations- bzw. Subjektionstheorie	62
	b) Modale oder strukturelle Theorie (Sanktionentheorie)	63

---

* An dieser Stelle möchte ich dem Schweizerischen Nationalfonds zur Förderung der wissenschaftlichen Forschung für den mir gewährten Forschungsbeitrag sowie meinen Berufskolleginnen und -kollegen RAINER BENZ, JOACHIM BREINING, URSULA BRUNNER, ANNETTE DOLGE, GION HENDRY, HELEN KELLER, PETER KELLER, MARKUS KÜBLER, MARLIES NIGGLI, HEINZ PFLEGHARD, CHRISTIAN SCHNEIDER, FELIX SCHÖBI und BEAT SULZBERGER für die kritische Durchsicht des Manuskripts bzw. der Druckfahnen oder wichtiger Teile davon herzlich danken. Den Professoren ANTON K. SCHNYDER, BERNHARD SCHNYDER und ISAAK MEIER sowie Bundesrichter HEINZ AEMISEGGER verdanke ich wertvolle Hinweise und Anregungen. Meiner Frau Gisèle danke ich für die moralische Unterstützung und das Verständnis für die häufige kommentarbedingte Abwesenheit in den letzten Jahren. – Meine Kommentierung berücksichtigt den Stand von Gesetzgebung, Literatur und Praxis Ende 1996. Wichtige Neuerungen und Neuerscheinungen wurden bis November 1997 nachgetragen.

Vorbem. Art. 5 und 6

		c) Interessentheorie	64
		d) Funktionstheorie	65
	4.	Herrschende Auffassung: Methodenpluralismus	66
	5.	Typologische Methode als neue Problemlösung?	68
IV.	Gemischte Normen und Doppelnormen		70
	1.	Allgemeines	70
	2.	Bundesrecht	72
	3.	Kantonales Recht	76
C.	**Begriff und Umfang des Bundeszivilrechts**		80
I.	Begriff des Bundeszivilrechts		80
	1.	Zivilrecht	80
	2.	Bundeszivilrecht	84
II.	Privatrecht in der Bundesverfassung		85
III.	Staatsvertragliches Privatrecht		87
IV.	ZGB und OR als Hauptquellen des Bundeszivilrechts		91
	1.	Inhalt und Aufbau von ZGB und OR	91
	2.	Ergänzendes öffentliches Recht; formelles Bundeszivilrecht	94
		a) Allgemeines	94
		aa) Materialien	94
		bb) Heutige Lehre und Praxis	96
		b) Organisations- und Verfahrensvorschriften	103
		c) Materielles öffentliches Recht	106
		aa) Allgemeines	106
		bb) Schutzvorschriften im Grenzbereich von Privatrecht und öffentlichem Recht	107
		cc) Vorschriften über die öffentlich-rechtliche Rechtsstellung	110
		dd) Vorschriften der Eingriffsverwaltung	111
		ee) Vorschriften der Leistungsverwaltung	115
		ff) Weitere öffentlich-rechtliche Vorschriften	116
V.	Privatrechtliche Spezialgesetze		123
	1.	Allgemeines	123
	2.	Zivilrecht (im engen Sinn)	125
	3.	Haftpflichtrecht	128
	4.	Vertragsrecht	130
	5.	Arbeitsrecht	135
	6.	Handelsrecht	140
	7.	Immaterialgüterrecht	145
	8.	Datenschutzrecht	149
	9.	Wettbewerbsrecht	151
	10.	Zivilprozess- und Vollstreckungsrecht	156
	11.	Internationales Privatrecht	163
VI.	Privatrechtliche Verordnungen		168
VII.	Autonome Satzungen		172
VIII.	Ungeschriebenes Recht		176
D.	**Das Verhältnis des Bundeszivilrechts zum übrigen Bundesrecht und zum internationalen und europäischen Recht**		181
I.	Bundeszivilrecht und Bundesverfassungsrecht		181
	1.	Allgemeines	181
	2.	Frage der Drittwirkung der Grundrechte	187
	3.	Literaturhinweise zu aktuellen Fragen	193

II.	Bundeszivilrecht und Bundesverwaltungsrecht	194
	1. Grundsätzliche Unterschiede	194
	2. Zusammenhänge und Konflikte zwischen Bundeszivilrecht und Bundesverwaltungsrecht	196
	3. Literaturhinweise zu den einzelnen Gebieten	201
	a) Bau-, Planungs- und Umweltrecht	202
	b) Sozialversicherungsrecht	203
	c) Steuerrecht	204
	d) Wirtschaftsrecht	205
	e) Weitere Gebiete	206
	aa) Datenschutz	206
	bb) Ausländerrecht	207
	cc) Verkehrs-, Energie- und Kommunikationsrecht	208
III.	Bundeszivilrecht und Bundesstrafrecht	209
	1. Grundsätzliches	209
	2. Zusammenhänge zwischen privatrechtlichem und strafrechtlichem Rechtsgüterschutz	211
	3. Strafbestimmungen des Bundeszivilrechts	217
	4. Zusammenhänge und Unterschiede bei der Anwendung von Privatrecht und Strafrecht	220
	5. Opferhilfe	222
IV.	Bundeszivilrecht und internationales bzw. europäisches Recht	223
	1. Völkerrecht und Landesrecht	223
	2. Allgemeines Völkerrecht	227
	3. Partikuläres Völkerrecht	230
	a) Supranationales Recht; sekundäres Völkerrecht	230
	b) Völkervertragsrecht	231
	aa) Vorbemerkung	231
	bb) Internationaler Menschenrechtsschutz	234
	cc) Internationales Privatrecht und Zivilprozessrecht	241
	dd) Angleichung und Vereinheitlichung des materiellen Privatrechts ...	243
	aaa) Allgemeines	243
	bbb) Europäische Union	246
	ccc) Weitere Bemühungen	249
	ddd) Situation der Schweiz	252
E.	**Die Durchsetzung der bundesstaatlichen Kompetenzausscheidung**	**258**
I.	Vorbemerkungen	258
II.	Rechtsfolgen bei Verletzung der bundesstaatlichen Kompetenzausscheidung ...	262
	1. Nichtigkeit von kompetenzwidrigem kantonalem Recht	262
	2. Anwendungsgebot für Bundesrecht (Art. 113 Abs. 3 BV)	267
	3. Verfahrensrechtliche Gesichtspunkte	268
III.	Verfahren zur Durchsetzung der bundesstaatlichen Kompetenzausscheidung ...	270
	1. Vorbemerkungen	270
	2. Akzessorisches Prüfungsrecht	273
	3. Rechtsmittelverfahren	277
	a) Kantonale Rechtsmittel	277
	b) Bundesrechtsmittel	279
	aa) Allgemeines	279
	bb) Zivilrechtliche Berufung	282
	cc) Zivilrechtliche Nichtigkeitsbeschwerde	284

Vorbem. Art. 5 und 6

	dd) Beschwerde in Schuldbetreibungs- und Konkurssachen	286
	ee) Verwaltungsbeschwerde	287
	ff) Verwaltungsgerichtsbeschwerde	289
	gg) Strafrechtliche Nichtigkeitsbeschwerde	294
	hh) Staatsrechtliche Beschwerde	296
	ii) Staatsrechtliche Klage	301
4.	Aufsichtsverfahren	302
	a) Allgemeines	302
	b) Genehmigung von Erlassen	304
	aa) Gewährleistung der Kantonsverfassungen	304
	bb) Genehmigung von Verträgen der Kantone unter sich bzw. mit dem Ausland	309
	cc) Genehmigung von kantonalen Gesetzen und Verordnungen	311
	c) Übrige Bundesaufsicht	319

Literatur

1 **Kommentare, Gesamtdarstellungen**

AUBERT JEAN-FRANÇOIS/ EICHENBERGER KURT/ MÜLLER JÖRG PAUL/ RHINOW RENÉ A./ SCHINDLER DIETRICH (Hrsg.)	Kommentar zur Bundesverfassung der Schweizerischen Eidgenossenschaft vom 29. Mai 1874, Basel/Zürich/Bern, ab 1987 (Komm. BV)
BE-Komm.	Berner Kommentar zum schweizerischen Privatrecht, Verlag Stämpfli & Cie. AG, Bern
BS-Komm.	Basler Kommentar zum Schweizerischen Privatrecht, Helbing & Lichtenhahn Verlag AG, Basel/Frankfurt a.M.
EICHENBERGER KURT/JENNY KURT/RHINOW RENÉ A. u.a. (Hrsg.)	Handbuch des Staats- und Verwaltungsrechts des Kantons Basel-Stadt, Basel/Frankfurt a.M. 1984 (Handbuch BS)
HEINI ANTON/KELLER MAX/ SIEHR KURT/ VISCHER FRANK/VOLKEN PAUL (Hrsg.)	IPRG Kommentar, Zürich 1993 (Komm. IPRG)
KÄLIN WALTER/BOLZ URS (Hrsg.)	Handbuch des bernischen Verfassungsrechts, Bern 1995 (Komm. KV/BE)
KELLER PETER M./ZUFFEREY JEAN-BAPTISTE/FAHRLÄNDER KARL LUDWIG (Hrsg.)	Kommentar zum Bundesgesetz über den Natur- und Heimatschutz, Zürich 1997 (Komm. NHG)
KÖLZ ALFRED/MÜLLER-STAHEL HANS-ULRICH (Hrsg.)	Kommentar zum Umweltschutzgesetz, Zürich, ab 1985 (Komm. USG)
PALANDT OTTO	Bürgerliches Gesetzbuch, 56. Auflage, München 1997

Vorbem. Art. 5 und 6

POUDRET JEAN FRANÇOIS/ SANDOZ-MONOZ SUZETTE	Commentaire de la loi fédérale d'organisation judiciaire, Band I, II, V, Bern 1990/1992 (Comm. OJ)
SIWR	Schweizerisches Immaterialgüter- und Wettbewerbsrecht, Helbing & Lichtenhahn Verlag AG, Basel/Frankfurt a.M.
SPR	Schweizerisches Privatrecht, Helbing & Lichtenhahn Verlag AG, Basel/Stuttgart/Frankfurt a.M.
STRÄULI HANS/MESSMER GEORG	Kommentar zur Zürcherischen Zivilprozessordnung, 2. Auflage, Zürich 1982
ZH-Komm.	Zürcher Kommentar zum Schweizerischen Zivilgesetzbuch, Schulthess Polygraphischer Verlag AG, Zürich

Lehrbücher, Monographien, Aufsätze

AMONN KURT/GASSER DOMINIK	Grundriss des Schuldbetreibungs- und Konkursrechts, 6. Auflage, Bern 1997
AUBERT JEAN-FRANÇOIS	Bundesstaatsrecht der Schweiz, Band I/II, Basel/Frankfurt a.M. 1991/1995
BAUDENBACHER CARL	Funktionszuwachs des Staates als wirtschaftsrechtliches Problem, SAG 1985, 57 ff.
BROGGINI GERARDO	Intertemporales Privatrecht, in: SPR I, Basel/Stuttgart 1969, 353 ff. (BROGGINI)
–	Conflitto di leggi, armonizzazione e unificazione nel diritto europeo delle obbligazioni e delle imprese, in FS Anton Heini, Zürich 1995, 73 ff. (BROGGINI, Conflitto)
BRÖNNIMANN JÜRGEN	Verfassungsrechtliche Probleme des einfachen und raschen Verfahrens, ZSR 1989 I 351 ff.
BRÜCKNER CHRISTIAN	Die Trennung von Privatrecht und öffentlichem Recht – ein Beispiel für die Suggestivkraft von Begriffen, in: FS Schweiz. Juristentag, Basel/Frankfurt a.M. 1985, 35 ff.
BRUGGER WINFRIED	Einführung in das öffentliche Recht der USA, München 1993
BUCHER EUGEN	Recht – Geschichtlichkeit – Europa, in: Vers un droit privé européen commun?, Beihefte zur ZSR, Heft 16, Basel 1994, 7 ff.
CARLEN LOUIS	Rechtsgeschichte der Schweiz, 3. Auflage, Bern 1988
CARONI PIO	Einleitungstitel des Zivilgesetzbuches, Basel/Frankfurt a.M. 1996 (CARONI)
–	«Privatrecht»: Eine sozialhistorische Einführung, Basel/Frankfurt a.M. 1988 (CARONI, Privatrecht)
COTTIER THOMAS	Die Globalisierung des Rechts – Herausforderungen für Praxis, Ausbildung und Forschung, ZBJV 1997 217 ff.
DESCHENAUX HENRI	Der Einleitungstitel, in: SPR II, Basel/Stuttgart 1967, 1 ff.
DIDISHEIM RAYMOND	La notion de droit civil fédéral, Diss. Lausanne 1973
DRUEY JEAN NICOLAS	Privatrecht als Kontaktrecht, in: Jahrbuch des öffentlichen Rechts der Gegenwart 40, Tübingen 1991/92, 149 ff. (DRUEY, Kontaktrecht)
–	Privatrecht als Recht der Kommunikation, SJZ 1983 185 ff. (DRUEY, Kommunikation)

Vorbem. Art. 5 und 6

DÜRR DAVID	Diskursives Recht, Zürich 1994
EGGER AUGUST	ZH-Komm., Art. 1–89 ZGB, 2. Auflage, Zürich 1930
EICHENBERGER KURT	Verwaltungsprivatrecht, in: FS Schweiz. Juristentag, Basel/Frankfurt a.M. 1985, 75 ff.
FERID MURAD/SONNENBERGER HANS JÜRGEN	Das Französische Zivilrecht, Band I/1, Erster Teil: Allgemeine Lehren des Französischen Zivilrechts, 2. Auflage, Heidelberg 1994
FORSTMOSER PETER/SCHLUEP WALTER R.	Einführung in das Recht, Bern 1992
FRIEDRICH HANS-PETER	Kantonales Zivilrecht, in: EICHENBERGER u.a.(Hrsg.), Handbuch des Staats- und Verwaltungsrechts des Kantons Basel-Stadt, Basel/Frankfurt a.M. 1984, 727 ff.
FRITZSCHE HANS/WALDER HANS ULRICH	Schuldbetreibung und Konkurs nach schweizerischem Recht, Band I/II, Zürich 1984/1993
GAUCH PETER/SCHLUEP WALTER R.	Schweizerisches Obligationenrecht, Allgemeiner Teil, Band I und II, 6. Auflage, Zürich 1995
GIACOMETTI ZACCARIA	Allgemeine Lehren des rechtsstaatlichen Verwaltungsrechts, Band 1, Zürich 1960
GEISER THOMAS/MÜNCH PETER (Hrsg.), Prozessieren vor Bundesgericht, Basel/Frankfurt a.M. 1996	
GIGER HANS	Kompetenzausscheidung zwischen Bund und Kantonen auf dem Gebiet der Gesetzgebung unter besonderer Berücksichtigung des Konsumkreditwesens, Zürich 1989
GRISEL ETIENNE	L'approbation des lois cantonales par le Conseil fédéral: La loi du 15 décembre 1989, ZSR 1990 I 275 ff.
GROSS JOST	Schweizerisches Staatshaftungsrecht, Bern 1995
GROSSEN JACQUES-MICHEL	Droit civil et droit international public, ZSR 1993 I 1 ff.
GUHL THEO u.a.	Das Schweizerische Obligationenrecht, 8. Auflage, Zürich 1991 (§§ 1–48: GUHL THEO/MERZ HANS/KOLLER ALFRED, §§ 49, 56–58: GUHL THEO/MERZ HANS/DRUEY JEAN NICOLAS, §§ 50–55, 59–110: GUHL THEO/KUMMER MAX/DRUEY JEAN NICOLAS)
GULDENER MAX	Schweizerisches Zivilprozessrecht, 3. Auflage, Zürich 1979
GYGI FRITZ	Zur Rechtsetzungszuständigkeit des Bundes auf dem Gebiet des Zivilrechts (BV 64), ZSR 1976 I 343 ff. (GYGI, Zivilrecht)
–	Zur bundesstaatlichen Rechtsetzungszuständigkeit im Gebiet des Obligationen- und Handelsrechts, ZSR 1984 I 1 ff. (GYGI, Obligationenrecht)
HABSCHEID WALTHER J.	Schweizerisches Zivilprozess- und Gerichtsorganisationsrecht, 2. Auflage, Basel/Frankfurt a.M. 1990
HAEFLIGER ARTHUR	Die Europäische Menschenrechtskonvention und die Schweiz, Bern 1993
HÄFELIN ULRICH/HALLER WALTER	Schweizerisches Bundesstaatsrecht, 3. Auflage, Zürich 1993
HÄFELIN ULRICH/MÜLLER GEORG	Grundriss des Allgemeinen Verwaltungsrechts, 2. Auflage, Zürich 1993
HALLER WALTER/KARLEN PETER	Raumplanungs- und Baurecht nach dem Recht des Bundes und des Kantons Zürich, 2. Auflage, Zürich 1992

Vorbem. Art. 5 und 6

HANGARTNER YVO	Die Kompetenzverteilung zwischen Bund und Kantonen, Bern/Frankfurt a.M. 1974
HAUSER ROBERT/SCHWERI ERHARD	Schweizerisches Strafprozessrecht, 3. Auflage, Basel/Frankfurt a.M. 1997
HAUSHEER HEINZ	Bundesgesetz über den Erwerb von Grundstücken durch Personen im Ausland (BewG): Verfassungsmässigkeit einer kantonalisierten Nachfolgegesetzgebung, Gutachten, erstattet dem Eidg. Justiz- und Polizeidepartement, Bern 1995
HOFFMANN-RIEM WOLFGANG/ SCHMIDT-ASSMANN EBERHARD (Hrsg.)	Öffentliches Recht und Privatrecht als wechselseitige Auffangordnungen, Baden-Baden 1996 (zit. HOFFMANN-RIEM)
HUBER HANS	BE-Komm., Art. 6 ZGB, Bern 1966
IMBODEN MAX/RHINOW RENÉ A./KRÄHENMANN BEAT	Schweizerische Verwaltungsrechtsprechung, 6. Auflage, Basel/Frankfurt a.M. 1986 (IMBODEN/RHINOW) und Ergänzungsband, Basel/Frankfurt a.M. 1990 (RHINOW/KRÄHENMANN) (alle 3 Bände zusammen: IMBODEN/RHINOW/KRÄHENMANN)
JAGMETTI MARCO	Vorbehaltenes kantonales Privatrecht, in SPR I, Basel/Stuttgart 1969, 239 ff.
JÄGGI PETER	Privatrecht und Staat, in GAUCH/SCHNYDER (Hrsg.), Privatrecht und Staat, Zürich 1976, 3 ff.
KÄLIN WALTER	Das Verfahren der staatsrechtlichen Beschwerde, 2. Auflage, Bern 1994
KASER MAX	Römisches Privatrecht, 16. Auflage, München 1992
KELLER MAX/SIEHR KURT	Allgemeine Lehren des internationalen Privatrechts, Zürich 1986
KLEY-STRULLER ANDREAS	Kantonales Privatrecht, St. Gallen 1992
KNAPP BLAISE	L'Etat agissant en droit privé, in: FS Schweiz. Juristentag, Basel/Frankfurt a.M. 1991, 169 ff.
KOLLER THOMAS	Privatrecht und Steuerrecht, Eine Grundlagenstudie zur Interdependenz zweier Rechtsgebiete, Bern 1993
KÖLZ ALFRED/HÄNER ISABELLE	Verwaltungsverfahren und Verwaltungsrechtspflege des Bundes (mit einem Grundriss der Verwaltungsrechtspflege des Kantons Zürich), Zürich 1993
KÖLZ ALFRED/KOTTUSCH PETER	Bundesrecht und kantonales Verfahrensrecht, ZBl 1978 421 ff.
KRAMER ERNST A.	Vielfalt und Einheit der Wertungen im Europäischen Privatrecht, in FS Arnold Koller, Bern 1993, 729 ff.
KRAUS DIETER	Schweizerisches Staatskirchenrecht, Tübingen 1993
LANGHART ALBRECHT	Rahmengesetz und Selbstregulierung, Diss. Zürich 1993
LIVER PETER	BE-Komm., Art. 5 ZGB, Bern 1966
LOCHER THOMAS	Grundriss des Sozialversicherungsrechts, Bern 1994
MAURER ALFRED	Bundessozialversicherungsrecht, Basel/Frankfurt a.M. 1993 (MAURER, Bundessozialversicherungsrecht)
–	Schweizerisches Privatversicherungsrecht, 3. Auflage, Bern 1995 (MAURER, Privatversicherungsrecht)

Vorbem. Art. 5 und 6

–	Sozialversicherungsrecht, Band I, 2. Auflage, Bern 1983 / Band II, Bern 1981 (MAURER, Sozialversicherungsrecht)
MAZAN STEPHAN	Das föderative Prinzip in der Europäischen Union, Diss. Zürich 1996
MEIER PHILIPPE	Organisation tutélaire et compétence fédérale, in FS J.F. Aubert, Basel/Frankfurt a.M. 1996, 607 ff.
MEIER-HAYOZ ARTHUR/ FORSTMOSER PETER	Grundriss des schweizerischen Gesellschaftsrechts, 7. Auflage, Bern 1993
MESSMER GEORG/IMBODEN HERMANN	Die eidgenössischen Rechtsmittel in Zivilsachen, Zürich 1992
MOOR PIERRE	Droit administratif, Band I, 2. Auflage, Bern 1994, Band II/III, Bern 1991/1992
MOOR PIERRE/PIOTET DENIS	La responsabilité des cantons à raison d'actes illicites: droit public ou droit privé?, ZBl 1996 481 ff.
MÜLLER-GRAFF PETER-CHRISTIAN	Europäisches Gemeinschaftsrecht und Privatrecht, NJW 1993 13 ff.
NOBEL PETER	Entscheide zu den Einleitungsartikeln, Bern 1977
OFTINGER KARL/STARK EMIL W.	Schweizerisches Haftpflichtrecht, Allgemeiner Teil, Band I, 5. Auflage, Zürich 1995
PACHE ANDRÉ	La coutume et les usages dans le droit privé positif, Diss. Lausanne 1938
PIOTET DENIS	Le droit privé vaudois de la propriété foncière, Lausanne 1991
PFENNINGER HANS FELIX	«Übung und Ortsgebrauch» im schweizerischen Zivilgesetzbuch, Diss. Zürich 1911
PLOTKE HERBERT	Schweizerisches Schulrecht, Bern 1979
POLEDNA TOMAS	Staatliche Bewilligungen und Konzessionen, Bern 1994
PORTNER CARLO	Die Revision des Einführungsgesetzes zum Zivilgesetzbuch [Kt. Graubünden], ZGRG 1994 78 ff.
REHBERG JÖRG	Strafrecht I/II, 6. Auflage, Zürich 1996/1994
REHBINDER MANFRED	Einführung in die Rechtswissenschaft, 8. Auflage, Berlin/New York 1995 (REHBINDER, Einführung)
–	Schweizerisches Arbeitsrecht, 12. Auflage, Bern 1995 (REHBINDER, Arbeitsrecht);
RHINOW RENÉ A./KOLLER HEINRICH/KISS CHRISTINA	Öffentliches Prozessrecht und Justizverfassungsrecht des Bundes, Basel/Frankfurt a.M. 1996
RHINOW RENE A./ KRÄHENMANN BEAT	Schweizerische Verwaltungsrechtsprechung, Ergänzungsband, Basel/Frankfurt a.M. 1990 (RHINOW/KRÄHENMANN)
RIEMER HANS MICHAEL	Die Einleitungsartikel des Schweizerischen Zivilgesetzbuches, Bern 1987
SALADIN PETER	Wozu noch Staaten?, Bern 1995
SANDROCK OTTO	Das Privatrecht am Ausgang des 20. Jahrhunderts: Deutschland-Europa-Welt, JZ 1996 1 ff.
SCHINDLER DIETRICH	Schweizerischer und europäischer Föderalismus, ZBl 1992 193 ff.
SCHLOSSER HANS	Grundzüge der Neueren Privatrechtsgeschichte, 8. Auflage, Heidelberg 1996

Vorbem. Art. 5 und 6

SCHMID NIKLAUS	Strafprozessrecht, 3. Auflage, Zürich 1997
SCHNYDER ANTON K.	Das neue IPR-Gesetz, 2. Auflage, Zürich 1990 (SCHNYDER, IPRG)
SCHNYDER BERNHARD	Das Hammerschlags- oder Leiterrecht – Bundesrecht oder kantonales Recht?, in FS Schweiz. Juristentag, Fribourg 1980, 265 ff. (SCHNYDER, Hammerschlagsrecht)
–	Freiheit und Schweizerisches Zivilgesetzbuch, in FS Hans Giger, Bern 1989, 597 ff. (SCHNYDER, Freiheit)
–	Formelles Bundeszivilrecht – am Beispiel der fürsorgerischen Freiheitsentziehung, in FS Paul Piotet, Bern 1990, 119 ff. (SCHNYDER, Formelles Bundeszivilrecht)
–	Das ZGB lehren, in FS Arnold Koller, Bern 1993, 531 ff. (SCHNYDER, Das ZGB lehren)
SCHULTZ HANS	Einführung in den allgemeinen Teil des Strafrechts, Band I/II, 4. Auflage, Bern 1982
SCHÜRMANN LEO	Wirtschaftsverwaltungsrecht, 3. Auflage, Bern 1994
SCHÜRMANN LEO/HÄNNI PETER	Planungs-, Bau- und besonderes Umweltschutzrecht, 3. Auflage, Bern 1995
SCHWANDER IVO	Einführung in das internationale Privatrecht, Allgemeiner Teil, 2. Auflage, St. Gallen 1990
SCHWEIZER RAINER J.	Die schweizerischen Gerichte und das europäische Recht, ZSR 1993 II 577 ff.
SCHWERI ERHARD	Eidgenössische Nichtigkeitsbeschwerde in Strafsachen, Bern 1993
SEIDL-HOHENVELDERN IGNAZ	Völkerrecht, 9. Auflage, Köln/Berlin/Bonn/München 1997
SIMONIUS PASCAL/SUTTER THOMAS	Schweizerisches Immobiliarsachenrecht, Band I: Grundlagen, Grundbuch und Grundeigentum, Basel/Frankfurt a.M. 1995
STRATENWERTH GÜNTER	Schweizerisches Strafrecht, Allgemeiner Teil, Band I, 2. Auflage, Bern 1996, Band II, Bern 1989
TRECHSEL STEFAN/NOLL PETER	Schweizerisches Strafrecht, Allgemeiner Teil I, 4. Auflage, Zürich 1994
TROLLER ALOIS	Immaterialgüterrecht, Band I/II, 3. Auflage, Basel/Frankfurt a.M. 1983/1985
TROLLER ALOIS/TROLLER PATRICK	Kurzlehrbuch des Immaterialgüterrechts, 3. Auflage, Basel/Frankfurt a.M. 1989
TUOR PETER/SCHNYDER BERNHARD/SCHMID JÖRG	Das Schweizerische Zivilgesetzbuch, 11. Auflage, Zürich 1995
VILLIGER MARK	Handbuch der Europäischen Menschenrechtskonvention (EMRK), Zürich 1993
VISCHER FRANK	Der Arbeitsvertrag, in SPR VII/1, III, Basel/Frankfurt a.M. 1994
VOGEL OSCAR	Grundriss des Zivilprozessrechts, 4. Auflage, Bern 1995
WALDER-RICHLI HANS ULRICH	Zivilprozessrecht, 4. Auflage, Zürich 1996 (zit. WALDER)
WIDMER PETER	Normkonkurrenz und Kompetenzkonkurrenz im schweizerischen Bundesstaat, Diss. Zürich 1966
WOLFFERS FELIX	Grundriss des Sozialhilferechts, Bern 1993
ZÄCH ROGER	Das Privatrecht in veränderter Umwelt – Anregungen zum Umdenken, ZSR 1986 I 3 ff.

Vorbem. Art. 5 und 6

A. Inhalt und Bedeutung der Art. 5 und 6 ZGB

I. Allgemeine Charakterisierung; Verhältnis zum Verfassungsrecht

2   Die Art. 5 und 6 ZGB stehen unter dem gemeinsamen Randtitel «C. Verhältnis zu den Kantonen» und regeln das Verhältnis des *Bundeszivilrechts* (Bundesprivatrecht) zum *kantonalen Zivilrecht* (Privatrecht) und zur *Ortsübung* (Art. 5) sowie zum *öffentlichen Recht* der Kantone (Art. 6) (zu den heute als identische Begriffe verwendeten Bezeichnungen «Zivilrecht» bzw. «Privatrecht» vgl. hinten N 80 ff.). Während *Art. 5 ZGB* sich nur zur Ausscheidung der (zivilrechtlichen) *Rechtsetzungsbefugnisse* zwischen Bund und Kantonen äussert, betrifft *Art. 6 ZGB* im Prinzip auch die öffentlich-rechtlichen *Verwaltungs- und Rechtsprechungsbefugnisse* der Kantone, welche ebenfalls in Konflikt mit dem Bundeszivilrecht geraten können (vgl. dazu Art. 6 N 100 ff.). In beiden Fällen handelt es sich somit um *Kompetenznormen* zur Abgrenzung der Zuständigkeiten von Bund und Kantonen im Bereich des Bundeszivilrechts (vgl. zum Begriff der Kompetenznorm auch SALADIN, Komm. BV, Art. 3 N 76 ff. mit weiteren Hinweisen).

3   Das Verhältnis von Bundeskompetenzen und kantonalen Kompetenzen ergibt sich jedoch im Prinzip bereits aus der *verfassungsmässigen Kompetenzausscheidung* von *Art. 3 BV*. Danach üben die Kantone alle Rechte aus, welche nicht durch die Bundesverfassung der Bundesgewalt übertragen sind (subsidiäre Generalklausel zugunsten der kantonalen Zuständigkeit; vgl. dazu HÄFELIN/HALLER Rz 262 ff., AUBERT Nr. 611 ff. [inkl. Nachtrag] und SALADIN, Komm. BV, Art. 3 N 76 ff., je mit weiteren Hinweisen). Im Bereich der Rechtsetzung ergibt sich die Folge einer Verletzung dieser Zuständigkeitsordnung durch die Kantone sodann aus der *derogatorischen Kraft des Bundesrechts*, welche aus Art. 2 ÜB BV abgeleitet wird. Diese besteht darin, dass widersprechendes (oder auch gleichlautendes) kantonales Recht seine Gültigkeit verliert, wenn der Bund von einer ihm zustehenden Gesetzgebungsbefugnis Gebrauch gemacht hat (Vorrang des Bundesrechts; vgl. dazu HÄFELIN/HALLER Rz 369 ff., AUBERT Nr. 635 ff. [inkl. Nachtrag], SALADIN, Komm. BV, Art. 2 ÜB N 5 ff., und nachfolgend N 258 ff., je mit weiteren Hinweisen).

4   Die Art. 5 und 6 ZGB können als *rangniedrigeres Gesetzesrecht* diese aus der Bundesverfassung resultierende Kompetenzordnung nicht ändern, sondern müssen von ihr ausgehen (vgl. freilich zur bisher fehlenden Sanktion bei Kompetenzverletzungen seitens des Bundesgesetzgebers nachfolgend N 267). Die Regelung von Art. 5 und 6 ZGB ergibt sich denn auch weitgehend bereits aus der

Vorbem. Art. 5 und 6

Bundesverfassung. Gemäss *Art. 64 Abs. 1 und 2 BV* steht dem *Bund* die *Gesetzgebung* über das *gesamte Zivilrecht* zu (umfassende konkurrierende Gesetzgebungszuständigkeit mit nachträglich derogatorischer Wirkung; vgl. dazu nachfolgend N 264). Von dieser Kompetenz hat der Bund insbesondere durch den Erlass des *Zivilgesetzbuches* und des *Obligationenrechts* in umfassender Weise Gebrauch gemacht und für den Bereich des Zivilrechts eine grundsätzlich abschliessende Regelung geschaffen *(Prinzip der Gesamtkodifikation)*. Damit ist *kantonales Zivilrecht* grundsätzlich nur noch aufgrund einer *Ermächtigung* durch den *Bundesgesetzgeber* zulässig (vgl. dazu Art. 5 Abs. 1 ZGB). Die Kompetenz der Kantone zum Erlass *öffentlich-rechtlicher Vorschriften* wird demgegenüber durch das Bundeszivilrecht prinzipiell nicht eingeschränkt, zumal sich die entsprechende Gesetzgebungskompetenz des Bundes auf das Zivilrecht beschränkt und die Verfassung von einer *grundsätzlichen Trennung* von *Zivilrecht* und *öffentlichem Recht* ausgeht (vgl. dazu Art. 6 Abs. 1 ZGB).

Trotzdem kommt den Art. 5 und 6 ZGB *nicht nur deklaratorische Bedeutung* zu. Aus dem Verfassungsrecht lässt sich insbesondere nicht oder jedenfalls nicht direkt ableiten, welcher *Art* die *Ermächtigung des Bundes* an den *kantonalen Zivilgesetzgeber* sein muss (vgl. dazu Art. 5 N 29 ff.) und wo die *Schranken* einer solchen Ermächtigung liegen (vgl. dazu Art. 5 N 134 ff.). Dasselbe gilt für die im Gesetzestext nicht erwähnten, aber offensichtlich ebenfalls notwendigen *Schranken* für *kantonales öffentliches Recht* im Bereich des Bundeszivilrechts (vgl. dazu Art. 6 N 230 ff.). Die Art. 5 und 6 ZGB beantworten diese Fragen allerdings nur teilweise ausdrücklich. Sie enthalten jedoch wichtige Anhaltspunkte für die Lösung dieser Probleme, die im übrigen *Lehre* und *Rechtsprechung* überlassen wird (vgl. zur grossen Bedeutung von Lehre und Rechtsprechung insbesondere für die Frage der bundeszivilrechtlichen Schranken für das kantonale öffentliche Recht Art. 6 N 230 ff.). Überdies regeln sie jeweils im zweiten Absatz *besondere Fragen* zum Verhältnis von Bundeszivilrecht und kantonalem Recht, welchen allerdings aufgrund der seitherigen Rechtsentwicklung keine grosse Bedeutung mehr zukommt (vgl. für Übung und Ortsgebrauch Art. 5 N 209 ff. und für kantonale Verkehrsbeschränkungen und -verbote Art. 6 N 391 ff.). Die Art. 5 und 6 ZGB stellen daher – trotz der Vorbehalte gegenüber der vom Gesetzgeber gewählten Formulierung (vgl. dazu insbesondere Art. 6 N 44; vgl. aber auch SALADIN, Komm. BV, Art. 2 ÜB N 36, 39 zu Art. 5 ZGB und dazu nachfolgend Art. 5 N 19) – eine wichtige *Konkretisierung* der *verfassungsmässigen Kompetenzausscheidung* zwischen Bund und Kantonen für den Bereich des Bundeszivilrechts dar. Insoweit kommt den beiden Bestimmungen deshalb auch *verfassungsrechtliche Bedeutung* zu (vgl. zur Behandlung dieser Bestimmungen im Bundesstaatsrecht insbesondere HÄFELIN/HALLER Rz 385a ff., AUBERT Nr. 648 ff.

Vorbem. Art. 5 und 6

[inkl. Nachtrag], KNAPP, Komm. BV, Art. 64 N 28 ff., insbesondere N 43 ff., 46 ff., und SALADIN, Komm. BV, Art. 2 ÜB N 32 ff., je mit weiteren Hinweisen; vgl. überdies auch BBl 1997 I 338 f. zu Art. 113 Verfassungsentwurf 96).

6   Die Bedeutung der Art. 5 und 6 ZGB beschränkt sich aber nicht auf ihre Eigenschaft als Kompetenznormen. Aus den entsprechenden Zuständigkeitsvorschriften lassen sich vielmehr auch *Rechtsanwendungsregeln* im Sinne von *Kollisionsnormen* ableiten. Diese bestimmen, welche von zwei Rechtsordnungen oder Rechtsregeln gelten sollen, die in einer konkreten Situation miteinander in Konflikt geraten (vgl. zum Begriff und Inhalt des Rechtsanwendungs- und Kollisionsrechts auch allgemein BROGGINI 415 ff., 419 ff., HANS MICHAEL RIEMER, Rechtskollisionen bei innerstaatlichem Recht, in FS Anton Heini, Zürich 1995, 315 ff. und ANTON K. SCHNYDER, Kollisionsrecht als Inbegriff juristischer Hermeneutik, BJM 1995 113 ff., je mit weiteren Hinweisen). Die kollisionsrechtliche Funktion von Art. 5 und 6 ZGB ergibt sich zwar nicht ausdrücklich aus dem Wortlaut, ist jedoch die *praktisch bedeutsame Folge* dieser Kompetenzvorschriften. Hierbei muss freilich wiederum auf den aus Art. 2 ÜB BV abgeleiteten *Grundsatz der derogatorischen Kraft des Bundesrechts* zurückgegriffen werden, welcher die Folgen der Verletzung der bundesstaatlichen Kompetenzordnung durch die Kantone regelt (vgl. dazu und zum Zusammenhang von Kompetenz- und Kollisionsnormen SALADIN, Komm. BV, Art. 3 N 78 mit Hinweisen; vgl. dazu und zur mangelnden Sanktion bei Kompetenzverletzungen durch den Bund auch nachfolgend N 258 ff.). Trotz des engen Zusammenhangs mit dem örtlichen und zeitlichen Kollisionsrecht gehören Art. 5 und 6 ZGB nicht zu diesem, sondern stellen eine besondere Art des Kollisionsrechts dar, nämlich *bundesstaatliches Kollisionsrecht*, weil dieses grundsätzlich nur in einem föderalistisch organisierten Staat erforderlich ist (vgl. dazu und zu den Zusammenhängen zwischen den verschiedenen Kollisionsrechtsarten BROGGINI 419 ff., insbesondere 427 f., und nachfolgend N 8 ff., je mit weiteren Hinweisen; vgl. auch den Überblick über entsprechende ausländische Regelungen bei Art. 5 und Art. 6, je vor N 1).

7   Der Sinn des Kollisionsrechts besteht im übrigen nicht allein darin, eine Normenkollision zugunsten der einen oder andern Rechtsregel oder Rechtsordnung zu entscheiden, sondern auch darin, zwischen den verschiedenen Normen oder Normensystemen im Interesse der *Einheit der Rechtsordnung* eine Harmonie herzustellen. In diesem Sinne sind Art. 5 und 6 ZGB auch *Harmonisierungsregeln*, welche mithelfen sollen, den doppelten Gegensatz von Bundesrecht und kantonalem Recht und von Privatrecht und öffentlichem Recht zu überwinden. Diese Aufgabe gilt allerdings nicht nur für einen auf Art. 5 bzw. 6 ZGB gestützten kollisionsrechtlichen Entscheid, sondern muss auch bei der *weiteren Rechtsauslegung und -anwendung* beachtet werden (vgl. dazu auch CARONI 240, HÄFELIN/HALLER Rz 385b sowie Art. 5 N 25 ff. und Art. 6 N 52 ff.).

II. Art. 5 und 6 ZGB als bundesstaatliches Kollisionsrecht

1. Abgrenzung zum intertemporalen Kollisionsrecht

Die Art. 5 und 6 ZGB regeln grundsätzlich nur die *sachliche Abgrenzung* gegenüber dem kantonalen Recht. Die *Rechtsfolgen* bei Verletzung dieser Regeln ergeben sich aus dem *Grundsatz der derogatorischen Wirkung des Bundesrechts* (Art. 2 ÜB BV); die *Durchsetzung* der Regeln erfolgt nach den massgebenden *Verfahrensvorschriften* von *Bund* und *Kantonen* (vgl. dazu nachfolgend N 258 ff.). Die *Aufhebung* des *früheren*, bis zum 31. Dezember 1911 geltenden, mit dem Bundeszivilrecht nicht mehr vereinbaren *kantonalen Rechts* wird im übrigen im Sinne einer intertemporalen Vorschrift in *Art. 51 SchlT* auch noch ausdrücklich statuiert (vgl. dazu KNAPP, Komm. BV, Art. 64 N 30, BECK, BE-Komm., Art. 51 SchlT, JAGMETTI 244, 255 f.). Die nur noch in wenigen Bereichen (z.B. im Sachenrecht) vorkommende *Anwendbarkeit von früherem kantonalem Recht* auf *übergangsrechtliche Sachverhalte* ergibt sich sodann aus den allgemeinen *intertemporalen Vorschriften der Art. 1 ff. SchlT*. Diese finden grundsätzlich auch auf die in letzter Zeit sich häufenden *Revisionen von ZGB und OR* Anwendung, doch geht es in diesen Fällen angesichts der bereits erfolgten weitgehenden Privatrechtsvereinheitlichung meist um die Anwendung von *altem* und *neuem Bundesrecht*, nicht um die Abgrenzung gegenüber bisherigem kantonalem Recht. Zur Beseitigung von Unklarheiten oder für die Ermöglichung besonderer Lösungen werden bei solchen Revisionen oft auch *besondere übergangsrechtliche Bestimmungen* geschaffen (vgl. dazu TUOR/SCHNYDER/SCHMID 901 ff., BROGGINI 353 ff., insbesondere 427 f. und MUTZNER, BE-Komm., Art. 1–50 SchlT).

Die intertemporalen Vorschriften der *Art. 1 ff. SchlT* regeln im übrigen grundsätzlich nur den *zeitlichen Anwendungsbereich* des *Bundeszivilrechts*, wozu freilich auch gesetzesergänzende Verkehrsübungen im Sinne von Art. 5 Abs. 2 ZGB gehören (vgl. dazu Art. 5 N 223). Für das in Art. 5 und 6 ZGB vorbehaltene *kantonale Zivilrecht* bzw. *kantonale öffentliche Recht* können die Kantone dagegen *eigene intertemporale Vorschriften* erlassen. Den Regeln von Art. 1 ff. SchlT kommt aber zum Teil die Bedeutung allgemeiner Rechtsgrundsätze zu, weshalb sie insoweit auch als subsidiäres kantonales Recht zur Anwendung gelangen können (vgl. dazu TUOR/SCHNYDER/SCHMID 902 f., HUBER N 67, MUTZNER, BE-Komm., vor Art. 1 SchlT N 19 ff.[insbesondere N 30] und eingehend PIOTET Rz 19, 503 ff., je mit weiteren Hinweisen; vgl. für das öffentliche Recht auch HÄFELIN/MÜLLER Rz 249 ff., IMBODEN/RHINOW/KRÄHENMANN Nr. 14–17, MOOR I 166 ff. und insbesondere MARCO BORGHI, Il diritto amministrativo intertemporale, ZSR 1983 II 385 ff. und ALFRED KÖLZ, Intertemporales Verwaltungsrecht, ZSR 1983 II 101 ff. mit weiteren Hinweisen).

Vorbem. Art. 5 und 6

2. Abgrenzung zum internationalen und interkantonalen Kollisionsrecht

10 Die Frage, welches Recht bei privatrechtlichen Sachverhalten mit Auslandberührung angewendet werden muss (*internationales Privatrecht*), ist nicht im ZGB, sondern im *BG über das Internationale Privatrecht vom* 18. Dezember 1987 (IPRG, SR 291) geregelt, welches eine umfassende Kodifikation des in der Schweiz geltenden Internationalen Privatrechts enthält (vgl. dazu nachfolgend N 163 ff.).

11 Das *interkantonale Kollisionsrecht* basiert heute sowohl für den Bereich des kantonalen Privatrechts als auch des kantonalen öffentlichen Rechts weitgehend auf ungeschriebenem Recht. Das *interkantonale Privatrecht* war früher im *BG betreffend die zivilrechtlichen Verhältnisse der Niedergelassenen und Aufenthalter* vom 25. Juni 1891 (NAG, BS 2 737 ff.) geregelt (vgl. dazu und zur Geschichte des interkantonalen Zivilrechts auch VISCHER SPR I 511 ff. mit Hinweisen). Dieses Gesetz verlor jedoch schon mit der Vereinheitlichung des Zivilrechts seine interkantonale Bedeutung weitgehend und wurde mit dem Erlass des IPRG im Prinzip aufgehoben (vgl. dazu aber auch nachfolgend N 12). Es verbleibt die Bestimmung von *Art. 46 Abs. 1 BV*, wonach im interkantonalen Verhältnis grundsätzlich das Zivilrecht des Wohnsitzortes anzuwenden ist (vgl. dazu KNAPP, Komm. BV, Art. 46 Abs. 1 N 1 ff., insbesondere N 5, 8 und 13 mit der in der Tendenz richtigen, aber zu weit gehenden Feststellung, dass es im Bereich des kantonalen Privatrechts – im Unterschied zum Gerichtsstandsrecht – kaum mehr interkantonale Kollisionen geben könne; vgl. auch TUOR/SCHNYDER/SCHMID 22 und VOLKEN, Komm. IPRG, Art. 195 N 6 ff. mit weiteren Hinweisen).

12 Obwohl die Zahl der Vorbehalte zugunsten des kantonalen Zivilrechts seit 1912 stark abgenommen hat (vgl. dazu Art. 5 N 11 f.), sind weiterhin – insbesondere im Sachenrecht – interkantonale Kollisionen im Bereich des vorbehaltenen kantonalen Zivilrechts denkbar. *Art. 59 Abs. 1 SchlT* verweist für solche Kollisionen nach wie vor auf das BG über die zivilrechtlichen Verhältnisse der Niedergelassenen und Aufenthalter vom 25. Juni 1891 (NAG). Dieses bleibt daher insoweit weiterhin anwendbar. Allerdings enthält dieses Gesetz keine sachenrechtlichen Kollisionsregeln. Für entsprechende Konflikte muss daher jedenfalls auf Lehre und Rechtsprechung zurückgegriffen werden, wobei *Grundsätze* des *Internationalen Privatrechts analog* zur Anwendung kommen können (vgl. dazu PIOTET Rz 20 ff. mit Hinweisen; zu den besonderen interkantonalen Problemen im Bereich des Nachbarrechts und des – in der Zwischenzeit freilich weitgehend vereinheitlichten [vgl. Art. 5 N 184 ff.] – bäuerlichen Bodenrechts DERSELBE, Rz 22 ff., 281 ff.; zur Zulässigkeit und Bedeutung von Konkordatsrecht bei solchen Kon-

flikten Art. 5 N 100; zur Rechtslage nach Abschaffung des NAG im übrigen eingehend DENIS PIOTET, Des effets intercantonaux de l'abrogation de la LRDC, ZZW 1981 113 ff. mit weiteren Hinweisen). Den interkantonalen privatrechtlichen Kollisionsregeln kommt sodann auch noch bei der Abgrenzung des örtlichen Geltungsbereichs gesetzesergänzender Verkehrsübungen im Sinne von Art. 5 Abs. 2 ZGB Bedeutung zu (vgl. dazu Art. 5 N 225).

Für das *öffentliche Recht* gilt grundsätzlich auch im *interkantonalen Verhältnis* das *Territorialitätsprinzip*, welches an Wohnsitz, Niederlassung oder Aufenthalt, an den Ort der gelegenen Sache, an den Ort der Ausübung einer Tätigkeit oder allenfalls an das Schweizerbürgerrecht anknüpft. Ausnahmen können sich aus *interkantonalen Vereinbarungen* oder *übergeordnetem Recht* ergeben (vgl. dazu HÄFELIN/MÜLLER Rz 287 ff., IMBODEN/RHINOW/KRÄHENMANN Nr. 18, MOOR I 157 ff., je mit zahlreichen Hinweisen). Für einzelne Sachbereiche bzw. für bestimmte Fragen bestehen *besondere Verfassungsbestimmungen*, welche zum Teil durch *Ausführungserlasse* konkretisiert wurden (vgl. insbesondere Art. 43, 45 und 47 BV [Aufenthalt und Niederlassung], Art. 46 Abs. 2 BV [Doppelbesteuerung], Art. 48 BV [Bedürftigenunterstützung], Art. 60 BV [Gleichstellung der Schweizerbürger] und dazu Komm. BV; zum interkantonalen Gewerberecht vgl. auch RHINOW, Komm. BV, Art. 31 N 163 mit weiteren Hinweisen und neuerdings das *BG über den Binnenmarkt* vom 6. Oktober 1995 [BGBM, SR 943.02] und dazu BBl 1995 I 1213 ff., THOMAS COTTIER/MANFRED WAGNER, Das neue BG über den Binnenmarkt [BGBM], AJP 1995 1582 ff., KARL WEBER, Das neue Binnenmarktgesetz, SZW 1996 164 ff. sowie Art. 6 N 108, 403). 13

III. Art. 5 und 6 ZGB als Ausdruck einer gemässigten Rechtsvereinheitlichung

In der ausdrücklichen Aufnahme der Bestimmungen von Art. 5 und 6 ZGB in die Einleitungsartikel des Zivilgesetzbuches kommt einerseits der föderalistisch begründete Wille des historischen Gesetzgebers zum Ausdruck, *keine rücksichtslose Rechtsvereinheitlichung* herbeizuführen, sondern den Kantonen in den grundsätzlich durch das Bundeszivilrecht geregelten Bereichen einen Spielraum zu belassen, wo eine einheitliche Regelung nicht erforderlich oder nicht sinnvoll schien. In diesem Rahmen sollen die Kantone eigene Ideen und Bedürfnisse sowie ihre Rechtstradition berücksichtigen können. Insoweit kommt in den beiden Bestimmungen das *Subsidiaritätsprinzip* zum Ausdruck, welches heute als zentraler Gedanke des Föderalismus gilt. Andererseits soll durch die bundesrechtliche 14

Vorbem. Art. 5 und 6

Umschreibung dieses Rahmens die *Rechtseinheit* nicht gefährdet und für die nötige *Harmonisierung* von Bundesrecht und kantonalem Recht gesorgt werden (vgl. dazu Erl. 38 f., Botschaft 11 ff., CARONI 240 und TUOR/SCHNYDER/SCHMID 26 ff.; zum Subsidiaritätsprinzip SALADIN, Komm. BV, Art. 3 N 56, 69 ff., SCHINDLER 214 ff. und MAZAN 22 f., 40 f., je mit weiteren Hinweisen).

15 Die seitherige Entwicklung in Wirtschaft und Gesellschaft hat allerdings das *Bedürfnis* nach Rechtseinheit und Harmonisierung von Bundesrecht und kantonalem Recht *verstärkt*. Die Vorbehalte zugunsten des kantonalen Privatrechts (Art. 5 ZGB) sind daher in der letzten Zeit stark abgebaut worden und das in Art. 6 ZGB vorbehaltene öffentliche Recht der Kantone ist zunehmend durch öffentliches Recht des Bundes überlagert worden. Trotzdem kommt dem *kantonalen Recht*, insbesondere dem kantonalen öffentlichen Recht, entsprechend dem föderalistischen Prinzip nach wie vor *grosse Bedeutung* zu (vgl. dazu Art. 5 N 161 ff. und Art. 6 N 100 ff., insbesondere 129 ff.; vgl. dazu auch AUBERT Nr. 602, welcher zu Recht darauf hinweist, dass aus dem Prinzip des Föderalismus nicht eine bestimmte Kompetenzverteilung oder ein Mindestumfang kantonaler Kompetenzen abgeleitet werden kann, sondern nach Ort und Zeit verschiedene Systeme vorkommen).

IV. Art. 5 und 6 ZGB als Ausgangspunkt für die Abgrenzung von Privatrecht und öffentlichem Recht

16 Die Art. 5 und 6 ZGB nehmen sodann die *grundlegende Unterscheidung* zwischen dem *Privatrecht* und dem *öffentlichen Recht* auf, welche bereits der bundesrechtlichen Kompetenzvorschrift von Art. 64 BV (Privatrechtskompetenz des Bundes) zugrunde liegt und – wie in den anderen kontinentaleuropäischen Ländern und trotz gewisser gegenläufiger Tendenzen – die ganze Rechtsordnung weiterhin beherrscht (vgl. dazu nachfolgend N 23 ff.). In der Gesetzgebungspraxis sind allerdings durch die zunehmende Vermischung und Verflechtung dieser beiden Rechtsmaterien zahlreiche *Misch- und Zwischenformen* entstanden, die nicht ohne weiteres dem einen oder andern Gebiet zugeordnet werden können. Überdies ist die Unterscheidung grundsätzlich in Frage gestellt worden, was zum Teil auch in unserem Land durch die Schaffung spezialrechtlicher *Einheitsgesetze* zum Ausdruck gekommen ist (vgl. dazu insbesondere nachfolgend N 29 ff.).

17 Im Rahmen der *Ausscheidung der Rechtsetzungskompetenzen* von *Bund* und *Kantonen* im Bereich des Bundeszivilrechts, worauf die Bestimmungen von Art. 5 und 6 ZGB Bezug nehmen, wird jedoch – im Unterschied etwa zur Bundesrepu-

blik Deutschland oder zur Kompetenzausscheidung in der Europäischen Union (vgl. dazu die Hinweise bei Art. 6 vor N 1) – an der *Zweiteilung* von *Privatrecht* und *öffentlichem Recht* festgehalten und eine *Ausscheidung* von *Sondergebieten* (z.B. Arbeitsrecht), welche von diesen Bestimmungen nicht erfasst werden, abgelehnt (vgl. dazu insbesondere DESCHENAUX 15, HUBER N 7 ff., KNAPP, Komm. BV, Art. 64 N 2, 9, RIEMER § 10 N 1 ff. und nachfolgend N 50 ff., 94 ff. und 139). Die Bedeutung dieser Unterscheidung für die bundesstaatliche Kompetenzausscheidung ist zunächst daraus ersichtlich, dass dem *Bund* gestützt auf Art. 64 Abs. 1 und 2 BV lediglich im Bereich des *Zivilrechts* eine *umfassende Gesetzgebungskompetenz* zukommt, während er im Bereich des *öffentlichen Rechts* (vom Straf- und Staatsvertragsrecht abgesehen) keine allgemeine Rechtsetzungsbefugnis besitzt, sondern sich auf *spezielle Ermächtigungen* in der Bundesverfassung stützen muss (vgl. dazu insbesondere nachfolgend N 181, 194, 209 und 231). Andererseits ist *kantonales öffentliches Recht* im Rahmen des Bundesrechts bzw. der zu Art. 6 ZGB entwickelten Schranken *allgemein zulässig*, während *kantonales Zivilrecht* nur noch aufgrund einer *besonderen Ermächtigung* erlassen werden darf (vgl. dazu im einzelnen die Kommentierung von Art. 5 und 6 ZGB). Die grundlegende Einteilung in Privatrecht und öffentliches Recht bleibt im übrigen auch für die *Rechtsanwendung und Rechtsdurchsetzung* weiterhin unverzichtbar (vgl. dazu N 31).

Aus Art. 5 und 6 ZGB ergeben sich allerdings *keine Hinweise*, nach welchen *Kriterien* diese *Unterscheidung* von Privatrecht und öffentlichem Recht vorzunehmen sei. Dies wird vielmehr – wie andere wichtige Fragen im Zusammenhang mit diesen beiden Bestimmungen – *Lehre und Rechtsprechung* überlassen (vgl. dazu N 50 ff.). Wegen des wechselseitigen Zusammenhangs zwischen der Abgrenzung von Bundeskompetenzen und kantonalen Kompetenzen sollte diese Frage für die *Rechtsetzungsbefugnisse* von Bund und Kantonen grundsätzlich *nach derselben Methode* beantwortet werden, während sie für die Zuständigkeitsregelung im Bereich der Rechtsanwendung und Rechtsdurchsetzung innerhalb eines Gemeinwesens oder eines Rechtsgebietes – insbesondere aus historischen oder funktionalen Gründen – durchaus abweichend gelöst werden kann. Aus historischen, teleologischen und praktisch-politischen Gründen, insbesondere zur Vermeidung von Kompetenzlücken und -überschneidungen, werden die *Akzente* jedoch bei der Abgrenzung der Rechtsetzungsbefugnisse von Bund und Kantonen *teilweise unterschiedlich* gesetzt (vgl. für die Abgrenzung der Privatrechtskompetenz des Bundes nachfolgend N 94 ff. und für die Abgrenzung der kantonalen Rechtsetzungsbefugnisse Art. 5 N 41 und insbesondere Art. 6 N 124 ff.). 18

Da gemäss Art. 5 und 6 ZGB je nachdem, ob es sich um kantonales Privatrecht oder um kantonales öffentliches Recht handelt, *unterschiedliche Vorausset-* 19

Vorbem. Art. 5 und 6

zungen für die *Zulässigkeit kantonaler Vorschriften* im Grenzbereich zum Bundeszivilrecht bestehen, muss die grundlegende Unterscheidung von Privatrecht und öffentlichem Recht vorweg geklärt werden (vgl. nachfolgend N 23 ff.). Sodann muss der *Begriff* des *Bundeszivilrechts* und der *Umfang* des damit bezeichneten Rechtsgebietes ebenfalls im voraus erläutert werden (vgl. nachfolgend N 80 ff.), da sowohl Art. 5 als auch Art. 6 ZGB die Abgrenzung gegenüber diesem Rechtsgebiet beinhalten (vgl. dazu auch NOBEL 254 ff.).

V. Keine Regelung des Verhältnisses des Bundeszivilrechts zum übrigen Bundesrecht sowie zum internationalen und ausländischen Recht

20 Keine Regelung enthalten die Einleitungsartikel zum Verhältnis des Bundeszivilrechts zum *übrigen Bundesrecht* sowie zum *internationalen Recht*. In *Art. 60 Abs. 1 SchlT* findet sich jedoch die allgemeine Vorschrift, dass die mit dem Zivilgesetzbuch in Widerspruch stehenden älteren Bestimmungen des Bundesrechts aufgehoben sind. Damit werden – entgegen dem Wortlaut – auch widersprechende öffentlich-rechtliche Vorschriften erfasst (*Grundsatz der Spezialkodifikation*). Durch *Art. 60 Abs. 2 und 3 SchlT* werden sodann *einzelne Gesetze* als Ganzes *aufgehoben* (namentlich das alte Obligationenrecht sowie die früheren Bundesgesetze über das Zivilstandswesen und die Ehe sowie über die persönliche Handlungsfähigkeit; Abs. 2) bzw. in ihrer *Fortgeltung bestätigt* (namentlich die Bundesgesetze im Bereich des Verkehrsrechts und der Kommunikation sowie das Fabrikarbeitsgesetz und die Spezialerlasse zum alten Obligationenrecht; Abs. 3) (vgl. zum Ganzen auch BECK, BE-Komm, Art. 60 SchlT N 1 ff. mit weiteren Hinweisen). *Neuere Bundesgesetze* enthalten meist ebenfalls *besondere Bestimmungen*, welche das Verhältnis des Bundeszivilrechts zum übrigen Bundesrecht regeln (Änderung oder Aufhebung anderer Erlasse; vgl. z.B. Ziff. II der Revision des Eherechts vom 5. Oktober 1984 [AS 1986 149 ff.], Ziff. II der Revision des Miet- und Pachtrechts vom 15. Dezember 1989 [AS 1990 831 ff.], Anhang zum Datenschutzgesetz vom 19. Juni 1992 [AS 1993 1959 ff.], Anhang zum Freizügigkeitsgesetz vom 17. Dezember 1993 [AS 1994 2395 f.]).

21 Im übrigen aber muss bei Konflikten zwischen Bundeszivilrecht und übrigem Bundesrecht aufgrund der geltenden Auslegungsregeln ermittelt werden, welches Recht anwendbar ist. Im Vordergrund steht hierbei die Regel des *Vorrangs des späteren Rechts* («lex posterior derogat legi priori») (vgl. RIEMER § 10 N 5 f., HUBER N 41; vgl. ferner auch HÄFELIN/MÜLLER Rz 179 f., 260, IMBODEN/

Vorbem. Art. 5 und 6

RHINOW/KRÄHENMANN Nr. 14 B IV b, 20 B III a und MOOR I 169 f.). Blosse Wertungsinkongruenzen führen freilich nicht dazu, dass die eine Norm die andere verdrängt. Vielmehr besteht in solchen Fällen eine Pflicht zu *harmonisierender Rechtsauslegung und -anwendung* (vgl. dazu auch nachfolgend N 198 f. und Art. 6 N 56 ff.). Auf das Verhältnis des Bundeszivilrechts zum übrigen Bundesrecht und zum internationalen Recht, welches angesichts der bestehenden Zusammenhänge auch für die Abgrenzung von Bundeszivilrecht und kantonalem Recht bedeutsam ist und zum Teil gleiche oder ähnliche Fragen aufwirft, soll im übrigen nachfolgend N 181 ff. näher eingegangen werden.

Das Verhältnis des Bundeszivilrechts zum *ausländischen Recht* bzw. die Antwort auf die Frage, in welchen Fällen schweizerisches Zivilrecht oder ausländisches Recht anzuwenden ist, ergibt sich heute – wie bereits erwähnt (oben N 10) – aus dem *BG über das Internationale Privatrecht* vom 18. Dezember 1987 (vgl. dazu nachfolgend N 164 ff.; zur Stellung des schweizerischen Zivilrechts im Verhältnis zur ausländischen, insbesondere kontinentaleuropäischen Rechtsentwicklung nachfolgend N 243 ff.). 22

B. Die Unterscheidung von Privatrecht und öffentlichem Recht

I. Herkunft, Gründe und Bedeutung der Unterscheidung

1. Grundlage und historische Entwicklung der Unterscheidung

Die Unterscheidung von *Privatrecht* (vgl. zu Begriff und Umfang des Privatrechts bzw. des Bundeszivilrechts auch unten N 80 ff.) und *öffentlichem Recht* (Staatsrecht, Verwaltungsrecht, Strafrecht, Völkerrecht; vgl. dazu auch unten N 181 ff.) bildet in den kontinentaleuropäischen Ländern die *Grundeinteilung des Rechts*, während sie im anglo-amerikanischen Rechtskreis nur in Ansätzen besteht (vgl. dazu und zur heutigen Gliederung des positiven Rechts auch DESCHENAUX 15 FN 12, FORSTMOSER/SCHLUEP § 5 N 2 ff., REHBINDER, Einführung, 89 ff. und MARTIN BULLINGER in HOFFMANN-RIEM 239 ff., je mit weiteren Hinweisen). Sie geht auf das *römische Recht* zurück, wo der Rechtsgelehrte ULPIAN in seinen «Institutionen» erstmals – allerdings in einem mehr deskriptiven Sinn, ohne hieraus dogmatische Unterschiede abzuleiten – zwischen «ius publicum» und «ius privatum» unterschied (vgl. dazu KASER § 3 II), und hängt mit dem aus der Staats- 23 theorie bekannten – heute allerdings in verschiedener Hinsicht fragwürdig gewordenen – Gegensatz von *Staat* und (staatsfreier) *Gesellschaft* zusammen (vgl. dazu WALTER GUT, Zum Dualismus von Staat und Gesellschaft, ZSR 1990 I 17 ff. und ANDREAS AUER, Freiheitsrechte im Dreiecksverhältnis zwischen Staat, Gesellschaft und Individuum, ZBl 1993 2 ff., je mit weiteren Hinweisen). Das Privatrecht bildet dementsprechend im Prinzip die rechtliche Organisationsgrundlage des *privaten wirtschaftlichen und gesellschaftlichen Lebens*, das öffentliche Recht diejenige des *staatlichen Lebens* (vgl. dazu und zum sozial- und ideengeschichtlichen Hintergrund der Unterscheidung auch BRÜCKNER 35 ff., DRUEY, Kontaktrecht, 150 ff., CARONI, Privatrecht, 101 ff., DÜRR 56 ff., GIACOMETTI 93 ff., GROSSEN 4 f. und MICHAEL STOLLEIS, Öffentliches Recht und Privatrecht im Prozess der Entstehung des modernen Staates, in HOFFMANN-RIEM 41 ff., je mit weiteren Hinweisen).

24 Im *Mittelalter* kam der Unterscheidung von Privatrecht und öffentlichem Recht demgegenüber angesichts der komplexen *feudalen Herrschaftsstrukturen* und der weitgehend *fehlenden Abstützung* der Unterscheidung im *germanischen Recht* keine grosse Bedeutung zu. Auch in unserem Land wurden die beiden Rechtsformen in dieser Zeit *kaum auseinandergehalten* (vgl. dazu CARLEN 43, CARONI, Privatrecht 105 f., DÜRR 62 ff., KOLLER 23 ff., REHBINDER, Einführung, 89 f. und HANS RUDOLF HAGEMANN, Wirtschaftsordnung und Privatrecht im Spiegel spätmittelalterlicher Basler Quellen, in FS Schweiz. Juristentag, Basel/Frankfurt a.M. 1985, 139 ff., je mit weiteren Hinweisen).

25 Die grosse Zeit des Privatrechts kam – in Anlehnung an die Philosophie der Aufklärung und des Idealismus – im *liberalen Rechtsstaat* des *19. Jahrhunderts*. Aufgabe des Privatrechts war es in dieser Staatsform, die Beziehungen zwischen den Einzelpersonen unter möglichst uneingeschränkter Wahrung der *Privatautonomie* zu regeln, während das öffentliche Recht sich auf die im Interesse von Sicherheit und Ordnung erforderlichen Eingriffe des Staates beschränken sollte (vgl. dazu auch BAUDENBACHER 57 f., CARONI, Privatrecht, 125 ff., insbesondere 133 ff., DÜRR 66 ff., KOLLER 50 ff. und ZÄCH 4 ff., je mit zahlreichen weiteren Hinweisen).

26 Schon bald zeigte sich aber, dass diese Staatsform der weitgehenden Selbstregulierung von Wirtschaft und Gesellschaft den Herausforderungen der Zeit und den neuen wirtschaftlichen und gesellschaftlichen Entwicklungen nicht gewachsen war. Die allgemeine *wirtschaftliche Krise* in den *siebziger Jahren* des *letzten Jahrhunderts* und die anschliessende Entwicklung zeigte die Notwendigkeit, dass der Staat sich auch aktiv um den sozialen Ausgleich und die Sicherung des wirtschaftlichen Wohlergehens kümmern musste. Es bahnte sich die Entwicklung zum *sozialen Rechts- und Interventionsstaat* an. In das Privatrecht mussten zunehmend zwingende Regeln zum Schutz der schwächeren Vertragsparteien oder allgemeiner Interessen aufgenommen werden, weshalb von einer *Materialisierung*

(inhaltliche Vorgaben für die Vertragsgestaltung), *Funktionalisierung* (Übernahme staatlicher bzw. öffentlich-rechtlicher Funktionen) und teils gar von einer *Sozialisierung* des *Privatrechts* gesprochen wird.

Diese *allgemeine Entwicklung* fand in unserem Land beim *Erlass des Zivilgesetzbuches* in noch grösserem Ausmass als etwa bei der kurz zuvor erfolgten deutschen Privatrechtskodifikation ihren *Niederschlag*. Dies mag unter anderem auch erklären, weshalb die Korrekturen am liberalen Leitbild in der Folgezeit in unserem Land viel zurückhaltender oder zumindest mit grosser zeitlicher Verzögerung gegenüber der ausländischen Rechtsentwicklung vorgenommen worden sind (vgl. aber zu der auch in unserem Land verstärkten Beschränkung der Privatautonomie in den *Krisen- und Kriegsjahren* der ersten Hälfte unseres Jahrhunderts die Beiträge von ALBERT COMMENT und KARL OFTINGER zum Schweiz. Juristentag 1938 [Thema: Gesetzgeberische Eingriffe in das Zivilrecht], ZSR 1938 215a ff., 481a ff., und dazu auch AUBERT Nr. 1539 ff.). Ein gewisser «*Rückstand*» auf die Rechtsentwicklung in den Nachbarstaaten ist vor allem für die auf den Zweiten Weltkrieg folgende Zeit des *Wirtschaftswachstums* und des *Ausbaus der sozialen Sicherheit* festzustellen. Eine weitgehende *Angleichung* an den Stand der andern europäischen Staaten hat sich aber in den letzten Jahren unter dem Einfluss der allgemeinen *wirtschaftlichen* und *politischen Entwicklung* und insbesondere der *Vertiefung der europäischen Integration* ergeben (vgl. zum Ganzen BAUDENBACHER 58 ff., CARONI, Privatrecht, 125 ff., insbesondere 138 ff., DRUEY, Kommunikation, 185 ff., DERSELBE, Kontaktrecht, 149 ff., LIVER, BE-Komm, Einleitung vor Art. 1 ff. ZGB N 91 ff., DÜRR, Freiheitliches und soziales Privatrecht, WuR 1984 1 ff., ZÄCH 7 ff., je mit zahlreichen weiteren Hinweisen; zur Angleichung an das ausländische, insbesondere europäische Recht nachfolgend N 252 ff.). 27

Diese Entwicklung hat im übrigen nicht nur eine Annäherung des Privatrechts an das öffentliche Recht und zum Teil eine Verwischung der Grenzen zwischen diesen beiden Rechtsmaterien bewirkt, sondern auch zu einem *ständigen Ausbau* des *öffentlichen Rechts* geführt, welches immer weitere Lebensbereiche erfasst und durchdrungen hat. Gleichzeitig erfolgte eine *dogmatische Verselbständigung* des öffentlichen Rechts, welches bis zu Beginn dieses Jahrhunderts noch stark durch privatrechtliches Denken geprägt war (vgl. dazu BAUDENBACHER 60 ff., ZÄCH 11 ff. mit zahlreichen Hinweisen; zur Entwicklung eines selbständigen, *zivilrechtsunabhängigen Verwaltungsrechts* allgemein GIACOMETTI 95 f. und ALFRED KÖLZ, Von der Herkunft des schweizerischen Verwaltungsrechts, in FS Dietrich Schindler, Zürich 1989, 597 ff., für das *Bewilligungs- und Konzessionsrecht* POLEDNA Rz 26 ff., für das *Dienstrecht* YVO HANGARTNER, Entwicklungstendenzen im öffentlichen Dienstverhältnis, ZSR 1979 I 389 ff., 400 ff., für das *Staatshaftungsrecht* HANS RUDOLF SCHWARZENBACH, Die Staats- und Beamtenhaftung in der Schweiz, 2. Auflage, Zürich 1985, 3 ff., für das *Enteignungsrecht* HEINZ HESS/HEINRICH WEIBEL, 28

Vorbem. Art. 5 und 6

Das Enteignungsrecht des Bundes, Band I, Bern 1986, 1 ff., 7 ff. und für das *Steuerrecht* KOLLER 236 ff., je mit weiteren Hinweisen). Der starke Ausbau des öffentlichen Rechts im Laufe dieses Jahrhunderts hat sogar zur Befürchtung geführt, das öffentliche Recht könnte das Privatrecht *ganz verdrängen* bzw. regelrecht *verschlucken* (vgl. dazu DRUEY, Kontaktrecht, 155 f. mit Hinweisen, u.a. auf den Ausruf des französischen Rechtsgelehrten GEORGES RIPERT in «Le déclin du droit», Paris 1949, 37: «Tout devient droit public!»; zur Krise des Privatrechts und den Bemühungen um dessen Wiederbelebung auch DÜRR 33 ff.).

2. Heutige Bedeutung der Unterscheidung

29 Die dargestellte Entwicklung hat in der Gesetzgebungspraxis zu einer zunehmenden Vermischung und Verflechtung dieser beiden Rechtsmaterien und zahlreichen *Misch- und Zwischenformen* geführt, die nicht ohne weiteres dem einen oder andern Gebiet zugeordnet werden können (vgl. dazu bereits HUBER N 44, 132 ff.; vgl. sodann zu den sog. gemischten Normen bzw. Doppelnormen nachfolgend N 70 ff., zum privatrechtergänzenden öffentlichen Recht bzw. zum formellen Bundeszivilrecht nachfolgend N 94 ff., zum Kollektivrecht nachfolgend N 35, 138, 172 ff. und zum sog. Verwaltungsprivatrecht Art. 6 N 202 ff.). Es wurde daher – unter Bezugnahme auf den deutschen Rechtsgelehrten OTTO VON GIERKE (1841–1921) – auch schon vorgeschlagen, anstelle der Zweiteilung eine *Dreiteilung* (Privatrecht, Sozialrecht, öffentliches Recht) vorzunehmen. Eine solche erscheint rechtstheoretisch jedoch kaum sinnvoll, weil sie mit einer zusätzlichen Komplizierung verbunden wäre und den Grundsatz in Frage stellen würde, dass auch das Privatrecht und – in noch vermehrtem Ausmass – das öffentliche Recht sozialen Zwecken zu dienen hat (vgl. dazu nachfolgend N 45 f.). Eine derartige Dreiteilung durch Einschub der Zwischenform *«Sozialrecht»,* welche insbesondere das Miet-, Arbeits- und Konsumentenschutzrecht umfassen würde, findet im übrigen grundsätzlich auch im Bereich der Rechtsanwendung keine Entsprechung (vgl. allerdings zu der in der letzten Zeit erfolgten Ausbildung eines speziellen, sozialen Zivilprozesses für besonders sozialrelevante Prozessarten VOGEL 1 N 24 ff. mit Hinweisen). Die Ablehnung einer solchen Dreiteilung des Rechtsstoffes schliesst es dagegen nicht aus, die *Sozialgesetzgebung* als *besonderen Typus* der Gesetzgebung zu betrachten, welcher sowohl privatrechtliche als auch öffentlich-rechtliche Regelungen umfasst (vgl. dazu insbesondere REHBINDER, Einführung, 92, HUBER N 137, DRUEY, Kommunikation, 188, DERSELBE, Kontaktrecht, 156, 164, je mit weiteren Hinweisen; vgl. zu Begriff und Umfang des Sozialrechts in der Schweiz auch EDWIN SCHWEINGRUBER, Sozialgesetzgebung der Schweiz, 2. Auflage, Zürich 1977).

Schliesslich besteht auch eine Tendenz, welche – in Anlehnung an den deutschen Rechtswissenschafter MARTIN BULLINGER (Öffentliches Recht und Privatrecht, Stuttgart 1968) – auf die *Unterscheidung* zwischen Privatrecht und öffentlichem Recht überhaupt *verzichten* und stattdessen – aus praktischen Gründen oder im Interesse einer gesamthaften Betrachtungsweise – eine *Einteilung nach Sachgebieten* vornehmen möchte (z.B. Arbeitsrecht, Wirtschaftsrecht, Strassenverkehrsrecht, Datenschutzrecht) (vgl. FORSTMOSER/SCHLUEP § 4 N 62 ff., § 5 N 6, REHBINDER, Einführung, 95 f. und SCHLOSSER 226 f. mit Hinweisen). Diese Tendenz wird durch die *Entwicklung* des *internationalen Rechts* und namentlich auch durch das *Gemeinschaftsrecht der Europäischen Union (EU)* gefördert, welches aufgrund der massgebenden Ermächtigungsnormen in ausgeprägtem Mass funktional ausgerichtet ist (Verwirklichung eines einheitlichen Binnenmarktes) und daher nicht zwischen Privatrecht und öffentlichem Recht unterscheidet (vgl. dazu COTTIER 217 ff., SCHINDLER 205 ff., 212 ff., MAZAN 97 ff., insbesondere 101 f., MÜLLER-GRAFF 16 f. und nachfolgend N 246 ff., je mit weiteren Hinweisen). Die erwähnte Strömung hat aber auch in der *Schweiz* insofern einen Niederschlag gefunden, als für gewisse Sachbereiche sog. *Einheitsgesetze* geschaffen wurden, welche für die betreffende Materie sowohl die privatrechtlichen als auch die öffentlich-rechtlichen Aspekte regeln (vgl. dazu nachfolgend N 71, 123, 150, 151 ff.). Vgl. zur Diskussion über die Einteilung des Rechtsstoffes und insbesondere die Behandlung des Privatrechts auch allgemein SCHLOSSER 225 ff. mit weiteren Hinweisen.

30

Für die heute massgebende Rechtslehre und -praxis ist die *Unterscheidung* von *Privatrecht* und *öffentlichem Recht* jedoch nach wie vor *unverzichtbar*. Wie bereits erwähnt (vgl. oben N 17, 29) bestimmt sie – im Unterschied etwa zur Kompetenzausscheidung in der Europäischen Union und teilweise auch in der Bundesrepublik Deutschland – nach wie vor die *Abgrenzung der Rechtssetzungskompetenzen* von Bund und Kantonen im Bereich des *Privatrechts* (vgl. dazu näher nachfolgend N 50 ff. und 94 ff.). Vor allem aber ist sie für die *Rechtsanwendung und -durchsetzung* von entscheidender Bedeutung: Während die *Gestaltung der Rechtsbeziehungen* und die *Rechtsanwendung* im *Privatrecht* grundsätzlich den beteiligten *Privaten überlassen* bleiben und lediglich auf *Anrufung* eines Beteiligten hin die *ordentlichen Gerichte (Zivilgerichte)* zur Streitentscheidung nach dem gesetzten bzw. freigewählten Recht berufen sind, ist das *öffentliche Recht* durch die *Verwaltung von Amtes wegen* anzuwenden. Ergeben sich hierbei Streitigkeiten, sind zu deren Beurteilung nicht die ordentlichen Gerichte, sondern *verwaltungsinterne Rechtsschutzinstanzen* und besondere *Verwaltungsgerichte* zuständig (vgl. zur Abgrenzung des Zivil- bzw. Verwaltungsrechtsschutzes auf *Bundesebene* KÖLZ/ HÄNER Rz 224, GEISER/MÜNCH Rz 3.19 ff., 4.6 ff., 7.2 ff., HALLER, Komm. BV, Art. 110 N 1 ff., 114 N 16 ff., 114bis N 1 ff., 66 ff., POUDRET, Comm. OJ, Titre II N 2, und *allgemein* GULDENER 30 ff., HABSCHEID Rz 153 ff., IMBODEN/RHINOW/

31

Vorbem. Art. 5 und 6

KRÄHENMANN Nr. 4, VOGEL 1 N 4 ff. und WALDER § 1 N 6 ff., je mit weiteren Hinweisen; zur *Anwendung von Zivilrecht* auf Rechtsverhältnisse Privater durch *Verwaltungsbehörden* vgl. nachfolgend N 236, Art. 5 N 13 und Art. 6 N 165 f., 169). Die für die beiden Rechtsgebiete zuständigen Rechtsschutzinstanzen sind in der Regel nicht nur *organisatorisch getrennt*, sondern entscheiden auch nach *unterschiedlichen Verfahrensordnungen* (Zivilprozessordnungen bzw. Verwaltungsrechtspflegegesetze; vgl. zu den unterschiedlichen Verfahrensmaximen insbesondere GULDENER 147 ff., HABSCHEID Rz 534 ff., KÖLZ/HÄNER Rz 44 ff., VOGEL 1 N 41, 6 N 1 ff.). Aus dem Gesagten ergibt sich auch, dass *Privatrecht* im Sinne von Recht, das primär auf die Privatautonomie abstellt und vom Staat nur auf Klage hin durchgesetzt wird, in einer *freiheitlichen Rechtsordnung* – unabhängig von Terminologie und dogmatischer Unterscheidung – stets einen *herausragenden Platz* einnehmen wird. Im übrigen setzt sich zunehmend die Erkenntnis durch, dass die Zweiteilung der Rechtsordnung in Privatrecht und öffentliches Recht der Bewältigung der Gegenwarts- und Zukunftsprobleme nicht im Wege steht. Angesichts der unterschiedlichen Steuerungsleistungen der beiden Teilrechtsordnungen erleichtert sie die Problembewältigung vielmehr und ermöglicht durch eine wechselseitige Nutzung der Instrumente auch neuartige Lösungen (vgl. dazu insbesondere die Beiträge von EBERHARD SCHMIDT-ASSMANN und WOLFGANG HOFFMANN-RIEM zu den Funktionen von öffentlichem Recht und Privatrecht als *wechselseitige Auffangordnungen* in HOFFMANN-RIEM 7 ff., 261 ff. mit weiteren Hinweisen).

3. Zukunftsperspektiven

32 In neuester Zeit zeichnet sich denn auch eine gewisse *Renaissance des Privatrechts* ab (vgl. dazu insbesondere KURT BIEDENKOPF, Die Wiederentdeckung des Privatrechts, in FS Helmut Coing, Band II, München 1982, 21 ff.). Am Ende dieses Jahrhunderts, das durch einen kontinuierlichen Ausbau des öffentlichen Rechts neben dem bzw. zulasten des Privatrechts gekennzeichnet war, werden die *Grenzen staatlicher Kontroll- und Steuerungstätigkeit* immer mehr sichtbar (Überforderung des Staates; Regelungsüberdruss der Bürgerinnen und Bürger). Es wird daher ein Abbau staatlicher Normen *(Deregulierung)* und eine Übertragung bisher staatlicher Aufgaben auf die private Wirtschaft *(Privatisierung)* gefordert. Diese Forderungen haben durch den Zusammenbruch des planwirtschaftlich-kommunistischen Systems der Sowjetunion ab 1989 und die seitherige Entwicklung des europäischen und des weltweiten Wirtschaftsrechts (*«Globalisierung* der Wirtschaft») noch wesentlichen Auftrieb erhalten. Wenn sie umgesetzt werden, würde die Privatautonomie dadurch wesentlich gestärkt und der Einsatz von Privatrecht

wieder an Bedeutung gewinnen (vgl. dazu BAUDENBACHER 64 ff., WALTER R. SCHLUEP, Revitalisierung, Deregulierung, Reprivatisierung, Wettbewerb der Systeme – was sonst noch an neuen wirtschaftsrechtlichen Delikatessen?, in FS Arnold Koller, Bern 1993, 477 ff., JÜRGEN BASEDOW, Deregulierungspolitik und Deregulierungspflichten, in Beiheft zur ZSR, Heft 14, 65 ff., CHRISTINE BREINING-KAUFMANN, Deregulierung und Europaverträglichkeit als Maximen der Gesetzgebung im Wirtschaftsrecht, in FS Schweiz. Juristentag, Zürich 1994, 441 ff., und ANDREAS LIENHARD, Deregulierung – Leitmotiv im Wirtschaftsverwaltungsrecht?, Diss. Bern 1995, je mit weiteren Hinweisen; vgl. im übrigen zur Sichtweise und zur Bedeutung der *ökonomischen Analyse des Rechts* für die von der *Wertungsjurisprudenz* geprägte kontinentaleuropäische Rechtslehre SCHLOSSER 256 ff. und CHRISTIAN KIRCHNER, Regulierung durch öffentliches Recht und/oder Privatrecht aus der Sicht der ökonomischen Theorie des Rechts, in HOFFMANN-RIEM 63 ff., je mit weiteren Hinweisen; zur rechtlichen Bewältigung der Privatisierung nun auch Berner Tage für die juristische Praxis 1997 zum Thema «Rechtliche Probleme der Privatisierung» [Referate werden publiziert]).

Der Staat selbst soll bei der Erfüllung der ihm verbleibenden Aufgaben flexibler und leistungsfähiger werden, was ebenfalls zu vermehrtem Verwenden von Privatrecht oder jedenfalls zu einer *(Wieder-)Annäherung des öffentlichen Rechts* an das *Privatrecht* führen könnte (vgl. dazu Art. 6 N 183 ff.). Ein starker Impuls in diese Richtung geht neuerdings vom Reformmodell des «*New Public Management*» aus, welches in sehr weitgehendem Mass betriebswirtschaftliche Grundsätze auf die Staatsverwaltung übertragen will (vgl. dazu und zu den rechtsstaatlichen und demokratischen Schranken solcher Reformen DIETER DELWING/HANS WINDLIN, «New Public Management»: Kritische Analyse aus staatsrechtlicher und staatspolitischer Sicht, ZBl 1996 183 ff., PHILIPPE MASTRONARDI, Staatsrecht und Verwaltungsorganisation, AJP 1995 1541 ff., MANFRED REHBINDER/ALEXANDER KRAUSZ, Öffentlicher Dienst und New Public Management, ArbR 1997 87 ff. und PAUL RICHLI, Öffentliches Dienstrecht im Zeichen des New Public Management, Bern 1996, je mit zahlreichen weiteren Hinweisen). 33

Allgemein würde *Deregulierung* im erwähnten Sinn bedeuten, wieder vermehrt auf die privatautonome Regelung der Rechtsbeziehungen zu setzen (Selbstregulierung; Privatrecht als «selbstregulative Verfassung» des Marktverkehrs; vgl. dazu BAUDENBACHER S. 57 ff., insbesondere S. 64 ff., und LANGHART 85 ff., je mit zahlreichen Hinweisen). Da allerdings das *Konflikt- und Risikopotential* in der heutigen Gesellschaft parallel zur enormen wirtschaftlichen, technologischen und soziokulturellen Entwicklung bedeutend zugenommen hat und sich viele anstehende Probleme angesichts der bestehenden Vernetzung nicht sinnvoll durch wenige jeweils einzelne Beteiligte lösen lassen, wird eine zweckmässige und starke 34

Vorbem. Art. 5 und 6

staatliche Rahmenordnung für eine einigermassen harmonische Weiterentwicklung unabdingbar bleiben. Verschiedene drängende Probleme der Gegenwart und Zukunft erfordern hierbei allerdings aufgrund ihrer Tragweite und der gegebenen Zusammenhänge eine *internationale Regelung* durch die regionale oder gar die weltweite *Staatengemeinschaft* (vgl. dazu insbesondere SALADIN, 88 ff., 121 ff. mit zahlreichen weiteren Hinweisen und im Zusammenhang mit der geplanten Verfassungsreform nun auch PHILIPPE MASTRONARDI in ZBl 1997 501 ff.; zur Bedeutung des staatlichen, insbesondere des öffentlichen Rechts für die *technische Sicherheit und Entwicklung* allgemein ALEXANDER RUCH, Recht der Technik – Rechtstechnik, ZBl 1995 1 ff. und für den *Gentechnik- und Genschutzbereich* insbesondere RAINER J. SCHWEIZER, Gentechnikrecht, Zürich 1996; für das *Kapitalmarktrecht* die Beiträge in ZSR 1996 I 75 ff.; zum Erfordernis einer starken marktwirtschaftlichen Rahmenordnung bei der Liberalisierung und Privatisierung des *Kommunikationswesens* ROLF WEBER, Entstehung von Marktmacht als Deregulierungsproblem, AJP 1995 1149 ff. und DERSELBE, Vom Monopol zum Wettbewerb, Regulierung der Kommunikationsmärkte im Wandel, Zürich 1994; zur zunehmenden Bedeutung des *internationalen Rechts* auch für das Privatrecht COTTIER 217 ff., SANDROCK 3 ff. und nachfolgend N 223 ff.).

35 Ein vielversprechender Weg könnte bei dieser Ausgangslage im Konzept der *«gesteuerten Selbstregulierung»* liegen. Danach soll der staatliche Gesetzgeber nur die grundsätzlichen Fragen selbst regeln, die Umsetzung dieser Vorgaben bzw. die erforderliche Detailregulierung aber primär den betroffenen Interessengruppen überlassen und lediglich eingreifen, wenn die erfolgte Selbstregulierung den öffentlichen Interessen nicht zu genügen vermag. Damit wird die Schaffung von *«reflexivem»* bzw. *«selbstreferentiellem Recht»* und eine weitgehende Beschränkung des Staates auf eine Verfahrenskontrolle *(«Prozeduralisierung»)* angestrebt (vgl. dazu FORSTMOSER/SCHLUEP § 13 N 95 ff. und insbesondere BAUDENBACHER 66 ff. sowie LANGHART 107 ff. mit zahlreichen Hinweisen; ähnlich, aber noch radikaler DÜRR, insbesondere 195 ff. [Schaffung von *diskursivem Recht* als Normsetzung durch «konfliktrepräsentative» Beurteilungsgremien ohne politische Inhaltsvorgaben]). Für die Selbstregulierung, die mit oder ohne staatliche Kompetenzdelegation erfolgen kann, stehen hierbei verschiedenste Rechtsformen zur Verfügung (insbesondere *Kollektivverträge* und *Satzungen*, aber auch sog. *«soft law»*). Aufgrund der konkreten Umstände wird anhand der massgebenden Kriterien (vgl. dazu nachfolgend N 62 ff.) zu entscheiden sein, ob diese Rechtsgrundlagen dem Privatrecht oder dem öffentlichen Recht angehören (vgl. dazu und zu den verschiedenen Arten der Selbstregulierung LANGHART 93 ff., 118 f., 126 ff., 144 f., HOFFMANN-RIEM in: DERS. 299 ff. und Art. 6 N 198 mit Hinweisen; vgl. auch HÄFELIN/ MÜLLER Rz 848 ff. zur Abgrenzung von verwaltungsrechtlichen und privatrechtli-

chen Verträgen). Da eine gewisse *Gefahr des Neokorporativismus* besteht, müssen bei der staatlichen Rahmengesetzgebung verschiedene *rechtsstaatliche* und *demokratische Anforderungen* beachtet werden (vgl. dazu RHINOW, Komm. BV, Art. 32 N 80 ff., MOOR III 91 ff. und LANGHART 97 ff., 142 ff. mit Hinweisen).

Vielfältige Erscheinungsformen der gesteuerten Selbstregulierung finden sich auch in unserem Land bereits heute vor allem im *Arbeitsrecht* (vgl. dazu hinten N 138) und allgemein im *Wirtschaftsrecht* (vgl. dazu RHINOW, Komm. BV, Art. 31bis N 3), neuerdings aber auch im *Mietrecht* (vgl. dazu hinten N 131), im *Umweltschutz- und Energierecht* (vgl. Branchenvereinbarungen, Ökolabel sowie Umwelt-Management und -Audit gemäss Art. 41a und Art. 43a USG, Fassung vom 21. Dezember 1995, und dazu die Beiträge in URP 1997 357 ff.; vgl. auch BBl 1996 IV 1005 ff., insbesondere 1124 f., zum vorgesehenen Energiegesetz des Bundes), im Bereich der *Produktevorschriften* (vgl. zur Schaffung und Durchsetzung dieser Vorschriften nach dem neuen BG über die technischen Handelshemmnisse vom 6. Oktober 1995 [THG, SR 946.51] BBl 1995 II 521 ff., insbesondere 534 f., 585 ff. und 595 ff.) sowie im *Konsumentenschutz-* und *Kapitalmarktrecht* (vgl. auch dazu FORSTMOSER/SCHLUEP § 13 N 95 ff., MEIER-HAYOZ/FORSTMOSER § 6 N 93 und LANGHART 116 ff., je mit weiteren Hinweisen; vgl. neuerdings auch BBl 1996 III 1101 ff., insbesondere 1112 ff., 1145 ff. zur Vorlage betr. Schaffung eines BG zur *Bekämpfung der Geldwäscherei* im Finanzsektor). 36

Ganz allgemein gesehen können privatrechtliche Lösungen den notwendigen *Strukturwandel* erleichtern, doch darf hierbei nicht vergessen werden, dass auch das Privatrecht ebenfalls immer wieder den neuen Bedürfnissen von Wirtschaft und Gesellschaft *angepasst* werden muss (vgl. dazu DAVID DÜRR, Privatrecht als Recht des wirtschaftlichen Strukturwandels, in FS Schweiz. Juristentag, Zürich 1994, 51 ff., und insbesondere DRUEY, Kommunikation, 186, ZÄCH 37 ff. sowie MARTIN BULLINGER, Die funktionelle Unterscheidung von öffentlichem Recht und Privatrecht als Beitrag zur Beweglichkeit von Verwaltung und Wirtschaft in Europa, in HOFFMANN-RIEM 239 ff.; vgl. dazu und zu den damit verbundenen Problemen, insbesondere zu dem teilweise auch im Privatrecht feststellbaren *«Vollzugsdefizit»* auch KOLLER 59 ff. mit Hinweisen; zur *grundsätzlichen Bewährung* des traditionellen Privatrechts, insbesondere des *Schuld- und Gesellschaftsrechts*, trotz der enormen Entwicklung der letzten Jahrzehnte aber auch ERNST A. KRAMER, Die Lebenskraft des schweizerischen Obligationenrechts, ZSR 1983 I 241 ff. und für Deutschland SANDROCK 2 ff., je mit weiteren Hinweisen; zu den Herausforderungen des Privatrechts, insbesondere des Vertragsrechts, durch die neuen Kommunikationsmöglichkeiten FRANÇOIS DESSEMONTET, La dématérialisation des conventions, AJP 1997 939 ff.; zu den Gründen für die *Zurückhaltung* bei der *Fortbildung des Privatrechts* auch HARM PETER WESTERMANN, Der Fortschritts- 37

Vorbem. Art. 5 und 6

gedanke im Privatrecht, NJW 1997 1 ff.). Das Privatrecht wird sodann dafür sorgen müssen, dass die im Allgemeininteresse erforderliche *Selbstverantwortung* nicht nur propagiert, sondern auch tatsächlich wahrgenommen wird, was insbesondere ein gut ausgebautes *Rechtsdurchsetzungs- und Haftpflichtsystem* erfordert (vgl. zur Weiterentwicklung des Haftpflichtrechts in der heutigen Risikogesellschaft insbesondere HANSJÖRG SEILER, Gedanken aus risikorechtlicher Sicht zur Gesamtrevision des Haftpflichtrechts, ZBJV 1995 398 ff. mit kritischer Stellungnahme von PIERRE WIDMER; zur Risikosteuerung im Privatrecht bzw. im öffentlichen Recht auch allgemein die Beiträge von REINHARD DAMM und UDO DI FABIO in HOFFMANN-RIEM 85 ff., 143 ff. mit weiteren Hinweisen).

38 Angesichts der auch in der heutigen Zeit trotz verbesserter materieller, bildungsmässiger und informationeller Voraussetzungen weiterhin bestehenden *Ungleichgewichte* zwischen den beteiligten Gruppen und Einzelpersonen bleiben sodann privatrechtliche Vorschriften zum *Schutz der schwächeren Vertragsparteien* auch in Zukunft unumgänglich (vgl. dazu BAUDENBACHER 65, 72, ZÄCH 35 ff. und SCHLUEP, a.a.O. [N 32], 496, welcher gleichzeitig vor «verwaltetem Privatrecht» und einer Verdrängung des dispositiven Rechts durch einseitiges Recht der Wirtschaft [Allgemeine Geschäftsbedingungen] warnt; kritisch gegenüber einem übertriebenen und undifferenzierten Sozialschutz insbesondere SANDROCK 5 f.; zum *Stand der Sozialbindungen* des Privatrechts und zu den teilweise gegenläufigen Entwicklungslinien auch KOLLER 398 ff. mit weiteren Hinweisen; vgl. im übrigen zu dem sich aufgrund der wirtschaftlichen und demographischen Entwicklung abzeichnenden Erfordernis einer *Neuorientierung der Sozialpolitik* auch PETER FÜGLISTALER/MAURICE PEDERGNANA, Visionen einer sozialen Schweiz: Zum Umbau der Sozialpolitik, Bern 1996). Um Wertungs- und Regelungsinkongruenzen zu vermeiden, sollte beim privatrechtlichen Sozialschutz aber jedenfalls von einem *einheitlichen Schutzkonzept* bzw. *Menschenbild* ausgegangen werden. Dies wird bei der heute vorwiegenden Einzelgesetzgebung oft vernachlässigt (vgl. dazu allgemein und insbesondere für das Privatrecht der Europäischen Union MÜLLER-GRAFF 19 f. mit Hinweisen; zum Menschenbild, das dem schweizerischen Privatrecht zugrundeliegt, vgl. LIVER, BE-Komm., Einleitung vor Art. 1 ff. ZGB N 99 ff. und zahlreiche Beiträge verschiedener Autoren in «Das Menschenbild im Recht», FS 100 Jahre Universität Freiburg, Freiburg 1990).

39 Als privatrechtskonforme Antwort auf das mit der fortschreitenden Arbeitsteilung und technischen Entwicklung verbundene zunehmende *Informationsgefälle* zwischen Anbietern und Konsumenten zeichnet sich im übrigen eine wachsende Bedeutung des *Berufsrechts* ab (Schaffung von Aufklärungs- und Informationspflichten der Anbieter; vgl. dazu THOMAS WERLEN, Schweizerisches Kapitalmarktrecht als Anlegerschutzrecht?, SZW 1995 270 ff., 278 f. mit verschiedenen allgemeinen Hinweisen).

II. Merkmale, Unterschiede und Zusammenhänge von Privatrecht und öffentlichem Recht

1. Typische Merkmale des Privatrechts bzw. des öffentlichen Rechts

Aus der grundlegenden Unterscheidung von Privatrecht und öffentlichem Recht und den dahinterstehenden Motiven ergeben sich insbesondere folgende *Besonderheiten* für die *Struktur* der beiden Rechtsgebiete (vgl. dazu namentlich FORSTMOSER/SCHLUEP § 4 N 40 ff., REHBINDER, Einführung, 26 ff., 97 ff., HÄFELIN/MÜLLER Rz 202 ff., 603 ff., MOOR II 1 ff. und EBERHARD SCHMIDT-ASSMANN in HOFFMANN-RIEM 12 ff., je mit weiteren Hinweisen): 40

Leitender Grundsatz des *Privatrechts* bildet die *Privatautonomie*. Das Privatrecht beschränkt sich daher in der Regel darauf, *dispositives Recht* zu schaffen. Dieses findet lediglich Anwendung, soweit die Parteien keine bzw. keine abweichende Ordnung geschaffen haben. Primäre Rechtsgrundlage der privatrechtlichen Rechtsbeziehungen ist daher der *Vertrag*, der durch *übereinstimmende Willensäusserungen* der Beteiligten zustandekommt und in einem Austauschverhältnis zwischen *gleichberechtigten Partnern* die wechselseitigen Rechte und Pflichten regelt (*relative Rechte*). Der Inhalt dieser Verträge kann – innerhalb der Schranken der Rechtsordnung – frei gewählt werden und muss gegen aussen grundsätzlich nicht begründet werden (*Vertragsfreiheit*). Aus der in der Regel vertraglichen Ordnung der Rechtsbeziehungen ergeben sich *subjektive Rechte* (Ansprüche), die nötigenfalls vor den zivilgerichtlichen Instanzen geltend gemacht werden können. Die Zivilgerichte werden dementsprechend regelmässig nur auf Klage einer Partei hin tätig (vgl. dazu auch das Bild von JÄGGI 30 f.: Privatrecht als *Urteilsanweisungen* an den Richter für den Fall, dass ihm ein Rechtsstreit unterbreitet wird). 41

Das *öffentliche Recht* ist demgegenüber in der Regel *zwingendes Recht*, das von Amtes wegen angewandt wird und nicht durch Vereinbarung zwischen den Beteiligten abgeändert werden kann. Primäre Rechtsgrundlage der öffentlich-rechtlichen Rechtsbeziehungen bildet das *Gesetz* (Gesetz im formellen Sinn und kompetenzgemäss erlassene Verordnungen), das für die Anwendung im Einzelfall allenfalls noch durch eine begründungspflichtige behördliche *Verfügung* konkretisiert werden muss (vgl. zu den Übereinstimmungen und Unterschieden bei der *Vertrags- bzw. Gesetzesauslegung* FORSTMOSER/SCHLUEP § 19 N 1 ff., § 20 N 1 ff. und ERNST ZELLER, Auslegung von Gesetz und Vertrag, Zürich 1989, insbesondere 425 ff. mit weiteren Hinweisen). Die staatlichen Organe sind bei ihrer Tätigkeit an das Gesetz gebunden und können nur gestützt auf eine gesetzliche Ermächtigung tätig werden (*Legalitätsprinzip*). Sie haben überdies die *Grund-* 42

Vorbem. Art. 5 und 6

rechte (Freiheitsrechte, Gleichbehandlungsgebot und Willkürverbot) zu beachten. Die Rechtsanwendung erfolgt durch einseitige Willenserklärungen staatlicher Organe, welche gegenüber den Bürgern über eine hoheitliche Macht verfügen *(Befehl, Verfügung, Strafurteil)*. In der Regel stehen sich nicht Rechte und Pflichten wechselseitig in einem Austauschverhältnis gegenüber. Vielmehr geht es meist um die Durchsetzung gesetzlicher, die Freiheit beschränkender Pflichten *(Eingriffsverwaltung)*, im modernen Wohlfahrtsstaat allenfalls auch um die Gewährung staatlicher Leistungen *(Leistungsverwaltung)*. Der Rechtsschutz bezweckt primär die Durchsetzung des *objektiven Rechts*, weshalb in der Regel eine *besondere Betroffenheit* durch den angefochtenen Akt, welche auch lediglich tatsächlicher Natur sein kann, für die Rechtsschutzlegitimation genügt.

43   Die erwähnten *Besonderheiten* gelten jedoch nicht ausschliesslich für das jeweilige Rechtsgebiet. Sie sind für dieses lediglich *typisch*. So enthielt das *Privatrecht* schon immer auch zwingende gesetzliche Vorschriften, welche durch vertragliche Vereinbarung nicht geändert werden können *(zwingendes Privatrecht;* vgl. insbesondere Art. 19 f. OR; vgl. im übrigen zur *Typengebundenheit* des Personen-, Familien-, Erb- und Sachenrechts im Unterschied zur *Typenfreiheit* des Obligationenrechts auch GIGER 34 f. mit Hinweisen). In gewissen Fällen ist auch Privatrecht *von Amtes wegen* anzuwenden (vgl. insbesondere die staatlichen Eingriffsmöglichkeiten im Kindes- und Vormundschaftsrecht; vgl. zur Rechtsnatur dieser Vorschriften allerdings nachfolgend N 111 ff.). *Ansprüche* können sich sodann auch im Privatrecht nicht nur aus Verträgen, sondern auch *aus dem Gesetz* ergeben (insbesondere im Haftpflichtrecht), zumal das Prinzip «neminem laedere» ebenfalls zu den Grundprinzipien des Privatrechts gehört (vgl. im übrigen auch die gesetzlichen Forderungen aus Familienrecht und Erbrecht). Ebenso kennt das Privatrecht nicht nur relative, sondern auch *absolute Rechte*, die ebenfalls aus dem Gesetz abgeleitet werden und gegenüber jedermann wirken (Persönlichkeitsrechte, dingliche Rechte, Immaterialgüterrechte; vgl. dazu nun auch WOLFGANG PORTMANN, Wesen und System der subjektiven Privatrechte, Zürich 1996). Schliesslich bestehen nicht nur für staatliche, sondern auch für private Akte bestimmte, unterschiedlich definierte *Nichtigkeitsgründe* (vgl. dazu die Hinweise bei BLAISE KNAPP, Nullité, annulabilité et inopposabilité..., in FS J.F. Aubert, Basel/Frankfurt a.M. 1996 587 ff.).

44   Das *öffentliche Recht* lässt demgegenüber innert gewisser Schranken (insbesondere Legalitätsprinzip, Gleichbehandlungsgebot) durchaus auch vertragliche Regelungen zu *(verwaltungsrechtlicher Vertrag;* vgl. dazu Art. 6 N 183 ff., insbesondere 198 ff.). Gewisse Verwaltungsakte (sog. mitwirkungsbedürftige Verwaltungsakte, insbesondere die Erteilung von Bewilligungen und die Zusprechung von öffentlichen Leistungen) ergehen üblicherweise nur auf Gesuch der interessierten Privaten hin. Eine *unabhängige Überprüfung* der Rechtsanwendung

erfolgt auch im öffentlichen Recht nur, wenn die Beteiligten oder Dritte den Richter anrufen, wobei freilich im Strafrecht die gerichtliche Beurteilung (auf Anklage durch die Staatsanwaltschaft hin) die Regel bildet. Die *Grundrechte*, welche – als Parallele zur Vertragsfreiheit im Privatrecht – primär die individuelle Freiheit im öffentlichen Recht *gegenüber den staatlichen Organen* schützen, sind ausnahmsweise auch bei der Regelung privatrechtlicher Beziehungen zu beachten (Lohngleichheit gemäss Art. 4 Abs. 2 Satz 3 BV) oder finden ihren Niederschlag in privatrechtlichen Schutzvorschriften (z.B. Art. 27 ff. ZGB, Art. 19 f. OR), welche grundrechtskonform auszulegen und anzuwenden sind (vgl. zur sog. *Drittwirkung der Grundrechte* auch nachfolgend N 187 ff.). Auch das öffentliche Recht kennt subjektive, dem Ermessen der staatlichen Organe entzogene Rechte (besser: *öffentlich-rechtliche Ansprüche)*, doch ist das Vorliegen eines solchen Anspruchs in der Regel nicht Voraussetzung der Rechtsschutzlegitimation (vgl. dazu HÄFELIN/MÜLLER Rz 612 ff. und MOOR II 11 ff.). Anderseits gewährt das Privatrecht ausnahmsweise ebenfalls *Dritten, Verbänden* oder gar der *Allgemeinheit* ein *Klagerecht* (vgl. z.B. Art. 78, 89, 260a ZGB und dazu SCHNYDER, Freiheit, 608 f. mit weiteren Hinweisen; vgl. auch MARKUS BERNI, Verbandsklagen als Mittel privatrechtlicher Störungsabwehr, Diss. Bern 1992, und neuerdings Art. 7 GlG).

2. Zusammenhänge zwischen Privatrecht und öffentlichem Recht

Die Unterscheidung von Privatrecht und öffentlichem Recht darf – was sich schon aus der dogmatischen und geschichtlichen Entwicklung ergibt (vgl. dazu vorne N 23 ff.) – *nicht* als *absolute Trennung* des Rechts in zwei Teilrechtsordnungen verstanden werden. Beide Rechtsgebiete bilden vielmehr Teil ein und derselben Rechtsordnung (Prinzip der *Einheit der Rechtsordnung*; vgl. dazu auch FORSTMOSER/SCHLUEP § 4 N 64, BROGGINI 75 FN 2 [mit Hinweisen auch zur gesamteuropäischen Rechtsentwicklung], GIACOMETTI 112 und nachfolgend N 47 f. sowie Art. 6 N 52 ff.). Beide Gebiete dienen der Ordnung des menschlichen Zusammenlebens innerhalb derselben staatlichen Organisation und sind daher durch die *gleichen*, bereits in der Verfassung zum Ausdruck kommenden, allerdings keineswegs immer gleich gerichteten Werte (insbesondere Rechtsstaat, Freiheit, Demokratie, Föderalismus, Marktwirtschaft, sozialer Ausgleich, Schutz der natürlichen Lebensgrundlagen) geprägt (vgl. dazu EICHENBERGER, Komm. BV, Verfassungsrechtliche Einleitung N 96 ff., HÄFELIN/HALLER Rz 140 ff., EBERHARD SCHMIDT-ASSMANN in HOFFMANN-RIEM 13 ff. und nachfolgend N 184; zu den Wertungen des Privatrechts insbesondere KOLLER 50 ff. und SCHNYDER, Allg. Einl. N 230 f. mit Hinweisen; vgl. dazu auch die noch immer zutreffenden grundsätz-

45

Vorbem. Art. 5 und 6

lichen Ausführungen bei AUGUST EGGER, Über die Rechtsethik des Schweizerischen Zivilgesetzbuches, 2. Auflage, Zürich 1950, insbesondere 90 ff., und KARL OFTINGER, Über den Zusammenhang von Privatrecht und Staatsstruktur, SJZ 1940/41 225 ff., 241 ff.; zu *Freiheit* und *Zwang* im Privatrecht auch SCHNYDER, Freiheit, 597 ff. mit zahlreichen weiteren Hinweisen).

46 In diesem Sinne erscheint es auch *nicht* als *zutreffend*, vom *öffentlichen Recht* als *politischem* oder *altruistisch-sozialem Recht* und vom *Privatrecht* als *unpolitischem, wertneutralem, natürlich vorgegebenem* oder *egoistisch-individuellem Recht* zu sprechen, wobei freilich das Privatrecht von seiner Funktion her (Organisationsgrundlage für die zwischenmenschlichen Beziehungen) in einem freiheitlichen Staat nicht im gleichen Mass und nicht auf ebenso direktem Weg politischen Zielsetzungen dienen kann und darf wie das öffentliche Recht. Ziel des *Privatrechts* muss die *Austauschgerechtigkeit* bilden, während das *öffentliche Recht* auch der *Verteilgerechtigkeit* dient. Dem Gesetzgeber kommt im übrigen bei der Ausgestaltung des Privatrechts und des öffentlichen Rechts eine grosse *Gestaltungsfreiheit* zu, wobei er freilich durch die *Grundrechte* und *Wertentscheidungen* der *Verfassung* gebunden ist (vgl. dazu KNAPP, Komm. BV, Art. 64 N 16, BRÜCKNER 40 ff., DRUEY, Kommunikation, 192 ff., DERSELBE, Kontaktrecht, 162 ff., NOBEL 259, SCHNYDER, Freiheit, 601 f. und ZÄCH 29 ff., 35 ff., je mit weiteren Hinweisen; zur sog. *Drittwirkung der Grundrechte* nachfolgend N 187 ff.; zur *Gestaltungsfunktion des Privatrechts* auch KOLLER 125 ff., 141 ff. mit zahlreichen weiteren Hinweisen; zur Zulässigkeit sozialpolitisch motivierter *Schutzbestimmungen* im Privatrecht nachfolgend N 107 ff.; zur Bedeutung des «*natürlichen*» *Rechts* im Privatrecht auch JÄGGI 4 ff., DERSELBE, Positives und natürliches Privatrecht, in: GAUCH/SCHNYDER [Hrsg.], Privatrecht und Staat, Zürich 1976, 43 ff. und Art. 5 N 209 ff. zur Verweisung auf *Sitte* und *Übung*).

47 Aus diesen grundsätzlichen Feststellungen ergeben sich verschiedene Folgerungen für das *Zusammenspiel* von *Privatrecht* und *öffentlichem Recht*. So können sich Privatrecht und öffentliches Recht bei der Regelung bestimmter Sachverhalte oder im Anwendungsfall zwar zum Teil gegenseitig *verdrängen*, sie schliessen sich aber nicht grundsätzlich gegenseitig aus, sondern sind im Prinzip *gleichrangig* (vgl. dazu allgemein DRUEY, Kommunikation, 195; für das Verhältnis des Bundeszivilrechts zum Bundesverwaltungsrecht nachfolgend N 194 ff. und zum kantonalen öffentlichen Recht Art. 6 N 37 ff., 45 ff.). In verschiedener Hinsicht *ergänzen* und *bedingen* Privatrecht und öffentliches Recht einander. So setzen zum Beispiel die Eigentumsgarantie und die Handels- und Gewerbefreiheit das privatrechtliche Institut des Eigentums und den Grundsatz der Vertragsfreiheit voraus. Anderseits ist die privatrechtliche Vertragsfreiheit nur in den Schranken der öffentlichen Ordnung garantiert (Art. 19 und 20 OR) (vgl. dazu

auch Art. 6 N 347 ff., 361 ff.). Für die *behördliche Anwendung und Durchsetzung* des Privatrechts ist sodann öffentliches Recht (insbesondere Organisations- und Verfahrensvorschriften) unentbehrlich. Solche Vorschriften bilden innerhalb des Privatrechts sog. *ergänzendes öffentliches Recht* (vgl. dazu nachfolgend N 103 ff.). Andererseits muss das öffentliche Recht mit «*zivilrechtlichen Mitteln*» arbeiten können, wenn es seinen Anordnungen auch Wirkung unter Privaten verleihen will (vgl. dazu Art. 6 N 205 ff.). Wo privatrechtliche Vereinbarungen einer behördlichen Bewilligungspflicht unterstellt werden, kommt dem öffentlichen Recht überdies eine *privatrechtsgestaltende Wirkung* zu (vgl. dazu HÄFELIN/MÜLLER Rz 822 f., IMBODEN/RHINOW/KRÄHENMANN Nr. 38 und MOOR II 114 mit weiteren Hinweisen).

Die *Zusammengehörigkeit* der beiden Rechtsgebiete kommt auch dadurch zum Ausdruck, dass gewisse grundlegende Regeln des einen Rechtsgebiets (vor allem des Privatrechts, welches früher wissenschaftlich durchdrungen und kodifiziert wurde; vgl. vorne N 28) auch im andern Gebiet als *allgemeine Rechtsgrundsätze* gelten. So sind zum Beispiel die Rechtsanwendungs- und Rechtsausübungsgrundsätze von Art. 1–4 und Art. 8 ZGB, heute aber auch die Rückforderung grundlos erbrachter Leistungen, die Verjährung von Ansprüchen, die Pflicht zur Zahlung von Verzugszinsen und die Verrechenbarkeit von Geldforderungen im öffentlichen Recht als allgemeine Rechtsgrundsätze anerkannt. In andern Fällen können Regeln des jeweils anderen Gebietes zur Füllung von Regelungslücken im Sinne einer *analogen Rechtsanwendung* herbeigezogen werden (vgl. z.B. den Beizug der Regelung des Obligationenrechts über Willensmängel und die Dauer der Verjährungsfristen für entsprechende Fragen des öffentlichen Rechts). Sodann *knüpfen* die Rechtsnormen des einen Bereichs oft an *Tatbestände* des andern Rechtsgebiets an oder verwenden *gleichlautende Begriffe* (z.B. Verwendung zivilrechtlicher Begriffe oder Anknüpfungen an privatrechtliche Tatbestände insbesondere im Straf-, Steuer- und Sozialversicherungsrecht; Berücksichtigung des öffentlichen Rechts im Rahmen des Haftpflichtrechts oder der Gültigkeit von Verträgen [vgl. dazu auch Art. 6 N 206]; zur Frage der Zuständigkeit zur Beurteilung von Vorfragen aus dem andern Gebiet nachfolgend N 196, 211) oder *verweisen* als subsidiäres Recht ausdrücklich auf entsprechende Normen des anderen Bereichs (z.B. das Staatshaftungsrecht auf Regeln des privaten Haftpflichtrechts oder das Zivilgesetzbuch [Art. 711 f. ZGB] auf das Enteignungsrecht; vgl. zum Ganzen auch Art. 6 N 179 ff.). Soweit ein Rechtsgebiet die *Verkehrssitten* besonders beeinflusst, kann es allenfalls – insbesondere bei entsprechenden gesetzlichen Verweisungen – auch auf diesem Wege auf das andere Rechtsgebiet einwirken (vgl. dazu Art. 5 N 219).

Vorbem. Art. 5 und 6

49   Die gegenseitige Beeinflussung von Privatrecht und öffentlichem Recht nimmt damit ständig zu, weshalb geradezu von einer *Verzahnung* der beiden Rechtsgebiete gesprochen wird (vgl. dazu und zur entsprechenden Situation in Deutschland auch HANS-HEINRICH TRUTE, Verzahnungen von öffentlichem und privatem Recht, in HOFFMANN-RIEM 167 ff. mit Hinweisen). Die Anküpfung insbesondere des Steuer- und des Sozialversicherungsrechts an privatrechtliche Tatbestände hat naturgemäss auch bedeutsame *Auswirkungen* auf die *tatsächliche Gestaltung* der *Rechtsverhältnisse*. Vgl. dazu und zu den damit verbundenen Problemen der Rechtsanwendung (insbesondere zur Frage der zivilrechtskonformen Auslegung öffentlich-rechtlicher Begriffe und zur Frage der wirtschaftlichen oder rechtsgeschäftlichen Betrachtungsweise) allgemein LIEBER, Art. 7 N 114 ff., HÄFELIN/MÜLLER Rz 142 ff., 240 ff., IMBODEN/RHINOW/KRÄHENMANN Nr. 2, 25, 26, MOOR I 58 f., 150 ff., II 263 und bereits GIACOMETTI 112 ff. sowie HUBER N 59 ff., je mit zahlreichen weiteren Hinweisen; zu den Zusammenhängen zwischen Bundeszivilrecht und übrigem Bundesrecht bzw. kantonalem öffentlichem Recht Näheres nachfolgend N 181 ff. bzw. bei der Kommentierung von Art. 6 ZGB.

III. Kriterien für die Abgrenzung von Privatrecht und öffentlichem Recht

1. Vorbemerkung

50 Aus der dargestellten geschichtlichen und dogmatischen Entwicklung der Unterscheidung von Privatrecht und öffentlichem Recht (vorne N 23 ff.) und den unterschiedlichen, aber keineswegs eindeutigen Merkmalen und Zusammenhängen zwischen diesen beiden Rechtsbereichen (vorne N 40 ff.) ergibt sich bereits, dass die Zuordnung einer bestimmten Regelung zum Privatrecht bzw. zum öffentlichen Recht nicht einfach ist. Die *Abgrenzung der Privatrechtskompetenz des Bundes* (Art. 64 BV) gegenüber der Gesetzgebungszuständigkeit der Kantone, insbesondere gegenüber deren öffentlich-rechtlichen Rechtssetzungsbefugnissen (Art. 6 ZGB), verlangt jedoch eine solche Unterscheidung, zumal diese nach der in Lehre und Praxis *herrschenden Auffassung* im Sinne der *rechtstheoretischen Unterscheidung* von *Privatrecht* und *öffentlichem Recht* (Abgrenzung nach *Rechtsgebieten*) vorzunehmen ist (vgl. dazu HÄFELIN/HALLER Rz 290, AUBERT Nr. 648 ff. [inkl. Nachtrag], HANGARTNER 98 ff. und KNAPP, Komm. BV, Art. 64 N 1 ff., 36, je mit zahlreichen weiteren Hinweisen).

Eine *Minderheit* der Lehre vertritt demgegenüber die Auffassung, es handle 51
sich – wie bei der Abgrenzung der Gesetzgebungskompetenzen in der Bundesverfassung sonst üblich – ebenfalls um eine Abgrenzung nach *Sachbereichen*.
Deshalb komme dem Bund in den *typischerweise durch Privatrecht geregelten Gebieten* eine *umfassende*, nicht auf privatrechtliche Normen im rechtstheoretischen Sinne beschränkte *Gesetzgebungsbefugnis* zu (vgl. dazu insbesondere GYGI, Zivilrecht, 343 ff., DERSELBE, Obligationenrecht, 1 ff. und SALADIN, Komm. BV, Art. 3 N 187, Art. 2 ÜB N 34 f.). Diese von der Mehrheitsmeinung abweichende Auffassung ermöglicht zwar im Rahmen der Kompetenzabgrenzung zwischen Bund und Kantonen die Umgehung der schwierigen rechtstheoretischen Qualifikationsfrage. Allerdings würde sich die ebenfalls heikle Frage stellen, welche Rechtsgebiete typischerweise durch Privatrecht geregelt sind und wo im einzelnen die Grenzen zu den übrigen Sachgebieten verlaufen. Die Vertreter der Mehrheitsauffassung machen überdies zu Recht geltend, dass sich die Ansicht der Minderheit mit dem Wortlaut und dem ursprünglichen Sinn von Art. 64 BV kaum vereinbaren liesse und die für unser Rechtssystem traditionelle Unterscheidung von Privatrecht und öffentlichem Recht in Frage stellen würde (vgl. zum heutigen Stand der Diskussion insbesondere KNAPP, Komm. BV, Art. 64 N 11 ff. und BBl 1997 I 338 f. zu Art. 113 Verfassungsentwurf 96, je mit weiteren Hinweisen; vgl. dazu und zur vermittelnden Position von BERNHARD SCHNYDER auch nachfolgend N 96 ff.).

Ausserhalb der Frage der Kompetenzabgrenzung zwischen Bund und Kantonen kommt der rechtstheoretischen Unterscheidung von Privatrecht und öffentlichem Recht im übrigen insbesondere für die Frage des *anwendbaren Rechts*, der *Zuständigkeit von Verwaltungs- und Justizbehörden* und für die *Abgrenzung von Rechtsschutzverfahren* praktische Bedeutung zu, wobei in diesen Bereichen aber allenfalls besondere gesetzliche Regelungen oder systematische Zusammenhänge zu berücksichtigen sind (vgl. dazu HUBER N 110 ff., HÄFELIN/MÜLLER Rz 204, 213, MOOR I 126 f. und oben N 31). 52

Lehre und Praxis haben für die rechtstheoretische Unterscheidung von Privatrecht und öffentlichem Recht im Laufe der Zeit *unterschiedliche Theorien* entwickelt. Diese sind heute zum Teil überholt oder für die innerstaatliche Unterscheidung im Rahmen der Kompetenzabgrenzung zwischen Bund und Kantonen nicht von Bedeutung (vgl. nachfolgend N 57 ff.). Die verbleibenden, auch heute noch anerkannten Theorien (nachfolgend N 62 ff.) stellen auf unterschiedliche Gesichtspunkte ab und führen zum Teil zu verschiedenen Ergebnissen. Die herrschende Lehre und Praxis verfolgt daher für die Unterscheidung von Privatrecht und öffentlichem Recht einen *Methodenpluralismus*. Die Entscheidung ist im Einzelfall unter Berücksichtigung aller Theorien zu fällen, wobei die Praxis je 53

Vorbem. Art. 5 und 6

nach Art der Fragestellung verschiedene Schwergewichte setzt (vgl. dazu nachfolgend N 66 f.). Als mögliche neue Problemlösung bietet sich die vom Bundesrat bzw. vom Bundesamt für Justiz in den letzten Jahren entwickelte *typologische Abgrenzungsmethode* an, welche jedoch ebenfalls mit verschiedenen Nachteilen verbunden ist und daher bisher weder von der Lehre noch von der Rechtsprechung übernommen worden ist (vgl. nachfolgend N 68 f.).

54 Vgl. zu den verschiedenen *Abgrenzungsmethoden* eingehend KNAPP, Komm. BV, Art. 64 N 17 ff., HÄFELIN/MÜLLER Rz 205 ff., IMBODEN/RHINOW/KRÄHENMANN Nr. 1 B II, IV, MOOR I 127 ff., POUDRET, Comm. OJ, Titre II, n. 2.2, GIGER 36 ff., DESCHENAUX 15 ff., GIACOMETTI 96 ff., HUBER N 119 ff., NOBEL 255 ff., RIEMER § 10 N 1 f. und zum *heutigen Stand* von *Lehre und Praxis* zusammenfassend BBl 1997 I 338 f. zu Art. 113 Verfassungsentwurf 96; kritisch dazu DRUEY, Kommunikation, 187 f. und DERSELBE, Kontaktrecht, 152 ff., je mit weiteren Hinweisen; zum ähnlichen Stand der Diskussion in Deutschland auch MICHAEL STOLLEIS in HOFFMANN-RIEM 42 ff. mit Hinweisen).

55 Für die Unterscheidung von Privatrecht und öffentlichem Recht im Hinblick auf die Abgrenzung der Privatrechtskompetenz des Bundes gegenüber den kantonalen Gesetzgebungsbefugnissen (Art. 5 und 6 ZGB) ist noch darauf hinzuweisen, dass das Bundeszivilrecht verschiedentlich *ausdrücklich eine Zuordnung* einer bestimmten Materie zum Privatrecht oder zum öffentlichen Recht vornimmt. Von Bedeutung ist dies insbesondere, wenn bestimmte Fragen ausdrücklich dem öffentlichen Recht zugewiesen werden und somit entsprechendes kantonales Recht auch ohne ausdrücklichen Vorbehalt in den Schranken von Art. 6 ZGB zulässig ist (vgl. z.B. Art. 702 ZGB, Art. 73 Abs. 2 OR). In diesen Fällen ist die vom Bundesgesetzgeber vorgenommene Zuordnung grundsätzlich verbindlich. Eine Überprüfung anhand der Kriterien von Lehre und Rechtsprechung ist in solchen Fällen schon aufgrund von Art. 113 Abs. 3 BV (Anwendungsgebot für Bundesgesetze und allgemeinverbindliche Bundesbeschlüsse) weder möglich noch nötig (BGE 119 Ia 62 E. 3; vgl. dazu auch DESCHENAUX 25 f. und HUBER N 118).

56 Im übrigen aber kann für die Unterscheidung von Privatrecht und öffentlichem Recht *nicht* auf *rein formale Kriterien* abgestellt werden. Wenn eine Rechtsbeziehung durch das Zivilgesetzbuch geregelt ist, bedeutet dies noch nicht, dass es sich um Privatrecht handelt, zumal das Zivilgesetzbuch auch Vorschriften enthält, die materiell eindeutig dem öffentlichen Recht zuzuordnen sind (vgl. nachfolgend N 94 ff.). Anderseits kann eine Verordnung, die sich auf ein öffentlichrechtliches Gesetz stützt, auch privatrechtliche Vorschriften enthalten. Dass die Allgemeinverbindlicherklärung von Gesamtarbeitsverträgen oder Rahmenmietverträgen durch Verwaltungsakt erfolgt, ändert sodann nichts an deren privatrechtlicher Natur. Für die *Qualifikation* einer *Norm* als öffentliches oder privates Recht muss allgemein auf deren *Inhalt* abgestellt und dieser nötigenfalls durch *Auslegung* ermittelt werden (vgl. IMBODEN/RHINOW/KRÄHENMANN Nr. 1 B III und Nr. 3 mit Hinweisen; vgl. auch HUBER N 117).

2. Überholte oder für die Kompetenzabgrenzung nicht massgebende Theorien

a) Fiskustheorie

Einzelne der von Lehre und Rechtsprechung entwickelten Theorien sind heute kaum mehr von Bedeutung. Dies gilt namentlich für die *Fiskustheorie*. Nach dieser wären vermögensrechtliche Ansprüche der Bürger gegenüber dem Gemeinwesen grundsätzlich dem Privatrecht zuzurechnen. Diese Theorie diente namentlich der Verbesserung des Rechtsschutzes in einer Zeit, in welcher noch keine Verwaltungsgerichte bestanden. Da sie die Rechtsnatur der Ansprüche in keiner Weise berücksichtigt, ist sie heute weitgehend überholt bzw. nur noch für besondere Fragen von Bedeutung (insbesondere für Prozesse zwischen Privaten und Kantonen gemäss Art. 42 OG; vgl. dazu HALLER, Komm. BV, Art. 110 N 1 ff., 12 ff. und POUDRET, Comm. OJ, art. 42 n. 2.1).

57

b) Subjektstheorie

Nach der *Subjektstheorie* liegt dann ein öffentlich-rechtliches Rechtsverhältnis vor, wenn der Staat oder eine öffentlich-rechtliche Körperschaft daran beteiligt ist. Diese Theorie übersieht, dass öffentlich-rechtliche Organisationen auch Rechtssubjekte des Privatrechts sind und sich – innerhalb gewisser Schranken – auch privatrechtlich betätigen können (vgl. dazu nachfolgend N 65).

58

c) Theorie des zwingenden Rechts

Überholt ist auch die auf die Rechtslehre von WALTHER BURCKHARDT zurückgehende Theorie, dass Privatrecht mit dispositivem, öffentliches Recht dagegen mit zwingendem Recht gleichzusetzen sei *(Theorie des zwingenden Rechts)*. Dies trifft zwar im Regelfall und typischerweise zu, doch gilt dies – wie schon BURCKHARDT selbst festgehalten hat – keineswegs ausschliesslich (vgl. dazu oben N 41, 43). Die Anzahl zwingender privatrechtlicher Vorschriften hat sodann in den letzten Jahrzehnten wesentlich zugenommen (vgl. dazu oben N 26 f.).

59

d) «Civil rights» gemäss Art. 6 EMRK

Nicht massgebend für die Abgrenzung von Privatrecht und öffentlichem Recht im innerstaatlichen Recht ist auch die Rechtsprechung zu *Art. 6 EMRK*, welcher für «zivilrechtliche» Ansprüche und Verpflichtungen besondere Rechtsschutz-

60

Vorbem. Art. 5 und 6

garantien (Garantie eines fairen Gerichtsverfahrens) enthält. Hierbei handelt es sich um einen *autonomen staatsvertraglichen*, nicht durch das jeweilige Landesrecht bestimmten *Begriff* des *Zivilrechts* (vgl. dazu insbesondere LUZIUS WILDHABER, «Civil Rights» nach Art. 6 Ziff. 1 EMRK, in FS Schweiz. Juristentag, Basel/Frankfurt a.M. 1985, 469 ff. mit zahlreichen Hinweisen). Der Begriff der zivilrechtlichen Ansprüche und Verpflichtungen im Sinne von Art. 6 EMRK wird von den EMRK-Rechtsprechungsorganen in einer noch in Entwicklung befindlichen Rechtsprechung zunehmend extensiv ausgelegt, um – ähnlich wie dies seinerzeit nach der Fiskustheorie geschah – den *gerichtlichen Rechtsschutz* in den Vertragsstaaten zu stärken. Er umfasst nicht nur das klassische Privatrecht einschliesslich des Vormundschaftsrechts und der freiwilligen Gerichtsbarkeit, sondern auch öffentlich-rechtliche Streitigkeiten, welche unmittelbare Auswirkungen auf die privatrechtliche Rechtsstellung der Beteiligten haben. Dieser weite Begriff der Zivilsache ist für die Schweizer Rechtspraxis insofern von grosser Bedeutung, als mangels eines gültigen Vorbehalts auch entsprechende öffentlich-rechtliche Verfahren den *Rechtsschutzanforderungen* von Art. 6 EMRK zu genügen haben (vgl. dazu SCHWEIZER 675 ff., HAEFLIGER, 113 ff., VILLIGER Rz 378 ff., KLEY-STRULLER 47 ff., DERSELBE, Der richterliche Rechtsschutz gegen die öffentliche Verwaltung, Zürich 1995, § 10 N 11 ff. und RUTH HERZOG, Art. 6 EMRK und kantonale Verwaltungsrechtspflege, Diss. Bern 1995).

e) «Zivil- und Handelssachen» im Sinne des internationalen Zivilprozessrechts

61   Ebensowenig kann für die innerstaatliche Abgrenzung von Privatrecht und öffentlichem Recht die (staatsvertragsautonome) Auslegung des Begriffs der «*Zivil- und Handelssache*» massgebend sein, welcher für die Umschreibung des Anwendungsbereichs verschiedener Abkommen des *internationalen Zivilprozessrechts* verwendet wird, denen die Schweiz beigetreten ist (vgl. dazu Art. 6 N 99). Auch hier besteht unter dem Einfluss des angelsächsischen Rechts eine Tendenz zur extensiven Auslegung, doch sind öffentlich-rechtliche Streitigkeiten zum Teil ausdrücklich ausgenommen oder einbezogen worden (vgl. dazu BBl 1990 II 265 ff, insbesondere 282 ff., und BBl 1993 III 1261 ff., insbesondere 1265 f.; vgl. dazu auch PETER NOBEL in SZW 1995 75 f. mit weiteren Hinweisen).

3. Heute massgebende Theorien

a) Subordinations- bzw. Subjektionstheorie

Diese Theorie besagt, dass das *Privatrecht* die Rechtsbeziehungen zwischen *gleichrangigen, gleichwertigen, gleichberechtigten Rechtssubjekten* ordnet, während das *öffentliche Recht* das Verhältnis des Individuums zur Staatsgewalt, d.h. seine diesbezügliche *Unterordnung* regelt (BGE 109 Ib 152 f.). Für das Privatrecht typisch ist daher die vertragliche Regelung von Rechtsverhältnissen, während das öffentliche Recht einseitige hoheitliche Massnahmen (Verfügungen) vorsieht. Allerdings gibt es auch privatrechtliche Unterordnungsverhältnisse (z.B. Weisungsrecht der Eltern, des Arbeitgebers). Anderseits können auch öffentlich-rechtliche Rechtsverhältnisse unter bestimmten Voraussetzungen durch Vertrag geregelt werden (vgl. dazu auch oben N 44). Die vermehrte Verwendung von Vertrags- und Verhandlungselementen im öffentlichen Recht ergibt sich insbesondere aus den modernen Konzepten der «gesteuerten Selbstregulierung» und des «New Public Managements» (vgl. dazu oben N 33, 35 f.).

62

b) Modale oder strukturelle Theorie (Sanktionentheorie)

Mit der Subordinationstheorie hängt die *modale* oder *strukturelle Theorie* zusammen, welche auf die Art der Sanktionen bei Rechtsverletzungen abstellt (daher auch *Sanktionentheorie*). Im Privatrecht (Gleichordnung) stellen Schadenersatz und Nichtigkeit von Rechtsgeschäften typische Sanktionen bei Verletzung von Rechtsnormen dar, welche nötigenfalls auf dem Rechtsweg durchgesetzt werden müssen. Typische Sanktionen des öffentlichen Rechts (Subordination) sind demgegenüber der Zwangsvollzug, die Strafe und die Verwaltungsmassnahme, welche unmittelbar durch die zuständigen Behörden ausgeübt bzw. verhängt werden können. Die Sanktionen des Privatrechts kommen dabei grundsätzlich nur *bei Anrufung des Richters*, diejenigen des öffentlichen Rechts dagegen *von Amtes wegen* zur Anwendung (daher auch Theorie von der *Art der Rechtsanwendung*). Allerdings gilt dies nur als Grundsatz; Ausnahmen kommen in beiden Bereichen vor (vgl. dazu oben N 41 ff.). Die Sanktionen werden in einer Rechtsnorm sodann nicht immer ausdrücklich bestimmt. Ferner ist es durchaus denkbar, dass eine privatrechtliche Norm auch mit öffentlich-rechtlichen Sanktionen versehen wird und umgekehrt (vgl. dazu auch Art. 6 N 205 ff. und 334 f. mit Hinweisen).

63

Vorbem. Art. 5 und 6

c) Interessentheorie

64 Nach dieser Theorie gehören dem *öffentlichen Recht* diejenigen Rechtsnormen an, welche ausschliesslich oder vorwiegend *öffentliche Interessen* verfolgen. Das *Privatrecht* dient demgegenüber primär dem Schutz von *privaten Interessen*. Private und öffentliche Interessen lassen sich jedoch nicht immer klar trennen. Zunächst ist darauf hinzuweisen, dass sich die Umschreibung des öffentlichen Interesses nicht ein für allemal fixieren lässt, sondern einem zeitlichen und zum Teil auch örtlichen Wandel unterliegt. Das Privatrecht dient sodann durchaus auch öffentlichen Interessen, insbesondere sozialpolitischen Zwecken (z.B. Schutz der schwächeren Vertragspartei; Familienschutz). Die Theorie versagt daher insbesondere, wenn mit einer Rechtsnorm sowohl öffentliche als auch private Interessen wahrgenommen werden und keiner der beiden Zwecke überwiegt (vgl. dazu auch Art. 6 N 298 ff., insbesondere 307 ff.).

d) Funktionstheorie

65 Mit der Interessentheorie verwandt ist die *Funktionstheorie*. Öffentliches Recht bilden danach diejenigen Rechtsnormen, welche die *Erfüllung einer öffentlichen Aufgabe* oder die *Ausübung einer öffentlichen Tätigkeit* regeln. Ob eine öffentliche Aufgabe oder Tätigkeit vorliege, muss aufgrund der massgebenden Gesetzgebung ermittelt werden. Allerdings nimmt der Staat gewisse öffentliche Aufgaben und Tätigkeiten in privatrechtlicher Form vor, insbesondere die Beschaffung der für die Verwaltung nötigen Sachmittel und Leistungen (sog. administrative Hilfstätigkeit), die Verwaltung des Finanzvermögens, die wirtschaftliche Betätigung in Konkurrenz mit der Privatwirtschaft und – gestützt auf unterschiedliche Grundlagen – auch weitere Bereiche der Verwaltungstätigkeit (vgl. dazu Art. 6 N 183 ff.).

4. Herrschende Auffassung: Methodenpluralismus

66 Privatrecht und öffentliches Recht lassen sich jedoch auch mittels der heute allgemein anerkannten Theorien (oben N 62 ff.) nicht scharf voneinander abgrenzen. Beide Rechtsformen kommen häufig nicht in idealtypischer Form vor. Die *Übergänge* sind *fliessend* (vgl. z.B. das arbeitsrechtliche Ferienrecht, das ursprünglich als kantonales öffentliches Recht anerkannt, später aber ins Obligationenrecht eingefügt wurde; vgl. dazu Art. 5 N 200 und Art. 6 N 282). Die dargestellten Theorien greifen jeweils ein bestimmtes Wesensmerkmal auf, welches für die betref-

fende Rechtsform typisch, aber nicht unbedingt zwingend ist. Um zu einem schlüssigen Ergebnis zu gelangen, kann daher nicht auf eine einzelne Theorie abgestellt werden. Vielmehr muss die Zuordnung anhand der unterschiedlichen Kriterien geprüft werden. Lehre und Praxis verfolgen daher zu Recht einen *Methodenpluralismus*, welcher allerdings insbesondere zu einer gewissen Unschärfe in der Abgrenzung der Privatrechtskompetenz des Bundes (Art. 64 BV) führt. Das Bundesgericht prüft «in jedem Einzelfall, welches Abgrenzungskriterium den konkreten Gegebenheiten am besten gerecht wird (...). Damit wird dem Umstand Rechnung getragen, dass der Unterscheidung zwischen privatem und öffentlichem Recht ganz verschiedene Funktionen zukommen, je nach den Regelungsbedürfnissen und insbesondere den Rechtsfolgen, die im Einzelfall in Frage stehen; sie lassen sich nicht mit einem einzigen theoretischen Unterscheidungsmerkmal erfassen» (BGE 109 Ib 149; vgl. dazu auch KNAPP, Komm. BV, Art. 64 N 27, HÄFELIN/MÜLLER Rz 211 f., IMBODEN/RHINOW/KRÄHENMANN Nr. 1 B IV, MOOR I 131 ff., DESCHENAUX 18 f., HUBER N 130 f., je mit weiteren Hinweisen; kritisch dazu AUBERT, welcher eine Kombination von Interessentheorie und modaler Theorie befürwortet, vgl. AUBERT Nr. 649 ff. [inkl. Nachtrag] und die Hinweise bei ALEXANDER RUCH in ZBl 1990 320).

Der *Subordinationstheorie* kommt bei diesem Vorgehen nach herrschender Auffassung freilich eine vorrangige Bedeutung zu, da sie den für das öffentliche Recht nach wie vor zentralen Gedanken einer Unterordnung des Einzelnen unter die Staatsgewalt zum Ausdruck bringt (BGE 109 Ib 152 f.; vgl. dazu auch IMBODEN/RHINOW/KRÄHENMANN Nr. 1 B IV, MOOR I 130 f. und RIEMER § 10 N 1 f. mit weiteren Hinweisen). Die *Interessentheorie* ist vor allem bei der Abgrenzung von Bundeszivilrecht und kantonalem öffentlichem Recht gemäss Art. 6 ZGB von Bedeutung, weil die Kantone nach dieser Bestimmung wohl im öffentlichen Interesse liegende öffentlich-rechtliche Vorschriften, vorbehältlich einer Ermächtigung gemäss Art. 5 ZGB aber keine primär im Interesse der beteiligten Privaten liegenden zivilrechtlichen Normen erlassen dürfen (vgl. dazu IMBODEN/RHINOW/ KRÄHENMANN Nr. 1 B IV a, MOOR I 129 und Art. 6 N 298 ff., je mit weiteren Hinweisen; kritisch DESCHENAUX 25 f.). Die *Funktionstheorie* dient insbesondere der Unterscheidung von öffentlich-rechtlichen und privatrechtlichen Verträgen, welche von den Gemeinwesen und von Verwaltungsträgern abgeschlossen werden, zumal in diesen Fällen grundsätzlich nicht von einem Unterordnungsverhältnis im Sinne der Subordinationstheorie ausgegangen werden kann (vgl. dazu IMBODEN/RHINOW/KRÄHENMANN Nr. 1 B IV b und MOOR I 129 mit Hinweisen). Die *modale Theorie*, welche auf die Art der Rechtsfolgen abstellt, wird vor allem vom Bundesrat und den eidgenössischen Räten herangezogen, um die Abstützung gesetzgeberischer Massnahmen auf die Zivilrechtskompetenz des Bundes

67

Vorbem. Art. 5 und 6

(Art. 64 BV) zu begründen. Diese Praxis ermöglicht es, in heiklen Grenzbereichen auch Massnahmen mit einem deutlich öffentlich-rechtlichen Einschlag in eine zivilrechtliche Form zu kleiden und damit ein bundesstaatliches Kompetenzvakuum zu vermeiden (vgl. dazu HÄFELIN/MÜLLER Rz 210a, AUBERT, Nachtrag, Nr. 649–54 lit. A und nachfolgend N 96 ff., insbesondere N 100 mit weiteren Hinweisen; kritisch dazu ALEXANDER RUCH, Zur raumplanungsrechtlichen Natur von Verfügungsbeschränkungen – Fragen der verfassungsrechtlichen Abstützung einer Sperrfrist für die Veräusserung von Bauland, ZBl 1990 318 ff., insbesondere 322).

5. Typologische Methode als neue Problemlösung?

68   Das Bundesamt für Justiz hat in den letzten Jahren für die Abgrenzung der Zivilrechtskompetenz des Bundes in Abkehr von einer rein rechtstechnischen eine eigenständige *typologische Methode* zur Unterscheidung von Privatrecht und öffentlichem Recht entwickelt, welche der Bundesrat übernommen hat (vgl. insbesondere Botschaft über bodenrechtliche Sofortmassnahmen im Siedlungsbereich, BBl 1989 III 217 ff.; vgl. auch BBl 1997 I 338 zu Art. 113 Verfassungsentwurf 96). Privatrecht wird dabei umschrieben als «Rahmenordnung zur Ermöglichung, Ergänzung und Begrenzung der Selbstbestimmung der Rechtsgenossen bei der Gestaltung ihrer rechtlichen Beziehungen untereinander. Diese Rahmenordnung hat sich auf das zu beschränken, was gemäss Verhältnismässigkeitsprinzip und unter Wahrung der Subsidiarität gegenüber privatautonomer Regelung nötig ist zur Sicherung von Gerechtigkeit, Frieden und Ordnung unter den Rechtsgenossen». Ergänzend wird beigefügt, diese Umschreibung bringe keine scharfe Abgrenzung; es gehe um eine typologische Zuordnung nach dem Intensitätsgrad der charakteristischen Merkmale. Von Bedeutung sei insbesondere, ob mit einer bestimmten Regelung typisch privatrechtliche oder eben öffentlich-rechtliche, ausserhalb der betreffenden Rechtsbeziehung liegende Ziele (insbesondere die Korrektur von Fehlleistungen des Zivilrechts) verfolgt würden (vgl. die Zusammenfassung in VPB 1986 Nr. 41 Ziff. 1 und ausführlich VPB 1982 Nr. 20 Ziff. II; vgl. im übrigen Hinweise für ein typologisches Verständnis der Abgrenzung von Privatrecht und öffentlichem Recht bereits bei HUBER N 75).

69   Die typologische Methode nimmt im Grunde genommen ebenfalls die Kriterien der *Subordinations-* und der *Interessentheorie* auf (Privatrecht als Rahmenordnung der Selbstbestimmung der Rechtsgenossen; Beschränkung auf die Zwecke der Ermöglichung, Ergänzung und Begrenzung der Selbstbestimmung) und lässt die Verfolgung öffentlicher Interessen nicht zu, soweit diese sich nicht aus der

betreffenden *Rechtsbeziehung* bzw. aus dem *herkömmlichen Zivilrechtsverständnis* heraus rechtfertigen lassen. Diese Unterscheidung erscheint problematisch, weil in den herkömmlichen Privatrechtsbereichen durchaus auch sozialpolitische Zwecke verfolgt werden (vgl. dazu nachfolgend N 107 ff.). Es handelt sich daher um ein eher *restriktives*, wohl vor allem durch verfassungsrechtliche Kompetenzüberlegungen geprägtes *Verständnis des Privatrechts*, welches aber insbesondere in neuen Problembereichen, welche nicht über eine privatrechtliche Regelungstradition verfügen, zu einem *Kompetenzvakuum* führen kann, weil auf Bundesebene eine besondere Verfassungsgrundlage fehlt und die Kantone ohne besondere Ermächtigung nicht Zivilrecht schaffen bzw. durch den Erlass von öffentlichem Recht das Bundeszivilrecht aus den Angeln heben dürfen (Art. 5 und 6 ZGB; vgl. z.B. für die Transplantations- und Fortpflanzungsmedizin nachfolgend N 102; für den Grundstückerwerb durch Ausländer auch nachfolgend N 126). Die Umschreibung der typischen Zielsetzungen von Privatrecht und öffentlichem Recht zeugt im übrigen von einer eher *eindimensionalen Sicht* der Rollen bzw. des Zusammenspiels von *Privatrecht und öffentlichem Recht*, wenn dem öffentlichen Recht («Massnahmegesetzgebung») als typische Aufgabe die Korrektur von «Fehlleistungen des Zivilrechts» zugewiesen wird. Lehre und Rechtsprechung haben sich denn auch – trotz grundsätzlich positiver Würdigung des typologischen Ansatzes – dieser neuen, eher unbestimmten Abgrenzungsmethode bisher nicht angeschlossen (vgl. zur Kritik dieser Abgrenzungsmethode insbesondere AUBERT, Nachtrag, Nr. 649–54 lit. A, HÄFELIN/MÜLLER Rz 209a, MOOR/PIOTET 493 f. und RHINOW/KRÄHENMANN Nr. 1 B IV e; zur Bedeutung der typologischen Methode für die Kompetenzfrage im Bereich des Sozialschutzes aber auch nachfolgend N 108 f.).

IV. Gemischte Normen und Doppelnormen

1. Allgemeines

In der Regel ergibt sich bei Berücksichtigung und Würdigung der verschiedenen Abgrenzungsmethoden im konkreten Einzelfall eine *eindeutige Zuweisung* eines Rechtssatzes zum einen oder andern Gebiet (vgl. dazu oben N 66 f.). In gewissen Fällen kann eine Norm aber die *Voraussetzungen* für eine *Zuweisung zu beiden Rechtsgebieten* erfüllen. Dies ist dann der Fall, wenn der Rechtssatz gleichzeitig privaten und öffentlichen Interessen dient und sich aus dem Wortlaut oder aufgrund der Auslegung ergibt, dass der Rechtssatz sowohl von Privaten in einem

70

Vorbem. Art. 5 und 6

zivilrechtlichen Verfahren angerufen als auch von den Verwaltungsbehörden von Amtes wegen angewandt werden kann. Von der gesetzlichen Regelung abweichende Lösungen sind in solchen Fällen regelmässig nur dann zulässig, wenn sowohl die privatrechtlichen als auch die öffentlich-rechtlichen Voraussetzungen (privatrechtliche Vereinbarung und besondere Bewilligung) erfüllt sind. Solche Rechtssätze werden als *gemischte Normen* oder besser – um eine klare Abgrenzung gegenüber den oben N 29 erwähnten verschiedenen Zwischenformen zu schaffen – als *Doppelnormen* (zugleich privatrechtliche und öffentlich-rechtliche Norm) bezeichnet. Das Vorliegen einer Doppelnorm darf allerdings nicht vorschnell angenommen werden, da diese Erscheinung im Widerspruch zur Unterscheidung von Privatrecht und öffentlichem Recht in der Gesetzgebung steht. Überdies besteht in solchen Fällen bei der Rechtsanwendung eine besonders ausgeprägte Gefahr widersprüchlicher Entscheide (vgl. dazu auch Art. 6 N 56 ff.). Bei genauerer Betrachtung kann sich aber auch ergeben, dass eine Doppelnorm in einen privatrechtlichen und einen öffentlich-rechtlichen Teil zerlegt werden muss (vgl. dazu KNAPP, Komm. BV, Art. 64 N 14, HÄFELIN/MÜLLER Rz 214 ff., IMBODEN/RHINOW/KRÄHENMANN Nr. 3 B I/II, 4 B I, MOOR I 133, EGGER, Art. 6 N 9 und insbesondere MEIER-HAYOZ, BE-Komm., Art. 680 ZGB N 34 ff., je mit weiteren Hinweisen; kritisch gegenüber dem Institut der Doppelnormen GIACOMETTI 137 FN 138, HUBER N 114, LIVER SPR V/1 729).

71   Eine *andere Form* der *Doppelnorm* liegt vor, wenn die gleiche Norm für *unterschiedliche* Sachverhalte gilt, die entweder dem Privatrecht oder dem öffentlichen Recht unterstehen. Dies kommt insbesondere bei den sog. *Einheitsgesetzen* vor (vgl. dazu auch nachfolgend N 75, 123), welche für bestimmte Sachbereiche sowohl privatrechtliche als auch öffentlich-rechtliche Regeln enthalten und teilweise für beide Bereiche einheitliche Vorschriften aufweisen (vgl. z.B. für das Gleichstellungs- und das Datenschutzgesetz nachfolgend N 136 und 150). Soweit entsprechende Gesetze für den *gleichen* Sachverhalt sowohl eine privatrechtliche als auch eine öffentlich-rechtliche Regelung enthalten, welche übereinstimmen, kommt solchen Normen überdies derselbe Charakter zu wie den in N 70 dargestellten Formen von Doppelnormen, da sie im gleichen Fall sowohl auf privatrechtlichem als auch auf öffentlich-rechtlichem Weg durchgesetzt werden können (vgl. z.B. für das neue Kartellgesetz nachfolgend N 154).

2. Bundesrecht

72   Auf Bundesebene gilt *Art. 699 Abs. 1 ZGB* (freier Zugang zu Wald und Weide) nach herrschender, aber nicht unbestrittener Auslegung durch das Bundesgericht

als typisches Beispiel einer Doppelnorm (BGE 109 Ia 78, 106 Ib 48 ff. mit Hinweisen; vgl. dazu auch TUOR/SCHNYDER/SCHMID 736 f. und HÄFELIN/MÜLLER Rz 216; kritisch LIVER SPR V/1 729, PIOTET Rz 1957 ff. und eingehend FELIX SCHÖBI, Art. 699 Abs. 1 ZGB als Norm des privaten und öffentlichen Rechts, ZBJV 1984 180 ff.; vgl. zur verfassungs- bzw. kompetenzrechtlichen Problematik auch nachfolgend N 114). Heute ist die Problematik dieser Auslegung für den Wald, nicht aber für die Weiden, dadurch entschärft, dass die öffentlich-rechtliche Seite der Zugänglichkeit des Waldes in Art. 14 WaG geregelt ist (BBl 1988 III 197; vgl. dazu auch JAGMETTI, Komm. BV, Art. 24 N 50 und PIOTET Rz 1758; für Alpweiden nun BGE 122 I 80 f. [Zulässigkeit weitergehender Zutrittbeschränkungen des kantonalen öffentlichen Rechts]).

Der Charakter von Doppelnormen kommt – zumindest teilweise – auch den *Buchführungsvorschriften* der Art. 957 ff. OR zu (vgl. dazu BOSSARD, ZH-Komm., Vorbem. zu Art. 957 ff. OR N 450 ff. und KÄFER, BE-Komm., Art. 957 ff. OR, Grundlagen N 6.54 ff.). Im *Arbeitsrecht*, wo früher den Bestimmungen des öffentlichen Arbeitnehmerschutzrechts zum Teil ebenfalls die Bedeutung von Doppelnormen beigemessen wurde, ist diese Konstruktion heute insoweit entbehrlich, als die *Rezeptionsklausel* von Art. 342 Abs. 2 OR nun ausdrücklich vorsieht, dass diesen Normen auch zivilrechtliche Wirkung zukommt (vgl. dazu VISCHER 23 f. mit weiteren Hinweisen). Anderseits kommt den neuen, in Art. 335d ff. OR enthaltenen *Vorschriften über Massenentlassungen* zwar ebenfalls eine doppelte Rechtsnatur zu, doch lassen sie sich in privatrechtliche und öffentlich-rechtliche Rechtsbeziehungen aufteilen (vgl. dazu ROLAND A. MÜLLER, Die neuen Bestimmungen über Massenentlassungen, ArbR 1995 105 ff, 108 f.). 73

Keine Doppelnormen im dargestellten Sinn enthält dagegen das sog. *formelle Bundeszivilrecht* bzw. das *ergänzende öffentliche Recht* in Zivilgesetzbuch und Obligationenrecht. Hierbei handelt es sich zwar um materielles öffentliches Recht, das aus funktionalen oder historischen Gründen ins Bundeszivilrecht integriert ist, doch werden damit grundsätzlich nicht doppelte (zivilrechtliche und öffentlich-rechtliche) Durchsetzungsmöglichkeiten für dieselbe Regel geschaffen. Vielmehr gelangen diese Normen grundsätzlich ebenfalls im Rahmen des privatrechtlichen Rechtsverhältnisses zur Anwendung (vgl. dazu nachfolgend N 94 ff.). 74

Eine andere Form von Doppelnormen bilden Vorschriften, welchen insofern eine doppelte Natur zukommt, als sie dieselben Regeln für Rechtsverhältnisse enthalten, die entweder dem Privatrecht oder dem öffentlichen Recht unterstehen (sog. *Einheitsgesetze*; vgl. dazu oben N 71). Dies gilt zum Beispiel für die *Lohngleichheitsvorschrift* von *Art. 4 Abs. 2 Satz 3 BV* (vgl. dazu auch nachfolgend N 85) oder die teilweise übereinstimmenden Regeln des *Datenschutzgesetzes* und des *Gleichstellungsgesetzes* für privatrechtliche und öffentlich-rechtliche Rechts- 75

Vorbem. Art. 5 und 6

verhältnisse (vgl. dazu Art. 4–11 DSG, Art. 2–7 GlG). Das neue *Kartellgesetz* enthält sodann in Art. 5 ff. Doppelnormen über die Zulässigkeit von Wettbewerbsbeschränkungen, welche in einem konkreten Fall sowohl auf dem zivil- als auch auf dem verwaltungsrechtlichen Weg durchgesetzt werden können (vgl. dazu und zur Sicherstellung der Entscheidungsharmonie nachfolgend N 154).

3. Kantonales Recht

76   Da die Kantone grundsätzlich nur noch gestützt auf besondere Vorbehalte des Bundeszivilrechts privatrechtliche Vorschriften erlassen können (Art. 5 Abs. 1 ZGB), sind auf kantonaler Ebene heute Doppelnormen nur denkbar, soweit für den betreffenden Sachbereich ein *Vorbehalt* zugunsten von *kantonalem Privatrecht* besteht (vgl. dazu MEIER-HAYOZ. BE-Komm., Art. 680 ZGB N 35 und Art. 5 N 17 ff.; vgl. allerdings zur Frage der Verwendung zivilrechtlicher Mittel durch das kantonale öffentliche Recht auch Art. 6 N 205 ff.).

77   Wichtigstes Anwendungsgebiet für kantonale Doppelnormen bilden dementsprechend heute kantonale Eigentumsbeschränkungen in denjenigen Bereichen, in welchen die Kantone auch privatrechtliche Vorschriften erlassen dürfen, also insbesondere im Bereich der *Abstandsvorschriften* für *Bauten, Grabungen und Pflanzen* sowie weiterer *Bauvorschriften* (Art. 686 und 688 ZGB). Ob es sich wirklich um Doppelnormen handle, ist im konkreten Fall insbesondere anhand des Zwecks der Norm, der beteiligten Personen und Organe sowie ihrer Stellung zu entscheiden. Die Rechtslage ist von Kanton zu Kanton verschieden (vgl. dazu TUOR/SCHNYDER/SCHMID 719 f., HÄFELIN/MÜLLER Rz 215, IMBODEN/RHINOW/KRÄHENMANN Nr. 3 B I/II und ausführlich MEIER-HAYOZ, BE-Komm., Art. 680 ZGB N 34 ff., Art. 685/86 ZGB N 81 ff., je mit weiteren Hinweisen; kritisch LIVER SPR V/1 279 FN 3).

78   Im Bereich des *Immissionsschutzes* sind dagegen eigentliche kantonalrechtliche Doppelnormen – entgegen HÄFELIN/MÜLLER Rz 215 – kaum denkbar, da der privatrechtliche Immissionsschutz im Zivilgesetzbuch weitgehend abschliessend geregelt ist (vgl. dazu MEIER-HAYOZ, BE-Komm., Art. 684 ZGB N 46 ff.). Die insbesondere vor der Schaffung des eidgenössischen Umweltschutzgesetzes verbreitete *Übernahme* der Immissionsschutzvorschrift von Art. 684 ZGB ins *kantonale öffentliche Recht* machte diese nicht zu einer Doppelnorm. Vielmehr wurde damit eine zwar gleichlautende, aber *autonome Bestimmung* des kantonalen öffentlichen Rechts geschaffen (vgl. dazu HAAB, ZH-Komm., Art. 641 ZGB N 57 und auch MEIER-HAYOZ, BE-Komm., Art. 680 ZGB N 38). Heute steht dem überdies entgegen, dass die Regelung des öffentlich-rechtlichen Immissions-

schutzes im *Umweltschutzgesetz* weitgehend abschliessend ist (Art. 11 ff. USG; vgl. dazu RHINOW/KRÄHENMANN Nr. 136 B I mit Hinweisen).

Im Bereich des *Arbeitsrechts* stellt sich die Frage heute grundsätzlich nicht mehr, ob die Kantone Arbeitnehmerschutzvorschriften als Doppelnormen ausgestalten dürfen, da entsprechende kantonale Vorschriften – soweit sie noch zulässig sind – ebenfalls von der *Rezeptionsklausel* von Art. 342 Abs. 2 OR erfasst werden (vgl. dazu Art. 6 N 216; vgl. demgegenüber noch HUBER N 169 zur früheren Rechtslage). 79

C. Begriff und Umfang des Bundeszivilrechts

I. Begriff des Bundeszivilrechts

1. Zivilrecht

Die *Bundesgesetzgebung* und insbesondere das Zivilgesetzbuch und das Obligationenrecht verwenden grundsätzlich nicht den Begriff «*Privatrecht*», sondern den Begriff «*Zivilrecht*» (vgl. insbesondere den Titel «Zivilgesetzbuch» sowie Art. 5 und 6 ZGB, aber etwa auch Art. 41 ff. OG, Art. 306 StGB). Das ist damit zu erklären, dass es sich hierbei um die herkömmliche Bezeichnung für das Privatrecht handelt und dieser Begriff bereits in der verfassungsrechtlichen Grundlage für die umfassende privatrechtliche Gesetzgebungskompetenz des Bundes (Art. 64 BV) sowie in weiteren Verfassungsbestimmungen (vgl. etwa Art. 46, 110 BV) verwendet wird. Hieran soll auch in einer neuen Bundesverfassung festgehalten werden (vgl. BBl 1997 I 338 f. zu Art. 113 Verfassungsentwurf 96). Im Gegensatz zum verdeutschten Ausdruck «*bürgerliches Recht*» ist die Bezeichnung «*Zivilrecht*» überdies kurz und prägnant und lautet vom Wortstamm her in allen Landessprachen gleich (vgl. dazu Erl. 17). 80

Der *Begriff «Zivilrecht»* geht wie die grundsätzliche Unterscheidung von öffentlichem und privatem Recht auf die «*Institutionen» von Ulpian* zurück, welcher das für die Einzelnen geltende Recht in «ius naturale» (Naturrecht), «ius gentium» (das allen Völkern gemeinsame Recht) und «ius civile» (das besondere Recht der römischen Bürger) unterteilte. «*Ius civile*», Zivilrecht oder «bürgerliches Recht» ist somit von der Wurzel her das Privatrecht römischer Herkunft (vgl. dazu REHBINDER, Einführung, 89 und KASER § 3 III, welcher im übrigen auf 81

Vorbem. Art. 5 und 6

die Mehrdeutigkeit dieses Ausdrucks bereits für das römische Recht hinweist). Der (ohnehin missverständliche) Begriff «bürgerliches Recht» wird dagegen in Deutschland und Österreich als Gegensatz zum Handelsrecht verstanden (vgl. dazu FORSTMOSER/SCHLUEP § 5 N 9). Generalisierend wird der Begriff «Zivilrecht» im übrigen auch gebraucht, um den vom römischen Recht bzw. vom kodifizierten Recht geprägten kontinentaleuropäischen Rechtskreis («*civil law*»-Länder) gegenüber dem über ein eigenständiges, weitgehend ungeschriebenes gemeinsames Recht verfügenden angelsächsischen Rechtskreis (*«common law»*-Länder) abzugrenzen (vgl. dazu FORSTMOSER/SCHLUEP § 2 N 175 ff., § 4 N 226, BUCHER 12 ff. und SCHLOSSER 52, 206 mit Hinweisen).

82   Für das *schweizerische Recht* aber ist festzuhalten, dass mit dem im Bundesrecht verwendeten Begriff «*Zivilrecht*» grundsätzlich nichts anderes gemeint ist als das Privatrecht im oben N 23 ff. dargestellten Sinn, welches nicht nur das sog. *bürgerliche Recht*, sondern auch das *Handelsrecht* umfasst (zum Sonderfall des sog. formellen Bundeszivilrechts vgl. nachfolgend N 94 ff.). Die Begriffe «Zivilrecht» und «Privatrecht» werden heute denn auch inhaltlich identisch verwendet (vgl. dazu insbesondere KNAPP, Komm. BV, Art. 64 N 11, TUOR/SCHNYDER/SCHMID 1, DESCHENAUX 12 und HUBER N 7 mit weiteren Hinweisen). Vereinzelt wird der Begriff «*Zivilrecht*» allerdings auch in einem *engeren Sinn*, nämlich als Abgrenzung zum formell verselbständigten *Obligationenrecht* (vgl. dazu nachfolgend N 91, 125 ff.) bzw. zu dem in der Verfassungsgrundlage von Art. 64 Abs. 1 BV erwähnten *Handelsrecht* (vgl. dazu KNAPP, Komm. BV, Art. 64 N 4, 10 und nachfolgend N 92) verstanden (vgl. dazu insbesondere FORSTMOSER/SCHLUEP § 5 N 9 f., SCHNYDER, Das ZGB lehren, 531 ff. und CARONI, Privatrecht, 157 ff. mit Hinweisen).

83   Im *wissenschaftlichen* Sprachgebrauch setzt sich anstelle des von der Gesetzgebung verwendeten umfassenden Begriffs «Zivilrecht» zunehmend die Bezeichnung *«Privatrecht»* durch (vgl. insbesondere KNAPP, Komm. BV, Art. 64, FORSTMOSER/SCHLUEP § 4 N 40 ff., § 5 N 10, HÄFELIN/MÜLLER Rz 202 ff., MOOR I 115 ff., 125 ff.; anders noch die Kommentierung von HUBER und EGGER). Auch die Systematische Sammlung des Bundesrechts (SR) verwendet für ihre Systematik den Begriff «Privatrecht» (anders noch die Systematik der Bereinigten Sammlung der Bundesgesetze und Verordnungen 1848–1947 [BS]). Im Rahmen der *vorliegenden Kommentierung* von Art. 5 und 6 ZGB, welche sich an den Gesetzeswortlaut zu halten hat, wird der Begriff «Zivilrecht» jedoch grundsätzlich gleichbedeutend mit dem wissenschaftlichen Begriff «Privatrecht» verwendet.

2. Bundeszivilrecht

Nachdem sich ergeben hat, dass der von der Gesetzgebung verwendete Begriff 84
«Zivilrecht» grundsätzlich identisch mit dem wissenschaftlichen Begriff «Privatrecht» ist, steht auch fest, dass unter dem Begriff des «*Bundeszivilrechts*» im Sinne von Art. 5 und 6 ZGB nicht nur das Recht des Zivilgesetzbuches gemeint ist, zu dessen Einleitungsbestimmungen die Art. 5 und 6 ZGB gehören, sondern grundsätzlich das gesamte von den *Bundesbehörden* bzw. *mit ihrer Ermächtigung* (vgl. dazu nachfolgend N 174) erlassene Privatrecht aller Rechtsetzungsstufen im Gegensatz zu dem den Kantonen vorbehaltenen Privatrecht («*kantonales Zivilrecht*» gemäss Art. 5 ZGB). Der Begriff umfasst alle *Rechtsquellen* im Sinne des *objektiven Rechts*, mithin auch ungeschriebenes Recht (vgl. dazu nachfolgend N 176 ff.; zum Begriff der Rechtsquellen und des objektiven Rechts FORSTMOSER/SCHLUEP § 4 N 103 f., vor § 13 N 1 ff. sowie DÜRR, Vorbem. zu Art. 1 und 4 N 20 ff. mit weiteren Hinweisen). Dies entspricht der Funktion der Einleitungsartikel als Kernstück eines *Allgemeinen Teils* für das ganze *Bundesprivatrecht* (vgl. dazu nachfolgend N 93). Das unter den Begriff «Bundeszivilrecht» fallende Privatrecht soll nachfolgend näher dargestellt werden (vgl. dazu auch TUOR/SCHNYDER/SCHMID 18 ff. und GUHL/MERZ/KOLLER 1 ff.).

II. Privatrecht in der Bundesverfassung

Unter Umständen kann selbst *Verfassungsbestimmungen* neben dem öffentlich- 85
rechtlichen Charakter materiell auch die Bedeutung einer *privatrechtlichen Vorschrift* zukommen. Dies trifft allerdings auf Art. 64 BV (Zivilrechtskompetenz des Bundes) nicht zu, da es sich hierbei um eine reine *Kompetenz-* bzw. *Aufgabenorm* handelt, aus welcher sich keine unmittelbar anwendbaren privatrechtlichen Vorschriften ableiten lassen (vgl. dazu auch hinten N 181). Bisher einziges Beispiel einer (unmittelbar anwendbaren) *privatrechtlichen Norm* in der Bundesverfassung ist die in Art. 4 Abs. 2 Satz 3 BV vorgeschriebene *Lohngleichheit*, welcher Norm nach herrschender Auffassung auch im Verhältnis zwischen Privaten Wirkung zukommt (sog. unmittelbare Drittwirkung; vgl. dazu BGE 113 Ia 110 f. mit verschiedenen Literaturhinweisen; dieser Entscheid ist teilweise in grundsätzlicher Hinsicht, vor allem aber hinsichtlich der verfahrensrechtlichen Konsequenzen [Legitimation des Arbeitgebers im staatsrechtlichen Beschwerdeverfahren] kritisiert worden, vgl. die Hinweise in BGE 120 Ia 99; vgl. dazu auch AUBERT [Nachtrag] Nr. 1783bis und G. MÜLLER, Komm. BV, Art. 4 N 141 ff. [Fas-

sung 1995]). Die Vorschrift von Art. 4 Abs. 2 Satz 3 BV enthält insofern eine *Doppelnorm* im oben N 75 dargelegten Sinn (vgl. dazu auch RHINOW/KRÄHENMANN Nr. 3 B I). Sie soll auch in eine neue Bundesverfassung übernommen werden (BBl 1997 I 143 zu Art. 7 Abs. 3 Verfassungsentwurf 96).

86 Andere Fälle einer *unmittelbaren Drittwirkung* von Grundrechten, welche für die Annahme eines privatrechtlichen Gehalts der betreffenden Verfassungsvorschrift erforderlich wäre, sind auf Bundesebene bisher nicht bekannt (vgl. dazu nachfolgend N 187 ff., insbesondere N 190; zur Frage der Drittwirkung der Vorschriften über die Religionsfreiheit und die Religionsmündigkeit HÄFELIN, Komm. BV, Art. 49 N 116, 121 mit Hinweisen; zur Wirkung der kantonalen Grundrechte vgl. Art. 6 N 141 f.). Grundsätzlich anerkannt ist dagegen eine *mittelbare Drittwirkung* der Grundrechte, welche auch bei der Rechtsetzung und Rechtsanwendung auf dem Gebiet des Privatrechts zu beachten ist (vgl. dazu nachfolgend N 188 f.). Die Bundesverfassung enthält sodann zahlreiche *inhaltliche Vorgaben* für die Ausgestaltung des Bundeszivilrechts, welche jedoch nicht selbst materielles Bundeszivilrecht darstellen, da sie der Umsetzung durch den Gesetzgeber bedürfen (vgl. dazu nachfolgend N 182).

III. Staatsvertragliches Privatrecht

87 Zum Bundeszivilrecht im Sinne von Art. 5 und 6 ZGB gehören aber auch die zahlreichen *Staatsverträge*, welche der Bund auf dem Gebiet des Privatrechts abgeschlossen hat (SR-Systematik 0.20–0.24). Diese umfassen den in internationalen Rechtsquellen (bilaterale und multilaterale Verträge) enthaltenen Teil des für die Schweiz gültigen *Internationalen Privatrechts* (SCHWANDER Rz 81 ff., 569 ff.). Dementsprechend handelt es sich weitgehend um blosses *Kollisionsrecht*, welches lediglich das anwendbare Recht bestimmt (vgl. zur Rechtsnatur des Internationalen Privatrechts allgemein nachfolgend N 163). Zum Teil enthalten diese Staatsverträge aber auch *Sachnormen*, welche für internationale Sachverhalte und zum Teil auch für Binnensachverhalte Rechte und Pflichten Privater direkt regeln und unmittelbar anwendbar sind. Entsprechenden Normen kommt eine *Doppelnatur* (Völkerrecht und Privatrecht) zu (vgl. dazu im einzelnen nachfolgend N 231 ff., insbesondere N 241 ff.).

88 Wichtigste Beispiele für unmittelbar anwendbare Sachnormen sind das Genfer Abkommen über das *Einheitliche Wechselgesetz* vom 7. Juni 1930 (SR 0.221.554.1), welches in die Art. 990–1099 OR integriert wurde, und in neuerer Zeit das Wiener UN-Übereinkommen über *Verträge über den internationalen Warenkauf* vom 11. April 1980 (SR 0.221.211.1) (vgl. dazu SCHWANDER Rz 564, 582 f.). Verschiedene Übereinkommen, welche eine materielle Rechts-

Vorbem. Art. 5 und 6

vereinheitlichung herbeiführen, bestehen sodann auf dem Gebiet des *internationalen Haftpflicht- und Transportrechts* (vgl. dazu die Hinweise in SR-Systematik 0.221.112 und bei VOLKEN, Komm. IPRG, Art. 1 N 61 f.) und des *Immaterialgüterrechts* (vgl. dazu LUTZ/HEINZELMANN, SIWR I/1 39 ff., TROLLER I 5 ff., 36 ff., TROLLER/TROLLER 2 ff., 7 f., 225 ff.; das im Rahmen des GATT/WTO-Übereinkommens abgeschlossene TRIPS-Abkommen enthält teilweise ebenfalls unmittelbar anwendbares Immaterialgüterrecht, vgl. BBl 1994 IV 1 ff., 286 ff. und dazu nachfolgend N 251, 255). Für das *internationale Personen- und Familienrecht* vgl. auch SCHNYDER, Allg. Einl. N 122 ff.

Andere internationale Abkommen enthalten demgegenüber lediglich *inhaltliche Vorgaben* (insbesondere im Sinne des *Menschenrechtsschutzes*) für die Ausgestaltung des materiellen Privatrechts, ohne selbst eine materielle Privatrechtsvereinheitlichung herbeizuführen (vgl. z.B. für die UN-Kinderrechtskonvention vom 20. November 1989 BBl 1994 V 1 ff., insbesondere 75 f., und allgemein nachfolgend N 234 ff.). 89

Nicht Bestandteil des Bundeszivilrechts sind *Staatsverträge zwischen Kantonen (interkantonale Vereinbarungen, Konkordate)* im Bereich des Privatrechts, obwohl sie in den Gesetzessammlungen des Bundes aufgeführt werden (vgl. insbesondere das Interkantonale Konkordat vom 8. Oktober 1957 über Massnahmen zur Bekämpfung von Missbräuchen im Zinswesen [SR 221.121.1]). Es handelt sich hierbei um Vereinbarungen rechtsetzender Natur, welche von den Kantonen in ihrem Kompetenzbereich abgeschlossen werden (vgl. zur Terminologie HÄFELIN/HALLER Rz 482 f. und HÄFELIN, Komm. BV, Art. 7 N 16 ff.). Solche Vereinbarungen sind daher auf dem Gebiet des Privatrechts bzw. im Grenzbereich des Privatrechts nur im Rahmen von Art. 5 und 6 ZGB zulässig (vgl. Art. 5 N 100 f. und Art. 6 N 226 ff.). Der Bund wirkt wohl beim Abschluss und Vollzug solcher Vereinbarungen mit (u.a. durch Genehmigung und Publikation), doch bleiben die Vereinbarungen trotzdem blosses *interkantonales Recht* (vgl. dazu und zum Verhältnis zum Bundesrecht bzw. zum kantonalen Recht HÄFELIN/HALLER Rz 482 ff., HÄFELIN, Komm. BV, Art. 7 N 7 ff., insbesondere N 16 ff., 33 ff., 57 ff., 74 ff., 92 ff., sowie hinten N 309 f.). 90

IV. ZGB und OR als Hauptquellen des Bundeszivilrechts

1. Inhalt und Aufbau von ZGB und OR

Die wichtigsten Erlasse des Bundeszivilrechts finden sich auf der Stufe der *Bundesgesetze*, nämlich das *Schweizerische Zivilgesetzbuch* vom 10. Dezember 1907 (SR 210) und das *Schweizerische Obligationenrecht* vom 30. März 1911 (SR 91

Vorbem. Art. 5 und 6

220). Das Obligationenrecht als formell selbständiges Gesetz bildet hierbei – wie sich aus dem offiziellen Titel ergibt – materiell den *fünften Teil des Zivilgesetzbuches* (vgl. dazu, zur Geschichte der Kodifizierung und zu den bisherigen und den geplanten Revisionen TUOR/SCHNYDER/SCHMID 1 ff., 18 ff., SCHNYDER, Allg. Einl. N 1 ff., 85 ff., GAUCH/SCHLUEP Rz 3 ff., GUHL/MERZ/KOLLER 1 ff., 6, LIVER, BE-Komm., Allg. Einleitung vor Art. 1 ff. ZGB N 1 ff., CARONI, Privatrecht, 33 ff.; zu den *Zusammenhängen* von OR und ZGB auch LIEBER, Art. 7 N 1 ff.).

92   Zivilgesetzbuch und Obligationenrecht regeln dabei – gestützt auf die umfassende Kompetenz des Bundes zur Regelung des Zivilrechts (Art. 64 Abs. 1 und 2 BV) – nach dem Prinzip der *Gesamtkodifikation* die *traditionellen Gebiete* des *allgemeinen Privatrechts* (im bundesdeutschen Sprachgebrauch «bürgerliches Recht»; vgl. zu Systematik und Inhalt auch BUCHER, BE-Komm., Einleitung Personenrecht N 10 ff. und SCHNYDER, Allg. Einl. N 183 ff., 228 ff.): *Personenrecht* (Art. 11–89bis ZGB), *Familienrecht* (Art. 90–456 ZGB), *Erbrecht* (Art. 457–640 ZGB), *Sachenrecht* (Art. 641–977 ZGB), *Vertragsrecht* bzw. *Schuldrecht* (Art. 1–551 OR), aber auch die wichtigsten Teile des *Handelsrechts* (kaufmännische Stellvertretung Art. 458–465 OR, Gesellschaftsrecht Art. 530–926 OR, Handelsregister Art. 927–943 OR, Firmenrecht Art. 944–956 OR, kaufmännische Buchführung Art. 957–964 OR, Wertpapiere Art. 965–1186 OR; vgl. zum Begriff des Handelsrechts auch FORSTMOSER/SCHLUEP § 5 N 9 f., KNAPP, Komm. BV, Art. 64 N 4, 10; vgl. zum Immaterialgüterrecht als weiterem Bestandteil des Handelsrechts auch nachfolgend N 145 ff.). Im Unterschied zu einzelnen Nachbarländern wurde auf die Schaffung eines *besonderen Handelsgesetzbuches verzichtet* und wurden für den *kaufmännischen Bereich* neben den erwähnten Vorschriften auch einzelne *besondere Bestimmungen* in den *schuldrechtlichen Teil* des Obligationenrechts eingefügt (vgl. z.B. Art. 190, 191, 212, 215 OR zum Kaufvertrag; vgl. im übrigen GUHL/MERZ/KOLLER 7 und ausführlich PATRY SPR VIII/1 17 ff. sowie KRAMER, BE-Komm., Allg. Einleitung OR N 12 f.; zu den *Besonderheiten* und *Merkmalen* des *Handelsrechts* gegenüber dem übrigen Privatrecht insbesondere PATRY, a.a.O., 42 ff., 59 ff. mit zahlreichen Hinweisen).

93   Die allgemeinen Grundsätze für die Rechtsauslegung und Rechtsanwendung, welche prinzipiell für das gesamte Bundeszivilrecht gelten, finden sich in den *Einleitungsartikeln* (Art. 1–10 ZGB). Diese bilden zusammen mit dem *Personenrecht* (vgl. insbesondere die Bestimmungen über die Rechts- und Handlungsfähigkeit) gleichsam das unverzichtbare *Minimum* eines *Allgemeinen Teils* zum Bundeszivilrecht (vgl. dazu DESCHENAUX 2 ff., RIEMER § 2 N 1 ff., § 3 N 1 ff., TUOR/SCHNYDER/SCHMID 12, 18 f. und BUCHER, BE-Komm., Einleitung Personenrecht N 27 ff., je mit weiteren Hinweisen; vgl. dazu auch SCHNYDER, Allg. Einl. N 229, 236 f. und LIEBER, Art. 7 N 15 ff.). Ebenfalls Bedeutung für das gesamte Bundes-

zivilrecht kommt den gesonderten Artikeln des *Schlusstitels* zum Zivilgesetzbuch zu, welche das intertemporale Recht (Art. 1–50) und Einführungs- und Übergangsbestimmungen (Art. 51–61) enthalten (vgl. dazu TUOR/SCHNYDER/SCHMID 901 ff., SCHNYDER, Allg. Einl. N 264 und BROGGINI 353 ff., je mit weiteren Hinweisen).

2. Ergänzendes öffentliches Recht; formelles Bundeszivilrecht

a) Allgemeines

aa) Materialien

Das Zivilgesetzbuch und das Obligationenrecht als wichtigste privatrechtliche Gesetzbücher enthalten allerdings inhaltlich *nicht ausschliesslich Privatrecht*. Beim Erlass des ZGB wurde festgehalten, eine *vollständige Trennung* des öffentlichen Rechts von der zivilrechtlichen Kodifikation sei *undurchführbar*. Der Zusammenhang zwischen den beiden Rechtsmaterien sei häufig sehr eng und eine genaue Zuordnung oft nicht möglich. Gewisse Institute, die theoretisch eher dem öffentlichen Recht zugehören würden, dienten sodann wesentlich auch den *privaten Interessen* (Zivilstandsamt, Ehescheidung, elterliche Gewalt, Vormundschaftsrecht, Grundbuchrecht, Handelsregister). Die gemeinsame Regelung entspreche in gewissen Fällen auch einem starken *praktischen Bedürfnis* (z.B. beim Bergrecht und Wasserrecht angesichts des engen Zusammenhangs mit dem Sachenrecht). Als *Schranke* zu beachten sei allerdings die *kantonale Organisations- und Verfahrensautonomie*, in welche nur eingegriffen werden dürfe, wenn dies für die Durchführung des Bundeszivilrechts absolut notwendig sei, insbesondere auch im Hinblick auf interkantonale Verhältnisse. Wo *besondere Ämter* eingeführt werden müssten, könne sich allenfalls auch eine Regelung der *Verantwortlichkeit* der betreffenden *Beamten* aufdrängen. Soweit solch enge Zusammenhänge bestünden, wäre eine getrennte gesetzliche Behandlung weder der Bundesgesetzgebung noch dem kantonalen Recht dienlich (vgl. Botschaft 11 ff.; vgl. dazu auch CARONI, Privatrecht, 129 f. mit dem Hinweis, dass sich das Zivilgesetzbuch gegenüber ausländischen Privatrechtskodifikationen durch eine erhöhte Präsenz des öffentlichen Rechts auszeichne; vgl. dazu auch oben N 27).

94

Der im bundesrätlichen Entwurf enthaltene *24. Titel* (Die Rechte an herrenlosen und an öffentlichen Sachen) mit allgemeinen Bestimmungen und Abschnitten über das *Bergrecht* und das *Wasserrecht* (Art. 911–956; vgl. dazu und zum damals noch überwiegend privatrechtlichen Verständnis der Wasser- und Bergrechtskonzessionen BBl 1904 IV 87 ff.) wurde allerdings in der Beratung durch

95

Vorbem. Art. 5 und 6

die eidgenössischen Räte zugunsten der – vorwiegend dem öffentlichen Recht zuzuordnenden – *Spezialgesetzgebung* von Bund und Kantonen *fallengelassen* (vgl. dazu LIVER N 15 und DERSELBE SPR V/1 127; zu Entwicklung und heutigem Stand des *Wasserrechts* LIVER SPR V/1 288 ff. und JAGMETTI, Komm. BV, Art. 24 N 1 ff., zum *Bergrecht* LIVER SPR V/1 132, 168 und BGE 119 Ia 405 ff., je mit weiteren Hinweisen; zum kantonalen Berg- und Wasserrecht und zur grundbuchlichen Behandlung solcher Rechte auch KLEY-STRULLER 170 ff., 256 f.; vgl. dazu auch Art. 6 N 394 f. und 412 ff.).

bb) Heutige Lehre und Praxis

96 Heute ist grundsätzlich anerkannt, dass der Bundesgesetzgeber gestützt auf seine *umfassende Kompetenz zur Regelung des Zivilrechts* (Art. 64 Abs. 1 und 2 BV) – im Sinne einer historischen und teleologischen Auslegung – auch zum Erlass von *ergänzendem öffentlichem Recht* (materielles Recht und Verfahrensrecht) befugt ist, sofern entsprechende Vorschriften mit dem Privatrecht in einem *engem Sachzusammenhang* stehen bzw. diesem gegenüber eine *dienende Funktion* haben. Solches das Privatrecht ergänzendes öffentliches Recht wird – nach einer allerdings leicht missverständlichen Formulierung – auch als blosses *formelles Zivilrecht* (im Gegensatz zu wirklichem, materiellem Privatrecht) bezeichnet (vgl. dazu HÄFELIN/HALLER Rz 278, KNAPP, Komm. BV, Art. 64 N 33 ff., DESCHENAUX 21 f., HANGARTNER 100 f., HUBER N 105 ff., SCHNYDER, Formelles Bundeszivilrecht, 119 ff., DIDISHEIM 200 ff., je mit weiteren Hinweisen; zu formellem Zivilrecht im Sinne von Verfahrensrecht nachfolgend N 156).

97 Eine *Minderheit* in der Lehre geht demgegenüber davon aus, dass Art. 64 BV dem Bund in den *typischerweise* durch *Privatrecht* geregelten *Gebieten* eine *umfassende*, nicht auf privatrechtliche Regeln beschränkte *Gesetzgebungskompetenz* verleihe, weshalb er in diesen Sachbereichen ohne Einschränkungen auch öffentliches Recht erlassen könne (vgl. insbesondere GYGI, Zivilrecht, 343 ff., DERSELBE, Obligationenrecht 1 ff., SALADIN, Komm. BV, Art. 3 N 187, Art. 2 ÜB N 34 f. und – ohne klare Stellungnahme – CARONI 230; vgl. dazu bereits oben N 51). Diese Auffassung, welche die Abgrenzung der Bundeskompetenz gemäss Art. 64 BV zum Teil erleichtern würde, lässt sich aber mit dem *Wortlaut* von *Art. 64 BV* und dem ursprünglichen *Sinn* dieser Bestimmung *kaum vereinbaren* und würde überdies die für unser Rechtssystem *traditionelle Unterscheidung* von Privatrecht und öffentlichem Recht *in Frage stellen* (vgl. dazu insbesondere KNAPP, Komm. BV, Art. 64 N 1 ff., 36, AUBERT, Nachtrag, 649–654 lit. A. und GIGER 41 ff.).

98 Einen *vermittelnden Standpunkt* nimmt SCHNYDER ein. Er geht zwar ebenfalls davon aus, dass Art. 64 BV primär ein rechtstheoretisches Ordnungskriterium zugrunde liegt, nimmt jedoch an, dass die Kompetenzabgrenzung insofern auch

sachbezogen sei, als sie aufgrund des *Sachzusammenhanges* oder der *Tradition und geschichtlichen Entwicklung* auch Fragen umfassen könne, die rechtstheoretisch dem öffentlichen Recht zuzuweisen wären (SCHNYDER, Freiheit, 600 f.). Diese Auffassung von SCHNYDER deckt sich im Ergebnis jedoch weitgehend mit der Mehrheitsauffassung (Beschränkung des privatrechtergänzenden öffentlichen Rechts auf eine dienende Funktion) und fügt als weitere Begründung für die Zulässigkeit von privatrechtergänzendem öffentlichem Recht lediglich noch die *Tradition* hinzu (vgl. zur Bedeutung der Tradition und der geschichtlichen Entwicklung für den Umfang des Privatrechts auch DESCHENAUX 15 und HUBER N 116).

Tradition und Sachzusammenhang spielen als Begründung für die Zulässigkeit von privatrechtergänzendem öffentlichem Recht auch nach der vom Bundesamt für Justiz entwickelten *typologischen Methode* zur Abgrenzung der Privatrechtskompetenz des Bundes eine Rolle. Nach dieser Methode sind Rechtsnormen dann durch die Privatrechtskompetenz des Bundes abgedeckt, «wenn sie typisch privatrechtliche Ziele verfolgen und herkömmlicherweise zum Privatrechtsbereich gehören, insbesondere wenn sie die Voraussetzungen für einen funktionierenden Privatrechtsverkehr schaffen oder wiederherstellen» (vgl. die Zusammenfassung in BBl 1989 III 217 f.; Näheres dazu vorne N 68). Durch das Erfordernis der Verfolgung typisch privatrechtlicher Ziele bzw. die inhaltliche und finale Beschränkung entsprechender Regeln ergibt sich allerdings eine *wesentliche Einschränkung* für die Zulässigkeit von privatrechtergänzendem öffentlichem Recht (vgl. zur Kritik dieser Methode auch näher oben N 69).

99

In einem eher weiten Umfang will dagegen AUBERT, der primär auf die *modale Theorie* abstellt (vgl. dazu oben N 63), privatrechtergänzendes öffentliches Recht zulassen. Er hat dies neuerdings wie folgt zusammengefasst: «... cette disposition [Art. 64 BV] a pour but de régler toutes les matières qui ont des *conséquences de droit civil*, sans être pour autant du droit civil classique», und zur Begründung angeführt, dass andernfalls auf verschiedenen Sachgebieten mit eng zusammenhängenden privat- und öffentlich-rechtlichen Fragen ein Kompetenzvakuum entstehen würde, was nicht der Sinn von Art. 64 BV sein könne (vgl. die Antwort an SCHNYDER anlässlich der Diskussion am Schweiz. Juristentag 1991, ZSR 1991 II 302, 309). Die *Praxis der eidgenössischen Räte* befolgt denn auch – wie bereits erwähnt – trotz Kritik aus der Lehre diese eher weit gehende und relativ unbestimmte Auslegung von Art. 64 BV (vgl. dazu oben N 67). Eine Überprüfung dieser Praxis durch das Bundesgericht ist angesichts des *Anwendungsgebotes* von *Art. 113 Abs. 3 BV* für Bundesgesetze, allgemeinverbindliche Bundesbeschlüsse und Staatsverträge einstweilen nicht möglich (vgl. zu der mit der geplanten Verfassungsrevision angestrebten Änderung jedoch nachfolgend N 267).

100

Vorbem. Art. 5 und 6

101   Hieraus ergibt sich, dass für die *Abgrenzung der Privatrechtskompetenz des Bundes* (Art. 64 BV) angesichts der unterschiedlichen Auffassungen und der eher unbestimmten Abgrenzungskriterien eine *gewisse Unschärfe* verbleibt (vgl. dazu KNAPP, Komm. BV, Art. 64 N 27, HANGARTNER 101, MOOR/PIOTET 496 f. und SCHNYDER, Freiheit, 601, welcher ausdrücklich von einem gewissen Ermessensspielraum des Bundesgesetzgebers spricht; vgl. zu den Konsequenzen dieser Rechtslage für die Zulässigkeit von kantonalem öffentlichem Recht in den Grenzbereichen zum Bundeszivilrecht auch nachfolgend N 176 und Art. 6 N 124 ff.). Der Bundesgesetzgeber darf aber jedenfalls nicht einfach von Fall zu Fall entscheiden, sondern muss sich an *allgemein anerkannte Grundsätze* halten (vgl. dazu auch KNAPP, Komm. BV, Art. 64 N 41 f., DIDISHEIM 232 ff., GIGER 43 und MOOR/PIOTET 493 ff. mit weiteren Hinweisen). Hinsichtlich der massgebenden Kriterien ist hierbei – wie nachfolgend N 103 ff. dargestellt – zwischen ergänzendem öffentlich-rechtlichem Verfahrensrecht und entsprechendem materiellem Recht zu unterscheiden. Zu beachten ist im übrigen, dass sich die Rechtsetzungsbefugnis des Bundes in umstrittenen Grenzbereichen häufig auch auf eine *besondere Kompetenzgrundlage* stützen kann, womit der Streit insoweit gegenstandslos wird (vgl. dazu auch nachfolgend N 108, 110, 114).

102   Vgl. zum heutigen *Stand der Diskussion* auch das Gutachten des Bundesamtes für Justiz vom 7. Juni 1995 über die verfassungsrechtlichen Bundeskompetenzen im Bereich der Transplantationsmedizin in VPB 1997 Nr. 3 und BBl 1997 I 338 f. zu Art. 113 Verfassungsentwurf 96. – Vgl. für die *Transplantationsmedizin* nun auch die Botschaft zu einer Verfassungsbestimmung über die Transplantationsmedizin in BBl 1997 III 653 ff., insbesondere 662 ff., und zur einstweiligen Zulässigkeit kantonaler Bestimmungen BGE 123 I 112 ff. – Für die *Fortpflanzungsmedizin* besteht heute in Art. 24^{novies} BV bereits eine besondere Verfassungsgrundlage (vgl. dazu und zur teilweisen Abstützung auf die Privatrechtskompetenz BBl 1989 III 1010 ff. sowie SCHWEIZER, Komm. BV, Art. 24^{novies} N 1, 37 f. mit weiteren Hinweisen; zu den bisherigen kantonalen Bestimmungen Art. 6 N 288a; zum Vorschlag eines Fortpflanzungsmedizingesetzes des Bundes BBl 1996 III 205 ff.). – Vgl. zur Kompetenzfrage für die erfolgten und geplanten Revisionen im *Familien- und Vormundschaftsrecht* auch MEIER 614 ff., 619 ff. mit Hinweisen).

b)   Organisations- und Verfahrensvorschriften

103   Auf Art. 64 BV gestütztes ergänzendes öffentliches Recht kann zunächst in *Organisations- und Verfahrensvorschriften* bestehen (vgl. zur öffentlich-rechtlichen Natur des Zivilprozessrechts nachfolgend N 156). Nach herrschender Auffassung lassen sich solche Vorschriften aber nur dann auf die Rechtsetzungskompetenz von Art. 64 Abs. 1 und 2 BV stützen, wenn sie für einen wirksamen Vollzug und eine einheitliche Anwendung des Bundesrechts unentbehrlich sind, ein enger Zusammenhang mit der materiellen Bestimmung des Bundeszivilrechts

besteht und die Regelung verhältnismässig ist. Dies kann für besondere *Zuständigkeits- und Verfahrensregeln* (z.B. Gerichtsstandsbestimmungen, beweisrechtliche Bestimmungen) und insbesondere für die *Einführung der freiwilligen Gerichtsbarkeit* (behördliche Verwaltung privater Rechte; insbesondere Verschollenerklärung, Kraftloserklärung von Wertpapieren, öffentliche Beurkundung, vormundschaftliche Massnahmen, behördliche Mitwirkung beim Erbgang, Führung öffentlicher Register) in gewissen Bereichen und die Schaffung der entsprechenden *öffentlichen Dienste* (zur Regelung der Verantwortlichkeit der entsprechenden Beamten vgl. nachfolgend N 118) zutreffen (vgl. dazu KNAPP, Komm. BV, Art. 64 N 33, 38, 69 ff. und DIDISHEIM 201 ff., 210 ff., 212 ff., je mit weiteren Hinweisen; zur *freiwilligen Gerichtsbarkeit*, deren Einführung nach herrschender Auffassung nicht unter den Vorbehalt zugunsten des kantonalen Rechts gemäss Art. 64 Abs. 3 BV fällt [vgl. zu der im einzelnen umstrittenen Kompetenzabgrenzung VPB 1982 Nr. 7 Ziff. 1a, DESCHENAUX 21, HUBER N 45, 105, KLEY-STRULLER 35, KNAPP, Komm. BV, Art. 64 N 68, MEIER 624 und BBl 1997 I 339 zu Art. 113 Abs. 1 Verfassungsentwurf 96], insbesondere GULDENER 41 ff., VOGEL 1 N 48, WALDER § 1 N 20, KLEY-STRULLER 43 ff. und ausführlich MAX GULDENER, Grundzüge der freiwilligen Gerichtsbarkeit der Schweiz, Zürich 1954, je mit weiteren Hinweisen).

Die *Organisation der Rechtspflege* und die *Regelung des Verfahrens* zur Anwendung des Bundeszivilrechts (nicht aber die Einführung der freiwilligen Gerichtsbarkeit als solche) ist gemäss *Art. 64 Abs. 3 BV* grundsätzlich Sache der Kantone («wie bis anhin», d.h. insbesondere unter Vorbehalt der Verfassungsgrundsätze, der Bundesrechtspflege und des Schuldbetreibungs- und Konkursrechts; vgl. dazu DIDISHEIM 201 ff.; vgl. auch BBl 1997 I 339 zu Art. 113 Abs. 2 Verfassungsentwurf 96). Bei Eingriffen in die kantonale Behördenorganisation und in das kantonale Verfahrensrecht muss daher zwischen dem Grundsatz der *Organisations- und Verfahrenshoheit der Kantone* und der Verpflichtung des Bundes, für eine *wirksame Aufgabenerfüllung* zu sorgen, abgewogen werden. Je intensiver ein Eingriff in den kantonalen Hoheitsbereich ist, desto höhere Anforderungen sind daher an dessen Notwendigkeit zu stellen (vgl. dazu SALADIN, Komm. BV, Art. 3 N 66, Art. 2 ÜB N 31, 37, KNAPP, Komm. BV, Art. 64 N 38 f., 69 ff. [kritisch zu Verantwortlichkeitsregeln im Zivilgesetzbuch], MEIER 623 und vor allem BRÖNNIMANN 351 ff., insbesondere 386 ff., je mit zahlreichen weiteren Hinweisen; vgl. auch VPB 1981 Nr. 49 Ziff. II zur Zulässigkeit der Gerichtsorganisations- und Verfahrensvorschriften des IPRG und VPB 1985 Nr. 36 Ziff. I/12 zur kantonalen Organisations- und Verfahrensautonomie als Schranke bundesrechtlicher Organisations- und Verfahrensbestimmungen). 104

Vorbem. Art. 5 und 6

105   Zum *heutigen Stand* der Beeinflussung des kantonalen Zivilprozessrechts durch das Bundeszivilrecht vgl. Art. 6 N 165 ff. mit weiteren Hinweisen.

c)   **Materielles öffentliches Recht**

aa) Allgemeines

106   Nicht nur Organisations- und Verfahrensrecht, sondern auch *materielles öffentliches Recht* kann die Funktion von ergänzendem öffentlichem Recht erfüllen. In diesem Bereich ist allerdings die Abgrenzung der Privatrechtskompetenz des Bundes noch schwieriger als im Bereich des Organisations- und Verfahrensrechts. Zunächst besteht in Lehre und Praxis keine Einigkeit über die massgebenden Kriterien für die grundsätzliche Abgrenzung von Privatrecht und öffentlichem Recht (vgl. KNAPP, Komm. BV, Art. 64 N 40 und oben N 66 ff.). Sodann stellt sich die Frage, welcher Art der Sachzusammenhang zwischen Bundeszivilrecht und ergänzendem öffentlichem Recht sein muss. Mit gutem Grund wird nach herrschender Auffassung ein *besonders enger Zusammenhang* zwischen ergänzenden öffentlich-rechtlichen Vorschriften und den entsprechenden privatrechtlichen Bestimmungen verlangt, da andernfalls einer Umgehung der in Art. 64 BV verankerten Kompetenzausscheidung Tür und Tor geöffnet würde (vgl. dazu KNAPP, Komm. BV, Art. 64 N 41). DIDISHEIM 232 ff. verlangt neben dem engen Sachzusammenhang zusätzlich auch eine der Anwendung des Privatrechts *dienende Funktion*. Dies deckt sich weitgehend mit der typologischen Abgrenzungsmethode, nach welcher ergänzende öffentlich-rechtliche Vorschriften für die *Funktionsfähigkeit* des Privatrechts *unerlässlich* sein müssen (vgl. dazu oben N 68 f., 99). Andererseits sollte ein Kompetenzvakuum vermieden werden, weshalb auch Normen als zulässig erachtet werden, welche den Schutz allgemeiner öffentlicher Interessen bezwecken, die nur *vom Bund wirklich erreicht* und von den Kantonen nicht ohne ernsthafte Gefährdung der *Einheit der Rechtsordnung* verfolgt werden können (KNAPP, Komm. BV, Art. 64 N 42 und bereits HUBER N 106; eher noch grosszügiger AUBERT, SCHNYDER und die Praxis der eidgenössischen Räte, vgl. oben N 96 ff., insbesondere N 98, 100).

bb) Schutzvorschriften im Grenzbereich von Privatrecht und öffentlichem Recht

107   Bei der Prüfung im einzelnen Fall ist zu beachten, dass die Abgrenzung zwischen Privatrecht und öffentlichem Recht – wie dargestellt (vorne N 23 ff.) – nicht zu jeder Zeit in gleicher Weise vorgenommen wurde und auch im einzelnen fliessend und nicht unumstritten ist. Immerhin kann festgehalten werden, dass die *Verfolgung öffentlicher Interessen* (insbesondere polizeilicher und sozialpolitischer In-

teressen) und die *Ausgestaltung als zwingendes Recht* eine Regelung nach heutiger Auffassung noch nicht zu einer solchen des öffentlichen Rechts machen (vgl. dazu vorne N 41 ff., 59, 64 und NOBEL 259). Es ist daher heute grundsätzlich anerkannt, dass selbst zwingendes Recht enthaltende Vorschriften, welche im Rahmen der Regelung privater Rechtsbeziehungen den *Schutz der schwächeren Vertragspartei* (z.B. im Miet- und Arbeitsrecht sowie bei gewissen Kaufverträgen) oder *von Dritt- und Allgemeininteressen* (z.B. im Familien-, Sachen- und Gesellschaftsrecht) bezwecken, noch echtes, materielles Privatrecht darstellen, sofern *keine selbständige behördliche Interventionsmöglichkeit* besteht (vgl. dazu auch oben N 42 f.; zur entsprechenden Auslegung der Privatrechtskompetenz des Bundes nun auch BBl 1997 I 198 zum Verfassungsentwurf 96). Entsprechende Freiheitsbeschränkungen sind freilich ebenfalls nur innerhalb der *Schranken der Grundrechte*, insbesondere der Eigentumsgarantie und der Handels- und Gewerbefreiheit, zulässig (vgl. dazu JUNOD, Komm. BV, Art. $34^{septies}$ N 13 und insbesondere DIDISHEIM 229 ff. mit weiteren Hinweisen).

Bei *Schutzvorschriften*, welche nicht nur der Konkretisierung des Persönlichkeitsschutzes, des Rechtsmissbrauchsverbots, des Gutglaubensschutzes bzw. der Drittwirkung von Grundrechten im betreffenden privaten Rechtsverhältnis dienen, sondern eindeutig *sozialpolitisch* motiviert sind, ergeben sich allerdings deshalb Probleme, weil sie einerseits jedenfalls nach der typologischen Abgrenzungsmethode als öffentliches Recht erscheinen (vgl. dazu oben N 68 f., 99) und andererseits der Bund im Unterschied zu den Kantonen nicht über eine allgemeine Zuständigkeit im Bereich der Sozialpolitik verfügt. Nach herrschender Auffassung ist daher für solche Schutzvorschriften eine *besondere Kompetenzgrundlage* für den Bund erforderlich (vgl. dazu KNAPP, Komm. BV, Art. 64 N 40 und insbesondere JUNOD, Komm. BV, Art. $34^{septies}$ N 14 mit weiteren Hinweisen; vgl. auch differenzierend VPB 1982 Nr. 20 Ziff. II/3 lit. a und e zur Zinsüberwachung und zu den Kündigungsbeschränkungen im Miet- und Pachtrecht [für die Privatrechtsnatur der Zinsüberwachung dagegen JUNOD, Komm. BV, Art. $34^{septies}$ N 21] sowie VPB 1986 Nr. 41 zum Jugendurlaub). In den wichtigsten Bereichen des *modernen Sozialschutzes* bestehen jedoch heute besondere Verfassungsgrundlagen (vgl. für den *Arbeitnehmerschutz* Art. 34ter BV, für den *Mieterschutz* Art. $34^{septies}$ BV und für den *Konsumentenschutz* Art. 31^{sexies} BV; vgl. zur Bedeutung dieser besonderen Verfassungsgrundlagen im Verhältnis zu Art. 64 BV G. AUBERT, Komm. BV, Art. 34ter Abs. 1 Bst. a–c N 11 f., JUNOD, Komm. BV, Art. $34^{septies}$ N 12 ff. und RHINOW, Komm. BV, Art. 31^{sexies} N 1 ff., 64 ff., je mit weiteren Hinweisen).

In den *traditionellen Bereichen* des *privatrechtlichen Sozialschutzes* (insbesondere im Familien, Erb-, Sachen- und Immaterialgüterrecht, aber auch im Arbeits- und Gesellschaftsrecht; vgl. dazu LIVER, BE-Komm., Einleitung vor

108

109

Vorbem. Art. 5 und 6

Art. 1 ff. ZGB N 91 ff. mit zahlreichen weiteren Hinweisen) wird demgegenüber offenbar eine *gewohnheitsrechtliche Kompetenzgrundlage* zur Berücksichtigung sozialpolitischer Anliegen angenommen (vgl. dazu auch KNAPP, Komm. BV, Art. 64 N 20; für den Familienschutz heute allerdings auch Art. 34^{quinquies} BV und dazu MAHON, Komm. BV, Art. 34^{quinquies} N 1 ff., insbesondere 23 ff. und 47; zur Abgrenzung des «herkömmlichen Zivilrechtsverständnisses» gegenüber «neuen Politiken», welche nach der typologischen Abgrenzungsmethode des Bundesamtes für Justiz eine besondere Verfassungsgrundlage erfordern, VPB 1982 Nr. 20 Ziff. II/2c und 1986 Nr. 41 Ziff. 1.1.2).

cc) Vorschriften über die öffentlich-rechtliche Rechtsstellung

110 Das Zivilgesetzbuch und das Obligationenrecht enthalten jedoch auch Bestimmungen, die von ihrer Natur her klarerweise und unbestritten dem öffentlichen Recht zuzuordnen sind. Zu erwähnen sind zunächst Vorschriften, welche die *öffentlich-rechtliche Rechtsstellung* betreffen. So wird es mit dem engen Sachzusammenhang begründet, dass die Regeln über Erwerb und Beibehaltung des *Bürgerrechts* bei *familienrechtlichen Tatbeständen* ins Zivilgesetzbuch integriert wurden (vgl. die heutigen Art. 134 Abs. 1, 149 Abs. 1, 161 Abs. 1, 267a und 271 ZGB; vgl. dazu BGE 108 Ib 397, SCHNYDER, Freiheit, 601, 603; vgl. zum früheren Recht auch HUBER N 95). Diese Vorschriften können sich heute aber auch auf *Art. 44 Abs. 1 BV* abstützen (vgl. dazu TUOR/SCHNYDER/SCHMID 82 f. und GRISEL, Komm. BV, Art. 44 N 1 ff., insbesondere N 34 ff., mit weiteren Hinweisen).

dd) Vorschriften der Eingriffsverwaltung

111 Darüber hinaus sind im Zivilgesetzbuch und im Obligationenrecht aber auch Massnahmen der *Eingriffsverwaltung* vorgesehen, insbesondere die Anordnung einer *behördlichen Aufsicht* (z.B. Stiftungsaufsicht [Art. 84 ZGB], Aufsicht über den Willensvollstrecker [Art. 518 i.V.m. Art. 595 ZGB]) bzw. einer *Bewilligungspflicht* (vgl. z.B. Adoptionsvermittlung [Art. 269c ZGB], Pflegekindaufnahme [Art. 316 ZGB], Pfandleihgewerbe [Art. 907 f. ZGB], Ausgabe von Warenpapieren [Art. 482 OR], Lotterie- und Ausspielgeschäft [Art. 515 OR]) und sogar *direkte Eingriffe* in die Rechtssphäre der Bürgerinnen und Bürger (Kindesschutzmassnahmen [Art. 307 ff. ZGB], vormundschaftliche Massnahmen [Art. 368 ff., 392 ff. ZGB], fürsorgerische Freiheitsentziehung [Art. 397a ff. ZGB], freier Zugang zu Wald und Weide [Art. 699 ZGB], Pflicht zur Beteiligung an Bodenverbesserungsunternehmen [Art. 703 ZGB], Abtretungspflicht zugunsten der Wasserversorgung [Art. 711 f. ZGB]).

Die Anordnung einer behördlichen *Aufsichts- und Bewilligungspflicht* im Rahmen des Privatrechts ist – im Sinne der Annahme eines engen Sachzusammenhanges – sicher insoweit unproblematisch, als damit die richtige und einheitliche Anwendung privatrechtlicher Institute sichergestellt bzw. erleichtert werden soll, nicht aber, wenn damit andere, öffentlich-rechtliche Zwecke verfolgt werden (vgl. dazu DIDISHEIM 231 f., 234 f., nach welchem insbesondere eine Bewilligungspflicht für das Pfandleihgewerbe und für den Grundstückerwerb durch Ausländer nicht auf die Privatrechtskompetenz des Bundes gestützt werden kann; vgl. zum Grundstückerwerb durch Ausländer auch nachfolgend N 126; zur Abgrenzung der Zuständigkeit von Zivilgerichten und Aufsichtsbehörden bei der Stiftungsaufsicht vgl. im übrigen RHINOW/KRÄHENMANN Nr. 4 B VII mit zahlreichen Hinweisen). 112

Die staatlichen *Eingriffsbefugnisse* im *Kindes- und Vormundschaftsrecht* werden demgegenüber zusätzlich zum engen Sachzusammenhang mit dem übrigen Familienrecht und dem Handlungsfähigkeitsrecht auch mit der Tradition und dem Bedürfnis nach einer einheitlichen bundesweiten Regelung gerechtfertigt (vgl. dazu SCHNYDER, Freiheit, 609 f. und DERSELBE, Formelles Bundeszivilrecht, insbesondere 125 ff. zur fürsorgerischen Freiheitsentziehung; vgl. zur grundsätzlich privatrechtlichen Natur des Kindesrechts und des Vormundschaftsrechts im übrigen auch SCHNYDER, Freiheit, 610 f. und SCHNYDER/MURER, BE-Komm., Syst. Teil vor Art. 360 ff. ZGB N 52 ff., je mit weiteren Hinweisen). 113

Die *öffentlich-rechtlichen Eigentumsbeschränkungen des Zivilgesetzbuches* (Art. 703, 711 f. ZGB) weisen insofern einen engen Sachzusammenhang mit dem Privatrecht auf, als es unter anderem um die Grundstückseinteilung bzw. um die in Art. 704 ff. ZGB geregelten Rechte an Quellen und Brunnen geht (vgl. dazu auch TUOR/SCHNYDER/SCHMID 737 ff.; kritisch bzw. ablehnend dagegen DIDISHEIM 234; vgl. jedoch auch die differenzierenden Überlegungen zur Rechtsnatur dieser Vorschriften bei SIMONIUS/SUTTER § 13 N 104 [zu Art. 703 ZGB] bzw. bei LIVER SPR V/1 307 [zu Art. 711 f. ZGB]). Beim *freien Zugang zu Wald und Weide* (Art. 699 Abs. 1 ZGB) handelt es sich nach herrschender, aber nicht unumstrittener Auffassung um eine Doppelnorm, wobei diese Auslegung auch aus verfassungsrechtlichen Gründen [fehlende öffentlich-rechtliche Kompetenz] kritisiert wird (vgl. oben N 72 und insbesondere DIDISHEIM 234 sowie FELIX SCHÖBI, Art. 699 Abs. 1 ZGB als Norm des privaten und öffentlichen Rechts, ZBJV 1984 180 ff., insbesondere 184 ff., mit Hinweisen). Die Auslegung des Bundesgerichts lässt sich jedoch auf die Forstpolizeikompetenz (Art. 24 BV) bzw. auf eine gewohnheitsrechtliche Gesetzgebungsbefugnis des Bundes stützen (vgl. JAGMETTI, Komm. BV, Art. 24 N 50 mit weiteren Hinweisen). 114

Vorbem. Art. 5 und 6

ee) Vorschriften der Leistungsverwaltung

115 Vereinzelt finden sich im Bundeszivilrecht auch Massnahmen der *Leistungsverwaltung* (insbesondere staatliche Verantwortlichkeit für Fürsorge und Betreuung im Rahmen des Kindesschutzes und der vormundschaftlichen Massnahmen), welche sich jedoch ohne weiteres mit dem engen Sachzusammenhang zu den übrigen Regelungen des Kindesschutzes und des Vormundschaftsrechts rechtfertigen lassen (vgl. dazu oben N 106). Die eigentliche *materielle Hilfe* und die *Alimentenbevorschussung* durch den Staat, welche typische staatliche Daseinsvorsorge bilden, werden dagegen mangels Verfassungsgrundlage dem kantonalen öffentlichen Recht zur Regelung überlassen (vgl. Art. 293 ZGB und dazu Art. 6 N 31, VPB 1982 Nr. 20 Ziff. II/3 lit. b sowie TUOR/SCHNYDER/SCHMID 328 f. mit weiteren Hinweisen; zur Abgrenzung des Vormundschaftsrechts gegenüber der kantonalen Sozialhilfe auch Art. 6 N 65 ff.).

ff) Weitere öffentlich-rechtliche Vorschriften

116 Zivilgesetzbuch und Obligationenrecht enthalten darüber hinaus weitere Vorschriften, welche nach heutiger Auffassung offensichtlich *öffentlich-rechtlicher Natur* sind bzw. *öffentlich-rechtliche Rechtsverhältnisse* betreffen.

117 Dies gilt zunächst für *Art. 61 Abs. 1 OR*, wonach öffentliche Beamte und Angestellte auch für *amtliche bzw. hoheitliche Verrichtungen* nach privatem Haftpflichtrecht verantwortlich sind, soweit Bund und Kantone nicht abweichende öffentlich-rechtliche Vorschriften aufstellen. Diese *subsidiäre Geltung* des Privatrechts für die Beamtenhaftung erklärt sich vor allem historisch, weil beim Erlass des Obligationenrechts die ausschliessliche, privatrechtliche Beamtenhaftung noch die Regel bildete und keine ungerechtfertigten Lücken im Entschädigungssystem geschaffen werden sollten (vgl. dazu GROSS 100 ff., insbesondere 112 ff., mit weiteren Hinweisen; kritisch und differenzierend zur Verfassungsmässigkeit von Art. 61 OR MOOR/PIOTET 496 ff., 502 f.).

118 Ebenfalls mit der damaligen Situation der Staats- und Beamtenhaftung erklärbar sind die *besonderen bundesrechtlichen Vorschriften* über die *Organhaftung* der Vormundschaftsbehörden, der Zivilstandsbeamten, der Grundbuchverwalter, der Handelsregisterführer und der Schuldbetreibungs- und Konkursbeamten (vgl. dazu GROSS 43 ff. mit Hinweisen; vgl. sodann die besondere Haftung des Kantons für amtliche Schätzungen gemäss Art. 849 ZGB und dazu TUOR/SCHNYDER/SCHMID 871). Heute kann man sich jedoch fragen, ob solche Vorschriften für die Durchführung des Bundeszivilrechts noch notwendig sind (so KNAPP, Komm. BV, Art. 64 N 39), doch besteht andererseits durchaus ein Bedürfnis an einer einheitlichen Haftungsregelung für die Anwendung von Bundesrecht durch kan-

tonale Organe (vgl. dazu MOOR/PIOTET 496 und insbesondere PIERRE WIDMER, La revision du droit de la responsabilité civile vue sous l'angle de l'article 955 du code civil, ZBGR 1995 345 ff., insbesondere 362, mit Hinweisen).

Die grundsätzliche Anwendbarkeit des Privathaftpflichtrechts im Bereich der *gewerblichen Staatstätigkeit* (Art. 61 Abs. 2 OR) rechtfertigt sich dagegen deshalb, weil die entsprechenden Rechtsbeziehungen prinzipiell dem Privatrecht unterstehen (vgl. dazu GROSS 102 ff., insbesondere 116 ff., MOOR/PIOTET 496 f. und Art. 6 N 187 f.). Die *Spezialhaftpflichttatbestände* des Bundeszivilrechts (Gefährdungs- und Kausalhaftungen nach ZGB, OR und Spezialerlassen) entziehen sich dagegen der Abgrenzung von Privatrecht und öffentlichem Recht weitgehend, weshalb eine privatrechtliche Regelung zulässig erscheint (vgl. dazu GROSS 18 ff., 119 f. und MOOR/PIOTET 489 f., je mit zahlreichen weiteren Hinweisen). 119

Vgl. im übrigen zur schwierigen *Zuordnung* der *Haftpflichtnormen* zum Privat- bzw. zum öffentlichen Recht MOOR/PIOTET 481 ff. und EMIL W. STARK, Einige Gedanken zur Haftpflicht für staatliche Verrichtungen, SJZ 1990 1 ff., insbesondere 1 f.; zum Ganzen und zur geplanten Revision des Haftpflichtrechts auch Art. 6 N 195 ff., 262 ff. 120

Ein weiteres Beispiel einer öffentlich-rechtlichen Norm enthält *Art. 125 Ziff. 3 OR*, wonach Verpflichtungen gegen das Gemeinwesen aus öffentlichem Recht wider den Willen desselben nicht durch *Verrechnung* mit einer privatrechtlichen Forderung getilgt werden können. Die Zulässigkeit dieser das Gemeinwesen schützenden Regelung im Rahmen des Privatrechts ist umstritten, obwohl es um das Zusammenspiel privat- und öffentlich-rechtlicher Forderungen geht und besondere öffentlich-rechtliche Regelungen häufig fehlen (vgl. dazu HUBER N 109 und AEPLI, ZH-Komm., Art 125 OR N 95 ff. mit Hinweisen; zur Verrechnung im öffentlichen Recht allgemein IMBODEN/RHINOW/KRÄHENMANN Nr. 33 mit zahlreichen weiteren Hinweisen). 121

Als öffentlich-rechtlich sind auch die besonderen Vorschriften über die *Beteiligung von Körperschaften des öffentlichen Rechts* an *Aktiengesellschaften und Genossenschaften* (Art. 762, 926 OR) zu qualifizieren. Sie erscheinen jedoch zulässig, weil es lediglich darum geht, die Vertretung öffentlicher Organisationen in den erwähnten Gesellschaften in Abweichung von den allgemein gültigen Regeln zu ermöglichen (vgl. dazu HUBER N 109, BÜRGI/NORDMANN, ZH-Komm., Art. 762 OR N 1 ff. und GUTZWILLER, ZH-Komm., Art. 926 OR N 1 ff.; vgl. dazu auch Art. 6 N 194). 122

Vorbem. Art. 5 und 6

V. Privatrechtliche Spezialgesetze

1. Allgemeines

123 Das Zivilgesetzbuch und das Obligationenrecht bilden zwar grundsätzlich eine *Gesamtkodifikation* des schweizerischen Privatrechts, enthalten aber keineswegs das gesamte nationale Privatrecht. Schon beim Erlass des Zivilgesetzbuches wurde festgehalten, dass zahlreiche *Spezialgesetze* vorbehalten bleiben müssten (vgl. Botschaft 10 f. mit dem Hinweis, dass insbesondere das Versicherungsvertragsrecht und das Immaterialgüterrecht noch nicht genügend gefestigt für die Aufnahme in das Kodifikationswerk seien). Die Anzahl solcher Spezialgesetze hat sich aufgrund der seitherigen Rechtsentwicklung – insbesondere in letzter Zeit im Zusammenhang mit den Programmen zur marktwirtschaftlichen Erneuerung (Revitalisierung) und zur Annäherung an das EU-Recht (*EUROLEX-* bzw. *SWISSLEX-Gesetzgebungspaket*) – aber stark erhöht (vgl. dazu den Überblick in SR-Systematik 21–25 und AUBERT Nr. 691; zum EUROLEX- bzw. SWISSLEX-Paket insbesondere nachfolgend N 253; zur allgemeinen Dekodifikationstendenz auch CARONI 17 ff., SCHLOSSER 225 ff. und HANS PETER WALTER, Splitterndes Privatrecht, recht 1997 1 ff. mit weiteren Hinweisen).

Auch diese Spezialgesetze enthalten jeweils *ergänzendes öffentliches Recht bzw. formelles Bundeszivilrecht* (insbesondere Organisations- und Verfahrensbestimmungen, zum Teil aber auch ergänzendes materielles öffentliches Recht; vgl. dazu oben N 94 ff.). Zum Teil handelt es sich aber auch um eigentliche *gemischte Gesetze*, welche sowohl die privatrechtlichen als auch die öffentlich-rechtlichen Aspekte eines Sachbereiches umfassend regeln (sog. *Einheitsgesetze*; vgl. dazu oben N 71, 75 und nachfolgend N 136, 150, 151; vgl. dazu auch FORSTMOSER/SCHLUEP § 4 N 62 und HUBER Art. 6 N 10). Zur Bewältigung von akuten Problemlagen ist sodann verschiedentlich *befristetes Sonderzivilrecht* erlassen worden (vgl. etwa für das Bodenrecht nachfolgend N 126, für nachrichtenlose Vermögen aus der Zeit des Zweiten Weltkriegs BB vom 13. Dezember 1996 [AS 1996 3487 ff.] und zur geplanten Ergänzung desselben BBl 1997 IV 550 ff., 560 ff., für die Krisen- und Kriegsjahre der ersten Jahrhunderthälfte oben N 27).

124 Zu erwähnen sind zunächst die sog. *Ergänzungs- und Ausführungserlasse zu ZGB und OR* (vgl. SR-Systematik 211 und 221). Diese umfassen besondere Bundesgesetze, Bundesbeschlüsse, Verordnungen (früher: Beschlüsse) des Bundesrates, Verordnungen des Bundesgerichts sowie Verfügungen, Weisungen und Reglemente untergeordneter Bundesbehörden, welche das Zivilgesetzbuch bzw. das Obligationenrecht ergänzen und näher ausführen (vgl. dazu auch SCHNYDER, Allg. Einl. N 239 ff.; zu den Erlassformen des Bundes G. MÜLLER, Komm. BV, Art. 89 Abs. 1 N 1 ff.). Alsdann sind weitere Bereiche des Bundeszivilrechts, insbesondere das *Immaterialgüterrecht*, der *Datenschutz* und das *Wettbewerbs- und*

Kartellrecht, zu behandeln sowie die besondere Stellung des *Zivilprozess- und Vollstreckungsrechts* sowie des *Internationalen Privatrechts* zu untersuchen. Die wichtigsten Spezialgesetze sollen nachfolgend kurz vorgestellt werden (zum untergesetzlichen Recht vgl. Näheres nachfolgend N 168 ff.). Vgl. dazu auch TUOR/ SCHNYDER/SCHMID 21 ff., GAUCH/SCHLUEP Rz 18 ff. und GUHL/MERZ/KOLLER 2 ff. mit weiteren Hinweisen; zu den Kollisions- und Konkurrenzfragen im Verhältnis *Zivilgesetzbuch/Obligationenrecht/Spezialgesetze* und *-verordnungen* vgl. bereits EGGER, Art. 5 N 2 und zum heutigen Stand insbesondere HANS MICHAEL RIEMER, Rechtskollisionen bei innerstaatlichem Recht, in FS Anton Heini, Zürich 1995, 315 ff.

2. Zivilrecht (im engen Sinn)

Das *BG über das bäuerliche Bodenrecht* vom 4. Oktober 1991 (BGBB, SR 211.412.1) enthält besondere vertrags-, erb- und sachenrechtliche Regeln (vor allem Verfügungsbeschränkungen) für landwirtschaftliche Gewerbe und Grundstücke, welche früher im Zivilgesetzbuch, im Obligationenrecht und in Spezialgesetzen enthalten waren, und bildet heute zusammen mit dem *BG über die landwirtschaftliche Pacht* vom 4. Oktober 1985 (LPG, SR 221.213.2) einen eigentlichen «code rural» (vgl. dazu auch BBl 1988 III 958 ff.). Beide Gesetze stützen sich nicht nur auf die Privatrechtskompetenz des Bundes (Art. 64 BV), sondern auch auf den Landwirtschaftsartikel (Art. 31bis Abs. 3 lit. b BV) und enthalten dementsprechend neben den privatrechtlichen Bestimmungen, welche das Schwergewicht der Regelung bilden, auch besondere öffentlich-rechtliche Bestimmungen. Zu erwähnen sind namentlich: die Bewilligungstatbestände gemäss Art. 58 ff. BGBB, die Beschränkung der Verpachtung und der Zupacht gemäss Art. 30 ff. LPG und die Pachtzinskontrolle gemäss Art. 42 ff. LPG (vgl. dazu BBl 1982 I 257 ff., insbesondere 301 f.; BBl 1988 III 953 ff., insbesondere 1091 ff. und dazu RHINOW, Komm. BV, Art. 31bis N 154 ff., insbesondere N 173 ff.; vgl. zum BGBB insbesondere TUOR/SCHNYDER/SCHMID 555 ff., 741 ff., CHRISTOPH BANDLI u.a., Das bäuerliche Bodenrecht (Komm. zum BGBB), Brugg 1995 und zur Abstimmung dieses Gesetzes mit der übrigen Rechtsordnung insbesondere REINHOLD HOTZ, Das landwirtschaftliche Bodenrecht – ein problembezogener Überblick über die neue Regelung, AJP 1993 1052 ff.). Einzelne strukturpolitische Massnahmen der beiden Gesetze (das Realteilungsverbot gemäss Art. 58 ff. BGBB und die Beschränkung der parzellenweisen Verpachtung gemäss Art. 30 ff. LPG) sollen im Rahmen des Programmes «Agrarpolitik 2002» gelockert werden (vgl. dazu BBl 1996 IV 1 ff., insbesondere 372 ff.).

Vorbem. Art. 5 und 6

126   Als Ergänzungserlasse zum Zivilgesetzbuch fallen weiter in Betracht das *BG über den Erwerb von Grundstücken durch Personen im Ausland* vom 15. Dezember 1983 (BewG, SR 211.412.41) sowie die beiden – allerdings bis 31. Dezember 1994 befristeten und nicht verlängerten – dringlichen Bundesbeschlüsse über bodenrechtliche Massnahmen bei nichtlandwirtschaftlichen Grundstücken, nämlich der *Bundesbeschluss über eine Sperrfrist für die Veräusserung nichtlandwirtschaftlicher Grundstücke und die Veröffentlichung von Eigentumsübertragungen von Grundstücken* vom 6. Oktober 1989 (BBSG, SR 211.437.1) und der *Bundesbeschluss über eine Pfandbelastungsgrenze für nichtlandwirtschaftliche Grundstücke* vom 6. Oktober 1989 (BBPG, SR 211.437.3). Diese Erlasse enthalten bzw. enthielten weitgehende Veräusserungs- und Erwerbsbeschränkungen für Liegenschaften. Die Zuordnung dieser Materien zum Privatrecht ist zwar umstritten, doch lassen sich diese Erlasse auch noch auf *andere Bundeskompetenzen* abstützen, nämlich die Regelung des Grundstückerwerbs durch Ausländer auf die Kompetenz des Bundes zur *Wahrnehmung der auswärtigen Angelegenheiten* (Art. 8 BV) und die beiden dringlichen Bundesbeschlüsse auf die Kompetenz zur Grundsatzgesetzgebung in der *Raumplanung* (Art. 22^{quater} BV), was allerdings ebenfalls umstritten ist (vgl. für den *Grundstückerwerb durch Ausländer* BBl 1994 II 509 ff., 543 mit Hinweisen, VPB 1982 Nr. 21 sowie neuerdings HAUSHEER 1 ff. [Darstellung von Entwicklung und Kritik der verfassungsrechtlichen Abstützung dieser Gesetzgebung]; für den *Sperrfristenbeschluss* BBl 1989 III 169 ff., 217 ff. und ALEXANDER RUCH, ZBl 1990 318 ff.; vgl. zum Ganzen auch TUOR/SCHNYDER/SCHMID 740 f. mit weiteren Hinweisen).

127   Das *Pfandbriefgesetz* vom 25. Juni 1930 (PfG, SR 211.423.4) umfasst die ursprünglich in Art. 916–918 ZGB enthaltene Regelung über die Pfandbriefe und die Organisation der (privaten) Ausgabeinstitute (Pfandbriefzentralen) (vgl. dazu TUOR/SCHNYDER/SCHMID 898 ff. mit weiteren Hinweisen).

3. Haftpflichtrecht

128   Im Bereich des OR bestehen insbesondere zahlreiche *haftpflichtrechtliche Sondergesetze und -bestimmungen*, welche über die ganze Rechtsordnung verteilt sind (vgl. dazu SR-Systematik 221.112, GUHL/MERZ/KOLLER 3, 169 ff. sowie OFTINGER/STARK, Schweizerisches Haftpflichtrecht, Besonderer Teil, Band II, Teil 1–3, 4. Auflage, Zürich 1987/1989/1991; zur geplanten Gesamtrevision des Haftpflichtrechts auch PIERRE WIDMER, Die Vereinheitlichung des schweizerischen Haftpflichtrechts – Brennpunkte eines Projekts, ZBJV 1994 385 ff.; zur Abgrenzung gegenüber der öffentlich-rechtlichen Haftpflicht HÄFELIN/MÜLLER Rz 1729 ff., IMBODEN/

RHINOW/KRÄHENMANN Nr. 101–107, MOOR II 451 ff, III 268, 277 ff. und Art. 6 N 195 ff., 262 ff.; zur Entwicklung und gegenseitigen Beeinflussung von privatem und öffentlichem Haftpflichtrecht GROSS, insbesondere 108 ff., 142 ff., 219 ff., 274 ff. und 335 ff. mit zahlreichen weiteren Hinweisen).

Besonders erwähnt werden sollen zwei privatrechtliche Spezialhaftpflichtgesetze, nämlich das schon relativ alte *BG betreffend die Haftpflicht der Eisenbahn- und Dampfschiffunternehmungen und der Post* vom 28. März 1905 (SR 211.112.742) und das neue, im Rahmen des SWISSLEX-Programmes geschaffene *BG über die Produktehaftpflicht* vom 18. Juni 1993 (PrHG, SR 221.112.944; vgl. dazu WALTER FELLMANN/GABRIELLE VON BÜREN-VON MOOS, Grundriss der Produktehaftpflicht, Bern 1993, HANS JOACHIM HESS, Kommentar zum Produktehaftpflichtgesetz [PrHG], 2. Auflage, Bern 1996 und die Kommentierung von WALTER FELLMANN in BS-Komm. zum Obligationenrecht, Band I, 2. Auflage, Basel/Frankfurt a.M. 1996). Als neueste haftpflichtrechtliche Spezialbestimmung ist die im Rahmen der ersten grösseren Revision des Umweltschutzgesetzes (BG vom 21. Dezember 1995) eingeführte *Haftpflicht für Umweltbeeinträchtigungen* gemäss *Art. 59a und 59b USG* zu erwähnen (vgl. dazu und zum Sinn dieser Spezialregelung THOMAS JÄGGI, Neue Haftungsbestimmungen im Umweltschutzgesetz, SJZ 1996 249 ff. und kritisch HANS RUDOLF TRÜEB in URP 1996 527 ff. mit Hinweisen). 129

4. Vertragsrecht

In einzelnen weiteren Bundesgesetzen finden sich *vertragsrechtliche Sonderbestimmungen*. Zu erwähnen sind insbesondere *Schiffsmiete* und *Chartervertrag*, *Kollektivanlagevertrag* (vgl. dazu auch nachfolgend N 142) sowie *Transportvertrag* (vgl. SR-Systematik 221.211-229 und dazu auch KRAMER, BE-Komm., Allg. Einleitung OR N 4). 130

Im Bereich des *Miet- und Pachtrechts* ist die bisherige spezialgesetzliche *Missbrauchsgesetzgebung* nach Erneuerung der Verfassungsgrundlage über den Mieterschutz (Art. 34[septies] BV; vgl. dazu JUNOD, Komm. BV, Art. 34[septies] N 1 ff.) durch die Revision vom 15. Dezember 1989 ins Obligationenrecht eingebaut worden (AS 1990 802 ff; vgl. dazu BBl 1985 I 1389 ff., GUHL/MERZ/KOLLER 374 ff., HIGI, ZH-Komm., Vorbem. zu Art. 253–274g OR N 23 ff. und PETER ZIHLMANN, Das neue Mietrecht, 2. Auflage, Zürich 1995 3 ff.). Separat geregelt ist aber – wie bereits erwähnt (oben N 125) – das *landwirtschaftliche Pachtrecht* (BG über die landwirtschaftliche Pacht vom 4. Oktober 1985 [LPG]). In der Zwischenzeit hat der Bund sodann ein neues mietrechtliches Spezialgesetz erlassen, welches ge- 131

Vorbem. Art. 5 und 6

stützt auf Art. 34^{septies} Abs. 2 BV im Sinne der Förderung der Selbstregulierung (vgl. dazu oben N 35 f.) die *Allgemeinverbindlicherklärung von Rahmenmietverträgen* ermöglicht (BG über Rahmenmietverträge und deren Allgemeinverbindlicherklärung vom 23. Juni 1995 , SR 221.213.15; vgl. dazu BBl 1993 III 974 ff., JUNOD, Komm. BV, Art. 34^{septies} N 42 ff. und HIGI, ZH-Komm., Vorbem. zu Art. 253–274g OR N 227 ff.). Neuerdings haben die eidgenössischen Räte eine Motion gutgeheissen, welche den *Übergang zur Marktmiete* fordert, was möglicherweise wiederum einer Verfassungsänderung bedürfte (vgl. dazu mp 1996 126, 173 mit Hinweisen).

132   Als vertragsrechtliches Spezialgesetz ist sodann das bereits ältere *BG über den Versicherungsvertrag* vom 2. April 1908 zu nennen (VVG, SR 221.229.1; zur Abgrenzung des Privatversicherungsrechts vom öffentlichen Versicherungsrecht, insbesondere vom Sozialversicherungsrecht vgl. MAURER, Privatversicherungsrecht, 183 ff., DERSELBE, Sozialversicherungsrecht I 69 ff., 254 ff., DERSELBE, Bundessozialversicherungsrecht 12 ff., 40 ff. und LOCHER 46 ff., je mit weiteren Hinweisen; zur Neuordnung des Verhältnisses von öffentlichem Recht und Privatrecht bei der Krankenversicherung vgl. Art. 1 und Art. 12 Abs. 3 des BG über die Krankenversicherung vom 28. März 1994 [SR 832.10] und dazu BBl 1992 I 140 f., 145 sowie ALFRED MAURER, Das neue Krankenversicherungsgesetz, Basel/Frankfurt a.M. 1996, 131 ff. mit weiteren Hinweisen; zur umstrittenen Zuordnung des ausserobligatorischen Teils der beruflichen Vorsorge auch kritisch THOMAS KOLLER AJP 1996 1278 ff. mit Hinweisen). Die öffentlich-rechtliche *Versicherungsaufsicht* ist demgegenüber in besonderen Bundesgesetzen geregelt, welche im Rahmen des SWISSLEX-Programms an das europäische Recht angeglichen wurden (vgl. SR-Systematik 961, MORITZ KUHN, Swisslex und Versicherungen, AJP 1994 706 ff. und MAURER, Privatversicherungsrecht, 76 ff. mit weiteren Hinweisen).

133   Im Rahmen des SWISSLEX-Programms sind sodann zwei neue vertragsrechtliche Spezialgesetze geschaffen worden, welche sich neben der Privatrechtskompetenz des Bundes (Art. 64 BV) auch auf den Konsumentenschutzartikel (Art. 31^{sexies} BV) stützen und dementsprechend motiviertes besonderes Vertragsrecht enthalten. Es handelt sich um das *BG über Pauschalreisen* vom 18. Juni 1993 (PRG, SR 944.3; vgl. dazu RICHARD FRANK, Bundesgesetz über Pauschalreisen, Kurzkommentar, Zürich 1994, VITO ROBERTO, Das neue Pauschalreisegesetz, recht 1994 6 ff., SYLVAIN MARCHAND, De l'helvético-compatibilité de la loi fédérale du 18 juin 1993 sur les voyages à forfait, AJP 1994 721 ff.) und das *BG über den Konsumkredit* vom 8. Oktober 1993 (KKG, SR 221.214.1; vgl. dazu BERND STAUDER, Konsumkreditrecht – Das Bundesgesetz über den Konsumkredit vom 8. Oktober 1993, AJP 1994 675 ff.; WOLFGANG WIEGAND [Hrsg.], Berner Bankrechts-

tag 1994, Das neue Konsumkreditgesetz [KKG], Bern 1994). Vgl. zu diesen beiden Gesetzen nun auch die Kommentierung von VITO ROBERTO (PRG) und MARLIS KOLLER-TUMLER (KKG) in BS-Komm. zum Obligationenrecht, Band I, 2. Auflage, Basel/Frankfurt a.M. 1996.

Die beiden Gesetze über die Pauschalreisen und den Konsumkredit sind nach *sehr kurzer Vorbereitungszeit* erlassen worden, was sich zum Teil in einer *ungenügenden Koordination* mit dem Obligationenrecht äussert (vgl. die kritischen Anmerkungen und Hinweise in den angegebenen Aufsätzen sowie CLAIRE HUGUENIN JACOBS, Konsumentenrecht im OR im Spannungsfeld zwischen Regulierung und Deregulierung, SJZ 1995 417 ff. mit weiteren Hinweisen; zur Abgrenzung gegenüber dem *öffentlich-rechtlichen Konsumentenschutzrecht* RHINOW, Art. 31^{sexies} N 2 ff., 64 ff. mit zahlreichen Hinweisen; vgl. zu dem sich abzeichnenden neuen Vertragstypus des *Konsumentenvertrages* auch ALEXANDER BRUNNER, AJP 1992 591 ff., MARLIS KOLLER-TUMLER, Der Konsumentenvertrag im schweizerischen Recht, Diss. Bern 1995 und MIKAEL SCHMELZER, Der Konsumentenvertrag, Diss. St. Gallen 1995; zum Stand und zu den unterschiedlichen Tendenzen im schweizerischen Konsumentenrecht auch MANFRED REHBINDER, Wen schützt das Konsumentenrecht?, in FS Anton Heini, Zürich 1995, 305 ff. und das neue Jahrbuch des Schweizerischen Konsumentenrechts, Bern, ab 1995).

5. Arbeitsrecht

Zahlreiche Sonderbestimmungen finden sich auch nach der Neukodifikation des privaten Arbeitsrechts von 1971 im Bereich des *Arbeitsvertrages* (vgl. SR-Systematik 221.215). Neben den *öffentlich-rechtlichen Arbeitnehmerschutzvorschriften* (SR-Systematik 822), welchen aufgrund der sog. Rezeptionsklausel von Art. 342 Abs. 2 OR grundsätzlich auch privatrechtliche Wirkungen zukommen (vgl. dazu REHBINDER, Arbeitsrecht, 157, DERSELBE, BE-Komm., Art. 342 OR N 9 ff., STAEHELIN, ZH-Komm., Art. 342 OR N 11 ff. und VISCHER 23 f.), sind insbesondere die Vorschriften über den *Heuervertrag* (Art. 68 ff. des BG über die Seeschiffahrt unter der Schweizer Flagge vom 23. September 1953 [SSchG, SR 747.30] und dazu VISCHER 224 ff.) und den (behördlich kontrollierten) *Personalverleih* (BG über die Arbeitsvermittlung und den Personalverleih vom 6. Oktober 1989 [AVG, SR 823.11]; vgl. dazu REHBINDER, Arbeitsrecht, 154 ff. und VISCHER 227 ff.) zu erwähnen (zur Abgrenzung des privatrechtlichen Arbeitsverhältnisses von dem in Art. 342 Abs. 1 OR vorbehaltenen öffentlich-rechtlichen Dienstverhältnis vgl. REHBINDER, Arbeitsrecht, 156, DERSELBE, BE-Komm., Art. 342 OR N 1 ff., STAEHELIN, ZH-Komm., Art. 342 OR N 2 ff., VISCHER 236 ff., HÄFELIN/MÜLLER

Vorbem. Art. 5 und 6

Rz 1205 ff., IMBODEN/RHINOW/KRÄHENMANN Nr. 147, MOOR III 203 ff., TOBIAS JAAG, Das öffentlichrechtliche Dienstverhältnis im Bund und im Kanton Zürich, ZBl 1994 433 ff., insbesondere 439 ff., und Art. 6 N 191 f., je mit weiteren Hinweisen).

136 Sowohl für das privatrechtliche als auch für das öffentlich-rechtliche Arbeitsverhältnis gilt neu im Sinne eines Einheitsgesetzes das BG über die Gleichstellung von Frau und Mann vom 24. März 1995 (*Gleichstellungsgesetz* [GlG, SR 151]), welches gestützt auf Art. 4 Abs. 2 BV der bereits durch die Verfassung vorgeschriebenen *Lohngleichheit* zum Durchbruch verhelfen will und ein *umfassendes Verbot geschlechtlicher Diskriminierung* auch im Verhältnis unter Privaten einführt, wobei für die privatrechtlichen Arbeitsverhältnisse überdies besondere Kündigungsschutz- und Verfahrensvorschriften geschaffen wurden (Art. 8 ff. GlG; vgl. dazu BBl 1993 I 1249 ff., insbesondere 1306 ff., G. MÜLLER, Komm. BV, Art. 4 N 134 FN 331f, N 150, KATHRIN KLETT, Das Gleichstellungsgesetz, ZBl 1997 49 ff. und Ivo SCHWANDER/RENÉ SCHAFFHAUSER [Hrsg.], Das Bundesgesetz über die Gleichstellung von Frau und Mann, St. Gallen 1996; zum privatrechtlichen Ansatz [Klagerecht, nicht behördliche Aufsicht] namentlich den Beitrag von LUZIUS MADER im erwähnten Sammelwerk 9 ff., insbesondere 22, mit weiteren Hinweisen; zur sog. Drittwirkung von Art. 4 Abs. 2 BV auch nachfolgend N 190; zu den besonderen privat- und öffentlich-rechtlichen Schutzvorschriften zugunsten von Arbeitnehmerinnen auch allgemein EDI CLASS/RAINER MÖSSINGER, Die Rechte der Frau im Arbeitsverhältnis, Zürich 1996).

137 Eine Besonderheit stellt das im Rahmen des SWISSLEX-Programmes erlassene BG über die Information und Mitsprache der Arbeitnehmerinnen und Arbeitnehmer in den Betrieben vom 17. Dezember 1993 (*Mitwirkungsgesetz*, SR 822.14) dar, welches in Anlehnung an das EU-Recht neben einem allgemeinen *Informationsrecht* eine *Mitsprache* der Arbeitnehmer privater Betriebe bei Fragen der Arbeitssicherheit und des Gesundheitsschutzes sowie bei Betriebsübernahmen und bei Massenentlassungen einführt. Das Gesetz stützt sich zwar auf die besondere Bestimmung von Art. 34ter Abs. 1 lit. b BV, doch haben die Zivilgerichte über die sich hieraus ergebenden Streitigkeiten zu entscheiden (Art. 15 des Gesetzes; vgl. dazu auch BBl 1992 V 634 ff., insbesondere 641, 651, G. AUBERT, Komm. BV, Art. 34ter Abs. 1 Bst. a–c N 14 ff., insbesondere 22, REHBINDER, Arbeitsrecht, 228 ff., VISCHER 62 ff. und M. FRITZ, Das Mitwirkungsgesetz, Zürich 1994; vgl. zur Rechtsnatur der Betriebsordnungen auch VISCHER 17 f. und zur Rechtsnatur von Mitwirkungsregelungen allgemein BBl 1973 II 349 ff., BGE vom 5. Dezember 1980 E. 3 in ZBl 1981 257 ff., VPB 1982 Nr. 20 Ziff. II/2c und ROLAND A. MÜLLER, Die Arbeitnehmervertretung, AJP 1997 1501 ff.).

Vorbem. Art. 5 und 6

Nicht einfach einzuordnen ist das *kollektive Arbeitsrecht* (Recht der Arbeitgeber- und Arbeitnehmerorganisationen und deren gegenseitiger Beziehungen), welches zum Teil privatrechtliche, zum Teil öffentlich-rechtliche Merkmale aufweist und gar mit privater Rechtsetzungsbefugnis (normative Bestimmungen von Gesamtarbeitsverträgen) verbunden ist (vgl. dazu REHBINDER, Arbeitsrecht, 174 ff., insbesondere 190 f., SCHÖNENBERGER/VISCHER, ZH-Komm., Vorbem. zu Art. 356–360 OR N 1 ff., Art. 356 OR N 6 ff., VISCHER 245 ff. und nachfolgend N 172; kein Kollektivrecht, sondern staatliches Recht bilden die Normalarbeitsverträge, vgl. dazu nachfolgend N 171). Eine zusätzliche Besonderheit bildet in diesem Zusammenhang das *BG über die Allgemeinverbindlicherklärung von Gesamtarbeitsverträgen* vom 28. September 1956 (AVEG, SR 221.215.311). Die Regelung der Allgemeinverbindlicherklärung stellt öffentliches Recht dar, da der Geltungsbereich der grundsätzlich dem Privatrecht unterliegenden Gesamtarbeitsverträge damit über den Kreis der Mitglieder der Vertragsparteien hinaus ausgedehnt wird (halb-privates Normerzeugungsverfahren; vgl. die ausdrückliche Verfassungsgrundlage in Art. 34ter Abs. 1 lit. c BV; vgl. dazu auch G. AUBERT, Komm. BV, Art. 34ter Abs. 1 Bst. a–c N 23 ff., REHBINDER, Arbeitsrecht, 203 ff., VISCHER 277 ff. und SCHÖNENBERGER/VISCHER, a.a.O., Art. 356b OR N 86 ff.). Der Gesamtarbeitsvertrag bleibt nach herrschender Auffassung trotzdem grundsätzlich privatrechtlicher Natur (vgl. dazu BGE 118 II 528 ff., 98 II 208 f., IMBODEN/RHINOW/KRÄHENMANN Nr. 3 B III; vgl. zur rechtlichen Einordnung auch JUNOD, Komm. BV, Art. $34^{septies}$ N 42 ff. mit zahlreichen Hinweisen und nachfolgend N 172). Für kollektive Arbeitsstreitigkeiten werden im übrigen in Spezialgesetzen *besondere Schlichtungsverfahren* vorgeschrieben (vgl. SR-Systematik 821.4, REHBINDER, Arbeitsrecht, 217 ff., VISCHER 296 ff., SCHÖNENBERGER/VISCHER, a.a.O., Art. 357a OR N 79 ff. und MARIO VENA, Zwangsschlichtung im kollektiven Arbeitsrecht, ArbR 1995 145 ff., je mit weiteren Hinweisen).

138

Im Bereich des Arbeitsrechts hat die *Durchmischung* und *Verzahnung* von Privatrecht und öffentlichem Recht bzw. die *Verselbständigung* als eigenständiges Rechtsgebiet ein besonders ausgeprägtes Mass erreicht, doch wird – im Unterschied etwa zur Bundesrepublik Deutschland – an einer Zuordnung der einzelnen Regelungen zum Privatrecht bzw. zum öffentlichen Recht festgehalten und die Bildung eines Sondergebiets, das ausserhalb der Unterscheidung von Privatrecht und öffentlichem Recht liegt, abgelehnt (vgl. dazu REHBINDER, Arbeitsrecht, 19 ff. und insbesondere oben N 29 ff.). Die Gewerkschaften fordern neuerdings jedoch die Schaffung eines umfassenden Arbeitsgesetzbuches, in welchem sämtliche arbeitsrechtlichen Normen zusammengefasst werden sollen (vgl. dazu GROUPE D'EXPERTS DE L'UNION SYNDICALE SUISSE, *Pour une protection moderne des travailleuses et des travailleurs*, Lausanne 1994, 23 ff.; zur komplexen *Hierarchie der Rechts-*

139

Vorbem. Art. 5 und 6

quellen im Arbeitsrecht REHBINDER, Arbeitsrecht, 30 ff., DERSELBE, BE-Komm., Einl. vor Art. 319 ff. OR N 9f.; SCHÖNENBERGER/VISCHER, a.a.O., Vorbem. zu Art. 356–360 OR N 21 f. und VISCHER 12 ff.; vgl. auch HANS PETER TSCHUDI, Privates und öffentliches Arbeitsrecht [Gesetz und Gesamtarbeitsvertrag], in FS Schweiz. Juristentag, Basel/Frankfurt a.M. 1985, 431 ff. und HUBER N 224 ff.). In welche Richtung die *weitere Entwicklung* geht (Wiederannäherung an das Privatrecht, weiterer Ausbau des Kollektivrechts oder des öffentlich-rechtlichen Arbeitnehmerschutzrechts), ist im Hinblick auf die ungewisse wirtschaftliche und integrationspolitische Zukunft zur Zeit noch kaum absehbar (vgl. dazu die Referate von JEAN-FRITZ STÖCKLI und GABRIEL AUBERT sowie die Diskussionsvoten zum Thema «Schweizerisches Arbeitsrecht und europäische Integration» am Schweizerischen Juristentag 1993, ZSR 1993 II 1 ff., 157 ff., 786 ff.; vgl. auch JEAN-FRITZ STÖCKLI, Arbeitsrecht im Zeichen der Globalisierung, ArbR 1997 9 ff., HANS PETER TSCHUDI, Das Arbeitsrecht in der Wirtschaftskrise, ArbR 1994 11 ff. und FRANK VISCHER, Fragen aus dem Kollektivarbeitsrecht, AJP 1995 547 ff., je mit weiteren Hinweisen).

6. Handelsrecht

140 Auch auf dem Gebiet des *Handelsrechts* bestehen privatrechtliche Sondervorschriften ausserhalb von Zivilgesetzbuch und Obligationenrecht. Das eigentliche *Gesellschaftsrecht* ist zwar noch immer praktisch lückenlos im Obligationenrecht kodifiziert (vgl. SR-Systematik 221.30, 221.33 und dazu MEIER-HAYOZ/FORSTMOSER § 6 N 19 ff. sowie PATRY SPR VIII/1 44 ff.). Es ist jedoch denkbar, dass im Rahmen der weiteren binnen- und insbesondere aussenwirtschaftlichen Entwicklung neue besondere Vorschriften geschaffen werden müssen (z.B. Rechnungslegung und Publizität für Publikumsgesellschaften; Konzernrecht; Übernahmerecht; Einbindung volkswirtschaftlich bedeutsamer Gesellschaften in das Kapitalmarktrecht; allenfalls Schaffung eines umfassenden Unternehmungsrechts; vgl. dazu MEIER-HAYOZ/FORSTMOSER § 6 N 81 ff. mit Hinweisen; vgl. zum Verhältnis und zur Entwicklung von Gesellschaftsrecht und Kapitalmarktrecht auch die Beiträge von ZUFFEREY, BÖCKLI, KÜBLER, HIRSCH, ZOBL/ARPAGAUS und WERLEN in SZW 1995 209 ff. sowie FRIEDRICH KÜBLER, Gesellschaftsrecht als Rahmen der Interessenbalancierung, in HOFFMANN-RIEM 225 ff.; zum heutigen Stand des schweizerischen Kapitalmarktrechts PETER NOBEL, Schweizerisches Finanzmarktrecht, Bern 1997).

141 Ein erster Schritt in diese Richtung bildet das neue eidgenössische *Börsengesetz* (BG über die Börsen und den Effektenhandel vom 24. März 1995, BEHG, SR 954.1), in dessen Rahmen zur Sicherung der Gleichbehandlung der Aktionäre und insbesondere zum Schutz von Minderheitsaktionären privatrechtliche Vor-

schriften über öffentliche Kaufangebote erlassen wurden (Art. 22 ff. BEHG; vgl. dazu BBl 1993 I 1369 ff., 1389 f., 1411 ff.).

Ein besonderes Bundesgesetz regelt bereits heute die *Anlagefonds* (BG über die Anlagefonds vom 18. März 1994, AFG, SR 951.31). Die neue Fassung dieses Gesetzes, welche die Konkurrenzfähigkeit der schweizerischen Anlagefonds im europäischen Umfeld verbessern soll, enthält eine selbständige Regelung des Kollektivanlagevertrages und die Übertragung gewisser Entscheidbefugnisse vom Zivilrichter an die Eidgenössische Bankenkommission als Aufsichtsbehörde (vgl. Art. 6 f., 8, 15 und 21 AFG und dazu BBl 1993 I 217 ff., insbesondere 228, 236 ff., 256 f., DANIEL DAENIKER, Das revidierte Anlagefondsgesetz im europäischen Umfeld, SZW 1994 273 ff. und PETER FORSTMOSER [Hrsg.], Kommentar zum schweizerischen Anlagefondsgesetz, Loseblattausgabe, Zürich 1997). 142

Zu beachten sind sodann die *spezialgesetzlichen Buchhaltungsvorschriften* für einzelne Wirtschaftszweige, welche regelmässig mit einer besonderen öffentlich-rechtlichen Aufsicht verbunden sind (vgl. SR-Systematik 221.43 und dazu MEIER-HAYOZ/FORSTMOSER § 5 N 210 mit weiteren Hinweisen; zur unterschiedlichen Rechtsnatur der Buchführungsnormen insbesondere BOSSARD, ZH-Komm., Vorbem. zu Art. 957–964 OR N 450 ff. und KÄFER, BE-Komm., Grundlagen zu Art. 957–964 OR, N 6.40 ff. und oben N 73). 143

Im *Wertpapierrecht* ist vor allem auf die besonderen Regelungen über *Konnossemente* und andere *Transportdokumente* hinzuweisen (vgl. dazu GUHL/MERZ/DRUEY 809 f. und ARTHUR MEIER-HAYOZ/HANS CASPAR VON DER CRONE, Wertpapierrecht, Bern 1985, § 29 N 1 ff., § 30 N 1 ff. mit weiteren Hinweisen). 144

7. Immaterialgüterrecht

Gänzlich ausgegliedert aus dem System von ZGB und OR ist das *Immaterialgüterrecht (Recht des geistigen Eigentums)* geblieben, was seinerzeit damit begründet wurde, dass die Materie noch nicht so abgeklärt sei und nur ein relativ loser Zusammenhang mit dem allgemeinen Zivilrecht bestehe (Botschaft 10 f.; zum Begriff und zu den Besonderheiten des Immaterialgüterrechts vgl. TROLLER I 49 ff., 86 ff. und TROLLER/TROLLER 9 ff., insbesondere 21 ff.; zur geschichtlichen und dogmatischen Entwicklung auch DESSEMONTET SIWR I/1 1 ff. und Marbach SIWR I/1 27 ff.). Das Immaterialgüterrecht (im Prinzip ein weiterer Teil des *Handelsrechts*; vgl. dazu und zur verfassungsmässigen Grundlage in Art. 64 Abs. 1 BV auch KNAPP, Komm. BV, Art. 64 N 4) ist im übrigen – wie in den meisten Ländern – nicht zusammengefasst worden, sondern besteht seinerseits aus verschiedenen Einzelgesetzen, wobei jedoch die Rechtspflegevorschriften einander 145

Vorbem. Art. 5 und 6

weitgehend angeglichen worden sind (vgl. TROLLER I 39 ff., TROLLER/TROLLER 1, 204 ff. und DAVID SIWR I/2 1 ff. mit weiteren Hinweisen.).

146 Das Immaterialgüterrecht umfasst heute neben dem *Urheberrechtsgesetz* vom 9. Oktober 1992 (URG, SR 231.1) und dem *Topographiengesetz* vom 9. Oktober 1992 (ToG, SR 231.2), welche den Schutz von Werken der Literatur und Kunst sowie von Computerprogrammen bzw. der Strukturen von Halbleitererzeugnissen bezwecken, vor allem den sog. «gewerblichen Rechtsschutz», wozu namentlich das *Markenschutzgesetz* vom 28. August 1992 (MSchG, SR 232.11), das *Muster- und Modellgesetz* vom 30. März 1900 (MMG, SR 232.12), das *Patentgesetz* vom 25. Juni 1954 (PatG, SR 232.14), das *Sortenschutzgesetz* vom 20. März 1975 (SR 232.16) sowie die *Bundesgesetze zum Schutz öffentlicher Zeichen* (vgl. SR-Systematik 232.2) gehören (vgl. zur Frage, ob der Numerus clausus der Immaterialgüterrechte heute noch zeitgemäss sei, LUCAS DAVID in AJP 1995 1403 ff. mit Hinweisen). Das Immaterialgüterrecht wurde – wie sich aus den vorangehenden Hinweisen ergibt – zu Beginn dieses Jahrzehnts wesentlich erneuert, musste allerdings inzwischen im Hinblick auf den Beitritt zum *GATT/WTO*- bzw. *TRIPS-Abkommen* bereits wieder revidiert werden (vgl. dazu und zu weiteren Reformvorhaben auch Jürg MÜLLER in SJZ 1995 311 f. und hinten N 251, 255 mit weiteren Hinweisen).

147 Die erwähnten immaterialgüterrechtlichen Gesetze enthalten zu einem überwiegenden Teil *materielles Privatrecht*, geht es doch um die Regelung der *Befugnisse von Privaten* an von ihnen geschaffenen oder erworbenen immateriellen Gütern, über welche grundsätzlich *frei verfügt* werden kann. Ähnlich wie im übrigen Privatrecht werden freilich auch im Immaterialgüterrecht nicht nur private Interessen, sondern auch *Interessen Dritter* und der *Allgemeinheit* berücksichtigt (vgl. dazu auch Art. 6 N 88). Die immaterialgüterrechtlichen Gesetze enthalten überdies auch öffentlich-rechtliche Vorschriften, doch handelt es sich dabei grundsätzlich ebenfalls nur um *ergänzendes öffentliches Recht bzw. formelles Bundeszivilrecht*, wie es auch im Bereich von Zivilgesetzbuch und Obligationenrecht vorkommt (insbesondere Organisation der Registerbehörden, Verfahrensvorschriften; vgl. dazu auch Art. 6 N 91).

148 Eine Besonderheit stellen die (öffentlich-rechtlichen) Regeln von *Art. 40 ff. URG* dar, welche für gewisse Urheberrechte (Urheberrechte an musikalischen Werken und gesetzliche Vergütungsansprüche bei Massennutzung urheberrechtlich geschützter Werke) eine *kollektive Verwertung* vorschreiben, diese einer Bundesaufsicht unterstellen und für die erforderlichen Verwertungsgesellschaften eine Bewilligungspflicht vorsehen (vgl. zu dieser früher durch ein besonderes Gesetz geregelten Materie BBl 1989 III 553 ff. und GOVONI SIWR II/1 365 ff., je mit weiteren Hinweisen; kritisch zur Revision WOLFGANG LARESE, Urheberrecht zwi-

schen Privatrecht und öffentlichem Recht, in FS Hans Giger, Bern 1989, 379 ff.). Sodann weisen die immaterialgüterrechtlichen Gesetze im Unterschied zu Zivilgesetzbuch und Obligationenrecht auch *Strafbestimmungen* auf (vgl. z.B. Art. 67 ff. URG, Art. 61 ff. MSchG, Art. 24 ff. MMG, Art. 66 ff. PatG), was an der grundsätzlichen Zuordnung des Immaterialgüterrechts zum Privatrecht jedoch ebenfalls nichts zu ändern vermag (vgl. zum Ganzen TROLLER I 116 ff. und TROLLER/ TROLLER 24 f.; zu den Strafbestimmungen auch nachfolgend N 217 ff.).

8. Datenschutzrecht

In der SR-Systematik dem Immaterialgüterrecht angegliedert wurde das *BG über den Datenschutz* vom 19. Juni 1992 (DSG, SR 235.1). Im Unterschied zum Immaterialgüterrecht enthält dieses Gesetz jedoch lediglich eine *Ergänzung* und *Konkretisierung* des im Zivilgesetzbuch verankerten *Persönlichkeitsschutzes* in dem aufgrund der technischen Entwicklung sehr heikel gewordenen Bereich der Personendaten, nicht aber den Schutz selbständiger, von der Person getrennter Rechte (vgl. BBl 1988 II 416 ff. und HÜNIG, BS-Komm., Vorbem. zu Art. 12 DSG N 1 ff.; zur privatrechtlichen Natur des Datenschutzes in privatrechtlichen Rechtsbeziehungen auch VPB 1982 Nr. 20 Ziff. II/3d). 149

Das Datenschutzgesetz verfolgt das Konzept eines *Einheitsgesetzes*, welches für den privatrechtlichen und für den öffentlich-rechtlichen Bereich – für letzteren allerdings grundsätzlich nur gegenüber Bundesorganen – *übereinstimmende Datenbearbeitungsgrundsätze* enthält (Art. 4–11 DSG; vgl. für den öffentlich-rechtlichen Datenschutz gegenüber kantonalen Organen auch Art. 6 N 93). Allerdings besteht für die private Datenbearbeitung eine weniger weit gehende Registrierungs- und Auskunftspflicht (Art. 8 ff. DSG). Sodann werden Widerrechtlichkeit, Rechtfertigungsgründe und Rechtsschutz für den privaten Bereich besonders geregelt (Art. 12–15 DSG), und es bestehen in diesem Bereich nur eingeschränkte Kompetenzen des Datenschutzbeauftragten und der Datenschutzkommission (Art. 26 ff., 33 DSG). Das Datenschutzgesetz enthält auch *Strafbestimmungen* (Art. 35 f. DSG), welchen vor allem – aber nicht ausschliesslich – für den privaten Bereich Bedeutung zukommt (vgl. dazu ARZT, BS-Komm., Vorbem. zu Art. 34–35 DSG N 1 ff. mit Hinweisen). Für die Schaffung eines Einheitsgesetzes wurden insbesondere der *übereinstimmende* gesetzgebungspolitische *Zweck* sowie eine *bessere Abstimmung* von privatem und öffentlichem Datenschutzrecht und die *Vermeidung von Doppelspurigkeiten* ins Feld geführt (vgl. dazu BBl 1988 II 431, STEINLIN/SEETHALER, BS-Komm., Entstehungsgeschichte DSG N 20, 26, 28, 34 und 40 sowie HANS DANIOTH in: RAINER SCHWEIZER [Hrsg.], 150

Vorbem. Art. 5 und 6

Das neue Datenschutzgesetz des Bundes, Zürich 1993, 11 f.; kritisch dazu MARIO PEDRAZZINI im vorerwähnten Sammelwerk 19 ff., 25 ff.).

9. Wettbewerbsrecht

151   In einem weiteren Sinn gehört auch das *BG gegen den unlauteren Wettbewerb* vom 19. Dezember 1986 (SR 241) zum Immaterialgüterrecht (vgl. TROLLER I 113 ff., II 907 ff. und TROLLER/TROLLER 1, 23 f., 182 ff. mit weiteren Hinweisen). Dicscs enthält zugleich zusammen mit dem *Kartellgesetz* vom 6. Oktober 1995 (KG, SR 251) das privatrechtliche *Wettbewerbsrecht* (vgl. dazu und zu den Abgrenzungen MÜLLER SIWR V/1 5 f., 31 ff.; zu den Konkurrenzfragen im Bereich Wettbewerbsrecht/Immaterialgüterrecht WALTER R. SCHLUEP, Wirtschaftsrechtliche Punktationen zum Verhältnis wettbewerbsrechtlicher Normen, in FS Anton Heini, Zürich 1995, 335 ff.). Das Wettbewerbsrecht dient heute vor allem auch *Allgemeininteressen* (Schutz der Marktbeteiligten und der Allgemeinheit), hat seine Wurzeln aber ebenfalls im *Persönlichkeitsrecht* (vgl. für das *Lauterkeitsgesetz* [UWG] BBl 1983 II 1037 f. und zum heutigen Stand der Abgrenzung MÜLLER SIWR V/1 S. 32 ff.; für das *Kartellgesetz* BBl 1981 II 1339 ff. und GROSSEN SPR II 374 ff.). Obwohl beide Gesetze nach der SR-Systematik dem Privatrecht zugeordnet werden, handelt es sich jedoch von der Rechtsnatur her um *gemischte Gesetze* bzw. um sog. *Einheitsgesetze* (vgl. dazu auch oben N 123).

152   Beim *Lauterkeitsgesetz* (UWG) überwiegt heute der *privatrechtliche Teil* (Feststellungs-, Beseitigungs-, Unterlassungs- und Schadenersatzansprüche von Wettbewerbsteilnehmern und Organisationen bei unlauterem Wettbewerb, Art. 2–15 UWG) gegenüber den öffentlich-rechtlichen Bestimmungen. Diese bestehen nur noch aus den *Preisbekanntgabevorschriften* (Art. 16–20 UWG), während die Bewilligungspflicht für das *Ausverkaufswesen* (Art. 21 und 22 UWG) im Zuge der marktwirtschaftlichen Revitalisierung aufgehoben worden ist (Änderung vom 24. März 1995, AS 1995 4086 ff., und dazu BBl 1994 III 442 ff.). Die privatrechtlichen Vorschriften werden freilich auch strafrechtlich – aber lediglich als Antragsdelikte (Art. 23 UWG) – sanktioniert (vgl. dazu auch BBl 1983 II 1009 ff., insbesondere 1038 f., 1053 ff. und GUYET SIWR V/1 207 ff., 241 ff.).

153   Auch das *Kartellgesetz* war ursprünglich von seinem *Grundkonzept* her primär als *privatrechtlicher Erlass* ausgestaltet, wobei man davon ausging, dass das privatrechtliche Instrumentarium indirekt auch den gesamtwirtschaftlichen Zielen der angestrebten Wettbewerbsordnung dienen würde. Die Erfahrung hat jedoch gezeigt, dass diese Ziele mit privatrechtlichen Mitteln allein nicht erreicht werden können (erhebliches Prozessrisiko und Beweisschwierigkeiten für kla-

gende Aussenseiter). Dies führte zu einer *stärkeren Gewichtung* des *verwaltungsrechtlichen Teils* im Kartellgesetz von 1985 (vgl. dazu BBl 1981 II 1348 ff.). Das *Kartellprivatrecht* (Feststellungs-, Beseitigungs-, Unterlassungs- und Schadenersatzansprüche der betroffenen Privaten und ihrer Verbände bei unzulässiger Wettbewerbsbeschränkung) hat in der Folge aber aus verschiedenen Gründen, insbesondere wegen der besonderen privatrechtlichen Rechtfertigungsgründe, seine praktische Bedeutung fast vollständig verloren.

Der *Bedeutungsverlust* des *Kartellprivatrechts* soll nun durch die erneute *Gesetzesrevision vom 6. Oktober 1995,* welche allerdings primär der marktwirtschaftlichen Revitalisierung und der Angleichung des Kartellgesetzes an das EU-Recht dient, rückgängig gemacht werden. Die *materiellrechtlichen Bestimmungen* wurden für das Kartellprivat- und das Kartellverwaltungsrecht *vereinheitlicht* (Art. 5–8 KG), der *Entscheid* über die *Zulässigkeit* einer *Wettbewerbsbeschränkung* aber auch für das zivilrechtliche Verfahren der zuständigen eidgenössischen *Verwaltungsbehörde* (Wettbewerbskommission) zugewiesen (Art. 15 KG). Im verwaltungsrechtlichen Teil wurden sodann neu eine präventive *Fusionskontrolle* (Art. 9–11 KG) eingeführt und *Organisation und Verfahren* der Wettbewerbsbehörden neu geregelt (Art. 18 ff. KG). Daneben bestehen für diesen Teil weiterhin auch *Strafbestimmungen* (Art. 54–57 KG; vgl. zum Ganzen BBl 1995 I 468 ff., insbesondere 475 f., 519 ff., 522 f., 551 ff., 587 ff., 594 ff. und 622 f.; vgl. dazu auch CARL BAUDENBACHER, Zur Revision des schweizerischen Kartellgesetzes, AJP 1994 1367 ff., insbesondere 1374 f. mit weiteren Hinweisen; vgl. zum neuen Kartellgesetz auch WALTER STOFFEL in SZW 1996 106 ff., AJP 1996 791 ff. mit zahlreichen Beiträgen verschiedener Autoren (Sondernummer zum neuen Kartellgesetz), ROGER ZÄCH [Hrsg.], Das neue schweizerische Kartellgesetz, Zürich 1996, sowie die angekündigte Darstellung mit Beiträgen von SCHLUEP, ZÄCH und RICHLI in SIWR V/2; vgl. auch ERIC HOMBURGER u.a. [Hrsg.], Kommentar zum schweizerischen Kartellrecht, Loseblattausgabe, Zürich 1996 sowie die neue Zeitschrift «Recht und Politik des Wettbewerbs», Bern, ab 1997).

154

Vgl. im übrigen zum *Begriff* des *Wettbewerbsrechts* und zur *Abgrenzung* von *privat- und öffentlich-rechtlichem Wettbewerbsrecht* RHINOW, Komm. BV, Art. 31bis N 182 ff, insbesondere N 196 ff. und N 200, sowie KASPAR SPOENDLIN, Zum Verhältnis zwischen Privatrecht und öffentlichem Recht im schweizerischen Wettbewerbsrecht (Kartellgesetz und UWG), in FS Schweiz. Juristentag, Basel/Frankfurt a.M. 1985, 361 ff., je mit zahlreichen Hinweisen.

155

Vorbem. Art. 5 und 6

10. Zivilprozess- und Vollstreckungsrecht

156 Nicht zum Privatrecht gehören nach herrschender schweizerischer Auffassung – wie sich auch aus dem Titel der SR-Systematik («Privatrecht – Zivilrechtspflege – Vollstreckung») ergibt – das *Zivilprozess-* und *Vollstreckungsrecht*. Diese beiden Rechtsgebiete bilden zusammen das Zivilprozessrecht im weiteren Sinn (vgl. dazu HABSCHEID Rz 27 ff., VOGEL 1 N 36 f., AMONN/GASSER § 1 N 11, FRITZSCHE/WALDER § 1 N 2). Obwohl sie die nötigen *Organisations- und Verfahrensvorschriften* für die Anwendung und Vollstreckung des materiellen (inhaltlichen) Privatrechts enthalten und insoweit als formelles (verfahrensrechtliches) Privatrecht erscheinen (FORSTMOSER/SCHLUEP § 4 N 7 ff.), gelten diese Gebiete nach herrschender schweizerischer Auffassung als *öffentliches Recht* (zum Sonderfall der Regeln über die Prozessentschädigung vgl. Art. 6 N 264). Dies ergibt sich daraus, dass sie die Beziehungen der *Gerichte und Vollstreckungsbehörden* zu den Verfahrensparteien regeln und die erwähnten Staatsorgane hierbei diesen gegenüber über *hoheitliche Macht* verfügen (vgl. dazu KNAPP, Komm. BV, Art. 64 N 5, 8, 74, DESCHENAUX 20, DIDISHEIM 202 f., GULDENER 50 ff., HABSCHEID Rz 23, 30 ff., VOGEL 1 N 32, 34, WALDER § 1 N 2 und Art. 6 N 160 ff., je mit weiteren Hinweisen; für das Schuldbetreibungs- und Konkursrecht insbesondere BBl 1991 III 5 und AMONN/GASSER § 1 N 1 ff., 19; Hinweise auf abweichende Auffassungen im In- und Ausland, insbesondere in Frankreich, finden sich bei DESCHENAUX 20, DIDISHEIM 202 f. und HABSCHEID Rz 32; kritisch zur schweizerischen Rechtsauffassung auch HUBER N 48).

157 Zur Abgrenzung und zum Verhältnis von *Zivilrecht, Zivilprozessrecht* und *Vollstreckung* vgl. Näheres bei BRÖNNIMANN 373 ff., GULDENER 46 ff., 54 ff., HABSCHEID Rz 27 ff., 38 f., SCHNYDER, Das ZGB lehren, 540, VOGEL 1 N 14 ff., 36 f., 44 ff. und 2 N 37 ff., WALDER § 1 N 1 ff. und § 3 N 9 ff., AMONN/GASSER § 1 N 1 ff. und § 4 N 47 ff., FRITZSCHE/WALDER § 1 Rz 1 ff. und § 6 Rz 8 ff., je mit weiteren Hinweisen.

158 Für das *Zivilprozess- und Vollstreckungsrecht* bestehen im übrigen auch *besondere Verfassungsgrundlagen*. *Art. 64 Abs. 3 BV* behält die Schaffung des Organisations- und Verfahrensrechts im Bereich der *Zivilrechtspflege* grundsätzlich den Kantonen vor. Freilich kann der Bund Organisation und Verfahren der Bundesrechtspflegeinstanzen regeln (Art. 106 ff. BV) und gestützt auf die Privatrechtskompetenz (Art. 64 Abs. 1 und 2 BV) die für die Verwirklichung des Privatrechts notwendigen Organisations- und Verfahrensvorschriften erlassen (vgl. dazu Näheres oben 103 ff.; zur Zivilrechtspflege des Bundes nachfolgend N 282 ff.; zur Beeinflussung des kantonalen Zivilprozessrechts durch das geschriebene und ungeschriebene Bundesrecht Art. 6 N 165 ff.).

Art. 64 Abs. 1 BV überträgt dem Bund sodann ausdrücklich die Gesetzgebungskompetenz im Bereich des *Betreibungs- und Konkursrechts*; gestützt darauf ist das *BG über Schuldbetreibung und Konkurs* vom 11. April 1889 (SchKG, SR 281.1) erlassen worden (vgl. zur Verfassungsgrundlage auch KNAPP, Komm. BV, Art. 64 N 4 f. mit Hinweisen). Angesichts der nach herrschender schweizerischer Auffassung klaren Zuordnung des Betreibungs- und Konkursrechts (wie des Zivilprozessrechts) zum öffentlichen Recht erscheint es deshalb als fragwürdig, dass im Rahmen der geplanten *Verfassungsreform* auf eine ausdrückliche Erwähnung der Bundeskompetenz in diesem Bereich verzichtet werden soll (vgl. BBl 1997 I 339 zu Art. 113 Verfassungsentwurf 96 und dazu nun auch kritisch RAINER J. SCHWEIZER in ZBl 1997 486).

159

Das *Schuldbetreibungs- und Konkursgesetz*, welches 1994 erstmals einer umfassenden Teilrevision unterzogen worden ist (Änderung vom 16. Dezember 1994, AS 1995 1227 ff.; vgl. dazu die Beiträge in AJP 1996 1339 ff. und ZSR 1996 I 197 ff.), enthält eine einheitliche Regelung der *Vollstreckung* von *Geldzahlungen* und der *Sicherheitsleistung* in *Geld*, die auf *Privatrecht* oder auf (inländischem) *öffentlichem Recht* beruhen (zur Vollstreckung inländischer öffentlich-rechtlicher Geldforderungen vgl. insbesondere Art. 80 SchKG und dazu AMONN/GASSER § 19 N 44 ff., FRITZSCHE/WALDER § 10 Rz 2, § 19 Rz 8 ff., IMBODEN/RHINOW/KRÄHENMANN Nr. 50 sowie BBl 1991 III 66 zur Revision des SchKG; die Vollstreckung verwaltungsrechtlicher Entscheide ausländischer Behörden ist auch nach Art. 1 Abs. 1 LugÜ ausdrücklich ausgeschlossen, vgl. dazu BBl 1990 II 282 ff.; vgl. jedoch neuerdings den Bundesbeschluss vom 7. Dezember 1995, mit welchem die gegenseitige Unterstützung der Zollverwaltungen bei der Vollstreckung von Forderungen im Zusammenhang mit dem gemeinsamen EG/EFTA-Versandverfahren vorgesehen wird [vgl. AS 1997 1054 ff. und dazu BBl 1995 III 337 ff.]). Der Zwangsvollstreckung nach diesem Gesetz unterliegen grundsätzlich auch die *öffentlich-rechtlichen Organisationen*, insbesondere Bund, Kantone und Gemeinden (vgl. dazu und zu den Einschränkungen AMONN/GASSER § 7 N 11 ff. und FRITZSCHE/WALDER § 10 Rz 32 mit Hinweisen).

160

Zu den *öffentlich-rechtlichen Nebenfolgen* der Schuldbetreibung vgl. auch AMONN/GASSER § 14 Rz 1 ff. und FRITZSCHE/WALDER § 1 Rz 5, § 3 Rz 4 f., § 33 Rz 16. Die Bestimmungen des BG betreffend die öffentlich-rechtlichen Folgen der fruchtlosen Pfändung und des Konkurses vom 29. April 1920/18. März 1971 (SR 284.1) sind mit der Revision des SchKG (Anhang Ziff. 7) aufgehoben und – mit einigen wenigen Änderungen (insbesondere Verbot der Publikation von Verlustscheinen) – in Art. 26 rev. SchKG integriert worden (vgl. dazu BBl 1991 III 39 f. und AMONN/GASSER § 14 N 3 ff.).

161

Vorbem. Art. 5 und 6

162   *Ausserhalb* der Vollstreckung von *Geldforderungen* sind die *Kantone* demgegenüber gestützt auf Art. 64 Abs. 3 BV für die Regelung der *Zwangsvollstreckung* auf dem Gebiet des Privatrechts zuständig, wobei sie freilich verschiedene Vorgaben des Bundesrechts zu beachten haben (vgl. dazu Art. 6 N 176).

11. Internationales Privatrecht

163   Zum Privatrecht gehört demgegenüber nach herrschender Auffassung grundsätzlich auch das *Internationale Privatrecht*, welches entgegen der missverständlichen Formulierung nach wie vor zu einem grossen Teil aus nationalem Recht besteht (vgl. FORSTMOSER/SCHLUEP § 4 N 31) und das anwendbare Privatrecht bei Sachverhalten mit Auslandberührung bestimmt. Obwohl dies in der Regel durch blosse *Kollisions- bzw. Verweisungsregeln* geschieht, handelt es sich nach überwiegender kontinentaler Auffassung um die *Zuordnung von Rechten und Pflichten* an *Private*, nicht um die *Abgrenzung* staatlicher *Hoheitsbereiche* (KELLER/SIEHR 129 ff., insbesondere 135 f., SCHWANDER 51 ff., 54 und ADOLF F. SCHNITZLER, Handbuch des Internationalen Privatrechts, Band I, 4.A., Basel 1957, 25 ff.; a.M. offenbar FORSTMOSER/SCHLUEP § 4 N 32).

164   Das internationale Privatrecht der Schweiz ist heute im *BG über das Internationale Privatrecht* vom 18. Dezember 1987 (IPRG, SR 291) kodifiziert. Der Bundesgesetzgeber hat sich hierbei einerseits auf seine Kompetenz zur Regelung der auswärtigen Beziehungen (vgl. insbesondere Art. 8 BV) und andererseits auf seine Privatrechtskompetenz (Art. 64 Abs. 1 und 2 BV) gestützt (vgl. dazu BBl 1983 I 288 ff. und insbesondere VPB 1981 Nr. 49; Art. 46 Abs. 1 BV kommt demgegenüber keine internationale Bedeutung zu, vgl. dazu KNAPP, Komm. BV, Art. 46 Abs. 1 N 3, 11 ff. mit Hinweisen). Der Aufbau des Gesetzes folgt grundsätzlich der *Systematik* von *Zivilgesetzbuch* und *Obligationenrecht*, wobei das *Immaterialgüterrecht* zwischen diesen beiden Rechtsgebieten eingefügt worden ist (vgl. dazu und zu den erfassten Materien SCHNYDER, IPRG, insbesondere 5 f., DERSELBE, BS-Komm., Art. 1 IPRG N 7 ff. und VOLKEN, Komm. IPRG, Art. 1 N 35 ff.). Das IPRG enthält aber nicht nur das internationale Privatrecht der Schweiz, sondern auch *internationales Zivilprozess- und Vollstreckungsrecht* (insbesondere Vorschriften über Zuständigkeit, Anerkennung und Vollstreckung ausländischer Entscheide, Konkurs und Nachlassvertrag, internationale Schiedsgerichtsbarkeit und internationale Rechtshilfe; vgl. dazu SCHNYDER, IPRG, 4, 6, VOLKEN, a.a.O.; VOGEL 1 N 83 ff., 14 N 1 ff., 15 N 1 ff.; vgl. als weitere Gesamtdarstellung des IPRG auch BERNARD DUTOIT, Commentaire de la loi fédérale du 18 décembre 1987, Basel/Frankfurt a.M. 1996).

Vorbem. Art. 5 und 6

Das IPRG enthält freilich keine abschliessende Regelung des Internationalen Privatrechts. Zu berücksichtigen sind daneben – wie sich aus Art. 1 Abs. 2 IPRG ausdrücklich ergibt – zahlreiche *Staatsverträge*, welche die Schweiz auf diesem Gebiet abgeschlossen hat (vgl. SR-Systematik 0.20–0.28 und dazu SCHNYDER, IPRG, 7 f., DERSELBE, BS-Komm., Art. 1 IPRG N 15 ff., VOLKEN, Komm. IPRG, Art. 1 N 52 ff. und vorne N 87 f. sowie insbesondere hinten N 241 ff.). Für die Umsetzung des Haager Übereinkommens über den Schutz von Kindern und die Zusammenarbeit auf dem Gebiet der internationalen Adoption vom 29. Mai 1993, dem die Schweiz beitreten will, müssen nun überdies innerstaatliche Einführungsnormen in Form eines besonderen Bundesgesetzes geschaffen werden (vgl. zum Vernehmlassungsverfahren BBl 1997 I 1137). 165

Auch das Internationale Privatrecht weist zahlreiche *Berührungspunkte* und *Zusammenhänge* mit dem *öffentlichen Recht* bzw. mit der *Unterscheidung* von *Privatrecht* und *öffentlichem Recht* auf. So werden mit der prinzipiellen *Anküpfung* von anwendbarem Recht und Zuständigkeit an den *Wohnsitz* (oder den gewöhnlichen Aufenthalt) vor allem *staatspolitische Ziele* (Integration und Gleichbehandlung der ausländischen Wohnbevölkerung) verfolgt. Staatspolitisch motiviert ist auch der *Subsidiärschutz der Auslandschweizer* (subsidiäre Heimatzuständigkeiten und Möglichkeit der Wahl von Heimatrecht in gewissen Bereichen) sowie die Begünstigung der *Anerkennung* von *im Ausland verwirklichten und abgeschlossenen Rechtsakten* (Erleichterung des internationalen Zusammenlebens für die Staatengemeinschaft und die Einzelpersonen). In den Kollisionsnormen des IPRG kommen sodann die *Anliegen des Sozialschutzes* (insbesondere Gleichbehandlung der Ehegatten, Förderung des Kindeswohls, Schutz der schwächeren Vertragspartei) durch Abweichungen vom Prinzip der Anknüpfung an den engsten Zusammenhang, Favorisierung einzelner Personengruppen oder Vertragsparteien, Vorbehaltsklauseln und besondere Zuständigkeitsvorschriften ebenfalls zum Ausdruck, was auch als *Materialisierung* des Internationalen Privatrechts bezeichnet wird. Der *Wahrung der öffentlichen Ordnung* dienen sodann insbesondere der allgemeine ordre public-Vorbehalt von Art. 17 f. IPRG sowie einzelne sog. einseitige Kollisionsnormen (vgl. z.B. Art. 157 Abs. 1, Art. 159 IPRG). Die erwähnten Anliegen beschränken auch die *Möglichkeit der Rechtswahl (Parteiautonomie)*, welche das IPRG im übrigen als kollisionsrechtliches Korrelat zur materiellrechtlichen Privatautonomie in einem sehr weiten Umfang gewährt (vgl. zum Ganzen SCHNYDER, IPRG, 9 ff. mit zahlreichen Hinweisen; zum *ordre public-Vorbehalt* MÄCHLER-ERNE, BS-Komm., Art. 17, 18 IPRG und VISCHER, Komm. IPRG, Art. 17, 18 mit weiteren Hinweisen; zur *Parteiautonomie* und deren Verhältnis zur *Privatautonomie* insbesondere AMSTUTZ/VOGT/WANG, BS-Komm., Art. 116 IPRG und KELLER/KREN KOSTKIEWICZ, Komm. IPRG, Art. 116 mit weiteren Hinweisen). 166

Vorbem. Art. 5 und 6

167 Auf dem Gebiet des Internationalen Privatrechts stellen sich im übrigen ebenfalls *heikle Abgrenzungsfragen* gegenüber dem *öffentlichen Recht*, insbesondere auch gegenüber dem *ausländischen öffentlichen Recht*. Hinzuweisen ist vor allem auf *Art. 13 IPRG*. Danach umfassen *Verweisungen* dieses Gesetzes *auf ausländisches Recht* auch diejenigen Bestimmungen, welchen das ausländische Recht einen öffentlich-rechtlichen Charakter zuschreibt, allerdings unter dem *Vorbehalt* des *schweizerischen Ordre public* gemäss *Art. 17 IPRG* (vgl. dazu SCHNYDER, IPRG, 29 ff., MÄCHLER-ERNE, BS-Komm., Art. 13 IPRG N 11 ff., Art. 17 IPRG N 16 f., HEINI, Komm. IPRG, Art. 13 N 12 ff., VISCHER, Komm. IPRG, Art. 17 N 11 f. und MOOR I 162 f., je mit weiteren Hinweisen). Vgl. im übrigen zur Abgrenzung des *internationalen Privatrechts* gegenüber dem *öffentlichen Recht* bzw. dem *öffentlich-rechtlichen Kollisionsrecht* KELLER/SIEHR 149 ff. und SCHWANDER 54 ff.; zur damit zusammenhängenden Problematik im Grenzbereich des *Wirtschaftsrechts* ANTON K. SCHNYDER, Wirtschaftskollisionsrecht, Zürich 1990, insbesondere Rz 44 ff.

VI. Privatrechtliche Verordnungen

168 Wie bereits erwähnt (oben N 124), besteht auch das Bundeszivilrecht *nicht nur* aus Erlassen, die im *Gesetzgebungsverfahren* entstanden sind (Bundesgesetze, referendumspflichtige Bundesbeschlüsse), sondern auch aus rechtsetzenden Normen, die in einem *vereinfachten Verfahren* erlassen worden sind (Verordnungen im Rechtssinn). Diese können vom *Parlament* ausgehen (nichtreferendumspflichtige allgemeinverbindliche Bundesbeschlüsse), aber auch von *Exekutiv-* und *Justizbehörden* (vgl. zur Abgrenzung dieser Rechtsquellen HÄFELIN/HALLER Rz 994 ff.; G. MÜLLER, Komm. BV, Art. 89 Abs. 1 N 20 ff.). Für die Erlasse der Exekutiv- und Justizbehörden hat sich heute allgemein der Begriff *«Verordnungen»* durchgesetzt, während früher zum Teil auch von Beschlüssen, Verfügungen, Weisungen und Reglementen gesprochen wurde (vgl. zur früheren uneinheitlichen Terminologie HÄFELIN/HALLER Rz 998 und G. MÜLLER, Komm. BV, Art. 89 Abs. 1 N 21 FN 52).

169 Die Lehre unterscheidet im übrigen *Rechtsverordnungen* und blosse *Verwaltungsverordnungen*. Nur die *Rechtsverordnungen* enthalten eigentliche Rechtssätze, d.h. Rechtsnormen, die sich an die Allgemeinheit richten. Die *Verwaltungsverordnungen* binden demgegenüber – obwohl sie in Ausnahmefällen auch «Aussenwirkungen» auf die Bürger haben können – grundsätzlich nur die unterstellten Behörden. Sie werden regelmässig nicht als Verordnungen, sondern

Vorbem. Art. 5 und 6

als *generelle Dienstanweisungen*, *Kreisschreiben* usw. bezeichnet und bilden auch ein *Mittel der Bundesaufsicht* (vgl. für den Bereich des Bundeszivilrechts z.B. TUOR/SCHNYDER/SCHMID 113 mit Hinweisen zu den Kreisschreiben betr. das Zivilstandswesen; vgl. ferner auch BGE 84 II 146 f. zu einem Kreisschreiben des Bundesgerichts betreffend das Entmündigungsverfahren; zu den Kreisschreiben des Bundesgerichts betr. Pfändung und Verwertung von Objekten unter Eigentumsvorbehalt TUOR/SCHNYDER/SCHMID 748 FN 19 mit Hinweisen; zu den Mitteln der Bundesaufsicht nachfolgend N 302 ff.). Mangels Rechtssatzqualität müssen blosse Verwaltungsverordnungen nicht in der amtlichen Gesetzessammlung publiziert werden (vgl. dazu HÄFELIN/HALLER Rz 999 f., G. MÜLLER, Komm. BV, Art. 89 Abs. 1 N 28 f., HÄFELIN/MÜLLER Rz 93 ff. und MOOR I 264 ff.).

Rechtsverordnungen kommen im Bereich des Bundeszivilrechts insbesondere dort vor, wo sehr *ausführliche* oder der Entwicklung *rasch anpassbare Detailregelungen* in Konkretisierung gesetzlicher Vorschriften erlassen werden müssen (vgl. z.B. Verordnung über das bäuerliche Bodenrecht vom 4. Oktober 1993 [VBB, SR 211.111], Verordnung über die Miete und Pacht von Wohn- und Geschäftsräumen vom 9. Mai 1990 [VMWG, SR 221.213.11]; vgl. auch die Ausführungsverordnungen auf dem Gebiet des geistigen Eigentums und des Datenschutzes gemäss SR-Systematik 23) oder wo *formelles Bundeszivilrecht* (vor allem Organisations- und Verfahrensvorschriften) näherer *Ausführung* bedarf (vgl. z.B. Zivilstandsverordnung vom 1. Juni 1953 [ZStV, SR 211.112.1], Verordnung betreffend das Grundbuch vom 22. Februar 1910 [GBV, SR 211.432.1], Handelsregisterverordnung vom 7. Juni 1937 [HRegV, SR 221.411]; vgl. dazu auch TUOR/SCHNYDER/SCHMID 22 f., SCHNYDER, Allg. Einl. N 241 ff., insbesondere 245 ff., und DERSELBE, Das ZGB lehren, 535 f.; zu den Anforderungen an die Zulässigkeit von Vollziehungsverordnungen und gesetzesvertretenden Verordnungen allgemein HÄFELIN/HALLER Rz 1004 ff., 1013 ff., HÄFELIN/MÜLLER Rz 106 ff. und G. MÜLLER, Komm. BV, Art. 89 Abs. 1 N 24 ff., 30 ff.). Insbesondere im Bereich der Organisations- und Verfahrensvorschriften kommen zum Teil auch Verordnungen *untergeordneter Verwaltungsbehörden* vor (vgl. z.B. die vom Eidg. Justiz- und Polizeidepartement erlassene Technische Verordnung über die amtliche Vermessung vom 10. Juni 1994 [TVAV, SR 211.432.21], mit welcher zahlreiche frühere Weisungen und Reglemente für die Grundbuchvermessung aufgehoben wurden). Verordnungen des *Bundesgerichts* als Oberaufsichtsbehörde über Schuldbetreibung und Konkurs finden sich im Grenzbereich *Privatrecht/Zwangsvollstreckung* (vgl. dazu TUOR/SCHNYDER/SCHMID 23, SCHNYDER, Allg. Einl. N 241 f. und AMONN/GASSER § 3 N 8 ff.). Auch Verordnungen im Bereich des Privatrechts können im übrigen durchaus *gemischter Natur* sein und teils öffentliches Recht, teils Privatrecht enthalten (vgl. BGE 107 Ib 284 f. und RHINOW/KRÄHENMANN Nr. 3 B IV).

Vorbem. Art. 5 und 6

171 Besonders zu erwähnen sind die auf Art. 359 ff. OR gestützten Verordnungen des Bundesrates über *Normalarbeitsverträge*, welche für bestimmte Typen von Arbeitsverhältnissen *dispositives Vertragsrecht* setzen (vgl. zu diesem Institut, seiner Funktion und seiner Stellung innerhalb des Arbeitsrechts REHBINDER, Arbeitsrecht, 30 f., VISCHER 285 ff. und SCHÖNENBERGER/VISCHER, ZH-Komm., Art. 359, 359a und 360 OR, je mit weiteren Hinweisen; zur Problematik der Verordnungsstufe insbesondere SCHÖNENBERGER/VISCHER, a.a.O., Art. 359a OR N 15; zu den Normalarbeitsverträgen auf Bundesebene SR-Systematik 221.215.32 und dazu SCHÖNENBERGER/VISCHER, a.a.O., Art. 359 OR N 24). Soweit die *Kantone* für den Erlass von Normalarbeitsverträgen *zuständig* sind (Art. 359 Abs. 2 OR: Arbeitnehmer in Landwirtschaft und Hausdienst; Art. 359a Abs. 1 OR: weitere Fälle mit Geltungsbereich nur für einen Kanton), handelt es sich allerdings nicht um Bundeszivilrecht, sondern um *kantonales Privatrecht* (vgl. dazu VISCHER 288, HUBER N 100 und Art. 5 N 201 f.).

VII. Autonome Satzungen

172 Aus dem öffentlichen Recht sind neben den Verordnungen der staatlichen Behörden auch generell-abstrakte Normen bekannt, welche von *verselbständigten öffentlichen* und ausnahmsweise auch von *privaten Organisationen* gestützt auf eine *gesetzliche Ermächtigung* erlassen werden *(autonome Satzung)* (vgl. dazu HÄFELIN/MÜLLER Rz 120 ff., 1198 und MOOR I 53 ff., III 99 ff.). Solche autonomen Satzungen kommen jedoch – allerdings weniger häufig – auch im Bereich des *Privatrechts* vor (vgl. für die seltenen Fälle privatrechtlicher Vorschriften der *Gemeinden* Art. 5 N 110, 129). Wichtigstes Beispiel für eine *Rechtsetzungsdelegation an Private* bildet der sog. *normative Teil* von *Gesamtarbeitsverträgen*, welcher Bestimmungen enthält, die gemäss Art. 357 OR widersprechenden Abreden in Einzelarbeitsverträgen grundsätzlich vorgehen (vgl. dazu REHBINDER, Arbeitsrecht, 190 f., SCHÖNENBERGER/VISCHER, ZH-Komm., Art. 356 OR N 6 ff. und VISCHER 247 f., je mit Hinweisen). Auch durch eine allfällige *Allgemeinverbindlicherklärung* verlieren Gesamtarbeitsverträge im übrigen ihren Charakter als privatrechtliche autonome Satzungen grundsätzlich nicht (vgl. IMBODEN/RHINOW/ KRÄHENMANN Nr. 3 B III). Freilich liegt gegenüber *Aussenseitern* ein Rechtsetzungsakt eigener Art vor (Mischform zwischen autonomer Regelung und staatlicher Rechtsetzung; vgl. dazu AUBERT Nr. 1538 [inkl. Nachtrag], REHBINDER, Arbeitsrecht, 204, SCHÖNENBERGER/VISCHER, ZH-Komm., Art. 359b OR N 92 f. und insbesondere VISCHER 278; vgl. auch oben N 138).

Vorbem. Art. 5 und 6

Normsetzende *Kollektivverträge* kommen aber auch in anderen Bereichen vor, in welcher der Staat als Alternative zur gesetzlichen Regulierung die Selbstregulierung durch die betroffenen Kreise steuern und fördern will (z.B. *Rahmenmietverträge*, *Vereinbarungen* von *Wirtschafts- und Konsumentenorganisationen;* vgl. dazu und zur Zuordnung solcher Verträge zum Privatrecht bzw. zum öffentlichen Recht FORSTMOSER/SCHLUEP § 17 N 5 ff., 97, LANGHART 118 ff. und oben N 35 f.; vgl. ferner auch HEINZ HAUSHEER, Die Allgemeinverbindlicherklärung von Kollektivverträgen als gesetzgeberisches Gestaltungsmittel, ZSR 1976 II 225 ff., JEAN-FRANCOIS PERRIN, Les conventions déclarées de force obligatoire générale en tant que source de droit, und URSULA BRUNNER, Rechtsetzung durch Private, Zürich 1982, je mit weiteren Hinweisen).

173

Soweit sich die *Ermächtigung* zum Erlass autonomer Satzungen aus dem Bundeszivilrecht ergibt, gehören auch die dadurch geschaffenen Normen dem *Bundeszivilrecht* an. Dies gilt selbst dann, wenn es sich nicht um einen gesamtschweizerischen Kollektivvertrag handelt bzw. die Allgemeinverbindlicherklärung nur für das Gebiet eines Kantons und durch eine kantonale Behörde erfolgt ist (vgl. dazu BGE 98 II 209 und Art. 5 N 63 ff., 130; vgl. demgegenüber für die Regelung der Normalarbeitsverträge oben N 171 und Art. 5 N 201 f.).

174

Keine Rechtsnormen, sondern besondere *Ordnungsinstrumente des Privatrechts* sind dagegen die *Statuten* bzw. *Satzungen* von *Vereinen* und anderen *privaten Verbänden*, welche nicht auf einer gesetzlichen Ermächtigung zur Schaffung generell-abstrakter Rechtsnormen beruhen (vgl. dazu FORSTMOSER/SCHLUEP § 20 N 73 ff. und HEINI SPR II 542 f. mit weiteren Hinweisen). Ebenfalls keine Rechtsnormen enthalten sog. *Allgemeine Geschäftsbedingungen*, welche heute die Grundlage von Einzelverträgen in fast allen Bereichen und Stufen der Wirtschaft (insbesondere im Massenverkehr) bilden (vgl. dazu und zu der damit verbundenen Problematik FORSTMOSER/SCHLUEP § 17 N 15 ff., CARONI 141 ff., GAUCH/SCHLUEP Rz 1116 ff. und KRAMER, BE-Komm., Art. 1 OR N 173 ff., Art. 19–20 OR N 270 ff., je mit weiteren Hinweisen).

175

VIII. Ungeschriebenes Recht

Bestandteil des Bundeszivilrechts, welches dem kantonalen Recht grundsätzlich vorgeht, bilden nicht nur geschriebene Rechtssätze, sondern auch *ungeschriebenes Recht*, insbesondere auch das *qualifizierte Schweigen* des Bundesgesetzgebers oder eine *auszufüllende Lücke* (vgl. dazu DESCHENAUX 25 und HUBER N 16, 22 mit Hinweisen; zu den bundeszivilrechtlichen Lücken und deren Füllung auch SCHNY-

176

Vorbem. Art. 5 und 6

DER, Allg. Einl. N 180 ff.). Soweit es nicht um eigentliches Privatrecht, sondern lediglich um *zivilrechtsnahe Bereiche* geht, die bundesrechtlich noch nicht geregelt sind, sollte freilich der Erlass von öffentlich-rechtlichen Vorschriften des kantonalen Rechts nicht ausgeschlossen sein, da andernfalls – vor allem auch angesichts der nicht scharf abgrenzbaren Privatrechtskompetenz des Bundes – die Gefahr eines Kompetenzvakuums bestünde (vgl. dazu SCHNYDER, Freiheit, 601 mit Hinweis auf die Fortpflanzungsmedizin und die frühere Situation bei der fürsorgerischen Freiheitsentziehung; vgl. dazu auch vorne N 96 ff., insbesondere N 101 f.).

177 Als ungeschriebene *Rechtsquellen* des Bundeszivilrechts werden in Art. 1 Abs. 2 ZGB für den Fall, dass den schriftlichen Rechtsquellen keine Vorschrift entnommen werden kann, ausdrücklich das *Gewohnheitsrecht* und das *Richterrecht* anerkannt, welche vor der Kodifikation auf kantonaler bzw. auf eidgenössischer Ebene die wichtigsten Rechtsquellen des Privatrechts waren (vgl. dazu FORSTMOSER/SCHLUEP § 14 N 1 ff., § 15 N 1 ff. und DÜRR, Art. 1 N 417 ff., 472 ff., je mit weiteren Hinweisen). Als ungeschriebenes Recht kommen im übrigen auch allgemeine und insbesondere privatrechtliche *Rechtsgrundsätze* in Betracht (vgl. dazu FORSTMOSER/SCHLUEP § 16 N 72 ff., DÜRR, Art. 1 N 259, 531 und MEIER-HAYOZ, BE-Komm., Art. 1 ZGB N 405 ff., je mit weiteren Hinweisen).

178 *Gewohnheitsrecht* bildet grundsätzlich nur dann Bestandteil des *Bundeszivilrechts*, wenn es sich um *gemeinschweizerisches* Gewohnheitsrecht im Bereich des Privatrechts handelt. In den Schranken von Art. 5 und 6 ZGB ist freilich im Bereich des Bundeszivilrechts auch *kantonales Gewohnheitsrecht* möglich (vgl. dazu HUBER N 17, DÜRR, Art. 1 N 432 ff. und MEIER-HAYOZ, BE-Komm., Art. 1 ZGB N 237 ff.; vgl. dazu auch Art. 5 N 111 ff. und Art. 6 N 113 ff.; zur heute geringen Bedeutung des Gewohnheitsrechts im Zivilrecht TUOR/SCHNYDER/SCHMID 38 ff. und DÜRR, Art. 1 N 466 ff. mit Hinweisen). *Richterrecht* ist dann dem *Bundeszivilrecht* zuzuordnen, wenn es um dessen Auslegung geht oder Lücken innerhalb dieses Rechtsgebietes gefüllt werden müssen. In der Regel wird es sich um *bundesgerichtliche Rechtsprechung* handeln, doch können auch *kantonale Gerichte* im Sinne von Art. 1 Abs. 3 ZGB eine bewährte Rechtsprechung zu bundesprivatrechtlichen Fragen bilden (vgl. dazu DÜRR, Art. 1 N 605 ff. und MEIER-HAYOZ, a.a.O., Art. 1 ZGB N 466 ff., 474 ff.). Raum für *kantonalrechtliches Richterrecht* ist demgegenüber wiederum nur im Rahmen der Vorbehalte von Art. 5 und 6 ZGB (vgl. dazu Art. 5 N 111 f. und Art. 6 N 113 ff.).

179 Keine Rechtsquellen im Sinne von objektiven Rechtsnormen sind dagegen grundsätzlich *Übung* und *Ortsgebrauch* (auch Verkehrssitte, Handelsbrauch) sowie *technische Normen* und *berufliche Verhaltensvorschriften*, da sie nicht von einem zur Rechtsetzung befugten Organ bzw. in einem entsprechenden Verfah-

ren geschaffen worden sind. Solche Regeln können aber durch *Verweisungen* in gesetzlichen Vorschriften mittelbar den Rang von Rechtsnormen erhalten, wobei sie derjenigen Rechtsordnung zuzuordnen sind, welcher die Verweisungsnorm angehört. Überdies können Verkehrsübungen gemäss Art. 1 Abs. 3 ZGB auch *Hilfsmittel* für die *richterliche Rechtsfindung* bilden (vgl. für *Übung* und *Ortsgebrauch* hinten Art. 5 N 209 ff.).

Während im öffentlichen Recht häufig auch auf *technische Normen* und *berufliche Verhaltensvorschriften* verwiesen wird (vgl. dazu und zur Zulässigkeit dieses Vorgehens BGE 123 I 124 ff., IMBODEN/RHINOW/KRÄHENMANN Nr. 61 B II, IV, MOOR III 100 ff. und ALEXANDER RUCH, Recht der Technik – Rechtstechnik, ZBl 1995 1 ff., insbesondere 7 ff., je mit weiteren Hinweisen), kommt dies im Privatrecht kaum vor. Solche Regeln bilden dagegen auch im Bereich des Privatrechts – sei es durch *Verweisung in Vertragsabreden* oder durch *Beizug* bei der *richterlichen Rechtsfindung* im Streitfall – häufig Massstab für die geforderte Leistung bzw. Sorgfalt (vgl. z.B. für den Bereich des *Bauens* HANS RUDOLF SPIESS, Technische Normen, in: MARTIN LENDI/URS CH. NEF/DANIEL TRÜMPI [Hrsg.], Das private Baurecht der Schweiz, Zürich 1994, 217 ff., für die *Anwaltstätigkeit* FELIX WOLFFERS, Der Rechtsanwalt in der Schweiz, Zürich 1986, 117 ff., für die *medizinischen Berufe* HANS OTT in: HEINRICH HONSELL [Hrsg.], Handbuch des Arztrechts, Zürich 1994, 242 ff., je mit weiteren Hinweisen; für die nationalen und internationalen *Handelsbräuche* Art. 5 N 244 ff.; vgl. allgemein zur wachsenden Bedeutung des *Berufsrechts* für die Auslegung und Anwendung des Privatrechts THOMAS WERLEN in SZW 1995 270 ff., 278 f. mit Hinweisen; vgl. zur sog. indirekten Verweisung im öffentlichen Recht auch RHINOW/KRÄHENMANN Nr. 61 B V und RUCH, a.a.O., mit Hinweisen). 180

D. Das Verhältnis des Bundeszivilrechts zum übrigen Bundesrecht und zum internationalen und europäischen Recht

I. Bundeszivilrecht und Bundesverfassungsrecht

1. Allgemeines

Das Bundesverfassungsrecht (vgl. zu diesem Begriff HÄFELIN/HALLER Rz 1 ff., AUBERT Nr. 245 ff. [inkl. Nachtrag] und EICHENBERGER, Komm. BV, Verfassungs- 181

Vorbem. Art. 5 und 6

rechtliche Einleitung N 3 ff.) enthält als staatliche Grundordnung auch die Grundlagen des Bundeszivilrechts. An erster Stelle ist hierbei *Art. 64 BV* zu nennen, aus welcher Bestimmung sich eine *umfassende Gesetzgebungskompetenz* des Bundes für die Regelung des *Zivilrechts* (im Sinne von materiellem *Privatrecht*) mit nachträglich derogatorischer Wirkung ergibt (vgl. dazu nachfolgend N 264; zum teilweise umstrittenen Umfang dieser Kompetenz HÄFELIN/HALLER Rz 278, 311, 313 f., 385b, KNAPP, Komm. BV, Art. 64 N 1 ff. und insbesondere vorne N 91 ff., 94 ff.). Art. 64 BV stellt aber nach heutiger Auffassung nicht nur die Kompetenzgrundlage für das Bundeszivilrecht dar, sondern verpflichtet den Bund im Sinne einer *Aufgabennorm* auch, ein solches zu schaffen (vgl. dazu SALADIN, Komm. BV, Art. 3 N 82 ff. und BBl 1997 I 228 zum Verfassungsentwurf 96; zur Zulässigkeit von Rechtsetzungsdelegationen an die Kantone Art. 5 N 14, 30). Ein verfassungsmässiges Recht auf Einhaltung der in dieser Vorschrift enthaltenen Kompetenzordnung lässt sich daraus jedoch nicht ableiten (vgl. dazu auch KNAPP, Komm. BV, Art. 64 N 32 mit Hinweis auf BGE 65 I 79; vgl. auch BGE 98 Ia 370 f.).

182 Die Bundesverfassung enthält aber nicht nur die Kompetenzgrundlage und den Auftrag für die Schaffung des Bundeszivilrechts, sondern – aufgrund der durch den Einfluss der Volksrechte und ständige Teilrevisionen geprägten Struktur der Verfassung – auch zahlreiche *inhaltliche Vorgaben* für dessen Ausgestaltung, namentlich in politisch heiklen Bereichen (vgl. insbesondere Art. 24^{novies} BV für die Fortpflanzungs- und Gentechnologie, Art. 31^{sexies} BV für den Konsumentenschutz, Art. 34ter BV für das Arbeitsrecht und Art. 34^{septies} BV für das Mietrecht und dazu SCHWEIZER/SALADIN, RHINOW, G. AUBERT und JUNOD in Komm. BV; vgl. sodann auch JEAN-FRANÇOIS AUBERT, La constitution, son contenu, son usage, ZSR 1991 II 9 ff., 93 ff.). In der Regel handelt es sich um reine *Gesetzgebungsaufträge*, doch sind ausnahmsweise auch direkt anwendbare Vorgaben möglich (vgl. z.B. RHINOW, Komm. BV, Art. 31^{sexies} N 72 ff. zum Verbandsklagerecht im Bereich des unlauteren Wettbewerbs; zur Problematik des Abbaus inhaltlicher Vorgaben bei einer Straffung der Verfassung im Rahmen der geplanten Totalrevision HEINRICH KOLLER, Die Reform der Bundesverfassung als Weg in die Zukunft, ZBl 1996 1 ff., insbesondere 13 f.). Im Rahmen der geplanten, grundsätzlich auf eine Rechtsnachführung beschränkten *Verfassungsreform* sollen diese Vorgaben weitgehend beibehalten werden (vgl. BBl 1997 I 29 ff., 115 ff., 302 f., 319 f., 320 ff. und 334 f. zum Verfassungsentwurf 96 allgemein sowie zu den erwähnten politisch heiklen Bereichen). Überdies sollen die grundlegenden sozialpolitischen Ziele neu in einer besonderen Verfassungsbestimmung zusammengefasst werden (vgl. BBl 1997 I 197 ff. zu Art. 33 Verfassungsentwurf 96). Von Bedeutung sind sodann auch *besondere Bundeskompetenzen,* welche es erlau-

ben, im Rahmen eines privatrechtlichen oder gemischten Bundesgesetzes neben privatrechtlichen auch öffentlich-rechtliche Gesichtspunkte zu regeln, ohne die sich aus Art. 64 BV ergebenden Schranken für ergänzendes öffentliches Bundesrecht beachten zu müssen (vgl. dazu oben N 108 f.).

Verschiedene Bestimmungen der Bundesverfassung, insbesondere die *Grundrechte*, aber auch einzelne *Aufgabennormen, garantieren* oder *schützen* sodann *Institutionen des Privatrechts* (vgl. für die *Eigentumsgarantie* G. MÜLLER, Komm. BV, Art. 22ter N 1 ff., für die *Vertragsfreiheit* RHINOW, Komm. BV, Art. 31 N 85, für die *Ehefreiheit* DICKE, Komm. BV, Art. 54 N 1 ff. und für die *Vereinsfreiheit* MALINVERNI, Komm. BV, Art. 56 N 1 ff.; zur nicht völlig geklärten Bedeutung des *Familienschutzartikels* MAHON, Komm. BV, Art. 34^{quinquies} N 23 ff. und 47; vgl. auch BBl 1997 I 154 f., 167 ff., 172 ff., 176 f. und 329 ff. zu den entsprechenden Bestimmungen des Verfassungsentwurfs 96). In einzelnen Fällen weist die *Bundesverfassung* aber auch direkt anwendbare, *materielles Bundeszivilrecht* enthaltende Bestimmungen auf (vgl. insbesondere Art. 4 Abs. 2 Satz 3 BV [Lohngleichheit] und dazu vorne N 85; vgl. auch BBl 1997 I 143 zu Art. 7 Abs. 3 Verfassungsentwurf 96). Umgekehrt enthält das *Bundeszivilrecht* gewisse grundlegende Vorschriften, denen zum Teil *materieller Verfassungsrang* zugeschrieben wird und die – historisch gesehen – den verfassungsmässigen Grundrechten vorangegangen sind (vgl. etwa zur *allgemeinen Rechtsfähigkeit* und *privatrechtlichen Rechtsgleichheit* gemäss Art. 11 ZGB TUOR/SCHNYDER/SCHMID 70 ff. und GROSSEN SPR II 292 ff., 311 ff.; zum *Persönlichkeitsschutz* gemäss Art. 27 ff. ZGB TUOR/SCHNYDER/SCHMID 86 ff. und HALLER, Komm. BV, Persönliche Freiheit N 68; zur *Vertragsfreiheit* nach Art. 19 OR KRAMER, BE-Komm., Art. 19–20 OR N 13 ff., RHINOW, Komm. BV, Art. 31 N 85 und Art. 6 N 347 ff.).

183

Schliesslich enthält die Bundesverfassung insgesamt (insbesondere in den Zielnormen, Gesetzgebungsaufträgen und Grundrechten) die *Wertordnung*, welche dem Privatrecht und dem öffentlichen Recht des Bundesstaates gemeinsam ist und dementsprechend auch vom Privatrechtsgesetzgeber sowie bei der Auslegung und Anwendung des Bundeszivilrechts zu beachten ist (vgl. dazu insbesondere HÄFELIN/HALLER Rz 140 ff. und EICHENBERGER, Komm. BV, Verfassungsrechtliche Einleitung N 87 ff. sowie oben N 45 ff., je mit weiteren Hinweisen; vgl. nun auch BBl 1997 I 197 ff. zur Sozialzielbestimmung von Art. 33 Verfassungsentwurf 96; zur Frage, inwieweit das Verfassungsrecht das Privatrecht materiell gestalten soll, auch DRUEY, Kontaktrecht, 162 ff. und die Diskussionsvoten von BERNHARD SCHNYDER, JEAN-FRANÇOIS AUBERT und KURT EICHENBERGER am Schweiz. Juristentag 1991, ZSR 1991 II 302 f., 309 f. und 312 f.; zur Bedeutung der verfassungsmässigen Wertordnung bei der Rechtsetzung und Rechtsanwendung auch nachfolgend N 187 ff., N 199 und Art. 6 N 52 ff.).

184

Vorbem. Art. 5 und 6

185   Hieraus ergibt sich auch, dass die Privatrechtskompetenz des Bundes (Art. 64 BV) den Bund keineswegs zum Abweichen von der *Handels- und Gewerbefreiheit* oder von *anderen Grundrechten* ermächtigt. Auch Eingriffe des Privatrechtsgesetzgebers in die Freiheitsrechte müssen sich daher auf eine genügende gesetzliche Grundlage stützen, im öffentlichen Interesse liegen und verhältnismässig sein. Die Privatrechtsordnung soll andererseits aber auch mithelfen, dass von den Grundrechten *tatsächlich Gebrauch* gemacht werden kann (vgl. dazu Junod, Komm. BV, Art. 34^{septies} N 13 mit Hinweisen). Im übrigen ist darauf hinzuweisen, dass die Grundsatznormen des Bundesverfassungsrechts, insbesondere die Grundrechte, zunehmend durch entsprechende Normen des *internationalen Rechts* (vor allem durch den internationalen Menschenrechtsschutz) ergänzt oder gar überlagert werden (vgl. dazu nachfolgend N 234 ff.).

186   Die Frage der *Verfassungsmässigkeit* neuer Vorschriften auch des Bundeszivilrechts, insbesondere der verfassungsrechtlichen Abstützung und allenfalls auch des Verhältnisses zu den Grundrechten, wird in neuerer Zeit stets in einem *besonderen Kapitel* der jeweiligen Botschaft des Bundesrates an die eidgenössischen Räte behandelt (vgl. z.B. für das neue Scheidungsrecht BBl 1996 I 182). Der Bundesrat kommt damit auch der Kritik von Huber N 40 entgegen, welcher die oft wahllose und unbegründete Anführung verschiedenster Verfassungsgrundlagen im Ingress neuer Erlasse bemängelte.

2. Frage der Drittwirkung der Grundrechte

187   Ein besonderes Problem im Verhältnis von Bundesverfassungsrecht und Bundeszivilrecht ergibt sich im Zusammenhang mit den *Grundrechten*. Die neuere Lehre geht davon aus, dass die Grundrechte (Freiheitsrechte, Rechtsgleichheit) sich nicht nur auf das Verhältnis zwischen den Einzelnen und dem Staat beziehen, sondern auch auf die horizontalen Rechtsbeziehungen zwischen Privaten Auswirkungen haben müssen (Frage der *Drittwirkung der Grundrechte*), da es sich um objektive Grundsatznormen handle, an denen sich die gesamte staatliche Tätigkeit ausrichten müsse (*konstitutiv-institutioneller* Charakter der Grundrechte). Allerdings wird eine *direkte* Drittwirkung im Sinne einer unmittelbaren Bindung des Privatrechtsverkehrs durch die Grundrechte zu Recht abgelehnt, da andernfalls die Privatautonomie weitgehend eingeschränkt würde, was insbesondere nicht dem Sinn der Freiheitsrechte entspräche.

188   Eine *indirekte* Drittwirkung der Grundrechte wird heute aber von einem Grossteil der Lehre (neuerdings auch von den meisten Vertretern des Privatrechts) und im Prinzip auch von der Rechtsprechung anerkannt. Diese indirekte Dritt-

wirkung besteht zunächst darin, dass der *Gesetzgeber* die in den Freiheitsrechten verkörperten Wertentscheidungen auch bei der Regelung der Rechtsverhältnisse zwischen Privaten, also insbesondere auch im Rahmen des *Privatrechts* und des *Strafrechts*, zu beachten hat. Dabei verbleibt dem Gesetzgeber freilich ein breiter Gestaltungsspielraum (VPB 1986 Nr. 41 Ziff. 1.1.3). Zudem kann die gesetzliche Konkretisierung dieser Wertentscheidungen wegen des Anwendungsgebotes von Art. 113 Abs. 3 BV zumindest auf Bundesstufe einstweilen nicht überprüft werden (vgl. aber zur geplanten Einführung einer auf Anwendungsfälle beschränkten Verfassungsgerichtsbarkeit gegenüber dem Bundesgesetzgeber BBl 1997 I 532 ff. zu Art. 178 Abs. 1 Verfassungsentwurf 96, Vorlage C, Justizreform). Die Bedeutung der Freiheitsrechte für das Verhältnis zwischen Privaten ist sodann auch bei der *Anwendung* des *Privat-* und *Strafrechts* zu berücksichtigen, indem unbestimmte Rechtsbegriffe und Generalklauseln im Sinne der Freiheitsrechte *verfassungskonform* auszulegen und anzuwenden sowie allfällige Lücken in diesem Sinne zu füllen sind.

Vgl. zum Ganzen HÄFELIN/HALLER Rz 1093 ff., 1105 ff., AUBERT Nr. 1742 ff. [inkl. Nachtrag], J.P. MÜLLER, Komm. BV, Einleitung zu den Grundrechten N 58 ff., VIKTOR AEPLI, Grundrechte und Privatrecht, Fribourg 1980, je mit weiteren Hinweisen; vgl. zum heutigen Stand von Lehre und Rechtsprechung im einzelnen auch DRUEY, Kontaktrecht, 162 ff., GEORG MÜLLER, Zur Problematik der Drittwirkung von kantonalen Grundrechtsgarantien, ZBJV 1993 153 ff., insbesondere 155 ff., und KURT SIEHR, Grundrechte und Privatrecht, in FS Hans Giger, Bern 1989, 627 ff., je mit zahlreichen Hinweisen; vgl. neuerdings auch BBl 1997 I 191 ff. zu Art. 31 Verfassungsentwurf 96. 189

Eine Ausnahme vom Grundsatz einer lediglich indirekten Drittwirkung der Grundrechte bildet die bereits erwähnte *Lohngleichheit* nach *Art. 4 Abs. 2 Satz 3 BV*, welche im Sinne einer unmittelbaren Drittwirkung einen subjektiven Anspruch auf gleichen Lohn für gleiche oder gleichwertige Arbeit auch gegenüber privaten Arbeitgebern enthält (vgl. dazu HÄFELIN/HALLER Rz 1562 f., AUBERT Nr. 1747, 1783bis [Nachtrag], G. MÜLLER, Komm. BV, Art. 4 N 141 ff. [Fassung 1995] und oben N 85, je mit weiteren Hinweisen). Im übrigen aber kommt auch dem *Grundsatz der Gleichberechtigung von Mann und Frau* in *Art. 4 Abs. 2 BV* lediglich indirekte Drittwirkung bzw. die Funktion eines Gesetzgebungsauftrages zu, welcher für das Verhältnis unter Privaten insbesondere durch die Revision des Ehe- bzw. des Ehescheidungsrechts und den Erlass des Gleichstellungsgesetzes (GlG) erfüllt wird (vgl. dazu HÄFELIN/HALLER Rz 1560 ff., AUBERT Nr. 1783 ff. [Nachtrag] und G. MÜLLER, Komm. BV, Art. 4 N 138 ff.[Fassung 1995]; zur Revision des Eherechts vom 5. Oktober 1984 BBl 1979 II 1191 ff.; zur geplanten Revision des Ehescheidungsrechts BBl 1996 I 1 ff.; zum Gleichstellungsgesetz vom 24. März 1995 BBl 1993 I 1249 ff. und oben N 136; vgl. nun auch BBl 1997 I 143 zu Art. 7 Abs. 3 Verfassungsentwurf 96). 190

Vorbem. Art. 5 und 6

191   Auch der in *Art. 4 Abs. 1 BV* verankerte *allgemeine Gleichbehandlungsgrundsatz* gilt grundsätzlich nur im Verhältnis Private-Staat, doch kann ihm insbesondere bei der Anwendung von Persönlichkeits- und Kündigungsschutzbestimmungen sowie von Art. 2 ZGB (Rechtsmissbrauchsverbot) und Art. 19 f. OR (Nichtigkeit von widerrechtlichen und unsittlichen Verträgen) eine mittelbare Drittwirkung zukommen (vgl. dazu G. MÜLLER, Komm. BV, Art. 4 N 22 ff. [Fassung 1995] mit zahlreichen weiteren Hinweisen).

192   Zur Frage der Drittwirkung der Vorschriften über die *Religionsfreiheit* und die *Religionsmündigkeit* (Art. 49 BV) oben N 86; zur Zulässigkeit *kantonaler Bestimmungen* über die *Drittwirkung von Grundrechten* nachfolgend N 308 und Art. 6 N 141 ff.

3. Literaturhinweise zu aktuellen Fragen

193   Im folgenden soll noch auf eine *Auswahl neuerer Literatur* hingewiesen werden, welche sich mit einzelnen besonders aktuellen Fragen zum Verhältnis von *Bundeszivilrecht* und *Bundesverfassungsrecht* befasst:
AUBERT GABRIEL, La protection de l'exercice des droits constitutionnels dans le cadre des rapports de travail, in FS Schweiz. Juristentag, Basel/Frankfurt a.M. 1991, 83 ff.; AUBERT-PIGUET BÉATRICE, L'exercice du droit de grève, AJP 1996 1497 ff.; BIGLER-EGGENBERGER MARGRITH, Ehetrennung und Getrenntleben – und wo bleibt die Gleichstellung der Ehegatten?, AJP 1996 3 ff. (vgl. dazu nun aber auch BGE 123 III 1 ff.); DIESELBE, Rechtsgleichheit und Vertragsfreiheit, AJP 1997 18 ff.; BREITSCHMID PETER, Persönlichkeitsschutz und Pressefreiheit aus Sicht eines Gerichtsjuristen – vorsorgliche Massnahmen (Art. 28 ff. ZGB) als «Maulkorb» für Medienschaffende, AJP 1995 868 ff.; CAMASTRAL CLAUDIA, Grundrechte im Arbeitsverhältnis, Diss. Zürich 1996; FISCHER WILLI, Problematik des Drittschadenersatzes im Schweizerischen Obligationenrecht, 3. Buch (noch nicht veröffentlicht) [zum Verhältnis von Haftpflichtrecht und Eigentumsgarantie]; GEISER THOMAS, Persönlichkeitsschutz: Pressezensur oder Schutz vor Medienmacht?, SJZ 1996 73 ff.; GUILLOD OLIVIER, La liberté de se marier, in FS Schweiz. Juristentag, Basel/Frankfurt a.M. 1991, 97 ff.; HOCHHEUSER CHRISTIN, Grundrechtsaspekte der zivilrechtlichen Kindesschutzmassnahmen und der kommenden jugendstrafrechtlichen Sanktionen, Diss. St. Gallen 1997; MANAÏ DOMINIQUE, Le droit civil saisi par la vie sans corps et par le corps sans vie, in FS Schweiz. Juristentag, Basel/Frankfurt a.M. 1991, 205 ff.; MÖLLERS THOMAS, Zur Zulässigkeit des Verbraucherboykotts, NJW 1996 1374 ff.; MÜLLER GEORG, Privateigentum heute, ZSR 1981 II 1 ff.; PEDRAZZINI MARIO M., Privatrechtliche Schranken der Medienfreiheit, in FS Arnold Koller, Bern 1993, 407 ff.; RICHLI PAUL, Neues Kartellgesetz und Binnenmarktgesetz – Überblick und Würdigung aus öffentlichrechtlicher Sicht, AJP 1995 593 ff. [zum Verhältnis des neuen Kartellgesetzes zur Handels- und Gewerbefreiheit]; SALADIN PETER, Rechtsbeziehungen zwischen Eltern und Kindern als Gegenstand des Verfassungsrechts, in FS Hans Hinderling, Basel/Stuttgart 1976, 175 ff.; SAXER URS, Wirtschaftsfreiheit vs. Medienfreiheit: wieweit soll der Schutz der Wirtschaft gegenüber den Medien gehen?, AJP 1994 1136 ff.; SCHWANDER IVO, Sollen eheähnliche und andere familiäre Gemeinschaften in der Schweiz gesetzlich geregelt werden?, AJP 1994 918 ff. (vgl. für gleich-

geschlechtliche Paare auch SCHNYDER, Allg. Einl. N 118 f.); DERSELBE, Zur Grundrechtsnähe der im SchKG geregelten Problematiken, AJP 1996 599 ff.; SCHWANDER MARIANNE, Bundesgerichtliche Rechtsprechung zu Artikel 4 Absatz 2 der Bundesverfassung und die Frage der Verfassungsmässigkeit von Frauenquoten, AJP 1997 963 ff.; STAUDER BERND, Warentests im Spannungsfeld zwischen Recht und Richten, in FS Schweiz. Juristentag, Basel/Frankfurt 1991, 281 ff.; STEINAUER PAUL-HENRI, La propriété privée aujourd'hui, ZSR 1981 II 117 ff.; STÖCKLI JEAN-FRITZ, Das Streikrecht in der Schweiz, BJM 1997 169 ff.; TRACHSLER HERBERT, Das privatrechtliche Gleichbehandlungsgebot – funktionaler Aspekt der Persönlichkeitsrechte gemäss Art. 28 ZGB, Diss. St. Gallen 1991; TSCHUDI HANS PETER, Die Ordnung der Arbeit im Entwurf zur Revidierten Bundesverfassung, ArbR 1996 7 ff.; ZÄCH ROGER, Recht auf Parallelimporte und Immaterialgüterrecht, SJZ 1995 301 ff. [Aspekte der Handels- und Gewerbefreiheit im Zusammenhang mit dem neuen Markenschutzgesetz von 1992; vgl. dazu nun auch BGE 122 III 469 ff.].

II. Bundeszivilrecht und Bundesverwaltungsrecht

1. Grundsätzliche Unterschiede

Für das Verwaltungsrecht besteht im Unterschied zum Privatrecht keine umfassende Bundeskompetenz. Vielmehr kann der Bund auf dem Gebiet des Verwaltungsrechts im Prinzip nur aufgrund von *Einzelermächtigungen* in der Bundesverfassung Recht setzen (vgl. dazu HÄFELIN/HALLER Rz 263 ff., AUBERT Nr. 602 ff. [inkl. Nachtrag] und SALADIN, Komm. BV, Art. 3 N 184 ff. mit weiteren Hinweisen; vgl. auch BBl 1997 I 131 zu Art. 3 Abs. 2 Verfassungsentwurf 96). Seit der Gründung des Bundesstaates sind jedoch auf *zahlreichen Gebieten* und in einem *zunehmenden Ausmass* öffentlich-rechtliche Gesetzgebungskompetenzen auf den Bund übertragen worden, von welchen durch die Schaffung von Bundesverwaltungsrecht Gebrauch gemacht wurde (vgl. zu den Kompetenzen und zur Rechtsetzung des Bundes auf dem Gebiet des Verwaltungsrechts HÄFELIN/HALLER Rz 309 ff., AUBERT Nr. 686 ff. [inkl. Nachtrag], JAAG/MÜLLER/SALADIN/ZIMMERLI, Ausgewählte Gebiete des Bundesverwaltungsrechts, 2. Auflage, Basel/Frankfurt a.M. 1997, RICHLI/MÜLLER/JAAG, Wirtschaftsverwaltungsrecht des Bundes, Basel/Frankfurt a.M. 1995, und SCHÜRMANN 76 ff., 124 ff., je mit weiteren Hinweisen; vgl. nun auch BBl 1997 I 227 ff. zu Art. 49–126 Verfassungsentwurf 96; zu den Auswirkungen auf das öffentliche Recht der Kantone Art. 6 N 129 ff.).

194

Die Regeln des Bundesverwaltungsrechts verfolgen ein grundsätzlich *anderes Ziel* als das Privatrecht (Bundeszivilrecht). Während letzteres die Grundlage für die privatautonome Regelung des wirtschaftlichen und gesellschaftlichen Lebens bildet, verfolgt das Bundesverwaltungsrecht als öffentliches Recht ganz

195

verschiedenartige *öffentliche Zwecke*. Es enthält einerseits Eingriffe in die Rechte und Freiheiten der *Bürger (Eingriffsverwaltung)* und vermittelt andererseits staatliche Leistungen *(Leistungsverwaltung)*. Diese Regelungen schaffen zum Teil Voraussetzungen für die Realisierung der Privatautonomie (z.b. Bildungs-, Energie- und Verkehrsrecht), dienen zum Teil aber auch dazu, Defizite einer rein privatautonomen Regelung abzubauen oder zu verhindern (z.B. Polizei-, Sozial-, Wirtschafts-, Umweltrecht). Während das Privatrecht grundsätzlich eine Regelung von Rechtsbeziehungen zwischen gleichberechtigten Partnern vorsieht, geht das Bundesverwaltungsrecht grundsätzlich von einer *Überordnung* der *staatlichen Organe* gegenüber den Einzelnen aus (vgl. dazu auch oben N 62, 67 zur Abgrenzung von Privatrecht und öffentlichem Recht im allgemeinen).

2. Zusammenhänge und Konflikte zwischen Bundeszivilrecht und Bundesverwaltungsrecht

196 Trotzdem ist nicht zu übersehen, dass zwischen dem Bundeszivilrecht und dem Bundesverwaltungsrecht *mannigfaltige Beziehungen* bestehen. So können die beiden Rechtsgebiete grundsätzlich dieselben Lebenssachverhalte betreffen. Dies führt denn auch dazu, dass das Bundesverwaltungsrecht an zivilrechtliche *Sachverhalte anknüpft* oder zivilrechtliche *Begriffe* und *Regeln übernimmt* und umgekehrt (vgl. dazu auch oben N 48). Bei der Anknüpfung an Sachverhalte des jeweils andern Gebietes kann sich die Frage stellen, ob die eine Hauptfrage entscheidende Behörde *Vorfragen* aus dem andern Gebiet selbständig beurteilen dürfe oder zunächst einen Entscheid der hierfür zuständigen Behörde des andern Gebiets abwarten müsse. Nach schweizerischer Auffassung darf die für die Hauptfrage zuständige Behörde grundsätzlich – freilich nur mit Wirkung für den betreffenden Entscheid – auch über solche Vorfragen befinden, soweit die hierfür zuständige Behörde noch nicht entschieden hat (vgl. dazu und zu den Vorbehalten und Ausnahmen aufgrund von Gesetzgebung, Lehre und Rechtsprechung HÄFELIN/MÜLLER Rz 46 ff., IMBODEN/RHINOW/KRÄHENMANN Nr. 142, MOOR I 277 ff., HUBER N 57, HABSCHEID Rz 162 und VOGEL 1 N 43, je mit weiteren Hinweisen). Soweit *Begriffe* und *Regeln* des andern Gebietes übernommen werden, sind die Rechtsanwendungsorgane im Rahmen der massgebenden Auslegungsregeln und des Willkürverbotes grundsätzlich frei, diese selbständig auszulegen, doch sollten im Interesse der Einheit der Rechtsordnung insbesondere gleichlautende Begriffe nicht ohne Grund uneinheitlich ausgelegt werden (vgl. dazu HÄFELIN/MÜLLER Rz 241 ff., IMBODEN/RHINOW/KRÄHENMANN Nr. 25, 26, MOOR I 150 ff., je mit

weiteren Hinweisen; vgl. dazu auch Meier-Hayoz, BE-Komm., Art. 1 ZGB N 188, Dürr, Art. 1 N 154, 165, Huber N 53 und Egger Art. 6 N 15).

Zwischen dem Bundeszivilrecht und dem Bundesverwaltungsrecht bestehen jedoch nicht nur Querbeziehungen der erwähnten Art. Vielmehr enthält das *Bundeszivilrecht* zum Teil auch selbst materiell *verwaltungsrechtliche Normen* (z.B. das Registerrecht oder die Bestimmungen über die Stiftungsaufsicht; vgl. dazu oben N 103, 111) und das *Bundesverwaltungsrecht* materiell *privatrechtliche Vorschriften* (z.B. Haftpflichtnormen; vgl. dazu oben 128 f.). In andern Fällen wird für bestimmte Fragen das Recht des andern Bereichs ausdrücklich *vorbehalten* (vgl. für das Bundeszivilrecht insbesondere Art. 59, 702 ZGB und Art. 61, 342, 762, 829, 926, 1157 OR; vgl. dazu auch Huber N 40). Einzelne Gesetze können nicht dem einen oder andern Gebiet zugeteilt werden, sondern umfassen Bestimmungen aus beiden Bereichen (*gemischte Gesetze* und *Einheitsgesetze*, vgl. dazu oben N 123) oder sind *für beide Rechtsgebiete massgebend* (z.B. die Bestimmungen des Bundes über Mass und Gewicht oder über die Landesvermessung; vgl. dazu Huber N 43). In gewissen Fällen kann sich durch Auslegung oder aufgrund einer ausdrücklichen Anordnung (Rezeptionsklausel) ergeben, dass eine bestimmte Norm sowohl als privatrechtliche als auch öffentlich-rechtliche Vorschrift gilt (sog. *Doppelnorm*; vgl. dazu oben N 70 ff.). 197

Die Koordination zwischen den beiden Rechtsgebieten ist auf der Stufe der Rechtsetzung aber nicht für alle Fälle sichergestellt. Die Regeln der beiden Gebiete können auch miteinander in *Konflikt* geraten. Es stellen sich in diesen Fällen im Grunde genommen die gleichen Fragen wie im Verhältnis von Bundeszivilrecht und öffentlichem Recht der Kantone. Freilich handelt es sich beim Konflikt von Bundeszivilrecht und Bundesverwaltungsrecht um *Recht gleicher Stufe*, weshalb die von Lehre und Praxis entwickelten einschränkenden Regeln zu *Art. 6 ZGB* (vgl. dazu und zu deren Begründung Art. 6 N 230 ff.) gegenüber dem Bundesverwaltungsrecht *nicht angewandt* werden können. Enthält aber das Bundesrecht selbst eine bestimmte Regelung, welche die Anwendung des Bundeszivilrechts einschränkt, kann daraus allenfalls ein Hinweis auf die Zulässigkeit ähnlicher Bestimmungen des kantonalen öffentlichen Rechts abgeleitet werden (vgl. dazu Art. 6 N 255). 198

Soweit sich die Lösung von Konflikten zwischen dem Bundeszivilrecht und dem Bundesverwaltungsrecht nicht aus *besonderen Bestimmungen* in den betreffenden Erlassen ergibt (Vorbehalte, Schlussbestimmungen, Änderungen oder Ergänzungen des bisherigen Rechts), müssen angesichts der grundsätzlichen Gleichrangigkeit der beiden Rechtsgebiete die *geltenden Auslegungsregeln* angewandt werden, wobei dem Grundsatz des Vorrangs des späteren Rechts eine besondere Bedeutung zukommt (vgl. dazu Huber N 40 ff., Riemer § 10 N 5 f. und derselbe, 199

Vorbem. Art. 5 und 6

Rechtskollisionen bei innerstaatlichem Recht, FS Anton Heini, Zürich 1995, 315 ff., je mit weiteren Hinweisen, sowie oben N 20 f.). *Unterschiedliche Wertungen* im Bundeszivilrecht und im Bundesverwaltungsrecht und die damit verbundenen Probleme bei der Rechtsanwendung lassen sich damit aber nicht verhindern. Es muss daher im konkreten Fall eine *harmonisierende Rechtsauslegung und -anwendung* gefunden werden. Dabei ist zu beachten, dass letztlich beide Gebiete ungeachtet allfälliger Wertungsunterschiede dem gleichen Ziel dienen, nämlich der Verwirklichung einer an denselben grundsätzlichen Werten orientierten, als Einheit zu betrachtenden Rechtsordnung (vgl. dazu auch oben N 45 ff. und Art. 6 N 56 ff. zum Erfordernis einer harmonisierenden Rechtsanwendung und -auslegung).

200 Neuere Entwicklungen deuten im übrigen auf eine gewisse *Wiederannäherung* der beiden Rechtsgebiete hin, wobei der Rechtsentwicklung auf Bundesebene angesichts der eingetretenen Gewichtsverlagerung zugunsten des Bundes eine Schlüsselrolle zukommt (vgl. dazu oben N 32 ff. und Art. 6 N 16; vgl. dazu im übrigen bereits HUBER N 44).

3. Literaturhinweise zu den einzelnen Gebieten

201 Auf die Probleme und Zusammenhänge zwischen den beiden Rechtsgebieten kann hier nicht im einzelnen eingegangen werden. Es soll daher lediglich für die wichtigsten Gebiete des Bundesverwaltungsrechts auf eine *Auswahl* aktueller *weiterführender Literatur* zu diesem Thema hingewiesen werden (vgl. auch die Hinweise auf die ältere Literatur bei HUBER N 1 und EGGER, Art. 6, vor N 1). Da grundlegende Fragen des *Bau- und Planungsrechts* und des *Steuerrechts* heute auch für den kantonalen Bereich auf Bundesebene geregelt sind (vgl. BG über die Raumplanung vom 22. Juni 1979 [RPG, SR 700] und BG über die Harmonisierung der direkten Steuern der Kantone und Gemeinden vom 14. Dezember 1990 [StHG, SR 642.14]), werden hier auch diese beiden Gebiete einbezogen.

a) Bau-, Planungs- und Umweltrecht

202 BÖSCH PETER, Grundbuch und Baubewilligungsverfahren, ZBl 1993 481 ff.; CLERC EVELYNE, Le sort du contrat conclu en violation des règles sur les marchés publics, AJP 1997 804 ff.; FAHRLÄNDER KARL LUDWIG, Komm. NHG, Art. 15 N. 1 ff., 8 ff. [Zusammenspiel von privat- und öffentlich-rechtlichen Schutzmassnahmen im Natur- und Heimatschutz]; GAUCH PETER, Vergabeverfahren und Vergabegrundsätze nach dem neuen Vergaberecht des Bundes, BR 1996 99 ff.; GLAVAS KRESO, Das Verhältnis von privatem und öffentlichem Nachbarrecht (insbesondere Immissionsrechtsschutz im Planungs- und Baubewilligungsverfahren), Diss. Fribourg 1984; HUBMANN TRÄCHSEL MICHÈLE, Die Koordination von Bewilligungsverfahren für Bauten und Anlagen im Kanton Zürich, Zürich 1995, 280 ff. [zur Koordination von öffentlich-rechtlichem und privatrechtlichem Rechtsschutz auf dem Gebiet des Bau-, Planungs- und Umwelt-

rechts]; LENDI MARTIN, Die Wiederentdeckung der Einheit der Rechtsordnung – eine Antwort auf die Problemkomplexität, in FS Hans Giger, Bern 1989, 407 ff.; MOIX PAUL-HENRI, La responsabilité de l'Etat pour le bruit causé par l'exploitation d'un ouvrage public, URP 1996 619 ff.; RASELLI NICCOLÒ, Berührungspunkte des privaten und öffentlichen Immissionsschutzes, URP 1997 271 ff.; RAUSCH HERIBERT, Einführung in die USG-Revision, URP 1996 455 ff., 462 [zur Problematik der Abgrenzung und des Zusammenspiels von Privatrecht und öffentlichem Recht bei der Kostenverteilung nach dem neuen Altlasten-Sanierungsrecht, Art. 32d Abs. 3 rev. USG; vgl. dazu auch Art. 6 N 59]; SCHÜRMANN/HÄNNI 404 ff. [Abgrenzung von privatrechtlichem und öffentlich-rechtlichem Rechtsschutz im Planungs- und Baurecht]; TUOR/ SCHNYDER/SCHMID 554 f. und 557 f. mit weiteren Hinweisen [zum Verhältnis von Raumplanungsrecht und bäuerlichem Zivilrecht]; VALLENDER KLAUS A./MORELL RETO, Umweltrecht, Bern 1997 [insbesondere § 7 N 1 ff.]; WURZBURGER ALAIN, De quelques incidences de la loi fédérale sur la protection de l'environnement sur le droit privé, in: Verfassungsrechtsprechung und Verwaltungsrechtsprechung (Sammlung von Beiträgen veröffentlicht von der I. öffentlichrechtlichen Abteilung des schweizerischen Bundesgerichts), Zürich 1992, 183 ff.; ZIMMERLIN ERICH, Baugesetz des Kantons Aargau, Kommentar, 2. Auflage, Aarau 1985, Einl. N 18 ff., § 149 N 1 ff. [Verhältnis von Baugesetz und Zivilrecht]; ZUFFEREY JEAN-BAPTISTE, Les valeurs limites du droit de l'environnement: un instrument objectif pour tout l'ordre juridique?, BR 1994 35 ff. (vgl. zur These der Unabhängigkeit von privat- und öffentlich-rechtlichem Immissionsschutz aber auch kritisch MOIX, a.a.O., 635 ff., RASELLI, a.a.O., und Art. 5 N 219 mit Hinweisen auch zur Rechtslage im Ausland).

b) Sozialversicherungsrecht

BRÄM VERENA, Die Auswirkungen des Freizügigkeitsgesetzes vom 17. Dezember 1993 auf scheidungsrechtliche Leistungen i.S. von Art. 151 und 152 ZGB, SZS 1995 1 ff.; BRÜHWILER JÜRG, Arbeits- und sozialversicherungsrechtliche Absicherung der Teilzeitarbeit, SZS 1992 22 ff., 76 ff.; FUCHS MAXIMILIAN, Zivilrecht und Sozialrecht, Recht und Dogmatik materieller Existenzsicherung in der modernen Gesellschaft, München 1992; GEISER THOMAS, Neue Arbeitsformen – Flexible Arbeitszeiten, Job Sharing, Computer-Arbeitsplätze, AJP 1995 557 ff.; DERSELBE, Das EVG als heimliches Familiengericht?, Berührungspunkte zwischen der Alters- und Hinterlassenenversicherung und dem Familienrecht, in FS 75 Jahre Eidgenössisches Versicherungsgericht, Bern 1992, 353 ff.; DERSELBE, Der Versorgungsausgleich im neuen Scheidungsrecht, ZSR 1996 I 395 ff.; GERHARDS GERHARD, Zur Ablösung von Arbeitnehmereinkommen durch sozialversicherungsrechtliches Ersatzeinkommen, in FS 75 Jahre Eidgenössisches Versicherungsgericht, Bern 1992, 163 ff.; HANAU PETER, Arbeitsrechtliche Probleme alternder Gesellschaften, ArbR 1995 21 ff.; HAUSHEER HEINZ/ GEISER THOMAS, Zur Koordination Scheidungsunterhalt und AHV/IV-Ergänzungsleistungen, ZBJV 1994 620 ff.; ISAAK-DREYFUS LILIANE, Das Verhältnis des schweizerischen Ehescheidungsrechts zum Sozialversicherungsrecht, Diss. Zürich 1992; KOLLER THOMAS, Bemessung von Genugtuungsleistungen bei Körperverletzungen im Haftpflichtrecht: Sollen sich die Zivilgerichte an der Höhe der UVG-Integritätsentschädigung orientieren oder nicht?, ZBJV 1996 682 ff.; DERSELBE, Die Haftung des Arbeitgebers und das Sozialversicherungsrecht, AJP 1997 428 ff.; DERSELBE, Familien- und Erbrecht und Vorsorge, Studienheft 4/1997 der Zeitschrift «recht»; DERSELBE, Arbeitsrechtliche Rechtsverletzungsbussen und Abgabepflicht im Sozialversicherungsrecht, AJP 1997 892 ff. (Besprechung von BGE 123 V 5 ff.); DERSELBE, Quotenvorrecht und Genugtuungsleistungen, AJP 1997 1427 ff. (Besprechung von BGE 123 III 306 ff.); LANZ RAPHAEL, Die Abgrenzung der selbständigen von der unselbständigen Erwerbstätigkeit im Sozialversicherungs-, Steuer- und Zivilrecht, AJP 1997 1463 ff.; LEUZINGER-NAEF SUSANNE, Vorbestehender Gesundheitszustand und Versicherungsschutz

203

Vorbem. Art. 5 und 6

in der Sozialversicherung, Diss. Zürich 1994, 226 f., 242 ff. [mit HINWEISEN zu den Unterschieden im Obligatoriumsbereich und in der weitergehenden beruflichen Vorsorge]; LOCHER THOMAS, Nahtstellen zwischen Scheidungs- und Sozialversicherungsrecht, ZBJV 1991 349 ff.; MÜLLER ROLAND, Die vorzeitige Pensionierung – Möglichkeiten und Grenzen im Lichte verschiedener Sozialversicherungszweige, SZS 1997 337 ff.; MURER ERWIN, Die Herabsetzung des Mündigkeitsalters und das Bundessozialversicherungsrecht, in FS Bernhard Schnyder, Fribourg 1995, 467 ff.; DERSELBE (Hrsg.), Neue Erwerbsformen – veraltetes Arbeits- und Sozialversicherungsrecht?, Bern 1996; NEF URS CH., Zum Verhältnis von Privatrecht und öffentlichem Recht in der Sozialversicherung, in FS 75 Jahre Eidgenössisches Versicherungsgericht, Bern 1992, 133 ff.; DERSELBE, Arbeits- und sozialversicherungsrechtliche Aspekte des Bildungsurlaubs, SZS 1993 57 ff.; OFTINGER KARL, STARK EMIL W., Schweizerisches Haftpflichtrecht, Allgemeiner Teil, Band I, 5. Auflage, Zürich 1995, § 11 N 1 ff., insbesondere N 146 ff. [zum Verhältnis von Sozialversicherungs- und Haftpflichtrecht]; PIOTET PAUL, La prévoyance professionnelle dans l'actuel projet de loi modifiant le Code civil, SJZ 1996 385 ff.; DERSELBE, Stipulations pour autrui, prévoyance professionnelle et droit successoral, AJP 1997 537 ff.; REBER ALFRED/MEILI THOMAS, Todesfalleistungen aus über- und ausserobligatorischer beruflicher Vorsorge und Pflichtteilsschutz, SJZ 1996 117 ff.; RIEMER HANS MICHAEL, Berührungspunkte zwischen Sozialversicherungs- und Privatrecht, insbesondere die Bedeutung des Privatrechtes bei der Auslegung des Sozialversicherungsrechtes durch das Eidgenössische Versicherungsgericht, in FS 75 Jahre Eidgenössisches Versicherungsgericht, Bern 1992, 147 ff.; DERSELBE, Berufliche Vorsorge und eheliches Vermögensrecht, SZS 1997 106 ff.; SCARTAZZINI GUSTAVO, Krankentaggeldversicherung, AJP 1997 667 ff. [zu den Einwirkungen der sozialen Krankenversicherung auf das Arbeitsrecht]; STAUFFER HANS-ULRICH, Die sozialversicherungsrechtliche Behandlung der Ansprüche aus Art. 337c OR, SZS 1997 522 ff.; TSCHUDI HANS PETER, Der Schutz der Mütter durch das Arbeits- und das Sozialversicherungsrecht, ArbR 1995 9 ff.; TUOR RUDOLF, Neues Scheidungsrecht: AHV-Anwartschaften nach 10. AHV-Revision? SZS 1997 1 ff.; VISCHER FRANK, Der Arbeitsvertrag, SPR VII/1,III 24 ff. [Arbeitsvertragsrecht und Sozialversicherung].

c) Steuerrecht

204 BEHNISCH URS, Verwaltungsratshonorare als unselbständiges Erwerbseinkommen, recht 1995 255 (Besprechung von BGE 121 I 259 ff.); CAGIANUT FRANCIS, Die Bedeutung des Zivilrechts für den Verwaltungsrichter, in FS Mario Pedrazzini, Bern 1990, 103 ff.; DEPLAZES ERVIN, Auswirkungen der Mehrwertsteuer auf die Mietzinse, mp 1995 1 ff.; GIGER ERNST, Der Erwerb eigener Aktien aus aktienrechtlicher und steuerrechtlicher Sicht, Bern 1995; HUBER PIUS M./SCHEFER URSULA, Mehrwertsteuer – Übersicht mit Fallbeispielen und Lösungshinweisen, Zihlschlacht 1996; KLETT KATHRIN, Familienbesteuerung, AJP 1994 857 ff.; KOLLER THOMAS, Privatrecht und Steuerrecht, Bern 1993 [grundlegend; im vorliegenden Kommentar zit. KOLLER]; DERSELBE, Privatrecht und Steuerrecht – Ein erschöpftes Thema?, ZBJV 1995 92 ff.; DERSELBE, Der Grundbuchverkehr und das Bundesgesetz über die direkte Bundessteuer, recht 1993 38 ff. [zur Problematik von Art. 172 DBG]; DERSELBE, Die Besteuerung von Unterhaltsleistungen an Kinder, ASA 62 289 ff., 307 ff. [zu den Auswirkungen des doppelbesteuerungsrechtlichen Entscheides BGE 118 Ia 277 ff. auf das Zivilrecht]; DERSELBE, Steuern und Steuerbussen als privatrechtlich relevanter Schaden, ZSR 1994 I 183 ff.; DERSELBE, Die (Nicht-)Berücksichtigung latenter Steuerlasten im Eheguterrecht (BGE 121 III 304 ff.), ZBJV 1996 247 ff.; LANZ RAPHAEL, a.a.O. [N 203], zur Abgrenzung von selbständiger und unselbständiger Erwerbstätigkeit; THORENS JUSTIN/JEANDIN ETIENNE, Droit fiscal cantonal et droit civil fédéral des successions, in FS Schweiz. Juristentag, Basel/Frankfurt a.M. 1991, 235 ff.; ERWIN WIDMER, Die Bedeutung der Erbteilung im Erbschaftssteuerrecht, in FS 500 Jahre Solothurn im Bund, Solothurn 1981, 347 ff.

Vgl. für das kantonale Steuerrecht auch Art. 6 N 385 ff.

d) Wirtschaftsverwaltungsrecht

Vgl. dazu die Übersicht sowie die Literaturhinweise bei RICHLI/MÜLLER/JAAG, Wirtschaftsverwaltungsrecht des Bundes, Basel/Frankfurt a.M. 1995, 1 ff. und SCHÜRMANN 76 ff., 124 ff. sowie insbesondere oben N 125 (Landwirtschaftsrecht), N 132 (Versicherungsrecht), N 133 f. (Konsumentenschutzrecht), N 135 ff. (Arbeitnehmerschutzrecht), N 140 ff. (Kapitalmarktrecht), N 151 ff. (Wettbewerbsrecht); zum Binnenmarktrecht auch die Hinweise auf CLERC und GAUCH, oben N 202. 205

e) Weitere Gebiete

aa) Datenschutz

Vgl. dazu oben N 149 f. 206

bb) Ausländerrecht

KOTTUSCH PETER, Scheinehen aus fremdenpolizeilicher Sicht, ZBl 1983 425 ff.; DERSELBE, Zur rechtlichen Regelung des Familiennachzugs von Ausländern, ZBl 1989 329 ff. [kritisch zur Praxis betreffend den Familiennachzug MARC SPESCHA in AJP 1997 479 ff.; vgl. ferner auch PETER MOCK in AJP 1996 541 ff. zur Rechtsprechung des Europäischen Gerichtshofs für Menschenrechte]; RAPP FRITZ, Fremdenpolizeiliche Arbeitsbewilligung und Arbeitsvertrag, in FS Schweiz. Juristentag, Basel/Frankfurt a.M. 1985, 277 ff. 207

cc) Verkehrs-, Energie- und Kommunikationsrecht

Vgl. dazu die Übersicht und die Literaturhinweise bei JAAG/MÜLLER/SALADIN/ZIMMERLI, Ausgewählte Gebiete des Bundesverwaltungsrechts, 2. Auflage, Basel/Frankfurt a.M. 1997, 52 ff., 87 ff., 95 ff. und ROLF H. WEBER (Koord.), Informations- und Kommunikationsrecht, Basel/Frankfurt a.M. 1996. 208

Zu den Problemen im Zusammenhang mit der Liberalisierung und Privatisierung des Kommunikationswesens auch oben N 34 a.E.

III. Bundeszivilrecht und Bundesstrafrecht

1. Grundsätzliches

In ähnlicher Weise wie für das Privatrecht (rechtstechnische Methode der Kompetenzausscheidung) besteht in *Art. 64bis BV* eine *umfassende Gesetzgebungskompetenz* mit nachträglich derogatorischer Wirkung für den Bereich des Strafrechts. Davon hat der Bund durch den Erlass des *Schweizerischen Strafgesetzbuches* vom 21. Dezember 1937 (StGB, SR 311.0), des *Militärstrafgesetzes* vom 13. Juni 1927 (MStG, SR 321.0) und verschiedener Strafbestimmungen im übrigen Bundesrecht *(Nebenstrafrecht des Bundes)* Gebrauch gemacht (vgl. dazu 209

Vorbem. Art. 5 und 6

KNAPP, Komm. BV, Art. 64bis N 1 ff., REHBERG I 10 ff., SCHULTZ I 61 ff., STRATENWERTH I § 4 N 17 ff. und TRECHSEL/NOLL 31 ff., je mit weiteren Hinweisen; vgl. auch BBl 1997 I 340 zu Art. 114 Verfassungsentwurf 96; zu den verbleibenden, eng begrenzten Strafrechtskompetenzen der Kantone Art. 6 N 152 ff.).

210   Das Strafrecht regelt die Ausübung der staatlichen Strafgewalt. Es hat aber insofern eine enge Beziehung zu den übrigen Rechtsgebieten und insbesondere zum Privatrecht, als es dem *Schutz von Rechtsgütern* dient, die in der Regel bereits anderswo, häufig im Privatrecht, geordnet werden. Darüber hinaus dient das Strafrecht dazu, *staatliche Vorschriften* und *Anordnungen*, insbesondere im Bereich des Verwaltungs- und Prozessrechts, *durchzusetzen* (vgl. dazu und zur Abgrenzung zu sog. privatrechtlichen Strafen [elterliche Strafen, Konventionalstrafen, Betriebsstrafen] und anderen Rechtsinstituten [Schadenersatz, prozessuale Zwangsmassnahmen, Fürsorgemassnahmen, Disziplinarstrafen etc.] REHBERG I 3 ff., SCHULTZ I 23 ff., GÜNTER STRATENWERTH I § 1 N 1 ff., § 2 N 1 ff., TRECHSEL/NOLL 29 ff., je mit weiteren Hinweisen; vgl auch GÜNTER STRATENWERTH, Zum Verhältnis von Privatrecht, öffentlichem Recht und Strafrecht, in FS Schweiz. Juristentag, Basel/Frankfurt a.M. 1985, 415 ff. und für die ältere Literatur EGGER, Art. 6, vor N 1).

2. Zusammenhänge zwischen privatrechtlichem und strafrechtlichem Rechtsgüterschutz

211   In engem Zusammenhang mit dem Rechtsgüterschutz des Privatrechts stehen insbesondere die sog. *Delikte gegen Individualinteressen* bzw. *gegen den Einzelnen* (vgl. zu dieser wissenschaftlichen Unterteilung insbesondere GÜNTER STRATENWERTH, Schweizerisches Strafrecht, Besonderer Teil I: Straftaten gegen Individualinteressen, 5. Auflage, Bern 1995, Einleitung N 8 ff.). Das Strafgesetzbuch sieht in diesem Bereich insbesondere die Ahndung von strafbaren Handlungen gegen *Leib und Leben* (Art. 111–136 StGB), gegen das *Vermögen* (Art. 137–172ter StGB), gegen die *Ehre* und den *Geheim- oder Privatbereich* (Art. 173–179[novies] StGB), gegen die *Freiheit* (Art. 180–186 StGB) sowie gegen die *sexuelle Integrität* (Art. 187–200 StGB) vor. In diesen Bereichen bestehen nicht nur enge *funktionale Beziehungen* zwischen Privatrecht und Strafrecht. Vielmehr wird zum Teil an Sachverhalte des jeweils andern Bereichs angeknüpft, oder es werden Regeln und Begriffe daraus übernommen. Hierbei gilt auch für das Verhältnis von Zivil- und Strafrecht, dass die jeweiligen Behörden *Vorfragen* aus dem andern Bereich grundsätzlich selbständig beurteilen können und die *Auslegung gleichlautender Begriffe* – im Rahmen der massgebenden Auslegungsregeln – im Prinzip für je-

den Bereich selbständig erfolgt (vgl. dazu und zu den Einschränkungen oben N 196; vgl. für die Entscheidung von *Vorfragen* auch HABSCHEID Rz 148 und SCHMID Rz 591 f. sowie für die Auslegung REHBERG I 26 und TRECHSEL/NOLL 37; zur Frage der Bindung der Zivilgerichte an Strafurteile insbesondere nachfolgend N 214).

Wesentliche Vorgaben sowohl für den zivil- als auch für den strafrechtlichen Rechtsgüterschutz ergeben sich im übrigen bereits aus den *Wertentscheidungen* des *Verfassungsrechts* (vgl. dazu oben N 187 ff.). Während der Schutz von *Leib* und *Leben* sowie der *Bewegungsfreiheit* und der *sexuellen Integrität* in beiden Rechtsgebieten weitgehend *identisch* (nämlich im Prinzip *absolut*) gewährleistet wird, geht der Schutz von *Ehre* und *Privatsphäre* sowie des *Vermögens* im *Zivilrecht* – entsprechend dem «ultima ratio»-Charakter pönaler Sanktionen (vgl. dazu nachfolgend N 215) – grundsätzlich *weiter* als im Strafrecht (vgl. für den *Schutz* von *Leib und Leben, Ehre und Privatsphäre* HALLER, Komm. BV, Persönliche Freiheit, insbesondere N 38 ff., 46 ff., 68 ff. und 115 ff., SCHNYDER, Das ZGB lehren, 541, RICHARD FRANK, Persönlichkeitsschutz heute, Zürich 1983, Rz 5 ff., insbesondere 32 ff., und PIERRE TERCIER, Le nouveau droit de la personnalité, Zürich 1984, Rz 156 ff., insbesondere 198 ff.; für den *Schutz des Vermögens* BGE 122 IV 180 ff. [im Zusammenhang mit der Wegnahme von Betäubungsmitteln], MARCEL ALEXANDER NIGGLI, Das Verhältnis von Eigentum, Vermögen und Schaden nach schweizerischem Strafgesetzbuch, Diss. Zürich 1992, MARC AMSTUTZ/MARCEL NIGGLI, Unrecht im Unrecht?, Prolegomenon zum wirtschaftsrechtlichen Verhältnis von Zivil- und Strafrecht am Beispiel von BGE 117 IV 139 ff., AJP 1994 188 ff., FELIX BOMMER/JÜRG WICHTERMANN, Art. 933/934 ZGB und der Betrug – Zivilrechtsunsicherheit als strafrechtlich relevanter Vermögensschaden? recht 1996 156 ff. [Besprechung von BGE 121 IV 26 ff. und 121 III 345 ff.] und PAUL PIOTET, La notion civile et pénale de choses non confiées vendues par un escroc, in FS Jean Gauthier, Bern 1996, 319 ff. [kritisch zu BGE 121 IV 26 ff.], je mit weiteren Hinweisen).

212

In einem besonderen Zusammenhang mit dem Bundeszivilrecht stehen sodann auch die strafbaren Handlungen *gegen die Familie* (Art. 213–220 StGB; vgl. dazu auch MAHON, Komm. BV, Art. 34^{quinquies} N 47, GÜNTER STRATENWERTH, Schweizerisches Strafrecht, Besonderer Teil II, 4. Auflage, Bern 1995, §§ 26, 27 und JOSÉ HURTADO POZO, La protection pénale du bien juridique famille, in FS Bernhard Schnyder, Fribourg 1995, 443 ff.; zum Kindesschutz auch SCHNYDER, Das ZGB lehren, 541). Aber auch weitere *Delikte gegen die Allgemeinheit* können neben allgemeinen Interessen auch private Rechtsgüter schützen (vgl. z.B. WALTER BUSER, Der Schutz der Privatsphäre durch das Amtsgeheimnis, in FS Schweiz. Juristentag, Basel/Frankfurt a.M. 1985, 51 ff., KARIN KELLER, Das ärzt-

213

Vorbem. Art. 5 und 6

liche Berufsgeheimnis gemäss Art. 321 StGB, Diss. Zürich 1993, und dazu DENIS PIOTET, De certains aspects civils de la révélation du secret privé pénalement protégé, in FS Jean Gauthier, Bern 1996, 333 ff.; vgl. auch allgemein zum Begriff des Geschädigten im Sinne des Straf- bzw. Strafprozessrechts HAUSER/SCHWERI § 38 N 1 ff. und SCHMID Rz 502 ff. mit Hinweisen).

214   Darüber hinaus ist darauf hinzuweisen, dass strafbare Handlungen selbst dann, wenn sie sich *gegen Allgemeininteressen* richten, in der Regel zugleich unerlaubte Handlungen im Sinne der Art. 41 ff. OR sind, weshalb man insoweit von *konkurrierendem Zivil- und Strafunrecht* spricht (HUBER N 205; vgl. dazu bzw. zur Widerrechtlichkeit im Haftpflichtrecht auch OFTINGER/STARK § 4 N 21 ff., insbesondere N 26 ff., 39 ff. mit Hinweisen). *Art. 53 OR* schreibt jedoch vor, dass der Zivilrichter die privatrechtliche Haftungsfrage grundsätzlich unabhängig vom strafgerichtlichen Erkenntnis zu beurteilen hat, wodurch allerdings eine adhäsionsweise Beurteilung der Zivilforderung durch den Strafrichter nicht ausgeschlossen wird (vgl. dazu HABSCHEID Rz 147 ff., OFTINGER/STARK § 5 N 132 ff., SCHMID Rz 591 f., VOGEL 1 N 40 und WALDER § 26 N 82, je mit weiteren Hinweisen; vgl. dazu auch Art. 6 N 156). Im Anwendungsbereich des *Opferhilfegesetzes* (vgl. dazu nachfolgend N 222) ist sodann der Zivilrichter an die grundsätzliche Beurteilung der Zivilansprüche durch den Strafrichter rechtlich gebunden (BGE 120 Ia 107 ff.; vgl. dazu aber auch HAUSER/SCHWERI § 38 N 18a).

215   Während also einerseits zwischen zivil- und strafrechtlichem Rechtsschutz im Bereich des *Rechtsgüterschutzes* bzw. des *Schutzes absoluter Rechte* (Leib und Leben, Persönlichkeitsrechte, Eigentum und Besitz) und der *Haftung für unerlaubte Handlungen* ein enger Zusammenhang besteht, ist andererseits auf die grundsätzliche Unverträglichkeit von zivil- und strafrechtlichem Rechtsschutz im Bereich des *Schutzes relativer Rechte* (vertragliche Rechte, Forderungsrechte) hinzuweisen. Da diese Rechte im Prinzip der privatautonomen Regelung unterliegen und das Privatrecht insoweit in der Regel nur dispositives Recht enthält, ist ein strafrechtlicher Schutz in diesem Bereich – abgesehen von der Forderung, das Strafrecht nur bei Vorliegen ausreichender öffentlicher Interessen und als ultima ratio einzusetzen *(Subsidiarität des Strafrechts)* – insoweit grundsätzlich ausgeschlossen. Die Ahndung der Verletzung solcher Rechte bzw. Pflichten soll vielmehr grundsätzlich auf dem Wege der *zivilprozessualen Rechtsdurchsetzung* und nötigenfalls der *Zwangsvollstreckung* erfolgen (vgl. dazu auch HUBER N 206, REHBERG I 4, SCHULTZ I 46 ff., STRATENWERTH I § 3 N 1 ff. sowie TRECHSEL/NOLL 24 ff., je mit weiteren Hinweisen).

216   *Art. 59 Abs. 3 BV (Verbot des Schuldverhafts)* schliesst Freiheitsstrafen für säumige Schuldner im übrigen grundsätzlich ausdrücklich aus. Nach herrschender Auffassung ist der Einsatz des Strafrechts wegen Nichterfüllung einer Schuld

daher nur in besonderen Fällen zulässig, vor allem als Surrogat für eine persönliche Pflicht (vgl. insbesondere Art. 217 StGB: Vernachlässigung von Unterhaltspflichten) oder bei offensichtlich illoyalem Verhalten (vgl. insbesondere Zechprellerei gemäss Art. 149 rev. StGB und Erschleichen einer Leistung gemäss Art. 150 rev. StGB) (vgl. dazu HÄFELIN/HALLER Rz 1665, KNAPP, Komm. BV, Art. 59 N 77 ff. und insbesondere MARTIN KILLIAS/ANDRÉ KUHN, Schuldverhaft für Kreditkarten-Schulden?, in FS Jörg Rehberg, Zürich 1996, 189 ff., 198 ff., je mit weiteren Hinweisen).

3. Strafbestimmungen des Bundeszivilrechts

Das Bundeszivilrecht selbst enthält aus den soeben erwähnten Gründen (grundsätzlich keine Rechtsverfolgung von Amtes wegen bzw. kein strafrechtlicher Schutz für relative Rechte) nur in wenigen Fällen Strafbestimmungen. Im *Zivilgesetzbuch* und im *Obligationenrecht* selbst finden sich vor allem Bestimmungen über Ordnungsstrafen (Disziplinarstrafen) im Bereich des *Register- und Vormundschaftsrechts*, wobei eine eigentliche Strafverfolgung regelmässig vorbehalten wird (vgl. für das Zivilstandsregister Art. 44 ZGB und dazu Art. 181 ff. ZStV, für das Vormundschaftswesen Art. 447 ZGB, für das Grundbuch Art. 957 ZGB, für das Handelsregister Art. 153 und Art. 326ter StGB [früher BG vom 6. Oktober 1923 betreffend Strafbestimmungen zum Handelsregister und Firmenrecht, BS 2 723 f.]; vgl. dazu bereits Botsch. ZGB 12 f.). 217

Auch in einzelnen weiteren Fällen werden *Strafbestimmungen vorbehalten* (vgl. für das Recht der kaufmännischen Buchführung insbesondere Art. 964 OR [Vorbehalt der Strafbestimmungen von Art. 325 StGB betr. ordnungswidrige Führung der Geschäftsbücher]). Vereinzelt wurde nachträglich ein strafrechtlicher Schutz für zivilrechtliche Regeln geschaffen (vgl. für das Schatzregal der Kantone RONZANI, Komm. NHG, Art. 24 N 15 ff.). *Obligatorische Rechte* werden sodann in einzelnen *Ausnahmefällen* durch das *Strafgesetzbuch* geschützt (vgl. insbesondere Art. 217 StGB [Vernachlässigung von Unterhaltspflichten] und neuerdings Art. 325bis StGB [Widerhandlungen gegen Bestimmungen des Mieterschutzes]; vgl. dazu auch HUBER N 206 und oben N 216; kritisch zum Einsatz des Strafrechts zur Durchsetzung des Privatrechts insbesondere GIGER 40 f. FN 122; zur Frage der Zulässigkeit kantonaler Strafbestimmungen zur Durchsetzung des Bundeszivilrechts Art. 6 N 335). 218

Vermehrt kommen Strafbestimmungen im Bereich der *privatrechtlichen Spezialgesetze* vor, allerdings vor allem im Zusammenhang mit der *Verletzung* materiell *öffentlich-rechtlicher Vorschriften* (z.B. Nichtbeachtung einer Bewilli- 219

Vorbem. Art. 5 und 6

gungspflicht, Verletzung einer Auskunfts- oder Meldepflicht, Missachtung behördlicher Vorschriften und Anordnungen). Zu erwähnen sind insbesondere Strafbestimmungen betreffend Widerhandlungen gegen das landwirtschaftliche Pachtrecht (Art. 54 ff. LPG), gegen das Bundesgesetz über den unlauteren Wettbewerb (Art. 23 ff. UWG) und gegen das Kartellgesetz (Art. 54 ff. KG). In den Gesetzen des *Immaterialgüterrechts* und im *Datenschutzgesetz* finden sich demgegenüber auch Strafbestimmungen, welche die Verletzung privatrechtlicher Verhaltenspflichten sanktionieren, was sich daraus erklärt, dass es ebenfalls um den Schutz von Rechtsgütern bzw. absoluter Rechte (Schutz des geistigen Eigentums, Persönlichkeitsschutz) geht (vgl. Art. 67 ff. URG, Art. 11 ToG, Art. 61 ff. MSchG, Art. 24 ff. MMG, Art. 66 ff. PatG, Art. 48 ff. Sortenschutzgesetz, Art. 34 f. DSG; vgl. dazu auch oben N 148, 150).

4. Zusammenhänge und Unterschiede bei der Anwendung von Privatrecht und Strafrecht

220 Zusammenhänge (aber auch Unterschiede) zwischen dem Privatrecht und dem Strafrecht bestehen jedoch nicht nur hinsichtlich der grundsätzlichen Zielsetzung der beiden Rechtsgebiete (Rechtsgüterschutz bzw. Ahndung unerlaubter Handlungen), sondern auch hinsichtlich verschiedener einzelner Fragen der Rechtsanwendung und insbesondere auch hinsichtlich der Sanktionen. Lediglich beispielhaft soll auf folgende *Einzelfragen der Rechtsanwendung* hingewiesen werden, welche sich sowohl im Zivil- als auch im Strafrecht stellen, aber in den beiden Rechtsgebieten – aufgrund der verschiedenen Zwecke und Eigenarten dieser Gebiete – mindestens teilweise unterschiedlich geregelt sind (die Hinweise beziehen sich jeweils auf SCHULTZ I): *Deliktsfähigkeit juristischer Personen* und ihrer *Organe* (115 ff.), *Rechtfertigungsgründe* (147 ff.), *Vorsatz* und *Fahrlässigkeit* (188 ff., 201 ff.), *Irrtum* (224 ff.), *Verjährung* (246 ff.), *Versuch* (263 ff.), *Anstiftung* (291 ff.), *Gehilfenschaft* (296 ff.) (zur neueren Tendenz der Angleichung von zivil- und strafrechtlicher Organisationsverantwortung vgl. THOMAS KOLLER in SJZ 1996 409 ff. zu BGE 122 IV 103 ff.; zur Unzulässigkeit der Vererbung strafrechtlicher Verantwortlichkeit VPB 1997 Nr. 114 [Entscheid des EGMR vom 29. August 1997 betr. Steuerbusse]).

221 Was die *Sanktionen* anbelangt, ist darauf hinzuweisen, dass die Verurteilung zu einer Freiheitsstrafe von mindestens einem Jahr einen *Entmündigungsgrund* bildet (Art. 371 ZGB und dazu TUOR/SCHNYDER/SCHMID 383 f.; zur geplanten Aufhebung dieser Bestimmung Bericht der Expertenkommission zur Revision des Allg. Teils des Strafgesetzbuches, Bern 1993, 218). Im Bereich der persönli-

chen sichernden Massnahmen (Art. 42 ff. StGB) muss insbesondere gegenüber den *Massnahmen des Vormundschaftsrechts* (inkl. fürsorgerische Freiheitsentziehung), aber auch gegenüber der kantonal geregelten *Sozialhilfe* abgegrenzt werden (vgl. dazu SCHNYDER/MURER, BE-Komm., Systematischer Teil zu den Art. 360–397 ZGB N 86 ff., 144, 373 f. und SCHULTZ II 136 f., 221 ff., je mit Hinweisen; zur Zusammenarbeitspflicht im Bereich der Jugendhilfe Art. 317 ZGB und dazu Art. 6 N 58). Art. 53 StGB sieht sodann als Nebenstrafe die *Entziehung der elterlichen Gewalt* oder der *Vormundschaft* vor (vgl. dazu auch SCHULTZ II 128 f.). Die sachlichen Massnahmen der Sicherung (*Einziehung* und *Verwendung* gemäss Art. 58 ff. StGB) betreffen demgegenüber private Vermögensrechte und weisen auch Berührungspunkte mit dem Schuldbetreibungs- und Konkursrecht auf (vgl. dazu NIKLAUS SCHMID, Das neue Einziehungsrecht nach StGB Art. 58 ff., ZStR 1995 321 ff., DENIS PIOTET, Les effets civils de la confiscation pénale, Bern 1995, MEIER-HAYOZ, BE-Komm., Art. 641–54 ZGB, Syst. Teil N 617 und FRITZSCHE/WALDER § 10 Rz 34, § 32 Rz 1, § 56 Rz 17, je mit weiteren Hinweisen).

5. Opferhilfe

Gestützt auf die besondere Kompetenzvorschrift von *Art. 64ᵗᵉʳ BV* (vgl. dazu KNAPP, Komm. BV, Art. 64ᵗᵉʳ N 1 ff. mit Hinweisen) hat der Bund neuerdings das *BG über die Hilfe an Opfer von Straftaten* vom 4. Oktober 1991 (OHG, SR 312.5) erlassen (vgl. nun auch BBl 1997 I 341 zu Art. 115 Verfassungsentwurf 96). Dieses Gesetz strebt einen verstärkten Schutz der Opfer im Strafverfahren an. Unter anderem wird die *Durchsetzung privatrechtlicher Schadenersatz- und Genugtuungsansprüche* durch Opfer von Straftaten erleichtert. Überdies werden subsidiäre staatliche *Entschädigungs-* und *Genugtuungsleistungen* eingeführt (vgl. dazu BBl 1990 II 961 ff. und Art. 6 N 156; kritisch zu diesem Gesetz insbesondere aus der Sicht der – zusätzlich erschwerten – Koordination von zivil- und sozialversicherungsrechtlichen Ansprüchen bei der Abwicklung von Haftpflichtfällen THOMAS KOLLER, Das Opferhilfegesetz: Auswirkungen auf das Strassenverkehrsrecht, AJP 1996 578 ff.).

222

Vorbem. Art. 5 und 6

IV. Bundeszivilrecht und internationales bzw. europäisches Recht

1. Völkerrecht und Landesrecht

223 Das Bundeszivilrecht bildet grundsätzlich Bestandteil des nationalen Rechts (*Landesrecht*). In der zunehmend näher zusammenrückenden Welt spielt jedoch das internationale Recht (*Völkerrecht*) eine immer bedeutsamere Rolle (vgl. dazu eingehend COTTIER 217 ff. und THÜRER, Komm. BV, BV und Völkerrecht N 1 ff. mit zahlreichen weiteren Hinweisen). Dieses besteht einerseits aus den Regeln des *allgemeinen Völkerrechts* und andererseits aus dem nur für bestimmte Gebiete geltenden Völkerrecht (*partikuläres Völkerrecht*). Letzteres kann von einer überstaatlichen Organisation erlassen werden (supranationales Recht; sekundäres Völkerrecht), wie dies insbesondere für das Recht der Europäischen Union (EU) der Fall ist, oder aber als zwischenstaatliches Recht zwischen zwei (bilateral) oder mehreren Staaten (multilateral) vereinbart werden (vgl. zu diesen Begriffen und Abgrenzungen insbesondere FORSTMOSER/SCHLUEP § 4 N 69 und ausführlich SEIDL-HOHENVELDERN Rz 1 ff., 173 ff. mit Hinweisen).

224 Obwohl das Völkerrecht dem öffentlichen Recht zuzuordnen ist (vgl. dazu Art. 6 N 147), bestehen zum Bundeszivilrecht mannigfaltige Beziehungen (vgl. zur gegenseitigen Beeinflussung von Privatrecht und Völkerrecht auch allgemein GROSSEN 4 ff. mit Hinweisen). *Vorgaben des internationalen Rechts* ergeben sich dabei sowohl für das bei reinen Inländerbeziehungen massgebende Recht als auch – naturgemäss in verstärktem Ausmass – für das auf Sachverhalte mit Auslandsberührung anwendbare Recht (Internationales Privatrecht; vgl. dazu oben N 163 ff.; zur besonderen Bedeutung des internationalen Rechts für das Handelsrecht PATRY SPR VIII/1 49 ff.; vgl. im übrigen zu den Auswirkungen völkerrechtswidriger Rechtsakte auf privatrechtliche Ansprüche auch HEINI, Komm. IPRG, Art. 138 N 9 ff. [für den Bereich des Immissionsschutzes insbesondere]).

225 Von Bedeutung ist in diesem Zusammenhang, dass der *Vorrang des Völkerrechts* gegenüber dem Landesrecht im Schweizer Recht heute als Grundsatz anerkannt ist, während allerdings dessen *Durchsetzung* – infolge des Anwendungsgebotes von Art. 113 Abs. 3 BV – insbesondere gegenüber dem Bundesgesetzgeber *nur teilweise möglich* ist (vgl. dazu VPB 1989 Nr. 54 [gemeinsamer Bericht des Bundesamtes für Justiz und der Direktion für Völkerrecht vom 26. April 1989], HÄFELIN/HALLER Rz 1050 ff., AUBERT Nr. 1326 f. [Nachtrag], THÜRER, Komm. BV, BV und Völkerrecht N 13 ff. [mit differenzierenden Hinweisen zum Verhältnis von *Verfassungs- und Völkerrecht* insbesondere in N 16 ff.], SCHINDLER, Komm.

BV, Art. 85 Ziff. 5 N 59 ff., je mit weiteren Hinweisen; anders noch AUBERT Nr. 1326 f. [ursprüngliche Fassung] und PATRY SPR VIII/1 54 [gleicher Rang wie Bundesgesetzgebung]; vgl. zu dieser Frage auch ASTRID EPINEY, Das Primat des Völkerrechts als Bestandteil des Rechtsstaatsprinzips, ZBl 1994 537 ff. [mit kritischen Anmerkungen dazu von HANSJÖRG SEILER in ZBl 1995 451 ff.], ETIENNE GRISEL, Das Verhältnis zwischen direkter Demokratie und völkerrechtlichen Verträgen, ZBl 1995 437 ff. und DIETRICH SCHINDLER, Der Vorrang des Völkerrechts und des Europarechts vor dem nationalen Recht als Problem der demokratischen Legitimation des Rechts, in FS Anton Heini, Zürich 1995, 321 ff.; vgl. neuerdings auch BBl 1997 I 134 f. zu Art. 4 Abs. 4 Verfassungsentwurf 96 und ASTRID EPINEY, AJP 1997 350 ff., zu BGE 122 II 485 ff. [kritisch dazu YVO HANGARTNER in AJP 1997 634 f.]).

Zur *verfahrensmässigen Durchsetzung* des Vorrangs des Völkerrechts vgl. 226 BGE 118 Ia 116 f., THÜRER, Komm. BV, BV und Völkerrecht N 20 und nachfolgend N 258 ff.; zur geplanten Einführung einer richterlichen Normenkontrolle, welcher im Anwendungsfall auch Akte des Bundesgesetzgebers unterliegen, BBl 1997 I 532 ff. zu Art. 178 Abs. 1 Verfassungsentwurf 96, Vorlage C, Justizreform.

2. Allgemeines Völkerrecht

Die *Regeln des allgemeinen Völkerrechts* bestehen einerseits aus dem Völker- 227 gewohnheitsrecht und andererseits aus international anerkannten allgemeinen Rechtsgrundsätzen (vgl. dazu FORSTMOSER/SCHLUEP § 4 N 69 und ausführlich SEIDL-HOHENVELDERN Rz 467 ff., 505 ff. mit Hinweisen).

Auch im Bereich des Privatrechts bedeutsames *Völkergewohnheitsrecht* stellt 228 heute insbesondere der Grundsatz der Achtung der Menschenrechte dar. Ein Kernbereich der Menschenrechte ist nach heute geltender Auffassung als *zwingendes Völkerrecht* (ius cogens) von allen Staaten unabhängig von vertraglichen Vereinbarungen zu beachten (vgl. dazu THÜRER, Komm. BV, BV und Völkerrecht N 5, 16, J.P. MÜLLER, Komm. BV, Einleitung zu den Grundrechten N 179, SEIDL-HOHENVELDERN Rz 395 ff. mit weiteren Hinweisen; vgl. auch BBl 1997 I 446 f. zum Verfassungsentwurf 96). Der Grundsatz der Achtung der Menschenrechte wird durch die Erklärung der Menschenrechte der UN-Generalversammlung vom 10. Dezember 1948 näher umschrieben. Bei dieser Erklärung handelt es sich um sog. *«soft law»*, welches im streng rechtlichen Sinn keine die Staaten bindende Wirkung zu entfalten vermag. Die Präzisierung dieser Rechte durch verbindliche Vorschriften erfolgt durch universelle und regionale Verträge zum Schutze der Menschenrechte (vgl. dazu FORSTMOSER/SCHLUEP § 4 N 24 f., SEIDL-HOHENVELDERN

Vorbem. Art. 5 und 6

Rz 495 f., 1585 ff. und den Bericht des Bundesrates über die schweizerische Menschenrechtspolitik vom 2. Juni 1982, BBl 1982 729 ff. mit Hinweisen; zur Bedeutung von völkerrechtlichem «soft law» für das Schweizer Recht auch allgemein SCHINDLER, Komm. BV, Art. 85 Ziff. 5 N 38; zur Umsetzung durch rechtsverbindliche Verträge nachfolgend N 234 ff.).

229 Zu den *völkerrechtlich anerkannten Rechtsgrundsätzen*, welche für das Privatrecht von Bedeutung sind, gehören etwa der Grundsatz «pacta sunt servanda», die «clausula rebus sic stantibus», das Rechtsmissbrauchsverbot und das Gebot des Handelns nach Treu und Glauben (vgl. zur meist privatrechtlichen Herkunft dieser Grundsätze GROSSEN 6 mit Hinweisen). Für die Beziehungen zwischen den Staaten sind diese Prinzipien heute zum Teil in der von der Schweiz ratifizierten Wiener Vertragsrechtskonvention vom 23. Mai 1969 (SR 0.111) ausdrücklich verankert (vgl. insbesondere Art. 26, 31 und 62). Im Anwendungsbereich des Privatrechts kann eine Verletzung dieser Grundsätze gestützt auf den Vorbehalt von Art. 17 IPRG zur Nichtanwendung von ausländischem Recht wegen *ordre public-Widrigkeit* führen (vgl. dazu MÄCHLER-ERNE, BS-Komm., Art. 17 IPRG N 25 und VISCHER, Komm. IPRG, Art. 17 N 10 mit weiteren Hinweisen). Zum Teil werden diese Grundsätze auch als Fundament einer weltweit geltenden sog. *lex mercatoria* betrachtet (vgl. dazu nachfolgend N 250).

3. Partikuläres Völkerrecht

a) Supranationales Recht; sekundäres Völkerrecht

230 Einer *supranationalen Gemeinschaft*, wie sie insbesondere die *Europäische Union (EU)* darstellt, gehört die Schweiz nicht an. Vom Schweizervolk abgelehnt wurde auch ein Beitritt zum *Europäischen Wirtschaftsraum (EWR)*, welcher gewisse supranationale Elemente aufweist, ohne eine solche Gemeinschaft zu bilden (vgl. dazu auch HÄFELIN/HALLER Rz 1047 f., THÜRER, Komm. BV, BV und Völkerrecht N 7 und SCHINDLER, Komm. BV, Art. 89 Abs. 5 N 4 f.; vgl. zur Situation der Schweiz im europäischen Integrationsprozess nachfolgend N 252 ff.). Die Schweiz ist jedoch Mitglied verschiedener internationaler Organisationen, die in beschränktem Masse Recht (sog. *sekundäres Völkerrecht*) setzen können (z.B. Weltgesundheitsorganisation, Internationale Zivilluftfahrtsorganisation, EFTA, OECD, Gemischter Ausschuss Schweiz-EG, WTO; vgl. dazu die Hinweise bei SCHINDLER, Komm. BV, Art. 85 Ziff. 5 N 39 und PATRY SPR VIII/1 51, 54 f.; für die WTO BBl 1994 IV 416 ff. und hinten N 255).

b) Völkervertragsrecht

aa) Vorbemerkung

Abgesehen von den besonderen Fällen von sekundärem Völkerrecht (oben N 230) und von allfälligem regionalem Völkergewohnheitsrecht handelt es sich bei dem für die Schweiz geltenden partikulären Völkerrecht vor allem um *Völkervertragsrecht*. Für den Abschluss entsprechender Staatsverträge steht dem Bund eine alle Materien umfassende Kompetenz zu. Insbesondere ist nach heutiger Auffassung nicht erforderlich, dass der Bund auf dem betreffenden Gebiet über eine innerstaatliche Gesetzgebungskompetenz verfügt (vgl. dazu und zum Verfahren des Vertragsabschlusses HÄFELIN/HALLER Rz 325, 1038 ff., AUBERT Nr. 673 ff., 1143 ff., 1317 ff., 1556, 1599 ff. [je inkl. Nachtrag], THÜRER, Komm. BV, BV und Völkerrecht N 27 ff. und SCHINDLER, Komm. BV., Art. 8 N 4 ff., Art. 85 Ziff. 5 N 35 ff., Art. 89 Abs. 3–5, je N 1 ff.; vgl. dazu auch BBl 1997 I 229 ff., 392 ff., 416 ff. zu Art. 49 f., 156 und 172 Verfassungsentwurf 96; zu den nur für einen engen Bereich bestehenden *Staatsvertragskompetenzen* der *Kantone* und zum *Rang* solcher Staatsverträge vgl. Art. 6 N 148 f.).

231

Nach herrschender Lehre und Praxis erlangen Staatsverträge in der Schweiz sodann mit ihrer völkerrechtlichen Verbindlichkeit auch landesrechtliche Geltung, ohne dass es einer Transformation in innerstaatliches Recht bedürfte (*monistisches System, Adoptions- bzw- Inkorporationssystem*; vgl. dazu HÄFELIN/HALLER Rz 1049, AUBERT Nr. 1325, THÜRER, Komm. BV, BV und Völkerrecht N 8 f., SCHINDLER, Komm. BV, Art. 85 Ziff. 5 N 56 f. und SEIDL-HOHENVELDERN Rz 539 ff., je mit weiteren Hinweisen; zur parlamentarischen Diskussion, ob das monistische System eine Überforderung der Richter darstelle, StenBull SR 1996 342 ff. [Debatte über die UN-Kinderrechtskonvention; vgl. dazu nachfolgend N 239]). Allerdings sind nicht alle Bestimmungen von rechtsetzenden Staatsverträgen unmittelbar anwendbar *(self-executing)*. Soweit den einzelnen Rechtssätzen die nötige Bestimmtheit für eine unmittelbare Anwendung fehlt, ist der innerstaatliche Gesetzgeber verpflichtet, konkretisierende landesrechtliche Vorschriften zu schaffen (vgl. dazu HÄFELIN/HALLER Rz 1035, AUBERT Nr. 1326 [Nachtrag], THÜRER, Komm. BV, BV und Völkerrecht N 10 ff. und SCHINDLER, Komm. BV, Art. 85 Ziff. 5 N 58 mit weiteren Hinweisen).

232

Das Völkervertragsrecht ist für das Bundeszivilrecht – wie nachfolgend zu zeigen sein wird – insbesondere im Bereich des *internationalen Menschenrechtsschutzes*, des *Internationalen Privatrechts* und der *materiellen Vereinheitlichung* bzw. *Angleichung des Privatrechts* von Bedeutung. Die erforderliche *Harmonisierung* des *Bundeszivilrechts* mit dem entsprechenden *Völkervertragsrecht* erfolgt hierbei einerseits durch *Rechtsänderungen*, soweit dies nötig ist, und ande-

233

Vorbem. Art. 5 und 6

rerseits durch eine *völkerrechtskonforme Auslegung* und *Anwendung* des Bundeszivilrechts (vgl. zum Grundsatz der völkerrechtskonformen Auslegung des Bundesrechts HÄFELIN/HALLER Rz 1054, AUBERT Nr. 1326, THÜRER, Komm. BV, BV und Völkerrecht N 14 und neuerdings BBl 1997 I 134 f. zu Art. 4 Abs. 4 Verfassungsentwurf 96; zur Frage des Vorrangs des Völkerrechts im Konfliktsfall vgl. oben N 225 f.).

bb) Internationaler Menschenrechtsschutz

234 Dem vor allem seit dem zweiten Weltkrieg entwickelten *internationalen Menschenrechtsschutz* kommt gegenüber dem Bundesprivatrecht eine ähnliche Bedeutung zu wie den Grundrechten des Bundesverfassungsrechts, wobei er diese ergänzt und heute auch teilweise überlagert. Der internationale Menschenrechtsschutz ist in der Regel aber detaillierter geregelt als die Grundrechte des Bundesverfassungsrechts. Oft ergeben sich aus solchen Staatsverträgen daher *konkrete Anforderungen* auch an die Ausgestaltung des Privatrechts, welche von den Mitgliedstaaten erfüllt werden müssen (vgl. dazu oben N 89, 185; vgl. dazu auch COTTIER 217 ff. [passim], THÜRER, Komm. BV, BV und Völkerrecht N 35, J.P. MÜLLER, Komm. BV, Einleitung zu den Grundrechten N 207 ff. und die Länderberichte zum Thema «Verfassungsrechtlicher und internationaler Schutz der Menschenrechte: Konkurrenz oder Ergänzung?», EUGRZ 1994 1 ff., je mit weiteren Hinweisen; vgl. zur Bedeutung des internationalen Menschenrechtsschutzes für das Privatrecht insbesondere auch GROSSEN 7 ff. mit weiteren Hinweisen).

235 Am weitesten entwickelt ist der internationale Menschenrechtsschutz auf europäischer Ebene. Grosse Bedeutung kommt hierbei namentlich der *Europäischen Menschenrechtskonvention* vom 4. November 1950 (EMRK, SR 0.101) zu, welcher die Schweiz 1974 beigetreten ist. Deren materielle Bestimmungen sind nach der Rechtsprechung des Bundesgerichts grösstenteils *unmittelbar anwendbar* und können als *verfassungsmässige Rechte* angerufen werden (vgl. dazu HÄFELIN/HALLER Rz 1078 ff., AUBERT Nr. 1775 ff. [Nachtrag], J.P. MÜLLER, Komm. BV, Einleitung zu den Grundrechten N 208 ff. und SCHWEIZER 594 f., 626 ff., je mit weiteren Hinweisen; zur mittelbaren Drittwirkung der EMRK-Grundrechte VILLIGER Rz 167 f.).

236 Die Bestimmungen der EMRK und der Zusatzprotokolle sind im Bereich des Privatrechts insbesondere für den *Persönlichkeitsschutz* und das *Ehe-, Kindes- und Vormundschaftsrecht* sowie für die *Verfahrensgestaltung* bei Anwendung von Zivilrecht durch Verwaltungsbehörden von Bedeutung (vgl. dazu die Hinweise bei TUOR/SCHNYDER/SCHMID 27, 87, 162, 180, 199, 305, 317, 353, 378, 386, 562 und HAEFLIGER 28, 73, 113 ff., 287 sowie insbesondere PETER HÄNNI, Die Bedeutung der EMRK für das schweizerische Familienrecht, in FS Bernhard

Schnyder, Fribourg 1995, 365 ff.; zu den Problemen der Rechtsharmonisierung im Zusammenhang mit der Regelung des Familiennamens auch HEINZ HAUSHEER in EUGRZ 1995 579 ff. [zur geplanten ZGB-Revision auch SCHNYDER, Allg. Einl. N 117]; zu den sich aus Art. 6 EMRK ergebenden Anforderungen an das Verwaltungsverfahren bei der Anwendung von Zivilrecht KLEY-STRULLER 47 ff.). Die Garantien der EMRK haben in einzelnen Fällen auch *Gesetzesänderungen* nötig gemacht (vgl. insbesondere die Änderung des ZGB vom 6. Oktober 1978 [Fürsorgerische Freiheitsentziehung] und dazu BBl 1977 III 1 ff., HAEFLIGER 27 f., 73 sowie TUOR/SCHNYDER/SCHMID 403 ff. mit weiteren Hinweisen; zu den Auswirkungen auf das kantonale Organisations- und Verfahrensrecht in Zivilsachen auch Art. 5 N 13).

Abgelehnt haben die eidgenössischen Räte bisher die Genehmigung der (nicht unmittelbar anwendbaren) *Europäischen Sozialcharta* vom 18. Oktober 1961, welche als Ergänzung zur EMRK Anforderungen an die wirtschaftliche und soziale Rechtsstellung der Einzelpersonen enthält und vor allem für das Arbeitsrecht von Bedeutung wäre (vgl. BBl 1983 II 1241 ff. und dazu AUBERT Nr. 1321 [Nachtrag] sowie SCHWEIZER 595 bei FN 19; eine parlamentarische Initiative verlangt nun die Genehmigung der Sozialcharta, vgl. dazu BBl 1996 II 721 ff. und 1996 IV 1271 ff.; der Nationalrat hat das Geschäft an die vorberatende Kommission zurückgewiesen, vgl. dazu CHSS 1996 285). 237

Die Schweiz hat dagegen in der Zwischenzeit die beiden (nach herrschender Auffassung ebenfalls nicht unmittelbar anwendbaren) *UNO-Menschenrechtspakte von 1966* (Internationaler Pakt über wirtschaftliche, soziale und kulturelle Rechte vom 16. Dezember 1966 [SR 0.103.1] und Internationaler Pakt über bürgerliche und politische Rechte vom 16. Dezember 1966 [SR 0.103.2]) ratifiziert, welche ähnliche, aber weniger weit gehende Verpflichtungen der Mitgliedstaaten als die EMRK und die Europäische Sozialcharta enthalten und überdies nicht über ein gleichermassen wirksames Durchsetzungsinstrumentarium verfügen (vgl. dazu BBl 1991 I 1189 ff., HÄFELIN/HALLER Rz 1082, AUBERT Nr. 1741bis [Nachtrag] und SCHWEIZER 614, je mit weiteren Hinweisen; zur Frage der unmittelbaren Anwendbarkeit des UNO-Sozialpaktes nun auch BGE 120 Ia 10 ff, 121 V 232 ff., 248 ff. und dazu kritisch JÖRG KÜNZLI in AJP 1996 527 ff.). 238

Bereits erfolgt ist sodann auch der Beitritt der Schweiz zu *sektoriellen UNO-Menschenrechtskonventionen* (vgl. dazu auch SCHWEIZER 615 mit Hinweisen). Für das Privatrecht bedeutsam sind hierbei insbesondere das für die Schweiz seit dem 29. Dezember 1994 in Kraft stehende Übereinkommen zur *Beseitigung der Rassendiskriminierung* vom 21. Dezember 1965 (SR 0.104; vgl. dazu BBl 1992 III 269 ff.; zur indirekten Wirkung dieses Abkommens im Verhältnis zwischen Privaten vgl. G. MÜLLER, Komm. BV, Art. 4 N 23, insbesondere FN 43 [Fassung 239

Vorbem. Art. 5 und 6

1995] und AUBERT Nr. 1744bis [Nachtrag] mit Hinweisen) sowie die von den eidgenössischen Räten verabschiedeten Übereinkommen über die *Rechte des Kindes* vom 20. November 1989 (vgl. dazu BBl 1994 V 1 ff., 1996 V 1014 und CHRISTIAN MEIER-SCHATZ, Über Entwicklung, Inhalt und Strukturelemente des Kindsrechts – Eine Gegenüberstellung von Schweizer Recht und UNO-Konvention, AJP 1993 1035 ff. sowie INGEBORG SCHWENZER, Die UN-Kinderrechtskonvention und das schweizerische Kindesrecht, AJP 1994 817 ff.) und zur *Beseitigung der Diskrimierung der Frau* vom 18. Dezember 1979 (vgl. dazu BBl 1995 IV 901 ff., 1996 IV 860 f. und CHRISTINA HAUSAMMANN/ERIKA SCHLÄPPI, Das UNO-Übereinkommen zur Beseitigung jeder Form von Diskriminierung der Frau und seine Bedeutung für die Schweiz, AJP 1995 32 ff.; vgl. zum internationalen Schutz der Rechtsgleichheit und des Diskriminierungsverbots allgemein und im Verhältnis von Mann und Frau auch G. MÜLLER, Komm. BV, Art. 4 N 18a und 134a mit weiteren Hinweisen; vgl. ferner auch Ivo SCHWANDER, Diskriminierungsverbot und Gleichstellungsrecht im internationalen Privat- und Zivilprozessrecht, AJP 1993 1400 ff.). Die beiden zuletzt genannten Übereinkommen sind inzwischen am 26. März 1997 (Kinderrechtskonvention) bzw. 26. April 1997 (Frauenrechtskonvention) für die Schweiz in Kraft getreten, jedoch in der AS noch nicht publiziert worden (zur Problematik dieser Situation vgl. Art. 6 des Publikationsgesetzes vom 21. März 1986 [SR 170.512]).

240   Auch für das privatrechtliche Arbeitsrecht (Arbeitsvertragsrecht) bedeutsam sind sodann die an den alljährlichen Konferenzen der früher mit dem Völkerbund und heute mit der UNO verbundenen *Internationalen Arbeitsorganisation* (IAO) abgeschlossenen Übereinkommen, welche auf internationaler Ebene die Rechte der arbeitenden Menschen schützen sollen (vgl. zu den Aufgaben und zur Geschichte dieser Organisation und zur Pflicht, die Abkommen den nationalen Parlamenten vorzulegen, BBl 1982 II 763 ff., AUBERT Nr. 1320 und SCHÖNENBERGER/VISCHER, ZH-Komm., Vorbem. zu Art. 356–360 OR N 55 ff., je mit weiteren Hinweisen; zur laufenden Weiterentwicklung des Arbeitnehmerschutzes durch die IAO vgl. die Hinweise in den jährlichen Berichten des JAR; zur Krise der IAO im Zusammenhang mit den weltweiten Deregulierungsbestrebungen JAR 1995 32 f., 1996 41 f.).

cc) Internationales Privatrecht und Zivilprozessrecht

241   Eine grosse Bedeutung kommt dem Völkervertragsrecht im Bereich des *Internationalen Privatrechts* zu, welches bei Sachverhalten mit Auslandbeziehung im Sinne von Kollisionsrecht das anwendbare Recht bestimmt (vgl. dazu auch oben N 163 ff.). Das Internationale Privatrecht der Schweiz ergibt sich nicht nur aus dem BG über das Internationale Privatrecht vom 18. Dezember 1987 (IPRG, SR

291), sondern aus zahlreichen *multi- und bilateralen Staatsverträgen*, welche in Art. 1 Abs. 2 IPRG ausdrücklich vorbehalten werden (vgl. dazu auch die umfassende Zusammenstellung mit den Gesetzes- und Abkommenstexten bei GERHARD WALTER/MONIQUE JAMETTI GREINER, Texte zum Internationalen Privat- und Verfahrensrecht, Loseblattsammlung, Bern 1993 ff.).

Die grosse Mehrzahl dieser Verträge beruht noch immer *auf Gegenseitigkeit*, ist also nur gegenüber Vertragsstaaten anwendbar. In neuerer Zeit werden aber zunehmend IPR-Abkommen geschaffen, deren Kollisionsregeln unabhängig von der Mitgliedschaft im Verhältnis zu allen ausländischen Staaten («erga omnes») und in jedem Fall anwendbar sind (sog. *IPR-Einheitgesetze* bzw. *«lois uniformes»)*. Dazu gehören insbesondere die neueren *Haager Übereinkommen*, welche im *Familien- und Schuldrecht* das in vermögensrechtlicher Hinsicht anwendbare Recht bestimmen (vgl. zur Arbeit und Organisation der seit über 100 Jahren bestehenden Haager Konferenz für internationales Privatrecht ALFRED VON OVERBECK, Les cent ans de la Conférence de la Haye de droit international privé, SZIER 1993 137 ff.; zur Fortführung der Arbeit dieser Konferenz die Berichte in SZIER, zuletzt ANDREAS BUCHER in SZIER 1997 67 ff.). Eine dritte, von der Bedeutung her zunehmende Kategorie von Staatsverträgen des Internationalen Privatrechts bilden Abkommen, die das *materielle Privatrecht* oder das *internationale Zivilprozessrecht* für internationale Sachverhalte und zum Teil auch für Binnensachverhalte *vereinheitlichen* und nur noch punktuell Kollisionsregeln enthalten (vgl. zum Ganzen SALADIN 131 bei FN 32, SCHNYDER, IPRG, 7 f., DERSELBE, BS-Komm., Art. 1 IPRG N 15 ff. und VOLKEN, Komm. IPRG, Art. 1 N 52 ff. mit zahlreichen Hinweisen; zum internationalen Personen- und Familienrecht insbesondere SCHNYDER, Allg. Einl. N 122 ff.; zur Angleichung und Vereinheitlichung des materiellen Privatrechts allgemein nachfolgend N 243 ff.; zum internationalen Zivilprozess- und Vollstreckungsrecht auch Art. 6 N 98 f.; zum Stand und zur Weiterentwicklung des Internationalen Privatrechts im internationalen Kontext vgl. auch die Beiträge von BUCHER, VISCHER und SCHWANDER in FS Anton Heini, Zürich 1995, 95 ff., 479 ff., 389 ff.).

242

dd) Angleichung und Vereinheitlichung des materiellen Privatrechts

aaa) Allgemeines

Die internationale *Vereinheitlichung des materiellen Privatrechts* ist bisher nur punktuell und problembezogen erfolgt, doch zeichnet sich für die Zukunft angesichts der politischen, wirtschaftlichen und gesellschaftlichen Entwicklungen der neuesten Zeit insbesondere auf europäischer Ebene, zum Teil aber auch weltweit («Globalisierung der Wirtschaft»), ein *Trend* zu einer *umfassenderen Rechts-*

243

Vorbem. Art. 5 und 6

vereinheitlichung, insbesondere in *wirtschaftsrelevanten Materien* des Privatrechts ab (vgl. dazu FORSTMOSER/SCHLUEP § 11 N 90 ff., KRAMER 730 ff. und SALADIN 131 f. mit Hinweisen). Eine gewisse *Rechtsangleichung* hat sich in der neueren Zeit in den modernen Industriestaaten insbesondere in *neuen Rechtsgebieten* (z.B. Datenschutz, Kartellrecht, Produktehaftpflicht) auf rein informellem Wege ergeben, zumal die gleichen Probleme zu lösen sind und harmonisierte Regeln den Wirtschaftsverkehr erleichtern (vgl. dazu und zur Vorbildrolle des *amerikanischen Rechts* in diesen Bereichen FORSTMOSER/SCHLUEP § 11 N 91 ff. und SCHLOSSER 221 ff. mit Hinweisen; für die Schweiz insbesondere WOLFGANG WIEGAND, Die Rezeption amerikanischen Rechts, in FS Schweiz. Juristentag, Bern 1988, 229 ff.).

244 Vgl. im übrigen zu den *gemeinsamen Wurzeln* und zu der stets vorhandenen *gegenseitigen Beeinflussung* der nationalen Privatrechtsordnungen des kontinentaleuropäischen und des angloamerikanischen Rechtskreises KRAMER 731 ff. und die Beiträge von EUGEN BUCHER und BRUNO SCHMIDLIN in «Vers un droit privé européen commun?», Beiheft zur ZSR, Heft 16, Basel 1994, je mit zahlreichen weiteren Hinweisen; zur *Stellung* und *Bedeutung* des *schweizerischen Zivilrechts* in der ausländischen Rechtsentwicklung auch LIVER, BE-Komm., Einleitung zu Art. 1–10 ZGB N 161 ff., SCHLOSSER 179 ff. und insbesondere SCHNYDER, Allg. Einleitung N 130 ff., 221 ff. mit weiteren Hinweisen.

245 Die *Ursprünge* der formellen internationalen *Privatrechtsvereinheitlichung* gehen jedoch viel weiter zurück. Bereits im letzten Jahrhundert wurde das *Immaterialgüterrecht* teilweise weltweit vereinheitlicht (vgl. dazu die Hinweise bei LUTZ/HEINZELMANN SIWR I/1 39 ff.). Im Rahmen des *Völkerbunds* wurde sodann in den frühen dreissiger Jahren ein *einheitliches Wechsel- und Checkrecht* geschaffen. Die *UNO* hat ihrerseits zur Rechtsvereinheitlichung beigetragen. Zu erwähnen ist insbesondere die *Wiener Konvention von 1980*, mit welcher das *Recht des internationalen Kaufvertrages* vereinheitlicht wurde. Schliesslich bestehen verschiedene Abkommen, mit welchen das internationale *Transport- und Haftpflichtrecht* einheitlich geregelt wird (vgl. dazu FORSTMOSER/SCHLUEP § 11 N 98 f., PATRY SPR VIII/1 49 ff., SCHNYDER, BS-Komm., Art. 1 IPRG N 15 ff., VOLKEN, Komm. IPRG, Art. 1 N 60 f. und oben N 88, je mit weiteren Hinweisen; zum Wiener Kaufrechtsübereinkommen auch SCHÖNLE, ZH-Komm, Vorbem. zu Art. 184–238 OR N 15, 24 f. mit weiteren Hinweisen).

bbb) Europäische Union

246 Eine völlig neuartige Dimension hat die internationale Privatrechtsvereinheitlichung in der *Europäischen Union* (EU) erhalten, in deren Rahmen nach wie vor die spezifische Organisation der Europäischen Gemeinschaft (EG) für die entsprechende Rechtsetzung zuständig ist. Die Europäische Union verfügt zwar über keine ausdrückliche Privatrechtskompetenz, doch kann sie durch *Verordnungen* und *Richtlinien* Gemeinschaftsprivatrecht schaffen, soweit dies für das Funktio-

nieren des Gemeinsamen Marktes bzw. Binnenmarktes erforderlich ist. Gestützt auf diese Kompetenzgrundlage wurde ein umfangmässig zunehmendes, allerdings stark zerstückeltes *Gemeinschaftsprivatrecht* geschaffen, welches insbesondere in den Bereichen des Konsumentenschutzrechts, des Haftpflichtrechts, des Arbeitsrechts, des Handels- und Gesellschaftsrechts, des Wettbewerbsrechts und des Immaterialgüterrechts zu einer weitgehenden *Rechtsangleichung* und teilweise zu einer *Rechtsvereinheitlichung* unter den Mitgliedstaaten geführt hat (vgl. dazu FORSTMOSER/SCHLUEP § 11 N 100, KRAMER 741 f. und insbesondere MÜLLER-GRAFF 13 ff. mit weiteren Hinweisen sowie die Textsammlung von PETER HOMMELHOFF/ ERIK JAYME, Europäisches Privatrecht, München 1993).

Eine echte *Rechtsvereinheitlichung*, welche durch den Erlass von *Verordnungen* der EG erfolgt, ist bisher allerdings nur auf einzelnen wenigen Teilgebieten (insbesondere im Wettbewerbsrecht) erreicht worden. Zum Teil handelt es sich überdies lediglich um *fakultatives Einheitsrecht*, dem sich interessierte Private freiwillig unterstellen können (Beispiele: Gemeinschaftsmarke, gemeinschaftlicher Sortenschutz, Europäische Wirtschaftliche Interessenvereinigung, geplante Europäische Aktiengesellschaft). Das *Schwergewicht* der für das Privatrecht bedeutsamen EG-Rechtsetzung bilden *Richtlinien*, welche lediglich eine *Rechtsangleichung* bezwecken. Diese richten sich nicht an die einzelnen privaten Rechtssubjekte, sondern an die Mitgliedstaaten, und belassen diesen regelmässig einen erheblichen Spielraum bei der Umsetzung in das nationale Recht. Es verwundert daher nicht, dass das *Internationale Privatrecht* für die Privatrechtsbeziehungen innerhalb der EU nach wie vor eine grosse Rolle spielt und sich zum Teil neue kollisionsrechtliche Probleme stellen (vgl. dazu MÜLLER-GRAFF 16, 22 f. und insbesondere JÜRGEN BASEDOW, Europäisches Internationales Privatrecht, NJW 1996 1921 ff. mit weiteren Hinweisen; vgl. zur Weiterentwicklung des Europäischen Gemeinschaftsrechts im übrigen die regelmässig in der NJW publizierten Berichte, zuletzt NJW 1995 1126 ff., und neuerdings auch die Berichte von ASTRID EPINEY in der SZIER, zuletzt SZIER 1997 293 ff.). 247

Da die Privatrechtsangleichung bisher – wie dargestellt – sehr *fragmentarisch*, durch *Normen verschiedener Rechtsnatur* und *ohne privatrechtssystematisches Gesamtkonzept* erfolgt ist (kritisch zur Gleichsetzung des sog. Gemeinschaftsprivatrechts mit «europäischem Privatrecht» daher BUCHER 17 f.) und aus den unterschiedlichen nationalen Privatrechtsordnungen nach wie vor *erhebliche Kosten* für die *Wirtschaft innerhalb des Binnenmarktes* resultieren, hat das Europäische Parlament bereits 1989 die Schaffung eines *Europäischen Zivilgesetzbuches* oder zumindest eines Gesetzbuches des *wirtschaftsnahen Zivilrechts* (insbesondere des Schuldrechts) gefordert, wodurch auch die *europäische Identität* bekräftigt und ein *Zustand* wiederhergestellt werden soll, wie er in *früheren* 248

Vorbem. Art. 5 und 6

Jahrhunderten – unter der Geltung des auf dem überlieferten römischen Recht beruhenden «ius commune» – zumindest teilweise bereits bestand (vgl. dazu sowie zu den Voraussetzungen und Chancen bzw. zur Machbarkeit und Zweckmässigkeit eines solchen Vorhabens, zu den Parallelen zur schweizerischen Privatrechtsvereinheitlichung und zu den bestehenden Vereinheitlichungsansätzen in Gesetzgebung und Wissenschaft KRAMER 429 ff., BROGGINI, Conflitto, 89 ff., MÜLLER-GRAFF 16 ff., insbesondere 23, SANDROCK 6 ff., SCHLOSSER 262 ff. sowie die Beiträge von EUGEN BUCHER, BRUNO SCHMIDLIN und JOSEF HOFSTETTER in «Vers un droit privé européen commun?», Beiheft zur ZSR, Heft 16, Basel/Frankfurt a.M. 1994, sowie KNAPP, Komm. BV, Art. 64 N 4; zum Bedürfnis und zu den Voraussetzungen einer europäischen Privatrechtsvereinheitlichung und zur möglichen Vorbildrolle der schweizerischen Kodifikation vgl. bereits LIVER, BE-Komm., Art. 1–10 ZGB, Einleitung N 8, 170 mit Hinweisen, die bis zu EUGEN HUBER zurückgehen, und nun auch SCHNYDER, Allg. Einl. N 125 ff.).

ccc) Weitere Bemühungen

249 Durch die bisher sehr dynamische, in ihrem weiteren Verlauf aber noch nicht absehbare Rechtsentwicklung der Europäischen Union soll im übrigen die internationale Vereinheitlichung bzw. Angleichung des materiellen Privatrechts in einem *erweiterten europäischen* oder gar *weltweiten Rahmen* nicht konkurrenziert werden. Das Europäische Parlament hat vielmehr 1994 in einer weiteren Entschliessung festgehalten, dass neben den Vereinheitlichungsbemühungen im Rahmen der Europäischen Union auch die Rechtsharmonisierung im weiteren Rahmen des *Europarates*, des *UNIDROIT* (Institut International pour l'Unification du Droit Privé [Rom]) und der *UNCITRAL* (United Nations Commission on International Trade Law) gefördert werden solle (vgl. dazu AJP 1995 331; zu den Bemühungen dieser und weiterer Organisationen um eine Angleichung und Vereinheitlichung des Privatrechts und den damit verbundenen Konkurrenzfragen KRAMER 742, 745 ff. und SANDROCK 7 f. mit Hinweisen; zur Rechtsharmonisierung durch die Organe des Europarats und weitere europäische und internationale Organisationen auch allgemein SCHWEIZER 593 ff., 613 ff. mit Hinweisen).

250 Vgl. zu den Möglichkeiten und Grenzen *weltweiter Rechtsvereinheitlichung* auch BROGGINI, Conflitto, 94, KELLER/SIEHR 157 f., SCHWANDER Rz 17 ff. und SALADIN 131 f. Abgelehnt wird allgemein die Geltung einer nicht auf Konventionsrecht, sondern auf allgemeinen Rechtsgrundsätzen und Handelsgebräuchen beruhenden sog. *lex mercatoria* als Privatrecht der Weltebene, doch kommt diesem ausserstaatlichen («anationalen») Recht in der internationalen Schiedsgerichtsbarkeit eine gewisse Bedeutung zu (vgl. dazu PATRY SPR VIII/1 53, 59, BLESSING,

BS-Komm., Einl. 12. Kapitel IPRG N 134, 226 f., HEINI, Komm. IPRG, Art. 187 N 7 ff. und SANDROCK 8 f., je mit weiteren Hinweisen).

In der allerneuesten Zeit hat der Um- und Ausbau der GATT-Ordnung zur *Welthandelsorganisation* (World Trade Organization, WTO) bzw. der damit verbundene Einbezug der sogenannten *handelsbezogenen Aspekte* des *geistigen Eigentums* in das WTO-Recht (Agreement on Trade-Related Aspects of Intellectual Property Rights, including Trade in Counterfeit Goods, *TRIPS-Abkommen*) einen weiteren internationalen Harmonisierungsschub auf dem Gebiet des Immaterialgüterrechts ausgelöst (vgl. dazu THÜRER, Komm. BV, BV und Völkerrecht N 35, SCHWEIZER 615 ff., 617, SIMON SIWR I/1 145 und FRANÇOIS DESSEMONTET, L'ADPIC: Présentation générale, AJP 1995 1069 ff., je mit weiteren Hinweisen). 251

ddd) Situation der Schweiz

Die *Schweiz* hat sich als wirtschaftlich nach aussen orientierter Kleinstaat stets für die internationale Rechtsvereinheitlichung insbesondere auch auf dem Gebiet des Privatrechts eingesetzt und war an der Ausarbeitung verschiedener wichtiger internationaler Abkommen massgeblich beteiligt (vgl. etwa für das Immaterialgüterrecht LUTZ/HEINZELMANN SIWR I/1 43 ff. mit Hinweisen; vgl. zum Stand des staatsvertraglichen Privatrechts auch oben N 87 f.; vgl. ferner KRAMER 737 f. mit Hinweisen zur «internationalistisch» eingestellten schweizerischen Privatrechtsprechung; zum ausgeprägten völkerrechtlichen Engagement der Schweiz allgemein SCHWEIZER 589 ff. mit zahlreichen Hinweisen). Damit kontrastiert in gewissem Sinne die *Ablehnung* des *Beitritts* zur *UNO* und zum *Europäischen Wirtschaftsraum* (Abkommen über einen gemeinsamen Binnenmarkt der EG- und EFTA-Staaten, verbunden mit einer Übernahme des rechtlichen «acquis communautaire» durch die EFTA-Staaten) durch das Schweizervolk in den letzten Jahren, was auch zu einem *«Einfrieren»* des bereits eingereichten Schweizer *EG-Beitrittsgesuches* geführt hat (vgl. dazu und zur Entwicklung der Schweizer Integrationspolitik allgemein HÄFELIN/HALLER Rz 154a ff., 182, 1047 f. und AUBERT Nr. 1148, 1148bis, 1327bis [Nachtrag], je mit weiteren Hinweisen; zur besonderen, durch die aussenpolitischen Volksrechte geprägten Situation der Schweiz im internationalen Integrationsprozess THÜRER, Komm. BV, BV und Völkerrecht N 42). 252

Die gesetzgebenden Behörden haben sich dadurch jedoch nicht abhalten lassen, an der internationalen Rechtsharmonisierung weiter teilzunehmen und diese Bemühungen insbesondere im Zusammenhang mit den *Abkommen der UNO* und des *Europarates* eher noch zu intensivieren (vgl. dazu SCHWEIZER 593 ff., 613 ff. mit Hinweisen). Im Hinblick auf die von Regierung und Parlament nach wie vor angestrebte Annäherung an die Europäische Union und zur Vermeidung wirt- 253

Vorbem. Art. 5 und 6

schaftlicher Nachteile hat das Parlament sodann ein als *«SWISSLEX»* bezeichnetes Folgeprogramm (zugleich Programm zur *marktwirtschaftlichen Erneuerung*; vgl. dazu BBl 1993 I 805 ff.) verabschiedet, mit welchem ein Grossteil der im Hinblick auf einen Beitritt zum EWR geplanten Rechtsanpassungen an das EU-Recht *(EUROLEX-Gesetzgebungspaket;* vgl. dazu BBl 1992 V 1 ff., 520 ff.) – auch im Bereich des Privatrechts (vor allem im Bereich des Obligationenrechts und des Wettbewerbsrechts) – autonom vorgenommen wurde (sog. *autonomer Nachvollzug;* vgl. dazu COTTIER 227 f. und im einzelnen oben N 123 ff.; zur Problematik dieses Vorgehens vgl. die Hinweise nachfolgend N 257).

254   Der Bundesrat hat im übrigen bereits im Rahmen des Integrationsberichtes von 1988 beschlossen, bei Gesetzesrevisionen mit grenzüberschreitenden Auswirkungen in Zukunft möglichst *eurokompatible Vorschriften* zu schaffen und die Europaverträglichkeit des neuen Rechts jeweils in einem besonderen *Europakapitel* in den Gesetzesvorlagen darzulegen (vgl. BBl 1988 III 249 ff., 380 und dazu DANIEL THÜRER, Die Europaverträglichkeit als Rechtsargument, in FS Dietrich Schindler, Zürich 1989, 561 ff.). Bei den Vorlagen zur Revision des Bundeszivilrechts wird ferner schon seit längerer Zeit und auch ausserhalb des wirtschaftsnahen bzw. vom Europäischen Gemeinschaftsrecht erfassten Bereichs auf eine *Angleichung* an das Recht der anderen *europäischen* und *vergleichbarer weiterer Staaten* geachtet (vgl. etwa für die Revision des Kindesrechts BBl 1974 II 13 ff., für das neue Eherecht BBl 1979 II 1233 ff., für die Herabsetzung des Mündigkeitsalters BBl 1993 I 1177, für das Ehescheidungsrecht BBl 1996 I 37 ff.).

255   Der *Beitritt* zur *Welthandelsorganisation WTO* (Abkommen von Marrakesch vom 15. April 1994, SR 0.632.20) und die damit verbundenen Gesetzesänderungen (insbesondere auch im Bereich des Immaterialgüterrechts im Zusammenhang mit dem TRIPS-Abkommen; vgl. dazu BBl 1994 IV 1 ff., insbesondere 281 ff., und 950 ff., insbesondere 955 ff.) sind schliesslich – nachdem ein dagegen erhobenes Referendum nicht zustande gekommen ist (BBl 1995 II 669 ff.) – plangemäss auf den 1. Juli 1995 in Kraft getreten (AS 1995 1776 ff., 2113 ff.; zur Bedeutung der GATT/WTO-Übereinkommen von 1994 für das Schweizer Recht allgemein DANIEL THÜRER/STEPHAN KUX [Hrsg.], Gatt 94 und die Welthandelsorganisation – Herausforderung für die Schweiz und Europa, Zürich 1996; vgl. auch ALESCH STAEHELIN, Zur Frage der unmittelbaren Anwendbarkeit der WTO/TRIPs-Normen, AJP 1996 1488 ff.).

256   Vgl. zum Ganzen auch HEINRICH KOLLER, Der schweizerische Gesetzgeber vor der internationalen Herausforderung: Erfahrungen mit «EUROLEX» – «SWISSLEX» – «GATTLEX», ZBl 1994 241 ff. sowie SCHINDLER/HERTIG/KELLENBERGER/THÜRER/ZÄCH (Hrsg.), Die Europaverträglichkeit des schweizerischen Rechts, Zürich 1990 (mit zahlreichen Beiträgen zu den von der Annäherung an das EU-Recht besonders betroffenen Rechtsgebieten); vgl. ferner die Beiträge von JEAN-FRITZ STÖCKLI, GABRIEL AUBERT, OLIVIER JACOT-GUILLARMOD und RAINER J.

SCHWEIZER zum Thema «Schweizerisches Arbeitsrecht und europäische Integration» bzw. «Der schweizerische Richter und das Europarecht» und dazu die Diskussionsvoten am Schweiz. Juristentag 1993, ZSR 1993 II 1 ff. sowie die Aufsätze zum Thema «Aspects du droit européen» in FS Schweiz. Juristentag, Fribourg 1993 [insbesondere zum Datenschutz, zur Produktehaftung, zu den Dienstleistungsverträgen, zu den Allgemeinen Geschäftsbedingungen, zum Konkursrecht und zum Zivilprozessrecht].

Zu den Möglichkeiten und zur Problematik des einstweilen eingeschlagenen Weges *bilateraler Verhandlungen* mit der EU MYRIAM SENN, Struktur und Rechtsfragen der bilateralen Beziehungen der Schweiz mit der Europäischen Union, ZSR 1995 I 407 ff. mit weiteren Hinweisen [zum neuesten Stand auch ASTRID EPINEY in SZIER 1996 230 ff.]; zu den *Auswirkungen des EU/EWR-Rechts* auf das *Nichtmitgliedland Schweiz* die Hinweise bei SCHWEIZER 636 ff.; zur *weiteren Entwicklung* der Beziehungen zur EU und der Anpassung an das übrige europäische und internationale Recht vgl. die im Bundesblatt publizierten alljährlichen Berichte zur Aussenwirtschaftspolitik [zuletzt BBl 1997 II 1 ff., 33 ff.] und zur Tätigkeit der Schweiz im Europarat [zuletzt BBl 1996 I 1113 ff.] sowie die periodischen Berichte über die Schweiz und die Konventionen des Europarates [zuletzt BBl 1996 I 433 ff.]; zu den möglichen Auswirkungen der geplanten *Europäischen Währungsunion* auch auf die privatrechtlichen Rechtsverhältnisse in der Schweiz ROLF H. WEBER/CHRISTINE HIRSZOWICZ [Hrsg.] Perspektiven der Europäischen Währungsunion und die Schweiz, Zürich 1997.

257

E. Die Durchsetzung der bundesstaatlichen Kompetenzausscheidung

I. Vorbemerkung

Wie dargelegt (vgl. oben N 2 ff.), konkretisieren bzw. bestätigen Art. 5 und 6 ZGB die *bundesstaatliche Kompetenzausscheidung* im Verhältnis von Bundeszivilrecht und kantonalem Zivilrecht bzw. kantonalem öffentlichem Recht. Im folgenden soll noch dargestellt werden, wie diese Kompetenzausscheidung *rechtlich* und *verfahrensmässig durchgesetzt* wird. Dabei steht die Durchsetzung der *derogatorischen Kraft* bzw. des *Vorrangs des Bundesrechts* gemäss Art. 2 ÜB BV (vgl. dazu Art. 6 N 37 ff.) als praktisches Hauptproblem im Vordergrund. Daneben soll aber auch darauf hingewiesen werden, wie gegebenenfalls dem *kantonalen Recht* gegenüber kompetenzwidrigem bzw. zu Unrecht angewandtem Bundesrecht zum Durchbruch verholfen werden kann. Überdies wird auch aufgezeigt, wie das in der Schweiz anwendbare Völkerrecht im Bereich des Bundeszivilrechts (vgl. dazu oben N 87 ff., 223 ff.) durchgesetzt werden kann.

258

In der neueren Lehre wird zum Teil vorgeschlagen, *Art. 2 ÜB BV* als verfassungsmässiges Recht auf *Beachtung der Kompetenzordnung* von *Art. 3 BV* insge-

259

Vorbem. Art. 5 und 6

samt (nicht nur hinsichtlich des Vorrangs des Bundesrechts) zu verstehen. Die Praxis ist diesem Vorschlag jedoch bisher nicht gefolgt. Zu einem weiten Teil steht einer entsprechenden Ausdehnung der Tragweite von Art. 2 ÜB BV ohnehin das *Anwendungsgebot von Art. 113 Abs. 3 BV* für Bundesgesetze, allgemeinverbindliche Bundesbeschlüsse und von der Bundesversammlung genehmigte Staatsverträge entgegen (vgl. dazu nachfolgend N 267). Überdies steht die staatsrechtliche Beschwerde zur Anfechtung von Hoheitsakten der Bundesbehörden jedenfalls nicht zur Verfügung (vgl. dazu insbesondere SALADIN, Komm. BV, Art. 2 ÜB N 19 f., 60; vgl. auch HÄFELIN/HALLER Rz 377 ff.). Im Rahmen der geplanten *Verfassungs- bzw. Justizreform* soll zwar nicht den Einzelnen, wohl aber den Kantonen ermöglicht werden, im konkreten Anwendungsfall die Verletzung der verfassungsmässigen Zuständigkeitsordnung durch ein Bundesgesetz oder einen allgemeinverbindlichen Bundesbeschluss zu rügen (vgl. dazu nachfolgend N 267 a.E.).

260   Ein *Beitritt* der Schweiz zur *Europäischen Union (EU)* oder zum *Europäischen Wirtschaftsraum (EWR)* (vgl. dazu oben N 252) würde am Vorrang des Bundesrechts gegenüber dem kantonalen Recht grundsätzlich nichts ändern. Hingegen würde dieser Grundsatz in dem Sinne erweitert, dass das von der EU geschaffene bzw. von den EWR-Organen übernommene Recht dem schweizerischen Recht und damit auch dem Bundesrecht aller Stufen vorgehen würde (vgl. dazu HÄFELIN/HALLER Rz 373a und ausführlich BBl 1992 III 1334 ff. für den Beitritt zur EU bzw. BBl 1992 IV 87 ff. für den Beitritt zum EWR; vgl. zur Diskussion dieser Frage im Rahmen der Beratung des EWR-Abkommens durch die eidg. Räte auch ALDO LOMBARDI, Die Gestaltung des künftigen EWR-Rechts: Grundzüge des Verfahrens im EWR und im schweizerischen Recht, AJP 1992 1330 ff., insbesondere 1331 ff.; vgl. zum Verhältnis von Völkerrecht und Landesrecht allgemein oben N 225 mit Hinweisen).

261   Vgl. im übrigen zur *Abgrenzung* und zur unterschiedlichen *verfahrensrechtlichen Behandlung* des Grundsatzes der derogatorischen Kraft des Bundesrechts und des Vorrangs des Staatsvertragsrechts im Verfahren der staatsrechtlichen Beschwerde nachfolgend N 297, 299.

II. Rechtsfolgen bei Verletzung der bundesstaatlichen Kompetenzausscheidung

1. Nichtigkeit von kompetenzwidrigem kantonalem Recht

Die Art. 5 und 6 ZGB regeln das Verhältnis von Bundeszivilrecht und kantonalem Zivilrecht bzw. kantonalem öffentlichem Recht. Dabei ist entsprechend dem Rechts- und Staatsaufbau grundsätzlich vom *Vorrang* des kompetenzgemäss erlassenen bzw. durch Art. 113 Abs. 3 BV geschützten *Bundeszivilrechts*, aber auch des *übrigen Bundesrechts*, gegenüber dem kantonalen Recht auszugehen (vgl. dazu oben N 3 f.). Besondere Probleme ergeben sich allerdings im Verhältnis von Bundeszivilrecht und *kantonalem öffentlichem Recht*, weil es sich hierbei um unterschiedliche Rechtsmaterien handelt und ein Lebenssachverhalt grundsätzlich sowohl Gegenstand einer zivilrechtlichen als auch einer öffentlich-rechtlichen Regelung bilden kann (vgl. dazu Näheres bei der Kommentierung von Art. 6 ZGB).

262

Weder aus Art. 5 noch aus Art. 6 ZGB ergibt sich jedoch eine Antwort auf die Frage, welches die *Folgen* einer *Verletzung* der Vorschriften über das Verhältnis von Bundeszivilrecht und kantonalem Recht bzw. allgemein von Bundesrecht und kantonalem Recht sind. Die Antwort kann auch nicht direkt dem Verfassungsrecht entnommen werden. Aus *Art. 2 ÜB BV* ergibt sich lediglich, dass diejenigen Bestimmungen der kantonalen Verfassungen und Gesetze, welche mit der neuen Bundesverfassung im Widerspruch stehen, mit der Annahme derselben bzw. mit dem Erlass der darin in Aussicht genommenen Bundesgesetze ausser Kraft treten (vgl. für das kantonale Zivilrecht auch die entsprechende Vorschrift von Art. 51 SchlT). Lehre und Rechtsprechung sind sich jedoch weitgehend einig, dass dem *Bundesrecht widersprechendes kantonales Recht* grundsätzlich *nichtig* ist. Die Nichtigkeit der kantonalen Vorschriften tritt hierbei – wie sich aus der Formulierung von Art. 2 ÜB BV ableiten lässt – bei Bundesgesetzgebungskompetenzen mit *nachträglich derogatorischer Wirkung* mit der Inkraftsetzung des betreffenden Bundesgesetzes, bei Bundesgesetzgebungskompetenzen mit *ursprünglich derogatorischer Wirkung* dagegen bereits bei Begründung der Bundeskompetenz in der Bundesverfassung ein (vgl. dazu HÄFELIN/HALLER Rz 365 ff., insbesondere Rz 386 ff.; AUBERT Nr. 635 ff. [inkl. Nachtrag], SALADIN, Komm. BV, Art. 2 ÜB N 1 ff., insbesondere N 41 ff., je mit weiteren Hinweisen; vgl. auch DESCHENAUX 24, HUBER N 15 ff., insbesondere N 26, und BBl 1997 I 215 f. zu Art. 40 Verfassungsentwurf 96).

263

Die *Privatrechtskompetenz des Bundes* (Art. 64 BV) enthält nach heute herrschender Auffassung eine *umfassende*, aber *konkurrierende Rechtsetzungskom-*

264

Vorbem. Art. 5 und 6

petenz des Bundes auf dem Gebiet des Zivilrechts im Sinne einer Gesetzgebungskompetenz mit *nachträglich derogatorischer Wirkung* (vgl. dazu insbesondere SALADIN, Komm. BV, Art. 3 N 205 und KNAPP, Komm. BV, Art. 64 N 28 mit Hinweisen; für eine ausschliessliche Bundeskompetenz dagegen noch HUBER N 8, DESCHENAUX 38 f., CARONI 222 und ein obiter dictum in BGE 113 Ia 311; vgl. zum nicht einheitlichen Verständnis des Begriffs der ausschliesslichen Bundeskompetenz allerdings auch SALADIN, Komm. BV, Art. 3 N 202). Diese Art der Kompetenzzuweisung für das Gebiet des Zivilrechts soll im übrigen auch mit der geplanten *Verfassungsreform* beibehalten werden (vgl. BBl 1997 I 338 f. zu Art. 113 Verfassungsentwurf 96). Mit dem Erlass von Zivilgesetzbuch und Obligationenrecht sowie der weiteren privatrechtlichen Gesetze hat der Bund von der ihm zustehenden Gesetzgebungskompetenz jedoch umfassend Gebrauch gemacht, weshalb kantonale Bestimmungen im Bereich des Bundeszivilrechts nur noch im *Rahmen von Art. 5 und 6 ZGB* zulässig sind (vgl. dazu im einzelnen die Kommentierung von Art. 5 und 6 ZGB). Damit steht fest, dass früheres und neueres kantonales Recht, welches sich nicht an diesen Rahmen hält, nicht mehr bestehen kann und demzufolge *nichtig* ist (vgl. dazu auch HÄFELIN/HALLER Rz 296 ff., 386 ff., AUBERT Nr. 641 und KNAPP, Komm. BV, Art. 64 N 28, je mit weiteren Hinweisen).

265   Die Nichtigkeit bedarf grundsätzlich keiner Feststellung, sondern tritt *von Rechts wegen* ein und gilt gegenüber jedermann (vgl. auch BGE 120 Ia 92: keine Aufhebungsbestimmung im neuen derogierenden Bundesrecht erforderlich). Sie ist *definitiv* und *endgültig*, weshalb eine entsprechende kantonale Vorschrift nach Wegfall der widersprechenden Bundesnorm nicht wiederauflebt. Sie tritt grundsätzlich auch ein, wenn das kantonale Recht dem Bundesrecht nicht widerspricht, sondern eine gleichlautende Regelung enthält. Eine *Ausnahme* (Wiederaufleben einer ungültigen kantonalen Vorschrift nach Wegfall von Bundesrecht) gilt nach herrschender Auffassung nur für kantonale Grundrechte und allgemein für den Fall, dass das Bundesrecht nur für befristete Zeit erlassen worden ist (vgl. dazu HÄFELIN/HALLER Rz 381 f., 386 ff., AUBERT Nr. 643 ff. und SALADIN, Komm. BV, Art. 2 ÜB N 25 f., 41 ff., je mit weiteren Hinweisen; vgl. dazu auch HUBER N 20).

266   In der *neueren Lehre* (vgl. insbesondere die Hinweise bei SALADIN, Komm. BV, Art. 2 ÜB N 42 ff., 48) wird sodann die Auffassung vertreten, dass jedenfalls bei Zweifeln über die Bundesrechtswidrigkeit die *Aufhebung* einer kantonalen Norm *nur für die Zukunft* wirken und eine mit dem Bundesrecht *übereinstimmende kantonale Vorschrift* generell *nur* als *suspendiert* gelten sollte. Das *Bundesgericht* scheint dieser Auffassung zumindest hinsichtlich der *Wirkung* der *Aufhebung* bundesrechtswidriger Normen zu folgen (vgl. BGE 116 Ia 381 f. und dazu HÄFELIN/HALLER Rz 386, AUBERT Nr. 1726 [inkl. Nachtrag] und KÄLIN 398 f. mit weiteren Hinweisen).

2. Anwendungsgebot für Bundesrecht (Art. 113 Abs. 3 BV)

Nach herrschender Auffassung müsste die Rechtsfolge der Nichtigkeit im Prinzip auch für *kompetenzwidriges Bundesrecht* gelten. Für Bundesgesetze, allgemeinverbindliche Bundesbeschlüsse und von der Bundesversammlung genehmigte Staatsverträge (nach herrschender Auffassung auch für nicht von dieser genehmigte Staatsverträge) besteht jedoch in *Art. 113 Abs. 3 BV* ein ausdrückliches *Anwendungsgebot*. Entsprechende Erlasse müssen daher auch im Falle einer Kompetenzüberschreitung des Bundesgesetzgebers angewandt werden und verdrängen selbst kompetenzmässiges kantonales Recht. Die Nichtigkeitsfolge kann daher nur bei einfachen Bundesbeschlüssen (soweit diese noch generell-abstrakte Normen enthalten) und Verordnungen des Bundesrates oder anderer Bundesbehörden eintreten (vgl. dazu HÄFELIN/HALLER Rz 377 ff., 1806 ff., AUBERT Nr. 448 ff., 642 [inkl. Nachtrag], HALLER, Komm. BV, Art. 113 N 142 ff., SALADIN, Komm. BV, Art. 2 ÜB N 56, 60, je mit weiteren Hinweisen; vgl. auch HUBER N 25). Im Rahmen der geplanten *Totalrevision der Bundesverfassung* soll allerdings das Bundesgericht (nur dieses) eventuell ermächtigt werden, im konkreten Anwendungsfall auf Rüge eines Kantons (nicht aber anderer Parteien) auch Bundesgesetze und allgemeinverbindliche Bundesbeschlüsse (nicht aber Staatsverträge) auf die Einhaltung der verfassungsmässigen Kompetenzordnung zu überprüfen (vgl. BBl 1997 I 532 ff., insbesondere 534, zu Art. 178 Abs. 2 Verfassungsentwurf 96 [Vorlage C, Reform der Justiz]; vgl. dazu auch HALLER, Komm. BV, Art. 113 N 227 ff.).

267

3. Verfahrensrechtliche Gesichtspunkte

Generell ist darauf hinzuweisen, dass die Nichtigkeit einer Rechtsvorschrift wegen Kompetenzwidrigkeit nicht vorschnell angenommen werden darf. Nach Möglichkeit sind umstrittene Vorschriften *verfassungs- bzw. kompetenzkonform auszulegen*. Nur wenn eine entsprechende Auslegung nicht möglich ist, soll die Rechtsfolge der Ungültigkeit eintreten (vgl. dazu BGE 120 Ia 290, HÄFELIN/HALLER Rz 127 ff., IMBODEN/RHINOW/KRÄHENMANN Nr. 24, AUBERT Nr. 449 [inkl. Nachtrag], SALADIN, Komm. BV, Art. 2 ÜB N 57, je mit weiteren Hinweisen und zum Teil kritischen Bemerkungen zur manchmal sehr grosszügigen Praxis des Bundesgerichts).

268

Die Rechtsfolge der Nichtigkeit gilt grundsätzlich nur für das Verhältnis zwischen generell-abstrakten Rechtsnormen. Stehen *Einzelakte* (Verwaltungsverfügungen, Gerichtsentscheide) von kantonalen und eidgenössischen Behörden

269

Vorbem. Art. 5 und 6

im *Widerspruch* zueinander oder zu bestehenden Rechtsvorschriften, kann der Konflikt grundsätzlich nur durch *Anfechtung* mit den zur Verfügung stehenden Rechtsmitteln und Rechtsbehelfen, ausnahmsweise auch mit aufsichtsrechtlichen Mitteln, gelöst werden (vgl. dazu nachfolgend N 277 ff., 321 ff. und Art. 6 N 120 f.). Selbst wenn dem Konflikt sich widersprechende Vorschriften von Bund und Kanton zugrunde liegen, sind die betreffenden Anwendungsakte in der Regel *nicht nichtig*, sondern *nur anfechtbar* (vgl. in diesem Sinne HÄFELIN/HALLER Rz 389, AUBERT Nr. 638 [inkl. Nachtrag]; kritisch allerdings SALADIN, Komm. BV, Art. 2 ÜB N 46).

III. Verfahren zur Durchsetzung der bundesstaatlichen Kompetenzausscheidung

1. Vorbemerkungen

270 Die Nichtigkeit von kompetenzwidrigem Recht ergibt sich – wie oben N 265 f. dargelegt – grundsätzlich von Rechts wegen, ohne dass es hiefür einer behördlichen Anordnung bedarf. Da jedoch die Frage, ob und inwiefern eine Kompetenzwidrigkeit vorliegt, zwischen den Beteiligten streitig sein kann, stellt die Rechtsordnung *Instrumente* und *Verfahren* zur Verfügung, mit welchen sowohl die betroffenen Privatpersonen als auch die beteiligten Behörden eine *autoritative Entscheidung* über die *Normen- oder Kompetenzkollision* herbeiführen können (vgl. zur Unterscheidung von Normen- und Kompetenzkollision auch HÄFELIN/HALLER Rz 367 f., 374 ff., SALADIN, Komm. BV, Art. 2 ÜB N 15 ff. und nachfolgend Art. 6 N 38 f.). Solche Verfahren sind um so mehr dort erforderlich, wo unter dem Aspekt der bundesstaatlichen Kompetenzausscheidung nicht die Gültigkeit generell-abstrakter Normen, sondern von Einzelakten (Verwaltungsverfügungen, Gerichtsentscheide) in Frage steht, da Rechtsanwendungsakte – wie erwähnt – selbst dann in der Regel nicht nichtig, sondern nur anfechtbar sind, wenn sie sich auf kompetenzwidriges Recht stützen (vgl. dazu oben N 269).

271 Bei *Einzelakten* kann die bundesstaatliche Kompetenzausscheidung im übrigen nicht nur dadurch verletzt werden, dass kompetenzwidrige Vorschriften angewandt werden (Frage der sog. konkreten *Normenkontrolle*), sondern – abgesehen von einer unrichtigen oder kompetenzwidrigen Auslegung oder Anwendung der massgebenden Vorschriften – insbesondere auch dadurch, dass zu Unrecht Bundesrecht statt kantonales Recht oder kantonales Recht statt Bundesrecht angewandt worden ist (Frage der *Rechtsanwendungskontrolle*). Soweit die Gel-

tung des entsprechenden Rechts in Frage steht, kann aber auch diese Rechtsanwendungsfrage zu einer konkreten Normenkontrolle führen (vgl. zur Unterscheidung von Normen- und Rechtsanwendungskontrolle bei der Überprüfung von Einzelakten auch KÄLIN 133).

Bei den von der Rechtsordnung zur Verfügung gestellten Instrumenten und Verfahren zur Durchsetzung der bundesstaatlichen Kompetenzausscheidung handelt es sich zunächst um das *akzessorische Prüfungsrecht*, das grundsätzlich allen rechtsanwendenden Behörden die Überprüfung der angewandten Normen auf ihre Vereinbarkeit mit höherrangigem Recht ermöglicht (vgl. dazu nachfolgend N 273 ff.). Sodann kann die Frage der bundesstaatlichen Kompetenzausscheidung Gegenstand von *Rechtsmittelverfahren* der verschiedensten Art sein, wobei auf Bundesebene die komplexe Abgrenzung der verschiedenen Rechtsmittel bzw. der möglichen Rügen zu beachten ist (vgl. dazu nachfolgend N 277 ff.; zur möglichen zukünftigen Einführung einer Einheitsbeschwerde an das Bundesgericht BBl 1997 I 504 f. zum Verfassungsentwurf 96). Schliesslich stehen für die Durchsetzung der bundesstaatlichen Kompetenzausscheidung, insbesondere des Vorranges des Bundesrechts, auch *behördliche Aufsichtsverfahren* zur Verfügung (vgl. dazu nachfolgend N 302 ff.). 272

2. Akzessorisches Prüfungsrecht

Im Unterschied etwa zur Bundesrepublik Deutschland steht den *Gerichts- und Verwaltungsbehörden* in der Schweiz – auch ohne ausdrückliche Verankerung in der Bundesverfassung und in der Bundesgesetzgebung – grundsätzlich das Recht und gegebenenfalls die Pflicht zu, die von ihnen in einem erstinstanzlichen Zivil-, Straf- oder Verwaltungsverfahren oder einem nachfolgenden Rechtsmittelverfahren angewandten Normen auf die Vereinbarkeit mit dem höherrangigen Recht zu überprüfen (*akzessorisches Prüfungsrecht* bzw. sog. *konkrete, vorfrageweise oder akzessorische Normenkontrolle*, im Unterschied zur abstrakten Normenkontrolle; vgl. zu letzterer nachfolgend N 278, 297). Im Rahmen dieser vorfrageweisen Prüfung kann insbesondere die Vereinbarkeit von kantonalen Vorschriften mit dem Bundesrecht und von Bundesvorschriften mit der verfassungsmässigen Kompetenzausscheidung gemäss Art. 3 BV überprüft werden. Ein negatives Prüfungsergebnis hat entsprechend der Natur dieses Verfahrens nicht die förmliche Aufhebung der widersprechenden Norm, sondern lediglich deren *Nichtanwendung* im Einzelfall zur Folge. Für Bundesgesetze, allgemeinverbindliche Bundesbeschlüsse und Staatsverträge schliesst freilich Art. 113 Abs. 3 BV eine Nichtanwendung aus (vgl. dazu HÄFELIN/HALLER Rz 390 ff., 1792 ff., AUBERT Nr. 273

Vorbem. Art. 5 und 6

448 ff. [inkl. Nachtrag], SALADIN, Komm. BV, Art. 2 ÜB N 54 ff., je mit weiteren Hinweisen; vgl. dazu auch oben N 267 und zum früheren Stand von Lehre und Rechtsprechung zum akzessorischen Prüfungsrecht DESCHENAUX 24, LIVER N 65 f. und HUBER N 30).

274　Im einzelnen ist dazu festzuhalten, dass hinsichtlich der Frage der *Vereinbarkeit von kantonalen (inkl. kommunalen und interkantonalen) Normen mit Bundesrecht* nach heute herrschender Auffassung grundsätzlich *alle Gerichts- und Verwaltungsbehörden des Bundes und der Kantone* von Bundesrechts wegen *berechtigt* und gegebenenfalls *verpflichtet* sind, eine entsprechende akzessorische Normenkontrolle vorzunehmen. Die Überprüfung hat *nicht nur auf Antrag* einer Partei, sondern bei Zweifel an der Bundesrechtsmässigkeit *auch von Amtes wegen* zu erfolgen. Erlasse übergeordneter Behörden sollen allerdings durch untere Verwaltungsbehörden nur bei offensichtlicher Rechtswidrigkeit überprüft werden (vgl. dazu HÄFELIN/HALLER Rz 391a, 1804, AUBERT Nr. 451 [inkl. Nachtrag] und SALADIN, Komm. BV, Art. 2 ÜB N 55, je mit Hinweisen). Im *staatsrechtlichen Beschwerdeverfahren vor Bundesgericht* erfolgt eine akzessorische Prüfung der angewandten Rechtsnormen nach der heutigen Praxis freilich nur noch, sofern eine entsprechende Rüge erhoben worden ist (Rügeprinzip; vgl. dazu HÄFELIN/HALLER Rz 391, SALADIN, Komm. BV, Art. 2 ÜB N 62 und nachfolgend N 300, je mit weiteren Hinweisen).

275　Die von der Bundesversammlung gewährleisteten *Kantonsverfassungen* (vgl. dazu nachfolgend N 304 ff.) können sodann nach der – in der Lehre allerdings umstrittenen – Rechtsprechung des Bundesgerichts nur auf die Vereinbarkeit mit Bundesrecht überprüft werden, welches nach der Gewährleistung in Kraft getreten ist (vgl. dazu HÄFELIN/HALLER Rz 1805, AUBERT Nr. 459, SALADIN, Komm. BV, Art. 6 N 23 ff., je mit Hinweisen). Eine bloss provisorische Rechtskontrolle, welche eine spätere Überprüfung durch die rechtsanwendenden Behörden nicht ausschliesst, bildet demgegenüber die *Genehmigung von Staatsverträgen und weiteren Erlassen der Kantone* durch Bundesorgane (vgl. dazu nachfolgen N 309 f., 311 ff.).

276　Umstritten ist schliesslich, ob die kantonalen Parlamente *bundesrechtswidrige Volksinitiativen* dem Volk zur Abstimmung unterbreiten dürfen. Nach der in der Lehre kritisierten Rechtsprechung des Bundesgerichts sind die Kantonsparlamente vorbehältlich einer besonderen kantonalen Verpflichtung wohl berechtigt, nicht aber verpflichtet, eine Volksinitiative auf ihre Bundesrechtskonformität zu prüfen und, wenn diese zu verneinen ist, der Volksabstimmung vorzuenthalten (vgl. dazu HÄFELIN/HALLER Rz 392, 606 und SALADIN, Komm. BV, Art. 2 ÜB N 55, je mit weiteren Hinweisen).

3. Rechtsmittelverfahren

a) Kantonale Rechtsmittel

Mit den kantonalen Rechtsmitteln kann einerseits regelmässig geltend gemacht werden, es sei in einem *konkreten Einzelfall* (Zivil-, Straf- oder Verwaltungsverfahren) kompetenzwidriges Recht, insbesondere kompetenzwidriges kantonales Recht angewandt worden, was zu einer *konkreten* bzw. *vorfrageweisen Normenkontrolle* führt (zur Frage der Überprüfung von Bundesrecht vgl. oben N 267, 273). Andererseits kann mit den kantonalen Rechtsmitteln – jedenfalls mit den ordentlichen – grundsätzlich stets gerügt werden, das massgebende Recht sei unrichtig ausgelegt bzw. angewandt worden oder es sei zu Unrecht kantonales Recht anstelle von Bundesrecht bzw. umgekehrt angewandt worden *(Rechtsanwendungskontrolle)* (vgl. dazu GULDENER 507 ff., HABSCHEID Rz 711 ff., HAUSER/SCHWERI §§ 99–102, KÖLZ/HÄNER Rz 514 ff., SCHMID Rz 991 ff., VOGEL 13 N 71 ff. und WALDER § 39 N 31 ff.). Eine Pflicht zur Durchführung einer konkreten bzw. vorfrageweisen Normenkontrolle ergibt sich im Rahmen des Prüfungsgegenstandes gegebenenfalls auch für die Rechtsmittelbehörden bereits aus dem Bundesrecht (vgl. dazu oben N 274).

277

In den meisten Kantone stehen demgegenüber keine Rechtsmittel zur Verfügung, um *generell-abstrakte Vorschriften* direkt anzufechten (abstrakte oder hauptfrageweise Normenkontrolle). Vielmehr ist eine solche Anfechtung meist nur mit staatsrechtlicher Beschwerde an das Bundesgericht möglich (in hier nicht relevanten Spezialfällen mit Beschwerde an den Bundesrat; vgl. dazu nachfolgend N 287 f.). In Kantonen, welche eine *kantonale Verfassungsgerichtsbarkeit* (NW, BL, JU) oder besondere *Normenkontrollverfahren* im Rahmen der *Verwaltungsrechtspflege* (LU, SH, AG) kennen, muss indessen von diesen Rechtsmitteln Gebrauch gemacht werden, bevor staatsrechtliche Beschwerde erhoben werden kann (vgl. dazu KÄLIN 136 f., 327 f., KÖLZ/HÄNER Rz 78, HÄFELIN/MÜLLER Rz 1508 und MOOR I 93, je mit weiteren Hinweisen).

278

b) Bundesrechtsmittel

aa) Allgemeines

Die Anwendung von *kantonalem Recht* kann mit *Bundesrechtsmitteln* grundsätzlich *nicht überprüft* werden. Mit diesen sollen vielmehr die *einheitliche Anwendung des Bundesrechts* einschliesslich der *vom Bund abgeschlossenen Staatsverträge* (ordentliche und ausserordentliche Bundesrechtsmittel) durchgesetzt bzw. – im Fall der staatsrechtlichen Beschwerde – die *verfassungsmässigen Rechte*

279

Vorbem. Art. 5 und 6

der Einzelnen geschützt werden (vgl. dazu insbesondere HÄFELIN/HALLER Rz 903 ff. und HALLER, Komm. BV, Art. 113 N 1 ff., Art. 114 N 1 ff. mit weiteren Hinweisen). Die Verletzung von *kantonalem Recht* kann daher – sofern nicht kantonale Verfassungsrechte oder politische Rechte angerufen werden – nur mit einer *staatsrechtlichen Beschwerde* wegen Verletzung des *Willkürverbotes* (Art. 4 BV) gerügt werden (vgl. für die zivilrechtliche Berufung insbesondere VOGEL 13 N 170 ff., HABSCHEID Rz 782, KÄLIN 317 f., MESSMER/IMBODEN Rz 72 ff., 80 ff., und POUDRET, Comm. OJ, art. 43 n. 1.4 mit Hinweisen; vgl. auch LIVER N 60). Die Auslegung von *Konkordaten* und *Staatsverträgen* der Kantone mit dem Ausland prüft das Bundesgericht freilich – im Rahmen der besonderen Konkordats- bzw. Staatsvertragsbeschwerde – prinzipiell frei (vgl. dazu HÄFELIN/HALLER Rz 1703 f. und KÄLIN 84 ff., 193 ff.).

280　　Im Rahmen von Bundesrechtsmitteln kann jedoch in der Regel geltend gemacht werden, es sei in einem *konkreten Einzelfall* kompetenzwidriges kantonales Recht oder allenfalls auch eidgenössisches Recht (unter Vorbehalt des Anwendungsgebotes von Art. 113 Abs. 3 BV; vgl. dazu vorne N 267) angewandt worden (*vorfrageweise Normenkontrolle*). Ebenso kann mit Bundesrechtsmitteln in der Regel geltend gemacht werden, es sei in einem konkreten Einzelfall zu Unrecht kantonales Recht anstelle von Bundesrecht oder umgekehrt angewandt worden (*Rechtsanwendungskontrolle*). Für diese Fragen stehen im Prinzipen die *ordentlichen* und *ausserordentlichen Bundesrechtsmittel* zur Verfügung. Soweit diese ausgeschlossen sind, kommt als subsidiäres Rechtsmittel die *staatsrechtliche Beschwerde* ans Bundesgericht in Frage. Diese steht auch gegen *kantonale Erlasse* offen. Mit staatsrechtlicher Beschwerde (Verfassungsbeschwerde) kann sodann stets die *direkte Verletzung* von *verfassungsmässigen Rechten* und von unmittelbar anwendbaren *internationalen Menschenrechtsverträgen*, insbesondere der Europäischen Menschenrechtskonvention, gerügt werden. Der *Grundsatz der derogatorischen Kraft des Bundesrechts* und der *verfassungs- bzw. konventionskonformen Auslegung und Anwendung* von *einfachem Bundesrecht* ist dagegen mit den ordentlichen Bundesrechtsmitteln geltend zu machen, soweit solche zur Verfügung stehen (vgl. dazu und zum Sonderfall der Verwaltungsgerichtsbeschwerde hinsichtlich der verfassungsmässigen Rechte allgemein HÄFELIN/HALLER Rz 1714 und KÄLIN 282 ff. mit zahlreichen weiteren Hinweisen; für die Menschenrechtsverträge insbesondere HÄFELIN/HALLER Rz 1079, RHINOW/ KOLLER/KISS Rz 1807, KÄLIN 48 ff., FORSTER in GEISER/MÜNCH Rz 243 und insbesondere VILLIGER Rz 57 ff. mit weiteren Hinweisen).

281　　Bei einem *Kompetenzkonflikt* zwischen Bundesbehörden und kantonalen Behörden können diese (nicht aber allfällige private Beteiligte) überdies eine *staatsrechtliche Klage* ans Bundesgericht erheben (vgl. dazu auch DESCHENAUX 24, HUBER N 31 ff., KNAPP, Komm. BV, Art. 64 N 86 ff. und nachfolgend N 301).

Vorbem. Art. 5 und 6

bb) Zivilrechtliche Berufung

Mit der zivilrechtlichen Berufung gemäss Art. 43 ff. OG als ordentlichem Bundesrechtsmittel können *letztinstanzliche Endentscheide* (ausnahmsweise auch Teil- und Zwischenentscheide) von *oberen kantonalen Gerichten* (ausnahmsweise auch von untereren kantonalen Gerichten und von Verwaltungsbehörden) in einer *streitigen Zivilsache* (Zivilrechtsstreitigkeit) beim Bundesgericht angefochten werden (in vermögensrechtlichen Streitsachen ab einem Streitwert von Fr. 8000.–). Dabei kann insbesondere geltend gemacht werden, der angefochtene Entscheid verletze Bundesrecht (ausgeschlossen ist demgegenüber im Prinzip eine Sachverhaltskontrolle). Der Begriff des *Bundesrechts* umfasst in diesem Zusammenhang inhaltlich nicht nur das Bundeszivilrecht (inkl. Zuständigkeits- und Verfahrensvorschriften), sondern auch das öffentliche Recht des Bundes einschliesslich der Staatsverträge (vgl. dazu im einzelnen HABSCHEID Rz 778 ff., VOGEL 13 N 120 ff., MESSMER/IMBODEN Rz 36 ff., POUDRET, Comm. OJ, art. 43–50 und MÜNCH in GEISER/MÜNCH § 4; zum Begriff der Zivilrechtsstreitigkeit bzw. zur im Grenzbereich von Privatrecht und öffentlichem Recht oft heiklen Abgrenzung gegenüber öffentlich-rechtlichen und insbesondere prozess- bzw. vollstreckungsrechtlichen Streitigkeiten insbesondere HUBER N 34, HABSCHEID Rz 778, VOGEL 13 N 130 ff., MESSMER/IMBODEN Rz 47 ff. und POUDRET, Comm. OJ, Titre II n. 2 [für Streitigkeiten um ein kantonales Steuerpfandrecht nun BGE 122 I 351 ff. und dazu THOMAS KOLLER in AJP 1997 1282 f.]; zur Anfechtung der Verletzung von bloss formellem Bundeszivilrecht auch nachfolgend N 289; zur Abgrenzung gegenüber der Rüge der Verletzung von kantonalem Recht – insbesondere im Hinblick auf die Regelung von Art. 5 und 6 ZGB – HABSCHEID Rz 782, VOGEL 13 N 170 ff., MESSMER/IMBODEN Rz 80 ff. und POUDRET, Comm. OJ, art. 43 n. 1.4; zur Prüfung von *vorfrageweise* anwendbarem eidgenössischem bzw. kantonalem Recht auch MESSMER/IMBODEN Rz 49, 73 bei FN 18, 74 bei FN 17, und Rz 80 mit Hinweisen).

282

Im Rahmen der Rüge der Bundesrechtsverletzung kann insbesondere geltend gemacht werden, es werde *kompetenzwidriges Bundesrecht* angewandt (vorfrageweise Normenkontrolle), wobei freilich das Anwendungsgebot für Bundesgesetze, Staatsverträge und allgemeinverbindliche Bundesbeschlüsse zu beachten ist (Art. 113 Abs. 3 BV; vgl. dazu vorne N 267). Ebenso kann geltend gemacht werden, es sei im konkreten Fall zu Unrecht *kantonales Recht* (insbesondere auch kantonales Prozessrecht) *anstelle von Bundesrecht* bzw. *Bundesrecht* anstelle von *kantonalem Recht* angewandt worden (Rechtsanwendungskontrolle). Soweit die Geltung des entsprechenden Rechts in Frage steht, ermöglicht dies ebenfalls eine vorfrageweise Normenkontrolle der betreffenden Vorschriften (vgl. dazu insbesondere MESSMER/IMBODEN Rz 73 f., 81 und POUDRET, Comm. OJ, art. 43 n. 1.2,

283

Vorbem. Art. 5 und 6

1.6, KÄLIN 317 f. und SALADIN, Komm. BV, Art. 2 ÜB N 60 FN 71, je mit weiteren Hinweisen; vgl. auch LIVER N 61 f. und HUBER N 32). Wesentlich ist, dass entsprechende Rügen trotz des Vorbehalts der staatsrechtlichen Beschwerde wegen Verletzung verfassungsmässiger Rechte in Art. 43 Abs. 1 OG auf dem Wege der Berufung vorzubringen sind, da die Rüge der *Verletzung der derogatorischen Kraft* des Bundesrechts (Art. 2 ÜB BV) im Berufungsgrund der *Verletzung von Bundesrecht enthalten* ist (vgl. dazu BGE 116 II 217, MESSMER/IMBODEN Rz 72 FN 1, POUDRET, Comm. OJ, art. 43 n. 1.2.1, 2.2, KÄLIN 314 f. und SALADIN, Komm. BV, Art. 2 ÜB N 63, je mit weiteren Hinweisen).

cc) Zivilrechtliche Nichtigkeitsbeschwerde

284 *Letztinstanzliche kantonale Entscheide* in Zivilsachen, die *nicht berufungsfähig* sind (also auch Zwischenentscheide und Entscheide im nichtstreitigen Verfahren), können gemäss Art. 68 ff. OG unabhängig vom Streitwert, aber nur mit eng umschriebenen Beschwerdegründen (Art. 68 Abs. 1 OG) mit dem ausserordentlichen Rechtsmittel der zivilrechtlichen Nichtigkeitsbeschwerde beim Bundesgericht angefochten werden (vgl. dazu im einzelnen HABSCHEID Rz 802 ff., VOGEL 13 N 180 ff., MESSMER/IMBODEN Rz 128 ff., POUDRET, Comm. OJ, art. 68 und MÜNCH in GEISER/MÜNCH Rz 4.98 ff.). Mit der zivilrechtlichen Nichtigkeitsbeschwerde kann gemäss *Art. 68 Abs. 1 lit. a OG* insbesondere geltend gemacht werden, dass *statt* des massgebenden *eidgenössischen Rechts* (nach der Praxis nur eidgenössiches Zivilrecht und Staatsverträge zivilrechtlichen Inhalts) *kantonales Recht* angewandt worden ist. Dies umfasst auch die Rüge, es sei *bundesrechtswidriges kantonales Recht* (auch bundesrechtswidriges kantonales Prozessrecht) angewandt worden, was eine vorfrageweise Normenkontrolle durch das Bundesgericht ermöglicht. Die zivilrechtliche Nichtigkeitsbeschwerde geht insoweit – wie auch die zivilrechtliche Berufung – einer staatsrechtlichen Beschwerde wegen Verletzung der derogatorischen Kraft des Bundesrechts (Art. 2 ÜB BV) vor (vgl. dazu im einzelnen BGE 116 II 217, MESSMER/IMBODEN Rz 131, 152, POUDRET, Comm. OJ, art. 68 n. 3.1, KÄLIN 321 und SALADIN, Komm. BV, Art. 2 ÜB N 63; vgl. auch HUBER N 33).

285 Ist dagegen *Bundesrecht angewandt worden*, kann dieses im Verfahren der zivilrechtlichen Nichtigkeitsbeschwerde – im Unterschied zum Berufungsverfahren (vgl. oben N 283) – nicht auf die Einhaltung der verfassungsmässigen Kompetenzausscheidung hin überprüft werden. Ebensowenig kann im Rahmen der zivilrechtlichen Nichtigkeitsbeschwerde geprüft werden, ob zu Unrecht Bundesrecht anstelle von kantonalem Recht angewandt worden sei. Es kommt hierfür somit nur noch die *staatsrechtliche Beschwerde* in Frage. Die Rüge, es sei kompetenzwidriges Bundesrecht oder zu Unrecht Bundesrecht anstelle von kantona-

lem Recht angewandt worden, kann jedoch nach der geltenden Praxis nicht mit staatsrechtlicher Beschwerde wegen Verletzung von *Art. 2 ÜB BV* geltend gemacht werden (vgl. dazu auch oben N 259). Es verbleibt somit nur die staatsrechtliche Beschwerde wegen Verletzung von *Art. 4 BV*, mit welcher gerügt werden kann, es sei willkürlich Bundesrecht anstelle von kantonalem Recht angewandt worden (vgl. dazu insbesondere MESSMER/IMBODEN Rz 131, 152, POUDRET, Comm. OJ, art. 68 n. 3.2, KÄLIN 321 und SALADIN, Komm. BV, Art. 2 ÜB N 60, je mit weiteren Hinweisen; vgl. auch LIVER N 61).

dd) Beschwerde in Schuldbetreibungs- und Konkurssachen

Mit der Beschwerde (früher Rekurs) an die Schuldbetreibungs- und Konkurskammer des Bundesgerichts können gemäss Art. 19 rev. SchKG in Verbindung mit Art. 75 ff. OG die *Beschwerdeentscheide* der (oberen) *kantonalen Aufsichtsbehörden* in *Schuldbetreibungs- und Konkurssachen* angefochten werden. Im Rahmen dieser Beschwerde kann – ähnlich wie mit der zivilrechtlichen Berufung und der zivilrechtlichen Nichtigkeitsbeschwerde – die Verletzung von Bundesrecht (mit Ausnahme der Verletzung verfassungsmässiger Rechte), nicht aber die Verletzung von kantonalem Recht gerügt werden (vgl. dazu AMONN/GASSER § 6 N 1 ff., insbesondere 86 ff., FRITZSCHE/WALDER § 8 N 1 ff., insbesondere 35 f., SANDOZ, Comm.OJ, art. 75–82 und PFLEGHARD in GEISER/MÜNCH § 5). Da Gegenstand dieser Beschwerde nur *betreibungsrechtliche Streitigkeiten* bilden können (vgl. PFLEGHARD a.a.O. Rz 5.30, 5.53 mit Hinweisen), ist sie für die Durchsetzung des *materiellen Bundeszivilrechts* gegenüber dem kantonalen Recht nicht von Bedeutung. Hingegen kann sie der Durchsetzung *betreibungsrechtlicher Vorschriften* gegenüber widersprechendem kantonalem Recht dienen (vgl. dazu die Hinweise bei Art. 6 N 175).

286

ee) Verwaltungsbeschwerde

Die Beschwerde nach Art. 44 ff. VwVG (allgemeine Verwaltungsbeschwerde) bzw. Art. 72 ff. VwVG (Beschwerde an den Bundesrat) erfüllt die Funktion eines *ordentlichen Rechtsmittels* der *verwaltungsinternen Rechtspflege auf Bundesebene* (vgl. dazu im einzelnen HÄFELIN/HALLER Rz 1779 ff., HÄFELIN/MÜLLER Rz 1349 ff., KÖLZ/HÄNER Rz 206 ff. und RHINOW/KOLLER/KISS Rz 1209 ff.). Die Beschwerde an den Bundesrat war früher für die Durchsetzung der bundesstaatlichen Kompetenzausscheidung im Bereich Bundeszivilrecht/kantonales Recht in gewissen Fällen von Bedeutung (vgl. dazu HUBER N 35 mit Hinweisen zum früheren Art. 125 OG). Heute trifft dies jedoch nicht mehr zu. Die Zuständigkeit des Bundesrates zur Behandlung von Beschwerden gegen letztinstanzliche *kantonale Verfügungen*

287

Vorbem. Art. 5 und 6

und *Erlasse* ist zwar im heutigen *Art. 73 Abs. 1 VwVG* weitgehend unverändert umschrieben (Verletzung bestimmter verfassungsmässiger Rechte, bestimmter Staatsvertragsbestimmungen und generell anderer weder privat- noch strafrechtlicher Bestimmungen des Bundesrechts). Der Beschwerde an den Bundesrat geht heute jedoch die nach der Methode der Generalklausel (allerdings mit Negativkatalog) umschriebene *Verwaltungsgerichtsbeschwerde ans Bundesgericht* grundsätzlich vor (Art. 74 lit. a VwVG; vgl. dazu nachfolgend N 289 ff.). Selbst wenn ausnahmsweise die Beschwerde an den Bundesrat in einer verwaltungsrechtlichen Angelegenheit offensteht, muss überdies nach ausdrücklicher Vorschrift von Art. 73 Abs. 2 lit. a VwVG die Rüge der Verletzung von *Art. 2 ÜB BV* im Unterschied zur früheren Rechtslage (vgl. dazu BGE 76 I 312 f.) und zur Regelung bei den zivil- und strafrechtlichen Bundesrechtsmitteln mit *staatsrechtlicher Beschwerde* geltend gemacht werden (vgl. dazu auch KÖLZ/HÄNER Rz 338, RHINOW/KOLLER/KISS Rz 1400 und SALADIN, Komm. BV, Art. 2 ÜB N 63).

288   Vgl. zur schwindenden *Bedeutung* der Beschwerde an den Bundesrat und zur *Kritik* an dieser Institution HÄFELIN/HALLER Rz 1777, 1786, KÖLZ/HÄNER Rz 327, RHINOW/KOLLER/KISS Rz 1401, 1405 ff.). Im Rahmen der *Verfassungsreform* soll der Bundesrat von dieser Aufgabe allenfalls entlastet werden (vgl. BBl 1997 I 491, 539 f. zu Art. 179 Abs. 2 Verfassungsentwurf 96, Vorlage C, Reform der Justiz).

ff) Verwaltungsgerichtsbeschwerde

289   Die Verwaltungsgerichtsbeschwerde an das Bundesgericht, welche gemäss Art. 97 ff. OG i.V.m. Art. 5 VwVG – mit gewissen Einschränkungen (Generalklausel mit Negativkatalog) – unter anderem gegen *letztinstanzliche kantonale Entscheide* auf dem Gebiet des *öffentlichen Recht des Bundes*, aber auch gegen entsprechende Entscheide von *Bundesbehörden* erhoben werden kann, ist für die Durchsetzung der Kompetenzausscheidung im Grenzgebiet von Bundeszivilrecht und kantonalem Recht ebenfalls von Bedeutung. Dieses Rechtsmittel steht nämlich auch in den materiell dem öffentlichen Recht zuzuordnenden Bereichen des *formellen Bundeszivilrechts* – vor allem auf dem Gebiet der Stiftungsaufsicht und des Registerwesens, nicht aber im Vormundschaftsrecht (vgl. die Ausschlussklausel von Art. 100 lit. g OG sowie die Berufungsmöglichkeiten gemäss Art. 44 OG) – zur Verfügung (vgl. dazu HÄFELIN/MÜLLER Rz 1498 ff., KÖLZ/HÄNER Rz 360 ff., RHINOW/KOLLER/KISS Rz 1455 ff., KARLEN in GEISER/MÜNCH § 3 und zur Bedeutung der Verwaltungsgerichtsbeschwerde für das Bundeszivilrecht allgemein SCHNYDER, Das ZGB lehren, 541 f.; zur Rechtspflege im Bereich der *Stiftungs-*

aufsicht und des *Registerwesens* insbesondere MESSMER/IMBODEN Rz 2, KÖLZ/ HÄNER Rz 224 und RHINOW/KOLLER/KISS Rz 1229 mit Hinweisen; vgl. auch BGE 116 Ib 28 ff. betr. *Bodenverbesserungen*; vgl. zum Ganzen auch HUBER N 36).

Im Verhältnis von Verwaltungsgerichtsbeschwerde und staatsrechtlicher Beschwerde ist anders als bei der zivilrechtlichen Berufung und Nichtigkeitsbeschwerde (und auch bei der strafrechtlichen Nichtigkeitsbeschwerde) die *Verfügungsgrundlage*, nicht die Art der geltend gemachten Rügen für die *Abgrenzung* massgebend. Die *Verwaltungsgerichtsbeschwerde* ist zu erheben, soweit der angefochtene Entscheid sich auf öffentliches Recht des Bundes stützt oder richtigerweise stützen sollte. Sie übernimmt insoweit auch die Funktion der Verfassungsbeschwerde. Umgekehrt ist die *staatsrechtliche Beschwerde* gegeben, soweit sich der Entscheid auf selbständiges kantonales Recht oder zu Unrecht auf Bundesrecht statt auf solches kantonales Recht stützt. Gegebenenfalls müssen beide Rechtsmittel gleichzeitig erhoben werden. Die entsprechenden Eintretensvoraussetzungen prüft das Bundesgericht von Amtes wegen (vgl. dazu HÄFELIN/MÜLLER Rz 1500 ff., KÖLZ/HÄNER Rz 225, RHINOW/KOLLER/KISS Rz 1500 ff. und KÄLIN 288 ff., insbesondere 293 f., je mit weiteren Hinweisen). 290

Dementsprechend kann mit der Verwaltungsgerichtsbeschwerde als Rüge der Bundesrechtsverletzung geltend gemacht werden, dass *zu Unrecht kantonales Recht anstelle von Bundesrecht* (inkl. Staatsvertragsrecht) angewandt worden ist oder umgekehrt, soweit nicht wegen der falschen Verfügungsgrundlage die staatsrechtliche Beschwerde erhoben werden muss (vgl. dazu HÄFELIN/MÜLLER 1510 ff., KÖLZ/HÄNER Rz 418 und RHINOW/KOLLER/KISS Rz 1293 ff., 1517 mit Hinweisen). Im Rahmen der Verwaltungsgerichtsbeschwerde kann – unter Vorbehalt von Art. 113 Abs. 3 BV (vgl. auch die ausdrückliche Bestätigung in Art. 114bis Abs. 3 BV) – auch überprüft werden, ob das anzuwendende *Bundesrecht kompetenzmässig* sei (vgl. dazu KÖLZ/HÄNER Rz 419, RHINOW/KOLLER/KISS Rz 1296 f. und SALADIN, Komm. BV, Art. 2 ÜB N 60 mit Hinweisen). 291

Die *Anwendung* von *kantonalem Recht* ist im übrigen angesichts der dargelegten Abgrenzung zwischen Verwaltungsgerichtsbeschwerde und staatsrechtlicher Beschwerde im Prinzip im Rahmen der letzteren zu prüfen (vgl. dazu nachfolgend N 296 ff.). Es gibt jedoch *Ausnahmefälle* (z.B. Anwendung von unselbständigem kantonalem Vollzugsrecht, enger Sachzusammenhang zwischen Bundesrecht und kantonalem Recht, Vereitelung oder übermässige Erschwerung von Bundesverwaltungsrecht durch kantonales Prozessrecht), in welchen die Anwendung von kantonalem Recht im Rahmen einer Verwaltungsgerichtsbeschwerde geprüft wird. Die Verwaltungsgerichtsbeschwerde übernimmt in diesen Fällen insoweit die *Funktion* einer *staatsrechtlichen Beschwerde* (vgl. dazu HÄFELIN/ MÜLLER Rz 1503, KÖLZ/HÄNER Rz 225, KÄLIN 291 ff., 303 ff. und RHINOW/KOL- 292

Vorbem. Art. 5 und 6

LER/KISS Rz 1501 ff., je mit weiteren Hinweisen und kritischen Bemerkungen zur sehr komplizierten Abgrenzungspraxis des Bundesgerichts).

293 Andererseits gibt es Fälle, in welchen die Anwendung von *Bundesverwaltungsrecht* aufgrund von Ausschlussklauseln oder einer spezialgesetzlichen Regelung abweichend von der allgemeinen Verfahrensordnung im Verfahren der *staatsrechtlichen Beschwerde* zu prüfen ist (vgl. z.B. für das Bau- und Planungsrecht Art. 34 Abs. 3 RPG und dazu HÄFELIN/MÜLLER Rz 1505 sowie FORSTER in GEISER/MÜNCH Rz 2.22 FN 98 mit Hinweisen). Dies gilt neuerdings auch für das *Binnenmarktgesetz*, welches die in Art. 6 ZGB vorbehaltenen kantonalen Rechtsetzungsbefugnisse im Interesse des Binnenmarktes Schweiz beschränkt (vgl. Art. 9 Abs. 2 BGBM und dazu BBl 1995 I 1274 f. sowie THOMAS COTTIER/MANFRED WAGNER, Das neue Bundesgesetz über den Binnenmarkt [BGBM], AJP 1995 1582 ff., 1589 f.; vgl. zur Bedeutung des Binnenmarktgesetzes im Zusammenhang mit Art. 6 ZGB hinten Art. 6 N 108).

gg) Strafrechtliche Nichtigkeitsbeschwerde

294 Mit der strafrechtlichen Nichtigkeitsbeschwerde können gemäss Art. 268 ff. BStP *letztinstanzliche kantonale Entscheide* in *Strafsachen* wegen Verletzung von eidgenössischem Recht ans Bundesgericht weitergezogen werden. Vorbehalten bleibt gemäss Art. 269 Abs. 2 BStP die staatsrechtliche Beschwerde wegen Verletzung verfassungsmässiger Rechte (vgl. dazu im einzelnen HAUSER/SCHWERI § 104 N 1 ff., SCHMID Rz 1082 ff., SCHWERI, insbesondere Rz 90 ff., 167 ff., 185 ff. und WIPRÄCHTIGER in GEISER/MÜNCH § 6, je mit weiteren Hinweisen). Für die Kompetenzausscheidung im Grenzbereich Bundeszivilrecht/kantonales Recht spielt die strafrechtliche Nichtigkeitsbeschwerde keine grosse Rolle. Bundeszivilrecht kommt in diesem Verfahren (hauptfrageweise) nur zur Anwendung, wenn die *adhäsionsweise Beurteilung von Zivilansprüchen* angefochten wird (vgl. dazu und zur Zulässigkeit der strafrechtlichen Nichtigkeitsbeschwerde im Zivilpunkt Art. 271 BStP, BGE 118 II 412, HAUSER/SCHWERI § 104 N 30, SCHMID Rz 1094, 1099 und SCHWERI Rz 209, 275 ff., 300 ff. mit Hinweisen; soweit das Opferhilfegesetz anwendbar ist, kann auch die Ablehnung der adhäsionsweisen Beurteilung von Zivilansprüchen mit der strafrechtlichen Nichtigkeitsbeschwerde angefochten werden, vgl. dazu BGE 122 IV 39 f. mit Hinweisen).

295 Mit der strafrechtlichen Nichtigkeitsbeschwerde kann im übrigen – wie bei der zivilrechtlichen Berufung – sowohl eine *vorfrageweise Normenkontrolle* bezüglich des angewandten Bundesrechts beantragt (unter Vorbehalt von Art. 113 Abs. 3 BV) als auch geltend gemacht werden, *kantonales Recht* sei *zu Unrecht* anstelle von Bundesrecht angewandt worden bzw. *umgekehrt* (vgl. dazu HAUSER/ SCHWERI § 104 N 32 ff., 40 ff., SCHMID Rz 1102, KÄLIN 324, SALADIN, Komm. BV,

Vorbem. Art. 5 und 6

Art. 2 ÜB N 60, 63 und SCHWERI Rz 108 f., 185, je mit weiteren Hinweisen; zur Frage der Prüfung von *vorfrageweise* anwendbarem eidgenössischem oder kantonalem Recht SCHMID Rz 1098 f. und insbesondere SCHWERI Rz 99, 111 ff. mit Hinweisen).

hh) Staatsrechtliche Beschwerde

Die staatsrechtliche Beschwerde, welche gemäss Art. 84 ff. OG – als ausserordentliches Rechtsmittel – beim Bundesgericht erhoben werden kann, dient vor allem dem *Schutz verfassungsmässiger Rechte* gegenüber *kantonalen* (inkl. interkantonalen) *Akten* (vgl. zu den Voraussetzungen im einzelnen HÄFELIN/HALLER Rz 1673 ff., KÄLIN 1 ff., RHINOW/KOLLER/KISS Rz 1705 ff. und FORSTER in GEISER/ MÜNCH § 2, je mit weiteren Hinweisen). Da der Grundsatz der *derogatorischen Kraft des Bundesrechts* (Art. 2 ÜB BV) von der Praxis als *verfassungsmässiges Recht* der Bürger anerkannt ist, kommt die staatsrechtliche Beschwerde ebenfalls als Rechtsmittel zur Durchsetzung der bundesstaatlichen Kompetenzausscheidung (nach der Praxis freilich nur für die Durchsetzung des Vorrangs des Bundesrechts) in Frage (vgl. dazu insbesondere BGE 119 Ia 456, HÄFELIN/HALLER Rz 373, 395, AUBERT Nr. 1646, KÄLIN 42, 58, 61, 63, SALADIN, Komm. BV, Art. 2 ÜB N 58 ff. und oben N 258 ff., je mit weiteren Hinweisen; vgl. auch HUBER N 35). Allerdings ist zu beachten, dass die staatsrechtliche Beschwerde gegenüber allen andern Bundesrechtsmitteln *subsidiär* ist (Art. 84 Abs. 2 OG) und gegenüber Akten von Bundesbehörden nicht zur Verfügung steht (Art. 84 Abs. 1 OG; zur staatsrechtlichen Klage nachfolgend N 301).

296

Im einzelnen steht die staatsrechtliche Beschwerde zunächst – häufig als einziges Rechtsmittel überhaupt (vgl. dazu oben N 278) – den virtuell Betroffenen zur direkten Anfechtung von *kantonalen Erlassen* im Anschluss an deren Publikation zur Verfügung. Im Rahmen dieser *abstrakten Normenkontrolle* kann geltend gemacht werden, eine kantonale Norm sei bundesrechtswidrig und verletze daher Art. 2 ÜB BV (vgl. dazu HÄFELIN/HALLER Rz 395, 1678 ff., 1727, 1739 und KÄLIN 136 f., 262 ff., 348 ff. mit Hinweisen; vgl. auch HUBER N 35). Soll allerdings die Verletzung eines *Staatsvertrags* gerügt werden, muss nicht Art. 2 ÜB BV, sondern der besondere Beschwerdegrund der Verletzung von Staatsverträgen angerufen werden, was im Falle der abstrakten Normenkontrolle auch bei zivil- und strafrechtlichen Staatsvertragsnormen möglich ist (Art. 84 Abs. 1 lit. c OG; vgl. dazu KÄLIN 87 ff., insbesondere 92 f.; vgl. demgegenüber für die Anfechtung von Einzelfallentscheiden nachfolgend N 299; vgl. auch HUBER N 38). Im Rahmen der abstrakten Normenkontrolle kann das Bundesgericht als rechtswidrig erkannte kantonale Vorschriften aufheben. Dies tut es jedoch nur, wenn eine vertretbare verfassungs- bzw. bundesrechtskonforme Auslegung nicht mög-

297

Vorbem. Art. 5 und 6

lich ist (vgl. dazu und zur Wirkung von Aufhebungsentscheiden BGE 120 Ia 290, HÄFELIN/HALLER 128, 386 und KÄLIN 198 f., 397 ff. mit Hinweisen; vgl. dazu auch oben N 266, 268).

298   Zur Anfechtung von *kantonalen Einzelakten (Zivil-, Verwaltungs- und Strafentscheiden)* steht die staatsrechtliche Beschwerde nur offen, soweit der kantonale Instanzenzug erschöpft ist und kein anderes Bundesrechtsmittel ergriffen werden kann (Art. 84 Abs. 2 und Art. 86 OG; vgl. zur Abgrenzung gegenüber den anderen Bundesrechtsmitteln oben N 282 f., 284 f., 289 ff. und 294 f.). Ist die staatsrechtliche Beschwerde zulässig, kann mit ihr geltend gemacht werden, die im konkreten Fall angewandte kantonale Norm sei bundesrechtswidrig und verletze daher Art. 2 ÜB BV, was zu einer *vorfrageweisen Normenkontrolle* durch das Bundesgericht führt. Dagegen kann nach herrschender Auffassung nicht gerügt werden, eine von den kantonalen Behörden angewandte Bundesnorm sei kompetenzwidrig (vgl. dazu HÄFELIN/HALLER Rz 395, KÄLIN 363 f., SALADIN, Komm. BV, Art. 2 ÜB N 60 mit Hinweisen; vgl. auch HUBER N 35 und oben N 259). Ferner kann mit der staatsrechtlichen Beschwerde als Verletzung von Art. 2 ÜB BV auch geltend gemacht werden, es sei zu Unrecht kantonales Recht anstelle von Bundesrecht angewandt worden (*Rechtsanwendungskontrolle*). Soweit besondere Bundesrechtsmittel zur Verfügung stehen, ist die Rüge der Anwendung von kantonalem Recht anstelle von Bundesrecht jedoch stets mit diesen geltend zu machen (vgl. für die zivilrechtlichen Bundesrechtsmittel MESSMER/IMBODEN Rz 152 und oben N 283 und 284; für die Verwaltungsgerichtsbeschwerde oben N 291; für die strafrechtliche Nichtigkeitsbeschwerde oben N 295). Die Anwendung von *Bundesrecht anstelle von kantonalem Recht* aber verletzt Art. 2 ÜB BV nach herrschender Auffassung nicht (vgl. auch oben N 259), weshalb insofern – soweit hiefür nicht besondere Bundesrechtsmittel zur Verfügung stehen – im Rahmen einer staatsrechtlichen Beschwerde lediglich eine willkürliche Anwendung von Bundesrecht als *Verletzung von Art. 4 BV* gerügt werden kann (vgl. dazu KÄLIN 293 f., 308 f. und [kritisch] SALADIN, Komm. BV, Art. 2 ÜB N 60 mit Hinweisen; vgl. auch oben N 285 zur zivilrechtlichen Nichtigkeitsbeschwerde).

299   Soll in einem konkreten Einzelfall im Rahmen einer staatsrechtlichen Beschwerde eine Verletzung von *zivil- oder strafrechtlichen Bestimmungen* eines *Staatsvertrags* geltend gemacht werden, verbleibt – sofern nicht die zivilrechtliche Berufung bzw. die zivilrechtliche oder strafrechtliche Nichtigkeitsbeschwerde offensteht – aufgrund der Ausschlussklausel von Art. 84 Abs. 1 lit. c OG ebenfalls nur die Möglichkeit der Anrufung des *Willkürverbotes* von *Art. 4 BV*. Die Verletzung *öffentlich-rechtlicher Bestimmungen* eines Staatsvertrages (wozu auch prozess- und vollstreckungsrechtliche Normen gehören) kann dagegen auch im Einzelfall mit der *Staatsvertragsbeschwerde* geltend gemacht werden (vgl. dazu

HÄFELIN/HALLER Rz 1704, KÄLIN 92, 320, RHINOW/KOLLER/KISS Rz 1827 f. und MESSMER/IMBODEN Rz 154 mit Hinweisen; vgl. auch HUBER N 38; zur verfahrensmässigen Behandlung von Beschwerden wegen Verletzung *internationaler Menschenrechtsverträge* vgl. aber oben N 280).

Zu beachten ist, dass das Bundesgericht im Rahmen einer staatsrechtlichen Beschwerde eine Verletzung der derogatorischen Kraft des Bundesrechts nicht von Amtes wegen, sondern nur auf ausdrückliche entsprechende Rüge hin prüft (*Rügeprinzip*; vgl. dazu HÄFELIN/HALLER Rz 391, 1741a, SALADIN, Komm. BV, Art. 2 ÜB N 62 und allgemein KÄLIN 364 ff. mit Hinweisen; vgl. auch HUBER N 35 zur seinerzeit noch weniger strengen Praxis). Ist eine entsprechende Rüge jedoch erfolgt, prüft das Bundesgericht diese Frage stets mit *voller Kognition* (vgl. dazu BGE 119 Ia 354, 120 Ia 290, AUBERT [Nachtrag] Nr. 662^{quater}, KÄLIN 167, 178 f., 192, MESSMER/IMBODEN Rz 152 und SALADIN, Komm. BV, Art. 2 ÜB N 62 mit Hinweisen; vgl. auch HUBER N 35; vgl. jedoch zur Zurückhaltung des Bundesgerichts bei der abstrakten Normenkontrolle oben N 268 und bei der Überprüfung der Verhältnismässigkeit bzw. bei der Würdigung örtlicher Verhältnisse Art. 6 N 306, 323). Im konkreten Fall besteht – insbesondere im Anwendungsbereich von Art. 6 ZGB – häufig eine *Konkurrenz* zwischen der Rüge der Verletzung von Art. 2 ÜB BV und derjenigen einer Verletzung der Eigentumsgarantie oder der Handels- und Gewerbefreiheit. Das Bundesgericht tendiert zu einer gemeinsamen und im Ergebnis kongruenten Behandlung dieser Rügen (vgl. dazu AUBERT Nr. 2207 [inkl. Nachtrag] und SALADIN, Komm. BV, Art. 2 ÜB N 61 mit Hinweisen und insbesondere nachfolgend Art. 6 N 344 f.).

300

ii) Staatsrechtliche Klage

Als besonderes Rechtsmittel zur Durchsetzung der bundesstaatlichen Kompetenzausscheidung steht schliesslich die staatsrechtliche Klage ans Bundesgericht gemäss Art. 83 lit. a OG zur Verfügung. Mit diesem nur Behörden und Gemeinwesen offenstehenden Rechtsmittel können Bund und Kantone aktuelle Streitigkeiten über die Abgrenzung ihrer Rechtsetzungs- und Rechtsanwendungszuständigkeiten (*Kompetenzkonflikte*) dem Bundesgericht unterbreiten, wenn keine andern Rechtsmittel mehr erhoben werden können. Im Vordergrund stehen (positive oder negative) Konflikte über die formelle Rechtsetzungs- bzw. Rechtsanwendungskompetenz, doch können nach der Praxis des Bundesgerichts auch Streitigkeiten über die richtige Kompetenzausübung Gegenstand einer staatsrechtlichen Klage bilden, soweit sie von der formellen Zuständigkeitsfrage nur schwer getrennt werden können und daher Auswirkungen auf die Kompetenzabgrenzung zwischen Bund und Kanton haben. Der Rechtsschutz für Bund und Kantone ist insofern ungleich, als die Kantone aufgrund des *Anwendungsgebotes von Art. 113 Abs. 3*

301

Vorbem. Art. 5 und 6

BV Bundesgesetze, allgemeinverbindliche Bundesbeschlüsse und von der Bundesversammlung genehmigte Staatsverträge nicht anfechten können (vgl. dazu HÄFELIN/HALLER Rz 1753 ff., insbesondere 1757 ff., RHINOW/KOLLER/KISS Rz 1916 ff., insbesondere 1923 ff., und HALLER, Komm. BV, Art. 113 N 11 ff., je mit weiteren Hinweisen; vgl. auch HUBER N 36; zur geplanten Änderung von Art. 113 Abs. 3 BV oben N 267 a.E.).

4. Aufsichtsverfahren

a) Allgemeines

302 Der Durchsetzung der bundesstaatlichen Kompetenzausscheidung dienen nicht nur das akzessorische Prüfungsrecht der rechtsanwendenden Behörden (oben N 273 ff.) und Rechtsmittel von Einzelpersonen, Behörden und Gemeinwesen gegen Verfügungen und Erlasse (oben N 277 ff.), sondern insbesondere auch die Mittel der Bundesaufsicht, deren oberster Zweck die Wahrung des Bundesrechts bildet. Als besonderes Aufsichtsmittel fällt hierbei insbesondere die – unabhängig von einem konkreten Streitfall durchzuführende – *präventive Normenkontrolle* in Betracht (Gewährleistung der Kantonsverfassungen durch die Bundesversammlung; Genehmigung weiterer kantonaler Erlasse und Verträge durch Bundesorgane; vgl. dazu nachfolgend N 304 ff.). Darüber hinaus dienen aber auch die *übrigen Mittel der Bundesaufsicht* der Durchsetzung der bundesstaatlichen Kompetenzausscheidung und können allenfalls zur Aufhebung kompetenzwidriger Akte führen (vgl. dazu nachfolgend N 319 ff.).

303 Da es sich bei der Bundesaufsicht um die *Aufsicht* des *übergeordneten Verbandes* (Bund) über die *untergeordneten Verbände* (Kantone) handelt, wirkt das Instrumentarium der Bundesaufsicht zwangsläufig nur in einer Richtung (nur gegen Akte der Kantone). Immerhin kann der betroffene Kanton bei kompetenzwidriger Ausübung der Bundesaufsicht aber eine staatsrechtliche Klage beim Bundesgericht erheben, wobei allerdings die Anfechtung von Gewährleistungsbeschlüssen der Bundesversammlung ausgeschlossen und von Genehmigungsentscheiden des Bundesrates fraglich ist (vgl. dazu und zur Bundesaufsicht über die Kantone im allgemeinen HÄFELIN/HALLER Rz 397 ff., AUBERT Nr. 782 ff. [inkl. Nachtrag] und EICHENBERGER, Komm. BV, Art. 102 N 22 ff., insbesondere N 54, je mit weiteren Hinweisen; vgl. auch BBl 1997 I 216, 397 f. und 420 f. zu Art. 40 Abs. 2, 160 und 174 Verfassungsentwurf 96; zur Anfechtung von Gewährleistungs- und Genehmigungsentscheiden nachfolgend N 306, 313; zu den Besonderheiten der Bundesaufsicht im Bereich des *Schuldbetreibungs- und Konkursrechts*, welche dem Bundesgericht obliegt, AMONN/GASSER § 4 N 39 ff. und FRITZSCHE/WALDER

§ 8 N 4 ff. mit weiteren Hinweisen; für den Bereich des *öffentlichen Rechts* auch kritisch GIOVANNI BIAGGINI, Theorie und Praxis des Verwaltungsrechts im Bundesstaat, Basel/Frankfurt a.M. 1996, 133 ff.).

b) Genehmigung von Erlassen

aa) Gewährleistung der Kantonsverfassungen

Gemäss *Art. 6 BV* sind die Kantone verpflichtet, für ihre Verfassungen die Gewährleistung des Bundes nachzusuchen. Dadurch soll sichergestellt werden, dass die Kantonsverfassungen, deren Bestand und Inhalt der Bund garantiert, den *Rahmen des Bundesrechts* einhalten und gewisse *verfassungsrechtliche Minimalanforderungen* erfüllen (vgl. zu Sinn und Zweck der Gewährleistung HÄFELIN/HALLER Rz 239 f., SALADIN, Komm. BV, Art. 5 N 1 ff., Art. 6 N 1 f., EICHENBERGER, Komm. BV, Art. 102 N 55 ff.). Die Kantone sind dementsprechend verpflichtet, für jede Total- oder Partialrevision ihrer Verfassung die Gewährleistung des Bundes einzuholen (vgl. dazu im einzelnen HÄFELIN/HALLER Rz 249, AUBERT Nr. 576 und SALADIN, Komm. BV, Art. 6 N 3 ff. mit Hinweisen). 304

Zuständig zum Entscheid über die Gewährleistung ist aufgrund von Art. 85 Ziff. 7 BV die *Bundesversammlung*. Diese hat zu prüfen, ob die entsprechenden Normen den Anforderungen von Art. 6 Abs. 2 BV genügen, wobei über den Wortlaut dieser Bestimmung hinaus das *Bundesrecht insgesamt* (nicht nur das Bundesverfassungsrecht) Prüfungsmassstab bildet. Die Gewährleistung der Kantonsverfassungen dient daher im Sinne einer *präventiven* und *abstrakten Normenkontrolle* auch der Durchsetzung der bundesstaatlichen Kompetenzausscheidung im Bereich Bundeszivilrecht/kantonales Recht (vgl. dazu HÄFELIN/HALLER Rz 241 ff., AUBERT Nr. 569 und SALADIN, Komm. BV, Art. 6 N 34 ff., 49 ff., Art. 2 ÜB N 67 mit weiteren Hinweisen; vgl. auch HUBER N 36 und BBl 1997 I 219, 397 zu Art. 42 Abs. 2 und Art. 160 Abs. 2 Verfassungsentwurf 96). 305

Die Bundesversammlung ist bei der Gewährleistung der Kantonsverfassungen auf eine *Rechtskontrolle* beschränkt und übt in der Praxis grosse Zurückhaltung bei der Annahme der Bundesrechtswidrigkeit (vgl. dazu HÄFELIN/HALLER Rz 251, AUBERT Nr. 577 [inkl. Nachtrag] und SALADIN, Komm. BV, Art. 6 N 52 ff., 56 ff. mit Hinweisen auf Kritik in der Lehre; vgl. zur Gewährleistung unter Vorbehalt und zur Teil-Gewährleistung auch AUBERT Nr. 579, 580 [inkl. Nachtrag] und SALADIN, Komm. BV, Art, 6 N 27 ff., 30 mit Hinweisen). Der *Gewährleistung* kommt im übrigen nicht konstitutive, sondern nur *deklaratorische Bedeutung* zu. Ein *negatives Ergebnis*, welches mit keinem Rechtsmittel angefochten werden kann, bindet freilich die rechtsanwendenden Behörden und führt nach herrschender Auffassung zur *Ungültigkeit* der betreffenden Vorschrift *ex tunc*. 306

Vorbem. Art. 5 und 6

Ein Widerruf bzw. eine Wiedererwägung der Gewährleistung ist möglich. Bei nachträglicher Änderung des Bundesrechts verzichtet die Praxis jedoch auf eine Wiederaufnahme des Gewährleistungsverfahrens, da andernfalls laufend solche Verfahren durchgeführt werden müssten und das neue Bundesrecht aufgrund der derogatorischen Kraft ohnehin auch dem kantonalen Verfassungsrecht vorgeht (vgl. dazu HÄFELIN/HALLER Rz 254 ff., AUBERT Nr. 573, 578, 581 [inkl. Nachtrag] und SALADIN, Komm. BV, Art. 6 N 17 ff. mit Hinweisen). Vgl. zum Verfahren der Gewährleistung im übrigen HÄFELIN/HALLER Rz 249 ff., AUBERT Nr. 576, 577 [inkl. Nachtrag] und SALADIN, Komm. BV. Art. 6 N 31, 76 ff. mit Hinweisen.

307 Das Bundesgericht lehnt eine Überprüfung von Kantonsverfassungsnormen, welche durch die Bundesversammlung gewährleistet worden sind, trotz Kritik in der Lehre grundsätzlich ab. Nach der neueren Praxis des Bundesgerichts kann in einem *konkreten Anwendungsfall* jedoch gerügt werden, eine Bestimmung der Kantonsverfassung verstosse gegen *Bundesrecht*, das erst *nach der Gewährleistung* der kantonalen Verfassung durch die Bundesversammlung *in Kraft* getreten ist (vgl. dazu BGE 121 I 146 f., HÄFELIN/HALLER Rz 258 ff., AUBERT Nr. 583 ff. [inkl. Nachtrag] und SALADIN, Komm. BV, Art. 6 N 23 ff. mit Hinweisen; vgl. auch BBl 1997 I 492 FN 20 zum Verfassungsentwurf 96).

308 *Kasuistik* (neuere Gewährleistungsentscheide im Zusammenhang mit dem Vorrang des Bundeszivilrechts): In letzter Zeit musste die Bundesversammlung bei der Gewährleistung von Kantonsverfassungen insbesondere darauf hinweisen, dass die von den Kantonen vorgesehene *Drittwirkung der Grundrechte* bei der Anwendung von Bundesrecht nur im Sinne einer indirekten Drittwirkung zulässig ist und die entsprechenden Vorschriften daher bundesrechtskonform (einschränkend) ausgelegt werden müssen (vgl. BBl 1981 II 254 zu § 7 Abs. 2 KV AG, 1987 II 648 f. zu Art. 20 Abs. 3 KV SO und 1989 III 880 zu § 9 KV TG; vgl. dazu auch Art. 5 N 98, Art. 6 N 141 f. mit Hinweisen). Vgl. sodann BBl 1994 I 407 (freie Wahl der Form des Zusammenlebens gemäss Art. 13 Abs. 2 KV BE: keine Wirkung auf die zivilrechtliche Beziehung von Konkubinatspaaren).

bb) Genehmigung von Verträgen der Kantone unter sich bzw. mit dem Ausland

309 Die Befugnis der Kantone zum Abschluss von Verträgen unter sich bzw. mit dem Ausland ist in den Art. 7, 9 und 10 BV geregelt (vgl. dazu auch Art. 5 N 99 ff., Art. 6 N 147 ff., 225 ff.). Diese Bestimmungen sehen für solche Verträge der Kantone eine Genehmigungspflicht des Bundes vor. Unter anderem soll damit sichergestellt werden, dass diese Verträge (und überdies auch Rechtsetzungsakte von interkantonalen Institutionen) nicht gegen das Bundesrecht verstossen. Diese *präventive Kontrolle* im Rahmen der Bundesaufsicht dient somit ebenfalls der Durchsetzung der bundesstaatlichen Kompetenzausscheidung (vgl. für die *interkantonalen Verträge* HÄFELIN/HALLER Rz 513 ff., AUBERT Nr. 888 ff. [inkl. Nachtrag] und HÄFELIN, Komm. BV, Art. 7 N 92 ff. mit weiteren Hinweisen, insbesondere auch zur umstrittenen Praxis, bei weniger bedeutsamen interkantonalen

Vorbem. Art. 5 und 6

Abmachungen auf eine Genehmigung des Bundes zu verzichten [vgl. dazu auch BBl 1988 II 1360]; für die *Verträge mit dem Ausland* HÄFELIN/HALLER Rz 334, AUBERT Nr. 681 ff. [inkl. Nachtrag] und SCHINDLER, Komm. BV, Art. 9 N 5, Art. 10 N 8, 12 mit weiteren Hinweisen; vgl. auch HUBER N 36, 93 und BBl 1997 I 215, 233, 397 f., 420 zu Art. 39 Abs. 3, 51 Abs. 2, 160 Abs. 3 und 174 Abs. 3 Verfassungsentwurf 96 [Verzicht auf obligatorische Genehmigungspflicht für interkantonale Verträge]).

Zuständig für die Genehmigung ist bei Verträgen mit dem Ausland der *Bundesrat*, bei interkantonalen Vereinbarungen neu das in der Sache zuständige *Departement* und nur in streitigen Fällen der Bundesrat. Wird die Genehmigung jedoch verweigert oder erhebt ein anderer Kanton Einsprache, so hat in allen Fällen die *Bundesversammlung* zu entscheiden (Art. 85 Ziff. 5 und Art. 102 Ziff. 7 BV; vgl. dazu auch HÄFELIN/HALLER Rz 334, 514, AUBERT Nr. 681, 888, HÄFELIN, Komm. BV, Art. 7 N 94, SCHINDLER, Komm. BV, Art. 10 N 8, 12, Art. 85 N 66 und EICHENBERGER, Komm. BV, Art. 102 N 96 ff. mit weiteren Hinweisen; vgl. zum neu geordneten Genehmigungsverfahren bei interkantonalen Verträgen auch nachfolgend N 311 f.). Die Genehmigung schliesst eine spätere Überprüfung der Bundesrechtsmässigkeit entsprechender Vertragsbestimmungen nicht aus. Sie hat im Prinzip nur *deklaratorische Wirkung*, doch kann das Bundesrecht für interkantonale Verträge im übertragenen Wirkungsbereich der Kantone eine konstitutive Wirkung vorsehen (vgl. dazu HÄFELIN/HALLER Rz 515, AUBERT Nr. 889, HÄFELIN, Komm. BV, Art. 7 N 95; zur Wirkung einer Genehmigungsverweigerung insbesondere AUBERT Nr. 891; zur Wirkung der Genehmigung und zum Inkrafttreten bei kantonalen Staatsverträgen mit dem Ausland SCHINDLER, Komm. BV, Art. 10 N 8, 12). 310

cc) Genehmigung von kantonalen Gesetzen und Verordnungen

Die Genehmigung von kantonalen Gesetzen und Verordnungen, welche in Art. 102 Ziff. 13 BV vorgesehen ist, dient als Kontrollinstrument mit präventiver Wirkung (*präventive Normenkontrolle*) dazu, die Übereinstimmung von kantonalen Erlassen mit dem Bundesrecht zu prüfen. Es handelt sich im Rahmen der Bundesaufsicht um ein sehr wichtiges Instrument zur Durchsetzung der bundesstaatlichen Kompetenzausscheidung (vgl. dazu HÄFELIN/HALLER Rz 411 ff., AUBERT Nr. 793 ff. [inkl. Nachtrag], KNAPP, Komm. BV, Art. 64 N 82, EICHENBERGER, Komm. BV, Art. 102 N 48, 184 ff. und SALADIN, Komm. BV, Art. 2 ÜB N 67, je mit weiteren Hinweisen; vgl. dazu auch DESCHENAUX 24, HUBER N 36, 93 f. und BBl 1997 I 420 zu Art. 174 Abs. 2 Verfassungsentwurf 96). Die *Genehmigungspflicht* und das *Genehmigungsverfahren* sind bezüglich kantonaler Gesetze und Verordnungen (das Genehmigungsverfahren auch bezüglich interkantonaler Vereinbarungen) im 311

Vorbem. Art. 5 und 6

Rahmen der Neuverteilung der Aufgaben zwischen Bund und Kantonen *neu geordnet* worden, wobei die Genehmigungsfälle auf das Notwendige und praktisch Durchsetzbare konzentriert und das Verfahren vereinfacht und verkürzt wurden (vgl. BG über die Genehmigung kantonaler Erlasse durch den Bund vom 15. Dezember 1989, AS 1991 362 ff. und dazu BBl 1988 II 1358 ff., AUBERT Nr. 793 [Nachtrag] sowie GRISEL 275 ff. mit weiteren Hinweisen).

312   Gesetze und Verordnungen der Kantone bedürfen gemäss dem neuen *Art. 7a VwOG* nur dann der Genehmigung des Bundes, wenn dies ein Bundesgesetz oder allgemeinverbindlicher Bundesbeschluss vorsieht *(Erfordernis einer gesetzlichen Grundlage;* Abs. 1 Satz 1). Im Unterschied zur früheren Rechtslage kommt der Genehmigung von kantonalen Gesetzen und Verordnungen nun stets *konstitutive Wirkung* zu (Abs. 1 Satz 2). Zuständig für die Genehmigung ist neu das in der Sache zuständige *Departement* und nur im Streitfall bzw. bei Verweigerung der Genehmigung der *Bundesrat* (Abs. 2 und 3). Das Verfahren wird durch den Bundesrat geregelt (Abs. 4; vgl. dazu die Verordnung über die Genehmigung kantonaler Erlasse vom 30. Januar 1991, SR 172.068; vgl. zum Ganzen auch HÄFELIN/ HALLER Rz 411 ff. und GRISEL 275 ff. mit weiteren Hinweisen).

313   Präzisierend ist anzufügen, dass *kantonale Erlasse* grundsätzlich unabhängig von der kantonalrechtlichen Rechtsetzungsstufe bzw. -form der Bundesgenehmigung unterliegen. Diese ist sodann auch für Vollziehungsverordnungen zu bereits genehmigten kantonalen Gesetzesbestimmungen einzuholen. Kommunale Erlasse fallen demgegenüber ohne besondere Anordnung nicht unter die Genehmigungspflicht (vgl. dazu GRISEL 283 mit Hinweisen). *Prüfungsmassstab* bildet grundsätzlich das *gesamte Bundesrecht*, nicht jedoch das kantonale Recht. Die Bundesorgane üben im übrigen auch bei der Überprüfung von kantonalen Gesetzen und Verordnungen Zurückhaltung und verweigern eine Genehmigung nur dann, wenn eine sinnvolle bundesrechtskonforme Auslegung der betreffenden Vorschriften nicht möglich ist (vgl. dazu AUBERT Nr. 803 [inkl. Nachtrag] und GRISEL 286 f. mit Hinweisen). Vgl. im übrigen zu den Modalitäten, zur (fraglichen) Anfechtungsmöglichkeit, zur Durchsetzung und zur Möglichkeit des Widerrufs bzw. der Wiedererwägung des Genehmigungsentscheides AUBERT Nr. 798, 801, 802 und insbesondere GRISEL 288 ff.

314   Während früher gestützt auf Art. 52 Abs. 3 SchlT grundsätzlich alle Ausführungsbestimmungen zum Zivilgesetzbuch (inkl. Obligationenrecht) der Bundesgenehmigung bedurften, unterstehen seit der Gesetzesrevision von 1989 im Prinzip nur noch die kantonalen Anordnungen zum *Verwandtschafts-, Vormundschafts- und Registerrecht* (insbesondere Zivilstandsregister, Grundbuch und Handelsregister) sowie über die *Errichtung öffentlicher Urkunden* einer *dauernden Genehmigungspflicht* des Bundes, wobei überdies Vorschriften über die

Vorbem. Art. 5 und 6

Ernennung und Besoldung der Beamten ausgenommen sind. Kantonale Anordnungen zu den *übrigen Bestimmungen des Zivilgesetzbuches* bedürfen demgegenüber nur noch dann einer Genehmigung, wenn sie im *Anschluss* an eine *Änderung des Bundesrechts* erlassen werden. Der Sinn dieser Regelung ist nicht ohne weiteres ersichtlich, dürfte jedoch darin liegen, die *korrekte Einführung* von *neuem Bundesrecht* durch die Kantone sicherzustellen (vgl. die revidierte Fassung von Art. 52 Abs. 3 und 4 SchlT sowie Art. 40 Abs. 2 und 953 Abs. 2 ZGB und die unveränderten Bestimmungen von Art. 949 Abs. 2 und 962 Abs. 2 ZGB sowie von Art. 1 Abs. 4 HRegV; vgl. dazu BBl 1988 II 1362, TUOR/SCHNYDER/SCHMID 29 und SCHNYDER, Allg. Einl. N 277 ff. mit weiteren Hinweisen; zur früheren Rechtslage und Praxis JAGMETTI 255 und HUBER N 93 mit Hinweisen). In den zivilrechtlichen *Spezialgesetzen* werden demgegenüber weiterhin zum Teil sämtliche kantonalen Ausführungsbestimmungen einer Genehmigung des Bundes unterstellt (vgl. z.B. Art. 91 Abs. 2 BGBB, Art. 58 Abs. 1 LPG; vgl. auch JAGMETTI 255).

Es stellt sich noch die Frage, ob im Rahmen der eingeschränkten Genehmigungspflicht gemäss dem revidierten Art. 52 Abs. 3 und 4 SchlT nur die *notwendigen* oder *grundsätzlich alle* Ausführungsvorschriften der Genehmigung des Bundes bedürfen. Für die ursprüngliche Fassung von Art. 52 Abs. 3 SchlT vertrat die herrschende Lehre aufgrund der Bezugnahme auf Art. 52 Abs. 2 SchlT die Auffassung, es unterlägen nur die notwendigen Ausführungsvorschriften im Sinne dieses verpflichtenden Vorbehaltes (vgl. dazu Art. 5 N 49 ff. und Art. 6 N 110 ff.) der Genehmigungspflicht (vgl. insbesondere KNAPP, Komm. BV, Art. 64 N 83, FRIEDRICH 730, JAGMETTI 255 und sinngemäss wohl auch LIVER N 11). Wegen der mit dieser Abgrenzung verbundenen praktischen Schwierigkeiten sprach der Bundesrat jedoch während längerer Zeit die Genehmigung für alle kantonalen Gesetzesbestimmungen aus, die inhaltlich im Regelungsbereich des Zivilgesetzbuches legiferieren, und ging davon aus, dass insbesondere alle formellen Änderungen der Einführungsgesetze zum Zivilgesetzbuch der Genehmigung unterstehen, ohne zwischen notwendigen und nicht notwendigen Ausführungsvorschriften zu unterscheiden (vgl. dazu VPB 1976 Nr. 29). Da sich die nach dieser Praxis der Genehmigungspflicht unterstehenden kantonalen Vorschriften kaum mehr abgrenzen liessen, verzichtete der Bundesrat aber in den achziger Jahren auf eine Genehmigung von kantonalen Vorschriften, die keine notwendigen Ausführungsbestimmungen zum Zivilgesetzbuch enthalten. Soweit allerdings Vorschriften des Bundeszivilrechts (nicht aber andere Bestimmungen des Bundesrechts bzw. der Bundesverfassung) durch solche Regeln verletzt wurden, behielt sich der Bundesrat vor, die Genehmigung ausdrücklich zu verweigern oder eine Genehmigung nur mit Interpretationsvorbehalt auszusprechen (vgl. dazu VPB 1986 Nr. 36, 37).

315

Vorbem. Art. 5 und 6

315a   In der heute geltenden Fassung von Art. 52 Abs. 3 und 4 SchlT fehlt eine Bezugnahme auf Art. 52 Abs. 2 SchlT, weshalb *nach der Praxis* auf eine *Unterscheidung* von notwendigen und nicht notwendigen Ausführungsvorschriften *verzichtet wird* (vgl. dazu SCHNYDER, Allg. Einl. N. 278 a.E.; unzutreffend daher PIOTET Rz 10). Immerhin werden durch besondere Regelungen gewisse Fragen, die dem Ermessen der Kantone überlassen bleiben sollen, von der Genehmigungspflicht ausgeklammert (Vorschriften über die Ernennung und Besoldung der Beamten im Bereich des Zivilstands- und des Grundbuchwesens gemäss Art. 40 Abs. 2 und Art. 962 Abs. 2 ZGB; vgl. dazu auch BBl 1988 II 1362 [für die Gebührentarife bleibt die Genehmigungspflicht jedoch bestehen; vgl. Art. 954 ZGB und Art. 178 Abs. 2 ZStV]). Damit aber steht fest, dass vorbehaltenes kantonales Zivilrecht im Sinne von Art. 5 Abs. 1 ZGB im Rahmen der verbleibenden Genehmigungspflicht nach Art. 52 Abs. 3 und 4 SchlT – entgegen den erwähnten früheren Lehrmeinungen – durchaus der Genehmigung des Bundes bedarf. Anders ist die Rechtslage bezüglich *selbständiger öffentlich-rechtlicher Vorschriften* der Kantone im Sinne von Art. 6 ZGB. Diese fallen – auch wenn sie im Grenzbereich zum Bundeszivilrecht Regelungen treffen – nicht unter die Genehmigungspflicht im Sinne von Art. 52 Abs. 3 und 4 SchlT, da es sich nicht um Ausführungsvorschriften zum Zivilgesetzbuch handelt (vgl. dazu GRISEL 283 f. und bereits HUBER N. 94 a.E.; vgl. nun auch BBl 1997 I 420 zu Art. 174 Abs. 2 Verfassungsentwurf 96).

316   Vgl. im übrigen zur Möglichkeit der *Ersatzvornahme* (Schaffung vorläufiger Ausführungsvorschriften) durch den *Bundesrat* bei Säumigkeit der Kantone Art. 6 N 112 und zur *Beratungsfunktion des Bundes* im Zusammenhang mit der Schaffung von kantonalem Ausführungsrecht zum Bundeszivilrecht KNAPP, Komm. BV, Art. 64 N 85.

317   Bei der *Genehmigung* durch das zuständige Departement bzw. den Bundesrat handelt es sich lediglich um eine *provisorische Rechtskontrolle*. Eine spätere Überprüfung eines vom Bund genehmigten kantonalen Erlasses durch die rechtsanwendenden Behörden und insbesondere durch das Bundesgericht ist daher grundsätzlich zulässig. Die *Verweigerung* der Genehmigung durch den Bundesrat ist demgegenüber auch für das Bundesgericht *verbindlich* (vgl. dazu BGE 114 II 43 f., HÄFELIN/HALLER Rz 414, 417, AUBERT Nr. 798 f. [inkl. Nachtrag], GRISEL 289 f., je mit weiteren Hinweisen; vgl. auch HUBER N 94, LIVER N 63 und SCHNYDER, Allg. Einl. N 280 f.).

318   *Kasuistik* (neuere Genehmigungsentscheide im Regelungsbereich des Bundeszivilrechts): VPB 1976 Nr. 29 (Zulässigkeit nachbarrechtlicher Vorschriften des öffentlichen Baurechts), 1982 Nr. 7 (öffentliche Beurkundung; Unzulässigkeit einer Bestimmung, welche die Anwesenheit und Mitwirkung der Urkundspersonen im Hauptverfahren nicht vorschreibt), 1986 Nr. 36 (Erfordernis einer bundesrechtskonformen Auslegung presserechtlicher Berichtigungsvorschriften), 1986 Nr. 37 (keine Genehmigungspflicht des Gebührentarifs für die Stif-

tungsaufsicht). Zu beachten ist jedoch, dass die bundesrechtliche Genehmigungspflicht inzwischen neu geregelt worden ist (vgl. dazu oben N 314 ff.).

c) **Übrige Bundesaufsicht**

Neben der präventiven Normenkontrolle im Rahmen der Gewährleistung der Kantonsverfassungen bzw. der Genehmigung weiterer kantonaler Erlasse und Verträge durch Bundesorgane dienen grundsätzlich auch die *weiteren Mittel der Bundesaufsicht* der Durchsetzung der bundesstaatlichen Kompetenzausscheidung (vgl. dazu SALADIN, Komm. BV, Art. 2 ÜB N 68, 70 mit Hinweisen). Dazu gehören zunächst *informelle Mittel* (Briefwechsel, Besprechungen), sodann aber auch konkrete *Beanstandungen*, generelle *Weisungen* (Kreisschreiben), *Berichterstattungspflicht, Inspektionen, Genehmigung von Einzelakten* und in besonderen Fällen die *Aufhebung von kantonalen Anwendungsakten* (vgl. dazu HÄFELIN/HALLER Rz 407 ff., AUBERT Nr. 790 ff. [inkl. Nachtrag] und EICHENBERGER, Komm. BV, Art. 102 N 48 ff. mit weiteren Hinweisen; vgl. auch BBl 1997 I 216 zu Art. 40 Abs. 2 Verfassungsentwurf 96). Zuständig für die Ausübung der Bundesaufsicht ist grundsätzlich der *Bundesrat*, welcher diese Aufgabe von Amtes wegen oder auf Beschwerde hin auszuüben hat (Art. 102 Ziff. 2 BV). Eine *Delegation* der Aufsichtskompetenz an untergeordnete Verwaltungsstellen ist im Prinzip möglich (vgl. dazu und zur Frage der erforderlichen Rechtsgrundlagen HÄFELIN/HALLER Rz 400, 403, 404 ff., AUBERT Nr. 785 f., 790 [inkl. Nachtrag], EICHENBERGER, Komm. BV, Art. 102 N 29, 46, 50, je mit weiteren Hinweisen). 319

Die Bundesaufsicht bezieht sich sowohl auf den *eigenen* als auch auf den *übertragenen Wirkungsbereich* der Kantone. Freilich ist die Bundesaufsicht im übertragenen Wirkungsbereich der Kantone intensiver, da es in diesem Bereich nicht nur darum geht, Eingriffe in den Kompetenzbereich des Bundes und die Verletzung von Grundrechten zu verhindern, sondern darüber hinaus sicherzustellen, dass die Kantone die ihnen übertragenen Aufgaben richtig erfüllen. Dementsprechend können *gewisse Aufsichtsmittel* (insbesondere Kreisschreiben, Berichterstattung, Inspektionen, Genehmigung von Einzelakten) nur im *übertragenen Wirkungsbereich* der Kantone zum Tragen kommen (vgl. dazu und zum Umfang der Überprüfungsbefugnis HÄFELIN/HALLER Rz 397, 401 f., AUBERT Nr. 789 und EICHENBERGER, Komm. BV, Art. 102 N 30 ff., 34 ff., 47 je mit weiteren Hinweisen). 320

Der Bundesaufsicht unterliegen sodann grundsätzlich sowohl die *Gesetzgebungs-* als auch die *Verwaltungstätigkeit* der Kantone (zur Gesetzesaufsicht vgl. oben N 304 ff.). Die kantonale *Rechtsprechung* ist demgegenüber der allgemeinen Bundesaufsicht grundsätzlich entzogen. Eine Bundesaufsicht findet auf diesem Gebiet nur insofern statt, als den Bundesorganen zum Teil die *Legitimation* 321

Vorbem. Art. 5 und 6

zum *Weiterzug kantonaler Entscheide* (meist allerdings nur letztinstanzlicher Entscheide) an das Bundesgericht zusteht (vgl. insbesondere Art. 103 lit. b OG für das Bundesverwaltungsrecht und Art. 270 Abs. 6 BStP für das Bundesstrafrecht; vgl. dazu KÖLZ/HÄNER Rz 405 ff., HAUSER/SCHWERI § 96 N 5 f., SCHMID Rz 1092 mit Hinweisen). Bei den zivilrechtlichen Rechtsmitteln ans Bundesgericht fehlt eine entsprechende Rechtsmittelbefugnis von Bundesbehörden, doch besteht im Zusammenhang mit *Anwendungsakten des Bundeszivilrechts* angesichts der für die Parteien zur Verfügung stehenden Rechtsmittel und der regelmässig lediglich singulären Bedeutung dieser Akte nach herrschender Auffassung ohnehin kein genügendes öffentliches Interesse an einem aufsichtsrechtlichen Einschreiten des Bundes (vgl. dazu HÄFELIN/HALLER Rz 399, AUBERT Nr. 785 [inkl. Nachtrag], EICHENBERGER, Komm. BV, Art. 102 N 39 ff. mit Hinweisen; vgl. auch BBl 1997 I 421 zu Art. 174 Abs. 4 Verfassungsentwurf 96; vgl. für das Registerrecht und für die Allgemeinverbindlicherklärung von Kollektivverträgen jedoch nachfolgend N 323).

322   Im Bereich des *öffentlichen Rechts* ist dagegen grundsätzlich anerkannt, dass der Bundesrat als *ultima ratio* kantonale *Rechtsakte aufheben* kann, sofern wichtige Bundesinteressen auf dem Spiele stehen und keine Anfechtung auf dem Rechtsweg möglich ist. *Umstritten* ist demgegenüber, ob der Bundesrat unter diesen Voraussetzungen aufsichtsrechtlich auch gegen kantonale *Gerichtsurteile* vorgehen darf (vgl. dazu HÄFELIN/HALLER Rz 418 f., AUBERT Nr. 808 [inkl. Nachtrag], EICHENBERGER, Komm. BV, Art. 102 N 45, SALADIN, Komm. BV, Art. 2 ÜB N 68 ff., je mit weiteren Hinweisen).

323   Im Bereich des *Zivilrechts* ist eine einzelfallbezogene *Bundesaufsicht* aufgrund des Gesagten praktisch nur auf dem Gebiet des *Registerrechts* von Bedeutung, welches materiell ohnehin öffentliches Recht darstellt (vgl. dazu oben N 103). Die Bundesaufsicht bzw. die aufsichtsrechtlichen Befugnisse der Bundesbehörden (insbesondere Weisungsbefugnisse, Berichterstattungspflicht, Inspektionsrecht) sind auf diesem Gebiet denn auch gesetzlich näher geregelt. Vgl. für das *Zivilstandswesen* Art. 17 ff. ZStV und dazu TUOR/SCHNYDER/SCHMID 113 ff. sowie SCHÜPBACH SPR II/3 13, 76 ff.; für das Grundbuch Art. 112, 116 GBV und dazu TUOR/SCHNYDER/SCHMID 641 ff., sowie DESCHENAUX SPR V/3, I 135 ff.; für das Handelsregister Art. 4 HRegV und dazu GUHL/KUMMER/DRUEY 767 ff. sowie PATRY SPR VIII/1 125 ff. (vgl. zur ausnahmsweise erforderlichen Genehmigung eines Einzelaktes [Handelsregistereintrag] auch Art. 115 HRegV und dazu AUBERT Nr. 794; zu absolut daher KNAPP, Komm. BV, Art. 64 N 83; vgl. dazu im übrigen auch HÄFELIN/HALLER Rz 410 und AUBERT Nr. 792 mit weiteren Hinweisen). Einen Spezialfall der Bundesaufsicht im Bereich der Anwendung von Bundeszivilrecht durch die Kantone bildet sodann die besonders geregelte *Ge-*

Vorbem. Art. 5 und 6

nehmigung kantonaler Allgemeinverbindlicherklärungen von Kollektivverträgen, welche für diese besonderen Rechtsakte der Kantone die Vereinbarkeit mit dem Bundesinteresse sicherstellen soll (vgl. dazu Art. 5 N 63 ff. und SCHÖNENBERGER/ VISCHER, ZH-Komm, Art. 356b OR N 133).

Im übrigen aber ist ein *aufsichtsrechtliches Eingreifen* des Bundes bei der von den Kantonen vorgenommenen *Anwendung des Bundeszivilrechts* im konkreten *Einzelfall* aus den erwähnten Gründen (oben N 321) *grundsätzlich ausgeschlossen* (vgl. auch EICHENBERGER, Komm. BV, Art. 102 N 40 mit Hinweisen). Vorbehalten bleibt freilich die *Beschwerde an den Bundesrat* wegen *mangelhaftem Vollzug* von *bundesgerichtlichen Entscheiden* gemäss Art. 39 Abs. 2 OG (vgl. dazu und zum Verhältnis dieser allgemeinen Vollzugsbeschwerde zur Beschwerde an das Bundesgericht gemäss Art. 19 SchKG VPB 1986 Nr. 62, EICHENBERGER, Komm. BV, Art. 102 N 88 und POUDRET, Comm. OJ, Art. 39 n. 2 mit weiteren Hinweisen; vgl. auch BBl 1997 I 414 zu Art. 170 Abs. 2 Verfassungsentwurf 96). 324

Art. 5 ZGB

¹ Soweit das Bundesrecht die Geltung kantonalen Rechtes vorbehält, sind die Kantone befugt, zivilrechtliche Bestimmungen aufzustellen oder aufzuheben.

² Wo das Gesetz auf die Übung oder den Ortsgebrauch verweist, gilt das bisherige kantonale Recht als deren Ausdruck, solange nicht eine abweichende Übung nachgewiesen ist.

C. Verhältnis zu den Kantonen
I. Kantonales Zivilrecht und Ortsübung

¹ Les cantons ont la faculté d'établir ou d'abroger des règles de droit civil dans les matières où leur compétence législative a été maintenue.

² Le droit cantonal précédemment en vigueur est tenu pour l'expression de l'usage ou des usages locaux réservés par la loi, à moins que l'existence d'un usage contraire ne soit prouvée.

C. Droit fédéral et droit cantonal
I. Droit civil et usages locaux

¹ I Cantoni sono autorizzati ad emanare ed abrogare disposizioni di diritto civile nelle materie riservate al diritto cantonale.

² Quando la legge si riferisce all' uso od all'uso locale, il diritto cantonale finora esistente vale come espressione dei medesimi, in quanto non sia provato un uso che vi deroghi.

C. Rapporti col diritto cantonale
I. Diritto civile dei cantoni ed uso locale

Materialien	Art. 3 VE; Art. 6, 7 E; Erl. 38; Botsch. 14 f.; StenBull 16 (1906) NR 1037, 1039 f., 17 (1907) SR 114 f.
Ausländisches Recht	Die Frage nach dem Verhältnis von Bundeszivilrecht und Zivilrecht der Gliedstaaten stellt sich grundsätzlich nur in *Bundesstaaten* oder in *Staatengemeinschaften*, welche das Zivilrecht ebenfalls ganz oder teilweise vereinheitlicht haben, nicht aber in zentralistisch organisierten Staaten; vgl. dazu LIVER N 6 und insbesondere HUBER N 2–4 mit zahlreichen Hinweisen zur Situation in den Nachbarländern und weiteren Bundesstaaten; vgl. ferner auch die Hinweise bei SCHLOSSER 108 ff., 117 ff., 158 ff. und 187 ff. (insbesondere 197 zur besonderen Erscheinung der interskandinavischen Gesetzgebung in gewissen Teilen des Schuld-, Handels- und Immaterialgüterrechts). – Ergänzend ist folgendes anzufügen: Mannigfaltige Probleme ergeben sich im Verhältnis von Gemeinschaftsprivatrecht und nationalem Privatrecht in der *Europäischen Union*. Die funktional, nicht sachgebietlich orientierte Kompetenzausscheidung zwischen der Gemeinschaft und den Mitgliedstaaten hat zu zahlreichen, aber bruchstückhaften Einzelregelungen des Gemeinschaftsprivatrechts geführt, weshalb unter anderem der Ruf nach Schaffung eines Europäischen Zivilgesetzbuches erfolgt ist; vgl. dazu KRAMER 729 ff., insbesondere 743 f., MÜLLER-GRAFF 13 ff., insbesondere

16 ff. und VB N 248, je mit weiteren Hinweisen. – In der *Bundesrepublik Deutschland* besteht auf dem Gebiet des bürgerlichen Rechts, nicht aber auf dem Gebiet des Handelsrechts, wo nur der Bund zuständig ist, eine konkurrierende Gesetzgebungskompetenz von Bund und Ländern, freilich mit Vorrang des Bundesrechts. Die Rechtslage stimmt im Ergebnis weitgehend mit derjenigen in der Schweiz überein. Das Privatrecht ist im Bürgerlichen Gesetzbuch vom 18. August 1896 (BGB) und im Handelsgesetzbuch vom 10. Mai 1897 (HGB) weitgehend abschliessend kodifiziert worden. Das BGB selbst und insbesondere die Art. 56–152 des Einführungsgesetzes zum Bürgerlichen Gesetzbuch vom 18. August 1896 (EG BGB) enthalten jedoch – in ähnlichen Bereichen und in ähnlichem Umfang wie das schweizerische Bundeszivilrecht – Vorbehalte zugunsten des Landesrechts. Heute sind insbesondere das landwirtschaftliche Anerbenrecht, das Wasserrecht, das Bergrecht und das Fischereirecht noch weitgehend durch Landesgesetze geregelt. Von Bedeutung sind sodann auch heute noch ergänzende landesrechtliche Bestimmungen auf dem Gebiet des Nachbarrechts (vgl. dazu HUBER N 3, DESCHENAUX 40, LIVER N 33, SCHLOSSER 116 f. und PALANDT, Kommentar zu den Art. 55 ff. EG BGB, insbesondere Art. 55 N 1 f., Art. 64 N 1 ff., Art. 65 N 1 ff., Art. 67 N 1 ff., Art. 69 N 2, Art. 124 N 1 ff., je mit weiteren Hinweisen). In den östlichen Bundesländern ist überdies aufgrund des Einigungsvertragsgesetzes von 1990 das Zivilgesetzbuch der ehemaligen DDR teilweise als Landesrecht weiterhin anwendbar (vgl. dazu SCHLOSSER 204 f. mit Hinweisen). – Im Einheitsstaat *Frankreich* besteht nur in Elsass-Lothringen und in den überseeischen Gebieten teilweise partikuläres Zivilrecht, das mit dem gesamtstaatlichen Recht in Konflikt geraten kann (vgl. dazu FERID/SONNENBERGER Rz 1 B 209 mit Hinweisen). – Eine sehr komplexe Situation besteht in den *Vereinigten Staaten von Amerika*. Diese weisen nicht nur einen doppelten Gerichtsaufbau (Bundesgerichte und Einzelstaatengerichte) auf, sondern unterscheiden auch zwischen einer Rechtsordnung des Bundes und der Gliedstaaten. Jeder Einzelstaat verfügt über eine besondere Privatrechtsordnung, die vom Recht des Bundes in vielen Punkten abweicht und mit ihm konkurriert. In der Regel handelt es sich um Common law, doch bestehen in einzelnen Staaten auch Mischformen mit altspanischem Kolonialrecht, und in Louisiana gilt grundsätzlich weiterhin der Code Napoléon. Eine Rechtsvereinheitlichung wird durch eine 1892 gegründete Nationale Konferenz gefördert, welche Einheits- und Mustergesetze (uniform laws und model laws) ausarbeitet. Auf diesem Wege konnte in allen Staaten ausser Louisiana ein einheitliches Handelsgesetzbuch (Uniform Commercial Code, U.C.C.) eingeführt werden. Einen wichtigen Beitrag zur Rechtsvereinheitlichung bzw. -angleichung leistet auch das «Restatement of the Law» (systematische Erfassung des amerikanischen Fallrechts) des privaten American Law Institute (vgl. dazu SCHLOSSER 218 ff. mit weiteren Hinweisen; zum Vergleich mit der Rechtslage in der EU, wo aufgrund der gegebenen rechtlichen und tatsächlichen Verhältnisse ein viel ausgeprägteres Bedürfnis nach einer gesetzgeberischen Vereinheitlichung des Privatrechts besteht, MÜLLER-GRAFF 18).

Zur *Übung* und zum *Ortsgebrauch* vgl. die Hinweise bei LIVER N 77, 80 ff. und PFENNINGER 56 ff.: Auch die Nachbarstaaten unterscheiden hinsichtlich der rechtlichen Wirkungen grundsätzlich zwischen normativer Verkehrssitte (Geltung kraft gesetzlicher Verweisung) und rechtsgeschäftlicher

Art. 5

Verkehrssitte (Geltung aufgrund einer Parteivereinbarung bzw. aufgrund von Auslegung und Konkretisierung von vertraglichen Rechten und Pflichten). Im Unterschied zu unserem Land wird die Bedeutung der Verkehrssitte für die Auslegung von vertraglichen und gesetzlichen Bestimmungen nach dem Grundsatz von Treu und Glauben im Recht der Nachbarstaaten ausdrücklich erwähnt (vgl. dazu MERZ, BE-Komm., Art. 2 ZGB N 100 und PFENNINGER 75 ff. mit weiteren Hinweisen). Die Nachbarländer kennen sodann neben allgemeinen und besonderen Verkehrssitten ebenfalls die Ortsübung bzw. den Ortsgebrauch als besondere, lokal beschränkte Art der Verkehrssitte (vgl. dazu insbesondere PFENNINGER 56 ff. mit Hinweisen). Eine besondere Bedeutung kommt der Verweisung auf die Ortsübung im grundsätzlich streng zentralistischen französischen Code civil zu, wo sich entsprechende Verweisungen zum Teil in Bereichen finden, welche im schweizerischen Zivilgesetzbuch dem kantonalen Recht vorbehalten werden (vgl. dazu FERID/SONNENBERGER Rz 1 B 39 ff. und PFENNINGER 57 mit Hinweisen; zum Versuch einer umfassenden Sammlung von Ortsübungen in Frankreich auch PFENNINGER 89 f.; zum früheren, lokal differierenden «droit coutumier» auch SCHLOSSER 108 ff.).

Literatur   Vgl. Vorbemerkungen zu Art. 5 und 6 ZGB

Inhaltsübersicht

	Rz
A. Allgemeines	1
I. Gegenstand und Inhalt (Überblick)	1
II. Entstehungsgeschichte	6
III. Heutige Bedeutung	11
B. Der Grundsatz von Abs. 1 (Vorbehalt von kantonalem Zivilrecht)	17
I. Bedeutung und Tragweite des Grundsatzes	17
1. Prinzip der Gesamtkodifikation bzw. der Ausschöpfung der Privatrechtskompetenz durch den Bund	17
2. Grundlage von echten Einzelvorbehalten zugunsten von kantonalem Zivilrecht	22
3. Gebot zur Harmonisierung des kantonalen Zivilrechts mit dem Bundeszivilrecht und dem übrigen Recht	25
II. Die Vorbehalte zugunsten von kantonalem Zivilrecht	29
1. Begriff, Form und Rechtsnatur der Vorbehalte gemäss Art. 5 Abs. 1 ZGB	29
a) Allgemeine Begriffsumschreibung	29
b) Ermächtigung zur Rechtsetzung	30
aa) Echter Vorbehalt	30
bb) Rechtsetzungsvorbehalt	32
c) System von Einzelermächtigungen	34
d) Ermächtigung der Kantone	39
e) Ermächtigung zur Schaffung von kantonalem Zivilrecht	41
2. Abgrenzung gegenüber anderen Vorbehalten zugunsten von kantonalem Recht	44
a) Allgemeines	44
b) Vorbehalte zugunsten von kantonalem öffentlichem Recht	45

Art. 5

		c) Vorbehalte zugunsten von kantonalem Organisations- und Verfahrensrecht	49
		d) Übergangsrechtliche Vorbehalte	53
		e) Kantonales Zivilrecht als Ausdruck des Ortsgebrauchs	61
		f) Allgemeinverbindlicherklärung von Kollektivverträgen	63
	3.	Auslegung, Inhalt und Arten der Vorbehalte gemäss Art. 5 Abs. 1 ZGB	66
		a) Auslegung	66
		b) Inhalt und Tragweite der Vorbehalte	70
		c) Unterschiedliche Arten der Vorbehalte	75
		aa) Vorbemerkung	75
		bb) Ermächtigende Vorbehalte	77
		cc) Zuteilende Vorbehalte	80
		dd) Verpflichtende Vorbehalte	85
III.	Das vorbehaltene kantonale Zivilrecht		88
	1.	Begriff und Rechtsquellen des kantonalen Zivilrechts	88
		a) Allgemeines	88
		b) Kantonales Zivilrecht im engeren und weiteren Sinne	90
		c) Geltendes und früheres kantonales Zivilrecht	94
		d) Rechtsquellen des geltenden kantonalen Zivilrechts	98
		aa) Kantonsverfassungen	98
		bb) Konkordate und Staatsverträge der Kantone	99
		cc) Kantonale Einführungsgesetze zum Zivilgesetzbuch	103
		dd) Einführungserlasse zum Obligationenrecht	107
		ee) Kantonale Spezialerlasse	108
		ff) Autonome Satzungen	110
		gg) Ungeschriebenes Recht	111
		e) Hinweise auf Literatur zum kantonalen Zivilrecht	116
	2.	Anforderungen an das vorbehaltene kantonale Zivilrecht	119
		a) Formelle Anforderungen	119
		aa) Massgeblichkeit des kantonalen Staatsrechts; Vorbehalt des Gesetzmässigkeitsprinzips	119
		bb) Formen der kantonalen Gesetzgebung	123
		cc) Zulässigkeit von Verordnungen des Parlaments und der Exekutive	125
		dd) Rechtsetzungsdelegation an untergeordnete Verbände und Private; Abgrenzungen zu blossen Verweisungen	129
		ee) Zulässigkeit von ungeschriebenem Recht	132
		ff) Erfordernis einer Bundesgenehmigung?	133
		b) Inhaltliche Schranken	134
		aa) Bundesrechtlicher Rahmen; Sinn und Geist des Bundeszivilrechts	134
		bb) Öffentliches Recht des Bundes und der Kantone (Gesetzgebung)	137
		cc) Verfassungsrecht von Bund und Kantonen	141
		c) Sanktionen; Rechtsschutz	143
	3.	Die Anwendung des kantonalen Zivilrechts	146
		a) Allgemeines	146
		b) Lückenfüllung	147
		c) Rechtsanwendungsgrundsätze	150
		d) Abgrenzung gegenüber der Anwendung von Bundeszivilrecht	156
		e) Bindung des Bundes an das kantonale Zivilrecht	158
		f) Bundesrechtlicher Rechtsschutz	160
IV.	Überblick über das vorbehaltene kantonale Zivilrecht		161

Art. 5

1.	Bundesverfassung	162
2.	Zivilgesetzbuch	165
	a) Personenrecht	166
	b) Familien- und Vormundschaftsrecht	169
	c) Erbrecht	170
	d) Sachenrecht	172
	aa) Allgemeines	172
	bb) Nachbarrecht	173
	cc) Beschränkte dingliche Rechte	178
	dd) Grundbuchrecht	181
	e) Spezialgesetze	184
	aa) Bäuerliches Bodenrecht	184
	bb) Grundstückerwerb durch Personen im Ausland	187
	cc) Früherer Vorbehalt im Bankenrecht	189
3.	Obligationenrecht	190
	a) Allgemeines	190
	b) Haftpflichtrecht	193
	c) Kaufrecht	194
	d) Miet- und Pachtrecht	196
	e) Arbeitsrecht	200
	f) Auftragsrecht	204
	g) Handelsrecht	205
	h) Spezialgesetze (insbesondere Versicherungsvertragsrecht)	206
4.	Übrige Rechtsgebiete	208

C. Die gesetzliche Vermutung von Abs. 2 (kantonales Zivilrecht als Ausdruck der Ortsübung) ... 209

I. Gesetzliche Verweisungen auf Übung und Ortsgebrauch ... 209
   1. Allgemeines ... 209
      a) Der Begriff der «Übung» und des «Ortsgebrauchs»; Beschränkung der Vermutung auf die Ortsübung ... 209
      b) Bedeutung und Sinn der gesetzlichen Verweisungen auf die Verkehrsübung ... 215
      c) Zeitlicher, örtlicher und persönlicher Geltungsbereich gesetzesergänzender Verkehrsübungen ... 223
      d) Abgrenzung gegenüber dem Gewohnheitsrecht ... 227
   2. Vorkommen der Verweisungen auf die Verkehrsübung ... 231
   3. Unterschiedliche Arten von Verweisungen auf die Verkehrsübung ... 237
      a) nach der Art der Übung ... 237
      b) nach dem Rang der Übung ... 248
      c) nach der Tragweite der verwiesenen Frage ... 251
   4. Schranken der Verweisung auf die Verkehrsübung ... 254

II. Das kantonale Zivilrecht als Ausdruck der Ortsübung ... 258
   1. Allgemeines ... 258
   2. Massgebendes kantonales Recht ... 262
      a) Früheres kantonales Recht ... 262
      b) Neuformulierung der Ortsübung im geltenden kantonalen Zivilrecht? ... 265
   3. Nachweis einer abweichenden oder fehlenden entsprechenden Übung ... 268
      a) Bedeutung des Nachweises für die Geltungsdauer gesetzlicher Umschreibungen der Ortsübung ... 268
      b) Rechtsanwendung von Amtes wegen und Mitwirkungspflicht der Parteien ... 269
      c) Beweisthema, Beweismittel und Beweisanforderungen ... 271

Art. 5

	4. Bundesrechtlicher Rechtsschutz	274
III.	Überblick über gesetzliche Umschreibungen der Ortsübung	277
	1. Vorbemerkung	277
	2. Familienrecht	279
	3. Erbrecht	280
	4. Sachenrecht	282
	5. Obligationenrecht	286

A. Allgemeines

I. Gegenstand und Inhalt (Überblick)

1   Art. 5 ZGB steht unter dem Randtitel «C. Verhältnis zu den Kantonen/I. Kantonales Zivilrecht und Ortsübung». Die Bestimmung enthält somit das *bundesstaatliche Kollisionsrecht* für das Gebiet des *Zivilrechts* (vgl. dazu VB N 2 ff.). Die Regel von Art. 5 ZGB beschränkt sich hierbei nicht auf das eigentliche *kantonale Zivilrecht*, sondern nimmt auch auf «*Übung*» und «*Ortsgebrauch*» Bezug. Hierbei handelt es sich um eine in der Regel örtlich beschränkte Verkehrssitte (Ortsübung), welche zwar keine selbständige Rechtsquelle darstellt, aber durch gesetzliche Verweisungen ebenfalls die Bedeutung von *partikulärem* (allerdings dem Bundesrecht zuzurechnendem) *Zivilrecht* erhalten kann (vgl. dazu nachfolgend N 209 ff.). Art. 5 ZGB betrifft im übrigen nur den Bereich des *Zivilrechts*. Für die Abgrenzung zum *öffentlichen Recht* der *Kantone* besteht in *Art. 6 ZGB* eine *besondere Kollisionsregel*. Art. 5 ZGB setzt insofern ebenfalls die *grundsätzliche Unterscheidung* von *Zivilrecht* und *öffentlichem Recht* voraus (vgl. dazu VB N 23 ff.). Die *Durchsetzung* der bundesstaatlichen Kompetenzausscheidung im Verhältnis von Bundeszivilrecht und kantonalem Zivilrecht (Rechtsfolgen bei deren Verletzung; Verfahren der Durchsetzung) ergibt sich nicht aus Art. 5 ZGB, sondern aus *Art. 2 ÜB BV* und den massgebenden *Verfahrensvorschriften* von Bund und Kantonen (vgl. dazu VB N 258 ff.).

2   *Art. 5 Abs. 1 ZGB* enthält den *allgemeinen Grundsatz*, dass die Kantone befugt sind, zivilrechtliche Bestimmungen aufzustellen oder aufzuheben, soweit das Bundesrecht die Geltung kantonalen (Zivil-)Rechts vorbehält. *Kantonales Zivilrecht* ist somit grundsätzlich nur noch *im Rahmen* einer *bundesrechtlichen Ermächtigung* zulässig. Damit wird zugleich zum Ausdruck gebracht, dass der Bundesgesetzgeber von seiner Gesetzgebungskompetenz auf dem Gebiet des Zivilrechts (Art. 64 BV) durch den Erlass des Zivilgesetzbuches und des Obligatio-

nenrechts grundsätzlich abschliessend Gebrauch gemacht hat (Prinzip der *Gesamtkodifikation*). Aber auch in den spezialgesetzlich geregelten Bereichen, insbesondere im Immaterialgüter-, Datenschutz- und Wettbewerbsrecht, hat der Bund seine privatrechtliche Rechtsetzungskompetenz *grundsätzlich ausgeschöpft* (vgl. dazu nachfolgend N 17 ff.). Vorbehalte zugunsten von kantonalem Zivilrecht bestehen daher nur für bestimmte einzelne Fragen (System der *Einzelermächtigungen*). Angesichts der grundsätzlichen Ausschöpfung der Privatrechtskompetenz durch den Bund handelt es sich sodann um *echte Vorbehalte*, denen für die Zulässigkeit des kantonalen Zivilrechts *konstitutive Bedeutung* zukommt (vgl. nachfolgend N 22 ff.). Lehre und Rechtsprechung leiten aus dem Prinzip der Einheit und Widerspruchsfreiheit der Rechtsordnung überdies ein *Gebot zur Harmonisierung* des kantonalen Zivilrechts mit dem *Bundeszivilrecht* und dem *übrigen Recht des Bundes und der Kantone* ab. Dies schränkt insbesondere den Rahmen der bundesrechtlichen Ermächtigungen ein, indem die Kantone nur insoweit legiferieren dürfen, als dies nach *Massgabe der Besonderheit* der betreffenden Materie *erforderlich* ist (vgl. nachfolgend N 25 ff.).

Bei den Vorbehalten zugunsten von kantonalem Zivilrecht im Sinne von Art. 5 Abs. 1 ZGB handelt es sich um – in der Regel *ausdrückliche* – bundesrechtliche *Ermächtigungen* an die *Kantone* (mit Delegationsmöglichkeit an untergeordnete Verbände) zur Schaffung von materiellem kantonalem Zivilrecht im Sinne von *echtem privatrechtlichem Verhaltensrecht* (vgl. dazu nachfolgend N 29 ff.). Diese Vorbehalte müssen insbesondere gegenüber den Vorbehalten zugunsten von *kantonalem öffentlichem Recht* abgegrenzt werden, zu welchen als Sonderfall auch die meist verpflichtenden Vorbehalte zur Schaffung des für die Anwendung des Bundeszivilrechts erforderlichen *Organisations- und Verfahrensrechts* gehören. Keine eigentlichen Vorbehalte zur Schaffung von kantonalem Zivilrecht bilden auch die sog. *übergangsrechtlichen Vorbehalte*, welche lediglich für bestimmte Fälle eine *Weitergeltung* des *früheren kantonalen Zivilrechts* oder die Schaffung von besonderem *kantonalem Übergangsrecht* vorsehen. Ebenfalls kein kantonales Zivilrecht wird durch die *Umschreibung des Ortsgebrauchs* durch kantonales Recht im Sinne von Art. 5 Abs. 2 ZGB sowie durch die zum Teil vorgesehene *Allgemeinverbindlicherklärung von Kollektivverträgen* durch die Kantone geschaffen (vgl. dazu nachfolgend N 44 ff.). *Inhalt und Tragweite* der Vorbehalte gemäss *Art. 5 Abs. 1 ZGB* können im übrigen ganz unterschiedlich sein und müssen durch *Auslegung* ermittelt werden. Für gewisse besondere Merkmale (insbesondere für die Abgrenzung von Bundesrecht und kantonalem Recht sowie für die Frage der Zulässigkeit von kantonalem Gewohnheitsrecht) rechtfertigt sich jedoch die Unterteilung in *ermächtigende, zuteilende* und *verpflichtende Vorbehalte* (vgl. dazu nachfolgend N 66 ff.).

Art. 5

4   Das kantonale Zivilrecht ist *kein geschlossenes Rechtsgebiet*, sondern besteht aus *Teilregelungen* im Rahmen der bundesrechtlichen Vorbehalte. Die Kantone haben das kantonale Zivilrecht in den *Einführungserlassen* zum *Zivilgesetzbuch* und zum *Obligationenrecht* zusammengefasst. Daneben bestehen aber meist auch verschiedene *Spezialerlasse* mit zivilrechtlichen Bestimmungen. *Gewohnheitsrecht* und allenfalls auch *Richterrecht* kommen im Bereich des kantonalen Zivilrechts als selbständige Rechtsquelle grundsätzlich nur bei Zuweisung der Gesetzgebungshoheit an die Kantone vor (sog. *zuteilende Vorbehalte*; vgl. zum Ganzen auch nachfolgend N 88 ff.). Die *formellen Anforderungen* an das kantonale Zivilrecht ergeben sich – unter Vorbehalt des im Bundesrecht verankerten *Gesetzmässigkeitsprinzips* – aus dem *kantonalen Staatsrecht*. Eine Genehmigung des Bundes ist nur in bestimmten, besonders umschriebenen Fällen erforderlich. *Inhaltlich* muss der *Rahmen des bundesrechtlichen Vorbehaltes* eingehalten werden und die getroffene Regelung mit *Sinn und Geist* des *Bundeszivilrechts* vereinbar sein. Freilich ist auch das *öffentliche Recht des Bundes* und insbesondere das *Bundesverfassungsrecht* zu beachten (vgl. dazu nachfolgend N 119 ff.). Die *Rechtsanwendungsgrundsätze* der *Art. 1–10 ZGB* kommen im Bereich des kantonalen Zivilrechts im Prinzip lediglich als *subsidiäres kantonales Recht* zur Anwendung, soweit keine besonderen kantonalrechtlichen Grundsätze bestehen (z.B. für die Lückenfüllung). Soweit das kantonale Zivilrecht *nicht* nach *Massgabe der Besonderheit* der betreffenden Materie zulässigerweise eine *eigenständige Regelung* aufgestellt hat, kommt im übrigen auch im Bereich bundesrechtlicher Vorbehalte das *Bundeszivilrecht* zur Anwendung. Schliesslich ist darauf hinzuweisen, dass der *Bund* grundsätzlich auch bei der *eigenen Tätigkeit* an das *kantonale Zivilrecht gebunden* ist (vgl. dazu nachfolgend N 146 ff.).

5   *Art. 5 Abs. 2 ZGB* enthält für diejenigen Fälle, in welchen das Bundeszivilrecht auf die Übung oder den Ortsgebrauch verweist, die *widerlegbare* gesetzliche *Vermutung*, dass das *bisherige kantonale Recht* als deren Ausdruck gilt. Diese Vermutung besteht allerdings nur insoweit, als das Zivilrecht tatsächlich auf eine *örtlich beschränkte Verkehrsübung* verweisen wollte. Ferner muss die anwendbare Verkehrsübung jedenfalls mit *Sinn und Geist* des *Bundeszivilrechts* vereinbar sein (vgl. dazu nachfolgend N 209 ff., insbesondere 237 ff., 254 ff.). Nach heutiger Auffassung besteht diese Vermutung nicht nur für das bisherige kantonale Zivilrecht. Vielmehr können die Kantone die *Ortsübung* auch im geltenden kantonalen Zivilrecht *neu umschreiben*. Allerdings handelt es sich nicht um Rechtsetzung, sondern lediglich um die *Umschreibung von Tatsachen* (vgl. nachfolgend N 262 ff.). Die gesetzliche Vermutung kann durch den *Nachweis* einer *abweichenden* oder *fehlenden* entsprechenden *Verkehrsübung* jederzeit umgestossen werden. Obwohl das Recht grundsätzlich von Amtes wegen anzuwenden ist,

Art. 5

trifft denjenigen, welcher eine abweichende Verkehrsübung behauptet, für die erforderlichen Abklärungen jedenfalls eine *Mitwirkungspflicht* (vgl. dazu nachfolgend N 268 ff.).

II. Entstehungsgeschichte

Während er die Schaffung eines Allgemeinen Teils des Zivilgesetzbuches ablehnte, erachtete Gesetzesredaktor EUGEN HUBER einleitende Bestimmungen über die Anwendbarkeit des Gesetzes an sich und im Verhältnis zu andern Rechtsquellen, insbesondere auch Bestimmungen über die Ergänzungsfähigkeit und -bedürftigkeit des Gesetzes, als notwendig (Erl. 30 f.; vgl. dazu auch SCHNYDER, Allg. Einl. N 67 ff.). In Art. 3 des *Vorentwurfs vom 15. November 1900* (VE) wurde dementsprechend das Verhältnis des Bundeszivilrechts zum Zivilrecht der Kantone geregelt. Art. 3 Abs. 1 VE enthielt hierbei eine mit dem heutigen *Art. 5 Abs. 1 ZGB* wortwörtlich übereinstimmende Vorschrift. Ergänzend wurde in Art. 3 Abs. 2 VE noch beigefügt, dass im Rahmen der bundesrechtlichen Vorbehalte auch die Geltung von kantonalem Gewohnheitsrecht anerkannt werde. EUGEN HUBER merkte dazu an, im Verhältnis zum kantonalen Recht brauche an sich nicht besonders gesagt zu werden, dass das Bundesrecht in seinem Geltungsbereich jedes kantonale Recht verdränge. Dies gelte seitens des Bundeszivilrechts gegenüber dem kantonalen Zivilrecht insoweit, als die Bundesgesetzgebung nicht selber Ausnahmen mache und die Geltung kantonalrechtlicher Bestimmungen in ihrem Geltungsbereich ausdrücklich vorbehalte. In diesem Umfange aber könne dann neben den kantonalen Gesetzen auch dem kantonalen Gewohnheitsrecht die Geltung nicht vorenthalten werden (Erl. 38).

6

Der Vorentwurf enthielt demgegenüber noch keine Bestimmung, dass dem früheren kantonalen Zivilrecht als *Ausdruck* der *Ortsübung* Bedeutung zukommen solle. In Art. 2 Abs. 2 VE wurde bezüglich der Ortsübung lediglich festgehalten, dass diese nicht als Gewohnheitsrecht dem Zivilgesetzbuch derogieren könne (vgl. dazu auch Erl. 36).

7

In der *Botschaft des Bundesrates* an die Bundesversammlung vom 28. Mai 1904 (BBl 1904 IV 1 ff.; Botsch.) finden sich die Vorschriften des heutigen Art. 5 ZGB aufgeteilt auf zwei Gesetzesartikel. Art. 6 Abs. 1 des Entwurfes regelt das *Verhältnis des Bundeszivilrechts* zum *Zivilrecht der Kantone* entsprechend dem heutigen Art. 5 Abs. 1 ZGB, während Art. 6 Abs. 2 des Entwurfes die Anerkennung von kantonalem Gewohnheitsrecht im Rahmen der bundesrechtlichen Vorbehalte festhält. Diese letztere Bestimmung wurde vom Nationalrat jedoch als

8

Art. 5

überflüssig gestrichen (vgl. dazu StenBull NR 16 1034 ff., insbesondere die Berichterstatter HUBER und ROSSEL a.a.O. 1037, 1039; vgl. zur Zulässigkeit von Gewohnheitsrecht im Rahmen der bundesrechtlichen Vorbehalte jedoch nachfolgend N 111 ff. mit Hinweisen zur differenzierenden Lehre und Praxis).

9   *Art. 7 Abs. 1* des *Entwurfs* enthielt sodann – in wortwörtlicher Übereinstimmung mit dem heutigen Art. 5 Abs. 2 ZGB – die widerlegbare Vermutung, dass das *bisherige kantonale Recht* als *Ausdruck der Ortsübung* gelte, wo das Gesetz auf Übung und Ortsgebrauch verweise. In *Art. 7 Abs. 2* des *Entwurfs* wurde überdies ausdrücklich festgehalten, dass die Kantone unter dem gleichen Vorbehalt auch weiterhin der Übung und dem Ortsgebrauch Ausdruck verschaffen könnten. In der Botschaft wurde dazu ausgeführt, die Anerkennung des bisherigen oder künftig zu fixierenden kantonalen Rechts als Ausdruck der Übung, unter Vorbehalt des Gegenbeweises, entspreche der bereits vorherrschenden Anschauung und komme einem praktischen Bedürfnis entgegen (Botsch. 14 f.). Art. 7 Abs. 2 des Entwurfs wurde jedoch vom Nationalrat *gestrichen*, da man die Möglichkeit einer künftigen Fixierung des Ortsgebrauchs durch den kantonalen Gesetzgeber als nicht nötig erachtete (vgl. dazu StenBull NR 16 1034 ff., insbesondere die Berichterstatter HUBER und ROSSEL a.a.O. 1037, 1039 f.; vgl. zur Frage der Zulässigkeit eines solchen Vorgehens ohne Ermächtigung im Zivilgesetzbuch nachfolgend N 265 ff.).

10 In den Beratungen des *Ständerates* wurden die vom Nationalrat je um den zweiten Absatz gekürzten *Art. 6 und 7* des *Entwurfs*, welche heute zusammen den Art. 5 ZGB bilden, im Prinzip unverändert *übernommen;* allerdings wurde der vom Nationalrat angefügte *Zusatz gestrichen,* dass das kantonale Recht als Bundesrecht anerkannt werde, soweit es Ausdruck der gesetzesergänzenden Ortsübung sei (vgl. dazu StenBull SR 17 111 ff., insbesondere Berichterstatter HOFFMANN a.a.O. 114 f.; vgl. auch PFENNINGER 72 f., 82 f., 144 f. mit weiteren Hinweisen; zur Frage der Qualifikation von gesetzlichen Umschreibungen der Ortsübung auch hinten N 217).

III. Heutige Bedeutung

11 Die in Art. 5 Abs. 1 ZGB vorbehaltenen Ermächtigungen der Kantone zur Schaffung von *kantonalem Zivilrecht* sind schon beim Erlass des Zivilgesetzbuches, aber auch später im Hinblick auf die angestrebte Rechtseinheit oft *bedauert* oder als – mindestens teilweise – *rückständig* und *überholt* bezeichnet worden (vgl. insbesondere JAGMETTI 242 f. und bereits EGGER, Art. 5 N 5: Vorbehalte nach Art. 5 Abs. 1 ZGB als «Verlustliste des Einheitsgedankens»). Allerdings sind solche

Vorbehalte in einem Bundesstaat *nichts Aussergewöhnliches*. In verschiedenen Bereichen des öffentlichen Rechts besteht eine viel weitergehende Aufteilung der Gesetzgebungskompetenzen von Bund und Kantonen, ohne dass dadurch die Rechtseinheit ernsthaft in Frage gestellt ist (vgl. dazu CARONI 233 und allgemein HÄFELIN/HALLER Rz 312 ff., AUBERT Nr. 686 ff. [inkl. Nachtrag] und SALADIN, Komm. BV, Art. 3 N 191 ff. mit Hinweisen). Die Vorbehalte im Sinne von Art. 5 Abs. 1 ZGB sind seit dem Erlass des Zivilgesetzbuches *zum Teil* noch *ausgebaut* worden (vgl. etwa für das bäuerliche Erb- und Bodenrecht nachfolgend N 184 f.). *Insgesamt* hat jedoch bis heute – vor allem auch in den problematischen Bereichen – ein *Abbau* privatrechtlicher Vorbehalte zugunsten des kantonalen Zivilrechts stattgefunden (vgl. insbesondere für das Pflichtteilsrecht der Geschwister, für das bäuerliche Erb- und Bodenrecht sowie für das Ferienrecht der Arbeitnehmer nachfolgend N 171, 186, 200). Weitere Vorbehalte sollen in absehbarer Zukunft aufgehoben werden (vgl. etwa für das kaum angewendete Institut der Heimstätten BBl 1996 I 167 und TUOR/SCHNYDER/SCHMID 373 f.).

Die verbleibenden Vorbehalte zugunsten von materiellem kantonalem Zivilrecht (vgl. dazu den Überblick nachfolgend N 161 ff.) spielen *keine grosse Rolle* mehr. Die vorbehaltenen kantonalen Regelungen sind meist auf einzelne konkrete Fragen von lokaler Bedeutung beschränkt und müssen sich ins Bundeszivilrecht integrieren lassen. Die *Bedürfnisse* von *Wirtschaft* und *Gesellschaft* werden dadurch auch in der heutigen Zeit stark gestiegener Mobilität *kaum gestört* (vgl. auch KNAPP, Komm. BV, Art. 64 N 30, CARONI 225 und RIEMER § 7 N 2). Die Vorbehalte zugunsten des kantonalen Zivilrechts werden sodann – im Unterschied zum kantonalen öffentlichen Recht (vgl. dazu Art. 6 N 18, 105 f.) – durch eine *Annäherung an das EU-Recht* angesichts der in der Regel lokal beschränkten Auswirkungen der vorbehaltenen kantonalen Vorschriften *kaum tangiert* (vgl. KLEY-STRULLER 5 und dazu BERNHARD SCHNYDER in AJP 1993 104). Erhebliche Auswirkungen ergäben sich wohl nur im Bereich des *Grundstückerwerbs durch Ausländer*, wo jedoch primär eine Änderung des Bundesrechts erforderlich wäre, und im Bereich der *Regalrechte*, wo aber vor allem der öffentlich-rechtliche Bereich (Vergabe von Konzessionen und Bewilligungen) betroffen wäre (vgl. dazu den Bericht des Kontaktgremiums der Kantone «Anpassung des kantonalen Rechts an das EWR-Recht», Bern, Dezember 1991, insbesondere 179 ff., 267 ff. mit Hinweisen). Auch die übrigen Bemühungen um eine internationale Vereinheitlichung des Privatrechts betreffen das vorbehaltene kantonale Zivilrecht grundsätzlich nicht (vgl. dazu VB N 243 ff.).

Von erheblicher Bedeutung für das kantonale Zivilrecht, allerdings vorwiegend für dessen formellen Teil (Organisations- und Verfahrensrecht), war demgegenüber der Beitritt der Schweiz zur *Europäischen Menschenrechtskonvention*

Art. 5

(EMRK), welcher *einheitliche Minimalanforderungen* an den *gerichtlichen Rechtsschutz* insbesondere im Bereich des *Kindes- und Vormundschaftsrechts* mit sich brachte, das vor allem in der Deutschschweiz bisher vorwiegend von Verwaltungsbehörden angewandt wird. Diese Anforderungen, deren konkreter Anwendungsbereich durch die Rechtsprechung im Laufe der Zeit noch ausgedehnt wurde, führten in den betreffenden Kantonen mehrfach zu Revisionen der Zuständigkeits- und Verfahrensordnungen in den Einführungsgesetzen zum Zivilgesetzbuch (vgl. zum Einfluss von Art. 6 EMRK auf die von den Kantonen vorgesehene Zuständigkeit von Verwaltungsbehörden im Bereich des Zivilrechts allgemein KLEY-STRULLER 47 ff. und im Bereich des Vormundschaftsrechts insbesondere TUOR/SCHNYDER/SCHMID 386 sowie MEIER 608 ff., je mit weiteren Hinweisen; vgl. dazu auch KNAPP, Komm. BV, Art. 64 N 65 und VB N 236).

14 Problematisch wäre eine *wesentliche Ausdehnung* der Vorbehalte zugunsten des kantonalen Privatrechts, weil der Bund damit seine sich aus Art. 64 Abs. 1 und 2 BV ergebende *Verantwortung* für das *Bundeszivilrecht* nicht mehr wahrnehmen würde (vgl. dazu HÄFELIN/HALLER Rz 350, SALADIN, Komm. BV, Art. 3 N 153 ff., AUBERT Nr. 708 ff. [inkl. Nachtrag], SCHNYDER, Freiheit, 599 f. und VB N 181). Eine wesentliche Ausdehnung der Vorbehalte zugunsten des kantonalen Zivilrechts steht jedoch grundsätzlich nicht zur Diskussion. Sie wurde in letzter Zeit nur in einem *Einzelfall* erwogen, aber nicht weiterverfolgt (vgl. zur Frage der Zulässigkeit einer Kantonalisierung der Regelung über den *Grundstückerwerb durch Ausländer* nachfolgend N 188).

15 Die teilweise Delegation von Rechtsetzungskompetenzen an die Kantone im Rahmen des Bundeszivilrechts schafft naturgemäss Probleme der *Abgrenzung* zwischen dem *Bundesrecht* und dem *kantonalen Recht*. Diesbezüglich bzw. hinsichtlich der *bundesrechtlichen Anforderungen* an das *kantonale Zivilrecht* besteht heute eine weitgehend gefestigte Lehre und Praxis, weshalb in der letzten Zeit nur noch wenige präjudizielle Entscheide zu diesen Fragen ergangen sind (vgl. dazu auch nachfolgend N 144).

16 Die (widerlegbare) *Vermutung von Art. 5 Abs. 2 ZGB*, dass das frühere kantonale Recht als Ausdruck der Ortsübung gilt, wo das Bundeszivilrecht auf diese verweist, hat mit dem Zeitablauf ebenfalls an *Bedeutung verloren*. Das frühere kantonale Recht ist heute oft nicht mehr leicht aufzufinden und durch die tatsächliche Entwicklung überholt. In vielen Fällen besteht eine *abweichende* allgemeine oder örtliche *Übung*. Damit ist allerdings auch die praktische Erleichterung für die Rechtsanwendung weggefallen, welche der Gesetzgeber mit der Vermutung von Art. 5 Abs. 2 ZGB schaffen wollte. Es ist daher zu begrüssen, dass nach heutiger Auffassung ein *Ortsgebrauch* im geltenden kantonalen Zivilrecht *neu umschrieben* werden kann. Allerdings haben die Kanton hievon nur vereinzelt Gebrauch gemacht (vgl. dazu N 209 ff., insbesondere 265 ff., 277 ff.).

B. Der Grundsatz von Abs. 1 (Vorbehalt von kantonalem Zivilrecht)

I. Bedeutung und Tragweite des Grundsatzes

1. Prinzip der Gesamtkodifikation bzw. der Ausschöpfung der Privatrechtskompetenz durch den Bund

Gemäss Art. 64 Abs. 1 und 2 BV steht dem Bund die Gesetzgebung über das gesamte Zivilrecht zu. Hierbei handelt es sich nach heute herrschender Auffassung um eine *umfassende konkurrierende Rechtsetzungskompetenz des Bundes* im Sinne einer Gesetzgebungskompetenz mit nachträglich derogatorischer Wirkung (vgl. dazu VB N 264). Der Bund hat von dieser Kompetenz durch den Erlass des Zivilgesetzbuches und des Obligationenrechts im Prinzip umfassend und erschöpfend Gebrauch gemacht, womit für unser Land eine klare und einheitliche Privatrechtsordnung geschaffen wurde (*Prinzip der Gesamtkodifikation*; vgl. auch Art. 51 SchlT). 17

Freilich sind gewisse Materien in Spezialgesetzen geregelt (insbesondere das *Immaterialgüter-, Datenschutz-* und *Wettbewerbsrecht),* doch liegt auch diesbezüglich grundsätzlich eine abschliessende Regelung durch den Bund vor (vgl. dazu VB N 123 ff., nachfolgend N 184 ff., 206 f., 208 und Art. 6 N 70 ff.). Art. 5 Abs. 1 ZGB bestätigt diese Rechtslage insofern, als festgehalten wird, dass die Kantone zivilrechtliche Bestimmungen nur noch aufstellen oder aufheben dürfen, «soweit das Bundesrecht die Geltung kantonalen Rechtes vorbehält». Da auch die *privatrechtlichen Spezialgesetze* – wie erwähnt – grundsätzlich eine *abschliessende privatrechtliche Regelung* enthalten und den Einleitungsartikeln die Bedeutung allgemeiner Vorschriften für das gesamte Bundeszivilrecht zukommt, gilt dieser Grundsatz auch für diejenigen zivilrechtlichen Materien, welche in *bundesrechtlichen Spezialgesetzen* geregelt sind (vgl. dazu auch PIOTET Rz 2). 18

Obwohl die Privatrechtskompetenz (Art. 64 Abs. 1 und 2 BV) dem Bund nach heute herrschender Auffassung an sich nicht eine ausschliessliche, sondern lediglich eine *konkurrierende*, freilich *umfassende Gesetzgebungskompetenz* einräumt (vgl. dazu VB N 264), ist somit *kantonales Zivilrecht* aufgrund der ausdrücklichen Regelung von Art. 5 Abs. 1 ZGB *ohne besondere bundesrechtliche Ermächtigung* auch insoweit *unzulässig,* als das Bundesrecht *keine Regelung* enthält. Auch Lücken im Bundeszivilrecht dürfen daher grundsätzlich nicht durch die Kantone geregelt werden, sondern müssen nach der Anleitung von Art. 1 Abs. 2 19

Art. 5

ZGB durch Bundesrecht gefüllt werden (vgl. dazu auch SCHNYDER, Allg. Einl. N 179 ff.). Art. 5 Abs. 1 ZGB markiert insofern auch den *Abschluss* des Prozesses der bundesrechtlichen *Vereinheitlichung des Privatrechts* (vgl. dazu TUOR/ SCHNYDER/SCHMID 28, RIEMER § 7 N 1, KNAPP, Komm. BV, Art. 64 N 28 ff., DESCHENAUX 38 f., JAGMETTI 243 f., LIVER N 5 f., SCHNYDER, Das ZGB lehren, 538 und EGGER, Art. 5 N 3, je mit weiteren Hinweisen; teilweise abweichend – aufgrund eines «materialen» Verständnisses von Art. 64 BV – SALADIN, Komm. BV, Art. 2 ÜB N 36, 39 mit weiteren Hinweisen; zur *Problematik* des *Kompetenzvakuums* bei neuen, bundesrechtlich noch nicht geregelten Fragen bzw. zur öffentlich-rechtlichen Rechtsetzungsbefugnis der Kantone in diesen Bereichen vgl. VB N 176; zur grundsätzlichen Pflicht des Bundes, ein *einheitliches Zivilrecht* zu schaffen oben N 14 und nachfolgend N 188).

20 Das Prinzip der bundeszivilrechtlichen Gesamtkodifikation ist allerdings – wie sich ebenfalls aus Art. 5 Abs. 1 ZGB ergibt – nicht lückenlos durchgeführt. Aus verschiedenen Gründen hat der Bundesgesetzgeber für einzelne Fragen auf eine Rechtsvereinheitlichung verzichtet, indem er *kantonales Zivilrecht vorbehält*. Massgebend hiefür waren einerseits *föderalistische Gründe* (Rücksicht auf lokale Gegebenheiten, wo eine einheitliche Lösung auch aus Gründen des Verkehrs nicht erforderlich erschien, zum Beispiel auf dem Gebiet des Nachbarrechts), andererseits aber auch rein *politische Gründe* (keine Einigung auf eine einheitliche Lösung; vgl. z.B. den ursprünglichen Art. 472 ZGB für den erbrechtlichen Pflichtteil der Geschwister; zur heutigen Regelung nachfolgend N 171) (vgl. dazu auch TUOR/SCHNYDER/SCHMID 28, CARONI 226 ff., NOBEL 247, RIEMER § 7 N 2, DESCHENAUX 40, JAGMETTI 241 f., LIVER N 6 ff. und EGGER, Art. 5 N 5, je mit weiteren Hinweisen).

21 Hinzuweisen ist noch darauf, dass die Verweisung auf *Übung* und *Ortsgebrauch*, wozu sich Art. 5 Abs. 2 ZGB äussert, zwar nicht der Form nach, wohl aber im Ergebnis ebenfalls einen *teilweisen Verzicht* auf eine *Rechtsvereinheitlichung* darstellt, indem lokale Gebräuche als massgebend erklärt werden (vgl. dazu nachfolgend N 209 ff.).

2. Grundlage von echten Einzelvorbehalten zugunsten von kantonalem Zivilrecht

22 Art. 5 Abs. 1 ZGB behält für einzelne Fragen – als Ausnahme vom Prinzip der Gesamtkodifikation bzw. der Ausschöpfung der Privatrechtskompetenz des Bundes (vgl. dazu oben N 17 ff.) – *kantonales Zivilrecht* im eigentlichen, *materiellen Sinne* vor (vgl. dazu nachfolgend N 41 ff.). Er bildet damit das *Gegenstück zu*

Art. 6 Abs. 1 ZGB, welcher das Verhältnis des Bundeszivilrechts zum kantonalen öffentlichen Recht behandelt (vgl. dazu N 45 ff.).

Im Unterschied zu Art. 6 Abs. 1 ZGB enthält Art. 5 Abs. 1 ZGB *keinen allgemeinen, unmittelbar anwendbaren Vorbehalt* zugunsten des kantonalen Rechts. Vielmehr bildet Art. 5 Abs. 1 ZGB lediglich in dem Sinne die Grundlage für vorbehaltenes kantonales Zivilrecht, als er festhält, dass solches Recht nur gestützt auf *besondere Vorbehalte* zulässig ist, welche im gesamten Bundeszivilrecht vorkommen können (vgl. dazu den Überblick nachfolgend N 161 ff.). Der mögliche Inhalt und die Schranken des kantonalen Zivilrechts können daher im Prinzip nicht allgemein umschrieben werden, sondern müssen *im einzelnen Fall* aufgrund des betreffenden Vorbehaltes ermittelt werden (vgl. dazu auch nachfolgend N 34 ff., 66 ff.). Immerhin ergeben sich in inhaltlicher und formeller Hinsicht auch gewisse *allgemeine Schranken* für die Zulässigkeit von kantonalem Zivilrecht (vgl. dazu nachfolgend N 119 ff.) 23

Ein weiterer Unterschied zum (unechten) Vorbehalt von Art. 6 Abs. 1 ZGB besteht darin, dass es sich bei den in Art. 5 Abs. 1 ZGB vorgesehenen Einzelvorbehalten um *echte Vorbehalte* zugunsten des kantonalen Rechts handelt. Zwar besteht auf dem Gebiet des Privatrechts – wie erwähnt – keine ausschliessliche, sondern lediglich eine konkurrierende Gesetzgebungskompetenz des Bundes. Da der Bund von dieser Kompetenz in umfassender und grundsätzlich abschliessender Weise Gebrauch gemacht hat, ist kantonales Zivilrecht trotzdem nur noch insoweit zulässig, als das Bundesrecht dies ausdrücklich oder sinngemäss vorsieht. Den Vorbehalten zugunsten des kantonalen Zivilrechts kommt daher *konstitutive Bedeutung* zu (vgl. dazu oben N 17 ff. und unten N 30 f.). Die Befugnis der Kantone zum Erlass von öffentlichem Recht wird dagegen durch das Bundeszivilrecht grundsätzlich nicht tangiert und steht den Kantonen bereits aufgrund der bundesstaatlichen Kompetenzausscheidung zu. Art. 6 Abs. 1 ZGB enthält daher nach allgemeiner Auffassung im Prinzip einen *unechten*, lediglich *deklaratorisch wirkenden Vorbehalt* zugunsten des kantonalen Rechts (vgl. dazu Art. 6 N 21 ff.). 24

3. Gebot zur Harmonisierung des kantonalen Zivilrechts mit dem Bundeszivilrecht und dem übrigen Recht

Das in Art. 5 Abs. 1 ZGB vorbehaltene kantonale Zivilrecht bildet – auch wenn es aufgrund besonderer bundesrechtlicher Vorbehalte nur in einzelnen Bereichen zulässig ist – eine *Teilrechtsordnung* innerhalb des schweizerischen Privatrechts (vgl. dazu und zum Umfang dieser Teilrechtsordnung nachfolgend N 29 ff. und N 161 ff.). Die Rechtsordnung aber muss insbesondere in einem Rechtsstaat als 25

Art. 5

Einheit betrachtet werden und der Anforderung der Widerspruchsfreiheit genügen (vgl. dazu auch eingehend Art. 6 N 52 ff.). Lehre und Rechtsprechung leiten daher – wie im Falle des Verhältnisses von Bundeszivilrecht und kantonalem öffentlichem Recht – zu Recht auch für das Verhältnis von Bundeszivilrecht und kantonalem Zivilrecht ein Gebot zur *Harmonisierung* dieser beiden *Teilrechtsordnungen* ab (vgl. dazu insbesondere DESCHENAUX 45 und LIVER N 50 ff.).

26   Anders als im Falle des kantonalen öffentlichen Rechts besteht freilich zwischen dem Bundeszivilrecht und dem kantonalen Zivilrecht *keine* grundsätzliche *Unabhängigkeit*. Das kantonale Zivilrecht bildet vielmehr als Ausnahme vom Kodifikationsprinzip einen Bestandteil der Zivilrechtsordnung, welcher in diese integriert werden muss. Hieraus ergibt sich eine *enge Bindung* des *kantonalen Zivilrechts* an das *Bundeszivilrecht*. Verneinte man dies, würden Sinn und Zweck der Gesamtkodifikation (klare und grundsätzlich einheitliche Rechtsordnung) vereitelt. Lehre und Rechtsprechung haben daher aus der engen Bindung des kantonalen Zivilrechts an das Bundeszivilrecht zu Recht abgeleitet, dass die Kantone auch dort, wo ihnen ein ganzes Teilrechtsgebiet zur Legiferierung zugewiesen wird, nur insoweit *vom Bundeszivilrecht abweichen* dürfen, als dies *nach Massgabe der Besonderheit* der betreffenden Materie *erforderlich* ist (vgl. dazu eingehend nachfolgend N 146 ff.). Anders war die Rechtslage vor 1912, als lediglich Teilgebiete des Privatrechts vereinheitlicht waren und daher den Vorbehalten zugunsten des kantonalen Zivilrechts eine umfassendere Tragweite zuerkannt werden konnte bzw. musste (vgl. dazu EGGER, Art. 5 N 4, 13 mit Hinweisen und Beispielen).

27   Abgesehen von dieser Einschränkung sind die Kantone jedoch innerhalb des *bundesrechtlichen Rahmens* in der Ausgestaltung des ihnen vorbehaltenen Zivilrechts *grundsätzlich frei*. Freilich haben sie auch insoweit *Sinn und Geist des Bundeszivilrechts*, insbesondere dessen ethische und rechtspolitische Zielsetzungen, zu beachten. Dies bietet jedoch – anders als beim kantonalen öffentlichen Recht – kaum grosse Probleme, da kantonales Zivilrecht ohnehin nur in dem meist eng begrenzten Rahmen der bundeszivilrechtlichen Vorbehalte zulässig ist und damit nicht grundsätzlich andere Zwecke verfolgt werden können (vgl. dazu auch DESCHENAUX 45, LIVER N 50 und nachfolgend N 134 ff.; zur entsprechenden Anforderung an das kantonale öffentliche Recht vgl. Art. 6 N 330 ff.). Im übrigen ist auch das kantonale Zivilrecht durch die verfassungsmässigen Rechte und Grundsätze beschränkt, welche sich aus der Bundesverfassung oder aus der betreffenden Kantonsverfassung ergeben. Der *Verfassungsbindung des kantonalen Zivilrechts* kann insbesondere in denjenigen Gebieten Bedeutung zukommen, in welchen den Kantonen ein ganzes Teilgebiet ohne nähere inhaltliche Vorgaben zur Regelung zugewiesen wird (vgl. dazu nachfolgend N 141 f.).

Schliesslich stellt sich auch die Frage nach dem Verhältnis des kantonalen 28
Zivilrechts zum *öffentlichen Recht* des Bundes und der Kantone. Grundsätzlich
kann davon ausgegangen werden, dass die Koordination zwischen dem Zivilrecht und dem *öffentlichen Recht des Bundes* auf der Ebene der Bundesgesetzgebung erfolgt und hierbei auch das den Kantonen vorbehaltene Zivilrecht berücksichtigt worden ist. Allerdings wird der kantonale Gesetzgeber beim Erlass
von privatrechtlichen Vorschriften das öffentliche Recht des Bundes im Auge
behalten müssen, um nicht aufeinander abgestimmte Regelungen zu vermeiden.
Im Verhältnis zum *kantonalen öffentlichen Recht* ergeben sich angesichts der engen
Bindung des kantonalen Zivilrechts an das Bundeszivilrecht die wesentlichen
Abgrenzungen zwischen Privatrecht und öffentlichem Recht aus den zu Art. 6
Abs. 1 ZGB entwickelten Regeln. Lediglich in Bereichen, in welchen für das
kantonale Zivilrecht vom Bundeszivilrecht her keine inhaltlichen Vorgaben bestehen, müssen das kantonale Zivilrecht und das kantonale öffentliche Recht durch
den kantonalen Gesetzgeber koordiniert werden. Ergeben sich im Anwendungsfall Probleme, ist den zugrundeliegenden Regelungs- und Wertungsantinomien
sowohl im Verhältnis zum öffentlichen Recht des Bundes als auch zum kantonalem öffentlichen Recht durch eine *harmonisierende Rechtsauslegung und -anwendung* Rechnung zu tragen (vgl. dazu eingehend nachfolgend N 137 ff.).

II. Die Vorbehalte zugunsten von kantonalem Zivilrecht

1. Begriff, Form und Rechtsnatur der Vorbehalte gemäss Art. 5 Abs. 1 ZGB

a) Allgemeine Begriffsumschreibung

Bei den Vorbehalten zugunsten von kantonalem Zivilrecht im Sinne von Art. 5 29
Abs. 1 ZGB handelt es sich um *bundesrechtliche Einzelermächtigungen* an die
Kantone zur Schaffung von *materiellem kantonalem Privatrecht* im Sinne von
echtem privatrechtlichem Verhaltensrecht.

b) Ermächtigung zur Rechtsetzung

aa) Echter Vorbehalt

Festzuhalten ist zunächst, dass es sich bei diesen Vorbehalten um eine *Ermächti-* 30
gung der Kantone zur Schaffung von kantonalem Privatrecht im Sinne einer

Art. 5

Gesetzesdelegation des Bundes an die Kantone handelt (vgl. dazu auch HÄFELIN/ HALLER Rz 349 ff., AUBERT Nr. 708 ff. [inkl. Nachtrag] und SALADIN, Komm. BV, Art. 3 N 152 ff., je mit weiteren Hinweisen; zur Zulässigkeit solcher Delegationen auch oben N 14). Grundsätzlich hat der Bund die ihm zustehende Privatrechtskompetenz umfassend und abschliessend ausgeschöpft *(Kodifikationsprinzip;* vgl. dazu auch oben N 17 ff.). Obwohl Art. 64 Abs. 1 und 2 BV keine ausschliessliche, sondern lediglich eine *konkurrierende Gesetzgebungskompetenz* enthält (vgl. dazu VB N 264), können die Kantone daher aufgrund des Vorrangs des Bundesrechts grundsätzlich kein Zivilrecht mehr erlassen. Art. 5 Abs. 1 ZGB sieht jedoch in allgemeiner Weise vor, dass die Kantone gestützt auf eine entsprechende bundesrechtliche Ermächtigung kantonales Zivilrecht schaffen können («soweit das Bundesrecht die Geltung kantonalen Rechtes vorbehält ...»).

31 Es handelt sich daher – anders als bei den Vorbehalten zugunsten von kantonalem öffentlichem Recht (vgl. dazu auch nachfolgend N 45 ff.) – um *echte Vorbehalte* zugunsten von kantonalem Recht, welche andernfalls nicht bzw. nicht mehr bestehende Kompetenzen der Kantone begründen und daher nicht nur von deklaratorischer, sondern von *konstitutiver Bedeutung* sind. Zu Recht weist KNAPP, Komm. BV, Art. 64 N 28, darauf hin, dass es bei der gegebenen Rechtslage letztlich keine Rolle spielt, ob man von verbleibenden originären oder von delegierten Rechtsetzungsbefugnissen der Kantone ausgehe (im gleichen Sinn auch AUBERT Nr. 721; vgl. im übrigen auch CARONI 223, RIEMER § 7 N 1, JAGMETTI 249, LIVER N 12 ff.; zur Unterscheidung von echten und unechten Vorbehalten auch Art. 6 N 23 ff.).

bb) Rechtsetzungsvorbehalt

32 Durch die Formulierung, dass die Kantone im Rahmen der Vorbehalte nach Art. 5 Abs. 1 ZGB befugt seien, *«zivilrechtliche Bestimmungen aufzustellen oder aufzuheben»,* wird sodann klargestellt, dass die Kantone im Rahmen solcher Vorbehalte nicht nur – was Art. 5 Abs. 1 ZGB nicht ausdrücklich erwähnt (vgl. dazu auch unten N 95) – ihr bisheriges Zivilrecht weiter gelten lassen, sondern – sowohl beim Inkrafttreten des Zivilgesetzbuches als auch später – entsprechende kantonale Bestimmungen ändern oder aufheben und natürlich auch neue privatrechtliche Vorschriften schaffen können (vgl. dazu auch DESCHENAUX 44 und JAGMETTI 245 f. mit Hinweisen; zur Frage der Schaffung von vorbehaltenem kantonalem Zivilrecht durch blosses Gewohnheits- und Richterrecht vgl. nachfolgend N 111 ff.). Insoweit wird den Kantonen *im Rahmen* der entsprechenden *Vorbehalte* (vgl. dazu nachfolgend N 66 ff.) und der allgemeinen, sich aus dem *Harmonisierungsgebot* ergebenden Anforderungen (vgl. dazu nachfolgend N 134 ff.) eine *zeitlich* und *inhaltlich unbeschränkte Kompetenz* zur Rechtsetzung

Art. 5

eingeräumt (vgl. demgegenüber zu den übergangsrechtlichen Vorbehalten nachfolgend N 53 ff.).

Im Gegensatz zum Vorbehalt des bisherigen kantonalen Rechts gemäss Art. 5 Abs. 2 ZGB, welcher lediglich als gesetzliche, aber widerlegbare Vermutung festhält, dass das bisherige kantonale Recht im Sinne einer Tatsachenfeststellung die Ortsübung umschreibe (vgl. dazu nachfolgend N 209 ff.), handelt es sich bei Art. 5 Abs. 1 ZGB um den Vorbehalt echter *Rechtsetzungskompetenzen* der Kantone. Anders als im Falle der an die Kantone delegierten Befugnis zur Allgemeinverbindlicherklärung von Kollektivverträgen handelt es sich sodann nicht nur um mittelbare Rechtsetzungskompetenzen, da die Kantone im erwähnten Rahmen den Inhalt des von ihnen geschaffenen Rechts selber bestimmen können (vgl. dazu nachfolgend N 63 ff.). Im Unterschied zu den sog. verpflichtenden Vorbehalten zugunsten des Erlasses der nötigen Organisations- und Verfahrensvorschriften, die den öffentlich-rechtlichen Vorbehalten zuzuordnen sind (vgl. dazu N 49 ff.), kommt den Vorbehalten nach Art. 5 Abs. 1 ZGB ferner grundsätzlich der Charakter einer blossen *Ermächtigung*, nicht einer Verpflichtung zur Gesetzgebung zu, was nicht mit der Unterscheidung von ermächtigenden und zuteilenden Vorbehalten zu verwechseln ist (vgl. dazu und zu einzelnen ausnahmsweise verpflichtenden Vorbehalten zugunsten der Schaffung von kantonalem Zivilrecht nachfolgend N 86).

33

c) System von Einzelermächtigungen

Im Unterschied zum Vorbehalt von Art. 6 Abs. 1 ZGB enthält Art. 5 Abs. 1 ZGB *keine unmittelbar anwendbare, allgemeine Umschreibung* der Zulässigkeit von kantonalem Privatrecht, sondern behält lediglich für einzelne Fragen oder Teilgebiete eine Rechtsetzungsermächtigung zugunsten der Kantone vor, welche sich aus den in der betreffenden Sache massgebenden bundesrechtlichen Vorschriften ergeben muss *(System der Einzelermächtigung;* vgl. dazu auch oben N 23).

34

Wie schon aus dem Wortlaut von Art. 5 Abs. 1 ZGB hervorgeht, kommen hierbei nicht nur das Zivilgesetzbuch und das Obligationenrecht, sondern grundsätzlich das *gesamte Bundesrecht*, auch das Bundesverfassungsrecht, in Betracht. Auf der Stufe der Bundesgesetzgebung finden sich solche Vorbehalte vor allem im Zivilgesetzbuch und im Obligationenrecht sowie in den dazugehörenden Ergänzungserlassen, nicht aber im Immaterialgüter-, Datenschutz- und Wettbewerbsrecht (vgl. dazu LIVER N 34 und insbesondere den Überblick unten N 161 ff.). *Ausgeschlossen* erscheint grundsätzlich lediglich eine Ermächtigung auf blosser *Verordnungsstufe*, da auch für Gesetzesdelegationen an die Kantone das Legalitätsprinzip gelten sollte (vgl. dazu SALADIN, Komm. BV, Art. 3 N 160 mit Hinweisen

35

Art. 5

auch auf abweichende Auffassungen; weniger streng insbesondere AUBERT Nr. 708). In der Praxis kommen jedoch solche Ermächtigungen durch bundesrätliche Verordnungen vor. Sie dürfen aber jedenfalls nicht gegen übergeordnetes Bundesrecht verstossen (vgl. BGE 121 III 97 ff.: Unvereinbarkeit der Ermächtigungsnorm von Art. 20 Abs. 2 der Grundbuchverordnung vom 22. Februar 1910 [GBV, SR 211.432.1] mit Art. 963 Abs. 1 ZGB).

36 Die Ermächtigung kann sich im übrigen aus der Bundesgesetzgebung *ausdrücklich* oder *dem Sinn nach*, insbesondere aus dem Zweck einer Vorschrift oder aus ihrem Zusammenhang mit einem anderen, dem kantonalen Recht vorbehaltenen Institut, ergeben. Angesichts des Kodifikationsprinzips ist jedoch hinsichtlich der Annahme stillschweigender Vorbehalte grosse Zurückhaltung zu üben (vgl. dazu BGE 119 Ia 61, DESCHENAUX 43, JAGMETTI 251, PIOTET Rz 4 f., EGGER, Art. 5 N 7 und LIVER N 34, je mit weiteren Hinweisen; vgl. für aus der *Bundesverfassung* abgeleitete *stillschweigende* bzw. *sinngemässe Vorbehalte* zugunsten von kantonalem Zivilrecht insbesondere nachfolgend N 162 ff., für die zivilrechtliche Regelung von *Regalrechten* SALADIN, Komm. BV, Art. 2 ÜB N 36 FN 38, MEIER-HAYOZ, BE-Komm., Art. 655 ZGB N 56 f. und PIOTET Rz 292, 400, 583, 603, für die Regelung der *Rechtsverhältnisse* an *Grenzvorrichtungen* nachfolgend N 173, je mit weiteren Hinweisen). Bereits aufgrund des Wortlauts von Art. 5 Abs. 1 ZGB ausgeschlossen erscheint die Begründung einer Ermächtigung zugunsten des kantonalen Rechts durch blosses *Gewohnheitsrecht* oder die *Gerichtspraxis* (vgl. dazu auch DESCHENAUX 43).

37 Aus der betreffenden Vorschrift bzw. deren Auslegung muss sich sodann klar ergeben, dass eine Ermächtigung für die Schaffung von kantonalem *Zivilrecht* gemeint ist. Ein allgemeiner Vorbehalt der «Schranken der Rechtsordnung» (vgl. z.B. Art. 641 ZGB) genügt daher nicht. Werden generell das «kantonale Recht» (vgl. z.B. Art. 664 ZGB) oder «kantonale Bestimmungen» (vgl. z.B. Art. 257e OR) vorbehalten, muss durch Auslegung ermittelt werden, ob damit auch kantonales Zivilrecht gemeint sei (vgl. dazu EGGER, Art. 5 N 7 und nachfolgend N 46 ff.).

38 Zum Teil bestehen für das gleiche Gebiet *allgemeine* und *besondere Vorbehalte* (vgl. z.B. Art. 686 Abs. 2 ZGB: allgemeiner Vorbehalt zugunsten privatrechtlicher Bauvorschriften; Art. 695 ZGB: Vorbehalt näherer Vorschriften über Zutrittsrechte für die Vornahme von Ausbesserungen und Bauten). In diesen Fällen wird sich nach den allgemeinen Auslegungsregeln meist ergeben, dass das kantonale Recht den Rahmen des besonderen Vorbehaltes einhalten muss (vgl. BGE 104 II 168 f. und dazu auch SCHNYDER, Hammerschlagsrecht, 265 ff.).

d) Ermächtigung der Kantone

Die bundesrechtliche Ermächtigung bzw. Gesetzesdelegation geht – entsprechend dem *föderativen Staatsaufbau* – regelmässig an die *Kantone*, nicht an untergeordnete Körperschaften (vgl. zum grundsätzlich «mediatisierten» Verhältnis des Bundes zu den Gemeinden SALADIN, Komm. BV, Art. 3 N 256 ff. mit weiteren Hinweisen). Eine Ausnahme bildet der gemischte Vorbehalt von *Art. 13 Abs. 2 BewG* (vgl. dazu auch nachfolgend N 46), welcher neben den Kantonen auch die Gemeinden ermächtigt, von sich aus weitergehende Beschränkungen für den Erwerb von Ferienwohnungen und Wohneinheiten in Apparthotels durch Ausländer einzuführen (vgl. dazu kritisch AUBERT Nr. 708 [Nachtrag] sowie die weiteren Hinweise nachfolgend N 187 und Art. 6 N 221).

39

Obwohl damit eine weitergehende Rechtszersplitterung in Kauf genommen wird, steht es den *Kantonen* grundsätzlich frei, die *Rechtsetzungsbefugnis* im Rahmen der Vorbehalte von Art. 5 Abs. 1 ZGB an untergeordnete Körperschaften, insbesondere an die Gemeinden, zu *delegieren* oder hiefür ihrerseits auf *Übung und Ortsgebrauch* zu *verweisen* (vgl. dazu nachfolgend N 110, 115).

40

e) Ermächtigung zur Schaffung von kantonalem Zivilrecht

Ermächtigungen im Sinne von Art. 5 Abs. 1 ZGB beziehen sich – wie bereits erwähnt – auf die Schaffung von *materiellem kantonalem Zivilrecht* im Sinne von privatrechtlichem Verhaltensrecht (vgl. zum Privatrechtsbegriff allgemein VB N 23 ff., 80 ff.; zur Abgrenzung gegenüber dem kantonalen öffentlichen Recht Art. 6 N 124 ff.; zum – nicht einheitlichen – Begriff des kantonalen Zivilrechts nachfolgend N 88 ff.). Sie umfassen auch die Befugnis zur Schaffung der erforderlichen *intertemporalen Kollisionsregeln*, nicht aber zur Regelung der entsprechenden Rechtsanwendungsfragen im interkantonalen und internationalen Verhältnis, welche sich grundsätzlich aus dem Bundesrecht ergibt (vgl. dazu VB N 9, 10 ff.; vgl. für das interkantonale Kollisionsrecht im Bereich des Nachbarrechts freilich auch die Hinweise bei PIOTET Rz 21 FN 98). Art. 5 Abs. 1 ZGB bildet daher einen sog. *privatrechtlichen Vorbehalt* zugunsten des kantonalen Rechts (vgl. JAGMETTI 249 und KLEY-STRULLER 36) und bildet insoweit das *Gegenstück zu Art. 6 Abs. 1 ZGB*, welcher sich zum Verhältnis von Bundeszivilrecht und kantonalem öffentlichem Recht äussert (vgl. dazu auch nachfolgend N 45 ff.).

41

Im Unterschied zum Vorbehalt von Art. 6 Abs. 1 ZGB, welcher grundsätzlich nur die Schaffung von kantonalem öffentlichem Recht betrifft, ist im Rahmen der Vorbehalte von Art. 5 Abs. 1 ZGB freilich auch die Bildung von *öffentlichem Recht* möglich. Dies ergibt sich allerdings nicht aus Art. 5 Abs. 1 ZGB,

42

Art. 5

sondern aus dem umfassenden Vorbehalt zugunsten der Schaffung von kantonalem öffentlichem Recht in Art. 6 Abs. 1 ZGB, welcher nach Lehre und Rechtsprechung grundsätzlich nur durch eine abschliessende Regelung des Bundeszivilrechts oder öffentlich-rechtliches Bundesrecht beschränkt wird (vgl. dazu auch Art. 6 N 21 ff., insbesondere 40 ff., 43 ff.).

43   Da Art. 5 Abs. 1 ZGB im Prinzip aber Vorbehalte zugunsten von echtem kantonalem Zivilrecht im Auge hat, sind entsprechende Vorbehalte auch von den *verpflichtenden Vorbehalten* zur Schaffung der für die Ausführung des Bundeszivilrechts erforderlichen kantonalen *Organisations- und Verfahrensbestimmungen* abzugrenzen, welche dem öffentlichen Recht zuzuordnen sind (vgl. dazu nachfolgend N 49 ff.).

2. Abgrenzung gegenüber anderen Vorbehalten zugunsten von kantonalem Recht

a) Allgemeines

44   Art. 5 Abs. 1 ZGB behält – wie erwähnt – bundesrechtliche *Einzelermächtigungen* zugunsten der Kantone zur Schaffung von *materiellem kantonalem Zivilrecht* für einzelne Fragen und Teilgebiete vor. Da die Bedeutung und Tragweite der Vorbehalte zugunsten von kantonalem Recht nicht immer ohne weiteres klar ist, erscheint es erforderlich, die Vorbehalte gemäss Art. 5 Abs. 1 ZGB von andern Vorbehalten zugunsten des kantonalen Rechts und ähnlichen Ermächtigungen *abzugrenzen* und zugleich die *Bedeutung* der *Unterscheidung* aufzuzeigen.

b) Vorbehalte zugunsten von kantonalem öffentlichem Recht

45   Während Vorbehalte zugunsten von kantonalem Zivilrecht gemäss Art. 5 Abs. 1 ZGB in dem Sinne echte Vorbehalte sind, dass ohne eine entsprechende Ermächtigung in der betreffenden Frage kein kantonales Zivilrecht geschaffen werden kann (vgl. dazu oben N 30 f.), ist der in Art. 6 Abs. 1 ZGB enthaltene allgemeine Vorbehalt zugunsten des kantonalen öffentlichen Rechts in dem Sinne ein *unechter Vorbehalt*, als die öffentlich-rechtlichen Gesetzgebungsbefugnisse der Kantone aufgrund der bundesstaatlichen Kompetenzausscheidung grundsätzlich ohnehin vorbehalten bleiben (vgl. dazu und zu den Einschränkungen Art. 6 N 21 ff.). Kantonales Zivilrecht muss sich daher im Prinzip auf einen ausdrücklichen Vorbehalt im Bundesrecht abstützen können (vgl. dazu und zu den Ausnahmen oben N 36), während kantonales öffentliches Recht grundsätzlich *auch ohne besonde-*

ren Vorbehalt zulässig ist. Aus dem gleichen Grund kann ein Kanton selbst in jenen Bereichen öffentlich-rechtliche Vorschriften erlassen, in welchen ein Vorbehalt zugunsten des kantonalen Privatrechts besteht, während umgekehrt auch ein ausdrücklicher Vorbehalt zugunsten des kantonalen öffentlichen Rechts in einer bestimmten Frage *grundsätzlich nicht die Befugnis* umfasst, eine *kantonale zivilrechtliche Regelung* zu treffen (vgl. dazu DESCHENAUX 42, JAGMETTI 247 f., HUBER N 104 und oben N 42 sowie Art. 6 N 36; zur – teilweise umstrittenen – Frage der Verwendung zivilrechtlicher Mittel durch das kantonale öffentliche Recht nachfolgend N 164 und Art. 6 N 205 ff.).

Aus den erwähnten Gründen muss im konkreten Fall, wenn in der betreffenden Frage ein *besonderer Vorbehalt* zugunsten des *kantonalen Rechts* besteht, im Hinblick auf die Zulässigkeit von kantonalem Privatrecht stets beurteilt werden, ob es sich nur um einen *öffentlich-rechtlichen* oder auch um einen *privatrechtlichen Vorbehalt* handle (zur Bedeutung besonderer öffentlich-rechtlicher Vorbehalte vgl. Art. 6 N 26 ff., 34 ff.). Diese Frage wird durch den Gesetzeswortlaut zum Teil ausdrücklich beantwortet (vgl. z.B. Art. 73 Abs. 2 OR: Vorbehalt zugunsten des öffentlichen Rechts; Marginale zu Art. 702 ZGB: Öffentlich-rechtliche Beschränkungen). In anderen Fällen werden allgemein «die kantonale Gesetzgebung», «kantonales Recht» oder «kantonale Bestimmungen» vorbehalten. Soweit sich ein solcher allgemeiner Vorbehalt in einem Erlass des Bundeszivilrechts findet und die Auslegung, insbesondere die Umschreibung der vorbehaltenen Frage, nichts anderes ergibt, ist in solchen Fällen aufgrund von Wortlaut und systematischer Stellung des Vorbehaltes davon auszugehen, dass sowohl kantonales öffentliches Recht als auch kantonales Zivilrecht vorbehalten werden (*doppelter Vorbehalt*; vgl. zum Beispiel nachfolgend N 179, 196 und 204 zu Art. 795 Abs. 2 ZGB, Art. 257e Abs. 4 OR und Art. 418 OR). Zum Teil ergibt sich aus der Umschreibung der vorbehaltenen Fragen, welche Teile eines Vorbehalts öffentlich- bzw. privatrechtlicher Natur sind *(gemischter Vorbehalt*; vgl. z.B. nachfolgend N 187 und Art. 6 N 73 zu Art. 13 BewG). 46

Umstritten ist insbesondere die Zuordnung einzelner Vorbehalte zugunsten des kantonalen Rechts im *Sachenrecht* (vgl. dazu im einzelnen nachfolgend N 172 ff.). Zu erwähnen ist zum Beispiel *Art. 664 ZGB*, welcher heute weitgehend (aber nicht ausschliesslich) als öffentlich-rechtlicher Vorbehalt verstanden wird (vgl. dazu nachfolgend N 172; für ausschliesslich öffentlich-rechtliche Natur offenbar DESCHENAUX 40 FN 4 und LIVER N 14 f. mit weiteren Hinweisen; vgl. allerdings auch DESCHENAUX 23 FN 39). *Art. 686 ZGB* dagegen gilt nach heutiger Auffassung als privatrechtlicher Vorbehalt, zumal für öffentlich-rechtliche Regelungen ein weitergehender Vorbehalt in Art. 702 ZGB besteht (vgl. dazu BGE 56 II 22, JAGMETTI 248, LIVER N 14 mit Hinweisen und nachfolgend N 174; a.M. offenbar noch DESCHENAUX 22 f.). 47

Art. 5

48 Sowohl ein öffentlich-rechtlicher als auch ein privatrechtlicher Vorbehalt zugunsten des kantonalen Rechts liegt sodann vor, wenn die Kantone den *Anwendungsbereich* eines *gemischten*, privat- und öffentlich-rechtliche Normen enthaltenden *Gesetzes* einschränken oder ausdehnen können (vgl. z.B. nachfolgend N 186 und 199 zum bäuerlichen Bodenrecht und zum landwirtschaftlichen Pachtrecht). In gewissen Fällen kann ein *öffentlich-rechtlicher Vorbehalt* auch einen *stillschweigenden privatrechtlichen Vorbehalt* (zumindest für gewisse Teilgebiete) enthalten (vgl. zum Vorbehalt des kantonalen Organisations- und Verfahrensrechts in Art. 64 Abs. 3 BV DESCHENAUX 42 f. und nachfolgend N 162 f.; vgl. zur erforderlichen Zurückhaltung bei der Annahme von stillschweigenden Vorbehalten aber auch oben N 36).

c) Vorbehalte zugunsten von kantonalem Organisations- und Verfahrensrecht

49 Einen besonderen Fall eines – ebenfalls unechten – Vorbehaltes zugunsten von kantonalem öffentlichem Recht bildet der *Vorbehalt des kantonalen Organisations- und Verfahrensrechts* im Bereich des Bundeszivilrechts, wie er sich in *allgemeiner Form* bereits aus der bundesstaatlichen Kompetenzausscheidung von *Art. 64 Abs. 3 BV* ergibt. Obwohl das Organisations- und Verfahrensrecht der Anwendung und Durchsetzung des Bundeszivilrechts dient, handelt es sich nach herrschender Auffassung um öffentliches Recht (vgl. dazu VB N 156 ff.). Bei der Prüfung der Zulässigkeit von kantonalem Organisations- und Verfahrensrecht ist – unabhängig von der (umstrittenen) Frage, ob Art. 6 Abs. 1 ZGB zur Anwendung gelange – die dienende Rolle dieser Vorschriften besonders zu beachten (vgl. dazu Art. 6 N 160 ff.).

50 Überdies ist zu berücksichtigen, dass der Bundesgesetzgeber nach allgemeiner Auffassung befugt ist, im Rahmen des Bundeszivilrechts den Kantonen diejenigen *Auflagen* in *organisatorischer und verfahrensrechtlicher Hinsicht* zu machen, welche für einen wirksamen Vollzug und eine einheitliche Anwendung des Bundeszivilrechts notwendig sind (vgl. dazu VB N 103 ff.). Diese Auflagen sind gemeint, wenn die Kantone in *Art. 52 Abs. 1 SchlT* verpflichtet werden, die zur Ergänzung des Zivilgesetzbuches vorgesehenen Anordnungen, wie namentlich in bezug auf die Zuständigkeit der Behörden und die Einrichtung der Zivilstands-, Vormundschafts- und Grundbuchämter, zu treffen (vgl. dazu Näheres bei Art. 6 N 110 ff. und insbesondere vorne bei SCHNYDER, Allg. Einl. N 267 ff.).

51 Entsprechende Vorschriften bilden *verpflichtende*, aber *unechte Vorbehalte* zugunsten der *Schaffung von kantonalem Organisations- und Verfahrensrecht* (vgl. dazu insbesondere TUOR/SCHNYDER/SCHMID 28 f., RIEMER § 7 N 4, DESCHENAUX

Art. 5

20, 40 FN 7, JAGMETTI 248 und LIVER N 11, 37, je mit weiteren Hinweisen; kritisch zum Begriff des verpflichtenden Vorbehalts mit einem gewissen Recht LIVER N 17; vgl. zu vereinzelten verpflichtenden Vorbehalten zugunsten der Schaffung von materiellem kantonalem Privatrecht auch nachfolgend N 86). Auch im Bereich des von den Kantonen obligatorisch zu schaffenden Organisations- und Verfahrensrechts bestehen im übrigen zum Teil *Vorbehalte*, welche die Kantone *ermächtigen*, von der vorgesehenen Bundesregelung *abzuweichen* oder diese *zu ergänzen* (vgl. insbesondere für die Organisation der Vormundschaftsbehörden die Hinweise bei JAGMETTI 274 f., für die Erbteilung und die Sicherungsmassregeln im Erbschaftswesen die Hinweise bei JAGMETTI 284 ff., 289 ff. und neuerdings für die Veröffentlichung von Eigentumsübertragungen im Grundbuch Art. 970a Abs. 3 ZGB und dazu TUOR/SCHNYDER/SCHMID 645).

Im Unterschied zum echten Vorbehalt von Art. 5 Abs. 1 ZGB werden die Kantone durch ermächtigende oder verpflichtende Vorbehalte zugunsten der Schaffung von kantonalem Organisations- und Verfahrensrecht *nicht* ermächtigt, *kantonales Zivilrecht* zu erlassen (vgl. in diesem Sinne bereits EGGER, Art. 5 N 10). Vielmehr handelt es sich um *kantonales öffentliches Recht* (Organisations- bzw. Verfahrensrecht). Selbst wenn die entsprechenden Vorschriften in kantonalen Privatrechtserlassen integriert sind, kann höchstens von *formellem kantonalem Zivilrecht* gesprochen werden (vgl. dazu RIEMER § 7 N 4, JAGMETTI 245, LIVER N 17, SCHNYDER, Formelles Bundeszivilrecht, 122 und unten N 92; zur ähnlichen Erscheinung im Bundeszivilrecht VB N 94 ff., insbesondere 96; zur Abgrenzung von kantonalen Einführungserlassen und Prozessgesetzen nachfolgend N 108). Wo allerdings *inhaltliches* und *verfahrensrechtliches Bundeszivilrecht stark ineinandergreifen*, wie dies insbesondere im Familien- und Vormundschaftsrecht der Fall ist (vgl. dazu auch VB N 94, 103), lassen sich Vorbehalte zugunsten von kantonalem Zivilrecht im Sinne von Art. 5 Abs. 1 ZGB und Vorbehalte zugunsten des kantonalen Organisations- und Verfahrensrechts oft nicht leicht auseinanderhalten (vgl. dazu auch JAGMETTI 273 und nachfolgend N 169). Aus diesem Grund finden sich in der Übersicht über das vorbehaltene kantonale Privatrecht (nachfolgend N 161 ff.) jeweils auch Hinweise zum vorbehaltenen kantonalen Organisations- und Verfahrensrecht.

52

d) Übergangsrechtliche Vorbehalte

Keine Vorbehalte im Sinne von Art. 5 Abs. 1 ZGB sind auch die sog. *übergangsrechtlichen Vorbehalte*. Diese sehen als *intertemporales Recht* für *Rechtsverhältnisse*, welche unter dem *früheren kantonalen Recht entstanden*, heute aber grundsätzlich durch Bundeszivilrecht geregelt sind, und für *bisherige kantonale*

53

Art. 5

Einrichtungen, die nicht sofort in entsprechende bundesrechtliche Einrichtungen überführt werden können, eine befristete oder unbefristete *Weitergeltung des früheren kantonalen Rechts* vor. Der Grund für solche Vorbehalte liegt im Schutz bereits getroffener privater Rechtsdispositionen bzw. in den praktischen und rechtlichen Schwierigkeiten, welche mit einer sofortigen Übernahme des neuen Bundesrechts verbunden wären. Der Unterschied zu den Vorbehalten nach Art. 5 Abs. 1 ZGB besteht nicht nur darin, dass die *Weitergeltung des kantonalen Rechts* meist nur für bestimmte *altrechtlich begründete Sachverhalte* und *bisherige Einrichtungen* und oft nur für eine *bestimmte Frist* gilt, sondern insbesondere auch darin, dass die Kantone in diesen Bereichen ihr *bisheriges Recht* grundsätzlich *nicht ändern* und *keine neuen Vorschriften* erlassen können (vgl. demgegenüber für die Vorbehalte nach Art. 5 Abs. 1 ZGB oben N 32 f.). In gewissen Fällen werden die Kantone allerdings ermächtigt, eigenes inhaltliches oder verfahrensrechtliches *Übergangsrecht* zu schaffen, um eine schrittweise Anpassung an das neue Bundesrecht zu ermöglichen (vgl. dazu TUOR/SCHNYDER/SCHMID 28, CARONI 225 f., RIEMER § 7 N 9, DESCHENAUX 40 FN 7, JAGMETTI 246, BROGGINI 427 f., PIOTET Rz 11, 503 ff., LIVER N 25 f. und bereits EGGER, Art. 5 N 10, je mit weiteren Hinweisen).

54   Solche übergangsrechtliche Vorbehalte bestehen insbesondere auf dem Gebiet des *Sachenrechts*, wo sie zu einem grossen Teil heute noch relevant sind. Zu erwähnen sind insbesondere folgende Beispiele:

55   – Art. 20 SchlT: Fortgeltung der bestehenden *Eigentumsrechte an Bäumen auf fremdem Boden*, soweit diese durch die Kantone nicht beschränkt oder aufgehoben worden sind (vgl. dazu TUOR/SCHNYDER/SCHMID 697, 702, BROGGINI 482 f., 485, PIOTET Rz 507 ff. und LIVER N 29, je mit weiteren Hinweisen).

56   – Art. 21ter und 21[quater] SchlT: Möglichkeit der Unterstellung von kantonalrechtlichem, 1912 *umgewandeltem Stockwerkeigentum* unter das ab 1965 geltende *bundesrechtliche Stockwerkeigentumsrecht*; besondere (auch verfahrensrechtliche) *kantonale Übergangsbestimmungen* für die Überführung von *altrechtlichem*, aber auch von *umgewandeltem Stockwerkeigentum* in das neue Stockwerkeigentumsrecht des Bundes (vgl. dazu TUOR/SCHNYDER/SCHMID 712 f., JAGMETTI 341, BROGGINI 483 und PIOTET Rz 536 ff., je mit weiteren Hinweisen).

57   – Art. 22 ff. SchlT: Die Vielfältigkeit der früheren kantonalen Grundpfandverhältnisse erforderte eine umfangreiche intertemporale Regelung. Die Gültigkeit und die vertraglichen Wirkungen der *altrechtlichen Grundpfandrechte* richten sich grundsätzlich nach dem früheren kantonalen Recht, die zwingenden gesetzlichen Wirkungen und die Änderung oder Tilgung der Pfandtitel nach dem neuen Bundesrecht (Art. 22 Abs. 1, Art. 24 Abs. 1 und Art. 26 SchlT). Die Vorschriften der Art. 22 ff. SchlT enthalten überdies jedoch verschiedene Vorbehalte zugunsten von *kantonalem Übergangsrecht*, um eine Anpassung an das neue Recht zu fördern und bis zur Einführung des Grundbuchs Ersatzformen zu schaffen (vgl. insbesondere Art. 22 Abs. 2, Art. 24 Abs. 2, Art. 30 Abs. 2, Art. 32 und Art. 33 SchlT; vgl. dazu TUOR/SCHNYDER/SCHMID 907 f., JAGMETTI 322 f., BROGGINI 497 ff., PIOTET Rz 649 ff. und LIVER N 26, je mit weiteren Hinweisen).

– Art. 44 SchlT: Bei Einführung des Grundbuchs sind bereits *bestehende dingliche Rechte* ins Grundbuch einzutragen (Art. 43 SchlT). Ohne solche Eintragung behalten sie zwar ihre Gültigkeit, können gutgläubigen Dritten jedoch nicht entgegengehalten werden (Art. 44 Abs. 1 SchlT). Im Rahmen eines Bereinigungsverfahrens können die Kantone *nicht angemeldete* und *nicht eingetragene* dingliche Rechte als *aufgehoben erklären* (Art. 44 Abs. 2 SchlT; vgl. dazu und zur Art. 45 SchlT geregelten Anmerkung nicht eintragungsfähiger alter Rechte TUOR/SCHNYDER/SCHMID 631, BROGGINI 496 f., PIOTET Rz 675 ff. und LIVER N 27 ff., je mit weiteren Hinweisen).

– Am bedeutsamsten sind nach wie vor die übergangsrechtlichen Vorbehalte im Bereich des *Grundbuchrechts*, zumal das eidgenössische Grundbuch noch immer nicht flächendeckend eingeführt ist (vgl. dazu und zum heutigen Stand der Grundbucheinführung TUOR/SCHNYDER/SCHMID 630 f. und KLEY-STRULLER 236 ff. mit Hinweisen). Soweit das Grundbuch noch nicht besteht, sieht das Bundesrecht zwei Möglichkeiten vor. Wenn ein Kanton über *altrechtliche Einrichtungen* verfügt, welche mit oder ohne ergänzende Vorschriften die Wirkung des Grundbuches im Sinne des neuen Rechts gewährleisten, kann er diese Einrichtungen mit der Ermächtigung des Bundesrates grundsätzlich dem *eidgenössischen Grundbuch gleichstellen* (inkl. positiver Grundbuchwirkung; Art. 46 SchlT). Sind diese Voraussetzungen nicht gegeben, muss der betreffende Kanton die Formen bezeichnen, welchen – freilich nur negative – Grundbuchwirkung zukommen soll (Art. 48 SchlT; vgl. dazu und zur Ordnung in den einzelnen Kantonen TUOR/SCHNYDER/SCHMID 629 f., BROGGINI 497, JAGMETTI 335 ff., DESCHENAUX SPR V/3,I 33 ff., LIVER N 25, KLEY-STRULLER 240 ff. und PIOTET Rz 661 ff., je mit weiteren Hinweisen; zum Problem der *ausserordentlichen Ersitzung* von *Grunddienstbarkeiten* in der Übergangszeit auch TUOR/SCHNYDER/SCHMID 778 f. und KLEY-STRULLER 246 ff. mit Hinweisen; zur Anwendung der neuen *Art. 970 und 970a ZGB* [Öffentlichkeit des Grundbuchs] auf *kantonale Grundbucheinrichtungen* auch TUOR/SCHNYDER/SCHMID 644).

Auch im *Familienrecht* fand sich ursprünglich ein übergangsrechtlicher Vorbehalt zugunsten des bisherigen kantonalen Rechts, welcher jedoch zufolge des Zeitablaufs nicht mehr aktuell ist (ursprüngliche Fassung von Art. 9 Abs. 1 und 2 SchlT: Grundsätzliche *Weitergeltung* des von den Kantonen zu bezeichnenden *alten Ehegüterrechts im internen Verhältnis*; Möglichkeit der Ehegatten, den *bisherigen kantonalrechtlichen Güterstand* auch *gegenüber Dritten beizubehalten*; vgl. dazu BROGGINI 472 ff. und LIVER N 26 mit weiteren Hinweisen).

e) Kantonales Zivilrecht als Ausdruck des Ortsgebrauchs

Wo das Bundeszivilrecht auf die *Übung* oder den *Ortsgebrauch* bzw. die *Ortsübung* verweist, gilt das *bisherige kantonale Recht* gemäss Art. 5 Abs. 2 ZGB als deren *Ausdruck*, solange nicht eine abweichende oder fehlende entsprechende Übung nachgewiesen ist (vgl. dazu nachfolgend N 209 ff.). Hierbei handelt es sich trotz der Regelung in ein und demselben Gesetzesartikel ebenfalls nicht um einen Vorbehalt zugunsten von kantonalem Zivilrecht im Sinne von Art. 5 Abs. 1 ZGB. Wo das Bundesrecht eine Verweisung auf Übung oder Ortsgebrauch enthält, wird nicht direkt auf kantonales Zivilrecht verwiesen. Massgebend sein soll vielmehr die *tatsächliche Ortsübung*. Art. 5 Abs. 2 ZGB hält lediglich im Sinne

Art. 5

einer *widerlegbaren Vermutung* fest, dass das bisherige kantonale Recht bis zum Beweis des Gegenteils als Ausdruck der Ortsübung zu betrachten ist.

62 Das kantonale Recht gibt dementsprechend nur *Tatsachen* wieder. Es handelt sich also nicht um eine Ermächtigung zu selbständiger kantonaler Rechtsetzungstätigkeit, obwohl heute anerkannt ist, dass die Kantone die Ortsübung auch in neuen Privatrechtserlassen festhalten und dabei veränderten Verkehrssitten Rechnung tragen können. Da die Ortsübung aufgrund der Verweisungen des Bundeszivilrechts dieses zu ergänzen hat, handelt es sich grundsätzlich auch nicht um kantonales Recht, sondern um *mittelbares Bundesrecht* (vgl. dazu nachfolgend N 217). In einzelnen Fällen kommen *Kombinationen* von *Vorbehalten* zugunsten von *kantonalem Zivilrecht* und *Verweisungen* auf die *Ortsübung* vor (vgl. z.B. Art. 740 ZGB und dazu JAGMETTI 316, LIVER, ZH-Komm., Art. 740 ZGB N 1, 6 sowie nachfolgend N 250).

f) Allgemeinverbindlicherklärung von Kollektivverträgen

63 Die Kantone können unter gewissen Voraussetzungen *Gesamtarbeitsverträge* für das Kantonsgebiet oder einen Teil desselben *allgemeinverbindlich erklären* (Art. 7 des BG über die Allgemeinverbindlicherklärung von Gesamtarbeitsverträgen vom 28. September 1956 [AVEG, SR 221.215.311]; vgl. dazu und zu den materiellen und verfahrensrechtlichen Voraussetzungen hiefür SCHÖNENBERGER/VISCHER, ZH-Komm., Art. 356b OR N 86 ff., insbesondere N 103 ff., 127 ff.). Hiermit werden den Kantonen im Unterschied zu Vorbehalten im Sinne von Art. 5 Abs. 1 ZGB und insbesondere auch zum Erlass von Normalarbeitsverträgen (vgl. dazu nachfolgend N 201 f.) lediglich *mittelbare* privatrechtliche *Rechtsetzungsbefugnisse* eingeräumt, da sie den Inhalt des allgemeinverbindlich erklärten Rechts nicht selber bestimmen, sondern lediglich dessen Anwendungsbereich auf Arbeitnehmer und Arbeitgeber ausdehnen können, die keiner der ursprünglichen Vertragsparteien angeschlossen sind (vgl. zum Institut der Allgemeinverbindlicherklärung von Gesamtarbeitsverträgen auch allgemein VB N 138 und 172; zum Erfordernis einer bundesrechtlichen Ermächtigung auch Art. 6 N 352).

64 Obwohl damit – jedenfalls hinsichtlich des räumlichen Geltungsbereiches – *partikuläres kantonales Zivilrecht* geschaffen wird (vgl. dazu SCHÖNENBERGER/VISCHER, ZH-Komm., Art. 356b OR N 133), handelt es sich nach der Rechtsprechung des Bundesgerichts bei einem von einer *kantonalen Behörde* allgemeinverbindlich erklärten *Gesamtarbeitsvertrag* – wiederum anders als bei kantonalen Normalarbeitsverträgen (vgl. dazu unten N 201 f.) – um *Bundeszivilrecht*, nicht um kantonales Zivilrecht, da der Rechtsetzungsentscheid des Kantons sich auf Bundesrecht stütze, der Überprüfung des Bundesrates unterliege und nur mit

dessen Genehmigung gültig werde. Die Verletzung eines entsprechenden Gesamtarbeitsvertrages kann daher mit der Berufung an das Bundesgericht gerügt werden (BGE 98 II 209). Zu *Vorkommen* und *Bedeutung* der von kantonalen Behörden allgemeinverbindlich erklärten Gesamtarbeitsverträge vgl. die jährlichen Übersichten in JAR, zuletzt in JAR 1996 85; vgl. ferner auch JAGMETTI 348 f. und KLEY-STRULLER 267.

Eine der Allgemeinverbindlicherklärung von Gesamtarbeitsverträgen nachgebildete Kompetenz kommt den Kantonen neuerdings bei der *Allgemeinverbindlicherklärung von Rahmenmietverträgen* für ihr Kantonsgebiet oder einen Teil desselben zu (Art. 7 des BG über Rahmenmietverträge und deren Allgemeinverbindlicherklärung vom 23. Juni 1995 [SR 221.213.15]; vgl. dazu und zu den materiellen und verfahrensrechtlichen Voraussetzungen hiefür Art. 4 ff. des erwähnten Gesetzes sowie BBl 1993 III 957 ff., insbesondere 970 ff.; vgl. zu diesem Institut auch allgemein VB N 131). Auch in diesem Fall handelt es sich lediglich um eine *mittelbare* kantonale *Rechtsetzungsbefugnis*. Da die kantonale Allgemeinverbindlicherklärung auf Bundesrecht beruht und der Prüfung und Genehmigung durch den Bund bedarf (Art. 12 des Gesetzes), muss überdies angenommen werden, dass das Bundesgericht von einer kantonalen Behörde als allgemeinverbindlich erklärte Rahmenmietverträge ebenfalls als *Bundeszivilrecht* qualifizieren wird (vgl. dazu für die Gesamtarbeitsverträge oben N 64). 65

3. Auslegung, Inhalt und Arten der Vorbehalte gemäss Art. 5 Abs. 1 ZGB

a) Auslegung

Da kantonales Zivilrecht aufgrund des Kodifikationsprinzips bzw. der ausdrücklichen Anordnung von Art. 5 Abs. 1 ZGB grundsätzlich nur mit ausdrücklicher Ermächtigung des Bundesgesetzgebers zulässig ist (vgl. dazu oben N 17 ff., 29 ff.), sind Inhalt und Umfang der betreffenden Vorbehalte *ausschliesslich nach Bundesrecht* zu beurteilen. Insbesondere sind daher die in der Vorbehaltsnorm verwendeten Begriffe im Sinne des Bundesrechts auszulegen. Es steht den Kantonen daher nicht frei, Vorbehaltsnormen extensiv auszulegen. Dies gilt selbst dann, wenn das Bundeszivilrecht in der betreffenden Frage eine Lücke enthält, zumal solche Lücken – nach Anleitung von Art. 1 ZGB – durch Bundesrecht, nicht durch kantonales Recht, zu schliessen sind (vgl. dazu auch DESCHENAUX 43, JAGMETTI 249 f., LIVER N 44 ff. und oben N 19 mit Hinweisen). 66

Art. 5

67 *Umstritten* ist in der Lehre, ob Vorbehaltsklauseln im Sinne von Art. 5 Abs. 1 ZGB als Ausnahmen vom Kodifikationsprinzip *grundsätzlich restriktiv auszulegen* seien (so JAGMETTI 250 und LIVER N 44 mit weiteren Hinweisen). Die *neuere Methodenlehre* ist gegenüber solchen formallogischen Auslegungsregeln zu Recht kritisch. Grundsätzlich sollten auch für die Auslegung von Ausnahmeregeln die *üblichen Auslegungsmethoden* (insbesondere Wortlaut, Entstehungsgeschichte, gesetzgeberischer Zweck, systematische Stellung) berücksichtigt werden (vgl. dazu auch DÜRR, Art. 1 N 239 ff. und MEIER-HAYOZ, BE-Komm., Art. 1 ZGB N 191 mit Hinweisen).

68 Bei Anwendung dieser Grundsätze auf Vorbehaltsnormen im Sinne von Art. 5 Abs. 1 ZGB wird sich allerdings *im Zweifel* meist ebenfalls eine *einschränkende Auslegung* ergeben, insbesondere wenn andernfalls die durch die Kodifikation angestrebte Rechtseinheit in Frage gestellt würde (vgl. dazu DESCHENAUX 43 f. mit Hinweisen, insbesondere zur Frage eigener kantonaler Sanktionsvorschriften im Nachbarrecht [vgl. dazu auch nachfolgend N 176] und PIOTET Rz 7; vgl. sodann auch SCHNYDER, Hammerschlagsrecht, 275: Zurückhaltung bei der Annahme eines verpflichtenden Vorbehaltes zur Schaffung von kantonalem Privatrecht). Insbesondere ergibt sich aus dem Grundsatz der Privatrechtseinheit, dass die Kantone auch dort, wo ihnen ein *Teilrechtsgebiet* zur Regelung zugewiesen wird, nur insoweit vom Bundeszivilrecht abweichen dürfen, als dies *nach Massgabe* der *Besonderheit* der betreffenden Materie erforderlich ist (vgl. dazu nachfolgend N 135 f.).

69 Durch Auslegung ist somit der *bundesrechtliche Rahmen* für die *Zulässigkeit* von *vorbehaltenem kantonalem Privatrecht* zu ermitteln. SCHNYDER, Hammerschlagsrecht, 277 weist darauf hin, dass es für das vorbehaltene kantonale Privatrecht nicht nur einen *oberen, maximalen* bundesrechtlichen Rahmen, sondern auch einen *unteren minimalen Rahmen* geben kann, wenn sich aus dem Bundesrecht ausdrücklich oder durch Lückenfüllung gewisse minimale Anforderungen an das den Kantonen vorbehaltene Recht ergeben (z.B. im Fall *baurechtlicher Zutrittsrechte* im Sinne von Art. 695 ZGB: bundesrechtlicher Grundsatzentscheid für das Institut, nähere Vorschriften durch vorbehaltenes kantonales Recht; kritisch dazu PIOTET Rz 1847 ff.; vgl. zum bundesrechtlichen Rahmen im übrigen auch DESCHENAUX 43, JAGMETTI 249 ff. und LIVER N 44 ff. mit weiteren Hinweisen).

b) Inhalt und Tragweite der Vorbehalte

70 *Umfang, Inhalt und Tragweite* eines Vorbehaltes im Sinne von Art. 5 Abs. 1 ZGB können im übrigen völlig unterschiedlich sein (vgl. dazu auch HÄFELIN/HALLER

Art. 5

Rz 353 ff. und AUBERT Nr. 710 ff. [inkl. Nachtrag]; zum Verhältnis von allgemeinen und besonderen Vorbehalten auf einem bestimmten Gebiet oben N 38). Am weitesten gehen Vorbehalte, welche dem kantonalen Recht einen *ganzen Fragenkomplex* zur *Regelung überlassen*, ohne selbst eine Bundesregelung zu treffen. Macht ein Kanton von einer solchen Ermächtigung Gebrauch, muss insbesondere abgegrenzt werden, welche Fragen sich nach dem vorbehaltenen, nötigenfalls durch Lückenfüllung zu findenden kantonalen Recht richten und für welche Fragen das allgemeine Bundeszivilrecht gilt (vgl. insbesondere nachfolgend N 166 f. zu Art. 59 Abs. 3 ZGB betreffend *Körperschaften des kantonalen Zivilrechts* und N 176 zum privatrechtlichen kantonalen Bau- und Nachbarrecht; vgl. dazu auch JAGMETTI 251 und nachfolgend N 134 ff.).

Das Bundesrecht kann einen Fragenkomplex aber auch selbst regeln und den Kantonen lediglich freistellen, *ergänzende kantonale Privatrechtsvorschriften* zu erlassen. In diesen Fällen ist klar, das sich kantonale Vorschriften im Rahmen der vom Bundeszivilrecht getroffenen Regelung halten müssen (vgl. z.B. nachfolgend N 194 zu Art. 236 OR betreffend die freiwillige öffentliche Versteigerung oder N 201 zu Art. 359 ff. OR betreffend Normalarbeitsverträge; vgl. dazu auch JAGMETTI 252). Die Ermächtigung zugunsten der Schaffung von kantonalem Recht kann sich aber auch nur auf eine *Einzelfrage* beziehen, was – abgesehen von der Abgrenzung dieser Einzelfrage – kaum Probleme aufwirft (vgl. z.B. nachfolgend N 179 zu Art. 795 ZGB betreffend *Maximalzinsfuss* für *Grundpfandforderungen* und N 186 zu Art. 58 Abs. 2 BGBB betreffend *Zerstückelungsverbot;* vgl. dazu auch DESCHENAUX 41 und JAGMETTI 251 f.). 71

Das Bundesrecht kann den Kantonen aber auch gestatten, *Fragen*, die es selbst geregelt hat, *abweichend vom Bundesrecht* zu regeln. Das Bundeszivilrecht gilt in diesen Fällen nur subsidiär, wenn die Kantone keine abweichenden Vorschriften erlassen (vgl. z.B. nachfolgend N 175 zu Art. 687 f. ZGB betreffend das Kapp- und Anriesrecht; vgl. dazu auch DESCHENAUX 41 und JAGMETTI 252). In gewissen Fällen regelt das Bundesrecht ein Institut zumindest in den Grundzügen selbst, *überlässt* jedoch dessen *Einführung* und *nähere Ausgestaltung* – im Rahmen des Bundesrechts – dem kantonalen Recht (vgl. z.B. nachfolgend N 169 zu Art. 349 ff. ZGB betreffend Familienheimstätten und N 179 zu Art. 828 ff. ZGB betreffend einseitige Ablösung von Grundpfandrechten; vgl. dazu auch DESCHENAUX 41 und JAGMETTI 252). 72

In andern Fällen erlaubt das Bundesrecht den Kantonen, bestimmte *bundesrechtliche Vorschriften* für ihr Gebiet (in besonderen Fällen auch nur für Teile davon; vgl. dazu nachfolgend 142) *aufzuheben* (vgl. z.B. nachfolgend N 175 zu Art. 687 f. ZGB betreffend das Kapp- und Anriesrecht; vgl. dazu auch DESCHENAUX 41 und JAGMETTI 252). Damit vergleichbar ist die Befugnis, den *Anwendungs-* 73 *bereich* eines (ganz oder teilweise) privatrechtlichen Gesetzes *einzuschränken oder auszudehnen* (vgl. z.B. nachfolgend N 186 zu Art. 5 BGBB betreffend das bäuerliche Bodenrecht und N 199 zu Art. 2 Abs. 2 LPG betreffend das landwirtschaftliche Pachtrecht). In einzelnen wenigen Fällen kann ein Vorbehalt die Kantone auch *verpflichten*, materielles *kantonales Zivilrecht* zu erlassen (vgl. dazu nachfolgend N 86).

74 Auch die Frage, ob das den Kantonen vorbehaltene Zivilrecht *dispositiver* oder *zwingender Natur* sei, ist grundsätzlich aufgrund des Bundeszivilrechts selbst zu beantworten (vgl. für Normalarbeitsverträge ausdrücklich Art. 360 OR; für das privatrechtliche kantonale Baurecht MEIER-HAYOZ, BE-Komm., Art. 685/686 N 41 ff. mit Hinweisen).

c) **Unterschiedliche Arten der Vorbehalte**

aa) Vorbemerkung

75 Aufgrund ihrer unterschiedlichen Wirkungen werden die Vorbehalte gemäss Art. 5 Abs. 1 ZGB in der Lehre in *verschiedene Arten* unterteilt. Der Erkenntniswert dieser Unterscheidungen ist allerdings umstritten. Der Bundesgesetzgeber hat sich an keine Systematik gehalten, sondern ist rein pragmatisch vorgegangen. Die Zuordnung zu den einzelnen Kategorien von Vorbehalten ist zum Teil nicht einfach und hängt stark von der Auslegung des bundesrechtlichen Vorbehalts ab. Die *Übergänge* sind oft *fliessend* (vgl. dazu als eindrückliches Beispiel SCHNYDER, Hammerschlagsrecht, 265 ff. zum Vorbehalt von Art. 695 ZGB).

76 Immerhin bestehen für die einzelnen Arten gewisse *besondere Merkmale* (insbesondere hinsichtlich der Abgrenzung von Bundesrecht und kantonalem Recht bzw. hinsichtlich der Anforderungen an das vorbehaltene kantonale Recht), weshalb eine Behandlung dieser Unterscheidungen unumgänglich ist. *Tragweite* und *Wirkungen* eines Vorbehaltes müssen jedoch trotzdem in jedem Fall einzeln untersucht werden (vgl. dazu und zur Zuordnung der einzelnen Vorbehalte auch RIEMER § 7 N 3 ff., DESCHENAUX 40 ff., JAGMETTI 253 und LIVER N 17 ff. mit weiteren Hinweisen; zu den nicht unter Art. 5 Abs. 1 ZGB fallenden verfahrens- und übergangsrechtlichen Vorbehalten vgl. oben N 49 ff., 53 ff.; zur Bedeutung der jeweiligen Vorbehalte im einzelnen die Hinweise im Überblick unten N 161 ff.; zur ähnlichen Unterscheidung bei den besonderen öffentlich-rechtlichen Vorbehalten Art. 6 N 29 ff.).

Art. 5

bb) Ermächtigende Vorbehalte

Ein *ermächtigender Vorbehalt* liegt dann vor, wenn in der betreffenden Frage zwar grundsätzlich eine bundesrechtliche Regelung vorliegt, es den Kantonen aber freigestellt wird, diese *näher auszuführen*, zu *ergänzen*, zu *ändern, aufzuheben* oder eine suspensiv bedingt erlassene Bundesregelung überhaupt *einzuführen*. Wenn die Kantone von einem solchen Vorbehalt nicht Gebrauch machen, kommt allein Bundesrecht zur Anwendung, das – soweit Lücken bestehen – nach Massgabe von Art. 1 ZGB ergänzt werden muss. Da die Kantone völlig frei sind, ob sie von einem solchen Vorbehalt Gebrauch machen wollen, wird – mit EGGER, Art. 5 N 8 – auch von *fakultativen Vorbehalten* gesprochen (vgl. dazu CARONI 224, NOBEL 247, RIEMER § 7 N 6, DESCHENAUX 41, PIOTET Rz 10 und LIVER N 18 ff. mit Hinweisen; anders die Unterscheidung zwischen fakultativer und obligatorischer Gesetzesdelegation bei HÄFELIN/HALLER Rz 355 f. und AUBERT Nr. 710; vgl. nachfolgend N 85). 77

Entsprechend der Natur der echten Vorbehalte im Sinne von Art. 5 Abs. 1 ZGB kann der kantonale Gesetzgeber von einem ermächtigenden Vorbehalt grundsätzlich *jederzeit* Gebrauch machen (vgl. dazu RIEMER § 7 N 7 und oben N 32). Da Klarheit bestehen muss, ob dies geschehen ist oder ob allein Bundesrecht gilt, können die Kantone nach herrschender Auffassung von einem ermächtigenden Vorbehalt grundsätzlich *nur durch geschriebenes Recht* Gebrauch machen, was auch aus Art. 53 Abs. 2 SchlT abgeleitet werden kann (vgl. dazu DESCHENAUX 44, JAGMETTI 256 f., PIOTET Rz 10 und LIVER N 38, je mit weiteren Hinweisen; vgl. aber zur Füllung von Lücken innerhalb des vorbehaltenen kantonalen Zivilrechts nachfolgend N 114; zu weitgehend m.E. RIEMER § 7 N 11). 78

Die *Mehrzahl* der Vorbehalte zugunsten von kantonalem Privatrecht sind *ermächtigende Vorbehalte*. Dies erklärt sich insbesondere auch daraus, dass diese nur *bestimmte kantonalrechtliche Abweichungen* oder *Ergänzungen* innerhalb einer *grundsätzlich bundesrechtlich geregelten Materie* ermöglichen und deshalb einen geringeren Eingriff in die Privatrechtseinheit darstellen als die zuteilenden Vorbehalte (vgl. dazu nachfolgend N 80 ff. und insbesondere die Hinweise und Beispiele in der Übersicht über das vorbehaltene kantonale Zivilrecht unten N 161 ff.). 79

cc) Zuteilende Vorbehalte

Durch einen *zuteilenden Vorbehalt* wird den Kantonen die *Gesetzgebungshoheit* für eine bestimmte Einzelfrage oder einen ganzen Fragenkomplex zugewiesen. Im Unterschied zu verpflichtenden Vorbehalten (nachfolgend N 85 ff.) besteht zwar keine Rechtspflicht, die betreffende Materie zu regeln. Sofern diese jedoch 80

Art. 5

geregelt sein soll, müssen die Kantone entsprechende Vorschriften erlassen. Dem Bundesrecht kann insoweit grundsätzlich keine Regelung entnommen werden. Daher wird im Unterschied zu den ermächtigenden Vorbehalten – mit EGGER, Art. 5 N 9 – auch von *obligatorischen Vorbehalten* gesprochen (vgl. dazu CARONI 224, NOBEL 247, RIEMER § 7 N 8 [teilweise missverständlich], DESCHENAUX 41 f., PIOTET Rz 11 und LIVER N 23 mit Hinweisen; anders die Unterscheidung zwischen fakultativer und obligatorischer Gesetzesdelegation bei HÄFELIN/HALLER Rz 355 f. und AUBERT Nr. 710; vgl. nachfolgend N 85).

81   Da den Kantonen bei den zuteilenden Vorbehalten für den betreffenden Bereich grundsätzlich die volle *Gesetzgebungshoheit* zugewiesen wird, kann sich kantonales Recht bei zuteilenden Vorbehalten im Unterschied zu den ermächtigenden Vorbehalten grundsätzlich *auch aus ungeschriebenem Recht* ergeben. Wenn das geschriebene kantonale Recht in einem solchen Bereich keine Regelung enthält, muss daher durch *Auslegung* abgeklärt werden, ob ein *qualifiziertes Schweigen* des kantonalen Gesetzgebers oder eine *Lücke* vorliegt, die durch kantonales Recht nach Massgabe von Art. 1 ZGB oder entsprechender kantonalrechtlicher Grundsätze (zur Geltung von Art. 1 ZGB im Bereich des kantonalen Rechts vgl. nachfolgend N 150 f.) zu füllen ist (vgl. dazu auch LIVER N 23 zum *privatrechtlichen Baurecht* gemäss Art. 686 ZGB und die eingehenden Überlegungen von SCHNYDER, Hammerschlagsrecht, 270 ff. zur Frage der Zutritts- und Benützungsrechte an fremdem Boden im Zusammenhang mit Bauarbeiten; zu Unrecht schliesst m.E. CARONI 224 Lücken im Bereich der zuteilenden Vorbehalte völlig aus).

82   Liegt eine zu füllende Gesetzeslücke vor, kommt hiefür primär *kantonales Gewohnheitsrecht* in Frage, sofern dies von der Sache her nicht ausgeschlossen ist (wie zum Beispiel bei Abstandsvorschriften im Sinne von Art. 686 und 688 ZGB, die beziffert werden müssen; vgl. dazu auch LIVER N 39 und PIOTET Rz 11). Grundsätzlich kommt auch *kantonales Richterrecht* zur Lückenfüllung in Frage, wobei allerdings zu Recht Bedenken dagegen bestehen, dass von einem zuteilenden Vorbehalt allein durch Richterrecht Gebrauch gemacht werden könnte (vgl. dazu LIVER N 41 mit Hinweisen). Vgl. dazu auch RIEMER § 7 N 8 (zur blossen Hilfsmittelfunktion der dort erwähnten Verkehrssitte nachfolgend N 115), DESCHENAUX 44 und LIVER N 39 ff. mit Hinweisen; vgl. im übrigen auch für diese Fragen die Überlegungen von SCHNYDER, Hammerschlagsrecht, 268 f., 273 ff., anhand der erwähnten Zutritts- und Benützungsrechte.

83   Daraus ergibt sich auch, dass *zuteilende Vorbehalte*, welche den Kantonen die Gesetzgebungshoheit in einem bestimmten Bereich zuweisen, einen *weitergehenden Eingriff* in die *Privatrechtseinheit* darstellen als die zuvor behandelten ermächtigenden Vorbehalte (vgl. dazu LIVER N 30 und oben N 79). Die effektive

Art. 5

Tragweite eines zuteilenden Vorbehalts kann freilich sehr unterschiedlich sein, können solche Vorbehalte doch ebenfalls lediglich Einzelfragen oder aber ganze Teilgebiete und Rechtsinstitute betreffen (vgl. dazu und zu den damit verbundenen Abgrenzungsproblemen auch oben N 70 ff.).

Verschiedene Vorbehalte liegen überdies im *Grenzbereich* von *zuteilenden* 84 und *ermächtigenden Vorbehalten* (vgl. LIVER N 30 und SCHNYDER, Hammerschlagsrecht, 278 f. mit Hinweisen). Weitere zuteilende Vorbehalte stehen besonderen *öffentlich-rechtlichen Vorbehalten* nahe, weil sie Fragen betreffen, die mit den öffentlich-rechtlichen Rechtsetzungsbefugnissen der Kantone zusammenhängen (vgl. dazu LIVER N 31 mit Hinweisen und Art. 6 N 34). *Reine zuteilende Vorbehalte* sind im übrigen eher *selten*. Sie kommen vor allem im Bereich der herkömmlichen land- und forstwirtschaftlichen Körperschaften (Art. 59 Abs. 3 ZGB) und im Nachbarrecht vor (vgl. dazu die Zusammenstellung bei LIVER N 32 und die Hinweise und Beispiele in der Übersicht über das vorbehaltene kantonale Recht nachfolgend N 161 ff., insbesondere N 166 f., 173 ff.).

dd) Verpflichtende Vorbehalte

Verpflichtende Vorbehalte zugunsten des kantonalen Rechts (obligatorische 85 Gesetzesdelegation im Sinne von HÄFELIN/HALLER Rz 356 und AUBERT Nr. 710) bestehen insbesondere im Bereich der für die Anwendung des Bundeszivilrechts erforderlichen *kantonalen Organisations- und Verfahrensvorschriften*, welche grundsätzlich dem öffentlichen Recht zuzuordnen sind (vgl. dazu oben N 49 ff.). Verschiedene Autoren erwähnen jedoch – allerdings in der Regel ohne Beispiele hiefür zu nennen -, dass verpflichtende Vorbehalte auch zugunsten von *materiellem kantonalem Zivilrecht* denkbar sind (vgl. insbesondere LIVER N 17 [mit kritischer Anmerkung zum Begriff des verpflichtenden Vorbehalts], JAGMETTI 252 und PIOTET Rz 9). Tatsächlich erscheint eine solche Verpflichtung nicht ausgeschlossen. Freilich ist es vom Kodifikationsprinzip her nicht unproblematisch, wenn der Bundesgesetzgeber die Kantone verpflichtet, auf einem bestimmten Gebiet materielle Privatrechtsregeln zu schaffen. Dies lässt sich jedenfalls nur rechtfertigen, wenn der Bundesgesetzgeber eine bestimmte Frage geregelt haben will, diese Regelung aber nicht selbst treffen möchte, um eine je nach Kanton *differenzierte* Lösung zu ermöglichen.

Ein in diesem Sinne *verpflichtender Vorbehalt* zugunsten der Schaffung von 86 materiellem kantonalem Zivilrecht ist *nicht leichthin anzunehmen* (vgl. auch oben N 68). In der Regel will der Bundesgesetzgeber den Kantonen nur die Möglichkeit einräumen, von der getroffenen Bundesregelung abzuweichen bzw. diese zu ergänzen (ermächtigender Vorbehalt) oder eine bestimmte Materie selbständig zu regeln, wobei auch ein Verzicht auf eine Regelung möglich ist (zuteilender

1009

Art. 5

Vorbehalt; vgl. dazu auch SCHNYDER, Hammerschlagsrecht, 274 f. mit Hinweisen). Aufgrund des klaren Wortlauts handelt es sich jedoch insbesondere in folgenden Fällen um einen verpflichtenden Vorbehalt zugunsten der Schaffung von materiellem kantonalem Privatrecht: nähere Regelung der bundesrechtlich angeordneten *Entschädigungspflicht für Wildschaden* (vgl. dazu nachfolgend N 193; die frühere Regelung von Art. 56 Abs. 3 OR rechnete DESCHENAUX 42 noch zu den zuteilenden Vorbehalten); Erlass von *Normalarbeitsverträgen* für Arbeitnehmer in der *Landwirtschaft* und im *Hausdienst* (vgl. dazu nachfolgend N 201).

87 Im Bereich der verpflichtenden Vorbehalte zugunsten der Schaffung von materiellem kantonalem Zivilrecht ergibt sich aus der entsprechenden Rechtspflicht, dass – wie im Falle der ermächtigenden Vorbehalte – im Prinzip *geschriebenes kantonales Recht* erforderlich ist. Grundsätzlich gelten wohl auch für notwendige materiellrechtliche Ausführungsvorschriften die Bestimmungen von *Art. 52 und 53 SchlT* (vgl. dazu VB N 311 ff. und Art. 6 N 110 ff.). Für die vorgeschriebenen kantonalen Normalarbeitsverträge und die kantonale Regelung der Wildschadenentschädigung bestehen allerdings *besondere Vorschriften* über das *Erlassverfahren* und die *bundesrechtliche Genehmigung* (vgl. Art. 359a OR für die kantonalen Normalarbeitsverträge und Art. 25 JSG sowie Art. 15 der zugehörigen Verordnung vom 29. Februar 1988 [JSV, SR 922.01] für kantonale Ausführungsbestimmungen zum eidgenössischen Jagdrecht; vgl. im übrigen zu den Instrumenten der Bundesaufsicht zur Durchsetzung kantonaler Rechtsetzungspflichten auch allgemein VB N 316, 319 ff.). *Echte Lücken* innerhalb des vorbehaltenen kantonalen Rechts müssen freilich auch im Bereich der verpflichtenden Vorbehalte durch *ungeschriebenes Recht* gefüllt werden können (vgl. zum Ganzen RIEMER § 7 N 10 f., LIVER N 17 und nachfolgend N 114).

III. Das vorbehaltene kantonale Zivilrecht

1. Begriff und Rechtsquellen des kantonalen Zivilrechts

a) Allgemeines

88 Für den Begriff des kantonalen Zivilrechts im Sinne von Art. 5 ZGB (vgl. insbesondere den Randtitel zu dieser Bestimmung) kann weitgehend auf die Ausführungen zum Begriff des Bundeszivilrechts verwiesen werden (vgl. dazu VB N 80 ff.). Wie im Falle des Bundeszivilrechts ist damit grundsätzlich das gesam-

te, von den *Kantonen* und ihren *Unterorganisationen* (vgl. dazu nachfolgend N 110) erlassene *Privatrecht im wissenschaftlichen Sinne* gemeint. Es umfasst grundsätzlich nicht nur geschriebenes Recht aller Stufen (vgl. dazu freilich die Einschränkungen nachfolgend N 90 ff.), sondern auch ungeschriebenes Recht (insbesondere Gewohnheitsrecht und Richterrecht; vgl. dazu freilich einschränkend N 111 ff.). Allerdings ist (geschriebenes und ungeschriebenes) kantonales Zivilrecht nur im Rahmen der bundesrechtlichen Vorbehalte zulässig (vgl. dazu auch nachfolgend N 134 ff.).

Im Unterschied zum Bundeszivilrecht handelt es sich beim *kantonalen Zivilrecht* nicht um ein zusammenhängendes, grundsätzlich alle Materien des Privatrechts umfassendes Rechtsgebiet. Vielmehr besteht das kantonale Zivilrecht lediglich aus *Teilregelungen* in den *vorbehaltenen Bereichen*, welche zum Teil in Einführungserlassen zum Zivilgesetzbuch und zum Obligationenrecht *zusammengefasst*, teilweise aber auch in verschiedensten kantonalen Spezialgesetzen *verstreut* sind (vgl. dazu nachfolgend N 98 ff.; zur Bedeutung des kantonalen Privatrechts im Rahmen des gesamten Privatrechts auch TUOR/SCHNYDER/SCHMID 28 f.). Ein *Überblick* über das vorbehaltene kantonale Zivilrecht findet sich nachfolgend N 161 ff. 89

b) Kantonales Zivilrecht im engeren und im weiteren Sinne

Wie beim Bundeszivilrecht kann auch beim kantonalen Zivilrecht zwischen kantonalem Zivilrecht im engeren und im weiteren Sinne unterschieden werden. Nur das *kantonale Zivilrecht* im *engeren Sinn* enthält Privatrecht im wissenschaftlichen Sinn (privatrechtliches Verhaltensrecht; vgl. zur Abgrenzung gegenüber dem öffentlichen Recht VB N 50 ff. und Art. 6 N 124 ff.). Der Vorbehalt von Art. 5 Abs. 1 ZGB bezieht sich ausschliesslich auf dieses kantonale Zivilrecht im engeren Sinn. Eine Befugnis zum Erlass von solchem kantonalem Zivilrecht im engeren Sinn kann sich abgesehen von Vorbehalten im Sinne von Art. 5 Abs. 1 ZGB vereinzelt auch aus übergangsrechtlichen Vorbehalten ergeben (vgl. dazu oben N 53 ff.). Im konkreten Fall kann umstritten sein, ob eine bestimmte kantonale Norm dem Privatrecht oder dem öffentlichen Recht zuzuordnen sei und sich demnach auf einen besonderen Vorbehalt im erwähnten Sinne stützen können müsse (kantonales Zivilrecht) oder ob eine Prüfung im Sinne der Voraussetzungen von Art. 6 Abs. 1 ZGB erforderlich sei (kantonales öffentliches Recht). Dies erfordert eine *Qualifikation* der entsprechenden Norm, wofür nach Lehre und Rechtsprechung primär auf die *Subordinations-* und die *Interessentheorie* abzustellen ist (vgl. dazu Näheres bei VB N 66 f. und Art. 6 N 124 ff.). 90

Art. 5

91   Neben dem kantonalen Zivilrecht im engeren Sinn gibt es freilich auch öffentlich-rechtliche Vorschriften, die als *kantonales Zivilrecht* in einem *weiteren Sinn* bezeichnet werden können. Hierbei ist zunächst an das für die Ausführung des Bundeszivilrechts *notwendige Organisations- und Verfahrensrecht* zu denken, welches die Kantone gestützt auf die Art. 52, 54 und 55 SchlT zu schaffen haben (vgl. zur öffentlich-rechtlichen Rechtsnatur dieser Vorschriften oben N 49 ff.). Die bundesrechtliche Grundlage dieser Ausführungsvorschriften liegt nicht in Art. 5 Abs. 1 ZGB, sondern in den erwähnten verpflichtenden Vorbehalten des Schlusstitels zum ZGB (vgl. dazu auch Art. 6 N 110 ff.). Ebenfalls nicht auf Art. 5 Abs. 1 ZGB, sondern auf Art. 6 Abs. 1 ZGB abstützen lassen sich *weitere öffentlich-rechtliche Vorschriften* inhaltlicher oder verfahrensrechtlicher Natur, welche von den Kantonen aus Gründen des Sachzusammenhanges in die kantonalen Zivilrechtserlasse aufgenommen wurden (vgl. dazu unten N 104). Im Bereich des materiellen Rechts sind als Beispiele etwa die Regelung der Alimentenbevorschussung, gewisser öffentlich-rechtlicher Eigentumsbeschränkungen (z.B. im Bereich des Natur- und Heimatschutzes), der öffentlich-rechtlichen Grundpfandrechte und Grundlasten sowie der Anmerkung öffentlich-rechtlicher Eigentumsbeschränkungen im Grundbuch zu erwähnen. In diesen Fällen bestehen enge Beziehungen zum Zivilrecht (vgl. VB N 115, Art. 6 N 27, 366, aber auch nachfolgend N 116).

92   Es handelt sich bei diesen öffentlich-rechtlichen Vorschriften – wie bei der entsprechenden Erscheinung im Rahmen des Bundeszivilrechts (vgl. dazu VB N 94 ff.) – um das kantonale Zivilrecht *ergänzendes öffentliches Recht* bzw. um blosses *formelles kantonales Zivilrecht*. Soweit dieses Recht sich im Rahmen des Vorbehaltes von Art. 6 Abs. 1 ZGB bzw. der speziellen Vorbehalte zugunsten des kantonalen öffentlichen Rechts hält, ergeben sich daraus aber im Unterschied zum Bundesrecht (vgl. dazu VB N 94 ff.) grundsätzlich keine Probleme, da die Kantone ja im Bereich des öffentlichen Rechts über eine umfassende Rechtsetzungskompetenz verfügen, soweit eine solche nicht durch eine besondere Vorschrift der Bundesverfassung dem Bund vorbehalten wird (vgl. dazu auch oben N 42).

93   Eine *besondere Form* von *formellem kantonalem Zivilrecht* bildet die gestützt auf Art. 5 Abs. 2 ZGB erfolgende Umschreibung von *Ortsübungen* in geltenden Erlassen des kantonalen Zivilrechts (zur Zulässigkeit eines entsprechenden Vorgehens vgl. nachfolgend N 265 ff.). Die entsprechenden Bestimmungen sind keine kantonalen Rechtsetzungsakte, sondern halten lediglich im Sinne der sich aus Art. 5 Abs. 2 ZGB ergebenden Vermutung bestimmte Tatsachen (bestehende Ortsübungen) fest (vgl. dazu LIVER N 98 und nachfolgend N 215 ff.). Da damit Bundesrecht konkretisiert wird, sind entsprechende Ortsübungen sodann nicht dem kantonalen Recht zuzuzählen, sondern bilden *mittelbares Bundesrecht* (vgl. dazu nachfolgend N 217).

c) Geltendes und früheres kantonales Zivilrecht

Vor dem Inkrafttreten des Zivilgesetzbuches am 1. Januar 1912 und des alten Obligationenrechts am 1. Januar 1883 war das Privatrecht in der Schweiz weitgehend durch *kantonales Recht* geregelt, das ursprünglich *stark zersplittert* war (sog. *Statutarrecht* bzw. rein lokales Recht) und erst im Laufe des letzten Jahrhunderts in einer Mehrzahl der Kantone (nicht in allen) *kodifiziert* wurde (vgl. dazu den geschichtlichen Überblick bei TUOR/SCHNYDER/SCHMID 1 ff., SCHNYDER, Allg. Einl. N 1 ff., ELSENER SPR I 1 ff., LIVER, BE-Komm., Art. 1–10 ZGB, Einleitung N 9 ff., 26 ff. und SCHLOSSER 179 f. sowie die umfassende rechtsvergleichende Darstellung des früheren kantonalen Privatrechts von EUGEN HUBER, System und Geschichte des Schweizerischen Privatrechts, Band I-IV, Basel 1886–1893, je mit weiteren Hinweisen; vgl. auch die Hinweise zum früheren kantonalen Zivilrecht in der nachfolgend N 118 zitierten Literatur). 94

Das frühere kantonale Privatrecht ist mit dem *Inkrafttreten des Zivilgesetzbuches* vollständig *aufgehoben* worden, soweit *bundesrechtlich nicht etwas anderes vorgesehen* ist (Art. 51 SchlT). Damit sind insbesondere die *echten Vorbehalte* zugunsten von materiellem kantonalem Zivilrecht im Sinne von Art. 5 Abs. 1 ZGB gemeint. Überdies ermöglichen auch die übergangsrechtlichen Vorbehalte eine teilweise Weitergeltung des früheren kantonalen Zivilrechts (vgl. dazu oben N 53 ff.). Soweit das frühere kantonale Recht durch solche Vorbehalte gedeckt war und *nicht* durch die Kantone *abgeändert* wurde, blieb es somit nach 1912 *weiter in Kraft*. Eine Bezeichnung dieser weitergeltenden Vorschriften war bundesrechtlich nicht erforderlich. 95

Die Kantone haben jedoch das weiterhin geltende frühere kantonale Recht weitgehend in die *kantonalen Einführungserlasse* zum *Zivilgesetzbuch* und zum *Obligationenrecht* integriert (vgl. dazu nachfolgend N 103 ff.), womit Übersichtlichkeit sowie Rechtssicherheit und -klarheit hinsichtlich des geltenden Zivilrechts wesentlich verbessert wurden. Allerdings blieben in den meisten Kantonen privatrechtliche Vorschriften in einzelnen *Spezialerlassen* aus der Zeit vor 1912 (z.B. in Bau-, Strassen-, Flur- und Forstgesetzen) in Kraft. Diese Spezialgesetze sind in der Zwischenzeit aufgrund der allgemeinen Rechtsentwicklung meist totalrevidiert oder aufgehoben worden, doch finden sich nach wie vor aus Gründen des *Sachzusammenhanges* oder wegen der Funktion als *Doppelnormen* (vgl. dazu VB N 70 ff.) privatrechtliche Normen auch in kantonalen Spezialgesetzen (vgl. dazu nachfolgend N 108 f.; zum Ganzen auch TUOR/SCHNYDER/SCHMID 901, RIEMER § 7 N 1, DESCHENAUX 39, 44, JAGMETTI 245 f., 255 f. und LIVER N 8, je mit weiteren Hinweisen). 96

Art. 5

97 Selbst das *aufgehobene frühere kantonale Zivilrecht* ist im übrigen heute insofern noch bedeutsam, als es im Falle der Verweisung auf Übung oder Ortsgebrauch in Zivilgesetzbuch und Obligationenrecht vermutungsweise als Ausdruck der Ortsübung gilt (vgl. dazu nachfolgend N 209 ff.).

d) Rechtsquellen des geltenden kantonalen Zivilrechts

aa) Kantonsverfassungen

98 Im Prinzip wäre es denkbar, dass die Kantone auch beim Erlass ihrer Verfassungen von einem Vorbehalt zur Schaffung von kantonalem Zivilrecht Gebrauch machen würden. Da die *Kantonsverfassungen* aber wie die Bundesverfassung grundsätzlich *öffentliches Recht* enthalten (vgl. dazu VB N 181 ff. und Art. 6 N 140) und überdies nur für eng begrenzte Bereiche bundesrechtliche Vorbehalte zugunsten des kantonalen Zivilrechts bestehen, kommen insbesondere *materielle privatrechtliche Bestimmungen* in Kantonsverfassungen kaum vor (zur grundsätzlich unzulässigen Verankerung einer unmittelbaren Drittwirkung von Grundrechten in den Kantonsverfassungen VB N 308 und insbesondere Art. 6 N 141 ff.). Eher denkbar ist die Aufnahme gewisser grundlegender Vorschriften im Bereich des den Kantonen auf dem Gebiet des Zivilrechts vorbehaltenen *Organisations- und Verfahrensrechts* (z.B. im Zusammenhang mit der Organisation der Gerichte und Verwaltungsbehörden).

bb) Konkordate und Staatsverträge der Kantone

99 *Staatsverträge der Kantone mit dem Ausland* auf dem Gebiet des den Kantonen vorbehaltenen Zivilrechts sind heute grundsätzlich ausgeschlossen, da das Internationale Privatrecht abschliessend durch Bundesrecht geregelt ist (vgl. dazu Art. 6 N 98 f.; zur Zulässigkeit von Staatsverträgen der Kantone mit dem Ausland auch allgemein Art. 6 N 147 ff.; zur Bedeutung *früherer Vereinbarungen* der Kantone mit dem Ausland im Bereich des Nachbarrechts vgl. die Hinweise bei Piotet Rz 20).

100 Auch *interkantonale Konkordate* kommen im Bereich des vorbehaltenen kantonalen Zivilrechts kaum vor (vgl. zur Zulässigkeit von Konkordaten allgemein Art. 6 N 226 ff.). Das interkantonale Kollisionsrecht in Zivilsachen ist im Prinzip ebenfalls durch Bundesrecht geregelt (vgl. dazu Piotet Rz 21 ff. und VB N 11 f.). Immerhin können einzelne Konkordate bei *grenzüberschreitenden Sachverhalten* des kantonalen Zivilrechts von Bedeutung sein (vgl. dazu die Hinweise bei Piotet Anhang 1037; vgl. im übrigen auch Piotet Rz 21 FN 98). Denkbar wären an sich auch *materiellrechtliche Konkordate* im Bereich des kantonalen

Zivilrechts. Vorbehalte zugunsten desselben bestehen jedoch vor allem dort, wo ein enger Zusammenhang zu lokalen Gegebenheiten vorliegt. Besteht dagegen ein Bedürfnis für eine überkantonale Vereinheitlichung, wäre ein Vorbehalt zugunsten des kantonalen Zivilrechts kaum mehr gerechtfertigt. Dies erklärt wohl, weshalb solche Konkordate nicht bekannt sind.

Im Gegensatz dazu kommen *öffentlich-rechtliche Vereinbarungen* zwischen den Kantonen im Bereich des Bundeszivilrechts durchaus vor (vgl. insbesondere das Interkantonale Konkordat vom 8. Oktober 1957 über Massnahmen zur Bekämpfung von Missbräuchen im Zinswesen [SR 221.121.1], welches sich auf den ausdrücklichen öffentlich-rechtlichen Vorbehalt von Art. 73 Abs. 2 OR stützen kann). Weitere interkantonale Konkordate bestehen auf dem Gebiet des *Zivilprozess- und Vollstreckungsrechts* (vgl. dazu Art. 6 N 228). Diese können unter Umständen auch den Kantonen vorbehaltenes Zivilrecht enthalten (vgl. z.B. die Entschädigungsvorschrift von Art. 33 Abs. 1 lit. g des Konkordats über die Schiedsgerichtsbarkeit vom 27. März 1969 [SR 279] und dazu nachfolgend N 162). 101

Zu *kantonalen Vereinbarungen mit dem Ausland*, welche grundsätzlich nicht Materien des kantonalen Zivilrechts bzw. zivilrechtliche Rechtsetzung zum Gegenstand haben, aber in privatrechtlicher Form abgeschlossen werden, vgl. Art. 6 N 150. 102

cc) Kantonale Einführungsgesetze zum Zivilgesetzbuch

Wichtigste Rechtsquellen zum vorbehaltenen kantonalen Zivilrecht sind die *Einführungsgesetze zum Zivilgesetzbuch* (EG ZGB), welche die Kantone im Hinblick auf das Inkrafttreten des Zivilgesetzbuches erlassen und seither – vor allem im Zusammenhang mit den insbesondere in der letzten Zeit stark zunehmenden Revisionen des Bundeszivilrechts – meist schon zahlreichen Revisionen, in einzelnen Fällen auch bereits einer Totalrevision unterzogen haben (vgl. dazu TUOR/SCHNYDER/SCHMID 28 f., SCHNYDER, Allg. Einl. N 264 ff., RIEMER § 7 N 10, JAGMETTI 254 und KLEY-STRULLER 39, je mit weiteren Hinweisen). 103

Diese Gesetze enthalten regelmässig einerseits das *vorbehaltene kantonale Organisations- und Verfahrensrecht* (welches allerdings zu einem bedeutenden Teil in den kantonalen Zivilprozessgesetzen zu finden ist; vgl. dazu oben N 49 ff. und nachfolgend N 108), das zusammen mit einzelnen materiellen öffentlich-rechtlichen Anordnungen das *formelle kantonale Zivilrecht* bildet (vgl. dazu oben N 91 f.), und andererseits das auf echten Vorbehalten im Sinne von Art. 5 Abs. 1 ZGB beruhende *kantonale Zivilrecht* im *engeren, eigentlichen Sinn* (vgl. dazu oben N 90). Überdies enthalten die kantonalen Einführungsgesetze zum Teil auch besonderes *kantonales Übergangsrecht* (vgl. dazu oben N 53 ff.) und *Umschreibungen der Ortsübung* im Sinne von Art. 5 Abs. 2 ZGB (vgl. dazu oben N 93 und nachfolgend N 209 ff.). 104

Art. 5

105   Im Aufbau folgen die Einführungsgesetze zum Zivilgesetzbuch in der Regel der *Systematik des Zivilgesetzbuches* bzw. dem *Memorial* des Eidgenössischen Justiz- und Polizeidepartements vom 24. Juli 1908, mit welchem den Kantonen ein schematischer Grundriss als Wegleitung für den Aufbau und die Ausgestaltung ihrer Einführungserlasse zur Verfügung gestellt wurde. Das Memorial sieht drei Titel vor, nämlich Zuständigkeit und Verfahren, organisatorische Vorschriften und kantonales Zivilrecht sowie Übergangsbestimmungen (BBl 1908 IV 505 ff.; vgl. dazu auch TUOR/SCHNYDER/SCHMID 29, KLEY-STRULLER 39 und LIVER, BE-Komm., Art. 1–10 ZGB, Einleitung N 70 mit Hinweisen).

106   Obwohl Art. 52 Abs. 2 SchlT in der ursprünglichen Fassung selbst den definitiven Erlass der notwendigen Einführungsvorschriften auf Verordnungsstufe ermöglichte (vgl. dazu und zur heutigen Regelung Art. 6 N 117 f.), haben alle Kantone *formelle Gesetze* erlassen, wobei sich allerdings der Kanton Wallis nach Ablehnung des Gesetzes anfänglich mit einer Verordnung behelfen musste (vgl. dazu TUOR/SCHNYDER/SCHMID 29, JAGMETTI 254 und LIVER, BE-Komm., Art. 1–10 ZGB, Einleitung N 70 mit Hinweisen; vgl. auch die Zusammenstellung der geltenden kantonalen Einführungsgesetze vorne bei SCHNYDER, Allg. Einl. N 284).

dd) Einführungserlasse zum Obligationenrecht

107   Die ergänzenden kantonalen Vorschriften zum *Obligationenrecht* (also kantonales Zivilrecht im engeren und weiteren Sinne; vgl. dazu oben N 90 ff.) sind zum Teil ebenfalls in den *Einführungsgesetzen zum Zivilgesetzbuch* bzw. in den kantonalen Zivilprozessgesetzen, zum Teil aber – insbesondere im Zusammenhang mit der grossen Revision des Obligationenrechts vom 18. Dezember 1936 – auch in *selbständigen Einführungserlassen* zum Obligationenrecht (Gesetze, Dekrete oder Verordnungen) enthalten (vgl. dazu JAGMETTI 254, 342 FN 2, je mit weiteren Hinweisen; zur Rechtsetzungsform vgl. auch nachfolgend N 119 ff.).

ee) Kantonale Spezialerlasse

108   Die Einführungserlasse zum Zivilgesetzbuch und zum Obligationenrecht enthalten nicht das gesamte kantonale Zivilrecht (im engeren und weiteren Sinne). Insbesondere *Organisations- und Verfahrensvorschriften* finden sich – wie bereits erwähnt – auch in den kantonalen Zivilprozessordnungen und in weiteren besonderen kantonalen Ausführungserlassen der Gesetzes-, Dekrets- und Verordnungsstufe (vgl. dazu TUOR/SCHNYDER/SCHMID 28 f., RIEMER § 7 N 10, JAGMETTI 254 und KLEY-STRULLER 39 f., je mit weiteren Hinweisen; vgl. zur erforderlichen Rechtsetzungsform auch nachfolgend N 119 ff.). In der Regel werden Zuständigkeit und Verfahren für die richterlichen Behörden in den kantonalen Zivilprozess-

Art. 5

gesetzen, für die Verwaltungsbehörden dagegen in den kantonalen Einführungserlassen zum Bundeszivilrecht und für die öffentliche Beurkundung zum Teil auch in besonderen Notariatsgesetzen geregelt (vgl. dazu STRÄULI/MESSMER vor § 204 N 2, VOGEL 12 N 166 und SCHNYDER, Allg. Einl. N 266 mit Hinweisen; zur Zivilrechtsanwendung durch Verwaltungsbehörden auch oben N 13 und VB N 31). Aber auch *eigentliche materielle Privatrechtsnormen* finden sich zum Teil in Spezialgesetzen (z.B. in Landwirtschafts-, Flur-, Forst- und Wassergesetzen, aber auch in Bau-, Strassen- und Naturschutzgesetzen, vereinzelt in Jagdgesetzen und in Gastgewerbegesetzen) oder entsprechenden Verordnungen (vgl. dazu TUOR/SCHNYDER/SCHMID 29, RIEMER § 7 N 10, JAGMETTI 254, 342 ff., KLEY-STRULLER 39 und SCHÖNENBERGER, ZH-Komm, Zivilgesetzbuch, Band VI [kantonale Erlasse zum ZGB und OR], je mit weiteren Hinweisen; vgl. dazu auch die Hinweise nachfolgend N 161 ff.; zur Schwierigkeit des Auffindens dieser Normen JAGMETTI 254 FN 4).

Die Gründe für das Vorkommen zivilrechtlicher Vorschriften in kantonalen Spezialerlassen liegen einerseits darin, dass beim Inkrafttreten des Zivilgesetzbuches aus gesetzgebungstechnischen Gründen oder wegen ungenügender Durchforstung des kantonalen Rechts *nicht alle kantonalen Privatrechtsnormen* in die Einführungsgesetze *integriert* wurden. Andererseits kann es gute Gründe geben, eine privatrechtliche Norm wegen des *Sachzusammenhanges* bzw. wegen ihrer *Funktion als Doppelnorm* in einem Spezialerlass zu belassen (vgl. dazu auch oben N 96). Nach Auffassung des Bundesrates nimmt die Tendenz zur Schaffung von verstreutem kantonalem Ausführungsrecht zum Bundeszivilrecht in der letzten Zeit sogar zu, was allerdings – soweit dies zutrifft – mit der allgemein zunehmenden Aufsplitterung der Gesetzgebung und den häufigen Revisionen des Bundeszivilrechts zusammenhängen dürfte (vgl. dazu VPB 1986 Nr. 37). Aufgrund der praktischen Bedürfnisse und des in Art. 359a OR geregelten besonderen Erlassverfahrens werden im übrigen auch *kantonale Normalarbeitsverträge* stets als Spezialerlasse geschaffen (vgl. dazu auch nachfolgend N 202). 109

ff) Autonome Satzungen

Autonome Satzungen sind Rechtsetzungserlasse, welche von verselbständigten öffentlichen oder ausnahmsweise auch von privaten Organisationen aufgrund einer gesetzlichen Ermächtigung erlassen werden. Sie sind im Bereich des Privatrechts – im Unterschied zum öffentlichen Recht – selten (vgl. dazu VB N 172 ff. mit Hinweisen). Im Bereich des kantonalen Zivilrechts kommen aufgrund entsprechender Rechtsetzungsdelegationen vereinzelt *Erlasse von Gemeinden und Bezirken* vor, welche grundsätzlich den autonomen Satzungen zuzuordnen sind (vgl. dazu nachfolgend N 129; zur Rechtsnatur solcher Erlasse auch differenzie- 110

Art. 5

rend HÄFELIN/MÜLLER Rz 122, IMBODEN/RHINOW/KRÄHENMANN Nr. 12, MOOR I 53 f. und Art. 6 N 222 f., je mit weiteren Hinweisen). Autonome Satzungen von *Privaten* kommen dagegen im Bereich des kantonalen Zivilrechts – anders als im Bundeszivilrecht – nicht vor (vgl. dazu nachfolgend N 130).

gg) Ungeschriebenes Recht

111 Grundsätzlich kommt als kantonales Privatrecht im Rahmen der bundesrechtlichen Vorbehalte auch ungeschriebenes Recht in Frage. Im Bereich der *ermächtigenden* und der *verpflichtenden Vorbehalte* erscheint ungeschriebenes kantonales Recht, insbesondere Gewohnheitsrecht, allerdings weitgehend *ausgeschlossen*, da in diesen Fällen der Kanton geschriebenes Recht erlassen muss, wenn er von einer Ermächtigung zur Abweichung oder Ergänzung des Bundeszivilrechts Gebrauch machen will (vgl. dazu oben N 78, 87) bzw. die notwendigen Organisations- und Verfahrensvorschriften, welche zum Teil ohnehin der Genehmigung des Bundes bedürfen, schaffen muss (vgl. dazu auch Art. 6 N 110 ff.; vgl. dazu aber auch nachfolgend N 114).

112 Im Bereich der *zuteilenden Vorbehalte*, welche die Gesetzgebungshoheit für eine bestimmte Materie den Kantonen zuweisen, kann sich kantonales Zivilrecht demgegenüber grundsätzlich auch aus ungeschriebenem Recht (Gewohnheitsrecht, Richterrecht) ergeben (vgl. dazu oben N 81 f.). *Gesetzesderogierendes Gewohnheitsrecht* ist nach heutiger Rechtsauffassung dagegen auch im Bereich des kantonalen Rechts *ausgeschlossen* (vgl. dazu IMBODEN/RHINOW/KRÄHENMANN Nr. 7 B III a, MEIER-HAYOZ, BE-Komm., Art. 1 ZGB N 247 und KLEY-STRULLER 40 FN 2 mit Hinweisen; vgl. demgegenüber noch EGGER, Art. 5 N 12; vgl. ferner auch TUOR/SCHNYDER/SCHMID 38 f.).

113 Vgl. zum Ganzen auch RIEMER § 7 N 11, JAGMETTI 256 f., FRIEDRICH 731, KLEY-STRULLER 40 f. und LIVER N 37 ff., je mit weiteren Hinweisen; vgl. zur ursprünglich vorgesehenen ausdrücklichen Vorschrift über die Zulässigkeit von Gewohnheitsrecht im Rahmen der bundesrechtlichen Vorbehalte auch oben N 6, 8.

114 Ergänzend ist anzufügen, dass *Gewohnheitsrecht* und *Richterrecht* auch im Bereich von verpflichtenden und ermächtigenden Vorbehalten insoweit zulässig sein muss, als die Kantone vom entsprechenden Vorbehalt Gebrauch gemacht haben, die entsprechende kantonale Regelung aber Lücken enthält, die gefüllt werden müssen (vgl. zur Anwendung des kantonalen Zivilrechts auch nachfolgend N 146 ff.; zur Lückenfüllung im *Organisations- und Verfahrensrecht* RHINOW/KRÄHENMANN Nr. 23 B I a Ziff. 2, GULDENER 53 und WALDER § 3 N 31 mit weiteren Hinweisen).

115 Keine Rechtsquellen im Sinne objektiver Rechtsnormen sind *Übungen, Ortsgebrauch* und *Verkehrssitten* (vgl. dazu VB N 179). Auch das kantonale Zi-

vilrecht kann jedoch auf solche Regeln verweisen, womit diese *mittelbar* den Rang von *Rechtsnormen* des kantonalen Zivilrechts erhalten. Soweit im Rahmen von kantonalem Zivilrecht richterliche Rechtsfindung erforderlich ist, können Verkehrsübungen überdies als *Hilfsmittel* dazu beitragen (vgl. dazu DESCHENAUX 44, JAGMETTI 258, LIVER N 42, KLEY-STRULLER 42 und nachfolgend N 215 f., je mit weiteren Hinweisen).

e) Hinweise auf Literatur zum kantonalen Zivilrecht

Eine *Zusammenstellung* der wichtigsten *geschriebenen Rechtsquellen* zum *kantonalen Zivilrecht* sämtlicher Kantone findet sich bei SCHÖNENBERGER, ZH-Komm, Zivilgesetzbuch, Band VI (kantonale Erlasse zum ZGB und OR). Allerdings gibt diese Zusammenstellung den Stand der Gesetzgebung im August 1939 wieder und ist daher stark veraltet. Seither sind die Vorschriften zum kantonalen Zivilrecht – insbesondere im Zusammenhang mit den zunehmenden Revisionen des Bundeszivilrechts – zahlreichen Änderungen unterworfen und in einzelnen Fällen totalrevidiert worden. Überdies wurden in den meisten Kantonen spezialgesetzliche Materien (z.B. Natur- und Heimatschutz, Staats- und Beamtenhaftung) ausgegliedert. 116

Neuere Angaben über die Erlasse zum kantonalen Zivilrecht aller Kantone finden sich bei JAGMETTI 254, 342 ff. (Erscheinungsjahr 1969). Dieser hat auch die letzte umfassende *rechtsvergleichende Darstellung* des gesamten *kantonalen Zivilrechts* geschaffen (vgl. JAGMETTI 259 ff.). Die nachfolgende Übersicht über das vorbehaltene kantonale Zivilrecht (vgl. dazu unten N 161 ff.) stützt sich stark auf diese Darstellung ab, berücksichtigt aber die seitherigen Änderungen des Bundeszivilrechts und enthält auch Hinweise zu den neueren kantonalen Regelungen. 117

Für *einzelne Kantone* bestehen neuere Darstellungen des kantonalen Zivilrechts bzw. wichtiger Teile davon, welche zum Teil auch Hinweise auf die Regelung anderer Kantone enthalten (vgl. insbesondere die Zusammenstellung der am 1. Oktober 1990 geltenden kantonalen Rechtsgrundlagen im Bereich des Sachenrechts bei PIOTET Anhang 1037 ff.). Zu erwähnen sind insbesondere: 118

PIERRE BOILLAT, Jura – Naissance d'un Etat, Lausanne 1989, 59 ff. und passim; HANS-PETER FRIEDRICH, Kantonales Zivilrecht, in: KURT EICHENBERGER u.a.(Hrsg.), Handbuch des Staats- und Verwaltungsrechts des Kantons Basel-Stadt, Basel/Frankfurt a.M. 1984, 727 ff. (im vorliegenden Kommentar zit. FRIEDRICH); VINCENZO JACOMELLA/MARCO LUCCHINI, I rapporti di vicinato nel Cantone Ticino, Bellinzona 1996; ANDREAS KLEY-STRULLER, Kantonales Privatrecht, Eine systematische Darstellung der kantonalen Einführungsgesetzgebung zum Bundesprivatrecht am Beispiel des Kantons St. Gallen und weiterer Kantone, St. Gallen 1992 (im vorliegenden Kommentar zit. KLEY-STRULLER); PETER LIVER, Das neue EG ZGB des Kantons Appenzell AR, SJZ 1969 301 ff.; DENIS PIOTET, Le droit privé vaudois de la propriété foncière délimité par la législation fédérale et comparé à d'autres droits cantonaux, Lausanne 1991 (im vorliegenden Kommentar zit. PIOTET); CARLO PORTNER, Die Revision des Einführungsgesetzes zum Zivilgesetzbuch [Kt. Graubünden], ZGRG 1994 78 ff. (im vorliegenden Kommentar zit. PORTNER); THOMAS SULZBERGER, Zum Schaffhauser Privatrecht – Ein historischer Überblick mit aktuellem Ausklang, in: Informationsblatt des Juristenvereins Schaffhausen vom Dezember 1996, V/1 ff. (mit Hinweisen insbesondere zur 1995 erfolgten Neuordnung des Flurwesens; vgl. dazu auch SJZ 1996 56).

Art. 5

Einen aktuellen Überblick über Bestand und Weiterentwicklung des kantonalen Zivilrechts vermitteln sodann die Gesetzesvorlagen in denjenigen Kantonen, welche in den letzten Jahren ihre Einführungsgesetze zum Zivilgesetzbuch erneuert oder ein entsprechendes Verfahren eingeleitet haben (vgl. dazu die Hinweise bei SCHNYDER, Allg. Einl. N 284; im Kanton Aargau besteht ein privater Entwurf von KURT EICHENBERGER für ein neues EG ZGB vom Januar 1988, welcher jedoch nicht weiterbehandelt worden ist).

2. Anforderungen an das vorbehaltene kantonale Privatrecht

a) Formelle Anforderungen

aa) Massgeblichkeit des kantonalen Staatsrechts; Vorbehalt des Gesetzmässigkeitsprinzips

119　Wenn der Bund den Kantonen Gesetzgebungskompetenzen zuweist, muss er die den Kantonen zustehende Verfassungs- und Organisationsautonomie beachten und darf daher nach herrschender Auffassung den Kantonen im Prinzip nicht vorschreiben, in welchem Verfahren sie die entsprechenden Vorschriften zu erlassen haben. Massgebend hiefür ist vielmehr das *kantonale Staatsrecht* (vgl. dazu BGE 118 II 69, DESCHENAUX 44, JAGMETTI 253 f., FRIEDRICH 730, PIOTET Rz 6, EGGER, Art. 5 N 11 mit Hinweisen; vgl. dazu auch allgemein HÄFELIN/HALLER Rz 349, AUBERT Nr. 722 [inkl. Nachtrag], SALADIN, Komm. BV, Art. 3 N 66, 103, 233, je mit weiteren Hinweisen).

120　Das kantonale Staatsrecht muss freilich seinerseits die sich aus den Grundsätzen der *Gewaltenteilung* und der *Gesetzmässigkeit* (ungeschriebene Verfassungsgrundsätze des Bundesrechts) ergebenden rechtsstaatlichen Anforderungen einhalten, welche auch für die Schaffung von kantonalem Zivilrecht gelten. Insbesondere ist die Delegation von Rechtsetzungskompetenzen (Gesetzesdelegation) an Verwaltungsbehörden nach der bundesgerichtlichen Rechtsprechung nur unter bestimmten Voraussetzungen zulässig (vgl. dazu HÄFELIN/HALLER Rz 607 ff., 1031 ff., 1623, AUBERT Nr. 1219 ff., 1536 ff. [je inkl. Nachtrag] und 1758–1774 Lit. A [Nachtrag], G. MÜLLER, Komm. BV, Art. 4 N 6 ff., HÄFELIN/MÜLLER Rz 296 ff., IMBODEN/RHINOW/KRÄHENMANN Nr. 59–65 und MOOR I 309 ff., je mit weiteren Hinweisen; vgl. dazu auch Art. 6 N 113 ff., welche Grundsätze sinngemäss auch für das kantonale Zivilrecht gelten).

121　Der Bundesgesetzgeber hat sich bei den Vorbehalten zugunsten des materiellen kantonalen Zivilrechts weitgehend an diese Grundsätze gehalten (vgl. demgegenüber für das vorbehaltene Organisations- und Verfahrensrecht nachfolgend N 127). In der Regel werden das «kantonale Recht» oder «kantonale Bestimmungen» vorbehalten, in einzelnen Fällen aber auch die «kantonale Gesetzgebung» (vgl. dazu auch oben N 46). Aus dem Vorbehalt des *«kantonalen Rechts»*

Art. 5

ergeben sich keine bestimmten Anforderungen an das kantonale Recht; insbesondere wird grundsätzlich auch ungeschriebenes Recht mitumfasst (vgl. zu dessen Zulässigkeit oben N 111 ff.). Soweit die «*kantonale Gesetzgebung*» vorbehalten wird (vgl. z.B. Art. 553 Abs. 3 und Art. 795 Abs. 2 ZGB), ist aufgrund der dargelegten Verfassungslage nicht anzunehmen, dass der Bundesgesetzgeber den Kantonen damit zwingend den Erlass formeller Gesetze vorschreiben wollte. Vielmehr ist damit wohl die Gesetzgebung im materiellen Sinne gemeint, welche auch andere Rechtsetzungsformen umfasst (vgl. nachfolgend N 123 ff.; a.M. offenbar EGGER, Art. 5 N 11 und DESCHENAUX 44).

Anders ist die Rechtslage, wenn ausdrücklich «*der Weg der Gesetzgebung*» vorgeschrieben wird, was jedoch sehr selten ist (vgl. AUBERT Nr. 722 zu dem nachfolgend N 189 erwähnten früheren privatrechtlichen Vorbehalt von Art. 16 BaG). Wird dagegen lediglich die «kantonale Gesetzgebung» vorbehalten, wäre nach der hier vertretenen Auffassung nur ungeschriebenes Recht ausgeschlossen, wie dies auch dann der Fall ist, wenn der Bundesgesetzgeber «*kantonale Bestimmungen*» vorbehält, und wie dies im Prinzip generell gilt, wenn es sich um ermächtigende Vorbehalte handelt (vgl. dazu auch FRIEDRICH 731 und JAGMETTI 256 f. sowie oben N 78). Bei zuteilenden Vorbehalten wird Gewohnheitsrecht nach herrschender Auffassung allerdings auch unabhängig vom Wortlaut des Vorbehaltes zugelassen (vgl. z.B. MEIER-HAYOZ, BE-Komm., Art. 685/686 ZGB N 15 zu Art. 686 Abs. 2 ZGB und dazu auch SCHNYDER, Hammerschlagsrecht, 268; zur Zulässigkeit von ungeschriebenem Recht auch allgemein oben N 111 ff.). 122

bb) Formen der kantonalen Gesetzgebung

Da es beim Erlass von materiellem kantonalem Zivilrecht regelmässig um die Schaffung von neuen Rechten und Pflichten der Bürger geht, muss der kantonale Gesetzgeber *in der Regel* die Form des *formellen Gesetzes* wählen, für welche regelmässig das obligatorische oder fakultative Referendum gilt (vgl. auch JAGMETTI 253 f., FRIEDRICH 730 und KLEY-STRULLER 38). Je nach kantonalem Staatsrecht kommen aber auch *Parlamentsverordnungen (Dekrete, Parlamentsbeschlüsse)* in Frage, für welche die strengen Anforderungen an die Gesetzesdelegation nicht gelten (vgl. dazu BGE 118 Ia 247 f., HÄFELIN/HALLER Rz 1023 ff., IMBODEN/RHINOW/KRÄHENMANN Nr. 63 B IV und MOOR I 257 f. mit Hinweisen; vgl. dazu auch ANDREAS AUER/WALTER KÄLIN [Hrsg.], Das Gesetz im Staatsrecht der Kantone, Chur/Zürich 1991). Kantonale Rechtsetzung kann im übrigen auch im Rahmen der kantonalen *Verfassung*, von *Konkordaten* und der in beschränktem Ausmass möglichen kantonalen *Staatsverträge mit dem Ausland* erfolgen, doch kommt das kantonale Zivilrecht hiefür kaum in Frage (vgl. dazu auch oben N 98 ff.). 123

Art. 5

124   Die Kantone haben denn auch das materielle kantonale Zivilrecht *grössten-teils* in *Gesetzesform* erlassen. Dies gilt nicht nur für die auf das Inkrafttreten des Zivilgesetzbuches hin geschaffenen Einführungsgesetze (vgl. dazu oben N 103 ff.), sondern auch für spezialgesetzliche Vorschriften, welche damals nicht aufgehoben wurden und daher weiterhin in Geltung blieben (vgl. dazu oben N 96), sowie für die später neu geschaffenen Sondervorschriften (vgl. dazu oben N 108 f. mit Hinweisen). Daneben kommen freilich – insbesondere im Zusammenhang mit Revisionen des Zivilgesetzbuches und des Obligationenrechts bzw. mit der Schaffung von privatrechtlichen Spezialerlassen – auch *Parlamentsverordnungen (Dekrete)* und *Verordnungen der Exekutive* vor (vgl. dazu die Hinweise oben N 108).

cc) Zulässigkeit von Verordnungen des Parlaments und der Exekutive

125   Inwieweit *Parlamentsverordnungen* zulässig sind, ergibt sich grundsätzlich allein aus dem kantonalen Staatsrecht (vgl. dazu oben N 123). Anders steht es bei den *Verordnungen von Exekutivbehörden*. Eine *Rechtsetzungsdelegation (Gesetzesdelegation)* an die kantonalen Exekutivbehörden ist nach der bundesgerichtlichen Rechtsprechung nur zulässig, wenn eine solche durch die kantonale Verfassung nicht ausgeschlossen ist, die Delegation durch eine formell-gesetzliche Norm erfolgt, sich auf eine bestimmte, genau umschriebene Materie beschränkt und die Grundzüge der Regelung in einem Gesetz im formellen Sinn enthalten sind (vgl. dazu BGE 118 Ia 247 f., HÄFELIN/HALLER Rz 1013 ff., AUBERT Nr. 1536 ff. [inkl. Nachtrag], HÄFELIN/MÜLLER Rz 325 ff., IMBODEN/RHINOW/KRÄHENMANN Nr. 63 B III und MOOR I 251 ff. mit Hinweisen).

126   In einer *Verordnung der Exekutivbehörden* können daher gestützt auf eine entsprechende Gesetzesdelegation nur Fragen von *untergeordneter Bedeutung* geregelt werden, was freilich auch im Rahmen der Rechtsetzung im Bereich des kantonalen Zivilrechts denkbar ist (insbesondere Konkretisierung von inhaltlichen Grundsatzvorschriften oder Schaffung von besonderen Organisations- und Verfahrensvorschriften im Rahmen der allgemeingültigen Ordnung; vgl. dazu auch FRIEDRICH 731 und KLEY-STRULLER 39 mit Hinweisen; vgl. auch BGE 117 Ia 335: Zulässigkeit der Delegation der näheren Umschreibung des Begriffs des Wohnungsmangels an den Regierungsrat im Rahmen des gemäss Art. 270 Abs. 2 OR vorbehaltenen kantonalen Zivilrechts [vgl. dazu auch unten N 197]).

127   Was die für die Anwendung des Bundeszivilrechts *notwendigen Ausführungsbestimmungen* anbetrifft, enthält überdies Art. 52 Abs. 2 SchlT eine Ermächtigung, diese vorläufig auf dem Verordnungswege zu erlassen. Dadurch werden allerdings grundsätzlich nur die für die Anwendung des Bundeszivilrechts notwendigen Organisations- und Verfahrensbestimmungen erfasst (vgl. dazu RIEMER § 7 N 10, JAGMETTI 254 und FRIEDRICH 730 mit Hinweisen; vgl. dazu und zur

Problematik dieser Bestimmung auch Art. 6 N 117 f.). In bundesrechtlichen *Spezialerlassen* bestehen zum Teil noch weitergehende, nicht nur notwendige Ausführungsvorschriften, sondern auch weitere ergänzende Bestimmungen erfassende Ermächtigungen zugunsten von kantonalem Verordnungsrecht (vgl. z.B. Art. 36 Abs. 2 BewG und BGE 118 II 66 ff. zu dem in VB N 126 erwähnten, inzwischen aufgehobenen Sperrfristenbeschluss; vgl. im übrigen auch FRIEDRICH 730 f., insbesondere FN 4, 9 mit Hinweisen).

Soweit sich aus dem kantonalen Staatsrecht nichts anderes ergibt, sind die Kantonsregierungen im übrigen auch ohne ausdrückliche Ermächtigung im eidgenössischen oder im kantonalen Recht befugt, die für den Vollzug einer gesetzlichen Regelung des Bundesrechts oder des kantonalen Rechts *notwendigen Vollzugsvorschriften* (insbesondere Organisations- und Verfahrensvorschriften) auf dem Verordnungsweg zu schaffen (sog. *Vollziehungsverordnung*; vgl. dazu IMBODEN/RHINOW/KRÄHENMANN Nr. 8 und Art. 6 N 116 mit zahlreichen Hinweisen; vgl. auch die Hinweise auf die unterschiedliche Rechtslage in den einzelnen Kantonen bei ANDREAS AUER/WALTER KÄLIN [Hrsg.], Das Gesetz im Staatsrecht der Kantone, Chur/Zürich 1991). Einen Sonderfall stellen die meist als Verordnungen der Kantonsregierung oder einer anderen Verwaltungsbehörde erlassenen kantonalen *Normalarbeitsverträge* dar, für deren Erlass das Bundesrecht ein besonderes Mitwirkungsverfahren vorsieht (Art. 359a Abs. 2 OR; vgl. dazu nachfolgend N 202 mit Hinweisen).

128

dd) Rechtsetzungsdelegation an untergeordnete Verbände und Private;
Abgrenzung zu blossen Verweisungen

Aus der Verfassungs- und Organisationsautonomie der Kantone ergibt sich, dass die Kantone – jedenfalls ohne ausdrückliche gegenteilige Vorschrift – den Erlass von vorbehaltenem Zivilrecht auch an *untergeordnete Verbände* (insbesondere *Gemeinden* und *Bezirke*) delegieren können, obwohl damit die Rechtszersplitterung verstärkt wird (vgl. dazu und zum Vorkommen von kommunalem Zivilrecht JAGMETTI 248, FRIEDRICH 730 und PIOTET Rz 11 mit Hinweisen; vgl. zur Autonomie hinsichtlich der innerkantonalen Aufgabenteilung auch allgemein SALADIN, Komm. BV, Art. 3 N 234, 251 ff. mit Hinweisen; zur Möglichkeit der Delegation formellgesetzlicher Regelungen an die Gemeinden HÄFELIN/MÜLLER Rz 122, 2097, IMBODEN/RHINOW/KRÄHENMANN Nr. 12 B VIII und MOOR I 336 mit Hinweisen; zur Rechtsnatur von Gemeindeerlassen auch oben N 110; zur prekären Publizität des Gemeinderechts auch RHINOW/KRÄHENMANN Nr. 5 B IV mit Hinweisen). Soweit eine Rechtsetzungsdelegation an Gemeinden oder Bezirke erfolgt, ist im übrigen – soweit dies nach den allgemeinen Grundsätzen möglich ist (vgl. dazu oben N 111 ff.) – auch die Bildung von entsprechendem *kommunalem Gewohnheits-*

129

Art. 5

recht denkbar (vgl. dazu insbesondere MEIER-HAYOZ, BE-Komm, Art. 685/686 ZGB N 15 hinsichtlich des privatrechtlichen Baurechts). In einem Fall räumt im übrigen das Bundesrecht selbst den Gemeinden direkt die Befugnis ein, eigenes kommunales Zivilrecht zu schaffen (vgl. nachfolgend N 187 zur problematischen Regelung von Art. 13 BewG).

130 Eine *Rechtsetzungsdelegation an Private* scheint im Bereich des kantonalen Zivilrechts nicht denkbar. Die Befugnis zum Abschluss von privatrechtlichen *Kollektivverträgen* (eventuell mit normativer Wirkung) und zu deren allfälliger *Allgemeinverbindlicherklärung* kann sich grundsätzlich nur aus dem Bundesrecht ergeben. Dementsprechend werden solche Rechtsakte, auch wenn sie durch kantonale Behörden allgemeinverbindlich erklärt werden, dem *Bundeszivilrecht* zugeordnet (vgl. dazu VB N 174 und Art. 6 N 352).

131 Keine Rechtsetzungsdelegation, sondern eine *Verweisung* liegt vor, wenn das kantonale Zivilrecht für gewisse Fragen auf früheres Recht (auf früheres kantonales Recht oder alte Statutarrechte; vgl. dazu oben N 94 ff.) oder auf den Ortsgebrauch verweist, womit diese Regeln zu mittelbarem kantonalem Recht werden (vgl. dazu und zur Problematik der Verweisung auf anderes Recht IMBODEN/RHINOW/KRÄHENMANN Nr. 61 mit Hinweisen). Im Rahmen der Vorbehalte zugunsten des kantonalen Zivilrechts erscheint eine Verweisung auf *früheres Recht* grundsätzlich zulässig, da dessen Inhalt feststeht, doch erscheint eine Verweisung auf frühere, oft nur schwer zugängliche Rechtsquellen je länger desto problematischer (vgl. dazu und zum Vorkommen solcher Verweisungen JAGMETTI 248 und LIVER N 42 f. mit Hinweisen). Die Verweisung auf den *Ortsgebrauch* stellt keine Verweisung auf anderes Recht, sondern auf Tatsachen dar, wie sie auch im Bundeszivilrecht vorkommt (vgl. Art. 5 Abs. 2 ZGB und dazu nachfolgend N 209 ff.; vgl. dazu und zum Vorkommen solcher Verweisungen im kantonalen Zivilrecht auch JAGMETTI 258, LIVER N 42 und KLEY-STRULLER 42 mit Hinweisen).

ee) Zulässigkeit von ungeschriebenem Recht

132 Zur Zulässigkeit von *ungeschriebenem Recht* (Gewohnheitsrecht, Richterrecht) im Bereich des kantonalen Zivilrechts vgl. oben N 111 f.

ff) Erfordernis einer Bundesgenehmigung?

133 Eine *Genehmigung des Bundes* ist für kantonales Zivilrecht nur noch in bestimmten, besonders umschriebenen Fällen erforderlich (vgl. Art. 52 Abs. 3 und 4 SchlT und dazu VB N 311 ff.). Soweit eine Genehmigungspflicht besteht, fällt hierunter jedoch neu auch das materielle kantonale Zivilrecht, da die Genehmigungspflicht nicht mehr auf das zwingend notwendige Ausführungsrecht (Organisations-

und Verfahrensvorschriften) beschränkt ist (vgl. dazu VB N 315 f.; vgl. demgegenüber zur früheren Rechtslage JAGMETTI 255, FRIEDRICH 730, KNAPP, Komm. BV, Art. 64 N 83 und sinngemäss wohl auch LIVER N 11). In den gemäss Art. 52 Abs. 3 SchlT dauernd der Genehmigungspflicht unterstehenden Bereichen kommen jedoch nur wenige Vorbehalte zugunsten von materiellem kantonalem Zivilrecht vor (vgl. dazu auch SCHNYDER, Allg. Einl. N 271). Für Vorbehalte zugunsten von *materiellem kantonalem Zivilrecht* in *Spezialgesetzen* bestehen zum Teil besondere Vorschriften, welche eine (konstitutive) Genehmigung des Bundes vorsehen (vgl. z.B. Art. 36 Abs. 3 BewG [für kommunale Erlasse lediglich Mitteilungspflicht], Art. 91 Abs. 2 BGBB und Art. 58 Abs. 1 LPG und dazu VB N 314 a.E.; vgl. zum früheren Recht auch JAGMETTI 255 und FRIEDRICH 730 mit Hinweisen).

b) **Inhaltliche Schranken**

aa) Bundesrechtlicher Rahmen; Sinn und Geist des Bundeszivilrechts

Zunächst versteht sich von selbst, dass die Kantone bei der Schaffung des vorbehaltenen kantonalen Zivilrechts nur *im Rahmen* der *bundesrechtlichen Vorbehalte* gemäss Art. 5 Abs. 1 ZGB tätig werden dürfen (BGE 104 II 168; vgl. zur Auslegung und zum bundesrechtlichen Rahmen dieser Vorbehalte eingehend oben N 66 ff.). Im Rahmen dieser Vorbehalte aber sind sie in der inhaltlichen Ausgestaltung des von ihnen zu schaffenden kantonalen Zivilrechts *grundsätzlich frei* (vgl. dazu auch LIVER N 50 und SCHNYDER, Freiheit, 602 mit Hinweisen). Freilich haben sie bei ihrer Rechtsetzung *Sinn und Geist des Bundeszivilrechts* zu beachten, womit insbesondere die ethischen Grundlagen und rechtspolitischen Zielsetzungen, zum Teil aber auch die dogmatischen Prinzipien und Grundlagen des Bundeszivilrechts gemeint sind. Die erwähnte Anforderung ergibt sich – ähnlich wie bei der Schaffung von kantonalem öffentlichem Recht – aus dem Grundsatz der Einheit der Rechtsordnung (vgl. dazu oben N 25 ff.). Freilich bereitet die Vereinbarkeit mit Sinn und Geist des Bundeszivilrechts für das kantonale Zivilrecht meist kaum Probleme, da solches Recht ja im allgemeinen nur für eng begrenzte Fragen geschaffen werden kann, deren Regelung das Bundeszivilrecht selbst den Kantonen vorbehalten hat (vgl. dazu auch DESCHENAUX 45, LIVER N 50 und PIOTET Rz 12; zur Grundlage und Bedeutung dieser Anforderung für das kantonale öffentliche Recht auch Art. 6 N 330 ff.).

Am ehesten ergeben sich dort Schwierigkeiten, wo das Bundeszivilrecht die Regelung *bestimmter Teilgebiete* dem *kantonalen Zivilrecht zuweist*, insbesondere im Bereich der kantonalrechtlichen Körperschaften gemäss Art. 59 Abs. 3 ZGB und des kantonalen Nachbarrechts (vgl. dazu nachfolgend N 166 f. und 173 ff.).

Art. 5

Im Interesse der Privatrechtseinheit dürfen die Kantone auch in solchen Bereichen nach herrschender Auffassung vom *Bundeszivilrecht* nur insofern *abweichen*, als die *Besonderheit der Materie* es erfordert (vgl. dazu den Grundsatzentscheid BGE 42 II 49 ff. sowie EGGER, Art. 5 N 13, NOBEL 247 f. und LIVER N 51 ff. mit Hinweisen und Beispielen; anders die Rechtslage vor 1912, vgl. oben N 26; vgl. zur Abgrenzung gegenüber der Anwendung von Bundeszivilrecht auch N 156 f.; zur Auslegung der privatrechtlichen Vorbehalte oben N 66 ff.).

136 Im einzelnen kann jedoch umstritten sein, wo die Grenzen liegen. So besteht insbesondere keine Einigkeit, ob die erwähnten *kantonalzivilrechtlichen Körperschaften* als Gesamthandschaften mit körperschaftlicher Verwaltung organisiert werden können (ablehnend die herrschende Auffassung, vgl. nachfolgend N 167; befürwortend dagegen LIVER N 53). Im Bereich des *Nachbarrechts* ist heute anerkannt, dass sich die *allgemeinen Grundsätze* und die Bestimmungen über die *Folgen der Verletzung* von kantonalen Vorschriften weitgehend – allerdings nicht ausschliesslich – aus dem Bundeszivilrecht ergeben (vgl. dazu LIVER N 51 und nachfolgend N 176). Die dem französischen Recht entstammenden Regeln über das *Miteigentum an Grenzvorrichtungen* sind dagegen mit dem Bundeszivilrecht durchaus vereinbar (vgl. dazu DESCHENAUX 45, LIVER N 51, PIOTET Rz 710 ff. und nachfolgend N 173). Im Grenzbereich von kantonalem Zivilrecht bzw. öffentlichem Recht ist umstritten, ob die Kantone gestützt auf Art. 664 Abs. 1 ZGB für *öffentliche und herrenlose Sachen* ein «öffentliches Eigentum» im Sinne des französischen Verwaltungsrechts schaffen dürften, doch hat bisher kein Kanton eine entsprechende Regelung getroffen (vgl. dazu LIVER N 52, PIOTET Rz 287 ff., insbesondere 304 und Art. 6 N 397 ff. mit weiteren Hinweisen).

bb) Öffentliches Recht des Bundes und der Kantone (Gesetzgebung)

137 Beim kantonalen Zivilrecht stellt sich auch die Frage nach dem Verhältnis zum *öffentlichen Recht des Bundes*. Grundsätzlich ist auch hier von der Unabhängigkeit von Privatrecht und öffentlichem Recht auszugehen, wie dies umgekehrt im Verhältnis von Bundeszivilrecht und kantonalem öffentlichem Recht aufgrund von Art. 6 ZGB gilt (vgl. dazu Art. 6 N 40 ff.). Probleme sollten sich in der Regel deswegen nicht ergeben, weil kantonales Zivilrecht nur in einem eng begrenzten Bereich gestützt auf Vorbehalte des Bundesrechts zulässig ist. Es kann daher grundsätzlich davon ausgegangen werden, dass eine *Koordination* der *Rechtsetzung* auf der Stufe der *Bundesgesetzgebung* erfolgt ist. Trotzdem sollte auch der kantonale Gesetzgeber beim Erlass der ihm vorbehaltenen zivilrechtlichen Vorschriften das öffentliche Recht des Bundes im Auge behalten, um nicht aufeinander abgestimmte Regelungen zu vermeiden. Wenn sich bei der Rechtsanwendung Proble-

me ergeben, sind diese durch eine harmonisierende Rechtsauslegung und -anwendung zu lösen (vgl. dazu auch VB N 199).

Als konkretes Beispiel kann etwa auf die *Waldabstandsvorschriften* hingewiesen werden. Grundsätzlich steht es den Kantonen gestützt auf Art. 686 ZGB frei, ob und welche privatrechtlichen Vorschriften sie für die Frage des Waldabstandes von Bauten erlassen wollen. Aus dem öffentlichen Recht des Bundes ergibt sich jedoch, dass Bauten in Waldesnähe, welche die Erhaltung des Waldes beeinträchtigen, unzulässig sind und die Kantone angemessene Abstände festzulegen haben (vgl. BGE 112 Ib 321 f. und 107 Ia 338 f. zur damals nicht völlig klaren Natur und Abstützung der kantonalen Waldabstandsvorschriften; heute besteht eine klare bundesgesetzliche Pflicht zum Erlass öffentlich-rechtlicher Abstandsvorschriften, vgl. Art. 17 WaG und dazu BBl 1988 III 198). Allfällige privatrechtliche Abstandsvorschriften sollten daher sinnvollerweise auf die Anforderungen des öffentlichen Bundesrechts abgestimmt werden (vgl. dazu auch nachfolgend N 174). Vgl. zum Verhältnis von öffentlichem Bundesrecht und kantonalem Zivilrecht bei öffentlichen Werken des Bundes auch nachfolgend N 158 f. 138

Eine Koordination des kantonalen Zivilrechts sollte – soweit sich diese beiden Gebiete berühren – auch mit dem *kantonalen öffentlichen Recht* erfolgen (vgl. dazu auch oben N 28). Grundsätzlich ist zwar auch diesbezüglich angesichts der engen Bindung des kantonalen Zivilrechts an das Bundeszivilrecht davon auszugehen, dass sich die nötige Harmonisierung durch die Berücksichtigung der sich aus *Art. 6 Abs. 1 ZGB* ergebenden Regeln über das Verhältnis von Bundeszivilrecht und kantonalem öffentlichen Recht ergibt. Probleme können sich aber dort ergeben, wo das Bundeszivilrecht für das vorbehaltene kantonale Zivilrecht keine inhaltlichen Vorgaben enthält. In diesen Fällen obliegt die *Koordinationsaufgabe* dem *kantonalen Gesetzgeber*. Eine entsprechende Notwendigkeit dürfte insbesondere im Verhältnis von privatem und öffentlichem kantonalem Baurecht bestehen (vgl. zu dem weitgehend den Kantonen überlassenen privaten Baurecht auch nachfolgend N 140). 139

Die Koordination kann darin bestehen, dass für eine bestimmte Frage übereinstimmende öffentlich-rechtliche und privatrechtliche Normen geschaffen werden (sog. *Doppelnormen*, vgl. dazu VB N 70 ff.) oder auf eine Normierung im einen oder im andern Rechtsgebiet verzichtet wird (z.B. keine privatrechtlichen Bauabstände, keine öffentlich-rechtlichen Grabungs- oder Pflanzenabstände; vgl. dazu auch LIVER N 24 und MEIER-HAYOZ, BE-Komm., Art. 685/686 ZGB N 86 ff., Art. 687/688 ZGB N 57 ff. mit weiteren Hinweisen). Soweit dies nicht möglich oder nicht sinnvoll ist bzw. die Regeln unterschiedliche Fragen betreffen, sollten die entsprechenden Normen zumindest *aufeinander abgestimmt* sein (vgl. dazu die Hinweise zu den Zusammenhängen bei der Regelung von öffentlichem Bauabstandsrecht und privaten Zutrittsrechten für Bauherren bei SCHNYDER, Hammerschlagsrecht, 265 ff., insbesondere 271, 276; zur Koordination von öffentlichem und privatem Baurecht im neuen bündnerischen EG ZGB PORTNER 80 f.). Wird durch unkoordinierte Regeln des privaten und öffentlichen Baurechts das Bauen 140

Art. 5

verhindert, könnte allenfalls eine Verletzung der Grundrechte oder des Willkürverbotes vorliegen (vgl. dazu auch nachfolgend N 141 f.). Ergeben sich im Anwendungsfall Probleme, muss allfälligen Regelungs- und Wertungsantinomien auch im Verhältnis zum kantonalen öffentlichen Recht durch eine *harmonisierende Rechtsauslegung und -anwendung* Rechnung getragen werden (vgl. dazu Näheres bei Art. 6 N 52 ff.).

cc) Verfassungsrecht des Bundes und der Kantone

141 Das kantonale Zivilrecht ist im übrigen nicht nur durch die Bundesgesetzgebung und das Gebot der Harmonisierung mit andern Rechtsvorschriften, sondern insbesondere auch durch das *Bundesverfassungsrecht*, vor allem durch den Grundsatz der *Rechtsgleichheit* und des *Willkürverbots* und durch die *Grundrechte*, aber auch durch allfällige *verfassungsmässige Rechte* der *Kantonsverfassungen* beschränkt (vgl. dazu auch AUBERT Nr. 723; zum Verhältnis von Privatrecht und Verfassungsrecht allgemein VB N 181 ff.). Die Durchsetzung des Bundesverfassungsrechts gegenüber dem kantonalen Zivilrecht ist allerdings dadurch beschränkt, dass das Bundeszivilrecht der Gesetzesstufe, welches den Rahmen des zulässigen kantonalen Zivilrechts umschreibt, der bundesgerichtlichen Überprüfung entzogen ist und die verfassungsrechtliche Überprüfung des kantonalen Zivilrechts nicht mittelbar zu einer solchen des geschützten Bundeszivilrechts führen darf (vgl. für die ähnliche Problematik im Verhältnis von Bundesgesetzen und Verordnungen des Bundesrates BGE 106 Ib 190 f., KÄLIN 25 ff. und HALLER, Komm. BV, Art. 113 N 180 ff. mit weiteren Hinweisen; zum geplanten Ausbau der Verfassungsgerichtsbarkeit nun jedoch VB N 267).

142 Soweit diese Einschränkung nicht besteht, ist eine Überprüfung von kantonalem Zivilrecht auf die Einhaltung des *Grundsatzes der Rechtsgleichheit* oder der *Grundrechte* hin aber durchaus möglich. Denkbar ist insbesondere eine verfassungsrechtliche Überprüfung des *sachenrechtlichen Baurechts*, dessen Schaffung praktisch vollumfänglich den Kantonen überlassen wird (vgl. dazu nachfolgend N 174). Was die *Rechtsgleichheit* anbetrifft, ist darauf hinzuweisen, dass die Delegation einer Regelung an untergeordnete Verbände – soweit sie staatsrechtlich zulässig ist (vgl. dazu oben N 129 ff.) – nicht zu einer Verletzung der Rechtsgleichheit wegen unterschiedlicher Regelungen innerhalb eines Kantons führen kann, da der Grundsatz der Rechtsgleichheit hinsichtlich einer bestimmten Regelung grundsätzlich nur für ein und dasselbe Gemeinwesen gilt (vgl. dazu HÄFELIN/MÜLLER Rz 405 ff. und G. MÜLLER, Komm. BV, Art. 4 N 34 mit Hinweisen). Es liegt aber auch keine Verletzung der Rechtsgleichheit vor, wenn ein Kanton selber bestimmte Regeln nur für einen *Teil* seines *Gebietes* vorsieht, soweit ein sachlicher Grund für diese Ungleichbehandlung besteht (vgl. z.B. Art. 270

Abs. 2 OR, welcher die Kantone ermächtigt, die Formularpflicht für den Abschluss von Mietverträgen allenfalls auch nur für ein Teilgebiet des Kantons, in dem Wohnungsmangel herrscht, einzuführen; zur Rechtsgleichheit in der Rechtsetzung allgemein HÄFELIN/HALLER Rz 1566 ff., AUBERT Nr. 1789 ff. [inkl. Nachtrag] und G. MÜLLER, Komm. BV, Art. 4 N 30 ff., je mit weiteren Hinweisen).

c) Sanktionen; Rechtsschutz

Wird der *bundesrechtliche Rahmen* für das vorbehaltene kantonale Zivilrecht nicht eingehalten (vgl. dazu oben N 134 ff.), sind entsprechende kantonale Vorschriften grundsätzlich *von Anfang* an *nichtig*, selbst wenn sie mit keiner bundesrechtlichen Norm kollidieren. Die Verletzung des bundesrechtlichen Rahmens kann im übrigen im konkreten Fall mit den *Bundesrechtsmitteln* wegen *Verletzung von Bundesrecht* (insbesondere mit der zivilrechtlichen Berufung oder Nichtigkeitsbeschwerde) bzw. bei direkter Anfechtung des kantonalen Erlasses mit der *staatsrechtlichen Beschwerde* wegen Verletzung des Grundsatzes der *derogatorischen Kraft des Bundesrechts* (Art. 2 ÜB BV) geltend gemacht werden (vgl. dazu DESCHENAUX 44, JAGMETTI 250, LIVER N 44 ff., 62 ff. und VB N 262 ff. und 279 ff.).   143

Steht die Einhaltung des bundesrechtlichen Rahmens in einem konkreten Anwendungsfall zur Diskussion, nimmt das Bundesgericht in der Praxis nicht in jedem Fall eine (konkrete) Normenkontrolle hinsichtlich des anwendbaren kantonalen Rechts vor, sondern prüft zum Teil direkt, ob der von einem Privaten gestützt auf diese Vorschriften geltend gemachte *Anspruch* sich im *Rahmen des Bundesrechts halte* (vgl. dazu SCHNYDER, Hammerschlagsrecht, 269 mit Hinweis auf BGE 104 II 169 f.; vgl. zur Pflicht der bundesrechtskonformen Anwendung des kantonalen Zivilrechts auch nachfolgend N 146). Über die Frage der Zulässigkeit von kantonalem Privatrecht werden – wohl wegen der nicht sehr häufig vorkommenden Vorbehalte und der oft nicht sehr bedeutsamen Streitigkeiten in diesem Zusammenhang – relativ selten Prozesse geführt. In weiten Bereichen besteht heute auch eine *gefestigte Lehre* und *Praxis*. Dementsprechend ist die veröffentlichte Gerichtspraxis weiterhin eher spärlich (vgl. dazu bereits LIVER N 47 und JAGMETTI 250 f. mit Hinweisen; vgl. auch NOBEL 247 f.).   144

Auch die Verletzung des *Grundsatzes der Gewaltentrennung*, der *Rechtsgleichheit* und des *Willkürverbotes* sowie von *Grundrechten* durch kantonales Zivilrecht kann zur Ungültigkeit der betreffenden Vorschriften führen (zur Frage des Zeitpunktes des Eintritts der Nichtigkeit vgl. KÄLIN 398 f. mit Hinweisen). Entsprechende Rügen können jedoch nicht im Rahmen der zivilrechtlichen Bundesrechtsmittel erhoben werden, sondern müssen – auch im konkreten Anwen-   145

Art. 5

dungsfall – stets mit *staatsrechtlicher Beschwerde* geltend gemacht werden (vgl. dazu KÄLIN 314 ff. und VB N 282 f., 284 f. mit weiteren Hinweisen; zum Sonderfall bei Zulässigkeit der Verwaltungsgerichtsbeschwerde an das Bundesgericht BGE 118 II 68 f. und dazu VB N 290). Die Anwendung und Auslegung von *Gesetzesrecht* – sei es eidgenössisches oder kantonales – kann das Bundesgericht im Rahmen einer solchen staatsrechtlichen Beschwerde, auch soweit der Grundsatz der Gewaltentrennung in Frage steht, nur unter dem beschränkten Gesichtspunkt der *Willkür* überprüfen (vgl. für die Anwendung von Art. 52 Abs. 2 SchlT BGE 118 II 70 und 108 Ia 180 mit weiteren Hinweisen).

3. Die Anwendung des kantonalen Zivilrechts

a) Allgemeines

146 Die Kantone haben selbstverständlich auch bei der *Anwendung* des kantonalen Zivilrechts den *bundesrechtlichen Rahmen* zu beachten (vgl. dazu oben N 134 ff.). Hieraus ergibt sich insbesondere die Pflicht, das kantonale Zivilrecht *bundesrechtskonform* auszulegen und anzuwenden (vgl. dazu BGE 104 II 168 ff.: keine Überdehnung des in Art. 695 ZGB vorbehaltenen Zutrittsrechts für die Vornahme von Bauarbeiten). Das kantonale Zivilrecht ist im übrigen – wie bereits erwähnt – kein Rechtsgebiet, welches eine bestimmte Materie umfassend und zusammenhängend regelt. Es besteht vielmehr aus zahlreichen Regelungen *einzelner Fragen* oder *begrenzter Teilgebiete*, welche zum Teil über die ganze kantonale Rechtsordnung verstreut sind (vgl. dazu auch oben N 88 ff.). Damit stellt sich sofort die Frage, wie allfällige *Lücken* auszufüllen sind (nachfolgend N 147 ff.), welche *allgemeinen Grundsätze* für die *Rechtsanwendung* gelten (nachfolgend N 150 ff.) und wie gegenüber der *Anwendung von Bundeszivilrecht abzugrenzen* ist (nachfolgend N 156 ff.). Ferner stellt sich auch die Frage der *Bindung des Bundes* an das *kantonale Zivilrecht* (nachfolgend N 158 f.), und schliesslich ist auf die *Rechtsschutzmöglichkeiten* hinzuweisen (nachfolgend N 160).

b) Lückenfüllung

147 Nicht nur die verzettelte Regelung, sondern auch die naturgegebene Unvollkommenheit des Gesetzgebers bringt es mit sich, dass auch das kantonale Zivilrecht, soweit es von den Vorbehalten im Sinne von Art. 5 Abs. 1 ZGB Gebrauch macht, *Lücken* aufweist (zum Begriff der Lücke im Zivilrecht vgl. DÜRR, Art. 1 N 298 ff.; zur differenziert zu beantwortenden Frage, ob von einem Vorbehalt allein durch

Art. 5

ungeschriebenes Recht Gebrauch gemacht werden kann, vgl. oben N 111 f.; zur Abgrenzung kantonalrechtliche Lücke/Anwendung von Bundeszivilrecht vgl. nachfolgend N 156 f.).

Da den Einleitungsartikeln des Zivilgesetzbuches für das kantonale Zivilrecht nicht unmittelbare Geltung zukommt (vgl. dazu nachfolgend N 150), kann dieses grundsätzlich *selbst regeln*, wie Lücken zu füllen sind. Meistens fehlen jedoch entsprechende Vorschriften. Da die Rechtsfindungsregel von Art. 1 ZGB allgemein anerkannt ist und es sich ebenfalls um die Anwendung von Privatrecht handelt, ist nach Lehre und Praxis bei Fehlen einer kantonalen Regelung Art. 1 ZGB als ungeschriebenes subsidiäres kantonales Recht analog anzuwenden, was sich zum Teil auch aus *Gesamtverweisungen* auf das Bundeszivilrecht ergibt (vgl. dazu nachfolgend N 149). Soweit sich dem geschriebenen Recht keine Regel entnehmen lässt, kommt daher *Gewohnheitsrecht* und in zweiter Linie *Richterrecht* zur Anwendung (vgl. dazu DESCHENAUX 44, EGGER, Art. 5 N 12 und insbesondere MEIER-HAYOZ, BE-Komm., Art. 1 ZGB N 47 sowie SCHNYDER, Hammerschlagsrecht, 269, 274 mit Hinweisen; vgl. dazu auch allgemein DÜRR, Art. 1 N 1 ff. mit Hinweisen).

148

Zum Teil verweisen die Einführungsgesetze zum Zivilgesetzbuch für das vorbehaltene kantonale Zivilrecht generell auf das *Bundeszivilrecht als ergänzendes Recht* (vgl. z.B. § 275 des Zürcher EG ZGB). Soweit im vorbehaltenen kantonalen Zivilrecht Lücken bestehen, sind diesfalls geeignete Vorschriften des Bundeszivilrechts in Fragen des kantonalen Zivilrechts analog anzuwenden (sog. *Gesamtverweisung*; vgl. dazu auch allgemein LIEBER, Art. 7 N 19 ff., 37 ff. mit weiteren Hinweisen). Das *Bundeszivilrecht* gelangt insofern als *subsidiäres kantonales Recht* zur Anwendung. Soweit allerdings auch in den dem kantonalen Zivilrecht vorbehaltenen Bereichen Bundeszivilrecht direkt anzuwenden ist (vgl. dazu nachfolgend N 156 f.), behält das Bundeszivilrecht selbstverständlich trotz der Verweisung im kantonalen Recht den Charakter als Bundesrecht (vgl. dazu auch FRIEDRICH, BE-Komm., Art. 7 ZGB N 46 mit Hinweisen).

149

c) Rechtsanwendungsgrundsätze

Die Rechtsanwendungsgrundsätze für das Bundeszivilrecht sind in den *Einleitungsartikeln Art. 1–10 ZGB* enthalten (vgl. dazu VB N 93). Diese gelten jedoch unmittelbar nur für das Bundeszivilrecht, nicht aber für das kantonale Zivilrecht. Soweit das kantonale Zivilrecht keine eigenen Regeln enthält, kommen die Einleitungsartikel Art. 1–10 ZGB aber grundsätzlich als *subsidiäres kantonales Recht* in Frage, zumal es ebenfalls um die Anwendung von Privatrecht geht. Eine analoge Anwendung dieser Rechtsanwendungsvorschriften im Bereich des kan-

150

Art. 5

tonalen Zivilrechts hat überdies den Vorteil, dass diese Fragen nach einheitlichen Grundsätzen behandelt werden können und – was insbesondere angesichts des zum Teil engen Ineinandergreifens von Bundeszivilrecht und kantonalem Zivilrecht (vgl. nachfolgend N 156 f.) besonders wichtig ist – Widersprüche und Kollisionen zwischen eidgenössischen und kantonalen Normen vermieden werden können. Da die Regeln von Art. 1–10 ZGB im Bereich des vorbehaltenen kantonalen Zivilrechts nur analog (durch Verweisung oder richterliche Lückenfüllung) zur Anwendung gelangen, bilden sie im übrigen insoweit nicht Bundesrecht, sondern subsidiäres kantonales Recht (vgl. dazu auch RIEMER § 3 N 1 ff. mit Hinweisen).

151 Als subsidiäres kantonales Zivilrecht werden insbesondere die *Rechtsfindungsregeln* von *Art. 1 ZGB* angewandt (vgl. dazu oben N 148). Aber auch das *Gebot des Handelns nach Treu und Glauben* und das *Rechtsmissbrauchsverbot* (Art. 2 ZGB) sowie die *Vermutung des guten Glaubens* (Art. 3 ZGB) können im Bereich des vorbehaltenen kantonalen Zivilrechts grundsätzlich als subsidiäres kantonales Zivilrecht angewandt werden. Das *Prinzip von Treu und Glauben* gilt heute – insbesondere was das Verbot des widersprüchlichen Verhaltens und das Rechtsmissbrauchsverbot anbetrifft – ohnehin als allgemeiner Rechtsgrundsatz, welcher grundsätzlich für die gesamte Rechtsordnung massgebend ist (vgl. dazu MERZ, BE-Komm., Art. 2 ZGB N 68, BAUMANN, Art. 2 N 31, SCHNYDER, Hammerschlagsrecht, 270 f. und HÄFELIN/MÜLLER Rz 523 f.; vgl. zur Abgrenzung von *analoger Rechtsanwendung* und *allgemeinen Rechtsgrundsätzen* auch Art. 6 N 182).

152 Fraglich ist, inwiefern die analoge *Anwendung von Vorschriften des Obligationenrechts* gemäss Art. 7 ZGB im Bereich des kantonalen Zivilrechts als subsidiäres kantonales Recht in Frage kommt. Soweit die Regelung von Vertragsverhältnissen an das kantonale Recht delegiert wird und die Kantone von einem solchen Vorbehalt Gebrauch gemacht haben, ist die Schaffung von kantonalem Vertragsrecht und damit auch eine Lückenfüllung im erwähnten Sinne grundsätzlich denkbar. Da entsprechende Delegationen jedoch kaum vorkommen bzw. auf einzelne vertragsrechtliche Fragen beschränkt sind (vgl. dazu nachfolgend N 190 ff., insbesondere N 194 ff.) und Vorbehalte für bestimmte Teilrechtsgebiete nicht ohne weiteres abweichende vertragsrechtliche Bestimmungen zulassen (vgl. dazu oben N 135), kommt der Anwendung von *Art. 7 ZGB* bzw. von Vorschriften des Obligationenrechts als subsidiärem kantonalem Recht in der Praxis *kaum Bedeutung* zu (vgl. dazu auch FRIEDRICH, BE-Komm, Art. 7 ZGB N 46, LIEBER, Art. 7 N 113 und EGGER, Art. 5 N 13 mit weiteren Hinweisen; zur Abgrenzung kantonalrechtliche Lücke/Anwendung von Bundeszivilrecht auch nachfolgend N 156 f.).

Art. 5

Die Kantone sind im übrigen frei, im Bereich des kantonalen Zivilrechts besondere, von den Art. 8–10 ZGB abweichende Vorschriften über die *Beweislast* und die *Beweiskraft* zu erlassen, doch gelten in der Regel aufgrund von Verweisungen oder der Rechtsprechung die Art. 8–10 ZGB auch für den Bereich des kantonalen Zivilrechts als subsidiäres kantonales Recht (vgl. dazu KUMMER, BE-Komm., Art. 8 ZGB N 56 f., Art. 9 ZGB N 14 ff. und Art. 10 ZGB N 5 ff. mit Hinweisen).

153

Die *allgemeinen Grundsätze des Personenrechts* (insbesondere die Rechts- und Handlungsfähigkeit und der Persönlichkeitsschutz) richten sich demgegenüber auch im Bereich des vorbehaltenen kantonalen Zivilrechts nach dem Bundeszivilrecht, zumal für diese Regeln kein Vorbehalt zugunsten des kantonalen Zivilrechts besteht und diese wichtige Bestandteile der Privatrechtseinheit sind (vgl. dazu auch BUCHER, BE-Komm., Einl. Personenrecht N 1 ff. mit Hinweisen; vgl. in diesem Zusammenhang zu den *kantonalzivilrechtlichen Körperschaften* nach Art. 59 Abs. 3 ZGB insbesondere nachfolgend N 167).

154

Zum *interkantonalen* und *intertemporalen Kollisionsrecht* für den Bereich des vorbehaltenen kantonalen Zivilrechts vgl. VB N 9, 11 f. und oben N 41.

155

d) Abgrenzung gegenüber der Anwendung von Bundeszivilrecht

Soweit die Kantone von einem Vorbehalt zugunsten der Schaffung von kantonalem Zivilrecht Gebrauch gemacht haben, für eine bestimmte, sich stellende Frage aber keine ausdrückliche Regelung getroffen haben, stellt sich das Problem der Abgrenzung zwischen *kantonalrechtlicher Lücke* und der *Anwendung von Bundeszivilrecht*. Hierbei ist davon auszugehen, dass die Vorbehalte gemäss Art. 5 Abs. 1 ZGB kantonales Zivilrecht als Ausnahme vom Prinzip der Kodifikation nur in einem eng begrenzten Rahmen zulassen, auch wo sie ganze Institute (z.B. Körperschaften nach Art. 59 Abs. 3 ZGB, privates Baurecht nach Art. 686 ZGB) dem kantonalen Recht zuteilen. Nur wo die *Besonderheit* der betreffenden *Materie* es erfordert, kann das kantonale Zivilrecht vom Bundeszivilrecht abweichen. Im übrigen aber findet auch auf solche Rechtsinstitute das Bundeszivilrecht Anwendung (vgl. dazu oben N 135).

156

Eine *kantonalrechtliche Lücke* kommt somit nur in Betracht, soweit der kantonale Gesetzgeber eine bestimmte Frage im Zusammenhang mit dem betreffenden Rechtsinstitut regeln will und darf, dies aber unvollständig tut (zu den für das kantonale Zivilrecht massgebenden Rechtsanwendungsgrundsätzen vgl. im übrigen oben N 150 ff.). Soweit er aber auf eine eigenständige Regelung selbst dort,

157

Art. 5

wo eine solche möglich wäre, verzichtet, gelangt ausschliesslich Bundeszivilrecht zur Anwendung. Das Problem einer kantonalrechtlichen Lückenfüllung stellt sich daher insoweit nicht (vgl. dazu auch EGGER, Art. 5 N 13, LIVER N 54 ff. und PIOTET Rz 12 mit Hinweisen und Beispielen; PIOTET Rz 13 vertritt allerdings im Gegensatz zur herrschenden Meinung die Auffassung, das Bundeszivilrecht gelange im Rahmen zuteilender Vorbehalte lediglich als subsidiäres kantonales Zivilrecht zur Anwendung).

e) Bindung des Bundes an das kantonale Zivilrecht

158   Das *übergeordnete Gemeinwesen* ist grundsätzlich an das *Recht des untergeordneten Verbandes* gebunden, sofern dieses kompetenzgerecht festgesetzt wurde und übergeordnetem Recht nicht widerspricht. Eine Ausnahme von diesem Grundsatz besteht nur insofern, als das Recht des untergeordneten Verbandes die Erfüllung einer Aufgabe des übergeordneten Verbandes vereitelt oder erheblich erschwert und der übergeordnete Verband das höhere und daher schutzwürdigere Interesse vertritt (vgl. dazu BGE 103 Ia 341, AUBERT Nr. 723, SALADIN, Komm. BV, Art. 3 N 216 und IMBODEN/RHINOW/KRÄHENMANN Nr. 19 mit Hinweisen).

159   Aus diesen Grundsätzen ergibt sich, dass der Bund – soweit seine Tätigkeit dem Zivilrecht untersteht – *grundsätzlich* auch an das vorbehaltene *kantonale Zivilrecht gebunden* ist, was vor allem hinsichtlich des privatrechtlichen Baurechts der Kantone von Bedeutung sein kann (vgl. auch PIOTET Rz 302). Ein Grund für eine Befreiung ist nicht ersichtlich, zumal das kantonale Zivilrecht auf eng begrenzten Vorbehalten des Bundesrechts selbst beruht und der Bund überdies die Möglichkeit hat, nachbarrechtliche Abwehransprüche, welche öffentlichen Werken entgegenstehen, zu enteignen (vgl. dazu HÄFELIN/MÜLLER Rz 1617 ff., IMBODEN/RHINOW/KRÄHENMANN Nr. 127 und MOOR III 280 ff., 318 ff. mit Hinweisen). Vgl. zum Verhältnis Eisenbahnrecht des Bundes/kantonales Zivilrecht auch BGE 120 Ib 330 f.

f) Bundesrechtlicher Rechtsschutz

160   Auf Bundesebene kann die Anwendung des *kantonalen Zivilrechts* grundsätzlich nur mit der *staatsrechtlichen Beschwerde* wegen Verletzung des *Willkürverbots* angefochten werden. Dies gilt selbst dann, wenn sich bundesrechtliche Folgen an diese Rechtsanwendung knüpfen (vgl. BGE 119 II 92, 117 II 288 mit weiteren Hinweisen). Die Rüge, es sei *zu Unrecht kantonales Recht statt Bundesrecht* angewandt worden, kann dagegen mit *beiden zivilrechtlichen Bundesrechtsmitteln* erhoben werden, die *umgekehrte Rüge* dagegen nur mit der *Berufung* (vgl. dazu

Art. 5

LIVER N 59 ff. und VB N 283, 284 f. mit Hinweisen). Ist umstritten, ob Bundeszivilrecht oder kantonales Zivilrecht anzuwenden ist, kann das Bundesgericht im Rahmen der gemäss Art. 57 Abs. 5 OG grundsätzlich vor der Berufung zu entscheidenden staatsrechtlichen Beschwerde *vorfrageweise* prüfen, welches Recht anwendbar ist (BGE 122 I 82 f.).

IV. Überblick über das vorbehaltene kantonale Zivilrecht

Vorbehalte zugunsten von kantonalem Privatrecht können sich – wie bereits erwähnt – nicht nur aus Zivilgesetzbuch und Obligationenrecht, sondern im Prinzip aus dem *ganzen Bundesrecht* und insbesondere auch aus der *Bundesverfassung* ergeben. Ausgeschlossen erscheinen grundsätzlich lediglich blosse Verordnungsvorschriften (vgl. dazu jedoch oben N 35). Im folgenden soll ein Überblick über die wichtigsten Fälle von Vorbehalten zugunsten des kantonalen Zivilrechts im Sinne von Art. 5 Abs. 1 ZGB gegeben und zugleich auf die entsprechenden kantonalen Regelungen hingewiesen werden. Wegen des oft *engen Zusammenhangs* zum materiellen Recht wird auch auf das vorbehaltene kantonale *Organisations- und Verfahrensrecht* hingewiesen (vgl. dazu auch oben N 52). 161

1. Bundesverfassung

Als Beispiel für einen privatrechtlichen Vorbehalt der *Verfassungsstufe* wird in der Lehre insbesondere *Art. 64 Abs. 3 BV* genannt, welcher nach verbreiteter Auffassung insoweit einen (sinngemässen) Vorbehalt zugunsten von kantonalem Zivilrecht enthält, als die Kantone gestützt auf den Vorbehalt zugunsten des kantonalen Organisations- und Verfahrensrechts auch die privatrechtlichen *Entschädigungsansprüche der Parteien* für den durch die *Prozessführung und -vertretung* entstehenden Aufwand (inkl. Schadenersatz im Zusammenhang mit der Erwirkung vorsorglicher Massnahmen) regeln können. Dasselbe gilt gestützt auf Art. 64bis Abs. 2 BV für den Bereich des Strafprozesses und – im Prinzip direkt gestützt auf Art. 3 BV – auch für die Verwaltungsrechtspflege (vgl. dazu DESCHENAUX 42 f., LIVER N 35, EGGER, Art. 5 N 7 und die weiteren Hinweise bei Art. 6 N 264). 162

Aus dem Vorbehalt des kantonalen Verfahrensrechts in Art. 64 Abs. 3 BV wird auch abgeleitet, dass die Kantone zur Regelung *weiterer privatrechtlicher Fragen* (z.B. auch des Schiedsgerichtsvertrages oder besonderer Editionspflichten) befugt seien, soweit diese so eng mit dem Prozessrecht verbunden sind, dass die entsprechende Kompetenz in der verfahrensrechtlichen Gesetzgebungskompetenz inbegriffen erscheint (vgl. dazu EGGER, Art. 5 N 7 und LIVER N 35 mit weiteren Hinweisen). Der *Schiedsvertrag* ist nach heute herrschender Auffassung in Lehre und Rechtsprechung jedoch nicht ein privatrechtlicher, sondern ein prozessrechtlicher Vertrag, weshalb die Vorschriften des Obligationenrechts nur analog bzw. als sub- 163

Art. 5

sidiäres kantonales Recht – im Rahmen der Lückenfüllung – zur Anwendung gelangen (vgl. dazu BGE 116 Ia 57, 101 II 170, GULDENER 41 FN 4, 260 FN 8, HABSCHEID Rz 312, 834, 856, VOGEL 14 N 40 f., und insbesondere THOMAS RÜEDE/REIMER HADENFELDT, Schweizerisches Schiedsgerichtsrecht, 2. Auflage, Zürich 1993, 46 f., je mit weiteren Hinweisen). Auch die *Editionspflicht* zum Zweck der gerichtlichen Beweiserhebung wird heute ausschliesslich dem Prozessrecht zugeordnet (vgl. dazu GULDENER 334 ff., HABSCHEID Rz 684, VOGEL 10 N 115 ff. und WALDER § 29 N 116 ff., je mit weiteren Hinweisen).

164   Zum Teil wird aus der verfassungsmässigen Kompetenzausscheidung gemäss *Art. 3 BV* auch abgeleitet, dass die Kantone befugt seien, die ihnen verbleibenden öffentlich-rechtlichen Vorschriften mit *zivilrechtlichen Sanktionen* zu versehen (vgl. dazu Art. 6 N 205 ff.).

2. Zivilgesetzbuch

165   Die verhältnismässig grösste Bedeutung kommt Vorbehalten zugunsten des kantonalen Privatrechts noch immer im Bereich des *Zivilgesetzbuches* zu (vgl. dazu auch TUOR/SCHNYDER/SCHMID 28, JAGMETTI 253 und – eher zu restriktiv – KNAPP, Komm. BV, Art. 64 N 30).

a)   Personenrecht

166   Das *Personenrecht* enthält einen einzigen – weniger von der praktischen Bedeutung als von der rechtlichen Tragweite her – bedeutsamen Vorbehalt zugunsten des kantonalen Zivilrechts. So bestimmt Art. 59 Abs. 3 ZGB, Allmendgenossenschaften und ähnliche Körperschaften, welche mit der traditionellen Bewirtschaftung von Grund und Boden zusammenhängen (*Land- und Forstwirtschaftskorporationen*), verblieben unter den Bestimmungen des kantonalen Rechts. Während die Kantone entsprechende Korporationen auch gestützt auf Art. 59 Abs. 1 ZGB öffentlich-rechtlich organisieren können, handelt es sich bei Art. 59 Abs. 3 ZGB nach allgemeiner Auffassung um einen echten, zuteilenden Vorbehalt zugunsten von (allenfalls auch neuem) kantonalem Zivilrecht. Dieses regelt *Entstehung, Organisation, Mitgliedschaft* und *Auflösung* entsprechender Korporationen, wobei Bundeszivilrecht höchstens als subsidiäres kantonales Zivilrecht (durch Verweisung oder Lückenfüllung) zur Anwendung gelangt.

167   Andere Fragen, insbesondere *der Persönlichkeitsschutz, die externe Haftung, die nachbarrechtlichen* Beziehungen und die *Eigentumsverhältnisse* am *Korporationsgut* (vgl. dazu auch oben N 136; zur grundbuchlichen Behandlung von sog. Teilrechten nachfolgend N 182), richten sich demgegenüber nach herrschender Auffassung unmittelbar nach dem Bundeszivilrecht (vgl. dazu, zur Abgrenzung gegenüber den öffentlich-rechtlichen Körperschaften und Anstalten des kantonalen Rechts [zu welchen auch die Meliorationsgenossenschaften gemäss Art. 703 ZGB gehören] bzw. zur – vor allem bei Neugründungen bedeutsamen – Abgrenzung gegenüber den Gesellschaften des Handelsrechts und zu den – zum Teil gewohnheitsrechtlichen – Regelungen in den Kantonen TUOR/SCHNYDER/SCHMID 119 ff., DESCHENAUX 42, JAGMETTI 259 ff., MEIER-HAYOZ/FORSTMOSER § 17 N 1 ff., KLEY-STRULLER 100 ff., NOBEL 247 und RIEMER, BE-Komm., Art. 52–59 ZGB, Syst. Teil N 71 ff., 133 ff. sowie Art. 59 N 1 ff. [inkl. Anhang], je mit weiteren Hinweisen; zu den öffentlich-rechtlichen Körperschaften und Anstalten des kantonalen Rechts auch Art. 6 N 183).

Art. 5

Zum vorbehaltenen kantonalen *Organisations- und Verfahrensrecht* auf dem Gebiet des Personenrechts (insbesondere im Bereich des Zivilstandswesens und der Stiftungsaufsicht) vgl. im übrigen Art. 39 ff. und Art. 84 ff. ZGB und dazu TUOR/SCHNYDER/SCHMID 113 ff., 150 f., GÖTZ SPR II 381 ff., GUTZWILLER SPR II 615 ff., SCHÜPBACH SPR II/3 1 ff., insbesondere 25 ff. und KLEY-STRULLER 97 ff., 109 ff., je mit weiteren Hinweisen. 168

b) Familien- und Vormundschaftsrecht

Im *Familien- und Vormundschaftsrecht* kommen kaum echte Vorbehalte zugunsten von materiellem kantonalem Privatrecht vor (vgl. dazu und zur Abgrenzung zum vorbehaltenen kantonalen *Organisations- und Verfahrensrecht* auf diesem Gebiet JAGMETTI 273 ff., KLEY-STRULLER 112 mit weiteren Hinweisen; zu den Auswirkungen der EMRK auf das kantonale Organisations- und Verfahrensrecht im Bereich des Vormundschaftsrechts oben N 13 und zur geplanten bundesrechtlichen Neuordnung dieses Bereichs Art. 6 N 69). Eine Ausnahme bildet einstweilen noch das Institut der *Familienheimstätten*, für welches das Bundesrecht eine Minimalregelung enthält, den Kantonen jedoch den Entscheid überlässt, dieses Institut einzuführen und näher zu regeln (Art. 349 ff. ZGB; vgl. dazu, zu den Regelungen in den Kantonen und zur fehlenden Anwendung dieses Instituts TUOR/SCHNYDER/SCHMID 373 f., JAGMETTI 276 f., KLEY-STRULLER 147, je mit weiteren Hinweisen; vgl. zur geplanten Aufhebung dieses Instituts oben N 11). 169

c) Erbrecht

Auch im *Erbrecht* bestehen heute nur noch einzelne wenige Vorbehalte zugunsten von materiellem kantonalem Privatrecht (vgl. dazu und zur Abgrenzung gegenüber dem vorbehaltenen kantonalen *Organisations- und Verfahrensrecht* auch JAGMETTI 278 ff., FRIEDRICH 736 ff. und KLEY-STRULLER 148 ff., je mit weiteren Hinweisen). Zu erwähnen ist zunächst Art. 466 ZGB, welcher es den Kantonen für den Fall des Fehlens von Erben im Sinne eines ermächtigenden Vorbehaltes überlässt, anstelle oder neben dem *Kanton* ein *anderes Gemeinwesen* (Gemeinde, Bezirk, Kreis) als erbberechtigt zu erklären (vgl. dazu und zu den Regelungen in den Kantonen TUOR/SCHNYDER/SCHMID 450 f., DESCHENAUX 41, JAGMETTI 278 ff., KLEY-STRULLER 148 f., je mit weiteren Hinweisen). 170

Der echte, ermächtigende Vorbehalt zugunsten der Kantone, das *Pflichtteilsrecht der Geschwister* aufzuheben oder auszudehnen (ursprünglicher Art. 472 ZGB), ist mit der Revision des Eherechts vom 5. Oktober 1984 aufgehoben worden, wobei auf ein Pflichtteilsrecht der Geschwister ganz verzichtet wurde (neuer Art. 471 ZGB; vgl. dazu und zu den Unzulänglichkeiten der früheren Regelung TUOR/SCHNYDER/SCHMID 463 f., DESCHENAUX 41 und JAGMETTI 281 ff., je mit weiteren Hinweisen). Die echten Vorbehalte zugunsten von materiellem kantonalem Privatrecht im Bereich des *Zerstückelungsverbots* bzw. des *bäuerlichen Erbrechts*, welche früher im ZGB enthalten waren (vgl. dazu JAGMETTI 287 ff. mit Hinweisen), sind heute im BGBB geregelt (vgl. dazu nachfolgend N 186). 171

Art. 5

d) Sachenrecht

aa) Allgemeines

172 Am umfangreichsten und – von der Tragweite her – am bedeutsamsten sind nach wie vor die Vorbehalte zugunsten von materiellem kantonalem Privatrecht im *Sachenrecht* (vgl. dazu und zur – zum Teil schwierigen – Abgrenzung gegenüber dem vorbehaltenen öffentlichen Recht bzw. dem Verfahrensrecht der Kantone auch Jagmetti 294 ff. und Kley-Struller 164 ff., 228 ff., je mit weiteren Hinweisen; zu den zahlreichen übergangsrechtlichen Vorbehalten auf dem Gebiet des Sachenrechts oben N 54 ff.). Der Vorbehalt von Art. 664 ZGB betreffend die Regelung von *herrenlosen und öffentlichen Sachen* ist nach heutiger Auffassung grundsätzlich ein Vorbehalt zugunsten des kantonalen öffentlichen Rechts (vgl. dazu Deschenaux 40 FN 4, Jagmetti 294 ff., Piotet Rz 39 ff. und Liver N 15; vgl. dazu auch vorne N 47 und Art. 6 N 31, 412 ff.). Immerhin erscheint er insofern auch als Vorbehalt zugunsten des kantonalen Privatrechts, als die Kantone ermächtigt werden, die *Aneignung* von herrenlosem Land (d.h. die Begründung von Privateigentum) vorzusehen (Art. 664 Abs. 3 ZGB; vgl. dazu und zu den kantonalen Regelungen Tuor/Schnyder/Schmid 683, Jagmetti 297 f., Kley-Struller 174 f., Piotet Rz 42 ff., 287 ff. [insbesondere 292, 298] und Meier-Hayoz, BE-Komm., Art. 664 ZGB N 206 ff., je mit weiteren Hinweisen). Dasselbe gilt für das *Überlassen* von *neu entstandenem Land* an die *Anstösser* (Art. 659 Abs. 2 ZGB; vgl. dazu und zu den kantonalen Regelungen auch Tuor/Schnyder/Schmid 684, Jagmetti 298 f., Kley-Struller 174, Piotet Rz 364 ff. und Meier-Hayoz, BE-Komm., Art. 659 ZGB N 14 f., je mit weiteren Hinweisen).

bb) Nachbarrecht

173 Von besonderer Bedeutung sind Vorbehalte im Sinne von Art. 5 Abs. 1 ZGB im *Nachbarrecht* (vgl. dazu und zu den Konsequenzen für die Abgrenzung von Bundesrecht und kantonalem Recht auf diesem Gebiet auch Tuor/Schnyder/Schmid 727 und Jagmetti 302 mit Hinweisen). Hinsichtlich der *Abgrenzung von Grundstücken* wird zunächst aus Art. 670 ZGB (zum Teil in Verbindung mit Art. 686 Abs. 2 ZGB) ein stillschweigender Vorbehalt zugunsten einer abweichenden kantonalrechtlichen Regelung der Eigentumsverhältnisse an *Abgrenzungsvorrichtungen* und *Grenz- bzw. Mittelmauern* abgeleitet (vgl. dazu und zu den kantonalen Regelungen Jagmetti 302 ff., 305 f., Kley-Struller 179, 184 ff., Piotet Rz 690 ff. und Meier-Hayoz, BE-Komm., Art. 670 ZGB N 5 f., je mit weiteren Hinweisen; a.M. offenbar Tuor/Schnyder/Schmid 692). Unumstritten ist sodann, dass den Kantonen gestützt auf Art. 697 Abs. 2 ZGB (zuteilender Vorbehalt) das Recht zusteht, die *Pflicht* zu und die *Art* von *Einfriedungen* durch kantonales Privatrecht zu regeln (vgl. dazu und zu den kantonalen Regelungen Tuor/Schnyder/Schmid 692 f., Deschenaux 42, Jagmetti 303 f., Kley-Struller 180 f. und Piotet Rz 135 ff., 1397 ff., je mit weiteren Hinweisen). Zur Bedeutung des Ortsgebrauchs auf diesem Gebiet unten N 283.

174 In Art. 686 ZGB (zuteilender Vorbehalt) wird sodann den Kantonen die Schaffung eines *privatrechtlichen* (sachenrechtlichen) *Baurechts*, zu welchem sich auf Bundesebene lediglich Art. 685 ZGB äussert, weitgehend delegiert. Die Kantone können nicht nur die *Abstände* für *Bauten* und *Grabungen* festsetzen, sondern *weitere (sachenrechtliche) Bauvorschriften* aufstellen (vgl. dazu, zu den kantonalen Regelungen sowie zur oft schwierigen Abgrenzung gegenüber dem öffentlichen Baurecht, das heute aber von der Bedeutung her das private Baurecht weit überwiegt, Tuor/Schnyder/Schmid 721, 727, 729, Deschenaux 42, Jagmetti 306 ff., Liver SPR V/1 243 ff., derselbe, Privates und öffentliches Baurecht, in: Berner Tage für die

juristische Praxis 1968, Rechtliche Probleme des Bauens, Bern 1969, 9 ff., KLEY-STRULLER 183 f., PIOTET Rz 86 ff., 1582 ff., 1689 ff., MEIER-HAYOZ, BE-Komm., Art. 685/686 ZGB N 81 ff. und ERICH ZIMMERLIN, Kommentar zum Baugesetz des Kantons Aargau, 2. Auflage, Aarau 1985, § 143 N 6, je mit weiteren Hinweisen; zum umfassenden wissenschaftlichen Begriff des *privaten Baurechts*, welches nicht nur die weitgehend an die Kantone delegierten sachenrechtlichen Regelungen, sondern insbesondere auch das Vertrags-, Haftpflicht-, Gesellschafts- und Immaterialgüterrecht umfasst, vgl. MARTIN LENDI/URS CH. NEF/DANIEL TRÜMPY [Hrsg.], Das private Baurecht der Schweiz, Zürich 1994). Im Rahmen ihrer Kompetenz zum Erlass privatrechtlicher Bauvorschriften haben die Kantone zum Teil sog. *Doppelnormen* geschaffen, um eine gleichmässige und harmonische Rechtsanwendung zu ermöglichen (vgl. dazu VB N 76 ff.; zu den Koordinationsproblemen bei der Anwendung von öffentlichem und privatem Baurecht vgl. oben N 139 f. und Art. 6 N 59).

Dem kantonalen Privatrecht bleibt es sodann überlassen (zuteilender Vorbehalt), *Abstandsvorschriften für Pflanzen* zu erlassen und für fruchttragende Bäume in Abweichung von Art. 687 ZGB (daher insoweit ermächtigender Vorbehalt) das *Übergreifen* von *Ästen und Wurzeln* zu gestatten und das *Anries* zu regeln oder aufzuheben (Art. 688 ZGB; vgl. dazu und zu den kantonalen Regelungen TUOR/SCHNYDER/SCHMID 731, DESCHENAUX 41, JAGMETTI 309, 311, LIVER N 48, KLEY-STRULLER 186 ff., 206 f., PIOTET Rz 99 ff., 1093 ff., MEIER-HAYOZ, BE-Komm., Art. 687/688 ZGB N 57 ff. und ALFRED LINDENMANN, Bäume und Sträucher im Nachbarrecht, 4. Auflage, Baden 1988, je mit weiteren Hinweisen; zur Abgrenzung zu öffentlich-rechtlichen Vorschriften KLEY-STRULLER 205 f. und MEIER-HAYOZ, a.a.O., N 60 mit weiteren Hinweisen). 175

Gestützt auf die sehr weitgehenden Vorbehalte im Bereich des Baurechts (Art. 686 ZGB) und der Pflanzen (Art. 688 ZGB) können die Kantone *weitere nachbarrechtliche Vorschriften* und besondere Bestimmungen über die *Rechtsfolgen* von *Verletzungen* des *kantonalen Nachbarrechts* (z.B. besondere Schadenersatz- und Verwirkungsvorschriften) einführen (vgl. dazu und zu den kantonalen Regelungen JAGMETTI 302, 310 f., KLEY-STRULLER 200 f., 203 und PIOTET Rz 86 ff., 99 ff., 1172 ff., 1231 ff., 1311 f., 1644 ff., 1695 ff., 1779 ff., je mit weiteren Hinweisen; zu besonderen kantonalen *Sanktionsvorschriften* einschränkend und – angesichts der Bestimmung von Art. 685 Abs. 2 ZGB – zwischen Bau- und Pflanzenvorschriften differenzierend MEIER-HAYOZ, BE-Komm., Art. 685/686 ZGB N 120 ff. und Art. 687/688 ZGB N 74 ff. mit Hinweisen; vgl. dazu nun auch BGE 101 II 364 ff. [die Folgen der Verletzung von zivilrechtlichen *Bau*abständen bestimmen sich ausschliesslich nach Bundeszivilrecht] und BGE 122 I 84 [die Kantone können eigene zivilrechtliche Sanktionen für die Verletzung von *Pflanzen*abständen schaffen]; vgl. dazu im übrigen auch DESCHENAUX 43 f., LIVER N 47 und PIOTET Rz 100). 176

Aufgrund von Art. 695 ZGB (zuteilender Vorbehalt) können die Kantone sodann gesetzliche *Zutritts- und Wegrechte* für die Grundeigentümer von Nachbargrundstücken und allenfalls auch für einen erweiterten Personenkreis einführen (vgl. dazu und zu den kantonalen Regelungen TUOR/SCHNYDER/SCHMID 721, DESCHENAUX 42, JAGMETTI 312 f., KLEY-STRULLER 207 ff., PIOTET Rz 117 ff., 1846 ff. und oben N 69, je mit weiteren Hinweisen; zur Abgrenzung gegenüber öffentlich-rechtlichen Wegrechten JAGMETTI 313 FN 58, LIVER SPR V/1 278 und überdies IMBODEN/RHINOW/KRÄHENMANN Nr. 116 B III mit Hinweisen). Der zuteilende Vorbehalt von Art. 709 ZGB sieht schliesslich vor, dass die Kantone nachbarliche *Nutzungsrechte* an *privaten Gewässern* (Quellen, Brunnen, Bächen etc.) schaffen können (vgl. dazu, zu den kantonalen Regelungen und zur Abgrenzung gegenüber öffentlich-rechtlichen Nutzungsansprüchen TUOR/SCHNYDER/SCHMID 721, JAGMETTI 314 f., LIVER SPR V/1 302 f., KLEY-STRULLER 215 f. und PIOTET Rz 154 ff., 1924 ff., je mit weiteren Hinweisen). 177

Art. 5

cc) Beschränkte dingliche Rechte

178   Auch im Bereich der *beschränkten dinglichen Rechte* finden sich einige Vorbehalte zugunsten von materiellem kantonalem Privatrecht. Zu erwähnen ist zunächst Art. 740 ZGB (zuteilender Vorbehalt), wonach sich der *Inhalt* von *Grunddienstbarkeiten* – insbesondere im landwirtschaftlichen Bereich – mangels anderweitiger Vereinbarung nach dem kantonalen Recht bzw. subsidiär nach dem Ortsgebrauch bestimmt (vgl. dazu und zu den kantonalen Regelungen TUOR/SCHNYDER/SCHMID 783 f., DESCHENAUX 42, JAGMETTI 316 ff., BROGGINI 492, KLEY-STRULLER 219, PIOTET Rz 170 ff. und LIVER, ZH-Komm., Art. 740 ZGB N 1 ff., je mit weiteren Hinweisen; zur Problematik von kantonalen Unterhalts-, Verlegungs- und Ablösungsbestimmungen LIVER, a.a.O., N 33 ff.).

179   Art. 828–830 ZGB regeln die *einseitige Ablösung* von *Grundpfandrechten*, überlassen es jedoch den Kantonen, dieses Institut einzuführen und näher zu regeln (ermächtigender Vorbehalt; vgl. dazu und zu den kantonalen Regelungen TUOR/SCHNYDER/SCHMID 833 f., DESCHENAUX 41, JAGMETTI 318 f., KLEY-STRULLER 219 und PIOTET Rz 205 ff., je mit weiteren Hinweisen). Gestützt auf Art. 795 Abs. 2 ZGB (zuteilender Vorbehalt) können die Kantone sodann – unabhängig von der öffentlich-rechtlichen Missbrauchsgesetzgebung gemäss Art. 73 Abs. 2 OR – privatrechtliche *Höchstzinssätze für Grundpfandforderungen* festsetzen (vgl. dazu, zum Verhältnis zu Art. 73 Abs. 2 OR und zu den kantonalen Regelungen TUOR/SCHNYDER/SCHMID 871, JAGMETTI 319 f., KLEY-STRULLER 219, 271 f., PIOTET Rz 194 f. und SCHRANER, ZH-Komm., Art. 73 OR N 104 f., je mit weiteren Hinweisen). Im Unterschied zur durch das Bundesrecht abschliessend geregelten Gült können die Kantone gestützt auf Art. 843 (zuteilender Vorbehalt) und 844 ZGB (ermächtigender Vorbehalt) für die *Errichtung und Kündigung* von *Schuldbriefen* besondere Bestimmungen erlassen (vgl. dazu und zu den kantonalen Regelungen TUOR/SCHNYDER/SCHMID 835 f., 857, JAGMETTI 320 ff., KLEY-STRULLER 220 f. und PIOTET Rz 198 ff., je mit weiteren Hinweisen; kritisch zum dauernden Ausschluss der Kündigungsmöglichkeit von Schuldbriefen TUOR/SCHNYDER/SCHMID 857 FN 1).

180   Gemäss Art. 796 Abs. 2 ZGB sind die Kantone befugt, die *Verpfändung* von *öffentlichem Grund und Boden* und von *Allmenden und Weiden von Körperschaften* sowie damit verbundenen *Nutzungsrechten einzuschränken* oder ganz zu *untersagen*. Während der Vorbehalt für den öffentlichen Grund und Boden öffentliches Recht betrifft (vgl. dazu Art. 6 N 410, 418), ist der Vorbehalt zugunsten von privatrechtlich organisierten Körperschaften im Sinne von Art. 59 Abs. 3 ZGB (vgl. dazu oben N 166 f.) privatrechtlicher Natur (vgl. dazu und zu den kantonalen Regelungen TUOR/SCHNYDER/SCHMID 820, JAGMETTI 323 ff., KLEY-STRULLER 219 f. und PIOTET Rz 196 f., 305 f., je mit weiteren Hinweisen). Art. 836 ZGB, welcher für *gesetzliche Grundpfandrechte des kantonalen Rechts* eine Entstehung *ohne Eintragung* ermöglicht, kommt insofern auch privatrechtliche Bedeutung zu, als die Kantone ein solches Pfandrecht auch für privatrechtliche Forderungen (insbesondere aus der Benutzung von Vorrichtungen zur Ausübung nachbarschaftlicher Befugnisse) vorsehen können (vgl. dazu und zu den kantonalen Regelungen JAGMETTI 325 f., KLEY-STRULLER 224 ff. und insbesondere LIVER N 31, je mit weiteren Hinweisen).

dd) Grundbuchrecht

181   Das *Grundbuchrecht* enthält vor allem gewichtige übergangsrechtliche Vorbehalte zugunsten des kantonalen Privatrechts (vgl. dazu vorne N 59). Daneben finden sich aber auch zwei allgemeine privatrechtliche Vorbehalte. Art. 944 ZGB sieht vor, dass die Kantone die *Aufnahme* von nicht im Privateigentum stehenden und dem öffentlichen Gebrauch dienenden Grund-

Art. 5

stücken (also von Liegenschaften des *Verwaltungsvermögens* oder von *Sachen im Gemeingebrauch*) ins *Grundbuch* vorschreiben können (vgl. dazu und zu den kantonalen Regelungen TUOR/SCHNYDER/SCHMID 641, JAGMETTI 338 f., KLEY-STRULLER 235 f. und PIOTET Rz 307 ff., je mit weiteren Hinweisen).

Art. 949 Abs. 2 ZGB ermächtigt sodann die Kantone, Vorschriften über die *Eintragung dinglicher Rechte an Grundstücken*, die dem *kantonalen Recht* unterstehen, zu erlassen. Die Tragweite dieser Bestimmung ist nicht völlig klar. Nach herrschender Auffassung enthält sie jedoch insofern einen privatrechtlichen Vorbehalt, als die Kantone gestützt hierauf die Eintragung dinglicher Rechte des kantonalen Privatrechts (insbesondere dingliche Ansprüche aus dem kantonalen *Nachbarrecht* [vgl. dazu vorne N 173 ff.], *Wasserrechte* [vgl. dazu VB N 95] und sog. *Teilrechte* an *Korporationen* im Sinne von *Art. 59 Abs. 3 ZGB* [vgl. dazu vorne N 167]) regeln können (vgl. dazu und zu den kantonalen Regelungen HOMBERGER, ZH-Komm, Art. 949 ZGB N 4, JAGMETTI 339 ff., KLEY-STRULLER 255 ff. und PIOTET Rz 73, 125, 309, 565, 728, je mit weiteren Hinweisen). 182

Vgl. im übrigen zum vorbehaltenen kantonalen *Organisations- und Verfahrensrecht* im Bereich des Grundbuchs Art. 942 ff. ZGB und dazu TUOR/SCHNYDER/SCHMID 630 ff., DESCHENAUX SPR V/3, I 59 ff., 130 ff. und KLEY-STRULLER 228 ff., je mit weiteren Hinweisen. 183

e) **Spezialgesetze**

aa) Bäuerliches Bodenrecht

Im Bereich der Ergänzungserlasse zum Zivilgesetzbuch ist vor allem das *BG über das bäuerliche Bodenrecht* vom 4. Oktober 1991 (BGBB, SR 211.412.11) zu erwähnen. Dieses fasst die bisher im Zivilgesetzbuch, im Obligationenrecht und in Spezialgesetzen (insbesondere im BG über die Entschuldung landwirtschaftlicher Heimwesen vom 12. Dezember 1940 [LEG, BS 9 80 ff.] und im BG über die Erhaltung des bäuerlichen Grundbesitzes vom 12. Juni 1951 [EGG, AS 1952 403 ff.]) enthaltenen Bestimmungen über das bäuerliche Boden- und Erbrecht zusammen, wobei allerdings das landwirtschaftliche Pachtrecht als Ergänzungserlass zum Obligationenrecht ausgegliedert bleibt (vgl. dazu VB N 125 und nachfolgend N 199). 184

Das bäuerliche Boden- und Erbrecht war als Folge der erwähnten spezialgesetzlichen Legiferierung nicht nur bereits auf Bundesebene sehr *unübersichtlich* und *unkohärent* geregelt, sondern wies durch *zahlreiche Vorbehalte* zugunsten des *kantonalen Rechts* selbst in grundsätzlichen Fragen eine ausserordentlich starke Rechtszersplitterung auf, welche sich mit dem Grundsatz der Privatrechtseinheit kaum mehr vereinbaren liess. Eine bundesrechtliche Ermächtigung bestand insbesondere für folgende *kantonalen Massnahmen*: Einführung von Zerstückelungsverboten für Grundstücke; Abweichung vom Grundsatz der ungeteilten Zuweisung von landwirtschaftlichen Gewerben an einen Erben in Gebirgsgegenden; Verlängerung des Gewinnbeteiligungsrechts der Miterben in gewissen Gebieten; Einschränkung, Einführung oder Ausdehnung von Vorkaufsrechten zugunsten von Verwandten und Dritten; Ausschluss der Belastungsgrenze für Grundpfandrechte in gewissen Gebieten; Einführung eines Einspracheverfahrens gegen Liegenschaftsverkäufe (vgl. dazu insbesondere JAGMETTI 287 ff., 326 ff. und PIOTET Rz 236 ff. mit Hinweisen; zu den rechtspolitischen Hintergründen auch kritisch CARONI 227 f.). 185

Die *Vorbehalte* zugunsten des kantonalen Rechts sind seit den sechziger Jahren bereits durch *Teilrevisionen abgebaut* worden (vgl. dazu BBl 1988 III 113 f. und TUOR/SCHNYDER/SCHMID 552 ff. mit Hinweisen). Im *neuen Bundesgesetz* ist das bäuerliche Boden- und Erb- 186

Art. 5

recht nun *weitgehend vereinheitlicht* worden. Zugunsten des kantonalen Privatrechts bestehen nur noch folgende Vorbehalte: Gemäss Art. 5 BGBB können die Kantone den *Anwendungsbereich des Gesetzes* auf *kleinere landwirtschaftliche Gewerbe ausdehnen* (lit. a) bzw. die Anwendung des Gesetzes für *Anteils- und Nutzungsrechte* an Liegenschaften von *Land- und Forstwirtschaftskorporationen*, die nicht zu einem landwirtschaftlichen Gewerbe gehören, *ausschliessen* (lit. b), was sowohl die privat- als auch die öffentlich-rechtlichen Vorschriften des Gesetzes betrifft. Die Kantone können sodann weiterhin für Meliorationsgenossenschaften, für Gemeinden und Landwirtschaftskorporationen *kantonale Vorkaufsrechte* vorsehen und deren Rangfolge regeln (Art. 56 BGBB). Das *Zerstückelungsverbot* ist neu bundesrechtlich geregelt, doch können die Kantone *grössere Mindestflächen* festlegen (Art. 58 BGBB, insbesondere Abs. 2) (vgl. zum neuen bäuerlichen Bodenrecht allgemein und zu den privatrechtlichen Vorbehalten insbesondere BBl 1988 III 953 ff., insbesondere 979 f., 1031, 1033, TUOR/SCHNYDER/ SCHMID 552 ff., insbesondere 558, 743, ULRICH ZIMMERLI, Das neue bäuerliche Bodenrecht, ZBGR 1993 137 ff., insbesondere 145 f. und ROLAND PFÄFFLI, Das neue bäuerliche Bodenrecht im Kanton Bern, BVR 1996 1 ff., insbesondere 4 ff.; vgl. im übrigen auch Art. 6 N 71 f.; zu den kantonalen Vorkaufsrechten auch Art. 6 N 293).

bb) Grundstückerwerb durch Personen im Ausland

187 Ein Vorbehalt zugunsten von kantonalem Privatrecht findet sich auch im *BG über den Erwerb von Grundstücken durch Personen im Ausland* vom 16. Dezember 1983 (BewG, SR 211.412.41). Die Vorschriften dieses Gesetzes enthalten zwar nach heutiger Auffassung materiell weitgehend öffentliches Recht. Dementsprechend handelt es sich bei den meisten Vorbehalten zugunsten des kantonalen Rechts um öffentlich-rechtliche Vorbehalte (vgl. dazu VB N 126 und Art. 6 N 73). In *Art. 13 BewG* werden jedoch die Kantone und überdies auch die Gemeinden (vgl. dazu kritisch oben N 39) ermächtigt, bei bewilligungspflichtigen Ferienwohnungen und Wohneinheiten in Aparthotels als weitergehende Einschränkung zugunsten von Personen, die keiner Bewilligung bedürfen, ein *Vorkaufsrecht* zum Verkehrswert einzuführen, weshalb diese Bestimmung insoweit auch als privatrechtlicher Vorbehalt zu qualifizieren ist (vgl. zur Problematik dieses Vorbehalts bereits BBl 1981 III 630).

188 Die nach dem anfänglichen Scheitern einer Lockerung des Gesetzes (vgl. dazu Art. 6 N 74) von gewissen Kreisen geforderte *Kantonalisierung* der Regelung des *Grundstückerwerbs durch Ausländer* wäre angesichts der damit jedenfalls verbundenen Ungleichbehandlung hinsichtlich der privatrechtlichen Rechtsfähigkeit – unabhängig von der materiell-rechtlichen Charakterisierung bzw. verfassungsrechtlichen Abstützung des Gesetzes als Ganzem – mit dem Grundsatz der *Privatrechtseinheit* kaum *vereinbar* gewesen (vgl. dazu Bericht der Expertenkommission für die Prüfung der Folgen einer Aufhebung des BG über den Erwerb von Grundstücken durch Personen im Ausland, Bern 1995, 51 mit Hinweis auf HAUSHEER 5 f.; vgl. dazu auch oben N 14).

cc) Früherer Vorbehalt im Bankenrecht

189 Ein weiterer spezialgesetzlicher Vorbehalt zugunsten des kantonalen Privatrechts, welcher ursprünglich in Art. 57 SchlT verankert war, fand sich in Art. 16 des BG über die Banken und Sparkassen vom 8. November 1934 (BaG, SR 952.0). Danach konnten die Kantone an *Spareinlagen* bis zum Betrag von Fr. 5000.– ein *gesetzliches Pfandrecht* schaffen und hierbei vom Faustpfandprinzip abweichen (vgl. dazu und zu den kantonalen Regelungen TUOR/SCHNYDER/ SCHMID 28, 884 und BODMER/KLEINER/LUTZ, Kommentar zum schweizerischen Bankengesetz,

Zürich 1994, Art. 16 N 1 ff., je mit weiteren Hinweisen). Dieser Vorbehalt wird jedoch durch das *revidierte SchKG*, welches den Schutz der Spareinlagen neu regelt (vgl. Art. 37a BaG), *aufgehoben* (Revision des SchKG vom 16. Dezember 1994, Anhang Ziff. 17 und dazu BBl 1991 III 136 ff.).

3. Obligationenrecht

a) Allgemeines

Auf dem Gebiet des *Obligationenrechts* bestehen aus verschiedenen Gründen bedeutend weniger Vorbehalte zugunsten des kantonalen Privatrechts als im Zivilgesetzbuch. Zunächst bildet das Obligationenrecht die *wichtigste Rechtsgrundlage* für den *Geschäftsverkehr*, für welchen – nach Schaffung der Verfassungsgrundlage – schon im letzten Jahrhundert aufgrund der Verkehrsbedürfnisse eine nationale Regelung gefunden werden musste (BG über das Obligationenrecht vom 14. Juni 1881, AS 1882 635 ff.). Das alte Obligationenrecht stellte für weite Teile des Landes die *erste eigentliche Kodifikation* des *Schuldrechts* dar. Der Bundesgesetzgeber musste daher – abgesehen von den nach möglichst weitgehender Rechtsvereinheitlichung drängenden Bedürfnissen des Geschäftsverkehrs – von Anfang an viel weniger als auf dem Gebiet des Zivilgesetzbuches auf festverwurzeltes kantonales Recht Rücksicht nehmen (vgl. dazu JAGMETTI 342 mit Hinweisen).

190

Trotzdem bestehen im Bereich des Obligationenrechts auch heute noch *einzelne Vorbehalte* zugunsten von kantonalem Zivilrecht, welche allerdings auch von der rechtlichen Bedeutung her – vielleicht abgesehen von den *Normalarbeitsverträgen* (vgl. dazu nachfolgend N 201 f.) – weniger wichtig sind als diejenigen des Zivilgesetzbuches und regelmässig nur *Einzelfragen*, nicht ganze Rechtsinstitute betreffen (vgl. dazu auch GUHL/MERZ/KOLLER 6 f., SCHÖNENBERGER, ZH-Komm., Allg. Einleitung OR N 67 f., JAGMETTI 253 und KLEY-STRULLER 262; zu restriktiv daher KNAPP, Komm. BV, Art. 64 N 29).

191

Zum vorbehaltenen kantonalen *Organisations- und Verfahrensrecht* auf dem Gebiet des Obligationenrechts (insbesondere im Bereich der öffentlichen Beurkundung und des Handelsregisters) vgl. auch GUHL/MERZ/KOLLER 117, 419 f., GUHL/KUMMER/DRUEY 767 ff., PATRY SPR VIII/1 121 ff., KLEY-STRULLER 59 ff., 88 ff., 262 ff. und CHRISTIAN BRÜCKNER, Schweizerisches Beurkundungsrecht, Zürich 1993, Rz 5 ff., je mit weiteren Hinweisen.

192

b) Haftpflichtrecht

Im Bereich des *Haftpflichtrechts* besteht – neben dem aus der bundesstaatlichen Kompetenzausscheidung auf dem Gebiet des Prozessrechts abgeleiteten Vorbehalt zugunsten *prozessrechtlicher Entschädigungsregeln* (vgl. dazu oben N 162) – zugunsten des kantonalen Privatrechts nur der Vorbehalt von Art. 13 Abs. 2 des BG über die Jagd und den Schutz wildlebender Säugetiere und Vögel vom 20. Juni 1986 (JSG, SR 922.0), welcher früher in Art. 56 Abs. 3 OR enthalten war (vgl. dazu GUHL/MERZ/KOLLER 6, DESCHENAUX 42 und OFTINGER/STARK § 1 N 123 f. mit Hinweisen; zur Zulässigkeit öffentlich-rechtlicher Haftungsregeln der Kantone vgl. Art. 6 N 195 ff., 262 ff.). Art. 13 Abs. 1 JSG bestimmt, dass der Schaden, den jagdbare Tiere an Wald, landwirtschaftlichen Kulturen und Nutztieren anrichten (*Wildschaden*), angemessen zu entschädigen ist. Gemäss Art. 13 Abs. 2 JSG haben die Kantone die *Entschädigungs-*

193

Art. 5

pflicht näher zu regeln. Sie können eine Kausalhaftung einführen und haben insbesondere den Ersatzpflichtigen zu bestimmen, was regelmässig von der Art des Jagdsystems (Pacht- bzw. Patentsystem) abhängig gemacht wird (vgl. dazu BBl 1983 II 1212 und OFTINGER/STARK, Schweizerisches Haftpflichtrecht, Band II/1, Zürich 1987, § 21 N 14 mit weiteren Hinweisen).

c) Kaufrecht

194 Im Bereich des *Kaufrechts* bestehen heute noch zwei Vorbehalte zugunsten von kantonalem Privatrecht. Zunächst behält es Art. 186 OR dem kantonalen Recht vor, die *Klagbarkeit* von *Forderungen aus dem Kleinvertrieb geistiger Getränke* (inkl. Wirtszeche) zu *beschränken* oder *auszuschliessen* (vgl. dazu und zu den kantonalen Regelungen JAGMETTI 343 f., KLEY-STRULLER 262 f. und ALFRED KOLLER, BS-Komm., Art. 186 OR N 1 ff., je mit weiteren Hinweisen). Gemäss Art. 236 OR können die Kantone sodann *weitere Vorschriften* über die (freiwillige) *öffentliche Versteigerung* aufstellen. Hierbei handelt es sich zwar primär um einen Vorbehalt zugunsten des kantonalen öffentlichen Rechts (insbesondere zur Regelung des Versteigerungsverfahrens mit der Möglichkeit der Einführung einer Bewilligungspflicht). Den Verfahrensbestimmungen kommt jedoch insofern privatrechtliche Bedeutung zu, als sie die Bindung des Bietenden an seine Offerte und die Modalitäten der Annahme der Offerte durch den Versteigerer regeln und für das Zustandekommen des Vertrages von Bedeutung sein können (vgl. dazu und zu den kantonalen Regelungen JAGMETTI 345 ff., KLEY-STRULLER 264, JÖRG SCHMID, in: ALFRED KOLLER [Hrsg.], Der Grundstückkauf, St. Gallen 1989, Rz 1266, 1295 ff. und ANTON PESTALOZZI, Der Steigerungskauf, Zürich 1997, Rz 62 ff., 1316 ff., je mit weiteren Hinweisen).

195 Der im ursprünglichen Art. 218 OR enthaltene Vorbehalt zugunsten kantonaler Bestimmungen gegen die *Güterschlächterei* (Weiterverkauf landwirtschaftlicher Grundstücke in Stücken) ist bereits 1947 mit dem Inkrafttreten des landwirtschaftlichen Entschuldungsgesetzes (oben N 184) aufgehoben worden (vgl. dazu JAGMETTI 347 mit Hinweisen).

d) Miet- und Pachtrecht

196 Das neue *Mietrecht*, welches die bisherige spezialgesetzliche Mieterschutzregelung ins Obligationenrecht übernommen hat, enthält grundsätzlich eine abschliessende bundesrechtliche Regelung auch des Mieterschutzes (vgl. dazu VB N 131 und Art. 6 N 279 ff.). Immerhin bestehen zwei Vorbehalte zugunsten des kantonalen Rechts, denen auch privatrechtliche Bedeutung zukommt. Zunächst sieht Art. 257e Abs. 4 OR vor, dass die Kantone *ergänzende Vorschriften* betreffend die *Sicherheitsleistung durch Mieter* erlassen können. Neben dem Erlass öffentlich-rechtlicher Vorschriften (insbesondere Schaffung von kantonalen Übertretungsstraftatbeständen) können die Kantone gestützt auf diesen Vorbehalt auch Vorschriften über bundesrechtlich nicht geregelte Formen der Sicherheitsleistung (z.B. Bürgschaften, Bankgarantien) erlassen (vgl. dazu und zu den kantonalen Regelungen KLEY-STRULLER 265, HIGI, ZH-Komm., Art. 257e OR N 52 und WEBER/ZIHLMANN, BS-Komm., Art. 257e OR N 15 ff., je mit weiteren Hinweisen).

197 Gemäss Art. 270 Abs. 2 OR können die Kantone sodann im Falle von Wohnungsmangel als Formvorschrift des kantonalen Privatrechts die Verwendung des für Mietzinserhöhungen vorgesehenen Formulars auch beim *Abschluss eines neuen Wohnungs-Mietvertrages* obligatorisch erklären (*kantonale Formularpflicht*; vgl. dazu und zu den kantonalen Regelungen

BGE 117 Ia 330 f., 120 II 343, KLEY-STRULLER 265 und WEBER/ZIHLMANN, BS-Komm., Art. 270 OR N 12, je mit weiteren Hinweisen; zu den sich aus dem Bundesrecht ergebenden Folgen einer Nichtbeachtung der kantonalen Formularpflicht BGE 120 II 345 ff.).

Zur neu geschaffenen Möglichkeit der kantonalen *Allgemeinverbindlicherklärung von Rahmenmietverträgen* und zur rechtlichen Natur solcher Akte vgl. oben N 65. 198

Im allgemeinen *Pachtrecht* findet sich kein Vorbehalt zugunsten von kantonalem Privatrecht. Das *BG über die landwirtschaftliche Pacht* vom 4. Oktober 1985 (LPG, SR 221.213.2) enthält jedoch zwei entsprechende Vorbehalte. Zunächst sieht Art. 2 Abs. 2 LPG vor, dass die Kantone dem Gesetz auch *kleinere Grundstücke* unterstellen können, was sowohl für die privat- als auch für die öffentlich-rechtlichen Bestimmungen des Gesetzes gilt (vgl. dazu BBl 1982 I 270 und BENNO STUDER/EDUARD HOFER, Das landwirtschaftliche Pachtrecht, Brugg 1987, 48 mit Hinweisen). Gemäss Art. 3 LPG können die Kantone sodann für die Pacht von *Alpen und Weiden* sowie von *Nutzungs- und Anteilsrechten* an solchen *abweichende Bestimmungen* (Lockerungen oder Verschärfungen des Bundesrechts) erlassen (vgl. dazu BBl 1982 I 270 f. und STUDER/HOFER, a.a.O.,49 f. mit Hinweisen; zu den kantonalen Regelungen vgl. auch die Zusammenstellung von STUDER/HOFER, a.a.O., 341 ff.; zu den weitergehenden Vorbehalten zugunsten des kantonalen Rechts im früheren landwirtschaftlichen Pachtrecht JAGMETTI 332 f.). 199

e) Arbeitsrecht

Auch auf dem Gebiet des *Arbeitsrechts* ist die Befugnis der Kantone zum Erlass eigener Vorschriften stark eingeschränkt worden, nachdem heute insbesondere *Arbeits-* und *Ruhezeit* sowie *Feiertage* und *Ferien* der Arbeitnehmer grundsätzlich durch Bundesrecht geregelt sind (vgl. dazu und zur früheren Rechtslage Art. 6 N 357; zu den in Art. 342 OR vorbehaltenen Regelungen über das öffentlich-rechtliche Dienstverhältnis und das öffentlich-rechtliche Arbeits- und Berufsbildungsrecht vgl. VB N 135 ff. und Art. 6 N 191 ff., 216). Als *1964* erstmals eine *bundesprivatrechtliche Ferienregelung* im Obligationenrecht geschaffen wurde, verblieb den Kantonen – nun im Sinne eines privatrechtlichen Vorbehalts – noch immer die Möglichkeit, die jährliche *Feriendauer* um eine Woche zu verlängern. Dieser Vorbehalt wurde jedoch durch die Revision vom 16. Dezember 1983 (AS 1984 580 f.) zugunsten einer *einheitlichen nationalen Ferienregelung* aufgegeben (vgl. dazu und zu den früheren kantonalen Regelungen VISCHER 86 FN 87, SCHÖNENBERGER/STAEHELIN, ZH-Komm., Art. 329a OR N 1, 13 ff., REHBINDER, BE-Komm., Art. 329a OR N 8, je mit weiteren Hinweisen; vgl. dazu auch Art. 6 N 282). 200

Den Kantonen verbleibt jedoch weiterhin ein besonderer, von der rechtlichen Tragweite her sehr bedeutsamer Vorbehalt zugunsten der Schaffung von kantonalem Arbeitsvertragsrecht. So werden die Kantone durch Art. 359 und 359a OR ermächtigt, für einzelne Vertragsverhältnisse sog. *Normalarbeitsverträge* zu erlassen, welche entgegen dem missverständlichen Wortlaut – im Rahmen der zwingenden Vorschriften des Obligationenrechts und des Arbeitsgesetzes – als *dispositives Recht* Bestimmungen über Abschluss, Inhalt und Beendigung der betreffenden Arbeitsverträge (u.a. auch über Mindestlöhne und Sozialleistungen) enthalten (vgl. zur Rechtsnatur dieser Vorschriften, zu deren möglichem Inhalt und zu den materiell-rechtlichen Voraussetzungen für ihren Erlass SCHÖNENBERGER/VISCHER, ZH-Komm., Art 359 OR N 2 ff., 5 ff., Art. 359a OR N 11, je mit weiteren Hinweisen; vgl. zu diesem Institut auch allgemein VB N 171). *Obligatorisch* ist der Erlass solcher Verträge durch die Kantone für Arbeitnehmerinnen und Arbeitnehmer in der *Landwirtschaft* und im *Hausdienst* (Art. 359 Abs. 2 OR und dazu SCHÖNENBERGER/VISCHER, ZH-Komm., Art. 359 OR N 11). 201

Art. 5

202 Erstreckt sich der Geltungsbereich eines Normalarbeitsvertrages auf das Gebiet mehrerer Kantone, so ist der *Bundesrat* für den Erlass zuständig (Art. 359a Abs. 1 OR und dazu SCHÖNENBERGER/VISCHER, ZH-Komm., Art. 359a OR N 1 ff.). Im übrigen bestimmen die *Kantone* die für den Erlass *zuständige Behörde*, während das *Verfahren* für den *Erlass* der kantonalen Normalarbeitsverträge weitgehend durch das Bundesrecht vorgegeben ist (Art. 359a OR; vgl. dazu SCHÖNENBERGER/VISCHER, ZH-Komm., Art. 359a OR N 4 ff. und HUBER N 100, welcher angesichts des besonderen, vom Bundesrecht her vorgegebenen Rechtsetzungsverfahrens von einem *staatsrechtlichen Einschlag* des privatrechtlichen Vorbehalts spricht). Vgl. zu den kantonalen *Organisations- und Verfahrensregelungen* sowie zu den in den Kantonen *bestehenden Normalarbeitsverträgen* im übrigen SCHÖNENBERGER/VISCHER, ZH-Komm., Art. 359 OR N 24, Art. 359a OR N 4, JAGMETTI 348, KLEY-STRULLER 266 f. und die jährliche Übersicht über die kantonalen Normalarbeitsverträge in JAR, zuletzt in JAR 1997 66 ff., je mit weiteren Hinweisen.

203 Zur Möglichkeit der kantonalen *Allgemeinverbindlicherklärung von Gesamtarbeitsverträgen* und zur rechtlichen Natur solcher Akte vgl. oben N 63 f.

f) Auftragsrecht

204 Im *Auftragsrecht* enthält lediglich Art. 418 OR einen Vorbehalt zugunsten von kantonalem Recht. Nach dieser Bestimmung können die Kantone Vorschriften über die Tätigkeit der *Börsenmäkler*, der *Stellenvermittler* und nach der Rechtsprechung des Bundesgerichts auch *weiterer Mäkler* erlassen. Der Vorbehalt hat allerdings nicht nur privatrechtliche, sondern vor allem auch öffentlich-rechtliche Vorschriften im Auge (vgl. Art. 6 N 253 ff., 296 mit Hinweisen). In den im Gesetz erwähnten Fällen ist er überdies heute weitgehend gegenstandslos, da der *Börsenhandel* in der Schweiz bisher nicht durch Mäkler, sondern durch Ringbanken besorgt wurde und nun bundesrechtlich geregelt ist (BG über die Börsen und den Effektenhandel vom 24. März 1995 [BEHG, SR 954.1]), und die Tätigkeit der *Stellenvermittler* schon seit längerer Zeit bundesrechtlich normiert ist (heute BG über die Arbeitsvermittlung und den Personalverleih vom 6. Oktober 1989 [AVG, SR 823.11]). Vgl. dazu KLEY-STRULLER 272 f. und AMMANN, BS-Komm., Art. 418 OR N 1 ff., je mit weiteren Hinweisen).

g) Handelsrecht

205 Das Handelsrecht, insbesondere das *Gesellschafts- und Wertpapierrecht*, enthält keine Vorbehalte zugunsten von kantonalem Privatrecht (vgl. allerdings für die im Personenrecht geregelten herkömmlichen *Land- und Forstwirtschaftskorporationen* vorne N 166 f.). Vgl. im übrigen zu den besonderen Regeln für *gemischtwirtschaftliche Unternehmungen* (Art. 762 und Art. 926 OR) VB N 122 und Art. 6 N 194 und für *öffentlich-rechtliche Aktiengesellschaften* (Art. 763 OR: Ausschluss der Regeln des Obligationenrechts) Art. 6 N 32; zum Ausschluss der Anwendung des Obligationenrechts bei Anleihen von öffentlich-rechtlichen Organisationen Art. 1157 Abs. 3 OR und dazu STEINMANN, BS-Komm., Art. 1157 N 2 mit Hinweisen. Vgl. sodann zum vorbehaltenen kantonalen *Organisations- und Verfahrensrecht* auf dem Gebiet des *Handelsregisters* Art. 927 ff. OR und dazu GUHL/KUMMER/DRUEY 767 ff., PATRY SPR VIII/1 121 ff. und KLEY-STRULLER 268 f., je mit weiteren Hinweisen.

Art. 5

h) Spezialgesetze (insbesondere Versicherungsvertragsrecht)

Die *Spezialgesetze* auf dem Gebiet des *Obligationenrechts* enthalten – abgesehen von den beiden bereits erwähnten Fällen (Entschädigung von *Wildschaden* und *landwirtschaftliches Pachtrecht*, vgl. oben N 193 und 199) nur noch im Falle des BG vom 2. April 1908 über den *Versicherungsvertrag* (VVG, SR 221.229.1) einen Vorbehalt zugunsten des kantonalen Privatrechts (vgl. demgegenüber zu den Vorbehalten der obligationenrechtlichen Spezialgesetze zugunsten des kantonalen öffentlichen Rechts Art. 6 N 70 ff., insbesondere 75 ff.). Gemäss *Art. 58 VVG* bleiben die Vorschriften der kantonalen Gesetze, wonach das *dingliche Recht*, das an der versicherten Sache besteht, auf den *Versicherungsanspruch* und die *Versicherungssumme ausgedehnt* wird, sowie die Bestimmungen, durch die der *Anspruch* des Berechtigten *gesichert* wird, vorbehalten. Der erste Teil dieses Vorbehalts (*Ausdehnung* des *dinglichen Rechts* auf den Versicherungsanspruch und die Versicherungssumme) ist jedoch durch die Vereinheitlichung des Privatrechts obsolet geworden, da diese Frage nun grundsätzlich für alle dinglichen Rechte in Art. 57 VVG bzw. im Zivilgesetzbuch (vgl. insbesondere Art. 750 Abs. 3 und Art. 822 ZGB) geregelt ist.

206

Die Kantone haben daher nur noch die Möglichkeit, den *Anspruch des dinglich Berechtigten* durch *besondere Regeln* (z.B. keine Verwirkung des Versicherungsanspruchs durch einseitige Handlungen des Versicherten, Pflicht zur Zahlung einer fälligen Versicherungssumme an eine amtliche Stelle) zu *sichern* (vgl. dazu und zu den kantonalen Regelungen JAGMETTI 349 ff. mit weiteren Hinweisen; vgl. dazu auch TUOR/SCHNYDER/SCHMID 793 und 815 mit Hinweisen). Solche kantonalen Regeln sind allerdings spärlich geblieben, da in der Regel die üblichen Versicherungsbedingungen bereits entsprechende Schutzbestimmungen enthalten (vgl. dazu WILLY KOENIG, Schweizerisches Privatversicherungsrecht, 3. Auflage, Bern 1976, 254 und MAURER, Privatversicherungsrecht, 287 mit Hinweisen).

207

4. Übrige Rechtsgebiete

In den Gebieten des *Immaterialgüterrechts*, des *Datenschutzrechts* und des *Wettbewerbsrechts* finden sich zwar einzelne Vorbehalte zugunsten des kantonalen öffentlichen Rechts, aber – entsprechend dem starken Bedürfnis einer einheitlichen Ordnung in diesen Bereichen – keine Vorbehalte zur Schaffung von kantonalem Privatrecht (vgl. dazu JAGMETTI 253 und Art. 6 N 88 ff. mit Hinweisen auf das vorbehaltene kantonale *Organisations- und Verfahrensrecht* auf diesen Gebieten). Auch das *Internationale Privatrecht* ist grundsätzlich abschliessend im Bundesrecht geregelt (vgl. dazu VB N 163 ff.). Die Kantone haben lediglich die für die Anwendung dieser Vorschriften erforderlichen *Organisations- und Verfahrensvorschriften* zu schaffen (vgl. dazu Art. 6 N 98 f.).

208

Art. 5

C. Die gesetzliche Vermutung von Abs. 2 (kantonales Zivilrecht als Ausdruck der Ortsübung)

I. Gesetzliche Verweisungen auf Übung und Ortsgebrauch

1. Allgemeines

a) Der Begriff der «Übung» und des «Ortsgebrauchs»; Beschränkung der Vermutung auf die Ortsübung

209 Art. 5 Abs. 2 ZGB schafft eine gesetzliche Vermutung für den Nachweis einer bestehenden *Übung* oder des *Ortsgebrauchs*, wo das Bundeszivilrecht auf diese Begriffe verweist (vgl. zur gesetzlichen Vermutung Näheres nachfolgend N 258 ff.). Was unter den Begriffen «Übung» und «Ortsgebrauch» zu verstehen ist, wird im Zivilgesetzbuch nicht näher umschrieben. In Lehre und Praxis ist jedoch unbestritten, dass es sich hierbei um Erscheinungsformen der *Verkehrssitte*, d.h. derjenigen Gepflogenheiten (Sitten, Bräuche, Usancen) handelt, die den (rechtsgeschäftlichen) Verkehr zwischen den Menschen tatsächlich beherrschen. Es wird deshalb auch von der *«Verkehrsübung»* gesprochen (vgl. CARONI 137 f., DESCHENAUX 46, RIEMER § 8 N 1, LIVER N 67 f. und PFENNINGER 50 ff., je mit weiteren Hinweisen).

210 Vgl. zum Begriff und zur Bildung der *Verkehrsübung* sowie zum Zusammenhang mit der sog. *Verkehrsauffassung* insbesondere JÄGGI/GAUCH, ZH-Komm, Art. 18 OR N 387 ff.; zur Abgrenzung gegenüber der blossen *Observanz*, dem *Gerichtsgebrauch* und dem *Gewohnheitsrecht* PACHE 95 ff., PFENNINGER 51 f., DÜRR Art. 1 N 417 ff., MEIER-HAYOZ, BE-Komm., Art. 1 ZGB N 233 ff., VON STEIGER SPR VIII/1 280 f. und nachfolgend N 227 ff.; zur Abgrenzung gegenüber den *Allgemeinen Geschäftsbedingungen* JÄGGI/GAUCH, a.a.O., N 403 und ROLF ISLER, Allgemeine Geschäftsbedingungen (AGB) und Verkehrssitte, ZSR 1982 I 377 ff. mit weiteren Hinweisen.

211 «Übung» und «Ortsgebrauch» im Sinne von Art. 5 Abs. 2 ZGB sind nicht verschiedene Kategorien der Verkehrssitte bzw. der Verkehrsübung. Bei der *«Übung»* («usage», «uso») handelt es sich – wie sich schon aus dem Wortlaut ergibt – um den umfassenden, grundsätzlich alle Formen der Verkehrsübung einschliessenden Begriff. Eine Übung kann daher *allgemein* (für die gesamte Bevölkerung) oder nur für einen *bestimmten* – mehr oder weniger grossen – *Personenkreis* gelten (Geschäfts-, Handels-, Branchen- oder Betriebsübung; in gesellschaftlicher Hinsicht auch Standesübung). Unter Umständen kann es sich sogar um eine blosse Übung zwischen zwei Vertragsparteien handeln (sog. Vertragsübung). Unabhängig davon ist auch eine Übung in einem solchen weiten Sinne in der Regel *räum-*

lich begrenzt. Sie kann entweder für ein räumlich eng begrenztes Gebiet (Quartier-, Ortsüblichkeit) oder aber – insbesondere bei Handelsübungen – für das ganze Land, ja auch international oder sogar weltweit gelten (vgl. dazu LIVER N 89, NOBEL 251 f. und insbesondere JÄGGI/GAUCH, ZH-Komm., Art. 18 OR N 392 ff. mit Hinweisen; teilweise abweichend PFENNINGER 50; zu den einzelnen Arten der Übungen nachfolgend N 237 ff.).

Ein «*Ortsgebrauch*» («usages locaux», «uso locale») ist demgegenüber eine Verkehrsübung, die jedenfalls nicht für das ganze Land, sondern nur für ein örtlich begrenztes Gebiet gilt. Der Ortsgebrauch kann daher mit einer «*Ortsübung*» gleichgesetzt werden. Er braucht sich aber keineswegs auf eine einzelne Örtlichkeit zu beschränken. Vielmehr kann der gleiche Ortsgebrauch auch für grössere Gebiete, ganze Kantone oder sogar das Gebiet mehrerer Kantone bestehen. Auch ein «Ortsgebrauch» bzw. eine «Ortsübung» kann im übrigen eine *allgemeine* oder eine nur für einen *bestimmten Personenkreis* geltende Übung (z.B. geschäftliche Platzusancen, lokale Standesübung) sein (vgl. dazu TUOR/SCHNYDER/SCHMID 29 f., DESCHENAUX 46, RIEMER § 8 N 1, LIVER N 90, NOBEL 249 und JÄGGI/GAUCH, ZH-Komm., Art. 18 OR N 397, je mit weiteren Hinweisen). 212

Die *Vermutung* von *Art. 5 Abs. 2 ZGB* gilt dem Wortlaut nach uneingeschränkt sowohl für Übungen als auch für den Ortsgebrauch, wo das Bundeszivilrecht auf diese verweist. Die herrschende Auffassung nimmt jedoch zu Recht an, dass die Vermutung grundsätzlich *nur* für Übungen im engeren Sinn der *Ortsübung* bzw. des *Ortsgebrauchs* gelten kann. Gleichgültig ist es hierbei jedoch im Prinzip, ob es sich um eine *allgemeine* oder nur für einen *besonderen Personenkreis geltende Ortsübung* handelt. Diese einschränkende Auslegung ergibt sich insbesondere daraus, dass der Randtitel zu Art. 5 ZGB «Übung» und «Ortsgebrauch» unter der Bezeichnung «Ortsübung» («usages locaux», «uso locale») zusammenfasst. Die Beschränkung auf die Ortsübung kann überdies auch daraus abgeleitet werden, dass das bisherige kantonale Recht als Ausdruck der Übung gilt (vgl. dazu insbesondere DESCHENAUX 46, LIVER N 89 f. und PIOTET Rz 14). 213

Selbst wenn man eine entsprechende einschränkende Auslegung ablehnen würde, könnte dies im übrigen im Ergebnis kaum etwas ändern. Soweit sich nämlich in einem konkreten Fall der Verweisung auf eine Übung durch *Auslegung der Verweisungsnorm* oder aufgrund der *tatsächlichen Verhältnisse* ergibt, dass nicht eine eigentliche, räumlich begrenzte Ortsübung massgebend sein kann, lässt sich die *Vermutung* zugunsten des bisherigen kantonalen Rechts als Ausdruck der betreffenden Übung leicht *umstossen* (vgl. etwa für die Betriebs- oder für die Handelsübungen nachfolgend N 240, 245; vgl. dazu auch NOBEL 249, 251 f. und PFENNINGER 88). 214

Art. 5

b) **Bedeutung und Sinn der gesetzlichen Verweisungen auf die Verkehrsübung**

215 Verkehrssitten bzw. -übungen sind an sich keine rechtlichen, sondern blosse *soziale Normen* und damit – rechtlich gesehen – *reine Tatsachen*. Rechtliche Wirkungen kommen ihnen – vom Fall der *Verweisung durch den Gesetzgeber* abgesehen (normativer Geltungsgrund) – grundsätzlich nur insoweit zu, als sie ausdrücklich oder stillschweigend zum *Bestandteil eines Rechtsgeschäfts* gemacht bzw. bei der *Auslegungen von Rechtsgeschäften* und für die *Konkretisierung* der sich hieraus ergebenden *Rechtspflichten* nach Treu und Glauben herbeigezogen werden können (rechtsgeschäftlicher Geltungsgrund bzw. Treu und Glauben als Geltungsgrund). Darüber hinaus können Verkehrssitten und Gebräuche freilich auch im Sinne «bewährter Überlieferung» gemäss Art. 1 Abs. 3 ZGB *Hilfsmittel der richterlichen Rechtsfindung* bilden.

216 Vgl. zur rechtlichen Bedeutung der Verkehrssitte bzw. -übung *allgemein* CARONI 138 ff., RIEMER § 8 N 2 ff., LIVER N 68 ff., MERZ SPR VI/1 43 ff., JÄGGI/GAUCH, ZH-Komm., Art. 18 OR N 404 ff., 520 ff., PACHE 103 ff., 108 ff., PFENNINGER 63 ff., 75 ff., je mit weiteren Hinweisen; zur Bedeutung der Verkehrssitte als *mittelbarer Rechtsquelle* auch VB N 179, DÜRR, Art. 1 N 455 ff., MEIER-HAYOZ, BE-Komm., Art. 1 ZGB N 236, 266, 323 ff., 328, 468 und MERZ, BE-Komm., Art. 2 ZGB N 100, 139 ff., je mit weiteren Hinweisen; zur Bedeutung der Verkehrssitte als *Hilfsmittel der Rechtsfindung* auch VB N 179, DESCHENAUX 124, DÜRR, Art. 1 N 571 ff., insbesondere 573, und MEIER-HAYOZ, BE-Komm., Art. 1 ZGB N 466 ff., insbesondere 468 mit weiteren Hinweisen; vgl. zum Ganzen sowie zu den Unterschieden und Gemeinsamkeiten bzw. den vielfältigen Beziehungen zwischen der *Sitten-* und der *Rechtsordnung* auch VB N 46 und eingehend FORSTMOSER/SCHLUEP § 8 N 1 ff. sowie PFENNINGER 1 ff., 30 ff., je mit weiteren Hinweisen.

217 Durch *gesetzliche Verweisungen* auf «Übung» und «Ortsgebrauch» werden Verkehrssitten bzw. Verkehrsübungen – obwohl sie an sich blosse Tatsachen bleiben – zu *subsidiären, mittelbaren Rechtsquellen* der betreffenden Rechtsordnung (bei Verweisung durch Bundesrecht also zu subsidiären Rechtsquellen des *Bundesrechts*). Sie bilden insoweit *Bestandteil des objektiven Rechts*. Ihre Aufgabe besteht darin, Lücken bzw. unbestimmte Begriffe des geschriebenen Rechts auszufüllen bzw. zu konkretisieren. Es handelt sich daher um *gesetzesergänzende Verkehrssitten*. Dementsprechend kommt ihnen in der Stufenfolge der Rechtsquellen von Art. 1 ZGB der *Vorrang* gegenüber dem *Gewohnheitsrecht* und dem *Richterrecht* zu. Da die Verweisung auf Übung und Ortsgebrauch jedoch in unterschiedlicher Art erfolgen kann (ausschliessliche Verweisung oder Kombination mit anderen subsidiären Rechtsquellen; vgl. dazu unten N 248 ff.), kann ihr *Rang* unter den verschiedenen *normbestimmenden Elementen* (andere Art der Übung, Vertrag, kantonales Recht etc.) je nach der Art der Verweisung *unterschiedlich* sein und muss im konkreten Fall aufgrund der massgebenden Verweisungsnorm

ermittelt werden (vgl. dazu Tuor/Schnyder/Schmid 29 f., Caroni 138, Deschenaux 47 f., Riemer § 8 N 3, Liver N 72 f., 87 f., Egger, Art. 5 N 17 und Pfenninger 74, 81 ff., je mit weiteren Hinweisen; vgl. dazu auch allgemein VB N 179 f.).

Der *Sinn* der gesetzlichen Verweisung auf Verkehrsübungen besteht einerseits darin, den *Gesetzgeber* vom Erlass *detaillierter Regelungen* – insbesondere auf Gebieten, in welchen mit einem häufigen Anpassungsbedarf zu rechnen ist – zu *entlasten* (ähnlich wie beim Verweis auf das richterliche Ermessen im Sinne von Art. 4 ZGB; vgl. dazu auch Dürr, Art. 4 N 39 ff. mit Hinweisen). Andererseits wird dadurch ermöglicht, dass auf *lokal* oder *branchenmässig unterschiedliche Bedürfnisse* Rücksicht genommen werden kann. Die Technik der Verweisung hat zudem den Vorteil, dass die *Einheit der Rechtsordnung* – allerdings nur formal – gewahrt bleibt und trotzdem eine *rasche Anpassung* an veränderte Bedürfnisse möglich ist. Verkehrsübungen passen sich denn auch erfahrungsgemäss neuen technischen, wirtschaftlichen und gesellschaftlichen Entwicklungen bedeutend rascher an als das gesetzte Recht (vgl. dazu auch Tuor/Schnyder/Schmid 30, Liver N 99, 101). Es wird daher etwa in der deutschen Rechtsprechung zum privatrechtlichen Immissionsschutz vom «dynamischen Begriff» der Ortsüblichkeit gesprochen (vgl. dazu die Hinweise bei Auer [nachfolgend N 219] 34 ff., 50 f.). 218

Die Bildung und Änderung von privatrechtlich relevanten Verkehrs- und Ortsübungen kann insbesondere auch durch das *öffentliche Recht* beeinflusst werden. Zwar sind für die Bestimmung einer Verkehrsübung grundsätzlich die gegebenen tatsächlichen Verhältnisse massgebend (*faktischer Begriff* der Verkehrsübung; vgl. dazu oben N 209 f., 215 ff.). Diese werden aber angesichts der allgemeinen Rechtsbefolgungspflicht regelmässig stark durch einschlägige rechtliche Normen geprägt. Wo sich diese nicht bzw. noch nicht durchgesetzt haben, ist überdies zu beachten, dass rechtswidrige Verkehrsübungen nicht als gesetzesergänzendes Recht anerkannt werden dürfen. Es muss deshalb gegebenenfalls von einer richterlich korrigierten «normativen» Verkehrsübung ausgegangen werden (vgl. dazu nachfolgend N 255 f.; für die Ortsüblichkeit im privaten Immissionsschutzrecht die rechtsvergleichende Untersuchung von Susanne Auer, Neuere Entwicklungen im privatrechtlichen Immissionsschutz, Diss. Zürich 1997, insbesondere 36 ff., zur entsprechenden neueren deutschen Rechtsprechung [insgesamt aber kritisch zur weitgehenden Gleichsetzung der öffentlich-rechtlichen und privatrechtlichen Beurteilungsmassstäbe in der BRD]; zur bisher noch wenig geklärten Rechtslage in der Schweiz Auer, a.a.O., 28 ff., 50 ff. und Jean-Baptiste Zufferey, Les valeurs limites du droit de l'environnement: un instrument objectif pour tout l'ordre juridique?, BR 1994 35 ff. mit Hinweisen; für eine weitgehende Harmonisierung der beiden Bereiche neuerdings Niccolò Raselli in URP 219

Art. 5

1997 271 ff. [aufgrund einer geltungszeitlich-objektiven Auslegung der Kriterien von Art. 684 ZGB insgesamt] und dazu die Veranstaltungsbesprechung von RAINER BENZ in AJP 1997 1185 f.).

220 Allerdings *leidet* durch die Verweisung auf Verkehrsübungen die *Rechtssicherheit*, da solche Übungen häufig nicht einfach festzustellen sind und zum Beispiel von Ort zu Ort oder von Branche zu Branche variieren können. Gesetzliche Verweisungen auf Verkehrsübungen erscheinen daher nur gerechtfertigt, wenn deren *Kenntnis* den *Beteiligten zugemutet* werden kann. Dies gilt vor allem für die *Handelsbräuche,* welche zum Teil schriftlich niedergelegt sind oder sonst als bekannt vorausgesetzt werden können, sowie für Fragen des Ortsgebrauchs insbesondere im Bereich des *lokal gebundenen Sachenrechts,* wo ebenfalls die Kenntnis der Beteiligten erwartet werden kann (vgl. dazu FORSTMOSER/SCHLUEP § 8 N 87 ff., EGGER, Art. 5 N 17 und PFENNINGER 52 ff., je mit weiteren Hinweisen; zur Problematik der gesetzlichen Verweisung auf nicht vom zuständigen Gesetzgeber erlassene Regeln auch allgemein IMBODEN/RHINOW/KRÄHENMANN Nr. 61 mit Hinweisen; vgl. in diesem Zusammenhang auch nachfolgend N 255 f. zum Erfordernis der Rationabilität).

221 Den gesetzlichen *Verweisungen auf die Ortsübung* im Sinne der Vermutung von *Art. 5 Abs. 2 ZGB* liegen im Prinzip *dieselben Motive* zugrunde wie dem *Vorbehalt* von kantonalem Zivilrecht gemäss *Art. 5 Abs. 1 ZGB*. Die lokal verschiedenen, in der Bevölkerung eingelebten Rechtsbräuche sollen – entsprechend dem volkstümlichen Charakter des Zivilgesetzbuches – weiterhin befolgt werden können, soweit dies mit den ethischen und rechtspolitischen Grundlagen des Bundeszivilrechts vereinbar ist (vgl. dazu insbesondere CARONI 138 f., DESCHENAUX 46, LIVER N 90 und PFENNINGER 52 ff., insbesondere 61 f. mit Hinweisen). Die *Verweisungen auf die Ortsübung* gehen aber insoweit noch *weiter* als die Vorbehalte zugunsten des kantonalen Zivilrechts, als nicht auf ein grundsätzlich kantonal vereinheitlichtes Recht verwiesen, sondern die Berücksichtigung *von Ort zu Ort verschiedener Gebräuche* ermöglicht wird, was die Übersicht noch erschwert (vgl. freilich zur Delegationsmöglichkeit an die Gemeinden im Rahmen des vorbehaltenen kantonalen Zivilrechts auch oben N 129).

222 Durch die (widerlegbare) *gesetzliche Vermutung,* dass das bisherige kantonale Recht Ausdruck der Ortsübung sei, wird aber immerhin die *Rechtssicherheit verbessert* und auf einen kantonal *vereinheitlichten Ortsgebrauch* hingewirkt (vgl. dazu nachfolgend N 258 ff.). Allerdings verliert diese Vermutung mit dem *Zeitablauf* an Bedeutung, da sich die Gebräuche mit der Zeit oft ändern. Solange an den relativ zahlreichen Verweisungen auf die Ortsübung im Bundeszivilrecht festgehalten wird, erscheint es deshalb richtig und wichtig, dass die Kantone den sich zum Teil im Laufe der Zeit ändernden *Ortsgebrauch* in ihren Zivilrechtserlassen *neu umschreiben* können (vgl. dazu nachfolgend N 265 ff.).

Art. 5

c) Zeitlicher, örtlicher und persönlicher Geltungsbereich gesetzesergänzender Verkehrsübungen

Da der Sinn der gesetzlichen Verweisung auf die Verkehrsübung unter anderem darin besteht, eine rasche Anpassung der Rechtsvorschriften an veränderte Verhältnisse sicherzustellen (vgl. oben N 218), versteht sich von selbst, dass nicht auf die im Zeitpunkt des Gesetzeserlasses, sondern der *Rechtsanwendung im konkreten Fall geltende Verkehrsübung* abzustellen ist. Hat sich eine Verkehrsübung verändert oder liegt ein Sachverhalt vor, der in die Vergangenheit zurückreicht, sind die *intertemporalen Grundsätze* von *Art. 1 ff. SchlT* anwendbar, zumal es sich um gesetzesergänzendes Bundesrecht handelt (vgl. dazu PFENNINGER 96 ff. und oben N 217; zum intertemporalen Recht auch VB N 8 f.). 223

Im Unterschied zu gesetzlichen Vorschriften steht die *Gültigkeitsdauer* einer Verkehrsübung nicht zum vorneherein fest, sondern muss allenfalls – wie auch der Inhalt der Verkehrsübung selber – durch ein *Beweisverfahren* ermittelt werden. Massgebend für die Gültigkeit der betreffenden Verkehrsübung ist hierbei nicht der Zeitpunkt ihrer Feststellung bzw. des Nachweises einer abweichenden Übung, sondern der Zeitraum ihrer tatsächlichen Geltung. Allenfalls kann es für einen bestimmten Zeitraum auch an einer Übung fehlen. Soweit das Gesetz bzw. das bisherige Recht für diesen Fall keine *subsidiäre Vorschrift* enthält (vgl. dazu unten N 250), muss in einem solchen Fall eine *echte Lücke* angenommen werden, welche vom Richter gemäss Art. 1 ZGB zu schliessen ist (vgl. dazu PFENNINGER 99 mit Hinweisen; zu den Anforderungen an das Bestehen einer Verkehrsübung vgl. JÄGGI/GAUCH, ZH-Komm., Art. 18 OR N 392, FELLMANN, BE-Komm., Art. 394 OR N 375 ff. und nachfolgend N 273). 224

Neben der Anwendbarkeit in zeitlicher Hinsicht stellt sich auch die Frage des *örtlichen* und *persönlichen Geltungsbereichs* einer gesetzesergänzenden Verkehrsübung, zumal diese häufig örtlich oder nach dem betroffenen Personenkreis differenziert ist. Bestehen *örtlich verschiedene Verkehrsübungen* (sog. Ortsübungen, vgl. dazu oben N 209 ff.), liegt es auf der Hand, das *interkantonale privatrechtliche Kollisionsrecht* sinngemäss anzuwenden, um die massgebende Anknüpfung zu bestimmen, soweit diese sich nicht bereits aus dem Gesetz ergibt (vgl. dazu PIOTET Rz 24 und PFENNINGER 101 f. mit Hinweisen; zum interkantonalen Kollisionsrecht VB N 11 f.; Beispiele für eine gesetzliche Regelung der Anknüpfung: Art. 314, 429, 430, 1031, 1122 OR). Freilich steht auch der *örtliche Geltungsbereich* von Verkehrsübungen im Unterschied zu gesetzlichen Vorschriften nicht zum vorneherein fest, sondern muss allenfalls durch ein *Beweisverfahren* ermittelt werden. Zu beachten ist hierbei, dass der Geltungsbereich von Verkehrsübungen keineswegs an Kantons- und Gemeindegrenzen gebunden ist. Vielmehr können Verkehrsübungen innerhalb eines Kantonsgebiets verschieden sein, 225 aber auch in mehreren Kantonen oder Kantonsteilen übereinstimmen (vgl. dazu JÄGGI/GAUCH, ZH-Komm., Art. 18 OR N 396 f., PFENNINGER 99 ff. und oben N 211 f.).

226 Soweit es sich um eine *allgemeine Verkehrsübung* handelt, gilt diese im Rahmen ihres örtlichen Geltungsbereiches grundsätzlich für alle Personen. Handelt es sich dagegen um eine auf *bestimmte Personenkreise beschränkte Übung* (z.B. Handels- oder Geschäftsbrauch), welche einer allgemeinen Übung im Zweifel vorgeht, gilt sie nur für Angehörige der betreffenden Personengruppe. Handelt es sich um eine vertragliche Beziehung, kann eine solche Verkehrsübung in der Regel nur zum Tragen kommen, wenn beide Parteien der betreffenden Personengruppe angehören. Da es sich bei der gesetzesergänzenden Verkehrsübung um objektives Recht handelt, ist es aber jedenfalls *gleichgültig,* ob die betreffende Verkehrsübung den Parteien im *konkreten Einzelfall bekannt* war (vgl. dazu auch JÄGGI/ GAUCH, ZH-Komm., Art. 18 OR N 394 f., PFENNINGER 99 ff. und oben N 217, 220).

d) Abgrenzung gegenüber dem Gewohnheitsrecht

227 Zwischen Verkehrsübungen und Gewohnheitsrecht bestehen *Ähnlichkeiten,* aber auch *Unterschiede.* In beiden Fällen können sich aus blossem übereinstimmendem tatsächlichem Verhalten einer Vielzahl von Personen in der gleichen Situation (sog. Übung; vgl. oben N 209 ff.) Rechtsregeln ergeben, welche in einem konkreten Fall – wie dies bei gesetzlichen Vorschriften der Fall ist – unabhängig vom Willen der beteiligten Parteien Geltung beanspruchen, d.h. objektives Recht bilden. Bei der reinen *Übung* ist dies jedoch – wie dargelegt – nur dann der Fall, wenn das *Gesetz* zu seiner Ergänzung auf die betreffende Übung *verweist.* Blosse Übungen können daher – im Unterschied zum Gewohnheitsrecht – nie selbständige Rechtsquellen sein (vgl. dazu und zur Möglichkeit einer rechtsgeschäftlich begründeten Geltung von Verkehrsübungen bzw. zur deren Funktion als Hilfsmittel bei der Rechtsfindung oben N 215 ff.).

228 Soweit eine gesetzliche Verweisung erfolgt, ist es dem Wesen einer blossen Übung entsprechend aber gleichgültig, ob die Personen sich in der gleichen Situation an diese Regeln *rechtlich* oder *nur faktisch* (aus Gründen der Sitte, des Anstandes etc.) gebunden fühlen. Ebenso bestehen für die Geltung einer Übung als gesetzesergänzender Norm auch *keine besonderen Anforderungen* an deren *Dauer.* Zwar benötigt auch die Bildung einer Verkehrsübung einen gewissen Zeitraum, doch können sich die Verkehrssitten unter Umständen rasch ändern (vgl. dazu oben N 218, 223). Soweit die Auslegung der Verweisungsnorm dies zulässt, genügt im übrigen auch eine blosse lokal beschränkte *Ortsübung.* Die Gesetzesergänzung kann somit in der Schweiz je nach Ort unterschiedlich ausfallen (vgl.

dazu oben N 221 f., 225 sowie den Überblick über gesetzliche Umschreibungen nachfolgend N 277 ff.). Durch die Verweisung wird die betreffende Übung sodann zu *mittelbarem Gesetzesrecht*, welches allfälligem Gewohnheitsrecht vorgeht (vgl. oben N 217).

Eine bestehende *Übung* bildet andererseits nicht ohne weiteres *Gewohnheitsrecht*. Hiefür ist vielmehr eine *andauernde Übung*, d.h. eine längere Zeit andauernde, ununterbrochene Übung erforderlich (inveterata consuetudo). Überdies muss bei den betroffenen Kreisen die Überzeugung herrschen, die Befolgung dieser Übung sei *rechtlich zwingend* (opinio necessitatis). Soweit es um die Bildung von Gewohnheitsrecht geht, welches das *Bundeszivilrecht* ergänzen soll, genügt sodann eine blosse Ortsübung nicht. Vielmehr ist eine *gesamtschweizerische*, auf Rechtsüberzeugung beruhende andauernde Übung erforderlich (vgl. dazu insbesondere DÜRR, Art. 1 N 417 ff. und MEIER-HAYOZ, BE-Komm., Art. 1 ZGB N 233 ff., je mit weiteren Hinweisen). Lediglich für die allenfalls erforderliche Ergänzung von vorbehaltenem kantonalem Zivilrecht durch Gewohnheitsrecht genügt eine entsprechende kantonale Übung (vgl. zur Zulässigkeit von kantonalem Gewohnheitsrecht auch oben N 111 ff.). Die Bildung von Gewohnheitsrecht ist im übrigen nur insoweit möglich, als das Gesetz *Lücken* enthält (Art. 1 Abs. 2 ZGB). Dementsprechend steht das Gewohnheitsrecht im Rang *unterhalb* einer auf Verweisung beruhenden *gesetzesergänzenden Übung*, obwohl es im Unterschied zu dieser eine selbständige Rechtsquelle ist (vgl. dazu auch oben N 217). 229

Vgl. zur Abgrenzung von *Übung* und *Gewohnheitsrecht* auch TUOR/SCHNYDER/SCHMID 38 ff., CARONI 138, DESCHENAUX 47, DÜRR, Art. 1 N 455 ff., LIVER N 73, 109 f., JÄGGI/GAUCH, ZH-Komm., Art. 18 OR N 409, 532, EGGER, Art. 5 N 17, PACHE 95 ff. und PFENNINGER 46 ff., 63 ff., je mit weiteren Hinweisen. 230

2. Vorkommen der Verweisungen auf die Verkehrsübung

Gemäss Art. 5 Abs. 2 ZGB besteht die Vermutung, dass das bisherige kantonale Recht als Ausdruck einer Ortsübung gilt, immer dann, wenn das «*Gesetz*» auf eine Übung oder den Ortsgebrauch verweist (zur Beschränkung der Vermutung auf die Ortsübung vgl. oben N 213 f.). Ausnahmsweise kann sich eine Verweisung auf die Verkehrsübung auch *sinngemäss* aus einer gesetzlichen Regelung ergeben (vgl. zu den Rechten an Grenzvorrichtungen und den Kosten der Einfriedung nachfolgend N 283 und für die Bestimmung des üblichen Honorars im Auftragsrecht nachfolgend N 240). 231

Entsprechend der Geltung der Einleitungsartikel für das gesamte Bundeszivilrecht (vgl. dazu VB N 93) gilt die erwähnte Vermutung grundsätzlich für den *gesamten Bereich* des *Bundeszivilrechts* (vgl. dazu VB N 80 ff.). Freilich kom- 232

Art. 5

men auch *ausserhalb des Bundeszivilrechts* – also insbesondere im öffentlichen Recht des Bundes – Verweisungen auf Übung und Ortsgebrauch vor, doch kann für diese Fälle die Vermutung von Art. 5 Abs. 2 ZGB nicht gelten. Hingegen liegt es nahe, die Begriffe der Übung und des Ortsgebrauchs im *öffentlichen Bundesrecht* im gleichen Sinne auszulegen (so etwa BGE 113 V 235 f. zu Art. 46 AVIV). Ebenfalls keine Anwendung findet die Vermutung von Art. 5 Abs. 2 ZGB im Rahmen des vorbehaltenen *kantonalen Zivilrechts*. Dieses kann im Rahmen der Vorbehalte gemäss Art. 5 Abs. 1 ZGB aber selbständig auf Übung und Ortsgebrauch verweisen, in welchen Fällen eine entsprechende Auslegung dieser Begriffe ebenfalls naheliegt (vgl. dazu oben N 131).

233 *Innerhalb des Bundeszivilrechts* können gesetzliche Verweisungen auf Übung und Ortsgebrauch im Sinne von Art. 5 Abs. 2 ZGB grundsätzlich auf allen Rechtsgebieten vorkommen. Solche Verweisungen sind sowohl im *Zivilgesetzbuch* als auch im *Obligationenrecht* sowie in den *weiteren zivilrechtlichen Erlassen* – gleichgültig welcher Stufe – möglich (vgl. zur angezeigten gesetzgeberischen Zurückhaltung bei solchen Verweisungen freilich oben N 220). Aus verschiedenen, insbesondere historischen, rechtspolitischen und gesetzgebungstechnischen Gründen ist das Vorkommen solcher Verweisungen in den einzelnen Gebieten des Bundeszivilrechts aber *unterschiedlich häufig* (vgl. dazu insbesondere die Zusammenstellung bei LIVER N 85 f. sowie den Überblick nachfolgend N 237 ff. und 277 ff.). Innerhalb des *Zivilgesetzbuches* finden sich solche Verweisungen insbesondere im *Sachenrecht*, wo – zumindest im Zeitpunkt des Gesetzeserlasses – ein besonderes Bedürfnis nach Berücksichtigung unterschiedlicher Ortsbräuche bestand, deren allgemeine Kenntnis auch vorausgesetzt werden konnte (vgl. dazu auch FORSTMOSER/SCHLUEP § 8 N 92). Daneben kommen Verweisungen auf die Ortsübung aber auch im *Erbrecht* und vereinzelt im *Familienrecht*, nicht aber im *Personenrecht* vor (vgl. dazu TUOR/SCHNYDER/SCHMID 29 f., CARONI 138 und LIVER N 85).

234 Eher häufiger als im Zivilgesetzbuch sind Verweisungen auf Übung und Ortsgebrauch, insbesondere aber auf Geschäfts- und Handelsübungen, im *Obligationenrecht* (vor allem im *Vertragsrecht*), was unter anderem damit zusammenhängt, dass auf die Schaffung eines besonderen Handelsgesetzbuches verzichtet wurde. Allerdings verweisen die ausländischen Handelsrechtsgesetze eher noch häufiger auf Handelsbräuche als das Obligationenrecht. Das schweizerische *Gesellschaftsrecht* verzichtet überdies ganz auf solche Verweisungen (vgl. dazu GUHL/MERZ/KOLLER 8, PATRY SPR VIII/1 57 f., VON STEIGER SPR VIII/1 280 f., KRAMER, BE-Komm., Allg. Einl. OR N 13 und LIVER N 86, je mit weiteren Hinweisen). Soweit in den verwiesenen Bereichen eine allgemeine kaufmännische Übung besteht, kommt im übrigen die Vermutung zugunsten des bisherigen kan-

tonalen Zivilrechts im Sinne von Art. 5 Abs. 2 ZGB im Bereich des Obligationenrechts nicht bzw. nicht mehr zum Zug (vgl. dazu auch nachfolgend N 243 ff.).

Verweisungen auf Übung und Ortsgebrauch kommen auch in den *Ergänzungserlassen* zum Zivilgesetzbuch und zum Obligationenrecht, insbesondere im Bereich des erst in den letzten Jahren neu und einheitlicher gefassten *landwirtschaftlichen Boden- und Pachtrechts* vor (vgl. insbesondere Art. 9, 10, 21, 36 BGBB und Art. 4, 16, 33 LPG; vgl. zu dieser Gesetzgebung auch oben N 184 ff.). Im Bereich des *Haftpflichtrechts* und des *Versicherungsvertragsrechts* finden sich keine gesetzlichen Verweisungen auf Übung und Ortsgebrauch, doch können Verkehrsübungen allenfalls im Rahmen der Objektivierung der Sorgfaltspflichten und der ausnahmsweise objektiven Schadensberechnung bzw. für die Auslegung von Versicherungsbedingungen von Bedeutung sein (vgl. dazu OFTINGER/STARK § 5 N 63 ff., § 6 N 356 und MAURER, Privatversicherungsrecht, 160 ff. mit weiteren Hinweisen). 235

Das *Immaterialgüter-, Datenschutz- und Wettbewerbsrecht*, welches einheitliche und relativ präzis umschriebene privatrechtliche Rechte und Pflichten enthält, verzichtet ebenfalls sowohl auf Vorbehalte zugunsten von kantonalem Zivilrecht als auch auf gesetzliche Verweisungen auf Übung und Ortsgebrauch (vgl. dazu auch oben N 208). Verkehrsübungen und ähnliche soziale Tatsachen können jedoch auch in diesen Rechtsgebieten eine Rolle spielen. So kann z.B. die sog. *Verkehrsdurchsetzung* auch für *Zeichen,* die *Gemeingut* sind, den *Markenschutz* begründen (vgl. DAVID, BS-Komm., Art. 2 MSchG N 38 ff. mit Hinweisen). Im *Lauterkeitsrecht* sodann beurteilt sich der allenfalls irreführende Charakter einer Aussage und das Vorliegen einer *Verwechslungsgefahr* nach der sog. Verkehrsauffassung (vgl. dazu MÜLLER SIWR V/1 11 und STREULI-YOUSSEF SIWR V/1 137 f. mit Hinweisen). 236

3. Unterschiedliche Arten von Verweisungen auf die Verkehrsübung

a) nach der Art der Übung

Die *Art der Verkehrsübung,* auf die zur Ergänzung der gesetzlichen Vorschriften verwiesen wird, findet im Bundeszivilrecht *sehr unterschiedliche* Umschreibungen (vgl. dazu auch LIVER N 85 f., EGGER, Art. 5 N 16 und PFENNINGER 59 ff. mit Hinweisen). 237

In vielen Fällen wird auf die «*Übung*» oder das «*Übliche*» schlechthin verwiesen (üblicher Umfang, übliches Mass, übliche Auffassung etc.; vgl. etwa Art. 629, 631, 632, 643, 844 ZGB und Art. 81, 112, 188, 189, 201, 211, 213, 224, 238

Art. 5

322, 327, 329, 394, 414, 485 OR). In diesen Fällen sind neben oder anstelle der *Ortsübung* oft auch die allgemeine *kaufmännische Übung*, die *Branchenübungen* und eventuell auch *weitere Formen der Übung* (z.B. die Betriebsübung, die Übung in einer bestimmten Bevölkerungsschicht oder allenfalls sogar die Übung zwischen den beteiligten Parteien, die sog. Vertragsübung) zu berücksichtigen. Ob und inwieweit dies der Fall ist bzw. welcher Art der Übung im konkreten Fall der Vorrang zukommt, muss für jede Bestimmung durch Auslegung ermittelt werden.

239   Bei den Verweisungen auf die Übung im *Zivilgesetzbuch* kommt hierbei an erster Stelle, aber keineswegs ausschliesslich, die *Ortsübung* in Betracht (vgl. für die üblichen *Zuwendungen und Auslagen* des *Erblassers* TUOR/PICENONI, BE-Komm., Art. 629 ZGB N 25 ff., Art. 631 ZGB N 10 ff., Art. 632 ZGB N 3 ff. [Massgeblichkeit von Ort, Gesellschaftsstand und persönlichen Verhältnissen]; für den sachenrechtlichen *Fruchtbegriff* MEIER-HAYOZ, BE-Komm., Art. 643 ZGB N 14 [Massgeblichkeit der Ortsübung]; für den *Kündigungstermin* bei *Schuldbriefen* LEEMANN, BE-Komm., Art. 844 ZGB N 3 f.[Massgeblichkeit der Ortsübung]).

240   Bei den Verweisungen auf die Übung im *Obligationenrecht* sind dagegen neben oder anstelle der Ortsübung regelmässig auch *allgemeine kaufmännische Übungen,* besondere *Branchenübungen* und *weitere Formen* der Verkehrsübung massgebend (vgl. für die Tragung der *Übergabe- und Transportkosten* im Kaufrecht GIGER, BE-Komm., Art. 188 OR N 28, Art. 189 OR N 56 und SCHÖNLE, ZH-Komm., Art. 188 OR N 22, Art. 189 OR N 26 [Massgeblichkeit von Ortsübung, allgemeiner Verkehrsübung, Handelsbräuchen und Parteigepflogenheiten]; für die *Mängelrüge* im Kaufrecht GIGER, BE-Komm., Art. 201 OR N 33 ff., 45 ff. [Massgeblichkeit von Ortsübung, Handelsbräuchen und Branchenusancen]; für den *üblichen Lohn* VISCHER 98 f., REHBINDER, BE-Komm., Art. 322 OR N 12, STAEHELIN, ZH-Komm., Art. 322 OR N 29 ff. [Massgeblichkeit der Orts-, Branchen- und Betriebsübung] und für die *üblichen freien Stunden und Tage* VISCHER 84 ff., REHBINDER, BE-Komm., Art. 329 OR N 17 und STAEHELIN, ZH-Komm., Art. 329 OR N 13 ff. [Massgeblichkeit der persönlichen, betrieblichen, beruflichen, branchenmässigen und örtlichen Übung]; für die Bestimmung des *üblichen Honorars* im Auftragsrecht FELLMANN, BE-Komm., Art. 394 OR N 395 ff. und GAUTSCHI, BE-Komm., Art. 414 OR N 1 ff., insbesondere N 4 [Massgeblichkeit angemessener Tarife bzw. der Ortsübung]; vgl. für *kaufmännische Übungen* und *Handelsbräuche* auch nachfolgend N 244 ff.; vgl. im übrigen bereits PFENNINGER 60). Die *Vermutung* von *Art. 5 Abs. 2 ZGB* kann in diesen Fällen nur insoweit zum Zug kommen, als im konkreten Fall auf eine *eigentliche Ortsübung* abgestellt werden kann (vgl. dazu auch oben N 213 f.).

Art. 5

Häufiger als auf eine nicht näher umschriebene Übung wird sowohl im Zivilgesetzbuch als auch im Obligationenrecht und in den ergänzenden Erlassen ausdrücklich auf das «*Ortsübliche*» oder auf den «*Ortsgebrauch*» verwiesen, womit grundsätzlich dasselbe gemeint ist (vgl. auch oben N 212). Als Beispiele für die Verweisung auf das «Ortsübliche» können angeführt werden: Art. 642, 644, 699, 767 *ZGB*, Art. 257c, 266b, 266c, 266d, 269a, 281, 314, 432 *OR*, Art. 21, 36, 49 *BGBB*, Art. 16, 33 *LPG*; als Beispiel für die Verweisung auf den «Ortsgebrauch» Art. 338, 611, 613, 684, 740 *ZGB*, Art. 158, 259, 266b, 266c, 266d, 284, 296, 302, 303, 304 *OR*, Art. 4 *LPG*. Wo auf das «Ortsübliche» oder auf den «Ortsgebrauch» verwiesen wird, gilt grundsätzlich die *Vermutung* von *Art. 5 Abs. 2 ZGB* (vgl. oben N 213 f.). 241

Freilich kann der Sinn der Verweisung darin bestehen, auf *noch engere räumliche Verhältnisse* zu verweisen, als diese im kantonalen Recht zum Ausdruck kommen können. Dies ist insbesondere dann der Fall, wenn aufgrund der Auslegung der betreffenden Verweisungsnorm die *konkreten örtlichen Verhältnisse* gewürdigt werden müssen (vgl. z.B. zum Ortsgebrauch bei Immissionen BGE 101 II 251, TUOR/SCHNYDER/SCHMID 728 ff., MEIER-HAYOZ, BE-Komm., Art. 684 ZGB N 98 ff., PFENNINGER 62 und oben N 219 sowie nachfolgend N 248; zum orts- oder quartierüblichen Mietzins BGE 123 III 319 ff. und WEBER/ZIHLMANN, BS-Komm., Art. 269a OR N 2 ff.). 242

In anderen Fällen der Verweisung auf die Ortsübung besteht heute eine *allgemeine Verkehrsauffassung*, welche einen besonderen Ortsgebrauch weitgehend ausschliesst (vgl. zum Ortsgebrauch beim Haftgeld EHRAT, BS-Komm., Art. 158 OR N 5, 8 mit Hinweisen), oder es sind nach herrschender Auffassung neben der Ortsübung *weitere Kriterien* zu berücksichtigen (vgl. zum Vergütungsanspruch bei nicht ausgeführten Kommissionsaufträgen GAUTSCHI, BE-Komm., Art. 432 OR N 5 mit Hinweisen). Die Vermutung von Art. 5 Abs. 2 ZGB kann schliesslich auch deshalb entfallen, weil *rasch wechselnde örtliche Übungen* zu berücksichtigen sind (vgl. zum ortsüblichen Zinsfuss nach Art. 314 OR CHRIST SPR VII/2 249 f. mit Hinweisen und bereits PFENNINGER 60). 243

In verschiedenen Fällen verweist das Obligationenrecht ausdrücklich auf die *«kaufmännische Übung»* oder den *«Handelsbrauch»* (vgl. Art. 124, 212, 429, 430, 959, 1031, 1122 OR). Im *kaufmännischen Verkehr* bestehen regelmässig besondere Verkehrssitten (kaufmännische Übung, Handelsübung bzw. entsprechende Gebräuche, Sitten und Usancen). Diesen kommt – neben den erwähnten Fällen gesetzlicher Verweisungen – insbesondere im Rahmen der Vertragsergänzung und -auslegung Bedeutung zu. Grundsätzlich können auch solche *kaufmännische Übungen* bzw. *Handelsbräuche* örtlich verschieden sein und demzufolge eine *Ortsübung* bzw. einen *Ortsgebrauch* darstellen (vgl. insbesondere die ausdrücklichen Formulierungen in Art. 429 Abs. 2 und Art. 430 Abs. 1 OR [Kredi- 244

Art. 5

tierung des Kaufpreises und Delcredere-Stehen bei der Kommission] sowie in Art. 1031 Abs. 2 und Art. 1122 Abs. 2 OR [Umrechnung der Fremdwährung bei Wechsel und Check]).

245 Angesichts der heutigen Organisation des kaufmännischen Verkehrs in praktisch allen Geschäftszweigen kommen jedoch örtlich verschiedene Handelsbräuche *kaum mehr* vor. Diese differieren viel eher *nach Branchen* (vgl. für die Verweisung auf örtliche Handelsbräuche bei der *Kommission* insbesondere GAUTSCHI, BE-Komm., Art. 429 OR N 2a, Art. 430 OR N 3c mit Hinweisen). Auch bei der *Währungsumrechnung* im *Wechsel- und Checkrecht* bestehen keine Ortsübungen im eigentlichen Sinn; massgebend ist vielmehr grundsätzlich der offizielle Wechselkurs am Zahlungsort (vgl. NETZLE, BS-Komm., Art. 1031 OR N 1, Art. 1122 OR N 1 und ZIMMERMANN/ZIMMERMANN, Kommentar zum Schweizerischen Scheckrecht, 2. Auflage, Bern 1980, Art. 1122 OR N 26 mit Hinweisen). Bei gesetzlichen Verweisungen auf die kaufmännische Übung bzw. auf Handelsbräuche muss daher in der Regel auf *gesamtschweizerische* bzw. (insbesondere in internationalen Verhältnissen) *international anerkannte Handelsbräuche* abgestellt werden. Insoweit kommt somit der Vermutung von Art. 5 Abs. 2 ZGB für den Nachweis entsprechender Übungen kaum mehr Bedeutung zu (vgl. dazu GUHL/MERZ/KOLLER 8, DESCHENAUX 46 f. [insbesondere FN 2, 6], NOBEL 251 f., RIEMER § 8 N 1, LIVER N 78, 86 sowie bereits EGGER, Art. 5 N 16, je mit weiteren Hinweisen).

246 Vgl. zu den *Handelsbräuchen* auch FORSTMOSER/SCHLUEP § 8 N 58 ff., PATRY SPR VIII/1 57 ff., VON STEIGER SPR VIII/1 280 f., KRAMER, BE-Komm., Art. 1 OR N 224 ff., Art. 18 OR N 29 ff., 234, 242 ff. und JÄGGI/GAUCH, ZH-Komm., Art. 18 OR N 395 f., 402, 409, je mit weiteren Hinweisen; zur Bedeutung und Berücksichtigung der Handelsusancen im *internationalen Privatrecht* und im Recht der *internationalen Schiedsgerichtsbarkeit,* wo solche Handelsbräuche auch als sog. autonomes (ausserstaatliches) Handelsrecht (*lex mercatoria*) vorkommen, auch SCHWANDER Rz 563 und KELLER/GIRSBERGER, Komm. IPRG, Art. 123 N 3, Art. 125 N 19 und VB N 250, je mit weiteren Hinweisen.

247 In einzelnen Fällen wird auf das «*Herkommen*» (Art. 331 ZGB) oder auf das «*Landesübliche*» (Art. 579 ZGB, Art. 9, 10 BGBB) verwiesen. Damit sind grundsätzlich ebenfalls die allgemeinen Verkehrssitten unter Einschluss der Ortsübung gemeint, wobei selbst der Begriff «landesüblich» die Berücksichtigung lokaler Gebräuche nicht ausschliesst (vgl. TUOR/SCHNYDER/SCHMID 364, EGGER, ZH-Komm., Art. 331 ZGB N 15 und PFENNINGER 59 zur subsidiären *Bestimmung des Familienhaupts* nach «Herkommen»; TUOR/PICENONI, BE-Komm., Art. 579 ZGB N 17 zur «landesüblichen» *Heiratsausstattung;* vgl. demgegenüber zur statistischen Ermittlung der «landesüblichen Bewirtschaftung» im Zusammenhang mit der heute in Art. 10 BGBB geregelten *landwirtschaftlichen Ertragswertschätzung* BENNO STUDER/EDUARD HOFER, Das landwirtschaftliche Pachtrecht, Brugg 1987, Kommentar zu Art. 37 lit. a LPG).

b) nach dem Rang der Übung

Der Verweisung auf die verschiedenen Formen der Verkehrsübung kommt nicht immer dieselbe Bedeutung zu. Zum Teil sieht das Bundeszivilrecht nur vor, die Übung oder der Ortsgebrauch sei (neben anderen Faktoren) «*zu berücksichtigen*», womit die rechtsanwendenden Behörden nach den verschiedenen massgebenden Gesichtspunkten abzuwägen haben. In diesen Fällen kommt der Vermutung von Art. 5 Abs. 2 ZGB kaum grosse praktische Bedeutung zu, weil die Ortsübung diesfalls nur ein Gesichtspunkt unter andern ist (vgl. dazu allgemein LIVER N 88, EGGER, Art. 5 N 19 und zum Beispiel von Art. 684 ZGB *[privatrechtlicher Immissionsschutz]* insbesondere BGE 101 II 251, TUOR/SCHNYDER/SCHMID 728 ff., DESCHENAUX 47 und MEIER-HAYOZ, BE-Komm., Art. 684 ZGB N 98 ff., je mit weiteren Hinweisen; vgl. demgegenüber zur Bedeutung der Vermutung von Art. 5 Abs. 2 ZGB bei der *Losbildung im Erbrecht,* wo ebenfalls noch andere Umstände zu berücksichtigen sind, TUOR/PICENONI, BE-Komm., Art. 611 ZGB N 13 ff. mit Hinweisen).

248

In zahlreichen Fällen aber kommt der Übung oder dem Ortsgebrauch für eine verwiesene Frage durchaus eine bestimmende, ja sogar die allein *bestimmende Rolle* zu. In diesen Fällen ist die Vermutung von Art. 5 Abs. 2 ZGB von grosser Bedeutung, da die im kantonalen Zivilrecht zum Ausdruck gelangende Übung diesfalls die unmittelbar anwendbare Regel enthält, solange nicht eine abweichende Übung nachgewiesen wird (vgl. dazu auch nachfolgend N 268 ff.). Häufig kommen freilich Verkehrsübungen aufgrund der Verweisung lediglich *neben* einer *gesetzlichen* und/oder *vertraglichen Regelung* zum Zug, wobei das Verhältnis zwischen diesen Normen ganz unterschiedlich geregelt sein kann. Im Bereich des dispositiven Rechts gehen vertragliche Regelungen einer gesetzesergänzenden Verkehrsübung im übrigen ohnehin vor (vgl. dazu DESCHENAUX 46 f., LIVER N 88, EGGER, Art. 5 N 16, PFENNINGER 95 f. und KRAMER, BE-Komm., Art. 18 OR N 242, je mit weiteren Hinweisen).

249

Unter Umständen enthält das Bundeszivilrecht auch eine *subsidiäre gesetzliche Regelung* für den Fall, dass kein Ortsgebrauch bzw. keine Vereinbarung besteht, womit eine Lücke in der rechtlichen Ordnung vermieden wird (vgl. z.B. Art. 158 OR zum Haft- und Reugeld, Art. 266b, 266c, 266d OR zum ortsüblichen Kündigungstermin). Schliesslich kann die Verweisung auf die Ortsübung neben einem *Vorbehalt* zugunsten von *kantonalem Zivilrecht* erfolgen, womit die betreffende Übung nur zum Zuge kommt, soweit das kantonale Recht ihr Raum lässt, eventuell nur für dessen Auslegung (vgl. z.B. Art. 740 ZGB und dazu DESCHENAUX 47, LIVER N 88 sowie nachfolgend N 285).

250

Art. 5

c) nach der Tragweite der verwiesenen Frage

251   Die Verweisung auf eine Verkehrsübung kann einen ganz *unterschiedlichen Umfang* haben. Angesichts der Funktion der gesetzlichen Verweisungen (Konkretisierung und Ergänzung gesetzlicher Vorschriften) und der damit verbundenen Problematik (Legalitätsprinzip, Rechtssicherheit, vgl. dazu oben N 220) erfolgen die Verweisungen in der Regel nur für eine *bestimmte Einzelfrage*, zum Beispiel für den *Massstab* oder für den *Umfang* bestimmter *Rechte* und *Pflichten* (z.B. übliche Ausstattung [Art. 629 ZGB], üblicher Zins [Art. 314 OR], üblicher Lohn [Art. 322 OR], übliche freie Stunden und Tage [Art. 329 OR]), für die Bestimmung von *Fristen* (z.B. ortsüblicher Zahlungstermin [Art. 257c OR], ortsübliche Kündigungstermine [Art. 266b ff. OR]), für die Anforderungen an *bestimmte Verhaltensweisen* (z.B. Prüfung der Kaufsache nach dem üblichen Geschäftsgang [Art. 201 OR]) oder für Auffassungen über *wirtschaftliche Zusammenhänge* (z.B. für Umfang und Bestandteile des Eigentums [Art. 642 ff. ZGB]).

252   In einzelnen Fällen umfassen die Verweisungen aber ganze *Fragenkomplexe* oder sogar ein ganzes *Rechtsinstitut*. So ist zum Beispiel im Rahmen einer *strittigen Erbteilung* der Ortsgebrauch bei der Bildung von Losen und bei der Zuweisung von besonderen Familiensachen zu berücksichtigen (Art. 611, 613 ZGB). Am weitesten gehen dürfte die Verweisung in Art. 740 ZGB, wonach sich der *Inhalt* von *Wegrechten* nach dem kantonalen Recht und dem Ortsgebrauch bestimmt (vgl. dazu auch TUOR/SCHNYDER/SCHMID 783 mit Hinweisen).

253   Vgl. zum Ganzen auch LIVER N 87 und EGGER, Art. 5 N 16 mit Hinweisen.

4. Schranken der Verweisung auf die Verkehrsübung

254   Für Verkehrsübungen, auf welche das Bundeszivilrecht verweist, bestehen im Prinzip die *gleichen Schranken* wie für das *vorbehaltene kantonale Zivilrecht* (vgl. dazu oben N 134 ff.). Solche Verkehrsübungen können daher nur insoweit als mittelbares Bundeszivilrecht zur Anwendung kommen, als sie den *Anforderungen* der Verweisungsnormen entsprechen und sich im *Rahmen* der *bundesrechtlichen Verweisung* halten. Um die Anforderungen an die verwiesene Verkehrsübung und den bundesrechtlichen Rahmen zu ermitteln, muss die Verweisungsnorm nach den üblichen Methoden ausgelegt werden (vgl. dazu auch oben N 237 ff.). Die verwiesene Verkehrsübung kann im übrigen das Bundeszivilrecht im erwähnten Rahmen *näher ausführen* oder *ergänzen*, darf jedoch zu diesem keine Widersprüche schaffen (vgl. dazu TUOR/SCHNYDER/SCHMID 30, RIEMER § 8 N 8 f., DESCHENAUX 49, LIVER N 105 f. und EGGER, Art. 5 N 19, je mit weiteren Hinweisen).

Art. 5

Nach herrschender Auffassung genügt es nicht, dass eine verwiesene Verkehrsübung den bundesrechtlichen Rahmen einhält und keinen Widerspruch zu einer Vorschrift des Bundeszivilrechts schafft. Vielmehr muss eine solche Verkehrsübung sich auch harmonisch ins Bundeszivilrecht als Ganzes einfügen, d.h. sie darf nicht im Widerspruch zu *Sinn und Geist des Bundeszivilrechts* stehen (vgl. dazu für das kantonale Zivilrecht oben N 134 ff.). Insbesondere darf eine aufgrund einer gesetzlichen Verweisung massgebende Verkehrsübung nach herrschender Auffassung – auch im Sinne der Einheit der Rechtsordnung – nicht gegen die «*Rationabilität*», d.h. gegen gültige Rechtsvorschriften oder die guten Sitten, verstossen. Verkehrsübungen, die mit *gesetzlichen Vorschriften unvereinbar* sind bzw. auf einer *Unsitte* beruhen, *Ausdruck* einer *Übermacht* bilden oder schlicht veraltet sind, sollen nicht als gesetzesergänzendes Recht zur Anwendung kommen (vgl. dazu DESCHENAUX 49, LIVER N 106, EGGER, Art. 5 N 19 und insbesondere PFENNINGER 124 ff., je mit weiteren Hinweisen; beim Gewohnheitsrecht erübrigt sich diese Voraussetzung nach herrschender Auffassung, weil sie durch das Erfordernis der Rechtsüberzeugung abgedeckt ist, vgl. MEIER-HAYOZ, BE-Komm., Art. 1 ZGB N 235). Soweit keine subsidiäre gesetzliche Regelung besteht, muss in solchen Fällen durch Lückenfüllung eine Regel gefunden werden (vgl. oben N 224). Dies kann zur Bildung einer sog. «normativen» Verkehrsübung führen (vgl. für den privatrechtlichen Immissionsschutz oben N 219 zur Rechtsprechung in der BRD).

255

Weitere Beispiele: *Übersetzte* oder *einseitig festgesetzte Tarife* können für die Bestimmung des üblichen *Honorars* im *Auftragsrecht* nicht massgebend sein (vgl. dazu FELLMANN, BE-Komm., Art. 394 OR N 410 ff., 416 ff. mit weiteren Hinweisen). *Vorzugsrechte* zugunsten von Söhnen bzw. Töchtern bei der *Zuteilung von Erbschaftssachen* sind überholt; heute verstossen sie überdies gegen Art. 4 Abs. 2 BV (vgl. dazu TUOR/SCHNYDER/SCHMID 548 FN 15 mit Hinweisen).

256

Werden die Anforderungen des Bundesrechts an die gesetzesergänzende Verkehrsübung nicht beachtet oder wird der Rechtsbegriff der betreffenden Übung missverstanden, liegt eine *Verletzung des Bundesrechts* vor, welche im konkreten Fall mit den zur Verfügung stehenden *Bundesrechtsmitteln* (Berufung, zivilrechtliche Nichtigkeitsbeschwerde oder staatsrechtliche Beschwerde wegen Verletzung von Art. 2 ÜB BV) gerügt werden kann (vgl. dazu BGE 101 II 251, 64 II 85 ff., 42 II 121, TUOR/SCHNYDER/SCHMID 30, DESCHENAUX 49, LIVER N 105 f. und insbesondere VB N 279 ff.).

257

Art. 5

II. Das kantonale Zivilrecht als Ausdruck der Ortsübung

1. Allgemeines

258 Art. 5 Abs. 2 ZGB stellt die *Vermutung* auf, dass das *bisherige kantonale Recht* als Ausdruck von Übung und Ortsgebrauch gilt, wo das Gesetz auf diese Erscheinungsformen der Verkehrssitte verweist. Diese Vermutung erschien zumindest beim Erlass des Zivilgesetzbuches als sinnvoll, weil mit der Verweisung auf Übung und Ortsgebrauch damals in der Regel die *örtlichen Rechtsbräuche* gemeint waren, welche auf dem kodifizierten Recht oder auf dem Gewohnheitsrecht der Kantone beruhten. Heute bestehen jedoch – insbesondere im Bereich des Obligationenrechts – oft allgemeine geschäftliche Übungen, welche nicht örtlich differenziert sind, weshalb die Vermutung von Art. 5 Abs. 2 ZGB auf *eigentliche Ortsübungen* beschränkt werden muss (vgl. dazu oben N 213 f. und insbesondere N 237 ff.). Durch die Vermutung zugunsten einer in der Regel einheitlichen und geschriebenen kantonalen Rechtsquelle wird im übrigen gleichzeitig der Nachweis der gesetzesergänzenden Verkehrssitte *erleichtert* und die Tendenz zu einer zumindest *kantonalen Vereinheitlichung* der *Ortsübungen* gefördert.

259 Der Gesetzgeber war sich bewusst, dass Verkehrsübungen sich ändern können. Deshalb hat er die Regel von Art. 5 Abs. 2 ZGB nur als *widerlegbare Vermutung* ausgestaltet (vgl. dazu nachfolgend N 268 ff.). Mit zunehmendem Zeitablauf seit dem Erlass des Zivilgesetzbuches verliert diese Vermutung naturgemäss an Bedeutung. Es ist deshalb zu begrüssen, dass nach nunmehr herrschender Auffassung eine *neuere Ortsübung* auch heute noch im *kantonalen Zivilrecht* verankert werden kann (vgl. dazu nachfolgend N 265 ff.).

260 Vgl. zum Ganzen auch Tuor/Schnyder/Schmid 30, Riemer § 8 N 3 ff., Deschenaux 48, Liver N 91 und Egger, Art. 5 N 18, je mit weiteren Hinweisen.

261 Neben dem Vorbehalt des Nachweises einer abweichenden oder fehlenden entsprechenden Übung gelten für die Vermutung von Art. 5 Abs. 2 ZGB selbstverständlich auch die allgemeinen Schranken für Verweisungen auf die Verkehrsübung. So muss sich die im kantonalen Zivilrecht umschriebene Ortsübung innerhalb des *bundesrechtlichen Rahmens* halten und darf nicht gegen *Sinn und Geist des Bundeszivilrechts* bzw. gegen die *Rationabilität* verstossen (vgl. dazu oben N 254 ff.).

Art. 5

2. Massgebendes kantonales Recht

a) Früheres kantonales Recht

Entsprechend dem Sinn der Vermutung von Art. 5 Abs. 2 ZGB (Beibehaltung der bisherigen örtlichen Rechtsbräuche, vgl. oben N 221) bildet grundsätzlich das *«bisherige kantonale Recht»*, also das frühere, vor dem Inkrafttreten des ZGB geltende bzw. erlassene kantonale Recht Ausdruck einer Ortsübung, auf welche im Bundeszivilrecht verwiesen wird. In der Regel handelt es sich um das frühere *kantonale Zivilrecht*, welches auch das frühere *zivilrechtliche Gewohnheitsrecht* der Kantone umfasst (vgl. dazu DESCHENAUX 48, LIVER N 91 und EGGER, Art. 5 N 18 mit Hinweisen). Privatrechtlich relevante Ortsübungen können sich allenfalls aber auch aus *anderen Vorschriften* aus der Zeit vor dem Inkrafttreten des Zivilgesetzbuches (z.B. aus Polizeivorschriften) ergeben (vgl. dazu LIVER N 97 mit Hinweis auf BGE 58 I 179). Massgebend ist grundsätzlich der *Rechtszustand am 31. Dezember 1911*, wobei auch damals bereits erlassene, aber noch nicht in Kraft getretene Gesetze erfasst werden (vgl. dazu PIOTET Rz 14 mit Hinweis auf BGE 82 II 120 ff.).

262

Das frühere kantonale Zivilrecht ist freilich mit dem Inkrafttreten des Zivilgesetzbuches *aufgehoben* worden (vgl. dazu, zum Inhalt und zum – nicht immer einfachen – Auffinden des früheren kantonalen Zivilrechts oben N 94 ff.). Es gilt denn auch im Bereich von Verweisungen auf die Ortsübung nicht als kantonales Recht, sondern nur als *Aussage* über *Tatsachen* (bestehende Ortsübung), denen – kraft der Verweisung im Bundeszivilrecht – die Bedeutung von *mittelbarem Bundesrecht* zukommt. Hieran ändert auch nichts, wenn die Kantone – wie dies zum Teil geschehen ist – Bestimmungen des früheren kantonalen Rechts in das Einführungsgesetz zum Zivilgesetzbuch übernommen haben, um das Auffinden der entsprechenden Regeln zu erleichtern (vgl. dazu CARONI 139, RIEMER § 8 N 3, DESCHENAUX 48, LIVER N 92 und EGGER, Art. 5 N 18, je mit weiteren Hinweisen; vgl. auch N 217).

263

Der Rückgriff auf das frühere kantonale Recht für die Ermittlung des Ortsgebrauchs spielt heute *keine grosse praktische Rolle* mehr, weil einerseits die Kantone den Ortsgebrauch häufig in den kantonalen *Einführungsgesetzen* umschrieben haben (vgl. dazu nachfolgend N 277 ff.) und andererseits die Regeln des früheren Rechts wegen des *Zeitablaufs* oft nicht mehr mit den tatsächlichen Verhältnissen übereinstimmen (vgl. dazu auch oben N 222 und nachfolgend 268 ff.).

264

Art. 5

b)   Neuformulierung der Ortsübung im geltenden kantonalen Zivilrecht?

265   Kontrovers war lange Zeit, ob die Kantone Übung und Ortsgebrauch im Sinne der Vermutung von Art. 5 Abs. 2 ZGB im kantonalen Zivilrecht auch *neu umschreiben* dürfen. Der Wortlaut von Art. 5 Abs. 2 ZGB spricht eher dagegen; die Entstehungsgeschichte ebenfalls, zumindest was spätere Neuformulierungen betrifft. Eine ausdrückliche Ermächtigung, wonach die Kantone weiterhin dem Ortsgebrauch Ausdruck verschaffen könnten, wurde nämlich vom Nationalrat gestrichen (StenBull NR 1906 1037). Das Memorial des Eidg. Justiz- und Polizeidepartements wies die Kantone jedoch ausdrücklich auf die Möglichkeit hin, den Ortsgebrauch in den *Einführungsgesetzen zum Zivilgesetzbuch* zu umschreiben (BBl 1908 IV 513). Dies haben denn auch verschiedene Kantone getan, wobei sie zum Teil ausdrücklich darauf hingewiesen haben, dass es sich nur um eine widerlegbare Vermutung handle (vgl. dazu Tuor/Schnyder/Schmid 30, Jagmetti 258, Liver N 99 und Egger, Art. 5 N 18 mit Hinweisen; vgl. dazu auch die Übersicht nachfolgend N 277 ff.).

266   Umstritten war aber vor allem, ob die Kantone *weiterhin* bzw. *bis heute* befugt seien, den Ortsgebrauch neu zu umschreiben. Die Rechtsprechung des Bundesgerichts hat sich dazu bis anhin nicht klar geäussert (vgl. insbesondere BGE 54 II 117 f., 58 I 179 und 70 I 236; vgl. zur schwankenden Praxis des Bundesgerichts auch Pache 107 f.). In der Lehre hat sich heute jedoch die Auffassung durchgesetzt, dass dies *zulässig* sein muss. In der Tat ist nicht einzusehen, weshalb die Kantone bestehende Ortsübungen nicht – lediglich im Sinne einer widerlegbaren Vermutung – sollten neu umschreiben können, zumal es sich hierbei *nicht* um einen eigentlichen *Rechtssetzungsakt*, sondern lediglich um eine *Umschreibung von Tatsachen* (allerdings in der Form eines Gesetzes) handelt (vgl. auch oben N 93, 215 ff.). Eine Gesetzesdelegation durch den Bund ist daher nicht erforderlich.

267   Eine Umschreibung des – allenfalls gegenüber dem früheren Recht veränderten – Ortsgebrauchs durch die Kantone ist sodann sinnvoll, weil damit die Rechtsanwendung erleichtert wird. Diese Befugnis wird überdies in der Praxis – insbesondere bei Handelsbräuchen – auch privaten Organisationen zugestanden. Der einzige Unterschied besteht darin, dass private Organisationen sich nicht auf eine rechtliche, wohl aber auf eine faktische Vermutung zugunsten der Richtigkeit entsprechender Umschreibungen stützen können. Den *Bedenken* des eidgenössischen Gesetzgebers, dass eine gesetzliche Umschreibung von Ortsübungen deren Weiterentwicklung und Anpassung an veränderte Verhältnisse hindern könnte, ist jedoch durch eine gewisse *Zurückhaltung* des *kantonalen Gesetzgebers*, insbesondere im Bereich sich rasch ändernder Gewohnheiten, und wohl auch durch die rechtsanwendenden Behörden bei den *Anforderungen* an den *Nachweis*

Art. 5

abweichender Übungen Rechnung zu tragen (vgl. dazu RIEMER § 8 N 6, DESCHENAUX 49 FN 17, JAGMETTI 258, KLEY-STRULLER 41 f., PIOTET Rz 15 und insbesondere LIVER N 95 ff., je mit weiteren Hinweisen; a.M. noch EGGER, Art. 5 N 18 a.E., PACHE 106 und PFENNINGER 87).

3. Nachweis einer abweichenden oder fehlenden entsprechenden Übung

a) Bedeutung des Nachweises für die Geltungsdauer gesetzlicher Umschreibungen der Ortsübung

Bei der Regel von Art. 5 Abs. 2 ZGB, wonach das *bisherige kantonale Recht* (gemäss oben N 265 ff. allenfalls auch neues kantonales Zivilrecht) als Ausdruck der Ortsübung gilt, handelt es sich – wie sich bereits aus dem Gesetzeswortlaut und auch aus dem Sinn der Regel ergibt (vgl. oben N 258 ff.) – um eine blosse *widerlegbare Vermutung*, denn der *Nachweis* einer *abweichenden Übung* bleibt *vorbehalten*. Obwohl nicht ausdrücklich erwähnt, kann die Vermutung auch dadurch ausser Kraft gesetzt werden, dass lediglich das Fehlen einer der gesetzlichen Umschreibung entsprechenden Ortsübung bewiesen wird (vgl. dazu auch nachfolgend N 271). Entgegen dem Wortlaut («solange nicht eine abweichende Übung nachgewiesen ist») muss sodann die Geltung der Vermutung von Art. 5 Abs. 2 ZGB *nicht zeitlich*, sondern *konditional* verstanden werden. Der Nachweis kann daher zu jeder Zeit und in jedem Anwendungsfall auch noch rückwirkend erfolgen, und es ist nicht ausgeschlossen, dass sich herausstellt, dass die in der kantonalen Vorschrift enthaltene Umschreibung des Ortsgebrauchs schon in der Zeit vor 1912 mit den tatsächlichen Verhältnissen nicht mehr übereinstimmte. Ist die Vermutung von Art. 5 Abs. 2 ZGB einmal widerlegt, kann sie grundsätzlich nicht wiederaufleben, sondern ist – wohl unter Vorbehalt einer späteren Korrektur des betreffenden Entscheides – *definitiv zerstört* (vgl. dazu DESCHENAUX 48 FN 16 und LIVER N 92 ff. mit weiteren Hinweisen; vgl. zur zeitlichen Geltungsdauer der Verkehrsübungen auch oben N 223 f.). 268

b) Rechtsanwendung von Amtes wegen und Mitwirkungspflicht der Parteien

Da Art. 5 Abs. 2 ZGB nur eine widerlegbare Vermutung zugunsten der Umschreibung der verwiesenen Ortsübung im kantonalen Zivilrecht enthält, stellt sich die Frage, wem im Hinblick auf eine allfällige abweichende oder fehlende entspre- 269

Art. 5

chende Übung die erforderliche *Prüfungspflicht* zukommt, ob für die Parteien eine *Behauptungspflicht* bestehe und wer die *Beweis- bzw. Beweisführungslast* trage. Hierbei ist davon auszugehen, dass Übung und Ortsgebrauch durch die gesetzliche Verweisung die Funktion mittelbarer Rechtsquellen erhalten (vgl. dazu auch oben N 217). Obwohl es an sich nur um Tatsachen geht, muss der *Richter* bzw. die *rechtsanwendende Behörde* daher nach herrschender Auffassung die massgebende Ortsübung grundsätzlich *von Amtes wegen* feststellen und anwenden (iura novit curia).

270 Soweit die Vermutung von Art. 5 Abs. 2 ZGB besteht, darf der Richter jedoch – besseres Wissen vorbehalten – von der Richtigkeit dieser Vermutung ausgehen. Den Parteien kommt daher durchaus eine *Behauptungslast* zu, wenn sie eine gegenüber der gesetzlichen Umschreibung abweichende oder fehlende entsprechende Übung geltend machen wollen. Wenn eine Partei dies tut, kann sie sich überdies nicht mit einer blossen Behauptung einer abweichenden oder fehlenden entsprechenden Übung begnügen, sondern muss diese Behauptung substantiieren und allfällige Beweismittel nennen (*Mitwirkungspflicht* im Rahmen der Abklärung von Amtes wegen). Einzelne Zivilprozessordnungen sehen sogar ausdrücklich vor, dass den Parteien über bestehende Handelsbräuche und Ortsübungen wie auch über Gewohnheitsrecht der *Beweis auferlegt* werden kann, wenn der Richter davon keine sichere Kenntnis hat (vgl. z.B. STRÄULI/MESSMER § 133 N 6 zum Zivilprozessrecht des Kantons Zürich). Die beweismässige Behandlung der gesetzesergänzenden Ortsübung ist daher vergleichbar mit derjenigen von Gewohnheitsrecht (vgl. zum Ganzen DESCHENAUX 48, LIVER N 103, PIOTET Rz 14, EGGER, Art. 5 N 18, PFENNINGER 103 ff. und insbesondere GULDENER 155 FN 2 sowie STRÄULI/MESSMER § 57 N 2, je mit weiteren Hinweisen).

c) **Beweisthema, Beweismittel und Beweisanforderungen**

271 Die Vermutung des Art. 5 Abs. 2 ZGB kann nach dem Wortlaut dieser Bestimmung nur durch den *Nachweis* einer *abweichenden Übung* zerstört werden. Umstritten sein kann hierbei sowohl der *Bestand* als auch der *Inhalt* und der *räumliche Geltungsbereich* einer abweichenden Ortsübung (vgl. LIVER N 102, EGGER, Art. 5 N 19 und oben N 223 ff. mit Hinweisen). Nach herrschender Auffassung kann die Vermutung von Art. 5 Abs. 2 ZGB aber auch dadurch ausser Kraft gesetzt werden, dass lediglich der Nachweis gelingt, dass die *gesetzliche Umschreibung* einer Ortsübung *nicht* oder *nicht mehr* den *tatsächlichen Verhältnissen entspricht* (so sinngemäss bereits Botsch. 14 f., wonach der «Gegenbeweis» vorbehalten bleibe; vgl. auch DESCHENAUX 48 FN 16, JAGMETTI 257 und LIVER N 93 f.). Dies ist zweifellos richtig, weil der Vermutung auch in diesem Fall die

Art. 5

nötige Grundlage fehlt und der Gesetzgeber ja den Kantonen durch Art. 5 Abs. 2 ZGB nicht eine subsidiäre Gesetzgebungskompetenz zuweisen wollte. Es stellt sich höchstens die Frage, welche Regel angewandt werden soll, wenn sich keine andere Ortsübung nachweisen lässt. Zum Teil hat der eidgenössische Gesetzgeber für den Fall des Fehlens einer Ortsübung jedoch selber eine *subsidiäre Regelung* geschaffen. In den andern Fällen muss die Lösung durch *Auslegung* bzw. durch *Lückenfüllung* nach den Grundsätzen von Art. 1 ZGB gefunden werden (vgl. dazu BGE 64 II 86 f. und oben N 224, 250).

Soweit der rechtsanwendenden Behörde die nötigen Kenntnisse fehlen, kommen als Beweismittel zur Abklärung der umstrittenen Fragen zunächst *Auskünfte* und *Berichte* von sachkundigen Amtsstellen, Notariaten, beruflichen Organisationen, lokalen Vereinigungen und allenfalls auch von Privatpersonen in Frage. In heikleren Fällen oder wenn Zweifel an der Zuverlässigkeit entsprechender Auskünfte bestehen bzw. die Prozessordnung dies verlangt, kann die *Einvernahme* von sachverständigen *Zeugen* und *Experten* oder die Einholung *schriftlicher Gutachten* notwendig werden (vgl. dazu DESCHENAUX 48, LIVER N 103, JÄGGI/GAUCH, ZH-Komm., Art. 18 OR N 400 und PFENNINGER 113 ff., je mit weiteren Hinweisen). 272

Für den Nachweis einer bestimmten Übung bedarf es des Beweises, dass sich die jeweils Beteiligten in Einzelfällen bestimmter Art *durchwegs in gleicher Weise verhalten*. Nicht erforderlich ist das Vorhandensein einer entsprechenden Rechtsüberzeugung. Vielmehr genügt die tatsächliche Befolgung der Regel in der *grossen Mehrheit aller Fälle*, wobei vereinzeltes abweichendes Verhalten nichts schadet. Andererseits erlischt eine bestehende Verkehrsübung auch dann, wenn eine *rechtlich beachtliche Minderheit* sie *nicht mehr befolgt* (vgl. dazu insbesondere ROLF ISLER, Allgemeine Geschäftsbedingungen [AGB] und Verkehrssitte, ZSR 1982 I 377 ff., insbesondere 390 f., mit Hinweisen, und zum Begriff der Verkehrsübung auch allgemein oben N 209 f.). 273

4. Bundesrechtlicher Rechtsschutz

Ob eine vermutete oder nachgewiesene Ortsübung mit dem *Bundesrecht vereinbar* sei (richtiges Verständnis des Rechtsbegriffs der betreffenden Übung und Einhaltung des bundesrechtlichen Rahmens), kann vom Bundesgericht im Rahmen des im konkreten Fall zur Verfügung stehenden Bundesrechtsmittels überprüft werden (vgl. dazu oben N 257). 274

Den *Bestand* und den *Inhalt* einer *Ortsübung* betrachtet das Bundesgericht demgegenüber – auch im Falle einer gesetzlichen Verweisung – als blosse Tatsa- 275

Art. 5

che, weshalb diesbezügliche Mängel höchstens mit einer *staatsrechtlichen Beschwerde* wegen Verletzung des *Willkürverbots* gerügt werden können (vgl. dazu BGE 86 II 257, Tuor/Schnyder/Schmid 30, Deschenaux 48, 49 FN 22, Liver N 107, Piotet Rz 14 und bereits Egger, Art. 5 N 20 mit Hinweisen; kritisch zur Rechtsprechung des Bundesgerichts Pfenninger 91 ff.). Lässt der Richter demgegenüber den *Ortsgebrauch unberücksichtigt*, wo das Bundeszivilrecht auf ihn verweist, liegt eine Bundesrechtsverletzung vor, welche wiederum mit dem zur Verfügung stehenden *Bundesrechtsmittel* gerügt werden kann. Das Bundesgericht kann hierbei allenfalls eine Regel der Ortsübung selbst zur Anwendung herbeiziehen, wenn es von ihr sichere Kenntnis besitzt (vgl. dazu BGE 101 II 252, 50 II 17 f., Deschenaux 48 und Liver N 108 mit Hinweisen). Vgl. zum Ganzen auch VB N 279 ff.

276 Fraglich ist, ob die *gesetzliche Umschreibung* einer *Ortsübung* im kantonalen Recht *direkt* mit staatsrechtlicher Beschwerde wegen Verletzung der derogatorischen Kraft des Bundesrechts (Art. 2 ÜB BV) oder des Willkürverbots (Art. 4 BV) angefochten werden könnte. Da entsprechende Umschreibungen zwar in der Form eines Rechtsetzungsaktes ergehen, effektiv aber *blosse Tatsachen* festhalten, ist es fraglich, ob das Bundesgericht auf eine entsprechende Beschwerde eintreten würde (vgl. zur Rechtsnatur gesetzlicher Umschreibungen von Verkehrsübungen auch oben N 62, 93, 266; zur sog. abstrakten Normenkontrolle auch VB N 278, 297).

III. Überblick über gesetzliche Umschreibungen der Ortsübung

1. Vorbemerkung

277 Verweisungen auf Übung und Ortsgebrauch kommen – wie erwähnt – im ganzen Bereich des Bundeszivilrechts, mit Schwergewicht allerdings im *Zivilgesetzbuch* und im *Obligationenrecht* vor (vgl. dazu oben N 231 ff.). Allerdings ist längst nicht überall, wo das Bundeszivilrecht auf eine entsprechende Verkehrsübung verweist, eine *eigentliche Ortsübung* im Sinne von Art. 5 Abs. 2 ZGB gemeint. In vielen Fällen hat sich – vor allem auf dem Gebiet des Obligationenrechts – aufgrund der seit 1912 eingetretenen gesellschaftlichen und wirtschaftlichen Entwicklung eine *allgemeine* oder *branchenspezifische Übung* ergeben, welche die Vermutung von Art. 5 Abs. 2 ZGB ausschliesst (vgl. dazu auch oben N 213 f. und N 237 ff.).

278 Im folgenden soll daher lediglich ein Überblick über die *heute noch bedeutsamen* kantonalrechtlichen *Umschreibungen der Ortsübung* gegeben werden, für welche die Vermutung von Art. 5 Abs. 2 ZGB grundsätzlich weiterhin relevant bleibt. Hierbei fällt auf, dass die Kantone in *sehr unterschiedlichem Ausmass* von der Möglichkeit Gebrauch gemacht haben, die gesetzesergänzende Ortsübung in ihren Einführungsgesetzen zum Zivilgesetzbuch zu umschreiben (vgl. dazu Jagmetti 258, Kley-Struller 42, Friedrich 731, Piotet Rz 15 und

Art. 5

PFENNINGER 88 ff. mit Hinweisen; vgl. auch die Zusammenstellung der ursprünglichen, für den Kanton Zürich bestehenden Umschreibungen bei PFENNINGER 156 ff.).

2. Familienrecht

Im Bereich des *Familienrechts* sind Verweisungen auf die Ortsübung selten. Hauptanwendungsfall ist die praktisch allerdings nicht sehr bedeutsame *Gemeinderschaft* (vgl. dazu auch TUOR/SCHNYDER/SCHMID 370 ff. mit Hinweisen). Die Kantone haben hier zum Teil den *ortsüblichen Kündigungstermin* gemäss Art. 338 Abs. 3 ZGB festgelegt (vgl. dazu JAGMETTI 276 mit Hinweisen). Vgl. sodann für die Bestimmung des Familienhaupts nach Art. 331 Abs. 1 ZGB oben N 247. 279

3. Erbrecht

Im *Erbrecht* bestehen zwei relativ weitgehende Verweisungen auf den Ortsgebrauch im Zusammenhang mit der *Bildung von Losen* (Art. 611 Abs. 2 ZGB) und der *Zuweisung von Familiensachen* (Art. 613 Abs. 3 ZGB). Verschiedene Kantone haben die in ihrem Gebiet bestehenden Ortsübungen umschrieben, doch dürften diese Regeln, soweit sie Vorzugsrechte zugunsten von Söhnen bzw. Töchtern enthalten, jedenfalls heute nach Inkrafttreten von Art. 4 Abs. 2 BV nicht mehr zulässig sein (vgl. dazu TUOR/SCHNYDER/SCHMID 29, 546 ff. [insbesondere 548 N 15], JAGMETTI 286 f. und TUOR/PICENONI, BE-Komm., Art. 611 ZGB N 13 ff., Art. 613 ZGB N 16 und oben N 256, je mit weiteren Hinweisen). Zur landesüblichen Heiratsausstattung nach Art. 579 Abs. 2 ZGB vgl. oben N 247. 280

Für die Bestimmung des Übernehmers bei der *ungeteilten Zuweisung* eines *landwirtschaftlichen Gewerbes* wurde im ursprünglichen Art. 621 ZGB subsidiär ebenfalls auf den Ortsgebrauch verwiesen (vgl. dazu und zu den kantonalen Umschreibungen des Ortsgebrauches JAGMETTI 288 mit Hinweisen). Auf eine solche Verweisung wurde jedoch bereits mit der Revision des bäuerlichen Zivilrechts von 6. Oktober 1972 (AS 1973 93 ff.) verzichtet, da nur wenige Kantone einen Ortsgebrauch kannten und man die Möglichkeit einer optimalen Regelung im Einzelfall einer schablonenhaften Lösung vorzog (vgl. BBl 1971 I 748 f.; zur heutigen Regelung Art. 19 f. BGBB und dazu TUOR/SCHNYDER/SCHMID 564 ff. mit Hinweisen). 281

4. Sachenrecht

Wohl die grösste Bedeutung kommt der Verweisung auf den Ortsgebrauch nach wie vor auf dem Gebiet des *Sachenrechts* zu. So verweisen die Art. 642–644 ZGB für die Bestimmung und Abgrenzung von *Bestandteilen*, *natürlichen Früchten* und von *Zugehör* auf den Ortsgebrauch. Viele Kantone haben den entsprechenden Ortsgebrauch in ihren Einführungsgesetzen umschrieben und zum Teil ganze Zuordnungskataloge für Bestandteile und Zugehör (nicht aber für natürliche Früchte) aufgestellt. Diese haben allerdings nur Bestand, soweit sie sich im Rahmen des Bundesrechts halten und sich der Ortsgebrauch nicht geändert hat (vgl. dazu TUOR/SCHNYDER/SCHMID 664 ff., 667 ff., RIEMER § 8 N 9, JAGMETTI 299 ff., MEIER-HAYOZ, 282

Art. 5

BE-Komm., Art. 642 ZGB N 36 ff., Art. 643 ZGB N 14, Art. 644/645 ZGB N 33 ff., je mit weiteren Hinweisen).

283   Nach herrschender Auffassung kann die *Vermutung* zugunsten von *Miteigentum an Grenzvorrichtungen* (Art. 670 ZGB) nicht nur durch Vertrag, sondern – was sich nicht ausdrücklich ergibt, sondern aus der gesetzlichen Regelung abgeleitet werden muss – durch einen abweichenden Ortsgebrauch umgestossen werden. Ein abweichender Ortsgebrauch geht daher auch der Regelung der Tragung der *Einfriedungskosten* gemäss Art. 697 Abs. 1 ZGB vor (vgl. dazu und zu den kantonalen Umschreibungen TUOR/SCHNYDER/SCHMID 692 f., PIOTET Rz 763 f., 809 f. und MEIER-HAYOZ, BE-Komm., Art. 670 ZGB N 21 ff., Art. 697 ZGB N 18 mit weiteren Hinweisen; zur Zulässigkeit von vorbehaltenem kantonalem Recht auf diesem Gebiet oben N 173).

284   Der Ortsgebrauch spielt gemäss Art. 684 ZGB bei der Frage der privatrechtlichen *Zulässigkeit* von *Immissionen* eine Rolle, doch kommen hier kantonale Umschreibungen des Ortsgebrauchs kaum in Frage, da nach der Praxis die konkreten örtlichen Verhältnisse zu würdigen sind (vgl. dazu oben N 242, TUOR/SCHNYDER/SCHMID 728 ff. und MEIER-HAYOZ, BE-Komm., Art. 684 ZGB N 98 ff. mit Hinweisen; zum Einfluss des öffentlichen Rechts auch oben N 219). Nach Art. 699 ZGB ist für das Mass, in dem das *Betreten von Wald und Weide* und das *Sammeln von Pflanzen, Früchten und Holz* jedermann gestattet ist, der Ortsgebrauch massgebend (vgl. dazu und zu kantonalen Umschreibungen des Ortsgebrauchs TUOR/SCHNYDER/SCHMID 721, 736 f., KLEY-STRULLER 177 und PIOTET Rz 1963, 1996 mit Hinweisen; zum Doppelnormcharakter dieser Vorschrift auch VB N 72).

285   Gemäss Art. 740 ZGB bestimmt sich der *Inhalt* rechtsgeschäftlich begründeter *Dienstbarkeiten* – insbesondere im land- und forstwirtschaftlichen Bereich – subsidiär durch das kantonale Recht und den Ortsgebrauch (vgl. dazu, zu den kantonalen Umschreibungen und zum Verhältnis zum vorbehaltenen kantonalen Recht TUOR/SCHNYDER/SCHMID 783 f., JAGMETTI 316, KLEY-STRULLER 219 und PIOTET Rz 172, 184, 186, je mit weiteren Hinweisen). Art. 844 ZGB sieht vor, dass *Schuldbriefe* mangels anderer Parteiabrede nur auf die *üblichen Zinstage gekündigt* werden können. Die entsprechenden Zinstage werden von den Kantonen zum Teil im Sinne der Umschreibung des Ortsgebrauchs festgelegt (vgl. dazu TUOR/SCHNYDER/SCHMID 857, JAGMETTI 321 und PIOTET Rz 203 mit Hinweisen).

5. Obligationenrecht

286   Auch im Bereich des *Obligationenrechts* wird oft auf die Übung verwiesen. Meistens handelt es sich allerdings zumindest nach heutiger Auslegung und Praxis nicht um eine Ortsübung im Sinne von Art. 5 Abs. 2 ZGB (vgl. dazu auch oben N 234 f., 237 ff.). Eine Ausnahme bildet das *Miet- und Pachtrecht* sowie die *Viehverstellung* (vgl. dazu oben N 241). In diesen Bereichen finden sich denn auch – allerdings eher selten – kantonale Umschreibungen des Ortsgebrauchs, insbesondere für die *Kündigungstermine* von Miete und Pacht (vgl. dazu JAGMETTI 347 f., NOBEL 251 f., FRIEDRICH 739 [zur überholten Umschreibung im Kt. Basel-Stadt], KLEY-STRULLER 265, HIGI, ZH-Komm., Art. 266b OR N 21 ff., Art. 266c OR N 16 f., Art. 266d N 10 und BENNO STUDER/EDUARD HOFER, Das landwirtschaftliche Pachtrecht, Brugg 1987, Kommentar zu Art. 16 Abs. 3 LPG).

Art. 6 ZGB

¹ Die Kantone werden in ihren öffentlich-rechtlichen Befugnissen durch das Bundeszivilrecht nicht beschränkt.

² Sie können in den Schranken ihrer Hoheit den Verkehr mit gewissen Arten von Sachen beschränken oder untersagen oder die Rechtsgeschäfte über solche Sachen als ungültig bezeichnen.

II. Öffentliches Recht der Kantone

¹ Les lois civiles de la Confédération laissent subsister les compétences des cantons en matière de droit public.

² Les cantons peuvent, dans les limites de leur souveraineté, restreindre ou prohiber le commerce de certaines choses ou frapper de nullité les opérations qui s'y rapportent.

II. Droit public des cantons

¹ Il diritto civile federale non limita le competenze di diritto pubblico dei Cantoni.

² I Cantoni possono, nei limiti della loro sovranità, interdire o limitare il commercio di determinate cose o dichiarare nulli i rapporti contrattuali relativi alle medesime.

II. Diritto pubblico cantonale

Materialien	Art. 4 VE; Art. 8 E; Erl. 38 f.; Botsch. 14; StenBull 16 (1906) NR 1037 f., 1040, 17 (1907) SR 115
Ausländisches Recht	Zur Abgrenzung von *Privatrecht* und *öffentlichem Recht* in ausländischen Rechtsordnungen vgl. die Hinweise in VB N 23 ff. – Die besondere Problematik des Verhältnisses von *Bundeszivilrecht* und *öffentlichem Recht der Gliedstaaten* stellt sich grundsätzlich nur in *Bundesstaaten* oder in *Staatengemeinschaften*, welche das Zivilrecht ebenfalls ganz oder teilweise vereinheitlicht haben, nicht aber in zentralistisch organisierten Staaten; vgl. dazu HUBER N 2–4 mit Hinweisen. – Ergänzend ist folgendes anzufügen: In der *Europäischen Union* ist die Kompetenzausscheidung zwischen Gemeinschaft und Mitgliedstaaten nicht sachgebietlich, sondern rein funktional (insbesondere im Hinblick auf die Verwirklichung des Binnenmarktes) bestimmt, wobei auf die Unterscheidung nach den Kategorien des Privatrechts und des öffentlichen Rechts verzichtet wird (vgl. dazu auch VB N 30, 246 ff.). Soweit die Europäische Union im Rahmen dieser offenen Kompetenzordnung von der Befugnis zur Rechtsangleichung Gebrauch gemacht hat, ergibt sich lediglich aus punktuellen Kompetenzschranken (ev. auch aus sog. Schutzklauseln) und der weitgehenden Beschränkung auf die Rechtsetzungsform der Richtlinien ein gewisser Spielraum für einzelstaatliche Regelungen und (insbesondere auch öffentlich-rechtliche) Massnahmen (vgl. dazu SCHINDLER 205 ff. und MAZAN 111 ff., je mit weiteren Hinweisen). – In der *Bundesrepublik Deutschland* ist das Verhältnis zwischen dem Bürgerli-

chem Gesetzbuch (BGB) und den Landesgesetzen in den Art. 55 ff. des Einführungsgesetzes zum Bürgerlichen Gesetzbuch vom 18. August 1896 (EG BGB) geregelt. Das Landesrecht bleibt unberührt, soweit es dem öffentlichen Recht angehört. Es kann daher z.b. öffentliches Eigentum vorsehen. Da für die Abgrenzung von öffentlichem Recht und Privatrecht in diesem Zusammenhang auf die beim Erlass des BGB bestehenden, von einem relativ weiten Begriff des Privatrechts ausgehenden Auffassungen abgestellt wird und überdies auch das öffentliche Recht stärker als in andern Bundesstaaten durch Bundesrecht geregelt ist (u.a. auch bundesrechtliche Regelung für das gesamte Prozessrecht), bleibt für das öffentliche Recht der Gliedstaaten allgemein und insbesondere im Grenzbereich zum Bundesprivatrecht weniger Spielraum als in der Schweiz. Allerdings gilt das Arbeitsrecht in Deutschland seit längerer Zeit als selbständiges Rechtsgebiet ausserhalb der Unterscheidung von Privatrecht und öffentlichem Recht, weshalb die Bundesländer auf diesem Gebiet unabhängig von der Rechtsnatur der einzelnen Vorschriften legiferieren dürfen, soweit keine abschliessende Bundesregelung vorliegt. Für verschiedene Fragen im Grenzbereich von Privatrecht und öffentlichem Recht bestehen sodann im Rahmen der Vorbehalte zugunsten des Landesrechts (Art. 56–152 EG BGB) ausdrückliche gesetzliche Regelungen über die den Bundesländern verbleibenden Rechtsetzungskompetenzen (vgl. dazu PALANDT, Kommentar zu den Art. 55 ff. EG BGB, insbesondere Art. 55 N 1 und SALADIN 66 ff., je mit weiteren Hinweisen). In den östlichen Bundesländern bestehen zahlreiche Sonderregelungen insbesondere im Arbeits- und Wirtschaftsrecht (vgl. dazu SCHLOSSER 204 f. mit Hinweisen). – Auch in *Frankreich* wird das einheitliche Zivilrecht zunehmend durch das öffentliche Recht überlagert, doch handelt es sich hierbei grundsätzlich ebenfalls um gesamtstaatliches Recht (vgl. dazu FERID/SONNENBERGER Rz 1 A 1 ff., insbesondere 1 A 21 ff. mit Hinweisen). Ausnahmen bestehen insbesondere in den überseeischen Gebieten hinsichtlich des Landwirtschaftsrechts (vgl. dazu FERID/SONNENBERGER Rz 1 B 209 mit Hinweisen). – In den *Vereinigten Staaten von Amerika* verfügen die Gliedstaaten über ihr eigenes Privatrecht (vgl. dazu die Hinweise bei Art. 5 ZGB vor N 1). Aus dem Zivilrecht können daher keine Schranken für das öffentliche Recht der Einzelstaaten abgeleitet werden. Die im Interesse des Handels und des Verkehrs erforderlichen Schranken für das öffentliche Recht der Gliedstaaten ergeben sich vielmehr aus der auf die «Interstate Commerce»-Klausel der Verfassung gestützten Bundesgesetzgebung (vgl. dazu BRUGGER 35 ff. mit Hinweisen).

Literatur Vgl. Vorbemerkungen zu Art. 5 und 6 ZGB

Art. 6

Inhaltsübersicht

	Rz
A. Allgemeines	1
I. Gegenstand und Inhalt (Überblick)	1
II. Entstehungsgeschichte	8
III. Heutige Bedeutung	12
B. Der Grundsatz von Abs. 1 (Vorbehalt der öffentlich-rechtlichen Befugnisse der Kantone)	21
I. Bedeutung und Tragweite des Grundsatzes	21
1. Allgemeiner, unechter Vorbehalt des kantonalen öffentlichen Rechts	21
a) Allgemeiner Vorbehalt	21
b) Unechter Vorbehalt	23
c) Verhältnis zu besonderen Regeln	26
aa) Allgemeines	26
bb) Verschiedene Arten besonderer Vorbehalte	29
cc) Weitere besondere Regeln	32
d) Verhältnis zu Vorbehalten nach Art. 5 ZGB	34
2. Differenzierung des Grundsatzes der derogatorischen Kraft des Bundesrechts	37
a) Der Grundsatz der derogatorischen Kraft des Bundesrechts im allgemeinen	37
b) Besondere Problematik im Verhältnis von Bundeszivilrecht und kantonalem öffentlichem Recht	38
c) Grundsatz der Unabhängigkeit und sachlichen Gleichberechtigung der beiden Rechtsgebiete	40
d) Relativer Vorrang des Bundeszivilrechts	43
3. Anerkennung der expansiven Kraft des kantonalen öffentlichen Rechts	45
a) Begriff und Bedeutung	45
b) Abgrenzung gegenüber direkten Einwirkungen auf das Bundeszivilrecht	48
c) Schranken der expansiven Kraft	50
4. Gebot zur Harmonisierung von Bundeszivilrecht und kantonalem öffentlichem Recht	52
a) Grundsatz der Einheit und Widerspruchsfreiheit der Rechtsordnung	52
b) Harmonisierung im Rahmen der Derogationsregel	54
c) Harmonisierung im Rahmen der Rechtsanwendung	56
II. Betroffenes Bundeszivilrecht	60
1. Begriff und Umfang des Bundeszivilrechts	60
2. Sonderfall des sog. formellen Bundeszivilrechts	62
a) Allgemeines	62
b) Das Vormundschaftsrecht als Beispiel	65
3. Rechtslage auf dem Gebiet der privatrechtlichen Spezialgesetze	70
a) Allgemeines	70
b) Bäuerliches Bodenrecht	71
c) Grundstückerwerb durch Ausländer	73
d) Versicherungsvertragsrecht	75
e) Konsumentenrechtliche Spezialgesetze	81
f) Arbeitsrecht	85
g) Immaterialgüterrecht	88
h) Datenschutzrecht	92
i) Unlauterer Wettbewerb	94

Art. 6

		k) Kartellrecht	96
		l) Internationales Privatrecht	98
III.		Öffentlich-rechtliche Befugnisse der Kantone	100
	1.	«Befugnisse»	100
		a) Allgemeines	100
		b) Rechtsetzungsbefugnisse	101
		aa) Bundesstaatliche Ausscheidung der Gesetzgebungskompetenzen	101
		bb) Bundesrechtliche Schranken der kantonalen Gesetzgebung	103
		cc) Rechtsetzungspflichten?	109
		dd) Anforderungen an die Rechtsetzungsstufe	113
		c) Verwaltungs- und Rechtsprechungsbefugnisse	119
	2.	«Öffentlich-rechtliche» Befugnisse	124
		a) Allgemeines	124
		b) Verwaltungsrecht (inkl. Verwaltungsrechtspflege)	129
		aa) Materielles Verwaltungsrecht	129
		bb) Verwaltungsrechtspflege	137
		c) Staats- und Verfassungsrecht	140
		d) Kirchenrecht	144
		e) Völkerrecht	147
		f) Strafrecht (inkl. Strafprozessrecht)	152
		aa) Materielles Strafrecht	152
		bb) Strafprozess- und Strafvollzugsrecht	155
		g) Zivilprozess- und Vollstreckungsrecht	160
		aa) Anwendbarkeit von Art. 6 Abs. 1 ZGB?	160
		bb) Zivilprozessrecht	165
		cc) Zivilrechtliches Vollstreckungsrecht	174
		h) Privatrecht?	178
		aa) Privatrecht als kantonales öffentliches Recht	179
		bb) Privatrecht anstelle von kantonalem öffentlichem Recht – Verwaltungsprivatrecht?	183
		aaa) Allgemeines	183
		bbb) Sog. Fiskalverwaltung	187
		ccc) Organisationsrecht	190
		ddd) Übriges Verwaltungsrecht	198
		eee) Erfordernis eines Verwaltungsprivatrechts?	202
		cc) Privatrechtliche Sanktionen zur Verstärkung von kantonalem öffentlichem Recht?	205
		aaa) Fragestellung	205
		bbb) Entwicklung der bundesgerichtlichen Rechtsprechung	208
		ccc) Diskussion der bundesgerichtlichen Rechtsprechung	210
		ddd) Kasuistik	215
		eee) Abgrenzung gegenüber blosser Sicherung von Verwaltungsrechtsverhältnissen	219
	3.	Öffentlich-rechtliche Befugnisse «der Kantone»	220
		a) Allgemeines	220
		b) Selbstverwaltungskörper und private Verwaltungsträger	222
		c) Interkantonale und internationale Befugnisse der Kantone	225
IV.		Bundeszivilrechtliche Schranken für die öffentlich-rechtlichen Befugnisse der Kantone	230
	1.	Allgemeines	230

	a)	Problemstellung	230
	b)	Rechtsprechung des Bundesgerichts	234
	c)	Kritik und Würdigung der bundesgerichtlichen Rechtsprechung	239
2.	Keine abschliessende bundeszivilrechtliche Regelung		248
	a)	Grundsätzliches	248
	b)	Zur Anwendung des Grundsatzes	251
	c)	Wichtige Bereiche abschliessender Regelungen	256
		aa) Allgemeine Rechtsgrundsätze des Bundeszivilrechts	257
		bb) Zivilrechtliche Rechts- und Handlungsfähigkeit	258
		cc) Zivilrechtlicher Persönlichkeitsschutz	260
		dd) Zivilrechtliche Haftung	262
		ee) Zivilrechtliche Formvorschriften	265
		ff) Weitere Bereiche	267
	d)	Nicht-abschliessende Regelungen	286
		aa) Vertragsfreiheit und Eigentumsordnung	286
		bb) Weitere Bereiche	287
3.	Schutzwürdiges öffentliches Interesse		298
	a)	Grundsätzliches	298
	b)	Abgrenzung gegenüber dem Schutz privater Interessen	307
	c)	Zulässige Arten öffentlicher Interessen	312
		aa) Allgemeines	312
		bb) Bei Grundrechtsbeschränkungen	313
		cc) Ausserhalb von Grundrechtsbeschränkungen	319
		dd) Weitere Anforderungen	321
	d)	Verhältnismässigkeit	322
		aa) Allgemeines	322
		bb) Bei Grundrechtsbeschränkungen	324
		cc) Ausserhalb von Grundrechtsbeschränkungen	326
4.	Vereinbarkeit mit Sinn und Geist des Bundeszivilrechts		330
	a)	Grundsätzliches	330
	b)	Keine Missachtung grundlegender Werte des Bundeszivilrechts	339
		aa) Allgemeines; Verhältnis zum Grundrechtsschutz	339
		bb) Vertragsfreiheit	347
		aaa) Abschluss- und Partnerwahlfreiheit	348
		bbb) Inhalts- und Gestaltungsfreiheit	353
		ccc) Formfreiheit	359
		ddd) Vertragsaufhebungs- und -änderungsfreiheit	360
		cc) Privateigentum	361
		aaa) Schutz durch die Bundesverfassung	361
		bbb) Regelung des Zivilgesetzbuches	363
		ccc) Öffentlich-rechtliche Eigentumsbeschränkungen der Kantone	368
		ddd) Bedeutung von Sinn und Geist der Regelung des ZGB bzw. der Institutsgarantie	371
	c)	Keine Vereitelung oder übermässige Erschwerung des Bundeszivilrechts	375
		aa) Allgemeines	375
		aaa) Vereitelung des Bundeszivilrechts	375
		bbb) Übermässige Erschwerung des Bundeszivilrechts	380
		bb) Kantonales Abgaberecht	381
		aaa) Sicherung und Höhe kantonaler Abgaben	381
		bbb) Ausgestaltung des kantonalen Steuerrechts	385
		cc) Kantonales Verfahrensrecht	388

Art. 6

C.	Der besondere Vorbehalt von Abs. 2 (Verbot und Beschränkung des Verkehrs mit bestimmten Sachen)	391
I.	Bedeutung und Tragweite des Vorbehalts	391
	1. Selbständige Bedeutung?	391
	2. Verhältnis zum Sachenrecht	393
	3. Grundlage für die Schaffung einer öffentlich-rechtlichen Eigentumsordnung?	397
II.	Erfordernis der kantonalen Hoheit	401
III.	Gewisse Arten von Sachen	404
	1. Allgemeines	404
	2. Öffentliche Sachen (inkl. Regalsachen)	406
	a) Allgemeines	406
	b) Finanzvermögen	408
	c) Verwaltungsvermögen	409
	d) Kirchliches Verwaltungsvermögen	411
	e) Öffentliche Sachen im Gemeingebrauch und Regalsachen	412
	3. Mit erheblichen öffentlichen Interessen behaftete Sachen	419
	a) Vorbemerkung	419
	b) Gefährliche und umweltbelastende Sachen	424
	aa) Produktevorschriften	425
	bb) Besonders gefährliche Sachen	429
	c) Treu- und sittenwidrige Sachen	432
	aa) Schutz von Treu und Glauben im Geschäftsverkehr	433
	bb) Schutz der öffentlichen Sittlichkeit	435
	d) Schutzwürdige Sachen	437
	aa) Schutz von Tieren und Pflanzen	438
	bb) Schutz von Altertümern, Natursehenswürdigkeiten und Kunstgegenständen	443
IV.	Vorgesehene Sanktionen	450
	1. Verkehrsbeschränkungen und -verbote	450
	a) Rechtsgrundlagen	451
	b) Arten und Ausmass der Verkehrsbeschränkungen	453
	2. Ungültigerklärung von Rechtsgeschäften	458
	a) Allgemeines zu den Sanktionen bei Verletzung von Verkehrsbeschränkungen	458
	b) Ungültigerklärung als besondere Sanktion	459
	c) Rechtsgrundlagen	460
	d) Verfahrensrecht	462

A. Allgemeines

I. Gegenstand und Inhalt (Überblick)

1 Unter dem Randtitel «C. Verhältnis zu den Kantonen/II. Öffentliches Recht der Kantone» regelt Art. 6 ZGB das Verhältnis zwischen dem Bundeszivilrecht und

Art. 6

dem öffentlichen Recht der Kantone. Art. 6 ZGB bildet damit neben Art. 5 ZGB den *zweiten Grundpfeiler* des *bundesstaatlichen Kollisionsrechts* für den Bereich des *Bundeszivilrechts* (vgl. dazu VB N 6 ff.). Da die Bestimmung Zivilrecht und öffentliches Recht unterscheidet, setzt sie die grundsätzliche Trennung dieser beiden Rechtsmaterien voraus. Im Unterschied zu andern Ländern (vgl. zum Beispiel oben vor N 1 zur Rechtslage in der Bundesrepublik Deutschland) gibt es bei der Anwendung von Art. 6 ZGB keine Rechtsgebiete, die ausserhalb dieser Zweiteilung stehen (vgl. dazu VB N 16 ff.). Die *Durchsetzung* der bundesstaatlichen Kompetenzausscheidung im Verhältnis von Bundeszivilrecht und kantonalem öffentlichem Recht (Rechtsfolgen bei deren Verletzung; Verfahren der Durchsetzung) ergibt sich nicht aus Art. 6 ZGB, sondern aus *Art. 2 ÜB BV* und den massgebenden *Verfahrensvorschriften* von Bund und Kantonen (vgl. dazu eingehend VB N 258 ff.).

Art. 6 Abs. 1 ZGB enthält den *allgemeinen Grundsatz,* dass die Kantone in ihren öffentlich-rechtlichen Befugnissen durch das Bundeszivilrecht nicht beschränkt werden. Daneben existieren verstreut über das ganze Bundeszivilrecht verschiedene Sonderbestimmungen, welche *besondere Vorbehalte* zum Verhältnis von Bundeszivilrecht und öffentlichem Recht der Kantone enthalten, in der Regel jedoch nur den allgemeinen Grundsatz bestätigen (vgl. dazu nachfolgend N 21 ff.). Der allgemeine Grundsatz von Art. 6 Abs. 1 ZGB ergibt sich im Prinzip bereits aus der verfassungsmässigen Kompetenzausscheidung von Art. 3 und Art. 64 BV, weshalb Art. 6 Abs. 1 ZGB auch als *unechter Vorbehalt* bezeichnet wird (vgl. dazu nachfolgend N 23 ff.). Angesichts des zwischen dem Bundeszivilrecht und dem öffentlichen Recht der Kantone bestehenden Spannungsverhältnisses kommt Art. 6 Abs. 1 ZGB nach herrschender Auffassung aber durchaus *normative Bedeutung* zu. Durch die Betonung der Unabhängigkeit und sachlichen Gleichberechtigung von Bundeszivilrecht und kantonalem öffentlichem Recht wird der Grundsatz der *derogatorischen Kraft* des Bundesrechts im Sinne einer *Spezialregelung* differenziert (vgl. dazu nachfolgend N 37 ff.). Gleichzeitig wird damit die sog. *expansive Kraft* des kantonalen öffentlichen Rechts gegenüber dem Bundeszivilrecht anerkannt (vgl. dazu nachfolgend N 45 ff.). Freilich lesen Lehre und Rechtsprechung auch die *Pflicht* der rechtsetzenden und rechtsanwendenden Behörden zur *Harmonisierung* von Bundeszivilrecht und kantonalem Recht aus dieser Bestimmung heraus, was der Unabhängigkeit und expansiven Kraft des öffentlichen Rechts der Kantone wiederum Schranken setzt (vgl. dazu nachfolgend N 52 ff.).

2

Art. 6 Abs. 1 ZGB kommt sodann – wie auch den andern Bestimmungen der Einleitungsartikel – für das *gesamte Gebiet* des *Bundeszivilrechts* Geltung zu, wobei freilich Sonderbestimmungen Rechnung zu tragen ist (vgl. dazu nach-

3

Art. 6

folgend N 60 ff.). Soweit das Bundeszivilrecht *öffentliches Recht* enthält (sog. formelles Bundeszivilrecht bzw. ergänzendes öffentliches Recht), entfällt sodann die Grundlage für eine Unabhängigkeit und sachliche Gleichberechtigung des kantonalen öffentlichen Rechts, und es kommen vielmehr die *allgemeinen Regeln* über die *derogatorische Kraft* des Bundesrechts zum Tragen. Die Kantone sind sodann *verpflichtet*, die unter besonderen Voraussetzungen zulässigen *Organisations- und Verfahrensvorschriften* des Bundeszivilrechts im kantonalen Recht *umzusetzen* (vgl. dazu nachfolgend N 62 ff.). Im Bereich der *bundeszivilrechtlichen Spezialgesetze* kommt Art. 6 Abs. 1 ZGB überdies deswegen eine geringe Bedeutung zu, weil diese häufig abschliessende, auch die öffentlichen Interessen umfassend berücksichtigende Regelungen enthalten oder – gestützt auf eine besondere Bundeskompetenz – auch das öffentliche Recht auf dem entsprechenden Gebiet umfassen (sog. Einheitsgesetze) (vgl. dazu nachfolgend N 70 ff.).

4   Art. 6 Abs. 1 ZGB behält gegenüber dem Bundeszivilrecht die *öffentlich-rechtlichen Befugnisse* der *Kantone* vor. Damit sind primär die – zunehmend durch das übrige Bundesrecht eingeschränkten – öffentlich-rechtlichen *Rechtsetzungsbefugnisse*, aber auch die entsprechenden *Verwaltungs- und Rechtsprechungsbefugnisse* der Kantone gemeint (vgl. dazu nachfolgend N 100 ff.). Die Abgrenzung dieser Befugnisse erfordert eine *Unterscheidung* zwischen *Privatrecht* und *öffentlichem Recht*, welche nach den üblichen Methoden (Methodenpluralismus), aber schwergewichtig nach der Subordinations- und der Interessentheorie vorzunehmen ist (vgl. dazu nachfolgend N 124 ff.). Die öffentlich-rechtlichen Befugnisse der Kantone umfassen im übrigen das *öffentliche Recht* in einem *weiten Sinn*, wobei freilich das Verwaltungs- und Verwaltungsprozessrecht das Hauptanwendungsgebiet bilden (vgl. dazu nachfolgend N 128 ff.). Umstritten ist die Anwendbarkeit von Art. 6 Abs. 1 ZGB auf das *Zivilprozessrecht*, welches naturgemäss in einer besonderen Beziehung zum Bundeszivilrecht steht (vgl. dazu nachfolgend N 160 ff.). Besondere Fragen stellen sich, wenn *Privatrecht als kantonales öffentliches Recht* bzw. *anstelle* oder *zur Verstärkung* von *kantonalem öffentlichem Recht* verwendet wird (vgl. dazu nachfolgend N 178 ff.). Mit öffentlich-rechtlichen Befugnissen der Kantone sind schliesslich auch die Befugnisse der von den Kantonen mit öffentlich-rechtlichen Aufgaben betrauten *weiteren Organe* (Selbstverwaltungskörper, insbesondere Gemeinden, aber auch Private sowie interkantonale und internationale Organe) gemeint (vgl. dazu nachfolgend N 220 ff.).

5   In Art. 6 Abs. 1 ZGB nicht erwähnt sind die *Schranken*, welche das Bundeszivilrecht den öffentlich-rechtlichen Befugnissen der Kantone notwendigerweise setzen muss. Diese sind von *Lehre* und *Rechtsprechung* entwickelt worden (vgl. dazu nachfolgend N 230 ff.). Nach der heute massgebenden Rechtsprechung des

Bundesgerichts sind öffentlich-rechtliche Vorschriften in einem vom Bundeszivilrecht geregelten Bereich unter folgenden drei Voraussetzungen zulässig: Erstens darf für die betreffende Frage *keine abschliessende bundeszivilrechtliche Regelung* vorliegen (vgl. dazu nachfolgend N 248 ff.). Zweitens muss die kantonale Vorschrift einem *schutzwürdigen öffentlichen Interesse* entsprechen (vgl. dazu nachfolgend N 298 ff.). Drittens darf die kantonale Vorschrift *nicht gegen Sinn und Geist* des Bundeszivilrechts verstossen bzw. dessen Anwendung *vereiteln* oder *erheblich erschweren* (vgl. dazu nachfolgend N 330 ff.).

Art. 6 Abs. 2 ZGB bekräftigt und konkretisiert den Grundsatz von Art. 6 Abs. 1 ZGB für einen besonderen (ursprünglich umstrittenen bzw. unklaren) *Anwendungsfall*. Die Kantone können danach in den Schranken ihrer Hoheit den *Verkehr* mit *gewissen Arten von Sachen beschränken* oder *untersagen* oder die Rechtsgeschäfte über solche Sachen als *ungültig erklären* (vgl. dazu nachfolgend N 391 ff.). Dadurch wird zugleich die (unvollständige) sachenrechtliche Regelung über die *Verkehrsfähigkeit* der einzelnen Sachen durch einen Vorbehalt zugunsten kantonaler Regelungen ergänzt. Grundsätzlich bestünde in diesem Rahmen auch die Möglichkeit zur Schaffung eines besonderen öffentlich-rechtlichen Eigentums, doch hat kein Kanton hievon Gebrauch gemacht (vgl. dazu nachfolgend N 393 ff., 397 ff.).

Verkehrsbeschränkungen und -verbote sind aufgrund von Lehre und Rechtsprechung zu Art. 6 Abs. 2 ZGB zunächst für *öffentliche Sachen im engeren Sinne*, also für das Verwaltungsvermögen und für Sachen im Gemeingebrauch, nicht aber für das Finanzvermögen zulässig (vgl. dazu nachfolgend N 406 ff.). Verkehrsbeschränkungen und -verbote können aber auch für weitere, *mit erheblichen öffentlichen Interessen behaftete Sachen,* insbesondere für gefährliche, umweltbelastende, sittenwidrige und schutzwürdige Sachen angeordnet werden, sofern hiefür ein überwiegendes öffentliches Interesse besteht und der Bund nicht bereits aufgrund einer besonderen Bundeskompetenz legiferiert hat (vgl. dazu nachfolgend N 419 ff.). Die Verkehrsbeschränkungen für öffentliche Sachen können sich auch aus dem *Sinn und Zweck* der betreffenden Sache ergeben, während bei privaten Sachen eine *ausdrückliche gesetzliche Grundlage* erforderlich ist. Erfasst werden kann nicht nur der *rechtsgeschäftliche,* sondern auch der *tatsächliche Verkehr* mit solchen Sachen. Für die Durchsetzung solcher Vorschriften kommen neben der (ausdrücklichen oder sinngemässen) Anordnung der *zivilrechtlichen Ungültigkeit* unzulässiger Rechtsgeschäfte auch die den Kantonen zustehenden *verwaltungs- und strafrechtlichen Sanktionen* in Betracht (vgl. dazu nachfolgend N 450 ff.).

Art. 6

II. Entstehungsgeschichte

8 Wie erwähnt (Art. 5 N 6) erachtete Gesetzesredaktor EUGEN HUBER einleitende Bestimmungen über die Anwendbarkeit des Gesetzes an sich und im Verhältnis zu andern Rechtsquellen, insbesondere auch Bestimmungen über die Ergänzungsfähigkeit und -bedürftigkeit des Gesetzes, anstelle eines eigentlichen Allgemeinen Teils als notwendig (Erl. 30 f.; vgl. dazu auch SCHNYDER, Allg. Einl. N 67 ff.). Das Verhältnis des Bundeszivilrechts zum öffentlichen Recht der Kantone wurde dementsprechend in Art. 4 des *Vorentwurfes vom 15. November 1900* (VE) geregelt. Art. 4 Abs. 1 VE enthielt hierbei eine wortwörtlich mit dem heutigen *Art. 6 Abs. 1 ZGB* übereinstimmende Vorschrift.

9 EUGEN HUBER merkte dazu an, der Fortbestand des kantonalen öffentlichen Rechts ergebe sich an sich aus dem natürlichen Verhältnis der Hoheitsbereiche von Bund und Kantonen, doch sei es von grosser Bedeutung, sich dieses Verhältnis klar zu vergegenwärtigen. Das *Privatrecht* bedürfe nach den verschiedensten Richtungen der *Ergänzung* durch das *öffentliche Recht*. Prozessuale Bestimmungen, polizeiliche Anordnungen und Wohlfahrtseinrichtungen würden die Wirkung vervollständigen, welche der Gesetzgeber bei der Ordnung der Privatrechtsverhältnisse im Auge habe. Zu solchen Massnahmen des öffentlichen Rechts sollten die Kantone zuständig bleiben, auch wenn es sich nur um die Ergänzung bundesrechtlicher Institute handle. Freilich müssten sich die Kantone *im Rahmen des öffentlichen Rechts* halten und dürften *nicht Änderungen am Bundeszivilrecht* als solchem vornehmen. Den Kantonen eröffne sich hierbei jedoch ein vielgestaltiges und fruchtbares Arbeitsfeld, welches für *soziale Reformen* grosse Bedeutung erhalten könne (Erl. 38). EUGEN HUBER weist sodann darauf hin, dass ursprünglich in einem besonderen Absatz auf kantonale verwaltungsrechtliche Ergänzungen des Bundeszivilrechts verwiesen werden sollte, was in den Beratungen aber als unnötig abgelehnt worden sei (Erl. 38 f.).

10 Auch *Art. 6 Abs. 2 ZGB* fand sich im wesentlichen (allerdings beschränkt auf eigentliche Verkehrsverbote) bereits in Art. 4 Abs. 2 VE. EUGEN HUBER führte dazu aus, ein Verkehrsverbot stelle nicht nur eine Vorkehr des öffentlichen Rechts, sondern zugleich einen Eingriff in das Privatrecht dar, weshalb man ohne besondere Vorschrift zur Auffassung gelangen könnte, nur der Bund sei hiefür zuständig. Dies aber würde den tatsächlichen Bedürfnissen nicht entsprechen. Daher sei die Möglichkeit kantonaler Verbote des Verkehrs mit bestimmten Sachen unter Androhung von Strafe oder der Nichtigkeit entsprechender Geschäfte zu schaffen. Dem Bund stehe natürlich im Umfang seiner öffentlich-rechtlichen Hoheit die gleiche Befugnis zu (Erl. 39).

In der *Botschaft des Bundesrates* an die Bundesversammlung vom 28. Mai 11
1904 (BBl 1904 IV 1 ff. [Botsch.]) finden sich die heutigen Vorschriften von
Art. 6 ZGB in Art. 8 des Entwurfes mit dem Hinweis, dass die Bestimmungen
keiner weiteren Rechtfertigung bedürften (a.a.O. 14). In der Beratung des *Nationalrates* wurde die Bedeutung des heutigen Art. 6 ZGB vor allem darin gesehen,
dass damit auf die Möglichkeit kantonaler Verkehrsbeschränkungen hingewiesen
werden könne, wobei neben eigentlichen Verkehrsverboten neu auch blosse Verkehrsbeschränkungen vorgesehen wurden (vgl. dazu StenBull NR 16 1034 ff.,
insbesondere Berichterstatter HUBER und ROSSEL a.a.O. 1037 f., 1040). In der Beratung des *Ständerates* wurde die Fassung des Nationalrates übernommen, welche heute unverändert den Wortlaut von Art. 6 ZGB bildet (vgl. dazu StenBull
SR 17 111 ff., insbesondere Berichterstatter HOFFMANN a.a.O. 115).

III. Heutige Bedeutung

Art. 6 ZGB ist für die Abgrenzung von Bundeszivilrecht und kantonalem öffent- 12
lichem Recht in rechtlicher Hinsicht nach wie vor von grundlegender Bedeutung.
Dem Grundsatz von Art. 6 Abs. 1 ZGB kommt weiterhin primär die Bedeutung
einer Bestätigung der *prinzipiellen Unabhängigkeit* und *sachlichen Gleichberechtigung* des kantonalen öffentlichen Rechts zu. Lehre und Rechtsprechung haben
die *notwendigen Einschränkungen* dieses Grundsatzes entwickelt, wobei heute
von einer zumindest in den Grundsätzen *gefestigten Rechtsprechung* ausgegangen werden kann. Diese ist zwar in der Lehre nicht unumstritten und gilt den
einen Kritikern als zu bundesrechtsfreundlich, den andern dagegen als zu large
gegenüber kantonalen Eingriffen ins Bundeszivilrecht. Die Grundsätze dieser
Rechtsprechung lassen sich jedoch in der Praxis recht gut handhaben, auch wenn
zutreffen mag, dass es sich weniger um Rechtsregeln als um *Leitgrundsätze* oder
Entscheidungsmaximen handelt, die im konkreten Fall unter Umständen einen
gewissen *Entscheidungsspielraum* belassen. Dies aber entspricht der staatsrechtlichen Natur der zugrundeliegenden Kompetenzstreitigkeiten. Die geltende Rechtsprechung führt im übrigen – wie auch die neueren Entscheide des Bundesgerichts
zeigen – keineswegs zu einer unangemessenen Einschränkung der *kantonalen
Befugnisse*, sondern lässt den kantonalen Bedürfnissen *genügend Spielraum*. Eine
zugunsten des öffentlichen Rechts der Kantone grosszügigere Schrankenformel
könnte demgegenüber die erreichte *Rechtseinheit* gefährden und stünde überdies
im Gegensatz zu neueren Tendenzen in Lehre und Praxis, welche die Einheit der

Art. 6

Rechtsordnung wieder mehr betonen und ihr – auch im Rahmen der Rechtsanwendung – vermehrt Geltung verschaffen wollen (vgl. dazu nachfolgend N 52 ff.).

13 Die *faktische Bedeutung* von Art. 6 Abs. 1 ZGB hat in der neueren Zeit dagegen aus verschiedenen Gründen eher abgenommen. Zunächst ist das Verhältnis von Bundeszivilrecht und kantonalem öffentlichem Recht in den vergangenen mehr als 80 Jahren der Geltung des Zivilgesetzbuches von Lehre und Rechtsprechung *ausgiebig beleuchtet* worden. Viele frühere Streitfragen sind heute gelöst. So ist heute etwa unbestritten, dass das kantonale öffentliche Recht unter gewissen Voraussetzungen die *Ungültigkeit privatrechtlicher Rechtsgeschäfte* vorsehen kann (vgl. dazu nachfolgend N 212). Noch nicht völlig geklärt ist allerdings die Frage, ob und inwieweit sich aus dem öffentlichen Recht der Kantone auch (in einem positiven Sinne) *privatrechtliche Ansprüche* ergeben können. Für das *Arbeitnehmerschutzrecht* ist diese Frage heute allerdings durch die bundesrechtliche Rezeptionsklausel von Art. 342 Abs. 2 OR gelöst (vgl. dazu nachfolgend N 213 ff.). Früher besonders umstrittene Bereiche (etwa der *Mieterschutz* oder die Regelung der *Arbeits- und Ruhezeit* sowie der *Ferien* im Arbeitsrecht) sind heute ausschliesslich oder weitgehend bundesrechtlich geregelt (vgl. dazu nachfolgend N 279, 282, 357). Es verbleiben allerdings noch immer Bereiche mit aktuellen Streitfragen. So schliesst zum Beispiel das neue *Konsumkreditgesetz* kantonale Schutzvorschriften auf diesem Gebiet nicht aus (vgl. dazu nachfolgend N 82 f.). Auch in andern heiklen Bereichen sind die Kantone weiterhin zur Gesetzgebung befugt (Beispiel: kantonale und kommunale *Wohnraumerhaltungs-* und *Wohnbauförderungsvorschriften;* vgl. dazu nachfolgend N 280 f.).

14 Sodann tauchen im Zusammenhang mit der ständigen Erneuerung der kantonalen Rechtsnormen auch immer wieder *neue Fragen* zum Verhältnis von Bundeszivilrecht und kantonalem öffentlichem Recht auf, und bisher Feststehendes wird plötzlich in Frage gestellt (vgl. Denis Piotet in ZSR 1990 I 211 zur Frage der Zulässigkeit kantonaler Legalhypotheken an Mobiliarsachen; vgl. dazu auch hinten N 276). Noch wenig ausgeleuchtet ist insbesondere das Verhältnis des Bundeszivilrechts zum *kantonalen Abgaberecht* (vgl. dazu nachfolgend N 381 ff.). Das Verhältnis von Bundeszivilrecht und kantonalem öffentlichem Recht wird sodann aufgrund der bereits bekannten Revisionspostulate – allerdings primär auf der rechtspolitisch-gesetzgeberischen Ebene – auch im Zusammenhang mit der *Gesamtrevision des Haftpflichtrechts* zu Diskussionen Anlass geben (vgl. dazu N 197). Grundsätzlich neue Fragen werden sich stellen, wenn im Rahmen der geplanten *Totalrevision der Bundesverfassung* – zumindest im Anwendungsfall und auf Rüge eines Kantons hin – die *Überprüfung* der *Bundesgesetzgebung* durch das Bundesgericht auf die Einhaltung der verfassungsmässigen Kompetenzordnung hin ermöglicht würde. Die Zulässigkeitsprüfung würde dann

nicht mehr weitgehend «einseitig» und ausschliesslich zulasten des kantonalen Rechts erfolgen. Vielmehr könnte das Bundesgericht im Falle eines Widerspruchs zwischen Bundeszivilrecht und kantonalem öffentlichem Recht gegebenenfalls auch prüfen, ob sich das Bundesrecht im Rahmen der Privatrechtskompetenz von Art. 64 BV halte (vgl. dazu VB N 267 und nachfolgend N 55).

Neben diesen mit der verhältnismässig langen Geltungsdauer des Zivilgesetzbuches bzw. von dessen Art. 6 zusammenhängenden Gründen vermindern aber auch *äussere Ursachen* die faktische Bedeutung von Art. 6 ZGB. Als Ende des letzten bzw. zu Beginn dieses Jahrhunderts zunächst durch das Obligationenrecht und anschliessend durch das Zivilgesetzbuch die Privatrechtseinheit hergestellt wurde, kam dem *öffentlichen Recht* gegenüber dem Privatrecht noch eine eher *untergeordnete Rolle* zu. Lokal unterschiedliche öffentlich-rechtliche Vorschriften konnten daher in Kauf genommen werden, zumal die ebenfalls neu eingeführte Handels- und Gewerbefreiheit unnötige Einschränkungen der Privatautonomie und des Wirtschaftsverkehrs verhindern sollte (vgl. zum Kampf für die Privatrechtseinheit in der Schweiz und zum Zusammenhang mit der Einführung der Handels- und Gewerbefreiheit insbesondere CARONI, Privatrecht 33 ff. mit zahlreichen weiteren Hinweisen). 15

In der Zwischenzeit aber ist das *öffentliche Recht stark ausgebaut* worden. Aus dem liberalen «Nachtwächterstaat» ist ein sozialer Wohlfahrtsstaat geworden. In der wirtschaftlich und gesellschaftlich immer enger zusammenwachsenden Schweiz verstärkte sich überdies das Bedürfnis, auch im Bereich des öffentlichen Rechts zumindest in wichtigen Fragen eine *Rechtsvereinheitlichung* zu erreichen. Dem Bund wurden daher im Laufe dieses Jahrhunderts zunehmend Gesetzgebungskompetenzen übertragen, welche er durch eine bundesrechtliche Regelung oder wenigstens durch harmonisierende Anforderungen an das kantonale öffentliche Recht wahrgenommen hat (vgl. dazu nachfolgend N 104, 129 ff., 152 ff.). Damit aber hat das kantonale öffentliche Recht als selbständiges Rechtsgebiet und insbesondere die Frage nach dessen Abgrenzung gegenüber dem Bundeszivilrecht an Bedeutung verloren. Das Schwergewicht der *Koordinationslast* für das Verhältnis von Privatrecht und öffentlichem Recht hat sich daher zunehmend auf die *Bundesebene* verlagert (vgl. in diesem Sinne bereits HUBER N 132 ff., insbesondere N 147 mit Hinweisen). Damit zusammenhängend trifft grundsätzlich auch weiterhin zu, dass die modernen Entwicklungen im Verhältnis von Privatrecht und öffentlichem Recht primär vom Bundesrecht ausgehen (so schon HUBER N 148). Immerhin ist darauf hinzuweisen, dass die festzustellende Renaissance des Privatrechts sich auch im Bereich des kantonalen Rechts bemerkbar macht und dort zum Teil sogar schon weiter fortgeschritten ist als auf Bundesebene (vgl. dazu nachfolgend N 183 ff.). Ferner sind neue Lösungen des 16

Art. 6

Bundesrechts – insbesondere für soziale Probleme – zum Teil aus dem früheren öffentlichen Recht der Kantone übernommen worden (vgl. z.B. für das Mietrecht und das Arbeitsrecht nachfolgend N 279, 282, 357).

17 Was die Kompetenzverlagerung auf den Bund betrifft, ist angesichts der inzwischen eingetretenen politischen, wirtschaftlichen und gesellschaftlichen Veränderungen von einer mehr oder weniger vorgegebenen Entwicklung auszugehen. Im Hinblick auf die geplante *Totalrevision der Bundesverfassung* wird zwar von einer nötigen Erneuerung des Föderalismus gesprochen, doch geht es hierbei mehr um eine *Verbesserung der Partnerschaft* zwischen Bund und Kantonen bei der Bewältigung der bestehenden und der Schaffung neuer Aufgaben von Bund und Kantonen. Von einer *Rückübertragung* von *Gesetzgebungskompetenzen* an die Kantone ist dagegen *kaum die Rede,* wohl aber von einer Aufgabenentflechtung (vgl. dazu insbesondere THOMAS PFISTERER, Neue Partnerschaft zwischen Bund und Kantonen, ZBl 1995 258 ff., KONFERENZ DER KANTONSREGIERUNGEN (Hrsg.), Verfassungsreform als Föderalismusreform, Zürich 1997, und BBl 1997 I 205 ff. zum Verfassungsentwurf 96; vgl. auch den in die Vernehmlassung gegebenen Bericht «Grundzüge des neuen Finanzausgleichs», BBl 1996 I 1279; zu den in der letzten Zeit erfolgten Bestrebungen zur Reform des Föderalismus auch AUBERT [Nachtrag], vor Nr. 603 und Nr. 732bis sowie SALADIN, Komm. BV, Art. 3 N 37 mit Hinweisen).

18 Die neuere Entwicklung zeigt im übrigen, dass aufgrund der heutigen *wirtschafts- und integrationspolitischen Situation* der Schweiz – unabhängig von einem allfälligen Beitritt zum Europäischen Wirtschaftsraum (EWR) oder zur Europäischen Union (EU), aber doch beeinflusst durch das internationale und europäische Recht – vor allem im Bereich des Wirtschaftsverkehrs die öffentlich-rechtlichen Befugnisse der Kantone weiter eingeschränkt werden dürften, zumal die sich aus dem Bundeszivilrecht ergebenden Schranken und die Garantie der Handels- und Gewerbefreiheit allein den heutigen Anforderungen in diesem Bereich kaum mehr zu genügen vermögen. Ein erster wichtiger Schritt in diese Richtung bildet das 1996 in Kraft getretene *Binnenmarktgesetz,* welches einen Abbau öffentlich-rechtlicher Wettbewerbs- und Mobilitätshindernisse in den Kantonen und Gemeinden bezweckt (vgl. dazu auch hinten N 108 und insbesondere THOMAS COTTIER/BENOÎT MERKT, La fonction fédérative de la liberté du commerce et de l'industrie et la loi sur le marché intérieur suisse: l'influence du droit européen et du droit international économique, in: FS J.F. Aubert, Basel/Frankfurt a.M. 1996 449 ff.; vgl. allerdings zur Notwendigkeit des neuen Gesetzes auch kritisch PAUL RICHLI/KILIAN WUNDER, Über die Möglichkeiten zur Beschränkung des freien Warenverkehrs nach dem Binnenmarktgesetz, AJP 1996 908 ff.). Aufgrund der sich ohnehin bereits aus dem Bundesrecht ergebenden

Art. 6

Anforderungen (verfassungsmässige Rechtsschutzgarantien; Anforderungen im Zusammenhang mit der Durchsetzung des materiellen Bundesrechts) und der heutigen Mobilität im gesellschaftlichen und wirtschaftlichen Leben sollen sodann die *kantonalen Verfahrensgesetze* (nicht die Organisationsvorschriften) *vereinheitlicht* oder zumindest *harmonisiert* werden (vgl. dazu auch nachfolgend N 137 f., 155, 169 ff.).

Solange die Schweiz aber ein föderativer Bundesstaat bleibt – und es bestehen keine Anzeichen, dass sich dies ändern könnte oder müsste –, werden den Kantonen aber stets *substantielle öffentlich-rechtliche Gesetzgebungsbefugnisse* verbleiben. Diese sind noch heute verglichen mit der Rechtslage in andern Bundesstaaten sehr bedeutsam. Selbst ein Beitritt zur EU würde hieran wohl nichts Wesentliches ändern, zumal dieser sich vor allem auf die dem Bund zustehenden Gesetzgebungsbefugnisse auswirken würde (vgl. dazu nachfolgend N 105 f.).

19

Die für den Grundsatz von Art. 6 Abs. 1 ZGB vorgenommene allgemeine Beurteilung trifft für den Anwendungsfall von *Art. 6 Abs. 2 ZGB* ebenfalls oder sogar in besonderer Weise zu. Zunächst ist darauf hinzuweisen, dass die in Art. 6 Abs. 2 ZGB ermöglichte Ungültigerklärung von Rechtsgeschäften, die gegen Verkehrsverbote und -beschränkungen verstossen, nach heutiger Auffassung grundsätzlich auch ohne ausdrücklichen Vorbehalt zulässig wäre (vgl. dazu nachfolgend N 391 f.). Art. 6 Abs. 2 ZGB kommt daher auch rechtlich nicht mehr dieselbe Bedeutung wie bei der Schaffung des Zivilgesetzbuches zu. Die *reduzierte faktische Bedeutung* von Art. 6 ZGB lässt sich sodann anhand der neueren Rechtsentwicklung im Bereiche der Verkehrsbeschränkungen nach Art. 6 Abs. 2 ZGB exemplarisch zeigen. Viele der bis vor kurzem als typische Anwendungsbeispiele genannten kantonalen Vorschriften sind heute aufgrund neuerer Bundesvorschriften überholt. Diese Entwicklung geht weiter und wird durch die heutigen Anforderungen von Wirtschaft und Gesellschaft (Mobilität und Globalisierung in den rechtlichen und faktischen Beziehungen) wesentlich gefördert (vgl. dazu nachfolgend N 419 ff.).

20

Art. 6

B. Der Grundsatz von Abs. 1 (Vorbehalt der öffentlich-rechtlichen Befugnisse der Kantone)

I. Bedeutung und Tragweite des Grundsatzes

1. Allgemeiner, unechter Vorbehalt des kantonalen öffentlichen Rechts

a) Allgemeiner Vorbehalt

21 Art. 6 Abs. 1 ZGB hält fest, die Kantone würden «in ihren öffentlich-rechtlichen Befugnissen durch das Bundeszivilrecht nicht beschränkt». Damit sind primär (aber nicht nur) die entsprechenden *Rechtsetzungsbefugnisse* gemeint (vgl. dazu nachfolgend N 100 ff.). Es wird somit das öffentliche Recht der Kantone gegenüber dem Bundeszivilrecht *grundsätzlich* und in *allgemeiner Weise* vorbehalten. Daher spricht man auch von einem *öffentlich-rechtlichen Vorbehalt* zugunsten des kantonalen Rechts im Gegensatz zu den privatrechtlichen Vorbehalten gemäss Art. 5 Abs. 1 ZGB (vgl. dazu auch Art. 5 N 41). Ein entsprechender allgemeiner Vorbehalt ergibt sich im Prinzip bereits aus der *verfassungsmässigen Kompetenzausscheidung* (vgl. dazu nachfolgend N 23 ff.).

22 Eine *detaillierte Regelung* des Verhältnisses von Bundeszivilrecht und kantonalem öffentlichem Recht für jeden einzelnen Bereich des Privatrechts erscheint angesichts der Komplexität des Problems und der mit der Entwicklung der Gesetzgebung immer wieder neu auftauchenden Fragen *nicht möglich*. Da die verfassungsmässige Kompetenzausscheidung nicht ein für allemal feststeht, sondern vom Verfassungsgeber sowie von Lehre und Rechtsprechung weiterentwickelt wird, bestünde auch die Gefahr, dass eine detaillierte Festschreibung des Verhältnisses von Bundeszivilrecht und kantonalem öffentlichem Recht bald mit der Verfassung nicht mehr übereinstimmen würde bzw. immer wieder (auch im Zusammenhang mit der Entwicklung der öffentlich-rechtlichen Gesetzgebung des Bundes) revidiert werden müsste (vgl. dazu auch HUBER N 70). Allerdings bestehen für verschiedene Bereiche und Einzelfragen des Bundeszivilrechts *besondere Regeln* über die Abgrenzung zum kantonalen öffentlichen Recht (vgl. dazu nachfolgend N 26 ff.).

Art. 6

b) Unechter Vorbehalt

Der allgemeine Vorbehalt zugunsten des öffentlichen Rechts der Kantone in Art. 6 Abs. 1 ZGB nimmt Bezug auf die *Kompetenzausscheidung* zwischen Bund und Kantonen im Bereich *Bundesprivatrecht/kantonales öffentliches Recht*. Diese Kompetenzausscheidung ergibt sich im Prinzip bereits aus der Bundesverfassung selbst. *Art. 64 BV* weist dem Bund die *Privatrechtskompetenz* zu, welche nach herrschender Auffassung grundsätzlich im rechtstechnischen Sinn zu verstehen ist (vgl. dazu VB N 50 ff.). Damit aber bleiben die Kantone nach der allgemeinen Kompetenzregel von *Art. 3 BV* zum Erlass öffentlich-rechtlicher Vorschriften in allen Sachbereichen zuständig, sofern dem Bund nicht gestützt auf andere Verfassungsgrundlagen eine Gesetzgebungskompetenz in bestimmten Bereichen des öffentlichen Rechts zukommt. Soweit es sich nicht um eine ausschliessliche Bundeskompetenz handelt, entfällt die kantonale Rechtsetzungskompetenz überdies erst dann, wenn der Bund von der ihm eingeräumten Kompetenz Gebrauch gemacht hat (vgl. dazu HÄFELIN/HALLER Rz 262 ff., AUBERT Nr. 602 ff. [inkl. Nachtrag] und SALADIN, Komm. BV, Art. 3 N 76 ff. mit Hinweisen; vgl. auch DESCHENAUX 11 ff., HUBER N 7 ff.).

23

Art. 6 Abs. 1 ZGB bestätigt somit im Prinzip lediglich diese sich bereits aus der Verfassung ergebende Kompetenzverteilung. Dieser Vorschrift kommt daher insofern lediglich *deklaratorische Bedeutung* zu. Eine Änderung der verfassungsmässigen Kompetenzausscheidung durch die Bundesgesetzgebung ist denn auch jedenfalls zu Lasten der Kantone nicht zulässig. Da Art. 6 Abs. 1 ZGB grundsätzlich keine Kompetenzverschiebung beinhaltet, handelt es sich somit um einen sog. *unechten Vorbehalt* (vgl. dazu TUOR/SCHNYDER/SCHMID 26, DESCHENAUX 13, HUBER N 68, NOBEL 256, RIEMER § 10 N 4; vgl. zum Begriff und zur unterschiedlichen Natur der Vorbehalte auch HÄFELIN/HALLER Rz 352, SALADIN, Komm. BV, Art. 3 N 158 und insbesondere LIVER N 12 ff., 17 ff.). Die Hauptbedeutung des Vorbehalts von Art. 6 Abs. 1 ZGB liegt damit weniger im rechtlichen als im *historischen* und *politischen* Bereich. Der Gesetzgeber wollte damit die Beschränkung der Kodifikation auf die Vereinheitlichung des Privatrechts bekräftigen. Überdies sollten die Kantone eingeladen werden, ergänzende öffentlich-rechtliche Bestimmungen zu erlassen. Bestätigt wurde damit aber auch die ursprünglich nicht unumstrittene bundesgerichtliche Rechtsprechung zum nicht ausdrücklich geregelten Verhältnis von Bundeszivilrecht und kantonalem öffentlichem Recht unter der Geltung des früheren BG vom 14. Juni 1881 über das Obligationenrecht (vgl. dazu oben N 8 ff., DESCHENAUX 11 ff., HUBER N 69, 92, EGGER, Art. 6 N 3 ff., 16).

24

Der Sinn von Art. 6 Abs. 1 ZGB erschöpft sich nach herrschender Auffassung allerdings nicht darin, blosser unechter Vorbehalt zugunsten des kantonalen

25

Art. 6

öffentlichen Rechts zu sein. Vielmehr werden aus Art. 6 Abs. 1 ZGB eine *Differenzierung* des Grundsatzes der *derogatorischen Kraft des Bundesrechts* und die *Anerkennung* einer *expansiven Kraft* des *kantonalen öffentlichen Rechts*, aber auch eine *Pflicht zur Harmonisierung* von *Bundeszivilrecht* und *kantonalem öffentlichem Recht* herausgelesen (vgl. dazu nachfolgend N 37 ff., 45 ff., 52 ff.). Diese weitern, aus Art. 6 Abs. 1 ZGB abgeleiteten normativen Teilgehalte ändern aber nichts am grundsätzlichen Charakter dieser Bestimmung als unechtem Vorbehalt, führen sie doch im Prinzip nicht dazu, den Kantonen Kompetenzen zu übertragen, die ihnen nicht schon aufgrund der verfassungsmässigen Kompetenzausscheidung zukommen würden. Die erwähnten Teilgehalte verdeutlichen vielmehr lediglich die Bedeutung von Art. 6 Abs. 1 ZGB als unechtem Vorbehalt (vgl. dazu TUOR/SCHNYDER/SCHMID 26, DESCHENAUX 13 f., HUBER N 70 ff., RIEMER § 10 N 4; vgl. auch SALADIN, Komm. BV, Art. 2 ÜB N 33).

c) **Verhältnis zu besonderen Regeln**

aa) Allgemeines

26 Für verschiedene Bereiche und Einzelfragen des Bundeszivilrechts bestehen besondere Regeln über das Verhältnis zum kantonalen öffentlichen Recht. Diese sind sehr unterschiedlich formuliert und haben verschiedene Bedeutung. Meist sind diese Regeln als *besondere öffentlich-rechtliche Vorbehalte* ausgestaltet, und es kommt ihnen in der Regel ebenfalls nur deklaratorische Bedeutung zu, indem sie Kompetenzen festhalten, welche den Kantonen aufgrund der verfassungsmässigen Kompetenzausscheidung ohnehin zustehen. Es handelt sich insofern in der Regel ebenfalls um *unechte Vorbehalte* (vgl. dazu nachfolgend N 27 f.; vgl. etwa für den wichtigen Vorbehalt von Art. 702 ZGB [polizeiliche Beschränkungen des Grundeigentums] AUBERT Nr. 715 und hinten N 366). Solchen Vorbehalten kann jedoch insoweit durchaus *Bedeutung* zukommen, als der Bundesgesetzgeber dadurch zum Ausdruck bringt, dass er die entsprechende Materie als dem *öffentlichen Recht* zugehörend betrachtet und somit die ihm für das Privatrecht zustehende Rechtsetzungsbefugnis nicht beansprucht, bzw. dass er eine kantonale öffentlich-rechtliche Regelung als *mit dem Bundeszivilrecht vereinbar* erachtet (vgl. dazu auch JAGMETTI 247 f. und LIVER N 13 mit Hinweisen). Beide Aspekte sind deshalb von Bedeutung, weil die Abgrenzung von Privatrecht und öffentlichem Recht bzw. von Bundeszivilrecht und zulässigem öffentlichem Recht der Kantone im konkreten Fall häufig unscharf ist (vgl. dazu VB N 50 ff. und nachfolgend N 230 ff.).

27 Aus dem *Wortlaut* oder aus dem *Zusammenhang* können sich sodann – wie dies in allgemeiner Weise auch beim Vorbehalt von Art. 6 Abs. 1 ZGB zutrifft

(vgl. dazu nachfolgend N 37 ff.) – auch Anhaltspunkte für die *Tragweite* des besonderen Vorbehaltes, insbesondere für den Grad des Einwirkens in den Anwendungsbereich des Bundeszivilrechts, ergeben. Insoweit kann solchen besonderen Vorbehalten durchaus eine *spezifische Bedeutung* zukommen. So können durch solche (ausdrückliche oder sinngemässe) Vorbehalte zum Beispiel *privatrechtliche Formen* auch für *öffentlich-rechtliche Zwecke* zur Verfügung gestellt und besondere Modalitäten in diesem Zusammenhang geregelt werden (vgl. dazu auch DESCHENAUX 42 und PIOTET Rz 18; Beispiele: Art. 784 und 836 ZGB für Grundlasten und Grundpfandrechte [vgl. dazu TUOR/SCHNYDER/SCHMID 804, 825 f., KLEY-STRULLER 224 ff. und zur Zulässigkeit und Rechtsnatur von kantonalen Steuerpfandrechten insbesondere BGE 122 I 351 ff. mit Besprechung von THOMAS KOLLER in AJP 1997 1279 ff., je mit weiteren Hinweisen; zu gesetzlichen Fahrnispfandrechten auch nachfolgend N 276], Art. 962 ZGB für die Anmerkung im Grundbuch [vgl. dazu TUOR/SCHNYDER/SCHMID 635 und KLEY-STRULLER 177 ff. mit Hinweisen], Art. 493 Abs. 3, 500 Abs. 2, 509 Abs. 3 und 512 OR für die Bürgschaften [vgl. dazu PESTALOZZI, BS-Komm., zu den entsprechenden Bestimmungen] sowie Art. 762 und 926 OR für gemischtwirtschaftliche Unternehmungen [vgl. dazu VB N 122 und nachfolgend N 194]). In einzelnen Fällen werden sodann die *öffentlich-rechtlichen Befugnisse* der Kantone durch besondere Vorbehalte *inhaltlich beschränkt* (vgl. z.B. für die Bodenverbesserungen Art. 703 ZGB und dazu sowie zur Verfassungsmässigkeit dieser Bestimmung PIOTET Rz 18 mit Hinweisen).

Soweit sich nicht aus der gesetzlichen Formulierung und den Materialien oder aus der Natur der Sache besondere Schranken ergeben, gelten jedoch für die *Auslegung* und *Anwendung* solcher *besonderer Vorbehalte* die zu *Art. 6 Abs. 1 ZGB* entwickelten Grundsätze *sinngemäss* (vgl. dazu auch DESCHENAUX 22, HUBER N 95, 98 und PIOTET Rz 18 mit Hinweisen; vgl. für Art. 73 Abs. 2 OR auch BGE 119 Ia 61 f.). Die besonderen Vorbehalte sind im übrigen zum Teil *zu eng* formuliert. Einschränkende Formulierungen sind jedoch im Hinblick auf die verfassungsmässige Kompetenzausscheidung problematisch. Im Zweifel sind solche Formulierungen daher nicht als abschliessend zu betrachten bzw. im Sinne des allgemeinen Vorbehalts von Art. 6 Abs. 1 ZGB weit auszulegen (vgl. dazu auch HUBER N 70, 96 mit Hinweisen; für Art. 699 ZGB [Betreten von Wald und Weide] BGE 122 I 80; für Art. 418 OR [Mäklervertrag] BGE 110 Ia 113 f. und hinten N 296).

bb) Verschiedene Arten besonderer Vorbehalte

Die besonderen Vorbehalte zugunsten des öffentlichen Rechts können – wie die echten Vorbehalte gemäss Art. 5 ZGB (vgl. dazu Art. 5 N 75 ff.) – in *verschiedene Kategorien* unterteilt werden. Bei den weitaus meisten besonderen Vorbehal-

Art. 6

ten zugunsten des kantonalen öffentlichen Rechts handelt es sich – entsprechend der verfassungsmässigen Kompetenzausscheidung, welche die Befugnis zur öffentlich-rechtlichen Gesetzgebung grundsätzlich den Kantonen belässt – um sog. *zuteilende Vorbehalte,* da die Regelung der entsprechenden Fragen der Gesetzgebungshoheit der Kantone zugeteilt wird und das Bundeszivilrecht keine subsidiären Regeln für den Fall enthält, dass der Kanton keine öffentlich-rechtlichen Vorschriften erlässt. Der Begriff des zuteilenden Vorbehaltes ist im Verhältnis von Bundeszivilrecht und kantonalem öffentlichem Recht allerdings insofern problematisch, als die fragliche Befugnis den Kantonen nicht zugeteilt werden muss, sondern lediglich im Sinne eines unechten Vorbehaltes bestätigt wird (vgl. dazu DESCHENAUX 23 und insbesondere HUBER N 102 mit einer Zusammenstellung solcher Vorbehalte).

30   Daneben kommen aber auch *ermächtigende (fakultative) Vorbehalte* zugunsten des kantonalen öffentlichen Rechts vor. In diesen Fällen enthält das Bundeszivilrecht eine grundsätzlich erschöpfende Regelung, doch können die Kantone durch den Erlass öffentlich-rechtlicher Vorschriften davon in einzelnen, genau umschriebenen Punkten abweichen. Tun sie dies nicht, bleibt es bei der bundeszivilrechtlichen Regelung. Diese Art von Vorbehalten widerspricht an sich der verfassungsmässigen Kompetenzausscheidung, doch kommen sie dort vor, wo das Bundeszivilrecht – was in gewissem Rahmen zulässig ist (vgl. dazu VB N 94 ff.) – selbst materielles oder formelles öffentliches Recht enthält und dementsprechend einen Sachverhalt umfassend regeln kann (vgl. dazu DESCHENAUX 23 und insbesondere HUBER N 103 mit einer Zusammenstellung solcher Vorbehalte; vgl. neuerdings auch Art. 970a Abs. 3 ZGB: Möglichkeit der Publikation zusätzlicher Angaben beim Grundstückerwerb).

31   *Verpflichtende Vorbehalte* zugunsten des kantonalen öffentlichen Rechts kommen entsprechend dessen grundsätzlicher Unabhängigkeit vom Bundeszivilrecht (vgl. dazu nachfolgend N 40 ff.) – abgesehen vom Sonderfall der erforderlichen Organisations- und Verfahrensvorschriften und von auf eine besondere Bundeskompetenz gestützten Gesetzgebungsaufträgen an die Kantone (vgl. dazu nachfolgend N 109 ff.) – kaum vor. Es gibt jedoch einzelne Fälle, in welchen das Bundeszivilrecht im Sinne einer *Verweisungsnorm* auf kantonales öffentliches Recht hinweist und dieses somit voraussetzt, ohne im eigentlichen Sinn einen verpflichtenden Vorbehalt zu enthalten (vgl. z.B. die Verweisung auf das kantonale Enteignungsrecht in Art. 666 Abs. 2 und 801 Abs. 2 ZGB; vgl. dazu auch HUBER N 96 und nachfolgend N 32; zur Bedeutung der sinngemässen Verweisung auf das kantonale Recht für öffentliche Sachen in Art. 664 Abs. 1 ZGB nachfolgend N 394). Einen verpflichtenden öffentlich-rechtlichen Vorbehalt enthält nach herrschender Auffassung *Art. 664 Abs. 3 ZGB.* Danach sind die Kantone verpflichtet, Aneignung, Ausbeutung und Gemeingebrauch bestimmter öffentlicher Sachen zu regeln, was

Art. 6

nach herrschender Auffassung als verpflichtender Vorbehalt zur Schaffung von kantonalem *öffentlichem* Recht zu verstehen ist (vgl. dazu MEIER-HAYOZ, BE-Komm., Art. 664 ZGB N 4, 158 und LIVER V/1 127 f., insbesondere FN 2 mit Hinweisen sowie nachfolgend N 412, 417 f.; vgl. jedoch auch die gegenteilige, aus der verfassungsmässigen Kompetenzordnung abgeleitete Auffassung bei PIOTET Rz 298: verpflichtender Vorbehalt nur im Rahmen des zivilrechtlichen Vorbehalts von Art. 664 Abs. 3 ZGB; vgl. zum zivilrechtlichen Gehalt von Art. 664 Abs. 3 ZGB auch Art. 5 N 172). Verpflichtende Vorbehalte im Sinne von *Gesetzgebungsaufträgen* an die Kantone zur Schaffung öffentlich-rechtlicher Vorschriften im Grenzbereich zum Bundeszivilrecht enthalten nach herrschender Auffassung auch Art. 293 Abs. 2 ZGB (Alimentenbevorschussung; vgl. dazu VB N 115) und Art. 3 Abs. 2 lit. f FG (Zutrittsrechte für Fischer; vgl. dazu BBl 1973 I 682, 1988 II 1394).

cc) Weitere besondere Regeln

Neben eigentlichen Vorbehalten kommen aber im Bundeszivilrecht auch *weitere besondere Regeln* über das Verhältnis des Bundeszivilrechts zum kantonalen öffentlichen Recht vor. Zu erwähnen sind neben den bereits genannten *Verweisungsnormen*, welche für bestimmte Fragen das kantonale öffentliche Recht als anwendbar bezeichnen (vgl. dazu HUBER N 96 und oben N 31), vor allem Regeln, welche für bestimmte Fragen entweder die Anwendung des Bundeszivilrechts oder des kantonalen öffentlichen Rechts ausschliessen *(Ausschlussklauseln* bzw. *Beschränkungen des Geltungsbereichs* einer Regelung*)*. Solche Vorschriften dienen meist dazu, den Anwendungsbereich des Bundeszivilrechts gegenüber jenem Bereich abzugrenzen, der aufgrund der verfassungsmässigen Kompetenzausscheidung ohnehin der Regelung durch das kantonale öffentliche Recht unterliegt, doch schaffen sie durch eine klare Abgrenzung Rechtssicherheit und -klarheit (vgl. z.B. den Ausschluss der Anwendung des Aktienrechts auf öffentlich-rechtliche Anstalten in Art. 763 OR und dazu HUBER N 97 [zu den gemischtwirtschaftlichen Unternehmungen in privatrechtlicher Form jedoch hinten N. 194]; vgl. ferner die grundsätzliche Beschränkung des Geltungsbereichs des Datenschutzgesetzes auf die Datenbearbeitung von Privatpersonen und Bundesorganen in Art. 2 Abs. 1 DSG und dazu auch nachfolgend N 92 f.).

32

Soweit kantonales öffentliches Recht auf dem betreffenden Gebiet ausgeschlossen wird, weil die Bundesgesetzgebung auch die öffentlich-rechtlichen Aspekte der betreffenden Materie regelt (sog. *gemischte Gesetze* bzw. *Einheitsgesetze*), benötigt der Bundesgesetzgeber neben der Privatrechtskompetenz grundsätzlich auch eine entsprechende öffentlich-rechtliche Gesetzgebungskompetenz (Beispiele: Gleichstellungsgesetz, BG gegen den unlauteren Wettbewerb, Kartellgesetz; vgl. dazu VB N 136, 151 ff. und nachfolgend N 87, 94 f., 96 f.).

33

Art. 6

d) Verhältnis zu Vorbehalten nach Art. 5 ZGB

34 Zu klären ist auch noch das Verhältnis zu den Vorbehalten des *kantonalen Zivilrechts* im Sinne von Art. 5 Abs. 1 ZGB. In der Regel können diese von solchen zugunsten des kantonalen öffentlichen Rechts aufgrund ihres Wortlauts und ihrer Auslegung gut auseinandergehalten werden. In einzelnen Fällen kann aber unklar sein, ob ein Vorbehalt nur zugunsten von kantonalem öffentlichem Recht oder auch zugunsten von kantonalem Zivilrecht besteht (sog. *doppelte* oder *gemischte Vorbehalte*; vgl. dazu Art. 5 N 46). In gewissen Fällen liegen privatrechtliche und öffentlich-rechtliche Vorbehalte nahe beieinander, vor allem wo zuteilende privatrechtliche Vorbehalte sich auf Fragen beziehen, die im Zusammenhang mit der öffentlich-rechtlichen Rechtsetzung stehen (Beispiel: Angebot privatrechtlicher Formen für öffentlich-rechtliche Zwecke; vgl. dazu Art. 5 N 84), oder wo materielle und verfahrensrechtliche Fragen eng zusammenhängen (vgl. dazu Art. 5 N 49).

35 Angesichts der ihnen grundsätzlich ohnehin zustehenden öffentlich-rechtlichen Gesetzgebungskompetenzen können die Kantone dort, wo sie aufgrund von *echten Vorbehalten* im Sinne von *Art. 5 Abs. 1 ZGB* zivilrechtliche Bestimmungen erlassen könnten, an deren Stelle auch *öffentlich-rechtliche Vorschriften* schaffen (vgl. dazu allgemein und insbesondere für die Bauabstände gemäss Art. 686 Abs. 1 ZGB Deschenaux 22 f., Huber N 104; denkbar ist auch die Schaffung von *Doppelnormen*, vgl. dazu VB N 76 ff.). Huber N 104 weist darauf hin, dass damit insbesondere im Bereich des Sachenrechts eine Verschlechterung des Rechtsschutzes verbunden sein könne. Inzwischen bestehen jedoch in allen Kantonen kantonale Verwaltungsgerichte (vgl. dazu Kölz/Häner Rz 78 mit Hinweisen). Die kantonalen Verwaltungsrechtspflegegesetze verzichten sodann in der Regel auf das Legitimationserfordernis rechtlich geschützter Interessen, und im Rahmen der staatsrechtlichen Beschwerde anerkennt nun auch das Bundesgericht die nachbarschützende Funktion solcher Normen (vgl. dazu Schürmann/Hänni 427 ff., 454 f. mit Hinweisen). Zur Möglichkeit der Schaffung von *Strafnormen* im Bereich des ergänzenden kantonalen Zivilrechts nachfolgend N 335.

36 Umgekehrt kann aus dem allgemeinen Vorbehalt von *Art. 6 Abs. 1 ZGB* bzw. aus *besonderen Vorbehalten* zugunsten von kantonalem *öffentlichem Recht* nicht abgeleitet werden, dass die Kantone im entsprechenden Rahmen auch Privatrecht erlassen können, da andernfalls der Kodifikationsgrundsatz bzw. das System der Einzelermächtigungen nach Art. 5 Abs. 1 ZGB unterlaufen würde (vgl. dazu Art. 5 N 45; zum Problem der Verwendung von zivilrechtlichen Mitteln im öffentlichen Recht der Kantone auch nachfolgend N 205 ff.).

2. Differenzierung des Grundsatzes der derogatorischen Kraft des Bundesrechts

a) Der Grundsatz der derogatorischen Kraft des Bundesrechts im allgemeinen

Nach herrschender Auffassung stellt Art. 6 Abs. 1 ZGB nicht nur einen unechten Vorbehalt zugunsten des kantonalen Rechts im Rahmen der Kompetenzausscheidung zwischen Bund und Kantonen dar, sondern enthält zugleich eine *Spezialregelung* zum *Grundsatz der derogatorischen Kraft des Bundesrechts,* welcher die Vorrangwirkung des Bundesrechts umschreibt (vgl. BGE 120 Ia 90, 119 Ia 61, 354 mit Hinweisen und insbesondere AUBERT Nr. 648). Der Grundsatz der derogatorischen Kraft des Bundesrechts ist in der Bundesverfassung nicht ausdrücklich verankert, sondern wird aus der Kompetenzregel von *Art. 3 BV,* aus der intertemporalen Vorschrift von *Art. 2 ÜB BV* und aus dem allgemeinen Grundsatz abgeleitet, dass höherrangigem Recht der Vorrang vor untergeordnetem Recht zukommt *(lex superior derogat legi inferiori).* Er besagt, dass kantonales Recht dem Bundesrecht weichen muss, wenn es zu diesem in Widerspruch steht. Insbesondere sind die Kantone in Sachgebieten, welche die Bundesgesetzgebung abschliessend geregelt hat, zur Rechtsetzung nicht befugt. Der Vorrang des Bundesrechts gilt freilich nur, sofern das Bundesrecht kompetenzgemäss erlassen wurde bzw. durch das Überprüfungsverbot von Art. 113 Abs. 3 BV geschützt ist (vgl. dazu BGE 120 Ia 90, 119 Ia 61, 354, 395, HÄFELIN/HALLER Rz 365 ff., AUBERT Nr. 635 ff. [inkl. Nachtrag] und SALADIN, Komm. BV, Art. 2 ÜB N 5 ff., je mit weiteren Hinweisen; vgl. dazu auch VB N 258 ff.).

b) Besondere Problematik im Verhältnis von Bundeszivilrecht und kantonalem öffentlichem Recht

Der Grundsatz der derogatorischen Kraft des Bundesrechts lässt sich meist ohne grössere Probleme anwenden, wenn die Kompetenzen zwischen Bund und Kantonen nicht nach Rechts-, sondern nach Sachbereichen aufgeteilt sind. Geraten in solchen Fällen eidgenössische und kantonale Normen miteinander in Konflikt, liegt in der Regel sowohl eine *Normen-* als auch eine *Kompetenzkollision* vor, welche zur Ungültigkeit des kantonalen Rechts führt. Anders ist die Sachlage, wenn die Kompetenzverteilung nicht nach Sach-, sondern nach Rechtsbereichen erfolgt, dem Bund also die Regelung rechtlicher Teilaspekte (z.B. nur der privat- oder strafrechtlichen Aspekte) für bestimmte oder gar sämtliche Sachbereiche zugewiesen wird (vgl. zu dieser Methode der Kompetenzabgrenzung auch HÄFELIN/

Art. 6

HALLER Rz 290, AUBERT Nr. 648 und SALADIN, Komm. BV, Art. 3 N 186 ff.). Eine entsprechende umfassende, aber grundsätzlich auf privatrechtliche Regeln beschränkte Gesetzgebungskompetenz des Bundes liegt nach herrschender (freilich nicht unbestrittener) Auffassung in Art. 64 BV vor (vgl. dazu VB N 50 ff.).

39 Damit aber kann *derselbe Lebenssachverhalt* grundsätzlich sowohl Gegenstand des *Privatrechts* als auch des in Art. 6 Abs. 1 ZGB ausdrücklich vorbehaltenen *kantonalen öffentlichen Rechts* sein. Da die Abgrenzung zwischen dem Privatrecht und dem öffentlichen Recht fliessend ist (vgl. dazu VB N 66 ff.), zwischen den einzelnen rechtlichen Teilaspekten einer bestimmten Frage überdies stets Zusammenhänge bestehen und eine voneinander unabhängige Betrachtung häufig kaum möglich ist, kann sich zwischen den entsprechenden Vorschriften ein materieller Widerspruch *(Normenkollision)* ergeben, *ohne* dass eine *Kompetenzkollision* vorliegt (vgl. dazu und zur Unterscheidung von Normen- und Kompetenzkollision HÄFELIN/HALLER Rz 374 ff., AUBERT, Nr. 648 und SALADIN, Komm. BV, Art. 2 ÜB N 15 ff., je mit weiteren Hinweisen; vgl. dazu auch nachfolgend N 331 ff.).

c) Grundsatz der Unabhängigkeit und sachlichen Gleichberechtigung der beiden Rechtsgebiete

40 Es stellt sich daher bei einer solchen Kompetenzaufteilung die Frage, inwieweit die Kantone noch frei sind, die öffentlich-rechtlichen Teilaspekte einer bestimmten Frage zu regeln, die bereits Gegenstand des Bundeszivilrechts bildet. Zu dieser Frage nimmt Art. 6 ZGB Stellung, wobei sich aus dem Wortlaut von Art. 6 Abs. 1 ZGB eine *grundsätzliche Unabhängigkeit* bzw. *sachliche Gleichberechtigung* der beiden Rechtsgebiete ergibt (so auch die bundesgerichtliche Rechtsprechung, zuletzt BGE 119 Ia 62 und bereits EGGER, Art. 6 N 4, 16; vgl. auch HUBER N 48). Den Kantonen wird somit hinsichtlich des öffentlichen Rechts grundsätzlich volle Gestaltungsfreiheit belassen, jedenfalls soweit diese nicht gestützt auf eine besondere Bundeskompetenz durch öffentliches Recht des Bundes beschränkt ist. Die Kantone können daher durch den Erlass öffentlich-rechtlicher Vorschriften im Prinzip die Zielsetzungen des Bundesprivatrechts unterstützen oder verstärken, aber durchaus auch eigene Zielsetzungen verfolgen (vgl. dazu auch HUBER N 72 und hinten N 103 ff., 334 ff.).

41 Tatsächlich würde die entgegengesetzte, vor dem Erlass des ZGB zum Teil vertretene, vom Bundesgericht aber bereits damals abgelehnte Auffassung *(absoluter Vorrang des Bundeszivilrechts)* den Kantonen ihre öffentlich-rechtlichen Befugnisse – jedenfalls was die Tätigkeit und die Rechtsbeziehungen von Privatpersonen betrifft – weitgehend entziehen, da dieser Bereich grundsätzlich privat-

Art. 6

rechtlich geregelt ist (Privatrecht als Organisationsgrundlage von gesellschaftlichem und wirtschaftlichem Leben; vgl. dazu VB N 23 ff.). Dies aber würde ohne Zweifel der verfassungsmässigen Kompetenzausscheidung nicht entsprechen, welche den Kantonen substanzielle öffentlich-rechtliche Befugnisse auch gegenüber Privatpersonen vorbehalten will. Art. 6 ZGB bestätigt insofern die frühere Rechtsprechung des Bundesgerichts zum Verhältnis von Bundeszivilrecht und kantonalem öffentlichem Recht, welche von einem bloss *relativen Vorrang des Bundeszivilrechts* ausgegangen ist (vgl. dazu EGGER, Art. 6 N 4, 16 und nachfolgend N 43 ff.; zur Rechtsprechung des Bundesgerichts unter dem alten Obligationenrecht auch HUBER N 92 mit Hinweisen).

Mit der Regelung von Art. 6 Abs. 1 ZGB hat der Gesetzgeber – wie RIEMER 10 N 3 zu Recht anmerkt – auch anerkannt, dass an den *privaten Rechtsgeschäften* nicht nur private, sondern *auch öffentliche Interessen* bestehen können, welche allenfalls eine entsprechende Gesetzgebung erforderlich machen. Die Möglichkeit der Ergänzung der privatrechtlichen Ordnung durch öffentlich-rechtliche Vorschriften wurde im übrigen im Rahmen der Vorarbeiten zum Erlass des ZGB stark betont und sollte ursprünglich ausdrücklich im Gesetzestext festgehalten werden, was indessen bereits in den vorberatenden Expertengremien als unnötig gestrichen wurde (vgl. dazu oben N 9 a.E., DESCHENAUX 14 N 6). 42

d) Relativer Vorrang des Bundeszivilrechts

Trotzdem kann die Unabhängigkeit und sachliche Gleichberechtigung von Bundeszivilrecht und kantonalem öffentlichem Recht natürlich nur als Grundsatz gelten. Soweit tatsächlich ein inhaltlicher Widerspruch zwischen den Regelungen des Bundeszivilrechts und des kantonalen öffentlichen Rechts besteht, insbesondere weil bereits das Bundeszivilrecht für ein bestimmtes Problem – was unter gewissen Voraussetzungen zulässig ist (vgl. dazu VB N 94 ff.) – auch die öffentlichen Interessen in abschliessender Weise berücksichtigt hat oder die Vorschrift gegen den Sinn und Geist des Bundeszivilrechts verstösst (vgl. dazu nachfolgend N 330 ff.), muss das Bundesrecht aufgrund der sich aus dem Verfassungsrecht ergebenden Derogationsregel dem kantonalen Recht vorgehen *(relativer Vorrang des Bundeszivilrechts*; vgl. auch KNAPP, Komm. BV, Art. 64 N 46 ff., DESCHENAUX 26, HUBER N 87 f.). Andernfalls würde der Grundsatz der derogatorischen Kraft des Bundesrechts in sein Gegenteil verkehrt und die Einheit und Widerspruchsfreiheit der Rechtsordnung (vgl. dazu nachfolgend N 52 ff.) ernstlich in Frage gestellt. 43

Diese *grundsätzliche Einschränkung* ergibt sich freilich *nicht aus dem Wortlaut* von Art. 6 ZGB, weshalb diese Bestimmung auch schon als «Rätsel» bzw. 44

Art. 6

als «verfassungsinkonform» oder schlicht als «verunglückt» bezeichnet wurde (vgl. insbesondere CARONI 232 f. und SALADIN, Komm. BV, Art. 2 ÜB N 38; die Kritik von SALADIN hängt aber auch damit zusammen, dass dieser Autor im Unterschied zur herrschenden Auffassung von einem materialen Verständnis der Privatrechtskompetenz des Bundes ausgeht; vgl. dazu VB N 51). Mit etwas mehr Nachsicht gegenüber dem historischen Gesetzgeber und dessen Motiven (vgl. dazu oben N 8 ff.) würde man wohl besser von einer *unvollständigen Konkretisierung* des *Grundsatzes der derogatorischen Kraft des Bundesrechts* für das Verhältnis Bundeszivilrecht/kantonales öffentliches Recht sprechen. Ein relativierender Hinweis zum Grundsatz der Unabhängigkeit und sachlichen Gleichberechtigung des kantonalen öffentlichen Rechts wäre im Gesetzestext ohne Zweifel wünschenswert. Demgegenüber wäre es kaum sinnvoll, die sich aus dem Bundeszivilrecht ergebenden Schranken für das öffentliche Recht der Kantone im Gesetz im einzelnen zu umschreiben, da diese letztlich aus der verfassungsmässigen Kompetenzausscheidung abgeleitet werden müssen, welche nicht ein für allemal feststeht und von *Lehre und Praxis* ständig weiterentwickelt wird (vgl. dazu auch nachfolgend N 230 ff.).

3. Anerkennung der expansiven Kraft des kantonalen öffentlichen Rechts

a) Begriff und Bedeutung

45   Lehre und Praxis leiten aus Art. 6 Abs. 1 ZGB nicht nur die grundsätzliche Unabhängigkeit und sachliche Gleichberechtigung von Bundeszivilrecht und kantonalem öffentlichem Recht bzw. eine Relativierung des Grundsatzes der derogatorischen Kraft des Bundesrechts ab, sondern sehen darin auch die Anerkennung einer «*expansiven Kraft*» des kantonalen öffentlichen Rechts gegenüber dem Bundeszivilrecht (vgl. für die bundesgerichtliche Rechtsprechung zuletzt BGE 120 Ia 290, 119 Ia 61 f.). Dieser Begriff geht vor allem auf HANS HUBER zurück, welcher eine solche «expansive Kraft» des kantonalen öffentlichen Rechts geradezu als «*Kerngehalt*» von Art. 6 Abs. 1 ZGB herausgeschält hat (HUBER, Art. 6 N 70 ff.; kritisch dazu SALADIN, Komm. BV, Art. 2 ÜB N 38 [vgl. zu dessen Prämissen jedoch oben N 44] und WIDMER 69 f.).

46   Tatsächlich ergibt sich bereits aus dem Grundsatz der Unabhängigkeit und sachlichen Gleichberechtigung der beiden Rechtsgebiete (vgl. oben N 40 ff.), dass ein vom Privatrecht erfasster Lebenssachverhalt auch Gegenstand des kantonalen öffentlichen Rechts sein kann. Dieses kann die *privatrechtliche Ordnung* nicht

nur *ergänzen* (z.B. durch Schaffung von Polizeivorschriften oder Sozialeinrichtungen; zur stark beschränkten Möglichkeit der Ergänzung durch Strafbestimmungen vgl. nachfolgend N 335), sondern diese – wie sich zum Beispiel aus der Sondervorschrift von Art. 6 Abs. 2 ZGB ausdrücklich ergibt – durch eigene Regelungen auch *ganz oder teilweise «ausser Kraft» setzen* (z.B. durch Einschränkung der Vertragsfreiheit oder gar durch Statuierung eines Vertragsabschlussverbotes). Ohnehin wird oft nicht zwischen blosser Ergänzung des Bundeszivilrechts und weitergehenden Einwirkungen unterschieden werden können, da vielfach auch scheinbar blosse Ergänzungen den Anwendungsbereich des Privatrechts zurückdrängen (so beschränken etwa Polizeivorschriften regelmässig die Vertragsfreiheit).

In diesem Sinne erscheint es durchaus zutreffend, von einer *«expansiven Kraft»* des kantonalen öffentlichen Rechts gegenüber dem Bundeszivilrecht zu sprechen. Eine solche ist im Prinzip überall dort möglich, wo das *Bundeszivilrecht* einen *Lebenssachverhalt ebenfalls geregelt* hat, nicht aber dort, wo die Ordnung eines Gebietes grundsätzlich vollständig dem öffentlichen Recht überlassen bleibt (vgl. dazu auch HUBER N 72). Eine expansive Kraft des kantonalen öffentlichen Rechts entfällt daher grundsätzlich im Bereich der *Organisation der kantonalen Verwaltung,* der *Haftung für hoheitliche Tätigkeit,* der *Enteignung* oder der Regelung des *Bürgerrechts* (vgl. dazu auch HUBER N 95 ff. und nachfolgend N 232). 47

b) Abgrenzung gegenüber direkten Einwirkungen auf das Bundeszivilrecht

Die «expansive Kraft» des kantonalen öffentlichen Rechts darf sodann nicht missverstanden werden. Das *Bundeszivilrecht* selbst kann durch kantonales öffentliches Recht grundsätzlich *nicht verändert* werden. Wohl sind Einwirkungen des kantonalen öffentlichen Rechts auf das Bundeszivilrecht selbst bzw. auf die durch das Bundeszivilrecht geregelten Rechtsverhältnisse denkbar, indem das kantonale öffentliche Recht privatrechtliche Rechtsgeschäfte als ungültig erklären oder – in einem positiven Sinne – privatrechtliche Ansprüche schaffen kann. Dabei geht es jedoch um das besondere, in Lehre und Praxis nicht völlig geklärte Problem der *Verwendung zivilrechtlicher Mittel* durch das kantonale öffentliche Recht (vgl. dazu HUBER N 168 f. und hinten N 205 ff.). 48

Bei der expansiven Kraft des kantonalen öffentlichen Rechts handelt es sich demgegenüber nicht um solche echte, direkte Einwirkungen auf das Bundeszivilrecht selbst bzw. auf die privatrechtlichen Rechtsverhältnisse als solche, sondern darum, dass der *Anwendungsbereich* des Bundeszivilrechts durch kantonales öffentliches Recht *«zurückgedrängt»* oder *«beschränkt»* wird, indem anstelle 49

Art. 6

des Bundeszivilrechts kantonales öffentliches Recht gilt oder die Anwendung des Bundeszivilrechts durch kantonales öffentliches Recht rechtlich oder faktisch eingeschränkt bzw. mit öffentlich-rechtlichen Auflagen versehen wird, was aus den erwähnten Gründen möglich sein muss. Es sollte daher nicht von *Einwirkungen* auf das Bundeszivilrecht selbst, sondern auf dessen *Anwendungsbereich* gesprochen werden (vgl. dazu und zur Terminologie auch HÄFELIN/HALLER Rz 385b, AUBERT Nr. 651, MOOR I 116 f., CARONI 233, DESCHENAUX 14, HUBER N 71, NOBEL 256, RIEMER 10 N 4 und PIOTET Rz 17 mit Hinweisen; vgl. auch EGGER, Art. 6 N 16, 19, welcher von «indirekten Einwirkungen» im Gegensatz zu den erwähnten direkten Einwirkungen spricht).

c)   Schranken der expansiven Kraft

50   Solche Einwirkungen auf den Anwendungsbereich des Bundeszivilrechts sind im übrigen nur beschränkt möglich. Die *Schranken der expansiven Kraft* des kantonalen öffentlichen Rechts ergeben sich aus der im Verhältnis zum Bundeszivilrecht lediglich relativierten derogatorischen Kraft des Bundesrechts (vgl. dazu oben N 43 f.). Eine expansive Kraft des kantonalen öffentlichen Rechts ist daher nach herrschender Auffassung ausgeschlossen, soweit das Bundeszivilrecht einen bestimmten Lebenssachverhalt *abschliessend* (auch unter Berücksichtigung öffentlicher Interessen) *geregelt* hat oder soweit das kantonale öffentliche Recht sich *nicht* auf *schutzwürdige öffentliche Interessen* stützen kann bzw. *gegen Sinn und Geist* des *Bundeszivilrechts* verstösst, worunter insbesondere auch die grundsätzliche Vereitelung oder übermässige Erschwerung des Bundeszivilrechts fällt (vgl. dazu im einzelnen nachfolgend N 230 ff.).

51   Die sich aus der (relativierten) derogatorischen Kraft des Bundeszivilrechts ergebenden *Schranken* für das *kantonale öffentliche Recht* beziehen sich im übrigen insbesondere oder im Grunde genommen sogar ausschliesslich auf den *Bereich der expansiven Kraft* desselben, da ausserhalb dieses Bereiches grundsätzlich kein Konflikt mit dem Bundeszivilrecht möglich ist (vgl. dazu auch nachfolgend N 232). In diesem Sinne *widerspiegeln* die expansive Kraft des kantonalen öffentlichen Rechts bzw. deren Schranken auch in besonderer Weise das zwischen dem Privatrecht und dem öffentlichen Recht im allgemeinen bestehende *Spannungsverhältnis* (vgl. dazu auch VB N 40 ff. und insbesondere HUBER N 73 ff.).

4. Gebot zur Harmonisierung von Bundeszivilrecht und kantonalem öffentlichem Recht

a) Grundsatz der Einheit und Widerspruchsfreiheit der Rechtsordnung

Der Grundsatz der Unabhängigkeit und sachlichen Gleichberechtigung von Bundeszivilrecht und kantonalem öffentlichem Recht kann – wie dargelegt (vgl. dazu oben N 40 ff.) – nicht schrankenlos gelten. Wo verschiedene Teilrechtsordnungen bestehen, müssen diese aufeinander abgestimmt werden. Andernfalls besteht die Gefahr von (offenen oder verdeckten) Widersprüchen, welche rein logischer Natur sein oder auch nur in untragbaren Wertantinomien bestehen können. Dies aber würde eine durchgehende Beachtung des geltenden Rechts verunmöglichen und überdies die Rechtssicherheit in Frage stellen. Die *Rechtsordnung* muss daher insbesondere in einem Rechtsstaat als *Einheit* betrachtet werden und der Anforderung der *Widerspruchsfreiheit* genügen. Im Verhältnis von Bund und Kantonen ergibt sich diese Anforderung überdies auch aus dem – in beide Richtungen wirkenden – Grundsatz der Bundestreue (vgl. dazu insbesondere SALADIN, Komm. BV, Art. 2 ÜB N 8 mit Hinweisen und HUBER passim, insbesondere N 14, 85; vgl. zum Grundsatz der Einheit der Rechtsordnung auch FORSTMOSER/SCHLUEP 4 N 64, BRÜCKNER 47 ff., MARTIN LENDI, Die Wiederentdeckung der Einheit der Rechtsordnung – eine Antwort auf die Problemkomplexität, in: FS Hans Giger, Bern 1989, 407 ff. und kritisch WOLFGANG HOFFMANN-RIEM in: DERS. 272 f. [Bevorzugung des Begriffs der *Ganzheitlichkeit* der Rechtsordnung angesichts der bestehenden Antinomien]; zu dem für die Schweiz in seiner Tragweite noch nicht völlig geklärten Grundsatz der Bundestreue auch HÄFELIN/HALLER Rz 308a ff. und SALADIN, Komm. BV, Art. 3 N 24 ff. mit Hinweisen).

Zur Koordination von Rechtsetzung und Rechtsanwendung im Verhältnis von *kantonalem öffentlichem Recht* und *kantonalem Zivilrecht* vgl. Art. 5 N 139 f.

b) Harmonisierung im Rahmen der Derogationsregel

Lehre und Rechtsprechung leiten daher für die Anwendung von Art. 6 Abs. 1 ZGB zu Recht auch die Pflicht ab, die beiden *Teilrechtsordnungen* Bundeszivilrecht und kantonales öffentliches Recht miteinander zu *harmonisieren* (vgl. dazu insbesondere HÄFELIN/HALLER Rz 385b, HUBER N 14, 85, 152 ff. und DESCHENAUX 13 ff., 26 f., je mit weiteren Hinweisen; zur Koordination bzw. Harmonisierung von Teilrechtsordnungen vgl. nun auch grundlegend KOLLER, insbesondere 34 ff.). Der erforderlichen Harmonisierung von Bundeszivilrecht und kantonalem öffentlichem Recht dient in erster Linie die Konkretisierung und Durchsetzung des

Art. 6

durch Art. 6 Abs. 1 ZGB *relativierten Grundsatzes* des *Vorrangs des Bundesrechts* (vgl. dazu oben N 37 ff. und allgemein SALADIN, Komm. BV, Art. 2 ÜB N 7 ff. mit Hinweisen). Lehre und Rechtsprechung haben dementsprechend Kriterien für die Zulässigkeit von kantonalem öffentlichem Recht im Grenzbereich zum Bundeszivilrecht entwickelt, welche von den Verwaltungs- und Gerichtsbehörden im Rahmen der Rechtsanwendung bzw. der *abstrakten* oder *konkreten Normenkontrolle* zu beachten sind. Ausgehend von der grundsätzlichen Unabhängigkeit und sachlichen Gleichberechtigung des kantonalen öffentlichen Rechts handelt es sich um bundeszivilrechtliche Schranken für das öffentliche Recht der Kantone oder – präziser (vgl. dazu oben N 50 f.) – um entsprechende *Schranken* für dessen in den Anwendungsbereich des Bundeszivilrechts einwirkende *(expansive) Kraft*. Nach der heute geltenden Formel des Bundesgerichts, welche dem Harmonisierungsgebot Rechnung trägt, sind öffentlich-rechtliche Vorschriften der Kantone im Grenzbereich zum Bundeszivilrecht zulässig, sofern dieses den betreffenden Sachverhalt nicht abschliessend geregelt hat, die kantonalen Vorschriften sich auf schutzwürdige öffentliche Interessen stützen können und nicht gegen Sinn und Geist des Bundeszivilrechts verstossen (vgl. dazu nachfolgend N 230 ff.).

55 Die entsprechende *Harmonisierung* der kantonalen Vorschriften mit dem Bundeszivilrecht ist allerdings insofern *einseitig,* als grundsätzlich nicht geprüft werden kann, ob sich das Bundeszivilrecht seinerseits im Rahmen der verfassungsmässigen Kompetenzausscheidung halte. Dem Harmonisierungsgebot kann insoweit im Rahmen von Rechtsanwendung und Rechtsprechung nur einseitig Nachachtung verschafft werden. Dies folgt aus dem sich aus Art. 113 Abs. 3 BV ergebenden *Anwendungsgebot* für *Bundesgesetze, allgemeinverbindliche Bundesbeschlüsse* und *Staatsverträge*, welches eine Überprüfung dieser Erlasse ausschliesst. Bis zu einer allfälligen Revision von Art. 113 Abs. 3 BV können daher lediglich einfache Bundesbeschlüsse und Verordnungen des Bundesrates oder anderer Bundesbehörden allenfalls im Anwendungsfall auf ihre Vereinbarkeit mit der bundesstaatlichen Kompetenzordnung hin überprüft werden. Freilich können und müssen die rechtsanwendenden und rechtsprechenden Behörden dafür sorgen, dass das Bundeszivilrecht kompetenzkonform ausgelegt wird. Im übrigen aber obliegt die *Harmonisierungsaufgabe,* soweit sie zu Lasten des Bundeszivilrechts geht, einstweilen allein dem *Bundesgesetzgeber,* welcher diesem Aspekt daher besondere Beachtung schenken muss (vgl. HUBER N 19, 25; vgl. dazu, zur geplanten Einführung einer teilweisen Verfassungsgerichtsbarkeit auf Bundesebene und zum heutigen Instrumentarium zur Durchsetzung der bundesstaatlichen Kompetenzausscheidung im übrigen auch VB N 258 ff.; zu der in Lehre und Praxis zum Teil umstrittenen Abgrenzung der Privatrechtskompetenz des Bundes VB N 50 ff., 94 ff. mit Hinweisen).

Art. 6

c) Harmonisierung im Rahmen der Rechtsanwendung

Da dem Bundeszivilrecht gegenüber dem kantonalen öffentlichen Recht aus staatsrechtlichen Gründen nur ein relativer Vorrang zukommen kann, was Art. 6 Abs. 1 ZGB bestätigt, schliesst die Beachtung und Durchsetzung der entsprechend relativierten derogatorischen Kraft des Bundeszivilrechts nicht aus, dass Bundeszivilrecht und kantonales öffentliches Recht *unterschiedliche Zielsetzungen* verfolgen, was angesichts der unterschiedlichen Aufgaben von Privatrecht und öffentlichem Recht sogar häufig der Fall ist. Nach herrschender Auffassung ist kantonales öffentliches Recht im Grenzbereich zum Bundeszivilrecht nämlich nur dann ausgeschlossen, wenn letzteres für die betreffende Frage eine abschliessende Regelung enthält, für die kantonale öffentlich-rechtliche Regelung kein schutzwürdiges Interesse besteht oder diese mit dem Sinn und Geist des Bundeszivilrechts nicht vereinbar ist bzw. dessen Anwendung vereitelt oder übermässig erschwert (vgl. dazu nachfolgend N 230 ff.). Konflikte zwischen grundsätzlich miteinander vereinbaren Vorschriften des Bundeszivilrechts und des kantonalen öffentlichen Rechts sind daher auch noch im Bereich der *Rechtsanwendung* möglich. Insoweit stellt die Beachtung und Durchsetzung der relativierten derogatorischen Kraft des Bundeszivilrechts nur eine erste Stufe der Harmonisierung von Bundeszivilrecht und kantonalem öffentlichem Recht dar. Die zweite Stufe der Harmonisierung muss daher im Rahmen der Rechtsanwendung erfolgen. Es stellen sich insoweit dieselben Fragen wie bei der Anwendung von Bundeszivilrecht und öffentlichem Recht des Bundes, welche oft ebenfalls unterschiedliche Zielsetzungen verfolgen (vgl. dazu auch VB N 194 ff.).

56

Die Problematik von *Teilrechtsordnungen*, welche für denselben Lebenssachverhalt Regelungen mit zum Teil unterschiedlicher Zielsetzung enthalten, ist vor allem aus dem teilweise sehr stark zersplitterten öffentlichen Bau-, Planungs- und Umweltrecht bekannt. In diesem Bereich leitet das Bundesgericht neuerdings unter anderem aus dem Grundsatz der Einheit und Widerspruchsfreiheit der Rechtsordnung ab, dass die für ein bestimmtes Projekt erforderlichen *Entscheide* bei engem Sachzusammenhang zwischen den anwendbaren Normen entweder *zusammengelegt* oder aber in gleichwertiger Weise aufeinander *abgestimmt* werden müssen (BGE 116 Ib 50 ff.; vgl. dazu Arnold Marti, Bewilligung von Bauten und Anlagen – Koordination oder Konzentration der Verfahren?, AJP 1994 1535 ff. mit weiteren Hinweisen; vgl. neuerdings auch Art. 25a RPG und dazu BBl 1994 III 1075 ff. sowie Regula Kägi-Diener, Koordination – Zur globalen Beurteilung im Verwaltungsrecht und ihren Grenzen, recht 1996 125 ff. mit weiteren Hinweisen).

57

Art. 6

58 Im Verhältnis von *Privatrecht* und *öffentlichem Recht* können angesichts der grundlegenden strukturellen, organisatorischen und verfahrensmässigen Trennung dieser beiden Rechtsgebiete kaum derart weitgehende Anforderungen an die Koordination und Harmonisierung der Rechtsanwendung gestellt werden. Immerhin finden sich bereits heute vereinzelt Vorschriften, welche die rechtsanwendenden Behörden unabhängig von der Rechtsnatur des anzuwendenden Rechts zumindest zur *Zusammenarbeit* verpflichten (vgl. z.B. Art. 317 ZGB [Zusammenarbeit in der Jugendhilfe] und dazu CYRIL HEGNAUER, Grundriss des Kindesrechts, 4. Auflage, Bern 1994, Rz 27.68). Anderseits bestehen Bestimmungen, die eine gegenüber öffentlich-rechtlichen Verfahren grundsätzlich unabhängige Beurteilung eines bestimmten Sachverhalts durch den Zivilrichter verlangen, da unterschiedliche Regeln zu berücksichtigen sind (vgl. Art. 53 OR [keine Bindung an Strafurteil im Haftpflichtrecht] und dazu VB N 214). In der neueren Lehre wird aber zu Recht verlangt, dass auch für die Abstimmung von privat- und öffentlich-rechtlichen Entscheiden, zwischen welchen ein enger Sachzusammenhang besteht, gewisse minimale Anforderungen beachtet werden. So sollten im konkreten Fall die den einzelnen Vorschriften zugrundeliegenden *Wertungen ermittelt* und bei der Rechtsauslegung und -anwendung sachgerecht *aufeinander abgestimmt* werden. Dabei haben beide Rechtsbereiche einen sachgerechten Anteil der Koordinationslast zu übernehmen. Diese Koordinationsaufgabe lässt sich grundsätzlich nicht generell-abstrakt, sondern nur problembezogen-fallorientiert lösen. Die präjudiziellen Entscheide für das jeweilige Rechtsgebiet sollten daher zumindest auf höchstrichterlicher Ebene durch einen Meinungsaustausch aufeinander abgestimmt werden (vgl. dazu allgemein KOLLER, insbesondere 43 ff., 99 ff. mit Hinweisen, und anhand konkreter Beispiele DERS., Die Berücksichtigung von Steuerfolgen im Haftpflichtrecht – ein Schwarzpeterspiel?, recht 1995 131 f., sowie DERS., Zum Begriff der «Familie» im Sozialversicherungsrecht – oder «Das Hohelied der Begriffsharmonie», AJP 1995 1080 ff.; vgl. auch die weiteren Hinweise in VB N 201 ff.).

59 In besonderen Fällen sollte sodann geprüft werden, ob der *Rechtsschutz* nicht trotz der Unterschiedlichkeit der beiden Rechtsgebiete *zusammengelegt* werden könnte, um Widersprüche und Doppelspurigkeiten zu vermeiden und mehr Effizienz zu gewährleisten (vgl. etwa für das Baueinspracheverfahren und den Immissionsschutz MICHÈLE HUBMANN TRÄCHSEL, Die Koordination von Bewilligungsverfahren für Bauten und Anlagen im Kanton Zürich, Diss. Zürich 1995, 280 ff., insbesondere 285 ff., mit Hinweisen zu einer entsprechenden Regelung des Kantons St. Gallen [die Behandlung privatrechtlicher Baueinsprachen durch Verwaltungsbehörden ist zulässig, sofern eine gerichtliche Weiterzugsmöglichkeit besteht; vgl. KLEY-STRULLER 50]; vgl. neuerdings auch ALFRED MAURER, Das neue Krankenversicherungsrecht, Basel/Frankfurt a.M. 1996, 136 zur Zusammenle-

gung der Rechtswege für die soziale Krankenversicherung und die fortan dem Privatrecht unterstehenden Zusatzversicherungen; vgl. im übrigen zur Zusammenlegung der Zulässigkeitsprüfung von Wettbewerbsbeschränkungen im neuen Kartellrecht auch VB N 154). Heikle Fragen hinsichtlich der Abgrenzung und des Zusammenspiels von Privatrecht und öffentlichem Recht wirft die im neuen Altlasten-Sanierungsrecht vorgesehene Kostenverteilung durch die Verwaltungsbehörden auf (Art. 32d Abs. 3 rev. USG; vgl. dazu HERIBERT RAUSCH in URP 1996 462, MICHAEL BUDLIGER in URP 1997 296 ff. und HANS W. STUTZ, Die Kostentragung der Sanierung, URP 1997 758 ff.).

II. Betroffenes Bundeszivilrecht

1. Begriff und Umfang des Bundeszivilrechts

Der in Art. 6 Abs. 1 ZGB enthaltene allgemeine, aber – wie dargelegt (vgl. oben N 21 ff.) – im Prinzip unechte Vorbehalt des kantonalen öffentlichen Rechts bezieht sich auf das «Bundeszivilrecht» («les lois civiles de la Confédération», «il diritto civile federale»). Wie sich schon aus dem in keiner Weise eingeschränkten Wortlaut und insbesondere aus der französischen Fassung ergibt, ist damit nicht nur das Zivilgesetzbuch, sondern das *gesamte Bundeszivilrecht* gemeint. Dies entspricht denn auch der systematischen Stellung von Art. 6 ZGB im Rahmen der Einleitungsartikel des Zivilgesetzbuches, welche im ganzen Bereich des Bundeszivilrechts unmittelbar anwendbar sind (vgl. dazu VB N 93). Vom Vorbehalt von Art. 6 Abs. 1 ZGB betroffen ist somit grundsätzlich das gesamte *Bundeszivilrecht aller Rechtssetzungsstufen*, wie es in den Vorbemerkungen einlässlich dargestellt worden ist (vgl. dazu VB N 80 ff.; vgl. dazu auch DESCHENAUX 19 ff., insbesondere 25 und HUBER N 15 ff., insbesondere 19 mit Hinweisen). Der Grundsatz von Art. 6 Abs. 1 ZGB gilt somit insbesondere auch im Bereich des *ungeschriebenen Bundeszivilrechts* (Gewohnheitsrecht, Richterrecht), ja selbst für Lücken im Bundeszivilrecht, die noch nicht durch Richterrecht geschlossen sind (vgl. dazu auch DESCHENAUX 25 und HUBER N 16 f. mit Hinweisen; vgl. zu der damit verbundenen Problematik eines Kompetenzvakuums auch VB N 176 ff.). 60

Zu beachten ist allerdings, dass im Bereich des sog. *formellen Bundeszivilrechts*, welches materiell öffentliches Recht enthält, die aus Art. 6 Abs. 1 ZGB abgeleiteten Regeln nicht gelten können (vgl. dazu nachfolgend N 62 ff.). Für einzelne Fragen oder ganze Teilgebiete bestehen sodann *besondere Regeln* über das Verhältnis von Bundeszivilrecht und kantonalem öffentlichem Recht. Diese 61

Art. 6

bestätigen oder wiederholen zum Teil lediglich den allgemeinen Grundsatz von Art. 6 Abs. 1 ZGB, doch kann ihnen durchaus auch eigenständige Bedeutung zukommen (vgl. zu den besonderen Vorbehalten und zu weiteren Regeln, insbesondere Ausnahmeklauseln und Regeln über den Geltungsbereich von Gesetzen, oben N 26 ff.). Im Bereich der *bundeszivilrechtlichen Spezialgesetze* kommt dem Vorbehalt von Art. 6 Abs. 1 ZGB überdies keine grosse Bedeutung zu, weil oft abschliessende, auch die öffentlichen Interessen umfassend berücksichtigende bundesrechtliche Regelungen vorliegen oder aber besondere Vorschriften über das Verhältnis und die Abgrenzung von Bundeszivilrecht und kantonalem öffentlichem Recht bestehen (vgl. dazu nachfolgend N 70 ff.).

2. Sonderfall des sog. formellen Bundeszivilrechts

a) Allgemeines

62 Soweit das in einem umfassenden Sinn verstandene Bundeszivilrecht öffentliches Recht enthält – insbesondere Organisations- und Verfahrensvorschriften, zum Teil aber auch materielles Recht (sog. *ergänzendes öffentliches Recht* oder *formelles Bundeszivilrecht*; vgl. dazu VB N 94 ff.) – kann für das Verhältnis dieses öffentlich-rechtlichen Bundesrechts zum kantonalen öffentlichen Recht der Grundsatz von Art. 6 Abs. 1 ZGB nicht zur Anwendung gelangen, da die Grundlage hiefür (Prinzip der Unabhängigkeit bzw. sachlichen Gleichberechtigung von Privatrecht und öffentlichem Recht) entfällt. In diesen Fällen kommen vielmehr die *allgemeinen Prinzipien* zur Anwendung, die sich aus dem Grundsatz der *derogatorischen Wirkung des Bundesrechts* ergeben. Soweit das Bundeszivilrecht eine konkrete, mit privatrechtlichen Problemen zusammenhängende öffentlich-rechtliche Frage ebenfalls regelt, besteht damit grundsätzlich kein Raum mehr für eine kantonale öffentlich-rechtliche Regelung, sofern das kantonale Recht nicht zulässigerweise einen andern, mit dem Bundesrecht vereinbaren Zweck anstrebt (vgl. dazu auch KNAPP, Komm. BV, Art. 64 N 57 ff., CARONI 236 f. und DESCHENAUX 21 f. mit weiteren Hinweisen; missverständlich HUBER N 108 f.).

63 Eine besondere Situation liegt bei den *bundesrechtlichen Organisations- und Verfahrensvorschriften* vor. Solche Vorschriften sind angesichts der den Kantonen durch Art. 64 Abs. 3 BV vorbehaltenen Organisations- und Verfahrenshoheit nur unter besonderen Voraussetzungen zulässig (vgl. VB N 103 ff.). Anderseits bedürfen sie in der Regel kantonaler Ausführungsvorschriften, wofür in Art. 52 f. SchlT besondere bundesrechtliche Regeln bestehen (vgl. dazu nachfolgend N 109 ff.). In diesem Zusammenhang ist auch darauf hinzuweisen, dass Art. 6

Abs. 1 ZGB nach verbreiteter, aber nicht allgemein anerkannter Auffassung für das Verhältnis von Bundeszivilrecht und kantonalem Organisations- und Verfahrensrecht (insbesondere Zivilprozessrecht) ohnehin nicht zur Anwendung kommt (vgl. dazu nachfolgend N 160 ff.).

Es trifft im übrigen zu, dass die Unterscheidung von eigentlichem *Privatrecht* und *ergänzendem öffentlichem Recht* innerhalb des Bundeszivilrechts *nicht immer einfach* ist (vgl. dazu DESCHENAUX 25, HUBER N 109 a.E. und VB N 96 ff., insbesondere N 101). Da das Bundeszivilrecht kantonalem öffentlichem Recht jedoch insoweit, als es bestimmte Interessen bereits abschliessend berücksichtigt hat, in jedem Fall vorgeht (vgl. dazu nachfolgend N 248 ff.), lässt sich die Frage der Zulässigkeit einer bestimmten Vorschrift des kantonalen öffentlichen Rechts in der Regel auch beantworten, ohne dass man sich in der Qualifikation einer bundesrechtlichen Regelung als Privatrecht oder öffentliches Recht festlegen muss. 64

b) Das Vormundschaftsrecht als Beispiel

Als anschauliches Beispiel für das Verhältnis von formellem Bundeszivilrecht und kantonalem öffentlichem Recht vermag das *Vormundschaftsrecht* zu dienen (vgl. zu dessen schwierig einzuordnender Rechtsnatur SCHNYDER/MURER, BE-Komm., Art. 360 ff. ZGB, Syst. Teil, N 52 ff.). In diesem Bereich hat der Bund weitergehend als in andern Bereichen des Bundeszivilrechts in die Regelung von Behördenorganisation und Verfahren eingegriffen (vgl. insbesondere Art. 360 ff., 373 ff., 379 ff., 397d–f ZGB; zu den Auswirkungen der EMRK auch Art. 5 N 13). Die Kantone haben dazu die nötigen *Organisations- und Verfahrensvorschriften* zu erlassen und sind hierbei an die bundesrechtlichen Vorgaben gebunden (vgl. dazu auch nachfolgend N 110 ff.). 65

Das Vormundschaftsrecht enthält aber auch *materielle Regelungen*, die nach dogmatischen Gesichtspunkten eher dem *öffentlichen Recht* zugeordnet werden müssten oder jedenfalls im Grenzbereich von Privatrecht und öffentlichem Recht liegen (vgl. dazu auch VB N 113) und einen Spielraum für Regelungen des kantonalen öffentlichen Rechts ausschliessen. So wird die *Beschränkung der Handlungsfähigkeit mündiger Personen* durch das Vormundschaftsrecht des Bundes abschliessend geregelt (numerus clausus vormundschaftlicher Massnahmen). Dasselbe gilt für den *Freiheitsentzug aus fürsorgerischen Gründen* (vgl. demgegenüber BGE 73 I 42 ff. zur Rechtslage vor Einführung der Art. 397a ff. ZGB). Zulässig sind aber weiterhin kantonalrechtliche Massnahmen der *Eingriffsfürsorge*, soweit es sich um schwächere *Vor- und Nachmassnahmen* zur Freiheitsentziehung handelt, die nur punktuell wirken und nicht die Handlungsfähigkeit als solche betreffen (also Hinweise und Auflagen, z.B. auch Alkohol- und Wirtshausverbot, 66

Art. 6

nicht aber Beschränkung der Berufs-, Arbeits- oder Wohnsitzwahl oder zwangsweise angeordnete Lohnverwaltung). Vorbehalten bleiben auch kantonale Vorschriften über eine *ärztliche Zwangsbehandlung*, zumal sich im geltenden Vormundschaftsrecht nach herrschender Auffassung – zumindest für Erwachsene – weder innerhalb noch ausserhalb der fürsorgerischen Freiheitsentziehung eine bundesrechtliche gesetzliche Grundlage für eine solche Massnahme ergibt, sondern diese Frage dem kantonalen Recht überlassen wird (vgl. dazu THOMAS GEISER, Die fürsorgerische Freiheitsentziehung als Rechtsgrundlage für eine Zwangsbehandlung?, in: FS Schnyder, Fribourg 1995, 289 ff. mit Hinweisen, insbesondere BGE vom 7.10.1992 in ZBl 1993 504 ff. E. 6, 7; vgl. neuerdings auch VGE AG vom 2. April 1996 in ZBl 1996 505 ff., 510 ff. mit weiteren Hinweisen).

67   Im Bereich der *Leistungsverwaltung* bleiben die Kantone für die *finanzielle Hilfe* an sozial Schwache zuständig. Bundesrechtliche Anforderungen ergeben sich in diesem Bereich nur aus dem öffentlichen Recht (vgl. für die Zuständigkeit zur Unterstützung, die Kostentragung und die Rückgriffsmöglichkeiten KNAPP, Komm. BV, Art. 48 N 1 ff. mit Hinweisen; vgl. neuerdings auch BGE 121 I 370 ff.: Anerkennung des Rechts auf Existenzsicherung als ungeschriebenes Verfassungsrecht des Bundes). Nicht eingeschränkt werden die Kantone auch hinsichtlich der Erbringung von *weiteren freiwilligen Sozialhilfeleistungen* (insbesondere Ratschläge, Unterstützung durch Sach- oder Dienstleistungen, freiwillige Lohnverwaltung etc.; vgl. dazu auch VB N 115 und nachfolgend N 271).

68   Vgl. zu diesen Abgrenzungsfragen sowohl im Bereich der Eingriffs- als auch der Leistungsverwaltung SCHNYDER/MURER, a.a.O., N 345 ff. und WOLFFERS, insbesondere 93, 112 ff. und 122, je mit weiteren Hinweisen.

69   Im Rahmen der geplanten *Revision des Vormundschaftsrechts* soll die Finanzhilfe weiterhin Sache des kantonalen Sozialhilferechts bleiben, während die – differenzierter als bisher geregelte – persönliche Fürsorge, soweit sie gegen den Willen des Betroffenen angeordnet werden kann, Gegenstand des Bundeszivilrechts bilden soll (vgl. dazu BERNHARD SCHNYDER, Vom Vormundschaftsrecht zum Betreuungsrecht, ZVW 1995 164 ff., insbesondere 173 f.). Um die bestehenden grossen Unterschiede in der Anwendung des Vormundschaftsrechts zu überwinden, schlägt die Expertenkommission überdies im Gegensatz zur heutigen Rechtslage eine weitgehende Vereinheitlichung der Organisations- und Verfahrensvorschriften vor (vgl. dazu CHRISTOPH HÄFELI, Organe und Verfahren im neuen Betreuungsrecht, ZVW 1995 180 ff.; zur verfassungsrechtlichen Zulässigkeit dieser Neuerungen MEIER 607 ff.). Schliesslich wird vorgesehen, eine bisher fehlende bundeszivilrechtliche (Rahmen-)Regelung über die medizinische Zwangsbehandlung zu schaffen (vgl. dazu MARTIN STETTLER, Le placement [Die Unterbringung], ZVW 1995 200 ff., insbesondere 205 ff.).

Art. 6

3. Rechtslage auf dem Gebiet der privatrechtlichen Spezialgesetze

a) Allgemeines

Wie erwähnt, bezieht sich der Grundsatz von Art. 6 Abs. 1 ZGB im Prinzip auf das *ganze Bundeszivilrecht*, nicht nur auf Zivilgesetzbuch und Obligationenrecht (vgl. dazu oben N 60 f.). Allerdings hat dieser Grundsatz ausserhalb des Bereiches von Zivilgesetzbuch und Obligationenrecht *keine grosse Bedeutung* erlangt. Dies hängt vor allem damit zusammen, dass die privatrechtlichen Spezialgesetze häufig eine *grundsätzlich abschliessende*, auch die öffentlichen Interessen umfassend berücksichtigende *Regelung* für das betreffende Sachgebiet enthalten (vgl. zum Beispiel für das Immaterialgüterrecht nachfolgend N 88 ff.). Dies gilt insbesondere auch für sog. *Einheitsgesetze,* welche sowohl die privatrechtlichen als auch die öffentlich-rechtlichen Regeln für einen bestimmten Sachbereich in einem Gesetz zusammenfassen (vgl. etwa für das Gleichstellungsgesetz, das BG über den unlauteren Wettbewerb und das Kartellgesetz nachfolgend N 87, 94 f., 96 f.). Zum Teil enthalten die privatrechtlichen Spezialgesetze auch *eigenständige Regeln* über das Verhältnis zum öffentlichen Recht der Kantone (vgl. z.B. die besonderen Vorbehalte zugunsten des kantonalen Rechts in Art. 52, 58 und 103 VVG und Art. 5 BGBB oder die Abgrenzung des Geltungsbereichs in Art. 2 Abs. 1 DSG und dazu nachfolgend N 71, 75 ff. und 92 f.). Regelmässig haben die Kantone im übrigen die für die Anwendung dieser Spezialgesetze erforderlichen *Organisations- und Verfahrensvorschriften* zu schaffen, wofür jedoch besondere Grundsätze gelten (vgl. dazu nachfolgend N 110 ff., 160 ff.).

70

b) Bäuerliches Bodenrecht

Im Bereich des *bäuerlichen Bodenrechts* hat der Bund eine grundsätzlich abschliessende, auch das öffentliche Recht umfassende Ordnung getroffen. Massgebend sind heute einerseits das *BG über das bäuerliche Bodenrecht* vom 4. Oktober 1991 (BGBB, SR 211.412.1) und das *BG über die landwirtschaftliche Pacht* vom 4. Oktober 1985 (LPG, SR 221.213.2) (vgl. dazu und zur Entwicklung des bäuerlichen Bodenrechts BBl 1988 III 958 ff., TUOR/SCHNYDER/SCHMID 552 ff., 741 ff. und VB N 125 mit zahlreichen Hinweisen). Den Kantonen verbleibt nur noch wenig Spielraum für eigene Regelungen. Immerhin können sie den *Anwendungsbereich* dieser beiden Gesetze in gewissem Rahmen *erweitern* oder *einschränken*. So können sie insbesondere auch kleinere Betriebe den Regeln des BGBB unterstellen und damit – allerdings in einem engen Rahmen – landwirtschaftliche Strukturpolitik betreiben (Art. 5 BGBB und dazu BBl 1988 III 979 f.,

71

1109

Art. 6

Tuor/Schnyder/Schmid 558, Ulrich Zimmerli, Das neue bäuerliche Bodenrecht, ZBGR 1993 137 ff., 145 f. und – mit kritischen Anmerkungen – Paul Richli, Landwirtschaftliche Gewerbe und Selbstbewirtschafter, AJP 1993 1063 ff., 1065 f.). Auch der Anwendungsbereich des landwirtschaftlichen Pachtrechts kann teilweise den örtlichen Verhältnissen angepasst werden (Art. 2 Abs. 2 und Art. 3 LPG und dazu BBl 1982 I 270). Im Bereich des BGBB können die Kantone sodann für gewisse Fälle über das Bundesrecht hinaus ein Vorkaufsrecht einführen (Art. 56 BGBB und dazu BBl 1988 III 1031 sowie hinten N 293) und ein Zerstückelungsverbot auch für grössere Mindestflächen vorsehen (Art. 58 Abs. 2 BGBB und dazu BBl 1988 III 1033). In beiden Fällen handelt es sich um Vorbehalte im Grenzbereich von Privatrecht und öffentlichem Recht (vgl. dazu auch Art. 5 N 184 ff.).

72 In *verfahrensrechtlicher Hinsicht* ist zu beachten, dass – ausser bei Klagen aus Erbrecht – aufgrund des Bundesrechts ein Wahlgerichtsstand am Ort der gelegenen Sache besteht (Art. 82 BGBB und Art. 48 Abs. 2 LPG). In Pachtsachen haben die Kantone auch für die zivilgerichtlichen Verfahren ein einfaches und rasches, von der Untersuchungsmaxime beherrschtes Verfahren einzuführen (Art. 47 LPG). Im Bereich des BGBB können die Kantone wie nach dem früheren Recht für die Beurteilung bestimmter Klagen gestützt auf Art. 64 Abs. 3 BV anstelle eines Richters auch eine andere Behörde zuständig erklären, sofern die bundesrechtlichen Mindestanforderungen an ein Zivilprozessverfahren erfüllt sind (BBl 1988 III 1058 mit Hinweisen, insbesondere BGE 113 II 140 ff.; aufgrund von Art. 6 EMRK muss aber auch eine gerichtliche Weiterzugsmöglichkeit bestehen, vgl. dazu auch Tuor/Schnyder/Schmid 562). Vgl. im übrigen zu den bundesrechtlichen Verfahrensvorschriften Art. 80 ff. BGBB und dazu BBl 1988 III 1057 ff. bzw. Art. 47 ff. LPG und dazu BBl 1982 I 296 ff.

c) Grundstückerwerb durch Ausländer

73 Auf dem Gebiet des *Grundstückerwerbs durch Ausländer* hat der Bund durch die früheren Bundesbeschlüsse und schliesslich durch das *BG über den Erwerb von Grundstücken durch Personen im Ausland* vom 15. Dezember 1983 (BewG, SR 211.412.41) eine Regelung getroffen, welche die öffentlichen Interessen auf diesem Gebiet umfassend berücksichtigt (vgl. zur Entwicklung dieser Gesetzgebung BBl 1981 III 591 ff. und zur Rechtsnatur derselben VB N 126). Immerhin räumt das erwähnte Bundesgesetz den Kantonen zur Wahrung ihrer unterschiedlichen Interessen die Kompetenz ein, in einem allerdings durch das Bundesrecht im einzelnen vorgegebenen Rahmen *zusätzliche Bewilligungsgründe* für den Erwerb von Wohnraum und *weitergehende Beschränkungen* für Ferienwohnungen und

Art. 6

Wohneinheiten in Apparthotels einzuführen, wobei letztere Kompetenz sogar auch den Gemeinden direkt erteilt wird (vgl. Art. 3 Abs. 2, Art. 9 und Art. 13 BewG und dazu BBl 1981 III 601, 617 f., sowie URS MÜHLEBACH/HANSPETER GEISSMANN, Kommentar zum Bundesgesetz über den Erwerb von Grundstücken durch Personen im Ausland, Brugg/Baden 1986, Art. 3 N 2 f., Art. 9 N 1 ff., Art. 13 N 1 ff.; vgl. zur teilweise privatrechtlichen Natur dieser Vorbehalte und zur Kritik an der direkten Ermächtigung der Gemeinden Art. 5 N 187). Die Kantone haben sodann die erforderlichen *Verfahrensvorschriften* zu schaffen (Art. 15 ff. und Art. 36 BewG und dazu BBl 1981 III 631 ff.; zu den Aufgaben der Zivilgerichte insbesondere Art. 26 f. BewG und dazu BBl 1981 III 635 f.; vgl. zu den entsprechenden Vorschriften auch MÜHLEBACH/GEISSMANN, a.a.O.).

Eine wirtschafts- und integrationspolitisch begründete *Lockerung der Vorschriften* über den Grundstückerwerb durch Ausländer, welche auch die zusätzlichen Bewilligungsgründe für die Kantone eingeschränkt hätte, ist in der Volksabstimmung vom 25. Juni 1995 *gescheitert* (BBl 1995 III 1213; vgl. dazu die Referendumsvorlage vom 7. Oktober 1994, BBl 1994 III 1837 ff., und die Botschaft vom 23. März 1994, BBl 1994 II 509 ff.). Zur Frage der *Kantonalisierung* dieser Materie vgl. auch Art. 5 N 188. Inzwischen haben die eidgenössischen Räte jedoch eine Gesetzesrevision verabschiedet, mit welcher zur Erleichterung ausländischer Investitionen in der Schweiz Betriebsstätte-Grundstücke und Hauptwohnungen von der Bewilligungspflicht befreit werden (vgl. Gesetzesänderung vom 30. April 1997, AS 1997 2086 ff., und dazu BBl 1997 II 1221 ff., 1262 ff.). 74

d) Versicherungsvertragsrecht

Im Bereich des Versicherungsvertragsrechts sind mit dem Erlass des *BG über den Versicherungsvertrag* vom 2. April 1908 (VVG, SR 221.229.1) alle entgegenstehenden kantonalen Vorschriften aufgehoben worden (Art. 103 Abs. 1 VVG). Dies gilt allerdings nicht für Versicherungsverhältnisse, die bei den von den Kantonen organisierten Versicherungsanstalten entstehen (Art. 103 Abs. 2 VVG). Damit sind kantonale Vorschriften, die den Vertragsabschluss oder die Schadenregulierung erschweren, wie sie vor Inkrafttreten dieses Bundesgesetzes teilweise bestanden, nicht mehr zulässig (CARL JAEGER, Komm. VVG, Band III, Bern 1933, Art. 103 N 1; WILLY KOENIG, Schweizerisches Privatversicherungsrecht, 3. Auflage, Bern 1967, 351). Soweit es mit der Handels- und Gewerbefreiheit und der bundesstaatlichen Kompetenzausscheidung vereinbar ist, können die Kantone dagegen einzelne *Versicherungszweige monopolisieren* und einer kantonalen oder kommunalen *Versicherungsanstalt des öffentlichen Rechts* übertragen (vgl. dazu JAEGER, a.a.O., Art. 103 N 3 f. und JAGMETTI 351 mit weiteren Hinweisen). 75

Art. 6

Es handelt sich einerseits um die in Art. 31 Abs. 2 BV vorbehaltenen herkömmlichen kantonalen Versicherungsmonopole sowie um neue, durch überwiegende öffentliche Interessen begründete Monopole (vgl. dazu HÄFELIN/HALLER Rz 1495 ff., HÄFELIN/MÜLLER Rz 2001 ff. und RHINOW, Komm. BV, Art. 31 N 229 ff. mit weiteren Hinweisen; zur Vereinbarkeit dieser Versicherungsmonopole mit dem EG/EWR-Recht KARIN SUTTER-SOMM in AJP 1992 214 ff., 230 ff.).

76 Wichtigste Beispiele hiefür bilden die *Feuer- und Elementarschadenversicherung* (vgl. dazu HÄFELIN/HALLER Rz 1496, KOENIG, a.a.O., 333 ff. und MAURER, Privatversicherungsrecht, 508 ff.), die *Viehversicherung* (vgl. dazu KOENIG, a.a.O., 381 ff.) und die in gewissen Kantonen bestehende obligatorische *Schüler-Unfallversicherung* (vgl. dazu PLOTKE 188 ff.; zur Zulässigkeit eines entsprechenden Versicherungsmonopols BGE 101 Ia 124 ff. und dazu RHINOW, Komm. BV, Art. 31 N 201, 232 sowie kritisch HÄFELIN/MÜLLER Rz 2006). Ursprünglich gehörten hiezu auch kantonale *Sozialversicherungsinstitutionen* (z.B. Arbeitslosenkassen, Pensionskassen), doch ist dieser Bereich – von den Familienzulagen und ähnlichen Zuschüssen sowie den Anschlussleistungen zur Arbeitslosenversicherung abgesehen – heute bundesrechtlich geregelt (vgl. zur Entwicklung des Sozialversicherungsrechts AUBERT Nr. 693 [inkl. Nachtrag], LOCHER 64 ff., MAURER, Bundessozialversicherungsrecht 3 ff. und DERS., Sozialversicherungsrecht I 92 ff. mit weiteren Hinweisen; zu den kantonalen Familienzulagen auch MAHON, Komm. BV, Art. 34^{quinquies} N 52 ff., insbesondere N 60 f., und N 70 ff., insbesondere N 76, sowie UELI KIESER, Streifzug durch das Familienzulagenrecht, SZS 1995 276 ff., je mit weiteren Hinweisen, sowie hinten N 356; zur geplanten, aber einstweilen noch umstrittenen Vereinheitlichung der Familienzulagen FRITZ STALDER in CHSS 1996 260 ff. und zur ebenfalls umstrittenen Einführung einer eidgenössischen Mutterschaftsversicherung BBl 1997 IV 981 ff. [Botschaft]; zur Entwicklung und Abgrenzung von Arbeitslosenversicherung und Arbeitslosenfürsorge GERHARD GERHARDS, Grundriss des neuen Arbeitslosenversicherungsrechts, Bern 1996, 7 ff. und GREBER, Komm. BV, Art. 34^{novies} N 37 ff. mit Hinweisen).

77 Das den Kantonen verbleibende Recht zur Schaffung *öffentlich-rechtlicher Versicherungseinrichtungen* wird in Art. 103 Abs. 2 VVG vorausgesetzt und lässt sich im Prinzip auch auf Art. 6 Abs. 1 ZGB abstützen (vgl. zur grundsätzlichen Geltung der Einleitungsartikel des Zivilgesetzbuches im Bereich des VVG auch JAEGER, a.a.O., Art. 100 N 4 und MAURER, Privatversicherungsrecht, 151 N 267 mit Hinweisen). Das Versicherungsverhältnis mit solchen kantonalen und kommunalen Versicherungsanstalten untersteht grundsätzlich dem *öffentlichen Recht* (JAEGER, a.a.O., Art. 103 N 6 ff.; kritisch dazu de lege ferenda OFTINGER/STARK § 11 Rz 146, wo eine Angleichung an die privatrechtlichen Regeln empfohlen wird). Die öffentlichen Versicherungsanstalten bieten zum Teil aber auch dem

Privatrecht unterstehende Versicherungen an (vgl. BLVGE 1987 57 ff. betreffend Wasserschadenversicherung).

Soweit es mit der Handels- und Gewerbefreiheit bzw. anderen Grundrechten vereinbar ist, können die Kantone im übrigen im Rahmen ihrer Kompetenzen zum Schutz überwiegender öffentlicher Interessen für bestimmte *Personen* (z.B. Haftpflichtversicherung für bestimmte Berufe oder Tätigkeiten; zur Zulässigkeit vgl. POLEDNA Rz 212, 411 mit Hinweisen) bzw. *Sachen* (z.B. Feuerversicherung für Gebäude und Fahrhabe; vgl. dazu MAURER, Privatversicherungsrecht, 509) auch lediglich ein *Versicherungsobligatorium* einführen, welches durch Abschluss einer Privatversicherung zu erfüllen ist. Auch dies lässt sich im Prinzip aus Art. 6 Abs. 1 ZGB ableiten (vgl. dazu auch JAEGER, a.a.O., Art. 103 N 5 und OFTINGER/STARK 11 Rz 143 ff. mit weiteren Hinweisen). Für die privaten Versicherer besteht jedoch auch im Bereich obligatorischer Versicherungen grundsätzlich *kein Kontrahierungszwang* (vgl. dazu MAURER, Privatversicherungsrecht, 152 f. mit Hinweisen und hinten N 351). 78

Im Bereich der *Schadensversicherung* und insbesondere der *Feuerversicherung* bestehen schliesslich auch bezüglich des Vertragsinhalts Vorbehalte zugunsten des kantonalen öffentlichen Rechts. So kann die zuständige kantonale Behörde zur Verhinderung spekulativer Brandstiftungen die *Versicherungssumme* auf Grund einer amtlichen Schätzung auf den Betrag des Versicherungswertes *herabsetzen,* wenn in der Feuerversicherung eine nicht gerechtfertigte Überversicherung besteht (Art. 52 VVG; vgl. dazu und zu den zulässigen kantonalen Kontrollmassnahmen JAEGER, a.a.O., Band II, Bern 1932, Art. 52 N 1 ff., KOENIG, a.a.O., 350 f. und MAURER, Privatversicherungsrecht, 505 mit weiteren Hinweisen; unzulässig sind strengere kantonale Vorschriften, vgl. den Hinweis auf BGE 42 I 170 ff. bei HUBER N 23). Einen weiteren, freilich privatrechtlichen Vorbehalt zugunsten des kantonalen Rechts enthält Art. 58 VVG (besonderer *Schutz* der an der versicherten Sache *dinglich Berechtigten;* vgl. zu diesem heute teilweise gegenstandslos gewordenen Vorbehalt Art. 5 N 206 f.). Schliesslich sieht Art. 48 VAG im Rahmen der öffentlich-rechtlichen Versicherungsaufsicht vor, dass die Kantone *polizeiliche Vorschriften über die Feuerversicherung* erlassen und den entsprechenden Einrichtungen mässige *Brandschutzbeiträge* auferlegen sowie die hiefür nötigen Angaben einholen können (vgl. dazu und zur Rechtsnatur dieser Beiträge BBl 1976 II 917 und MAURER, Privatversicherungsrecht, 509). 79

In *verfahrensrechtlicher Hinsicht* bestehen – vom Wahlgerichtsstand des Versichertenwohnsitzes und des Orts der gelegenen Sache bei der Feuerversicherung abgesehen (Art. 28 VAG) – keine besonderen Auflagen für das kantonale Prozessrecht (MAURER, Privatversicherungsrecht, 126, 191 f.). 80

Art. 6

e) Konsumentenrechtliche Spezialgesetze

81 Im Bereich der neuen *konsumentenrechtlichen Spezialgesetze* (BG über Pauschalreisen vom 18. Juni 1993 [PRG, SR 944.3] und BG über den Konsumkredit vom 8. Oktober 1993 [KKG, SR 221.214.1]) ergeben sich grundsätzlich keine Besonderheiten im Verhältnis zum öffentlichen Recht der Kantone. Allerdings berücksichtigt das *BG über Pauschalreisen* die Interessen der Konsumenten in eingehender und umfassender Weise, weshalb zusätzliche öffentlich-rechtliche Schutzvorschriften, welche direkt das Verhältnis Anbieter/Konsument betreffen, kaum denkbar sind (vgl. zum Schutz der Konsumenteninteressen auch RICHARD FRANK, Bundesgesetz über Pauschalreisen, Kurzkommentar, Zürich 1994, VB N 14, Art. 2 N 25, Art. 6 N 6 ff., Art. 19 N 5 ff.). Vorbehalten bleiben dagegen ohne Zweifel öffentlich-rechtliche Vorschriften über Reisebüros und touristische Angebote (insbesondere gewerbepolizeiliche Vorschriften sowie Vorschriften über öffentliche Transportmittel und Abgaben, vgl. etwa auch die Hinweise in Art. 6 Abs. 2 lit. e und Art. 7 lit. c PRG).

82 Das *BG über den Konsumkredit* behält demgegenüber in Art. 7 strengere gesetzliche Bestimmungen zum Schutz der Konsumentinnen und Konsumenten ausdrücklich vor. In privatrechtlicher Hinsicht werden die Konsumkreditverträge durch den Bund zwar abschliessend geregelt (Art. 19 Abs. 1 KKG), doch bleiben *Art. 73 Abs. 2 OR* und das *kantonale öffentliche Recht* ausdrücklich *vorbehalten* (Art. 19 Abs. 2 KKG). Aufgrund der Entstehungsgeschichte ergibt sich, dass damit lediglich die geltende Rechtslage bestätigt werden sollte (vgl. dazu und zur nicht ganz problemlosen Anwendung von Art. 7 KKG [Vorbehalt strengerer Konsumentenschutzbestimmungen] im Verhältnis zum kantonalen Recht FELIX SCHÖBI, Entstehungsgeschichte sowie Verhältnis zum Obligationenrecht, in: WOLFGANG WIEGAND [Hrsg.], Berner Bankrechtstag 1994, Das neue Konsumkreditgesetz [KKG], Bern 1994, 25 ff. mit Hinweisen).

83 Inzwischen hat das Bundesgericht entschieden, dass auch nach Inkrafttreten des KKG *kantonale gewerbepolizeiliche Vorschriften* grundsätzlich zulässig seien, wonach die Gesamtkosten eines Konsumkredits höchstens 15% jährlich und der zulässige Kreditbetrag höchstens drei Bruttomonatsgehälter (inkl. anderweitige regelmässige Einkünfte) betragen dürften, der gesamte Kreditbetrag innert 36 Monaten zurückbezahlt werden müsse und die Gewährung eines Zweitkredites bis zur Rückzahlung des Erstkredites verboten sei (BGE 120 Ia 286 ff., 119 Ia 59 ff.; vgl. dazu auch die kritischen Anmerkungen von YVO HANGARTNER und BERND STAUDER in AJP 1995 367 ff. und 369 ff.). Ebenso hat das Bundesgericht das Erfordernis einer kantonalen Bewilligung für die gewerbsmässige Gewährung oder Vermittlung von Konsumkrediten und die Pflicht, in der Werbung auf

das kantonale Überschuldungsverbot hinzuweisen, als zulässig erklärt (BGE 120 Ia 299 ff.). Heute bestehen jedoch Bestrebungen, im Interesse einer landesweit einheitlichen Regelung auch die öffentlich-rechtliche Missbrauchsgesetzgebung ins KKG zu integrieren (vgl. die Hinweise von BERND STAUDER in AJP 1995 371 und zum Ganzen ausführlich KOLLER-TUMLER, BS-Komm., Vorbem. KKG, Art. 7 KKG und Art. 19 KKG, je N 1 ff.).

Sowohl das Pauschalreisen- als auch das Konsumkreditgesetz enthalten keine besonderen *verfahrensrechtlichen Bestimmungen*. Es ist daher unklar, ob für die Beurteilung von Ansprüchen aus diesen beiden Gesetzen die Anforderungen von Art. 31^{sexies} Abs. 3 BV (Schlichtungsverfahren oder einfaches und rasches Verfahren für Konsumentenstreitigkeiten) trotzdem gelten (vgl. dazu FRANK, a.a.O., Art. 14 N 73 ff., welcher für das Pauschalreisengesetz – allerdings ohne Hinweis auf die Beratung des Gesetzes selbst – ein qualifiziertes Schweigen des Bundesgesetzgebers annimmt; m.E. ist jedoch neben dem Verfassungsauftrag an die Kantone und der Streitwertfestsetzung durch den Bundesrat keine weitere Verankerung in der Bundesgesetzgebung erforderlich, vgl. dazu auch RHINOW, Komm. BV, Art. 31^{sexies} N 83 ff. und KOLLER-TUMLER, BS-Komm., Vorbem. KKG N 20). Die bundesrechtliche Verfahrensregelung für Konsumentenstreitigkeiten wird allgemein als ungenügend empfunden (vgl. dazu ADRIAN STAEHELIN in FS Hans Ulrich Walder, Zürich 1994, 125 ff.). 84

f) Arbeitsrecht

Das *BG über die Arbeitsvermittlung und den Personalverleih* vom 6. Oktober 1989 (AVG, SR 823.11) regelt im Unterschied zum früheren BG über die Arbeitsvermittlung vom 22. Juni 1951 (AS 1951 1211 ff.) neben der Arbeitsvermittlung auch den Personalverleih sehr eingehend (vgl. dazu auch VISCHER 227 ff. mit Hinweisen). Kantonale *Arbeitnehmerschutzbestimmungen* über *Entlöhnung, Arbeitszeit und Sozialleistungen* sind daher im Anwendungsbereich dieses Gesetzes nicht mehr zulässig (BGE 120 Ia 89 ff. und dazu die Bemerkungen von YVO HANGARTNER in AJP 1994 1308 ff.; vgl. zur früheren Rechtslage BGE 109 Ia 61 ff.: Zulässigkeit kantonaler Schutzvorschriften für Temporär-Arbeitnehmer). In *verfahrensrechtlicher Hinsicht* sieht Art. 23 AVG Art. 343 OR entsprechende Regeln vor, doch ist der Wahlgerichtsstand gemäss Art. 23 Abs. 1 AVG in Streitigkeiten aus dem Arbeitsverhältnis zwischen Verleiher und Arbeitnehmer in jedem Fall (insbesondere auch gegenüber Schiedsklauseln) zwingend (vgl. dazu VISCHER 232, 291 mit Hinweisen). 85

Das *BG über die Information und Mitsprache der Arbeitnehmerinnen und Arbeitnehmer in den Betrieben* vom 17. Dezember 1993 (Mitwirkungsgesetz, SR 86

Art. 6

822.14) regelt gestützt auf die besondere Verfassungsgrundlage von Art. 34ter Abs. 1 lit. b BV die *Mitwirkung* der Arbeitnehmerinnen und Arbeitnehmer in *privaten Betrieben* (vgl. dazu auch VB N 137). Es handelt sich um ein Rahmengesetz mit Minimalanforderungen, welches einen Spielraum für weitergehende gesamtarbeitsvertragliche Regelungen offenlässt (vgl. insbesondere Art. 1 und 2 des Gesetzes und dazu BBl 1992 V 641, 644 f. sowie VISCHER 63 mit Hinweisen). Kantonale Mitwirkungsvorschriften sind daher im Geltungsbereich dieses Gesetzes ausgeschlossen, doch sind die Kantone frei, solche Bestimmungen für ihre *öffentlich-rechtlichen Arbeitsverhältnisse* zu erlassen (vgl. dazu auch BBl 1992 V 641, 644 und BBl 1973 II 332 ff., 422 f.). Über *Streitigkeiten* im Bereich der Mitwirkung ist unter Vorbehalt vertraglicher Schlichtungs- und Schiedsstellen im Verfahren nach Art. 343 OR zu entscheiden, wobei den Verbänden ein Recht auf Feststellungsklage zukommt (Art. 15 des Gesetzes und dazu BBl 1992 V 651 f. sowie VISCHER 67).

87   Das *BG über die Gleichstellung von Frau und Mann* vom 24. März 1995 (GlG, SR 151) regelt im Sinne eines Einheitsgesetzes eingehend die Gleichstellung von Mann und Frau im *privatrechtlichen Arbeitsverhältnis* sowie in den *öffentlich-rechtlichen Arbeitsverhältnissen* von *Bund, Kantonen und Gemeinden* (vgl. dazu auch VB N 136). Es verbietet insbesondere jegliche Diskriminierung aufgrund des Geschlechts im Erwerbsleben und schafft Klagemöglichkeiten und Sanktionen für Verletzungen dieses Verbots (vgl. Art. 2–5 GlG und dazu BBl 1993 I 1292 ff.; zur verfassungsrechtlichen Zulässigkeit der Erfassung auch der öffentlich-rechtlichen Arbeitsverhältnisse von Kantonen und Gemeinden vgl. BBl 1993 I 1323). Insoweit sind somit kantonale Vorschriften auch für öffentlich-rechtliche Arbeitsverhältnisse ausgeschlossen, soweit sie nicht lediglich der Konkretisierung und Umsetzung der bundesrechtlichen Grundsätze dienen. Den Kantonen ist es jedoch nicht verwehrt, im Rahmen ihrer Gesetzgebungskompetenzen angemessene *weitergehende Massnahmen* zur Verwirklichung der tatsächlichen Gleichstellung von Mann und Frau im Erwerbsleben zu treffen (z.B. im Sinne einer Erhöhung des Frauenanteils in der öffentlichen Verwaltung) und eine Verbesserung der tatsächlichen Gleichstellung auch ausserhalb des Bereichs des Erwerbslebens anzustreben (z.B. im Steuerrecht oder im Bildungswesen; vgl. Art. 3 Abs. 3 und Art. 14 GlG und dazu BBl 1993 I 1292 f. 1298, 1314 f.). In *verfahrensrechtlicher Hinsicht* ist neben den Beweislasterleichterungen (Art. 6 GlG) und dem Klagerecht der Organisationen (Art. 7 GlG) zu beachten, dass die Kantone für das privatrechtliche Arbeitsverhältnis ein Schlichtungsverfahren einzurichten haben (Art. 11 GlG) und für das zivilgerichtliche Verfahren die Vorschriften von Art. 343 OR ohne Rücksicht auf den Streitwert gelten, wobei das schriftliche Verfahren und die Prozessvertretung aber nicht ausgeschlossen werden dürfen

Art. 6

(Art. 12 GlG) (vgl. dazu auch BBl 1993 I 1300 ff., 1310 ff., KATHRIN KLETT, Das Gleichstellungsgesetz, ZBl 1997 49 ff. sowie IVO SCHWANDER/RENÉ SCHAFFHAUSER [Hrsg.], Das Bundesgesetz über die Gleichstellung von Frau und Mann, St. Gallen 1996, mit verschiedenen Beiträgen auch zu den verfahrensrechtlichen Aspekten des neuen Gesetzes).

g) Immaterialgüterrecht

Keine grosse Bedeutung kommt dem Vorbehalt von Art. 6 Abs. 1 ZGB auf dem Gebiet des *Immaterialgüterrechts* zu, da dieses im Prinzip abschliessend durch Bundesrecht geregelt ist und überdies die zu wahrenden öffentlichen Interessen bereits umfassend berücksichtigt werden. Zu erwähnen sind insbesondere die Erlasse zum *Schutz öffentlicher Zeichen* (SR-Systematik 232.2; vgl. dazu auch HILTI SIWR III 268 ff. und MEISSER SIWR III 404 ff.), der *Schutz der Herkunftsangaben* im Markenrecht (Art. 47 ff. MSchG), Vorbehalte zum *Schutz der öffentlichen Ordnung* und *Sittlichkeit* (z.B. Art. 2 lit. d und Art. 23 Abs. 4 MSchG; Art. 12 Ziff. 5 MMG; Art. 2 lit. a PatG), die *Zwangslizenz* im Patentrecht und im Urheberrecht (Art. 40 PatG, Art. 23 URG) sowie die *weiteren* im öffentlichen Interesse liegenden *Beschränkungen* des Urheberrechts (insbesondere die Freigabe amtlicher Werke gemäss Art. 5 URG und die Freiheit der Abbildung von Werken auf allgemein zugänglichem Grund sowie der Berichterstattung über aktuelle Ereignisse gemäss Art. 27 f. URG) (vgl. zum Ganzen auch TROLLER I 202 ff., 285 ff., 311 ff., 416, II 660 ff., 684 ff., 702 ff., 711 f., 852 ff. und MANFRED REHBINDER, Die Beschränkung des Urheberrechts zugunsten der Allgemeinheit, in: FS 100 Jahre URG, Bern 1983, 353 ff., je mit weiteren Hinweisen). 88

Im *Rahmen* der erwähnten *Vorbehalte* zum Schutz der öffentlichen Ordnung und Sittlichkeit sind allenfalls auch *öffentlich-rechtliche Vorschriften* der Kantone zu berücksichtigen. Aufgrund der bestehenden Kompetenzausscheidung in den relevanten Sachbereichen des öffentlichen Rechts fallen kantonale Vorschriften hiefür aber nur selten in Betracht (vgl. für das Markenrecht DAVID, BS-Komm., Art. 2 MSchG N 70 ff., insbesondere 78, und Art. 23 MSchG N 10, für das Patentrecht MARIO PEDRAZZINI, Patent- und Lizenzvertragsrecht, 2. Auflage, Bern 1987, 74 f. und für das Urheberrecht ZR 1983 Nr. 96 mit Hinweisen). Das öffentliche Recht kann sodann für die Einschränkung des Urheberrechts im *öffentlich-rechtlichen Dienstverhältnis* bedeutsam sein (vgl. dazu FRANÇOIS DESSEMONTET, Les droits d'auteur à l'Université, in: FS Universität Lausanne, Lausanne 1991, 13 ff. und JULIUS EFFENBERGER, Urheberrechte von Angehörigen öffentlicher Hochschulen am Beispiel der ETH Zürich, Beiheft zur ZSR Nr. 18, Basel/Frankfurt a.M. 1995, je mit weiteren Hinweisen). In einzelnen West- 89

Art. 6

schweizer Kantonen besteht sodann eine kulturpolitisch motivierte Pflicht zur (in der Regel entschädigungslosen) Abgabe einzelner Exemplare veröffentlichter Druckerzeugnisse an öffentliche Bibliotheken (sog. *«dépôt légal»*), was das Bundesgericht – mit gewissen Vorbehalten – geschützt hat (BGE 93 I 708 ff.; vgl. dazu auch das unveröffentlichte Gutachten des Bundesamtes für Justiz vom 21. Juni 1991 betreffend verfassungsrechtliche Zulässigkeit der Einführung einer entschädigungslosen Abgabepflicht zugunsten der Schweizerischen Landesbibliothek mit weiteren Hinweisen [auch zum Verhältnis zum Urheberrecht]).

90 Im übrigen bestehen natürlich durchaus *Berührungspunkte* zwischen dem Immaterialgüterrecht und dem kantonalen öffentlichen Recht, doch sind angesichts der prinzipiellen Unabhängigkeit dieser beiden Teilrechtsordnungen *Einwirkungen* in den Bereich des jeweils andern Rechtsgebietes grundsätzlich *ausgeschlossen* (vgl. dazu z.B. BGE 107 II 79 E. c: für die privatrechtlichen Ansprüche der Urheber spielt es keine Rolle, ob sich ein Abonnent wegen eines kommunalen Antennenverbotes oder wegen des besseren Empfangs für das Kabelfernsehen entscheidet; BGE 120 II 68: Unabhängigkeit von urheberrechtlichem und öffentlich-rechtlichem Schutz von Bauwerken).

91 Auch für den Bereich des Immaterialgüterrechts haben die Kantone die erforderlichen *Verfahrensbestimmungen* zu erlassen, wobei auffällt, dass der Bund in diesem Bereich viel stärker als in den übrigen Gebieten des Privatrechts in die kantonale Organisations- und Verfahrensautonomie eingreift (vgl. dazu TROLLER II 1026 ff. und insbesondere DAVID SIWR I/2 1 ff. und 143 ff. mit weiteren Hinweisen; zu den Gründen hiefür und zur Frage der verfassungsrechtlichen Zulässigkeit auch MEIER 621 FN 63 mit Hinweisen).

h) Datenschutzrecht

92 Das *BG über den Datenschutz* vom 19. Juni 1992 (DSG, SR 235.1) erfasst grundsätzlich nur die Bearbeitung von Personendaten durch *Privatpersonen* und durch *Bundesorgane* (Art. 2 Abs. 1 DSG; vgl. zum Charakter des DSG als Einheitsgesetz auch VB N 150). Das Datenschutzgesetz berücksichtigt im privatrechtlichen Bereich (Datenbearbeitung durch Privatpersonen zu privaten Zwecken) auch die auf dem Spiel stehenden öffentlichen Interessen und erscheint insoweit – was die Datenschutzproblematik anbetrifft – als *abschliessende Regelung* (vgl. insbesondere den Rechtfertigungsgrund des überwiegenden öffentlichen Interesses gemäss Art. 13 DSG und dazu HÜNIG, BS-Komm., Art. 13 DSG N 1 ff., sowie PAUL-HENRI STEINAUER, Die Verletzung durch private Datenbearbeitung und die allfällige Rechtfertigung einer Verletzung: Einzelheiten der gesetzlichen Regelung, in: RAINER SCHWEIZER [Hrsg.], Das neue Datenschutzgesetz des Bundes, Zürich 1993,

43 ff. mit weiteren Hinweisen). Art. 15 DSG enthält sodann besondere Anforderungen an den von den Kantonen zu schaffenden *Rechtsschutz*, welche sich an die entsprechenden Regeln im Bereich des Persönlichkeitsschutzes (Art. 28 ff. ZGB) anlehnen (vgl. dazu HÜNIG, BS-Komm., Art. 15 DSG N 1 ff. und MARIO PEDRAZZINI, Der Rechtsschutz der betroffenen Personen gegenüber privaten Bearbeitern [Klagen, vorsorgliche Massnahmen, Gerichtsstand], in: RAINER SCHWEIZER [Hrsg.], Das neue Datenschutzgesetz des Bundes, Zürich 1993, 81 ff. mit weiteren Hinweisen).

Den Kantonen verbleibt im übrigen die Befugnis, den Personendatenschutz in ihrem *öffentlich-rechtlichen Bereich*, nämlich für die Datenbearbeitung durch *kantonale* und *kommunale Behörden* sowie *private Verwaltungsträger*, zu regeln (vgl. auch BGE 122 I 155 ff.: keine Vereitelung des privatrechtlichen Datenschutzrechts durch öffentlich-rechtliche Ausgestaltung des Patientenverhältnisses [inkl. Datenschutz] an einer privaten Klinik). Diese Befugnis erstreckt sich grundsätzlich – von spezialgesetzlichen Regelungen abgesehen – auch auf den Datenschutz beim Vollzug von Bundesrecht. Soweit in den Kantonen jedoch keine bzw. keine genügenden Datenschutzvorschriften bestehen, gelangt beim *Vollzug von Bundesrecht* das Bundesdatenschutzrecht *ersatzweise* zur Anwendung (vgl. Art. 37 DSG und dazu BUNTSCHU, BS-Komm., Art. 2 DSG N 30 f., RUDIN, BS-Komm., Art. 37 DSG N 1 ff. sowie RAINER SCHWEIZER, Zusammenarbeit zwischen Bund und Kantonen beim Datenschutz im öffentlichen Bereich, in: DERS. [Hrsg.], Das neue Datenschutzgesetz des Bundes, Zürich 1993, 29 ff. mit weiteren Hinweisen). Die Anwendung des Datenschutzgesetzes auf die Datenbearbeitung im Rahmen *hängiger Zivil-, Straf- und Verwaltungsprozesse* bleibt jedoch grundsätzlich *ausgeschlossen* (vgl. Art. 2 Abs. 2 lit. c DSG und dazu BUNTSCHU, BS-Komm., Art. 2 DSG N 39 ff. mit weiteren Hinweisen). Der Bundesrat kann sodann die Verantwortung für den Datenschutz dort besonders regeln, wo *Bundesorgane* Personendaten *mit kantonalen Organen zusammen* bearbeiten (Art. 16 Abs. 2 DSG und dazu WALTER, BS-Komm., Art. 16 N 9 f. mit Hinweisen).

i) Unlauterer Wettbewerb

Das *BG gegen den unlauteren Wettbewerb* vom 19. Dezember 1986 (UWG, SR 241) enthält *privatrechtliche Bestimmungen* über die Widerrechtlichkeit unlauterer Werbe- und Verkaufsmethoden (Art. 2 ff. UWG), welche auch *strafrechtlich* (als Antragsdelikte) sanktioniert werden (Art. 23 UWG), und *verwaltungsrechtliche Bestimmungen* über die Preisbekanntgabe an Konsumenten (Art. 16 ff. UWG). Die verwaltungsrechtlichen Bestimmungen über Ausverkäufe und ähnliche Veranstaltungen (Art. 21 f. UWG) sind dagegen im Rahmen der marktwirt-

Art. 6

schaftlichen Erneuerung aufgehoben worden (vgl. dazu auch VB N 151 f.). Das Gesetz bezweckt, den lauteren und unverfälschten Wettbewerb im Interesse aller Beteiligten zu gewährleisten (Art. 1 UWG). Insoweit, d.h. soweit es um den *Schutz des Wettbewerbs* geht, enthält das Gesetz grundsätzlich eine *abschliessende Bundesregelung,* welche nicht nur die (privaten) Interessen der Mitbewerber, sondern auch öffentliche Interessen, nämlich diejenigen aller Marktbeteiligten und der Allgemeinheit an einem freien und lauteren Wettbewerb schützt (vgl. dazu die Regelung der Klagebefugnis in Art. 9 ff. UWG, BBl 1983 II 1037 ff. und STREULI-YOUSSEF SIWR V/1 77 ff., insbesondere 80, 92, 107, 140, 145, 151, 156 und 160 mit weiteren Hinweisen). Für kantonales öffentliches Recht ist daher insoweit kein Platz mehr.

95   Nicht ausgeschlossen sind dagegen *handels- und gewerbepolizeiliche Vorschriften* der Kantone, welche nicht die Lauterkeit im Wettbewerbsverhältnis, sondern ausschliesslich im *Verhältnis der Gewerbetreibenden zu ihren Kunden* schützen wollen (vgl. dazu GUYET SIWR V/1 209 f. mit Hinweis auf BGE 87 I 272, 84 IV 42 f. und 82 IV 51 ff.; vgl. auch BGE 120 Ia 312 f. [Zulässigkeit der Pflicht, in der Werbung für Konsumkredite auf ein kantonales Überschuldungsverbot hinzuweisen]; weitere Beispiele vgl. hinten N 348 f.). Einen entsprechenden ausdrücklichen Vorbehalt enthielt übrigens Art. 22 des früheren BG über den unlauteren Wettbewerb vom 30. September 1943 (BS 2 951 ff.; vgl. dazu auch BBl 1942 716). Bei der Revision von 1986 wurde hierauf verzichtet, da sich dies ohnehin aus der verfassungsmässigen Kompetenzausscheidung (Art. 31 Abs. 2 BV) ergebe (BBl 1983 II 1089). Die Aufhebung der verwaltungsrechtlichen *Ausverkaufsbestimmungen* (Gesetzesänderung vom 24. März 1995, AS 1995 4086 ff.) bedeutet jedoch nicht, dass die Kantone in Zukunft frei sind, das Ausverkaufswesen selbständig zu regeln. Es ist vielmehr ein *qualifiziertes Schweigen* in dem Sinne anzunehmen, dass Ausverkäufe und ähnliche Veranstaltungen von Bundesrechts wegen bewilligungsfrei sein sollen (vgl. dazu BBl 1994 III 457 f.). Schliesslich haben die Kantone auch für den Bereich des UWG die erforderlichen *Verfahrensvorschriften* zu erlassen. Was den zivilprozessualen Rechtsschutz anbetrifft, ergeben sich hiefür gewisse Anforderungen zum Teil bereits aus Art. 31^{sexies} BV (Klageberechtigung der Konsumentenorganisationen; Schlichtungsverfahren oder einfaches und rasches Verfahren in Konsumentenstreitigkeiten). Im übrigen lehnen sich die bundesrechtlichen Auflagen für das kantonale Verfahren stark an diejenigen im Immaterialgüterrecht an (vgl. Art. 12 ff. UWG und dazu BBl 1983 II 1079 ff., RHINOW, Komm. BV, Art. 31^{sexies} N 72 ff., 83 ff., DAVID SIWR I/2 133 ff., 143 ff. mit weiteren Hinweisen).

k) Kartellrecht

Das *BG über Kartelle und ähnliche Organisationen* vom 6. Oktober 1995 (KG, SR 251) enthält sowohl privatrechtliche als auch verwaltungsrechtliche Bestimmungen über unzulässige Wettbewerbsbehinderungen. Diese bilden zusammen eine grundsätzlich *abschliessende Bundesregelung* des Kartellrechts (vgl. dazu auch VB N 153 f.). Das Kartellgesetz gilt grundsätzlich auch für öffentlich-rechtliche Unternehmen (Art. 2 Abs. 1 KG). Diesbezüglich besteht jedoch ein *Vorbehalt* zugunsten abweichender *öffentlich-rechtlicher Vorschriften*, soweit diese eine *staatliche Markt- oder Preisordnung* begründen oder einzelne Unternehmen zur *Erfüllung öffentlicher Aufgaben* mit *besonderen Rechten* ausstatten (Art. 3 Abs. 1 KG). Kantone und Gemeinden können somit öffentliche und gemischtwirtschaftliche Unternehmen durch entsprechende Vorschriften den Einflüssen des Wettbewerbs ganz oder teilweise entziehen (vgl. zu dieser gegenüber dem bisherigen Recht lediglich etwas differenzierteren Regelung BBl 1995 I 536 ff. und MARC AMSTUTZ, Neues Kartellgesetz und staatliche Wettbewerbsbeschränkungen, AJP 1996 883 ff.; vgl. dazu auch RHINOW, Komm. BV, Art. 31bis N 206 mit weiteren Hinweisen).

96

Für den zivilrechtlichen Teil des Kartellrechts haben die Kantone sodann die erforderlichen *Verfahrensvorschriften* zu schaffen, wobei sich die bundesrechtlichen Auflagen wie bis anhin an diejenigen des Immaterialgüterrechts anlehnen, ohne mit diesen ganz übereinzustimmen (vgl. Art. 12 ff. KG und dazu BBl 1995 I 587 ff. sowie REGULA WALTER, AJP 1996 893 ff. mit weiteren Hinweisen). Neu wird der Entscheid über die Zulässigkeit einer Wettbewerbsbeschränkung – um widersprüchliche Entscheide zu dem materiell vereinheitlichten Recht zu vermeiden – auch im zivilrechtlichen Verfahren der zuständigen eidgenössischen Verwaltungsbehörde übertragen (vgl. Art. 15 KG und dazu BBl 1995 I 592 f. sowie kritisch WALTER a.a.O. 899 ff.).

97

l) Internationales Privatrecht

Das *BG über das Internationale Privatrecht* vom 18. Dezember 1987 (IPRG, SR 291) enthält eine – unter Vorbehalt des Staatsvertragsrechts – grundsätzlich *abschliessende Regelung* des anwendbaren Rechts für Sachverhalte mit Auslandberührung auf dem ganzen Gebiet des Privatrechts (Art. 1 Abs. 1 lit. b und Abs. 2 IPRG und dazu SCHNYDER, BS-Komm., Art. 1 IPRG N 11, 15 ff. sowie VOLKEN, Komm. IPRG, Art. 1 N 35 ff., 52 ff.; zur Frage der Lückenfüllung vgl. MÄCHLER-ERNE, BS-Komm., Art. 15 IPRG N 13 ff. und KELLER/GIRSBERGER, Komm. IPRG, Art. 15 N 3 ff.; vgl. dazu und zum Verhältnis zum in- und auslän-

98

Art. 6

dischen öffentlichen Recht auch VB N 163 ff.). Das IPRG enthält insbesondere auch die im öffentlichen Interesse erforderlichen *Vorbehalte* gegenüber der Anwendung bzw. Nichtanwendung von *ausländischem Recht* (vgl. zum Vorbehalt des «ordre public» und zwingender in- bzw. ausländischer Vorschriften Art. 17–19 IPRG und dazu VISCHER, Komm. IPRG). Für kantonales öffentliches Recht ist daher insoweit – abgesehen von einer subsidiären Kompetenz zur Konkretisierung des Begriffs des «ordre public» insbesondere auf dem Gebiet des Verfahrensrechts (vgl. dazu MÄCHLER-ERNE, BS-Komm., Art. 17 IPRG N 12 ff., insbesondere 15 mit Hinweisen) – kein Raum. Die Kantone haben jedoch die erforderlichen *Organisations- und Verfahrensbestimmungen* zu schaffen, um die Anwendung der ebenfalls im IPRG enthaltenen Bestimmungen über die Zuständigkeit der schweizerischen Gerichte und Behörden, die Voraussetzungen der Anerkennung und Vollstreckung ausländischer Entscheide, den Konkurs und den Nachlassvertrag sowie die Schiedsgerichtsbarkeit und zum Teil auch über die Rechtshilfe im internationalen Verhältnis (internationales Zivilprozess- und Vollstreckungsrecht) zu ermöglichen (vgl. Art. 1 Abs. 1 lit. a, c–e IPRG und dazu SCHNYDER, BS-Komm., Art. 1 IPRG N 9 ff., BERTI, BS-Komm., vor Art. 2 IPRG N 1 ff., VOLKEN, Komm. IPRG, Art. 1 N 35 ff., vor Art. 25–32 N 6 ff., 9 ff., 12 ff. und HEINI, Komm. IPRG, Art. 191 N 19 ff.; vgl. auch ADRIAN STAEHELIN, Das neue Bundesgesetz über das internationale Privatrecht in der praktischen Anwendung: ZPO/Vollstreckung, in BJM 1989 169 ff.; zur beim Erlass des IPRG umstrittenen Verfassungsmässigkeit der neuen bundesrechtlichen Verfahrensvorschriften vgl. SCHNYDER, IPRG, 5 mit Hinweisen, insbesondere VPB 1981 Nr. 49 und BBl 1983 I 288 ff.).

99 Zu beachten sind auf diesem Gebiet aber auch wichtige *neue Staatsverträge*, welche die Erneuerung des schweizerischen internationalen Zivilprozess- und Vollstreckungsrechts abschliessen. Es handelt sich insbesondere um das für die Schweiz seit dem 1. Januar 1992 in Kraft stehende *Lugano-Übereinkommen* vom 16. September 1988 (SR 0.275.11, LugÜ), welches die Regelung der gerichtlichen Zuständigkeit und der Vollstreckung gerichtlicher Entscheidungen in internationalen Zivil- und Handelssachen für den EU/EFTA-Raum bezweckt (vgl. dazu auch BBl 1990 II 265 ff.), sowie vier für die Schweiz am 1. bzw. 2. Januar 1995 in Kraft getretene *Haager Abkommen zur internationalen Rechtshilfe in Zivilsachen*, welche zum Teil weltweite Bedeutung haben (Haager Übereinkommen vom 15. November 1965 über die Zustellung gerichtlicher und aussergerichtlicher Schriftstücke im Ausland [SR 0.274.131, HZÜ 65], Haager Übereinkommen vom 18. März 1970 über die Beweisaufnahme im Ausland [SR 0.274.132, HBewÜ 70], Haager Übereinkommen vom 25. Oktober 1980 über den internationalen Zugang zur Rechtspflege [SR 0.274.133, HÜ 80] und Europäisches Übereinkommen vom 27. Januar 1977 über die Übermittlung von Gesuchen um unentgeltli-

che Rechtspflege [SR 0.274.137, EÜ 77]; vgl. dazu BBl 1993 III 1261 ff. und ADRIAN LOBSIGER/ALEXANDER MARKUS in SJZ 1996 177 ff.). Auch diese Abkommen müssen durch die Kantone in ihrem Verfahrensrecht umgesetzt werden. Vgl. zum Ganzen auch VOLKEN, SZIER 1994 333 f., VOGEL 1 N 68 ff., ISAAK MEIER, Internationales Zivilprozessrecht, Zürich 1994, GERHARD WALTER, Internationales Zivilprozessrecht der Schweiz, Bern 1995, und PAUL VOLKEN, Die internationale Rechtshilfe in Zivilsachen, Zürich 1996.

III. Öffentlich-rechtliche Befugnisse der Kantone

1. «Befugnisse»

a) Allgemeines

Vorbehalten und dem Bundeszivilrecht gegenübergestellt werden in Art. 6 Abs. 1 ZGB die *«öffentlich-rechtlichen Befugnisse»* der *«Kantone»* («les compétences des cantons en matière de droit public», «le competenze di diritto pubblico dei cantoni»). Der Wortlaut der Bestimmung knüpft in allen drei Amtssprachen an die *verfassungsmässige Kompetenzausscheidung* zwischen Bund und Kantonen an, welche grundsätzlich lediglich im Sinne eines unechten Vorbehalts *bestätigt* wird (vgl. dazu oben N 21 ff.). Der Begriff «Befugnis» ist – wie sich aus der französischen und italienischen Fassung ausdrücklich ergibt – im Sinne einer staatlichen *Kompetenz* bzw. *Zuständigkeit*, nicht etwa eines subjektiven Rechts zu verstehen (HUBER, N 5; vgl. zum Begriff der Kompetenz auch ausführlich SALADIN, Komm. BV, Art. 3 N 79 ff. mit weiteren Hinweisen). Diese Kompetenz bezieht sich primär auf die *Rechtsetzung* (vgl. DESCHENAUX 19 ff., HUBER N 7 ff. und nachfolgend N 101 ff.; vgl. auch allgemein SALADIN, Komm. BV, Art. 3 N 92), umfasst aber auch *Verwaltung* und *Rechtsprechung* (vgl. dazu nachfolgend N 119 ff.). Art. 6 ZGB befasst sich somit – im Unterschied zu Art. 5 ZGB – nicht nur mit der Abgrenzung von Bundeszivilrecht und kantonalem Recht auf der Ebene der Gesetzgebung, doch steht diese ebenfalls im Vordergrund (vgl. dazu auch GYGI, Zivilrecht, 343, 353).

100

Art. 6

b) **Rechtsetzungsbefugnisse**

aa) Bundesstaatliche Ausscheidung der Gesetzgebungskompetenzen

101 Art. 6 Abs. 1 ZGB behält gegenüber dem Bundeszivilrecht primär die öffentlichrechtlichen *Rechtsetzungsbefugnisse der Kantone* vor. Den Kantonen kommt aufgrund der bundesstaatlichen Kompetenzausscheidungsregel von *Art. 3 BV* eine Rechtsetzungskompetenz grundsätzlich für all jene Gebiete zu, für welche diese Kompetenz nicht aufgrund einer *ausdrücklichen* oder *stillschweigenden Ermächtigung* durch die Bundesverfassung dem Bund zugewiesen worden ist (vgl. dazu HÄFELIN/HALLER Rz 87 ff., AUBERT Nr. 611 ff. [inkl. Nachtrag] und SALADIN, Komm. BV, Art. 3 N 76 ff. mit weiteren Hinweisen). Soweit es sich bei einer Kompetenzzuweisung an den Bund nicht ausnahmsweise um eine als *ausschliesslich* zu verstehende *Bundeskompetenz* handelt (sog. Bundeskompetenzen mit ursprünglich derogatorischer Wirkung, z.B. Armee, Zollwesen, Post- und Fernmeldewesen), liegen überdies *konkurrierende Kompetenzen* vor, d.h. die Kantone sind weiterhin zur Rechtsetzung befugt, soweit der Bund von seiner Kompetenz noch nicht Gebrauch gemacht hat (sog. Bundeskompetenzen mit nachträglich derogatorischer Wirkung). In besonderen Fällen (z.B. Hochschulwesen, Kulturförderung, Einkommensbesteuerung, Staatsschutz) bestehen *parallele Kompetenzen,* d.h. Bund und Kantone können gleichzeitig und unabhängig voneinander tätig werden (vgl. dazu HÄFELIN/HALLER Rz 295 ff., AUBERT Nr. 696 ff. [inkl. Nachtrag] und SALADIN, Komm. BV, Art. 3 N 201 ff. mit weiteren Hinweisen).

102 Soweit dem Bund nicht eine ausschliessliche Kompetenz oder eine Grundsatzgesetzgebungskompetenz zukommt, steht es ihm nach herrschender Auffassung überdies frei, diese Kompetenz auf dem Wege der Gesetzgebung für bestimmte Fragen wieder an die *Kantone* zu *delegieren* (sog. echte Vorbehalte zugunsten des kantonalen Rechts; vgl. dazu und zu den Schranken solcher Delegationen HÄFELIN/HALLER Rz 344 ff., AUBERT Nr. 708 ff. [inkl. Nachtrag] und SALADIN, Komm. BV, Art. 3 N 152 ff. mit weiteren Hinweisen; vgl. für das Zivilrecht auch Art. 5 N 17 ff.). Da dem Bund seit dem Erlass des Zivilgesetzbuches im Bereich des öffentlichen Rechts zahlreiche *neue Rechtsetzungskompetenzen* übertragen worden sind, welche der Bundesgesetzgeber meist durch die Schaffung umfassender bundesrechtlicher Regelungen wahrgenommen hat, hat der (unechte) Vorbehalt zugunsten der öffentlich-rechtlichen Rechtsetzungskompetenzen der Kantone gemäss Art. 6 Abs. 1 ZGB insofern im Laufe der Zeit sukzessive an Bedeutung verloren (vgl. dazu bereits HUBER N 147; zum heutigen Stand insbesondere nachfolgend N 129 ff. und 152 ff.).

Art. 6

bb) Bundesrechtliche Schranken der kantonalen Gesetzgebung

Auch im ihnen verbleibenden Bereich der Rechtsetzung sind die Kantone nicht frei, sondern durch das übergeordnete Bundesrecht gebunden *(Vorrang* bzw. *derogatorische Kraft des Bundesrechts*; vgl. dazu auch oben N 37 ff.). Zu beachten sind – abgesehen vom nachfolgend näher zu behandelnden Problem des Verhältnisses von Bundeszivilrecht und kantonalem öffentlichem Recht – insbesondere die durch die Bundesverfassung gewährleisteten *verfassungsmässigen Rechte* (vor allem die Rechtsgleichheit und das Willkürverbot sowie die Freiheitsrechte; vgl. dazu und zur teilweisen Überlagerung durch europäische und internationale Menschenrechtsgarantien HÄFELIN/HALLER Rz 1057 ff., J.P. MÜLLER, Komm. BV, Einleitung zu den Grundrechten, N 1 ff., G. MÜLLER, Komm. BV, Art. 4 N 30 ff., 48 ff., VILLIGER Rz 41 ff. und VB N 181 ff. mit weiteren Hinweisen). Eingehalten werden müssen aber auch die weiteren, sich aus der Bundesverfassung ergebenden *Grundsätze* für die *Gesetzgebung,* insbesondere die Grundsätze der *Gesetzmässigkeit der Verwaltung,* des *öffentlichen Interesses,* der *Verhältnismässigkeit* und des Schutzes von *Treu und Glauben* (vgl. dazu HÄFELIN/MÜLLER Rz 521 ff., J.P. MÜLLER, Komm. BV, Einleitung zu den Grundrechten, N 127 ff., 145 ff., G. MÜLLER, Komm. BV, Art. 4 N 6 ff., 59 ff. mit weiteren Hinweisen). Vor allem die *Freiheitsrechte* – namentlich die *Handels- und Gewerbefreiheit* sowie die *Eigentumsgarantie,* welche dem Schutz privater Rechte im Wirtschaftsverkehr dienen – setzen der Einwirkung des kantonalen öffentlichen Rechts in den Anwendungsbereich des Bundeszivilrechts häufig klare Schranken, welche eine weitere Prüfung der Vereinbarkeit öffentlich-rechtlicher Vorschriften der Kantone mit dem Bundeszivilrecht oft unnötig machen (vgl. dazu auch nachfolgend N 339 ff.).

103

Vorrang gegenüber dem kantonalen öffentlichen Recht kommt aber nicht nur dem Bundesverfassungsrecht, sondern dem *Bundesrecht aller Stufen* (Bundesgesetze, Bundesbeschlüsse, Staatsverträge und Verordnungen) zu (vgl. dazu HÄFELIN/HALLER Rz 369 ff., AUBERT Nr. 637 ff. [inkl. Nachtrag] und SALADIN, Komm. BV, Art. 2 ÜB N 5 ff., 10 mit weiteren Hinweisen). Hinsichtlich des *Staatsvertragsrechts* ist vor allem bedeutsam, dass dem Bund nach herrschender Lehre und Praxis eine umfassende Kompetenz zum Abschluss von Staatsverträgen zukommt, weshalb er solche Verträge auch für Gebiete abschliessen kann, welche innerstaatlich in den Kompetenzbereich der Kantone fallen (vgl. dazu HÄFELIN/HALLER Rz 325, AUBERT Nr. 671 ff., insbesondere 676 [inkl. Nachtrag] und SCHINDLER, Komm. BV, Art. 8 N 6 ff. mit weiteren Hinweisen). Im Bereich der *Bundesgesetzgebung* können Kollisionen zwischen Bundesrecht und kantonalem Recht – abgesehen von dem in Art. 6 ZGB behandelten besonderen Problem des Verhältnisses von Bundeszivilrecht und kantonalem öffentlichem Recht – vor allem dort auftreten, wo für die (öffentlich-rechtliche) Gesetzgebung zum

104

Art. 6

Teil der Bund und zum Teil die Kantone zuständig sind, was angesichts der zunehmenden *Aufgabenverflechtung* zwischen Bund und Kantonen immer häufiger vorkommt (vgl. dazu HÄFELIN/HALLER Rz 365 f., AUBERT Nr. 690 ff. [inkl. Nachtrag] und SALADIN, Komm. BV, Art. 3 N 211 ff., Art. 2 ÜB, N 27 ff.; vgl. zum heutigen Stand der Aufgabendurchmischung auch ausführlich AUBERT Nr. 696 ff. [inkl. Nachtrag] und SALADIN 53 ff. mit zahlreichen Hinweisen). Ähnliche Probleme wie im Verhältnis von Bundeszivilrecht und kantonalem öffentlichem Recht ergeben sich im Verhältnis von *Bundesstrafrecht* und *kantonalem öffentlichem Recht,* wobei nach herrschender Auffassung die zu Art. 6 Abs. 1 ZGB entwickelten Grundsätze analog anzuwenden sind (vgl. dazu BGE 114 Ia 457 f. und KNAPP, Komm. BV, Art. 64bis N 36 mit Hinweisen; kritisch bzw. ablehnend SALADIN, Komm. BV, Art. 2 ÜB N 40 und insbesondere HUBER N 53).

105   Neue Schranken für die öffentlich-rechtlichen Rechtsetzungsbefugnisse der Kantone ergeben sich aus der in den letzten Jahren eingeleiteten Entwicklung in der *Integrations- und Wirtschaftspolitik.* Während die bisherigen Integrationsschritte im Rahmen von *EFTA, Freihandelsabkommen Schweiz-EG und GATT* den kantonalen Kompetenzbereich noch kaum berührt haben, würde ein – einstweilen gescheiterter – Beitritt zum *Europäischen Wirtschaftsraum (EWR)* die Rechtsetzungskompetenzen der Kantone insbesondere in den Bereichen reglementierte Berufe, öffentliche Märkte, pharmazeutische Produkte und Bauprodukte beschränken. Ein Beitritt zur *Europäischen Union* könnte – je nach deren Entwicklung – auch die Gesetzgebungskompetenzen der Kantone in den Bereichen Erziehung und Ausbildung, Gesundheitswesen, Kulturelles, Infrastruktur, Justizwesen und Rechtshilfe sowie polizeiliche Zusammenarbeit betreffen. Den Kantonen würden aber angesichts des im EU-Recht verankerten Subsidiaritätsprinzips jedenfalls auch auf diesen Gebieten substanzielle Rechtsetzungskompetenzen verbleiben.

106   Vgl. dazu Bericht des Bundesrates «Die europäische Integration und ihre Auswirkungen auf den schweizerischen Förderalismus» vom 24. August 1988, VPB 1989 Nr. 55, Bericht des Bundesrates über einen Beitritt der Schweiz zur Europäischen Gemeinschaft vom 18. Mai 1992, BBl 1992 III 1185 ff., 1331 f., Botschaft zur Genehmigung des Abkommens über den Europäischen Wirtschaftsraum vom 18. Mai 1992, BBl 1992 IV 1 ff., 102 f., Bericht des Kontaktgremiums der Kantone «Anpassung des kantonalen Rechts an das EWR-Recht», Bern, Dezember 1991, und DIETRICH SCHINDLER, Schweizerischer und europäischer Föderalismus, ZBl 1992 193 ff., insbesondere 200 f.; vgl. auch DANIEL THÜRER/PHILIPPE WEBER, Zur Durchführung von Europäischem Gemeinschaftsrecht durch die Gliedstaaten eines Bundesstaates, ZBl 1991 429 ff., und DIEMUT MAJER, Rechtsprobleme beim Vollzug von EG- und EWR-Recht im Bundesstaat am Modellfall der Schweiz, EuGRZ 1992 525 ff.; zur neuerdings in der EU angestrebten teilweisen Dezentralisierung vgl. URS BOLZ, Die Regionen in der Europäischen Union: eine Herausforderung für die schweizerischen Kantone, AJP 1994 1393 ff.

Art. 6

Der auf den 1. Juli 1995 erfolgte Beitritt der Schweiz zur *Welthandels-* 107
organisation WTO (Abkommen von Marrakesch vom 15. April 1994, SR 0.632.20;
vgl. dazu auch VB N 251, 255) hat ebenfalls Auswirkungen auf die Rechtsetzungskompetenzen der Kantone, doch ist im wesentlichen lediglich das öffentliche
Beschaffungswesen betroffen. Ferner sind in verschiedenen Bereichen Notifikations- und Prüfungsvorschriften zu beachten (vgl. Botschaft zur Genehmigung
der GATT/WTO-Übereinkommen [Uruguay-Runde] vom 19. September 1994,
BBl 1994 IV 1 ff., 336 ff., 403 ff.). Die Verpflichtungen aus den GATT/WTO-
Übereinkommen sind von den Kantonen jedoch autonom umzusetzen (vgl. BBl
1994 IV 1173, 1216; vgl. zur Bedeutung dieser Übereinkommen für das Schweizer Recht allgemein Daniel Thürer/Stephan Kux [Hrsg.], Gatt 94 und die Welthandelsorganisation – Herausforderung für die Schweiz und Europa, Zürich 1996).

Beschränkungen der Rechtsetzungskompetenzen der Kantone im Interesse 108
einer Verbesserung der Wettbewerbsfähigkeit der Schweizer Wirtschaft ergeben
sich jedoch nicht nur aus dem internationalen Recht, sondern sind – im Rahmen
der *marktwirtschaftlichen Erneuerung* und zur Schadensbegrenzung nach der
Ablehnung des EWR-Vertrages – auch im *innerstaatlichen Recht* vorgesehen,
wobei es sich zum Teil um sog. autonomen Nachvollzug des EU/EWR-Rechts
handelt (vgl. dazu und zur Problematik dieses Weges auch VB N 252 ff. mit Hinweisen). So will das am 1. Juli 1996 in Kraft getretene *BG über den Binnenmarkt*
vom 6. Oktober 1995 (BGBM, SR 943.02) für Personen mit Niederlassung oder
Sitz in der Schweiz für die Ausübung ihrer Erwerbstätigkeit einen freien und
gleichberechtigten Zugang zum gesamten schweizerischen Markt gewährleisten
und sieht zu diesem Zweck für die Kantone verbindliche Grundsätze über Marktzutritt, Anerkennung von Fähigkeitsausweisen und öffentliche Beschaffungen vor
(vgl. dazu BBl 1995 I 1213 ff., Thomas Cottier/Manfred Wagner, Das neue
Bundesgesetz über den Binnenmarkt [BGBM], AJP 1995 1582 ff., und Karl Weber, Das neue Binnenmarktgesetz, SZW 1996 164 ff., je mit weiteren Hinweisen;
vgl. zur *Bedeutung* dieses Gesetzes für die *Abgrenzung* von *Bundeszivilrecht und
kantonalem öffentlichem Recht* auch nachfolgend N 349 f., 352, 403, 427). Das
ebenfalls zur Stärkung des Wirtschaftsstandortes Schweiz erlassene *BG über die
technischen Handelshemmnisse* vom 6. Oktober 1995 (THG, SR 946.51) berührt
demgegenüber die Rechtsetzungsbefugnis der Kantone nicht, da es grundsätzlich
nur für Bereiche gilt, in denen der Bund technische Vorschriften erlässt (vgl. dazu
BBl 1995 II 521 ff., insbesondere 529 f., 545 f. und 561 f. zu Art. 2 Abs. 1 THG;
vgl. dazu auch hinten N 425 ff.).

Art. 6

cc) Rechtsetzungspflichten?

109 Obwohl die Kantone durch die Aufnahme des Vorbehalts von Art. 6 Abs. 1 ZGB nach dem Willen des historischen Gesetzgebers geradezu eingeladen werden sollten, im ganzen Bereich des Bundeszivilrechts ergänzende öffentlich-rechtliche Bestimmungen zu erlassen (vgl. dazu oben N 8 ff.), handelt es sich – entsprechend der verfassungsmässigen Kompetenzausscheidung zwischen Bund und Kantonen – grundsätzlich nur um eine diese Ausscheidung bestätigende *Ermächtigung,* nicht um eine Verpflichtung der Kantone, von den vorbehaltenen öffentlich-rechtlichen Befugnissen Gebrauch zu machen (vgl. dazu auch oben N 21 ff.). Allerdings kann sich für die Kantone unter Umständen aus übergeordnetem Recht eine *Verpflichtung* zur Gesetzgebung ergeben. Zu erwähnen sind zunächst die *verfassungsmässigen Aufgabennormen* für Bund und Kantone, aus welchen sich für die Kantone allenfalls eine – rechtlich in der Regel allerdings kaum durchsetzbare – Pflicht zu gesetzgeberischem Handeln ableiten lässt (vgl. dazu SALADIN, Komm. BV, Art. 3 N 87 ff. und KÄLIN, Komm. KV/BE, 60 ff. mit Hinweisen). Auch aus der *Bundesgesetzgebung* kann sich allenfalls eine solche Pflicht ergeben. Das *materielle Bundeszivilrecht* enthält allerdings nur in einzelnen wenigen Fällen einen verpflichtenden Vorbehalt zugunsten der Schaffung von kantonalem öffentlichem Recht (vgl. insbesondere Art. 664 Abs. 3 ZGB [Pflicht zur Regelung der Aneignung von herrenlosem Land sowie der Ausbeutung und des Gemeingebrauchs von öffentlichen Sachen] und dazu oben N 31 sowie nachfolgend N 412, 417 f.).

110 Eine allgemeine Verpflichtung der Kantone zur Schaffung öffentlich-rechtlicher Vorschriften im Bereich des Bundeszivilrechts sieht der verpflichtende Vorbehalt von *Art. 52 SchlT* vor. Danach haben die Kantone die für die Anwendung des Bundesrechts nötigen *Ausführungsvorschriften* (insbesondere bezüglich Zuständigkeit und Verfahren der Behörden sowie der Einrichtung der erforderlichen Ämter; vgl. auch Art. 54 SchlT) zu erlassen, wobei es sich naturgemäss weitgehend oder fast ausschliesslich um öffentlich-rechtliche Vorschriften handelt (vgl. dazu TUOR/SCHYDER/SCHMID 28 f., CARONI 236, JAGMETTI 254, LIVER N 17, oben N 31 sowie Art. 5 N 49 ff. und 91 f.; vgl. dazu auch HÄFELIN/HALLER Rz 356 und AUBERT Nr. 710).

111 Da den entsprechenden, von den Kantonen zu schaffenden Vorschriften gegenüber dem Bundeszivilrecht eine *dienende Funktion* bzw. eine *Hilfsfunktion* zukommt, stellt sich die in Art. 6 Abs. 1 ZGB angesprochene Frage der Unabhängigkeit und sachlichen Gleichberechtigung von Bundeszivilrecht und kantonalem öffentlichem Recht bezüglich dieser Vorschriften grundsätzlich nicht. Die entsprechenden Vorgaben des Bundes sind materiell im Prinzip ohnehin dem öffentlichen Recht zuzurechnen, weshalb es sich eigentlich nicht um einen Kon-

flikt zwischen Bundeszivilrecht und kantonalem öffentlichem Recht, sondern zwischen öffentlichem Bundesrecht und kantonalem öffentlichem Recht handelt, welcher nach den allgemeinen Derogationsregeln zu lösen ist (vgl. dazu auch oben N 62 ff.). Den Kantonen kommt jedoch bei der Ausgestaltung der erforderlichen Ausführungsvorschriften im Rahmen der bundesrechtlichen Vorgaben gestützt auf ihre *Organisations- und Verfahrenshoheit* eine erhebliche Gestaltungsfreiheit zu (vgl. zum Ganzen auch DESCHENAUX 20, HUBER N 52 und nachfolgend N 160 ff.; vgl. ferner auch SALADIN, Komm. BV, Art. 3 N 65 f., 103 ff., 226 ff., und KNAPP, Komm. BV, Art. 64 N 57 ff., 62 ff. mit weiteren Hinweisen; zur Rechtsnatur und Zulässigkeit der bundesrechtlichen Vorgaben im Bereich Organisation und Verfahren auch VB N 103 ff.).

Zur Rechtsetzung verpflichtende Vorbehalte haben grundsätzlich nur einen Sinn, wenn sie auch durchgesetzt werden können. Dies ist bei den erforderlichen kantonalen Ausführungsbestimmungen zum Bundeszivilrecht der Fall. Im Rahmen der – im geltenden Recht allerdings stark reduzierten – *bundesrechtlichen Genehmigungspflicht* haben die Bundesbehörden dafür zu sorgen, dass die kantonalen Ausführungsvorschriften mit dem Bundeszivilrecht übereinstimmen (Art. 52 Abs. 3 und 4 SchlT; vgl. dazu auch DESCHENAUX 20, HUBER N 52 und insbesondere VB N 311 ff.). Hat ein Kanton die notwendigen Ausführungsvorschriften nicht rechtzeitig geschaffen, kann der Bundesrat – im Sinne einer Ersatzvornahme – eine *vorläufige Ersatzverordnung* schaffen (Art. 53 Abs. 1 SchlT; vgl. dazu auch AUBERT Nr. 807 und KNAPP, Komm. BV, Art. 64 N 84 mit weiteren Hinweisen). Der Bundesrat musste von dieser Kompetenz jedoch – soweit bekannt – bisher nie Gebrauch machen (vgl. SCHNYDER, Allg. Einl. N 282). Vgl. im übrigen zur Möglichkeit, die erforderlichen kantonalen Ausführungsvorschriften auf dem Verordnungsweg zu erlassen, nachfolgend N 117 f.

112

dd) Anforderungen an die Rechtsetzungsstufe

Vorbehalten bleibt grundsätzlich das kantonale öffentliche Recht aller Stufen, also die *Kantonsverfassung* (vgl. dazu nachfolgend N 140 ff.), *formelle Gesetze*, *Dekrete* (Parlamentsverordnungen) und *Verordnungen anderer Behörden* (Rechts- und Verwaltungsverordnungen), aber auch *Staatsverträge* (vgl. dazu nachfolgend N 147 ff.), *Konkordate* (vgl. dazu nachfolgend N 226 ff.) und *autonome Satzungen* (vgl. dazu nachfolgend N 222 ff.) sowie *ungeschriebenes Recht* (Gewohnheitsrecht, Richterrecht) (vgl. zum Ganzen auch HUBER N 13 und DESCHENAUX 26 mit Hinweisen; zur Terminologie und Stufenfolge der kantonalen Rechtsquellen BOLZ, Komm. KV/BE, Art. 74 N 1 ff., Art. 88 N 1 ff., EICHENBERGER, Handbuch BS, 21 ff., 36 f. und ausführlich ANDREAS AUER/WALTER KÄLIN [Hrsg.], Das Gesetz im Staatsrecht der Kantone, Chur/Zürich 1991 mit weiteren

113

Art. 6

Hinweisen; zur Hierarchie der Normen im öffentlichen Recht auch allgemein HÄFELIN/MÜLLER Rz 70 ff., IMBODEN/RHINOW/KRÄHENMANN Nr. 5 und MOOR I 80 ff. mit weiteren Hinweisen).

114 Das Bundesrecht überlässt es – als Ausfluss der sich aus dem Bundesverfassungsrecht ergebenden *Verfassungs- und Organisationsautonomie* der Kantone – im Rahmen der Anforderungen von Art. 6 BV grundsätzlich dem kantonalen Recht, die Rangordnung der kantonalen Rechtsnormen und die Zuordnung einzelner Vorschriften zu einer bestimmten Rechtsetzungsstufe festzulegen (vgl. dazu HÄFELIN/HALLER Rz 173, 244 ff., AUBERT Nr. 566 ff. [inkl. Nachtrag] und SALADIN, Komm. BV, Art. 3 N 222 ff., insbesondere N 233 mit weiteren Hinweisen). Diese Autonomie der Kantone wird freilich durch das *Gesetzmässigkeitsprinzip* eingeschränkt, welches aus dem Gewaltenteilungsprinzip und dem Willkürverbot von Art. 4 BV abgeleitet wird (vgl. dazu SALADIN, Komm. BV, Art. 3 N 248 f.; zur Rechtsgrundlage des Gesetzmässigkeitsprinzips insbesondere HÄFELIN/MÜLLER Rz 305 f. und G. MÜLLER, Komm. BV, Art. 4 N 9 mit weiteren Hinweisen).

115 Das Gesetzmässigkeitsprinzip besagt, dass grundsätzlich die gesamte Tätigkeit des Staates sich auf generell-abstrakte Normen stützen muss, die genügend bestimmt sind *(Erfordernis des Rechtssatzes)*. Die wichtigsten Rechtsnormen müssen überdies in einem Gesetz im formellen Sinn enthalten sein, das im ordentlichen Gesetzgebungsverfahren zustande gekommen ist *(Erfordernis der Gesetzesform)*. Eine Delegation von Rechtsetzungsbefugnissen an Exekutivbehörden (sog. *Gesetzesdelegation*) ist zulässig, falls dies durch die Verfassung nicht ausgeschlossen ist, die Delegation durch eine formell-gesetzliche Norm erfolgt, sich auf eine bestimmte, genau umschriebene Materie beschränkt und die Grundzüge der Regelung in einem Gesetz im formellen Sinn enthalten sind. Das Gesetzmässigkeitsprinzip gilt – mit gewissen Ausnahmen und je nach Rechtsmaterie differenziert – für das *gesamte öffentliche Recht*, nach neuerer Rechtsprechung insbesondere auch für die sog. Leistungsverwaltung und das Organisationsrecht (vgl. BGE 103 Ia 380 ff., 118 Ia 61 f.; für das Zivilrecht Art. 5 N 119 ff.). Besondere Anforderungen an die gesetzliche Grundlage bestehen für schwere Eingriffe in Freiheit und Eigentum sowie für Strafnormen (vgl. dazu ausführlich HÄFELIN/MÜLLER Rz 307 ff., IMBODEN/RHINOW/KRÄHENMANN Nr. 59–65, G. MÜLLER, Komm. BV, Art. 4 N 6 ff. und MOOR I 309 ff., je mit weiteren Hinweisen).

116 Im Zusammenhang mit dem Bundeszivilrecht ist zu beachten, dass grundsätzlich weder der allgemeine Vorbehalt von Art. 6 Abs. 1 ZGB noch besondere bundesrechtliche Vorbehalte zugunsten von kantonalem öffentlichem Recht eine gesetzliche Grundlage für entsprechendes kantonales Recht zu bilden vermögen. Für solche *vorbehaltene kantonale Vorschriften* ist vielmehr eine *eigenständige kantonale Gesetzesgrundlage* erforderlich (vgl. dazu auch HUBER N 192 mit Hin-

weisen; vgl. für das kantonale Zivilrecht auch Art. 5 N 123 f.). Soweit es dagegen – insbesondere im Rahmen des verpflichtenden Vorbehaltes von Art. 52 SchlT – darum geht, *reine Ausführungsvorschriften* zu Regeln des Bundeszivilrechts zu schaffen, lässt sich eine *Ermächtigung der Exekutive* zum Erlass dieser Vorschriften in der Regel aus deren *allgemeiner Befugnis* zum Erlass von *Vollzugsvorschriften* ableiten (vgl. dazu auch IMBODEN/RHINOW Nr. 8 B Ic mit Hinweis auf VPB 1975 Nr. 62 [kantonale Ausführungsvorschriften zum öffentlich-rechtlichen Gehalt von Art. 699 ZGB] und differenzierend KÄLIN, Komm. KV/BE, 133 f., 144 f. sowie BOLZ, Komm. KV/BE, Art. 88 N 4, 8 ff., je mit weiteren Hinweisen; für das kantonale Zivilrecht vgl. Art. 5 N 128).

Umstritten ist, ob der *Bund* den Kantonen *vorschreiben* dürfe, erforderliches kantonales Ausführungsrecht unabhängig vom kantonalen Staatsrecht auf dem *Verordnungswege* zu schaffen. Nach herrschender Auffassung ist dies jedenfalls nur zulässig, soweit die entsprechenden Bestimmungen für den Vollzug des Bundesrechts notwendig sind und zeitliche Dringlichkeit besteht (vgl. dazu HÄFELIN/HALLER Rz 349, AUBERT Nr. 722 [inkl. Nachtrag], RHINOW/KRÄHENMANN Nr. 59 B Ia Ziff. 1 und SALADIN, Komm. BV, Art. 3 N 250 mit weiteren Hinweisen). *Art. 52 Abs. 2 SchlT* sah in seiner *ursprünglichen Fassung* jedoch ohne Einschränkungen vor, dass die Kantone die notwendigen Ausführungsvorschriften auf dem Verordnungswege erlassen können. Diese Vorschrift galt nicht nur für die Einführung des Zivilgesetzbuches, sondern auch für spätere Gesetzesrevisionen. Sie erfasste alle notwendigen Ausführungsvorschriften unabhängig davon, ob für die Kantone hierbei ein grösserer oder kleinerer Gestaltungsspielraum bestand, und ermöglichte im Prinzip auch die Änderung von bisherigem Gesetzesrecht auf dem Verordnungsweg (vgl. dazu insbesondere BGE 108 Ia 180 ff. sowie TUOR/SCHNYDER/SCHMID 29, FRIEDRICH 730, JAGMETTI 254 und HUBER N 52, je mit weiteren Hinweisen; vgl. im übrigen zu weitergehenden, auch nicht notwendige kantonale Einführungsvorschriften erfassenden Ermächtigungen in zivilrechtlichen Spezialgesetzen Art. 5 N 127).

117

Bei der *Revision* von *Art. 52 SchlT* im Rahmen der Neuordnung des bundesrechtlichen Genehmigungsrechts (vgl. dazu VB N 311 ff.) wurde der Kritik an dieser Bestimmung dadurch Rechnung getragen, dass die Ermächtigung auf den Erlass *vorläufiger* Ausführungsbestimmungen beschränkt wurde (BG über die Genehmigung kantonaler Erlasse durch den Bund vom 15. Dezember 1989, AS 1991 362 ff., Ziff. II/21; kritisch auch gegenüber dieser Regelung KLEY-STRULLER 38 FN 1 mit Hinweisen). In Anlehnung an die Rechtsprechung zum ähnlich lautenden Art. 36 Abs. 2 RPG ist anzunehmen, dass die Befugnis zum Erlass vorläufiger Ausführungsbestimmungen auf dem Verordnungsweg nicht nur für die Einführung einer neuen Regelung, sondern auch im Zusammenhang mit neuen

118

Art. 6

gesetzlichen Anforderungen, neuen Erkenntnissen der Rechtsprechung oder sonstigen Änderungen der Rechtslage gilt (BGE 117 Ia 357 ff.). Innerhalb welches Zeitraumes die provisorischen Einführungsbestimmungen durch im ordentlichen Verfahren erlassene Gesetzesbestimmungen ersetzt werden müssen, bleibt dagegen offen. In einem anderen, allerdings besonders heiklen Bereich hat der Gesetzgeber neuerdings die entsprechende Frist auf zwei Jahre beschränkt (vgl. Art. 1 Abs. 2 der Schlussbestimmungen zum BG über Zwangsmassnahmen im Ausländerrecht vom 18. März 1994, AS 1995 146 ff.). Anzumerken bleibt, dass reine Ausführungsvorschriften, welche keine Gesetzesänderungen erfordern, in der Regel auch nach kantonalem Staatsrecht auf dem Verordnungsweg erlassen werden können (vgl. dazu oben N 116).

c) Verwaltungs- und Rechtsprechungsbefugnisse

119 Bisher ist lediglich von öffentlich-rechtlichen *Rechtsetzungsbefugnissen* der Kantone die Rede gewesen. Die den Kantonen vorbehaltenen «Befugnisse» bzw. «Kompetenzen» gemäss Art. 6 Abs. 1 ZGB erfassen aber auch die von den entsprechenden Rechtsetzungskompetenzen abgeleiteten öffentlich-rechtlichen *Verwaltungs- und Rechtsprechungskompetenzen,* welche von den kantonalen Verwaltungs- und Gerichtsbehörden wahrgenommen werden. Dies ergibt sich zunächst aus dem allgemeinen Begriff der staatlichen Kompetenz bzw. Zuständigkeit (vgl. dazu SALADIN, Komm. BV, Art. 3 N 91 ff.; zur Ausscheidung der Verwaltungs- und Rechtsprechungskompetenzen zwischen Bund und Kantonen auch allgemein HÄFELIN/HALLER Rz 305 ff., 336 ff., AUBERT Nr. 727 ff., 737 ff. [inkl. Nachtrag] und SALADIN, Komm. BV, Art. 3 N 93 ff. mit Hinweisen). Es folgt aber auch daraus, dass sich bei der Anwendung von kantonalem öffentlichem Recht im konkreten Fall grundsätzlich dieselben Fragen hinsichtlich der Vereinbarkeit mit dem Bundeszivilrecht stellen wie auf der abstrakten Ebene der Rechtsetzungskompetenzen.

120 Den kantonalen Verwaltungs- und Gerichtsbehörden steht daher bei der Anwendung von kantonalem öffentlichem Recht ebenfalls ein durch *Art. 6 Abs. 1 ZGB* geschützter *Auslegungs- und Entscheidungsspielraum* zu (vgl. dazu auch HUBER N 29). Kollisionen zwischen Entscheiden, die sich auf kantonales öffentliches Recht stützen, und solchen, die in Anwendung von Bundeszivilrecht ergehen, lassen sich im übrigen ohnehin nicht direkt mit der Derogationsregel von Art. 2 ÜB BV lösen, da diese nur für Konflikte zwischen generell-abstrakten Rechtsnormen gilt. Stehen *Anwendungsakte* im Widerspruch zueinander, kann dieser *Konflikt* daher grundsätzlich nur durch *Anfechtung* der betreffenden Entscheide mit den zur Verfügung stehenden *Rechtsmitteln* und *Rechtsbehelfen* (we-

gen Unzuständigkeit, falscher Rechtsanwendung, Willkür usw.) gelöst werden (vgl. dazu AUBERT Nr. 638 und VB N 269 mit weiteren Hinweisen; vgl. zum Verhältnis von bau- und mietrechtlichen Entscheiden auch MICHÈLE HUBMANN, Die Durchsetzung des Wohnanteilplans gegenüber mietrechtlichen Erstreckungsvergleichen, ZBl 1993 298 ff.).

Im *Streitfall* bzw. im Rahmen einer sog. *konkreten Normenkontrolle* ist dementsprechend nicht nur zu prüfen, ob die angewandte Norm des kantonalen öffentlichen Rechts an sich mit dem Bundeszivilrecht vereinbar sei, sondern auch, ob die *Auslegung*, welche die kantonale Behörde der betreffenden Norm des kantonalen öffentlichen Rechts im konkreten Fall gegeben hat, sich mit dem Bundeszivilrecht verträgt. Dies kann allenfalls dazu führen, dass ein *Anwendungsakt* als bundesrechtswidrig *aufgehoben* werden muss, obwohl die betreffende Regel des kantonalen öffentlichen Rechts an sich bundesrechtskonform ausgelegt werden könnte. Andererseits kann eine sich in einem *einzelnen Anwendungsfall* als bundesrechtswidrig erweisende *Norm* des kantonalen öffentlichen Rechts in dem betreffenden Verfahren regelmässig *nicht formell aufgehoben* werden. Die Verwaltungs- und Gerichtsbehörden der Kantone können sodann das Bundeszivilrecht nicht nur dadurch verletzen, dass sie eine Norm des kantonalen öffentlichen Rechts anwenden, die mit dem Bundeszivilrecht grundsätzlich nicht vereinbar ist oder der sie im konkreten Fall eine bundeszivilrechtswidrige Auslegung geben, sondern auch dadurch, dass sie *zu Unrecht kantonales öffentliches Recht* anstelle von *Bundeszivilrecht* anwenden (vgl. dazu HUBER N 28 f. und insbesondere VB N 271, 273 ff. mit weiteren Hinweisen; vgl. im übrigen zur Harmonisierungsaufgabe im Rahmen der Rechtsanwendung und -überprüfung auch oben N 56 ff.). 121

Nicht in den Problembereich von Art. 6 Abs. 1 ZGB fällt die Anwendung von *öffentlichem Recht des Bundes* durch kantonale Behörden. Kommt es hierbei zu Konflikten mit dem Bundeszivilrecht, geht es nicht um die Kompetenzausscheidung zwischen Bund und Kantonen, sondern um das Verhältnis von Bundeszivilrecht und öffentlichem Recht des Bundes, für welches andere Grundsätze gelten (vgl. dazu VB N 194 ff., 209 ff.). 122

Nichts ableiten lässt sich aus Art. 6 Abs. 1 ZGB grundsätzlich auch für die Frage, ob Verwaltungs- und Verwaltungsjustizbehörden *zivilrechtliche Vorfragen* selbständig entscheiden dürfen. Dies ist nach der Praxis des Bundesgerichts grundsätzlich zulässig oder allenfalls aus Gründen der Zweckmässigkeit bzw. des Rechtsschutzes sogar geboten, sofern sich aus dem Gesetz nichts anderes ergibt und die zuständige Behörde noch keinen hauptfrageweisen Entscheid darüber getroffen hat (vgl. dazu HÄFELIN/MÜLLER, Rz 46 ff., IMBODEN/RHINOW/KRÄHENMANN Nr. 142, MOOR I 277 ff. und VB N 196 mit weiteren Hinweisen; zur Vorfragenproblematik 123

Art. 6

in der Strafrechtspflege VB N 211). Die vorfrageweise Entscheidung schafft kein Recht in der Hauptsache, weshalb auch durch einen fehlerhaften Vorfrageentscheid die derogatorische Kraft des Bundesrechts in der Regel nicht verletzt werden kann (vgl. BGE 102 Ib 369 und HUBER N 57 mit Hinweisen).

2. «Öffentlich-rechtliche» Befugnisse

a) Allgemeines

124 In Art. 6 Abs. 1 ZGB werden die *«öffentlich-rechtlichen»* Befugnisse der Kantone vorbehalten. Damit sind nach dem Gesagten diejenigen Kompetenzen (primär die Rechtsetzungskompetenzen, sekundär aber auch die davon abgeleiteten Verwaltungs- und Rechtsprechungskompetenzen; vgl. dazu oben N 101 ff., 119 ff.) gemeint, welche den Kantonen auf dem Gebiet des öffentlichen Rechts zukommen. Es geht also um den Erlass bzw. die Anwendung von *öffentlichem Recht* der Kantone (zum Erlass und zur Anwendung von kantonalem Zivilrecht vgl. Kommentar zu Art. 5 ZGB; zur Frage, ob und inwieweit die Kantone im Rahmen ihrer öffentlich-rechtlichen Befugnisse Privatrecht anwenden bzw. öffentliches Recht durch privatrechtliche Sanktionen verstärken dürfen vgl. nachfolgend N 178 ff.). Durch die Umschreibung der in Art. 6 Abs. 1 ZGB vorbehaltenen Befugnisse wird die auch dem Begriff des Bundeszivilrechts zugrundeliegende *Unterscheidung* von *öffentlichem Recht* und *Privatrecht* wiederaufgenommen.

125 Beruft sich ein Kanton im Konfliktfall auf Art. 6 Abs. 1 ZGB, muss somit grundsätzlich als erstes geprüft werden, ob es sich bei der fraglichen kantonalen Vorschrift wirklich um *öffentliches Recht* handle. Da die Rechtsordnung eine Einheit darstellt und widersprüchliche Ergebnisse vermieden werden sollten, sind bei dieser Prüfung grundsätzlich die gleichen Unterscheidungsprinzipien anzuwenden, wie sie bei der Abgrenzung der Privatrechtskompetenz des Bundes verwendet werden. Es ist somit auch hier von einem *Methodenpluralismus* auszugehen (vgl. dazu VB N 50 ff., insbesondere 66 ff.). Freilich kommt bei der Abgrenzung von Bundeszivilrecht und kantonalem öffentlichem Recht der *Subordinations-* und der *Interessentheorie* nach der Praxis eine *vorrangige Bedeutung* zu (vgl. dazu IMBODEN/RHINOW/KRÄHENMANN Nr. 1 B IV a, MOOR I 129 und PIOTET Rz 16, je mit weiteren Hinweisen; kritisch zum Abstellen auf die Interessentheorie DESCHENAUX 25 f.; vgl. zur Bedeutung der Interessentheorie und zum Zusammenhang mit dem von Lehre und Rechtsprechung als Schranke zu Art. 6 Abs. 1 ZGB entwickelten Erfordernis schutzwürdiger öffentlicher Interessen aber auch nachfolgend N 298 ff.). Die unterschiedliche Gewichtsetzung im Rahmen des

Methodenpuralismus je nach der Funktion der Abgrenzung ist zum Teil umstritten, wird jedoch mit praktischen Erfordernissen begründet (vgl. dazu VB N 66 ff., 96 ff.).

Zu beachten ist, dass das *Bundeszivilrecht* eine bestimmte Materie zum Teil *ausdrücklich* oder *sinngemäss* dem Zivilrecht oder dem öffentlichen Recht *zuordnet*, an welche Qualifikation Rechtsprechung und Praxis aufgrund des Anwendungsgebots von Art. 113 Abs. 3 BV gebunden sind (vgl. z.B. Art. 702 ZGB, Art. 73 Abs. 2 OR und dazu VB N 55; vgl. auch die weiteren Hinweise zu den einzelnen konkreten Vorbehalten bei Art. 5 N 45 ff., 161 ff. und oben N 26 ff.). Eine bestimmte Materie kann aber auch sowohl privat- als auch öffentlich-rechtliche Aspekte aufweisen *(gemischte Normen)*. Diesfalls muss eine Prüfung sowohl unter dem Aspekt von Art. 5 als auch von Art. 6 ZGB erfolgen (vgl. den nachfolgend erwähnten BGE vom 5. Dezember 1980, ZBl 1981 257 ff.; zur Qualifikation von Drittwirkungsregelungen in Kantonsverfassungen auch nachfolgend N 141; zu den gemischten Normen und Doppelnormen allgemein VB N 70 ff.). Angesichts der *Unschärfe* der *Abgrenzung* von Privatrecht und öffentlichem Recht ist eine eindeutige *Zuordnung* zum einen oder anderen Bereich ohnehin oft *schwierig* (vgl. für die Abgrenzung der Privatrechtskompetenz des Bundes auch VB N 96 ff.; zum erforderlichen Spielraum für das kantonale öffentliche Recht im Bereich bundeszivilrechtlicher Lücken insbesondere VB 176). In der Praxis kann auf eine nähere *Prüfung* der Zuordnung umstrittener kantonaler Vorschriften im Grenzbereich von Privatrecht und öffentlichem Recht aber häufig *verzichtet* werden (so auch die Praxis des Bundesgerichts), weil mangels eines privatrechtlichen Vorbehalts jedenfalls nur eine kantonale öffentlich-rechtliche Norm in Frage kommt, deren Vereinbarkeit mit dem Bundeszivilrecht aufgrund der zu Art. 6 Abs. 1 ZGB entwickelten Grundsätze zu prüfen ist (vgl. dazu auch HUBER N 113 f.).

Kasuistik

Vgl. aus der neueren Bundesgerichtspraxis:

BGE 117 Ia 330 f: Die durch den Kanton Genf statuierte Pflicht zur Verwendung des offiziellen Formulars gemäss Art. 269d OR auch beim Abschluss von Mietverträgen ist eine privatrechtliche Vorschrift.

BGE 119 Ia 62: Die Zuordnung der Vorschriften gegen Missbräuche im Zinswesen zum öffentlichen Recht durch Art. 73 Abs. 2 OR ist für die Rechtsprechung verbindlich.

BGE 122 I 354 f.: Das kantonale Steuerpfandrecht ist öffentlich-rechtlicher Natur, obwohl das Bundeszivilrecht (Art. 836 ZGB) seiner Zulässigkeit Grenzen setzt und es sich um ein Sicherungsmittel handelt, das auch im Zivilrecht vorkommt.

ZBl 1981 257 ff. (BGE vom 5. Dezember 1980): Das im Kanton Zug eingereichte Volksbegehren zur Einführung eines Rechts der Arbeitnehmer auf Mitbeteiligung an der Arbeitgeberfirma umfasst sowohl privatrechtliche Bestimmungen (Schaffung von Beteiligungsrechten der Arbeitnehmer) als auch eine öffentlich-rechtliche Vorschrift (Kontrahierungszwang für die Arbeitgeber).

Art. 6

Vgl. dazu auch die weiteren Hinweise bei DESCHENAUX 25 f., HUBER N 119 ff. und IMBODEN/RHINOW/KRÄHENMANN Nr. 1 B IV a.

128 Abgesehen von der Abgrenzung gegenüber dem Zivilrecht bzw. dem Privatrecht ist der Vorbehalt von *Art. 6 Abs. 1 ZGB* zugunsten des öffentlichen Rechts der Kantone grundsätzlich in einem *umfassenden Sinne* zu verstehen. Hierunter fällt grundsätzlich jedwelches kantonale Recht, das nicht dem Privatrecht zugehört. Vorbehalten bleibt den Kantonen somit die Schaffung von *öffentlichem Recht* in einem *weiten Sinn*, wozu neben dem Staats- und Verwaltungsrecht grundsätzlich auch das Kirchenrecht, das Völkerrecht, das Strafrecht und das Zivilprozess- und Vollstreckungsrecht gehören (vgl. dazu nachfolgend N 129 ff.).

b) Verwaltungsrecht (inkl. Verwaltungsrechtspflege)

aa) Materielles Verwaltungsrecht

129 Hauptanwendungsgebiet des Vorbehalts der öffentlich-rechtlichen Befugnisse der Kantone gemäss Art. 6 Abs. 1 ZGB bildet das *Verwaltungsrecht,* welches schon rein umfangmässig den Hauptanteil des kantonalen öffentlichen Rechts und des kantonalen Rechts überhaupt darstellt. Das Verwaltungsrecht regelt die seit dem letzten Jahrhundert stetig ausgeweitete *Tätigkeit der Verwaltung* (Eingriffs- und Leistungsverwaltung) sowie deren *Organisation und Verfahren* (vgl. dazu HÄFELIN/ MÜLLER Rz 14 ff., 65 ff.; EICHENBERGER, Handbuch BS, 34 ff. und MOOR I 1 ff., je mit weiteren Hinweisen; vgl. auch HUBER N 56 und RIEMER 10 N 7). Im Laufe dieses Jahrhunderts sind auch auf dem Gebiet des Verwaltungsrechts zunehmend *Kompetenzen* von den Kantonen *zum Bund verlagert* worden (vgl. dazu schon HUBER N 147 f.; vgl. auch NOBEL 277). Trotzdem verbleiben den Kantonen viele Sachbereiche zur eigenständigen Regelung. Allerdings sind immer mehr bundesrechtliche Teil- oder Grundsatzregelungen zu beachten, was zu einer ausgeprägten Verzahnung von Bundesrecht und kantonalem Recht geführt hat (vgl. dazu auch KLEY-STRULLER 36 f. und oben N 104 ff.).

130 Relativ *umfassende Rechtsetzungskompetenzen* besitzen die Kantone noch immer vor allem auf folgenden Gebieten: *Schulwesen* (vgl. jedoch für die Berufsbildung SR-Systematik 412.1), *Kultur, Bau- und Planungsrecht* (vgl. aber die Grundsatzvorschriften des BG über die Raumplanung vom 22. Juni 1979 [RPG, SR 700]), allgemeines *Polizeiwesen,* Verhältnis von *Kirche und Staat, Gesundheitswesen* (vgl. aber die bundesrechtlichen Vorschriften betr. die Lebensmittelpolizei sowie die Krankheits- und Unfallbekämpfung, SR-Systematik 817, 818, 819), *Steuerrecht* (vgl. aber die bundesrechtlichen Anforderungen des BG über die Harmonisierung der direkten Steuern der Kantone und Gemeinden vom 14. Dezember 1990 [StHG, SR 642.14]) und *Sozialhilfe* (vgl. aber das BG über die

Art. 6

Zuständigkeit für die Unterstützung Bedürftiger vom 24. Juni 1977 [ZUG, SR 851.1]).

Eine *Darstellung* des geltenden *kantonalen Verwaltungsrechts* in den *erwähnten Bereichen* findet sich in folgenden Werken (Auswahl): HALLER WALTER/KARLEN PETER, Raumplanungs- und Baurecht, 2. Auflage, Zürich 1992; HÖHN ERNST, Steuerrecht, 7. Auflage, Bern 1993; HONSELL HEINRICH (Hrsg.), Handbuch des Arztrechts, Zürich 1994 [mit Hinweisen zum Medizinalrecht insgesamt]; KOCH RICHARD A., Das Strassenrecht des Kantons Zürich (Strassenpolizeirecht), Zürich 1997; KRAUS DIETER, Schweizerisches Staatskirchenrecht, Tübingen 1993 (im vorliegenden Kommentar zit. KRAUS); PLOTKE HERBERT, Schweizerisches Schulrecht, Bern 1979 (im vorliegenden Kommentar zit. PLOTKE) [vgl. überdies auch JAAG TOBIAS, Rechtsfragen der Volksschule, ZBl 1997 537 ff.]; REINHARD HANS, Allgemeines Polizeirecht, Diss. Bern 1993 [vgl. überdies auch SCHWEIZER RAINER J., Entwicklungen im Polizeirecht von Bund und Kantonen, AJP 1997 379 ff.]; WOLFFERS FELIX, Grundriss des Sozialhilferechts, Bern 1993 (im vorliegenden Kommentar zit. WOLFFERS); SCHÜRMANN LEO/HÄNNI PETER, Planungs-, Bau- und besonderes Umweltschutzrecht, 3. Auflage, Bern 1995 (im vorliegenden Kommentar zit. SCHÜRMANN/HÄNNI). Für weitere Gebiete vgl. die Literaturhinweise in Komm. KV/BE. 131

Das *Wirtschaftsverwaltungsrecht* ist demgegenüber seit dem Inkrafttreten der 1947 angenommenen revidierten Wirtschaftsartikel der Bundesverfassung weitgehend im Bundesrecht geregelt. Lediglich im Bereich der *Handels- und Gewerbepolizei* sowie der *Wirtschaftsförderung* verbleiben den Kantonen gewichtige Rechtsetzungskompetenzen (vgl. dazu HÄFELIN/HALLER Rz 1403 ff., insbesondere Rz 1437 f., 1453, 1469 ff. und SCHÜRMANN, insbesondere 95 ff., 137 ff. mit Hinweisen). Diese Kompetenzen werden sodann neuerdings durch das BG über den Binnenmarkt vom 6. Oktober 1995 (BGBM) im Interesse einer Realisierung des Binnenmarktes Schweiz weiter eingeschränkt (vgl. dazu oben N 108). 132

Auch das *Sozialversicherungsrecht* ist im Laufe dieses Jahrhunderts sukzessive durch Bundesrecht geregelt worden. Lediglich *Familienzulagen* und *ähnliche Leistungen* sowie *Anschlussleistungen zur Arbeitslosenversicherung* beruhen noch auf kantonalem Recht (vgl. dazu AUBERT Nr. 693 [inkl. Nachtrag], MAURER, Sozialversicherungsrecht I, 92 ff., LOCHER 64 ff. und HANS PETER TSCHUDI, Entstehung und Entwicklung der schweizerischen Sozialversicherung, Basel/Frankfurt a.M. 1989, insbesondere 18 ff.; vgl. ferner auch oben N 75 ff.). Neuerdings bestehen aufgrund einer parlamentarischen Initiative auch Bestrebungen zur Vereinheitlichung der Familienzulagen, doch ist deren Schicksal angesichts der schlechten Wirtschaftslage ungewiss (vgl. zum Ergebnis des 1995 durchgeführten Vernehmlassungsverfahrens FRITZ STALDER CHSS 1996 260 ff.). Zur geplanten Einführung einer eidgenössischen Mutterschaftsversicherung vgl. nun auch BBl 1997 IV 981 ff. (Botschaft). 133

Schliesslich hat der Bund durch den Erlass des *BG über den Umweltschutz* vom 7. Oktober 1983 (USG, SR 814.01) und dessen umfangreiche Revision vom 21. Dezember 1995 (AS 1997 1155 ff.) von seiner umfassenden Gesetzgebungskompetenz Gebrauch gemacht und für dieses Gebiet – neben den bereits bestehen- 134

Art. 6

den bundesrechtlichen Spezialgesetzen – eine weitgehend abschliessende Bundesregelung geschaffen (vgl. dazu und zur Ordnung der umweltrechtlichen Spezialgebiete FLEINER, Komm. BV, Art. 24^{septies}, insbesondere N 84 ff., SCHÜRMANN/HÄNNI 280 ff., PETER SALADIN, Kantonales Umweltschutzrecht im Netz des Bundesrechts, URP 1993 1 ff., KLAUS A. VALLENDER/RETO MORELL, Umweltrecht, Bern 1997, § 3 N 68 ff., und zur USG-Revision 1995 insbesondere JÜRG HOFER, Bedeutung, Handlungsbedarf und Perspektiven der USG-Revision für die Kantone, URP 1996 554 ff., je mit weiteren Hinweisen; zur teilweise abweichenden Rechtslage im Bereich des Natur- und Heimatschutzes nachfolgend N 437 ff.).

135   Vgl. zum Stand der *Kompetenz- und Aufgabenverteilung* zwischen Bund und Kantonen auch allgemein HÄFELIN/HALLER Rz 174, AUBERT Nr. 686 ff. [inkl. Nachtrag] und SALADIN 55 f. mit weiteren Hinweisen; vgl. sodann die ausführlichen Darstellungen des *Verwaltungsrechts einzelner Kantone*, insbesondere das Handbuch des Staats- und Verwaltungsrechts des Kantons Basel-Stadt (hrsg. von KURT EICHENBERGER u.a.), Basel/Frankfurt a.M. 1984, TOBIAS JAAG, Verwaltungsrecht des Kantons Zürich, Zürich 1997, und ULRICH ZIMMERLI, Bernisches Verwaltungsrecht, Bern 1997.

136   Inwieweit das *Bundeszivilrecht* dem öffentlichen Recht der Kantone allgemein und dem kantonalen Verwaltungsrecht insbesondere Schranken setzt, wird nachfolgend N 230 ff. dargelegt. Zur Verwendung von Bundeszivilrecht *als kantonales Verwaltungsrecht, anstelle* oder *zur Verstärkung* von *kantonalem Verwaltungsrecht* vgl. nachfolgend N 178 ff.; zum Verhältnis von *Verwaltungsrecht* und *Privatrecht* allgemein VB N 194 ff.

bb) Verwaltungsrechtspflege

137   Die Kantone besitzen nicht nur Rechtsetzungskompetenzen im Bereich des inhaltlichen (materiellen) Verwaltungsrechts, sondern auch im Bereich des formellen Verwaltungsrechts *(Verwaltungsprozessrecht, kantonale Verwaltungsrechtspflege)*, welches ebenfalls zum kantonalen öffentlichen Recht gehört (zum Sonderfall der Regeln über die Prozessentschädigung vgl. nachfolgend N 264 und Art. 5 N 162). Aufgrund der ihnen zustehenden *Organisations- und Verfahrensautonomie* bzw. *-hoheit* (vgl. dazu auch nachfolgend N 165) kommt den Kantonen diese Befugnis nicht nur bei der Anwendung des kantonalen Verwaltungsrechts, sondern grundsätzlich auch dort zu, wo sie *Bundesverwaltungsrecht* zu vollziehen haben. Allerdings haben sie in diesem Bereich zahlreiche – teils geschriebene, teils ungeschriebene – *Anforderungen des Bundesrechts* zu berücksichtigen, welche in der letzten Zeit zur Verbesserung der Rechtsanwendung und des Rechtsschutzes sowie zur Entlastung des Bundesgerichts noch vermehrt worden sind (vgl. dazu SALADIN, Komm. BV, Art. 3 N 66, 104 ff., 232 ff., BRÖNNIMANN, 366 ff., 393 ff., KÖLZ/KOTTUSCH 421 ff., PIERRE MOOR, Procédure administrative cantonale et règles de droit fédéral, in: FS Universität Lausanne, Lausanne 1991,

173 ff. und ausführlich ANDREAS KLEY-STRULLER, Anforderungen des Bundesrechts an die Verwaltungsrechtspflege der Kantone bei der Anwendung von Bundesverwaltungsrecht, AJP 1995 148 ff. mit zahlreichen Hinweisen).

Längerfristig stellt sich freilich die Frage, ob die kantonale Verwaltungsrechtspflege nicht im Interesse der Rechtssicherheit und Rechtsklarheit auf dem Wege der Gesetzgebung *harmonisiert* oder gar ganz oder teilweise *vereinheitlicht* werden sollte (vgl. dazu KLEY-STRULLER, a.a.O., 161 f. und RAINER SCHWEIZER, Auf dem Weg zu einem schweizerischen Verwaltungsverfahrens- und Verwaltungsprozessrecht, ZBl 1990 193 ff. mit Hinweisen). Im Rahmen der geplanten *Totalrevision der Bundesverfassung* soll den Kantonen jedoch lediglich vorgeschrieben werden, auch für Streitigkeiten aus dem kantonalen öffentlichen Recht *richterliche Behörden* vorzusehen, während eine weitergehende Bundeskompetenz zur Regelung der kantonalen Verwaltungsrechtspflege als unnötig abgelehnt wird (vgl. Art. 179a Verfassungsentwurf 96 [Vorlage C, Reform der Justiz] und dazu BBl 1997 I 517 f., 541). 138

Was das Verhältnis zwischen *Bundeszivilrecht* und *kantonaler Verwaltungsrechtspflege* anbetrifft, ist zunächst darauf hinzuweisen, dass das kantonale Verwaltungsprozessrecht auch insoweit zur Anwendung gelangt, als die Kantone die *Anwendung des Bundeszivilrechts Verwaltungsbehörden übertragen*, was in gewissem Rahmen (insbesondere in der freiwilligen Gerichtsbarkeit) zulässig ist (vgl. dazu KLEY-STRULLER 43 ff. und nachfolgend N 165 f., 169 mit weiteren Hinweisen). Zwischen dem Verwaltungs- und dem Zivilprozessrecht besteht *keine grundsätzliche Wesensverschiedenheit*, doch gelten zum Teil *unterschiedliche Prozessmaximen* (insbesondere Untersuchungsmaxime anstelle der Verhandlungsmaxime). Eine besondere Ähnlichkeit besteht zwischen der sog. *ursprünglichen Verwaltungsgerichtsbarkeit* (verwaltungsrechtliches Klageverfahren) und dem Zivilprozess. Die *Rechtsmittelbefugnis* (Legitimation) ergibt sich sodann in der Verwaltungsrechtspflege im Unterschied zum Zivilprozess allein aus dem Verfahrensrecht (vgl. dazu KÖLZ/HÄNER Rz 9, 45, 49 f., 62, 235 mit Hinweisen). Im Laufe der Zeit hat eine *Übertragung privatrechtlicher Rechtsschutzvorstellungen* auf das öffentliche Recht stattgefunden. Diese Entwicklung dauert bis heute an und wird neuerdings durch die Anforderungen von Art. 6 EMRK an den gerichtlichen Rechtsschutz gefördert (vgl. dazu ANDREAS KLEY-STRULLER, Der richterliche Rechtsschutz gegen die öffentliche Verwaltung, Zürich 1995, 17 N 21 ff. mit Hinweisen). 139

c) **Staats- und Verfassungsrecht**

Neben dem Verwaltungsrecht umfasst der Begriff der öffentlich-rechtlichen Befugnisse auch das kantonale *Staats- bzw. Verfassungsrecht*. Dessen Herzstück bildet 140

Art. 6

die *Kantonsverfassung*, doch gehören dazu auch gesetzliche und untergesetzliche Normen, welche die *Grundorganisation des kantonalen Staatswesens* (insbesondere Staatsaufgaben, Staatsorgane, grundsätzliche Rechtsstellung der Bürger und Verfassungsrevision) regeln. Da das Verwaltungsrecht Organisation und Tätigkeit der Verwaltung im einzelnen regelt, ist die Abgrenzung zwischen Staats- bzw. Verfassungsrecht und Verwaltungsrecht fliessend (vgl. dazu HÄFELIN/HALLER Rz 1 ff., HÄFELIN/MÜLLER Rz 73 ff., MOOR I, 28 ff., EICHENBERGER, Komm. BV, Verfassungsrechtl. Einl. N 14 ff. und DERS., Handbuch BS, 17 ff., je mit weiteren Hinweisen).

141 Konflikte zwischen dem Bundeszivilrecht und dem kantonalen Staats- und Verfassungsrecht können sich – abgesehen von einzelnen wenigen Vorgaben des Bundeszivilrechts für die *Staats- und Verwaltungsorganisation* (vgl. dazu nachfolgend N 187 ff., 194 ff.) – vor allem im Bereich der *Grundrechte* ergeben. Kantonale Grundrechtsbestimmungen sind an das Bundeszivilrecht gebunden und dürfen dieses *nicht verändern*. So kann z.B. die Garantie der freien Wahl der Form des Zusammenlebens keine Ausdehnung der Vorschriften des Eherechts auf Konkubinatspaare zur Folge haben (vgl. BBl 1994 I 407 zu Art. 13 Abs. 2 KV/BE; vgl. dazu auch BOLZ, Komm. KV/BE, Art. 13 N 3 ff.). Auch dürfen die Kantone grundsätzlich *keine direkte Drittwirkung* der (kantonalen und eidgenössischen) *Grundrechte* vorsehen, weil damit ebenfalls in unzulässiger Weise ins Bundeszivilrecht eingegriffen bzw. zugleich eine privatrechtliche Regelung für die betroffenen Rechtsverhältnisse geschaffen würde (vgl. dazu sinngemäss VB N 85 ff.), was ohne Vorbehalt im Sinne von Art. 5 Abs. 1 ZGB unzulässig ist (vgl. dazu auch Art. 5 N 17 ff.). Eine direkte Drittwirkung (unmittelbare Geltung der Grundrechte auch im Verhältnis zwischen Privaten) lehnt die herrschende Lehre und Rechtsprechung überdies – von den in der Verfassung ausdrücklich geregelten Fällen abgesehen – aus prinzipiellen Gründen ab, während eine indirekte Drittwirkung (Konkretisierung der Drittwirkung durch den Gesetzgeber bzw. grundrechtskonforme Rechtsauslegung im konkreten Anwendungsfall) nach herrschender Auffassung zulässig ist und bei den Grundrechten des Bundesverfassungsrechts sogar von Bundesrechts wegen angenommen werden muss (vgl. zu dieser Problematik allgemein VB N 187 ff. mit weiteren Hinweisen).

142 Die Bundesversammlung hat daher Vorschriften neuerer Kantonsverfassungen, welche eine darüber hinausgehende direkte Drittwirkung vorsehen, für den Anwendungsbereich des Bundesrechts nur unter dem Vorbehalt einer einschränkenden, bundesrechtskonformen Auslegung (im Sinne einer bloss indirekten Drittwirkung) gewährleistet. Vgl. dazu VB N 308 und eingehend GEORG MÜLLER, Zur Problematik der Drittwirkung von kantonalen Grundrechtsgarantien, ZBJV 1993, 153 ff. sowie MARTIN KURER, Die kantonalen Grundrechtsgarantien und ihr Verhältnis zum Bundesrecht, Diss. Zürich 1987, 152 ff. mit zahlreichen Hinweisen; vgl. ferner auch J.P. MÜLLER, Komm. KV/BE, 34 f. und BOLZ, Komm. KV/BE, Art. 27 N 1 ff. zur geltenden Regelung des Kantons Bern; zu drittwirkungsfreundlich wohl WALTER GRESSLY,

Art. 6

Horizontalwirkung von Grundrechten kraft kantonalen Verfassungsrechts?, in FS Alfred Rötheli, Solothurn 1990, 193 ff.).

Die *Konkretisierung* der *mittelbaren Drittwirkung* von Grundrechten durch öffentlich-rechtliche Vorschriften der Kantone ist im übrigen nur im Rahmen der Voraussetzungen von *Art. 6 Abs. 1 ZGB* zulässig. Soweit die Vertragsfreiheit tangiert wird, ist insbesondere ein überwiegendes öffentliches Interesse erforderlich (vgl. z.B. für die Anordnung der Beherbergungspflicht der Gastwirte hinten N 351). Eine unmittelbare Drittwirkung beinhaltet das in der neuen Berner Kantonsverfassung vorgesehene Recht auf gleiche Ausbildung von Mann und Frau, welches nach dem Willen des Verfassungsgesetzgebers auch für private Bildungseinrichtungen gelten soll. Die Anordnung der Drittwirkung erfolgt hier jedoch nicht in allgemeiner, sondern in konkreter, unmittelbar anwendbarer Form. Da für eine entsprechende Einschränkung der Vertragsfreiheit ein überwiegendes öffentliches Interesse angenommen werden kann, erscheint diese Verfassungsbestimmung als öffentlich-rechtliche Anforderung auch für die Tätigkeit privater Bildungseinrichtungen zulässig (vgl. dazu Bolz, Komm. KV/BE, Art. 10 N 4 ff., insbesondere N 6; zur Frage, ob sich hieraus auch privatrechtliche Ansprüche ableiten lassen, vgl. nachfolgend N 205 ff.). 143

d) Kirchenrecht

Als besondere Disziplin des öffentlichen Rechts gilt sodann das *Kirchenrecht,* welches das kirchliche Leben (inneres Kirchenrecht) und die Beziehung zwischen Staat und Kirchen (äusseres Kirchenrecht, Staatskirchenrecht) regelt (vgl. zum Begriff des Kirchenrechts bzw. des Staatskirchrechts Forstmoser/Schluep 5 N 10 f., Rehbinder, Einführung, 95 und insbesondere Kraus 64 f. mit Hinweisen; vgl. zur Stellung und zur Grundlage des Kirchenrechts auch Christoph Winzeler, Probleme einer evangelischen Kirchenverfassung, recht 1994 225 ff. mit weiteren Hinweisen). Gemäss dem besonderen Vorbehalt von *Art. 59 Abs. 1 ZGB* bleibt für kirchliche Körperschaften und Anstalten das *öffentliche Recht* des *Bundes* und der *Kantone* vorbehalten (vgl. dazu auch Tuor/Schnyder/Schmid 120 f., Gutzwiller SPR II 458 ff. und Riemer, BE-Komm., Die Stiftungen, Syst. Teil N 185 ff., insbesondere N 249 ff., je mit weiteren Hinweisen). 144

Abgesehen von den Vorschriften über Säkularisierung und Religionsfrieden (Art. 49 ff. BV; vgl. dazu Häfelin/Haller Rz 1231 ff.) sind die Kantone zur Regelung des Verhältnisses zwischen Staat und Kirchen zuständig. Die Kantone können kirchliche Organisationen *öffentlich-rechtlich anerkennen* oder durch staatliches Recht entsprechende *öffentlich-rechtliche Organisationen* schaffen mit der Wirkung, dass diese dem öffentlichen Recht unterstehen. Grundsätzlich besteht 145

Art. 6

in der Schweiz jedoch kein Rechtsanspruch kirchlicher Organisationen auf öffentlich-rechtliche Organisation (vgl. dazu KRAUS 11, 414 ff. und FELIX HAFNER, Trennung von Kirche und Staat: Anspruch und Wirklichkeit, BJM 1996 225 ff. mit weiteren Hinweisen; zur Frage der Gleichbehandlung insbesondere HÄFELIN, Komm. BV, Art. 49 N 38 ff.). Die Grundlagen für die öffentlich-rechtliche Organisation der Kirchen finden sich regelmässig in der *Kantonsverfassung* und besonderen *staatskirchenrechtlichen Erlassen*. Zu beachten sind aber meist auch verschiedene Teile des übrigen kantonalen öffentlichen Rechts, namentlich des Gemeinderechts (vgl. dazu KRAUS 72, 495 ff. mit Hinweisen). Im Rahmen der ihnen eingeräumten *Autonomie* können die öffentlich-rechtlichen kirchlichen Organisationen sodann auch eigenständige *öffentlich-rechtliche Vorschriften* im Sinne und im Rahmen von Art. 6 Abs. 1 ZGB erlassen (vgl. dazu insbesondere KRAUS 72, 81 ff., 397 ff., 406 ff. und dazu nachfolgend N 224; zur Regelung der Rechtsverhältnisse am Kirchengut vgl. nachfolgend N 411). Bundesrechtliche Schranken bilden hierbei die eingangs erwähnten Säkularisierungs- und Religionsvorschriften der Bundesverfassung, im Verhältnis zum Bundeszivilrecht insbesondere die sich bereits aus der Bundesverfassung ergebende Laisierung des Zivilstands- und Begräbniswesens (vgl. dazu DICKE, Komm. BV, Art. 53 N 1 ff. und SCHÜPBACH SPR II/3 7 ff., je mit weiteren Hinweisen; zum Verzicht auf entsprechende ausdrückliche Bestimmungen im Rahmen der geplanten Verfassungsrevision BBl 1997 I 141, 156 f., 338).

146 Soweit der *öffentlich-rechtliche Status fehlt*, unterstehen die kirchlichen Organisationen nach heute herrschender, aber nicht völlig geklärter Auffassung grundsätzlich dem *Bundeszivilrecht*. Allerdings können die Kantone im Rahmen von Art. 6 Abs. 1 ZGB auch für private Religionsgemeinschaften öffentlich-rechtliche Vorschriften erlassen (vgl. dazu TUOR/SCHNYDER/SCHMID 120 f. und KRAUS 7, je mit weiteren Hinweisen; zu Art und Vorkommen privat- und öffentlich-rechtlicher Rechtsformen im Schweizer Staatskirchenrecht vgl. JAGMETTI 262 f., KLEY-STRULLER 102, HÄFELIN, Komm. BV, Art. 49 N 17 ff. und eingehend KRAUS 9 ff., 130 ff., 153 ff., 315 ff., je mit weiteren Hinweisen).

e) Völkerrecht

147 Den Kantonen steht gestützt auf die Art. 9 und 10 BV ausnahmsweise und in beschränktem Rahmen auch die Kompetenz zum Abschluss von Staatsverträgen und damit zur Schaffung von *Völkerrecht* zu, welches als besondere Disziplin des öffentlichen Rechts die Rechtsbeziehungen zwischen Staaten und weiteren Rechtssubjekten des Völkerrechts regelt (vgl. zum Begriff des Völkerrechts FORSTMOSER/SCHLUEP 4 N 69, REHBINDER, Einführung, 95 und insbesondere SEIDL-HOHEN-

Art. 6

VELDERN Rz 1 ff.; zur Abgrenzung gegenüber den interkantonalen Vereinbarungen nachfolgend N 225 ff.).

Gemäss *Art. 9 BV* dürfen die Kantone Staatsverträge «über Gegenstände 148 der Staatswirtschaft, des nachbarlichen Verkehrs und der Polizei» abschliessen, doch sind nach herrschender Auffassung solche Verträge über den Wortlaut von Art. 9 BV hinaus in allen Materien des kantonalen Kompetenzbereiches zulässig. Angesichts der umfassenden Staatsvertragskompetenz des Bundes (vgl. dazu auch oben N 104), von welcher dieser in der letzten Zeit zunehmend Gebrauch gemacht hat, ist allerdings die Bedeutung kantonaler Staatsverträge zurückgegangen. Eine wichtige Rolle spielen sie aber nach wie vor für die *regionale* und *lokale Zusammenarbeit* über die Landesgrenze hinweg, insbesondere für den Betrieb gemeinsamer Einrichtungen (vgl. dazu, zum in *Art. 10 BV* geregelten Verfahren sowie zur Stellung der kantonalen Staatsverträge in der Rechtsordnung HÄFELIN/HALLER Rz 327 ff., THÜRER, Komm. BV, BV und Völkerrecht N 33, SCHINDLER, Komm. BV, Art. 9 und 10, und BBl 1997 I 232 f. zu Art. 51 Verfassungsentwurf 96, je mit weiteren Hinweisen; zur ungenügenden Publikationspraxis insbesondere YVO HANGARTNER, Sammmlung des interkantonalen und völkerrechtlichen Vertragsrechts der Kantone, in: FS Henri Zwahlen, Lausanne 1977, 87 ff., insbesondere 96 ff.; zur geplanten teilweisen Neuordnung der aussenpolitischen Rolle der Kantone THOMAS PFISTERER, Von der Rolle der Kantone in der Aussenpolitik, ZBl 1996 544 ff. mit Hinweisen).

In den unter dem Aspekt von Art. 6 Abs. 1 ZGB besonders interessanten 149 Bereichen des *Waren-, Personen-, Dienstleistungs- und Kapitalverkehrs* besteht dagegen für die Kantone nur ein geringer Handlungsspielraum, da diese Bereiche weitgehend in die Kompetenz des Bundes fallen (vgl. dazu nun ausführlich den Bericht des Bundesrates über die grenzüberschreitende Zusammenarbeit und die Mitwirkung der Kantone an der Aussenpolitik vom 7. März 1994, BBl 1994 II 620 ff., insbesondere 648 ff.). Ausgeschlossen sind heute wohl auch Staatsverträge im Bereich des *grenzüberschreitenden Zivilrechts* (vgl. dazu Art. 5 N 99).

Neben dem Abschluss von Staatsverträgen haben in der letzten Zeit *andere* 150 – vor allem informelle und konsultative – *Formen* der lokalen und regionalen *grenzüberschreitenden Zusammenarbeit* an Bedeutung gewonnen, wobei unter anderem wegen der beschränkten bzw. fehlenden Völkerrechtsfähigkeit der Kantone und Gemeinden bzw. ihrer Vertragspartner häufig *privatrechtliche Formen* verwendet werden (vgl. dazu und zu der damit verbundenen Problematik HÄFELIN/HALLER Rz 335, SCHINDLER, Komm. BV, Art. 10 N 13 ff. und insbesondere DANIEL THÜRER, Föderalismus und Regionalismus in der schweizerischen Aussenpolitik: Zum Verhältnis von Bundeskompetenzen und kantonalen Kompetenzen unter veränderten Umständen, ZBl 1992 49 ff., insbesondere 58 ff. mit weiteren Hin-

Art. 6

weisen; vgl. auch BBl 1997 I 233: keine Genehmigungspflicht für privatrechtliche Vereinbarungen der Kantone mit dem Ausland).

151   Zum Verhältnis von *Völkerrecht* und *Privatrecht* im allgemeinen vgl. VB N 223 ff.

f)   Strafrecht (inkl. Strafprozessrecht)

aa)   Materielles Strafrecht

152   Zum öffentlichen Recht im Sinne von Art. 6 Abs. 1 ZGB gehört grundsätzlich auch das *Strafrecht,* welches die Ausübung der staatlichen Strafgewalt ordnet (vgl. REHBERG I 1 ff., TRECHSEL/NOLL 29 f., SCHULTZ I 36 f. und STRATENWERTH I 2 N 1 ff.; zur Abgrenzung zwischen strafrechtlichen Sanktionen und administrativen Rechtsnachteilen und zur Stellung des sog. Verwaltungsstrafrechts vgl. KNAPP, Komm. BV, Art, 64bis N 9 ff., 21 ff., SCHULTZ I 29 ff., STRATENWERTH I 2 N 38 ff., TRECHSEL/NOLL 30 f., HÄFELIN/MÜLLER Rz 913 ff. und MOOR II 77 ff., 90 ff.). Der Bund hat allerdings von der ihm aufgrund von *Art. 64bis Abs. 1 BV* zustehenden Kompetenz zur Gesetzgebung im Bereich des Strafrechts durch den Erlass des *Schweizerischen Strafgesetzbuches* vom 21. Dezember 1937 (StGB, SR 311.0) und zahlreicher *nebenstrafrechtlicher Vorschriften* in umfassender Weise Gebrauch gemacht (vgl. dazu KNAPP, Komm. BV, Art. 64bis N 24 ff. mit Hinweisen). Den Kantonen steht eine Gesetzgebungskompetenz auf dem Gebiet des materiellen Strafrechts nur noch im Rahmen von *Art. 335 StGB* zu.

153   Im Bereich des vom Bund geregelten Strafrechts können die Kantone gemäss Art. 335 Ziff. 1 Abs. 1 StGB nur noch *Übertretungen* mit Strafe bedrohen (d.h. höchstens mit Haft oder Busse; vgl. Art. 101 StGB), wobei es sich überdies um eine Materie handeln muss, die *im Bundesrecht nicht abschliessend* («durch ein geschlossenes System von Normen») geregelt ist (sog. ergänzendes Übertretungsstrafrecht der Kantone). Nach Art. 335 Ziff. 1 Abs. 2 StGB sind die Kantone überdies befugt, die *Verletzung von kantonalem Verwaltungs- und Prozessrecht* (nicht aber von Bundesrecht lediglich ergänzendem kantonalem Verwaltungsrecht) mit Strafe zu bedrohen, wobei sie trotz Verwendung des Begriffes «Übertretung» im Wortlaut auch schwerere Strafen als Haft oder Busse androhen dürfen. Gemäss Art. 335 Ziff. 2 StGB steht den Kantonen schliesslich die Kompetenz zu, Strafbestimmungen zum *kantonalen Steuerrecht* aufzustellen, welche der Anwendung von eidgenössischem Strafrecht (insbesondere der Tatbestände Betrug und Urkundenfälschung) vorgehen (vgl. zum Ganzen KNAPP, Komm. BV, Art 64bis N 30 ff., SCHULTZ I 74 ff., STRATENWERTH I 4 N 20 ff., TRECHSEL/NOLL 33 ff., je mit weiteren Hinweisen; zur Frage, ob im Verhältnis zwischen Bundesstrafrecht

Art. 6

und kantonalem öffentlichem Recht die Grundsätze von Art. 6 Abs. 1 ZGB sinngemäss anzuwenden seien, vgl. oben N 104 und nachfolgend N 337).

Im Verhältnis zum *Bundeszivilrecht* ist insbesondere zu beachten, dass die Kantone bei der Verwendung *bundeszivilrechtlicher Begriffe* im kantonalen Strafrecht grundsätzlich nicht an deren privatrechtlichen Bedeutungsgehalt gebunden sind, sondern – im Rahmen der massgebenden Auslegungsregeln – hievon abweichen können (vgl. dazu HUBER N 53, EGGER, Art. 6 N 15 und allgemein VB N 221). *Verhaltenspflichten des Bundeszivilrechts* dürfen sodann grundsätzlich *nicht* durch *kantonale Strafandrohungen verstärkt* werden (vgl. dazu DESCHENAUX 34 N 49, HUBER N 54, 202 ff., insbesondere 206 und nachfolgend N 335). Vgl. im übrigen zum Verhältnis von *Strafrecht* und *Privatrecht* allgemein VB N 209 ff. 154

bb) Strafprozess- und Strafvollzugsrecht

Gestützt auf *Art. 64bis Abs. 2 BV* verbleibt den Kantonen sodann – im Rahmen verschiedener bundesrechtlicher Anforderungen – die Kompetenz zur Regelung von Organisation und Verfahren der kantonalen *Strafrechtspflege*, welche ebenfalls zum kantonalen öffentlichen Recht gehört (zum Sonderfall der Regeln über die Prozessentschädigung vgl. nachfolgend N 264 und Art. 5 N 162). Allerdings haben die Kantone auch auf diesem Gebiet des Prozessrechts in zunehmendem Masse *geschriebene* und *ungeschriebene Regeln des Bundesrechts* zu beachten (vgl. dazu KNAPP, Komm. BV, Art. 64bis N 37 ff., HAUSER/SCHWERI § 5 N 2 ff. und SCHMID Rz 25 ff. mit Hinweisen). Für die Zukunft wird daher – auch im Hinblick auf eine effizientere Verfolgung neuer, häufig grenzüberschreitender Kriminalitätsformen – eine ganze oder teilweise *Vereinheitlichung* dieser Materie angestrebt (vgl. dazu HAUSER/SCHWERI § 13 N 1 ff., SCHMID Rz 22, JÜRG AESCHLIMANN, Die Zukunft des schweizerischen Strafprozessrechts, ZStrR 1992 355 ff. und GÉRARD PIQUEREZ, L'avenir de la procédure pénale en Suisse, ZStrR 1992 366 ff.; vgl. neuerdings auch Art. 114 Verfassungsentwurf 96 [Vorlage C, Reform der Justiz] und dazu BBl 1997 I 514 ff., 525 f.). 155

Hinsichtlich des Verhältnisses von *Bundeszivilrecht* und *kantonalem Strafprozessrecht* ist insbesondere auf die in allen Kantonen bestehende Möglichkeit hinzuweisen, die sich aus einer Straftat ergebenden Zivilforderungen im Strafverfahren geltend zu machen (sog. *Adhäsionsprozess*; vgl. dazu HABSCHEID Rz 147, VOGEL 1 N 39, HAUSER/SCHWERI § 38 N 12 ff. und SCHMID Rz 511, 518, je mit weiteren Hinweisen). Soweit eine geschädigte Person die Voraussetzungen für die Opfereigenschaft gemäss Art. 2 des *BG über die Hilfe an Opfer von Straftaten* vom 4. Oktober 1991 (OHG, SR 312.5) erfüllt, sind neuerdings aber die Anforderungen dieses Bundesgesetzes zu beachten, welche die Durchsetzung pri- 156

Art. 6

vatrechtlicher Schadenersatz- und Genugtuungsansprüche im Strafprozessrecht erleichtern und verbessern sollen (vgl. dazu HAUSER/SCHWERI § 38 N 4, SCHMID Rz 845 f., 913, PETER GOMM/PETER STEIN/DOMINIK ZEHNTNER, Kommentar zum Opferhilfegesetz, Bern 1995, Art. 8 N 4, Art. 9 N 1 ff. und ULRICH WEDER, Das Opfer, sein Schutz und seine Rechte im Strafverfahren, unter besonderer Berücksichtigung des Kantons Zürich, ZStrR 1995 39 ff., insbesondere 40 ff., 52 f., je mit weiteren Hinweisen).

157   *Konflikte* zwischen dem Strafprozessrecht und dem Bundeszivilrecht können sich insbesondere im Bereich der *strafprozessualen Zwangsmassnahmen* ergeben. Zum Verhältnis von strafprozessualer Beschlagnahme und dem Schuldbetreibungs- und Konkursrecht vgl. VB N 221 und nachfolgend N 175; zum Verhältnis dieser Zwangsmassnahme und dem Ehegüterrecht vgl. BGE 119 Ia 453 ff. (Zulässigkeit der Beanspruchung von rechtskräftig an die Ehefrau zugewiesenem früheren Vermögen des Ehemannes als Haftungssubstrat für bereits aufgelaufene und künftig noch anfallende Kosten eines Strafverfahrens gegen den Ehemann).

158   Vgl. zum Verhältnis des *Straf- und Strafprozessrechts* zum *Privatrecht* im übrigen auch allgemein VB N 209 ff.; zum Verhältnis von Zivil- und Strafgerichtsbarkeit insbesondere HABSCHEID Rz 145 ff. mit zahlreichen Hinweisen.

159   Die Kantone sind in weitem Umfang auch zur Regelung des *Straf- und Massnahmevollzugs* zuständig, da der Bund hiefür im Strafgesetzbuch nur gewisse Mindestanforderungen und allgemeine Grundsätze erlassen hat (vgl. dazu KNAPP, Komm. BV, Art. 64bis N 17 ff., 55 f., REHBERG II 22 ff., SCHMID Rz 21 und SCHULTZ II 42 ff., je mit weiteren Hinweisen). Zu den Zusammenhängen zwischen Straf- bzw. Massnahmevollzug und dem Bundeszivilrecht vgl. VB N 221.

g) Zivilprozess- und Vollstreckungsrecht

aa) Anwendbarkeit von Art. 6 Abs. 1 ZGB?

160   Das *Zivilprozess- und Vollstreckungsrecht* (Zivilprozessrecht im weitern Sinn) ist nach schweizerischer Auffassung – obwohl es der Durchsetzung von Privatrecht dient – ebenfalls dem *öffentlichen Recht* zuzuordnen (vgl. dazu VB N 156 ff.; zum Sonderfall der Regeln über die Prozessentschädigungen nachfolgend N 264 und dazu auch Art. 5 N 162). Damit stellt sich die Frage, ob der Vorbehalt öffentlich-rechtlicher Befugnisse der Kantone im Sinne von *Art. 6 Abs. 1 ZGB* auch das kantonale Zivilprozessrecht erfasse. Die Antwort auf diese Frage ist umstritten.

161   Ein *Teil der Lehre* bejaht die grundsätzliche Anwendbarkeit von Art. 6 Abs. 1 ZGB aufgrund der *Rechtsnatur* des Zivilprozessrechts (so insbesondere VOGEL 2

Art. 6

N 74, MAX GULDENER, Bundesprivatrecht und kantonales Zivilprozessrecht, ZSR 1961 II 1 ff., 22 f., JOSEPH VOYAME, Droit privé fédéral et procédure civile cantonale, ZSR 1961 II 67 ff., 73 f. und sinngemäss wohl auch KNAPP, Komm. BV, Art. 64 N 74). Auch die Materialien sprechen für die Anwendbarkeit von Art. 6 Abs. 1 ZGB auf das kantonale Zivilprozessrecht (vgl. Erl. 38). Eine *Mehrzahl der Autoren* lehnt die Anwendung von Art. 6 Abs. 1 ZGB hinsichtlich des kantonalen Zivilprozessrechts dagegen ab, da diesem gegenüber dem Bundeszivilrecht eine *dienende Rolle* zukomme und das Bundeszivilrecht das kantonale Zivilprozessrecht daher klarerweise beschränke bzw. nicht von einer grundsätzlichen Gleichwertigkeit dieser beiden Rechtsgebiete (vgl. dazu oben N 110 f.) ausgegangen werden könne (vgl. in diesem Sinne insbesondere DESCHENAUX 20 f., HUBER N 45 ff., NOBEL 263, HABSCHEID Rz 30, WALDER § 3 Rz 32 FN 40 und BRÖNNIMANN 379 ff., je mit weiteren Hinweisen).

Die *Bundesgerichtspraxis* geht demgegenüber meist ausdrücklich oder sinngemäss von der Anwendbarkeit von Art. 6 Abs. 1 ZGB aus (vgl. in letzter Zeit ausdrücklich BGE 104 Ia 108 und sinngemäss BGE 118 II 483, 116 II 218, 115 II 131 mit weiteren Hinweisen), doch wird zum Teil auch losgelöst von Art. 6 Abs. 1 ZGB argumentiert (vgl. insbesondere BGE 113 Ia 312). Vgl. im übrigen auch die Hinweise zur früheren Rechtsprechung des Bundesgerichts bei HUBER N 50. 162

Angesichts der im schweizerischen Recht weitgehend unbestrittenen Qualifikation des Zivilprozessrechts als öffentliches Recht liegt die *grundsätzliche Anwendbarkeit* von Art. 6 Abs. 1 ZGB ohne Zweifel nahe. Da Art. 6 Abs. 1 ZGB entgegen seinem Wortlaut keineswegs uneingeschränkt gilt (vgl. dazu nachfolgend N 230 ff.), lässt sich dessen Anwendbarkeit auf das Zivilprozessrecht durchaus mit der gegenüber dem Bundeszivilrecht dienenden Rolle dieses Rechtsgebietes vereinbaren. Dem Bundesgericht ist zuzustimmen, dass im Verhältnis zwischen diesen Rechtsgebieten die Anwendung der Grundsätze, welche Lehre und Praxis zur Anwendung von Art. 6 Abs. 1 ZGB entwickelt haben, im Prinzip zum gleichen Ergebnis führt wie die direkte Anwendung des allgemeinen Grundsatzes der derogatorischen Kraft des Bundesrechts (vgl. BGE 122 I 21, 104 Ia 108). Dies wird auch durch die Darlegungen derjenigen Autoren bestätigt, welche ebenfalls von der Anwendbarkeit von Art. 6 Abs. 1 ZGB ausgehen, trotzdem aber hinsichtlich der Zulässigkeit kantonaler Zivilprozessnormen im konkreten Fall in der Regel nicht zu anderen Resultaten gelangen als die Vertreter der gegenteiligen Auffassung. 163

Freilich trifft es zu, dass sich im Verhältnis von Bundeszivilrecht und kantonalem Zivilprozessrecht (im weiten Sinne) – insbesondere wegen der sog. *dienenden Rolle* des Zivilprozessrechts gegenüber dem materiellen Privatrecht (vgl. 164

Art. 6

dazu BRÖNNIMANN 375 mit Hinweisen) – besondere Fragen ergeben, welche sich gegenüber dem übrigen öffentlichen Recht der Kantone nicht bzw. nicht in gleicher Weise stellen (vgl. dazu nachfolgend N 169 ff.). Überdies finden sich im Rahmen des sog. formellen Bundeszivilrechts verschiedene *ausdrückliche Vorgaben* für das Zivilprozessrecht der Kantone, welche entsprechend ihrer Rechtsnatur als öffentliches Recht des Bundes dem kantonalen Verfahrensrecht ohnehin nach der allgemeinen Derogationsregel von Art. 2 ÜB BV vorgehen (vgl. oben N 62 ff. und nachfolgend N 166 ff.). In diesem Sinne ist es zutreffend, dass das Verhältnis von Bundeszivilrecht und kantonalem Zivilprozessrecht besonders betrachtet werden muss und die zu Art. 6 Abs. 1 ZGB entwickelten allgemeinen Grundsätze in diesem Bereich nicht von zentraler Bedeutung sind (so insbesondere CARONI 236 und RIEMER § 10 N 7).

bb) Zivilprozessrecht

165 Gemäss *Art. 64 Abs. 3 BV* verbleibt die *Organisation der Gerichte*, das *gerichtliche Verfahren* und die *Rechtsprechung* auf dem Gebiet des Zivilrechts «wie bis anhin» den Kantonen. Dazu gehört grundsätzlich auch die *Vollstreckung* mit Ausnahme des Betreibungs- und Konkursrechts, welches gemäss Art. 64 Abs. 1 BV Bundessache ist (vgl. dazu nachfolgend N 174 ff.). Den Kantonen kommt somit bei der Anwendung des Bundeszivilrechts eine durch die Bundesverfassung geschützte *Organisations- und Verfahrenshoheit* zu (vgl. dazu HÄFELIN/HALLER Rz 294, KNAPP, Komm. BV, Art. 64 N 62 ff. und SALADIN, Komm. BV, Art. 3 N 79f., 222 ff.; vgl. zu Begriff und Grundlagen der Organisations- und Verfahrenshoheit der Kantone auch ausführlich BRÖNNIMANN 366 ff. mit zahlreichen weiteren Hinweisen; zur Unterscheidung von Organisations- und Verfahrens*hoheit* bei der [vom Bund delegierten] Anwendung von Bundesrecht und einer entsprechenden *Autonomie* bei der Anwendung von kantonalem materiellem Recht auch KÖLZ/KOTTUSCH 422 f.). Die Kantone sind wohl verpflichtet, die Anwendung des Bundeszivilrechts sicherzustellen, können im übrigen jedoch Behördenorganisation und Verfahrensordnung für die Anwendung des Bundeszivilrechts im Rahmen gewisser bundesrechtlicher Anforderungen grundsätzlich selbst bestimmen (vgl. zu den entsprechenden *verpflichtenden Vorbehalten* von *Art. 52* und *Art. 54 SchlT* auch oben N 110 ff.; vgl. zu den Anforderungen an das kantonale Organisations- und Verfahrensrecht im einzelnen auch die Hinweise oben N 70 ff. und Art. 5 N 161 ff.).

166 Die Organisations- und Verfahrenshoheit der Kantone auf dem Gebiet des Bundeszivilrechts ist jedoch nicht uneingeschränkt. Aus der Formulierung «*wie bis anhin*» haben Lehre und Praxis insbesondere abgeleitet, dass der Bundesgesetzgeber bei der Schaffung von Bundeszivilrecht im Rahmen des sog. er-

gänzenden öffentlichen Rechts *bundesrechtliche Organisations- und Verfahrensvorschriften* (insbesondere Bestimmungen über Zuständigkeit und Gerichtsstand, Erfordernis einer richterlichen Behörde, Beschränkung von Prorogation und Schiedsabrede, vorsorgliche Massnahmen, Beweisrecht, Verfahrensmaximen, Verfahrensbeschleunigung sowie Kosten- und Entschädigungsfolgen) erlassen darf, sofern diese für einen *wirksamen Vollzug* und eine *einheitliche Anwendung* des Bundeszivilrechts notwendig sind (vgl. dazu im einzelnen VB N 103 ff. mit Hinweisen). Der Bundesgesetzgeber hat von dieser Kompetenz in der letzten Zeit zunehmend Gebrauch gemacht, um die Einheitlichkeit der Rechtsanwendung und die Durchsetzung des Bundeszivilrechts (vor allem in den besonders sozialrelevanten Bereichen) zu fördern (vgl. dazu und zum heutigen Stand dieser Vorschriften – teilweise auch mit kritischen Anmerkungen – Knapp, Komm. BV, Art. 64 N 64 ff., 69 ff., Habscheid Rz 51 ff., Vogel 2 N 21 ff., 47 ff., Walder § 3 N 13 ff., je mit weiteren Hinweisen).

Überdies hat der Bund in den letzten Jahren gestützt auf die Kompetenz zum Erlass der für die Anwendung des Bundeszivilrechts notwendigen Verfahrensbestimmungen sowie auf die sich aus Art. 8 BV ergebende Kompetenz zur Regelung der auswärtigen Beziehungen mit dem Erlass des *BG über das Internationale Privatrecht* vom 18. Dezember 1987 (IPRG, SR 291) und dem Abschluss verschiedener *Staatsverträge,* insbesondere des *Lugano-Übereinkommens* über die gerichtliche Zuständigkeit und die Vollstreckung gerichtlicher Entscheidungen in Zivil- und Handelssachen vom 16. September 1988 (LugÜ, SR 0.275.11), für weite Teile des internationalen Zivilprozessrechts (inkl. internationale Schiedsgerichtsbarkeit) einheitliche bundesrechtliche Vorschriften geschaffen (vgl. dazu Vogel 1 N 68 ff, 2 N 2a, Habscheid Rz 68 sowie oben N 98 ff. und VB N 163 ff.). 167

Vgl. auch den *Überblick* über die heute im internen bzw. im internationalen Verhältnis geltenden *zivilprozessualen Vorschriften des Bundesrechts* bei Vogel 2 N 21 ff., 75 ff. 168

Abgesehen von den eigentlichen zivilprozessualen Normen des Bundesrechts, welche als spezifisches öffentliches Recht des Bundes dem kantonalen Verfahrensrecht vorgehen, ergeben sich für die Organisations- und Verfahrenshoheit der Kantone auf dem Gebiet des Bundeszivilrechts *weitere Einschränkungen.* Zunächst sind – wie auch im übrigen Bereich des kantonalen öffentlichen Rechts – verschiedene *Verfassungsbestimmungen* (insbesondere Art. 4, 58, 59, 60, 61 BV) bzw. *Garantien der Europäischen Menschenrechtskonvention* (insbesondere die Rechtsschutzgarantien der Art. 5 und 6 EMRK) zu beachten, aus welchen sich nach der Rechtsprechung des Bundesgerichts Individualansprüche betreffend die Ausgestaltung des kantonalen Zivilprozessrechts ableiten lassen (vgl. dazu Knapp, Komm. BV, Art. 64 N 80 f., Habscheid, Rz 50, 64, Vogel 2 N 54 ff. und Walder § 3 N 48 ff., je mit weiteren Hinweisen). Aus dem *Grundsatz der derogatori-* 169

Art. 6

schen Kraft des Bundesrechts (Art. 2 ÜB BV) bzw. aus der *dienenden Rolle* des Zivilprozessrechts gegenüber dem materiellen Privatrecht ergibt sich sodann nach herrschender Auffassung, dass die Kantone – wie dies auch für das übrige kantonale öffentliche Recht gemäss Art. 6 Abs. 1 ZGB zutrifft – keine Normen erlassen dürfen, welche die Verwirklichung des Bundeszivilrechts *verunmöglichen*, *übermässig erschweren* oder seinem *Sinn und Geist widersprechen* (BGE 122 I 21, 118 II 482 f., 104 Ia 108; vgl. auch KNAPP, Komm. BV, Art. 64 N 75 ff., TUOR/SCHNYDER/SCHMID 26 f., BRÖNNIMANN 375 ff., DESCHENAUX 21 [insbesondere FN 32], HUBER N 47, HABSCHEID Rz 47, VOGEL 2 N 74 und WALDER § 3 N 32 ff. mit weiteren Hinweisen; vgl. zu dieser Schranke auch allgemein und mit Beispielen zum kantonalen Zivilprozessrecht hinten N 330 ff., insbesondere N 388 ff.).

170   Bei der Anwendung dieser Grundsätze ist die nicht immer einfache *Abgrenzung* zwischen *materiellem Recht* und *Prozessrecht* von grosser Bedeutung. In der neueren Praxis des Bundesgerichts lässt sich dabei die Tendenz feststellen, den *Einfluss des materiellen Rechts* auf das Prozessrecht (insbesondere hinsichtlich Klagerecht, Rechtsschutzinteresse, Rechtshängigkeit und materieller Rechtskraft) zu *verstärken*. Ausgangspunkt ist hierbei der *Anspruch* auf einen *effektiven* und *in den Grundfragen vereinheitlichten Rechtsschutz*, welcher im Sinne einer *Prinzipiennorm* (ISAAK MEIER) aus dem materiellen Bundeszivilrecht abgeleitet wird und den Stellenwert einer *grundrechtsähnlichen Rechtsschutzgarantie* einnimmt. Die sich hieraus ergebenden Anforderungen richten sich nicht nur an den kantonalen Gesetzgeber, sondern auch an die rechtsanwendenden Behörden (vgl. BGE 116 II 218 f.: Pflicht zur Auslegung des kantonalen Prozessrechts in einem Sinn, welcher die Verwirklichung des Bundeszivilrechts auf einfachstem Weg ermöglicht). Diese Entwicklung ist im Ergebnis im Interesse von Rechtseinheit und Rechtsdurchsetzung zu begrüssen, obwohl die dogmatische Herleitung zum Teil umstritten ist (vgl. dazu KNAPP, Komm. BV, Art. 64 N 75 ff., HABSCHEID Rz 51, 57 ff., VOGEL 2 N 3 ff., WALDER § 3 N 28 ff. und neuerdings HANS PETER WALTER, Bundesrecht und kantonales Zivilprozessrecht, Tendenzen der Rechtsprechung, BJM 1995 281 ff., je mit weiteren Hinweisen).

171   Vgl. sodann zum *heutigen Stand* des durch die Rechtsprechung des Bundesgerichts begründeten *Einflusses des Bundesrechts* auf das kantonale Zivilprozessrecht den *Überblick* bei HABSCHEID Rz 57 ff., VOGEL 2 N 29 ff. und WALTER, a.a.O.; vgl. sodann ausführlich STEPHEN BERTI, Zum Einfluss ungeschriebenen Bundesrechts auf den kantonalen Zivilprozess im Lichte der Rechtsprechung des Schweizerischen Bundesgerichts, Diss. Zürich 1989 und sehr kritisch ISAAK MEIER, Auflösung des geschriebenen Rechts durch allgemeine Prinzipiennormen, in: MEIER/OTTOMANN, Prinzipiennormen und Verfahrensmaximen, Zürich 1993, 3 ff.; vgl. nun auch die umfassende Darstellung von THOMAS SUTTER, Auf dem Weg zur Rechtseinheit im schweizerischen Zivil- und Zivilprozessrecht, Habil. 1997 (noch nicht publiziert).

Im Ergebnis wird somit heute das kantonale Zivilprozessrecht entgegen der 172
Kompetenzregel von Art. 64 Abs. 3 BV zu einem *wesentlichen Teil* durch *Bundesrecht* bestimmt. Das Festhalten an der kantonalen Zivilprozesshoheit hat daher nicht nur eine eine horizontale, sondern auch eine vertikale *Rechtszersplitterung* zur Folge. In der Vergangenheit haben sich die Kantone vor allem mit *Konkordaten* beholfen (vgl. dazu HABSCHEID Rz 67 und VOGEL 2 N 79 ff. mit weiteren Hinweisen). Die zunehmende Unübersichtlichkeit der Ordnung des Zivilprozessrechts in der Schweiz kann heute aber wohl nur noch durch eine bundesrechtliche *Rechtsvereinheitlichung* beseitigt werden. Ein erster Schritt in diese Richtung soll durch die *Anpassung* der *Garantie des Wohnsitzrichters* in der Bundesverfassung (vgl. Art. 26 Abs. 2 Verfassungsentwurf 96 und dazu BBl 1997 I 184) und durch die Schaffung eines *bundesrechtlichen Gerichtsstandsgesetzes* (vgl. zum Vernehmlassungsverfahren BBl 1997 I 753) gemacht werden, womit die Weitergeltung des Lugano-Übereinkommens sichergestellt und eine Inländerdiskriminierung im Gerichtsstandsrecht vermieden werden sollen (vgl. dazu VOGEL 4 N 44a f., FRANÇOIS KNOEPFLER, La Convention de Lugano au soir du 31 décembre 1999, in: FS J.F. Aubert, Basel/Frankfurt a.M. 1996, 531 ff. und JEAN-FRANÇOIS POUDRET, Compétence cantonale ou fédérale en matière de for?, in: FS Universität Lausanne, Lausanne 1991, 233 ff. mit weiteren Hinweisen).

Längerfristig streben die Bundesbehörden aber eine *weitergehende Verein-* 173
heitlichung oder zumindest *Harmonisierung* des schweizerischen Zivilprozessrechts an, wie dies in Fachkreisen zum Teil schon lange gefordert wird und im Hinblick auf die Annäherung an das europäische Recht und die Festigung des Wirtschaftsstandorts Schweiz nun unumgänglich erscheint (vgl. zum Ganzen HABSCHEID Rz 65 ff. und VOGEL 2 N 53a ff., 85 ff. mit Hinweisen, insbesondere BBl 1992 III 181 [Legislaturplanung 1991–1995] und OSCAR VOGEL, Europa und das schweizerische Zivilprozessrecht, AJP 1992 459 ff.; vgl. auch BROGGINI, Conflitto, 91 und GERHARD WALTER, Tu felix Europa ... – Zum Entwurf einer Europäischen Zivilprozessordnung, AJP 1994 425 ff. mit weiteren Hinweisen). Nachdem im Rahmen der Vernehmlassung zur *Totalrevision der Bundesverfassung* eine eigentliche Vereinheitlichung des Zivilprozessrechts bevorzugt wurde, schlägt der Bundesrat nun eine entsprechende *konkurrierende Kompetenz des Bundes* vor, wobei freilich die Organisation der Gerichte und die Rechtsprechung grundsätzlich weiterhin bei den Kantonen verbleiben sollen (vgl. Art. 113 Verfassungsentwurf 96 [Vorlage C, Reform der Justiz] und dazu BBl 1997 I 516 f., 524 f.).

Art. 6

cc) Zivilrechtliches Vollstreckungsrecht

174 Bereits vereinheitlicht ist aufgrund der besonderen Kompetenzvorschrift von *Art. 64 Abs. 1 BV* seit dem Erlass des BG über Schuldbetreibung und Konkurs vom 11. April 1889 (SchKG, SR 281.1) das für die *Zwangsvollstreckung von Geldforderungen* geltende *Schuldbetreibungs- und Konkursrecht* (vgl. dazu auch VB N 159 ff.). Das erwähnte Gesetz regelt diese Materie zusammen mit bundesrechtlichen Spezialvorschriften (insbesondere im ZGB, OR und im IPRG) und einer Reihe von Staatsverträgen (insbesondere dem bereits erwähnten Lugano-Übereinkommen) grundsätzlich abschliessend (vgl. dazu BBl 1991 III 5, KNAPP, Komm. BV, Art. 64 N 63, AMONN/GASSER § 2 N 2 ff., § 3 N 1 ff. und FRITZSCHE/WALDER § 1 N 12 ff., § 4 N 1 ff.; zum internationalen Zwangsvollstreckungs- und Konkursrecht insbesondere auch BBl 1991 III 200 f., VOGEL, 15 N 1 ff., VOLKEN, Komm. IPRG, Art. 166–175 und DANIEL STAEHELIN, Die internationale Zuständigkeit der Schweiz im Schuldbetreibungs- und Konkursrecht, AJP 1995 259 ff.).

175 Allerdings haben die Kantone die erforderlichen *Einführungsbestimmungen* (insbesondere Behördenorganisation und Verfahrensordnung) zu erlassen (vgl. dazu Art. 1 ff. SchKG). In einzelnen Bereichen (insbesondere Rückgriff bei Schadenhaftung des Kantons, Ausgestaltung der verschiedenen vorgeschriebenen Verfahren, Verwertung straf- bzw. steuerrechtlicher Beschlagnahmeobjekte, Vollstreckung öffentlich-rechtlicher Entscheide) sind sie ermächtigt, *eigene* bzw. *ergänzende Regeln* zu erlassen (vgl. dazu und zu den Schranken für solche Regelungen AMONN/GASSER § 3 N 12 ff., § 4 N 61 ff., § 5 N 2 ff., 17 ff., § 6 N 50 ff., § 7 N 17 f., § 19 N 44 ff., FRITZSCHE/WALDER § 4 N 9, § 6 N 19 und KLEY-STRULLER 274 ff., je mit weiteren Hinweisen; zu den Neuerungen im Verhältnis von Bundesrecht und kantonalem Recht aufgrund der Revision des Schuldbetreibungs- und Konkursgesetzes vom 16. Dezember 1994 HANS ULRICH WALDER in ZSR 1996 I 199 ff., insbesondere 203 ff.; zu den beiden *Konkordaten* über die Vollstreckung von Zivilurteilen bzw. Verwaltungsentscheidungen VOGEL 15 N 1, AMONN/GASSER § 3 N 16 und FRITZSCHE/WALDER § 4 N 9).

176 *Ausserhalb* der Vollstreckung von *Geldforderungen* sind die *Kantone* gestützt auf Art. 64 Abs. 3 BV für die Regelung der *Zwangsvollstreckung* auf dem Gebiet des Privatrechts zuständig, wobei sie freilich *Art. 61 BV* (einheitliche Umschreibung des Begriffs des zivilrechtlichen Vollstreckungstitels), *Art. 39 OG* (Pflicht des Vollzugs von Entscheiden der Bundesrechtspflegeinstanzen) und *Art. 25 ff. IPRG* bzw. besondere *Staatsverträge* (Regeln zur Anerkennung und Vollstreckung im internationalen Verhältnis) zu beachten haben (vgl. dazu KNAPP, Komm. BV, Art. 64 N 63, 73, GULDENER 616 ff., HABSCHEID Rz 945 ff., VOGEL 15 N 1 ff. und WALDER § 41 N 1 ff. mit weiteren Hinweisen).

Art. 6

Zur Abgrenzung und zum Verhältnis von *Bundeszivilrecht, Zivilprozessrecht* und *Vollstreckung* vgl. im übrigen auch die Hinweise in VB N 156 ff.. 177

h) Privatrecht?

Die Kantone können bei der Ausübung ihrer öffentlich-rechtlichen Befugnisse gemäss Art. 6 Abs. 1 ZGB in gewissem Rahmen *Privatrecht als kantonales öffentliches Recht* oder *anstelle* von *kantonalem öffentlichem Recht* anwenden. Die Schranken hiefür ergeben sich nicht aus Art. 6 ZGB, sondern aus andern Grundsätzen (vgl. dazu HUBER N 58–66 und nachfolgend N 179 ff., 183 ff.). Durch Auslegung von Art. 6 ZGB muss jedoch die Antwort auf die Frage gefunden werden, ob das kantonale öffentliche Recht *mit privatrechtlichen Sanktionen verstärkt* werden darf (vgl. dazu HUBER N 168 ff. und nachfolgend N 205 ff.). 178

aa) Privatrecht als kantonales öffentliches Recht

Das öffentliche Recht ist gesetzgeberisch nicht gleichermassen durchgebildet wie das Privatrecht, welches über eine längere legislative und wissenschaftliche Tradition verfügt (vgl. dazu auch VB N 23 ff.). Insbesondere fehlt sowohl im Bund als auch in den Kantonen eine Kodifikation im Sinne eines Allgemeinen Teils des Verwaltungsrechts. Hieraus kann sich das Bedürfnis ergeben, für bestimmte Fragen oder die nähere Regelung eines Instituts im Rahmen der *öffentlich-rechtlichen Rechtsetzung* auf *privatrechtliche Regeln* zu *verweisen* oder *Lücken* in der entsprechenden Gesetzgebung im Rahmen der Rechtsanwendung durch *analoge Anwendung* von *privatrechtlichen Regeln* zu *schliessen*. Beide Vorgehensweisen kommen nicht nur im öffentlichen Recht des Bundes, sondern auch der Kantone vor. Sie bewirken, dass Privatrecht nicht als solches, sondern als *subsidiäres öffentliches Recht* zur Anwendung gelangt. Soweit eine entsprechende Anwendung des Privatrechts strittig ist, muss sie daher ebenfalls auf dem öffentlich-rechtlichen, nicht auf dem privatrechtlichen Rechtsweg überprüft werden (vgl. dazu HÄFELIN/MÜLLER Rz 240 ff., IMBODEN/RHINOW/KRÄHENMANN Nr. 2, MOOR I 150 ff. und LIEBER, Art. 7 N 114 ff. mit Hinweisen; zur blossen Verwendung privatrechtlicher Begriffe im öffentlichen Recht vgl. VB N 196, 211 und oben N 154). 179

Die *Verweisung* auf Privatrecht im öffentlichen Recht der Kantone ist unbedenklich, soweit die betreffenden Regeln auf *öffentlich-rechtliche Verhältnisse* ebensogut *zugeschnitten* sind wie auf privatrechtliche. Sofern diese Voraussetzung gegeben ist, hat die Verweisung nicht nur praktische Vorzüge (*Vereinfachung der Gesetzgebung*), sondern stärkt auch die Idee der *Einheit und Harmonie der Rechtsordnung*. In der Regel ist die Verweisung *dynamisch* zu verstehen, 180

Art. 6

d.h. es ist das Privatrecht in der jeweils aktuellen Fassung anzuwenden. Da es sich um subsidiäres öffentliches Recht handelt, sind die rechtsanwendenden Behörden aber nicht an die privatrechtliche Auslegung gebunden, sondern dürfen *Besonderheiten* des *öffentlich-rechtlichen* Verhältnisses *Rechnung tragen* (vgl. dazu HÄFELIN/MÜLLER Rz 242 ff., IMBODEN/RHINOW/KRÄHENMANN, Nr. 2 B III, MOOR I 151 und HUBER N 59 f. mit weiteren Hinweisen).

181 Eine Verweisung auf Privatrecht kommt insbesondere in folgenden Bereichen des kantonalen öffentlichen Rechts häufig vor: im Recht des *öffentlichen Dienstes* (vgl. dazu IMBODEN/RHINOW/KRÄHENMANN Nr. 147 B I mit Hinweisen), im *Staatshaftungsrecht* (vgl. dazu LIEBER, Art. 7 N 127 ff. mit Hinweisen) und im *Organisationsrecht öffentlich-rechtlicher Körperschaften* (vgl. dazu RHINOW/KRÄHENMANN Nr. 2 B III mit Hinweisen).

182 Eine *analoge Anwendung* von *Privatrecht* zur *Füllung einer Lücke* im öffentlichen Recht der Kantone (vgl. zur Frage der Lückenfüllung im öffentlichen Recht allgemein HÄFELIN/MÜLLER Rz 191 ff., IMBODEN/RHINOW/KRÄHENMANN Nr. 23 und MOOR I 154 ff.) kommt im Interesse der inneren Geschlossenheit des öffentlichen Rechts *erst sekundär* in Frage, wenn nämlich dieses selbst keine analog anwendbare Bestimmung anzubieten vermag. Zu prüfen ist auch, ob sich die analoge Anwendung von Privatrecht mit der *unterschiedlichen Zielsetzung* und *Interessenlage* der betreffenden öffentlich-rechtlichen Rechtsmaterie vereinbaren lasse. Einschränkungen der analogen Anwendbarkeit von Privatrecht können sich insbesondere auch aus dem Grundsatz der *Gesetzmässigkeit* der Verwaltung, des *öffentlichen Interesses* und der *Rechtsgleichheit* ergeben. Die neuere Lehre und Praxis unterscheidet überdies zwischen analoger Anwendung von Privatrecht und der *Anwendung allgemeiner Rechtsgrundsätze,* welche allenfalls nur im Privatrecht ausdrücklich festgehalten sind, aber für die gesamte Rechtsordnung gelten. In der Praxis werden diese beiden Vorgehensweisen, welche sich im Ergebnis kaum unterscheiden, aber *nicht immer strikte auseinandergehalten.* Überdies ist die *Abgrenzung fliessend,* da die Anerkennung allgemeiner Rechtsgrundsätze in Entwicklung begriffen ist (vgl. dazu HÄFELIN/MÜLLER Rz.142 ff., 245 ff., IMBODEN/RHINOW/KRÄHENMANN Nr. 2 B IV,V, MOOR I 58 f., 151, 336 und LIEBER, Art. 7 N 117 ff. sowie HUBER N 59 f., je mit zahlreichen Hinweisen und Beispielen; vgl. dazu auch VB N 48 mit weiteren Hinweisen).

bb) Privatrecht anstelle von kantonalem öffentlichem Recht –
   Verwaltungsprivatrecht?

aaa) Allgemeines

183 Die *Organisation* und *Tätigkeit des Staates* bzw. der *staatlichen Körperschaften, Anstalten und Organe* ist, jedenfalls soweit der Staat mit Hoheitsmacht auftritt, grundsätzlich durch das *öffentliche Recht* geregelt (*Subordinationstheorie*; vgl.

Art. 6

VB N 62, 67; vgl. auch den ausdrücklichen, sich gegenüber den Kantonen bereits aus der beschränkten Gesetzgebungskompetenz des Bundes ergebenden Vorbehalt von *Art. 59 Abs. 1 ZGB* und dazu TUOR/SCHNYDER/SCHMID 119 f., GUTZWILLER SPR II 451 ff. und RIEMER, BE-Komm., Art. 52–59 ZGB, Syst. Teil N 58 ff., 117 ff., je mit weiteren Hinweisen; zu den in den Kantonen bestehenden öffentlich-rechtlichen Organisationen [Gemeinden, Körperschaften und Anstalten] und zur Abgrenzung gegenüber privatrechtlichen Organisationen auch JAGMETTI 259 ff., KLEY-STRULLER 100 ff. und RIEMER, a.a.O., Art. 59 ZGB, Anhang; zu den kirchlichen Körperschaften und Anstalten auch oben N 144 ff.; vgl. dazu auch Art. 5 N 166 f.).

Selbst dort, wo der Staat zur Erfüllung seiner Aufgaben *nicht hoheitlich* auftritt, sondern auf der Ebene der *Gleichordnung* vertragliche Abmachungen mit andern Gemeinwesen oder Privaten schliesst, bewegt er sich grundsätzlich auf der Ebene des öffentlichen Rechts *(Funktionstheorie;* vgl. VB N 65, 67). Bei den entsprechenden Verträgen handelt es sich daher in der Regel um *verwaltungsrechtliche Verträge*, *Staatsverträge* oder *Konkordate* (vgl. dazu und zur Abgrenzung dieser Rechtsinstitute untereinander und gegenüber privatrechtlichen Verträgen HÄFELIN/MÜLLER Rz 843 ff., HÄFELIN/HALLER Rz 482 ff. 1033 ff., IMBODEN/RHINOW/KRÄHENMANN Nr. 46, MOOR II 237 ff. mit zahlreichen Hinweisen). In Lehre und Praxis ist allerdings anerkannt, dass Bund und Kantonen die Freiheit zusteht, ihre Organisation und Tätigkeit in einem gewissen Rahmen durch die Rechtsetzung oder – bei Fehlen einer ausdrücklichen Regelung – im Rahmen der Rechtsanwendung dem *Privatrecht zu unterstellen* bzw. von *privatrechtlichen Formen Gebrauch zu machen*. Im Unterschied zur Verweisung oder zur analogen Anwendung von Privatrecht als subsidiärem öffentlichem Recht (oben N 179 ff.) findet in diesen Fällen das *Privatrecht als solches* Anwendung und es richtet sich auch der *Rechtsschutz* grundsätzlich (zwischen den Parteien des privaten Rechtsgeschäfts) *nach Privatrecht* (vgl. freilich zum Einfluss des öffentlichen Rechts und zur Frage des öffentlich-rechtlichen Rechtsschutzes nachfolgend N 189, 202 ff.).

184

Die *Wahlfreiheit* des kantonalen *Gesetzgebers* bzw. der *rechtsanwendenden Behörden* ist aber in verschiedener Hinsicht stark *eingeschränkt*. Ein Verbot des Einsatzes von Privatrecht kann sich bereits aus dem *übergeordneten Recht* ergeben. So wäre eine rein privatrechtliche Organisation eines Kantons ohne Zweifel mit den geschriebenen und ungeschriebenen rechtsstaatlichen Anforderungen, welche sich aus der *Bundesverfassung* ergeben, nicht vereinbar (vgl. dazu SALADIN, Komm. BV, Art. 3 N 236 ff., insbesondere 242 ff.). Ein Ausschluss privatrechtlicher Formen kann sich auch aus der *Kantonsverfassung* ergeben. Dies trifft insbesondere für die Anstellung jener Behördenmitglieder und Beamten zu, deren Ämter hinsichtlich Wahl, Amtsdauer, Stellung und Aufgaben in der Verfassung

185

eingehend geregelt sind (vgl. dazu YVO HANGARTNER, Öffentlich-rechtliche und privatrechtliche Anstellung von öffentlichem Personal, in ArbR 1993 27 ff., 30 f.).

186 Soweit eine Materie *abschliessend* durch das *öffentliche Recht* geregelt ist, fällt die Verwendung privatrechtlicher Formen sodann wegen des Grundsatzes der *Gesetzmässigkeit* der Verwaltung ausser Betracht. Liegt *keine abschliessende öffentlich-rechtliche Regelung* vor, muss nach herrschender Auffassung geprüft werden, ob nach dem *Sinn und Zweck* der bestehenden Regelung *öffentlich-rechtliches* oder *privatrechtliches Handeln* geboten ist. Dabei ist davon auszugehen, dass für die Erfüllung öffentlicher Aufgaben *in der Regel öffentlich-rechtliche Formen zweckmässiger* sind. Da heute das öffentliche Recht sehr gut entwickelt ist und über ein eigenes, vollständig ausgebautes Rechtsschutzsystem verfügt, besteht – im Unterschied zu früher (vgl. dazu VB N 28, 57) – insbesondere auch aus *rechtsstaatlicher Sicht* kein Grund für die Wahl privatrechtlicher Formen. Eine solche hätte vielmehr angesichts des heute im öffentlichen Recht erreichten Standards rechtsstaatliche Defizite zur Folge. Inwieweit die Verwendung privatrechtlicher Formen jedoch in den einzelnen Bereichen des öffentlichen Rechts zulässig und sinnvoll ist, soll nachfolgend näher dargestellt werden (vgl. zum Ganzen auch HÄFELIN/MÜLLER Rz 218 ff., IMBODEN/RHINOW/KRÄHENMANN Nr. 2 B II, MOOR I 136 ff. und EICHENBERGER 75 ff. mit weiteren Hinweisen; zur Problematik der «Flucht ins Privatrecht» insbesondere nachfolgend N 202 ff. und bereits GIACOMETTI 103 ff.).

bbb) Sog. Fiskalverwaltung

187 Nach allgemeiner Auffassung ist privatrechtliches Handeln des Gemeinwesens in den folgenden drei Bereichen der sog. *klassischen Fiskalverwaltung* ohne weiteres zulässig oder sogar geboten:

– bei der sog. *administrativen Hilfstätigkeit* (Abschluss von Kaufverträgen, Mietverträgen, Werkverträgen, Aufträgen usw.), d.h. bei der Beschaffung der Sachgüter und Leistungen, die für die Erfüllung einer öffentlichen Aufgabe notwendig sind (auch Bedarfsverwaltung genannt);

– bei der *Verwaltung* des sog. *Finanzvermögens* (realisierbare Aktiven, die dem Gemeinwesen nur durch ihren Vermögenswert dienen) (vgl. zum anwendbaren Recht bei öffentlichen Sachen auch allgemein hinten N 406 ff.);

– bei Teilnahme des Gemeinwesens am Wirtschaftsleben in Konkurrenz mit der Privatwirtschaft (sog. *fiskalische Wettbewerbswirtschaft*) (vgl. zur damit verbundenen Problematik auch ausführlich WALTER STOFFEL, Wettbewerbsrecht und staatliche Wirtschaftstätigkeit, Freiburg 1994).

In allen drei Fällen werden *nicht unmittelbar*, sondern höchstens mittelbar 188
Verwaltungszwecke verfolgt. Es besteht daher ohne abweichende gesetzliche
Regelung (vgl. zum Beispiel für die Güterbeschaffung in Notlagen die Verordnung über die Requisition vom 9. Dezember 1996, SR 519.7) kein Grund, besondere öffentlich-rechtliche Formen anzuwenden. Zum Teil ergibt sich die Unterstellung unter das Privatrecht auch *zwingend* aus dem *Bundeszivilrecht*. So ist auf das *Finanzvermögen* im Aussenverhältnis (Verhältnis Gemeinwesen – Dritte) grundsätzlich Privatrecht anwendbar (vgl. dazu im einzelnen nachfolgend N 408), und es richtet sich die *Haftung für gewerbliche Verrichtungen* von öffentlichen Beamten und Angestellten im Prinzip nach Art. 41 ff. OR (vgl. Art. 61 Abs. 2 OR und dazu nachfolgend N 196; vgl. zum Ganzen bereits HUBER N 62 und zum heutigen Stand HÄFELIN/MÜLLER Rz 225 ff., IMBODEN/RHINOW/KRÄHENMANN Nr. 47 B I, MOOR I 136 f. und EICHENBERGER 77 f.).

Immerhin stellt sich die Frage, ob der Staat beim Abschluss entsprechender 189
privatrechtlicher Verträge nicht auch an *öffentlich-rechtliche Grundsätze* (insbesondere Rechtsgleichheit, Willkürverbot, öffentliches Interesse) gebunden sei. Dies wird in der neueren Lehre allgemein postuliert, doch ist die Praxis diesen Forderungen bisher nur teilweise nachgekommen (vgl. insbesondere IMBODEN/RHINOW/KRÄHENMANN Nr. 47 B I/II mit Hinweisen; vgl. auch EICHENBERGER 91 und KNAPP 184 ff.). Ein besonderes Problem ergibt sich daraus, dass *nicht berücksichtigten Bewerbern* in der Regel keine Rechts-, sondern *blosse Aufsichtsmittel* zur Verfügung stehen (vgl. für das nach herrschender Auffassung als privatrechtlich zu qualifizierende Submissionsverfahren insbesondere HÄFELIN/MÜLLER Rz 229 ff., IMBODEN/RHINOW/KRÄHENMANN Nr. 47 B V und MOOR II 280 ff. mit Hinweisen; mit Art. 9 BGBM wird der Zuschlag nun aber im Sinne der Zweistufentheorie anfechtbar, vgl. dazu ausführlich ATTILIO GADOLA, Rechtsschutz und andere Formen der Überwachung der Vorschriften über das öffentliche Beschaffungswesen, AJP 1996 967 ff., insbesondere 976 ff. mit weiteren Hinweisen).

ccc) Organisationsrecht

Problematischer als in der sog. klassischen Fiskalverwaltung ist der Einsatz des 190
Privatrechts im Bereich des *Organisationsrechts*. Die Frage der Anwendung von
Privatrecht stellt sich hier insbesondere bei der Ausgestaltung des Dienstrechts,
bei der Übertragung öffentlicher Aufgaben auf privatrechtliche Verwaltungsträger
und bei der vermögensrechtlichen Haftung des Staates und seiner Beamten.

Das **Dienstverhältnis des Personals eines Gemeinwesens** ist nach heutiger Auf- 191
fassung grundsätzlich *öffentlich-rechtlicher Natur*, da die Dienstnehmer öffentliche Aufgaben erfüllen, die Begründung von Dienstverhältnissen im öffentlichen

Art. 6

Interesse liegt und das Verhältnis meist zumindest in Teilbereichen (z.B. hinsichtlich Dienstpflichten, Besoldung, Disziplinarrecht) jedenfalls dem öffentlichen Recht untersteht (vgl. auch den ausdrücklichen Vorbehalt von Art. 342 Abs. 1 lit. a OR). Nach heute herrschender Auffassung darf das Gemeinwesen daher nur dann *privatrechtliche Arbeitsverträge* abschliessen, wenn hiefür eine *gesetzliche Ermächtigung* besteht oder sich dies aus *zwingenden Gründen* geradezu aufdrängt. Eine privatrechtliche Anstellung muss jedenfalls ausdrücklich als solche bezeichnet werden, da die Vermutung für ein öffentlich-rechtliches Dienstverhältnis spricht.

192   Ein privatrechtliches Dienstverhältnis kann insbesondere in Frage kommen, wenn es sich um eine auf *kurze Zeit befristete Arbeit* oder eine *rein wirtschaftliche Tätigkeit* handelt. Auch beim Abschluss *privatrechtlicher Arbeitsverträge* bleibt Gemeinwesen sodann nach heute herrschender Auffassung an die *Grundrechte* und insbesondere an die *Rechtsgleichheit* und das *Willkürverbot* gebunden. Der Spielraum für das Gemeinwesen als Arbeitgeber bliebe daher auch bei einem Übergang zu privatrechtlichen Arbeitsverhältnissen beschränkt. Die im Rahmen der modernen Verwaltungsführung angestrebte *Flexibilisierung* der Dienstverhältnisse der öffentlichen Hand wird daher wohl besser *innerhalb des öffentlichen Dienstrechts* vorgenommen (z.B. durch Einführung eines Kündigungsrechts des Gemeinwesens bei Wahl auf Amtsdauer; vgl. zum Ganzen IMBODEN/ RHINOW/KRÄHENMANN Nr. 147, MOOR III 203 ff., 208 ff. und insbesondere YVO HANGARTNER, Öffentlichrechtliche und privatrechtliche Anstellung von öffentlichem Personal, ArbR 1993 27 ff. sowie TOBIAS JAAG, Das öffentlichrechtliche Dienstverhältnis im Bund und im Kanton Zürich, ZBl 1994 433 ff. mit Hinweisen; vgl. zur angestrebten Flexibilisierung der öffentlich-rechtlichen Dienstverhältnisse auch kritisch PAUL RICHLI, Öffentliches Dienstrecht im Zeichen des New Public Management, Bern 1996 und MANFRED REHBINDER/ALEXANDER KRAUSZ, Öffentlicher Dienst und New Public Management, ArbR 1997 87 ff.; vgl. auch BGE vom 3. April 1996 in ZBl 1997 65 ff.: Keine Pflicht zur Einhaltung der privatrechtlichen Kündigungsfristen bei Änderung des öffentlichen Dienstverhältnisses).

193   Die **Übertragung der Erfüllung öffentlicher Aufgaben auf private Verwaltungsträger** (Privatpersonen; bestehende oder zu diesem Zweck geschaffene privatrechtliche Institutionen) ist nach Lehre und Rechtsprechung zulässig, sofern sie auf einer *gesetzlichen Grundlage* beruht, der private Verwaltungsträger der *Aufsicht des Staates* untersteht und gewährleistet ist, dass bei der Ausübung der Tätigkeit die *Verfassung*, insbesondere die *Grundrechte*, *beachtet* werden. Die Anforderungen an die gesetzliche Grundlage werden in der Praxis allerdings sehr unterschiedlich gehandhabt (vgl. dazu und zur Form der Übertragung HÄFELIN/ MÜLLER Rz 1193 ff., IMBODEN/RHINOW/KRÄHENMANN Nr. 157, MOOR III 91 ff., je

mit weiteren Hinweisen; zur Abgrenzung von privat- und öffentlich-rechtlichen Organisationen allgemein oben N 183 und hinsichtlich der Stiftungen insbesondere auch HÄFELIN/MÜLLER Rz 1067 ff., IMBODEN/RHINOW/KRÄHENMANN Nr. 137 B IV/V, MOOR III 152 f.; zur Besonderheit öffentlich-rechtlicher Aktiengesellschaften nachfolgend N 194 a.E.).

Einen besonderen Fall stellen die *gemischtwirtschaftlichen Unternehmungen* dar, bei welchen sich ein oder mehrere Gemeinwesen und Private zur Besorgung einer öffentlichen Aufgabe in einer *Gesellschaft des Privatrechts* (Aktiengesellschaft oder Genossenschaft) zusammenschliessen. Die Beteiligung der öffentlich-rechtlichen Partner bedarf im Prinzip ebenfalls einer *gesetzlichen Grundlage*. In organisatorischer Hinsicht ist grundsätzlich ausschliesslich privates Gesellschaftsrecht anwendbar, wobei jedoch die *Sonderregeln* von *Art. 762 und 926 OR* zu berücksichtigen sind (vgl. dazu auch VB N 122). Hinsichtlich der *Tätigkeit* solcher Unternehmen sind allenfalls aber auch Vorschriften des *öffentlichen Rechts* zu beachten (vgl. dazu HÄFELIN/MÜLLER Rz 1183 ff., IMBODEN/RHINOW/KRÄHENMANN Nr. 137 B V und MOOR III 137 ff., je mit weiteren Hinweisen). Eine Besonderheit bilden durch kantonales Recht gegründete Aktiengesellschaften, auf welche gemäss Art. 763 OR nicht Aktienrecht, sondern ausschliesslich öffentliches Recht Anwendung findet (vgl. dazu oben N 32, BÜRGI/NORDMANN, ZH-Komm., Art. 763 OR und WERNLI, BS-Komm., Art. 763 OR mit weiteren Hinweisen). 194

Die **vermögensrechtliche Haftung des Staates und seiner Beamten** richtet sich in der Regel nach *öffentlich-rechtlichen Vorschriften* (Verantwortlichkeits- bzw. Staatshaftungsgesetze). Freilich kommt auch eine *privatrechtliche Haftung* vor, welche jedoch durch das *Bundesrecht vorgegeben* ist (vgl. dazu auch VB N 117 ff. mit weiteren Hinweisen; zum Vergleich und zur Abgrenzung der zivil- und öffentlich-rechtlichen Haftpflicht des Staates nun auch BALZ GROSS, Die Haftpflicht des Staates, Diss. Zürich 1996). Die öffentlich-rechtlichen Haftungsvorschriften werden für die Haftung des Staates sinngemäss durch *Art. 59 Abs. 1 ZGB* vorbehalten (vgl. dazu TUOR/SCHNYDER/SCHMID 119 f. und MOOR II 454 f. mit Hinweisen). Hinsichtlich der *Beamtenhaftung* geht *Art. 61 Abs. 1 OR* zwar als Regel von der Haftung nach Art. 41 ff. OR aus, doch werden abweichende öffentlich-rechtliche Vorschriften zugelassen. Heute bestehen nicht nur im Bund, sondern auch in allen Kantonen öffentlich-rechtliche Vorschriften über die Beamtenhaftung, sodass Art. 61 Abs. 1 OR keine grosse Bedeutung mehr zukommt (vgl. SCHNYDER, BS-Komm., Art. 61 OR N 1 f. und insbesondere BREHM, BE-Komm., Art. 61 OR N 4 mit Hinweisen; vgl. auch MOOR II 454 f.; vgl. immerhin für Lücken in der Haftungsregelung BGE 101 II 183 E. 2a mit Hinweisen). Für verschiedene im 195

Art. 6

Bundeszivilrecht vorgesehene Ämter besteht im übrigen eine spezialgesetzliche *bundeszivilrechtliche Organhaftung* (vgl. dazu VB N 118).

196 Für *gewerbliche (nicht-hoheitliche) Verrichtungen* von öffentlichen Beamten und Angestellten schreibt *Art. 61 Abs. 2 OR* zwar die privatrechtliche Haftung nach Art. 41 ff. OR vor, was sinngemäss auch für die Haftung des Gemeinwesens selbst gilt. Freilich ist nach der Praxis eine *Verschärfung* dieser Haftung durch kantonales Staatshaftungsrecht *zulässig* (vgl. dazu und zur Abgrenzung der gewerblichen Verrichtungen BREHM, BE-Komm., Art. 61 OR N 37 ff., (JOST) GROSS 113, HÄFELIN/MÜLLER Rz 1769 ff., MOOR II 455 ff. sowie IMBODEN/RHINOW/ KRÄHENMANN Nr. 101, je mit zahlreichen Hinweisen). Hinsichtlich der Haftung der an *öffentlichen Spitälern* tätigen Ärzte hat das Bundesgericht entschieden, es müsse den Kantonen – angesichts der praktischen Schwierigkeiten einer andern Lösung – gestützt auf Art. 61 Abs. 1 OR erlaubt sein, eine *einheitliche öffentlichrechtliche Haftungsregelung* einzuführen, welche auch für die Behandlung von Privatpatienten gelte (BGE 122 III 101 ff.). Unabhängig von der Art der Tätigkeit unterliegt das Gemeinwesen sodann in gewissen Bereichen aufgrund der *Gesetzgebung* (Gefährdungshaftungen nach ElG, EHG, SVG usw.) bzw. der *Rechtsprechung* (Grundeigentümerhaftung nach Art. 679 ZGB, Werkeigentümerhaftung nach Art. 58 OR) einer *privatrechtlichen Haftung* (vgl. dazu BREHM, BE-Komm, Art. 61 OR N 10 f., HÄFELIN/MÜLLER Rz, 239, 1773 ff., MOOR II 471 f. und eingehend IMBODEN/RHINOW/KRÄHENMANN Nr. 102 und 103, je mit weiteren Hinweisen; vgl. auch VB N 119; zur Haftung für öffentliche Sachen auch nachfolgend N 400).

197 Im Rahmen der geplanten *Totalrevision des Haftpflichtrechts* soll die Haftung der Gemeinwesen nach den Vorschlägen der Studienkommission WIDMER vom August 1991 möglichst weitgehend an das *allgemeine Haftpflichtrecht angeglichen* werden. Eine öffentlich-rechtliche Haftung soll nur noch dann zum Zuge kommen, wo dies aus besonderen Gründen gerechtfertigt ist. Überdies soll sie den Mindestanforderungen eines modernen Haftpflichtrechtes entsprechen. Der Vorbehalt zugunsten öffentlich-rechtlicher Haftungsvorschriften der Kantone soll dementsprechend auf Schäden beschränkt werden, die im Rahmen *hoheitlicher Verrichtungen* verursacht werden. Diese Vorschriften müssen überdies eine *verschuldensunabhängige Haftung des Gemeinwesens* und eine *Billigkeitshaftung für Schäden aus rechtmässiger Ausübung amtlicher Gewalt* vorsehen. Umgekehrt sollen im übrigen auch *Schadenersatzansprüche der Gemeinwesen* gegen Private grundsätzlich dem *privaten Haftpflichtrecht* unterstellt werden (vgl. zur heutigen Rechtslage nachfolgend N 263). Nach Auffassung der Studienkommission lassen sich diese Vorschläge auf Art. 64 BV stützen, da das *Haftpflichtrecht* seiner *Natur nach* immer *Privatrecht* darstelle (vgl. die Thesen 52-7, 54-2 und 54-3 der Studien-

Art. 6

kommission WIDMER, AJP 1992 1099 ff. und dazu PIERRE WIDMER, La revision du droit de la responsabilité civile vue sous l'angle de l'article 955 du code civil, ZBGR 1995 345 ff., insbesondere 348 f., 351 ff.; vgl. nun auch PIERRE WESSNER, La privatisation de la responsabilité publique, in FS J.F. Aubert, Basel/Frankfurt a.M. 1996, 573 ff. [mit Auszug aus dem Vorentwurf von 1995] und BALZ GROSS, a.a.O. [N 195] 547 ff. mit weiteren Hinweisen; kritisch zu diesem Vorhaben m.E. zu Recht (JOST) GROSS 111 ff., TOBIAS JAAG, Öffentliches Entschädigungsrecht, ZBl 1997 145 ff., insbesondere 171, und insbesondere MOOR/PIOTET 481 ff.).

ddd) Übriges Verwaltungsrecht

Auf dem Gebiet der **Eingriffsverwaltung** ist der Einsatz privatrechtlicher Formen angesichts der in diesem Bereich sehr *strengen Anforderungen* an die *gesetzliche Grundlage* und der meist *abschliessenden öffentlich-rechtlichen Regelung* der Eingriffsvoraussetzungen, -mittel und -verfahren grundsätzlich ausgeschlossen (vgl. dazu HÄFELIN/MÜLLER Rz 221 ff. und IMBODEN/RHINOW/KRÄHENMANN Nr. 2 B II mit Hinweisen). Im Rahmen des heute vermehrt angestrebten *kooperativen Verwaltungshandelns* sind zwar auch im Bereich der Eingriffsverwaltung Verhandlungselemente denkbar, doch sind diese grundsätzlich dem öffentlichen Recht zuzuordnen (vgl. dazu und zu den damit verbundenen Fragen PAUL RICHLI, Zu den Gründen, Möglichkeiten und Grenzen für Verhandlungselemente im öffentlichen Recht, ZBl 1991 381 ff., HANSPETER PFENNINGER, Kooperation zwischen Staat und Privaten als Alternative zu planungs-, umweltschutz- und anderen öffentlich-rechtlichen Verfahren, BR 4/95 79 ff. und DERSELBE, Rechtliche Aspekte des informellen Verwaltungshandelns, Verwaltungshandeln durch informell-konsensuale Kooperation unter besonderer Berücksichtigung des Umweltschutzrechtes, Diss. Freiburg 1996, je mit weiteren Hinweisen). Auf der Ebene der Rechtsetzung können sodann im Bereich der Eingriffsverwaltung im Rahmen *der gesteuerten Selbstregulierung* privatrechtliche Formen, insbesondere privatrechtliche Vereinbarungen der involvierten Interessengruppen, zum Einsatz kommen (vgl. dazu und zu den damit verbundenen Fragen VB N 35 f.; zur Rechtsnatur von entsprechenden Vereinbarungen vgl. auch BGE 109 Ib 146 ff. betreffend eine Vereinbarung über die Sorgfaltspflichten der Banken [kritisch dazu HÄFELIN/MÜLLER Rz 849 f. und RHINOW/KRÄHENMANN Nr. 1 B II a], MAURER, Komm. NHG, Art. 18c N 8 ff. zu den Biotopschutz-Vereinbarungen und ARNOLD MARTI, URP 1997 361 f., zu den neuen Vollzugsinstrumenten im Umweltschutzgesetz).

198

Weniger Bedenken gegen den Gebrauch privatrechtlicher Formen bestehen auf dem Gebiet der **Leistungsverwaltung.** In diesem Bereich sind die Anforderungen an die gesetzliche Grundlage meist weniger hoch. Die massgebenden Vorschriften

199

lassen der Verwaltung hinsichtlich der einzusetzenden Mittel oft *mehr Spielraum.* Zum Teil werden Leistungen gewährt, wie sie auch Private anbieten. Die Wahl privatrechtlicher Formen ermöglichte überdies früher (vor Einführung einer eigentlichen Verwaltungsgerichtsbarkeit) auch einen besseren Rechtsschutz. Allerdings ist der Einsatz privatrechtlicher Formen trotzdem auch in diesem Bereich *problematisch,* da die Verwaltung sich durch die Berufung auf die Privatautonomie von der Einhaltung der rechtsstaatlichen Garantien (insbesondere Rechtsgleichheit und Willkürverbot) dispensieren könnte. Das Bundesgericht hat dieser Situation dadurch Rechnung getragen, dass es einerseits dem Gesetzgeber oder – bei Fehlen einer gesetzlichen Regelung – den rechtsanwendenden Behörden eine weitgehende *Wahlfreiheit* für die Verwendung privat- oder öffentlich-rechtlicher Formen eingeräumt, andererseits aber festgehalten hat, dass das privatrechtlich handelnde Gemeinwesen an die *Verfassung* und die für die *staatliche Tätigkeit* geltenden *Grundsätze* gebunden bleibe und ihm insoweit keine Privatautonomie zukomme (vgl. insbesondere BGE 114 Ia 423, 109 Ib 155, 103 Ib 331 f.; vgl. dazu auch HÄFELIN/MÜLLER Rz 228, 852, RHINOW/KRÄHENMANN Nr. 47 B II, MOOR II 275 ff., insbesondere 278 f., 285 und bereits HUBER N 63 ff., je mit weiteren Hinweisen).

200 Für einen wichtigen Teil der Leistungsverwaltung *(Subventionsrecht)* ist heute freilich anerkannt, dass es sich grundsätzlich um *öffentlich-rechtliche Leistungen* handelt, zumal kein Geldgeschenk des Staates vorliegt, sondern eine private Tätigkeit im öffentlichen Interesse gefördert werden soll (vgl. dazu IMBODEN/RHINOW/ KRÄHENMANN Nr. 155 mit zahlreichen Hinweisen; vgl. allerdings zu privatrechtlichen Unterstützungsformen auch KNAPP 176). Probleme ergeben sich vor allem dort, wo *wirtschaftliche Leistungen* angeboten werden. Im konkreten Fall kann insbesondere umstritten sein, ob das Verhältnis zwischen einer *öffentlichen Anstalt* als Leistungserbringerin und dem privaten Benützer dem Privatrecht oder dem öffentlichen Recht zuzuordnen sei. Soweit keine ausdrückliche gesetzliche Regelung besteht, muss dies nach der Praxis des Bundesgerichts anhand mehrerer Kriterien entschieden werden. Ein *öffentlich-rechtliches Verhältnis* liegt insbesondere dann vor, wenn die Anstalt gegenüber dem Benützer mit *hoheitlicher Gewalt* ausgestattet ist, was anhand der Benutzungsordnung zu beurteilen ist. Als Gesichtspunkte gelten dabei insbesondere das Überwiegen der *unmittelbaren* Verfolgung *öffentlicher Zwecke* gegenüber einer Gewinnerzielung und die *einseitige unabänderliche* Regelung der *Anstaltsordnung* im Gegensatz zu einer freien Bestimmbarkeit der gegenseitigen Beziehungen, wie sie etwa im Verhältnis zwischen Banken, Versicherungen und ähnlichen Privatrechtsinstitutionen besteht. *Letzteres* und die Erbringung *ähnlicher Leistungen* wie bei *privaten Unternehmungen* spricht dagegen eher für ein *privatrechtliches Benützungsverhältnis,* selbst wenn allenfalls ein Kontrahierungszwang besteht.

Vgl. die Zusammenfassung der Rechtsprechung in BGE 105 II 234 ff. und eingehend 201
HÄFELIN/MÜLLER, Rz 1052 ff., IMBODEN/RHINOW/KRÄHENMANN Nr. 139, MOOR III 343 ff., je mit
zahlreichen Hinweisen; vgl. aus der neueren Rechtsprechung auch BGE vom 15. Januar 1991
in ZBl 1991 406 ff. zum Rechtsverhältnis bei Aufnahmezentren für Asylbewerber; VGE ZH
vom 23. November 1994 in ZBl 1995 238 ff. und BGE vom 3. November 1995 in ZBl 1997
71 ff. zum Rechtsverhältnis hinsichtlich der Dienstwohnung von Beamten; BGE 122 III 104 f.
zum Rechtsverhältnis bei Betreuung von Privatpatienten in öffentlichen Spitälern. Vgl. zur
fiskalischen Wettbewerbswirtschaft auch oben N 187 ff.

eee) Erfordernis eines Verwaltungsprivatrechts?

Der zunehmende Einsatz privatrechtlicher Formen ausserhalb des Bereichs der 202
klassischen Fiskalverwaltung ist bereits von HUBER (N 63 f.) als «teils chaotisch
und rechtsstaatsfeindlich» kritisiert worden. Zuvor hat schon FRITZ FLEINER von
der «*Flucht der Verwaltung ins Privatrecht*» gesprochen. In der Zwischenzeit hat
diese Tendenz nicht abgenommen, sondern im Zusammenhang mit den Forderungen nach *Deregulierung*, *Flexibilisierung* und zumindest teilweiser *Privatisierung staatlicher Aufgaben* eher noch an Boden gewonnen (vgl. zu den erwähnten
Forderungen VB N 32 ff.; zu den Gründen und Strömungen für und gegen den
Einsatz des Privatrechts durch das Gemeinwesen auch MOOR I 137 ff. und insbesondere EICHENBERGER 85 ff. mit weiteren Hinweisen). Da mit dieser Entwicklung, die nicht nur in der Schweiz, sondern auch in andern modernen Staaten
beobachtet werden kann, unbestrittenerweise die *Gefahr* eines Unterlaufens des
heute im öffentlichen Recht erreichten *rechtsstaatlichen Standards* besteht, ist im
Ausland, namentlich in der Bundesrepublik Deutschland, die Forderung nach
Schaffung eines besonderen *Verwaltungsprivatrechts* erhoben worden (vgl. dazu
EICHENBERGER 75 ff., insbesondere 79 ff. mit Hinweisen).

In der *Schweiz* fand diese Forderung, deren Umsetzung vor allem in einem 203
föderalistischen Staat mit geteilter Zuständigkeit auf den Gebieten des Verwaltungsrechts und des Privatrechts *nicht einfach* zu bewerkstelligen wäre, bisher
kaum Unterstützung. Die *Lehre* hat sich vielmehr darauf konzentriert, Voraussetzungen und Modalitäten des Einsatzes von Privatrecht durch öffentliche Institutionen – insbesondere durch die Anbindung an wichtige Prinzipien des öffentlichen Rechts – in *rechtsstaatliche Bahnen* zu lenken. Dies ist dem Grundsatz nach
– wie die vorangegangenen Ausführungen zeigen – in der neueren Zeit zu einem
schönen Teil (aber noch nicht vollständig) gelungen. Allerdings mangelt es noch
häufig an der Durchsetzung dieser Grundsätze, weil im *öffentlichen Recht* für die
Überprüfung des privatrechtlichen Handelns des Gemeinwesens meist keine
Rechtsmittel, sondern *nur aufsichtsrechtliche Rechtsbehelfe* zur Verfügung stehen und die *Zivilgerichte* im Streit zwischen öffentlicher Hand und Privaten als
Vertragsparteien *öffentlich-rechtliche Einschränkungen* für das privatrechtliche

Art. 6

Handeln des Gemeinwesens *nicht ohne weiteres berücksichtigen* können (vgl. dazu HÄFELIN/MÜLLER Rz 236 ff., MOOR II 284 ff. und ausführlich EICHENBERGER 75 ff., insbesondere 81 ff., 89 ff. mit weiteren Hinweisen).

204 Vgl. auch die Zusammenfassung des heute geltenden *ungeschriebenen Verwaltungsprivatrechts* bei KNAPP 169 ff. und FRANÇOIS BELLANGER, La légalité lorsque l'état agit par des moyens de droit privé, in: CHARLES-ALBERT MORAND (Hrsg.), La légalité: un principe à géométrie variable, Basel/Frankfurt a.M. 1992, 67 ff. mit Vorschlägen für die Weiterentwicklung und insbesondere für eine Verbesserung der richterlichen Kontrolle auf dem Gebiet des Verwaltungsprivatrechts. Die nun einsetzende *Umsetzung* der Forderungen nach *Deregulierung, Flexibilisierung* und teilweiser *Privatisierung* von bisher staatlichen Aufgaben wird zeigen, ob das bisher ungeschriebene Verwaltungsprivatrecht den rechtsstaatlichen Anforderungen zu genügen vermag oder ob nicht doch – insbesondere im Bereich des Rechtsschutzes – noch Lücken geschlossen werden müssten (vgl. zum neuesten Stand der schon weiter fortgeschrittenen Diskussion im Deutschland auch WOLFGANG HOFFMANN-RIEM, Öffentliches Recht und Privatrecht als wechselseitige Auffangordnungen – Systematisierung und Entwicklungsperspektiven, in: DERS. 261 ff. mit weiteren Hinweisen).

cc) Privatrechtliche Sanktionen zur Verstärkung von kantonalem öffentlichem Recht?

aaa) Fragestellung

205 Das *öffentliche Recht* kann *Ansprüche* schaffen, welche mit den Rechtsmitteln des öffentlichen Rechts durchgesetzt werden können, und kennt überdies als *Sanktionen* neben der Schuldbetreibung für Geldforderungen insbesondere die *Ersatzvornahme*, den *unmittelbaren Zwang, Bestrafung* sowie *weitere Verwaltungsmassnahmen* (insbesondere die Einziehung von Vorteilen, disziplinarische Massnahmen, Verweigerung von Leistungen, Widerruf von begünstigenden Verfügungen) (vgl. dazu HÄFELIN/MÜLLER Rz 913 ff., MOOR II 11 ff., 63 ff.).

206 Die Verletzung von öffentlichem Recht kann darüber hinaus aber auch *privatrechtliche Folgen* haben. Das Privatrecht sieht dies zum Teil *ausdrücklich* vor (vgl. insbesondere Nichtigkeit eines widerrechtlichen Vertrages gemäss *Art. 20 OR*; Haftung bei widerrechtlicher Schadenszufügung gemäss *Art. 41 OR*). In den beiden genannten Fällen kann die *Widerrechtlichkeit* auch in einer Verletzung von *öffentlichem Recht* bestehen. Freilich bestimmt das Privatrecht, unter welchen Voraussetzungen die entsprechende Sanktion eintritt. *Vertragliche Abmachungen* sind nach Lehre und Rechtsprechung zu Art. 20 OR nur dann und insoweit wegen Verletzung öffentlich-rechtlicher Vorschriften *ungültig*, als diese Sanktion in der

Verbotsnorm *ausdrücklich vorgesehen* ist oder sich aus dem *Sinn und Zweck* der verletzten Vorschrift ergibt (vgl. dazu RHINOW/KRÄHENMANN Nr. 2 B VI, GUHL/MERZ/KOLLER 40 f., GAUCH/SCHLUEP Rz 648 ff., insbesondere Rz 651 und KRAMER, BE-Komm., Art. 19–20 OR N 148 ff., 321 ff. mit zahlreichen Hinweisen; vgl. auch HUBER N 197 ff.). Eine *Haftung nach Art. 41 OR* wegen Verletzung einer öffentlich-rechtlichen Verhaltensnorm tritt demgegenüber nur dann ein, wenn die entsprechende Vorschrift auch den *Schutz des Geschädigten, nicht nur öffentlicher Interessen,* bezweckt (vgl. dazu OFTINGER/STARK 4 N 35 ff., insbesondere N 41 ff. mit zahlreichen Hinweisen). Vgl. zum Ganzen auch DESCHENAUX 33 f.

Es stellt sich daher die Frage, ob die Kantone gestützt auf *Art. 6 Abs. 1 ZGB* auch von sich aus *privatrechtliche Sanktionen* (insbesondere Begründung privatrechtlicher Erfüllungs- bzw. Schadenersatzansprüche; Ungültigerklärung von rechtswidrigen Rechtsgeschäften) für das von ihnen geschaffene öffentliche Recht einführen dürfen. 207

bbb) Entwicklung der bundesgerichtlichen Rechtsprechung

Das *Bundesgericht* hat den Kantonen *zunächst verboten, «mit zivilrechtlichen Mitteln zu arbeiten»,* d.h. das *Bundeszivilrecht* im Zusammenhang mit öffentlich-rechtlichen Vorschriften *abzuändern* bzw. *zu ergänzen* oder *privatrechtliche Verträge ungültig* zu *erklären* (vgl. insbesondere BGE 63 I 173 f.: unzulässige Einschränkung der Bürgenhaftung und des Kündigungsrechts bei Grundpfandforderungen im Zusammenhang mit der Einführung einer Versicherung für Grundpfandschulden; BGE 64 I 28 f.: unzulässige Allgemeinverbindlicherklärung von Kollektivarbeitsverträgen durch kantonales Recht; vgl. bereits BGE 37 I 44 ff.: Unzulässigkeit der Ungültigerklärung von Konkurrenzklauseln in Lehrverträgen). 208

Später hat das Bundesgericht seine *Rechtsprechung geändert* und festgehalten, es müsse möglich sein, die Wirksamkeit einer zulässigen öffentlich-rechtlichen Regelung durch *«zivilrechtliche Mittel»* zu *verstärken,* wenn dies zur *Erreichung* des *öffentlichen Zwecks unerlässlich* sei (BGE 73 I 229: Gewährung eines privatrechtlichen Anspruchs aus kantonaler Ferienregelung zulässig). Dieser Grundsatz wurde seither mehrmals bestätigt (vgl. insbesondere BGE 76 I 314, 84 II 426, 85 I 21, 85 II 375, 87 I 188; vgl. dazu auch HUBER N 215 ff.). Die Frage des Einflusses des öffentlich-rechtlichen Arbeitnehmerschutzrechts auf das privatrechtliche Arbeitsvertragsrecht bildete bereits einige Jahre zuvor Gegenstand eines Schweizerischen Juristentages, wobei insbesondere WILHELM SCHÖNENBERGER als deutschsprachiger Referent sich für die Anerkennung gewisser privatrechtlicher Wirkungen auch des kantonalen Arbeitnehmerschutzrechts aussprach (vgl. dazu ZSR 1933 1a ff., insbesondere 74a ff. und 395a f.). 209

Art. 6

ccc) Diskussion der bundesgerichtlichen Rechtsprechung

210 Die mit BGE 73 I 229 erfolgte Änderung der Rechtsprechung ist namentlich von HUBER (N 168 f.), aber auch von GIGER (61 f.) und WIDMER (68 f.) *stark kritisiert* worden, weil sie auch *ohne ausdrücklichen Vorbehalt* im Sinne von Art. 5 ZGB die Schaffung von *kantonalem Privatrecht* ermögliche und damit die *Grenzziehung* zwischen *Bundeszivilrecht* und *kantonalem öffentlichem Recht* überhaupt *beseitige*. Letzteres trifft aber kaum zu, da der Einsatz «zivilrechtlicher Mittel» nach der Rechtsprechung des Bundesgerichts nur zulässig ist, soweit diese für die *Erreichung* des *zulässigen öffentlichen Zwecks unerlässlich* sind (vgl. dazu auch NOBEL 268, der allerdings zu Recht festhält, dass das Bundesgericht bisher noch kaum inhaltliche Kriterien hiezu entwickelt habe). Allerdings ist wohl mit HUBER (N 169) und PIOTET (Rz 2) davon auszugehen, dass es sich *effektiv* um *privatrechtliche*, nicht etwa um öffentlich-rechtliche *Ansprüche* handelt, die lediglich vor dem Zivilrichter geltend zu machen sind (so KNAPP, Komm. BV, Art. 64 N 45, DESCHENAUX 34 N 52 und MOOR I 118 in Anlehnung an BGE 85 II 375). Genau genommen liegt eine *Doppelnorm* vor, nämlich eine öffentlich-rechtliche Vorschrift verbunden mit einem geschriebenen oder ungeschriebenen privatrechtlichen Anspruch (vgl. dazu die Hinweise bei HUBER N 169).

211 Trotzdem erscheint die Figur der zulässigen «zivilrechtlichen Mittel» zur Verstärkung des kantonalen öffentlichen Rechts nicht abwegig, dient sie doch der Verwirklichung einer *wirksamen Rechtsordnung* und kann insofern auch als *Pendant* zum *ergänzenden öffentlichen Recht* gesehen werden, das der *Bund* nach herrschender Auffassung gestützt auf seine Privatrechtskompetenz nach Art. 64 Abs. 1 und 2 BV erlassen darf (vgl. in diesem Sinne auch WILHELM SCHÖNENBERGER, ZSR 1933 84a und zu den Funktionen von Privatrecht und öffentlichem Recht als wechselseitige Auffangordnungen allgemein VB N 31 a.E.; vgl. zum Zusammenhang mit der Auslegung von Art. 64 BV auch SALADIN, Komm. BV, Art. 2 ÜB N 39, der allerdings im Unterschied zur herrschenden Auffassung von einem materialen Verständnis dieser Kompetenznorm ausgeht; vgl. zu den direkt aus der verfassungsrechtlichen Kompetenzausscheidung zwischen Bund und Kantonen abgeleiteten privatrechtlichen Rechtsetzungsbefugnissen der Kantone im übrigen auch Art. 5 N 162 ff.).

212 Unbestritten ist heute ohnehin, dass das kantonale öffentliche Recht sich insofern *negativ* auf das Privatrecht *auswirken* kann, als die Kantone als Sanktion bei Verletzung öffentlich-rechtlicher Gebote und Verbote die *Ungültigkeit vertraglicher Abmachungen* vorsehen können, sofern die entsprechenden öffentlich-rechtlichen Bestimmungen die allgemeinen *Anforderungen* der Rechtsprechung zu *Art. 6 Abs. 1 ZGB* erfüllen und *Sinn und Zweck* dieser Bestimmungen eine zivilrechtliche Ungültigkeit des betreffenden Rechtsgeschäfts *erfordern* (vgl. dazu HUBER N 168,

Art. 6

195 ff., insbesondere N 199 ff.). Freilich ergibt sich die *Zulässigkeit* einer entsprechenden *Negativwirkung* aus dem Privatrecht selbst, nämlich aus *Art. 20 OR* bzw. dessen *Auslegung* (vgl. dazu oben N 206) sowie für bestimmte Rechtsgeschäfte ausdrücklich aus *Art. 6 Abs. 2 ZGB* (vgl. dazu nachfolgend N 458 ff.).

Umstritten ist somit lediglich die Frage, ob sich aus kantonalem öffentlichem Recht auch *positive Wirkungen* auf das Privatrecht ergeben können (insbesondere *privatrechtliche Erfüllungs- oder Schadenersatzansprüche*, allenfalls auch *Leistungsverweigerungsrecht bei Nichterfüllung*). Dies ist aus den erwähnten Gründen – mit der heute herrschenden Lehre – im Prinzip zu bejahen (vgl. dazu insbesondere AUBERT Nr. 659 [inkl. Nachtrag], KNAPP, Komm. BV, Art. 64 N 44 f., SALADIN, Komm. BV, Art. 2 ÜB N 39, MOOR I 118 und PIOTET Rz 2, 17 mit weiteren Hinweisen). Freilich sind an die Zulässigkeit und Erforderlichkeit einer entsprechenden Positivwirkung *hohe Anforderungen* zu stellen, da andernfalls tatsächlich die Grenze zwischen öffentlichem Recht und Privatrecht völlig verwischt werden könnte. Die von HUBER (N 169) angeführten Probleme der *interkantonalen Rechtsanwendung* können dagegen kaum gegen positive privatrechtliche Wirkungen des kantonalen öffentlichen Rechts ins Feld geführt werden, da sich dieselben Probleme auch bei der Ungültigkeitsfolge nach Art. 20 OR stellen. Weil es in beiden Fällen um die Rechtswirkungen von primär öffentlich-rechtlichen Vorschriften geht, muss für das anwendbare Recht wohl das *Territorialitätsprinzip* gelten (vgl. dazu VB N 13; zur Pflicht der Zivilgerichte, das massgebende kantonale Recht von Amtes wegen anzuwenden, vgl. insbesondere GULDENER 155 FN 1c und STRÄULI/MESSMER § 57 N 2). 213

Im übrigen zeigt die nachfolgende Kasuistik, dass der alten Streitfrage heute nicht mehr die gleiche praktische Bedeutung wie früher zukommt, weil in den *wichtigsten Anwendungsfällen* die sich stellenden Fragen heute *bundesrechtlich geregelt* sind. Die in N 208 f. dargestellte bundesgerichtliche Rechtsprechung ist denn auch nicht weiterentwickelt worden. 214

ddd) Kasuistik

Das Bundesgericht hat eine *Positivwirkung* des öffentlichen Rechts auf das Privatrecht bisher nur im Bereich der *kantonalen Ferienregelungen* angenommen (BGE 73 I 229). Eine *kantonale Lohnzahlungspflicht* für einzelne *arbeitsfreie Tage* wurde demgegenüber als unzulässig erklärt, weil hiefür ohnehin kein genügendes öffentliches Interesse im Sinne der Anforderungen von Art. 6 Abs. 1 ZGB bestehe (BGE 76 I 319 E. 6, 76 I 326 E. 4 mit Hinweis auf einen früheren, nicht publizierten abweichenden Entscheid; kritisch zur Begründung, nicht zum Ergebnis HUBER N 219 f.). Das Bundesgericht hat es auch abgelehnt, einen privatrechtlichen Anspruch aus einer kantonalrechtlichen Vorschrift abzuleiten, wonach die *Erteilung einer Aufenthaltsbewilligung* an einen Gastarbeiter von der *Einhaltung der Vorschriften* eines nicht allgemeinverbindlich erklärten *Gesamtarbeitsvertrages* abhängig ist (BGE 84 II 426 f.). 215

Hinsichtlich der *Ferienansprüche* stellt sich die umstrittene Frage heute nicht mehr, da die Ferien (inkl. Ferienlohnanspruch) nun *abschliessend* durch *Bundesrecht* geregelt sind 216

Art. 6

(Art. 329a ff. OR und dazu VISCHER 86 mit Hinweisen; vgl. dazu auch hinten N 282). Die Frage der *Lohnzahlungspflicht* an *Sonn- und Feiertagen* hat der Bundesgesetzgeber dagegen bei der Revision des Arbeitsvertragsrechts bewusst offengelassen (BBl 1967 II 349 f.; vgl. dazu kritisch REHBINDER, BE-Komm., Art. 329 OR N 15, und VISCHER 85 FN 76; zur heute aber ohnehin stark beschränkten Kompetenz der Kantone im Bereich der Ruhetagsregelung auch nachfolgend N 357). Überdies ist in *Art. 342 Abs. 2 OR* eine sog. *Rezeptionsklausel* aufgenommen worden, welche nun ausdrücklich vorsieht, dass der Arbeitsvertragspartner aus einer öffentlich-rechtlichen Verpflichtung der Gegenpartei im *Arbeits- und Berufsbildungsrecht* von *Bund und Kantonen* einen *zivilrechtlichen Erfüllungsanspruch* ableiten kann (vgl. dazu BBl 1967 II 404 f., VISCHER 23 f., STAEHELIN, ZH-Komm., Art. 342 N 11 ff. und REHBINDER, BE-Komm., 342 OR N 9 ff., je mit weiteren Hinweisen; zur Frage der Anwendung der Rezeptionsklausel im Zusammenhang mit fremdenpolizeilichen Arbeitsbewilligungen und Submissionsvorschriften vgl. REHBINDER a.a.O. N 13 ff. und neuerdings BGE 122 III 110 ff. [Anwendung der Rezeptionsklausel für die Bestimmung des Lohnes eines ausländischen Arbeitnehmers auch bei Schwarzarbeit bejaht; vgl. dazu auch THOMAS KOLLER in AJP 1997 94 ff.]; zur Zulässigkeit von Arbeitnehmerschutzvorschriften im heutigen Submissionsrecht freilich auch einschränkend hinten N 352).

217 Abgelehnt hat das Bundesgericht in konstanter Rechtsprechung die Ableitung zivilrechtlicher Ansprüche der Mieter (insbesondere auch hinsichtlich der Mietzinsfestsetzung) aus *kantonalen Gesetzen* zur *Wohnraumerhaltung*, wobei es darauf hingewiesen hat, dass diese Gesetze primär der Wohnraumerhaltung dienten, während der Mieterschutz heute grundsätzlich abschliessend durch Bundesrecht geregelt sei (BGE 99 Ia 623, 101 Ia 508, 106 Ia 412 E. 4, 113 Ia 143 f., 116 Ia 413 E. 8, 119 Ia 354; kritisch dazu AUBERT Nr. 659 [Nachtrag]; vgl. dazu auch nachfolgend N 279 f.).

218 Anders ist die Rechtslage hinsichtlich der *Wohnbauförderung* und des *sozialen Wohnungsbaus*. Für diesen Bereich schliesst heute Art. 253b Abs. 3 OR die Anwendung der Bestimmungen über die Anfechtung missbräuchlicher Mietzinse (Art. 269 ff. OR) ausdrücklich aus, sofern die Mietzinse durch eine Behörde kontrolliert werden. In diesem Fall ersetzt die behördliche Mietzinskontrolle die zivilgerichtliche Überprüfung (vgl. dazu JUNOD, Komm. BV, Art. 34[septies] N 25 und HIGI, ZH-Komm., Art. 253a–253b OR N 78 ff. mit weiteren Hinweisen; zur Rechtsstellung der Mieter bei der behördlichen Mietzinskontrolle neuerdings Entscheid der Rekurskommission EVD vom 30. August 1995, VPB 1996 Nr. 51, insbesondere E. 5 und dazu kritisch FELIX SCHÖBI, Verfahrensrechtliche Fragen rund um den Schutz des Mieters bei subventionierten Wohnungen, mp 1997 75 ff.; vgl. dazu im übrigen auch CHARLES-ANDRÉ JUNOD, Les incidences du droit administratif du logement social sur le droit privé du bail à loyer, ZSR 1989 I 403 ff.).

eee) Abgrenzung gegenüber blosser Sicherung von Verwaltungsrechtsverhältnissen

219 Von den direkten Einwirkungen des öffentlichen Rechts auf das Privatrecht ist die *blosse Sicherung* von Verwaltungsrechtsverhältnissen durch *privatrechtliche Rechtsgeschäfte* oder *dem Privatrecht entsprechende öffentlich-rechtliche Formen* (z.B. Bürgschaft, Kaution, Anmerkung im Grundbuch, öffentliche Pfandrechte und Grundlasten etc.) zu unterscheiden (vgl. dazu und zu den damit verbundenen Qualifikationsfragen, Problemen und Abgrenzungen IMBODEN/RHINOW/

Art. 6

KRÄHENMANN Nr. 48 mit zahlreichen Hinweisen; zu entsprechenden ausdrücklichen Vorbehalten des Bundeszivilrechts auch oben N 27).

3. Öffentlich-rechtliche Befugnisse «der Kantone»

a) Allgemeines

Art. 6 Abs. 1 ZGB spricht nur von öffentlich-rechtlichen Befugnissen *«der Kantone»*. Damit sind aber nicht nur die entsprechenden Befugnisse der *Kantone selbst* und ihrer *eigenen Organe*, sondern diejenigen aller Stellen gemeint, welche das kantonale Recht mit staatlichen Aufgaben betraut, also auch diejenigen (rechtlich verselbständigter) *staatlicher Selbstverwaltungskörper* (insbesondere Gemeinden, Gemeindeverbände, allenfalls auch Bezirke oder andere Zwischenformen, sowie öffentlich-rechtliche Körperschaften, Anstalten und Stiftungen aller Art, auch öffentlich-rechtlich anerkannte Kirchen), ja selbst die öffentlich-rechtlichen Befugnisse *privater Träger staatlicher Aufgaben*. Überdies werden damit auch die Befugnisse erfasst, welche ein Kanton beim Abschluss von öffentlich-rechtlichen *Vereinbarungen* mit andern *Kantonen* oder dem *Ausland* ausübt, sowie diejenigen allfälliger *gemeinsamer Organe* aus solchen Vereinbarungen. 220

Die Beschränkung des Gesetzeswortlauts auf die *Kantone* ergibt sich daraus, dass grundsätzlich nur diese *(direkte) Ansprechpartner des Bundes* sind, während die nähere Organisation der Kantone diesen selbst obliegt (Grundsatz der *Organisationsautonomie bzw. -hoheit).* Das Bundesrecht erfasst daher mit seinen Normen nur *ausnahmsweise* direkt *Gemeinden* oder andere *kantonale Selbstverwaltungskörper*, doch sind diese in der Regel im Begriff «Kantone» bzw. «kantonal» mitenthalten (vgl. für Art. 6 Abs. 1 ZGB auch HUBER N 13 und DESCHENAUX 26 mit Hinweisen; allgemein SALADIN, Komm. BV, Art. 3 N 54, 222 ff., insbesondere 256, 258; vgl. auch KÄLIN 109 f. und DANIEL THÜRER, Die Stellung der Städte und Gemeinden im Bundesstaat, recht 1995 217 ff.; vgl. auch BBl 1997 I 217 f. zu Art. 41 Verfassungsentwurf 96). Dasselbe gilt für *interkantonale* und für *internationale Akte*, welche sich aus kantonalen Hoheitsbefugnissen ableiten (vgl. dazu auch KÄLIN 111 f.). 221

b) Selbstverwaltungskörper und private Verwaltungsträger

Die *Delegation* öffentlich-rechtlicher Befugnisse an *staatliche Selbstverwaltungskörper* und *private Verwaltungsträger* bedarf freilich einer *genügenden,* 222

Art. 6

in der Regel *formellgesetzlichen Grundlage* (vgl. dazu für öffentlich-rechtliche Körperschaften, Anstalten und Stiftungen HÄFELIN/MÜLLER 1019 ff., 1042 ff., 1067 ff., IMBODEN/RHINOW/KRÄHENMANN Nr. 137, insbesondere B VIII, MOOR III 47 ff., insbesondere 55 ff., je mit zahlreichen Hinweisen; zur Delegation öffentlich-rechtlicher Befugnisse an Private oben N 193 mit Hinweisen). Heikel ist die Delegation von *Rechtsetzungsbefugnissen*, welche den Erlass sog. *autonomer Satzungen* durch *Selbstverwaltungskörper* und allenfalls auch durch *private Verwaltungsträger* ermöglicht (vgl. dazu HÄFELIN/MÜLLER Rz 120 ff., MOOR I 54 mit weiteren Hinweisen). Eine solche Delegation ist grundsätzlich nur möglich, wenn die *Anforderungen* an die Zulässigkeit einer sog. *Gesetzesdelegation* erfüllt sind (vgl. dazu oben N 115). Bei der zum Teil umstrittenen, in der Praxis aber zumindest für Fragen von *untergeordneter Bedeutung* als zulässig anerkannten *Delegation* von Rechtsetzungsbefugnissen *an Private* ist darüber hinaus zu beachten, dass *Interessenkollisionen* vermieden werden und Gewähr für eine hinreichende *Publizität* besteht (vgl. dazu HÄFELIN/MÜLLER Rz 1198, RHINOW/KRÄHENMANN Nr. 61 B IV, MOOR III 99 f. und LANGHART 142 f., 296 ff. mit Hinweisen). Die *öffentlich-rechtlichen Körperschaften* und *Anstalten* sind häufig zum Erlass autonomer Satzungen betreffend ihre *Organisation* und *Tätigkeit* berechtigt (vgl. dazu HÄFELIN/MÜLLER Rz 1032, 1051, RHINOW/KRÄHENMANN Nr. 137 B IX und MOOR III 75 f. mit weiteren Hinweisen).

223   Eine *relativ weitgehende,* im Ausmass allerdings unterschiedliche *Rechtsetzungsbefugnis* kommt in allen Kantonen den *Gemeinden* zu. Diese sind *im Rahmen* ihrer durch das kantonale Recht umschriebenen *Zuständigkeit* (Gemeindeautonomie) allgemein auch zur *Rechtsetzung ermächtigt.* Für die Übertragung von Rechtsetzungsbefugnissen vom kantonalen an den kommunalen Gesetzgeber gelten die einschränkenden Anforderungen nicht, welche hinsichtlich der Gesetzesdelegation an Exekutivbehörden entwickelt worden sind. Zumindest für nicht besonders weitgehende Eingriffe in die Rechte der Privaten vermögen Erlasse, welche im ordentlichen kommunalen Gesetzgebungsverfahren beschlossen worden sind, auch eine *formellgesetzliche Grundlage* zu bilden. Trotz der zunehmenden Einschränkung des kommunalen zugunsten des kantonalen Kompetenzbereiches kommt dem Gemeinderecht insbesondere in den Bereichen *Bau- und Strassenrecht, lokale Polizei* und *kommunale Versorgung* in den meisten Kantonen noch immer eine erhebliche Bedeutung zu (vgl. dazu HÄFELIN/HALLER 201a ff., KNAPP, Komm. BV, Art. 5 N 115 ff., HÄFELIN/MÜLLER Rz 122 f., IMBODEN/RHINOW/ KRÄHENMANN Nr. 12 und MOOR I 336, III 171 ff. mit Hinweisen; zur meist prekären Publizität des Gemeinderechts RHINOW/KRÄHENMANN Nr. 5 B IV mit Hinweisen; vgl. auch die umfassenden aktuellen Darstellungen des Gemeinderechts von HANS RUDOLF THALMANN, Kommentar zum Zürcher Gemeindegesetz,

Wädenswil 1988, und ROLF RASCHEIN/P. ANDRI VITAL, Bündnerisches Gemeinderecht, 2. Auflage, Chur 1991).

Eine ähnlich weitgehende, freilich auf *kirchliche Fragen* beschränkte Rechtsetzungsbefugnis kommt den *Kirchgemeinden* und *kantonalkirchlichen Institutionen* der öffentlich-rechtlich anerkannten bzw. konstituierten Kirchen zu (vgl. dazu oben N 145). 224

c) Interkantonale und internationale Befugnisse der Kantone

Bereits erwähnt wurde, dass den Kantonen in gewissem, allerdings durch *Art. 9 BV* eng beschränktem Umfang die Befugnis zum Abschluss *völkerrechtlicher Verträge (Staatsverträge)* mit dem *Ausland* zukommt (vgl. dazu im einzelnen oben N 147 ff.). 225

In einem weitergehenden Umfang – nämlich grundsätzlich in ihrem *gesamten* (eigenen und übertragenen) *Kompetenzbereich* – steht den Kantonen demgegenüber der Abschluss von *öffentlich-rechtlichen Vereinbarungen* mit andern *Kantonen* (ausnahmsweise auch unter Einbezug des Bundes oder von anderen öffentlichen bzw. privaten Verwaltungsträgern) zu, welche *rechtsgeschäftlichen* oder (mittelbar oder unmittelbar) *rechtsetzenden Inhalt* aufweisen können. Obwohl zum Teil völkerrechtliche Grundsätze analog Anwendung finden, handelt es sich um Verträge, die ihre *Grundlage* im *Staats- und Verwaltungsrecht* haben. Trotz der Mitwirkung der Bundesbehörden beim Abschluss solcher Vereinbarungen bilden diese im übrigen nicht Bundesrecht, sondern *kantonales* bzw. *interkantonales Recht* (vgl. dazu und zur *Terminologie*, welche zum Teil auch die Bezeichnung «interkantonale Staatsverträge» oder für rechtsetzende Vereinbarungen die Bezeichnung «Konkordate» verwendet, FORSTMOSER/SCHLUEP 17 N 25 ff., HÄFELIN/HALLER Rz 482 ff., HÄFELIN, Komm. BV, Art. 7 N 7 ff., HÄFELIN/MÜLLER Rz 135 ff. und MOOR I 55 f. mit Hinweisen; zur Abgrenzung gegenüber *privatrechtlichen Verträgen* unter den *Kantonen* HÄFELIN/HALLER Rz 486 und HÄFELIN, Komm. BV, Art. 7 N 12; zur *Zuständigkeit* und zum *Verfahren* beim Abschluss interkantonaler Vereinbarungen HÄFELIN/HALLER Rz 512 ff., HÄFELIN, Komm. BV, Art. 7 N 41 f., 65 ff. und IMBODEN/RHINOW/KRÄHENMANN Nr. 13 B VIII; zum *Verhältnis* des interkantonalen Rechts zum *Bundesrecht* und zum *kantonalen Recht* HÄFELIN, Komm. BV, Art. 7 N 57 ff.; vgl. zum Erfordernis der Genehmigung durch den Bund auch VB N 309 f.). *Unzulässig* sind gemäss Art. 7 BV lediglich Vereinbarungen «*politischen Inhalts*», welche eine Änderung der politischen Machtverhältnisse zwischen den Kantonen bewirken würden oder im Widerspruch zu Bundesrecht und Bundesinteressen sowie zu Rechten anderer 226

Art. 6

Kantone stehen (vgl. dazu HÄFELIN/HALLER 492 ff.und HÄFELIN, Komm. BV, Art. 7 N 44 ff. mit Hinweisen).

227 Durch interkantonale Vereinbarungen können auch *interkantonale Organisationen* und *Organe* geschaffen werden, denen *Verwaltungs- und Rechtsprechungsbefugnisse,* aber auch *Rechtsetzungsbefugnisse* übertragen werden. Freilich kann es sich hierbei nur um *Ausführungsrecht von untergeordneter Bedeutung* handeln, da andernfalls die demokratischen Rechte des Volkes und des Parlaments umgangen werden könnten. *Problematisch* erscheint wegen der mangelnden parlamentarischen Kontrolle und im Hinblick auf die Anforderungen an die Unabhängigkeit der Justiz allerdings auch die Übertragung von *wichtigen Verwaltungs- oder Rechtsprechungsbefugnissen* an interkantonale Organe (vgl. dazu HÄFELIN/HALLER Rz 510 ff. und HÄFELIN, Komm. BV, Art. 7 N 54 ff., 81 ff. mit Hinweisen).

228 Die interkantonalen Vereinbarungen betreffen in der Praxis vor allem die Gebiete der gesamtschweizerischen oder regionalen *Rechtsvereinheitlichung,* der Errichtung *gemeinsamer öffentlicher Anstalten,* der *nachbarlichen Zusammenarbeit* und der *interkantonalen Rechtshilfe* (vgl. dazu HÄFELIN/HALLER Rz 504 ff., 508 ff., HÄFELIN, Komm. BV, Art. 7 N 19 ff., 30 ff. und MOOR I 165 f. mit Hinweisen; vgl. auch die Zusammenstellung der wichtigsten interkantonalen Verträge in AS 1984 862 ff.; zur unbefriedigenden Publikationspraxis auch HÄFELIN, Komm. BV, Art. 7 N 74 ff. mit Hinweisen). Auch im *Grenzbereich* von *Privatrecht* und *öffentlichem Recht* bestehen verschiedene solche Vereinbarungen. Zu erwähnen sind insbesondere die Interkantonale Vereinbarung über das *öffentliche Beschaffungswesen* vom 25. November 1994 (SR 172.056.4; vgl. dazu auch unten N 229, 352), das Interkantonale Konkordat vom 8. Oktober 1957 über *Massnahmen zur Bekämpfung von Missbräuchen im Zinswesen* (SR 221.121.1; vgl. zur Rechtslage nach dem Inkrafttreten des Konsumkreditgesetzes auch oben N 82 f.), das Konkordat vom 26. April, 8./9. November 1974 über die *Gewährung gegenseitiger Rechtshilfe in Zivilsachen* (SR 274), das Konkordat vom 10. März 1977 über die *Vollstreckung von Zivilurteilen* (SR 276), das Konkordat vom 27. März 1969 über die *Schiedsgerichtsbarkeit* (SR 279) und das Konkordat vom 28. Oktober 1971 über die *Gewährung gegenseitiger Rechtshilfe zur Vollstreckung öffentlich-rechtlicher Ansprüche* (SR 281.22) (vgl. zu den Konkordaten des Zivilprozess- und Vollstreckungsrechts auch oben N 172, 175 und zu den Konkordaten im Bereich des kantonalen Zivilrechts Art. 5 N 100).

229 Auf dem Gebiet der Rechtsvereinheitlichung können interkantonale Vereinbarungen einerseits der *Vorbereitung,* andererseits aber auch der *Vermeidung einer bundesrechtlichen Rechtsvereinheitlichung* dienen. Die Erfahrungen der letzten Zeit (insbesondere auf dem Gebiet der *Schulkoordination,* der *Steuerharmo-*

Art. 6

nisierung, der *Heilmittelkontrolle* und des *Waffenhandels*) haben allerdings gezeigt, dass interkantonale Vereinbarungen für eine dauerhafte und den aktuellen Anforderungen entsprechende Lösung insbesondere politisch heikler Fragen häufig *zu schwerfällig* sind. Soweit eine *Bundeskompetenz fehlt* oder der Bund den Kantonen Gelegenheit zu einer interkantonalen Normierung im Rahmen *bundesrechtlicher Minimalanforderungen* geben will (so neuerdings im Bereich des öffentlichen Beschaffungswesens; vgl. BBl 1995 I 1270 zu Art. 5 BGBM), bleibt die interkantonale Vereinbarung aber weiterhin eine *föderalistische Alternative*, um zur Harmonisierung der Rechtsordnung beizutragen (vgl. dazu HÄFELIN/HALLER Rz 506 f., HÄFELIN, Komm. BV, Art. 7 N 20 und ausführlich CHRISTIAN ROOS, Möglichkeiten und Grenzen interkantonaler Vereinbarungen unter besonderer Berücksichtigung des Konkordates über das öffentliche Beschaffungswesen, in: Gesetzgebung heute 1995 23 ff. mit Hinweisen; zur Regelung der Heilmittelkontrolle und des Waffenhandels vgl. auch nachfolgend N 428, 431).

IV. Bundeszivilrechtliche Schranken für die öffentlich-rechtlichen Befugnisse der Kantone

1. Allgemeines

a) Problemstellung

Aufgrund des *Wortlautes* von *Art. 6 Abs. 1 ZGB* könnte angenommen werden, das *Bundeszivilrecht tangiere* die *öffentlich-rechtlichen Befugnisse der Kantone* (insbesondere deren Rechtsetzungsbefugnisse, aber auch die davon abgeleiteten Verwaltungs- und Rechtsprechungsbefugnisse, vgl. oben N 100 ff.) in *keiner Weise*. Dies kann aber – wie bereits erwähnt – nicht zutreffen. Der Grundsatz der *Unabhängigkeit* und *sachlichen Gleichberechtigung* von *Bundeszivilrecht* und *kantonalem öffentlichem Recht* kann *nicht schrankenlos* gelten. Andernfalls würde – da jeder Lebenssachverhalt im Prinzip Gegenstand sowohl einer privatrechtlichen als auch einer öffentlich-rechtlichen Regelung sein kann – das Prinzip der *derogatorischen Wirkung des Bundesrechts* in sein Gegenteil verkehrt und der Grundsatz der *Einheit und Widerspruchsfreiheit der Rechtsordnung* ernstlich gefährdet (vgl. dazu oben N 37 ff.; vgl. auch CARONI 232 f., RIEMER 10 N 8, DESCHENAUX 14 f., 26, HUBER N 77 und AUBERT Nr. 651). 230

Allerdings ist die *Abgrenzung* von Bundeszivilrecht und zulässigem kantonalem öffentlichem Recht im *Grenzbereich* dieser beiden *Rechtsmaterien* nicht 231

Art. 6

einfach, da sich weder der geschriebenen noch der ungeschriebenen Rechtsordnung ohne weiteres klar und einfach zu handhabende Kriterien dafür entnehmen lassen. Dies hängt zunächst wiederum damit zusammen, dass die beiden Rechtsmaterien nach herrschender Auffassung aus *unterschiedlichem Blickwinkel dieselben Lebenssachverhalte* erfassen können. Hier könnte sich bei einer Übernahme des materialen Verständnisses der Privatrechtskompetenz des Bundes im Sinne von GYGI eine Vereinfachung ergeben, doch würden neue Abgrenzungsprobleme entstehen (vgl. dazu CARONI 235 und insbesondere VB N 51). Als weitere Schwierigkeit der Abgrenzung von Bundeszivilrecht und zulässigem kantonalem öffentlichem Recht kommt hinzu, dass sowohl für das *Nebeneinander* als auch für die *Verdrängung* des einen Normenbereichs durch den andern im konkreten Fall meist ganz *verschiedenartige*, häufig *gegensätzliche Erwägungen* rechtlicher, politischer, wirtschaftlicher und kultureller Natur ins Feld geführt werden können (vgl. dazu auch DESCHENAUX 26 f. und ausführlich HUBER N 77 ff., 152 ff.).

232   Dieses *Spannungsverhältnis* besteht freilich *nur im Grenzbereich* von Bundeszivilrecht und kantonalem öffentlichem Recht, nämlich dort, wo kantonale öffentlich-rechtliche Vorschriften einen vom Bundeszivilrecht geregelten Bereich betreffen und sich die Frage einer expansiven Kraft des kantonalen öffentlichen Rechts stellt (vgl. dazu vorne N 45 ff.). Soweit aber die Kantone *bestimmte Rechtsverhältnisse* zulässigerweise durch *öffentliches Recht* regeln und das *Bundeszivilrecht* in seinem Anwendungsbereich *nicht tangiert* wird, ergeben sich aus letzterem auch *keine Schranken* für das kantonale öffentliche Recht (vgl. z.B. für die Frage der Rechts- und Handlungsfähigkeit, der allgemeinen Rechtsgrundsätze, des Persönlichkeitsschutzes, des Haftpflichtrechts etc. in dem zulässigerweise ganz durch öffentliches Recht geregelten Bereich hinten N 256 ff.; heikel aber sind diejenigen Fälle, in welchen öffentlich-rechtliche Forderungen auf privatrechtliche Grundinstitutionen, z.B. solche des Familien- und Erbrechts, stossen, vgl. dazu hinten 288, 290). In der Lehre wird daher zum Teil zu Recht präzisiert, dass es grundsätzlich um die *bundeszivilrechtlichen Schranken* der *expansiven Kraft* des kantonalen öffentlichen Rechts, nicht um dieses an sich geht (vgl. etwa DESCHENAUX 26, HUBER N 77 ff., 209 ff., TUOR/SCHNYDER/SCHMID 26; vgl. auch KNAPP, Komm. BV, Art. 64 N 55).

233   Nach HUBER (N 78 ff.) sind für die Abgrenzung von Bundeszivilrecht und kantonalem öffentlichem Recht vor allem die folgenden *acht Gesichtspunkte* zu berücksichtigen: Schutz der *Rechtseinheit* gegen untragbare Rechtszersplitterung; *Einheit* der Schweiz als *Wirtschaftsgebiet* im Interesse der Freiheit des wirtschaftlichen Verkehrs; *Schutz des Bundeszivilrechts* und seiner Institute gegen Unterhöhlung und Behinderung; Berücksichtigung der dem positiven Recht zugrunde-

Art. 6

liegenden *Unterscheidung* von *Privatrecht* und *öffentlichem Recht*; Erfordernis einer *Differenzierung* der *Einwirkungen* des kantonalen öffentlichen Rechts je nach Inhalt des betroffenen Bundeszivilrechts; *Unterscheidung* zwischen *zivilrechtsergänzendem, -verstärkendem oder -schützendem öffentlichem Recht* der Kantone und solchem, das *eigenständige Ziele* verfolgt; Erfordernis *schutzwürdiger öffentlicher Interessen* bei Zurücksetzung des Bundeszivilrechts; Verhinderung *logischer Widersprüche* und *untragbarer Wertantinomien* im Interesse der Einheit der Rechtsordnung. Diese Gesichtspunkte können zu demselben, aber auch zu widersprechenden Ergebnissen führen. Im letzteren Fall muss der Rechtsanwender eine Entscheidung treffen, die aber möglichst vielen Gesichtspunkten Rechnung zu tragen hat. Erforderlich ist ein *rechtlich begründeter*, nicht ein *rein politischer Entscheid* (HUBER N 86 ff., 152 ff. mit Hinweisen).

b) Rechtsprechung des Bundesgerichts

Die Rechtspraxis hat versucht, diese verschiedenen Gesichtspunkte (oben N 233) auf einen möglichst *einfach zu handhabenden Nenner* zu bringen. Das Bundesgericht als oberste innerstaatliche Rechtsprechungsinstanz hat hiefür im Laufe der Zeit *verschiedene Formeln* verwendet, welche unterschiedlich differenziert sind und zum Teil auch in grundsätzlicher Hinsicht voneinander abweichen. 234

In einer *ersten Phase* hat das Bundesgericht festgehalten, das kantonale öffentliche Recht, welches bundeszivilrechtlich geregelte Beziehungen berühre, müsse sich diesem Recht *anpassen* und dürfe mit dessen *Sinn und Geist* nicht in Widerspruch geraten. Ein Widerspruch liege insbesondere vor, wenn sich aus dem Bundeszivilrecht ergebe, dass auf einem Gebiet *kantonale Vorschriften* schlechthin *ausgeschlossen* seien. Das Anwendungsgebiet des Bundeszivilrechts dürfe sodann nur aus *haltbaren Gründen des öffentlichen Rechts* beschränkt werden. Die Kantone dürften hierbei nur mit *Mitteln des öffentlichen Rechts* arbeiten, nicht aber das Bundeszivilrecht abändern (vgl. dazu BGE 63 I 173 E. 4, 64 I 26 E. 7 mit weiteren Hinweisen; vgl. auch EGGER, Art. 6 N 14, 16). 235

In einer *zweiten Phase* hat das Bundesgericht diese Anforderungen einerseits dahingehend ergänzt, es müsse sich um Vorschriften handeln, die ihrem *Sinn und Zweck* nach dem *öffentlichen Recht* angehörten, und es dürfe das Bundeszivilrecht *nicht vereitelt* und weder dessen *Wortlaut* noch dessen *Sinn und Geist* verletzt werden. Andererseits wurde auf das Erfordernis *verzichtet*, das kantonale öffentliche Recht dürfe *nicht mit zivilrechtlichen Mitteln* arbeiten (vgl. dazu insbesondere BGE 76 I 313 E. 3 und 85 I 20 E. 9 mit Hinweisen; vgl. dazu auch oben N 208 f.). 236

Art. 6

237   In einer *letzten Phase*, welche bis heute andauert, hat das Bundesgericht seine Formel *wesentlich vereinfacht* und auf *drei Anforderungen* beschränkt. Danach ist der Erlass öffentlich-rechtlicher kantonaler Vorschriften in einem vom Bundeszivilrecht geregelten Bereich gestützt auf Art. 6 Abs. 1 ZGB zulässig, sofern der Bundesgesetzgeber *nicht* eine *abschliessende Ordnung* geschaffen hat, die kantonalen Bestimmungen einem *schutzwürdigen* (zum Teil auch: einem haltbaren bzw. wesentlichen) *öffentlichen Interesse* entsprechen und *nicht gegen Sinn und Geist* des Bundeszivilrechts verstossen (zum Teil auch: Bundeszivilrecht weder vereiteln oder beeinträchtigen, noch mit dessen Sinn und Geist im Widerspruch stehen) (vgl. dazu BGE 122 I 21, 145, 120 Ia 290 f., 119 Ia 61 in deutscher Sprache und BGE 120 Ia 90, 303 in französischer Sprache, je mit weiteren Hinweisen; ähnlich bereits BGE 98 Ia 495 und 91 I 198).

238   Vgl. zur *Entwicklung* der *bundesgerichtlichen Rechtsprechung* auch KNAPP, Komm. BV, Art. 64 N 50 ff., AUBERT Nr. 651 ff. [inkl. Nachtrag] mit weiteren Hinweisen; zum *neueren* bzw. *heutigen Stand* der Rechtsprechung vgl. aus der *privatrechtlichen Literatur* TUOR/SCHNYDER/SCHMID 26, RIEMER 10 N 8 ff., CARONI 233 ff., DESCHENAUX 26 ff., HUBER N 89, 209 ff., GIGER 50 ff., PIOTET Rz 17 und aus der *öffentlich-rechtlichen Literatur* HÄFELIN/HALLER Rz 385a ff., SALADIN, Komm. BV, Art. 2 ÜB N 29, 33 ff., IMBODEN/RHINOW/KRÄHENMANN Nr. 1 B IV a, MOOR I 115 ff., WIDMER 67 ff., je mit weiteren Hinweisen.

c) **Kritik und Würdigung der bundesgerichtlichen Rechtsprechung**

239   Die *Beschränkung* auf die erwähnten *drei Anforderungen* erscheint grundsätzlich *richtig*. Dass es sich um *öffentliches Recht* der Kantone handeln muss, ist an sich *selbstverständlich*, da dieses ja *Prüfungsgegenstand* bildet (vgl. zu Qualifikation, Art und Umfang des öffentlichen Rechts der Kantone ausführlich vorne N 124 ff.). Auf die *Abgrenzung* gegenüber dem *Privatrecht* bezieht sich sodann auch das Erfordernis eines *schutzwürdigen öffentlichen Interesses* (vgl. nachfolgend N 307 ff.). Das Verbot des Verwendens von *zivilrechtlichen Mitteln* wurde demgegenüber zu Recht als besonderes Erfordernis fallengelassen, da dies in gewissem, allerdings eng *beschränktem Umfang möglich* sein muss (vgl. dazu ausführlich vorne N 205 ff.). Die beiden weiteren Anforderungen *(Fehlen* einer *abschliessenden Regelung* des Bundeszivilrechts; *Vereinbarkeit mit Sinn und Geist* des Bundeszivilrechts) sind in der Lehre weitgehend unbestritten, auch wenn deren Inhalt unterschiedlich umschrieben wird, eine Abgrenzung nicht ganz leicht fällt und zwischen den beiden Anforderungen jedenfalls Zusammenhänge bestehen. Allerdings sollte wohl das *Verbot der Vereitelung* und der *übermässigen Erschwerung* des Bundeszivilrechts ausdrücklich erwähnt werden, weil damit die Forderung nach Vereinbarkeit des kantonalen öffentlichen Rechts mit Sinn und Geist des Bundeszivilrechts etwas *mehr Konturen* erhält (vgl. dazu nachfolgend N 330 ff.).

Die heute vom Bundesgericht verwendete Schrankenformel wird allerdings 240
von *namhaften Autoren* aus unterschiedlichen Gründen *kritisiert*.

Grundsätzliche Kritik äussert insbesondere SALADIN. Nach seiner Auffas- 241
sung *schränkt die Formel des Bundesgerichts die öffentlich-rechtlichen Rechtsetzungsbefugnisse der Kantone* noch immer *zu stark ein*. Da im Grenzbereich
Bundeszivilrecht/kantonales öffentliches Recht von überlagernden Zuständigkeiten des Bundes und der Kantone auszugehen sei, könne das kantonale öffentliche
Recht aufgrund der derogatorischen Kraft des Bundesrechts nur ausgeschaltet
sein, wenn eine *eigentliche Normenkollision* oder eine *gezielte Vereitelung* des
Bundeszivilrechts gegeben sei. Eine *eigentliche Normenkollision* aber liege nur
vor, wenn im konkreten Fall Bundesrecht und kantonales Recht *dieselbe Frage*
beantworten. Ob dies der Fall sei, müsse gegebenenfalls durch Auslegung ermittelt werden. Insoweit sei eine Sinnermittlung selbstverständlich. Keine Kollision bestehe dagegen, wenn eine eidgenössische und eine kantonale Norm zwar
denselben Gegenstand betreffen würden, *nicht* aber das *gleiche Problem* lösen
bzw. nicht dasselbe *Rechtsgut* schützen wollten. Grundsätzlich müsse es den
Kantonen auch erlaubt sein, *andere Ziele* als der Bund zu *verfolgen*. Daher genüge für eine Ausschaltung des kantonalen Rechts nicht, dass dieses die Durchführung des Bundeszivilrechts lediglich erschwere oder mit diesem nicht in Harmonie stehe. Insbesondere das Erfordernis der *Vereinbarkeit mit Sinn und Geist* des
Bundeszivilrechts sei daher einerseits *überflüssig* und andererseits *dogmatisch
unzutreffend* (SALADIN, Komm. BV, Art. 2 ÜB N 17, 27 ff., insbesondere 29, und
33 ff., insbesondere 36 f.).

Die grundsätzliche *Beschränkung* der *derogatorischen Kraft* des Bundes- 242
rechts im Bereich *überlappender Zuständigkeiten* auf *eigentliche Normenkollisionen* erscheint im Prinzip richtig und weitgehend unbestritten (vgl. auch
HÄFELIN/HALLER Rz 367 ff., KNAPP, Komm. BV, Art. 64 N 48, AUBERT Nr. 654
und WIDMER 22 ff., 73 ff. mit weiteren Hinweisen; kritisch zur Vorstellung sich
überschneidender Kompetenzen HUBER N 18 ff. und insbesondere N 75). Allerdings ergeben sich im *Grenzbereich* von *Bundeszivilrecht* und *kantonalem öffentlichem Recht* – sofern man die Privatrechtskompetenz des Bundes nicht wie
die Minderheit der Lehre, der sich SALADIN angeschlossen hat (Komm. BV, Art. 2
ÜB N 35, 39; vgl. dazu VB N 51), als Abgrenzung nach Sachgebieten versteht
– *besondere Probleme*. Wohl enthält das Bundeszivilrecht eine grundsätzlich abschliessende Regelung des Privatrechts (Kodifikationsprinzip), doch kann *dieselbe Frage* im Prinzip sowohl Gegenstand einer *privatrechtlichen* als auch einer
öffentlich-rechtlichen Regelung bilden (vgl. auch vorne N 231). Das *Bundeszivilrecht* kann überdies nach herrschender Auffassung auch *öffentliche Interessen* berücksichtigen und dadurch ergänzendes öffentliches Recht der Kantone

Art. 6

ausschliessen (vgl. dazu VB N 107 ff.). Ob und wieweit dies der Fall ist, soll unter anderem mit Hilfe des Erfordernisses der *Vereinbarkeit mit Sinn und Geist des Bundeszivilrechts* geprüft werden. Das negative Erfordernis des *Fehlens* einer *abschliessenden Bundesregelung* ist eben nur insoweit hilfreich, als *ergänzendes öffentliches Recht* der Kantone in einem Sachbereich grundsätzlich *ausgeschlossen* ist. Soweit dies aber *nicht der Fall* ist, muss trotzdem abgeklärt werden, *wieweit* ergänzendes öffentliches Recht eines Kantons sich mit dem Bundeszivilrecht *verträgt*.

243   Daneben enthält das Erfordernis der *Vereinbarkeit mit Sinn und Geist* des Bundeszivilrechts auch das *Verbot der Vereitelung* des Bundeszivilrechts, welches SALADIN – allerdings nicht gestützt auf die derogatorische Kraft des Bundesrechts, sondern gestützt auf den Verfassungsgrundsatz der *Bundestreue* – ebenfalls anerkennt, aber auf die – wohl ohnehin seltenen Fälle (vgl. dazu auch DESCHENAUX 27 FN 16, HUBER N 214, GIGER 60 f.) – eines *gezielten Vereitelns* beschränken will (SALADIN, Komm BV, Art. 3 N 35, 216, Art. 2 ÜB N 29, 37). Zwar trifft es zu, dass die Kantone in ihrem Zuständigkeitsbereich auch *andere Ziele* als der Bund verfolgen dürfen (vgl. BGE 119 Ia 403, 111 Ia 311; vgl. auch nachfolgend N 336), doch darf dadurch nach herrschender Auffassung die Anwendung des Bundeszivilrechts *nicht übermässig erschwert* werden. Im Interesse der Einheit und Widerspruchsfreiheit der Rechtsordnung muss vielmehr eine *gleichzeitige* und *kohärente Rechtsanwendung* möglich sein (vgl. in diesem Sinne auch HUBER N 213 f., AUBERT Nachtrag Nr. 649–654 lit. B. a.E. und Nr. 662ter, KNAPP, Komm. BV, Art. 64 N 55, MOOR I 116 und RIEMER 10 N 11, je mit weiteren Hinweisen; vgl. dazu auch oben N 52 ff.).

244   Keine grundsätzliche Kritik, sondern *Kritik an der Formulierung bzw. Aussagekraft* der einzelnen Schranken für das kantonale öffentliche Recht äussern AUBERT (Nachtrag Nr. 649–654 lit. B.) und teilweise auch GIGER (51 ff.). Sie bemängeln, das Erfordernis des *Fehlens* einer *abschliessenden Bundesregelung* sei nur *teilweise hilfreich*, bringe aber gerade in besonders heiklen Fragen nichts und decke sich zum Teil mit dem dritten Erfordernis *(Vereinbarkeit mit Sinn und Geist des* Bundeszivilrechts), welches seinerseits als *abstrakte Formulierung* nicht weiterhelfe. Das Erfordernis *schutzwürdiger öffentlicher Interessen* sei *selbstverständliche Voraussetzung* jeder staatlichen Tätigkeit. Soweit kantonale Vorschriften *Grundrechte* tangierten, müssten sie sich überdies ohnehin auf *überwiegende öffentliche Interessen* stützen können.

245   Dem ist entgegenzuhalten, dass jedenfalls das Kriterium «*keine abschliessende Bundesregelung*» wohl den *wichtigsten Grundgedanken* der Abgrenzung von Bundeszivilrecht und kantonalem öffentlichem Recht enthält, auch wenn zuzugeben ist, dass dessen Anwendung im konkreten Fall häufig schwierige

Auslegungsprobleme verursacht (vgl. dazu auch nachfolgend N 248 ff. und GIGER 54f., 57). Das Erfordernis des *schutzwürdigen öffentlichen Interesses* hat durchaus seine Berechtigung, da es vor allem dazu dient, im Sinne der Interessentheorie *privatrechtliche Vorschriften auszuschliessen* (vgl. dazu nachfolgend 298 ff.; vgl. im übrigen auch AUBERT Nr. 652). In einem gewissen Sinn zutreffend ist die Kritik am Erfordernis der *Vereinbarkeit mit Sinn und Geist* des Bundeszivilrechts, welches – wie erwähnt (N 239 a.E.) – teilweise *konkretisiert* bzw. *ergänzt* werden sollte. Im übrigen aber ist dieses Erfordernis gerade deswegen sinnvoll, weil der Entscheid, ob eine *abschliessende Bundesregelung* vorliege, *häufig schwierig* ist, das kantonale öffentliche Recht auch ausserhalb des engen Bereichs abschliessender Regelungen *beschränkt* sein muss und überdies zu Recht der Gedanke der *Harmonisierung* des kantonalen öffentlichen Rechts mit dem Bundeszivilrecht betont wird (vgl. dazu auch nachfolgend N 330 ff.).

Vor allem GIGER (47 ff., insbesondere 51 ff.) weist sodann auf die *mangelnde Justitiabilität* der bundesgerichtlichen Schrankenformel hin. Es trifft ohne Zweifel zu, dass es sich bei der vom Bundesgericht verwendeten Formel *nicht* um *eigentliche Rechtsregeln* handelt, die durch reine Subsumption auf den zu beurteilenden Sachverhalt angewandt werden können. Vielmehr handelt es sich um *Leitgrundsätze* bzw. *Entscheidungsmaximen*, wie die komplexe Aufgabe der Abgrenzung von Bundeszivilrecht und kantonalem öffentlichem Recht vorgenommen werden soll (vgl. dazu insbesondere HUBER N 89, 91). Diese schwierige Aufgabe lässt sich aber nach allgemeiner Auffassung nicht in feste Rechtsregeln fassen (vgl. dazu insbesondere HUBER N 77 ff., 152 ff. mit Hinweisen). Zu Recht hält das Bundesgericht daher bei der Wiedergabe seiner Schrankenformel jeweils fest, die *Schranken der expansiven Kraft* des kantonalen öffentlichen Rechts liessen sich *nicht in allgemeiner Form* umschreiben (vgl. die oben N 237 zitierten Bundesgerichtsentscheide). 246

Auch GIGER bietet im übrigen *keine griffigeren Abgrenzungskriterien* an. Seine Kritik richtet sich im Ergebnis denn auch weniger gegen die Schrankenformel selbst als gegen deren *Anwendung* in der *Praxis*, welche seiner Auffassung nach zu sehr *politischen Überlegungen* und *Entwicklungen* nachgegeben hat (vgl. dazu insbesondere GIGER 44 ff.und im gleichen Sinn zum Teil bereits HUBER passim, insbesondere N 168 ff. und 209 ff.). Ob und inwieweit dies zutrifft, ist bei der Behandlung der einzelnen Schranken zu prüfen. Immerhin ist darauf hinzuweisen, dass mit der Schrankenformel des Bundesgerichts für die Abgrenzung von Bundeszivilrecht und kantonalem öffentlichem Recht eine *juristische Methode* vorgegeben wird, die von den gesetzgebenden und rechtsanwendenden Behörden zu befolgen ist. Es handelt sich daher jedenfalls nicht um blosse politische, sondern um von Justizorganen überprüfbare *juristische Entscheide*, welche 247

Art. 6

freilich auch *politische Aspekte* aufweisen. Dies aber ist insbesondere im Bereich des Staatsrechts, dem diese Fragen zuzuordnen sind, nichts Aussergewöhnliches (vgl. dazu HUBER N 156 ff. mit Hinweisen; vgl. auch RIEMER 10 N 12: beträchtlicher Ermessensspielraum mit entsprechendem Einfluss subjektiver Faktoren, und AUBERT Nachtrag Nr. 649–654 lit. B. a.E.: Gemisch von verstandesmässigen Überlegungen und Intuition). Zu Recht hält daher RIEMER a.a.O. fest, dass der *Konkretisierung* der *Schranken* durch die *Praxis* grosse Bedeutung zukommt.

2. Keine abschliessende bundeszivilrechtliche Regelung

a) Grundsätzliches

248 *Primäre Schranke* für kantonales öffentliches Recht im Grenzbereich zum Bundeszivilrecht bildet das Erfordernis, dass in der betreffenden Materie *keine abschliessende bundeszivilrechtliche Regelung* vorliegen darf. Diese Voraussetzung ergibt sich im Prinzip bereits aus den *allgemeinen Grundsätzen* über die *derogatorische Wirkung des Bundesrechts*. Wenn der Bund in einem ihm zustehenden Kompetenzbereich eine abschliessende Regelung getroffen hat, bleibt kein Raum mehr für kantonales Recht. *Nicht erforderlich* ist hierbei, dass die Normenkollision in zwei sich *widersprechenden Vorschriften* zum Ausdruck kommt. Eine solche ist vielmehr auch dann gegeben, wenn die kantonale Norm eine Frage betrifft, welche das Bundesrecht absichtlich nicht regeln wollte *(qualifiziertes Schweigen)*. Eine abschliessende Regelung liegt also vor, wenn für einen bestimmten Bereich *keine anderen Rechte, Pflichten, Prinzipien, Institute oder Verfahren* als die vom Bundeszivilrecht vorgesehenen gelten sollen. Ob und inwieweit dies der Fall ist, ergibt sich regelmässig nicht unmittelbar aus dem Gesetzestext, sondern muss durch *Auslegung* ermittelt werden, was oft erhebliche Schwierigkeiten bietet (vgl. dazu HÄFELIN/HALLER Rz 383 ff., KNAPP, Komm. BV, Art. 64 N 55, SALADIN, Komm. BV, Art. 2 ÜB N 17 mit weiteren Hinweisen; vgl. auch CARONI 233 f.).

249 Im Grenzbereich von Bundeszivilrecht und kantonalem öffentlichem Recht ergeben sich für diese Auslegungsfrage *besondere Probleme*. Zwar kann davon ausgegangen werden, dass das Bundeszivilrecht das *Privatrecht* grundsätzlich *abschliessend* regelt und kantonales Zivilrecht daher nur zulässig ist, wenn es sich auf einen ausdrücklichen Vorbehalt stützen kann *(Kodifikationsprinzip;* vgl. dazu auch Art. 5 N 17 ff.). Fraglich ist im vorliegenden Zusammenhang aber, ob und inwiefern das Bundeszivilrecht auch gegenüber *kantonalem öffentlichem Recht* eine abschliessende Ordnung darstellt. Diese Frage stellt sich vor allem deshalb,

weil das *Bundeszivilrecht* in mehr oder weniger weitgehendem Umfang auch *öffentliche Interessen* berücksichtigt und zum Teil selbst *öffentliches Recht* enthält, was zumindest im Prinzip zulässig ist (vgl. dazu VB N 94 ff., insbesondere 107 ff.; vgl. zum Verhältnis von sog. formellem [öffentlich-rechtlichem] Bundeszivilrecht und kantonalem öffentlichem Recht auch vorne N 62 ff.).

Soweit durch entsprechende Regeln *kantonales öffentliches Recht ausgeschlossen* werden soll, muss der *Grundsatz der derogatorischen Kraft des Bundesrechts* jedenfalls auch im Verhältnis von Bundeszivilrecht und kantonalem öffentlichem Recht gelten. Insoweit besteht ein *Vorrang des Bundeszivilrechts* auch gegenüber dem *kantonalen öffentlichen Recht*. Eine Überprüfung, ob das Bundeszivilrecht zulässigerweise auch öffentlich-rechtliche Aspekte erfasst, ist zumindest einstweilen nicht möglich (vgl. dazu VB N 100). Ob und inwieweit eine entsprechende *Ausschlusswirkung* des Bundeszivilrechts gegenüber kantonalem öffentlichem Recht gegeben ist, lässt sich – wie das Bundesgericht zu Recht festhält – *nicht in allgemeiner Form* umschreiben (vgl. dazu die ständige Rechtsprechung des Bundesgerichts, zuletzt bestätigt in BGE 120 Ia 290, 303 und 119 Ia 61). Diese Frage muss vielmehr aufgrund der *anerkannten Auslegungsmethoden* (insbesondere grammatikalische, historische, zeitgemässe, systematische und teleologische Methode; vgl. dazu DÜRR, Art. 1 N 105 ff. und MEIER-HAYOZ, BE-Komm., Art. 1 ZGB N 140 ff. mit weiteren Hinweisen) entschieden werden.

250

b) Zur Anwendung des Grundsatzes

Als *leitender Gesichtspunkt* bei der Beantwortung der Frage, ob eine abschliessende Regelung des Bundeszivilrechts vorliegt, ist zu berücksichtigen, dass einerseits gewisse Fragen aus *grundsätzlichen Erwägungen*, namentlich zum Schutz der individuellen Freiheit, im *Bundeszivilrecht abschliessend* geregelt sein sollen, und dass anderseits ergänzendes *kantonales öffentliches Recht* dort zulässig sein soll, wo das Bundeszivilrecht ein Institut anbietet, *ohne öffentliche Interessen* besonders oder abschliessend zu *berücksichtigen* oder *Interessenneutralität vorzuschreiben* (vgl. dazu DESCHENAUX 30 f., HUBER N 170 ff., RIEMER 10 N 9 und SALADIN, Komm. BV, Art. 2 ÜB N 36). Zu undifferenziert erscheint es daher, geradezu eine *Vermutung* für das Vorliegen einer (auch gegenüber ergänzendem öffentlichem Recht der Kantone) *abschliessenden Regelung* des Bundeszivilrechts anzunehmen (so GIGER 54 f.; die von HUBER N 174 unter Berufung auf IMBODEN angenommene relative Vollständigkeit des Bundeszivilrechts kann sich grundsätzlich nur auf die *privatrechtlichen Aspekte* beziehen).

251

Problematisch erscheint auch das weitere, von KNAPP (Komm. BV, Art. 64 N 55) vorgeschlagene Kriterium, wonach bei Vorliegen einer *zwingenden Norm*

252

Art. 6

eine abschliessende Regelung des Bundeszivilrechts anzunehmen sei. Zwingendes Privatrecht bedeutet grundsätzlich nur, dass die betreffende Regelung der *Parteidisposition entzogen* ist, *nicht* aber, dass hinsichtlich des betreffenden Lebenssachverhaltes *ergänzendes öffentliches Recht ausgeschlossen* ist (vgl. dazu KRAMER, BE-Komm., Art. 19–20 OR N 132 ff., 151 ff. mit Hinweisen). Nur wenn letzteres ebenfalls gemeint ist, was zutreffen kann (vgl. z.B. für den *Persönlichkeitsschutz* nachfolgend N 260), aber nicht muss (vgl. etwa zum ergänzenden öffentlichen *Familien- und Sozialschutzrecht* im Bereich des zwingenden Familien- und Vormundschaftsrechts vorne N 66 ff. und nachfolgend N 271 ff., 289), liegt eine abschliessende bundesrechtliche Ordnung vor.

253   In gewissen Fällen kann sich aus dem *Wortlaut* einer Norm des *Bundeszivilrechts* ergeben, ob eine auch gegenüber ergänzendem öffentlichem Recht der Kantone abschliessende Regelung vorliege oder nicht. Dies ist zunächst natürlich dann der Fall, wenn ausdrückliche *besondere Vorbehalte* zugunsten des kantonalen öffentlichen Rechts bestehen (vgl. dazu auch oben N 26). Aus der Umschreibung des Vorbehalts kann sich hierbei ein Ausschluss kantonaler Vorschriften ergeben, welche durch den Vorbehalt nicht gedeckt sind, doch darf hierauf nicht vorschnell ohne Berücksichtigung der Entwicklung der übrigen Bundesgesetzgebung geschlossen werden (vgl. BGE 110 Ia 113 E. 3c: keine abschliessende Regelung des Vorbehaltes zugunsten des kantonalen öffentlichen Rechts in Art. 418 OR; anders noch DESCHENAUX 30 und HUBER N 174 mit Hinweis auf BGE 70 I 235). Ein Indiz für eine abschliessende Regelung durch das Bundeszivilrecht liegt vor, wenn das Bundeszivilrecht eine umfassende *Aufzählung* der *Gründe für behördliches Einschreiten* enthält, wie dies etwa bei den Bevormundungsfällen (Art. 368 ff. ZGB) oder bei den Voraussetzungen für eine fürsorgerische Freiheitsentziehung (Art. 397a ZGB) der Fall ist. Allenfalls können die *Gesetzesmaterialien* im Sinne der historischen Auslegungsmethode Klarheit verschaffen (vgl. dazu HUBER N 174 mit Hinweisen; zur fürsorgerischen Freiheitsentziehung BBl 1977 III 26).

254   Nach HUBER N 175 ist ergänzendes öffentliches Recht der Kantone auch dann ausgeschlossen, wenn das *Bundeszivilrecht* für die Berücksichtigung sozialpolitischer Ziele auf *richterliches Ermessen verweist*, wie dies etwa bei der richterlichen Herabsetzung übersetzter Mäklerlöhne (Art. 417 OR) zutrifft. Dieser Gedanke könnte allenfalls der *teleologischen Auslegungsmethode* zugeordnet werden. Da der Verweis auf richterliches Ermessen aber ein Eingreifen nur im Einzelfall und nur bei Anrufung des Richters ermöglicht, können unter Umständen gute *Gründe des öffentlichen Interesses* für eine allgemeine, auch ohne Anrufung des Richters durchsetzbare Regelung durch kantonales öffentliches Recht sprechen (so BGE 110 Ia 113 E. 3c zur Zulässigkeit einer kantonalen Tariford-

nung für die Liegenschaftsvermittlung, unter Hinweis auch auf eine entsprechende bundesrechtliche Regelung im Bereich der Arbeitsvermittlung; anders noch BGE 65 I 83 f.).

Aus den oben N 253 f. erwähnten Entscheiden zu Art. 417 und 418 OR ergibt sich, dass für die Beantwortung der Frage, ob eine abschliessende Regelung durch das Bundeszivilrecht vorliege, auch von Bedeutung sein kann, ob der *Bundesgesetzgeber* selber im betreffenden Bereich ebenfalls ergänzende *öffentlich-rechtliche Normen* erlassen hat, was für eine nicht-abschliessende Regelung durch das Bundeszivilrecht spricht. Dieser Gesichtspunkt entspricht der *zeitgemässen* und *systematischen Auslegungsmethode* und lässt sich auch mit dem Grundsatz der *Einheit und Widerspruchsfreiheit der Rechtsordnung* begründen (vgl. in diesem Sinne bereits ANDRÉ GRISEL in ZSR 1951 301). 255

c) **Wichtige Bereiche abschliessender Regelungen**

Lehre und Rechtsprechung nehmen insbesondere in folgenden Bereichen eine gegenüber ergänzendem öffentlichem Recht der Kantone *abschliessende Regelung* durch das *Bundeszivilrecht* an, wobei sie von einem *vor Eingriffen geschützten Bundeszivilrecht* (HUBER N 170 ff.) oder von *unbedingter derogatorischer Kraft des Bundeszivilrechts* (DESCHENAUX 30 f.) sprechen: 256

aa) Allgemeine Rechtsgrundsätze des Bundeszivilrechts

Eine gegenüber ergänzendem öffentlichem Recht der Kantone *abschliessende Ordnung* enthalten zunächst die für das Bundeszivilrecht geltenden *allgemeinen Rechtsgrundsätze*, wobei es gleichgültig ist, ob diese ungeschrieben geblieben oder ausdrücklich ins Bundeszivilrecht übernommen worden sind (vgl. zu diesen Rechtsgrundsätzen auch VB N 177). Zu denken ist insbesondere an das Gebot des *Handelns nach Treu und Glauben* (Art. 2 Abs. 1 ZGB) und an das *Verbot des Rechtsmissbrauchs* (Art. 2 Abs. 2 ZGB) (vgl. dazu DESCHENAUX 30 und HUBER N 172). Für *Rechtsverhältnisse*, die dem *öffentlichen Recht unterstehen*, bleiben demgegenüber wiederum die besonderen Regeln des *öffentlich-rechtlichen Vertrauensschutzes* vorbehalten, welche im Rahmen ihrer Kompetenzen auch von den Kantonen erlassen werden können (vgl. dazu HÄFELIN/MÜLLER Rz 521 ff., IMBODEN/RHINOW/KRÄHENMANN Nr. 74–79, MOOR I 427 ff. mit Hinweisen sowie BAUMANN Art. 2 N 32 ff.). Für die Anwendung des vorbehaltenen *kantonalen Zivilrechts* können die Kantone sodann im Prinzip ebenfalls eigene *(zivilrechtliche) Rechtsanwendungsgrundsätze* schaffen, doch kommen meist die Regeln des Bundeszivilrechts als subsidiäres kantonales Zivilrecht zur Anwendung (vgl. dazu Art. 5 N 150 ff. mit Hinweisen). 257

Art. 6

bb) Zivilrechtliche Rechts- und Handlungsfähigkeit

258 Die Regeln über die *Rechts- und Handlungsfähigkeit* der natürlichen und der privatrechtlichen juristischen Personen (insbesondere Art. 11–19 und Art. 52–55 ZGB, Art. 54 OR; vgl. dazu auch GROSSEN SPR II 311 ff.), welche gleichsam die Verfassung der Privatautonomie bilden, enthalten grundsätzlich eine *abschliessende bundesrechtliche Regelung* (vgl. DESCHENAUX 30 und HUBER N 171 mit Hinweisen; vgl. jedoch auch BGE 114 Ia 355 E. 4., wonach kantonale Bestimmungen über die Patientenrechte zulässig sind, welche die erforderliche Einwilligung zu einem medizinischen Eingriff in Anlehnung an das Bundeszivilrecht näher regeln; zur Bedeutung der Regeln über Beginn und Ende der Persönlichkeit in Art. 31 ff. ZGB vgl. auch BGE 98 Ia 512 ff. und 115 Ia 245).

259 Eine *abschliessende Regelung* der Rechts- und Handlungsfähigkeit besteht im übrigen *nur* für den Bereich, der durch das *Zivilrecht des Bundes und der Kantone* normiert ist (vgl. für das kantonale Zivilrecht Art. 5 N 154). Obwohl die Begriffe der Rechts- und Handlungsfähigkeit im Bereich des öffentlichen Rechts meist mit identischer Bedeutung verwendet werden, bleiben für *Rechtsverhältnisse*, die dem *öffentliches Recht* unterstehen, abweichende *öffentlich-rechtliche Regeln* über die Rechts- und Handlungsfähigkeit natürlicher und juristischer Personen vorbehalten, welche im Bereich ihrer Zuständigkeit auch von den Kantonen erlassen werden können (vgl. dazu HÄFELIN/MÜLLER Rz 604, IMBODEN/RHINOW/KRÄHENMANN Nr. 28, MOOR II 32 ff. und BUCHER, BE-Komm., Einleitung Personenrecht N 9, Vorbem. Art. 12–19 ZGB N 8 ff., je mit weiteren Hinweisen; zur Rechts- und Handlungsfähigkeit von *juristischen Personen des öffentlichen Rechts* auch RIEMER, BE-Komm., Art. 52–59 ZGB, Syst. Teil N 117 ff.). Die *Partei- und Prozessfähigkeit* im *Zivilprozessrecht* ergibt sich jedoch – angesichts dessen gegenüber dem materiellen Recht dienender Rolle – aus dem *Bundeszivilrecht* (vgl. dazu GULDENER 124 ff., HABSCHEID Rz 58, 272 f., VOGEL 5 N 1 ff., WALDER § 8 N 1 ff., § 9 N 1 ff. und BUCHER, BE-Komm., Art. 11 ZGB N 76 ff., Vorbem. Art. 12–19 ZGB N 10 ff., je mit weiteren Hinweisen; zur dienenden Rolle des Zivilprozessrechts oben N 160 ff.).

cc) Zivilrechtlicher Persönlichkeitsschutz

260 Als *abschliessende bundeszivilrechtliche Ordnung* gilt auch der *zivilrechtliche Persönlichkeitsschutz* gemäss Art. 27 ff. ZGB und Art. 49 OR (vgl. dazu DESCHENAUX 30 und HUBER N 173 mit Hinweisen; vgl. auch TUOR/SCHNYDER/SCHMID 86 ff. und GROSSEN SPR II 354 ff. mit Hinweisen; vgl. zum Immaterialgüterrecht und zum Datenschutz auch oben N 88 ff., 92 f.). Die sich aus Art. 28 ff. ZGB ergebenden *privatrechtlichen Ansprüche* können grundsätzlich auch von *öffent-*

lich-rechtlichen Institutionen und ihren *Organen* geltend gemacht werden. Die Kantone können daher nur insoweit eine *öffentlich-rechtliche Pflicht* zur *Richtigstellung* schaffen, als es nicht um den Schutz der Persönlichkeit, sondern um das Interesse an einer *wahrheitsgemässen Berichterstattung* über Tatsachen im Zusammenhang mit der Ausübung hoheitlicher Befugnisse geht (BGE 112 Ia 398 ff.; vgl. dazu auch BBl 1982 II 656 und VPB 1986 Nr. 36 mit weiteren Hinweisen).

Auch in diesem Bereich liegt *nur insoweit* eine *abschliessende Regelung* vor, als das *Zivilrecht des Bundes bzw. der Kantone* massgebend ist (vgl. für das kantonale Zivilrecht Art. 5 N 154). *Gegenüber* dem *Staat* als *Hoheitsträger* kann man sich nicht auf den privatrechtlichen Persönlichkeitsschutz berufen. In diesem Verhältnis ist das *öffentliche Recht* massgebend. In dessen Anwendungsbereich ergibt sich der Persönlichkeitsschutz aus dem ungeschriebenen Grundrecht der *persönlichen Freiheit* und *Art. 8 EMRK* (Recht auf Achtung des Privat- und Familienlebens, der Wohnung und des Briefverkehrs) sowie aus besonderen *öffentlich-rechtlichen Vorschriften*, die im Rahmen ihrer Kompetenzen auch von den Kantonen erlassen werden können (vgl. dazu HUBER N 173, HÄFELIN/HALLER Rz 1173 ff., HALLER, Komm. BV, Persönliche Freiheit, N 68 ff. mit Hinweisen; vgl auch ANDREAS BUCHER, Natürliche Personen und Persönlichkeitsschutz, 2. A., Basel/Frankfurt a.M. 1995, Rz 413 ff.; vgl. für den Datenschutz auch oben N 93). Die Kantone sind daher insbesondere befugt, dem Persönlichkeitsschutz im Rahmen ihrer Bestimmungen über die Gerichtsberichterstattung Rechnung zu tragen (BGE 113 Ia 311 ff.).

261

dd) Zivilrechtliche Haftung

Vor Einwirkungen des kantonalen öffentlichen Rechts geschützt ist das *privatrechtliche Haftpflichtrecht* des Bundes, welches eine *grundsätzlich abschliessende Bundesregelung* enthält. Freilich kann die *Verletzung öffentlich-rechtlicher Vorschriften der Kantone* eine Haftung nach Bundeszivilrecht zur Folge haben (vgl. für das Handlungsunrecht oben N 206; für das Erfolgsunrecht demgegenüber OFTINGER/STARK § 4 N 23 ff., insbesondere N 31 mit Hinweisen [Unzulässigkeit eines besonderen kantonalen Rechtsgüterschutzes]). Die *Haftungsregelung* des Bundeszivilrechts selber aber kann durch kantonales Recht *nicht geändert* werden; insbesondere darf sie nicht durch Einführung einer Kausalhaftung verschärft werden, wo bundesrechtlich keine solche vorgesehen ist (vgl. HUBER N 173 und OFTINGER/STARK § 1 N 123 f. mit Hinweisen; vgl. aus der neueren Rechtsprechung insbesondere BGE 115 II 24 ff.: keine Änderung der Rückgriffsordnung von Art. 51 Abs. 2 OR durch kantonale Pensionskassenvorschriften, sowie BGE 98 Ia 370 E. 8 und OG SH in ZBl 1991 159 ff. E. 4: Unzulässigkeit der Einführung einer Kausalhaftung für Insassen einer öffentlichen Anstalt [vgl. zur Haftung im

262

Art. 6

Schul- und Anstaltsverhältnis auch VPB 1976 Nr. 34 und PLOTKE 315 f.]; vgl. neuerdings auch BGE 121 III 206 ff.: Unzulässigkeit der Verschärfung der Haftung nach Art. 429a ZGB durch kantonales Recht [kritisch dazu allerdings MOOR/ PIOTET 501 f. mit weiteren Hinweisen]).

263   Zulässig ist demgegenüber grundsätzlich die Einführung einer *öffentlichrechtlichen Haftung* des Staates und seiner Beamten für deren *hoheitliche Tätigkeit*, wofür in Art. 59 Abs. 1 ZGB und Art. 61 Abs. 1 OR Vorbehalte zugunsten des öffentlichen Rechts der Kantone bestehen (vgl. dazu eingehend oben N 195 ff.). Soweit *hoheitliche Funktionen des Staates* betroffen sind, können die Kantone sodann in ihrem Zuständigkeitsbereich auch eine *öffentlich-rechtliche Ersatzpflicht Privater* (insbesondere polizeiliche Haftung des Störers) einführen bzw. aufgrund der Vorschriften über die antizipierte Ersatzvornahme zur Anwendung bringen (vgl. dazu HÄFELIN/MÜLLER Rz 934 ff., 1926 ff., IMBODEN/RHINOW/KRÄHENMANN Nr. 52 B IV–VII, 68 und 135 sowie MOOR I 424 ff., II 63 ff. mit Hinweisen; zur Haftung Privater für Schäden an öffentlichen Sachen vgl. jedoch nachfolgend N 400). Umstritten ist, ob ein Kanton im Rahmen einer *Konzession* dem Konzessionär eine *Kausalhaftung* überbinden dürfe, was das Bundesgericht – jedenfalls in früheren Jahren – zugelassen hat und bei Kraftwerkkonzessionen üblich ist (vgl. dazu kritisch OFTINGER/STARK § 1 N 124 mit Hinweisen; vgl. auch POLEDNA Rz. 411).

264   Die Regelung der *Prozessentschädigung* (nicht aber einer weitergehenden Haftung für Verzögerungsschäden) sowie der *Schadenersatzpflicht* wegen Erwirkung *vorsorglicher Massnahmen* im Rahmen des kantonalen Verfahrensrechts gilt – jedenfalls im Verhältnis zwischen privaten Prozessparteien – trotz der grundsätzlich öffentlich-rechtlichen Natur des Verfahrensrechts (vgl. dazu oben N 137, 155, 160) – nach herrschender Auffassung als stillschweigend bzw. durch Art. 64 Abs. 3 und Art. 64bis Abs. 2 BV *vorbehaltenes kantonales Zivilrecht*, da diese Bestimmungen unbestrittenerweise *privatrechtliche Ansprüche* der Entschädigungsberechtigten schaffen. Dass es sich lediglich um privatrechtliche Ansprüche handeln könnte, welche sich aus einer öffentlich-rechtlichen Regelung ergeben (vgl. dazu oben N 210), wird offenbar nicht in Erwägung gezogen (vgl. dazu und zu den Schranken entsprechender kantonaler Regelungen DESCHENAUX 42 f., GULDENER in ZSR 1961 II 60, STRÄULI/MESSMER § 68 N 1, 230 N 1, WALDER § 34 N 14 und insbesondere ATTILIO GADOLA, Die unbegründete Drittbeschwerde im öffentlichrechtlichen Bauprozess, ZBl 1994 97 ff., insbesondere 114 f., je mit weiteren Hinweisen; vgl. dazu auch Art. 5 N 162). Ebenso gilt die Zuweisung der Regelung der *Haftung für Wildschaden* an die Kantone (Art. 13 Abs. 2 JSG) als Vorbehalt zugunsten des kantonalen Zivilrechts (vgl. dazu Art. 5 N 193).

Art. 6

ee) Zivilrechtliche Formvorschriften

Ausgeschlossen ist kantonales öffentliches Recht im Bereich der *Formvorschriften für privatrechtliche Rechtsgeschäfte* (Art. 11 ff. OR). Formvorschriften dienen einerseits dem Schutz der Parteien vor Übereilung und andererseits der Sicherheit des Rechtsverkehrs und der Schaffung klarer Verhältnisse. *Art. 11 OR* sieht als Grundsatz die *Formfreiheit* vor, behält aber *gesetzliche Formvorschriften* vor. Wo ein besonderes Schutzbedürfnis besteht, sieht das Bundeszivilrecht regelmässig Formbedürftigkeit vor. Nach herrschender Auffassung können daher die Kantone im Rahmen ihrer öffentlich-rechtlichen Rechtsetzung ihre Beurteilung der Interessenlage *nicht* anstelle derjenigen des Bundesgesetzgebers setzen und *weitere Formvorschriften* aufstellen, auch nicht im Interesse einer einfacheren verwaltungsrechtlichen Kontrolle (vgl. dazu BGE 85 I 24, DESCHENAUX 31, HUBER N 176, NOBEL 268 und SCHMIDLIN, BE-Komm., Art. 11 OR N 170 ff., je mit weiteren Hinweisen; Befürchtungen, das Bundesgericht könnte seine Praxis ändern [GIGER 60], haben sich bisher nicht bewahrheitet; vgl. im übrigen kritisch zum absoluten Schutz der bundesrechtlichen Formfreiheit NOBEL 273). Zulässig sind demgegenüber *kantonale Formvorschriften* im Bereich des vorbehaltenen *kantonalen Zivilrechts*. Solche Vorschriften sind jedoch selten, da den Kantonen die Regelung von Rechtsgeschäften nur in einigen wenigen Fällen überlassen wird (vgl. dazu SCHMIDLIN, BE-Komm., Art. 11 OR N 173 und vorne Art. 5 N 152; vgl. z.B. Art. 5 N 194 und 197 für die öffentliche Versteigerung und die kantonale Formularpflicht im Mietrecht).

265

Die Einführung einer *Bewilligungspflicht* für den Abschluss bestimmter privatrechtlicher Verträge sowie die Statuierung eines *Einsichtsrechts* in schriftliche Verträge stellt keinen Verstoss gegen die abschliessend geregelten bundeszivilrechtlichen Formvorschriften dar (vgl. dazu HUBER N 177 und N 180 mit Hinweisen). Die Kantone haben sodann – im Rahmen bundesrechtlicher Minimalanforderungen – das *Verfahren* der *Beglaubigung* und der *öffentlichen Beurkundung* zu regeln (vgl. dazu SCHMIDLIN, BE-Komm., Art. 11 OR N 68 ff. und Art. 13 OR N 34 ff.; vgl. auch Art. 55 SchlT und dazu TUOR/SCHNYDER/SCHMID 27 f. sowie KLEY-STRULLER 59 ff., 88 ff., je mit weiteren Hinweisen). Gestützt auf ihre Zuständigkeit im Bereich des Prozessrechts sind die Kantone auch befugt, *Formvorschriften* für *prozessuale Verträge* (z.B. Schieds- oder Prorogationsabreden, gerichtliche Vergleiche) aufzustellen, welche aber ebenfalls dem öffentlichen Recht zuzuordnen sind (vgl. dazu SCHMIDLIN, BE-Komm., Art. 11 OR N 173 und Art. 5 N 163). Vorbehalten bleiben sodann selbstverständlich *öffentlich-rechtliche Formvorschriften* der Kantone für *verwaltungsrechtliche Verträge* (vgl. dazu HÄFELIN/MÜLLER Rz 887, IMBODEN/RHINOW/KRÄHENMANN Nr. 46 B VI und MOOR II 264 mit Hinweisen; vgl. überdies HUBER N 179 für das privatrechtliche Dienstverhältnis

266

Art. 6

von Beamten). Im Bereich des *Enteignungsrechts* besteht jedoch für einen schon in einfacher Schriftform gültigen öffentlich-rechtlichen Enteignungsvertrag erst Raum nach formgerechter Einleitung des Enteignungsverfahrens; zuvor müssen für die Abtretung von Grundstücken die privatrechtlichen Formvorschriften beachtet werden (BGE 102 Ia 553 ff.).

ff) Weitere Bereiche

267 Nach Lehre und Rechtsprechung sind sodann insbesondere *folgende Institute* des Bundeszivilrechts *ganz* oder *teilweise* als *abschliessende*, vor den Einwirkungen von kantonalem öffentlichem Recht geschützte *Regelungen* zu betrachten (vgl. dazu auch HUBER N 174 und DESCHENAUX 30 f. mit Hinweisen):

268 – *Ehefähigkeit und Ehehindernisse* (Art. 96–104 und Art. 120 ZGB; vgl. dazu auch TUOR/SCHNYDER/SCHMID 161 ff. und DICKE, Komm. BV, Art. 54 N 73 mit Hinweisen).

269 – *Bürgerrecht der Ehefrau* (Art. 161 ZGB): Der Bund ist zum Erlass von Vorschriften über die Beibehaltung oder den Verlust des Kantons- und Gemeindebürgerrechts der Frau im Falle von Heirat ausschliesslich zuständig (BGE 108 Ib 392 ff.; vgl. zur Regelung des Bürgerrechts bei familienrechtlichen Tatbeständen auch allgemein VB N 110).

270 – *Ehegüterrecht* (Art. 181 ff. ZGB; vgl. dazu TUOR/SCHNYDER/SCHMID 214 ff. mit Hinweisen). Für Steuerforderungen kann die Ehegattenhaftung jedoch abweichend von den zivilrechtlichen Vorschriften geregelt werden (vgl. dazu hinten N 288). Zum Verhältnis von Ehegüterrecht und strafprozessualer Beschlagnahme vgl. oben N 157.

271 – *Familienrechtliche Unterhalts- und Unterstützungspflicht* (Art. 163 ff, 276 ff. und 328 ff. ZGB): Diese Pflicht kann durch das *kantonale Sozialhilferecht* nicht abgeändert werden; dieses kann lediglich die *subsidiäre Unterstützung* durch die öffentliche Hand (inkl. Alimentenbevorschussung) regeln sowie die Frage, *ob* und *inwieweit* die im Unterstützungsfall von Gesetzes wegen auf das Gemeinwesen übergehende *Forderung* zivilrechtlich gegen den *Unterhalts-* bzw. *Unterstützungspflichtigen* geltend gemacht werden soll (Art. 289 Abs. 2, Art. 293 und Art. 329 Abs. 3 ZGB und dazu TUOR/SCHNYDER/SCHMID 328 f., 359 ff. sowie WOLFFERS 171 ff. mit Hinweisen). Bei der Begrenzung der *Alimentenbevorschussung* dürfen die finanziellen Verhältnisse des *Stiefelternteils* jedoch berücksichtigt werden (BGE 112 Ia 256 ff.; vgl. zur Alimentenbevorschussung auch VB N 115). *Nicht gebunden* an die zivilrechtliche Ordnung der Unterhalts- und Unterstützungspflicht ist auch die *kantonale Stipendiengesetzgebung* bei der Umschreibung *zumutbarer Angehörigenleistungen*, da die Gewährung von staatlichen Ausbildungsbeiträgen im Interesse eines gezielten Mitteleinsatzes von weitergehenden Leistungen der nächsten Angehörigen abhängig gemacht werden darf (vgl. dazu VG ZH in ZBl 1994 170 ff. und PLOTKE 183 f. mit Hinweisen). Entsprechendes dürfte grundsätzlich auch für die von den Kantonen zu regelnde *individuelle Verbilligung* der *Krankenversicherungsprämien* gelten (vgl. Art. 65 KVG und dazu ALFRED MAURER, Das neue Krankenversicherungsrecht, Basel/Frankfurt a.M. 1996, 152).

272 – *Aufzählung der Bevormundungsfälle* (Art. 368 ff. ZGB; vgl. dazu TUOR/SCHNYDER/SCHMID 380 ff. mit Hinweisen; zur Zulässigkeit kantonalrechtlicher Massnahmen der Eingriffsfürsorge, welche die Handlungsfähigkeit als solche nicht betreffen, oben N 66).

Art. 6

- *Voraussetzungen für eine fürsorgerische Freiheitsentziehung* (Art. 397a ZGB; vgl. dazu BBl 1977 III 1 ff., insbesondere 20, 26, und TUOR/SCHNYDER/SCHMID 403 ff. mit Hinweisen; zur Zulässigkeit kantonaler Vorschriften über schwächere Vor- und Nachmassnahmen auch oben N 66). 273

- *Erbrechtliches Parentelensystem* (Art. 457 ff. ZGB; vgl. dazu auch TUOR/SCHNYDER/ SCHMID 433 ff. mit Hinweisen). 274

- *Grundsatz der freien vertraglichen Erbteilung* (Art. 607 Abs. 2, 634 Abs. 1 ZGB): Nach Art. 609 Abs. 2 ZGB mögliche kantonale Vorschriften über die amtliche Mitwirkung bei der Erbteilung dürfen diesen Grundsatz nicht beeinträchtigen (insbesondere Unzulässigkeit einer behördlichen Genehmigungspflicht; vgl. BGE 114 II 419 f. und TUOR/ SCHNYDER/SCHMID 544 ff.). 274a

- *Numerus clausus der sachenrechtlichen Institute* (Art. 641 ff., 730 ff. ZGB): Im Unterschied zu den obligatorischen Berechtigungen besteht für die dinglichen Rechte der Grundsatz der *Typengebundenheit*. Andere als die vom Gesetz vorgesehenen Arten dinglicher Rechte sind nicht zugelassen (vgl. dazu TUOR/SCHNYDER/SCHMID 594 f., 758 f. mit Hinweisen). Dieser Grundsatz gilt jedoch nur für die grundsätzlich durch das Privatrecht geregelten Rechtsbeziehungen. Für die *öffentlichen Sachen* können die Kantone die Anwendbarkeit des Privatrechts und insbesondere des Sachenrechts ganz oder teilweise ausschliessen und diese *öffentlich-rechtlichen Regeln* unterstellen (vgl. dazu unten N 406 ff.). 275

- Für die *Sicherstellung öffentlich-rechtlicher Forderungen* können die Kantone nach herrschender Auffassung *gesetzliche Fahrnispfandrechte* einführen, obwohl hiefür – im Unterschied zu den gesetzlichen Grundpfandrechten und Grundlasten (vgl. dazu oben N 27) – im Bundeszivilrecht kein ausdrücklicher Vorbehalt zugunsten des kantonalen Rechts besteht (vgl. dazu und zu den sich aus dem Verfassungsrecht ergebenden Schranken für solche Pfandrechte TUOR/SCHNYDER/SCHMID 877 FN 3, 891 FN 14, ZOBL, BE-Komm, Art. 884 ff. ZGB, Syst. Teil N 485 ff., IMBODEN/RHINOW/KRÄHENMANN Nr. 48 B VI und insbesondere DENIS PIOTET, Le droit civil fédéral prohibe-t-il l'hypothèque légale mobilière de droit public cantonal?, ZSR 1990 I 211 ff., je mit weiteren Hinweisen; a.M. MOOR I 118 und insbesondere SUZETTE SANDOZ, L'hypothèque mobilière légale de droit public cantonal est-elle compatible avec le droit fédéral?, ZSR 1989 I 195 ff.; zu kantonalen Forderungspfandrechten vgl. nachfolgend N 382; zu öffentlich-rechtlichen Pfandrechten auch allgemein PIOTET Rz 18 mit Hinweisen). 276

- Muss das *Eigentum* im *öffentlichen Interesse beschränkt* werden, sind die Kantone nicht an privatrechtliche Formen der Eigentumsbeschränkung gebunden, sondern können im Rahmen ihrer öffentlich-rechtlichen Befugnisse – wie dies das Zivilgesetzbuch in verschiedenen Bestimmungen selber vorsieht (vgl. insbesondere Art. 702 ZGB) – durch gesetzliche Vorschriften unmittelbar anwendbare oder durch Verfügung zu konkretisierende *öffentlich-rechtliche Eigentumsbeschränkungen* einführen (vgl. dazu Näheres hinten N 368 ff.; zum Erfordernis ausreichender öffentlicher Interessen hinten N 311; vgl. zu gesetzlichen Vorkaufsrechten auch nachfolgend N 293). Solche *öffentlich-rechtlichen Eigentumsbeschränkungen* gehen den sog. *zivilrechtlichen Notrechten* (Durchleitungsrecht gemäss Art. 691 ff. ZGB, Notwegrecht gemäss Art. 694 ZGB) vor, wobei letztere durch das öffentliche Recht der Kantone im übrigen nicht abgeändert werden dürfen (vgl. dazu TUOR/SCHNYDER/SCHMID 732 ff. mit Hinweisen; vgl. auch RB OG SH 1993 105 ff. E. 4: Unzulässigkeit der Änderung des zivilrechtlichen Notleitungsrechts durch kommunale Vorschrift). 277

Art. 6

278 – *Voraussetzungen des Besitzesschutzes* (Art. 926 ff. ZGB): Diese dürfen auch im Bereich des *administrativen, polizeilichen* bzw. *strafrechtlichen Besitzesschutzes* nicht verschärft werden, welchen die Kantone gestützt auf ihre öffentlich-rechtlichen Rechtsetzungsbefugnisse einführen können (vgl. HINDERLING SPR V/1 457 und STARK, BE-Komm., Art. 926–929 ZGB N 115 mit Hinweisen, insbesondere BGE 83 II 141 ff.; vgl. dazu auch DESCHENAUX 27 f. und KLEY-STRULLER 216 ff.)

279 – *Mieterschutz* (Art. 253 ff. OR): Die bundesrechtliche Regelung über den Schutz der Mieter von Wohn- und Geschäftsräumen ist – unter Vorbehalt ergänzender kantonaler Regeln über die Sicherheitsleistungen der Mieter (Art. 257e Abs. 4 OR) und über die Formularpflicht (Art. 270a Abs. 2 OR; vgl. zur gemischten Rechtsnatur dieser Vorbehalte Art. 5 N 196 f.) – abschliessend (vgl. BGE 119 Ia 354, 117 Ia 331; vgl. zur Rechtslage unter der Geltung der früheren spezialgesetzlichen Mieterschutzvorschriften bereits 113 Ia 143, 101 Ia 508 und 89 I 181 f.). Vgl. zur *Vollstreckung* von mietrechtlichen Ausweisungsentscheiden aber auch hinten N 390.

280 Nicht ausgeschlossen sind jedoch *kantonale Vorschriften* zur *Wohnraumerhaltung,* welche nicht die einzelnen Mieter, sondern den Wohnraum als solchen schützen (vgl. dazu die zit. BGE, NOBEL 277, JUNOD, Komm. BV, Art. 34^{septies} N 24 ␣., 39 ff. und PETER SCHUMACHER, Die kantonalen Wohnraumerhaltungsgesetze, Diss. Basel 1990, 157 ff. mit weiteren Hinweisen). So dürfen die Kantone keine generelle, sondern nur eine im Einzelfall mit einer besonderen baurechtlichen Bewilligung verbundene *Mietzinskontrolle* einführen, welche sich nicht direkt auf die privatrechtliche Rechtsstellung des Mieters auswirkt (vgl. dazu BGE 101 Ia 508, JUNOD, Komm. BV, Art. 34^{septies} N 27 ff., SCHUMACHER, a.a.O., 137 f., 158 und vorne N 217 mit weiteren Hinweisen; zur grundsätzlichen Zulässigkeit staatlicher Preiskontrollen auch hinten N 354). Ferner darf der mietrechtliche *Kündigungsschutz* nicht durch kantonale Vorschriften erweitert oder abgeändert werden (vgl. BGE 113 Ia 143 f., JUNOD, Komm. BV, Art. 34^{septies} N 39 ff. und SCHUMACHER, a.a.O., 157 f.; zum Verhältnis von Kündigungsschutz und Wohnraumerhaltung in der Rechtsanwendung vgl. auch hinten N 376).

281 Zulässig sind auch *kantonale Vorschriften* über die *Wohnbauförderung* und den *sozialen Wohnungsbau,* welche aber ebenfalls keine direkten privatrechtlichen Wirkungen haben dürfen (vgl. dazu und zur Sonderregelung des Mietzinsschutzes in diesen Fällen oben N 218; zur Frage der Zulässigkeit staatlicher Mietverträge in diesem Bereich auch JUNOD, Komm. BV, Art. 34^{septies} N 47 f. mit Hinweisen). Die Kantone können sodann für *Dienstwohnungen von Beamten* öffentlich-rechtliche, vom Mietrecht des OR abweichende Regelungen erlassen (vgl. dazu oben N 200 f.).

282 – *Arbeitsrechtliche Ferienregelung* (Art. 329a OR): Die Kantone können für das privatrechtliche Arbeitsverhältnis keine öffentlich-rechtlichen Ferienbestimmungen und damit auch keine Strafbestimmungen mehr erlassen. Die Schweiz ist ein zusammengehörender Wirtschaftsraum, der nach einer einheitlichen Arbeits- und Sozialgesetzgebung verlangt (vgl. dazu VISCHER 86 mit weiteren Hinweisen; zur Entwicklung des Ferienrechts in der Schweiz auch BBl 1982 III 201 ff., insbesondere 226, REHBINDER, BE-Komm., Art. 329a OR N 1, 8 und SCHÖNENBERGER/STAEHELIN, ZH-Komm., Art. 329a OR N 1). Heute ist auch der *Urlaub für ausserschulische Jugendarbeit* durch Bundesrecht geregelt (Art. 329e OR und dazu BBl 1988 I 825 ff. sowie VISCHER 91; zur früheren Rechtssetzungsbefugnis der Kantone VPB 1986 Nr. 42). Ein *Bildungsurlaub* ist im OR nicht vorgesehen. Eine Einführung durch kantonale Vorschriften erscheint für den pri-

vaten Bereich ausgeschlossen (vgl. VPB 1990 Nr. 37). Zur Regelung der *Arbeits- und Ruhezeit* vgl. im übrigen hinten N 357.

- *Ordnung der Handelsgesellschaften* (Art. 552 ff. OR): Ein Vorbehalt zugunsten des kantonalen Rechts besteht in Art. 59 ZGB lediglich zugunsten der *öffentlich-rechtlichen* und *kirchlichen Körperschaften und Anstalten* sowie zugunsten *privatrechtlicher Körperschaften* im Bereich der *gemeinsamen landwirtschaftlichen Bodennutzung* (vgl. dazu und zu den Abgrenzungen gegenüber den Gesellschaften des OR MEIER-HAYOZ/FORSTMOSER 17 N 1 ff., insbesondere N 5, 9 ff., sowie oben N 183 und Art. 5 N 166 f.; zur *öffentlich-rechtlichen Aktiengesellschaft* und den *gemischtwirtschaftlichen Unternehmen* oben N 194; zur Frage der Mitwirkung der Arbeitnehmer nachfolgend N 351). 283

- Zu den *zivilrechtlichen Spezialgesetzen,* welche häufig ebenfalls eine abschliessende, auch ergänzendes kantonales öffentliches Recht ausschliessende bundesrechtliche Regelung enthalten, vgl. oben N 70 ff. 284

- Zu *zivilprozessualen Fragen,* deren Beantwortung sich nach der Rechtsprechung des Bundesgerichts aus einer grundsätzlich abschliessenden Regelung des Bundeszivilrechts ergibt, vgl. die Hinweise oben N 170 f. 285

d) Nicht-abschliessende Regelungen

aa) Vertragsfreiheit und Eigentumsordnung

Obwohl es sich um grundlegende Institute des Bundeszivilrechts handelt, gelten die *Vertragsfreiheit* und die *Eigentumsordnung* nicht als abschliessende, kantonales öffentliches Recht ausschliessende Regelungen (vgl. dazu CARONI 234, DESCHENAUX 31 ff., HUBER N 176 ff., 191 ff., KNAPP, Komm. BV, Art. 64 BV N 56 und hinten N 340 mit weiteren Hinweisen; kritisch dazu GIGER 48 ff., 58 ff.). Gerade weil diese beiden Rechtsinstitute die Grundlage der gesamten Privatrechtsordnung bilden und diese weitgehend beherrschen, würde die gegenteilige Auffassung dazu führen, dass kantonales öffentliches Recht neben dem Bundeszivilrecht praktisch ausgeschlossen wäre, was nicht dem Willen des Gesetzgebers entsprechen würde (vgl. dazu auch vorne N 40 ff., 46). Im übrigen ergibt sich der nicht-abschliessende Charakter der im Bundeszivilrecht verankerten Vertragsfreiheit und Eigentumsordnung auch aus verschiedenen *ausdrücklichen Vorbehalten* des Bundeszivilrechts (vgl. insbesondere Art. 641 Abs. 1, 664 und 702 ZGB sowie Art. 19 f. OR und dazu nachfolgend N 353 ff., 363 ff.) 286

bb) Weitere Bereiche

Die *Rechtsprechung* hat sodann das Vorliegen einer abschliessenden, kantonales öffentliches Recht ausschliessenden Regelung des Bundeszivilrechts etwa auch in folgenden Bereichen abgelehnt: 287

- *Haftung der Ehegatten gegenüber Dritten* (Art. 202, 233 f., 249 ZGB): Die Regelung der Haftung der Ehegatten gegenüber Dritten im neuen Eherecht schliesst besondere 288

Art. 6

Steuerhaftungsregeln, insbesondere eine solidarische Haftung der Ehegatten für die gesamte Steuerschuld, nicht aus (vgl. BGE 122 I 146 und dazu die ergänzenden Bemerkungen von YVO HANGARTNER in AJP 1996 1272 ff.; vgl. dazu auch hinten N 386).

288a – *Entstehung des Kindesverhältnisses* (Art. 252 ff. ZGB): Das Bundeszivilrecht enthält keine Regelung der modernen menschlichen Fortpflanzungstechniken (insbesondere der künstlichen Insemination und der In-vitro-Fertilisation), weshalb entsprechende Regeln des kantonalen öffentlichen Rechts grundsätzlich zulässig sind (BGE 115 Ia 245 f.; vgl. nun aber BBl 1996 III 205 ff. zum vorgesehenen Fortpflanzungsmedizingesetz des Bundes; vgl. dazu auch VB N 102).

289 – *Elterliche Gewalt* (Art. 301 ff. ZGB) und *Kindesschutz* (Art. 307 ff. ZGB): Die entsprechende bundesrechtliche Regelung schliesst Massnahmen des kantonalen öffentlichen Rechts, insbesondere im Bereich des Schulrechts und der Gesundheitspolizei, nicht aus (vgl. BGE 117 Ia 34 und 118 Ia 444 mit weiteren Hinweisen; vgl. zur Abgrenzung von Schulrecht und elterlicher Gewalt auch TOBIAS JAAG in ZBl 1997 540 f. und BRUNO MASCELLO, Elternrechte und Privatschulfreiheit, St. Gallen 1995).

290 – *Annahme der Erbschaft unter öffentlichem Inventar* (Art. 580 ff., 589 f. ZGB): Für Steuerforderungen besteht keine Anmeldepflicht (BGE 102 Ia 491 E. c). Offengelassen hat das Bundesgericht im erwähnten Entscheid die Auswirkungen der *Erbschaftsausschlagung* (Art. 566 ff. ZGB) auf den Übergang von Steuerforderungen (vgl. zu diesem Entscheid kritisch JÖRG PAUL MÜLLER in ZBJV 1978 82 f.; zum Verhältnis des Steuerrechts zu grundlegenden Institutionen des Zivilrechts auch KOLLER 395 f. und hinten N 385; zum Übergang öffentlich-rechtlicher Forderungen auch allgemein HÄFELIN/MÜLLER Rz 662 ff., IMBODEN/RHINOW/KRÄHENMANN Nr. 30 und MOOR II 37 ff. mit Hinweisen).

291 – *Voraussetzungen für die Eintragung im Grundbuch* (Art. 963 ff. ZGB, Art. 11 ff. GBV): Die Kantone dürfen die vorgängige Bezahlung von Grundbuchgebühren und Handänderungssteuern, nicht aber von Erbschafts- und Grundstückgewinnsteuern, verlangen (vgl. dazu BGE 106 II 84 ff. mit Hinweisen auf die Entwicklung der Rechtsprechung und hinten N 381).

292 – *Missbräuche im Zinswesen* (Art. 73 Abs. 2 OR): Kein bundesprivatrechtliches Gewohnheitsrecht für die Zulässigkeit eines Maximalzinsfusses von 18% (BGE 119 Ia 62 E. 4 entgegen GIGER 67 f.). Zum Konsumkreditwesen allgemein vgl. vorne N 82 f.

293 – *Vorkaufs-, Kaufs- und Rückkaufsrecht* (Art. 216 ff. OR, Art. 681 ff. ZGB): Sofern ein genügendes, nicht bereits durch das Bundesrecht gedecktes öffentliches Interesse besteht, können die Kantone unter Beachtung des Verhältnismässigkeitsprinzips und der Rechtsgleichheit öffentlich-rechtliche Vorkaufs-, Kaufs-, und Rückkaufsrechte einführen (z.B. im Rahmen des Enteignungsrechts, des sozialen Wohnungsbaus oder zur Bekämpfung der Bodenspekulation), für welche die zivilrechtlichen Bestimmungen höchstens analog gelten (vgl. dazu BGE 88 I 248 ff., VPB 1983 Nr. 13 und MEIER-HAYOZ, BE-Komm., Art. 682 ZGB N 20 ff. mit weiteren Hinweisen; für das bäuerliche Bodenrecht vgl. PIOTET Rz 240 ff. bzw. heute den abschliessenden Vorbehalt von Art. 56 BGBB und dazu BBl 1988 III 1031 sowie PAUL-HENRI STEINAUER, La nouvelle réglementation du droit de préemption, ZBGR 1992 1 ff., insbesondere 3, 9 und 21).

294 – *Abzahlungs- und Vorauszahlungsvertrag* (Art. 226 ff. OR): Die bundeszivilrechtlichen Bestimmungen schliessen kantonale gewerbepolizeiliche Vorschriften über Abzahlungsgeschäfte, wie namentlich das Verbot des Abschlusses von Abzahlungsverträgen im Hausierhandel, nicht aus (BGE 91 I 197 ff.). Inzwischen sind allerdings die Bestim-

mungen von Art. 40a ff. OR in Kraft getreten, welche ein unabdingbares Widerrufsrecht bei Haustürgeschäften und ähnlichen Verträgen vorsehen (vgl. dazu GONZENBACH, BS-Komm., Vorbem. zu Art. 40a–40g OR mit weiteren Hinweisen).

– *Auftrag* (Art. 394 ff. OR): Die bundeszivilrechtlichen Bestimmungen über Entstehung und Wirkungen des Auftrags schliessen besondere öffentlich-rechtliche Vorschriften der Kantone über das Arzt/Patientenverhältnis nicht aus (BGE 114 Ia 356 f.; vgl. dazu auch oben N 258). In öffentlichen Spitälern und vom Staat beauftragten Privatkliniken kann das Patientenverhältnis vollumfänglich dem kantonalen öffentlichen Recht unterstellt werden (vgl. BGE 122 I 156 f. mit Hinweisen). 295

– *Mäklervertrag* (Art. 412 ff. OR): Die Art. 417 und 418 OR schliessen weitere öffentlich-rechtliche Vorschriften der Kantone nicht aus (BGE 110 Ia 111 ff.; vgl. dazu auch oben N 253 ff.). 296

– *Firmenrecht* (Art. 944 ff. OR): Der Gebrauch der Firma eines Unternehmens kann öffentlich-rechtlichen Beschränkungen (z.B. der Pflicht zur Übersetzung der Firmenleuchtreklame aus Gründen des Sprachenschutzes) unterworfen werden (BGE 116 Ia 354; vgl. dazu auch nachfolgend N 378). 297

3. Schutzwürdiges öffentliches Interesse

a) Grundsätzliches

Das Erfordernis eines *schutzwürdigen öffentlichen Interesses* als besondere Schranke für kantonales öffentliches Recht wird in der Lehre zum Teil *kritisiert*, weil es sich um eine selbstverständliche *Voraussetzung* jeglicher *staatlicher Tätigkeit* handle, welche angesichts der unbestimmten Formulierung kaum eine Begrenzungsfunktion ausüben könne und überdies zu einer *doppelten Überprüfung* führe, da das Vorliegen entsprechender Interessen auch im Hinblick auf die meist mit öffentlich-rechtlichen Vorschriften verbundenen Grundrechtseinschränkungen geprüft werden müsse (vgl. in diesem Sinne insbesondere GIGER 51 ff., aber auch AUBERT, Nachtrag Nr. 649–654 lit. B und KNAPP, Komm. BV, Art. 64 N 21 FN 19; vgl. ferner auch oben N 244 f. zur generellen Kritik an der Formel des Bundesgerichts). 298

Diese Kritik übersieht jedoch, dass es bei diesem Erfordernis nach Lehre und Praxis zunächst nicht darum geht, über die Zulässigkeit einer staatlichen Regelung an sich zu befinden, sondern darum, ob die fragliche kantonale Regelung wirklich im Sinne von *öffentlichem Recht* schutzwürdige öffentliche Interessen verfolge oder im Grunde genommen nur dem Schutz privater Interessen diene und damit als kantonales Privatrecht erscheine, welches nach Art. 5 ZGB nur gestützt auf einen besonderen Vorbehalt zulässig wäre (vgl. dazu Art. 5 N 17 ff.). Es wird also auf die *Interessentheorie* zurückgegriffen, um verkapptes kantonales Privatrecht auszuschliessen (vgl. dazu auch KNAPP, Komm. BV, Art. 64 N 20, 299

Art. 6

IMBODEN/RHINOW/KRÄHENMANN Nr. 1 B IV a und MOOR I 116 mit Hinweisen; vgl. zur Interessentheorie auch VB N 64, 67).

300   HUBER (N 209 ff.) und DESCHENAUX (27 ff.) erwähnen diesen Aspekt allerdings nicht, da nach ihrer Auffassung die Qualifikationsfrage (öffentliches Recht oder Privatrecht), bei welcher allenfalls auch die Interessentheorie zu berücksichtigen ist, unabhängig von der Frage der Zulässigkeit von kantonalem Recht geprüft werden muss (vgl. auch HUBER N 123; vgl. zur Qualifikationsfrage auch oben 124 ff.). Dieser Einwand hat methodisch viel für sich. Allerdings ist darauf hinzuweisen, dass bei der Abgrenzung von Privatrecht und öffentlichem Recht nach herrschender Auffassung verschiedene Kriterien zu berücksichtigen sind *(Methodenpluralismus)*. Im Vordergrund steht dabei nach Lehre und Rechtsprechung die Subordinationstheorie bzw. die damit zusammenhängende modale Theorie (Sanktionentheorie). Dies kann dazu führen, dass eine Norm, die vor allem dem Schutze von privaten Interessen dient, aber auf verwaltungsrechtlichem Weg durchgesetzt werden soll, grundsätzlich dem öffentlichen Recht zugeordnet wird. Damit aber könnte das Bundeszivilrecht unterlaufen werden. Dies will das Erfordernis schutzwürdiger öffentlicher Interessen ausschliessen (vgl. dazu auch IMBODEN/RHINOW Nr. 1 B IV a a.E.). Es stellt daher *keineswegs* eine *Bevorzugung* der *Interessentheorie* für die Abgrenzung von Bundeszivilrecht und zulässigem kantonalem öffentlichem Recht dar (vgl. in diesem Sinne auch HUBER N 122 und AUBERT Nr. 652), sondern bildet eher eine *flankierende Massnahme* zum Schutz des Bundeszivilrechts, welche sich aus den erwähnten Gründen trotz methodischer Bedenken sachlich rechtfertigen lässt.

301   Das Erfordernis schutzwürdiger Interessen dient nach Lehre und Rechtsprechung freilich nicht nur dazu, verkapptes kantonales Privatrecht auszuschliessen, sondern bezweckt ebenso, das *Bundeszivilrecht* vor *Einwirkungen* des kantonalen öffentlichen Rechts zu *schützen,* die sich *nicht* auf ein *genügendes öffentliches Interesse* zu stützen vermögen. Insoweit besteht durchaus eine gewisse *Ähnlichkeit* mit der Frage, unter welchen Voraussetzungen in ein vom Bundesverfassungsrecht garantiertes *Grundrecht eingegriffen* werden darf, wozu es nach Lehre und Rechtsprechung eines überwiegenden öffentlichen Interesses bedarf (vgl. dazu auch BGE 96 I 716 f. und KNAPP, Komm. BV, Art. 64 N 55; zum erforderlichen öffentlichen Interesse bei Grundrechtseingriffen HÄFELIN/HALLER Rz 1136 ff. und J.P. MÜLLER, Komm. BV, Einl. zu den Grundrechten N 127 ff., je mit weiteren Hinweisen). Freilich darf nicht übersehen werden, dass es sich um *grundsätzlich unterschiedliche Fragen* handelt (Zulässigkeit von Grundrechtsbeschränkungen durch die Gesetzgeber aller Stufen bzw. von Beschränkungen des einfachen Bundeszivilrechts durch die kantonalen Gesetzgeber). Die *Voraussetzungen* für die Zulässigkeit einer *Grundrechtsbeschränkung* müssen sodann

Art. 6

ohne Zweifel grundsätzlich *strenger* sein als diejenigen für eine Beschränkung des Anwendungsbereichs des der einfachen Gesetzgebung angehörenden Bundeszivilrechts durch kantonales öffentliches Recht, dem in Art. 6 ZGB im Prinzip der gleiche Rang eingeräumt wird (vgl. dazu oben N 40 ff.).

An einem selbständigen Erfordernis schutzwürdiger öffentlicher Interessen für die Zulässigkeit von Einwirkungen des kantonalen öffentlichen Rechts in den Anwendungsbereich des Bundeszivilrechts festzuhalten, rechtfertigt sich im übrigen auch deshalb, weil *keineswegs* in *jedem Fall*, in welchem die Vereinbarkeit einer Norm des kantonalen öffentlichen Rechts mit dem Bundeszivilrecht zu prüfen ist, auch eine *Grundrechtsbeschränkung* zur Diskussion steht. So kann sich diese Frage etwa auch bei Regelungen stellen, die nicht der Eingriffs-, sondern der *Leistungsverwaltung* angehören, in welchem Bereich Grundrechte nur selten direkt angerufen werden können (vgl. HÄFELIN/HALLER Rz 1061 ff. und J.P. MÜLLER, Komm. BV, Einl. zu den Grundrechten N 21 ff., 73 ff.). Ferner sind *nicht alle Aspekte* der *privaten Lebensgestaltung* grundrechtlich geschützt (vgl. dazu HÄFELIN/HALLER Rz 1170 f. und HALLER, Komm. BV, Persönliche Freiheit N 101 ff., je mit Hinweisen). Überdies bieten die Grundrechte gegen eine *Abgabenerhebung* nur in besonderen Fällen Schutz (vgl. dazu HÄFELIN/HALLER Rz 1356 f., 1419, G. MÜLLER, Komm. BV, Art. 22ter N 7 f. und RHINOW, Komm. BV, Art. 31 N 216 ff. mit Hinweisen). 302

Inhaltlich deckt sich das Erfordernis schutzwürdiger Interessen nach dem Gesagten *nicht unbedingt* mit dem Erfordernis überwiegender öffentlicher Interessen als Voraussetzung für zulässige Grundrechtsbeschränkungen. So ist namentlich der *Kreis zulässiger öffentlicher Interessen* zum Teil weiter gezogen als bei der Prüfung von Grundrechtsbeschränkungen, und es wird auch *nicht in jedem Fall* eine *gleich strenge Interessenabwägung* verlangt (vgl. dazu nachfolgend N 319 ff. und 326 ff.). Andererseits genügt für die Zulässigkeit von Einwirkungen des kantonalen öffentlichen Rechts in den Bereich des Bundeszivilrechts nicht jegliches, noch so unbedeutendes öffentliches Interesse. Nötig ist vielmehr ein *haltbares, wesentliches* oder eben *schutzwürdiges öffentliches Interesse* (vgl. dazu nachfolgend N 322 ff.). Insofern geht dieses Erfordernis *weiter* als der *allgemeine Grundsatz*, dass jede staatliche Tätigkeit sich auf ein öffentliches Interesse stützen können muss, welcher sich zur erforderlichen Intensität des öffentlichen Interesses selbst nicht äussert (vgl. zu diesem Grundsatz HÄFELIN/MÜLLER Rz 450 ff., IMBODEN/RHINOW/KRÄHENMANN Nr. 57 und MOOR I 387 ff. mit Hinweisen; vgl. auch BBl 1997 I 133 zu Art. 4 Abs. 2 Verfassungsentwurf 96). Es geht überdies *insbesondere* auch *weiter* als das in Art. 4 BV enthaltene *Willkürverbot*, welches lediglich sinn- und zwecklose Regelungen grundsätzlich untersagt (vgl. dazu HÄFELIN/HALLER Rz 1576 und G. MÜLLER, Komm. BV, Art. 4 N 51; unzutreffend daher AUBERT Nachtrag Nr. 649–654 lit. B). 303

Art. 6

304   In diesem Zusammenhang ist auch darauf hinzuweisen, dass eine *Verletzung* des *Grundsatzes* des *öffentlichen Interesses nicht selbständig* mit der staatsrechtlichen Beschwerde gerügt werden kann (HÄFELIN/MÜLLER Rz 466 und KÄLIN 68). Die Behandlung als *besonderes Erfordernis* für die Zulässigkeit von kantonalem öffentlichem Recht erlaubt somit eine Prüfung der erforderlichen öffentlichen Interessen im Rahmen einer *staatsrechtlichen Beschwerde* wegen Verletzung von *Art. 2 ÜB BV*, auch wenn keine Grundrechtsverletzung zur Diskussion steht (vgl. dazu auch VB N 296 ff.).

305   Aus dem Gesagten ergibt sich, dass das Erfordernis schutzwürdiger öffentlicher Interessen im Zusammenhang mit der Zulässigkeit von kantonalem öffentlichem Recht grundsätzlich *unabhängig* vom *allgemeinen Grundsatz* des *öffentlichen Interesses* auszulegen ist. Soweit sich allerdings aus *Gesetzgebung, Lehre* und *Rechtsprechung* für eine bestimmte Regelung *besondere Anforderungen* an das erforderliche öffentliche Interesse ergeben, was insbesondere im Bereich der Grundrechte der Fall ist, erschiene es aber ohne Zweifel *nicht sinnvoll*, wenn im Rahmen der Prüfung unter dem Aspekt der derogatorischen Kraft des Bundesrechts *weniger strenge Anforderungen* gestellt würden als zum Beispiel bei der Prüfung von Grundrechtsbeschränkungen. Andernfalls würden sich für das erforderliche öffentliche Interesse und damit für die Gültigkeit einer bestimmten Norm *je nach prozessualer Ausgangslage unterschiedliche Resultate* ergeben, was auch im Interesse von Einheit und Widerspruchsfreiheit der Rechtsordnung vermieden werden sollte. Soweit solche *besonderen Anforderungen* bestehen, erscheint es daher durchaus sinnvoll, diese auch bei der Prüfung unter dem Aspekt von Art. 2 ÜB BV bzw. Art. 6 ZGB als *Massstab* zu berücksichtigen. Insofern kann sich daher durchaus auch eine *gemeinsame Behandlung* der Frage des erforderlichen öffentlichen Interesses unter beiden Aspekten rechtfertigen, wie sie in der Praxis häufig vorgenommen wird (vgl. dazu auch MOOR I 116 mit Hinweis auf BGE 110 Ia 115 und 119 Ia 68; vgl. auch BGE 120 Ia 293).

306   Unbestritten ist, dass es sich beim Erfordernis schutzwürdiger öffentlicher Interessen sowohl hinsichtlich der *Art dieser Interessen* als auch hinsichtlich der *erforderlichen Intensität* um einen sogenannten *unbestimmten Rechtsbegriff* handelt (vgl. dazu näher nachfolgend N 312 ff., 322 ff.), bei dessen Anwendung den zuständigen Behörden ein gewisser *Beurteilungsspielraum* zukommt. Das Bundesgericht prüft die Frage nach dem erforderlichen öffentlichen Interesse zwar *grundsätzlich frei,* doch auferlegt es sich eine *gewisse Zurückhaltung,* soweit die Notwendigkeit von Massnahmen im kantonalen Zuständigkeitsbereich zur Diskussion steht, die Beurteilung von der Würdigung der örtlichen Verhältnisse abhängt oder sich ausgesprochene Ermessensfragen oder politische Streitfragen stellen (vgl. dazu HÄFELIN/MÜLLER Rz 452, IMBODEN/RHINOW/KRÄHENMANN Nr. 57 B

V und MOOR I 412 f. mit Hinweisen). Die angeführten Hinweise betreffen zwar die Prüfung der Interessenabwägung bei Grundrechtseingriffen, doch lassen sich diese Überlegungen ohne weiteres auch auf die Prüfung des Erfordernisses schutzwürdiger öffentlicher Interessen für die Zulässigkeit von kantonalem öffentlichem Recht im Bereich des Bundeszivilrechts übertragen. Sie zeigen, dass die *Justitiabilität* dieses Erfordernisses zwar tatsächlich beschränkt ist, aber *nicht grundsätzlich fehlt,* wie dies GIGER 51 ff. annimmt (vgl. dazu im übrigen nachfolgend N 307 ff., 312 ff. und oben N 246 f.; vgl. allerdings auch die Kritik von HUBER N 212, welcher die Rechtsprechung zum erforderlichen öffentlichen Interesse als zu kasuistisch und unselbständig bezeichnet und die Prüfungsintensität als ungenügend rügt).

b) Abgrenzung gegenüber dem Schutz privater Interessen

Wie oben N 298 ff. erwähnt, geht es beim Erfordernis schutzwürdiger Interessen zunächst darum, unter Rückgriff auf die Interessentheorie Einwirkungen des kantonalen öffentlichen Rechts auf das Bundeszivilrecht auszuschliessen, soweit entsprechende Regelungen *nicht öffentlichen Interessen*, sondern dem *Schutz privater Interessen* dienen und damit als kantonales Privatrecht erscheinen, welches nach Art. 5 ZGB nur gestützt auf einen besonderen Vorbehalt zulässig wäre. Die *Unterscheidung* von *Privatrecht* und *öffentlichem Recht* nach dem Kriterium der *Interessentheorie* ist allerdings in verschiedener Hinsicht *problematisch*. Zunächst bietet bereits die Abgrenzung von privaten und öffentlichen Interessen mannigfaltige Schwierigkeiten. Was als *privates* bzw. *öffentliches Interesse* zu gelten hat, ist weitgehend eine Frage der *politischen Wertung*. Deren Beantwortung unterliegt einem starken Wandel, der von gesellschaftlichen, wirtschaftlichen und technischen Entwicklungen sowie zum Teil von örtlichen Gegebenheiten abhängig ist (vgl. dazu auch nachfolgend N 312 ff.). Auch bei rein quantitativer Betrachtung ist die Abgrenzung schwierig, da der Übergang von *Einzelinteressen* über *Gruppeninteressen* zu *Allgemeininteressen* fliessend ist (vgl. zum Begriff des öffentlichen Interesses ausführlich HÄFELIN/MÜLLER Rz 450 ff., IMBODEN/RHINOW/KRÄHENMANN Nr. 57 B II und MOOR I 387 ff., je mit weiteren Hinweisen). 307

Überdies ist unbestritten, dass *auch* das *Privatrecht* zum Teil *öffentliche Interessen* verfolgt, was nach allgemeiner Auffassung durchaus zulässig ist. Zu denken ist insbesondere an Vorschriften zum *Schutz der schwächeren Vertragspartei*, aber auch an Vorschriften, die *allgemeinen Interessen* dienen (z.B. im Familien-, Sachen- und Gesellschaftsrecht; vgl. dazu VB N 107 ff.). 308

Das Interessenkriterium kann daher jedenfalls *kein absolutes Unterscheidungskriterium* sein. Man könnte höchstens sagen, das *öffentliche Recht* umfasse 309

Art. 6

Rechtsnormen, die *ausschliesslich* oder *vorwiegend öffentliche Interessen* wahrnehmen, während die Normen des *Privatrechts primär* dem Schutz von *privaten Interessen* dienen. Doch selbst diese relativierende Formulierung versagt, wenn keiner der beiden Zwecke klar überwiegt, was in der Praxis sehr häufig vorkommt (vgl. z.B. BGE 109 Ib 150 mit Hinweisen; vgl. auch VB N 64). Die Interessentheorie wird daher für die Abgrenzung von Privatrecht und öffentlichem Recht von der Lehre zum Teil als untauglich abgelehnt (vgl. insbesondere KNAPP, Komm. BV, Art. 64 N 20, AUBERT Nr. 649 und HUBER N 120 f., je mit Hinweisen; a.M. bzw. weniger kategorisch DESCHENAUX 15 f., 19, HÄFELIN/MÜLLER Rz 209, 211, IMBODEN/RHINOW/KRÄHENMANN Nr. 1 B II b und MOOR I 128).

310   Für die Abgrenzung von *Bundeszivilrecht* und zulässigem *kantonalem öffentlichem Recht* zieht die *Rechtsprechung* jedoch *häufig* die *Interessentheorie* heran (vgl. insbesondere DESCHENAUX 16, KNAPP, Komm. BV, Art. 64 N 20, IMBODEN/RHINOW/KRÄHENMANN Nr. 1 B IVa und MOOR I 129 mit Hinweisen). Dies mag insbesondere damit zusammenhängen, dass kantonale *Beschränkungen von Grundrechten* früher nur aus *polizeilichen Gründen* zulässig waren, womit sich die zulässigen öffentlichen Interessen verhältnismässig leicht eingrenzen liessen (so KNAPP, Komm. BV, Art. 64 N 21; zur heutigen Rechtslage vgl. nachfolgend N 314 ff.). Allerdings ergibt eine Durchsicht der Rechtsprechung, dass die Anwendung der *Interessentheorie* auch früher *nur in wenigen Fällen* dazu führte, kantonale Regelungen als *unzulässig* zu erklären, weil sie vorwiegend dem Schutz privater, nicht öffentlicher Interessen dienten (vgl. dazu die Kasuistik bei HUBER N 209, wobei einzig in den Fällen zur Lohnzahlungspflicht an Feiertagen [BGE 61 II 355 f. und 76 I 319, 327 f.] das grundsätzliche Fehlen eines zulässigen öffentlichen Interesses entscheidend war; vgl. dazu auch die Kritik von HUBER N 219 f. und die Anmerkungen hinten N 328).

311   Angesichts der *Ausweitung* der zulässigen *öffentlichen Interessen* zur Einschränkung von Grundrechten durch die Rechtsprechung (vgl. dazu nachfolgend N 314 ff.) hat die *Unterscheidung* von Normen, die vorwiegend dem Schutz von *öffentlichen* bzw. *privaten Interessen* dienen, ohne Zweifel weiter *an Bedeutung verloren*. Immerhin sind – ähnlich wie bei den Grundrechtsbeschränkungen – durchaus noch *Fälle denkbar*, in denen eine bestimmte Norm nicht dem Schutz öffentlicher, sondern vorwiegend *privater Interessen* dient (vgl. dazu MOOR I 404 f. mit Hinweisen, insbesondere BGE 114 Ia 342 f.: fehlendes öffentliches Interesse an der Enteignung für eine Zufahrtsstrasse, die nur zwei Parzellen erschliesst; vgl. auch PVG 1973 Nr. 24: kein genügendes öffentliches Interesse an der Begründung eines Zufahrtsrechts über ein Nachbargrundstück durch Verfügung; vgl. zum Verhältnis von privat- und öffentlich-rechtlichen *Eigentumsbeschränkungen* auch oben N 277; zu der von MOOR, a.a.O., angesprochenen Abgrenzung von

Art. 6

privat- und öffentlich-rechtlichem *Immissionsschutz* ist beizufügen, dass sich der Umfang des letzteren heute weitgehend aus dem Umweltschutzrecht des Bundes ergibt; vgl. dazu auch die Hinweise in VB N 78).

c) **Zulässige Arten öffentlicher Interessen**

aa) Allgemeines

Beim Begriff des öffentlichen Interesses handelt es sich – wie bereits erwähnt (oben N 306) – um einen *unbestimmten Rechtsbegriff,* der von Lehre und Rechtsprechung konkretisiert werden muss. Inhalt und Tragweite des Begriffs lassen sich nicht ohne weiteres in allgemeingültiger Form festlegen. Klar ist lediglich die Ausrichtung auf das *Gemeinwohl,* wobei jedoch nicht Gemeinnützigkeit im eigentlichen Sinn erforderlich ist. Der Begriff des öffentlichen Interesses unterliegt insbesondere einem *zeitlichen* und oft auch *örtlichen Wandel,* der abhängig ist von der jeweiligen gesellschaftlichen, wirtschaftlichen und technischen Entwicklung. Die Abgrenzung gegenüber bloss privaten Interessen erfordert sodann eine *politische Wertung*. Diese obliegt grundsätzlich der *Rechtsetzung,* nicht der Rechtsanwendung. Letztere darf nur öffentliche Interessen berücksichtigen, die sich aus der *Wertordnung* und aus den *Zielen* von *Verfassung* und *Gesetzgebung* ableiten lassen (vgl. dazu HÄFELIN/HALLER Rz 1136 ff., J.P. MÜLLER, Komm. BV, Einl. zu den Grundrechten N 127 ff., HÄFELIN/MÜLLER Rz 450 ff., IMBODEN/RHINOW/ KRÄHENMANN Nr. 57 B II, MOOR I 387 ff. und oben N 307 ff., je mit weiteren Hinweisen; Beispiel eines von der Rechtsordnung nicht als öffentliches Interesse anerkannten Motivs: Förderung des sonntäglichen Kirchenbesuchs durch Beerensammelverbot an Sonntagvormittagen, BGE 43 I 288). 312

bb) Bei Grundrechtsbeschränkungen

Eine *umfangreiche Lehre* und *Rechtsprechung* besteht zum erforderlichen öffentlichen Interesse bei *Grundrechtsbeschränkungen*. Soweit die auf ihre Vereinbarkeit mit dem Bundeszivilrecht zu prüfende kantonale Regelung solche Beschränkungen enthält, erscheint es im Sinne einer harmonisierenden Auslegung richtig und sinnvoll, auch im Rahmen der Prüfung einer allfälligen Verletzung von Art. 2 ÜB BV auf die entsprechenden Grundsätze abzustellen (vgl. dazu auch oben N 305). Unbestritten ist im Rahmen der besagten Grundsätze, dass *polizeiliche Interessen,* nämlich Interessen der öffentlichen Ordnung und Sicherheit, der öffentlichen Ruhe, Gesundheit und Sittlichkeit sowie von Treu und Glauben im Geschäftsverkehr, genügende öffentliche Interessen für die Einschränkung von Grundrechten zu bilden vermögen, freilich nur soweit die entsprechenden *spezi-* 313

Art. 6

fischen Funktionen des handelnden Staatswesens auch wirklich *betroffen* sind, die der Bedeutung des fraglichen Grundrechts entsprechenden Anforderungen an die *Verhältnismässigkeit* des Eingriffs erfüllt sind und der *Kerngehalt des Grundrechts* nicht verletzt wird (vgl. dazu HÄFELIN/HALLER Rz 1137, J.P. MÜLLER, Komm. BV, Einl. zu den Grundrechten N 128 ff., HÄFELIN/MÜLLER Rz 458 f., IMBODEN/ RHINOW/KRÄHENMANN Nr. 57 B IIa, MOOR I 392 ff. und BBl 1997 I 194 ff. zu Art. 32 Verfassungsentwurf 96, je mit weiteren Hinweisen; zur Verhältnismässigkeit auch nachfolgend N 324 f.).

314   Umstritten war lange Zeit, ob und inwiefern neben rein polizeilichen Interessen auch *andere öffentliche Interessen,* insbesondere *soziale* bzw. *sozialpolitische Interessen* (z.B. Schutz von Mietern, Arbeitnehmern, Konsumenten etc.), im Bereich der *Handels- und Gewerbefreiheit* grundrechtsbeschränkende Massnahmen zu rechtfertigen vermögen. Das *Bundesgericht* hat lange Zeit die Zulässigkeit sozialer bzw. sozialpolitisch motivierter Beschränkungen der Handels- und Gewerbefreiheit, welche sich nicht auf eine ausdrückliche Verfassungsgrundlage stützen konnten, grundsätzlich *abgelehnt,* gleichzeitig aber den Begriff der *polizeilichen Interessen* zum Teil stark *ausgedehnt* (vgl. dazu auch die Kritik von HUBER N 209 mit Hinweisen). Erst mit dem Entscheid *BGE 97 I 499 ff.* hat das Bundesgericht die Konsequenzen aus dieser stark kritisierten Rechtsprechung gezogen und festgehalten, dass Art. 31 BV sozialpolitisch motivierte Beschränkungen nicht ausschliesse. Zulässig sind aber nach dieser neueren Rechtsprechung nicht nur *sozialpolitische Massnahmen im eigentlichen Sinne,* sondern auch Massnahmen, welche andere von der Rechtsordnung *allgemein anerkannte öffentliche Interessen* verfolgen (z.B. Raumplanung, Umweltschutz, Versorgungssicherheit etc.), sofern sie die Erfordernisse des Verhältnismässigkeitsprinzips erfüllen. Lediglich eigentliche, direkt angestrebte wirtschaftspolitische Zielsetzungen im Sinne der Wirtschaftslenkung und Strukturpolitik (nicht bloss sekundäre Auswirkungen staatlicher Massnahmen auf den Wettbewerb) dürfen nur aufgrund einer besonderen Verfassungsgrundlage verfolgt werden (vgl. dazu HÄFELIN/ HALLER Rz 1403 ff., 1428 ff., RHINOW, Komm. BV, Art. 31 N 128 ff., 164 ff., 190 ff., MOOR I 394 ff. und BBl 1997 I 175, 291 f., 296 f. zu Art. 23 und 85 Verfassungsentwurf 96, je mit weiteren Hinweisen; vgl. auch CARONI 234).

315   Bei der *Eigentumsgarantie* war demgegenüber stets anerkannt, dass diese nicht nur aus rein polizeilichen, sondern auch aus zahlreichen weiteren, von der Rechtsordnung *allgemein anerkannten Gründen* des *öffentlichen Interesses* beschränkt werden darf (vgl. HÄFELIN/HALLER Rz 1362 f., G. MÜLLER, Komm. BV, Art. 22ter N 34 ff. mit Hinweisen; zur Zulässigkeit von Nutzungspflichten vgl. neuerdings BGE 119 Ia 355 f. und G. MÜLLER, Baupflicht und Eigentumsordnung, in FS Ulrich Häfelin, Zürich 1989 167 ff.). Ebenso wurden *wichtige,* von der

Rechtsordnung anerkannte *öffentliche Interessen* nicht rein polizeilicher Natur stets auch für die Beschränkung *weiterer Grundrechte* zugelassen, sofern dies aufgrund einer wertenden Abwägung für die Erfüllung bestimmter staatlicher Aufgaben notwendig erschien (z.B. Interessen der prozessualen Wahrheitsfindung, der Schulbildung oder des Schutzes vor ernsthafter Selbstgefährdung bei der persönlichen Freiheit; vgl. dazu HÄFELIN/HALLER Rz 1182 ff., HALLER, Komm. BV, Persönliche Freiheit N 131 ff. und allgemein HÄFELIN/HALLER Rz 1138 f. sowie J.P. MÜLLER, Komm. BV, Einl. zu den Grundrechten N 128 ff.; vgl. auch IMBODEN/ RHINOW/KRÄHENMANN Nr. 57 B III und BBl 1997 I 195 f. zu Art. 32 Abs. 1 Verfassungsentwurf 96, je mit weiteren Hinweisen). Grundsätzlich *ausgeschlossen* als Rechtfertigung von Grundrechtsbeschränkungen sind lediglich *rein fiskalische Interessen,* doch darf den Gesichtspunkten der Verwaltungsökonomie allenfalls im Rahmen der Verhältnismässigkeitsprüfung Rechnung getragen werden (vgl. dazu J.P. MÜLLER, Komm. BV, Einl. zu den Grundrechten N 135 f., HÄFELIN/ MÜLLER Rz 463, IMBODEN/RHINOW/KRÄHENMANN Nr. 57 B IIb und MOOR I 409 ff., je mit weiteren Hinweisen; zum Verhältnis von Grundrechten und Abgaberecht auch oben N 302 a.E.).

Die Zulässigkeit angemessener *sozialpolitischer Massnahmen,* welche die Handels- und Gewerbefreiheit gegebenenfalls beschränken können, erscheint aufgrund des Gesagten *keineswegs* als *systemfremd,* handelt es sich doch hierbei ebenfalls um von Verfassung und Gesetzgebung anerkannte staatliche Ziele (Leitbild der *sozialen Marktwirtschaft;* vgl. dazu HÄFELIN/HALLER 153 f., 1375 ff., RHINOW, Komm. BV, Art. 31 N 15 f., 17 ff., insbesondere 16, 64, 190 ff. mit Hinweisen; vgl. neuerdings auch GIOVANNI BIAGGINI, Schweizerische und europäische Wirtschaftsverfassung im Vergleich, ZBl 1996 49 ff. und BBl 1997 I 197 ff. zu Art. 33 Verfassungsentwurf 96 [Sozialziele]). HUBER (N 209) befürchtet allerdings, dass die Zulassung solcher Massnahmen eine Unterscheidung von Privatrecht und öffentlichem Recht verunmögliche und es nicht mehr erlaube, der expansiven Kraft des öffentlichen Rechts der Kantone Schranken zu setzen. Beides trifft m.E. nicht zu. Im Bundeszivilrecht selber finden sich seit jeher – in neuerer Zeit allerdings vermehrt – neben polizeilich auch sozialpolitisch begründete Eingriffe des Staates in die Privatautonomie. Die Erfahrung zeigt, dass nicht nur sozialpolitisch, sondern auch polizeilich motivierte Bestimmungen bei der *Zuordnung* zum *Privatrecht* bzw. zum *öffentlichen Recht* Probleme bereiten (vgl. dazu VB N 107 ff.). Die Abgrenzung von Privatrecht und öffentlichem Recht allein nach der Interessentheorie erscheint sodann ohnehin problematisch (vgl. oben N 298 ff.). 316

Der Ausschluss sozialpolitischer Massnahmen würde die *Begrenzung der expansiven Kraft* des *kantonalen öffentlichen Rechts* im übrigen wohl erleich- 317 tern, doch ist es keineswegs so, dass eine solche Begrenzung andernfalls nicht mehr möglich ist. Vielmehr bieten die *verfassungsrechtlichen Anforderungen* an *Grundrechtsbeschränkungen* und das Erfordernis der *Vereinbarkeit mit Sinn und Geist des Bundeszivilrechts* (vgl. dazu nachfolgend N 330 ff.) genügende Schranken. Das Bundeszivilrecht enthält sodann zum Teil selber *ausdrückliche Vorbehalte* zugunsten sozialpolitischer Massnahmen der Kantone (vgl. z.B. für Missbräuche im Zinswesen Art. 73 Abs. 2 OR und für den Mieterschutz Art. 257e Abs. 4 sowie Art. 270 Abs. 2 OR). Es wäre daher nicht logisch, wenn solche Massnahmen nur aufgrund besonderer Vorbehalte, nicht aber aufgrund des allgemeinen Vorbehalts von Art. 6 Abs. 1 ZGB möglich wären (vgl. zur in der Regel lediglich bestätigenden Natur der besonderen Vorbehalte zugunsten des kantonalen öffentlichen Rechts vorne N 26 ff.).

318   Ebenso wäre es angesichts der subsidiären *generellen Gesetzgebungszuständigkeit der Kantone* (Art. 3 BV) kaum verständlich, wenn sie entsprechende Massnahmen, die mit dem Bundesverfassungsrecht und dem Bundesgesetzesrecht vereinbar sind, nicht in eigener Kompetenz erlassen könnten. EUGEN HUBER hat im übrigen bereits beim *Erlass des Zivilgesetzbuches* darauf hingewiesen, dass Art. 6 ZGB auch sozialpolitische Massnahmen bzw. soziale Reformen in den Kantonen ermöglichen soll (vgl. Erl. 38 und dazu vorne N 9). Soweit von Kanton zu Kanton unterschiedliche sozialpolitische Regelungen im Interesse der *Rechtseinheit* bzw. eines *einheitlichen Wirtschaftsraumes Schweiz* vermieden werden sollen, wofür aufgrund der eingetretenen wirtschaftlichen und gesellschaftlichen Entwicklung triftige Gründe bestehen können, müssen daher auf Bundesebene die nötigen Grundlagen für eine *abschliessende Bundesregelung* geschaffen werden, wie dies in verschiedenen früher umstrittenen Bereichen bereits ganz oder teilweise geschehen ist (vgl. für das Konsumkreditrecht oben N 82 f., für das Mieterschutzrecht oben N 279 ff. und für das Arbeitsrecht oben N 282 und nachfolgend N 357).

cc) Ausserhalb von Grundrechtsbeschränkungen

319   *Ausserhalb* des Bereichs von *Grundrechtsbeschränkungen* besteht grundsätzlich kein Anlass, bestimmte allgemein anerkannte öffentliche Interessen für kantonales öffentliches Recht im Anwendungsbereich von Bundeszivilrecht auszuschliessen. Zulässig ist daher in diesem Bereich, zu welchem insbesondere die *Leistungsverwaltung* und das *Abgaberecht* gehören (vgl. dazu oben N 302), entsprechend dem *allgemeinen Grundsatz* des öffentlichen Interesses die Verfolgung *unterschiedlichster öffentlicher Interessen*, sofern diese von der *Rechtsordnung anerkannt* sind (vgl. zum allgemeinen Grundsatz HÄFELIN/MÜLLER Rz 450 ff., IMBODEN/RHINOW/KRÄHENMANN Nr. 57 und MOOR I 387 ff., je mit Hinweisen). So

sind *sozialpolitische Massnahmen* in diesem Bereich bereits vor der Änderung der Rechtsprechung zu den Beschränkungen der Handels- und Gewerbefreiheit vom Bundesgericht zugelassen worden (vgl. z.B. BGE 73 I 57: Bejahung eines hinreichenden öffentlichen Interesses für ein obligatorisches Familienausgleichskassensystem; vgl. dazu allerdings auch die Kritik von HUBER N 227 ff.). Sodann ist auch die Verfolgung *fiskalischer Interessen* in diesem Bereich grundsätzlich zulässig, da es sich – entgegen anderslautender Auffassungen (insbesondere IMBODEN/RHINOW Nr. 57 B IIb) – ebenfalls um von der Rechtsordnung anerkannte öffentliche Interessen handelt, welche lediglich im Prinzip keine Grundrechtsbeschränkungen, wohl aber andere staatliche Massnahmen zu rechtfertigen vermögen (vgl. BGE 106 II 86: prinzipielle Zulässigkeit von Massnahmen zur Sicherung von Abgaben; offengelassen wurde die Frage dagegen in BGE 96 I 716 f.; vgl. dazu auch HÄFELIN/MÜLLER Rz 463, RHINOW/KRÄHENMANN Nr. 57 B IIb und MOOR I 409 ff. mit Hinweisen; zur Sicherung öffentlicher Abgaben auch nachfolgend N 381 f.).

Besondere Schranken ergeben sich auch im Bereich der Leistungsverwaltung für *wirtschaftspolitische Massnahmen* der Kantone, da in diesem – zum Teil allerdings noch wenig ausgeleuchteten Bereich – der Grundsatz der *Gleichbehandlung der Gewerbegenossen* bzw. der *Wettbewerbsneutralität staatlicher Massnahmen* zu beachten ist (vgl. zur Zulässigkeit kantonaler wirtschaftspolitischer Massnahmen bzw. zum Grundsatz der Gleichbehandlung der Gewerbegenossen allgemein RHINOW, Komm. BV, Art. 31 N 174 f., 176 ff. mit Hinweisen; zur Beanspruchung des öffentlichen Grundes BGE 119 Ia 445 ff., HÄFELIN/HALLER Rz 1394 ff. und RHINOW, Komm. BV, Art. 31 N 87 f. mit Hinweisen; vgl. ferner zu den gesetzlichen Bestrebungen zur Verbesserung des Binnenmarktes Schweiz auch oben N 108). 320

dd) Weitere Anforderungen

In jedem Fall der Verfolgung zulässiger öffentlicher Interessen bilden die Anforderungen der *Verhältnismässigkeit* (nachfolgend N 322 ff.) und der *Vereinbarkeit mit Sinn und Geist des Bundeszivilrechts* (nachfolgend N 330 ff.) weitere Schranken für die expansive Kraft des kantonalen öffentlichen Rechts. Soweit keine auch kantonales öffentliches Recht ausschliessende abschliessende Regelung des Bundeszivilrechts vorliegt (vgl. dazu oben N 248 ff.), dürfen die Kantone jedoch auch im Anwendungsbereich von Bundeszivilrecht grundsätzlich durchaus andere Ziele bzw. Interessen verfolgen als der Bundesgesetzgeber (vgl. dazu nachfolgend N 333 ff.). 321

Art. 6

d) **Verhältnismässigkeit**

aa) Allgemeines

322 Die Rechtsprechung verlangt «*schutzwürdige*» öffentliche Interessen. Die Schutzwürdigkeit bezieht sich aber nicht nur auf die Art der verfolgten Interessen, sondern auch auf deren *Intensität*. Dies geht auch aus den von der Rechtsprechung ebenfalls verwendeten Formulierungen «haltbare öffentliche Interessen» oder «wesentliche öffentliche Interessen» hervor und deckt sich mit einem weiteren allgemeinen Grundsatz des staatlichen Handelns, dem *Verhältnismässigkeitsprinzip*. Dieses steht in einem engen Zusammenhang mit dem Grundsatz des öffentlichen Interesses, da es ein solches voraussetzt und der Prüfung der Frage dient, ob die betreffende staatliche Massnahme ein geeignetes und erforderliches Mittel ist, um dieses Interesse zu verwirklichen, und ob sie in einem vernünftigen Verhältnis zum angestrebten Zweck steht. Der Verhältnismässigkeitsgrundsatz ist zwar primär im Bereich der Rechtsanwendung von Bedeutung, doch gilt er auch bei der *Rechtsetzung*. Nach der Praxis steht freilich dem Gesetzgeber, welcher ohnehin nicht nur eine bestimmte konkrete Situation vor Augen haben kann, sondern eine generell-abstrakte Regelung treffen und hierbei von gewissen Zukunftsprognosen ausgehen und den rechtsanwendenden Behörden allenfalls einen gewissen Handlungs- und Ermessensspielraum einräumen muss, ein nicht unerheblicher *Gestaltungsspielraum* zu, in welchen der Richter nicht eingreifen darf. An die Anforderungen der Verhältnismässigkeit in der *Rechtsetzung* können daher *nicht gleich strenge Anforderungen* gestellt werden wie bei der nachfolgenden *Rechtsanwendung* (vgl. dazu HÄFELIN/MÜLLER Rz 486 ff., insbesondere 490, IMBODEN/RHINOW/KRÄHENMANN Nr. 58 und MOOR I 416 ff. mit zahlreichen Hinweisen).

323 Auch das Verhältnismässigkeitsprinzip stellt im übrigen nach heute herrschender Auffassung zwar einen *Grundsatz von Verfassungsrang*, aber *kein selbständiges verfassungsmässiges Recht* dar und kann daher im Rahmen einer *staatsrechtlichen Beschwerde* nur im Zusammenhang mit einer Grundrechtsverletzung, mit einer Verletzung des Willkürverbots oder eben mit einer Verletzung von *Art. 2 ÜB BV* (derogatorische Kraft des Bundesrechts) geltend gemacht werden. Im Rahmen einer *Willkürbeschwerde* kann die Überprüfung freilich nur unter dem beschränkten Gesichtspunkt der Willkür erfolgen, während im Zusammenhang mit der Prüfung von *Verletzungen* der *Grundrechte* oder des *Grundsatzes von Art. 2 ÜB BV* eine weitergehende Prüfung erfolgt und die Frage der Einhaltung des Verhältnismässigkeitsgrundsatzes nicht etwa als blosse Ermessensfrage betrachtet werden darf, welche einer verwaltungsgerichtlichen Überprüfung grundsätzlich entzogen wäre. Soweit sich im Rahmen der Verhältnismässigkeitsprüfung

aber *reine Ermessensfragen* stellen (vgl. z.B. BGE 110 Ia 116: genaue Höhe der grundsätzlich zulässigen Beschränkung der Entschädigung für die gewerbsmässige Vermittlung von Wohn- und Geschäftsräumen auf einen Maximalbetrag; anders BGE 119 Ia 69: Höhe des Konsumkredit-Maximalzinsfusses, wenn eine Gewinnerzielung an sich in Frage steht), ist im staats- und verwaltungsrechtlichen Beschwerdeverfahren vor Bundesgericht grundsätzlich nur eine *Willkürprüfung* möglich (vgl. dazu auch HÄFELIN/MÜLLER Rz 489 f., IMBODEN/RHINOW/KRÄHENMANN Nr. 58 B III, MOOR I 424 und J.P. MÜLLER, Komm. BV, Einl. zu den Grundrechten N 151 ff., 161 ff., 163 ff., je mit weiteren Hinweisen).

bb) Bei Grundrechtsbeschränkungen

Im Bereich von *Grundrechtsbeschränkungen* erscheint es – wie bei der Prüfung des erforderlichen öffentlichen Interesses – sinnvoll, hinsichtlich der Anforderungen an die Verhältnismässigkeit auf *dieselben Grundsätze* abzustellen, wie sie für die Zulässigkeit der Grundrechtsbeschränkung selbst gelten. Dadurch kann eine *gemeinsame Prüfung* erfolgen und es werden widersprüchliche Ergebnisse vermieden (vgl. dazu oben N 305, 313). Die bundesgerichtliche Praxis geht denn auch – zum Teil ohne dies näher zu begründen – auf diesem Weg vor oder verweist für die Verhältnismässigkeitsfrage auf die Prüfung der Voraussetzungen für die Zulässigkeit der Grundrechtsbeschränkung (so z.B. BGE 87 I 188; vgl. aber auch die ansatzweise Begründung für die gemeinsame Behandlung in BGE 110 Ia 115).

324

Bei *Grundrechtseingriffen* bedeutet der Verhältnismässigkeitsgrundsatz, dass die betreffende staatliche Massnahme geeignet sein muss, den im öffentlichen Interesse verfolgten Zweck herbeizuführen *(Eignung)*, dass der Eingriff in sachlicher, räumlicher, zeitlicher und personeller Beziehung nicht über das Notwendige hinausgeht *(Erforderlichkeit, Übermassverbot)*, und dass Eingriffszweck und Eingriffswirkungen in einem vernünftigen Verhältnis zueinander stehen, was eine Abwägung der betroffenen öffentlichen und privaten Interessen erfordert *(Verhältnismässigkeit im engeren Sinn, Zumutbarkeit)*. Diese drei Voraussetzungen müssen kumulativ erfüllt sein. Bei der Abwägung muss sodann der unterschiedlichen Bedeutung der Grundrechte und der Intensität des Eingriffs Rechnung getragen werden (vgl. dazu HÄFELIN/HALLER Rz 1141 ff., HÄFELIN/MÜLLER Rz 492 ff., J.P. MÜLLER, Komm. BV, Einleitung zu den Grundrechten N 145 ff., IMBODEN/RHINOW/KRÄHENMANN Nr. 58 B IV und MOOR I 418 ff. mit Hinweisen). Die *Verhältnismässigkeit im engeren Sinne* (Abwägung von betroffenen öffentlichen und privaten Interessen) wird in Lehre und Praxis allerdings zum Teil bereits unter dem Aspekt der erforderlichen öffentlichen Interessen («überwiegendes» öffentliches Interesse) geprüft, doch handelt es sich hierbei im Prinzip um eine rein

325

Art. 6

methodische Frage des Vorgehens, welche im Ergebnis grundsätzlich keine Änderung bewirkt (vgl. dazu J.P. MÜLLER, Komm. BV, Einl. zu den Grundrechten N 141 ff. mit Hinweisen; vgl. auch BBl 1997 I 195 zu Art. 32 Verfassungsentwurf 96).

cc) Ausserhalb von Grundrechtsbeschränkungen

326 *Ausserhalb* des Bereichs von *Grundrechtsbeschränkungen* kann für die Beurteilung der Verhältnismässigkeit einer kantonalen Regelung – wie beim Erfordernis öffentlicher Interessen selbst – auf den *allgemeinen Grundsatz* der *Verhältnismässigkeit* zurückgegriffen werden. Dieser gilt nämlich nach herrschender Auffassung auch im Bereich der *Leistungsverwaltung* und im *Abgaberecht*. Er umfasst auch ausserhalb von Grundrechtsbeschränkungen grundsätzlich die drei Elemente Eignung, Erforderlichkeit und Verhältnismässigkeit im engeren Sinne, wobei freilich die beiden letzteren Elemente primär auf die Eingriffsverwaltung zugeschnitten sind (vgl. dazu HÄFELIN/MÜLLER Rz 491 und insbesondere IMBODEN/RHINOW/KRÄHENMANN Nr. 58 B III, V sowie MOOR I 423 f. mit Hinweisen; vgl. auch BBl 1997 I 133 f. zu Art. 4 Abs. 2 Verfassungsentwurf 96). Im Hinblick auf die Zulässigkeit von kantonalem öffentlichem Recht im Anwendungsbereich des Bundeszivilrechts ist festzuhalten, dass ein nur loser Zusammenhang zwischen einer vorgesehenen staatlichen Massnahme und den angestrebten Zwecken des öffentlichen Interesses jedenfalls nicht genügt (so ausdrücklich BGE 76 I 314, 319).

327 Die *Anforderungen* an die Verhältnismässigkeit müssen *von Fall zu Fall* aufgrund der auf dem Spiele stehenden *Interessen,* wozu allenfalls auch verwaltungsökonomische Interessen gehören können (vgl. dazu oben N 315), festgelegt werden. Kommt es zu einer Überprüfung in einem Normenkontrollverfahren, hat sich der zuständige Richter überdies eine *gewisse Zurückhaltung* aufzuerlegen (vgl. auch oben N 306, 322 f.; zu den Anforderungen und zur Bedeutung des Verhältnismässigkeitsprinzips in den verschiedenen Sachbereichen des öffentlichen Rechts auch IMBODEN/RHINOW/KRÄHENMANN Nr. 58 B IV, V und MOOR I 422 ff. mit zahlreichen Hinweisen).

328 *Beispiele* aus der Rechtsprechung des Bundesgerichts zum *Verhältnismässigkeitsprinzip* im Zusammenhang mit der Prüfung einer Verletzung von *Art. 2 ÜB BV:* Die von den kantonalen Behörden angeführten Gründe (Störung der Nacht- und Sonntagsruhe, unsittliches Treiben, Sachbeschädigungen) vermögen ein *generelles Verbot* des nicht-gewerbsmässigen *Beerensuchens an Sonntagvormittagen* nicht zu rechtfertigen. Allfällige Missstände sind durch zweckmässigere und mildere Massnahmen zu bekämpfen (BGE 43 I 286 ff., bestätigt in BGE 58 I 178 ff.). – Eine vom kantonalen Gesetzgeber festgesetzte *Lohnzahlungspflicht* für bereits bestehende gesetzliche oder vertragliche *Feiertage* kann nicht mit Gründen der öffentlichen Ordnung und Gesundheit gerechtfertigt werden, da kein untrennbarer Zusammenhang zwi-

schen der Lohnzahlungspflicht und der Ruhetagsvorschrift besteht (BGE 76 I 314, 318 f., 327 f.; kritisch zur Begründung, nicht zum Ergebnis HUBER N 219 f.; zur noch immer fehlenden gesetzlichen Regelung der Lohnzahlungspflicht für Ruhetage REHBINDER, BE-Komm., Art. 329 OR N 15 und VISCHER 85 FN 76; vgl. zur heutigen Regelung der Ruhetage auch hinten N 357). – Die *Pflicht* des *Vermieters* zur *Hinterlegung* einer vom Mieter geleisteten *Garantie* auf einem auf den Mieter lautenden Banksparheft ist – anders als ein grundsätzliches Verbot der Garantieleistung in bar – eine angemessene Regelung zur Verhinderung einer Zweckentfremdung dieser Mittel (BGE 98 Ia 502 E. 7; vgl. heute Art. 257e OR und dazu HIGI, ZH-Komm., Art. 257e OR N 1 ff.). Da die Gebühren für das vom Mieter zu leistende Depot minim sind, ist kein öffentliches Interesse ersichtlich, welches als Einbruch in die Vertragsfreiheit eine (zwingende) Pflicht des Vermieters zur *Tragung der Hinterlegungskosten* rechtfertigen würde (BGE 98 Ia 504 E. 11; vgl. zur heutigen bundesrechtlichen Regelung jedoch HIGI, ZH-Komm., Art. 257e OR N 24 [Kostentragung durch den Vermieter als zur Hinterlegung Verpflichteter nach Art. 472 Abs. 2 OR]).

Vgl. im übrigen auch hinten N 380 ff. zum *Verbot* einer *übermässigen Erschwerung des Bundeszivilrechts,* wo jedoch nicht die Verhältnismässigkeit des geltend gemachten öffentlichen Interesses an einer kantonalen Regelung, wohl aber von deren Einwirkung in den Anwendungsbereich des Bundeszivilrechts zur Diskussion steht. 329

4. Vereinbarkeit mit Sinn und Geist des Bundeszivilrechts

a) Grundsätzliches

Selbst wenn keine abschliessende, kantonales öffentliches Recht ausschliessende Regelung des Bundeszivilrechts vorliegt und genügende schutzwürdige Interessen für eine öffentlich-rechtliche Vorschrift eines Kantons gegeben sind, heisst dies noch nicht, dass diese Vorschrift zulässig ist. Erforderlich ist vielmehr zusätzlich, dass die betreffende Norm mit dem *Sinn und Geist des Bundeszivilrechts* vereinbar ist (vgl. auch oben N 239 ff.). Diese Voraussetzung wird allerdings von der Lehre in verschiedener Hinsicht *kritisiert.* Während zum Teil lediglich die mangelnde *theoretische Fundierung* des Erfordernisses bemängelt, dieses aber im Ergebnis als richtig bezeichnet wird (WIDMER 68, 71), hält SALADIN (Komm. BV, Art. 2 ÜB N 29) das Erfordernis für *rechtstheoretisch problematisch,* da es teils eine Selbstverständlichkeit darstelle (Vereinbarkeit mit dem *Sinn* des Bundeszivilrechts) bzw. zu weit gehe (Vereinbarkeit mit dem *Geist* des Bundeszivilrechts). Andere Autoren weisen darauf hin, dass das abstrakte Erfordernis der Vereinbarkeit mit Sinn und Geist des Bundeszivilrechts *wenig aussagekräftig* sei und eine Abgrenzung gegenüber den andern beiden Erfordernissen (insbesondere hinsichtlich des Fehlens einer abschliessenden Regelung des Bundeszivilrechts) zum Teil kaum möglich sei (vgl. insbesondere AUBERT Nr. 649–654 lit. B. [Nachtrag] und MOOR I 117 f.; vgl. auch NOBEL 268: Sinn und Geist des Bundeszivilrechts als «Interpretationsprodukt»). 330

Art. 6

331 Unbestritten ist, dass aufgrund der derogatorischen Kraft des Bundesrechts (Art. 2 ÜB BV) *eigentliche Normenkollisionen* (widersprüchliche Regelungen ein und derselben Frage) vermieden werden müssen und dass für die Abklärung, ob eine Normenkollision vorliege, nicht nur auf den *Wortlaut* der tangierten Norm des Bundeszivilrechts abgestellt werden, sondern der wahre *Sinn* der Norm ermittelt werden muss. Dies erfordert eine Auslegung der betreffenden Norm, wobei neben der grammatikalischen auch die übrigen allgemein *anerkannten Methoden der Auslegung* (insbesondere die systematische, die historische, die zeitgemässe und die teleologische Methode) berücksichtigt werden müssen (vgl. zu Sinn und Zweck sowie zur Methode der Auslegung allgemein und für das öffentliche Recht HÄFELIN/HALLER Rz 58 ff., HÄFELIN/MÜLLER Rz 173 ff., IMBODEN/RHINOW/KRÄHENMANN Nr. 20–27 und MOOR I 142 ff., für das Privatrecht DÜRR, Art. 1 N 105 ff. und MEIER-HAYOZ, BE-Komm., Art. 1 N 140 ff., je mit weiteren Hinweisen). Es ist richtig, dass insoweit kein Unterschied zum Vorgehen bei der Prüfung der Vereinbarkeit mit höherrangigem Recht in anderen Fällen besteht, da die Beantwortung der Frage, ob eine Normenkollision vorliegt, stets eine Auslegung der fraglichen Normen erfordert.

332 Im Verhältnis von *Bundeszivilrecht* und *kantonalem öffentlichem Recht* besteht nun aber die Besonderheit, dass *dieselbe Frage* im Prinzip sowohl Gegenstand einer *privatrechtlichen* als auch einer *öffentlich-rechtlichen* Regelung bilden kann, wobei das Bundeszivilrecht überdies auch öffentliche Interessen berücksichtigen und dadurch ergänzendes öffentliches Recht der Kantone ausschliessen darf (vgl. dazu oben N 249 f.). Die Auslegung bzw. Sinnermittlung kann nun ergeben, dass letzteres zutrifft. In diesem Falle liegt insoweit eine *abschliessende Regelung des Bundesrechts* vor, welche kantonales öffentliches Recht zum vorneherein ausschliesst. Das Erfordernis der Vereinbarkeit mit Sinn und Geist des Bundeszivilrechts deckt sich somit – freilich nur bei dieser besonderen Konstellation – mit dem Erfordernis des Fehlens einer abschliessenden Regelung des Bundeszivilrechts (vgl. dazu N 256 ff.).

333 Soweit *keine abschliessende,* auch kantonales öffentliches Recht ausschliessende Regelung des *Bundeszivilrechts* vorliegt, sind die Kantone jedoch nicht frei, *irgendwelche öffentlich-rechtlichen Vorschriften* im Anwendungsbereich des Bundeszivilrechts zu erlassen. Andernfalls wäre die mit der Vereinheitlichung des Bundeszivilrechts angestrebte *Rechtseinheit* ernsthaft in Frage gestellt. Überdies wäre ein solches Ergebnis auch mit dem Grundsatz der derogatorischen Kraft des Bundesrechts nicht vereinbar. Entgegen den Auffassungen von SALADIN (Komm. BV., Art. 2 ÜB N 28 f.) und WIDMER (73 ff.) nimmt daher das Bundesgericht zu Recht an, dass sich auch für grundsätzlich zulässiges öffentliches Recht der Kantone im Bereich des Bundeszivilrechts Schranken nicht nur aus dem Grund-

satz der *Bundestreue*, welcher nach Auffassung von SALADIN nur eine gezielte Vereitelung des Bundesrechts ausschliessen würde (Komm. BV, Art. 3 N 216), sondern aus dem Grundsatz der *derogatorischen Kraft des Bundesrechts* selbst ergeben. Diese Schranken werden durch das Erfordernis der Vereinbarkeit mit *Sinn und Geist des Bundeszivilrechts* umschrieben.

Nun trifft es freilich zu, dass es sich hierbei um ein sehr *abstraktes Kriterium* handelt, das in der Praxis nicht einfach zu handhaben ist. Keine Probleme ergeben sich grundsätzlich, soweit das kantonale öffentliche Recht das Bundeszivilrecht lediglich *ergänzen, schützen* oder *verstärken* will, ohne mit den Regelungen des Bundeszivilrechts in Konflikt zu geraten. Zulässig sind daher nebst den für die Anwendung des Bundeszivilrechts erforderlichen kantonalen *Organisations- und Verfahrensbestimmungen* (vgl. dazu oben N 110 ff.) insbesondere *ergänzende Polizeivorschriften,* welche vom Bundeszivilrecht zum Teil ausdrücklich vorbehalten werden (vgl. insbesondere Art. 702 ZGB und Art. 19 f. OR; vgl. zur Vereinbarkeit mit der Eigentumsgarantie und der Vertragsfreiheit aber auch nachfolgend N 347 ff. und 361 ff.), oder die Schaffung von *Sozialeinrichtungen,* welche den Bürgern die Wahrnehmung ihrer privaten Rechte erleichtern sollen (z.B. Alimentenbevorschussung, Sozialhilfe, Stipendien). Ebenso ist ein subsidiärer *polizeilicher Schutz privater Rechte* zulässig, sofern deren Voraussetzungen und Inhalt nicht abgeändert werden (vgl. allgemein PETER BREITSCHMID, Die Beanspruchung der Polizei zur Sicherung privater Rechte, ZBl 1983 289 ff. und HANS REINHARD, Allgemeines Polizeirecht, Bern 1993, 55, 100 ff. mit Hinweisen; zum polizeilichen Besitzesschutz insbesondere oben N 278).

Nicht zulässig ist es demgegenüber, die sich aus dem *Bundeszivilrecht* ergebenden, häufig ohnehin nur dispositiven *Verhaltenspflichten* direkt (also ausserhalb eines Vollstreckungsverfahrens) durch *Strafbestimmungen* im Rahmen des kantonalen Polizeistrafrechts zu sanktionieren bzw. zu verstärken, zumal eine unmittelbare strafrechtliche Ahndung privatrechtlicher Pflichtverletzungen nur in Ausnahmefällen erfolgen soll (vgl. dazu VB N 215 f., DESCHENAUX 34 FN 49 und HUBER N 206 mit Hinweisen sowie als Beispiel für einen Ausnahmefall Art. 217 StGB [Vernachlässigung von Unterhaltspflichten]; die Kantone können jedoch das von ihnen erlassene *ergänzende Recht* durch *Strafandrohungen* verstärken, vgl. für die Sicherheitsleistung im Mietverhältnis BGE 101 IV 213 ff.; vgl. zu den Strafbestimmungen des Bundeszivilrechts auch VB N 217 ff.).

Die Kantone sind im Rahmen der ihnen zustehenden öffentlich-rechtlichen Kompetenzen (vgl. dazu oben N 100 ff.) jedoch nicht darauf beschränkt, das Bundeszivilrecht zu ergänzen, zu schützen und zu verstärken. Sie können vielmehr auch *andere Ziele* als der Bundesgesetzgeber verfolgen und die damit verbundenen Wertungen vornehmen. Dies ergibt sich unter anderem auch daraus,

Art. 6

dass kantonales öffentliches Recht im Anwendungsbereich des Bundeszivilrechts ja gerade dann und insoweit zulässig ist, als das Bundeszivilrecht die betreffenden öffentlichen Interessen nicht berücksichtigt hat und den Kantonen zur Regelung überlässt (vgl. dazu oben N 251). Die Verfolgung unterschiedlicher Ziele durch den kantonalen und den eidgenössischen Gesetzgeber führt nun aber unvermeidlich zu *Spannungen* und *Wertungsinkongruenzen* zwischen den beiden Teilrechtsordnungen. Solche bestehen freilich auch innerhalb dieser Teilrechtsordnungen. Sie müssen in einem gewissen Rahmen in Kauf genommen und von Lehre und Rechtsprechung im Rahmen der Auslegung und Rechtsanwendung bewältigt werden.

337　Im Hinblick auf eine sachgemässe Koordination verschiedener Rechtsgebiete ist als Hauptgrundsatz zu beachten, dass keine Teilrechtsordnung die *grundlegenden Organisationsstrukturen* des andern Rechtsgebietes unterlaufen darf (vgl. dazu insbesondere KOLLER 43 ff., 99 ff., 231 f., 395, 446 ff. und DERS., ZBJV 1995 102; vgl. dazu auch oben N 52 ff.). Das aus dem Grundsatz der derogatorischen Kraft des Bundesrechts abgeleitete Erfordernis der Vereinbarkeit mit Sinn und Geist des Bundeszivilrechts will in diesem Sinn zumindest eine *minimale Harmonie* zwischen Bundeszivilrecht und kantonalem öffentlichem Recht sicherstellen. Lehre und Rechtsprechung verlangen insbesondere, dass kantonales öffentliches Recht im Anwendungsbereich von Bundeszivilrecht dessen *grundlegende Werte* nicht missachten und dessen Anwendung *nicht übermässig erschweren* oder *vereiteln* darf. Dieses Erfordernis gilt im übrigen auch hinsichtlich des *kantonalen Zivilrechts* (vgl. dazu Art. 5 N 34 ff.) und – jedenfalls nach herrschender Auffassung – *allgemein* im Verhältnis von *Bundesrecht* und *kantonalem Recht* (vgl. dazu BGE 122 I 74, 349 [für das Verwaltungs- bzw. Sozialversicherungsrecht], Pra 1996 Nr. 198 E. 2a [für das Straf- bzw. Strafprozessrecht] und IMBODEN/RHINOW/KRÄHENMANN Nr. 19 I B; kritisch dazu SALADIN, Komm. BV, Art. 3 N 35, 216 und Art. 2 ÜB N 29, 37), doch kommt ihm im Verhältnis von *Bundeszivilrecht* und *kantonalem öffentlichem Recht* angesichts der grundsätzlichen Unabhängigkeit und Gleichrangigkeit dieser beiden Rechtsgebiete eine *besondere Bedeutung* zu (vgl. dazu auch oben N 40 ff.).

338　Das Verbot der *übermässigen Erschwerung* bzw. der *Vereitelung* von Bundeszivilrecht wird zwar zum Teil als besonderes Erfordernis behandelt, doch gründet dieses Erfordernis nach der Rechtsprechung des Bundesgerichts in der Anforderung der Vereinbarkeit mit *Sinn und Geist des Bundeszivilrechts,* und es lassen sich diese beiden Erfordernisse jedenfalls *nicht klar* voneinander *abgrenzen* (vgl. dazu auch den nachfolgend N 373 und N 377 erwähnten Fall der baselstädtischen Volksinitiative gegen die Bodenspekulation sowie die in N 389 angeführten Entscheide zur Vereitelung von Bundeszivilrecht durch kantonales

Verfahrensrecht). Vielmehr sind die Übergänge fliessend (vgl. dazu nachfolgend N 339 ff., 375 ff.). Immerhin tragen diese besonderen Aspekte zur *Verdeutlichung* des Erfordernisses der Vereinbarkeit mit Sinn und Geist des Bundeszivilrechts bei (vgl. oben N 339; zur Umschreibung und zur Bedeutung des Erfordernisses der Vereinbarkeit mit Sinn und Geist des Bundeszivilrechts bzw. des Verbots der Vereitelung des Bundeszivilrechts auch allgemein RIEMER § 10 N 11, DESCHENAUX 26 f., 29 f., HUBER N 213 f., KNAPP, Komm. BV, Art. 64 N 49, 55 und MOOR I 116 f.).

b) Keine Missachtung grundlegender Werte des Bundeszivilrechts

aa) Allgemeines; Verhältnis zum Grundrechtsschutz

Die Kantone können im Rahmen der ihnen gemäss Art. 6 ZGB zustehenden öffentlich-rechtlichen Rechtsetzung – wie dargelegt – grundsätzlich auch *andere Ziele* verfolgen, als dies der Bundesgesetzgeber im Bundeszivilrecht getan hat. Damit wird unter Umständen die *Einheit* und *Widerspruchsfreiheit der Rechtsordnung* in Frage gestellt. Freilich ist auch die Wertordnung des Bundes keineswegs eindeutig. Vielmehr werden zum Teil auch auf Bundesebene ganz unterschiedliche Zielsetzungen verfolgt. Das Erfordernis der Vereinbarkeit mit Sinn und Geist des Bundeszivilrechts soll aber zumindest eine *minimale Harmonie* zwischen Bundeszivilrecht und kantonalem öffentlichem Recht sicherstellen. Dies soll nach Lehre und Rechtsprechung zunächst dadurch erreicht werden, dass das öffentliche Recht der Kantone auch dort, wo zulässigerweise andere Zielsetzungen als im Bundeszivilrecht verfolgt werden, zumindest dessen *grundlegende Werte* zu beachten hat (vgl. dazu oben N 337, DESCHENAUX 26 f., 29 f., HUBER N 213, je mit weiteren Hinweisen). 339

Als grundlegende Werte des Bundeszivilrechts gelten – ausgehend von der Privatautonomie – insbesondere die *Vertragsfreiheit,* die *freie Körperschaftsbildung,* die (mindestens partielle) *Vererbungsfreiheit,* das *Privateigentum* und der *Persönlichkeitsschutz* (vgl. dazu HUBER N 73 und insbesondere KOLLER 50 ff. mit zahlreichen Hinweisen; vgl. dazu auch VB N 41). Für das *Körperschafts- und Erbrecht* sowie für den *Persönlichkeitsschutz im Verhältnis unter Privaten* besteht im Bundeszivilrecht eine weitgehend abschliessende, kantonales öffentliches Recht ausschliessende Regelung (vgl. dazu oben N 256 ff.). Insoweit schliesst bereits das Erfordernis, dass keine abschliessende bundeszivilrechtliche Regelung vorliegen darf, öffentlich-rechtliche Vorschriften der Kantone in derselben Materie aus, ohne dass auf das Verbot der Missachtung grundlegender Werte des Bundeszivilrechts zurückgegriffen werden muss (DESCHENAUX 30 f. spricht von *unbedingter* derogatorischer Kraft der betreffenden Bestimmungen, GIGER 340

Art. 6

58 ff. von *Tabubereichen* für das kantonale öffentliche Recht). Von Bedeutung ist das Verbot der Missachtung grundlegender Werte somit nur in dem Bereich, in welchem Institute des Bundeszivilrechts zur Diskussion stehen, die *nicht ausschliessliche Geltung* beanspruchen. Hierbei handelt es sich nach dem Gesagten insbesondere um die *Vertragsfreiheit* und das *Privateigentum* (vgl. auch NOBEL 256). Diese beiden Institute erleiden schon auf Bundesebene Einschränkungen und würden bei ausschliesslicher Geltung kantonales öffentliches Recht im Bereich des Bundeszivilrechts praktisch ausschliessen. Trotzdem dürfen sie durch die Kantone im Interesse der Kohärenz der Rechtsordnung nicht nach Belieben eingeschränkt werden (vgl. dazu oben N 286; DESCHENAUX 31 ff. spricht von *bedingter* derogatorischer Kraft der betreffenden Bestimmungen).

341   Zum Teil werden in der Literatur neben den erwähnten Instituten *weitere grundlegende Werte* angeführt, die durch das Erfordernis der Vereinbarkeit mit Sinn und Geist des Bundeszivilrechts geschützt sein sollen, beispielsweise die *Ehe* als einzige vom Bundeszivilrecht anerkannte Form des Zusammenlebens von Mann und Frau, das sachenrechtliche *Publizitätsprinzip* oder die *Öffentlichkeit des Grundbuchs* (vgl. dazu die Hinweise bei SUZETTE SANDOZ, L'hypothèque mobilière légale de droit public cantonal est-elle compatible avec le droit fédéral?, ZSR 1989 I 195 ff., 203 ff.). Soweit ersichtlich, hat sich das Bundesgericht jedoch nie in allgemeiner Weise auf solche Institute und Prinzipien, deren *Tragweite* für öffentlich-rechtliche Fragen im einzelnen *unklar* oder *umstritten* ist, bezogen, um die Frage der Vereinbarkeit einer kantonalen Regelung mit Sinn und Geist des Bundeszivilrechts zu beantworten. In *BGE 115 Ia 252 ff.* wurde zum Beispiel lediglich im Sinne eines obiter dictum darauf hingewiesen, dass die Beschränkung der heterologen Insemination auf Ehepaare wohl verfassungsrechtlich zulässig wäre, weil hiefür *sachliche*, sich aus der Regelung der Vaterschaft im Bundeszivilrecht ergebende *Gründe* sprächen. In *BGE 112 II 422 ff.* und *114 II 40 ff.* wurde den Kantonen die Kompetenz zur Publikation der Eigentumsübertragungen abgesprochen, weil dies im Widerspruch zur Regelung des ursprünglichen Art. 970 Abs. 2 ZGB stehe, welcher für die Einsichtnahme ins Grundbuch einen Grund und ein Gesuch verlangte *(abschliessende Regelung* bzw. eigentliche Normenkollision, vgl. dazu oben N 248 ff.; vgl. zur heutigen Regelung dieser Frage auch oben N 30 und TUOR/SCHNYDER/SCHMID 643 ff. mit Hinweisen).

342   Soweit privatrechtliche Regeln oder Institute durch Bestimmungen des kantonalen öffentlichen Rechts in Frage gestellt wurden, *ohne* dass *eigentliche Normenkollisionen* vorlagen, hat das Bundesgericht dies regelmässig unter dem Aspekt der *Vereitelung* oder der *übermässigen Erschwerung* des Bundeszivilrechts geprüft (vgl. insbesondere für Massnahmen zur Sicherung von Steuern und anderen Abgaben nachfolgend N 381 f.; vgl. zur Frage der Geltung des Publizitätsprinzips

von Eigentumsbeschränkungen im öffentlichen Recht auch DENIS PIOTET, Le droit civil fédéral prohibe-t-il l'hypothèque légale mobilière de droit public cantonal?, ZSR 1990 I 211 ff., 218 f. mit Hinweisen).

Die beiden Institute der *Vertragsfreiheit* und des *Privateigentums* sind nicht nur durch die Rechtsprechung zu Art. 2 ÜB BV bzw. Art. 6 ZGB, sondern im Prinzip auch durch *Grundrechte* geschützt. Die *Vertragsfreiheit*, welcher nicht der Charakter eines selbständigen Grundrechts, sondern lediglich eines *Grundsatzes des Privatrechts* zukommt (vgl. insbesondere Art. 19 OR), ist zumindest im wirtschaftlichen Bereich durch die *Handels- und Gewerbefreiheit* (Art. 31 BV) und im übrigen Bereich zum Teil durch das ungeschriebene Grundrecht der *persönlichen Freiheit* geschützt (vgl. dazu BGE 102 Ia 542, HÄFELIN/HALLER Rz 1166 ff., 1380, 1391, RHINOW, Komm. BV, Art. 31 N 84 f., HALLER, Komm. BV, Persönliche Freiheit N 42, 71 und ausführlich HERBERT SCHÖNLE, Les fondements constitutionnels de la liberté contractuelle, in: FS Schweiz. Juristentag, Basel/Frankfurt a.M. 1991, 61 ff., je mit weiteren Hinweisen; vgl. auch BBl 1997 I 177 zu Art. 23 Verfassungsentwurf 96). Das *Privateigentum* demgegenüber bildet wichtigstes Schutzobjekt der *Eigentumsgarantie* (Art. 22ter BV). Geschützt sind nicht nur die konkreten individuellen Eigentumsrechte *(Bestandesgarantie),* sondern auch das Institut des Privateigentums als solches *(Institutsgarantie;* vgl. dazu und zum nicht völlig geklärten Verhältnis dieser Garantien HÄFELIN/HALLER Rz 1355 ff., 1358 ff., G. MÜLLER, Komm. BV, Art. 22ter N 1 ff., 12 ff., 16 ff. sowie nachfolgend N 361 ff., je mit weiteren Hinweisen; zur Frage der Institutsgarantie bei der Vertragsfreiheit vgl. PETER SALADIN, Grundrechte im Wandel, Bern 1970, 272 FN 191 mit Hinweisen).

343

Beschränkungen der Vertragsfreiheit und des Privateigentums sind sowohl unter dem Aspekt von Art. 2 ÜB BV und Art. 6 ZGB als auch der erwähnten Grundrechte *unter gewissen Voraussetzungen* zulässig. In Lehre und Rechtsprechung noch kaum geklärt ist jedoch die Frage, ob hinsichtlich der Anforderungen Unterschiede bestehen bzw. in welchem *Verhältnis* die entsprechenden *Rügen* bzw. *Prüfungsprogramme* zueinander stehen. Das Bundesgericht prüft Einschränkungen der Vertragsfreiheit und des Privateigentums durch öffentlich-rechtliche Vorschriften des kantonalen Rechts teils unter dem Aspekt von *Art. 2 ÜB BV* oder unter dem Aspekt der *Eigentumsgarantie* bzw. der *Handels- und Gewerbefreiheit,* teils unter *beiden Aspekten gleichzeitig,* ohne dies näher zu begründen (vgl. dazu HUBER N 181, 193, G. MÜLLER, Komm. BV, Art. 22ter N 13 FN 42 und insbesondere Nachweise und Kritik bei PETER SALADIN, Grundrechte im Wandel, Bern 1970, 123 f., 272 f.). Zu Recht hält SALADIN, a.a.O., 273 jedoch fest, dass der Sinn und Geist grundlegender Institute des Bundeszivilrechts nicht allein aus einer bestimmten *technischen Ausgestaltung* desselben herausgelesen, sondern nur in

344

Art. 6

Verbindung mit *Sinn und Geist der Bundesverfassung* bestimmt werden kann (vgl. zum innern Zusammenhang zwischen den beiden privatrechtlichen Instituten und den zugehörigen Grundrechten auch G. MÜLLER, Komm. BV, Art. 22ter N 1, 14 und RHINOW, Komm. BV, Art. 31 N 85 mit Hinweisen).

345   Die Prüfung der *Einschränkungen* von *Vertragsfreiheit* und *Privateigentum* ist daher auch unter dem *Aspekt von Art. 2 ÜB BV* anhand der *feststehenden Schrankenkriterien* der Eigentumsgarantie und der Handels- und Gewerbefreiheit (allenfalls auch der persönlichen Freiheit) vorzunehmen (insbesondere gesetzliche Grundlage, öffentliches Interesse und Verhältnismässigkeit; vgl. dazu HÄFELIN/HALLER Rz 1361 ff., 1424 ff., G. MÜLLER, Komm. BV, Art. 22ter N 27 ff., RHINOW, Komm. BV, Art. 31 N 150 ff. mit weiteren Hinweisen). Dies überzeugt nicht nur dogmatisch, sondern hat zudem den *praktischen Vorteil*, dass beide Rügen *gemeinsam behandelt* werden können. Ohnehin muss auch unter dem Aspekt von Art. 2 ÜB BV als weiteres Erfordernis das Vorliegen schutzwürdiger öffentlicher Interessen geprüft werden, welches zur Vermeidung widersprüchlicher Entscheide ebenfalls entsprechend den Anforderungen bei der Beschränkung der im konkreten Fall tangierten Grundrechte auszulegen ist (vgl. dazu oben N 305). In den neueren Entscheiden des Bundesgerichts ist denn auch eine *gleichzeitige* und *gemeinsame Prüfung* beider Aspekte üblich, sofern beide Rügen erhoben werden (vgl. für Beschränkungen der Vertragsfreiheit insbesondere RHINOW, Komm. BV, Art. 31 N 85 mit Hinweisen und neuerdings BGE 119 Ia 59 ff., 120 Ia 286 ff.; für Beschränkungen des Privateigentums BGE 119 Ia 348 ff.; vgl. zur *Kongruenz* dieser Rügen auch AUBERT Nr. 2207 [inkl. Nachtrag]).

346   Die *Zulässigkeit* von *Beschränkungen* der *Vertragsfreiheit* und des *Privateigentums* durch öffentliches Recht der Kantone ist nachfolgend näher zu beleuchten.

bb) Vertragsfreiheit

347   Die *Vertragsfreiheit* ist das wichtigste Mittel zur privatautonomen Persönlichkeitsentfaltung. Durch sie wird die Fähigkeit der Menschen anerkannt, mit rechtsverbindlicher Wirkung private Abmachungen zu treffen. Sie weist *fünf Teilaspekte* auf: die Abschlussfreiheit, die Partnerwahlfreiheit, die Inhalts- oder Gestaltungsfreiheit, die Formfreiheit und die Aufhebungs- bzw. Änderungsfreiheit (vgl. dazu KRAMER, BE-Komm., Art. 19–20 OR N 13 ff. mit zahlreichen Hinweisen; zur nicht ohne weiteres klaren Abgrenzung dieser Teilaspekte insbesondere KRAMER, a.a.O., N 42 ff.). Diese einzelnen Aspekte der Vertragsfreiheit unterliegen in *unterschiedlichem Ausmass* Einschränkungen durch das öffentliche Recht der Kantone (vgl. dazu auch DESCHENAUX 31 f., HUBER N 181 ff., GIGER 48, 55 ff., NOBEL 273 und KNAPP, Komm. BV, Art. 64 N 56, je mit weiteren Hinweisen).

aaa) Abschluss- und Partnerwahlfreiheit

Im Bereich der *Abschluss- und Partnerwahlfreiheit* sind insbesondere polizeilich motivierte Vorschriften der Kantone über *persönliche und sachliche Voraussetzungen der Vertragspartner* denkbar, soweit ein genügendes öffentliches Interesse hierfür besteht (zum Beispiel Fähigkeitsausweis oder guter Leumund des Leistungsanbieters, Mindestalter des Konsumenten, Anforderungen an Betriebsräume und -zeiten, Abschluss einer Haftpflichtversicherung). Die Prüfung der entsprechenden Voraussetzungen kann allenfalls auch die Unterstellung der betreffenden Tätigkeit unter eine *Bewilligungspflicht* rechtfertigen (vgl. dazu HÄFELIN/HALLER Rz 1440 ff. und RHINOW, Komm. BV, Art. 31 N 192 ff., je mit weiteren Hinweisen; zur Zulässigkeit der Einführung einer Bewilligungspflicht insbesondere HÄFELIN/MÜLLER 1937 ff. und IMBODEN/RHINOW/KRÄHENMANN Nr. 132 mit Hinweisen; zur Ausübung wissenschaftlicher Berufe auch BOIS, Komm. BV, Art. 33 und Art. 5 ÜB; zu den *privatrechtlichen Folgen* bei *Nichtbeachtung* solcher Vorschriften HUBER N 196 und insbesondere KRAMER, BE-Komm., Art. 19–20 OR N 138 ff.). Eine polizeilich oder wirtschaftspolitisch motivierte *Bedürfnisklausel* ist dagegen lediglich im Bereich des Gastgewerbes gestützt auf eine besondere Verfassungsgrundlage zulässig (vgl. dazu HÄFELIN/HALLER Rz 1415, 1520 ff., 1527 ff., RHINOW, Komm. BV, Art. 31 N 167, AUBERT, Komm. BV, Art. 31ter N 25 ff., Art. 32^{quater} N 23 ff. und BBl 1997 I 297, 308 zu Art. 92 Abs. 2 Verfassungsentwurf 96, je mit weiteren Hinweisen).

348

Heute sind im Zusammenhang mit *kantonalen Bewilligungsvorschriften* und der *Anerkennung von Fähigkeitsausweisen* überdies die Regeln des *Binnenmarktgesetzes* vom 6. Oktober 1995 (BGBM, SR 943.02) zu beachten, wonach die Einhaltung der Vorschriften am Herkunftsort dem Anbieter von Waren, Arbeits- und Dienstleistungen grundsätzlich – unter Vorbehalt bestimmter, relativ eng gefasster Ausnahmen – einen freien Marktzugang im gesamten Bundesgebiet verschafft (vgl. insbesondere Art. 2–4 BGBM und dazu KARL WEBER, Das neue Binnenmarktgesetz, SZW 1996 164 ff. mit zahlreichen weiteren Hinweisen; vgl. auch BBl 1997 I 299 f. zu Art. 86 Abs. 2 Verfassungsentwurf 96).

349

Die Kantone können jedoch gewisse Tätigkeiten *monopolisieren*. Dies ist ohne besondere Voraussetzungen bei den kantonalen Regalrechten nach Art. 31 Abs. 2 BV möglich. Hierbei handelt es sich um die *historischen Grund- und Bodenregale* (Berg-, Salz-, Jagd-, Fischerei- und Wasserregal) sowie die *herkömmlichen Versicherungsmonopole* (Feuerversicherung und Viehversicherung). Die Schaffung *neuer Monopole* (sog. Polizei- und Wohlfahrtsmonopole) ist demgegenüber problematisch. Solche Monopole sind jedenfalls nur zulässig, wenn hiefür wirklich ein überwiegendes öffentliches Interesse besteht. Soweit sie nicht als staatliche Aufgabe eingerichtet werden, geraten sie auch in Konflikt mit dem neuen *Binnenmarktgesetz*. Grundsätzlich vereinbar mit der Handels- und Gewerbefreiheit sind *faktische Monopole,* welche sich insbesondere aufgrund der staatlichen Hoheit über öffentliche Sachen ergeben (vgl. dazu HÄFELIN/HALLER Rz 1485 ff., 1495 ff., HÄFELIN/MÜLLER Rz 1064 ff., 1987 ff. [mit Hinweisen auch zur Vereinbarkeit mit dem EG-Recht], IMBODEN/RHINOW/KRÄHENMANN Nr. 120, 121, 133 und 138, MOOR III 375 ff., RHINOW, Komm. BV, Art. 31 N 87 f., 195 f., 201, 229 ff. und BBl 1997 I 297 zu Art. 85 Abs. 3 Verfassungsentwurf 96, je mit zahlreichen Hinweisen; zur grundsätzlichen Vereinbarkeit der herkömmlichen, nicht aber der neuen kantonalen Monopole mit den Regeln des Binnenmarktgesetzes vgl. BBl 1995 I 1262 und KARL WEBER, a.a.O., 166 zu Art. 1 Abs. 3 BGBM; zu den Versicherungsmonopolen auch vorne N 75 ff.).

350

Schliesslich können die Kantone in gewissen Fällen einen *Kontrahierungszwang* vorsehen, namentlich für öffentliche Anstalten und Betriebe (vgl. dazu vorne N 200 a.E.) sowie in begründeten Fällen (bei Vorliegen eines überwiegenden öffentlichen Interesses) auch für Private (z.B. Bewirtungspflicht im Gastgewerbe, Notfallhilfe im Medizinalrecht, amtliches

351

Art. 6

Mandat im Anwaltsrecht) (vgl. dazu HÄFELIN/MÜLLER Rz 1059 f. und KRAMER, BE-Komm., Art. 19–20 OR N 94 ff., insbesondere N 99, 107, je mit weiteren Hinweisen; zur Frage, ob hieraus zivilrechtliche Ansprüche abgeleitet werden können vgl. oben N 205 ff., insbesondere 213; zur Frage des Kontrahierungszwanges bei obligatorischen Versicherungen vgl. oben N 78). Offengelassen hat das Bundesgericht die Frage, ob die Arbeitgeber im Sinne eines Kontrahierungszwanges verpflichtet werden könnten, ihre Unternehmen in eine zu gründende Gesellschaft einzubringen, an der sich die Arbeitnehmer beteiligen könnten (vgl. BGE vom 5. Dezember 1980, ZBl 1981 257 ff.: abschliessende Regelung der Mitwirkung der Arbeitnehmer im Arbeitsgesetz).

352 Eine *Allgemeinverbindlicherklärung von Kollektivverträgen* ist dagegen – unabhängig von der Problematik der Verwendung zivilrechtlicher Mittel durch das kantonale öffentliche Recht (vgl. dazu oben N 205 ff., insbesondere 208) – nur im Rahmen des auf eine besondere Verfassungsgrundlage gestützten Bundesrechts zulässig (vgl. dazu BGE 64 I 26 ff., 65 I 251 f. und zur heute bestehenden Bundesregelung im Bereich der Gesamtarbeits- und Rahmenmietverträge VB N 131, 138). Zulässig ist es dagegen grundsätzlich, wenn die Kantone die Vergabe staatlicher Aufträge *(Submission)* von der Einhaltung von Gesamtarbeitsverträgen oder mindestens gleichwertiger Arbeitsbedingungen abhängig machen (vgl. dazu BGE 102 Ia 533 ff., RHINOW, Komm. BV, Art. 31 N 200, REHBINDER, BE-Komm., Art. 342 OR N 16 und insbesondere VISCHER 275 f. mit Hinweisen; zu den zivilrechtlichen Folgen von Submissionsbedingungen vgl. oben N 216). Gegenüber Anbietern mit Niederlassung oder Sitz in der Schweiz darf heute freilich die Einhaltung besonderer *lokaler Arbeits-* und insbesondere *Lohnbedingungen* aufgrund des Binnenmarktgesetzes grundsätzlich nicht mehr verlangt werden (vgl. Art. 5 BGBM und dazu BBl 1995 I 1251 f., 1268 f. sowie KARL WEBER, Das neue Binnenmarktgesetz, SZW 1996 164 ff., 171 f. mit weiteren Hinweisen [auch zur Rechtslage im internationalen Verhältnis unter Berücksichtigung des WTO-Abkommens und des Submissionskonkordats]).

bbb) Inhalts- und Gestaltungsfreiheit

353 Die in Art. 19 OR ausdrücklich geregelte *Inhalts-* bzw. *Gestaltungsfreiheit* unterliegt bereits aufgrund des Gesetzeswortlauts den gesetzlich vorgesehenen Einschränkungen, wozu auch das kantonale öffentliche Recht gehört. Dieses kann gegebenenfalls auch eine *Bewilligungspflicht für bestimmte Verträge* einführen (vgl. dazu KRAMER, BE-Komm., Art. 19–20 OR, N 123 ff., 148 ff. mit zahlreichen Hinweisen; für die Beschränkung bzw. das Verbot des Verkehrs mit bestimmten Sachen auch Art. 6 Abs. 2 ZGB und dazu nachfolgend N 391 ff.). Freilich sind solche Einschränkungen nur zulässig, soweit den Kantonen auf dem betreffenden Gebiet eine *Gesetzgebungskompetenz* zukommt und überwiegende *öffentliche Interessen* geltend gemacht werden können (vgl. dazu die Hinweise oben N 343 ff.). Diese müssen in der Regel *polizeilicher Natur* sein, doch sind nach der neueren Rechtsprechung des Bundesgerichts auch *andere im öffentlichen Interesse* liegende Massnahmen (insbesondere sozial- und umweltpolitische Massnahmen in einem weiten Sinn), *nicht aber wirtschaftspolitisch motivierte Einschränkungen* zulässig (vgl. dazu insbesondere HÄFELIN/HALLER Rz 1378, 1403 ff., 1420 ff., 1428 ff., 1439 ff., RHINOW, Komm. BV, Art. 31 N 164 ff., 190 ff. mit Hinweisen; vgl. dazu und zur Kritik an der Rechtsprechung des Bundesgerichts auch oben N 312 ff.).

354 Umstritten sind vor allem öffentlich-rechtliche Eingriffe des kantonalen Gesetzgebers, welche auf die Festsetzung angemessener Vertragsbedingungen *(Adäquanz des Leistungsverhältnisses)* im Hinblick auf Ungleichgewichtslagen zwischen den Vertragsparteien Einfluss nehmen wollen (vgl. dazu insbesondere DESCHENAUX 32 f., HUBER N 185 ff., 215 ff. und

NOBEL 269 mit Hinweisen sowie VB N 38). Heute ist anerkannt, dass staatliche *Preisbestimmungen* nur ausnahmsweise bei besonders qualifiziertem polizeilichem oder sozialpolitischem (nicht aber wirtschaftspolitischem) Interesse (z.B. bei *Medikamenten*, im *Gast- und Taxigewerbe*, in der *Advokatur* und bei der *Wohnungsvermittlung*) zulässig sind (vgl. dazu HÄFELIN/HALLER Rz 1416, 1433, 1444, AUBERT Nr. 1913 [inkl. Nachtrag] und RHINOW, Komm. BV, Art. 31 N 84 [FN 118], 168, 194 mit Hinweisen; zum Heilmittelrecht auch nachfolgend N 427 f. und zur Liegenschaftsvermittlung oben N 254). Im Bereich des *Liegenschaftenmarktes* hat das Bundesgericht die Einführung der Möglichkeit des Einfrierens der Landpreise bzw. einer im Ergebnis für einen grossen Teil des Liegenschaftenmarktes geltenden Mietzinskontrolle zur Bekämpfung der Wohnungsnot als unzulässig abgelehnt (BGE 112 Ia 386 f., 113 Ia 141). Zulässig ist demgegenüber – im Rahmen derselben Zwecksetzung – die Anordnung einer zeitlich beschränkten, mit einer besonderen Baubewilligung (z.B. mit einer Abbruch- oder Umbaubewilligung) verbundenen *Kontrolle* der Miet- und Verkaufspreise im Einzelfall (BGE 116 Ia 411 f. mit Hinweisen; vgl. dazu und zum Verhältnis zum bundeszivilrechtlichen Mietzinsschutz auch JUNOD, Komm. BV, Art. 34^{septies} N 24 ff. und oben N 279 ff.). Zur Zinsbeschränkung und weiteren Einschränkungen der Vertragsfreiheit auf dem Gebiet des *Konsumkreditwesens* vgl. oben N 82 f. Zu der gestützt auf eine besondere verfassungsrechtliche Grundlage erfolgenden, *wettbewerbspolitisch* motivierten *Preisüberwachung* durch den *Bund* RHINOW, Komm. BV, Art. 31^{septies} N 1 ff. mit Hinweisen.

Auch staatliche *Lohnvorschriften* sind nur bei Vorliegen eines qualifizierten öffentlichen Interesses zulässig. Für besonders schutzbedürftige Arbeitnehmerkategorien (insbesondere *Heimarbeitnehmer, Temporärarbeitnehmer, ausländische Arbeitskräfte, Frauen*) bestehen jedoch bereits Bundesvorschriften, welche kantonales Recht ausschliessen (vgl. BGE 80 I 155 ff.: Unzulässigkeit einer einheitlichen Mindestlohnvorschrift für alle Arbeitnehmer; vgl. dazu und zu den bestehenden Bundesvorschriften AUBERT Nr. 1913 [inkl. Nachtrag], RHINOW, Komm. BV, Art. 31 N 84 [FN 119], REHBINDER, BE-Komm., Art. 322 OR N 3 f., SCHÖNENBERGER/STAEHELIN, ZH-Komm., Art. 322 OR N 19 ff. und insbesondere VISCHER 99 ff., 275 f., 286 sowie DERS., Zulässigkeit und Grenzen staatlicher Eingriffe in die Lohnvereinbarung, FS Kurt Eichenberger, Basel/Frankfurt a.M. 1982, 283 ff., je mit weiteren Hinweisen; zu den Lohnvorschriften im Rahmen der sog. *Normalarbeitsverträge* Art. 5 N 201 f.; zu den Schutzvorschriften für *Temporärarbeitnehmer* vgl. vorne N 85; zur Frage der *Allgemeinverbindlicherklärung von Gesamtarbeitsverträgen* und zu *Lohnschutzregeln* in *Submissionsvorschriften* vgl. oben N 352). 355

Nicht als Eingriff in die privatrechtliche Lohnbestimmung, sondern als öffentliche Sozialleistungen hat das Bundesgericht das heute in allen Kantonen bestehende System der *Familienzulagen* qualifiziert und geschützt (vgl. BGE 73 I 51 ff., 75 I 48 ff. und dazu AUBERT Nr. 657; kritisch HUBER N 227 ff.). Dieses System kann sich im übrigen heute auch auf eine besondere Verfassungsgrundlage (Art. 34^{quinquies} Abs. 2 BV) stützen. Da der Bund von der ihm eingeräumten Kompetenz bisher nur für die Landwirtschaft Gebrauch gemacht hat, lässt sich die Zulässigkeit kantonaler Familienzulagen auch hieraus ableiten (vgl. dazu MAHON, Komm. BV, Art. 34^{quinquies} N 52 ff. mit Hinweisen; zu den Bestrebungen nach einer Vereinheitlichung der Familienzulagen vgl. oben N 76, 133). 356

Umstritten waren früher auch kantonale Bestimmungen über die *Arbeits- und Ruhezeit* sowie die *Ferien* (vgl. dazu oben N. 215 f., DESCHENAUX 32 f. und insbesondere HUBER N 215 ff.). Die *Ferien- und Urlaubsregelung* im privatrechtlichen Arbeitsverhältnis ist heute jedoch abschliessend durch das Bundesrecht geregelt (vgl. dazu oben N 282). Dasselbe gilt grundsätzlich auch für die *Arbeits- und Ruhezeit*, welche für fast alle Arbeitnehmerkategorien durch das BG über die Arbeit in Industrie, Gewerbe und Handel (Arbeitsgesetz) vom 13. März 1964 (ArG, SR 822.11) bzw. verschiedene Spezialgesetze geregelt ist. Freilich ist die Lohn- 357

Art. 6

zahlungspflicht für Ruhetage – ausser für den 1. August – bundesrechtlich nicht normiert und darf auch nicht durch kantonales Recht vorgeschrieben werden (vgl. dazu oben N 328). Die Kantone sind im Prinzip nur noch zur Regelung der *Öffnungszeiten* für Betriebe des *Detailverkaufs*, der *Bewirtung* und der *Unterhaltung* sowie – im Rahmen von Art. 18 ff. ArG – zur *Bestimmung* von *zusätzlichen Ruhetagen* zuständig (vgl. dazu HÄFELIN/HALLER Rz 1430, 1432, AUBERT Nr. 692, 706, 1895 ff. [inkl. Nachtrag], RHINOW, Komm. BV, Art. 31 N 200 bei FN 382, REHBINDER, Arbeitsrecht, 158 ff., 162 ff., DERS., BE-Komm., Art. 321 OR N 8 f., Art. 329 OR N 8 ff., SCHÖNENBERGER/STAEHELIN, ZH-Komm., Art. 319 OR N 19, Art. 329 OR N 7 ff. und VISCHER 73 ff., je mit weiteren Hinweisen; zur neuen Regelung für den Bundesfeiertag RICHLI, Komm. BV, Art. 116bis N 1 ff. mit Hinweisen; eine auf eine Flexibilisierung der Arbeitszeitvorschriften ausgerichtete Revision des Arbeitsgesetzes [vgl. dazu BBl 1994 II 157 ff., 1996 I 1326 ff.] ist in der Volksabstimmung vom 1. Dezember 1996 abgelehnt worden; vgl. BBl 1997 I 996 ff.). Zur Regelung der Arbeits- und Ruhezeit im Rahmen von sog. *Normalarbeitsverträgen* vgl. Art. 5 N 201 f.

358 Eine *Verletzung öffentlich-rechtlicher Beschränkungen* der Vertragsinhalts- bzw. -gestaltungsfreiheit kann aufgrund von Art. 20 OR die (vollumfängliche oder teilweise) *privatrechtliche Nichtigkeit* entsprechender Verträge zur Folge haben, soweit dies dem Sinn und Zweck der betreffenden Vorschriften entspricht (vgl. dazu DESCHENAUX 33 f., HUBER N 168, 197 ff., KNAPP, Komm. BV, Art. 64 N 56 und insbesondere KRAMER, BE-Komm., Art. 19–20 OR N 268 f. [Fehlen der erforderlichen behördlichen Genehmigung eines Vertrages], 306 ff. [allgemein]; vgl. dazu und zur Frage positiver Wirkungen [Begründung *zivilrechtlicher Ansprüche*] entsprechender öffentlich-rechtlicher Vorschriften oben N 205 ff.; vgl. dazu im übrigen auch nachfolgend N 458 ff. zu Art. 6 Abs. 2 ZGB).

ccc) Formfreiheit

359 Die Vertragsfreiheit beinhaltet auch die *Formfreiheit*. Die Formvorschriften für privatrechtliche Rechtsgeschäfte (Art. 11 ff. OR) sind jedoch nach herrschender Auffassung grundsätzlich abschliessend im Bundeszivilrecht geregelt (vgl. dazu oben N 265 f.).

ddd) Vertragsaufhebungs- und -änderungsfreiheit

360 Das Bundeszivilrecht schützt auch die *Vertragsaufhebungs- und -änderungsfreiheit* der Kontrahenten. Es regelt aber auch die *einseitige Auflösung* von *Vertragsverhältnissen* und enthält verschiedene sozialpolitisch motivierte *Beschränkungen des Kündigungsrechts* bei Dauerschuldverhältnissen (insbesondere bei Miete und Pacht und im Arbeitsverhältnis; vgl. dazu KRAMER, BE-Komm., Art. 19–20 OR N 86 ff., 303 ff. mit Hinweisen). Das kantonale öffentliche Recht kann die Aufhebung oder Änderung eines privatrechtlichen Vertrages wohl im Rahmen einer öffentlich-rechtlichen Rechtsbeziehung zur Pflicht machen (als *Auflage* oder *Bedingung*), sofern hiefür eine genügende Grundlage besteht (z.B. bei Verletzung von öffentlich-rechtlichen Vorschriften ohne Nichtigkeitsfolge), aber *nicht* selbst weitere Gründe des *Erlöschens von Rechtsbeziehungen* einführen oder das privatrechtliche *Kündigungsrecht einschränken,* da es insoweit jedenfalls nicht mit privatrechtlichen Mitteln arbeiten darf (vgl. dazu DESCHENAUX 32, oben N 206, 212 und HUBER N 188 mit Hinweisen, insbesondere BGE 63 I 179 [Unzulässigkeit der Beschränkung der Kündbarkeit von Grundpfandverschreibungen] und 85 I 27 f. [Unzulässigkeit der Beschränkung der Vertragsdauer für Abzahlungsgeschäfte]; vgl. für die Kündbarkeit von Schuldbriefen aber den besonderen Vorbehalt von Art. 844 Abs. 2

ZGB und dazu Art. 5 N 179 sowie für den Abzahlungsvertrag heute Art. 226d OR und dazu
GIGER, BS-Komm., Art. 226d OR N 6 ff.).

cc) Privateigentum

aaa) Schutz durch die Bundesverfassung

Ausgehend vom Prinzip der Privatautonomie steht das schweizerische Recht hinsichtlich der Regelung der Rechtsbeziehungen an Sachen (Eigentumsrecht, beschränkte dingliche Rechte, obligatorische Rechte) auf dem Boden des Privateigentums. Die betreffenden Rechte sollen nicht dem Gemeinwesen, sondern den Privaten zukommen. Diese sollen grundsätzlich nach eigenem Gutdünken von ihren Rechten an Sachen Gebrauch machen können. Das Privateigentum wird dementsprechend durch die *Eigentumsgarantie* von Art. 22ter BV gegenüber staatlichen Eingriffen geschützt und in *Art. 641 ff. ZGB* im einzelnen geregelt (vgl. dazu und zum nicht völlig identischen Eigentumsbegriff von Verfassung und Bundeszivilrecht G. MÜLLER, Komm. BV, Art. 22ter N 1 ff. und TUOR/SCHNYDER/SCHMID 658 ff. mit Hinweisen).

361

Freilich wird das Privateigentum *nicht ohne Schranken* gewährleistet. Vielmehr hält bereits *Art. 22ter BV* fest, dass Bund und Kantone im Rahmen ihrer verfassungsmässigen Befugnisse auf dem Wege der Gesetzgebung im öffentlichen Interesse Eigentumsbeschränkungen und allenfalls sogar die Enteignung vorsehen können (Abs. 2). Allerdings ist bei Enteignung und bei Eigentumsbeschränkungen, die einer Enteignung gleichkommen (sog. materielle Enteignung), volle Entschädigung zu leisten (Abs. 3). Nach Lehre und Rechtsprechung ergeben sich hieraus drei verschiedene Garantien (vgl. auch BBl 1997 I 172 ff. zu Art. 22 Verfassungsentwurf 96): Die *Instituts- und Wesensgehaltsgarantie* schützt das Privateigentum als in seinem Kern unantastbares Institut der Rechtsordnung. Sie richtet sich an den Gesetzgeber, welcher die wesentlichen, sich aus dem Eigentum ergebenden Verfügungs- und Nutzungsrechte wahren muss (vgl. dazu HÄFELIN/HALLER Rz 1355 ff. und G. MÜLLER, Komm. BV, Art. 22ter N 12 ff. mit weiteren Hinweisen). Die *Bestandesgarantie* schützt die konkreten, individuellen Eigentumsrechte vor staatlichen Eingriffen. Eigentumsbeschränkungen sind nur zulässig, wenn sie auf einer genügenden gesetzlichen Grundlage beruhen, sich auf ein ausreichendes öffentliches Interesse zu stützen vermögen und den Grundsatz der Verhältnismässigkeit wahren (vgl. dazu HÄFELIN/HALLER Rz 1360 ff. und G. MÜLLER, Komm. BV, Art. 22ter N 16 f., 27 ff. mit weiteren Hinweisen). Die *Wertgarantie* gibt bei Enteignung und enteignungsähnlichen Eigentumsbeschränkungen (materielle Enteignung) Anspruch auf volle Entschädigung (vgl. dazu HÄFELIN/HALLER Rz 1365 ff., HÄFELIN/MÜLLER Rz 1599 ff., MOOR II 480 ff.,

362

Art. 6

III 397 ff. und G. MÜLLER, Komm. BV, Art. 22ter N 18 ff., 43 ff., je mit weiteren Hinweisen).

bbb) Regelung des Zivilgesetzbuches

363 Auch das *Bundeszivilrecht* sieht kein schrankenloses Privateigentum vor. Bereits die allgemeine Umschreibung des Inhalts des Eigentums in *Art. 641 ZGB* hält fest, dass der Eigentümer einer Sache lediglich in den *Schranken der Rechtsordnung* über die ihm gehörende Sache nach seinem Belieben verfügen kann (Abs. 1; vgl. dazu und zu dem in der Privatrechtswissenschaft nach wie vor umstrittenen Eigentumsbegriff TUOR/SCHNYDER/SCHMID 659 ff. mit Hinweisen). *Art. 664 ZGB* behält sodann für *herrenlose* und *öffentliche Sachen* das öffentliche Recht der Kantone vor (vgl. dazu TUOR/SCHNYDER/SCHMID 683 f., 751, LIVER SPR V/1 127 f. mit Hinweisen; zur umstrittenen Frage, ob die Kantone für öffentliche Sachen ein öffentlich-rechtliches Eigentumsinstitut schaffen dürften, vgl. nachfolgend N 397 ff.).

364 Insbesondere für das *Grundeigentum* bestehen sodann zahlreiche und wichtige gesetzliche Inhaltsbeschränkungen, welche berechtigte Interessen von Drittpersonen (insbesondere von Nachbarn, Allgemeinheit und Staat) wahren und damit die sog. *Sozialpflichtigkeit* des Privateigentums anerkennen (vgl. Art. 667 ff. ZGB). Einen Vorbehalt gesetzlicher Schranken enthält bereits *Art. 667 Abs. 2 ZGB* bezüglich des *Umfangs des Grundeigentums* (vertikale Ausdehnung und Akzessionsprinzip; vgl. dazu TUOR/SCHNYDER/SCHMID 690 f. und LIVER SPR V/1 168 f.). Die im Zivilgesetzbuch vorgesehenen *gesetzlichen Eigentumsbeschränkungen* sind im übrigen zum Teil *privatrechtlicher,* zum Teil *öffentlich-rechtlicher Natur.* In einzelnen Fällen liegen sog. *Doppelnormen* vor (vgl. dazu und zur Abgrenzung von privat- und öffentlich-rechtlichen Beschränkungen TUOR/SCHNYDER/SCHMID 718 ff., LIVER SPR V/1 194 ff., HAAB, ZH-Komm, Art. 680 ZGB N 6 f. und MEIER-HAYOZ, BE-Komm., Art. 680 ZGB N 8 ff., je mit weiteren Hinweisen; vgl. zur Abgrenzung von Privatrecht und öffentlichem Recht auch VB N 50 ff. und zu den Doppelnormen insbesondere VB N 70 ff., zum Verhältnis von privat- und öffentlich-rechtlichen Eigentumsbeschränkungen auch oben N 277).

365 Eigentliche *öffentlich-rechtliche Eigentumsbeschränkungen* enthält das Zivilgesetzbuch selbst nur einzelne wenige (insbesondere die Zwangsgemeinschaft zur Durchführung von Bodenverbesserungen gemäss Art. 703 ZGB und die Privatexpropriation im Zusammenhang mit der Wasserversorgung gemäss Art. 711 und 712 ZGB; vgl. dazu und zur Rechtsnatur dieser Einschränkungen TUOR/ SCHNYDER/SCHMID 737 ff. und LIVER SPR V/1 306 f. mit Hinweisen; zur Verfassungsmässigkeit von Art. 703 ZGB auch kritisch PIOTET Rz 18; zu den Eigen-

tumsbeschränkungen in den Spezialgesetzen des Bundeszivilrechts TUOR/
SCHNYDER/SCHMID 740 ff. mit Hinweisen).

Im übrigen aber enthält das Zivilgesetzbuch in *Art. 702 ZGB* einen ausdrück- 366
lichen *Vorbehalt* zugunsten *öffentlich-rechtlicher Beschränkungen* des Grundeigentums durch Vorschriften von Bund, Kantonen und Gemeinden mit einem umfangreichen, aber keineswegs abschliessenden Katalog von möglichen öffentlichen Zwecken (vgl. etwa auch Art. 705 ZGB zur Fortleitung von Quellen; zur grundbuchrechtlichen Behandlung öffentlich-rechtlicher Eigentumsbeschränkungen vgl. TUOR/SCHNYDER/SCHMID 635, 720, HAAB, ZH-Komm., Art. 702 ZGB N 14 ff. und IMBODEN/RHINOW/KRÄHENMANN Nr. 48 B VII, je mit weiteren Hinweisen; zum Verhältnis solcher Eigentumsbeschränkungen zu einem Grundpfand in der Zwangsverwertung auch BGE 121 III 242 ff.). Da hiermit nur die aufgrund der verfassungsmässigen Kompetenzausscheidung bestehende, durch Art. 6 ZGB bestätigte Rechtslage wiedergegeben wird, handelt es sich um einen *unechten Vorbehalt* ohne selbständige Bedeutung (vgl. dazu TUOR/SCHNYDER/SCHMID 721, 737 f., LIVER SPR V/1 196, 238 ff., 243 ff., 249, 345, 367 f., HUBER N 192, HAAB, ZH-Komm., Art. 702 ZGB N 1 ff. mit weiteren Hinweisen; zur Art und Bedeutung des Vorbehaltes von Art. 702 ZGB auch oben N 26).

Auch das private *Fahrniseigentum* ist gemäss Art. 641 Abs. 1 ZGB nur in 367
den Schranken der Rechtsordnung gewährleistet. Allerdings finden sich im Zivilgesetzbuch selbst nur einzelne wenige gesetzliche Schranken. Eine solche enthält insbesondere *Art. 724 ZGB*, welcher – jeweils gegen Entschädigung des privaten Grundeigentümers – herrenlose Fundgegenstände von wissenschaftlichem Wert dem Fundortkanton vorbehält und diesem überdies ein Ausgrabungsrecht einräumt (vgl. dazu TUOR/SCHNYDER/SCHMID 753 f., LIVER SPR V/1 365 ff. und nachfolgend N 444 mit weiteren Hinweisen). Es ist jedoch unbestritten, dass das öffentliche Recht von Bund und Kantonen *weitere Beschränkungen* des Fahrniseigentums vorsehen kann, was für Verkehrsbeschränkungen und -verbote des kantonalen Rechts in Art. 6 Abs. 2 ZGB noch ausdrücklich festgehalten wird (vgl. dazu TUOR/SCHNYDER/SCHMID 744, LIVER SPR V/1 309, HÄFELIN/MÜLLER Rz 1615, G. MÜLLER, Komm. BV, Art. 22ter N 43 ff. und für Verkehrsbeschränkungen und -verbote nach Art. 6 Abs. 2 ZGB insbesondere nachfolgend N 391 ff., je mit weiteren Hinweisen; zur Zulässigkeit einer entschädigungslosen Abgabepflicht für Pflichtexemplare von Druckerzeugnissen oben N 89; zur Zulässigkeit gesetzlicher Fahrnispfandrechte der Kantone vgl. oben N 276).

ccc) Öffentlich-rechtliche Eigentumsbeschränkungen der Kantone

Die *Kantone* – und im Rahmen ihrer Autonomie auch die *Gemeinden* – haben 368
von den ihnen zustehenden Befugnissen, öffentlich-rechtliche Beschränkungen

Art. 6

des Privateigentums zu erlassen, in einem breiten Spektrum der Gesetzgebung Gebrauch gemacht. Zu denken ist insbesondere an das *Bau- und Planungsrecht* sowie an das *Natur- und Heimatschutzrecht*, aber auch an den ganzen Bereich des *Gewerbepolizeirechts* (vgl. für Verkehrsbeschränkungen und -verbote für bestimmte Arten von Sachen auch eingehend nachfolgend N 391 ff.). Die Zulässigkeit der kantonalen und kommunalen Eigentumsbeschränkungen ergibt sich dabei grundsätzlich aus den Anforderungen der *Eigentumsgarantie* (Art. 22ter BV; vgl. dazu oben N 361 f.). Zu berücksichtigen sind aber auch die zunehmenden *öffentlich-rechtlichen Bundesvorschriften*, welche die Befugnisse der Kantone auf den erwähnten Gebieten beschränken und heute zum Teil selbst die Grundlage entsprechender Eigentumsbeschränkungen bilden (vgl. zur früheren Rechtslage bereits HAAB, ZH-Komm., Art. 702 ZGB N 6 mit Hinweisen).

369 So enthält das *BG über die Raumplanung* vom 22. Juni 1979 (RPG, SR 700) wichtige Grundsätze des Bau- und Planungsrechts, welche von den Kantonen zu berücksichtigen und umzusetzen sind (vgl. zur Aufgabenteilung zwischen Bund und Kantonen auf dem Gebiet der Raumplanung JAGMETTI, Komm. BV, Art. 22^{quater} N 99 ff.). Das *BG über den Umweltschutz* vom 7. Oktober 1983 (USG, SR 814.01) und die zugehörigen Ausführungserlasse enthalten sodann eine umfassende Regelung des Umweltschutzrechts. Die Kantone sind auf diesem Gebiet zum selbständigen Legiferieren nur noch insoweit zuständig, als der Bund von der ihm zustehenden Gesetzgebungskompetenz noch nicht Gebrauch gemacht hat (vgl. zur Aufgabenteilung zwischen Bund und Kantonen auf dem Gebiet des Umweltschutzes FLEINER, Komm. BV, Art. 24^{septies} N 1 ff., 84 ff. mit Hinweisen).

370 Auch auf dem Gebiet des *Natur- und Heimatschutzes* bestehen heute Bundesvorschriften, welche in den letzten Jahren noch ausgeweitet worden sind (vgl. dazu und zur Aufgabenteilung zwischen Bund und Kantonen auf dem Gebiet des Natur- und Heimatschutzes FLEINER, Komm. BV, Art. 24^{sexies} N 1 ff., 9 ff. und nachfolgend N 437 ff. mit Hinweisen). Auf den Gebieten der *Wasserbau- und Forstpolizei,* des *Gewässerschutzes,* des *Energierechts,* der *Fischerei,* des *Jagd- und Vogelschutzes* und des *Tierschutzes* hat der Bund ebenfalls neue Ausführungsgesetze erlassen, welche die kantonalen Gesetzgebungsbefugnisse weiter beschränken (vgl. dazu und zur Aufgabenteilung zwischen Bund und Kantonen auf den entsprechenden Gebieten JAGMETTI, Komm. BV, Art. 24 N 1 ff., 38 ff. [Wasserbau- und Forstpolizei], DERS., Komm. BV Art. 24bis N 1 ff., 58 ff. [Wassernutzung und Gewässerschutz], DERS., Komm. BV, Art. 24^{octies} N 1 ff., 58 ff. [Energierecht], FLEINER, Komm. BV, Art. 25 N 1 ff., 6 ff. [Fischerei, Jagd und Vogelschutz], DERS., Komm. BV, Art. 25bis N 1 ff., 7 ff. [Tierschutz], je mit weiteren Hinweisen).

*ddd) Bedeutung von Sinn und Geist der Regelung des ZGB
bzw. der Institutsgarantie*

Angesichts der klaren Schranken der Eigentumsgarantie (insbesondere der *Bestandesgarantie*) und der zahlreichen und grundlegenden *bundesgesetzlichen Vorbehalte, Schranken und Vorgaben* für die Zulässigkeit öffentlich-rechtlicher Eigentumsbeschränkungen von Kantonen und Gemeinden kommt dem zusätzlichen Erfordernis der Vereinbarkeit mit *Sinn und Geist des Bundeszivilrechts* in der Praxis kaum grosse Bedeutung zu. Im Vordergrund steht vielmehr die Vereinbarkeit entsprechender Eigentumsbeschränkungen mit der Eigentumsgarantie und den erwähnten Bundesgesetzen (vgl. in diesem Sinne bereits HUBER N 191 ff., DESCHENAUX 33 und HAAB, ZH-Komm., Art. 702 ZGB N 2 ff., je mit Hinweisen). Eine Ausnahme bilden diejenigen Fälle, in welchen das Privateigentum als Institut in Frage gestellt wird und damit die *Institutsgarantie* betroffen ist. In diesen Fällen stützte sich die Rechtsprechung früher – als die Eigentumsgarantie noch nicht als verfassungsmässiges Recht des Bundes anerkannt war – allein auf *Art. 2 ÜB BV* bzw. *Art. 6 ZGB* (Vereinbarkeit mit Sinn und Geist des Bundeszivilrechts) ab, während heute eine Überprüfung nach den gleichen Grundsätzen auch unter dem Aspekt der in *Art. 22ter BV* enthaltenen Institutsgarantie erfolgt (vgl. dazu oben N 344 f., zur früheren Rechtslage auch HAAB, ZH-Komm., Art. 702 ZGB N 13). 371

Eine *Verletzung der Institutsgarantie* ist nach Lehre und Praxis aber nicht leichthin anzunehmen. Vielmehr steht dem *Gesetzgeber* bei der Ausgestaltung der Eigentumsordnung ein *weiter Spielraum* offen. Nicht vereinbar mit der Institutsgarantie wäre insbesondere eine *Verstaatlichung des Bodens* oder eine *konfiskatorische Besteuerung* (vgl. dazu HÄFELIN/HALLER Rz 1355 ff., AUBERT Nr. 2175 f. [inkl. Nachtrag], G. MÜLLER, Komm. BV, Art. 22ter N 12 ff., je mit zahlreichen Hinweisen). 372

Kasuistik

Zulässig ist – soweit dies im Interesse der *Bekämpfung der Wohnungsnot* erforderlich ist – die Einführung einer auf bestimmte Zonen beschränkten *Pflicht* zum *Bau von Wohnungen*, die den *Bedürfnissen* und *Interessen der Allgemeinheit* dienen (BGE 99 Ia 614 ff.), eines *Abbruch-, Umbau- und Zweckänderungsverbots* für nicht abbruch- bzw. sanierungsbedürftige Wohnbauten (BGE 103 Ia 418 ff.; vgl. auch BGE 111 Ia 26 ff.: Zulässigkeit entsprechender Eigentumsbeschränkungen auch für bestimmte Hotelgebäude), einer *Bewilligungspflicht* für die *Veräusserung* von Wohnungen (BGE 113 Ia 132 ff.), eines auf gewisse Grundstücke beschränkten *Vorkaufs-* und *Enteignungsrechts* des Staates im Hinblick auf die Erstellung von Wohnungen zu mässigen Preisen (BGE 88 I 252 f.) und der Möglichkeit der *Enteignung* der *Nutzung* von missbräuchlich leer gelassenen *Wohnungen* (BGE 119 Ia 352 ff.; nicht aber eines generellen Zwangs zur Vermietung leerer Wohnungen, BGE 112 Ia 388). Im Hinblick auf die *Durchsetzung der Raumplanung* ist allenfalls auch die *Enteignung* eingezonter, aber nicht der Überbauung zugeführter *Grundstücke* zulässig (vgl. dazu GEORG MÜLLER, Baupflicht und Eigentumsordnung, in: FS Ulrich Häfelin 167 ff., insbesondere 178 f.). Mit dem Institut des 373

Art. 6

Privateigentums vereinbar ist es auch, den ausserhalb der Eigentümerinteressen stehenden *Untergrund* in die *ausschliessliche Verfügungsgewalt des Kantons* zu stellen und für dessen Benützung eine *Konzessionspflicht* einzuführen (BGE 119 Ia 399 f., 407 f.). Als unvereinbar mit dem Sinn und Geist des Bundeszivilrechts und überdies als dessen Vereitelung hat das Bundesgericht demgegenüber eine Volksinitiative bezeichnet, welche den Kanton Basel-Stadt verpflichten wollte, möglichst viel Grund freihändig zu erwerben und nicht mehr zu veräussern (BGE vom 17. Dezember 1959, ZBl 1960 281 ff.; vgl. dazu auch nachfolgend N 377).

374   *Keine konfiskatorische Besteuerung* liegt vor, wenn 60% oder sogar 80% des durch Planungsmassnahmen verursachten Mehrwertes abgeschöpft werden (BGE 105 Ia 139 ff.), wenn wegen ausserordentlicher Umstände vorübergehend das gesamte Einkommen und der Vermögensertrag eines Steuerpflichtigen beansprucht werden (BGE 106 Ia 348 ff.) oder wenn der Eigenmietwert wie Einkommen besteuert wird (BGE 112 Ia 247). Vgl. zur konfiskatorischen Steuer auch AUBERT Nr. 2176 [Nachtrag] mit Hinweisen (davon zu unterscheiden ist die Problematik der Vereitelung bzw. übermässigen Erschwerung des Bundeszivilrechts durch die Ausgestaltung kantonaler Abgaben bzw. des kantonalen Abgaberechts; vgl. dazu nachfolgend N 381 ff.).

c) Keine Vereitelung oder übermässige Erschwerung des Bundeszivilrechts

aa) Allgemeines

aaa) Vereitelung des Bundeszivilrechts

375   Als besonderer Fall der Missachtung von Sinn und Geist des Bundeszivilrechts gilt die Vereitelung oder übermässige Erschwerung desselben. Eine eigentliche *Vereitelung des Bundeszivilrechts* liegt vor, wenn die *rechtlichen* oder *tatsächlichen Anwendungsbedingungen* für eine vom Bundeszivilrecht *vorgesehene Regelung* durch kantonales Recht *grundsätzlich* oder in einem *grossen Teil der Fälle* (nicht nur in besonders gelagerten Einzelfällen) durch das kantonale öffentliche Recht *beseitigt* werden. Dies kann auf *direktem* oder *indirektem Wege* geschehen, wobei gleichgültig ist, ob dieses Ergebnis *beabsichtigt* ist *oder nicht* (vgl. dazu insbesondere RIEMER 10 N 11, DESCHENAUX 26 f., HUBER N 213 f., NOBEL 279, IMBODEN/RHINOW/KRÄHENMANN Nr. 19 B I und MOOR I 116 f. mit Hinweisen; abweichend SALADIN, Komm. BV, Art. 3 N 35, 216 und Art. 2 ÜB N 29, wonach nur ein gezieltes Vereiteln von Bundesrecht bei Fehlen mindestens gleichgewichtiger kantonaler Interessen unzulässig ist; bundesrechtsfreundlicher dagegen GIOVANNI BIAGGINI, Theorie und Praxis des Verwaltungsrechts im Bundesstaat, Basel/Frankfurt a.M. 1996, 330 ff. [für eine Ablösung des Vereitelungsverbots durch ein *Integrationsprinzip* im Bereich des bundesstaatlichen Vollzugsverhältnisses]).

376   So hat es das Bundesgericht als unzulässig erklärt, *wichtige Reparaturen* in einem kantonalen Wohnraumerhaltungsgesetz den *bewilligungspflichtigen Umbauten gleichzusetzen,* da das Bundesrecht den Schutz vor *missbräuchlichen*

Mietzinserhöhungen im Zusammenhang mit solchen Reparaturen, die kantonale Vorschrift dagegen die Verhinderung der – mietrechtlich unter Umständen gebotenen – Reparaturen an sich anstrebe. Dadurch könne die Anwendung des Bundeszivilrechts allenfalls verunmöglicht werden. Obwohl sich der Gesetzgeber für eine bundesrechtskonforme Bewilligungspraxis ausgesprochen habe, bestehe die Gefahr widersprüchlicher Entscheide von Verwaltungsbehörden und Zivilrichter (BGE 116 Ia 410 f.; die Gefahr widersprüchlicher Entscheide vermag für sich allein genommen eine Bundesrechtswidrigkeit jedoch nicht zu begründen, vgl. dazu auch oben N 56 ff.). Die Durchsetzung von kommunalen *Wohnanteilsvorschriften* gegenüber einem Grundeigentümer, welcher mit einem gewerblichen Mieter einen *Mieterstreckungsvergleich* abgeschlossen hat, stellt demgegenüber keine Vereitelung des Bundeszivilrechts dar, zumal Mieterschutz und Wohnraumerhaltung grundsätzlich unterschiedliche Zielsetzungen verfolgen und der zugrundeliegende Mietvertrag wegen der Verletzung der Wohnanteilvorschriften ohnehin widerrechtlich ist (vgl. dazu zutreffend MICHÈLE HUBMANN, Die Durchsetzung des Wohnanteilplans gegenüber mietrechtlichen Erstreckungsvergleichen, ZBl 1993 298 ff.; vgl. zum Konflikt von Bundeszivilrecht und kantonalem öffentlichem Recht im Anwendungsfall im übrigen auch oben N 119 ff.).

Das Bundesgericht hat sodann die Ungültigerklärung einer Volksinitiative bestätigt, welche den *Kanton Basel-Stadt* verpflichten wollte, möglichst viel *Grund freihändig zu erwerben* und *nicht mehr zu veräussern*, womit für diesen Kanton allenfalls weite Teile der Sachenrechtsordnung nicht mehr anwendbar gewesen wären (BGE vom 17. Dezember 1959, ZBl 1960 281 ff. E. 6b; zugleich lag hier eine Missachtung des grundlegenden Instituts des Privateigentums vor, vgl. dazu oben N 372 f.). Ebenfalls auf das Verbot der Vereitelung des Bundesrechts hat das Bundesgericht seinen Entscheid gestützt, wonach die früher in den kantonalen Rechten vorkommende *Ersitzung von Wegrechten zugunsten des Staates* nicht mehr zulässig ist, da dieses Institut im ZGB bewusst fallengelassen wurde (BGE 71 I 441 f.; hier hätte demnach auch mit der abschliessenden Regelung durch das Bundeszivilrecht argumentiert werden können). 377

Im übrigen aber ist das *Verbot der Vereitelung von Bundeszivilrecht* – vom nachfolgend N 388 ff. zu behandelnden Verhältnis von Bundeszivilrecht und *kantonalem Verfahrensrecht* abgesehen – *kaum von grosser praktischer Bedeutung*, zumal die Kantone darauf achten, jedenfalls keine offenen Widersprüche zum Bundeszivilrecht zu schaffen (vgl. auch DESCHENAUX 27 FN 16, HUBER N 214 und GIGER 60 f.; aus der neueren Praxis BGE 116 Ia 354: keine Vereitelung des Firmenrechts gemäss Art. 944 ff. OR durch die aus Gründen des Sprachenschutzes bestehende Pflicht zur Übersetzung des Firmennamens für eine Leuchtreklame, d.h. nicht generelles Verbot der Führung der Firma). 378

Art. 6

379   In diesem Zusammenhang ist auch darauf hinzuweisen, dass das Verbot der Vereitelung von Bundeszivilrecht von der Rechtsprechung – soweit ersichtlich – nicht herangezogen worden ist, um kantonale Regeln, welche die *Einheit des schweizerischen Wirtschaftsraums* untergraben könnten, auszuschalten (vgl. dazu RHINOW, Komm. BV, Art. 31 N 56; das Ziel eines einheitlichen schweizerischen Wirtschaftsraumes spielt aber als Gesichtspunkt für die Schrankenziehung gegenüber dem kantonalen öffentlichen Recht, insbesondere im Hinblick auf den Ausschlussgrund einer abschliessenden Regelung des Bundeszivilrechts, eine Rolle, vgl. dazu oben N 233; vgl. im übrigen zur Binnenmarktkomponente der Handels- und Gewerbefreiheit und zur neuen bundesrechtlichen Binnenmarktgesetzgebung oben N 18, 108). Das Verbot der Vereitelung von Bundeszivilrecht darf sodann auch *nicht überinterpretiert* werden. Soweit die Kantone zulässigerweise – im Rahmen der drei besprochenen Erfordernisse – den Anwendungsbereich des Bundeszivilrechts einschränken, liegt selbstverständlich keine Vereitelung von Bundeszivilrecht vor. Es ist vielmehr anerkannt, dass dem öffentlichen Recht der Kantone in diesem Sinne gegenüber dem Bundeszivilrecht eine gewisse *expansive Kraft* zukommt (vgl. dazu auch oben N 45 ff.).

bbb) Übermässige Erschwerung des Bundeszivilrechts

380   Nach Lehre und Rechtsprechung ist jedoch nicht nur eine eigentliche Vereitelung, sondern auch eine *übermässige* (zum Teil bereits eine erhebliche oder wesentliche) *Erschwerung des Bundeszivilrechts* unzulässig (vgl. dazu auch RIEMER 10 N 11, DESCHENAUX 35, HUBER N 213 f., IMBODEN/RHINOW/KRÄHENMANN Nr. 19 B I und MOOR I 116 f. mit Hinweisen; kritisch zum Verbot übermässiger Erschwerung des Bundeszivilrechts SALADIN, Komm. BV, Art. 2 ÜB N 29 mit Hinweisen). In diesem Zusammenhang spielt regelmässig der *Verhältnismässigkeitsgrundsatz* eine wichtige Rolle, welcher bereits im Erfordernis schutzwürdiger öffentlicher Interessen enthalten ist (vgl. dazu oben N 322 ff.). Eine übermässige Erschwerung des Bundeszivilrechts liegt insbesondere vor, wenn das an sich *zulässige Ziel* des kantonalen Rechts auch mit *Mitteln* erreicht werden kann, welche die Anwendung des *Bundeszivilrechts weniger stark beeinträchtigen* (vgl. dazu nachfolgend N 381 f. und insbesondere THOMAS KOLLER, ZBGR 1995 280, 282). Die Rechtsprechung hat sich mit diesem Erfordernis vor allem im Zusammenhang mit der Erhebung *kantonaler Abgaben* bzw. den *Tarifen von Rechtsanwälten und Notaren* beim Gebrauch bundesprivatrechtlicher Institute auseinandergesetzt (vgl. dazu nachfolgend N 381 ff., DESCHENAUX 34 f., HUBER N 231 ff., NOBEL 279 f., AUBERT Nr. 656 und MOOR I 117, je mit Hinweisen).

Art. 6

bb) Kantonales Abgaberecht

aaa) Sicherung und Höhe kantonaler Abgaben

Im Zusammenhang mit der *Sicherung der Zahlung kantonaler Abgaben* hat das Bundesgericht entschieden, es sei zulässig, die *Eintragung im Grundbuch* von der vorgängigen Bezahlung der *Eintragungsgebühren* und der *Handänderungssteuern* abhängig zu machen, deren Betrag nicht sehr hoch und leicht zu berechnen sei sowie in direktem Zusammenhang mit der Transaktion stehe. *Nicht zulässig* sei es demgegenüber, die Eintragung auch von der Bezahlung der *Erbschafts- und Grundstückgewinnsteuern* abhängig zu machen. Deren Höhe sei nicht rasch und einfach zu ermitteln, wodurch der Grundstückverkehr stark erschwert werde (faktische Sperrwirkung), obwohl die (weniger einschneidende) Möglichkeit der Einführung eines *gesetzlichen Grundpfandrechts* gemäss Art. 836 ZGB bestehe (BGE 106 II 81 ff. mit Hinweisen auf die Entwicklung der Rechtsprechung; vgl. auch BGE 118 Ib 60 ff. für Eintragungs- und Handänderungsgebühren beim Schiffsregister und VPB 1986 Nr. 67: Unzulässigkeit einer *Kanzleisperre* zur Sicherung von *Steuerforderungen;* vgl. dazu auch TUOR/SCHNYDER/SCHMID 642 FN 21 mit weiteren Hinweisen). 381

Aus ähnlichen Gründen (übermässige Erschwerung der Vertragsabwicklung wegen des Erfordernisses der Zustimmung des Pfandgläubigers bzw. der Steuerbehörde zur Zahlung des Kaufpreises aufgrund von Art. 906 Abs. 2 ZGB) erscheint auch die Einführung eines *gesetzlichen Forderungspfandrechts* zur Sicherung der Grundstückgewinnsteuer (nicht aber einfach zu ermittelnder Eintragungsgebühren) als bundesrechtswidrig (vgl. dazu THOMAS KOLLER, Ein gesetzliches Faustpfandrecht an der Kaufpreisforderung zur Sicherung des Grundstückgewinnsteuerbezuges?, ZBGR 1995 273 ff. mit zahlreichen Hinweisen zur gesamten Problematik; zur Zulässigkeit gesetzlicher Pfandrechte der Kantone zur Sicherung von Abgaben im übrigen oben N 27, 276). 382

Im Zusammenhang mit der *Höhe kantonaler Abgaben* hat das Bundesgericht sodann entschieden, eine *Notariatsgebühr* von 7,5 Promille des reinen Nachlassvermögens für die Errichtung eines öffentlichen Testaments ohne Berücksichtigung des Zeitaufwands sei unangemessen und mache die Benützung einer bundesprivatrechtlichen Institution übermässig kostspielig (BGE 84 I 114 ff. mit Hinweis auf frühere Entscheide; vgl. auch BGE 92 I 249 ff., wo das Bundesgericht die Anwendung eines kantonalen Gebührentarifes für *Geschäftsagenten* im konkreten Fall als willkürlich bezeichnet hat). 383

Im Bereich des *Prozessrechts (Gerichtskosten bzw. -vorschüsse)* hat das Bundesgericht ähnliche Fragen nicht unter dem Aspekt von Art. 6 ZGB, sondern von *Art. 4 BV* (insbesondere Verbot der Rechtsverweigerung bzw. des überspitzten 384

Art. 6

Formalismus) geprüft (vgl. die Hinweise in BGE 106 II 83 f. mit der Anmerkung des Bundesgerichts, dass auch eine Vereitelung des Bundeszivilrechts hätte angenommen werden können; vgl. dazu auch HUBER N 234, 236 und ARTHUR HAEFLIGER, Alle Schweizer sind vor dem Gesetze gleich, Bern 1985, 125 f. mit Hinweisen auf die neuere Rechtsprechung des Bundesgerichts zum Verbot von überspitztem Formalismus im Zusammenhang mit Kostenvorschüssen). Aus den erwähnten Entscheiden ergibt sich, dass meist sowohl eine Berufung auf *Art. 4 BV* als auch auf *Art. 2 ÜB BV* in Frage kommt.

bbb) Ausgestaltung des kantonalen Steuerrechts

385 Die Frage, inwieweit die Ausgestaltung des *kantonalen Steuerrechts* unzulässige Einwirkungen auf das Bundeszivilrecht haben könnte, wurde lange Zeit eher vernachlässigt (vgl. auch HUBER N 233). Erst in neuester Zeit befassen sich Lehre und Rechtsprechung intensiver mit dieser Frage (vgl. dazu insbesondere KOLLER 109 f. mit Hinweisen zur Zulässigkeit von *gesetzlichen Grundpfandrechten* und von *Steuerhaftungsregeln* der Kantone in FN 30, 31; zu den Steuerpfandrechten auch oben N 27 und zu den Steuerhaftungsregeln sodann KOLLER 426 ff., 430 ff.; zum Regressverhältnis bei steuerlicher Solidarhaftung BGE 108 II 490 ff.; vgl. im übrigen auch die Literaturhinweise in VB N 204). THOMAS KOLLER hält grundsätzlich zu Recht fest (394 ff.), dass das Steuerrecht die grundlegenden *zivilrechtlichen Ordnungsprinzipien nicht unterlaufen* und damit die Benützung des Bundeszivilrechts übermässig erschweren bzw. präjudizieren dürfe. Im Verhältnis zum kantonalen Steuerrecht kann dies im Rahmen der Frage der Vereitelung oder übermässigen Erschwerung des Bundeszivilrechts geprüft werden. Freilich hat das Bundesgericht entschieden, mit Rücksicht auf die den Kantonen zustehende *Freiheit bei der Ausgestaltung des Steuersystems* dürfe nicht leichthin angenommen werden, eine Abgabe erschwere in übermässiger Weise die Benutzung eines Instituts des Bundeszivilrechts (BGE 98 I 168). Zu berücksichtigen ist überdies, dass in der Zwischenzeit das eidgenössische *Steuerharmonisierungsgesetz* in Kraft getreten ist, welches die wichtigsten Grundsätze für die Steuererhebung durch Kantone und Gemeinden enthält und die entsprechenden Fragen einer Überprüfung durch das Bundesgericht entzogen hat (vgl. dazu oben N 130 f. und CAGIANUT, Komm. BV, Art. 42^{quinquies}, insbesondere N 7 ff.).

Kasuistik

386 In BGE 99 Ia 650 f. wurde verneint, dass die basellandschaftliche *Reichtumssteuer* die freie Wahl der privatrechtlichen *Unternehmensform* in unzulässiger Weise beschränke, zumal für diese Wahl insbesondere betriebswirtschaftliche und rein privatrechtliche Gesichtspunkte (Gesellschaftsrecht, Erbrecht) massgebend seien und die gerügte steuerrechtliche Problematik sich nur in einzelnen wenigen Fällen ergebe (vgl. dazu auch NOBEL 279). Die *Benachteili-*

gung von Ehegatten gegenüber Konkubinatspaaren im Rahmen der *Familienbesteuerung* hat das Bundesgericht primär wegen einer Verletzung der Rechtsgleichheit (Art. 4 Abs. 1 BV) und nur sekundär mit Hinweis auf den besonderen Schutz der Ehe durch Art. 54 BV als unzulässig erklärt (BGE 110 Ia 7 ff., insbesondere E. 5 a.E.; vgl. dazu auch kritisch KOLLER 411 ff. und DICKE, Komm. BV, Art. 54 N 63 ff., je mit weiteren Hinweisen). Neuerdings hat das Bundesgericht – unter Hinweis auch auf eine entsprechende Regelung im Bundessteuerrecht – entschieden, die *solidarische Haftung* der in ungetrennter Ehe lebenden *Ehegatten* für die Gesamtsteuer stelle keine Vereitelung von Bundeszivilrecht (Ehegüterrecht) dar (BGE 122 I 144 ff.; vgl. dazu auch die ergänzenden Hinweise von YVO HANGARTNER in AJP 1996 1272 ff., insbesondere zum Vergleich mit Konkubinatspaaren; a.M. KOLLER 426 ff.). Zur Unzulässigkeit der *Erbenhaftung* für *Steuerbussen* vgl. VB N 220.

Fragen des Verhältnisses von kantonalem Steuerrecht und Bundeszivilrecht stellen sich sodann auch im Bereich des *Erbrechts* (vgl. dazu insbesondere JUSTIN THORENS/ETIENNE JEANDIN, Droit fiscal cantonal et droit civil fédéral des successions, in: FS Schweizerischer Juristentag, Basel/Frankfurt a.M. 1991, 235 ff. mit Hinweisen, welche zum Schluss kommen, dass gewisse *erbrechtliche Institutionen* des Bundeszivilrechts aufgrund der Steuerfolgen praktisch nicht mehr verwendet werden können; vgl. überdies auch KOLLER 436 ff. zur Bedeutung des *Adoptionsrechts* für das *Erbschaftssteuerrecht*). Bereits mehrfach geäussert hat sich das Bundesgericht zur Besteuerung des *Wohnungs- und Hauseigentums*. Es hat festgehalten, dass eine vollständige und undifferenzierte Abschaffung der Eigenmietwertbesteuerung angesichts der Möglichkeit des Schuldzins- und Unterhaltskostenabzugs insbesondere im Vergleich zur Besteuerung der Mieter gegen das Rechtsgleichheitsgebot verstossen würde; zulässig sei es jedoch, bei der Mietwertfestsetzung einen gewissen Einschlag gegenüber dem Marktmietwert zu gewähren, um unter anderem dem verfassungsmässigen Auftrag der Wohneigentumsförderung Rechnung zu tragen (Art. 34^{sexies} BV; vgl. dazu BGE 112 Ia 240 ff., 116 Ia 321 ff. und Pra 1996 Nr. 3; vgl. dazu auch die Bemerkungen von PHILIP SCHNEIDER und ANTON AMONN in AJP 1996 79 f., 371 f. sowie KOLLER 69 ff., je mit weiteren Hinweisen). 387

cc) Kantonales Verfahrensrecht

Das Verbot der Vereitelung bzw. der übermässigen Erschwerung des Bundeszivilrechts spielt im übrigen insbesondere für das *kantonale Verfahrensrecht* (nicht nur im Zusammenhang mit Kosten) eine bedeutsame Rolle (zur umstrittenen Frage, ob Art. 6 ZGB auf das Zivilprozessrecht anwendbar sei, vgl. oben N 160 ff.). Von zentraler Bedeutung ist hierbei der Grundsatz, dass das *materielle Recht* auch den für seine Durchsetzung *erforderlichen Rechtsschutz* garantiert (BGE 110 II 354). Darüber hinaus ergeben sich aus besonderen Regelungen einzelner Institute bestimmte Anforderungen an das kantonale Verfahrensrecht, an welche die Kantone gebunden sind. Allgemein ist anerkannt, dass der Bundeszivilrechtsgesetzgeber für die Kantone verbindliche *Organisations- und Verfahrensvorschriften* erlassen darf, soweit andernfalls die Durchsetzung des Bundeszivilrechts behindert oder übermässig erschwert würde (vgl. dazu VB N 103 ff. mit Hinweisen, insbesondere BRÖNNIMANN 386). Das *Bundesgericht* hat vor allem in neuerer Zeit aber auch *zahlreiche Anforderungen* an das kantonale Verfahrensrecht aus dem *materiellen Bundeszivilrecht abgeleitet*. Soweit die Kantone diese Anforde- 388

Art. 6

rungen nicht erfüllen, liegt allenfalls eine *Vereitelung* oder *übermässige Erschwerung* des Bundeszivilrechts vor (vgl. dazu oben N 169 ff. und NOBEL 263 f. mit zahlreichen Hinweisen).

Kasuistik

389 *Beispiele* für die Annahme einer *Vereitelung des Bundeszivilrechts* durch kantonales Verfahrensrecht: Unzulässigkeit einer bloss beschränkten Prüfung, wo die Beurteilung eines bundesrechtlichen Anspruchs ausschliesslich ins summarische Verfahren verwiesen wird (BGE 120 II 354 ff.); Unzulässigkeit der Verwirkung des Klagerechts bei einer Fristversäumnis vor ergangenem Sachurteil (BGE 120 II 30, 118 II 482 ff.) bzw. wegen Nichtleistung des Kostenvorschusses (BGE 104 Ia 108 ff., zugleich Verstoss gegen Art. 4 BV); Unzulässigkeit des Erfordernisses der Bezifferung des Klagebegehrens in besonderen Fällen (BGE 116 II 218 ff., 101 II 43 ff.); Unzulässigkeit der Delegation der mündlichen Anhörung bei der Überprüfung einer fürsorgerischen Freiheitsentziehung an eine Abordnung des Gerichts (BGE 115 II 130 ff.); Unzulässigkeit der Verweisung einer Verrechnungseinrede an die Gerichte eines andern Kantons (BGE 85 II 109); die Änderung einer Scheidungsklage in eine Trennungsklage muss möglich sein (BGE 74 II 179).

390 Eine *Vereitelung des Bundeszivilrechts* durch kantonales Verfahrensrecht wurde dagegen in folgenden Fällen *verneint*: Regelung, dass Willensmängel gegenüber einem gerichtlichen Vergleich im Revisionsverfahren geltend gemacht werden müssen (BGE 110 II 48 f.); Ausschluss einer Ergänzung der Substantiierung von Parteibehauptungen im Beweisverfahren (BGE 108 II 340 ff.). Die Vollstreckung eines mietrechtlichen Ausweisungsentscheids kann aus humanitären Gründen im Rahmen des Notwendigen aufgeschoben werden, um dem Mieter das Finden einer neuen Wohnung zu ermöglichen (BGE 117 Ia 336 ff.).

C. Der besondere Vorbehalt von Abs. 2 (Verbot und Beschränkung des Verkehrs mit bestimmten Sachen)

I. Bedeutung und Tragweite des Vorbehalts

1. Selbständige Bedeutung?

391 Art. 6 Abs. 2 ZGB greift einen *besonderen Fall* aus dem in Art. 6 Abs. 1 ZGB geregelten Problemkreis des *Verhältnisses von Bundeszivilrecht und kantonalem öffentlichem Recht* heraus und hält fest, dass die Kantone – in den Schranken ihrer Hoheit – den *Verkehr* mit *gewissen Arten von Sachen* beschränken oder *untersagen* oder *Rechtsgeschäfte* über solche Sachen als *ungültig bezeichnen* können. Es stellt sich die Frage, ob diesem besonderen Vorbehalt neben dem allgemeinen von Art. 6 Abs. 1 ZGB eine *selbständige Bedeutung* zukomme. Diese Frage ist *beim Erlass des Zivilgesetzbuches* bejaht worden, da man davon aus-

ging, es handle sich hierbei nicht nur um eine Vorkehr des öffentlichen Rechts, sondern zugleich um einen Eingriff in das Privatrecht (vgl. Erl. 39, EGGER, Art. 6 N 20, und oben N 10). Nach *heutiger Auffassung* trifft dies jedoch grundsätzlich nicht zu. Es ist unbestritten, dass die Kantone bereits im Rahmen der ihnen gemäss *Art. 6 Abs. 1 ZGB* zustehenden Rechtsetzungsbefugnisse die Vertragsfreiheit und das Privateigentum durch öffentlich-rechtliche Vorschriften beschränken dürfen, soweit sie sich auf ein überwiegendes öffentliches Interesse stützen können *(expansive Kraft des kantonalen öffentlichen Rechts;* vgl. dazu oben N 45 ff. und insbesondere N 347 ff., 361 ff.).

Dies erlaubt gegebenenfalls auch, den *Verkehr* mit bestimmten Sachen zu *beschränken* oder zu *untersagen* (vgl. dazu insbesondere oben N 353, 368). Fraglich könnte höchstens sein, ob die Kantone *Rechtsgeschäfte* über solche Sachen mit Wirkung auch für das Privatrecht *ungültig erklären* dürfen. Heute ist jedoch anerkannt, dass die Kantone im Rahmen ihrer öffentlich-rechtlichen Rechtsetzungsbefugnisse die Ungültigkeit vertraglicher Abmachungen vorsehen dürfen, die gegen öffentlich-rechtliche Vorschriften verstossen, welche unter Beachtung der Anforderungen der Rechtsprechung zu Art. 6 Abs. 1 ZGB erlassen worden sind (vgl. dazu oben N 205 ff., insbesondere N 212). Dem besonderen Vorbehalt von Art. 6 Abs. 2 ZGB kommt daher nach heutiger Auffassung neben dem allgemeinen Vorbehalt von Art. 6 Abs. 1 ZGB keine selbständige, sondern nur *deklaratorische Bedeutung* zu. Die Hervorhebung dieses Anwendungsfalles von Art. 6 Abs. 1 ZGB muss somit historisch verstanden werden (vgl. dazu CARONI 238, RIEMER § 10 N 15 f., DESCHENAUX 35, HUBER N 6 und NOBEL 269 mit Hinweisen; vgl. auch TUOR/SCHNYDER/SCHMID 744 FN 4). 392

2. Verhältnis zum Sachenrecht

Art. 6 Abs. 2 ZGB kommt allerdings auch die Funktion zu, die *sachenrechtliche Regelung* über die *Verkehrsfähigkeit* der einzelnen Sachen (Fähigkeit derselben, Gegenstand privater Rechte und privatrechtlicher Verfügungen zu bilden) durch einen *Vorbehalt* zugunsten *kantonaler Regelungen* zu *ergänzen.* Art. 6 Abs. 2 ZGB erfasst nämlich – entgegen dem französischen und italienischen Wortlaut – nicht nur den *Handel,* sondern – wie dies in der deutschen Fassung zum Ausdruck kommt – auch den *Verkehr* mit bestimmten Sachen, womit allerdings nicht nur der für die Verkehrsfähigkeit einzig bedeutsame *rechtsgeschäftliche,* sondern auch der *tatsächliche Verkehr* mit bestimmten Sachen gemeint ist (vgl. dazu nachfolgend N 453 f.; zur Verkehrsfähigkeit allgemein und zur Funktion von Art. 6 Abs. 2 393

Art. 6

ZGB in diesem Rahmen MEIER-HAYOZ, BE-Komm., Art. 641–654 ZGB, Syst. Teil N 198 ff., insbesondere 212 a.E.).

394   Das *Sachenrecht* selbst geht von der *grundsätzlichen Verkehrsfähigkeit aller Sachen* im Sinne des Zivilgesetzbuches aus (vgl. zum zivilrechtlichen Begriff der Sache insbesondere LIVER SPR V/1 11 ff. und MEIER-HAYOZ, a.a.O., Syst.Teil N 113 ff. mit zahlreichen Hinweisen). Es nimmt in *Art. 664 ZGB* lediglich *herrenlose* und *öffentliche Sachen* grundsätzlich von der Anwendung des Privatrechts aus und unterstellt sie der Gesetzgebungshoheit des Kantons, in welchem sie sich befinden (vgl. demgegenüber zur ursprünglich vorgesehenen Bundesregelung für die Rechte an herrenlosen und öffentlichen Sachen, insbesondere die Wasser- und Bergrechte VB N 95). Damit werden nach herrschender Auffassung jedoch lediglich im *Gemeingebrauch stehende Liegenschaften, Gewässer und Verkehrsanlagen* erfasst, nicht aber bewegliches und unbewegliches *Finanz- und Verwaltungsvermögen* (vgl. dazu und zur Einteilung der öffentlichen Sachen im einzelnen nachfolgend N 406 ff. [mit Schema]).

395   Das *Finanzvermögen* nimmt ohnehin grundsätzlich unbeschränkt am Privatrechtsverkehr teil (vgl. dazu nachfolgend N 408). Das für die unmittelbare staatliche Aufgabenerfüllung notwendige *Verwaltungsvermögen* kann demgegenüber schon aufgrund der den Kantonen zustehenden *öffentlich-rechtlichen Rechtsetzungsbefugnisse* dem Privatrechtsverkehr prinzipiell entzogen werden, was in Art. 6 Abs. 2 ZGB lediglich eine zusätzliche (bestätigende) Grundlage findet (vgl. dazu nachfolgend N 409 f.). Für bestimmte sog. *Regalsachen* (jagdbares Wild, Fische, Bodenschätze, Wasser) ergibt sich die Befugnis der Kantone zum Ausschluss des Privatrechts auch aus den in Art. 31 Abs. 2 BV vorbehaltenen *historischen Grund- und Bodenregalrechten* der Kantone (vgl. dazu RHINOW, Komm. BV, Art. 31 N 229 ff. mit Hinweisen; vgl. dazu auch oben N 350 und nachfolgend N 413 ff.).

396   Darüber hinaus bestätigt *Art. 6 Abs. 2 ZGB* die schon aufgrund von Art. 6 Abs. 1 ZGB bestehende Möglichkeit der Kantone, die Verkehrsfähigkeit *weiterer Sachen* durch öffentlich-rechtliche Vorschriften zu beschränken oder auszuschliessen, soweit hiefür ein *überwiegendes Interesse* besteht (vgl. dazu im einzelnen nachfolgend N 419 ff.). Diese Befugnis der *Kantone* besteht freilich nur im Rahmen ihrer *Gesetzgebungskompetenzen* (vgl. dazu insbesondere nachfolgend N 401 ff.). Obwohl das Zivilgesetzbuch keinen entsprechenden ausdrücklichen Vorbehalt enthält, steht sie im Rahmen von dessen *öffentlich-rechtlichen Rechtsetzungskompetenzen* auch dem *Bund* zu (vgl. dazu auch TUOR/SCHNYDER/SCHMID 744 und MEIER-HAYOZ, a.a.O., Syst. Teil N 213 f. mit Hinweisen; für die Betäubungsmittel neuerdings eingehend BGE 122 IV 182 f.).

3. Grundlage für die Schaffung einer öffentlich-rechtlichen Eigentumsordnung?

Da die *öffentlichen Sachen im engeren Sinne* der Herrschaft der Privatrechtsordnung grundsätzlich entzogen sind (so ausdrücklich Art. 664 ZGB für die *öffentlichen Sachen im Gemeingebrauch*) bzw. ein entsprechender Entzug ermöglicht wird (so die Auslegung von Art. 6 Abs. 2 ZGB für das *Verwaltungsvermögen*), wäre es denkbar, für diese Sachen eine besondere *öffentlich-rechtliche Eigentumsordnung* zu schaffen, wie dies dem französischen Recht entspricht *(System des öffentlichen Eigentums bzw. monistische Theorie)*. Nach Auffassung einzelner Autoren würde dies allerdings gegen den einheitlichen Begriff des Eigentums bzw. gegen Sinn und Geist des Bundeszivilrechts verstossen (vgl. insbesondere HUBER N 99; vgl. demgegenüber LIVER N 52 und PIOTET Rz 304 mit weiteren Hinweisen; vgl. auch Art. 5 N 136 a.E.).

397

Eine besondere öffentlich-rechtliche Eigentumsordnung ist jedoch *in keinem Kanton* errichtet worden. Die Kantone gehen vielmehr – entsprechend der auch in Deutschland massgebenden Auffassung – grundsätzlich vom Konzept des *modifizierten Privateigentums (dualistische Theorie)* aus, wonach auch auf öffentliche Sachen im engeren Sinn Privatrecht anwendbar ist, soweit dem nicht die besonderen öffentlich-rechtlichen Vorschriften oder die öffentliche Zweckbestimmung der betreffenden Sache entgegenstehen. Das *Privatrecht* bestimmt daher namentlich *Begriff* und *Inhalt* des Eigentums und der dinglichen oder obligatorischen Rechte an solchen öffentlichen Sachen sowie die Formen der *Begründung* und *Übertragung* dieser Rechte, soweit diese Sachen dem Privatrechtsverkehr unterstehen (vgl. dazu im einzelnen nachfolgend N 409 ff. und N 412 ff.; zur grundbuchlichen Behandlung der öffentlichen Sachen Art. 5 N 181).

398

Die *Verfügungsmacht* (Zuständigkeit zur Regelung bzw. unmittelbaren Ausübung der Sachherrschaft) und die *Zweckbestimmung* der Sache sowie daraus abgeleitet die konkreten *Nutzungsmöglichkeiten*, der *Schutz vor Beschädigung* und das *Entgelt* für besondere Arten der *Benutzung* ergeben sich demgegenüber grundsätzlich aus dem *öffentlichen Recht*. *Eigentum* und *Verfügungsmacht* können im übrigen bei öffentlichen Sachen durchaus *auseinanderfallen* (vgl. zum Ganzen HÄFELIN/MÜLLER Rz 1846 ff., IMBODEN/RHINOW/KRÄHENMANN Nr. 115 B IV, V, MOOR III 253 ff., LIVER SPR V/1 129 ff. sowie MEIER-HAYOZ, a.a.O., Art. 664 ZGB N 50 ff., 82 ff., je mit weiteren Hinweisen).

399

Unabhängig von der kantonalen Regelung bestimmt sich die *Haftung für öffentliche Sachen* grundsätzlich – unter Vorbehalt des Enteignungsrechts für unvermeidliche Schäden aus dem bestimmungsgemässen Betrieb eines öffentlichen Werks – nach den Vorschriften des Privatrechts *(Grundeigentümerhaftung nach*

400

Art. 6

Art. 679 ZGB und Werkeigentümerhaftung nach Art. 58 OR). Das gleiche (privatrechtliche Haftung) gilt umgekehrt für den Ersatz von *Schaden,* den Private *an öffentlichen Sachen* verursacht haben (vgl. dazu HÄFELIN/MÜLLER Rz 1773 ff., 1778 ff., 1850a, IMBODEN/RHINOW/KRÄHENMANN Nr. 115 B IV f, MEIER-HAYOZ, a.a.O., Art. 664 N 86 ff., 89 ff., 96 und MOOR III 268 ff., 277 ff., 325 f., je mit weiteren Hinweisen; kritisch zur Möglichkeit der Enteignung von Nachbarrechten bei öffentlichen Werken PAUL-HENRI MOIX, La responsabilité de l'Etat pour le bruit causé par l'exploitation d'un ouvrage public, URP 1996 619 ff.).

II. Erfordernis der kantonalen Hoheit

401   Die Kantone können Regeln über das Verbot bzw. die Beschränkung der Verkehrsfähigkeit gewisser Sachen nur «*in den Schranken ihrer Hoheit»* erlassen. Damit ist nicht nur die *Territorialhoheit,* sondern die *Gesetzgebungszuständigkeit allgemein* zu verstehen (vgl. zum Begriff der Hoheit auch SALADIN, Komm. BV, Art. 3 N 79 f. mit Hinweisen; vgl. dazu auch LIVER SPR V/1 127 und MOOR III 256). Aufgrund des *Territorialitätsprinzips* kann ein Kanton grundsätzlich nur für die auf seinem Gebiet gelegenen Sachen die Verkehrsfähigkeit beschränken oder untersagen (vgl. dazu VB N 13 mit Hinweisen). Die Kompetenz zum Erlass solcher Vorschriften wird aber überdies durch das *übergeordnete Recht des Bundes* beschränkt, wie dies auch allgemein für die Rechtsetzungsbefugnisse gemäss Art. 6 Abs. 1 ZGB gilt (vgl. dazu oben N 103 ff.).

402   Für die *öffentlichen Sachen* ergibt sich – wie erwähnt – aus dem Zivilgesetzbuch, zum Teil aber auch aus weiteren Bundesvorschriften (insbesondere aus dem Schuldbetreibungs- und Konkursrecht), dass sie dem Privatrechtsverkehr ganz oder teilweise entzogen sind (vgl. dazu vorne N 394 f. und hinten N 410). Für die *mit erheblichen öffentlichen Interessen behafteten Sachen* bestehen häufig bereits aufgrund ausschliesslicher oder konkurrierender Rechtsetzungszuständigkeiten des Bundes *bundesrechtliche Verkehrsbeschränkungen,* welche kantonale Vorschriften ausschliessen (vgl. dazu DESCHENAUX 35, RIEMER § 10 N 16 und HUBER N 247 f. mit Hinweisen).

403   Im Zusammenhang mit der allgemeinen wirtschaftlichen und gesellschaftlichen Entwicklung hat der Bund von den erwähnten Kompetenzen in der letzten Zeit in stark *zunehmendem Masse* Gebrauch gemacht (vgl. dazu nachfolgend N 424 ff.). Aufgrund der dem Bund vorbehaltenen *Zollhoheit* (Art. 28 BV) ist es den Kantonen sodann nicht erlaubt, die Ein-, Durch- und Ausfuhr bestimmter Sachen für das ganze Gebiet der Schweiz zu regeln (vgl. dazu HUBER N 256 und

Rhinow, Komm. BV, Art. 28 N 30 ff., insbesondere N 57; zu entsprechenden, bloss für das Kantonsgebiet geltenden Beschränkungen nachfolgend N 454). Im Bereich des gewerbsmässigen Warenverkehrs sind heute überdies die Vorschriften des *Binnenmarktgesetzes* vom 6. Oktober 1995 (BGBM, SR 943.02) zu beachten, wonach Waren grundsätzlich – unter Vorbehalt bestimmter, eng gefasster Ausnahmen – auf dem gesamten Gebiet der Schweiz in Verkehr gebracht und verwendet werden dürfen, wenn dies im Kanton der Anbieterin oder des Anbieters zulässig ist (entsprechend dem für den europäischen Binnenmarkt geltenden «Cassis-de-Dijon-Prinzip»; vgl. Art. 2 Abs. 3 und Art. 3 BGBM und dazu Karl Weber, Das neue Binnenmarktgesetz, SZW 1996 164 ff., insbesondere 166 f.).

III. Gewisse Arten von Sachen

1. Allgemeines

Die Kantone können aufgrund von Art. 6 Abs. 2 ZGB bzw. der ihnen ohnehin zustehenden Rechtsetzungszuständigkeit *nicht beliebige Sachen* vom Privatrechtsverkehr ausnehmen oder in diesem beschränken. Andernfalls würde das Institut des Privateigentums in Frage gestellt bzw. das Bundeszivilrecht vereitelt (vgl. dazu oben N 361 ff. und 375 ff.). Für die Beschränkung oder den Ausschluss der Verkehrsfähigkeit einer Sache müssen daher besondere Gründe bestehen, welche in der *Eigenschaft* der betreffenden *Sachen* liegen. Dies trifft zunächst auf die *öffentlichen Sachen* zu, welche dem Gemeinwesen zur Erfüllung seiner Aufgaben dienen, womit eine Beschränkung oder ein Ausschluss der Verkehrsfähigkeit grundsätzlich gerechtfertigt erscheint. Zu diesen Sachen gehören in einem weiteren Sinne auch die sog. *Regalsachen*, welche den Kantonen aufgrund historischer Grund- und Bodenregale zustehen (vgl. dazu nachfolgend N 406 ff.). Verkehrsbeschränkungen oder gar Verkehrsverbote müssen aber auch bei andern Sachen zulässig sein, soweit hiefür ein überwiegendes öffentliches Interesse besteht. Eine zweite Kategorie von Objekten bilden daher die *mit erheblichen öffentlichen Interessen behafteten Sachen* (vgl. dazu nachfolgend N 419 ff.). 404

Verkehrsbeschränkungen können überdies auch *unabhängig von der Eigenschaft einer Sache* zum Schutz bestimmter Personen (z.B. Verbot der Veräusserung des Streitgegenstandes oder einer gepfändeten bzw. verarrestierten Sache) oder vor gewissen Personen (z.B. Bewilligungspflicht des Grundstückerwerbs durch Ausländer) bestehen, doch wird damit *nicht die Verkehrsfähigkeit* der betreffenden Sachen an sich berührt, wie dies bei den Regeln nach Art. 6 Abs. 2 ZGB der Fall 405

Art. 6

ist (vgl. dazu Deschenaux 35, Huber N 246 und Meier-Hayoz, a.a.O., Syst. Teil N 215 mit Hinweisen).

2. Öffentliche Sachen (inkl. Regalsachen)

a) Allgemeines

406 Der Begriff der öffentlichen Sachen stammt aus der Verwaltungsrechtslehre. Diese unterscheidet als *öffentliche Sachen im weiteren Sinne* das Finanzvermögen, das Verwaltungsvermögen und die Sachen im Gemeingebrauch, wobei es sich jeweils sowohl um bewegliche als auch um unbewegliche Sachen handeln kann (vgl. dazu Häfelin/Müller Rz 1817 ff., Imboden/Rhinow/Krähenmann Nr. 115 B I, Moor III 253 ff. mit Hinweisen, insbesondere auch zu weiteren Differenzierungen; vgl. auch Meier-Hayoz, a.a.O., Syst. Teil N 201 ff., welcher überdies auf den gegenüber dem Privatrecht weiter gefassten Begriff der Sache im Verwaltungsrecht hinweist, insbesondere a.a.O., N 201 und 206 betreffend freie Luft und fliessendes Wasser).

407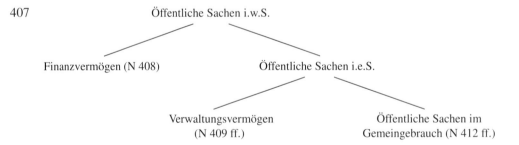

b) Finanzvermögen

408 Das Finanzvermögen dient der Erfüllung staatlicher Aufgaben nur *mittelbar durch seinen Vermögenswert* oder seine *Erträgnisse*. Man spricht daher auch von den *realisierbaren Aktiven des Staates*. Das Finanzvermögen fällt – auch soweit es sich um unbewegliches Vermögen handelt – nicht unter die in Art. 664 ZGB erwähnten öffentlichen Sachen im engeren Sinn, welche von der Geltung des Privatrechts ausgenommen sind. Vielmehr untersteht es im *Aussenverhältnis* (Verhältnis Staat-Private) grundsätzlich dem *Privatrecht* und ist dementsprechend im Prinzip *unbeschränkt verkehrsfähig* (zur Pfändung und Verpfändung von Finanzvermögen vgl. Tuor/Schnyder/Schmid 820 und Jagmetti 323 f. mit Hinweisen).

Eine Einschränkung der Verkehrsfähigkeit gestützt auf Art. 6 Abs. 2 ZGB ist demnach nicht möglich. Lediglich im *Innenverhältnis* (Zuständigkeit, Verfahren und Grundsätze der Vermögensverwaltung) ist *öffentliches Recht* anwendbar (vgl. dazu TUOR/SCHNYDER/SCHMID 683 N 14, LIVER SPR V/1 128, MEIER-HAYOZ, a.a.O., Syst. Teil N 204, 207, HÄFELIN/MÜLLER 1821 ff., 1841 ff., IMBODEN/RHINOW/KRÄHENMANN Nr. 115 B II, MOOR III 325 ff. und oben N 187 ff.).

c) **Verwaltungsvermögen**

Zum Verwaltungsvermögen gehören jene Werte, die den Behörden oder einem beschränkten Kreis von privaten Benutzern (öffentliche Anstalten) *unmittelbar durch ihren Gebrauchswert* für die *Besorgung der öffentlichen Aufgaben* dienen. Es wird daher auch als die *nicht realisierbaren Aktiven des Staates* bezeichnet (vgl. dazu HÄFELIN/MÜLLER Rz 1823 ff., IMBODEN/RHINOW/KRÄHENMANN Nr. 115 B III a und MOOR III 321 ff. mit Hinweisen). Ob das (unbewegliche) Verwaltungsvermögen unter die in *Art. 664 ZGB* erwähnten öffentlichen Sachen falle, ist *umstritten*, wird jedoch aufgrund der Aufzählung in Art. 664 Abs. 3 ZGB *mehrheitlich abgelehnt* (vgl. dazu TUOR/SCHNYDER/SCHMID 683 FN 14, DESCHENAUX 36, LIVER SPR V/1 128, MEIER-HAYOZ, a.a.O., Art. 664 ZGB N 5 ff. mit Hinweisen, wobei der letztgenannte Autor die Frage freilich offen lässt; a.M. HUBER N 249, RIEMER § 10 N 17 und MOOR III 322 mit Hinweisen, u.a. auch auf BGE 97 II 371 ff.). *Unbestritten* ist jedoch, dass die Kantone die für die staatliche Aufgabenerfüllung nötigen *Sachen des Verwaltungsvermögens* schon aufgrund der ihnen allgemein zustehenden *öffentlich-rechtlichen Rechtsetzungsbefugnisse* von der Anwendung des Privatrechts bzw. vom Privatrechtsverkehr ausnehmen können, um eine zweckwidrige Verwendung auszuschliessen. Diese Befugnis wird insofern durch *Art. 6 Abs. 2 ZGB* lediglich *bestätigt* (vgl. dazu insbesondere CARONI 238, DESCHENAUX 36, HUBER N 249 f., MEIER-HAYOZ, a.a.O., Art. 664 ZGB N 8).

Nach der in unserem Land massgebenden *dualistischen Theorie* (vgl. dazu oben N 397 ff.) bleibt freilich auch das *Verwaltungsvermögen* dem *Privatrecht* unterstellt, soweit dies mit seiner *Zweckbestimmung* vereinbar ist und das öffentliche Recht *nicht ausdrücklich etwas anderes* vorschreibt. So ist namentlich die *Begründung privater dinglicher* oder *obligatorischer Rechte* an Gegenständen des Verwaltungsvermögens grundsätzlich möglich. Ausgeschlossen ist demgegenüber im Prinzip die *Pfändung und Verpfändung* von Verwaltungsvermögen (vgl. Art. 7 ff. des BG über die Schuldbetreibung gegen Gemeinden und andere Körperschaften des kantonalen öffentlichen Rechts vom 4. Dezember 1947 [SR 282.11] sowie Art. 796 Abs. 2 ZGB und dazu TUOR/SCHNYDER/SCHMID 820, AMONN/GASSER § 7 N 13 f. sowie JAGMETTI 323 f. mit weiteren Hinweisen). Im einzelnen

Art. 6

bestimmt sich aufgrund des *kantonalen Rechts* und der *Zweckbestimmung* der Sachen des Verwaltungsvermögens, *ob* und *inwieweit* sie Gegenstand des *Privatrechtsverkehrs* (in den Formen des Privatrechts) bilden können. Hinsichtlich der *Benutzung* des Verwaltungsvermögens spricht die Vermutung für eine *öffentlich-rechtliche Grundlage* (vgl. dazu eingehend HÄFELIN/MÜLLER Rz 1847 ff., IMBODEN/RHINOW/KRÄHENMANN Nr. 115 B IV, V, MOOR III 322 ff. und MEIER-HAYOZ, a.a.O., Art. 664 ZGB, N 50 ff., 64 ff., 82 ff., insbesondere N 97 ff., je mit weiteren Hinweisen; vgl. auch KLEY-STRULLER 173; zur Rechtsnatur des Benutzungsverhältnisses auch oben N 200 f.).

d) Kirchliches Verwaltungsvermögen

411 Dem staatlichen Verwaltungsvermögen gleichgestellt ist das *kirchliche Verwaltungsvermögen*, soweit es einer als *öffentlich-rechtliche Körperschaft* oder *Anstalt anerkannten Kirche* gehört bzw. den *politischen Behörden* das *Verfügungsrecht* zusteht (vgl. dazu DESCHENAUX 36, HUBER N 249 f. und MEIER-HAYOZ, a.a.O., Syst. Teil N 209 ff.; vgl. zu den Rechtsverhältnissen am sog. Kirchengut auch KRAUS 388 f. mit Hinweisen; zur Regelung der Verhältnisse an den in Erl. 39 erwähnten sog. Kirchenörtern [Kirchenstuhl- und Grabstellenrechte] LIVER, ZH-Komm., Einl. zu Art. 730 ff. ZGB, N 124 ff. mit Hinweisen; zur Laisierung des Friedhofwesens [Verfügungsrecht der bürgerlichen Behörden] DICKE, Komm. BV, Art. 53 N 6 ff. mit Hinweisen).

e) Öffentliche Sachen im Gemeingebrauch und Regalsachen

412 Die öffentlichen Sachen im Gemeingebrauch stehen im Unterschied zum Verwaltungsvermögen der *Allgemeinheit zur Benutzung offen* und dienen damit anders als das Finanzvermögen ebenfalls unmittelbar der öffentlichen Zweckerfüllung. Der *Gemeingebrauch* kann sich dabei aufgrund der *natürlichen Beschaffenheit* (herrenloses bzw. kulturunfähiges Land, Seen und Flüsse) oder durch ausdrückliche oder stillschweigende *Widmung* (Bauwerke des Verkehrs) ergeben (vgl. dazu und zur im einzelnen nicht unumstrittenen Abgrenzung HÄFELIN/MÜLLER Rz 1830 ff., IMBODEN/RHINOW/KRÄHENMANN Nr. 115 B III b, VI, VII sowie MOOR III 258 ff., 268 ff. mit Hinweisen). Die öffentlichen Sachen im Gemeingebrauch werden in Art. 664 ZGB – wie es auch ihrer herkömmlichen rechtlichen Behandlung entspricht – dem *Privatrecht grundsätzlich* ausdrücklich *entzogen* und – selbstverständlich unter Vorbehalt besonderer Bundesvorschriften – dem *öffentlichen Recht der Kantone* unterstellt (zur verbleibenden Anwendbarkeit des Privatrechts vgl. nachfolgend N 417 f.). *Art. 664 ZGB* erscheint hierbei insoweit als

gegenüber Art. 6 Abs. 2 ZGB besondere Vorschrift, als er – nach herrschender Auffassung – in *Abs. 3* einen *verpflichtenden Gesetzgebungsauftrag* an die Kantone enthält (vgl. dazu TUOR/SCHNYDER/SCHMID 683, DESCHENAUX 36, HUBER N 249, RIEMER § 10 N 17 und insbesondere LIVER SPR V/1 127 ff. sowie MEIER-HAYOZ, a.a.O., Art. 664 ZGB N 1 ff., je mit weiteren Hinweisen; a.M. PIOTET Rz 298; vgl. dazu auch oben N 31, 109).

Art. 664 ZGB bezieht sich allerdings aufgrund seiner systematischen Stellung nur auf *Liegenschaften und Gewässer im Gemeingebrauch*, nicht aber auf *Fahrnis*. Den Kantonen kommt daher nach herrschender Auffassung keine Gesetzgebungshoheit über (herrenlose) *wildlebende Tiere* zu. Sie können Jagd und Fischfang jedoch aufgrund der ihnen zustehenden historischen Regalrechte *(Jagd- und Fischereiregal)* durch öffentlich-rechtliche Vorschriften beschränken (zur Regelung der Entschädigung für Wildschaden vgl. Art. 5 N 193; zum Vorbehalt von Art. 699 Abs. 2 ZGB [Zutrittsrecht für Jagd und Fischfang] auch KLEY-STRULLER 173 und oben N 31). Die Kompetenz der Kantone zur Regelung der Aneignung von *Holz, Pflanzen, Früchten und Mineralien auf öffentlichem Grund* lässt sich dagegen aus der Kompetenz zur Regelung des Gemeingebrauchs am öffentlichen Grund (Art. 664 Abs. 3 ZGB) ableiten (vgl. aber auch die Einschränkung dieser Kompetenz durch Art. 699 Abs. 1 ZGB und dazu Art. 5 N 284). Eine weitergehende, auch den privaten Boden erfassende Befugnis zur öffentlich-rechtlichen Regelung der Ausbeutung von Bodenschätzen ergibt sich aus dem den Kantonen zustehenden *Bergregal*. Ein auf wissenschaftliche Fundobjekte beschränktes *Schatzregal* zugunsten der Kantone sieht sodann Art. 724 ZGB vor. 413

Vgl. dazu LIVER SPR V/1 344 ff., KLEY-STRULLER 171 ff. und MEIER-HAYOZ, a.a.O., Art. 664 ZGB N 46 ff. mit Hinweisen; zum nicht einheitlichen Begriff der herrenlosen Sache MEIER-HAYOZ, a.a.O., Syst. Teil N 217 f.; zum *Jagd- und Fischereiregal* insbesondere FLEINER, Komm. BV, Art. 25 N 14 ff. und IMBODEN/RHINOW/KRÄHENMANN Nr. 121 mit Hinweisen; zum *Bergregal* und zur Nutzung des Untergrunds allgemein BGE 119 Ia 390 ff. und MOOR III 263, 387 f. mit Hinweisen; zum *Schatzregal* nach Art. 724 ZGB vgl. nachfolgend N 444. 414

Für die Regelung der Zuordnung und Nutzung der *Gewässer* bestehen neben Art. 664 ZGB weitere *zivilrechtliche* und *öffentlich-rechtliche Vorschriften des Bundes* (vgl. insbesondere Art. 704 ff. ZGB über die Quellen und Brunnen sowie Art. 24 und Art. 24bis BV mit den zugehörigen Ausführungsgesetzen zur Gewässerhoheit und -nutzung), wobei zum Teil ebenfalls kantonale *Gewässerregalrechte* (neben dem bereits erwähnten Fischereiregal insbesondere das *Grundwasser-* und das *Wasserkraftregal*) vorbehalten bleiben (vgl. dazu JAGMETTI, Komm. BV, Art. 24 N 15 ff., 28 ff., Art. 24bis N 1 ff., insbesondere N 12 ff., 58 ff., LIVER SPR V/1 288 ff., MOOR III 260 ff., 387 f. und BBl 1997 I 249 ff. zu Art. 60 Verfassungsentwurf 96, je mit weiteren Hinweisen; vgl. auch STÉPHANE MÉROT, 415

Art. 6

Les sources et les eaux souterraines, Diss. Lausanne 1996; zur Frage des Eigentums an Quellen nun auch BGE 122 III 49 ff.).

416   Soweit die Kantone sich gestützt auf die erwähnten Befugnisse ein Regal- bzw. Monopolrecht vorbehalten, sind die entsprechenden *Regalsachen* grundsätzlich ebenfalls dem *Privatrechtsverkehr entzogen* (vgl. für Bergwerke insbesondere MEIER-HAYOZ, a.a.O., Art. 655 ZGB N 56; an den herrenlosen wilden Tieren und Fischen besteht grundsätzlich kein Eigentum, solange sie in Freiheit sind, vgl. dazu MEIER-HAYOZ, a.a.O., Syst.Teil N 217, LIVER SPR V/1 344 und IMBODEN/RHINOW Nr. 121 B III mit Hinweisen). Die *Nutzung* von *Regalsachen* kann den Privaten jedoch durch *(Monopol-)Konzession* oder einen andern *öffentlich-rechtlichen Akt* erlaubt werden (Pacht- oder Patentsystem im Bereich der Jagd und Fischerei). Die Kantone können sich im übrigen anstelle eines Regalrechts auch mit einer *blossen polizeilichen Aufsicht* über die betreffenden Sachen begnügen (vgl. dazu HÄFELIN/MÜLLER Rz 1987 ff., 2018, IMBODEN/RHINOW/KRÄHENMANN Nr. 121, MOOR III 387 ff. und KLEY-STRULLER 171 ff., je mit weiteren Hinweisen). Die *kantonalen Regalrechte* fallen im übrigen grundsätzlich *nicht* unter den *Geltungsbereich des Binnenmarktgesetzes* (vgl. dazu oben N 350).

417   Da kein Kanton für die *öffentlichen Sachen im Gemeingebrauch* eine abschliessende öffentlich-rechtliche Ordnung getroffen hat, ist auch für diese Sachen nach der *dualistischen Theorie* das *Privatrecht* anwendbar, soweit dies mit der *Zweckbestimmung* dieser Sachen (insbesondere mit dem Gemeingebrauch) vereinbar ist und das öffentliche Recht *nicht ausdrücklich etwas anderes* vorschreibt. Insoweit können auch öffentliche Sachen im Gemeingebrauch in allerdings *sehr beschränktem Umfang Gegenstand des Privatrechtsverkehrs* sein (vgl. dazu auch oben N 398). Bei *öffentlichen Gewässern* und *nicht kulturfähigem Land* besteht allerdings eine Vermutung zuungunsten von Privateigentum (Art. 664 Abs. 2 ZGB). Eine zivilrechtliche Veräusserung solcher Sachen erscheint sodann ausgeschlossen, doch ist in beschränktem Umfang – *nach Massgabe des kantonalen Rechts* (Art. 664 Abs. 3 ZGB) – eine *Aneignung* möglich (vgl. dazu und zur Rechtsnatur dieses Vorbehalts Art. 5 N 172).

418   An Grundstücken im Gemeingebrauch bestehen zum Teil auch altüberkommene private Rechte (sog. *ehehafte Rechte),* die heute nicht mehr neu begründet werden können, aber als «wohlerworbene Rechte» weiterhin den Schutz von Privatrechten geniessen (vgl. dazu HÄFELIN/MÜLLER Rz 815 ff. und MEIER-HAYOZ, a.a.O., Syst. Teil N 445 ff. insbesondere N 448 mit Hinweisen). Im Prinzip möglich ist sodann die Begründung von *beschränkten dinglichen Rechten* im Sinne von Art. 730 ff. ZGB, soweit keine öffentlichen Interessen entgegenstehen (vgl. zur Verpfändung auch Art. 796 Abs. 2 ZGB und dazu TUOR/SCHNYDER/SCHMID 820, JAGMETTI 323 f. und Art. 5 N 180). Die *Benutzung* von Sachen im Gemein-

Art. 6

gebrauch durch Private wird im übrigen aber grundsätzlich durch *öffentliches Recht* geregelt, welches neben einer *allgemeinen Benutzungsordnung* insbesondere die *Bewilligungspflicht für gesteigerten Gemeingebrauch* und die *Konzessionspflicht* für besondere Arten der Nutzung *(Sondernutzung)* vorsehen kann (vgl. zum Ganzen eingehend HÄFELIN/MÜLLER Rz 1847 ff., 1851 ff., IMBODEN/RHINOW/ KRÄHENMANN Nr. 115 B IV, V und Nr. 117–119, MOOR III 263 ff., 275, 282 ff., TOBIAS JAAG, Gemeingebrauch und Sondernutzung öffentlicher Sachen, ZBl 1992 145 ff., sowie MEIER-HAYOZ, a.a.O., Art. 664 ZGB N 50 ff., 64 ff., 82 ff., insbesondere N 97 ff., je mit weiteren Hinweisen).

3. Mit erheblichen öffentlichen Interessen behaftete Sachen

a) Vorbemerkung

Neben den *öffentlichen Sachen*, die schon aufgrund ihrer öffentlich-rechtlichen Zweckbestimmung ganz oder teilweise von der Geltung des Privatrechts bzw. vom Privatrechtsverkehr ausgenommen sind, könnten die Kantone im Prinzip bereits aufgrund der ihnen gemäss *Art. 6 Abs. 1 ZGB* generell zustehenden öffentlich-rechtlichen Rechtsetzungskompetenz auch die *Verkehrsfähigkeit weiterer*, grundsätzlich dem Privatrecht unterstehender beweglicher und unbeweglicher *Sachen beschränken* oder *ausschliessen*, sofern die bundeszivilrechtlichen Schranken für die expansive Kraft des kantonalen öffentlichen Rechts (keine abschliessende bundeszivilrechtliche Regelung; schutzwürdiges öffentliches Interesse; Vereinbarkeit mit Sinn und Geist des Bundeszivilrechts) beachtet werden (vgl. dazu oben N 230 ff.). *Art. 6 Abs. 2 ZGB* bestätigt diese Rechtslage, ohne hieran inhaltlich etwas zu ändern (vgl. dazu auch oben N 391 f.). 419

Dass die Vorschriften des *Sachenrechts* die Frage der *Verkehrsfähigkeit* der einzelnen Sachen *nur teilweise* regeln, wurde bereits erwähnt (vgl. oben N 393 ff.). Ebenso ist unbestritten, dass *Beschränkungen des Privateigentums*, als welche auch die Einschränkung oder der Ausschluss der Verkehrsfähigkeit einer Sache erscheinen, mit Sinn und Geist des Bundeszivilrechts vereinbar sind, soweit die *Instituts- und Bestandesgarantie* beachtet wird (vgl. dazu oben N 361 ff.). Das Erfordernis eines *überwiegenden schutzwürdigen Interesses* an einer solchen Einschränkung des Privateigentums ergibt sich sowohl aus der Bestandesgarantie als auch aus den allgemeinen Anforderungen an eine Einwirkung des kantonalen öffentlichen Rechts auf das Bundeszivilrecht (vgl. dazu auch oben N 298 ff. und N 362). Es ist denn auch im Prinzip unbestritten, dass *Verkehrsbeschränkungen bzw. -verbote* nach *Art. 6 Abs. 2 ZGB* ebenfalls nur zulässig sind, sofern hiefür 420

Art. 6

ein *schutzwürdiges öffentliches Interesse* besteht, obwohl sich dies aus dem Wortlaut dieser Bestimmung nicht ausdrücklich ergibt (vgl. dazu insbesondere TUOR/SCHNYDER/SCHMID 744 und HUBER N 246 mit Hinweisen). Soweit Verkehrsbeschränkungen zulässig sind, aber eine *formelle* oder *materielle Enteignung* darstellen, ergibt sich überdies aus der in der Eigentumsgarantie ebenfalls enthaltenen *Wertgarantie* eine *Entschädigungspflicht des Staates* (vgl. dazu HÄFELIN/HALLER Rz 1365 ff., HÄFELIN/MÜLLER Rz 1599 ff., MOOR II 480 ff., III 397 ff. und G. MÜLLER, Komm. BV, Art. 22ter N 18 ff., 43 ff., je mit weiteren Hinweisen).

421　Die Lehre nahm bisher in der Regel an, es müsse sich um eigentliche *polizeiliche Interessen* handeln (vgl. insbesondere CARONI 239, DESCHENAUX 36 f., HUBER N 251 ff. und RIEMER § 10 N 18 ff. mit Hinweisen). Dies dürfte jedoch mit der aufgrund der neueren Rechtsprechung des Bundesgerichtes überholten Vorstellung zusammenhängen, dass – zumindest im Schutzbereich der Handels- und Gewerbefreiheit – nur polizeiliche Interessen Grundrechtsbeschränkungen rechtfertigen würden. Nach der heutigen Rechtsprechung des Bundesgerichtes können aber *auch andere allgemein anerkannte öffentliche Interessen* (mit Ausnahme wirtschaftspolitischer bzw. -lenkender Interessen) Beschränkungen der Handels- und Gewerbefreiheit begründen, wie dies im Schutzbereich der Eigentumsgarantie schon früher anerkannt war (vgl. dazu oben N 313 ff.; auf Bundesebene sind dagegen aufgrund besonderer Bundeskompetenzen auch versorgungspolitische und kriegswirtschaftliche Verkehrsbeschränkungen möglich, vgl. dazu HAAB/SIMONIUS, ZH-Komm, Vorbem. vor Art. 713 ff. ZGB N 9 f., MEIER-HAYOZ, a.a.O., Syst. Teil N 213 und RHINOW, Komm. BV, Art. 31bis N 225 ff. mit Hinweisen).

422　Überdies muss das *Verhältnismässigkeitsprinzip* beachtet werden. Verkehrsbeschränkungen und -verbote müssen sich daher auf *überwiegende öffentliche Interessen* stützen können (vgl. dazu oben N 322 ff.). Es liegt deshalb nahe, bei der Umschreibung des Anwendungsbereiches von Art. 6 Abs. 2 ZGB, welcher Verkehrsbeschränkungen aufgrund der *Eigenschaften* einer Sache vorsieht (vgl. dazu oben N 404 f.), von Sachen zu sprechen, die mit *erheblichen öffentlichen Interessen behaftet* sind (vgl. auch MEIER-HAYOZ, a.a.O., Syst. Teil N 212 ff., insbesondere 213). Dieser Begriff passt im übrigen insbesondere auch besser auf Verkehrsbeschränkungen im Zusammenhang mit dem *Natur- und Heimatschutz*, worauf der früher verwendete Begriff der polizeilich relevanten Sachen nur bei starker Überdehnung angewendet werden konnte (vgl. dazu DESCHENAUX 36, HUBER N 253, NOBEL 269, RIEMER § 10 N 21 und eingehend nachfolgend N 437 ff.).

423　Zu beachten ist, dass bei Sachen, an welchen aufgrund ihrer Eigenschaften ein erhebliches öffentliches Interesse an Verkehrsbeschränkungen besteht, angesichts der neueren Entwicklungen vermehrt *bundesrechtliche Vorschriften* ge-

Art. 6

schaffen wurden, welche kantonale Verkehrsbeschränkungen einschränken, verdrängen und gegebenenfalls ausschliessen (vgl. dazu oben N 402 f. und nachfolgend N 424 ff.).

b) Gefährliche und umweltbelastende Sachen

Mit erheblichen öffentlichen Interessen behaftete Sachen sind ohne Zweifel Objekte, welche *Gefahren für Gesundheit und Leben der Mitmenschen* bzw. für die *öffentliche Sicherheit* mit sich bringen. In diesen Fällen sprechen gegebenenfalls *polizeiliche Interessen im eigentlichen Sinne* für Verkehrsbeschränkungen oder -verbote, wobei hinsichtlich der Zulässigkeitsvoraussetzungen die *Grundsätze des Polizeirechts* zu berücksichtigen sind (vgl. zum Begriff der polizeilichen Interessen bzw. Schutzgüter und zu den Grundsätzen des Polizeirechts [insbesondere *Legalitäts-, Verhältnismässigkeits-* und *Störerprinzip* sowie *Grundrechtsbindung*] HÄFELIN/MÜLLER Rz 458 f., 1900 ff., IMBODEN/RHINOW/KRÄHENMANN Nr. 131 und MOOR I 416 ff., 424 ff. mit Hinweisen). Nach heutiger Auffassung vermögen aber nicht nur eigentliche polizeiliche Interessen, sondern auch *Interessen des Umweltschutzes* und einer *sparsamen Energienutzung* Verkehrsbeschränkungen zu rechtfertigen (vgl. dazu BGE vom 12. September 1994 in ZBl 1995 272 ff. E. 7a, FLEINER, Komm. BV, Art. 24^{septies} N 68 ff. und RHINOW, Komm. BV, Art. 31 N 202 f., je mit Hinweisen).

424

aa) Produktevorschriften

Polizeilichen Interessen in einem weiten Sinne (insbesondere der Sicherheit und Gesundheit von Konsumenten und Arbeitnehmern sowie der Erhaltung der natürlichen Lebensgrundlagen) dienen *Produktevorschriften*, welche den *Marktzutritt von Waren* regeln (vgl. zu Begriff, Zweck und Inhalt solcher Vorschriften insbesondere BBl 1995 II 526 f.; zu produktebezogenen Vorschriften im Interesse von Treu und Glauben im Geschäftsverkehr und der öffentlichen Sittlichkeit auch nachfolgend N 432 ff.). Für den *Erlass von Produktevorschriften* ist jedoch *vor allem der Bund zuständig*. Ihm kommt neben *bereichsspezifischen Grundlagen* (vgl. insbesondere Art. 24^{quater} BV für elektrische Anlagen, Art. 24^{quinquies} BV für die Atomenergie und radioaktive Stoffe, Art. 37bis BV für Motorfahrzeuge und Fahrräder, Art. 69bis BV für Lebensmittel und Gebrauchsgegenstände) gestützt auf *Art. 31bis Abs. 2 BV* eine *umfassende Kompetenz* zur *polizeilichen Regelung* des *Inverkehrbringens von Produkten* durch private Wirtschaftssubjekte zu (umfassende Wirtschaftspolizeikompetenz des Bundes; vgl. dazu HÄFELIN/HALLER Rz 1437 f. und RHINOW, Komm. BV, Art. 31bis N 37 ff. mit Hinweisen). Über rein

425

Art. 6

polizeiliche Aspekte hinaus besitzt der Bund heute auch die Kompetenz, Produktevorschriften zum *Schutz der Umwelt* (Art. 24^{septies} BV) und zur *Förderung einer sparsamen und rationellen Energienutzung* (Art. 24^{octies} BV) zu erlassen.

426   Der Bund hat von diesen Kompetenzen im Interesse eines einheitlichen *Binnenmarktes Schweiz* Gebrauch gemacht und die notwendigen Produktevorschriften weitgehend selber erlassen. Im Zusammenhang mit der allgemeinen wirtschaftlichen Entwicklung sorgt der Bund in neuerer Zeit auch zunehmend für eine *Anpassung an internationale Normen* und die *Beseitigung technischer Handelshemmnisse* im Verkehr mit dem Ausland (vgl. dazu insbesondere das BG über die technischen Handelshemmnisse vom 6. Oktober 1995 [THG, SR 946.51] und dazu BBl 1995 II 521 ff.). *Kantonale Produktevorschriften* kommen daher nur noch in einigen *wenigen Bereichen* vor, insbesondere wo hiefür historische Gründe oder ein enger Bezug zu klassischen Domänen der Kantone (etwa im Bereich der Bau-, Feuer-, Gesundheits- und Sicherheitspolizei) bestehen (vgl. dazu insbesondere BBl 1995 II 529 f., 545 f., 547 ff., 621 ff.; vgl. zur Ausführungsgesetzgebung des Bundes im Bereich des *Gesundheitsschutzes bei Konsumgütern* und den Abgrenzungsproblemen gegenüber den kantonalen Kompetenzen insbesondere im Bereich der Bau-, Feuer- und Gesundheitspolizei auch MALINVERNI, Komm. BV, Art. 69bis N 6 ff., 21 ff.; zu den besonderen Kompetenzen der Kantone auf dem Gebiet des *Gastgewerbes und des Kleinhandels mit alkoholischen Getränken* J.F. AUBERT, Komm. BV, Art. 32bis N 120 ff., Art. 32^{quater} N 20 ff.; zu den *umweltrechtlichen Stoff-, Organismen- und Produktevorschriften* des Bundes insbesondere Art. 26 ff., 29a ff., 30 ff., 33 ff., 40 USG und dazu Komm. USG bzw. zum rev. USG BBl 1993 II 1445 ff. [zum grundsätzlichen Ausschluss entsprechender kantonaler Vorschriften Art. 65 Abs. 2 USG und dazu RAUSCH, Komm. USG, Art. 65 N 15 f.]; zu den Bundesvorschriften im Bereich des *Energiesparens* vgl. SCHÜRMANN/HÄNNI 248 f. mit Hinweisen und neuerdings BBl 1996 IV 1005 ff., insbesondere 1098 ff. zum vorgeschlagenen Energiegesetz des Bundes).

427   Als wichtigste Beispiele für *kantonale Produktevorschriften* gelten heute kantonale Vorschriften über *Bauprodukte* und *Heilmittel*. Solche Bestimmungen sind nicht unproblematisch, können sie sich doch als technische Handelshemmnisse auswirken und damit das Funktionieren des Binnenmarktes Schweiz in Frage stellen. Trotzdem sind sie nicht in das neue *BG über die technischen Handelshemmnisse* vom 6. Oktober 1995 (THG, SR 946.51) einbezogen worden, da der Bundesgesetzgeber die bisherige Aufgabenteilung zwischen Bund und Kantonen grundsätzlich unverändert belassen wollte. Hingegen soll das *Binnenmarktgesetz* vom 6. Oktober 1995 (BGBM, SR 943.02) nun ermöglichen, dass Waren, welche am Sitz des Anbieters die kantonalen Vorschriften erfüllen, grundsätzlich im ganzen Bundesgebiet verkauft und verwendet werden können. Im Bereich der *Heil-*

mittel sind im übrigen ohnehin Bestrebungen für die Schaffung einer Bundesregelung im Gang (vgl. zum Vernehmlassungsverfahren BBl 1997 I 1282). Für andere Bereiche wird dies vorbehalten, falls sich mit dem Binnenmarktgesetz nicht genügende Verbesserungen erzielen lassen (vgl. Art. 2 Abs. 1 THG und dazu BBl 1995 II 529 f., 545 f.; zu den Auswirkungen des Binnenmarktgesetzes auf kantonale Produktevorschriften auch oben N 403).

Vgl. zu den *Bauproduktevorschriften* allgemein HALLER/KARLEN Rz 685 ff. und SCHÜRMANN/HÄNNI 243 f.; zum Stand der entsprechenden privaten und europäischen Normen HANS RUDOLF SPIESS, Technische Normen, in: MARTIN LENDI u.a.[Hrsg.], Das private Baurecht der Schweiz, Zürich 1994, 217 ff., je mit weiteren Hinweisen; zum bisher weitgehend durch Konkordat geregelten *Heilmittelrecht* allgemein PETER SCHLEGEL, Heilmittelgesetzgebung im Bund und im Kanton Zürich, Diss. Zürich 1981, und zur damit verbundenen Problematik im Falle einer Eingliederung in den europäischen Binnenmarkt DANIEL THÜRER/PHILIPP WEBER, Zur Durchführung von Europäischem Gemeinschaftsrecht durch die Gliedstaaten eines Bundesstaates, ZBl 1991 429 ff. 428

bb) Besonders gefährliche Sachen

In der Literatur werden für kantonale Verkehrsbeschränkungen aus polizeilichen Gründen insbesondere folgende besonders gefährliche Sachen genannt: *Gifte, Explosivstoffe, Waffen und Munition* (vgl. TUOR/SCHNYDER/SCHMID 744, DESCHENAUX 36, HUBER N 251 und RIEMER § 10 N 19). Auch diese Beispiele sind jedoch bereits heute teilweise und in naher Zukunft möglicherweise weitgehend überholt. 429

Im Bereich der *Gifte* besteht heute das BG über den Verkehr mit Giften vom 21. März 1969 (Giftgesetz, SR 814.80), welches den Verkehr mit Giftstoffen abschliessend regelt und materielles Recht der Kantone ausschliesst (vgl. dazu MALINVERNI, Komm. BV, Art. 69bis N 34 ff., insbesondere N 40 mit Hinweisen). Für den Verkehr mit *Explosivstoffen* besteht heute ebenfalls eine bundesrechtliche Regelung (BG über explosionsgefährliche Stoffe vom 25. März 1977 [Sprengstoffgesetz, SR 941.41]). Vorbehalten bleiben lediglich bau- und feuerpolizeiliche Vorschriften der Kantone (Art. 1 Abs. 4) sowie zusätzliche Vorschriften der Kantone über den Detailhandel mit Feuerwerkskörpern (Art. 44) (vgl. dazu BBl 1975 II 1289 ff., insbesondere 1294, 1308; zum Verhältnis zum Pulverregal des Bundes MALINVERNI, Komm. BV, Art. 41 N 5 ff.; das Pulverregal des Bundes soll aufgehoben und die Bewilligungspflicht für den Verkehr mit Schiesspulver, pyrotechnischen Artikeln und Munition zunächst ins Sprengstoffgesetz und später zum Teil ins nachfolgend erwähnte Waffengesetz überführt werden, vgl. dazu BBl 1996 II 1042 ff. sowie die Referendumsvorlage vom 13. Dezember 1996 in BBl 1996 V 975 ff. [die Referendumsfrist ist unbenutzt abgelaufen; Volk und Stände haben am 8. Juni 1997 der Aufhebung des Pulverregals zugestimmt]). 430

Art. 6

431   Der Verkehr mit *Waffen und Munition* wird zur Zeit im wesentlichen durch das Konkordat über den Handel mit Waffen und Munition vom 27. März 1969 (SR 514.542) geregelt. Dieses Konkordat vermag den Anforderungen der heutigen Zeit jedoch aus verschiedenen Gründen nicht mehr zu genügen. Auf parlamentarische Initiative hin wurde daher in der Volksabstimmung vom 26. September 1993 der heutige Art. 40bis BV angenommen, welcher vorsieht, dass der Bund Vorschriften gegen den Missbrauch von Waffen, Waffenzubehör und Munition erlassen soll. Geplant sind Vorschriften über Kauf, Verkauf und Aufbewahrung von Waffen, Waffenzubehör und Munition sowie über das Waffentragen (vgl. zum Verfassungsartikel BBl 1993 I 625 ff. und zur inzwischen verabschiedeten Gesetzesvorlage BBl 1996 I 1053 ff. [Botschaft] und BBl 1997 III 933 ff. [Referendumsvorlage]; zum Verhältnis zum Kriegsmaterialrecht auch MALINVERNI, Komm. BV, Art. 41 N 8 ff.; vgl. dazu nun auch die beiden Referendumsvorlagen vom 13. Dezember 1996 [neues Kriegsmaterial- bzw. Güterkontrollgesetz] in BBl 1996 V 978 ff., 991 ff. und dazu BBl 1995 II 1027 ff., 1301 ff. [die Referendumsfrist ist unbenutzt abgelaufen]).

c)   **Treu- und sittenwidrige Sachen**

432   Als polizeiliche Schutzgüter und damit jedenfalls als genügende öffentliche Interessen für Verkehrsbeschränkungen gelten auch *Treu und Glauben im Geschäftsverkehr* und die *öffentliche Sittlichkeit* (vgl. dazu HÄFELIN/HALLER Rz 1137, HÄFELIN/MÜLLER Rz 458 f., 1904 f. und MOOR I 393 f. mit weiteren Hinweisen).

aa)   Schutz von Treu und Glauben im Geschäftsverkehr

433   Die erforderlichen produktebezogenen Vorschriften im Interesse von *Treu und Glauben im Geschäftsverkehr* werden – wie Produktevorschriften allgemein (vgl. dazu vorne N 425 ff.) – meist ebenfalls vom *Bund* erlassen. Zu erwähnen sind namentlich das *BG über Lebensmittel und Gebrauchsgegenstände* vom 9. Oktober 1992 (LMG, SR 817.0), welches nicht nur gesundheitspolizeilichen Interessen, sondern auch dem Schutz von Treu und Glauben im Verkehr dient, das *BG gegen den unlauteren Wettbewerb* vom 19. Dezember 1986 (UWG, SR 241) und das *BG über die Information der Konsumentinnen und Konsumenten* vom 5. Oktober 1990 (KIG, SR 944.0) sowie die zugehörigen Ausführungsvorschriften (vgl. dazu und zum Zusammenhang von LMG und UWG auch BBl 1989 I 932 ff., MALINVERNI, Komm. BV, Art. 69bis N 15 f., 29, 32, RHINOW, Komm. BV, Art. 31^{sexies} N 61 ff., 64 ff., und XAVIER FAVRE-BULLE, L'article 31^{sexies} de la Constitution fédérale, AJP 1993 265 ff., 270 ff. mit Hinweisen). Neuerdings bestehen auch besondere Regeln des Bundes über die Kennzeichnung von Agrarerzeugnissen (vgl.

die Änderung des *Landwirtschaftsgesetzes* vom 21. Juni 1996 [AS 1997 1187 ff.] und dazu BBl 1995 IV 640 ff. mit Hinweisen auch zum Zusammenspiel mit den erwähnten allgemeinen Normen und dem Markenrecht).

Im Zusammenhang mit dem *Warenverkehr* sind den *Kantonen* nur noch wenige Befugnisse für eigenständige Regeln zum Schutz von Treu und Glauben im Verkehr geblieben. Zu erwähnen sind insbesondere Regeln über *besondere Formen des Warenverkehrs*, namentlich über das *Gastgewerbe* und den *Markt- und Hausierhandel* (vgl. dazu RHINOW, Komm. BV, Art. 31 N 197; HEINRICH KOLLER, Handbuch BS, 512 ff., 520 ff. und MARCEL MANGISCH, Die Gastwirtschaftsgesetzgebung der Kantone im Verhältnis zur Handels- und Gewerbefreiheit, Diss. Bern 1982, 201 f. mit Hinweisen). Darüber hinaus sind – im Rahmen der grundsätzlich durch den Bund geregelten Kontrolle des Weinhandels – auch besondere Regeln der Kantone über *Ursprungsbezeichnungen* und *Qualitätssicherung* im *Weinbau* zulässig (vgl. Art. 11 ff. des BB über den Rebbau vom 19. Juni 1992 [SR 916.140.1] und dazu BBl 1992 I 453 ff., insbesondere 474 ff., 481 ff. sowie SCHÜRMANN 231 ff. mit Hinweisen; vgl. zur Rechtmässigkeit entsprechender kantonaler Vorschriften auch BGE 120 Ia 67 ff., 74 ff., 123 ff.; zur Neuregelung der Weinhandelskontrolle durch den Bund vgl. die Änderung des Rebbaubeschlusses vom 21. Juni 1996 [AS 1997 1216 f.] und dazu BBl 1995 IV 727 ff.). Schliesslich können die Kantone Schutzvorschriften im Bereich der *Lotterien* (soweit diese nicht bereits durch Bundesrecht verboten sind) und der *Geschicklichkeits-Spielautomaten* erlassen (vgl. dazu, zur Natur der Schutzinteressen und zur Abgrenzung gegenüber den bundesrechtlich geregelten Glücksspielen und Spielbanken RICHLI, Komm. BV, Art. 35 N 1 ff., insbesondere N 13 ff., 33 ff. und KOLLER, Handbuch BS, 523 ff. mit Hinweisen; zur Neuregelung der Glücksspiele und Spielbanken nun auch BBl 1997 III 145 ff. [Botschaft zu einem neuen Spielbankengesetz]. Vgl. zum Ganzen auch DESCHENAUX 36 und HUBER N 252.

434

bb) Schutz der öffentlichen Sittlichkeit

Als Beispiele für kantonale Verkehrsbeschränkungen im Interesse der *öffentlichen Sittlichkeit* werden insbesondere das Verbot des Handels mit *pornographischer Literatur* bzw. mit *Schundliteratur* erwähnt, was heute durch entsprechende *Filme* und *Videokassetten* ergänzt werden kann (vgl. DESCHENAUX 36, HUBER N 252, RIEMER § 10 N 20).

435

Der Schutz der Öffentlichkeit vor *Gewaltdarstellungen* und *Pornographie* ist heute jedoch weitgehend durch *eidgenössisches Strafrecht* geregelt (vgl. Art. 135 und Art. 197 StGB und dazu GÜNTER STRATENWERTH, Schweizerisches Strafrecht, Besonderer Teil I, 5. Auflage, Bern 1995, 4 N 90 ff. und 10 N 2 ff. mit Hinweisen). Ältere *kantonale gewerbepolizeiliche Vorschriften* sind *aufgehoben*,

436

Art. 6

soweit sie mit diesen neuen Bestimmungen *kollidieren* (vgl. dazu FRANZ RIKLIN, Sinn und Problematik einer «Brutalonorm» im Strafgesetzbuch, in: FS zur Hundertjahrfeier der Universität Freiburg, Freiburg 1990, 405 ff., insbesondere 407 ff.; STEFAN TRECHSEL, Fragen zum neuen Sexualstrafrecht, ZBJV 1993 575 ff., insbesondere 580 f. zu kantonalen Altersgrenzen für Filmvorführungen; zur früheren Rechtslage R. GERBER, Unzüchtige Veröffentlichungen und Gefährdung Jugendlicher durch unsittliche Schriften und Bilder, Kriminalistik 1967 377 ff., 491 ff., 659 ff., insbesondere 660; vgl. zu den kantonalen Polizeivorschriften auf dem Gebiet des Filmwesens und zu deren Verhältnis zum Strafrecht auch BORGHI, Komm. BV, Art. 27ter N 12 f., 42 ff. und LEO SCHÜRMANN/PETER NOBEL, Medienrecht, 2. Auflage, Bern 1993, 216 ff. mit Hinweisen).

d) Schutzwürdige Sachen

437 Eine letzte Kategorie von mit erheblichen öffentlichen Interessen behafteten Sachen bilden verschiedene *schutzwürdige Sachen*. Die Lehre sprach bisher von *seltenen* oder von der *Gefahr des Aussterbens* oder der *Abwanderung ins Ausland bedrohten Sachen* und verstand hierunter namentlich seltene *Tiere und Pflanzen, Altertümer, Natursehenswürdigkeiten und Kunstgegenstände* (vgl. RIEMER § 10 N 21, DESCHENAUX 36 und HUBER N 253 mit Hinweisen). Angesichts der Abkehr vom rein polizeilichen Verständnis der für Verkehrsbeschränkungen im Sinne von Art. 6 Abs. 2 ZGB erforderlichen öffentlichen Interessen (vgl. dazu oben N 421 f.) erscheint es jedoch angezeigt, unabhängig von der Gefahr des Aussterbens oder der Abwanderung ins Ausland von Sachen zu sprechen, die aufgrund ihrer *Eigenschaften* einen *besonderen Schutz* durch die Rechtsordnung verdienen (*schutzwürdige Sachen*; vgl. auch nachfolgend N 438 ff. zum Tier- und Pflanzenschutz und N 443 ff. zum Natur- und Heimatschutz im allgemeinen).

aa) Schutz von Tieren und Pflanzen

438 Der Schutz besonders gefährdeter *Tier- und Pflanzenarten* (vgl. dazu oben N 437) ist Aufgabe des *Artenschutzes*. In diesem Bereich verfügt der Bund heute in Art. 24^{sexies} Abs. 4 BV über eine allgemeine Rechtsetzungskompetenz, weil grundsätzlich nur eine einheitliche Regelung den erforderlichen Schutz bedrohter Tier- und Pflanzenarten zu gewährleisten vermag. Der Bund hat von dieser Rechtsetzungskompetenz im *BG über den Natur- und Heimatschutz* vom 1. Juli 1966 (NHG, SR 451) und in *weiteren Erlassen* Gebrauch gemacht hat (vgl. dazu FLEINER, Komm. BV, Art. 24^{sexies} N 28 ff., insbesondere N 31 f., Art. 25 N 13, und SCHÜRMANN/HÄNNI 310 f. mit Hinweisen). So bedarf das *Sammeln wildwachsender Pflanzen* und das *Fangen freilebender Tiere* zu *Erwerbszwecken* unter Vorbehalt der

ordentlichen land- und forstwirtschaftlichen Nutzung einer *Bewilligung* durch die zuständige kantonale Behörde (Art. 19 NHG; vgl. dazu auch FAVRE, Komm. NHG, Art. 19 N 1 ff.).

Der Bundesrat kann sodann im Sinne des *Artenschutzes* das Pflücken, Ausgraben, Ausreissen, Wegführen, Feilbieten, Verkaufen, Kaufen oder Vernichten *seltener Pflanzen* ganz oder teilweise untersagen (Art. 20 Abs. 1 NHG). Von dieser Kompetenz hat der Bundesrat Gebrauch gemacht (vgl. die *Liste der geschützten Pflanzen* gemäss Art. 20 Abs. 1 und Anhang 2 der Verordnung über den Natur- und Heimatschutz vom 16. Januar 1991 [NHV, SR 451.1]). Durch die Revision des NHG vom 21. Juni 1996 (AS 1997 1152 f.) soll sodann der Artenschutz im Bereich des internationalen Handels mit gefährdeten Pflanzen verbessert werden (vgl. dazu BBl 1995 IV 737 ff.). Der *Artenschutz bei Tieren* ist demgegenüber in mehreren Erlassen geregelt. Das *BG über die Jagd und den Schutz wildlebender Säugetiere und Vögel* vom 20. Juni 1986 (JSG, SR 922.0) bezeichnet zunächst eine Anzahl solcher Tiere als jagdbar (Art. 5 JSG) und alle andern als geschützte Arten (Art. 7 JSG). Für die Fische und Krebse bestehen in den Art. 3–6 des *BG über die Fischerei* vom 21. Juni 1991 (FG, SR 923.0) bzw. in der zugehörigen Verordnung vom 24. November 1993 (SR 923.01) besondere Bestimmungen über Schutz und Nutzung. Für die übrigen Tiere enthält – ebenfalls gestützt auf Art. 20 Abs. 1 NHG – Art. 20 Abs. 2 NHV i.V.m. Anhang 3 NHV eine *Liste geschützter Arten* (vgl. zum Ganzen auch FAVRE, Komm. NHG, Art. 20 N 4 ff., 9 ff.). 439

Die entsprechenden Schutzvorschriften für Pflanzen und Tiere setzen im übrigen auch drei *internationale Abkommen* um, welchen die Schweiz beigetreten ist (Übereinkommen über den internationalen Handel mit gefährdeten Arten freilebender Tiere und Pflanzen vom 3. März 1973 [Washingtoner Konvention; SR 0.453], Übereinkommen über die Erhaltung der europäischen wildlebenden Pflanzen und Tiere und ihrer natürlichen Lebensräume vom 19. September 1979 [Berner Konvention; SR 0.455] und Übereinkommen zur Erhaltung der wandernden wildlebenden Tierarten vom 23. Juni 1979 [Bonner Konvention; SR 0.451.46]; vgl. dazu BBl 1973 II 1021 ff., 1980 III 225 ff., 1994 III 929 ff. sowie BIBER-KLEMM, Komm. NHG, 5. Kap. N 45 ff. und FAVRE, Komm. NHG, Art. 20 N 15 f.). 440

Den *Kantonen* verbleiben daher unter dem Titel *Artenschutz* nur noch sehr *eingeschränkte Kompetenzen*. Immerhin können sie weitere Pflanzen- und Tierarten schützen (Art. 20 Abs. 2 NHG), die Liste der jagdbaren Tiere einschränken oder abweichende Schonzeiten verfügen (Art. 5 Abs. 4 und 5 JSG) und abweichende oder zusätzliche Schutzmassnahmen für Fische und Krebse ergreifen (vgl. insbesondere Art. 3, Art. 4 Abs. 2 und 3 sowie Art. 5 Abs. 2 FG; vgl. dazu auch BBl 1965 III 109, 1983 II 1206, 1988 II 1394 f. und FAVRE, Komm. NHG, Art. 20 N 13 f.). 441

Art. 6

442 Bei den *Tieren* ist der Schutz nicht auf den Artenschutz beschränkt. Vielmehr bestanden schon früher teils kantonale, teils eidgenössische Vorschriften im Sinne eines umfassenderen *Tierschutzes*, welche aus Gründen der öffentlichen Sittlichkeit ein Mindestmass an Achtung gegenüber den Tieren als Lebewesen verlangten. Mit *Art. 25bis BV* wurde dem Bund nun aber eine umfassende Kompetenz zur Regelung des allgemeinen Tierschutzes zugewiesen, um ein einheitliches Schutzniveau zu erreichen. Der Bund hat diese Kompetenz durch den Erlass des *Tierschutzgesetzes* vom 9. März 1978 (TSchG, SR 455) wahrgenommen. Das Bundesrecht regelt insbesondere das Halten und die Pflege von Tieren, die Verwendung von und den Handel mit Tieren, die Tiertransporte, die Eingriffe und Versuche am lebenden Tier, das Schlachten und anderweitige Töten von Tieren sowie die Einfuhr von Tieren und tierischen Erzeugnissen. Es berücksichtigt auch internationale Abkommen und ist grundsätzlich abschliessend. Den *Kantonen* kommen im wesentlichen nur noch *Vollzugskompetenzen* zu (Art. 33 Abs. 2 und Art. 36 TSchG; vgl. zum Ganzen auch FLEINER, Komm. BV, Art. 25bis N 1 ff., insbesondere N 7 ff. und 34 ff. mit weiteren Hinweisen).

442a Der Schutz der Tiere und Pflanzen vor *bösartigen Krankheiten* und *Schädlingen* ist grundsätzlich ebenfalls durch das Bundesrecht geregelt, wobei wesentliche Vollzugsaufgaben den Kantonen obliegen (vgl. insbesondere das Tierseuchengesetz vom 1. Juli 1966 [SR 916.40] und dazu MALINVERNI, Komm. BV, Art. 69 N 1 ff., insbesondere 69 ff., sowie die Verordnung über den Pflanzenschutz vom 5. März 1962 [SR 916.20] und dazu bzw. zur Neuordnung des landwirtschaftlichen Pflanzenschutzes BBl 1995 IV 672 ff. [zum Inkrafttreten dieser Revision des Landwirtschaftsgesetzes AS 1997 1190 ff.]). Zum ebenfalls bundesrechtlich geregelten Schutz der Tiere und Pflanzen vor *umweltgefährdenden Stoffen und Organismen* vgl. Art. 26 ff., 29a ff. USG und dazu WINZELER, Komm. USG, Art. 26 N 1 ff., insbesondere 18 ff., 30 ff., sowie DANIEL PEREGRINA, Les organismes dangereux, URP 1996 512 ff., je mit zahlreichen Hinweisen.

bb) Schutz von Altertümern, Natursehenswürdigkeiten und Kunstgegenständen

443 Beim Schutz von *Altertümern, Natursehenswürdigkeiten und Kunstgegenständen* (vgl. oben N 437) geht es um sog. *Denkmalpflege* in einem *weiten Sinn*, welche ihrerseits Teil des allgemeinen Natur- und Heimatschutzes bildet. Die Denkmalpflege befasst sich insbesondere mit der Erhaltung, der archäologischen Erforschung, der Ausgrabung oder der Aufnahme von kultur- oder naturhistorisch bedeutsamen beweglichen und unbeweglichen Objekten und deren Bestandteilen (vgl. zum Begriff des Denkmals bzw. der Denkmalpflege und zum Verhältnis zum Natur- und Heimatschutz BBl 1961 I 1105, FLEINER, Komm. BV, Art. 24^{sexies}

N 4 ff., 15 ff., ROHRER, Komm. NHG, 1. Kap. N 35 ff. und SCHÜRMANN/HÄNNI 317 f. mit Hinweisen).

Für bewegliche *herrenlose Naturkörper* (Natursehenswürdigkeiten) oder *Altertümer* (Antiquitäten) von erheblichem wissenschaftlichem Wert sieht bereits *Art. 724 Abs. 1 ZGB* ein Aneignungsrecht des Kantons vor, in dessen Gebiet sie gefunden worden sind. Es handelt sich um ein auf *wissenschaftliche Fundgegenstände* in einem weiten Sinn (Natur- und Geisteswissenschaften) beschränktes *Schatzregal* der Kantone, welches dem öffentlichen Interesse an Schutz und Erhaltung sowie öffentlicher Zugänglichkeit solcher Objekte dient (zur strafrechtlichen Sanktionierung vgl. RONZANI, Komm. NHG, Art. 24 N 15 ff.). Im Unterschied zu andern Regalrechten steht dem Finder und im Falle eines Schatzes auch dem Eigentümer der den Fund bergenden Sache ein Anspruch auf eine *angemessene Vergütung* zu (Art. 724 Abs. 3 ZGB). Art. 724 Abs. 2 ZGB sieht sodann im Sinne einer öffentlich-rechtlichen Eigentumsbeschränkung – gegen Ersatz des dadurch verursachten Schadens – ein *Ausgrabungsrecht* des zuständigen *Kantons* im Zusammenhang mit entdeckten Fundgegenständen der erwähnten Art vor (vgl. dazu TUOR/SCHNYDER/SCHMID 753 f., LIVER SPR V/1 365 ff. und SCHERRER, ZH-Komm., Art. 723/724 ZGB N 1 ff., insbesondere N 3 ff., 25 f., 38 ff., 42 ff. mit weiteren Hinweisen).

Über diese sich bereits aus dem Bundeszivilrecht ergebenden Eigentumsbeschränkungen hinaus können jedoch die *Kantone* gestützt auf ihre in Art. 6 ZGB vorbehaltenen öffentlich-rechtlichen Rechtsetzungsbefugnisse für *Altertümer und Naturdenkmäler* (auch für unbewegliche und nicht nur für herrenlose), für *weitere Objekte des Denkmalschutzes* (etwa für Ortsbilder und geschichtliche Stätten sowie selbst für neuere Bauten und Kunstwerke) und für Schutzobjekte des *allgemeinen Natur- und Heimatschutzes* (insbesondere für schützenswerte Landschaften und Biotope) – soweit hiefür ein genügendes, die entgegenstehenden Privatinteressen überwiegendes öffentliches Interesse besteht – zusätzlich geeignete Schutzmassnahmen ergreifen und die Verkehrsfähigkeit dieser Objekte einschränken, wie dies in *Art. 702 ZGB* für das Grundeigentum teilweise ausdrücklich bestätigt wird.

Die Kantone können für solche Objekte – soweit dies verhältnismässig ist – insbesondere *öffentlich-rechtliche Erwerbsrechte* (Kaufs-, Vorkaufs-, Rückkaufsrechte sowie die Enteignung) und den Erlass von *Schutzverfügungen* vorsehen, mittels welchen den Eigentümern *Leistungspflichten* (z.B. Erhaltung und Restaurierung), *Unterlassungspflichten* (z.B. Verbot der Beschädigung, Veränderung, Entfernung, Verbauung oder des Verkaufs an bestimmte Personenkategorien) oder *Duldungspflichten* (z.B. Ausdehnung des Grabungsrechtes und Duldung weiterer Untersuchungen) auferlegt werden. Ob allenfalls eine entschädigungspflichtige

Art. 6

materielle Enteignung vorliege, muss im Einzelfall geprüft werden (vgl. dazu LIVER SPR V/1 217, 367 f., HÄFELIN/MÜLLER Rz 1615, SCHÜRMANN/HÄNNI 320 ff., CHRISTOPH JOLLER, Denkmalpflegerische Massnahmen nach schweizerischem Recht, Diss. Freiburg 1987, und NATHALIE TISSOT, Protection juridique des vestiges archéologiques, Diss. Neuchâtel 1991, je mit weiteren Hinweisen).

447   Da der *Natur- und Heimatschutz primär* Aufgabe der *Kantone* ist (Art. 24^{sexies} Abs. 1 BV und dazu FLEINER, Komm. BV, Art. 24^{sexies} N 9 ff.), werden deren Rechtsetzungsbefugnisse grundsätzlich nur durch die *besonderen Rechtsetzungskompetenzen des Bundes* auf den Gebieten des *Artenschutzes*, des *Biotopschutzes* (inkl. Moore und Ufervegetation) und des *Moorlandschaftsschutzes* eingeschränkt (vgl. zum Artenschutz oben N 438 ff.; zum Biotop-, Moor- und Moorlandschaftsschutz Art. 24^{sexies} Abs. 4 und 5 BV und dazu FLEINER, Komm. BV, Art. 24^{sexies} N 33 ff., 36 ff., SCHÜRMANN/HÄNNI 311 ff. und PETER KELLER, Natur- und Landschaftsschutzgebiete, URP 1996 691 ff., insbesondere 696 f., je mit weiteren Hinweisen; vgl. dazu nun auch Komm. NHG zu den Art. 18–23d NHG). Nur *subsidiär* steht dem Bund gestützt auf Art. 24^{sexies} Abs. 3 BV die Befugnis zu, Schutzmassnahmen zugunsten anderer Objekte des Natur- und Heimatschutzes zu ergreifen, sofern es sich um *Objekte von nationaler Bedeutung* handelt und dies für den Schutz dieser Objekte nötig ist (vgl. dazu FLEINER, Komm. BV, Art. 24^{sexies} N 22 ff., FAHRLÄNDER, Komm. NHG, Art. 15 N 1 ff. und SCHÜRMANN/HÄNNI 316 f. mit Hinweisen).

448   Im Rahmen dieser Kompetenzen sorgt der Bund auch für die Umsetzung der *internationalen Abkommen* auf dem Gebiet des Natur- und Heimatschutzes, welchen die Schweiz beigetreten ist (vgl. insbesondere das Übereinkommen zum Schutz des *Kultur- und Naturgutes der Welt* vom 23. November 1972 [Pariser Konvention; SR 0.451.41] und das Übereinkommen über die *Feuchtgebiete*, insbesondere als Lebensraum für Wasser- und Watvögel, von internationaler Bedeutung vom 2. Februar 1971 [Konvention von Ramsar; SR 0.451.45] und dazu BBl 1974 II 549 ff., insbesondere 553 f.; vgl. zum heutigen Stand des *internationalen Rechts* auch BBl 1994 III 182 ff. betreffend das Übereinkommen über die *Biologische Vielfalt* vom 5. Juni 1992 [Konvention von Rio; SR 0.451.43], welchem die Schweiz in der Zwischenzeit ebenfalls beigetreten ist; vgl. ferner auch BBl 1995 III 445 ff. betreffend die inzwischen ebenfalls genehmigten Konventionen des Europarats zum Schutz des *baugeschichtlichen Erbes* vom 3. Oktober 1985 [Konvention von Granada; SR 0.440.4] und zum Schutz des *archäologischen Erbes* vom 16. Januar 1992 [Konvention von Malta; SR 0.440.5]). Vgl. zum Ganzen auch BIBER-KLEMM, Komm. NHG, 5. Kap. N 21 ff.

449   Noch offen ist, ob die Schweiz der dem öffentlichen Recht zuzurechnenden *UNESCO-Konvention über den Kulturgüterhandel* vom 14. November 1970 bei-

treten wird (vgl. dazu und zu den Problemen des internationalen Kulturgüterschutzes KURT SIEHR, Kunstraub und das internationale Recht, SJZ 1981 189 ff. [insbesondere 196 f.], 207 ff., MARTIN PHILIPP WYSS, Kultur als eine Dimension der Völkerrechtsordnung, Vom Kulturgüterschutz zur internationalen kulturellen Kooperation, Diss. Zürich 1992 und FRANK FECHNER/THOMAS OPPERMANN/LYNDEL PROTT [Hrsg.], Prinzipien des Kulturgüterschutzes – Ansätze im deutschen, europäischen und internationalen Recht, Berlin 1996, je mit weiteren Hinweisen). Der Bundesrat hat bereits 1993 eine Vorlage betreffend Änderung der Bundesverfassung zur Schaffung einer Bundeskompetenz für die Gesetzgebung über die Ein- und Ausfuhr von Kulturgütern *(Art. 24^{sexies} Abs. 3bis BV)* in die Vernehmlassung gegeben, um den Beitritt zur erwähnten Konvention zu ermöglichen (BBl 1993 III 600). Diese Vorlage ist auf erheblichen Widerstand gestossen. Der Bundesrat lässt nun prüfen, ob eine neue Verfassungsgrundlage überhaupt nötig ist. Sodann wurde zur Frage des Beitritts zur neuen, dem Privatrecht zuzurechnenden *Unidroit-Konvention* vom 24. Juni 1995 über gestohlene oder rechtswidrig ausgeführte Kulturgüter eine weitere Vernehmlassung durchgeführt. Trotz eines ebenfalls kontroversen Echos will der Bundesrat diese Konvention unterzeichnen (vgl. dazu BBl 1996 I 587 und PIERRE LALIVE, La Convention d'UNIDROIT sur les biens culturels volés ou illicitement exportés, SZIER 1997 13 ff. mit Hinweisen; zum Verhältnis dieser Konvention zu den bisherigen kantonalen Schutzvorschriften vgl. das beim Institut für Föderalismus der Universität Freiburg in Auftrag gegebene Gutachten gemäss Jahresbericht dieses Instituts 1996/97 18).

IV. Vorgesehene Sanktionen

1. Verkehrsbeschränkungen und -verbote

Gemäss Art. 6 Abs. 2 ZGB können die Kantone in den Schranken ihrer Hoheit (vgl. dazu oben N 401 ff.) den *Privatrechtsverkehr* mit den oben N 404 ff. angeführten Arten von Sachen (öffentliche Sachen im engeren Sinn bzw. mit erheblichen öffentlichen Interessen behaftete Sachen) *beschränken* oder *untersagen*. Soweit der Verkehr ganz untersagt wird, handelt es sich um «res extra commercium» (vgl. dazu LIVER SPR V/1 309 FN 5). Die *Anforderungen* bezüglich *Grundlagen und Ausmass* solcher Verkehrsbeschränkungen sind allerdings bei den beiden Kategorien von Sachen grundsätzlich verschieden.   450

Art. 6

a) Rechtsgrundlagen

451 Die Verkehrsbeschränkungen für *öffentliche Sachen* können sich ausdrücklich oder dem Sinn und Zweck nach aus dem kantonalen öffentlichen Recht ergeben. Da eine positivrechtliche Regelung in der Regel fehlt, muss in der Praxis meist auf *Sinn und Zweck* der öffentlich-rechtlichen *Vorschriften* bzw. auf die *Zweckbestimmung* der betreffenden *öffentlichen Sache* abgestellt werden. Letztere bildet auch den Anhaltspunkt für das Ausmass der Verkehrsbeschränkung, soweit die Kantone nicht ausdrücklich eine weitergehende Beschränkung der Verkehrsfähigkeit vorsehen, was ihnen grundsätzlich freisteht (vgl. dazu HÄFELIN/MÜLLER Rz 1847; MEIER-HAYOZ, BE-Komm., Art. 664 ZGB N 82 ff. mit Hinweisen; vgl. zur Frage der Anwendbarkeit des Privatrechts auf öffentliche Sachen auch oben N 397 ff. und N 406 ff.). Nach herrschender Auffassung kann eine Bewilligungspflicht für die Benutzung von öffentlichem Grund allenfalls auch *ohne gesetzliche Grundlage* eingeführt werden (vgl. RHINOW/KRÄHENMANN Nr. 132 B VII mit Hinweisen; kritisch dazu HÄFELIN/MÜLLER Rz 1877).

452 Die Beschränkung der Verkehrsfähigkeit von *privaten Sachen*, die mit erheblichen öffentlichen Interessen behaftet sind, erscheint demgegenüber als Eingriff in das Privateigentum, welcher stets einer *gesetzlichen Grundlage* bedarf und nur insoweit zulässig ist, als hiefür *überwiegende öffentliche Interessen* bestehen. Entsprechende Verkehrsbeschränkungen erfordern daher grundsätzlich in jedem Fall eine gesetzliche Regelung und sind durch das Verhältnismässigkeitsprinzip und weitere Grundsätze (insbesondere weitere Grundrechte, Rechtsgleichheit, Störerprinzip im Bereich des Polizeirechts) beschränkt. Nur *ausnahmsweise*, bei schwerer und unmittelbarer Gefahr und zeitlicher Dringlichkeit, können allenfalls direkt gestützt auf die *polizeiliche Generalklausel* befristete Verkehrsbeschränkungen angeordnet werden (vgl. dazu oben N 419 ff.; vgl. auch HUBER N 254, 257; zu den Anforderungen an die gesetzliche Grundlage auch oben N 113 ff.; zur polizeilichen Generalklausel HÄFELIN/MÜLLER Rz 1913 ff., IMBODEN/ RHINOW/KRÄHENMANN Nr. 134 und MOOR I 254 f. mit Hinweisen).

b) Arten und Ausmass der Verkehrsbeschränkungen

453 Wie bereits erwähnt (oben N 393), erfasst der Vorbehalt von Art. 6 Abs. 2 ZGB – entgegen dem französischen und italienischen Wortlaut – nicht nur den *Handel*, sondern – wie dies in der deutschen Fassung klar zum Ausdruck kommt – allgemein den *Verkehr* mit bestimmten Sachen. Damit ist im übrigen nicht nur der *rechtsgeschäftliche*, sondern auch der *tatsächliche* Verkehr gemeint, was insbesondere für die Verkehrsbeschränkungen bei privaten Sachen von Bedeutung ist

Art. 6

(vgl. dazu DESCHENAUX 37, HUBER N 255, 257, NOBEL 269 und MEIER-HAYOZ, BE-Komm, Art. 641–654 ZGB, Syst. Teil N 212; zu eng RIEMER § 10 N 22). Die Kantone können daher sowohl den *Rechtsverkehr* (also insbesondere die Veräusserung oder Belastung, selbst im Falle der Unentgeltlichkeit) als auch den *tatsächlichen Verkehr* (insbesondere das Befördern, Mitsichführen, Wegwerfen und Verarbeiten; selbstverständlich auch das Verändern oder Verfälschen) von solchen Sachen beschränken. Der Begriff des Verkehrs ist somit weiter gefasst als etwa auf dem Gebiet der Lebensmittelpolizei (vgl. dazu auch MALINVERNI, Komm. BV, Art. 69bis N 13).

Der Begriff des Verkehrs im Sinne von Art. 6 Abs. 2 ZGB umfasst auch *Vorbereitungshandlungen* wie das Werben, Empfehlen, Feilbieten, Vermitteln, Beauftragen und Anstellen im Hinblick auf entsprechende Tätigkeiten. Ja selbst der *Besitz* und das *Lagern* von solchen Sachen kann beschränkt oder verboten werden, wenn dies für eine wirksame Gefahrenbekämpfung bzw. einen wirksamen Schutz geboten ist (vgl. dazu auch DESCHENAUX 37 und HUBER N 255 ff. mit Hinweisen). *Nicht zulässig* ist dagegen die Regelung von *Ein-, Durch- und Ausfuhr* bestimmter Sachen für die *ganze Schweiz*, weil dadurch die Zollhoheit des Bundes verletzt würde. Beschränkt auf das Kantonsgebiet sind solche Regeln allenfalls denkbar, soweit nicht unzulässige wirtschaftspolitische Ziele angestrebt werden (vgl. dazu RHINOW, Komm. BV, Art. 28 N 56 f. mit Hinweisen; kritisch zum Sinn solcher Regeln HUBER N 256). Heute ist überdies auch das Binnenmarktgesetz zu beachten (vgl. oben N 403).

454

Rechtstechnisch gesehen kann die Beschränkung der Verkehrsfähigkeit einer bestimmten Sache *auf verschiedene Weise* erfolgen. Sofern der Verkehr einer bestimmten Sache nicht grundsätzlich ausgeschlossen ist, sondern lediglich *bestimmte Anforderungen* erfüllt werden sollen, können entsprechende *Lager-, Transport-, Verwendungs-, Produktions- oder Veräusserungsvorschriften* erlassen werden. Deren Einhaltung kann im Prinzip der *Selbstkontrolle* überlassen oder aber durch eine *Melde- oder Bewilligungspflicht* der staatlichen Kontrolle unterstellt werden. Soll der Verkehr bzw. bestimmte Formen desselben dagegen *grundsätzlich ausgeschlossen* werden, kann ein entsprechendes *Verbot* erlassen werden, allenfalls kombiniert mit einem *Erlaubnisvorbehalt* oder der Möglichkeit der Erteilung einer *Ausnahmebewilligung* in besonderen Fällen (vgl. zum differenzierten Instrumentarium des Polizei- und Schutzrechts insbesondere HÄFELIN/MÜLLER Rz 1934 ff., 1958 ff., IMBODEN/RHINOW/KRÄHENMANN Nr. 131–136 mit Hinweisen; vgl. als Anwendungsfall aus dem Bereich des Bundesrechts etwa Art. 26 ff., 29a ff. USG und Art. 7 ff. Giftgesetz).

455

Im Bereich der *schutzwürdigen Sachen* können über polizeiliche Massnahmen hinausgehende *Eigentumsbeschränkungen*, insbesondere *Aneignungs- und Aus-*

456

Art. 6

fuhrverbote, Vorerwerbsrechte für das Gemeinwesen und allenfalls die *Enteignung* vorgesehen werden (vgl. dazu LIVER SPR V/I 309 FN 5 und insbesondere oben N 446).

457 Die Beschränkung des Verkehrs kann im übrigen – soweit dies mit dem Gleichbehandlungsgrundsatz vereinbar ist – für *alle* oder aber nur für *bestimmte Beteiligte* (zum Beispiel nur für den Veräusserer, nicht aber für den Erwerber) gelten (vgl. HUBER N 255). Sie kann auch nur für *bestimmte Arten des Verkehrs* angeordnet werden (z.B. nur für den Markt- und Hausierhandel; vgl. dazu oben N 434).

2. Ungültigerklärung von Rechtsgeschäften

a) Allgemeines zu den Sanktionen bei Verletzung von Verkehrsbeschränkungen

458 Die *Folgen der Verletzung* von *Verkehrsbeschränkungen und -verboten* werden in Art. 6 Abs. 2 ZGB *nicht näher geregelt*, da diese sich grundsätzlich ebenfalls nach dem vorbehaltenen öffentlichen Recht der Kantone richten. Dabei kommt grundsätzlich das *gesamte Instrumentarium* der *verwaltungsrechtlichen Sanktionen* in Betracht, also insbesondere Ersatzvornahme, unmittelbarer Zwang, aber auch Ordnungsbussen, Ungehorsamsstrafe, Disziplinarmassnahmen, Entzug von Vorteilen und Widerruf von begünstigenden Verfügungen (vgl. dazu HÄFELIN/MÜLLER Rz 913 ff., IMBODEN/RHINOW/KRÄHENMANN Nr. 49–56 und MOOR II 63 ff. mit Hinweisen). Im Rahmen der ihnen zustehenden, beschränkten Strafrechtskompetenz (vgl. dazu auch oben N 152 ff.) können die Kantone sodann zur Erzwingung der Verkehrsbeschränkungen und -verbote auch *Strafandrohungen* aufstellen (vgl. auch HUBER N 258).

b) Ungültigerklärung als besondere Sanktion

459 Als einzige Sanktion sieht *Art. 6 Abs. 2 ZGB* selber vor, dass *Rechtsgeschäfte* über bestimmte Sachen als *ungültig erklärt* werden können, was eine entsprechende Einschränkung der (Rechts-)Verkehrsfähigkeit der betreffenden Sache voraussetzt. Die Heraushebung dieser Sanktion hängt damit zusammen, dass diese *früher* ohne besonderen Vorbehalt als *unzulässiger Eingriff* ins Bundeszivilrecht betrachtet wurde. Nach heutiger Auffassung dürfen die Kantone jedoch vertragliche Abmachungen auch mit zivilrechtlicher Wirkung als nichtig erklären, sofern sie gegen öffentlich-rechtliche Vorschriften verstossen, welche unter Beachtung

der Anforderungen der Rechtsprechung zu Art. 6 ZGB erlassen worden sind (vgl. dazu oben N 205 ff. insbesondere N 212 und N 391 ff.; vgl. bereits HUBER N 258).

Durch das *Bundeszivilrecht* besonders geregelt sind die zivilrechtlichen Rechtsfolgen bei nicht bewilligten *Lotterie- und Ausspielgeschäften* (Anwendbarkeit der Bestimmungen über die unklagbaren Spielforderungen; vgl. Art. 515 Abs. 2 OR und dazu BAUER, BS-Komm., Art. 515 OR N 1 ff. mit Hinweisen; vgl. auch oben N 434 a.E.). 459a

c) **Rechtsgrundlagen**

Die *Ungültigkeit* von vertraglichen Abmachungen, die gegen öffentliches Recht verstossen, muss in den entsprechenden Vorschriften *nicht ausdrücklich* vorgesehen sein. Sie kann sich aufgrund von Lehre und Rechtsprechung zu Art. 20 OR auch aus *Sinn und Zweck* dieser *Vorschriften* ergeben und ist insbesondere dann anzunehmen, wenn der *Schutz öffentlicher Interessen* auf dem Spiele steht (vgl. dazu oben N 206, 212). Abmachungen, die gegen Vorschriften über Verkehrsbeschränkungen im Sinne von Art. 6 Abs. 2 ZGB verstossen, können daher zivilrechtlich nichtig sein, auch wenn dies im kantonalen Recht nicht ausdrücklich vorgesehen worden ist. 460

Entsprechendes dürfte auch bei Verkehrsbeschränkungen für *öffentliche Sachen* gelten, obwohl diese Beschränkungen selber sich häufig ebenfalls nicht ausdrücklich, sondern nur aus dem Sinn und Zweck der öffentlich-rechtlichen Vorschriften über die betreffenden Sachen ergeben (vgl. dazu oben N 398 f., 410, 417 f.; vgl. für die Verpfändung öffentlicher Sachen immerhin die ausdrückliche Regelung von Art. 10 f. des BG über die Schuldbetreibung gegen Gemeinden und andere Körperschaften des kantonalen öffentlichen Rechts vom 4. Dezember 1947 [SR 282.11] und dazu die Hinweise oben N 410). 461

d) **Verfahrensrecht**

In verfahrensrechtlicher Hinsicht ist darauf hinzuweisen, dass die Frage, ob das kantonale Recht die zivilrechtliche *Ungültigkeit* eines Rechtsgeschäfts ausdrücklich oder dem Sinn und Zweck nach vorsehe, eine solche des *kantonalen Rechts* ist und daher vom Bundesgericht im *zivilrechtlichen Berufungsverfahren* nicht überprüft werden kann, obwohl daran eine bundesrechliche Rechtsfolge geknüpft ist (BGE 117 II 288 f. mit Hinweisen). 462

Art. 7 ZGB

Die allgemeinen Bestimmungen des Obligationenrechts über die Entstehung, Erfüllung und Aufhebung der Verträge finden auch Anwendung auf andere zivilrechtliche Verhältnisse.

D. Allgemeine Bestimmungen des Obligationenrechts

Les dispositions générales du droit des obligations relatives à la conclusion, aux effets et à l'extinction des contrats sont aussi applicables aux autres matières du droit civil.

D. Dispositions générales du droit des obligations

Le disposizioni generali del codice delle obbligazioni relative alla conclusione, all'adempimento ed alla risoluzione dei contratti sono applicabili anche ad altri rapporti di diritto civile.

D. Disposizioni generali del Codice delle obbligazioni

Materialien   Erl. I 22; E 9; Botsch. 9; StenBull 16 (1909) NR 1038, 17 (1907) StR 115.
Ausländisches Recht Siehe FRIEDRICH N 2–4, 11, 15, 17

Inhaltsübersicht

	Rz
Literatur	1
A. Gegenstand und Rechtsnatur des Art. 7	2
I. Einheit der schweizerischen Privatrechtsordnung	2
1. Idee der Einheit	2
2. Tendenz zur Rechtszersplitterung	4
3. Funktion von Art. 7	6
II. Art. 7 als Problem der Gesetzgebungstechnik	7
1. Vorbemerkungen	7
2. Die Ablehnung eines Allgemeinen Teils im ZGB	15
3. Begriff und Arten der Verweisung	19
a) Begriff	19
b)–e) Arten	22
III. Rechtsnatur und Tragweite von Art. 7	27
1. Rechtsnatur	27
2. Tragweite	28
3. Verhältnis von Art. 7 zu Art. 1 Abs. 2	31
B. Die Gesetzesanwendung kraft Verweisung	32
I. Grundsatz: Sinngemässe (entsprechende) Anwendung	32

Art. 7

	1.	Allgemein	32
	2.	Methodik der Rechtsanwendung gemäss Art. 7	36
II.	Arten der Anwendung		37
	1.	Sinngemässe Anwendung	37
	2.	Unmittelbare Anwendung	39
III.	Nichtanwendung		42
	1.	Abschliessende gesetzliche Spezialregelung	43
	2.	Eigenart des Rechtsgebietes	46
C.	**Die von der Verweisung erfassten Normen**		**51**
I.	Die allgemeinen Bestimmungen des OR «über die Entstehung, Erfüllung und Aufhebung der Verträge»		51
	1.	Inhalt und Auslegung von Rechtsgeschäften	51
	2.	Formvorschriften	57
	3.	Anfechtbarkeit wegen Willensmängeln	59
	4.	Stellvertretung	67
	5.	Vertragserfüllung	71
	6.	Folgen der Nichterfüllung	75
	7.	Beziehungen zu Dritten	77
	8.	Aufhebungen von Forderungen	78
	9.	Nachträgliche Unmöglichkeit	79
	10.	Verrechnung	80
	11.	Verjährung	81
II.	Anwendbarkeit weiterer Bestimmungen des Allgemeinen Teils		86
	1.	Grundsatz	86
	2.	Unerlaubte Handlung	87
	3.	Ungerechtfertigte Bereicherung	92
	4.	Solidarität, Bedingungen, Konventionalstrafen	93
	5.	Abtretung und Schuldübernahme	96
III.	Anwendbarkeit des Besonderen Teils		97
IV.	Anwendbarkeit von Bestimmungen des ZGB auf das OR		99
	1.	Einleitungsartikel	100
	2.	Weitere Bestimmungen des ZGB von allgemeiner Tragweite	101
	3.	Analoge Anwendung von spezialgesetzlichen Bestimmungen	106
D.	**Der Bereich der übertragenen Anwendung**		**107**
I.	Die «anderen zivilrechtlichen Verhältnisse»		107
	1.	Allgemein	107
	2.	Durch das ZGB geregelte Verhältnisse	108
	3.	Zivilrechtliche Spezialgesetzgebung	112
	4.	Kantonales Privatrecht	113
II.	Zur Einwirkung des Privatrechts auf das öffentliche Recht		114
	1.	Allgemein	114
	2.	Formen der Einwirkung auf das öffentliche Recht	115
		a) Verweisung	116
		b) Übertragung	117
		c) Herübernahme allgemeiner Rechtsgrundsätze	118
		d) Anknüpfung an privatrechtliche Tatbestände	120
	3.	Besondere Anwendungsfälle	121
		a) Verjährung	121
		b) Staatshaftung	127
		c) Zivilprozess	130
		d) weitere Anwendungsfälle	131

Art. 7

Literatur (Auswahl)

BISCHOF PIRMIN	Amtshaftung an der Grenze zwischen öffentlichem Recht und Obligationenrecht (Artikel 61 OR), ZSR 104 (1985) 1. Hbbd., 67 ff.
BUCHER EUGEN	Schweizerisches Obligationenrecht, Allgemeiner Teil, 2. Aufl., Zürich 1988, 71 ff.
CARONI PIO	Einleitungstitel des Zivilgesetzbuches, Basel/Frankfurt a.M. 1996, 240 ff.
DESCHENAUX HENRI	SPR, Bd. II, Der Einleitungsartikel, Basel 1967, 50 ff.
EGGER AUGUST	Zürcher Kommentar, I. Band, Einleitung und Personenrecht, 2. Aufl. Zürich 1930, Art. 7
FLEINER-GERSTER THOMAS	Grundzüge des allgemeinen und schweizerischen Verwaltungsrechts, 2. Aufl., Zürich 1980, 44 f.
FRIEDRICH HANS-PETER	Berner Kommentar, Band I/1, Einleitung und Personenrecht, Bern 1962, Art. 7
GADOLA ATTILIO R.	Verjährung und Verwirkung im öffentlichen Recht, AJP 1995, 47 ff.
GAUCH PETER	Familienschuldrecht, in: FS Schnyder, Freiburg 1995, 249 ff.
GIACOMETTI ZACCARIA	Allgemeine Lehren des rechtsstaatlichen Verwaltungsrechts, Bd. I, Zürich 1960, 112 ff.
GIESKER-ZELLER HEINRICH	Die Auslegung von Artikel 7 des Schweizerischen Zivilgesetzbuches, ZSR 30 (1911), 153 ff.
GROSS JOST	Schweizerisches Staatshaftungsrecht, Bern 1995
GULDENER MAX	Bundesprivatrecht und kantonales Zivilprozessrecht, ZSR 80 (1961) 2. Hbbd., 63 ff.
GYGI FRITZ	Verwaltungsrecht, Bern 1986, 34 ff.
HÄFELIN ULRICH/MÜLLER GEORG	Grundriss des Allgemeinen Verwaltungsrechts, 2. Aufl., Zürich 1993, 57 f.
IMBODEN MAX/RHINOW RENÉ A./KRÄHENMANN BEAT	Schweizerische Verwaltungsrechtsprechung, 6. Aufl. u. Ergänzungsband, Basel/Frankfurt 1986/1990, Nrn. 2, 28–34
JUCKER ROLF	Zur Anwendung der allgemeinen Bestimmungen des OR auf Rechtsverhältnisse zwischen Ehegatten (Art. 7 ZGB), Diss. Basel 1973
KARPEN HANS-ULRICH	Die Verweisung als Mittel der Gesetzgebungstechnik, Berlin 1970
KELLER MAX	Die Anwendung obligationenrechtlicher Regeln auf den Anspruch gemäss Art. 151 I ZGB, in: FS Hegnauer, Bern 1986, 215 ff.
KINDERMANN HARALD	Ministerielle Richtlinien der Gesetzestechnik (vergleichende Untersuchung der Regelungen in der Bundesrepublik Deutschland, in Österreich und der Schweiz), Berlin u.a. 1979, 47 ff.
KOLLER ALFRED	Die Irrtumsanfechtung von Scheidungskonventionen, AJP 1995, 412 ff.
–	Irrtumsanfechtung familienrechtlicher Rechtsgeschäfte, in: FS Schnyder, Freiburg 1995, 455 ff.
KRAMER ERNST A.	Berner Kommentar, Das Obligationenrecht, Bd. VI, Bern 1986, N 10 ff. der Allgemeinen Einleitung

Art. 7

Leuthold Maja	Die Anwendung von Zivilrecht auf öffentlich-rechtliche Rechtssachen, Zürich 1970
Liver Peter	Begriff und System in der Rechtssetzung, ZSR 93 (1974), 2. Hbbd., 135 ff.
Meier-Hayoz Arthur/Ruoss Reto	Einleitungsartikel des Schweizerischen Zivilgesetzbuches (Art. 1–10), 3. Aufl., Zürich 1979, 150 ff. (zit.; Meier/Hayoz)
Merz Hans	Stellung und Funktion des Obligationenrechts im System des schweizerischen Privatrechts, SPR VI/1, 30 ff.
Nobel Peter	Entscheide zu den Einleitungsartikeln, Bern 1977, 281 ff.;
Noll Peter	Gesetzgebungslehre, München 1973, 222 ff.
–	Zusammenhänge zwischen Rechtsetzung und Rechtsanwendung in allgemeiner Sicht, ZSR 93 (1974), 2. Hbbd., 249 ff.
Oftinger Karl/Stark Emil	Schweizerisches Haftpflichtrecht, Allgemeiner Teil Bd. I, 5. Aufl., Zürich 1995, 31 ff., 678 ff.
Riemer Hans Michael	Die Einleitungsartikel des Schweizerischen Zivilgesetzbuches (Art. 1–10), Bern u. Zürich 1987, 107 ff.
–	Berührungspunkte zwischen Sozialversicherungs- und Privatrecht, insbesondere die Bedeutung des Privatrechts bei der Auslegung des Sozialversicherungsrechts durch das EVG, in: FS 75 Jahre EVG, Bern 1992, 147 ff. (zit.: Berührungspunkte)
Schmid Hans	Kommentar zum schweizerischen Privatrecht, ZGB I, Basel 1996, Art. 7
Schönenberger Wilhelm/ Jäggi Peter	Zürcher Kommentar, Obligationenrecht, Teilband V 1a, Zürich 1973, N 63 ff. der Allgemeinen Einleitung
von Tuhr Andreas/Peter Hans	Allgemeiner Teil des Schweizerischen Obligationenrechts, Bd. I, 3. Aufl., Zürich 1979, 3 ff.

A. Gegenstand und Rechtsnatur des Art. 7

I. Einheit der schweizerischen Privatrechtsordnung

1. Idee der Einheit

Die kantonalrechtlichen Kodifikationen und die darauf beruhende *Vereinheitlichung des schweizerischen Privatrechts insgesamt* bilden die hervorragendsten Merkmale der schweizerischen Privatrechtsentwicklung des 19. und des beginnenden 20. Jahrhunderts (im einzelnen LIVER, N 26 ff., 60 ff. der Einleitung zu Art. 1–10 ZGB). Aus der geschichtlichen Entwicklung, die eine Kodifikation des Privatrechts nicht auf einen Schlag, sondern nur in Etappen zuliess, ergab sich in der Folge eine – bis heute andauernde – *formelle Getrenntheit der schweizerischen Privatrechtsordnung*: Obligationenrecht, Zivilgesetzbuch und eine umfangreiche Spezialgesetzgebung zu zahlreichen weiteren privatrechtlichen Bereichen (vgl. dazu auch ausführlich MARTI, Vorbem. zu Art. 5 und 6, N 91 ff., 123 ff.). Trotz dieser formellen Getrenntheit beruht das schweizerische Privatrecht aber *materiell auf der Idee der inneren Einheit* (MEIER-HAYOZ 150; MERZ 38/39; GAUCH/SCHLUEP, OR AT I, 6. Aufl., Nr. 13 ff.; SCHÖNENBERGER/JÄGGI, N 63 ff.; CARONI 240 f.).

2

Im Gegensatz zu ausländischen Rechtsordnungen (Deutschland, Frankreich) kennt das schweizerische Recht sodann dem Grundsatz nach *keine Trennung von Zivilrecht und Handelsrecht*, wenn auch einzelne Bestimmungen oder Rechtsinstitute auf den kaufmännischen Verkehr bzw. die Bedürfnisse des Handels zugeschnitten sind («code unique»; vgl. GUHL/MERZ/KOLLER, OR, 8. Aufl., Zürich 1995, 7; HONSELL, OR BT, 3. Aufl., Bern 1995, 1/2; MARTI, Vorbem. zu Art. 5 und 6, N 92; zur Stellung des ZGB im Rahmen der grossen europäischen Zivilrechtskodifikationen siehe SCHNYDER, N 221 ff. der Allgemeinen Einleitung).

Einheit bedeutet Existenz einer gemeinsamen, übergreifenden Grundlage. Namentlich folgende Prinzipien verkörpern diese Rechtseinheit: Das Freiheitsprinzip (als Privatautonomie bzw. Vertragsfreiheit), der Rechtsschutzgedanke, das Prinzip von Treu und Glauben, der Grundsatz des richterlichen Ermessens sowie der Gedanke der (Rechts-)Gemeinschaft (vgl. NOBEL 288 unter Hinweis auf die Erläuterungen EUGEN HUBERS zum ZGB; zu den gemeinsamen Werten der schweizerischen Rechtsordnung auch allgemein MARTI, Vorbem. zu Art. 5 und 6, N 183 f. sowie SCHNYDER, N 230 ff. der Allgemeinen Einleitung). Anders als das deutsche BGB (§§ 1–240; insbesondere §§ 104 ff. als Allgemeiner Teil der Rechtsgeschäfte) und ihm folgend zahlreiche Gesetzbücher anderer Staaten (Hinweise bei FRIEDRICH N 2 ff.) kennt aber die schweizerische Privatrechtsgesetzgebung *keinen Allgemeinen Teil*, in welchem die für das gesamte Privatrecht gültigen Grundsätze zusammengefasst sind. Der fehlende Allgemeine Teil des schweizerischen

3

Art. 7

Privatrechts wird in funktionaler Hinsicht bis zu einem gewissen Grad durch das *Personenrecht* (etwa bezüglich Rechts- und Handlungsfähigkeit, Wohnsitz, allgemeine Bestimmungen über juristische Personen) ersetzt (BUCHER 71; ders., N 8, 26 ff. der Einleitung zum Personenrecht; GROSSEN, SPR II, 291); von Bedeutung ist auch das *Vormundschaftsrecht*, soweit es das Handlungsfähigkeitsrecht normiert (SCHNYDER/MURER, N 61 des Systematischen Teils zum Vormundschaftsrecht). Sodann bildet die Verweisung von Art. 7 die ausdrückliche Grundlage für die Anwendung bestimmter Regeln des Obligationenrechts in anderen privatrechtlichen Bereichen und stellt insoweit – neben Art. 2 – eine Bestimmung dar, die teilweise als *Ersatz* für den fehlenden Allgemeinen Teil angesehen werden kann (MERZ 38; nachfolgend N 28).

Genau gesehen ersetzt allerdings Art. 7 als solcher den Allgemeinen Teil des ZGB noch nicht, sondern dieser muss durch Wissenschaft und Rechtsprechung über Art. 7 erst *geschaffen* werden (GIESKER-ZELLER 159). CARONI (241) weist sodann darauf hin, dass der Allgemeine Teil des OR weder materiell noch formell dem klassischen, überlieferten Begriff des Allgemeinen Teils (etwa im Sinne des BGB) entspricht und sich im wesentlichen auf die Regelung des unproblematischen Kerns – nämlich die Lehre von den Rechtsgeschäften – beschränkt.

2. Tendenz zur Rechtszersplitterung

4   Die Idee der Einheit des schweizerischen Privatrechts vermag auf der anderen Seite nicht darüber hinwegzutäuschen, dass auf einzelnen Gebieten neben der formellen längst auch eine *materielle Rechtszersplitterung* Tatsache geworden ist. Am deutlichsten tritt dies als Folge von relativ zufälligen und kaum aufeinander abgestimmten «Wucherungen der Spezialgesetzgebung» (WIDMER, ZBJV 1994, 392) im *Haftpflichtrecht* zutage. Diese Entwicklung wurde bereits vor nahezu einem halben Jahrhundert von OFTINGER (ZSR 1949, 406a–409a; ders., Haftpflichtrecht I, 2. Aufl., Zürich 1958, 6 ff.) und ihm folgend von STARK (Probleme der Vereinheitlichung des Haftpflichtrechts, ZSR 1967, 1 ff.) diagnostiziert. Danach werden in haftpflichtrechtlichen Spezialgesetzen des Bundes häufig gleiche Fragen unterschiedlich geregelt, ohne dass dafür ein sachlicher Grund vorliegt (Aufzählung bei STARK, ZSR 1967, 19 ff.; ALFRED KELLER, Haftpflicht im Privatrecht I, 5. Aufl., Bern 1993, 33 f.; OFTINGER/STARK, § 1 N 1, 72 ff.; grundsätzlich auch H.P. WALTER, Splitterndes Privatrecht, recht 1987, 1–9; vgl. ferner die Übersicht über die zivilrechtlichen Haftpflichtbestimmungen ausserhalb des ZGB/OR bei SCHÖNENBERGER/GAUCH, Textausgabe OR, 40. Aufl., Zürich 1994, Anhang III. A.). Zur teilweise ungenügenden Abstimmung von vertragsrechtlichen Spezialbestimmungen des sog. *Swisslex-Paketes* mit dem OR vgl. MARTI, Vorbem. zu Art. 5 und 6, N 134 mit Hinweisen.

Art. 7

Auf die Gefahren der isoliert, d.h. *ohne Rücksicht auf die allgemeinen Grundlagen der geltenden Rechtsordnung* geschaffenen Spezialgesetzgebung hat – neben anderen – schon LIVER hingewiesen (Begriff und System 154; vgl. ferner PEDRAZZINI, Für eine kohärente Rechtsordnung, SJZ 1990, 133 ff.). Zu den Bestrebungen, diese Rechtszersplitterung (oder Dekodifikation, vgl. CARONI 20) im Bereich des Haftpflichtrechts auf gesetzgeberischer Ebene durch *Schaffung eines Allgemeinen Teils des schweizerischen Haftpflichtrechts* zu überwinden, vgl. N 12. 5

3. Funktion von Art. 7

Art. 7 als *Klammer* zwischen ZGB und OR wie auch zwischen kodifiziertem und nichtkodifiziertem Privatrecht (CARONI 240) ermächtigt und verpflichtet den Richter auf der Ebene der Rechtsanwendung zur *Verwirklichung einer weitestmöglichen Kohärenz im Bereich der gesamten Privatrechtsordnung*; er dient als formelle Grundlage für die Realisierung des Bekenntnisses zu einem «inneren Begründungszusammenhang der Rechtssätze und Rechtsinstitute» (MERZ 39; vgl. auch JÄGGI, Grundfragen der Privatrechts-Entwicklung, in: Festschrift des Schweizerischen Juristenvereins zur Landesausstellung 1964, Basel 1964, 168 ff.). Die Bedeutung von Art. 7 darf jedoch insoweit nicht überschätzt werden, als der darin festgeschriebene Grundsatz Teil eines *allgemein geltenden Prinzips der Rechtsanwendung bzw. Rechtsfindung* darstellt und daher auch ohne ausdrückliche gesetzliche Grundlage Geltung hat (vgl. N 29). 6

II. Art. 7 als Problem der Gesetzgebungstechnik

1. Vorbemerkungen

a) Neben dem allgemeinen Teil, der Fiktion und der Legaldefinition bildet die Verweisung eine *abkürzende Figur* der Gesetzgebungstechnik (KINDERMANN 47 ff.). Ähnlich der mathematischen Methode der Ausklammerung einzelner übergreifender Faktoren werden bei der Verwendung einer solchen Figur bestimmte, sich wiederholende Regelungselemente in der einen oder anderen Weise zusammengefasst und im Gesetzestext lediglich einmal erwähnt, was zu einer Straffung des Textes bei unverändertem Inhalt führt. Dieses Vorgehen bedingt aber, dass sich der Gesetzesanwender (wie er dies ohnehin im Rahmen der Rechtsfindung tun muss) nicht auf Kenntnisnahme und Auslegung der jeweiligen einzelnen Norm beschränkt, sondern das Gesetz, ja die Rechtsordnung als Ganzes im Auge be- 7

Art. 7

hält. Im Gegensatz dazu strebt die *kasuistische Methode* jeweilige Vollständigkeit des einzelnen Regelungsbereichs an, nimmt umgekehrt aber Weitläufigkeit, Kompliziertheit und sprachliche Schwerfälligkeit in Kauf.

8   Bei der *umfassenden Kodifikation eines Rechtsgebietes* ist im Interesse einer verständlichen und ökonomischen Strukturierung der Materie die Ausklammerung gewisser Grundsätze und Begriffe, die für alle in Betracht fallenden Bereiche gelten sollen, in der einen oder anderen Weise unumgänglich. Der Gesetzgeber kann damit auf einfache Art einen grossen Kreis von Tatbeständen erfassen, ohne sich in jedem Anwendungsfall wiederholen zu müssen. Allgemeine Kriterien für die Beantwortung der Frage, welche der in Betracht fallenden – logisch gleichwertigen – abkürzenden Figuren im konkreten Fall verwendet werden soll, lassen sich dabei kaum formulieren; vielmehr ist die adäquate Lösung für den jeweiligen Einzelfall zu suchen, vorab im Hinblick auf die juristischen Kenntnisse und Bedürfnisse des jeweiligen *Hauptadressatenkreises* des Erlasses (KINDERMANN 80 ff., der im Hinblick auf die Allgemeinverständlichkeit eine Reihenfolge Wiederholung – Fiktion – Verweisung – Legaldefinition – Allgemeiner Teil vorschlägt).

9   b)   Auf der anderen Seite ergeben sich aus der Verwendung abkürzender Figuren mitunter *zusätzliche heikle Auslegungsfragen*. So ist etwa bei der Verweisung regelmässig zu prüfen, welches der *Umfang* der Verweisung ist, d.h., welche einzelnen Regelungselemente des Gesetzes an welcher anderen Stelle in welchem Sinn als wiederholt zu gelten haben (BGE 117 II 428 E. 3 betr. Art. 365 Abs. 1 OR; zur Problematik der Verweisung gemäss Art. 218 OR vgl. GIGER, N 5 ff. zu Art. 218 OR; vgl. auch die Verweisung in Art. 398 Abs. 1 OR, die als «gesetzgeberische Fehlleistung» bzw. als missverständlich taxiert wird: FELLMANN, N 479 ff. zu Art. 398 OR). Unklarheiten können ferner entstehen, wenn ein Verweisungsobjekt (nachfolgend N 20) bei einer *Gesetzesrevision* ohne Rücksichtnahme darauf geändert wird, dass damit inhaltlich auch eine Verweisungsnorm berührt wird (HOTZ, Methodische Rechtssetzung, Zürich 1983, 217; zu den Auswirkungen der Reform des Aktienrechts auf das Recht der GmbH vgl. HANDSCHIN, Die GmbH, Zürich 1996, 8 ff.).

Auch ein Allgemeiner Teil entbindet nicht davon, im einzelnen Fall das Verhältnis der allgemeinen zur besonderen Regel zu klären (vgl. BGE 120 II 245 E. 3 betr. Anwendung der allgemeinen Bestimmung des Art. 44 OR im Rahmen der spezialgesetzlichen Regelung von Art. 337c Abs. 1 OR) und setzt entsprechende Kenntnis der juristischer Methodik voraus (FRIEDRICH N 7–18, 29; KINDERMANN 49 ff.); zudem büsst das Gesetz in diesem Fall naturgemäss an zusammenhängender Lesbarkeit ein. Vgl. zum Problem der Anwendbarkeit des Allgemeinen Teils des OR auf das *Gesellschaftsrecht* FELLMANN, Grundfragen im Recht der einfachen Gesellschaft, ZBJV 1997, 285 ff. (insbes. 291 f.).

Art. 7

c) Für den Gesetzgeber sollte bei der Frage, von welcher Methode er ausgeht, 10
die *optimale Verständlichkeit* der Norm für den jeweiligen (wichtigsten) Normadressaten im Vordergrund stehen (FRIEDRICH N 8; NOLL, Zusammenhänge 277). Es geht also bei der Gesetzgebungstechnik insoweit in erster Linie um Praktikabilität und Anschaulichkeit im Hinblick auf die Rechtsanwendung im Einzelfall; erst in zweiter Linie sollte das Bestreben nach rechtsdogmatischer Strukturierung und Darstellung zum Zug kommen. Insofern unterscheidet sich die Gesetzgebung von der wissenschaftlichen Bearbeitung. Geht man davon aus, dass sich das Privatrecht vornehmlich an das *Privatrechtssubjekt* richtet, kommt hier dem Gesichtspunkt der konkreten Anschaulichkeit besondere Bedeutung zu (vgl. LIVER, N 133 ff. der Einleitung zu Art. 1–10 ZGB; umgekehrt dient nach JÄGGI [N 6] 166, das Privatrechtsgesetzbuch vorab dem Richter dazu, die Entscheidung von Streitfällen zu erleichtern und wird vom Volk in der Regel gar nicht gelesen; ähnlich DÜRR, Vorbem. zu Art. 1 und 4, N 98 ff. mit Hinweisen). Immerhin erweist sich aber in der Regel die Verweisung sowohl für den Bürger wie für den Richter als vorteilhafter als der Allgemeine Teil, der mit seinem hohen Abstraktionsgrad für sich allein betrachtet keinen Lebenssachverhalt vollständig regelt (KINDERMANN 52; KARPEN 18).

In grundsätzlicher Hinsicht erweist sich das Postulat der Verständlichkeit bzw. der Allgemeinverständlichkeit des Gesetzes insofern als fragwürdig bzw. unrealistisch, als Verständlichkeit von Sprache nicht als feststehende Eigenschaft, sondern immer nur als jeweilige Relation zwischen Lesendem und Gelesenem zu verstehen ist; vgl. etwa NUSSBAUMER, Über Sinn und Unsinn eines Begriffs «verständlicher Gesetzestext», LeGes (Gesetzgebung heute), 1995/1, 87 ff. Zum Problem von (insbesondere geschriebener) Sprachlichkeit von Recht und Gesetz ausführlich DÜRR, Vorbem. zu Art. 1 und 4, N 18 ff., 162 ff., 213 ff. sowie N 57 ff. zu Art. 1; CARONI 83 ff.; BAUMANN, Recht/Gerechtigkeit in Sprache und Zeit, Zürich 1991.

d) Im Rahmen des schweizerischen Privatrechts hat der Gesetzgeber immerhin verschiedentlich auch von der Möglichkeit eines – sachlich beschränkten – Allgemeinen Teils Gebrauch gemacht. 11

Beispiele für Allgemeine Teile im OR und ZGB: Art. 1–183, 965–973 OR; Art. 52–59, 641–654 ZGB sowie Art. 1–4 SchlT; betr. Art. 120–126 OR als «Allgemeiner Teil» des Verrechnungsrechts vgl. AEPLI N 70 ff. der Vorbemerkungen zu Art. 120–126 OR.

Beispiele für Allgemeine Teile in anderen privatrechtlichen Erlassen:
– IPRG, Art. 1–32 («Gemeinsame Bestimmungen», namentlich betreffend Geltungsbereich, Zuständigkeit, anwendbares Recht);
– Lugano-Übereinkommen, Art. 1 (Anwendungsbereich), 2–4 (Allgemeine Vorschriften;
– BGBB, Art. 1–10 («Allgemeine Bestimmungen»);
– BG über den Erwerb von Grundstücken durch Personen im Ausland, Art. 1–3 («Zweck und Grundsätze»);
– Kartellgesetz, Art. 1–5 («Geltungsbereich»);
– Preisüberwachungsgesetz, Art. 1/2 («Geltungsbereich»);
– VVG, Art. 1–47 («Allgemeine Bestimmungen»);

Art. 7

- Konsumkreditgesetz, Art. 1–5 («Begriffe»), Art. 6/7 («Geltungsbereich»).
Ausserhalb des Privatrechts vgl. etwa Art. 1–37 SchKG, Art. 1–110 StGB, Art. 1–40 OG.

12   e)   Im August 1988 setzte das EJPD eine «Studienkommission für die Gesamtrevision des Haftpflichtrechts» mit dem Auftrag ein, eine umfassende *Revision des schweizerischen Haftpflichtrechts* vorzubereiten. Die Kommission erstattete im August 1991 ihren Bericht, der in 102 Thesen Vorschläge für eine umfassende Überarbeitung des schweizerischen Schadenersatzrechts und angrenzender Bereiche zur Diskussion stellt (vgl. AJP 1992, 1099 ff.). Kernstück der Revision in systematischer Hinsicht – mit dem Ziel einer *materiellen Harmonisierung* – ist ein ins OR einzufügender *Allgemeiner Teil des Haftpflichtrechts*; darin sollen alle gemeinsamen Fragen eine einheitliche Regelung finden. Die geltenden Spezialgesetze für die verschiedenen Fälle von Gefährdungshaftung sollen grundsätzlich bestehen bleiben; sie würden aber ausser der jeweiligen Umschreibung des spezifischen Anknüpfungssachverhaltes nur noch diejenigen haftungsrechtlichen Bestimmungen enthalten, die sich wegen der besonderen Natur des Regelungsgegenstandes (etwa im Bereich des Nuklearschadens) wirklich aufdrängen (dazu WIDMER, La réforme du droit de la responsabilité civile, AJP 1992, 1086 ff.; ders., Die Vereinheitlichung des schweizerischen Haftpflichtrechts – Brennpunkt eines Projekts, ZBJV 1994, 385 ff., 392; OFTINGER/STARK, § 1 N 75 ff.; vgl. sodann den diesbezüglichen Vorentwurf vom 4. April 1996, ZSR 1997 I, 407 ff. mit weiteren Beiträgen von TERCIER u.a.).

Zu den Bestrebungen für die Kodifizierung bzw. Koordination des *Sozialversicherungsrechts* vgl. den Bericht der Kommission des Ständerates vom 27. September 1990 samt Entwurf für ein Bundesgesetz über den Allgemeinen Teil des Sozialversicherungsrechts, BBl 1991 II, 185 ff.; vgl. auch THOMAS LOCHER, Grundriss des Sozialversicherungsrechts, 2. Aufl., Bern 1997, 3/4.

13   f)   Die Funktion eines Allgemeinen Teils kann auch einem *besonderen Gesetz* (bzw. Teilen davon) im Verhältnis zu anderen Gesetzen zukommen. Im Kanton Zürich kommt etwa Teilen des Gerichtsverfassungsgesetzes die Bedeutung eines Allgemeinen Teils des Prozessrechts zu, indem sie sowohl das (je spezialgesetzlich geregelte) Zivil- wie das Strafverfahren betreffende Materien gemeinsam regeln (III., IV. und V. Abschnitt betr. Ausstand der Justizbeamten, Aufsicht über die Gerichte sowie allgemeine Bestimmungen, namentlich betreffend Protokoll- und Aktenführung, Form der Entscheide, Erläuterung, Vorladung, Mitteilung von Entscheiden und Fristenlauf).

14   g)   Die schweizerische Bundeskanzlei und die damalige Justizabteilung erliessen im Jahre 1976 «Richtlinien der Gesetzestechnik» (nicht amtlich bekanntgemacht; KINDERMANN 16 f.). Danach ist ausdrücklich vorgesehen (Ziff. 612, zit. bei KINDERMANN 50/51; vgl. auch SJZ 1973, 364):

«*Gemeinsame Vorschriften*: Diese haben den Vorteil, dass eine Einheit, die für mehrere Gegenstände gilt, nur einmal geregelt werden muss.

Wiederholung: Mit ihr kann jeder Gegenstand geschlossen geregelt werden.

Verweisung: Mit ausdrücklichen Verweisungen ist sparsam umzugehen. Bevor eine Verweisung verwendet wird, sollte die Gliederung des Erlasses überprüft werden. Oft kann man die Reihenfolge der Normen noch übersichtlicher gliedern. Werden Verweisungen verwendet, so soll nicht nur die Artikelzahl genannt, sondern der Inhalt der Vorschrift wiedergegeben oder umschrieben werden.

Die Ausdrücke «entsprechend» und «sinngemäss» werden verwendet, wenn die Vorschrift, auf die verwiesen wird, an einen veränderten Sachverhalt anknüpft.

Vorbehalt: Die Wendung «vorbehalten bleibt» ist dann angebracht, wenn bei einer Bestimmung auf eine weitere (in einem anderen Teil des Erlasses oder in einem anderen Erlass), im Sinne einer Ausnahme, hingewiesen werden soll. Andere Bestimmungen, deren Mitberücksichtigung selbstverständlich ist, bedürfen keines solchen Hinweises.»

Mittlerweile sind die Richtlinien von 1976 durch die «Gesetzestechnischen Richtlinien» der Bundeskanzlei von 1995 abgelöst worden; gleichzeitig wurde vom Bundesamt für Justiz ein «Leitfaden für die Ausarbeitung von Erlassen des Bundes» («Gesetzgebungsleitfaden») geschaffen; vgl. LeGes (Gesetzgebung heute), 1993/3, 105 ff. sowie 1995/2, 101 ff. Ziff. 11.54 des Leitfadens lautet: 14a

«1. Gesetze und Verordnungen sollen so aufgebaut werden, dass sich Verweisungen nach Möglichkeit erübrigen, denn Verweisungen erschweren den Gebrauch von Rechtssätzen. Erlasse sollen deshalb *möglichst vollständig formuliert* werden.

2. *Doppelverweisungen* (Weiterverweisungen oder Verweisungsketten) sind zu vermeiden. Sie erschweren das Verständnis und können zur Plage werden.

3. Verweisungen sollen nur eingesetzt werden, wenn sie gegenüber einer Wiederholung eine wesentliche *Vereinfachung* darstellen und die Verständlichkeit des Erlasses nicht beeinträchtigen.

4. Die Verweisungsnorm hat den Anforderungen gerecht zu werden, die an das *Legalitätsprinzip* und an die *Grundsätze für die Übertragung von Rechtsetzungsbefugnissen* gestellt werden.

5. Soll verwiesen werden, ist eine *Rechtskonformitätsprüfung* vorzunehmen.

6. *Statisch-direkte Verweisungen* sind so zu formulieren, dass das Verweisungsobjekt und dessen Fassung *unverwechselbar und eindeutig* bezeichnet wird. Der Bezugsort (z.B. von technischen Regeln) oder die amtliche Publikationsstelle (z.B. Amtsblatt der EU) ist in einer Fussnote anzugeben.

7. Das Verweisungsobjekt soll grundsätzlich *unverändert* Anwendung finden; Verweisungsanalogien, ausgedrückt durch die «sinngemässe» oder «entsprechende» Anwendbarerklärung des Verweisungsobjektes, sollen somit nicht verwendet werden.

8. Bei der indirekten Verweisung auf die Regeln der Technik und Wissenschaft kann der Regelungsfreiheit des privaten Regelungssetzers Schranken gesetzt werden, indem die Verweisungsnorm *Grundsätze* festlegt, die erfüllt sein müssen, damit den Regeln die gesetzlich vorgesehene Rechtswirkung zukommt (z.B. Durchführung von Vernehmlassungsverfahren, möglichst repräsentative Zusammensetzung der Normengremien, Beschwerdemöglichkeit, Pflicht zur Begründung und Erklärung der Normen, staatliche Beteiligung am Normsetzungsprozess oder staatliche Genehmigung der erarbeiteten Normen).

9. Bei der *indirekten Verweisung* auf die Regeln der Technik und der Wissenschaft schreibt die Verweisungsnorm vor, wie bestimmten Anforderungen Genüge getan werden kann. Sie

Art. 7

lässt aber auch andere Möglichkeiten des Nachweises zu. Bei der Formulierung der Verweisungsnorm sollte dies durch Beifügung von Umschreibungen wie «*insbesondere*» oder «*in der Regel*» deutlich gemacht werden.»

2. Die Ablehnung eines Allgemeinen Teils im ZGB

15 a) Schon die kantonalen Zivilrechtskodifikationen kannten, wenn überhaupt, so nur in beschränktem Umfang Bestimmungen allgemeiner Natur (Nachweise bei FRIEDRICH N 19). Verweisungen waren demgegenüber dem kantonalen Privatrecht geläufig. So fanden die Bestimmungen des OR von 1881 über die Verträge gemäss Verweisung verschiedener kantonaler Gesetze (z.B. § 1089 des zürcherischen PBG neue Fassung) auch auf diejenigen Rechtsgeschäfte Anwendung, welche weiterhin dem kantonalen Recht unterstanden (EGGER N 2). Auch bundesrechtlich galten schon vor Erlass des ZGB verschiedene spezialgesetzliche Verweisungen (FRIEDRICH N 22).

16 b) Nachdem bereits im Verlauf der Vorarbeiten zum ZGB der Verzicht auf einen Allgemeinen Teil eingehend begründet worden war und auch seitens der Kantone kein Bedürfnis angemeldet wurde (MERZ 36 ff. mit Hinweisen auf EUGEN HUBER; CARONI 5 f.; vgl. auch SCHNYDER, N 236 f. der Allgemeinen Einleitung), bildete diese Frage bei der Beratung des Gesetzes im Parlament kein Thema mehr. Es herrschte vielmehr Einigkeit darüber, dass ein Allgemeiner Teil des ZGB notwendigerweise den Verzicht auf den Allgemeinen Teil des OR zur Folge hätte, denn ein Allgemeiner Teil über die Rechtsgeschäfte hätte eine Umgestaltung des Schuldrechts bedingt. Eine solche Umgestaltung des damals noch jungen OR, das sich im wesentlich gut eingeführt hatte, sollte jedoch gerade vermieden werden (FRIEDRICH N 23 ff.).

17 Der Verzicht des Gesetzgebers auf einen Allgemeinen Teil war bei der Schaffung des ZGB in der Grundkonzeption somit vorgegeben. Zutreffend wird betont, dass die Vorzüge des ZGB – Konkretheit und Anschaulichkeit – mit der Formulierung von allgemeinen und damit abstrakt gehaltenen Bestimmungen in Frage gestellt worden wären (FRIEDRICH N 26); damit wäre vor allem auch das schweizerische System des Laienrichtertums in Frage gestellt worden. Das Fehlen eines Allgemeinen Teils ist denn auch weder von der Praxis noch von der Lehre als Mangel empfunden, sondern seit jeher als *Chance* betrachtet worden, die Art der Anwendung der allgemeinen Bestimmungen des OR in den anderen privatrechtlichen Bereichen *den jeweiligen Gegebenheiten in individueller und differenzierter Weise anzupassen*. Dass oftmals erst die Rechtsprechung Klarheit über Grundsatz und Art dieser Anwendung schuf, wurde zu keiner Zeit als

Beeinträchtigung der Rechtssicherheit empfunden, zumal auch ein Allgemeiner Teil derartige bzw. ähnliche Auslegungsprobleme nicht hätte verhindern können (FRIEDRICH N 29; vgl. zur Diskussion über Vorzüge und Schwächen eines Allgemeinen Teils sodann die bei BUCHER 71 Anm. 1 zit. Autoren).

Zur vereinzelten Kritik am Verzicht auf einen Allgemeinen Teil vgl. FRIEDRICH N 27. – Im Gegensatz zum schweizerischen Recht, das der richterlichen Rechtsfindung gegenüber dem gesetzten Recht seit jeher verhältnismässig breiten Raum einräumte, *beruht das BGB – rechts- und ideengeschichtlich durch das neuere Naturrecht und die Pandektenwissenschaft geprägt – auf einem dogmatisch geschlossenen System mit klar definierten Begriffen und hohem Abstraktionsgrad*, dies auf Kosten einer komplizierten Sprache und teilweise lebensfernen Begriffsbildungen (vgl. LIVER, N 117 ff. der Einleitung zu Art. 1–10; PALANDT, BGB, 54. Aufl., N 7 der Einleitung; vgl. ferner für die Gegenüberstellung von BGB und ZGB/OR insbes. WIEACKER, Privatrechtsgeschichte der Neuzeit, Göttingen 1967, 488 ff.; CARONI 2 ff.). 18

3. Begriff und Arten der Verweisung

a) Begriff

Durch die Verweisung wird eine Norm bzw. ein Normkomplex über denjenigen Bereich, für den er unmittelbar geschaffen wurde, hinaus auch für andere regelungsbedürftige Bereiche anwendbar erklärt. Anders ausgedrückt ist die Verweisung «das gesetzestechnische Mittel, um eine bezüglich Tatbestand oder Rechtsfolge ganz oder teilweise unvollständige Rechtsnorm durch eine (in dieser unvollständigen Rechtsnorm selber genannte oder stillschweigend vorausgesetzte) andere Rechtsnorm oder durch Teile davon zu vervollständigen» (KARPEN, zit. bei HOTZ, Methodische Rechtssetzung, Zürich 1983, 217). 19

Indem somit die Verweisung zwei gesetzliche Regelungen miteinander verknüpft, lassen sich folgende *drei Elemente* unterscheiden: 20

– das *Verweisungsobjekt*, d.h. die von der Verweisung erfasste Norm oder Mehrzahl von Normen, die in einem anderen Bereich anwendbar sein soll (in Art. 7 z.B. die allgemeinen Bestimmungen des OR),

– der *Bereich der verwiesenen (übertragenen) Anwendung*, in welchem das Verweisungsobjekt anwendbar sein soll (in Art. 7 z.B. die anderen zivilrechtlichen Verhältnisse), sowie

– die *Verweisungsnorm selbst*, durch welche die Verweisung ausgesprochen wird (z.B. Art. 7 ZGB).

Zu beachten ist allerdings, dass in der Regel die Verweisungsnorm *Bestandteil der Normen des verwiesenen Anwendungsbereichs* ist, weshalb in den Definitio- 21

Art. 7

nen der Verweisung meistens nur zwischen Verweisungsnorm und Verweisungsobjekt unterschieden wird (etwa KARPEN 21 ff.). So bildet beispielsweise Art. 663 ZGB Bestandteil der Vorschriften über die Ersitzung von Grundeigentum, in welchem Bereich die Verjährungsvorschriften des OR (als Verweisungsobjekt) analoge Anwendung finden. Art. 7 stellt insoweit eine Ausnahme dar, als hier der Grundsatz der Verweisung wegen seiner umfassenden Tragweite für alle anderen privatrechtlichen Verhältnisse ausgeklammert und in einer separaten Bestimmung vorangestellt wird.

b) Arten

22 aa) Nach *Umfang der Verweisung* wird unterschieden zwischen Einzelverweisung und Global- bzw. Gesamtverweisung.

– Die *Einzel- oder Spezialverweisung* erklärt eine Norm oder ein einzelnes Rechtsinstitut (z.B. Verjährung) für einen anderen als den unmittelbaren Anwendungsbereich anwendbar. In diesem Fall herrscht grundsätzlich Klarheit darüber, dass das Verweisungsobjekt auch im verwiesenen Bereich anwendbar sein soll; in der Regel kann der Richter hier die analoge Anwendung nicht frei handhaben (DESCHENAUX 63; FRIEDRICH N 67).
  Beispiele:
  – im ZGB: Art. 58, 59 Abs. 2, 266 Abs. 3, 514, 637 Abs. 1, 638, 663, 678 Abs. 1, 712g Abs. 1, 712i Abs. 3, 712m Abs. 2, 728 Abs. 3, 781 Abs. 3, 783 Abs. 3, 846, 899 Abs. 2; immerhin sehen Art. 663 und 728 Abs. 3 die «entsprechende» Anwendung der Vorschriften über die Verjährung vor, was z.B. im Hinblick auf die Frage, ob bei der Ersitzung zusätzliche Unterbrechungsgründe (Art. 135 OR) anerkannt werden können, zu Unklarheiten führen kann (FRIEDRICH N 67; DESCHENAUX 63; MEIER-HAYOZ N 4 zu Art. 663);
  – im OR: Art. 40f Abs. 3, 365 Abs. 1, 398 Abs. 1, 436 Abs. 3, 439, 483 Abs. 1, 491 Abs. 2, 521 Abs. 2, 538 Abs. 3, 557 Abs. 2, 574 Abs. 1, 598 Abs. 2, 619 Abs. 1, 764 Abs. 2, 770 Abs. 2, 771 Abs. 1, 805, 808 Abs. 6, 817 Abs. 1, 819 Abs. 1, 823, 827, 874 Abs. 2, 917 Abs. 2, 920, 1143, 1152 Abs. 2.

– Unter *Global- oder Gesamtverweisungen* versteht man demgegenüber Verweisungen von bzw. auf ganze Normkomplexe oder Gesetzesabschnitte, indem z.B. für einen bestimmten Vertragstypus ergänzend die Bestimmungen einer anderen Vertragsart anwendbar erklärt werden. Hier kann im Einzelfall fraglich sein, ob die Anwendung in modifizierter Weise (N 37 f.) stattfinden soll.
  Beispiele (neben Art. 7): Art. 218, 221, 412 Abs. 2, 418b, 425 Abs. 2, 440 Abs. 2 OR. – Art. 7 kann *in doppelter Hinsicht* als Globalverweisung angesehen werden: Nicht nur wird ein ganzes Normengebäude (Allgemeine Bestimmungen des OR) von der Verweisung erfasst, auch beim Bereich der verwiesenen Anwendung (andere zivilrechtliche Verhältnisse) handelt

es sich um einen weitläufigen Normenkomplex. – Gesamtverweisungen sind sodann häufig mit einem *Vorbehalt* zugunsten abweichender Sonderbestimmungen verbunden, vgl. GIGER, N 5/6 zu Art. 218 und N 4 zu Art. 221 OR.

bb) Nach der *Lokalisierung des Verweisungsobjektes* wird unterschieden zwischen *Binnenverweisung* und *Aussenverweisung*. Bei Binnenverweisungen wird auf eine Regelung innerhalb des die Verweisungsnorm enthaltenden Erlasses Bezug genommen; Aussenverweisungen verweisen auf Normen eines anderen Erlasses (KINDERMANN 73 ff., insbesondere zum Unterschied zwischen «statischen» und «dynamischen» Aussenverweisungen, bei denen auf eine Vorschrift «in der jeweils geltenden Fassung» verwiesen wird; zur verfassungsrechtlichen Problematik von dynamischen Verweisungen VPB 41 [1977] Nr. 110). Da das OR der 5. Teil und damit Bestandteil des ZGB ist, stellt Art. 7 eine Binnenverweisung dar. 23

Beispiele für Aussenverweisungen: Art. 97 Abs. 2, 218 sowie Art. 328b Satz 2 OR; Art. 82 Abs. 2 BGBB, Art. 27 Abs. 5 BewG, Art. 8 Abs. 1 lit. e sowie 13 Abs. 2 KG, Art. 11 Abs. 1 PrHG, Art. 65 Abs. 4 URG, Art. 9 Abs. 3 UWG, Art. 100 VVG, Art. 59 Abs. 4, 62 Abs. 1 SVG, Art. 69 Abs. 3 Gewässerschutzgesetz (der vorbildlich den Umfang der Verweisung durch ausdrückliche Nennung der entsprechenden OR-Bestimmungen umschreibt); ferner namentlich in den Verantwortlichkeitsgesetzen der Kantone, soweit auf das OR als ergänzendes Recht verwiesen wird (N 126). Aussenverweisungen finden sich insbesondere auch in *Prozessrechtsgesetzen*, vgl. Art. 40 OG, 99 BStP.

c) Der Begriff der Verweisung findet sodann im Zusammenhang mit *technischen und wissenschaftlichen Normen* bzw. Regeln Verwendung, namentlich soweit der Gesetz- oder Verordnungsgeber auf Normen eines privaten Fachverbandes (z.B. Schweizerischer Elektrotechnischer Verein, SEV) oder allgemein auf die «anerkannten Regeln der Technik» verweist (vgl. Art. 4 Abs. 2 Starkstromverordnung, SR 734.2 sowie Art. 6 Leitungsverordnung, SR 734.31; weitere Beispiele bei RUCH, Recht der Technik – Rechtstechnik, ZBl 1995, 1 ff., 8; siehe auch MARTI, Vorbem. zu Art. 5 und 6, N 179 f.; KINDERMANN 74 f.). Hier handelt es sich indessen nicht um Verweisungen im oben definierten Sinn, weil nicht zwei normative Regelungen miteinander verknüpft werden. Zur Problematik der Verweisung auf Normen privater Organisationen vgl. ferner BGE 104 Ia 478; IMBODEN/RHINOW/KRÄHENMANN, Nr. 61 u. Nr. 63 B.V.; BRUNNER, Rechtssetzung durch Private, Diss. Zürich 1982. Wesentlich ist, dass durch die Verweisung private Normenwerke nicht zu Erlassen werden; dieser Mangel wird auch nicht geheilt durch eine allfällige Mitwirkung behördlicher Organe (VPB 41 [1977] IV, Nr. 110 sowie Ziff. 11.52 des Gesetzgebungsleitfadens 1995 [zit. N 14a]). 24

Eine vergleichbare Bedeutung kommt sodann der Verweisung auf «Übung» oder «Ortsgebrauch» gemäss Art. 5 Abs. 2 ZGB zu (MARTI, Art. 5 N 209 ff.).

Art. 7

25   d)   Zum Begriff der Verweisung im *internationalen Privatrecht,* wo auf eine andere (ausländische) Rechtsordnung verwiesen wird, vgl. KARPEN 47 ff.; KELLER/SIEHR, Allgemeine Lehren des internationalen Privatrechts, Zürich 1986, 254 ff.; zur Terminologie SCHWANDER, Einführung in das internationale Privatrecht, 2. Aufl., St.Gallen 1990, 84 ff.

26   e)   Zum *linguistischen* Verweisungsbegriff vgl. WERLEN, Verweisen und Verstehen – Zum Problem des inneren Beziehungsgeflechtes in Gesetzestexten, LeGes (Gesetzgebung heute), 1994/2, 49 ff.

III. Rechtsnatur und Tragweite von Art. 7

1. Rechtsnatur

27   Art. 7 bildet die *formale Klammer* zwischen ZGB und OR, indem der Allgemeine Teil des Obligationenrechts über die «Entstehung, Erfüllung und Aufhebung der Verträge» auf andere privatrechtliche Verhältnisse anwendbar erklärt wird. Dabei verkörpert Art. 7 einen allgemeinen kodifikationsrechtlichen Grundsatz und ist insofern lediglich *deklaratorischer Natur* (N 29); er bildet einen Anwendungsfall des Prinzips, wonach Normen von generellem Gehalt auf andere, verwandte bzw. ähnliche Rechtsgebiete zu übertragen sind, soweit diese nicht eine eigene, abweichende Regelung enthalten (zum Verhältnis zwischen Art. 7 und Art. 1 N 31). Materiell dient Art. 7 der Verwirklichung des *Bestrebens nach Gesetzesökonomie* sowie *optimaler Geschlossenheit und Kohärenz* der Privatrechtsordnung (FRIEDRICH N 40/41; BUCHER 71; vgl. N 2 ff.).

Aus dem Gesagten folgt, dass Art. 7 *keinen selbständigen normativen Gehalt hat* (so auch KOLLER, AJP 1995, 414), sondern als Verweisungsnorm den Gesetzesanwender an ein *näher bezeichnetes materielles Recht weiterleitet*. Immerhin erweitert Art. 7 den sachlichen Anwendungsbereich der Allgemeinen Bestimmungen des OR explizit auf den Bereich des gesamten Privatrechts, worin sich auch ein materiellrechtlicher Aspekt manifestiert.

2. Tragweite

a) Allgemein

28   Durch die vom schweizerischen Privatrechtsgesetzgeber geschaffene Ordnung erhalten die im Allgemeinen Teil des OR festgeschriebenen Grundsätze über den unmittelbaren sachlichen Anwendungsbereich hinaus die Bedeutung einer *Lehre*

von den Rechtsgeschäften und bilden insofern einen Ersatz für den fehlenden Allgemeinen Teil des ZGB (FRIEDRICH N 6; SCHÖNENBERGER/JÄGGI, N 65; CARONI 241/42; NOBEL 288). Ob und in welcher Art und Weise die für die schuldrechtlichen Verhältnisse aufgestellten Grundsätze auf andere privatrechtliche Verhältnisse übertragen werden können, muss aber immer *im Einzelfall* geprüft werden («sinngemässe Anwendung», nachfolgend N 32 ff.). Aus Sinn und Zweck von Art. 7 ist sodann zu folgern, dass *alle* Bestimmungen des OR, denen eine «allgemeine, d.h. in ihrem Aussagegehalt … über ihren spezifischen Anwendungsbereich hinausgehende Bedeutung zukommt, im gesamten Privatrecht potentielle Geltung haben» (BUCHER 72; kritisch DESCHENAUX 52 ff.).

Festzuhalten ist, dass die mit einer Globalverweisung verbundene *Gefahr*, wonach der Richter zu «gedankenloser Verallgemeinerung» im Sinne unbesehener Übernahme der Regeln des OR auf andere Rechtsgebiete verführt werden könnte, sich in der Praxis – namentlich unter dem Einfluss der massgeblichen bundesgerichtlichen Judikatur – *nicht verwirklicht hat* (FRIEDRICH N 34; CARONI 243).

b) Notwendigkeit der Bestimmung?

Die gesetzgeberische Notwendigkeit von Art. 7 ist *kontrovers*. Im Schrifttum wird die Bestimmung mitunter als «fragwürdig» (MEIER-HAYOZ 150) bzw. «selbstverständlich, lückenhaft und verwirrend» (MEIER-HAYOZ 153; vgl. auch DESCHENAUX 51; RIEMER 107) bezeichnet; andere Autoren halten es demgegenüber für durchaus erwünscht, dass ein Rechtssatz von solch fundamentaler Tragweite ausdrücklich und an nicht zu übersehender Stelle ausgesprochen werde (FRIEDRICH N 34; EGGER N 3). In der Praxis zeigt sich die Entbehrlichkeit von Art. 7 darin, dass die Anwendung obligationenrechtlicher Regeln auf andere Rechtsbereiche zwar häufig erfolgt, oft aber stillschweigend, *d.h. ohne jegliche Bezugnahme auf Art. 7* (KELLER 220; in ähnlicher Weise erfolgt richterliche «Lückenfüllung» im Sinne von Art. 1 Abs. 2 oft unbewusst, jedenfalls oft ohne entsprechende Etikettierung, vgl. DÜRR, N 468 zu Art. 1). 29

Art. 7 erweist sich insofern als *selbstverständlich*, als das OR als 5. Buch des ZGB konzipiert ist, somit integrierenden Bestandteil der Zivilrechtskodifikation bildet und im Rahmen der Lückenfüllung gemäss Art. 1 Abs. 2 der analogieweise Rückgriff auf die Bestimmungen des OR daher dem Grundsatz nach ohne weiteres geboten ist (MEIER-HAYOZ, N 346 ff. zu Art. 1). Auch ohne eine derartige ausdrückliche Norm müssten die allgemeinen Vorschriften des OR – dem Grundsatz nach – analog auf andere zivilrechtliche Verhältnisse angewendet werden, wie dies bei Rechtsordnungen zutrifft, welche diese Verweisung nicht ausdrücklich aussprechen und auch keinen Allgemeinen Teil kennen (DESCHENAUX 51 mit Hinweisen; KOLLER, FS Schnyder 458).

Art. 7

Auch wenn Art. 7 somit keine konstitutive Bedeutung zukommt, wird zu Recht betont, dass er *nicht überflüssig* ist; durch ihn wird jeder Zweifel über die grundsätzliche Anwendbarkeit der allgemeinen Regeln des OR auf das gesamte Zivilrecht beseitigt (DESCHENAUX 51; BUCHER 72 Anm. 3). Es trifft aber zu, dass die analoge Gesetzesanwendung als Methode der Auslegung bzw. der Lückenfüllung ein allgemeines Prinzip der Rechtsfindung darstellt und als solches der ausdrücklichen Erwähnung im Gesetz nicht bedarf (BGE 108 III 44 f. betr. Anwendung von Art. 139 OR auf die Frist für die Arrestprosequierungsklage).

c) Zu enger Wortlaut

30 Der Wortlaut von Art. 7 ist in zweifacher Hinsicht *zu eng* (MERZ 39; BUCHER 4): Zum einen entspricht es einhelliger Lehre und Rechtsprechung, dass grundsätzlich *sämtliche* Bestimmungen des Allgemeinen Teils – also nicht nur diejenigen über die Entstehung, Erfüllung und Aufhebung der Verträge – auf andere zivilrechtliche Verhältnisse Anwendung finden können (BGE 81 II 438, 107 II 396, 119 II 12; TUOR/SCHNYDER/SCHMID 19; VON STEIGER, SPR VIII/1, 259 f.; BUCHER 72; GAUCH/SCHLUEP, OR AT I, 6. Aufl., Nr. 16; CARONI 243; nachfolgend N 86); zum anderen kommt die sinngemässe Anwendung bzw. Übertragung obligationenrechtlicher Bestimmungen unter Umständen auch *ausserhalb zivilrechtlicher Verhältnisse* in Betracht (nachfolgend N 114 ff.). Schliesslich gehören zu den analog anwendbaren Bestimmungen vereinzelt auch solche des Besonderen Teils des OR (N 97/98).

3. Verhältnis von Art. 7 zu Art. 1 Abs. 2

31 Indem Art. 7 den Grundsatz der analogen Rechtsanwendung ausdrücklich aufnimmt, stellt er sich in unmittelbare Beziehung zur Regel von Art. 1 Abs. 2 (siehe auch FRIEDRICH N 52). Denn die Ausfüllung von Lücken im Gesetz soll primär auf dem Weg der Analogie, d.h. durch *Übernahme geformten Rechts* erfolgen (MEIER-HAYOZ, N 346 ff. zu Art. 1). Die vom Richter zu findende Norm muss nach bundesgerichtlicher Rechtsprechung den Charakter einer allgemeingültigen Regel aufweisen und sich zudem «möglichst nahtlos in das Gesetz einfügen»; im Rahmen der Lückenfüllung nach Art. 1 Abs. 2 muss daher primär «von analogen gesetzlich bereits geregelten Tatbeständen ausgegangen werden» (BGE 118 II 141 mit weiteren Hinweisen; vgl. ferner DÜRR, N 230 ff. zu Art. 1 sowie GIGER, N 7 zu Art. 221 OR für das Analogieverfahren gemäss Art. 221 OR).

So betrachtet handelt es sich bei Art. 7 somit um eine *Konkretisierung* der in Art. 1 Abs. 2 verankerten allgemeinen Regel für den Bereich der sinngemässen Anwendung des Allgemeinen Teils des Obligationenrechts.

B. Die Gesetzesanwendung kraft Verweisung

I. Grundsatz: Sinngemässe (entsprechende) Anwendung

1. Allgemein

a) Die in Art. 7 ZGB genannten Bestimmungen (und darüber hinaus sämtliche Bestimmungen des Allgemeinen Teils des OR, nachfolgend N 86) sind nach einhelliger Lehre und Rechtsprechung nicht schlechthin auf die anderen privatrechtlichen Verhältnisse anwendbar, sondern immer nur *in entsprechender Weise, d.h. sinngemäss (analog)*. Dies bedeutet, dass regelmässig die besonderen Umstände des Falles zu berücksichtigen sind, mithin zu prüfen ist, wie weit eine Anwendung des Verweisungsobjektes auf ein bestimmtes privatrechtliches Verhältnis sachlich gerechtfertigt ist (BGE 86 II 343, 101 II 208, 102 Ib 120 E. 3, 107 II 398 f., 118 II 5, 119 II 14; Friedrich N 50; Bucher 73; Deschenaux 58; Tuor/Schnyder/Schmid 19; Schönenberger/Jäggi N 3 der Vorbemerkungen vor Art. 1 OR; Caroni 245 ff.). So kann z.B. der Umstand, dass das Verweisungsobjekt ein schuldrechtliches Rechtsinstitut darstellt und allein die Beziehungen zwischen den Vertragspartnern regelt (z.B. Verjährung), während der übertragene Anwendungsbereich (auch) Interessen der Allgemeinheit betrifft (z.B. die sachenrechtliche Ersitzung), für eine modifizierte Anwendung sprechen (vgl. Meier-Hayoz, N 2 zu Art. 663 ZGB).

Mit anderen Worten dürfen die allgemeinen Bestimmungen des OR nie unbesehen, gewissermassen blindlings übernommen werden, sondern erst nachdem geprüft worden ist, ob das betreffende Rechtsverhältnis nicht von *besonderen, abweichenden Grundsätzen beherrscht wird* (N 43 ff.) bzw. ob nicht *wegen der besonderen Natur des betreffenden Rechtsinstituts die analoge Anwendung überhaupt entfällt* (N 46 ff.). Mit Recht wird in diesem Zusammenhang betont, dass die Grundsätze, welche über die Auslegung und insbesondere über die Ergänzung des geschriebenen Rechts zu Art. 1 entwickelt worden sind, in vollem Umfang bei der Anwendung der Bestimmungen des Obligationenrechts gemäss Art. 7 Beachtung finden (Friedrich N 52; Giesker-Zeller 154 und 195; Egger N 12; vgl. auch N 35 nachfolgend).

32

Art. 7

33 b) Analogie bedeutet Anwendung einer Norm auf einen lückenhaft geregelten Tatbestand, für den sie nicht unmittelbar geschaffen worden ist, wobei aber dieser Tatbestand demjenigen, für den sie geschaffen wurde, *in wesentlichen Merkmalen entspricht, d.h. wesensverwandt oder ähnlich ist* (vgl. DESCHENAUX 111; BGE 101 II 12 E. 2a betreffend die Frage der örtlichen Zuständigkeit für Kindesschutzmassnahmen gemäss Art. 284 und 376 ZGB; zur Analogie als wertendes Element im Rahmen der Auslegung DÜRR, N 230 ff. zu Art. 1; zur Bedeutung im Rahmen richterlicher Lückenfüllung ders., N 525 ff. zu Art. 1).

Die Anwendung erfolgt «sofern und soweit ein allfälliger sachlicher Unterschied zwischen dem Tatbestand, für den die Regel geschaffen worden ist, und dem anderen, auf den sie übertragen werden soll, sie zulässt» (KELLER 218). So wird es in BGE 49 II 157 als geradezu selbstverständlich betrachtet, dass immer nur eine entsprechende, «d.h. die besonderen Verhältnisse des streitigen Geschäfts berücksichtigende Anwendung der obligationenrechtlichen Vorschriften» in Frage kommen kann (EGGER N 12; BGE 102 Ib 120: «... en tenant compte des particularités de l'acte ou du rapport considéré»). Dem Richter obliegt es mit anderen Worten, «den Sinn der betreffenden Vorschrift des OR sowie die Besonderheiten des privatrechtlichen Verhältnisses, auf das sie anzuwenden ist, zu ergründen und dann entsprechend zu entscheiden» (BGE 119 II 14 mit Hinweisen; DESCHENAUX 58). Im Rahmen dieser Wertung können nach dem Gesagten die Besonderheiten eines privatrechtlichen Verhältnisses insbesondere zu einer *Einschränkung* oder *Modifizierung* der Bestimmung des OR oder sogar zu deren völliger *Nichtanwendung* führen.

34 c) Soweit über Art. 7 obligationenrechtliche Bestimmungen *im Sinne von Lückenfüllung* auf andere privatrechtliche Verhältnisse angewendet werden, wird zutreffend darauf hingewiesen, dass streng genommen erst dann von einer (echten) Lücke gesprochen werden darf, wenn auch den Bestimmungen des OR, auf welche Art. 7 verweist, keine Regel entnommen werden kann. «Es ist jedoch üblich, den Begriff der Lücke schon dann zu verwenden, wenn die einschlägigen Normen des Zivilgesetzbuches einen regelungsbedürftigen Tatbestand nicht selber regeln» (KELLER 222 Anm. 21; vgl. auch BGE 101 II 208).

35 d) Dass der *Wortlaut* von Art. 7 die «entsprechende» bzw. «sinngemässe» Anwendung (im Gegensatz zum Entwurf des Bundesrates und anders als z.B. Art. 663 und 728 Abs. 3 ZGB) *nicht nennt*, hat keine Bedeutung. Es widerspräche den von Lehre und Rechtsprechung zu Art. 1 entwickelten Grundsätzen über die Gesetzesauslegung, wenn aus dem Wortlaut von Art. 7 eine formale, rein schematische Methode der Gesetzesanwendung abgeleitet würde (FRIEDRICH N 50). Art. 7

geht von einem Analogieverfahren aus, das nicht ein bloss formal-logisches Schlussverfahren ist, sondern stets der *wertenden Beurteilung des Richters im Hinblick auf die Besonderheiten der jeweiligen Rechtsmaterie bedarf* (BGE 101 II 208, 102 Ib 120, 107 II 399; BUCHER 73; NOBEL 289). Dies ergibt sich schon daraus, dass die in Frage stehenden Bestimmungen des OR zu einem Zeitpunkt erlassen worden waren, als noch gar nicht an eine Anwendung auf ein künftiges Zivilgesetzbuch gedacht wurde (DESCHENAUX 58; FRIEDRICH N 51; EGGER N 12).

Der Grundsatz, wonach die Anwendung einer Gesetzesnorm in einem anderen als dem unmittelbar vorgesehenen Bereich stets eine sinngemässe, entsprechende ist, gilt naturgemäss auch dort, wo allgemeine Vorschriften des ZGB im OR angewendet werden (DESCHENAUX 65; FRIEDRICH N 71; nachfolgend N 99 ff.).

2. Methodik der Rechtsanwendung gemäss Art. 7

Zu den einzelnen Schritten beim methodischen Vorgehen nach Art. 7 sei auf FRIEDRICH N 64 (mit weiteren Hinweisen) verwiesen. Danach ist zu prüfen   36

– ob ein ausserhalb des OR geregeltes zivilrechtliches Verhältnis vorliegt,

– ob nach Sinn und Zweck eine Vorschrift des Allgemeinen Teils des OR für die sinngemässe Anwendung in Frage kommt,

– ob der Anwendung dieser Norm eine ausdrückliche abweichende Norm des anderen zivilrechtlichen Verhältnisses entgegensteht,

– oder ob sich die Anwendung der Allgemeinen Bestimmung des OR deshalb verbietet, weil das ausserhalb des OR geregelte Rechtsverhältnis der für das Schuldrecht gestalteten Regel aus sachlichen Gründen nicht zugänglich ist,

– und schliesslich, ob – die grundsätzliche Anwendbarkeit der einschlägigen Bestimmung des OR einmal bejaht – mit Rücksicht auf die Besonderheit des Sachverhaltes, auf den sie übertragen werden soll, eine Einschränkung oder Modifikation am Platz ist.

II. Arten der Anwendung

1. Sinngemässe Anwendung

Im Sinne des oben Ausgeführten hat sich die Übertragung der obligationen-   37
rechtlichen Bestimmungen nach Massgabe von Art. 7 auf einen anderen Rechts-

Art. 7

bereich stets danach zu richten, ob sie zu einer sachlich angemessenen Ergänzung der betreffenden Norm führt. Bloss formale Analogieschlüsse («konstruktive Zusammenhänge», EGGER N 13) ohne materiellen Sinngehalt sind dagegen unzulässig.

Unter Umständen – nämlich wenn ein innerer Sachzusammenhang nicht oder nur teilweise als gegeben erscheint – ist daher die vorgefundene Regel des OR *entweder gar nicht* (N 42 ff.) *oder allenfalls bloss in modifizierter Art und Weise anwendbar* (BGE 118 II 5 E. 5a mit Hinweisen; BUCHER 73). Die modifizierte Anwendung ist aber nur eine *Leitlinie* für den Richter und bedeutet nicht, dass regelmässig oder gar in allen Fällen die übernommene Regel des Obligationenrechts vor ihrer Anwendung im übertragenen Bereich modifiziert werden müsste (DESCHENAUX 62). Ein Abweichen von der grundsätzlich anwendbaren Regel rechtfertigt sich nach bundesgerichtlicher Rechtsprechung sogar nur dann, wenn sie sich *gebieterisch* aufdrängt. Gleichwohl erscheint es als zutreffend, eine gleichsam automatische Anwendung der obligationenrechtlichen Bestimmungen abzulehnen (ebenso KOLLER, AJP 1995, 414; ders., FS Schnyder, 458).

38 *Beispiele*: In BGE 101 II 208 hatte das Bundesgericht ausgeführt, hinsichtlich des altrechtlichen Adoptionsvertrags ergebe sich aus der besonderen Natur dieses Rechtsverhältnisses, dass es trotz eines Willensmangels nicht (analog Art. 23 OR) einseitig unverbindlich sei, sondern nur vom Richter auf Klage hin für ungültig erklärt werden könne; hinsichtlich der Verwirkungsfrist von Art. 31 OR hielt das Bundesgericht hingegen die Übernahme der allgemeinen Bestimmung des OR für gerechtfertigt. Vgl. ferner BGE 79 II 28 für analoge Berücksichtigung von Willensmängeln betreffend die altrechtliche Anerkennung eines ausserehelichen Kindes (Art. 303 aZGB); vgl. auch DESCHENAUX 62; STETTLER, SPR III/2, 205. Ferner hat das Bundesgericht etwa bei der Anfechtung des Rückzugs eines Patentgesuches wegen Irrtums die analoge Anwendung von Art. 23 ff. OR in grundsätzlicher Hinsicht zwar bejaht, gleichzeitig aber festgehalten, dass der Patentbewerber innerhalb zweier Monate seit Entdeckung des Irrtums und spätestens innerhalb eines Jahres seit erfolgtem Rückzug glaubhaft machen müsse, dass er das Gesuch wegen eines *unverschuldeten* Irrtums zurückgezogen habe (BGE 102 Ib 115 ff.). Betr. modifizierte Anwendung von Art. 43 Abs. 2 OR auf die Sicherstellung einer Rente nach Art. 151 ZGB: BGE 107 II 400 (N 89). – Vgl. ferner als Beispiel für sinngemässe Anwendung einer Bestimmung im Bereich des Sozialversicherungsrechts ZBJV 1995, 491 ff., 493 (Rückerstattung von IV-Leistungen in Analogie zu Art. 47 AHVG).

2. Unmittelbare Anwendung

a) Verwendung identischer Rechtsbegriffe

39 aa) Innerhalb eines Erlasses kommt in der Regel einem mehrfach verwendeten Rechtsbegriff stets die gleiche Bedeutung zu. Verwendet das ZGB (oder ein anderer privatrechtlicher Erlass) einen Begriff, den auch das OR verwendet, so gilt

als Regel ebenfalls, dass er hier wie dort die gleiche Bedeutung hat und insoweit *unmittelbar zu beachten ist* (BUCHER 71 Anm. 2; DESCHENAUX 60).

Als solche *technische Begriffe*, die sachlich in der Regel eine Verweisung auf das OR enthalten, sind beispielsweise zu nennen (vgl. auch FRIEDRICH N 56; DESCHENAUX 59/60):

— Schaden, Schadenersatz (z.B. Art. 28a Abs. 3, 29 Abs. 2, 92 ZGB; ferner etwa Art. 58 ff. SVG); andererseits beruht aber die Entschädigung im Sinne von Art. 151 Abs. 1 ZGB jedenfalls nicht in allen Teilen auf dem obligationenrechtlichen Schadensbegriff (vgl. BÜHLER/SPÜHLER, N 9 u. 21 ff. zu Art. 151; KELLER 222);

— ungerechtfertigte Bereicherung (z.B. Art. 94 Abs. 2, 497, 515 Abs. 2, 528 Abs. 1, 565 Abs. 2, 579 Abs. 3, 590 Abs. 2 ZGB),

— Genugtuung (z.B. Art. 28a Abs. 3, 28b Abs. 2, 29 Abs. 2, 93, 134 Abs. 3, 151, 153 Abs. 1, 429a Abs. 1 ZGB),

— Vertrag (z.B. 181 ff., 287, 288, 422, 468, 635, 636, 657, 732 ZGB),

— Stellvertretung (gleichbedeutend mit «Vertretung» i.S. von Art. 162–166 aZGB [Art. 166 ZGB], DESCHENAUX 60), wobei aber Vertreter (im Sinne von Organen) *juristischer Personen* nicht Stellvertreter im technischen Sinn von Art. 32 ff. OR sind (BGE 111 II 289),

— Verjährung (aber nachfolgend N 40).

bb) Ausnahmsweise werden Begriffe des OR im ZGB *untechnisch bzw. atypisch* gebraucht, was im Einzelfall durch Auslegung zu ermitteln ist. Zu erwähnen ist namentlich der Begriff der *Verjährung*, der in Art. 95, 663, 754, 790 und 911 Abs. 3 ZGB technisch (d.h. als inhaltliche Verweisung auf Art. 127 ff. OR) verwendet wird; demgegenüber wird in Art. 127, 137 Abs. 2, 138 Abs. 2, 454 ZGB der Begriff der «Verjährung» im Sinne von «Verwirkung» gebraucht. Umstritten ist die Bedeutung in den Art. 521, 533, 639 und 929 ZGB (FRIEDRICH N 57 mit Hinweisen; EGGER N 13; STARK, N 10 zu Art. 929 ZGB). In gleicher Weise verwendet das ZGB auch den Begriff der *Stellvertretung* nicht immer technisch, d.h. als Verweisung auf Art. 32 ff. OR (DESCHENAUX 60; vgl. etwa Art. 648 Abs. 1 ZGB und dazu MEIER-HAYOZ N 4). Vgl. ferner zur teilweise abweichenden Verwendung von privatrechtlichen Begriffen im *Sozialversicherungsrecht* RIEMER, Berührungspunkte, 157 ff. mit zahlreichen Beispielen; insbesondere zur Bedeutung des Familienbegriffs AJP 1995, 1080 mit Anmerkung KOLLER.

Allgemein zum Problem der Mehrdeutigkeit gleichlautender Gesetzesbegriffe BUSSE, Verständlichkeit von Gesetzestexten, LeGes (Gesetzgebung heute), 1994/2, 36 ff.

Art. 7

b) Anwendung aufgrund ausdrücklicher Spezialverweisung

41 Verschiedentlich enthalten ZGB oder andere privatrechtliche Erlasse *spezielle Verweisungen* auf allgemeine Bestimmungen des OR (Beispiele bei FRIEDRICH N 69; vorn N 22). In der Regel fügen derartige Spezialverweisungen der allgemeinen Vorschrift des Art. 7 nichts Weiteres hinzu; vereinzelt wird die Tragweite der Verweisung jedoch verdeutlicht (FRIEDRICH N 67; DESCHENAUX 52). Als entbehrlich wird namentlich die Verweisung in Art. 638 ZGB (Anfechtung des Erbteilungsvertrages) auf die «Vorschriften über die Anfechtung der Verträge im allgemeinen» erachtet (FRIEDRICH N 68; TUOR/SCHNYDER/SCHMID 591).

In der Regel erfolgt bei derartigen speziellen Verweisungen die Anwendung der betreffenden obligationenrechtlichen Norm in unmittelbarer Art und Weise, d.h. ohne dass dabei eine Einschränkung oder Modifizierung in Betracht zu ziehen wäre (betr. Art. 663 und 728 Abs. 3 ZGB DESCHENAUX 63; zurückhaltend MEIER-HAYOZ, N 2/3 zu Art. 663 ZGB). Zu betonen ist aber, dass auch bei Spezialverweisungen die Anwendung der obligationenrechtlichen Normen unter Umständen eine *sinngemässe*, d.h. beschränkte oder modifizierte sein kann, was im Einzelfall durch Auslegung zu ermitteln ist (vgl. auch DESCHENAUX 58/59).

III. Nichtanwendung

42 Nur an wenigen Stellen des ZGB wird die Anwendung von Bestimmungen des OR ausdrücklich ausgeschlossen; so etwa in Art. 790 Abs. 1 und Art. 807 (Ausschluss der Verjährung), Art. 854 (Ausschluss von Bedingungen und Gegenleistungen); vgl. auch DESCHENAUX 60; EGGER N 14. Eine sinngemässe Anwendung entfällt sodann überall, wo das ZGB oder das übrige Privatrecht eine Materie abschliessend regeln (N 43 ff.) sowie dort, wo wegen der Eigenart der Verhältnisse bzw. der Ungleichwertigkeit der Rechtsgebiete eine analoge Anwendung nicht in Betracht fällt (FRIEDRICH N 63; GIESKER-ZELLER 203 ff.; VON TUHR/PETER 4; N 46 ff.).

1. Abschliessende gesetzliche Spezialregelung

43 a) Soweit das ZGB (oder ein anderer privatrechtlicher Erlass) eine Materie abschliessend regelt, bleibt für die analoge Anwendung einer abweichenden obligationenrechtlichen Vorschrift nach dem *Grundsatz des Vorrangs der lex specialis*

kein Raum. So werden die Folgen der Nichtigkeit der Ehe oder von letztwilligen Verfügungen wegen Form- und Willensmängeln, Widerrechtlichkeit oder Unsittlichkeit abweichend vom OR im ZGB geregelt (Art. 120–136, 469, 519–521; DESCHENAUX 61; KELLER 220). Die Aufhebung eines Ehe- oder Erbvertrags in gegenseitigem Einverständnis kann wegen Art. 187 Abs. 1 bzw. 513 Abs. 1 ZGB nicht – analog Art. 115 OR – formlos erfolgen (AEPLI, N 17 zu Art. 115 OR); die Übernahme einer durch Grundpfandversicherung gesicherten Schuld durch den neuen Grundstückeigentümer unterliegt einer besonderen Regelung (Art. 832–835 ZGB), die teilweise von Art. 175 ff. OR abweicht (DESCHENAUX 61).

Im Ergebnis die gleiche Wirkung hat der ausdrückliche *Vorbehalt* einer besonderen Vorschrift des ZGB oder eines anderen Gesetzes (vgl. Art. 63 Abs. 3, 100 Abs. 3, 114 Abs. 3, 134 Abs. 3, 989 OR); auch hier tritt eine spezialgesetzliche Regelung anstelle der allgemeinen Norm des OR.

b) Im Rahmen der Gesetzesauslegung ist jedoch stets zu prüfen, ob die abweichende Regelung *abschliessend* zu verstehen ist oder ob allenfalls die allgemeine Norm des OR *ergänzend* heranzuziehen ist. Bei abschliessender Regelung im ZGB entfällt jede sinngemässe Anwendung des OR (BUCHER 73). Gleiches gilt im Verhältnis zu Spezialgesetzen, die eine abschliessende Regelung enthalten (SCHÖNENBERGER/JÄGGI, N 70). 44

Eine *ergänzende Berücksichtigung* der allgemeinen Bestimmungen des OR wird im Schrifttum insbesondere als zulässig erachtet (FRIEDRICH N 61; EGGER N 14) 45

– für die Umschreibung der Willensmängel bei letztwilligen Verfügungen (Art. 469 ZGB; auch TUOR N 4);

– für die Umschreibung der Anfechtbarkeit der Ehe (Art. 123 ZGB; a.M. zu Recht GÖTZ, N 3 zu Art. 123 ZGB);

– zum Grundsatz der einschränkenden Auslegung von Formvorschriften (Art. 11 OR) im Bereich erbrechtlicher Verfügungen (ergänzend zu Art. 520 ZGB): BGE 116 II 127 E. 7b;

– zum Erfordernis der Schriftlichkeit (Art. 13 OR) bei Aufhebung eines Erbverzichtsvertrags (ergänzend zu Art. 513 Abs. 1 ZGB): BGE 104 II 345 E. 4;

– für die besonderen Vorschriften über die Schuldübernahme bei Grundpfandrechten (Art. 832 ff. ZGB).

Vgl. demgegenüber die Beispiele für *abschliessende Spezialregelungen* des ZGB bei EGGER N 14; FRIEDRICH N 59/60 sowie 62; DESCHENAUX 61; KELLER 222 ff.

Art. 7

2. Eigenart des Rechtsgebietes

46 Die Anwendung einer für das Schuldrecht geschaffenen Norm auf ein anderes privatrechtliches Rechtsgebiet kann unzulässig sein, weil *dessen spezifische Eigenart* die Anwendung der obligationenrechtlichen Norm ausschliesst (FRIEDRICH N 63). Dies gilt als Grundregel aller Analogieschlüsse schon im Verhältnis zwischen allgemeinem und besonderem Teil des OR (vgl. BGE 120 II 243) und damit erst recht im Verhältnis zum ZGB, da dieses eine andere Rechtsgüterwelt als das Schuldrecht regelt (EGGER N 16). Das Bundesgericht lässt daher die analoge Anwendung gemäss Art. 7 nur zu, soweit «vergleichbare andere zivilrechtliche Verhältnisse» sie gebieten (BGE 99 II 385) bzw. soweit die gesetzlichen Tatbestände «gleichwertig» sind (BGE 119 II 15).

47 a) Unter dem Blickwinkel der Andersartigkeit der Materie ist es z.B. ausgeschlossen, die obligationenrechtlichen Bestimmungen über Teilnichtigkeit von Verträgen (Art. 20 Abs. 2 OR) auf die Frage der Nichtigkeit einer *Stiftung*, die teilweise unzulässige Zwecke verfolgt, zu übertragen (BGE 73 II 88). Zur Anwendung der allgemeinen Regel von Art. 24 Abs. 1 Ziff. 4 OR auf den *Erbvertrag* vgl. BGE 99 II 384 E. 4a; danach ist ein Motivirrtum nur dann beachtlich, wenn er sich auf einen Sachverhalt bezieht, den der Erblasser nach Treu und Glauben als notwendige Grundlage des Vertrages betrachtet hat (im übrigen gilt für Testament wie Erbvertrag die Sonderregelung von Art. 469 ZGB; siehe auch N 61).

Betreffend Sicherstellung von *familienrechtlichen Unterhaltsbeiträgen* vgl. BGE 119 II 15, wonach für Bedürftigkeitsrenten gemäss Art. 152 ZGB, die nicht den Charakter von Schadenersatz haben, die analoge Anwendung von Art. 43 Abs. 2 OR mangels Gleichwertigkeit entfällt (anders bei Renten nach Art. 151 ZGB, BGE 107 II 399; nachfolgend N 89).

48 b) *Dingliche Ansprüche* unterliegen nach schweizerische Rechtsauffassung *grundsätzlich keiner Verjährung* (MEIER-HAYOZ 152; DESCHENAUX 60 f.; VON TUHR/ PETER 4). Dies gilt jedoch nicht absolut; vorbehalten bleibt namentlich die Erbschaftsklage, für die aber Art. 600 ZGB eine Sonderregelung aufweist (für weitere Beispiele sowie zum Verhältnis zwischen obligationenrechtlicher Verjährung und sachenrechtlicher Ersitzung vgl. SPIRO, Die Begrenzung privater Rechte durch Verjährungs-, Verwirkungs- und Fatalfristen, Bd. II, Bern 1975, § 486 N 1362 ff., insbes. Anm. 11, wonach dort, wo der Gesetzgeber durch besondere Vorschrift für andere als obligatorische Ansprüche eine Verjährung anordnet, Art. 7 anwendbar bleibt; vgl. ferner Meier-Hayoz zu Art. 663 ZGB sowie nachfolgend N 82).

c)   Betreffend *Bedingungsfeindlichkeit* des *Ehe- und Kindschaftsrechts* siehe 49
DESCHENAUX 61; betreffend Abtretbarkeit, Verjährung und (Un-)Vererblichkeit von
Unterhaltsrenten nach Art. 151 Abs. 1 ZGB siehe KELLER 225 f. mit Hinweisen.

Weitere *Beispiele für Nichtanwendbarkeit* bei FRIEDRICH N 59 und 63;
SCHMIDLIN, N 183 zu Art. 23/24 OR; DESCHENAUX 60; EGGER N 16; CARONI 246 ff.;
BGE 108 II 412 E. a (Nichtanwendbarkeit der Regeln über den Grundlagenirrtum
[Irrtum des Drittpfandgebers über die finanzielle Lage des Schuldners] bei der
Einräumung eines Pfandrechts); 118 V 237 E. 7 (Nichtanwendbarkeit der Regeln
über den Grundlagenirrtum hinsichtlich des Vorsorgevertrags zwischen Arbeit-
nehmer und Vorsorgeeinrichtung gemäss BVG); BGE 86 II 340 (Nichtanwendbar-
keit der Bestimmung über die Prozessverjährung [Art. 138 Abs. 1 OR] bei der
Herabsetzungsklage).

d)   Unter Umständen kann umgekehrt die besondere Natur der im ZGB geregelten Verhält- 50
nisse hier zur *Anerkennung von Grundsätzen* führen, die als allgemeine Grundsätze *vom OR
ausdrücklich oder stillschweigend abgelehnt* werden. *Beispiel*: Bedeutung der *clausula rebus
sic stantibus* bei familienrechtlichen Rechtsgeschäften (EGGER N 16).

C. Die von der Verweisung erfassten Normen (Verweisungsobjekt)

I. Die allgemeinen Bestimmungen des OR «über die Entstehung, Erfüllung und Aufhebung der Verträge»

1. Inhalt und Auslegung von Rechtsgeschäften

a)   Der schuldrechtliche Grundsatz der *Vertrags- bzw. Typenfreiheit* gemäss 51
Art. 19 OR gilt insofern nicht in allen Rechtsbereichen, als diese teilweise einen
numerus clausus zulässiger Rechtsgeschäfte bzw. Rechtsformen kennen, wie
namentlich das *Gesellschaftsrecht*. Im übrigen – so etwa betreffend Nichtigkeit
bzw. Sittenwidrigkeit von Statuten oder Beschlüssen – sind aber die Art. 19 und
20 OR grundsätzlich auch hier analog anwendbar (KRAMER, N 9 ff. zu Art. 19–20
OR; betr. Nichtigkeit von einseitigen Rechtsgeschäften [Kündigung] vgl. BGE
113 II 462).

Gleiches gilt für die Anwendbarkeit des Prinzips der Vertragsfreiheit im ZGB,
wo sowohl Ehe-, Familien-, Erb- und Sachenrecht durch das *Prinzip des Typen-*

Art. 7

zwangs bzw. der *Typenfixierung* gekennzeichnet sind und ein gegen dieses Prinzip verstossendes Rechtsgeschäft wegen rechtlicher Unmöglichkeit nichtig im Sinne von Art. 20 OR ist. Indessen kommt auch in diesen Bereichen eine analoge Anwendung der Art. 19 in beschränktem Rahmen in Betracht; so bezieht sich etwa bei Dienstbarkeiten das Prinzip des numerus clausus lediglich auf die Rechtsformen, nicht aber auf deren Inhalt, bei dessen Gestaltung die Parteien grundsätzlich frei sind (N 110); ebenso gilt bei der Erbteilung grundsätzlich die Parteiautonomie (vgl. im einzelnen KRAMER, N 11 zu Art. 19–20 OR mit Hinweisen). Ferner ist regelmässig – selbst bei Bestehen einer ausdrücklichen Sonderregelung – die Frage der analogen Anwendbarkeit von Art. 20 OR zu prüfen (KRAMER, N 12 zu Art. 19–20 OR). Zur Frage der Nichtigkeit von Testamenten und Erbverträgen vgl. RIEMER, FS Keller, Zürich 1989, 245 ff.; PIOTET, SPR IV/1, 179, 211.

52 b) Die Regel, wonach sich der Inhalt von Verträgen nach dem übereinstimmenden wirklichen Parteiwillen und nicht nach der unrichtigen Bezeichnung oder Ausdrucksweise bestimmt (Art. 18 Abs. 1 OR), hat über das Schuldrecht hinaus Bedeutung für die *Auslegung von Rechtsgeschäften im allgemeinen* erlangt (FRIEDRICH N 72; allgemein zu den Prinzipien der Auslegung rechtsgeschäftlicher Willensäusserungen und ihrer Anwendung auf einzelne Kategorien von Rechtsgeschäften KRAMER, N 111 ff. zu Art. 1 und N 50 ff. zu Art. 18 OR; RIEMER, N 73 ff. des Systematischen Teils zu Art. 80–89bis ZGB). Insbesondere liegt eine analoge Anwendung von Art. 18 Abs. 1 OR bei *empfangsbedürftigen einseitigen Rechtsgeschäften* nahe. Erkennt der Adressat den Irrtum des Erklärenden und zugleich dessen abweichenden wirklichen Willen, so ist ohne weiteres der wirkliche Wille, nicht die unrichtige Ausdrucksweise massgebend (JÄGGI/GAUCH, N 81 zu Art. 18 OR; KRAMER a.a.O., N 50).

Beispiele: Betreffend Auslegung einer letztwilligen Verfügung vgl. Art. 469 Abs. 3 ZGB; zur Simulation bei Verträgen des Familienrechts JÄGGI/GAUCH, N 145 f. zu Art. 18 OR; zum einseitigen Scheingeschäft dieselben, N 172 zu Art. 18 OR; zur Auslegung eines Patentanspruchs BGE 107 II 369 E. 2.

53 c) Ist kein übereinstimmender wirklicher Parteiwille nachweisbar, so sind Schuldverträge bzw. die ihnen zugrundeliegenden Willensäusserungen nach dem *Vertrauensgrundsatz* auszulegen, d.h. so, wie ihr Empfänger sie in guten Treuen verstehen durfte und verstehen musste (GUHL/MERZ/KOLLER, OR, 8. Aufl., Zürich 1995, 97; GAUCH/SCHLUEP, OR AT I, 6. Aufl., Nrn. 207 ff., 1226; KRAMER, N 67 ff. zu Art. 18 OR). *Die objektivierende Auslegung ist darüber hinaus immer dann angezeigt*, wenn zu den Interessen des Erklärenden die *schützenswerten Interessen eines Erklärungsempfängers*, allenfalls der Allgemeinheit hinzutreten und die besondere Natur des Rechtsverhältnisses dies zulässt (BUCHER 74).

Lehre bzw. Rechtsprechung haben die Auslegung nach dem Vertrauensprinzip dem Grundsatz nach namentlich bejaht

– bei Konventionen betreffend die Nebenfolgen der Ehescheidung (BGE 107 II 476),

– bei Erbverträgen (teilweise umstritten; vgl. Hinweise bei BUCHER 74 Anm. 15, insbes. BGE 99 II 385 f.; KRAMER, N 54 zu Art. 18 OR,

– betreffend den Inhalt einer Grunddienstbarkeit vgl. BGE 115 II 436 E. 2b unter Hinweis auf LIVER, N 39 ff. zu Art. 738 ZGB («objektivierende Auslegung aufgrund der Bedürfnisse des herrschenden Grundstücks», vgl. auch BGE 117 II 537; BJM 1995, 133 ff.(OGer BL); KRAMER, N 63 zu Art. 18 OR).

Dem *tatsächlichen Willen* des Erklärenden kommt demgegenüber entscheidende Bedeutung bei einseitigen, *nicht empfangsbedürftigen Rechtsgeschäften* zu, insbesondere bei *letztwilligen Verfügungen* (BGE 120 II 184 E. 2a mit Hinweisen; grundlegend ESCHER N 10 ff. der Einleitung vor Art. 467 ZGB; TUOR, Vorbemerkungen vor Art. 481 ZGB; KRAMER, N 51, 55 zu Art. 18 OR) wie auch bei *Geschäften des Stiftungsrechts* (RIEMER, N 75, 77 ff. des Systematischen Teils zu Art. 80–89bis ZGB; KRAMER, N 113 zu Art. 1 und N 56 zu Art. 18 OR). Bei derartigen Rechtsgeschäften *entfällt* naturgemäss jegliche anschliessende normative Interpretation nach dem am Erklärungsempfänger orientierten Vertrauensprinzip (KRAMER, N 67 zu Art. 18 OR).

d) Die *Statuten privatrechtlicher Körperschaften* sind grundsätzlich nach den für Verträge geltenden Grundsätzen, also nach dem Vertrauensprinzip, auszulegen (BGE 107 II 186; offengelassen betr. die grundlegende Ordnung eines Vereins in BGE 114 II 196 E. 5a). Dabei kommen nach bundesgerichtlicher Rechtsprechung hier die obligationenrechtlichen Auslegungsregeln namentlich zum Zuge, soweit die *Gründer unter sich* um deren Tragweite streiten und nur sie davon berührt sind; im übrigen sind Statuten so auszulegen, wie sie ein erst nach der Gründung Eintretender auf Grund des Vertrauensprinzips verstehen darf (BGE 87 II 95 betr. Statuten der AG; GUHL/KUMMER/DRUEY, OR, 8. Aufl., 631; KRAMER, N 62 zu Art. 18 OR; FORSTMOSER/MEIER-HAYOZ/NOBEL, Schweizerisches Aktienrecht, Zürich 1995, § 7 N 4; vgl. im einzelnen auch die Übersicht bei RIEMER, N 76 des Systematischen Teils zu Art. 80–89bis ZGB; KRAMER, N 112 zu Art. 1 OR).

54

Weitere Beispiele: Auslegung eines Personalvorsorgereglements BGE 112 II 249 E. b; ZR 85, 1986, Nr. 16; Auslegung eines Vorsorgevertrags BGE 116 V 221 E. 2. Zur Anwendung von Art. 19 Abs. 1 OR im Gesellschaftsrecht BGE 95 II 559 E. 1b; zur Auslegung einer Vereinbarung betreffend Kündbarkeit einer einfachen Gesellschaft vgl. BGE 106 II 230 E. c; ferner

Art. 7

betr. Gesellschaftsvertrag unter Käufern einer Liegenschaft BGE 110 II 291 E. b. Zum Einfluss zivilistischer Aspekte im Bereich des Berufsvorsorgerechts KOLLER, AJP 1995, 501.

55 e) Ein *gerichtlicher Vergleich*, der sowohl Prozesshandlung wie zivilrechtlichen Vertrag darstellt, ist als gültig zu betrachten, wenn er nach den entsprechend zur Anwendung gelangenden Regeln des OR über den Abschluss von Verträgen zustandegekommen ist (GULDENER, Schweiz. Zivilprozessrecht, 3. Aufl., Zürich 1979, 394; KRAMER, N 114 zu Art. 1 und N 65 zu Art. 18 OR). Die Auslegung richtet sich nach den Grundsätzen des Privatrechts. Betreffend Anwendbarkeit von Art. 6 OR auf einen gerichtlichen Vergleich vgl. ZR 80, 1981, Nr. 101 (OGer ZH).

56 f) *Schiedsabreden und Schiedsverträge* wurden vom Bundesgericht in langjähriger Rechtsprechung als Vereinbarungen des kantonalen Privatrechts ausgelegt, wobei es mangels einschlägiger kantonaler Bestimmungen von der subsidiären Anwendbarkeit des OR als kantonales Recht ausging (so noch BGE 101 II 170 E. 1). Seit BGE 116 Ia 57 E. 3 bringt das Bundesgericht bei der Auslegung solcher Abreden zwar weiterhin sinngemäss die Grundsätze des eidgenössischen Vertragsrechts – insbesondere Art. 18 OR – zur Anwendung, im Hinblick auf die mittlerweile umfassende Geltung des Konkordats über die Schiedsgerichtsbarkeit jedoch nicht mehr als subsidiäres kantonales Prozessrecht, sondern als *subsidiäres Konkordatsrecht* (mit der Konsequenz freier Kognition im Verfahren der staatsrechtlichen Beschwerde); siehe auch RÜEDE/HADENFELDT, Schweizerisches Schiedsgerichtsrecht, 2. Aufl., Zürich 1993, 74.

2. Formvorschriften

57 a) Die Vorschriften über die Form der Verträge (Art. 11 ff. OR) finden auch auf andere Rechtsgeschäfte Anwendung, soweit nicht besondere abweichende Bestimmungen des ZGB (namentlich des Erb- und Sachenrechts) oder anderer Gesetze anwendbar sind und soweit sich die analoge Anwendung mit der Natur des Rechtsverhältnisses vereinbaren lässt. Sodann gilt Art. 11 OR für alle Rechtsgeschäfte, seien es ein- oder mehrseitige, sofern das Gesetz sie als formpflichtig erklärt (SCHMIDLIN, N 175 zu Art. 11 OR).

Art. 13 Abs. 1 OR gilt ergänzend auch für die *Aufhebung von Erbverträgen* gemäss Art. 513 Abs. 1 ZGB (BGE 104 II 341) und enthält im übrigen einen allgemeinen Grundsatz, der auch im öffentlichen Recht Anwendung findet (BGE 101 III 66 E. 3; vgl. ferner zur Pflicht, ein Betreibungsbegehren zu unterzeichnen, BGE 119 III 6 E. 2–4). Art. 13 Abs. 2 OR, wonach grundsätzlich auch der unterschriebene Brief der Schriftform genügt, findet auch auf den Erbteilungsvertrag Anwendung (BGE 118 II 397 E. 3). Betr. Anwendung von Art. 13–15 OR auf Dienstbarkeiten vgl. PIOTET, SPR IV/1, 563.

b) Der Entscheid darüber, ob ein Formfehler zur Ungültigkeit des betreffenden 58
Rechtsgeschäftes führt oder nicht, hängt davon ab, ob die verletzte Formvorschrift
Gültigkeits- oder Ordnungsvorschrift ist, was sich primär nach der verletzten
Vorschrift selbst beurteilt (SCHÖNENBERGER/JÄGGI, N 70 zu Art. 11 OR). Kann der
Norm darüber keine eindeutige Antwort entnommen werden, so ist sie analog
Art. 11 Abs. 2 OR als Gültigkeitsvorschrift zu verstehen (PORTMANN, recht 1992,
37); immerhin sind namentlich im Bereich erbrechtlicher Verfügungen Formvorschriften in analoger Anwendung von Art. 11 Abs. 1 OR bzw. nach dem Grundsatzes des «favor testamenti» *einschränkend auszulegen* (BGE 116 II 127 E. 7b
mit Hinweisen; BREITSCHMID, SZW 1992, 113 f.). – Gemäss Art. 520a revZGB
(BBl. 1995 III 520; in Kraft seit 1.1.1996) bewirkt ein Formmangel hinsichtlich
der Zeitangabe bei eigenhändiger letztwilliger Verfügung künftig nur dann Ungültigkeit, wenn sich die erforderlichen zeitlichen Angaben nicht auf andere Weise feststellen lassen und für die Beurteilung der Gültigkeit überhaupt von Bedeutung sind (vgl. auch DRUEY, AJP 1996, 21 ff.).

Zur Frage, ob formbedürftige *Gesellschaftsbeschlüsse* als Rechtsgeschäfte zu betrachten
seien und somit unter die Regeln von Art. 11 OR fallen, vgl. SCHMIDLIN, N 180 zu Art. 11 mit
Hinweisen (umstritten).

3. Anfechtbarkeit wegen Willensmängel

Die Regeln über die Willensmängel (Art. 23 ff. OR) gelten gemäss Art. 7 für zivil- 59
rechtliche Verhältnisse schlechthin, soweit diese nicht abweichende eigene Bestimmungen enthalten (FRIEDRICH N 73 ff.; KOLLER, Schweizerisches Obligationenrecht, AT Bd. I, Bern 1996, 308, Rz 1332 ff.; SCHMIDLIN, N 168 ff. zu Art. 28
ZGB mit Hinweisen). Die Folgen von Willensmängeln beim Abschluss von Rechtsgeschäften werden indessen ausserhalb der allgemeinen Bestimmungen über den
Vertragsabschluss in verschiedenen Fällen besonders geregelt, so betreffend
Anfechtung der Ehe (Art. 123 ff. ZGB), Anfechtung der Anerkennung eines Kindes (Art. 260a–c ZGB), Anfechtung der Adoption (Art. 269–269b ZGB), Anfech-
tung einer letztwilligen Verfügung (Art. 469 [dazu SCHMIDLIN, N 158 f. zu Art. 28
OR], 519 Abs. 1 Ziff. 2 ZGB), Anfechtung der Enterbung (Art. 479 Abs. 2 ZGB);
vgl. ferner die Sonderregelungen von Art. 320 Abs. 3 und 370 Abs. 1 OR sowie
Art. 4, 26, 40 VVG (SCHMIDLIN, N 156, 160 f. zu Art. 28 OR). Ein Rückgriff auf
die allgemeinen Bestimmungen des OR fällt ausser Betracht, soweit die spezielle
Regelung abschliessend zu verstehen ist (zu Art. 260a ZGB siehe ZR 90, 1991,
Nr. 24 E. 3 [OGer ZH]; vgl. sodann BGE 101 II 205, wonach Art. 269 aZGB als
nicht abschliessend zu verstehen war).

Art. 7

60 a) Während hinsichtlich der *Eheschliessung* wegen der besonderen Interessenlage von der *Ausschliesslichkeit* der in Art. 123 ff. ZGB geregelten Anfechtungsgründe auszugehen ist (Götz, N 10 der Vorbemerkungen zum vierten Abschnitt und N 3 zu Art. 123 ZGB; Koller, FS Schnyder 457), kommt bei anderen *familienrechtlichen Rechtsgeschäften* die Anfechtung wegen Willensmängeln in Analogie zu Art. 23 ff. OR grundsätzlich in Betracht (BGE 101 II 205 E. 2b mit Hinweisen; ausführlich Schmidlin, N 169 ff. zu Art. 23/24 und N 170 zu Art. 28 OR sowie Koller, FS Schnyder, 455 ff.; Bucher 75 Anm. 20).

Vgl. betreffend die Anfechtung des *Verlöbnisses* Götz, N 19/20 zu Art. 90 ZGB; des *Ehevertrags* Lemp, N 56 zu Art. 248 aZGB mit Hinweisen; Hausheer/Reusser/Geiser, N 59 zu Art. 182 u. N 29 zu Art. 216 ZGB; Bucher 75 bei Anm. 21. Hinsichtlich der *Vaterschaftsanerkennung* vgl. N 38 und Koller, FS Schnyder, 455 ff. Zulässig ist auch die Anfechtung eines einseitigen Schuldvertrags betr. die freiwillige Übernahme der Kinderunterhaltsverpflichtung: ZR 84, 1985, Nr. 82 E. 6 (OGer ZH). Zur Anfechtung einer Scheidungskonvention N 66 nachfolgend.

61 b) Für die Anfechtung *letztwilliger Verfügungen* gilt zunächst die Sonderbestimmung von Art. 469 ZGB. Abweichend von Art. 23 ff. OR muss danach bei Irrtumsanfechtung eines Testaments der Irrtum *nicht ein wesentlicher* sein: BGE 119 II 210 E. bb mit Hinweisen. Die Irrtumsregeln gemäss Art. 23 ff. OR finden auch keine Anwendung auf *Erbverträge* (Art. 494 ff. ZGB), soweit sich die Anfechtung gegen die Willenserklärung des Verfügenden richtet (BGE 99 II 385 f.; vgl. auch ZR 73, 1974, Nr. 27 [OGer ZH; BGer]; a.M. Piotet, SPR IV/1, 220; vgl. ferner Caroni 250); im übrigen ist bei empfangsbedürftigen Erklärungen die Anfechtung wegen Willensmängeln im Sinne des OR jedoch auch im Erbrecht (z.B. bei Ausschlagung einer Erbschaft, vgl. Piotet, SPR IV/2, 582) grundsätzlich möglich (Schmidlin, N 173 zu Art. 23/24 OR mit Hinweisen; Piotet, SPR IV/1, 217 ff.; Friedrich N 75; BJM 1983, 134 E. c [Aufsichtsbehörde BS]). Betreffend Anfechtung eines Teilungsvertrags verweist Art. 638 ZGB ausdrücklich auf die allgemeinen Vorschriften über die Anfechtung von Verträgen, was im Hinblick auf die Gesamtverweisung von Art. 7 nicht erforderlich wäre (Piotet, SPR IV/2, 910).

62 c) Im Bereich des *Sachen- und des Gesellschaftsrechts* ist die Anwendung der Grundsätze über Willensmängel wegen der gegenüber dem Schuldrecht wesentlich eingeschränkten Bedeutung des Geschäftswillens in diesen Bereichen *nur ausnahmsweise* in Betracht zu ziehen (BGE 102 Ib 120 E. 3); umstritten ist insbesondere die Anfechtbarkeit eines Gesellschaftsbeschlusses wegen Willensmängeln bei der Stimmabgabe (Bucher 76/77; Meier-Hayoz/Forstmoser, Grundriss des

schweizerischen Gesellschaftsrechts, 7. Aufl. Zürich 1993, § 2 N 17). Die Bestimmungen des Allgemeinen Teils über den synallagmatischen Vertrag können im Gesellschaftsrecht nur insoweit analog angewendet werden, als der einzelnen Norm Prinzipien zugrunde liegen, die auch im Gesellschaftsrecht gelten (FELLMANN, ZBJV 1997 292 mit Hinweisen). Ob die Anfechtung der Zeichnung von Aktien am Rückzahlungsverbot von Art. 680 Abs. 2 OR scheitert (so BJM 1975, 81 E. 3a mit Hinweisen), erscheint als fraglich (differenzierend FORSTMOSER/MEIER-HAYOZ/NOBEL, Schweizerisches Aktienrecht, Zürich 1995, § 17 N 34.

Das Wesen des *Pfandrechts* lässt es grundsätzlich nicht zu, einen Irrtum des Drittpfandgebers über die finanzielle Lage des Schuldners nach Treu und Glauben im Geschäftsverkehr als Grundlagenirrtum anzuerkennen (BGE 108 II 412 E. a). Hingegen kann die irrtümliche Annahme des Pfandgebers über den Umfang seiner Haftung einen Grundlagenirrtum darstellen (BN 1995, 27; [Appellationshof BE]).

d) Nach überwiegender Auffassung finden die Irrtumsregeln auch Anwendung auf *einseitige Rechtsgeschäfte* sowie *rechtsgeschäftsähnliche Handlungen* (BGE 102 Ib 118 E. 2a; SCHMIDLIN, N 174 ff. zu Art. 23/24 OR mit Hinweisen; GAUCH/SCHLUEP, OR AT I, 5. Aufl., Nr. 937; a.M. SCHÖNENBERGER/JÄGGI, N 381 ff. zu Art. 1 OR hinsichtlich des Erklärungsirrtums). Betreffend irrtümlicherweise erfolgten Schweigens im Rechtsverkehr (z.B. auf ein Bestätigungsschreiben hin) vgl. SCHMIDLIN, N 178 ff. zu Art. 23/24 OR.

63

Betreffend *Realakte* (z.B. Besitzerlangung, Besitzaufgabe) wird die analoge Anwendung der Art. 23 ff. nach der Natur der Sache ausgeschlossen (SCHMIDLIN, N 183 zu Art. 23/24 OR).

e) Auch ein *gerichtlicher Vergleich* unterliegt der Anfechtung wegen Willensmängeln. *Wie* derartige Willensmängel geltend zu machen sind, ist allerdings teilweise umstritten (BUCHER 75; KELLER 227; KOLLER, AJP 1995, 418 ff.). Ein solcher Vergleich ist sowohl Institut des Prozessrechts wie auch privatrechtlicher Vertrag. Neben der Möglichkeit der Anfechtung des Vergleichs *durch selbständige (neue) Klage* besteht die Möglichkeit der *Anfechtung mit den Rechtsmitteln des massgebenden kantonalen Prozessrechts*, d.h. die Anfechtung des auf dem unwirksamen Vergleich beruhenden gerichtlichen Erledigungsentscheides, sofern das kantonale Prozessrecht nicht schon dem Vergleich selbst verfahrensbeendende Wirkung zukommen lässt, wie z.B. ZPO BE (BGE 105 II 277 E. 3a; im einzelnen KOLLER, AJP 1995, 413). Von Bundesrechts wegen besteht ein Anspruch darauf, einen Willensmangel in der einen oder der anderen Form geltend machen zu können (KOLLER, a.a.O.). In kantonalen Verfahrensordnungen, welche ausschliesslich die Anfechtung durch Rechtsmittel vorsehen (z.B. Revision gemäss § 293 Abs. 2

64

Art. 7

ZPO ZH), liegt nach BGE 110 II 46 E. 4 trotz Verkürzung der entsprechenden Frist kein Verstoss gegen Art. 31 OR.

> Ein *vor Bundesgericht* geschlossener Vergleich bzw. die darauf beruhende Abschreibungsverfügung kann wegen allfälliger Willensmängel nicht mit Revision nach Art. 136 ff. OG, sondern nur mittels zivilrechtlicher Rechtsmittel angefochten werden: BGE 114 Ib 77 E. 1.

65   Auch andere prozessrechtliche Erklärungen, die nicht – wie der gerichtliche Vergleich – zugleich ein privatrechtliches Rechtsgeschäft darstellen (z.B. Klagerückzug, Rückzug oder Verzicht auf ein Rechtsmittel), können in der Regel mit den prozessualen Rechtsmitteln wegen Willensmängeln angefochten werden (für den Zivilprozess FRANK/STRÄULI/MESSMER, Kommentar zur Zürcherischen ZPO, 3. Aufl., Zürich 1997, N 19 zu § 188; für den Strafprozess SCHMID, Strafprozessrecht, 3. Aufl., Zürich 1997, Rz 546 sowie TRECHSEL, Kurzkommentar StGB, 2. Aufl., Zürich 1997, N 12 zu Art. 31 StGB (betr. Rückzug des Strafantrags); teilweise a.M. SCHMIDLIN, N 190 zu Art. 23/24 OR). Zur Anfechtung des Rückzugs eines Patentgesuches wegen Irrtums vgl. BGE 102 Ib 115 ff.; Anfechtung des Rückzugs eines Asylgesuches: EMARK 1993/5.

66   f)   Nach bundesgerichtlicher Rechtsprechung verliert die *Ehescheidungskonvention* mit der richterlichen Genehmigung (Art. 158 Ziff. 5 ZGB) ihren privatrechtlichen Charakter (a.M. KOLLER, AJP 1995, 415), weshalb deren Anfechtung wegen Willensmängeln insoweit nicht klageweise, sondern nur mit den Mitteln des anwendbaren Prozessrechts möglich ist, also in der Regel mittels Revision (BGE 119 II 300 E. 3 mit Hinweisen; HINDERLING/STECK, Schweizerisches Ehescheidungsrecht, 4. Aufl., Zürich 1995, 520). Nach bundesgerichtlicher Rechtsprechung wendet der kantonale Richter, der im Rahmen eines Revisionsverfahrens die Frage prüft, ob eine zuvor genehmigte Scheidungskonvention an Willensmängeln leidet, das entsprechende Bundesrecht lediglich als kantonales Ersatzrecht an, weshalb insoweit die Berufung ausgeschlossen ist (BGE 119 II 302 E. c mit Hinweisen, entgegen noch BGE 117 II 221 E. 1; vgl. Kritik bei VOGEL, ZBJV 1995, 468 f.).

> Weitere *Beispiele* für die analoge Anwendung der Regeln über die Willensmängel bei FRIEDRICH N 73–75. Betreffend Anwendbarkeit der Irrtumsregeln bei Schiedsklauseln RÜEDE/HADENFELDT [N 56] 84 mit Hinweisen; im öffentlichen Recht SCHMIDLIN, N 189 zu Art. 23/24 OR.

4. Stellvertretung

67   a)   Stellvertretung (Art. 32 ff. OR) ist grundsätzlich bei allen Rechtsgeschäften und rechtsgeschäftsähnlichen (ZÄCH, N 111 f. der Vorbemerkungen zu Art. 32–

40 OR) Handlungen (z.B. Mahnung, Fristansetzung nach Art. 107 OR) zulässig, soweit dem nicht die *höchstpersönliche Natur* des Geschäfts entgegensteht. Die Höchstpersönlichkeit äussert sich darin, dass persönliche Anwesenheit bzw. persönliches Handeln der rechtsgeschäftlich handelnden Person erforderlich ist; ob ein höchstpersönliches Rechtsgeschäft vorliegt, muss durch Auslegung ermittelt werden (ZÄCH, N 76/77 der Vorbemerkungen). Tathandlungen können hingegen mangels Erklärung nicht im Namen eines anderen vorgenommen werden (ZÄCH, N 114 der Vorbemerkungen; KOLLER, Schweiz. Obligationenrecht, AT Bd. I, Bern 1996, 344 Rz 1496).

Stellvertretung ist aus diesem Grund namentlich nicht zulässig bei *familien- und erbrechtlichen Geschäften*, wie Verlöbnis (GÖTZ, N 15 zu Art. 90 ZGB), Eheschliessung (GÖTZ, N 6 zu Art. 117 ZGB), Abschluss von Ehe- oder Erbvertrag oder Errichtung eines Testament (BUCHER 78; FRIEDRICH N 76/77; HAUSHEER/REUSSER/GEISER, N 7 zu Art. 183 ZGB; ZÄCH, N 80 der Vorbemerkungen zu Art. 32–40 OR mit Hinweisen). Die Regelung der Vertretung der *ehelichen Gemeinschaft* (Art. 166 ZGB) ist ein familienrechtliches Institut sui generis; immerhin bestehen Gemeinsamkeiten mit der gesetzlichen oder rechtsgeschäftlichen Stellvertretung gemäss OR wie auch mit der Stellung eines geschäftsführenden Gesellschafters bei der einfachen Gesellschaft (Art. 544 Abs. 3 OR), weshalb die entsprechenden Bestimmungen teilweise zur Auslegung und Lückenfüllung herangezogen werden können (HAUSHEER/REUSSER/GEISER, N 13 zu Art. 166 ZGB). 68

Das Stellvertretungsrecht bildet sodann nicht Teil des *Vormundschaftsrechts*; für die Auslegung vormundschaftsrechtlicher Bestimmungen (etwa Art. 407 ff. ZGB) kann aber u.U. Stellvertretungsrecht gestützt auf Art. 7 herangezogen werden (SCHNYDER/MURER, N 31 des Systematischen Teils).

b) Allgemein untersteht die *Vertretung vor Gericht* dem anwendbaren Prozessrecht, doch kommen die Bestimmungen von Art. 32 ff. OR hier gegebenenfalls ergänzend zur Anwendung (FRANK/STRÄULI/MESSMER [N 65] N 1 zu § 34 ZPO/ZH; LEUCH/MARBACH/KELLERHALS, Die Zivilprozessordnung für den Kanton Bern, 4.Aufl., 1995, N 1b zu Art. 83 u. N 1a zu Art. 84; ZÄCH N 82 ff. der Vorbemerkungen zu Art. 32–40 OR). Betreffend analoge Anwendung von Art. 34/35 OR (Beschränkung, Widerruf und Erlöschen der Vollmacht) als ergänzendes kantonales Recht im kantonalen Zivilprozessrecht vgl. beispielsweise § 37 ZPO/ZH. 69

Betr. Zulässigkeit der Vertretung einer Minderjährigen bei Stellung eines *Asylgesuches* vgl. ASYL 1995/3, 84 (= AJP 1995, 1612; [Asylrekurskommission]).

c) Zur Anwendung der Art. 32 ff. OR im Vollstreckungs-, Verwaltungs- und Strafverfahren vgl. ZÄCH, N 91–97 der Vorbemerkungen, wobei im *Strafverfahren* zu beachten ist, dass der Verteidiger in der Regel als Beistand und nicht als Ver- 70

Art. 7

treter, d.h. *neben und nicht an Stelle* des Vertretenen (Angeschuldigten) handelt (BGE 102 Ia 23, 105 Ia 301; Zäch, N 97 der Vorbemerkungen; Schmid [N 65] Rz 479 f.). Im *Vollstreckungsrecht* ist bei der Zustellung von Betreibungsurkunden an eine AG zu beachten, dass Stellvertretung im Sinne von Art. 32 ff. OR neben der Anweisung von Art. 65 SchKG keinen Platz hat: BGE 118 III 11.

Art. 37 OR ist im Verkehr mit dem Grundbuchamt nicht anwendbar: BGE 111 II 41 E. 2; Zäch, N 2 zu Art. 37 OR.

5. Vertragserfüllung

71 a) Die Bestimmungen über die Erfüllung der Verträge (Art. 68 ff. OR) finden Anwendung, soweit nicht die Natur der zu erbringenden Leistung eine abweichende Regelung gebietet. Die analoge Anwendung ist bei Verträgen des Familien-, Erb- und Sachenrechts in Betracht zu ziehen (Weber, N 178 der Einleitung zu Art. 68–96 OR; Schraner, N 5 der Vorbemerkungen zu Art. 68–96 OR).

Zur Bedeutung von Art. 70 Abs. 2 OR bei Zerstückelung des belasteten Grundstücks im Falle einer Grundlast Piotet, SPR VI/1, 665. Betr. Anwendbarkeit von Art. 75 OR auf die Verzinsung von Vorschlagsforderungen vgl. BGE 116 II 236 E. a.

72 b) Namentlich gelten die Bestimmungen über die *Berechnung von Fristen* (Art. 75 ff. OR) über den Wortlaut von Art. 77 Abs. 1 OR hinaus allgemein für die Berechnung der im ZGB enthaltenen Fristen bzw. ganz allgemein *für alle Rechtshandlungen, bei denen der Zeitfaktor eine Rolle spielt* (Weber, N 8 ff. zu Art. 75 OR; Schraner, N 4 zu Art. 75 OR; von Tuhr/Escher 56; Deschenaux 62; betreffend Geltung im Hinblick auf die Verjährung ausdrücklich Art. 132 Abs. 2 OR). Art. 77 Abs. 1 Ziff. 1 OR gilt dabei als Ausdruck eines die ganze Rechtsordnung, also auch das öffentliche Recht umfassenden Grundsatzes (Friedrich N 78; vgl. auch Schraner, N 10 zu Art. 77 OR). Ferner gelten die Zeitbestimmungen des OR mangels besonderer Vorschriften auch im Vollstreckungs- und Verfahrensrecht (Schraner, N 5 zu Art. 75 OR).

73 c) Das *Leistungsverweigerungsrecht* nach Art. 82 OR gilt der Natur der Sache nach nur für schuldrechtliche Verträge; es findet jedoch eine sachenrechtliche Ergänzung im dinglichen Retentionsrecht nach Art. 895–898 ZGB (vgl. Schraner, N 175 ff. zu Art. 82 OR; Riemer, Die beschränkten dinglichen Rechte, Bern 1986, 149 u. 163).

Zur analogen Anwendung von Art. 82 OR im Sinne eines obligatorischen Retentionsrechts bei Fehlen eines direkten Austauschverhältnisses im Rahmen eines Dauerschuldverhältnisses (Lohnrückstand des Arbeitnehmers) vgl. BGE 120 II 212 ff.

Art. 7

d) Die obligationenrechtlichen Bestimmungen über den *Annahmeverzug* (Art. 91–96 OR) finden nicht nur auf Rechtsverhältnisse des OR, sondern auch auf andere zivilrechtliche Verhältnisse Anwendung. Vor allem gilt dies für das *Sachenrecht*, so beim dinglichen Herausgabeanspruch und beim Anspruch auf Beseitigung einer Störung (WEBER, N 78 zu Art. 91 OR). Zur analogen Anwendung von Art. 96 i.Verb. mit Art. 92 OR bei der Aufhebung einer strafprozessualen Vermögensbeschlagnahme, wenn umstritten ist, wem der Vermögenswert zusteht: BGE 116 IV 205 E. cc.

74

6. Folgen der Nichterfüllung

Die Regeln über die Folgen der Nichterfüllung (Art. 97 ff. OR) können analoge Anwendung in anderen Bereichen finden. Ausdrücklich ist dies in Art. 514 ZGB (Rücktritt vom Erbvertrag) ausgesprochen. Vgl. sodann GÖTZ, N 19 zu Art. 92 ZGB betr. Bemessung des Schadenersatzes bei Verlöbnisbruch; BGE 103 II 227 betr. Berechnung des Schadens bei Nichterfüllung eines Vermächtnisses; BGE 107 Ia 170 E. c betr. Anrechnung des Verhaltens einer Hilfsperson (Art. 101 OR) im Verkehr zwischen Privaten und Amtsstellen; BGE 108 II 158 E. 1a betr. Anrechnung des Verhaltens einer Hilfsperson bei verspäteter Anmeldung eines Patentes.

75

Grundsätzlich besteht sodann Einigkeit darüber, dass sich die Verantwortlichkeit des Gemeinwesens für die Nicht- oder Schlechterfüllung eines *verwaltungsrechtlichen Vertrags* in Analogie zum Privatvertragsrecht bestimmt; anwendbar sind somit die Regeln von Art. 97 ff. OR (GROSS 139).

Die analoge Anwendbarkeit gilt ferner namentlich für die Grundsätze der Berechnung des *Verzugszinses* (Art. 104 f. OR): BGE 115 V 37 E. c, 117 V 350 betr. verspätete Überweisung der Freizügigkeitsleistung durch die Vorsorgeeinrichtung; BGE 116 II 236 E. a, 118 II 391 betr. Verzinsung von güterrechtlichen Forderungen. Zur Anwendung von Art. 105 OR auf Unterhaltspflichten: SOG 1985 Nr. 1 (OGer SO).

76

7. Beziehungen zu Dritten

Art. 110 Ziff. 1 OR ist analog anzuwenden bei der Verwertung eines durch einen Dritten bestellten Pfandes durch einen Gläubiger, wenn die Rechtsbeziehungen zwischen dem Schuldner und dem Verpfänder unklar bleiben: BGE 108 II 190 mit Hinweisen.

77

Art. 7

Art. 112 OR findet sinngemässe Anwendung bei einer Vereinbarung betreffend die Kinderunterhaltspflicht über den Zeitpunkt der Mündigkeit hinaus: BGE 107 II 472.

8. Aufhebung von Forderungen

78 Art. 115 OR betreffend die Aufhebung einer Forderung (Obligation) durch Übereinkunft gilt analog für die Vereinbarung, ein ganzes *Vertragsverhältnis* aufzuheben. Für die Aufhebung bestimmter Vertragsverhältnisse sind aber – entgegen Art. 115 OR – besondere Formvorschriften zu beachten, so z.B. beim Erbvertrag (Schriftlichkeit gemäss Art. 513 Abs. 1 ZGB, BGE 104 II 344; siehe auch PIOTET, SPR IV/1, 244 und – zur Frage des Rückzugs bzw. Widerrufs des Widerrufs – 253, 257 f. mit Hinweisen), ebenso wohl beim Ehevertrag (öffentliche Beurkundung; AEPLI, N 16 ff. zu Art. 115 OR) und bei der Aufhebung von dinglichen Rechten und Realobligationen (MEIER-HAYOZ, N 301 des Systematischen Teils; anders betreffend Art. 730 Abs. 2 ZGB: REY, N 189 zu Art. 730 ZGB).

9. Nachträgliche Unmöglichkeit einer Leistung

79 Art. 119 OR findet auf dingliche Ansprüche keine unmittelbare Anwendung; indessen wird eine analoge Anwendung nicht ausgeschlossen (AEPLI, N 28 zu Art. 119 OR).

10. Verrechnung

80 Die Regeln über die Verrechnung (Art. 120–126 OR) gelten für *alle privatrechtlichen*, also nicht nur vertragsrechtliche *Obligationen*. Es spielt auch keine Rolle, ob sich zwei privatrechtliche Obligationen ausserhalb des OR (z.B. aus Güterrecht und aus Erbrecht) gegenüberstehen oder eine Obligation des OR auf der einen und eine solche ausserhalb des OR auf der anderen Seite. Nach begründeter Auffassung bedarf es angesichts Art. 125 Ziff. 2 OR hier nicht einmal des Analogieschlusses, sondern die Regeln können *direkt* angewendet werden (AEPLI, N 51 der Vorbemerkungen zu Art. 120–126 OR; a.M. FRIEDRICH N 51).

Unzulässig ist aufgrund des gesetzlich bezweckten Vorsorgeschutzes die Verrechnung einer an die Vorsorgeeinrichtung abgetretenen Forderung des Arbeitgebers mit einer in gebundenen Form zu erbringenden Freizügigkeitsleistung: BGE 118 V 237 E. 7 mit Hinweisen.

Betreffend sinngemässe Anwendung der Regeln über die Verrechnung im *öffentlichen Recht* AEPLI N 53 ff. der Vorbemerkungen und nachfolgend N 118; betreffend analoge Anwendung der *konkursrechtlichen* Verrechnungsregeln (Art. 213/214 SchKG) ausserhalb des Konkurses AEPLI, N 121 ff. zu Art. 123.

11. Verjährung

a) Die Verjährung, d.h. die zeitliche Begrenzung der klageweisen Durchsetzbarkeit von Ansprüchen, ist als ein *für die gesamte Rechtsordnung geltender Grundsatz* anerkannt (BGE 108 Ib 151 E. 4a; GADOLA 48 ff. mit Hinweisen). So kommt ihm namentlich auch für das öffentliche Recht wesentliche Bedeutung zu (N 121 ff.), was nicht heisst, dass die Verjährung auf allen Rechtsgebieten die gleiche Bedeutung hat. Soweit Art. 127 OR die Verjährung aller Forderungen, für die das Bundeszivilrecht nicht etwas anderes bestimmt, regelt, bedarf es sodann des Rückgriffs auf Art. 7 nicht. Zu beachten ist aber, dass die Praxis verschiedentlich bei Fehlen einer gesetzlichen Regel die einjährige Frist gemäss Art. 60 OR als analog anwendbar betrachtet (N 90). 81

b) Auch im Fall der analogen Anwendung der Art. 127 ff. OR ist jeweils zu prüfen, ob und inwieweit ein Anspruch nach der Natur der Sache und im Hinblick auf seine Stellung innerhalb des Gesetzes der Verjährung zugänglich ist. So ist im Bereich der *Persönlichkeitsrechte* grundsätzlich von Unverzichtbarkeit, Unübertragbarkeit und Unverjährbarkeit auszugehen: BGE 118 II 5 E. 5 mit Hinweisen; vgl. auch BGE 115 II 414 E. 3b. 82

Keiner Verjährung unterliegen im Bereich des Privatrechts insbesondere

– der Anspruch auf Anfechtung einer Namensänderung (Art. 30 Abs. 3 ZGB): BGE 118 II 5 E. 5;

– zum Teil familienrechtliche Ansprüche, namentlich das Stammrecht auf Unterhalt (HAUSHEER/REUSSER/GEISER, N 68 zu Art. 163 ZGB; BÜHLER/SPÜHLER, N 103 zu Art. 151 ZGB, anders der Anspruch auf den einzelnen Beitrag, dies., N 104 sowie BRÄM, N 151 zu Art. 163 ZGB), ferner Ansprüche auf Herstellung des dem Familienrecht entsprechenden Zustandes (FRIEDRICH N 79; betr. Kinderunterhaltsansprüche vgl. SOG 1985 Nr. 1 [OGer SO]);

– zahlreiche dingliche Ansprüche, namentlich Ansprüche aus Eigentum (im einzelnen FRIEDRICH N 81; VON TUHR/ESCHER 212 f.; MEIER-HAYOZ, N 74 zu

Art. 7

Art. 641, N 146 zu Art. 679, N 128 zu Art. 680, N 49 zu Art. 681 ZGB); ferner grundpfandgesicherte Forderungen (Art. 807 ZGB). Die auf Art. 649 Abs. 2 ZGB gestützte Klage des Miteigentümers unterliegt der ordentlichen Verjährungsfrist von Art. 127 OR (BGE 119 II 332 E. c). Der Schadenersatzanspruch aus Art. 679 ZGB verjährt gemäss Art. 60 OR, während die entsprechenden Beseitigungs- und Unterlassungsansprüche unverjährbar sind (MEIER-HAYOZ, N 145/146 zu Art. 679 ZGB). Für Ansprüche aus Art. 938 ff. ZGB gilt demgegenüber die einjährige relative und die zehnjährige absolute Verjährungsfrist analog Art. 60 bzw. 67 OR (HOMBERGER, N 5 zu 938 ZGB; STARK, N 12 ff. der Vorbemerkungen zu Art. 938–940 ZGB);

– vgl. auch die Beispiele bei GAUCH/SCHLUEP, OR AT II, 6. Aufl., Nrn. 3404–3411.

83 c) Der Anspruch auf *güterrechtliche Auseinandersetzung* und die Beteiligungsforderung (Art. 215 Abs. 1 ZGB) verjähren grundsätzlich innerhalb der zehnjährigen Frist von Art. 127 OR (HAUSHEER/REUSSER/GEISER, N 26 zu Art. 215 ZGB; vgl. ferner N 56 zu Art. 207 ZGB), ebenso der Gewinnbeteiligungsanspruch nach Art. 212/213 ZGB (HAUSHEER/REUSSER/GEISER, N 60 zu Art. 212/213 ZGB). Betr. Verjährung des Anspruchs auf Unterhaltsersatz- und/oder Bedürftigkeitsrente (Art. 151/152 ZGB) vgl. BÜHLER/SPÜHLER, N 33 ff. zu Art. 153 ZGB.

84 d) Modifizierte Anwendung finden die Verjährungsregeln im Bereich des *Erbrechts*, soweit hier nicht besondere gesetzliche Bestimmungen gelten (Art. 586 Abs. 2, 600, 601, 604 Abs. 1 ZGB). Vgl. für die modifizierte Anwendung bei der Herabsetzungs- und Ungültigkeitsklage FRIEDRICH N 82 mit Hinweisen; VON TUHR/ESCHER, OR AT II, 213; CARONI 246. Ansprüche aus Erbteilungsverträgen unterliegen der normalen Verjährung gemäss Art. 127 OR (PKG 1983 Nr. 22 [KGer GR]).

85 e) Betr. die analoge Anwendung von Art. 139 OR auf weitere (namentlich *betreibungsrechtliche*) Klagefristen: BGE 108 III 42 E. 3 u. 4, 109 III 51 E. 4, 112 III 123 E. 1 u. 4. Zur Möglichkeit der analogen Anwendung obligationenrechtlicher Verjährungsbestimmungen im *Strafrecht* BGE 117 IV 244 (Frist für Einziehung gemäss Art. 58 StGB).

II. Anwendbarkeit weiterer Bestimmungen des Allgemeinen Teils

1. Grundsatz

Über den insoweit zu engen Wortlaut (vorn N 30) hinaus muss Art. 7 als Verweisung auf den *Allgemeinen Teil des OR schlechthin* verstanden werden (GAUCH/ SCHLUEP, OR AT I, 6.A., Nr. 16 mit Hinweisen; CARONI 243; NOBEL 289 mit Hinweisen). Dies wird schon durch die *Entstehungsgeschichte* belegt: Zurückgehend auf den Vorentwurf von EUGEN HUBER lautete Art. 9 des bundesrätlichen Entwurfes: «Die allgemeinen Bestimmungen des Obligationenrechts finden auch auf andere zivilrechtliche Verhältnisse entsprechende Anwendung». Wie sich aus der Textgeschichte ergibt, beruht die von der Redaktionskommission vorgenommene Änderung allein auf der (in der Folge nicht bestätigten) Annahme, wonach das revidierte OR und das neue ZGB nicht gleichzeitig in Kraft gesetzt werden könnten; eine inhaltliche Änderung der ursprünglichen Fassung war damit nicht beabsichtigt gewesen (zur Textgeschichte GIESKER-ZELLER 153 ff.). Es steht somit fest, dass mit der zum Gesetz erhobenen Fassung *keine Einschränkung des Verweisungsobjekts* vorgenommen werden sollte (FRIEDRICH N 35; DESCHENAUX 50 f.; EGGER N 14).

Zum gleichen Ergebnis führt die *sinngemässe Auslegung* von Art. 7. Die darin ausdrücklich erwähnten Bestimmungen bilden mit dem übrigen Inhalt der Allgemeinen Bestimmungen eine sachliche Einheit. Insbesondere unterscheiden sich die in den Art. 1–142 OR enthaltenen Bestimmungen über Entstehung, Erfüllung und Aufhebung (Erlöschen) der Verträge von den beiden folgenden Titeln betreffend die besondere Verhältnisse (Solidarität, Bedingungen, Haft- und Reuegeld) sowie Abtretung und Schuldübernahme nicht dadurch, dass sie vermehrt auch auf andere als schuldrechtliche Verhältnisse ausgerichtet wären. Liegen daher keine sachlichen Gründe für eine entsprechende Differenzierung vor, muss Art. 7 so verstanden werden, wie wenn auf die Allgemeine Bestimmungen des OR schlechthin verwiesen würde, was in Rechtsprechung und Lehre seit je her unbestritten gewesen ist (BGE 42 II 333, 81 II 438, 107 II 396 ff.; DESCHENAUX 52 f.; KRAMER N 11; SCHÖNENBERGER/JÄGGI, N 3 der Vorbemerkungen vor Art. 1 OR).

Art. 7

2. Unerlaubte Handlung

87 a) In Rechtsprechung und Lehre ist anerkannt, dass die Bestimmungen des Allgemeinen Teils über die unerlaubte Handlung (Art. 41–61 OR) gegebenenfalls auf weitere zivilrechtliche Verhältnisse angewendet werden können (BGE 107 II 399; DESCHENAUX 53/54; FRIEDRICH N 38 mit Hinweisen). So erscheint es als selbstverständlich, dass bei haftungsrechtlichen Tatbestände, seien sie im OR, im ZGB oder spezialgesetzlich geregelt, *die sich bei allen Haftungsarten stellenden Fragen* (wie diejenigen des Schadensbegriffs, des Kausalzusammenhangs oder der Widerrechtlichkeit) *grundsätzlich entsprechend dem OR beurteilt werden.* Eine besondere Regelung ist nur dort am Platz, wo die Spezialnorm – z.B. für die Frage der Verjährung – selber eine vom OR abweichende Regelung vorsieht (OFTINGER/STARK § 13 N 30 ff.; zum Bestreben der Vereinheitlichung des gesamten Haftpflichtrechts vgl. N 12).

Zu beachten ist in diesem Zusammenhang freilich, dass im Bereich der Deliktshaftung eine Schadenersatzpflicht wegen Verletzung einer anderen als obligationenrechtlicher Norm *schon unmittelbar aus Art. 41 OR folgt*, ohne dass es hierfür des Umwegs über Art. 7 bedürfte; dies deshalb, weil widerrechtlich im Sinne von Art. 41 OR *jede Handlung ist, die gegen irgendeine Rechtsnorm verstösst* (FRIEDRICH N 38; DESCHENAUX 53 f.).

88 b) Wesentlich ist die analoge Anwendung namentlich *im Bereich der Bemessung von Schadenersatz und Genugtuung*. So werden etwa im Rahmen der in Art. 927 ff. ZGB erwähnten Rechtsbehelfe gegen Besitzesentziehung die geltend gemachten Schadenersatzansprüche nach den Regeln von Art. 41 ff. OR bemessen. Zur Bemessung des Schadenersatzes gemäss Art. 426 ZGB vgl. ZR 76, 1977, Nr. 100 (OGer ZH). Im Bereich der Haftung aus Vertrag gelten gemäss ausdrücklicher Verweisung von Art. 99 Abs. 3 OR sodann ohnehin die gesetzlichen Bestimmungen der Haftung aus unerlaubter Handlung (Art. 42–54 OR) entsprechend (zu den Grenzen der Verweisung von Art. 99 Abs. 3 OR GAUCH/SCHLUEP, OR AT II, 6. Aufl., Nrn. 2797 ff.).

89 c) Die Bestimmung, wonach bei Zusprechung von Schadenersatz in Gestalt einer Rente der Schuldner gleichzeitig zur *Sicherheitsleistung* anzuhalten ist (Art. 43 Abs. 2 OR), findet sinngemäss auch Anwendung auf die der geschiedenen Ehefrau gestützt auf Art. 151 ZGB zugesprochenen Rente (BGE 107 II 396, 119 II 12; BÜHLER/SPÜHLER, N 63 ff. zu Art. 151 ZGB; vgl. auch HINDERLING/STECK, Das schweizerische Ehescheidungsrecht, 4.Aufl., Zürich 1995, 292 f.). Das Bundesgericht hat dabei erwogen, dass auf Grund von Art. 99 Abs. 3 OR

anzunehmen sei, dass bezüglich Bemessung und Art der Schadenersatzleistung für das gesamte Vertragsrecht ebenfalls auf die Bestimmungen über die unerlaubten Handlungen zurückgegriffen werden müsse; damit sei Art. 7 ZGB richtigerweise so auszulegen, dass Art. 43 Abs. 2 OR auch im Rahmen des ZGB entsprechende Anwendung finden solle, soweit es um die Leistung von Schadenersatz gehe (a.a.O., 399 E. b am Ende).

Da es bei der Rente nach Art. 151 ZGB – anders als bei Kinderunterhaltsbeiträgen, wo die Sicherstellung erst auf Grund der durch die Revision von 1976 erfolgten Gesetzesänderung (Art. 292 ZGB) ermöglicht wurde, vgl. BGE 107 II 399 E. b, und anders als bei der Rente nach Art. 152 ZGB, vgl. BGE 119 II 15 (dazu SCHNYDER, ZBJV 1995, 144 f. sowie zweifelnd HAUSHEER, ZBJV 1995, 381 f.) – um eine Form von Schadenersatz geht, ist die analoge Anwendung von Art. 43 Abs. 2 OR geboten, wobei – in sachgerechter Anlehnung an Art. 292 ZGB – die Sicherstellung gegenüber Art. 43 Abs. 2 OR *modifiziert* und an die Voraussetzung geknüpft wurde, dass eine konkrete Gefährdung der Erfüllung der Zahlungspflicht nachgewiesen und der pflichtige Ehegatte zur Leistung der Sicherheit in der Lage ist (BGE 107 II 400 E. c).

Der Vorentwurf für ein neues Scheidungsrecht (Art. 137 Abs. 2) sieht für *alle nachehelichen Unterhaltsbeiträge* im Falle der Gefährdung die Pflicht zur Sicherstellung vor (SCHNYDER, ZBJV 1995, 145; vgl. jetzt auch Botschaft und Entwurf des Bundesrates v. 15.11.1995, Art. 132 Abs. 2, BBl 1996 I 209).

d)   Zur analogen Anwendung der Verjährungsbestimmung von Art. 60 OR bei der Haftung aus Art. 429a ZGB: BGE 116 II 409; betr. Haftung aus fehlerhafter Grundbuchführung (Art. 955 ZGB): BGE 119 II 218 E. 4 mit Hinweisen; LGVE 1991 Nr. 1 (OGer LU); DESCHENAUX, SPR V/3, 214.

e)   Es liegt sodann nahe, den in Art. 54 Abs. 1 OR verankerten Grundsatz der *Billigkeitshaftung des Urteilsunfähigen* in analoger Weise für das *Strafverfahren* heranzuziehen, indem hier einem wegen Zurechnungsunfähigkeit freigesprochenen Angeklagten die Kosten des Verfahrens im Umfang der objektiven Verursachung und unter Berücksichtigung seiner finanziellen Leistungsfähigkeit ganz oder teilweise auferlegt werden dürfen: BGE 112 Ia 375 E. 3, 113 Ia 79 E. 1b, 2a, 115 Ia 112 E. 2, 116 Ia 170; ZR 89, 1990, Nr. 128 (KassGer ZH).

Ferner ist Art. 53 OR (keine Verbindlichkeit des strafrechtlichen Erkenntnisses für den Zivilrichter) nicht nur im Bereich des OR, sondern im ganzen Privatrecht anwendbar (BREHM, N 12 zu Art. 53 OR mit Hinweisen).

Art. 7

3. Ungerechtfertigte Bereicherung

92 Das ZGB enthält zahlreiche Bestimmungen, in denen ausdrücklich auf den Grundsatz der Rückerstattung aus ungerechtfertigter Bereicherung Bezug genommen wird (vgl. DESCHENAUX 54 mit Hinweisen; MEIER-HAYOZ 151):

– im Eherecht: Art. 94 Abs. 2 (Aufhebung des Verlöbnisses), Art. 234 Abs. 2 (Haftung bei Gütergemeinschaft),

– im Vormundschaftsrecht: Art. 411 (Haftung des urteilsfähigen Bevormundeten),

– im Erbrecht: Art. 497 (Haftung bei Erbverzicht), Art. 515 (Erbvertrag: Bereicherung des Erblassers bei Vorabsterben der Erben), ferner Art. 528, 565 Abs. 2, 579 Abs. 3, 590,

– im Sachenrecht: Art. 726 Abs. 3 (Verarbeitung einer fremden Sache), Art. 727 Abs. 3 (Verbindung und Vermischung beweglicher Sachen).

Hier kommen die Grundsätze von Art. 62 ff. OR ohne weiteres Anwendung (vgl. z.B. GÖTZ, N 7, 9 zu Art. 94 ZGB). Zur analogen Anwendung von Art. 63 und 64 OR bei der Rückerstattung von unrechtmässig bezogenen Leistungen in der Sozialversicherung vgl. BGE 115 V 117 sowie MEYER-BLASER, Die Rückerstattung von Sozialversicherungsleistungen, ZBJV 1995, 473 ff.; betr. analoge Anwendung von Art. 67 OR auf die Einziehung gemäss Art. 58 StGB: BGE 117 IV 244 E. d. Zum öffentlichen Recht N 119, 131 nachfolgend.

4. Solidarität, Bedingungen, Konventionalstrafen

93 a) Unter die vom Gesetz bestimmten Fälle der solidarischen Haftung (Art. 143 Abs. 2 OR) fallen auch familien- und erbrechtliche Verhältnisse, so Art. 342 Abs. 2, 429 Abs. 3, 603 Abs. 1 ZGB (verneint jedoch für die Unterstützungspflicht gemäss Art. 329 ZGB: BGE 60 II 267 E. 2). Betr. solidarische Haftung im öffentlichen Recht vgl. BGE 101 Ib 417 E. 6 (Haftung mehrere Störer im Polizeirecht), BGE 108 II 490 ff. (Steuerrecht), BGE 119 IV 21 E. b (keine Solidarhaft gegenüber dem Staat nach Art. 58 StGB).

94 b) Willenserklärungen können grundsätzlich *auch ausserhalb eines Schuldvertrags* bedingt (Art. 151 ff. OR) abgegeben werden (GAUCH/SCHLUEP, OR AT II, 6. Aufl., Nr. 4109 mit Hinweisen; vgl. auch PETER, Das bedingte Geschäft, Zürich 1995, 202 f. mit Hinweisen in Anm. 36, 240 ff.). *Gestaltungsrechte* sind

dem Grundsatz nach, wenn auch nicht ausnahmslos, bedingungsfeindlich (VON TUHR/PETER, OR AT II, 262; BUCHER 77 f. mit Beispielen). Zulässig sind bedingte *erbrechtliche* Verfügungen (ausdrücklich Art. 482 ZGB). Grundsätzlich unzulässig sind Bedingungen hingegen bei Verfügungen über *dingliche Rechte an Grundstücken* wie auch bei *familienrechtlichen Rechtsgeschäften* (Beispiele bei GAUCH/ SCHLUEP, OR AT II, 6. Aufl., Nrn. 4110 ff.; FRIEDRICH N 85; betr. Unzulässigkeit einer bedingten *Grunddienstbarkeit* REY, N 118 ff. zu Art. 730 ZGB). Ein *Wohnrecht* kann mit einer Resolutivbedingung verknüpft werden: BGE 106 II 329, 115 II 213.

Bedingungsfeindlich sind ferner *Prozesshandlungen*; eine Klage oder ein Rechtsmittel kann daher nicht unter einer Bedingung erhoben, zurückgezogen oder anerkannt werden (VOGEL, Grundriss des Zivilprozessrechts, 5. Aufl., Bern 1997, § 42 N 50; GULDENER [N 55], 262; ZR 89, 1990, Nr. 57 [KassGer ZH]).

c) Die Regeln über die Konventionalstrafen (Art. 160–163 OR) sind auch anwendbar auf die sog. Vereins- oder Verbandsstrafen (RIEMER, Art. 60–79 ZGB, N 59 des Systematischen Teils). 95

5. Abtretung und Schuldübernahme

Hinsichtlich der Abtretung und der Schuldübernahme (Art. 164 ff. OR) bestehen einerseits verschiedene vorgehende Spezialvorschriften (z.B. Art. 93 Abs. 2, 635, 758, 776 Abs. 2, 781 Abs. 2 ZGB; Art. 216b, 263, 333, 519, 529 OR); zum anderen gelten die Art. 164–174 OR sinngemäss im Bereich von Art. 775 ZGB (SPIRIG, N 138 der Vorbemerkungen zu Art. 164–174 OR; weitere Beispiele für sinngemässe Anwendung a.a.O. N 139 ff.). 96

Art. 164 Abs. 1 OR beschränkt seine Anwendung ausdrücklich auf Fälle, bei denen nicht Gesetz, Vereinbarung oder «Natur des Rechtsverhältnisses» der Abtretung entgegensteht. So kann der Anspruch auf die *nach Art. 151 und 152 ZGB zugesprochenen Renten* wegen der höchstpersönlichen Natur als Ganzes nicht abgetreten werden; dagegen ist die Forderung *auf den einzelnen Unterhaltsbeitrag* von der Fälligkeit an übertragbar (BÜHLER/SPÜHLER, N 103 f. zu Art. 151 ZGB). Der familienrechtliche *Unterhaltsanspruch des ehelichen Kindes* ist wegen der höchstpersönlichen Natur nicht abtretbar; zulässig ist jedoch die Abtretung des Anspruchs des mündigen Kindes auf Unterhaltsleistungen an den bisherigen Inhaber der elterlichen Gewalt (BGE 107 II 474 mit Hinweisen). Zur Abtretung dinglicher Ansprüche VON TUHR/ESCHER 351 ff. (zurückhaltend) sowie

Art. 7

SPIRIG, N 218/19 der Vorbemerkungen zu Art. 164–174 OR. Betreffend Übertragung persönlicher Dienstbarkeiten vgl. PIOTET, SPR V/1, 568.

Weitere Beispiele für den Ausschluss der analogen Anwendung (namentlich bei Ansprüchen höchstpersönlicher Natur) bei FRIEDRICH N 84; vgl. ferner etwa HEGNAUER, N 53 ff. zu Art. 273 ZGB (keine Abtretung des Anspruchs der Eltern auf persönlichen Verkehr mit dem Kind).

Für die *erbrechtliche Schuldübernahme* kommt neben den in Art. 639 ZGB genannten Gründen nicht noch zusätzlich jener (allgemeine) der Art. 175 ff. OR hinzu; die obligationenrechtlichen Regeln greifen vielmehr nur insofern ein, als die Schuldübernahme sich *unabhängig von der Erbteilung* vollzieht (TUOR/PICENONI, N 7 zu Art. 639 ZGB).

III. Anwendbarkeit des Besonderen Teils

97 Auch im Besonderen Teil des OR finden sich Bestimmungen von allgemeiner Tragweite, die entsprechend auf andere privatrechtliche Verhältnisse übertragen werden können. Dazu gehören namentlich die Bestimmungen über die *Geschäftsführung ohne Auftrag* (Art. 419 ff. OR), die unter systematischen Gesichtspunkten ohnehin in den Allgemeinen Teil des OR gehören (KRAMER N 10; MEIER-HAYOZ 151; vgl. auch MARKUS NIETLISBACH, Zur Gewinnherausgabe im schweizerischen Privatrecht, Bern 1994, 99 und dort Anm. 505 mit weiteren Hinweisen) und das ganze *Wertpapierrecht* (soweit nicht im ZGB geregelt).

Die Übernahme von Rechtssätzen aus dem Besonderen Teil des OR liegt allgemein überall dort nahe, wo eine sachliche Beziehung zwischen den in Frage stehenden Verhältnissen gegeben ist; der ausdrücklichen Anrufung von Art. 7 bedarf es zumeist nicht, zumal dann, wenn die analoge Anwendung an der betreffenden Stelle im Gesetz ausdrücklich vorgesehen ist (DESCHENAUX 55; FRIEDRICH N 40; CARONI 243 f.; vgl. auch GIESKER-ZELLER 161 f.).

98 *Weitere Beispiele* für die sinngemässe Anwendung von Bestimmungen des Besonderen Teils auf ausserhalb des OR liegende Rechtsverhältnisse (siehe im einzelnen auch bei FRIEDRICH N 39):

– Art. 192 ff., 197 ff., 219 OR (Gewährleistung beim Kauf) gelten entsprechend für die Beziehungen unter Miterben nach der Erbteilung (ausdrücklich Art. 637 Abs. 1 ZGB);

– Art. 394 ff. OR (Auftrag) gelten analog namentlich im Bereich
  – der Verantwortlichkeit für Handlungen, die das Gesamtgut bei Gütergemeinschaft betreffen (Art. 231 Abs. 1 ZGB);

Art. 7

- der Stellung vormundschaftlicher Amtsinhaber (Art. 398–430 ZGB): SCHNYDER/MURER, N 63 sowie 139/140 des Systematischen Teils (allgemein zur Relevanz des Obligationenrechts im Hinblick auf die Auslegung und das Verständnis des Vormundschaftsrechts);

- des Willensvollstreckers (Art. 517 f. ZGB), auch wenn kein eigentliches Mandatsverhältnis vorliegt: BGE 90 II 380 E. 2; FRIEDRICH N 39; FELLMANN, N 22 der Vorbemerkungen zu Art. 394–406 OR;

- der Stellung des Verwalters beim Stockwerkeigentum: MEIER-HAYOZ/REY, N 39 ff. zu Art. 712q ZGB (mit Hinweisen auf die damit verbundene Problematik der zwingenden Natur von Art. 404 OR; dazu auch BGE 115 II 466 E. 2a);

- der Sicherungsabrede bei der Sicherungsübereignung (umstritten; vgl. ZOBL, N 1381 des Systematischen Teils zum Fahrnispfandrecht);

- zur analogen Anwendung auftragsrechtlicher Bestimmungen im öffentlichen Recht vgl. FELLMANN, N 188 ff. der Vorbemerkungen zu Art. 394–406 OR;

- Art. 419–424 OR (Geschäftsführung ohne Auftrag) sind über die ausdrücklichen Bezugnahmen (etwa Art. 28a Abs. 3 ZGB; weitere Nachweise bei SCHMID, N 6 der Vorbemerkungen zu Art. 419–424 OR) hinaus ganz allgemein im Bereich des ZGB zu beachten (N 97; SCHMID a.a.O., N 28; DESCHENAUX 55; siehe auch SCHMID, Fragen zur eigennützigen Geschäftsführung ohne Auftrag, ZBJV 131, 1995, 261 ff.; zum Sachenrecht MEIER-HAYOZ, N 4 zu Art. 648 ZGB);

- Art. 530 ff. OR (einfache Gesellschaft) gelten entsprechend für die Gemeinderschaft (Art. 336 ff. ZGB) wie auch für die Erbengemeinschaft (Art. 602 ff. ZGB), soweit keine abweichende Regelung vorliegt (FRIEDRICH N 39);

- Art. 564, 718 und 899 OR enthalten Bestimmungen über den Umfang der Befugnisse juristischer Personen, welche mangels entsprechender Regeln in Art. 55 ZGB allgemeine Bedeutung haben (DESCHENAUX 55);

- Art. 706 und 891 OR (Anfechtung von Generalversammlungsbeschlüssen bei AG und Genossenschaft) haben auch Bedeutung für die Anfechtung von Beschlüssen der Miteigentumsgemeinschaft (Art. 647, 648 ZGB); betreffend Stockwerkeigentümergemeinschaft vgl. Art. 712m Abs. 2 ZGB (Verweisung auf Art. 75 ZGB);

- zu den Verweisungen im Recht der GmbH auf das Aktienrecht (Art. 788 Abs. 2, 804 Abs. 2, 805, 808 Abs. 6, 814 Abs. 1, 817 Abs. 1, 819 Abs. 1,

Art. 7

823 und 827 OR) vgl. HANDSCHIN, Die GmbH, Zürich 1996, 8 ff.; WOHLMANN, SZW 1995, 139 ff.;

– Art. 927 ff. (Vorschriften über das Handelsregister) und Art. 957 ff. OR (kaufmännische Buchführung) sind auf die im Handelsregister eingetragenen Vereine und Stiftungen anwendbar (RIEMER 108; ders., N 52/53 des Systematischen Teils zu Art. 60–79 ZGB);

– Art. 965 ff. OR (Wertpapierrecht) enthalten allgemeine Bestimmungen über die in einem Wertpapier verkörperten Rechte und gelten auch für Schuldbrief und Gült, soweit diese nicht eigene Regelungen aufweisen (vgl. Art. 973 und 989 OR; DESCHENAUX 55).

IV. Anwendbarkeit von Bestimmungen des ZGB auf das OR

99 Neben der Anwendung von Bestimmungen des OR auf andere privatrechtliche Verhältnisse kommt umgekehrt auch die Anwendung von Bestimmungen des ZGB oder von Grundsätzen, die zum ZGB entwickelt wurden, auf Rechtsverhältnisse in Betracht, die im OR geregelt sind (DESCHENAUX 63 ff.; KRAMER, N 11 der Allgemeinen Einleitung; MERZ 39; GAUCH/SCHLUEP, OR AT I, 5. Aufl., Nr. 17; RIEMER 109; KELLER 221).

1. Einleitungsartikel

100 Da das OR als dessen 5. Teil Bestandteil des ZGB bildet, gelten die in den Einleitungsartikeln des ZGB statuierten Grundsätze ohne weiteres auf dem Gebiet des Obligationenrechts, wie für das gesamte Privatrecht überhaupt (SCHÖNENBERGER/JÄGGI N 64; FRIEDRICH N 41; EGGER N 5; DESCHENAUX 63; VON STEIGER, SPR VIII/1, 262; zum Anwendungsgebiet der Art. 1 und 4 insbesondere DÜRR, N 101 ff. der Vorbemerkungen zu Art. 2; MERZ N 63; BAUMANN, N 28 ff. zu Art. 2). Die Einleitungsartikel haben in Bezug auf das gesamte Privatrecht dieselbe Funktion wie sie Art. 7 den allgemeinen Bestimmungen des OR zuweist (MEIER-HAYOZ, N 46 zu Art. 1 ZGB).

Zur Geltung bzw. analogen Anwendung im öffentlichen Recht vgl. N 117 und 119 hinten.

2. Weitere Bestimmungen des ZGB von allgemeiner Tragweite

a) Dass bestimmte *Rechtsprinzipien* oder *allgemeine Grundsätze*, wie sie das ZGB herausgebildet hat, wegen der besonderen Natur der im ZGB geregelten Verhältnisse grundsätzlich der analogen Anwendung im OR *nicht zugänglich wären*, wird zu Recht verneint (FRIEDRICH N 71). Zur Bedeutung des Grundsatzes «pacta sunt servanda» sowie der «clausula rebus sic stantibus» insbesondere bei familienrechtlichen Rechtsgeschäften (Regelung von Unterhaltsleistungen, Ausübung des Besuchsrechts u.ä.) vgl. FRIEDRICH N 71; DESCHENAUX 64; vgl. auch BAUMANN, N 443 ff. zu Art. 2. 101

Soweit OR oder Spezialgesetze ausdrücklich auf Bestimmungen oder Begriffe des ZGB Bezug nehmen (z.B. Art. 74 Abs. 2 und 3, 990 OR), finden diese *unmittelbar* Anwendung (vorn N 39; DESCHENAUX 65 mit Beispielen).

b) Die Grundsätze über die *zivilrechtliche Handlungsfähigkeit* (Art. 12–19 ZGB) gelten der Natur der Sache nach für alle Arten von Rechtsgeschäften und rechtsgeschäfts-ähnlichen Willenserklärungen (eingehend BUCHER, N 41 ff. zu Art. 12 ZGB; betr. Sonderbestimmungen ders., N 132 ff. zu Art. 12 ZGB; zur Geschäftsführung ohne Auftrag siehe Art. 421 OR). 102

c) Entgegen den ursprünglichen gesetzgeberischen Vorstellungen herrscht in Rechtsprechung und Lehre seit langem Einhelligkeit darüber, dass die allgemeinen Bestimmungen über die juristischen Personen (Art. 52–59 ZGB) unmittelbare Anwendung auch auf die juristischen Personen des OR finden, soweit nicht spezielle Bestimmungen anwendbar sind (RIEMER, N 89 ff., 95 ff. des Systematischen Teils zu Art. 52–59 ZGB; VON STEIGER, SPR VIII/1, 262; BGE 112 II 4, 115 II 401 E. 2, je betr. Anwendbarkeit von Art. 57 ZGB auf die AG). Zur Tragweite des zu Art. 55 ZGB entwickelten Organbegriffs für die Abgrenzung zwischen Art. 100 und 101 OR vgl. ZR 75, 1976, Nr. 99 (KassGer ZH). 103

Besondere Bedeutung hat das im ZGB geregelte *Vereinsrecht* für weitere Rechtsgebiete, sei es im Sinne von Lückenfüllung, als Auslegungs- oder Anwendungshilfe oder im Sinne der Übertragung von anhand des Vereinsrechts entwickelten *ungeschriebenen Grundsätzen des privatrechtlichen Körperschaftsrechts oder der privatrechtlichen juristischen Personen überhaupt* (vgl. im einzelnen, insbesondere zur analogen Anwendung im Genossenschafts- und Aktienrecht, RIEMER, N 114 ff. des Systematischen Teils zu Art. 60–79 ZGB; BUCHER, N 7 der Einleitung zum Personenrecht; betr. Stockwerkeigentümerrecht vgl. MEIER-HAYOZ/REY, N 15 ff. zu Art. 712m ZGB).

Art. 7

Zur Übertragung vereinsrechtlicher Grundsätze auf Körperschaften des kantonalen Privatrechts sowie auf öffentlich-rechtliche Körperschaften des Bundes und der Kantone RIEMER, N 132–134 des Systematischen Teils zu Art. 60–79 ZGB.

104 d) Als *Beispiele* für weitere Normen des ZGB, die der analogen Anwendung im OR (und allgemein im Privatrecht) zugänglich sind, seien erwähnt (vgl. im einzelnen auch MEIER-HAYOZ 154 f.; FRIEDRICH N 42, 70; DESCHENAUX 63 f.; EGGER N 5):

- Begriff des Wohnsitzes (Art. 23 ZGB), namentlich auch im Bereich des Prozessrechts im Hinblick auf die örtliche Zuständigkeit, wobei in den Prozessgesetzen teilweise ausdrücklich auf die Bestimmungen des ZGB verwiesen wird (GULDENER [N 55], 83 Anm. 9);

- Verbot des Verzichts auf die Rechts- und Handlungsfähigkeit (Art. 27 ZGB in Verbindung mit Art. 19 Abs. 2 OR) als Bestandteil des allgemeinen Vertragsrechts (vgl. BUCHER, N 6 ff., 237 ff. zu Art. 27 ZGB) sowie Anerkennung und Schutz der Persönlichkeit (Art. 28 ff. ZGB; weitere Beispiele bei NOBEL 290);

- Anwendung der von der Praxis zu Art. 151 Abs. 1 ZGB entwickelten Regeln über die Indexierung und das Konkubinat auf haftpflichtrechtliche Fragen (KELLER 221 Anm. 20);

- Verbeiständung von juristischen Personen im Sinne von Art. 393 Ziff. 4 ZGB (RIEMER 109);

- Anwendung erbrechtlicher Teilungsregeln (Art. 610 ff. ZGB) auf die Teilung des Gesamtgutes bei der güterrechtlichen Auseinandersetzung (BGE 116 II 236 mit Hinweisen);

- Mit- und Gesamteigentum an Forderungen und Gesellschaftsrechten (Art. 646 ff. ZGB), vgl. MEIER-HAYOZ, N 12–14 der Vorbemerkungen zu Art. 646–654 ZGB;

- Nutzniessung an Forderungen (Art. 745 ff. ZGB);

- Rechte des Pfandgläubigers bei Abnahme des Wertes eines Grundpfandes (BGE 110 II 32 E. ee);

- Pfandrecht an Forderungen und anderen Rechten (Art. 899 ff. ZGB);

- Verantwortlichkeit des Besitzers (Art. 938 ZGB);

Betreffend Anwendungsfälle für die Gewichtung des Verhältnisses zwischen Individuum und Gemeinschaft (Art. 12 ff., 72, 248, 375 Abs. 3, 393 Ziff. 4 ZGB) vgl. MEIER-HAYOZ 155; FRIEDRICH N 70.

d) Die allgemeinen *Bestimmungen des Schlusstitels betreffend das intertemporale Privatrecht* (Art. 1–4 SchlT) gelten nach ihrer Stellung im ganzen Gebiet des schweizerischen Privatrechts (vgl. MARKUS VISCHER, Die allgemeinen Bestimmungen des schweizerischen intertemporalen Privatrechts, Zürich 1986, 27/28; DÜRR, N 44 zu Art. 1). Betreffend die Anwendung im öffentlichen Recht vgl. N 119. 105

3. Analoge Anwendung von spezialgesetzlichen Bestimmungen

Mitunter kann auch eine spezialgesetzliche Norm eine ihren unmittelbaren sachlichen Anwendungsbereich überschreitende Tragweite erlangen. Zur analogen Anwendung des versicherungsrechtlich kodifizierten Tatbestands der Anzeigepflicht und deren Verletzung (Art. 4 ff. VVG) im Bereich der freiwilligen Vorsorge Selbständigerwerbender vgl. BGE 116 V 225 E. 4b mit Hinweisen, 118 II 341; ferner BGE 111 Ia 76 E. c sowie LAUPER, ZBJV 1994, 44/45 mit Hinweisen. 106

D. Der Bereich der übertragenen Anwendung

I. Die «anderen zivilrechtlichen Verhältnisse»

1. Allgemein

Die allgemeinen Bestimmungen des OR können grundsätzlich auf *alle Sachverhalte privatrechtlicher Natur*, insbesondere *Rechtsgeschäfte* jeglicher Art (unter Einschluss rechtsgeschäftsähnlicher Handlungen sowie der Realakte) sinngemäss angewendet werden (FRIEDRICH N 43/44; BUCHER 72 f.). Unter «Verhältnisse» im Sinne von Art. 7 sind sämtliche juristischen Tatsachen zu verstehen (GIESKER-ZELLER 180 ff.). Diese umfassende Bedeutung entspricht insbesondere dem fanzösischen Gesetzestext («matière»). Die Anwendung kommt auch überall dort in Frage, wo Rechtsbeziehungen oder Rechtswirkungen von Gesetzes wegen eintreten (DESCHENAUX 56 mit Hinweisen). Die Verweisung betrifft naturgemäss nicht 107

Art. 7

nur das ZGB, sondern auch die gesamte privatrechtliche Spezialgesetzgebung (Bucher 73 Anm. 7; Friedrich N 45 mit Beispielen).

2. Durch das ZGB geregelte Verhältnisse

108 a) Nach der Art des rechtsgeschäftlichen Handelns sind insbesondere folgende Bereiche zu erwähnen (vgl. im einzelnen und mit weiteren Hinweisen Friedrich N 44; Deschenaux 56), immer nach Massgabe der oben (N 32 ff.) erwähnten Grundsätze, wonach im Einzelfall wertend zu prüfen ist, ob und inwiefern die Voraussetzungen für eine analoge Anwendung erfüllt sind:

– *zweiseitige Rechtsgeschäfte (Verträge)*: Verträge des Familienrechts (Verlöbnis, Eheschliessung, Ehevertrag, Adoption); Verträge des Erbrechts (Erbvertrag, Erbteilungsvertrag); Verträge aus dem Sachenrecht (Übertragung von Eigentum an Fahrnis, Besitzesübertragung nach Art. 922/924 ZGB);

– *Beschlüsse und Konstitutivakte*, wie z.B. Vereinsgründung (Riemer, N 55 des Systematischen Teils zu Art. 60–79 ZGB), Gesellschaftsstatuten, Beschlüsse von Organen juristischer Personen, Beschlüsse der Miteigentümer oder Mitglieder einer Erbengemeinschaft;

– *einseitige rechtsgeschäftliche Erklärungen*, wie Errichtung einer Stiftung, Vaterschaftsanerkennung, Ausschlagung einer Erbschaft, Grundbuchanmeldung, Genehmigungserklärungen, Errichtung von Eigentümer- oder Inhaberschuldbrief;

– *weitere rechtsgeschäftliche Handlungen* (Ausübung von Gestaltungsrechten), z.B. Kündigung, Widerrufs- und Rücktrittserklärung, Zustimmung, Genehmigung;

– *Tathandlungen* (Realakte), z.B. Verarbeitung, Okkupation, Dereliktion, Begründung eines Wohnsitzes;

– *Berechnung von Fristen* des Bundesrechts (vgl. N 72).

109 b) Die allgemeinen Bestimmungen des OR finden grundsätzlich Anwendung auf *familien-, namentlich eherechtliche Rechtsgeschäfte vermögensrechtlicher Natur* (Jucker 26) wie auch *erbrechtliche Rechtsgeschäfte* (Piotet, SPR IV/1, 4), immer soweit nicht abweichende Spezialbestimmungen vorgehen. So dürfen Verfügungen von Todes wegen weder rechtswidrig noch unsittlich sein (vgl. ausdrücklich Art. 519 Ziff. 3 ZGB). Auf Bedingungen und Termine in Verfügungen

von Todes wegen finden die Art. 151–157 OR sowie Art. 75–81 OR Anwendung (PIOTET, SPR IV/1, 98, 112). Zur Behandlung der Willensmängel im Erbrecht PIOTET, SPR IV/1, 217 ff.; vgl. im übrigen N 61. Zur Anwendung obligationenrechtlicher Grundsätze auf den Ehevertrag (Auslegung, Anfechtbarkeit) HAUSHEER/REUSSER/GEISER, N 59 zu Art. 182 ZGB; JUCKER 41 ff.; zur Durchdringung von Familien- und Schuldrecht vgl. insbesondere GAUCH, Familienschuldrecht, 249 ff.

Da das *Konkubinat* als eheähnliche Gemeinschaft im schweizerischen Privatrecht als solches nicht geregelt ist, folgt daraus zwangsläufig, dass das Verhältnis der Partner unter sich und gegenüber Dritten grundsätzlich der Regelung durch vertragliche Vereinbarungen unterliegt; insoweit kommen daher obligationenrechtliche Bestimmungen *unmittelbar* zur Anwendung. Vgl. im einzelnen FRANK, in: Die eheähnliche Gemeinschaft (Konkubinat) im schweizerischen Recht, Zürich 1984, § 4 Rz 22 ff. Zur Nichtanwendbarkeit des ehelichen Güterrechts und zur *Anwendung der Grundsätze der einfachen Gesellschaft* (Art. 545 ff. OR) für die vermögensrechtliche Auseinandersetzung *bei Auflösung des Konkubinats* BGE 108 II 204 ff., 109 II 230 E. b; SJZ 92 (1996), 172 (OG LU); FRANK u.a., op.cit., § 15 Rz 27 ff. (teilweise a.M. WEBER, op.cit., § 6 Rz 13 ff., § 11 Rz 46 ff.).

c) Im *Sachenrecht* gilt als Grundsatz, dass trotz der scharfen Abgrenzung der beiden Rechtsgebiete (so betreffend sachenrechtlicher Typengebundenheit bzw. Typenfixierung und schuldrechtlicher Typenfreiheit: MEIER-HAYOZ, N 77 ff. des Systematischen Teils) die Anwendung der allgemeinen Bestimmungen des OR grundsätzlich in Betracht zu ziehen ist (MEIER-HAYOZ, N 16 und 23 des Systematischen Teils). So gilt im Rahmen der zwingenden gesetzlichen Ordnung des Sachenrechts für die *inhaltliche Ausgestaltung* der vom Gesetz zur Verfügung gestellten Arten dinglicher Rechte der *Grundsatz der Vertragsfreiheit* (N 51; MEIER-HAYOZ, N 86 des Systematischen Teils; REY, Grundriss des schweizerischen Sachenrechts I, Bern 1991, Rz 320).

110

Der *Pfandvertrag* untersteht in schuldrechtlicher Hinsicht (z.B. betreffend Vertragsschluss, Form und Auslegung, Anfechtbarkeit wegen Willensmängeln, Stellvertretung und Erfüllung) grundsätzlich den Allgemeinen Bestimmungen des OR, während er inhaltlich teilweise durch die sachenrechtlichen Normen beherrscht bzw. begrenzt wird (ZOBL, N 343 ff. zu Art. 884 ZGB). Die *Dienstbarkeit* muss gemäss den allgemeinen Prinzipien (Art. 20 OR) einen möglichen und erlaubten Inhalt aufweisen (LIVER, N 82 ff. zu Art. 730 ZGB; PIOTET, SPR VI/1, 555).

d) Die Anwendbarkeit der Allgemeinen Bestimmungen des OR im *Gesellschaftsrecht* ergibt sich schon aus der Einreihung des Gesellschaftsrechts in das OR; vgl. dazu im einzelnen VON STEIGER, SPR VIII/1, 259 ff.

111

3. Zivilrechtliche Spezialgesetzgebung

112 Die Bestimmungen des OR können sodann auf privatrechtliche Verhältnisse Anwendung finden, die ausserhalb des ZGB geregelt sind. Zum Teil enthalten solche Nebengesetze ausdrückliche Verweisungen auf das OR (N 23; weitere Beispiele bei FRIEDRICH N 45 Ziff. 3; VON TUHR/PETER 4 Anm. 4). In diesen Fällen finden die genannten Bestimmungen des OR ohne weiteres Anwendung.

Liegt keine ausdrückliche Verweisung auf das OR vor, kann eine sinngemässe Anwendung gemäss Art. 7 in Betracht fallen, soweit Spezialgesetze die Materie nicht abschliessend regeln; ob und wie weit dies der Fall ist, ist anhand der Spezialgesetze und nicht nach OR zu entscheiden (SCHÖNENBERGER/JÄGGI, N 70 der Allgemeinen Einleitung; KRAMER, N 14 der Allgemeinen Einleitung). *Beispiel*: Anwendung der Art. 23 ff. OR auf das Verfahren betr. Patenterteilung (BGE 102 Ib 115).

4. Kantonales Privatrecht

113 Auch im Bereich des vorbehaltenen kantonalen Privatrechts (Art. 5 Abs. 1) können grundsätzlich die Bestimmungen des OR analog herangezogen werden, da in diesen Fällen das kantonale Privatrecht entweder eine das eidgenössische Recht ergänzende Norm enthält oder an die Stelle des eidgenössischen Rechts tritt (vgl. JAGMETTI, SPR I, 251/52; BUCHER 80 Anm. 2). In diesem Fall kommt nach bundesgerichtlicher Rechtsprechung die obligationenrechtliche Bestimmung als subsidiäres kantonales Recht zur Anwendung (vgl. CARONI 244).

So gilt der Grundsatz von Treu und Glauben kraft ungeschriebenem kantonalen Recht auch für das kantonale Privatrecht (EGGER, N 8 zu Art. 2; vgl. BAUMANN, N 31 zu Art. 2). Betreffend die Geltung der Art. 68 ff. OR im Bereich des kantonalen Privatrechts vgl. FRIEDRICH N 46; WEBER, N 179 der Einleitung zu Art. 68–96.

II. Zur Einwirkung des Privatrechts auf das öffentliche Recht

1. Allgemein

114 In Doktrin und Rechtsprechung ist, wie bereits ausgeführt (N 27, 29) anerkannt, dass in Art. 7 ein allgemeiner Grundsatz der Rechtsfindung und Rechtsanwendung

ausgesprochen wird. Demzufolge kann auch eine *ausserhalb des Privatrechts vorhandene Gesetzeslücke zwar nicht unmittelbar gestützt auf Art. 7, wohl aber im Sinne des hier erwähnten Grundsatzes geschlossen werden* (FRIEDRICH N 47; DESCHENAUX 57; MERZ 39 Anm. 16; ders., N 72 ff. zu Art. 2 ZGB; KRAMER, N 19; BUCHER in: HONSELL/VOGT/WIEGAND, Kommentar zum schweizerischen Privatrecht, OR I, 2. Aufl., Basel 1996, Einleitung vor Art. 1 ff., N 34/35; vgl. auch MARTI, Vorbem. zu Art. 5 und 6, N 48, 116; anders teilweise die ältere Lehre, vgl. GIESKER-ZELLER 204 f.; zum Theorienstand betr. Abgrenzung von Privatrecht und öffentlichem Recht MARTI, Vorbem. zu Art. 5 und 6, N 57 ff., 62 ff.).

Gelangt Privatrecht kraft Verweisung oder in Lückenfüllung im Rahmen öffentlich-rechtlicher Rechtsverhältnisse zur Anwendung, so ausnahmslos als *subsidiäres öffentliches Recht* (BGE 96 II 47, 108 II 495 E. 7, 112 II 232; GIACCOMETTI 118; BREHM, N 15 zu Art. 61 OR mit Hinweisen; SCHNYDER, N 2 zu Art. 61 OR; BUCHER 83; SCHÖNENBERGER/JÄGGI, N 151 vor Art. 1 OR; HUBER, N 58 f. zu Art. 6; MARTI, N 179 zu Art. 6). Dessen Verletzung kann daher nicht mittels zivilrechtlicher Berufung an das Bundesgericht, sondern nur im Rahmen der zulässigen Rechtsmittel oder Rechtsbehelfe des öffentlichen bzw. des Prozessrechts gerügt werden (BGE 101 II 184, 105 Ia 212, 108 II 490 ff., 111 II 66 E. 3, 118 II 219 E. 4; HÄFELIN/MÜLLER Rz 244; FRIEDRICH N 48; kritisch VOGEL, ZBJV 1995, 457, 468 f.).

2. Formen der Einwirkung auf das öffentliche Recht

Die Lehre unterscheidet zwischen (ausdrücklicher) Verweisung, Übertragung (i.S. von Lückenfüllung), Herübernahme bzw. Heranziehung allgemeiner Rechtsgrundsätze sowie Anknüpfung an privatrechtliche Begriffe und Tatbestände (vgl. MARTI, Vorbem. zu Art. 5 und 6, N 48 mit weiteren Hinweisen; ferner IMBODEN/RHINOW/ KRÄHENMANN, Nr. 2 B I), wobei sich in der Praxis die einzelnen Formen nicht immer klar unterscheiden lassen.

a) Verweisung

Das öffentliche Recht, namentlich das Verwaltungsrecht, kann ausdrücklich auf Bestimmungen des Privatrechts verweisen und diese als anwendbar erklären; diese Bestimmungen werden insoweit zum Bestandteil des öffentlichen Rechts und erlangen öffentlich-rechtlichen Charakter (IMBODEN/RHINOW/KRÄHENMANN, Nr. 2 B III). Danach richtet sich auch die Zulässigkeit der (eidgenössischen) Rechtsmittel (Ausschluss der Berufung: BGE 120 Ia 379 E. 2 mit Hinweisen.

Art. 7

Beispiele für ausdrückliche Verweisung: Art. 46 des BG über das Dienstverhältnis der Bundesbeamten; Art. 7 des Verantwortlichkeitsgesetzes; Art. 1 Abs. 1 lit. a AHVG; ferner etwa § 29 des zürcherischen Staatshaftungsgesetzes und zahlreiche weitere kantonale Haftungsgesetze (dazu nachfolgend N 127 ff.).

b) Übertragung

117 In Frage kommt weiter die Lückenfüllung durch Übertragung privatrechtlicher Bestimmungen. Eine derartige Lückenfüllung durch analoge Anwendung des Privatrechts kommt nur *subsidiär*, d.h. nur dann in Betracht, wenn das öffentliche Recht selbst keine unmittelbar oder analog anwendbare Norm enthält. Voraussetzung für die Anwendung ist mithin, dass eine echte Lücke vorliegt, d.h. im Sinne von Art. 1 ZGB anzunehmen ist, dass der Gesetzgeber eine notwendigerweise zu regelnde Frage nicht geregelt hat (BGE 97 V 153, 101 Ib 335, 105 Ib 11, 112 Ia 262 E. 5 betr. Regelung der Verjährungsfristen; HÄFELIN/MÜLLER Rz 245 ff.; FLEINER-GERSTER 44; IMBODEN/RHINOW/KRÄHENMANN, Nr. 2 B IV; FRIEDRICH N 47; GIACCOMETTI 118 ff.). Derartige Lückenfüllung fällt namentlich im *Sozialversicherungsrecht* (RIEMER, Berührungspunkte, 147 ff.; BGE 120 V 336 mit Hinweisen) sowie im *Steuerrecht* (CAGIANUT, Die Bedeutung des Zivilrechts für den Verwaltungsrichter, FS Pedrazzini, Bern 1990, 103 ff.) in Betracht. Vgl. ferner BGE 113 III 89 E. 4 betr. analoge Anwendung von Art. 8 ZGB im Betreibungs- und Beschwerdeverfahren sowie BGE 112 Ib 67 E. 3 betr. analoge Anwendung im Wiedereinbürgerungsverfahren.

Erfolgt die Anwendung privatrechtlicher Bestimmungen in Lückenfüllung des öffentlichen Rechts, ist stets sorgfältig zu prüfen, ob die Voraussetzungen der analogen Anwendung erfüllt sind, insbesondere *ob sie nicht der unterschiedlichen Zielsetzung der Rechtsmaterien widerspricht* (KRAMER N 19; GIACCOMETTI 115 Anm. 23). So ist z.B. die Verjährung gewisser öffentlichrechtlicher Ansprüche von vornherein ausgeschlossen (nachfolgend N 122). Zur modifizierten Anwendung der Art. 50 Abs. 2 und 51 Abs. 2 OR im öffentlichen Recht BGE 101 Ib 417 E. 6. Betr. Übertragung von Auftragsrecht ins öffentliche Recht FELLMANN, N 213 ff. der Vorbemerkungen zu Art. 394–406 OR.

Einschränkungen der Anwendbarkeit können sich sodann aus dem *Grundsatz der Gesetzmässigkeit* der Verwaltung ergeben; im Bereich der Verjährung von Ansprüchen aus unerlaubter Handlung kann z.B. der analogen Anwendung von Art. 67 OR ein überwiegendes öffentliches Interesse oder der Gesichtspunkt der Rechtsgleichheit entgegenstehen (FRIEDRICH N 48; DESCHENAUX 57).

c) Herübernahme bzw. Heranziehung allgemeiner Rechtsgrundsätze

Lehre und Rechtsprechung gehen weiter davon aus, dass das Privatrecht grundlegende Bestimmungen enthält, welche Ausdruck *allgemeiner Rechtsgrundsätze* darstellen und die als solche auch die Verwaltungstätigkeit beherrschen (IMBODEN/ RHINOW/KRÄHENMANN, Nr. 2 B V). Die Anwendung solcher allgemeiner Rechtsgrundsätze im öffentlichen Recht wird folgerichtig nicht als analoge Anwendung von Privatrecht betrachtet, weil es sich dabei um Normen handelt, die zwar teilweise nur im Privatrecht ausdrücklich formuliert sind, aber wegen ihrer allgemeinen Tragweite als ungeschriebenes Recht in allen Rechtsbereichen *unmittelbar* gelten (GIACCOMETTI 122 ff.; HÄFELIN/MÜLLER Rz 142 ff.; LIVER 158 ff.; LEUTHOLD 73 ff.; BGE 122 I 340 E. b). Vgl. sodann zur Rezeption der zivilistischen Betrachtungsweise im *Strafrecht* KOLLER, SJZ 92 (1996), 409 ff.

Unter Umständen kann bezüglich ein und desselben Rechtsinstituts sowohl die analoge Anwendung von Privatrecht wie die unmittelbare Heranziehung eines allgemeinen Rechtsgrundsatzes in Frage kommen (BGE 108 Ib 151 E. 4a, wonach das Institut der Verjährung als allgemeiner Rechtsgrundsatz anerkannt wird, die Frage der konkreten Bemessung der Verjährungsfristen jedoch in Analogie zu privatrechtlichen Vorschriften erfolgt; vgl. auch LEUTHOLD 76; GADOLA 48).

Beispiele für die Heranziehung privatrechtlicher Bestimmungen als Ausdruck *allgemeiner Rechtsgrundsätze* in das öffentliche Recht:

– betr. Geltung des *Grundsatzes von Treu und Glauben bzw. des Rechtsmissbrauchverbotes* (Art. 2 ZGB) BGE 102 Ib 67, 104 IV 94 E. 3a (Strafprozessrecht), 108 Ib 385 E. b, 111 Ib 94, 111 II 66 E. 3, 116 II 500 E. 3, 121 V 65, 71; MERZ, N 64 ff. zu Art. 2; GIACCOMETTI 124; WEBER-DÜRLER, Vertrauensschutz im öffentlichen Recht, Zürich 1983, 38 mit Hinweisen; betreffend Anwendung im kantonalen Privatrecht vgl. BAUMANN, N 31 zu Art. 2;

– betr. die Regeln von *Art. 1, 3, 4 und 8 ZGB*: IMBODEN/RHINOW/KRÄHENMANN, Nr. 2 B V.a–c mit Hinweisen; DÜRR, N 115 ff. der Vorbemerkungen zu Art. 1 und 4; BAUMANN, N 21 zu Art. 3; BGE 120 V 332 E. bb (zum Gutglaubensschutz im öffentlichen Recht); BJM 1995, 268 (VwGer BS) zur Beweislastverteilung im Steuerveranlagungsverfahren; vgl. auch Hinweise bei SCHMID N 26/27;

– betr. *Formvorschriften* (Art. 13 Abs. 1 OR): BGE 101 III 66 E. 3;

– betr. Grundsätze des *Vertragsrechts*, namentlich Anfechtung wegen (unverschuldeten) *Willensmängeln* (BGE 98 V 257/58, 105 Ia 211 E. c mit Hinweisen; nach HÄFELIN/MÜLLER Rz 247 handelt es sich hierbei um Lücken-

Art. 7

füllung), *clausula rebus sic stantibus* (IMBODEN/RHINOW/KRÄHENMANN, Nr. 2 B V.d mit Hinweisen); insbesondere sind Streitigkeiten aus *öffentlichrechtlichen Verträgen* allgemein unter Heranziehung der Bestimmungen des OR zu beurteilen, soweit das öffentliche Recht keine eigenen Regeln vorsieht und soweit die für zivilrechtliche Verträge geltenden Grundsätze sich als sachgerecht erweisen (ZBl. 1982, 73; BGE 122 I 340 E. b);

- betr. Anwendung des *Stellvertretungsrechts* (Art. 32 ff. OR) im öffentlichen Recht siehe ZÄCH, N 99 ff. der Vorbemerkungen zu Art. 32–40 OR; vgl. auch N 69 (Vertretung im Asylverfahren);

- öffentlichrechtliche Geldforderungen sind in der Regel im Falle des Verzugs entsprechend Art. 104 OR zu *verzinsen* (BGE 115 V 37; ZBl 1995, 87; IMBODEN/RHINOW/KRÄHENMANN, Nr. 31 B I);

- Zuwendungen, die aus einem *nicht verwirklichten oder nachträglich weggefallenem Grund* erfolgen, sind auch im Bereich des öffentlichen Rechts (schon nach dem Legalitätsprinzip) *zurückzuerstatten* (IMBODEN/RHINOW/KRÄHENMANN, Nr. 32 B I sowie vorn N 92); Art. 66 OR gilt dabei sinngemäss (a.a.O., Nr. 32 B IV);

- *Verrechenbarkeit* gegenseitiger Forderungen als allgemeiner Rechtsgrundsatz, wobei jedoch im einzelnen zu unterscheiden ist zwischen regelmässig zulässiger Verrechnung durch das Gemeinwesen (Verwaltung) und nur teilweiser Zulässigkeit der Verrechnung durch den Bürger (Art. 125 Ziff. 3 OR; BGE 107 III 143 E. 2, 111 Ib 158 E. 3; im einzelnen IMBODEN/RHINOW/KRÄHENMANN, Nr. 33; VON TUHR/ESCHER 201); betr. Verrechnung im Sozialversicherungsrecht RIEMER, Berührungspunkte 161 Anm. 95;

- betr. *Verjährung und Verwirkung* vgl. BGE 119 V 299 E. 2 sowie IMBODEN/RHINOW/KRÄHENMANN, Nr. 34 (nach HÄFELIN/MÜLLER Rz 247 Lückenfüllung); nachfolgend N 121 ff.;

- die Bestimmungen des OR betr. *Abtretung von Forderungen* sind auf Forderungen öffentlichrechtlicher Natur (z.B. Subventionen) nicht direkt anwendbar, sondern gelten nur insoweit, als sie Ausdruck eines allgemeinen Rechtsgrundsatzes sind: BGE 111 Ib 156 E. d; die Zulässigkeit der Zession ist sodann in jedem Einzelfall im Blick auf Ziel und Zweck der Leistung zu prüfen (a.a.O., E. 2);

- zur Heranziehung der allgemeinen Bestimmungen (Art. 1–4) des Schlusstitels im öffentlichen Recht vgl. VISCHER (N 105) 28 mit Hinweisen; anders KÖLZ, Intertemporales Verwaltungsrecht, ZSR 102 (1983) II, 101 ff., bes.

200 ff.; ferner GADOLA 58 mit Hinweisen (Grundsatz der Nichtrückwirkung gemäss Art. 1 ff. SchlT betreffend die Verjährung im öffentlichen Recht) sowie ZR 93, 1994, Nr. 9 Erw. 3.1 (OGer ZH; analoge Anwendung von Art. 52 Abs. 2 SchlT im Bereich des Strafrechts [Opferhilfegesetz]);

— weitere Beispiele bei IMBODEN/RHINOW/KRÄHENMANN, Nr. 2 B V.e–h; für das Sozialversicherungsrecht insbes. RIEMER, Berührungspunkte, 153 f.

d) Anknüpfung des öffentlichen Rechts an privatrechtliche Tatbestände

Das öffentliche Recht, namentlich das Sozialversicherungs- und das Steuerrecht, knüpft mitunter eine Rechtsfolge an die *Verwirklichung eines privatrechtlichen Tatbestandes*. So tritt im Steuerrecht häufig die Steuerpflicht oder eine bestimmte Berechnungsart als Folge eines privatrechtlichen Rechtsgeschäftes (z.B. Schenkung, Grundstückkauf) oder eines anderen privatrechtlichen Tatbestandes (Eheschliessung, Scheidung, Erbgang; ferner Begriffe der Rechts- und Handlungsfähigkeit sowie des Wohnsitzes) ein. Dabei handelt es sich *nicht um Verweisungen*, und es kommt hier nicht Zivilrecht als subsidiäres öffentliches Recht zur Anwendung; die Anknüpfung des Verwaltungsrechts an zivilrechtliche Begriffsumschreibungen dient vielmehr zur Bestimmung bestimmter öffentlichrechtlicher Tatbestände, wobei die zivilrechtliche Bedeutung dieser Begriffe in der Regel – aber nicht ausnahmslos – verbindlich ist (vgl. im einzelnen GIACOMETTI 125 ff.; IMBODEN/RHINOW/KRÄHENMANN, Nr. 25 [zivilrechtliche Auslegung verwaltungsrechtlicher Begriffe] und Nr. 28 sowie VPB 59 [1995] Nr. 43 E. 4b [Begriff der Rechts- und Handlungsfähigkeit]; zur Anknüpfung an zivilrechtliche Begriffe im Steuerrecht vgl. BLUMENSTEIN/LOCHER, System des Steuerrechts, 5. Aufl., Zürich 1995, 30 ff.). In diesem Zusammenhang wird das Privatrecht in der Praxis des Bundesgerichts (und namentlich des Eidgenössischen Versicherungsgerichts) als *vorbestehendes bzw. vorausgesetztes Recht* bezeichnet und behandelt (vgl. BGE 112 V 102, 119 V 425 E. 5b u. 6, 121 V 127 ff. E. aa u. cc, je mit Hinweisen; RIEMER, Berührungspunkte 154); nach KOLLER, AJP 1995, 1080, wird im Sozialversicherungsrecht (hier betreffend die Bedeutung des Begriff der «Familie») jedoch zu Unrecht dem Privatrecht das Primat eingeräumt; er plädiert statt für eine formale Begriffsharmonisierung für eine materielle, zweck- bzw. ergebnisorientierte Abstimmung bestehender Wertungswidersprüche (vgl. auch ders., AJP 1997, 892 ff.; zur Abgrenzung zwischen zivilrechtlichen und sozialversicherungsrechtlichem Arbeitnehmerbegriff vgl. LANZ, AJP 1997, 1463 ff.).

Immerhin ist zu beachten, dass auch bei der Anknüpfung an zivilrechtliche Begriffe eine *sinngemässe Modifizierung* an die besonderen administrativen Gegebenheiten in Betracht zu ziehen sein kann (IMBODEN/RHINOW/KRÄHENMANN, Nr. 28 B II). Zur Differenzierung zwi-

Art. 7

schen haftpflichtrechtlichem und sozialversicherungsrechtlichem Adäquanzbegriff vgl. BGE 123 III 111 E. 3 mit Hinweisen. – Mitunter bestimmt ein öffentlich-rechtlicher Erlass ausdrücklich, dass er einen zivilrechtlichen Begriff in einem bestimmten, vom Privatrecht abweichenden Sinn verwendet (vgl. etwa den «schulgeldrechtlichen Wohnsitz» im Sinne von Ziff. I.B. des Beschlusses des zürcherischen Regierungsrates vom 28. Juli 1993 betr. Festsetzung von Schulgeldern usw., LS [ZH] 414.12).

3. Besondere Anwendungsfälle der Einwirkung auf das öffentliche Recht

a) Verjährung

121 Auf die Bedeutung des Instituts der Verjährung für die gesamte Rechtsordnung wurde bereits hingewiesen (N 81 ff.). Dies bedeutet, dass – was nicht selten zutrifft – beim Fehlen von Verjährungsvorschriften im öffentlichen Recht die rechtsanwendende Behörde im Rahmen von Lückenfüllung vorzugehen hat (grundlegend SPIRO [N 48], § 543, 1573 ff.; BGE 112 Ia 262 ff. E. 5 mit Hinweisen, 113 Ia 154). Dabei ist zu unterscheiden zwischen der grundsätzlichen Frage der Verjährbarkeit einerseits und – gegebenenfalls – der Frage nach der Bemessung der Frist (Beginn, Unterbrechung etc.) andererseits.

122 aa) Wie erwähnt, kommt hinsichtlich einzelner Ansprüche im öffentlichen Recht eine *Verjährung überhaupt nicht in Betracht*, so etwa bei Ansprüchen, die den Gehalt der *Polizeigüter* (öffentliche Ordnung, Ruhe, Sicherheit und Gesundheit) betreffen, soweit der polizeiwidrige Zustand andauert (BGE 114 Ib 54 E. 4; RHINOW/KRÄHENMANN [Ergänzungsband], Nr. 34 B Ib; GADOLA 50 mit weiteren Hinweisen; betreffend Frage der Verjährung von Administrativmassnahmen im Bereich des SVG [Führerausweisentzug] BGE 108 Ib 254 ff. [offen gelassen]).

123 Analog hat das Bundesgericht entschieden, dass auch die zivilrechtliche Klage aus Art. 57 Abs. 3 ZGB (Auflösung einer juristischen Person mit widerrechtlichem Zweck) angesichts ihrer persönlichkeitsrechtlichen Natur, die der Durchsetzung öffentlicher Interessen dient, so lange nicht verjähre, als der rechtswidrige Zustand andauere: BGE 115 II 414 E. b mit Hinweisen.

124 bb) Zur Frage der *Unverjährbarkeit bestimmter Grundrechte* BGE 118 Ia 209 ff. und Kritik aus dogmatischer Sicht dazu bei GADOLA, Die unverzichtbaren und unverjährbaren Grundrechte als verfahrensrechtliches Scheinproblem – Rückbesinnung auf die Dogmatik der Nichtigkeitsgründe, recht 1995, 34 ff. Der Autor postuliert statt der verfahrensmässigen Privilegierung einzelner Grundrechte die Anerkennung besonders schwerer Eingriffe in den Wesenskern eines Grundrechts als materiellen Nichtigkeitsgrund (38 ff.).

cc) Für die Frage nach Beginn und Dauer einer allfälligen Verjährungsfrist hat 125
das Bundesgericht in seiner neueren Rechtsprechung für den Fall des Fehlens
einer gesetzlichen Regelung folgende Grundsätze aufgestellt: In erster Linie ist
die Regelung des anwendbaren Erlasses für vergleichbare Ansprüche anzuwenden, subsidiär die gesetzliche Regelung anderer öffentlich-rechtlicher Erlasse für
verwandte Ansprüche, und erst beim Fehlen auch solcher Vorschriften muss die
Verjährungsfrist nach allgemeinen Grundsätzen festgelegt werden, wobei in diesem Rahmen die analoge Anwendung der Bestimmungen des OR – namentlich
diejenigen betreffend Verjährung des Anspruchs aus ungerechtfertigter Bereicherung (Art. 67 OR) – in Betracht zu ziehen ist (BGE 108 Ib 150, 112 Ia 262 E. 5,
116 Ia 464 E. 2, 119 V 299 E. 2 mit Hinweisen; zusammenfassend und mit zahlreichen weiteren Verweisungen GADOLA 49 f.).

Die von der zivilrechtlichen Praxis für die Verjährung von Deliktsansprüchen nach Art. 60
OR entwickelten Grundsätze betr. Zeitpunkt der Kenntnisnahme vom Schaden lassen sich auf
die Geltendmachung von enteignungsrechtlichen Forderungen nicht übertragen: BGE 102 Ib
280 E. 1a.

dd) Verweist das öffentliche (kantonale oder kommunale) Recht ausdrücklich 126
auf die Verjährungsregeln des OR, werden diese Normen nach dem Gesagten
(N 114) als subsidiäres öffentliches Recht angewendet, wobei allerdings in der
Lehre umstritten ist, inwieweit damit im Hinblick auf die Besonderheiten des
öffentlichen Rechts z.B. auch die obligationenrechtlichen Grundsätze über die
Unterbrechung der Verjährung oder die Berücksichtigung nur auf Einrede hin
(Art. 142 OR; dazu – in Änderung der früheren Rechtsprechung – BGE 111 Ib
277 f.; GADOLA 50 Anm. 44) zu übernehmen sind (GADOLA 49/50 mit Hinweisen).

b) **Staatshaftung**

aa) Das Staats- bzw. Amtshaftungsrecht regelt die vermögensrechtliche Haf- 127
tung des Gemeinwesens und seiner Beamten gegenüber Privaten für in Ausübung
amtlicher (d.h. hoheitlicher, BREHM, N 14 f. zu Art. 61 OR) Verrichtung rechtswidrig zugefügten Schaden; ausnahmsweise (und abweichend von zivilrechtlichen Grundsätzen) haftet das Gemeinwesen auch für rechtmässig zugefügten
Schaden, wenn dem Geschädigten nicht zugemutet werden kann, den Schaden
selber zu tragen (HÄFELIN/MÜLLER Rz 1789 ff.; FLEINER-GERSTER 357 ff.; GROSS
86, 275; MICHAEL FAJNOR, Staatliche Haftung für rechtmässig verursachten Schaden, Diss. Zürich 1987).

Art. 61 Abs. 1 OR geht davon aus, dass die Haftung der Beamten dem OR
(Art. 41 ff.) – also Privatrecht – untersteht, überlässt es aber Bund und Kantonen,
auf dem Weg der Gesetzgebung abweichende Bestimmungen aufzustellen (vgl.

Art. 7

dazu auch MARTI, N 195 ff., 263 zu Art. 6). Sowohl der Bund (Verantwortlichkeitsgesetz) wie sämtliche Kantone haben entsprechende gesetzliche Bestimmungen (mit – zumeist ausschliesslicher – externer Staatshaftung) erlassen (BREHM, N 4 zu Art. 61 OR; STARK, SJZ 1990, 2 Anm. 8; zu den Arten der Ausgestaltung der Staatshaftung im einzelnen GROSS 51 ff.). Die Kantone haften (vorbehältlich bundesrechtlicher Bestimmungen, z.B. Art. 429a, 955 ZGB) nur, soweit dies das kantonale Recht ausdrücklich vorsieht (BREHM, N 8 zu Art. 61 OR; STARK, SJZ 1990, 2 mit Hinweisen in Anm. 6).

Für bestimmte kantonale Beamte, die *Funktionen des Bundesrechts* ausüben, regelt dieses auch die sich aus dieser Tätigkeit ergebende Haftpflicht, so für das Schuldbetreibungsrecht (Art. 5 SchKG; nach Art. 5 revSchKG haftet neu unmittelbar und ausschliesslich der Staat, was unter altem Recht nur bei entsprechender kantonalrechtlicher Regelung der Fall war [BGE 120 Ia 379 E. 2]), das Vormundschaftsrecht (Art. 426 ZGB), das Zivilstandsrecht (Art. 42 ZGB), die Führung des Grundbuches (Art. 955 ZGB) und des Handelsregisters (Art. 928 OR).

128 bb) Bestimmungen über die Staatshaftung bilden *Bestandteil des öffentlichen Rechts* (betreffend die privatrechtliche Haftung des Staates und seiner Beamten für gewerbliche Verrichtungen vgl. Art. 61 Abs. 2 OR; kritisch zur geltenden Abgrenzung von Bundesprivathaftpflichtrecht und kantonalem Verantwortlichkeitsrecht nach Art. 61 OR STARK, SJZ 1990, 6 ff. sowie GROSS 102 ff.), wobei allerdings der *Rechtsweg* – historisch bedingt – häufig den zivilgerichtlichen Instanzen folgt (FLEINER-GERSTER 347; GROSS 120 ff., 323 ff.). Viele kantonalen Verantwortlichkeitsgesetze verweisen auf das OR als ergänzendes Recht (BISCHOF 96); auch in diesem Fall kommt das OR als kantonales öffentliches Recht zur Anwendung. Soweit kantonale Bestimmungen über die Haftung von Beamten und öffentlichen Angestellten fehlen, kommt Bundesprivatrecht subsidiär und als Bundesrecht zur Anwendung, da der Vorbehalt zugunsten des kantonalen Rechts in Art. 61 OR fakultativ ist, oder es gilt insoweit Bundesprivatrecht kraft Vorrang auch im kantonalen Verantwortlichkeitsrecht (GROSS 121 mit Hinweisen).

Beispiel: § 29 des Haftungsgesetzes des Kantons Zürich betreffend die ergänzende Anwendung der Bestimmungen des OR, «soweit dieses Gesetz keine eigene Regelung trifft». Zeigt sich, dass der kantonale Gesetzgeber etwas zu regeln unterliess, was der Regelung bedarf, so hat der Richter auf Grund der genannten Verweisung durch entsprechende Anwendung der Bestimmungen des OR vorzugehen und nicht eigene Regeln aufzustellen, wie wenn er Gesetzgeber wäre; erst wenn auch dieser Rekurs auf das OR versagt, darf der Richter nach Art. 1 Abs. 2 ZGB vorgehen (vgl. SCHWARZENBACH, Die Staats- und Beamtenhaftung in der Schweiz mit Kommentar zum zürcherischen Haftungsgesetz, 2. Aufl., Zürich 1985, 222).

In Frage kommen etwa: Berücksichtigung des Selbstverschuldens des Geschädigten, Kapitalisierung von Versorgerschaden, Bemessung von Schadenersatz und Genugtuung etc. Vgl. ferner für analoge Anwendung einer aus dem ZGB abgeleiteten Rechtsauffassung (Beginn der Verjährungsfrist für die Klage aus Art. 429a ZGB) auf kantonales Staatshaftungsrecht (§ 24 Haftungsgesetz ZH): ZR 94, 1995, Nr. 16 Erw. IV.3a (KassGer ZH). Betr. Geltung der allgemeinen Beweislastregel (Art. 8 ZGB) für das kantonale Haftungsrecht: BGE 113 Ib 424 E. 3; ZR 88, 1989, Nr. 67 Erw. III.2b (KassGer ZH).

Die Kommission für die *Gesamtrevision des Haftpflichtrechts* (N 12) kommt in ihrem Bericht zur Auffassung, dass die Haftung des Gemeinwesens sowohl hinsichtlich der Haftungsbegründung wie mit Bezug auf die Modalitäten der Schadenersatzpflicht grundsätzlich *denselben Prinzipien und Regeln* zu unterstellen sei, wie sie für die zivilrechtliche Verantwortlichkeit gelten; vgl. GROSS 111 f. mit Hinweisen auf die entgegengesetzte geschädigtenfreundliche (Kausalhaftung) Tendenz im neueren Verwaltungsrecht.

cc) Die Anwendung der Bestimmungen des OR hat wiederum *entsprechend zu erfolgen*. So kann Art. 44 Abs. 2 OR (Herabsetzung des Ersatzes wegen Notlage des Schädigers) bei der Staatshaftung von vornherein (auch bei angespannter Lage der Staatsfinanzen) keine Anwendung finden, ebensowenig wie budgetrechtliche Erwägungen den Ausschlag geben dürfen (BGE 110 Ib 156 f.; SCHWARZENBACH [N 126] 40 f., 223). Hingegen fällt in analoger Anwendung von Art. 44 Abs. 1 OR die Berücksichtigung von Selbstverschulden als Herabsetzungsgrund in Betracht (BGE 112 Ib 454 E. a). Zur weitgehenden Anlehnung des *Widerrechtlichkeitsbegriffs* im öffentlichen Verantwortlichkeitsrecht an den privatrechtlichen Begriff der Widerrechtlichkeit gemäss Art. 41 ff. OR vgl. GROSS 145 ff. mit eingehender Erörterung von Lehre und Rechtsprechung; zum – ebenfalls privatrechtlich geprägten – *Schadensbegriff* in der Staatshaftung ders., 206 ff. mit Hinweisen. 129

c) **Zivilprozess**

Auch das kantonale Zivilprozessrecht übernimmt in zahlreichen Fällen Bestimmungen des Bundesprivatrechts für seinen Bereich. Wie bereits erwähnt (N 64, 66) richten sich sowohl Auslegung wie Anfechtung von *gerichtlichen Vergleichen und Scheidungskonventionen* mangels eigener Regeln in den Prozessgesetzen nach den Bestimmungen des OR. Auch in diesen Fällen wird aber das Privatrecht als kantonales Ersatzrecht betrachtet und ist als solches der bundesgerichtlichen Überprüfung entzogen (BGE 119 II 297; vgl. Kritik bei VOGEL, ZBJV 1995, 468 f.). 130

Analog heranzuziehen sind ferner etwa die privatrechtlichen Bestimmungen über den *Wohnsitz* (Art. 23 ff. ZGB), soweit die kantonalen Prozessgesetze im Zusammenhang mit der Umschreibung des allgemeinen Gerichtsstandes dazu keine besonderen Normen enthalten; Abweichungen zwischen dem privatrechtlichen und dem zivilprozessualen Wohnsitzbegriff sind möglich (GULDENER, Schweiz. Zivilprozessrecht, 3. Aufl., 82 f.). Soweit das Bundesprivatrecht selbst einen Wohnsitzgerichtsstand vorschreibt (Beispiele bei GULDENER, a.a.O. 65), sind die Art. 23 ff. ZGB ohnehin anwendbar (BGE 87 II 216; GULDENER, a.a.O. 100). Hinsichtlich Beschränkung und Erlöschen der Prozessvollmacht sind die Art. 34 ff.

Art. 7

OR analog anwendbar. Zur Übernahme verschiedener Bestimmungen betreffend die juristischen Personen in das Prozessrecht vgl. RIEMER, N 180 ff. des Systematischen Teils zu Art. 52–59 ZGB.

Darüber hinaus kommt im Zivilprozessrecht oft den bereits erwähnten (N 117 f.) *allgemeinen Rechtsgrundsätzen* erhebliche Tragweite zu (GULDENER, Bundesprivatrecht und kantonales Zivilprozessrecht, 64 ff.; vgl. auch DÜRR, N 119 ff. der Vorbemerkungen zu Art. 1 und 4). Dazu gehört namentlich der *Grundsatz von Treu und Glauben* (BGE 101 Ia 39; MERZ, N 69/70 zu Art. 2; ausführlich BAUMANN, N 33 ff. und 488 ff. zu Art. 2) sowie das Prinzip von Art. 1 Abs. 2 ZGB (richterliche Lückenfüllung *modo legislatoris* (BGE 122 I 254 E. 6a mit Hinweisen); vgl. für die Lückenfüllung analog Art. 1 ZGB im Strafprozess ZR 66 [1967] Nr. 165 [KassG ZH] sowie den Entscheid des Bundesgerichts in Semjud 94 [1972] 433 ff. [440]). Zum Grundsatz von Treu und Glauben im Straf- und Strafprozessrecht BAUMANN, N 38 zu Art. 2. Teilweise sind derartige Grundsätze in den Prozessgesetzen ausdrücklich verankert (vgl. § 50 ZPO/ZH; weitere Nachweise bei GULDENER, Schweiz. Zivilprozessrecht, 3. Aufl., 188 Anm. 7).

d) weitere Anwendungsfälle

131 Vgl. Beispiele bei FRIEDRICH N 49; HÄFELIN/MÜLLER Rz 246 f. Erwähnt seien im einzelnen sodann:

– die *clausula rebus sic stantibus*: FLEINER-GERSTER 44; BGE 122 I 340 E. b;

– die Auslegung öffentlich-rechtlicher Verträge nach dem Vertrauensgrundsatz: vgl. BGE 122 I 335 E. e mit Hinweisen;

– zur analogen Anwendung der Art. 47 und 49 OR im Bereich des Opferhilfegesetzes: BGE 121 II 373;

– zur analogen Anwendung der Billigkeitshaftung (Art. 54 OR) im öffentlichen Recht vgl. GROSS 275;

– die Werkeigentümerhaftung (Art. 58 OR), namentlich betreffend Mängel öffentlicher Strassen: BUCHER 83 mit Hinweisen bei Anm. 13;

– die ungerechtfertigte Bereicherung, soweit darin nicht schon ein allgemeiner Rechtsgrundsatz erblickt wird: BGE 115 V 118; ZBl 1995, 84; LEUTHOLD 65, 85;

– zur Anwendung der Art. 85 ff. OR auf Steuerforderungen: BJM 1995, 319 f. mit Hinweisen (OGer BL);

- zur Anwendung der privatrechtlichen Normen betr. Folgen der Nicht- oder Schlechterfüllung auf den verwaltungsrechtlichen Vertrag siehe N 75;
- die Haftung für Hilfspersonen (Art. 101 OR) im Verkehr zwischen Privaten und Amtsstellen: BGE 107 Ia 170 E.c;
- die Grundsätze der konkurrierenden Haftung bzw. des Rückgriffs im Innenverhältnis bei öffentlich-rechtlicher Ersatzpflicht (Art. 50 Abs. 2, 51 Abs. 2 OR): BGE 102 Ib 210 f; Brehm, N 13 zu Art. 51 OR; Rhinow/Krähenmann, Nr. 52 B VII;
- die Bestimmungen über die solidarische Haftung (Art. 143 ff. OR) sind in Ermangelung steuerrechtlicher Sonderregeln für das Regressverhältnis mehrerer für die gleiche Steuerschuld haftender Personen analog (modifiziert) oder als allgemeiner Rechtsgrundsatz anwendbar: BGE 108 II 495 E.7;
- die Bestimmungen des privatrechtlichen Arbeitsvertragsrechts gelten grundsätzlich nicht für öffentlich-rechtliche Dienstverhältnisse (Art. 342 Abs. 1 lit. a OR). Häufig wird in den öffentlich-rechtlichen Bestimmungen jedoch auf das OR als ergänzendes Recht verwiesen, oder es werden die Regeln des Arbeitprivatrechts zur Lückenfüllung analog herangezogen (Rehbinder, N 4 zu Art. 342 OR); vgl. auch ZBl. 1995, 382 E. 2c (VerwGer ZH);
- Übernahme von auftragsrechtlichen Grundsätzen (etwa im Bereich des kantonalen Notariatsrechts): Fellmann, N 212–214 der Vorbemerkungen zu Art. 394–406 OR;
- Geschäftsführung ohne Auftrag (Art. 419 ff. OR), wenn das Gemeinwesen oder eine öffentliche Anstalt Aufgaben eines Dritten wahrnimmt und sich in der Folge die Frage der Kostenerstattung stellt, Schmid, N 31 ff. der Vorbemerkungen zu Art. 419–424 OR;
- die Grundsätze über die zivilrechtliche Handlungsfähigkeit (Art. 12–19 ZGB) finden auch im Bereich des öffentlichen Rechts (namentlich im Verfahrensrecht) sinngemässe Anwendung, weil das Personenrecht die personenstandsrechtlichen Beziehungen des Bürgers schlechthin ordnen will (Bucher, N 8 ff. der Vorbemerkungen vor Art. 12–19 ZGB; vgl. auch Marti, N 258 f. zu Art. 6; betr. Handlungsfähigkeit im Zusammenhang mit der Stellung eines Asylgesuchs vgl. ASYL 1995/3, 85 [Asylrekurskommission]);
- zur Anwendung der allgemeinen Bestimmungen über die juristischen Personen (Art. 52–59 ZGB) auf juristische Personen des öffentlichen Rechts Riemer, N 117 ff., 125 ff. des Systematischen Teils zu Art. 52–59 ZGB;

Art. 7

– betr. Immissionenschutz (Art. 679 ff. ZGB) bei öffentlichen Anlagen (Schiessplätze, Nationalstrassen etc.): hier spielen neben den enteignungsrechtlichen Vorschriften auch privatrechtliche Haftungsgrundsätze eine Rolle: BGE 107 Ib 388 f. mit Hinweisen (kritisch zu diesem Dualismus BUCHER 83);

– Anwendung der Vorschriften des Privatrechts auf den vorzeitigen Austritt aus einer Krankenkasse «aus wichtigen Gründen»: BGE 105 V 88.

Sachregister

A

Abendländisches Rechtsdenken V 1/4 N 210, 283

Abgaberecht, kantonales
- Vereinbarkeit mit Bundeszivilrecht 6 N 381 ff.
  - Ausgestaltung des kantonalen Steuerrechts 6 N 385 ff.
  - Gerichtskosten 6 N 384
  - Höhe der Abgaben 6 N 383
  - Sicherung der Abgaben 6 N 381 f.

ABGB; s. österreichisches ABGB

Abgrenzung von Art. 2 Abs. 1 und 2 2 N 20 ff.

Abgrenzung von Art. 2
- zu anderen Normen des ZGB 2 N 44 ff.
- zu Bestimmungen des OR 2 N 49 ff.
- zur Gesetzes- und Vertragsumgehung 2 N 52 ff.

Abgrenzungsvorrichtungen an Grundstücken, Eigentumsverhältnisse
- stillschweigender Vorbehalt abweichenden Ortsgebrauchs 5 N 283
- stillschweigender Vorbehalt zugunsten kantonalen Rechts 5 N 136, 173

Absolutheit von Recht V 1/4 N 130 ff.; 1 N 111, 119

Abstände
- bei Grabungen und Bauten, Vorbehalt zugunsten kantonalen Zivilrechts 5 N 47, 174
- für Pflanzen, Vorbehalt zugunsten kantonalen Zivilrechts 5 N 175 f.

Abtretung von Forderungen 1 N 176
- analoge Anwendung im öffentlichen Dienst 7 N 119
- Ausschluss der Abtretung 7 N 96
- dingliche Ansprüche 7 N 96
- sachlicher Anwendungsbereich 7 N 96

Adäquate Kausalität 4 N 13

Adhäsionsprozess 6 N 156; s. auch zivilrechtliche Ansprüche

Adoption
- Anfechtung 7 N 38, 59
- Revision AE N 91
- und Rechtsmissbrauch 2 N 339, 340

Adoptionsvermittlung, Verordnung über die AE N 250 ff.
- gesetzliche Grundlage AE N 251
- Inhalt AE N 252
- Rechtsnatur V 5/6 N 111 f.

Aequitas V 2/3 N 33 ff.
- und clausula rebus sic stantibus 2 N 445

Ähnliche Gründe 4 N 11

Akkreditiv
- und Rechtsmissbrauch 2 N 377 a, b, c

Aktienrecht; s. Gesellschaftsrecht, Handelsrecht

Akzessorische Normenkontrolle; s. Normenkontrolle

Alimentenbevorschussung
- Gesetzgebungskompetenz und Rechtsnatur V 5/6 N 115; 5 N 91; 6 N 31
- Verhältnis zur familienrechtlichen Unterhalts- und Unterstützungspflicht 6 N 271

Allgemeine Geschäftsbedingungen
- Abgrenzung gegenüber der Verkehrsübung 5 N 210
- Gefahr der Verdrängung dispositiven Rechts V 5/6 N 38
- Rechtsnatur V 5/6 N 175
- und Treu und Glauben 2 N 90 ff.
  - Geltungskontrolle 2 N 91
  - Inhaltskontrolle 2 N 92

Allgemeine Rechtsgrundsätze V 1/4 N 35 ff., 50, 186; 1 N 259, 338; 4 N 121; V 5/6 N 48, 177, 229; 5 N 151; 6 N 182
- als Rechtsquelle V 1/4 N 35 ff.; V 5/6 N 48

Sachregister

Allgemeine Rechtsgrundsätze im Bundeszivilrecht
- abschliessende Ordnung gegenüber ergänzendem öffentlichem Recht der Kantone 6 N 257
- als subsidiäres kantonales Zivilrecht 5 N 150 ff.
- Geltung auch für das öffentliche Recht V 5/6 N 48; 6 N 182; 7 N 118 ff.
  - insbesondere im Prozessrecht 7 N 130

Allgemeiner Teil
- Beispiele in einzelnen Gesetzen 7 N 11
- Fehlen im Verwaltungsrecht als Grund für Herbeizug von Privatrecht 6 N 179
- gesetzestechnische Funktion 7 N 7, 9, 13
- geplanter, im Haftpflichtrecht 7 N 5, 12
- Verzicht im ZGB AE N 229, 236; 7 N 3, 15 ff.
  - teilweise Übernahme der Funktion durch Personenrecht AE N 186; 7 N 3

Allgemeinverbindlicher Bundesbeschluss 1 N 11, 17; V 5/6 N 123 f.

Allgemeinverbindlicherklärung von Kollektivverträgen
- Abgrenzung gegen Vorbehalt zugunsten von kantonalem Zivilrecht 5 N 63 ff.
- Erfordernis einer Ermächtigung des Bundes 6 N 352
- Genehmigung durch den Bund V 5/6 N 323
- von Gesamtarbeitsverträgen V 5/6 N 138, 172; 5 N 63 f.
- von Rahmenmietverträgen V 5/6 N 131; 5 N 65

Allmendgenossenschaften
- Vorbehalt zugunsten kantonalen Zivilrechts, Umfang 5 N 135 f., 166 f.

Altlastensanierung, Kostenverteilung
- Verhältnis von Privatrecht und öffentlichem Recht 6 N 59

Amtssprachen AE N 63, 234; 1 N 66, 147, 615

Analogie 1 N 230 ff., 525 ff.; 4 N 142; 7 N 33, 35, 37 ff.
- im öffentlichen Recht/im Strafrecht 1 N 232, 234 f., 525
- s. auch Anwendung, analoge, sinngemässe Rechtsanwendung

Aneignung von herrenlosem Land
- Vorbehalt zugunsten kantonalen Zivilrechts 5 N 172

Anerkennung eines a. e. Kindes (altrechtl.) 7 N 38

Anfechtung von Rechtsgeschäften 7 N 59 ff.; s. auch Willensmängel

Angemessenheit 4 N 13, 57

Anglo-amerikanisches Recht V 5/6 N 23, 243; vor 5 N 1 und 6 N 1; s. auch Common Law

Anknüpfen an zivilrechtliche Tatbestände und Begriffe
- durch das öffentliche Recht allgemein 7 N 120
- durch das Bundesverwaltungsrecht V 5/6 N 48 f., 196
- durch das Strafrecht V 5/6 N 211 ff., 6 N 154
- durch das kantonale öffentliche Recht 6 N 178 ff.

Anlagefonds, BG über
- als privatrechtliches Spezialgesetz V 5/6 N 142

Annahmeverzug 7 N 74

Anordnungen, ergänzende kantonale; s. Einführungsrecht, kantonales

Anriesrecht
- Vorbehalt zugunsten kantonalen Zivilrechts 5 N 175

Ansprüche, privatrechtliche, aus kantonalem öffentlichem Recht? 6 N 13, 213 ff.

Anstalten
- kirchliche, besonderer Vorbehalt zugunsten kantonalen öffentlichen Rechts 6 N 144 ff.

1326

Sachregister

- öffentliche, Verhältnis zu privaten Benutzern, Rechtsnatur 6 N 200 f.

Anstösser, Überlassen neu entstandenen Landes
- Vorbehalt zugunsten kantonalen Zivilrechts 5 N 172

Anwaltsrecht
- Bedeutung der Berufsvorschriften im Privatrecht V 5/6 N 180
- Kantonale Vorschriften und Bundeszivilrecht 6 N 348 f., 351, 354

Anwendung, analoge
- der Einleitungsartikel im kantonalen Zivilrecht 5 N 150 ff.
- Verhältnis zu allgemeinen Rechtsgrundsätzen 6 N 182
- von Privatrecht zur Füllung einer Lücke im kantonalen öffentlichen Recht 6 N 182
- von Privatrecht zur Füllung einer Lücke im öffentlichen Recht im allgemeinen V 5/6 N 48
- von Vorschriften des OR im kantonalen Zivilrecht 5 N 152
- s. auch Analogie

Anwendungsbereich des Prinzips von Treu und Glauben 2 N 28–41
- im Bundeszivilrecht 2 N 29
- im kantonalen Privatrecht 2 N 31; 5 N 151
- im öffentlichen Recht 2 N 32 ff., 488 ff.; 6 N 257
- im Prozessrecht 2 N 33 ff., 488 ff.
- im Straf- und Strafprozessrecht 2 N 38
- im UN (Wiener) Kaufrecht V 2/3 N 49; 2 N 39
- im UWG 2 N 30, 92
- im Völkerrecht 2 N 40; V 5/6 N 229
- im Zwangsvollstreckungsrecht 2 N 33 ff., 488 ff.
- zeitlicher Anwendungsbereich im Privatrecht 2 N 41

Anwendung von Art. 2 «von Amtes wegen» 2 N 42/3

Anwendungsgebot für kompetenzwidriges Bundesrecht (Art. 113 Abs. 3 BV) 1 N 26; V 5/6 N 267; s. auch Konformität, Verfassungsmässigkeit, Bundesverfassung Totalrevision

Anzeigepflicht i.S. des Versicherungsrechts
- analoge Anwendung im Bereich des BVG 7 N 106

Arbeitsrecht 1 N 152, 177, 233, 327, 551; 4 N 54, 62, 63, 65, 67, 69, 119, 145; V 5/6 N 135 ff.
- Ableitung zivilrechtlicher Erfüllungsansprüche aus öffentlichem Recht 6 N 215 f.
- Abschluss privatrechtlicher Arbeitsverträge durch Gemeinwesen 6 N 191 ff.
- als eigenständige Kategorie ausserhalb von Privatrecht und öffentlichem Recht? V 5/6 N 139
- Arbeits- und Ruhezeit 6 N 85, 328, 357
- besonders ausgeprägte Vermischung von öffentlichem und privatem Recht V 5/6 N 139
- Bestimmungen ausserhalb des OR V 5/6 N 135 ff.; 6 N 85 ff.
- BG über Arbeitsvermittlung und Personalverleih V 5/6 N 135; 6 N 85
- Ferien und Urlaub 6 N 282, 357
- Gleichstellungsgesetz V 5/6 N 136; 6 N 87
- internationale Übereinkommen V 5/6 N 240
- kollektives, Rechtsnatur V 5/6 N 138
- Lohnvorschriften 6 N 85, 328, 355 f.
- Mitwirkungsgesetz V 5/6 N 137; 6 N 86
- Normalarbeitsverträge 5 N 201 f.
- Rezeptionsklausel von Art. 342 Abs. 2 OR V 5/6 N 73, 79; 6 N 216
- Vorbehalte zugunsten kantonalen Zivilrechts 5 N 200 ff.
- Zulässigkeit kantonalen öffentlichen Rechts 6 N 85 ff., 282, 347 ff.

Sachregister

Arbeitsvermittlung und Personalverleih, BG über
– und kantonales öffentliches Recht 6 N 85

Arbeitsvertrag
– und Aufklärungspflicht 2 N 167
– und Auskunftserteilung 2 N 118, 129, 141, 142
– und clausula rebus sic stantibus 2 N 483
– und Rechtsmissbrauch 2 N 104b (10)/(11), 141/2, 167, 240, 266b, 267, 275, 354, 381c, 388, 394, 395
– und Treuepflichten nach Beendigung 2 N 440
– und Unterlassungspflicht 2 N 292

Arbeitsvertragsrecht
– analoge Anwendung auf das öffentlich-rechtliche Dienstverhältnis 7 N 131

argumenta a maiore in minus und a minore in maius 1 N 237 ff., 528; 4 N 141 ff.

argumentum e contrario 1 N 230 ff., 525 ff.; 4 N 141 ff.

Aufbewahrungspflichten 2 N 437, 442

Aufenthaltsbewilligung
– rechtsmissbräuchliches Begehren 2 N 333

Aufhebung von Forderungen 7 N 78

Aufklärung V 1/4 N 136; 1 N 519; V 5/6 N 25

Aufklärungspflicht in Vertragsverhandlungen; s. culpa in contrahendo

Aufmerksamkeit des Gutgläubigen
– als Voraussetzung des Gutglaubensschutzes 3 N 12, 15c, d
– Beweislast bezüglich mangelnder 3 N 15d
– Fahrlässigkeit 3 N 59, 60, 63, 64, 66, 82, 86, 89, 91, 118
– Gutglaubenstatbestände; gewöhnliche 3 N 56 ff.
– Gutglaubenstatbestände; qualifizierte/«öffentlicher Erwerb» und Wertpapierrecht 3 N 61 ff.
– Gutglaubenstatbestände; qualifizierte/öffentliche Register und amtliche Publikationen 3 N 68 ff.
– in anderen Rechtsordnungen 3 N 118
– Kasuistik 3 N 53–55
– Massstab für die in Art. 3 verlangte 3 N 15e, 48 ff.
– Personen, bei denen sie gegeben sein muss 3 N 33 ff., 49
– und internationales Privatrecht 3 N 107

Aufsicht, behördliche, im Privatrecht V 5/6 N 111 ff.

Auftragsrecht
– analoge Anwendung im öffentlichen Recht 7 N 131
– sachlicher Anwendungsbereich 7 N 98
– Vorbehalt zugunsten kantonalen Zivilrechts 5 N 204
– Zulässigkeit öffentlich-rechtlicher Vorschriften der Kantone 6 N 295 f.

Ausführungsbestimmungen
– Anforderungen an die Rechtsetzungsstufe 5 N 127 f.; 6 N 116 ff.
– bundesrechtliche Verpflichtung zum Erlass in Verordnungsform? 6 N 117
– Ermächtigung der Kantone zum Erlass in Verordnungsform 5 N 127; 6 N 117 f.
– Verpflichtung der Kantone zum Erlass 5 N 85 ff.; 6 N 110 ff.
– s. auch Einführungsrecht, kantonales

Auskunftserteilung und Vertrauenshaftung 2 N 110 ff.

Ausländer, Grundstückerwerb; s. Bewilligungsgesetz

Ausländerrecht, Berührungspunkte mit Bundeszivilrecht V 5/6 N 207

Ausländisches Recht; s. jeweils vor N 1; 1 N 247 ff., 436 ff., 549; 4 N 146
– Einfluss auf ZGB; s. französischer Code Civil, österreichisches Allgemeines Bürgerliches Gesetzbuch
– Beeinflussung durch ZGB; s. Rezeption, Europäisches Zivilgesetzbuch

Sachregister

Auslegung V 1/4 N 233 f.; 1 N 7 f., 91; s. auch Hermeneutik, Rechtsfindung, Rechtsfindungselemente
- Abgrenzungen
  - zum Billigkeitsentscheid 1 N 71
  - zur Lückenfüllung 1 N 7, 71, 95, 97 ff., 239, 261 ff., 301 ff., 324, 405 ff., 410, 510
- Abweichung vom Gesetzeswortlaut; s. dort
- als Verstehen des Gesetzes/des Verhältnisses Gesetzestext–Gesetzesinhalt 1 N 85 ff.
- Auslegungsspielraum der Kantone bei Anwendung kantonalen öffentlichen Rechts 6 N 120 f.
- authentische V 1/4 N 138; 1 N 24
- besonderer Vorbehalte zugunsten kantonalen öffentlichen Rechts 6 N 28
- bundesrechtskonforme, des kantonalen Zivilrechts 5 N 146
- bundeszivilrechtlicher Begriffe im kantonalen Strafrecht 6 N 154
- der Vorbehalte zugunsten kantonalen Zivilrechts 5 N 66 ff.
- extensive 1 N 239 ff., 529 f.
  - Abgrenzung zur Analogie 1 N 231
- gleichlautender Begriffe
  - im Bundesverwaltungsrecht bzw. im Bundeszivilrecht V 5/6 N 196
  - im Strafrecht bzw. im Bundeszivilrecht V 5/6 N 211
- grammatische 1 N 88
- Grenzen; s. Kompetenz
- harmonisierende, von Bundesverwaltungsrecht und Bundeszivilrecht V 5/6 N 199
- harmonisierende, von kantonalem Zivilrecht im Verhältnis zum öffentlichen Recht 5 N 140
- harmonisierende, von Bundeszivilrecht und kantonalem öffentlichem Recht 6 N 56 ff.
- historische 1 N 135 ff., 155 ff.
- logische Geschlossenheit von Gesetzen V 1/4 N 146
- nach Treu und Glauben 2 N 66 ff.
  - Auslegungsregeln 2 N 86 ff.
  - Grundlagen 2 N 66 ff.
- restriktive 1 N 239 ff., 529 f.
- sprachliche; s. auch Rechtsfindungselemente 1 N 61, 72, 147 ff.
  - Überschneidung mit materialrechtlichen Aspekten 1 N 149
- subjektiv-historische; s. Wille des Gesetzgebers
- systematische 1 N 149 ff.
- teleologische 1 N 153, 161 ff.
- Unterscheidung zum Wortlaut; s. Gesetzeswortlaut
- verfassungsbezogene 1 N 220 ff., 521
- von Gesetzen und Verträgen, Zusammenhänge V 5/6 N 42
- von Rechtsgeschäften 7 N 51 ff.

Auslegungselemente; s. Rechtsfindungselemente, Rechtsfindungsparameter

Ausnahmecharakter
- von Art. 2 Abs. 2 ZGB 2 N 14b, 236, 244
- von Art. 3 ZGB 3 N 7, 31

Ausnahmeregeln 1 N 241

Ausschliesslichkeit der spezialgesetzlichen Regelung 7 N 43 ff.
- im Bereich der eherechtlichen Anfechtung 7 N 60

ausserpositive/überrechtliche Normen V 1/4 N 53, 276 ff.; 1 N 28, 77, 87, 113, 183, 337, 353, 550 ff.; 4 N 143; s. auch Rechtsfindungselemente/ethische, Naturrecht

ausservertragliche Rechtsbeziehungen; s. culpa in contrahendo

autonome Satzungen V 5/6 N 172 ff.; s. auch Kollektivverträge, Gesamtverträge

Autopoiese V 1/4 N 91; 1 N 452

Autorität
- des Gesetzes V 1/4 N 18
- des Gesetzgebers V 1/4 N 8 ff.
- von Gerichten 1 N 605
- von Lehrmeinungen 1 N 562 ff.

Sachregister

B

Bankenrecht
- früherer Vorbehalt zugunsten kantonalen Zivilrechts 5 N 189
- s. auch Kapitalmarktrecht

Bankgarantie
- missbräuchliche Inanspruchnahme 2 N 363, 378

bäuerliche(s) Bodenrecht, BG über das
- als (teilweise) privatrechtliches Spezialgesetz V 5/6 N 125; 5 N 184
- Vorbehalt zugunsten kantonalen Rechts 5 N 48, 73, 185 ff; 6 N 71 f.
- s. auch landwirtschaftliche Pacht

bäuerliches Privatrecht
- Revision AE N 99 f.

Bauprodukte, kantonales und eidgenössisches Recht 6 N 427 f.

Baurecht
- des ZGB, Revision AE N 90
- öffentliches, Berührungspunkte mit Bundeszivilrecht V 5/6 N 202 (Literaturhinweise)
- privatrechtliches, Begriff 5 N 174

Bauvorschriften
- Bindung des Bundes an vorbehaltenes kantonales Zivilrecht 5 N 159
- Verfassungsmässigkeit kantonaler Vorschriften 5 N 142
- Vorbehalt zugunsten kantonalen Zivilrechts 5 N 47, 70, 174, 176
- Vorbehalt zugunsten kantonalen öffentlichen Rechts 5 N 47; 6 N 366
- Waldabstandsvorschriften 5 N 138
- wichtigster Anwendungsbereich kantonaler Doppelnormen V 5/6 N 77

Beamte und Angestellte, öffentliche, Haftung
- bundeszivilrechtliche Organhaftung V 5/6 N 118
- für gewerbliche Verrichtungen V 5/6 N 119
  - Zulässigkeit der Verschärfung durch kantonales öffentliches Recht 6 N 196
- für hoheitliche Tätigkeiten Vorrang des kantonalen öffentlichen Rechts V 5/6 N 117; 6 N 195 f.
- nach den Vorschlägen für die Totalrevision des Haftpflichtrechts 6 N 197
- s. auch Haftung, Staatshaftung

Bedingungen
- im Erbrecht 7 N 94, 109
- missbräuchliche 2 N 9, 92
- rechtsmissbräuchliche Verhinderung ihres Eintretens 2 N 264 ff.

Bedingungsfeindlichkeit
- im Ehe- und Kindesrecht 7 N 49, 94
- von Gestaltungsrechten 7 N 94
- von Prozesshandlungen 7 N 94
- im Sachenrecht 7 N 94

Beendigung von Rechtsbeziehungen und Rechtsmissbrauch 2 N 435 ff.

Befugnisse, öffentlich-rechtliche der Kantone
- Verwaltungs- und Rechtsprechungsbefugnisse 6 N 119 ff.
- bundeszivilrechtliche Schranken 6 N 5, 230 ff.
- Delegation an Selbstverwaltungskörper und private Verwaltungsträger 6 N 222 ff.
- interkantonale und internationale 6 N 225 ff.
- Kirchenrecht 6 N 144 ff.
- Privatrecht als kantonales öffentliches Recht 6 N 179 ff.
- Privatrecht anstelle von kantonalem öffentlichem Recht 6 N 183 ff.
- privatrechtliche Sanktionen zur Verstärkung von öffentlichem Recht 6 N 205 f.
- Staats- und Verfassungsrecht 6 N 140 ff.
- Strafrecht und Strafprozessrecht 6 N 152 ff.
- Umfang 6 N 4, 100 ff.
- Verwaltungsrecht und Verwaltungsrechtspflege 6 N 129 ff.
- Völkerrecht 6 N 147 ff.

Sachregister

- Zivilprozess- und Vollstreckungsrecht 6 N 160 ff.
- s. auch Vorbehalt des Bundeszivilrechts zugunsten kantonalen öffentlichen Rechts

Beglaubigung
- kantonale Verfahrensvorschriften 6 N 266

Begriffsjurisprudenz V 1/4 N 58, 133, 144; 1 N 130; 4 N 114

Behörden, zuständige, Bezeichnung durch die Kantone AE N 273; 5 N 49 ff.; 6 N 110 ff.
- Verfahren vor der zuständigen Behörde AE N 273

Bereicherung; s. ungerechtfertigte Bereicherung

Bereinigung von Gesetzen 1 N 25

Bergrecht, Rechtsnatur, Regelungen V 5/6 N 95; 6 N 373, 394 f., 412 ff.

Berufsrecht
- zunehmende Bedeutung V 5/6 N 39
- berufliche Verhaltensvorschriften V 5/6 N 180

Berufung, zivilrechtliche
- wegen Verletzung der bundesstaatlichen Kompetenzausscheidung V 5/6 N 282 f.

beschränkte dingliche Rechte
- Vorbehalte zugunsten kantonalen Zivilrechts 5 N 178 ff.

Beschwerde
- staatsrechtliche, zur Durchsetzung des Vorrangs des Bundesrechts V 5/6 N 296 ff.
  - abstrakte Normenkontrolle V 5/6 N 297
  - Rügeprinzip und Kognition V 5/6 N 300
  - Subsidiarität bei konkreter Normenkontrolle V 5/6 N 298
  - wegen Verletzung von Staatsverträgen V 5/6 N 299
- weitere Beschwerdearten V 5/6 N 286 ff.

- zivilrechtliche Nichtigkeitsbeschwerde V 5/6 N 284 f.

Besitz 6 N 278; 7 N 104

Besonderheit; s. Eigenart des Rechtsgebiets

Bestandteile, Bestimmung und Abgrenzung, Verweisung auf Ortsgebrauch 5 N 282

Besuchsrecht 1 N 354, 551

Beurkundung
- des Personenstands, Revision AE N 106
- s. auch öffentliche Beurkundung

Bewährte Lehre und Überlieferung 1 N 184 ff., 246, 533 ff.; 4 N 125 f.
- Abgrenzung zum Beweisrecht 1 N 554 ff.; s. auch Beweislast
- Abgrenzung zum Gewohnheitsrecht; s. dort
- Abgrenzung zum Richterrecht; s. dort
- als Rechtsquelle? 1 N 184 ff., 536, 541 f.
- ausländische 1 N 549, 575 f.
- Geltungsbereich 1 N 543 ff.; 4 N 125, 145
- keine Priorität der Lehre vor der Überlieferung 1 N 569
- sachliche/methodologische Richtigkeit 1 N 560, 577 ff., 595 ff.
- Verbindlichkeit; s. dort
- Wissenschaft 1 N 550 ff.

Beweis des guten bzw. bösen Glaubens 3 N 15, 114

Beweiskraft, Beweislast 4 N 56
- notorische Sachverhaltsmomente; s. dort
- Regelung für das kantonale Zivilrecht 5 N 153
- Tatsachen; s. Tatsachenbehauptung

Beweiswürdigung 4 N 34 ff., 55 f.

BGB; s. deutsches Bürgerliches Gesetzbuch

Bewilligungsgesetz (Grundstückerwerb durch Ausländer)
- als privatrechtliches (umstr.) Spezialgesetz V 5/6 N 126; 5 N 187 f.

Sachregister

- verfassungsrechtliche Grundlagen V 5/6 N 126
- Vorbehalt zugunsten kantonalen und kommunalen Rechts 5 N 187 f.; 6 N 73

Bewilligungspflicht, behördliche, im Privatrecht V 5/6 N 111 f.

Billigkeit 4 N 74 ff.
- und guter Glaube V 2/3 N 24; 3 N 52
- und Treu und Glauben 2 N 47, 484

Billigkeitsentscheid V 1/4 N 44; 4 N 72 ff.; s. auch Ermessensentscheid
- Grenzen 4 N 78 ff.
- Unterscheidung zur Rechtsfindung nach Art.1 1 N 7, 175; 4 N 9 f., 42 ff.
- Verweis des Gesetzes auf Billigkeit 4 N 71

Billigkeitshaftung
- für Kosten des Strafverfahrens 7 N 91
- im öffentlichen Recht 7 N 131

Binnenmarktgesetz
- Einfluss internationaler und europäischer Entwicklungen 6 N 18, 108
- Einschränkung öffentlich-rechtlicher Befugnisse der Kantone 6 N 18, 108
    - Einhaltung lokaler Arbeits- und Lohnbedingungen 6 N 352
    - Fähigkeitsausweise und Bewilligungsvorschriften 6 N 349
    - gewerbsmässiger Warenverkehr 6 N 403, 427
    - neue kantonale Monopole 6 N 350

Binnenverweisung; s. Verweisung

Bona Fides; s. Fides

Börsengesetz
- als (teilweise) privatrechtliches Spezialgesetz V 5/6 N 141
- Verhältnis zum Vorbehalt von Art. 418 OR 5 N 204

Botschaft des Bundesrates
- zum ZGB AE N 56 ff.
    - zum Einleitungsartikel insbesondere AE N 78

Bouche de la loi V 1/4 N 65, 174, 213; 1 N 284; s. auch Richter

Buchführungsvorschriften

- des OR als Doppelnormen V 5/6 N 73
    - Anwendbarkeit auf Vereine und Stiftungen 7 N 98
- spezialgesetzliche für einzelne Wirtschaftszweige V 5/6 N 143

Bundesaufsicht über die Kantone V 5/6 N 302 ff.
- Genehmigung von Erlassen V 5/6 N 304 ff.
    - von kantonalen Ausführungsbestimmungen zu ZGB und OR insbesondere V 5/6 N 314 ff.; 5 N 133; 6 N 112
- andere Mittel V 5/6 N 319 ff.
    - Kreisschreiben V 5/6 N 169, 319
- Rechtsmittel der Kantone gegen Aufsichtsakte V 5/6 N 303

Bundeskompetenzen
- bezüglich des Zivilrechts V 5/6 N 96 ff., 181, 264
    - umfassen auch ergänzendes öffentliches Recht (formelles Zivilrecht) V 5/6 N 96 ff., 103 ff., 106 ff.
- Zunahme als Folge der Rechtsvereinheitlichung 5 N 11 ff.; 6 N 16 ff.
- und Totalrevision der BV 6 N 17

Bundesrecht, derogatorische Kraft
- als verfassungsmässiges Recht V 5/6 N 296
- Herleitung und Inhalt V 5/6 258 f.; 6 N 37
- (Instrumente zur) Durchsetzung
    - akzessorisches Prüfungsrecht V 5/6 N 273 ff.
    - Bundesrechtsmittel V 5/6 N 279 ff.
    - Genehmigung von Erlassen durch den Bund V 5/6 N 304 ff.
    - kantonale Rechtsmittel V 5/6 N 277 f.
    - übrige Bundesaufsicht V 5/6 N 319 ff.
- regelt Verletzung der bundesstaatlichen Kompetenzordnung durch Kantone V 5/6 N 3, 6, 258; 5 N 1; 6 N 37

Sachregister

- Relativierung durch Vorbehalt zugunsten öffentlich-rechtlicher Befugnisse der Kantone 6 N 25, 37 ff., 41

Bundesrecht, kompetenzwidriges
- Anwendungsgebot V 5/6 N 259, 267; 6 N 55
- (beschränkte) Rügemöglichkeiten V 5/6 N 277, 283, 285, 291, 295, 298, 301
- geplante Rügemöglichkeiten der Kantone V 5/6 N 267

Bundesverfassung
- als für Privatrechtsgesetzgeber massgebende Wertordnung V 5/6 N 184 ff.
- als Kompetenzgrundlage für das Bundeszivilrecht V 5/6 N 181
- als Quelle von Bundeszivilrecht V 5/6 N 85 f., 183
- Totalrevision
  - Aufgabenentflechtung zwischen Bund und Kantonen 6 N 17
  - Beibehaltung der Privatrechtskompetenz des Bundes V 5/6 N 264
  - Einschränkung des Anwendungsgebots für Bundesrecht V 5/6 N 267
  - konkurrierende Kompetenz des Bundes im Zivilprozessrecht 6 N 173
  - richterliche Behörden auf kantonaler Ebene für Streitigkeiten aus kantonalem öffentlichem Recht 6 N 138
  - Einheitsbeschwerde V 5/6 N 272
  - Aufhebung der Beschwerdemöglichkeit an Bundesrat V 5/6 N 288

Bundesverfassungsrecht
- Verhältnis zu Bundeszivilrecht V 5/6 N 181 ff.

Bundeszivilrecht, nur formelles V 5/6 N 94 ff.
- Begriff V 5/6 N 96
- materielles öffentliches Recht V 5/6 N 106 ff.
- Beteiligung öffentlich-rechtlicher Körperschaften an Aktiengesellschaften und Genossenschaften V 5/6 N 122
- Haftungsvorschriften V 5/6 N 117 ff.
- Schutzvorschriften (Zuordnung teilweise umstritten) V 5/6 N 107 ff.
- Verhältnis zu kantonalem öffentlichem Recht 6 N 62 ff., 249 f.
- Verrechnung mit Forderungen des Gemeinwesens V 5/6 N 121
- Vorschriften über die öffentlich-rechtliche Rechtsstellung V 5/6 N 110
- Vorschriften der Eingriffsverwaltung V 5/6 N 111 ff.
- Vorschriften der Leistungsverwaltung V 5/6 N 115
- Organisations- und Verfahrensvorschriften V 5/6 N 103 ff.
  - und Organisations- und Verfahrenshoheit der Kantone V 5/6 N 104 f.
- Zulässigkeit V 5/6 N 96 ff.

Bundeszivilrecht i.S. von Art. 5 und 6 ZGB (materielles und formelles)
- Begriff V 5/6 N 84; 6 N 60
- als subsidiäres kantonales Recht 5 N 148 ff.; 6 N 179 ff.
- Anwendung durch Verwaltungsbehörden V 5/6 N 31, 236; 5 N 13; 6 N 72, 165 f.
- mittelbares
  - durch kantonale Behörde allgemeinverbindlich erklärte Rahmenmietverträge 5 N 65
  - durch kantonale Behörde allgemeinverbindlich erklärter GAV 5 N 64
  - kantonales Zivilrecht als Ausdruck des Ortsgebrauchs 5 N 61 f., 217
- Rechtsquellen V 5/6 N 84 ff.
  - autonome Satzungen V 5/6 N 172 ff.
  - befristetes Recht V 5/6 N 123
  - Bundesverfassung V 5/6 N 85 f.

Sachregister

- privatrechtliche Spezialgesetze V 5/6 N 123 ff.
- privatrechtliche Verordnungen V 5/6 N 168 ff.
- Staatsverträge V 5/6 N 87 ff.
- ungeschriebenes Recht V 5/6 N 176 ff.
- ZGB und OR als Hauptquellen V 5/6 N 91 ff.
- Verhältnis zu
  - Bundesstrafrecht V 5/6 N 209 ff.
  - Bundesverfassungsrecht V 5/6 N 181 ff.
  - Bundesverwaltungsrecht V 5/6 N 194 ff.
  - internationalem und europäischem Recht V 5/6 223 ff.
  - kantonalem Zivilrecht; s. Vorbehalt zugunsten des kantonalen Zivilrechts
  - kantonalem Verfahrensrecht 6 N 139
  - öffentlichem Recht der Kantone; s. Vorbehalt zugunsten des kantonalen öffentlichen Rechts
- Verletzung durch kantonale Verwaltungs- und Gerichtsbehörden 6 N 121

Bürgerrechtsehe
- rechtsmissbräuchliche 2 N 333

Bürgschaft
- für öffentlichrechtliche Verpflichtungen 6 N 27, 219
- und unnütze Rechtsausübung 2 N 375
- und Zweckwidrigkeit 2 N 355

C

Civil Law V 5/6 N 81

clausula rebus sic stantibus 2 N 443 ff.; V 5/6 N 229
- Anwendungsbereich 2 N 449 ff.
  - bezüglich familienrechtlicher Rechtsgeschäfte 2 N 452; 7 N 50, 101
  - im öffentlichen Recht 2 N 451; 7 N 119, 131
- Anwendungskriterien 2 N 455
- Bedeutung 2 N 443, 477/8
- Herkunft 2 N 444/5
- Kasuistik 2 N 458/9
- Rechtsvergleichung 2 N 467 ff.
  - die «europäische» Doktrin 2 N 480
- Risikoverteilungsregeln 2 N 453
- Schutz des Rechtsverkehrs 2 N 460 ff.

Code Civil; s. französischer Code Civil

Common Law V 1/4 N 6, 266 ff.; 1 N 364, 466, 584; 4 N 19 ff.; V 5/6 N 81; vor 5 N 1

Culpa in contrahendo V 1/4 N 38; 1 N 250, 420, 437, 466; 2 N 144 ff.
- Abgrenzung und Begriffsbestimmung 2 N 144 ff.
- als allgemeine Vertrauenshaftung 2 N 106, 229
- als Vertrauenshaftung 2 N 153
- Haftungsgrundlage 2 N 182
- Haftungsvoraussetzungen 2 N 183 ff.
- Kollisionsrecht 2 N 211 ff.
- positiv-rechtlich geregelte Tatbestände 2 N 192 ff.
  - Fahrlässiger Irrtum (26 OR) 2 N 193 ff.
  - Nichtrückgabe einer Vollmacht (36 OR) 2 N 197 ff.
  - Verleitung zur irrtümlichen Annahme der Handlungsfähigkeit (411 ZGB) 2 N 205 ff.
  - vollmachtsloser Stellvertreter (39 OR) 2 N 201 ff.
- Rechtsfolgen 2 N 181 ff.
  - Hilfspersonenhaftung 2 N 187/8, 195
  - Verjährung 2 N 189–191, 198, 203
- Rechtsnatur 2 N 149 ff.
- Rechtsvergleichung 2 N 151 ff.
- und Nebenpflichten im Verhandlungsverhältnis 2 N 154 ff.

Sachregister

D

Datenschutzgesetz als privatrechtliches Spezialgesetz
- als Einheitsgesetz V 5/6 N 75, 149 f.
  - und kantonales öffentliches Recht 6 N 92 f.
Delegation; s. Gesetzesdelegation, Gesetzgeber, Gesetzeslücken
de minimis non curat praetor 1 N 354, 486
Demokratieprinzip V 5/6 N 33, 35, 45, 225
Demokratische Legitimation; s. Legitimation
Denkmalpflege 6 N 443 ff.
Departementalentwürfe des ZGB AE N 45 ff.; 1 N 16, 185
Dépôt légal des kantonalen öffentlichen Rechts 6 N 89
Deregulierung V 5/6 N 32 ff.
- als Ausdruck der Renaissance des Privatrechts V 5/6 N 32
- Gefahren V 5/6 N 34
- gesteuerte Selbstregulierung als Ausweg V 5/6 N 35
  - Erscheinungsformen V 5/6 N 36
Derogatorische Kraft des Bundesrechts; s. Bundesrecht, derogatorische Kraft
Deutsches Bürgerliches Gesetzbuch
- im Kreis der Zivilrechtskodifikationen AE N 222 ff.
- kein Einfluss auf kantonale Kodifikationen AE N 11
- Verhältnis zum Landesrecht vor 5 N 1 und 6 N 1
Dienstbarkeit
- Anwendung allgemeiner Bestimmungen des OR 7 N 110
- Inhalt, Verweisung auf Ortsgebrauch 5 N 285
- Prinzip des numerus clausus 7 N 51
- und clausula rebus sic stantibus 2 N 450, 459c

- und Rechtsmissbrauch 2 N 296–298, 304/5, 348/9, 369c, 372a, b, 379, 381d, 407–414
Dienstverhältnis, öffentlich-rechtliches
- Allgemeines; Zulässigkeit privatrechtlicher Arbeitsverträge 6 N 191 f.
- analoge Anwendung des Arbeitsvertragsrechts 7 N 131
- Einschränkung des Urheberrechts 6 N 89
- Entstehungsgeschichte V 5/6 N 28
- Erlass kantonaler Mitwirkungsvorschriften 6 N 86
- Haftung der Arbeitnehmer 6 N 195 ff.
- über das Gleichstellungsgesetz hinausgehende Massnahmen 6 N 87
Dimensionen des Gutglaubensschutzes V 2/3 N 31
Dimensionen von Treu und Glauben V 2/3 N 16
Dingliche Ansprüche
- Aufhebung 7 N 78
- Verjährung 7 N 48, 82
Dingliche Rechte, Eintragung ins Grundbuch
- übergangsrechtlicher Vorbehalt 5 N 58
Diskriminierung der Frau, Übereinkommen zur Beseitigung V 5/6 N 239
Diskursives Recht 1 N 47, 170, 204; 4 N 131; V 5/6 N 35
Dispositives–zwingendes Recht V 1/4 N 241; 1 N 40, 242, 398 f.
Dringender Eigenbedarf 1 N 174; 4 N 13
Doppelnorm
- Begriff, Zweck V 5/6 N 70 f.
- als Koordinationsmassnahme im kantonalen Recht 5 N 140
- bundesrechtliche V 5/6 N 72 ff., 85, 114, 197; 6 N 364
- kantonale V 5/6 N 76 ff.; 5 N 140, 174
Drittwirkung von Grundrechten; s. Grundrechte
Durchgriff; s. zweckwidrige Rechtsausübung

Sachregister

Durchsetzbarkeit von Rechtsansprüchen 1 N 354

E

EG-Recht; s. EU-Recht
Ehegatten, Familienname
– Revisionvorhaben AE N 117
Ehegüterrecht
– abschliessende Regelung durch Bundeszivilrecht 6 N 270
– Zulässigkeit abweichender Haftungsregelung im kantonalen Steuerrecht 6 N 270, 288, 386
– s. auch Eherecht, Ehevertrag, güterrechtliche Auseinandersetzung
Eherecht 1 N 103, 133, 159, 218, 310; 4 N 11, 70
– abschliessende Regelung durch Bundeszivilrecht 6 N 268 ff.
– Bedingungsfeindlichkeit 7 N 49
– Revision AE N 95 f.
– und clausula rebus sic stantibus 2 N 452
– und Rechtsmissbrauch 2 N 104a (1), 244, 251a–e, 312, 333–338, 402–406
– und widersprüchliches Verhalten 3 N 104a (1)
– Vorschriften betr. Bereicherung 7 N 92
Eheschliessung
– Anfechtung 7 N 45
– Ausschluss der Stellvertretung 7 N 68
– Nichtigkeit 7 N 43
– Revision des Eheschliessungsrechts AE N 106
Ehevertrag
– Anfechtung 7 N 60, 109
– Aufhebung 7 N 43, 78
– Auslegung 7 N 109
– Ausschluss der Stellvertretung 7 N 68
Eidgenössische Räte, Beratungen
– des ZGB AE N 60 ff.
    – des Einleitungsartikels insbesondere AE N 79 ff.

Eigenart des Rechtsgebietes (bei analoger Rechtsanwendung) 7 N 32 f., 35, 38, 42, 46 ff., 117
Eigenbedarf, dringender; s. dringender Eigenbedarf
Eigentum
– Regelung des ZGB 6 N 363 ff.
– Schutz durch die Bundesverfassung 6 N 361 f.
– s. auch Abgaberecht
Eigentumsbeschränkungen, öffentlich-rechtliche
– der Kantone 6 N 366 f., 368 ff., 450 ff.
    – Schranken, insbesondere Institutsgarantie 6 N 371 ff.
        – Kasuistik 6 N 373 f.
– des ZGB V 5/6 N 114; 6 N 364 ff.
– im sonstigen Bundesrecht 6 N 369 f.
Eigentumsordnung, besondere öffentlich-rechtliche? 5 N 136; 6 N 397 f.
Eigentumsrechte an Bäumen auf fremdem Boden
– übergangsrechtlicher Vorbehalt 5 N 55
Eigentumsvorbehalt, Verordnungen betreffend den AE N 260 ff.
– gesetzliche Grundlage AE N 261
– Inhalt AE N 262 f.
Einfluss
– des ZGB auf das ausländische Recht AE N 130 ff.; s. auch Rezeption
    – geographischer Bereich AE N 130, 132
    – Gründe AE N 131
    – Intensität AE N 133
– des schweizerischen Zivilrechts auf das ausländische Recht vor Inkrafttreten des ZGB AE N 135
– mutmasslicher, des ZGB auf das Europäische Zivilgesetzbuch AE N 128 f.
Einfriedungen
– Pflicht und Art, Vorbehalt zugunsten kantonalen Rechts 5 N 173
– Tragung der Kosten, Vorbehalt abweichenden Ortsgebrauchs 5 N 283

Sachregister

Einführungsgesetze, kantonale;
  s. Einführungsrecht, kantonales
Einführungsrecht, kantonales AE
  N 264 ff.; 5 N 103 ff.
– ergänzende kantonale Anordnungen
  AE N 268 ff.
– Ersatzverordnungen des Bundes AE
  N 282 f.; 6 N 112
– Genehmigung durch Bund AE
  N 277 ff.; V 5/6 N 314 ff.
– Grundlage AE N 264
– besondere Einführungserlasse zum OR
  5 N 107
– kantonale Einführungsgesetze zum
  ZGB AE N 284; 5 N 103 ff.
  – Literaturhinweise 5 N 116 ff.
  – Umschreibung des Ortsgebrauchs
    5 N 263, 265 ff.
  – Verhältnis zu den
    Zivilprozessgesetzen 5 N 104, 108
– Memorial des EJPD als Vorbild AE
  N 265; 5 N 105
– notwendige Anordnungen AE
  N 274 ff.; 6 N 110 ff.
  – Begriff der Notwendigkeit AE
    N 276
  – Ermächtigung zur Wahl der
    Verordnungsform AE N 275 f.;
    5 N 127; 6 N 117 f.
– s. auch Ausführungsbestimmungen
Eingriffsverwaltung
– Einsatz privatrechtlicher Formen
  6 N 198
– Vorschriften im Bundeszivilrecht V 5/6
  N 111 ff.
Einheit
– der Rechtsordnung (und Widerspruchsfreiheit) V 5/6 N 7, 45; 6 N 52, 339
– des Privatrechts 7 N 2, 4, 6
Einheitsgesetze
– Begriff V 5/6 N 30
– als Ausdruck der Tendenz zur Unterscheidung nach Sachgebieten statt nach öffentlichem und privatem Recht
  V 5/6 N 30

– als spezielle Art von Doppelnormen
  V 5/6 N 71, 75
– als Ursache für Bedeutungsschwund
  des Vorbehalts zugunsten des kantonalen öffentlichen Rechts 6 N 70
– Datenschutzgesetz V 5/6 N 150
– Gesetz über den unlauteren Wettbewerb V 5/6 N 151 f.
– Gleichstellungsgesetz V 5/6 N 136
– Kartellgesetz V 5/6 N 151, 153 f.
– zusätzlich zur Privatrechtskompetenz
  entsprechende öffentlich-rechtliche
  Kompetenz vorausgesetzt 6 N 33
Einleitungsartikel des ZGB
– als subsidiäres kantonales Zivilrecht
  5 N 148, 150 f.
Einzelfallentscheidung V 1/4 N 44, 48,
  71, 93
– Einzelfallgerechtigkeit vs. Rechtssicherheit; s. dort
– s. auch Billigkeitsentscheid
Einzelfallgerechtigkeit; s. Einzelfallentscheidung, Kasuistik
Einzelverweisung; s. Verweisung
Elterliche Gewalt
– gemeinsame 1 N 380
– und kantonales öffentliches Recht
  6 N 289
Embryonenkonservierung 1 N 346
Empfehlungen und Vertrauenshaftung
  2 N 110 ff.
EMRK V 5/6 N 235 ff.
– Einfluss auf das kantonale Zivilrecht
  5 N 13
– Einfluss auf das Zivilrecht allgemein
  V 5/6 N 236
– s. auch Konformität
Enteignungsrecht V 5/6 N 28; 6 N 31,
  188, 266, 362, 365, 367, 373 f., 420,
  446, 456
Entstehung
– von Art. 5 5 N 6 ff.
– von Art. 6 6 N 8 ff.
Entstehung des Einleitungstitels AE
  N 67 ff.

Sachregister

- Fassungen von Eugen Huber AE N 69
- Version im Vorentwurf AE N 70 ff.
  - Erläuterungen AE N 72
  - Stellungnahmen AE N 71 ff.
- Auswirkungen der Beratung der Grossen Expertenkommission AE N 73
- Botschaft und Entwurf des Bundesrats AE N 77 f.
- Verhandlungen in den Eidg. Räten AE N 79 ff.
- Änderungen der Redaktionskommission AE N 83

Entstehung des ZGB AE N 1 ff., 39 ff.; V 1/4 N 146; 1 N 16, 185, 461; V 5/6 N 91 ff., 94 f.
- Analyse von System und Geschichte des schweizerischen Privatrechts AE N 23
- Teilentwürfe AE N 41 ff.
- Departementalentwürfe AE N 45 ff.; 1 N 16, 185
- Vorentwurf AE N 49 ff.
  - Erläuterungen AE N 53
- Grosse Expertenkommission AE N 54 f.
- Botschaft und Entwurf des Bundesrats AE N 56 ff.; 1 N 185
- Verhandlungen in den Eidg. Räten AE N 60 ff.
- Anpassung des OR an das ZGB AE N 66

Entstehungsgeschichte 1 N 574; 4 N 116; s. auch Auslegung, Rechtsfindungselemente

Equity 4 N 19 ff.

Erbengemeinschaft 7 N 98

Erbrecht V 1/4 N 72; 1 N 154; 4 N 67, 113
- als Gegenstand des ZGB AE N 199 ff.
  - innere Rechtfertigung AE N 204
  - Prinzipien AE N 203
  - Rechtsnatur AE N 202
  - Revisionen AE N 206
  - Revisionsvorhaben AE N 108, 110
  - ungelöste Fragen AE N 205

- erbrechtliche Verträge, analoge Anwendung des OR 7 N 108 f.
- keine Vererbung strafrechtlicher Verantwortlichkeit V 5/6 N 220
- und kantonales Steuerrecht 6 N 387
- und Rechtsmissbrauch 2 N 252, 339, 346, 347
- Verweisungen auf den Ortsgebrauch 5 N 280 f.
- vorbehaltenes Organisations- und Verfahrensrecht der Kantone 5 N 170
- Vorbehalte zugunsten kantonalen Zivilrechts 5 N 170 f.
- Zulässigkeit öffentlich-rechtlicher Vorschriften der Kantone? 6 N 274 f., 290
- s. auch letztwillige Verfügungen

Erbschaftsklage 7 N 48

Erbteilungsvertrag
- Anfechtung 7 N 41, 47, 61, 109
- analoge Anwendung von Gewährleistungsrecht 7 N 98
- Aufhebung 7 N 43, 78
- Auslegung nach dem Vertrauensprinzip 7 N 53
- Formvorschriften 7 N 57 f.
- Rücktritt 7 N 75
- Verjährung 7 N 84
- Vertragsfreiheit 6 N 274a; 7 N 51

Ergänzungs- und Ausführungserlasse, bundesrechtliche zu ZGB (und OR) AE N 239 ff.; V 5/6 N 123 ff.
- Bundesgesetze zu ZGB und OR V 5/6 N 123 ff.
- Bundesverordnungen zum ZGB AE N 241; V 5/6 N 168 ff.
  - die wichtigsten AE N 245 ff.

Ergebniskontrolle 1 N 181, 206, 218 f.; 4 N 138; s. auch Folgenreflexion

Erkenntnislücke; s. Lücke intra legem

Erkenntnistheorie; s. Recht, Rechtsanwendung

Erläuterungen zum Vorentwurf des ZGB AE N 53

Erledigungsfunktion des Richters V 1/4 N 176, 178, 194

Sachregister

Ermächtigungsnorm–Sachnorm
4 N 51 f., 108 ff.
Ermessen
- Verhältnis zu Recht und Billigkeit; s. dort
- Verweise auf richterliches Ermessen 4 N 51 ff., 68 ff.
  - als Formelement des ZGB AE N 238

Ermessensbetätigung 4 N 12
- Ermessensüberschreitung/-unterschreitung 4 N 46 ff.
- Unterscheidung zur Rechtskonkretisierung; s. Rechtsfindung

Ermessensentscheid 1 N 295, 310, 347, 546; 4 N 11
- Überprüfung durch das Bundesgericht 4 N 49
- s. auch Billigkeitsentscheid

Ermessensspielraum 4 N 4

Ersatzverordnungen des Bundes
- zufolge Ausbleibens notwendiger ergänzender kantonaler Anordnungen AE N 282; V 5/6 N 316; 6 N 112

Ersitzung 7 N 21, 22, 32, 48

EU-Beitritt, EWR-Beitritt V 5/6 N 252
- Auswirkungen auf das Bundeszivilrecht, Literaturhinweise V 5/6 N 256 f.
- Auswirkungen auf öffentlich-rechtliche Rechtsetzungsbefugnisse der Kantone 6 N 105 f.
- Auswirkungen auf privatrechtliche Rechtsetzungsbefugnisse der Kantone 5 N 12

EU-Recht (EG-Recht)
- Auswirkungen der Annäherung an das EU-Recht
  - für das kantonale öffentliche Recht 6 N 18 f., 105 ff., 403
  - für das kantonale Zivilrecht 5 N 12
- autonomer Nachvollzug, insbesondere im Bundeszivilrecht V 5/6 N 123, 253, 256 f.

- Europäisches Zivilgesetzbuch; s. dort
- keine Unterscheidung zwischen öffentlichem und privatem Recht V 5/6 N 30; vor 6 N 1
- Rechtsvereinheitlichung im Bereich des Privatrechts V 5/6 N 246 ff.
- Verhältnis von Gemeinschaftsprivatrecht und nationalem Privatrecht V 5/6 N 247 und 5 N 1

Eurolex-Vorlagen V 1/4 N 180; V 5/6 N 123, 253, 256
- keine Änderung an ZGB AE N 126

Europäische Kodifikationen; s. Kodifikationen

Europäisches Recht; s. ausländisches Recht, internationales Recht

Europäische Sozialcharta
- und Bundeszivilrecht V 5/6 N 237

Europäisches Zivilgesetzbuch AE N 125 ff.; V 5/6 N 248; vor 5 N 1; s. auch ausländisches Recht, internationales Recht
- mutmasslicher Einfluss des ZGB AE N 128 f.

Europäische Zivilprozessordnung 6 N 173

Europäisierung V 1/4 N 180

Europarat und Rechtsvereinheitlichung V 5/6 N 249, 253, 257

Europaverträglichkeit neuen Rechts V 5/6 N 254

Expansive Kraft des kantonalen öffentlichen Rechts
- als Kerngehalt des Vorbehalts von Art. 6 6 N 45 ff.
- Schranken 6 N 50 f.

Expertenkommission, Grosse AE N 54 f.

F

Fahrniseigentum, öffentlich-rechtliche Beschränkungen
- durch das ZGB selbst 6 N 367
- durch die Kantone 6 N 367, 391 ff.

Sachregister

Faktisches/Faktizität 1 N 226, 582 ff.;
s. auch Geltung
Familie
– Verwendung des Begriffs im ZGB AE N 193
Familienheimstätten
– Revisionsvorhaben AE N 107
– Vorbehalt kantonalen Zivilrechts 5 N 11, 169
Familienname der Ehegatten 1 N 103
– Revisionsvorhaben AE N 117
Familienrecht
– Antinomie zwischen Individuum und Gemeinschaft AE N 197
– enthält als Eigentümlichkeit Bestimmungen personenrechtlicher Natur und solche vermögensrechtlichen Charakters AE N 195
– Entstehung als eigene Kategorie des Rechts AE N 194
– Funktion AE N 195
– als Gegenstand des ZGB AE N 189 ff.
– Rechtsgeschäfte
  – Anfechtung wegen Willensmängeln 7 N 60
  – Anwendbarkeit der allg. Bestimmungen des OR 7 N 108 f.
  – Bedeutung der clausula rebus sic stantibus 7 N 50, 101
  – Simulation 7 N 52
– und Rechtsmissbrauch
  – Adoption 2 N 339
  – Eherecht 3 N 251a–e, 312, 333–338, 402–406
  – Erbrecht 2 N 252, 339, 346/7
  – Kindesrecht 2 N 251f, g, 341–345
– Revisionen AE N 198
– (Un-)Verjährbarkeit von Ansprüchen 7 N 82
– Verweisung auf den Ortsgebrauch 5 N 279
– vorbehaltenes Organisations- und Verfahrensrecht der Kantone 5 N 169
– Vorbehalt zugunsten kantonalen Zivilrechts 5 N 169
– Zulässigkeit öffentlich-rechtlicher Vorschriften der Kantone? 6 N 268 ff., 288 ff.
– Zurückhaltung des Gesetzgebers bzw. besonders starke Berücksichtigung von Vorgegebenem AE N 196
Familiensachen, Zuweisung bei Erbteilung
– Verweisung auf Ortsgebrauch 5 N 280
Faustpfandrechte, gesetzliche
– Einführung durch Kantone zur Sicherstellung öffentlich-rechtlicher Forderungen 6 N 276, 382
Favor testamenti 7 N 58
Ferien und Urlaub
– abschliessende Regelung durch Bundeszivilrecht 5 N 200; 6 N 215 f., 282, 357
Fides V 2/3 N 2, 33 ff.
Fiktion 7 N 7 f.
Finanzvermögen
– Anwendbarkeit privatrechtlicher Vorschriften 6 N 187 ff., 408
Fiskalverwaltung 6 N 187 ff.
– Frage der Bindung an öffentlich-rechtliche Grundsätze 6 N 189
Fiskustheorie zur Unterscheidung des öffentlichen vom privaten Recht V 5/6 N 57
Flurgesetze und kantonales Zivilrecht 5 N 108, 118
Föderalismus
– Bedeutung und Verwirklichung V 5/6 N 14 f., 45; 5 N 11 ff., 161 ff.; 6 N 12 ff., 101 ff., 124 ff.
– Föderalismusreform 6 N 17
Folgenreflexion 1 N 181, 218; s. auch Ergebniskontrolle
Form von Rechtsgeschäften und Treu und Glauben 2 N 270 ff.
– Allgemeines 2 N 271 ff.
– Geltendmachung der Formungültigkeit
  – **vor** Erfüllung 2 N 276 ff.
  – **nach** Erfüllung durch beide Parteien 2 N 279 ff.
  – **nach** Erfüllung durch eine Partei 2 N 283 ff.

Sachregister

- nach **teilweiser** Erfüllung 2 N 286 ff.
- Letztwillige Verfügungen 2 N 346

Formalismus 1 N 129

Formelemente des ZGB AE N 232
- bewusste Unvollständigkeit AE N 238
- Gliederung AE N 235 f.
- häufige Verweise auf richterliches Ermessen AE N 238
- Sprachen AE N 233 f.
- viele Generalklauseln AE N 238

Formelle Rechtskraft; s. Geltung

Formularpflicht für Wohnungsmiete
- Vorbehalt zugunsten kantonalen Zivilrechts 5 N 197; 6 N 265

Formvorschriften (zivilrechtliche)
- abschliessende Regelung durch Bundeszivilrecht 6 N 265 f.
- bei Aufhebung von Forderungen 7 N 78
- im Betreibungsrecht 7 N 57
- im Erbrecht 7 N 45, 57 f.
- im Gesellschaftsrecht 7 N 58
- im öffentlichen Recht 7 N 119
- Zulässigkeit kantonaler, für prozessuale Verträge 6 N 266
- Zulässigkeit kantonaler, im Bereich des vorbehaltenen kantonalen Zivilrechts 6 N 265

Fortpflanzungsmedizin
- Kompetenzausscheidung zwischen Bund und Kantonen V 5/6 N 102; 6 N 288a

Französischer Code Civil AE N 9
- als Einheitsrecht vor 5 N 1
- als Grundlage für die west- und südschweizerische Gruppe der kantonalen Kodifikationen AE N 13,15
- im Kreis der Zivilrechtskodifikationen AE N 222 ff.

Frauenstimmrecht 1 N 68

Freiheitsrechte; s. Grundrechte

Freirechtsschule V 1/4 N 68; 1 N 77, 130, 134, 503; 4 N 103 f.

Freiwillige Gerichtsbarkeit V 5/6 N 103 f.

Freizügigkeitsleistung
- Ausschluss der Verrechnung 7 N 80
- Verzinsung bei verspäteter Überweisung 7 N 76

Fristenberechnung 7 N 72, 108

Früchte, natürliche, Bestimmung und Abgrenzung
- Verweisung auf Ortsgebrauch 5 N 282

Fürsorgerische Freiheitsentziehung
- Rechtsnatur V 5/6 N 111, 113
- Revision AE N 93
- Revisionsvorhaben AE N 113
- Verhältnis zu kantonalem öffentlichem Recht 6 N 66 ff., 273

Funktionen von Art. 2 ZGB
- Ergänzung 2 N 26, 27
- gegenüber jenen von Art. 3 ZGB V 2/3 N 50; 3 N 12,13
- Interpretation 2 N 21
- Korrektur im Einzelfall 2 N 21
- Normberichtigung? 2 N 21, 244
- Sachnorm 2 N 14, 15
- Verfahrensnorm 2 N 14, 15
- Verhaltensnorm 2 N 14, 15
- Verkehrsschutz 2 N 11, 13

Funktion von Art. 3 ZGB
- dynamisch 3 N 8b
- statisch 3 N 8a
- Verkehrsschutz 3 N 12 ff.

Funktionen von Art. 5 und Art. 6 ZGB V 5/6 N 2 ff.

Funktionstheorie zur Unterscheidung des öffentlichen vom privaten Recht V 5/6 N 65
- Anwendungsbereich V 5/6 N 67

G

Gastgewerberecht, kantonale Regelungen
- und Bundeszivilrecht 5 N 194; 6 N 348, 351, 354, 357, 426, 434

GATT/WTO-Abkommen; s. WTO-Abkommen

Sachregister

Geltung 1 N 471, 582 ff.; s. auch Verbindlichkeit
– als Verdichtung im Sollensbereich V 1/4 N 215 f.; 1 N 30, 387, 417 ff., 434, 465
– des Gesetzes 1 N 16, 248 f.
  – Geltungsanspruch V 1/4 N 231 f., 237; 1 N 210, 217, 240, 243, 279, 285, 325, 504, 537; 4 N 6, 8, 18, 124
  – Minimalpositivismus V 1/4 N 239, 246; 1 N 79, 389, 408 f., 415, 504; s. auch Positivismus
  – nicht mehr/noch nicht gültige Gesetze 1 N 253 ff., 480, 532; 4 N 146
– des Gewohnheitsrechts 1 N 417 ff., 432 ff., 441f., 461
– Gültigkeitsvoraussetzungen von Gesetzen 1 N 17 ff., 30
  – zeitliche 1 N 41 f.
– von Gerichtspraxis 1 N 446, 461
– von Richterrecht 1 N 479
Geltungsbereich der Einleitungsartikel V 1/4 N 104 ff.
– ausserhalb des Privatrechts V 1/4 N 111 ff.; V 5/6 N 48
  – im Strafrecht V 1/4 N 62, 111 ff.
  – im Verfahrensrecht V 1/4 N 119 ff.
  – im Verwaltungsrecht V 1/4 N 62, 111 ff.; V 5/6 N 48
– Gesamtverträge V 1/4 N 110
– kantonales Recht V 1/4 N 121; 5 N 150 ff.
– nicht-schweizerisches Recht V 1/4 N 63, 123 ff.
Gemeinden, Rechtsetzungsbefugnis 5 N 110, 129; 6 N 223 f.; s. auch kommunales Recht
Gemeinderschaft 7 N 98
– Kündigungstermine, Verweis auf Ortsübung 5 N 279
Gemeinsame elterliche Gewalt 1 N 380
Gemeinwesen
– als gesetzlicher Erbe, Vorbehalt zugunsten kantonalen Rechts 5 N 170

– Zulässigkeit privatrechtlichen Handelns 6 N 183 ff.
Gemischte Gesetze; s. Einheitsgesetze
Gemischte Norm; s. Doppelnorm
Gemischtwirtschaftliche Unternehmungen zur Erfüllung öffentlicher Aufgaben
– Anwendbarkeit des Zivilrechts 6 N 194
Genehmigung kantonaler Erlasse durch den Bund V 5/6 N 304 ff.
– von Kantonsverfassungen insbesondere (Gewährleistung) V 5/6 N 304 ff.
  – Kasuistik im Zusammenhang mit Art. 5 und 6 ZGB V 5/6 N 308
– kantonaler Ausführungsbestimmungen zum ZGB insbesondere AE N 277 ff.; V 5/6 N 314 ff.; 5 N 113; 6 N 112
  – Ersatzvornahme bei Säumigkeit V 5/6 N 316; 6 N 112
  – Kasuistik V 5/6 N 318
  – Wirkung AE N 280; V 5/6 N 317
Generalklauseln
– Häufigkeit von als Eigenart des ZGB AE N 238
– s. auch Lücke intra legem
Generell-abstrakt vs. individuell-konkret V 1/4 N 11; 1 N 115, 152, 229, 275, 385, 479, 482 ff.; 4 N 73 ff.
Gentechnikrecht V 5/6 N 34
Genugtuung 4 N 69, 133; 7 N 39, 88
Gerechtigkeit V 1/4 N 8 ff., 11, 191; 1 N 31, 83, 367, 560
Gerichte
– internationale V 1/4 N 63
– Nähe 1 N 248, 433, 436 ff., 610
– Ranghöhe V 1/4 N 63; 1 N 579, 605 ff.
– Schiedsgericht V 1/4 N 64; 1 N 353, 572
Gerichtspraxis 1 N 429, 443 ff., 452 ff., 479, 571 ff., 588; s. auch Präjudizien
– Abgrenzung zum Gewohnheitsrecht; s. dort
– Abgenzung zur Übung 5 N 209 f.
– Abgrenzung zum Richterrecht; s. dort
– Bekanntheit; s. Richterrecht

Sachregister

- Konstanz und Dauer 1 N 580 f., 609
- Publikation; s. Richterrecht

Gesamtarbeitsvertrag
- durch die Kantone allgemeinverbindlich erklärte als Bundeszivilrecht 5 N 64
- kantonale Allgemeinverbindlicherklärung 5 N 63 f.
- Rechtsnatur V 5/6 N 138, 172; 5 N 64
- s. auch Gesamtverträge

Gesamtkodifikation, Prinzip der, im Bundeszivilrecht V 5/6 N 4; 5 N 2, 17 ff.
- Abweichung durch Nebengesetzgebung AE N 181

Gesamtverträge V 1/4 N 100, 110; 1 N 12, 20 ff., 142

Gesamtverweisung auf Bundeszivilrecht als subsidiäres kantonales Zivilrecht 5 N 149; s. auch Verweisung

Geschäftsbedingungen, allgemeine; s. allgemeine Geschäftsbedingungen

Geschäftsführung ohne Auftrag
- analoge Anwendung im öffentlichen Recht 7 N 131
- sachlicher Anwendungsbereich 7 N 97, 98

Geschichte des schweizerischen Privatrechts AE N 26; 5 N 94

Geschichte von Treu und Glauben und Gutglaubensschutz V 2/3 N 32 ff.
- germanisches Recht V 2/3 N 37/8
- kanonisches Recht V 2/3 N 39/40
- römisches Recht V 2/3 N 33 ff.

Geschichtlichkeit V 1/4 N 127 ff.; 1 N 111, 160, 514

Geschlechtsumwandlung 1 N 346

Gesellschaft, einfache
- Anwendung auf das Konkubinat 7 N 109
- sachlicher Anwendungsbereich 7 N 98

Gesellschaftsrecht 1 N 154, 253, 308, 315; 4 N 54, 70, 113, 119; s. auch Handelsrecht
- Anwendung von allgemeinen Bestimmungen des OR 7 N 111

- Bedeutung von Willensmängeln 7 N 62
- numerus clausus zulässiger Rechtsgeschäfte 7 N 51
- Regelung und Entwicklung V 5/6 N 140 ff.; 5 N 205; 6 N 283
- Treu und Glauben bei Beendigung der Gesellschaft 2 N 436, 441, 481, 483
- und Rechtsmissbrauch 2 N 104a (4), (6), (7), 254, 301, 325, 327–332, 373e, 374, 376

Gesetz 1 N 11; s. auch Gesetzesdelegation, Gesetzmässigkeitsprinzip, Recht
- Allgemeinheit und Abstraktheit V 1/4 N 11, 134, 143, 172; 1 N 152
- als Befehl an den Richter V 1/4 N 70, 136, 163, 209 ff.; 1 N 76, 147, 211, 222, 475
- als Garant des Rechtsfriedens? V 1/4 N 178
- als Institution V 1/4 N 210
- als Kommunikationsform V 1/4 N 210
- als logische Geschlossenheit V 1/4 N 146
- als Rechtsfindungselement; s. dort
- als (primäre) Rechtsquelle V 1/4 N 24 ff., 69; 1 N 9, 298, 469
- als Träger von Sollen V 1/4 N 197
- Anwendungsgebot; s. dort
- Auslegung; s. dort
- Eigendynamik V 1/4 N 136
- Entstehung V 1/4 N 21; 1 N 10; s. auch Gesetzgebung/Verfahren, Legitimation
- Geltung; s. dort
- Gültigkeitsvoraussetzungen; s. Geltung
- Herkunft V 1/4 N 136, 211
- kantonales 1 N 13; 4 N 35 ff.
- kommunales 1 N 13
- Legitimation; s. dort
- Lücken; s. Gesetzeslücken
- nicht mehr/noch nicht gültiges; s. Geltung
- Normkategorie 1 N 9
- Objektivität V 1/4 N 211; 1 N 155
- Positivität 1 N 107 ff.

Sachregister

- privatrechtliches 1 N 14, 18
- Rechtsquellenmonopol V 1/4 N 33, 90, 145
- Spezialgesetz 1 N 15, 469
- Stabilität; s. dort
- «überholtes» 1 N 294; s. auch Gesetzgebung
- Unrechtsgesetz; s. dort
- Verbindlichkeit; s. dort
- Verfassungsmässigkeit V 1/4 N 34
- Wichtigkeit 1 N 75 ff., 99, 300 f., 302 f., 325, 329, 362 ff., 530
  - im öffentlichen Recht 1 N 79, 98 f.
- Wortlaut; s. Gesetzeswortlaut

Gesetzesänderung; s. Gesetzgebung
Gesetzesanwendung; s. Rechtsanwendung
Gesetzesauslegung 7 N 35; s. auch Auslegung
Gesetzesdelegation 5 N 120; 6 N 113 ff.; s. auch Gesetzgeber, Gesetzeslücken
- an die kantonalen Exekutivbehörden 5 N 125 ff.; 6 N 113 ff.
- an untergeordnete Verbände und Private 5 N 129 ff.; 6 N 222 ff.
- durch Vorbehalte zugunsten von kantonalem Zivilrecht 5 N 30

Gesetzesflut; s. Regelungsdichte
Gesetzesinflation; s. Regelungsdichte
Gesetzeskraft 1 N 20
Gesetzeslücken V 1/4 N 140, 154, 235; 1 N 231, 275, 298 ff.
- Abgrenzung zum gesetzesfreien Raum V 1/4 N 148; s. auch rechtsfreier Raum
- anfängliche–nachträgliche 1 N 342 ff.
- bewusste–unbewusste 1 N 347 ff.
  - Abgrenzung zur negativen Norm 1 N 349
  - Delegation gemäss Art. 4 ZGB 1 N 347; s. auch Lücke intra legem
- contra legem 1 N 317
- echte/«intra legem» 1 N 157, 275, 293 ff., 313 f., 340
  - Abgrenzung zur Lücke praeter legem 1 N 293, 315; 4 N 13

- Abgrenzung zur unechten Lücke 1 N 318 ff.
- formelle–materielle V 1/4 N 78; 1 N 59
- horizontale Lücke 4 N 11
- Lücke im Recht–Lücke im Rechtssatz 1 N 336
- Lücke infra legem; s. vertikale Lücke
- Lücke intra legem 1 N 291, 306 ff., 347, 457
  - Delegationen gemäss Art. 4 ZGB 1 N 347; 4 N 11, 13, 50 ff.
  - Erkenntnislücken? 1 N 311; 4 N 13
  - Generalklauseln 4 N 11
  - unbestimmte Rechtsbegriffe 4 N 4, 13, 111, 136
  - Unterscheidung zum Ermessensentscheid 1 N 295; 4 N 4, 11
  - Verweise; s. Billigkeitsentscheid, Ermessen
- Lückenfüllung; s. dort
- «Lücke» praeter legem 1 N 290, 306 ff., 315 ff.
- materielle–formelle Lücke 1 N 336
- negative Norm/qualifiziertes Schweigen; s. dort
- Normlücke–Regelungslücke 1 N 336
- offene–verdeckte Lücke 1 N 323, 334, 340 f.
- Prinzip-/Wertlücke 1 N 338 f.
- Regelungsunvollständigkeiten 1 N 289, 347
- Totallücke–relative Lücke 1 N 336
- unechte V 1/4 N 73, 78, 93, 236 ff., 249; 1 N 70, 95, 101, 183, 269, 305, 317, 318 ff., 341
- vertikale V 1/4 N 311 f.; 4 N 11
- vorsätzliche–fahrlässige; s. bewusste–unbewusste
- wichtige (strategische)–unwichtige (taktische) 1 N 95, 328 ff.

Gesetzespositivismus; s. Positivismus
Gesetzesrevision; s. Gesetzgebung
Gesetzestradition V 1/4 N 146, 215
Gesetzesumgehung 2 N 52 ff.
Gesetzesvorbehalt; s. Gesetzmässigkeit

Sachregister

Gesetzeswortlaut V 1/4 N 50, 80, 114, 135, 140, 144; 1 N 57 ff., 130 ff.; s. auch Rechtsfindungselemente
- Abgrenzung/Unterscheidung zur Auslegung 1 N 7, 57 ff., 69 f., 318
- Abgrenzung vom Wortsinn 1 N 67, 69; s. auch Rechtsfindungselemente
- Abweichung vom Wortlaut 1 N 67, 217, 223, 239, 269, 283 ff., 322
- als Grenze der richterlichen Kompetenz? V 1/4 N 243; 1 N 33, 71, 80, 95, 101 ff., 235, 325, 362 f., 370 ff., 414 f.; 4 N 78 ff.; s. auch Kompetenz des Richters
- als (prioritäres?) Rechtsfindungselement V 1/4 N 188, 226 ff., 248; 1 N 25, 46, 60, 70, 75, 81 ff., 99, 156, 285; 4 N 113
    - Wortlaut als Einstieg in die Rechtsfindung V 1/4 N 227 f.; 1 N 76 f., 81, 83, 90, 134, 301, 494; 4 N 111
- Amtssprachen; s. dort
- Bedeutung 7 N 30, 35
- Gegenstand; s. Rechtsfindungselemente
- im öffentlichen Recht V 1/4 N 116; 1 N 79, 98
- im Strafrecht V 1/4 N 118
- klarer V 1/4 N 154, 209, 213, 228 ff., 243; 1 N 33, 67, 70, 88, 95, 106, 133, 146, 189, 216, 240, 274, 276, 294, 544
- Kollision mit der Auslegung/ratio legis V 1/4 N 155, 234 ff., 236 ff.; 1 N 33, 62, 95, 101, 105, 140, 223, 235, 240, 285, 288, 319 f., 329 f., 332, 369 ff.; s. auch unechte Lücke
- rechtsmissbräuchliche Berufung auf den Wortlaut 1 N 70, 95, 320
- Schutzfunktion; s. Schutzgesetzgebung
- Sprachwissenschaft; s. dort
- unbefriedigender 1 N 60, 321
- unvollständiger; s. Gesetzeslücke
- Verbindlichkeit; s. dort
- Verhältnis zur Lückenfüllung 1 N 304 f., 318
- (sinnstörendes) Versehen 1 N 25, 327
- Vertrauen auf den (klaren) Gesetzeswortlaut 1 N 63, 243

Gesetzgeber/Gesetzgebung V 1/4 N 168 f., 224
- als Institution V 1/4 N 172, 181, 184 f.
- Autorität; s. dort
- Delegation
    - ausdrückliche Delegation an den Richter gemäss Art. 4 ZGB 1 N 310; 4 N 11, 39 ff.
    - von Gesetzgebungskompetenzen 1 N 11, 20
- durch private Organisationen 1 N 12
- Funktion V 1/4 N 3 ff.
- Gesetzesänderung/-dynamik/-revision V 1/4 N 94, 133 f., 170 ff.; 1 N 44, 79, 465, 469, 480
- Gesetzgebungsbedarf–Gesetzkomplettierungsbedarf 1 N 345, 497
- historischer Gesetzgeber; s. Wille des Gesetzgebers
- im Gegensatz zur Rechtsanwendung; s. dort
- Kompetenz; s. dort
- Legitimation; s. dort
- Methodik V 1/4 N 92 ff.; 1 N 386, 471
- Privatrechtsgesetzgebung; s. Kompetenz
- Rechtspolitik; s. dort
- Schutzgesetzgebung; s. dort
- Stabilität; s. dort
- (demokratische) Tradition; s. Gesetzestradition
- Verfahren V 1/4 N 171
- Wille des Gesetzgebers V 1/4 N 138, 143 f.; 1 N 135 ff., 146, 155, 158, 505 f.; 4 N 105

Gesetzgebungskompetenz des Bundes auf dem Gebiet des Zivilrechts V 5/6 N 4, 17, 92, 96 ff., 181
- Entstehung
    - Petition des Schweizerischen Juristenvereins AE N 29
    - Kasinoprogramm AE N 30
    - Scheitern der Totalrevision der BV in der Volksabstimmung AE N 31

Sachregister

- Schaffung der Verfassungsgrundlage parallel zum ZGB AE N 36 f.
- als Auftrag AE N 179
- als Voraussetzung für Entstehung des ZGB AE N 4, 27
- umfasst auch ergänzendes öffentliches Recht V 5/6 N 94 ff.
- s. auch Kompetenz

Gesetzgebungstechnik 7 N 7 ff.
- Richtlinien des Bundes zur Gesetzestechnik 7 N 14
- s. auch Gesetzgeber, Methodik

Gesetzmässigkeitsprinzip V 1/4 N 9 f., 134; 1 N 63, 98, 102 f.; 7 N 117; s. auch Gewaltenteilung
- als Schranke der Verfassungs- und Organisationsautonomie der Kantone 5 N 119 ff.; 6 N 114 ff.
- Vertrauen auf den (klaren) Gesetzeswortlaut; s. dort

Gestaltungsrechte
- Anwendung der allgemeinen Bestimmungen des OR 7 N 108

Getränke, geistige
- Klagbarkeit der Forderungen aus dem Kleinvertrieb, Vorbehalt zugunsten kantonalen Zivilrechts 5 N 194

Gewährleistung
- sachlicher Anwendungsbereich 7 N 98

Gewässer, private
- Nutzungsrechte, Vorbehalte zugunsten kantonalen Rechts 5 N 177

Gewaltenteilung V 1/4 N 67, 88, 155, 164 ff., 212, 243; 1 N 63, 221, 268, 305, 333 ff., 387, 477, 532

Gewohnheitsrecht 1 N 277, 417 ff., 545
- Abgrenzung zum Richterrecht 1 N 443 ff., 465, 479, 581
- Abgrenzung zur bewährten Lehre und Überlieferung 1 N 448 ff., 581
- Abgrenzung zur Gerichtspraxis 1 N 429, 443 ff., 452 ff., 581, 588
- Abgrenzung zu Übung und Ortsgebrauch 1 N 455 ff.; 5 N 227 ff.
- als Bestandteil des Bundeszivilrechts V 5/6 N 177 f.
- als kantonales öffentliches Recht 6 N 113
- als kantonales Zivilrecht 5 N 111 ff.
- als Rechtsquelle V 1/4 N 18, 27 ff.; 1 N 417, 441 f., 462
- als ungeschriebenes/ungedrucktes Gesetz 1 N 420, 425, 439 ff.
- Bildung von Gewohnheitsrecht 1 N 444
- Geltung; s. dort
- opinio necessitatis 1 N 431, 438, 442, 444 ff., 468
  - Unterscheidung zum modus legislatoris 1 N 445 ff.; s. auch Richterrecht
- qualifizierter Gerichtsgebrauch 1 N 430
- «Rückkoppelungseffekt» 1 N 434, 436, 444, 468

Glaube, böser
- Begriff V 2/3 N 25; 3 N 4, 15, 48 ff.

Glaube, guter
- Analogie 3 N 30
- Anwendungsbereiche 3 N 9, 17 ff.
- Aufmerksamkeit, geforderte 3 N 48 ff.
  - bei gewöhnlichen Gutglaubenstatbeständen 3 N 56 ff.
  - bei qualifizierten Gutglaubenstatbeständen 3 N 61 ff., 68 ff.
- Ausdehnung des Gutglaubensschutzes 3 N 23 ff.
- Ausnahmeregel V 2/3 N 22
- Begriff 3 N 2–4
- Dimensionen V 2/3 N 31
- Funktion 3 N 8 ff.
- Geschichte V 2/3 N 17 ff., 32 ff.; 3 N 5 ff.
- Schranken 3 N 31 ff.
- Terminologie des ZGB und OR 3 N 18/19
- und Billigkeit V 2/3 N 24; 3 N 52
- und Treu und Glauben/Übersicht V 2/3 N 50

Sachregister

- Vermutung des V 2/3 N 20; 3 N 15b
  - als subsidiäres kantonales Zivilrecht 5 N 151
  - s. auch Gutglaubensschutz
- **Gleichbehandlungsgrundsatz**
  - mittelbare Drittwirkung V 5/6 N 191
- **Gleichheitssatz** V 1/4 N 38; 1 N 551; 4 N 84, 115
- **Gleichstellungsgesetz**
  - als Einheitsgesetz V 5/6 N 75, 136
  - und kantonales öffentliches Recht 6 N 87
- **Gliederung des ZGB** AE N 235 f.; V 5/6 N 91 ff.
- **Globalisierung, Auswirkungen auf das Recht** V 5/6 N 32, 34, 139, 223, 243
- **Globalverweisung**; s. Verweisung
- **Glücksspiele**, kantonales und eidgenössisches Recht 6 N 434, 459a
- **GmbH**; s. Gesellschaftsrecht
- **Grammatik**; s. Gesetzeswortlaut, Sprachwissenschaft
- **Grundbucheintrag**
  - Abhängigmachen durch das kantonale Recht von Bezahlung von Abgaben 6 N 291, 381
  - dem kantonalen Recht unterstehender dinglicher Rechte an Grundstücken, Vorbehalt zugunsten kantonalen Zivilrechts 5 N 182
  - nicht privater und dem öffentlichen Gebrauch dienender Grundstücke, Vorbehalt zugunsten kantonalen Zivilrechts 5 N 181
- **Grundbuchrecht**
  - Organhaftung V 5/6 N 118
  - Rechtsnatur, Rechtsmittel V 5/6 N 103, 289
  - übergangsrechtliche Vorbehalte 5 N 59
  - vorbehaltenes Organisations- und Verfahrensrecht der Kantone 5 N 183
  - Vorbehalte zugunsten kantonalen Zivilrechts 5 N 181f.
- **Grundbuchverordnung** AE N 256 ff.; V 5/6 N 170
  - Bedeutung AE N 258
  - gesetzliche Grundlage AE N 257
  - Inhalt AE N 259
- **Grunddienstbarkeiten, Inhalt**
  - Auslegung nach dem Vertrauensprinzip 7 N 53
  - Ortsgebrauch 5 N 285
  - Vorbehalt zugunsten kantonalen Zivilrechts 5 N 178
- **Grundeigentum, öffentlich-rechtliche Beschränkungen**
  - des ZGB selbst 6 N 364 ff.
  - durch die Kantone 6 N 368 ff., 406 ff., 443 ff.
  - Vorbehalt zugunsten von Bund, Kantonen und Gemeinden (Art. 702 ZGB) 6 N 366
- **Grundpfandrechte**
  - einseitige Ablösung, Vorbehalt zugunsten kantonalen Zivilrechts 5 N 179
  - gesetzliche, des kantonalen Rechts, Vorbehalt zugunsten kantonalen Rechts 5 N 180
    - zur Sicherung von kantonalen Abgaben 6 N 27, 381
  - Höchstzinssätze, Vorbehalt zugunsten kantonalen Zivilrechts 5 N 179
  - übergangsrechtliche Vorbehalte 5 N 57
- **Grundprinzipien des ZGB** AE N 230; 6 N 340 f.
- **Grundrechte** 1 N 28, 33, 220; V 5/6 N 183 ff.
  - als Schranke auch der Privatrechtskompetenz des Bundes V 5/6 N 185 f.
  - Drittwirkung V 5/6 N 44, 46, 187 ff.
    - direkte (unmittelbare) V 5/6 N 85 f., 187, 190
    - indirekte (mittelbare) V 5/6 N 86, 188 ff.
  - Existenzsicherung 4 N 62
  - kantonale
    - Konkretisierung der mittelbaren Drittwirkung nur im Rahmen der Voraussetzungen von Art. 6 Abs. 1 ZGB 6 N 143
    - Unzulässigkeit der direkten Drittwirkung V 5/6 N 308; 5 N 98; 6 N 141 f.

Sachregister

- Rechtsgleichheit; s. Gleichheitssatz
- Schutz von Institutionen des Privatrechts V 5/6 N 45 f., 183; 6 N 347 ff., 361 ff.
- Unverjährbarkeit 7 N 124

Grundschutznorm des Art. 2 2 N 3 ff.
Gutachten 1 N 554
Guter Glaube; s. Glaube, guter, Gutglaubensschutz
Güterrechtliche Auseinandersetzung 7 N 83
- analoge Anwendung erbrechtlicher Teilungsvorschriften 7 N 104

Güterschlächterei, Bestimmungen gegen
- früherer Vorbehalt zugunsten kantonalen Zivilrechts 5 N 195

Gute Sitten, Art. 19/20 ZGB 1 N 310
Gutglaubensschutz
- bei Beizug von Hilfspersonen 3 N 38
- bei juristischen Personen 3 N 40
- bei Personenmehrheiten 3 N 39
- bei Stellvertretung 3 N 22, 26, 27, 37, 54, 79, 82
  - bei gesetzlicher Vertretung 3 N 26/7
  - bei gewillkürter Vertretung 3 N 36/7
- des Rechtsnachfolgers 3 N 35
- des Urteilsunfähigen 3 N 34
- «gewöhnliche» Gutglaubenstatbestände 3 N 56 ff.
- im öffentlichen Recht 7 N 119
- im Sachenrecht 3 N 9, 18, 19, 22, 32, 90, 100; s. auch Gutglaubensschutz und Grundbuch
- im Wertpapierrecht 3 N 9, 18, 19, 22, 63 ff., 89, 114
- Kasuistik 3 N 53 ff.
- persönlicher Schutzbereich 3 N 33 ff.
- qualifizierte Gutglaubenstatbestände 3 N 61 ff.
  - öffentliche Register 3 N 68 ff.
  - öffentlicher Erwerb 3 N 61 ff.
- rechtsvergleichende Hinweise 3 N 113 ff.
- und Betreibungsregister 3 N 83, 84, 86
- und Eigentumsvorbehalt 3 N 83, 84, 86

- und Grundbuch 3 N 23, 32, 55 (20), 68, 69, 71, 72 ff., 89, 90, 92; s. auch Gutglaubensschutz im Sachenrecht
- und Handelsregister 3 N 68, 69, 71, 77 ff., 89, 90
- und Handlungsfähigkeit 3 N 27, 32, 109
- und internationales Privatrecht 3 N 106 ff.
- und Steuerregister 3 N 83, 85
- und Viehverschreibungsprotokolle 3 N 83, 84
- und Zivilstandsregister 3 N 83, 84
- Wirkungen 3 N 93 ff.
  - heilende 3 N 96 ff.
  - mildernde 3 N 101 ff.

H

Haager Übereinkommen AE N 123 f.
- zum Familien- und Schuldrecht V 5/6 N 165, 242
- zur internationalen Rechtshilfe in Zivilsachen 6 N 99

Haftpflichtrecht
- öffentlich-rechtliche Vorschriften im Bundeszivilrecht V 5/6 N 116 ff.
- Rechtsvereinheitlichung, internationale V 5/6 N 88, 245
- spezialgesetzliche Rechtsquellen V 5/6 N 128 f.
- Totalrevision 7 N 12, 87, 128
  - Beschränkung des Vorbehalts zugunsten kantonalen öffentlichen Rechts 6 N 14, 197
- übertragener Anwendungsbereich 7 N 87 ff.
- Vorbehalt zugunsten kantonalen öffentlichen Rechts bezüglich Staats- und Beamtenhaftung 6 N 195 ff.
- Vorbehalt zugunsten kantonalen Zivilrechts 5 N 162, 193

Haftung
- aus Vertrauen 2 N 105 ff., 229

Sachregister

- aus Konzernverhalten? V 1/4 N 38; 1 N 97; 2 N 108
- culpa in contrahendo 2 144 ff.
- neben einer anderen Rechtsbeziehung 2 N 134 ff.
- ohne andere Rechtsbeziehung 2 N 109 ff.
- Übersicht 2 N 229
- des Staats und seiner Beamten 6 N 196 ff.
  - für gewerbliche Verrichtungen 6 N 196 ff.
  - nach den Vorschlägen für die Totalrevision des Haftpflichtrechts 6 N 197
- für öffentliche Sachen 6 N 400

Haftungsfreizeichnung 4 N 54, 69, 133

Handelsbräuche, Verweis auf 5 N 244 ff.; s. auch Übung und Ortsgebrauch

Handelsgesetzbuch
- Verzicht auf V 5/6 N 92; 7 N 2

Handelsrecht
- abschliessende Regelung der Handelsgesellschaften im Bundeszivilrecht 6 N 283
- Begriff, Rechtsnatur, Verhältnis zum öffentlichen Recht V 5/6 N 92, 140 ff.; 7 N 2
- Immaterialgüterrecht als Teil desselben V 5/6 N 145
- privatrechtliche Vorschriften ausserhalb von ZGB und OR V 5/6 N 140 ff.
- vorbehaltenes kantonales Organisations- und Verfahrensrecht 5 N 205
- Zulässigkeit öffentlich-rechtlicher Vorschriften der Kantone im Firmenrecht 6 N 297, 378

Handelsregister V 5/6 N 92, 103, 118, 170, 289, 323; 7 N 98
- Eintrag von Stiftungsorganen 1 N 11

Handlung, unerlaubte; s. unerlaubte Handlung

Handlungsfähigkeit
- abschliessende bundesrechtliche Regelung 5 N 154; 6 N 258 f.
- analoge Anwendung im öffentlichen Recht 6 N 259; 7 N 131
- sachlicher Anwendungsbereich 7 N 102
- und Gutglaubensschutz 3 N 27, 32, 109
  - Publikation der Entmündigung 3 N 87, 109
- Verbot des Verzichts 7 N 104

Harmonisierung
- des kantonalen Zivilprozessrechts 6 N 173
- des kantonalen Zivilrechts mit dem übrigen Recht 5 N 2, 25 ff., 32, 134 ff.
- harmonisierende Auslegung; s. Auslegung
- von Bundesrecht und kantonalem Recht allgemein V 5/6 N 7
- von Bundesverwaltungs- und Bundeszivilrecht V 5/6 N 199
- von Bundeszivilrecht und kantonalem öffentlichem Recht als Verpflichtung aus Vorbehalt zugunsten öffentlich-rechtlicher Befugnisse der Kantone 6 N 25, 52 ff.
  - durch Zusammenlegen des Rechtsschutzes 6 N 59
  - im Rahmen der Derogationsregel 6 N 54 f.
  - im Rahmen der Rechtsanwendung 6 N 56 ff.
- von kantonalem öffentlichem Recht und kantonalem Zivilrecht 5 N 139 f.; 6 N 53

Heilende Wirkung des Gutglaubensschutzes 3 N 96 ff.

Heilmittel, kantonales und eidgenössisches Recht 6 N 354, 427 f.

Hermeneutik V 1/4 N 159 ff.; 1 N 29 f., 33, 53, 61, 73 f., 90, 140, 210, 227, 299, 334, 553, 583; 4 N 6; s. auch Auslegung

Sachregister

Hermeneutischer Zirkel V 1/4 N 31, 128, 250; 1 N 182; s. auch Rechtsfindung, Vorverständnis, Zirkularität
Herrschende Lehre 1 N 562
Hilfspersonenhaftung
- bei Vertrauenshaftung 2 N 129, 143, 187, 229
- bei Hilfspersonen im Verkehr mit Amtsstellen 7 N 75, 131

Historische Rechtsschule V 1/4 N 130 ff.; 1 N 460

I

Identische Rechtsbegriffe 7 N 39
Immaterialgüterrecht
- Ausgliederung aus ZGB und OR V 5/6 N 145 ff.
- internationale Rechtsvereinheitlichung V 5/6 N 88, 245, 255
- kein Vorbehalt zugunsten kantonalen Zivilrechts 5 N 208
- Rechtsnatur V 5/6 N 147 f.
- und Rechtsmissbrauch 2 N 104a (5), b (12), 356, 415–419, 425
- Vorbehalt öffentlichen Rechts der Kantone 6 N 88 ff.
  - Verpflichtung zum Erlass von Verfahrensbestimmungen 6 N 91

Immissionen/Immissionsschutz
- Abgrenzung von privat- und öffentlich-rechtlichem Immissionsschutz 5 N 219
- Bedeutung des Ortsgebrauchs 5 N 242, 284
- weitgehend abschliessende bundesrechtliche Regelung V 5/6 N 78
- Immissionsschutz im öffentlichen Recht 7 N 131

Immobiliarsachenrecht, Revision AE N 97
In dubio pro reo V 1/4 N 118
Indexierung von Renten 7 N 104
Inhalt des ZGB AE N 183 ff.; V 5/6 N 91 ff.

- Erbrecht AE N 199 ff.
- Familienrecht AE N 189 ff.
- Personenrecht AE N 183 ff.
- Sachenrecht AE N 207 ff.

Inkrafttreten des ZGB AE N 64 f.
Institute, einzelne des Privatrechts
- Geschichte AE N 26

Institutionen des Privatrechts
- Schutz durch die Bundesverfassung V 5/6 N 183; 6 N 343 ff.

Interaktivität V 1/4 N 149, 161, 163, 217 f.; 1 N 126 f., 533 f.
Interesse an Grundbucheinsicht i.S von Art. 970 ZGB 4 N 13
Interesselose Rechtsausübung 2 N 369 ff.
- fehlendes Interesse 2 N 374 ff.

Interessenjurisprudenz V 1/4 N 68, 158; 1 N 130
Interessentheorie
- bedeutsam hinsichtlich Abgrenzung von Bundeszivilrecht und kantonalem öffentlichem Recht gemäss Art. 6 ZGB V 5/6 N 67; 6 N 298 ff.
- zur Abgrenzung des öffentlichen vom privaten Recht V 5/6 N 64

Interkantonale Vereinbarungen 6 N 226 ff.
- als Rechtsquellen für kantonales Zivilrecht 5 N 100 f.
- Funktion in bezug auf bundesrechtliche Rechtsvereinheitlichung 6 N 229
- im Grenzgebiet zwischen Privatrecht und öffentlichem Recht 6 N 228
- Zuordnung in der Stufenfolge des Rechts V 5/6 N 90

Internationale Arbeitsorganisation (IAO) V 5/6 N 240
Internationales Privatrecht 1 N 250; V 5/6 N 163 ff.
- Bundesgesetz über das internationale Privatrecht (IPRG) V 5/6 N 164
- und kantonales öffentliches Recht 6 N 98, 167 f., 174 ff.

Sachregister

- internationale Vereinheitlichung V 5/6 N 241 f.
- Rechtsnatur V 5/6 N 163
- Staatsverträge V 5/6 N 87 f., 165, 241 f.
  - und kantonales öffentliches Recht 6 N 99, 167 f., 174 ff.
- und culpa in contrahendo 2 N 211–218
- und Gutglaubensschutz 3 N 113 ff.
- und Treu und Glauben 2 N 211 ff., 347
- und UN-Kaufrecht 2 N 39
- und Vertrauenshaftung 2 N 219–226
- Zusammenhänge mit Unterscheidung des öffentlichen vom privaten Recht V 5/6 N 166 f.

Internationales Recht; s. Recht, internationales
Interpretation; s. Auslegung
Intertemporales Recht; V 5/6 N 8 f.; s. auch übergangsrechtliche Vorbehalte
Irrtum; s. Willensmängel
Iura novit curia 1 N 428, 553
Ius variandi 2 N 100, 156, 161 ff., 168, 177
- und Pflicht, ernsthaft zu verhandeln 2 N 161 ff.

J

Juristenverein, Schweizerischer AE N 9
- Rolle bei der Entwicklung des Bundeszivilrechts AE N 19, 34

K

Kann-Vorschriften 4 N 68 f.
Kantonale Bestimmungen im Bereich des Bundeszivilrechts
- nur noch im Rahmen der Vorbehalte von Art. 5 und 6 ZGB V 5/6 N 264

Kantonale Einführungserlasse zum ZGB und OR 5 N 103 ff.; s. auch Einführungsrecht, kantonales

Kantonale Organisations- und Verfahrensautonomie; s. Organisations- und Verfahrenshoheit der Kantone

Kantonales öffentliches Recht
- Begriff des kantonalen öffentlichen Rechts 6 N 124 ff.
  - Kirchenrecht 6 N 144 ff.
  - Privatrecht? 6 N 178 ff.
    - als kantonales öffentliches Recht 6 N 179 ff.
    - anstelle von kantonalem öffentlichem Recht – Verwaltungsprivatrecht 6 N 183 ff.
    - privatrechtliche Sanktionen zur Verstärkung von kantonalem öffentlichem Recht (Arbeiten mit zivilrechtlichen Mitteln) 6 N 205 ff.
  - Staats- und Verfassungsrecht 6 N 140 ff.
  - Strafrecht 6 N 152 ff.
  - Strafprozess- und -vollzugsrecht 6 N 155 ff.
  - Verwaltungsrecht 6 N 129 ff.
  - Verwaltungsrechtspflege 6 N 137 ff.
  - Völkerrecht 6 N 147 ff.
  - Zivilprozessrecht 6 N 160 ff.
  - Zivilrechtliches Vollstreckungsrecht 6 N 174 ff.
- allgemeine bundesrechtliche Schranken der kantonalen Gesetzgebung 6 N 103 ff.
- bundesstaatliche Ausscheidung der Gesetzgebungskompetenzen 6 N 101 f.
- bundeszivilrechtliche Schranken (der expansiven Kraft des kantonalen öffentlichen Rechts)
  - nach der bundesgerichtlichen Rechtsprechung 6 N 234 ff., 237
    - Kritik und Würdigung 6 N 239 ff.
    - abschliessende bundeszivilrechtliche Regelung 6 N 248 ff.
      - wichtige Bereiche abschliessender Regelungen 6 N 256 ff.

Sachregister

- nicht abschliessende Regelungen 6 N 286 ff.
- schutzwürdiges öffentliches Interesse 6 N 298 ff.
  - Abgrenzung gegenüber dem Schutz privater Interessen 6 N 307 ff.
  - ausserhalb von Grundrechtsbeschränkungen 6 N 319 f.
  - bei Grundrechtsbeschränkungen 6 N 313 ff.
- Sinn und Geist des Bundeszivilrechts 6 N 330 ff.
  - Verbot der Vereitelung oder übermässigen Erschwerung des Bundeszivilrechts 6 N 375 ff.
  - grundlegende Werte des Bundeszivilrechts 6 N 340 ff.
  - Verhältnismässigkeit 6 N 322 ff.
- expansive Kraft aus Vorbehalt zugunsten kantonalen öffentlichen Rechts 6 N 25, 45 ff.
- Harmonisierung mit Bundeszivilrecht 6 N 52 ff.
- kompetenzwidriges, dem Bundesrecht widersprechendes, Nichtigkeit V 5/6 N 263 ff.
- Koordination mit kantonalem Zivilrecht 5 N 139 f.
- s. auch kantonales Zivilprozessrecht
- s. auch Vorbehalt zugunsten kantonalen öffentlichen Rechts

Kantonales Privatrecht; s. kantonales Zivilrecht

Kantonales Zivilprozessrecht
6 N 165 ff.
- bundesrechtliche Schranken 6 N 166 ff.
  - Abgrenzung gegenüber dem materiellen Recht 6 N 170 f.
  - bundesrechtliche Organisations- und Verfahrensvorschriften 6 N 166 ff.

- kein Verunmöglichen, übermässiges Erschweren oder Verstoss gegen Sinn und Geist des Bundeszivilrechts 6 N 169, 384, 388 ff.
  - Verfassungsbestimmungen bzw. EMRK-Garantien 6 N 169
- bundesrechtliche Rechtsvereinheitlichung 6 N 172 f.
- Vorschlag einer konkurrierenden Kompetenz des Bundes 6 N 173

Kantonales Zivilrecht
- Begriff 5 N 88 ff.
  - kantonales Zivilrecht im engeren Sinn (Privatrecht im wissenschaftlichen Sinn) 5 N 90
  - kantonales Zivilrecht im weiteren Sinn (formelles kantonales Zivilrecht) 5 N 91 ff.
    - ergänzendes öffentliches Recht, insbesondere Organisations- und Verfahrensrecht 5 N 91 f.
    - Umschreibung von Ortsübungen 5 N 93
- Anwendung 5 N 146 ff.
  - Lücken 5 N 147 ff.
    - analoge Anwendung von Bestimmungen des OR 7 N 113
  - Rechtsanwendungsgrundsätze 5 N 150 ff.
- Auswirkungen der Annäherung an EU-Recht 5 N 12
- Auswirkungen des Beitritts zur EMRK 5 N 13
- bisheriges, als Ausdruck der Übung oder des Ortsgebrauchs 5 N 5, 61 f., 209 ff., 258 ff.
  - heutige Bedeutung der Vermutung 5 N 16
  - Nachweis einer abweichenden Übung 5 N 268 ff.
  - neues, als Ausdruck der Ortsübung? 5 N 265 ff.
  - Schranken 5 N 254 ff., 261
- Literaturhinweise 5 N 116 ff.
- Rechtsquellen 5 N 98 ff.
- formelle Anforderungen 5 N 4, 119 ff.

Sachregister

- früheres (vor Inkrafttreten des ZGB) 5 N 94 ff.
  - Auftrag des Schweizerischen Juristenvereins zu vergleichender Darstellung AE N 19
    - System und Geschichte des Schweizerischen Privatrechts AE N 19 ff.
  - Kantone ohne Kodifikationen AE N 16
  - Kodifikationen im 19. Jahrhundert AE N 15
    - bernische Gruppe AE N 13, 15
    - massgebende Persönlichkeiten AE N 14
    - west- und südschweizerische Gruppe AE N 13,15
    - zürcherische Gruppe AE N 13, 15
- heutige Bedeutung 5 N 11 ff.
- inhaltliche Schranken 5 N 4, 134 ff.
  - Sinn und Geist des Bundeszivilrechts 5 N 134 ff.
  - öffentliches Recht des Bundes und der Kantone 5 N 137 ff.
  - Verfassungsrecht des Bundes und der Kantone 5 N 141f.
- nur noch im Rahmen einer bundesrechtlichen Ermächtigung i.S. von Art. 5 ZGB oder aufgrund von übergangsrechtlichen Vorbehalten 5 N 90
- nur aufgrund von Einzelermächtigungen 5 N 2, 34 ff.
- Sanktionen bei Verletzung des bundesrechtlichen Rahmens 5 N 143
- Überblick über das vorbehaltene kantonale Zivilrecht 5 N 161 ff.
- s. auch Vorbehalt zugunsten kantonalen Zivilrechts

Kantone, Verträge unter sich bzw. mit dem Ausland
- Genehmigungspflicht des Bundes V 5/6 N 309 f.
- im öffentlichen Recht 6 N 147 ff., 225 ff.
- im Zivilrecht 5 N 99 ff.

Kantone, Vorbehalt der öffentlich-rechtlichen Befugnisse der 6 N 1 ff.
- Begriff der Kantone 6 N 220 ff.
- Rechtsetzungsbefugnisse 6 N 101 ff.
- Rechtsgebiete 6 N 124 ff.
- Verwaltungs- und Rechtsprechungsbefugnisse 6 N 119 ff.

Kantonsverfassungen
- Überprüfung auf Vereinbarkeit mit Bundeszivilrecht V 5/6 N 275, 304 ff.
  - Kasuistik V 5/6 N 308
- und Bundeszivilrecht 6 N 141 ff.
- zivilrechtliche Normen? 5 N 98

Kanzleisperre
- zur Sicherung von Steuerforderungen, Unzulässigkeit 6 N 381

Kapitalmarktrecht V 5/6 N 34, 36, 140 ff., 205

Kapp- und Anriesrecht
- Vorbehalt zugunsten kantonalen Zivilrechts 5 N 73, 175

Kartellgesetz
- als Einheitsgesetz V 5/6 N 71, 75, 151, 153 f.
- Doppelnormen V 5/6 N 71, 75
- und kantonales öffentliches Recht 6 N 96
- Vorbehalt zugunsten abweichender öffentlich-rechtlicher Vorschriften für öffentlich-rechtliche Unternehmen 6 N 96 f.
- Zusammenlegung der Zulässigkeitsprüfung von Wettbewerbsbeschränkungen V 5/6 N 154; 6 N 59

Kasino-Programm
- als Impuls für Bundeskompetenz bezüglich des Zivilrechts AE N 30

Kasuistik V 1/4 N 71; 1 N 152, 174, 364, 481; 4 N 60 f.

Kaufrecht
- Vorbehalte zugunsten kantonalen Zivilrechts 5 N 194 f.

Kinderbetreuung; s. Besuchsrecht, gemeinsame elterliche Gewalt

Kinderrechtskonvention AE N 123; V 5/6 N 89, 239

Sachregister

Kinderunterhaltsbeitrag
- Abtretung 7 N 96
- Anfechtung der freiwilligen Verpflichtung 7 N 60
- Sicherstellung 7 N 89
- Verjährung 7 N 82
- Vertrag zugunsten Dritter 7 N 77

Kindesrecht
- Bedingungsfeindlichkeit 7 N 49
- Revision AE N 92
- Revisionsvorhaben AE N 114 ff.
- und Rechtsmissbrauch 2 N 251 f, g, 339–345
- staatliche Eingriffsbefugnisse V 5/6 N 113; s. auch Kindesschutz

Kindesschutz
- und kantonales öffentliches Recht 6 N 289

Kirchenrecht
- Begriff und Rechtsnatur 6 N 144
- und Bundeszivilrecht 6 N 144 ff.
- kirchliches Verwaltungsvermögen 6 N 411
- Rechtsetzungsbefugnis kirchlicher Institutionen 6 N 145, 224

Klage
- Anerkennung, Anfechtung wegen Willensmängeln 7 N 65
- Rückzug, Anfechtung wegen Willensmängeln 7 N 65
- staatsrechtliche, wegen Verletzung der bundesstaatlichen Kompetenzordnung V 5/6 N 301

Kodifikation
- Begriff AE N 7
- des Privatrechts 7 N 2, 7
  - erster Versuch auf Bundesebene zur Zeit der Helvetik AE N 6
  - Abschluss auf Bundesebene durch Erlass des ZGB AE N 180
  - europäische Kodifikationen AE N 7 ff., 222 ff.
    - Stellenwert des ZGB AE N 221, 223 ff.
  - kantonale Kodifikationen AE N 12 ff.

- Einteilung AE N 13, 15
- fehlende, des allg. Teils des Verwaltungsrechts als Grund für den Herbeizug von Privatrecht durch Verweisung oder Lückenfüllung 6 N 179
- s. auch Kodifikationssystem
- s. auch Kodifikationsprinzip

Kodifikationssystem V 1/4 N 25, 27, 170; 1 N 16, 77, 102, 152, 210, 400, 461
- Unterschied zum Common Law System V 1/4 N 268

Kodifikationsprinzip
- Grundsatz der vollständigen Ausschöpfung der Privatrechtskompetenz durch den Bund 5 N 17, 30
- s. auch Gesamtkodifikation, Spezialkodifikation

Kollektives Recht (bzw. Verträge) V 5/6 N 35 f., 138, 172 ff.; s. auch Gesamtverträge
- Allgemeinverbindlicherklärung 5 N 63 ff.; 6 N 352

Kollisionsrecht
- Begriff und Zweck V 5/6 N 6 f.
- bundesstaatliches, Art. 5 und 6 ZGB als Ausdruck V 5/6 N 6, 8 ff., 5 N 1, 6 N 1
- interkantonales V 5/6 N 11 ff.
  - im öffentlichen Recht V 5/6 N 13
  - im Privatrecht V 5/6 N 11 f.
- internationales V 5/6 N 10, 163 ff.
- intertemporales V 5/6 N 8 f.

Kommentare AE S. 3 f.

Kommunales Recht
- öffentliches Recht 6 N 223 f.
- Zivilrecht 5 N 129, 187

Kommunikationsrecht V 5/6 N 34, 208

Kompetenz
- Bundeskompetenz zur Privatrechtsgesetzgebung V 1/4 N 101; 1 N 13, 20 f., 395
- Delegation; s. Gesetzgeber, Gesetzeslücken
- des Richters zur Auslegung/Lückenfüllung V 1/4 N 47, 172; 1 N 100, 115,

Sachregister

268, 271 f., 274 ff., 294, 296, 392 ff., 301 ff., 305, 307, 317, 339, 345 f., 348 ff., 405 ff., 472 ff., 489
- Abgrenzung zur Rechtsverweigerung 1 N 487 f.
- bei unechten Lücken 1 N 320 ff., 410 ff.
- im rechtsfreien Raum V 1/4 N 55; s. auch dort
- Grenzen V 1/4 N 47 ff., 243 ff.; 1 N 80, 92 ff., 99, 101 ff., 305, 319 ff., 358 ff.; 4 N 78 ff.; s. auch Rechtsfindung, Rechtspolitik
- nur bei wichtigen Lücken? 1 N 96, 328 ff.
- nur im Privatrecht? V 1/4 N 103; 1 N 271, 385 ff.
- verfassungsmässige V 1/4 N 54, 84 ff.; 1 N 4, 395 ff.
- zur Gesetzgebung 1 N 20, 26, 34 f.
- s. auch Kompetenzausscheidung

Kompetenzausscheidung, bundesstaatliche
- allgemeine Grundsätze der Kompetenzausscheidung 6 N 101 ff.
- als Grundlage für Art. 5 und 6 ZGB V 5/6 N 3 f.; 5 N 1 f., 17 ff.; 6 N 2, 21 ff.
- Art. 5 und 6 ZGB als Konkretisierung V 5/6 N 5 f.; 5 N 2 f., 17 ff.; 6 N 2 ff., 21 ff., 37 ff.
- Durchsetzung V 5/6 N 258 ff.
  - akzessorische Prüfung V 5/6 N 273 ff.
  - kantonale Rechtsmittel V 5/6 N 277 f.
  - Bundesrechtsmittel V 5/6 N 279 ff.
  - Aufsichtsverfahren V 5/6 N 320 ff.
- Folge der Verletzung; s. derogatorische Kraft des Bundesrechts
- Privatrechtskompetenz des Bundes: umfassende aber konkurrierende Rechtsetzungskompetenz mit nachträglich derogatorischer Wirkung V 5/6 N 181, 264

Kompetenzen, Kompetenznormen
- Begriff V 5/6 N 2; 6 N 100
- Art. 5 und 6 ZGB als Kompetenznormen (aber nicht ausschliesslich) V 5/6 N 2 ff.

Kompetenzkollision V 5/6 N 270, 6 N 38 f.; s. auch Normenkollision

Kompetenzkonflikt V 5/6 N 301

Kompetenzkonflikte zwischen Bund und Kantonen
- staatsrechtliche Klage als Rechtsmittel V 5/6 N 301
- vorgesehene neue Rügemöglichkeit der Kantone V 5/6 N 267

Konformität mit höherrangigem Recht V 1/4 N 96; 1 N 20, 26, 28 ff., 34 ff., 98, 221 ff.; 4 N 139 f.; s. auch Gesetzmässigkeitsprinzip, Verfassungsmässigkeit

Konklusion V 1/4 N 81 ff.; 1 N 4, 53

Konkretisierung von Art. 2 2 N 16 ff.

Konkordate; s. interkantonale Vereinbarungen

Konkubinat 7 N 104, 109
- Gleichstellung mit der Ehe? V 5/6 N 308; 6 N 341

Konstitutivakte, gesellschaftsrechtliche 7 N 108

Konsumentenschutzrecht V 5/6 N 36, 108, 133 f., 205; 6 N 81 ff.

Konsumentenvertrag V 5/6 N 134

Konsumkreditgesetz V 5/6 N 133 f.
- schliesst kantonale gewerbepolizeiliche Vorschriften nicht aus 6 N 82 f.
- Verfahrensrecht 6 N 84

Kontrahierungszwang aufgrund kantonaler öffentlich-rechtlicher Vorschriften 6 N 351

Konventionalstrafe 4 N 32; 7 N 95

Konventionen mit Einfluss auf das ZGB AE N 122 ff.; s. auch Staatsverträge
- in Kraft stehende AE N 123
- noch nicht ratifizierte AE N 124

Konzessionen V 5/6 N 28, 95; 6 N 193, 263, 416, 418

Koordination/Koordinationslast bei der gebietsüberschreitenden Rechtsetzung

Sachregister

und Rechtsanwendung V 5/6 N 198 f.;
5 N 28, 137 ff.; 6 N 16, 52 ff. 337; s.
auch Harmonisierung

Körperschaften, kantonalrechtliche
- kirchliche 6 N 145 f.
- öffentlich-rechtliche 6 N 183, 259
- zivilrechtliche; s. Allmendgenossenschaften

Körperschaftsbildung, freie
- als grundlegender Wert des Bundeszivilrechts 6 N 340
- Schutz durch die Bundesverfassung V 5/6 N 183

Korrektheit V 2/3 N 16; 2 N 3

Korrigierende Funktion von Art. 2 2 N 21, 23, 26, 244

Kraft
- derogatorische, des Bundesrechts; s. Bundesrecht, derogatorische Kraft
- expansive, des kantonalen öffentlichen Rechts; s. expansive Kraft

Krankenversicherung, Abgrenzung von Privatrecht und öffentlichem Recht V 5/6 N 132; 6 N 59
- Literaturhinweise V 5/6 N 203

Krasses Missverhältnis; s. Missverhältnis der Interessen

Kreisschreiben
- Rechtsnatur V 5/6 N 169
- Bedeutung im Bundeszivilrecht V 5/6 N 169, 319 f.

Kulturgüterschutz, kantonales und eidgenössisches Recht 6 N 443 ff.

L

Land, Bildung von neuem
- Überlassung an die Anstösser, Vorbehalt zugunsten kantonalen Zivilrechts 5 N 172

Land- und Forstwirtschaftskorporationen; s. Allmendgenossenschaften

Landwirtschaftliche Gewerbe
- ungeteilte Zuweisung bei Erbteilung, Verweisung auf Ortsgebrauch 5 N 281 (n. mehr in K.)

Landwirtschaftliche Pacht, BG über die
- als privatrechtliches Spezialgesetz V 5/6 N 125
- Verweisung auf Ortsgebrauch bei Kündigungsterminen 5 N 286
- Vorbehalt zugunsten kantonalen Rechts 5 N 48, 73, 199; 6 N 71 f.
- s. auch bäuerliches Bodenrecht

Lauterkeitsrecht (UWG)
- als Bestandteil des Bundeszivilrechts V 5/6 N 151 f.
- Rechtsnatur V 5/6 N 152
- Verhältnis zum kantonalen öffentlichen Recht 6 N 94 f.

Legaldefinition 7 N 7, 8.

Legalitätsprinzip; s. Gesetzmässigkeitsprinzip

Legislatur V 1/4 N 171; s. auch Gesetzgebung

Legitimation V 1/4 N 145, 166; s. auch Faktizität
- des Gesetzes/des Gesetzgebers V 1/4 N 8 ff., 25, 47, 65, 70, 143, 146, 190; 1 N 16, 135, 194, 366, 583
- des Richters V 1/4 N 4, 47, 65 f., 243
- von Recht V 1/4 N 8 ff., 143, 190; 1 N 206
- von Rechtsquellen V 1/4 N 21, 34 143; 1 N 10

Leistungsverwaltung
- Einsatz privatrechtlicher Formen 6 N 199 ff.
- Vorschriften im Bundeszivilrecht V 5/6 115

Leistungsverweigerungsrecht 7 N 73

Letztwillige Verfügung
- Anfechtung 7 N 43, 45, 61
- Auslegung 7 N 52 f.
- Ausschluss der Stellvertretung 7 N 68

lex generalis–lex specialis; s. Regel–Ausnahme

lex mercatoria V 5/6 N 229, 250; 5 N 246

lex mitior 1 N 43
lex specialis, Vorrang der 7 N 43
Liechtenstein, strukturelle Rezeption des ZGB AE N 156 ff.
Liegenschaftspreise, Kontrolle aufgrund kantonaler Vorschriften? 6 N 354
Linguistik; s. Sprachwissenschaft
Lohnvorschriften
– Lohngleichheitsvorschrift von Art. 4 Abs. 2 BV
  – als Ausnahme vom Grundsatz einer lediglich indirekten Drittwirkung V 5/6 N 190
  – Doppelnorm V 5/6 N 75, 85
  – einzige direkt anwendbare privatrechtliche Norm in BV V 5/6 N 85
– kantonale 6 N 355 f.
Lose, Bildung bei der Erbteilung
– Verweisung auf Ortsgebrauch 5 N 280
Loyalität V 2/3 N 3
Lücken; s. Gesetzeslücken
Lückenfüllung V 1/4 N 49, 149, 235; 1 N 261 ff., 344, 468, 482; s. auch Rechtsfindung
– bei fehlender Verordnung V 1/4 N 95
– bei unechten Gesetzeslücken 1 N 95, 101, 217
– contra legem 1 N 375
– durch analoge Rechtsanwendung 7 N 9, 31, 33 f.
– Grenzen; s. Kompetenz des Richters
– Kompetenz des Richters; s. dort
– Methode 1 N 490 ff.; s. auch Rechtsfindungselemente
– Unterscheidung zum Wortlaut; s. Gesetzeswortlaut
– Unterscheidung zur Auslegung; s. dort
– Verhältnis zum Gesetzeswortlaut; s. dort
– im Bundeszivilrecht AE N 182; V 5/6 N 176 ff.
– im öffentlichen Recht durch Anwendung privatrechtlicher Grundsätze 6 N 179 ff.; 7 N 114 ff.
– im Prozessrecht 7 N 130

– im vorbehaltenen kantonalen Zivilrecht 5 N 147 ff., 156 f.
– im Staatshaftungsrecht 7 N 128
Lugano-Übereinkommen 1 N 19; V 5/6 N 160; 6 N 99, 167 f., 172, 174

M

Machtanmassung; s. Richter, Willkür
Mäklervertrag
– Vorbehalt zugunsten kantonalen Zivilrechts 5 N 204
– öffentlich-rechtliche Vorschriften der Kantone 6 N 253 ff., 296
mala fides superveniens 3 N 42, 43, 117
Marginalien; s. Rechtsfindungselemente/ Gesetz
Marktwirtschaft, soziale
– als Leitbild V 5/6 N 45; 6 N 316
– s. auch Revitalisierung
Massenentlassungen, Bestimmungen über
– Rechtsnatur V 5/6 N 73
Materialien
– zum ZGB AE S. 6
– s. auch Rechtsfindungselemente
Materialisierung des Privatrechts V 5/6 N 26, 166
Mauerschützenfälle 1 N 31
Mediation V 1/4 N 277; 4 N 30
Medienrecht
– kantonale und eidgenössische Vorschriften 6 N 89, 260, 435 f.
– Medienfreiheit und Bundeszivilrecht V 5/6 N 193
Medizinalrecht
– kantonale Regelungen und Bundeszivilrecht V 5/6 N 102; 6 N 130 f., 196, 201, 258, 288a, 289, 295, 351, 354, 427 f.
– Bedeutung des Berufsrechts im Privatrecht V 5/6 N 180
Meliorationsrecht, Rechtsnatur, Verhält-

Sachregister

nis zum Bundeszivilrecht V 5/6 N 111, 289; 5 N 167; 6 N 365
Memorial
- des EJPD von 1893 AE N 40
- des EJPD von 1908 (eidgenössische Wegleitung für Aufbau und Inhalt EG ZGB)
  - Erlass AE N 265
  - und Bundeszivilrecht 5 N 105

Menschenbild
- des Privatrechts V 5/6 N 38

Menschenrechte
- internationaler Schutz und Bundeszivilrecht V 5/6 N 234 ff.
- s. auch Grundrechte

Methodenehrlichkeit 1 N 86, 94 ff., 266 ff.

Methodenkanon; s. Rechtsfindung

Methodenpluralismus 1 N 120, 145; V 5/6 N 66 f.

Methodik
- der Rechtsanwendung 7 N 36
- der Rechtsfindung; s. dort
- zur Ergründung von Wahrheit V 1/4 N 161, 191; 1 N 90; 4 N 142

Mietrecht 1 N 11, 103, 129, 180, 242, 311, 321; 4 N 67, 70, 113, 133; s. auch Schutzgesetzgebung
- Allgemeinverbindlicherklärung von Rahmenmietverträgen; s. dort
- Kündigungstermine, Verweisung auf Ortsgebrauch 5 N 286
- Mieterschutz
  - Neuordnung im Bundeszivilrecht V 5/6 N 131
  - inwieweit abschliessende Bundesregelung? 6 N 279 ff.
- Mietzins
  - Ableitung zivilrechtlicher Ansprüche aus Wohnraumerhaltungs- und Wohnbauförderungsgesetzen? 6 N 217 f.
  - orts- oder quartierüblicher 5 N 242, 286
  - Zulässigkeit einer Kontrolle durch die Kantone 6 N 218, 280 f., 354

- Vorbehalt zugunsten kantonalen Zivilrechts 5 N 196 f.

Mietvertrag
- und Rechtsmissbrauch 2 N 104a (8), 104b (13)/(14), 263, 266b, 285, 315, 316, 353, 388, 393, 438
- und clausula rebus sic stantibus 2 N 448, 481, 483

Mildernde Wirkung des Gutglaubensschutzes 3 N 101 ff.

Missbrauchsgesetzgebung; s. Schutzgesetzgebung

Missverhältnis der Interessen 2 N 302 ff.
- Allgemeines 2 N 302/3
- ausserhalb des Sachenrechtes 2 N 307 ff.
  - Grundsätzliches 2 N 307 ff.
  - Interessendifferenz bei Qualitätsmängeln und Verspätungen 2 N 313 ff.
  - Kasuistik 2 N 310 ff.
  - bei nachträglicher Unmöglichkeit 2 N 317
- Rechtsvergleichung 2 N 318 ff.
- im Sachenrecht 2 N 304 ff.

Missverhältnis von Leistung und Gegenleistung V 1/4 N 76

Miteigentum
- Revision AE N 88 f.

Mittel, zivilrechtliche
- Arbeiten der Kantone mit 6 N 208 ff.

Mitwirkungsgesetz als privatrechtliches Spezialgesetz V 5/6 N 137
- und kantonales öffentliches Recht 6 N 86

Modale oder strukturelle Theorie zur Unterscheidung von Privatrecht und öffentlichem Recht V 5/6 N 63

Modus legislatoris V 1/4 N 44, 54, 92, 95; 1 N 153, 175, 186, 358, 443, 447, 461, 478 ff., 497, 560
- Unterscheidung zur opinio necessitatis; s. Gewohnheitsrecht
- Unterscheidung zum Ermessensentscheid 4 N 42, 60, 129

Sachregister

Monopole, kantonale
- Regalsachen insbesondere 6 N 413 ff.
- Zulässigkeit allgemein 6 N 350

Mündigkeitsalter
- Revision AE N 98

N

Nachbarrecht 1 N 174, 201, 204, 218, 234, 310, 327, 495; 4 N 133
- Bindung des Bundes an kantonales Nachbarrecht 5 N 159
- interkantonales, internationales Recht V 5/6 N 12; 5 N 99 f.
- Rechtsnatur V 5/6 N 107, 109; 6 N 364
- Sanktionsvorschriften, massgebende 5 N 176
- Vorbehalte zugunsten kantonalen Zivilrechts 5 N 135 f., 173 ff.

Nachlassvertrag V 1/4 N 100; 1 N 228

Nachwirkende Verpflichtungen aus Treu und Glauben 2 N 437 ff.

Namensänderung 1 N 580; 4 N 63, 67, 86, 117, 134, 136, 145
- Unverjährbarkeit der Anfechtungsklage 7 N 82

Nationalstaaten V 1/4 N 144, 180 ff.

Natur der Sache 1 N 176 ff.

Natur- und Heimatschutzrecht
- und Bundeszivilrecht V 5/6 N 202, 218
- kantonales und eidgenössisches Recht 5 N 91, 116; 6 N 198, 437 ff.

Naturrecht V 1/4 N 128; 1 N 153; 4 N 122; V 5/6 N 46

Naturwissenschaft V 1/4 N 127 ff., 192; 1 N 153, 551

Nebenpflichten
- bei bestehender Rechtsbeziehung 2 N 289 ff.
- bei Beendigung von Rechtsbeziehungen 2 N 437
- im Verhandlungsverhältnis 2 N 154 ff.
  - Abgrenzungen 2 N 157 ff.
  - Allgemeines 2 N 154 ff.

- Aufklärungspflichten 2 N 165 ff., 290
- Geheimhaltung 2 N 176
- Kostentragung und Rückgabepflichten 2 N 178/9
- Mitwirkungs- und Verschaffungspflichten 2 N 177, 291
- Obhuts- und Schutzpflichten 2 N 175, 290
- im öffentlichen Recht 2 N 494b, 495b, 497
- Pflicht, ernsthaft zu verhandeln 2 N 161 ff., 290
- Pflicht, sich selber korrekt vorzubereiten 2 N 158 ff., 290
- Unterlassungspflichten 2 N 292

Negative Norm V 1/4 N 233; 1 N 152, 157, 238, 349, 351 f., 486, 532

New Public Management
- als Ausdruck der Wiederannäherung des öffentlichen Rechts an das Privatrecht V 5/6 N 33
- und öffentliches Dienstrecht 6 N 192

Nichtigkeitsbeschwerde, zivilrechtliche; s. Beschwerde

Nichtigkeitsgründe
- im Privatrecht und im öffentlichen Recht V 5/6 N 43

Nichtrückwirkung, Grundsatz der 7 N 105

Normalarbeitsverträge
- Begriff und Rechtsnatur V 5/6 N 171
- kantonale Organisations- und Verfahrensregeln 5 N 202
- Vorbehalt zugunsten kantonalen Rechts 5 N 109, 128, 201 f.

Normativität; s. Recht

Normen, technische und Bundeszivilrecht V 5/6 N 179 f.

Normenkollision V 5/6 N 6, 270; 6 N 38 f., 331, 342
- s. auch Kompetenzkollision, Konformität

1359

Sachregister

Normenkontrolle bezüglich Vereinbarkeit kantonaler Normen mit Bundesrecht
- abstrakte (hauptfrageweise) V 5/6 N 278, 297; 6 N 54
- konkrete (akzessorische) V 5/6 N 271 ff., 277, 280, 283 f., 292, 295, 298, 300; 6 N 54
- präventive durch Bund V 5/6 N 302 ff.
- s. auch Konformität

Normkonkretisierungsbedarf; s. unbestimmte Norm

Normsystem 1 N 35

Notariatswesen
- kantonale und eidgenössische Rechtsetzungskompetenzen V 5/6 N 103 f.; 5 N 192; 6 N 265 f.
- kantonale Notariatsgesetze 5 N 108

Notorische Sachverhaltsmomente 1 N 554

Notrecht
- und Bundeszivilrecht V 5/6 N 27
- zivilrechtliche Notrechte und kantonales öffentliches Recht 6 N 277

nulla poena sine lege V 1/4 N 118, 242; 1 N 525

numerus clausus
- der Immaterialgüterrechte V 5/6 N 146
- sachenrechtlicher Institute 6 N 275
- zulässiger Rechtsgeschäfte
  - im Gesellschaftsrecht 7 N 51
  - im ZGB 7 N 51

Nutzniessung
- an Forderungen 7 N 104
- und Rechtsmissbrauch 2 N 305; s. auch Dienstbarkeit

O

obiter dictum 1 N 613

Objektivität 4 N 25 ff., 32 f.; s. auch Gesetz, Recht, Rechtsanwendung, Richter

Obligationenrecht
- als Hauptquelle des Bundeszivilrechts V 5/6 N 91 f.
- Anpassung an das ZGB AE N 66
- Gegenstände des im kantonalen Privatrecht AE N 25
- Verweisungen auf Orts- und Verkehrsübung 5 N 237 ff., 286
- Vorbehalte zugunsten des kantonalen Zivilrechts 5 N 190 ff.
- vorbehaltenes Organisations- und Verfahrensrecht der Kantone 5 N 192
- Zulässigkeit öffentlich-rechtlicher Vorschriften der Kantone 6 N 279 ff., 292 ff., 347 ff.

Öffentliche Aufgabe
- gemischtwirtschaftliche Unternehmungen 6 N 194, 283
- Übertragung auf private Verwaltungsträger 6 N 193 f., 222

Öffentliche Beurkundung
- kantonale Verfahrensvorschriften AE N 266; V 5/6 N 103 f.; 5 N 192; 6 N 266

öffentliche Sachen; s. Sachen, öffentliche

öffentliche Sittlichkeit
- kantonale und eidgenössische Schutzvorschriften 6 N 435 f.

Öffentlicher Erwerb und Gutglaubensschutz 3 N 61 ff.

öffentliches Interesse; s. auch Interessentheorie
- als Schranke der expansiven Kraft des kantonalen öffentlichen Rechts 6 N 298 ff.
- als Voraussetzung für Beschränkungen der Vertragsfreiheit und der Eigentumsgarantie 6 N 345 ff.
- als Voraussetzung für Verkehrsbeschränkungen 6 N 404 ff., 419 ff.

Öffentliches Recht s. auch kantonales öffentliches Recht
- Abgrenzung zum Privatrecht V 1/4 N 103; 1 N 252, 397 ff.; V 5/6 N 50 ff.; s. auch Anknüpfungen an zivilrechtliche Begriffe und Tatbestände, Lückenfüllung, Vorfragen
  - vorausgesetzt durch Verfassung V 5/6 N 4, 16

Sachregister

- Voraussetzung für die Abgrenzung der Rechtsetzungskompetenzen von Bund und Kantonen V 5/6 N 16 ff., 50
- Unverzichtbarkeit für Rechtsanwendung und -durchsetzung V 5/6 N 31
- Verzicht auf (zugunsten der Einteilung nach Sachgebieten)? V 5/6 N 30, 51
- Entwicklung V 5/6 N 23 ff.
- Herkunft V 5/6 N 23 ff.
- herrschende Auffassung: Methodenpluralismus V 5/6 N 66 f.
- heute massgebende Theorien V 5/6 N 62 ff.
- heutige Bedeutung V 5/6 N 29 ff.
- keine Hinweise aus Gesetz, Lehre und Rechtsprechung massgebend V 5/6 N 18
- Prinzip der Einheit der Rechtsordnung als Schranke für Trennung V 5/6 N 45 f.
- typologische Methode als neue Problemlösung? V 5/6 N 68 f.
- Zukunftsperspektiven V 5/6 N 32 ff.
- Ausbau des V 5/6 N 28; 6 N 16
- Bedeutung des Gesetzeswortlauts; s. dort
- dogmatische Verselbständigung V 5/6 N 28
- Einwirkungsformen des Privatrechts 7 N 114 ff.
  - Geltungsbereich der Einleitungsartikel des ZGB V 1/4 N 111 ff.
  - Treu und Glauben 2 N 32 ff., 488 ff.
  - Verjährung 7 N 121 ff.
- ergänzendes öffentliches Recht im Bundeszivilrecht; s. Bundeszivilrecht, formelles
- und Privatrecht als wechselseitige Auffangordnungen V 5/6 N 31
- typische Merkmale V 5/6 N 40 ff.
- Vereinheitlichung zugunsten von Bundesrecht 6 N 104 f., 129 ff.
- Zusammenhänge mit dem Privatrecht V 5/6 N 45 ff.

Öffentliche Versteigerung, freiwillige
- Vorbehalt zugunsten kantonalen Rechts 5 N 194

Öffnungszeiten (Detailhandel und Gastgewerbe)
- kantonale öffentlich-rechtliche Vorschriften 6 N 357

Ökonomische Analyse des Rechts V 5/6 N 32

Opferhilfegesetz
- Verhältnis zum Bundeszivilrecht und zum Straf- bzw. Strafprozessrecht V 5/6 N 222; 6 N 156

opinio necessitatis; s. Gewohnheitsrecht

OR s. Obligationenrecht

ordre public V 1/4 N 39; V 5/6 N 166 f.; 6 N 98

Organhaftung für im Bundeszivilrecht vorgesehene Ämter V 5/6 N 118; s. auch Beamtenhaftung

Organisations- und Verfahrensvorschriften 1 N 486, 554; 4 N 35
- bundesrechtliche V 5/6 N 103 ff.; 6 N 63, 165 ff.
  - Rechtsnatur V 5/6 N 156; 6 N 160
  - beschränkte Rechtsetzungskompetenz des Bundes aufgrund der Privatrechtskompetenz V 5/6 N 103 f.
- Geltungsbereich der Einleitungsartikel V 1/4 N 119 ff.
- kantonale AE N 270 ff.; 4 N 35 ff.; V 5/6 N 104, 6 N 111, 137 ff., 155 ff., 165 ff., 174 ff.,
  - Schranke der Vereitelung oder übermässigen Erschwerung des Bundeszivilrechts 6 N 388 ff.
    - Kasuistik 6 N 389 f.
  - Wunsch nach Vereinheitlichung bzw. Harmonisierung 6 N 18, 137 f., 155, 172 f.
- Rechtsnatur allgemein 4 N 36 ff.

Sachregister

– verpflichtende, unechte Vorbehalte zur Schaffung kantonaler Vorschriften 5 N 49 ff.; 6 N 110 ff.
– im Personenrecht 5 N 168
– im Familien- und Vormundschaftsrecht 5 N 169
– im Erbrecht 5 N 170
– im Bereich des Sachenrechts allgemein 5 N 172
– im Bereich des Grundbuchs 5 N 183
– im Gebiet des OR allgemein 5 N 192
– im Bereich des Handelsregisters 5 N 205

Organisations- und Verfahrenshoheit der Kantone V 5/6 N 94, 104, 158; 6 N 111, 137, 155, 165 ff.
– Einschränkungen V 5/6 N 104, 6 N 109 ff., 137, 155, 166 ff.

Ortsgebrauch, Ortsübung 1 N 455 ff., 573; 4 N 25; 5 N 209 ff.; s. auch Übung, Verkehrssitte, -übung
– Begriff und Auslegung 5 N 209 ff., 237 ff.
– bisheriges kantonales Recht als dessen Ausdruck 5 N 5, 209 ff.
– durch Verweisung des Bundeszivilrechts als mittelbares Bundesrecht 5 N 62, 217, 263
– dynamischer Begriff 5 N 218
– als formelles kantonales Zivilrecht 5 N 93
– keine Rechtsquelle im Sinn objektiver Rechtsnormen V 5/6 N 179
– Nachweis einer abweichenden oder fehlenden Übung 5 N 268 ff.
– Neuumschreibung möglich 5 N 16, 62, 259, 265 ff.
– Überblick über gesetzliche Umschreibung 5 N 277 ff.
– Verweisung darauf als Verzicht auf Rechtsvereinheitlichung 5 N 21, 221

Österreichisches Allgemeines Bürgerliches Gesetzbuch AE N 10; V 1/4 N 36; 1 N 232
– als Grundlage für die Kodifikationen der bernischen Gruppe AE N 13, 15
– im Kreis der Zivilrechtskodifikationen AE N 222 ff.

P

Paare, gleichgeschlechtliche, Rechtsstellung
– Überprüfung im Hinblick auf Revisionsbedarf AE N 118

Pacht, landwirtschaftliche; s. landwirtschaftliche Pacht

Pacht, Kündigungstermine
– Verweisung auf Ortsgebrauch 5 N 286

pacta sunt servanda 1 N 260; V 5/6 N 229

Pandektismus V 1/4 N 136; 4 N 114

Panels V 1/4 N 277

Paragraphen-Automat V 1/4 N 67; s. auch Richter

Parteiwille, übereinstimmender 7 N 52

Patentanspruch, Auslegung 7 N 52

Pauschalreisen, BG über (PRG)
– Verhältnis zum Bundeszivilrecht und zum kantonalen Recht V 5/6 N 133 f.; 6 N 81

Personalfürsorgestiftungen
– Revision AE N 101

Personen, juristische
– allgemeine Tragweite der Bestimmungen 7 N 98, 103
– analoge Anwendung
  – im Prozessrecht 7 N 130
  – auf juristische Personen des öffentlichen Rechts 7 N 131
– Verbeiständung 7 N 104
– Verjährung der Auflösungsklage 7 N 123
– s. auch Körperschaften, kantonalrechtliche

Personenrecht
– abschliessende bundeszivilrechtliche Regelung 6 N 258 ff.

Sachregister

- als Ersatz für Allgemeinen Teil des ZGB AE N 186; 7 N 3
- als Gegenstand des ZGB AE N 183 ff.
- Vorbehalt zugunsten kantonalen Zivilrechts 5 N 166 f.
- vorbehaltenes kantonales Organisations- und Verfahrensrecht 5 N 168
- Zusammenhang mit Vormundschaftsrecht AE N 187
- Revisionen AE N 188

Persönlichkeitsrechte, Unverjährbarkeit 7 N 82

Persönlichkeitsschutz, zivilrechtlicher
- abschliessende bundesrechtliche Regelung 6 N 260 f.
- als grundlegender Wert des Bundeszivilrechts 6 N 340
- Verhältnis zum Datenschutzgesetz V 5/6 N 149
- Verhältnis zum öffentlich-rechtlichen Persönlichkeitsschutz 6 N 261
- Revision AE N 94

Persönlichkeitsverletzung 1 N 173, 201, 206, 207, 355

Pfandbriefgesetz als privatrechtliches Spezialgesetz V 5/6 N 127

Pfandrechte
- an Forderungen 7 N 104
- gesetzliche 5 N 180; 6 N 27, 276, 381 f.

Pfandvertrag
- Anwendbarkeit der allg. Bestimmungen des OR 7 N 110

Pfandverwertung 7 N 77

Pflanzen
- Artenschutz 6 N 438 ff.
  - und kantonales öffentliches Recht 6 N 441
- weitere Schutzvorschriften 6 N 442a
- Vorbehalt zugunsten kantonalen Zivilrechts 5 N 175 f.

Pflegekinder, Verordnung über die Aufnahme AE N 253 ff.
- Gesetzliche Grundlage AE N 254
- Inhalt AE N 255

Pflichten im Verhandlungsstadium; s. Nebenpflichten

Pflichtexemplare von Druckerzeugnissen (dépôt légal)
- kantonale Abgabepflicht 6 N 89

Pflichtteilsrecht der Geschwister
- früherer Vorbehalt zugunsten kantonalen Zivilrechts 5 N 171

Phasen in der Anwendung von Treu und Glauben V 2/3 N 9; 2 N 58, 59

Planungsrecht, Berührungspunkte mit dem Bundeszivilrecht V 5/6 N 202 (Literaturhinweise)

Planwidrige Unvollständigkeit 1 N 347, 462; s. auch Gesetzeslücken

Polizeigüter, Ausschluss der Verjährung 7 N 122

Pornographie, kantonales und eidgenössisches Recht 6 N 435 f.

Positivismus V 1/4 N 46, 144 ff.; 1 N 28 f., 519; 4 N 7
- Gesetzespositivismus V 1/4 N 21, 56, 65; 1 N 102, 210, 334, 343
  - Minimalpositivismus V 1/4 N 239, 246; 1 N 79, 90, 212, 265; s. auch Geltung

Präambel 1 N 205

Präjudizien V 1/4 N 30; 1 N 572 ff.
- Verbindlichkeit; s. dort

Praxisänderung 1 N 181, 588; s. auch Rückwirkungsverbot

Preisbestimmungen, kantonale 6 N 354

Privateigentum 6 N 340 ff., 361 ff.
- als grundlegender Wert des Bundeszivilrechts 6 N 340
- Voraussetzungen für Einschränkung durch kantonales öffentliches Recht 6 N 344 ff.
- Institutsgarantie 6 N 362, 371 ff.
  - Kasuistik 6 N 373 f.
  - Verletzung 6 N 372
- Eigentumsbeschränkungen
  - des Bundeszivilrechts 6 N 363 ff.
  - des übrigen Bundesrechts 6 N 368 ff.

Sachregister

- des kantonalen öffentlichen Rechts 6 N 368 ff., 419 ff.
- des kantonalen Zivilrechts 5 N 172 ff.

Privatisierung V 5/6 N 32; s. auch Übertragung öffentlicher Aufgaben auf private Verwaltungsträger

Privatrecht
- Internationales; s. dort
- Begriff V 5/6 N 83
- Abgrenzung und Zusammenhänge zum öffentlichen Recht; s. öffentliches Recht
- als kantonales öffentliches Recht 6 N 179 ff.
- analoge Anwendung zur Füllung einer Lücke im kantonalen öffentlichen Recht 6 N 179, 182
- anstelle kantonalen öffentlichen Rechts 6 N 183 ff.
- anstelle von Staatsverträgen durch Kantone 6 N 150
- Gesetzgebungskompetenz beim Bund V 5/6 N 4, 17, 92, 96 ff., 181, 264
  - Entstehungsgeschichte AE N 27 ff.
- Gestaltungsfunktionen V 5/6 N 46
- Misch- und Zwischenformen V 5/6 N 16, 29 ff.
- natürliches V 5/6 N 46
- Notwendiges der Fortbildung V 5/6 N 37
- privatrechtliche Sanktionen zur Verstärkung von kantonalem öffentlichem Recht 6 N 205 ff.
- Sozialbindung V 5/6 N 38
- typische Merkmale V 5/6 N 40 ff.
- und öffentliches Recht als wechselseitige Auffangordnungen V 5/6 N 31
- Vereinheitlichung auf Bundesebene
  - erster Versuch in Helvetik AE N 6
  - «System und Geschichte des schweizerischen Privatrechtes» als wissenschaftliche Vorbereitung durch Rechtsvergleichung AE N 3, 19 ff., 21

- Art. 5 als Markstein für Abschluss 5 N 19
- Vereinheitlichung international V 5/6 N 243 ff.
- in der EU insbesondere V 5/6 N 246 ff.
- s. auch Zivilrecht, Bundeszivilrecht, kantonales Zivilrecht

Produktevorschriften, kantonale und eidgenössische 6 N 425 ff.

provisorische Pfändung 1 N 613

provisorische Rechtsöffnung 1 N 613

Prozessentschädigung
- Vorbehalt zugunsten kantonalen Zivilrechts 5 N 162; 6 N 137, 155, 160, 264

Prozesshandlungen
- Bedingungsfeindlichkeit 7 N 94

Prozessvertretung 7 N 69

Psychologie; s. Rechtspsychologie

Publikation
- von Gesetzen 1 N 17 ff., 27
- von Gerichtsentscheiden; s. Richterrecht

Q

Qualifiziertes Schweigen; s. negative Norm

Quellen, Brunnen und Bäche, Benutzung
- Vorbehalt zugunsten kantonalen Zivilrechts 5 N 177

R

Rahmenmietverträge
- Allgemeinverbindlicherklärung V 5/6 131, 173; 5 N 65; 6 N 352
- s. auch Gesamtverträge, kollektive Verträge

Sachregister

Rassendiskriminierung, Übereinkommen zur Beseitigung V 5/6 N 239
Raterteilung und Vertrauenshaftung 2 N 110 ff.
ratio legis; s. Rechtsfindungselemente
– Kollision mit dem Gesetzeswortlaut s. dort
Rationabilität als Anforderung an gesetzesergänzende Verkehrsübung 5 N 255 f.
Rationalität V 1/4 N 142, 145, 281; 1 N 47, 194; 4 N 127, 132
Realakte
– Anwendbarkeit des OR bei deren Ausübung 7 N 108
– Ausschluss der Anfechtung 7 N 63
Realobligation 7 N 78
Recht 4 N 8; s. auch Rechtsordnung, öffentliches Recht, Privatrecht, Risikosteuerung
– Absolutheit; s. dort
– Allgemeinheit V 1/4 N 186; 1 N 115; s. auch Gesetz, generell-abstrakt
– als Erkenntnisobjekt V 1/4 N 132, 142, 191, 250; 1 N 110, 128, 142, 423
– als geschlossenes System V 1/4 N 132, 146
– als Inbegriff von Verbindlichkeit und Stabilität V 1/4 N 1 f., 8 ff., 187 ff.; 4 N 75
– als materialer Imperativ V 1/4 N 193
– als selbstreferentielles, autopoietisches System V 1/4 N 91; V 5/6 N 35
– anglo-amerikanisches; s. Common Law
– auf Zugang zu Gerichten V 1/4 N 87
– dispositives; s. dort
– empirische Fassbarkeit 1 N 29 ff.
– Entstehung V 1/4 N 181, 184 ff.
– Geschichtlichkeit; s. dort
– geschriebenes V 1/4 N 6, 9 ff., 133, 215, 226; 1 N 7, 29, 86, 243, 265, 377
– internationales V 1/4 N 180 ff.; 1 N 18 f., 251 ff.; V 5/6 N 223 ff.
  – als Rechtsfindungselement; s. dort
  – Einfluss auf nationales V 1/4 N 180 ff.; 1 N 252, 469; V 5/6 N 223 ff.
– Legitimation; s. dort
– Normativität V 1/4 N 8, 16 ff., 211, 215 ff.; 1 N 170, 226
– Objektivität V 1/4 N 132, 143, 151, 160, 191; 1 N 110, 145, 200, 210; 4 N 27, 73, 97
– Rechtsinhalte vs. Rechtsorganisation/ prozeduraler Mechanismus V 1/4 N 181, 193, 269; 1 N 79, 210; 4 N 36
– Stabilität; s. dort
Recht und Billigkeit 4 N 10, 13, 21, 32, 50, 72 ff., 97
– Verhältnis zu Ermessen 4 N 76 f.
Rechtlich relevantes Verhalten 2 N 6, 11, 12
Rechtsanwendung 1 N 278, 300, 475; 4 N 18; s. auch Anwendung, analoge, Analogie, Rechtsfindung
– Adressat V 1/4 N 61 ff.
– als Befehl an den Richter V 1/4 N 12 ff., 70, 136, 159, 163, 250; 1 N 278 f.
– als deduktive Logik V 1/4 N 49, 53, 56, 81, 136, 147, 154; 1 N 47, 110, 189, 195, 200, 224, 544; 4 N 7
– als Erkenntnis V 1/4 N 25; s. auch Recht als Erkenntnisobjekt
– als Subsumtion; s. dort
– als Verstehen/als Rechtsfindung V 1/4 N 5; 1 N 8, 30, 45, 88, 95, 133, 423
– antizipierbare; s. Richterrecht
– Applizierung des einschlägigen Gesetzes auf den Sachverhalt 1 N 48 ff.
  Begriff V 1/4 N 220 ff.
– ergänzende Anwendung von Bestimmungen des OR
  – im Privatrecht 7 N 45
  – im öffentlichen Recht 7 N 117 ff.
– im Gegensatz zur Anwendbarkeit V 1/4 N 82 f.; 1 N 52 ff.
– im Gegensatz zur Rechtsetzung V 1/4 N 243; 1 N 384 f.
– modifizierte 7 N 32 f., 36 f.

Sachregister

- objektive V 1/4 N 135, 200; 1 N 210
- rationale V 1/4 N 142
- sinngemässe bzw. analoge (entsprechende) 7 N 27 ff., 32 ff., 37 ff.
  - im Staatshaftungsrecht 7 N 129
  - Ausschluss analoger Rechtsanwendung 7 N 32 f., 36, 42 ff., 117
- subjektiv-historische; s. Wille des Gesetzgebers
- unmittelbare 7 N 39 ff., 118
- Unterscheidung zum Billigkeitsentscheid; s. dort
- Unterschied zum Common Law System V 1/4 N 269
- Zuständigkeit V 1/4 N 3; s. auch Kompetenz

Rechtsanwendungskontrolle (Anwendung von kantonalem Recht anstelle von Bundesrecht bzw. umgekehrt) V 5/6 N 271, 277, 280, 283, 285, 291 f., 295, 298

Rechtseinheit
- von Bundesrecht und kantonalem Recht V 5/6 N 14 f.; 5 N 25; 6 N 52
- von Privatrecht und öffentlichem Recht V 5/6 N 45 ff.

Rechtserwerb, unredlicher; s. unredlicher Rechtserwerb

Rechtssetzungsdelegation 5 N 120, 6 N 222 ff.
- an die Gemeinden und Bezirke V 5/6 N 172; 5 N 110, 129; 6 N 222 ff.
- an die kantonalen Exekutivbehörden 5 N 125 ff.; 6 N 115 ff.
- an Private V 5/6 N 35 f., 172 ff.; 5 N 110, 130; 6 N 222
- Vorbehalte zugunsten kantonalen Zivilrechts als Rechtssetzungsdelegation 5 N 30 f.

Rechtssetzungspflichten der Kantone
- zur Schaffung öffentlichen Rechts 6 N 109 ff.
- zur Schaffung von Organisations- und Verfahrensvorschriften 5 N 85, 6 N 110 ff.
- zur Schaffung von materiellem Zivilrecht 5 N 86 f.

Rechtsfähigkeit
- abschliessende bundeszivilrechtliche Regelung 6 N 258 f.
- besondere Regeln des öffentlichen Rechts 6 N 259
- Verbot des Verzichts 7 N 104

Rechtsfindung V 1/4 N 196, 198 ff., 207 ff., 247 ff.; 1 N 7, 40, 46 ff., 85 ff., 105 ff.; 4 N 6, 41, 122, 125; s. auch Auslegung, Hermeneutik
- als Grenze der richterlichen Kompetenz V 1/4 N 243 ff.; 1 N 92, 384 ff., 410 ff., 477; 4 N 80
- als Interaktion V 1/4 N 149, 161
- als Interessenabwägung V 1/4 N 156 ff.
- als Verstehen(sprozess) V 1/4 N 151, 154 ff., 161, 198 ff., 207 ff., 247 ff.; 1 N 8, 33, 54 ff., 100, 105 ff., 172, 215, 225, 265, 299, 304; 4 N 21, 88, 129
- Analogie; s. dort
- Antizipierbarkeit; s. Richterrecht
- Auslegung; s. dort
- Begründung V 1/4 N 274; 1 N 176, 440, 484, 612 f.; 4 N 97
- Billigkeitsentscheid; s. dort
- contra legem; s. secundum–contra legem
- Einstieg über den Gesetzeswortlaut; s. dort
- Elemente; s. Rechtsfindungselemente
- ergebnisbezogene 1 N 218 f.; 4 N 138; s. auch Ergebniskontrolle
- Erledigungsfunktion; s. Richter
- freie/gebundene V 1/4 N 174, 245; 1 N 276 ff., 597 ff.
- geltungszeitliche Betrachtungsweise V 1/4 N 198 ff.; 1 N 135
  - Gesellschaftsbezug 1 N 143
- graduelle Abstufungen V 1/4 N 198 ff., 206; 1 N 7, 274 ff., 301; 4 N 14, 124
- Grenzen; s. Kompetenz des Richters, Gesetzeswortlaut

Sachregister

- Herstellen eines Bezugs zwischen Rechtsnorm und Sachverhalt V 1/4 N 207 ff.; 1 N 46, 55, 100, 112 ff., 170 ff., 300, 364, 385, 403, 498 f.; 4 N 8, 87, 89 ff., 111
- Hilfsmittel 1 N 244 ff.; 4 N 145 f.
  - Allgemeine Rechtsgrundsätze; s. dort
  - ausländisches Recht; s. dort
  - bewährte Lehre und Überlieferung; s. dort
  - nicht mehr/noch nicht gültige Gesetze 1 N 253 ff.
  - Rechtsgeschichte 1 N 257 f.; 4 N 145
  - Rechtssprichwörter; s. dort
- historisch-situative 1 N 160
- intra legem–praeter legem 1 N 87 ff., 93 f., 282 ff., 287 ff., 297, 307 ff.
  - Unterscheidung zur Rechtsfindung generell 1 N 292
- jenseits der Lückenfüllung; s. Kompetenz
- kognitive und volitive Seite; s. Wertung
- Lückenfüllung; s. dort
- Methode; s. auch Rechtsfindungselemente V 1/4 N 56 ff., 65 ff., 161, 198 ff.; 1 N 30, 47, 53 ff., 89 ff., 105 ff., 118 ff., 214 f., 405 ff., 478 ff.; 4 N 44, 51 f., 59, 64, 72 ff., 77, 83 ff., 129
  - Berücksichtigung aller Elemente 1 N 211 f.; 224 ff.; 280 f.; 4 N 98
  - kein Methodenzwang/ Apriorisitätsausschluss 1 N 121 ff., 225; 4 N 98
  - Rang-Kanon 1 N 145 ff., 507
  - subjektive/objektive 1 N 125 ff., 135 ff.
  - Zeitbezug 1 N 128 f.
- Operationsfiguren 1 N 224 ff., 522 ff.
- Orientierung am positiven Recht V 1/4 N 43 ff.; 1 N 28 ff., 100, 108 f., 164, 270, 390, 496 f.; 4 N 43 f., 82, 136
- praeter legem; s. intra–praeter legem
- Qualität V 1/4 N 176
- Rechtskonkretisierung 1 N 114 f., 311; 4 N 11, 12, 51
- Routineablauf 1 N 108
- secundum–contra legem 1 N 282 ff.
- Sachverhaltsbezug; s. Rechtsfindungselemente
- Stabilität; s. dort
- Wertung V 1/4 N 142 f., 148 ff., 154 ff.; 1 N 188 ff.; 4 N 75
  - bei der Sachverhaltsfeststellung V 1/4 N 154
  - bei Interessenkollisionen 1 N 201 ff.; 4 N 131 ff.
  - der Rechtsordnung; s. dort
  - des Richters, des Gesetzgebers oder als Grunddilemma jeden Denkens 1 N 198 ff.
  - Gleichwertigkeit gegenüber anderen Rechtsfindungselementen 1 N 191 ff.
  - im Sollensbereich 1 N 208 ff.
  - Legitimation; s. auch dort 1 N 206
  - Relevanz der Abgrenzung 1 N 196
  - subjektiv oder objektiv, irrational oder rational? 1 N 190, 201 ff.
- Wirkungsfeld 1 N 115, 385
- Zirkularität V 1/4 N 31, 128, 162, 188, 199; 1 N 54, 86, 111, 169, 184 ff., 219; 4 N 6, 21, 100, 132

Rechtsfindungselemente
- Analogie; s. dort
- argumentum a maiore in minus und a minore in maius; s dort
- argumentum e contrario; s. dort
- aussergesetzliche; s. ausserpositive Normen
- bewährte Lehre und Überlieferung 1 N 567; s. auch dort
- ethische 1 N 28, 203, 209, 214 ff.; 4 N 137; s. auch ausserpositive Normen
- Gesetz V 1/4 N 153; 1 N 75 ff., 147 ff., 270, 300, 530; 4 N 124; s. auch dort
  - Fussnoten 1 N 65, 68
  - Marginalien 1 N 65; 4 N 113

1367

Sachregister

- Wortlaut; s. Gesetzeswortlaut
- Wortsinn V 1/4 N 227; 1 N 67
- Gerichtspraxis 1 N 453 f.
- Gewohnheitsrecht 1 N 421 ff., 442
- historisches 1 N 155 ff., 513 f.; 4 N 105, 116 f.
- Internationales V 1/4 N 183; 1 N 251 ff.
- Materialien 1 N 136 ff., 155 ff.
- Methodenkanon 1 N 123 f.; 4 N 106 f.
- Praktikabilität 1 N 145, 218
- ratio legis V 1/4 N 248; 1 N 89, 105 ff., 162 ff., 282 ff., 288, 301 ff.; 4 N 83 ff.
  - Diskrepanz zur Rechtsordnung 1 N 166, 217, 223, 412
  - Kollision mit der richterlichen Auffassung 1 N 305, 341, 379 ff., 391
- Realien/realistisches Element V 1/4 N 182, 219; 1 N 89, 112 ff., 167 ff., 204, 350, 516 f., 553; 4 N 56, 89 ff., 120 ff.
  - aussergesetzliche 1 N 183
  - Hilfsmittel im Sinne von Art. 1 Abs. 3 ZGB 1 N 184
  - Natur der Sache; s. dort
  - Sachverhaltsbezug 1 N 171 ff., 498 ff.
  - überindividuelle 1 N 179 ff.
- (nicht nur) Rechtsquellen V 1/4 N 20 ff., 40; 1 N 7, 186, 535 ff.
- rechtspolitische Argumente 1 N 140
- richterliche Wertung; V 1/4 N 152; 1 N 47, 89, 218; s. auch Rechtsfindung
- Sachverhalt V 1/4 N 153; 1 N 171 ff., 218, 554; 4 N 36 f.
- sprachliches Element V 1/4 N 162, 213 ff.; 1 N 88, 130 ff., 147 ff., 502, 508 ff.; 4 N 101 ff., 108 ff.
- systematisches Element 1 N 149 ff., 180, 511; 4 N 112 ff.
- teleologisches Element 1 N 161 ff.; 4 N 118 f.
- Usanzen; s. dort
- Verfassungsbezug; s. Auslegung
- wertende Elemente 1 N 188 ff., 195 ff., 518 ff., 4 N 127 ff.

Rechtsfindungsparameter V 1/4 N 148; s. auch Rechtsfindungselemente

Rechtsfortbildung V 1/4 N 225; 1 N 103, 157 f., 294, 297, 461; 4 N 117; V 5/6 N 37

Rechtsfreier Raum V 1/4 N 56, 148, 251; 1 N 351 ff.

Rechtsfrieden V 1/4 N 10, 178, 194

Rechtsgefühl 1 N 129, 183, 212 f., 218, 224

Rechtsgeschäfte
- Anfechtung 7 N 59 ff.
  - von einseitigen Rechtsgeschäften 7 N 63
  - von rechtsgeschäftsähnlichen Handlungen 7 N 63
- Anwendbarkeit der allg. Bestimmungen des OR 7 N 107 ff.
- einseitige, Anwendbarkeit von Bestimmungen des OR 7 N 108
- Geltung von Formvorschriften 7 N 57
- Inhalt und Auslegung
  - allgemein 7 N 51 ff.
  - empfangsbedürftige einseitige 7 N 52
  - nicht empfangsbedürftige einseitige 7 N 53
- höchstpersönliche, Ausschluss der Stellvertretung 7 N 67
- zweiseitige 7 N 108

Rechtsgeschichte 1 N 257 f., 260

Rechtsgleichheit; s. Gleichheitssatz

Rechtsgrundsätze; s. Allgemeine Rechtsgrundsätze

Rechtsgüterschutz, Zusammenhänge zwischen privatrechtlichem und strafrechtlichem V 5/6 N 211 ff.

Rechtskenntnis V 1/4 N 97 ff.

Rechtsmissbrauch
- Allgemeines 2 N 230 ff.
- Anwendungsbereiche 2 N 237 ff.
  - Eingrenzung 2 N 237 ff.
  - gesetzliche Schranken 2 N 238 ff.
  - höchstpersönliche Rechte 2 N 237

Sachregister

- negative Abgrenzung V 2/3 N 14
- qualitative Kriterien 2 N 242
- quantitative Kriterien 2 N 241
- und Formungültigkeit; Form von Rechtsgeschäften
- Interesselose Rechtsausübung 2 N 369 ff.
- Krasses Missverhältnis der Interessen 2 N 302 ff.
- Rechtsvergleichung 2 N 232 ff.
- Sanktionen 2 N 243 ff.
- Schikaneverbot 2 N 295 ff.
- Schonende Rechtsausübung 2 N 295 ff.
- Unnütze Rechtsausübung 2 N 369 ff.
- Unredlicher Rechtserwerb 2 N 246 ff.
  - Allgemeines 2 N 247
  - Ausnützen eigenen vertrags- oder rechtswidrigen Verhaltens 2 N 248 ff.
  - Ausnützen von vertrags- oder rechtswidrigem Verhalten Dritter 2 N 255 ff.
  - Einflussnahme auf Bedingungen 2 N 264 ff.
- Verfall von Klagerechten 2 N 384 ff.
  - Allgemeines 2 N 384 ff.
  - bei Rechtsausübung innert rechtsgeschäftlicher oder gesetzlicher Frist 2 N 391 ff.
  - bei Ausübung nicht befristeter Rechte 2 N 397 ff.
  - missbräuchliches Zuwarten mit Begehren um vorsorgliche Massnahmen 2 N 425
- Zuwarten, rechtsmissbräuchliches 2 N 384 ff.
- Zweckwidrige Rechtsausübung 2 N 323 ff.
  - Durchgriff 2 N 327 ff.
  - im Familien- und Erbrecht 3 N 333 ff.
  - im Sachenrecht 2 N 348/9
  - im Obligationen-, Immaterialgüter- und Zwangsvollstreckungsrecht 2 N 350 ff.
- bei rechtsgeschäftlicher Zweckbeschränkung 2 N 359 ff.
- s. auch Rechtsmissbrauchsverbot

Rechtsmissbrauchsverbot V 1/4 N 75, 240; 1 N 95, 181, 375, 414; 4 N 15 ff.; V 5/6 N 229; s. auch Gesetzeswortlaut
- als subsidiäres kantonales Zivilrecht 5 N 151
- abschliessende bundeszivilrechtliche Regelung gegenüber ergänzendem öffentlichem kantonalem Recht 6 N 257
- im öffentlichen Recht 6 N 257; 7 N 119

Rechtsmittel 1 N 354, 356 f., 428, 486, 488; s. auch Verfahrensrecht
- Anfechtung eines gerichtlichen Vergleichs 7 N 64
- zulässige Rechtsmittel bei Verletzung von Privatrecht als subsidiärem öffentlichem Recht 7 N 114
- zur Durchsetzung der bundesstaatlichen Kompetenzausscheidung V 5/6 N 277 ff.

Rechtsordnung 1 N 10; 4 N 46 ff.; s. auch Recht
- als Grenze der richterlichen Rechtsfindung V 1/4 N 247 ff.
- europäische V 1/4 N 190; V 5/6 N 246 ff.
- nicht nur geschriebenes Recht V 1/4 N 39
- Normhierarchie/Stufenfolge V 1/4 N 171 f.
- Verstösse 1 N 357
- Wertungen 1 N 205 ff.

Rechtspolitik V 1/4 N 171, 189; 1 N 79, 87, 140, 163, 199, 207, 275, 319, 327, 350, 358, 379 ff., 397 ff., 410, 461, 532; 4 N 35, 111, 117
- als Grenze der richterlichen Entscheidung? V 1/4 N 48, 244

Rechtspositivismus; s. Positivismus

Rechtsprechung; s. Richterrecht

Sachregister

Rechtspsychologie V 1/4 N 213 ff., 281 ff.; 1 N 73, 194, 200; 4 N 143
Rechtsquellen V 1/4 N 20 ff., 150 ff., 216; 1 N 2, 9, 186, 261, 278; 4 N 2
- Allgemeine Rechtsgrundsätze; s. dort
- als Rechtsfindungselemente; s. dort
- bewährte Lehre und Überlieferung; s. dort
- des Bundeszivilrechts V 5/6 N 80 ff.
- des kantonalen Zivilrechts 5 N 88 ff.
- des kantonalen öffentlichen Rechts 6 N 124 ff.
- Geltungsqualifikation V 1/4 N 21 ff.; 1 N 10
- Gesetz; s. dort
- Gewohnheitsrecht; s. dort
- Legitimation; s. dort
- numerus clausus V 1/4 N 32 ff.
- Rechtsquellenmonopol V 1/4 N 33
- Richterrecht; s. dort
- Übung und Ortsgebrauch 5 N 217, s. auch dort
- Vertrag 1 N 458

Rechtsschutzvoraussetzungen
- unterschiedliche im Privatrecht und im öffentlichen Recht V 5/6 N 41 f., 44

Rechtssicherheit V 1/4 N 73, 155, 175, 240 f., 274; 1 N 31, 82, 131, 145, 560, 600 ff.; 4 N 127 ff.
- vs. Einzelfallgerechtigkeit V 1/4 N 179; 1 N 129, 181, 366, 391, 484; 4 N 74 ff., 82, 127

Rechtssprichwörter V 1/4 N 260; 1 N 240, 260

Rechtsstaatlichkeit V 1/4 N 66, 116; 1 N 79; V 5/6 N 25 f., 33, 35, 45; 6 N 202 ff.

Rechtsunterworfene V 1/4 N 97 ff.

Rechtsvereinheitlichung V 1/4 N 145, 180; 1 N 461, 575

Rechtsvereinheitlichung, bundesrechtliche V 1/4 N 145; 1 N 461, 575
- Art. 5 und 6 als Ausdruck einer gemässigten Rechtsvereinheitlichung V 5/6 N 14
- Bedürfnis nach und damit zusammenhängender Bedeutungsschwund des kantonalen öffentlichen Rechts 6 N 15 ff.
- im Bereich des öffentlich Rechts 6 N 16 ff.
- im Bereich des Privatrechts V 5/6 N 91 ff.; 5 N 17 ff.
  - Verzicht auf
    - durch Vorbehalt kantonalen Zivilrechts 5 N 20
    - durch Verweisung auf Übung und Ortsgebrauch 5 N 21
- im Bereich des Prozessrechts 6 N 138, 155, 172 f.
- interkantonale Vereinbarungen zur Vorbereitung bzw. Vermeidung 6 N 229

Rechtsvereinheitlichung, internationale AE N 122 ff.; V 1/4 N 180
- im Bereich des Internationalen Privatrechts und des Zivilprozessrechts V 5/6 N 241 f.; 6 N 99, 167 f., 173
- im Bereich des materiellen Privatrechts V 5/6 N 243 ff.
- im Bereich des Menschenrechtsschutzes V 5/6 N 234 ff.
- im Bereich des Natur- und Heimatschutzrechts 6 N 440, 448 f.
- im Bereich des Wirtschaftsrechts 6 N 18, 105 ff., 426

Rechtsvergleichung V 1/4 N 254 ff.; 1 N 249; 4 N 146; s. auch ausländisches Recht und jeweils vor N 1
- als wissenschaftliche Vorbereitung der Gesetzgebung AE N 21
- betr. Treu und Glauben, guter Glaube
- clausula rebus sic stantibus 2 N 467
- culpa in contrahendo 2 N 151/2
- Durchgriff 2 N 331
- Guter Glauben 3 N 113 ff.
- Krasses Missverhältnis der Interesssen 2 N 318 ff.
- Rechtsmissbrauch 2 N 231 ff.
- UN-Kaufrecht 2 N 39
- Zweckwidrigkeit 2 N 349

Sachregister

Rechtsverweigerungsverbot V 1/4 N 41 f., 47, 235; 1 N 203 f., 482, 485 ff.
Rechtsweggarantie V 1/4 N 87, 120
Rechtswissenschaft 1 N 547 ff.
Rechtszersplitterung
– durch Delegationsmöglichkeit der Kantone im Rahmen der Vorbehalte zugunsten kantonalen Zivilrechts bzw. bei der Verweisung auf Übung und Ortsgebrauch 5 N 40
– im Haftpflichtrecht 7 N 4, 5
– im Swisslex-Paket V 5/6 N 123; 7 N 4
Redaktion von Gesetzen 1 N 25
Redaktionskommission des ZGB AE N 63
référé législatif V 1/4 N 138
Regalsachen 6 N 404, 413 ff.
– stillschweigender Vorbehalt zugunsten kantonalen Zivilrechts 5 N 36
Regel–Ausnahme 1 N 39
Regelbildung V 1/4 N 37, 46
– zu Art.2 2 N 16 ff., 244
– s. auch modus legislatoris
Regelungsbereich von Art. 2 Abs. 1 und 2 ZGB 2 N 20 ff.
Regelungsdichte V 1/4 N 168 ff., 189; V 5/6 N 32
Register, öffentliche und Gutglaubensschutz
– Allgemeines 3 N 68 ff.
– Betreibungsregister 3 N 83 ff.
– Eigentumsvorbehaltsregister 3 N 83 ff.
– Grundbuch 3 N 72 ff.
– Güterrechtsregister 3 N 69
– Handelsregister 3 N 77 ff.
– Steuerregister 3 N 85
– Viehverschreibungsprotokoll 3 N 83 ff.
– Zivilstandsregister 3 N 83 ff.
Registerrecht
– Bundesaufsicht V 5/6 N 323
– Rechtsnatur V 5/6 N 103
– Zulässigkeit der Verwaltungsgerichtsbeschwerde V 5/6 N 289
Retentionsrecht 7 N 73
Revisionen des ZGB AE N 85 ff.

– Adoption AE N 91
– Bäuerliches Privatrecht AE N 99 f.
– Baurecht AE N 90
– Ehe- und Erbrecht AE N 95 f.
– Fürsorgerische Freiheitsentziehung AE N 93
– Immobiliarsachenrecht AE N 97
– Kindesrecht AE N 92
– Miteigentum und Stockwerkeigentum AE N 88 f.
– Mündigkeitsalter AE N 98
– Personalfürsorgestiftungen AE N 101
– Persönlichkeitsschutz AE N 94
Revisionsvorhaben in bezug auf das ZGB AE N 102 ff.
– «Scheidungsrecht» AE N 103 ff.
– «Stiftungsrecht» AE N 108 ff.
– Vormundschaftsrecht AE N 111 ff.
– Kindesrecht AE N 114 ff.
– Familiennamen der Ehegatten AE N 117 f.
– Rechtsstellung gleichgeschlechtlicher Paare AE N 118 f.
– Fortpflanzungsmedizin AE N 120 f.
Revitalisierung (Erneuerung), marktwirtschaftliche V 5/6 N 123, 152, 154, 253; 5 N 12, 6 N 18, 108, 403
Rezeption des ZGB
– allgemeine Beurteilung AE N 130, 132, 178
– Ausmass AE N 159 f.
– eklektische allgemein AE N 163
  – in Griechenland AE N 164 ff.
  – in Lettland AE N 169 ff.
  – in Mexiko AE N 176 ff.
  – (nur geplante) in Ungarn AE N 173 ff.
– globale in der Türkei AE N 136 ff.; s. auch Türkei
– Gründe allgemein AE N 131
– strukturelle in Liechtenstein AE N 156 ff.; s. auch Liechtenstein
– s. auch Einfluss des ZGB
Rezeptionsklausel von Art. 342 Abs. 2 OR V 5/6 N 73, 79; 6 N 216

Sachregister

Richter
- als Institution V 1/4 N 172, 181, 184 f.
- als Paragraphen-Automat/ Subsumtionsautomat V 1/4 N 67, 249
- als Sprachrohr des Sollens/als bouche de la loi V 1/4 N 65, 151, 174; 1 N 284
- als Teil der Rechtsfindung 1 N 47, 56, 89, 116 f., 126, 518 ff., 534 ff.; s. auch Rechtsfindungselemente
- Aufgabe V 1/4 N 41 ff.; 1 N 2, 388
  - gehorsame Gesetzesanwendung/ Insubordination V 1/4 N 137, 142, 159 f., 174, 210; 1 N 76; 4 N 7
  - Wertung V 1/4 N 142 f.; 1 N 188 ff.
- (demokratische) Legitimation; s. dort
- Freiheit/Gebundenheit V 1/4 N 173, 245; s. auch Rechtsfindung
- Funktion V 1/4 N 3 ff., 49, 151 ff., 164 ff., 213 ff.; 1 N 219, 384 ff., 472 ff.
  - Dynamisierung von Objektivität im Einzelfall V 1/4 N 218; s. auch Rechtsfortbildung
  - Erledigungsfunktion V 1/4 N 176, 178, 194; 1 N 108
  - Methodik V 1/4 N 60
  - Verstehen 1 N 304
- Gewissenskonflikt 1 N 213
- Kompetenz; s. dort
- Machtanmassung V 1/4 N 217, 249
- Subjektivität V 1/4 N 143, 217 f.; 1 N 182, 184, 188, 200; s. auch Wertung
- Unparteilichkeit V 1/4 N 67; 1 N 47, 182
- verfassungsmässige Stellung; s. Kompetenz
- Vorverständnis; s. dort

Richterrecht V 1/4 N 29 ff.; 1 N 443, 472 ff.
- Abgrenzung zum Gewohnheitsrecht; s. dort
- Abgrenzung zur bewährten Überlieferung 1 N 479
- Abgrenzung zur Gerichtspraxis 1 N 479 V 1/4 N 29 ff.; 1 N 443, 472 ff.
- Antizibierbarkeit V 1/4 N 142, 176
- als Bestandteil des Bundeszivilrechts V 5/6 N 177 f.
- als Rechtsquelle? V 1/4 N 29 ff., 142, 175, 243 ff.; 1 N 446
- im Bereich des kantonalen öffentlichen Rechts 6 N 113 ff.
- im Bereich des kantonalen Zivilrechts 5 N 111 ff.
- Begründungspflicht; s. Rechtsfindung
- Definition 1 N 443, 474 ff.
- modus legislatoris; s. dort
- Pflicht zur Rechtsfindung 1 N 485 ff.
- Publikation V 1/4 N 176; 1 N 614 f.
- Qualität; s. Rechtsfindung
- Stabilität; s. dort
- Voraussehbarkeit V 1/4 N 176

Richtiges Recht V 1/4 N 79, 143; 1 N 214

Risikosteuerung als Aufgabe des Rechts V 5/6 N 34, 37

Römisches Recht 1 N 364, 421, 459; V 5/6 N 23, 81, 248

Rückgriff bei öffentlich-rechtlicher Ersatzpflicht 7 N 131

Rückkoppelungsdialog 4 N 125; s. auch Gewohnheitsrecht

Rückwirkungsverbot 1 N 43, 253 ff., 600 ff.

Ruhetage
- Lohnzahlungspflicht, Unzulässigkeit kantonaler Vorschriften 6 N 328
- öffentlich-rechtliche kantonale Vorschriften 6 N 357

S

Sachen, herrenlose und öffentliche
- Vorbehalt zugunsten von kantonalem Recht (Art. 664 ZGB) 5 N 172; 6 N 394, 406 ff.

Sachen, öffentliche
- Anwendbarkeit des Privatrechts 6 N 398, 400

Sachregister

- Beschränkungen des Rechts- und Sachverkehrs 6 N 406 ff., 451, 461
- besondere Eigentumsordnung? 6 N 397 f.
- Haftung 6 N 400
- Verfügungsmacht 6 N 399
- verpflichtender Vorbehalt von Art. 664 Abs. 3 ZGB 6 N 412

Sachen, Verkehr mit
- Vorbehalt zugunsten kantonalen öffentlichen Rechts (Art. 6 Abs. 2 ZGB) 6 N 6, 391 ff.
  - Entstehungsgeschichte 6 N 10 f.
  - heute bloss deklaratorische Bedeutung neben allgemeinem Vorbehalt 6 N 392
  - Verwaltungsvermögen 6 N 409 ff.
  - öffentliche Sachen im Gemeingebrauch 6 N 412 ff.
  - Regalsachen 6 N 413 ff.
  - gefährliche und umweltbelastende Sachen 6 N 424 ff.
  - Schutz von Treu und Glauben im Warenverkehr 6 N 433 f.
  - Schutz der öffentlichen Sittlichkeit 6 N 435 f.
  - Natur- und Heimatschutz 6 N 437 ff.
  - Einschränkung durch bundesrechtliche Verkehrsbeschränkungen 6 N 401 ff., 423
  - Voraussetzung des schutzwürdigen öffentlichen Interesses 6 N 420 f.
  - Voraussetzung der Verhältnismässigkeit 6 N 422
  - Erfordernis der kantonalen Hoheit 6 N 401 ff.
  - Arten von Verkehrsbeschränkungen 6 N 453 ff.
  - Sanktionen für Verletzung von Verkehrsbeschränkungen 6 N 458 ff.
- Kompetenzen des Bundes 6 N 396, 402 f.

Sachenrecht
- als Gegenstand des ZGB AE N 207 ff.; 1 N 176, 4 N 54, 70
- als Kernbestandteil des Vermögensrechts AE N 211
- analoge Anwendung von Bestimmungen des OR 7 N 110
- Anfechtung wegen Willensmängeln 7 N 62, 98
- Beschränkungen des Eigentums AE N 216
- Geltung der Bestimmungen über Annahmeverzug 7 N 74
- Qualifikation beschränkter dinglicher Rechte AE N 213
- Revisionen AE N 217
- Rückerstattung aus ungerechtfertigter Bereicherung 7 N 92
- und Vorbehalt von Art. 6 Abs. 2 ZGB 6 N 393 ff.
- Unterscheidung zu Berechtigungen nach OR AE N 212
- Unterscheidung zwischen Mobiliar- und Immobiliarsachenrecht AE N 214
- Vorbehalte zugunsten des kantonalen Zivilrechts 5 N 172 ff.
  - umstrittene Qualifikation einzelner Vorbehalte 5 N 47, 172 ff.
  - übergangsrechtliche Vorbehalte 5 N 54 ff.
- wichtigste Prinzipien AE N 215
- Zulässigkeit öffentlich-rechtlicher Vorschriften der Kantone 6 N 275 ff., 291, 368 ff., 391 ff.

Sachnorm; s. Ermächtigungsnorm
Sachnormcharakter von Art. 2 N 14, 15, 24, 25
Sachverhalt; s. Rechtsfindungselemente
Sachverhaltsfeststellung V 1/4 N 154
Säkularisierungsvorschriften und Bundeszivilrecht 6 N 145, 411
Sammeln von Pflanzen, Früchten und Holz
- Verweisung auf Ortsgebrauch 5 N 284

Sanktionen des Rechtsmissbrauchs 2 N 243 ff.

Sachregister

Sanktionen, privatrechtliche
- zur Verstärkung des kantonalen öffentlichen Rechts 5 N 164; 6 N 205 ff.

Sanktionentheorie, zur Abgrenzung des öffentlichen vom privaten Recht V 5/6 N 63

Sanktionsvorschriften, kantonale bei Verletzungen des kantonalen Nachbarrechts 5 N 176

Satzungen, autonome
- als Quelle des Bundeszivilrechts V 5/6 N 172 ff.
- als Quelle des kantonalen Zivilrechts 5 N 110, 129 f.
- als Quelle des kantonalen öffentlichen Rechts 6 N 113, 222 ff.

Schaden
- Begriff 7 N 39, 87
- im Bereich der Staatshaftung 7 N 129

Schadenersatz 4 N 56; 7 N 39, 88
- Sicherstellung 7 N 89

Schatzregal 6 N 444

Scheidungskonvention
- Anfechtung 7 N 60, 66
- Auslegung 7 N 53

Scheidungsrecht
- Revisionsvorhaben AE N 103 ff.

Scheidungs-Unterhalts-Ersatzrente gemäss Art. 151 ZGB 1 N 466

Scheingeschäft, einseitiges 7 N 52

Schiedsabrede
- Anfechtung 7 N 66
- Auslegung 7 N 56

Schiedsgerichtsbarkeit, Konkordat über die 7 N 56

Schiedsvertrag 7 N 56

Schikaneverbot 2 N 295 ff.

Schlechterfüllung 1 N 466

Schonende Rechtsausübung 2 N 295

Schuld i.S. von Art. 151 ZGB 4 N 13

Schuldbetreibungs- und Konkursgesetz
- Rechtsnatur, Verfassungsgrundlage V 5/6 N 156, 159
- Verhältnis zum kantonalen Recht V 5/6 N 162; 6 N 174 ff.
- Verhältnis zum öffentlichen Recht im allgemeinen V 5/6 N 160 f.
- s. auch Vollstreckungsrecht

Schuldbriefe, Errichtung und Kündigung
- Vorbehalt zugunsten kantonalen Zivilrechts 5 N 179
- Kündigungstermin, Verweisung auf Ortsgebrauch 5 N 285

Schuldübernahme 7 N 43, 45, 96

Schulrecht, kantonale Regelungen
- und Bundeszivilrecht 6 N 76, 130 f., 289

Schutz des Rechtsverkehrs 2 N 4, 5, 9, 10, 11, 13, 14; 3 N 6, 8, 11, 12, 13, 15, 22, 36, 60, 64, 69, 72, 88, 92
- Art. 2 als allgemeine Verhaltensnorm 2 N 14a, 15
- Art. 2 als Sachnorm 2 N 14c, 15
- Art. 2 als Verfahrensnorm 2 N 14b, 15
- Art. 3 als Regel des nachträglichen Ausgleichs 3 N 13
- Art. 3 als Ausnahmeregel 3 N 7
- Technik von Art. 2 und Art. 3 3 N 12–14

Schutzgesetzgebung; s. Sozialschutzgesetzgebung

Selbstreferenz V 1/4 N 91; 1 N 111

Selbstregulierung; s. Deregulierung

Semantik; s. Gesetzeswortlaut, Sprachwissenschaft

sens clair-Doktrin 1 N 70, 106; s. auch Gesetzeswortlaut, klarer

Servitut; s. Dienstbarkeit

Sicherheitsleistung durch Mieter, Vorbehalt zugunsten kantonalen Rechts 5 N 196

Sicherstellung
- einer Schadenersatzrente 7 N 89
- einer Unterhaltsrente nach Art. 151 ZGB 7 N 38, 47, 89
- einer Rente nach Art. 152 ZGB 7 N 89

Simulation
- bei familienrechtlichen Verträgen 7 N 52

singularia non sunt extendenda 1 N 240

Solidarhaftung
- im Familien- und Erbrecht 7 N 93

Sachregister

- im öffentlichen Recht 7 N 93
- bei Steuerschulden 6 N 386; 7 N 131

Sollen und Sein V 1/4 N 1 ff., 193; 1 N 47, 167 ff., 209, 210, 226, 229, 263, 300, 343, 364, 385, 517, 534, 560, 583; 4 N 8, 61, 73, 120 ff., 142

Sonderverbindung; s. rechtlich relevantes Verhalten

Sozialisierung des Privatrechts V 5/6 N 26

Sozialbindung des Privatrechts V 5/6 N 38

Sozialhilferecht der Kantone und Bundeszivilrecht 6 N 65 ff., 130 f., 271 ff.

Sozialpflichtigkeit des Privateigentums 6 N 364

Sozialpolitik; s. Rechtspolitik, Schutzgesetzgebung, Rechtsfindungselemente

Sozialrecht als eigenständige Kategorie zwischen öffentlichem und privatem Recht? V 5/6 N 29

Sozialschutzgedanke und Treu und Glauben 2 N 8, 104b (9), 160, 285, 353–355, 438

Sozialschutzgesetzgebung V 1/4 N 106, 170, 182, 242; 1 N 94 ff., 99, 140, 179, 252, 469
- bundesrechtliche
  - moderne: besondere Kompetenzgrundlage erforderlich V 5/6 N 108
  - traditionelle: gewohnheitsrechtliche Kompetenzgrundlage V 5/6 N 109

Sozialstaat; V 5/6 N 26 f., 38, 45, 107 ff., 166, 184, 195; 6 N 16, 314 ff.; s. auch öffentliches Recht, Rechtspolitik, Schutzgesetzgebung

Sozialversicherungsrecht
- Anknüpfung an privatrechtliche Tatbestände V 5/6 N 49; 7 N 120
- Auslegung von Rechtsgeschäften 7 N 54
- bundesrechtliches, Berührungspunkte mit dem Bundeszivilrecht V 5/6 N 203 (Literaturhinweise)

- kantonales 6 N 76, 133
  - Vereinbarkeit mit dem Bundeszivilrecht 6 N 356
- Rückerstattung unrechtmässig bezogener Leistungen 7 N 92
- sinngemässe Rechtsanwendung 7 N 38
- Übertragung privatrechtlicher Bestimmungen 7 N 117, 131
- Verwendung privatrechtlicher Begriffe 7 N 40
- weitgehend Bundesrecht 6 N 133

Spanischer Código civil 1 N 232

Spezialgesetze, privatrechtliche V 5/6 N 123 ff.
- Anwendung allgemeiner Bestimmungen des OR 7 N 112
- als Ausnahme vom Grundsatz der Gesamtkodifkation AE N 181
- und Vorbehalte zugunsten kantonalen öffentlichen Rechts 6 N 70 ff.
- und Vorbehalte zugunsten kantonalen Zivilrechts 5 N 184 ff., 206 ff.
- Verhältnis zu allgemeinen Vorschriften V 5/6 N 124

Spezialkodifikation, Prinzip der im Bundeszivilrecht (gegenüber früherem Bundesrecht) V 5/6 N 20

Spezialverweisung; s. Verweisung

Sport 1 N 353, 355

Sprache des ZGB AE N 233 f.

Sprachlichkeitskult V 1/4 N 215

Sprachrohr; s. Richter

Sprachwissenschaft V 1/4 N 19, 162, 187, 213 f., 226 ff.; 1 N 61, 72 ff., 86, 148, 551; 4 N 109 f., 143

Staatshaftung V 5/6 N 28; 5 N 116; 6 N 195 ff.; 7 N 127 ff.; s. auch Beamte und Angestellte, öffentliche Haftung
- analoge Anwendung von Bestimmungen des OR 7 N 128

Staatsrechtliche Beschwerde V 5/6 N 296 ff.; 5 N 145; 6 N 462

Staatsrechtliche Klage V 5/6 N 301

Staatsverträge

Sachregister

- als Quelle des Bundeszivilrechts V 5/6 N 87 ff., 241 ff.
  - monistisches System V 5/6 N 232
- Kompetenzen der Kantone 5 N 99; 6 N 147 ff.
  - Verwendung privatrechtlicher Formen anstelle von Staatsverträgen 6 N 150

Stabilität von Recht V 1/4 N 8 ff., 73, 134, 171, 187 ff., 225, 240; 1 N 132; 4 N 75, 127 ff., 145
- durch Gesetzgebung V 1/4 N 189; 1 N 81 ff., 390; s. auch Geltung, Positivismus
- durch Rechtsprechung V 1/4 N 177, 274; 1 N 365, 390, 484, 520, 600 ff.; 4 N 97, 129, 145
- Stabilisierung durch Recht V 1/4 N 191 ff.; 1 N 418 f.; 4 N 97

stare decisis V 1/4 N 273

Statutarrecht 5 N 94, 131

Statuten privatrechtlicher Körperschaften
- Auslegung 7 N 54
- Inhalt 7 N 51
- Rechtsnatur V 5/6 N 175
- richterliche Korrektur 4 N 32

Stellvertretungsrecht
- sachlicher Anwendungsbereich 7 N 39 f., 67 ff
- Ausschluss 7 N 68
- analoge Anwendung
  - im öffentlichen Recht 7 N 119
  - im Prozessrecht 7 N 69, 130
  - im Vollstreckungsrecht 7 N 70
  - im Strafverfahrensrecht 7 N 70
  - im Verkehr mit dem Grundbuchamt 7 N 70
- Verhältnis zum Vormundschaftsrecht 7 N 68

Steuerrecht 1 N 603
- Anknüpfung an privatrechtliche Tatbestände V 5/6 N 49; 7 N 120
- bundesrechtliches, Berührungspunkte mit Bundeszivilrecht V 5/6 N 204 (Literaturhinweise)

- Entwicklung V 5/6 N 28
- kantonales
  - Vereinbarkeit mit Bundeszivilrecht 6 N 385 ff.
  - s. auch Abgaberecht
- Übertragung privatrechtlicher Bestimmungen 7 N 117

Stiftung 1 N 152, 154, 207

Stiftungsrecht
- analoge Anwendung der obligationenrechtlichen Regelung betr. Nichtigkeit 7 N 47
- Auslegung von Stiftungsgeschäften 7 N 53
- Revisionsvorhaben AE N 108
- Stiftungsaufsicht V 5/6 N 103, 111, 289; 5 N 168

Stockwerkeigentum
- Anfechtung von Beschlüssen der Gemeinschaft 7 N 98
- analoge Anwendung auftragsrechtlicher Bestimmungen 7 N 98
- kantonales, übergangsrechtlicher Vorbehalt 5 N 56
- und Rechtsmissbrauch 2 N 381a
- Revision AE 88f.

Strafbestimmungen
- Datenschutzgesetz V 5/6 N 150, 219
- des Bundeszivilrechts V 5/6 N 217 ff.
- immaterialgüterrechtliche Gesetze V 5/6 N 148, 219
- kantonale, zur Durchsetzung des Bundeszivilrechts? 6 N 335
- Kartellgesetz V 5/6 N 154
- UWG V 5/6 N 152

Strafen, privatrechtliche
- Abgrenzung zum Strafrecht V 5/6 N 210

Strafprozessrecht, Strafvollzugsrecht
- und Bundeszivilrecht 6 N 156 ff.; 7 N 65, 74, 119

Strafrecht
- Bedeutung des Gesetzeswortlauts; s. dort
- Geltungsbereich der Einleitungsartikel; s. dort

Sachregister

- konkurrierendes Zivil- und Strafunrecht V 5/6 N 214
- Subsidiarität beim Schutz relativer Rechte V 5/6 N 215 f., 218
- Verhältnis zum Privatrecht allgemein V 1/4 N 103; V 5/6 N 209 ff.

Strukturelle Theorie zur Abgrenzung des öffentlichen vom privaten Recht V 5/6 N 63

Subjektstheorie, kein Kriterium für Abgrenzung des öffentlichen Rechts vom Zivilrecht V 5/6 N 58

Subordinations- bzw. Subjektionstheorie zur Abgrenzung des öffentlichen vom privaten Recht V 5/6 N 62

Subsidiarität von Art. 2 2 N 26, 27

Subsidiaritätsprinzip Art. 5 und 6 als Ausdruck davon V 5/6 N 14

Subsumtion V 1/4 N 56, 74, 81 ff., 219, 222; 1 N 4, 30, 53, 112, 214, 216, 218, 229 ff., 567; 4 N 11; s auch Methodik, Rechtsanwendung
- von ausserpositiven Normen; s. dort

Subsumtionsautomat; s. Richter

Swisslex-Programm V 1/4 N 180; 1 N 252; V 5/6 N 123 ff., 253, 256
- als Grund für Zunahme von Spezialgesetzen V 5/6 N 123
- Konsumkreditgesetz V 5/6 N 133 f.
- Mitwirkungsgesetz V 5/6 N 137
- Pauschalreisegesetz V 5/6 N 133 f.
- Produktehaftpflichtgesetz V 5/6 N 129
- Versicherungsaufsicht, öffentlichrechtliche, Neuregelung V 5/6 N 132

Syllogismus V 1/4 N 24, 56, 81, 151 f., 154; 1 N 53 f., 88, 214, 224, 226 ff., 523 f ; 4 N 141 ff.

Syntax; s. Gesetzeswortlaut, Sprachwissenschaft

System und Geschichte des schweizerischen Privatrechts; s. Privatrecht

Systematik des ZGB; s. Gliederung

T

Tatsachenbehauptung 1 N 554
Technikrecht V 5/6 N 34
Teilentwürfe zum ZGB AE N 41 ff.
Teleologische Reduktion/Extension 1 N 104, 318, 324, 370 ff.
Territorialitätsprinzip als Kollisionsregel für kantonales öffentliches Recht V 5/6 N 13; 6 N 401
Testament; s. letztwillige Verfügung
Tiere
- Artenschutz 6 N 438 ff.
- Tierschutz, allgemeiner 6 N 442
- weitere Schutzvorschriften 6 N 442a
- wildlebende, kantonales Regalrecht 6 N 413 f.
- s. auch Wildschaden

Transplantationsmedizin
- Kompetenzausscheidung zwischen Bund und Kantonen V 5/6 N 102

Transportrecht, internationales V 5/6 N 88, 245

Treu und Glauben
- Anwendungsbereich 2 N 28 ff.
- bei Beendigung einer Rechtsbeziehung 2 N 435 ff.
  - Allgemeines 2 N 436
  - ausserordentliche Beendigung aus wichtigen Gründen 2 N 481 ff.
  - clausula rebus sic stantibus 2 N 443 ff.
  - ordnungsgemässe Beendigung 2 N 437 ff.
- Charakter
  - als Grundschutznorm 2 N 3 ff.
  - als Verhaltensnorm 2 N 5 ff., 13, 14, 15
  - als Verkehrsregel 2 N 9 ff., 14
  - als Verfahrensnorm 2 N 13, 14
  - als Sachnorm 2 N 14, 15, 24, 25
- Dimensionen V 2/3 N 16
- zur Etymologie V 2/3 N 2, 3
- Form von Rechtsgeschäften 2 N 270 ff.

Sachregister

- Geltung im kantonalen Privatrecht 5 N 151; 7 N 113
- Geschichte V 2/3 N 32 ff.
  - bei der Entstehung des ZGB V 2/3 N 43 ff.
  - germ. Recht V 2/3 N 37/8
  - kanonisches Recht V 2/3 N 39 ff.
  - röm. Recht V 2/3 N 33 ff.
  - Völkerrecht V 5/6 N 229
- und guter Glaube/Übersicht V 2/3 N 50
- und noch nicht, nicht, nicht mehr geregelte Beziehungen 2 N 12
- im Prozess 2 N 33, 488 ff.; 7 N 130
  - Allgemeines 2 N 488 ff.
  - Zur Wahrheitspflicht im Prozess 2 N 33, 35, 498 ff.
- im öffentlichen Recht 2 N 32, 37, 488 ff.; V 5/6 N 48; 7 N 119
- und rechtliche Sonderverbindung 2 N 6, 11, 12
- Schutz des Geschäftsverkehrs, kantonale und eidgenössische Vorschriften 6 N 433 f.
- Schutz des Rechtsverkehrs 2 N 14 ff, 106 ff.
- keine Sozialschutznorm 2 N 8; s. auch Sozialschutzgedanke und Treu und Glauben
- im UN-Kaufrecht V 2/3 N 49; 2 N 39
- im UWG 2 N 30, 92
- s. auch Vertrauensprinzip

Treuwidrigkeit und Vertrauenshaftung 2 N 125, 138

TRIPS-Abkommen V 5/6 N 88, 146, 251, 255

Türkei, globale Rezeption des ZGB AE N 136 ff.
- Ablauf AE N 140
- als Bruch mit der islamischen Vergangenheit AE N 136, 139, 144
- bedeutende Neuerungen AE N 150
- gewollte Unterschiede AE N 153 f.
- Gründe für Wahl des ZGB AE N 141 ff.
- Übersetzungsfehler und Auslegung AE N 151 f.
- Verwirklichung (Umsetzung) AE N 145 ff.
- Vorgeschichte AE N 137 ff.
- Weiterentwicklung unabhängig vom ZGB AE N 155

Typenfreiheit, schuldrechtliche V 5/6 N 43; 7 N 51; s. auch Vertragsfreiheit

Typenzwang, im ZGB V 5/6 N 43; 7 N 51, 110

Typologische Methode zur Abgrenzung des öffentlichen vom privaten Recht? V 5/6 N 68 f.

U

Übereinstimmung mit höherrangigem Recht; s. Konformität

Übergangsrecht 1 N 43 f.; V 5/6 N 8 f.; 5 N 53 ff.

Überlastung der Justiz V 1/4 N 68, 175 ff.

Übermässig 4 N 57; s. auch Nachbarrecht

Überrechtliche Normen; s. ausserrechtliche Normen

Übertragung
- privatrechtlicher Bestimmungen auf öffentliches Recht 7 N 117

Übung und Ortsgebrauch 1 N 455 ff., 573; 4 N 25; s. auch Ortsgebrauch, Ortsübung und Verkehrssitte, -übung
- Begriff und Abgrenzungen 5 N 209 ff., 237 ff.

Umstände; s. Würdigung der Umstände

Umweltschutzrecht
- Berührungspunkte mit dem Bundeszivilrecht V 5/6 N 202 (Literaturhinweise)
- weitgehend eidgenössische Regelung 6 N 134, 426, 442a

Unbestimmter Rechtsbegriff V 1/4 N 75; 1 N 174, 189, 205; 4 N 4, 51, 62 f., 85, 111, 136

Sachregister

- Erfordernis schutzwürdiger öffentlicher Interessen als bundeszivilrechtliche Schranke für kantonales öffentliches Recht 6 N 306
- s. auch Lücke intra legem

UNCITRAL V 5/6 N 249

Unechte Lücke; s. Gesetzeslücke

Unerlaubte Handlung
- analoge Anwendung von Art. 41 ff. OR auf weitere zivilrechtliche Verhältnisse 7 N 87 ff.
- und Strafrecht V 5/6 N 214
- und Verwaltungsrecht 6 N 206

Ungerechtfertigte Bereicherung
- Verwendung des Begriffs im ZGB 7 N 39, 92
- analoge Anwendung
   - im öffentlichen Recht allgemein V 5/6 N 48; 7 N 119, 131
   - im Sozialversicherungsrecht 7 N 92
   - im Strafrecht (Einziehung) 7 N 92

Ungeschriebenes Recht
- als Bestandteil des Bundeszivilrechts V 5/6 N 176 ff.
- als kantonales öffentliches Recht 6 N 113 ff.
- als kantonales Zivilrecht 5 N 111 ff.

Ungültigkeit privatrechtlicher Rechtsgeschäfte
- aufgrund Verstosses gegen kantonales öffentliches Recht 6 N 13, 206, 212, 458 ff.

UNIDROIT AE N 124; V 5/6 N 249
- Kulturgüterschutzkonvention 6 N 449

Universalsukzession 1 N 40, 99

Unlauterer Wettbewerb, Gesetz über den; s. Lauterkeitsrecht, Wettbewerb

Unmöglichkeit
- nachträgliche tatsächliche 7 N 79
- rechtliche 7 N 51

UNO
- und Rechtsvereinheitlichung V 5/6 N 245, 249, 253

UNO-Menschenrechtskonventionen V 5/6 N 238 f.

Unnütze Rechtsausübung 2 N 369 ff.
- Allgemeines 2 N 369 ff.
- Objektiv unnütze Rechtsausübung 2 N 372 ff.
- Subjektiv unnütze Rechtsausübung 2 N 374 ff.

Unrechtsgesetz/Unrechtsstaat V 1/4 N 51; 1 N 30 f.

Unredlicher Rechtserwerb 2 N 264 ff.
- durch Ausnützung von vertrags- oder widerrechtlichem Verhalten Dritter 2 N 255 ff.
- durch eigenes vertrags- oder rechtswidriges Verhalten 2 N 248 ff.
- Einflussnahme auf Bedingungen 2 N 264 ff.
- Grundsatz 2 N 248/9
- Kasuistik 2 N 250 ff.
- Rückforderung nach Art. 66 OR 2 N 257 ff.

Unterhalt der Familie 1 N 165

Unterhaltsansprüche (missbräuchliche)
- der Ehefrau 2 N 104a (1), 251d, 334, 335
- des mündigen Kindes 2 N 345
- des unmündigen Kindes 2 N 345
- und clausula rebus sic stantibus 2 N 458c

Unterhaltsbeiträge
- Abtretung 7 N 49, 96
- Sicherstellung 7 N 47, 89
- Vererbung 7 N 49
- Verjährung 7 N 49, 82

Unvollständigkeit, bewusste als Formelement des ZGB AE N 238

Unzeit 4 N 13

Unzumutbarkeit 4 N 11, 113, 119

Urkundenvernichtung V 1/4 N 59

Urteilsbegründung; s. Rechtsfindung/Begründung

Usanzen 1 N 179, 456, 473; s. auch Übung und Ortsgebrauch

Sachregister

V

Venire contra factum proprium;
s. widersprüchliches Verhalten
Veränderung von allgemeinen Anschauungen 1 N 158 f., 294
Verbindlichkeit 1 N 471
– von bewährter Lehre und Überlieferung 1 N 448, 538 ff., 570, 582 ff.
– von Gesetzen V 1/4 N 8 ff., 16 ff., 25, 80, 137, 200, 209, 211 f., 215, 236 ff., 244; 1 N 10, 210, 364
  – des Gesetzeswortlauts V 1/4 N 67, 80, 162, 188, 231 f.; 1 N 33, 81 ff., 325, 368, 376 ff.
– von Gewohnheitsrecht V 1/4 N 27
– von Präjudizien V 1/4 N 30; 1 N 579 ff., 582 ff.
Vereinbarungen, interkantonale;
s. interkantonale Vereinbarungen
Vereinheitlichung; s. Rechtsvereinheitlichung
Vereinsrecht
– Bedeutung für das Recht der juristischen Personen 7 N 103
– Schutz der Vereinsfreiheit durch Bundesverfassung und ZGB V 5/6 N 183; 6 N 340
Verfahrenshoheit der Kantone; s. Organisations- und Verfahrenshoheit
Verfahrensvorschriften; s. Bundeszivilrecht, formelles, Organisations- und Verfahrensvorschriften
Verfall von Klagerechten wegen Rechtsmissbrauchs 2 N 384 ff.
– Allgemeines 2 N 384 ff.
– bei nicht befristeten Rechten 2 N 397 ff.
– bei Rechtsausübung innert Frist 2 N 391 ff.
– missbräuchliches Zuwarten mit Begehren um vorsorgliche Massnahmen 2 N 425
Verfassung; s. Bundesverfassung, Kantonsverfassungen

Verfassungsgerichtsbarkeit;
s. Verfassungsmässigkeit
Verfassungsmässigkeit
– von Bundesgesetzen (Art. 113 Abs. 3 BV) V 1/4 N 34, 96, 165, 189; 1 N 34, 98, 221 ff., 521; s. auch Anwendungsgebot für kompetenzwidriges Bundesrecht, Konformität
– (neuer) Vorschriften des Bundeszivilrechts V 5/6 N 181 ff., 186
Verfassungsrang, materieller
– von Vorschriften des Bundeszivilrechts V 5/6 N 183
Verfassungsrevision
– umfassende Gesetzgebungskompetenz des Bundes auf dem Gebiet des Zivilrechts als Auslöser für die Entstehung des ZGB AE N 4
Vergleich, gerichtlicher
– Anfechtung 7 N 64
– Auslegung 7 N 55
Verhältnismässigkeit
– als Schranke der expansiven Kraft des kantonalen öffentlichen Rechts 6 N 322 ff.
– als Voraussetzung für die Beschränkung der Vertragsfreiheit und der Eigentumsgarantie 6 N 345 ff.
– als Voraussetzung für Verkehrsbeschränkungen 6 N 422, 452 ff.
Verhältnis von Abs. 1 und Abs. 2 von Art. 2 2 N 23 ff.
Verjährung
– allgemeiner Grundsatz 7 N 21 f., 32, 40, 42, 48, 81 ff.
– Ausschluss der Verjährung 7 N 82
– bei deliktischer Haftung
  – aus fehlerhafter Grundbuchführung 7 N 89
  – aus fürsorgerischem Freiheitsentzug 7 N 89
– Fristenberechnung 7 N 72, 125 f.
– im Betreibungsrecht 7 N 85
– im Erbrecht 7 N 84
– im Familienrecht 7 N 83

Sachregister

- im öffentlichen Recht V 5/6 N 48; 7 N 105, 118, 121 ff.
- im Sachenrecht 7 N 82
- im Strafrecht 7 N 85
- Stillstand V 1/4 N 38

Verkehr mit bestimmten Sachen
- Vorbehalt zugunsten des kantonalen öffentlichen Rechts hinsichtlich Beschränkung oder Aufhebung 6 N 6, 391 ff.
- s. auch Sachen, Verkehr mit

Verkehrsschutz 2 N 4, 5, 9, 10, 11, 13, 14; 3 N 12, 13, 14

Verkehrssitte bzw. -übung
- Abgrenzung zum Gewohnheitsrecht 5 N 227 ff.
- als Hilfsmittel der Rechtsfindung 5 N 215 f.
- als subsidiäre, mittelbare Rechtsquelle durch gesetzliche Verweisung 5 N 217
- Arten von Verweisungen 5 N 237 ff.
    - im ZGB 5 N 239, 241 f., 247
    - im OR 5 N 240, 241 ff.
        - Bedeutsamkeit kaufmännischer Übungen 5 N 240, 244 ff.
- Begriff und Abgrenzungen 5 N 209 ff.
- Einfluss des öffentlichen Rechts 5 N 219
- faktischer und normativer Begriff 5 N 219
- geht allfälligem Gewohnheitsrecht vor 5 N 217
- keine Rechtsquelle im Sinn objektiver Rechtsnormen V 5/6 N 179; 5 N 115
- normativer und rechtsgeschäftlicher Geltungsgrund 5 N 215 f.
- örtlicher Geltungsbereich 5 N 225
- persönlicher Geltungsbereich 5 N 226
- rechtliche Bedeutung (allgemein) 5 N 215 f.
- Schranken der Verweisung 5 N 220, 254 ff.
    - Rechtsmittel bei Verstoss 5 N 257
- Sinn der Verweisung 5 N 218
- Umfang der Verweisung 5 N 251 ff.
- Vorkommen der Verweisungen auf die Verkehrsübung 5 N 231 ff.
- zeitlicher Geltungsbereich 5 N 223 f.
- s. auch Übung und Ortsgebrauch

Verlöbnis
- Anfechtung 7 N 60
- Ausschluss der Stellvertretung 7 N 68

Verlöbnisbruch
- Schadenersatz 7 N 75

Vermutung des guten Glaubens V 2/3 N 20; 3 N 15b

Veröffentlichung; s. Publikation

Verordnungen V 1/4 N 95; 1 N 11, 20; s. auch Bundeszivilrecht, Rechtsquellen; Einführungsrecht, kantonales; Gesetzesdelegation, Rechtsetzungsdelegation

Verpfändbarkeit von öffentlichem Grund und Boden, von Allmenden oder Weiden von Körperschaften 5 N 180; 6 N 410, 418, 461

Verrechnung
- Ausschluss im Bereich der Personalvorsorge 7 N 80
- im öffentlichen Recht V 5/6 N 48; 7 N 80, 119
- sachlicher Anwendungsbereich 7 N 80
- von öffentlich-rechtlichen mit privatrechtlichen Forderungen V 5/6 N 121

Verrechtlichung; s. Regelungsdichte

Versicherte Sache, Anspruch des dinglich Berechtigten
- Vorbehalt zugunsten kantonalen Zivilrechts 5 N 207

Versicherungseinrichtungen, öffentlichrechtliche
- Recht der Kantone zur Schaffung von 6 N 75 ff.
- Versicherungsmonopole öffentlichrechtliche 6 N 75
- Versicherungsobligatorium zum Abschluss einer Privatversicherung 6 N 78

Versicherungsvertragsgesetz V 5/6 N 132
- Vorbehalte zugunsten kantonalen Zivilrechts 5 N 206 f.

Sachregister

- Vorbehalte zugunsten des kantonalen öffentlichen Rechts 6 N 79

Versteigerung, öffentliche (freiwillige)
- Vorbehalt zugunsten kantonalen Rechts 5 N 194

Vertrag
- Auslegung V 1/4 N 100; 7 N 51 ff.
- Begriff 7 N 39
- Erbverträge, Anfechtung 7 N 61
- familienrechtliche Verträge
  - Anfechtung 7 N 60
  - Bedeutung der clausula rebus sic stantibus 7 N 50
  - Simulation 7 N 52
- Inhalt 7 N 51 ff.
- richterlicher Eingriff 4 N 31 ff.
- Umgehung 2 N 52 ff., 54 ff.
- vertragliches Ermessen 4 N 22 f.
- verwaltungsrechtlicher V 5/6 N 44; 6 N 184 ff. 198 ff.; 7 N 75, 119, 131

Vertragliche vs. dingliche Rechtsstellung gem. Art. 401 OR 1 N 154

Vertragserfüllung
- Folgen der Nichterfüllung 7 N 75 ff.
- sachlicher Anwendungsbereich 7 N 71 ff.

Vertragsfreiheit
- als grundlegender Wert des Bundeszivilrechts 6 N 340
- Beschränkung durch kantonales öffentliches Recht
  - Voraussetzungen 6 N 344 ff.
  - Überblick über zulässige Beschränkungen 6 N 347 ff.
- im Bereich des Sachenrechts 7 N 110
- im OR 7 N 51
- Schutz durch Bundesverfassung 6 N 343 ff.

Vertragspartei
- Schutz der schwächeren V 5/6 N 38, 107 ff.

Vertragsrechtliche Sonderbestimmungen ausserhalb des OR V 5/6 N 130 ff.

Vertragsumgehung 2 N 52 ff., 54 ff.
Vertrauen V 2/3 N 5 ff.

- berechtigtes/blindes V 2/3 N 6
- Funktion V 2/3 N 10 ff.
- in Konzernverhalten; s. Haftung
- Vertrauenstypen V 2/3 N 12 ff.

Vertrauenshaftungen 2 N 105 ff.
- Abgrenzung zu Delikts- und Vertragshaftung 2 N 108
- adäquater Kausalzusammenhang 2 N 126
- Allgemeines 2 N 106 ff., 227 ff.
- Anspruchsgrundlage 2 N 107
- culpa in contrahendo; s. dort
- Dritthaftung bei Auskunft- und Raterteilung/Empfehlungen 2 N 132
- Haftung für Hilfspersonen 2 N 129, 143, 187, 229
- Haftungsausschluss 2 N 130
- Haftungsgrund 2 N 125, 138
- Haftungsmassstab 2 N 128, 129, 136, 140, 142
- im Hinblick auf eine rechtsgeschäftliche Bindung; s. culpa in contrahendo
- neben einer bestehenden Rechtsbeziehung 2 N 134 ff.
  - aus Gesetz 2 N 141 ff.
  - aus Rechtsgeschäft 2 N 135 ff.
- ohne vorbestehende Beziehung und ohne Absicht einer rechtsgeschäftlichen Bindung 2 N 109 ff.
  - Auskunftserteilung 2 N 109 ff., 116, 118, 119
  - Interessenkonflikte bei Auskunft- oder Raterteilung 2 N 122, 137, 139
  - Ratschläge/Empfehlungen 2 N 109 ff., 112, 120
  - Rechtsfolgen 2 N 124 ff.
- Rechtsfolgen 2 N 136, 138, 141
- Rechtsnatur 2 N 106 ff.
- Übersicht 2 N 229
- Verjährung 2 N 131, 140, 189, 229
- Verschulden 2 N 127, 138, 184, 229
- Vertrauensverletzung 2 N 107

Vertrauensprinzip 4 N 25, 133; 7 N 53
- bei Auslegung von Erbverträgen 7 N 53

Sachregister

- bei Auslegung von Gesellschaftsstatuten 7 N 54
- bei Auslegung von Scheidungskonventionen 7 N 53
- betr. Grunddienstbarkeit 7 N 53
- im Berufsvorsorgerecht 7 N 54
- im Vereinsrecht 7 N 54

Vertreter 7 N 39; s. auch Stellvertretung

Verwaltungsbehörde V 1/4 N 64; 1 N 572; s. auch Bundeszivilrecht, Anwendung durch Verwaltungsbehörden

Verwaltungsgerichtsbeschwerde V 5/6 N 289 ff.

Verwaltungsprivatrecht, Erfordernis eines besonderen? 6 N 202 ff.

Verwaltungsrechtspflege; s. kantonales öffentliches Recht, Begriff

Verwaltungsrecht und Bundeszivilrecht 4 N 4, 51
- analoge Anwendung des Privatrechts mangels Kodifikation eines allgemeinen Teils 6 N 179
- Anknüpfen an Sachverhalte aus dem anderen Gebiet V 5/6 N 196
- Auslegung von Begriffen und Regeln des andern Gebiets V 5/6 N 196
- dogmatische Verselbständigung des Verwaltungsrechts V 5/6 N 28
- Geltungsbereich der Einleitungsartikel; s. dort
- Koordination von Rechtsetzung und Rechtsanwendung V 5/6 N 198 f.
- Literaturhinweise zu den einzelnen Rechtsgebieten V 5/6 N 201 ff.
- weitere Querbeziehungen V 5/6 N 197
- Zuständigkeit für Entscheidung von Vorfragen aus dem andern Gebiet V 5/6 N 196

Verwaltungsrechtlicher Vertrag; s. Vertrag

Verwaltungsvermögen
- Anwendbarkeit privatrechtlicher bzw. öffentlich-rechtlicher Vorschriften 6 N 409 ff.

Verweisung 7 N 7 ff., 14, 19 ff.; s. auch Gesetzeslücke intra legem
- Arten 7 N 22 ff.
  - Aussenverweisung 7 N 23
  - Binnenverweisung 7 N 23
  - Einzelverweisung 7 N 22
  - Gesamtverweisung 7 N 22
  - Globalverweisung 7 N 22
  - Spezialverweisung 7 N 22, 41
- auf Normen privater Verbände 7 N 24
- auf technische Normen 7 N 24
- Begriff der Gesetzestechnik 7 N 19 ff.
- des Bundeszivilrechts auf kantonales öffentliches Recht 6 N 31 f.
- des kantonalen öffentlichen Rechts auf Bundeszivilrecht 6 N 179 ff; 7 N 116
- des kantonalen Zivilrechts auf früheres Recht oder Ortsgebrauch 5 N 131
- des kantonalen Zivilrechts auf Bundeszivilrecht 5 N 148 ff.
- des öffentlichen Rechts auf Privatrecht und umgekehrt V 5/6 N 48, 196; 7 N 116
- gesetzliche, auf Übung und Ortsgebrauch 5 N 209 ff.
- im (alten) kantonalen Privatrecht 7 N 15
- im IPR 7 N 25
- im öffentlichen Recht 7 N 116
- in der Linguistik 7 N 26
- verwiesener Anwendungsbereich 7 N 20 f.

Verweisungsnorm 7 N 20 f., 27

Verweisungsobjekt 7 N 20, 32, 51 ff.

Verwirkung 7 N 40
- von Klagerechten wegen Rechtsmissbrauchs 2 N 384 ff.

Verzögerung der Rechtsausübung, missbräuchliche 2 N 384 ff.

Verzugszins
- bei Freizügigkeitsleistung (BVG) 7 N 76
- bei güterrechtlichen Forderungen 7 N 76
- im öffentlichen Recht 7 N 119

Viehverstellung
- Verweisung auf Ortsgebrauch 5 N 286

Sachregister

Völkerbund
- und Rechtsvereinheitlichung V 5/6 N 88, 245

Völkerrecht
- als Rechtsquelle des Bundeszivilrechts V 5/6 N 87 f.
- Durchsetzung des Vorrangs V 5/6 N 225 f.
- Verhältnis zum Bundeszivilrecht allgemein V 5/6 N 223 ff.
- völkerrechtliche, für Privatrecht bedeutsame Rechtsgrundsätze V 5/6 N 229
- s. auch internationale Rechtsvereinheitlichung, Konformität

Volksinitiative, bundesrechtswidrige V 5/6 N 276

Vollstreckungsrecht, zivilrechtliches
- Begriff, Rechtsnatur V 5/6 N 156
- internationales Recht 6 N 98 f., 174, 176
- kantonales Recht 6 N 174 ff.
- Verfassungsgrundlagen V 5/6 N 158 f.
- Verhältnis zum materiellen Privatrecht V 5/6 N 157
- s. auch Schuldbetreibungs- und Konkursgesetz

Vollzugsvorschriften; s. Ausführungsbestimmungen, Organisations- und Verfahrensvorschriften

Vorbehalt, gesetzlicher 7 N 14, 43

Vorbehalt des Bundesrechts zugunsten des kantonalen Zivilrechts (Art. 5 ZGB)
- Abgrenzung gegen
  - verpflichtende Vorbehalte zugunsten von kantonalen Organisations- und Verfahrensvorschriften 5 N 2, 49 ff.
  - Vorbehalte zugunsten von kantonalem öffentlichem Recht 5 N 23 f., 45 ff.
  - Allgemeinverbindlicherklärung von Kollektivverträgen 5 N 63 ff.
  - kantonales Zivilrecht als Ausdruck des Ortsgebrauchs 5 N 61 f.
- übergangsrechtliche Vorbehalte 5 N 53 ff.
- als Ausdruck des Subsidiaritätsprinzips V 5/6 N 14
- als Ausnahme vom Prinzip der Gesamtkodifikation 5 N 20 ff.
- als bundesstaatliches Kollisionsrecht V 5/6 N 6 ff.; 5 N 1
- als Gesetzesdelegation 5 N 30
  - Schranken 5 N 14
- Arten 5 N 3, 75 ff.
  - allgemeine und besondere 5 N 38
  - ermächtigende (= fakultative) 5 N 77 ff.
  - verpflichtende 5 N 85 ff.
  - zuteilende (= obligatorische) 5 N 80 ff.
- ausdrücklicher 5 N 36
- Auslegung 5 N 37, 66 ff.
- berechtigt auch zu Doppelnormen 6 N 35
- berechtigt auch zu öffentlich-rechtlichen Vorschriften 5 N 42, 45; 6 N 35
- Delegationsmöglichkeit der Kantone 5 N 40
- echter Vorbehalt mit konstitutiver Bedeutung 5 N 2, 22 ff., 30 f.
- Entstehungsgeschichte 5 N 6 ff.
- Ermächtigung auf Verordnungsstufe? 5 N 35
- heutige Bedeutung 5 N 11 ff.
- Motive 5 N 20
- nicht aufgrund von blosser Gerichtspraxis oder Gewohnheitsrecht 5 N 36
- nur gestützt auf Einzelermächtigungen 5 N 22 ff.
- Rechtsetzungsvorbehalt 5 N 32 f.
  - zeitlich und inhaltlich unbeschränkt 5 N 32
- Rechtsvergleichung vor 5 N 1
- setzt Unterscheidung zwischen öffentlichem und privatem Recht voraus V 5/6 N 16 ff.; 5 N 41
- stillschweigender als Ausnahme 5 N 36
- Überblick 5 N 1 ff.

Sachregister

- Überblick über das vorbehaltene kantonale Zivilrecht 5 N 161 ff.
  - im OR und in zugehörigen Spezialgesetzen 5 N 190 ff.
  - im ZGB 5 N 165 ff.
  - in der Bundesverfassung 5 N 162 ff.
  - in Spezialgesetzen zum ZGB 5 N 184 ff.
- Umfang, Inhalt und Tragweite 5 N 70 ff.
- umfasst auch die Schaffung der erforderlichen intertemporalen Kollisionsregeln 5 N 41
- Verweisung der Kantone auf Übung und Ortsgebrauch 5 N 40; s. auch Ortsgebrauch bzw. Verkehrssitte, -übung
- Vorkommen 5 N 35, 161 ff.
- s. auch kantonales Zivilrecht

Vorbehalt des Bundesrechts zugunsten kommunalen Rechts? 5 N 39, 187; 6 N 73

Vorbehalt des Bundeszivilrechts zugunsten des kantonalen öffentlichen Rechts (Art. 6 ZGB); s. auch kantonales öffentliches Recht
- allgemeiner, unmittelbar anwendbarer Vorbehalt 6 N 21 f.
- als Anerkennung einer expansiven Kraft des kantonalen öffentlichen Rechts 6 N 45 ff.
- als Ausdruck des Subsidiaritätsprinzips V 5/6 N 14
- als bundesstaatliches Kollisionsrecht für den Bereich des Zivilrechts V 5/6 N 6 ff.; 6 N 1
  - als Bestätigung der prinzipiellen Unabhängigkeit und Gleichberechtigung der beiden Rechtsgebiete 6 N 12, 40 ff.
- als Pflicht zur Harmonisierung von Bundeszivilrecht und kantonalem öffentlichem Recht 6 N 52 ff.
- als Relativierung der derogatorischen Kraft des Bundesrechts 6 N 37 ff.
- berechtigt grundsätzlich nicht zu kantonalen zivilrechtlichen Regelungen 6 N 36
- besondere Vorbehalte 6 N 22, 26 ff.
  - Arten 6 N 29 ff.
  - Auslegung 6 N 28
  - Regelung des Verkehrs mit gewissen Sachen 6 N 6, 391 ff.; s. auch Sachen, Verkehr mit
  - verpflichtender von Art. 664 Abs. 3 ZGB als Sonderfall 6 N 31, 109 ff., 412
- betroffenes Bundeszivilrecht 6 N 60 ff.
- bezieht sich auf kantonales öffentliches Recht aller Stufen 6 N 113 ff.
- enthält auch Auslegungs- und Entscheidungsspielraum kantonaler Behörden bezüglich kantonalen öffentlichen Rechts 6 N 120
- Entstehungsgeschichte 6 N 8 ff.
- Gesetzesdelegation an staatliche Selbstverwaltungskörper und private Verwaltungsträger 6 N 220 ff.
- gilt auch hinsichtlich der Verwaltungs- und Rechtsprechungsbefugnisse 6 N 119 ff.
- heutige Bedeutung 6 N 12 ff.
- Qualifikation des Vorbehalts bzw. des vorbehaltenen kantonalen Rechts 5 N 46 ff.; 6 N 34, 126 f.
- Rechtsvergleichung vor 6 N 1
- Schranken des kantonalen öffentlichen Rechts; s. kantonales öffentliches Recht
- setzt Unterscheidung zwischen öffentlichem und privatem Recht voraus V 5/6 N 16 ff.; 6 N 124
- Überblick 6 N 1 ff.
- unechter Vorbehalt mit bloss deklaratorischer Bedeutung 6 N 2, 23 ff.
- Verhältnis zu Vorbehalten nach Art. 5 ZGB 6 N 34 ff.
- zur Schaffung von Organisations- und Verfahrensnormen im Bereich des Bundeszivilrechts V 5/6 N 103 f.; 5 N 49 ff.; 6 N 31, 110 ff.

Sachregister

- Zweck 6 N 24 f.
Vorbehalt des Bundeszivilrechts zugunsten des kantonalen Rechts
- doppelter zugunsten öffentlichen und privaten Rechts 5 N 46, 179, 196, 204; 6 N 34
- gemischter, teils öffentlich-, teils privatrechtlicher Vorbehalt 5 N 39, 46, 187; 6 N 34
- Qualifikation als öffentlich- oder privatrechtlicher 5 N 46 ff.; 6 N 34
- übergangsrechtliche Vorbehalte 5 N 53
  - Übersicht 5 N 54 ff.
- Vorbehalte zugunsten von kantonalem Organisations- und Verfahrensrecht 5 N 49 ff.
  - Übersicht 5 N 161 ff.

Vorfragen, zivilrechtliche
- Entscheidungsbefugnis des Strafrichters V 5/6 N 211
- Entscheidungsbefugnisse von Verwaltungs- und Verwaltungsjustizbehörden V 5/6 N 196; 6 N 123

Vorentwurf des EJPD zum ZGB AE N 49 ff.
- Vernehmlassung dazu AE N 52
- Erläuterungen dazu AE N 53

Vormundschaftsrecht
- als Ersatz für Allgemeinen Teil des ZGB 7 N 3
- Anwendung auftragsrechtlicher Bestimmungen 7 N 98
- Rechtsnatur V 5/6 N 113, 115
- Revisionsvorhaben AE N 11 ff.
- staatliche Eingriffsbefugnisse V 5/6 113
- Verhältnis zum kantonalen Recht 5 N 169; 6 N 65 ff., 272 f.
- Verhältnis zur Stellvertretung 7 N 68
- Vorschriften betr. Bereicherung 7 N 92

Vornamen
- Regelung in der Zivilstandsverordnung AE N 249

Vorverständnis V 1/4 N 153 f.; 1 N 218, 533, 558, 567

Vorvertragliche Rechtsbeziehungen; s. culpa in contrahendo

Vorwirkung von Gesetzen; s. Geltung

W

Waffenrecht, kantonales und eidgenössisches Recht 6 N 429 ff.
Wahrheit; s. Methodik
Wahrheitspflicht im Prozess; 2 N 498 ff.
Waldabstandsvorschriften, privatrechtliche kantonale, Abstimmung auf Anforderung des öffentlichen Bundesrechts 5 N 138
Wald und Weide, freier Zugang
- als Doppelnorm (umstritten) V 5/6 N 72, 114
- Verweisung auf Ortsgebrauch 5 N 284

Wasserrecht, Rechtsnatur, Regelungen V 5/6 N 95; 5 N 108, 177; 6 N 394 f., 412 ff.
Wegrechte, Vorbehalt zugunsten kantonalen Zivilrechts 5 N 177
Weinhandel, kantonales und eidgenössisches Recht 6 N 434
Weltrecht als Utopie? V 5/6 N 250
Werkeigentümerhaftung
- analoge Anwendung im öffentlichen Recht 7 N 131

Werklohn 4 N 62
Wertordnung, verfassungsmässige, Bedeutung für Bundeszivilrecht V 5/6 N 45, 184
Wertpapierrecht
- Anwendung auf Schuldbrief und Gült 7 N 98
- s. auch Handelsrecht

Wertung; s. Rechtsfindung, Rechtsfindungselemente
Wertungsjurisprudenz 1 N 189; V 5/6 N 32
Wettbewerb, unlauterer, Gesetz über den (UWG)
- als Einheitsgesetz V 5/6 N 151

Sachregister

- als privatrechtliches Spezialgesetz V 5/6 N 151 f.
- und kantonales öffentliches Recht 6 N 94 f.

Wettbewerbsrecht
- Begriff, Rechtsnatur V 5/6 N 151, 155
- gesetzliche Regelung, Abgrenzung von Privatrecht und öffentlichem Recht V 5/6 N 152 ff.

Wichtige Gründe 2 N 481 ff.; 4 N 51, 63 ff., 119
- Eingriffsnormen 2 N 485 ff.
- Grundsätzliches 2 N 481 ff.
- Herabsetzung von Konventionalstrafen und Mäklerlöhnen 2 N 485 ff.
- Verhältnis zur clausula rebus sic stantibus 2 N 482

Widerrechtlichkeit
- im Bereich der Staatshaftung 7 N 129

Widersprüchliches Verhalten
- bei bestehender Rechtsbeziehung 2 N 380 ff.
- im allgemeinen 2 N 99 ff.
- ius variandi 2 N 100
- Kasuistik 2 N 104

Wildschaden, Entschädigungspflicht
- Vorbehalt zugunsten des kantonalen Zivilrechts 5 N 86, 193; 6 N 264

Wille des Gesetzgebers; s. dort

Willensmängel, Anfechtungsgrund 1 N 466; 7 N 59 ff.
- bei rechtsgeschäftsähnlichen Handlungen 7 N 63
- bei familienrechtlichen Rechtsgeschäften 7 N 60
  - beim Verlöbnis 7 N 60
  - bei der Eheschliessung 7 N 59, 60
  - beim Ehevertrag 7 N 60
  - beim Abschluss der Scheidungskonvention 7 N 60, 66
  - beim Adoptionsvertrag (altrechtl.) 7 N 38, 59
  - bei Anerkennung eines Kindes 7 N 38, 59
  - bei Übernahme der Kinderunterhaltsverpflichtung 7 N 60

- bei Erlass letztwilliger Verfügungen 7 N 45, 59, 61, 109
- beim Erbvertrag 7 N 47, 61
- bei der Enterbung 7 N 59
- bei der Erbausschlagung 7 N 61
- im Sachenrecht 7 N 62, 98
- im Gesellschaftsrecht 7 N 62, 98
- bei Schiedsklauseln 7 N 66
- bei Abschluss eines gerichtlichen Vergleichs 7 N 64
- beim Rückzug eines Patentgesuches 7 N 38, 65, 112
- im öffentlichen Recht 7 N 66, 119
  - bei Rückzug eines Asylgesuches 7 N 65

- **Willensvollstrecker**
- Anwendung auftragsrechtlicher Bestimmungen 7 N 98

Willkür V 1/4 N 14, 136, 142, 149; 1 N 16, 102, 203 f., 243; 4 N 81 ff., 96, 120

Wirkungen des Gutglaubensschutzes
- im allgemeinen 3 N 93 ff., 120
- heilende 3 N 96 ff.
- mildernde 3 N 101 ff.

Wirtschaftsverwaltungsrecht
- Berührungspunkte mit Bundeszivilrecht V 5/6 N 205 (Literaturhinweise)
- Kompetenzen der Kantone 6 N 132

Wissen, Wissenmüssen, Wissenkönnen
- im allgemeinen V 2/3 N 26 ff.
- Kasuistik 3 N 53 ff.
- und Aufmerksamkeit 3 N 48 ff.

Wohlfahrtsstaat; s. öffentliches Recht, Rechtspolitik, Sozialgesetzgebung

Wohnraumerhaltungs- und Wohnbauförderungsvorschriften, kantonale und kommunale
- und Bundeszivilrecht 6 N 13, 280 f.

Wohnsitzbegriff 7 N 104
- im Prozessrecht 7 N 130

Wortlaut; s. Gesetzeswortlaut

Würdigung der Umstände 4 N 51, 58 ff.
- Unterscheidung zur Würdigung des Sachverhalts 4 N 59 f.

Sachregister

WTO-Abkommen V 5/6 N 251, 255 f.; s. auch TRIPS-Akommen
- Auswirkungen auf Rechtsetzungskompetenzen der Kantone 6 N 107

Z

Zahlungsunfähigkeit V 1/4 N 72; 1 N 154; 4 N 113
Zeit und Treu und Glauben, Guter Glaube
- Zeitdimensionen V 2/3 N 9, 16, 31; 2 N 12, 58 ff.; 3 N 13, 41 ff.

Zerrüttung 4 N 11
Zession; s. Abtretung
ZGB als Hauptquelle des Bundeszivilrechts V 5/6 N 91 ff.
Zinswesen, Missbräuche im
- und kantonales öffentliches Recht 6 N 83, 292
- und kantonales Zivilrecht 5 N 179

Zirkularität; s. Rechtsfindung, hermeneutischer Zirkel, Vorverständnis
Zivilgerichte
- Frage der Bindung an Strafurteile V 5/6 N 214

Zivilprozessrecht
- Anfechtung von Prozesshandlungen 7 N 64 f., 130
- Anwendbarkeit von Art. 6 Abs. 1 ZGB 6 N 160 ff.
- Anwendbarkeit von Bestimmungen des OR 7 N 64, 130
- Begriff und Rechtsnatur V 5/6 N 156 f.
- Besonderheiten aus der dienenden Rolle gegenüber dem materiellen Privatrecht 6 N 164, 169 ff.
- bundesrechtliche Harmonisierung bzw. Vereinheitlichung (geplante) 6 N 173
- Einfluss des Bundesrechts auf 6 N 166 ff.
- internationales im IPRG und in Staatsverträgen V 5/6 N 164 f.; 6 N 98 f., 167 f.
- Regelung der (Stell-) Vertretung 7 N 69, 130
- und Einführungsrecht zum ZGB 5 N 104, 108

Zivilrecht
- Begriff V 5/6 N 80 ff.
- Gesetzgebungskompetenz; s. Privatrecht
- formelles; s. Bundeszivilrecht, formelles
- kantonales; s. kantonales Zivilrecht, Vorbehalt zugunsten kantonalen Zivilrechts
- Pflicht des Bundes zur Schaffung eines einheitlichen 5 N 14, 19, 188
- s. auch Privatrecht, Bundeszivilrecht

Zivilrechtliche Ansprüche, adhäsionsweise Beurteilung V 5/6 N 214, 294; 6 N 156

Zivilrechtliche Mittel
- Verwendung durch kantonales öffentliches Recht V 5/6 N 47; 5 N 45, 164; 6 N 205 ff.

Zivilrechtskodifikationen
- europäische von besonderer Bedeutung AE N 7 ff., 222 f.
- Stellenwert des ZGB AE N 221, 226 f.
  - Besonderheit der Verbindung römisch- mit germanisch-rechtlicher Rechtstradition AE N 221

Zivilstandsverordnung AE N 246 ff.
- Bedeutung AE N 248
- gesetzliche Grundlage AE N 247
- Inhalt AE N 249

Zollhoheit des Bundes
- als Schranke für kantonale Beschränkungen des Sachverkehrs 6 N 403, 454

Zugehör, Bestimmung und Abgrenzung
- Verweisung auf Ortsgebrauch 5 N 282

Zuständigkeit; s. Kompetenz
Zutrittsrechte
- für Jäger und Fischer 6 N 31, 413
- weitere 5 N 177
- s. auch Wald und Weide, freier Zugang

Zuwarten, rechtsmissbräuchliches 2 N 384 ff.

Sachregister

- Abgrenzung zum Verzicht 2 N 388 ff.
- Allgemeines 2 N 384 ff.
- bei befristeten Rechten 2 N 391 ff.
- bei fehlender Rechtsmittelbelehrung 2 N 420 ff.
- bei nicht befristeten Rechten 2 N 397 ff.
- bei Stellung eines Begehrens um vorsorgliche Massnahmen 2 N 425
- im Familienrecht 2 N 402 ff.
- im Kennzeichnungsrecht 2 N 415 ff.
- im Sachenrecht 2 N 407 ff.
- Übersicht 2 N 426 ff.

Zwangsvollstreckung
- und Rechtsmissbrauch 2 N 33, 36, 357, 358, 488 ff.

Zweckwidrige Rechtsausübung 2 N 323 ff.
- Allgemeines 2 N 17–19, 323, 326
- Durchgriff 2 N 327 ff.
- Zweckbeschränkungen, rechtsgeschäftliche 2 N 359 ff.
- Zweckwidrigkeit
  - im Immaterialgüterrecht 2 N 356
  - im OR 2 N 350 ff.
  - im Zwangsvollstreckungsrecht 2 N 357 f.
- zweckwidrige Verwendung von Instituten des Familien- und Erbrechts 2 N 333 ff.
  - Adoptionsrecht 2 N 339, 340
  - Eherecht 2 N 333 ff.
  - Erbrecht 2 N 346/7
  - Kindesrecht 2 N 341 ff.
- zweckwidrige Verwendung von Instituten des Sachenrechts 2 N 348 f.
- zweckwidrige Verwendung juristischer Personen, Durchgriff 2 N 327 ff.

Zwingendes Recht
- Theorie des, zur Abgrenzung von öffentlichem Recht zum Privatrecht V 5/6 N 59, 107
- s. auch dispositives–zwingendes Recht